英　国

本书作者

奥利弗·贝瑞（Oliver Berry）　　芬恩·达文波特（Fionn Davenport）　　马克·迪·杜卡（Marc Di Duca）

贝琳达·狄克逊（Belinda Dixon）　　戴米安·哈珀（Damian Harper）

凯瑟琳·勒·涅维兹（Catherine Le Nevez）　　休·麦克诺顿（Hugh McNaughtan）

洛娜·帕克斯（Lorna Parkes）　　安迪·辛明顿（Andy Symington）

格雷格·沃德（Greg Ward）　　尼尔·威尔逊（Neil Wilson）

Inverness & the Highlands & Islands
因弗内斯、高地和北部诸岛
972页

Stirling & Central Scotland
斯特灵和苏格兰中部
914页

Edinburgh
爱丁堡 831页

Glasgow & Southern Scotland
格拉斯哥和苏格兰南部 875页

The Lake District & Cumbria
湖区和坎布里亚
626页

Newcastle & Northeast England
纽卡斯尔和英格兰东北部 666页

Manchester, Liverpool & Northwest England
曼彻斯特、利物浦和英格兰西北部 587页

Yorkshire
约克郡
528页

Snowdonia & North Wales
斯诺登尼亚和北威尔士 778页

Birmingham & the Midlands
伯明翰和英格兰中部 437页

Cambridge & East Anglia
剑桥和东安格利亚
393页

Brecon Beacons & Mid-Wales
布雷肯比肯斯和中威尔士 749页

LONDON 伦敦 68页

Cardiff, Pembrokeshire & South Wales
加的夫、彭布罗克郡和南威尔士 705页

Bath & Southwest England
巴斯和英格兰西南部
249页

Oxford & the Cotswolds
牛津和科茨沃尔德地区 200页

Canterbury & Southeast England
坎特伯雷和英格兰东南部 161页

中国地图出版社

计划你的行程

- 欢迎来英国 6
- 英国亮点 8
- 英国Top 26 10
- 行前参考 22
- 初次到访 24
- 新线报 26
- 如果你喜欢 27
- 每月热门 31
- 旅行线路 36
- 美妙的户外活动 42
- 和当地人吃喝 48
- 带孩子旅行 54
- 地区速览 58

剑桥,克莱尔学院
见399页。

西南海岸小径
见252页。

在路上

英格兰 **65**
伦敦 **68**

**坎特伯雷和
英格兰东南部** **161**
肯特郡 **164**
坎特伯雷 164
惠特斯特布尔 169
马尔盖特 171
多佛尔 177
东萨塞克斯 **180**
拉伊 180
黑斯廷斯 184
南唐斯国家公园 186
路易斯 188
布赖顿和霍夫 188
西萨塞克斯 **197**
奇切斯特 197

**牛津和
科茨沃尔德地区** ... **200**
牛津 **202**
科茨沃尔德地区 ... **217**
赛伦塞斯特 219
拜伯里 221
伯福德 222
诺斯利奇 223
斯洛特 224
斯托昂泽沃尔德 226
奇平诺顿 227
奇平卡姆登 228
百老汇 229
莫顿因马什 231
温什科姆 233
西格洛斯特郡 **234**
切尔滕纳姆 235
迪恩森林 238

**白金汉郡、
贝德福德郡及
赫特福德郡** **240**
圣奥尔本斯 241

沃本 243
泰晤士河谷 **244**
温莎和伊顿 244
布雷 248

**巴斯和
英格兰西南部** **249**
布里斯托尔 **253**
巴斯 **264**
萨默塞特郡 **275**
韦尔斯及周边 276
格拉斯顿伯里 278
汉普郡 **281**
温切斯特 281
新福里斯特 285
怀特岛 **289**
多塞特郡 **294**
伯恩茅斯 295
普尔 297
拉尔沃斯湾及周边 299
多切斯特及周边 301
韦茅斯 303
波特兰岛 305
切西尔海滩 306
莱姆里吉斯 307
舍伯恩 309
威尔特郡 **311**
索尔兹伯里 311
巨石阵 315
朗里特 317
拉科克 318
埃夫伯里及周边 319
埃克斯穆尔国家公园 ... **321**
德文郡 **328**
埃克塞特 328
托基及周边 334
达特茅斯及周边 337
托特尼斯及周边 339
普利茅斯及周边 342
达特穆尔国家公园 347

目录

伊尔弗勒科姆及周边...355
康沃尔郡............**357**
比尤德................358
博斯卡斯尔............360
廷塔杰尔..............360
帕德斯托和罗克........362
纽基..................364
圣艾夫斯..............368
泽诺和圣贾斯特........373
彭赞斯................375
利泽德................378
法尔茅斯及周边........379
特鲁罗................383
福伊..................384
卢港..................386
博德明沼地............387
锡利群岛............**388**

剑桥和
东安格利亚.......393
剑桥郡..............**397**
剑桥..................397
伊利.................. 411
埃塞克斯............**413**
科尔切斯特............413
滨海绍森德区..........417
萨福克..............**418**
朗梅尔福德............418
拉文纳姆..............419
贝里·圣埃德蒙兹.....420
奥尔德堡..............422
绍斯沃尔德............423
诺福克............**425**
诺里奇................425
克罗默................428
金斯林................435

伯明翰和
英格兰中部.......437
伯明翰............**440**
沃里克郡..........**449**

考文垂................450
凯尼尔沃斯............452
沃里克................453
埃文河畔斯特拉特福...455
斯塔福德郡..........**462**
利奇菲尔德............462
伍斯特郡..........**465**
伍斯特................465
大莫尔文..............467
赫里福德郡..........**468**
赫里福德..............468
莱德伯里..............470
什罗普郡..........**471**
什鲁斯伯里............472
铁桥峡................475
马奇温洛克............479
布里奇诺斯............480
彻奇斯特雷顿..........481
拉德洛................483
诺丁汉郡..........**486**
诺丁汉................486
林肯郡............**493**
林肯..................493
波士顿................497
斯坦福德..............499
莱斯特郡..........**500**
莱斯特................501
拉特兰................505
德比郡............**507**
德比..................508
马特洛克温泉......... 511
切斯特菲尔德..........512
峰区..............**513**
巴克斯顿..............516
卡斯尔顿..............519
贝克韦尔..............524

约克郡..........528
北约克郡..........**532**
约克..................533

哈罗盖特..............543
斯卡伯勒..............546
北约克荒原国家公园...**549**
赫尔姆斯利............550
皮克灵................553
惠特比................553
约克郡山谷国家公园...**558**
斯基普顿..............559
格拉辛顿..............561
马勒姆................563
里士满................565
西约克郡..........**566**
利兹..................566
布拉德福德............574
赫布登桥..............575
哈沃斯................577
南约克郡..........**579**
设菲尔德..............579
约克郡东部行政区.....**581**
赫尔港................581
贝弗利................585

曼彻斯特、利物浦和
英格兰西北部.....587
曼彻斯特..........**590**
切斯特............**603**
利物浦............**607**
兰开夏郡..........**617**
布莱克浦.............. 617
兰开斯特..............619
里布尔河谷............620
马恩岛............**621**

湖区和坎布里亚...626
湖区..............**630**
温德米尔及周边........631
安布尔赛德............636
格拉斯米尔............639
霍克斯黑德............642
科尼斯顿..............643

在路上

埃尔特沃特和
大兰代尔..............646
科克茅斯..............648
凯西克................649
博罗代尔..............652
巴特米尔..............653
阿尔斯沃特湖及周边....654
肯德尔................657
坎布里亚海岸........**660**
**北坎布里亚和
东坎布里亚**..........**661**
卡莱尔................661
彭里斯................664

纽卡斯尔和
英格兰东北部.....666

泰恩河畔纽卡斯尔......670
泰恩茅斯..............679
达勒姆................679
巴纳德堡..............682
哈德良长城............684
诺森伯兰国家公园......688
诺森伯兰海岸..........690

威尔士............701
加的夫、
彭布罗克郡和
南威尔士.........705

加的夫..............**707**
蒙茅斯郡............**720**
切普斯托..............720
下瓦伊河谷............721
阿伯加文尼............722
南威尔士河谷........**724**
布莱纳文..............724
斯旺西湾和高尔半岛...**726**
斯旺西................726
曼布尔斯..............730
高尔半岛..............731
卡马森郡............**733**
拉纳森................734

兰代洛................734
彭布罗克郡..........**735**
桑德斯福特............736
滕比..................737
纳伯斯................739
圣戴维兹..............740
波斯加因及周边........743
菲什加德..............744
纽波特................747

布雷肯比肯斯和
中威尔士.........749

**布雷肯比肯斯
国家公园**.............**751**
瓦伊河畔海伊..........751
布莱克山脉............755
克里克豪厄尔..........756
布雷肯................757
大森林地质公园和
布莱克山..............760
波伊斯..............**762**
拉努蒂德韦尔斯........762
比尔斯韦尔斯..........764
赖厄德................765
蒙哥马利..............766
威尔士浦..............767
马奇莱兹..............768
锡尔迪金............**770**
阿伯里斯特威斯........771
阿伯赖伦..............774
卡迪根................775

斯诺登尼亚和
北威尔士.........778

北威尔士边境........**780**
里辛..................780
兰戈伦................781
斯诺登尼亚国家公园...**784**
多尔格劳镇............785
巴茅斯................788
哈勒赫................789

布莱奈费斯廷约格......790
贝图瑟科伊德..........791
兰贝里斯..............793
斯诺登山..............795
贝德盖勒特............798
利恩半岛............**799**
波斯马多格............800
阿伯达伦..............802
北海岸..............**803**
卡那封................803
班戈..................805
康威..................807
兰迪德诺..............810
安格尔西岛..........**814**
博马力斯..............814
霍里黑德..............816

苏格兰............819
爱丁堡............831

格拉斯哥和
苏格兰南部........875

格拉斯哥............**878**
边境地区............**900**
皮布尔斯..............900
梅尔罗斯..............902
杰德堡................903
凯尔索................904
邓弗里斯和加洛韦....**906**
邓弗里斯..............906
邓弗里斯以南..........907
科库布里..............908
加洛韦森林公园........910
加洛韦角..............912

斯特灵和
苏格兰中部........914

斯特灵................915
法夫................**922**
圣安德鲁斯............922

东角 927	皮特洛赫里 992	
邓弗姆林..............931	布莱尔城堡 994	
库罗斯................932	塔姆尔湖和兰诺克湖...995	
邓迪和安格斯........**932**	泰湖 995	
邓迪.................932	**西部高地** **996**	
阿布罗斯..............936	科河谷................996	
阿伯丁郡 **937**	威廉堡................997	
阿伯丁...............938	进岛公路 1000	
马里 **942**	**凯斯内斯郡**.........**1003**	
埃尔金...............942	威克.................1004	
达夫镇和阿伯洛尔.....944	约翰欧格罗茨 1005	
洛蒙德湖和 **特罗萨克斯** **944**	梅伊.................1005	
阿盖尔郡 **950**	邓尼特角.............1005	
奥本.................950	瑟索和斯克拉布斯特..1005	
马尔岛...............952	**北部和西部海岸** **1007**	
爱奥纳岛.............957	德内斯................1008	
因弗雷里.............959	阿勒浦................ 1011	
基尔马丁谷...........959	**斯凯岛** **1018**	
金泰尔...............960	阿玛代尔.............1020	
艾莱岛...............962	布罗德福德 1021	
朱拉岛...............966	库林丘陵 1021	
阿伦岛 **967**	波特里................1022	
布罗迪克及周边.......968	邓韦根................1023	
洛克兰扎.............969	特罗特尼施 1024	
南海岸...............970	**外赫布里底群岛**.....**1025**	
拉穆拉什.............971	刘易斯岛.............1026	
因弗内斯、高地和 **北部诸岛** **972**	哈里斯...............1029	
	巴拉岛...............1034	
因弗内斯和大峡谷....**973**	**奥克尼群岛** **1035**	
因弗内斯.............973	柯克沃尔 1038	
尼斯湖...............981	梅恩兰岛西部和北部 ..1042	
凯恩高姆...........**984**	斯特罗姆内斯.........1043	
阿维莫尔.............985	霍伊岛...............1045	
金尤西和牛顿莫尔.....988	北部诸岛.............1045	
皇家迪赛德...........989	**设得兰** **1047**	
珀斯郡高地 **991**	勒威克...............1050	
邓凯尔德和伯纳姆 991	萨姆堡...............1053	
	北部岛屿.............1054	

了解英国

今日英国 **1058**	
历史 **1061**	
餐桌 **1081**	
建筑 **1088**	
艺术 **1093**	
风光 1107	
体育 1114	

生存指南

出行指南 **1120**	
交通指南 **1130**	
术语表 **1138**	
索引 **1142**	
地图图例 **1148**	
我们的作者 **1149**	

特别呈现

泰晤士河 74	
大英博物馆............76	
罗斯林礼拜堂.........822	
斯特灵城堡...........824	

欢迎来英国

饱经风霜的城堡，气势恢宏的教堂，古色古香的村镇，亘古不变的风光和底蕴深厚的历史——如此种种皆浓缩在了这片面积狭小的国土之上，蔚为大观，诚然不负"大"不列颠之名。

悠久的历史

在英国旅行如同乘坐时光机在历史长河中徜徉。五千多年的历史早已充分渗入这里的每一寸土地：你可以漫步新石器时代的石阵，登上铁器时代的山丘堡垒，探访古罗马浴池，征服诺曼时期的城堡，瞻仰中世纪教堂，流连于维多利亚时期的博物馆，以及仰望21世纪的摩天大厦。这个国家到处弥漫着历史的气息——如果想知道英国为何会是今天的模样，你就必须审视它的过往。

博物馆和画廊

论文化，英国堪称举世无双。不仅伦敦拥有大英博物馆、维多利亚和艾伯特博物馆、泰特现代美术馆、自然历史博物馆等大名鼎鼎的文化机构，全国各地也不乏世界级的博物馆和画廊：格拉斯哥的凯尔文格罗夫美术馆超凡脱俗，纽卡斯尔的波罗的海当代艺术中心美妙绝伦，爱丁堡的苏格兰国家博物馆与利物浦、圣艾夫斯的泰特分馆也都令人神往。不过，最有趣的往往都是最古怪的——四处转转，你会发现收藏树脂制品、割草机、蜡像、巫术物品，甚至是不起眼的铅笔的各种博物馆。这样的乐趣只有在英国才能体验到。

英国的古怪

在英国旅行，要不了多久你就会意识到这里有些——怎么说呢，古怪。自远古以来，这个国家就特立独行：它的艺术、建筑、文学、工程设计、音乐、政治和喜剧莫不如此。这或许源于英国是个岛国，但出了名的变幻莫测的天气无疑也脱不了干系。无论如何，一个能够孕育出掷胶靴、滚奶酪、五月柱舞、背柏油桶赛跑和木杆掷远比赛的奇妙国度，始终是值得一游的。

美妙的户外活动

大不列颠岛从南至北不过874英里，但地形复杂多样：沼泽、山脉、峡谷、湖泊、森林、田野、溪谷，还有漫无边际的崎岖海岸线。这里的国家公园共15座，自然保护区数目众多，美丽的景点不计其数。一代又一代诗人、画家、音乐家和摄影师从延绵不断的风光之中汲取灵感，创作出无数杰作。到群山中徒步，沿小道骑行，在海滩晒太阳，去悬崖上漫游——英国的美妙乡间正等待着你的发现。

我为什么喜欢英国
本书作者 奥利弗·贝瑞（Oliver Berry）

作为一个土生土长的英国人，我在英国走过的步道、街巷、小径、马道比在别处走过的都多——但不知为什么，每次出行我都会发现一些出乎意料的东西，可能是从未踏足的海滩、从未拍过的美景、从未攀爬的小山；也可能是从未参观的博物馆、从未探索的城堡、从未听说的传奇；更多时候是从未去过的酒馆。虽然我已在这个岛上探索了半生，但我所体验的仍不过是这里美妙之处的一小部分。

更多作者信息，见1149页。

上图：布莱克山，兰托尼小修道院（见755页）。

英国
Top 26

1

巨石阵

1 神秘而迷人的巨石阵（见315页）是英国最具标志性的古代遗址。在过去的五千年里，无数人被吸引到这个弥漫着神秘气息的青石环阵里来，但我们至今仍不确定为什么要建造它。大多数游客只能从围栏外观看这些重达50吨的巨石，但如果你妥善计划的话，也可以预订清晨和夜间的参观，进入巨石阵内部游览。远离人群，在斜斜的晨光暮色下漫步巨石阵，仿佛置身仙境，定让你毕生难忘。

爱丁堡

2 爱丁堡（见831页）是一座氛围多变的城市。它因各种节日而著称，尤其是夏季的艺术节。但是在旅游淡季，也有不少值得怀念的景色，如映在春日蓝天下的城堡和山坡上大片的黄水仙，又或是在透着寒意的12月清晨的迷雾中愈显神秘的老城尖塔和古老街巷，以及被雨打湿的鹅卵石路和酒馆窗户里透出的暖光。

KIEVVICTOR/SHUTTERSTOCK ©

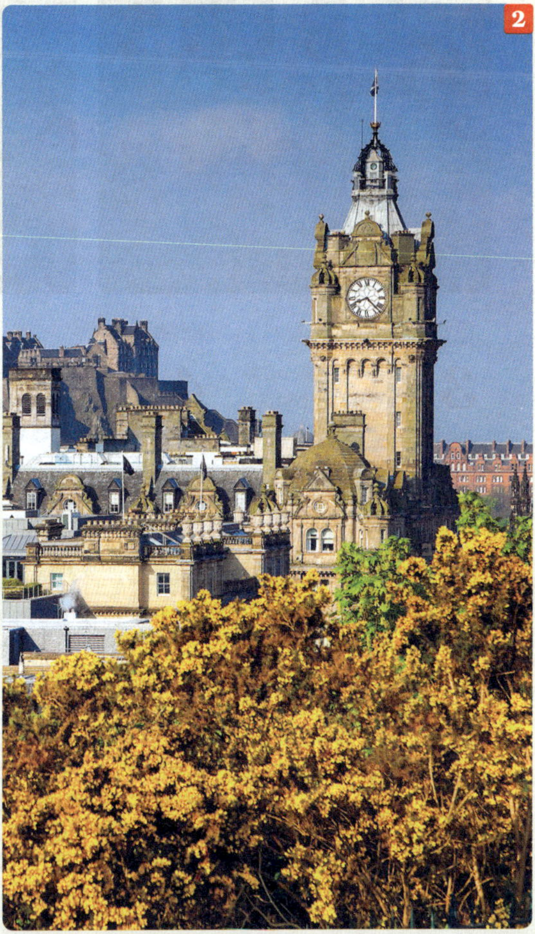

SAMOT/SHUTTERSTOCK ©

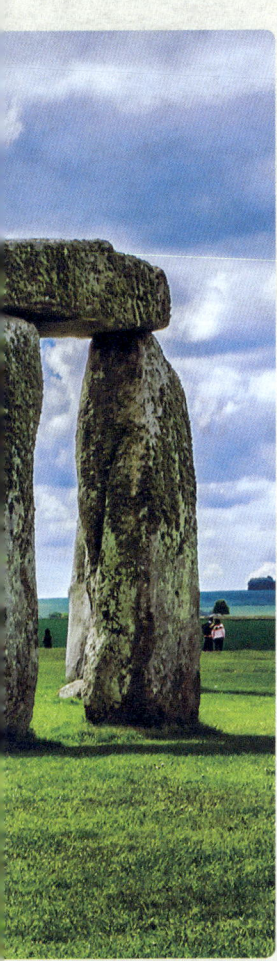

巴斯

3 在英国众多著名的城市中，巴斯（见264页）独占魁首。当地有冒着气泡的天然温泉，促使罗马人在这里修建了一座疗养胜地。18世纪人们重新发现了这些温泉，从此巴斯成为英国上流社会光顾的地方。如今，令人目眩神迷的乔治风格的建筑宅邸、气势恢宏的新月楼群（更不用提那些古罗马遗迹、美丽的大教堂和一座时尚前卫的水疗中心）都让巴斯成为你绝不能错过的目的地。图为古罗马浴池（见265页）。

斯凯岛

4 在苏格兰的诸多岛屿之中，斯凯岛（见1018页）是最出名也是最受旅行者喜爱的一座小岛。这都得归功于斯凯岛有名的历史["斯凯船歌"（The Skye Boat Song）让人们永远记住了斯凯岛与邦尼王子查理之间的联系]、便捷的交通（以前要从大陆坐渡轮上岛，现在已经架了桥）以及无与伦比的美景。崎岖的山脉、湿滑的沼泽、高耸的海边悬崖——斯凯岛的风景绝对不会让你失望。在有雾的时节，你还可以去探索当地的城堡和博物馆，享受酒馆里温馨舒适的氛围。图为库林丘陵（见1021页）。

英格兰海岸路径

5 壮丽绵延的海岸线无疑是英国的一大亮点。洁白细腻的沙滩、海风呼啸的悬崖、茕茕孑立的灯塔、怪石嶙峋的海岬，堪称一场视觉盛宴。此外还有纵横交错的海岸小径，可供所有人自由探索。到2020年，威尔士、苏格兰和英格兰西南部海岸线现有的小径将被英格兰海岸路径（见43页）连成一线——这条建设中的小径长达2795英里，届时将成为欧洲最长的沿岸徒步路线。图为通往杜德曼象鼻山（见299页）的小径。

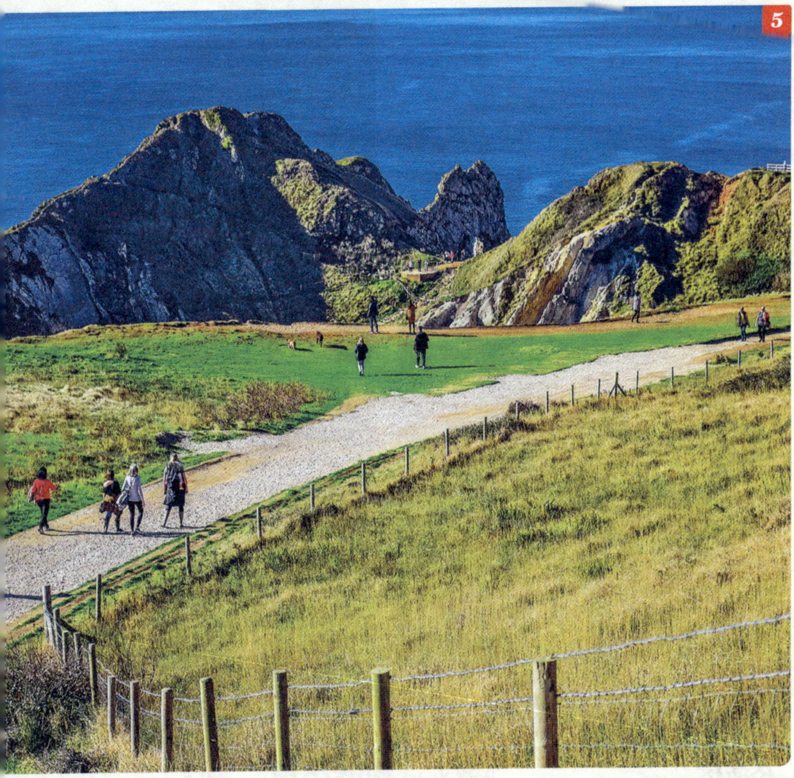

科茨沃尔德地区

6 在科茨沃尔德地区（见217页）旅行，最美妙之处就在于不管你去哪里、是否走错方向，总能见到风景如画、美得不可方物的小村，见到长满玫瑰的小屋、蜂蜜色石头搭建的古老教堂、有着倾斜地板和上好艾尔啤酒的酒馆，或是郁郁葱葱的小山。在这里，你很容易远离尘嚣，发现属于自己的中世纪英格兰风景，以及全郡最好的几家精品酒店。图为上斯洛特的Lords of the Manor酒店（见224页）。

SUXXESPHOTO/SHUTTERSTOCK ©

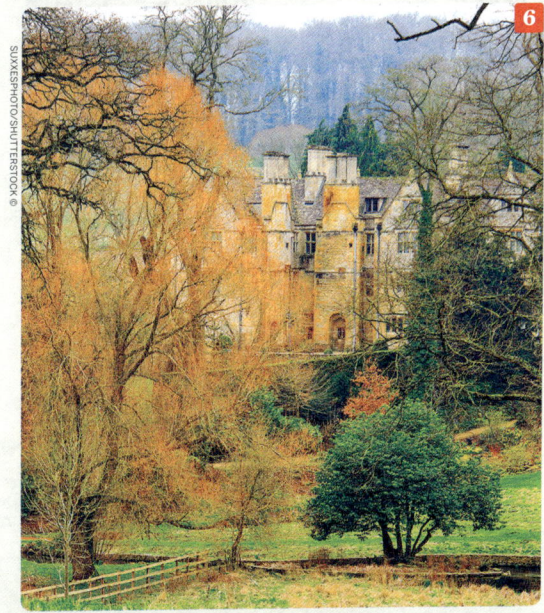

伦敦塔

7 英国首都的地标之一——伦敦塔（见101页）位于泰晤士河畔，塔楼高大雄伟，城垛令人过目难忘。伦敦塔由征服者威廉于11世纪70年代修建，至今已有近千年历史。建造完成之后，这里曾被用作要塞、王室居所、国库、铸币厂、军械库和监狱，如今则是女王御宝的收藏之所，由著名的红衣卫兵和一群被视作神鸟的乌鸦守护。

斯诺登尼亚国家公园

8 在风光旖旎的威尔士，斯诺登尼亚国家公园（见784页）堪称美妙绝伦：嶙峋的山峰、冰川侵蚀的河谷、蜿蜒的山脊、波光粼粼的湖泊和河流，还有魅力难挡的小村。最热闹的当属斯诺登山，许多人喜欢徒步攀至山顶，更多的人喜欢搭乘欢乐的登山火车上山。南部和西部则是人迹罕至的区域，非常适合进行另辟蹊径的探索。利恩半岛和安格尔西岛就在附近，即使山区一带在下雨，这边也总是阳光灿烂。

湖区

9 威廉·华兹华斯和他那群浪漫主义密友是最早讴歌湖区（见630页）之美的人，其实不难看出是什么让他们如此诗兴大发。湖区是英国人气最高的国家公园，在2017年因悠久的山区农业历史而被列入联合国教科文组织世界遗产名录——但令多数人流连忘返的，还是在高耸入云的群山中徒步，以及饱览美不胜收的自然风光。

牛津

10 几个世纪以来，牛津大学的名人才子和知名学院让牛津（见202页）蜚声全球。你可以漫步于宁静的校园和鹅卵石小路，与骑着自行车的学生、衣着朴素的学者擦肩而过，一窥这座崇高学府的风范。几百年来，学校里美丽的建筑和古朴的传统几乎没有什么改变，与这座充满活力的现代城市和谐共存。图为莫德林学院（见208页）。

哈德良长城

11 哈德良长城（见684页）是英国最壮观、最引人瞩目的古罗马遗迹，拥有2000年历史的长城连接众多被废弃的堡垒、要塞、塔楼与里堡（每隔1英里建一座），横穿蛮荒的英格兰北部。这道戍边屏障是防御工事与威权统治的象征，同时也代表一条文明秩序的分界线。哈德良长城以南是有序的古罗马世界，有赋税、浴场、地下供暖设施，而以北则是凯尔特人烧杀抢掠的无序之地。

霍华德城堡

12 对于许多人而言,英国的一大魅力在于数量令人瞠目的豪华庄园——而霍华德城堡(见542页)当属其中最豪华者。这座不可思议的18世纪建筑位于约克东北方向15英里处,是历代卡莱尔伯爵的居所。建筑本身令人叹为观止,除了一座巴洛克大厅,还有肃穆的陵寝、奇特的神殿、养着孔雀的宽阔庭院,更有仿照圣保罗大教堂的巨大穹顶。

康沃尔郡

13 远在英国西南端的曾经的康沃尔王国(见357页)有着连绵不断的海岸线,遍布着陡峭的悬崖、闪耀的海湾、宜人的渔港和白色的沙滩,那里深受一家老少和冲浪者们的喜爱。悬崖上的旧锡矿塔如城堡般耸立,内陆则是一片平静而富饶的农田和风景如画的村庄,伊甸园工程的穹顶是这一带的最大亮点,也是康沃尔郡复兴的一大标志。

计划你的行程 英国Top 26

剑桥

14 剑桥（见397页）有着精美的建筑、悠久的历史传统，是一所非比寻常的大学城。排列紧凑的古老学院、如诗如画的河滨"后花园"（Backs）和环绕四周的绿色草坪，让剑桥相比牛津更多出一份宁静。剑桥的亮点之一是国王学院礼拜堂那精美的拱顶；另外，要想完整你的剑桥之行，就一定得去乘坐方头平底船，沿河穿过奇异的数学桥。很快你会发现，不能在此地度过学生时代着实是人生一大遗憾。图为圣约翰学院（见403页）。

埃文河畔斯特拉特福

15 埃文河畔斯特拉特福（见455页）是位于英格兰中部地区的一座美丽小镇，因为诞生了英国最著名的作家威廉·莎士比亚而举世闻名。如今，这座小镇上都铎风格的街道宛如一幅活地图，展现了莎士比亚的一生以及他所处的那个时代。成群的莎士比亚爱好者和未来的戏剧演员慕名而来，在当地剧院欣赏戏剧，或是参观莎翁一家那几幢老房子，中途还会绕道去这位巨匠长眠的古老的石头教堂参观一番。图为莎士比亚出生地（见455页）。

坎特伯雷大教堂

16 很少有其他英国教堂能够和坎特伯雷大教堂（见166页）相媲美。这是英国国教的第一教堂，被教徒们朝拜已经超过15个世纪。精致复杂的塔楼雄踞于坎特伯雷，后来的任何建筑都不及其宏伟。12世纪，大主教托马斯·贝克特（Thomas Becket）就是在这座教堂内殉道，这一壮举吸引了上百万朝圣者前来膜拜，也让坎特伯雷大教堂至今都人潮涌动。教堂内一支孤烛凭吊着这段往事，在它前方的粉色砂岩也因800年来教徒们的虔诚跪拜而变得格外光滑。

约克

17 古罗马和维京的遗迹、古老的城墙、迷宫般的中世纪街道都让约克（见533页）成为英国历史的活化石。不妨加入当地的徒步观光团，游览纵横交错的狭窄小巷，聆听鬼故事或历史人物的传奇；然后欣赏精致的约克大教堂（见533页；如图）——它是欧洲北部最大的中世纪教堂，或是去世界上规模最大的火车头收藏馆——国家铁路博物馆——了解近代的历史。

英国的酒馆

18 时尚夜店与设计酒吧方兴未艾，但传统的酒馆仍是英国社交生活的中心。酒馆类型多样，从伦敦、爱丁堡和利兹等地装修精美的维多利亚时期的酒馆，到约克郡、中威尔士和德文郡等地提供美食的酒馆，还有不计其数栖身于茅顶木梁下的简陋的乡村酒肆——Ye Olde Trip to Jerusalem（见490页；如图）据称是英国最古老的酒馆。想要真切地感受英国，不妨在午餐时段或夜晚到酒馆感受一番。

加的夫

19 作为威尔士繁华的首府，小而紧凑的加的夫（见707页）近年来逐渐成为领跑英国发展的城市之一。在经历了20世纪中期的萧条后，加的夫带着活力与自信迈入了新千年，并展现出多样化的建筑风格和新奇而强烈的时尚之感。从古老的城堡到新潮的海滨，从热闹的临街咖啡馆到极富感染力的夜生活，从维多利亚式的购物商场到巨型橄榄球体育馆（每逢比赛日这里就成了全城的心脏地带），加的夫绝非浪得虚名。图为圣戴维兹的购物中心（见718页）。

苏格兰西北部高地

20 高地永远都不缺少令人赞叹的风景，但苏格兰西北部高地的风景才是真正让人叹为观止的，德内斯至洛哈尔什凯尔的海岸公路沿途美景不断：阿辛特（见1010页）的崎岖山脉、托里顿的荒凉之美、愤怒角的偏僻悬崖。再加上全英国最棒的出海观鲸体验、传统乡村酒馆和浪漫酒店中无处不在的高地热情，你很快就会明白这个角落为何如此令人难以忘怀。图为艾莲·多南城堡（见1016页）。

彭布罗克郡

21 彭布罗克郡（见735页）位于充满野性与美感的西威尔士，有着英国最漂亮、最迷人的海岸，还有陡峭的悬崖、天然拱、吹蚀穴、海蚀柱，以及宁静美丽的内陆村庄与神秘河道。你还可以看到诺曼时代的城堡、铁器时代的山丘堡垒、圣井和凯尔特圣徒（包括威尔士的守护神圣大卫），以及史前居民留下的迷人的环形石阵。

计划你的行程　英国 Top 26

利物浦

22 对于许多游客而言,利物浦(见607页)永远和披头士乐队有扯不断的关系,但亲身游历后你会发现这个城市带给你的可远不止这些。经过十年的再开发,如今的滨水区再度成为利物浦的心脏,有着标志性的受保护建筑群的艾伯特码头(见610页;如图)已成为世界遗产。一批顶级博物馆确保了这座城市方方面面的历史不会被人遗忘,泰特利物浦美术馆与披头士纪念馆则分别展出了利物浦的流行文化和这座城市最知名的音乐之子的故事。

科河谷

23 苏格兰最著名的河谷(见996页)兼有高地风光的两大主要特征:壮观的景色和厚重的历史。如今宁静又美丽的河谷在17世纪时曾是一场残暴屠杀的发生地,那时当地的麦克唐纳部落成员被坎贝尔部落血腥屠杀。河谷中有些风景优美的徒步小径(如通往迷失谷的小径)曾是部落人民躲避追兵的路线,他们中有许多人就此长眠在雪地之中。

计划你的行程 英国 Top 26

大英博物馆

24 从美妙的泰特现代美术馆到迷人的自然历史博物馆，伦敦的世界级博物馆和画廊不胜枚举——但就展品数量和涵盖的门类来说，大英博物馆（见89页）可谓无出其右。这座地标博物馆成立于1753年，网罗全球各地的珍贵文物，囊括你能想象到的所有时期或文化的作品。你需要花一整天（或是多次参观）游览，才可能瞻仰所有宝藏——这里也是大多数旅行者能获得最接近冒险家印第安纳·琼斯的体验的场所。

威士忌

25 除茶之外，英国最有名的饮品就是威士忌了。虽然这种琥珀色的烈酒在英格兰和威尔士也有酿造，但和威士忌联系最紧密的还是苏格兰。苏格兰有着超过2000个威士忌品种，各地遍布酿酒厂，其中许多都对游客开放。斯佩塞德（见943页）是主产地之一，颇受行家们的喜爱。在品酒之前牢记这几点：不要把"whisky"拼成"whiskey"——那是爱尔兰人的拼法；在吧台点酒时，不必特地说"Scotch"（苏格兰威士忌）。到了苏格兰，难道你还想喝别的酒？

斯特灵城堡

26 苏格兰随处可见的城堡，是这一地区波澜壮阔的历史的明证。它们当中既有敦那塔城堡那样气氛浪漫的遗迹，也有格拉姆斯、布雷马、艾莲·多南等童话般的要塞；但要说能象征苏格兰王权崇高地位的，还是斯特灵城堡（见915页）。1706年苏格兰与英格兰合并之前，斯图加特王朝便是从斯特灵发号施令。如今，经过全面修缮的城堡又恢复到了鼎盛时期的模样。城堡中的王宫不容错过，议政大厅、王室礼拜堂和城堡厨房也同样值得一游。

行前参考

更多信息见1119页"生存指南"。

货币
英镑（pound），也被称为"poundsterling"（£）。

语言
英语，另有苏格兰凯尔特语和威尔士语。

现金
外汇兑换处和自动柜员机随处可见，尤其是在城市和主要乡镇。

签证
中国大陆公民须持有访问签证才可入境英国旅游，可在预计出发前3个月着手办理。

手机
英国使用GSM900/1800频段通信网络，多数现代手机可以使用，但最好还是在出发前核实。在英国购买预付费的SIM卡也很方便。

时间
格林尼治标准时间（UTC/GMT +00:00），11月至次年2月比北京时间慢8小时，3月至10月慢7小时。

何时去

夏季温暖炎热，冬季温和
夏季凉爽温和，冬季寒冷

- Fort William 威廉堡 5月至9月前往
- Aberdeen 阿伯丁 5月至9月前往
- Edinburgh 爱丁堡 任何时间前往
- Brecon 布雷肯 5月至9月前往
- Norwich 诺里奇 5月至9月前往
- LONDON 伦敦 任何时间前往
- Exeter 埃克塞特 4月至10月前往

旺季（6月至8月）
➡ 这段时间的天气是最好的。酒店入住率也达到顶峰，尤其是在8月学生放假时。

➡ 道路拥挤，海滨地带、国家公园以及牛津、巴斯、爱丁堡、约克等热门城市尤其如此。

平季（3月至5月和9月至10月）
➡ 客流量下降，价格降低。

➡ 天气通常不错。3月至5月的天气常常是晴天和阵雨交织，9月至10月天气温暖宜人。

➡ 5月和9月最适合户外运动。

淡季（11月至次年2月）
➡ 潮湿寒冷。山区会下雪，尤其是在北部地区。

➡ 从10月至次年复活节，景点开放时间缩短；一些会在冬季关闭。不过大城市的景点（特别是伦敦）会全年开放。

网络资源

出发前若想对英国的概况有个直观的了解,可参考以下几个网站来制订你的行程:

BBC(www.bbc.co.uk)提供新闻和娱乐信息的国家广播电视网站。

英国旅游局中文官网(www.visitbritain.com/zh/CN)英国旅游局中文推广网站,信息全面,也可在线购买部分折扣券与城市通票。

伦敦中文官网(london.cn/visit/)有助于旅游者游览伦敦。

Lonely Planet(www.lonelyplanet.com/great-britain)目的地信息、酒店预订、旅行者论坛及其他实用信息。

Traveline(www.traveline.info)提供英国全国公共交通信息的门户网站。

British Arts Festivals(www.artsfestivals.co.uk)为你列举数百个节日,覆盖艺术、文学、歌舞、民俗等各种类型。

重要号码

电话区号长短各异(例如伦敦是020,巴斯是01225)。如果你就在本地区,则不需要拨区号。如果是从海外打入,不用拨前面的0。

英国国家区号	44
国际接入码	00
紧急呼救(报警、火警、救护车、山区救援或海岸警卫队)	112或999

汇率

以下汇率仅供参考,实际操作请以交易银行外汇牌价为准。

人民币	CNY1	GBP 0.113
港币	HKD1	GBP 0.097
新台币	TWD1	GBP 0.025
澳门元	MOP1	GBP 0.095
新加坡元	SGD1	GBP 0.561
美元	USD1	GBP 0.765
欧元	EUR1	GBP 0.856

要了解当前汇率,可访问www.xe.com/zh-CN/。

每日预算

经济:少于£55
- 青旅床位:£15~30
- 咖啡馆或小酒馆简餐:£7~11
- 长途汽车:£15~40(200英里)

中档:£55~120
- 中档酒店或民宿双人间:£65~130(伦敦£100~200)
- 中档餐厅主菜:£10~20
- 长途火车:£20~80(200英里)

高端:高于£120
- 四星级酒店房间:£130起(伦敦£200起)
- 高档餐厅三道菜:人均约£40
- 租车:每天£35起

营业时间

营业时间全年各异,尤其是在乡村地区,10月或11月至次年3月或4月,许多场所营业时间缩短,甚至不营业。

银行 周一至周五 9:30~16:00;有些银行周六9:30~13:00也营业

酒馆和酒吧 周一至周六 正午至23:00(许多营业至午夜,周五和周六至次日1:00,特别是苏格兰),周日12:30~23:00

餐厅 午餐正午至15:00,晚餐18:00~21:00/22:00(城市中的餐厅营业至深夜)

商店 周一至周六 9:00~17:30(城市中的商店至18:00),通常也在周日11:00~17:00营业;大城市里的便利店全天24小时营业

抵达英国

希斯罗机场(Heathrow Airport;伦敦)5:00至午夜之前有火车、伦敦地铁和公共汽车至伦敦市中心(夜班公共汽车运营至更晚);票价£6~22。从希斯罗机场乘出租车至伦敦市中心的费用为£48~90(高峰时间费用更高)。

盖特威克机场(Gatwick Airport;伦敦)4:30至次日1:35有火车去伦敦市中心(£10~20);去伦敦市中心的公共汽车每小时1班,基本整点发车,费用£8起。从盖特威克机场乘出租车至伦敦市中心费用£100(高峰时间费用更高)。

圣潘克拉斯国际火车站(St Pancras International Station;伦敦市中心)自巴黎或布鲁塞尔出发的欧洲之星列车终点站就在这个位于伦敦市中心的车站,可以换乘地铁至伦敦其他地区。

维多利亚车站(Victoria Coach Station;伦敦市中心)自欧洲出发的长途汽车终点站在这个位于伦敦市中心的车站;可以换乘班次频繁的地铁至伦敦其他地区。

爱丁堡机场(Edinburgh Airport)有班次频繁的电车(£6)和公共汽车(£4.50)至爱丁堡市中心。0:30~4:00之间夜班公共汽车(£4)每30分钟1班。出租车费用约£20。

关于更多**当地交通**信息,见1132页。

初次到访

更多信息见1119页"生存指南"。

清单

➡ 查看护照有效期限

➡ 查看签证或入境要求

➡ 做好预订准备（景点、住宿、剧院门票、交通等）

➡ 将旅程告知你的信用卡/借记卡发卡行

➡ 买好旅游保险

➡ 查看手机兼容性

➡ 查看租车要求

➡ 查看航班行李限制

➡ 把受限物品（比如液体等）放入透明塑料袋中，再放入托运行李

带什么

➡ 插头转换器（英国专用）

➡ 雨伞——关于英国天气的传言都是真的

➡ 轻薄的防水外套——因为有时单有雨伞还不够

➡ 舒适的徒步鞋——英国的城乡都非常适宜步行探索

重要旅行提示

➡ 在伦敦各机场都有开往伦敦市中心的特快列车，你可以在行李提取大厅购得车票，省去在购票机处排队的麻烦。也可以通过网络提前购买。

➡ 换取当地货币的最便捷途径还是使用自动柜员机。但是要留意，银行可能会收取手续费，而且汇率往往并非最优。

➡ 如果你准备在伦敦待上好几天，建议买一张牡蛎卡（Oyster Card），这是当地的交通卡。

➡ 扒手和骗子常出没于人流量大的游客区，伦敦尤其如此。你不需要太紧张，但一定要留个心眼儿。

➡ 英国的电源插头和欧洲其他地方不一样，所以记得带上一个英国专用插头转换器，或是抵达之后买一个。

穿什么

出行最好带上雨衣，另外带上一个小包，好在太阳出来时把雨衣装进去。夏季时，防晒霜和雨伞也是必需品。

观光时记得那句老话：一双鞋子的舒适度能成就一次旅行，也能毁了一次旅行。如果你想充分享受英国美丽的室外风光，记得带上一套合适的远足装备再去高处或野外；如果只是去郊外闲逛就没有必要了。

身着休闲装可以进入多数酒馆、酒吧、餐厅，但如果去更高档的场所，还是建议穿得正式些。

住宿

推荐预订，特别是在高人气度假区域和岛屿。夏季和学校假期（包括期中假）尤其繁忙。7月和8月去英国旅行至少要提前两个月预订。

民宿 这些小规模的家庭经营住宿一般性价比高，也有更豪华的民宿，与精品酒店类似。

酒店 英国酒店的种类很多，既有仅6间客房的酒馆二楼酒店，也有位于

修复过的庄园和城堡中的酒店。房价自然也有高有低。

青年旅舍 既有各联盟旗下的旅舍,也有私人经营的旅馆,许多旅舍位于简朴或充满历史感的建筑中。

现金

自动柜员机和货币兑换处非常普遍,在城市和主要城镇里更是随处可见。

砍价

如果你在跳蚤市场或古董商店买东西,可以和老板讨价还价,但除此以外的其他场所都不能砍价。

小费

餐厅提供餐桌服务的餐厅和茶室约10%。高档餐厅接近15%。小费也可能以"服务费"(service charge)的形式出现在账单上。小费或服务费都不是强制性的。

酒馆和酒吧一般不用给小费,除非提供了餐桌服务,那么通常需加10%。

出租车约10%,或者是凑成整数,伦敦尤其如此。

礼节

礼貌 英国人向来以有礼貌而著称,注重文明礼貌是很有必要的。在问路时,"不好意思,请问去……要怎么走"(Excuse me, can you tell me the way to…)显然要比"嗨,……怎么走"(Hey, where's…)来得妥当。

排队 在英国,不管是等公交还是在售票处买票,抑或是进景区大门,排队都是一种必不可少的"神圣"行为。任何试图插队的行为都将招来周围人的斥责与怒视。

自动扶梯 在搭乘自动扶梯或是自动步道时(尤其是在伦敦的地铁站),一定要靠右站,以便其他有急事的人可以从左边通过。

就餐

如果在外就餐(见48页),并且打算前往中档餐馆,明智的做法是预约,特别是在周末。高档餐馆则应提前两三个星期预订。

餐馆 英国的餐馆种类繁多,既有价格便宜又令人愉快的小馆,也有米其林星级餐厅,供应的菜肴更是应有尽有。

咖啡馆 日间营业(18:00之后营业的非常少),是随意吃些早餐、午餐或喝杯咖啡的好地方。

酒馆 多数英国酒馆供应价格合理的餐食,许多菜式的品质可以媲美餐馆。

伦敦,卡姆登镇(见138页地图)。

新线报

伦敦横贯铁路

作为英国规模最大、最复杂、造价最高的工程项目,人们翘首以盼的新跨城铁路终于在多年建设之后,于2019年通车。

湖区世界遗产地

在当地积极游说(有人支持,也有人抵制)之后,这座英国最著名的国家公园在2017年凭借其独特的自然风光和山区农业文化被列入了世界遗产名录。(见630页)

英格兰海岸路径

在2020年,徒步爱好者们可以实现不间断徒步英格兰海岸线的愿望;这条路径总长2795英里。(见43页)

泰特现代美术馆的扩建

泰特现代美术馆的扩建部分"开关室"(Switch House)终于完成。10层的观景体验堪称无与伦比,而且不需要花一分钱。(见105页)

阿什莫林博物馆

这座位于牛津的博物馆为庆祝落成400周年而开辟了一个新展区,以纪念博物馆奠基人伊莱斯·阿什莫尔,同时也展出查理一世案主审法官戴的帽子和宝嘉康蒂父亲的斗篷等珍贵文物。(见208页)

惠特比的"奋进"号

为纪念库克船长发现澳大利亚250周年,他的航船"奋进"号在原制造地——约克郡小镇惠特比得到了1:1的复原。(见553页)

泰特圣艾夫斯美术馆

2018年,耗费巨资的泰特康沃尔分馆扩建项目完成,一个当代作品新展区现已开放,圣艾夫斯画派的众多知名艺术家也有了展示的平台。(见368页)

古罗马浴池

巴斯建于公元1世纪的浴场引入了21世纪的新技术:视觉投影栩栩如生地展现着2000年前的景象。(见265页)

大特罗萨克斯小径

新开辟的徒步小径,全长30英里,连接卡伦德与洛蒙德湖,途经卡特琳湖的新露营点。(见945页)

新威弗利

连接爱丁堡老城与威弗利火车站的现代开发项目,于2018年开放,有一座新建的广场和多家酒店,修复后的铁路涵洞里还有许多奇妙的商店和酒吧(www.newwaverley.com)。

邓迪滨水区

邓迪滨水区的再开发工程进展迅速,如今已有一座令人惊叹的新建筑,伦敦维多利亚和艾伯特博物馆的分馆即在此地。(见932页)

更多推荐和评论见网站
lonelyplanet.com/great-britain。

如果你喜欢

城堡和豪宅

霍华德城堡 一座令人叹为观止的巴洛克式建筑,也因作为《故园风雨后》的拍摄地而闻名。(见542页)

伦敦塔 伦敦塔是这座城市的地标,由著名的红衣卫兵巡逻把守,并受到神秘乌鸦的保护。(见101页)

布伦海姆宫 一座经典的巴洛克风格建筑,也是英国最伟大的豪华古宅之一。(见216页)

查茨沃斯庄园 豪华古宅中的精品,里面收藏着大量的祖传珍宝与艺术珍品。(见524页)

伯利府 伊丽莎白一世手下头号谋臣威廉·塞西尔修建的豪华宅邸,庭院由兰斯洛特·"万能"·布朗(Lancelot 'Capability' Brown)设计。(见499页)

沃里克城堡 保存之完好足以令人过目难忘,废墟之破败足以尽显浪漫气息。(见453页)

博马力斯城堡 传统的威尔士风格城堡,与附近的康威城堡、卡那封城堡、哈勒赫城堡一并被列入世界遗产名录。(见815页)

卡雷格凯南城堡 威尔士位置最惊险的堡垒,坐落在布雷肯比肯斯国家公园一处偏僻的悬崖上。(见760页)

艾莲·多南城堡 苏格兰最上镜的城堡,位于一座湖泊旁的独立岛屿之上。(见1016页)

斯特灵城堡 这座经典的要塞高踞火山岩峭壁之上,从城垛上可以欣赏到令人叹为观止的景色。(见915页)

海岸风光

彭布罗克郡 位于威尔士西端,有着高耸的悬崖、岩石拱桥、清澈的海水与完美的沙滩。(见735页)

康沃尔北部的海岸 嶙峋峭壁、金色海滩、白色浪花、冲浪人群组成的经典海岸景观。(见357页)

高尔半岛 这里有适合家庭度假的海滩,也是冲浪者的最爱,背靠着大片沙丘和宁静的农田。(见731页)

比奇角和七姐妹白垩岩悬崖 南唐斯丘陵延伸入海,高大的白垩岩峭壁蔚为壮观。(见187页)

绍斯沃尔德 优雅的老式海滨城镇,有美丽海滩、迷人码头,还有一排排色彩缤纷的海滩小屋。(见423页)

布赖顿 伦敦居民心仪的海滨度假胜地,卵石海滩、地标码头和另类氛围都很有名。(见188页)

德内斯至洛哈尔什凯尔 苏格兰海岸路线,令人叹为观止的景色随处可见。(见1009页)

霍尔克姆国家自然保护区 未经开放的沙滩,上方是壮阔的天空。(见433页)

英国王室

白金汉宫 白金汉宫是英国女王在伦敦的官方居所,最著名的是这里的"皇室挥手"阳台和卫兵换岗仪式。(见93页)

温莎城堡 温莎城堡是全世界最大、最古老的有人居住的城堡,城垛和塔楼壮观威武,这里也是女王放假时的居所。(见244页)

威斯敏斯特大教堂 威斯敏斯特大教堂是英国君主加冕、结婚的地方,最近在这里结婚的一对新人就是威廉王子和凯特王妃。(见88页)

皇家游艇"不列颠尼亚"号 这艘游艇是英国王室出国时的海上居所,如今已经退役并停靠在爱丁堡附近。(见849页)

巴尔莫勒尔城堡 这座城堡系1855年为维多利亚女王而建,至今仍是王室在苏格兰高地的避暑行宫。(见990页)

皇家行宫 为玩世不恭的王子、日后的乔治四世修建的奢华宫殿。(见189页)

奥尔索普宅邸 威尔士王妃戴安娜的祖居和长眠之地。（见500页）

精彩户外

湖区 汇聚了山峦、山谷、野景，当然更少不了湖泊。这里的风景也给英国诗人威廉·华兹华斯带来了灵感。（见630页）

诺森伯兰国家公园 这座空旷的国家公园位于英格兰北部的偏远地区，远离尘嚣。（见688页）

斯诺登尼亚国家公园 威尔士最著名的自然景区，位于中心地带的是壮观的斯诺登山——它十分容易攀登。（见784页）

约克郡山谷国家公园 集沼泽、丘陵、山谷、河流、悬崖、瀑布于一身，非常适合漫步或是进行高难度徒步。（见558页）

本尼维斯山 挑战爬上这座苏格兰最著名的山峰（亦是英国最高的山峰）的峰顶。（见999页）

凯恩高姆 在英国最大的国家公园的群山与山谷中漫步——可以体验到苏格兰狂野的一面。（见984页）

教堂和修道院遗址

圣保罗大教堂 数百年来，圣保罗大教堂一直是伦敦的一大标志，至今仍是伦敦天际线的重要组成部分。（见100页）

约克大教堂 欧洲最大的中世纪教堂之一，教堂的窗户尤为著名。（见533页）

芳汀修道院 这片遗址坐落于一片后建的水景园中，是全英国最漂亮的修道院遗址之一。（见545页）

坎特伯雷大教堂 英国国教圣公会的"母教堂"，至今仍吸引着

上图：本尼维斯山（见999页）。
下图：坎特伯雷大教堂（见166页）。

成千上万的教徒与游客前来参观。（见166页）

梅尔罗斯修道院 边境修道院中最宏伟的一座，罗伯特·布鲁斯的心脏就埋在此地。（见902页）

惠特比修道院 这片壮观的遗址位于悬崖顶端，诡异的气氛成为小说《吸血鬼伯爵德古拉》的灵感来源。（见555页）

圣戴维兹主教座堂 一个古老的礼拜地，位于英国最小的城市之中。（见740页）

格拉斯顿伯里修道院 这里是传说中亚瑟王和桂妮薇女王的埋葬地。（见278页）

丁登修道院 这片遗址位于河边，为历史上许多诗人和画家带来了灵感。（见721页）

美术馆

泰特不列颠美术馆 这是英国最著名的美术馆之一，里面摆满了最出色的当地艺术品。（见97页）

泰特现代美术馆 伦敦的另一家泰特美术馆，主要展出现代艺术品。（见105页）

波罗的海当代艺术中心 这里是属于纽卡斯尔自己的"北方泰特"，里面陈列着各类当代艺术中的精品。（见672页）

加的夫国家博物馆 馆内藏有大量威尔士艺术家的作品，另外还有莫奈、雷诺阿、马蒂斯、凡·高、弗兰西斯·培根、大卫·霍克尼等的作品。（见709页）

凯尔文格罗夫美术馆和博物馆 这家博物馆是格拉斯哥的一大地标，里面有大量藏品，是了解苏格兰艺术的最佳切入点。（见883页）

约克郡雕塑公园 约克郡雕塑公园是英国最大的露天雕塑场馆，亨利·摩尔和芭芭拉·赫普沃斯的作品是园内的亮点。（见572页）

巴伯美术学院 这座伯明翰的美术馆馆藏鲁本斯、特纳、毕加索等大师的作品，不容小觑。（见443页）

邓迪维多利亚和艾伯特博物馆 全新打造的画廊，关注苏格兰本地与国际性的艺术、设计佳品。（见933页）

工业遗产

铁桥峡 集工业革命时期文物大成的地方，你可以花一张门票的钱参观10家博物馆，饱览其中的精彩内容。（见475页）

布莱纳文 这座世界遗产地有着各种保存完好的钢铁遗迹和迷人的大坑煤矿。（见724页）

凯勒姆岛博物馆 展示设菲尔德的钢铁工业遗产，巨大的顿河蒸汽机是这里的镇馆之宝。（见579页）

新拉纳克 这里曾是英国最大的棉纺工业区，也是对开明资本主义的一次确实证明。（见898页）

国家铁路博物馆 这是纪念英国蒸汽时代的大教堂，对于各年龄段的铁路迷来说，这里是见识各种火车头的绝佳之地。（见533页）

布鲁内尔的"大不列颠"号蒸汽船 大名鼎鼎的远洋蒸汽轮船，由布鲁内尔设计，经过修复之后，如今神采奕奕地展示在布里斯托尔港区。（见254页）

古罗马遗迹

古罗马浴池 巴斯的名字（Bath，意为"浴室"）正是源自城中著名的古罗马遗址：一片围绕天然温泉而建的浴池。（见265页）

哈德良长城 从东海岸到西海岸，蛇形穿越孤独的群山，这座有着2000年历史的防御线曾经标志着古罗马帝国势力所及的北方界限。（见684页）

约克郡博物馆 展示了约克作为古罗马重镇埃伯拉库姆的翔实和迷人历史。（见536页）

卡利恩罗马堡垒 英国的三大古罗马军团要塞之一，有着令人印象深刻的兵营、浴场，以及一座圆形剧场遗址。（见721页）

科里尼翁博物馆 位于科茨沃尔德的赛伦塞斯特小镇曾经叫作科里尼翁，是英国第二大的罗马城市。这家博物馆将带你回顾那段历史。（见219页）

田园风光

拉文纳姆 这里有一批保存完好的中世纪建筑，自15世纪以来一直没有改变。（见419页）

拉科克 这是一座保存完好的中世纪村庄，几乎没有受到现代化的影响，成为诸多古装影视剧的取景地。（见318页）

佩恩斯威克 风景如画，是科茨沃尔德地区最具英格兰风情的村庄之一。（见232页）

库尔斯 苏格兰保存最完好的17世纪村庄，因作为电视剧《古战场传奇》中Cranesmuir的取景地而为人熟知。（见932页）

戈斯兰 约克郡最具吸引力的村庄之一，有村庄绿地和传统蒸汽火车站。（见555页）

茅斯侯尔 英格兰西南部有不少风景如画的港口，这是最好的一个。（见374页）

贝德盖勒特 这座受保护的村庄位于斯诺登尼亚国家公园的中

计划你的行程 如果你喜欢

格拉斯顿伯里当代表演艺术节（见279页）。

心位置，有大量粗糙的石头建筑。（见798页）

艺术节和音乐节

爱丁堡国际艺术节 全世界最大的艺术文化节，这是人尽皆知的。（见853页）

格拉斯顿伯里当代表演艺术节 英国最大、最受欢迎的音乐节。（见279页）

海伊文化节 世界级的文学节日，举办地在英国的书ß之都。（见753页）

诺丁山狂欢节 伦敦的加勒比社区向全市人民展现什么才叫真正的派对。（见127页）

同志骄傲节 同性恋男女们游行穿过整个伦敦，活动的气氛最后在特拉法加广场的音乐会上达到高潮。（见126页）

纬度音乐节 活动包罗万象——音乐、文学、舞蹈、戏剧和喜剧，在萨福克一个令人赞叹的地点举办。（见424页）

六号音乐节 在波米洛恩各种迷人塔楼间举行的为期三天的庆祝活动。（见800页）

赫布里底凯尔特节 民俗、摇滚和凯尔特音乐的盛会，在斯托诺韦的刘易斯城堡庭院中举行。（见1027页）

购物

波特贝罗路市场 伦敦最著名的一条购物街，沿街还有不少奇特的精品店和礼品店。（见122页）

利兹的Victoria Quarter 精致的钢铁架构与彩色玻璃共同构成美丽的拱廊购物街，这里也有不少顶级的时尚精品店。（见573页）

布赖顿的北巷区 狭窄的街道两旁林立着销售书籍、古董、收藏品和二手服饰的商店。（见193页）

加的夫的拱廊街 六七条华丽的拱廊购物街从市中心主干道蔓延出去，每条街上都有不少特产商店和咖啡馆。（见718页）

斯凯岛 这里有许多手工作坊和艺术家工作室，适宜购买高品质的手工艺品。（见1018页）

瓦伊河畔海伊 自称是全球二手书之都，有30多家书店、数百万卷书籍，读者、收藏家、学者都会不远万里而来。（见751页）

每月热门

最佳节庆

格拉斯顿伯里当代表演艺术节，6月
皇家军队阅兵式，6月
爱丁堡国际艺术节和边缘艺术节，8月
布雷马集会，9月
盖伊·福克斯之夜，11月

1月

1月的英国正值隆冬。能让人心情愉悦的节日与庆典少之又少，所幸仅有的几个节日都热闹非凡。

伦敦大游行

伦敦大游行仿佛是穿透阴霾的一束阳光。这个游行的官方名字叫作"伦敦新年大游行"（官方网站www.londonparade.co.uk），是全世界最盛大的游行庆典之一。你可以观赏到游行乐队、街头表演、老爷车、花车以及各式游行亮点。

维京火之祭

在这个景象壮观的维京火之祭节日期间，设得兰的半数居民头戴牛角盔、手拿战斧重现维京故事。人群举着火把在街上游行，最后点燃一艘巨大的维京战船。（见1049页）

凯尔特音乐节

凯尔特音乐节的举办地在格拉斯哥，是一次凯尔特音乐、舞蹈与文化的盛会（www.celticconnections.com），世界各地的参与者齐聚于此。

2月

皑皑白雪与冬日阳光下的英国可以很美，但大多数时间它还是在黯淡天空下呈现出昏暗和阴沉，耐心等待吧……

乔维克北欧海盗节

作为古代维京的首都，约克在这一天将再度成为"入侵者"的家园。到处可以看到尖角维京头盔，另外还有有趣的维京长船比赛。（见538页）

威廉堡山节

威廉堡可谓英国的户外运动之都。威廉堡山节在每年的隆冬时节举办，届时会有滑雪训练营、登山电影放映以及著名登山者的演讲等活动（www.mountainfestival.co.uk）。

3月

春天终于到了，好天气也近在咫尺，一些经典的户外运动可以开始了。但许多当地人还是喜欢腻在家里，因此这段时间酒店价格仍然有优惠。

六国橄榄球锦标赛

1月下旬至3月举办的六国橄榄球锦标赛是橄榄球赛季（www.rbs6nations.com）的最大亮点，比赛地点在伦敦的特维克纳姆体育场、爱丁堡的默里菲尔德球场和加的夫的威尔士国家体育场。

划船比赛

来自牛津大学和剑桥大学的划船队每年都会在伦敦的泰晤士河举办划船比赛，这项传统始于1829年，至今仍吸引着全国的关注。（见126页）

4月

天气开始好转，温暖晴朗的天气催开了春天的繁花，淡季关闭的景点也将在本月中旬或复活节重新开放。

全国越野障碍赛马

本月第一个周六，在安特里（http://aintree.the

计划你的行程 每月热门

jockeyclub.co.uk）举办的为期3天的全国越野障碍赛马将吸引大半个国家的关注——这个赛马会中有一条测试跑道和一些高得出了名的障碍栏。

维珍金融伦敦马拉松

参赛者超过3.5万名，身强体健的运动员能在2小时左右的时间内跑完26.22英里的路程，而其他穿着滑稽服装的人还得跑个大半天。（见126页）

朔火节

成千上万人齐聚爱丁堡的卡尔顿山，庆祝这一异教徒篝火节（www.beltane.org）在现代社会的复兴，这个节日原本也标志着冬天的结束。

斯佩塞德威士忌酒节

斯佩塞德威士忌酒节举办地在达夫镇。这是一个集威士忌、美食、音乐为一体的苏格兰节日，为期5天，有关于艺术、烹饪、酿酒厂参观、户外的各种活动。（见943页）

5月

5月的天气大都不错，可以举办的活动也更多。本月有两个公共假期（分别是第一个和最后一个周一），因此相应的那两个长周末交通也会相当拥挤。

足总杯决赛

一百多年来，足总杯决赛一直都是足球赛季的压轴戏。来自英格兰各地的球队厮杀了一整个冬季，终于要在温布利球场迎来最终的对决。

切尔西花展

切尔西的皇家园艺协会花卉展是园艺工作者们每年的重头戏。（见126页）

海伊文化节

海伊文化节被誉为"心灵之伍德斯托克"，其影响力日益增长，为瓦伊河畔海伊——这座"旧书之城"吸引了来自世界各地的文艺爱好者。（见753页）

格林德伯恩歌剧节

作为世界顶级歌剧节的格林德伯恩歌剧节（www.glyndebourne.com），其举办地在一派田园风光的东萨塞克斯，节日一直持续至夏末。

6月

夏天快到了，你可以闻到夏天的气息——从本月开始，各种各样的音乐节将轮番登场，而各类体育运动也将日程表排得满满的。

德比周

在萨里郡埃普索姆举办的这场赛马将持续一周（www.epsomderby.co.uk），现场一片熙熙攘攘的景象。

科茨沃尔德奥运会

在格洛斯特郡举办的这场传统运动会，以掷胶靴、爬滑竿、踢胫骨为重点比赛项目。这项运动会自1612年起每年举办一次。（见230页）

皇家军队阅兵式

在这场军队阅兵游行中，军乐队和头戴熊皮高帽的卫兵沿着伦敦的白厅街（Whitehall）一路行进，庆祝女王的生日。（见126页）

皇家爱斯科特赛马会

皇家爱斯科特赛马会是伯克郡赛马年的最大亮点，不过很难讲清楚人们关注的到底是时尚还是赛马。（见243页）

温布尔登网球锦标赛

这个全世界最著名的草地网球比赛吸引了网坛大部分大腕前来参加，人群在观众席上欢呼雀跃，并吃掉成吨的草莓和奶油。（见152页）

格拉斯顿伯里当代表演艺术节

格拉斯顿伯里当代表演艺术节是英国较受欢迎的流行与摇滚盛会之一，通常会让你满身泥泞，是每一位地道的英国乐迷非参加不可的节日。（见279页）

同志骄傲节

同志骄傲节是对男、女同性恋者最重要的一天，色彩绚丽的街头大游行队伍将横穿伦敦西区。（见126页）

西区艺术节

苏格兰格拉斯哥举办的大型音乐艺术盛会。（见887页）

7月

真正的夏天已经来临。在本月，每周都会有节日。学校假期开始，度假计划蠢蠢欲动。周五的交通将非常繁忙。

上图：爱丁堡边缘艺术节（见853页）上的人群。
下图：切尔西花展（见126页）。

👁 亨利皇家赛舟会

各种各样的船只齐聚亨利镇的河畔，一较高下。（见248页）

☆ 格拉斯哥TRNSMT音乐节

新兴的格拉斯哥音乐节，传承自由来已久的公园茶会音乐节，登台献艺的不乏Radiohead、London Grammar和The Killers等大牌乐队。（见887页）

✿ 约克郡大展览

约克郡大展览是在哈罗盖特举办的全英国最大的郡县展会之一。你可以在这里见到约克郡砂石、约克郡狗、约克郡布丁和约克郡牛肉等。（见543页）

☆ 纬度音乐节

海边城镇绍斯沃尔德举办的音乐节，气氛悠闲，有戏剧、卡巴莱歌舞表演、艺术和文学活动，另外还有大牌另类音乐家献艺。（见424页）

☆ 兰德迪诺国际音乐艺术节

兰戈伦的国际民谣音乐节，可以欣赏到各种另类音乐和有大牌现身的晚间演唱会。（见783页）

✿ 皇家威尔士畜牧展

展示健壮公牛和当地农产品的威尔士农产畜牧盛会，在比尔斯韦尔斯举办。（见764页）

☆ 考斯赛周

英国最为声势浩大的赛船会，举办地在怀特岛波涛汹涌的海上。（见289页）

计划你的行程 每月热门

计划你的行程 每月热门

☆ 世界音乐和舞蹈艺术节

举办地在科茨沃尔德南部的一个郊野公园，届时将能欣赏到来自本地和世界各地的音乐演出（www.womad.org）。

☆ 艾略特港音乐和文学节

最早是一个文学节，现在已经衍生出现场音乐、剧场表演和户外艺术等多种活动（www.porteliotfestival.com）。

8月

中小学及高校都已正式放假，议会也处于休会期。阳光普照（希望如此吧），大多数人会选择出行一至两周，全国沉浸在假日气氛之中。

☆ 爱丁堡的节日

爱丁堡8月份最著名的活动莫过于国际艺术节和边缘艺术节。但本月爱丁堡还有其他你可能感兴趣的关于书籍、艺术、剧场、喜剧、游行乐队等活动（www.edinburghfestivals.co.uk）。

☆ 最佳音乐节

这一奇特的音乐节在多塞特郡的拉尔沃斯庄园举办，每年都有一个不同的着装主题。（见300页）

☆ 威尔士国际音乐节

最大规模的关于威尔士本土文化的庆典（www.eisteddfod.cymru），充满历史感，壮观而华丽，举办地为全郡各地的众多场馆。

上图：诺丁山狂欢节（见127页）。
下图：温布尔登网球锦标赛（见152页）。

世界泥沼浮潜锦标赛

只在英国举办——届时选手们（其中许多人身着奇装异服）口咬浮潜呼吸管，脚踩橡胶蹼，在一条淤泥沟渠中进行游泳比赛（www.green-events.co.uk）。

布雷肯边缘艺术节

举办地在美丽的中威尔士小城布雷肯，所有的音乐爱好者都能在这里得到满足。（见759页）

绿人音乐节

英国众多夏季音乐节中备受青睐的一个，另类的民谣和摇滚乐将持续4天，举办地在植被茂密的布雷肯比肯斯。（见756页）

诺丁山狂欢节

诺丁山狂欢节在诺丁山地区举办，是伦敦最出名的多元文化、加勒比风格的街头狂欢。钢鼓、舞者、奇装异服者都是狂欢节的亮点。（见127页）

9月

9月的第一周仍是假日时间。但这周一结束，学校就开学了，交通也将恢复正常，夏季狂欢到此宣告结束，以待来年。讽刺的是，9月的天气往往比8月要好，可惜大家都得回去工作了。

布雷马集会

布雷马集会是苏格兰规模最大、名气最响的高地比赛，向来是王室家族的专属活动。可以观看到高地舞蹈、掷棒和风笛演奏等节目。（见990页）

拉德洛美食节

一座美食城镇的美食节。（见484页）

大北方长跑

这一活动在泰恩赛德举办，是世界上最大的半程马拉松比赛之一（www.greatrun.org/great-north-run），参赛人数是同距离跑步比赛中最多的。

阿伯加文尼美食节

阿伯加文尼美食节是所有美食节之母，也是威尔士日益繁荣的饮食业的象征。（见722页）

10月

10月就意味着秋天的到来。叶子开始变色，景点开始进入淡季并纷纷关门。酒店的价格也会相应下调，只为了能在冬天来临之前吸引最后一批顾客。

法尔茅斯牡蛎节

位于英国西南部的法尔茅斯港将通过本地海产和康沃尔特产来庆祝传统捕牡蛎季节的开始（www.falmouthoysterfestival.co.uk）。

狄兰·托马斯节

狄兰·托马斯节将通过朗读、活动、对话等方式在斯旺西回顾威尔士桂冠诗人狄兰·托马斯的作品。（见727页）

11月

冬天到了。11月是一个无聊的月份，天气又冷又湿，夏天早已成为遥远的回忆，而圣诞假期又遥不可及。

盖伊·福克斯之夜

也被称为篝火之夜（www.bonfirenight.net）。每年的11月5日，烟花布满英国的夜空，以纪念1605年一次失败的炸毁议会大厦的行动。

国殇日

11月11日，人们佩戴红花，在全国各地的城镇中摆放花圈，怀念在战争中牺牲的士兵（www.poppy.org.uk）。

12月

学校将在月初放假，但商店照开，生意照做，一直持续到平安夜。圣诞节前的最后一个周末，交通将会非常拥挤，因为人们都在忙着探访亲朋好友，或是赶着去机场。

斯通黑文火球节

在苏格兰的渔镇斯通黑文，当地人将用壮观的火球表演迎接新年（www.stonehavenfireballs.co.uk）。

新年庆典

12月的最后一天，烟花与街头派对将席卷全国的城市广场。伦敦的特拉法加广场是这座城市最大规模的迎新地点。

旅行线路

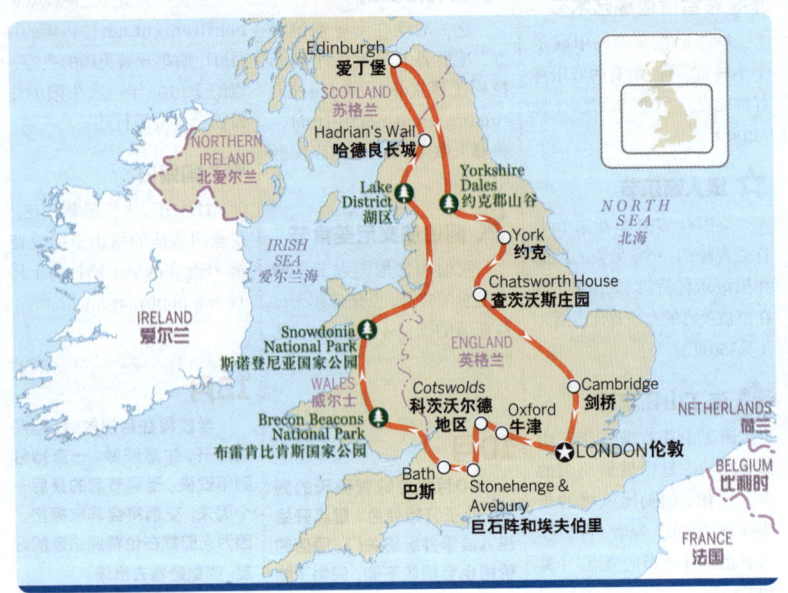

2周 精华游

这条环线囊括英国全部知名景点，半个月的行程马不停蹄，精彩连连。

先从英国最伟大的城市——**伦敦**开始，至少留出三天探索举世闻名的景点，比如白金汉宫、伦敦桥、特拉法加广场、大英博物馆等。之后从首都向西前往英格兰最古老的大学城——拥有"梦幻尖塔"的**牛津**，再游览**科茨沃尔德地区**的美丽村庄。

向南绕一点路，去英国最著名景点**巨石阵**和名声稍逊的**埃夫伯里**，再向乔治风格建筑遍地的美丽历史名城**巴斯**进发。之后去威尔士，顺便穿过两座国家公园：**布雷肯比肯斯**和**斯诺登尼亚**，在后者你可以攀登威尔士的最高峰。回到英格兰，向北去威廉·华兹华斯和毕翠克丝·波特钟爱的**湖区**，在起伏的群山中走走。

接下来，先去探索古罗马在英国最为宏大的工程——73英里长的**哈德良长城**，再驱车向北前往苏格兰首府**爱丁堡**。在返回南方的漫长旅途中，你可以欣赏**约克郡山谷**的连绵群山和山谷，参观美丽的**约克**及中世纪的大教堂，领略**查茨沃斯庄园**的富丽堂皇，或者去**剑桥**的校园中漫步，在后花园中泛舟。

1月 全景游

这条长长的路线将带你游遍不列颠岛三个地区的所有亮点,是不折不扣的环英探险。

在**伦敦**玩上一两天后,往东南方向的**坎特伯雷**进发,再沿着海岸去往活力四射的**布赖顿**。如果想换换口味,也可以转至**新福里斯特**,再去历史悠久的**温切斯特**和**索尔兹伯里**,参观当地雄伟的大教堂。然后去看看不一样的宗教景点:**巨石阵**和**埃夫伯里**古老的环形巨石列阵。

往西去往**巴斯**,欣赏壮观的乔治风格的建筑、古罗马遗址和著名的浴场。然后穿过充满活力的小城**布里斯托尔**和**加的夫**,进入威尔士。在向西饱览过**彭布罗克郡海岸**美不胜收的风景后,就可以向北穿越**布雷肯比肯斯**起伏的群山,抵达奇异的"旧书之城"——**瓦伊河畔海伊**。

接着回到英格兰,去往莎士比亚的故乡**埃文河畔斯特拉特福**,参观**沃里克**、**拉德洛**和**什鲁斯伯里**等地的雄伟城堡。然后穿过**斯诺登尼亚**令人叹为观止的群山,转至威尔士,沿着海岸游览**卡那封**和**康威**壮观的城堡。

再回到英格兰,在**切斯特**的中世纪城墙漫步,感受**利物浦**声名远扬的音乐文化和全面复兴的滨水地带,或是去**曼彻斯特**体验一下北方的夜生活。之后穿过**峰区**的荒原与群山,在**约克**瞻仰令人赞叹不已的约克大教堂,最后在**泰恩河畔纽卡斯尔**的画廊、博物馆、安东尼·葛姆雷的雕塑《北方天使》中结束你在英格兰的行程。

越过哈德良长城,去苏格兰两座以修道院闻名的古镇——**杰德堡**和**梅尔罗斯**。在**爱丁堡**待过几天后,向西经过**斯特灵城堡**,前往享乐至上的**格拉斯哥**。然后远足至**威廉堡**(中途可以攀登英国最高的山峰**本尼维斯山**),从那里可以轻松前往这趟行程的终点:美丽的**斯凯岛**。

10天 跳岛游

这条路线通常可以自驾完成，但骑行也相当有趣（总长度270英里，其中有60英里是从阿勒浦至因弗内斯火车站，后者可以作为此行的起点和终点）。

从**奥本**乘坐5个小时的渡轮过海，去**巴拉岛**过夜（需要预订）。第二天先参观基希穆尔城堡，在岛上随意转转，之后乘渡轮前往**南尤伊斯特岛**。在西海岸的偏远海滩上漫步，品尝当地海鲜，还可以在海湾尝试钓鳟鱼。接着取道本贝丘拉岛去**北尤伊斯特岛**，体验顶级的观鸟乐趣。

在北尤伊斯特岛的洛赫马迪过夜（如果想露营或是住青年旅舍的话，一定要去**伯纳雷岛**），之后乘渡轮去**哈里斯**，那儿的西海岸有着堪称苏格兰最美的海滩。从**塔伯特**（当地的酒店很出色）继续北上，途经起伏的群山便可到达**刘易斯岛**。

不要直接去斯托诺韦，向西兜个圈子游览**卡兰尼什巨石群**和**阿诺尔黑房子博物馆**。在**斯托诺韦**（去Digby Chick享用美食）度过最后一晚后，乘渡轮去**阿勒浦**，以便驱车返回**因弗内斯**——沿途风光迷人。

3周 城市游

这条路线将带你领略英国知名度略低却已重新焕发生机的城市的魅力。

第一站是**布里斯托尔**，这是一个充满荣耀与丰富历史遗产的城市。然后渡海到达**加的夫**，这个城市曾经一度一蹶不振，现在却已是威尔士欣欣向荣的首府。

下一站是转型中的**伯明翰**，翻新的滨水区、充满活力的博物馆以及一家太空时代的购物中心都是这里的亮点。继续向**利兹**进发，这里的废弃工厂与仓库都被改建成了公寓、豪华精品店和时尚商店。

购物不是你的菜？没关系，去**泰恩河畔纽卡斯尔和盖茨黑德**。这两座城市都已经放弃了重工业，转而发展艺术和建筑，如今还以派对闻名全国。

还没玩够？是时候去**格拉斯哥**了。作为苏格兰另一座大城市，这里拥有精彩的美术馆和热情的酒吧。往南则是**利物浦**，这个城市凭借其著名的音乐遗产，以文化之都的形象重新面世。最后在**曼彻斯特**结束你的旅途，这里一直都是艺术的舞台，同时也有引人注目的新式建筑与大名鼎鼎的足球俱乐部。

上图：卡兰尼什巨石群（见1028页）。
下图：博马力斯城堡（见815页）。

计划你的行程 旅行线路

计划你的行程

旅行线路

地图标注：
- 苏格兰高地掠影
- 英格兰海岸游

地图地名：
- Ullapool 阿勒浦
- Glen Torridon 托里顿峡谷
- Skye 斯凯岛
- Plockton 普洛克顿
- Inverness 因弗内斯
- Speyside 斯佩塞德
- Cairngorms 凯恩高姆
- Mallaig 马莱格
- Fort William 威廉堡
- Glenfinnan 格伦芬南
- Ben Nevis 本尼维斯山
- Glen Coe 科河谷
- Callander 卡伦德
- Loch Lomond & the Trossachs 洛蒙德湖和特罗萨克斯
- Stirling 斯特灵
- Edinburgh 爱丁堡
- Glasgow 格拉斯哥
- SCOTLAND 苏格兰
- Lindisfarne 林迪斯法恩岛
- Bamburgh Castle 班堡
- Dunstanburgh Castle 邓斯坦伯city 堡
- NORTHERN IRELAND 北爱尔兰
- Northumberland 诺森伯兰
- NORTH SEA 北海
- North York Moors 北约克荒原
- Whitby 惠特比
- IRISH SEA 爱尔兰海
- IRELAND 爱尔兰
- ENGLAND 英格兰
- Wells-next-the-Sea 海边的韦尔斯
- Norfolk 诺福克
- Southwold 绍斯沃尔德
- The Fens 芬兰德沼地
- The Broads 湖区
- Aldeburgh 奥尔德堡
- Lavenham 拉文纳姆
- Sudbury 萨德伯里
- Colchester 科尔切斯特
- WALES 威尔士

2周 苏格兰高地掠影

这条路线将带你玩遍苏格兰最美妙、最著名的景点。

第一站自然在**爱丁堡**，这里的亮点除了著名的城堡外，还包括皇家大道和老城。你也可以换换口味，去**格拉斯哥**玩上一两天，然后向东北进发，去**斯特灵**看看其他著名的苏格兰城堡。下一站是**卡伦德**，可以以此为中转，探索**特罗萨克斯**的丘陵和湖泊。

继续向北走，四周的风景将越来越漂亮，并在壮丽的**科河谷**达到一个顶峰。登山爱好者可以在**威廉堡**玩一天，登上**本尼维斯山**的山顶（不过这需要再花上一天的时间休息），然后踏上"群岛之路"，经过美丽的**格伦芬南**，到达**马莱格**渔港。

搭乘渡轮到达**斯凯岛**，再经斯凯桥返回大陆，前往美丽的**普洛克顿**和迷人的**托里顿峡谷**。继续前进，经过**阿勒浦**，到达苏格兰最西北角的偏远群山，然后前往高地的首府**因弗内斯**。最后驾车穿越**凯恩高姆**，游览**斯佩塞德**的酿酒厂，结束你的行程。

2周 英格兰海岸游

如果你中意户外活动，喜欢观赏鸟类多过众生百态，不妨尝试这条另辟蹊径的英格兰东部海岸路线。

从**科尔切斯特**出发，前往气氛闲适的萨福克，在欣赏自然风光的间隙游览**萨德伯里**和**拉文纳姆**等美妙的村庄和市镇。与此同时，海岸线上还散布着野生动物保护区、遍布卵石的海滩、**奥尔德堡**等渔港，以及宜人的海滨疗养胜地**绍斯沃尔德**。

接下来去**诺福克**，这里更加安静，特别是在**湖区**薄雾笼罩的湖泊和风车林立的河畔周边。想要漫步海滩或者逛逛历史气息浓厚的乡村酒馆的话，就去**海边的韦尔斯**附近的沿海村庄。在林肯郡边界，还有一片神秘而平坦的沼地芬兰德，现在是水獭和鸟类的乐园。

继续前往石楠覆盖的**北约克荒原**，群山沿海岸线连绵起伏，与北海相接之处的景色十分壮观。不妨在氛围美妙的海滨城镇**惠特比**稍作停留。

迎着海风在诺森伯兰的野性海岸随意走走，可以顺道去附近的地标城堡**邓斯坦伯city堡**和**班堡**参观。最后在神圣的**林迪斯法恩岛**结束行程。

1周 漫游威尔士

威尔士的海岸与乡村一直都深受旅行者喜爱，这条路线就涵盖了其中多数亮点。接着沿英格兰西南海岸继续游览，可以充分领略不列颠岛的凯尔特文化。

第一站是**加的夫**，梦幻般的城堡、巨型橄榄球体育馆、复兴的滨水地区与千禧中心都是这里的亮点。往西途经美丽的**高尔半岛**，抵达彭布罗克郡的碧水白沙。千万不要错过英国最小的城市**圣戴维兹**的古老教堂。继续沿着海岸前往**阿伯里斯特威斯**，再穿过"另类的"**马奇莱兹**到达**哈勒赫**，参观当地的古堡。接下来转到安静的**安格尔西岛**和历史悠久的**博马力斯城堡**，然后穿过斯诺登尼亚的群山，到达**康威**（这里也有一座令人目眩神迷的城堡）和**兰迪德诺**的海滨度假村。

往南走可以经过**兰戈伦**，这里有欢乐的蒸汽火车和纵横交错的河道。再沿着英格兰—威尔士边境到达书卷气十足的**瓦伊河畔海伊**。取道**布雷肯比肯斯**回到内陆，抵达威尔士美食之都**阿伯加文尼**。最后漫步**瓦伊河谷**，在边境城市**切普斯托**结束行程——那里也有一座壮观的城堡。

2周 西部之旅

前往英格兰西南部略费周章，但这里植被茂盛，群山和沼泽随处可见，周边海水波光粼粼，着实会令人感到不虚此行。

先从西南部的首府**布里斯托尔**出发，向南漫游至**格拉斯顿伯里**，这里以一年一度的音乐节而闻名，也是个买蜡烛和水晶的好地方。

向西可到石楠满地的**埃克斯穆尔**的徒步道，接着往南，到达多塞特郡，这里的亮点包括风景如画的**沙夫茨伯里**，以及遍布化石的侏罗纪海岸。

继续前行，至德文郡，这里有大把可供选择的海岸；也可以去**达特穆尔**，那里有着英国南部最高最原始的丘陵。

越过边境进入康沃尔郡，探索**伊甸园工程**的生态温室。不远处的**廷塔杰尔城堡**则会把你带入另一个完全不同的时代——这里正是传说中亚瑟王的诞生地。你还可以去派对之城**纽基**玩冲浪，或是去艺术气息浓厚的**圣艾夫斯**参观美术馆。

这次西行之旅的终点自然是**兰兹角**，英国的陆地在这里到了尽头——但**圣米迦勒山**的岛屿修道院也值得一游。

计划你的行程
美妙的户外活动

在英国旅行时,放慢脚步、结识当地人、另辟蹊径的最佳方式是什么?答案很简单:徒步或者骑行。从北方的狂野高地到南方的滨海悬崖,英国地貌无与伦比的多样性给你提供了不计其数的探索之地。

行前参考

最佳季节
夏季(6月至8月) 天气通常温暖而干燥,夜晚也有长时间的光照。

春末(5月)及初秋(9月) 游客较少,天气通常温和晴朗。在苏格兰,天气比盛夏时节更干燥,蚊虫也更少。

最佳地图
英国地形测量局(Ordnance Survey) 英国国家地图测绘局;探险家(Explorer)系列,比例尺为1:25,000。

哈维地图(Harvey Maps) 特别适合徒步者;超级行者(Superwalker)系列,比例尺为1:25,000。

最佳网站
出发前若想更直观了解英国的概况,可参考以下几个网站来制订你的行程:

www.walkhighlands.co.uk 苏格兰各种长度的徒步路径的全面信息。

www.walkingenglishman.com 英格兰和威尔士短途徒步的信息。

www.nationaltrail.co.uk 提供英格兰和威尔士长途徒步路径的全面信息。

www.scotlandsgreattrails.com 介绍苏格兰的长途徒步路径。

徒步

在英国,徒步是最受欢迎的户外活动,对当地人和游客来说都是如此。首先,步行能让你领略这个国家不一样的风景;其次,步行完全没有任何限制。事实上,和世界上其他地方的远足与探险比起来,在英国的徒步之旅基本不需要制订任何计划。

徒步开始

在英国已经有了一套专为徒步者准备的基础设施,非常完善。因此,对于游客或新手而言很是方便。大多数受徒步者欢迎的村镇的商店里,会销售地图和当地的旅游攻略;地方旅游局也会提供旅游手册和其他资讯;国家公园里还为你提供了建议路线和导览徒步游。这都意味着就算你是第一次来到某个地方,也可以就地收集信息,不到一个小时就能置身于英国的著名景点之中,无须费用,没有限制,毫无顾虑,一身轻松。

英国的步行路网

英国覆盖着一张巨大的步行路网,其中不少都有着数百年的历史,最早可追溯至那个只能靠步行往返于农场与村庄、村庄与城镇、城镇与海岸以及山谷与山谷之间的年代。今天,你的任何徒步之旅都离不开这些历史悠久的小径,英国最长的步行路线也都是由这些短小的小径连接构成的。有时你也会沿着曾经的马道（bridleway）或是古老的土路（byway）一路前行。

通行权

在英国徒步的乐趣很大程度上应归功于"通行权"系统，即私人土地上的公用小路，尤其常见于英格兰与威尔士。在英国，近乎所有的土地（包括国家公园在内）都是私有的。但是如果有通行权的话，你就可以沿着小路穿越这些土地、牧场、森林，甚至农场。在一些山区或荒野，只要你不偏离路线，不进行破坏，你还可以超越通行权自由行动，这被称为"随意漫游"，你往往能在附近的大门和路标上看到明确的标志。要了解更多信息，请访问www.naturalengland.org.uk。

苏格兰有着不一样的法律系统，《苏格兰户外道路法》(Scottish Outdoor Access Code; www.outdooraccess-scotland.com) 允许步行者在遵守规则的前提下穿过大部分的私人领地，但在产羔期、筑巢期、捕猎季（猎松鸡、猎鹿等）会有限行。

英国最佳徒步地区

虽然你可以徒步游至英国的任何地方，但这些地区也有优劣之分，以下是一些最佳地点的介绍，适合数小时的短途步行，或是长时间的一日或多日游。

英格兰海岸路径

得益于允许民众自由前往乡间的悠久传统（以及近来通过的"漫步权"法案），英国风景优美的海岸线大都对徒步者开放。几个区域的长途徒步路径几将全部海岸线囊括在内；其中包括870英里长的威尔士海岸小径（Wales Coast Path; www.walescoastpath.gov.uk）和630英里长的西南海岸小径（South West Coast Path; www.southwestcoastpath.org.uk）。而到了2020年，这些路径还会共同组成规模更大、长度达到2795英里的英格兰海岸路径（England Coast Path; www.nationaltrail.co.uk/england-coast-path）。大部分——可惜并非全部——苏格兰海岸线也对徒步者开放；苏格兰非凡路径（Scotland's Great Trails; www.scotlandsgreattrails.com）可提供包括埃尔郡海岸之路（Ayrshire Coastal Path）、贝里克郡海岸之路（Berwickshire Coastal Path）、法夫海岸之路（Fife Coastal Path）、马里海岸小径（Moray Coast Trail）等海岸徒步路线的建议。

英格兰南部

南唐斯的白色丘陵跨越西萨塞克斯与东萨塞克斯的乡村，汉普郡的新福里斯特则非常适合信步漫游，附近的怀特岛也是绝佳的散步选择。在英格兰南部，地势最高、最原始的地方是达特穆尔，这里遍布青铜时代的遗址和被称为"突岩"的裸露花岗岩，像一尊尊抽象的雕塑般守护着这个世界。埃克斯穆尔都是石楠花遍布的丘陵、穿插其间的山谷与美丽的海岸线；而西南半岛上，从多塞特郡到萨默塞特的整条海岸线提供了极好的散步环境，尤其是康沃尔郡悬崖林立的海岸。

英格兰中部

英格兰中部地区的亮点就是科茨沃尔德地区，那里有纵横交错于规则田地间的小路、茂密的森林和蜂蜜色石头搭建的可爱村庄，堪称英国乡村的典范。位于英格兰和威

长途徒步路线

一些长途徒步路线——比如奔宁山步道、西部高地步道和彭布罗克郡海岸小径都非常有名，维护得也非常好，沿路一直都能看到路标，测量局地图上也有明显的标记。

其中最高调的当属那些国家步道，在地图和路面上都有明确的标识，非常适合新手或海外游客。不过要注意，这些路线虽然好找，却并不见得好走。这些知名路线的一大缺点在于节假日期间会变得非常拥挤，很难找到住宿点。但好处是能和其他徒步者同行，感觉会非常好。

计划你的行程 美妙的户外活动

上图：在苏格兰高地骑行。
下图：徒步去斯诺登山（见795页）。

尔士交界处的马奇地区也同样充满山野气息，为你提供了更多的徒步路线。如果想去更高一点的地方，峰区会是个不错的选择。整个峰区可以分为两个截然不同的区域：以石灰岩、农田和青翠山谷为主要特色的白峰是理想的漫步场所；黑峰则有着泥炭般的高沼地、石楠花和裸露的粗砂岩，是更具挑战性的徒步选择。

英格兰北部

湖区是英格兰徒步游的灵魂地带，这片美丽的区域有着高耸入云的山峰、一望无际的美景、幽静的山谷，当然，也少不了美丽的湖泊。而在另一边，连绵起伏的丘陵让约克郡山谷成为又一处高人气的徒步游地区。再往北走，经验丰富的步行者会爱上诺森伯兰国家公园美丽的丘陵。附近的海岸虽然并不险峻，但同样迷人，对于想要去海边漫步的人来说堪称完美。

南威尔士和中威尔士

布雷肯比肯斯就是一大片起伏的鲸背山群，有着宽阔的山脊与平坦的山峰；西部的彭布罗克郡有着一连串的海滩、悬崖、岛屿、海湾和海港，内地则有僻静的农田与隐秘的河道，以及一年四季都相对温和的天气。

北威尔士

对于步行者来说，斯诺登尼亚就是北威尔士的全部。在斯诺登尼亚，古老的火山留下了一片令人叹为观止的地貌：棱角分明的山峰、尖锐的山脊和陡峭的悬崖。威尔士的最高峰——海拔1085米的斯诺登山也提供了不少颇具挑战的徒步游线路；而附近的格莱德山脉与卡厄杜山脉，以及南部更远的卡德伊里斯山将为你提供更多的徒步游选择。

苏格兰南部和中部

在这片广阔的区域中，有许多适合徒步爱好者的地方，其中包括这一带最出名的山峰本洛蒙德山，以及附近位于洛蒙德湖及特罗萨克斯国家公园的特罗萨克斯山脉。这一带还有风光旖旎的阿伦岛，为你提供了许多海滩漫步和高山远足的好去处。

> **注意天气**
>
> 在英国享受户外活动的乐趣时，一定要当心这里反复无常的天气。郊外的天气看上去舒适宜人，但有时会突然翻脸，海拔高的地方尤其如此。在一年之中的任何时期，只要你行走在丘陵与荒野之间，就一定要带好充足的装备，比如保暖且防水的衣物（即便夏天也是如此）、一张地图、一个指南针（你最好知道怎么用）、饮料和食物，包括巧克力一类的高热量食品。如果你要另辟蹊径，记得提前告诉其他人你计划好的详细路线。

苏格兰北部和西部

对于徒步游的行家来说，真正的天堂就在苏格兰的北部和西部。大自然在这里创造了一片雄伟壮丽的山地，其中包括苏格兰最有名的两个地方：科河谷和本尼维斯山（海拔1345米，是英国最高的山峰）。西海岸附近则是斯凯岛的群山，沿着海岸继续往北走，风景将会越来越漂亮。这一带僻静而美丽，人烟稀少，峡谷与湖泊风光旖旎，更不乏英国面积最大、最原始、最漂亮的山地。

骑行和山地骑行

自行车是探索英国乡村地区的完美工具。一旦你离开了车辆川流不息的主干道，就可以看到蜿蜒穿过农田和宁静村庄的乡村道路网络。这些道路车辆不多，非常适宜骑行。你可以悠哉地欣赏稍有起伏的地貌，偶尔停下来喝杯下午茶；也可以在山地骑行一整天，充分享受卖力爬坡和下坡时风驰电掣的感觉。你可以骑着自行车从一地到另一地，晚间露营或到民宿（许多都接待骑行者）过夜，或者以某地为中转站，几天内往不同的方向骑行。你所需要的不过就是一张地图，再加上几分探险精神。

山地自行车爱好者可以深入原野，沿着英国丘陵和高沼地中纵横交错的车道或马道骑行；或者到专门的山地自行车路径中心，沿单行车道穿越森林。这些中心提供多样的选择，有适合家庭的宜人的泥土路，也有适合高手的崎岖的岩石公园和陡峭坡路。所有路线仿照滑雪度假村雪道分为绿色至黑色的不同等级。

www.sustrans.org.uk 英国自行车路径网络的详细信息。

www.forestry.gov.uk/england-cycling 英格兰森林骑行路径指南。

www.dmbins.com 苏格兰山地骑行路径指南。

冲浪、桨板和帆板运动

英国或许不是著名的冲浪目的地，但海浪适合冲浪的程度令人惊喜。潮汐变化幅度大，因此在涨潮和落潮时浪点会有很大区别。如果你从地球另一端来到英国，你会欣慰地发现，夏季时英格兰南部海水的温度与冬季澳大利亚南部海水的温度大致相当（即是说，你要穿湿衣）。在主要的冲浪点，很容易租到冲浪板和湿衣。

面向大西洋的康沃尔郡和德文郡（纽基是冲浪活动的中心，大众露营车和金发冲浪者云集）海岸最适宜冲浪，在别处也有规模较小的冲浪点，其中比较出名的是威尔士的彭布罗克郡和高尔半岛、英格兰东部的诺福克和约克郡。胆子更大的冲浪者可以去苏格兰北部和外赫布里底群岛，两地都有欧洲最佳、最稳定的冲浪海域。

帆板运动在所有海岸地区都很流行。顶级区域包括诺福克、萨福克、德文郡和康沃尔郡、怀特岛、泰里岛、奥克尼岛以及外赫布里底群岛等。

桨板（SUP）的人气渐旺。如今你在许多海岸地区以及一些海湾、河口与河流上都可以看到进行这项水上活动的人们。

www.surfinggb.com 列出了经过认证的冲浪学校、课程、比赛等信息。

www.ukwindsurfing.com 信息全面的帆板运动网站。

独木舟、皮划艇和漂流

英国西海岸有隐蔽的小海湾、崎岖的海岸线和不计其数的岛屿，因此特别适宜海上皮划艇活动。而内陆的湖泊、运河则是划加拿大式独木舟的理想场所。此外，苏格兰和威尔士水流湍急的河流能提供英国最好的激浪皮划艇和漂流的体验。

在康沃尔郡、安格尔西岛、湖区、洛蒙德湖和斯凯岛的主要活动中心，可以轻松租到设备，并获得指导。

www.gocanoeing.org.uk 有经过认证的英格兰独木舟中心的名录。

www.canoescotland.org 介绍苏格兰的独木舟路线。

www.ukrafting.co.uk 介绍威尔士的激浪漂流。

帆船和划船

苏格兰的西海岸和不计其数的岛屿景色绝佳，有颇具挑战性的海风和潮汐，是世界公认的最佳帆船运动地点之一。英格兰和威尔士的运河则提供了经典的划船体验。

新手们可以在沿海许多帆船学校参加Royal Yachting Association（www.rya.org.uk）的帆船或小型风帆训练课程。如果只是划普通的窄船，听一下简单介绍就可以操练了。更多信息见www.canalholidays.com。

海岸运动（coasteering）

如果觉得崖顶徒步还不过瘾，不妨试试海岸运动。这种活动与登山类似，不过与沿着山坡向上攀登不同，你需要从海边陡峭岩壁的侧面向上爬，海浪拍打岩石，水花就溅在你的脚边。如果岩壁太过陡峭，没关系，你可以跳到水里游泳。海岸运动中心提供湿衣、头盔和浮具，你需要准备一双穿着舒适的训练鞋，还有冒险精神。英国到处可以进行这项活动，其中兼有陡峭悬崖、多沙海滩、温暖水域的康沃尔郡和德文郡无疑是最合适的地方。登录www.coasteering.org网站可获取德文郡和康沃尔郡海岸运动的信息。

滑雪和单板滑雪

英国的滑雪中心全部在苏格兰高地：

凯恩高姆山（www.cairngormmountain.org）海拔1097米；广阔的区域中分布有近30条雪道。

科河谷（www.glencoemountain.com）海拔1108米；有5条缆车索道和2条登山吊椅索道。

希河谷（www.ski-glenshee.co.uk）海拔920米；在珀斯和布雷马之间的A93公路旁；有英国最大的升降机系统和种类最多的雪道。

Lecht（www.lecht.co.uk）海拔793米；最小也最偏远的滑雪中心，在巴勒特和斯贝河畔格兰敦之间的A939公路旁。

内维斯山脊（www.nevisrange.co.uk）海拔1221米；威廉堡附近；提供海拔最高的雪道，风景最壮观，有最好的非滑雪场地雪道。

1月至4月是滑雪旺季，但有时早至11月晚至5月的雪况也适宜滑雪。滑雪中心交通方便，可租用设备，买好一日通票就可以享受滑雪乐趣了。

下列网站提供天气和积雪情况：

Ski Scotland（www.ski-scotland.com）

Winter Highland（www.winterhighland.info）

在凯恩高姆山（见987页）单板滑雪。

攀岩

英国有悠久的攀岩和登山历史，早在19世纪就开辟出了许多经典的路线。主要的攀岩区域包括苏格兰高地、湖区、峰区、北威尔士，以及南威尔士、德文郡、康沃尔郡等地的海岸悬崖，此外在全国各地还有其他数百个小一些的峭壁。

Scottish Mountaineering Club（www.smc.org.uk）、Fell & Rock Climbing Club（www.frcc.co.uk）、Climbers Club（www.climbers-club.co.uk）都有信息全面的登山指南。

www.ukclimbing.com 提供大量实用信息。

骑马

如果你想探索丘陵和荒原，但又觉得徒步或骑行太费力气，那么强烈推荐你骑在马背上欣赏英国原野。在乡村地区以及达特穆尔、诺森伯兰等国家公园，骑马中心提供各种级别的骑马体验，有适合孩子和新手们的小马，也有适合有经验者的常规马。

www.bhs.org.uk British Horse Society认证的骑马中心名录，这些中心提供骑马一日游行程或更长的度假行程。

Black Pudding Scotch egg

finest fayre

苏格兰蛋

计划你的行程
和当地人吃喝

英国的饮食曾一度被人诟病,但最近几十年,这个国家的烹饪在某种程度上发生了变革。伦敦的就餐体验被公认为位居全球前列,全国各地的时尚餐馆与美食酒吧正以高品质的当地食材重燃人们对英国美食的热情。

四季美食
春季（3月至5月）最佳食物
新鲜芦笋、土豆（以Jersey Royals最为出名）、大黄和鲜嫩羊羔肉。

夏季（6月至8月）最佳食物
草莓、树莓和其他应季浆果，生菜和小萝卜等沙拉用蔬菜，扇贝、鳌虾、鲭鱼、鳕鱼等海鲜。

秋季（9月至11月）最佳食物
苹果和黑莓（两者常一起被用于制作水果甜点）、鹿肉和林鸽等野味，牡蛎、贻贝、蛤蜊等贝类。此时也是举办各类美食节的主要季节。

冬季（12月至次年2月）最佳食物
栗子（明火烤制），以及鹅肉、块根类蔬菜、芽甘蓝组成的经典圣诞美食。

美食体验
一生难忘的餐食
Dinner by Heston Blumenthal（见135页）口味疯狂，卖相癫狂。Heston的大师地位一如往昔。

Le Manoir aux Quat' Saisons（见213页）雷蒙·布朗克在牛津郡经营的传奇餐厅，堪称一曲经典法式菜肴的赞美诗。

Ynyshir Hall（见770页）位于马奇莱兹附近，原是王室度假胜地，提供分子料理美食。

Restaurant James Sommerin（见716页）从加的夫过河来品尝极为精致的高档美食。

Ninth Wave（见957页）位于马尔岛边缘，气氛美妙，个性鲜明。

Midsummer House（见409页）丹尼尔·克利福德经营的米其林二星餐厅是剑桥最佳。

便宜又可口
培根三明治 早餐中的王者。至于应该配红色酱汁（番茄酱）还是棕色酱汁（腌制水果辣酱），始终有着激烈的争论。

焗豆吐司 经典的方便美食，吐司抹黄油再倒上罐头焗豆，许多咖啡馆在早餐或午餐时供应。

炸鱼和薯条 英国最受喜爱的外卖食品，全国成百上千的油炸食品店都有供应。

蛤蜊 一代又一代英国海边度假者喜爱的经典小吃，淋上香醋，盛入纸盒，用木头餐叉食用。

苏格兰蛋 烹饪工艺的杰作。鸡蛋煮熟后裹香肠肉和面包屑炸制而成。

勇敢尝试
哈吉斯（Haggis）苏格兰国菜，由切碎的羊心、羊肝、羊肺混以燕麦片和洋葱制成，包在羊肚或人工制作的外皮中。

牛百叶（Tripe）牛胃内壁，传统做法是加洋葱用牛奶炖煮。这道菜曾是战争时的主食，如今很难在餐馆找到——不过似乎正在重新流行起来。

臭主教奶酪（Stinking Bishop）英国奶酪中味道最刺激的，闻着有一股臭袜子的味道，产于格洛斯特郡。伦敦的哈罗德百货以及许多专营奶酪的商店有售。

鳗鱼冻（Jellied eels）伦敦的传统小菜，在经营馅饼和土豆泥的商店中仍有供应。

黑布丁（Black pudding）碎肉、内脏和血制成的大香肠，在早餐供应。

地方特产
苏格兰
苏格兰最出名的也许是哈吉斯，但也有出色的海鲜。新鲜的龙虾、鳌虾、鲑鱼、扇贝都是餐馆菜单上的常见菜式，也可以尝尝传统菜肴烟熏黑线鳕鱼和烟熏黑线鳕鱼洋葱牛奶浓汤。数百年来，燕麦一直是苏格兰饮食中的主要材料，可以制成粥和蛋糕，还可以用作炸鳟鱼或鲱鱼的裹料，以及制作苏格兰传统甜品cranachan（打发奶油配威士忌调味，混以树莓和烤燕麦片）。

苏格兰最迟在15世纪就已经开始酿造威士忌（通常拼作whisky，whiskey是爱尔兰或美国的拼法），实际上的酿造史只长不短。传统上讲，苏格兰人喝威士忌什么都不加，或者只加一点水。想要最充分享受威士忌的酒香和味道，可以在麦芽威士忌中加入酒量三分之一至三分之二的泉水稀释。在酒吧里，上了年纪的苏格兰人可能会在喝过一品脱或半品脱啤酒之后，点"half"或"nip"分量的威士忌（这种喝法叫作"hauf and a hauf"）。

最后提醒一点：如果在苏格兰点威士忌，记得只需说"whisky"——只有英格兰人和外国人会把苏格兰威士忌简称为"苏格兰"（Scotch）。难道你还想在苏格兰喝点儿别的吗？

威尔士

全英国的餐馆老板都追捧鲜嫩可口的威尔士羊羔肉，但这种食材也用于朴素的当地菜肴cawl（羊羔肉、培根、甘蓝、土豆和芜菁甘蓝的炖汤）。更出名的莱佛面包（laverbread）实际并非用面粉制成，而是海藻加燕麦片烘制，常配吐司、培根等作为早餐。喜爱甜食的游客应该尝尝威尔士蛋糕（果香烤饼）和barabrith（密实的香料水果蛋糕，用茶和果酱调味）。

不像苏格兰有威士忌，英格兰有艾尔啤酒，威尔士没有所谓"国饮"，却兼顾两者——而且这里还生产真艾尔啤酒。最古老的啤酒厂Felinfoel建于1878年，纽波特新酿酒厂之一的Tiny Rebel曾在2015年荣获Camra（真艾尔啤酒组织）的英国啤酒

英国餐馆，全球味道

对大多数英国人而言，饮食选择极多，既有印度和巴基斯坦的咖喱，也有中国和意大利的面食，而传统英国食物不过只是其中的一小部分罢了。人们喜欢在午餐时或逛完酒吧后去快餐店，供应土耳其烤肉、比萨、美式炸鸡等的快餐店人气极高。

Macallan酒厂（见943页）酿制的威士忌。

之冠。威尔士也有威士忌，由潘德林酿酒厂（见760页）酿制。

英格兰中部

莱切斯特郡的梅尔顿莫布雷以猪肉馅饼闻名，这种馅饼是冷食，配腌菜同食最佳。只有当地的手工馅饼才能冠以梅尔顿莫布雷馅饼的名号，就像只有法国香槟地区出产的气泡葡萄酒才能叫作香槟一样。

这一地区出产的另一大特产同样享受着专有的名号——斯提尔顿奶酪。这是一种味道浓烈的白色奶酪，有些也带有蓝色纹路。全英国只有五个地方（四个在德比郡）生产的奶酪允许使用"Stilton"之名；而奇怪的是，其中并不包括剑桥郡的斯提尔顿——之所以得名，只是因为这种奶酪最初在斯提尔顿销售。

贝克韦尔布丁（"贝克韦尔挞"只是误称）是这一地区的主要甜品，因1860年在德比郡的贝克韦尔面世而得名。这款甜品以糕点为底，上层有果酱、蛋羹和杏仁霜，值得一尝。

适合素食者的烤坚果配约克郡布丁。

英格兰北部

英格兰东北部的烟熏鲱鱼非常有名,传统做法是加黄油烤制,配吐司和果酱作早餐。这一地区的另一著名菜式是豌豆布丁(黄豌豆加火腿炖煮)。西北部有兰开夏郡火锅(羊羔肉加洋葱、碎土豆小火慢炖)、埃克勒斯酥饼(圆形酥饼,以葡萄干为馅)、坎伯兰香肠(香叶调味的盘形猪肉香肠)。但北部最出名的还是约克郡布丁,这种面糊制的松软布丁常作为烤牛肉的配菜,如今在英国各地都有供应。

北部还有一种黑布丁,实际是由碎肉、内脏和血制成的大香肠,传统上在早餐时段供应。其他国家把这种东西叫作"血肠",不过英国版本稍有不同——制作时会加入大量燕麦,以免在锅里煎的时候散开。

啤酒是英格兰的国饮,而当地人引以为豪的更是所谓"真艾尔啤酒"——用纯天然材料酿制,并在木桶中二次发酵[你会看到有些宣传"桶装熟成"(cask-conditioned)的招牌]。英格兰各地都酿制啤酒,但众多堪称行业标杆的酿酒厂都在北部(特别是约克郡),如Theakstons、Samuel Smith、Timothy Taylor等(参见www.camra.org.uk)。

英格兰西南部

德文郡和康沃尔郡肥沃草原上饲养的奶牛,所提供的原料创造出了英国最好的乳制品,尤其是康沃尔下午茶中不可或缺的食材凝脂奶油(全脂牛奶加热后制成的浓奶油)。此外还有精致程度有所不及但同样美味的康沃尔郡馅饼(以碎牛肉和蔬菜为馅料的油酥点心),它曾是矿工和农场工人们午餐的主食。

这里出产的鱼类和贝类也是亮点:纽林(康沃尔郡西部)和布里克瑟姆(德文郡)都有规模可观的渔船队,其他许多海岸村庄也有捕鱼的小船。它们提供着英国品质最优的鱼类,许多都运往内陆的重要城市,成为顶级餐厅中的食材。

在酒类方面,一提到西南部,人们就会联想到由苹果汁发酵酿制的苹果酒。与啤酒相同,这里也兴起了精酿苹果酒的风潮(参见www.real-cider.co.uk)。

伦敦和英格兰东南部

伦敦有两道老派特色菜值得品尝——哪怕是作为未来炫耀的资本也好——馅饼土豆泥和鳗鱼冻。前者是牛肉小馅饼配土豆泥和"肉汤"（鳗鱼高汤制作的芫荽味酱汁），自19世纪以来就是伦敦劳动阶层的主食。后者是鳗鱼烹制后在高汤中冷却凝固，通常搭配麦芽醋。可以在 **M Manze**（www.manze.co.uk; 87 Tower Bridge Rd, London, SE1; 主菜£4.30; 周一 11:00~14:00, 周二至周四 10:30~14:00, 周五 10:00~14:15, 周六 至14:45; Ⓤ Borough）或 Poppie's（见135页）品尝这两种菜肴。

牡蛎如今是昂贵的食材，但在19世纪时却非常便宜而且产量很高，所有人都能享用。不同于更常见的养殖的太平洋牡蛎，肯特郡惠特斯特布尔的牡蛎是英国本土品种，自罗马时代人们便开始捕捞，时至今日仍是伦敦餐馆和牡蛎酒吧餐桌上的高档菜肴。

过去十年间，一种新式的自酿酒馆如雨后春笋般在英国各地涌现出来。它们酿制极具个性的或传统或独创的啤酒，也就是通常所说的"精酿啤酒"。伦敦的自酿酒馆至少有75家——详情可参见www.craftbeerlondon.com。

如何吃喝
何时吃

早餐 多数酒店和民宿供应早餐的时间是7:00~9:00，周末可能是8:00~10:00。咖啡馆里的早餐可能供应到11:00。对于许多旅行者而言，每天的第一餐就是所谓"英式早餐全餐"（Full English Breakfast）——也有威尔士全餐、苏格兰全餐、约克郡全餐等叫法——如果你以为只是吃碗麦片的话，肯定会被满满一盘的油炸食品吓一跳。但这种早餐却可以保证你精力充沛地逛上几个小时。

午餐 一般在正午至14:00，形式多样，可以是一块三明治和一袋薯片，也可以是三道菜配葡萄酒。许多餐馆平日供应两道菜套餐，价格优惠，而咖啡馆常有午餐特价，或者供应汤和三明治。

下午茶 原是英国贵族的传统，后来中产阶级也迫不及待地效仿。这种两餐之间的小吃如今在乡间旅馆和高档茶室正慢慢复苏。下午茶由小块三明治、蛋糕、糕点组成；当然还有茶——由银质茶壶倒在精致瓷杯里，须温文尔雅地小口啜饮。

晚餐 一天中最主要的一餐，餐馆的晚餐通常在18:00~21:00供应，由两至三道菜组成，即前菜、主菜和甜品。

周日午餐 另一项伟大的英国传统。英国人把午餐当回事儿的日子，一个礼拜就这么一天，通常在正午至16:00供应。许多酒馆和餐馆供应周日午餐，主菜常有烤牛肉、羊羔肉或猪肉，配烤土豆或土豆泥、肉汤，以及煮过的胡萝卜、豌豆等蔬菜。

在哪儿吃

咖啡馆 传统的咖啡馆只供应简单的食物，如三明治、馅饼、香肠、薯条等。品质差别极大：有些是名副其实的廉价餐馆，也有些非常整洁。

茶室 茶室根植于英国的传统，供应蛋糕、烤饼、三明治以及整壶的茶（不过通常也供应咖啡）。高端茶室也可能供应下午茶。

咖啡店 多数城镇有咖啡店，既有独立经营的，也有国际连锁品牌，供应不错的拿铁、卡布奇诺和

传统的英国奶酪

切达奶酪（Cheddar） 英国最受欢迎的奶酪，味道浓烈可口，原产于萨默塞特，如今全国（实际是全世界）都在制作。

斯提尔顿奶酪（Stilton） 味道刺鼻的蓝奶酪，传统上是餐后配波尔图葡萄酒食用。

温斯利代尔奶酪（Wensleydale） 产自约克郡的松脆白色奶酪，有柔和的蜂蜜味。

卡菲利奶酪（Caerphilly） 产自威尔士同名城市，这种坚硬的咸奶酪甚至拥有一年一度的专属节日。

康沃尔雅格奶酪（Cornish Yarg） 口感醇厚的奶酪，特点是以荨麻叶包裹。

卡博克奶酪（Caboc） 产自苏格兰高地，裹在燕麦片里的奶酪，配方的传承超过500年。

英国的酒类

毫无疑问,英国人喜欢喝上一杯,并且特别喜欢光顾传统、老式的乡村酒馆;不过如今为迎合更为现代的口味,也出现了许多自酿酒馆和酿酒厂。

啤酒 传统的英国啤酒更为正确的叫法应该是艾尔啤酒或苦啤酒。这些啤酒以常温供应,而且与拉格不同,通常没有泡沫。啤酒的颜色从淡琥珀色到暗棕色深浅不一,口味也多样,有的香甜,有的略苦。最上乘的啤酒是直接从酒桶中放出的"桶装艾尔"(cask ale)。

苹果酒 既有带糖度的,也有无糖的。与艾尔啤酒相似,最好的苹果酒也是桶装的,但要留神——苹果酒的酒精度很高,通常都在10%或以上(与葡萄酒接近)。

烈酒 最著名的就是威士忌:最好的单一麦芽威士忌产自苏格兰的斯佩塞德酿酒厂。此外,杜松子酒历来也有着极高的人气——当然这在一个遍布水手的国家并不奇怪。

意式浓缩咖啡,以及百吉饼、帕尼尼三明治或夏巴塔面包等欧洲大陆常见小吃。

餐馆 伦敦有数十家在全球范围也算出类拔萃的优秀餐馆,而英国其他城市中的餐馆也同样具备竞争力(不过价格更便宜)。

酒馆 许多英国酒馆供应种类丰富的食物,无论是想在参观伦敦各大博物馆之余吃点儿烤三明治,还是在游览威尔士的城堡之后享用一顿三道菜的晚餐,性价比通常都很不错。

美食酒馆 有些酒馆的食物品质非常高,这些酒馆现在自成一派,也就是我们所说的美食酒馆。其中最好的一些堪比餐厅(有几家还获得了米其林星级称号),其他的通常有着更为轻松的就餐氛围。

计划你的行程
带孩子旅行

英国紧凑的国土让这里成为带孩子旅行的理想目的地，大量的景点常常聚集在一小片区域之中。所以当你的孩子在车后座问起"我们到了吗"时，你通常可以告诉他"是的，我们已经到了"。

最佳亲子游地区

伦敦
　　大量适合儿童的景区；许多是免费的。

德文郡和康沃尔郡
　　有美丽的海滩和稳定的天气，夏季很拥挤。

湖区和坎布里亚
　　索道和皮划艇适合青少年；划船或与毕翠克丝·波特有关的景点适合儿童。

牛津和科茨沃尔德地区
　　牛津和哈利·波特之间有些关联。

英格兰中部
　　洞穴和"参观洞穴"，还有改造成自行车专用路线的旧铁路。

威尔士
　　这个多山的地区有着长长的海岸线适合骑马旅行。在这里可以看到数不尽的城堡。

苏格兰南部
　　爱丁堡和格拉斯哥有不少适合儿童的博物馆；南部高地有各种难度等级的山地车骑行路线。

苏格兰高地和岛屿
　　这里有适宜所有家庭旅行者的海豚观光游船。

孩子们的英国

　　许多景点对待儿童和对待成人一样周到。比如在一些历史古堡中，父母可以欣赏中世纪的雄伟建筑，小孩子则可以去城垛上自娱自乐。同样，许多国家公园和度假胜地都会组织针对儿童的活动。如果适逢学校假期，各种青少年活动更是数不胜数。

寻找特别优惠

　　大多数旅游景点会提供家庭优惠票，通常是给两位成人带两个小孩的家庭提供，家庭票的价格要比单人门票加起来便宜不少。单个家长带小孩也可能有优惠。但记得一定要去询问，因为这些景点的家庭优惠并不会明确地标示出来。

在路上

　　如果你准备搭乘公共交通，火车将会是全家出行的最佳选择：城际列车有很大空间供你放置行李和婴儿车一类的东西，小孩如果觉得无聊也可以在车上走动。如果是坐长途客车的话，小孩子可能就得老老实实在座位上一直坐着。许多火车公司提供某些路线的家庭火车票，如果你的旅途经常乘火车，不妨购买"家庭和朋友火车卡"（Family & Friends Railcard）。这种卡售价£30，持卡可在一年内享受33%的成人票价折扣及60%的儿童票价折扣。

如果你准备租车，大多数（但并不是所有）出租公司可以提供儿童座椅，不过你得事先咨询。大多数不会为你装好儿童座椅，保险起见你得亲自动手。

适合孩子们的亮点
最佳户外活动

如果小孩子看腻了城堡与博物馆，不用担心，这里有各种户外活动等着你。

苏格兰西海岸，野生动物游览（见953页）哪个小孩会拒绝有海豹、海豚，甚至是鲸鱼的乘船游览呢？

迪恩森林，迷幻树矿井（见239页）这是个有趣的森林乐园，里面有迷宫小道、奇特的岩层和诡异的通道。

坎布里亚，温莱特森林公园（见650页）这里的亮点包括一家Go Ape冒险公园和好玩的山地车骑行道，你还可以通过实时摄像头观看到红松鼠的生活状况。

约克郡，惠特比滨海游船（见555页）如果够幸运，你会在北海岸看到小须鲸、鼬鲸和鳍鲸。

诺福克，Bewilderwood（见431页）提供滑索、丛林桥、树屋、沼泽徒步、乘船观光、迷宫和各种经典的户外活动。

多塞特郡，莱姆里吉斯（见307页）跟随向导，寻找属于你自己的史前化石。

德比郡，蒂辛顿步道（见515页）在这条曾经的铁轨上骑行，一路充满了轻松惬意。你也可以租借儿童自行车、双人自行车或是拖车。过隧道的时候不要忘了鸣个笛！

皮布尔斯，格伦特雷斯7stanes（见900页）苏格兰南部最繁忙的山地自行车中心。

最佳互动景点

请勿触碰？不可能！以下是一些欢迎你下手、满足你的好奇心的景点。

伦敦，科学博物馆（见109页）这里有着多达7层楼的教育性展览，是所有科技馆中最好的一家。

铁桥，引擎动力馆（见477页）数不尽的展品在工业革命的诞生地等着你亲手去触碰。

约克，国家铁路博物馆（见533页）爬进蒸汽车头的司机室，探索皇家邮政列车，参与工程展示，一切乐趣尽在此处。

斯旺西，国家海滨博物馆（见726页）有极强的互动性，给全家带来无尽的欢乐。

纽卡斯尔，探索博物馆（见671页）为你展现泰恩塞德丰富多彩的历史，亮点包括一个有趣的科学迷宫。

格拉斯哥，河畔博物馆（见887页）顶级互动博物馆，交通运输是重点内容。

约克，乔维克北欧海盗中心（见535页）精彩地再现了当年维京人殖民地的原貌。

伯明翰，智库（见441页）在这座寓教于乐的科学馆中，所有的展品都是通过按钮或者拉杆来启动的。

莱斯特，国家太空中心（见501页）宇航服、零重力厕所、迷你宇航员训练，绝对能激发小孩子们的兴趣。

最佳雨天景点

碰上阴雨天气时，不妨转向室内景点：不要忘了这个国家丰富多彩的博物馆。另外，你也可以去彭布罗郡进行海岸运动或是去湖区玩溪降，这一活动总能给人带来无限的乐趣，无论晴雨。

带孩子就餐

大多数咖啡馆和茶室对儿童很友好；但餐厅不太一样——有些会专门为儿童提供高脚椅和儿童餐，有些则会明确说明"18:00之后儿童不得入内"。

18岁以下的未成年人一般不得进入仅供应酒精饮料的酒馆。在英格兰和威尔士，如果是提供用餐的酒馆，则允许各年龄段的儿童在家长陪同下进入；但在苏格兰，即使有家长陪同，入内儿童也必须满14岁，且应在20:00前离开。如果还有疑问，咨询酒吧工作人员即可。

最后提个醒：英国对于哺乳还是有点保守的。如果你在公众场合这么做，年纪大的路人可能会发出不满的声音。但只要低调一点，通常就不会有什么问题。

温莎乐高乐园。

伯明翰，吉百利巧克力世界（见444页）牙医到了这里大概要哭出来，但小孩子绝对会爱上这里，而且你还可以免费试吃巧克力。

爱丁堡，玛丽金街（见836页）去充满中世纪风情的老城，跟随导游参观阴森的地窖。

萨默赛特切达峡谷（见277页）去英国西南部的深洞中彻底搞清楚钟乳石与石笋的区别。

埃克塞特地下通道（见329页）探索中世纪的地下墓穴，这也是英格兰唯一一处对公众开放的地下墓穴。

布拉德福德，国家科学和媒体博物馆（见574页）亮点包括一间可以拍摄自己的电视工作室、20世纪80年代的电视游戏展区（没错，这些游戏都可以玩），以及一个IMAX影院。

湖区，霍尼斯特板岩矿（见654页）探索湖区旧板岩矿的幽暗深处。

最佳寓教于乐

这些场所能让小家伙们玩得很开心，同时不知不觉学到很多知识。

布里斯托尔，好奇博物馆（见255页）英国最好的互动科技馆之一，内容覆盖太空、科技及人脑知识。

马奇莱兹，替代性技术中心（见770页）教育性强、好玩、绿色环保，尤其适合好奇心强的小孩。

伦敦，自然历史博物馆（见109页）到处是动物！亮点包括一头真实体型的蓝鲸和会动的恐龙模型。

格拉斯哥科学中心（见887页）通过数百个引人入胜的展品将科学与技术鲜活地展现出来。

诺森伯兰国家公园，基尔德天文台（见689页）在诺森伯兰的天文中心参加观星活动。

普利茅斯，国家海洋水族馆（见344页）在英国最大的水族馆里观察鲨鱼。

最佳亲子游

有时也应该让全家都能乐在其中——所以我们为你挑选出了所有人喜闻乐见的景点。

温莎乐高乐园（Legoland Windsor; www.legoland.co.uk; Winkfield Rd, Windsor; £47~60; ◎开放3月上旬至10月，复活节假期和5月下旬至9月上旬每天，其余时间开放次数减少，7月和8月

10:00~18:00，其他月份通常10:00~17:00）巨大的乐高模型和众多游乐项目——但是要做好排队准备。

斯塔福德郡，阿尔顿塔（见462页）堪称英国最佳——当然也是人气最高的——主题公园，有过山车及各种游乐设施。

利维斯登，华纳兄弟工作室之旅：哈利·波特电影幕后（见241页）在电影拍摄地——利维斯登的工作室中了解电影的幕后故事。

沃里克城堡（见453页）长矛比武、投石机发射和蜡像，将中世纪栩栩如生地带到你面前。

康沃尔郡，伊甸园工程（见380页）在康沃尔郡壮观的太空时代温室里了解所有与环境有关的问题。

威尔特郡，朗里特（见317页）这座位于威尔特郡的庄园有犀牛、长颈鹿、大象和狮子，游览体验堪比非洲草原。

斯特灵城堡（见915页）堪称最具代表性的苏格兰城堡——对各年龄段的孩子们都极具吸引力。

旅行计划
何时去

来英国旅游，适合全家游的时段和其他游客基本一样，都是从4月或5月到9月末。最好避开8月的学生暑期高峰，这段时间价格飞涨、道路拥堵，海岸一带尤其如此。其他时段的学校假期包括复活节周日前后的两周，以及12月中旬至次年1月初，加上3周的期中假——通常是2月末（或3月初）、5月末和10月末。

尿布更换设施

英国的大多数博物馆和景点有比较好的尿布更换设施。一些市中心的公共厕所有专门的换尿布区，不过这些地方可能会比较脏。要想找干净的地方，最好是去比较高档的商店。而在旅途中，你可以在高速公路的服务站或是城外的大型超市找到尿布更换点，这些地方的环境都还可以。

住宿

一些酒店欢迎有父母陪同的儿童入住，并提供小床、玩具和婴儿设施，但其他酒店则偏向成人。很多民宿都提供家庭套房，内带两间卧室和一个浴室。另外，越来越多的旅舍（国际青年旅舍、苏格兰青年旅舍以及其他私人旅舍）都有4~6张床的家庭房，有些甚至还有单独的浴室。如果你想要在一个地方待上一段时间，最理想的办法是租一个假日小屋。露营在英国家庭中非常流行，而且英国也有不少极好的露营区，但通常需要你自带装备。

实用网站

全面信息及建议可参阅Lonely Planet出版的《带孩子旅行》。

Baby Goes 2（www.babygoes2.com）为节假日出门旅行的家庭提供建议、小贴士以及大量广告。

Mums Net（www.mumsnet.com）来自英国妈妈群体的各种实用的旅行建议及其他信息。

地区速览

从伦敦的多文化熔炉到外赫布里底群岛的偏僻岛屿,英国各地区提供的景点体验令人眼花缭乱。英格兰南部有英国典型的青翠草原、茅顶小屋和在村庄绿地上进行的板球比赛。德文和康沃尔等西南部各郡有原始的自然风光,其冲浪海滩和海鲜餐馆远近闻名。钟爱山景的旅行者能在苏格兰高地、湖区和北威尔士等地得偿所愿,而喜欢工业遗产和喧嚣夜生活者可在曼彻斯特、利物浦和纽卡斯尔等英国北部城市自得其乐。至于处在英国版图正当中的约克郡,则是既有约克的城市繁华,又有约克郡山谷的起伏荒野。

伦敦

历史
娱乐
博物馆

伦敦故事

你仍然能在伦敦桥、威斯敏斯特大教堂、圣保罗大教堂,以及狄更斯、雪莱和拜伦等人曾光顾的小酒馆中听见君主、诗人、圣贤们的脚步声。

娱乐

从西区的剧院到东区的夜店,从卡姆登的摇滚场馆到考文特花园的歌剧院,从温布尔登的网球到罗德的板球、温布利的足球,伦敦的场馆为你提供无止境的欢腾、娱乐和享受。

博物馆和美术馆

伦敦的博物馆总能吸引大批的游客。这里有着外形各异、大小不一的博物馆和美术馆,从维多利亚和艾伯特博物馆、自然历史博物馆等庞然大物,到约翰·索恩爵士博物馆等小巧的瑰宝,应有尽有。

见68页

坎特伯雷和英格兰东南部

建筑
历史
海岸

坎特伯雷大教堂

坎特伯雷大教堂是欧洲最宏伟的大教堂和基督教神圣的场所之一,探索礼拜堂、回廊和地下室的同时,书写属于你自己的"坎特伯雷故事"。

侵略遗迹

英国东南部一直都是欧洲人进入英国的门户。诸多城堡与要塞、1066年的战争与多佛尔的战时隧道都在诉说着这一带侵略和反侵略的故事。

布赖顿和南海岸

布赖顿在英国首都以南一个小时车程处,一直以另类个性闻名,有着古怪的商店、卵石海滩和地标码头。更远处的黑斯廷斯、拉伊、惠特斯特布尔和马尔盖特等海滨城镇也都各具魅力。

见161页

牛津和科茨沃尔德地区

建筑
豪宅
村庄

牛津大学城

不管你是从卡尔法克斯钟塔远眺梦幻般的尖顶建筑，或是漫步在中世纪的街道上，牛津的美妙建筑从来都不会让你失望。

布伦海姆宫

这片区域遍布着全英国最好的郊区住宅，几百年来一直都是富人与权贵的最爱。其中最值得一游的当属巴洛克建筑的典范——布伦海姆宫，温斯顿·丘吉尔爵士就是诞生于此地。

科茨沃尔德地区

蜂蜜色的石头村舍、茅草屋顶、整齐的绿地、鹅卵石铺就的小路，科茨沃尔德地区的村庄构成了一幅魅力无穷的英国乡村画卷。

见200页

巴斯和英格兰西南部

海岸线
历史
活动

海滩

德文郡和康沃尔郡以海滩著称，从基南斯湾的岩石悬崖和克拉金维顿港，到格维希安、佩伦波斯、班特姆、伍拉科姆和桑顿海岸的金色沙滩，风景各异。

古代建筑

破败的城堡、废弃的锡矿、古代的山顶堡垒、神秘的巨石群在西南部乡间随处可见，它们共同述说着千百年来的人类历史——也别忘了去巴斯看看令城市得名的古罗马浴池。

徒步和冲浪

如果你喜欢轻松惬意的活动，可以去荒原散步，或是沿着骑行道骑车；如果你喜欢快速刺激的活动，可以去英格兰的海浪中体验冲浪。

见249页

剑桥和东安格利亚

建筑
海岸线
水路

历史教堂

从伊利、诺里奇、彼得伯勒宏伟的大教堂，到剑桥的国王学院礼拜堂、圣三一学院巨屋，东安格利亚的建筑奇观举世无双。

海边度假村

东安格利亚的沿海地区丰富多彩，宽阔的沙滩、可口的海鲜、宜人的古老酒馆、世界级的鸟类保护区、历史村庄，以及绍斯沃尔德、克罗默等一流度假村，尽在此地。

湖区

诺福克湖区和萨福克湖区皆是河流、湖泊密布的静谧水乡，适宜划船、观鸟、划独木舟、骑行或徒步，当然也适合悠闲地欣赏自然风光。

见393页

伯明翰和英格兰中部

活动
豪宅
餐饮

徒步和骑行

峰区国家公园、坎诺克蔡斯、什罗普郡丘陵、罗切斯山脉、莫尔文丘陵、奥法大堤、蒂辛顿步道和奔宁山骑行道，都让这片区域成为徒步与骑行爱好者的天堂。

贵族建筑

哈登庄园、伯利府，特别是查茨沃斯庄园，都会为你献上一片片鹿鸣呦呦的巨大庭院和摆满无价珍宝与油画的宏伟内室。

咖喱之都

吃货们请注意：伯明翰是这个国家的咖喱之都，并且汇聚了一大批米其林星级大厨。小镇拉德洛则是美食探索的中心地带。

见437页

计划你的行程　地区速览

计划你的行程

地区速览

约克郡

景色
餐饮
历史

国家公园

约克郡素有"上帝之国"的美誉,这里风景迷人,群山起伏,峭壁嶙峋,荒原野趣十足。这里拥有约克郡山谷和北约克荒原两座国家公园——提供美妙的徒步、攀岩和骑行体验。

啤酒

约克郡的自酿酒馆酿制英国最好的真正的艾尔啤酒,你可以在这里任意一家传统酒馆中品尝到。别惊讶:啤酒上来就是温的!

修道院和工业

约克郡的历史气息浓厚:从约克的维京遗产和古老的里沃兹修道院、芳汀修道院、惠特比修道院,再到利兹、布拉德福德、设菲尔德等地的工业革命遗迹,不一而足。

见528页

曼彻斯特、利物浦和英格兰西北部

历史
体育
海滨度假村

博物馆

西北部地区集合了各式的历史博物馆,从曼彻斯特精彩的人民历史博物馆,到利物浦的国际奴隶制度博物馆,都是这片区域丰富历史的例证。

足球

利物浦和曼彻斯特有四家举世闻名的足球俱乐部,其中两家是英国足球史上最成功的俱乐部。曼彻斯特的国家足球博物馆也是球迷们来这个地区的另一大原因。

布莱克浦

英格兰最经典的海滨度假胜地布莱克浦风采不减,欢乐海滩游乐场的过山车会让追求刺激的游客肾上腺素激增。

见587页

湖区和坎布里亚

景色
活动
文学

湖泊和山峰

湖区国家公园是英格兰最多山的地区,散落在群山之间的是大量的湖泊,有些面积巨大、举世闻名,其他则面积偏小、位置隐蔽、鲜为人知。

丘陵徒步

如果要找出英格兰步行的灵魂地带,那便非湖区莫属。普通的漫游者能在丘陵与山谷之间找到轻松惬意的小路,真正的徒步者则可以去挑战高峰与悬崖。

文学气息

从湖区美景中汲取灵感的文学家和艺术家不计其数——其中最负盛名的,当属威廉·华兹华斯和毕翠克丝·波特,两人的故居如今也是湖区最具人气的景点。

见626页

纽卡斯尔和英格兰东北部

历史
风景
城堡

哈德良长城

哈德良长城是世界上最重要的罗马帝国遗址之一,它横跨英格兰颈部,从泰恩塞德至索尔威湾绵延70英里。你可以徒步长城,沿途游览一座座要塞。

诺森伯兰国家公园

如果你追求的是无边无尽的自然美景,那么英格兰最北部的国家公园绝对不会让你失望而归。从奔宁山高地的高沼地到石头村落,优美的风景等着你去感受。

阿尼克城堡

诺森伯兰散落着英国最好的城堡,其中不乏班堡和邓斯坦伯等海岸要塞,但用作《哈利·波特》系列电影外景地的阿尼克城堡才是最出名的。

见666页

加的夫、彭布罗克郡和南威尔士

建筑
海岸线
城堡

维多利亚式建筑的重生

从如梦似幻的加的夫城堡和红城堡，到市中心优雅的购物中心，威尔士首府拥有许多维多利亚式建筑的爱好者目不暇接之处。

彭布罗克郡和高尔半岛

南威尔士有着英国最美丽的海岸线：高尔半岛和彭布罗克郡，这里将为你提供悬崖徒步、适合全家的海滩、热门冲浪地点，以及各种水上冒险。

卡雷格凯南城堡

南威尔士拥有威尔士最好的城堡，包括切普斯托城堡和彭布罗克城堡，而地处偏远的卡雷格凯南城堡则是其中最壮观的一座。

见705页

布雷肯比肯斯和中威尔士

野生动物
当地文化
餐饮

红鸢

在布雷肯比肯斯和该区域许多其他地方的山区与荒原，你都可以看到猛禽，最著名的当属一度稀有的红鸢，赖厄德的吉格林农场等红鸢饲养站是最好的观察点。

市镇

从以书闻名的瓦伊河畔海伊，到与众不同的兰德林多德韦尔斯，中威尔士的市镇都充满了魅力。

阿伯加文尼

该地区的餐馆、旅馆和乡村酒吧都是威尔士现代美食的代表，阿伯加文尼汇聚了威尔士的所有美食。

见749页

斯诺登尼亚和北威尔士

山峰
工业遗产
海岸线

斯诺登尼亚

这座出色的国家公园拥有苏格兰之外最为狂野的山景，群峰顶部的积雪直到春季都不会消融。威尔士最高峰斯诺登山是重要景点，但可供探索的其他山峰也不计其数。

滨海度假村

从北海岸的热门度假城镇，到安格尔西岛和利恩半岛的冲浪点与宁静的海湾，北威尔士有许多能让你走走转转的海滩。

威尔士板岩

威尔士板岩曾经覆盖了这个世界上的很多屋顶，这一带的采石场和洞穴也见证了数代工人的生活，而重新焕发生机的铁路可以带领旅游者们欣赏沿途山岭间的秀丽美景。

见778页

爱丁堡

文化
历史
餐饮

节日之城

这一苏格兰首府被誉为"北方之雅典"，是一个充满艺术与文学氛围的城市，也是全球规模最大的艺术节举办地。没有节日的时候，可以游览此地许多剧院、世界级的画廊和博物馆。

爱丁堡城堡

爱丁堡城堡屹立在黑色的峭壁上，守望着市中心，是苏格兰历史中不可或缺的一部分，自中世纪以来就一直是苏格兰首府的热点区域。

苏格兰美食

爱丁堡的人均餐厅数量在英国首屈一指。大厨们充分发挥创意，利用质量最上乘的当地食材给苏格兰美食改头换面，赋予它们全新的魅力。

见831页

计划你的行程 地区速览

格拉斯哥和苏格兰南部

博物馆
历史建筑
豪宅

凯尔文格罗夫美术馆和博物馆

格拉斯哥悠久的商业和工业历史给这个城市留下了许多出色的博物馆和美术馆，其中最著名的当属位于维多利亚式大教堂里的凯尔文格罗夫美术馆和博物馆。

边境修道院

地势起伏的乡村和修道院遗迹是苏格兰南部边界的重要景点，你可以游览梅尔罗斯、杰德堡、德赖堡等多座中世纪修道院的遗迹。

邓弗里斯别墅

这一地区有很多亚当兄弟设计的宅邸，如卡尔津城堡、弗洛斯城堡等，但完好保存齐彭代尔式家具的邓弗里斯别墅才是豪宅中的佼佼者。

见875页

斯特灵和苏格兰中部

城堡
岛屿
威士忌

斯特灵城堡

苏格兰中部和东北部是英国著名城堡的集中地，既有带塔楼的光彩夺目的克雷格瓦城堡，又有更为低调典雅的巴尔莫勒尔城堡，但首屈一指的还是彰显帝王霸气的斯特灵城堡。

岛屿漫游

跳岛游是探索苏格兰西部海域的最佳途径，充满野性的朱拉岛、风光旖旎的马尔岛和珍贵的爱奥纳岛都是不错的选择。

斯佩塞德的酒厂

不去一趟威士忌酿酒厂，你的苏格兰之旅将会留下巨大的缺憾，斯佩塞德和艾莱岛都是威士忌酿酒业的中心地带。

见914页

因弗内斯、高地和北部诸岛

活动
风景
历史

山地徒步

从冬季雪上运动和荒野山区徒步的乐园——阿维莫尔的凯恩高姆度假胜地，到自诩为英国户外活动之都的威廉堡，全年都可进行户外冒险。

湖泊与峡谷

无穷的选择足以让风景摄影家们受宠若惊，从科河谷的美丽山景到凯恩高姆冰雪覆顶的山峰，再到岩石嶙峋的库林丘陵，各种风光美不胜收。

史前遗迹

这片区域遍布史前遗迹，包括卡兰尼什的立石、梅斯豪石室的新石器时代墓葬、欧洲保存最完好的史前村落斯卡拉布雷等。

见972页

在路上

Inverness & the Highlands & Islands
因弗内斯、高地和北部诸岛
972页

Stirling & Central Scotland
斯特灵和苏格兰中部
914页

Edinburgh
爱丁堡 831页

Glasgow & Southern Scotland
格拉斯哥和苏格兰南部 875页

Newcastle & Northeast England
纽卡斯尔和英格兰东北部 666页

The Lake District & Cumbria
湖区和坎布里亚
626页

Manchester, Liverpool & Northwest England
曼彻斯特、利物浦和英格兰西北部 587页

Yorkshire
约克郡
528页

Snowdonia & North Wales
斯诺登尼亚和北威尔士 778页

Birmingham & the Midlands
伯明翰和英格兰中部 437页

Cambridge & East Anglia
剑桥和东安格利亚 393页

Brecon Beacons & Mid-Wales
布雷肯比肯斯和中威尔士 749页

LONDON
伦敦 68页

Cardiff, Pembrokeshire & South Wales
加的夫、彭布罗克郡和南威尔士 705页

Bath & Southwest England
巴斯和英格兰西南部
249页

Canterbury & Southeast England
坎特伯雷和英格兰东南部 161页

Oxford & the Cotswolds
牛津和科茨沃尔德地区 200页

英格兰

英格兰亮点

❶ **巨石阵**（见315页）在英国最具代表性的史前遗址怀古。

❷ **牛津**（见202页）在遍布梦幻般尖顶建筑的大学城体验更高层次的教育。

❸ **湖区**（见630页）在世外桃源般的湖区体验闲云野鹤的时光。

❹ **约克**（见533页）探索中世纪的城墙、维京遗迹和高耸的哥特式大教堂。

❺ **巴斯**（见264页）走进简·奥斯汀的笔下生活，探索古罗马遗风和乔治国王时期建筑。

❻ **科茨沃尔德地区**（见217页）在别样精致的村庄流连忘返。

❼ **哈德良长城**（见684页）感受荒野与古迹之美。

❽ **剑桥**（见397页）撑一支长篙，在历史悠久的学院间寻梦。

❾ **利物浦**（见607页）探访与披头士乐队相关的标志景点以及河边无数顶级博物馆。

❿ **埃文河畔斯特拉特福**（见455页）看一出莎士比亚戏剧，或是前往莎翁墓前哀思片刻。

100 km
50 miles
0° (Greenwich)
1°W
1°E
2°E
3°E
2°W
Kelso
凯尔索
Berwick-upon-Tweed
特威德河畔贝里克
Northumberland National Park
诺森伯兰国家公园
Alnwick
阿尼克
Hadrian's Wall
哈德良长城
7
Tynemouth
泰恩茅斯
Newcastle-upon-Tyne
泰恩河畔纽卡斯尔
Durham
达勒姆
Penrith彭里斯
Darlington
达灵顿
Whitby
惠特比
North York Moors National Park
北约克荒原国家公园
Scarborough
斯卡伯勒
NORTH SEA
北海
ancaster兰开斯特
Forest of Bowland
博兰德森林
4 York
约克
Leeds
利兹
Manchester
曼彻斯特
Peak District National Park
峰区国家公园
Grimsby
格里姆斯比
Sheffield
设菲尔德
Buxton
巴克斯顿
Chesterfield
切斯特菲尔德
Lincoln
林肯
Skegness
斯凯格内斯
Boston波士顿
The Wash
沃什湾
Holkam
霍尔克姆
The Fens
Stoke-on-Trent
特伦特河畔斯托克
Derby
德比
Nottingham
诺丁汉
King's Lynn
金斯林
Norwich
诺里奇
Shrewsbury
什鲁斯伯里
Leicester
莱斯特
Stamford
斯坦福德
The Broads
Birmingham
伯明翰
Ludlow
拉德洛
orcester
伍斯特
10 Stratford-upon-Avon
埃文河畔斯特拉特福
8 Cambridge
剑桥
Hereford赫里福德
Cheltenham
切尔滕纳姆
6 The Cotswolds
科茨沃尔德地区
Colchester
科尔切斯特
Forest of Dean
迪恩森林
Gloucester
格洛斯特
2 Oxford牛津
St Albans
圣奥尔本斯
Southend-on-Sea
滨海绍森德区
River Thames
泰晤士河
LONDON
伦敦
Isle of Thanet
萨尼特岛
Ostend
奥斯坦德
Bristol
布里斯托尔
5 Bath
巴斯
Newbury
纽伯里
Windsor
温莎
Leeds
利兹
Canterbury
坎特伯雷
Dover
多佛尔
Veurne
弗尔内
BELGIUM
比利时
1 Stonehenge
巨石阵
Winchester
温切斯特
South Downs National Park
南唐斯国家公园
Salisbury
索尔兹伯里
Rye
拉伊
Strait of Dover
多佛尔海峡
Calais
加来
Worthing
沃辛
Brighton
布赖顿
St-Omer
Bournemouth
伯恩茅斯
Eastbourne
伊斯特本
Portsmouth
朴次茅斯
New Forest National Park
新森林国家公园
Boulogne-sur-Mer
滨海布洛涅
Weymouth
韦茅斯
English Channel
英吉利海峡
FRANCE
法国
Lens
Arras
阿拉斯
Mers-les-Bains
Abbeville
Dieppe
迪耶普
Amiens
亚眠

伦 敦

◪020／人口 8,650,000

包括 ➡

景点	88
团队游	124
节日和活动	126
住宿	127
就餐	130
饮品和夜生活	139
娱乐	147
购物	152

最佳餐饮

➡ Hook Camden Town（见137页）
➡ Glasshouse（见139页）
➡ Ottolenghi（见137页）
➡ Ledbury（见139页）
➡ Five Fields（见135页）
➡ Dinner by Heston Blumenthal（见135页）

最佳住宿

➡ Qbic（见129页）
➡ citizenM Tower of London（见128页）
➡ Hoxton Hotel（见129页）
➡ Main House（见130页）
➡ Hazlitt's（见128页）
➡ 40 Winks（见129页）

为何去

作为世界上最受旅行者欢迎的城市之一，伦敦让每一个人都充满了无限憧憬：深厚的历史底蕴、多彩的文化特色、精致的美味佳肴以及无穷无尽的欢乐时光。让人眼界大开的古迹在伦敦随处可见，地标性的伦敦塔、威斯敏斯特大教堂和大本钟等只是其中的一部分。除此之外，还有现代风格的夏德塔和泰特现代美术馆。与此同时，伦敦也是一个创意与想象之都——无论是戏剧创新、当代艺术、音乐、写作、前卫设计或是烹饪体验，都会让你大呼过瘾。流连于迷人的公园、历史街区、绿树成荫的市郊以及宁静的河岸，不经意间，你会发现自己已经爱上这个伟大的都市。

何时去

➡ 伦敦是一个任何时间都可以探访的地方，不同的月份和季节有着不同的魅力。

➡ 春天的伦敦，可以看见怒放的黄水仙和开着花的树木。

➡ 6月，公园里到处都是人。除了传统的皇家军队阅兵式、夏季艺术节、布鲁克维尔公园里的Field Day音乐节，还有同性恋游行以及历史悠久的温布尔登网球锦标赛。

➡ 进入秋季，虽然白天越来越短，各种与文学、艺术、文化相关的庆典仍令伦敦显得生气勃勃。

➡ 12月的伦敦，牛津街和摄政街上张灯结彩，弥漫着浓厚的圣诞氛围，有时还会飘下片片雪花。

历史

伦敦最初只是泰晤士河边浅滩上的一座凯尔特人村庄，直到公元43年被罗马人征服后，伦敦的发展才真正有了质的变化。入侵者将他们口中所谓"伦底纽姆"（Londinium；罗马人为伦敦所取的古名）用城墙围住，时至今日，在"伦敦城"依旧能找到当年的城墙遗址。

到公元3世纪末，伦底纽姆的常住人口大约有3万。内讧加上无休止的蛮族侵袭使得罗马人精疲力竭，但是不管怎样，他们一直坚持到5世纪才撤离了英国，使得这个聚居地沦为人烟稀少的穷乡僻壤，犹如一潭死水。接着，撒克逊人迁入这一地区，并为其取名"伦敦威克"（Lundenwic）。伦敦威克日趋兴旺，发展成一个规模庞大、管理有序的城镇。

随着重要性日渐增加，这座城市引起了丹麦维京海盗的关注，海盗们发动了多次袭击。1016年，撒克逊人最终战败，被迫承认丹麦领导人克努特（Knut）为英格兰国王，自那时起，伦敦取代温切斯特成为首都。1042年，撒克逊人"忏悔者爱德华"登上帝位，他下令建造了威斯敏斯特大教堂。

1066年的"诺曼征服"见证了"征服者威廉"的长驱直入，后者来到伦敦后加冕为王。他建造了白塔（White Tower；伦敦塔的核心建筑），与商人协商税法，并且确立了这座城市的自治权。从那之后一直到15世纪末，伦敦政权大部分为君主、教会以及城市行会三股势力所掌控，彼此明争暗斗，十分激烈。

到了16世纪都铎王朝时期，各权力派系之间达成了看似稳定实则矛盾重重的政治妥协，这座城市开始飞速扩张。1348年至1350年，再次暴发的疫情使伦敦城市人口减少了一半。1665年，伦敦暴发大瘟疫，等到冬天的寒冷真正抑制住疫情时，已经有10万伦敦人在这场灾难中丧生。

紧接着是另一场更大的毁灭——1666年的伦敦大火将这座城市化为灰烬。火灾之后，面对这样一片废墟之地，建筑大师克里斯托弗·雷恩爵士开始设计建造宏伟壮观的教堂。尽管经历了这些挫折，但伦敦并没有停止发展，到1700年，伦敦已经成为欧洲最大的城市，拥有60万人口。外来劳工蜂拥而至，使得伦敦逐渐往东部和南部扩张，而条件更富足的人们则聚集到环境更宜居的北部和西部近郊。

乔治王时期的伦敦见证了艺术创作的高峰，约翰逊博士、作曲家亨德尔、画家庚斯博罗和雷诺兹等人的出现进一步丰富了这座城市的文化，同时期的建筑师们则将伦敦打造成优雅的新型大都市。1837年，18岁的维多利亚开始了她史诗般的统治，伦敦成为大英帝国的支点。工业革命期间，新码头以及新铁路（包括1863年建成的世界首条地下铁路）纷纷建造起来，而1851年的世界博览会则将伦敦呈现在了全世界的面前。在维多利亚时代，伦敦的人口从200多万迅速增长至660万。

尽管在第一次世界大战期间，伦敦遭受的破坏相对较小，但在第二次世界大战期间，纳粹德国空军对这座城市进行了轰炸，中心城区以及东区都被夷为平地，近32,000人丧生。丑陋的房屋以及低成本开发项目随之涌现。不久伦敦又逐渐复苏。在"摇摆的六十年代"，伦敦成为引领时尚和音乐的潮流之都。然而到了20世纪70年代，经济陷入萧条。

自那之后，尽管全球经济形势起起伏伏，但伦敦作为世界主要金融中心的地位始终不变。2000年，这座现代化的大都市迎来了首任"伦敦市长"——他是由伦敦城以及全部32个行政区选举出来的。2008年，鲍里斯·约翰逊当选伦敦市长。在2012年的市长选举中，他成功连任。2011年8月，伦敦数个行政区爆发骚乱，以抢劫财物和纵火为主，其导火索是发生在托特纳姆区的一起警察枪击伤人事件。

2012年，奥运会以及为庆祝英国女王登基60周年而举办的盛大的"钻石庆典"都使得伦敦再次为世人所瞩目。伦敦新开通了地上轻轨列车，泰晤士河上建起了跨河缆车，曾经饱受污染的伦敦东区经过改建后"大变脸"，成为奥林匹克公园。

奥运会结束之后，城市领导者也发生了变化，工党政治家萨迪克·汗接替鲍里斯·约翰逊成为伦敦市长。数十栋高楼大厦拔地而起，让伦敦天际线焕然一新。另一项重要的基建开发则是横贯铁路，这是英国首都规模最大、预算最高的建筑项目。横贯东西的新铁路建设完工后，将能有效缓解通勤拥堵。此外，伦敦地铁新推出的周末24小时运营计划也广受欢迎。然而，英国脱欧运动对这座伟大城

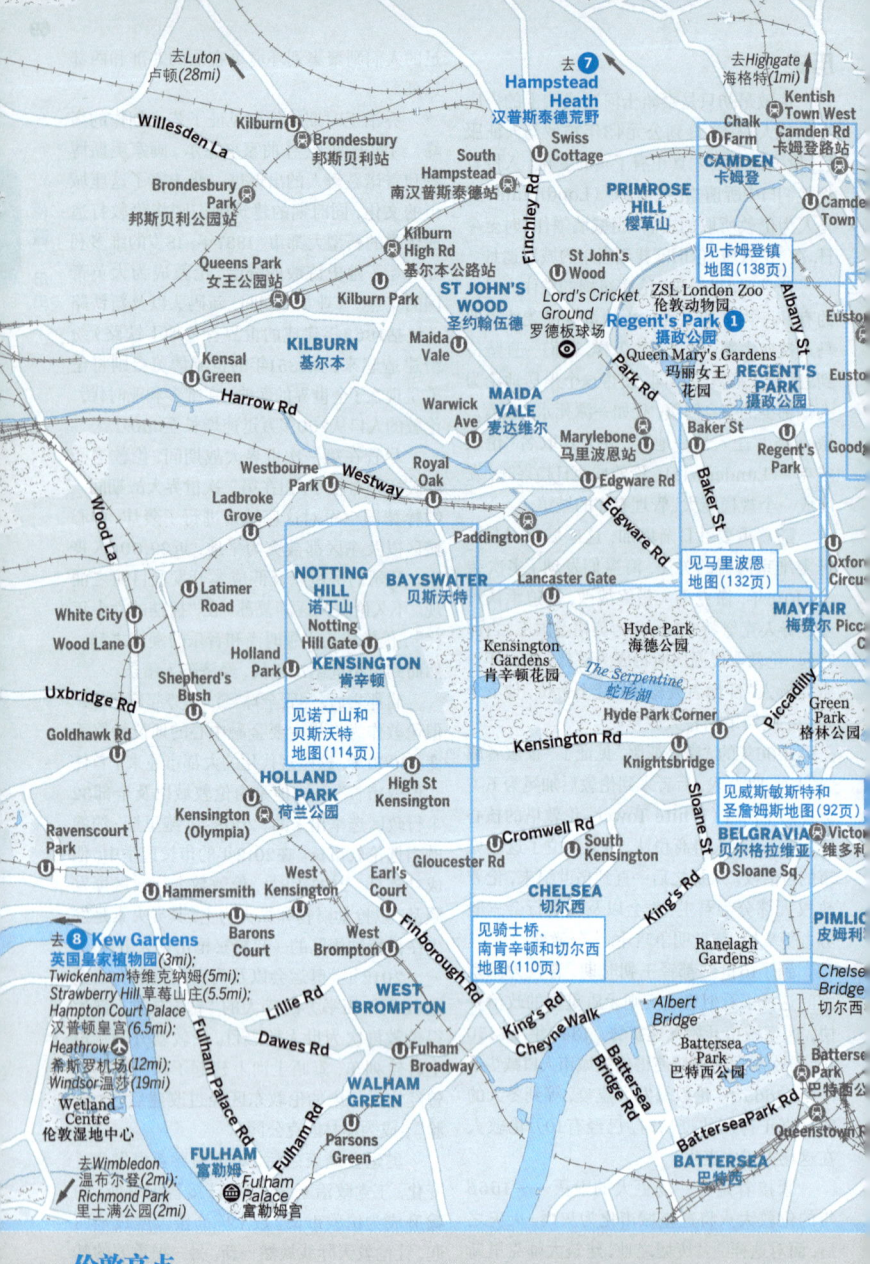

伦敦亮点

1. 摄政公园（见117页）在伦敦最迷人的公园发发呆。
2. 大英博物馆（见89页）在英国最著名的博物馆欣赏跨越时代的珍品收藏。
3. 莎士比亚环球剧院（见105页）在莎士比亚时代风格的剧院里看一场莎翁戏剧。
4. 伦敦塔（见101页）在这个千年古堡欣赏令人目眩的宝石。
5. 圣保罗大教堂（见100页）在教堂圆屋顶上，贴近众神。

⑥ **泰特现代美术馆**（见105页）
探寻伦敦最前卫和最具创新精神的艺术博物馆。

⑦ **汉普斯德荒野**（见120页）在伦敦北部最迷人的绿色空间里，徜徉于小径和林地。

⑧ **英国皇家植物园**（见123页）在亚热带的棕榈温室里，感受迷你雨林的魅力。

⑨ **伦敦东部**（见115页）在英国首都最酷的街区逛酒吧、赏画廊和购物。

街区速览

❶ 西区（见88页）

"西区"是一个模糊的概念——任何一位伦敦人对哪些街区属于或者不属于这个地理概念都有自己的理解——然而这里的多样性令人叹为观止：既有极为安静的、文学气息浓郁的布卢姆茨伯里和法律印记深刻的霍尔本，也有热闹喧嚣、狂欢者和购物者云集的苏荷区、皮卡迪利广场和牛津街。这里也是伦敦的购物中心区和剧院密集区。

❷ 伦敦城（见100页）

伦敦的历史核心区如同一段"双城记"的故事：工作日随处可见办公室白领，周末则异常安静。在历史上的大部分时间里，整座城市都被封闭在坚墙固垒之中，而城墙直到18世纪才被拆除。进入21世纪之后，老城四周许多摩天大楼拔地而起，但圣保罗大教堂和伦敦塔已经在此屹立了数百年。

❸ 南岸（见105页）

南岸是艺术、戏剧和文化爱好者的必到之地，著名的泰特现代美术馆赋予了这里全新的活力。这儿有标志性的泰晤士河风光、风味绝佳的食品市场、评价一流的酒馆、历史悠久的古迹、鲜亮夺目的现代建筑，以及精致的酒吧和餐厅。

❹ 肯辛顿和海德公园（见109页）

精心修饰的肯辛顿，无疑是伦敦最养眼的街区之一。你会在这里找到三座著名的博物馆——维多利亚和艾伯特博物馆（V&A）、自然历史博物馆、科学博物馆。此外还有出色

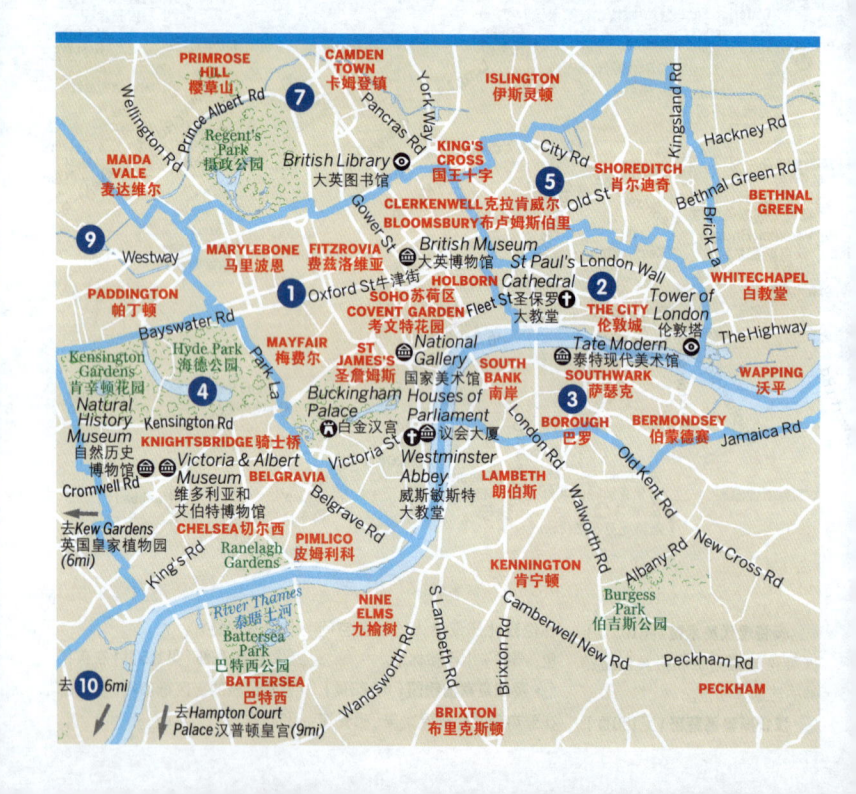

的用餐和购物地点、优雅的公园以及拥有宏伟历史建筑的气派街道。

❺ 克拉肯威尔、肖尔迪奇和斯皮塔佛德（见115页）

这些历史悠久的城市边缘街区有许多重要景点，大部分在克拉肯威尔和斯皮塔佛德周边，但是该地区最出名的还要数丰富多彩的夜生活。肖尔迪奇和霍克斯顿早已取代苏荷区和卡姆登，成为伦敦最时尚的区域。尽管一些娱乐场所已经迁往东边更远的地方，这里依然拥有自己的独特魅力。

❻ 伦敦东部（见115页）

如果你对伦敦的多元文化兴趣浓厚，一定要到"东区"看一看。这里有出色的民族美食、有趣的博物馆和画廊，有一流的酒馆、挨着运河的餐饮场所，还有几个伦敦最嬉皮范儿的街区，经过再开发的伊丽莎白女王奥林匹克公园也等待着你的探索。

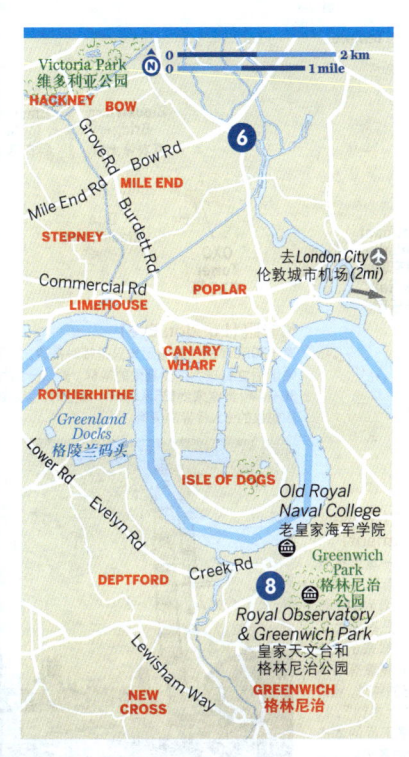

❼ 伦敦北部（见117页）

伦敦北部是著名的卡姆登市场，还有无与伦比的音乐场景和一流的酒馆。生机勃勃的国王十字周边正在经历一场变革，如今依然成为独具特色的休闲娱乐目的地，非常值得一游。这里还有许多安静的去处：从汉普斯泰德荒野和摄政公园壮观的绿色空间，到杂草丛生的维多利亚时代墓地（例如海格特公墓和阿贝伍德公墓）；还可以在运河边漫步。

❽ 格林尼治和伦敦南部（见121页）

气派的河畔街区格林尼治，不仅充满田园气息，也不乏各种宏伟的建筑、绿色的公园以及临河的酒馆。布里克斯顿的餐饮购物村极具创意，克莱普汉姆和巴特西随处可见不为人知的珍宝，而杜尔维治村正流淌着绿意盎然、宁静恬淡的魅力。

❾ 伦敦西部（见122页）

波特贝罗市场、设计博物馆、历史悠久的电影院、稀奇古怪的收藏馆、运河河畔的迷人魅力、超凡的酒馆和夜店、活力十足的公园和宏伟的豪宅、庄严的教堂、迷人的维多利亚风格公墓、异彩纷呈的商品和民族美食，这一切都使得诺丁山和伦敦西部成为大部分旅行者心中的必游之地。

❿ 里士满、邱和汉普顿皇宫（见123页）

想要逃离伦敦的钢筋水泥，感受它的绿意盎然、流淌的河水——就是那些人群稀疏、空气清新、一派田园牧歌景象的地方——不妨直奔里士满、邱和汉普顿皇宫。你可以沿着河流漫步，探寻幽静的都铎王宫（汉普顿宫），在美丽的英国皇家植物园迷失自我，然后到里士满公园赏鹿，在温布尔登公园徜徉，看着落日在泰晤士河上洒下点点金光。

泰晤士河

水上之旅

泰晤士河在伦敦历史中举足轻重。大约2000年前，它被罗马人发现并开辟为港口，从那时起经过几个世纪，许多伦敦地标性建筑逐渐林立在河两岸。来一场水上之旅是体验泰晤士河魅力的最佳途径。

两侧河岸每隔一段距离就会有一个码头，你可以在那上下船，前往伦敦的各个名胜古迹参观。

最佳乘船地点是威斯敏斯特码头（Westminste Pier），从那里出发的船开往下游，带你从政府所在地威斯敏斯特前往老的伦敦城（现在是摩天大楼鳞次栉比的金融区）。过了河，就是曾经破旧、被忽略的南岸，如今那里和北岸一样，也有了许多顶级旅游胜地，包括又细又高的夏德塔。

在本书的插图说明中，我们主要介绍乘水运船可以欣赏到的最佳景点。从西向东分别是：

圣保罗大教堂（St Paul's Cathedral）
虽然这里自公元604年开始就是一座教堂，但原有的建筑在1666年的伦敦大火中被烧成了灰烬，目前所看到的建筑是后来由建筑师克里斯托弗·雷恩重新建造的杰作。它在伦敦大轰炸中毫发未损，更令它闻名遐迩的是，查尔斯王子和戴安娜王妃的婚礼正是在此举行。为了迎接2011年教堂的300周年庆，这里进行了一番大规模的清理和修复，现在它看上去就和新的一样。

萨默塞特府（Somerset House）
这座新古典风格的宏伟宫殿曾是林立在泰晤士河两岸的许多贵族住宅之一。在19世纪60年代河堤建造之前，河面上架起的巨大拱桥可直接通往泰晤士河。

伦敦眼（London Eye）
建于2000年的伦敦眼原本只是临时搭建，然而竣工后立刻成为广受喜爱的地标。旋转一圈耗时30分钟。当你来到135米的城市高空时，会见到如想象的令人惊异的美景。

议会大厦（Houses of Parliament）
1834年的一场大火将原来的威斯敏斯特宫烧毁，目前看到的新哥特式建筑是在那之后重新建造起来的。英国议会大厦最有名的部分是它的钟塔，通常被称为"大本钟"，以负责钟塔工程的本杰明·霍尔的名字命名。

❶议会大厦、❷伦敦眼、❸萨默塞特府、❹圣保罗大教堂、❺泰特现代美术馆、❻莎士比亚环球剧院、❼伦敦塔、❽塔桥。

　　游船除了覆盖泰晤士河的中心地区，也可以前往更远的地方。上游可到达英国皇家植物园和汉普顿皇宫，下游至格林尼治和泰晤士河水闸。

随时上下船服务

　　泰晤士河快艇（Thames Clippers）提供的随时上下船服务主要针对每日通勤的当地乘客，但游客也同样可以使用。每15分钟1班，往返于威斯敏斯特、堤岸、滑铁卢、黑衣修士桥、河岸、伦敦桥、伦敦塔码头之间。持牡蛎卡可在原有船票价格上打折。

伦敦塔（Tower of London）

虽然它现在不再是伦敦最高的建筑，但是900年历史的伦敦塔依然让其他历史古迹黯然失色，特别是里面的御宝展和行刑台，让人流连忘返。从泰晤士河你可以清晰地看到叛国者之门：皇室的敌人就是穿过这座大门进入监狱的。

30 St Mary Axe (Gherkin) 圣玛丽斧街30号（小黄瓜）

Leadenhall Building (Cheese Grater) 利德贺大楼（奶酪刨）

Cannon St

Monument

20 Fenchurch St (Walkie Talkie) 芬丘奇街20号（对讲机）

Millennium Bridge 千禧桥

Bankside Pier 河岸码头

Southwark Bridge 萨瑟克桥

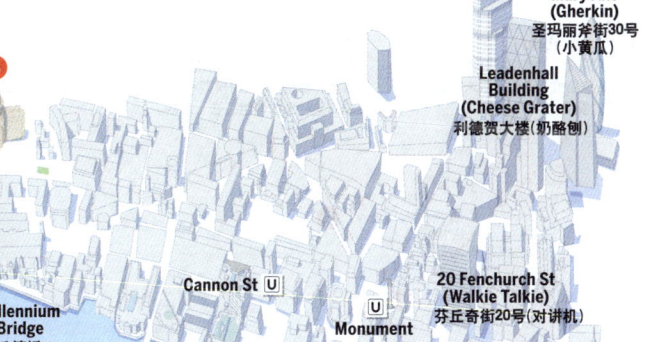

London Bridge 伦敦桥

Southwark Cathedral 萨瑟克大教堂

London Bridge Pier 伦敦桥码头

HMS Belfast 皇家海军"贝尔法斯特"号巡洋舰

Tower Pier 塔楼码头

London Bridge

Shard 夏德塔（碎片大厦）

City Hall 市政厅

泰特现代美术馆（Tate Modern）

座现代美术馆位于圣保罗大教堂的正面，是全世界参观量最大的博物馆。建于20世纪40年代末，建造之初作为发电站使用，其工建筑本身和馆内的美术作品一样深受参观者的爱。优异的扩建工程在2016年完工。

莎士比亚环球剧院（Shakespeare's Globe）

改造后的环球剧院在泰晤士河边，几百米外是其原址（1613年一场演出中发生火灾被烧毁）。该剧院是美国男演员萨姆·沃纳梅克倾设计的作品。每年4月至10月是非常受欢迎的表演季。

塔桥（Tower Bridge）

不要和上游的伦敦桥（London Bridge）混淆，塔桥是世界上最具象征性的桥梁之一，也许看起来很古老，但其实它仅建于1894年。塔桥是最著名的可高举式机械活动桥梁之一，高桅杆横帆船可由此通过前往西边老码头停靠。如今每年桥面仍然会抬起1000次左右。

大英博物馆

半日游

　　大英博物馆拥有永久性藏品约800万件,藏品数量非常巨大,范围也非常广泛,可能会令初次到此的参观者望而生畏。为了避免此行变得令人失望沮丧,也为了避免在前往参观埃及木乃伊的途中迷路,可以按照以下半日游安排游览,只带你参观博物馆中最重要的景点部分。如果你想更多地了解和学习,可以参加一个团队游或租一个语音导览机(£7)。

❶ **罗塞塔石碑**是个不错的起点,它是破[译]古埃及文字体系密码的关键文物。旁边是来自[亚]述帝国(亚述是位于底格里斯河与幼发拉底河[之]间美索不达米亚地区中心的一个文明古国)的[一]些藏品,其中包括巨大的 ❷ **豪尔萨巴德有翼[公]牛雕塑**。此外,还有价值更高的 ❸ **帕特农神庙[雕]塑**,它是古希腊艺术的最高峰,其影响一直延续[至]今。雕塑和刻画了庆祝雅典娜诞生情形的雕带(屋顶过梁和挑檐间的区域)一定要看。通往西侧

豪尔萨巴德有翼公牛雕塑 (Winged Bulls from Khorsabad)
这对雪花石膏的雕塑令人心生敬畏,它们曾经守卫着通往亚述国王萨尔贡二世宫殿的入口,来自位于美索不达米亚的豪尔萨巴德,那里是现代伊拉克的发源地。

帕特农神庙雕塑 (Parthenon Sculptures)
帕特农是一座献给女神雅典娜的汉白玉神庙,曾经是雅典卫城的一个经过加固的城堡的一部分。这里有数十座雕塑和雕带,并且用模型和交互式电子显示屏解释说明了它们曾经是如何组装在一起的。

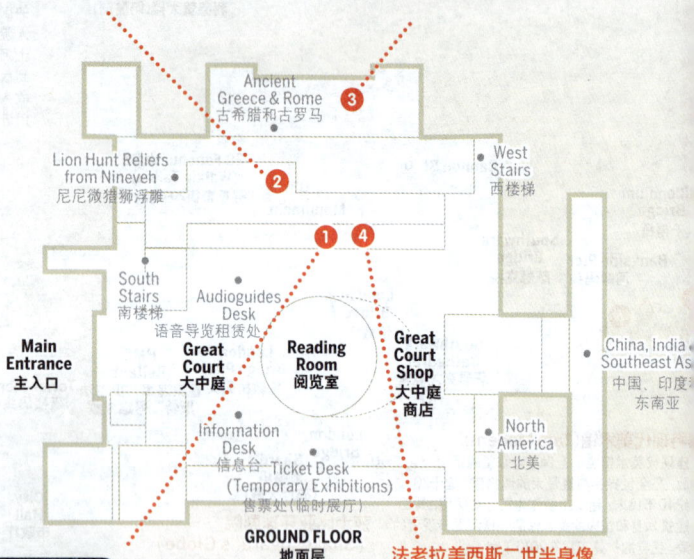

GROUND FLOOR
地面层

罗塞塔石碑 (Rosetta Stone)
这个762千克重的石碑用象形文字、通俗体文字(古埃及人日常使用的一种手写字体)和希腊文字记录了年轻的托勒密五世(Ptolemy V)在他第一个加冕周年庆典上颁布免除祭祀税赋的诏书。

法老拉美西斯二世半身像 (Bust of Pharaoh Ramesses II)
这座725公斤重的半身像刻画的是拉美西斯帝。根据《出埃及记》记载,拉美西斯是以色列苦难的根源,但也是一位伟大的君主。

梯(West Stairs)的途中有巨大的❹**法老拉美西斯二世半身像**,楼上收藏有大量❺**埃及木乃伊**,其中一具最早的木乃伊被称为"姜"(Ginger),因为当时只是简单地使用热沙子来保存尸体,而稀疏的红头发就这样被保存下来,看起来像姜一样。经由丰富的❻**米尔登霍尔宝藏**,便从罗马馆来到了早期英国馆。紧随其后的便是盎格鲁-撒克逊(Anglo-Saxon)的❼**萨顿胡船葬**和中世纪的❽**路易斯棋子**。

就餐选择

Court Cafe 位于大中庭(Great Court)的北端,外卖柜台供应沙拉和三明治,提供共用餐桌。

Gallery Cafe 靠近12号厅,供应热菜。

Great Court Restaurant 以前是阅览室,站在楼上往下看,可以看到它,供应正餐。

路易斯棋子(Lewis Chessmen)
极其珍贵的78枚棋子,扮演的角色分别是:带有面部的兵、忧心忡忡的王后、带着主教法冠、头转向一侧的主教,以及用盾牌抗敌的守卫"车")。

埃及木乃伊(Egyptian Mummies)
"姜"是被埋葬在上埃及戈伯伦的一具木乃伊,其历史大约可追溯到5500年前。还有Katebet木乃伊,她曾经是卡纳克阿蒙神庙中的一位女性吟唱者。

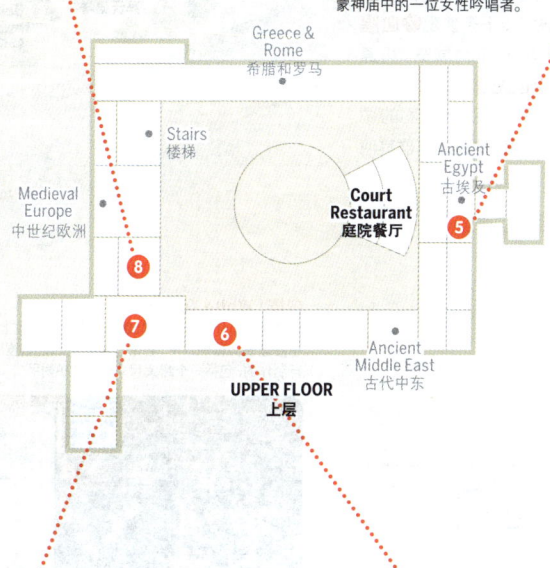

萨顿胡船葬(Sutton Hoo Ship Burial)
这个重要但身份不明的盎格鲁-撒克逊皇家墓穴非常独特,出土了饮酒用的角杯、金带扣以及一个精致绝伦的带面罩的头盔。

米尔登霍尔宝藏(Mildenhall Treasure)
在这些被发现的三十多个银碗、盘、勺上,罗马诸神——例如海神涅普顿和酒神巴克斯——与早期基督教符号一同出现,后者例如凯乐符号(chi-rho;希腊语为"XP",即希腊语中"基督"一词的缩写,形成字母X与P的交叠)。

伦敦塔

参观伦敦塔

虽然午后的人会少一点，但那时才赶到的话，就有点晚了。在这里参观，几个小时很容易过去，而且还可能看不全。建议你参加由伦敦塔卫士（又被称为Beefeater）引领的团队游，费用已包含在你的门票中。团队游轻松愉快而有趣，是进入 ❶ **圣彼得温克拉皇家礼拜堂** 最简单的方法，这里也是团队游的最后一站。当你离开礼拜堂，❷ **绞刑台** 就在正前方。而你左手边的建筑是滑铁卢军营（Waterloo Barracks），里面有 ❸ **御宝展**。看展览绝对是参观伦敦塔之行最精彩的部分，所以要留心入口，什么时候入口看起来比较安静，就挑那个时间进去，以你自己的节奏参观即可。自动步道会带你缓缓经过十来个王冠，它们是这座宝库的中心展品，你也可以原路返回再参观第二次，甚至第三次。你在 ❹ **白塔** 那里可多花些时间，它是整个伦敦塔综合建筑群的中心。从皇家盔甲展览起步，行进到白塔一层的时候，留心看看 ❺ **圣约翰礼拜堂**。白塔南边的庭院里可以看到著名的 ❻ **渡鸦**。接下来参观 ❼ **血腥塔** 与韦克菲尔德塔地牢中的刑具展览。再通过若干塔楼组成的 ❽ **中世纪宫殿**，然后取道 ❾ **城墙步道** 去感受一下城堡强大坚固的城垛。剩下的时间你可以参观伦敦塔建筑群其他迷人的犄角旮旯。

不用排队

➡ 利用网络购票；避免周末时参观；早上先去参观伦敦塔，这时排队的游客不多。

➡ 历史皇家宫殿（Historic Royal Palaces）的年度会员享有不用排队、优先进入的待遇，并且可以不限次数地参观伦敦塔以及其他四个伦敦宫殿。

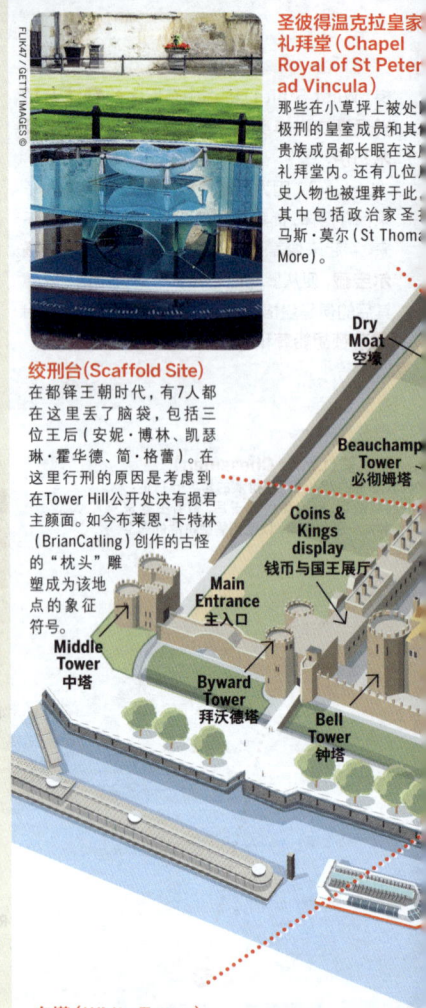

圣彼得温克拉皇家礼拜堂（Chapel Royal of St Peter ad Vincula）

那些在小草坪上被处极刑的皇室成员和其他贵族成员都长眠在这个礼拜堂内。还有几位历史人物也被埋葬于此，其中包括政治家圣托马斯·莫尔（St Thomas More）。

绞刑台（Scaffold Site）

在都铎王朝时代，有7人就在这里丢了脑袋，包括三位王后（安妮·博林、凯瑟琳·霍华德、简·格蕾）。在这里行刑的原因是考虑到在Tower Hill公开处决有损君主颜面。如今布莱恩·卡特林（Brian Catling）创作的古怪的"枕头"雕塑成为该地点的象征符号。

- Dry Moat 空壕
- Beauchamp Tower 必彻姆塔
- Coins & Kings display 钱币与国王展厅
- Main Entrance 主入口
- Middle Tower 中塔
- Byward Tower 拜沃德塔
- Bell Tower 钟塔

白塔（White Tower）

白塔的大部分被用于展出500多年历史的皇家盔甲。看看这付接近长方体的盔甲，它是按照亨利八世49岁时的臃肿身材行制作的，包括一个超大尺寸铠装的护阴甲。

圣约翰礼拜堂（St John's Chapel）

一个位于白塔一层的礼拜堂，从诺曼时期就一直在这里，它简单朴素，是伦敦现世最古老的基督教祷告所，其历史可以追溯到1080年。

御宝展（Crown Jewels）

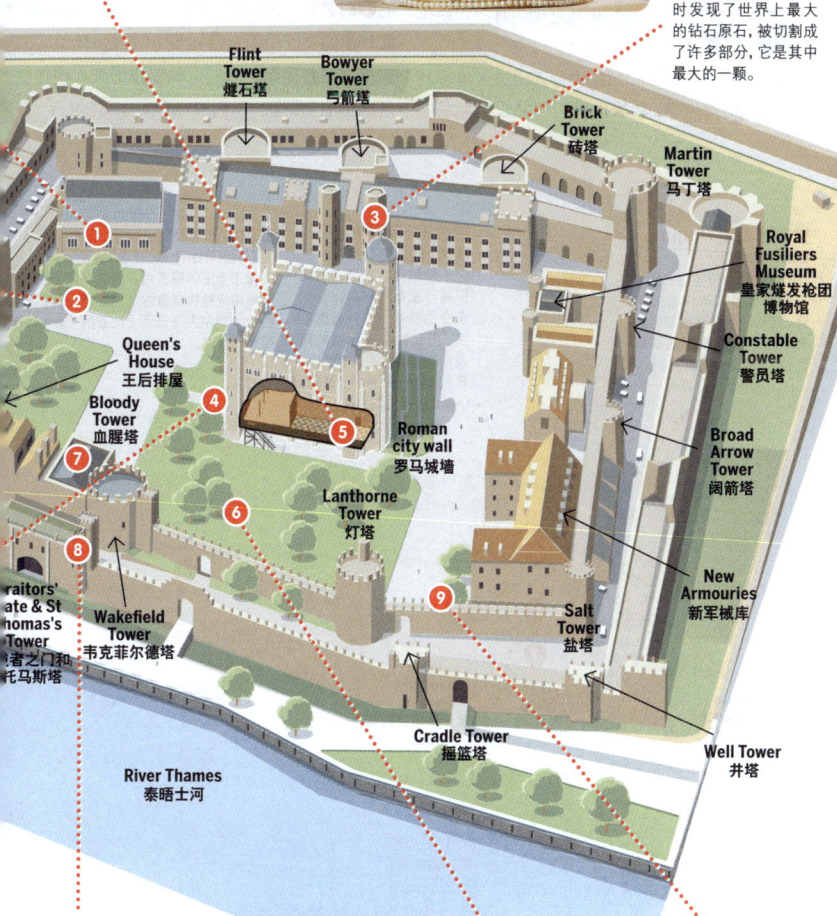

这些锦衣珠玉供女王陛下参加国家典礼的时候穿戴，不穿的时候则被保存在这里。在23,578件珠宝中，留心看一下镶嵌在英国皇家十字权杖顶端530克拉的非洲之星钻石：当时发现了世界上最大的钻石原石，被切割成了许多部分，它是其中最大的一颗。

地图标注：
- Flint Tower 燧石塔
- Bowyer Tower 弓箭塔
- Brick Tower 砖塔
- Martin Tower 马丁塔
- Royal Fusiliers Museum 皇家燧发枪团博物馆
- Queen's House 王后排屋
- Bloody Tower 血腥塔
- Constable Tower 警员塔
- Broad Arrow Tower 阔箭塔
- Roman city wall 罗马城墙
- Lanthorne Tower 灯塔
- New Armouries 新军械库
- Traitors' Gate & St Thomas's Tower 叛逆者之门和圣托马斯塔
- Wakefield Tower 韦克菲尔德塔
- Salt Tower 盐塔
- Cradle Tower 摇篮塔
- Well Tower 井塔
- River Thames 泰晤士河

中世纪宫殿（Medieval Palace）

中世纪宫殿建于1220年左右，曾是君主的居所。圣托马斯塔里有爱德华一世的寝室，韦克菲尔德塔内有他父亲亨利三世的国王王座大厅。

渡鸦（Ravens）

这片绿地上一直饲养着伦敦塔的6只渡鸦，需喂食生肉和浸透鲜血的鸟食饼干。据说，如果这些鸟离开伦敦塔，塔便会倒塌。

城墙步道（Wall Walk）

顺着伦敦塔东侧和北侧的防御城墙内侧前进，沿途可经过七座塔楼，内部都有主题展览，涵盖皇家动物园、"一战"中的伦敦塔等方方面面。

维多利亚和艾伯特博物馆

亮点半日游

维多利亚和艾伯特博物馆非常巨大,充满了艺术和设计作品。我们将博物馆的亮点进行了梳理,安排了一个浅显易懂、易于参观的游览计划,涵盖其中代表作品的同时,也能让你一并欣赏宏伟的博物馆建筑。

从紧邻Cromwell Rd的大厅入口进入维多利亚和艾伯特博物馆,然后直接左转参观伊斯兰中东展厅(Islamic Middle East Gallery),看一看蚕丝和羊毛混纺的 ❶ **阿尔达比勒地毯**,十分奢华。与之毗邻的是南亚展厅,在若干作品之中,自动的 ❷ **蒂普的老虎**十分骇人。继续往前走,进入杰出的 ❸ **时装馆**,里面展示了古往今来的服装款式。对面华丽的展厅里面有 ❹ **拉斐尔漫画**,梵蒂冈的壁毯就是以拉斐尔创作的这些画作为范本织造的。从楼梯厅上到2层的不列颠1500~1760展厅;在展

拉斐尔漫画(Raphael Cartoons)
这七幅画作由拉斐尔创作,描绘圣彼得和圣保罗的事迹,梵蒂冈西斯廷教堂中的七块壁毯就是根据这些画作按1:1的比例织就的。

时装馆(Fashion Gallery)
这个按年代布置展品的圆形展厅里面展出自18世纪至今的服装,陈列着晚礼服、内衣以及标志性的时装里程碑,例如20世纪60年代玛丽·奎恩特(Mary Quant)设计的裙装。

威尔大床(The Great Bed of Ware)
制作于女王伊丽莎白一世统治期间,它的床头板和床柱蚀刻着古老的印记,这张16世纪的橡木威尔大床因莎士比亚的《第十二夜》而闻名遐迩。

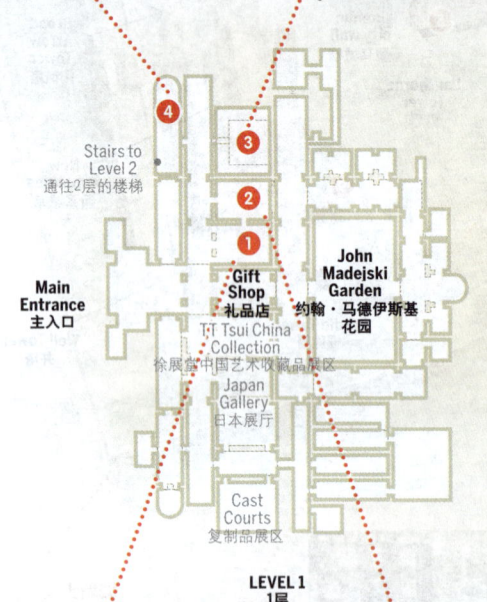

阿尔达比勒地毯(The Ardabil Carpet)
地毯制作完成于1540年,共有一对,其中一块是由伊朗国王塔赫玛斯普沙阿下令制作的。最令人惊讶的是地毯细节的艺术性和设计之精妙。

蒂普的老虎(Tipu's Tiger)
用金属和木料制作于18世纪的自动机械装置看上去有点吓人,造型是一只老虎正在咬一个人。当旋转手柄时,隐藏在老虎身体里的装置就发出那个垂死之人的惨叫声,他的胳膊同时还会舞动挣扎起来。

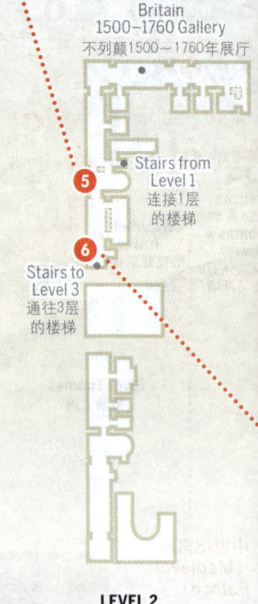

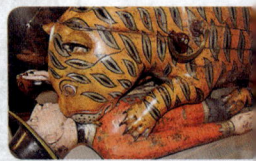

厅内向左转,你会看到❺威尔大床,不远处是精雕细琢的❻亨利八世的书写用具盒。上楼梯进入3层的金属器具展厅,看一看❼赫里福德屏栏。继续前行,穿过铁制品展厅和雕刻品展厅,然后经由雷顿走廊(Leighton Corridor)到达金光璀璨的❽珠宝厅。从彩绘玻璃厅出去,尽头就是通往1层的楼梯。

重要提示

➡ 博物馆服务人员常常出现在参观路线上以提供信息。

➡ 除了珠宝厅、拉斐尔漫画等,其余大部分展厅都允许拍照。

➡ 躲开白天拥挤的人群:选择周五晚上参观博物馆,此时一直开放到22:00。

赫里福德屏栏 (The Hereford Screen)

令人惊叹的唱诗班屏栏由乔治·吉尔伯特·斯科特爵士(Sir George Gilbert Scott)设计,倾注了大量心血和时间,最初是为赫里福德主教座堂制作的。屏栏采用木、铁、铜、黄铜、硬石等材质制成,因体量巨大,博物馆中只有一小部分场所能够存放。

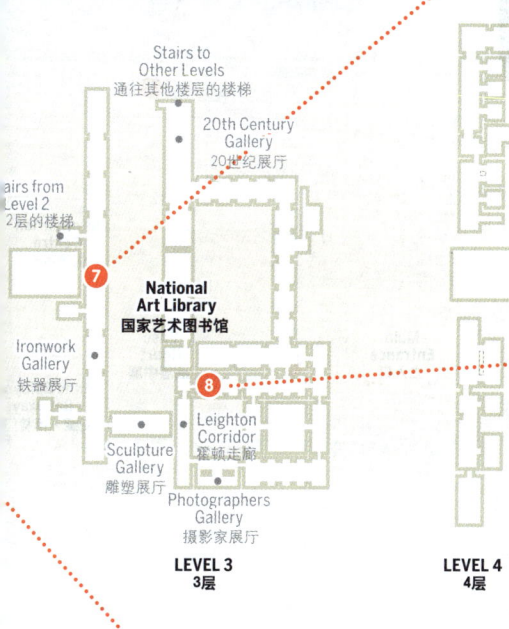

珠宝厅(Jewellery Gallery)

珠宝厅在灯光的点缀下美丽璀璨,从古希腊到现代的藏品都令人心神荡漾,包括耀眼的凯尔特金护胸甲、新艺术珠宝以及法贝热设计的动物造型珠宝。

LEVEL 3
3层

LEVEL 4
4层

亨利八世的书写用具盒 (Henry VIII's Writing Box)

这个16世纪的书写用具盒由胡桃木和橡木制成,精巧华丽,虽已传世几个世纪,但盒体上亨利八世的盾形纹章、手举丘比特的维纳斯以及战神马尔斯等经典的装饰性图案仍然精美绝伦。

汉普顿皇宫

皇宫一日游

皇宫有着如此多的地方等待探索,还有看起来无边无际的花园。一日游可以让你知道从哪里开始参观最合适,还能帮助你了解皇宫在过去几个世纪中规模是如何扩大的,居住在这里的皇室又是如何对它不断地进行美化和修缮,使其更加符合皇室的要求,并且体现出当时的时代风格。

亨利八世一从红衣主教卡迪尔·托马斯·沃尔西(Cardinal Thomas Wolsey)那里接手掌管汉普顿皇宫,就开始扩建❶**都铎式建筑**,增建了❷**大厅**、高雅优美的❸**皇家礼拜堂**、大观察室以及巨大的❹**都铎厨房**。到1540年时,它已经成为欧洲最宏大、最精美的宫殿之一。扩建工程一直继续到詹姆斯一世时期,之后查理一世又增建了一个新的网球场,并搜集了一些重要的艺术藏品安置在此,包括❺**坎伯兰艺术画廊**中的展品。

英国内战之后,原本拘谨古板的奥利弗·克

都铎厨房(Tudor Kitchens)
这些巨大的厨房相当于皇宫的动力室。那里有200名工作人员。6个噼啪作响的台式火炉保证了菜单里永远少不了铁板烤肉这道菜(每年消耗多达8200只绵羊、1240头牛)。

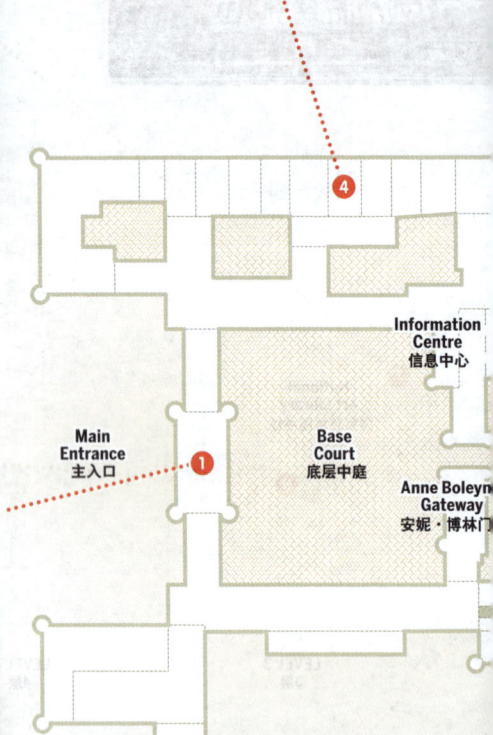

❼ 迷宫(The Maze)
位于主建筑以北大约150米处。
迷宫位于著名的皇宫花园内,由种植于1700年前后的角树和紫杉组成,占地三分之一英亩,是汉普顿皇宫必看的景观。从迷宫起点走到中心,一般需要20分钟左右的时间。

都铎式建筑(Tudor Architecture)
皇宫主体的历史可以追溯到1515年,它是全国最好的都铎式建筑范例之一。起初这里只是一个大大的中世纪领主宅邸,之后转变为极好的都铎式宫殿,在这个转变过程中,红衣主教卡迪尔·托马斯·沃尔西起了主要作用。

Main Entrance 主入口

Base Court 底层中庭

Information Centre 信息中心

Anne Boleyn Gateway 安妮·博林门

开放参观
皇宫是在1838年由维多利亚女王下令向公众开放的。

伦威尔（Oliver Cromwell）开始沉浸于手中的皇室权欲，在舒适的前女王卧室度过一个个周末，并廉价出售了查理一世的艺术收藏品。17世纪末，威廉国王和玛丽王后雇佣克里斯托弗·雷恩爵士进行巴洛克风格的扩建，其中最重要的建筑就是经由❻**国王楼梯**前往的威廉三世房间（William III Apartments）。威廉三世还下令修建了世界闻名的❼**迷宫**。

重要提示

➔ 可以向任意一位穿着红色束腰外衣的守卫询问奇闻逸事或相关信息。

➔ 参加由身着旧时服装的历史学家带领的主题团队游，或是从黄昏到黎明的过夜活动。

➔ 在信息中心领取语音导览器。

大厅（The Great Hall）

这个宏伟的用餐大厅是皇宫中十分重要的一个房间，它上方有着被认为是英格兰最好的锤梁屋顶、讲述亚伯拉罕故事的16世纪佛兰芒挂毯以及一些精致的彩色玻璃窗。

皇家礼拜堂（Chapel Royal）

蓝色和金色相间的圆顶天花板起初是为牛津基督教堂而造的，但是被安装在了这里。祭坛背后带装饰的橡木屏风由格瑞林·吉本斯（Grinling Gibbons）于18世纪雕刻而成。展出的书籍包括1611年的詹姆斯国王钦定版《圣经》（King James Bible）的第一版，由罗伯特·巴克（Robert Barker）印制。

国王楼梯（The King's Staircase）

安东尼奥·韦利奥（Antonio Verrio）为宫殿的5个房间创作了壁画，这是其中一间，恰如其分地以一种高调的姿态拉开了进入国王房间的序幕。国王楼梯旁的壁画对威廉三世极力奉承，画面中他高踞于一群罗马君主之上。

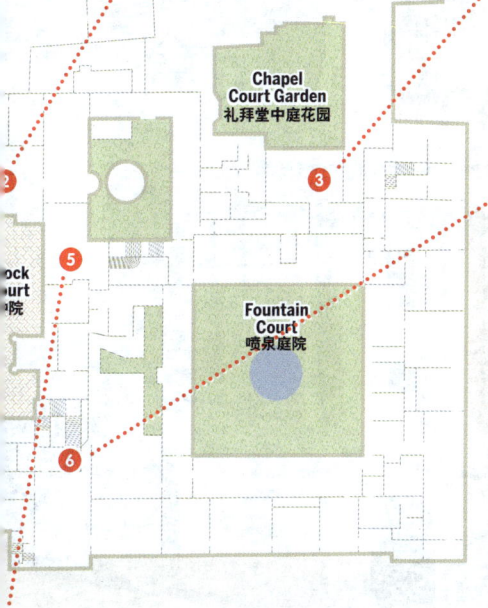

坎伯兰艺术画廊（Cumberland Art Gallery）

是坎伯兰套房（Cumberland Suite），由威廉·肯特设计，修复之后展示最精美的王室收藏品。

英国文学

英国的文学遗产底蕴深厚,闻名世界。随着殖民时期英语在全世界的传播,英国文学也走入了千家万户。在18世纪末和19世纪,像是查尔斯·狄更斯、乔治·艾略特等小说家,以及塞缪尔·泰勒·柯勒律治等诗人,在他们的祖国之外也同样深入人心。

1. **牛津，拉德克里夫图书馆（见206页）**
牛津最上镜的景点之一，保存着博德利图书馆（Bodleian Library）的部分馆藏。

2. **埃文河畔斯特拉特福，莎士比亚出生地（见455页）**
1564年，莎士比亚在这栋住宅中出生，此后一直在这里生活到与安妮·海瑟薇结婚。

3. **伦敦，查尔斯·狄更斯博物馆（见100页）**
博物馆就坐落于狄更斯在伦敦仅存的故居之中。

4. **斯特灵，罗伯特·彭斯雕像（见915页）**
彭斯是苏格兰最著名的诗人。

1

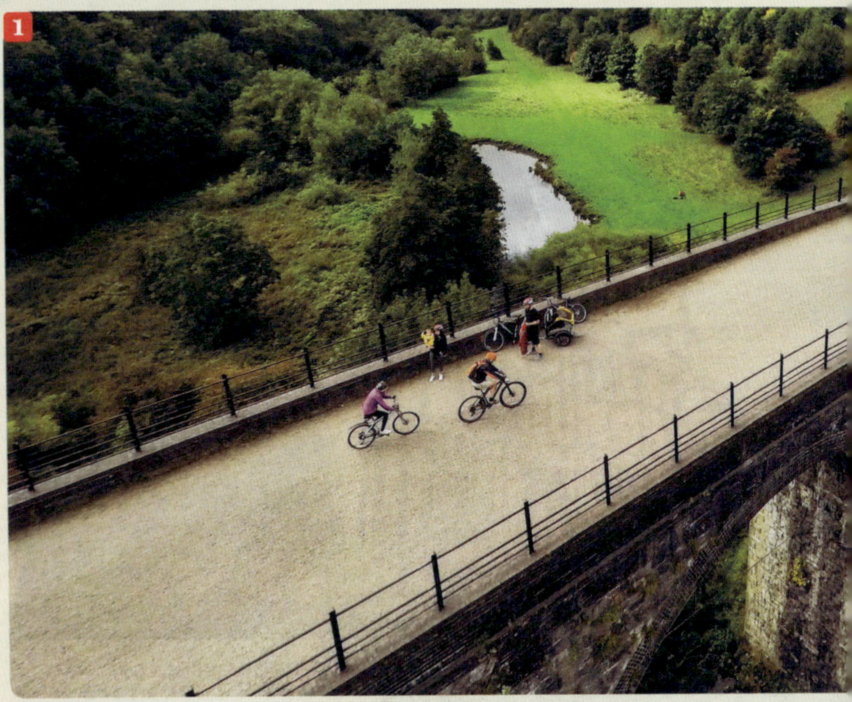

2

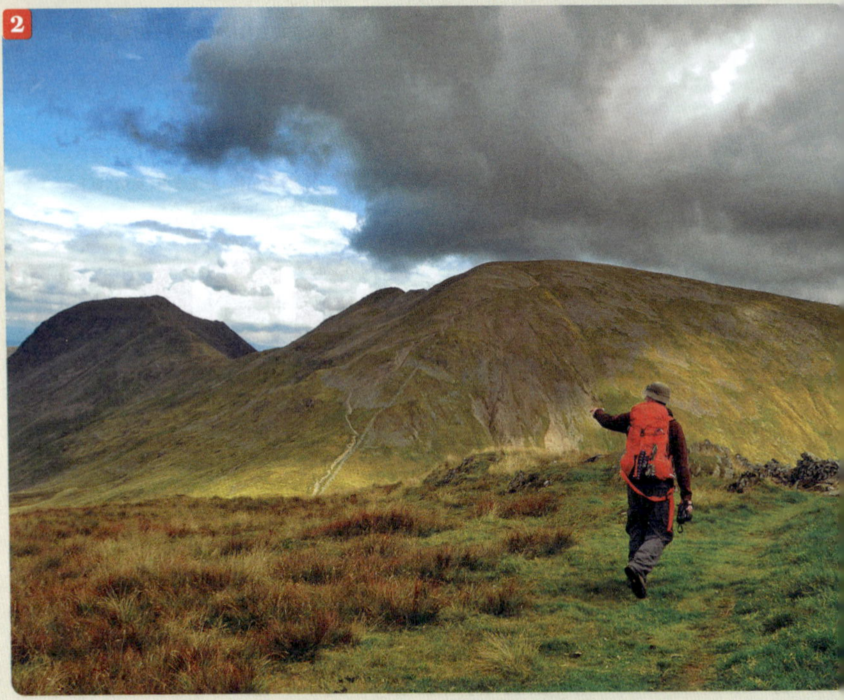

英格兰的户外活动

英格兰人对户外活动情有独钟,每个周末都会看到人流从城镇前往山丘、荒原和海岸。徒步和骑行是最流行的运动,但也不乏其他各种丰富多彩的选择——浑身湿透、裹满泥浆可能正是你行程中的亮点之一!

徒步

英格兰可能到处是人,但城市之外有许多美丽的地方,非常适合徒步。你可以沿着河岸来一次短线徒步,或者挑战一次翻山越岭的长线——也可以在二者之间找一条适合自己的线路。最佳徒步地点包括科茨沃尔德、湖区和约克郡山谷。

骑行

自行车是深入了解英格兰的利器。萨福克、约克郡和威尔特郡拥有纵横交错的宁静村道,是团队骑行的理想场地。如果想另辟蹊径,山地车手可以进一步深入荒野,前往峰区、北约克郡荒原以及南唐斯等地。

骑马

如果你想探索相对平缓的丘陵和荒原,在马背上欣赏英格兰野性的一面是最佳方式。在达特穆尔和诺森伯兰等偏远地区及国家公园都设有骑马中心,可以满足各种水平骑手的独特需求。

冲浪

英格兰也许不是冲浪者们的首选目的地,但是一些地方却有得天独厚的浪头。其中名列前茅的是西边海岸上的康沃尔和德文,东部海岸也有几个地方,比较著名的是诺福克和约克郡。

1. 峰区国家公园(见513页)的自行车手。
2. 湖区(见626页)的徒步客。
3. 康沃尔波斯科诺(见374页)的冲浪者。

市的长远影响仍有待观察。

景点

西区 (The West End)

★威斯敏斯特大教堂 教堂

（Westminster Abbey；见92页地图；✆020-7222 5152；www.westminster-abbey.org；20 Dean's Yard, SW1；成人/儿童 £22/9，修道院和花园 免费；⊙周一、周二、周四和周五 9:30~15:30，周三 9:30~18:00，周六 9:30~13:30；⑨Westminster）堪称各种建筑风格"大杂烩"的威斯敏斯特大教堂，被认为是早期英国哥特建筑（1190~1300年）的最杰出代表。这座教堂不仅是一处值得膜拜的美丽建筑，其冰冷的石板上还浓缩了整个王国的历史。几个世纪以来，这个国家很多伟人都埋葬于此，包括从亨利三世（逝于1272年）到乔治二世（逝于1760年）期间的17位国王。这座大教堂从来都不是主教座堂（设主教座位的教堂），但它被认为是英国王室的"皇产"，由王室直接掌管。

自"征服者威廉"起，所有的英国君主都是在威斯敏斯特大教堂加冕的，除了几个倒霉的爱德华——在加冕这一神圣时刻到来之前，他们或被谋杀（爱德华五世），或主动退位（爱德华八世）。

在伦敦

两日游

先从西区的打卡景点**威斯敏斯特大教堂**开始，然后到**白金汉宫**（见93页）观看卫兵换岗仪式。沿着林荫大道走到**特拉法加广场**（见90页）欣赏宏伟的建筑，与怀特霍尔后方的大本钟合个影，再逛逛**国家美术馆**（见91页）。下午，前往南岸区坐一圈"伦敦眼"摩天轮，然后参观**泰特现代美术馆**（见105页），接着到**莎士比亚环球剧院**（见105页）欣赏一场晚间演出。

第二天，先去逛逛让人大开眼界的**大英博物馆**（见89页），然后在**考文特花园**和牛津街逛街购物，最后到**苏荷区**体验夜生活。

四日游

第三天，前往伦敦的金融中心**伦敦城**，看看宏伟沧桑的**伦敦塔**（见101页）。上午先看看伦敦塔仪仗卫兵和这里的渡鸦，然后去参观夺目的"王冠宝石"。下一个目的地是伦敦地标**塔桥**（见101页），可以在泰晤士河岸边欣赏，或者穿过连接两座塔楼的玻璃步道。接下来将一天中剩下的时间用来探索生机勃勃的**东区**，可以选择游览**红砖巷**（Brick Lane；见144页地图；⑨Shoreditch High St, Liverpool St）和**老斯皮塔佛德市场**（见155页）。

第四天，从伦敦市中心的任何一个码头登船，顺流而下前往**格林尼治**，逛逛那里的世界知名建筑，感受与时间、星辰和太空的丝缕联系。首先去看看极富传奇色彩的**"卡蒂萨克"号**（见121页），这是茶叶贸易时代的一艘明星帆船；然后去参观**国家海事博物馆**（见121页）。步行穿过**格林尼治公园**（见121页），可以来到**皇家天文台**（见121页）。对岸的金丝雀码头（Canary Wharf）商务区风景着实不错。晚上的时间则用来体验当地酒吧和小酒馆。

七日游

如果还有多余的时间，不妨用来探索伦敦其他街区。第五天，前往**伦敦北部**，上午先逛逛**卡姆登市场**（见155页），然后参观**海格特公墓**（见119页），接着去**汉普斯泰德荒野**（见120页）散步。第六天，先去逛逛**诺丁山**闻名遐迩的**波特贝罗路市场**（见122页），然后用剩下的时间在**骑士桥**的时尚商店里购物，或者参观**南肯辛顿**的众多博物馆，例如**自然历史博物馆**（见109页）和**科学博物馆**（见109页）。第七天用来探访**伦敦西部**，在**英国皇家植物园**（见123页）和**里士满公园**（见124页）以及宏伟的**汉普顿皇宫**（见124页）寻找乐趣。

大教堂的中心是用瓷砖铺设的精致**祭坛**(sacrarium),君主加冕、王室婚礼和葬礼都在这里举行。华丽的主祭坛由乔治·基尔伯特·斯科特于1873年设计。祭坛前是历史可追溯到1268年的**柯斯马蒂大理石步道**(Cosmati marble pavement),这条步道用无数大理石碎片在大理石板上镶嵌出精美的图案,甚至预言了世界末日的时间(公元19693年!)。在迷人的**施洗者圣约翰礼拜堂**(Chapel of St John the Baptist)的门边,有一座庄严的"烛光下的圣母与圣婴"塑像。

威斯敏斯特大教堂内最神圣的地方当属主祭坛后方的**忏悔者爱德华圣坛**(shrine of St Edward the Confessor);只有参加每日祈祷会的信众才可入内,以保护13世纪的地板。教堂最初由圣爱德华下令修建,但直到他辞世几周后,建筑才落成并进行了祝圣礼(即由普通的建筑成为神圣的教堂)。宗教改革时期,教堂建筑被毁,他的坟墓也略有变动,但爱德华的尸骨依然长埋于此——这也是英国唯一保存完整的圣人坟冢。时长90分钟的**教堂司事导览游**(£5,需另购门票)可以带你前往该圣坛。

唱诗班席(quire)由爱德华·布洛尔设计,以金色、蓝色和红色为主色调,呈现出维多利亚哥特式风格,其历史可追溯至19世纪中叶。其位置就在从前修道士唱诗班献礼处,但与原来的面貌截然不同。如今,这里依然用于唱诗,只是常见的登台者已变为由22位男童和12位专职成年男性(lay vicars)组成的威斯敏斯特唱诗班,每日在此唱诗和晚祷(周一至周五 17:00,周末15:00)。

1245年,亨利三世开始重建教堂,但没能完工,到1388年,哥特式的正厅在理查二世在位时建造完成。壮观的**圣母堂**(Lady Chapel)是垂直哥特风格,由亨利七世下令建造,历时16年,于1519年竣工并被奉为圣地。

在教堂中殿西端,靠近**无名战士墓**(Tomb of the Unknown Warrior;1920年为"一战"中死于法国北部的战士修建)的是圣乔治礼拜堂(St George's Chapel),里面有一座看似毫不起眼的**加冕宝座**(Cofronation Chair),14世纪初以来的每位英国君主都是在这张宝座上加冕的(除了共治者玛丽二世和威廉二世,他们为自己加冕典礼打造了专属的王座)。

除了王室成员,还有很多著名的平民长眠于威斯敏斯特大教堂,一定要留意一下,尤其是**诗人角**(Poets' Corner),那里安息着乔叟、狄更斯、哈代、丁尼生、约翰逊博士和吉卜林,还有莎士比亚、简·奥斯汀、勃朗特姐妹等其他巨匠的墓碑。除了"诗人角",你还能在附近找到作曲家亨德尔和物理学家艾萨克·牛顿的坟墓。

八角形**大宪章厅**(Chapter House)的历史可以追溯到13世纪50年代。在亨利八世300年后下令解散修道院之前,这里一直是修道士们每日进行祈祷和分配工作的地方。大宪章厅右边的大门据称是英国最古老的大门,它从11世纪50年代起就在那儿了。**藏宝厅**(Pyx Chamber)更像是地下室,顾名思义,这里是威斯敏斯特大教堂的宝库,也被誉为"王室藏宝柜",大约建成于1070年,而里面的圣邓斯坦祭坛(Altar of St Dunstan)历史更为悠久。

威斯敏斯特大教堂建筑群中的部分景点是免费向游客开放的,如**修道院走廊**(Cloister)和拥有900年历史的**学院花园**(College Garden;见92页地图;4月至9月 周二至周四 10:00~18:00,10月至次年3月 周二至周四 10:00~16:00)。紧挨教堂的是**圣玛格丽特教堂**(St Margaret's Church;见92页地图;☎020-7654 4840;www.westminster-abbey.org/st-margarets-church;◉周一至周五 9:30~15:30,周六 9:30~13:30,周日 14:00~16:30),这里自1614年起就是下议院的礼拜堂,有专门纪念经常来做礼拜的卡克斯顿和弥尔顿的窗户,沃尔特·雷利爵士就葬于祭坛旁边。

2018年开放的**女王钻禧画廊**(Queen's Diamond Jubilee Galleries)是一处位于中世纪教堂拱廊内的全新展览空间,即大教堂中殿上方的拱形展厅。展品包括历代国王的葬礼面具、查理二世和威廉三世的蜡像(后者站在一张小凳上,以显得和他的王后玛丽二世的身高相差无几),以及各种盔甲和彩色玻璃。最引人注目的当属刻满铭文的玛丽王座(用于玛丽二世的加冕礼)和源自13世纪的威斯敏斯特祭坛屏风,这是英格兰最古老的祭坛装饰。

★ 大英博物馆　　　　　　　　博物馆

（British Museum；见94页地图；☏020-7323 8299；www.britishmuseum.org；Great Russell St & Montague Pl, WC1；◉周六至周四 10:00~17:30，周五 10:00~20:30；Ⓤ Russell Sq, Tottenham Court Rd）**免费** 这是英国最大的博物馆，也是世界上最古老、顶级的博物馆之一，珍宝藏品十分丰富，分为埃及、伊特鲁里亚、希腊、罗马、欧洲和中东等众多展馆。这是伦敦游览者最多的景点，每年都会吸引650万人到此参观。

博物馆内必看的藏品包括发现于1799年的罗塞塔石碑（Rosetta Stone），这是破译埃及象形文字的关键物品；极具争议的帕特农神庙雕塑（Parthenon Sculptures），是埃尔金勋爵（当时英国驻奥斯曼帝国大使）从雅典帕特农神庙墙上偷来的；以及为数众多的埃及木乃伊。

其他不容错过的珍品还有盎格鲁-撒克逊时期的萨顿胡船葬（Sutton Hoo burial）出土文物以及豪尔萨巴德有翼公牛雕塑（Winged Bulls from Khorsabad）。

大英博物馆始于1753年，最初是皇室医生汉斯·斯隆爵士卖给国家的一个"好奇柜"。随后若干年里，随着大英帝国的对外扩张，掠夺来的珍宝进一步丰富了博物馆的藏品。1823年，博物馆进行了翻新改建，壮观的启蒙厅（Enlightenment Gallery）是最先建起的展馆。

2000年，建筑师诺曼·福斯特修复并且扩建了大中庭（Great Court），为之增加了一个采用玻璃和钢材的极具气势的屋顶，使其成为伦敦最受瞩目的建筑空间之一。大中庭中央是阅览室（Reading Room），蓝色和金色相间的混凝纸浆穹顶令人惊叹，卡尔·马克思正是在这里查阅各种文献并写下了《资本论》，圣雄甘地曾经也是这里的常客。

耗资1.35亿英镑的大英博物馆新分馆——世界保护与展览中心（World Conservation and Exhibitions Centre）位于博物馆的西北角，于2014年开放。同年开放的新馆还有塞恩斯伯里美术展馆（Sainsbury Exhibitions Gallery），里面有一些非常不错的展品。

由于博物馆非常之大，即使你有时间，也最好选一些展览着重参观，或考虑参加免费的导览。每天有多达15个耗时30~40分钟的开眼之旅（Eye-opener tours；免费）。博物馆还会举办45分钟的午间美术馆座谈（lunchtime gallery talks；免费，周二至周五 13:15）、1.5小时的精品导览游（£14；周五、周六和周日 11:30和14:00）以及周五晚上20分钟的经典导览游（spotlight tours；免费）。大中庭的语音导览服务台还有10种语言的语音导览和家庭导览（成人/儿童 £7/6）。

★ 特拉法加广场　　　　　　　　广场

（Trafalgar Square；见94页地图；Ⓤ Charing Cross）特拉法加广场是伦敦公共活动的中心，集会和游行都在这里举行，成千上万人都会到此参加新年狂欢。从公共露天电影、圣诞节庆到政治抗议，伦敦人会聚集在这里庆祝任何事。广场中央，纳尔逊将军砂岩雕像从52米高的纳尔逊将军纪念柱（Nelson's Column）上俯视脚下的这片土地。广场周围都是气势恢宏的建筑，包括国家美术馆（见91页）和

ⓘ 伦敦省钱贴士

➜ 伦敦非常大——按照街区顺序安排行程，可以避免在路途上浪费时间（和金钱）。

➜ 持牡蛎卡（Oyster Card）能够更便宜方便地搭乘公共交通，但是如果你的信用卡或借记卡有类似Wi-Fi信号图案的感应功能，也可直接刷卡。

➜ 步行——比搭乘公交更便宜，也是探索伦敦市中心的最佳方式。

➜ 想要以实惠的价格欣赏西区演出，可以选择购买站票（在开演当天到场馆售票处购买），或是在莱斯特广场的售票处购买最后甩卖的优惠票。

➜ 想要以经济的价格吃到美味的食物，可以选择午餐而不是晚餐，或者试试剧场在演出前后供应的折扣晚餐。

➜ 景点门票在网上订购可以获得折扣价，不仅省钱，而且无须排队。

当地知识

苏荷区（SOHO）

伦敦最具波希米亚气质的街区曾经是一片牧场；"Soho"这个名字据说就是从狩猎的呐喊声演变而来的。虽然伦敦市中心的夜生活区已然东移，而且近年来苏荷区的标志性夜店和音乐场馆纷纷闭门歇业，但这个街区的夜晚依然极富特色，也仍然是知名的同性恋街区。白天，你会被这个地区的波希米亚风情和纯粹的活力所吸引。

在苏荷区的最北边，绿意盎然的苏荷广场（Soho Sq；见94页地图；ⓤTottenham Court Rd, Leicester Sq）是该地区的后花园。这座广场铺设于1681年，最初被命名为"国王广场"；查理二世的塑像立于广场北部。中心则是一座半木结构的仿都铎风格小屋，曾经是19世纪70年代的园丁住所。"二战"期间，这里的地下空间曾经被用作防空洞。

广场的南边是酒吧和餐厅林立的迪恩街（Dean St）。28号曾经是卡尔·马克思和家人在1851年至1856年的住所。当年马克思在大英博物馆的阅览室研究写作《资本论》时，一家人都生活在极度贫困之中。

旧康普顿街（Old Compton St）是苏荷区同性恋社区的中心。这是一条所有人都会喜欢的街道，无论取向如何，这里的酒吧、性用品商店和良好的氛围十分迷人。

放荡不羁的卡萨诺瓦和沉迷于鸦片的作家托马斯·德·昆西曾经生活在附近的格里克街（Greek St）；与其平行的弗里斯街（Frith St）20号曾经是莫扎特的居所，他从1764年开始在这里生活过一年。

圣马丁教堂（St Martin-in-the-Fields；见94页地图；☎020-7766 1100；www.stmartin-in-the-fields.org；◉周一、周二、周四和周五 8:30~13:00和14:00~18:00，周三 8:30~13:00和14:00~17:00，周六 9:30~18:00，周日 15:30~17:00）。

★ 国家美术馆 美术馆

（National Gallery；见94页地图；☎020-7747 2885；www.nationalgallery.org.uk；Trafalgar Sq, WC2；◉周六至周四 10:00~18:00，周五 10:00~21:00；ⓤCharing Cross）**免费** 这座世界上最伟大的艺术品收藏博物馆有2300多幅欧洲传世经典名画展出，涵盖了艺术史上每个重要时期的代表作——从13世纪中期到20世纪初，包括达·芬奇、米开朗琪罗、提香、凡·高和雷诺阿的杰出作品。

许多参观者都会慕名前往东馆（East Wing；1700~1900年），这里不仅有18世纪英国艺术家庚斯博罗、康斯特布尔、特纳等大师的经典作品，还有凡·高、雷诺阿和莫奈等巨匠的印象派、后印象派画作。

★ 议会大厦 历史建筑

（Houses of Parliament；见92页地图；www.parliament.uk；Parliament Sq, SW1；ⓤWestminster）**免费** 到访此处更像是进行一段对英国民主的探访之旅。议会大厦的官方称谓为威斯敏斯特宫（Palace of Westminster），最古老的部分是建于11世纪的威斯敏斯特大厅（Westminster Hall），也是1834年那场灾难性大火中少数得以保留下来的建筑之一。1394~1401年加建的屋顶是目前已知最早的锤楼屋顶结构。建筑的其余部分大多是查尔斯·巴里和奥古斯塔斯·普金从1840年开始花费20年时间建造的新哥特式杰作。大厦最著名的特色建筑便是钟塔，官方称谓为"伊丽莎白钟塔"，但更为人熟知的名字是大本钟（Big Ben；见92页地图）。大本钟其实是那座重达13.5吨的大钟，以1858年完工的钟塔工程负责人本杰明·霍尔（Benjamin Hall）的名字命名。

实用功能方面，议会分为两议院。绿色的下议院（House of Commons；见92页地图；www.parliament.uk/business/commons；◉周一和周二 14:30~22:00，周三 11:30~19:30，周四 10:30~18:30，周五 9:30~15:00）有650名被选举出来的议员。而以红色为主色调的上议院（House of Lords；见92页地图；www.parliament.uk/business/lords；◉周一和周二 14:30~22:00，周三 15:00~22:00，周四 11:00~19:30，周五 10:00至会期终结）有800多个议席，议员制度曾采

Westminster & St James's 威斯敏斯特和圣詹姆斯

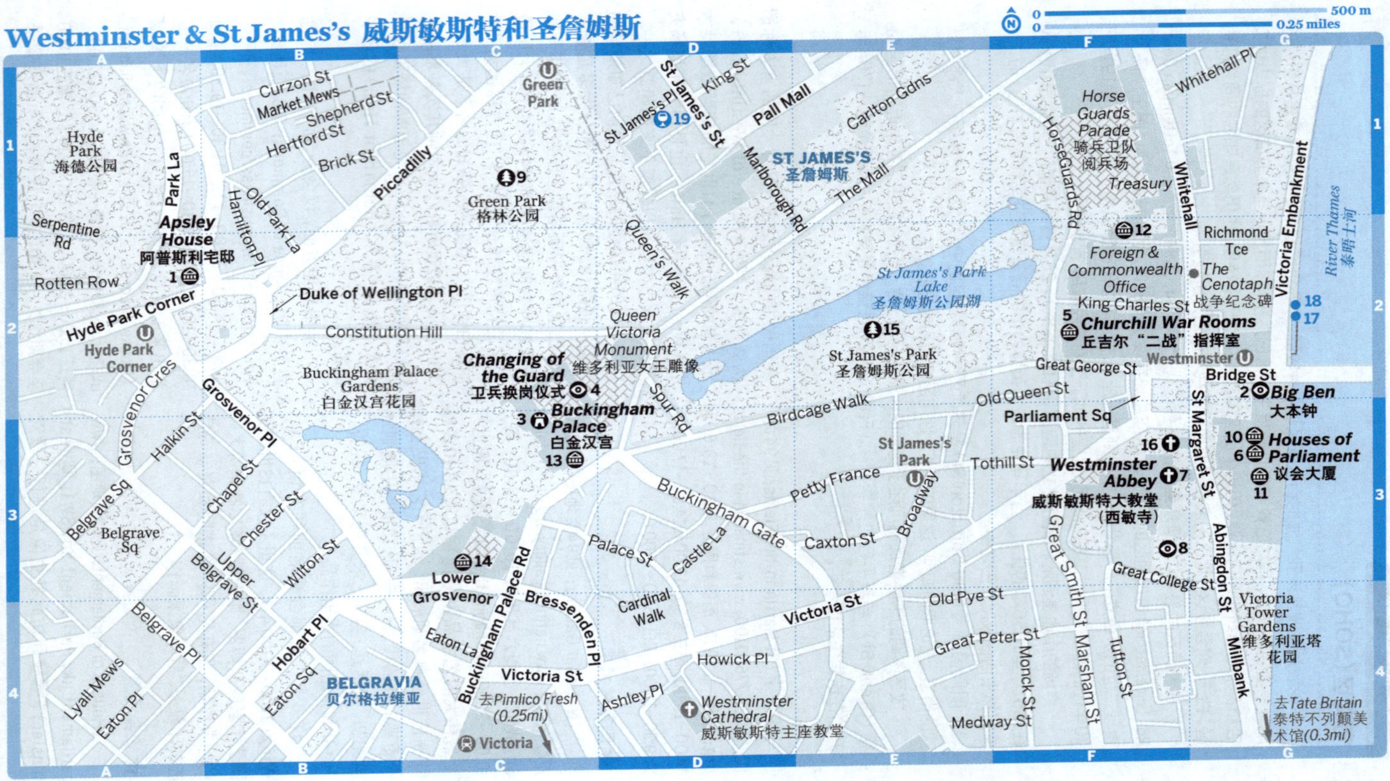

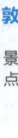

Westminster & St James's 威斯敏斯特和圣詹姆斯

◎ 重要景点
- **1** 阿普斯利宅邸................................A2
- **2** 大本钟..G2
- **3** 白金汉宫....................................C3
- **4** 卫兵换岗仪式..............................C2
- **5** 丘吉尔"二战"指挥室..................F2
- **6** 议会大厦....................................G3
- **7** 威斯敏斯特大教堂......................F3

◎ 景点
- **8** 学院花园....................................F3
- **9** 格林公园....................................C1
- **10** 下议院......................................G3
- **11** 上议院......................................G3
- **12** 唐宁街10号..............................F2
- **13** 女王艺苑..................................C3
- **14** 皇家马厩..................................C3
- **15** 圣詹姆斯公园............................E2
- **16** 圣玛格丽特教堂........................F3

❂ 活动、课程和团队游
- **17** City Cruises...............................G2
  Houses of Parliament Guided
  Tour.......................................(见6)
- **18** Thames River Boats....................G2

❂ 饮品和夜生活
- **19** Dukes London...........................D1

取传统的世袭贵族制,现在议员是通过不同的方式任命的。两议院都能对法案进行讨论和投票表决,随后需要提交英国女王以得到"御准"——实际上,这只是一种形式,上一次王室动用否决权还是在1708年。一年一度的议会开幕大典(如今在5月举行)期间,女王乘坐黄金爱尔兰皇家马车从白金汉宫出发,在上议院登上御座(王室侍从则乘坐亚利桑德拉女王皇家马车)。

全年的周六和议会休会期间的大部分工作日(包括复活节、夏季和圣诞节),游客都可进入议会大厦参观。有八种语言的语音导览(成人£18.50,每位成人可免费带一名儿童)可供选择,时间为75分钟;或者参加更为全面的1.5小时的导览团队游(Houses of Parliament Guided Tour;见92页地图;☏020-7219 4114;www.parliament.uk/visiting/visiting-and-tours;成人/儿童£28/12)进入两院、威斯敏斯特大厅和其他历史建筑参观,负责导览的是精通多种语言、通过授权认证的蓝章导游(成人/儿童£25.50/11)。在可以俯瞰泰晤士河的露台亭内(Terrace Pavilion)享用下午茶(£29)是参观过程中非常受欢迎的附加选项。购票处设在Victoria Embankment上的保得利大厦(Portcullis House)。每个休会期的导览游时间安排会发生变化,还有可能因为议会开幕大典而变更或取消,因此最好提前核实并预约。大本钟所在的伊丽莎白钟楼正在进行维护,2021年会再次开放。

议会大厦的公众入口设在圣史蒂芬入口(St Stephen's Entrance)旁边的克伦威尔·格林入口(Cromwell Green Entrance)。如果你想在此用餐,威斯敏斯特宫的官方餐厅在特定日期会对外开放(具体可查询官方网站)。

★ 白金汉宫　　　　　　　　　　宫殿

(Buckingham Palace;见92页地图;☏0303 123 7300;www.royalcollection.org.uk/visit/the-state-rooms-buckingham-palace;Buckingham Palace Rd, SW1;成人/儿童/5岁以下£24/13.5/免费;◷7月至9月 9:30~19:00,9月 9:30~18:00;Ⓤ Green Park, St James' s Park)白金汉宫是1703年为白金汉公爵建造的,1837年,它取代圣詹姆斯宫(St James's Palace)成为英国历代君王在伦敦的行宫。女王伊丽莎白二世在英国的大部分时间会待在白金汉宫、温莎城堡(Windsor Castle),夏天则去苏格兰的巴尔莫勒尔城堡(Balmoral Castle)避暑。如果女王在家,白金汉宫上方就会飘扬着黄红蓝三色的英国皇家旗;如果不在,则会挂出英国米字旗。当女王陛下7月末至9月外出度假时,白金汉宫内的19间奢华国事厅(State Rooms)会对参观者开放。

悬挂着伦勃朗、范戴克、卡纳莱托、普珊和维梅尔等大师艺术作品的国事厅可利用自助导览进行参观。行程包括王座室(Throne Room),你会看到粉色椅子上有女王夫妇名字的首字母缩写——ER和P。参观需要按照票面时间入内,每隔15分钟放行(包含语音导览),游览全程需要两个小时。

门票包括参观在宽大宴会厅举办的主题特展(例如女王在位期间的王室服饰展),具

West End 西区

95

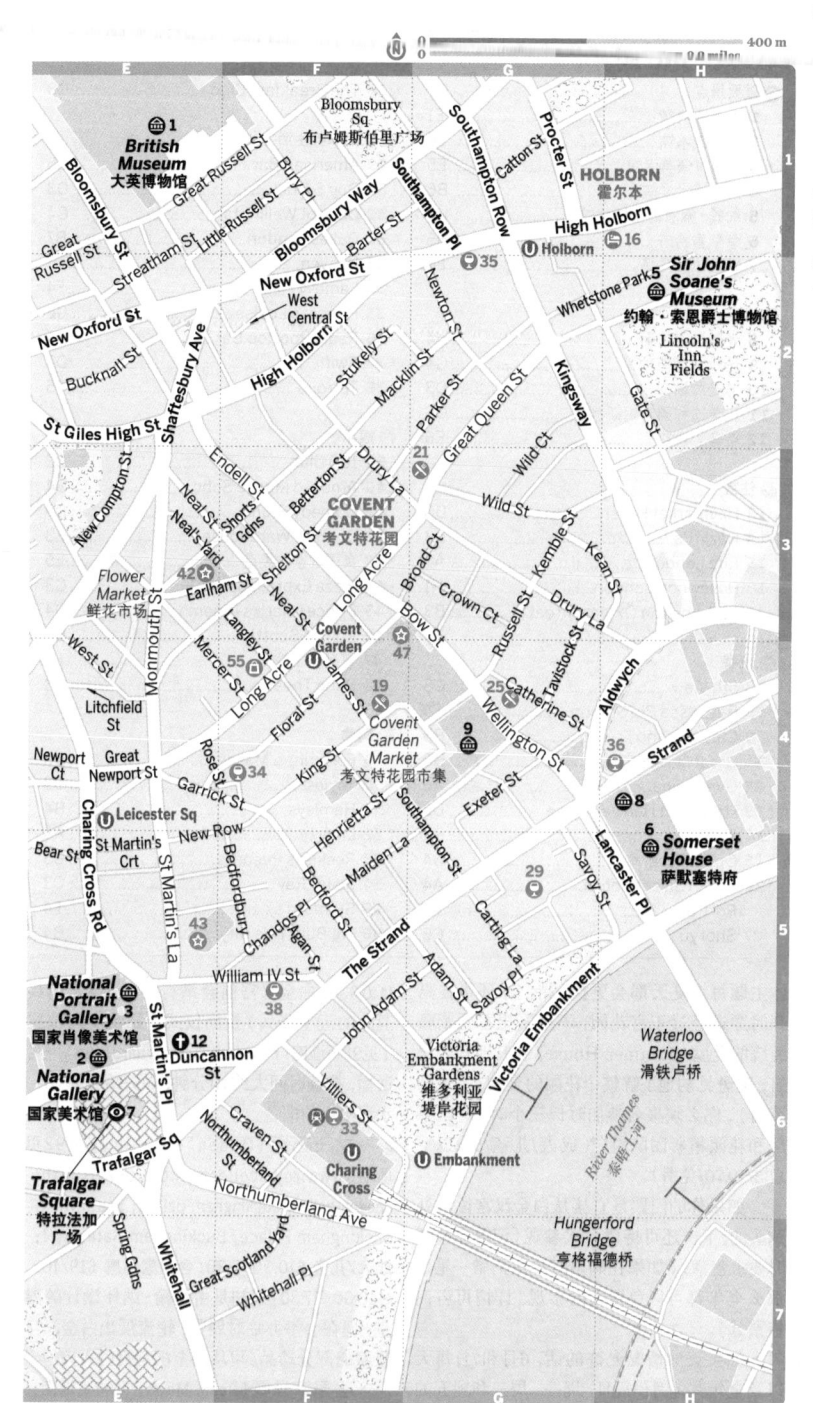

伦敦 景点

British Museum 大英博物馆
Bloomsbury Sq 布卢姆斯伯里广场
HOLBORN 霍尔本
Sir John Soane's Museum 约翰·索恩爵士博物馆
Lincoln's Inn Fields
COVENT GARDEN 考文特园
Flower Market 鲜花市场
Covent Garden Market 考文特花园市集
Somerset House 萨默塞特府
Victoria Embankment Gardens 维多利亚堤岸花园
Waterloo Bridge 滑铁卢桥
National Portrait Gallery 国家肖像美术馆
National Gallery 国家美术馆
Trafalgar Square 特拉法加广场
River Thames 泰晤士河
Hungerford Bridge 亨格福德桥

West End 西区

◎ 重要景点
- **1** 大英博物馆 E1
- **2** 国家美术馆 E6
- **3** 国家肖像美术馆 E5
- **4** 皇家艺术学院 B6
- **5** 约翰·索恩爵士博物馆 H2
- **6** 萨默塞特府 H5
- **7** 特拉法加广场 E6

◎ 景点
- **8** 考陶尔德艺廊 H4
- **9** 伦敦交通博物馆 G4
- **10** 苏荷广场 D3
- **11** 皮卡迪利圣詹姆斯教堂 C6
- **12** 圣马丁教堂 E6

住宿
- **13** Haymarket Hotel D6
- **14** Hazlitt's D3
- **15** Ritz London A7
- **16** Rosewood London H1
- **17** YHA London Oxford Street B3

◎ 就餐
- **18** 5th View C6
- **19** Battersea Pie Station F4
- **20** Cafe Murano B6
- **21** Great Queen Street G3
- **22** Gymkhana A6
- **23** Hakkasan Hanway Place D2
- **24** Mildreds B4
- **25** Opera Tavern G4
- **26** Pollen Street Social A4
- Portrait .... (见3)
- **27** Shoryu C6
- **28** The Breakfast Club C3

◎ 饮品和夜生活
- **29** American Bar G5
- **30** Dog & Duck D3
- **31** Duke of Wellington C4
- **32** Dukes London B7
- **33** Heaven F6
- **34** Lamb & Flag F4
- **35** Princess Louise G2
- **36** Radio Rooftop Bar H4
- **37** Swift D3
- **38** Terroirs F5

◎ 娱乐
- **39** 100 Club C2
- **40** Amused Moose Soho B4
- **41** Comedy Store D5
- **42** Donmar Warehouse E3
- **43** 英国国家歌剧院 E5
- **44** Pizza Express Jazz Club C3
- **45** Prince Charles Cinema D4
- **46** Ronnie Scott's D3
- **47** 皇家歌剧院 F3
- **48** Soho Theatre C3

◎ 购物
- **49** Fortnum & Mason B6
- **50** Foyles D3
- **51** Hamleys B4
- **52** Liberty A3
- **53** Reckless Records C3
- **54** Sister Ray C3
- **55** Stanford's F4
- **56** We Built This City B4

体主题每个夏天都会更换。持门票还可在离开时顺道经过王宫花园，不过要想看到紫藤缠绕的夏屋（Summer House）和其他知名建筑，窥斑见豹地了解整个花园的全貌（占地16英亩），你必须报名参加时长三小时的"国事厅和花园精彩团队游"（成人/儿童/5岁以下£33/19.70/免费）。

如果你的门票是直接从白金汉宫售票处购买的，下次还可持票再次参观（记得在离开时要求盖章）。如果在购票时顺便捐赠一笔，那么全年都可以免费入内参观（详情可咨询售票处）。

如果天气情况允许的话，6月和7月每天以及全年其他月份周日、周一、周三和周五的11:00，在白金汉宫前会举行卫兵（皇家骑兵卫队的近卫步兵）换岗仪式。卫兵换岗仪式（见92页地图；http://changing-guard.com）声名远播，持续时间大约40分钟，做好观众爆满、水泄不通的准备。

女王艺苑（Queen's Gallery；见92页地图；www.royalcollection.org.uk/visit/the-queens-gallery-buckingham-palace; South Wing, Buckingham Palace, Buckingham Gate, SW1; 成人/儿童 £10.30/5.30, 含皇家马厩 £19/10; ⊙10:00~17:30）最初是由约翰·纳什设计的温室，现在会举办临时展览，轮流展出白金汉宫收藏的部分珍品。可从白金汉宫宫门入内。

去**皇家马厩**（Royal Mews；见92页地图；

www.royalcollection.org.uk/visit/royalmews；成人/儿童 £11/6.40，含女王艺苑 £19/10；◎4月至10月 10:00~17:00，2月、3月和11月 周一至周六 10:00~16:00；ⓊVictoria）参观精致的皇家马车，能够满足你灰姑娘的幻想。这里有专人照料那些干净漂亮、皮毛发亮的马匹，以及专供王室成员出行使用的豪华交通工具。最不容错过的亮点有1762年的华贵黄金马车以及1911年的玻璃马车。

皇家一日游（Royal Day Out；成人/儿童/5岁以下 £42.30/23.30/免费）联票涵盖了国事厅、女王艺苑以及皇家马厩。

★ 泰特不列颠美术馆　　　　美术馆

（Tate Britain，☎020-7887 8888；www.tate.org.uk/visit/tate-britain；Millbank, SW1；◎10:00~18:00，特定的周五 10:00~21:30；ⓊPimlico）免费 这是两座泰特美术馆中历史更悠久并且更受推崇的一座，收藏了从公元1500年至今的英国艺术杰作，包括布莱克、荷加斯、庚斯博罗、惠斯勒、康斯特布尔和特纳的珍品，以及极具冲击力、百花齐放的现代和当代作品，例如卢西恩·弗洛伊德、芭芭拉·赫普沃斯、弗朗西斯·培根和亨利·摩尔的画作。不妨报名参加免费的45分钟主题游（◎每天11:00、12:00、14:00和15:00）以及15分钟的聚焦艺术讲座（Art in Focus；◎周二、周四和周六 13:15）。

泰特不列颠美术馆当之无愧的明星，当属克罗尔厅（Colore Gallery）内，对光影运用堪称炉火纯青的特纳的作品。在他于1851年去世后，一项关于其遗产的判决宣布：在其工作室内发现的任何物品——300幅油画和约3万幅素描和草图——都将捐赠给国家。泰特不列颠美术馆的收藏中有他的大量作品，包括《红色夕阳》（*The Scarlet Sunset*）以及《诺汉姆城堡的日出》（*Norham Castle, Sunrise*）等经典之作。

除此之外，这里也有康斯特布尔、庚斯博罗、雷诺兹以及其他前拉斐尔派画家的作品，包括威廉·霍尔曼·亨特的《良心觉醒》（*The Awakening Conscience*）、约翰·威廉姆·沃特豪斯的《夏洛特夫人》（*The Lady of Shalott*）、约翰·埃弗里特·米莱斯的《奥菲利亚》（*Ophelia*）以及爱德华·伯恩·琼斯的《金色楼梯》（*The Golden Stairs*）。此外还可以留意弗朗西斯·培根的《以受难为题的三张习作》（*Three Studies for Figures at the Base of a Crucifixion*）。每年10月至12月初，美术馆都会举办大名鼎鼎但颇具争议性的当代艺术特纳奖（Turner Prize for Contemporary Art）评选活动。

泰特不列颠美术馆同时设有购票入场的特定主题展，每几个月都会更换展品；可浏览官网了解最新展览信息。

★ 华莱士收藏馆　　　　美术馆

（Wallace Collection；见132页地图；☎020-7563 9500；www.wallacecollection.org；Hertford House, Manchester Sq, W1；◎10:00~17:00；ⓊBond St）免费 被誉为伦敦首屈一指的小型美术馆，这里是了解18世纪贵族生活的迷人窗口。经过修复的意大利风格豪宅内，展出了同一个家族世代收集的诸多17世纪和18世纪的绘画、瓷器、文物和家具。这些收藏最终由理查德·华莱士（1818~1890年）的遗孀捐给国家，唯一的要求是将它们按照原本的风格进行摆放和展示。

★ 丘吉尔"二战"指挥室　　　　博物馆

（Churchill War Rooms；见93页地图；www.iwm.org.uk/visits/churchill-war-rooms；Clive Steps, King Charles St, SW1；成人/儿童 £21/10.50；◎9:30~18:00；ⓊWestminster）第二次世界大战期间，温斯顿·丘吉尔就是通过这一地下设施内的老式胶木电话与盟军联络，共同抵抗纳粹德国的。"二战"指挥室（Cabinet War Rooms）完整保留了1945年盟军退出时的面貌，你依旧能从中感受到大战时期的惊心动魄，以及盟军不屈不挠的战斗精神。而利用多媒体的丘吉尔博物馆（Churchill Museum）能让参观者进一步了解丘吉尔这位果敢刚毅、爱抽雪茄的领袖战时不为人知的一面。

★ 国家肖像美术馆　　　　美术馆

（National Portrait Gallery；见94页地图；☎020-7321 0055；www.npg.org.uk；St Martin's Pl, WC2；◎周六至周三 10:00~18:00，周四和周五 10:00~21:00；ⓊCharing Cross, Leicester Sq）免费 国家肖像美术馆之所以显得如此引人注

步行游览
品味伦敦城

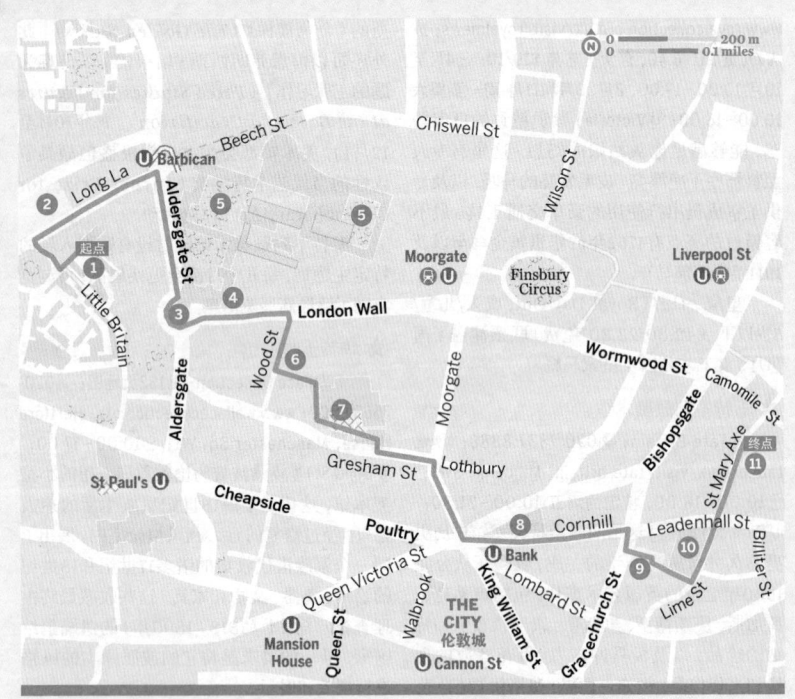

起点：圣巴塞洛缪教堂
终点：圣玛丽斧街30号（小黄瓜）
全长：1.5英里；3小时

首先从迷人的12世纪的 ① **圣巴塞洛缪教堂**（见104页）开始，这座教堂经常被用于电影场景。然后穿过都铎风格的门房，右边就是通往 ② **史密斯菲尔德市场**的维多利亚风格彩色拱门，门后就是伦敦最后的肉类市场。

沿着Long Lane向东北行进，在Aldersgate St右转。遇到环岛右转，然后走上石阶路（或者搭乘电梯）来到 ③ **伦敦博物馆**（见102页）。参观完博物馆非常棒的免费展厅后，出门左转，走空中步道，中途不妨停下来看看 ④ **罗马城墙**，后面就是 ⑤ **巴比肯艺术中心**（见104页）的独特塔楼。

沿空中步道下行，到Wood St对面，看看始建于1698年的 ⑥ **圣奥尔本塔楼**（tower of St Alban），这是一座由雷恩设计的教堂，可惜在第二次世界大战期间的1940年被炸毁。左转进入Love Lane，然后右转进入艾尔德曼伯里（Aldermanbury）广场——令人印象深刻的15世纪的 ⑦ **市政厅**（Guildhall）就在你左手边，一栋现代建筑的后面。穿过庭院——不妨留意罗马环形剧院的黑色轮廓——继续向东来到Gresham St，右转进入Prince's St，然后来到繁忙的银行十字路口（Bank intersection），两边会出现很多新古典主义风格的商业殿堂。

从 ⑧ **伦敦证券交易所**（Royal Exchange）出发，沿着Cornhill前行，右转至Gracechurch St，然后左转进入 ⑨ **利德贺市场**（Leadenhall Market），曾经的罗马论坛就建在这里。穿过市场后，不远处就是著名的 ⑩ **劳埃德总部大厦**（Lloyd's of London），这座建筑以钢筋结构外露而闻名。左转进入Lime St，很快就可以看到 ⑪ **圣玛丽斧街30号**（见105页）——在圣巴塞洛缪教堂存在近900年之后出现的这栋建筑，足以证明这座城市强大的自我创新能力。

目,很大程度上是因为展览的主题人物(王室成员、科学家、政治家、明星)或艺术家(安迪·沃霍尔、安妮·莱博维茨、卢西安·弗洛伊德)都大名鼎鼎,但往往人们对他们的面容却是印象模糊。精彩看点包括著名的"钱多斯版莎士比亚画像",这是美术馆购买的第一幅艺术作品(1856年),据信这也是唯一一幅创作于剧作家在世时的反映真实相貌的肖像画,此外还有一幅以简·奥斯汀为主题的动人素描,出自其姐姐的笔下。

★ 皇家艺术学院　　　　　　美术馆

(Royal Academy of Arts;见94页地图;☏020-7300 8000;www.royalacademy.org.uk;Burlington House, Piccadilly, W1;成人/儿童£13.50/免费,门票价格根据展览内容调整;⊙周六至周四10:00~18:00,周五10:00~22:00;⓾Green Park)英国历史最悠久的艺术学会成立于1768年,整整一百年后搬到伯灵顿宫(Burlington House)。这里展出的素描、绘画、建筑设计、照片和雕塑作品等出自过往和当今院士之手,包括约书亚·雷诺兹、约翰·康斯特布尔、托马斯·庚斯博罗、特纳、戴维·霍克尼以及诺曼·福斯特。

唐宁街10号　　　　　　　　历史建筑

(No 10 Downing Street;见92页地图;www.number10.gov.uk;10 Downing St, SW1;⓾Westminster)1732年,英王乔治二世将唐宁街10号赠予当时的"首席财政部长"罗伯特·沃尔波尔(Robert Walpole;后被普遍认为是英国的第一任首相),自此之后,这里就一直是英国领导者们的办公地。自1902年翻修以来,还成为英国首相在伦敦的官邸。虽然举世闻名,但10号只是一条其貌不扬的大街上一栋平淡无奇的乔治亚式建筑,很难与美国白宫之类的场所相提并论。不过,它其实是连接在一起的三栋房屋,有约100个房间,外加一座2000平方米的花园。

★ 杜莎夫人蜡像馆　　　　　　博物馆

(Madame Tussauds;见132页地图;☏0870 400 3000;www.madametussauds.com/london;Marylebone Rd, NW1;成人/4~15岁儿童£35/30;⊙10:00~18:00;⓾Baker St)这里可能让你觉得俗气且票价不菲,但杜莎夫人蜡像馆一定会让你度过趣味盎然的一天。在这里可以与无数明星合影(包括丹尼尔·克雷格、Lady Gaga、本尼迪克特·康伯巴奇、奥黛丽·赫本或是贝克汉姆一家等),其中也不乏宝莱坞明星(包括身材健硕的赫里尼克·罗斯汉和萨尔曼·汗)以及王室成员(女王、威廉和凯特、哈利和梅根)。在线预订可获得大幅门票折扣,浏览网站可查阅不同季节的开放时间。

★ 萨默塞特府　　　　　　　　历史建筑

(Somerset House;见94页地图;☏020-7845 4600;www.somersethouse.org.uk;The Strand, WC2;⊙画廊10:00~18:00,庭院7:30~23:00,露台8:00~23:00;⓾Temple, Covent Garden)由威廉·钱伯斯于1775年设计建造,最初的功用即是为政府部门和皇家学会提供办公空间——这也是世界上第一栋办公楼,如今则是几家非凡美术馆的所在地。在Strand街入口附近的北楼(North Wing)内,考陶尔德艺廊(Courtauld Gallery;见94页地图;http://courtauld.ac.uk;成人/儿童£8/免费,临时展览票价不固定;⊙10:00~18:00)展出了大量14世纪至20世纪的艺术杰作,包括鲁本斯、波提切利、塞尚、德加、雷诺阿、塞拉、马奈、莫奈、莱杰以及其他大师们的经典作品。南楼(South Wing)的堤岸画廊(Embankment Galleries)则专门用来举办临时展览(大部分是摄影、设计和时装),票价和展出时间都不固定。

★ 约翰·索恩爵士博物馆　　　博物馆

(Sir John Soane's Museum;见94页地图;☏020-7405 2107;www.soane.org;12 Lincoln's Inn Fields, WC2;⊙周三至周日10:00~17:00;⓾Holborn)**免费** 这座小博物馆堪称伦敦最具氛围和吸引力的博物馆之一。美丽而迷人的建筑原本是建筑师约翰·索恩爵士(1753~1837年)的旧居,里面有大量建筑师本人的建筑和考古收藏,以及让人浮想联翩的个人物品和古董珍玩。博物馆展示了这位建筑师精致非凡的品位、追求以及嗜好。

伦敦交通博物馆　　　　　　博物馆

(London Transport Museum;见94页地图;☏020-7379 6344;www.ltmuseum.co.uk;Covent Garden Piazza, WC2;成人/儿童£17.50/免

费；⏰10:00~18:00；Ⓤcovent Garden）这座充满乐趣、信息丰富的博物馆，展示了伦敦的交通发展历程，展品涵盖了马匹牵引的公共汽车、早期的出租车、可以亲自驾驶的地铁，以及关于"横贯铁路"（一套连接雷丁和埃塞克斯的75英里的全新高效轨道交通系统）的详细介绍，还有包括路牌在内的与交通有关的各种展品。从二楼开始参观。别错过博物馆商店，那里有琳琅满目的文创纪念品，包括复古地铁海报、印有"Mind the Gap"（伦敦地铁广播提示音"注意站台与列车之间的缝隙"）的袜子和"Way Out"（出口）的T恤。

查尔斯·狄更斯博物馆　　博物馆

（Charles Dickens Museum；见118页地图；☎020-7405 2127；www.dickensmuseum.com；48 Doughty St, WC1；成人/儿童£9/4；⏰周二至周日10:00~17:00；ⓊChancery Lane, Russell Sq）博物馆位于一栋漂亮的四层建筑内，是这位广受爱戴的作家狄更斯在伦敦唯一的旧居。由文化遗产彩票基金（Heritage Lottery Fund）出资350万英镑进行修缮后，这里变得更大，也迎来了历史上最风光的时刻。地下室新增了一个复古厨房，阁楼里则增加了一片苗圃，新收购的Doughty St 49号也大幅扩展了这里的展览空间。

圣詹姆斯公园　　公园

（St James's Park；见92页地图；www.royalparks.org.uk/parks/st-jamess-park；The Mall, SW1；⏰5:00至午夜；ⓊSt James's Park, Green Park）占地23英亩的圣詹姆斯公园，是八大皇家公园中第二小的，仅次于**格林公园**（Green Park；见92页地图；www.royalparks.org.uk/parks/green-park；⏰5:00至午夜；ⓊGreen Park）。然而面积虽小，却是伦敦打理得最漂亮的绿地空间。在公园里可以将"伦敦眼"摩天轮、威斯敏斯特大教堂、圣詹姆斯宫、卡尔顿露台（Carlton Tce）和骑兵卫队阅兵场（Horse Guards Parade）尽收眼底；中心湖泊步行桥是拍摄白金汉宫的最佳位置。

⊙ 伦敦城（The City）
★ 圣保罗大教堂　　大教堂

（St Paul's Cathedral；见102页地图；☎020-7246 8357；www.stpauls.co.uk；St Paul's Churchyard, EC4；成人/儿童£18/8；⏰周一至周六8:30~16:30；ⓊSt Paul's）圣保罗大教堂雄踞于微微隆起的路德门山（Ludgate Hill），位置十分优越，在过去1400多年中一直是基督教礼拜之地（在此之前则是异教徒朝拜之地），也是伦敦最宏伟的建筑之一。对伦敦人而言，屹立了300多年的巨大穹顶象征着不屈不挠，也让人引以为豪。先在内部参观克里斯托弗·雷恩爵士的这处杰作，然后攀登穹顶高处欣赏首都的全景，绝对是一次令人振奋的体验。

大教堂由雷恩在伦敦大火之后的1675年至1710年设计建造；1711年正式建成开放。在雷恩的这一英式巴洛克杰作完工之前，这个地区就已经是神圣的教区，先后有过4座教堂，第一座可追溯至604年。

1940年12月，德国纳粹空军用燃烧弹对伦敦狂轰滥炸，但是这座全球第二大圆顶却幸免于难，它因此而闻名，成为伦敦在"闪电战"中顽强抵抗侵略的象征。在大教堂外，北边是简约而精致的**伦敦人民纪念碑**（monument to the people of London），用于纪念在空袭中不幸遇难的近32,000名伦敦市民。

教堂内部，高出地面约68米的地方就是由8根巨大圆柱支撑的圆顶。它实际上由三个部分组成：灰泥砖的内圆顶、见于外部的非建筑结构的铅材外圆顶，以及两者之间用于固定连接的圆锥砖体。顺着教堂南面十字形翼部西侧的楼梯攀爬257级台阶，便来到环绕圆顶底座的过道，这就是**耳语廊**（Whispering Gallery），如果你近距离对着墙说话，声音会传到32米外的对面墙上。再走119级台阶，就来到了**石回廊**（Stone Gallery）。继续攀爬152级铁台阶后，便到了顶端的**金回廊**（Golden Gallery），在那里，你将欣赏到令人难以忘怀的伦敦美景。

教堂地下室设有纪念300位显要人物的纪念碑，其中包括惠灵顿和纳尔逊，他们的遗体葬于圆顶正下方。不过最令人动容的是身为教堂建筑师的雷恩的墓志铭，就刻在一块普通的石板上，上面是他的名字以及一句拉丁碑文，意思是"如果要寻找他的纪念碑，请环顾四周"。

作为2011年建成300周年庆典的一部分，圣保罗大教堂还经历了一次斥资4000万英镑的修葺，整个进行了彻底而深入的清洁。自

1711年落成剪彩以来,还从未像现在这样看起来光彩动人。

参加礼拜无须付费。如果想聆听大教堂唱诗,可以参加11:30的周日圣餐或晚祷(周一至周六 17:00以及周日15:15)。在网站上查询相关信息,也许会有外来的唱诗班进行晚祷。

另外,标准门票还包含免费的音视频导览。每天有四次1.5小时的免费导览(10:00、11:00、13:00和14:00),可在入口旁的团队游服务台预约。每个月还有两次60分钟的团队游(£8),可参观令人啧啧称奇的图书馆、几何(螺旋式)楼梯和大比例模型,还能在西大门(Great West Doors)上方俯瞰壮人印象深刻的教堂中殿风光;可浏览网站以查询日期和时间,并预约。教堂内禁止摄影和拍照。在线预订可获得门票折扣。

★ 伦敦塔   城堡

(Tower of London;见102页地图;☏0844 482 7777; www.hrp.org.uk/tower-of-london; Petty Wales, EC3;成人/儿童 £24.80/11.50,语音导览£4/3;⊙周二至周六 9:00~16:30,周日和周一 10:00~16:30;ⓤTower Hill)不容错过的伦敦塔(其实是一座有22座塔楼的城堡)带人们一窥这里曾经血腥恐怖却又引人入胜的历史。作为曾经的王室居所、宝库、武器库和动物园,如今在人们的记忆中,这里更多的只是一位国王、三位王后和许多贵族死于非命的地方。到这里来看看穿着鲜艳的皇家近卫军仪仗卫士(Yeoman Warder,亦称Beefeaters)、让人大开眼界的御宝展、据说会占卜的渡鸦以及"超大尺寸"的国王盔甲。

11世纪70年代,"征服者威廉"开始兴建白塔,以取代他之前在此修建的城堡,具体位置就在"诺曼征服"不久之后的罗马城墙东南角。到1285年,围绕白塔还建造了两道带塔楼的城墙,并挖了一条环塔的护城河。直到今天,这些防御设施几乎没有发生过变化。

伦敦塔内最引人瞩目的当属地处中心位置的白塔,这座坚固的诺曼风格建筑有4座塔楼。在入口层,珍藏着英国皇家军械,包括亨利八世巨大的盔甲。中间层是圣约翰礼拜堂(St John's Chapel),其历史可以追溯至1080年,是伦敦最古老的基督教教堂。

北边是滑铁卢军营(Waterloo Barracks),里面是璀璨夺目的御宝展(Crown Jewels),展品包括前女王母亲镶有106克拉科依诺尔钻石(Koh-i-Nûr,又名"光明之山")的白金王冠,以及女王参加国会开幕典礼时佩戴的帝国王冠(Imperial State Crown)。慢行的自动人行道帮助目瞪口呆的参观者们穿梭于各种藏品之间。在白塔另一侧是血腥塔(Bloody Tower),12岁的爱德华五世和他的弟弟理查德当年就被囚禁于此,借口是"为他们的安全着想",最终兄弟二人还是惨遭杀害,而凶手很有可能是他们的叔叔——后来的理查三世。沃尔特·雷利爵士在詹姆士一世在位期间也曾被囚于伦敦塔长达13年,这期间,他写出了著名的《世界史》。

圣彼得温克拉皇家礼拜堂(Chapel Royal of St Peter ad Vincula)前面是亨利八世时期断头台的所在地,数位贵族在这里被砍头,其中包括亨利八世的第二任与第五任妻子——安妮·博林和凯瑟琳·霍华德。留意伦敦塔内著名的渡鸦,传说如果这些渡鸦离开,白塔就会倒塌,因此它们的翅膀已经被精心修剪,以防止其飞走。

要想进一步了解伦敦塔内曾经发生的故事,可以参加由伦敦塔卫士引领并负责讲解的非常有趣的免费导览游。这样的导览游每隔30分钟从位于伦敦塔主入口处附近的桥上出发,耗时1小时,最后一趟是在关门前1小时。网上预订伦敦塔门票价格更便宜。

★ 塔桥   桥梁

(Tower Bridge;见102页地图;ⓤTower Hill)伦敦最知名的地标之一,曾经在无数电影镜头中出现,现实中的塔桥也绝对不会让你失望。新哥特风格的塔楼和天蓝色的悬挂桥面为本身非常实用的结构增添了几分优雅。在1894年,伦敦还是一个繁荣的港口城市,当时东部地区迫切需要一个过河通道,于是采用了当时看来革命性的蒸汽机动系统,让桥面可以向上打开以便船只通过,耗时仅需3分钟。

塔桥北面有电梯通往伦敦塔桥展览(Tower Bridge Exhibition;见102页地图;☏020-7403 3761; www.towerbridge.org.uk;成人/儿

The City 伦敦城

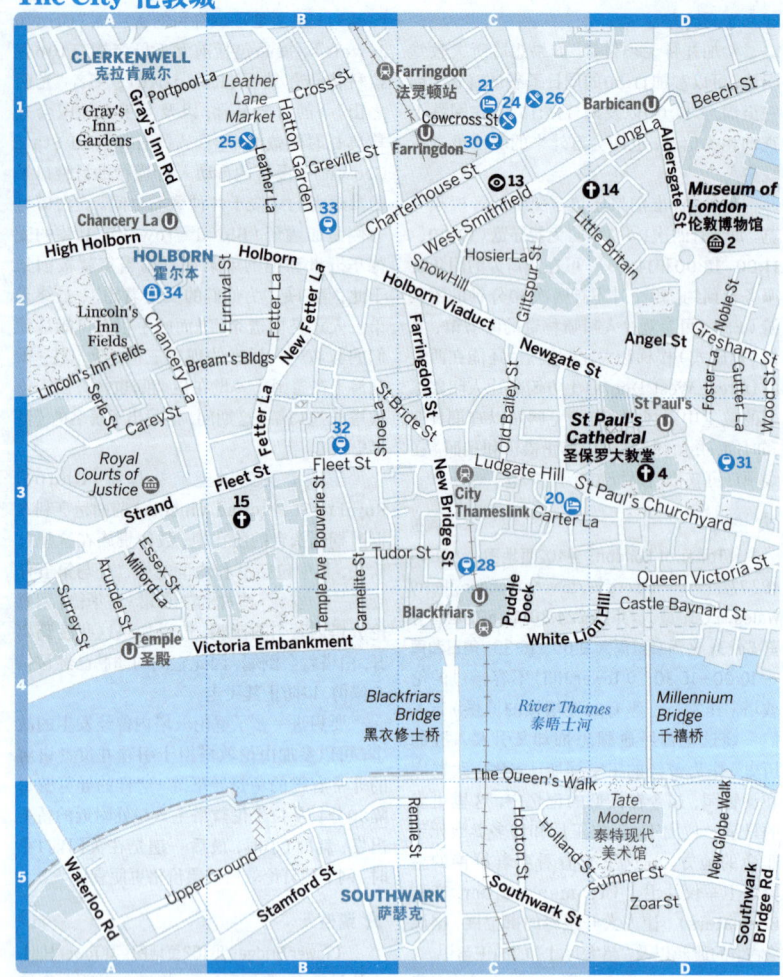

童 £9.80/4.20, 含伦敦大火纪念碑 £12/5.50; 4月至9月 10:00~17:30, 10月至次年3月 9:30~17:00), 在这里可以了解到塔桥修建时的逸闻趣事。伦敦塔桥由建筑师霍勒斯·琼斯设计, 工程师约翰·沃尔夫·巴里负责建造完成, 前者还负责设计建造了史密斯菲尔德市场和利德贺市场。

时至今日, 塔桥仍在兢兢业业地工作, 但是现在已经变成了电动的, 通过桥下的也主要是游乐类的船只。桥面每年会打开1000次左右, 夏季高峰时甚至每天都会开启10次之多; 可浏览官方网站了解桥梁开启的时间。

★伦敦博物馆

博物馆

(Museum of London; 见本页地图; 020-7001 9844; www.museumoflondon.org.uk; 150 London Wall, EC2; 10:00~18:00; Barbican) 免费 趣味性和教育性兼具的伦敦博物馆, 会带领观众们穿越这座伟大城市的历史长河, 从罗马时期的"伦底纽姆"和撒克逊时期的"伦敦威克", 到最终成为21世纪的国际化大都市。通过趣味盎然的展品和互动式展览, 每

103

伦敦 景点

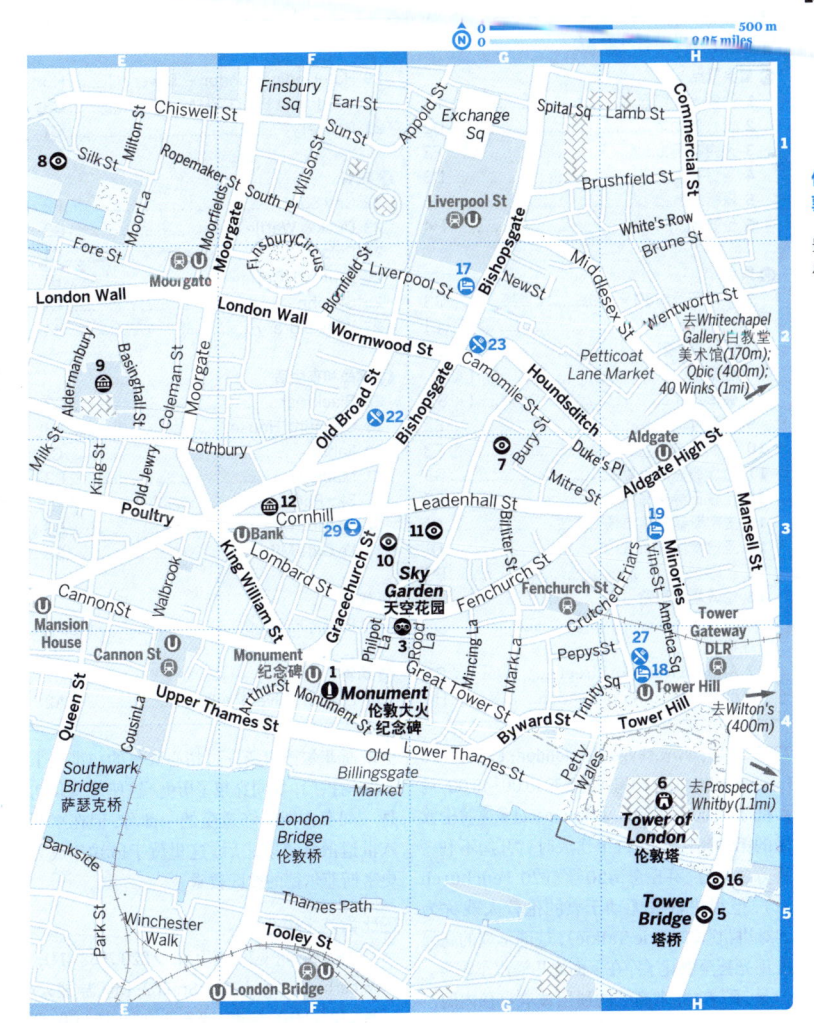

个年代都会栩栩如生地出现在观众面前，让人理解起来丝毫不费力气，从而使这座博物馆成为英国首都最棒的博物馆之一。全天都有免费的主题团队游贯穿其间；入口处的标识牌上写明了具体时间。

★ 伦敦大火纪念碑 纪念碑

（Monument；见102页地图；☎020-7403 3761；www.themonument.org.uk；Fish St Hill, EC3；成人/儿童 £5/2.50，含伦敦塔桥展览门票 £12/5.50；⏰4月至9月 9:30~17:30，10月至次年3月 9:30~17:00；ⓤMonument）由克里斯托弗·雷恩爵士在1677年设计的这座纪念碑，被人们简称为"纪念碑"，旨在缅怀1666年伦敦大火的遇难者，这场大火成为伦敦城市发展的历史转折。纪念碑是一座采用波特兰石制作的巨型多利安石柱，宽4.5米、高60.6米，这一高度正好等于从纪念碑所在处到Pudding Lane面包店的距离，当年那场大火就是从这家面包店开始烧起来的。

请注意，现场购票只能使用现金。

★ 天空花园 观景台

（Sky Garden；见102页地图；☎020-

The City 伦敦城

◎ 重要景点
- **1** 伦敦大火纪念碑...................F4
- **2** 伦敦博物馆...........................D2
- **3** 天空花园..............................F3
- **4** 圣保罗大教堂.......................D3
- **5** 塔桥....................................H5
- **6** 伦敦塔.................................H4

◎ 景点
- **7** 圣玛丽斧街30号...................G3
- **8** 巴比肯艺术中心....................E1
  - 巴比肯美术馆...................(见8)
  - 温室..................................(见8)
  - 弧形艺廊...........................(见8)
- **9** 市政厅................................E2
- **10** 利德贺市场.........................F3
- **11** 劳埃德总部大厦..................G3
- **12** 伦敦证券交易所..................F3
- **13** 史密斯菲尔德市场...............C1
- **14** 圣巴塞洛缪教堂..................D1
- **15** 圣殿教堂............................B3
- **16** 伦敦塔桥展览......................H5

🛏 住宿
- **17** Andaz Liverpool Street........G2
- **18** citizenM Tower of London....H4
- **19** Hotel Indigo London – Tower Hill.......H3
- **20** London St Paul's YHA.........................C3
- **21** Rookery..C1

🍴 就餐
- **22** City Social...F2
- **23** Duck & Waffle....................................G2
- **24** Polpo..C1
- **25** Prufrock Coffee..................................B1
- **26** St John...C1
- **27** Wine Library......................................H4

🍷 饮品和夜生活
- **28** Blackfriar..C3
- **29** Counting House..................................F3
- **30** Fabric..C1
- **31** Madison...D3
  - Sky Pod...(见3)
- **32** Ye Olde Cheshire Cheese..................B3
- **33** Ye Olde Mitre.....................................B2

⭐ 娱乐
- 巴比肯艺术中心...............................(见8)

🛍 购物
- **34** London Silver Vaults..........................A2

7337 2344; www.skygarden.london; L35-37, 20 Fenchurch St, EC3; ⊙周一至周五 10:00~18:00, 周六和周日 11:00~21:00; ⓤMonument) 免费 伦敦城的第六高楼在2014年建成时就开局不利。官方名称为"芬丘奇街20号"(20 Fenchurch St),但很快就被无动于衷的伦敦人戏称为"对讲机"(Walkie Talkie),玻璃幕墙的高强度反光甚至融化了停在下面的几辆汽车车身。但是,随着155米高处的顶层玻璃穹顶内的三层公共花园对外开放,人们对这里的印象渐渐转变。入场免费,但需要预约。

圣巴塞洛缪教堂
教堂

(St Bartholomew-the-Great; 见102页地图; ☎020-7600 0440; www.greatstbarts.com; West Smithfield, EC1; 成人/儿童 £5/3; ⊙周一至周五 8:30~17:00,周六 10:30~16:00,周日 8:30~20:00; ⓤBarbican)这座伦敦最古老的教堂之一可追溯至1123年,旁边就是伦敦历史最悠久的医院。诺曼式拱门和厚重的历史感让这处神圣空间显得古老而平静,从附近的史密斯菲尔德市场穿过精心修复的13世纪半木结构拱门,如同穿越了历史。这座教堂最初是一间奥古斯丁修道院的一部分,但在亨利八世遣散修道院之后,这里就于1539年成为史密斯菲尔德的教区教堂。

巴比肯艺术中心
建筑

(Barbican; 见102页地图; ☎020-7638 4141; www.barbican.org.uk; Silk St, EC2; 团队游 成人/儿童 £12.50/10; ⊙周一至周六 9:00~23:00,周日 11:00~23:00; ⓤBarbican)伦敦人对这一"二战"后建造的庞大建筑群始终褒贬不一,但巴比肯依然是伦敦城里不可否认的文化中心。这里有一个巴比肯大厅、两家剧院、一座设施先进的电影院,还有两家广受好评的美术馆:位于三层的巴比肯美术馆(Barbican Art Gallery; 见102页地图; www.barbican.org.uk/artgallery; L3 Barbican Centre; ⊙周六至周三 10:00~18:00,周四和周五 10:00~21:00)以及一层的弧形艺廊(Curve; 见102页地图; L1 Barbican Centre; ⊙11:00~20:00) 免费。此外

这里还有一个很大的温室（见102页地图，L3 Barbican Centre, Upper Frobisher Cres, EC2; ⊙周日12:00~17:00），里面栽满了各种热带植物。

圣玛丽斧街30号　　　　　　　　　地标

（30 St Mary Axe；见102页地图；www.30stmaryaxe.info; 30 St Mary Axe, EC3; ⓤAldgate）这栋因与众不同的外形而获得"小黄瓜"绰号的大楼是伦敦城最显眼的摩天大楼，在天际线上十分引人注目，虽然实际上它的高度只能位列第四。它于2003年由著名建筑大师诺曼·福斯特设计，其极具未来感的外观很快成为当代伦敦的标志之一——知名度与大本钟不相上下。这栋大楼一般不对公众开放，不过曾经在9月的伦敦建筑开放日（Open House London; ☏020-7383 2131; www.openhouselondon.org.uk）的周末对公众敞开大门。

◉ 南岸（South Bank）
★ 泰特现代美术馆　　　　　　　　美术馆

（Tate Modern; 见106页地图；☏020-7887 8888; www.tate.org.uk; Bankside, SE1; ⊙周日至周四 10:00~18:00，周五和周六 10:00~22:00; ⓤBlakfriars, Southwark, London Bridge）免费 这一不可多得的美术馆收藏了现代和当代的艺术杰作，是伦敦最受欢迎的景点之一，位于千禧桥南端改建的河岸发电站（Bankside Power Station）内，这一改建可谓创意十足，令充满魅力的现代艺术作品与宽敞硬朗的工业设计风格融合在了一起。泰特现代美术馆还会举办前卫的展览，让公众大开眼界，形式包括免费的常设展和需购票入场的知名艺术家临时展等。新扩建的"开关室"（Switch House）已于2016年开放，使得展览空间增加了60%。

长达200米的前动力室[如今被称为"锅炉房"（Boiler House）]采用420万块砖建造，设计方是来自瑞士的赫尔佐格与德梅隆事务所，他们也凭借着发电站的改建方案，于2001年获得了著名的普利兹克奖。主要亮点包括保留建筑中央99米高的烟囱、在房顶增加一座两层高的玻璃室、将涡轮大厅（Turbine Hall）改建成令人震撼的入口空间等。新扩建的10层建筑也是出自赫尔佐格和德梅隆的手笔。

作为现代艺术的超凡收藏地，博物馆的藏品毫无疑问才是最大的看点。泰特现代美术馆收藏了许多来自乔治·布拉克、亨利·马蒂斯、皮特·蒙德里安、安迪·沃霍尔、马克·罗斯科和杰克逊·波洛克的作品，此外也不乏约瑟夫·博伊斯、达米恩·赫斯特、克拉斯·欧登伯格和奥古斯特·罗丹的杰作。

泰特现代美术馆的永久收藏品按照主题和年代布展，分别位于"锅炉房"的2层和4层，以及"开关房"的0层、2层、3层和4层。后者展出的重点是20世纪60年代以来的艺术作品。有超过6万件作品轮换展出，因此如果有你想欣赏的特别作品，可浏览网站看看它此时是否在展（以及在哪儿展）。

博物馆的地理位置也无可挑剔，从而使"锅炉房"3层和"开关房"10层的观景台成为人气极旺的观景平台。在这里可以欣赏从千禧桥（Millennium Bridge; 见106页地图；ⓤSt Paul's, Blackfriars）到河对岸远处伦敦城内圣保罗大教堂的美丽风光。

免费的精华展品导览于每天11:00、12:00、14:00和15:00进行。语音导览（五种语言）费用为£4，介绍了美术馆内50件艺术品的相关信息，同时可为成人或儿童提供游览建议。

如果还想参观姊妹博物馆泰特不列颠美术馆（见97页），可在河畔码头（Bankside Pier）乘坐泰特游船（Tate Boat; 见106页地图；www.tate.org.uk/visit/tate-boat; 单程 成人/儿童 £8.30/4.15）前往。

★ 莎士比亚环球剧院　　　　　　历史建筑

（Shakespeare's Globe; 见106页地图；☏020-7902 1500; www.shakespearesglobe.com; 21 New Globe Walk, SE1; 成人/儿童 £17/10; ⊙9:00~17:00; ⓘ; ⓤBlackfriars, London Bridge）与其他上演莎士比亚戏剧的场馆不同，新建的环球剧院设计旨在尽可能还原剧场最初的模样，这意味着剧场中心场地没有顶棚，700位站着看戏的观众只能承受着伦敦的日晒雨淋。剧院参观包括游览剧场（半小时）以及参观展览室，里面有与莎士比亚和17世纪剧场相关的精彩展览。

★ 伦敦眼　　　　　　　　　　　　观景点

（London Eye; 见106页地图；☏0871 222 4002; www.londoneye.com; 成人/儿童 £27/22;

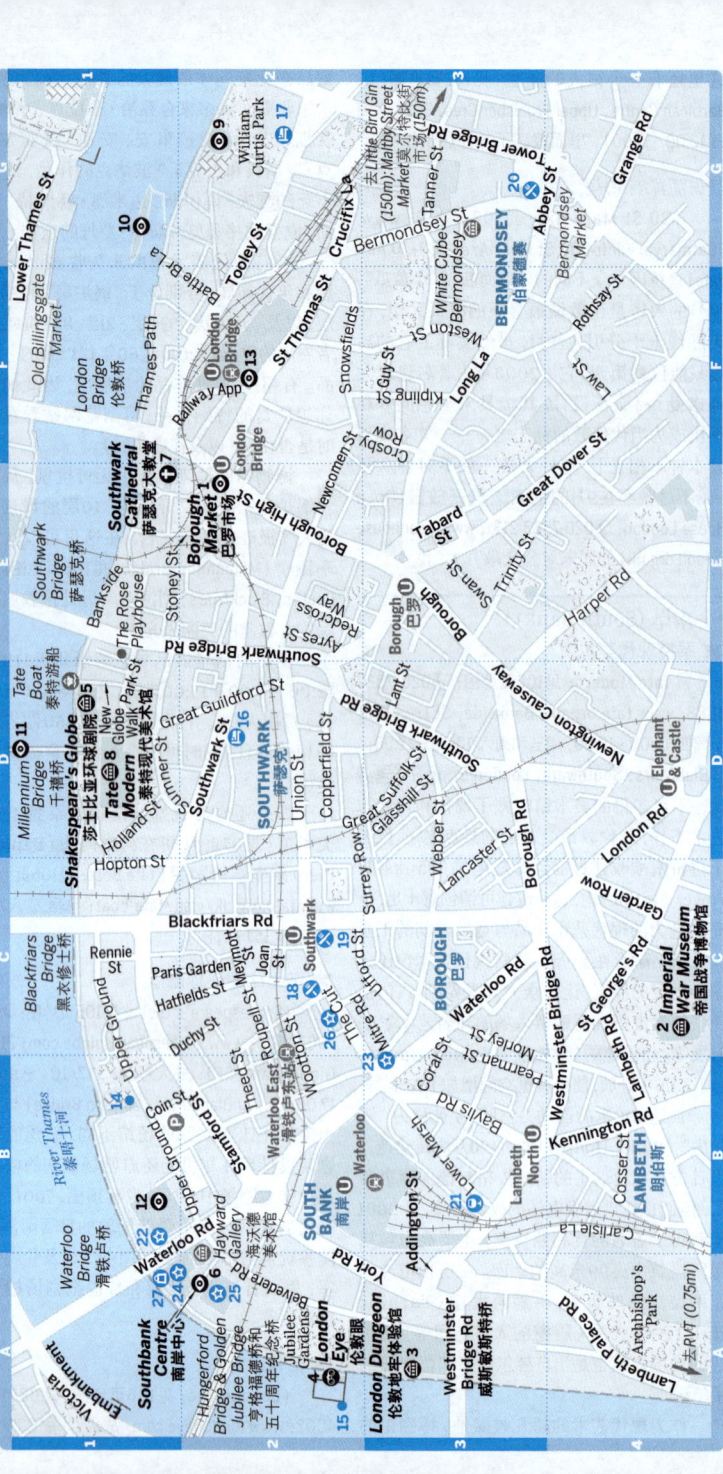

South Bank 南岸

South Bank 南 岸

◎ 重要景点
1. 巴罗市场 E2
2. 帝国战争博物馆 C4
3. 伦敦地牢体验馆 A3
4. 伦敦眼 A2
5. 莎士比亚环球剧院 D1
6. 南岸中心 A2
7. 萨瑟克大教堂 E1
8. 泰特现代美术馆 D1

◎ 景点
9. 市政厅 G2
10. 皇家海军"贝尔法斯特"号巡洋舰 G1
11. 千禧桥 D1
12. 国家剧院 B1
13. 夏德塔 F2

❸ 活动、课程和团队游
14. London Bicycle Tour B1
15. Thames Rockets A2

ⓛ 住宿
16. citizenM D2
17. The LaLit G2

⊗ 就餐
18. Anchor & Hope C2
19. Baltic C2
    Padella .... (见1)
    Skylon .... (见25)
20. Watch House G3

⊙ 饮品和夜生活
    Oblix .... (见13)
21. Scootercaffe B3
    Skylon .... (见25)

✿ 娱乐
22. BFI Southbank B1
23. Old Vic B3
24. 伊丽莎白女王厅 A1
25. 皇家节日音乐厅 A2
    莎士比亚环球剧院 .... (见5)
    南岸中心 .... (见6)
26. Young Vic C2

ⓑ 购物
27. 南岸书市 A1

9月至次年5月11:00~18:00, 6月至8月10:00~20:30；ⓤWaterloo, Westminster）这座摩天轮高135米，在相对低矮的城市上空缓缓转动着，天气晴朗的时候，能见度能达到25英里。互动屏上会显示出现在天际线上的地标建筑的各种信息（六种语言）。每一圈需要30分钟。在旅游旺季（7月、8月以及学校假期），排队等候的时间甚至会超过乘坐的时间；这时可购买价格更高的贵宾票享受快速通道。

在线购票可享受价格折扣，尤其是提前购买或搭配其他景点购买联票。或者想要浪漫的私人空间？那么可以包下一个双人轿厢（£425），还附赠一瓶香槟酒（但是出于健康和安全考虑，轿厢内会有一位"礼宾"跟随）。

伦敦眼也是这座首都每年新年午夜烟花庆典的主要背景。

★ 南岸中心   艺术中心

（Southbank Centre；见106页地图；☎020-3879 9555；www.southbankcentre.co.uk；Belvedere Rd, SE1；ⓤWaterloo, Embankment）南岸中心是欧洲最大的行为和视觉艺术中心，其中的重点是**皇家节日音乐厅**（Royal Festival Hall），由玻璃和波特兰石构成的微曲立面让它旁边的20世纪70年代粗野派建筑更显温馨。这是伦敦最主要的音乐场馆之一，也是南岸这一片的居民的活动中心，内设咖啡馆、餐厅、商店和酒吧。

在北边，朴实无华的伊丽莎白女王厅（见152页）则是典型的粗野派建筑，也是南岸中心第二大音乐厅，经常举办各种交响乐、四重奏、合唱、舞蹈乃至歌剧等演出。高层平台下方是涂鸦装饰的**滑板场**。

颇受争议的另一处粗野派建筑**海沃德美术馆**（Hayward Gallery；£14~16.50；◉周一和周三11:00~19:00, 周四11:00~21:00, 周六和周日11:00~19:00）于1968年开放，是个十分前卫的当代艺术展示空间。

伊丽莎白女王厅近年进行了一次21世纪的外观升级，海沃德美术馆也在经历了类似翻新后于2018年1月重新开放。

★ 伦敦地牢体验馆   历史建筑

（London Dungeon；见106页地图；www.thedungeons.com/london；County Hall, Westminster Bridge Rd, SE1；成人/儿童£30/24；◉周一至

高瞻远瞩

曾几何时，想要在高处尽览伦敦城是一件非常困难的事。当然，伦敦眼（见105页）可以一解忧愁，可那只能是惊鸿一瞥，然后呢？的确，你还有 Vertigo 42（020-7877 7703；www.citysociallondon.com; L24, 25 Old Broad St, EC2; 主菜£26~38; 周一至周五12:00~15:30和18:00~23:30，周六17:00~23:30; Bank），但那需要及早预订。

今时不同往日，如今伦敦正在向高空极限发起挑战。夏德塔（见本页）72层的露天平台是你在欧洲能找到的最高观景台。如果想要美食搭配风景，可以到位于40层的 Duck & Waffle（见134页）或 Madison（见142页）。如果想来一杯饮品，我们喜欢 Sky Pod（见141页）和 Radio Rooftop Bar（见94页地图；020-7395 3440; ME London, 10层, 336-337 The Strand, WC2; 周一至周三12:00至次日1:00，周四至周六至次日2:00，周日12:00至午夜; Temple, Covent Garden）。Piccadilly的Waterstones书店楼上的 5th View（见94页地图；020-7851 2433; www.5thview.co.uk; 5层, Waterstone's Piccadilly, 203-206 Piccadilly, W1; 主菜£8.50起; 周一至周六9:00~21:30，周日12:00~17:00; Piccadilly Circus）虽然位置不高，但是如果在这里享用过下午茶，你也可以发个朋友圈，套用知识分子们喜欢的那句口头禅："书香醉人，难免喝高。"

周三和周五10:00~16:00，周四11:00~16:00，周六10:00~18:00，周日10:00~17:00; Waterloo, Westminster）年龄稍大的孩子都非常喜欢伦敦地牢体验馆，学校假期和周末时这里排起的长队足以说明这一点。这里有着惊悚恐怖的音乐、可以乘坐的幽灵船、突然落下的可怕刽子手、假造的血迹以及演员装扮成的凶残罪犯（包括开膛手杰克和理发师陶德），外加以假乱真的互动效果。

★ 萨瑟克大教堂 *教堂*

(Southwark Cathedral; 见106页地图；020-7367 6700; www.cathedral.southwark.anglican.org; Montague Cl, SE1; 周一至周五8:00~18:00，周六和周日8:30~18:00; London Bridge）这是一座规模相对较小的主教座堂，保留至今的最古老的部分，包括东面的祭坛后部（retrochoir; 内含四座小礼拜堂，是曾经的13世纪圣玛丽修道院的一部分）、挨着西南门的拱廊，以及最初诺曼式教堂时期的一道拱顶。但是，如今教堂的大部分是维多利亚风格。教堂内有许多纪念碑，包括一座莎士比亚纪念碑。每周有四个工作日，你可以在17:30到这里聆听晚祷；周末的祷告时间则分别为周六16:00和周日15:00。

国家剧院 *剧院*

(National Theatre; 见106页地图；020-7452 3000; www.nationaltheatre.org.uk; South Bank, SE1; ; Waterloo）这家国家级剧院设施拥有三座剧场。查尔斯王子称它是"建在市中心的核电站"，被视为粗野派建筑标志之一。这里提供内容精彩的后台参观，时长1小时15分钟（成人/儿童£9.50/8.25），具体参观内容每次有所不同，但是你都会看到演员排练或者布景更换，甚至在走廊里邂逅名演员。每天至少有一次团队游，通常会更多。浏览官网可了解详细时间，记得一定要提前报名预约。

夏德塔 *知名建筑*

(The Shard; 见106页地图；www.theviewfromtheshard.com; 32 London Bridge St, SE1; 成人/儿童£30.95/24.95; 10:00~22:00; London Bridge）夏德塔的形状如同一块水晶碎片，建成之后便迅速成为伦敦最引人注目的地标。面向公众开放的观景平台位于69层和72层，距离地面244米高处的风景十分壮观，但价格也同样让人咋舌——至少提前一天在网上预订以获得大幅折扣。

皇家海军"贝尔法斯特"号巡洋舰 *船只*

(HMS Belfast; 见106页地图；www.iwm.org.uk/visits/hms-belfast; Queen's Walk, SE1; 成人/儿童£15.45/7.70; 10:00~17:00; London Bridge）停泊在泰晤士河的皇家海军"贝尔法

斯特"号巡洋舰，对那些孩子们而言，就如同一块磁石般充满吸引力。这艘体量巨大的轻型巡洋舰于1938年下水，参加过第二次世界大战，帮助英国皇家海军击沉了德军战列舰"沙恩霍斯特"号（Scharnhorst），并参与了诺曼底登陆，后来还曾前往朝鲜半岛参战。6英寸机炮可以轰击14英里以外的岸上目标。展览会让你了解当年舰上官兵在平日和战时的工作生活。

肯辛顿和海德公园 (Kensington & Hyde Park)

★自然历史博物馆　　博物馆

（Natural History Museum；见110页地图；www.nhm.ac.uk；Cromwell Rd, SW7；⊙10:00~17:50；ⓊSouth Kensington）免费 这一华丽而宏伟的建筑本身就洋溢着一股维多利亚精神——对自然世界进行收集、编目和诠释。孩子们不能错过恐龙馆（Dinosaurs Gallery；蓝色区域），他们一定会沉迷于这里的电子霸王龙（T-Rex）、化石和非凡的展览。大人则会爱上卡多根馆（Cadogan Gallery；绿色区域）的珍宝展，里面的展品彼此各不相关，从一块月亮石到渡渡鸟的骨架等，但它们背后都有着独特的故事。

同处绿色区域的矿石馆（Mineral Gallery）从建筑视角而言令人叹为观止，之后则是宝藏库（Vault），在这里你会看到近300枚五光十色的钻石组成的极光收藏（Aurora Collection）。在橙色区域，占地广阔的达尔文中心（Darwin Centre）把重点放在了动植物分类学，在巨大的"蚕茧"内展示了2800万种昆虫和600万棵植物；透过玻璃窗，你还可以看到正在工作的科学家。

博物馆中心是辛采大厅（Hintze Hall），它如同大教堂的中殿一般——而这恰恰很适合，因为它正好建造于自然科学挑战基督教正统圣经教义的年代。2017年，一具曾在"哺乳动物厅"待了81年的蓝鲸骨架被正式移放至辛采大厅，取代了之前著名的梁龙骨架（昵称"Dippy"）。移放过程是一项庞大而艰难的工程项目，要拆解和重组4.5吨重的骨骼，令其保持一种潜水的姿势，来欢迎进入博物馆的参观者。而"Dippy"则会开始一段漫长的英伦之旅。

博物馆常举办各种定期展览（收取门票），其中一些会重复进行。年度野生动植物摄影师（见110页地图；成人/儿童£13.50/8，家庭£28~38；⊙10月至次年9月）评比如今已经步入第50个年头，展出的图片会让人大开眼界。此外，东草坪（East Lawn）一条透明棚通道内的奇异蝴蝶展（Sensational Butterflies；见110页地图；单人/家庭£5.85/19.80；⊙4月至9月）也是固定的夏季重头戏。

得益于这里些许的英式乡村风情和大幅的扩建，在西草坪（West Lawn）旁边美丽的野生花园（Wildlife Garden）里，你会见到各种英国低地植物，包括建有农场大门的大片草地，以及被采蜜蜂群环绕的大树。

而博物馆还在改造它的户外空间：野生花园的面积扩大了三倍，东边增加了一处露天广场，并新设了一条地理和古生物的时间线步道。

从万圣节到次年1月，博物馆东草坪有一片区域会变成人气极旺的冰场，旁边当然少不了卖热饮的小摊。我们的建议是：提前订票，先看博物馆，然后滑滑冰。

整个博物馆和花园加起来占地5.7公顷，拥有来自自然界的8000万个物种。每年有超过500万游客到此参观，因此排队司空见惯，尤其是学校假期期间。

★维多利亚和艾伯特博物馆　　博物馆

（Victoria & Albert Museum，简称V&A；见110页地图；☎020-7942 2000；www.vam.ac.uk；Cromwell Rd, SW7；⊙周六至周四 10:00~17:45，周五 10:00~22:00；ⓊSouth Kensington）免费 在1852年开业时，这座博物馆被人们称为"工艺品博物馆"。它是1851年成功举办世界博览会之后，艾伯特亲王留给这个国家的宝贵财富。这里拥有世界上规模最大的装饰艺术藏品，从亚洲陶瓷到中东挂毯、中国绘画、西式家具，还有各个年代的时装和现代家用电器。（购票入场的）临时展览也不乏看点：从大卫·鲍伊回顾展到设计师亚历山大·麦昆的作品展，你能看到各种特殊材料和流行趋势。

★科学博物馆　　博物馆

（Science Museum；见110页地图；☎020-7942 4000；www.sciencemuseum.org.uk；

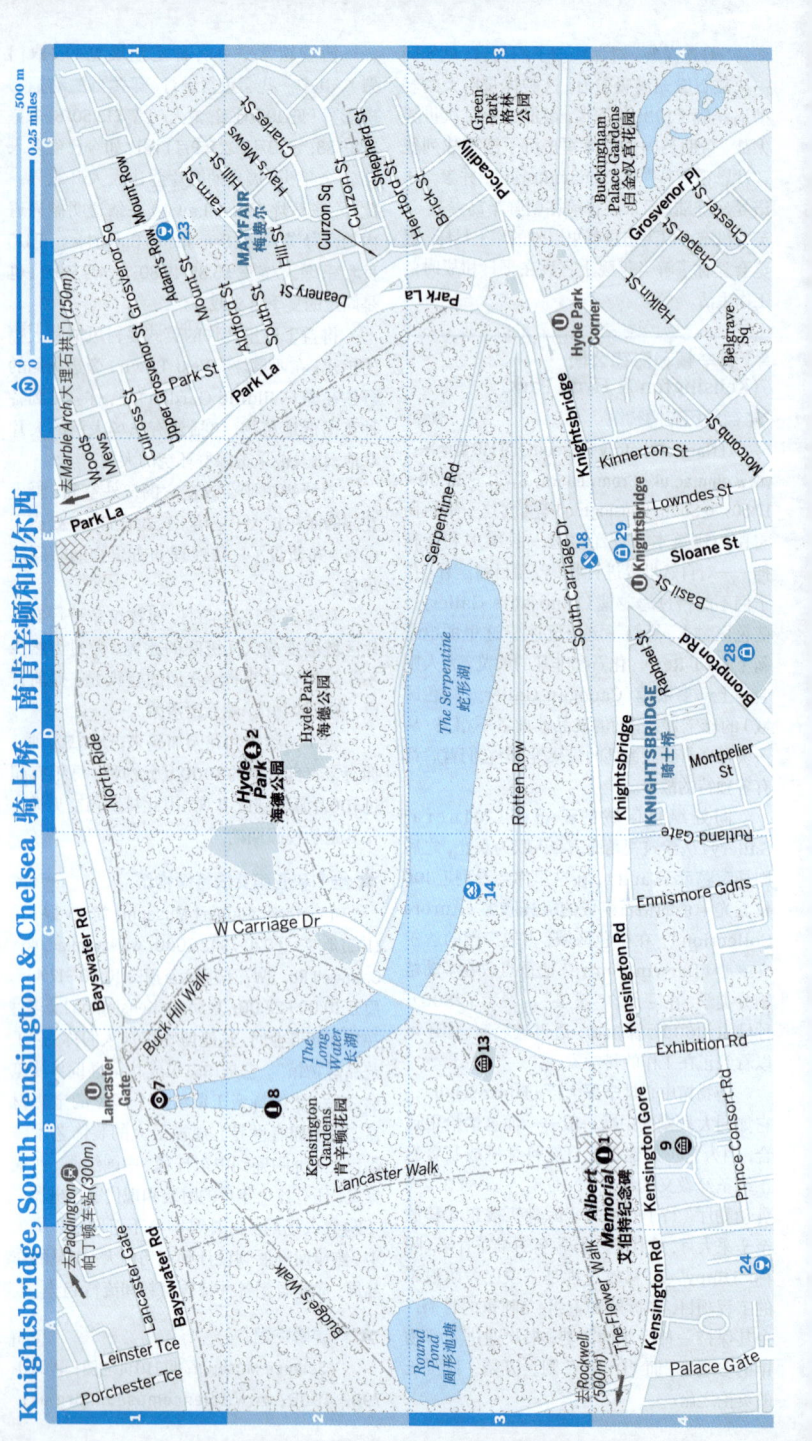

Knightsbridge, South Kensington & Chelsea 骑士桥、南肯辛顿和切尔西

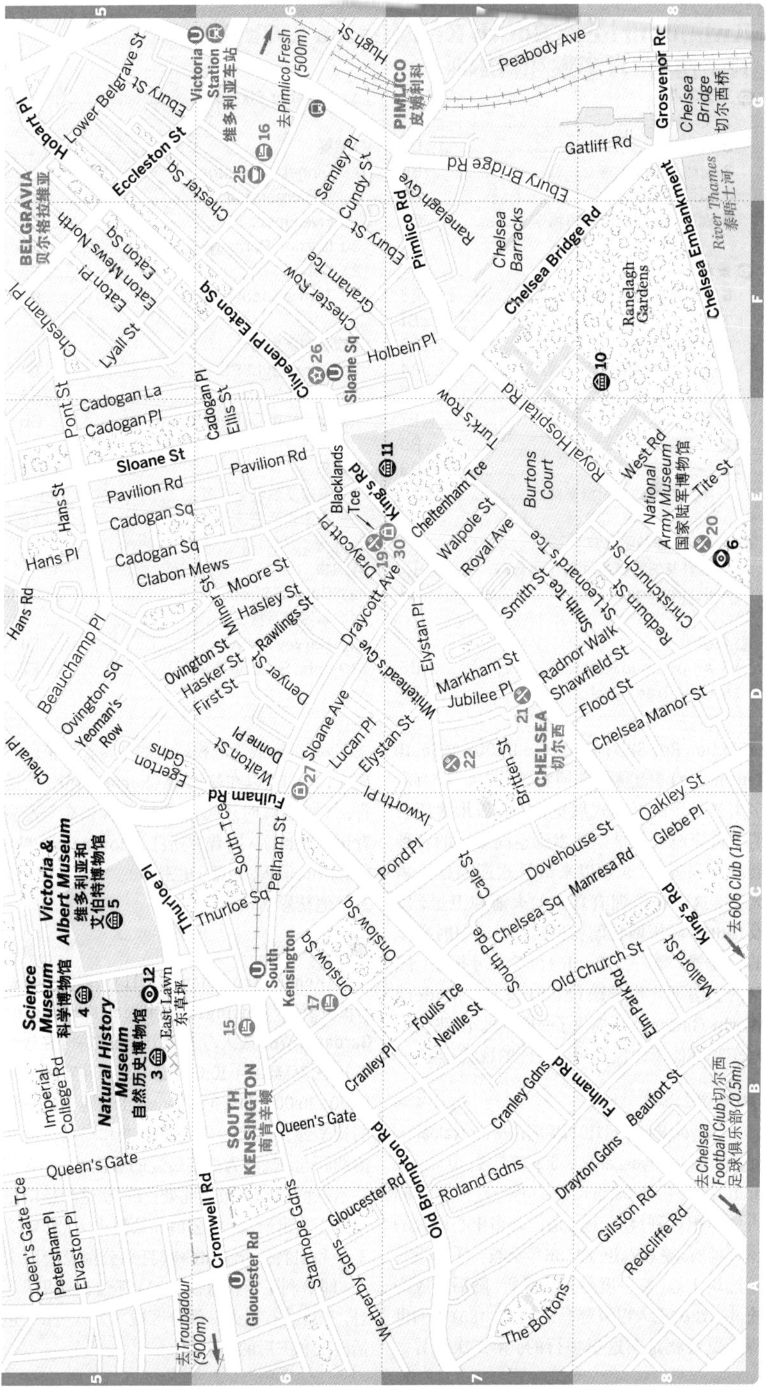

BELGRAVIA 贝尔格拉维亚
PIMLICO 皮姆利科
CHELSEA 切尔西
SOUTH KENSINGTON 南肯辛顿
Victoria Station 维多利亚车站
去Pimlico Fresh (500m)
Hobart Pl
Lower Belgrave St
Ebury St
Eccleston St
Chester Sq
Eaton Mews North
Eaton Sq
Eaton Pl
Chesham Pl
Lyall St
Cliveden Pl
Eaton Sq
Semley Pl
Cundy St
Ebury St
Graham Tce
Chester Row
Hugh St
Peabody Ave
Grosvenor Rd
Chelsea Bridge 切尔西桥
Gatliff Rd
Ebury Bridge Rd
Ranelagh Gve
Pimlico Rd
Chelsea Barracks
Chelsea Bridge Rd
Chelsea Embankment
River Thames 泰晤士河
Ranelagh Gardens
Holbein Pl
Sloane Sq
Pont St
Cadogan La
Cadogan Pl
Cadogan Pl
Ellis St
Sloane St
Pavilion Rd
Pavilion Rd
Blacklands Tce
King's Rd
Turk's Row
Royal Hospital Rd
Hans St
Hans Pl
Cadogan Sq
Cadogan Sq
Clabon Mews
Moore St
Milner St
Hasley St
Rawlings St
Draycott Pl
Draycott Ave
Cheltenham Tce
Walpole St
Royal Ave
Burtons Court
West Rd
National Army Museum 国家陆军博物馆
Tite St
St Leonard's Tce
Smith St
Smith Tce
Christchurch St
Redburn St
Hans Rd
Beauchamp Pl
Ovington Sq
Ovington St
Hasker St
First St
Denyer St
Elystan Pl
Whitehead's Gve
Markham St
Jubilee Pl
Radnor Walk
Shawfield St
Flood St
Chelsea Manor St
Yeoman's Row
Egerton Gdns
Walton St
Donne Pl
Sloane Ave
Lucan Pl
Elystan St
Ixworth Pl
Britten St
Oakley St
Glebe Pl
Cheval Pl
Victoria & Albert Museum 维多利亚和艾伯特博物馆
Thurloe Pl
Fulham Rd
South Tce
Pelham St
Thurloe Sq
Pond Pl
Cale St
Dovehouse St
Manresa Rd
Chelsea Sq
South Pde
Onslow Sq
Onslow Sq
King's Rd
Mallord St
Old Church St
Elm Park Rd
去606 Club (1mi)
Science Museum 科学博物馆
Natural History Museum 自然历史博物馆
East Lawn 东草坪
Imperial College Rd
South Kensington
Foulis Tce
Neville St
Cranley Pl
Cranley Gdns
Fulham Rd
Beaufort St
Queen's Gate
Queen's Gate
Old Brompton Rd
Roland Gdns
Drayton Gdns
去Chelsea Football Club切尔西足球俱乐部 (0.5mi)
Queen's Gate Tce
Petersham Pl
Elvaston Pl
Cromwell Rd
Gloucester Rd
Stanhope Gdns
Gloucester Rd
Wetherby Gdns
Gilston Rd
Redcliffe Rd
The Boltons
去Troubadour (500m)

Knightsbridge, South Kensington & Chelsea
骑士桥、南肯辛顿和切尔西

◎ 重要景点
- **1** 艾伯特纪念碑 B4
- **2** 海德公园 D2
- **3** 自然历史博物馆 B5
- **4** 科学博物馆 B5
- **5** 维多利亚和艾伯特博物馆 C5

◎ 景点
- **6** 切尔西药用植物园 E8
- **7** 意大利花园 B1
- **8** 彼得潘雕像 B2
- **9** 皇家艾伯特音乐厅 B4
- **10** 切尔西皇家医院 F8
- **11** 萨奇美术馆 E7
- **12** 奇异蝴蝶展 B5
- **13** 蛇形画廊 B3
- 年度野生动植物摄影师 .... (见3)

◎ 活动、课程和团队游
- 皇家艾伯特音乐厅精华团队游 .... (见9)
- **14** Serpentine Lido C3

◎ 住宿
- **15** Ampersand Hotel B6
- **16** Lime Tree Hotel G6
- **17** Number Sixteen B6

◎ 就餐
- **18** Dinner by Heston Blumenthal E3
- **19** Five Fields E6
- **20** Gordon Ramsay E8
- **21** Rabbit D7
- **22** Tom's Kitchen D7

◎ 饮品和夜生活
- **23** Connaught Bar G1
- **24** Queen's Arms A4
- **25** Tomtom Coffee House G6

◎ 娱乐
- 皇家艾伯特音乐厅 .... (见9)
- **26** 皇家宫廷剧院 F6

◎ 购物
- **27** Conran Shop D6
- **28** 哈罗德百货 D4
- **29** Harvey Nichols E4
- **30** John Sandoe Books E7

Exhibition Rd, SW7; ⓢ10:00~18:00; Ⓤ South Kensington) 免费 科学博物馆共7层，设有众多寓教于乐的互动式展览，成人和儿童都会情不自禁地被从早期技术到空间旅行的各种展品深深吸引。长期以来最受欢迎的是**探索太空**，这个展馆拥有真实的火箭和卫星，以及1969年阿姆斯特朗和奥尔德林登月时乘坐的着陆器"鹰"号（Eagle）的全尺寸模型。隔壁的**创造现代世界馆**（Making the Modern World Gallery）则提供了一场以机车、飞机、汽车和其他革命性发明为主题的视觉盛宴。

★ 海德公园
公园

(Hyde Park; 见110页地图; www.royalparks.org.uk/parks/hydepark; ⓢ5:30至午夜; Ⓤ Marble Arch, Hyde Park Corner, Queensway) 海德公园占地面积达到145公顷，是伦敦市中心最大的露天场所。亨利八世于1536年从教会手中没收了这块土地。它一度是狩猎场所，随后又成为决斗、处决犯人以及赛马的地方。1851年的世界博览会就是在这里举行的。第二次世界大战期间，公园成为规模巨大的马铃薯种植区。现在，人们可以在**蛇形湖**（Serpentine）上泛舟，气候适宜时还可欣赏夏季音乐会（表演者包括布鲁斯・斯普林斯汀、Florence + The Machine乐队、帕蒂・史密斯）、电影之夜，以及其他精彩活动。

★ 肯辛顿宫
宫殿

[Kensington Palace; 见114页地图; www.hrp.org.uk/kensington-palace; Kensington Gardens, W8; 成人/儿童 £15.50/免费（在线预订）; ⓢ3月至10月 10:00~18:00，11月至次年2月 10:00~16:00; Ⓤ High St Kensington]建于1605年的肯辛顿宫自1689年威廉三世和玛丽二世治期间起，就成为王室最爱的居住地，一直到乔治三世继位并搬离此处。如今，这里依旧是一处王室寓所，剑桥公爵和公爵夫人（即威廉王子和凯特王妃）和萨塞克斯公爵及公爵夫人（即哈利王子和梅根王妃）都住在这里。不过，王宫内有很大一部分区域对公众开放，包括国王和王后的议事厅。

★ 阿普斯利宅邸 历史建筑

（Apsley House；见92页地图；☏020-7499 5676；www.english-heritage.org.uk/visit/places/apsley-house；149 Piccadilly, Hyde Park Corner, W1；成人/儿童 £9.30/5.60, 含惠灵顿拼门 £11.20/6.70；⊙4月至10月 周三至周日 11:00~17:00, 11月至次年3月 周六和周日 10:00~16:00；ⓤHyde Park Corner）这是一座令人过目难忘的建筑，里面有惠灵顿公爵（曾在滑铁卢大败拿破仑）的生平展览。阿普斯利宅邸曾经是从西边进入伦敦时看到的第一栋住宅，因此也被称为"伦敦1号院"（No.1 London）。地下室展厅内有惠灵顿公爵相关的各种纪念品，包括公爵的死亡面具；1层的"滑铁卢展厅"内则有许多令人啧啧称奇的瓷器和银器，以及来自委拉斯开兹（Velasquez）、鲁本斯、范戴克、布鲁盖尔、穆里罗（Murillo）和戈雅的画作。

肯辛顿花园 公园

（Kensington Gardens；见114页地图；☏0300 061 2000；www.royalparks.org.uk/parks/kensington-gardens；⊙6:00至黄昏；ⓤQueensway, Lancaster Gate）风景如画的肯辛顿花园占地达到广袤的107公顷，从理论上来说是位于花园最西侧的肯辛顿宫的一部分，有着风景秀丽的草坪、树荫浓密的大道以及紧邻海德公园西侧的低地。湖面巨大的圆形池塘（Round Pond）令人赏心悦目，意大利花园（Italian Gardens；见110页地图；Kensington Gardens；ⓤLancaster Gate）据说是艾伯特亲王送给维多利亚女王的礼物，如今这里开设了一家新咖啡馆。

威尔士王妃戴安娜纪念游乐场（Diana, Princess of Wales Memorial Playground；见114页地图；ⓤQueensway）位于花园西北角，为孩子们准备了一些好玩的游乐器材。游乐场旁边是可爱的橡树精灵（Elfin Oak；见114页地图），这是一段有900年历史的树桩，上面刻有各种精灵、侏儒、女巫和小动物。乔治·弗兰普顿雕刻的著名的彼得潘雕像（Peter Pan statue；见110页地图；ⓤLancaster Gate）就在湖边；而壮观的艾伯特纪念碑（Albert Memorial；见110页地图；☏团队游 020-8969 0104；团队游 成人/优惠 £9/8；⊙团队游 3月至12月 每个月第一个周日

11:00和15:00；ⓤKnightsbridge, Gloucester Rd）位于肯辛顿花园南部，正对着皇家艾伯特音乐厅。

皇家艾伯特音乐厅 历史建筑

（Royal Albert Hall；见110页地图；☏0845 401 5034, 售票处 020-7589 8212；www.royalalberthall.com；Kensington Gore, SW7；团队游 £10.75~16.75；ⓤSouth Kensington）这座音乐厅建于1871年，部分资金来源于艾伯特亲王（维多利亚女王的丈夫）组织的1851年世界博览会的收益。这一体量巨大的红砖圆形穹顶剧场，采用明顿瓷砖装饰，是英国最著名的音乐会场馆，BBC每年夏天都会在这里举办一年一度的逍遥音乐会（the Proms）。想要从展览室中一瞥这座音乐厅的历史和与王室的关联，可以预约内容丰富的精华团队游（见110页地图；☏020-7589 8212；成人/儿童 £14/7；⊙9:30~16:30 每小时一次），大部分时候会开设。

切尔西药用植物园 花园

（Chelsea Physic Garden；见110页地图；☏020-7352 5646；www.chelseaphysicgarden.co.uk；66 Royal Hospital Rd, SW3；成人/儿童 £6.10/4.40；⊙4月至10月 11:00~17:00, 周二至周五和周日 至18:00, 11月至次年3月 周一至周五 9:30~16:00；ⓤSloane Sq）在进入这处有围墙的植物园时，你可能会与一两只闲逛的鸭子狭路相逢。它始建于1673年，是药剂师协会为帮助学徒学习药用植物及其疗法而建造的。它是欧洲最古老的植物园之一，规模不大，却如同植物学纲要一般，从食肉性植物到色彩鲜艳的黄莺尾花，各种植物应有尽有。此外，这里还有一棵从葡萄牙移植过来的栓皮栎，以及不列颠群岛上最大的户外挂果橄榄树和各种珍稀树木、灌木丛。

切尔西皇家医院 博物馆

（Royal Hospital Chelsea；见110页地图；www.chelsea-pensioners.co.uk；Royal Hospital Rd, SW3；⊙庭院 周一至周六 10:00~16:30, 大厅 每天12:00~14:00关闭, 博物馆 周一至周五 10:00~16:00；ⓤSloane Sq）**免费** 切尔西皇家医院由克里斯多夫·雷恩设计，建于1692年，当初是退伍军人疗养的场所。自查理二世在

Notting Hill & Bayswater
诺丁山和贝斯沃特

伦敦 景点

位时起,医院收留了成百上千位参加过战争的老兵,他们被称为"Chelsea Pensioner"(切尔西皇家医院养老金领取者)。这些拥有独特魅力的老人通常被视作整个英国的财富,在正式典礼上他们常常会穿着深蓝色外套(冬季)或鲜红色长衣(夏季),格外显眼。

蛇形画廊　　　　　　　　　　　　　　画廊

(Serpentine Gallery; 见110页地图; ☎020-7402 6075; www.serpentinegallery.org; Kensington Gardens, W2; ◯周二至周日 10:00~18:00; ⓤLancaster Gate, Knightsbridge) 免费 这家画廊看起来像是20世纪30年代的茶室,位于绿树成荫的肯辛顿花园中,是伦敦最重要的当代艺术画廊之一。达米恩·赫斯特、安德列亚斯·古尔斯基、露易丝·布尔乔亚、加布里埃尔·奥罗斯科、高桥智子和杰夫·昆斯的作品都在此展示。每年这里都会邀请一位顶尖建筑师(此前从未在英国有过作品)在附近建造一座新的"夏季展馆"(Summer Pavilion),6月至10月开放。画廊经常举办各种阅读、讲

Notting Hill & Bayswater
诺丁山和贝斯沃特

◎ 重要景点
- **1** 肯辛顿宫.....................................D4
- **2** 波特贝罗路市场...........................A2

◎ 景点
- **3** 威尔士王妃戴安娜纪念游乐场..........D3
- **4** 橡树精灵.....................................D3
- **5** 荷兰公园.....................................A5
- **6** 肯辛顿花园.................................D3

◎ 活动、课程和团队游
- **7** Porchester Spa............................C1

◎ 住宿
- **8** Main House.................................A2
- **9** Safestay Holland Park.................B5

◎ 就餐
- **10** Geales..B3
- **11** Ledbury......................................B1
- **12** Taquería......................................B1

◎ 饮品和夜生活
- **13** Notting Hill Arts Club..................C3
- **14** Windsor Castle...........................B4

◎ 娱乐
- **15** Electric Cinema...........................A1

座和露天电影放映等活动。

克拉肯威尔、肖尔迪奇和斯皮塔佛德 (Clerkenwell, Shoreditch & Spitalfields)

★ 杰弗瑞博物馆 博物馆
(Geffrye Museum；见144页地图；☎020-7739 9893；www.geffrye-museum.org.uk；136 Kingsland Rd, E2；◎周二至周日10:00～17:00；ⓤHoxton) 免费 如果你喜欢在别人的家中转悠，应该会爱上这间旨在展示中产阶级室内装饰的博物馆。在1714年初建时，这里曾是一处救济院，如今这些藤蔓缠绕的砖房已被改造成一系列起居室，呈现出了从1630年至今的不同室内风格。后面的花园也按照年代分区，以呼应博物馆对于几个世纪来的家庭内饰变化的探索。不过博物馆目前在进行重大维护，预计将在2020年春天再次开放。

★ 丹尼斯世家博物馆 博物馆
(Dennis Severs' House；见144页地图；☎020-7247 4013；www.dennissevershouse.co.uk；18 Folgate St, E1；白天/夜晚 £10/15；◎周一12:00～14:00和17:00～21:00，周三和周五 17:00～21:00，周日 12:00～16:00；ⓤLiverpool St) 这一与众不同的乔治风格建筑，里面的摆设就如同主人（居住着胡格诺教派纺织工人一家）刚刚出门一般：喝了一半的茶、吃了一半的食物、燃烧着的蜡烛，以及过分注重的细节——床边竟然还有一个满满的夜壶。这里不仅仅是博物馆，更能让来访者静静探索乔治时期人们日常生活的细枝末节。

老杜鲁门啤酒厂 历史建筑
(Old Truman Brewery；见144页地图；www.trumanbrewery.com；91 Brick Lane, E1；ⓤShoreditch High St) 始建于17世纪的杜鲁门黑鹰啤酒厂在19世纪50年代时已经发展成为世界上最大的酿酒厂。厂区曾经分布在Brick Lane两侧一系列砖房和院子里，如今则完全让位给了潮流市场、高级时装商店、复古服装店、独立唱片店、咖啡馆、酒吧和现场音乐场地。虽然这里已经不再酿啤酒，但消费量不降反升。

◎ 伦敦东部 (East London)

★ 白教堂美术馆 美术馆
(Whitechapel Gallery；☎020-7522 7888；www.whitechapelgallery.org；77-82 Whitechapel High St, E1；◎周二、周三和周五至周日 11:00～18:00，周四 至21:00；ⓤAldgate East) 免费 作为艺术系学生和先锋派艺术家的最爱，这家打破陈规的美术馆没有永久收藏品，但致力于举办前卫的当代艺术展。其盛名源于各种知名、新兴艺术家的展览，包括巴勃罗·毕加索、杰克逊·波洛克、马克·罗斯科和弗里达·卡洛等艺术家在英国的首秀。美术馆雄心勃勃的展览主题每隔几个月都会发生变化（可在线查阅），周四晚上通常还会举办现场音乐、座谈和电影放映等活动。

★ 伦敦码头区博物馆 博物馆
(Museum of London Docklands；☎020-7001 9844；www.museumoflondon.org.uk/docklands；West India Quay, E14；◎10:00～18:00；🚆DLR

West India Quay; 免费)这座颇具教育意义的博物馆位于一栋建于1802年的仓库中,拥有各种展品和多媒体展示,通过河流和码头来阐述这座城市的历史。最佳参观方法是从3层开始,然后一路下行,穿越历史的各个阶段。也许最有意思、人气最旺的展馆当属"伦敦、糖和奴隶"(London, Sugar and Slavery),讲述了英国首都在跨大西洋奴隶贸易中扮演的角色。

★ 哥伦比亚路花卉市场　　　　　市场

(Columbia Road Flower Market; 见144页地图; www.columbiaroad.info; Columbia Rd, E2; ◎周日 8:00~15:00; ⓤHoxton)这个每周举办一次的市场是体验美好色彩和多姿生活的绝佳去处。这里出售琳琅满目的漂亮花卉、盆栽植物、球茎、种子以及花园里所需要的一切。市场里的乐趣无处不在,也是欣赏东区卖花郎风趣幽默("我们的鲜花可比你岳母的坟墓便宜得多")的最好地点。开市时人山人海,因此尽量早点去,或者等到卖家们在收市时进行切花大甩卖的时候再去。

★ 伊丽莎白女王奥林匹克公园　　　公园

(Queen Elizabeth Olympic Park; www.queenelizabetholympicpark.co.uk; E20; ⓤStratford)作为2012年伦敦奥运会的中心,这处占地227公顷的巨大公园里有奥运会的主要场馆、游乐场、步道和自行车道、花园,以及各种湿地、林地、草坪和其他野生动物的栖息地,以便给未来子孙留下一片环境优越的沃土。公园内的中心是可容纳8万名观众的伦敦体育场(见150页),如今观众席数量减少到5.4万个,也是英超西汉姆联队的主场。

安赛乐·米塔尔轨道　　　　　　高塔

(Arcelor Mittal Orbit; ☎0333 800 8099; www.arcelormittalorbit.com; 3 Thornton St, E20;

伦敦的露天泳池

英国首都长久以来对户外沐浴的热爱,近年迎来了再度复兴。这里迷人的户外泳池比以往任何时候都更加热闹。无论天气如何,你都会看到伦敦人乐此不疲地跃入水中——甚至在寒冬也能看到坚持冬泳的人。

Serpentine Lido(见110页地图; ☎020-7706 3422; Hyde Park, W2; 成人/儿童 £4.80/1.80; ◎6月至8月 每天 10:00~18:00, 5月 周六和周日 至18:00; ⓤHyde Park Corner, Knightsbridge)也许伦敦最棒的泳池就在蛇形湖上。这个人气极旺的泳池于每年5月至8月开放。

Hampstead Heath Ponds(www.cityoflondon.gov.uk; Hampstead Heath, NW5; 成人/儿童 £2/1; ⓤHampstead Heath)汉普斯泰德的棕色水域位于美丽的荒野之中,这里有三个泳池(男士、女士以及混合),让人们能够畅爽戏水。水质每天都会进行检测,因此不要因为水的颜色而犹豫不前。

London Fields Lido(☎020-7254 9038; www.better.org.uk/leisure-centre/london/hackney/london-fields-lido; London Fields West Side, E8; 成人/儿童 £4.85/2.85; ◎6:30~21:00; ⓤLondon Fields)这个50米奥运会标准的室外恒温泳池建于20世纪30年代,但是在80年代废弃,后来于2006年重新开放。

Porchester Spa(见114页地图; ☎020-7313 3858; www.porchesterspatreatments.co.uk; Porchester Centre, Queensway, W2; 门票 £28.90; ◎10:00~20:00; ⓤBayswater, Royal Oak)位于一栋华丽的装饰艺术建筑里,设有30米的泳池、一座大型芬兰实木桑拿浴室、两间蒸汽浴室、三间土耳其浴室以及一个巨大的深水泳池。

伦敦水上中心(London Aquatics Centre; ☎020-8536 3150; www.londonaquaticscentre.org; Carpenters Rd, E20; 成人/儿童 £5.20/3起; ◎6:00~22:30; ⓤStratford)这并非严格意义上的室外泳池,因为它位于室内。但是作为建筑师扎哈·哈迪德为2012年奥运会建造的获奖无数的水上中心,气势恢宏的建筑本身就值得一游。

另辟蹊径

摄政运河

摄政运河(Regent's Canal;见138页地图)的纤道(拉船道)是横穿伦敦北部的捷径,无论是步行还是骑自行车,都是上佳的选择。运河从泰晤士河边的莱姆豪斯(Limehouse)绵延9英里到小威尼斯(Little Venice),在那里与大联合运河(Grand Union Canal)汇合。

你也可以选择从小威尼斯步行至卡姆登镇,一路经过摄政公园和伦敦动物园,此外还能欣赏到建筑大师约翰·纳什设计的漂亮别墅以及重新修葺过的老式工业建筑,整个行程在1小时内。从小威尼斯到摄政公园用时25~30分钟,摄政公园到卡姆登镇需要15~20分钟,沿途都有明确的出口标识。

如果决定继续前行,不妨在国王十字(King's Cross)的伦敦运河博物馆(London Canal Museum; ☏020-7713 0836; www.canalmuseum.org.uk; 12-13 New Wharf Rd, N1;成人/儿童£5/2.50; ⊙周二至周日和公共节假日10:00~16:30; ⓤKing's Cross St Pancras)稍作停留,了解更多关于运河的历史。然后很快就会到达878米的伊斯灵顿隧道(Islington Tunnel),这时不得不暂时转上公路。在Colebrooke Row附近再次转上小路后,你可以一路前行,在莱姆豪斯到达泰晤士河边,或者去维多利亚公园看看赫特福德联合运河(Hertford Union Canal),然后继续前往伊丽莎白女王奥林匹克公园。

成人/儿童£12.50/7.50,含滑道£17.50/12.50; ⊙周一至周五11:00~17:00,周六和周日10:00~18:00; ⓤStratford)虽然人们褒贬不一,但特纳奖获得者安尼诗·卡普尔设计的115米高的扭曲状铜雕塑醒目地屹立于伊丽莎白女王奥林匹克公园的南端。从本质上来说,它是一件艺术品,不过你也可以从这座英国最高的雕塑的底座搭乘电梯来到离地面80米高的平台上,欣赏震撼人心的城市风景。塔内有一条世界上最高最长的滑道,从瞭望台滑行178米直抵底层。

维多利亚公园 公园

(Victoria Park; www.towerhamlets.gov.uk/victoriapark; Grove Rd, E3; ⊙7:00至黄昏; ⓤHackney Wick)有"东区摄政公园"之称的这座公园占地86公顷,绿树成荫,湖泊如镜,还有各种纪念碑、网球场、花坛和草坪,于1845年建成开放,是东区首个向公众开放的公园——这得益于一位当地议员向维多利亚女王提交了有三万个签名的请愿书。随着这里的集会数量越来越多,它还很快赢得了"人民公园"的美誉。

维克多·温德珍品、美术和自然历史博物馆 博物馆

(Viktor Wynd Museum of Curiosities, Fine Art & Natural History; ☏020-7998 3617; www.thelasttuesdaysociety.org; 11 Mare St, E8; £5; ⊙周三至周六12:00~23:00,周日至22:30; ⓤBethnal Green)博物馆?艺术项目?鸡尾酒吧?这是一个很难说清的场所。受到维多利亚时代奇异百宝箱(wunderkabinnet)的启发,温德博物馆的古怪藏品包括鸟类标本、各种溶液浸泡的生殖器、双头羔羊、萎缩的头颅、伊甸园的钥匙、渡渡鸟骸骨、名人排泄物以及一个属于哥伦比亚大毒枭巴勃罗·埃斯科瓦尔(Pablo Escobar)的镀金河马头骨等。总之,这是一个自我标榜为"通过奇异事物展示世界无序性"的地方;你怎么看待都不为过。或者也不妨停下来,在楼上的酒吧喝杯鸡尾酒。

⊙ 伦敦北部 (North London)

摄政公园 公园

(Regent's Park;见132页地图; www.royalparks.org.uk; ⊙17:00至黄昏; ⓤRegent's Park, Baker St)这是伦敦众多公园中最优雅、最正式的一座,也是英国首都最迷人的绿地空间之一。公园内有众多活动场所,包括伦敦动物园、摄政运河、美丽湖泊,以及当地人进行足球、橄榄球和排球运动的场地等。朝向公园南面的玛丽女王花园(Queen Mary's Gardens)格外漂亮,尤其是玫瑰盛放的6月。在夏季,露天剧院(Open Air Theatre; ☏0844

North Central London 伦敦中心北部

826 4242; www.openairtheatre.org; ⏰5月至9月; ♿; Ⓤ Baker St) 会举办各种演出。

伦敦动物园
动物园

(ZSL London Zoo; 见138页地图; www.zsl.org/zsl-london-zoo; Outer Circle, Regent's Park, NW1; 成人/儿童 £29.75/22; ⏰4月至9月 10:00~18:00, 3月和10月 至17:30, 11月至次年2月 至16:00; ♿; 🚌274)占地15公顷的伦敦动物园建于1828年,是世界上最古老的动物园。如今的重点工作是保护、教育以及繁育,动物数量有所减少,栖息地则不断扩大。不容错过的地方包括狮子领地(Land of the Lions)、大猩猩王国(Gorilla Kingdom)、老虎领地(Tiger Territory),可步行穿过的狐猴之家(In with the Lemurs)以及蝴蝶天堂(Butterfly Paradise)。白天有动物喂养以及相关讲解。动物园还会举办各种特别活动,如"当一天饲养员"或"虫屋之夜"等。

★ 大英图书馆
图书馆

(British Library; 见本页地图; www.bl.uk; 96 Euston Rd, NW1; ⏰周一和周三至周五 9:30~18:00, 周二 9:30~20:00, 周六 9:30~17:00, 周日

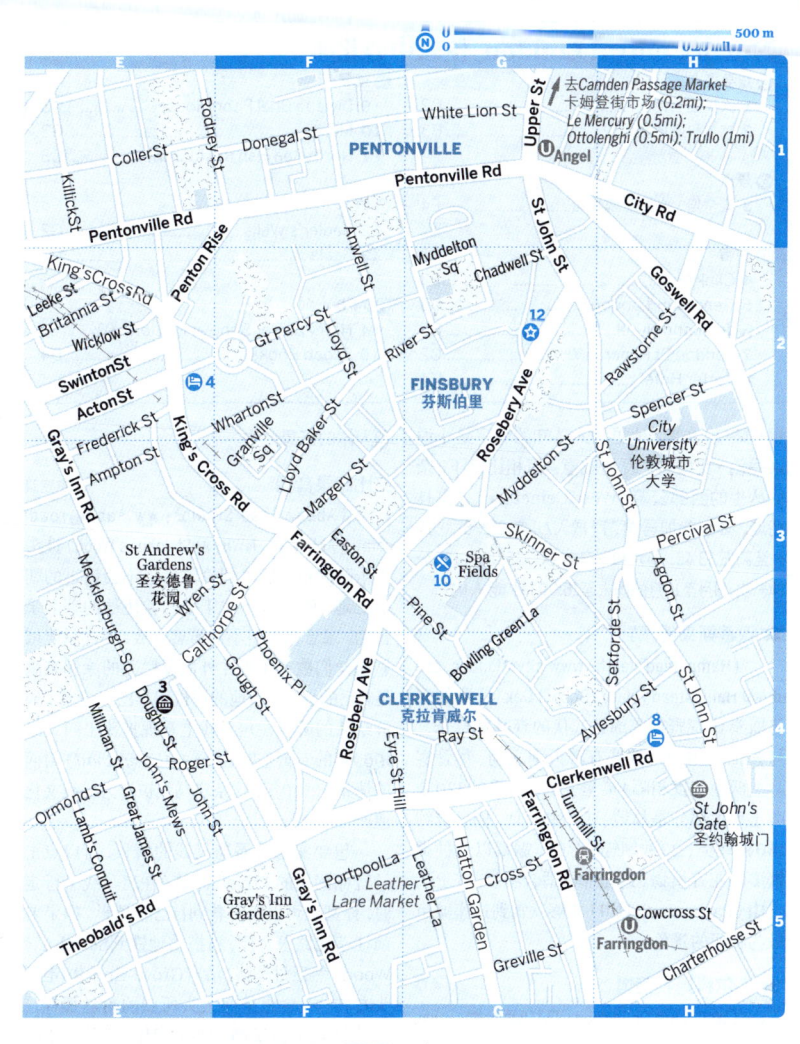

11:00~17:00；ⓊKing's Cross St Pancras）免费
科林·圣约翰·威尔逊设计的大英图书馆由低矮的红砖排屋组成，正对着一个巨大的广场，上面立有一尊超大号的艾萨克·牛顿爵士塑像。对于这样的建筑风格，评价褒贬不一（查尔斯王子将它比喻为"一座秘密警察学院"）。1997年建成开放后，这里成为众多珍贵手稿的收藏之处，包括《西乃山抄本》（*Codex Sinaiticus*；第一部完整的新约圣经抄本)、莱昂纳多·达·芬奇的笔记本、一部《大宪章》（*Magna Carta*；1215年）的复制品。

★ **海格特公墓** 墓地

（Highgate Cemetery；www.highgatecemetery.org；Swain's Lane, N6；东部公墓 成人/儿童£4/免费；◎周一至周五 10:00~16:00，周六和周日 11:00~16:00；ⓊArchway）这个哥特式的奇妙之地，有着被布覆盖的骨灰瓮、方尖碑、残缺不全的圆柱、沉睡的天使、埃及风格的墓碑建筑以及杂草丛生的坟头，所有这一切使得这片20多公顷的墓地就如同维多利亚时期的英烈祠一般，拥有令人毛骨悚然的神秘气氛。在墓地东边，你可以向卡尔·马克思以及玛

North Central London 伦敦中心北部

◎ 重要景点
- 1 大英图书馆 C2
- 2 韦尔科姆收藏馆 B3

◎ 景点
- 3 查尔斯·狄更斯博物馆 E4

⊟ 住宿
- 4 Clink78 .... E2
- 5 Generator London D3
- 6 Jesmond Hotel B5
- 7 London St Pancras YHA C2
- 8 Zetter Hotel H4

◎ 就餐
- 9 Diwana Bhel Poori House A3
- 10 Morito G3
- 11 North Sea Fish Restaurant C3

◎ 娱乐
- 12 Sadler's Wells G2
- 13 Scala D2

◎ 购物
- 14 Harry Potter Shop at Platform 9¾ D1
- 15 Skoob Books D4

丽·安·埃文斯（他更为人熟知的名字是小说家乔治·艾略特）表达敬意。但相比之下，杂草丛生的西部公墓（West Cemetery）才更具亮点，必须参加导览游（成人/儿童£12/6；◎周一至周五13:45，周六和周日11:00~15:00，每30分钟一次，3月至10月的周末至16:00）才能入内。

★ 汉普斯泰德荒野　　　公园

（Hampstead Heath; www.cityoflondon.gov.uk; ⓊHampstead Heath, Gospel Oak）广袤的汉普斯泰德荒野拥有绵延起伏的森林和草场，与繁忙喧闹的伦敦城有着天壤之别，尽管实际上两地仅仅相隔4英里左右。这里的320公顷土地大部分是林地、山峦和草甸，栖息着约180种鸟类、23种蝴蝶、游蛇、蝙蝠以及种类繁多的花卉植物。这里非常适合漫步，登上汉会山（Parliament Hill）能够欣赏到这座城市最为壮丽的景色。

★ 韦尔科姆收藏馆　　　博物馆

（Wellcome Collection; 见118页地图; www.wellcomecollection.org; 183 Euston Rd, NW1; ◎周二、周三、周五和周日10:00~18:00，周四10:00~22:00; ⓊEuston Sq, Euston）**免费** 这家布置精致、展品丰富的博物馆专注于艺术、科学和医学的融合，令人着迷。馆内藏品的主要精华都是亨利·韦尔科姆爵士从世界各地收集来的医药物品（用来截肢的锯子、各个年代的镊子、辅助情趣用品以及护身符等），展示了各个文明阶段对于医疗和身体的认识。在当今医药（Medicine Now）展厅，互动式展览和意想不到的艺术品都会让你陷入对人性和人体的沉思之中。

艾比路录音棚　　　历史建筑

（Abbey Road Studios; www.abbeyroad.com; 3 Abbey Rd, NW8; ⓊSt John's Wood）披头士乐队的粉丝们来到伦敦后绝不会错过的朝圣之地，就是这座位于圣约翰伍德的著名录音棚。录音棚本身不对游客开放，因此只能依靠粉丝们数十年来在外面栅栏上的涂鸦来满足自己的想象。当地的司机们早已经习惯了成群结队的游客在斑马线上重现披头士四人组1969年的专辑《艾比路》（Abbey Road）封面的情景。2010年，这条斑马线被评为二级文化遗产。

想要实时观看斑马线的情景，可以点击录音棚网站的"live"标签；在斑马线上行走时，你甚至可以实时看到自己的身影。如果要前往艾比路录音棚，可搭乘地铁到St John's Wood，然后过马路，沿着Grove End Rd走到头右转。不要像某些大失所望的粉丝那样，乘地铁到了西汉姆（West Ham）的Abbey Rd车站——它与艾比路其实毫无关系。而在伦敦至少有10条艾比路，因此出错也算正常。

樱草山　　　公园

（Primrose Hill; 见138页地图; ⓊChalk Farm）每逢夏季周末，樱草山都会被前来野餐和欣赏城市风光的当地居民挤得水泄不通。不过，如果является周一至周五到这里，你只会遇到遛狗的人和照看孩子的老人。这里是安静漫步和享用三明治的好地方。

格林尼治和伦敦南部
(Greenwich & South London)

★ "卡蒂萨克"号　　　　博物馆

（Cutty Sark；020-8312 6608；www.rmg.co.uk/cuttysark；King William Walk, SE10；成人/儿童 £13.50/7；9月至次年6月 10:00~17:00,7月和8月 至18:00；DLR Cutty Sark）这是最后一艘曾在19世纪航行于中国和英国之间的大型帆船，经过修复后的这艘帆船在2007年的一场大火中损毁严重，后来耗资2500万英镑再次进行修复。船舱内的展览讲述了它作为一艘19世纪晚期茶叶运送帆船的历史。这艘帆船于1869年在苏格兰下水，19世纪70年代曾经八次往返中国，离港时搭载各种货物，返回时载满茶叶。

2014年这里发生了另一场大火，不过消防员反应迅速，火势很快被扑灭。在登船参观时，你会看到各种视频、互动地图以及无数图片和展品，可以了解船员们的海上生活。在线预订可获得折扣票价。

★ 国家海事博物馆　　　博物馆

（National Maritime Museum；020-8312 6565；www.rmg.co.uk/national-maritime-museum；Romney Rd, SE10；10:00~17:00；DLR Cutty Sark）**免费** 这家出色的博物馆讲述了英国悠久而波澜壮阔的航海历史，展品按照主题分类。精彩看点包括1933年保留至今的"不列颠小姐三号"（Miss Britain Ⅲ；第一艘在公开水域时速超过100英里/小时的船只），19米长、1732年为了威尔士亲王弗雷德里克建造的黄金驳船，身形巨大的推进器，以及安放在底层的五花八门的船头装饰像。带孩子的参观者会爱上这些，以及二楼的船舶模拟器和"全体船员"儿童展馆。

八岁以下的孩子可以在底层的"**啊嗨！"展馆**（Ahoy！；船员打招呼的喊声）了解与航海有关的一切，而成年人通常更喜欢其他迷人的展馆（环境也更加安静）。位于底层的**航海者：英国人和大海**（Voyagers: Britons and the Sea）对藏品作了介绍，并展示了博物馆珍藏的一些文献。特纳平生最大的作品——创作于1824年的巨幅油画《特拉法尔加海战》（The Battle of Trafalgar）就悬挂在底层的同名展厅内，不过这幅画作是否忠实还原了历史，人们一直有争议。

在博物馆一层，**贸易商：东印度公司和亚洲**（Traders: the East India Company and Asia）展览回顾了19世纪的英国与东方的海上贸易，**大西洋：奴隶、贸易、帝国**（The Atlantic: Slavery, Trade, Empire）则探寻了从17世纪到19世纪50年代欧洲、非洲和美洲的三方贸易。

在博物馆二层，曾获殊荣的展览**纳尔逊、海军、国家1688~1815年**（Nelson, Navy, Nation 1688-1815）重点讲述了英国皇家海军在战事频发的17世纪的光辉历史。展览回顾了极富传奇色彩的国家英雄纳尔逊，通过各种文件和回忆录，阐述了他取得的巨大成就和尊贵地位。纳尔逊在特拉法尔加海战中受伤时穿的外套是这里最珍贵的展品。

2018年新开放的**探索翼楼**（Exploration Wing）内设四个展厅，分别是"探索太平洋""极地世界""都铎和斯图亚特海员"以及"海上事物"，展现了人类不断的探索和进取。

★ 皇家天文台　　　　历史建筑

（Royal Observatory；020-8312 6565；www.rmg.co.uk/royal-observatory；Greenwich Park, Blackheath Ave, SE10；成人/儿童 £10/6.50，含"卡蒂萨克"号 £20/11.50；9月至次年6月 10:00~17:00,7月和8月 至18:00；DLR Cutty Sark, DLR Greenwich, Greenwich）在王后行宫（Queen's House）南边，风景如画的**格林尼治公园**（Greenwich Park；0300 061 2380；www.royalparks.org.uk；King George St, SE10；6:00至日落；DLR Cutty Sark, Greenwich, Maze Hill）占据了整座小山，从山上的皇家天文台，甚至能够眺望到绝佳的伦敦风光。这座天文台由查理二世于1675年下令建造，目的是帮助解决海上测定经度的难题。天文台北面是漂亮的**弗拉姆斯蒂德屋**（Flamsteed House）和**子午线庭院**（Meridian Courtyard），你可以双脚跨在本初子午线两边，即横跨东西半球；需要购票入内。南面则是信息量丰富且免费的**天文中心**（Weller Astronomy Galleries）以及**皮特·哈里森天文馆**（Peter Harrison Planetarium；020-8312 6608；

www.rmg.co.uk/whats-on/planetarium-shows；成人/儿童£8/5.50）。

1884年，经过天文台的子午线被确定为经度计量的标准参考子午线，即本初子午线，格林尼治标准时间（Greenwich Mean Time，简称GMT）成为通用的标准时间。加入格林尼治皇家博物馆会员（每年£44起），可以无限次进入皇家天文台、皮特·哈里森天文馆、"卡蒂萨克"号以及国家海事博物馆等展览；详情可浏览官方网站。

★ 帝国战争博物馆 博物馆

（Imperial War Museum；见106页地图；020-7416 5000；www.iwm.org.uk；Lambeth Rd, SE1；10:00~18:00；Lambeth North）免费 这家引人入胜的博物馆位于贝特莱姆皇家医院（Bethlehem Royal Hospital；曾是众所周知的"疯人院"）的旧址，门口是一对令人望而生畏的15英寸舰炮。虽然博物馆的主题是英联邦军队在20世纪的军事行动，但展品却在更广泛的意义上呈现了战争。亮点包括位于前院的先进的"一战"展厅（First World War Galleries）和中庭上方的战争见证（Witnesses to War）展厅。

在战争见证展厅里，你可以看到各种展品，包括英国喷火战斗机（Spitfire）、高耸的德国V-2火箭、路透社一辆在加沙被火箭弹击中的路虎汽车，以及纽约世贸中心的建筑碎片等。

一层的战时家庭（A Family in Wartime）展厅讲述了来自斯托克维尔的奥佩斯一家在"二战"中的真实经历。二层的秘密战争（Secret War）展厅则用一把有趣的步枪引出了特别行动处（SOE）的工作，如用类似靴子下面的橡胶鞋底在敌方海滩留下"脚印"。最具挑战性的展厅之一是展品丰富、让人潸然泪下的大屠杀展厅（Holocaust Exhibition；不建议14岁以下儿童入内参观），入口在四层。战争轶事（Curiosities of War）有很多稀奇古怪的物品，如1943年"敌后大爆破"（Dam Busters）所使用的临时木棒。其他展厅和展示空间大都用于临时展览（浏览网站以了解详情）。

著名的哥特复兴派建筑师、曾设计议会大厦内饰的奥古斯塔斯·普金，曾经是贝特莱姆皇家医院的精神病人。这座医院于1930年迁走，1936年，这里成为帝国战争博物馆所在地。

★ 老皇家海军学院 历史建筑

（Old Royal Naval College；www.ornc.org；2 Cutty Sark Gardens, SE10；10:00~17:00，底层 8:00~23:00；DLR Cutty Sark）免费 这是克里斯托弗·雷恩爵士在格林尼治的巴洛克风格的杰作，也是英国本土规模最大的巴洛克建筑。老皇家海军学院包括新古典主义风格的礼拜堂（Chapel）和非同寻常的彩绘厅（Painted Hall；020-8269 4799）免费。整座学院，包括礼拜堂、游客中心（www.ornc.org/visitor-centre；Pepys Bldg, King William Walk, SE10；10:00~17:00，6月至9月 至18:00）以及院落都可免费参观。全天都有志愿者带领的免费45分钟导览游，出发地点在游客中心。

王后行宫 历史建筑

（Queen's House；www.rmg.co.uk/queens-house；Romney Rd, SE10；10:00~17:00；DLR Cutty Sark）免费 建筑师伊尼戈·琼斯从意大利归国后的第一座帕拉第奥式建筑作品，外形优雅，藏品丰富。行宫于1616年开始为詹姆士一世的王后——安妮女王建造，但直到1638年才完工，成为查理一世和玛利亚王后的行宫。精美的螺旋形郁金香楼梯（Tulip Stairs）是英格兰首开先河的中央支撑楼梯；从下往上拍摄的照片无可挑剔。

◎ 伦敦西部（West London）
★ 波特贝罗路市场 市场

（Portobello Road Market；见114页地图；www.portobellomarket.org；Portobello Rd, W10；周一至周三、周五和周六 8:00~18:30，周四 至13:00；Notting Hill Gate, Ladbroke Grove）波特贝罗路市场非常适合在和煦的夏季去逛一逛。这是伦敦最具代表性的街市之一，拥有丰富多彩的街头小吃、果蔬、古董、稀奇古怪的小玩意、收藏品、时装以及小饰品。虽然波特贝罗路的商店每天都营业，蔬果摊贩（从Elgin Cres到Talbot Rd）也只在周日开烊，但如今最热闹的还要数周六古董商贩们摆摊叫卖的时候（从Chepstow Villas到Elgin Cres）。

设计博物馆 博物馆

（Design Museum；☏020-7940 8790；www.designmuseum.org；224-238 Kensington High St, W8；◷10:00~18:00，每个月第一个周五10:00~20:00；ⓊHigh St Kensington）**免费** 2016年，这个时尚的博物馆从泰晤士河边的旧址搬迁到了如今荷兰公园旁边耗资830万英镑修建的新址。这里旨在展示设计在日常生活中的重要性和深远影响，布展定期更换，是令现当代艺术设计爱好者乐此不疲的地方。博物馆位于经过改建的英联邦学院（1962年建成）内，用橡木和大理石打造的华丽内饰本身就是与众不同的设计。

◉ 里士满、邱和汉普顿皇宫 (Richmond, Kew & Hampton Court)

★ 英国皇家植物园 花园

（Kew Gardens；www.kew.org；Kew Rd, TW9；成人/儿童 £17/5；◷9月至次年3月10:00~16:15，4月至8月 闭园时间延长；⛴Kew Pier，🚆Kew Bridge，ⓊKew Gardens）1759年，植物学家们开始在全世界寻找能够种在皇家植物园（Royal Botanic Gardens）3公顷土地上的各种植物。他们从没停止过搜寻，而植物园的面积如今也已扩大到了121公顷。这是地球上植物种类最全面的地方（包括世界上最多的兰花品类）。作为联合国教科文组织世界遗产，在这里花上一天时间并非难事；假如时间有限，可以参加**植物园探险之旅**（Kew Explorer；☏020-8332 5648；www.kew.org/kew-gardens/whats-on/kew-explorer-land-train；成人/儿童£5/2），这是一趟可以随时上下的公路列车，沿途可参观植物园的主要景观。

即便你对植物一窍不通，别担心，在植物园里，你将体验一次发现之旅，见识各种各样的植物。其中最吸引人的亮点包括：巨大的维多利亚时期的**棕榈屋**（Palm House），一座用金属和弯曲玻璃搭成的温室；让人难忘的**威尔士王妃温房**（Princess of Wales Conservatory）；建于1631年、由红砖砌成的**邱宫**（Kew Palace；www.hrp.org.uk/kewpalace；含在英国皇家植物园门票内；◷4月至9月 10:30~17:30），是乔治三世修身养性的地方；1762年由威廉·钱伯斯设计的著名的**大宝塔**（Chinese Pagoda）；世界上最大的观

另辟蹊径
伦敦湿地中心

作为欧洲最大的内陆湿地项目之一，这处占地42公顷的**湿地中心**（London Wetland Centre；☏020-8409 4400；www.wwt.org.uk/wetland-centres/london；Queen Elizabeth's Walk, SW13；成人/儿童/家庭£12.75/7/35.55；◷3月至10月 9:30~17:30，11月至次年2月 至16:30；🚆Barnes，ⓊHammersmith）由野禽和湿地信托基金（Wildfowl & Wetlands Trust）负责管理，2000年由四座维多利亚时代的水库改建而成，如今已经吸引了约140种鸟类"入住"，此外还有青蛙、蝴蝶、蜻蜓、蜥蜴以及数量与日俱增的水獭群等。在玻璃幕墙的观景台上可以欣赏到湖泊全景，蜿蜒的小路和栈道则会带领人们穿过黑天鹅、比尤伊克小天鹅、鹅、赤嘴潜鸭、灰沙燕、黑鸭、麻鸦、苍鹭和翠鸟等水生动物的栖息地。

赏玻璃屋**温带植物馆**（Temperate House）；还有建在18米高空的**Rhizotron & Xstrata 树冠步道**（Rhizotron & Xstrata Treetop Walkway）。此外室外还用数千条铝片搭了个装置，并由数百个LED灯照亮，看上去如同一个17米高的**蜂巢**。2016年，园中开放了一条长达320米的**木栈道**，这是英国最长的双层栈道之一。位于植物园西南的**夏洛特王后别墅**（Queen Charlotte's Cottage；◷4月至9月 周六和周日 11:00~16:00）有着茅草的房顶，一派田园风味，深受"疯王"乔治三世及其妻子的喜欢。到了春天，四周整片整片地毯般的风信子十分迷人。园中还有几条林木相伴、景色宜人的长步道，例如**雪松道**（Cedar Vista）、**锡恩道**（Syon Vista）以及**宝塔道**（Pagoda Vista）。

来之前浏览网站，可了解皇家植物园内的所有活动，包括免费的一小时步行导览游（每天都有）、摄影步行线路、剧场演出、户外电影以及不同季节的特色活动等。

乘地铁能到达植物园，非常方便。但是你可能会更喜欢乘船来这里：从4月到10月，威斯敏斯特客运服务组织每天会有几趟游

船，从威斯敏斯特码头出发开往植物园。

★ 汉普顿皇宫 宫殿

（Hampton Court Palace; www.hrp.org.uk/hamptoncourtpalace, KT8; 成人/儿童/家庭 £19/10/34; ⊙11月至次年3月 10:00~16:30, 4月至10月 10:00~18:00; ▣Hampton Court Palace, ▣Hampton Court）皇宫是由红衣主教托马斯·沃尔西于1514年建造的，不过在沃尔西（作为大臣）失宠之前，他将宫殿作为礼物送给了亨利八世。现在这座皇宫是英国规模最大且最宏伟的都铎式建筑。17世纪，当雷恩被指派扩建宫殿时，它就已经是当时欧洲最为精良的宫殿之一了。而在扩建之后，汉普顿皇宫又巧妙融合了都铎风格和"略微收敛的巴洛克风格"，变得越发迷人。

在皇宫及其24公顷的河滨花园四处逛逛，很容易就花掉一整天的时间，花园中还有一座300年历史的迷宫（成人/儿童/家庭 £4.20/2.60/12.30; ⊙4月至10月 10:00~17:15, 11月至次年3月 10:00~15:45）。

里士满公园 公园

（Richmond Park; ☏0300 061 2200; www.royalparks.org.uk/parks/richmond-park; ⊙7:00至黄昏; ▣Richmond）这片面积近1000公顷的公园（也是欧洲最大的城市公园），不仅拥有美丽的花园和古老的橡树，还可以远眺12英里以外伦敦中心城区的迷人风光。园内有几条通往无边荒野的道路，从而使得公园成为宁静散步或带孩子们野餐的绝佳去处，即使是里士满河边人满为患的夏季也不例外。从里士满地铁站出来，从里士满门（Richmond Gate）或Petersham Rd进入园内。

草莓山庄 历史建筑

（Strawberry Hill; ☏020-8744 1241; www.strawberryhillhouse.org.uk; 268 Waldegrave Rd, TW1; 成人/儿童 £12.50/免费; ⊙房屋 3月至10月 周日至周三 11:00~16:30, 11月至次年2月 周日至周一 12:00~16:00; 花园 每天 10:00~17:30; ▣Strawberry Hill, ▣Richmond）位于特维克纳姆的草莓山庄经过了精心彻底的修复，有着雪白的墙壁和哥特式的角楼，它建于18世纪，是艺术史家、作家、政治家霍勒斯·沃波尔的作品。画廊是整栋建筑最令人惊叹的部分，墙上镶着精致的彩色玻璃窗，头顶是华丽的混凝纸浆天花板。想要彻底感受这里魔法般的魅力，可以参加黄昏时的团队游（£20）。最晚进入房屋时间为16:00。

👉 团队游

★ London Waterbus Company 游船

（☏020-7482 2550; www.londonwaterbus.com; 32 Camden Lock Pl, NW1; 成人/儿童 单程 £9/7.50, 往返 £14/12; ⊙4月至9月 10:00~17:00每小时一班，其余月份仅周末开行且班次减少; ▣Warwick Ave, Camden Town）这艘封闭式驳船在小威尼斯（Little Venice）和卡姆登洛克（Camden Lock）之间的摄政运河上进行50分钟的愉快巡游，中途经过摄政公园，最后在伦敦动物园靠岸。旺季之外航行班次有所减少，可浏览网站以查询具体信息。单程票（成人/儿童 £27/21）含伦敦动物园门票，游客们可在动物园上岸游览。登船后购票。

London Bicycle Tour 骑行

（见106页地图; ☏020-7928 6838; www.londonbicycle.com; 1 Gabriel's Wharf, 56 Upper Ground, SE1; 团队游 含自行车 成人/儿童 £24.95/21.95起, 自行车租赁 每天 £20; ▣Southwark, Waterloo）从南岸开始的三个小时骑行团队游，将带你游览泰晤士河两岸的知名景点；经典团队游分为八种语言。此外还设有夜间骑行游。你可以按小时或按天来租赁，车型分为普通或特别自行车，后者包括双人自行车和折叠车等。

Thames Rockets 乘船游览

（见106页地图; ☏020-7928 8933; www.thamesrockets.com; Boarding Gate 1, London Eye, Waterloo Millennium Pier, Westminster Bridge Rd, SE1; 成人/儿童 £43.50/29.50起; ⊙10:00~18:00; ▣）在高速气垫船上以30节的速度在泰晤士河上飞驰而过，你会觉得自己摇身变成了《007》系列电影中的主角。从伦敦眼或圣凯瑟琳码头出发，可以选择50分钟的伦敦终极探险（Ultimate London Adventure; 成人/儿童 £43.50/29.50）、80分钟的泰晤士河障碍探险之旅（Thames Barrier Explorer's Voyage; 成人/儿童

£54.50/39.50）或者50分钟的日落观景之旅（Thames Later；仅限成人 £39.50，赠送一杯鸡尾酒）。

Unseen Tours
步行游览

（☎07514 266774；www.sockmobevents.org.uk；团队游£12）参加这些曾经获奖的街区团队游项目，从截然不同的角度来了解伦敦。领队都是伦敦本地无家可归的人，游览区域包括考文特花园、卡姆登镇、红砖巷、肖尔迪奇以及伦敦桥。导览费的60%是给领队的报酬。

Big Bus Tours
巴士游

（☎020-7808 6753；www.bigbustours.com；成人/儿童 £35/18；⌚4月至9月 8:30~18:00，10月和3月 8:30~17:00，11月至次年2月 8:30~18:30，每隔20分钟1趟）车上提供12种语言、信息丰富的导览介绍。车票包含一次免费的City Cruises乘船游以及三个主题步行游览（皇家伦敦之旅、电影拍摄地之旅以及神秘之旅）。网上在线预订可享受不错的优惠。车上有无线网络。车票有效期为24小时；额外支付£8（儿童£4），可将车票有效期升级至48小时。

City Cruises
乘船游览

（见92页地图；☎020-7740 0400；www.citycruises.com；成人 单次/往返/单日通票 £10.25/14.25/16.88起，儿童 £6.50/9.50/10.80；Ⓤ Westminster）威斯敏斯特、伦敦眼、河岸、塔桥和格林尼治等码头之间的渡轮，每30分钟一班。提供有效期24小时的Rover通票，在线购票价格可低至成人/儿童£10/5。

Thames River Boats
乘船游览

（见92页地图；☎020-7930 2062；www.wpsa.co.uk；Westminster Pier, Victoria Embank-

---

免费游伦敦

景点 参观议会大厦（见91页）和观看辩论无须任何费用。作为当地常见的风景，卫兵换岗仪式（见96页）也是免费的看点。9月会有一个周末作为"伦敦建筑开放日"（见105页），届时850栋建筑向公众敞开大门，可免费参观。

博物馆和画廊 所有公立博物馆和美术馆的永久收藏都免费向公众开放，其中包括维多利亚和艾伯特博物馆（见109页）、泰特现代美术馆（见105页）、大英博物馆（见89页）和国家美术馆（见91页）。萨奇美术馆（Saatchi Gallery；见110页地图；www.saatchigallery.com；Duke of York's HQ, King's Rd, SW3；⌚10:00~18:00；Ⓤ Sloane Sq）免费也免费开放。

观景台 如果有免费且优美的伦敦风光可以欣赏，为什么还要花一大笔钱呢？不妨前往泰特现代美术馆（见105页）"开关房"的10层，或者"对讲机"的天空花园（Sky Gardens；见103页）。

音乐会 许多教堂都设有免费的午餐时段古典音乐会。可以试试圣马丁教堂（见90页）、皮卡迪利圣詹姆斯教堂（St James's Piccadilly；见94页地图；☎020-7734 4511；www.sjp.org.uk；197 Piccadilly, W1；⌚8:00~20:00；Ⓤ Piccadilly Circus）、圣殿教堂（Temple Church；见102页地图；☎020-7353 3470；www.templechurch.com；成人/儿童 £5/3；⌚周一、周二、周四和周五 10:00~16:00，周三 14:00~16:00，活动日期和时间不定；Ⓤ Temple）和圣阿肺基教堂（St Alfege Church；www.st-alfege.org；Greenwich Church St, SE10；⌚周一至周五 11:00~16:00，周六 10:00~16:00，周日 12:00~16:00；Ⓡ Greenwich, DLR Cutty Sark）。

步行 用双脚丈量街区大概是了解这座城市及其历史的最佳方式。徒步穿越伦敦北部的汉普斯泰德荒野（见120页），沿着南岸游览泰晤士河，或者在紧凑的西区漫无目的地闲逛。

低成本交通 通过伦敦自行车租赁计划的桑坦德自行车（见159页）租车游览城市——24小时的费用仅为£2；前30分钟租车免费。也可以用Travelcard一日票或牡蛎卡乘坐伦敦公交系统（London Transport）的交通工具，也能节省不少开支。

ment, SW1；至皇家植物园 成人/儿童 单程£13/6.50，往返£20/10，至汉普顿皇宫 单程£17/8.50，往返£25/12.50；◉4月至10月10:00~16:00；⓾Westminster）这些游船从威斯敏斯特码头逆流而上，前往皇家植物园（1.5小时，每天4班），然后继续前往22英里之外的汉普顿皇宫（再加1.5小时，仅限11:00航次）。可在里士满下船，但具体取决于潮汐情况；在乘船前可浏览官网查询相关信息。

London Mystery Walks 徒步
（☎07957 388280；www.tourguides.org.uk；£12）重温开膛手杰克之旅，时间为周一、周三、周五和周日的19:00。伦敦巧克力之旅（£40）于周日12:30出发，冰激凌之旅（£40）在周五11:00出发。必须预订。

✲ 节日和活动

中国春节 文化
（◉1月底/2月初）1月末或者2月初的中国春节期间，唐人街会热闹非凡，鞭炮噼啪作响，烟火灿烂绽放，还有丰富多彩的街头狂欢以及琳琅满目的各式点心。

划船比赛 赛船
（The Boat Race；www.theboatrace.org；◉3月底/4月初）自1829年以来每年都会举办的一流学府之间的男子划船比赛，对阵双方分别是牛津大学和剑桥大学，船员都是学生。比赛在Putney和Mortlake之间的河道上举办，需要逆流而上，届时会吸引大量观众到河边观赛（2015年还首次举办了女子比赛）。

维珍金融伦敦马拉松 体育
（Virgin Money London Marathon；www.virginmoneylondonmarathon.com；◉4月底）多达50万的观众沿途为身手矫健的选手以及身着奇装异服的业余爱好者们喝彩。

切尔西花展 园艺展
（Chelsea Flower Show；☎020-3176 5800；www.rhs.org.uk/chelsea；Royal Hospital Chelsea, Royal Hospital Rd, SW3；门票£37~65；◉5月；⓾Sloane Sq）在切尔西皇家医院举办的这一盛事毫无疑问是世界上最著名的园艺展览，吸引着五湖四海的园艺高手前来参加。

Field Day音乐节 音乐节
（Field Day；www.fielddayfestivals.com；Brockwell Park, SE24；◉6月；⓾Hackney Wick）一年一度的Field Day小众音乐节自2007年开始在维多利亚公园（见117页）举办，但2018年时，举办场地改在了布鲁克维尔公园（Brockwell Park）。近年来参加音乐节的知名艺人包括Run the Jewels、P.J.哈维（PJ Harvey）以及詹姆斯·布雷克（James Blake）等。

融化音乐节 音乐节
（Meltdown Festival；www.southbankcentre.co.uk；◉6月底）具有传奇色彩的当代音乐先锋们此时会成为南岸中心的主角，例如莫里西（Morrissey）、帕蒂·史密斯（Patti Smith）、大卫·拜恩（David Byrne）等。音乐节期间将举办音乐会、座谈和电影放映等活动。

★ 皇家军队阅兵式 盛典游行
（Trooping the Colour；www.trooping-the-colour.co.uk；◉6月）为了庆祝女王的正式生日，皇家军队将走过林荫大道，接受王室成员的检阅。届时会有1400位军官和士兵、200匹马和10支乐团的400名音乐家参与其中，场面恢宏壮观。

同志骄傲节 同性恋活动
（Pride；www.prideinlondon.org；◉6月底/7月初）在这项年度盛典期间，同性恋者将整座城市涂抹成亮丽的粉色。节庆期间还会举办各种活动，从各种讲到现场演出，最后以一场穿越伦敦的盛大游行收尾。

萨默塞特府夏季影展 电影
（Summer Screen at Somerset House；www.somersethouse.org.uk/film；门票£20起）每年夏天的两个星期里，萨默塞特府都会将美丽的庭院变成一个露天电影院，举办各种电影的首映仪式，或者放映邪典（cult）经典和广受欢迎的各种影片。

无线音乐节 音乐节
（Wireless；www.wirelessfestival.co.uk；Finsbury Park, N4；◉7月）这一为期三天、人气极旺的音乐节主打流行乐、R&B、车库饶舌

（grime）和嘻哈。举办时间为每年7月。近年来参加的大牌明星包括The Weeknd、Nas和Skepta等。

诺丁山狂欢节 狂欢节

（Notting Hill Carnival；www.thelondonnottinghillcarnival.com；◐8月）每年8月份最后一个周末的三天时间里，诺丁山都会响起狂欢节的卡利普索民歌、斯卡乐、雷鬼乐和索卡乐的声音。由当地非裔加勒比人1964年发起的这个狂欢节，旨在庆祝这些移民的文化和传统，如今已慢慢演变成欧洲最大的街头节庆（多达200万人参与）以及伦敦的一大亮点。

伦敦爵士音乐节 音乐

（London Jazz Festival；www.efglondonjazzfestival.org.uk；◐11月）来自世界各地的音乐家们云集伦敦，参加这个为期10天的爵士音乐节。全球知名音乐家和当地艺人都会登台献艺。

住宿

西区

YHA London Oxford Street 青年旅舍 £

（见94页地图；☏020-7734 1618；www.yha.org.uk；14 Noel St, W1；铺£18~36，标双£50~85；@❐；ⓊOxford Circus）伦敦七家YHA国际青年旅舍中，该青年旅舍是位置最中心的一家。因为只有104张床位，这里显得非常紧凑。出色的公共设施包括紫红色的厨房和明亮时尚的休息室。宿舍分为三床和四床间，此外还设有双人标间和大床间。自营商铺出售咖啡和啤酒。公共区域有免费Wi-Fi。

Generator London 青年旅舍 £

（见118页地图；☏020-7388 7666；www.generatorhostels.com/london；37 Tavistock Pl, WC1；铺/房间£9/44起；❄❐；ⓊRussell Sq）凭借工业风的线条和时尚的内饰，巨大的Generator（有870多张床位）可谓是伦敦中心区最时尚的经济型住宿之一。酒吧配有台球桌，开放至凌晨3:00，还会经常举办主题派对。每间宿舍房有4~12张床；此外还有双人间和三人间。

Jesmond Hotel 民宿 ££

（见118页地图；☏020-7636 3199；www.jesmondhotel.org.uk；63 Gower St, WC1；标单£75~95，双£95~125，标三£140~165，四£150~185；@❐；ⓊGoodge St）这家位于布卢姆茨伯里的源于乔治亚时期的家庭酒店人气极旺，15个房间陈设简单，但干净整洁（其中四间需使用公用浴室）。酒店有一个小巧美丽的花园，住宿价格也非常有吸引力。提供洗衣服务，丰盛的早餐会让你的伦敦之行元气满满。位置非常中心。

★Haymarket Hotel 酒店 £££

（见94页地图；☏020-7470 4000；www.firmdalehotels.com/hotels/london/haymarket-hotel；1 Suffolk Pl, 紧邻Haymarket, SW1；房间/套£335/505；❄❐@❐❆；ⓊPiccadilly Circus）这家酒店拥有酒店经营者/设计师Tim和Kit Kemp的标志性配色和线条，50间风格各异的客房里都有Gournay手绘墙纸，配以紫红色和绿色的设计。酒店还有氛围灯照明的18米泳池、带吧台的精致阅览室，以及随处可见的各种原创艺术品。

★Ritz London 豪华酒店 £££

（见94页地图；☏020-7493 8181；www.theritzlondon.com；150 Piccadilly, W1；房间/套£380/850起；ⓅꗊＷ@❐；ⓊGreen Park）对于一家名字都被列入英文辞典的酒店，你还能说些什么呢？这家拥有136个房间的豪华酒店位置得天独厚，可以俯瞰格林公园，而且还被视为王室成员的另一个"家"（这里有威尔士亲王的王室认证，而且非常靠近他本人居住的白金汉宫）。所有房间都采用路易十六风格的内饰，配备了各种古董家具。

★Rosewood London 酒店 £££

（见94页地图；☏020-7781 8888；www.rosewoodhotels.com/en/london；252 High Holborn, WC1；双/套£390/702起；Ｐꗊ@❐❆；ⓊHolborn）曾经是宏伟的Pearl Assurance大楼（历史可追溯至1914年），如今是令人叹为观止的Rosewood酒店。设计师Tony Chi巧妙地将262间客房和44个套间进行了历史与现代风格的融合。酒吧、餐厅、熟食柜台、大堂乃至管家制服都精心保留了传统英国特色。

Hazlitt's
历史酒店 ££

（见94页地图；☎020-7434 1771；www.hazlittshotel.com；6 Frith St, W1；标单/双/套 £200/230/600起；※⊙；ⓊTottenham Court Rd）这座苏荷区的著名酒店是散文家威廉·黑兹利特（1778~1830年）的旧居。酒店始建于1718年，由四栋乔治亚风格房屋组成，30间客房采用同时代的古董家具装饰，细节非常讲究，包括镶嵌木板的墙壁、红木四柱床、古董书桌、东方地毯、华丽的织物以及每个房间都有的壁炉等。

伦敦城

London St Paul's YHA
青年旅舍 £

（见102页地图；☎020-7236 4965；www.yha.org.uk；36 Carter Lane, EC4；铺/标双/双 £14/49/89起；@⊙；ⓊSt Paul's）这家拥有213个床位的旅舍前身是圣保罗大教堂男孩唱诗班的寄宿学校，因此展现出浓郁的时代特色，包括外墙上的一条拉丁铭文。旅舍内没有厨房、电梯或带卫生间的房间，但设有舒适的休息室和可以卖酒的咖啡馆。

★ citizenM Tower of London
设计酒店 ££

（见102页地图；☎020-3519 4830；www.citizenm.com；40 Trinity Sq, EC3；房间 £125起；※@⊙；ⓊTower Hill）在楼下，这里看起来像是某位富豪家的客厅，有摆满书本的书架、怪异的艺术品、Beefeater小摆设以及充足的工作空间。房间相对紧凑，但是设计巧妙，可以用iPad控制窗帘、电视以及调节淋浴间照明。不妨多加£30以欣赏超凡的伦敦塔风光，不过最佳观景处当属7层的酒吧。

Hotel Indigo London – Tower Hill
酒店 ££

（见102页地图；☎020-7265 1014；www.hotelindigo.com；142 Minories, EC3；房间 £166起；※⊙；ⓊAldgate）洲际集团旗下精品连锁酒店品牌的这家分店，拥有46间风格各异的客房。房内均配备四柱床和iPod底座。酒店内关于街区的大幅涂鸦和图片不会让你忘记自己身处何地。

Andaz Liverpool Street
酒店 £££

（见102页地图；☎020-7961 1234；https://londonliverpoolstreet.andaz.hyatt.com；40 Liverpool St, EC2；房间 £295；※⊙；ⓊLiverpool St）1884年建成时的大东方酒店，如今成为凯悦集团旗下Andaz连锁酒店的伦敦旗舰店。店内不设前台，只有身着黑色工装的服务员会在iPad上帮你办理入住手续。无处不在的红色为宽敞优雅的房间增添了更多魅力。酒店内有三家餐厅、两个酒吧、一间酒馆、一个健身俱乐部，地下室里还隐藏着一座共济会会堂。

南岸

★ citizenM
精品酒店 ££

（见106页地图；☎020-3519 1680；www.citizenm.com/london-bankside；20 Lavington St, SE1；房间 £89~329；※@⊙；ⓊSouthwark）如果这家连锁酒店有座右铭，那一定会是"减少烦琐，更多舒适"。酒店摒弃了所有他们认为多余的东西（客房服务、前台、冗余空间），转而重视床垫和床上用品（超级特大号床）、智能科技（从氛围灯到电视都通过平板电脑控制）以及精美的内饰等。

The LaLit
精品酒店 £££

（见106页地图；☎020-3765-0000；www.thelalit.com；181 Tooley St, SE1；房间/套 £225/1125；⊙；ⓊLondon Bridge）这家精品酒店坐落于一处古老的维多利亚文法学校（专授拉丁文的学校）内，并以此为主题，因此尽管外表看起来平淡无奇，但内部装饰弥漫着浓郁的印第安风情。房间装饰展示了不同程度的奢华，从带有大理石浴室的舒适教室房（Cosy Classrooms），到配备橡木镶板的套房（LaLit Legacy Suite），后者有高高的天花板，还能看到外观独特的夏德塔。

肯辛顿和海德公园

Lime Tree Hotel
精品酒店 ££

（见110页地图；☎020-7730 8191；www.limetreehotel.co.uk；135-137 Ebury St, SW1；标单含早餐 £125~165，双和标双 £185~215，标三 £240；@⊙；ⓊVictoria）这间家族经营了30多年的精美酒店位于一处乔治时期风格的联排别墅内。这里的25间客房非常舒适，采用英式设计，呈现出低调的优雅。房间装饰各不相同，许多都有开放式壁炉和推拉窗，但是一些房间面积比其他房间要小，因此提前询问一下。酒店有一个迷人的后花园，可以享受傍晚的阳光（夏季傍晚欢迎在此野餐）。房费含丰盛的英式早餐。没有电梯。

★ **Number Sixteen** 酒店 £££

（见110页地图；☏020-7589 5232；www.firmdalehotels.com/hotels/london/number-sixteen；16 Sumner Pl, SW7；标单£192起，双£240~396；✱@☎；ⓊSouth Kensington）这间酒店有着令人振奋的色彩、精选的艺术以及复杂但有趣的设计理念，本身就令人陶醉。内设41间风格各异的客房、一间舒适的休息室以及藏书丰富的图书馆。别急着出门，这里还有一座围绕着喷泉布置的长形后花园，还可以坐在光线明亮的温室享用早餐。非常适合家庭入住。

Ampersand Hotel 精品酒店 £££

（见110页地图；☏020-7589 5895；www.ampersandhotel.com；10 Harrington Rd, SW7；标单£170~192，双£216~360；✱@☎；ⓊSouth Kensington）这家酒店让人感觉清新活泼，身着背心和牛仔裤的员工总是面带笑容。公共区域色彩缤纷、通风良好，时尚的房间采用各种壁纸装饰，与南肯辛顿一系列博物馆营造出的艺术和科学的氛围非常搭调。

克拉肯威尔、肖尔迪奇和斯皮塔佛德

★ **Hoxton Hotel** 酒店 ££

（见144页地图；☏020-7550 1000；www.thehoxton.com；81 Great Eastern St, EC2；房间£69~259；✱☎；ⓊOld St）这家时尚酒店位于新潮的肖尔迪奇中心区域，采用低成本航空公司的套路来销售房间——及早预订，价格可能低至£69。有210间客房，尽管面积不大，但是非常时尚，配有平板电视、书桌、带免费瓶装水和牛奶的冰箱，每天早晨还会有打包的早餐（橙汁、麦片、酸奶和香蕉）送到你的房间。

★ **citizenM** 设计酒店 ££

（见144页地图；www.citizenm.com；6 Holywell Lane, EC2A；房间£119起；@☎；ⓊShoreditch High St）出色的内饰设计和注重实用的奢华配置（有超大号床以及高科技太空舱客房，但免去了床头巧克力和客房服务）结合得恰到好处，让你在肖尔迪奇感觉宾至如归。房间价格物有所值，楼下的休息室/酒吧/接待处似乎总是非常忙碌。

★ **Rookery** 历史酒店 £££

（见102页地图；☏020-7336 0931；www.rookeryhotel.com；12 Peter's Lane, Cowcross St, EC1；双/套£249/650起；✱☎；ⓊFarringdon）这家酒店的33间客房位于一排18世纪的乔治风格房屋内，配备了古董家具（包括老得可以被收入博物馆的维多利亚浴缸、淋浴和厕所等）、来自爱尔兰的原木镶板，以及由主人亲自选定的艺术品等。亮点包括小巧的庭院花园，带有温馨吧台和壁炉的阅览室等。

Zetter Hotel 精品酒店 £££

（见118页地图；☏020-7324 4444；www.thezetter.com；86-88 Clerkenwell Rd, EC1；双£234起，套间£342~558；✱☎；ⓊFarringdon）🖉这家酒店是极简主义风格的忠实践行者，在克拉肯威尔的主干道上显得特立独行。酒店在废弃写字楼的基础上改建而成，采用可持续材料翻新，这里的59个房间在该地区算得上相当宽敞。楼顶的套间（studio）非常不错，有着风光迷人的露台。每层楼都有一个热饮站供宾客使用。

伦敦东部

Qbic 设计酒店 £

（☏020-3021 3300；www.qbichotels.com；42 Adler St, E1；房间£54起；✱☎；ⓊAldgate East）🖉这家时尚的酒店现代感十足，配有白色瓷砖、霓虹标牌、醒目的艺术品和纺织品。房间隔音效果不错，床垫非常舒适，淋浴水量强劲。价格差异很大，具体取决于你的预订时间，最便宜的房间没有窗户。

★ **40 Winks** 民宿 ££

（☏020-7790 0259；www.40winks.org；109 Mile End Rd, E1；标单/双/套£120/195/295；☎；ⓊStepney Green）这家民宿位于Stepney Green，在一栋拥有300年历史的联排别墅内，空间有限，风格古朴，散发着古怪而迷人的魅力。只有两间卧室（一间双人房和一个紧凑的单人间），共用一个浴室——或者你可以把两个房间都订下来，组成一个宽敞的套间。

民宿的主人是一位成功的设计师,以其专业的水准打造出了独特而奢华的房间内饰。尽早预订。

🛏️ 伦敦北部

★ Clink78
青年旅舍

(见118页地图;☎020-7183 9400;www.clinkhostels.com/london/clink78;78 King's Cross Rd, WC1;铺/房间 含早餐 £16/65起;@⛉;🚇King's Cross St Pancras)这家拥有630个床位的青年旅舍位于一栋建于19世纪的治安法庭建筑内,著名作家查尔斯·狄更斯曾经在这里担任书记员,1978年冲撞乐队(Clash)的成员也曾在此受审。这里的宿舍房房型不一,以太空舱(头顶有储物空间)的形式设有4~16个床位。地下室有设施齐全的厨房以及宽敞的餐厅,还有一间名为Clash的酒吧。

London St Pancras YHA
青年旅舍

(见118页地图;☎0345 371 9344;www.yha.org.uk;79-81 Euston Rd, NW1;铺/房间 £16/59起;⛉;🚇King's Cross St Pancras)这家八层的青年旅舍共有186个床位。风格现代、整洁干净的宿舍分为四至六人间(大部分设有独立卫生间),此外还有一些单独的房间。不过附近繁忙的Euston Rd有点吵。旅舍内有一个小酒吧和咖啡馆,但是没有自助服务设施。

🛏️ 伦敦西部

Safestay Holland Park
青年旅舍

(见114页地图;☎020-3326 8471;www.safestay.co.uk;Holland Walk, W8;铺 £20, 房间 £60起;⛉;🚇High St Kensington, Holland Park)这个焕然一新的住宿选择,取代了从1958年开始在此长期经营的青年旅舍。新旅舍采用了亮丽大胆的配色,房型包括四人和八人宿舍、双人间、单人间。大堂内有免费Wi-Fi。旅舍的位置就在荷兰公园(Holland Park;见114页地图;Ilchester Pl;⏰7:30至黄昏)的荷兰之家(Holland House)雅各宾风格的东翼内,这是"二战"德国空军狂轰滥炸后,公园内唯一幸存的建筑。

★ Main House
酒店

(见114页地图;☎020-7221 9691;www.themainhouse.co.uk;6 Colville Rd, W11;套 £130~150;⛉;🚇Ladbroke Grove, Notting Hill Gate, Westbourne Park)位于Colville Rd的这处维多利亚式排屋有四个迷人的套间,使其成为超凡的住宿选择。明亮宽敞的房间物有所值,浴室空间充裕,而且提供无限畅饮的茶和咖啡。最棒的当属占据了整个顶层的套间。附近没有路牌,不过可以找找非常醒目的"SIX"标识。至少需要连住三晚。

Rockwell
精品酒店

(☎020-7244 2000;www.therockwell.com;181-183 Cromwell Rd, SW5;标单 £120~125, 双 £145~180, 套 £200起;✱@⛉;🚇Earl's Court)低调的设计风格和大门处一些可爱的地板瓷砖,让这家40间客房的"经济型精品酒店"给人一种温馨、小巧和极简主义的感受。房间整洁时尚,设有淋浴。复合式套房非常甜蜜,俯瞰围墙花园的三个房间(LG1、2、3)尤其不错。

🍴 就餐

🍴 西区

★ Shoryu
面条

(见94页地图;www.shoryuramen.com;9 Regent St, SW1;主菜 £10~14.50;⏰周一至周六 11:15至午夜,周日 至22:30;🚇Piccadilly Circus)店面紧凑、服务热情、价格实惠的面馆吸引了众多热爱面条的食客前来。他们在木柜台和小桌子边享用可口的美味。这里人气极旺,店家经营风格友善高效,服务员积极主动,而且乐于提供帮助。鲜美的骨汤拉面(tonkotsu)是这里的招牌菜,里面撒上了千海苔、青葱、熟鸡蛋(nitamago)和芝麻。不接受订位。

Battersea Pie Station
英国菜

(见94页地图;☎020-7240 9566;www.batterseapiestation.co.uk;LG层, 28 The Market, Covent Garden, WC2;主菜 £6.50~9.50;⏰周一至周五 11:00~19:30, 周六 10:00~19:30, 周日 11:00~18:30;🚇Covent Garden)这家小巧的白色瓷砖咖啡馆与考文特花园可谓是天作之合。这里有非常棒的馅饼(迷你或大份),可以满足各种口味的用餐者——从细嚼慢咽的斯文食客到狼吞虎咽的青春期少年等。肉类都源于自由放养,味道经典而丰富(例如羊肉配薄荷、鱼肉、牛扒配啤酒、鸡肉和蘑菇、南瓜和山羊奶酪），每份馅饼还配有一小块土豆泥。

Mildreds   素食 £

（见94页地图；☎020-7484 1634；www.mildreds.co.uk；45 Lexington St, W1；主菜£7~12；◎周一至周六12:00~23:00；☏✉；Ⓤ Oxford Circus, Piccadilly Circus）伦敦市中心最具创意的素食餐厅，午餐时经常人满为患，因此不要抗拒与他人在天窗采光的室内共用一张餐桌。这里非常受欢迎的菜品包括斯里兰卡红薯、咖喱腰果、意大利乳清干酪和松露饺子、中东小拼盘、异国情调（材料丰富）的沙拉和美味的炒菜。店里还提供纯素和无麸选择。

Monocle Cafe   咖啡馆

（见132页地图；☎020-7135 2040；http://cafe.monocle.com；18 Chiltern St, W1；主菜£5.50~9，小吃£2~5.50；◎周一至周三7:00~19:00，周四至周五至20:00，周六8:00~20:00，周日至19:00；☏；Ⓤ Baker St）这家咖啡馆的名字来自同名杂志Monocle。小巧而清爽的底层和地下室餐厅，是马里波恩区（Marylebone）嬉皮士们最爱的地方，与附近熙熙攘攘的Chiltern St显得截然不同。这里供应多种餐点，从瑞典烘焙糕点到日式和北欧式早餐，例如什锦麦片配草莓或面包虾三明治等。

The Breakfast Club   早餐 £

（见94页地图；☎020-7434 2571；www.thebreakfastclubcafes.com；33 D'Arblay St, W1；主菜£5~12.50；◎周一至周五7:30~22:00，周六8:00~22:00，周日8:00~19:00；☏；Ⓤ Oxford Circus）这是The Breakfast Club连锁品牌2005年开设的第一家店。Full Monty或者All American早餐套餐广受欢迎，不过也可以试试香肠炸土豆饼（chorizo hash browns）、煎饼和El Butty等美食（前提是要有耐心去排长队）。

★ Gymkhana   印度菜 ££

（见94页地图；☎020-3011 5900；www.gymkhanalondon.com；42 Albemarle St, W1；主菜£10~38，4道菜的午/晚餐£28.50/40；◎周一至周六12:00~14:30和17:30~22:15；☏；Ⓤ Green Park）相对昏暗的环境充满了英国殖民时代的风情——吊扇、橡木天花板、复古板球照片以及狩猎奖杯等。但菜单风格却非常鲜活敞亮，让人胃口大开。对于想要品味更多美食的用餐者，这里准备了6道菜的品尝套餐/素食套餐（£70/65）。酒吧营业至次日1:00。

Cafe Murano   意大利菜 ££

（见94页地图；☎020-3371 5559；www.cafemurano.co.uk；33 St James's St, SW1；主菜£18~25，2/3道菜的套餐£19/23；◎周一至周六12:00~15:00和17:30~23:00，周日11:30~16:00；Ⓤ Green Park）这家出色而忙碌的餐厅有着略显庄重的环境，但事实上有了地道的意大利北部风味菜单，这里完全无须依靠浮华和时尚来打动食客。你会品尝到想要的滋味，我们推荐的招牌菜包括龙虾意大利面、五花肉、鳕鱼配贻贝和海蓬子（samphire）等。

North Sea Fish Restaurant   炸鱼和薯条 ££

（见118页地图；☎020-7387 5892；www.northseafishrestaurant.co.uk；7-8 Leigh St, WC1；主菜£9.95~24.95；◎周一至周六12:00~14:30和17:00~22:00，周日17:00~21:30；Ⓤ Russell Sq）这家餐厅依靠看似简单的鲜鱼和土豆，获得了令人钦佩的成功。你在这里会遇见巨型的鲽鱼或大比目鱼鱼柳，可选择炸或烤，不可或缺的还有大分量的炸薯条。如果你对朴素的餐厅和毫无特点的服务不感兴趣，隔壁的外卖窗口也是不错的选择。

Opera Tavern   西班牙小吃 ££

（见94页地图；☎020-7836-3680；www.saltyardgroup.co.uk/opera-tavern；23 Catherine St, WC2；西班牙小吃£5~10；◎周一至周六12:00~23:30，周日至22:30；Ⓤ Covent Garden）店面优雅而不隐藏，是伦敦最佳小吃餐厅之一（获得这一评价绝非易事），位置无可挑剔，就在考文特花园广场旁边。菜单上满是常见招牌菜，有西班牙和意式风味的小吃，以及各种让人垂涎三尺的选择，例如烤鲈鱼配贻贝、伊比利亚猪排等。

Wallace   新派欧洲菜 ££

（见132页地图；☎020-7563 9505；www.wallacecollection.org/visiting/thewalla

Marylebone 马里波恩

cerestaurant; Hertford House, Manchester Sq, W1; 主菜 £13.50~22.50; ⓥ周日至周四 10:00~17:00, 周五和周六 至23:00; ⓤBond St) 这家餐厅位于华莱士收藏馆(见97页)的封闭式庭院内, 就位置而言难逢敌手。餐厅主打应季法国创意菜肴, 每日菜单上有2/3道菜的套餐, 价格为£22.50/24.50。下午茶价格为£18.50。

La Fromagerie 咖啡馆 ££

(见本页地图; ☎020-7935 0341; www.lafromagerie.co.uk; 2-6 Moxon St, W1; 主菜 £7~18; ⓥ周一至周五 8:00~19:30, 周六 9:00~19:00, 周日 10:00~18:00; ☎; ⓤBaker St) 这一兼卖熟食的咖啡馆供应味美可口的沙拉、开胃小吃、胡椒和豆类, 琳琅满目的货品摆放在长桌上。大块的面包片以及从奶酪房里散发出来的阵阵香味吸引着你迈入店内。奶酪拼盘分为小份和大份(£9.25和£16), 在这里吃早餐是非常不错的选择。

Great Queen Street 英国菜 ££

(见94页地图; ☎020-7242 0622; www.greatqueenstreetrestaurant.co.uk; 32 Great Queen St, WC2; 主菜 £15.80~19.80; ⓥ周一至周六

Marylebone 马里波恩

◉ **重要景点**
1 杜莎夫人蜡像馆 A1
2 华莱士收藏馆 B3

◉ **景点**
3 摄政公园 A1

🍴 **就餐**
4 Claridge's Foyer & Reading Room C5
5 La Fromagerie B2
6 Monocle Cafe B3
7 Wallace B3

🛒 **购物**
8 Daunt Books B2
9 Selfridges B4

12:00~14:30和17:30~22:30，周日12:00~15:30；⋓Holborn）这里是考文特花园最好的用餐地点之一，菜单随季节变化（且每天都有所不同），注重品质、菜肴丰盛、食材优良，常年供应美味的汤品、烤肉以及纯鱼类菜肴。餐厅的气氛轻松、充满活力，还有一个小型**地窖酒吧**（Cellar Bar；周二至周六17:00~23:00）供应鸡尾酒和饮品。推荐预订。

★ Portrait　　新派欧洲菜 £££

（见94页地图；☏020-7312 2490；www.npg.org.uk/visit/shop-eat-drink.php；3层，National Portrait Gallery, St Martin's Pl, WC2；主菜£19.50~28, 2/3道菜的套餐£27.95/31.50；⊙10:00~11:00, 11:45~15:00和15:30~16:30，周四至周六增加时段18:30~20:30；🛜；⋓Charing Cross）这家位置优越的餐厅就在国家肖像美术馆（见97页）楼上，坐拥特拉法加广场和威斯敏斯特大教堂绝佳风光。在上午或下午逛完美术馆后，这里无疑是用诱人食物抚慰身心的好地方。早餐/早午餐（10:00~11:00）和下午茶（15:30~16:30）非常值得推荐。建议预订。

★ Claridge's Foyer & Reading Room　　英国菜 £££

（见132页地图；☏020-7107 8886；www.claridges.co.uk；49-53 Brook St, W1；下午茶£60，含香槟£70；⊙下午茶14:45~17:30；🛜；⋓Bond St）在这家地标性酒店的经典装饰艺术风格的休息室和阅览室里享用一顿下午茶，精致瓷器和香槟杯相碰时的清脆声将成为你伦敦之行的绝佳回忆。环境优美，服务生着装雅致，虽不用过分庄重，但建议你还是穿得聪明些（破洞牛仔裤和棒球帽很难让你获得应有的服务）。

Pollen Street Social　　新派欧洲菜 £££

（见94页地图；☏020-7290 7600；www.pollenstreetsocial.com；8-10 Pollen St, W1；主菜£34~38，3道菜的午餐£37；⊙周一至周六12:00~14:30和18:00~22:30；⋓Oxford Circus）杰森·阿瑟顿（Jason Atherton）在大教堂供应的高级美食，对许多荷包不够饱满的旅行者而言都是一笔不菲的开支，但这里的超值午餐套餐（2/3道菜的套餐£32/37）让所有人都能一品美味。宽松的两小时用餐时间使你有充裕时间来细细品味酸橙腌三文鱼、红酒炖牛脸，以及你在甜品吧选择的甜点。

Hakkasan Hanway Place　　粤菜 £££

（见94页地图；☏020-7927 7000；www.hakkasan.com；8 Hanway Pl, W1；主菜£12~63.50；⊙周一至周三12:00~15:00和17:30~23:00，周四至周五12:00~15:00和17:30~次日0:30，周六12:00~16:00和17:30~次日0:30，周日12:00~23:15；🛜；⋓Tottenham Court Rd）这家位于背街小巷地下室里的米其林星级餐厅，成功地将知名度、设计风格、非凡的鸡尾酒和精致的粤式美食结合到一起。低矮的夜店式照明使这里成为约会或晚间与朋友小聚的好地方。酒吧供应极具创意的鸡尾酒。尽早预订，或者到这里来吃午餐（3道菜£38，17:30~18:30也提供特价套餐）。

🍴 伦敦城

Wine Library　　自助餐 ££

（见102页地图；☏020-7481 0415；www.winelibrary.co.uk；43 Trinity Sq, EC3；自助餐£18；⊙自助餐11:30~15:30，商店周一10:00~18:00，周二至周五至20:00；⋓Tower Hill）这里是一边用简餐下酒，一边欣赏伦敦塔的好地方。在这里选一瓶酒，用零售价买下来（£9.50开瓶费），然后到拱形酒窖，放开肚皮取用各种可口的肉馅饼、熟食、奶酪、面包和沙拉。

Duck & Waffle 新派英国菜 ££

（见102页地图；☎020-3640 7310；www.duckandwaffle.com；L40, 110 Bishopsgate, EC2；主菜 £18~19；⊙24小时；📶；Ⓤ Liverpool St）如果你想在一天中的任何时间都能享受到美味佳肴，那么不妨在其他店打烊时到这里看看。这家餐厅位于苍鹭塔（Heron Tower）的顶层，供应华丽的早餐菜肴、丰盛的全天菜品（鸭肉、烤鸡、味噌兔肉）以及随点随上的鸡尾酒。

🍴 南岸

★ Padella 意大利菜 £

（见106页地图；www.padella.co；6 Southwark St, SE1；菜肴 £4~11.50；⊙周一至周六 12:00~15:45和17:00~22:00，周日 12:00~15:45和17:00~21:00；🖊；Ⓤ London Bridge）作为美食云集的巴罗市场（见155页）的一家充满活力的小酒馆，Padella的拿手戏是各种意大利面食，其灵感来自老板在意大利多年的烹饪经验。菜肴分量不大，这意味着每个人都可以（也应当！）品尝不止一种美食。

★ Watch House 咖啡馆 £

（见106页地图；www.thewatchhouse.com；199 Bermondsey St, SE1；主菜 £4.95起；⊙周一至周五 7:00~18:00，周六 8:00~18:00，周日 9:00~17:00；🖊；Ⓤ Borough, London Bridge）🍴 要说来Watch House只为这里的三明治，似乎对这家顶级咖啡而言有失偏颇：三明治的确美味，而且使用的是当地面包师的手工面包；不过，这里还有很棒的咖啡，以及甜蜜的小吃。咖啡馆小巧迷人，位于一栋经过翻新的19世纪哨所内，当年曾有警卫在这里执勤，以防止隔壁的公墓被盗掘。

★ Anchor & Hope 美食酒馆 ££

（见106页地图；www.anchorandhopepub.co.uk；36 The Cut, SE1；主菜 £12~20；⊙周二至周六 12:00~14:30，周一至周六 18:00~22:30，周日 12:30~15:15；Ⓤ Southwark）这是南岸区餐饮界的中流砥柱，也是一处经典的美食酒馆：优雅但随意，食物异常美味（欧洲菜肴与英国风味的完美结合）。菜单每日变化，可能会有炖煮七个小时的盐沼羊肩，或是野兔配小银鱼、杏仁和芝麻菜，还有奶冻配大黄蜜饯等。

★ Baltic 东欧菜 ££

（见106页地图；☎020-7928 1111；www.balticrestaurant.co.uk；74 Blackfriars Rd, SE1；主菜 £11.50~22，2道菜的午餐套餐 £17.50；⊙周二至周六 12:00~15:00和17:30~23:15，周日 12:00~16:30和17:30~22:30，周一 17:30~23:15；🖊；Ⓤ Southwark）玻璃屋顶和木梁构造的Baltic有着明亮通风、高天花板的用餐空间，会让你感觉仿佛置身于东欧某处：莳萝和甜菜根、饺子和小薄饼、泡菜和烟熏鱼、丰盛的炖菜和红肉。从波兰风味到格鲁吉亚烹饪，这里的味道都十分地道，菜肴也非常精致。葡萄酒和伏特加酒单同样让人眼花缭乱。

🍴 肯辛顿和海德公园

★ Pimlico Fresh 咖啡馆 £

（☎020-7932 0030；86 Wilton Rd, SW1；主菜 £4.50起；⊙周一至周五 7:30~19:30，周六和周日 9:00~18:00；Ⓤ Victoria）这家热情友好、有两间房的咖啡馆非常适合吃早餐（法式烤面包，搭配蜂蜜或枫糖浆的麦片粥）和午餐（自制乳蛋饼和汤，什锦吐司面包），单点一杯拿铁配上蛋糕，也很不错。

★ Rabbit 新派英国菜 ££

（见110页地图；☎020-3750 0172；www.rabbit-restaurant.com；172 King's Rd, SW3；主菜 £6~24，午餐套餐 £13.50；⊙周二至周六 12:00至午夜，周日 12:00~18:00，周一 18:00~23:00；🖊；Ⓤ Sloane Sq）在一座农场长大的三兄弟，一位成为农夫，另一位为屠夫，第三位则进入餐饮业。于是他们汇集各自所长，开了这家餐厅，为光鲜的切尔西带来了一丝清新之风。这里令人印象深刻的是时尚的乡村风的外观（真的非常棒！），以及极具创意的应季新派英国菜。

★ Tom's Kitchen 新派欧洲菜 ££

（见110页地图；☎020-7349 0202；www.tomskitchen.co.uk/chelsea；27 Cale St, SW3；主菜 £16~28；⊙周一至周五 8:00~14:30和18:00~22:30，周六 9:30~15:30和18:00~22:30，周日至 21:30；📶🖊；Ⓤ South Kensington）"汤姆的厨房"的成功秘诀：轻松幽默、面带笑容的员

工、清新通风的内装，以及色香味俱全的食物。招牌菜包括烤牛排、汉堡、慢炖五花肉和鸡肉排，味道堪称完美。应季菜肴还包括自制意大利乳清干酪或油煎扇贝，也是非常不错的选择。

★ Dinner by Heston Blumenthal　　　新派英国菜 £££

（见110页地图；☎020-7201 3833；www.dinnerbyheston.com；Mandarin Oriental Hyde Park, 66 Knightsbridge, SW1；3道菜的午餐套餐£45，主菜£30~49；⊗周一至周五12:00~14:00和18:00~22:15，周六和周日12:00~14:30和18:00~22:30；☎；UKnightsbridge）这家环境奢华的餐厅供应的正餐绝对是美食界的精心杰作，就像带领用餐者经历了一遍英国烹饪发展史，并且还增添了最新的非凡创意。不仅有菜肴为你还原历史，餐厅内饰也是精心打造的艺术结晶——从玻璃立面的厨房、顶部的时钟到可以观赏公园风景的大窗户等。需要预订。

★ Gordon Ramsay　　　法国菜 £££

（见110页地图；☎020-7352 4441；www.gordonramsayrestaurants.com/restaurant-gordon-ramsay；68 Royal Hospital Rd, SW3；3道菜的午/晚餐£65/110；⊗周一至周五12:00~14:30和18:30~23:00；☎；USloane Sq）英国顶级餐厅之一，也是伦敦经营时间最长的米其林三星餐厅。对美食爱好者而言，这里不啻为一处朝圣之地：从试尝样品到松露，都会让你的味蕾极其舒适。然而想要一次尝尽非易事。预订时桌号就已定好，不能随便更换。尽可能晚一点预订，以避免过早开始迫不及待。丰盛的Menu Prestige（£145）是完美的7道菜组合。

★ Five Fields　　　新派英国菜 £££

（见110页地图；☎020-7838 1082；www.fivefieldsrestaurant.com；8-9 Blacklands Tce, SW3；3道菜的套餐£65，品味套餐£85；⊗周二至周六18:30~22:00；☎；USloane Sq）这家餐厅供应别出心裁的创意英国菜，有着完美的服务、诱人的光线、迷人的装饰，不断吸引回头客，如今更是获得了米其林星级评价——因此你需要早点计划，尽早预订。

✕ 克拉肯威尔、肖尔迪奇和斯皮塔佛德

★ Polpo　　　意大利菜 £

（见102页地图；☎020-7250 0034；www.polpo.co.uk；3 Cowcross St, EC1M；菜肴£4~12；⊗周一至周四和周六11:30~23:00，周五至午夜，周日至16:00；UFarringdon）这家迷人的小店在半步行的Cowcross St上占据了一处阳光明媚的位置，供应朴实无华的威尼斯式肉丸、小比萨饼（pizzette）、烤肉和鱼类菜肴。菜量比一般的小食要大，但又比常规的丰菜要少——为你提供了品尝多种精致菜肴的完美借口。物超所值。

Brick Lane Beigel Bake　　　烘焙店 £

（见144页地图；159 Brick Lane, E2；百吉饼£1~4.10；⊗24小时；UShoreditch High St）这处东区犹太风格餐饮店依然在供应价格实惠的自制百吉饼（装满鲑鱼、奶油奶酪或咸牛肉），顾客包括饥肠辘辘的购物者和深夜的酒吧客。周日门口的队伍格外壮观。

Prufrock Coffee　　　咖啡馆 £

（见102页地图；www.prufrockcoffee.com；23-25 Leather Lane, EC1N；主菜£4~7；⊗周一至周五7:30~18:00，周六和周日10:00~17:00；☎；UFarringdon）Prufrock已经是伦敦咖啡圈最耀眼的明星了（这里设有咖啡师培训和"拿铁艺术"工作坊），但它不满足于此，还供应有可口的早餐、午餐和适合搭配咖啡的糕点和小吃等。根据这里的笔记本电脑数量来看，不少客户都将这里当成了自家的办公室。

Boiler House　　　市场 £

（见144页地图；www.boilerhouse-foodhall.co.uk；Old Truman Brewery, 152 Brick Lane, E1；菜肴£3~8；⊗周六11:00~18:00，周日10:00~17:00；☎；ULiverpool St）每逢周末，就会有30多个食品摊档在啤酒厂的旧锅炉房里销售从阿根廷到越南的特色食品。这里还有一间酒吧，你可以坐在公共长桌边畅享美味。如果是春天和夏天前来，后院里还会摆上几十张桌子。

Poppie's　　　炸鱼和薯条 ££

（见144页地图；www.poppiesfishandchips.co.uk；6-8 Hanbury St, E1；主菜£12.20~16.90；

⊙11:00~23:00；Ⓤ Liverpool St）这里再现了20世纪50年代时的东区风貌，服务员都戴着围巾和发网，店内还摆着闪电战纪念品。除了鱼类菜肴，这里还供应伦敦旧时的主食——果冻鳗鱼和豌豆糊——加上孩子们喜闻乐见的甜食（太妃糖布丁或苹果派冰激凌），当然不可或缺的还有丰富的葡萄酒单。外卖价格要比堂食便宜很多（£6.50~8.50）。

St John 英国菜 ££

（见102页地图；☎020-7251 0848；www.stjohngroup.uk.com/spitalfields；26 St John St，EC1M；主菜 £14.80~24.90；⊙周一至周五 12:00~15:00和18:00~23:00，周六 18:00~23:00，周日 12:30~16:00；Ⓤ Farringdon）粉刷过的白色砖墙、高高的天花板和简约的木制家具，让这儿的就餐环境看起来并不是非常舒适，但它们却有助于食客们将注意力全部集中到这里的菜肴上。菜品分量极大、味道可口，带着英格兰旧式烹饪的印记。不要错过招牌菜烤骨髓和香芹沙拉（£8.90）。

Morito 西班牙小吃 ££

（见118页地图；☎020-7278 7007；www.morito.co.uk；32 Exmouth Market，EC1R；菜肴 £6.50~9.50；⊙周一至周五 8:00~16:00和17:00~23:00，周六 9:00~12:00和17:00~23:00，周日 9:00~16:00；☏；Ⓤ Farringdon）这块极小的场地提供正宗西班牙小吃，菜肴非常地道。座位沿着窗户，靠近吧台，门里门外也分布着几张小桌子。在这里就餐你会感到轻松和欢乐，当然通常情况下也是食客众多。你可以在这里预订午餐，但晚餐不接受预订，以至于经常见到情侣们在吧台用餐。

★ Hawksmoor 牛排 £££

（见144页地图；☎020-7426 4850；www.thehawksmoor.com；157 Commercial St，E1；主菜 £20~50；⊙周一至周六 12:00~14:30和17:00~22:30，周日 12:00~21:00；☏；Ⓤ Liverpool St）这家低调的餐厅很不起眼，但肉食爱好者一定会觉得不虚此行。深色实木、裸露砖墙和天鹅绒窗帘营造出一种与众不同的氛围，让你能尽情享用美味的英国牛肉。周日烤肉（£20）堪称传奇。

伦敦东部
★ Towpath 咖啡馆 £

（☎020-7254 7606；42-44 De Beauvoir Cres 后面，N1；主菜 £7~9.50；⊙周二和周三 9:00~17:00，周四至周日 至21:30；Ⓤ Haggerston）这个简约的咖啡馆占据了摄政运河牵引道边的四间小单元房，是坐下来晒太阳、看着鸭子和船只来来往往的好地方。咖啡和食物也很棒，柜台上有美味的饼干和布朗尼蛋糕，每天的熟食菜单都写在小黑板上。

★ Corner Room 新派英国菜 ££

（☎020-7871 0460；www.townhallhotel.com/food-and-drink/corner_room；Patriot Sq，E2；主菜 £13~14，2/3道菜的午餐 £19/23；⊙周一至周五 7:00~10:00和12:00~16:00，周六和周日 7:30~10:30和12:00~14:30，周日至周三 18:00~21:45，周四至周六 18:00~22:15；Ⓤ Bethnal Green）虽然不起眼，但绝对不容错过。这间休闲餐厅隐藏在Town Hall Hotel的一层，供应精致地道的菜肴，风味独特，食材都是绝佳的英国时令农产品。

Empress 新派英国菜 ££

（☎020-8533 5123；www.empresse9.co.uk；130 Lauriston Rd，E9；主菜 £13.50~18.50；⊙周一 18:00~22:15，周二至周日 12:00~15:30和18:00~22:15，周日 10:00~21:30；🚌277）这家高档酒馆在舒适宜人的用餐环境里供应可口的新派英国菜肴。每逢周一，这里都有£10的主菜加饮品超值套餐，周末还有美味的早午餐。

伦敦北部
★ Chin Chin Labs 冰激凌 £

（见138页地图；www.chinchinlabs.com；49-50 Camden Lock Pl，NW1；冰激凌 £4~5；⊙12:00~19:00；Ⓤ Camden Town）这家风味绝佳的实验室绝对值得光顾。厨师们准备好冰激凌材料，然后加入液氮在现场进行冷冻。口味定期更换，与时令搭配得恰到好处（例如热十字面包、西番莲和椰子等）。酱汁和浇头同样颇具创造性。如果足够大胆，不妨试试冰激凌三明治：冰激凌被注入华丽的布朗尼或饼干的内部。

★ Hook Camden Town　　炸鱼和薯条 £

（见138页地图；www.hookrestaurants.com；65 Parkway, NW1；主菜 £8~12；⊙周一至周四 12:00~15:00和17:00~22:00, 周五和周六 12:00~22:30, 周日 至21:00；🍴；Ⓤ Camden Town）🌿这家餐厅只与可持续小型渔业公司和当地供应商合作，并且现场制作所有酱料。美味的炸鱼将被包裹在可回收包装中提供给食客。异常新鲜的炸鱼可选择以面包粉裹块或天妇罗的形式呈现，然后搭配撒上海苔的薯条。同时供应精酿啤酒和可口的葡萄酒。

Diwana Bhel Poori House　　印度菜 £

（见118页地图；☏020-7387 5556；www.diwanabph.com；121-123 Drummond St, NW1；主菜 £5.10~8.95；⊙周一至周六 12:00~23:30, 周日 至22:30；✎；Ⓤ Euston）伦敦最棒的印度素食餐厅，招牌特色菜包括孟买风味的bhel poori（酸甜口味、软且脆的混合菜）、带馅的薄脆饼（dosas）。独自就餐者可选择一份印度塔利套餐（thali；由许多小菜组成的大份套餐）。午间的丰盛自助餐（£7）非常超值，每天的特价菜（£6.60）也值得尝试。

Le Mercury　　法国菜 £

（☏020-7354 4088；www.lemercury.co.uk；140a Upper St, N1；主菜 £10.95；⊙周一至周六 12:00至次日1:00, 周日 至23:00；Ⓤ Highbury & Islington, Angel）一家味道可口、人气极高的实惠型法国餐厅，这里的一切都会让你感觉极其舒适：浪漫的烛光、小巧的餐桌和无处不在的植物，加上性价比极高的精致法式菜肴。长久以来，伦敦人一直对这里情有独钟，因此建议预订。

KERB Camden Market　　市场 £

（见138页地图；www.kerbfood.com；Camden Lock Market；主菜 £6~8；⊙12:00~17:00；✎；Ⓤ Camden Town）从阿根廷风味到越南风情，这个美食市场如同世界各地烹饪风格的大杂烩。每个摊位看起来都比上一个更让人垂涎欲滴，选择之丰富足以让最挑剔的食客感到心满意足。可以在公共大餐桌上用餐，或是在运河边找个地方坐下来慢慢享用。

★ Ottolenghi　　烘焙、地中海菜

（☏020-7288 1454；www.ottolenghi.co.uk；287 Upper St, N1；早餐 £5.90~12.50, 主菜 午餐/晚餐 £18.80/11.90起；⊙周一至周六 8:00~22:30, 周日 9:00~19:00；✎；Ⓤ Highbury & Islington）堆得如同小山一般的诱人糕点会让你情不自禁地推门而入，令人眼花缭乱的烘焙美味和沙拉正等着你。这里的菜肴就如同餐馆内部可爱的白色主色调那样让你心情愉悦，浓郁的东地中海风情也会扑面而来。

★ Trullo　　意大利菜 ££

（☏020-7226 2733；www.trullorestaurant.com；300-302 St Paul's Rd, N1；主菜 £12.50~21；⊙周一至周六 12:30~14:45和18:00~22:15, 周日 12:30~15:45和18:00~21:15；Ⓤ Highbury & Islington）Trullo每日自制的意大利面食可口美味，但是这里最吸引人的招牌菜当属木炭烤肉，例如美味多汁的意大利猪扒、牛排和鱼等。品种丰富的意大利葡萄酒单也让人心动不已。服务非常热情，但是晚餐时段可能会非常拥挤，需要预订。

Caravan　　各国风味 ££

（☏020-7101 7661；www.caravanrestaurants.co.uk；1 Granary Sq, N1C；主菜 £7~19；⊙周一至周五 8:00~22:30, 周六 10:00~22:30, 周日 10:00~16:00；📶；Ⓤ King's Cross St Pancras）这家餐厅坐落在高耸的格拉瑞大楼（Granary Building）里，洋溢着浓郁的工业风，供应世界各地美味的融合菜肴。你可以选择几个小盘菜来一次西班牙小吃风格的用餐，或者点一份主菜分量的菜肴。天气晴朗时，Granary Sq的户外用餐区格外受欢迎。

Manna　　素食 ££

（☏020-7722 8028；www.mannav.com；4 Erskine Rd, NW3；主菜 £8~15；⊙周二至周六 12:00~15:00和18:30~22:00, 周日 12:00~19:30；✎；Ⓤ Chalk Farm）这家高档而紧凑的小餐厅位于一条小巷，擅长制作创新素食和纯素烹饪。菜单上有让人垂涎三尺的精美菜肴，融合了加利福尼亚、墨西哥和亚洲烹饪风格，迎合了生食潮流。当天的奶酪蛋糕总是很受欢迎。

🍴 格林尼治和伦敦南部

Old Brewery　　新派英国菜 ££

（☏020-3437 2222；www.oldbrewerygreen

Camden Town 卡姆登镇

wich.com; Pepys Bldg, Old Royal Naval College, SE10; 主菜 £11.50~25; ◎周一至周六 10:00~23:00, 周日 至22:30; 🛜🎧; 🚇DLR Cutty Sark）这家餐厅位于老皇家海军学院（见122页）内, 2016年被Young's收购后经过了彻底的翻新，既是引人入胜的餐厅，同时也是一间酒馆，供应品种丰富的精酿啤酒和鸡尾酒。风和日丽时，这里还会摆上户外桌椅。

🍴伦敦西部

★ Potli
印度菜 £

（📞020-8741 4328; www.potli.co.uk; 319-321 King St, W6; 工作日 1/2道菜的午餐套餐 £7.95/10.95, 主菜 £7.50~15; ◎周一至周五 12:00~14:30, 周一至周四 18:00~22:15, 周五和周六 17:30~22:30, 周日 12:00~22:00; 🛜; 🚇Stamford Brook, Ravenscourt Park）凭借来自孟买跳蚤市场、印度市场厨房和集市的小吃、加入香料的自制腌菜以及味道正宗的印度食物，Potli在它的厨房中熟练地烹制出各种散发香味的美食。楼下是一个开放式的厨房，服务亲切友好，但是诱人的菜单——各种食材融合而成的丰盛地道的印度料理——才是真正备受众人喜爱的"明星"。

Taquería
墨西哥菜 £

（见114页地图; 📞020-7229 4734; www.taqueria.co.uk; 139-143 Westbourne Grove; 炸玉米饼 £7.20~10.20; ◎周一至周四 12:00~23:00, 周五和周六 至23:30, 周日 至22:30; 🛜; 🚇Notting Hill Gate）在伦敦，你不会找到比这里更新鲜或更柔软（它们不应该是酥脆的！）的玉米饼，因为这些饼都是现场制作。这里最初只是Portobello Rd上的一个小摊，如今经过重新装修后，已经成为一个环境舒适、风格独特的用餐空间，并且始终坚持可持续的理念：鸡

Camden Town 卡姆登镇

◎ 重要景点
1. 卡姆登市场..................................B2
2. 摄政运河.....................................A3
3. 伦敦动物园.................................A4

◎ 景点
4. 樱草山..A3

✘ 就餐
5. Chin Chin Labs...........................C2
6. Hook Camden Town...................C3
7. KERB Camden Market...............C2

◯ 饮品和夜生活
8. Edinboro Castle..........................C4
9. Proud Camden...........................B1

✿ 娱乐
10. Dublin Castle............................C3
11. Jazz Cafe..................................C3
12. KOKO..D4
13. Roundhouse.............................A1

蛋、鸡肉和猪肉都来自散养牧场，猪肉经过英国认证，鱼肉经过MSC认证，牛奶和奶油都是有机产品。

★ Geales
海鲜 ££

（见114页地图；☏020-7727 7528；www.geales.com; 2 Farmer St, W8; 2道菜的午餐简餐£9.95, 主菜£9～33.50; ◎周二至周五 12:00～15:00, 周一至周五 17:30～23:00, 周六和周日 12:00～23:00; ⓦ; ⓤNotting Hill Gate）从1939年开业以来（那是欧洲餐饮业最不景气的年代），这家店一直在Farmer街和Uxbridge街交叉路口的安静地点里安身立命。酥脆面糊中的多汁鱼肉非常可口，鱼肉馅饼也值得尝试。不妨试试价格实惠的午间套餐（2道菜，1杯咖啡），供应时间为周二至周五。

★ Ledbury
法国菜 £££

（见114页地图；☏020-7792 9090；www.theledbury.com; 127 Ledbury Rd, W11; 4道菜的午餐套餐£75, 4道菜的晚餐£120; ◎周三至周日 12:00～14:00和每天 18:30～21:45; ⓦ; ⓤWestbourne Park, Royal Oak, Notting Hill Gate）布莱特·格拉哈姆（Brett Graham）打理的这家法国餐厅简洁高雅，被评为米其林二星

餐厅，吸引着身穿牛仔裤和设计师款夹克、荷包鼓鼓的用餐者。招牌菜包括手工扇贝、獐子肉、烟熏骨髓、木梨配红叶，以及配有盐炙芜菁、奶油芹菜和野韭菜的贺德威克羔羊肉等。伦敦美食家们对这里情有独钟，因此来之前一定要提前订位。

✘ 里士满、邱和汉普顿皇宫

★ Glasshouse
新派欧洲菜 ££

（☏020-8940 6777；www.glasshouserestaurant.co.uk; 14 Station Pde, TW9; 2/3道菜的午餐周一至周五£30/35, 1/2/3道菜的晚餐£32.50/45/55; ◎周二至周六 12:00～14:30和18:30～20:30, 周日 12:30～16:00; ⓦ; ⓡKew Gardens, ⓤKew Gardens）在英国皇家植物园闲逛一天后，到这家米其林星级餐厅填饱肚子无疑是一个很不错的选择。尽管有着玻璃幕墙的外立面和低调精致的内部空间，这里引人注目的焦点仍是精心烹饪的各种美食。主厨伯温·戴维斯（Berwyn Davies）提供的菜单始终精致，他会将融合了英国主流风格和新派欧洲风味的美食呈献给所有食客。

🍷 饮品和夜生活

🍷 西区

★ Lamb & Flag
酒馆

（见94页地图；☏020-7497 9504；www.lambandflagcoventgarden.co.uk; 33 Rose St, WC2; ◎周一至周六 11:00～23:00, 周日 12:00～22:30; ⓤCovent Garden）这家位于伦敦中心城区的小巧酒馆可谓人见人爱，充满了迷人魅力和历史沧桑感，其前身就是一家历史可至少追溯至1772年的酒馆。无论晴雨，你都需要挤过吧台前的人群，拿着饮品到户外享用。室内采用黄铜装饰，有咯吱作响的木地板。

★ American Bar
鸡尾酒吧

（见94页地图；☏020-7836 4343；www.fairmont.com/savoy-london/dining/americanbar; Savoy, The Strand, WC2; ◎周一至周六 11:30至午夜, 周日 12:00至午夜; ⓤCovent Garden）这家严肃而优雅的酒吧是伦敦的标志之一，采用柔和的蓝色和铁艺线条装饰，室内总有动听的现场钢琴音乐。供应Hanky Panky、White Lady和其他现场制作的经典鸡尾酒。鸡尾酒

£17.50起,最贵的可以达到令人瞠目结舌的£5000(Original Sazerac,原料包括1857年的Sazerac de Forge干邑)。

★ **Dukes London**　　　　　　鸡尾酒吧
(见92页地图; ☎020-7491 4840; www.dukeshotel.com/dukes-bar; Dukes Hotel, 35 St James's Pl, SW1; ⓒ周一至周六 14:00~23:00,周日 16:00~22:30; 🛜; Ⓤ Green Park)这家不起眼的经典酒吧弥漫着一种绅士俱乐部的氛围,你不妨在此假装自己是一位王室成员,慢慢啜饮地道的马丁尼,看看身着白色夹克的调酒师的非凡身手。作家伊恩·弗莱明(Ian Fleming)过去经常光顾这里,也许正是如此酝酿出了他笔下"007"詹姆斯·邦德的那句名言"摇匀,不要搅拌"。吸烟者可以进入隐秘的干邑白兰地和雪茄花园(Cognac and Cigar Garden),享受在这里购买的雪茄。

Swift　　　　　　　　　　鸡尾酒吧
(见94页地图; ☎020-7437 7820; www.barswift.com; 12 Old Compton St, W1; ⓒ周一至周六 15:00至午夜,周日 至22:30; Ⓤ Leicester Sq, Tottenham Court Rd)我们最喜欢的品尝鸡尾酒的新去处。"雨燕"(Swift)店如其名,采用黑白色调、烛光摇曳的楼上酒吧(Upstairs

---

LGBT在伦敦

西区,尤其是苏荷区,是伦敦同性恋聚集的中心,Old Compton St及其周边地区有很多同性恋聚集地,不过如今同性恋友好的娱乐地点已经遍布整座城市。

Heaven (见94页地图; http://heaven-live.co.uk; Villiers St, WC2; ⓒ周一 23:00至次日5:00,周四和周五 23:00至次日4:00,周六 22:30至次日5:00; Ⓤ Embankment, Charing Cross)永远都那么受欢迎的双性/男同性恋俱乐部,位于查令十字(Charing Cross)车站的拱桥下面,有着极好的现场演出和俱乐部之夜。周一的"爆米花"(Popcorn)是一场不问取向的舞蹈派对,欢迎所有人光临,也是英国首都工作日最棒的夜店派对。著名的G-A-Y派对于周四(G-A-Y Porn Idol)、周五(G-A-Y Camp Attack)和周六(plain ol' G-A-Y)举办。

Duke of Wellington (见94页地图; ☎020-7439 1274; www.facebook.com/Duke.Of.Welly; 77 Wardour St, W1; ⓒ周一至周六 12:00至午夜,周日 至23:30; Ⓤ Leicester Sq)这家位于Old Compton St附近的老牌酒馆通常都热闹非凡,但并不孤傲,吸引了许多寻欢求乐的男同性恋群体,天气温暖时很多人都会聚在酒馆外面。

RVT (Royal Vauxhall Tavern; ☎020-7820 1222; www.vauxhalltavern.com; 372 Kennington Lane, SE11; 入场费 £5~25; ⓒ周一至周四 19:00至午夜,周五 21:00至次日3:00,周六 21:00至次日2:00,周日 15:00至午夜; Ⓤ Vauxhall)温馨的同性恋地标,在如今沃克斯霍尔(Vauxhall)同性恋聚集区诸多新的同性恋娱乐场所中独树一帜。周六派对(Saturday's Duckie)是这家夜店标志性的同性恋表演之夜,被称为"伦敦最原汁原味的低俗酒吧派对"(Honky Tonk)。周日的社交派对(Sunday Social)有持续至午夜的歌舞表演,周一则是充满乐趣的Big Bingo Show。

Two Brewers (☎020-7819 9539; www.the2brewers.com; 114 Clapham High St, SW4; 22:00以后 £3~8; ⓒ周日至周四 15:00至次日2:00,周五和周六 至次日4:00; 🛜; Ⓤ Clapham Common)克莱普汉姆(Clapham)散发出一股浓郁的城郊气息,尤其是在High St,但是老牌的Two Brewers长久以来就是苏荷区、肖尔迪奇和沃克斯霍尔以外的伦敦最佳同性恋酒吧之一。友善慵懒的当地人会在周中到这里来享用一杯安静的饮料,或在周末来观看疯狂的歌舞表演。

Dalston Superstore (☎020-7254 2273; www.dalstonsuperstore.com; 117 Kingsland High St, E8; ⓒ11:45至深夜; Ⓤ Dalston Kingsland)酒吧、夜店或是快餐厅?男同性恋、女同性恋或异性恋?Dalston Superstore很难归类,我们怀疑这才是它人气极旺的原因。这个两层的工业风格空间全天开放,但在夜幕降临后才最精彩,地下室会举办各种主题的派对之夜。

Bar)适合想要享用餐前或观剧前的客人,而楼下酒吧(Downstairs Bar; 17:00开始营业)则是打发时间的选择,那里有可以坐下来喝一杯的吧台以及装饰艺术风格的沙发。周末有现场爵士和蓝调表演。

Connaught Bar
鸡尾酒吧

(见110页地图; ☏020-7314 3419; www.the-connaught.co.uk/mayfair-bars/connaught-bar; Connaught Hotel, Carlos Pl, W1; ⊙周一至周六11:00至次日1:00,周日至午夜; ⓤBond St)深谙其道的饮酒者对这里的马丁尼情有独钟,但在这家位于英式康诺特酒店(British Connaught Hotel)的豪华酒吧,几乎所有事物都有口皆碑:奢华的装饰艺术风格线条、无懈可击的热情服务,以及城内独一无二的饮品。提供经典鸡尾酒以及迎合当下潮流的饮品,每杯价格£18起。

Princess Louise
酒馆

(见94页地图; ☏020-7405 8816; http://princesslouisepub.co.uk; 208 High Holborn, WC1; ⊙周一至周五11:00~23:00,周六12:00~23:00,周日12:00~18:45; ⓤHolborn)这家酒店的底楼沙龙可追溯至1872年。室内装饰非常精致,配有精美的瓷砖、雕刻边框的镜子、各种石膏塑像以及令人惊叹的马蹄形中央吧台。旧式维多利亚风格的木隔板为客人们提供了可以藏身的角落,磨砂玻璃屏风更增添了几分复古色彩。

Terroirs
葡萄酒吧

(见94页地图; ☏020-7036 0660; www.terroirswinebar.com; 5 William IV St, WC2; ⊙周一至周六12:00~23:00; 🛜; ⓤCharing Cross Rd)这个酒吧有两层,是去剧院前后喝一杯、吃些精心烹制的熟食的好去处。服务员见多识广,£10的特价午餐经济实惠。酒吧里面充满了欢声笑语,列满有机、天然、应用生物动力农法酿制的葡萄酒的酒水单令人激动。

Dog & Duck
酒馆

(见94页地图; ☏020-7494 0697; www.nicholsonspubs.co.uk/restaurants/london/thedogandducksoholondon; 18 Bateman St, W1; ⊙周一至周四11:30~23:00,周五至23:30,周六11:00~23:30,周日12:00~22:30; ⓤTottenham Court Rd)这里有品类丰富的艾尔啤酒、令人叹为观止的维多利亚风格釉面瓷砖,摆在人行道的座位极受欢迎。许多名流也都是这里的常客,包括画家约翰·康斯特布尔和前拉斐尔派的丹蒂·加布里埃尔·罗塞蒂、反乌托邦作家乔治·奥威尔以及音乐人麦当娜等。

🍴 伦敦城

Blackfriar
酒馆

(见102页地图; ☏020-7236 5474; www.nicholsonspubs.co.uk; 174 Queen Victoria St, EC4; ⊙周一至周五10:00~23:00,周六9:00~23:00,周日12:00~22:30; ⓤBlackfriars)这座著名酒馆原本是一座建于1875年的多米尼加修道院(这也是酒馆名称和门上胖小伙的来源),诗人约翰·贝杰曼爵士(Sir John Betjeman)在20世纪60年代让这里避免了被拆除的命运。非同寻常的修道院主题装饰线条可追溯至新艺术风格流行的1905年。这里有品种丰富的艾尔啤酒,还有颇具特色的香肠和排骨。

Ye Olde Cheshire Cheese
酒馆

(见102页地图; ☏020-7353 6170; Wine Office Court, 145 Fleet St, EC4; ⊙周一至周五11:30~23:00,周六12:00~23:00; ⓤChancery Lane)这是伦敦名头最响的酒馆之一,位于Fleet St上的一条窄巷里,在伦敦大火后于1667年重建。回顾其漫长的历史,会发现约翰逊博士、萨克雷和狄更斯都在这里精致的环境中喝过一杯。拱形酒窖被认为是13世纪加尔默罗修道院的遗存。

Sky Pod
酒吧

(见102页地图; ☏0333 772 0020; www.skygarden.london; L35, 20 Fenchurch St, EC3; ⊙周一7:00~23:00,周二至午夜,周三至周五至次日1:00,周六8:00至次日1:00,周日8:00~23:00; ⓤMonument)想要进入天空花园(见103页)的这间屋顶酒吧,你必须预约。如果你想获得一张能够坐下来喝酒的桌子,不妨在预约时特别指明。风景无可比拟,虽然冬天时这里非常寒冷。请注意,这里在17:00之后不欢迎身着短裤、运动装、运动鞋或人字拖的客人入内。

Counting House
酒馆

(见102页地图; ☏020-7283 7123; www.thecounting-house.com; 50 Cornhill, EC3; ⊙周一至周五 10:00~23:00; 🕾; Ⓤ Bank)凭借与众不同的柜台和拱顶地下室，这家位于威斯敏斯特银行（NatWest Bank）过去的总部（始建于1893年）、获奖无数的酒馆会让你感到身心愉悦，圆顶天窗和曲线优雅的中央吧台都别具特色。这是伦敦城男男女女的最爱，他们会到此享用好喝、丰富的艾尔啤酒以及特色招牌馅饼（£13.95起）。

Madison 鸡尾酒吧

（见102页地图；☎020-3693 5160; www.madisonlondon.net; 屋顶，1 New Change, EC4; ⊙周一至周四 11:00至午夜，周五和周六 至次日1:00，周日 12:00~21:00; Ⓤ St Paul's）在位于One New Change楼上的这家酒吧里，随时都可以看到圣保罗大教堂的迷人景致。这里有一个大型屋顶露台，一边是餐厅，另一边则是鸡尾酒吧；我们为后者而来。饮酒者年龄必须达到21岁；身着运动鞋或人字拖的客人——无论着装有多新潮——禁止入场。可能会排队。

🍷 南岸区

★ Little Bird Gin 鸡尾酒吧

（www.littlebirdgin.com; Maltby St, SE1; ⊙周四和周五 17:00~22:00, 周六 10:00~22:00, 周日 11:00~16:00; Ⓤ London Bridge）位于伦敦南部的酿酒厂在莫尔特比街市场（Maltby Street Market; www.maltby.st; 菜肴 £5~10; ⊙周六 9:00~16:00, 周日 11:00~16:00; Ⓤ Bermondsey）开设了一家人气很旺的酒吧，提供绝佳的鸡尾酒（£5~7），容器是果酱罐或药剂师的玻璃瓶。

★ Oblix 酒吧

（见106页地图；www.oblixrestaurant.com; 32层，Shard, 31 St Thomas St, SE1; ⊙12:00~23:00; Ⓤ London Bridge）在位于夏德塔（见108页）32层的Oblix，不仅可以欣赏到令人着迷的伦敦风景，还可以享用从咖啡（£3.50）到鸡尾酒（£13.50起）的任何饮品，整个感觉毫不逊色于夏德塔官方观景台（但是费用更低，而且还有饮品）。每天19:00有现场音乐演出。

★ Scootercaffe 酒吧

（见106页地图；132 Lower Marsh, SE1; ⊙周一至周四 8:30~23:00, 周五 至午夜, 周六 10:00至午夜, 周日 至23:00; 🕾; Ⓤ Waterloo）这家不羁的咖啡馆兼酒吧曾经是一间踏板车修理店，现在橱窗里还有一辆Piatti复古踏板车。位于崭露头角的Lower Marsh路上，为顾客供应可口的热巧克力、咖啡和令人沉醉的鸡尾酒。与众不同的是，你可以携带外卖食品入内。后面的小庭院非常适合晒太阳。

Skylon 酒吧

（见106页地图；www.skylon-restaurant.co.uk; Royal Festival Hall, Southbank Centre, Belvedere Rd, SE1; ⊙周一至周五 12:00至次日1:00, 周日 至22:30; 🕾; Ⓤ Waterloo）引人入胜的20世纪50年代装修以及让人沉醉的风景，使Skylon成为一处享用饮品或就餐（见106页地图；☎020-7654 7800; 3道菜的套餐 烧烤/点菜 £25/30; ⊙烧烤 周一至周六 12:00~23:00, 周日 至22:30, 点菜 周一至周六 12:00~14:30和17:00~22:30, 周日 11:30~16:00）的好去处。如果想要一张能够欣赏河景的前排餐桌，就得早点来。饮品方面，只需直接询问即可：从出色的应季鸡尾酒到香草茶，以及品种丰富的葡萄酒和威士忌，可谓应有尽有。

🍷 肯辛顿和海德公园

★ Tomtom Coffee House 咖啡馆

（见110页地图；☎020-7730 1771; www.tomtom.co.uk; 114 Ebury St, SW1; ⊙周一至周五 8:00~17:00, 周六和周日 9:00~18:00; 🕾; Ⓤ Victoria）Tomtom的好口碑源于它让人难忘的咖啡：不仅看上去十分梦幻（忘掉拿铁咖啡的普通拉花，这里的图案是一只正在开屏的孔雀），而且种类之多让人应接不暇——从普通的意式浓缩咖啡到滴滤式咖啡，还有各种各样的咖啡豆。你甚至还可以加上干邑白兰地或威士忌（£3），创造别样的乐趣。

Queen's Arms 酒馆

（见110页地图；www.thequeensarmskensington.co.uk; 30 Queen's Gate Mews, SW7; ⊙周一至周六 12:00~23:00, 周日 至22:30; Ⓤ Gloucester Rd）这个涂成灰蓝色的酒馆就在皇家艾伯特音乐厅附近，位于一个铺着鹅卵石、由马厩改成的房子里面。酒馆内舒适惬意，供应的酒水更是正宗的皇家之选，有接上龙头的桶装苹果酒和艾尔啤酒——包括精心挑选的本地精酿啤酒。在风和日丽的时候，客人们可以选择站在外面的马厩中饮酒（只开放其中一侧）。

伦敦东部

★ Dove Freehouse　　　　酒馆

（☏020-7275 7617；www.dovepubs.com；24-28 Broadway Market, E8；◎周日至周五 12:00~23:00，周六 11:00~23:00；🛜；Ⓤ London Fields）无论何时，这里都非常诱人，设有多个房间，供应品种丰富的比利时修道院啤酒、麦啤和果啤。天气暖和时，客人们会自发地来到大街上；如果天气寒冷，他们就会在昏暗的房间里玩各种棋牌游戏。

★ Netil360　　　　楼顶酒吧

（www.netil360.com; 1 Westgate St, E8；◎4月至11月 周三和周日 12:00~20:30，周四至周六 至22:30；🛜；Ⓤ London Fields）位于Netil House楼上的这处超时尚楼顶咖啡馆兼酒吧，不仅拥有无与伦比的伦敦风景，还有黄铜望远镜，能让你看到"小黄瓜"大楼里忙碌的白领们。在品酒的同时，你可以在Astroturf人造草皮上打一场槌球，或者为你和你的伙伴预订一个热气腾腾的浴缸。

★ Cat & Mutton　　　　酒馆

（☏020-7249 6555；www.catandmutton.com；76 Broadway Market, E8；◎周一 12:00~23:00，周二至周四 至次日1:00，周五 至次日1:00，周六 10:00至次日1:00，周日 12:00~23:30；Ⓤ London Fields）在这家极好的乔治亚风格酒馆里，哈克尼区（Hackney）的嬉皮士可以在狩猎战利品、拳击手黑白老照片和卡尔·马克思大幅画像的陪伴下，大口喝着各种啤酒。如果楼下过于拥挤，不妨沿着螺旋楼梯前往楼上的舒适沙发。周末有DJ带来乡村爵士、迪斯科和灵魂乐。

Howling Hops　　　　精酿酒厂

（☏020-3583 8262；www.howlinghops.co.uk；9a Queen's Yard, White Post Lane, E9；◎周日至周四 12:00~23:00，周五和周六 至午夜；Ⓤ Hackney Wick）在这家令人愉快的啤酒厂酒吧里，你不会找到罐装、瓶装或是桶装啤酒，只

有10个闪闪发光的大酒罐，装着酿好的艾尔和拉格啤酒。这里与香味弥漫的Billy Smokes Barbecue共用一间古老的维多利亚风格仓库，此外还有一个柜台供应非常出色的咖啡。

Draughts　　　　咖啡馆、酒吧

（www.draughtslondon.com；337 Acton Mews, E8；主菜£6~10；◎周日至周五 10:00~23:00，周六 至午夜；👶；🚇 Haggerston）伦敦第一间以棋盘游戏为主题的咖啡馆兼酒吧，六百多种可供选择的游戏为你提供了另一种打发午后时光的方式。食物、葡萄酒和艾尔啤酒全天供应，现场甚至还有一位"游戏大师"随时准备给你讲解游戏规则，并且提供关于哪种游戏最适合你和伙伴的建议。如果你打算玩游戏，店家会收取£5的费用。

Carpenter's Arms　　　　酒馆

（☏020-7739 6342；www.carpentersarmsfreehouse.com；73 Cheshire St, E2；◎周一至周三 16:00~23:30，周四和周五 12:00~23:30，周五和周六 至次日0:30；🛜；Ⓤ Shoreditch High St）这里曾经的主人是臭名昭著的黑帮成员Kray兄弟（他们买下这里，然后交给老母亲打理）。如今这家别致而舒适的酒馆经过了得体的修复，实木装饰也焕然一新，后面的房间和一个小庭院给兴致高昂的酒客们提供了更多的活动空间。店里供应品种繁多的生啤、瓶装啤酒以及苹果酒。

Prospect of Whitby　　　　酒馆

（☏020-7481 1095；www.greenekingpubs.co.uk；57 Wapping Wall, E1；◎周一至周四 12:00~23:00，周五和周六 11:00至午夜，周日 12:00~22:30；🛜；Ⓤ Wapping）这家酒馆曾经因其令人讨厌的客户而一度被称为"魔鬼酒馆"（Devil's Tavern），早在1520年开业，不过原来的酒馆现在只剩下了石板地面。这里的常客不乏查尔斯·狄更斯、塞缪尔·皮普斯等社会名人。店内有一个小露台可以俯瞰泰晤士河，楼上有一间餐厅，冬季会生起开放式壁炉，此外还有一个吧台覆盖着锡蜡的老式酒吧。

克拉肯威尔、肖尔迪奇和斯皮塔佛德

★ Worship St Whistling Shop　　　　鸡尾酒吧

（见144页地图；☏020-7247 0015；www.

Hoxton, Shoreditch & Spitalfields
霍克斯顿、肖尔迪奇和斯皮塔佛德

whistlingshop.com; 63 Worship St, EC2A; ◎周一和周二 17:00至午夜, 周三和周四 至次日1:00, 周五和周六 至次日2:00; ⓤOld St) 店名是维多利亚时代对贩售私酒场所的俗称, 而这个地下饮酒场所的调酒大师也十分乐意探索鸡尾酒在化学反应和香味科学领域不为人知的秘密, 同时制作非常地道的经典饮品。许多原材料都在现场"实验室"的旋转蒸发器上现场

Hoxton, Shoreditch & Spitalfields
霍克斯顿、肖尔迪奇和斯皮塔佛德

◎ 重要景点
- **1** 哥伦比亚路花卉市场 D2
- **2** 丹尼斯世家博物馆 C5
- **3** 杰弗瑞博物馆 C1

◎ 景点
- **4** 红砖巷 D5
- **5** 老杜鲁门啤酒厂 D5

🛏 住宿
- **6** citizenM C4
- **7** Hoxton Hotel B3

🍴 就餐
- **8** Boiler House D5
- **9** Brick Lane Beigel Bake D4
- **10** Hawksmoor C5
- **11** Poppie's D5

🍷 饮品和夜生活
- **12** Book Club B4
- **13** BrewDog D4
- **14** Cargo C3
- **15** Ten Bells D5
- **16** Worship St Whistling Shop A5
- **17** XOYO A3

🛍 购物
- **18** Blitz London D5
- **19** 红砖巷市场 D4
- **20** 老斯皮塔佛德市场 C5
- **21** Rough Trade East D5
- **22** 周日市场 D5

加工。同时设有鸡尾酒调酒师培训班。

★ Cargo 酒吧、夜店

(见144页地图；www.cargo-london.com；83 Rivington St, EC2A; ⓢ周一至周四12:00至次日1:00，周五和周六 至次日3:00，周日 至午夜; ⓤShoreditch High St) Cargo是伦敦最不拘一格的夜店之一。在铁路砖拱桥下面，你会找到一个舞池、一间酒吧以及一个户外露台，上面挂着两张班克西的原创画。音乐风格（嘻哈、流行、R&B和夜店经典）多样，许多崭露头角的新兴乐队都会在此登台献艺。全天供应食物。

★ Ye Olde Mitre 酒馆

(见102页地图；www.yeoldemitreholborn.co.uk；1 Ely Ct, EC1N; ⓢ周一至周五11:00~23:00; ⓐ; ⓤFarringdon) 一家令人感到愉快舒适的历史酒馆，有品种丰富的啤酒选择，藏匿于哈顿花园（Hatton Garden）附近的一条小巷里。Ye Olde Mitre始建于1546年，起初是伊利宫（Ely Palace）仆人们的居所。这里没有音乐，因此空间里回响的都是窃窃私语的聊天声。据说，伊丽莎白一世女王曾经在吧台旁的樱桃树边翩翩起舞。

Fabric 夜店

(见102页地图；☏0207 336 8898；www.fabriclondon.com；77a Charterhouse St, EC1M; 入场费 £5~25; ⓢ周五23:00至次日7:00，周六至次日8:00，周日 至次日5:30; ⓤFarringdon, Barbican) Fabric是伦敦最知名的夜店，三个独立舞池由史密斯菲尔德肉类市场对面的一个巨大冷库改建而成，每天都会排起长队（在线购票）。部分周五举办的FabricLive以鼓打贝斯和回响贝斯为主，周六（和部分周五）则是该夜店标志性的现场DJ之夜。周日的WetYourSelf!则是浩室舞曲、科技舞曲、电子舞曲唱主角。

XOYO 夜店

(见144页地图；www.xoyo.co.uk；32-37 Cowper St, EC2A; ⓢ周一、周二和周四22:00至次日3:00，周五和周六21:30至次日4:00; ⓤOld St) 这家引人入胜的肖尔迪奇仓库夜店气氛十分欢快，融合了非常受欢迎的演奏会、夜店之夜以及各种艺术活动。总是非常热闹，独立乐队、嘻哈、电子乐、回响贝斯以及其他风格的音乐都会吸引诸多夜店爱好者：从穿着紧身牛仔裤的时尚人士到气质更为成熟的享乐主义者（总之千万别穿正装前往），各种各样。

BrewDog 酒吧

(见144页地图；www.brewdog.com；51-55 Bethnal Green Rd, E1; ⓢ周一至周四12:00至午夜，周五 至次日2:00，周六11:00至次日2:00，

周日 11:00至午夜；🛜；Ⓤ Shoreditch High St）BrewDog是精酿爱好者的天堂，酒头后面有18种不同的精酿，还有成百上千的瓶装啤酒，以及一些美味的汉堡（有些馅儿颇为有趣，如牛腩和大豆）。BrewDog本身还有一座众筹的生态啤酒厂，位于苏格兰阿伯丁附近，也存有其他精酿酒厂的佳酿。

Book Club 酒吧

（见144页地图；📞020-7684 8618；www.wearetbc.com; 100-106 Leonard St, EC2A；🕐周一至周三 9:00至午夜, 周四和周五 至次日2:00, 周六 10:00至次日2:00, 周日 至午夜；🛜；Ⓤ Old St）全新创意赋予这一昔日维多利亚时代的仓库无与伦比的活力，这里经常举办DJ表演和稀奇古怪的活动（人体素描、工作坊、电臀舞课程以及Crap Film Club）。你还可以在这里喝酒、打一场激烈的乒乓球或台球。全天供应各种食物，下面还有一间其貌不扬的地下室酒吧。

Ten Bells 酒馆

（见144页地图；www.tenbells.com; 84 Commercial St, E1；🕐周日至周三 12:00至午夜, 周四至周六 至次日1:00；🛜；Ⓤ Shoreditch High St）这处堪称地标的维多利亚时代酒馆拥有大大的玻璃窗以及美丽的瓷砖，非常适合在逛完斯皮塔佛德市场后坐下来喝一杯放松身心。作为伦敦最有名的"开膛手杰克"酒吧，据说最后一名受害者在惨死之前光顾过这里，凶手本人也可能来过这里。供应杜松子酒单、炸猪皮和当日特色馅饼。

🍺 伦敦北部

★ Proud Camden 酒吧

（见138页地图；www.proudcamden.com; Stables Market, Chalk Farm Rd, NW1；🕐周一至周六 11:00至次日1:30, 周日 至午夜；Ⓤ Chalk Farm）Proud位于马厩市场（Stables Market）从前的一间马匹医院内，旧棚内设有独立的摊位，墙上挂着非凡的艺术作品（主要的一间酒吧在白天更像是画廊），还有一处怪异的花园露台（有一个热水浴缸）。这也是卡姆登最棒的音乐场馆，大部分夜晚有乐队和DJ带来现场表演（门票 £15）。

★ Holly Bush 酒馆

（www.hollybushhampstead.co.uk; 22 Holly Mount, NW3；🕐周一至周六 12:00~23:00, 周日 至22:30；🛜🍴；Ⓤ Hampstead）这座漂亮的酒馆属于乔治式二级保护建筑，拥有极为复古的内饰，冬季还会燃起壁炉。这里的氛围会让你不忍离开。这个酒馆地处Heath St上方的宁静山顶，可通过Holly Bush Steps石阶路前往。

★ Edinboro Castle 酒馆

（见138页地图；www.edinborocastlepub.co.uk; 57 Mornington Tce, NW1；🕐周一至周六 12:00~23:00, 周日 12:00~22:30；🛜；Ⓤ Camden Town）空间宽敞、氛围轻松的Edinboro显得十分精致，华丽的家具非常舒适，还有一个精美的吧台以及品种丰富的菜单。但是，这里最大的亮点当属巨大的啤酒花园，风和日丽的时候可以进行户外烧烤，夏季夜晚还会点起五颜六色的彩灯。冬季设有露台采暖器。

🍺 格林尼治和伦敦南部

★ Cutty Sark Tavern 酒馆

（📞020-8858 3146；www.cuttysarkse10.co.uk; 4-6 Ballast Quay, SE10；🕐周一至周六 11:30~23:00, 周日 12:00~22:30；🛜；Ⓡ DLR Cutty Sark）位于泰晤士河畔，这栋拥有让人愉悦的凸窗和木梁的乔治亚风格建筑是格林尼治为数不多的独立酒馆之一。吧台上有六桶连接着龙头的桶装艾尔啤酒，对面是河畔座位区，楼上还有可以看到非凡风景的餐厅。从DLR车站步行10分钟即可到达。

★ Greenwich Union 酒馆

（📞020-8692 6258；www.greenwichunion.com; 56 Royal Hill, SE10；🕐周一至周五 12:00~23:00, 周六 11:30~23:00, 周日 11:30~22:30；🛜；Ⓡ DLR Greenwich）这家酒馆曾经得过奖，出售六七种Meantime精酿啤酒，包括木莓酒和各种小麦酒，还有很多的艾尔酒、瓶装国际品牌酒供选择。环境赏心悦目，有陈旧的皮质扶手椅，你也可以顺着狭长的走廊到后面的啤酒花园和温室找个位置。

★ Trafalgar Tavern 酒馆

（📞020-8858 2909；www.trafalgartavern.

co.uk; 6 Park Row, SE10; ◎周一至周四 12:00~23:00, 周五 12:00至午夜, 周六 10:00至午夜, 周日 10:00~23:00; ⓡDLR Cutty Sark)这间优雅的小酒馆有大大的玻璃窗,可以欣赏泰晤士河风景,历史十分悠久。狄更斯曾经是这里的常客——并将其作为《我们共同的朋友》(*Our Mutual Friend*)婚礼早餐的背景。英国首相格莱斯顿和迪斯雷利也曾在酒馆享用招牌菜——银鱼。

伦敦西部
★ Troubadour　　　　　　　　酒吧
(☎020-7341 6333; www.troubadour.co.uk; 263-267 Old Brompton Rd, SW5; ◎咖啡馆 9:00至次日0:30, 夜店 20:00至次日0:30或2:00; ⓡ; ⓤEarl's Court)从精神层面而言,这里可与巴黎的莎士比亚书店相媲美。这家古色古香、穿越时空、充满欢乐的波希米亚氛围的酒吧兼咖啡馆自1954年以来一直是好饮者的聚集地。(深呼吸)阿黛尔、保罗·努提尼、艾德·希兰、乔尼·米切尔和(继续深呼吸)吉米·亨德里克斯以及鲍勃·迪伦都曾在此登台表演,如今这里依然会举行现场音乐(民谣、蓝调),夏季还会开放怡人的大花园。

Windsor Castle　　　　　　　酒馆
(见114页地图; www.thewindsorcastlekensington.co.uk; 114 Campden Hill Rd, W11; ◎周一至周六 12:00~23:00, 周日至22:30; ⓡ; ⓤNotting Hill Gate)一间靠近Campden Hill Rd路的经典小酒馆,各个角落都有历史的印记,酒桶龙头也十分迷人。不妨留意充满沧桑感的内饰、熊熊火焰(冬季)、怡人的啤酒花园(夏季)和友好的回头客(所有季节)。传说托马斯·潘恩[《人权论》(*Rights of Man*)的作者]的遗骸就埋葬于这里的地窖内。

Notting Hill Arts Club　　　　夜店
(见114页地图; www.nottinghillartsclub.com; 21 Notting Hill Gate, W11; ◎周一至周五 18:00至深夜, 周六和周日 16:00至深夜; ⓡ; ⓤNotting Hill Gate)如果没有Notting Hill Arts Club这样的地方,伦敦可能是截然不同的样子。这个小型地下室俱乐部推动地下音乐的发展,吸引了许多热爱音乐以及愿意尝试新鲜事物的人群。着装要求: 别穿西装打领带。

里士满、邱和汉普顿皇宫
★ City Barge　　　　　　　　酒馆
(www.metropolitanpubcompany.com/our-pubs/the-city-barge; 27 Strand on the Green, W4; ◎周一至周四 12:00~23:00, 周五 至午夜, 周六 10:00至午夜, 周日 10:00~22:30; ⓡ; ⓤGunnersbury)林木繁茂的奥利弗岛 (Oliver's Island; 据传克伦威尔曾经在岛上避难)正对着一排小屋, 其中之一就是这家出色的酒馆, 从这里可以直接看到混沌的泰晤士河。这里自中世纪以来就有一家酒馆, 曾经被称为"Navigators Arms", 但是"二战"时的德国空军大轰炸让它彻底改头换面(此后又进行了极富吸引力的重建)。

★ White Cross　　　　　　　酒馆
(☎020-8940 6844; www.thewhitecrossrichmond.com; Water Lane, TW9; ◎周一至周五 11:00~23:00, 周六 10:00~23:00, 周日 10:00~22:30; ⓡ; ⓤRichmond)这家酒吧的前身是一个男修道院,有着凸出墙外的窗户。河畔的位置、精致的食物和麦芽酒,这一切使它成为一个赢家。河流水位高低不同,酒馆使用的入口也不同; 但当河水达到最高位的时候,乔蒙得利步道(Cholmondeley Walk)也会被泰晤士河的洪水淹没,此时那些不愿意涉水的人将无法进入酒馆。店家提供长筒雨靴。

☆ 娱乐
剧院
皇家宫廷剧院　　　　　　　剧院
(Royal Court Theatre; 见110页地图; ☎020-7565 5000; www.royalcourttheatre.com; Sloane Sq, SW1; 门票 £12~38; ⓤSloane Sq)皇家宫廷剧院凭借创新剧目和经典老剧而闻名,也是伦敦最具先锋气质的剧院之一,不断培养来自英国各地的天才剧作家。剧院里有两个剧场: 主要的楼下剧场(Jerwood Theatre Downstairs),以及相对较小的楼上剧场(Jerwood Theatre Upstairs)。周一演出的门票是£12。

数量有限的立席门票在楼下剧场演出开始前一小时发售,每场仅限十张。可联系剧院询问是否有票。

★ 莎士比亚环球剧院
剧院

（Shakespeare's Globe；见106页地图；☎020-7401 9919；www.shakespearesglobe.com；21 New Globe Walk, SE1；坐席£20~45, 立席£5；Ⓤ Blackfriars, London Bridge）如果你喜欢在剧院里欣赏莎翁戏剧，莎士比亚环球剧院（见105页）将会让你感到无比震撼。这家地道的莎士比亚剧场是一个木制O型剧院，舞台位于中央，没有天棚。虽然舞台周围有层层叠叠的木制长椅，但许多人（可容纳700人）都会像17世纪的观众那样站在舞台前面看戏。

Old Vic
剧院

（见106页地图；☎0844 871 7628；www.oldvictheatre.com；The Cut, SE1；Ⓤ Waterloo）美国演员凯文·史派西（美剧《纸牌屋》男主角扮演者）自2003年起担任这家伦敦剧院的艺术指导，2015年4月由执导音乐剧《玛蒂尔达》（Matilda the Musical）和电影《骄傲》（Pride）的马修·沃楚斯（Matthew Warchus）接任，后者致力于为剧院带来不拘一格的剧目安排：因此你会看到全新的剧目，以及轮番上演的经典剧作和音乐剧等。

新剧目首演的前五场中，有一半座位的票价都低至£10。这些场次的低价预售票会在演出开始前五周对外销售。

Young Vic
剧院

（见106页地图；☎020-7922 2922；www.youngvic.org；66 The Cut, SE1；Ⓤ Southwark, Waterloo）这家打破常规的剧院通过演出展现新人才华的同时，也让人们重新发现了剧场的魅力。来自世界各地的演员、导演和剧本都会在这家剧院的舞台上大放光彩，许多剧本都直面当代政治和文化主题，例如死刑、种族歧视或腐败等。演出经常是表演与歌舞的结合。

Donmar Warehouse
剧院

（见94页地图；☎020-3282 3808；www.donmarwarehouse.com；41 Earlham St, WC2；Ⓤ Covent Garden）这家舒适的剧院被誉为伦敦的"思考者剧院"。任期到2019年的艺术总监乔西·罗克（Josie Rourke）在这里执导了许多有趣而成功的作品，包括广受欢迎的戏剧《我与雷吉共度的夜晚》（My Night with Reg）、萧伯纳的《圣女贞德》（St Joan）以及史蒂夫·沃特斯（Steve Waters）的政治剧《莱姆豪斯》（Limehouse）等。

Wilton's
剧院

（☎020-7702 2789；www.wiltons.org.uk；1 Graces Alley, E1；⊙酒吧 周一至周六 17:00~23:00；Ⓤ Tower Hill）这里是维多利亚风格音乐厅的杰出代表，经常举办各种演出，从喜剧、经典音乐剧到戏剧和歌剧，可谓应有尽有。如果不观看表演，可以去Mahogany Bar感受这个剧院的魅力。

Hackney Empire
剧院

（☎020-8985 2424；www.hackneyempire.co.uk；291 Mare St, E8；Ⓡ Hackney Central）这座经过翻修的爱德华式音乐厅（始建于1901年）是伦敦最美丽的剧院之一，提供各种各样的表演，从严肃的政治戏剧到音乐剧、歌剧和喜剧等。这是在圣诞节感受哑剧魅力的最佳场所之一。

现场音乐

★ Jazz Cafe
现场音乐

（见138页地图；☎020-7485 6834；www.thejazzcafelondon.com；5 Parkway, NW1；⊙现场演出 19:00起, 夜店 22:00至次日3:00；Ⓤ Camden Town）店名会让你认为爵士乐是这里的主打，但其实爵士只是"大餐"中的一碟"小菜"。这个氛围私密的俱乐部空间有乡村摇滚、嘻哈、R&B、灵魂乐以及偶尔为之的groove音乐等，经常会有大牌音乐人在这里登台演出。周六的俱乐部之夜有浩室乐队带来的两场现场表演。

★ KOKO
现场音乐

（见138页地图；www.koko.uk.com；1a Camden High St, NW1；Ⓤ Mornington Cres）KOKO位于极富传奇色彩的卡姆登宫内，这里为查理·卓别林、性手枪乐队等的演出，以及《呆子秀》（The Goon Show）的录制提供了场所，普林斯（Prince）也曾出人意料地在这里即兴表演。如今，KOKO依然是伦敦公认的最佳现场音乐场馆之一。剧场设有一个舞池和斑驳的阳台，吸引喜欢独立音乐的人群到这里来观赏演出。大部分夜晚有乐队现场演出，周六则是非常受欢迎的俱乐部之夜。

★ 皇家艾伯特音乐厅 音乐会

（Royal Albert Hall；见110页地图；☏0845 401 5034；www.royalalberthall.com；Kensington Gore, SW7；Ⓤ South Kensington）这家华丽的维多利亚风格音乐厅经常举办古典音乐、摇滚和其他演出，但是最著名的还是英国广播公司（BBC）在此举办的逍遥音乐会（Proms）。可以提前订票，但是从7月中旬到9月中旬有许多人都会排队购买£5的立席票（promenading），一直卖到演出开始前 小时。售票处和预售取票点柜台在音乐厅南侧的12号门内。

★ 606 Club 蓝调、爵士

（☏020-7352 5953；www.606club.co.uk；90 Lots Rd, SW10；◯周日至周四 19:00～23:15，周五和周六 20:00至次日0:30；Ⓡ Imperial Wharf）这家出色、隐秘的地下室爵士俱乐部兼餐厅的名字源于其在英皇大道的旧址，它会带着伦敦的爵士乐粉丝们穿越回到20世纪80年代。这里是当代英国爵士音乐人表演的主要舞台，每晚都有演出。如果想要消费酒精饮料，你需要在此用餐，我们强烈建议预订。

Roundhouse 音乐会

（见138页地图；www.roundhouse.org.uk；Chalk Farm Rd, NW1；Ⓤ Chalk Farm）这一被列入二级保护名录的圆形建筑建于1847年，最初作为轨道维修站使用。它在20世纪60年代成为一处艺术中心，到1983年才慢慢销声匿迹，其间许多传奇乐队都曾在此进行演出。进入21世纪后，这里重新成为大放异彩的创意中心，如今经常举办从大牌音乐会到舞蹈、马戏、立席喜剧、诗歌朗诵比赛和即兴演奏等活动。

O2 Arena 现场音乐

（www.theo2.co.uk；Peninsula Sq, SE10；☏；Ⓤ North Greenwich）伦敦最著名的音乐演出场馆，包括滚石乐队、保罗·西蒙和斯汀、One Direction、艾德·希兰等在内的大牌音乐人都曾在这处可容纳2万名观众的场馆内演出。这里还经常举办体育赛事，你甚至可以参加 **Up at the O2**（www.theo2.co.uk/upattheo2；£30起；◯时间不定）活动，爬上屋顶，欣赏美妙风景。

Dublin Castle 现场音乐

（见138页地图；www.thedublincastle.com；94 Parkway, NW1；◯周五至周日 12:00至次日2:00，周一、周三和周四 12:00至次日2:00，周二 12:00至次日1:00；Ⓤ Camden Town）在这家小酒馆的里屋，大多数夜晚有现场朋克或者其他音乐表演（入场费通常为£4.50～7）。周五、周六和周日的晚上，DJ会接管乐队表演之后的现场。

★ Scala 现场音乐

（见118页地图；☏020-7833 2022；www.scala.co.uk；275 Pentonville Rd, N1；Ⓤ King's Cross St Pancras）1920年开业时是一家黄金时代的电影院，20世纪70年代沦落为色情电影放映场，后来在21世纪头十年，终于作为俱乐部和现场音乐场馆获得新生。这是在伦敦观看现场演出和尽情跳舞的最佳地点之一，经常举办不同主题的俱乐部之夜。

★ Pizza Express Jazz Club 爵士乐

（见94页地图；☏020-7439 4962；www.pizzaexpresslive.com/venues/soho-jazz-club；10 Dean St, W1；门票£15～40；Ⓤ Tottenham Court Rd）自1969年开业以来，Pizza Express一直是伦敦最佳爵士场馆之一。这家俱乐部的位置可能非常奇怪，就在一家连锁餐厅分店的地下室内，但是人气一直居高不下。许多大牌明星和艺术家都曾在此登台，如诺拉·琼斯、格雷戈里·波特以及已故的艾米·怀恩豪斯等明星在刚出道时都在这里表演过。

Ronnie Scott's 爵士乐

（见94页地图；☏020-7439 0747；www.ronniescotts.co.uk；47 Frith St, W1；◯周一至周六 19:00至次日3:00，周日 13:00～16:00和20:00至午夜；Ⓤ Leicester Sq, Tottenham Court Rd）Ronnie Scott's爵士俱乐部在1965年开业后，很快就成为英国最佳爵士乐现场。热场表演从19:00开始，主要演出则从20:15开始（周日为20:00），周五和周六的23:15还会举办第二场现场演出（提前查询确认）。相对随意的"深夜现场"（Late, Late Show）从凌晨1:00演出至凌晨3:00。门票价格£25起；深夜现场和周日午餐演出只需£10。

100 Club 现场音乐

（见94页地图；☎020-7636 0933；www.the100club.co.uk；100 Oxford St, W1；门票£8~20；⊘浏览网站查询具体演出时间；UOxford Circus, Tottenham Court Rd）这一历史悠久的伦敦爵士俱乐部自1942年以来一直在同一地址，不过如今风格更趋向于摇滚乐。在此之前，克里斯·巴伯、BB King和滚石乐队都曾在此演出，这里也曾是朋克摇滚和20世纪90年代独立音乐风潮的中心。这里会举办舞蹈现场，偶尔会有知名艺术家、已经销声匿迹的乐队和热门明星参加。

电影院

BFI Southbank 电影院

（见106页地图；☎020-7928 3232；www.bfi.org.uk；Belvedere Rd, SE1；票价£8~12；⊘11:00~23:00；UWaterloo）由英国电影学院（British Film Institute, 简称BFI）运营的这一中心低调地栖身于滑铁卢大桥下面的拱洞内，有四间影院，每年放映数千部电影（包括许多艺术电影）。还有一座电影主题展馆，以

伦敦的体育场馆

买到温布利球场的足总杯决赛门票或是温布尔登网球锦标赛决赛的前排座位票都只是奢望，但在伦敦还有其他方式来享受体育运动带来的欢乐。你可以观看牛津一剑桥的大学赛艇比赛，在伦敦马拉松比赛中为跑步者加油鼓劲，还可以骑上一辆"桑坦德自行车"（属于伦敦自行车租赁计划）——这样的选择不计其数。或者为什么不去看看伊丽莎白女王奥林匹克公园（见116页）的体育场馆？那里有（前奥林匹克运动会的）伦敦体育场、令人瞩目的水上运动中心，以及设施先进的自行车馆。

或者，你可以前往英国首都以下这些著名场馆，参加团队游。

罗德板球场（Lord's；☎020-7616 8500；www.lords.org；St John's Wood Rd, NW8；团队游 成人/儿童 £20/12；⊘每天4~6次团队游；USt John's Wood）神圣的"板球之家"，还有一座引人入胜的博物馆。

温布尔登草坪网球博物馆（Wimbledon Lawn Tennis Museum；☎020-8946 6131；www.wimbledon.com/museum；Gate 4, Church Rd, SW19；成人/儿童£13/8，博物馆和团队游£25/15；⊘10:00~17:00，入场截至16:30；UWimbledon, ⓡWimbledon, UWimbledon, USouthfields）了解草地网球的历史，从360度观景包厢里欣赏中央球场（Centre Court）。

温布利体育场（Wembley Stadium；☎0800 169 9933；www.wembleystadium.com；团队游 成人/儿童 £20/12；UWembley Park）城市标志性的国家体育场，经常举办足球比赛和大型音乐会。

特维克纳姆体育场（Twickenham Stadium；☎020-8892 8877；www.englandrugby.com/twickenham；Rugby Rd, Twickenham, TW1；团队游 成人/儿童/家庭 £20/12/50；ⓡTwickenham, UHounslow East）伦敦著名的橄榄球联盟体育场，用来举办各种国际比赛。

伦敦体育场（London Stadium；☎020-8522 6157；www.london-stadium.com；Queen Elizabeth Olympic Park, E20；团队游 成人/儿童£19/11；⊘团队游 10:00~16:15；ⓡDLR Pudding Mill Lane）2012年伦敦奥运会的中心体育场，如今是英超西汉姆联队的主场。

阿森纳酋长体育场（Arsenal Emirates Stadium；☎020-7619 5000；www.arsenal.com/tours；Hornsey Rd, N5；自助导览团队游 成人/儿童 £22/14，导览游 £40；⊘周一至周六 10:00~18:00，周日至16:00；UHolloway Rd）设有自助导览团队游，以及前阿森纳球员导览的团队游。

斯坦福桥球场（Stamford Bridge；☎0871 984 1955；www.chelseafc.com；Stamford Bridge, Fulham Rd, SW6；团队游 成人/儿童 £22/15；⊘博物馆 9:30~17:00，团队游 10:00~15:00；UFulham Broadway）英超球队切尔西的俱乐部主场。

Electric Cinema   电影院

（见114页地图；☎020-7908 9696；www.electriccinema.co.uk; 191 Portobello Rd, W11; 票价£8~22.50; ⓤLadbroke Grove) 2011年, Electric度过自己的百年诞辰, 从而使其成为目前英国历史最悠久的电影院之一。你可以让自己充分享受奢华的皮质扶手椅、沙发、脚凳以及观影厅的食物和饮料带来的舒适体验, 还可以从前排六张双人床里挑一张! 周一票价最便宜。

Prince Charles Cinema   电影院

（见94页地图；www.princecharlescinema.com; 7 Leicester Pl, WC2; 票价£5~16; ⓤLeicester Sq) 莱斯特广场的电影票价之昂贵, 令人难以承受。所以不妨等到首轮放映完后来这间伦敦中心城区最便宜的电影院, 非会员只需£5~12就可以观看最新电影。此外, 影院会举办小型的电影活动, 例如电影节、电影导演座谈、放映经典老片、夜间电影马拉松, 还会组织观众一起演唱电影原声歌曲, 如《冰雪奇缘》《音乐之声》以及《洛基恐怖电影秀》（£16）等。

喜剧

Comedy Store   喜剧

（见94页地图；☎0844 871 7699; www.thecomedystore.co.uk; 1a Oxendon St, SW1; 门票£11~33.50; ⓤPiccadilly Circus) 这是伦敦最早的（如今依然是最棒的）喜剧俱乐部之一, 周三和周六晚上的Comedy Store Players表演是城内最热门的即兴表演之一, 浑身充满欢乐细胞的约茜·劳伦斯（Josie Lawrence）已经是从艺二十载的搞笑高手。周四、周五和周六的Best in Stand Up则是伦敦最棒的喜剧演出。

入场时间为18:30, 演出从20:00开始。票价从King Gong（每月最后一个周一的即兴表演）的£11起步, 周六Best in Stand Up表演的最佳坐票为£33.50。

Amused Moose Soho   喜剧

（见94页地图；☎售票处 020-7287 3727; www.amusedmoose.com; Sanctum Soho Hotel, 20 Warwick St, W1; ⓤPiccadilly Circus, Oxford Circus) 伦敦最好的俱乐部之一, 充满欢笑的Amused Moose（位于Sanctum Soho Hotel内的这间影院只是该剧团的演出场地之一）非常受观众和喜剧演员的追捧, 也许是因为在这里表演, 嘲讽是"不被接受的", 所有表演都"适合初次观看者"（例如, 不会拿头排观众开涮）。表演通常在周六20:15举行。

Soho Theatre   喜剧

（见94页地图；☎020-7478 0100; www.sohotheatre.com; 21 Dean St, W1; 票价£8~25; ⓤTottenham Court Rd) Soho Theatre以发掘新人而闻名——许多编剧和喜剧演员都是在这里崭露头角的。这里也会举办一些顶级的即兴演出, 也有基于剧本的喜剧演员在此登台, 包括阿列克谢·塞勒（Alexei Sayle）和布朗博士（Doctor Brown）等, 此外还有各种歌舞表演。工作人员似乎对表演中的包袱不怎么感兴趣。

Up the Creek   喜剧

（www.up-the-creek.com; 302 Creek Rd, SE10; 门票£5~15; ⓒ周四和周日 19:00~23:00, 周五和周六 至次日2:00; ⓡDLR Cutty Sark) 这家伟大俱乐部的与众不同之处在于, 台上的演员本身可能比表演更加逗趣。恶作剧、吵闹搞笑和优秀的喜剧轮番在此上演, 此外还有周四的Blackout即兴表演之夜（www.the-blackout.co.uk; £5) 和周日特别演出（www.sundayspecial.co.uk; £7）。周五和周六晚上还会在表演之后举办迪斯科派对。可浏览网站查询全部表演时间表。

古典音乐

南岸中心   演出场所

（Southbank Centre; 见106页地图；☎0884 875 0073; www.southbankcentre.co.uk; Belvedere Rd, SE1; ⓤWaterloo) 南岸中心由七个场馆组成, 包括皇家节日音乐厅、伊丽莎白女王厅和珀塞尔音乐厅等, 经常举办各种形式的文艺表演。除了定期节目, 这里还会举办多彩迷人的节庆, 例如**伦敦奇妙世界**（London Wonderground; 马戏和卡巴莱歌舞）、**Udderbelly**（各种形式的喜剧表演）和**Meltdown**（由音

皇家节日音乐厅 演出场所

（Royal Festival Hall；见106页地图；☎020-7960 4200；www.southbankcentre.co.uk；Southbank Centre, Belvedere Rd, SE1；🛜；Ⓤ Waterloo）皇家节日音乐厅的圆形剧场可以容纳2500位观众。这里是欣赏世界一流古典音乐家演出的最佳地点之一。音效无可挑剔、节目非常精彩，而且这个奇妙的巨大演出场地里经常会有免费的演出。

伊丽莎白女王厅 演出场所

（Queen Elizabeth Hall，简称QEH；见106页地图；www.southbankcentre.co.uk；Southbank Centre, Belvedere Rd, SE1；Ⓤ Waterloo）相比同处南岸中心的皇家节日音乐厅，这个音乐厅的音乐舞蹈演出规模都要稍逊一筹。经过翻新的音乐厅已经在2018年4月重新开放。

体育

温布尔登网球锦标赛 体育赛事

（Wimbledon Championships；☎020-8944 1066；www.wimbledon.com；Church Rd, SW19；参观门票£8~25，比赛门票£41~190）自1877年以来，每年6月和7月的几周时间里，体育界都会将目光投向温布尔登宁静的南部郊区。温布尔登网球锦标赛的大部分现场门票通过公开方式发售，观众可以在前一年的8月初到12月底提交购票申请。

歌剧和舞蹈

Sadler's Wells 舞蹈

（见118页地图；☎020-7863 8000；www.sadlerswells.com；Rosebery Ave, EC1R；Ⓤ Angel）这座光彩夺目的现代化场馆始建于1683年，是城中最主要的现代舞和芭蕾舞的表演场所。来自世界各地、各种流派的实验舞蹈表演也会在这里上演。Lilian Baylis Studio主要用于规模较小的演出。

皇家歌剧院 歌剧

（Royal Opera House；见94页地图；☎020-7304 4000；www.roh.org.uk；Bow St, WC2；票价£4~270；Ⓤ Covent Garden）伦敦的古典歌剧扎堆集中在考文特花园广场周边，因此不妨来此享受一场华丽的文化盛宴（如果荷包足够丰厚）。尽管这里的演出也受到现代风格影响，但最主要的看点依然是歌剧和古典芭蕾——全部都是制作精良的剧目，而且有世界级演员在此登台。

英国国家歌剧院 歌剧

（English National Opera，简称ENO；见94页地图；☎020-7845 9300；www.eno.org；St Martin's Lane, WC2；Ⓤ Leicester Sq）英国国家歌剧院凭借推动歌剧现代化和平民化而声名鹊起，所有剧目都采用英语演唱。剧院位于令人印象深刻的伦敦大剧院（London Coliseum；始建于1904年，100年后经过了精心重修）。英国国家芭蕾舞团也在大剧院定期演出。门票价格为£12~125。

巴比肯艺术中心 表演艺术

（Barbican Centre；见102页地图；☎020-7638 8891；www.barbican.org.uk；Silk St, EC2；⏰售票处 周一至周六 10:00~20:00，周日 11:00~20:00；Ⓤ Barbican）巴比肯艺术中心（见104页）本身是伦敦交响乐团（London Symphony Orchestra）和BBC交响乐团的驻场场馆，此外每年还会举办数十场其他类型的音乐会，爵士、民谣、世界音乐和灵魂乐艺术家在此登台。这里也有舞蹈表演，大银幕还使这里成为各种电影节的举办场地。

🛍 购物

🔒 西区

⭐ Fortnum & Mason 商场

（见94页地图；☎020-7734 8040；www.fortnumandmason.com；181 Piccadilly, W1；⏰周一至周六 10:00~20:00，周日 11:30~18:00；Ⓤ Piccadilly Circus）这间1707年开业的"女王的百货店"保留着经典的淡绿色配色，拒绝向现代潮流屈服。这里的男女售货员依然身穿旧式外套，迷人的美食厅有各种食盒、果酱、特色茶和品质非凡的水果蛋糕等。这一切都让Fortnum & Mason始终能为你带来最正宗的伦敦购物体验。

Hamleys 玩具

（见94页地图；☎0371 704 1977；www.hamleys.com；188-196 Regent St, W1；⏰周一

至周五 10:00~19:00，周六 9:30~21:00，周日 12:00~18:00；Ⓤ Oxford Circus）Hamleys号称是世界上最大、最古老的玩具商店，于1881年搬迁至Regent St上如今的新址。地下室摆着"星球大战系列"商品，首层的服务员看似漫不经心地吹着泡泡、扔着回旋镖，5层还有乐高世界和一个咖啡馆——孩子们一定会乐不思蜀。

Liberty
百货店

（见94页地图；☎ 020-7734 1234；www.liberty.co.uk; Great Marlborough St, W1; ⓗ 周一至周六 10:00~20:00，周日 正午至18:00；Ⓤ Oxford Circus）这栋仿都铎风格的老式建筑（始建于1875年）混合着当代的时尚，竟有种令人难以抗拒的魅力。从品种丰富的化妆品柜台、一整层的配饰，到让人眼花缭乱的女式内衣区，所有物品都标着让人咋舌的价格。其中可以作为礼物或纪念品的经典商品，当属Liberty的印染纺织品，尤其是方巾。

Foyles
书籍

（见94页地图；☎ 020-7434 1574；www.foyles.co.uk; 107 Charing Cross Rd, WC2; ⓗ 周一至周六 9:30~21:00，周日 11:30~18:00；Ⓤ Tottenham Court Rd）这是伦敦最具传奇色彩的书店，你可以在这里找到最难得一见的书籍。它曾经是喧嚣混乱的代名词，2014年搬至现在的位置（这里曾经是中央圣马丁艺术学校所在地），空间变得极为宽敞。经过改头换面，如今这家令人叹为观止的新书店非常值得探索一番。

Selfridges
商场

（见132页地图；☎ 0800 123 400；www.selfridges.com; 400 Oxford St, W1; ⓗ 周一至周六 9:30~21:00，周日 11:30~18:00；Ⓤ Bond St）这家商场热爱创新，并以其富有创意的国际艺术家作品的橱窗展示、表演秀和门类齐全的商品而闻名。这是伦敦最时髦的一站式购物商店，汇聚了包括Alexander McQueen、Tom Ford、Missoni、Victoria Beckham等时尚品牌，有一个无与伦比的食品大厅，还有全欧洲最大的化妆品销售区。

Stanford's
书籍、地图

（见94页地图；☎ 020-7836 1321；www.stanfords.co.uk; 7 Mercer Walk, Covent Garden, WC2H 9FA; ⓗ 周一至周六 9:00~20:00，周日 11:30~18:00；Ⓤ Leicester Sq, Covent Garden）这里可谓是英国旅游书店的鼻祖，自1853年以来一直在这个地址。店内有各种地图、指南，以及关于全球风情和文学的书籍，本身就值得一看。欧内斯特·沙克尔顿、大卫·利文斯通以及迈克尔·佩林和布拉德·皮特都曾到此游览购书。

Daunt Books
书籍

（见132页地图；☎ 020-7224 2295；www.dauntbooks.co.uk; 83 Marylebone High St, W1; ⓗ 周一至周六 9:00~19:30，周日 11:00~18:00；Ⓤ Baker St）Daunt是一家原汁原味的爱德华时代的书店，内饰采用橡木板，有着长廊和美妙的日光，堪称伦敦最可爱的旅行书店。书店有两层，也有普通小说和散文类书籍。员工服务热情，学识渊博。

Reckless Records
音乐

（见94页地图；☎ 020-7437 4271；www.reckless.co.uk; 30 Berwick St, W1; ⓗ 10:00~19:00；Ⓤ Oxford Circus, Tottenham Court Rd）这家小店自1984年开业以来，一直坚守初心。如今依然销售各种二手唱片和CD，风格从朋克、灵魂、舞曲、独立音乐到主流音乐，应有尽有。

Skoob Books
书籍

（见118页地图；☎ 020-7278 8760；www.skoob.com; 66 The Brunswick, 紧邻Marchmont St, WC1; ⓗ 周一至周六 10:30~20:00，周日 至18:00；Ⓤ Russell Sq）Skoob是伦敦最大的二手书店，2000平方英尺的空间里有约5.5万本书籍（城外的仓库里还有超过100万册）。如果在这里都找不到你要的书，那就不用到其他地方白费力气了。

We Built This City
礼物和纪念品

（见94页地图；☎ 020-3642 9650；www.webuilt-thiscity.com; 56-57 Carnaby St, W1; ⓗ 周一至周三 10:00~19:00，周四至周六 至20:00，周日 11:00~19:00；Ⓤ Oxford Circus）英国国旗的帽子、黑色出租车的钥匙圈，这家商店专门销售顾客真心所需的伦敦主题纪念品。商品构思巧妙，展现了这座城市充满创意的一面。

Sister Ray
音乐

（见94页地图；☎020-7734 3297；www.sisterray.co.uk；75 Berwick St, W1；⊙周一至周六 10:00~20:00，周日 12:00~18:00；Ⓤ Oxford Circus, Tottenham Court Rd）如果你是BBC已故节目DJ约翰·皮尔（John Peel）的粉丝，那么这家专注创新、实验和独立音乐的商店就非常适合你。即使你从未听过这位DJ的大名，也可能会喜欢这里，因为这家商店一直秉承"向大众销售音乐"的理念。

伦敦城

London Silver Vaults
艺术和手工艺品

（见102页地图；☎020-7242 3844；www.silvervaultslondon.com；53-63 Chancery Lane, WC2；⊙周一至周五 9:00~17:30，周六 至13:00；Ⓤ Chancery Lane）同一拱顶下的30多家商店共同构成了世界上最大规模的银制品集散地。不同的商家致力于打造特定的银制用具——从餐具套装到相框、动物雕塑，以及各种首饰等。

肯辛顿和海德公园

★ John Sandoe Books
书籍

（见110页地图；☎020-7589 9473；www.johnsandoe.com；10 Blacklands Tce, SW3；⊙周一至周六 9:30~18:30，周日 11:00~17:00；Ⓤ Sloane Sq）与超大型书店截然不同，这家位于18世纪建筑内、有着浓郁氛围的三层书店就如同一个文学宝库，处处隐藏着惊喜。书店开业六十年，拥有很多忠实的顾客。学识渊博的书商会针对书籍提出有用的建议。

哈罗德百货
商场

（Harrods；见110页地图；☎020-7730 1234；www.harrods.com；87-135 Brompton Rd, SW1；⊙周一至周六 10:00~21:00，周日 11:30~18:00；Ⓤ Knightsbridge）时尚、夺人眼球的哈罗德百货是旅行者来伦敦必到的一站，无论是预算有限的，还是出手阔绰的，都不会错过这里。商品之琳琅满目和它们的价签一样让人叹为观止。"埃及升降机"（Egyptian Elevator）营造出了如同《夺宝奇兵》电影般的场景，底层的Dodi & Diana纪念喷泉（哈罗德百货的老板的儿子Dodi正是戴安娜王妃的情人）也增加了这里的超现实主义色彩。

Harvey Nichols
商场

（见110页地图；www.harveynichols.com；109-125 Knightsbridge, SW1；⊙周一至周六 10:00~20:00，周日 11:30~18:00；Ⓤ Knightsbridge）在伦敦的这处高级时装殿堂内，你会找到Chloé和Balenciaga的手袋、这个城市最棒的牛仔系列、线条独特的巨大化妆品销售厅以及琳琅满目的珠宝首饰柜台。美食大厅和室内餐厅 **Fifth Floor** 则位于5层。从11:30到中午的时段，人多得你只能到这里看看，过过眼瘾。

Conran Shop
设计

（见110页地图；☎020-7589 7401；www.conranshop.co.uk；Michelin House, 81 Fulham Rd, SW3；⊙周一、周二和周五 10:00~18:00，周三和周四 至19:00，周六 至18:30，周日 12:00~18:00；Ⓤ South Kensington）这家原创设计师商店（从1987年开业以来日益受到追捧）是美丽事物的宝库——从收音机到太阳镜、从厨具到儿童玩具和书籍、从浴室配件到贺卡等。只是逛逛，都会被满满的幸福感包围。此外不妨花一点时间来欣赏商店所在的宏伟的新艺术/装饰风格的米其林之家（Michelin House）。

克拉肯威尔、肖尔迪奇和斯皮塔佛德

★ Rough Trade East
音乐

（见144页地图；www.roughtrade.com；Old Truman Brewery, 91 Brick Lane, E1；⊙周一至周四 9:00~21:00，周五 至20:00，周六 10:00~20:00，周日 11:00~19:00；🅡 Shoreditch High St）这里与传奇音乐厂牌已经再无关联（The Smiths、The Libertines和The Strokes都曾是该厂牌签约艺人），但是这家大型唱片店仍然是寻找独立、灵魂、电子和另类音乐的绝佳地点。除了令人印象深刻的CD和黑胶唱片商品，这里还供应咖啡，偶尔举办促销推广演出。

Blitz London
复古服饰

（见144页地图；www.blitzlondon.co.uk；55-59 Hanbury St, E1；⊙11:00~19:00；Ⓤ Liverpool St）伦敦最棒的二手服装商店，有从20世纪60年代至今的两万多件男女服装、鞋子和配饰。你会在这里找到从Nike等主流品牌到Burberry等设计师品牌的二手商品。

当地知识

伦敦街市

闻名遐迩的伦敦街市对旅行者有着莫名的吸引力：随处可见的设计师小件、独特首饰、原创框画和海报、五颜六色的复古物品以及稀奇古怪的玩意。在这些地方逛街，体验会与千篇一律的城市购物中心截然不同。

卡姆登市场（Camden Market；见138页地图；www.camdenmarket.com；Camden High St, NW1; ⏰10:00~18:00; ⓤCamden Town, Chalk Farm）伦敦最繁忙和最著名的市场，可能已经不再是从前成千上万件廉价皮衣的红火卖场，但这里依然是伦敦最热闹的景点。市集分为三个区域——巴克街市场（Buck Street Market）、卡姆登洛克市场（Camden Lock Market）和马厩市场（Stables Market），从卡姆登镇站（Camden Town）向查尔克农场站（Chalk Farm）一路延伸。你会在这里找到五花八门的商品：各种服装（质量各异）、手袋、首饰、艺术品和手工艺品、蜡烛、香薰以及奇形怪状的装饰品和物件。

周日市场（Sunday UpMarket；见144页地图；www.sundayupmarket.co.uk; Old Truman Brewery, 91 Brick Lane, E1; ⏰周六 11:00~18:00, 周日 10:00~17:00; ⓡShoreditch High St）这个热闹非凡的市场位于老杜鲁门啤酒厂内，周末全天开放，销售年轻设计师的各种商品、古董、小饰品，原先的锅炉房内有食品摊档，街对面的地下室里还有让人眼花缭乱的各种复古服装。

老斯皮塔佛德市场（Old Spitalfields Market；见144页地图；www.oldspitalfieldsmarket.com; Commercial St, E1; ⏰周一至周五和周日 10:00~17:00, 周六 10:00~18:00; ⓤLiverpool St）摊贩们从1638年开始就在这里吆喝自己的商品，如今这里依然是伦敦最棒的市场之一。周日摊贩最多也最热闹，周四非常适合淘古董，周五则是独立时装设计师的天下。还有许多美食摊档。

巴罗市场（Borough Market；见106页地图；www.boroughmarket.org.uk; 8 Southwark St, SE1; ⏰周三和周四 10:00~17:00, 周五 10:00~18:00, 周六 8:00~17:00; ⓤLondon Bridge）自13世纪起（也可能是1014年以来），这座"伦敦食物储藏库"就成为食客、美食家和伦敦人寻找晚餐灵感的地方。市集时间为周三至周六，但一些摊贩和快餐车在周一和周二也会营业。

红砖巷市场（Brick Lane Market；见144页地图；www.visitbricklane.org; Brick Lane, E1; ⏰周日 10:00~17:00; ⓤShoreditch High St）这个人气鼎盛的市场占地广阔，周边街道也都挤满了摊贩，从家居用品、小摆件、二手服装、廉价时装和民族美食，可谓应有尽有。

百老汇市场（Broadway Market; www.broadwaymarket.co.uk; Broadway Market, E8; ⏰周六 9:00~17:00; 🚌394）自19世纪末以来，这条漂亮的街道就形成了一个市场。如今的重头戏则是精致的美食、精美的小吃、书籍、唱片和复古服装。购买了可口的餐食酒水之后，不妨前往London Fields来一次野餐。

格林尼治市场（Greenwich Market; www.greenwichmarketlondon.com; College Approach, SE10; ⏰10:30~17:00; ⓡDLR Cutty Sark）这个小市场每天都有不同的主题。周二、周四和周五，你会在这里找到复古服饰、古玩和各式收藏品。周三、周五和周末则是艺术家、独立设计师和手工艺人唱主角。

南岸书市（South Bank Book Market；见106页地图；Riverside Walk, SE1; ⏰11:00~19:00, 冬季时间缩短; ⓤWaterloo）在滑铁卢大桥的拱洞里举办的印刷品和二手书市集。

🏠 伦敦东部

Beyond Retro 复古服饰

（📞020-7729 9001；www.beyondretro.com; 92-100 Stoke Newington Rd, N16; ⏰周一、周二和周六 10:30~19:00, 周三至周五 至20:00, 周日 11:30~18:00; ⓤDalston Kingsland）这家大型商店销售所有你能想到的复古服饰，从头到脚，各种颜色、毛皮、褶边、羽毛的服装以及喇

叭裤等,应有尽有。在**Bethnal Green**(110-112 Cheshire St, E2; ⊙周一至周三、周五和周六10:00~19:00,周四至20:00,周日11:30~18:00; ⓇShoreditch High St)还有一家分店。

Traid
服装

(☎020-7923 1396; www.traid.org.uk; 106-108 Kingsland High St, E8; ⊙周一至周六11:00~19:00,周日至17:00; ⓊDalston Kingsland)这里能消除你对慈善义卖商店的所有偏见,因为它与你之前见过的完全不同:店面宽敞、光线明亮,服务热情。这些产品不一定都是复古风格,不过都是优质的二手服装,价格也非常亲民。此外这里也销售用边角料制作的自有商品。

🔒 伦敦北部
★ 卡姆登市场街
古董

(Camden Passage Market; www.camdenpassageislington.co.uk; Camden Passage, N1; ⊙周三和周六 8:00~18:00; ⓊAngel)不要与卡姆登市场(Camden Market)混淆,卡姆登市场街是伊斯灵顿(Islington)一条漂亮的鹅卵石街道,街边林立着古董商店、复古服装精品店以及咖啡馆。小巷两边还有四个独立的市场区,贩卖古董之类的商品。主要的市场日是周三和周六(但是商店整周都经营)。摊主们对自己的东西很有信心,因此很少接受讨价还价。

Harry Potter Shop at Platform 9¾
礼物和纪念品

(见118页地图; www.harrypotterplatform934.com; King's Cross Station, N1; ⊙周一至周六8:00~22:00,周日 9:00~21:00; ⓊKing's Cross St Pancras)既然"哈利·波特狂潮"经久不衰,而对角巷(Diagon Alley)又不知所踪,如果此时年幼的女巫和巫师想要寻找一根属于自己的魔杖,不妨就将他们直接带到国王十字车站(King's Cross Station)。这个木板搭建的小商店里有霍格沃茨魔法学校四所学院颜色的连衫裤(格里芬多是这里的主流)以及各种各样的商品,当然,还有小说书本身。

ⓘ 实用信息
危险和麻烦
就城市规模来说,伦敦相对而言还是很安全的,不过还是要遵循常识,低调行事。

➡ 近年来伦敦发生了几起影响恶劣的恐怖袭击,但是对于自助旅行者而言,风险还是相对较小的。如果发现可疑情况,可以拨打报警电话999(紧急情况)或101(非紧急情况)。

➡ 注意保管好自己的手袋和钱包,尤其是在酒吧、夜店以及地铁等人流密集区。

➡ 小心看管自己的平板电脑/智能手机——偷窃情况时有发生。

➡ 如果在深夜打车,请选择黑色出租车或正规的小出租车。

➡ 性侵和性虐待受害者可联系强奸及性虐待援助中心(Rape & Sexual Abuse Support Centre; ☎0808 802 9999; www.rasasc.org.uk; ⊙正午至14:30和19:00~21:30);如果情感受挫,可联系撒马利坦会(Samaritans; ☎免费 116 123; www.samaritans.org; ⊙24小时)。

紧急情况

伦敦区号	☎020
国际长途电话接入码	☎00
警察、消防和急救	☎999
回拨/对方付费电话	☎155

上网

➡ 伦敦所有酒店如今都提供免费Wi-Fi。

➡ 包括大型连锁咖啡馆在内的许多咖啡馆和餐厅,都为顾客免费提供Wi-Fi上网。巴比肯艺术中心或南岸中心等文化场馆也有免费的Wi-Fi。

➡ 伦敦许多地方都有开放式公共街道Wi-Fi,其中包括牛津街、特拉法加广场、皮卡迪利广场、伦敦城以及伊斯灵顿的Upper St等。用户需要注册,但是不收取任何费用。

➡ 大部分火车站、机场候机楼乃至部分地铁站都有Wi-Fi,但上网并不全都免费。

➡ 查阅Time Out的免费Wi-Fi地图(www.timeout.com/london/things-to-do/where-to-find-free-Wi-Fi-in-london-9)以了解更多免费上网地点。

医疗服务
许多医院提供24小时事故和急救服务。如需急救,可直接拨打**急救电话**(☎999),急救中心将会从离你最近的医院指派专业救护人员前往。
伦敦大学学院医院(University College London Hospital; ☎020-3456 7890; www.uclh.nhs.uk;

235 Euston Rd, NW1; ⓤWarren St, Euston)

切尔西和威斯敏斯特医院（Chelsea & Westminster Hospital; ☏020-3315 8000; www.chelwest.nhs.uk; 369 Fulham Rd, SW10; ☐14或414, ⓤSouth Kensington, Fulham Broadway)

旅游信息

从景点、节日活动到团队游和住宿，所有跟旅游有关的事情，**伦敦旅游局**（Visit London; www.visitlondon.com）都能为你提供帮助。咨询处遍布城内各处，可提供各种地图和宣传册；一些咨询处还能帮助预订演出门票。

❶ 到达和离开

飞机

伦敦有五个机场，分别是：最大的位于城市西部的希斯罗机场；南边的盖特威克机场；东北的斯坦斯特德机场；西北部的卢顿机场；码头区的伦敦城市机场。欲了解伦敦五座机场的更多信息，见1131页。

长途汽车

大多数长途客运汽车是从伦敦的**维多利亚长途客运站**（Victoria Coach Station; 164 Buckingham Palace Rd, SW1; ⓤVictoria）发车，这里也邻近维多利亚地铁站和火车站。

火车

主要的国家铁道路线都由几家私营火车公司经营。车票费用不菲，但城市之间的火车通常非常准时。浏览国家铁路网站（National Rail; www.nationalrail.co.uk）了解时间表和票价。

欧洲之星（www.eurostar.com）高速客运列车往返于伦敦圣潘克拉斯国际车站与巴黎、布鲁塞尔和里尔之间，每日班次多达19班。票价差别很大，从单程£29的标准座到极其舒适的单程£245的商务座。往返伦敦和阿姆斯特丹、鹿特丹之间的新线路于2018年开始运行。通过Eurostar Snap（可通过Facebook了解）可获得超值折扣票，非常适合那些旅行时间灵活、可以搭乘特定车次的旅客。

❶ 当地交通

抵离机场

希思罗（Heathrow）机场

前往希斯罗机场最便宜的交通选择是乘坐地铁（伦敦地铁通常被称为the tube）；纸质车票单程£6，如果使用牡蛎卡（Oyster）或银行的感应付费（Contactless）则有优惠，高峰/非高峰票价为£5.10/3.10。抵达伦敦市中心需1小时，列车每隔3～9分钟一班。从机场前往市区的地铁运营时间为5:00～23:45（周日至23:28），从市区前往机场的地铁运营时间为5:47至次日0:32（周日至23:38）；周五和周六地铁通宵运营，不过班次会有所减少。可在车站购票。

每15分钟一班的**Heathrow Express**（www.heathrowexpress.com; 单程/往返 £27/42; 🛜）以及每30分钟一班的**Heathrow Connect**（☏0345 604 1515; www.heathrowconnect.com; 成人 单程/不定期回程 £10.30/20.70）往返于希斯罗和帕丁顿火车站之间。Heathrow Express只需15分钟即可抵达帕丁顿。这两趟列车的运营时间都是5:00左右至23:00和午夜之间。

National Express Coaches（www.nationalexpress.com; 单程£6起, 35～90分钟, 每30分钟至1小时一班）往返于希斯罗中心汽车站和伦敦维多利亚汽车站之间。从希斯罗中心汽车站（位于2号和3号航站楼）发出的首班车时间为4:20, 末班车为22:00稍过。从维多利亚车站发出的首班车为3:00, 末班车为凌晨0:30前后。

在夜间，**N9公共汽车**（£1.50, 75分钟, 每20分钟一班）往返于希斯罗中心汽车站（以及希斯罗机场5号航站楼）和伦敦市中心之间，终点为奥德维奇（Aldwych）。

搭乘黑色出租车往返伦敦市中心的费用为£48～90, 车程45分钟至1小时, 具体取决于交通拥堵状况以及你上车的地点。

盖特威克（Gatwick）机场

国家铁路（National Rail; www.nationalrail.co.uk）有火车定时往返伦敦桥（London Bridge; 30分钟, 每15～30分钟一班）、国王十字（King's Cross; 55分钟, 每15～30分钟一班）和维多利亚（Victoria; 30分钟, 每10～15分钟一班）。车票价格取决于乘车时间和列车运营公司，但单程票价格都在£10～20之间。

盖特威克机场快线（Gatwick Express; www.gatwickexpress.com; 单程/往返 成人 £19.90/35.60, 儿童 £9.95/17.75）每15分钟一班，从盖特威克南航站楼前往伦敦维多利亚车站。从机场出发的列车运营时间为5:51～23:20, 从维多利亚车站出发的列车运营时间为5:00～22:30。车程30分钟；在线

ⓘ 牡蛎卡

伦敦最便宜的出行方式就是使用牡蛎卡，这是一种可以循环使用的智能卡，你可以预付费使用或办理旅行通票（Travelcards），有效期从一天到一年都有。牡蛎卡可在伦敦的全部公共交通网络中使用，刷卡价格比现金购票要便宜。如果你在一天里要多次乘坐公共交通，最高费用按照相应的旅行通票费用计算（分为高峰或者非高峰）。

牡蛎卡可在任何地铁站、游客信息中心或带有Oyster图标的商店购买（需要支付£5的可退还押金）和充值。如果要退回卡里的余额和押金，可在任何一个售票点办理。

在进站/乘车时，你要做的就是将牡蛎卡放在黄色读卡器上刷一下；然后出站/下车时再刷一下。请注意，有些火车站的出口处没有闸机，因此需要在离开车站时主动去读卡器上刷一下；如果忘记刷卡，可能会被扣除一大笔费用。

使用非接触式银行卡（无须芯片读取或者签名）也收取和牡蛎卡同样的费用，但外国旅行者应当牢记还要支付交易手续费。

订票可获得最佳折扣。

National Express（www.nationalexpress.com）全天都有班车往返盖特威克和伦敦维多利亚汽车站之间（单程£8起）。车辆一般整点前后出发。车程在80分钟至2小时之间，具体取决于交通状况。

EasyBus（www.easybus.co.uk）是从伯爵府（Earls Court）/西布罗姆普顿（West Brompton）和维多利亚汽车站（单程£1.95起）开往盖特威克机场的小型公共汽车（13座）。车辆全天运行，每15~20分钟一班。车程平均约需要75分钟。

出租车 黑色出租车往返伦敦中心城区的单程费用约为£100，车程1小时多一点。迷你出租车（minicab）通常更便宜。

斯坦斯特（Stansted）机场

斯坦斯特机场快线（Stansted Express；☎0345 600 7245；www.stanstedexpress.com；单程/往返 £17/29）轨道交通（45分钟，每15~30分钟一班）往返机场和利物浦街火车站之间。从机场出发，首班车为5:30，末班为凌晨0:30。从利物浦街火车站出发的列车，运营时间在凌晨3:40和23:25之间。

National Express（www.nationalexpress.com）全天有巴士往返机场市区，每天班次超过100班。

Airbus A6线（☎0871 781 8181；www.nationalexpress.com；单程 £10起）开往维多利亚客站（车程1~1.5小时，每20分钟一班），中途经停Marble Arch、Paddington、Baker St和Golders Green等站点。**Airbus A7线**（☎0871 781 8181；www.nationalexpress.com；单程 £10起）也开往维多利亚汽车站（车程1~1.5小时，每20分钟一班），中途经停Waterloo和Southwark。**Airbus A8线**（☎0871 781 8181；www.nationalexpress.com；单程£6起）开往利物浦街车站（单程£6起，车程60~80分钟，每30分钟一班），中途经停Bethnal Green、Shoreditch High St和Mile End等站点。

机场快线（Airport Bus Express；www.airportbusexpress.co.uk；单程£9~10起）往返维多利亚汽车站和机场，中途经停Baker St、Liverpool St和Stratford等站点。

EasyBus（www.easybus.co.uk）运营往返斯坦斯特机场和Baker St、Old St地铁站的客车，每15分钟一班（单程£4.95起）。车程从Old St出发为1小时，从Baker St上车为1小时15分钟。

机场巴士（Terravision；www.terravision.eu）往返于斯坦斯特机场与利物浦街车站（单程£9起，55分钟）、国王十字车站（£9起，75分钟）和维多利亚站（£10起，2小时）之间，每20~40分钟一班，运营时间为6:00至次日1:00。所有车上都有Wi-Fi。

伦敦城市（London City）机场

DLR轻轨（Docklands Light Railway，简称DLR；www.tfl.gov.uk/dlr）经停伦敦城市机场站（单程 £2.80~3.30）。列车每隔8~10分钟一班，运营时间为周一至周六的5:30至次日0:15，周日7:00~23:15。前往Bank站仅需20分钟。

卢顿（Luton）机场

国家铁路火车（www.nationalrail.co.uk）在圣潘克拉斯火车站和卢顿机场林荫道车站（Luton Airport Parkway station）之间24小时运营（单程£14起，26~50分钟，每隔6分钟到1小时一班）。卢顿机场林荫道车站则有穿梭巴士（单程/往返

£2.20/3.50），能在10分钟内将你送到机场。

Airbus A1线（www.nationalexpress.com；单程£5起）每天有超过60班往返机场和伦敦维多利亚客运站（单程£5起），中途经停Portman Sq、Baker St、St John's Wood、Finchley Rd和Golders Green。全程用时约1.5小时。

Green Line Bus 757（☎0344 800 4411；www.greenline.co.uk；单程/往返 £10/17）从伦敦维多利亚客运站发往卢顿机场，24小时运营，每30分钟一研，中途经停Marble Arch、Baker St、Finchley Rd和Brent Cross等站点。

自行车

伦敦自行车租赁计划被称为**桑坦德自行车**（Santander Cycles；☎0343 222 6666；www.tfl.gov.uk/modes/cycling/santander-cycles）。这些自行车非常受游客以及伦敦本地人的欢迎。

租车流程非常简单：从遍布全市的750多个站点选一辆车，骑到目的地之后在另一个站点还车。

租借费用为24小时£2。你所需要的只是一张信用卡或借记卡。租车的前30分钟免费；超过30分钟收取£2。

只要你愿意，可以在租赁期限内（24小时）不限次数地取车还车，但是在还车后要等待5分钟再取另一辆车。

这种计价结构的初衷是鼓励短途骑行而非长时间租赁；对那些想要长时间租车骑行的旅行者而言，最好可以找一家租车公司。你还会发现，尽管这些通勤自行车不难骑，但只有3个档位，而且车身很重。必须年满18岁才能独立租车，而骑车的最低年龄是14岁。

小汽车

伦敦对小汽车征收**交通拥堵费**（☎0343 222 2222；www.tfl.gov.uk/roadusers/congestion charging），以改善市中心的交通拥堵状况。

拥堵费收费区范围北至Euston Rd和Pentonville Rd，西到Park Lane，东抵塔桥，南及Elephant and Castle和Vauxhall Bridge Rd。在进入收费区域时，你会看到大大的红圈白"C"标识牌。

如果你在周一至周五 7:00~18:00之间进入拥堵收费区（节假日除外），你必须支付£11.50费用（可提前支付或当天支付），或者在行程结束后的第一个收费日缴纳£14，以避免收到罚单（£160，14天内缴纳则为£80）。

你可以在线或通过电话付款。详细信息可浏览官方网站。

公共交通

船

有许多公司在泰晤士河上经营游船；但只有**泰晤士河快艇**（Thames Clippers；www.thamesclippers.com；全区域 成人/儿童£9.90/4.95）提供实际意义上的通勤服务。乘船更快、更舒适，通常都有座位，还能欣赏到不错的风景。

泰晤士河快艇公司有定期往返堤岸（Embankment）、滑铁卢（伦敦眼）、黑衣修士桥、河岸（Bankside；前往莎士比亚环球剧院）、伦敦桥、塔桥、金丝雀码头、格林尼治、北格林尼治以及伍尔维奇（Woolwich）码头的船只，运营时间为6:55至午夜前后（周末首班船时间为9:29）。

持泰晤士河快艇的"River Roamer"通票（成人/儿童 £19/9.50）可以全天自由上下大部分航线的船只。在线订票可获得优惠折扣。

如果你持有牡蛎卡或Travelcard（纸质票或在牡蛎卡里），乘船时可减免三分之一的票款，购买River Roamer船票也可以打折。五岁以下的儿童可以免费乘坐大部分航线的船只。

在4月和9月之间，你可以从伦敦市中心的威斯敏斯特码头乘坐游船，航行22英里前往汉普顿皇宫（途经英国皇家植物园和里士满）。航程可长达4小时，具体取决于潮汐情况。游船由**威斯敏斯特客运服务组织**（Westminster Passenger Services Association；www.wpsa.co.uk；单程/往返 成人£17/25，儿童£8.50/12.50）经营。

London Waterbus Company（见124页）有往返卡姆登洛克（Camden Lock）和小威尼斯之间的运河船只。

公共汽车

乘坐伦敦标志性的红色双层巴士可以观赏到很棒的风景，但要注意速度往往会很慢，原因主要是城内的交通拥堵，以及每个站点都会有大量乘客上下车。

每个车站都有非常不错的公共汽车线路图，标出了该区域的所有线路和目的地（通常两到三分钟的步行距离内就会有几个车站，当地地图上都有标示）。

一些巴士站有LED显示屏，列出了巴士到站时间，但是了解下班巴士几点到站的最有效方式是下载London Bus Live Countdown等巴士应用到你的智能手机上。

巴士运营时间通常是5:00~23:30。

➡ 伦敦巴士不可使用现金，只能使用牡蛎卡、Travelcard或非接触支付卡购票。巴士票价为单一的£1.50，无论距离远近。如果你的牡蛎卡上余额不足以支付£1.50的车票，你还可以透支坐一次巴士。然后必须对牡蛎卡进行充值，才可以再次使用。

➡ 11岁以下的儿童可免费乘车；11~15岁的青少年如果在同行成人的牡蛎卡上登记，可享受半价优惠（登记处为一区或希斯罗的地铁站点）。

➡ 伦敦有50多条夜间巴士线路（线路前缀含字母"N"）在23:30至次日5:00之间运行。

➡ 另外有60条巴士线路24小时运行，不过23:00至次日5:00之间班次有所减少。

➡ 牛津广场（Oxford Circus）、托特纳姆宫路（Tottenham Court Rd）和特拉法加广场（Trafalgar Sq）是最主要的夜间线路行经地。

➡ 夜间巴士班次较少，而且按需停站，所以记得快到站时提前按铃以提醒司机。

➡ 不要忘了还有"夜间地铁"（Night Tube），五条线路在周五和周六为24小时运行，可以作为替代夜班巴士的交通方式，或是结合夜间巴士一起使用。

地铁、轻轨和地上交通

伦敦地铁（被称为"the tube"；11种颜色代表不同的线路）是伦敦综合交通体系的一部分，其余还有码头区轻轨（Docklands Light Railway，简称DLR；www.tfl.gov.uk/dlr）和地上交通网络（Overground；大部分在一区以外，有时在地下）。尽管地铁似乎总是因为升级和"工程"原因而周末停运，但整体而言是城内最轻松快捷的交通方式，不过票价并不是最便宜的。

地铁首班车时间周一至周六为5:30前后，周日为6:45；末班车周一至周六为次日0:30，周日为23:30。

此外，特定线路（包括Victoria和Jubilee线路，加上Piccadilly、Central和Northern线路的大部分）周五和周六夜间通宵运行，让狂欢者回家[即所谓"夜间地铁"（Night Tube）]，发车间隔为10分钟左右。票价按非高峰时段收取。

在周末停运期间，每个地铁站都会贴出详细的班次、地图和替代线路，地铁工作人员也会随时为你提供帮助。

一些车站，包括最著名的莱斯特广场和考文特花园，其真实距离比线路图上要近得多。

出租车

黑色出租车

与红色双层巴士一样，黑色出租车也是伦敦特有的城市风景。持照的黑色出租车司机必须接受大量的培训并通过一系列考试，然后才能获得"Knowledge"证书。他们必须熟知以查令十字/特拉法加广场为中心的半径6英里的区域内多达25,000条街道以及100处游客最常去的夜店和餐厅等地点。

➡ 风挡玻璃前的黄灯亮起，意味着黑色出租车可以载客；如要搭乘，直接伸手拦下即可。

➡ 出租车按路程计费，起步价为£2.60（工作日含前235米），之后每117米增加20便士。

➡ 车费在晚上和凌晨最贵。

➡ 你可以给司机10%的小费，但大部分伦敦人只是将车费凑整。

➡ 诸如mytaxi（https://uk.mytaxi.com）这样的手机应用，可以使用手机GPS来定位离你最近的黑色出租车。你只需支付计程车费即可。

➡ **ComCab**（☎020-7908 0271；www.comcab-london.co.uk）经营着伦敦规模最大的黑色出租车队。

迷你出租车（Minicabs）

➡ 持照经营的迷你出租车（通常）比竞争对手黑色出租车要便宜。

➡ 与黑色出租车不同，迷你出租车从法律上而言不能在街上巡游揽客；他们必须通过电话租赁，或者直接到迷你出租车门店租赁（每条商业街都至少有一间门店，大部分夜店与某家迷你出租车公司有合作，以便将客人安全送回家）。

➡ 不要接受自称的"迷你出租车司机"主动提供的邀请——他们只是有车的揽客者。

➡ 迷你出租车没有计价器；他们通常是由调度员设定具体费用。在出发前记得问清楚。

➡ 你的酒店或房东会向你介绍当地街区靠谱的迷你出租车公司；每个伦敦人都至少有一家公司的电话。或者可以致电24小时运营的公司如**Addison Lee**（☎020-7387 8888；www.addisonlee.com）。

➡ Uber或Kabbee这样的应用使你能更快地预约迷你出租车，而且还可以省钱。在本书写作期间，Uber已经获得了伦敦的经营权，不过有15个月的试运营期。

坎特伯雷和英格兰东南部

包括 ➡

坎特伯雷..................164
惠特斯特布尔..............169
马尔盖特..................171
布罗德斯泰斯..............172
拉姆斯盖特................173
多佛尔....................177
拉伊......................180
黑斯廷斯..................184
南唐斯国家公园............186
路易斯....................188
布赖顿和霍夫..............188
奇切斯特..................197

最佳餐饮

➡ Royal Victoria Pavilion（见175页）
➡ Allotment（见179页）
➡ Iydea（见193页）
➡ Terre à Terre（见194页）
➡ Town House（见197页）

最佳住宿

➡ Bleak House（见173页）
➡ Jeake's House（见182页）
➡ No 27 Brighton（见192页）
➡ Reading Rooms（见171页）
➡ Hotel Una（见193页）

为何去

绵延起伏的白垩岩山丘，历史气息浓郁的维多利亚时代度假胜地，沐浴在阳光下的大片啤酒花和葡萄种植区……欢迎来到英格兰东南部！这里有四个宁静怡人的郡县，遍布着乡村风情的住宅和童话故事中才会出现的城堡，还云集了最可口的美食和饮品。这里有令人叹为观止的白垩岩悬崖之间的海滨小镇。从极富中世纪传奇的桑威奇到弥漫着波希米亚风、享乐至上的布赖顿，以及更具优雅华贵气质的伊斯特本，每个人都能在此找到让身心放松的一方天地。

与此同时，英格兰东南部也散落着黑暗岁月的遗迹。作为昔日抵御欧洲大陆入侵者的前沿阵地，这里有着丰富的历史战争遗址，包括1066年的战场、多佛尔城堡里不为人知的战时地道以及遍布各地的古罗马时期遗址。

坎特伯雷是英格兰的宗教中心，对于任何一位21世纪的朝圣者而言，这里的大教堂以及其他被列入联合国教科文组织世界遗产名录的古迹景点，都是不容错过的地方。

何时去

➡ 5月是去东南部旅游的好时节，布赖顿会举行全英国规模第二盛大的艺术节，在那里你能吸收不少灵感，大开眼界。

➡ 在6月，你可以戴上礼帽，穿上马裤，参加布罗德斯泰斯的狄更斯文化节，回到维多利亚女王时代，沉醉于往昔的风情中。

➡ 5月至10月则是徒步游览南唐斯步道欣赏沿线风景的绝佳时机，这条步道将带你领略英格兰最新的国家公园的风貌。

➡ 在夏天，不妨去肯特郡东部的萨尼特，感受美丽的海滩以及丰富多彩的海滨乐趣。

➡ 6月底，伊斯特本会举办英国顶级网球锦标赛，作为温布尔登网球锦标赛的热身赛事，这里会吸引许多重量级球星到场参加。

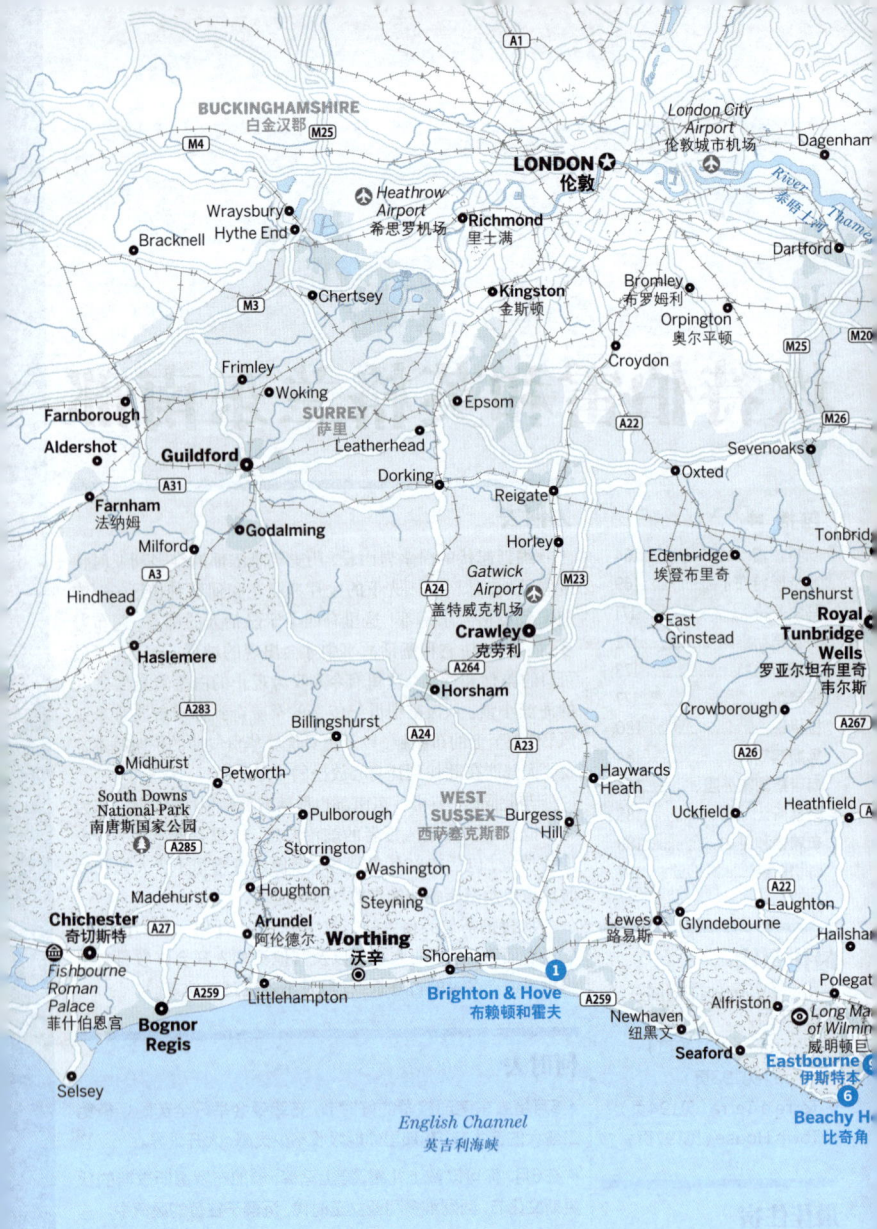

坎特伯雷和英格兰东南部亮点

❶ **布赖顿和霍夫**（见188页）在享乐之都购物，享受日光浴。

❷ **坎特伯雷**（见164页）来一趟朝圣之旅，这是英国最重要的宗教城市之一。

❸ **多佛尔城堡**（见177页）深入探索城堡地下"二战"地道。

❹ **拉伊**（见180页）在遍布鹅卵石小巷的城内闲庭漫步，这里是英国最漂亮的小镇之一。

❺ **利兹城堡**（见169页）在被护城河环绕的建筑中信步游走。

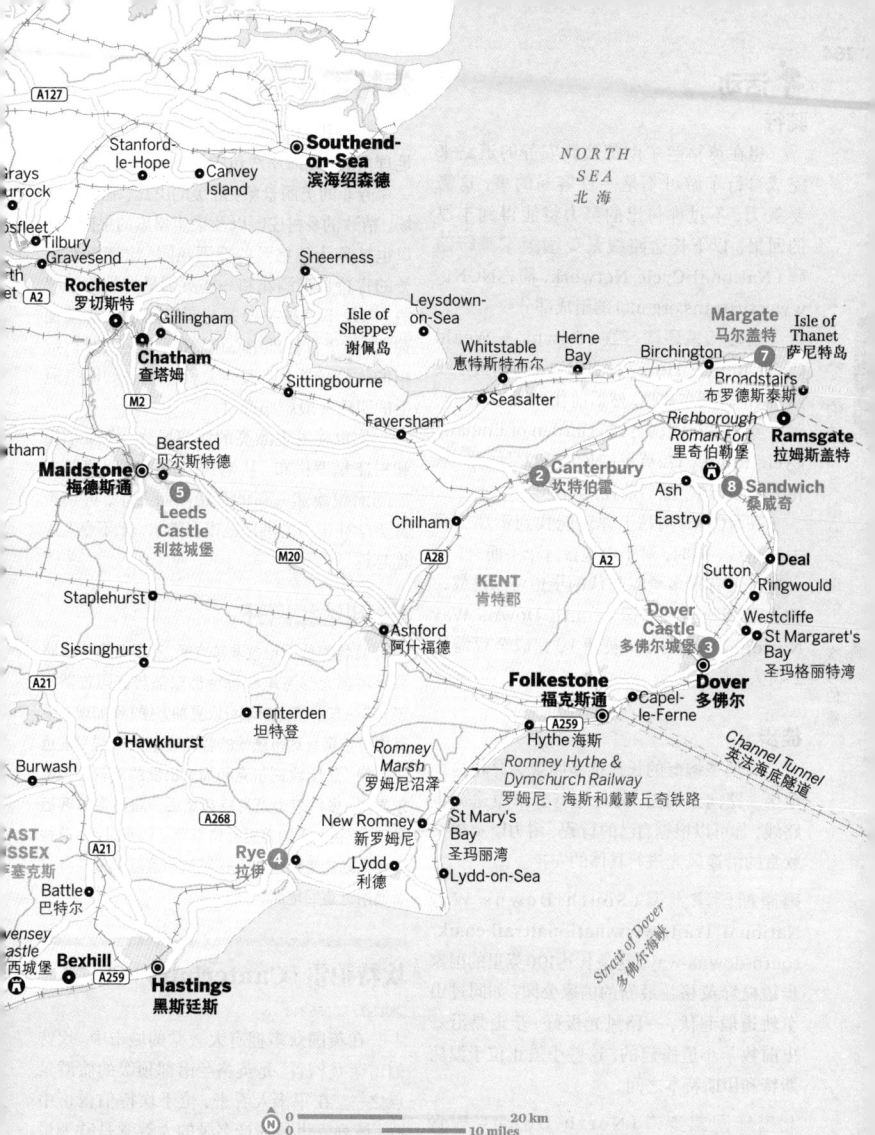

⑥ **比奇角**（见187页）登高望远，欣赏壮观的雪白色白垩岩海角。

⑦ **马尔盖特**（见171页）在东南部的艺术之都，与时尚潮人打成一片。

⑧ **桑威奇**（见175页）不可抗拒地迷失在错综蜿蜒的中世纪街巷中。

⑨ **伊斯特本**（见186页）在东南部最时尚的海滨漫步，探访比奇角巍峨险峻的悬崖。

活动

骑行

想在英格兰东南部找到安静的道路来完成自行车游可不是一件容易的事，这需要毅力，不过你付出的努力将能得到丰厚的回报。以下长途路线是英国国家骑行路网（National Cycle Network，简称NCN；www.sustrans.org.uk）的组成部分：

丘陵和荒原骑行线（Downs & Weald Cycle Route；110英里；NCN2、20和21号路）从伦敦到布赖顿，然后前往黑斯廷斯。

英格兰花园骑行线（Garden of England Cycle Route；172英里；NCN1和2号线路）从伦敦到多佛尔，然后前往黑斯廷斯。

在NCN的网站上你还能找到不那么费力的路线。同时，对于山地自行车手而言，这一地区还有很多崎岖起伏的步道可以挑战，例如**南唐斯国家步道**（South Downs Way National Trail；100英里），完成全程需要2~4天。

徒步

有两条蜿蜒的长途徒步路线会穿越这片地区一路向西而去，此外还有多条短途徒步路线，你可以根据自己的行程、耐力以及想要欣赏的沿途风光进行具体的安排。

南唐斯国家步道（South Downs Way National Trail；www.nationaltrail.co.uk/south-downs-way）这条长达100英里的国家步道横穿英格兰最新的国家公园，如同过山车轨道般起伏，一路风光极好。步道是沿着史前牧羊小道修建的，这些小道正位于温切斯特和伊斯特本之间。

北唐斯国家步道（North Downs Way National Trail；www.nationaltrail.co.uk/north-downs-way）这条步道长153英里，始于萨里的法纳姆附近。从阿什福德附近到多佛尔这一路段拥有沿途最美的景色之一。即将接近终点还有段环线道路可通往坎特伯雷地区。

1066乡村步道（1066 Country Walk）从佩文西城堡通往拉伊，全长32英里，是南唐斯步道的延长线。

肯特郡（KENT）

肯特郡被誉为"英格兰花园"可是有充足理由的。在海岸线包围的边界内，你将发现一片芳菲的美丽景象：舒缓的山丘、肥沃的农场、精致的乡村庄园以及果实累累的果园。这里也被称为英格兰的啤酒花园，出产享有盛誉的肯特郡啤酒花和一些英国最好的艾尔啤酒，以及不胜枚举的葡萄园里酿造的优质葡萄酒。位于肯特郡中心位置的，是令人难以抗拒的坎特伯雷，迷人的大教堂更是如同皇冠上的明珠一般耀眼夺目。

你也将发现漂亮的海滨风光，海滩小镇和村庄星罗棋布。从老式风情的布罗德斯泰斯到面貌焕然一新的惠特斯特布尔，再到极富美学冲击力的港口城市多佛尔，无不令人流连忘返。

到达和离开

肯特郡往返伦敦非常方便，有两条高速线路将肯特郡北部海岸和肯特郡东部与英国首都相连。前往东萨塞克斯本可以更加方便（例如现在没有坎特伯雷直达布赖顿的客运班车），不过目前也还不错。法国敦刻尔克和加来出发的渡轮在多佛尔靠岸，多佛尔也是肯特郡最后一座跨海峡客运港口，成百上千的游艇会停靠镇上的西码头。前往欧洲大陆的主要通道——英法海底隧道则在福克斯通附近重回地面。

坎特伯雷（Canterbury）

☎01227 / 人口 55,240

在英国众多拥有大教堂的城市中，坎特伯雷荣登榜首，是英格兰南部顶级的旅游景点之一。在很多人看来，位于坎特伯雷市中心、被列入世界遗产名录的大教堂是欧洲最好的教堂之一。此外，这座城市狭窄的中古世纪小巷、河畔花园以及古老的城墙也都值得探索一番。坎特伯雷不仅能将你带回到往昔时光，它还是一座喧嚣热闹的繁忙城市，这里有活力四射的学生群体，有大量可供选择的酒馆、餐馆和独立商店。尽可能预订城里最好的旅馆和餐馆——虽然朝圣者不会再成群结队拥来，但游客们对坎特伯雷的热情依旧不减。

Canterbury 坎特伯雷

坎特伯雷和英格兰东南部 坎特伯雷

Canterbury 坎特伯雷

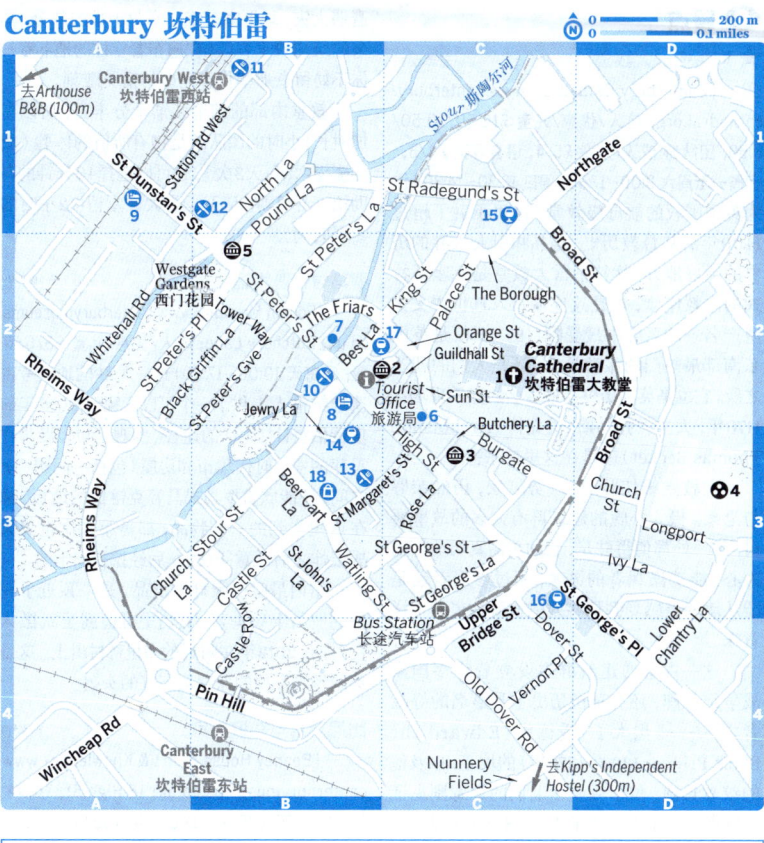

◎ 重要景点
- **1** 坎特伯雷大教堂.....................................C2

◎ 景点
- **2** 比尼艺术与知识之家 B2
- **3** 罗马时代博物馆...................................C3
- **4** 圣奥古斯丁修道院 D3
- **5** 西门塔楼...B2

◎ 活动、课程和团队游
- **6** Canterbury Guided Tours C2
- **7** Canterbury Historic River Tours...B2

◎ 住宿
- **8** ABode Canterbury...............................B2
- **9** House of Agnes.....................................A1

◎ 就餐
- **10** Boho...B2
- **11** Goods Shed...B1
- **12** Refectory Kitchen B1
- **13** Tiny Tim's Tearoom............................B3

◎ 饮品和夜生活
- **14** Foundry Brewpub............................... B3
- **15** Parrot...C1
- **16** Steinbeck & Shaw C3
- **17** Thomas Becket...................................B2

◎ 购物
- **18** Chaucer Bookshop B3

◉ 景点

★ 坎特伯雷大教堂
主教座堂

(Canterbury Cathedral; www.canterbury-cathedral.org; 成人/优惠/儿童 £12.50/10.50/8.50, 团队游 成人/儿童 £5/4, 语音导览 £4/3; ⊙周一至周六 9:00~17:30, 周日 12:30~14:30)作为英国国教的航母级教堂,这里承载了超过1400年的基督教历史,是品味引人入胜的历史的绝好地方。坎特伯雷大教堂是一座哥式的主教座堂,也是这座城市入选世界文化遗产名录的名胜中最受瞩目的,不仅是英国东南部最热门的旅游景点,还是人们的朝圣之所。它也是英国历史上最著名的谋杀现场:1170年,大主教托马斯·贝克特(Archbishop Thomas Becket)就是在这里被杀害的。

大教堂雄伟壮观、气势恢宏,历经荣辱与沧桑。摄人心魄的建筑群有太多的故事要讲,每一处都值得驻足,它的美丽真切地打动人心,能洗涤观者的灵魂,不过参观者还是能从墙壁上感受到那些残酷血腥往事的不祥意味。

这一古老的建筑群内设立着许多国家战争纪念碑,还有英国历史上最著名的好战者之一——"黑太子"爱德华(Edward the Black Prince; 1330~1376年)的坟墓,以及他的纹章长袍。位于教堂西北面的翼廊则见证了贝克特大主教凄惨的下场,800多年来,吸引了无数朝圣者前来祭奠。这里点着一根摇曳的蜡烛,还有一个华丽的现代祭坛。

祭坛旁边有门通往教堂地下室,这深邃空旷的地方是教堂的精华所在。1174年,教堂遭遇火灾,地下室是唯一幸免于难的部分,其余建筑均毁于一旦。在遍布着立柱的地下室,你不妨留意那些保存完好的精美雕刻。

教堂内部的细节装饰十分丰富,所以参加时长1小时的团队游是物有所值的体验(周一至周六,每天3次),也可以选择40分钟的自助语音导览游。请至少为大教堂留出2小时的参观时间。

罗马时代博物馆
博物馆

(Roman Museum; www.canterburymuseums.co.uk; Butchery Lane; 成人/优惠/儿童 £8/6/免费; ⊙每天 10:00~17:00)这一美妙的地下考古遗址给世人提供了一个可以管窥2000多年前坎特伯雷日常生活的途径。参观者可以漫步在重建的罗马时代集市和房屋(包括一间厨房)之间,还能欣赏罗马式马赛克镶嵌的地板。你在这里看到的一切物品,都是第二次世界大战轰炸之后无意间现世,后经挖掘出土的。

馆内最吸引眼球的展品,是一顶近乎完整的罗马士兵头盔,其历史可追溯至凯撒入侵时期,2012年在附近的布里奇村出土。这是英国考古发掘的保存最完好的头盔。

比尼艺术与知识之家
博物馆

(Beaney House of Art & Knowledge; www.canterburymuseums.co.uk; 18 High St; ⊙博物馆 周二至周六 10:00~17:00, 周日 12:00~17:00; ▣) **免费** 在坎特伯雷市主要的购物大街上,这座仿都铎王朝风格的建筑即便不是最原汁原味的,至少也是最为壮观的。这里曾被称作皇家博物馆与艺术展馆(Royal Museum &

《坎特伯雷故事集》(THE CANTERBURY TALES)

如果要为英国文学定义一位文学之父,那非杰弗里·乔叟(Geoffrey Chaucer; 1342~1400年)莫属。乔叟是第一个在虚构故事中引入独立角色(而非某种"类型人物")的英语作家,在其最为世人所熟知的作品《坎特伯雷故事集》中,这一特色更是被发挥到了极致。

《坎特伯雷故事集》起笔于1387年,直到乔叟去世时也未能终稿。作品用很难读懂的中世纪英语撰写,记录了一群朝圣者在从伦敦前往坎特伯雷的旅程中讲述的24个生动的故事。乔叟成功地借朝圣者之口讲故事(尽管他的形象也出现在了《坎特伯雷故事集》中),这样的背景也使得他作为作者获得了空前的创作自由。时至今日,《坎特伯雷故事集》依然是文学经典作品的基石之一。而最值得称颂的是,这部作品通过幽默的笔触展现了通奸、淫逸、犯罪和令人不安的风流韵事等逸事,还融入了乔叟对于人性的睿智洞察。

Art Gallery），自1899年起，这里就集坎特伯雷主图馆、博物馆和艺术展览馆于一身，而它现在的名字也是为了纪念19世纪捐资建造建筑的捐助人（Beaney）。除此之外，它还是城里的主图书馆和旅游局（见169页）所在地。这里五花八门的展览值得你在参观重要景点之余来此逗留半个小时。

圣奥古斯丁修道院 遗址

（St Augustine's Abbey; EH; www.english-heritage.org.uk; Longport; 成人/优惠/儿童£6.20/5.60/4.10; ⏰4月至9月 10:00~18:00，10月至17:00，11月至次年3月 周六和周日 至16:00）圣奥古斯丁修道院是坎特伯雷世界遗产的一部分，但往往被忽略。建于公元597年的这座修道院是基督教在英格兰南部的重生之地，后来被征用为王室宫殿，由于年久失修，现在只剩下了一些残垣断壁。有一个小型博物馆以及免费的语音导览能帮助你尽可能了解修道院所承载的重要历史意义，让破败的遗址再度变得鲜活起来。

西门塔楼 博物馆

（West Gate Towers; www.onepoundlane.co.uk; St Peter's St; 成人/优惠/儿童£4/3/2; ⏰11:00~16:00）这是坎特伯雷仅存的中世纪古门，始建于1380年，里面有一座博物馆，主要展示这座建筑曾经作为监狱的景象。塔楼顶上的风景还不错，但是即使不进入其中，你也可以自娱自乐：看着来往的公共汽车都将后视镜折起，以便勉强挤过这座中世纪的拱门。

👆 团队游

Canterbury Historic River Tours 乘船游

（📞07790-534744; www.canterburyrivertours.co.uk; Kings Bridge; 成人/儿童£10.50/9.50; ⏰3月至10月 10:00~17:00）博学的导游同时也是精力充沛的划桨手，这趟数次荣膺大奖的斯陶尔河（River Stour）乘船游令人难忘。迷你游船通常从老织工屋（Old Weaver's House）后面出发。

Canterbury Guided Tours 步行游览

（📞01227-459779; www.canterburyguidedtours.com; 成人/优惠/儿童£8/7.50/6; ⏰2月至10月 11:00，外加7月至9月 14:00）这是由佩戴蓝绿徽章的专业导游带领的徒步导览游，会从坎特伯雷大教堂入口的对面出发。可以通过旅游局或在线订票。

🛏 住宿

Kipp's Independent Hostel 青年旅舍 £

（📞01227-786121; www.kipps-hostel.com; 40 Nunnery Fields; 铺£12.50~24.50，标单£22.50~40，双£40~68; @📶）旅舍就在红砖砌成的百年联排住宅内，地处僻静的居住区，距离市中心不到1英里。这里有让背包客感觉宾至如归的温馨氛围，宿舍干净整洁（尽管略显拥挤），还有适合自己下厨的厨房，以及一个宽敞的带电视的休息室。

★ABode Canterbury 精品酒店 ££

（📞01227-766266; www.abodecanterbury.co.uk; 30-33 High St; 房间£64起; 📶）这是坎特伯雷仅有的一家精品酒店，地理位置极佳，就在市中心。酒店为其72间客房划分了不同的级别，从"舒适"到"令人难以置信"（中间还有"令人羡慕"），而大部分的房间确实名副其实。一些匠心独具的细节设计包括手工床、欧式新古典沙发、粗花呢靠垫和漂亮而现代化的卫生间。酒店还附设极棒的香槟吧、餐厅以及小酒馆。

House of Agnes 酒店 ££

（📞01227-472185; www.houseofagnes.co.uk; 71 St Dunstan's St; 房间£89~129; 📶）这座看似有些破败的、带横梁的13世纪小旅馆曾经出现在狄更斯的小说《大卫·科波菲尔》中。酒店有8个主题房间，并且取了诸如"马拉喀什"（Marrakesh; 摩尔风情）、"威尼斯"（Venice; 饰有狂欢面具）、"波士顿"（Boston; 明亮通风）、"坎特伯雷"（Canterbury; 配以古董及厚重织物）的房间名称。如果你更喜欢简约、线条明晰的房间，酒店里还有8间相对没那么有趣的"马厩房"，但舒适程度不相上下，就在花园附属建筑中。

Arthouse B&B 民宿 £££

（📞07976-725457; www.arthousebandb.com; 24 London Rd; 房间£140起; 🅿📶）这里曾

是19世纪的消防站，现在则是坎特伯雷最安逸的住所，在此住上一晚就好像是睡在一间超酷的艺术学生公寓里。民宿集各式风格于一体，时尚气息扑面而来，家具是由当地设计师设计的，而艺术作品则是由一群讨人喜欢的艺术家老板创作的——民宿后面就是他们的工作室。

✖ 就餐

Tiny Tim's Tearoom　　　咖啡馆 £

（www.tinytimstearoom.com; 34 St Margaret's St; 主菜 £6~10; ⓧ周一至周六 9:30~17:00, 周日 10:30~17:00）这个20世纪30年代的漂亮咖啡馆在2015年被评为"肯特郡年度最佳茶室"绝非偶然。这里为饥肠辘辘的购物者提供丰盛的早餐，不仅充满各种肯特郡食材，还有多层的蛋糕、松脆饼、黄瓜三明治以及抹着凝脂奶油的司康饼。在忙碌的购物日，你要排队很久才能坐上餐桌。

Refectory Kitchen　　　英国菜 £

（☎01227-638766; www.refectorykitchen.com; 16 St Dunstan's St; 主菜 约£8; ⓧ周一至周六 8:00~17:00, 周日 9:00~15:00）这座木梁结构的小咖啡馆全天供应极受欢迎、元气满满的早餐食物，以及品种不多的简单午餐和晚餐主菜，菜肴尽可能采用肯特郡自产食材。服务十分热情，但是用餐时段会非常忙。

Boho　　　各国风味 £

（www.bohocanterbury.co.uk; 27 High St; 小吃 £5~15; ⓧ周一至周四 9:00~18:00, 周五和周六 至21:00, 周日 10:00~17:00）这家时尚的小餐馆位于主城区，地理位置颇佳，格外受欢迎，在繁忙的购物日子里，如果你还能找到一张空餐桌那运气真是太好了。时髦、复古的餐厅里播放着轻快的背景音乐，食客们则是忙不迭地大快朵颐：超大的汉堡、让人吃到撑的早餐以及由老板亲自烹饪的富有创意的各国风味主菜。这里不接受预订，所以做好排队的准备。

★ Goods Shed　　　市场 ££

（☎01227-459153; www.thegoodsshed.co.uk; Station Rd West; 主菜 £17.50~20; ⓧ市场 周二至周六 9:00~19:00, 周日 至16:00, 餐馆 12:00~14:30和18:00至最后一位顾客离开）这里集香味四溢的农贸市场、食物展厅以及超棒的餐馆于一体，由坎特伯雷西站（Canterbury West train station）旁的仓库改建而成。无论是喜欢自己下厨的人，还是更愿意坐下享用现成美食的人，都能在这里找到心仪的选择。上层结实的木桌能够让你暂时远离喧闹的集市，不过你依然能将那些令人食欲大开的食品摊档尽收眼底。每日特色菜都是用被誉为"英格兰花园"的肯特郡最新鲜的农场食材制作的。

🍷 饮品和夜生活

Foundry Brewpub　　　精酿酒厂

（www.thefoundrycanterbury.co.uk; White Horse Lane; ⓧ周一至周四 12:00至午夜, 周五和周六 至深夜, 周日 至23:00）这家坎特伯雷精酿酒吧的酒头里有获得业内大奖的精酿啤酒。酒吧所在的工业风格建筑，曾经是纽约第一批街灯的生产工厂。店里还有品种繁多的艾尔啤酒以及苹果酒，来自本地或英国各地，供应小吃和简餐，正在计划酿造自己的杜松子酒和伏特加。

Steinbeck & Shaw　　　夜店

（www.facebook.com/steinbeckandshaw; 41 St George's Pl; ⓧ周一至周四 18:00至次日2:00, 周五和周六 至次日3:00）坎特伯雷市中心最棒的夜场，内部装修是21世纪的超酷风格，充满了都市和复古元素。每周现场活动主打摇滚和浩室，在学生、游客和肯特郡时尚人士中都颇具人气。

Thomas Becket　　　酒馆

（www.facebook.com/thethomasbecketpubrestaurant; 21 Best Lane; ⓧ周一至周四 10:00至午夜, 周五和周六 至次日00:30, 周日 至23:30）这是家典型的英式酒馆，有一个花园，饱满的啤酒花从木架上挂下来，吸引了许多啤酒爱好者前来畅饮艾尔。传统装饰包括铜壶，座位也十分舒服，冬天的夜晚还有壁炉可以取暖。这里的酒吧食物也相当不错。

Parrot　　　酒馆

（www.parrotcanterbury.co.uk; 1-9 Church Lane; ⓧ正午至23:00; ☎）这家酒馆是1370年

在罗马时代的遗址上建起来的，堪称坎特伯雷最古老的酒馆。楼下是温暖舒适、布满横梁、略显高端的酒吧区，楼上则是广受赞誉的餐厅，有着更多的老式橡木装饰。酒吧区和餐厅都供应当地酒厂酿造的艾尔啤酒。

购物

Chaucer Bookshop 书籍
（www.chaucer-bookshop.co.uk; 6-7 Beer Cart Lane; ⊙周一至周六 10:00~17:00, 周日 11:00~16:00）这里有古籍和二手书籍，以及有趣的印刷品和画作。

实用信息

旅游局（☎01227-862162; www.canterbury.co.uk; 18 High St; ⊙周一至周三和周五 9:00~18:00, 周四 至20:00, 周六 至17:00, 周日 10:00~17:00; ☎）位于比尼艺术与知识之家，工作人员可以帮忙预订旅馆、行程以及戏剧票。

到达和离开

长途汽车

坎特伯雷市的**长途汽车站**（St George's Lane）就在城墙内。有从坎特伯雷前往下目的地的班车：

多佛尔（Dover; £5.70, 34分钟, 每小时3班）
伦敦维多利亚火车站（London Victoria; National Express; £10, 2小时, 每小时1班）
马尔盖特（Margate; £5.70, 1小时, 每小时2班）
拉姆斯盖特（Ramsgate; £5.70, 45分钟, 每小时1班）
桑威奇（Sandwich; £4.20, 40分钟, 每小时3班）
惠特斯特布尔（Whitstable; £5.20, 30分钟, 每10分钟1班）

火车

坎特伯雷有两个火车站，坎特伯雷东站（Canterbury East）的火车发往伦敦维多利亚火车站，而坎特伯雷西站的火车前往伦敦查令十字以及圣潘克拉斯火车站。从坎特伯雷可前往以下目的地：

多佛尔修道院（Dover Priory; £8.50, 28分钟, 每30分钟1班）从坎特伯雷东站发车。
伦敦圣潘克拉斯火车站（London St Pancras; £38.70, 1小时, 每小时1班）高速铁路。
伦敦维多利亚/查令十字火车站（London Victoria/Charing Cross; £32.60, 1.75小时, 每小时2班）

惠特斯特布尔（Whitstable）

☎01227 / 人口 32,100

或许是因为自罗马时代以来就一直广受赞誉的多汁牡蛎，或许是由于那些装饰着护墙板的房屋和布满小圆石的海滩，或许是为了那令人愉悦的老式街道以及街上遍布的小巧画廊、一成不变的运动用品店和出售复古服装的百货商店，也或许是所有的这一切加

不要错过

利兹城堡

这座被护城河环绕的雄伟的**利兹城堡**（Leeds Castle; www.leeds-castle.com; 成人/优惠/儿童 £24.90/21.90/17.50; ⊙4月至9月 10:00~18:00, 10月至次年3月 至17:00）就在梅德斯通（Maidstone）东边，是英国游览人数最多的城堡之一。巍峨高大的城堡矗立于两座小岛之上，以"女士城堡"而闻名——这是因为在其1000多年的历史中，先后有数位中世纪王后在此居住过，其中最著名的当属亨利八世的第一任妻子——阿拉贡的凯瑟琳（Catherine of Aragon）。

数个世纪以来，城堡逐渐从御敌的堡垒变成了奢华的宫殿。其最后一任主人、热衷社交的贝莉夫人（Lady Baillie）将其作为豪华家庭住宅使用，并设有一个专供派对使用的场所，以招待埃罗尔·弗林（Errol Flynn）、道格拉斯·费尔班克斯（Douglas Fairbanks）以及肯尼迪（John F Kennedy）等名流。利兹城堡的庄园面积广阔，有足够的景点供游客参观欣赏：你可以闲逸地散步，参观鸭场、鸟舍，欣赏猎鹰训练的表演，还会发现可能是全球唯一的狗项圈博物馆。此外，这里也不乏供孩童玩耍的地方，还有巨大的树篱迷宫。

你可以从伦敦维多利亚火车站乘坐前往贝尔斯特德（Bearsted）的火车，然后在那里搭乘专线车前往城堡。

在一起,总之都使得惠特斯特布尔逐渐成为大都市居民远离喧嚣的周末度假胜地。从坎特伯雷出发,搭乘当地客运班车,就可以来这里进行轻松愉快的一日游。

每年7月底的一周,镇上都会举办**惠特斯特布尔牡蛎节**(Whitstable Oyster Festival; www.whitstableoysterfestival.co.uk; ⓒ7月底),这是集海鲜、艺术和音乐于一身的盛会,从历史徒步游、抓螃蟹赛到吃牡蛎大赛,再到啤酒节以及传统的"圣水仪式",活动丰富多彩。

🛏 住宿

Whtstable Bay 民宿 ££

(☏01227-779362; www.whitstablebay.com; 74 Joy Lane; 标单/双 £65/70起; 🅿🛜)这家口碑爆棚的民宿位于高街(High St)西端不远处,步行即可到达,三间井井有条、装修时尚的房间位于一片宁静的住宅区内。免费提供欧式早餐,如果想要纯正的英式早餐则需额外支付£6.50。

Hotel Continental 酒店 ££

(☏01227-280280; www.hotelcontinental.co.uk; 29 Beach Walk; 房间 £75起; 🛜)这栋典雅的装饰艺术建筑位于海滨,明亮通风的房间里设有浅色木墙、亮白色的床以及整洁的浴室。酒店内还有一间不错的餐厅兼酒吧。

🍽 就餐

Samphire 新派英国菜 ££

(☏01227-770075; www.samphirewhitstable.co.uk; 4 High St; 主菜 £13~18; ⓒ周日至周四 9:00~21:30, 周五和周六 8:30~22:00)简单而别致的桌椅板凳、大幅壁纸和黑板菜单,为精心制作的美味佳肴搭建起完美的舞台。菜肴都采用最具肯特郡风味的食材。一道有趣的配菜是与餐厅同名的海蓬子(samphire)——它类似于芦笋,生长在海边的悬崖峭壁上,是肯特郡餐厅情有独钟的野生食材。

★ Sportsman Pub 英国菜 £££

(www.thesportsmanseasalter.co.uk; Faversham Rd, Seasalter; 主菜 约£22; ⓒ餐馆 周二至周六 12:00~14:00和19:00~21:00, 周日 12:30~14:45, 酒吧 周二至周六 12:00~15:00和18:00~23:00, 周日 12:00~22:00)这座位于惠特斯特布尔以东4英里、毫无特色的村庄Seasalter名字奇特,如果不是因为东肯特郡唯一一家一星级米其林餐饮店坐落于此,肯定不会有那么多游人纷至沓来。这家名为Sportsman Pub的酒馆选用来自大海、沼泽和树林的当地食材,由惠特斯特布尔本地出生的大厨斯蒂芬·哈里斯(Stephen Harris)掌勺,打造出别具一格的肯特郡独创菜肴,连美食评论家都会赞不绝口。

Wheelers Oyster Bar 海鲜 £££

(☏01227-273311; www.wheelersoysterbar.com; 8 High St; 主菜 约£20; ⓒ周一和周二 10:30~21:00, 周四 10:15~21:00, 周五 10:15~21:30, 周六 10:00~22:00, 周日 11:30~21:00)走进这家浅绿色和粉色的餐厅,在吧台边找一张高脚凳,或者在仅设有四张餐桌的维多利亚风格餐厅坐下,然后从应季菜单中找到自己心仪的食物,就可以开怀享用惠特斯特布尔最棒的鲜美牡蛎了!这家餐厅对食材了如指掌,从1856年就开始为食客烹制牡蛎。除非你是自己一个人旅行,否则强烈建议预订。仅接受现金付款。

❶ 实用信息

旅游局(☏01227-770060; www.canterbury.co.uk; 34 Harbour St; ⓒ周一至周五 10:00~16:00, 周六 至17:00, 周日 11:00~17:00)位于Whitstable Improvement Trust商店内。

❶ 到达和离开

长途汽车

惠特斯特布尔有客运班车开往坎特伯雷(£5.20, 30分钟, 每10分钟1班)和伦敦维多利亚火车站(£13.70, 2小时, 每天1班)。

火车

惠特斯特布尔有火车开往:

伦敦圣潘克拉斯火车站(£28, 80分钟, 每小时1班)

伦敦维多利亚火车站(£22, 80分钟, 每小时1班)

马尔盖特(£7.20, 20分钟, 每小时2班)

拉姆斯盖特(£9.30, 36分钟, 每小时2班)

值得一游
查塔姆旧造船厂

在查塔姆河边，这座正在申报联合国世界遗产的古老造船厂（Chatham Historic Dockyard; ☎01634-823800; ww.thedockyard.co.uk; Dock Rd; 成人/优惠/儿童£24/21.50/14; ⊙2月中旬至3月和11月10:00~16:00, 4月至10月至18:00)占据了曾经的皇家海军造船厂三分之一的厂区。它可能是目前世界上保存最完好的18世纪造船厂设施，如今被改建为一个展示"大航海时代"的海事博物馆。馆内的展品包括经过修复的船只、各种造船主题的展览以及仍在工作的蒸汽火车。

马尔盖特（Margate）

☎01834 / 人口 49,700

两个多世纪以来，马尔盖特一直是深受欢迎的度假胜地。20世纪末，这里一度经历了漫长而暗淡的萧条期，当时英国的度假客们都摒弃了这一充满维多利亚风情的老牌小镇，转而前往无忧无虑的西班牙海岸。但是如今，这一拥有细沙沙滩、与艺术有着千丝万缕联系的老资格海滨度假胜地，已经成功摆脱了低迷状态。包括壮观的特纳当代美术馆在内的大型文化复兴项目，正逐渐让马尔盖特重拾昔日风采。在最为热闹的时节，你甚至可以在时尚的咖啡馆里听到不说英语的游客在窃窃私语，古老小镇上精心打造的商业区也变得充满活力。

◎ 景点

★ 特纳当代美术馆　　　　　　美术馆

（Turner Contemporary; www.turnercontemporary.org; Rendezvous; ⊙周二至周日 10:00~17:00) 免费 这个造成轰动的当代艺术展馆与英国绘画大师约瑟夫·马洛德·威廉·特纳（JMW Turner）居住过的海滨住宅连在一起，是东肯特郡最受热捧的景点之一。美术馆的外观看似平淡却十分醒目，馆内除了展出的艺术杰作外，唯一能让眼睛分神的便是落地窗外那无与伦比的海景。而这些正是特纳如此深爱马尔盖特的原因——这里有碧海、蓝天以及被北肯特郡海岸折射的斑驳日光。

美术馆展出的顶级当代艺术作品都出自艺术大师之手，例如翠西·艾敏（Tracey Emin; 在马尔盖特长大)以及亚历克斯·卡茨（Alex Katz)。参观完艺术品后，你不妨去咖啡馆试试别具匠心的菜肴，礼品商店也值得一逛。

贝壳洞　　　　　　　　　　　洞穴

（Shell Grotto; www.shellgrotto.co.uk; Grotto Hill; 成人/优惠/儿童£4/3.50/1.50; ⊙4月至10月 10:00~17:00, 11月至次年3月 周六和周日 11:00~16:00）马尔盖特最具特色的景点就是这座1835年被发现的神秘地下洞穴。洞穴内遍布幽闭的房间和走道，而且嵌满了460万颗贝壳，组成各种符号图案。多年来，洞穴引发了种种猜测热潮，有些人认为这是有着2000年历史的异教徒庙宇，有些人则认为这不过是19世纪人们精心设计的恶作剧。无论如何，这个与众不同的地方都值得一看。

梦幻乐园　　　　　　　　　游乐场

（Dreamland; www.dreamland.co.uk; Marine Tce; 门票 £5, 游乐项目 £1.50~5; ⊙10:00~18:00, 全年营业时间不定; ♿）在彩票和政府基金的帮助下，马尔盖特著名的游乐园在停业整修多年后，终于再次开门迎客。园内最吸引人的项目是"观光轨道"（Scenic Railway)，这是一条被列为遗产的20世纪20年代的木制过山车，不过现在看到的是2008年被人纵火之后重建的产物。除此之外，这里还有许多老少皆宜的游乐项目，其中一些设施是专门从英国各地被废弃的20世纪游乐园运来的。

⛉ 住宿

★ Reading Rooms　　　　　　民宿 £££

（☎01843-225166; www.thereadingroomsmargate.co.uk; 31 Hawley Sq; 房间 £170; ☏）这座建于18世纪不起眼的乔治式住宅地处一个宁静的广场，距离海边只有5分钟步程，算是奢华的精品民宿，充满时尚的气息。除了宽敞的房间、上过蜡的木地板和漂亮的法式仿古家具，还有散发着豪华日化用品香气的21世纪风格的浴室。早餐会直接送到你的房间。预订很重要。

Sands Hotel
精品酒店 £££

(☏01843-228228; www.sandshotelmargate.co.uk; 16 Marine Dr; 房间£130~265; ❉☎)这家漂亮时尚的精品酒店就坐落在马尔盖特海滨。酒店以低调的沙子色调为主题，拥有东南部最好的浴室，餐厅和大约半数的客房能欣赏到海湾的壮丽美景。入口隐藏在海滨的拱桥下面，旁边是酒店自己的夏季冷饮室。

✖ 餐饮

老肯特市场
市场 £

(Old Kent Market; www.theoldkentmarket.com; 8 Fort Hill; ⓘ9:00~20:00; ☏)这个重建的室内市场距离海滩咫尺之遥，里面挤满了各种潮流前沿的食肆，从新加坡街头小吃摊到美国快餐店，从比萨店到独具匠心的咖啡馆，可谓应有尽有。这里的音乐之声似乎从来不绝于耳，最醒目的莫过于入口处停放的红色双层巴士咖啡馆。

Hantverk & Found
海鲜 ££

(☏01843-280454; www.hantverk-found.co.uk; 18 King St; 主菜£7~17; ⓘ周四12:00~16:00和18:30~21:30, 周五至23:00, 周六12:00~23:00, 周日12:00~16:00)马尔盖特首屈一指的海鲜咖啡馆，以富有想象力的方式为食客们提供各种贻贝、牡蛎、蛤蜊、螃蟹以及当地水产，从做成韩式辣酱汤到清酒味噌腌制，或是搭配苹果酒酱汁、酸面包吐司等。餐厅装修极为简单，食材都来自育特郡本地，此外餐厅还是一间实验画廊，定期展出各种高品质的艺术作品。

The Lifeboat
酒馆

(1 Market St; ⓘ12:00至午夜)如果你正在寻找一家氛围独特的酒馆，那么不妨在夜幕降临后前往这个不羁、地道、实木装饰的小酒馆，在真火壁炉的陪伴下，欣赏定期举行的现场爵士乐演出，品味龙头里流淌的各种精酿啤酒和苹果酒。如同每个海员酒吧一样，这里的地板上甚至也能见到锯末(不过吐痰在这里是绝对禁止的)。

❶ 实用信息

旅游局(☏01843-577637; www.visitthanet.co.uk; Droit House, Stone Pier; ⓘ复活节至10月10:00~17:00, 11月至次年复活节 周二至周六10:00~17:00)旅游局就位于特纳当代美术馆旁边，提供所有与萨尼特岛相关的旅游信息。这里分发The Isle杂志，上面有萨尼特岛各种旅游信息列表，每年两期; 此外还有一份列出最新活动信息的免费报纸Mercury，每个季度一期。

❶ 到达和离开

长途汽车
当地长途汽车到达和离开的地点是Queen St和旁边的Cecil St两条街。

布罗德斯泰斯(Thanet Loop Bus; £2.20, 22分钟, 多达每10分钟1班)

坎特伯雷(£5.70, 1小时, 每小时2班)

伦敦维多利亚火车站(National Express; £8.60起, 3小时, 每天7班)

拉姆斯盖特(Thanet Loop Bus; £2.70, 29分钟, 多达每10分钟1班)

火车
火车站就在海滩附近。每小时都有1班火车发往伦敦维多利亚火车站(£24.40, 1小时50分钟), 每小时还有2班高速列车开往伦敦圣潘克拉斯火车站(£43, 1.5小时)。

布罗德斯泰斯(Broadstairs)

☏01843 / 人口 25,000

就在规模更大、更为热闹的邻居纷纷寻求复苏并希望重振昔日光辉时，精巧而充满历史气息的布罗德斯泰斯却格外安静，一如既往地继续着过去150年来最为擅长的事情——凭借其狭长的镰刀形沙滩[维京湾(Viking Bay)]以及沐浴在阳光下的浅海，令游客叹为观止、心醉神迷。查尔斯·狄更斯对此地情有独钟，1837~1859年的大部分夏天他都是在这里度过的。现在这一胜地不遗余力地大打维多利亚时代怀旧牌，但从伦敦蜂拥而至的度假者们显然更在意这里的晴朗天气。

◉ 景点

狄更斯故居博物馆
博物馆

(Dickens House Museum; www.dickensfellowship.org; 2 Victoria Pde; 成人/儿童£3.75/

2.10；☉复活节至6月中旬和9月中旬至10月13:00~16:30，6月中旬至9月中旬10:00~16:30，11月 周六和周日 13:00~16:30）这座古雅的博物馆是布罗德斯泰斯最热门的室内景点，也是Mary Pearson Strong的故居——她是狄更斯在《大卫·科波菲尔》中创作的贝西姨婆（Betsey Trotwood）一角的原型。这里展出了包括信件在内的众多狄更斯相关物品。

节日和活动

狄更斯文化节 文化

（Dickens Festival; www.broadstairsdickensfestival.co.uk; ☉6月中旬）布罗德斯泰斯最盛大的活动就是一年一度、为期一周的狄更斯文化节，而维多利亚裙装宴会及舞会更将文化节推向高潮。

食宿

★ Bleak House 历史酒店 £££

（☎01843-865338; www.bleakhousebroadstairs.co.uk; Fort Rd; 房间 £135~250, 公寓 £300; ❄）这里最初是建于拿破仑时期的可以俯瞰海滩的堡垒，查尔斯·狄更斯在布罗德斯泰斯与之巧遇时，它已经被改造成维多利亚风格的豪华住宅。于是狄更斯租了下来，在这里度过了22个夏天（1837~1859年）。从休闲酒吧即可以欣赏维京湾景色的科波菲尔套房以及一流的浴室，整个酒店都散发出独特的时代魅力。建筑团队游的时间是11:00~17:00。

★ Wyatt & Jones 英国菜 ££

（www.wyattandjones.co.uk; 23-27 Harbour St; 主菜 £6~21; ☉周三至周六 8:30~23:00, 周日 至17:00）布罗德斯泰斯最佳美食就在这家紧邻海滩的当代英式餐厅内。纯正的当地风味菜肴，例如惠特斯特布尔牡蛎、当地鳊鱼（bream）、贻贝和炸薯条，或者全天供应的极其丰盛的早餐。餐厅内部干净整齐，铺着金属蓝色的斑驳木地板，还有一面复古的镜面墙，你可以边照边感慨一下你那被店家美食撑圆的腰身。

❶ 到达和离开

长途汽车

从布罗德斯泰斯发车的客运班线包括：

另辟蹊径
萨尼特岛（ISLE OF THANET）

要前往萨尼特岛以及岛上的马尔盖特、拉姆斯盖特和布罗德斯泰斯城镇，并不需要穿上紧身潜水衣或搭船。将萨尼特岛和英国大陆分开的2英里宽的瓦恩特萨姆海峡（Wantsum Channel）早在16世纪时就已淤塞，并永久改变了东肯特郡的版图。作为孤岛的萨尼特在英国历史上曾有着举足轻重的地位。公元1世纪时，罗马人正是从这里登陆，展开了对英格兰的入侵。公元597年，圣奥古斯丁也是在这里登陆，从而开始对异教徒的改造。如果全球变暖的预测不变，那么到21世纪末时，萨尼特岛将再次成为一座岛屿。

坎特伯雷（£5.70, 1.5小时, 每小时2班）

伦敦维多利亚火车站（National Express; £6起, 3.25小时, 每天7班）

马尔盖特（Thanet Loop Bus; £2.20, 22分钟, 多达每10分钟1班）

拉姆斯盖特（Thanet Loop Bus; £1.70, 14分钟, 多达每10分钟1班）

火车

布罗德斯泰斯有火车开往伦敦维多利亚火车站（£36.60, 2小时, 每小时1班），还有高速列车开往伦敦圣潘克拉斯火车站（£39.30, 80分钟至2小时, 每小时2班）。

拉姆斯盖特（Ramsgate）

☎01843 / 人口 40,400

拉姆斯盖特是萨尼特岛上最多样化的城镇，相比马尔盖特，这里的氛围更加友好亲切。而相比古色古香的布罗德斯泰斯，这里又更加活泼轻快。作为英国唯一的皇家港口，拉姆斯盖特的城墙蜿蜒，海风轻轻抚过港内林立的船桅，一派宁静祥和的景象。在滨海区，随处可见酒吧以及现代化的街头咖啡馆，如果能再出一位明星大厨，那这座保持了神秘沧桑魅力的城镇就将跻身后起之秀之列。荣获"蓝旗海滩"称号（由欧洲环境保护教育协会颁发的称号，用以嘉奖高度重视环保的海滩和港口）的漂亮海滩和壮观的维多利亚风格建筑,都使它成为一处非常值得到访的地方。

◉ 景点

喷火式战斗机纪念馆　　博物馆

(Spitfire Memorial Museum; www.spitfiremuseum.org.uk; Manston Rd; ⏱4月至10月 10:00~17:00,11月至次年3月 至16:00) 免费 这座主题博物馆位于拉姆斯盖特镇中心西北大约4英里处的曼斯顿机场(Manston Airport),收藏了两架在第二次世界大战期间使用过的飞机:一架是喷火式战斗机(Spitfire),另一架则是飓风战斗机(Hurricane)。两架飞机看起来就如同刚出厂一般崭新,但其实十分脆弱,因此很遗憾,参观者无法登上飞机——不过可以进入一个简单的模拟器过过瘾。飞机周围是相关的飞行展览,很多展品都与曼斯顿机场在不列颠之战(Battle of Britain)所起的作用相关(当年多架喷火式战斗机曾驻扎于此)。

博物馆有一家可以看到机场跑道的精致咖啡馆。从国王街(King St)乘坐38路或11路公共汽车,跟司机说在离机场最近的地方下车即可。

拉姆斯盖特海事博物馆　　博物馆

(Ramsgate Maritime Museum; www.ramsgatemaritimemuseum.org; The Clock House, Royal Harbour; 成人/儿童 £2.50/1; ⏱复活节至9月 周二至周日 10:30~17:30)这家博物馆非常有趣,但是开放时间不固定,展示着在海岸线不远处古德温暗沙(Goodwin Sands)失事的600多艘船只的相关物品,那里是有名的凶险海域。

🛏 住宿

Glendevon Guesthouse　　民宿 ££

(☎01843-570909; www.glendevonguesthouse.co.uk; 8 Truro Rd; 标单/双 £52.50/70起; P🛜)🍴这家舒适的客栈由精力充沛且博学多才的老板运营,坚持生态环保的经营理念,提供各种可循环利用的设施,包括生态洗浴和体现细节的节能吹风机。颇具气势的维多利亚风格住宅与拉姆斯盖特海滨只有一个街区之隔,走廊上装饰有当地艺术家的作品。所

当地知识

重拾本地佳酿

乘船漂洋过海去法国加来品酒已然成为过去时了,很多肯特郡和萨塞克斯的美酒爱好者开始重拾故乡佳酿。肯特郡和萨塞克斯两地均出产英国最好的艾尔啤酒,而东南部的葡萄酒甚至比部分传统欧洲大陆知名酒商的葡萄酒更加醇香。

肯特郡的**牧人尼姆酿酒厂**(Shepherd Neame Brewery; ☎01795-542016; www.shepherdneame.co.uk; 10 Court St, Faversham; 团队游 £14; ⏱每天14:00)是英国历史最悠久的酒厂,用肯特郡当地生长的顶级啤酒花酿造芳香馥郁的啤酒。萨塞克斯则有**哈维家族酿酒厂**(Harveys Brewery; ☎01273-480209; www.harveys.org.uk; Bridge Wharf),酒厂的存在使得路易斯镇中心都沉浸在啤酒花的香味中。这两家酿酒厂的团队游都需要尽早预订。

就在不久前,但凡提及"英国葡萄酒",你听到的恐怕还是嗤之以鼻的评价。现在情况已大为改观。多亏了温暖宜人的气候以及锲而不舍的酿酒师,英国葡萄酒,尤其是一些起泡酒,已经拥有了一个固定的爱好者。

在萨塞克斯和肯特郡两地都能找到获过奖的葡萄园,这些葡萄园的白垩土壤和法国香槟区的类似。现在,很多葡萄园都会组织团队游以及品酒活动。一些最受欢迎的葡萄园包括距离威尔登(Wealden)1.2英里的**比登登葡萄园**(Biddenden Vineyards; ☎01580-291726; www.biddendenvineyards.com; £1慈善捐款; ⏱周一至周六 10:00~17:00,周日 11:00~17:00; 团队游 全年 周六 10:00,6月至9月 周三 10:00),以及B2082路上坦登(Tenterden)以南2.5英里处的**唐恩礼拜堂葡萄园**(Chapel Down Vinery; ☎01580-766111; www.chapeldown.com; Tenterden; 团队游 £15; ⏱团队游 3月至11月 每天)。

有的房间都配备小厨房，早餐是在公共餐桌上享用的，气氛很好。

Royal Harbour Hotel 精品酒店 ££

(☏01843-591514; www.royalharbourhotel.co.uk; 10-12 Nelson Cres; 标单/双 £79/100起; ⊚)这家精品酒店位于美丽的新月形海滩边，是两栋摄政时期联排别墅，氛围温馨而略显古怪——酒店里摆满各种书籍、杂志、桌游和艺术品。房间从小巧的航海风格"船舱房"到乡村风格的四柱床双人间不等，大部分可以眺望船舱林立风景画般紧致的景色。陈设与众不同，布置井井有条。

就餐

★ Royal Victoria Pavilion 酒馆食物 £

(www.jdwetherspoon.com; Harbour Pde; 主菜 £5~11; ⊚周日至周四 8:00至午夜，周五和周六至次日1:00; ⊚)自1904年以来，这个古老建筑物就如同一艘翻转的船一样卧在海滩上。其显眼的外观灵感源自凡尔赛宫的小剧院，仿佛在不经意间昭示着大英帝国海滨往昔的辉煌。2017年在连锁酒吧品牌Wetherspoons的帮助下，这里终于重焕生机，成为令人赞叹的美食汇聚地。

Bon Appetit 法国菜 ££

(www.bonappetitramsgate.com; 4 Westcliff Arcade; 主菜 £8~19; ⊚周二至周日 正午至14:30和18:30至深夜)这家上等的小酒馆是Westcliff地区最好的餐馆，简单的餐厅里供应法式创意菜肴，还能在室外餐区欣赏海港风景。原料使用当季食材，由本地供应商供货。精心烹制的主菜让人吃起来心情愉悦，例如鹿肉肠和烤卡芒贝尔奶酪等。

❶ 实用信息

旅游局(☏01843-598750; www.ramsgatetown.org; Customs House, Harbour Pde; ⊚10:00~16:00)这是一个很小的有员工驻扎的旅游局，架子上摆放的旅游小册子不受工作时间限制，可以随时取阅。

❶ 到达和离开

长途汽车

拉姆斯盖特有长途汽车发往以下目的地：

值得一游

达尔文故居

作为达尔文从1842年至1882年去世时的居所，**达尔文故居**(Down House; www.english-heritage.org.uk; Luxted Rd, Downe; 成人/优惠/儿童 £11.80/10.60/7.20; ⊚4月至9月 10:00~18:00, 10月 至17:00, 11月至次年3月 仅周六、周日开放)见证了达尔文进化论的理论发展历程。房屋和花园从外观上已经被恢复成达尔义时代的模样，包括达尔文进行了大量阅读和写作的书房，开展室内试验的图画室，以及花园和温室，后者还复原呈现了这位自然学家当年的一些户外试验。

该地区有三条自助游览路线，方便你追溯伟人的脚步。从布罗姆利北站(Bromley North)或布罗姆利南站(Bromley South)乘坐146路公共汽车，或者从奥尔平顿(Orpington)乘坐R8路汽车，都可到达。

布罗德斯泰斯(Thanet Loop Bus; £1.70, 多达每10分钟1班)

伦敦维多利亚火车站(National Express; £8.60起, 3小时, 每天6班)

马尔盖特(Thanet Loop Bus; £2.70, 29分钟, 多达每10分钟1班)

桑威奇(£3.20, 28分钟, 每小时1班)

火车

拉姆斯盖特有多趟列车发往伦敦维多利亚、伦敦圣潘克拉斯和伦敦查令十字火车站。车程从1.25小时到2小时不等，票价从£13~45。还有列车驶往桑威奇(£5.20, 12分钟, 每小时1班)和多佛尔(£10, 35分钟, 每小时2班)。

桑威奇(Sandwich)

☏01304/人口 5000

桑威奇如同一座鲜活的博物馆，这里有沉寂的中世纪小巷和古老的教堂，也有精美的荷兰式山墙、瓦片曲面屋顶以及悬挑木结构房子。而当你游览这一切时，实在很难想象这里曾是英格兰第四大城市，仅次于伦敦、诺里奇(Norwich)和伊普斯威奇

坎特伯雷和英格兰东南部 桑威奇

（Ipswich）。昔日的桑威奇作为往返欧洲大陆的门户城市，一度是伦敦港的竞争对手。但是到了16世纪，随着港口入口处沉积淤塞，接下来的400年时间里，这里逐渐隐退成一座与世无争的乡村古城。这里的遗址保护做得很好，很多景点都保持了原始的模样，100个座位的小巧电影院也被当作艺术装饰博物馆保存了下来。而相比现代交通工具，古董车与20世纪20年代的车库交易更加相得益彰。在桑威奇最具历史气息的核心区域，那些没有被列为文化遗产的建筑物都算是异类了。

◉ 景点

桑威奇纵横交错的中世纪及伊丽莎白时期的街道是漫步的完美之选，即便迷路了（很多人都会）也同样让人沉醉其间。尤其是斯特兰德街（Strand St），那是半木结构房屋最密集的街道之一。一些房子上华丽的砌砖显然是受到了350位佛兰德新教徒逃避难者（被称为"外来者"）的影响，他们在16世纪时应伊丽莎白一世的邀请来此定居。

桑威奇码头 (Sandwich Quay) 水滨

斯陶尔河（River Stour）沿岸散落着不少景点。小巧玲珑的建筑是亨利八世下令建造的燧石碉楼，现用来控制河上唯一一座桥的交通流量。附近还能看到建于1384年的渔夫门（Fishergate），它曾是进入桑威奇的主入口，来自欧洲大陆以及更远地方的货物正是通过这道门被运了进来。天气晴好时不妨登上**桑威奇河上巴士**（Sandwich River Bus；☏07958 376183；www.sandwichrb.co.uk；The Quay；成人/儿童 30分钟 £7/5，海豹观赏 £20/14；⊙4月至9月 周四至周日 11:00~18:00 每30~60分钟一次），就在桥边上。这趟水上巴士之旅可以带你欣赏斯陶尔河沿岸及佩格韦尔湾（Pegwell Bay）的众多美景，甚至还能看到海豹。

此外，你也可以选择通过这种有趣的方式前往**里奇伯勒堡**（Richborough Roman Fort；EH；www.english-heritage.org.uk；Richborough Rd；成人/优惠/儿童 £6.20/5.20/3.90；⊙4月至9月 10:00~18:00，10月 周三至周日 至17:00，11月至次年3月 周六和周日 至16:00）。

市政厅博物馆 博物馆

（Guildhall Museum；www.sandwichguildhallmuseum.co.uk；Guildhall；⊙周三至周日 10:00~16:00）**免费** 这座桑威奇的博物馆规模虽小，馆藏却very丰富，想要了解桑威奇，这是一个不错的起点。展览空间于2017年经过了彻底的翻修，以容纳2015年无意在桑伟奇档案馆发现的《大宪章》副本。其他展品则回顾了城镇作为五港同盟（见182页）之一的悠久历史，它在诸多战争中所发挥的作用，以及对重罪犯、私通者和假冒渔民施行的酷刑。

Salutation Gardens 花园

（www.the-salutation.com；The Salutation, Knightrider St；门票 £8；⊙3月至10月 10:00~17:00，11月至次年2月 至16:30）从渔夫门出发，沿途会发现这片藏身于1912年宅邸后面的精致花园，这就是由20世纪早期优秀的园艺设计师格特鲁德·杰基尔（Gertrude Jekyll）和建筑师埃德温·鲁琴斯（Edwin Lutyens）共同设计的Salutation Gardens。在2005年前后，这个精美的场所被英国电视节目*Gogglebox*的明星多姆·帕克（Dom Parker）和斯蒂夫·帕克（Steph Parker）重新赋予生命。院子里还有一个怡人的小茶室，你可以和多姆、斯蒂夫一起在他们的百万英镑豪宅中谈天说地。

圣彼得教堂 教堂

（St Peter's；☏01304-617295；www.stpeterschurch-sandwich.org.uk；King St；塔楼成人/儿童 £3.50/2.50；⊙塔楼 4月至9月 周二至周日 12:00~16:00，10月至次年3月 至14:00）这座桑威奇最古老的教堂如今已经不再作为礼拜场所使用。它是一个真正的多风格、多年代的混合体：教堂塔楼在1661年发生了戏剧性的倒塌，佛兰德"外来者"们给它重建了一个球状圆顶。2017年，这里正式向公众开放。如今你可以沿着狭窄的阶梯登上顶楼，欣赏桑威奇连绵成片的红瓦屋顶。

🛏 食宿

★ Bell Hotel 酒店 £££

（☏01304-613388；www.bellhotelsandwich.co.uk；Sandwich Quay；标单/双 £120/130起；🅿🛜）颇受高尔夫名流青睐的Bell Hotel自都

铎王朝时期起就矗立在桑威奇的码头区，不过大部分留下来的建筑是19世纪建造的。漂亮精致的楼梯通向豪华的客房，部分房间能欣赏到美丽的码头风景。Old Dining Room餐馆是东肯特郡最豪华的餐馆之一。

No Name Shop 熟食店、法式小馆 ££

（www.nonameshop.co.uk; 1 No Name'St; 小吃£1.90~6.25, 餐£6.95~13.50; ◎周一至周六9:00~17:00, 周日9.00 16:00）这家名号颇响的熟食店（楼下）兼法式小馆（楼上）由法国人经营，位于汽车站附近，是个香气四溢、令人愉快的地方。你可以在这里吃个"三明治"（桑威奇这个地名与"三明治"拼写一样）出品的三明治，或是叫作"oozylicious"的火腿面包，来点儿精致的菜肴，最后再喝一杯令人放松的法国饮品。餐厅深受当地人欢迎，有些人定期光顾，他们对这里的喜爱更胜过自己家的厨房。

❶ 实用信息

旅游局（☎01304-613565; www.open-sandwich.co.uk; Guildhall, Cattle Market; ◎4月至10月 周一至周六10:00~16:00）位于历史悠久的老市政厅内。

❶ 到达和离开

长途汽车

这里有长途汽车发往拉姆斯盖特（£3.20, 21分钟，每小时1班）、多佛尔（£4, 45分钟，每小时2班）和坎特伯雷（£4.20, 40分钟，每小时3班）。

火车

有列车开往多佛尔修道院火车站（£7.50, 22分钟，每小时1班）、拉姆斯盖特（£5.20, 12分钟，每小时1班）和伦敦圣潘克拉斯火车站（£43, 2小时，每小时1班）。

多佛尔（Dover）

☎01304 /人口 31,000

作为"五港同盟"之一，如今萧条的多佛尔也有过繁荣的岁月。但对于乘坐横跨英吉利海峡的渡轮或游船来到这里的旅行者而言，多佛尔废弃的战后建筑以及沧桑破旧的镇中心遗憾地成为英格兰给他们的第一印象，大多数人都是匆匆而过。幸运的是，多佛尔仍有能够"自救"的出色景点。凭借其至关重要的战略位置——离欧洲大陆非常近，这一港口城镇建有一个巨大的山顶城堡，其历史已经超过2000年。东西延伸、雄伟壮观的白色悬崖，也和温斯顿·丘吉尔或者不列颠之战一样，几乎成为英国人面对战争坚韧不屈的象征。

◉ 景点

★ 多佛尔城堡 城堡

（Dover Castle; EH; www.english-heritage.

多佛尔白崖（THE WHITE CLIFFS OF DOVER）

歌曲、电影和文学作品的赞颂让多佛尔白崖成为不朽，而事实上它们早已深深嵌入了英国人的民族精神中。对于一代又一代的游子和士兵而言，白崖就如同巨大的"欢迎回家"标志一般。白崖高100米，向多佛尔两侧绵延。最好的一段是从镇东面大约2英里处开始延伸的白崖，这段悬崖长达6英里，被称为**兰登崖**（Langdon Cliffs），如今由国民信托组织（National Trust）管理。

从**兰登崖旅游局**（☎01304-202756; www.nationaltrust.org.uk; ◎3月至10月 10:00~17:00, 11月至次年2月 11:00~16:00）出发，沿着悬崖顶部的石径徒步2英里（令人心旷神怡的一段路）就来到了坚固的维多利亚**南福尔兰角灯塔**（South Foreland Lighthouse; NT; www.nationaltrust.org.uk; 成人/儿童 £6/3; ◎导览游 3月中旬至10月 周五至周一 11:00~17:30）。这是第一座电力灯塔，1898年正是在这里完成了首次国际无线电传输。

有条小路沿悬崖延伸，远至**圣玛格丽特湾**（St Margaret's Bay），这是当地人非常喜欢的地方。

在圣玛格丽特湾崖壁小路的末端，可乘坐81路公共汽车返回多佛尔或继续前往迪尔（Deal; 每小时1班）。

Dover 多佛尔

坎特伯雷和英格兰东南部 多佛尔

Dover 多佛尔

◉ **重要景点**
1 班克西《英国脱欧》壁画 B2
2 多佛尔城堡 C1

◉ **景点**
3 多佛尔博物馆 B2
4 古罗马彩绘房 B2
5 战时秘密地道 D1

🛏 **住宿**
6 Dover Marina Hotel B3

🍴 **就餐**
7 Allotment A1

---

org.uk; 成人/优惠/儿童 £19.40/17.50/12; ⊙4月至7月和9月 10:00~18:00, 8月 9:30~18:00, 10月 至17:00, 11月至次年3月 周六和周日 10:00~16:00; P)城堡占据着多佛尔的制高点，令人过目难忘。当初建造坚实城堡的目的，就是守卫这个国家海防线上最脆弱的要塞，毕竟多佛尔距离欧洲大陆是最近的。这里的亮点是不容错过的**战时秘密地道** (secret wartime tunnels)和**巨塔**(Great Tower)，但这片巨大的区域还有许多其他值得参观的有趣景点，所以至少要留出3小时的游览时间，如果你best好好欣赏英吉利海峡对面的法国美景，所需时间更长。

城堡迄今已有2000年的历史。开阔的领地上，保留有**古罗马灯塔**(Roman lighthouse; 多佛尔城堡)的遗址，其历史能追溯到公元50年，可能是英国现存最古老的建筑。灯塔旁边则是经过修复的**圣玛丽教堂**(Church of St Mary; 多佛尔城堡)。

高耸的巨塔建于12世纪，城墙厚度达7米。这座中世纪的迷宫如今设有很多互动式展览和声光秀，能让参观者仿佛回到亨利二世统治时期。

但是，城堡中最吸引人的当属纵横交错的战时秘密地道。这些密闭的白垩岩通道最早是在拿破仑战争(Napoleonic Wars)期间挖凿的，到了第二次世界大战期间，地道进一步扩建成为战时指挥部以及医院。50分钟的导览游（每隔20分钟一趟，包含在门票内）很有意思，介绍了英国历史上非常著名的代号为"发电机"(Dynamo)的行动——1940年，数十万远征军从敦刻尔克(Dunkirk)成功撤退，命令就是从多佛尔城堡的秘密地道发出的。现在，这一壮举通过生动形象的方式得以再现，视频就投影到地道的墙上，声音在狭窄的地道里隆隆回响。在特定的时刻，整个通道会被映照得火光通红，而有些时候，参观者则会被笼罩在彻底的黑暗中。

★ 班克西《英国脱欧》壁画　　　　公共艺术

（Banksy Brexit Mural；York St和Townwall St的交叉路口）尽管"脱欧"公投早已尘埃落定，但萧条的港口小镇多佛尔可能是英国东南地区受"脱欧"影响最为深远的社区。或许正是出于这个原因，班克西选择了一个一眼就能望见的山墙来创作他的《英国脱欧》壁画——2017年5月的一个周末，这幅壁画突然就出现在世人面前。这幅巨大的艺术作品描绘了一名工人正在爬上梯子敲碎欧盟旗帜上的一颗黄色五角星，而欧盟的旗帜已然出现裂痕。

古罗马彩绘房　　　　　　　　　　遗迹

（Roman Painted House；www.theromanpaintedhouse.co.uk；New St；成人/儿童 £4/3；⊙4月至9月 周二至周日 10:00~17:00；Ⓟ）这处破败的20世纪60年代建筑里竟出人意料地藏着堪称阿尔卑斯山以北规模最大甚至可以说最令人惊艳的古罗马壁画。其中部分壁画描绘了巴克斯（Bacchus；古罗马神话中的酒神和享乐之神）——这实在是再贴切不过，因为公元200年左右建造这座大别墅的目的，就是为过往旅人打造一个用于休息和享乐的旅馆（mansio）。

🛏 食宿

Blériot's　　　　　　　　　　　　客栈 £

（☎01304-211394；www.bleriotsguesthouse.co.uk；47 Park Ave；标单/双 £38/58；Ⓟ🛜）这家客栈位于安静的住宅区，但所有的景点都在步行可达的范围内。共有8间宽敞的客房，一些光线充足的房间有着维多利亚时期的原建壁炉。有一个舒适的休息厅，客栈主人应该是你在东南部旅行所能遇到的最友好的人。早餐需另收费，价格是£7。

Dover Marina Hotel　　　　　　　酒店 ££

（☎01304-203633；www.dovermarinahotel.co.uk；Waterloo Cres；标单/双 £59/69起；🛜）这座建于19世纪70年代的漂亮海滨酒店距离多佛尔海滩只有很短的步程，拥有81间大小不一的房间。波状起伏不平的走道也能证明酒店建筑已有一定的历史。不过房间无可挑剔，时髦的民族风情织物、大印花壁纸和作为装饰的当代艺术品会令你感觉非常愉悦。有一半的房间能欣赏到无敌海景，其中10间房有极受欢迎的阳台。

★ Allotment　　　　　　　　　　英国菜 ££

（☎01304-214467；www.theallotmentrestaurant.com；9 High St；主菜 £5~17；⊙周二至周六 12:00~21:30）这家餐厅是多佛尔最好的餐馆，选用坎特伯雷附近的鲜鱼和本地产肉类作为原材料，调味用的香草就是从屋后那个安静的花园中采摘的，所有这些被制作成早餐、午餐和晚餐。在这个悠闲放松的地方用餐之后，可以再品尝一杯肯特郡葡萄酒，同时欣赏精致的彩绘玻璃窗对面的Maison Dieu（13世纪面向朝圣者开放的医院）。

ℹ️ 实用信息

旅游局（☎01304-201066；www.whitecliffscountry.org.uk；Market Sq；⊙全年 周一至周六 9:30~17:00，4月至9月 周日 10:00~15:00）位于多佛尔博物馆（www.dovermuseum.co.uk；Market Sq；⊙全年 周一至周六 9:30~17:00，4月至9月 周日 10:00~15:00）。

ℹ️ 到达和离开

船

前往法国的渡轮从城堡下面的东码头（Eastern Docks）出发。船票价格根据季节以及预订时间不同而有所差别。经营这一线路的商家经常有变化。

DFDS（☎0871-5747235；www.dfdsseaways.co.uk）有渡轮前往敦刻尔克（Dunkirk；2小时，每2小时1班）和加来（Calais；1.5小时，每小时至少1班）。

P&O Ferries（☎01304-448888；www.poferries.com）渡轮发往加来(1.5小时，每40~60分钟1班)。

长途汽车

多佛尔有长途汽车发往以下目的地：
坎特伯雷（£5.70，34分钟，每小时3班）
伦敦维多利亚火车站（Coach 007；£7.70起，2.5~3.5小时，每2小时1班）

拉伊（Rye；100路；£7.20, 2.25小时）
桑威奇（£4, 45分钟，每小时2班）

火车

从多佛尔可乘火车前往拉姆斯盖特（£10, 35分钟，每小时2班），经桑威奇、坎特伯雷（£8.50, 27分钟，每小时2班）和伦敦圣潘克拉斯、维多利亚以及查令十字火车站（£37~45, 1~2.5小时，每小时多达5班）。

东萨塞克斯（EAST SUSSEX）

绵延起伏的乡村风景，中世纪的小村庄，壮美的海岸线——只要天气晴朗，阳光普照，这个迷人的英格兰一角就挤满了来度周末的伦敦人。而当你漫步在拉伊由鹅卵石铺就的中世纪街道上，或徜徉于历史气息浓厚、征服者威廉（William the Conqueror）在1066年第一次与撒克逊人交锋的巴特尔（Battle），或是在雅致的海滨小镇伊斯特本附近感受动人心魄的七姐妹白垩岩悬崖（Seven Sisters chalk cliffs）和比奇角（Beachy Head）的壮丽美景时，你便会理解为何那些伦敦人会对此地情有独钟。对于任何旅行者而言，布赖顿都是不可错过的亮点，这里能为你提供丰富多彩的夜生活、不落俗套的购物体验以及英国海滨的无穷乐趣。想要远离喧闹，你可以前往南唐斯步道，横穿英国最新的国家公园南唐斯国家公园（South Downs National Park），经历一次难忘的徒步游。

拉伊（Rye）

☎01797 / 人口 4770

拉伊也许是英国东南部最古朴的小镇，就如同一小块浓缩了岁月精华的宝地，在这里，时光仿佛停滞，保留着原汁原味的中世纪风情，像是上帝不经意间按下了时间的暂停键。漫步于拉伊的鹅卵石小巷和散发着神秘气息的走道之间，静静观看倾斜的半木构造都铎王朝时期建筑，即便是久经世故的愤世者也很难不为之倾倒。而关于居住在此的走私犯、幽灵、作家和艺术家的种种传说，更是为拉伊平添一分色彩。

拉伊曾是五港同盟的其中一个港口，占

🚗 自驾游览
多佛尔至拉伊

起点： 东码头
终点： 拉伊
全长： 35.5英里；至少4小时
（不绕行邓杰内斯半岛）

路线沿白崖前行，横穿肯特和萨塞克斯边界的平坦沼泽，沿途可以探索一些东南部隐蔽的角落。往来于多佛尔、利德（Lydd）和黑斯廷斯之间的100路、101路、102路（The Wave）公共汽车也走这条路线。

起点是多佛尔繁忙的 ❶ **东码头** 的出口，所有横跨英吉利海峡的渡轮都在这里停泊。沿海滨走A20公路，几分钟后，这条双车道公路开始往多佛尔西边著名的白崖爬升。你的第一站—— ❷ **Samphire Hoe** 自然公园——就在城镇外面，拐个弯便到。这个突出来的开阔风景区建在白崖和海之间，使用了修建英法海底隧道（Channel Tunnel）时挖出的500万立方米白垩岩。公园是野餐的好地方，同时你还可以观察30种当地蝴蝶翩跹飞舞。

回到A20公路，往前开短短1.75英里，出公园到达村庄Capel-Le-Ferne（位于B2011公路）。村子尽头设有路标的地方是 ❸ **不列颠之战纪念碑**（Battle of Britain Memorial），这座醒目的纪念碑是献给参加"二战"决定性空战的飞行员们的，他们在肯特郡和萨塞克斯上空抗击纳粹德国空军。雕像刻画了一名飞行员坐在巨大的喷火式战斗机螺旋桨中央，平静地远望着英吉利海峡。附近还有一个多媒体游客中心和博物馆。返回B2011公路，几脚油的工夫就到了 ❹ **福克斯通**（Folkestone）的郊区。第一个环岛左转，然后第六个路口右转上多佛尔路（Dover Rd），这条路会带你进入这一度辉煌的旧度假区的中心。福克斯通曾深受享乐主义国王爱德华七世喜欢，也见证了一段被遗忘的英格兰海滨史，不妨在滨海公园Leas Coastal Park散散步，园内有亚热带植物群落。之后在老鱼市停下脚步，吃点炸鱼和薯条，然后漫步穿过福克斯通老城的创意街区（Creative Quarter），现在这

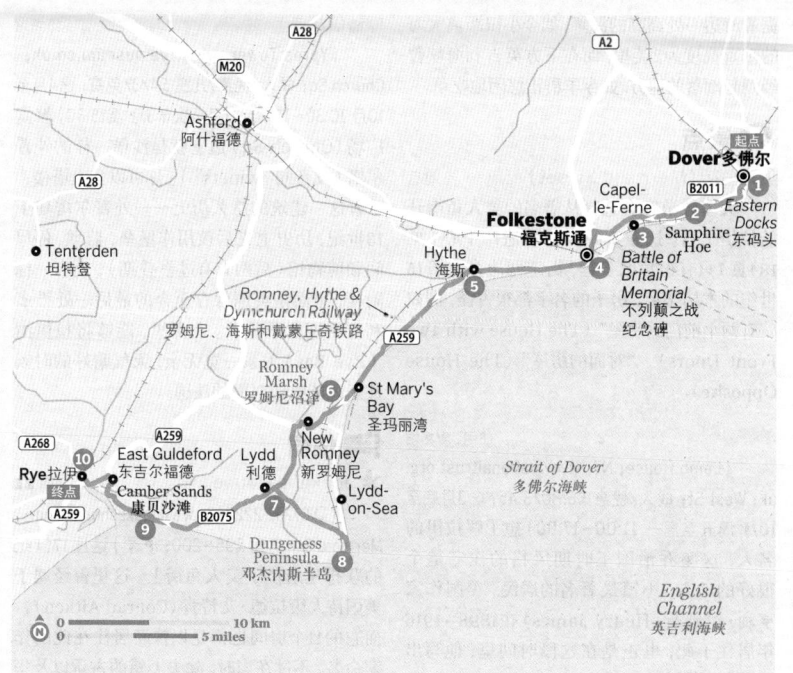

里随处可见艺术工作室和工艺品商店。

离开福克斯通向西开上A259桑盖特公路（Sandgate Rd），途经桑盖特，那里有古董商店和鹅卵石海滩。从那里再走2.5英里，到达迷人小镇 ❺ **海斯**（Hythe），它曾经是五港同盟（Cinque Port）之一，你在这里能花上一整天的时间细细游览。海斯不仅是迷人的窄轨罗姆尼、海斯和戴蒙丘奇铁路（Romney, Hythe and Dymchurch Railway, 简称RH&D Railway）的东部终点，皇家军事运河（Royal Military Canal）也从该镇流过。小镇里古朴的主街道和海滩都可以去看看。

往西走，经过一系列鹅卵石度假区，比如A259公路沿线的戴蒙丘奇和圣玛丽。现在，你已经驶离白崖，正在进入 ❻ **罗姆尼沼泽**。这片芦丛河床平坦、人烟稀少、风景如画，草场上绵羊点点。圣玛丽海湾（St Mary's Bay）和新罗姆尼（New Romney; 位于A259公路上）之间有一个游客中心（www.kentwildlifetrust.org.uk），有时间你也可以稍作停留。

新罗姆尼是另一个原五港同盟成员之一，离开镇子后左转进入B2075公路，便可开往 ❼ **利德**（Lydd）——这个古朴的城镇也曾经是五港同盟成员之一。从这里绕行偏僻的邓杰·斯公路（Dungeness Rd），可以横穿荒凉的平原—— ❽ **邓杰内斯半岛**（Dungeness Peninsula），那里一大片都被核电站占据。此外，它还是东南部最大的海鸟群落栖息地，亦是RH&D铁路的西部终点。

返回利德，沿B2075公路继续向西走6英里，就能抵达康贝（Camber）。或许你原以为整个南海岸只有鹅卵石海滩，那么就来这里的主要景点 ❾ **康贝沙滩**（Camber Sands）看看吧。这里有延绵开阔的金沙，是野餐和漫步的理想之地。

接着B2075公路会蜿蜒穿过碎石遍地、灌木丛生的湿地，一直到小村东吉尔福德（East Guldeford），在此与A259公路会合。你应该从那里左转开往拉伊。沿路可以看到罗姆尼沼泽的税收主要来源——青翠平原上成千上万只正在吃草的绵羊。沿A259公路穿过沼泽，最终可抵达东南部最雅致城镇之一的 ❿ **拉伊**。

据着海边一处高高的海岬。如今小镇距离大海的垂直高度为2英里,而在下方英吉利海峡曾经潮起潮落的地方,如今羊群正悠闲地吃草。

◉ 景点

美人鱼街（Mermaid Street） 地区

大多数游客会选择从著名的美人鱼街开始拉伊之行。这条街距离拉伊遗产中心（见184页）只有很短的步程,街道两边矗立着15世纪的木桁架屋,房子的名字都很古怪,例如"有两个前门的房屋"（The House with Two Front Doors）、"对面的房屋"（The House Opposite）。

羊屋 住宅、博物馆

（Lamb House; NT; www.nationaltrust.org.uk; West St; 成人/优惠 £6.80/3.45; ◎3月底至10月 周五至周一 11:00~17:00）想了解拉伊的名人,这座乔治国王时期风格的住宅是个很好的地方。小镇最著名的居民、美国作家亨利·詹姆斯（Henry James）在1898~1916年居住于此,也正是在这段时间里,他写出了《鸽之翼》（The Wings of the Dove）。在2017年之前,这里一直是一处私人宅邸,但是随着居住者离去,国民信托组织向公众开放了更多房间,使游客能更加深入地体验当年的生活。对于崭露头角的作家,这里也专门提供了写作空间和课程。

外普尔塔 博物馆

（Ypres Tower; www.ryemuseum.co.uk; Church Sq; 成人/优惠/儿童 £4/3/免费; ◎4月至10月 10:30~17:00,11月至次年3月 至15:30）教堂广场（Church Sq）边上就是沙堡一样的外普尔塔（发音同"wipers"）。你可以登上塔楼,了解这一建筑的悠久历史——外普尔塔建于13世纪,历史上先后被用作堡垒、监狱、停尸间和博物馆（后两者有过重叠期）,还有一栋附楼,里面是英国保存至今的最后一处维多利亚时期女子监狱。在那里,能够将拉伊湾（Rye Bay）美景一览无余,天气晴好的时候甚至还能眺望对面的法国。

🛏 住宿

★ Jeake's House 酒店 ££

（☎01797-222828; www.jeakeshouse.com; Mermaid St; 房间 £95~200; Ⓟ🌐）这座17世纪的联排建筑位于美人鱼街上。这里曾经属于美国诗人康拉德·艾特肯（Conrad Aitken）,而它的11个房间也都是以曾经居住在此的作家命名。不过当时,除去上蜡的古玩以及华丽的布帘,其余装饰就可能略显平淡。酒店设有一个摆满图书的吧台,非常舒服。为了进一步彰显酒店复古风情的主题,早餐安排在18世纪的贵格会礼拜堂中享用。

Windmill Guesthouse 民宿 ££

（☎01797-224027; www.ryewindmill.co.uk;

五港同盟

由于地理位置靠近欧洲大陆,在盎格鲁—撒克逊时代,英格兰东南部的沿海城镇成为抵御外来侵袭的前哨。但因为缺少职业陆军以及海军,这些港口经常被召集起来从水陆两路抵御侵略者,以此来保护城镇和国家。

1278年,国王爱德华一世认可了这一古老的联盟并使之合法化,称之为"五港同盟"（Confederation of Cinque Ports,发音"sink ports"）。最初的五个港口——桑威奇、多佛尔、海斯、罗姆尼和黑斯廷斯,得到诸多赏赐以及特权。而这些港口要做的,就是出船出人保王国。在巅峰时期,"五港同盟"被认为是继英格兰王室和教会之后最有权势的组织。

不过随着海岸线的不断变化,一些同盟港口的港湾遭遇淤塞,加上一支职业海军开始驻扎在朴次茅斯（Portsmouth）,"五港同盟"日渐式微。五港总督（Lord Warden of the Cinque Ports）是一个颇具声望的头衔,现在专门授予王室忠实的官员。现任女王的母亲在去世之前一直担任五港总督,她去世后则由海军上将博伊斯勋爵（Admiral Lord Boyce）继任。曾经担任过这一要职的还有威灵顿公爵（Duke of Wellington）以及温斯顿·丘吉尔爵士（Sir Winston Chuchill）。

值得一游

巴特尔（BATTLE）

这个谦逊的村庄有句俗语："如果没有战役，就没有巴特尔。"1066年，法国诺曼底公爵威廉（William of Normandy）——也称"征服者威廉"——在这里赢得了决定性的胜利，打败了本地国王哈罗德（Harold）。在那之后，交战的山坡上便开始逐渐形成现在的巴特尔。如今游人都会拥入这里，来看当年哈罗德眼伤战败之处；而每年10月中旬访客人数最多，都来观看一年一度在战役旧址上的战争重演。

巴特尔修道院（Battle Abbey; EH; www.english-heritage.org.uk; High St; 成人/优惠/儿童 £11.20/10.10/7.80; ◎4月至9月 10:00~18:00, 10月至次年3月 周六和周日 至16:00）标志着当年一战的中心作战区，而这场战役对整个国家的社会结构、语言以及人部分的事情都产生了前所未有的影响。战役结束四年之后，诺曼人开始在原来的战场上修建这座修道院，教皇下令以此向此地的逝者忏悔。最初的教堂只有地基保存了下来，祭坛的位置据推测就是哈罗德国王被箭射中眼睛的地点。

巴特尔有火车开往黑斯廷斯（£4.30, 15分钟, 每小时2班）和伦敦查令十字火车站（£29.40, 1小时20分钟, 每小时2班）。

Mill Lane; 双 £90起; Ⓟ⑨）这座白色的磨坊，风车扇叶依然完好无损，算得上是拉伊最与众不同的住处。建筑的外形意味着里面的房间大小各不相同，布置当然也是各异。颇为抢手的双层"风车磨坊套间"（Windmill Suite）在最顶上，拥有360度的全景风光。早餐在原先的谷仓里享用，八角形的宾客休息室位于风车磨坊的最底层。建议预订。

George in Rye 酒店 £££

（☎01797-222114; www.thegeorgeinrye.com; 98 High St; 双 £135起; ⑨）这家老牌马车驿站在保留本来特色的同时，也在尝试转型为具有当代风情的精品酒店。楼下是一个充满浓浓怀旧风情的实木护墙板结构的休息厅，原木壁炉火光闪烁，暖和舒适。而主楼的客房是由电影《傲慢与偏见》的布景师设计的，简约而时尚。这里最大的亮点是气派的旧舞厅，最初建于1818年，当时是本地农民的聚会场地。

Mermaid Inn 酒店 £££

（☎01797-223065; www.mermaidinn.com; Mermaid St; 标单/双 £90/140起; Ⓟ⑨）很少有酒店能自诩比Mermaid Inn更具历史风情，这家古老旅馆的历史可以追溯到1420年。共有31间客房，每个房间都与众不同——但全都有黑木横梁和铅条玻璃窗，光照充足，有些房间还有秘密通道，现在则作为安全出口。这里还拥有拉伊最好的餐厅之一。

🍴 就餐

Haydens 咖啡馆

（www.haydensinrye.co.uk; 108 High St; 小吃和餐 £4.50~9.50; ◎10:00~17:00; ⑨）这里长久以来都推崇有机食材和公平贸易产品，供应可口的煎蛋饼、农家午餐、沙拉和百吉饼。咖啡馆明亮且舒适，后面有一个极棒的架高露台，能俯瞰小镇及乡村的全景。楼上还有7间环保型客栈房间，非常不错。

Simon the Pieman 咖啡馆 £

（3 Lion St; 小吃 £1.50~10; ◎周一至周五 9:30~16:45, 周六 至17:30, 周日 11:30~16:45）许多当地下午茶行家都对拉伊这间历史最悠久的传统茶室情有独钟。店里供应罗姆尼沼泽（Romney Marsh）这一侧最棒的司康饼、奶油和果酱组合。虽然橱窗里的美食让人垂涎欲滴，但是冬季将你吸引进入室内的，很可能是店内熊熊燃烧的炉火。

Webbe's at the Fish Cafe 海鲜 ££

（www.webbesrestaurants.co.uk; 17 Tower St; 主菜 £13~18; ◎12:00~14:00和18:00至深夜）这间拉伊最棒的鱼肴餐厅陈设格外简单，自然光线从大大的拱形窗户洒入室内。菜单主打当地鱼类菜肴，例如拉伊湾比目鱼配苹果酱，以及啤酒面糊炸拉伊鳕鱼等。餐厅本身是一所厨师学校，也是每年3月"扇贝周"（Scallop Week）的举办地。

Landgate Bistro
英国菜 ££

（☎01797-222829；www.landgatebistro.co.uk；5-6 Landgate；主菜£15~20；⏰周三至周五19:00~23:00，周六12:00~14:30和18:30~23:00，周日12:00~14:30）拉伊中心地区有太多老式小饭馆，为了换换口味，你可以来这家有新鲜感的小酒馆。它离常规旅游路线略远，位于令人印象深刻的14世纪土地局（Landgate）附近，招牌菜是用本地羔羊和鱼精心烹制的菜肴。就餐空间非常随性，餐桌围着一个古老的火塘摆放。

❶ 实用信息

拉伊遗产中心（Rye Heritage Centre；☎01797-226696；www.ryeheritage.co.uk；Strand Quay；⏰4月至10月 10:00~17:00，11月至次年3月 开放时间缩短）在这里花£3.5便可观看有关小镇历史的视听模型展，楼上则是让人眼前一亮的自动贩卖机收藏展（仍然可以使用！）。该中心同时还组织小镇主题步行游览；浏览网站了解详细信息。

❶ 到达和离开

长途汽车
每小时有1班长途汽车发往多佛尔（100路；£7.20，2.25小时），每小时2班长途汽车发往黑斯廷斯（Hastings；100/101路；£6.40，40分钟）。

火车
每小时都有1班火车发往黑斯廷斯（£5.60，18分钟）。如果要前往伦敦圣潘克拉斯火车站（£34.60，1.5小时，每小时1班），需要在阿什福德（Ashford）换乘。

黑斯廷斯（Hastings）

☎01424 / 人口 98,500

黑斯廷斯注定永远和1066年的诺曼底入侵分不开，即使决定性的战役发生在6英里以外。它曾作为五港同盟成员之一而繁荣发展，在维多利亚时代达到鼎盛，一度成为英国最流行的度假胜地之一。如今，在经历战后衰退之后，黑斯廷斯开始了一场迷你的文艺复兴，如今这里集家庭海滨度假胜地、忙碌的渔港和艺术群体聚居地于一身，令人流连忘返。

◉ 景点

Stade
地区

（Rock-A-Nore Rd）黑斯廷斯的滨海地区被称为Stade[位于东丘（East Hill）脚下]，这里有许多与众不同的黑色隔板结构建筑，被称为"渔网商店"（Net Shop）。这些房子建于17世纪，原是用来储存捕鱼用具的，但是现在有些房子里已经进驻了鱼商，他们在那里低价出售欧洲最大出海渔船队打捞的海货，而货品一般就堆在隔板后面。所有这些跟打鱼有关的事情，使得Stade很大程度上成为一片工作场所，空气中还夹杂着柴油味和鱼内脏的味道。

黑斯廷斯城堡
遗迹

（Hastings Castle；www.discoverhastings.co.uk；Castle Hill Rd；成人/优惠/儿童 £4.95/4.25/3.95；⏰复活节至9月 10:00~16:00）这座城堡由征服者威廉下令建造，场地中有一个展览，讲述了城堡的故事以及1066年的黑斯廷斯战役。

哲尔伍德画廊
美术馆

（Jerwood Gallery；www.jerwoodgallery.org；Rock-A-Nore Rd；成人/优惠/儿童 £9/6/免费；⏰周二至周日 11:00~17:00）这个展览专用的大型场所位于Stade尽头，用于举办临时性的当代英国艺术展览，以及来自哲尔伍德的藏品主题展。大楼里有一个上好的咖啡馆，天气晴朗时可以欣赏到英吉利海峡的美景。建筑设计成黑色瓷砖外墙，毫不突兀地融入周围的渔网商店。

黑斯廷斯博物馆和美术馆
博物馆

（Hastings Museum & Art Gallery；www.hmag.org.uk；Johns Place, Bohemia Rd；⏰4月至9月 周二至周六 10:00~17:00，周日 正午至17:00，10月至次年3月 开放时间缩短）**免费** 从火车站往西步行一小段路，即可到达一座红砖大楼，里面就是这个不可思议的小博物馆。亮点包括精致的摩尔风格会客厅（Moorish Durbar Hall），以及约翰·罗杰·贝尔德（John Logie Baird）展区，后者以纪念约翰·罗杰·贝尔德在黑斯廷斯养病期间（1923年2月至1924年11月）发明了电视机。

黑斯廷斯码头 地标

(Hastings Pier; www.hastingspier.org.uk; 1-10 White Rock; ⏰每天10:00~21:00) 免费 黑斯廷斯上一次轰动全国新闻媒体是在2010年,当时它的维多利亚时期码头被烧毁。码头末端的舞厅也毁于一旦,撞击乐队(Clash)、性手枪乐队(Sex Pistols)、滚石乐队(Rolling Stones)、谁人乐队(The Who)、吉米·亨德里克斯(Jimi Hendrix)、平克·弗洛伊德(Pink Floyd)等都在那里演出过。2016年,在当地人募捐所得资金的支持下,码头作为多用途娱乐空间重新开放,开设了炸鱼和薯条店、各种商铺以及复古游乐设施等。浏览网站以查询近期活动预告,如露天电影和音乐会等。

🛏️ 住宿

The Laindons 民宿 ££

(☎01424-437710; www.thelaindons.com; 23 High St; 标单/双 £110/125起; 🛜) 这家舒适的民宿位于高街(High St)宁静街尾的一栋乔治亚风格二级保护建筑内,从前曾是一家马车驿站,步行五分钟即可抵达海边。海面的反光从巨大的乔治亚风格窗口倾泻到五间亮丽的客房内,让轻盈的当代设计和古典家具显得无比明亮。还可在公共餐桌旁享用房东亲自准备的早餐。

★ Swan House 民宿 £££

(☎01424-430014; www.swanhouseha stings.co.uk; 1 Hill St; 标单/双 £90/130起; @🛜) 这个地方建于15世纪,外部为木结构,内部完美结合了当代和复古的时尚。4间客房很有特色,提供有机化妆用品,摆放着鲜花,还有手绘的墙壁,床也非常大。宾客休息室里则有素色的沙发、刷过漆的地板以及醒目的现代雕塑,巨大的石头壁炉和横梁紧挨着雕塑,简直棒极了。

🍴 餐饮

St Mary in the Castle 咖啡馆 £

(www.stmaryinthecastle.co.uk; Pelham Pl; 主菜 £4.50~10; ⏰周日至周四 10:00~18:00,周五和周六 至22:00; 🛜) 在海滨一排毫无特点的咖啡馆里,这家极其闲适的地方无疑会让你眼前一亮。店内供应营养丰富的餐点,如烤豆腐、哈罗米芝士烤肉以及其他让人食指大动的特色菜。咖啡馆附近还有一座艺术中心和画廊,画廊位于教堂的地下室内,可免费参观。

Hanushka Coffee House 咖啡馆

(28 George St; ⏰9:30~18:00) 这里是黑斯廷斯最好的咖啡馆,有点像一个备货极其充足的二手书店,每寸墙都挤满了可供一读的书籍。昏暗的光线中,桌椅塞满局促的空间,大家不得不共享餐桌,或者你可以在沙发上找个空儿,也可以坐在窗沿上。

ℹ️ 实用信息

旅游局(☎01424-451111; www.visit1066country.com; Muriel Matters House, Pelham Pl; ⏰周一至周五 9:00~17:00,周六和周日 10:00~15:00)

ℹ️ 到达和离开

长途汽车

黑斯廷斯有长途汽车开往以下地点:

巴特尔(£3.20,28分钟,每小时1班)

伊斯特本(99路;£5.20,75分钟,每小时3班)

伦敦维多利亚火车站(National Express;£7.40起,2.75小时,每天1班)

拉伊(100/101路;£6.40,40分钟,每小时2班)

火车

黑斯廷斯有火车经由伊斯特本往返布赖顿(Brighton;£13.90,1小时至80分钟,每小时2班)、伦敦查令十字火车站(£24.40,2小时,每小时至少1班)、巴特尔(£4.30,15分钟,每小时2班)和拉伊(£5.60,18分钟,每小时1班)。

ℹ️ 当地交通

黑斯廷斯有两条维多利亚时期的古老缆车索道,即东丘崖铁路和西丘崖铁路,如果你要登高去崖顶又不愿费力步行,不妨搭乘这两条令人愉快的索道前往。**东丘崖铁路**(East Hill Cliff Railway; Rock-A-Nore Rd;成人/儿童 往返£2.70/1.70; ⏰4月至9月 10:00~17:30,10月至次年3月 周六和周日 11:00~16:00)从Stade出发,向山上开至黑斯廷斯郊野公园(Hastings Country Park)。而当游客前往山上黑斯廷斯城堡时,**西丘崖铁路**(West Hill Cliff Railway; George St;成人/儿童 往返

伊斯特本（Eastbourne）

☏ 01323 / **人口** 103,000

尽管被半官方地称为"不列颠阳光之城"（Britain's sunniest town），伊斯特本还是在逐步摆脱缺乏吸引力的刻板印象：它过去就像是寒冷海峡旁边的"死亡等候室"，到处是躺在帆布躺椅上打盹儿的耄耋老人，老式客栈里也住满了在公共假期来度假、日晒时间少缺乏维生素D的苏格兰人。要摆脱这一形象并不容易，不过2005年前后大批学生的到来和东南部许多葡萄牙人和波兰人社区的形成，开始给这座小城注入活力。

伊斯特本广阔的海滨长达3.5英里，棕榈树林立，是英国最壮丽的海滨之一。如今这里又增添了一间全新的现代艺术画廊，南唐斯国家公园也推动了西部郊外的发展，这些都使得伊斯特本成为从伦敦或布赖顿出发的一日游好去处。如果打算徒步100英里长的南唐斯步道（South Downs Way），这里也是始末点。

🛏 食宿

Albert & Victoria   民宿 ££

（☏01323-730948；www.albertandvictoria.com；19 St Aubyns Rd；标单/双 £45/80起；🅿）若想住在这个令人愉悦的维多利亚时期风格的连栋房屋中，必须得预订。弥漫芳香的房间、带顶的四柱床、枝形水晶灯，以及可以享用夏日早餐的隐蔽花园，一切都距离滨海大道不过咫尺之遥。4间客房以维多利亚女王4个后代的名字来命名。

Half Man! Half Burger!   汉堡 £

（www.halfmanhalfburger.com；43 Grove Rd；汉堡 约£8；⊙周三至周六 12:00~22:00，周日 至20:00；🅿）在普遍守旧的伊斯特本，这家前卫的汉堡店让你耳目一新——你可以坐在白炽灯下的橙色餐位，享用当地食材制作的丰盛汉堡，搭配昂贵的精酿啤酒。"half kid! half burger!"套餐（£5）超级划算，菜单上也有一些素食/纯素汉堡选项。

Lamb Inn   酒馆食物 ££

（☏01323-720545；www.thelambeastbourne.co.uk；36 High St；主菜 £9~17；⊙周日至周四 11:00~23:00，周五和周六 至午夜）这家历史悠久的伊斯特本老字号位于火车站西北不超过1英里处，就在游客不多的老城内，酒吧已经历8个世纪，一直供应萨塞克斯麦芽酒，如今也供应美味的不列颠酒馆小食。来此地度假的查尔斯·狄更斯曾经住在路对面的建筑里，闲暇时他也会在这里吃点东西。1路、1A路以及13路公共汽车在附近停靠。

🛍 购物

★ Camilla's Bookshop   书籍

（☏01323-736001；www.camillasbookshop.com；57 Grove Rd；⊙周一至周六 10:00~17:00）这家书店占据着一座维多利亚风格的连栋三层住宅，藏书数量可谓汗牛充栋，简直就是一个二手书籍大仓库，共有50多万本老旧图书。从火车站可漫步至此，沿途轻松有趣。这是整个南部海岸（即使不是整个东南部）淘旧书的最佳地点。

ℹ 实用信息

旅游局（☏01323-415415；www.visiteastbourne.com；Cornfield Rd；⊙5月至9月 周一至周五 9:00~17:30，周六 至17:00，周日 10:00~13:00，10月至次年4月 周日休息且办公时间缩短）可咨询旅行信息，以及伊斯特本的任何票务相关事宜。

ℹ 到达和离开

长途汽车

这里有客运班车开往布赖顿（12路；£4.2，75分钟，多该每10分钟1班）和黑斯廷斯（99路；£5.20，75分钟，每小时3班）。

火车

每小时2班火车开往布赖顿（£11.10，30~40分钟）和伦敦维多利亚火车站（£18.70，1.5小时）。

南唐斯国家公园（South Downs National Park）

南唐斯国家公园（www.southdowns.

gov.uk）是英格兰最新设立的国家公园，占据着600多平方英里连绵起伏的白垩岩山丘，从伊斯特本向西延伸大约100英里，一直到温切斯特。南唐斯步道（South Downs Way）贯穿整个公园。公园里随处可见逶迤起伏的英式田园风情以及海岸风光，全年都会找到不同的乐趣，不过5月至10月是最佳到访时间。

⊙ 景点和活动

比奇角
地标

（Beachy Head; www.beachyhead.org.uk）著名的比奇角悬崖位于南唐斯南端，是横贯海岸线的白垩岩壁的最高点。它紧邻B2103公路，起点位于伊斯特本和纽黑文（Newhaven）之间的A259公路。从这里开始，壮观的七姐妹白垩岩悬崖（Seven Sisters Cliffs）向西绵延起伏开来。一条悬崖顶端的小路（南唐斯步道的分支）蜿蜒在白垩岩之上，一直到达风景如画的卡可米尔避风港（Cuckmere Haven）。

比奇角带着令人惊心动魄的美，耀眼的白垩岩拔地而起，直插湛蓝的萨塞克斯天空。但令人遗憾的是，它也是欧洲自杀最频繁的地点之一。

沿着悬崖顶的小路前行，你会偶遇一个海滨小聚落——柏令海崖（Birling Gap）。这里的咖啡馆因为悬崖坠石而关闭，但人迹罕至的海滩阳光充足，仍然颇受当地人和在此稍作歇息的步行者喜欢。

佩文西城堡
遗迹

（Pevensey Castle; EH; www.english-heritage.org.uk; Castle Rd, Pevensey; 成人/优惠/儿童 £6.50/5.90/3.90; ⊙4月至9月 10:00~18:00，10月 至17:00，11月至次年3月 仅周末开放）这处遗址是征服者威廉的第一个大本营，坐落在伊斯特本东边5英里的地方，紧邻A259公路。按时往来于伦敦维多利亚火车站和黑斯廷斯之间、途经伊斯特本的火车，会在距离佩文西0.5英里的西哈姆（Westham）停靠。城堡与它的护城河融为一体，生动别致，相得益彰。其所在位置就是1066年征服者威廉在黑斯廷斯战役两周前登陆的地点。

不要错过

查特韦尔庄园

温斯顿·丘吉尔爵士1924年至1965年去世时的居所——**查特韦尔庄园**（Chartwell; NT; www.nationaltrust.org.uk; Westerham; £14.40; ⊙3月至10月 11:30~17:00）位于塞文欧克斯（Sevenoaks）以西6英里处。这处故居能让人们深入了解这位总是叼着雪茄的英格兰伟人的个人生活。这座19世纪的房屋以及宽敞的庭院保留了丘吉尔去世时的样子，房子里到处是书籍、照片、地图和私人纪念物。丘吉尔还是一位多产的画家，如今非常宝贵的画作散布在房内各处以及花园里的画室中。

如果不是自驾前往，交通就略显不便。需要从伦敦维多利亚火车站乘车到距离庄园最近的火车站埃登布里奇（Edenbridge; 4英里），然后换乘出租车。

🛏 食宿

★ Belle Tout Lighthouse
民宿 £££

（☎01323-423185; www.belletout.co.uk; South Downs Way, Beachy Head; 双£170起）这座18世纪早期退役的灯塔，颤颤巍巍地矗立在白色悬崖边缘，内设六间客房，布置充满了想象力，尽管空间相当有限。真正的亮点是挂着灯笼的休息区，这是位于灯塔玻璃顶层的圆形会客区，也是感受毕生难忘的萨塞克斯日落的绝佳地点。

Tiger Inn
酒馆食物 ££

（The Green, East Dean; 主菜 £6~14; ⊙12:00~22:00; 🛜）15世纪的Tiger Inn是萨塞克斯最佳小酒馆之一，位于悬崖背后的东迪恩村（East Dean），为徒步者和一日游观光客供应美味的酒吧菜肴。到了夏季，餐桌还会被摆到外面村庄里的绿地上。乘12路公共汽车可抵达东迪恩村。

ⓘ 到达和离开

12路公共汽车（多达每10分钟1班）在前往布赖顿的路上会穿过南唐斯国家公园部分区域。卡可米尔避风港（Cuckmere Haven）是比较好的下车地点，从这里你可以步行穿过七姐妹白垩岩悬崖返回伊斯特本。99路车（每20分钟1班）从伊斯特本驶往佩文西。

路易斯（Lewes）

☎01273 /人口 17,300

路易斯是一座迷人富足的山坡小镇，有着动荡的历史以及热情似火的传统。高低起伏的高街（High St）两边，林立着优雅的乔治亚风格建筑，以及一座部分损毁的城堡和一家老式啤酒厂。但是，当你向下走进从中世纪遗留至今的蜿蜒小巷时，你会发现在表象之外的宁静。

路易斯声名鹊起的原因之一，在于它正好横跨本初子午线（0度经线）。在韦斯特恩路（Western Rd），你会找到一块不显眼的经线标志牌，不过在现代的测量方法下，本初子午线的位置还在标志牌以东约100米处。

每年11月5日，成千上万的人会拥入这座小镇，来参加号称世界最大的"篝火晚会"（Bonfire Night），届时会举办狂欢庆典和焰火大会，纸糊的鬼怪们都会在大火中化为灰烬。

🛏 食宿

Shelleys　　　　　　　　　　　　酒店 £££

（☎01273-472361；www.the-shelleys.co.uk；135-136 High St；房间£130起；🛜）路易斯最高处的住宅是一栋16世纪的庄园宅邸，充满了恢弘的复古魅力。这里曾经是多塞特伯爵（earl of Dorset）的宅邸，后来被雪莱家族（家族名人包括诗人雪莱）买下。如今，这些时尚田园风格的房间是路易斯的最佳住处，还有一个高出镇上标准水平的餐厅，可以俯瞰围墙内美丽的花园。

Riverside　　　　　　　　　　　食品大厅

（www.riverside-lewes.co.uk；Cliffe Bridge；⏰9:00~17:00）这个食品大厅和市场位于河畔一间旧车库里，你可以在市场小店里任选一间，坐下来喝喝咖啡、吃吃蛋糕，或点一份含啤酒的套餐。

Bill's　　　　　　　　　　　　咖啡馆 ££

（www.bills-website.co.uk；56 Cliffe High St；主菜 £10~16；⏰8:00~23:00；🛜）这个超级受欢迎的地方既是杂货店，又是熟食店，还是田园风格的咖啡馆。凭着色香味俱全的蛋挞、比萨、沙拉、甜点和其他别具匠心的小吃，这里吸引了不少回头客。用餐时段要早点来，但即使是非高峰时段，这里通常也是宾客如云。

ℹ 实用信息

旅游局（☎01273-483448；www.lewes.gov.uk；187 High St；⏰4月至9月 周一至周五 9:30~16:30，周六 至16:00，周日 10:00~14:00，10月至次年3月 周日休息，周六 办公时间缩短）

ℹ 到达和离开

路易斯有火车开往以下地点：
布赖顿（£4.40，15分钟，每小时4班）
伊斯特本（£8，20分钟，每小时4班）
伦敦维多利亚火车站（£17，1~1.5小时，每小时3班）

布赖顿和霍夫（Brighton & Hove）

☎01273 /人口 260,000

这座沿海城市展示了英国的方方面面：海滩上的锐舞狂欢派对，格雷厄姆·格林（Graham Greene）的小说，在公共假期出没的摩登青年和摇滚一族，史密斯夫妇的俏皮周末，英国最大的同性恋聚集地，以及英吉利海峡最棒的俱乐部盛会。无论如何，有一件事是肯定的——充斥着波希米亚风情和享乐主义的布赖顿，能让你的英国海滨体验劲酷到底。

毋庸置疑，布赖顿是英国最多姿多彩且最大胆的城市。在这里，拙劣的模仿与时尚的设计发生碰撞；丑陋的旅舍与风格古怪的精品酒店不过一墙之隔；酒吧里，小众精酿艾尔啤酒与"性感海滩"（sex on the beach）之类的鸡尾酒摆在一起；癖好奇异的人们在这里相遇。这座城市曾经诞生了英国第一位绿党国会议员；这里的情人节通常有着非比寻常的热闹场面；2001年的普查显示，布赖顿的绝地教徒（Jedi；建立在科幻影片《星球大战》教义基础上的非有神论的宗教信仰）数量为英国之最。

海峡群岛（THE CHANNEL ISLANDS）

海峡群岛由法国海岸附近的泽西（Jersey）、格恩西（Guernsey）、萨克（Sark）、赫姆（Herm）和奥尔德尼（Alderney）等岛屿组成，它们都有着优雅的海岸线、昏暗的街巷和旧世界的迷人魅力。这里的风格既不英格兰，也不法兰西，这些岛屿骄傲地保留了独立的个性，英国王室赋予海峡群岛独立自治权。岛上的公民宣誓效忠英国女王，但是一些地方依然使用源自中世纪诺曼法语的当地方言。

温暖的圣马洛湾（Gulf of St Malo）是各种亚热带植物和难以计数的鸟类的栖息地。海峡群岛比英国的日照时间长，冬天也更温暖，吸引了徒步者和户外运动爱好者来这里开展冲浪、皮划艇、海岸运动和潜水等活动。丰盛的当地海鲜摆满了群岛文化中心圣赫利尔（St Helier；格恩西岛）和圣彼得港（St Peter Port；泽西岛）的本地餐厅。

海岸线上矗立着无数要塞和城堡，而呈现辛酸历史的博物馆——其中一些甚至位于古老的战时隧道和地堡里——会让参观者更深入地了解到"二战"期间岛上居民的坚忍与刚毅。

格恩西岛每天都有从伦敦盖特威克机场飞来的航班，泽西、曼彻斯特、伯明翰、南安普敦、布里斯托尔和伦敦斯坦斯特德机场到格恩西岛也有航线。泽西每天都有除希斯罗之外的伦敦其他机场飞来的航班，也有连接利物浦、伯明翰、南安普敦、加的夫、埃克塞特、格恩西岛以及欧洲其他城市的航班。

对于观光客而言，布赖顿最大的亮点是由摄政王（Prince Regent）在19世纪建造的那座皇家行宫（Royal Pavilion），他也开启了布赖顿对各种风格兼容并蓄的先河。

◉ 景点

★ 皇家行宫　　　　　　　　　　　　　宫殿

（Royal Pavilion；📞03000 290900；http://brightonmuseums.org.uk/royalpavilion；Royal Pavilion Gardens；成人/优惠/儿童 £13/11.50/8；⊙4月至9月 9:30~17:45，10月至次年3月 10:00~17:15）皇家行宫是来布赖顿必看的景点。这座富丽堂皇的宫殿属于乔治王子，即后来的摄政王、即位后的国王乔治四世（King George Ⅳ）。这是英国奢华的建筑之一，也是19世纪早期中国艺术风格建筑在欧洲的最佳典范，并因此成为颓废布赖顿的象征。维多利亚女王并不欣赏皇家行宫，她评价其为"古怪的中式宫殿"，但对于来到布赖顿的旅行者而言，它是不容错过的萨塞克斯历史古迹。

整座宫殿都令人叹为观止，宫内繁复的装饰尤其让人大开眼界。以龙为主题的宴会厅绝对是英国最具气势的大厅；而在音乐厅，你还能见到更多的龙和盘蛇，天花板上还镶嵌着26,000片金光灿灿的鳞片。在当时十分先进的厨房设有能自动烤肉叉及加热餐桌，生活在乔治时代的人一定会无比惊奇。艾伯特亲王（Prince Albert）一度运走了所有的家具，不过有些已经被现任女王重新送了回来。

布赖顿博物馆和美术馆　　　博物馆、美术馆

（Brighton Museum & Art Gallery；https://brightonmuseums.org.uk；Royal Pavilion Gardens；成人/优惠/儿童 £5.20/4.20/3；⊙周二至周日 10:00~17:00）这个博物馆及美术馆就位于皇家行宫经过改建的马厩内，收藏有丰富的20世纪艺术及设计杰作，包括萨尔瓦多·达利的深红色唇形沙发，灵感源自美国著名女演员梅·韦斯特（Mae West）的嘴唇。此外，还有专门的展厅陈列着世界各地的艺术佳作：埃及文物展让人印象深刻；多媒体展"布赖顿印像"（Images of Brighton）则包含了一系列口述历史，以及已经不复存在的西码头（West Pier）的模型。

布赖顿码头　　　　　　　　　　　　　地标

（Brighton Pier；www.brightonpier.co.uk；Madeira Dr）要感受布赖顿的世俗气息，这座爱德华时期的老码头就是很好的选择。这里有很多能让你感觉头晕目眩的露天游乐场项

Brighton & Hove 布赖顿和霍夫

Brighton & Hove 布赖顿和霍夫

◎ 重要景点
1 皇家行宫...E3

◎ 景点
2 布赖顿博物馆和美术馆......................E2
3 布赖顿码头..F4
4 360度瞭望塔.......................................B3
5 布赖顿海洋探索中心.........................F4

◎ 活动、课程和团队游
6 Brighton Food Tours..........................E2

◎ 住宿
7 Artist Residence.................................B2
8 Baggies Backpackers.........................A3
9 Drakes...G4
10 Hotel Pelirocco................................... B3
11 Hotel Una... B3
12 Kipps Brighton....................................F2

◎ 就餐
13 Choccywoccydoodah......................... D3
14 English's of Brighton..........................E3
15 Food for Friends.................................D3
16 Indian Summer...................................E4
17 Infinity Foods Kitchen........................E2
18 Iydea... E1
19 Riddle & Finns....................................E3
20 Terre à Terre......................................E4
21 Wahaca..E2

◎ 饮品和夜生活
22 A Bar..F4
23 Black Dove... G4
24 Brighton Rocks.................................. G4
25 Coalition..D4
26 Concorde 2... G4
27 Dorset... E1
28 Legends Club..................................... G4
   Patterns...(见22)
29 Queen's Arms.....................................F3

◎ 娱乐
30 布赖顿圆顶剧场..................................E2
31 Komedia Theatre................................E1

目,也有供你消磨时光的传统游艺项目。在玩耍的同时,你还可以嚼嚼棉花糖,或是尝尝布赖顿硬糖(Brighton rock)。西边是被废弃的西码头(见本页)遗迹,如今这里只剩下落寞凄凉的铁架,夕阳西下时,无数椋鸟会飞来这里歇脚。

360度瞭望塔　　　　　　　　　　　高塔

(i360 Tower; ☏03337-720360; www.britishairwaysi360.com; Lower King's Rd; 成人/优惠/儿童£16/13.50/8.25; ◎周日至周四10:00~19:30,周五和周六 至21:30)布赖顿最新的景点于2016年正式开业,位置就在如今已经不再使用的西码头原登陆点。这座世界上最苗条的瞭望塔是一根162米高的加固钢筋水泥柱,如同太空时代从海滨拔地而起的男性器官(毕竟这里是布赖顿),有一个如同甜甜圈般的巨大的圆形玻璃升降舱将"乘客们"带到城市上方138米处,欣赏绝美的萨塞克斯海岸风光。

霍夫博物馆和美术馆　　　　　博物馆、美术馆

(Hove Museum & Art Gallery; https://brightonmuseums.org.uk; 19 New Church Rd; ◎周一、周二和周四至周六10:00~17:00,周日14:00~17:00)免费 霍夫有足够的理由声称自己是英国电影的发源地,1898年第一部短片正是在这里拍摄的。在这栋迷人的维多利亚别墅里,你可以观看这部短片以及其他引人入胜的电影。另一大看点是"儿童房",里面有童话般的灯光和四处回荡的巫师鼾声,以及地下火车的呼啸声。这里距离丘吉尔广场2英里;可乘坐1路、1A路、6路或49路公共汽车前往。

布赖顿海洋探索中心　　　　　　　水族馆

(SEA LIFE Brighton; ☏01273-604234; www.visitsealife.com/brighton; Marine Pde; £19; ◎10:00~17:00; ⚑)这座展示自然界迷人水下生物的地下水族馆海不光小朋友喜欢,也很适合成人参观。漫步在教堂般的室内,游人可以近距离观赏鳗鱼、热带鱼和其他海洋生物。对于热衷此道者而言,他们还有机会给动物喂食,触摸海星,以及乘坐玻璃底船看看水下的鲨鱼、蝠鲼和海龟。

西码头　　　　　　　　　　　　　水滨

(West Pier; www.westpier.co.uk)历史悠久的西码头于1975年正式退役,2002年12月遭遇坍塌,后来又发生了两次火灾,如今看上去就像是水面上的一片阴影。对于一座曾有查理·卓别林和斯坦·劳莱(Stan Laurel)进行

表演的维多利亚式建筑奇观,这样的结局确实令人唏嘘。尽管如此,这里仍然是一个美丽的富有吸引力的所在,只不过前来的访客仅仅是冬日里成千上万的椋鸟。

👉 团队游

Brighton Food Tours
餐饮

(☎07985 230955; www.brightonfoodtours.com; Brighton Unitarian Church, New Rd; 每人£40~65; ⊙周五和周六) 两位热心的当地女士通过一系列美食品味和讲解,将布赖顿最好的一面展示在你眼前。步行团队游将带你游览多达10家独立小店,以体验这座城镇独特的创意氛围。团队游可选主题包括"独立布赖顿"(Very Independent Brighton)、"饮品布赖顿"(Drink Brighton)和"葡萄酒的反抗"(Wine Rebellion)。记得穿上舒适的鞋子,留足胃口。

🎊 节日和活动

布赖顿艺术节
表演艺术

(Brighton Festival; ☎01273-709709; www.brightonfestival.org; ⊙5月) 这是英国仅次于爱丁堡艺术节的第二大艺术盛会,世界各地的表演明星都会来参加这个为期三周的海边艺术节。

布赖顿艺穗节
表演艺术

(Brighton Fringe; www.brightonfringe.org; ⊙5月) 与著名的爱丁堡艺术节一样,布赖顿艺术节期间也会穿插艺穗节活动,一个月的时间里,讽刺喜剧、艺术和戏剧都会在城内的无数舞台上演。

布赖顿骄傲节
LGBT

(Brighton Pride; www.brighton-pride.org; ⊙8月初) 英国最大的同性恋盛会,举办地点是普雷斯顿公园(Preston Park),届时会举行彩虹游行和音乐会。

🛏 住宿

Kipps Brighton
青年旅舍 £

(☎01273-604182; www.kipps-brighton.com; 76 Grand Pde; 铺£15~35, 双£42~92; @🛜) 坎特伯雷获奖青年旅舍的主人又在布赖顿开了一家同样受到好评的经济型旅舍。接待处的氛围轻松愉悦,还设有公共厨房。免费的电影、比萨以及酒吧之夜,成功转移了专注上网的住客们的注意力。

Baggies Backpackers
青年旅舍 £

(☎01273-733740; www.baggiesbackpackers.com; 33 Oriental Pl; 铺£16起; 🛜) 温暖亲切、家庭式的氛围,独特的魅力,周到的服务,干净、舒适的宿舍,这家经营多年的青年旅舍在布赖顿有口皆碑。店内有一间惬意的地下室音乐和娱乐房间,以及一间电视休息厅。这家青年旅舍在伦敦和伯恩茅斯都有连锁店。

★ No 27 Brighton
民宿 ££

(☎01273-694951; www.brighton-bed-and-breakfast.co.uk; 27 Upper Rock Gardens; 房间£100~160; 🛜) 这一布赖顿的顶级民宿有五间豪华客房,洋溢着恰到好处的古典气息。所有的纺织品、家具和装饰品都是经过精挑细选,和客房低调的主题(与乔治四世国王相关的人物)相得益彰。部分房间可以看到海景,但室内精彩的布置可能会让你无暇顾及窗外美景。

Hotel Pelirocco
酒店 ££

(☎01273-327055; www.hotelpelirocco.co.uk; 10 Regency Sq; 标单/双£59/89起; 🛜) 这是布赖顿最怪异最性感的住宿场所之一,也是适合喧闹浮华的摇滚周末的终极住所。艺术家设计了部分夸耀眼的房间,包括《星球大战》主题的"Lord Vader's Quarters"、现代与波普艺术主题的"Modrophenia"房间,以及向性手枪乐队(Sex Pistols)致敬的"Pretty Vacant"房间。

Blanch House
精品酒店 ££

(☎01273-603504; www.blanchhouse.co.uk; 17 Atlingworth St; 房间£110起; 🛜) 主题房间是这家精品酒店的亮点,而且并不显得俗气:"Legacia"主题房内洋溢着轻快的艺术装饰氛围,"Snowstorm"主题房则是一片冷色调,装饰着白色冰晶状的小球。酒店内华丽时尚的餐厅采用白色皮革长椅和太空时代风格的转椅,还有一个精致的鸡尾酒吧。

Snooze
酒店 ££

(☎01273-605797; www.snoozebrighton.com; 25 St George's Tce; 标单/双£75/95起; 🛜) 这家位于肯普敦(Kemptown)的古怪酒店充满了怀

旧气息，墙上贴着老式海报，墙纸也是20世纪六七十年代的亮色设计，还有宝莱坞电影海报和绘有花卉的水池，都使得房间内的色彩格外丰富。这些并不仅仅是酒店的噱头——房间内确实舒服干净，还供应素食早餐，相当美味。酒店紧挨圣詹姆斯街 (St James' St)，位于New Steine酒店以东约500米处。

★ **Artist Residence** 精品酒店 £££

(☎01273-324302; www.artistresidencebrighton.co.uk; 34 Regency Sq; 双 £120~290; ⓢ) 这家出色的联排别墅酒店位于气势恢宏的摄政广场 (Regency Sq) 旁边，内有23间不拘一格的房间。如同酒店名字所展示的那样，每间卧室都是一件时髦的艺术作品，配有大胆的壁画、定制的复古家具、质朴的实木镶板和室内古典浴缸等。楼下的Set Restaurant在当地有口皆碑。

★ **Hotel Una** 精品酒店 £££

(☎01273-820464; www.hotel-una.co.uk; 55-56 Regency Sq; 标单 £55~75, 双 £115~200, 全含早餐; ✽ⓢ) 这里共有19间宽敞的客房，都配有花纹大胆的织物床单、超大的皮沙发和室内的独立浴室，你还可以享受真正的床上早餐，同时有纯素、素食或肉类等多种餐食选择。部分房间附设特殊的设施——例如两层的套房带有迷你电影院，地下房型则有独立的水疗。所有一切都让住客感觉无比惊喜，并且这里的价格并不如你想象中的那么昂贵。

Drakes 精品酒店 £££

(☎01273-696934; www.drakesofbrighton.com; 43-44 Marine Pde; 房间 £115~300; Ⓟ✽@ⓢ) 这家极简主义的精品酒店散发着时尚的内敛气息。入口处也很低调，以至于很容易被人忽略。所有的房间都饰有鲜明醒目的织物，还有欧洲榆木隔板，不过最受住客青睐的是特色房间——宽大舒服的独立浴缸就在全景窗前，能将壮观的海峡风光尽收眼底。位于地下室的餐馆特别棒。

🍴 就餐

★ **Iydea** 素食 £

(www.iydea.co.uk; 17 Kensington Gardens; 主菜 £5~8; ⓣ9:30~17:30; ⓢ🌿) 即便是按照布赖顿的超高标准，这家多次获奖的素食餐馆的菜式也算是一流水准。菜单每日都会更新，咖喱、意大利千层面 (lasagne)、油炸鹰嘴豆饼 (felafel)、墨西哥卷饼 (enchiladas) 以及法式咸派 (quiche) 等丰富的选择能让食客的味蕾得到充分的满足，你也可以搭配纯素葡萄酒、有机艾尔啤酒或者是自制的柠檬汽水。如果你急着赶路，也可以选择外带，所有的菜式都可以，而且打包袋均不使用塑料袋。

Wahaca 墨西哥菜 £

(☎01273-934763; www.wahaca.com; North St和New Rd的交叉路口; 主菜 £5~12; ⓣ周一至周六 12:00~23:00, 周日 至22:30; ⓢ🌿) 这家全国连锁餐厅的布赖顿分店装潢明亮，色彩缤纷，墨西哥街头美食在不拘一格的复古环境里被端上餐桌。老板到墨西哥旅行后，将各种玉米饼、炸米饼和卷饼的食谱带回英国，因此这里的食物非常地道。店内座位很多，不用担心需要等位。

> **不要错过**
>
> ### 小巷区 (THE LANES)
>
> 想买"素食鞋"(非动物皮毛制成的鞋子)、乐高玩具人偶画像，或者是外观不雅的裁信刀？无论你渴望买什么，旧的或者新的，布赖顿或许都能让你如愿以偿。Visit Brighton制作了一份非常实用的《购物餐饮指南》(*Shopping, Eating and Drinking Guide*)，将城市分成了几大区域。
>
> 狭窄而拥挤的小巷区是这座城市最热闹的购物区，每一个角落或转角都聚集了珠宝店、礼品店和咖啡店，以及商品包罗万象 (从古董枪到难得一见的黑胶唱片) 的精品店。
>
> 相比之下，北巷区 (North Laine) 购物区就没有那么拥挤闭塞。它由小巷区北侧一系列大街组成，部分还是步行街，包括邦德街 (Bond St)、加德纳街 (Gardner St)、肯辛顿街 (Kensington St) 和悉尼街 (Sydney St)。街道两边林立着复古式精品店以及波希米亚风情的咖啡馆。

Choccywoccydoodah 咖啡馆 £

(www.choccywoccydoodah.com; 3 Meeting House Lane; 蛋糕和小吃 £2~8; ⓢ周一至周六 10:00~18:00, 周日 11:00~17:00)即使你不饿也不渴, 这家内外部被刷成鲜红色的与众不同的巧克力商店也值得进去逛一逛。楼下有各种有趣的巧克力创意商品、山寨的洛可可镜子、漂亮的假花以及流苏灯罩等。楼上的小咖啡馆供应的所有商品都含巧克力。人气极旺, 做好排队的心理准备。

Infinity Foods Kitchen 素食

(www.infinityfoodskitchen.co.uk; 50 Gardner St; 主菜 £4~9; ⓢ周一至周六 9:00~17:00, 周日 10:00~16:00; 🕻✍)Infinity Foods(健康食品连锁店, 也是布赖顿的名店)的姐妹店, 供应品种丰富的素食和有机食品, 很多是纯素以及无麦或者无麸质的, 包括豆腐汉堡、前菜拼盘以及素香肠三明治。楼上有座位, 可以俯瞰大街上来来往往的时尚男女, 这里的木制外卖餐具也能有效减少塑料垃圾。

★ Terre à Terre 素食 ££

(✆01273-729051; www.terreaterre.co.uk; 71 East St; 主菜 £15起; ⓢ周二至周五 正午至22:30, 周六 11:00~23:00, 周日 11:00~22:00; ✍🕮)这家素食餐厅没有任何肉类的菜肴, 却能轻松俘获你的味蕾。创意菜式和美味菜肴被一丝不苟地端上餐桌, 餐厅氛围随意而友好。对于无肉不欢的人来说, 也有非素食主义者绝对喜欢的菜肴, 包括哈罗米芝士糊(battered halloumi)和薯条, 以及KFC(韩式清炒菜花; Korean Fried Cauliflower)等。点餐时可以选择分享盘, 以更好地品味主菜食材的美妙滋味。

English's of Brighton 海鲜 ££

(✆01273-327980; www.englishs.co.uk; 29-31 East St; 主菜 £10~30; ⓢ12:00~22:00)这家位于布赖顿的当地海鲜天堂已经有75年的历史了, 吸引了很多名人光顾, 供应埃塞克斯(Essex)牡蛎、当地新鲜捕捞的龙虾、多佛尔比目鱼等各种海鲜美味。餐馆是由渔夫小屋改建而成的, 里面是精致的爱德华时代风格; 或者也可以在外面的步行广场露天餐区用餐。

Riddle & Finns 海鲜 ££

(✆01273-721667; www.riddleandfinns.co.uk; 12 Meeting House Lane; 主菜 £14.50~22.50; ⓢ周日至周五 12:00~22:00, 周六 11:30~23:00)R&F被认为是城镇里最精致的海鲜馆, 内部装修不花哨, 铺着白色瓷砖, 摆着大理石餐桌, 点着蜡烛。虽然整体风格走中庸路线, 但是菜品绝对是重口味。厨房正对着街道, 大厨向往往路人展示着每一道菜肴的做法, 比如香槟酱汁浸熏黑线鳕鱼或野生黑鲈鱼。

Indian Summer 印度菜 ££

(✆01273-711001; www.indiansummerbrighton.co.uk; 70 East St; 午餐主菜 £6~14, 2/3 道菜晚餐套餐 £28/33; ⓢ周一至周三 18:00~22:30, 周四和周五 12:00~15:00和18:00~22:30, 周六 12:00~22:30, 周日 12:00~15:00和18:00~22:00; ✍🕮)这间布赖顿最棒的印度餐厅拥有典型的英属印度式内饰(想想高背、人造革椅子以及现代风格家具), 供应南亚次大陆的各种风味菜肴。这里设有儿童菜单, 有许多不含肉的菜肴, 以及市面罕见的菜式, 如印度贻贝和牛肉等。经常被选为英国最好的印度菜餐厅之一。

Food for Friends 素食 ££

(✆01273-202310; www.foodforfriends.com; 17-18 Prince Albert St; 主菜 £6~16; ⓢ周日至周四 12:00~22:00, 周五和周六 至22:30; ✍)这里的创意素食以及纯素美味吸引了很多当地的回头客, 每个路过餐厅的人都能从临街大窗看到里面正在大快朵颐的食客。自1981年以来一直就保持着光鲜的样子和旺盛的人气, 若是忙碌的购物日请做好等位的准备。

Gingerman 新派欧洲菜 ££

(✆01273-326688; www.gingermanrestaurants.com; 21a Norfolk Sq; 2/3道菜套餐 £17/20; ⓢ周二至周日 12:30~14:00和19:00~22:00)这里有从黑斯廷斯运来的海鲜、萨塞克斯的牛肉、罗姆尼沼泽(Romney Marsh)的羊肉、当地产的起泡葡萄酒以及其他数不胜数的应季食物。温馨的小餐馆内共有32个座位, 既有快餐, 也有慢火烹饪的精致菜肴。建议预订。从丘吉尔广场(Churchill Square)购物中心出发，沿着韦斯特恩路（Western Rd）往西走，步行很短的路程就能到达诺福克广场（Norfolk Sq）。

Isaac At
英国菜 £££

（☎07765 934740; www.isaac-at.com; 2 Gloucester St; 品尝套餐 £55, 固定套餐 £40; ⓒ周二至周五 18:30~22:30, 周六 12:30~14:30和18:30~22:30）✐这家私密的高级餐厅位于街角，由一个极具天赋且年龄都在30岁以下的烹饪小团队打理。每种食材都是本地出产，包括葡萄酒，菜单上也注明了每种食材的具体产地。这里很可能会给你带来当地最温馨的高档用餐体验。味道一流，食材新鲜，而且别具匠心。

🍷 饮品和夜生活

Concorde 2
夜店

（www.concorde2.co.uk; Madeira Dr; ⓐ）这家不甚起眼的店其实是布赖顿知名度最高同时也是最受热捧的夜店，多少让人有点意外。著名DJ Fatboy Slim正是从这里开始引领Big Beat Boutique音乐革命的，现在他偶尔还会回到这里展示下身手。每个月，这里都会举办数次大型的夜店之夜活动，以及现场乐队演出和国际明星的音乐会。

Patterns
夜店

（www.patternsbrighton.com; 10 Marine Pde; ⓒ周三至周六，营业时间不定; ⓐ）这家音响震耳欲聋的夜店举办布赖顿顶级的夜店之夜活动，音乐尤其出色，吸引了名头响亮的明星以及大批奔放的年轻人。

Coalition
酒吧

（www.coalitionbrighton.com; 171-181 Kings Rd Arches; ⓒ周一至周五 10:00至次日5:00, 周六 至次日7:00; ⓐ）夏季时节，如果你想找个地方惬意地观看周围人群，那么没有比这家海滩酒吧兼餐厅、夜店更加适合的地方了。Coalition极受欢迎，从喜剧表演到现场音乐会，再到夜之夜，活动丰富多彩。

Black Dove
酒馆

（www.blackdovebrighton.com; 74 St

LGBT在布赖顿

布赖顿有着英国除伦敦之外最为活跃的LGBT聚集地，肯普敦（Kemptown，又名Camptown）——尤其是圣詹姆斯街（St James's St）及其周边就是核心区。而相比起肯普敦传统的慵懒（有时略显破败）的景象，霍夫（Hove）古老的布伦韦克镇（Brunswick Town）则要安静不少，为LGBT群体提供了新的选择。

想要了解LGBT在布赖顿的最新动态，可浏览www.realbrighton.com网站，也可以在LGBT场所取阅免费的月刊*Gscene*（www.gscene.com）。

Brighton Rocks（☎01273-600550; www.brightonrocksbar.co.uk; 6 Rock Pl; ⓒ周一至周四 16:00~23:00, 周五和周六 12:00至次日1:00, 周日 12:00~21:00; ⓐ）这家鸡尾酒吧位于一条遍布车库和二手车停车场的小巷内，与周围的环境显得格格不入，却是肯普敦主要的同性恋聚集地。当然它也面向异性恋开放。提供萨塞克斯马提尼和精心烹制的菜肴，还举办各种主题派对。

Legends Club（www.legendsbrighton.com; 31-34 Marine Pde; ⓒ酒吧 11:00至次日5:00, 夜店 周三和周五至周日 22:00至次日5:00）就在Legends Hotel的楼下，据说是城里最棒的同性恋酒吧和夜店。

A Bar（☎01273-688826; 11-12 Marine Pde; ⓒ正午至次日2:00; ⓐ）位于Amsterdam Hotel内，是一家超级时尚的酒吧兼桑拿吧，阳光露台尤其令人心动。

Queen's Arms（www.theqabrighton.com; 7 George St; ⓒ周一至周五 17:00至深夜, 周六和周日 14:00至深夜）虽然名字中有女王这个词，但说的可不是维多利亚女王或者伊丽莎白女王！这个酒馆会举办各种歌舞表演和卡拉OK聚会。

James's St；⏰16:00至深夜）各种各样的人都喜欢光顾这家小酒馆，它有着老旧而别致的陈设，房顶还装着几台巨大的老吊扇。吧台里面备有各种烈酒，还有一间古怪的地下雅室。夜晚狂饮的人们可以欣赏现场不插电音乐和当地DJ播放的原声音乐，当气温升高的时候，活动场地会从室内一直延伸到人行道上。

Dorset　　　　　　　　　　　酒馆

（www.thedorset.co.uk；28 North Rd；⏰周日至周四 9:30至午夜，周五和周六 至次日1:00；📶）天气晴朗时，这个安逸的布赖顿小酒馆就会开门开窗，并将餐桌摆到人行道上。无论你是清早来喝一杯提神的咖啡，或者是晚上来这里小饮一杯放松身心，都将受到热情的欢迎。如果想要在这期间用餐，可以从丰富的菜单上选择心仪的美味。

☆ 娱乐

Komedia Theatre　　　　　　喜剧

（☎01273-647100；www.komedia.co.uk；44-47 Gardner St）英国顶级喜剧舞台，吸引了来自英语世界的顶级喜剧节目。尽早预订。

The Old Market　　　　　　　剧院

（☎01273-201801；www.theoldmarket.com；11a Upper Market St）这里早已成为霍夫首屈一指的另类剧院，喜剧和现场音乐都是在咖啡馆风格的非正式空间里直面少数观众演出。演出看起来十分混搭，内容从奇怪的哑剧、同性恋喜剧到古典的莎士比亚戏剧，还有当地乐队的表演。

布赖顿圆顶剧场　　　　　　　剧院

（Brighton Dome；☎01273-709709；www.brightondome.org；Church St）这个艺术装饰风格的综合体曾经是乔治四世国王的马厩，如今是3间剧场的所在地，就位于皇家行宫内。1974年，ABBA乐队就是在这里赢得了欧洲电视歌唱大赛（Eurovision Song Contest）的冠军，至今为人津津乐道。

ℹ 实用信息

布赖顿在2013年竟然关闭了忙碌的旅游局，取而代之的是分散在城内的15个信息点，大部分是在酒店、商店和博物馆摆设的宣传资料架（其中两处甚至不在布赖顿）。可联系 **Visit Brighton**（☎01273-290337；www.visitbrighton.com）咨询信息。

ℹ 到达和离开

长途汽车

长途汽车的主要目的地：

伊斯特本（12路；£4.60，75分钟，多达每10分钟1班）

路易斯（28/29路；£3.10，30分钟，多达每10分钟1班）

伦敦维多利亚火车站（National Express；£9起，2.5小时，每2小时至少1班）

火车

前往伦敦的火车都途经盖特威克机场（Gatwick Airport；£8.80，25~35分钟，每小时多达5班）。

阿伦德尔（£10.80，75分钟，每半小时1班）在巴纳姆（Barnham）换乘。

奇切斯特（£13.60，50分钟，每半小时1班）

伊斯特本（£11.10，30~40分钟，每半小时1班）

黑斯廷斯（£13.90，1小时至80分钟，每小时2班）

伦敦圣潘克拉斯火车站（£18.10，1.25小时，每半小时1班）

伦敦维多利亚火车站（£26.70，1小时，每小时3班）

朴次茅斯（£16，1.5小时，每小时1班）

ℹ 当地交通

你可以从布赖顿和霍夫所有的公共汽车司机那里购买一日通票（£5），或者是在购买火车票时再购买£3.70的PlusBus公共汽车票，在你抵达的这一天里可以无限次乘坐公共汽车。

在布赖顿停车需要缴纳高额的费用，这里使用凭票停车系统。在市中心停车通常是每小时£1~3.60，而且最多停2小时。在市中心西北2.5英里处的Withdean设有停车换乘点，从那里可以乘坐27路公共汽车进城（往返£5）。

出租车公司有 **Brighton Streamline Taxis**（☎01273-202020；www.streamlinetaxis.org）以及 **Brighton & Hove Radio Cabs**（☎01273-204060；www.brightontaxis.com），在东街（East St）和市场街（Market St）的交叉路口有出租车招呼站。

西萨塞克斯（WEST SUSSEX）

在进行过快节奏的冒险活动之后，颇受欢迎的西萨塞克斯为游客提供了休息片刻的机会。南唐斯的宁静山丘和谷地绵延起伏，一路穿过西萨塞克斯，边缘是不受风雨侵袭的海岸线。美丽的阿伦德尔和文化底蕴深厚的奇切斯特都是出色的落脚点，不妨由此开始探索该郡蜿蜒的乡村小径和举世瞩目的古罗马遗址。

阿伦德尔（Arundel）

01903 / 人口 3500

阿伦德尔称得上是西萨塞克斯最美的城镇。它环绕着一座童话般的巨大城堡而建，山坡街道上充满了古董商店、茶室以及快餐店。尽管城镇洋溢着中世纪风情——那座古怪的城堡几个世纪以来一直都是诺福克公爵的住处，但其实大部分建筑是维多利亚时代的遗存。

⊙ 景点

阿伦德尔城堡 城堡

（Arundel Castle; www.arundelcastle.org; 成人/优惠/儿童 £22/19.50/11; ⊙复活节至10月 周二至周日 10:00~17:00）阿伦德尔城堡最早建于11世纪，但是早期建筑幸存下来的只有城堡主楼不显眼的残余部分。英国内战期间，这里曾被洗劫一空，现在你所看到的大部分建筑是1718年至1900年间第八代、第十一代和第十五代诺福克公爵重建的成果。现在的公爵仍然居住在城堡专属区域中。这里的亮点包括端庄大气的城堡主楼、雄伟的大厅以及图书馆。

阿伦德尔主教座堂 主教座堂

（Arundel Cathedral; www.arundelcathedral.org; London Rd; ⊙4月至10月 9:00~18:00, 11月至次年3月 至黄昏）**免费** 阿伦德尔的天主教主教座堂建于19世纪，华丽耀眼，引人注目，是阿伦德尔天际线最令人印象深刻的地标之一。1868年，第十五代诺福克公爵委任约瑟夫·阿洛伊修斯·汉瑟姆（Joseph Aloysius Hansom; 汉瑟姆出租马车的发明者）设计修建了这座法国哥特式建筑，同时又体现了维多利亚式的节省和内敛。作为一个主教座堂，它显得有点儿小，仅能容纳500位礼拜者——好在汉瑟姆巧妙的布局使得建筑看起来比实际要大得多。

🛏 食宿

Arundel House 民宿 ££

（01903-882136; www.arundelhouseonline.com; 11 High St; 双/套 £90/125起; 🖥）这是一家有着客房的餐馆，房间是当代风格，天花板可能稍微有点低，但是整洁好看并且非常舒适。淋浴间很大，足够两个人使用。楼下的餐厅供应阿伦德尔数一数二的食物，令人高兴的是，早餐的品质也不俗。

Arden Guest House 民宿 ££

（01903-884184; www.ardenhousearundel.com; 4 Queens Lane; 双 £99, 不带卫生间 £89; P🖥）想要体验经典的英式民宿，直奔这个有着七个房间的客栈，就在历史中心区的河对面。客房保持很新，设施完备，主人和蔼可亲，还提供现煮早餐。如果你是独自入住，房费只能便宜10%。

★ Town House 英国菜 £££

（01903-883847; www.thetownhouse.co.uk; 65 High St; 午餐套餐/晚餐套餐 £17.50/25.50起; ⊙周二至周六 正午至14:30和19:00~21:30）这家简洁而高雅的小饭馆有着16世纪佛罗伦萨风格的胡桃木镀金天花板，唯一能与之媲美的当属活跃的气氛和大受赞扬的结合欧洲风味的英式美食。南唐斯鹿肉、南海岸鳕鱼和烤松鸡等菜都值得多花点钱尝试一下——不过要预订。这里也有设备完善的客房出租。

ℹ 到达和离开

阿伦德尔有火车开往下列站点：

布赖顿（£10.80, 1.25小时, 每30分钟1班）在巴纳姆（Barnham）或福德（Ford）换乘。

奇切斯特（£4.70, 22分钟, 每小时2班）在巴纳姆或福德换乘。

伦敦维多利亚火车站（£18.70, 1.5小时, 每小时2班）

奇切斯特（Chichester）

01243 / 人口 26,800

奇切斯特是西萨塞克斯的行政首府，也

是一座生气勃勃的乔治王时代的集镇，四周几乎都被中世纪城墙环绕，时刻守望着南唐斯和大海之间的平原。奇切斯特辉煌的主教座堂、漂亮的街道、18世纪联排住宅、著名的剧院，还有大牌和独立商店林立的购物步行街，这一切都吸引着游人纷至沓来。早年间，这个城镇是一个古罗马港口要塞，因此如今这里也可作为"跳板"，前往其他迷人的古罗马遗迹、阿伦德尔以及人气高涨的海岸地带。

◎ 景点

奇切斯特主教座堂　　　　主教座堂

（Chichester Cathedral; www.chichestercathedral.org.uk; West St; ⓒ7:15~19:00, 免费团队游 周一至周六 11:15 和 14:30）这座低调的主教座堂始建于1075年，并在13世纪时进行了大规模重建。独立式的教堂塔楼建于15世纪，尖顶则修建于19世纪，当时它的前身叠压崩塌的事情远近闻名。教堂内部有三层，有着漂亮的拱形结构，罗马式的雕刻点缀其中。由艺术家马克·夏卡尔（Marc Chagall）在1978年增加的彩色玻璃窗颇具特色，还有一片覆盖着玻璃的古罗马马赛克地板，也值得找找看看。

帕伦特屋画廊　　　　美术馆

（Pallant House Gallery; www.pallant.org.uk; 9 North Pallant; 成人/儿童 £11/免费; ⓒ周二、周三、周五和周六 10:00~17:00, 周四 至20:00, 周日 11:00~17:00）这是一座由本地葡萄酒商建造的安妮女王式别墅，帕伦特屋及其21世纪的翼楼组成了这个宏伟的美术馆。馆内主要展出20世纪的艺术作品，大部分为英国艺术家创作。备受欢迎的藏品包括英国艺术家帕特里克·考菲尔德（Patrick Caulfield）、卢西恩·弗洛伊德（Lucian Freud）、格雷厄姆·萨瑟兰（Graham Sutherland）、弗兰克·奥尔巴赫（Frank Auerbach）以及亨利·摩尔（Henry Moore）等名家之作，此外也不乏国际大师的作品，例如埃米尔·菲拉（Emil Filla）、勒·柯布西耶（Le Corbusier）以及基塔伊（RB Kitaj）。比较古老的作品大部分被陈列在帕伦特屋内，较新的翼楼里则充满了波普艺术和现当代的艺术作品。

奇切斯特城墙　　　　建筑

（Chichester City Walls; www.chichestercitywalls.org）保存得几乎完好无缺的奇切斯特古罗马防御城墙长约1.5英里，城墙上要比热闹的城内更加清静怡人。从旅游局（见199页）拿一份宣传页和小册子，然后跟着游览线路前行，其中大部分路段会穿过公园。城墙建于1800年前，初衷是为了保护奇切斯特（旧称"Noviomagus Reginorum"）小镇，如今是整个英国保存最完好的古罗马城墙。最好从西街（West St）或东街（East St）登上城墙。

新知博物馆　　　　博物馆

（Novium Museum; www.thenovium.org; Tower St; ⓒ4月至10月 周一至周六 10:00~17:00, 周日 至16:00, 11月至次年3月 周一至周六 10:00~17:00）**免费** 奇切斯特的这座博物馆是专门为了存放从前地区博物馆（District Museum）的藏品而建造的，同时它还收藏了许多菲什伯恩宫（Fishbourne Palace）的手工制品，以及来自奇尔格罗夫古罗马别墅（Chilgrove Roman villa）的巨大马赛克镶嵌画。最精彩的部分当属发现于20世纪70年代的古罗马浴

菲什伯恩宫

菲什伯恩宫（Fishbourne Roman Palace; Fishbourne; www.sussexpast.co.uk; Roman Way; 成人/优惠/儿童 £9.50/8.80/4.90; ⓒ3月至10月 10:00~17:00, 其余时间缩短开放时间和减少开放日）是英国已知的古罗马住宅中最大的一个。该宫殿位于奇切斯特以西1.5英里处，紧邻A259公路（从奇切斯特主教座堂外乘坐700路公共汽车即可到达）。它在20世纪60年代被劳工们无意发现，不过人们普遍认为这个曾经奢华的宅邸是公元75年左右为一位罗马化的当地国王而建。现代展厅中有房基、古罗马式火炕以及精心重拼的镶嵌画。

菲什伯恩宫的重点展品是一片壮观非凡的地板，描绘了爱神丘比特骑着海豚，海马和黑豹相伴左右的场景。这里还有一个迷人的小型博物馆和再次种上植物的罗马式花园。

室，这座耗资600万英镑打造的建筑就是围绕浴室遗址设计建造的。

🛏 食宿

Trents
民宿 ££

(☎01243-773714; 50 South St; 双 £64起; 📶)这家时尚餐吧楼上的五间新潮客房，是城市中心最实惠难得的住处之一。客人们对热情的员工和丰盛的早餐都赞不绝口。

Chichester Harbour Hotel
精品酒店 £££

(☎01243-778000; www.chichester-harbour-hotel.co.uk; North St; 标单/双 £112/162起; 📶)鲜亮的色调是这家乔治亚风格酒店仿古房间的主色。它算得上是城里最具诱惑的选择了，这里还有一个非常时髦的餐厅。最好尽早预订。

Duke & Rye
美国菜 £

(www.thedukeandrye.co.uk; 14 West St; 主菜 £4~14; ⊙周一至周六 11:00~23:00，周日 12:00~20:00; 📶)这个食物和艾尔啤酒的"圣殿"位于奇切斯特主教座堂对面，就在一个改为世俗使用的大教堂里面，点缀着老旧的时尚壁纸、褶边灯罩和波斯挂毯。美国快餐店风格的菜单上有各种汉堡和圣代，好吃到会把你的腰带撑断，饮品也是神一般的好喝。

❶ 实用信息

旅游局(☎01243-775888; www.visitchichester.org; Tower St; ⊙周一至周六 10:00~17:00，周日至16:00)位于新知博物馆内。

❶ 到达和离开

长途汽车

奇切斯特有客运班车开往下列目的地：

布赖顿(700路; 3小时, £5, 每小时2班)

伦敦维多利亚火车站(National Express; £23, 3小时40分钟, 每天8班)在盖特威克机场(Gatwick Airport)换乘。

朴次茅斯(700路; £4.70, 70分钟, 每小时2班)

火车

奇切斯特有开往以下目的地的火车：

阿伦德尔(£4.70, 22分钟, 每小时2班)在福德或巴纳姆换乘。

布赖顿(£13.60, 50分钟, 每30分钟1班)

伦敦维多利亚火车站(£18.70, 1.5小时, 每30分钟1班)

朴次茅斯(£7.90, 30~40分钟, 每小时3班)

牛津和科茨沃尔德地区

包括 ➡

牛津	202
伍德斯托克	216
赛伦塞斯特	219
斯托昂泽沃尔德	226
奇平卡姆登	228
佩恩斯威克	232
切尔滕纳姆	235
迪恩森林	238
温莎和伊顿	244

最佳餐饮

- ➡ Hind's Head（见248页）
- ➡ Spiced Roots（见213页）
- ➡ Magdalen Arms（见213页）
- ➡ Edamamé（见212页）
- ➡ Le Champignon Sauvage（见237页）
- ➡ Waterside Inn（见248页）

最佳住宿

- ➡ Star Cottage（见222页）
- ➡ Barnsley House（见221页）
- ➡ Glove House（见217页）
- ➡ Bradley（见236页）
- ➡ Oxford Coach & Horses（见210页）
- ➡ Wheatsheaf（见223页）

为何去

英格兰的这片地区从伦敦一直向西延伸至威尔士，散布着迷人的村庄和中世纪城镇，像极了一首古老的田园诗。放眼望去，所见皆是葱郁的山丘、玫瑰花盛开的村舍、优美的教堂和茅草屋顶的住宅。除了这些迷人的景致，还有名扬四海的牛津大学城，建筑恢宏高耸，校园一派年轻气象。这片地区之所以能如磁石般吸引一拨又一拨的游人，原因显而易见。

每年入夏之后，这里的道路就会变得人满为患，但你依然能够轻松避开喧嚣的旅游热线，另辟蹊径。金色的科茨沃尔德地区就是绝妙的世外桃源，你可以在此找到属于自己的一方浪漫天地。白金汉郡、贝德福德郡和赫特福德郡藏着无数华丽的乡村宅邸，温莎则有世界上规模最大的城堡。继续向西，迪恩森林还会为你提供户外探险的好去处。

以上任何一处目的地都适合从伦敦出发进行一日游，但整个牛津和科茨沃尔德地区值得你花上几天的时间，尽情享受一次惬意的旅行。

何时去

➡ 与牛津大学莫德林学院的唱诗班一起迎接黎明，他们会在学院塔楼顶吟唱赞美诗庆祝五朔节（5月1日）。

➡ 7月，一边品尝香槟，一边观看亨利皇家赛舟会（Henley Royal Regatta）上选手激烈角逐。

➡ 最适宜漫步科茨沃尔德地区的季节是4月至6月以及9月，此时（大部分时间）气候宜人，还能避开7月和8月熙攘的人流。

➡ 10月初，著名的为期10天的"文学节"会让切尔滕纳姆变得书香四溢。

➡ 参加6月举办的英国最大年度赛马会——皇家爱斯科特赛马会（Royal Ascot），混入上层贵族中。

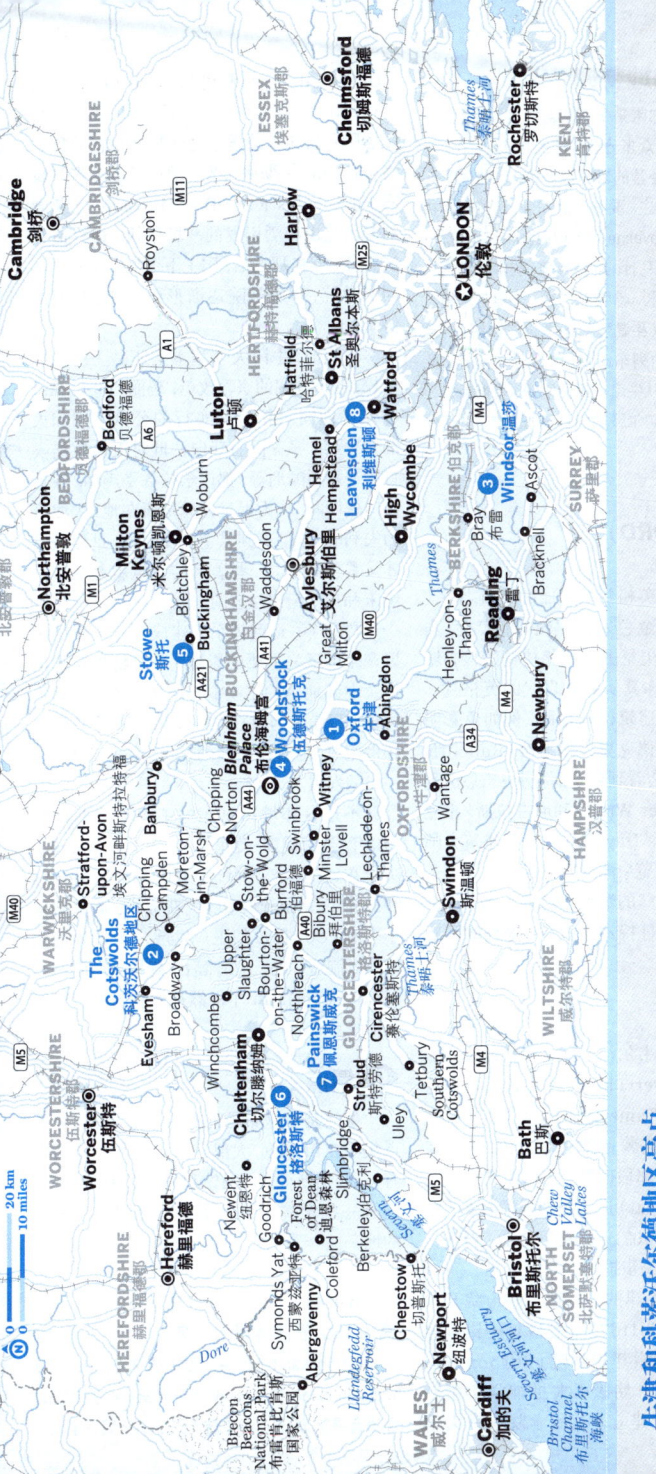

牛津和科茨沃尔德地区亮点

❶ **牛津**（见202页）跟随文学巨匠们，参观这座颇富魅力的大学。

❷ **科茨沃尔德地区**（见217页）在金色的村庄中徜徉。

❸ **温莎**（见244页）在女王的周末避世之所，一窥王室生活。

❹ **伍德斯托克**（见216页）游览英国最富丽堂皇的庄园之一。

❺ **斯托**（见242页）在壮观的18世纪景观花园中迷失自我，享受宁静。

❻ **格洛斯特大教堂**（见238页）游览这座精致的垂直哥特式建筑的优雅回廊。

❼ **佩恩斯威克**（见232页）探寻原汁原味的美丽小镇。

❽ **哈利·波特电影幕后之旅**（见241页）在利维斯顿释放你内心深处的魔法吧。

❶ 到达和当地交通

自驾可以给你带来最大的自由度，尤其是探索科茨沃尔德地区众多分散各地的村庄时。

由不同公司经营的当地客运班车，往返于各大城镇以及周围村庄。要查询时间表，可以使用在线行程规划工具Traveline（www.traveline.info）。

牛津、莫顿因马什、斯特劳德、切尔滕纳姆、格洛斯特、布莱奇利、哈特菲尔德、圣奥尔本斯、泰晤士河畔亨利以及温莎都连通火车网络，并且全部有通往伦敦的列车，其中大部分是直达。此外，还有直达火车从牛津往返伯明翰、曼彻斯特、纽卡斯尔，以及从切尔滕纳姆往返加的夫、爱丁堡和埃克塞特。

牛津 (OXFORD)

☎ 01865 / 人口 161,300

牛津无疑是英格兰最美丽的城市之一，拥有光彩夺目的金色宏伟建筑。事实上，当你漫步于充满历史氛围且风格协调的核心城区时，很难想象你其实身处现代的英格兰。一些与众不同的建筑格外抢眼，例如色彩明亮的穹顶建筑拉德克里夫图书馆（Radcliffe Camera）；你还会看到克里斯托弗·雷恩爵士（Sir Christopher Wren）和尼古拉斯·霍克斯穆尔（Nicholas Hawksmoor）等建筑大师的杰作。然而，游览牛津的真正乐趣在于一个又一个学院所展露的数百年深厚底蕴，每个学院都有自己的哥特式小教堂、隐秘的回廊以及宁静的方庭。

历史

牛津位于查韦尔河（River Cherwell）及泰晤士河（River Thames；在这里被称为Isis，源自拉丁语Tamesis）的交汇处，有着重要的战略位置。它曾是撒克逊重镇之一，在与丹麦人开战的那段时期，艾尔弗雷德大帝（Alfred the Great）进一步加强了牛津的防御工事。诺曼人于1071年在这里建造了城堡，之后城市规模进一步扩大。

到11世纪，牛津的奥古斯丁修道院开始训练牧师教士。当1167年，盎格鲁—诺曼神职学者被驱逐出索邦神学院（Sorbonne）后，这座修道院开始吸引大批神学学生。13世纪中期首先建立了三所学院——大学（University）、贝利奥尔（Balliol）和默顿（Merton）。随着牛津的日益繁荣，当地的城镇居民和新涌入的学生之间长期存在的敌意终于在1355年彻底爆发，酿成了圣学者日惨案（St Scholastica's Day Massacre）。悲剧的起因是由啤酒引发的一场争执，最终造成90人死亡。在那之后，国王下令将大学分成不同的学院，每所学院逐渐形成了自己独有的传统。

在当时，牛津大学基本上还是一所宗教学校，但16世纪的宗教改革，玛丽一世（Mary I）统治期间对新教徒实行的公众审判和火刑，以及继承者伊丽莎白一世对天主教徒实行的一系列酷刑等，都让学校备受震动。在英国内战期间，作为保皇派总部所在地，牛津沦为失利的一方。直到君主制复辟后，这座城市才又繁荣起来，一些著名的建筑就是在17世纪末和18世纪初建造的。

1790年，运河体系的建成对于牛津的发展产生了至关重要的影响。运河将牛津与英格兰中部地区的工业中心连接起来，牛津不再仅仅以学术为核心，工业和贸易机会急骤增。19世纪时，随着铁路线的贯通，牛津得到了进一步的发展。

不过这座城市真正的工业繁荣期始于1913年，当时威廉·莫里斯（William Morris）决定在这里生产汽车。随着Bullnose Morris和Morris Minor车型的大获成功，莫里斯位于考利（Cowley）的工厂发展成为世界最大的汽车制造厂之一。虽然后来规模有所缩减，但如今宝马的Mini车仍然从考利的生产线完装下线。

◉ 景点

牛津是一座布局紧凑的小城，大部分看点集中在市中心。大部分景点都与牛津大学有关，包括博德利图书馆和阿什莫林博物馆，还有一些学院本身就是非常热门的观光目的地。

◉ 市中心

★牛津大学博德利图书馆　　　　图书馆

（Bodleian Library；☎ 01865-287400；www.bodleian.ox.ac.uk/bodley；Catte St；神学院 £1，含语音导览 £3.50，导览游 £6~14；⊙ 周一至周六

9:00~17:00，周日11:00~17:00）这座杰出而古老的图书馆从中世纪延续到了今天，走出过至少五位国王、数十位英国首相和诺贝尔奖获得者，以及奥斯卡·王尔德、C.S.刘易斯、J.R.R.托尔金等众多文学巨匠。在17世纪的中央方庭里漫步，你可以免费欣赏各种古建筑，再花£1就能进入其中最壮观的一座——建于15世纪的神学院。但想要游览图书馆综合区的其他地方，就只能参加由向导带领的团队游。

所有团队游，包括人气最旺的两条每日线路——"迷你团队游"（30分钟，£6）和"标准团队游"（1小时，£8）——都从精美的中世纪神学院（Divinity School）出发，这里也是牛津大学最早的教室，始建于1423年前后，堪称英国哥特建筑的巅峰之作。不妨近距离欣赏这里的扇形拱顶，你会看到捐助者名字的首字母，其中包括出现了84次的托马斯·坎普（Thomas Kemp；他曾参与建设），以及出现三次的"Green Men"。在哈利·波特系列电影中，神学院曾作为霍格沃茨校医院的翼楼出现。

所有团队游的行程都包括历史可追溯至1488年的二楼区域。参观者不能进入装饰华丽的中世纪阅览室，更不能阅读这里的古籍，只能从旁边17世纪扩建的部分远远欣赏一番。这里也曾作为霍格沃茨的图书馆出现在哈利·波特电影中。

标准团队游还可参观神学院远端两间气势恢宏的大厅。其一是集会室（Convocation House），这里举行过三次英国议会，一次是查理一世在位时，两次是查理二世在位期间。其二是大法官法庭（Chancellor's Court），奥斯卡·王尔德和浪漫主义诗人雪莱曾经分别因为债务和宣扬无神论在此接受审判。

场次较少的"延伸团队游"除了包含上述内容之外，还会参观附近的拉德克里夫图书馆（Radcliffe Camera），这也是普通大众进入这间图书馆的唯一方式。图书馆内藏有博德利图书馆的部分图书。"楼上楼下团队游"（Upstairs, Downstairs；周三和周六 9:15，1.5小时，£14）会参观连接两座图书馆的地下通道Gladstone Link，而"探索阅览室"团队游（周日11:15和13:15，1.5小时，£14）则会在拉德克里夫图书馆参观更长时间。

河港草滩（PORT MEADOW）

虽然考古学家在杰里科西北的泰晤士河边湿地草滩找到了青铜和铁器时代的人类定居痕迹，但这里自远古时代就保持原貌，从未被开垦。如今这片稀有植物的宝库仍有奶牛和马匹放牧，但同时也深受徒步者（多半是为了前往The Trout酒馆）和跑步者的青睐。每到冬天，草滩的水面上涨，徒步者只能从边上绕过，没有办法穿越其间。

可在线或向咨询台了解团队游时间；所有团队游的门票都可提前两周购买。此外，附近的韦斯顿图书馆（Weston Library；www.bodleian.ox.ac.uk/weston; Broad St; ⓒ周一至周六10:00~17:00，周日11:00~17:00）免费还有名为"博德利宝藏"（Bodleian Treasures）的展览。

★ **基督教会学院** 学院

（Christ Church; ☎01865-276492; www.chch.ox.ac.uk; St Aldate's; 成人/儿童 7月和8月£10/9，9月至次年6月£8/7; ⓒ周一至周六10:00~17:00，周日14:00~17:00，16:15停止入场）凭借宏伟的建筑、深厚的文化底蕴以及作为哈利·波特电影中霍格沃茨学院部分外景的名声，这里吸引了一拨又一拨的游客前来参观。学院建于1525年，由红衣主教沃尔西（Cardinal Wolsey）创立，是牛津最大的学院（如果算上这里巨大的草坪）。它有着足以自傲的内廷方庭、超凡的艺术画廊，甚至还有一座大教堂。路易斯·卡罗尔（Lewis Carroll）也曾在此工作，他与当时院长女儿的外出野餐，就成为创作《爱丽斯漫游仙境》的灵感来源。

基督教会学院的正门（Tom Gate）就在庄严宏伟的17世纪汤姆塔（Tom Tower）下方。曾在学院就读的校友克里斯托弗·雷恩爵士负责建造了塔楼的上层部分。每天21:05，重达6吨的塔钟大汤姆钟（Great Tom）仍然会敲101下，当初敲钟的目的是告诫学生们宵禁即将开始。

要参观学院，必须从更南边的圣阿尔达特街（St Aldate's）绕路，穿过花园从草坪门

Oxford 牛津

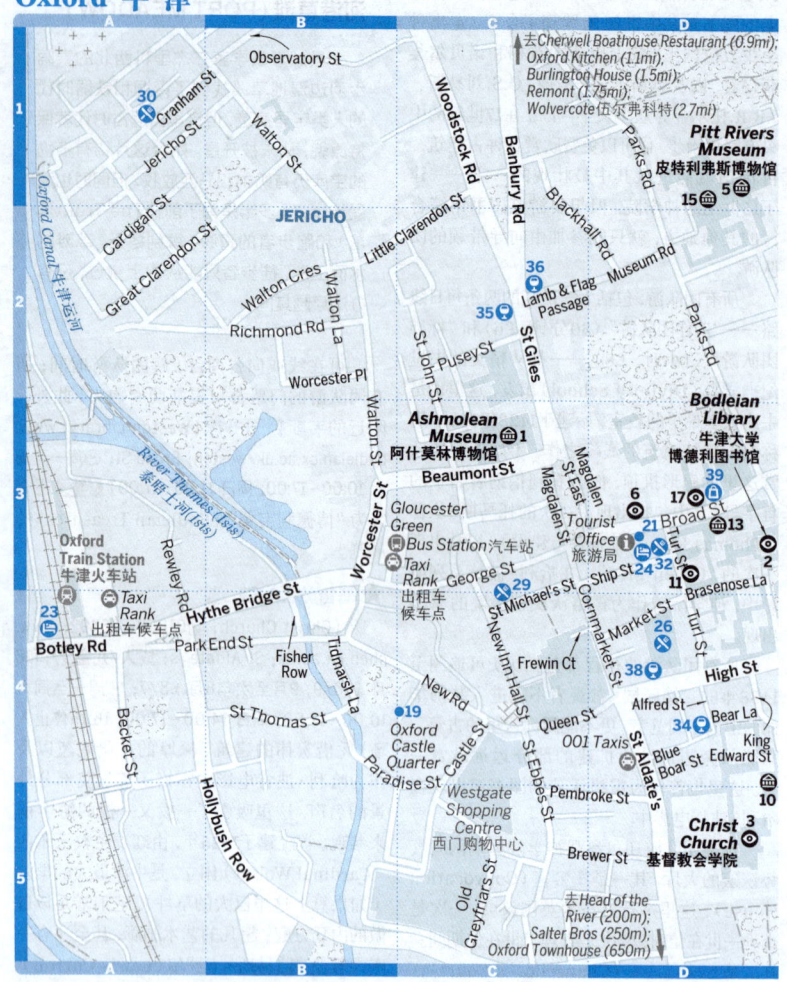

牛津和科茨沃尔德地区 牛津

（Meadow Gate；在这里或许要排队）进入。从这里开始，你将进入文艺复兴风格的**大厅**（Great Hall），这就是学院华丽的餐厅，有着悬臂托梁式的屋顶，挂着往昔众多知名学者的画像（包括路易斯·卡罗尔以及所有曾在此就读的英国首相）。12:00~14:00的午餐时段经常谢绝参观者入内。

之所以大厅看上去非常眼熟，也许是因为哈利·波特电影剧组在影棚中真实还原了这里，即影片中霍格沃兹魔法学院的餐厅。进入大厅时的扇形拱顶楼梯曾出现在《哈利·波特与魔法石》一片中，片中麦格教授就是在这里迎接哈利的。

沿着参观路线，之后你将经过**汤姆方庭**（Tom Quad），这是牛津最大且最令人难忘的四方庭，上面就是汤姆塔，池塘边有一尊墨丘利（Mercury）的塑像——接下来就到了**基督教会主教座堂**（Christ Church Cathedral; ☎01865-276150；www.chch.ox.ac.uk/cathedral；St Aldate's；⊙周一至周六10:00~17:00，周日14:00~17:00，16:15停止入场）**免费**。这座教堂是在一尊立于8世纪的牛津守护圣

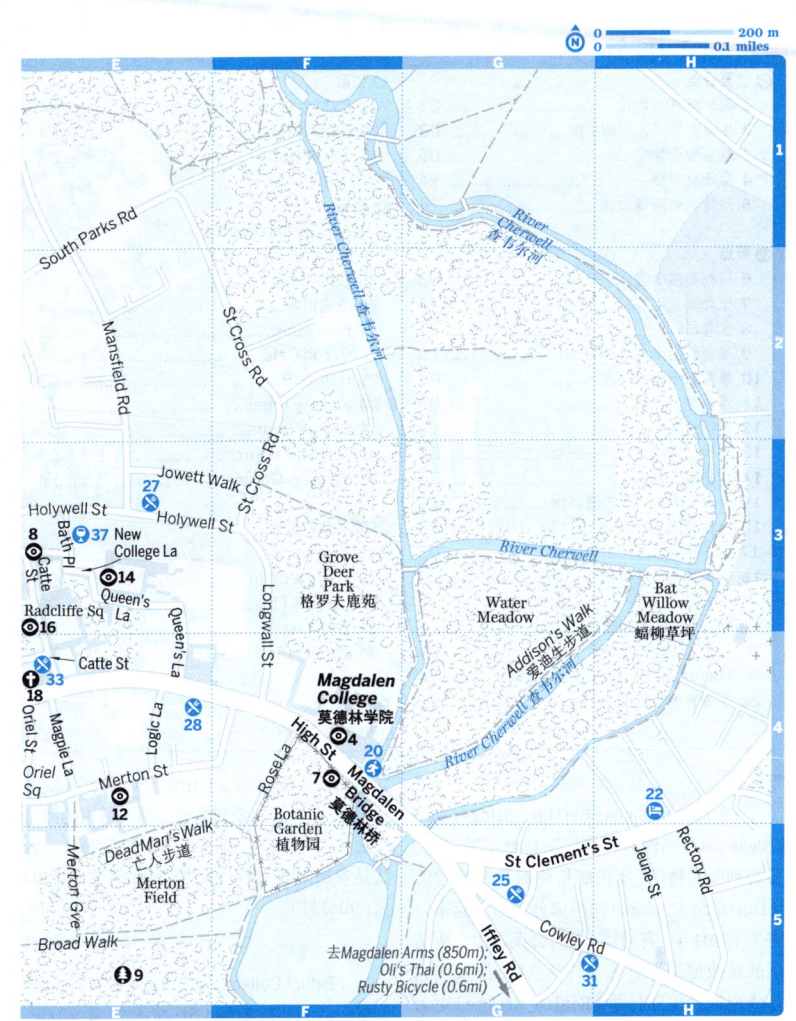

徒圣·佛莱兹怀德(St Frideswide)的塑像原址上修建的。12世纪初建时这是一座修道院教堂,直到1525年红衣主教沃尔西建立所谓"红衣主教学院"(Cardinal's College)后,才成了学院礼拜堂。

作为长久以来牛津大学最富有的学院之一,基督教会学院积累了无与伦比的艺术杰作收藏。如今在20世纪60年代增建的小型**基督教会学院画廊**(Christ Church Picture Gallery; ☎01865-276172; www.chch.ox.ac.uk/gallery; Oriel Sq; 成人/儿童 £4/2; ◉7月至9月 周一至周六 10:30~17:00,周日 14:00~17:00,10月至次年5月 开放时间缩短,闭馆前45分钟停止入场)进行藏品展出,陈列有丁托列托、米开朗琪罗以及其他文艺复兴时期大师的画作和手稿。

朝着学院东面和南面延展的**基督教会学院大草坪**(Christ Church Meadow; www.chch.ox.ac.uk; St Aldate's; ◉黎明至黄昏)**免费**可免费游览。草坪郁郁葱葱,被查韦尔河和泰晤士河(即Isis)环绕,很适合悠闲地走上半个小时。不妨留意看看学院养的长角牛。

Oxford 牛津

◎ 重要景点
1 阿什莫林博物馆	C3
2 牛津大学博德利图书馆	D3
3 基督教会学院	D5
4 莫德林学院	F4
5 皮特利弗斯博物馆	D1

◎ 景点
6 贝利奥尔学院	D3
7 植物园	F4
8 叹息桥	E3
9 基督教会学院大草坪	E5
10 基督教会学院画廊	D4
11 埃克塞特学院	D3
12 默顿学院	E4
13 科学史博物馆	D3
14 新学院	E3
15 牛津大学自然历史博物馆	D1
16 拉德克里夫图书馆	E3
17 三一学院	D3
18 圣母玛利亚大学教堂	E4

◎ 活动、课程和团队游
19 比尔牛津幽灵之旅	C4
20 Magdalen Bridge Boathouse	F4
21 牛津官方步行游览	D3

◎ 住宿
22 Oxford Coach & Horses	H4
23 Oxford YHA	A4
24 Tower House	D3

◎ 就餐
Ashmolean Rooftop Restaurant	（见1）
25 Café Coco	G5
26 室内市场	D4
27 Edamamé	E3
28 Grand Café	E4
29 Handle Bar	C3
30 Rickety Press	A1
31 Spiced Roots	G5
32 Turl Street Kitchen	D3
33 Vaults & Garden	E4

◎ 饮品和夜生活
34 Bear Inn	D4
35 Eagle & Child	C2
36 Lamb & Flag	C2
37 Turf Tavern	E3
38 Varsity Club	D4

◎ 购物
39 Blackwell's	D3

叹息桥 桥梁

（Bridge of Sighs; Hertford Bridge; New College Lane）当你沿着新学院巷漫步时，抬头会看到叹息桥，这座拱廊桥将赫特福德学院（Hertford College）的两部分连接了起来，完工于1914年。有时候，人们会误以为它所仿照的是威尼斯那座著名的叹息桥，但其实它与威尼斯的里亚托桥（Rialto Bridge）更为相似。

拉德克里夫图书馆 图书馆

（Radcliffe Camera; ☏01865-287400; www.bodleian.ox.ac.uk; Radcliffe Sq; 团队游 £14; ⊙博德利图书馆团队游 周三和周六 9:15, 周日 11:15和13:15）沙金色圆形的拉德克里夫图书馆精致美丽、光线充裕，采用廊柱支撑，是牛津最上镜的地标建筑。图书馆建于1737~1749年，采用宏伟的帕拉第奥风格，建有英国第三大的圆顶。最初它就是"拉德克里夫图书馆"（Radcliffe Library），直到1860年失去独立地位后才成为"Radcliffe Camera"（意即"房间"）——如今则是博德利图书馆的阅览室之一。非学院人员进入内部参观的唯一方法是参加博德利图书馆的延伸团队游（见203页；90分钟）。

贝利奥尔学院 学院

（Balliol College; ☏01865-277777; www.balliol.ox.ac.uk; Broad St; 成人/儿童 £3/1; ⊙10:00~17:00,冬季至黄昏）贝利奥尔学院的历史可追溯至"大约"1263年，自称是牛津历史最悠久的学院，不过院内现存建筑大部分建于19世纪。内外方庭之间巨大哥特式木门上的焦痕依稀可见，据推测是1556年对三位新教主教公开实施火刑时留下的，其中一位就是坎特伯雷大主教托马斯·克兰麦（Thomas Cranmer）。

埃克塞特学院 学院

（Exeter College; ☏01865-279600; www.exeter.ox.ac.uk; Turl St; ⊙14:00~17:00）免费

创立于1314年的埃克塞特学院，因其精美的17世纪餐厅（2018年迎来400周年华诞）和华丽的维多利亚时期哥特式礼拜堂而闻名。礼拜堂内能欣赏到校友威廉·莫里斯和爱德华·伯恩·琼斯（Edward Burne Jones）的挂毯作品《三博士朝圣》（*The Adoration of the Magi*），以及充满迷幻色彩的金色马赛克和彩绘玻璃窗。校友菲利普·普尔曼（Philip Pullman）的小说《黑暗物质三部曲》（*His Dark Materials*）中，乔丹学院（Jordan College）的原型也正是埃克塞特学院。

默顿学院　　　　　　　　　　学院

（Merton College；☏01865-276310；www.merton.ox.ac.uk；Merton St；成人/儿童 £3/免费；⊕周一至周五 14:00~17:00，周六和周日 10:00~17:00）宁静优雅的默顿学院创立于1264年，牛津最初的三大学院之一。与其他两所学院（贝利奥尔学院和大学学院）一样，默顿也声称自己最为古老，且是第一所采取学院制、让学生与导师真正融为一家并提供住宿的学院。这里显著的建筑特色包括巨大的作呕吐状的滴水嘴兽，以及建于14世纪精巧迷人的民众方庭（Mob Quad）——这也是第一个学院方庭。

新学院　　　　　　　　　　　学院

（New College；☏01865-279500；www.new.ox.ac.uk；Holywell St；成人/儿童 £5/4；⊕复活节至10月 11:00~17:00，11月至次年2月 14:00~16:00）新学院其实并没有那么"新"。它创建于1379年，是牛津首个接收本科生的学院，也是垂直哥特风格的完美典范。学院礼拜堂收藏有众多珍宝，包括华丽的中世纪彩绘玻璃，还有雅各布·爱泼斯坦爵士（Sir Jacob Epstein）那令人不安的雕塑作品《拉撒路》（*Lazarus*；1951年）。开学期间，参观者还能参加美妙的颂唱晚祷（Evensong；每晚18:15）。15世纪的回廊和长青树曾经出现在电影《哈利·波特与火焰杯》中，新学院还有着"牛剑"（Oxbridge；牛津和剑桥两座大学的合称）最古老的餐厅。

三一学院　　　　　　　　　　学院

（Trinity College；☏01865-279900；www.trinity.ox.ac.uk；Broad St；成人/儿童 £3/2；⊕9:30~12:00和14:00至黄昏）这是一座建于1555年的小型学院，有克里斯托弗·雷恩爵士设计的17世纪花园式方庭，优美可爱。雕刻精美的礼拜堂堪称英国巴洛克风格的建筑杰作，里面有一个点缀着花果图案的椴木祭坛屏风。这扇屏风由手工艺大师格林·吉本斯（Grinling Gibbons）雕刻而成，经过近年来的修复之后看起来更加精美。三一学院著名的学生包括红衣主教纽曼（Cardinal Newman）、老威廉·皮特（William Pittthe Elder），两位英国首相，以及小说人物杰伊·盖茨比（Jay Gatsby；《了不起的盖茨比》中的主角）。

科学史博物馆　　　　　　　　博物馆

（Museum of the History of Science；☏01865-277293；www.mhs.ox.ac.uk；Broad St；⊕周二至周日 正午至17:00）**免费** 理科学生一定会为这座引人入胜的博物馆所着迷，到处是各种天体观测仪、令人啧啧称奇的太阳系仪以及早期电气设备。博物馆位于一座迷人的17世纪建筑里（曾经是阿什莫林博物馆所在地），展品包罗万象，包括路易斯·卡罗尔和阿拉伯的劳伦斯（Lawrence of Arabia）使用过的相机，马可尼（Marconi）1896年使用过的无线接收器，以及一块1931年爱因斯坦写满方程式的黑板（当时他受邀进行了三场以相对论为主题的演讲）。

圣母玛利亚大学教堂　　　　　教堂

（University Church of St Mary the Virgin；

托尔金的长眠之地

《魔戒》的作者J.R.R.托尔金（JRR Tolkien；1892~1973年）和他的妻子伊迪丝（Edith）就安葬在牛津城中心以北2.5英里处的**伍尔弗科特公墓**（Wolvercote Cemetery；Banbury Rd, Wolvercote；⊕4月至9月 周一至周五 7:00~20:00，周六和周日 8:00~20:00,10月至次年3月 至17:00）**免费**。他们的墓碑上分别刻着贝伦（Beren）和露西恩（Lúthien）的名字，这是源自凡人男子和女精灵的一段爱情故事，传说精灵少女露西恩为了与人类英雄贝伦在一起，放弃了作为精灵的长生不老。

☏01865-279111; www.university-church.ox.ac.uk; High St; 教堂 免费, 塔楼 £4; ◎9月至次年6月 周一至周六 9:00~17:00, 周日 12:00~17:00, 7月和8月 每天9:00~18:00)牛津大学教堂精美的14世纪尖顶, 可以说是这座城市所有传奇般的"梦幻尖顶"中最具梦幻色彩的一座。在玛丽一世统治期间, 该教堂是1556年三位安格鲁宗(即圣公会)主教(包括托马斯·克兰麦, 他是坎特伯雷第一位新教主教)的被判为异端之地, 这座教堂也因此而闻名。这三位主教后来被烧死在宽街(Broad St)的火刑柱上。游客可以登上建于1280年的教堂塔楼(£4), 以欣赏附近拉德克里夫图书馆(见206页)的极好景致。

杰里科和科学区 (Jericho & Science Area)

★ 阿什莫林博物馆 博物馆

(Ashmolean Museum; ☏01865-278000; www.ashmolean.org; Beaumont St; ◎周二至周日 10:00~17:00, 每个月最后一个周五 至20:00) 免费 英国最古老的公立博物馆, 创建于1683年, 名声仅次于伦敦的大英博物馆, 当年伊莱斯·阿什莫尔(Elias Ashmole)将收藏的奇珍异宝——由查理一世的园丁约翰·特雷德斯坎特(John Tradescant)周游世界搜集而来——全部捐献给了牛津大学。为了庆祝阿什莫尔诞辰400周年, 如今新设了一个展览, 展品包括负责审判查理一世的法官所戴的帽子, 以及宝嘉康蒂(Pocahontas)的父亲——印第安酋长波瓦坦(Powhatan)的斗篷。

作为英国新古典主义风格建筑的典范之一, 这里很容易就会让你花去一天时间。四层楼的展厅各个宽敞明亮, 展品让人大开眼界。既有来自希腊克诺索斯宫的精致壁画, 也有从文艺复兴时期的意大利到日本的丰富艺术品(不乏戈雅、凡·高和特纳等大师的珍品), 著名藏品还有从9世纪流传至今的盎格鲁—撒克逊时期的黄金阿尔弗雷德宝石(Alfred Jewel)——研究认为这是一件类似书签的物品, 为阿尔弗雷德大帝量身定制。馆内有许多与牛津息息相关的展品, 楼上还有一间环境优美的**屋顶餐厅**(☏01865-553823; 主菜 £13.50~20; ◎周二、周三和周日 10:00~16:30, 周四至周六 至22:00; ❄)。

★ 皮特利弗斯博物馆 博物馆

(Pitt Rivers Museum; ☏01865-270927; www.prm.ox.ac.uk; South Parks Rd; ◎周一 正午至16:30, 周二至周日 10:00~16:30; ♿) 免费 如果你理想中的午后时光是参观一处装满了意想不到的奇异艺术品的巨大房间, 那么欢迎来到皮特利弗斯博物馆, 这里馆藏丰富, 有从护身符到齐特琴的各种稀奇古怪的东西。博物馆位于牛津大学自然历史博物馆(见本页)后面, 馆内光线昏暗, 以保护神秘的宝物。博物馆侧重展出一位维多利亚时期将军收集的人类学藏品, 其他展览还探讨了不同文化在面对"吸烟和兴奋剂"或者"处置丧命的敌人"等问题时的差异。

牛津大学自然历史博物馆 博物馆

(Oxford University Museum of Natural History; ☏01865-272950; www.oum.ox.ac.uk; Parks Rd; ◎10:00~17:00; ♿) 免费 这座博物馆坐落在一栋华丽的维多利亚时代哥特式建筑中, 装饰有铸铁柱、雕花柱头以及高耸的玻璃屋顶, 更有引人注目的丰富展品。标本来自世界各地, 包括150岁的日本蜘蛛蟹等。但是博物馆真正吸引人的, 还是恐龙骨架化石。除了至今发现的第二完整的霸王龙骨架外, 你还会看到斑龙(Megalosaurus)的骨骼碎片, 它发现于1677年, 也是历史上首次有记载的恐龙化石。

考利路和牛津东南部 (Cowley Rd & Southeast Oxford)

★ 莫德林学院 学院

(Magdalen College; ☏01865-276000; www.magd.ox.ac.uk; High St; 成人/儿童 £6/5; ◎6月底至9月底 10:00~19:00, 9月底至次年6月底 13:00至黄昏或18:00) 莫德林学院(发音 mawd-lin)始建于1458年, 坐落在开阔的草坪、林地、河滨步道之间, 甚至还有自己的鹿苑, 是牛津最富有且最漂亮的学院之一。经过优雅的维多利亚风格大门后, 你就来到了中世纪礼拜堂和宏伟的15世纪塔楼前。从这里, 继续前往令人印象深刻的15世纪**回廊**, 其间绝妙怪诞的滴水嘴兽据说就是C.S.刘易斯《纳尼亚传奇》中石雕的灵感来源。

🏃 活动

Magdalen Bridge Boathouse　　划船

(☎01865-202643; www.oxfordpunting.co.uk; High St; 带船工的4人小船 每30分钟£32, 自己撑篙租船 每小时£22; ◎2月至11月 9:30至黄昏)就在莫德林桥（Magdalen Bridge）边，是距离市中心最近的撑船租借点，可以租篙船或者雇船工。你可以从这里顺流而下，在植物园（Botanic Garden）和基督教会学院大草坪周边转转，也可以逆流而上去莫德林鹿苑（Magdalen Deer Park）。这里也出租划桨船和脚踏船。

Salter Bros　　划船

(☎01865-243421; www.salterssteamers.co.uk; Folly Bridge; 篙船/划桨船/摩托艇 每小时£20/20/45; ◎复活节至10月 10:00~18:00)这里除了出租篙船、划桨船以及摩托艇，还提供沿泰晤士河而行的乘船观光游，中途经过各学院的船库和热闹的岸边酒馆。可选线路包括全长8英里、耗时2小时的前往历史集市小镇阿宾顿（Abingdon）的行程（5月底至9月初 9:15和14:15, 成人/儿童 £20.80/11.70），以及2.5小时的"爱丽斯梦游仙境"观光游船（£17.50/£10）。

👉 团队游

牛津官方步行游览　　步行游览

(Oxford Official Walking Tours; ☎01865-686441; www.experienceoxfordshire.org; 15-16 Broad St; 成人/儿童 £14/10起; ◎10:45和13:00, 旺季另加11:00和14:00; 🚶)提供牛津城和各学院的2小时精华团队游，以及各种主题团队游，包括爱丽斯梦游仙境和哈利·波特之旅、刘易斯和托尔金印记之旅、摩斯探长之旅等。详细情况可在线查询，或者在旅游局（见215页）预订。

比尔牛津幽灵之旅　　步行游览

(Bill Spectre's Oxford Ghost Trail; ☎07941-041811; www.ghosttrail.org; Oxford Castle; 成人/儿童 £10/7; ◎周五和周六 18:30; 🚶)如果对牛津的黑暗一面感兴趣，渴望精彩且尽兴的体验，想感受佩尔为之的魔术魅力，那就跟着身穿维多利亚时期送葬人服饰的向导比尔，来一次耗时1小时45分钟的探索。无须预订，欢迎即兴参与。

🛏 住宿

Oxford YHA　　青年旅舍 £

(☎01865-727275; www.yha.org.uk; 2a Botley Rd; 铺/房间 £26/110; 🛜)这家大型青年旅舍位于一栋特意建造的现代建筑中，位置就在车站后面。性价比要高于当地其他青年旅舍，感觉更像是连锁酒店——房价也不相上下，独立双人间或标准双人间给人的感觉更是如此。4人、6人的宿舍间简洁舒适且超值。设施齐全，有餐厅、图书室、花园、洗衣房、休息室以及独立储物柜等。

Tower House　　客栈 ££

(☎01865-246828; www.towerhouseoxford.co.uk; 15 Ship St; 标单/双 £100/125, 不带卫生间 £110; 🛜)这座列入保护名录的17世纪联排别墅位于市中心的一处宁静地点，有8个超值的双人间，陈设简单，但装修品位不凡。一些房间共用卫生间（有些还不在同一层），也有面积较大、配有榫槽镶板的套间。老板在隔壁还经营着一间很不错的餐馆Turl Street Kitchen（见213页），稍微加一点房费，就能在那儿吃早餐。部分盈利会捐赠给一个社区慈善机构。

University Rooms Oxford　　学生公寓 ££

(www.universityrooms.com; 标单 £31~79, 双 £70~125, 四 £189起; 🛜)在学校假期时（包括圣诞节、复活节和暑假）或者其他时间（但希望较小），访客可以入住牛津神圣校园里的学生公寓（部分房间还可以俯瞰方庭），还能在宏伟的大厅享用早餐。带有基本家具、使用公共卫浴的单人间最为常见，但是你也能找到带独立卫浴的套间、双人间和公寓房。

Remont　　民宿 ££

(☎01865-311020; www.remont-oxford.co.uk; 367 Banbury Rd; Summertown; 双/四 £125/180; 🅿@🛜)这家精品民宿从里到外都散发着时尚气息，有25个各不相同的房间，灯光柔和，家具多彩，还有顺滑的床罩、抽象艺术画、毫不沉闷的床头板，写字桌以及大电视。后面还有一个阳光灿烂的花园和宽敞的早餐餐厅。位置在城市中心以北2.5英里处一片不显眼的居民区里,但是公共交通非常方便。

Acorn Guest House 民宿 ££

(☏01865-247998; www.oxford-acorn.co.uk; 260 Iffley Rd; 标单/双 £50/75; Ｐ@🛜)这家热情友好的民宿是两栋相连的房屋,设有8个舒适的房间,价格十分合理,附近有一些很棒的酒馆和餐厅,搭乘公共汽车很快就可以到达市中心。单人间和经济型双人间为公共卫浴;只需再加£5就可获得独立卫浴房间。所有一切都让人感觉宾至如归,还有一只可爱的店宠拉布拉多犬Annie(欢迎客人携爱犬入住)。

★ **Oxford Coach & Horses** 民宿 £££

(☏01865-200017; www.oxfordcoachandhorses.co.uk; 62 St Clement's St; 标单/双 £125/135; Ｐ🛜)这座18世纪的建筑曾经是马车驿站,经过重新装修后,现在成为一家有着灰蓝色外立面的精品民宿,由墨西哥裔英国人经营,考利路的餐饮场所近在咫尺。八个光线充足的房间舒适宽敞,装饰各异,风格舒缓柔和,饰有裸梁以及绿松石色和淡紫色的搭配。改建后的底层还有一间通风良好、颇具魅力的早餐室。

★ **Head of the River** 酒店 £££

(☏01865-721600; www.headoftheriveroxford.co.uk; Folly Bridge, St Aldates; 房间含早餐 £189; 🛜)这家大型酒店极富个性,堪称牛津酒店中的佼佼者。它位于基督教会学院南边的福利桥(Folly Bridge)旁,由一座泰晤士河边的仓库改建而成。20间宽敞的房间装饰各异,带着迷人的当代气息,配有裸露砖墙、榫槽镶板,以及现代化的设施。房费含楼下酒馆(见214页)的单点早餐(非常不错)。

Burlington House 酒店 £££

(☏01865-513513; www.burlington-hotel-oxford.co.uk; 374 Banbury Rd, Summertown; 标单/双含早餐 £102/139起; Ｐ🛜)这家管理良好的小型酒店位于牛津市中心以北2英里处一座维多利亚时期的房屋内,有12间雅致时尚的房间——其中几间位于庭院附楼内——铺着带图案的墙纸,浴室干净整洁,设施颇为奢

🚶 步行游览
牛津中心的河畔漫步

起点: 基督教会学院
终点: 莫德林学院
全长: 2.5英里; 2小时

很少有城市能像牛津这样,在距离市中心如此近的地方保留了如此璀璨的田园风光。现在的游客因此只需走上几步就能从繁忙的城市街道转上风景如画的乡村,沿着赏心悦目的乡野步道漫步赏景。

首先从 ❶ **基督教会学院**(见203页)开始,穿过圣阿尔达特街(St Aldate's)的大门进入学院。无须购买门票。沿着Broad Walk直行140米,直到看到左手边的学院参观入口,再右转走上Poplar Walk。顺着这条宽敞的街道笔直向南,410米后就来到泰晤士河边。在河边右转可以去往福利桥(Folly Bridge),桥下的"奥克森浅滩"(oxen ford)正是牛津名字的由来。不过你需要在河边左转,向下游前行,沿着被称为"草坪步道"(Meadow Walk)的河畔步道而行。你也许会看到泰晤士河上的八人赛艇和小游船;而回望来时的方向,基督教会学院已成为一片壮观的远景,中间隔着广袤的 ❷ **基督教会学院大草坪**(见205页),你或许会看到长角牛在这里低头吃草。继续前行180米,小路离开河边。在沿着一条沟渠向前360米后,你就到了查韦尔河(River Cherwell)。到达之后,继续沿着弯曲的小路前行,再走450米,便是Broad Walk东端。

穿过Merton Field,继续向前,就是沿着牛津中世纪城墙修建的 ❸ **默顿学院**(见207页)长长的高墙。在中世纪时,当地的犹太人死后只能葬在城墙外面,而他们的葬礼正是沿着这条路出城举行的,于是这条路被称为"亡人步道"(Dead Man's Walk)。城墙上方冒出头的树木生长在默顿学院Fellows' Garden的封闭花园中。J.R.R.托尔金在写作《魔戒》时,他的房间就俯瞰着这个地方;曾经广受喜爱的一棵大树(如今已被伐倒),就是书里中土世界树人的原型。

在Broad Walk以北90米处,向右转上

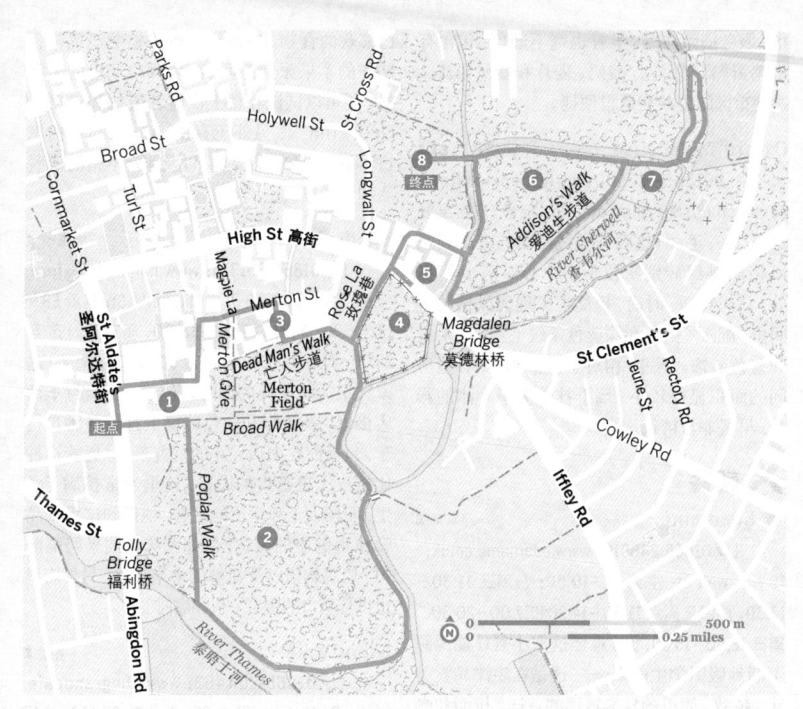

玫瑰巷(Rose Lane)。这条巷子将带你沿着默顿学院的东边界走上高街(High St)。你的右手边是从前的犹太公墓,但在过去的400年里,这里一直都是牛津的 ❹ **植物园**。如果你时间足够充裕,不妨进入植物园内游览(多走约半英里路程),看看温室内的奇花异草,在宁静的园内稍事休息。

❺ **莫德林学院**(见208页)的游客入口位于玫瑰巷北端与高街的交叉路口对面。如果要继续步行,可以先购买门票,然后穿过让人叹为观止的15世纪回廊(在开学期间,游客只能在下午进入)。托尔金的同时代作家C.S.刘易斯曾经在莫德林学院生活,这里的奇异雕刻也成为他创作《纳尼亚传奇》的灵感来源。

穿过回廊之后右转,你很快又会回到查韦尔河岸边,准备好迎接此行最大的亮点吧。莫德林学院在600年前买下了这些河畔地块,从那时起就空放着不加利用,成为开放的乡村田园。经过前方的人行桥,来到 ❻ **草滩**,这是河中的一座三角形小岛。花草繁茂的"爱迪生步道"(Addison's Walk)不到1英里,正好绕小岛一周。在小岛最南端,你可以看到对面撑船和划桨船纷纷从莫德林桥(Magdalen Bridge)下出发。草滩是为数不多的仍有蛇头贝母生长的地方之一;4月底你兴许会在这里看到紫色或白色的贝母花。

在草滩的东北端离开小岛,进入较小的 ❼ **蝠柳草坪**(Bat Willow Meadow)。2008年,马克·沃林格(Mark Wallinger)的二维树形雕塑"Y"被安放在真正的柳树之间,以庆祝莫德林学院建校550周年。南边不远处的Angeland Greyhound Meadow草坪以消失许久的两家马车驿站命名,当年马匹就曾在草坪上放养。在另一座桥的对面,是清静的Fellows' Garden花园,它建于1866年,里面有一个田园牧歌般的池塘。

如果准备好重回城市,那么可以按原路返回到高街。当然你也可以花点时间,去大学建筑北边看一眼 ❽ **格罗夫鹿苑**(Grove Deer Park)。如果你是7月至12月初来游览,应该能在河边草地上看到学院自己驯养的鹿群;但在其他时节,为了让贝母生长,这些鹿都被圈养在格罗夫鹿苑中。

华。服务周到体贴，早餐也毫不逊色：包含有机鸡蛋、自制面包、酸奶、麦片和新鲜果汁。通往市区的公共交通很便捷。

Oxford Townhouse 精品酒店 £££

(01865-722500; www.theoxfordtownhouse.co.uk; 90 Abingdon Rd; 标单/双含早餐£136/166; P) 这两栋经过翻新的维多利亚风格联排红砖别墅位于市中心以南半英里处，15间舒适、时尚、极简主义现代风格的房间里，配上了白色和深蓝色条纹毛毯、漆木桌和蓝色装饰。不过，相对于价格而言，有些房间的面积显得较小。墙上挂着关于牛津的彩绘，早餐非常精致。

就餐

★ Edamamé 日本菜 £

(01865-246916; www.edamame.co.uk; 15 Holywell St; 主菜 £7~10.50; 周三 11:30~14:30, 周四至周六 11:30~14:30和17:00~20:30, 周日 12:00~15:30;) 难怪这家小餐厅能源源不断地吸引学生前来——这是在牛津品尝美味、精致、简单的日本料理的首选。拉面和咖喱特价菜经常变换，包括香浓的鸡肉味噌拉面、炒豆腐或鲭鱼荞麦面等；仅在周四晚上供应寿司或生鱼片。不接受预订；早点到，做好排队的准备。

★ Vaults & Garden 咖啡馆 £

(01865-279112; www.thevaultsandgarden.com; University Church of St Mary the Virgin, Radcliffe Sq; 主菜 £7~10.50; 9:00~18:00;) 这个美丽的午餐场所从拱顶的14世纪大学教堂旧会众之家，一直延伸到了正对拉德克里夫图书馆的花园里。早点来，在柜台排队点餐，选择有益健康的有机特色菜，如韭菜土豆汤、马沙文咖喱豆腐或慢烤羊肉塔津锅。早餐和下午茶（含美味司康饼）都非常不错。

★ 室内市场 市场 £

(Covered Market; www.oxford-coveredmarket.co.uk; Market St; 不定, 部分商铺周日歇业;) 这个室内市场有20间餐厅、咖啡馆和外卖店，是囊中羞涩的学生们最愿意去的地方。无论谁来到这里，都会找到自己喜欢的食物。Brown's咖啡馆装潢简洁，制作的苹果派远近闻名，堪称市场里的老字号；还可以试在楼上供应乳蛋饼和汉堡的Georgina's；另外还有Burt's的超赞曲奇饼，两间出色的馅饼店，以及非常不错的泰餐店和中餐馆。

Handle Bar 咖啡馆 £

(01865-251315; www.handlebaroxford.co.uk; Bike Zone, 28-31 St Michael's St; 菜肴 £8~13; 周一和周二 8:00~18:00, 周三至周五 至23:00, 周六 9:00起, 周日 10:00~17:00;) 这家气氛活跃友好的咖啡馆位于一间自行车商店楼上，天花板和白色砖墙上挂着各种自行车，包括前轮大后轮小的复古车等。凭着这种比嬉皮士更嬉皮的风格，这里通常挤满了学生、职场人士和幸运的游客。他们到这里来品尝注重健康的美食，例如调味牛油果奶酪吐司、烤鸡胸肉以及新鲜的水果冰沙。另外店里也供应可口的蛋糕、茶和咖啡。

Grand Café 茶室 £

(01865-204463; www.thegrandcafe.co.uk; 84 High St; 糕点 £5~7, 主菜 £9~13; 周一至周四 9:00~18:30, 周五至周日 至19:00;) 这间店自称是英格兰第一家咖啡馆（虽然不像它的竞争对手那样连续经营），看上去像是那么回事儿，立柱和金箔都透着古老的气息。虽然这里提供三明治、百吉饼和塔式下午茶（£18起），但真正吸引人的还是法式蛋糕：新鲜、香甜的糕点以及酥脆的千层酥，堪称茶的绝配。

Rusty Bicycle 美食酒馆 £

(01865-435298; www.therustybicycle.com; 28 Magdalen Rd; 主菜 £6.50~12; 周日至周四 9:00~23:00, 周五和周六 至午夜;) 这家时尚的街区酒馆，位于城外1英里的伊弗利路（Iffley Rd），老板同时经营着杰里科的 Rickety Press (01865-424581; www.thericketypress.com; 67 Cranham St; 主菜 £6.50~12; 厨房 周一至周五 12:00~14:30和18:00~21:30, 周六和周日 10:00~15:00和18:00~21:30), 供应品质一流的汉堡、比萨以及非常棒的当地啤酒。

Café Coco 地中海菜 £

(01865-200232; www.cafecoco.co.uk; 23

Cowley Rd; 早餐£5~9, 主菜£7.50~15; ◎周一至周四 10:00至午夜, 周五和周六 至次日00:30, 周日 至22:00; ♪) 考利路上的这家老铺装饰颇为古旧: 暖黄色的墙面、经典的海报、厚重的镜子, 还有一个石膏小丑。这里的早午餐极受欢迎。在它的全球化菜单上, 除了"健康"的熟食早餐, 还有比萨、沙拉、汉堡、意面、小食拼盘、地中海风味主菜以及鲜榨果汁等。路过的时候进来喝一杯鸡尾酒也不错（酒水优惠时段为17:00~19:30）。

★ Spiced Roots   加勒比菜 ££

（♪01865-249888; www.spicedroots.com; 64 Cowley Rd; 主菜£12~17.50; ◎周二和周三 18:00~22:00, 周四至周六 12:00~15:00和18:00~22:00, 周日 12:00~20:00; ♪) 从石榴配黑米, 到奶酪大蕉配牛尾——当然还有不可或缺的香辣烤鸡——这家新开的加勒比风味餐厅一切都恰到好处。餐厅不仅有许多素食选择, 还会用咖喱烹制鱼肉和山羊肉, 用餐之余再从茅草苫顶的朗姆酒吧点杯特调的鸡尾酒, 绝对是一件惬意的事情。

★ Turl Street Kitchen   新派英国菜 ££

（♪01865-264171; www.turlstreetkitchen.co.uk; 16-17 Turl St; 主菜£10~16; ◎8:00~10:00, 12:00~14:30和18:30~22:00; ♪)♪无论你何时步入这个气氛闲适、略显杂乱、充满魅力、有着童话般的灯光和褪色木桌的全天营业的小酒馆, 你都会吃得赞不绝口。新鲜的当地农产品融入极具创意的烹饪, 不断变化的菜单上有烤甜菜根、红烧羊肉等选择, 周日还有烤牛肉和约克郡布丁。此外也供应美味的蛋糕和咖啡。

★ Magdalen Arms   英国菜 ££

（♪01865-243159; www.magdalenarms.co.uk; 243 Iffley Rd; 主菜£14~42; ◎周一 17:00~23:00, 周二至周六 10:00~23:00, 周日 10:00~22:30; ♪♪) 这个与众不同的街区美食酒馆获得了全国媒体的赞誉。它距离莫德林桥1英里, 是个友好的非正式用餐场所, 室内和户外都可以喝酒, 后面还有为用餐者准备的餐桌。店内供应特色素食料理, 例如蚕豆意面, 也有可供分享的大份的牛排艾尔派（好吧, 这其实是一道油脂丰富的炖菜）, 总之每道菜都很

值得一游

LE MANOIR AUX QUAT' SAISONS

牛津本身没有米其林星级餐厅, 当地的美食爱好者们需要往东走过朝圣般的9英里路程, 才能到达著名的米其林二星庄园餐厅Le Manoir aux Quat' Saisons（♪01844-278881; www.belmond.com/le-manoir-aux-quat-saisons-oxfordshire; Church Rd, Great Milton; 5道菜午餐//道菜晚餐£95/190; ◎周一 18:30~21:30, 周二至周日 11:45~14:15和18:30~21:30）。主厨雷蒙德·布兰克（Raymond Blanc）已经在这里工作了三十多年, 他的烹饪技术好像有魔法一般, 能够利用庄园自产的食材做出富有创造力的精致菜肴。一定要早早预订, 就餐时不要穿得太随意。

这里还有32间酒店客房, 其中最便宜的房间价格为每晚£625.50。

可口, 有些菜可以说是重口味了。

★ Oli's Thai   泰国菜 ££

（♪01865-790223; www.olisthai.com; 38 Magdalen Rd; 主菜£12~15; ◎周二至周五 12:00~14:30和17:00~22:00, 周六 12:00~15:00）这家泰国菜小餐厅在城外, 需要沿着伊弗利路（Iffley Rd）走上1英里才能到达, 不过绝对值得一试。菜品不多, 而且经常更换, 特色菜包括姜黄虾、五花肉配米饭等。这里的餐位, 尤其是阳光露台上的那些, 往往需要提前几个月预订, 但是直接去有时也能找到空位。

Cherwell Boathouse Restaurant   英国菜 ££

（♪01865-552746; www.cherwellboathouse.co.uk; Bardwell Rd; 主菜£18~22; ◎12:00~14:30和18:00~21:30; ♪) 百年老店Cherwell Boathouse位于牛津市中心以北约1.5英里处, 坐拥令人难以抗拒的河畔环境, 是享用慵懒午餐或度过浪漫夏夜的好去处。菜单经常应季更换, 菜品不多, 不过以英国家常菜为特色, 例如豌豆羔羊肉或虾酱鲽鱼, 此外也有一些素食选择。

Oxford Kitchen 新派英国菜 £££

(☎01865-511149；www.theoxfordkitchen.co.uk；215 Banbury Rd；套餐£22.50~65；⊙周二至周六12:00~14:30和18:00~21:30)牛津并不因高端餐饮和先锋烹饪而闻名，因此如果你追求分子料理般的泡沫、奶油冻、不规则餐盘和高低不平的石板，那就来萨默敦（Summertown）当代风格的Oxford Kitchen。餐厅供应现代英国风格的食物，从£22.50的工作日午餐套餐到高达£65的周末品尝套餐，都非常不错。

饮品和夜生活

★ Turf Tavern 酒馆

(☎01865-243235；www.turftavern-oxford.co.uk；4-5 Bath Pl；⊙11:00~23:00；🏠)这个中世纪的狭小酒馆挤在一条小巷内，室内布局也多犄角旮旯，但它的历史可以追溯到1381年前后。作为最地道的牛津酒馆，这是当年比尔·克林顿出名的"没吸进肺里"的地方；其他顾客还包括奥斯卡·王尔德、史蒂芬·霍金、玛格丽特·撒切尔等。供应原浆艾尔啤酒和苹果酒，店内总是熙熙攘攘的，不过店外也有座位。

★ The Perch 酒馆

(☎01865-728891；www.the-perch.co.uk；Binsey Lane, Binsey；⊙周一至周六10:30~23:00, 周日至22:30；🏠🍴)这家拥有800年历史的茅顶乡村旅馆充满着田园风情，可以沿着公路开车前往，不过更愉悦的方式是在泰晤士河小道逆流而上步行半个小时，然后从点缀着藤架的迷人的小径到达。酒馆垂柳依依的大花园是喝点儿富乐精酿（Fullers）的好地方，只是夏季如潮的人群也意味着通常要等很久才上菜。

★ Head of the River 酒馆

(☎01865-721600；www.headoftheriveroxford.co.uk；Folly Bridge, St Aldates；⊙周日至周四8:00~22:30, 周五和周六至23:30)如果想享受夏季傍晚的河畔小酌，那么牛津中心区最雅致的地方莫过于正对泰晤士河的这处露台，而以前曾是一座容量较大的仓库——因此在外面还能看到摇臂起重机——后来成为一间造船厂。啤酒来自富乐啤酒厂，味道不错。室内座位不少，菜品质量上乘，楼上还有一间时尚的酒店——不过最难抵挡的绝对是河边的秀丽风景。

★ Lamb & Flag 酒馆

(12 St Giles；⊙周一至周六12:00~23:00, 周日至22:30；🏠)这家休闲风格的17世纪小酒馆依然是牛津最好的酒馆之一，供应可口的啤酒和葡萄酒。托马斯·哈代就是在这里的餐桌上写下了《无名的裘德》(*Jude the Obscure*)，书中部分场景也以此为原型，后来C.S.刘易斯和J.R.R.托尔金也经常光顾这里。食物并不出彩，但是买一杯啤酒，就会为圣约翰学院的奖学金贡献自己的力量。

Bear Inn 酒馆

(☎01865-728164；www.bearoxford.co.uk；6 Alfred St；⊙周一至周四11:00~23:00, 周五和周六至午夜, 周日11:30~22:30；🏠)这里无疑是牛津最古老的酒馆（自1242年起就开有酒馆），充满着浓浓的老式情怀，大部分人在经过门道时都需要低头。纪念领带数量不断增加，在玻璃框后日渐褪色——墙上和天花板上都是。由富乐啤酒厂供应啤酒，而且常会为风趣的客人供应艾尔啤酒，此外还有一些简单的酒吧食物。周二有现场爵士演出。

Eagle & Child 酒馆

(☎01865-302925；www.nicholsonspubs.co.uk/theeagleandchildoxford；49 St Giles；⊙周一至周六11:00~23:00, 周日12:00~22:30)这家杂乱古怪的酒馆被亲切地称为"Bird & Baby"，历史可以追溯到1650年，曾经是作家J.R.R.托尔金、C.S.刘易斯以及淡墨会（Inklings）成员喜爱光顾的地方。狭窄的木头镶板房间看起来仍很出色，酒馆依然供应纯正爽口的艾尔啤酒。不过未来命运难以预测，因为其所有者——圣约翰学院宣布即将对酒馆进行一次听上去不太妙的翻新。

Varsity Club 鸡尾酒吧

(☎01865-248777；www.tvcoxford.co.uk；9 High St；⊙12:00至深夜；🏠)这家时尚简约的屋顶鸡尾酒吧位置得天独厚，正处市区中心，你可以一边品尝果味浓郁的鸡尾酒（£7~10），一边陶醉在牛津梦幻般的尖塔风景中。加热器、毛毯和天棚让这里即使在冬天也能保持舒适感，下面的三层楼里设有休息室和舞厅。

The Trout　　　　　　　　　　　　酒馆

（☎01865-510930; www.thetroutoxford.co.uk; 195 Godstow Rd; Wolvercote; ◎周一至周五 11:00~23:00, 周六 10:00~23:00, 周日 10:00~22:30; ☏）从牛津市中心沿着泰晤士河往西北步行3英里（非常怡人的徒步之旅），你会来到这家在过去400年中一直吸引回头客的迷人老式酒馆。英国侦探系列电视剧《摩斯探长》也使得这里备受青睐。宽敞的河畔露台通常挤满了人，护墙边经常有鸭子过来觅食。如果你想尝尝店里有口皆碑的新派英国菜，一定要尽早预订。

购物

★ Blackwell's　　　　　　　　　　书籍

（☎01865-792792; www.blackwells.co.uk; 48-51 Broad St; ◎周一和周三至周六 9:00~18:30, 周二 9:30~18:30, 周日 11:00~17:00）Blackwell's是这座最具书生气的城市中最著名的书店，书籍的范围很广，包括文学类、学术论文类以及"罪恶消遣"类，简直是爱书者的天堂。一定要参观地下室的诺林顿阅览室（Norrington Room），如倒立的巨大阶梯金字塔般，所有书架的总长达到3英里，目前仍是吉尼斯世界纪录中最大售书室的保持者。

实用信息

旅游局（☎01865-686430; www.experienceoxfordshire.org; 15-16 Broad St; ◎7月和8月 周一至周六 9:00~17:30, 周日 10:00~16:00, 9月至次年6月 周一至周六 9:30~17:00, 周日 10:00~16:00）提供关于整个牛津郡的信息。出售牛津旅行指南，帮助游客预订当地住宿和步行团队游，销售活动和景点门票。

到达和离开

长途汽车

牛津嘈杂的露天**长途汽车站**位于城区中心的Gloucester Green，就在伍斯特街（Worcester St）和乔治街（George St）的交叉路口。

主要汽车公司包括**Oxford Bus Company**（☎01865-785400; www.oxfordbus.co.uk）、**Stagecoach**（☎01865-772250; www.stagecoachbus.com）和**Swanbrook**（☎01452-712386; www.swanbrook.co.uk）。主要目的地如下：

伯福德（Burford; 853路; £3.80, 45分钟）
剑桥（Cambridge; X5路; £13.50, 3.75小时）
切尔滕纳姆（853路; £8, 1.5小时）
奇平诺顿（Chipping Norton; S3路; £4.70, 1小时）
伦敦维多利亚火车站（Oxford Tube/X90路; £15, 1.75小时）
威特尼（Witney; 11/S1/S2/853路; £4.20, 40分钟）
伍德斯托克（Woodstock; 7/S3路; £3.20, 30分钟）
National Express（☎0871-7818181; www.nationalexpress.com）长途汽车的目的地包括：
巴斯（Bath; £11.30, 2小时）
伯明翰（Birmingham; £11.10, 2.5小时）
布里斯托尔（Bristol; £7.10, 3小时）
伦敦维多利亚火车站（£16, 2小时）

小汽车和摩托车

在牛津中心地区驾车和停车不啻为梦魇；在订酒店时尽量找提供停车位的住处。通往城区的主要道路沿途有5个停车换乘点（Park & Ride），最近的距离城区也有2英里。停车费用是每天£2~4，抵离城区的公共汽车15~30分钟1班，车程12~25分钟，如果停车再换乘总费用为£6.80。

火车

牛津的中心火车站位于市中心西边，很是便利，从宽街（Broad St）步行约10分钟即可到达。目的地如下（请注意根据出行时间、订票时间和其他因素，车票价格差异较大）：

伯明翰（£19, 1.25小时）
伦敦马里波恩火车站（London Marylebone; £7~29, 1.25小时）
伦敦帕丁顿火车站（London Paddington; £9.5~26.50, 1.25小时）
曼彻斯特（Manchester; £38.70, 2.75小时）
莫顿因马什（Moreton-in-Marsh; £10.50, 35分钟）
纽卡斯尔（Newcastle; £73.50, 4.5小时）
温彻斯特（Winchester; £18.30, 1.25小时）
Oxford Parkway车站位于城中心以北4英里的班伯里路（Banbury Rd），有火车开往伦敦马里波恩火车站（£7~26, 1小时）。如果你住在萨默敦将非常方便，这里也有公共汽车开往牛津城中心。

❶ 当地交通

自行车

牛津有着浓郁的自行车文化，这也是学生和游客非常喜欢的城市交通方式。**Cyclo Analysts**（☏01865-424444；www.cycloanalysts.com；150 Cowley Rd；每天/每周 £10/36起；⏱周一至周六 9:00~18:00）和**Summertown Cycles**（☏01865-316885；www.summertowncycles.co.uk；200-202 Banbury Rd, Summertown；每天/每周 £18/35；⏱周一至周六 9:00~17:30，周日 10:30~16:00）出售、修理、出租自行车，包括混合动力自行车。

公共汽车

Oxford Bus Company和Stagecoach提供广泛的当地交通网络服务，在主要路线上都运营常规公共汽车。单程车票最高£2.20（往返£3.70）；可购买单日通票（£4.20）。车票可以在公共汽车上用现金或非接触式银行卡购买。

出租车

火车站、长途汽车站、圣吉尔（St Giles）和卡法斯（Carfax）都设有出租车招呼站。或者可以联系**001 Taxis**（☏01865-240000；www.001taxis.com；New Inn Yard, 108 St Aldate's）或**Oxford Cars**（☏01865-406070；www.oxfordcars.co.uk）。

牛津周边（AROUND OXFORD）

牛津郡的乡村极具田园魅力。在西北边，威特尼有漂亮的镇中心，但最大的亮点是温斯顿·丘吉尔爵士的出生地——宏伟的布伦海姆宫，以及极富吸引力的伍德斯托克。在牛津西南，白马谷内还有非常值得一看的史前遗迹。

伍德斯托克（Woodstock）

☏01993/人口 2727

位于牛津西北8英里处的伍德斯托克，是一个与王室有着悠久历史渊源的美丽古镇。富裕的镇中心随处可见精致的石头房屋，资深有名的小旅馆和酒馆，还有多家古董商店。但是真正吸引人们到此一游的，当属布伦海姆宫，温斯顿·丘吉尔爵士就是在这片恢宏的巴洛克风格建筑群中出生的。

◉ 景点

★ 布伦海姆宫　　　　　　　　　　宫殿

（Blenheim Palace；☏01993-810530；www.blenheimpalace.com；Woodstock；成人/儿童 £26/14.50，仅公园和花园 £16/7.40；⏱宫殿 10:30~17:30，公园和花园 9:00~18:30或黄昏；🅿）布伦海姆宫（发音blen-num）是英国最气派奢华的古宅之一，这处已被列入世界遗产名录的壮丽巴洛克风格建筑群，由约翰·范布勒爵士（Sir John Vanbrugh）和尼古拉斯·霍克斯穆尔（Nicholas Hawksmoor）设计，于1705年至1722年建造完成。1704年，马尔伯勒公爵（Duke of Marlborough）约翰·丘吉尔（John Churchill）取得了击败法国的决定性战役——布伦海姆战役（Battle of Blenheim）的胜利，为了表彰和嘉奖这位功臣，安妮女王（Queen Anne）将这片土地赐予丘吉尔，同时还拨款建造了这一庄园。1874年温斯顿·丘吉尔爵士在此出生，如今这里依然是第十二任公爵的府邸。

布伦海姆宫庄严的橡木大门内随处可见

值 得 一 游

白马谷（VALE OF THE WHITE HORSE）

这个青翠的山谷位于牛津西南约20英里处，环抱着历史悠久的旺蒂奇（Wantage）集镇。虽然小镇曾经诞生了阿尔弗雷德大帝（Alfredthe Great；849~899年），但它最具吸引力的名胜可以追溯到更早的源头。在旺蒂奇镇西7.5英里处的白马山，点缀着英国最古老的白垩岩画——3000年前的**乌飞顿白马**（Uffington White Horse）。附近山上的要塞遗迹被称为**乌飞顿城堡**（Uffington Castle），公元前700年就已存在；**卫兰德锻冶场**（Wayland's Smithy）则是一个新石器时代的狭长坟冢。

10米高的平顶高地名为**龙山**（Dragon Hill），之所以这样称呼，是因为当地人相信它所在的位置就是圣乔治屠龙的地方。考古学家则认为这是一处天然岩层，上层在铁器时代被削平，主要用于祭祀活动。

各种雕像、挂毯、华丽的家具、无价的瓷器以及装在精致镀金画框中的巨幅油画。参观的起点是**大厅**（Great Hall），空间极为宽敞，地面到天花板高度达20米，室内装饰着第一任公爵的多幅画像。

从大厅开始，你可以按照自己的步调游览各间宏伟的贵宾厅（stateroom），也可以参加免费的45分钟导览游，每30分钟1次（除了周日，当天所有房间都有导游）。各处亮点包括：著名的**布伦海姆挂毯**（Blenheim Tapestries）——10幅一套的大幅织锦挂画，以纪念首任公爵的丰功伟绩；**国宴厅**（State Dining Room）及其内部的壁画和错视画彩绘天花板；还有华丽的**长图书馆**（Long Library），旁边是一尊典雅的1738年安妮女王塑像，56米长的天花板上是尼古拉斯·霍克斯穆尔的绘画。

楼上的**"不为人知的故事"**（Untold Story）展览，从虚构的女仆角度出发，带领游客开始一场半小时的音频及视频导览游。你会见到一连串重现了宫殿重要历史的场景。在2月至9月，你还可以参加其他团队游（成人/儿童£5/4.50），参观公爵的私人公寓、宫殿卧室或仆从生活区。

楼下的几个房间里设有**丘吉尔展览**（Churchill Exhibition），无须另外支付门票。展览回顾了温斯顿·丘吉尔爵士的生平、工作、绘画以及著作。官方历史表明，日后成为英国首相的第七任公爵之孙，也是第九任公爵的堂兄，是因为母亲早产而意外地出生在布伦海姆宫。但人们更加相信的是，这个故事其实是为了掩饰她在7个月前结婚时就已怀孕的事实。温斯顿·丘吉尔去世后就葬在南边1.5英里处的巴拉顿（Bladon），离宫殿咫尺之遥。

如果参观者太多，使得室内闷热难受，不妨去郁郁葱葱的**花园和公园**，"万能"的兰斯洛特·布朗（Lancelot Brown；著名园林师）设计了其中部分景观。而在园外，还有两座大型水景露台，装饰有喷泉和狮身人面像。也可以乘坐迷你小火车（50便士）前往**快乐花园**（Pleasure Garden），看看那里的紫杉迷宫、冒险乐园、薰衣草花园以及蝴蝶屋。

若想要一段更安静的悠长漫步，就沿着长达4.5英里的迷人步道上坡，它绕过几座小湖通往植物园、玫瑰园、小瀑布以及范布勒大桥（Vanbrugh's Grand Bridge）。不妨看看黛安娜神庙，1908年8月10日，温斯顿·丘吉尔就是在此向他未来的新娘克莱门汀夫人（Lady Clementine）求的婚。

🛏 住宿

★ Glove House　　　　民宿 £££

（☎01993-813475；www.theglovehouse.co.uk；24 Oxford St；双/套£170/200；❄）这栋典雅的联排住宅有着400年的历史，经过豪华装修后傲然展示着它经久不衰的时代印记。这里共有三间豪华客房，全都带有华美的后花园。Charlbury套房设施齐全的浴室里还装有独立式铜浴缸。

Feathers　　　　　　　酒店 £££

（☎01993-812291；www.feathers.co.uk；Market St；房间含早餐£189；❄）这座气派的17世纪联排别墅曾经用作疗养院、布料店、肉店。如今到处散发着时髦现代的气息，设有品位不俗的舒适房间，装饰以图纹壁纸、现代艺术品、毛茸茸的椅套和色彩丰富的织物。楼下的酒吧整洁漂亮，共有401种杜松子酒。

❶ 到达和离开

Stagecoach（见215页）客运班车往返于牛津（Oxford；S3路；£3.20，30分钟）、伯福德（Burford；233路；£4.10，45分钟）、奇平诺顿（Chipping Norton；S3路；£4.10，20分钟）以及威特尼（Witney；233路；£3.80，30分钟）。S3路和233路停靠布伦海姆宫外的车站。

科茨沃尔德地区 (THE COTSWOLDS)

连绵起伏的科茨沃尔德地区横跨六个郡，随处可见赏心悦目的金色村庄、茅草苫顶的房屋、令人向往的教堂和蜂蜜色的豪宅。1966年，这里被列为"杰出自然风景区"（Area of Outstanding Natural Beauty），在英格兰的排名仅因面积之差而屈居湖区之后。

没有人能说清楚这个地名的真正含义。

The Cotswolds 科茨沃尔德地区

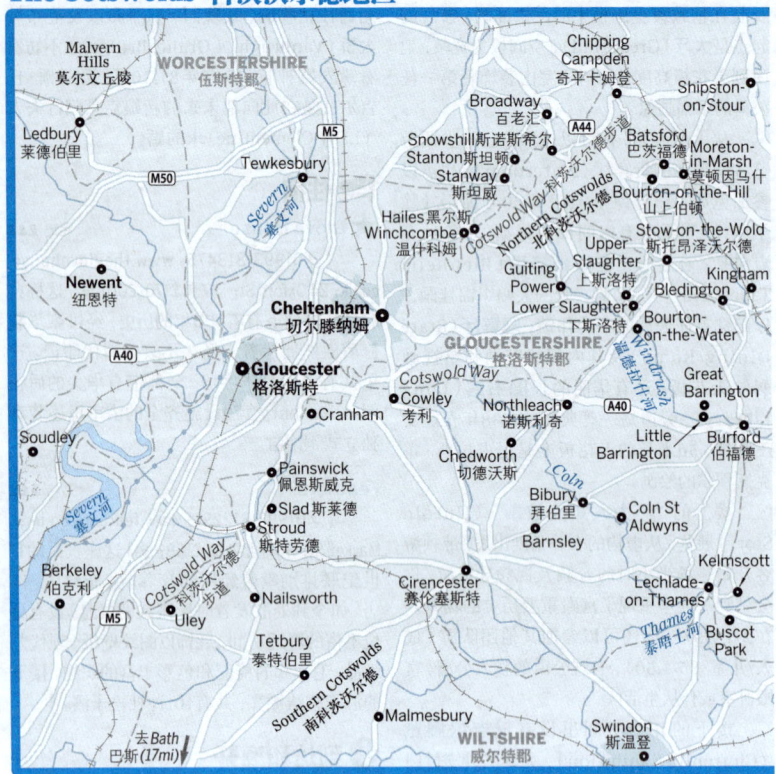

但"wolds"是指起伏的山丘,而"cots"可能是"cotes"(羊圈)。毫无疑问,该地区的富庶以及精美的建筑,都要归功于中世纪的羊毛贸易,当时的"Cotswold Lion"绵羊在欧洲各地备受追捧。虽然后来这里的产业重心转向纺织品,但是工业革命却与科茨沃尔德擦肩而过。19世纪时,威廉·莫里斯盛赞这里为时光不曾流逝的英国乡村田园。如今,这里既是重要的居民区,也是非常热门的旅游目的地。

科茨沃尔德地区的长线步道纵横交错,包括全程102英里的科茨沃尔德步道(Cotswold Way),这些山势平缓但风景壮观的山峦非常适合徒步、骑车或骑马。

活动

骑行

平缓的坡度和优美壮阔的风景使科茨沃尔德地区成为骑行的理想之地。宁静的乡间小路和僻径纵横交错,穿越乡野,只有陡峭的西部悬崖会对骑行构成挑战。你可以沿着标识明确的泰晤士河谷骑行线路(Thames Valley Cycle Way; NCN4号和5号线路),骑行于牛津和温莎之间(然后继续前往伦敦)。

Cotswold Country Cycles(☎01386-438706; www.cotswoldcountrycycles.com; Longlands Farm Cottage; 3天/2夜团队游£285起)等公司可为自助骑行游提供包含地图、行李转运和民宿住宿等项目在内的多种服务。

徒步

全长102英里的科茨沃尔德步道(Cotswold Way; www.nationaltrail.co.uk/cotswold-way)使徒步者能够一览该地区的全貌。这条路线从东北端的奇平卡姆登(Chip-

不要错过

凯尔姆斯科特庄园

凯尔姆斯科特庄园（Kelmscott Manor; ☎01367-252486; www.sal.org.uk/kelmscott-manor; Kelmscott; 成人/儿童 £10/5; ◎4月至10月 周三和周六 11:00~17:00）藏身于牛津西边20英里的泰晤士河附近，就在法林登（Faringdon）西北。这是处花园环绕的华丽都铎式建筑群，1871年被两位著名的艺术家兼诗人丹蒂·加布里埃尔·罗塞蒂（Dante Gabriel Rossetti）和威廉·莫里斯购得，后者还是工艺美术运动的发起者。庄园内部的装饰风格淋漓尽致地体现了莫里斯的人生信条——一个人不应该拥有任何不美丽或者不实用的物品。这里还展出莫里斯的私人物品以及他本人和合作伙伴设计的织物和家具。

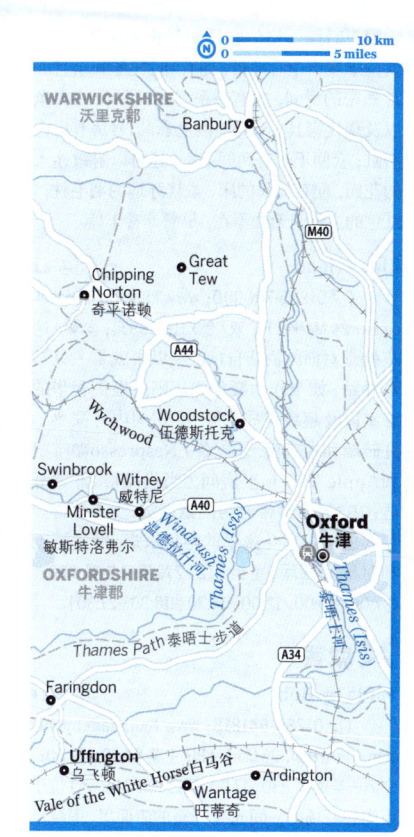

ping Campden）蜿蜒至西南的巴斯（Bath），沿途路过迷人的田园风光，经过众多古迹和小村庄，没有较大的爬坡或艰难的路段。如果你想缩短路途，或者环绕某一村庄徒步，从沿途众多地点出发都很便捷。

其他穿越科茨沃尔德地区的长线步道包括：全长100英里的**格洛斯特郡步道**（Gloucestershire Way），从切普斯托（Chepstow）经斯托昂泽沃尔德（Stow-on-the-Wold）到达图克斯伯里（Tewkesbury）；全长55英里、前往伍斯特郡（Worcestershire）的**圣坎奈姆步道**（St Kenelm's Way）；以及全长184英里的**泰晤士步道**（Thames Path; www.nationaltrail.co.uk/thames-path），从赛伦塞斯特（Cirencester）西南出发一路直抵伦敦。

在当地旅游局可了解线路详情，而且那里通常都有徒步地图出售。

赛伦塞斯特（Cirencester）

☎01285/人口 19,076

迷人的赛伦塞斯特（发音siren-sester）是科茨沃尔德地区南部最重要的城镇，位于切尔滕纳姆南边15英里处。现在很难相信在罗马帝国统治时期（小镇被称为Corinium），赛伦塞斯特的规模和重要性仅次于伦敦，不过那个时期的遗址保存下来的少之又少。中世纪的羊毛交易令这一小镇获益无穷，有钱的商人还集资建造了一座精美的教堂。

如今的赛伦塞斯特优雅富足，却又不失清新含蓄。高档的精品店和新潮的熟食店林立于狭窄街道的两侧，而每逢周一和周五的集市依然体现了这里的核心内涵。美丽的维多利亚风格建筑环绕在热闹的中心广场周边，附近街道上不同时期的历史建筑又显得无比和谐。

◎ 景点

★ **科里尼翁博物馆**   博物馆

（Corinium Museum; ☎01285-655611; www.coriniummuseum.org; Park St; 成人/儿童

£5.60/2.70；◎4月至10月 周一至周六 10:00~17:00，周日 14:00~17:00，11月至次年3月 至16:00；❸)这个现代化博物馆的重心，自然是赛伦塞斯特古罗马时期的展览。重现场景的展厅、视频和交互式展示生动展现了那个时代的风貌。值得一看的精彩亮点包括当地出土的精美马赛克镶嵌地板（其中一块公元4世纪的镶嵌画描绘了希腊神话人物俄耳甫斯对着动物弹奏七弦琴）以及公元2世纪的"朱庇特圆柱"，柱头上的雕刻描绘了酒神巴克斯和他醉酒的伙伴们。博物馆内还有一个非常不错的盎格鲁—撒克逊展厅，以及有关中世纪赛伦塞斯特及其繁荣的羊毛贸易的展览。

施洗者圣约翰教堂 教堂

(St John the Baptist's Church；☎01285-659317；www.cirenparish.co.uk；Market Sq；◎10:00~16:00)这座如同主教座堂一般的施洗者圣约翰教堂是英格兰最大的教区教堂之一。它有着醒目的垂直哥特风格塔楼，带有飞拱（约1400年建造），南门廊为庄严的三层结构，建于15世纪末，本是作为办公场所而建，后来成为赛伦塞斯特的市政厅。教堂内部采光充足，建有高耸的拱廊、华丽的扇形穹以及都铎风格的中殿，后者的壁龛里则展示着1535年为安妮·博林王后制作的博林杯（Boleyn Cup）。

在部分周三和夏季的周六，塔楼（成人/儿童 £3/1.50）也会开放登塔。

🛏 住宿

YHA Cotswolds 青年旅舍

(Barrel Store；☎01285-657181；www.yha.org.uk；New Arts Brewery, Brewery Ct；铺/双/四 £23/65/75；❄)🍴这家热门的新青年旅舍位于赛伦塞斯特城市中心，是科茨沃尔德地区唯一的国际青年旅舍。作为令人兴奋的文化综合体的组成部分，它按照最高环保标准建造，配有当地工匠制作的设备和家具。所有房间，从独立双人间到两至四人的宿舍，都配有独立卫浴；房间奉行极简主义，但都配有正宗的科茨沃尔德羊毛毯。

★ No 12 民宿

(☎01285-640232；www.no12cirencester.co.uk；12 Park St；双/套 £130/150；P❄)这一乔治国王时期风格的联排别墅非常温馨，而且就位于城市中心地带，拥有4间气派利落且非常私密的房间，配有一系列颇具品位的古董以及现代家具。充满浪漫色彩的1号房有房内浴缸；套间不光有两间浴室，还可以俯瞰迷人的花园，配有加长的床、柔软舒适的羽毛枕，红色的主色调无处不在。早餐非常丰盛。

Kings Head 豪华酒店

(☎01285-700900；www.kingshead-hotel.co.uk；24 Market Pl；双/套 £119/199起；❄❄)这座教堂对面的酒店自14世纪以来就是一处马车驿站，如今作为豪华酒店则可提供奢华的卧室以及超级优质的服务。房间内有裸梁、红砖墙和木镶板，还配备了Nespresso咖啡机和Apple TV。标准房间为当代风格，非常舒适；103号套房带有房内铜浴缸，令人惊喜。住客还可以享受这里的隐秘水疗、舒适酒吧和时髦的餐厅（主菜 £12~27，周日午餐 £20；◎7:00~10:00、12:00~14:30和18:30~21:30）。

🍴 就餐

Made by Bob 新派英国菜

(☎01285-641818；www.foodmadebybob.com；Corn Hall, 26 Market Pl；主菜 £8.50~22.50；◎周一至周六 7:30~17:00，周日 10:00起；🍴)位于市中心商场内一间光线充裕的店面里，围绕巨大的开放式厨房布置。这家店既卖熟食，也供应时尚菜式，轻松愉悦的氛围颇受欢迎。早餐精选非常出色——麦片、牛油果泥、全套英式早餐；午间简餐包括沙拉、汤、意面、意大利调味饭以及熟食拼盘。不接受预订。

Jesse's Bistro 新派英国菜

(☎01285-641497；www.jessesbistro.co.uk；The Stableyard, 14 Black Jack St；主菜 £16~28；◎周一 11:45~14:45，周二至周六 11:45~14:45和18:45~21:45，周日 11:45~16:45)Jesse's是一个很棒的小地方，隐藏在一个铺满鹅卵石的庭院内，室内配有石板地面、木梁天花板和马赛克图案餐桌。可口的菜肴来自半开放式厨房，主打应季的时鲜食材，例如康沃尔鱼鲜和来自附近肉商的科茨沃尔德肉制品。

ℹ 实用信息

旅游局(☎01285-654180；www.cotswolds.com；

❶ 科茨沃尔德探索者通票（COTSWOLDS DISCOVERER）

科茨沃尔德探索者通票是非常超值的单日通票，持票可以无限次乘坐规定范围内的公共汽车和火车（成人/儿童£10/5）。该通票可在所有英国主线火车站购得，或在科茨沃尔德地区内的公共汽车上直接购买。

Corinium Museum, Park St; ◎4月至10月 周一至周六 10:00~17:00, 周日 14:00~17:00, 11月至次年3月 至16:00)这个旅游局非常实用，可帮助安排住宿，出售详细介绍赛伦塞斯特周边自助步行游览的小册子（£0.50），同时它也是博物馆纪念品商店。

❶ 到达和离开

离赛伦塞斯特最近的车站是南边4.5英里处的肯布尔（Kemble），这里有火车开往伦敦帕丁顿火车站（London Paddington; £28.10, 1.25小时）。

Stagecoach、Pulhams和Cotswold Green都有车开往赛伦塞斯特。大多数长途汽车会在Market Pl的大厅（Corn Hall）外面停靠，目的地包括：
切尔滕纳姆（Cheltenham; 51路; £3.80, 40分钟）
格洛斯特（Gloucester; 882路; £2.80, 50分钟）
诺斯利奇（Northleach; 855路; £2.90, 20分钟）
泰特伯里（Tetbury; 882路; £2.70, 30分钟）
National Express（www.nationalexpress.com）客运班车的目的地包括：
伯明翰（Birmingham; £16, 2.5小时）
伦敦维多利亚火车站（London Victoria; £6, 2.5小时）

拜伯里（Bibury）

❐01285/人口 627

被威廉·莫里斯称为"英格兰最美村庄"的拜伯里，位于赛伦塞斯特东北8英里处，是科茨沃尔德地区优美风景的典范。科伦河（River Coln）岸边散落着一连串河畔村舍，狭窄街巷纵横交错，街边矗立着别致的石屋建筑。难怪拜伯里是前往科茨沃尔德地区旅行团的必游之地。

◉ 景点

★ 阿灵顿排屋（Arlington Row） 街道

这排引人入胜的村舍是拜伯里最著名的景点，曾经出现在《星尘》（Stardust）等多部电影中。它最初是14世纪时的羊毛商店，后来改建为工人宿舍。这排村舍俯瞰着Rack Isle——这是一片灌木丛生的低洼泥泞之地，过去用来晒布料和放牧牛群，如今则辟为野生动物栖息地。坐着大巴前来的团队游客通常在参观完小屋后，还会沿着路旁开满鲜花的巷道漫步。如果你想看这里的照片，打开英国护照的封面内页就可一饱眼福。

圣母玛利亚教堂 教堂

（Church of St Mary the Virgin; Church Rd; ◎10:00至黄昏）这是一座由撒克逊人建造的村庄教堂，与最初建成时相比，已发生了极大的变化，但是透过12世纪、13世纪和15世纪增建的建筑，仍然可以看出许多8世纪的建筑风格特点。教堂就位于村镇中心的B4425公路旁边。

⌂ 住宿

New Inn 酒馆 ££

（❐01285-750651; www.new-inn.co.uk; Main St, Coln St Aldwyns; 房间含早餐 £119~149; [P][⌂][❄]）茉莉花掩映下的New Inn建于16世纪，位于拜伯里东南2.5英里处。15间卧房宽敞且氛围十足，分别在主体的酒馆建筑和附设的木屋中。别致的当代风格包括大胆的色彩、毛茸茸的布套、时髦的家具以及与众不同的独立式浴缸；而带裸露大梁的酒馆本身也非常不错。夏季周末时，房费会大幅上升。

★ Barnsley House 豪华酒店 £££

（❐01285-740000; www.barnsleyhouse.com; B4425, Barnsley; 房间含早餐 £319起; [P][⌂][❄]）如果你渴望纯粹的放纵享受和浪漫氛围，这座1697年建造的乡村房屋及它著名的美丽花园就是不二之选。18间客房各不相同，有些房间有奢华的东方情调或室内浴缸，大多数房间布置得端庄得体。设施包括水疗、泳池、私人影院、Potager餐厅以及一间人气极旺的酒馆（Village Pub）。住客必须年满14周岁。

牛津和科茨沃尔德地区 拜伯里

❶ 到达和离开

大部分自驾者沿着穿村而过的B4425公路前往拜伯里。拜伯里位于伯福德（东北9英里）和赛伦塞斯特（西南8英里）中间。Pulhams运营的855路长途汽车往来于拜伯里和赛伦塞斯特（£2.40，15分钟）、巴恩斯利（Barnsley；£1.70，5分钟）和诺斯利奇（Northleach；£2.40，20分钟）。周日停运。

伯福德（Burford）

☏01993 / 人口 1410

顺着陡峭的山坡直下，来到牛津以西20英里外温德拉什河（River Windrush）一处古老的交汇处（如今依然是单车道），就是保持着中世纪辉煌时期面貌的伯福德。当地人坚称这里是一个城镇而非村庄，毕竟它早在1090年就获得了宪章。但即便如此，这也只是一个极小的镇子；好在风景如画，有许多石头房屋、金色的科茨沃尔德式联排宅邸，以及伊丽莎白或者乔治国王时期遗留下来的瑰宝。

此外还有保存完好的百年教堂，以及多家怡人的酒店和餐厅，伯福德也因此成为一个有吸引力的落脚点。古玩商店、价格低廉的茶室和特色精品屋，会让夏天蜂拥而至的游客产生怀旧之情；不过你还是能够轻易地避开周遭的喧嚣，在安静的小巷里惬意漫步，感觉时光的凝滞。

🛏 食宿

★ Star Cottage   民宿 ££

(☏01993-822032; www.burfordbedandbreakfast.co.uk; Meadow Lane, Fulbrook; 房间£110~125, 公寓£115~140; 🛜) 这栋古老的科茨沃尔德式村舍位于伯福德东北约1英里处，有两间舒适、风格独特的独立卫浴房间。房间配色颇具品位和创意，采用蓝色、白色和灰色搭配，挂有华丽的缝制窗帘。小一点的房间里有一张豪华的四柱大床；较大的房间有非常棒的卫生间；后面的谷仓还设有一间独立的四人公寓。采用当地食材制作的家常早餐同样出彩。

Lamb Inn   酒馆 £££

(☏01993-823155; www.cotswold-inns-hotels.co.uk/the-lamb-inn; Sheep St; 标单/双含早餐£150/160起; 🅿🛜🐾) 这个占地宽广的15世纪旅馆位于主街附近，拥有石板地面、裸露的房梁、嘎吱作响的楼梯，更有17间华丽的古董装饰房间。一些房间配有四柱床，其中一间甚至有自己的独立花园；现代设施一应俱全，包括Nespresso咖啡机和时尚的卫生间。气氛浪漫的餐厅（主菜£14~35; ⏰7:30~10:00、12:00~14:30和19:00~21:00）和酒吧都供应新派英国菜。

Swan Inn   酒馆 £££

(☏01993-823339; www.theswanswinbrook.co.uk; Swinbrook; 标单/双/套含早餐£130/150/250; 🅿🛜) Swan Inn坐落于伯福德以东3英里处的小村Swinbrook，紧邻温德拉什河，有着柔和的色调、乡村风情的舒适设施以及斑斓的色彩。旧谷仓内六间舒适典雅的客房俯瞰果园，其中顶楼的豪华套间非常适合家庭入住；河边小屋里则是五间较新的客房，更具现代气息。旅馆里还有一家不错的餐厅（主菜£16~26; ⏰12:00~14:00和19:00~21:00; 🅿）。

顺便提醒《唐顿庄园》（*Downton Abbey*）的粉丝：这里就是西比尔和布兰森策划私奔的酒馆。

Huffkins   面包房、咖啡馆 ££

(☏01993-824694; www.huffkins.com; 98 High St; 主菜£6~15; ⏰周一至周五9:00~16:30, 周六至17:00, 周日10:00~17:00; 🍴) 作为科茨沃尔德连锁烘焙店的第一家店，这家Huffkins从1890年就开始从事烘焙，制作美味可口的司康饼、蛋糕和馅饼。在这家气氛活跃友好的咖啡馆里，经常可以看到当地人享用乳蛋饼、汤、奶酪通心粉或汉堡。店里全天提供早餐菜肴，以及丰盛的下午茶。想要快速解决一餐，可以在旁边的熟食店挑选烘焙美食。

❶ 实用信息

旅游局（☏01993-823558; www.oxfordshirecotswolds.org; 33a High St; ⏰周一至周六9:30~17:00, 周日10:00~16:00）提供当地徒步游的相关信息。

❶ 到达和离开

Stagecoach和Swanbrook有班车往返伯福德。当地班车停靠High St或Sheep St, 而快速直达班车停靠A40环岛（从镇中心向南步行5分钟）。客运班车目的地如下：

切尔滕纳姆（853路；£4.50，45分钟）
格洛斯特（853路；£6，1.25小时）
牛津（853路；£6.30，45分钟至1.25小时）
敏斯特洛弗尔（Minster Lovell；233/853路；£2.30，15分钟）
威特尼（233/853路；£3.30，19分钟）
伍德斯托克（233路；£4.10，45分钟）

诺斯利奇（Northleach）

☎01451／人口1838

虽然不乏有趣的景点，但位于切尔滕纳姆东南14英里处的诺斯利奇却鲜有游客来访，颇有一种商业化大潮到来之前的清新氛围。这里自1227年以来就是个规模不大的集市小镇，点缀着中世纪后期的村舍、恢宏的商店以及半木结构的都铎风格民居。市集广场周边满是风格迥异的漂亮建筑，狭窄的小巷通向远方。

◉ 景点

切德沃斯古罗马别墅 考古遗址

（Chedworth Roman Villa；NT；☎01242-890256；www.nationaltrust.org.uk；Yanworth；成人/儿童£10.50/5.25；⊙4月至10月10:00~17:00，2月中旬至3月和11月10:00~16:00；Ⓟ）这片面积很大的奢华古罗马别墅，于1864年被一名猎场看守人重新发现。它最古老的部分可以追溯到公元175年左右，但是最华丽宏伟的部分是在大约公元362年修建的，包括两套公共浴室、一座水神殿和一个带地暖设备的餐厅。遗址附近精彩的现代博物馆里保存着一些繁复精美的马赛克镶嵌画，但近年来发现的更多马赛克画因为缺乏资源而不得不被重新埋入土内。

遗址位于一条乡村道路的尽头，在诺斯利奇以西4.5英里处，A429公路上有明确的路标。

机械音乐博物馆 博物馆

（Mechanical Music Museum；☎01451-860181；www.mechanicalmusic.co.uk；High St；成人/儿童£8/3.50；⊙10:00~17:00）参加一小时导览游，参观这座满是稀奇古怪古董乐器的陈列馆，你会听到一些别样的声音：也许来自18世纪的手工装置，其制造成本可能相当于伦敦的一栋房屋；也许是立式钢琴，由作曲家乔治·格什温（George Gershwin）看不见的手指在神秘地"弹奏"。

圣彼得和圣保罗教堂 教堂

（Church of St Peter & St Paul；www.northleach.org；Church Walk；⊙9:00~17:00）这座教堂是科茨沃尔德垂直式建筑的典范，其壮观程度和复杂性充分体现了小镇羊毛交易时期的富足。圣坛和30米高塔楼的历史可以追溯到14世纪，但是建筑本身的大规模重建是在15世纪羊毛业繁荣时期。祭坛后面1964年的现代彩绘玻璃窗也是一大亮点，窗上的图案描绘了荣耀基督（Christin Glory）；更古老的珍贵文物包括一个与众不同的14世纪洗礼盆。

🛏 食宿

★ Wheatsheaf 精品酒店 £££

（☎01451-860244；www.cotswoldswheatsheaf.com；West End；房间含早餐£123~255；Ⓟ⚹❄）这家酒店曾经是马车驿站，现在共有14间风格各异的客房，房间弥漫着美好的复古伦敦风情，比如独立式浴缸。同时也有按摩淋浴、环保洗漱用品以及乡村风格的装饰等，能给住客带来现代的舒适感。楼下有间人气极旺的**餐厅**（主菜£14.50~24；⊙周一至周四和周日8:00~10:00、12:00~15:00和18:00~21:00，周五和周六至22:00；Ⓟ⚹❄），供应以现代手法演绎的应季英式佳肴。

ℹ 实用信息

Cotswolds Discovery Centre（Escape to the Cotswolds；☎01451-861563；www.cotswoldsaonb.org.uk；Fosse Way；⊙周四至周一9:30~16:00；Ⓟ）科茨沃尔德地区的官方游客中心。

ℹ 到达和离开

Swanbrook或Pulhams客运班车抵离的城镇包括：

伯福德（853路；£2.40，15分钟）
切尔滕纳姆（801/853路；£2.90，45分钟）

赛伦塞斯特（855路；£2.70，20分钟）
格洛斯特（853路；£3.50，1小时）
莫顿因马什（801路；£2.40，40分钟）
牛津（853路；£8，1小时）

斯洛特（The Slaughters）

☎01451/人口400

上斯洛特和下斯洛特两村相隔1英里，位于斯托昂泽沃尔德西南约3.5英里处，一派明信片般的秀丽景色。虽然游客数量众多，但这里始终保持着从容舒缓的中世纪魅力。两个村庄的名字与屠宰场（slaughter；意为屠宰）毫无关系，而是源于古英语"sloughtre"，意思是泥沼或者泥泞的地方。

艾河（River Eye）蜿蜒，缓缓流经村庄，两岸点缀着经典的金色科茨沃尔德式房屋。真正吸引人的是下斯洛特，河水在石灰岩堤岸之间流淌，河面稍低于道路，两岸都有鲜花盛开的步道。如果你有时间徒步，不妨沿着艾河从一个村落到另一个村落——途中车辆稀少——往返一般只需要2小时左右。

◎ 景点

老磨坊 著名建筑

（Old Mill，☎01451-820052；www.oldmill-lowerslaughter.com；Lower Slaughter；成人/儿童 £2.50/1；◉3月至10月 10:00~18:00，11月至次年2月 10:00至黄昏）紧邻艾河的老磨坊内设有一家咖啡馆和工艺品商店，还有一间小博物馆，在这里你可以了解到这座建筑作为水力磨坊的前世今生。这座水磨坊运营历史最早的文字记载可以追溯到1086年调查英格兰土地概况的《末日审判书》（*Domesday Book*）。

食宿

Lords of the Manor 历史酒店 £££

（☎01451-820243；www.lordsofthemanor.com；Upper Slaughter；房间含早餐 £240~465；ⓅⓈⓌ）尽管从外面看起来，这座建于17世纪的宅第充满着传统的乡村之美，但里面宽敞、品味不凡的房间却出乎意料地现代化。酒店主打亮白色调，有印花图案的桌布和裸露的木梁，以及无可比拟的田园风光、优质的服务和一家出众的米其林星级**餐厅**（3/7道菜晚

🚗 自驾游览
经典科茨沃尔德地区

起点：伯福德
终点：温什科姆
全长：54英里；1~3天

我们提供的线路跨越了三个郡，包括了北半部分一些最独特的景点，驾车1天可以逛完；只不过如果延长到2~3天（沿途有许多可供落脚的歇息处），你就可以深度体验当地风情。

旅程从牛津郡的美丽山坡集镇 ❶ **伯福德**（见222页）开始，沿A40公路西行10英里，进入格洛斯特郡，到达 ❷ **诺斯利奇**。这里的科茨沃尔德探索中心有非常好的展览，可以了解科茨沃尔德杰出自然风景区的历史、地理、动植物等相关内容。镇上有一座很棒的教堂，附近还有一座迷人的古罗马别墅。

从诺斯利奇出发，经由A429公路向东北行驶7英里，来到 ❸ **下斯洛特**（见本页），这里随处可见金色石头建造的房屋，可以沿河向西北步行1英里前往 ❹ **上斯洛特**（见本页），这里的游客要少些。它坐落于一片不大的浅滩和丘陵之间，一派田园风光。如果提前订餐，你就可以在詹姆斯式宅邸的Lords of the Manor享用午餐。

继续沿A429公路前行3英里，到达 ❺ **斯托昂泽沃尔德**（见226页），这是这里海拔最高的村庄（海拔244米），自12世纪以来一直是市集中心。逛完集市广场之后，经A429公路向北，沿着古罗马时期的福斯路行驶，4.5英里之后将抵达 ❻ **莫顿因马什**（见231页），这里以每周二集市和商店而闻名。

接下来，沿A44公路往西3英里，抵达 ❼ **山上伯顿**（Bourton-on-the-Hill）。这里以两件事物闻名：绞架笼——19世纪用来装被绞死的强盗的尸体；马匹训练，村庄附近有不少种马场。Horese & Groom是个享用午餐的好地方。

沿A44公路西行3英里，然后右转（东北方向）进入B4081公路，到达 ❽ **奇平卡姆登**（见228页），它是科茨沃尔德地区最美的城镇之一。不妨去欣赏15世纪的圣詹姆

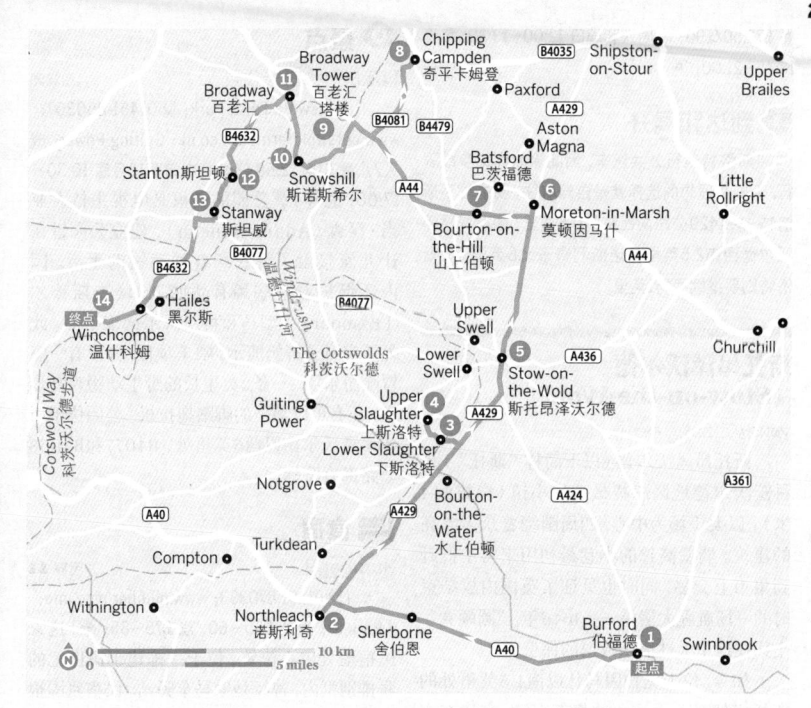

斯教堂和高街（High St）的蜜色建筑。向西北开1英里，进入伍斯特郡，然后沿着路牌前往 ⑨ **百老汇塔楼**（见229页）——这是一座建于18世纪的哥特式怪异建筑，矗立在壮观的断崖之上。

离开百老汇塔楼，继续向南行驶1英里，然后在路口右转（西南方向）。你很快就会看到前往 ⑩ **斯诺斯希尔**的路牌，再行驶1英里即可到达这个曾经出现在《BJ单身日记》电影中的美丽外景地。如果是在6月或7月来到这里，你一定会被铺天盖地的薰衣草迷醉。从斯诺斯希尔出发，向北行驶2.5英里来到 ⑪ **百老汇**（见229页），这里有一座出色的博物馆和美术馆。沿着宽敞的高街（High St）前行，转上B4632公路，就可朝着切尔滕纳姆向西南驶去了。

3英里之后，顺着左边（东边）岔路走进 ⑫ **斯坦顿**（Stanton）。这是一个绝妙的小村庄，房屋采用金色的科茨沃尔德石材精心修筑。最有可能吸引你的建筑是斯坦顿法院，以及圣米迦勒及诸天使教堂（St Michael & All Angels' Church）的精美垂直式塔楼和富有中世纪气息的内饰。斯坦顿法院曾经属于民用建筑师菲利普·斯托特爵士（Sir Philip Stott; 1858~1937年），他还修复了村里许多房屋建筑。

你会看到徒步者穿越斯坦顿，沿着科茨沃尔德步道往南进发，前往1英里外的 ⑬ **斯坦威**（Stanway）。因此你也不妨沿着与步道平行的窄路前进。在斯坦威，除了一些茅草屋顶的村舍外，还有一座教堂和斯坦威大宅（Stanway House）。大宅隐藏于三重顶的门房后面，是詹姆斯一世时期的宏伟建筑；美丽的巴洛克式水景花园中还有英国最高的喷泉。500年来，庄园一直是历任威姆斯伯爵（Earl of Wemyss）的私人住所，因而散发着长期居住的鲜活魅力，里面保留着众多原始家具，特有的风格从未改变。

穿过斯坦威之后，右转（向西）驶入B4077公路，然后左转（西南）回到B4632公路。3.5英里后，你将来到 ⑭ **温什科姆**（见233页）。它是一个古老的盎格鲁—撒克逊城镇，极受徒步者欢迎，有非常好的就餐和住宿之选，包括5 North St。你可能希望留在这里过夜，以便能在早晨探索精彩绝伦的休德利城堡。

餐£72.50/£90；⊙周六和周日12:00~13:30，每天18:45~21:00；ℙ）。

ⓘ 到达和离开

斯洛特禁行公共汽车，因此除非你徒步或骑行，否则最理想的选择就是自驾前往。要去往下斯洛特，从A429公路向西绕行0.5英里，即斯托昂泽沃尔德西南2.5英里或诺斯利奇东北6英里。上斯洛特则要继续西行1英里。

斯托昂泽沃尔德（Stow-on-the-Wold）

☏01451/人口 2035

斯托昂泽沃尔德（以下简称"斯托"）是科茨沃尔德地区海拔最高的小镇（海拔244米），以大广场为中心，四周围绕着众多漂亮的建筑。墙壁高耸的小巷最初用来将羊群赶到集市上交易，同时也见证了英国内战结束时的一场血腥大屠杀——1646年，"圆颅党"士兵在这里大肆屠杀败退的保皇党。

如今，位于莫顿因马什以南4.5英里处的斯托仍然是一个重要的集市小镇，它建在古罗马时期的福斯路（Fosse Way；如今的A429公路）上，现在有6条道路在此交会。作为一处热门的旅游目的地，夏季时游客络绎不绝，每年两次的斯托马市（Stow Horse Fair）远近闻名。

戴尔斯福德有机农场

位于斯托以东4英里处的**戴尔斯福德有机农场**（Daylesford Organic；☏01608-731700；www.daylesford.com；Daylesford；⊙周一至周六 8:00~20:00，周日 10:00~16:00）是科茨沃尔德有机运动的标杆，始于40年前的一次转变：一间家庭农场决定开始尝试可持续的生产方式。如今农场里有各种戴尔斯福德的品牌农产品，中央有个食物大厅，还有一间非常棒的餐厅兼咖啡馆，供应选用有机食材制作的菜肴（£13~19）。同时这里还有一间高档精品店，几栋对外出租的农舍，还有奢华的水疗。

ⓞ 景点

科茨沃尔德农场公园　　　　　　动物园

（Cotswold Farm Park；☏01451-850307；www.cotswoldfarmpark.co.uk；Guiting Power；成人/儿童£14/12.50；⊙2月中旬至12月底 10:30~17:00；ℙ♿）✒公园的老板是电视主持人亚当·汉森（Adam Henson），建立公园旨在让儿童接触到了解农场各种动物的生活。园内还保护着一些稀有品种，如埃克斯穆尔（Exmoor）小型马和科茨沃尔德绵羊等。此外还安排了挤奶演示、喂羊项目，并设有一座冒险游乐场、一条2英里长的野生动物观赏步道，还有可以乘坐的脚踏拖拉机。公园位于斯托昂泽沃尔德以西6英里处，B4077和B4068公路都有路标。

🛏 食宿

Number 9　　　　　　民宿 ££

（☏01451-870333；www.number-nine.info；9 Park St；标单£50~60，双£75~85；☏）这家民宿地处中心位置，位于一栋建于18世纪的联排别墅内，曾经是家马车驿站。民宿氛围很棒，亲切友好，有着倾斜的地板、低矮的天花板以及裸露的横梁。3间带独立卫浴的舒适客房采用白色和淡色色调，其中2间极其宽敞；楼下有一间炉火闪烁的温馨休息室。

King's Head Inn　　　　　　酒馆 ££

（☏01608-658365；www.thekingsheadinn.net；The Green, Bledington；标单/双含早餐£90/100起；ℙ☏）这座精心翻修的16世纪酒馆位于斯托昂泽沃尔德西南4英里处，楼下是一片静谧的绿地。酒馆装潢新旧混搭堪称完美。有十几间风格各异的轻奢房间，还有一间非常棒的**餐厅**（主菜£14~25.50；⊙周一至周六 12:00~14:00和18:30~21:00，周五和周六 至21:30，周日 12:00~15:00和18:30~21:00；ℙ✒）✒。老楼内的六间舒适客房充满了复古色彩（裸露房梁、印花挂毯），格外安静的庭院房间则采用了大量当代设计元素。

ⓘ 到达和离开

Pulhams客运班车往返于下列地点（10月至次年4月周日停运）：

切尔滕纳姆（801路；£3.20，1.25小时）

莫顿因马什（801路；£1.90，10分钟）
诺斯利奇（801路；£2.30，30分钟）

奇平诺顿（Chipping Norton）

📞01608 / 人口6300

奇平诺顿（当地人称为"Chippy"）是一座漂亮但略有褪色的山顶城镇，有一些单调的银行和商业，不过市集广场周围散落着气派的乔治风格建筑和古老的马车驿站，还有廊柱林立的19世纪市政厅。教堂街（Church St）可以算是镇上众多幽静小巷的典范，你能在一排蜜色的17世纪救济院后面，找到一座羊毛贸易年代的精美教堂。

◎ 景点

罗尔莱特石群　　　　　　　　　　考古遗址

（Rollright Stones；www.rollrightstones.co.uk；紧邻A3400, Great Rollright；建议捐款£1；⏰24小时）古老的罗尔莱特石群位于奇平诺顿以北4英里处一条未命名道路的两侧，可通过开阔田野中的一条小路到达。最醒目的是"国王的士兵"（King's Men），由一圈环状巨石的风化遗迹构成，围绕着一处约公元前2500年的新石器时代仪式中心；而较高的"国王石"（King Stone）也许标记着在那一千年后的一座青铜时代墓地。

科茨沃尔德酿酒厂　　　　　　　　　　酒厂

（Cotswolds Distillery；📞01608-238533；www.cotswoldsdistillery.com；Phillip's Field, Whichford Rd, Stourton；团队游含 / 不含品酒£10/6；⏰团队游11:00、13:00和15:00，商店 周一至周六9:00~17:00，周日11:00~16:00）这家雄心勃勃、生态友好的杜松子和威士忌酒厂坐落于科茨沃尔德北部，奇平诺顿以北8英里处。报名参加酒厂团队游，了解科茨沃尔德风味美酒的酿造过程，结束时还能体验品酒环节。必须预约。

🍴 食宿

★ Falkland Arms　　　　　　　　　　酒馆 ££

（19-21 The Green, Great Tew；标单 / 双含早餐£85/90；🍴餐厅 周一至周六12:00~14:30和18:00~21:00，周日至20:00；🅿️📶）如果想体验令人愉悦的田园风光和历史魅力，最佳去处莫

另辟蹊径

敏斯特洛弗尔（MINSTER LOVELL）

在牛津以西18英里处，敏斯特洛弗尔依缓坡而建，延伸至蜿蜒的温德拉什河（River Windrush）。它是一个异常美丽的小村庄，有着众多精致的茅草顶石头农舍，还有一家古老的酒馆和一间河畔磨坊。这个鲜花盛开的宁静小村曾是威廉·莫里斯最喜欢的地方之一，自中世纪以来几乎没有什么变化。最重要的景点当属敏斯特洛弗尔大厅（Minster Lovell Hall；EH；www.english-heritage.org.uk；Old Minster；⏰24小时）免费，一座建于15世纪的河畔大宅邸，1747年废弃后只剩下了残存的遗址。你可以穿过拱形门廊，经过熏黑的石墙，去看看没有屋顶的大厅、内部庭院以及破败的塔楼。阴森的风从千疮百孔的窗户中呼啸而过，仿佛在诉说着过往的历史。

过于16世纪的茅草屋顶建筑Falkland Arms。它位于风景如画的村庄Great Tew，就在奇平诺顿以东6英里处。几间最近才翻新升级的客房物超所值，楼下的酒馆有美味的啤酒和可口的食物（主菜£13~20），从这里出发，朝任何方向都可以开展赏心悦目的徒步之旅。

★ Wild Thyme　　　　　　　　　　新派英国菜 ££

（📞01608-645060；www.wildthymerestaurant.co.uk；10 New St；2/3道菜午餐套餐£20/25，晚餐£32/40；⏰周二和周三 19:00~21:00，周四12:00~14:00和19:00~21:00，周五和周六12:00~14:00和18:30~21:30）这家带客房的小餐馆供应各种顶级的风味创意美食，例如芦笋和羊奶酪意式调味饭，或蒸康沃尔多宝鱼清配日式渍物等。这里的甜点——从苹果泥到巧克力软糖——尤其令人赞不绝口。楼上有3间舒适的淡色调客房（标单£75~85，双£85~100；📶）。

Jaffé & Neale Bookshop Cafe　　　咖啡馆

（📞01608-641033；www.jaffeandneale.co.uk；1 Middle Row；⏰周一至周五9:30~17:30，周六9:00~17:30，周日11:00~17:00；📶）这家独

立书店内的舒适小咖啡馆位于中心广场，书架之间放置着餐桌，楼上还有惬意的沙发阅览室，供应美味的蛋糕和咖啡。

ⓘ 到达和离开

Stagecoach和/或Pulhams长途汽车抵离的目的地包括：

牛津（S3路；£4.70，1小时）
威特尼（X9路；£4，45分钟）
伍德斯托克（S3路；£4.10，20分钟）

奇平卡姆登
（Chipping Campden）

☏01386/人口2308

即使是在这片美丽乡镇星罗棋布的地区，奇平卡姆登也算得上出类拔萃，让人情不自禁联想到科茨沃尔德中世纪的富足岁月。它的名字源自古英语"ceapen"，意思是"市场"，昔日是个相当繁荣的羊毛贸易小镇。优雅蜿蜒的主街两旁，排列着别致而坚固的石头小屋、带露台的雅致房子、古老的客栈以及历史住宅，大部分是用漂亮的蜜色科茨沃尔德石材砌成的。城镇西南的威斯汀敦（Westington），则有一些格外醒目的茅草顶农舍。

奇平卡姆登还是热门的徒步和骑行中途休息地，它是科茨沃尔德步道（Cotswold Way）的东北端，该步道就是从此地开始向西南绵延102英里，直至巴斯，因此全年都有游客源源不断前来。虽然风光独好，但相较而言，这里还未被过分打扰，仍保持着令人惊喜的真原状态。

◉ 景点和活动

希德科特 花园

（Hidcote；NT；www.nationaltrust.org.uk/hidcote；Hidcote Bartrim；成人/儿童£10.90/5.45；◉4月至9月 10:00~18:00，10月 至17:00，11月、12月和次年2月中旬至3月 开放时间缩短，1月闭园；ℙ）希德科特位于奇平卡姆登东北大约4英里处，是英国工艺景观最美的花园之一。自1907年起由美国园艺学家劳伦斯·约翰斯顿（Lawrence Johnston）设计建造，1948年由英国国民信托组织管辖。花园包含一系列栽满世界各地花卉和珍稀植物的户外"房间"，还有一间咖啡馆和花园中心。

格雷维尔府 历史建筑

（Grevel House；High St；◉不对公众开放）这座建筑建于1380年，是当时靠羊毛贸易起家的超级富豪威廉·格雷维尔（William Grevel）的大宅，房屋装饰着怪兽滴水嘴和竖框窗户。格雷维尔府如今是奇平卡姆登最古老的建筑。现在这里仍属于私人住宅，不过你可以从街道上欣赏它精彩的垂直哥特风格山墙和日晷。

考特谷仓博物馆 博物馆

（Court Barn Museum；☏01386-841951；www.courtbarn.org.uk；Church St；成人/儿童£5/免费；◉4月至9月 周二至周日 10:00~17:00，10月至次年3月 至16:00）自从1902年建筑师兼设计师的查尔斯·罗伯特·阿什比（Charles Robert Ashbee；1863~1942年）将他的手工艺协会（Guild of Handicraft）从伦敦东部迁到这里，奇平卡姆登就与工艺美术运动（Arts and Crafts Movement）联系在了一起。这间有趣的小型博物馆主要收藏了该运动九位杰出人物的作品，赞颂了工业时代下的传统工匠们。可惜的是，2011年和2017年的两次盗窃让馆内的珍贵首饰不翼而飞，好在还有雕塑、书籍装帧、瓷器等藏品保存了下来。每年还会举办两次展销会。

🛏 食宿

Eight Bells Inn 酒馆 ££

（☏01386-840371；www.eightbellsinn.co.uk；Church St；房间含早餐£99~143；☏）这家14世纪的小旅馆气氛十足，热情友好，有六间明亮且现代化的房间，房间都有铁床架和柔和的中性装饰，花卉图案的壁纸显得十分温馨。7号房（这里没有4号房）带有旧式粗木梁，尤其与众不同。楼下的舒适酒馆供应当代乡村菜肴。

★ Badgers Hall 面包房 £

（☏01386-840839；www.badgershall.com；High St；午餐主菜£6~12，下午茶每人£6.50~25；◉周四至周六 8:00~17:30；☏）这家地道的科茨沃尔德茶室位于一栋恢宏的旧式宅

值得一游

巴茨福德植物园（BATSFORD ARBORETUM）

由雷德斯代尔勋爵（Lord Redesdale）伯蒂·米特福德（Bertie Mitford）在1880年建造，后来他那几位著名的外孙女米特福德姐妹（Mitford sisters）曾居住于此。这片充满异国风情的22公顷林地（☏01386-701441；www.batsarb.co.uk；Batsford Park；成人/儿童£7.95/3.30；◎周一至周六 9:00~17:00，周日 10:00起；P❉）位于莫顿因马什以西1.5英里处，拥有约1600种带标牌的树木、翠竹和灌木，包括来自尼泊尔、中国和日本的品种，其中许多都是珍稀或濒危品种，有些甚至种植于"一战"之前。值得一看的有盛放的日本樱花（春天是最美的时节）、大片的美国红杉、一棵高大挺拔的珙桐树以及状如教堂一般的"大教堂"莱姆树（lime）。

一条长1.7英里的步道从莫顿因马什出发，直接通往植物园。如果是自驾，就必须走A44公路，再由入口处沿连接道路向北行驶1英里即可到达。

邸内，正对市场大厅，以无拘无束的下午茶（14:30开始）远近闻名。午餐也是一种享受，这里的奶酪司康饼可能是你品尝过的最美味的一款。入住楼上舒适房间（含餐民宿，£140）的客人随时都能吃到这里的烘焙糕点；不过对于非住客而言，仅在周四至周六才有这个机会。

❶ 实用信息

旅游局（☏01386-841206；www.campdenonline.org；Old Police Station, High St；◎3月中旬至10月 9:30~17:00，11月至次年3月中旬 周一至周四 9:30~13:00，周五至周日 至16:00）如果想要自助步行游览周边最值得参观的建筑，可以在这儿拿一份小镇游览指南（£1.50）。在5月至9月，可以参加由科茨沃尔德志愿守护者（Cotswold Voluntary Warden）组织的导览游（建议捐款£3）。

❶ 到达和离开

周一至周六，Johnsons Excelbus运营有抵离莫顿因马什的（1/2路；£3.90，50分钟）、百老汇（Broadway；1/2路；£2.90，20分钟）以及埃文河畔斯特拉特福（Stratford-upon-Avon；1/2路；£4.40，50分钟）的客运班线。

Marchants的606路（周一至周六）和606S路（周日）往返百老汇（£2.90，20分钟）、切尔滕纳姆（£8.50，80分钟）、埃文河畔斯特拉特福（£4.80，25分钟）和温什科姆（Winchcombe；£5.60，35分钟）。

百老汇（Broadway）

☏01386/人口 2540

百老汇是典型的英式小镇，陡峭的崖壁脚下散布着雅致的金色村舍，村中古董商店、茶室、艺术画廊林立，还有一些豪华酒店。作为科茨沃尔德地区最受欢迎的旅行目的地之一，这个位于奇平卡姆登以西仅5英里处的小村吸引过不少文艺人士，例如维多利亚时代的作家兼设计师威廉·莫里斯和艺术家约翰·辛格·萨金特（John Singer Sargent）等。

南边2.5英里处的斯诺斯希尔（Snowshill）也许看起来眼熟；村里一座房屋曾经出现在热门电影《BJ单身日记》（*Bridget Jones's Diary*）中，它是女主角布丽奇特（Bridget）父母的家。

◉ 景点

斯诺斯希尔庄园和花园　　住宅

（Snowshill Manor & Garden；NT；www.nationaltrust.org.uk；Snowshill；成人/儿童£12.80/6.40；◎3月中旬至10月 12:00~17:00，11月 周六和周日 11:00~14:30）这一杰出的中世纪庄园曾经是古怪诗人兼建筑师查尔斯·佩奇·韦德（Charles Paget Wade；1883~1956年）的宅邸，位置就在百老汇以南约2英里处。庄园内保存有韦德非比寻常的各式手工艺、设计品收藏，从乐器到东南亚面具、日本武士盔甲，可谓琳琅满目。

百老汇塔楼　　塔

（Broadway Tower；☏01386-852390；www.

broadwaytower.co.uk; Middle Hill; 成人/儿童 £5/3, 含"冷战体验" £8.50/5; ◎10:00~17:00; P) 这座带角楼的哥特式塔楼建于1798年, 屹立于百老汇镇东南1英里的悬崖之巅, 类似于想象中的撒克逊城堡。威廉·莫里斯曾经在这里度过了一个夏天, 因此塔内各层的展览都以"工艺美术运动"为主。不过, 到这里参观的主要原因, 还是从顶层平台望见的全景风光。

百老汇博物馆和美术馆 博物馆

(Broadway Museum & Art Gallery; ☎01386-859047; www.ashmoleanbroadway.org; Tudor House, 65 High St; 成人/儿童 £5/2; ◎2月至10月 周二至周日 10:00~17:00, 11月和12月 至16:00, 1月 闭馆) 这间百老汇的城镇博物馆坐落在一座建于17世纪的宏伟的马车驿站内, 与牛津著名的阿什莫林博物馆 (见208页) 一脉相承。馆内的精彩展品包括当地工艺品、艺术品和古董, 还会举办让人大开眼界的临时展览, 展品都来自阿什莫林博物馆, 一贯保持优良质量。楼上豪华展厅内的绘画包括18世纪约书亚·雷诺兹 (Joshua Reynolds) 和托马斯·庚斯博罗 (Thomas Gainsborough) 等艺术家的作品。

🛏 食宿

Crown & Trumpet 酒馆 ££

(☎01386-853202; www.cotswoldholidays.co.uk; 14 Church St; 房间 £60~90; ◎餐厅 11:00~23:00; P 🛜) 这家热情好客的17世纪驿站广受当地人喜爱, 有5个配有独立卫浴的超值房间, 皆采用复古装修设计, 有倾斜的地板、裸露的横梁和低矮的天花板。楼下酒馆能够品到原浆艾尔啤酒、苹果酒以及不错的酒馆食物; 这里还供应非常美味的早餐 (仅对住客), 价格为每人£10。周末要求最少入住两晚。

Russell's 酒店 £££

(☎01386-853555; www.russellsofbroadway.co.uk; The Green, 20 High St; 房间含早餐 £130起; ◎餐厅 周一至周六 12:00~14:15和18:00~21:15, 周日 12:00~14:30; P 🛜) 这个深受工艺美术运动影响的酒店坐落在家具设计师戈登·拉塞尔 (Gordon Russell) 曾经的工作室内, 拥有7间宽敞客房, 有些房间内有裸露的横梁、扶手椅和四柱床, 所有房间都有现代化的浴室和亮白色调。新派英国菜餐厅 (主菜£15~27) 午餐和晚餐都提供超值的3道菜套餐 (£24)。

★ Mount Inn 酒馆食物 ££

(☎01386-584316; www.themountinn.co.uk; Stanton; 主菜 £13~22; ◎周一至周六 12:00~14:00和18:00~21:00, 周日 至20:00; P) 这家酒馆位于百老汇西南3.5英里处的科茨沃尔德步道旁边, 坐拥美丽的山巅风光。它不仅风景如画, 还供应各种美味食物: 采用当代烹饪方式制作的丰盛的乡村菜肴。菜品包括当地St Eadburgha奶酪、啤酒面糊炸黑线鳕、熏腿肉排、蘑菇哈罗米芝士汉堡以及应季特色菜等。

ℹ️ 实用信息

旅游局 (☎01386-852937; www.visit-broadway.co.uk; Russell Sq; ◎4月至10月 周一至周六 10:00~17:00, 周日 11:00~15:00, 11月至次年3月

踢腿和滚奶酪大赛

踢腿 (shinkicking) 这项中世纪的运动至今仍是让人大开眼界的**科茨沃尔德奥运会** (Cotswold Olimpicks; www.olimpickgames.co.uk; Dover's Hill; ◎5月底或6月初) 的保留项目之一。这一运动会始于1612年, 是英格兰最有趣且最古怪的传统体育赛事之一, 同时还能看到很多传统项目的比拼, 例如拔河比赛 (tugo'war)。举办地点为奇平卡姆登。

同样古怪的还有由来已久 (而且超级危险的) 的**滚奶酪大赛** (cheese-rolling; www.cheese-rolling.co.uk; Cooper's Hill; 门票免费; ◎5月最后一个法定公共假日)。这一传统比赛已经有200年的历史, 人们在佩恩斯威克东北4.5英里的库珀山 (Cooper's Hill) 山坡上奔跑、翻滚、下滑, 为的就是追逐一块8磅重的圆形格洛斯特双倍干酪 (Double Gloucester cheese)。奖品是什么? 当然就是被追的那块奶酪, 还有能够得到它的那份荣耀。

周一至周六 10:00~16:00)有当地徒步地图出售。

❶ 到达和离开

长途汽车

Marchants和Johnsons ExcelBus的客运班车抵离目的地包括：

切尔滕纳姆(606/606S路；£3.20，40分钟)

奇平卡姆登(1/2/606S路；£2.90，20分钟)

莫顿因马什(1/2路；£3.90，30分钟)

埃文河畔斯特拉特福(1/2/24/606S路；£4.40，45分钟)

温什科姆(606/606S路；£3，30分钟)

火车

在停运58年后，火车终于在2018年重回百老汇，长期闲置的百老汇火车站重新启用，位置就在镇西北不到1英里处。夏季的大部分日子里，志愿者经营的格洛斯特郡—沃里克郡铁路(见234页)会按照复杂的时刻表，安排5趟观光列车往返切尔滕纳姆赛马场和百老汇，中途经停温什科姆，往返票价为£18。

莫顿因马什 (Moreton-in-Marsh)

🕿01608/人口 3820

莫顿因马什是一座历史悠久的科茨沃尔德城镇，笔直的古罗马时期的福斯路(今A429公路)如今成了这里宽阔的高街(High St)，街边随处可见漂亮的17世纪和18世纪建筑。只是城区中心经常交通繁忙，车来车往有点煞风景。但是不妨花时间四处走走——最好是在周二生机勃勃的集市日——你会找到数量众多的茶室、咖啡馆和酒馆，还有一些迷人的商铺。莫顿因马什位于斯托昂泽沃尔德以北4.5英里处。

◉ 景点

★ 科茨沃尔德训鹰中心 鸟舍

(Cotswold Falconry Centre；🕿01386-701043；www.cotswold-falconry.co.uk；Batsford Park；成人/儿童 £10/5；⊙2月中旬至11月中旬 10:30~17:00；🅿)这个有趣的地方饲养着150多只猛禽(包括猫头鹰、秃鹫、老鹰，当然还有猎鹰)。每天11:30、13:30、15:00(外加4月至10月16:30)都有传统放鹰捕猎训练的表

值得一游
海格洛夫(HIGHGROVE)

作为查尔斯王子和康沃尔公爵夫人的私人住宅，位于泰特伯里(Tetbury)西南1英里处的**海格洛夫**(🕿0303 123 7310；www.highgrovegardens.com；Doughton；团队游£27.50；⊙4月至9月；🅿)因优美、可持续的有机花园而远近闻名。园内有一排精心修剪的紫杉，以及按照东方挂毯图案打造的"地毯花园"。夏季特定日期设有2小时的花园团队游，详细信息可在网站查询，每个月的团队游次数从1次到17次不等。团队游通常很早就预订一空，但是有时可在海格洛夫商店买到最后一刻的门票。

演。有风的天气，鸟儿的飞行状态最佳。这里还提供各种实践活动(£40起)，1小时的"初级飞行"(Flying Start)能让游人了解如何放鹰。

查斯尔顿府邸 历史建筑

(Chastleton House，NT；🕿01608-674355；www.nationaltrust.org.uk/chastleton-house；Chastleton；成人/儿童 £9.50/5；⊙3月至10月 周三至周日 13:00~17:00；🅿)查斯尔顿府邸位于莫顿东南4英里处，沿A44公路前往奇平诺顿的半道上有路牌指示前往。这是英国最精美、最完整的雅各宾建筑之一，建造于1607年至1612年，之后基本保持了原貌。珍贵的织毯、家族肖像以及古董家具随处可见，长廊(Long Gallery)尤其华丽。外面则是优美的树木雕塑花园。午后常有免费的花园导览游。

🛏 食宿

White Hart Royal Hotel 酒店 ££

(🕿01608-650731；www.whitehartroyal.co.uk；High St；标单/双 £100/110；🅿🛜)这个"皇家"酒店的名字实际上与查理一世有关，在英国内战期间，他曾经住在这栋低矮的蜜色旅馆里。虽然他当时可用不上现在这些现代设施，比如iPod基座和平板电视等，不过他肯定曾徘徊于这些气氛十足的砖木结构走廊。如今的标准间非常舒适，设施齐全，只是稍欠个性。

Martha's Coffee House
咖啡馆 £

(☎01608-651999; Gavel Cottage, High St; 主菜£7~9; ⊙周一至周六9:00~17:00, 周日至16:00; ☎⑲) 这是当地的明星店铺, 位于主街上一栋颇具吸引力的村舍内, 从卖出的第一份煎饼和鸡蛋早餐(全天供应), 到最后一份每人£7.50的奶油茶点, 都保持了一致的高水准。午餐时间有超值的三明治和吐司, 但是真正的亮点是£4.50的美味司康饼, 有甜菜根和罗勒等不同口味。

Horse & Groom
酒馆 ££

(☎01386-700413; www.horseandgroom.info; A44, Bourton-on-the-Hill; 主菜£12~23; ⊙周一至周六12:00~15:00和18:30~21:30, 周日至20:30; 🅿⑲) 🍴 这家悠闲温馨的酒馆位于莫顿因马什以西2英里处的小村子里, 富有的爱马人士特别喜欢这里种类丰富的杜松子酒。酒馆供应的菜肴同样出色, 主打当地的羔羊肉、牛肉以及各种新鲜食材。楼上也有5间时尚的客房(£130~170)。

❶ 到达和离开

长途汽车

Pulhams、Stagecoach和/或Johnsons Excelbus的客运班车抵离的目的地如下:

百老汇(1/2路; £3.90, 30分钟)
切尔滕纳姆(801路; £3.50, 1.5小时)
奇平卡姆登(1/2路; £3.90, 50分钟)
诺斯利奇(801路; £2.40, 40分钟)
斯托昂泽沃尔德(801路; £1.90, 10分钟)

火车

火车站位于镇北, 高街(High St)附近。火车抵离的目的地如下:

赫里福德(£19.60, 1.75小时)
莱德伯里(Ledbury; £18.50, 1.5小时)
伦敦帕丁顿火车站(£14.50, 1.5小时)
牛津(£10.60, 35分钟)
伍斯特(£13.30, 40分钟)

佩恩斯威克(Painswick)

☎01452 / 人口 1736

位于切尔滕纳姆西南10英里处山顶上的佩恩斯威克, 是科茨沃尔德地区最美且未遭受破坏的小镇之一。虽然城中狭窄的主路上也有穿梭的车流, 但除了科茨沃尔德步道上的徒步者, 只有零星游客漫步这里曲折的小巷, 欣赏如画般完美的村舍小屋、漂亮的石头建筑和中世纪的客栈。试试寻找最初的主干道Bisley St——不过它早在中世纪时就被新建的New St取代, 但即使是后者今天看上去也显得沧桑古朴。

在斯莱德山谷(Slad Valley)向南(斯特劳德方向)2英里处, 有一座充满田园风情的小村斯莱德(Slad), 是作家洛瑞·李(Laurie Lee; 1914~1997年)备受喜爱的故乡, 他在《罗茜与苹果酒》(*Cider with Rosie*)中用文字定格了这里的美丽。

◉ 景点

佩恩斯威克洛可可花园
花园

(Painswick Rococo Garden; ☎01452-813204; www.rococogarden.org.uk; 紧邻B4073; 成人/儿童£7.50/3.60; ⊙1月中旬至10月10:30~17:00; 🅿) 这座花园位于城镇北边0.5英里处, 是英格兰现存唯一的洛可可风格的园林。花园是本杰明·海特(Benjamin Hyett)在18世纪40年代设计的大型"户外房间", 如今人们根据一幅当代绘图对花园进行了修复, 重现昔日的光彩。蜿蜒的小径为那些按照几何学精度建造的建筑增添了一抹柔和, 引领参观者进入周边众多的哥特式建筑, 包括非比寻常的红屋(Red House), 它的彩色玻璃上蚀刻有《所罗门之歌》(*Song of Solomon*)拉丁文摘抄。花园内还设有适合儿童的自然步道和迷宫。

圣玛丽教堂
教堂

(St Mary's Church; www.beaconbenefice.org.uk/painswick; New St; ⊙9:30至黄昏) 佩恩斯威克的中心是这座建于14世纪羊毛贸易时期的垂直哥特式精美教堂, 四周围绕着18世纪的平顶坟墓和修剪得如同巨大棒棒糖一般的紫杉树。传说这里永远只能生长99棵紫杉树, 如果种下第100棵, 魔鬼就会令这棵紫杉树枯萎。虽然如此, 第100棵紫杉还是被种在了这里, 以庆祝千禧年的到来, 你瞧吧, 另一棵树倒了。在教堂墓地旁还有罕见的铁制刑具。

🛏 食宿

Troy House
民宿 ££

(☏01452-812339; www.troyguesthouse.co.uk; Gloucester St; 标单/双 £75/85; 🛜)这家小民宿非常不错,有四间甜蜜宽敞的客房,其中两间占据着后面独立的村舍,需要穿过一个漂亮的庭院才能进入。房间装饰得很漂亮,配以舒缓的奶油色调,有舒适的床和各种卫浴用品,新鲜烹制的早餐美味出色。

★ Painswick
豪华酒店 £££

(☏01452-813688; www.thepainswick.co.uk; Kemps Lane; 房间/套 £179/404起; ⓧ餐厅 12:00~14:30和19:00~21:30; 🅿🛜)这家酒店以一座宏伟的18世纪房屋为核心,尽管地处村镇中心显得有点拥挤,坚固的石墙显得颇具时尚品位。附属建筑内有16间装饰各异的豪华客房,均饰以柔和的色调,其中一些配有四柱床。除了按摩/理疗室,这里还有未来主义风格的酒吧、色彩丰富的休息室以及一间非常棒的现代餐厅(主菜£19~28)。

Woolpack Inn
酒馆食物 ££

(☏01452-813429; www.thewoolpackslad.com; Slad; 主菜£12~19; ⓧ周日和周一 12:00~23:00,周二至周四 至午夜,周五和周六 至次日1:00,食物供应 周一 18:00~21:00,周二至周六12:00~15:00和18:00~21:00,周日 12:00~16:00; 🐾)这家气氛活泼的乡村酒馆位于佩恩斯威克以南2英里的斯莱德,曾是本地作家洛瑞·李最喜欢的酒馆,墙上装饰着他的肖像画和书籍。这里有品种丰富的当地啤酒(包括Uley Bitter),非常适合坐下来喝一杯。每日菜单经常更换,经典菜肴包括腌肉或炸鱼和薯条配意面、汉堡和咖喱。

ℹ 实用信息

旅游局(☏01452-812278; www.painswicktouristinfo.co.uk; Gravedigger's Hut, St Mary's Church, New St; ⓧ3月至10月 周一至周五 10:00~16:00,周六 至13:00)就在主路边,但要穿过教堂内院进入。

ℹ 到达和离开

Stagecoach的66路长途汽车抵离切尔滕纳姆(£3.60, 36分钟)和斯特劳德(£2.20, 7分钟)。

温什科姆(Winchcombe)

☏01242/人口 5024

温什科姆位于切尔滕纳姆东北8英里处,是个适合生活和工作的城镇,主街两边可以见到各式肉店、面包店和独立商店。这里曾经是盎格鲁—撒克逊时代麦西亚王国(Mercia)的首府,在中世纪之前,一直是个贸易城镇,17世纪时还是(非法)烟草种植中心。时至今日,你仍然能从醒目非凡的石头和砖木结构建筑中感受到这个小镇的昔日辉煌。留心欣赏位于葡萄园街(Vineyard St)和Dents Tce美如画卷的村舍小屋。温什科姆地处科茨沃尔德步道和其他路径沿线,非常受徒步者喜爱。

◉ 景点

休德利城堡
城堡

(Sudeley Castle; ☏01242-604244; www.sudeleycastle.co.uk; 成人/儿童 £16.50/7.50; ⓧ3月中旬至10月 10:00~17:00; 🅿🐾)在它建成的历史中,这座壮观的城堡迎接过多位君主,包括理查三世、亨利八世以及查理一世。城堡位于温什科姆东南0.5英里处,它最著名之

值 得 一 游

伯克利城堡

这座采用红色石头建造的坚固**城堡**(Berkeley Castle; ☏01453-810303; www.berkeley-castle.com; 成人/儿童 £12.50/7; ⓧ4月至10月 周日至周三 11:00~17:00; 🅿🐾)自诺曼王朝时期建成以来,就没有发生过变化,保持了原来的风貌。在将近900年的时间里,一直都是伯克利家族的府邸。1327年,爱德华二世曾被囚禁于此不久就遇害,而下令谋杀的很可能是他的妻子和她的情人。现在参观的景点包括中心的12世纪的城堡主楼、国王艺廊(King's Gallery)、当初囚禁爱德华二世的牢房和地牢,以及满是挂毯的中世纪大厅(Great Hall)。免费的45分钟导览团队游每30分钟一次。

处还在于是凯瑟琳·帕尔（Catherine Parr；亨利八世的遗孀）的住所和长眠之地，她与第四任丈夫托马斯·西摩（Thomas Seymour）曾在此居住。事实上，休德利城堡也是英国唯一埋葬了王后的私人宅邸——凯瑟琳就葬于垂直哥特风格的圣玛丽教堂内。城堡周围还分布着10座优美的花园。

贝拉斯奈普长坟岗
考古遗址

（Belas Knap Long Barrow；EH；www.english-heritage.org.uk；靠近Charlton Abbots；⊙黎明至黄昏）**免费** 贝拉斯奈普是英国保存最好的新石器时代墓室，其历史可以追溯到公元前3000年左右，还有用来迷惑人的假墓道口。考古挖掘4座墓室的时候，有31具人类遗骸被发现。由于处在海拔290米的地方，从这里俯瞰休德利城堡和周边乡村，风光令人惊叹。从温什科姆出发，沿科茨沃尔德步道向南徒步2.5英里，即可到达这座古代坟岗。或者，你可以把车停在小巷Corndean Lane，然后穿过旷野沿陡坡上行0.5英里。

黑尔斯修道院
遗迹

（Hailes Abbey；EH；www.english-heritage.org.uk；Hailes；成人/儿童£5.90/3.50；⊙7月和8月 10:00~18:00，复活节至6月、9月和10月 10:00~17:00；**P**）这一片13世纪西多会修道院遗址位于温什科姆东北3英里处，曾经是英国最主要的朝圣中心之一，这要归因于中世纪时期的大骗局——根据乔叟的《坎特伯雷故事集》等典籍——传闻修道院保存有一小瓶基督的血液。这个骗局直到宗教改革时才被拆穿：那瓶圣血其实只是染了色的液体，然而修道院已经从成千上万名朝圣信徒那里获得了巨额财富。免费语音导览可带领游客四处参观。

🛏 食宿

Wesley House
民宿 ££

（☎01242-602366；www.wesleyhouse.co.uk；High St；标单£75~85，双£95~110；⊙餐厅 周二至周六 正午至14:00和19:00~21:00，周日 正午至14:00；🌐）卫理公会创始人约翰·卫理（John Wesley）曾经住在这座建于15世纪砖木结构的联排别墅中。这栋迷人的房屋中共有5间舒适的客房，服务颇为热情。

"Mumble Meadow"房间采用红色主调，正对大街；"Almsbury"有自己的露台，可以远眺乡村美景。周六房费较贵。楼下餐厅供应优质新派英国菜（主菜£16~28）。

⭐ 5 North St
新派欧洲菜 £££

（☎01242-604566；www.5northstreetrestaurant.co.uk；5 North St；2/3道菜午餐£26/32，3/7道菜晚餐£54/74；⊙周二 19:00~21:00，周三至周六 12:30~13:30和19:00~21:00，周日 12:30~13:30；🌐）从其已有400年历史的气派木结构外观，到呈现在你面前的各色优雅创意菜式，这家老牌美食餐馆自始至终为你带来完美的享受。大厨马库斯·埃辛福特（Marcus Ashenford）以传统应季食材为烹饪之本，将古怪有趣的尝试融合其中，比如鸭蛋意面或麦芽冰激凌，发挥出美食的最大魅力。素食者可以点一份单独的套餐（£40）。

ℹ 实用信息

旅游局（☎01242-602925；www.winchcombe.co.uk；Town Hall, High St；⊙4月至10月 每天 10:00~16:00，11月至次年3月 周六和周日 至15:00）有当地徒步地图，组织免费的城镇导览游，时间为复活节至10月的周日11:00和14:30。

ℹ 到达和离开

长途汽车

Marchants客运班车抵离百老汇（606/606S路；£3，30分钟）和切尔滕纳姆（606/606S/W1/W2路；£2.70，20分钟）。

火车

每逢夏季，每周都有几天（参考复杂的时刻表），**格洛斯特郡－沃里克郡铁路**（Gloucestershire Warwickshire Railway，简称GWR；☎01242-621405；www.gwsr.com；单日通票 成人/儿童£18/8；⊙3月至12月；🌐）会有五班列车经停温什科姆，去往切尔滕纳姆（£5，25分钟）和百老汇（£9，20分钟）。

西格洛斯特郡（WESTERN GLOUCESTERSHIRE）

科茨沃尔德地区的西格洛斯特郡坐拥

最具优雅魅力的摄政时期小镇——切尔滕纳姆,镇上绿树成荫,聚集了高档精品商店,还有众多独具魅力的食宿选择。格洛斯特是该郡的首府,那里壮观的垂直哥特式大教堂同样值得一看,西南不远处的伯克利有一座历史悠久的诺曼城堡。继续向西,迪恩森林是一片郁郁葱葱的荒僻秘境,很适合开展步行、骑行、划皮划艇和其他探险运动。

切尔滕纳姆(Cheltenham)

♪01242/人口117,500

切尔滕纳姆位于科茨沃尔德西缘,也是该地区的中心城镇,而它亲切高雅的氛围,主要归功于它在18世纪鼎盛时期曾是温泉疗养胜地。当时,切尔滕纳姆与巴斯不相上下,都是患病贵族常去的疗养地点;如今,这里仍有多座宏伟的摄政时期建筑以及精心修葺的广场。不过现在,切尔滕纳姆最为人称道的是赛马场——3月中旬,上流人士仍会聚集于此观看"切尔滕纳姆金杯赛"。

相比西边12英里处的格洛斯特,切尔滕纳姆极好的食宿条件使其成为更吸引人的旅途落脚点,但是总体来说,这座较常规的城镇不大可能成为你旅行中的亮点。

切尔滕纳姆城镇中心沿着绿树成荫的散步大道分布,时尚的蒙彼利埃街区(Montpellier)位于最南端。

◉ 景点

散步大道(The Promenade)   街道

这条绿树成荫的宽阔林荫大道被誉为英格兰较漂亮的街道之一,从高街一直向南延伸到蒙彼利埃,两侧气势恢宏的历史建筑里都是时尚新潮的商店。醒目的市政厅位于西侧鲜花簇拥的长形花园(Long Gardens)后方,始建于1825年,曾是私人住宅。楼前的雕像旨在纪念出生于切尔滕纳姆的探险家爱德华·威尔逊(Edward Wilson;1872~1912年),他在斯科特船长(Captain Scott)失败的第二次南极探险中不幸遇难。

蒙彼利埃(Montpellier)   街区

田园气息十足的蒙彼利埃街区也不乏各种漂亮的建筑,还有生机勃勃的酒吧、餐厅、酒店、独立商店和精品店。在蒙彼利埃步道(Montpellier Walk)沿线,分布着32根女像柱(源自雅典卫城的垂褶女性形象),每尊雕像的头部都有精雕的飞檐,这些柱子主要是作为19世纪40年代建筑之间的结构支撑,如今这些建筑里面商店云集。街对面极具魅力的蒙彼利埃花园(Montpellier Gardens)始建于1809年,也是当地重大节日的活动场地。

皮特维尔泵房   知名建筑

(Pittville Pump Room;♪0844 576 2210;www.pittvillepumproom.org.uk;Pittville Park;⊙周三至周日10:00~16:00;▣)免费 皮特维尔泵房是切尔滕纳姆最精美的摄政时期风格建筑。它于1830年仿照一座古代雅典神庙而建,当时是位于市镇中心以北1英里的庞大新居住区的核心景观。你可以先欣赏美丽的柱式外立面,然后走进主厅,如果水泵开启,还可以尝尝精美喷泉喷出的刺鼻的温泉水。周围秀丽的观赏公园内有湖、草坪以及一座鸟舍。

另辟蹊径

斯林布里奇湿地中心(SLIMBRIDGE WETLAND CENTRE)

作为湿地保护的先驱,这座位于伯克利东北5英里处的塞文河边(River Severn)、占地325公顷的保护区(WWT;♪01453-891900;www.wwt.org.uk/slimbridge;Bowditch, Slimbridge;成人/儿童£13.18/7.72;⊙4月至10月9:30~17:30,11月至次年3月至17:00;▣)堪称候鸟和本地鸟群的天堂。观鸟隐蔽棚分散在湿地各处,有一座可360度观察湿地鸟群的观察塔。你有机会看到200多种鸟类,从到访此地的燕子、游隼、白额雁和小天鹅,到保护区里亮粉色的火烈鸟等。冬天总有候鸟到此越冬,春天则会迎来许多新生的小鸟。

湿地内的活动包括导览徒步、观水獭,以及自助式"独木舟巡游"(£7)等。

Cheltenham 切尔滕纳姆

牛津和科茨沃尔德地区 切尔滕纳姆

✦ 节日

切尔滕纳姆文学节 文学

（Cheltenham Literature Festival；
☎01242-850270；www.cheltenhamfestivals.com；
◎10月初）世界上最古老的图书节，每年秋冬举办，为期10天。节日期间会举办极为丰富的对话、工作坊、访谈和辩论等活动，600余位参与者包括顶级作家、演员、学者和其他文学界人士。节日主会场设在蒙彼利埃花园。

🛏 住宿

★ Bradley 民宿 ££

（☎01242-519077；www.thebradleyhotel.co.uk；19 Bayshill Rd；标单/双£110/115起；❀❀）这座位于蒙彼利埃的摄政时期住宅保存完好，洋溢着原汁原味的古典风韵，如今已改造成为一间精致舒适的豪华民宿。这里的8间客房最近经过了重新装修，每一间都有自己独特的风格，配有古董家具、复古装饰、原创艺术品以及现代设施等。

Cheltenham 切尔滕纳姆

◎ 景点
1 蒙彼利埃 A4
2 散步大道 B2

🛏 住宿
3 Bradley A4
4 No 131 .... B3
5 Wyastone Townhouse A4

🍴 就餐
6 Boston Tea Party B2
7 Daffodil B5
8 Le Champignon Sauvage B5
9 Tavern B3

Wyastone Townhouse　　民宿 ££

（☎01242-245549; www.wyastonehotel.co.uk; Parabola Rd; 标单/双 £85/110; 🅿🛜）那些位于白色维多利亚风格漂亮大宅内的房间，要比可爱后院旁的客房更加气派，但是所有房间都非常舒适而且设施齐全。家庭房可以住4人，不过4岁以下的儿童谢绝入住。房间明亮，装饰不俗，摆了不少当地艺术品；自制早餐非常丰盛。总体物超所值。

★ No 131　　精品酒店 £££

（☎01242-822939; www.no131.com; 131 The Promenade; 房间含早餐 £160~230; 🛜）这座精致的豪华酒店位于一座迷人的乔治亚风格联排别墅内，有11间时尚且超级舒适的客房。房间中不乏原创艺术品和古朴的物件，例如既有19世纪的卷边浴缸，也有现代化的便捷设施（Nespresso咖啡机、iPod底座等）。一些房间有室内浴缸，其他则是单独的淋浴间。走廊里摆放着香薰蜡烛，酒店内的Crazy Eights酒吧十分热闹（周四至周六有DJ打碟），洋溢着奢华慵懒的氛围。

🍴 就餐

Boston Tea Party　　咖啡馆 £

（☎01242-573935; www.bostonteaparty.co.uk; 45-49 Clarence St; 菜肴 £4.50~11; ⏰周一至周六 7:00~20:00, 周日 至19:00; 🛜🍽）一家空间宽敞、服务热情、复古别致的咖啡馆，氛围轻松的装饰——蓝色人造革卡座、粗木餐桌、鲜花和五颜六色的罐头——营造出与餐厅食物十分契合的完美环境。菜单十分国际化，也有新派英国菜，主打各种绿色环保食材。全天早餐、早午餐以及可口的素食和无麸选择让这里人气极高。可选主菜包括哈罗米芝士味或香辣味的羊肉馅扁面包、谷物杂烩和越南三明治（Banh-Mi）等。

Tavern　　美食酒馆 ££

（☎01242-221212; www.theluckyonion.com/property/the-tavern; 5 Royal Well Pl; 主菜 £13~30; ⏰周一至周五 12:00~15:00和17:30~22:00, 周六 12:00~22:30, 周日 至21:30; 🛜🍽）这家主打新派英国菜的美食酒馆外观简约，屋里装饰着裸露砖墙、质朴的木餐桌、蓝色天鹅绒卡座和铺有瓷砖的地板。主菜品质上乘——意大利饺子配鸡油菌、野蒜和松子，或是鳕鱼配普伊扁豆和意大利咸肉，或者是牛扒；此外还有芝士通心粉、汉堡之类的酒馆经典食物。服务热情温馨。

★ Le Champignon Sauvage　　法国菜 £££

（☎01242-573449; www.lechampignonsauvage.co.uk; 24-28 Suffolk Rd; 套餐 £28~70; ⏰周二至周六 12:30~13:30和19:30~20:45）近30年来，这家位于切尔滕纳姆的米其林二星餐馆让众多游客和当地人心满意足，厨师大卫·埃弗里特-马提亚（David Everitt-Matthias）精心烹饪的美食因富有创意的口味广受好评，例如羔羊里脊配野蒜沙司、绵羊凝乳配凤尾鱼酱等。不仅是我们，其他人同样认为它是西格洛斯特郡最棒的餐馆。午餐套餐和晚餐套餐十分超值。

Daffodil　　啤酒店 £££

（☎01242-700055; www.thedaffodil.com; 18-20 Suffolk Pde; 主菜 £15~50; ⏰周一、周三和周四 17:00~23:00, 周五和周六 12:00至午夜, 周日 12:00~19:00; 🛜🍽）这家让人惊叹的小餐馆充满了复古氛围，就在20世纪20年代的一家电影院内，散发着让人留恋的装饰艺术魅力，从瓷砖地板到石膏檐口都有令人愉悦的水仙花主题。炭火烤制的产品包括哈罗米芝士、龙虾、牛肝以及招牌牛扒；但这里也不乏素食选择，例如茄子、椰子和柠檬草咖喱以及山羊奶酪饺子等。

牛津和科茨沃尔德地区 切尔滕纳姆

❶ 实用信息

旅游局（☏01242-387492；www.visitcheltenham.com；The Wilson, Clarence St；⊙周一至周三 9:30~17:15，周四 至19:45，周五和周六 至17:30，周日 10:30~16:00）在威尔逊博物馆（Wilson Museum）内设立的信息咨询台。

❶ 到达和离开

长途汽车

Stagecoach、Pulhams、Marchants和Swanbrook经营有从切尔滕纳姆出发的当地长途汽车线路。大部分长途汽车从**长途汽车站**（Royal Well Rd）发车；一些长途汽车也停靠散步大道的站点。目的地包括：

百老汇（606/606S路；£3.20，40分钟）
赛伦塞斯特（51路；£3.80，40分钟）
格洛斯特（10/94路；£3.40，45分钟）
牛津（853路；£8，1.5小时）
斯托昂泽沃尔德（801路；£3.20，1.25小时）
埃文河畔斯特拉特福（606S路，仅周日运营；£8，1.5小时）
斯特劳德（66路；£3.80，45分钟）
温什科姆（606/606S路；£2.70，20分钟）

National Express客运班车的目的地包括：

伯明翰（£7.40，1.5小时）
布里斯托尔（£8.10，1.5小时）
利兹（£44.20，6小时）
伦敦维多利亚火车站（£8，3小时）
泰恩河畔纽卡斯尔（Newcastle-upon-Tyne；£42.50，8小时）
诺丁汉（Nottingham；£23.20，4.25小时）

火车

Cheltenham Spa火车站位于镇中心以西1英里处。可以沿着惬意的"Honeybourne Line"步道穿过公园步行20分钟直达镇中心。公共汽车（D/E；£2）每10分钟1班。火车抵离目的地包括：

巴斯（£11.90，1.25小时）
布里斯托尔（£9.10，40分钟）
加的夫（£19.10，1.5小时）
爱丁堡（£159.50，6小时）
埃克塞特（£31.30，1.75小时）
格洛斯特（£4.80，10分钟）
伦敦帕丁顿火车站（£34.30，2小时）

迪恩森林（Forest of Dean）

人口 85,400

迪恩森林是英格兰最古老的橡树森林，

不 要 错 过

格洛斯特大教堂

格洛斯特让人叹为观止的**大教堂**（Gloucester Cathedral；☏01452-528095；www.gloucestercathedral.org.uk；12 College Green；门票免费，团队游 成人/儿童塔楼£7/1，地下室£3/1，阅览室£3/1；⊙7:30~18:00）是英格兰最早同时也是最杰出的垂直哥特式建筑之一。

教堂内部，诺曼罗马风格与哥特式设计完美融合，坚实的石柱营造出一种优雅的厚重感。精致的**大回廊**（Cloister）曾出现在第一、第二和第六部哈利·波特系列电影中，也是格洛斯特大教堂的瑰宝之一。回廊于1367年完工，是英格兰首个扇形拱顶建筑，堪与威斯敏斯特大教堂的亨利七世礼拜堂媲美。

从精美的14世纪木制**唱诗班席**开始，你可以细细品味宏伟的22米高大东窗（Great East Window）。它设于14世纪50年代，曾是欧洲最大的彩绘玻璃窗，面积相当于一个网球场，如今你看到的玻璃中，约85%仍是原物。

北面回廊的窗下就是**爱德华二世陵墓**（Edward II's tomb），最初有镀金并嵌有宝石。祭坛后是精美的15世纪**圣母堂**（Lady Chapel），不过在宗教改革期间受到极大的破坏，2018年完成修复工作之后，如今又再次绽放出了无限光彩。

不同的团队游可带领参观者前往平常不对散客开放的区域，包括15世纪的阅览室以及各种古朴华美的手稿（每周1次，30分钟）；69米高的塔楼，可以远眺壮丽美景（每周3次，1小时）；还有诺曼风格的地下室（每天1次，30分钟）。

风景如画，适合开展各种户外探险活动。这片42平方英里的林地曾经是王室狩猎场所，也是铁矿和煤矿的开采中心。1938年，这里被列为英格兰首个国家公园。据说，托尔金就是从这座神秘而深邃的繁茂森林中汲取灵感，创作了小说中的中土世界，电影《哈利·波特与死亡圣器》中的几幕重要场景也是拍摄于此。

迪恩森林中并没有"迪恩"这么一个地方——没有人知道这个名字的由来。但"迪恩森林"也是格洛斯特郡这片地区的名字，范围包括：小镇纽恩特（Newent）和科尔福德（Coleford）、森林北部和西部。往西北，森林延伸至赫里福德郡（Herefordshire）。瓦伊河（River Wye）沿森林西缘蜿蜒流淌，可以从西蒙兹亚特村出发，划独木舟欣赏沿途壮丽美景。

位于森林东部边缘村庄Soudley外沿的迪恩遗产中心（Dean Heritage Centre），是着手探索这片森林的好地方。

◉ 景点

★ 国际猛禽中心　　　　　鸟类保护区

（International Centre for Birds of Prey; ☎01531-820286; www.icbp.org; Boulsdon House, Newent; 成人/儿童 £11.40/6.30; ⊙2月至11月 10:30~17:30; P）这个历史悠久的大型综合设施位于城郊，从纽恩特出发向西南前行2英里，根据路标指示即可到达。你可以在这里观看猛禽俯冲和飞扑。每天有三次放飞表演（夏季11:30、14:00和16:15；冬季11:30、13:30和15:30），大型鸟舍里则饲养着来自世界各地的70多种猛禽，包括猫头鹰、隼、雕、鹰、秃鹰、鸢和雀鹰等。如果想亲身体验猛禽放飞，可以选择参加特定鸟类的"体验日"活动（£70起）。

西蒙兹亚特（Symonds Yat）　　村庄

它就在迪恩森林的西北边缘，夹在瓦伊河与高耸的露头石灰岩层之间，后者被称为**西蒙兹亚特岩石**（Symonds Yat Rock; Symonds Yat East; ⊙24小时; P）**免费**。西蒙兹亚特是个可爱的小地方，集合了酒吧、客栈以及露营地，有着非常好的步行路线，还有几个独木舟中心。西蒙兹亚特被河流一分为二，分属格洛斯特郡和赫里福德郡，往来两地需要搭乘古老的人力拖拽式渡轮（成人/儿童/自行车£1.20/60便士/60便士；黎明至黄昏）。

迷幻树矿井　　　　　森林、农场

（Puzzlewood; ☎01594-833187; www.puzzlewood.net; Perrygrove Rd, Coleford; 成人/儿童 £7/6; ⊙4月至10月 10:00~17:00, 2月中旬至3月、11月和12月 周三、周六和周日 至15:30; ⓟ）迷幻树占地6公顷，曾是前罗马时期的露天铁矿区，如今这片林地植物蔓生，树上长满苔藓，周围弥漫着阴森感。这片地区有着交错纵横的小径，奇形怪状的岩石，缠结的藤蔓，晃晃悠悠的小桥，高低不平的台阶以及昏暗幽静的通道，看起来就像是故意设计成让人迷路的样子。热门电视剧《神秘博士》和《梅林传奇》以及电影《星球大战之原力觉醒》（*Star Wars The Force Awakens*）都曾在此取景。总长1英里的多条步道可供探索，孩子们也会爱上农场里的动物。迷幻树矿井位于科尔福德以南1英里处，就在B4228公路边上。

克利维尔洞群　　　　　洞穴

（Clearwell Caves; ☎01594-832535; www.clearwellcaves.com; Clearwell; 成人/儿童 £7.50/5.50; ⊙4月至8月 10:00~17:00, 2月中旬至3月和9月至12月 10:00~16:00; P ⓟ）这是一座有着4500年历史的铁矿和赭石矿，你可以向下进入这个潮湿的地下世界。灯光昏暗的通道、洞穴以及矿坑如同迷宫一般，洞内还栖息着多种蝙蝠。Deep Level Caving活动（成人/儿童 £25/18）能带你继续深入洞底。每年11月开始，这里还会变为一个非常受欢迎的圣诞洞穴。克利维尔洞群紧邻B4228公路（沿途设有路标），就在科尔福德以南1英里处。

✗ 活动

迪恩森林铁路　　　　　铁路

（Dean Forest Railway; ☎01594-845840; www.deanforestrailway.co.uk; Forest Rd, Lydney; 单日票 成人/儿童 £13/6; ⊙3月中旬至10月 周三、周六和周日; ⓟ）在一年的大部分时间里，经典蒸汽火车都会每周三天在Lydney和Parkend之间4.5英里长的铁路线上行驶。有时也会有柴油车头来代替（具体可查询网站）。标准车程为30分钟，但还会举办各种特别活动,例如头等车厢的周日午餐、"驾驶自己的蒸汽机车"体验等。"火车头托马斯"(Thomas the Tank Engine)也会偶尔登场。需要预订。

Wyedean Canoe & Adventure Centre 探险运动

(☎01600-890238; www.wyedean.co.uk; Symonds Yat East; 租赁 半天£30起) 出租独木舟和皮划艇,并组织激流之旅、射箭、高空绳索、绳降、探洞、攀岩以及立式桨板等活动。活动时长取决于具体情况。

食宿

YHA Wye Valley 青年旅舍 £

(☎0345 371 9666; www.yha.org.uk; Welsh Bicknor; 铺/双/露营/豪华露营 £13/70/10/45起; ◎青年旅舍 3月至10月,豪华露营 5月至9月; P☎☒) 这家有着46个床位的青年旅舍位于瓦伊河岸边,就在维多利亚时期教区长住宅旧址内,周边是16公顷的林地,还有自己的独木舟靠岸平台。豪华野营帐篷有一张双人床垫和三张单人床,有太阳能照明以及懒人沙发;豪华圆顶帐篷配有暖和的柴炉。旅舍内有自助厨房、洗衣房,公共区域有Wi-Fi。

Garth Cottage 民宿 ££

(☎01600-890364; www.symondsyatbandb.co.uk; Symonds Yat East; 标单/双 £50/85; ◎3月中旬至10月; P☎) 这个家庭经营的民宿坐落在瓦伊河边,旁边就是渡轮码头。民宿的气氛极其友好,服务高效。朴素而舒适的房间维护得一尘不染,配有印花纺织品、茶和咖啡用具,坐拥无与伦比的河景。自制早餐非常棒。长期住宿可以享受折扣价格。

Saracens Head Inn 旅馆 ££

(☎01600-890435; www.saracensheadinn.co.uk; Symonds Yat East; 标单/双含早餐 £70/90; P☎) 这家经过改建的16世纪河畔旅馆俯瞰着西蒙兹亚特的渡口,装修采用了蜂蜜色调的实木、米色内饰以及低调的现代风格,是非常不错的住宿选择。10间明亮舒适的客房中,有8间可以看到河景;宽敞的带起居室的Upper Boathouse客房非常抢手。楼下的酒馆兼餐厅也很出色。

★Tudor Farmhouse 精品酒店 £££

(☎01594-833046; www.tudorfarmhousehotel.co.uk; High St, Clearwell; 双/套含早餐£130/190起; P☎) 这间酒店能让你在有着白色、米色和都铎时代螺旋式楼梯的现代农场客房里入眠。主建筑内的房间风格时尚,大部分带有裸梁、格子印花毛毯和Nespresso咖啡机。宽敞的"Roost"套房还配有四脚浴缸,十分浪漫。更多房间位于邻近的建筑内。此外还有间一流的新派英国菜餐厅(主菜£16~25,2/3道菜午餐套餐 £25/30; ◎7:00~10:00、12:00~17:00和18:30~21:00; P☎)。

❶ 实用信息

迪恩遗产中心(☎01594-822170; www.deanheritagecentre.com; Camp Mill, Soudley; 成人/儿童£8/6; ◎4月至10月 10:00~17:00,11月至次年3月 至16:00; P♿) 迪恩森林的遗产博物馆同时也是该地区主要的旅游局。

❶ 到达和离开

长途汽车

Stagecoach是这一带最主要的客运公司,National Express客运班车从纽恩特(Newent)发往其他更远的目的地。

火车

格洛斯特有火车开往森林南缘的利德尼(Lydney; £8.20, 20分钟)。

白金汉郡、贝德福德郡及赫特福德郡(BUCKINGHAMSHIRE, BEDFORDSHIRE & HERTFORDSHIRE)

这三个绿树环绕的郡现在都位于伦敦通勤居民区边缘,它们曾是城市富人和名流的乡村避难所,尤其是在臭气熏天、空气污染严重的工业时代巅峰时期。时至今日,绵延的山谷和葱郁的山坡仍然散布着豪华大宅和绝美的花园,很多都对公众开放。

占地324平方英里的"奇尔特恩斯杰出自然风景区"(Chilterns Area of Outstanding Natural Beauty,简称AONB; www.visitchilterns.co.uk)从赫特福德郡的希钦(Hitchin)向西南一直延伸至牛津郡,中间经过贝德福德郡和白金汉郡。

圣奥尔本斯(St Albans)

♪01727/人口 151,000

圣奥尔本斯曾是罗马不列颠时期(Roman Britain)的第三大城市,当时被称作维鲁拉米恩(Verulamium),距离伦敦26英里。它现在的名字源自一位罗马基督徒战士奥尔本(Alban),约公元250年,他在这里被斩首,成为英国第一位殉教者。今天的圣奥尔本斯是个热闹非凡、繁荣兴旺的集镇,就在伦敦西北边,有一座历史悠久的大教堂、许多线条扭曲的都铎式建筑,以及优雅的乔治国王时代联排别墅。

◉ 景点

★ 圣奥尔本斯主教座堂　　　　主教座堂

(St Albans Cathedral; ♪01727-890210; www.stalbanscathedral.org; 紧邻High St和Holywell Hill; ⊙8:30~17:45, 免费团队游 周一至周五 11:30和14:30, 周六 11:30和14:00, 周日 14:30) 免费 比起小镇本身,这座主教座堂显得极其巨大。它是由麦西亚(Mercia)国王奥法(King Offa)在793年下令建造的本笃会修道院,选址就在纪念500年前殉教的圣奥尔本的神龛附近。如今,该教堂是一座融合了诺曼罗马风格和哥特特色的非凡建筑,有用古罗马时代本地石材建造的圆形穹顶,还有英国最长的中世纪教堂正厅,以及13世纪的壁画装饰。修复的圣奥尔本之墓隐藏在祭坛石屏风后面。

维鲁拉米恩博物馆　　　　　　博物馆

(Verulamium Museum; ♪01727-751810; www.stalbansmuseums.org.uk; St Michael's St; 成人/儿童 £5/2.50, 与古罗马剧场联票 £6.50/3.50; ⊙周一至周六 10:00~17:30, 周日 14:00~17:30) 尽管外观看上去像一座平淡无奇的郊

> 值得一游

哈利·波特电影之家(THE HOME OF HARRY POTTER)

不管你是路人粉还是彻头彻尾的哈利·波特迷,华纳兄弟工作室之旅:哈利·波特电影幕后(Warner Bros Studio Tour: the Making of Harry Potter; ♪0345 084 0900; www.wbstudiotour.co.uk; Studio Tour Dr, Leavesden, WD25; 成人/儿童 £41/33; ⊙6月至9月 8:30~22:00; 10月至次年5月 开放时间不定; P♿)都绝对值得体验。所有参观者都必须提前在线订票,按照时间段提前20分钟到场。全程需要3个小时或更多。在观看完一个短片之后,你会被带领穿过几重巨大的大门,进入真实还原的霍格沃茨魔法学校宏伟的大厅——而这只是各种惊叹连连时刻的开端。

从这里开始,你可以独自探索整个综合区域的剩余部分,包括一个大型摄影棚,里面有许多你最熟悉的室内场景,例如邓布利多的办公室、格兰芬多公共休息室、海格的小屋;另一个摄影棚内则是9¾站台以及霍格沃茨列车。户外场景包括女贞路(Privet Dr)、三层的紫色骑士公共汽车(Knight Bus)、小天狼星布莱克的摩托车,以及出售零食和黄油啤酒(非常甜)的商店。

其他亮点包括电子动画工作室(你可以跟鹰头马身有翼兽打个招呼),以及对角巷(Diagon Alley)。你最喜欢的哈利·波特中的生物都会出现在这里,从巨大的阿拉戈克(Aragog)到家养小精灵多比(Dobby),另外还有隐身斗篷之类的各种道具。最具魔法性的场面被留到了最后——一个闪着微光、令人震撼的、按1:24的比例制作的霍格沃茨模型,它通常用于外观拍摄。

游览地位于伦敦西北20英里处,靠近M1和M25机动车道。如果你驾车前来,这里有大型免费停车场,网站上有详细的路线指南。如果乘火车前往,可以从伦敦尤斯顿火车站(London Euston)到沃特福德交通枢纽(Watford Junction; £10.20, 15分钟),然后搭乘接驳车前往(往返£2.50, 10分钟,仅收现金)。

不要错过

布莱奇利公园

在"二战"期间,布莱奇利公园(Bletchley Park; ☎01908-640404; www.bletchleypark.org.uk; Bletchley; 成人/12~17岁青少年 £18.25/10.75; ◉3月至10月 9:30~17:00, 11月至次年2月 至16:00; P)的存在一直是英格兰的最高机密。如同2014年电影《模仿游戏》(The Imitation Game)所讲述的那样,布莱奇利的约8500名科学家和技术员通过破译德国和日本的密码电报,为盟军最终赢得这场战争做出了巨大的贡献。每天这里要拦截多达2万份敌军电报,然后是破译、翻译和分析。在Hut 11A房间内,你可以看到"图灵炸弹"(Bombe)本尊——它对于破译著名的恩尼格码(Enigma)起到了关键的作用。志愿者会向参观者解说其工作流程。

你可以参加全程1小时的场地导览游(穿暖和一点),也可以选择多媒体导览。这些都将带你进一步了解当时错综复杂的情报破译过程,体会幕后人员所付出的努力、经历的挫折和成功,以及他们对这一秘密战争的影响。图灵等科学家们在这里制造的机器,如今被认为是开发编程计算机的坚实基础。

布莱奇利位于米尔顿凯恩斯南边,紧邻B4034公路。从伦敦尤斯顿火车站(£16,40分钟)定时有火车前往公园附近的布莱奇利火车站。

区房屋,但这座现代而专业的博物馆详细介绍了古罗马时代维鲁拉米恩的日常生活。分类展厅涵盖各种主题,如丧葬、工艺和贸易等,展品包括农具、盔甲、硬币和陶器等。最精彩的看点是当地发掘的五块图案精美的马赛克镶嵌地板,其中一块是公元130年的贝壳型马赛克,十分美丽。

食宿

St Michael's Manor Hotel 酒店 £££

(☎01727-864444; www.stmichaelsmanor.com; Fishpool St; 双含早餐 £155~200; P☎)这座拥有500年历史的庄园位置得天独厚,坐拥自己的湖泊,30间豪华客房沿着铺有地毯的安静走廊分布。那些主楼房间并不花哨,十分舒适,洋溢着浓郁的历史氛围。而八间更具当代气息的"豪华花园"房则是富丽堂皇,它们以植物和树木命名,色彩丰富,装饰着图案壁纸;还有两间配有四柱床。

Lussmanns Fish & Grill 新派英国菜 ££

(☎01727-851941; www.lussmanns.com; Waxhouse Gate, 紧邻High St; 主菜 £14~28; ◉周日至周二 正午至21:00,周三和周四 至21:30,周五和周六 至22:30)这家明亮、现代的餐馆紧邻大教堂,菜品多变,使用应季绿色食材,主打地中海风味的创意英国菜,例如石榴沙拉、意式熏肉配鸡肉等。超值的午餐套餐还包括一杯葡萄酒(2/3道菜套餐 £13.95/17.50)。

ⓘ 实用信息

旅游局(☎01727-864511; www.enjoystalbans.com; Alban Arena, 紧邻St Peter's St; ◉周一至周六 10:00~16:00)

ⓘ 到达和离开

城中心以东1英里处的圣奥尔本斯城市车站(St Albans City),有固定班次的火车往返伦敦国王十字/圣潘克拉斯火车站(£12.20, 20分钟)和伦敦黑衣修士桥火车站(London Blackfriars; £12.20, 30分钟)。

斯托(Stowe)

斯托位于白金汉集镇西北3英里处,米尔顿凯恩斯(Milton Keynes)以西14英里处。在诺曼人征服之前,这里就已有一座庄园,而如今这座庄园的房屋已经成为一所私立学校,但环绕周边的乔治国王时期花园依然保存完整,绝对值得一游。前往庄园最赏心悦目的方式,是取道1.5英里长、绿树成荫的斯托大街(Stowe Ave)。

⊙ 景点

★ 斯托花园　　　　　　　　　　花园

（Stowe Gardens; NT; ☏01280-817156; www.nationaltrust.org.uk; New Inn Farm; 成人/儿童 £12/6; ⓒ2月中旬至10月 10:00~17:00, 11月至次年2月中旬 至16:00; Ⓟ）绚丽的斯托花园建于18世纪，由多位英国最伟大的景观园艺师设计建造，其中就有园艺大师"万能"的兰斯洛特·布朗，他职业生涯的第一份职务就是1741~1751年在此担任首席园林师。花园里最著名的当属寺庙和装饰性建筑，由超级富有的理查德·坦普[Richard Temple; 第一任科巴姆子爵（Viscount Cobham）]委托建造，他的家族座右铭就是"Templa Quam Dilecta"，意为"激动人心的寺庙"（temple一词谐音双关）。多条步道蜿蜒穿过湖泊、桥梁、喷泉和瀑布，以及布朗设计的希腊谷（Grecian Valley）。

❶ 到达和离开

你需要自驾才能游览斯托府（Stowe House）和花园，在白金汉西北3英里处有路牌指引前往。

沃本（Woburn）

☏01525/人口 933

自10世纪开始，宁静的小村沃本就如世外桃源般静立于贝德福德郡乡村。尽管有几处大型名胜古迹，但这里依然清静沉寂，格外迷人。

⊙ 景点

沃本通票（Woburn Passport; 成人/儿童 £32/20.50）可在同一年的3月底至10月之间的任意两天使用，可游览沃本修道院和野生动物园。

沃本修道院　　　　　　　　　　住宅

（Woburn Abbey; ☏01525-290333; www.woburnabbey.co.uk; Park St; 成人/儿童 £17.50/8.50; ⓒ住宅 11:00~17:00, 花园 3月中旬至10月 10:00~18:00）沃本修道院最初是一座西多会修道院，在被亨利八世取缔之后，便赐给了贝德福德伯爵（Earl of Bedford），目前的贝德福德公爵（Duke of Bedford）仍然生活于此。这座恢宏的乡村建筑位于1200公顷的鹿苑内。豪宅内值得一看的亮点部分包括维多利亚女王的卧室、精美的墙帷以及庚斯博罗、雷诺兹和范戴克（van Dyck）等大师的画作，以及卡纳莱托（Canaletto）创作的至少24幅威尼斯风景画——当年购买这些画总共才花了£188。

沃本野生动物园　　　　　　　　动物园

（Woburn Safari Park; www.woburnsafari.co.uk; Woburn Park; 成人/儿童 £24/17; ⓒ3月底至10月 10:00~18:00）这是英国最大的可以驾车游览的野生动物保护区，占地150公顷，只能自驾车游览（千万别开敞篷车）。犀牛、老虎、狮子、大象以及长颈鹿等动物分在不同的区域（原因显而易见）——它们会晃到你的车边，猴子们还会蹲到车顶。在步行游览区，你能看到海狮、企鹅、猫鼬以及狐猴。

✕ 就餐

★ Paris House　　　　　　新派英国菜 £££

（☏01525-290692; www.parishouse.co.uk; Woburn Park, London Rd; 午餐 £49, 晚餐 £96~115; ⓒ周四 正午至13:30和19:00~20:30, 周五和周六 正午至13:30和18:45~21:00, 周日 正午至14:00）位于沃本庄园（Woburn Estate）的Paris House是一座气派的黑白相间砖木结构建筑，第九任贝德福德公爵在访问法国首都时看中了它，然后将其装船运回了沃本。现在贝德福德郡的顶级餐厅就坐落于此，供应精致美味的6至10道菜的品尝套餐，摆盘考究，与现代的烹调方式相得益彰。

皇家爱斯科特赛马会

穿上你最好的服装，和上流人士一起参加这一年度最盛大的**皇家爱斯科特赛马会**（Royal Ascot; ☏08443-463000; www.ascot.co.uk; Ascot; Windsor Enclosure 每天 £37起, Queen Anne Enclosure 每天 £75起; ⓒ6月中旬）。这项赛事从1711年开始风靡全国，如今英国皇室、一流明星以及富人名流都会在五天的节日期间齐聚一堂，展示礼服并下注赌马。赛马会位于温莎西南7英里处，尽早订票很有必要。

❶ 到达和离开

沃本位于米尔顿凯恩斯东南8英里、布莱奇利公园东南7英里、圣奥尔本斯西北22英里处。沃本没有火车站。你只有自驾才能进入沃本野生动物园游览,也没有公共交通可以前往沃本修道院。

泰晤士河谷
(THE THAMES VALLEY)

伦敦西边的泰晤士河谷十分繁荣,长期以来就是包括王室成员在内的英国上层精英们钟爱的乡村度假胜地。虽然与英国首都之间有着便捷的交通,然而这里却是另一番景象:旖旎的田园风光、优雅的村庄、历史住宅随处可见。

泰晤士河谷的温莎城堡是女王最爱的住所,吸引了无数游客前来参观。而除此之外,每年6月举办皇家赛马会的爱斯科特,以及7月举行赛舟锦标赛的亨利,也都是该地区不容错过的目的地。与此同时,小村布雷(Bray)还意想不到地成为英国的美食中心。

值得一游
哈特菲尔德庄园

在400多年的时间里,哈特菲尔德庄园(Hatfield House; ☎01707-287010; www.hatfield-house.co.uk; Hatfield; 成人/儿童 £19/9; ⓒ庄园 4月至9月 周三至周日 11:00~17:00,西花园 4月至9月 周二至周日 10:00~17:30)曾经是英格兰政治舞台上极具影响力的塞西尔家族的府邸。这座气势恢宏的詹姆斯一世时期豪宅建于1607年至1611年,为了首任索尔兹伯里伯爵罗伯特・塞西尔(Robert Cecil)而修建,他也是伊丽莎白一世和詹姆斯一世的国务大臣。伊丽莎白在这座"旧宫"度过了孩提时代的大部分时光,屋内随处摆放着挂毯、家具和盔甲,还有伊丽莎白手持彩虹的"彩虹画像"。哈特菲尔德火车站有火车往返伦敦国王十字/圣潘克拉斯火车站(£10.10,20分钟)。

温莎和伊顿(Windsor & Eton)
☎01753 / 人口 32,184

隔河相望的温莎和伊顿这两座姐妹镇散发着迷人的梦幻气息,气势雄伟、挺拔壮观的温莎城堡就耸立在这里。泰晤士河南岸的温莎每天早上都能观看隆重的温莎卫兵换岗仪式,而在北岸小巧精致的伊顿,则能见到身着正式燕尾服的男学生走在街头。

得益于源源不断的游客,温莎随处可见昂贵的精品店、豪华的咖啡馆以及热闹的餐厅。伊顿则要宁静许多,镇中心只有一条商业街,两边林立着古董店和艺术画廊。这两个小镇都很适合从伦敦出发进行一日游,交通便捷。

◉ 景点和活动

★温莎城堡
城堡

[Windsor Castle; ☎03031-237304; www.royalcollection.org.uk; Castle Hill; 成人/儿童 £21.20/12.30; ⓒ3月至10月 9:30~17:15,11月至次年2月 9:45~16:15,提前1小时15分停止入场,城堡整体或部分区域偶尔会临时关闭; ♿; ☒702路从伦敦维多利亚火车站发车,☒伦敦滑铁卢至温莎和伊顿河畔火车站(Windsor & Eton Riverside),☒伦敦帕丁顿火车站经斯劳(Slough)至温莎和伊顿中央火车站(Windsor & Eton Central)]温莎城堡是世界上最大也是历史最为悠久的持续有人居住的城堡,有着恢宏的城垛和塔楼。它用于举行庄严的国事活动,是女王主要的居所之一。如果女王正在城堡中,你会看到皇家旗帜(Royal Standard)在圆塔(Round Tower)上空飘扬。

频繁的免费导览游带领游客前往城堡管理区,分为下层区(Lower Ward)、中层区(Middle Ward)和上层区(Upper Ward)。你可以跟随免费语音导览穿过豪华的国宾厅(State Apartments)和漂亮的礼拜堂;不过若有区域正在使用,就有可能禁止游客入内。

城堡的建造者是征服者威廉。在成功入侵英格兰五年后,他下令在泰晤士河边建造一座土木结构的城堡,1080年城堡建成。1170年,他的曾孙亨利二世又用石材进行重建。之

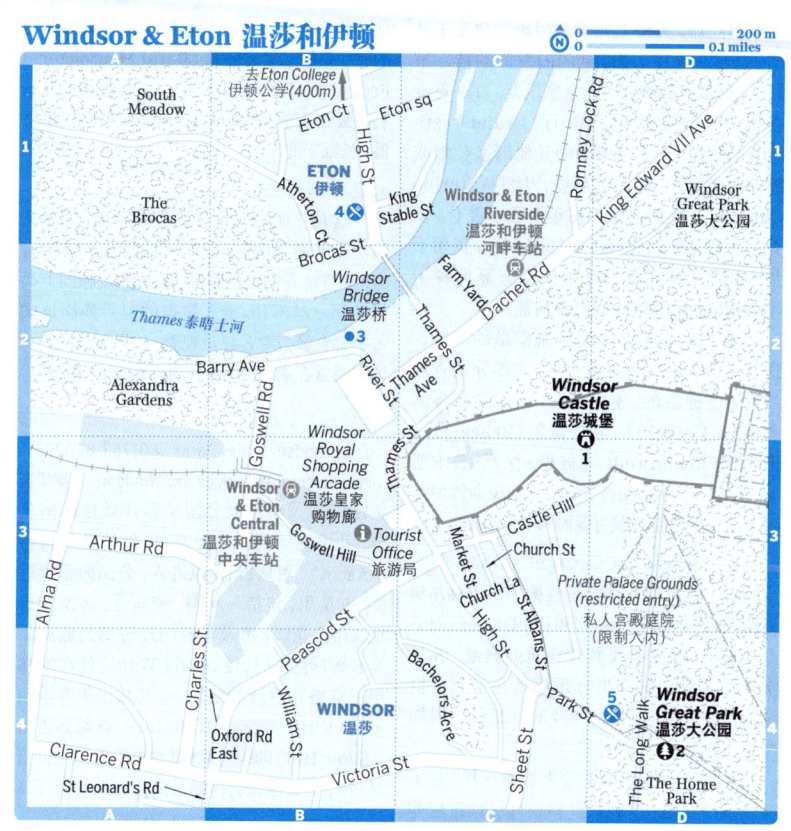

Windsor & Eton 温莎和伊顿

牛津和科茨沃尔德地区 温莎和伊顿

后的君主们也都在这里留下了自己的印记：爱德华三世将温莎变成一座哥特式王宫；查理二世为宫殿增加了巴洛克风格装饰，以模仿路易十六在巴黎郊外的凡尔赛宫；乔治四世派出了工匠队伍，打造了持续至今的温莎形象——一座中世纪城堡里的宫殿。经过历次改建之后，如今城堡已有近1000个房间，建筑本身也涵盖从半木结构到哥特石材等多种风格。

➡ **玛丽女王玩偶屋**
(Queen Mary's Dolls' House)

当你从上层区的北露台前往国宾厅时就会发现这个偏室。这个令人惊叹的创意并非是一件玩具，而是充满艺术气息的微缩景观杰作。它由埃德温·鲁琴斯爵士（Sir Edwin Lutyens）按照1:12的比例为玛丽女王设计，1924年建成，对于细节的讲究让人叹为观

Windsor & Eton
温莎和伊顿

◉ 重要景点
1 温莎城堡..................................C3
2 温莎大公园..............................D4

✈ 活动、课程和团队游
3 French Brothers......................B2

✖ 就餐
4 Gilbey's....................................B1
5 Two Brewers...........................D4

止——有完整的管线系统，包括冲水马桶和电气照明，还有迷你的王冠珠宝、银盘服务和葡萄酒酒窖，车库里甚至还有六辆汽车!

➡ **国宾厅（State Apartments）**

大楼梯（Grand Staircase）两侧陈列着

盔甲和武器，为楼上壮观的国宾厅奠定了基调。从每一涂漆表面，到闪闪发光的枝形吊灯，无处不在的镀金尽显皇家风范。在一尊维多利亚女王塑像旁边，大前厅（Grand Vestibule）展示了从大英帝国的其他国家获赠或掠夺来的奇珍异宝，而滑铁卢厅（Waterloo Chamber）旨在纪念1815年击败拿破仑。圣乔治大厅（St George's Hall）至今仍用于举行国宴；高高的天花板上绘有嘉德骑士（Knights of the Garter）的盾徽。

接下来是连续10间富丽堂皇的房间，这就是国王寝厅和王后寝厅，大部分是查理二世下令建造的，室内挂着汉斯·荷尔拜因（Hans Holbein）、勃鲁盖尔（Bruegel）、伦勃朗（Rembrandt）、彼得·保罗·鲁本斯（Peter Paul Rubens）、范戴克和庚斯博罗等画家绘制的王室成员肖像画和其他画作。

圣乔治礼拜堂(St George's Chapel)

这个优雅的礼拜堂是爱德华四世1475年为颁发嘉德勋章（Order of the Garter）而下令建造的，是垂直哥特式建筑的典范。礼拜堂正厅和精美的扇形穹顶都是在亨利七世统治期间完成的，1528年亨利八世统治时期竣工。

礼拜堂和威斯敏斯特大教堂一样，是王室陵墓所在地：亨利八世和查理一世就埋葬在精雕细刻的唱诗坛下面，现在女王的父亲（乔治六世）和母亲（伊丽莎白王后）则安葬在旁边的礼拜堂内。2018年5月，哈里王子和梅根王妃的婚礼也是在此举行。

圣乔治礼拜堂周日不对外开放，周一至周六则是开放到16:00，不过游客可以参加每天17:15举行的颂唱晚祷。

艾伯特亲王纪念礼拜堂(Albert Memorial Chapel)

这座小教堂建于1240年，用以纪念忏悔者爱德华（St Edward the Confessor）。在圣乔治礼拜堂落成之前，这里一直是颁授嘉德勋章的场所。1861年，艾伯特亲王（Prince Albert）在温莎城堡辞世，维多利亚女王为纪念亡夫，下令将这里改建成纪念堂，增建的华丽穹顶上镶嵌着由威尼斯运来的金色马赛克。

虽然礼拜堂内专门设有亲王纪念碑，但他与维多利亚女王实际长眠于温莎大公园内的弗罗格穆尔皇家陵墓（Royal Mausoleum at Frogmore House）。不过，他们最小的儿子利奥波德王子（Prince Leopold；奥尔巴尼公爵）长眠于此。

卫兵换岗仪式

这是一幅令人难忘的壮观景象：军乐队演奏雄壮激昂的音乐，坚实的脚步声铿锵有力，穿着整齐的红色制服、头戴熊皮帽的卫兵们动作一丝不苟。令人振奋的卫兵换岗仪式每年都会吸引游客驻足观看。如果天气允许，仪式通常在周二、周四和周六的11:00举行。

★温莎大公园　　　　　　　公园

（Windsor Great Park；01753-860222；www.windsorgreatpark.co.uk；Windsor；黎明至黄昏）免费 温莎大公园从温莎城堡向南延伸，几乎绵延到了西南7英里外的爱斯科特（Ascot）。可从Park St进入，公园面积接近8平方英里，包括一座湖、骑马道、多条步行道、几座花园，以及马鹿四处游荡的鹿苑。全长2.7英里的长径（Long Walk）就在2018年王室婚礼游行的路线上，它从国王乔治四世门（King George IV Gate）一直通到雪山（Snow Hill）的铜马雕像（1831年乔治三世骑马像），后者也是公园的最高点。

兰尼米德区　　　　　　　　古迹

（Runnymede；NT；01784-432891；www.nationaltrust.org.uk；Windsor Rd, Old Windsor；停车 每小时£1.50；景点黎明至黄昏，停车场 4月至9月 8:30~19:00, 10月、11月、2月和3月 至17:00, 12月和1月 至16:00；P）免费 800多年前的1215年6月，约翰国王（King John）正是在温莎东南3英里这处不起眼的开阔地带会见了他的大贵族们。他们共同议定了一份基础宪章，在保证国王臣民自由的同时限制君主的绝对权力。他们签署的文件就是《自由大宪章》（*Magna Carta*），这是世界上第一部宪法。如今这一带基本保持了当时的原貌，只是增加了几座现代纪念碑以及两幢1929年由埃德温·鲁琴斯设计的小屋。

伊顿公学　　　　　　　　　知名建筑

（Eton College；01753-370600；www.etoncollege.com；High St, Eton；成人/儿童 £10/

免费; ⊙团队游 5月至8月 周五 14:00和16:00)伊顿公学是英格兰最著名的公立（事实上等同于私立并收费）男子学校，也可以说是英格兰等级制度最持久的象征。伊顿公学已经培养出了19位英国首相和无数的王子、国王和王公贵族，其中包括威廉王子和哈里王子，此外还有乔治·奥威尔、约翰·梅纳德·凯恩斯（John Maynard Keynes）、贝尔·格里尔斯（Bear Grylls）以及埃迪·雷德梅尼（Eddie Redmayne）等知名人士。游客只能在夏季的周五加入导览团队游参观学校礼拜堂和伊顿生活博物馆。需在线预约。

👉 团队游

French Brothers　　　　　乘船游

(☎01753-851900; www.frenchbrothers.co.uk; Windsor Promenade, Barry Ave, Windsor; ⊙2月中旬至12月初 10:00~17:00)沿泰晤士河乘船观光。可以选择温莎周边的观光游（成人/儿童 £9/6起），或往返兰尼米德区的乘船游（往返成人/儿童 £8.75/5.85）。

🍴 餐饮

Two Brewers　　　　　酒馆食物 ££

(☎01753-855426; www.twobrewerswindsor.co.uk; 34 Park St, Windsor; 主菜 £14~26; ⊙周一至周四 11:30~23:00, 周五和周六 至23:30, 周日 12:00~22:30)这个颇有气氛的18世纪酒馆就位于温莎大公园的大门旁边，供应精心制作的可口美食，从汤、沙拉和鱼饼到牛扒、鳕鱼以及奶酪拼盘，应有尽有。开满鲜花的屋外设有沐浴阳光的长凳，内部则是低矮、带横梁的天花板，灯光幽暗，冬天会生起熊熊的炉火。周五和周六以及周日的20:00以后不供应晚餐。

Gilbey's　　　　　新派英国菜 £££

(☎01753-854921; www.gilbeygroup.com; 82-83 High St, Eton; 主菜 £18~29.50; ⊙周一 18:00~22:00, 周二至周日 正午至15:00和18:00~22:00; 🚭)这家小酒馆就在河边不远处，是伊顿最佳就餐选择。赤陶瓦片覆盖的屋顶，深绿色内饰，加上阳光灿烂的庭院，这一切让Gilbey's有种欧洲大陆咖啡馆的风情。2/3道菜午餐套餐（£15/20）和晚餐（£22.50/28.50; 周五和周六 18:45之后不供应）提供新派英国菜美味，包括各种馅饼以及手工奶酪，还有许多素食选择。

ℹ️ 实用信息

旅游局 (☎01753-743900; www.windsor.gov.uk; Old Booking Hall, Windsor Royal Shopping Arcade, Thames St, Windsor; ⊙4月至9月 10:00~17:00, 10月至次年3月 至16:00)出售景点和活动门票，以及旅行指南和徒步地图。

ℹ️ 到达和离开

长途汽车

Green Line的客运班车（www.greenline.co.uk）往返温莎/伊顿、伦敦维多利亚火车站（702/703路; £7~13, 1.5小时）和希思罗机场5号航站楼（702/703路; £4, 40分钟）。Courtney Buses（www.courtneybuses.com）客运班线往返温莎和布雷（16/16A路; £3.30, 30分钟）。

火车

从伦敦出发的最快火车线路是伦敦帕丁顿火车站往返温莎和伊顿中央车站（Windsor & Eton Central, 城堡对面），但是需要在斯劳（Slough; £10.50, 30~45分钟）换乘。伦敦滑铁卢火车站也有速度较慢的直达列车发往位于达切特路

雷丁音乐节

每年8月公共假期的周末，多达8.7万的狂欢者会涌入工业小镇雷丁（Reading），来参加英国最大的音乐盛会之一：**雷丁音乐节** (Reading Festival; ☎02070-093001; www.readingfestival.com; Reading; 门票单日/周末 £76.50/221.40; ⊙8月底)。这是一场为期3天的演出盛事，吸引了不同流派的众多一线艺术家登台献艺，近年来参加音乐节的大牌明星包括肯德里克·拉马尔（Kendrick Lamar）、痞子阿姆（Eminem）和红辣椒乐队（Red Hot Chili Peppers）等。不妨支起帐篷在这里过周末，也可预订一张单日票。

雷丁有火车往返伦敦帕丁顿火车站（£20.20, 25分钟至1小时）。

泰晤士河畔亨利（HENLEY-ON-THAMES）

迷人的通勤小镇亨利，地处温莎西北15英里处，是每年**亨利皇家赛舟会**（Henley Royal Regatta; www.hrr.co.uk; 门票£25~32, 现场停车£34; ⓒ7月初）的代名词。在其他时间里，这里就是一个美丽的河畔小镇，非常适合漫步，泰晤士河沿岸的风景尤佳。

出色的**河流和赛舟博物馆**（River & Rowing Museum; ☎01491-415600; www.rrm.co.uk; Mill Meadows; 成人/儿童£12.50/10; ⓒ10:00~17:00; ⓅⒶ）讲述了为何亨利小镇会如此痴迷于赛舟。通风良好的首层展览馆展示了赛舟作为奥运会比赛项目的历史，引人注目的展品包括19世纪早期的"皇家橡树"号（Royal Oak），这是英国最古老的赛艇。楼下还有一个有趣的三维展览，旨在向肯尼斯·格雷厄姆（Kenneth Grahame）的《柳林风声》（The Wind in the Willows）致敬——这本书里描写的浪漫迷人的河流就是以亨利附近的泰晤士河为原型的。

伦敦帕丁顿火车站（£16.70, 1小时）有火车往返亨利; 不过需要在斯劳（Slough）或特怀福德（Twyford）换乘。

（Dachet Rd）的温莎和伊顿河畔车站（Windsor & Eton Riverside; £10.50, 45分钟至1小时）。

布雷（Bray）

☎01628/人口 4646

这个小村庄位于温莎西北5英里的泰晤士河畔，有着燧石、砖块和砖木结构的村舍。令人不解的是，这里竟然有可能是英国的烹饪美食之都。有美食圣经之称的《米其林指南》认定的米其林三星餐厅，被视为美食界的佼佼者，全英国只有四家，而布雷就占两家。

而除了享用大餐，在这里还真找不到其他值得做的事情。

就餐

★ Fat Duck

新派英国菜 £££

（☎01628-580333; www.thefatduck.co.uk; High St; 品尝套餐每人£325; ⓒ周二至周六12:00~13:15和19:00~20:15）这里可能是英国最著名的餐厅，也是顶级大厨赫斯顿·布鲁门萨（Heston Blumenthal）主理的旗舰餐厅。作为分子料理的先锋人物，他将这里从一家不景气的酒馆打造成米其林三星餐厅，并且被食客们评选为世界最佳餐厅。至少需要提前4个月预订，才能吃到价格让人心惊肉跳、菜品以旅行为主题、随季节变化的美味套餐。

★ Waterside Inn

法国菜 £££

（☎01628-620691; www.waterside-inn.co.uk; Ferry Rd; 主菜£55~68, 2/3道菜午餐周三至周五£52/63.50; ⓒ周三至周日 正午至14:00和19:00~22:00, 12月底至次年1月底 歇业）从身着制服的服务员向你问候的那一刻开始，直到最后一盘法式小点心被端上桌，这家位于河畔的米其林三星餐厅都能让你感觉到与众不同。在过去的40多年里，主厨阿兰·鲁（Alain Roux）一直在施展他的魔法烹饪，在一间俯瞰泰晤士河的房间里创造出口味一流的佳肴美馔，并由敬业的服务生端上桌。这里也有客房可供住宿（£275起）。

★ Hind's Head

美食酒馆 £££

（☎01628-626151; www.hindsheadbray.com; High St; 主菜£20~40, 5道菜品尝套餐£62; ⓒ周一至周六12:00~14:00和18:00~21:00, 周日 正午至15:30; Ⓟ）这家气氛十足的15世纪酒馆能让你有机会以相对实惠的价格，在不那么正式的环境中，品尝到赫斯顿·布鲁门萨的创意菜肴。考虑到他的声望，这里的菜肴可能会让你觉得名不副实，但仍有许多异想天开的独特之处。试试烤银鳕鱼配贻贝和藏红花酱汁，或者洋葱包裹的皇家黑面包配马麦酱等。

ⓘ 到达和离开

Courtney Buses（www.courtneybuses.com）有客运班车往返布雷和温莎（16/16A路; £3.30, 30分钟）。

巴斯和英格兰西南部

包括 ➡

布里斯托尔	253
巴斯	264
萨默塞特郡	275
汉普郡	281
怀特岛	289
多塞特郡	294
威尔特郡	311
德文郡	328
康沃尔郡	357
锡利群岛	388

最佳餐饮

- ➡ Restaurant Nathan Outlaw（见362页）
- ➡ Menu Gordon Jones（见273页）
- ➡ Riverstation（见261页）
- ➡ Black Rat（见284页）
- ➡ Elephant（见336页）

最佳住宿

- ➡ Scarlet（见365页）
- ➡ Queensberry（见272页）
- ➡ Hotel du Vin Exeter（见332页）
- ➡ The Pig（见287页）
- ➡ Number 38（见260页）
- ➡ Artist Residence Penzance（见377页）

为何去

英格兰西南部——或者是众所周知的"英国西南部"——常常为所有人津津乐道：热闹喧嚣的都市、举世闻名的古迹、满目青翠的乡村以及金光闪闪的海滩。巨石阵和山顶古堡点缀着这片土地，气派的庄园和神圣的教堂终于让位给了绿色的田园、狂野的沼泽、宁静的乡村和繁忙的渔港。由于被大海环绕，该地区漫长的航海历史在朴次茅斯、普利茅斯、达特茅斯、法尔茅斯以及充满活力的布里斯托尔体现得淋漓尽致。与此同时，秀美的巴斯仿佛是乔治国王时期建筑的华丽展厅，毫无疑问也是整个英格兰最养眼的魅力城市之一。

海岸乐趣和田园风光是大部分人到这里来的主要原因：无论是在多塞特海岸寻找化石，在达特穆尔徒步，在福伊河划皮划艇，或是在康沃尔冲浪，西南地区都无愧为英格兰最热情的户外运动胜地。

何时去

- ➡ 4月和5月，悬崖、山坡和精心打理的花园鲜花盛开、芳香四溢，季节性景点也会重新开放，乘船游开始纳客。
- ➡ 6月，火热的音乐节在超酷的格拉斯顿伯里和怀特岛上演。
- ➡ 7月和8月是暑假高峰期，也是（理论上）天气最好的时候。
- ➡ 9月，学校暑假的结束带来了较便宜的住宿、更安静的海滩，海水也比较暖和。
- ➡ 10月，更大的海浪将冲浪者吸引到康沃尔和德文郡北部。与此同时，埃克斯穆尔的鹿进入发情期，巨大的雄鹿为了种群霸权互相争斗。冬季暴风雪预报即将开始。

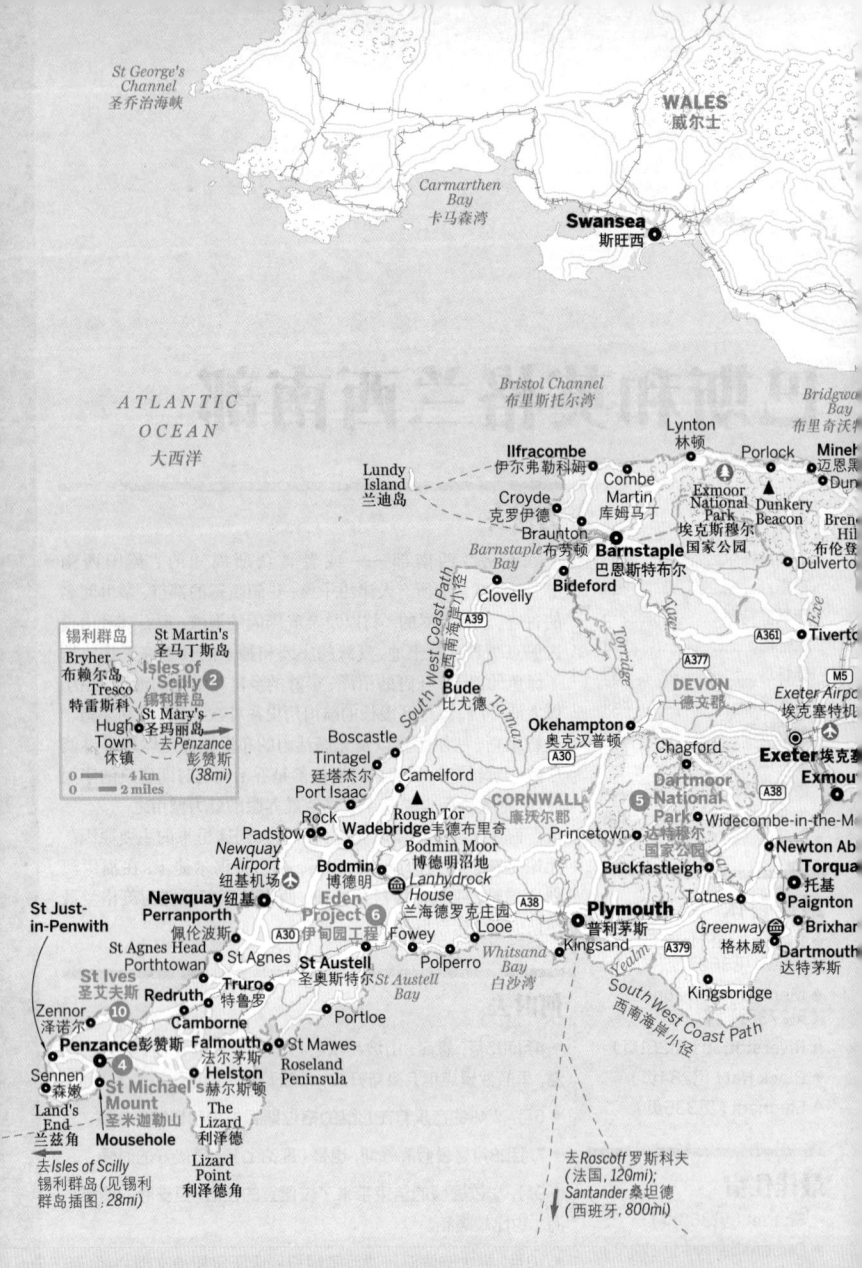

巴斯和英格兰西南部亮点

❶ **巨石阵**（见315页）参加团队游在破晓时分走进巨石阵。

❷ **锡利群岛**（见388页）搭乘渡轮跳岛游，探索田园风情的群岛。

❸ **巴斯**（见264页）见识古罗马人在2000年前如何沐浴。

❹ **圣米迦勒山**（见375页）穿越堤道游览一座岛屿修道院。

❺ **达特穆尔国家公园**（见347页）征服公园内偏僻的高山。

❻ **伊甸园工程**（见380页）在康沃尔废弃的采土场里惊叹航空

时代的生态智慧。

⑦ **侏罗纪海岸**（见300页）在莱姆里吉斯附近的悬崖峭壁上翻寻沉淀两亿多年历史的化石。

⑧ **索尔兹伯里**（见311页）欣赏城里庄严的大教堂。

⑨ **布里斯托尔**（见253页）登上具有开拓意义的蒸汽船。

⑩ **圣艾夫斯**（见368页）在康沃尔郡的海滨小镇感受艺术传承。

活动

骑行

在英格兰西南部骑车虽然耗时费力，却能体验精彩的户外天地。该地区的国家骑行路网（National Cycle Network, 简称NCN）路线包括从布里斯托尔前往帕德斯托的西南部小道（West Country Way, NCN3号线路），全长240英里，途经格拉斯顿伯里（Glastonbury）、汤顿（Taunton）和巴恩斯特布尔（Barnstaple）。此外还有德文郡的海岸沿线骑行路径（Coast to Coast Cycle Route），全长103英里，连接着伊尔弗勒科姆（Ilfracombe）和普利茅斯。

威尔特郡骑车道（Wiltshire Cycleway）全长160英里，绕着该郡的边界延伸。在汉普郡（Hampshire），新福里斯特（New Forest）数百英里的骑行车道蜿蜒于野生动植物丰富的环境中；而怀特岛拥有62英里适宜自行车骑行的路线，并且拥有属于自己的骑行文化节（01983-299314; www.iwcyclefest.com; 8月底）。

山地越野骑行的亮点包括北韦塞克斯丘陵（North Wessex Downs）、埃克斯穆尔国家公园和达特穆尔国家公园。许多骑车路线都沿着老铁路轨道延伸，例如德文郡连接奥克汉普顿（Okehampton）和利德福德（Lydford）的11英里的花岗岩小道（Granite Way），以及康沃尔郡长18英里、连接帕德斯托和博德明沼地、颇受欢迎的骆驼小道（见362页）。

想要了解更多关于骑行路线的信息，可以联系Sustrans（www.sustrans.org.uk）或当地旅游局。

徒步

西南海岸小径（South West Coast Path）是英国目前最长的国家步道（至少在2020年英格兰海岸小径完工之前），它从位于萨默塞特的迈恩黑德（Minehead）延伸，途经兰兹角（Land's End），最后止于多塞特郡的普尔（Poole），常被称作"630英里冒险之旅"。你可以在沿岸众多路段选择一条路线较短且景色壮观的一日徒步路线，或者挑战一些更长的路线。西南海岸小径协会（South West Coast Path Association; www.southwestcoastpath.org.uk）有详细的网站，每年还会出版一份指南。

想要在荒野徒步，达特穆尔国家公园（见347页）和埃克斯穆尔国家公园（见321页）绝对不容错过。达特穆尔更大，而且更偏僻；埃克斯穆尔的亮点则是风景壮观的34英里险峻海岸线。该地区的第三座国家公园——新福里斯特（见285页）的环境则要平缓许多，提供数百英里的文化遗产徒步路线。

其他经典的徒步路线还有埃克斯穆尔长51英里的柯勒律治步道（Coleridge Way; www.coleridgeway.co.uk），以及怀特岛和博德明沼地。或者是威尔特郡87英里长的山脊国家步道（Ridgeway National Trail; www.nationaltrail.co.uk/ridgeway），它起始于埃夫伯里（Avebury）附近，随后蜿蜒穿越白垩岩低地和奇尔特恩（Chiltern）郁郁葱葱的丘陵。

冲浪和划船

康沃尔郡北部以及德文郡稍北的海岸线提供了英格兰最佳的冲浪场所。派对小镇纽基（Newquay）最为热门，而其他优质冲浪地还包括康沃尔郡的比克德（Bude）和德文郡的克罗伊德（Croyde）。西南地区冲浪的情况可以在www.magicseaweed.com查询。

韦茅斯（Weymouth）和波特兰（Portland）是2012年伦敦奥运会帆船比赛场地，而怀特岛、法尔茅斯、达特茅斯和普尔是游艇的理想锚泊地。

其他活动

英格兰西南部是风筝冲浪、帆板运动、潜水、海上皮划艇、激流皮划艇和尾波滑水的首选地点，适合平静水域的立式桨板（即站立式划桨冲浪，stand-up paddle boarding, 简称SUP）也颇为流行。

许多公司还提供探洞、海岸运动、滑山、攀岩和风筝滑板车活动。登录www.visitsouthwest.co.uk查看当地各郡和活动运营商的链接。

当地交通

公共汽车

该地区的公共汽车网络覆盖相当全面，但是

如果远离主要城镇，公共汽车班次可能会十分稀少。**National Express**（www.nationalexpress.com）提供最快往返于城市和主要城镇之间的公共汽车班次。**PlusBus**（www.plusbus.info）能让你持火车票乘坐当地公交（每天最低另付£2）。适用这一联票的城市包括巴斯、伯恩茅斯、布里斯托尔、埃克塞特、普利茅斯、朴次茅斯、索尔兹伯里、特鲁罗和韦茅斯。在火车站购票。

First（www.firstgroup.com）该地区较大的客运公司之一，线路遍布巴斯、布里斯托尔、康沃尔、多塞特、朴次茅斯和萨默塞特。该公司设有"Freedom Travelpass"等跨区通票，涵盖了巴斯、布里斯托尔和萨默塞特东北地区等（单日/周£13.50/59）。每个地区还有单独销售的"Day Rover"（单日通票）和"Ranger"等通票。

More（www.wdbus.co.uk）运营在威尔特郡、多塞特以及新福里斯特内的路线。该公司票价按区域计算，覆盖大部分地区的ABC区单日票（Zone ABC；成人/儿童£8.80/5.70）最为划算。无限次乘车的周末通票价格为£7.50。

Stagecoach（www.stagecoachbus.com）德文郡、汉普郡和萨默塞特的主要客运公司。提供一系列单日（Dayrider）和七日通票（Megarider），线路覆盖单独城镇（例如普利茅斯和埃克塞特等）以及更广的区域（例如北德文郡和南德文郡等）。大部分通票可在Stagecoach手机应用里购买。

小汽车

主要的租车公司在该地区的机场和主要铁路站都设有办事处，租车价格和英国其他地方相似。

火车

布里斯托尔是主要的火车枢纽站，可以乘车前往伦敦帕丁顿火车站、苏格兰和伯明翰，还连接了巴斯、斯温顿（Swindon）、奇彭纳姆（Chippenham）、韦茅斯、南安普敦和朴次茅斯。从伦敦滑铁卢火车站始发的班次可前往伯恩茅斯、索尔兹伯里、南安普敦、朴次茅斯和韦茅斯。

伦敦帕丁顿火车站—彭赞斯线路（Paddington-Penzance）的停靠站包括埃克塞特、普利茅斯、利斯卡德（Liskeard）、圣奥斯特尔（St Austell）和特鲁罗。支线则前往巴恩斯特布尔（Barnstaple）、派恩顿（Paignton）、甘尼斯莱克（Gunnislake）、卢港（Looe）、法尔茅斯、圣艾夫斯（St Ives）和纽基（Newquay）。

经营该地区线路的铁路公司主要包括**Great Western Railway**（ 0345 7000 125；www.gwr.com）、**Cross Country**（ 0844 811 0124；www.crosscountrytrains.co.uk）以及**South Western Railway**（www.southwesternrailway.com）。所有公司都有旅行应用程序可供下载，帮助你规划行程，也可以直接在上面购买电子车票。South Western Railway运营从伦敦出发的众多线路，目的地包括英国东南部，以及西南部的伯恩茅斯、朴次茅斯、索尔兹伯里、布里斯托尔和巴斯等，最远可到达埃克塞特。

西南自由通票（Freedom of the South West Rover pass；有效期7天，任选3天出行，成人/儿童£102.60/48.20，有效期15天，任选8天出行£144/72）能让你在索尔兹伯里、巴斯、布里斯托尔、朴次茅斯和韦茅斯等地及以西的地区无限次搭乘火车。

布里斯托尔（BRISTOL）

人口454,200

布里斯托尔正在与时俱进。废弃船坞化身为了休闲场馆，历史景点让人浮想联翩，世界顶级的街头艺术蓬勃发展，更让这座城市变得色彩斑斓。

历史

布里斯托尔最早是一个小小的撒克逊村落，中世纪发展成为口岸（被称为Brigstow），是重要的布匹和葡萄酒贸易中心。1497年，"当地英雄"约翰·卡伯特［John Cabot；真名是吉奥瓦尼·卡波托（Giovanni Caboto），一名热那亚水手］从布里斯托尔扬帆远航，发现了现在位于加拿大的纽芬兰（Newfoundland）。到18世纪时，布里斯托尔已经跃居成为英国第二大港口。

城市发展依靠的一项主要举措就是所谓"三角贸易"（Triangular Trade），即跨大西洋将非洲奴隶贩卖到新世界殖民地，再换回糖、烟草、棉花和朗姆酒。18世纪布里斯托尔的繁荣景象——包括克利夫顿（Clifton）的露台和老维克剧院——有很大一部分是来自这些贸易利润的资助。城市交通博物馆（见254页）忠实地回顾了这段历史，同时也介绍了倡导废除这一贸易的当地人所付出的

当地知识

布里斯托尔露天游泳池

布里斯托尔的公共**热水浴场**（☎0117-933 9530; www.lidobristol.com; Oakfield Pl; 非会员 £20; ⊙非会员 周一至周五 13:00～16:00）历史可追溯至1849年，20世纪早期因失修而荒废了一段时间，但如今这处天然热水的24米泳池已经完成修缮，恢复成鼎盛时期的模样，水温也始终保持在舒适温暖的24℃。购买门票后，可以使用3小时的泳池、桑拿、蒸汽浴室和户外热水浴场。

此外，这里还提供水疗和按摩服务，甚至还有一家出色的**西班牙小吃酒吧**（9:00～22:30）以及一家口碑出众的地中海主题**餐厅**（12:00～15:00和18:00～22:00）。会员优先入场; 如果你想在上述时间以外参观，可以考虑报名参加这里的"Swim & Eat"（£35～40）或水疗套餐（£70起）。

努力。

在遭遇英国其他港口的激烈竞争后，布里斯托尔调整战略，大力发展工业，因而成为重要的造船中心，并且于1840年成为新建的英国大西部铁路线（Great Western Railway）的西端终点站，由此与伦敦相连。这一工程的首席工程师是伊桑巴德·金德姆·布鲁内尔（Isambard Kingdom Brunel），他在布里斯托尔留下的项目还包括克利夫顿悬索桥（见255页）和"大不列颠"号蒸汽船等。

◉ 景点

★ 布鲁内尔的"大不列颠"号蒸汽船　　　　历史船只

（Brunel's SS Great Britain; ☎0117-926 0680; www.ssgreatbritain.org; Great Western Dock, Gas Ferry Rd; 成人/儿童/家庭 £16.50/9.50/45; ⊙4月至10月 10:00～17:30, 11月至次年3月 至16:30）这艘先进的大型蒸汽船"大不列颠"号由天才工程师伊桑巴德·金德姆·布鲁内尔于1843年设计。你可以参观船上的厨房、医务室以及餐厅，观看原始蒸汽引擎的巨大模型。轮船周围铺设的"玻璃水面"是一大亮点，走到玻璃隆起的船坞下面能够近距离观察螺旋桨发动机; 除此之外还能参加"Go Aloft!"项目借助索具保护爬上桅杆顶。新设立的"**成为布鲁内尔**"（Being Brunel）展览复原了布鲁内尔和同事们设计这艘蒸汽船时的绘图室。

"大不列颠"号蒸汽船是当时较大、技术较先进的汽轮之一，从船头到船尾全长98米。轮船的命运可谓坎坷。1843年至1886年，轮船一直履行着计划中的客轮使命，14天时间就能够从布里斯托尔到达纽约，完成穿越大西洋的航行。不幸的是，巨大的运营开销和高涨的债务迫使它落得了令人惋惜的境地: 它被卖掉，先后做过部队军船、检疫船、移民船和运煤船，20世纪30年代最终被人为弄沉在马尔维纳斯群岛的阿根廷港附近。

所幸，沉入海底并不是"大不列颠"号客轮的最终命运。1970年，轮船被拖回布里斯托尔，紧接着就是30年的精心修复工程。如今呈现出的是多重感官体验: 你可以漫步在甲板上，窥视豪华舱室，倾听乘客们的故事，了解船上的生活。10岁以上的孩子们还可以参加**"Go Aloft!"项目**（£10; 4月至10月 每天 12:00～17:00, 11月至次年3月 周六和周日 12:00～15:45），戴上头盔，绑上安全绳，然后爬到25米高的桅杆顶，沿着横梁杆臂走两步。"大不列颠"号门票有效期为一年。关闭前1小时停止入场。

★ 城市交通博物馆　　　　博物馆

（M Shed; ☎0117-352 6600; www.bristolmuseums.org.uk; Princes Wharf; ⊙周二至周日 10:00～17:00; ☉）**免费** 这座令人印象深刻的博物馆位于布里斯托尔码头边标志性的各式起重机旁，珍藏的展品揭示着这座城市的过往。博物馆分为四个主展区: 人物、地点、生活以及室外的大型设备展，从而让人们全面了解布里斯托尔的历史——这里既有当年奴隶们的个人物品，也有超级无敌掌门狗（Wallace and Gromit）的卡通雕像，还有街头艺术家班克西的作品，甚至还有大举进攻乐队（Massive Attack）使用过的舞台等。

馆内的展览都具有很强的互动性，很适合孩子参观，尤其是搭乘蒸汽和电气起重机

（门票£2）、蒸汽火车（门票 £2）以及拖船和消防船（成人/儿童 £6/4）等项目。另一大亮点是班克西创作的让人不安的"手持镰刀的死神"（Grim Reaper）画作，它原本贴在派对船"Thelka"号的船身水线以上，后来因为争议太大被移除，便转移到了这座博物馆的一层。博物馆还有导览游，会带领你探索港口的历史。

博物馆的船只、火车和起重机定期都会开放参观（£2~6）；详细信息可查询官方网站。

"马太"号 历史船只

（Matthew；0117-927 6868；https://matthew.co.uk；Princes Wharf；3月至10月 周二至周日 10:00~16:00，11月至次年2月 周六和周日）免费 1497年，约翰·卡伯特驾驶"马太"号完成了从布里斯托尔到纽芬兰的跨时代航行。如今港内展示的就是这艘船的复制品，给人最深的印象莫过于它的体型——24米的船长看起来实在太小了，难以想象竟然可以装下18名船员。你还可以登到船上逛逛船员舱，在甲板上走走，抬头看看桅杆帆索。

阿诺菲尼艺术中心 画廊

（Arnolfini；0117-917 2300；www.arnolfini.org.uk；16 Narrow Quay；周二至周日 11:00~18:00；）免费 本书调研期间，这里的画廊仅在有特殊活动时开放。底层是Front Room，用来举办各种对话、特别活动，还有一家艺术设计书籍阅览室。

布里斯托尔水族馆 水族馆

（Bristol Aquarium；0117-929 8929；www.bristolaquarium.co.uk；Anchor Rd, Harbourside；成人/儿童/家庭 £15/10/50；周一至周五 10:00~16:00，周六和周日至17:00）你在这里会见识到鳐鱼湾、珊瑚海、鲨鱼缸、亚马孙河等各种水下栖息地。水下观景隧道更是提升了参观体验。在线购票可优惠10%。

好奇博物馆 博物馆

（We the Curious；0117-9151000；www.wethecurious.org；Anchor Rd；成人/儿童/家庭 £15/10/40；周一至周五 10:00~17:00，周六和周日 至18:00）布里斯托尔的这间互动式科学博物馆是一个充满乐趣的亲身实践空间，300个"展品"会激发你的好奇心，考验你的科学协作和创造力。你会遇到阿德曼动漫公司（Aardman）制作的动画人物，并尝试做一回动画师，还可以发现宇宙射线，穿越龙卷风，探索从解剖学到飞行在内的各种科目。博物馆还会举办各种表演，从生命科学小组（Live Science Team）、沉浸式天文馆秀到机器人表演等。不妨留意一下这里的After Hours——这是专为成人打造的夜间项目，包括各种游戏、活动和表演。

乔治庄园 历史建筑

（Georgian House；0117-921 1362；www.bristolmuseums.org.uk；7 Great George St；4月至12月 周六至周二 11:00~16:00）免费 这座建于18世纪的庄园曾经是富有的奴隶种植园主和食糖商人约翰·皮尼（John Pinney）的住宅，如今参观者能够在此了解乔治国王时代布里斯托尔贵族的生活。屋内全部用古典风格装饰，有宽敞的大厨房（还装有铸铁烤肉架）、堆满书籍的书房、气势恢宏的客厅等，地下室还有冷水泳池。

这里还有一个小型展览，讲述了皮尼当年的食糖贸易，及其奴隶男仆Pedro Jones的人生故事。

布里斯托尔博物馆和美术馆 博物馆

（Bristol Museum & Art Gallery；0117-922 3571；www.bristolmuseums.org.uk；Queen's Rd；周二至周日 10:00~17:00，外加学校假期和公众假期的周一 10:00~17:00；）免费 这座经典的爱德华时代旧式博物馆有一些让人大开眼界的藏品。留意大堂里由世界知名街头艺术家班克西创作的《油漆桶天使》(Paint-Pot Angel)：一尊庄严的天使塑像，头上却被扣上了一个粉色油漆桶。艺术家希望借此挑战人们对于博物馆藏品以及艺术价值的期待。同时这一作品也见证了这位艺术家2009年在此举办展览时的旺盛人气。而在塑像的上方，房顶悬挂着著名的布里斯托尔"箱形风筝"（Boxkite），这是一架螺旋桨双翼飞机的原型机。

★ 克利夫顿悬索桥 桥梁

（Clifton Suspension Bridge；0117-974 4664；www.cliftonbridge.org.uk；Suspension Bridge Rd）这是克利夫顿最著名也最上镜的

Bristol 布里斯托尔

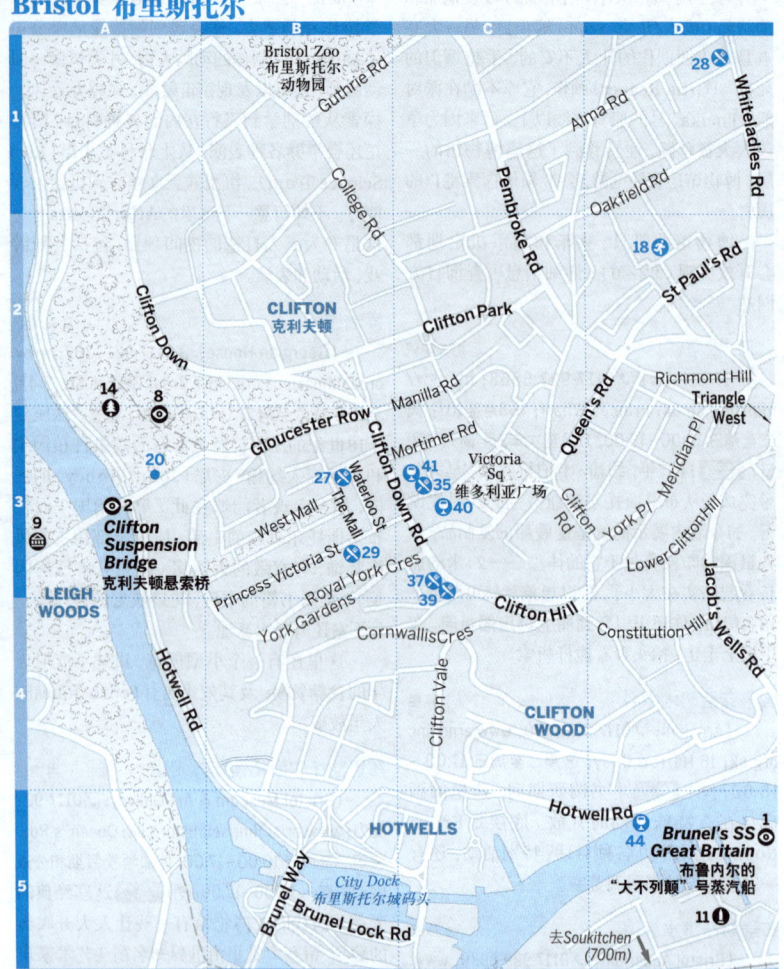

地标,悬索桥高达76米,横跨埃文峡谷(Avon Gorge)两边。它由天才工程师伊桑巴德·金德姆·布鲁内尔设计,1836年开工建造,不过布鲁内尔在1864年悬索桥完工前就已经去世。步行或骑车免收过桥费,开车需要支付£1。

桥西Leigh Woods一侧的桥塔附近设有**游客中心**(☎)(免费)。克利夫顿悬索桥**团队游**(⊙复活节至10月 周六和周日 15:00)(免费)非常不错。

唐斯公园 公园
(The Downs;) 悬索桥附近克利夫顿丘陵(Cliton Down)和达勒姆丘陵(Durdham Down)绿意盎然的公园通常被统称为"唐斯"(The Downs),非常适合野餐。不远处的**克利夫顿天文台**(Clifton Observatory; ☎0117-974 1242; www.cliftonobservatory.com; Litfield Rd, Clifton Down; 成人/儿童 £2.50/1.50; ⊙2月至10月 10:00~17:00,11月至次年1月 至16:00)珍藏了一台照相机暗箱,还有一条隧道通往**巨人洞**(Giant's Cave)——这座天然洞穴的出口位于下方悬崖的半腰处,可以将埃文峡谷令人陶醉的景色尽收眼底。

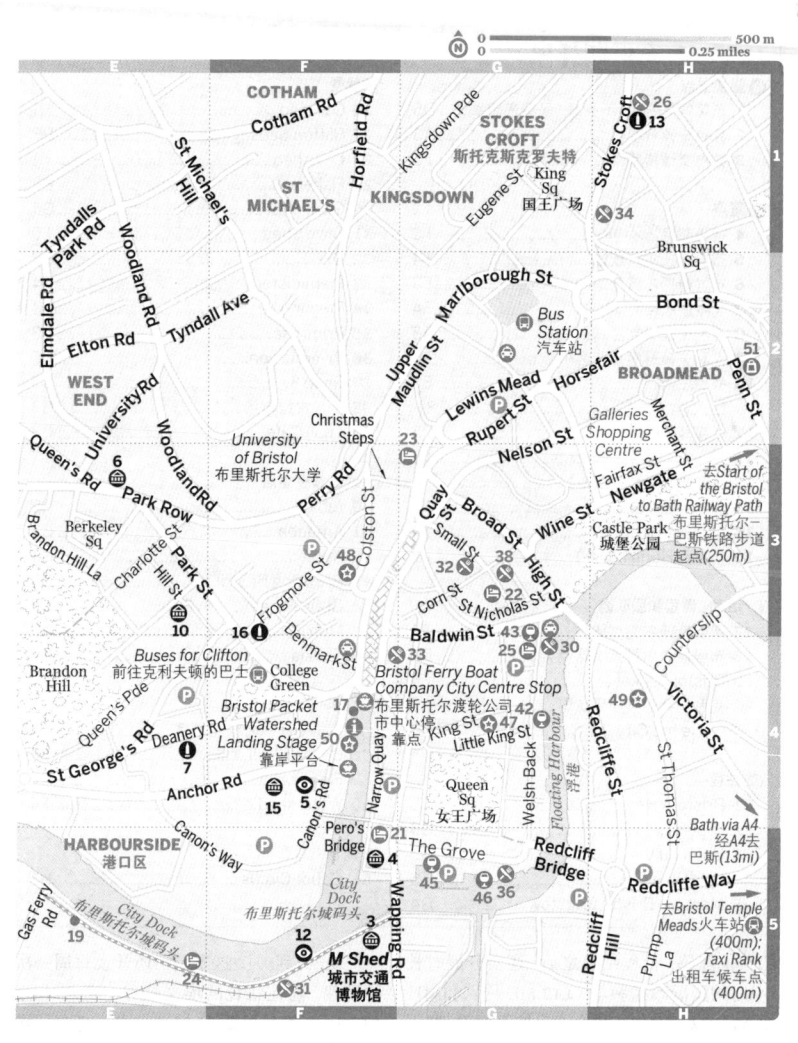

布里斯托尔动物园
动物园

(Bristol Zoo Gardens; ☎0117-4285300; www.bristolzoo.org.uk; College Rd; 成人/儿童£22/16; ⓧ9:00~17:30; ℗)这座赞誉无数的动物园有众多精彩亮点,包括七只西非低地大猩猩(领头的是银背猩猩Jock),以及栖息着非洲企鹅、欧绒鸭和南美海狗的"海豹和企鹅海岸"(Sealand Penguin Coast)。园内还有专门的爬行动物和爬虫区、蝴蝶森林、狮园、猴子丛林和Zooropia(成人/儿童£8/7)树冠探险乐园。在线订票可优惠多达三分之一。从市中心乘坐8路公共汽车前往。

🚶 活动

★ 布里斯托尔街头艺术团队游
步行游览

(oBristol Street Art Tours; Where The Wall; ☎07748 632663; www.wherethewall.com; 成人/儿童£9/5; ⓧ周六和周日 11:00)这段时长2小时的步行观光从市中心一直到斯托克罗夫特(Stokes Croft),途中会带你参观城市墙壁上的各种有趣涂鸦。班克西的艺术作品是必游之地,同时也有机会见识到城里

Bristol 布里斯托尔

◎ 重要景点
- 1 布鲁内尔的"大不列颠"号蒸汽船 D5
- 2 克利夫顿悬索桥 A3
- 3 城市交通博物馆 F5

◎ 景点
- 4 阿诺菲尼艺术中心 F5
- 5 布里斯托尔水族馆 F4
- 6 布里斯托尔博物馆和美术馆 E3
- 7 《城堡版画》................................... E4
- 8 克利夫顿天文台 A3
- 9 克利夫顿悬索桥游客中心 A3
- 10 乔治庄园 E3
-     巨人洞 .... (见8)
- 11 《穿耳膜的少女》........................... D5
- 12 "马太"号 F5
- 13 《温和又温和的西部》..................... H1
- 14 唐斯公园 A3
- 15 好奇博物馆 F4
- 16 《Well Hung Lover》........................ F3

◎ 活动、课程和团队游
- 17 布里斯托尔亮点徒步 F4
- 18 布里斯托尔露天游泳池 D2
- 19 Bristol Packet E5
- 20 克利夫顿悬索桥团队游 A3
-     Cycle the City .... (见17)

⊜ 住宿
- 21 Bristol YHA F5
- 22 Brooks G3
- 23 Hotel du Vin G3
- 24 Kyle Blue E5
- 25 Mercure Bristol Brigstow G4

◎ 就餐
- 26 Canteen H1
- 27 Clifton Sausage B3
- 28 Cowshed D1
- 29 Fishers B3
- 30 Glassboat G4
- 31 Olive Shed F5
- 32 Ox G3
- 33 Pieminister F4
- 34 Pieminister H1
- 35 Primrose C3
- 36 Riverstation G5
- 37 Shop 3 .... C3
- 38 圣尼古拉市场 G3
- 39 Thali Café C3

◎ 饮品和夜生活
- 40 Albion C3
- 41 Amoeba C3
- 42 Apple G4
- 43 BrewDog Bristol G3
- 44 Grain Barge D5
- 45 Mud Dock G5
- 46 Thekla G5

◎ 娱乐
- 47 布里斯托尔老维克剧院 G4
- 48 Colston Hall F3
- 49 Fleece H4
- 50 Watershed F4

◎ 购物
- 51 Cabot Circus H2

的其他涂鸦。行程结束之后,还会开展时长1小时的**版画喷绘教学**(£12.50,周六和周日13:45),这期间你有机会亲手按下喷罐,制作艺术作品并带回家。

Bristol Packet 乘船游

(☎0117-926 8157;www.bristolpacket.co.uk;Wapping Wharf, Gas Ferry Rd)这里的游船项目包括45分钟的港口游(成人/儿童£7/5,4月至10月 每天6次,冬季周末运营),以及每周一次前往Beese's Tea Gardens(£14/9,4月至9月营运)的游船。船从"大不列颠"号附近的Wapping Wharf以及港口区(Harbourside)的Watershed靠岸平台出发。

从4月到9月,这家公司还开设每周一次的游船,前往壮观的埃文峡谷(成人/儿童£16/14)。前往巴斯(£32/24)的游船5月至9月每月1班。这两条线路仅从Wapping Wharf出发。

布里斯托尔亮点徒步 步行游览

(Bristol Highlights Walk;☎0117-968 4638;www.bristolwalks.co.uk;成人/儿童£6/3;◎3月至9月 周六 11:00)团队游参观老城、市中心和港口区。从旅游局(见263页)出发,无须预订。此外还可以根据要求,组织探索克利夫顿、中世纪布里斯托尔、布里斯托尔奴隶史和葡萄酒商贸史等主题团队游。

🎉 节日和活动

★ 街头艺术节 　　　　　　　　　　艺术

(Upfest; www.upfest.co.uk; ⊙7月)如果要举办街头艺术和涂鸦节庆,还有哪里比班克西所在的这座城市更加合适呢?这个欧洲最盛大的街头活动会迎来300位艺术家到布里斯托尔,在40个选定地点当着观众的面现场喷绘。还有音乐演出和物美价廉的艺术品出售。

布里斯托尔莎士比亚文化节 　　　戏剧节

(Bristol Shakespeare Festival; www.bristolshakespeare.org.uk; ⊙7月)英国最大的纪念莎翁的户外节日,时间贯穿整个7月。

国际气球节 　　　　　　　　　空中表演

(International Balloon Fiesta; www.bristolballoonfiesta.co.uk; ⊙8月)100多个五颜六色、奇形怪状的热气球将漂浮在Ashton Court的上空。这是欧洲类似活动中规模最大的。节日亮点是焰火大会和夜间飞行(Nightglow)。

"邂逅"短片及动画电影节 　　　电影节

(Encounters; www.encounters-festival.org.uk; ⊙9月)布里斯托尔最大的电影短片盛会。

🛏 住宿

★ Kyle Blue 　　　　　　　　　青年旅舍 £

(☎0117-929 0609; www.kylebluebristol.co.uk; Wapping Wharf; 铺/标单/双 £29/52/59; ⊙)为俭游者量身打造:这间精品青年旅舍就在靠岸停泊的船上,离重要景点只有咫尺之遥。舱室布局紧凑,但超级舒适,淋浴和厨

班克西——街头艺术家

如果要找一个家喻户晓的布里斯托尔人,那一定是班克西(Banksy; www.banksy.co.uk)——这位街头游击艺术家以其独具特色的版画和激进的艺术作品而闻名全球。

班克西的真实身份仍然是个秘密,但人们普遍认为他1974年出生于距离布里斯托尔12英里的耶特(Yate),并曾经在当地一家涂鸦社团磨练技艺。他的作品从揶揄的角度描绘21世纪的文化——特别是资本主义、消费主义和对名人的盲目崇拜。班克西最著名的作品包括生产恶搞的纸币(用戴安娜王妃来代替英国女王的头像)、在以色列约旦河西岸隔离墙的一系列大型壁画(描绘人们通过挖洞和爬梯子越过隔离墙),以及大英博物馆里一幅原始人推着购物车的画作(馆方立即将其纳入永久收藏)。他执导的纪录片《画廊外的天赋》(Exit Through The Gift Shop)讲述了一位洛杉矶的街头艺人,该片曾获得2011年奥斯卡提名。

尽管班克西的作品吸引了众多游客前来布里斯托尔,但他仍然长期受到城市当局的排挤。*Well Hung Lover*(Frogmore St)描绘了一个暴躁的丈夫、一个脚踏两只船的妻子和悬在窗台上的赤裸男子;附近的《城堡版画》(Castles Stencil)直接指明"你无须规划许可就能建造天空中的城堡";布里斯托尔博物馆和美术馆(见255页)内让人吃惊的《油漆桶天使》(Paint-Pot Angel; 想想粉色的绘画遇见墓葬纪念碑)会让人想起2009年他在此举办的大受欢迎的展览。《温和又温和的西部》(Mild Mild West; 80 Stokes Croft)壁画描绘了一只手持燃烧弹的泰迪熊,正面对着三名防暴警察——这幅画往往被视为布里斯托尔前卫但宽容的社会氛围的最佳证明。版画《手持镰刀的死神》(Grim Reaper)描绘了正在划船的死神,画作曾经出现在派对游船Thekla的水位线上,如今则被移到了城市交通博物馆(见254页)。"大不列颠"号蒸汽船附近的《穿耳膜的少女》(Girl With A Pierced Eardrum)免费则是这位艺术家2014年对维米尔著名的肖像画《戴珍珠耳环的少女》的恶搞。

旅游局(见263页)出售班克西的资料,价格为50便士,还可以推荐这位艺术家其他作品的具体地点。非常棒的布里斯托尔街头艺术团队游(见257页)将带你步行游览主要的班克西作品,从市中心一直到涂鸦中心斯托克斯克罗夫特(Stokes Croft)。

Bristol YHA
青年旅舍 £

(☎0345 371 9726; www.yha.org.uk; 14 Narrow Quay; 铺£15~35, 双£59~90; @🛜)很少有旅舍可以像这家一样坐拥理想位置，就在河边的红砖仓库内。设施包括厨房、自行车商店、游戏室和非常棒的Grainshed咖啡馆兼酒吧。周末和假期房价最贵。

★ Brooks
民宿 ££

(☎0117-930 0066; www.brooksguesthousebristol.com; Exchange Ave; 双£67~120, 标三£90~129, 房车£80~149; 🛜)欢迎来到城中心的豪华露营地——三辆复古风情的Airstream房车位于小巧的AstroTurf屋顶花园里。这些房车可想而知非常小（从16英尺到20英尺），但是依然有豪华的座位区、袖珍的卫浴间以及开阔的房顶视野。房间布局紧凑但时尚，采用各种融合色调和格子花纹的织物装饰。

Mercure Bristol Brigstow
酒店 ££

(☎0117-929 1030; www.mercure.com; 5 Welsh Back; 标单£85~125, 双£90~210; ❄🛜)位于港口附近，采用迷人的现代设计，是市中心住宿的理想选择。房间都是悬浮床，有弧形面板的墙面，浴室的瓷砖墙面上还嵌入了迷你电视机（奇怪但有趣）。

★ Number 38
民宿 £££

(☎0117-946 6905; www.number38clifton.com; 38 Upper Belgrave Rd; 标单£115, 双£125~180, 套£220; P🛜)这家高档民宿位于唐斯公园边，是追求时尚的旅行者的首选。客房现代宽敞，选用沉稳的灰色调和舒缓的蓝色调；淋浴的水花强劲，还可以使用华夫格浴袍和设计师品牌的沐浴用品；大部分房间和屋顶露台能将城市风景尽收眼底。两个套间甚至还有闪烁着光泽的复古气质金属浴缸。

Hotel du Vin
酒店 £££

(☎0117-4032979; www.hotelduvin.com; Narrow Lewins Mead; 双£139~164, 套£205~270; P❄🛜)这家豪华酒店的布里斯托尔分店位于一座古老的糖业仓库中，采用了历史时尚和优雅极简主义混搭的装修风格，裸露的砖块和铁柱搭配着蒲团床垫、带脚浴缸。最好的房型是跃层套间。个性的法式小馆也很棒。

🍴 就餐

Primrose
咖啡馆 £

(☎0117-946 6577; www.primrosecafe.co.uk; 1 Boyce's Ave; 菜肴£6~10; ⏰周一至周六9:00~17:00, 周日9:30~17:00; 🌱)这家咖啡馆在克利夫顿有口皆碑，数十年如一日供应自制蛋糕和创意午餐，例如哈罗米芝士和小胡瓜汉堡，以及慢炖野鸡等。人行道上的餐桌和隐秘的屋顶花园让咖啡馆更加富有吸引力。丰盛的早午餐一直供应到15:00；火腿荷包蛋吐司和比利时华夫饼堪称绝品。

Canteen
咖啡馆 £

(☎0117-923 2017; www.canteenbristol.co.uk; 80 Stokes Croft; 主菜£5~10; ⏰周一至周四10:00至午夜, 周五和周六及次日1:00, 周日至23:00; 🛜)这家社区经营的咖啡馆兼酒吧位于一座老式写字楼的首层，浓缩了布里斯托尔的另类特色：全都是慢食，采用当地食材制作，价格公道，可以选择早餐、素食红辣

值得一游

泰恩特斯菲尔德庄园

曾经作为吉布斯家族寓所的**泰恩特斯菲尔德庄园**（Tyntesfield House; NT; ☎01275-461900; www.nationaltrust.org.uk/tyntesfield; Wraxall; 成人/儿童£15.60/7.80, 仅花园£9.60/4.80; ⏰建筑3月至10月11:00~17:00, 11月至次年2月11:00~15:00, 花园全年10:00~17:00）于2002年被国民信托组织（National Trust）买下。这座童话般宅邸建有高低错落的尖塔和塔楼，有多座宏伟的大楼梯，而空旷的房间里摆放各种古董，让人得以管窥英格兰一些最富有家庭的奢侈生活。门票规定了入场时间，含一次导览游。庄园位于布里斯托尔西南8英里处，紧邻B3128公路。

椒或者堂食晚餐。外面没有招牌——留意露台上的时尚人士以及"Hamilton House"的字样。

Pieminister　　　　　　　　　　快餐 £

（☎0117-942 3322；www.pieminister.co.uk；24 Stokes Croft；馅饼 £5.50；◎周一至周五 11:30~22:00，周六 10:00~22:30，周日 10:00~21:30）这家创立于布里斯托尔的连锁馅饼店已成为当地知名老店。馅饼品种分为Deer Stalker（鹿肉和熏培根）、Heidi（山羊奶酪和菠菜）以及Moo & Blue（没错，就是牛肉和干酪），都浇着大量肉汁（你可以要求不含肉的酱汁）。

总店位于斯托克斯克罗夫特（Stokes Croft）；在市中心的圣尼古拉市场（St Nicholas Market）和 Broad Quay（☎0117-325 7616；7 Broad Quay；◎周日至周四 11:30~21:30，周五和周六 11:30~23:00）都有分店。

圣尼古拉市场　　　　　　　　　　市场 £

（St Nicholas Market, St Nicks Market；www.stnicholasmarketbristol.co.uk；Corn St；◎周一至周六 9:30~17:00）这座热闹的街头市场有众多食品摊，出售各色美食，例如Pieminister 馅饼、小菜拼盘、烤肉专门店Grillstock制作的猪肉卷等。午餐时排队的顾客可能很多，不过值得等待。周三可留意这里的农贸市场（8:00~14:30）。

★ Riverstation　　　　　　　　英国菜 ££

（☎0117-914 4434；www.riverstation.co.uk；The Grove；2/3道菜午餐套餐 £14/17，晚餐主菜 £15~18；◎周一至周六 正午至14:30和18:00~22:00，周日 12:00~15:00）海滨的位置无懈可击，能眺望到浮港（Floating Harbour），不过经典美食才是招揽回头客的原因所在：从脆皮油封鸭腿配温柏和波特酒汁，到煎大比目鱼配乌贼墨汁酱。

Cowshed　　　　　　　　　　英国菜 ££

（☎0117-973 3550；www.thecowshedbristol.com；46 Whiteladies Rd；2/3道菜午餐套餐 £12/14，晚餐主菜 £13~28；◎周一至周六 8:00~11:30、12:00~15:00和18:00~22:00，周日至21:30）在时尚用餐环境享受乡村风味菜肴。主打高品质的当地产肉食——排酸牛肉、慢炖羊肉、五花肉，还有用烧热的火山岩端上桌、滋滋作响的"石板牛排"这道重头菜。3道菜的午餐套餐非常超值。

Shop 3　　　　　　　　　　法式小馆 ££

（☎0117-382 2235；www.shop3bistro.co.uk；3a Regent St；主菜 £15~25；◎周二至周六 18:00~23:00）当你进入Shop 3的大门，闻到扑面而来的乡村食物的浓郁香气，你会觉得自己可能走进了一家法国街区小馆。菜肴特色当然是当地自产自销的各种食材——羊肉、牛尾、野鸡、洋蓟和羽衣甘蓝等，摆盘精致，味道丰富。

Thali Café　　　　　　　　　　印度菜 ££

（☎0117-974 3793；www.thethalicafe.co.uk；1 Regent St；餐 £9~12；◎周一至周五 17:00~22:00，周六和周日 12:00~22:00）Thali让简单而丰盛的印度街头食物来到了克利夫顿的餐桌。口味浓郁的菜肴与香料融合，既有多道菜肴的印度套餐（店名"thali"正是此意），也有印度各地不同风味的咖喱。想喝点什么？那么不妨来一瓶斋浦尔IPA，或是干杜松子酒勾兑的自制烈酒，或者来杯茶。

Soukitchen　　　　　　　　　　中东菜 ££

（☎0117-966 6880；www.soukitchen.co.uk；277 North St；主菜 £8~14；◎周一和周二 17:30~21:30，周三至周五 12:00~15:00和17:30~21:30，周六和周日 10:00~14:30和17:30~21:30）位于Southville的这家餐厅气氛友好，储备了多种中东市场食物，特色菜有borek（肉或蔬菜馅的馅饼）、混合开胃的拼盘小菜以及炭火烧烤。都是用心制作的精致食物。

Clifton Sausage　　　　　　　　英国菜 ££

（☎0117-973 1192；www.cliftonsausage.co.uk；7 Portland St；主菜 £11~17；◎周一至周六 12:00~16:00和18:00~22:00，周日 10:00~16:00和18:00~21:00）这间酷酷的小餐馆是一个让英国人欣喜若狂的地方：备受喜爱的香肠总会出现在菜肴中。此外也提供格洛斯特猪肉、科茨沃尔德羊肉、牛肉以及Butcombe艾尔啤酒等——所有菜肴上桌时都会搭配美味的土豆泥。

Fishers
海鲜 ££

(☏0117-974 7044; www.fishers-restaurant.com; 35 Princess Victoria St; 主菜 £14~25; ⊙周一 17:30~22:00, 周二至周日 12:00~15:00 和17:30~22:00) 这里是在布里斯托尔享用鱼类菜肴的最佳选择。菜肴丰富多样, 从罗勒香蒜煎鲷鱼, 到鲜美多汁的整只烤龙虾等。热气腾腾的贝类拼盘(双人 £46)让人念念不忘。环境布置简单, 刷白的墙壁、船上的灯笼和航海小摆设, 营造出一种航海氛围。

这里还供应极其超值的午餐套餐和晚餐菜单(2/3道菜套餐 £9.50/13)。

Ox
牛排 ££

(☏0117-922 1001; www.theoxbristol.com; The Basement, 43 Corn St; 主菜 £13~27; ⊙周一至周五 12:00~14:30, 周一至周六 17:00~22:30, 周日 12:00~16:00) 泛着光泽的华丽实木、光亮无比的黄铜、幽暗暧昧的灯光和前卫的爵士, 都让这家时尚的小餐馆仿佛是火车上的豪华餐车, 内部还有几幅前拉斐尔派的壁画。这里很适合肉食爱好者; 菜肴包括熟食拼盘、美食汉堡和5种牛排。

Olive Shed
酒馆 ££

(☏0117-929 1960; www.theoliveshed.com; Princes Wharf; 西班牙小吃 £4~8.50, 主菜 £12~19; ⊙周四至周六 正午至22:00, 周日 正午至17:00) 这家质朴的小餐馆是享用海滨午餐的最佳地点, 餐桌就摆在布里斯托尔港口边。店内供应西班牙小吃(tapas)和地中海风味的食物, 例如西班牙雪利酒烩猪肉, 以及迷迭香麦彻格奶酪配香辣小胡瓜、鹰嘴豆和孜然肉丸等。

Glassboat
法国菜 £££

(☏0117-3323971; www.glassboat.co.uk; Welsh Back; 2/3道菜午餐套餐 £12/15, 晚餐主菜 £20~32; ⊙周一至周六 12:00~14:45和 17:30~21:45, 周日 12:00~16:45) 这艘经过改造的驳船是浪漫晚餐的首选, 有烛光点亮的餐桌, 透过玻璃可以看到港口风光。餐厅主打精致的法式和意式菜肴。

傍晚套餐(2/3道菜套餐 £12/15)非常超值, 供应时间为17:30~18:30。

🍷饮品和夜生活

★ Amoeba
精酿啤酒

(☏0117 946 6461; www.amoebaclifton.co.uk; 10 Kings Rd; ⊙周五和周六 13:00至次日 1:00, 周日 13:00至午夜, 周一至周四 16:00至午夜) 65种精酿啤酒、60种鸡尾酒(£8~9)以及100多种(谁会真的去数?)酒水, 吸引了注重时尚的品酒人士来到这家很酷的葡萄酒吧。你可以坐在摆着靠垫的长椅上, 就着饼干和手工奶酪拼盘(£8)享用各种饮品。

★ Mud Dock
酒馆

(☏0117-934 9734; www.mud-dock.co.uk; 40 The Grove; ⊙周二至周六 10:00~22:00, 周一和周日 至16:00) Mud Dock充分展现了布里斯托尔海港的悠闲魅力。在这个长长的阁楼上, 大梁上挂着几辆自行车、彩灯和一条巨大的金属剑鱼。夏天, 饮客们都会在舒适的水边露台上, 畅快地喝着精酿艾尔, 欣赏迷人的风景。

这家酒馆位于一家自行车商店楼上——沿着一侧金属消防梯上楼即可进店。酒吧食物(主菜 £10~13)分量不大, 但品质上乘。

BrewDog Bristol
精酿啤酒

(☏0117-927 9258; www.brewdog.com; 58 Baldwin St; ⊙周日至周三 正午至午夜, 周四至周六 至次日1:00) 英国的朋克啤酒厂在布里斯托尔开设的分店, 总能吸引刚刚下班的顾客以及想要在店外餐桌旁久坐不起的客人。酒头里的艾尔啤酒有Elvis Juice、Vagabond Pale以及Nanny State(酒精度为0.5%)。不知道该喝哪种? 不妨点一套三杯(每杯为三分之一品脱)的试饮套餐(£6.70)。

Thekla
夜店

(☏0117-929 3301; www.theklabristol.co.uk; The Grove, East Mud Dock; ⊙周四至周六 21:30至次日3:00或4:00) 这家夜店船屋夜晚播放各种类型的音乐: 电子朋克乐、独立音乐、迪斯科和新浪潮音乐, 另外还会在周中举办现场演唱会。查询官网了解最新活动信息。

Albion
酒馆

(www.thealbionclifton.co.uk; Boyce's Ave;

周一至周六 9:00至午夜,周日 至23:00)克利夫顿人在下班后会涌入这家当地乡村风格的酒馆喝一杯。店里的迷你扶手椅、柴炉、彩灯环绕的啤酒露台和酒头中流淌的巴斯啤酒都是吸引回头客的重要原因。

Grain Barge 酒馆

(0117-929 9347; www.grainbarge.com; Mardyke Wharf, Hotwell Rd; 周日至周三 正午至23:00,周四至周六 至23:30)这艘20世纪30年代的货船曾经用于运送大麦和小麦,如今经改造后被布里斯托尔啤酒厂(Bristol Beer Factory)用来展示自己的精酿啤酒似乎也就顺理成章。船顶的啤酒露台是边喝啤酒边欣赏河上船只往来风景的好地方。

Apple 酒吧

(0117-925 3500; www.applecider.co.uk; Welsh Back; 夏季 周一至周六 正午至午夜,周日 至22:30,冬季 周一至周六 17:00至午夜)这家驳船改造的酒吧提供约40种果酒,包括覆盆子、草莓和6种梨酒等。最好是挑一张在运河边鹅卵石路上的桌子。

☆ 娱乐

Watershed 电影院

(0117-927 5100; www.watershed.co.uk; 1 Canon's Rd)这个布里斯托尔的数字媒体中心有一间拥有三块屏幕的艺术电影院。定期举办电影相关活动,包括研讨对话以及9月份的"邂逅"短片及动画电影节(见259页)。

★ 布里斯托尔老维克剧院 剧院

(Bristol Old Vic; 0117-987 7877; www.bristololdvic.org.uk; 16 King St)这家布里斯托尔备受尊崇的剧院落成于1766年,是英语世界持续经营时间较久的剧院之一,刚刚完成了耗资1250万英镑的翻新工程。历史悠久的乔治国王时期戏剧场接待大型巡演团体,较小的小剧场上演实验性的作品。

浏览官网以了解精彩的剧院后台和团队游(£12)相关信息。

Fleece 现场音乐

(0117-945 0996; www.thefleece.co.uk; 12 St Thomas St; £5~25; 周一至周五 19:30~23:00,周五和周六 至次日4:00)深受独立艺术家喜爱的现场演出酒馆。曾在此登台演出的乐队包括绿洲(Oasis)、缪斯(Muse)和电台司令(Radiohead)等。

Colston Hall 现场音乐

(0117-203 4040; www.colstonhall.org; Colston St)布里斯托尔历史悠久的音乐厅如今建起了全新的五层附楼。这里上演的节目包括摇滚、流行、民谣和爵士乐队演出,以及古典音乐家和大牌喜剧人带来的表演等。

🛍 购物

高街连锁品牌云集于 **Cabot Circus** (0117-952 9361; www.cabotcircus.com; Glass House; 周一至周六 10:00~20:00,周日 11:00~17:00)以及Broadmead商业街。市中心还有圣尼古拉市场,Corn St和Colston St附近则分布着其他一些独立商店。

斯托克斯克罗夫特和Gloucester Rd是寻找独立商店的最佳地区,尤其是复古服饰、手工艺品和二手音乐制品。克利夫顿更侧重高档市场,有高端设计师商店、家居用品和古董商店。

ⓘ 实用信息

布里斯托尔皇家医院(Bristol Royal Infirmary,简称BRI; 0117-923 0000; www.uhbristol.nhs.uk; Upper Maodlin St; 24小时)提供24小时急救和急诊服务。

旅游局(0333 321 0101; www.visitbristol.co.uk; E-Shed, 1 Canons Rd; 10:00~17:00;)提供信息和咨询,也有免费Wi-Fi、住宿预订以及行李寄存(每件£5)等服务。

ⓘ 到达和离开

飞机

布里斯托尔国际机场(Bristol International Airport; 0371-3344444; www.bristolairport.co.uk)位于市区西南8英里处。直达航班往返于本地和英国、爱尔兰各地,包括阿伯丁、贝尔法斯特、爱丁堡、科克、格拉斯哥、纽卡斯尔(主要由易捷航空运营)。前往欧洲大陆的直达航班目的地包括巴塞罗那、柏林、米兰和巴黎等地。

长途汽车

布里斯托尔的**长途汽车站**(Marlborough St;

⊙售票处8:00~18:00）位于市中心以北500米处。有客运班车往返本地与中部地区、城市周边。附近还有一处出租车招呼站。

National Express（www.nationalexpress.com）运营的长途汽车目的地如下：
伦敦（£18, 2.5小时, 每小时1班）
伦敦希斯罗（£30, 3小时, 每小时2班）
普利茅斯（£14, 3小时, 每天7班）
巴斯（£5, 45分钟, 每天2班）

火车

目的地	票价（£）	时长（小时）	频次
伯明翰	30	1.5	每小时1班
爱丁堡	90	6.5	每小时1班
埃克塞特	17	1	每半小时1班
格拉斯哥	90	6.5	每小时1班
伦敦	34	1.75	每半小时1班
彭赞斯	37	5.5	每小时1班
特鲁罗	45	4	每小时1班

❶ 当地交通

抵离机场

Bristol Airport Flyer（http://flyer.bristolairport.co.uk）运营的机场大巴从长途汽车站和Bristol Temple Meads火车站发车（单程/往返£7/11, 30分钟, 高峰时每10分钟1班）。

Arrow（☎01275-475000; www.arrowprivatehire.co.uk）布里斯托尔机场官方的出租车服务。从市中心出发费用£30起（单程）。

自行车

Bristol Cycle Shack（☎0117-955 1017; www.bristolcycleshack.co.uk; 25 Oxford St; 每24小时£15起; ⊙周一、周二和周四至周六 10:00~17:00）在Bristol Temple Meads火车站附近的门店出租各种自行车。

Cycle the City（☎07873 387167; www.cyclethecity.org; 1 Harbourside; 团队游£18起）出租自行车, 组织从港口中心区出发的自行车团队游。

船

布里斯托尔渡轮公司（Bristol Ferry Boat Company; ☎0117-927 3416; www.bristolferry.com）渡船每小时1班, 从旅游局附近Cannon's Rd上的码头出发。Hotwells航线向西行驶, 沿途停靠千禧广场（Millennium Sq）和"大不列颠"号蒸汽船; Temple Meads航线一路向东, 中途停靠Welsh Back、城堡公园（Castle Park; 可前往Cabot Circus购物中心）和Temple Meads（可前往火车站）。船票价格取决于航程距离; 全天通票价格为成人/儿童£6.50/5.50。

公共汽车

布里斯托尔市中心的公交车费用为3站£1, 超出则为£1.50。持布里斯托尔通票（Bristol Rider; £4.50）可无限次乘车。

8路公共汽车 每15分钟1班, 从Bristol Temple Meads火车站发车, 经过城市中心的College Green到克利夫顿, 然后继续开往布里斯托尔动物园。

73/X73路公共汽车 每20分钟1班, 从Bristol Parkway Station车站驶往市中心（£3.50, 30分钟）。

MetroBus M2线路（www.metrobusbristol.co.uk; 单程£1.50）能带你快速前往Bristol Temple Meads火车站、Long Ashton Park & Ride、市中心和"大不列颠"号蒸汽船。

小汽车和摩托车

拥堵的交通和高昂的停车费意味着布里斯托尔并不适合自驾。

Park & Ride Buses（☎0345-602 0121; www.travelwest.info/park-ride/bristol; 高峰/非高峰往返£4.50/3; ⊙周一至周六 6:00~21:00, 周日9:30~18:00; 🅿）每15~20分钟1班, 从Portway、Bath Rd和Long Ashton发车。请注意Park & Ride停车场不允许过夜停车。

出租车

火车站、汽车站以及**St Augustine's Pde**（Narrow Quay）的出租车招呼站都不难找到出租车。

如果要电话订车, 不妨试试**Streamline Taxis**（☎0117-926 4001; www.bristolstreamlinetaxis.com）或**1st Call Taxi**（☎0117-955 5111; ⊙24小时）。如果搭乘的出租车没有计价器, 事先要商议好车费。

巴斯（BATH）

人口 88,850

巴斯是英国迷人的城市之一。优雅的古罗马建筑和乔治国王时期建筑、时尚的场所和别致的水疗让这里的魅力无可抵挡。

历史

传说布拉杜德王（King Bladud；特洛伊难民，也是李尔王的父亲）在大约2800年前建立了巴斯，他那些之前曾在此地泥沼地打滚的猪仔，所患的麻风病竟然奇迹般的不治而愈。公元44年，罗马人建立了名为"苏利丝之水"（Aquae Sulis）的城镇，并建造了巨大的洗浴场所，以及一座供奉苏利丝－密涅瓦女神（Sulis-Minerva）的神殿。

944年，一座隐修院在现在修道院的位置上建起，促使巴斯发展成为宗教中心和羊毛交易的重镇。然而，直到18世纪初，巴斯才在拉尔夫·艾伦（Ralph Allen）和纨绔公子"优雅的"理查德·纳什（Richard Nash）的打造下成了时尚之都。艾伦在Coombe Down开发了采石场，辟出了普赖尔花园（Prior Park），并且雇用约翰·伍德（John Woods）父子建造了巴斯最富丽堂皇的建筑。

"二战"期间，巴斯在贝德克尔空袭（Baedekerraids）中遭到德国空军的重创，德军故意将历史名城作为攻击目标以摧毁英军的士气。1987年，巴斯成为唯一整体入选联合国教科文组织世界遗产的英国城市。

◎ 景点

★ 古罗马浴池　　　　　历史建筑

（Roman Baths；☏01225-477785；www.romanbaths.co.uk；Abbey Churchyard；成人/儿童/家庭 £17.50/10.25/48；⏰11月至次年2月 9:30～17:00，3月至6月中旬、9月和10月 9:00～17:00，6月中旬至8月 9:00～21:00）罗马人以其一贯的华丽风格，在巴斯46℃（115°F）的温泉上方建造了一座浴场。浴场建在供奉着疗愈女神苏利丝－密涅瓦的神殿旁边，现在是世界上保存较为完善的古罗马温泉浴池之一，周围环绕着建于18世纪和19世纪的建筑。要避开汹涌而至的人潮，就不要选择周末、7月和8月；最好在线购买快速通道门票以省去排队。涵盖古罗马浴池和时尚博物馆的特惠门票价格为成人/儿童/家庭£22.50/12.25/58。

大浴池（Great Bath）位于建筑中心，"圣泉"（Sacred Spring）涌出的热气腾腾的地热温泉水注满了这座巨大的衬铅水池，水深1.6米。虽然现在露天开放，但大浴池最初是被45米高的筒拱屋顶覆盖的。

附属的浴池和更衣室位于东西两侧，还有挖掘区域专门展示保持浴池温暖的加热系统。过去，罗马人在浴池中尽情享受过之后，还会泡一下圆形冷水浴池恢复活力。

12世纪增建的国王浴池（King's Bath）位于圣泉原址的周围，现在每天仍向浴池注入150万升热水。泵房下面则是苏利丝－密涅瓦神殿（Temple of Sulis-Minerva）的遗址。

浴场内部分区域会有数字重建影像投影，尤其是在神殿庭院、东西浴场等地，后者会投射淋浴者图像。这里还有一座迷人的博物馆，展出遗址出土的考古文物。留意密涅瓦女神著名的镀金铜头像和醒目的蛇发女怪雕刻头像，以及为了献祭女神而向温泉中投下的12,000枚古罗马硬币。

浴池周围的建筑群陆续建于18世纪和19世纪。约翰·伍德父子设计了围绕着圣泉的建筑，而著名的泵房（Pump Room; Stall St; ⏰9:30～17:00）免费则是由同时代的托马斯·鲍德温（Thomas Baldwin）和约翰·帕默尔（John Palmer）设计的，采用新古典主义风格，竖有高大的爱奥尼克柱和科林斯柱。建筑内现在是一家餐厅（☏01225-444477；小吃£7～9，主菜£13～17），还会供应豪华版下午茶（£26，配香槟 £35）。你还可以免费品尝温泉水——维多利亚时代的人们相信它具有治病疗效。幸运的话，还能听到在泵房演奏的弦乐三重奏。

门票包括语音导览，可以选择12种语言——此外还有适合儿童的讲解版本，以及专门的手语导览。部分英语导览由畅销书作者比尔·布莱森（Bill Bryson）朗读。每小时

ⓘ 博物馆折扣

古罗马浴池和时尚博物馆有特惠联票，成人/儿童/家庭的价格为£22.50/12.50/58。

还有另一种景点联票（成人/儿童/家庭 £17/8/40），涵盖的景点包括贝克福德塔（Beckford's Tower）、皇家新月楼1号、巴斯建筑博物馆和赫舍尔天文博物馆。

Bath 巴斯

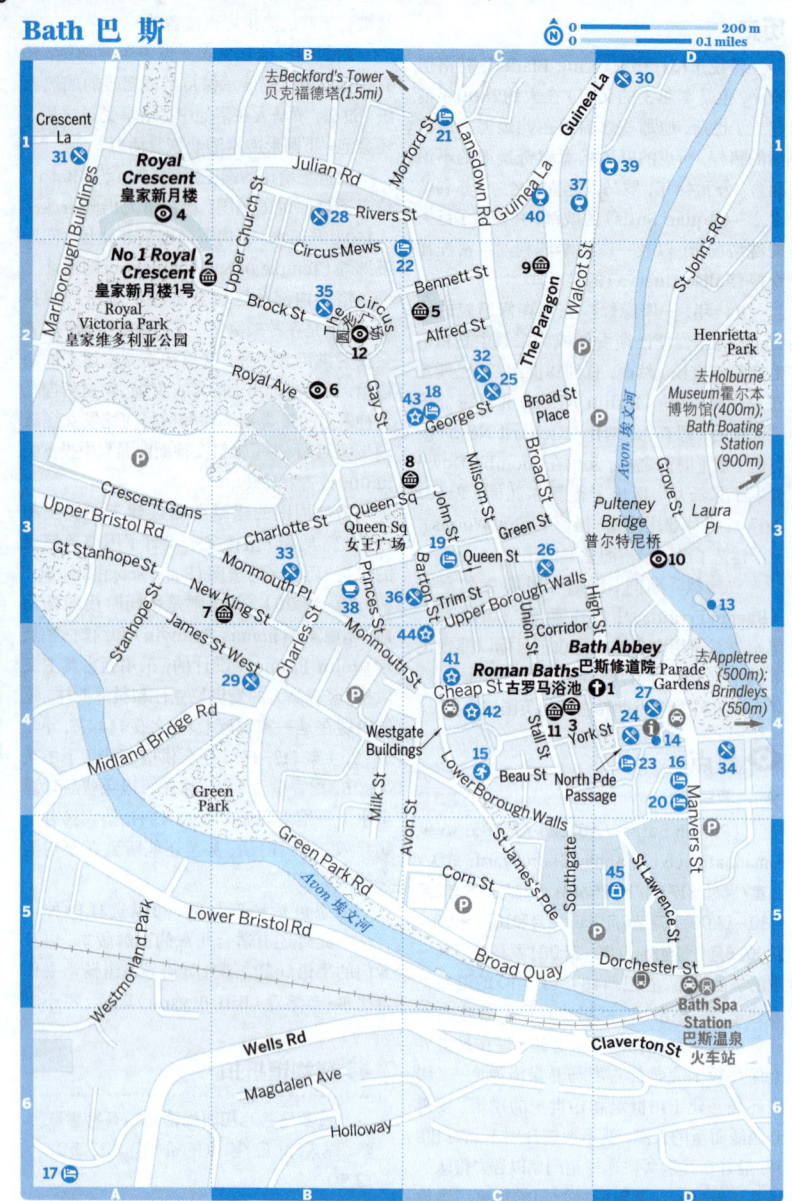

巴斯和英格兰西南部 巴斯

1次的免费导览游逢整点从大浴池开始。关门前1小时停止入场。

★ **巴斯修道院** 教堂

（Bath Abbey；☏01225-422462；www.bathabbey.org；Abbey Churchyard；建议捐款 成人/儿童 £4/2；⏲周一 9:30~17:30，周二至周五 9:00~17:30，周六 至18:00，周日 13:00~14:30和 16:30~18:00）巴斯巨大的修道院教堂高高地耸立在市中心，建于1499~1616年，是英格兰最后一座建造于中世纪的教堂。修道院最吸

Bath 巴斯

◎ 重要景点
- **1** 巴斯修道院..................................D4
- **2** 皇家新月楼1号..............................A2
- **3** 古罗马浴池..................................C4
- **4** 皇家新月楼..................................A1

◎ 景点
- **5** 巴斯集会厅..................................C2
- 时尚博物馆..............................（见5）
- **6** 乔治花园....................................B2
- **7** 赫舍尔天文博物馆..........................B3
- **8** 简·奥斯汀中心..............................C3
- **9** 巴斯建筑博物馆............................C2
- **10** 普尔特尼桥.................................D3
- **11** 泵房..C4
- **12** 圆形广场....................................B2

◎ 活动、课程和团队游
- 巴斯修道院塔楼团队游....................（见1）
- **13** Bath City Boat Trips....................D3
- **14** Bizarre Bath Comedy Walk...........D4
- Mayor's Guide Tours..................（见11）
- Pulteney Cruisers......................（见13）
- **15** Thermae Bath Spa.....................C4

◎ 住宿
- **16** Bath Backpackers......................D4
- **17** Grays Bath..................................A6
- **18** Halcyon Apartments...................C2
- **19** Haringtons.................................C3
- **20** Henry...D4
- **21** Hill House Bath...........................C1
- **22** Queensberry..............................B2
- **23** Three Abbey Green....................D4

◎ 就餐
- **24** Acorn..D4
- **25** Adventure...................................C2
- **26** Bertinet Bakery...........................C3
- **27** Café Retro..................................D4
- **28** Chequers....................................B1
- **29** 农夫市集....................................B4
- **30** Hudson Steakhouse....................D1
- **31** Marlborough Tavern....................A1
- 泵房餐厅..................................（见11）
- Sally Lunn's..............................（见24）
- **32** Same Same But Different............C2
- **33** Scallop Shell..............................B3
- **34** Sotto Sotto.................................D4
- **35** The Circus..................................B2
- **36** Thoughtful Bread Company........C3

◎ 饮品和夜生活
- **37** Bell...C1
- **38** Colonna & Smalls.......................B3
- **39** Corkage......................................D1
- **40** Star..C1

◎ 娱乐
- **41** Komedia......................................C4
- **42** Little Theatre Cinema..................C4
- **43** Moles..C2
- **44** Theatre Royal.............................C4

◎ 购物
- **45** South Gate.................................D5

引人的地方就是西面的外墙，石雕天使们仿佛正上下攀爬石梯，这是为了纪念修道院建立者奥利弗·金主教（Bishop Oliver King）的梦境。

巴斯修道院塔楼团队游（成人/儿童 £8/4；⊙4月至8月 10:00~17:00，9月和10月 10:00~16:00，11月至次年3月 11:00~16:00，周日不开设）周一至周五整点出发，周六每半小时一次。团队游必须当天在修道院商店现场预约。

简·奥斯汀中心　　　　　　　　　　　博物馆

（Jane Austen Centre；☏01225-443000；www.janeausten.co.uk；40 Gay St；成人/儿童 £12/6.20；⊙4月至10月 9:45~17:30，11月至次年3月 周日至周五 10:00~16:00，周六 9:45~17:30）

巴斯曾出现在简·奥斯汀的小说《劝导》（Persuasion）和《诺桑觉寺》（Northanger Abbey）中，许多人都是因为简·奥斯汀才知道巴斯这个地方的。虽然奥斯汀只在1801~1806年在巴斯生活了五年，但她之后仍然时常造访，热衷于这座城市的社交氛围。当你参观作家的相关纪念品时，身着摄政时期服装的讲解员会向你讲述奥斯汀式的奇闻逸事。

赫舍尔天文博物馆　　　　　　　　　博物馆

（Herschel Museum of Astronomy；☏01225-446865；www.herschelmuseum.org.uk；19 New King St；成人/儿童 £6.50/3.20；⊙7月和8月 11:00~17:00，3月至6月和9月 周一至周五 13:00~17:00，周六和周日 10:00~17:00）1781年，

值得一游

普赖尔花园
(PRIOR PARK ESTATE)

巴斯南郊这座18世纪庄园（NT；☎01225-833977；www.nationaltrust.org.uk；Ralph Allen Dr；成人/儿童 ￡7.40/3.70；⊙2月至10月每天10:00~17:30，11月至次年1月 周六和周日10:00~16:00）的部分庭院由景观建筑师"万能的"布朗设计，有几座高低错落的叠水湖泊和一座优雅的帕拉第奥式桥，后者是世界上仅有的四座同类型桥梁之一（可欣赏上面古老的绘画，有些创作于19世纪）。

花园位于巴斯市中心以南1英里处。2路公共汽车（每30分钟1班）在附近停靠；巴斯城市观光"城市天际线"（City Skyline）团队游（Bath Bus Company；☎01225-444102；www.bathbuscompany.com；成人/儿童/家庭 ￡15/9.50/43；⊙10:00~17:00，1月至3月时间缩短）也会经过这里。

天文学家威廉·赫舍尔（William Herschel）在自家花园中发现了天王星，如今这里已被改造成博物馆。当时赫舍尔与他的妻子卡洛琳（Caroline）——同样是一位著名的天文学家——共同生活在这座房子里。房间布置从18世纪以来几乎就没有改变过；花园里的星盘标志着这对夫妇的天文望远镜曾经安放的位置。

★ 皇家新月楼（Royal Crescent） 建筑

巴斯以富丽堂皇的乔治国王时期建筑而闻名，但皇家新月楼——这片俯瞰着皇家维多利亚公园（Royal Victoria Park）绿地的半圆形联排房屋，其恢宏气势是其他建筑无法比拟的。建筑由小约翰·伍德（1728~1782年）设计，建于1767~1775年，这些房屋从外面看完全对称，但屋主可以随心所欲地设计内部装饰，因此在皇家新月楼之内，没有两栋楼是完全相同的。皇家新月楼1号（No 1 Royal Crescent；☎01225-428126；www.no1royalcrescent.org.uk；成人/儿童/家庭 ￡10.30/5.10/25.40；⊙10:00~17:00）能让你有机会深入了解当年屋内的生活。

从皇家新月楼沿着Brock St向东走，可以到达圆形广场（the Circus）。广场由分成三处的半圆形联排的33座房屋组成。房屋的铭牌纪念了在此居住过的名人，包括托马斯·庚斯博罗（Thomas Gainsborough）、印度的克莱芙（Clive of India）和戴维·利文斯通（David Livingstone）。露台由老约翰·伍德设计，不过他已于1754年去世，之后工程在其儿子的接棒下于1768年竣工。

向南沿着碎石小路（Gravel Walk）可以到达乔治花园（Georgian Garden；☎01225-394041；紧邻Royal Ave；⊙9:00~19:00）免费——再现了一座18世纪典型联排房屋的花园。

巴斯集会厅 历史建筑

（Bath Assembly Rooms；NT；☎01225-477786；www.nationaltrust.org.uk；19 Bennett St；⊙3月至10月 10:30~18:00，11月至次年2月 至17:00）免费 1771年落成后，华丽的巴斯集会厅就成为巴斯社交名流前来跳华尔兹、玩牌和聆听最新室内乐的场所。如今这里没摆家具，向公众开放的房间包括八角厅（Great Octagon）、茶室和舞厅，所有房间都保留着18世纪的枝形吊灯。

地下室还有一座精致的时尚博物馆。

时尚博物馆 博物馆

（Fashion Museum；☎01225-477789；www.fashionmuseum.co.uk；Assembly Rooms，19 Bennett St；成人/儿童 ￡9/7；⊙3月至10月 10:30~17:00，11月至次年2月 至16:00）这座博物馆位于巴斯乔治国王时期集会厅的地下室中，展示的世界级藏品包括17世纪至20世纪末的服饰。部分展品每年更换；可浏览网站查询最新情况。

普尔特尼桥（Pulteney Bridge） 桥梁

自18世纪末以来，普尔特尼桥就一直以优雅的身姿横跨埃文河两岸，如今依然是巴斯备受喜爱且最为上镜的地标（桥西南的Grand Parade为最佳拍摄地点）。不妨逛逛桥两侧林立的商店，或者在Bridge Coffee Shop坐下来歇歇脚，享用巴斯小圆甜糕。

巴斯建筑博物馆　　　　博物馆

（Museum of Bath Architecture；☎01225-333895；www.museumofbatharchitecture.org.uk；The Vineyards, The Paragon；成人/儿童 £5.50/2.50；◎2月中旬至11月 周二至周五 14:00~17:00, 周六和周日 10:30~17:00）这座博物馆讲述了巴斯最醒目建筑背后的故事，通过古老的工具展示了乔治王时代的建筑工艺，还有一座按照1:500比例尺制作的城市模型。

霍尔本博物馆　　　　美术馆

（Holburne Museum；☎01225-388569；www.holburne.org；Great Pulteney St；◎周一至周六 10:00~17:00, 周日 11:00~17:00）**免费** 威廉·霍尔本爵士（Sir William Holburne）是18世纪的贵族和艺术爱好者，拥有丰富的收藏品，他的藏品也是现在霍尔本博物馆藏品的主要来源。博物馆位于Great Pulteney St尽头的奢华寓所内。馆内藏品包括特纳（Turner）、斯塔布斯（Stubbs）、威廉·霍尔和托马斯·庚斯博罗等名家之作，此外还有18世纪的锡釉陶器和瓷器。

美国博物馆　　　　博物馆

（American Museum in Britain；☎01225-460503；www.americanmuseum.org；Claverton Manor；成人/儿童 £12.50/7；◎3月底至10月 周二至周日 10:00~17:00）博物馆拥有英国最大的美洲民间艺术收藏，包括第一民族的纺织品、拼布棉被和历史悠久的地图，所在的精美寓所距离市中心数英里。几个房间分别再现了17世纪清教徒的住所、18世纪的酒馆以及1860年左右新奥尔良的一间卧室。前往博物馆可在Parade Gardens旁的Terrace Walk搭乘免费摆渡车（11:40~17:00）。

活动

巴斯真正的亮点在于泡温泉，与此同时，跟随团队游登上巴斯修道院屋顶，或者看一场喜剧脱口秀，也都是不可多得的经历。

Pulteney Cruisers（☎01225-863600；www.bathboating.com；Pulteney Bridge；成人/儿童 £9/4；◎3月中旬至10月）和**Bath City Boat Trips**（☎07980 335185；www.bathcityboattrips.com；Pulteney Sluice Gate；成人/儿童 £11/9）经营从普尔特尼桥出发、沿埃文河观光的游船线路。

★Thermae Bath Spa　　　　水疗

（☎01225-331234；www.thermaebathspa.com；Hot Bath St；水疗 £36~40, 理疗 £65起；◎9:00~21:30, 最后进场19:00）虽然不能在古罗马浴池泡澡，但这座梦幻的现代水疗场所还是能让你体会一下巴斯的温泉水疗。它位于一座由当地石材和平板玻璃建造的建筑中。最出众的要算屋顶的露天泳池，你可以一边泡在富含矿物质的天然温泉中，一边欣赏城市风景，绝对是不可错过的经历，日落时景色绝佳。

Bath Boating Station　　　　划船

（☎01225-312900；www.bathboating.co.uk；Forester Rd；成人/儿童 每小时 £7/3.50, 每天 £18/9；◎复活节至9月 周三至周日 10:00~17:30）这是一座维多利亚时代的船屋，出租传统的划桨船、撑篙船、皮划艇和加拿大独木舟。你可以自己划船，由此出发，沿着埃文河顺流而下。码头位于Bathwick郊区，从市中心向东北步行20分钟即可到达。

团队游

★Bizarre Bath Comedy Walk　　　　步行游览

（www.bizarrebath.co.uk；成人/学生 £10/7；◎4月至10月 20:00）这一荒诞主题的都市观光行程结合了街头剧院和现场演出，自诩为"歇斯底里而非历史地理"。每晚从旅游局门口出发。无须预约。

Mayor's Guide Tours　　　　步行游览

（www.bathguides.co.uk；◎周日至周五 10:30和14:00, 周六 10:30）**免费** 这是Mayor's Corp of Honorary Guides提供的历史主题团队游，十分精彩。全程约2英里，轮椅使用者也可参加。出发地点为泵房外的修道院教堂墓地（Abbey Churchyard）。5月至8月，周二和周四的19:00会增加一次。

节日和活动

巴斯一年到头都有各种节庆。所有活动都可通过巴斯艺术节（Bath Festival）进行预订。

巴斯艺术节
文化节

（Bath Festival；☏01225-614180；www.bathfestivals.org.uk；◉5月）这一全新的多种艺术的节庆融合了巴斯文学节和巴斯国际音乐节，这也意味着将古典、爵士、世界音乐和民谣音乐，与虚构文学、辩论、科学、历史和诗歌结合到了一起。

巴斯艺穗节
戏剧节

（Bath Fringe Festival；www.bathfringe.co.uk；◉5月中旬至6月初）以戏剧为主的节日，同时也有民谣和世界音乐的现场演出，以及舞蹈等活动。

巴斯美食节
餐饮节

（Great Bath Feast；www.greatbathfeast.co.uk；◉9月）这一为期15天的节庆旨在庆祝巴斯的美食传统，这期间会举办试吃、展示和市集等活动，你会看到当地农产商和大厨们的得意之作。

🛏 住宿

巴斯有各种类型的酒店和民宿，在暑期旺季会格外紧张，价格也达到了顶峰。请注意，全年周末的房价也会比平常贵上£10~60。极少有酒店提供停车位，但是一些会提供市政停车场的优惠。

Bath YHA
青年旅舍 £

（☏0345 371 9303；www.yha.org.uk；Bathwick Hill；铺£23，双/四£49/69起；◉前台15:00~23:00；🅿@🛜）旅舍位于意大利风格的大宅和一座现代附楼内，从市中心经一段陡坡可达（搭乘U1路公共汽车很快就到）。作为历史保护建筑，旅舍有着宽敞的客房，有些还带有复古装饰，例如飞檐和凸窗。2018年4月还翻新了前台和咖啡吧，并增设了全部为套间房型的翼楼。

Bath Backpackers
青年旅舍 £

（☏01225-446787；www.hostels.co.uk；13 Pierrepont St；铺£17~21；🛜）尽管淋浴位置有限，室内杂乱陈旧，但这家青年旅舍依然凭借实惠的价格、便利的位置和24小时开放的"地牢"（其实是一间隔音的地下室，在这里你无须担心高声喧哗影响到他人休息）而成为俭游者的选择。

★ Three Abbey Green
民宿 ££

（☏01225-428558；www.threeabbeygreen.com；3 Abbey Green；标单£108~144，双£120~200，四£240；🛜）在巴斯很难找到像这座乔治国王时期联排别墅一样地处中心且房间如此宽敞的住处。除了优雅的18世纪内饰，还有时尚的淋浴间；华丽的Lord Nelson套房更有一张宽大的四柱床。这里的氛围相当不错——热情友善、家庭经营，主人也以此为荣。

Henry
民宿 ££

（☏01225-424052；www.thehenry.com；6 Henry St；标单£85~105，双£105~150，家£180~210；🛜）这座高大的露台联排房屋位置绝佳，距离市中心仅几步之遥。7间客房颇具吸引力，而花卉图案、条纹靠垫和枕头上的薄荷糖让这里更鲜活生动。

非常适合家庭入住——一间客房可入住多达4人，还可提供婴儿床和宝宝椅。

Appletree
民宿 ££

（☏01225-337642；www.appletreebath.com；7 Pulteney Gardens；房间£95~165；🅿🛜）这里的老板Ling曾经在市中心管理一家酒店长达15年，因此经营这家典雅的民宿也就显得得心应手。卧室都用苹果品种命名。最好的房间是Royal Gala，里面有一张雪橇床和沙发。不过即使是相对便宜的房间，也同样光线明亮，风格清新，还点缀着各种亚洲艺术品。

Hill House Bath
民宿 ££

（☏01225-920520；www.hillhousebath.co.uk；25 Belvedere；房间£115~135；🅿🛜）当你步入大门时，会感觉仿佛到了朋友家。装修风格非比寻常：胡须主题的靠垫、复古的绘画和大量艺术品。

Haringtons
酒店 ££

（☏01225-461728；www.haringtonshotel.co.uk；8 Queen St；房间£135~200；🛜）巴斯古典的装饰并不是人人都喜欢，所以这处市中心的酒店保持了现代简约的风格：干净明快的色调，撞色墙纸营造出年轻活泼的氛围。位置很棒，但部分房间特别狭小。附近停车费为£11。

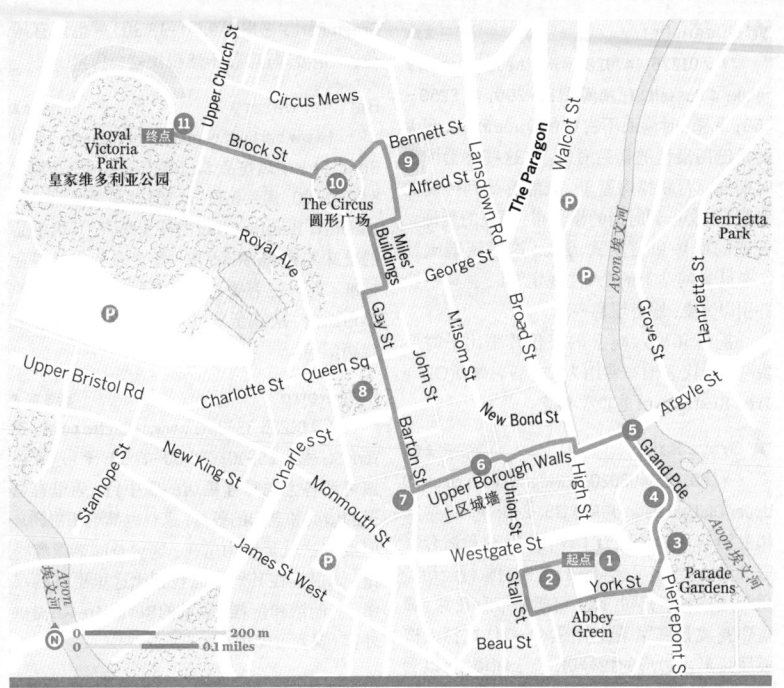

步行游览
历史悠久的巴斯

起点：巴斯修道院
终点：皇家新月楼1号
全长：1.5英里；2小时

这条建筑欣赏之旅从 **① 巴斯修道院**（见266页）开始——这是城市标志性的宗教建筑，前身是一座建于8世纪的小礼拜堂。从修道院广场向南，沿Stall St行进会看到19世纪的 **② 泵房**（见265页）。左转到达York St，一路向东前往 **③ 天堂花园**，这是一座被埃文河环绕的维多利亚时代景观公园。

沿着这里的Grand Parade向北，路上可寻找街角建于1901年的豪华酒店 **④ The Empire**。Grand Parade最北端的 **⑤ 普尔特尼桥**由罗伯特·亚当斯于1773年设计，也是世界上少数建有商店的桥梁之一（类似建筑中最著名的是佛罗伦萨的维琪奥桥）。桥西的 **⑥ 上区城墙**（Upper Borough Walls）标志着中世纪巴斯的北界；如果仔细观察，还能发现残留的部分中世纪城墙遗址。

在Sawclose，你会见到巴斯 **⑦ Theatre Royal**（见274页）精美的外立面，这间剧院早在1805年就开始了演出。从这里沿Barton St到达 **⑧ 女王广场**，这是巴斯最古老的乔治王时代广场，建于1728年至1736年，彰显了建筑师老约翰·伍德的设计天赋。

向北到达Gay St，接着右转走上George St。从Clayton's Kitchen餐馆旁的小巷向北，到达 **⑨ 巴斯集会厅**（见268页），这里是乔治王时代巴斯社交生活的中心。走到Bennett St左转，可至 **⑩ 圆形广场**（见268页），它的设计是为了呼应罗马的圆形大剧场。这些三层的柱子呈现出古典建筑的重要风格，外立面还装饰着共济会的符号。

从这里沿Brock St西行前往巴斯乔治王时代的宏伟建筑瑰宝——皇家新月楼。这一联排别墅由小约翰·伍德于1774年建设，现在被列为一级文物，使其在建筑学上具有和白金汉宫同等重要的意义。**⑪ 皇家新月楼1号**（见268页）对公众开放。

★ Queensberry 酒店 £££

(☎01225-447928; www.thequeensberry.co.uk; 4 Russell St; 房间 £112~290, 套 £250~460; P🛜)时尚而不古板的Queensberry无疑是巴斯最佳的精品酒店。在这些乔治国王时期的露台联排房屋里，既能感受到传统的底蕴，也会见到时尚的格子布、明亮的装饰、古老的壁炉和独立式浴缸。这里诙谐幽默（参见其网站上的"入住规定"）、独树一帜并引以为豪，服务堪称一流。

周五和周六晚上的房价几乎比平时要贵一倍。代客泊车费用为£7。酒店餐厅Olive Tree Restaurant也非常不错。

★ Grays Bath 民宿 £££

(☎01225-403020; www.graysbath.co.uk; 9 Upper Oldfield Park; 房间 £115~245; P🛜)这家精品酒店巧妙地融合了现代、简约和适合家庭的设计，许多灵感都来自老板的旅行经历。房间风格各不相同：墙上可能是带有花卉、圆点印花或是海军条纹的图案。最佳选择大概要属弧形六边形的12号房，位于阁楼，可以看到部分城市风光。

老板在城东还经营着另一家规模稍小但同样时尚的民宿Brindleys (☎01225-310444; www.brindleysbath.co.uk; 14 Pulteney Gardens; 房间 £115~200; P🛜)。

Halcyon Apartments 出租屋 £££

(☎01225-585100; www.thehalcyon.com/apartments; 16 George St; 双人公寓 £160~240, 六人公寓 £265; 🛜)这家乔治国王时期建筑内的宽敞公寓，将历史特色（框格窗和高天花板）与现代风格相融合，是个非常时尚的临时住处。

🍴 就餐

★ Thoughtful Bread Company 面包房 £

(☎01225-471747; www.thethoughtfulbreadcompany.com; 19 Barton St; ⏰周二至周五 8:00~17:00, 周六和周日 8:00~16:00) 🍴午餐时段来这家舒适的手工烘焙店，你会发现队伍已经排到门外。店里供应厚厚的面包，旁边摆满精致的马卡龙和咸味焦糖炸弹。他们在周六的农贸市场(www.greenparkstation.co.uk; Green Park; ⏰周六 9:00~13:30) 🍴也设有摊位，一定要早点到，不然很快就会售罄。

Bertinet Bakery 面包房 £

(www.bertinet.com/bertinetbakery; 1 New Bond St Pl; 烘焙品 £2.50~5; ⏰周一至周五 8:00~17:00, 周六 8:30~17:30)这是著名面包师Richard Bertinet开设的外卖商店，其烘焙品的美味馅料和薄酥脆面皮一定会改变你的美食标准。此外还有香浓的乳蛋饼、奶酪满满的羊角面包、法式蛋糕以及无法拒绝的开心果旋涡蛋卷。

Café Retro 咖啡馆 £

(☎01225-339347; www.caferetro.co.uk; 18 York St; 主菜 £5~10; ⏰9:00~17:00; 🛜)这家餐馆可谓各大咖啡连锁店的眼中钉。店里有邋遢的墙面和老旧的餐具，家具也都不相协调，但或许这就是魅力所在：这里是间老派咖啡馆，你很难在其他地方找到比这里更好的汉堡、三明治和蛋糕。隔壁的Retro-to-Go提供外卖(餐盒可降解)。

Adventure 咖啡馆、酒吧

(☎01225-462038; www.adventurecafebar.co.uk; 5 Princes Bldgs, George St; 主菜 £5~10; ⏰周一至周五 8:00至次日3:00, 周六和周日 9:00起; 🛜)这家很酷的咖啡馆兼酒吧在全天任何时候都可为你供应所需的餐饮：早餐卡布奇诺、午餐的汤，以及深夜的啤酒和鸡尾酒等。屋后有非常不错的户外餐区。

Sally Lunn's 茶室

(☎01225-461634; www.sallylunns.co.uk; 4 North Pde Passage; 主菜 £6~17, 下午茶 £8~40; ⏰10:00~21:00)按照惯例，到了巴斯一定要去Sally Lunn尝一个圆面包。这里提供的都是地道的英式茶，以骨瓷茶壶冲泡，搭配手指三明治和精致的蛋糕，服务员都穿着褶边围裙。

★ The Circus 新派英国菜 ££

(☎01225-466020; www.thecircusrestaurant.co.uk; 34 Brock St; 主菜午餐 £12~15, 晚餐 £16~23; ⏰周一至周六 10:00至午夜; 🍴)主厨阿里·戈登（Ali Golden）将这间小酒馆改造成了巴斯的美食打卡胜地。主厨钟爱欧陆口味改良的英式菜肴，用英国美食作者

Elizabeth David的文章来说就是：兔肉、威尔特郡羔羊肉和西南部鲜鱼都与香草的气味、浓郁的酱汁相得益彰。位于圆形广场附近一座优雅的联排筑内。推荐预订。

★ **Acorn** 素食 ££

(☎01225-446059; www.acornvegetariankitchen.co.uk; 2 North Pde Passage; 2/3道菜午餐套餐 £18/23, 2/3道菜晚餐套餐 £28/37; ⓢ12:00~15:00和17:30~21:30, 周六 12:00~15:30和17:30~22:00; ☏) 这间巴斯的顶级素食餐厅自豪地宣称"植物味道更好"，用其极富想象力的全球主题菜肴诱惑你进入店内。葡萄酒套餐（2/3种酒 £15/22）与晚餐套餐完美搭配，物超所值；或者选择一杯梨汁贝利尼（£7），品尝清爽的滋味。

Scallop Shell 炸鱼和薯条 ££

(☎01225-420928; www.thescallopshell.co.uk; 22 Monmouth Place; 主菜 £10~15; ⓢ周一至周六 12:00~21:30) 巴斯最棒的鱼餐馆之一，也是其中最简约的一家——门边和普通木桌旁摆着一袋袋土豆。店里的食物也贯彻了这种务实不做作的精神，新鲜的食材和高超的烹饪技术让一切都不言自明。

Chequers 美食酒馆 ££

(☎01225-360017; www.thechequersbar.com; 50 Rivers St; 主菜 £14~25; ⓢ酒吧 正午至23:00, 食物 12:00~14:30和18:00~21:00) 在这家乔治国王时期酒馆改建的典雅美食酒馆里，随处可见口味挑剔的回头客。菜单上的品种从精心烹制的酒吧食物到相对稀有的菜肴（如野鸭配烟熏鳗鱼，以及温柏松鸡等），可谓一应俱全。

Sotto Sotto 意大利菜 ££

(☎01225-330236; www.sottosotto.co.uk; 10a North Pde; 主菜 £11~25; ⓢ正午至14:00和17:00~22:00) 餐厅隐藏在一座灯光考究的拱顶砖窖中，环境无可挑剔，菜肴也毫不逊色。正宗地道的意大利菜包括香草羔羊肉配香浓红酒酱汁、红薯团子配新鲜海鲈鱼等。重要建议：不要错过不起眼的蒜泥煎菠菜。

Marlborough Tavern 美食酒馆 ££

(☎01225-423731; www.marlborough-tavern.com; 35 Marlborough Buildings; 主菜 £13~25; ⓢ酒吧 12:00~23:00, 食物 12:00~14:00和18:00~21:30) 巴斯最好的美食酒馆，其菜肴品质几乎与高档餐厅旗鼓相当：比如烟熏白豌豆泥、螃蟹配姜丝沙拉等，而不是极普通的肉配两道蔬菜。餐厅摆放着宽大的木桌，吧台后有各种葡萄酒，营造出了独特的高档感觉。

精打细算的就餐者会在傍晚时来这里，此时食物账单可享受25%的优惠。

★ **Menu Gordon Jones** 新派英国菜 £££

(☎01225-480871; www.menugordonjones.co.uk; 2 Wellsway; 5道菜午餐 £50, 6道菜晚餐 £55; ⓢ周二至周六 12:30~14:00和19:00~21:00) 如果渴望在就餐时获得惊喜，那么戈登·琼斯（Gordon Jones）的这家餐厅就是你的最佳选择。菜单是琼斯当天的即兴构思，会通过选料（可能会有蘑菇慕斯、Weetabix冰激凌）和装盘（比如试管和纸袋）来展示他对于食物的探索。考虑到高超的厨艺，菜单的性价比还是非常高的。必须预订。

Hudson Steakhouse 牛排馆 £££

(☎01225-332323; www.hudsonsteakhouse.co.uk; 14 London St; 主菜 £19~31; ⓢ周一至周六 17:00~22:30) 牛排、牛排和更多的牛排是这家口碑饭店存在的原因。从上等T骨牛排到顶级菲力牛排，每一块都来自斯塔福德郡合作农户的上乘选料。

🍷 饮品和夜生活

★ **Colonna & Smalls** 咖啡馆

(☎07766 808067; www.colonnaandsmalls.co.uk; 6 Chapel Row; ⓢ周一至周五 8:00~17:30, 周六 8:30起, 周日 10:00~16:00; 🛜) 如果你热衷于咖啡豆，那么这就是一个不容错过的咖啡馆。它致力于对咖啡的探索，这也意味着店里总会有三种特制的意式浓缩咖啡，面带笑容的服务员非常乐意与你分享他们的专业知识。他们甚至会告诉你，手冲咖啡——没错，手冲咖啡——是鉴别高品质咖啡豆的最佳方式。

★ **Star** 酒馆

(☎01225-425072; www.abbeyales.co.uk; 23 The Vineyards, 紧邻The Paragon; ⓢ周一至周

五12:00~14:30和17:30~23:00,周六12:00至午夜,周日 至22:30)很少有酒馆被列为保护建筑,但这家除外,它保留了很多19世纪的酒吧装饰。酒头流出的是产自巴斯的修道院艾尔啤酒(Abbey Ale),一些艾尔啤酒还会装在传统的罐子中,你甚至可以在"小包间"里吸一撮鼻烟。

Bell　　　　　　　　　　　　酒馆

(www.thebellinnbath.co.uk; 103 Walcot St; ⊙周一至周四 11:30~23:00,周五和周六 至午夜,周日 12:00~22:30;) 在这家当地人最爱的悠闲酒馆里,你可以与巴斯不拘一格的音乐人在真正的火堆旁聊聊天。桌上足球、酒吧桌球、西洋双陆棋和国际象棋会帮助你们打开话匣子。这里还经常有原声音乐、乡村音乐、民谣和蓝调的现场演出。

Same Same But Different　　　咖啡馆 ££

(☎01225-466856; www.same-same.co.uk; 7a Prince's Buildings, Bartlett St; 西班牙小吃£5, 主菜£10~12; ⊙周二至周五 8:00~23:00,周六 9:00~23:00,周日 10:00~17:00,周一 8:00~18:00;) 在当地时尚人士纷至沓来的这家波希米亚风的咖啡馆,你可以用辛辣酱荷包蛋当早餐,美味三明治作午餐,用卡布奇诺和蛋糕打发午后时光。晚餐可以是别具创意的西班牙小吃(tapas)——想想味道浓郁的酸橙香菜章鱼——当然还不能错过品种不多但优质的葡萄酒。

Corkage　　　　　　　　　　葡萄酒吧

(☎01225-422577; www.corkagebath.com; 132a Walcot St; ⊙周二至周六 12:00~23:00) 这家私密友好的葡萄酒吧充满了独一无二的法国小酒馆氛围,菜肴的浓郁香味弥漫在空气中,无数的瓶子摆满了酒架。这里提供小份的主菜(£4~8),以及丰富的来自世界各地的葡萄酒。

☆ 娱乐

Moles　　　　　　　　　　　现场音乐

(☎01225-437537; www.moles.co.uk; 14 George St; ⊙周一至周四 17:00至次日3:00,周五和周六 至次日4:00) 巴斯最热门的音乐场所,用独立音乐、电子流行、朋克、金属、夜店经典、DJ歌曲集和奶酪让人们始终情绪高涨。

Little Theatre Cinema　　　　　电影院

(☎0871 9025735; www.picturehouses.com; St Michael's Pl) 巴斯最棒的艺术片影院,在装饰艺术的环境里放映小众电影和外语佳片。

Theatre Royal　　　　　　　　剧院

(☎01225-448844; www.theatreroyal.org.uk; Sawclose) 巴斯这家具有历史感的剧院可以追溯到200年前。重要的巡演都在主戏剧厅上演,小型演出则在Ustinov Studio进行。

Komedia　　　　　　　　　　喜剧

(☎01225-489070; www.komedia.co.uk; 22-23 Westgate St) 远近闻名的喜剧场馆,举办各种巡回演出,非常热门的Krater Saturday Comedy Club也在这里表演。此外还有现场音乐、宾戈游戏和迪斯科舞曲。

🔒 购物

巴斯的商店品质在西部名列前茅。城内的主要购物中心是South Gate (www.southgatebath.com; ⊙商店 周一至周三、周五和周六 9:00~18:00,周四 9:00~19:00,周日 11:00~17:00),里面可以找到所有的大型连锁品牌。

高品质的独立商店位于巴斯修道院和普尔特尼桥以北的小巷两侧。Milsom St有高档时装,Walcot St多是食品店、设计商店、复古服饰零售店以及手工艺坊。

ⓘ 实用信息

巴斯旅游局 (☎01225-614420; www.visitbath.co.uk; 2 Terrace Walk; ⊙周一至周六 9:30~17:30,周日 10:00~16:00, 11月至次年1月 周日 休息) 提供咨询建议和相关信息。还有住宿预订服务,出售各种当地书籍和地图。

皇家联合医院 (Royal United Hospital; ☎01225-428331; www.ruh.nhs.uk; Combe Park; ⊙24小时) 设有24小时急救和急诊服务。

ⓘ 到达和离开

长途汽车

巴斯的**公共汽车和长途汽车站** (Dorchester St) 位于火车站附近。当地公交车频繁开往市区,旁边还有一个出租车招呼站,或者通过**Bath Taxis**(☎0845 003 5205; www.bath-taxis.co.uk)电话预约出租车。

National Express(www.nationalexpress.com)直达长途汽车的目的地包括:
伦敦(£20, 2.5小时, 每小时1班)
伦敦希斯罗(£25, 3小时, 每小时2班)
普利茅斯(£26, 4小时, 每天7班)
布里斯托尔(£5, 45分钟, 每天2班)

前往其他目的地的班车需要在布里斯托尔换乘。

First Bus(www.firstgroup.com)是最大的当地巴士公司。班线目的地如下:
布里斯托尔(38/39/X39路; £6, 50分钟, 周一至周六每小时4班, 周日每半小时1班)
韦尔斯(Wells; 172/173/174路; £6, 1.5小时, 周一至周六每小时2班, 周日每小时1班)

火车

巴斯温泉火车站(Bath Spa station)位于Manvers St南端。前往一些目的地则需在布里斯托尔换乘,特别是前往英格兰西南部和北部时。火车直达目的地如下:
布里斯托尔(£8, 15分钟, 每半小时1班)
加的夫中央火车站(Cardiff Central; £21, 1小时, 每小时1班)
伦敦帕丁顿火车站(London Paddington; £35起, 90分钟, 每半小时1班)
索尔兹伯里(Salisbury; £18, 1小时, 每小时1班)

巴斯温泉火车站设有出租车招呼站,或者致电Bath Taxis(见本页)预约。许多城内公共汽车线路都从火车站开出。

❶ 当地交通

自行车

巴斯的山丘地形使自行车骑行具有挑战性,但是坎尼特和埃文运河旁边的运河骑行道和全长13英里的布里斯托尔—巴斯铁路自行车道(Bristol & Bath Railway Path; www.bristolbathrailwaypath.org.uk)都是绝佳的骑车场所。
Bath Bike Hire(☎01225-447276; www.bath-narrowboats.co.uk; Sydney Wharf; 成人/儿童每天 £15/10; ⏱9:00~17:00)从市中心步行10分钟即到。距离运河和铁路的自行车道很近。
Take Charge Bikes(☎01225-789568; www. takechargebikes.co.uk; 1 Victoria Bldgs, Lower Bristol Rd; 每天 £30; ⏱周一至周五 9:00~17:00, 周六 至16:00)出租电动自行车。

公共汽车

BathRider(成人/儿童 £4.50/3.50)这张全天通票适用于多家运营商,覆盖了以巴斯为中心半径3英里内的所有线路。有效期持续到第二天3:00。有效期7天的通票价格为成人/儿童 £20/15。
U1路从汽车站发车, 沿着高街(High St)和Great Pulteney St上行至Bathwick Hill, 经过国际青年旅舍(YHA)前往大学, 每20分钟1班(£2.50)。
265路开往Bathampton(£2.50, 10分钟, 每小时1~2班)。

小汽车和摩托车

巴斯面临严重的交通拥堵问题, 特别是高峰时间。北面的Lansdown、西面的Newbridge和南面的Odd Down都有**停车换乘点**(Park & Ride service; ☎01225-394041; 往返 周一至周五 £3.40, 周六和周日 £3; ⏱周一至周六 6:15~20:30, 周日 9:30~18:00)。前往市中心需要10分钟, 公共汽车每10~15分钟发车。

SouthGate购物中心地下有一个相对实惠、位置便利的停车场(2/8小时 £3.50/11)。

萨默塞特郡(SOMERSET)

安逸的萨默塞特郡拥有由树篱、田野和山丘组成的田园牧歌般的宜人景象, 是典型的英国乡村风光, 也是逃离巴斯和布里斯托尔喧嚣的完美选择。当然, 这里的步调会更加缓慢——这是个适合漫步、沉思和对景小酌的地方。

韦尔斯是一座气氛十足的主教座堂城市, 前往切达峡谷和周围石灰岩洞的游客可以将这里作为大本营。嬉皮士聚居的格拉斯顿伯里则很适合继续探索萨默塞特郡平原区的沼泽, 去往匡托克(Quantocks)的丘陵也很便捷。

❶ 实用信息

➡ **汤顿旅游局**(Taunton tourist office; ☎01823-340470; www.visitsomerset.co.uk/taunton; Market House, Fore St; ⏱周一至周六 9:30~16:30)获取整个萨默塞特郡相关资讯的最佳渠道。

➜ www.visitsomerset.co.uk和www.visitsouthsomerset.co.uk这两个网站有许多实用信息。

❶ 到达和当地交通

➜ M5公路向南经布里斯托尔，前往布里奇沃特（Bridgwater）和汤顿；A39公路向西穿过匡托克（Quantocks）前往埃克斯穆尔国家公园。

➜ 主要的铁路列车连接巴斯、布里斯托尔、布里奇沃特、汤顿和滨海韦斯顿（Weston-super-Mare）。

➜ **First**（www.firstgroup.com）是本地公交主要运营商。

➜ 了解时刻表和具体信息，可联系**Traveline South West**（www.travelinesw.com）。

韦尔斯及周边（Wells & Around）

人口 11,340

韦尔斯小巧精美，是英格兰最小的城市，而它之所以能称得上是"城市"，多亏了市中心一座恢宏的中世纪大教堂，旁边还有一座壮观的主教宫。从12世纪开始，这座宫殿就一直是巴斯和韦尔斯主教官邸的所在地。

从大教堂绿地到集市，中世纪建筑和鹅卵石街巷由内向外呈辐射式分布，大约九个世纪以来，集市一带都是韦尔斯热闹的中心区域（周三和周六是赶集日）。粉丝们也许还会认出该集市就是英国人气喜剧电影《热血警探》（*Hot Fuzz*）的外景地——影片最后一幕就是在这里拍摄的。

◉ 景点

★ 韦尔斯大教堂 主座教堂

（Wells Cathedral, Cathedral Church of St Andrew；☎01749-674483；www.wellscathedral.org.uk；Cathedral Green；要求捐款 成人/儿童 £6/5；◉4月至9月 7:00~19:00，10月至次年3月 至18:00）韦尔斯庞大的哥特式教堂在市中心巍然矗立，四周环绕着英格兰较大的**主教座堂围庭**之一。大教堂建于1180~1508年，分多个阶段完成，因此呈现出若干种哥特式风格。大教堂最值得一提的莫过于装饰着300多座雕像的**西立面**，以及著名的**剪刀拱**，这一独具匠心的设计实际上是为了解决中央塔楼沉降的问题。不要错过登上屋顶的**高处团队游**（High Parts Tour；成人/儿童 £10/8；◉5月至10月 周一至周六）。

主教宫 历史建筑

（Bishop's Palace；☎01749-988111；www.bishopspalace.org.uk；Market Place；成人/儿童 £8/4；◉4月至10月 10:00~18:00，11月至次年3月 至16:00）这座被护城河环绕的宫殿据称是英格兰最早有人居住的建筑，13世纪时为主教而建。宫殿内部的豪华厅房和坍塌的大厅都值得一看，但绿树成荫的花园才是真正迷人之处——作为韦尔斯得名由来的天然泉眼（wells在英语中有"井泉"之意），至今仍在宫殿的庭院源源不断地涌着水。

伍基岩洞 洞穴

（Wookey Hole；☎01749-672243；www.wookey.co.uk；Wookey Hole；成人/儿童 £19/15；◉4月至10月 10:00~17:00，11月至次年3月 至16:00）斧河（River Axe）蜿蜒流过这片遍布幽深石灰岩洞穴的地区，溶洞以精美的钟乳石和石笋而闻名；其中一座石笋据说源于传说中的伍基岩洞女巫——她被当地神父变成了一块石头。可参加导览游进入洞穴。另外在附近还有20个颇为俗气的景点，从电子恐龙到寻宝海盗高尔夫等。伍基岩洞位于韦尔斯西北3英里处；在A371公路上留意寻找棕色的景区交通标志牌。

🛏 住宿

Stoberry House 民宿 ££

（☎01749-672906；www.stoberryhouse.co.uk；Stoberry Park；标单 £85，双 £95~158；🅿🛜）很难说这间民宿究竟哪里更漂亮——是占地2.5公顷的葱郁花园，还是随处可见漂亮纺织品和长毛绒垫子、精心装饰过的室内空间。屋内有胶囊咖啡机、豪华茶饮、供客人品读的书籍，以及储备丰富的食品间。所有这一切都在一座私人庄园内。

Ancient Gate House Hotel 酒店 ££

（☎01749-672029；www.ancientgatehouse.co.uk；20 Sadler St；标单 £95~100，双 £115~130；🛜）这座老客栈的部分建筑就在大教堂的西门内。房间选用了庄严的红色和暗蓝色调。最好的房间有四柱床，透过格子窗还可

值得一游

切达峡谷（CHEDDAR GORGE）

切达峡谷（☎01934-742343；www.cheddargorge.co.uk；成人/儿童 £20/15；◉10:00~17:00）因上一次冰河纪的冰川融水冲刷形成，是英格兰最深的天然峡谷，部分地段高达138米的悬崖屹立于蜿蜒的B3135公路路面之上。峡谷内有错综复杂的地下溶洞，布满了令人印象深刻的钟乳石和石笋。最容易到达的当属**高夫洞**（Gough's Cave）和**考克斯洞**（Cox's Cave）。想要探索更深的岩洞，你需要参加**Rocksport**（☎01934-742343；www.cheddargorge.co.uk/rocksport；成人/儿童 £22/20）的探洞之旅。

除了洞穴之外，切达也以当地生产的深受国民喜爱的奶酪而闻名，生产历史可以追溯到12世纪。在**切达峡谷奶酪公司**（Cheddar Gorge Cheese Company；☎01934-742810；www.cheddargorgecheeseco.co.uk；The Cliffs, Cheddar；成人/儿童 £2/免费；◉复活节至10月 10:00~17:00，冬季时间不定），你可以观看奶酪制作过程，品尝各种产品，然后在商店里买一些带回家。

切达峡谷位于韦尔斯（Wells）西北20英里处的A371公路边。

以望见大教堂迷人的风景，虽然要多加£15，但物有所值。

Beryl　　　　　　　　　　　　民宿 ££

（☎01749-678738；www.beryl-wells.co.uk；Hawkers Lane；标单 £75~100，双 £100~170，标三 £155起；🅿🛜🏊）在这栋宏伟的山墙建筑里，你可以一探怪异的英式品位。整栋屋子到处弥漫着古典气息，房间里摆放着年代久远的落地大摆钟、躺椅和四柱床。距离韦尔斯约1英里。

★ Babington House　　　　豪华酒店 £££

（☎01373-812266；www.babingtonhouse.co.uk；Babington，靠近 Frome；房间 £255~380；🅿🛜🏊）虽然昂贵的房价让人目瞪口呆，但是这家获誉无数的设计酒店的确是英国较豪华的酒店之一。酒店仿佛是杂志《住宅与花园》（Homes & Gardens）和《壁纸》（Wallpaper）的融合：老式床架、古董梳妆台和历史悠久的壁炉，搭配极简主义家具、木地板和复古灯盏。酒店里有一间很棒的阅览室，一个45座的私人电影院，旧牛棚改造成了一间水疗室。位于韦尔斯以东14英里处。

🍴 就餐

Strangers with Coffee　　　咖啡馆

（☎07728 047233；31 St Cuthbert St；蛋糕 £3~5；◉周二至周六 7:30~16:00）这家咖啡馆的招牌上写着"Life is too short to drink bad coffee"（生命诚短暂，拒绝坏咖啡）——这也是他们在制作城里顶级的咖啡时所秉承的理念。还有诱人的蛋糕可供搭配。

Goodfellows Cafe & Seafood Restaurant　　咖啡馆 ££

（☎01749-673866；www.goodfellowswells.co.uk；5 Sadler St；主菜 £11~24；◉每天 10:00~15:00，周三至周六 18:00~21:30）咖啡馆有三间别具氛围的房间，在这里你有不同的就餐选择。主要是欧洲大陆风，供应蛋糕、糕点和午餐简餐（可支付£11或£20享用2道菜和1杯饮品）。或者预订，享受一次高档的晚餐体验：£30将让你品尝3道经典菜肴，而5道菜的海鲜品尝套餐（£50）绝对是舌尖上的盛宴。

Square Edge　　　　　　　　法式小馆 ££

（☎01749-671166；www.square-edgecafe.co.uk；2 Town Hall Bldgs；主菜 £7~12；◉周一至周六 9:00~17:00，周日 10:00~16:00）复古小餐馆 Square Edge 弥漫着自在休闲的氛围，墙上张贴着20世纪50年代的电影海报，还有老式点唱机和复古收音机。菜肴从丰盛的早餐和美式煎饼，到美味的咸牛肉烤饼和慢烤排骨。蛋糕富有创意，十分美味。

ℹ️ 实用信息

旅游局（☎01749-671770；www.wellssomerset.com；Wells Museum, 8 Cathedral Green；◉复活节至10月 周一至周六 10:00~17:00，11月至次年复活

节10:00~16:00）

ⓘ 到达和离开

长途汽车站位于Cuthbert St以南的Princes Rd。实用的汽车班次如下：

巴斯（173路；£5.80，1.25小时，每小时至少1班）

布里斯托尔（376路；£5.80，1.25小时，每半小时1班）

切达（126路；£4.70，25分钟，周一至周六每小时1班，周日4班）；继续前往滨海韦斯顿（£5.80，1.5小时）

格拉斯顿伯里（376路；£3.70，15分钟，每小时数班）

格拉斯顿伯里（Glastonbury）

人口 8900

能量脉络在此汇合，白女巫聚集于此，商店里都弥漫着燃香的味道——这就是英格兰西南部无可争辩的另类文化之都，古老的格拉斯顿伯里。虽然现在更著名的，是附近皮尔顿（Pilton）迈克尔·伊维斯（Michael Eavis）农场举行的一年一度的音乐泥浆节，但事实上，格拉斯顿伯里拥有更悠久且更神秘的过往：小镇标志性的突岩（tor）曾经是重要的异教徒活动地点，有人相信这里就是阿瓦隆岛（Isle of Avalon），即亚瑟王最后的安息地。这里据说也是世界上最具有灵性的位置之一，是许多神秘能量脉络的汇合点，所以如果你觉得是时候要调节自己的脉络，一定要来这里。无论这些流传在格拉斯顿伯里的传说究竟真相如何，有一件事情是确定的：在突岩顶部观赏日出绝对是让你难忘的体验。

⦿ 景点

★ 盖世圣丘 地标

（Glastonbury Tor; NT; ⓒ24小时）**免费** 盖世圣丘是萨默塞特最具辨识度的地标之一，方圆数英里内都能看见，山顶还矗立着中世纪圣米迦勒教堂（Chapel of St Michael）的遗址。从Well House Lane步道起点徒步登顶需要半小时；最陡峭的路段修有台阶。4月和9月之间，突岩巴士（Tor Bus; 成人/儿童£3/1.50）定时出发，每半个小时1班，从格拉斯顿伯里修道院旁边的St Dunston's停车场开往Well House Lane步道起点。

突岩是当地各种传说的焦点。在古代凯尔特的传说中，这是冥府之王和精灵之主亚伦文（Arawn，也作Gwynap Nudd）的住所。而更为人所知的传说则称突岩是神秘的"阿瓦隆岛"，在作战中身负重伤的亚瑟王就是被带到了这里，最终这位英国的"永恒之王"在此长眠，直到被他的国度再次呼唤。另外也有说法认为，突岩是古代无形的能量脉络（即"ley line"）的神秘交汇点。

在亲眼见过突岩之后，就很容易理解为什么它会引起如此之多的神话。毕竟在一马平川的平原之上，它的存在太过奇怪，而在古代（当时格拉斯顿伯里周边地区一年中大部分时间被淹没在水下），突岩的确像是一座孤岛，常常被云雾笼罩，河流、沼泽和泥沼将它隔绝于尘外。

查理斯井与花园 花园

（Chalice Well & Gardens; ☏01458-831154; www.chalicewell.org.uk; Chilkwell St; 成人/儿童£4.30/2.15; ⓒ4月至10月 10:00~18:00，11月至次年3月 至16:30）查理斯井与花园从凯尔特时期就一直是朝圣地，紫杉林木成荫，安静的小道纵横交错。铁锈般红色的泉水从800年历史的古井中流淌而出，据说可包治百病。在一些传说中，这口井中还埋藏着圣杯（Holy Grail）。

★ 格拉斯顿伯里修道院 遗迹

（Glastonbury Abbey; ☏01458-832267; www.glastonburyabbey.com; Magdalene St; 成人/儿童£7.50/4.50; ⓒ6月至8月 9:00~20:00，3月至5月、9月和10月 至18:00，11月至次年2月 至16:00）格拉斯顿伯里修道院遗址七零八落，很难看出它曾经是英格兰教权的重要中心。1539年亨利八世发动宗教改革运动之后，这座修道院被下令摧毁，最后一位院长理查德·怀厅（Richard Whiting）也被判处绞刑并在突岩前尸裂肢。如今，除了正厅残垣，其他醒目的遗迹还包括圣玛丽礼拜堂残垣，遗迹十字拱顶——后者和韦尔斯大教堂的剪刀拱很相像。

庭院内还有一座博物馆、苹果酒园和药草园，以及一棵神圣的荆棘树（Holy Thorn）。据说耶稣的叔祖父——约瑟

> **另辟蹊径**
>
> ## 萨默塞特郡平原区（SOMERSET LEVELS）
>
> 萨默塞特郡平原区是英格兰较大的原生湿地之一，地势平坦、一览无余，海拔位于海平面以下，境内运河（当地人称rhyne）纵横流淌。这片近250平方英里的土地横跨匡托克（Quantock）和门迪普山（Mendip Hills）之间，是很棒的观鸟地，尤其是在10月和11月，此时大群椋鸟（也称"八哥"）会飞临此地。在Ham Wall、Shapwick Heath、Sedgemoor和Westhay都建有自然保护区。
>
> 平原区平坦的地势也很适合骑自行车。有几条车道贯穿长港村（Langport），包括长途车道River Parrett Trail。

（Joseph of Arimathea）在耶稣基督死后曾到访这座修道院，而这棵树就是从他的手杖中生长出来的。现在每年的圣诞节和复活节这棵树都会神奇地盛开荆棘花。

修道院甚至还同亚瑟王有渊源。据说12世纪的教士们在修道院的庭院发现了一处坟墓，上面镌刻着铭文"在阿瓦隆岛此处埋葬着伟人亚瑟王"（Hic iacet sepultus inclitus rex arturius in insula avalonia）。墓穴里有两具互相挽着的骨架，人们认为就是亚瑟王和他的妻子格尼维尔（Guinevere）。1278年，尸骨被重新埋入圣坛之下。但是修道院被毁之后，墓葬也失去了踪迹。

★ 湖村博物馆　　　　　　　　　　博物馆

（Lake Village Museum; The Tribunal, 9 High St; 成人/儿童 £3.50/2; ◎周一至周六 10:00~15:00）湖村博物馆展出了附近Godney一处史前沼泽村落的考古发现。这些房屋分成六组，由芦苇、榛木和柳木建造而成。人们认为这些房屋是夏季前来的商人的住所，在其他时候，他们住在盖世圣丘附近。

节日和活动

格拉斯顿伯里当代表演艺术节　　　音乐节

（Glastonbury Festival of Contemporary Performing Arts; www.glastonburyfestivals.co.uk; 门票 £238起; ◎6月或7月）一场隆重又时常满身泥泞的盛会，涉及音乐、戏剧、舞蹈、卡巴莱歌舞、狂欢、灵性和各种怪异的东西，1970年以来一直在格拉斯顿伯里郊外的皮尔顿（Pilton）的农场举行（偶尔为了农场的休养也会停办）。门票通常从秋季开始销售，但几分钟之内就会一抢而空。

住宿

Street YHA　　　　　　　　　　青年旅舍

（☎0345-3719143; www.yha.org.uk; Ivythorn Hill, Street; 铺/标三/四 £20/65/75; Ⓟ）这是一栋瑞士滑雪屋风格的建筑，周边绿色田野环绕，员工服务友善，公共活动室存有大量书籍。位于格拉斯顿伯里南边数英里处的Street村边。

★ Covenstead　　　　　　　　　民宿 ££

（☎01458-830278; www.covenstead.co.uk; Magdalene St; 标单 £70, 双 £80~110; Ⓟ😊）这家与众不同的民宿仿佛集中了格拉斯顿伯里所有的另类气质。楼下摆满稀奇古怪的摆设：仿真骨架、女巫帽、鹿角和高悬的蟒蛇皮等。房间主题从仙女、绿精灵、哥特到万圣节蜜月等。有点疯狂，但也讨喜有趣。

Magdalene House　　　　　　　民宿 ££

（☎01458-830202; www.magdalenehouseglastonbury.co.uk; Magdalene St; 标单 £75~100, 双 £95~110, 家 £130~145; Ⓟ😊）这家装饰精美的民宿曾经是格拉斯顿伯里的修女学校，从其中一个房间依然可以俯瞰修道院的庭院。每个高大明亮的房间都采用橄榄色、黄色和其他柔和色调搭配，雅致的小摆件则营造出温馨的氛围。

Glastonbury Townhouse　　　　民宿 ££

（☎01458-831040; www.glastonburytownhouse.co.uk; Street Rd; 房间 £95~130; Ⓟ😊）这里没有什么古怪之处，只是一座结实的爱德华时代红砖建筑，有几个安静的房间，装饰有多件涂装家具，洋溢着现代的氛围。早餐可以选择素食、纯素、不含奶或无麸食物，

Glastonbury 格拉斯顿伯里

Glastonbury 格拉斯顿伯里

◎ 重要景点
- **1** 格拉斯顿伯里修道院 B2
- **2** 湖村博物馆 B2

◎ 景点
- **3** 查理斯井与花园 D3

🛏 住宿
- **4** Covenstead B2
- **5** Glastonbury Townhouse A3
- **6** Magdalene House B3

🍴 就餐
- **7** Rainbow's End B2
- **8** Who'd a Thought It Inn A2

用餐时还能俯瞰花园。

🍴 就餐

Rainbow's End
素食 £

（☎01458-833896；www.rainbowsendcafe.com；17b High St；主菜 £6~9；⏰10:00~16:00；🌱）这家迷幻的咖啡馆浓缩了格拉斯顿伯里的精髓，提供全素食物，店里布置着盆栽和混搭家具。可以先来一份传统蔬菜饼或热气腾腾的乳蛋饼，再品尝一个美味的自制蛋糕。纯素和无麸菜单同样丰富多样，屋后还有一个小露台。

★ Bocabar
英国菜 ££

（☎01458-440558；http://glastonbury.bocabar.co.uk；Morland Rd；主菜 £8~17；⏰周二至周四 9:30~23:00，周五和周六 至次日1:00，周日和周一 10:00~17:00）位于一座昔日的羊皮工厂中，现已改造成为一家时尚的餐厅。在空旷的红砖建筑内，供应各国风味菜肴，包括餐前小菜拼盘、炖鱼、美食汉堡和新派布丁等。每周有几次乐队现场演出。酒单上有22种杜松子酒，时尚工业风装潢更添氛围。

位于市中心西南1.5英里处，在Morland Rd旁。

Who'da Thought It Inn
酒馆食物

（☎01458-834460；www.whodathoughtit.co.uk；17 Northload St；主菜 £12~18；⏰正午至21:30）在这家让人心旷神怡的另类当地酒馆，复古的广告标识牌紧挨着老红色电话亭，天花板上倒挂着自行车。食物是非常棒的酒馆菜肴，包括香肠、派和牛排等，吧台上方通常也会用粉笔写出当日特色菜。

❶ 实用信息

旅游局（☎01458-832954；www.glastonburytic.co.uk；Magdalene St；◉周一至周六 10:00～16:00, 周日 11:00~15:00）位于市政厅内。

❶ 到达和离开

格拉斯顿伯里没有火车站。
常用汽车线路包括：
汤顿（29路；£5.70, 1.5小时, 周一至周六每天 4~7班）
韦尔斯（376路；£3.70, 15分钟, 每小时数班）

汉普郡（HAMPSHIRE）

汉普郡有着辉煌而厚重的历史，阿尔弗雷德大帝、克努特大帝（Knut）和征服者威廉（William the Conqueror）都曾在这里古老的主教座堂城市温切斯特建都统治，如今形形色色的历史建筑就散落在这片连绵起伏的白垩岩丘陵的中心区。该郡的海岸也布满了遗产，在重焕光彩的朴次茅斯港，你可以登上当年纳尔逊（Nelson）将军统帅的皇家海军的骄傲——"胜利"号战舰（HMS Victory），惊叹于亨利八世的指挥舰"玛丽·罗斯"号（Mary Rose）的壮观，然后在朴次茅斯遍布餐馆、商店和酒吧的码头逛游一番。汉普郡西南角新福里斯特国家公园开阔的荒野和森林同样令人神往。

温切斯特（Winchester）

人口 116,600

宁静的温切斯特充满学院气息，也是所有游客的必到之处。这座历史悠久的主教座堂城市斑驳的城墙上仿佛回荡着那些曾经的过往。这里曾经是撒克逊王国的都城和主教的权力中心，众多雕像和景点也在唤起人们对于英格兰两位伟大传奇人物的记忆：阿尔弗雷德大帝和亚瑟王（圆桌骑士的首领）。从城市核心区域气势磅礴的大教堂，到狭窄街道两旁优雅的伊丽莎白一世时期和摄政时期的建筑，无不展示着温切斯特建筑之精美。而它正处河谷的地理位置，也意味着这里还有充满魅力的河畔小径值得探索。

◉ 景点

★ 温切斯特大教堂   主教座堂

（Winchester Cathedral；☎01962-857200；www.winchester-cathedral.org.uk；The Close；成人/儿童 £8/免费；◉周一至周六 9:30~17:00, 周日 12:30~15:00）作为英格兰南部壮观的建筑之一，建于11世纪的温切斯特大教堂拥有精美的哥特式立面、欧洲较长的中世纪中殿之一（164米）以及各个时代特色的巧妙融合。精雕细琢的中世纪唱诗班席位也是一大亮点，上面雕刻的形象多种多样，从神话传说中的猛兽到淘气的绿精灵。此外这里还有简·奥斯汀之墓（靠近入口处）和英国精美的泥金装饰手抄本之一。精彩的温切斯特大教堂**塔楼和屋顶团队游**（团队游 £6.50；◉1月至5月、10月和11月 周三 14:15, 周六 11:30和14:15, 6月至9月 周一、周三和周五 14:15, 周六 11:30和14:15）人气很旺——需尽早预订。

作为最大、最有光泽、保存最好的12世纪英文圣经，炫目的四卷温切斯特大教堂**温切斯特圣经**（Winchester Bible）拥有鲜艳的泥金装饰。它是1160年受委托制作的，委托人可能是征服者威廉的孙子。本书调研期间，教堂正在进行长期的维护工程，这意味着只有一卷圣经在北耳堂（North Transept）的临时展厅展出（开放时间为周一至周六

值 得 一 游

LORD POULETT ARMS

在Hinton St George老派美味的乡村酒馆**Lord Poulett Arms**（☎01460-73149；www.lordpoulettarms.com；High St, Hinton St George；主菜 £15~26；◉正午至14:00和18:00~21:00；Ⓟ），经典的食材与超凡的想象力打造出了优质的食物——在这里，鲜肉、鱼可以搭配野蒜沙司、干红辣椒蛋黄酱和辣根酸奶油。建筑散发着乡村气息，有木梁、熊熊的火苗，吧台后还有一堆艾尔啤酒酒桶。无可挑剔。

你还可以在这里雅致的房间（单人间 £65, 双人间 £95）住上一晚。距离约维尔（Yeovil）和汤顿（Taunton）约15英里。

10:00~16:00)。可浏览网站了解最新信息。

在大教堂的旁侧，是温切斯特早期一座7世纪教堂的地基。现在的这座大教堂始建于1070年，完工于1093年，并受托保护教堂的主保圣人圣斯威辛（St Swithin；852~862年担任温切斯特主教）的遗骸。这位主教最有名的是一则关于他的气象谚语，说如果圣斯威辛日（St Swithin's Day；7月15日）下雨了，就要连续下40日夜。

潮湿的地表和粗糙的建筑质量使教堂在早期难逃厄运。1107年，原建塔楼坍塌，而大型重建工程一直持续到15世纪中叶。在大教堂的后部，可以找到纪念潜水者威廉·沃克（William Walker）的纪念碑。1906年至1912年，他多次潜入被水淹没的教堂底部，用大量混凝土和砖块加固腐烂的木头地基，避免了大教堂垮塌的命运。在教堂地下室，不妨留意安东尼·葛姆雷（Anthony Gormley）创作的一个真人大小的沉思男人的雕塑《声音Ⅱ》（Sound Ⅱ）。

持有温切斯特大教堂的门票，还可参加内容丰富、时长1小时的**大教堂主体团队游**（Cathedral Body Tours；周一至周六

值得一游
蒙塔库特府

蒙塔库特府（Montacute House；NT；☎01935-823289；www.nationaltrust.org.uk；Montacute；成人/儿童 £12/6；◎建筑 3月至10月 11:00~16:00，11月和12月 11:00~15:00，1月至3月 周六和周日 12:00~15:00，花园 3月至10月 10:00~17:00，11月至次年2月 周三至周日 11:00~16:00）是16世纪90年代为下议院发言人爱德华·菲利普斯爵士（Sir Edward Phelips）所建，有16~17世纪英国最精美的一些室内装饰实例。建筑以其灰泥天花板、烟囱和挂毯而闻名，但最大的亮点在于长廊（Long Gallery）——这是英格兰同类型中最长的廊道，装饰有多幅伊丽莎白时代的肖像作品。

蒙塔库特府位于约维尔（Yeovil）以西5英里处的A3088公路边。

10:00~15:00）和气氛十足的**地下室团队游**（Crypt Tours；周一至周六 10:30、12:30和14:30）。

颂唱**晚祷**（周一至周六 17:30，周日15:30）场面壮观，主日礼拜则在周日8:00、9:45和11:00进行。此外，还可以在每周日8:45和14:30听到美妙的钟声。

大教堂**绿树环绕的草坪**是消磨时间的宁静去处，特别是回廊外更安静的南侧。**教区门廊**（Deanery Porch；◎10:00~16:00）里固定的二手书书摊是个淘便宜货的好地方。

★ 温切斯特公学　　　　　历史建筑

（Winchester College；☎01962-621209；www.winchestercollege.org；College St；成人/儿童 £8/免费；◎周一至周六 10:15和11:30，外加周一、周三和周五至周日 14:15）温切斯特公学提供了难得的机会，让游客可以探索一座声誉卓著的英格兰学校。它由温切斯特主教威廉·威克姆（William Wykeham）在1393年创立，此时距离他创建牛津大学的新学院（New College）已过了14年。1小时的导览团队游涵盖了建于14世纪的哥特式礼拜堂（带有木结构拱形屋顶）、餐厅（叫作College Hall）以及一间超大的17世纪开放式教室（叫作School），后者到现在还用来进行考试。总之是个了解英格兰上层社会学习方式的好地方。

★ 沃尔夫西城堡　　　　　城堡

（Wolvesey Castle；EH；☎0370 333 1181；www.english-heritage.org.uk；College St；◎4月至10月 10:00~17:00）**免费** 沃尔夫西城堡建于12世纪初，如今它梦幻般摇摇欲坠的遗址蜷缩在温切斯特城墙的保护下。由亨利·德·布卢瓦（Henry de Blois）修建完工，在整个中世纪都是历任温切斯特主教的宅邸。1544年女王玛丽一世（Queen Mary I）和西班牙国王腓力二世（Philip Ⅱ of Spain）的婚宴就是在城堡举办的。

圆桌和大厅　　　　　历史建筑

（Round Table & Great Hall；☎01962-846476；www.hants.gov.uk/greathall；Castle Ave；建议捐款 £3；◎10:00~16:30）**免费** 温切斯特空旷的大厅是11世纪温切斯特城堡唯一没有

Winchester 温切斯特

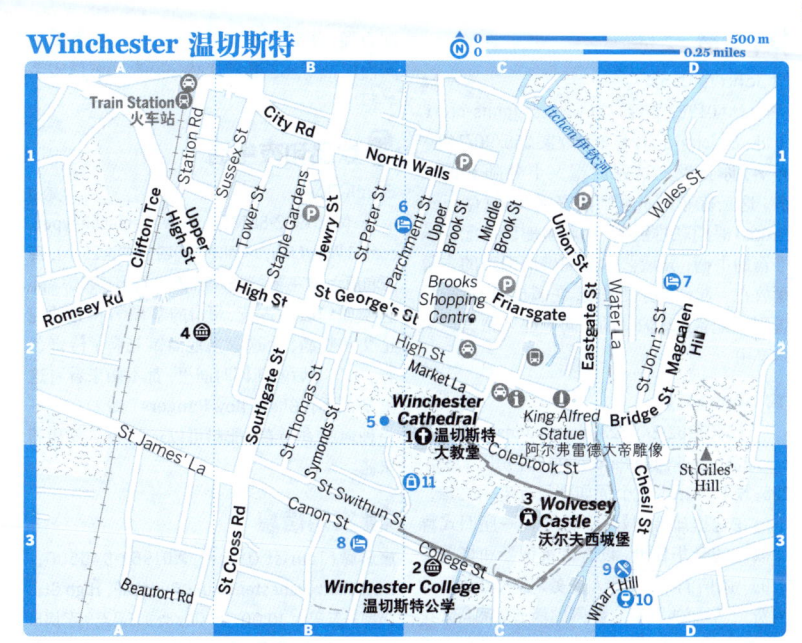

被奥利弗·克伦威尔（Oliver Cromwell）破坏的部分。绿色和奶油色轮辐相间、巨型标靶似的圆桌高悬于大厅的墙壁顶部，数世纪以来的传说都将之称为亚瑟王的圆桌。但其实它是有着700年历史的复制品，不过仍然精美绝伦。人们认为"圆桌"制造于13世纪末，并且在亨利八世时期绘制（难怪亚瑟王的形象像极了亨利国王年轻时的面容）。

圣十字医院
历史建筑

（Hospital of St Cross；☏01962-878218；www.stcrosshospital.co.uk; St Cross Rd；成人/儿童£4.50/2.50；◎4月至10月 周一至周六 9:30~17:00，周日 13:00~17:00，11月至次年3月 周一至周六 10:30~15:30）征服者威廉的外孙亨利·德·布卢瓦于1132年建造了这座英国最古老的慈善机构。除了承担救死扶伤、庇护难民的责任，这里也接济前往圣地（Holy Land）的朝圣者和十字军。如今医院里仍有身着黑袍或红袍的年长修道士身影，继续在门房处（Porter's Gate）分发给跋涉者的布施（Wayfarer's Dole），包括一片面包和一角杯艾尔啤酒（现在则是一大杯啤酒）。

Winchester 温切斯特

◎ **重要景点**
1 温切斯特大教堂.................................C2
2 温切斯特公学.....................................C3
3 沃尔夫西城堡.....................................C3

◎ **景点**
4 圆桌和大厅..A2

◎ **活动、课程和团队游**
5 温切斯特大教堂塔楼和屋顶团队游......B2

◎ **住宿**
6 Hannah's..B1
7 St John's Croft....................................D2
8 Wykeham Arms...................................B3

◎ **就餐**
9 Black Rat..D3

◎ **饮品和夜生活**
10 Black Boy...D3

◎ **购物**
11 Deanery Porch...................................C3

🛏 食宿

St John's Croft　　　　　　　　　民宿 ££

(☏01962-859976; www.st-johns-croft.co.uk; St John's St; 标单/双/家 £55/90/140; P🛜) 你会爱上这家时髦又十分随和的民宿。这是栋布局不规则的安妮女王（Queen Anne）时期联排别墅，用藤席地毯搭配摆满书籍的书橱，异域艺术品和破旧别致的古董摆放在一起。客房很宽敞，花园也很安静，早餐则在配备Aga炉具的乡间宅邸风格大厨房内享用。

★ Hannah's　　　　　　　　　民宿 £££

(☏01962-840623; www.hannahsbedandbreakfast.co.uk; 16a Parchment St; 房间 £155~225; 🛜) "精品"这个词如今虽有滥用之嫌，不过在这里却恰到好处。这是由一座旧式舞厅改建的豪华住处，设有古董钢琴和烧着柴炉的"诚信酒吧"（无人服务，客人自觉记录消费）。华丽的卧室有裸露的墙砖、挑高天花板、宽大的床，跃层房间还有可以欣赏星空的浴缸。

★ Wykeham Arms　　　　　　　旅馆 £££

(☏01962-853834; www.wykehamarmswinchester.co.uk; 75 Kingsgate St; 标单/双/套 £85/150/200; P🛜) 已开业250多年的Wykeham极具历史感——过去这里是一家妓院，还接待了纳尔逊将军一个晚上（有人说这不过是巧合）。嘎吱作响的楼梯伸向豪华的卧室，房间看起来既尊贵，又不落俗套: 雪橇床与明亮的床罩相得益彰，橡木梳妆台有时髦的照明灯具。简直棒极了。

在风格古怪的酒吧里，大啤酒杯和教材从天花板垂下，破旧的学校课桌让喝酒成为一件充满犯罪感的事情。这里的菜单（供应时间为12:00~14:30和18:00~21:00）涵盖了各种常见的酒吧食物，从精心制作的汉堡、炸鱼和薯条，到24盎司的带骨肋眼牛排等。

★ Black Rat　　　　　　　　新派英国菜 £££

(☏01962-844465; www.theblackrat.co.uk; 88 Chesil St; 3道菜套餐 £38~46; ⏰正午至14:15和19:00~21:15) 店里散发着难以抵挡的香味，食物绝对令人赞叹。掌厨的手艺精湛，还有令人惊喜的食材，所以你不妨期待下熏鸭肉配石榴、墨鱼汁浸大比目鱼、花旗松香熏鸽胸肉配松子。这家米其林一星餐厅可谓实至名归。

🍷 饮品和夜生活

Black Boy　　　　　　　　　　　酒馆

(☏01962-861754; www.theblackboypub.com; 1 Wharf Hill; ⏰周一至周四 正午至23:00, 周五和周六 至午夜, 周日 至22:30) 两座壁炉、随意摆放的破旧古董、可口的苹果酒和五种纯正艾尔啤酒，让这家当地酒馆充满了传奇色彩。中午之后的任何时间里，都不妨来看看这里是否还有Black Boy Bangers（£2.50）——一种薄脆香肠卷，配料可以选择煎洋葱和芥末酱。

ℹ 实用信息

旅游局(Tourist Office; ☏01962-840500; www.visitwinchester.co.uk; Guildhall, High St; ⏰周一至周六 10:00~17:00, 外加5月至9月 周日 11:00~16:00) 位于温切斯特维多利亚风格的市政厅内。

ℹ 到达和离开

➡ 温切斯特位于伦敦以西65英里处。

➡ National Express（www.nationalexpress.com）的直达长途汽车从汽车站发往伦敦维多利亚火车站(London Victoria; £16, 2小时), 每2小时1班。

➡ 火车每30分钟1班驶往伦敦滑铁卢火车站（£25, 1.25小时），每小时1班驶往朴次茅斯（£12, 1小时）。这里也有前往英格兰中部地区（Midlands）的快车班次。

ℹ 当地交通

自行车 可以在Bespoke Biking(☏07920 776994; www.bespokebiking.com; Brooks Shopping Centre; 每半天/全天 £15/25起; ⏰周二至周六 9:30~17:00) 租赁自行车。

Park & Ride停车场（每天£3）紧邻M3公路，在10号和11号的交叉路口有指示牌。服务时间约为周一至周六 6:30~18:30。

高街（High St）、火车站和旅游局的门外都有出租车招呼站，或者可致电Wintax(☏01962-878727; www.wintaxcars.com)。

> 不要错过

朴次茅斯历史船坞

参观朴次茅斯历史船坞（Portsmouth Historic Dockyard；☏023-92839766；www.historicdockyard.co.uk；Victory Gate；所有景点通票 成人/儿童/家庭 £35/15/60；⊙4月至10月 10:00~17:30,11月至次年3月 至17:00）的世界级航海遗产需要一整天的时间。

最醒目的景点当属亨利八世（Henry Ⅷ）最爱的旗舰船"玛丽·罗斯"号（Mary Rose；☏023-9281 2931；www.maryrose.org；成人/儿童/家庭 £16/8/25；⊙4月至10月 10:00~17:30,11月至次年3月 至17:00），在1545年与法军作战时，它突然沉没于朴次茅斯附近海域。1982年，它从海底重见天日，堪称海洋考古的一项重大成就。后来就以她为中心、耗资3500万英镑修建起船体外形的博物馆，向世人展示它巨大的船体。

同样引人注目的还有皇家海军舰船"胜利"号（HMS Victory；☏023-9283 9766；www.hms-victory.com；成人/儿童/家庭 £18/13/37；⊙4月至10月 10:00~17:30,11月至次年3月 至17:00），这是纳尔逊将军在1805年特拉法加海战（Battle of Trafalgar）中坐镇指挥的旗舰，纳尔逊那句在胜局已定后的著名遗言"吻我，哈代"就是在这艘船上说的。非凡的舰船被密密麻麻的绳索和桅杆覆盖，庞大的船身容纳着大炮和多达850多位船员的装备物品。

其他海上景点还包括维多利亚时期的皇家海军舰船"勇士"号（HMS Warrior；☏023-9283 9766；www.hmswarrior.org；成人/儿童/家庭 £18/13/37；⊙4月至10月 10:00~17:30,11月至次年3月 至17:00）、"二战"时期的皇家海军潜艇"联盟"号（HMS Alliance；☏023-9283 9766；www.submarine-museum.co.uk；Haslar Rd, Gosport；成人/儿童 £13.50/9；⊙4月至10月 10:00~17:00,11月至次年3月 周三至周日 10:00~16:00）以及其他几间充满想象力的博物馆，另外也有港口团队游。如果要游览超过一个以上的景点，购买全部景点联票（All Attraction ticket）比单独买票更划算（尽管联票如今已经不包括"玛丽·罗斯"号博物馆的门票）。在线购票可优惠20%。

朴次茅斯位于伦敦西南100英里。每小时都有1班火车从伦敦维多利亚火车站（£20,2小时）、每半小时1班从伦敦滑铁卢火车站（£37, 2.25小时）开往朴次茅斯。如果要参观历史船坞，在终点站朴次茅斯港口（Portsmouth Harbour）下车。

其他城市的火车线路包括：

布赖顿（Brighton；£16, 2小时, 每小时1班）

奇切斯特（Chichester；£8, 30分钟, 每半小时1班）

南安普敦（Southampton；£10, 1小时, 每半小时1班）

温切斯特（Winchester；£12, 1小时, 每小时1班）

新福里斯特（New Forest）

名字带有典型英式反讽意味的新福里斯特（意为"新森林"）其实一点儿都不"新"——早在1079年，这里就被划为首个皇家御用狩猎场。这里也没有多少森林景致，主要地貌是荒野（英语中的"森林"来自古法语中的"狩猎场"一词）。不过作为2005年才划定的国家公园，这座"森林"还是有值得你愉快探索一番的独特魅力。野生矮马漫步于优美的灌木丛中，鹿群在远处时隐时现，珍禽从林间飞快掠过。雅致的小村庄点缀在这片风景中，村庄之间由徒步小径和骑行路线紧密连接。

🏃 活动

★ **New Forest Activities** 探险运动

（☏01590-612377；www.newforestactivities.co.uk；High St, Beaulieu）经营各种活动，包括划独木舟（成人/儿童 每90分钟£25/19起）、划皮划艇（每90分钟£20/25起）和射箭（成人/儿童 每90分钟£22/17）等。

徒步

新福里斯特的地势总体平坦,非常适合徒步。英国地形测量局(Ordnance Survey,简称OS)曾制作一系列精密的、比例尺为1:25,000的《探索者地图》(*Explorer Map*),其中No OL22是新福里斯特地区(£9);Crimson出版的《新福里斯特短途徒步》(*New Forest Short Walks*;£8)提供20条一日游徒步环线,长度多为2~6英里。

林德赫斯特(Lyndhurst)的新福里斯特中心可提供地图和指南。

★ Ranger Walks 徒步

(☎0300 068 0400;www.forestry.gov.uk/newforestevents;£6起)由林业委员会主办的一日徒步,包括围绕摄影、矮马以及管理新福里斯特的独有方式等主题的团队游。

骑行

➡ 新福里斯特打造了绝佳的自行车运动场地,总长100英里的多条车道连接着主要村庄和位于布罗肯赫斯特(Brockenhurst)的重要火车站。

➡ 《新福里斯特骑行地图》(*The New Forest By Bike map*;£4.50)介绍了12条8英里至32英里的线路。《新福里斯特骑行指南》(*New Forest Cycling Guide*;£4)包含6条单日骑行路线,长度为4英里至22英里,书中采用1:25000的OS地图。

➡ 地图和指南可以在林德赫斯特(Lyndhurst)新福里斯特中心的信息台购买。

➡ 若要租借自行车,你需要支付押金(通常为£20~25)并提供身份证明。

AA Bike Hire 骑行

(☎02380-283349;www.aabikehirenewforest.co.uk;Fern Glen, Gosport Lane, Lyndhurst;成人/儿童 每天 £10/5;◉4月至10月 9:00~17:00)位于林德赫斯特的主要停车场内。

The Woods Cyclery 骑行

(New Forest Cycle Hire;☎02380-282028;www.thewoodscyclery.co.uk;56 High St, Lyndhurst;成人/儿童 每天 £18/10;◉9:00~17:00)除了常规自行车,还出租电动自行车和儿童自行车。

Cyclexperience 骑行

(New Forest Cyclehire;☎01590-624808;www.newforestcyclehire.co.uk;Train Station, Brockenhurst;成人/儿童 每天 £18/9;◉9:00~17:30)位于一节复古的火车车厢内——他们还可将自行车送至国家公园内的各地点。

Forest Leisure Cycling 骑行

(☎01425-403584;www.forestleisurecycling.co.uk;The Cross, Burley;成人/儿童 每天 £18/10;◉9:00~17:00)为9条骑行路线提供方便的自行车租赁。

骑马

Arniss Equestrian Centre 骑马

(☎01425-654114;www.arnissequestrian.co.uk;Godshill, Fordingbridge;每小时£30)可为各种水平的骑手提供服务。

Burley Villa 骑马

(Western Riding;☎01425-610278;www.burleyvilla.co.uk;Bashley Common Rd,靠近New Milton;每小时£45)采用英格兰传统方式骑马,也可选择西部马鞍风格(每90分钟 £54)。

❶ 实用信息

游客信息中心(☎01425-880020;www.thenewforest.co.uk;Main Car Park, Lyndhurst;◉4月至10月 10:00~17:00,11月至次年3月 至16:00)这间游客信息中心位于新福里斯特中心内,提供各种宣传页、地图和书籍。

🛏 住宿

新福里斯特是露营者的天堂。Forestry Commission(www.campingintheforest.co.uk)运营有10处相对偏远的露营地。

新福里斯特针对旅行者的官方网站www.thenewforest.co.uk有完整的住宿机构名录,从露营地、假日公园到民宿、农场寄宿以及酒店,一应俱全。

❶ 到达和当地交通

长途汽车

➡ Natonal Express(www.nationalexpress.com)客运班车停靠Ringwood和南安普敦(Southampton)。

➜ 6路（周一至周六每小时1班，周日5班）从南安普敦开往林德赫斯特（£4.70，40分钟）、布罗肯赫斯特（£6.30，50分钟）和利明顿（Lymington；£6.30，1.25小时）。

➜ X1/X2路从伯恩茅斯（Bournemouth）开往利明顿（£6，1.5小时，周一至周六每半小时1班，周日4班）。

➜ **New Forest Tour**（☎01202-338420；www.thenewforesttour.info；每1/2/5天成人 £17/22/33，儿童 £9/12/17；☉7月初至9月初 9:00～18:00）有3条随时可以上下的公共汽车路线，沿途经过林德赫斯特的中心停车场、布罗肯赫斯特火车站、利明顿、Ringwood、比尤利（Beaulieu）和埃克斯伯里（Exbury）。

火车

➜ 每小时有两班火车从伦敦滑铁卢火车站（£25，2小时）经由温切斯特（£15，30分钟）前往布罗肯赫斯特，继而前往伯恩茅斯（£8，20分钟）。

➜ 当地的火车也往返于布罗肯赫斯特和利明顿之间（£4，11分钟），每小时2班。

林德赫斯特、布罗肯赫斯特及周边（Lyndhurst, Brockenhurst & Around）

古色古香的村庄林德赫斯特和布罗肯赫斯特相距仅4英里，这两处充满情调的地方很适合作为深入探索新福里斯特国家公园的落脚点，它们都拥有景色优美的住宿和品质超凡的就餐场所。

◉ 景点

新福里斯特中心 博物馆

（New Forest Centre；☎02380-283444；www.newforestcentre.org.uk；中心停车场，Lyndhurst；☉4月至10月 10:00～17:00，11月至次年3月 至16:00）**免费** 你会在博物馆中见到一座当地劳工的村舍（炉火旁还有烘烤的袜子）、几台挖土豆器以及苹果榨汁机。一段视频短片能让观众大致了解这座国家公园——影片还记录了每年将矮种马赶拢后举行的秋季矮种马交易会。

比尤利 历史建筑

（Beaulieu；☎01590-612345；www.beaulieu.co.uk；成人/儿童 £25/13；☉4月至9月 10:00～18:00，10月至次年3月 至17:00）汽车发烧友、历史学者和鬼怪猎人都会对比尤利（发音bew-lee）着迷：这里以一座建于13世纪的西多会修道院为中心，散布着老爷车博物馆、庄园和旅游设施。痴迷汽车的人会在蒙塔古勋爵（Lord Montague）的**国家汽车博物馆**（National Motor Museum）欣喜若狂。门票有效期为一年；在线提前购票可优惠多达£5。比尤利为New Forest Tour路线上的一站。

🛏 住宿

★ **The Pig** 精品酒店 £££

（☎0345 225 9494；www.thepighotel.co.uk；Beaulieu Rd, Brockenhurst；房间 £185～300；🅿🛜）这是新福里斯特较有品位的酒店之一，仍然能令人感受纯粹的愉悦。木篮子、长柄木槌和排列整齐的客用胶鞋为这里营造出了不少乡村风情，而浓缩咖啡机和迷你冰箱则为卧室增添了一抹奢华的情调。所有这些信手拈来的优雅都会让你觉得仿佛置身于好友时尚的乡村别墅中。

Daisybank Cottage 民宿 £££

（☎01590-622086；www.bedandbreakfast-newforest.co.uk；Sway Rd, Brockenhurst；标单 £120～130，双 £135～145；🅿🛜）这里的7个主题客房简直是迷你的奢华宫殿。闪闪发光的浴室芳香宜人，还有别具一格的豪华家具和许多额外福利：使用新福里斯特本地食材烹饪的早餐、手工巧克力、智能底座、DAB收音机以及入住时送上的炉边蛋糕。

ℹ 到达和离开

➜ 6路公共汽车往返于林德赫斯特和利明顿之间（£4，周一至周六 每小时1班，周日 5班），途经布罗肯赫斯特；New Forest Tour（见本页）也运营同样的路线。

➜ 火车往返于布罗肯赫斯特和利明顿之间（£3.40，10分钟），每小时2班。

巴克勒斯哈德（Buckler's Hard）

这座位于比尤利河口、风景如画的18世纪小村庄规模极小，却拥有令人难以置信的辉煌历史。村庄建于1722年，当时蒙塔古家族的一位公爵决定建造一座港口，以支持一支前往加勒比海的探险队。可惜他的梦想未能实现，在与法国交战的过程中，这座新生的小村庄和隐蔽的砂砾河滨地带成为一处秘密造船厂，建造起了军舰，为纳尔逊将军在特拉法加海战取得胜利做出贡献。在20世纪，小村庄也参与到诺曼底登陆的准备工作中。

🛏 食宿

★ Master Builder's House　　酒店 £££

（☎01590-616253；www.hillbrookehotels.co.uk；双 £130~175；P）这家经过修复的18世纪酒店十分美观，房间类型多样，既有清新的航海主题，也有配着柔和灯光、抛光木箱和奢华织物的典雅风格。就餐选择同样不少，从优雅经典的餐厅到适合家庭分享食物的酒吧（主菜£12~24；⊙正午至21:00）。

利明顿（Lymington）

人口 15,400

利明顿是游艇锚泊的天堂，也是探索新福里斯特的大本营和前往怀特岛的跳板。这座迷人的乔治国王时期港口小镇拥有不少旅游资源，过去用于走私的码头如今分布着各种航海主题商店和首屈一指的食宿选择，有空不妨去Quay St古色古香的鹅卵石巷道转转。

🚶 活动

Puffin Cruises　　乘船游

（☎07850-947618；www.puffincruiselymington.com；Lymington Quay；成人/儿童 £8/4起；⊙4月至10月 10:00~16:00）搭乘"Puffin Billi"号进行1小时的巡航，沿着蜿蜒的利明顿顺流而下，前往飞鸟成群的盐沼。小朋友们都会爱上海盗主题的Black Puffin之旅，出发去寻找失落的宝藏。

🛏 住宿

Auplands　　民宿 ££

（☎01590-675944；www.auplands.com；22 Southampton Rd；标单 £55~65，双 £75~85，家 £99起；P）亲切友好的主人经营这家民宿已有30多年，让它保持着高效的运作，散发出温馨从容的魅力。舒适的房间里有松木家具、瓶装水和大型绿植，距离利明顿的餐馆密集区只有10分钟步程。

★ Mill at Gordleton　　精品酒店 £££

（☎01590-682219；www.themillatgordleton.co.uk；Silver St, Hordle；双 £129~149，套 £194~295；P）在踏进门的那一刻，你就能感到这里的服务周到贴心。精致的房间（每个房间都有一个可爱柔软的鸭子玩具）点缀着天鹅绒和格纹布，而花园巧妙地融合了流水、彩灯和现代雕像。酒店位于利明顿以西4英里处。

🍴 就餐

Deep Blue　　炸鱼和薯条 £

（www.deepbluerestaurants.com；130 High St；主菜 £9；⊙周一至周五 12:00~14:30和16:30~20:30，周六 12:00~21:00，周日 12:00~19:30）这家经典的英式薯条店门外常常排着长队，这里供应源自可持续渔业的鱼、新鲜的薯条、豌豆泥和腌蛋。可堂食或带走。

Ship　　酒馆食物 ££

（☎01590-676903；www.theshiplymington.co.uk；The Quay；主菜 £11~24；⊙厨房 周一至周六 正午至22:00，周日 至21:00；P）这家酒馆一年四季总相宜：夏天在海边露台畅饮，冬天则有火炉让你倍感温暖舒适。精心烹制的食物包括地中海风味拼盘、多汁的烘奶酪、比萨和肉丸、波特汁煎鹿肉等。

★ Elderflower　　新派英国菜 £££

（☎01590-676908；www.elderflowerrestaurant.co.uk；5 Quay St；主菜 £24~30；5/7道菜套餐 £55/65；⊙周二至周六 正午至14:30和18:30~21:30）这家餐厅将盎格鲁和法兰西风味融合到一起，菜看从野生荨麻叶浓汤到糖蜜火腿，独创的布丁更是真正的美味——哪里还能尝到雪茄烟熏巧克力配巧克力威士忌慕斯呢？

ℹ 到达和离开

利明顿有两座火车站：利明顿城区火车站（Lymington Town）和利明顿码头火车站（Lymington Pier），在利明顿码头火车站可以接驳前往怀特岛的渡轮。火车每小时2班前往南安普敦（Southampton；£12，40分钟），需在布罗肯赫斯特换乘。

Wightlink Ferries（☎03339997333；www.wightlink.co.uk）运营前往怀特岛雅茅斯（Yarmouth；40分钟）的汽车渡轮和客轮，每小时1班，成人/儿童乘客的单程费用为£11/5。夏季时，一辆小汽车和2位乘客稍作停留即返的往返费用是£60左右。

怀特岛（ISLE OF WIGHT）

怀特岛近年来弥漫着一股时髦的气息。这座朴次茅斯附近的岛屿数十年来吸引着无数家庭前来度假，小桶和铁铲依然是海边游玩的标准配置。不过现在海滨散步道和游乐场焕发出了新的魅力，岛上历史悠久的音乐节也吸引了无数派对党。漫步岛屿，你可以在超酷的渔夫餐馆享用刚刚捕捞的渔获，也可以体验与众不同的露营——露营地里布满了圆顶帐篷和老式房车。然而这座小岛的原始魅力依然如故：温和的气候和无数的户外运动，以及由沙滩、嶙峋白色悬崖和宁静沙丘组成的绵延25英里的海岸线。

活动

骑行

怀特岛拥有总长达200英里的骑行路线，足以让骑行者们开心大笑。岛屿的官方旅游网站（www.visitisleofwight.co.uk）提供大量推荐行程（配有地图），从沿着旧铁路线的轻松全家行，到长60英里的环岛骑行线路等，可谓应有尽有。怀特岛骑行节（IW Cycle Fest）于每年8月底举办。

自行车租借的费用每天大约£16，或者每周£60。对于£30以上的订单，许多公司还提供自行车运送和上门取车服务。

徒步

怀特岛是英格兰南部最佳的徒步地点之一，拥有总长500英里标识清晰的步道，其中有67英里的海滨路线。岛上为期两周的徒步节在每年5月举行，自诩为英国规模最大的徒步节。

水上运动

水上运动在怀特岛可算是件大事。考斯（Cowes）是帆船运动中心；冲浪、帆板运动和风筝冲浪的爱好者纷纷涌向西南海岸，特别是康普顿湾（Compton Bay）周围；动力艇则会出海驶向尼德尔斯（Needles）岩石群。

Isle of Wight Adventure Activities　　　　冒险运动

（☎0800 180 4025；www.adventureactivitiesisleofwight.co.uk；Freshwater）经营冲浪、站立式划桨冲浪和皮划艇（每2小时 成人/儿童 £40/25）以及丛林技能（每人£25），还有1小时的攀岩和弓箭体验课程（成人/儿童 £14/12）。

节日

岛上音乐节的传统始于1968年，当时20万嬉皮士前来观看大门乐队（The Doors）、谁人乐队（The Who）、乔妮·米切尔（Joni Mitchell）和摇滚巨星吉米·亨德里克斯（Jimi Hendrix）最后的登台演出。数十年之后，音乐节的规模仍然属于英格兰顶级音乐节活动之列。

怀特岛音乐节　　　　音乐节

（Isle of Wight Festival；www.isleofwightfestival.org；☉6月中旬）过去登台的重量级音乐人包括立体音响乐队（Stereophonics）、缪斯乐队（Muse）、红辣椒乐队（Red Hot Chili Peppers）、莱昂国王乐队（Kings of Leon）和滚石乐队（Rolling Stones）。

考斯赛周　　　　航海节

（Cowes Week；www.aamcowesweek.co.uk；☉8月初）考斯赛周远近闻名，首次举办可追溯至1826年，如今依然是世界上规模最大、举办时间最长的航海节之一。

❶ 实用信息

怀特岛**旅游局**（☎01983-813813；www.visitisleofwight.co.uk；High St, Newport；☉周一至周五 9:30～15:30）位于纽波特（Newport）；在主要的渡轮港口都设有小型信息咨询处。

❶ 到达和离开

Hovertravel（☎01983-717700；www.hovertravel.co.uk；Quay Rd, Ryde；一日往返 成人/儿童

Isle of Wight 怀特岛

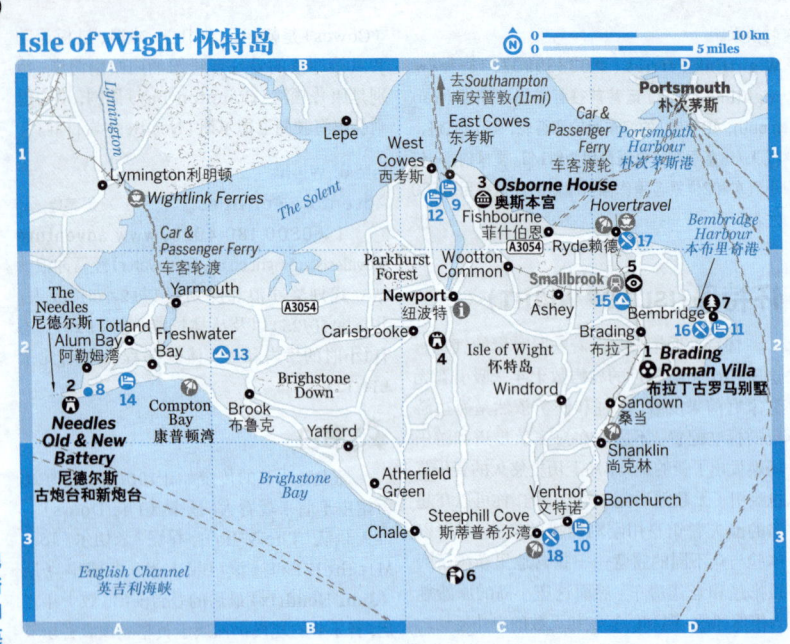

Isle of Wight 怀特岛

◎ 重要景点
1 布拉丁古罗马别墅	D2
2 尼德尔斯古炮台和新炮台	A2
3 奥斯本宫	C1

◎ 景点
4 卡里斯布鲁克城堡	C2
5 怀特岛蒸汽火车铁路	D2
6 圣凯瑟琳灯塔	C3
圣凯瑟琳礼拜堂	（见6）
7 圣海伦斯沙屿	D2

⊕ 活动、课程和团队游
8 Needles Pleasure Cruises	A2

⊜ 住宿
9 Fountain	C1
Hambrough	（见10）
10 Harbour View	C3
11 Harbourside	D2
12 onefiftycowes	C1
13 Tom's Eco Lodge	B2
14 Totland Bay YHA	A2
15 Vintage Vacations	D2

⊗ 就餐
Ale & Oyster	（见10）
16 Best Dressed Crab	D2
17 Black Sheep	D1
18 Boathouse	C3
Crab Shed	（见18）

£24/12）客船往返于南海城（Southsea；朴次茅斯郊区）和赖德（Ryde）之间，每半小时至1小时1班。

Red Funnel（☏02380-248500；www.redfunnel.co.uk）经营车客渡轮往返于南安普敦和东考斯（East Cowes；当日往返 成人/儿童 £17.80/8.90，小汽车 £45起，60分钟，每小时1班），也有高速客轮往返于南安普敦和西考斯（West Cowes；当日往返成人/儿童£25.60/12.80，25分钟，每小时1~2班）。

Wightlink Ferries（☏0333 999 7333；www.wightlink.co.uk）经营的客轮每小时1班，往返于朴次茅斯和赖德之间（一日往返 成人/儿童 £20/10，22分钟）。它也经营每小时1班的车客渡轮，分别往返于朴次茅斯和菲什伯恩（Fishbourne；45分钟）之间，以及利明顿和雅茅斯之间(40分钟)。这两条航线的一日往返票价均为成人/儿童£16/8,汽车稍作停留即返的往返票价约为£60。

❶ 当地交通

公共汽车
Southern Vectis(www.islandbuses.info)在东部城镇经营公共汽车,大约每30分钟1班,常规班次较少前往偏远西南部,特别是Blackgang Chine和布鲁克(Brook)之间的路段。不过在4月和9月之间,**Island Coaster**(www.islandbuses.info; 成人/儿童£10/5)沿着南部海岸从东边的赖德到西边的雅茅斯,该往返形环线路每天有1~3班车。

小汽车
1st Call(☎01983-400055; www.1stcallcarsales.com; 15 College Close, Sandown; 每天/周£30/150起)全岛都可以办理租车业务(包括远程送车取车)。

火车
South Western Railway(www.southwesternrailway.com)的Island Line火车每小时2班,从赖德驶往尚克林(Shanklin; 当日往返£4.60, 25分钟),途经Smallbrook Junction、布拉丁(Brading)和桑当(Sandown)。

考斯及周边
(Cowes & Around)

带上你的游艇帽——乔治国王时代风格的港口小镇考斯随山势起伏,尤以8月初的考斯赛周而闻名。这项赛事始于1826年,是世界上距离最长且规模最大的帆船赛事,届时,玻璃纤维材质的赛艇和老式帆船会一排排泊满考斯的码头。风景如画的麦地那河(River Medina)将考斯分成东西两部分。

> ### ❶ 汽车渡轮费用
> 前往怀特岛的汽车渡轮费用差异惊人。预订、询问特价并且在非高峰期(周中和每天晚些时候)出行可以节省花费。在岛上长时间停留价格也可能会有优惠,一些特价还包括岛屿景点的门票。在线预订可以便宜大约£20。

怀特岛的首府纽波特(Newport)位于考斯以南5英里处。

◉ 景点

★ 奥斯本宫　　　　　　　　历史建筑
(Osborne House; EH; ☎01983-200022; www.english-heritage.org.uk; York Ave, East Cowes; 成人/儿童/家庭 £17.20/10/30; ⊙4月至9月 10:00~18:00, 10月 至17:00, 11月至次年3月 周六和周日 10:00~16:00; ℗)这栋柠檬色的意大利风格建筑充分展现了维多利亚时代的浮华风采。奥斯本宫是19世纪40年代在维多利亚女王的指令下兴建,女王在丈夫过世后曾孀居于此多年。奢华的房间包括金碧辉煌的皇家公寓和会客厅(Durbar Room)。其他亮点包括骑马和乘坐马车,以及供王室孩子玩耍的瑞士小屋(Swiss Cottage),你还可以沿着杜鹃花步道(Rhododendron Walk)走到女王的御用海滩。

卡里斯布鲁克城堡　　　　　城堡
(Carisbrooke Castle; EH; ☎01983-522107; www.english-heritage.org.uk; Castle Hill, Newport; 成人/儿童 £10/6; ⊙4月至9月 10:00~18:00, 10月 至17:00, 11月至次年3月 周六和周日 10:00~16:00; ℗)查理一世(Charles I)在1649年被处决前就羁押于此。如今你可以爬上坚实的土城墙,在这位厄运连连的君主曾经走过的草坪上玩滚木球。

⛺ 住宿

★ onefiftycowes　　　　　民宿 ££
(☎07795-296399; www.onefiftycowes.co.uk; 150 Park Rd, West Cowes; 标单/双 £75/105; ℗🛜)这里有豪华酒店的所有装饰,同时不乏民宿所具有的独特个性——柳条椅放在独立水槽边;特有的壁炉堆放着被海水冲刷得格外光滑的鹅卵石。最好的房间是Solent,配有双筒望远镜,让你能够淋漓尽致地欣赏远处一抹海景。

Fountain　　　　　　　　酒店 ££
(☎0845 608 6040; www.oldenglishinns.co.uk; High St, West Cowes; 标单 £70~97, 双£90~117; 🛜)这座迷人的旅馆位于港口旁,乔治国王时代的复古风格是这里的主宰,仿植

绒壁纸和古老的木家具为温馨的房间定下基调。21号房有倾斜的天花板，还可以看到渡轮码头的绝佳风景。舒适的酒吧和阳光灿烂的露台是品尝啤酒和经典酒馆小食（主菜£10起，食物供应11:00~22:00）的绝佳去处。

赖德及周边（Ryde & Around）

往返于怀特岛和朴次茅斯最便捷的客轮就停靠赖德，这座平凡而迷人的维多利亚小镇集合了英国海滨所有令人着迷的特质。附近是建有精美古罗马别墅的魅力小村布拉丁（Brading），以及被沙滩包围、适合拍照的本布里奇港（Bembridge Harbour）。

更南边则是一对度假小镇桑当（Sandown）和尚克林（Shanklin），坐拥海滨步道，举家出行的游客挥铲提桶前来玩沙子。

⊙ 景点

★布拉丁古罗马别墅　　　　遗址

（Brading Roman Villa；☎01983-406223；www.bradingromanvilla.org.uk；Morton Old Rd, Brading；成人/儿童 £9.50/4.75；◎10:00~17:00）这里精心保存的马赛克镶嵌画（包括一幅著名的公鸡头人身画像）使这里成为英国最美的罗马不列颠时期遗址之一。木步道架设在碎石墙和色彩艳丽的彩绘瓷砖上，让你可以仔细观赏脚下的遗址。

圣海伦斯沙屿　　　　自然保护区

（St Helens Duver；NT；☎01983-741020；www.nationaltrust.org.uk；靠近St Helens；◎24小时；P）这片由沙丘和圆石组成的田园诗般的海角，位于雅河（River Yar）的入海口附近，几条小路蜿蜒穿过生长着大片海石竹、滨草和罕见三叶草的地带。可从本布里奇港（Bembridge Harbour）附近的村庄圣海伦斯（St Helens）出发前往，沿途有路牌指示。

怀特岛蒸汽火车铁路　　　　历史铁路

（Isle of Wight Steam Railway；☎01983-882204；www.iwsteamrailway.co.uk；Smallbrook Junction；往返 成人/儿童 £13/6.50起；◎4月中旬至9月）老式列车定期从Smallbrook Junction开往Wootton Common，全程1小时。

🛏 住宿

★Vintage Vacations　　　　露营地 ££

（☎07802-758113；www.vintagevacations.co.uk；Hazelgrove Farm, Ashey Rd；2/4人拖车 每周 £620/725；◎4月至10月；P）农场里有一批20世纪60年代的清风房车（Airstream trailer），复古而时尚，充满个性。闪亮的铝制车厢内安放着精心挑选的装饰品，有色彩明快的拼花毯，也有鲜艳的茶壶套。除了房车，也可以选择安静的沙滩棚屋、20世纪30年代的侦查员小屋，或者入住"传教团"（Mission）——维多利亚时代末期的简易板房教堂。

Harbourside　　　　民宿 ££

（☎01983-339084；www.harbourside-iow.co.uk；Embankment Rd, Bembridge Harbour；双 £85~120，套 £120~170；P）这绝对是一个独特的住处——一间船屋民宿，位于宁静的本布里奇港海滨地带。装饰非常时尚，固定装置都是从旧船上淘来的，甲板上的活动区被鲜花环绕。在潮水高涨时，天鹅都会游到船舷边上。

🍴 就餐

Black Sheep　　　　咖啡馆 £

（☎01983-811006；www.theblacksheepbar.co.uk；53 Union St, Ryde；小吃 £3~6，主菜 £8~12；◎周一至周五 12:00~15:00，周三至周五 18:00~21:00，周六 10:00~17:00，周日 10:00~15:00）悠扬的乐曲声、一堆堆的报纸和棕榈点缀的露台，吸引当地人来到赖德这个慵懒悠闲的咖啡馆。这里经常举办现场音乐演出，菜品包括自制汉堡、烟熏三文鱼、牛油果三明治，以及热气腾腾的蒸贻贝等。

Best Dressed Crab　　　　海鲜 ££

（☎01983-874758；www.thebestdressedcrabintown.co.uk；Fisherman's Wharf, Bembridge Harbour；主菜 £8~24；◎3月至12月 每天 10:00~16:00，1月和2月 周六和周日 10:00~16:00）欢迎来到这家田园诗般的地方享用午餐。这个位于浮筒船上的小巧咖啡馆，每天将新鲜捕获的螃蟹和龙虾变成超级可口的三明治、沙拉和汤。最好是在水边的餐桌用餐，能看到当地渔船卸下各种渔获。人气极旺，提早预订。

文特诺及周边（Ventnor & Around）

维多利亚时代风格的小镇文特诺位于岛屿南岸，由于太过偏远，感觉甚至更像是法国南部。不妨逛逛分布在蜿蜒街道上的商店，也可以漫步海滨；附近别具一格的斯蒂普希尔湾（Steephill Cove）值得绕道前往。

⊙ 住宿和活动

圣凯瑟琳灯塔　　　　　　　　　灯塔 £

（St Catherine's Lighthouse；☎01983-730435；www.trinityhouse.co.uk；靠近Niton；成人/儿童 £5/3；◎6月至9月 13:00~16:30，4月和5月 时间不定；ⓟ）一个锯齿状屋顶的19世纪导航设施，标志着岛屿最南端。团队游将带你爬上90多级台阶，到灯室欣赏无敌海景。

圣凯瑟琳礼拜堂　　　　　　　　灯塔 £

（St Catherine's Oratory；靠近Niton）**免费** 这座34英尺高的八角形塔建于14世纪，被当地人称为"Pepperpot"（胡椒瓶），是英格兰硕果仅存的中世纪灯塔。

🛏 食宿

Harbour View　　　　　　　　　客栈 ££

（St Augustine Villa，☎01983-852285；www.harbourviewhotel.co.uk；The Esplanade, Ventnor；标单 £74~90，双 £83~99；ⓟ🛜）乡村别墅常见的收藏品点缀着这栋意大利风格的维多利亚时代别墅，扶手椅躺坐在富丽堂皇的卧室里，透过红色窗帘可欣赏到超级美丽的海景。你可以坐在沙发上欣赏落日，或者倚在四柱床上看潮起潮落。入住塔屋（Tower Room），可靠窗而坐，尽享三面通透的美景和阳光。

Hambrough　　　　　　　　　　民宿 £££

（☎01983-856333；www.thehambrough.com；Hambrough Rd, Ventnor；双 £150~230，套 £190~250；🛜）在这里，从客房中看到的一切都无懈可击——套房设有阳台，让你坐享海景环绕，从4号房的浴缸还可以直接看到海浪。家具时尚新潮而不花哨，设施包括迷你冰箱、供热地板和浓缩咖啡机等。

Ale & Oyster　　　　　　　　法式小馆 £££

（☎01983-857025；www.thealeandoyster.co.uk；The Esplanade, Ventnor；主菜 £22~25；◎周三至周日 12:00~14:00和18:00~21:00）这个一流的法式小馆用怀特岛农产品制作现代风味的菜肴，并赢得了忠诚的回头客。精致的菜肴可能包括螃蟹冻、烤扇贝、油封鸭，或者当地鸽胸肉配蘑菇和黑莓。最好选一张可以俯瞰文特诺湾的餐桌。

斯蒂普希尔湾（Steephill Cove）

斯蒂普希尔湾小巧的沙滩被石头房屋和看似摇摇欲坠的棚屋包围着。沙滩上的花彩门廊点缀着浮木家具，挂着渔网；远处矗立着一座小巧的护墙板灯塔。这里的一切都与航海有关，但景色依然赏心悦目。

🍴 就餐

Crab Shed　　　　　　　　　　咖啡馆 £

（☎01983-855819；www.steephillcove-isleofwight.co.uk；小吃 £5起；◎4月至9月 正午至15:00）龙虾笼和渔船在小屋外的船台前整齐排列，平静的海面上漂浮着软木浮板和褪色的浮标。难以抗拒的佳肴包括多肉的蟹肉沙拉、鲭鱼意式面包和松脆的蟹肉馅饼。

★ Boathouse　　　　　　　　　海鲜 £££

（☎01983-852747；www.steephill-cove.co.uk；主菜 £20~45；◎5月底至9月初 周四至周二 正午至15:00）得得够早的话，你能看见斯蒂普希尔湾的渔夫吉米（Jimmy）和马克（Mark）正将刚捕捞的午餐卸到岸上，而磨砂的木头餐桌距离大海仅仅几步之遥。品几口冰镇葡萄酒，再尝一尝鲜美多汁的龙虾，在怀特岛的这栋用浮木搭建的时尚建筑内狂欢，绝对是梦寐以求的享受。需要预订。

ℹ 到达和离开

斯蒂普希尔湾位于文特诺以西1英里，车辆无法驶入。可以从附近的植物园（停车 £5）步行前往，或者从文特诺步道（Ventnor Esplanade）以西200米的山边停车场开始徒步，沿着略显陡峭的海岸小路即可抵达。

西怀特（West Wight）

怀特岛西部是偏远的乡村，也是岛上真正原始纯粹的角落。近乎垂直的白色悬崖从波涛汹涌的海面高耸而起，壮观的海岸线向西绵延至阿勒姆湾（Alum Bay）以及该地区最著名的白垩岩——尼德尔斯（Needles）。怪石嶙峋的岩石突兀地立于海面之上，形成的线条宛如史前海洋怪兽的脊骨。康普顿湾（Compton Bay）常年遭受大风侵袭，但依然是西怀特最好的沙滩。

◉ 景点和活动

★ 尼德尔斯古炮台和新炮台 港口

（Needles Old & New Battery; NT; ☎01983-754772; www.nationaltrust.org.uk; The Needles; 成人/儿童 £6.80/3.40; ⓘ3月中旬至10月 11:00～16:00）这片维多利亚时期的堡垒建筑群位于怀特岛的最西端，里面有两个炮位，如今这里迷人的展览讲述了1862年炮台的修建过程，在两次世界大战中发挥的作用，以及后来成为"冷战"中秘密火箭试验基地的历史。可以从阿勒姆湾沿着悬崖步行1英里前往炮台，或者搭乘敞篷**旅游巴士**（www.islandbuses.info; 每24小时 成人/儿童 £10/5; ⓘ3月中旬至10月 10:00～17:00）往返于炮台和海湾之间，每小时2班。

Needles Pleasure Cruises 乘船游

（☎01983-761587; www.needlespleasurecruises.co.uk; Alum Bay; 成人/儿童 £6/4; ⓘ复活节至10月 10:30～16:30）从阿勒姆湾航行20分钟前往尼德尔斯（每半小时1班），就可以观赏这些拔地而起的壮观白垩岩悬崖。

🛏 住宿

Totland Bay YHA 青年旅舍 £

（☎0345 260 2191; www.yha.org.uk; Hirst Hill, Totland Bay; 铺/双/四 £25/62/100; 🅿@🛜）这栋嘎吱作响的维多利亚时期房屋井井有条，每间房最多可住8人，员工很乐意分享当地信息。

★ Tom's Eco Lodge 露营地 ££

（☎01983-758729; www.tomsecolodge.com; Tapnell Farm, Yarmouth; 4人小木屋每3晚 £300; 🅿🛜）🍃生态舱、小木屋、野营帐篷——这座宽敞的海景营地有全套舒适露营装备。营地还有装饰精致的淋浴和厕所——有些甚至还有燃木热水浴缸。其他服务包括早餐篮（每人£5）和方便你举办私人烧烤会的食品包（4人£40）。

多塞特郡（DORSET）

度假热门地区多塞特郡散发着多重的魅力。它拥有全英国数一数二的海岸线，以及被列为世界遗产的侏罗纪海岸（Jurassic Coast），后者分布着鬼斧神工的海湾、碎石悬崖和埋藏着化石纪念品的海滩。游泳、划皮划艇和徒步都会让你难以忘怀。在内陆，你还会看到托马斯·哈代（Thomas Hardy）笔下诗意的风景，铁器时代的恢宏堡垒，原始的白垩岩人物形象，童话般的城堡和不容错过的华丽庄园。除此之外，这里还有派对动物热爱的度假村，林立着百万富翁豪宅的海滩，以及曾用于奥运会比赛的帆船场地——是时候把多塞特郡添加到你的度假清单上了。

ℹ 实用信息

Visit Dorset（www.visit-dorset.com）多塞特郡的官方旅游网站。

Lonely Planet（www.lonelyplanet.com）目的地信息、酒店预订、旅行者论坛等。

ℹ 到达和当地交通

火车

一趟列车从布里斯托尔经巴斯和多切斯特西站（Dorchester West）连接韦茅斯（Weymouth; £20, 3小时, 每天至少6班）。

另一趟每小时1班的直达列车连接了伦敦滑铁卢火车站和韦茅斯（£34, 3小时），途经南安普敦、伯恩茅斯、普尔（Poole）和多切斯特南站。

公共汽车

First（www.firstgroup.com/wessex-dorsetsouth-somerset）运营连接主要城镇的汽车路线。其中一条常用线路是X53, 定时从韦茅斯沿海岸向西驶往阿克斯明斯特（Axminster）。

More（www.morebus.co.uk）是伯恩茅斯、普尔和周围乡村区域的主要客运公司。

伯恩茅斯（Bournemouth）

人口 183,491

如果用一样东西定义伯恩茅斯，那就是它的海滩。7英里长的柔软沙滩非常漂亮，早在维多利亚时代就吸引着度假者远道而来。如今这处度假胜地招揽而来的不但有乘坐大巴的老年旅行团，也有风华正茂的派对青年——周六晚上到处都是奇装异服的人，打扮成天使的姑娘可能会与穿着男式比基尼（mankini）的男士相遇。但伯恩茅斯并不仅仅是一个彻头彻尾的派对城镇，它还有一些不为人知的秘境，出色的餐厅，诱人的水上运动，而市中心以东2英里的郊区博斯库姆（Boscombe）更是时尚弄潮儿的胜地。

◎ 景点

伯恩茅斯海滩
（Bournemouth Beach） 海滩

伯恩茅斯的沙质海岸线经常赢得各项海滨奖项。它从最东端的Southbourne绵延至西端的Alum Chine，是一条极长的海边漫步道。道旁点缀着约3000把帆布躺椅、漂亮的花园、儿童游乐场、咖啡馆以及200间可以出租的海滩小屋（☎01202-451781；www.bournemouthbeachhuts.co.uk；每天/周£40/115起）。这片度假区有两个码头：伯恩茅斯码头（Bournemouth Pier）周边可以租帆布躺椅（每天£3）、防风设备（£6）和遮阳伞（£6）；博斯库姆码头（Boscombe Pier）则是水上运动的中心。

罗素柯特斯艺术画廊和博物馆 博物馆
（Russell-Cotes；☎01202-451858；www.russellcotes.com；East Cliff Promenade；成人/儿童£7.50/4；◎周二至周日10:00~17:00）这座迷人建筑俨然是意大利风格别墅和苏格兰式男爵气派的综合体，几乎每一寸墙壁都散发出张扬的气息。它建于19世纪末，房主是默顿·罗素柯特斯（Merton Russell-Cotes）和安妮·罗素柯特斯（Annie Russell-Cotes）夫妇，用来收藏他们在环球之旅中收集的种类广泛的纪念品。

Alum Chine 花园
（Mountbatten Rd；◎24小时）**免费** 这个

值得一游

金斯顿雷西

多塞特必到庄园之一的金斯顿雷西（Kingston Lacy；NT；☎01202-883402；www.nationaltrust.org.uk；Wimborne Minster；成人/儿童£13.60/6.80；◎建筑3月至10月11:00~17:00，庭院3月至10月10:00~18:00，11月至次年2月10:00~16:00；ℙ）富丽堂皇，看上去完全就是历史剧的布景。随处可见华丽的装饰，最著名的是"西班牙厅"（Spanish Room），到处都是纯金和镀金。其他亮点还有"埃及厅"（Egyptian Room）的象形文字、优雅的大理石楼梯和柱廊。艺术品很多，包括奎多·雷尼（Guido Reni）创作的让人叹为观止的天花板壁画《日夜分离》（*The Separation of Night and Day*），以及鲁本斯、提香和范戴克的画作等。

金斯顿雷西位于温伯恩（Wimborne）以西2.5英里处。

美丽的亚热带飞地令人回想起伯恩茅斯20世纪20年代的全盛时期。花园里种植着来自加那利群岛、新西兰、墨西哥和喜马拉雅山脉的各种植物，波光粼粼的海面映衬着它们鲜红色的苞片、银色的毛刺和紫色的花朵。位于伯恩茅斯码头以西1.5英里处。

🛏 住宿

★ B&B by the Beach 民宿 ££
（☎01202-433632；www.bedandbreakfastbythebeach.co.uk；7 Burtley Rd, Southbourne；标单/双£70/110；ℙ📶）准备迎接双重惊喜：富有魅力的老板和让人愉悦的房间。房间主题包括游艇，有深海蓝和宝石红等配色。鲜花环绕的露台、美味的巧克力和自制蛋糕会让你放松身心——最好再搭配一杯赠送的葡萄酒。

★ Urban Beach 精品酒店 ££
（☎01202-301509；www.urbanbeach.co.uk；23 Argyll Rd；标单£58~75，双£120~140；ℙ@📶）Urban Beach仍然是伯恩茅斯时尚游客的住宿之选。这里免费租借高筒靴、雨伞

和DVD，免除了客人的后顾之忧。时尚的卧室配色采用淡棕色、深灰色和陶土色，露台区从早到晚都可以享用高档的法式小馆菜肴（食物供应时间为8:00～22:00）。

Mory House
民宿 £ £

（☏01202-433553; www.moryhouse.co.uk; 31 Grand Ave, Southbourne; 标单/双/家£90/115/150; Ｐ 🛜）这是一家宁静原始的民宿，彩色玻璃窗和优雅的楼梯井表明房屋建于爱德华七世时期。卧室很现代化，采用淡色装修；最棒的是3号房，带一个小巧的阳台，是享用自制饼干的好地方。

Amarillo
民宿 £ £

（☏01202-553884; www.amarillohotel.co.uk; 52 Frances Rd; 标单 £40～45, 双 £70～90; Ｐ 🛜）Amarillo漂亮时尚的房间极具性价比，装饰着多彩的墙纸、华丽的床罩和颇有氛围的照明。夏季要求最少入住三晚。

🍴 就餐

★ Urban Reef
法式小馆 £ £

（☏01202-443960; www.urbanreef.com; Undercliff Dr, Boscombe; 小吃 £5起, 主菜 £14～22; ⊙8:00～22:00, 冬季时间不定; 🛜 🍴）阳光明媚的周末，Urban Reef门外总会有人在等位。这并不奇怪：这里有滨海的露台、浓郁的咖啡、一流的小吃和注重可持续的优质餐厅菜肴。在下着暴雨的日子里，你可以坐在燃木壁炉边，倾听大海的咆哮。

Reef Encounter
法式小馆 £ £

（☏01202-280656; www.reef-encounter.com; 42 Sea Rd, Boscombe; 主菜 £11～21; ⊙周一至周五 11:00～22:00, 周六和周日 9:00～22:00, 冬季营业时间缩短; 🛜）松软的大沙发、柔和的背景音乐和海景露台，让这个炫酷的餐厅散发出冲浪酒吧的情调。早午餐分为健康菜单（牛油果、三文鱼和鸡蛋）或丰盛菜单（枫糖浆浸法式吐司）。或者选择鲜美多汁的汉堡和蔬菜烤串——也许可以再来一杯冰啤酒，这样和翻滚的海浪就更般配了。

West Beach
海鲜 £ £

（☏01202-587785; www.west-beach.co.uk; Pier Approach; 主菜 £15～40; ⊙9:00～21:30）这里的海鲜和环境都无与伦比。你可以在沙滩边的露台找张椅子，看海浪拍打着伯恩茅斯码头，同时享用完美烹制的新鲜鱼肉：比如大比目鱼配西班牙腊肠和酸豆，或是堆得高高的贝类拼盘——里面有牡蛎、海螯虾、鸟蛤和蛤蜊。

🍷 饮品和夜生活

★ Sixty Million Postcards
酒馆

（www.sixtymillionpostcards.com; 19 Exeter Rd; ⊙周六至周四 正午至午夜, 周五至次日2:00）在中规中矩的伯恩茅斯，Sixty Million可谓是颓废风格潮人的绿洲，吸引着一群醒目的另类装扮客人。酒馆里有破旧的木地板和带流苏的灯罩，定期举办各种活动，包括DJ表演、现场乐队和复古游戏之夜等。

ℹ️ 实用信息

旅游局（☏01202-451734; www.bournemouth.co.uk; Pier Approach; ⊙4月至10月 9:00～17:00, 11月至次年3月 至16:00）就在伯恩茅斯码头边。

ℹ️ 到达和当地交通

公共汽车

National Express（www.nationalexpress.com）的直达班车从伯恩茅斯长途汽车站出发，班线包括：

布里斯托尔（£18, 4小时, 周一至周六每天1班）
伦敦维多利亚火车站（£15, 3小时, 每小时1班）
牛津（£15, 3小时, 每天3班）
南安普敦（£8, 50分钟, 每小时1班）

当地公共汽车实用线路包括：

普尔（M1/M2路; £2, 35分钟, 每15分钟1班）
索尔兹伯里（X3路; £6.50, 1.25小时, 每小时至少1班）

Morebus Zone A Dayrider（成人/儿童 £4.10/2.60）持票者可以全天在普尔、伯恩茅斯和附近的Christchurch的大部分地区无限次乘坐公共汽车。

火车

目的地包括：

多切斯特南站（Dorchester South; £13, 45分钟, 每半小时1班）
伦敦滑铁卢火车站（£30, 2.5小时, 每小时1班）

普尔（£4，12分钟，每半小时1班）
韦茅斯（£14，1小时，每小时1班）

普尔（Poole）

人口 147,645

在古朴典雅的普尔老港，空气中飘浮着一股金钱的气息：这座城镇挨着华美的沙滩Sandbanks，沙滩后面是全世界最昂贵的房地产项目之一。除此之外，普尔还有很棒的餐厅，也是很好的落脚点，可以从事精彩纷呈的水上运动，或参加难以抗拒的乘船游。

◉ 景点和活动

白浪岛　　　　　　　　　　　　岛屿

（Brownsea Island; NT; ☎01202-707744; www.nationaltrust.org.uk; Poole Harbour; 成人/儿童 £7.20/3.60; ◎3月底至10月 10:00~17:00）这个林木葱茏的小岛位于普尔港（Poole Harbour）的中央，岛上有小路从石南灌木丛和林子里穿过，沿途能看到孔雀、红松鼠、马鹿和多种鸟类。从这里遥望汪洋中的波倍克岛（Isle of Purbeck），景色美得令人赞叹。免费的导览徒步游有战时岛屿、鸟类生活、走私者和海盗等主题。Brownsea Island Ferries（☎01929-462383; www.brownseaislandferries.com; ◎3月底至10月 10:00~17:00）的船从普尔码头（Poole Quay; 成人/儿童 往返£11.50/6.75）和Sandbanks（成人/儿童 往返£7/5）出发，每小时至少1班。

普尔博物馆　　　　　　　　　博物馆

（Poole Museum; ☎01202-262600; www.boroughofpoole.com/museums; 4 High St; ◎4月至10月 10:00~17:00）免费 作为一座精心翻新的15世纪仓库，建筑本身就值得一看。明星展品是拥有2300年历史、从普尔港中捞上来的铁器时代独木舟，舟长近10米，重量超过12吨，它是英国南方发现最大的独木舟，大概可以乘坐18人。

Sandbanks　　　　　　　　　　海滩

Sandbanks是一条2英里长的狭窄半岛，绕着普尔港延伸。这里的房价位于全世界最贵之列，但房产项目旁边的白沙海滩是免费的，拥有英国顶级的海水质量。一些水上运动的运营商也在此开展业务。

Brownsea Island Ferries的船往返于普尔和Sandbanks（成人/儿童 往返£11.50/6.75），60路公交车（£3.60, 25分钟，每小时1班）也连接两地。

Poole Harbour Watersports　　水上运动

（☎01202-700503; www.pooleharbour.co.uk; 284 Sandbanks Rd）设有站立式划桨冲浪（每1.5小时 £25）、帆板运动（每6小时 £78）和风筝冲浪（每天 £99）等培训课程，此外还组织令人难忘的皮划艇和站立式划桨冲浪团队游（每3小时 £35~40）。

🛏 住宿

Old Townhouse　　　　　　　　民宿 ££

（☎01202-670950; townhousepoole@btconnect.com; 7 High St; 标单/双 £65/95; 🛜）这家码头边的民宿弥漫着旧日的英式愉悦氛围，这种感觉很大程度上得益于有光泽的实木、锃亮的黄铜水龙头和风格相契合的复古家具等。便利的位置和小巧的露台为民宿更添了一分魅力。

阿拉伯的劳伦斯

白云山庄（Clouds Hill; NT; ☎01929-405616; www.nationaltrust.org.uk; King George V Rd, Bovington; 成人/儿童 £7/3.50; ◎3月至10月 11:00~17:00; P）——这座小屋曾经是托马斯·爱德华·劳伦斯（TE Lawrence; 1888~1935年）的寓所，为你了解这位复杂人物提供了难得的视角。这位英军士兵曾在"一战"时与阿拉伯部落合作，后来就成了传奇。寻找一下劳伦斯在沙漠战役中拍摄的照片、他的法国十字军城堡素描，还有他删改《智慧七柱》（*Seven Pillars of Wisdom*）时所用的书桌。

4间气质独特的房间包括有软木装饰的舒适浴室、铝箔镶边的上下铺卧室以及拥有厚重梁柱的音乐室。这栋房子基本保持着劳伦斯离开时的样子——他46岁时在附近的马路上死于摩托车事故。

Quayside
民宿 ££

(☎01202-683733; www.quaysidepoole.co.uk; 9 High St; 标单/双 £55/75; 🛜) 房间舒适, 装饰着漂亮的印花布, 民宿就位于老港口的核心位置。

Merchant House
精品民宿 £££

(☎01202-661474; www.themerchanthouse.org.uk; 10 Strand St; 标单 £100, 双 £140~160) Merchant House距离水边仅一街之遥, 是栋高高的红砖房子, 尽显精品风范。巨大的木雕、柳编摇椅和清爽的亚麻床单突出了它的时尚风格, 泰迪熊的出现也让这里显得很活泼。

✖ 就餐

Deli on the Quay
熟食 £

(☎01202-660022; www.delionthequay.com; Dolphin Quays; 主菜 £4.50起; ⏰9:00~17:00, 11月至次年3月 至16:00) 这是为海滩野餐挑选食物的最佳地点: 有蟹肉饼、老式土豆沙拉和美味的三明治, 还供应香醇的咖啡和甜蜜的巧克力布朗尼等。

Storm
海鲜 ££

(☎01202-674970; www.stormfish.co.uk; 16 High St; 主菜 £15~21; ⏰周一至周六 18:30~21:00) 这个地方有多罕见? 你正在吃的菜很可能就是厨师亲自捕捞的! 在别致的Storm餐厅, 渔父Pete也负责掌勺, 为食客们呈上各种美味佳肴, 包括印度果阿风味的鱼咖喱、海鲜拉面, 以及经典的法式嫩煎普尔湾多佛比目鱼等。

Poole Arms
酒馆食物 ££

(☎01202-673450; www.poolearms.co.uk; 19 Poole Quay; 主菜 £12~17; ⏰周日至周四 正午至21:00, 周五和周六 至21:30) 在这家古老的酒馆, 食物大多是当地捕获的海鲜——不妨尝试自制鱼馅饼、当地螃蟹或煎鲱鱼卵。可以点上新福里斯特啤酒, 然后和当地人坐在镶嵌着木饰板的舒适酒吧里, 或者坐在露台上俯瞰码头风景。

★ Guildhall Tavern
法国菜 £££

(☎01202-671717; www.guildhalltavern.co.uk; 15 Market St; 主菜 £18~23; ⏰周二至周六 11:30~15:30和18:00~21:30) 这间普尔的老牌顶级餐厅令人愉悦, 采用法国手法烹饪当地食材。毫无疑问, 鱼在这里唱主角——香辣鲜鱿配海蓬子味道不凡, 浇以法国绿茴香酒再点燃上桌的炭烤海鲈鱼也很不错——但散发着迷迭香味道的多塞特羔羊肉更是让肉食动物们眉开眼笑。预订。

ℹ️ 实用信息

旅游局 (☎01202-262600; www.pooletourism.com; 4 High St; ⏰4月至10月 10:00~17:00, 11

值得一游

库菲城堡

残破不堪却让人惊叹的库菲城堡 (Corfe Castle; NT; ☎01929-481294; www.nationaltrust.org.uk; The Square; 成人/儿童 £9.50/4.75; ⏰4月至9月 10:00~18:00, 3月和10月 至17:00, 11月至次年2月 至16:00) 曾是约翰·班克斯爵士 (Sir John Bankes) 的居所, 他是查理一世的左膀右臂。内战期间, 城堡被克伦威尔的军队围攻, 1646年骁勇的班克斯夫人指挥了6个星期的防御作战, 但因内部有人叛变而致使城堡沦陷, 圆颅党人还用炮火将库菲城堡炸了个四分五裂。今天塔楼和高耸的墙体都显得摇摇欲坠, 外绽的门楼仿佛是刚刚被炸开一般。

旁边逐渐发展起来的迷人村庄也就顺便用了这座城堡的名字命名。

40路公共汽车每小时1班, 往返于普尔、韦勒姆、库菲城堡和斯沃尼奇。前往韦勒姆车程10分钟, 票价£4。

斯沃尼奇蒸汽火车铁路 (Swanage Steam Railway; ☎01929-425800; www.swanagerailway.co.uk; 成人/儿童 往返 £13/8; ⏰4月至10月 每天, 11月、12月和3月 周六和周日) 的老式蒸汽火车往返于斯沃尼奇和诺登 (Norden) 之间, 途中也停靠库菲城堡。

月至次年3月 周一至周六 10:00~16:00，周日12:00~16:00）位于普尔博物馆内。

❶ 到达和当地交通

船
Brittany Ferries（☎0330 159 7000；www.brittany-ferries.com）往返普尔和法国的瑟堡（Cherbourg；4.5小时，每天1班）。夏天往返票价为每位乘客£80起，一辆车加两位成人收费£335。

Sandbanks Ferry设有从**Sandbanks**（Sandbanks Terminal；☎01929-450203；www.sandbanksferry.co.uk；每人/小汽车 £1/4.50；⊙7:00~23:00）到**Studland**（Studland Terminal；☎01929-450203；www.sandbanksferry.co.uk；Ferry Rd；每人/车 £1/4.50；⊙7:00~23:00）的渡轮，全程4分钟，每20分钟1班，是从普尔至斯沃尼奇（Swanage）、韦勒姆（Wareham）和波倍克岛（Isleof Purbeck）的捷径，但夏天排队会颇为痛苦。

汽车
持Morebus Zone A Dayrider通票（成人/儿童£4.10/2.60）可在普尔和伯恩茅斯的大部分地方无限次乘车。
伯恩茅斯（M1/M2路，£2，35分钟，每15分钟1班）
伦敦维多利亚巴士站（National Express；£18，3.5小时，每2小时1班）
Sandbanks（60路，£3.60，25分钟，每小时1班）

出租车
Dial-a-Cab（☎01202-666822；www.pooletaxis.co.uk）

火车
伯恩茅斯（£4，12分钟，每半小时1班）
多切斯特南站（£10，30分钟，每小时1班）
伦敦滑铁卢火车站（£30，2.25小时，每小时1班）
韦茅斯（£12，45分钟，每小时1班）

拉尔沃斯湾及周边
（**Lulworth Cove & Around**）

人口 740

多塞特东南的这一段海岸抢尽了风头：几百万年间大自然造就了错综复杂的海岸线——海湾、洞穴、石堆和奇特的岩石层——而其中最著名的，就要数杜德尔象鼻山庞大的天然拱门了。

拉尔沃斯湾是个充满魅力的小村，点缀着宜人的茅草屋和捕鱼船，蜿蜒向下直抵一片完美的新月形白色悬崖。

◉ 景点和活动

拉尔沃斯湾游客中心 博物馆
（Lulworth Cove Visitor Centre；☎01929-400587；www.lulworth.com；中心停车场；⊙复活节至9月 10:00~17:00，10月至次年复活节 至16:00）精美的展览介绍了这一带引人注目的海岸线是如何在地质构造和侵蚀作用下形成的。员工还会提供有关徒步游览的建议。

台阶洞海湾（Stair Hole Bay） 海湾
台阶洞海湾就在拉尔沃斯湾村西数百米处。这个半圆形小海湾几乎都被悬崖环绕，崖壁上有小型岩石拱洞——这是非常热门的皮划艇线路。在朝陆地一侧则是赏心悦目的拉尔沃斯褶皱（Lulworth Crumple），这是岩层形成的壮观的"之"字形褶层。

★ 杜德尔象鼻山（Durdle Door） 地标
这座庞大的波特兰石灰岩拱有1.5亿年的历史，在拉尔沃斯湾伸入海中。它是侏罗纪海岸的标志性景观，由剧烈的地壳运动和侵蚀作用形成。如今，这里被波光粼粼的海湾环绕，不妨带上一件泳衣，沿着数百级台阶而下，来一次难以忘怀的畅游。在悬崖顶部有一处停车场（2小时 £4，4小时 £5），但最好还是从拉尔沃斯湾沿着海岸小路徒步至此(1英里)。

拉尔沃斯城堡 城堡
（Lulworth Castle；EH；☎01929-400352；www.lulworth.com；成人/儿童 £6/4；⊙4月至12月周日至周五 10:30~17:00）这栋梦幻的乳白色贵族城堡看起来更像是一座法国城堡，而不像传统的英式城堡。它作为狩猎居所，建于1608年，曾有过四位铺张奢华的堡主，也经历了大规模的重修，1929年还遭遇过毁灭性的大火。现在已经完成了大规模的修复——留意一下复原后的厨房和地窖，然后再爬上塔楼，领略一览无余的海岸风光。停车费用为£3。

★ Jurassic Coast Activities 探险运动
（☎01305-835301；www.jurassiccoastac

tivities.co.uk；每人£60~70）这项3小时的划船之旅不容错过，能让你游览多塞特郡侵蚀最严重的海岸，感受令人赞叹的美景。从拉尔沃斯湾出发，划过台阶洞海湾的洞穴和岩堆，穿过战舰湾（Man O' War Bay），然后在杜德尔象鼻山的石拱下停留，在这里游泳或者沿岸野餐。

✦ 节日和活动

最佳音乐节 音乐

（Bestival；www.bestival.net；◉8月）8月初举行，风格古怪另类，吸引了超级怒兽（Super Furry Animals）、剪刀姐妹（Scissor Sisters）、伦敦语法（London Grammar）和坎蒂·斯塔顿（Candi Staton）等众多明星来到多塞特的拉尔沃斯庄园（Lulworth Estate）登台表演。

在过去十多年的时间里，这个音乐节曾一直在怀特岛举办。

⬜ 住宿

Lulworth YHA 青年旅舍 £

（☎0345 371 9331；www.yha.org.uk；School Lane, West Lulworth；铺£13~17，四£50~100；◉3月至10月 周五至周日 和学校假期；P）这是家山中木屋风格的舒适青年旅舍，位于村庄边缘，背靠连绵的青山，门外就有咩咩叫的绵羊。

Durdle Door Holiday Park 露营地 £

（☎01929-400200；www.lulworth.com；营地£28~44；◉3月至10月；P）营地很宽敞，极富吸引力，距离奶白色的岩壁只有数分钟的步行路程，位于小村拉尔沃斯湾以西1.5英里处。可以要一顶老旧帐篷，或者入住四人的小木屋（£80）。

学校放假后，这里的价格也会随之飙升，可能还会有最低入住两晚的限制。

★ Lulworth Cove 旅馆 ££

（☎01929-400333；www.lulworth-coveinn.co.uk；Main Rd；双£120~135；P ）这里的布置一定能触动你心底的拾海梦：粉刷得雪白的浮木地板，海蓝色的护墙板，彩色藤椅和卷边浴缸等。同时还有无敌海景、迷你屋顶露台和一流的酒馆食物（主菜£10~16，食物供应正午至21:00），其魅力绝对让你无法抵御。

Rudds of Lulworth 民宿 £££

（☎01929-400552；www.ruddslulworth.co.uk；Main Rd；双£90~185； ）田园牧歌的环境、简约低调的设计、质量上乘的床品和温馨实用的卫浴用品，都让这个地方成为令人难忘的住宿地点——尤其是入住拉尔沃斯湾

侏罗纪海岸（JURASSIC COAST）

如果学校需要开设实地调查的地质学课程，那么侏罗纪海岸一定是不二的选择。侏罗纪海岸是英格兰第一个世界自然遗产，可以和澳洲大堡礁（Great Barrier Reef）及美国大峡谷（Grand Canyon）媲美。惊艳的海岸线从东德文郡（East Devon）的埃克斯茅斯（Exmouth）延伸至多塞特郡的斯沃尼奇（Swanage），区区95英里的距离就蕴含了地球1.85亿年的历史。这也意味着，你可以在数小时的徒步中领略几百万年的地质变迁。

不同的气候环境会造成岩石构造成分的差异，随着涨落不定的海平面取代了荒漠环境，岩层逐渐形成。剧烈的地壳运动令岩层发生倾斜，西面的岩层最为古老，而东面的岩层最为年轻。接着不同岩层都开始受到侵蚀。

岩石的差异是可见的。德文郡锈红色的三叠纪岩石距今有2亿至2.5亿年的历史；莱姆里吉斯（Lyme Regis）深色黏土的侏罗纪悬崖富含大量化石，距今有1.9亿年的历史。还有一些较年轻的乳白色的白垩纪岩石（距今仅6500万至1.4亿年），在侵蚀中形成了一系列壮观的海湾、岩堆和石拱，以拉尔沃斯湾周围最为著名。

侏罗纪海岸的网站（www.jurassiccoast.org）提供大量相关信息；当地还出版有一本通俗易懂的《侏罗纪海岸官方指南》（*Official Guide to the Jurassic Coast*, £4.95），可以在网站的在线商店购买。

景观房。也可以在泳池边发发呆，而且从这里也能眺望那一圈海湾。

餐饮

Cove Fish
海鲜 £

（☎01929-400807；鱼£5起；⊙复活节至9月 周二至周日 10:00~16:00，外加冬季的部分周末）位于前往海滩的小路边，一旁有高高堆起的渔获，作为第九代和第十代渔民的乔（Joe）和莱维（Levi）是这间小屋的主人。你可以装一些鱼肉去烧烤，或者在此享用拉尔沃斯湾的螃蟹（£4起）或龙虾——从食材到制成美食，不过几米的距离而已。

Boat Shed
咖啡馆 £

（☎01929-400810；www.lulworth.com；Main Rd；小吃£3起；⊙9:30~17:00，冬季时间不定）这是间渔民仓库小屋改建的咖啡馆，就在拉尔沃斯波光粼粼的圆形海湾旁边，风景无与伦比。食物包括精致的早午餐、多塞特下午茶、开胃菜拼盘，当然还有必不可少的——鱼。

Castle
酒馆

（☎01929-400311；www.thecastleinn-lulworthcove.co.uk；8 Main Road, West Lulworth；⊙正午至22:00；🅿）这个风景如画的草顶小酒馆内部光鲜，非常时尚，还带有花园，多种优质的多塞特苹果酒定期更换。

ℹ 到达和离开

X54路公共汽车（周一至周六每天2班，周日停运）往返于韦勒姆（Wareham）、普尔（Poole）和韦茅斯（Weymouth）之间，中途停靠拉尔沃斯湾。

多切斯特及周边（Dorchester & Around）

人口 19,143

来到多切斯特，你能感受到两座城镇合二为一的风采：一个是真实的熙熙攘攘的城镇，另一个则是托马斯·哈代笔下虚构的卡斯特桥（Casterbridge）。这位维多利亚时代的作家就出生在附近，而他作品中的诸多地点仍然能在多切斯特城内乔治式露台之间寻访到。你还可以参观哈代的故居，看看他最初的手稿。此外，多切斯特还有精彩各异的考古遗址和不少迷人的食宿地点，在这里逗留一两个晚上会是非常美好的体验。

◉ 景点

★ 多塞特郡博物馆
博物馆

（Dorset County Museum；☎01305-262735；www.dorsetcountymuseum.org；High West St；成人/儿童 £6.35/3.50；⊙4月至10月 周一至周六 10:00~17:00，11月至次年3月 至16:00）这家博物馆所收藏的托马斯·哈代相关文物在世界上首屈一指，从精彩非凡的角度展现了他的创作过程。你可以从他密密麻麻、反复修改的手稿中一窥作家的写作脉络。博物馆还精彩复原了他在马克斯门（Max Gate）的书房，里面有一封来自西格里夫·萨松（Siegfried Sassoon）的信件，询问能否把自己的第一本诗集献给哈代。

侏罗纪海岸化石展的部分，展出了一头巨大的鱼龙和蛇颈龙1.8米长的前鳍脚。另外还有来自梅登城堡（Maiden Castle）的青铜和铁器时代考古发现，包括珍贵的硬币和颈环；古罗马时代的人工制品则包括了70枚金币、指甲清理器和令人尴尬的挖耳勺。

罗马时代古宅
历史建筑

（Roman Town House；www.romantownhouse.co.uk；Northern Hay；⊙24小时）**免费** 这座古宅齐膝高的燧石墙面和保存完好的马赛克图案勾勒出古罗马占领多切斯特时的情形（当时还被称为Durnovaria）。还可以窥探一番带有地热系统的夏季餐厅，木炭燃烧后的热空气环绕在支柱之间，使室温始终保持在舒适的18℃。

★ 梅登城堡
考古遗址

（Maiden Castle；EH；www.english-heritage.org.uk；Winterborne Monkton；⊙黎明至黄昏；🅿）**免费** 矗立在多切斯特南部边缘，巍峨壮观，占地广大，是英国铁器时代体量最大、结构最复杂的山地城堡。原址上最早的防御工事始建于约公元前500年，鼎盛时期，人口密集，建造了不少圆屋和公路网络。公元43年古罗马人围攻并占领了城堡，后来在遗址出土了一具布立吞人（Briton）的骨架，脊椎被古罗马的弩箭射中，从侧面证明了这段历史。

🛏 住宿

★ Beggars Knap　　民宿 ££

(☏07768 690691; www.beggarsknap.co.uk; 2 Weymouth Ave; 标单£70~80, 双£90~115, 家£115起; P🅿🛜) 虽然店名中的"Beggar"（意为乞丐）有些落魄之感，然而客栈本身却非常奢华，甚至有些堕落腐化，绝不是"乞丐"栖身之所。华丽的房间装饰着枝形吊灯和金色绸缎，精致的棉布床罩铺在法式雪橇床或四柱床上。在别的住处，你可能付出高得多的价钱，都比不上这里一半的品质。

Westwood　　民宿 ££

(☏01305-268018; www.westwoodhouse.co.uk; 29 High West St; 标单/双/家£80/100/140; 🛜) 一位技艺高超的设计师曾经在这座18世纪的联排别墅中工作，打造出了一种现代设计与乔治国王时期风格碰撞交融的效果：深绿色调、铜灯、浅色格子和迷你沙发等。现代风情的浴室整洁干净，小冰箱里放着可以加入茶中的新鲜牛奶。

Yalbury Cottage　　酒店 ££

(☏01305-262382; www.yalburycottage.com; Lower Bockhampton; 标单/双£85/125; P🛜) 这几乎就是你印象中的英式小屋：鲜花簇拥，茅草顶有苔藓覆盖。室内装饰清新简单，质朴的卧室可眺望花园或田野。这家酒店位于多切斯特以东3英里处的Lower Bockhampton。

餐厅（2/3道菜套餐£35/40）在适合交际的俱乐部式房间里，供应品质一流的英式经典菜肴；需要预订。食物供应时间为周二至周六的18:30~20:30，以及周日的12:00~14:00。

🍴 就餐

★ Taste　　啤酒店 ££

(☏01305-257776; www.tastebrasserie.co.uk; Trinity St; 主菜£9~20; ⏰周一至周五8:30~16:00, 周六9:00~17:00, 周日10:00~16:00) 这是多切斯特的最佳、最热闹的早午餐和午餐场所之一，拥有忠诚的回头客，而这得益于坚持当地采买的理念，以及对超级新鲜且生态环保食材的情有独钟。店里供应各种菜肴，从拼盘、西班牙小吃、烘奶酪到经典酒馆菜肴（烤牛排、油封鸭、蒜蓉意面等），可谓应有尽有。

当地知识

托马斯·哈代的多切斯特

托马斯·哈代的粉丝会迫不及待地在今天多切斯特的大街小巷寻觅《卡斯特桥市长》(Mayor of Casterbridge)中的地点。例如在Trinity St上的露西塔的家(Lucetta's House)，那是一栋辉煌的乔治国王时期建筑，配有华美的门柱；而在与之平行的South St上，一栋18世纪中叶的红砖建筑（现在是一家银行）就以书中市长之家的名字命了名。旅游局有销售关于这些书中地点的指南。

马克斯门(Max Gate; NT; ☏01305-262538; www.nationaltrust.org.uk; Alington Ave; 成人/儿童£7/3.50; ⏰3月至10月 11:00~17:00, 11月至次年2月 周四至周六 11:00~16:00; P) 小说家托马斯·哈代是一位经验丰富的建筑师，这就是他自己设计的迷人住所，从1885年到1928年逝世之前一直居住于此。《德伯家的苔丝》(Tess of the D'Urbervilles)和《无名的裘德》(Jude the Obscure)都是在这里完成的，如今这所屋子里还珍藏了几件原有的家具。马克思门位于多切斯特以东1英里的A352公路边。

哈代小屋(Hardy's Cottage; NT; ☏01305-262366; www.nationaltrust.org.uk; Higher Bockhampton; 成人/儿童£7/3.50; ⏰3月至10月 11:00~17:00, 11月至次年2月 周四至周六 11:00~16:00; P) 这栋如画的土砖茅草顶小屋是托马斯·哈代的出生地，拥有令人思绪万千的装饰简单的房间，以及一个郁郁葱葱的花园。位于Higher Bockhampton, 多切斯特东北3英里处。

Cow & Apple汉堡 ££

(📞01305-266286；www.cowandapple.co.uk；30 Trinity St；主菜£9~15；⊙9:00~20:30）脏脏堡（dirty burger）的味道无懈可击，还有着巨无霸的分量和鲜美多汁的夹心层，采用墨西哥辣椒酱、法国布里乳酪或超级黏稠的烧烤酱调味。苹果酒超过50种——一定会让你左右为难踌躇不定。

Sienna新派英国菜 £

(📞01305-250022；www.siennadorchester.co.uk；36 High West St；主菜£14.50，4/6/8道菜套餐£35/55/70；⊙周三至周日12:00~14:00，周二至周六18:30~21:00）店面时尚的Sienna菜单上有各种别处见不到的稀有菜品；你可能会遇到发酵蓝莓、腌胡萝卜或墨鱼汁精致地摆在你的餐盘上。甜品同样富有想象力——不妨试试巧克力布丁，大胆地搭配以柑橘和黑面包。

❶ 实用信息

旅游局（📞01305-267992；www.visitdorset.com；Dorchester Library, Charles St；⊙周一和周四10:00~17:30，周三至13:00，周二和周五至19:00，周六至16:00）

❶ 到达和离开

长途汽车

伦敦维多利亚火车站（National Express；£18，4小时，每天1班）

莱姆里吉斯（Lyme Regis；X51路；£4.80，1.25小时，周一至周六每小时1班）

舍伯恩（Sherborne；X11路；£4.70，1.25小时，周一至周六每天4~7班）

韦茅斯（10路；£2，30分钟，每半小时1班）

火车

多切斯特有两座火车站。

多切斯特西站（Dorchester West）有火车开往巴斯和布里斯托尔（£20，2~2.5小时，每天至少6班）。

多切斯特南站（Dorchester South）每小时都至少发出一班火车，前往以下目的地：

伯恩茅斯（£13，45分钟）
伦敦滑铁卢火车站（£34，2.75小时）
南安普敦（£26，1.5小时）

韦茅斯（£5，10分钟）

韦茅斯（Weymouth）

人口 52,168

韦茅斯已有225年的历史，如今仍是一处老牌度假胜地，但已然难掩岁月留下的痕迹。糖果条纹的售货亭和沙滩椅点缀在长达3英里的金色沙滩上；在蛤蜊、炸鱼和薯条摊档之间，则是一条满载回忆的海滨小道。但韦茅斯绝不仅只有沙滩海岸；镇上还有一个历史悠久的港口，几家超凡的海鲜餐厅，以及前往邻近波特兰岛水上运动中心的便捷交通。

◉ 景点和活动

韦茅斯海滩（Weymouth Beach）海滩

走在韦茅斯这片优美而引人怀旧的沙滩海岸，技法高超的沙雕会让你惊叹；你也可以租借沙滩椅或脚踏船，投入周围的杂乱中，跳跳沙滩蹦床，观看《潘趣和朱迪》（*Punch and Judy*）木偶戏，或是骑着毛驴溜一圈。

诺兹堡要塞

（Nothe Fort；📞01305-766626；www.nothefort.org.uk；Barrack Rd；成人/儿童£8/2；⊙4月至10月10:30~17:30）这是韦茅斯颇为上镜的19世纪防御工事，布满加农炮、探照灯和30厘米口径的海岸炮。展览详细介绍了罗马人入侵多塞特郡的历史、维多利亚时代士兵的操练以及"二战"期间的韦茅斯。

海洋生物公园水族馆

（Sea Life；📞01305-761070；www.visitsealife.com；Lodmoor Country Park；成人/儿童£23/19；⊙4月至10月10:00~17:00，11月至次年3月至16:00；Ⓟ）水族馆的亮点包括鲨鱼、企鹅和海马，全天还有讲座和喂食表演等活动。如果提前在线购买，门票会优惠至成人/儿童£14/11。

Coastline Cruises乘船游

（📞01305-785000；www.coastlinecruises.com；Trinity Rd；成人/儿童往返£10/6；⊙4月至10月）Costline运营的波特兰渡轮（Potland Ferry）提供一段90分钟的乘船游。你会一边吹着海风，一边从韦茅斯历史悠久的要塞，穿过宽阔的波特兰港，最后到达波特兰岛。

游船从韦茅斯港西侧出发，4月至10月每天3~4班。

🛏 住宿

★ Roundhouse   民宿 £££

(📞07825 788020; www.roundhouse-weymouth.com; 1 The Esplanade; 双 £105~125; 🌐) 这里的装饰和它的老板一样位清奇——充满生气的内饰融合了天蓝色、紫色和令人惊讶的粉色，蓬松的垫子就摆放在新潮的现代艺术品旁边。但最打动人心的当属这里的风景：所有的房间都可以看到远处的海滩和后面的海港。

Old Harbour View   民宿 ££

(📞01305-774633; www.oldharbourviewweymouth.co.uk; 12 Trinity Rd; 标单/双 £80/98; 🅿🌐) 这家乔治时代风格的古朴排房，有以航船为主题的清新洁白的卧室，而船只就停泊在前门外。其中一个房间可以俯瞰船来船往的码头，另一个房间则面朝后方。

B+B   民宿 ££

(📞01305-761190; www.bb-weymouth.com; 68 The Esplanade; 标单 £60~80, 双 £80~90; 🅿🌐) 这家民宿有整洁有序、陈设简单的房间，其中一些能看到海景。一楼的休息室可以眺望海湾，主人在这里放置了客用笔记本电脑、每天的报纸、咖啡和小饼干。给非夜猫子的忠告：朝前的房屋夜里可能会比较吵。

🍴 就餐

Marlboro   炸鱼和薯条 £

(📞www.marlbororestaurant.co.uk; 46 St Thomas St; 主菜 £7~13; ⏰11:30~21:45) 🌿 这家传统的炸鱼和薯条店非常注重可持续性，已经经营了40年。它距离韦茅斯的码头仅数米之遥，位置得天独厚——各种鱼类超级新鲜，鲭鱼是特色。可以将食物打包带走，以避开海鸥的觊觎；或者在建有凸窗且拥有售酒执照的咖啡厅（营业至20:00）享用食物。

★ Crustacean   海鲜 ££

(📞01305-777222; www.crustaceanrestaurant.co.uk; 59 St Mary St; 主菜 £12~29; ⏰周日至周四 12:00~21:00, 周五和周六 至21:30) 你会在这里遇到一位充满想象力的主厨，他和斯里兰卡有着渊源，而且对法国烹饪充满热情。点一整只龙虾、加上一些牡蛎，午餐可选择柠檬草贻贝、煎鲈鱼配奶油藏红花酱汁等。或者向口舌之欲屈服，试试这里物超所值的3道菜套餐（£25）。提早预订。

Manbos   法式小馆

(📞01305-839839; www.manbosbistro.com; 46 St Mary St; ⏰周二至周六 12:00~14:30和18:00~21:00, 周一 18:00~21:00) 这里深受当地人喜欢实在不足为奇：它有着舒适的氛围、优

值得一游

瑟恩阿伯斯巨人

很少有这样袒胸露乳、毫无遮掩的景物会成为一个旅游景点。瑟恩阿伯斯巨人（The Cerne Giant; NT; www.nationaltrust.org.uk; Cerne Abbas; ⏰24小时; 🅿) **免费** 这幅正面裸露的白垩岩画位于瑟恩阿伯斯村上方的山腰上，一览无余。他这种兴奋的状态，相信大多数杂志都不允许刊登类似画面。巨人高达约60米，宽51米，年代很神秘，有人说他是古罗马人，但他在1694年才第一次出现在历史记载中——根据记载，当时为了修复它，花费了3个先令。如今在附近的一个停车场，你就可以从正面看得清清楚楚。

在维多利亚时期，人们觉得太尴尬，就允许草地在巨人伟岸的身躯上生长。现在，绵羊和牛群在这片山地放牧，但是只有绵羊可以在巨人身边啃食，因为母牛会严重破坏他的线条。

下方村庄中的 **New Inn**（📞01300-341274; www.thenewinncerneabbas.co.uk; 14 Long St; 双 £100~140, 套 £150~180; 🅿🌐) 已经有400多年历史，是非常古朴的住宿选择。

多切斯特位于南边8英里处。X11路汽车（周一至周六 每天4~6班）驶往多切斯特（£2.80, 30分钟）和舍伯恩（£3.20, 30分钟）。

质的服务、实惠的价格以及美味的自制小酒馆菜肴,而且食材都采用当地农产品。意面和海鲜是这里的招牌,不妨期待杂烩鱼汤、热气腾腾的蒸贻贝和丰盛的香草虾仁意面等。

❶ 实用信息

韦茅斯的游客信息中心有地图和宣传册,位于**港口管理处**(Harbour Office; www.visit-dorset.com; 13 Custom House Quay; ⓧ7:30~20:00)内。

❶ 到达和离开

长途汽车

501路敞篷巴士开往波特兰岛的波特兰角(Portland Bill),运营时间为7月底至8月(£2.40,45分钟,每天7班)。4月至7月底以及9月的周六和周日还有4班公交车沿同样路线行驶。

Jurassic Coaster(X53路,每天4班至每小时1班,冬季周日停运)从韦茅斯向西开往阿克斯明斯特(Axminster; 2.5小时),中途经过阿伯茨伯里(Abbotsbury; 35分钟)和莱姆里吉斯(Lyme Regis; 1.75小时)。Day Rider单日通票费用为成人/儿童£12/6;还可根据自己的行程选购短程车票。

其他目的地还有:

多切斯特(10路;£2, 30分钟,每小时1班)
波特兰岛Fortuneswell(1路;£2, 20分钟,每小时3~4班)
伦敦维多利亚火车站(National Express; £15, 4.25小时,每天1班直达)

火车

每小时至少1班直达火车开往以下目的地:
伯恩茅斯(£14, 1小时)
多切斯特南站(£5, 10分钟)
伦敦滑铁卢火车站(£40, 3小时)

每2小时1班直达火车开往以下目的地:
巴斯(£20, 2小时)
布里斯托尔(£18, 2.75小时)

波特兰岛(Isle of Portland)

波特兰"岛"其实是一大片坚硬高耸的逗号形状的岩石,由切西尔海滩的山脊将它和多塞特郡的其他部分相连。在海拔150米的中央高地,过去采石的痕迹依然清晰可见,巨大的矿坑和石灰岩块就是证据。从岛上远眺18英里长的切西尔海滩及相邻的Fleet,美景令人惊叹,Fleet还是英国最大的潮汐潟湖。

波特兰与多塞特郡的其他地区截然不同,边缘更是崎岖荒芜,但因此也更引人入胜。岛上的工业遗迹、水上运动设施、丰富的鸟类和险峻的悬崖都值得至少来次一日游。

◉ 景点

★ 陶特采石场 雕塑

(Tout Quarry; 靠近Fortuneswell; ⓧ黎明至黄昏; ℗) **免费** 波特兰的白色石灰岩已经被开采了几个世纪,被用来建造一些世界上最精美的建筑,例如大英博物馆和圣保罗大教堂。陶特采石场废弃的矿坑展示着50多尊当地岩石雕刻的塑像,将未加工的原材料、采石过程产生的碎石和雕凿工艺之美巧妙地结合起来。

陶特采石场位于Fortuneswell以南,在主路上没有标识。

波特兰城堡 城堡

(Portland Castle; EH; ☎01305-820539; www.english-heritage.org.uk; Liberty Rd, Chiswell; 成人/儿童 £6.30/3.80; ⓧ4月至9月10:00~18:00, 10月至17:00)这是亨利八世时期城堡建造风潮中诞生的极其精美的一座,拥有波特兰港开阔的海景。

★ 波特兰灯塔 灯塔

(Portland Lighthouse; ☎01305-821205; www.trinityhouse.co.uk; Portland Bill; 成人/儿童£7/5; ⓧ6月至9月 周六至周四 10:00~17:00; ℗)想要真正感受岛屿偏远的自然风貌,可前往最南端的波特兰角(Portland Bill),然后攀爬41米高糖果色条纹的灯塔,欣赏激动人心的悬崖峭壁风光,以及潮汐碰撞形成的汹涌涡流(the Race)。以前的守塔人小屋现在设有互动式展览,其中的"深入黑暗"(Into the Dark)会模拟在疾风骤浪的海上乘风破浪的场景。

在夏季周五以及旺季之外的周末,灯塔也会不定期开放——致电以了解最新信息。

🚶 活动

Andrew Simpson Water Sports Centre 乘船游

(☎01305-457400; www.aswc.co.uk;

Osprey Quay, Portland Harbour）活动包括皇家游艇协会（Royal Yachting Association，简称RYA）的航海课程（成人/儿童 每2天£199/175）。不妨试试他们£20的体验课程。

OTC
水上运动

（☏01305-230296; http://uk.otc-windsurf.com; Osprey Quay, Portland Harbour）开设的课程包括站立式划桨冲浪（SUP; 1/2小时 £25/40）和帆板运动（每2小时/1天/2天 £49/99/199）。这里还可租借立式桨板（每小时 £10）、帆板运动冲浪板和风帆（每小时 £30）。

食宿

Portland YHA
青年旅舍 £

（☏03453719339; www.yha.org.uk; Castle Rd, Castletown; 铺 £25, 四 £49~90; P 🛜）舒适而形状不规则的爱德华式宅邸，大部分多人间都能看到海景。

★ Queen Anne House
民宿 ££

（☏01305-820028; www.queenannehouse.co.uk; 2 Fortuneswell; 标单/双 £65/90; 🛜）房间令人难以取舍：White房有天窗、横梁和霍比特式的门; Lotus房有漂亮的家具; 华丽的Oyster房有半华盖式的床; Garden房则是带有法式浴缸和迷你温室的套房。不过也不必太纠结——它们都很超值且迷人。

★ Crab House Cafe
海鲜 ££

（☏01305-788867; www.crabhousecafe.co.uk; Ferrymans Way, Wyke Regis; 主菜 £14~30; ⏱周三至周六 正午至14:30和18:00~21:00, 周日 正午至15:30）这里是当地人消夏避暑的地方：坐在Fleet潟湖岸边的别致沙滩小屋，品尝新鲜的海产。鱼采用辣椒、咖喱、柠檬和香草调味; 螃蟹有中式辣炒，也可以整只端上桌让你自己慢慢解决; 牡蛎可以选择搭配罗勒香蒜酱和帕尔玛干酪或培根奶油。提早预订。

Cove House
酒馆食物 ££

（☏01305-820895; www.thecovehouseinn.co.uk; 91 Chiswell Seafront; 主菜 £8~18; ⏱厨房周一至周五 正午至14:30和18:00~21:00, 周六和周日 正午至21:00）你可以在这家历史悠久的渔夫旅馆享受非凡的切西尔海滩美景、令人难忘的日落和绝佳的美食（试试莱姆湾扇贝）。

❶ 到达和离开

1路公共汽车从韦茅斯开往Fortuneswell（£2, 20分钟, 每小时3~4班）。

从7月底至8月, 敞篷的501路汽车从韦茅斯开往波特兰角（£2.40, 45分钟, 每天7班）。4月至7月底和9月, 周六和周日每天还会增发4班公共汽车。

切西尔海滩（Chesil Beach）

切西尔海滩是英国最壮丽的海滩之一，全长18英里，高达15米，并且以每100年5米的速度向内陆扩张推进。砾石山脊重达1亿吨，很难想象它就是侏罗纪海岸的萌芽状态。这里仅有6000年的历史，石块大小不一，西部的小似豌豆，东部的石块大如巴掌。

◉ 景点

切西尔海滩中心
自然中心

（Chesil Beach Centre, Fine Foundation; ☏01305-206191; www.dorsetwildlifetrust.org.uk; Ferrybridge; 停车每小时 £1; ⏱复活节至9月 10:00~17:00, 10月至次年复活节 至16:00; P）**免费** 这座中心就在通往波特兰岛的桥头，是前往切西尔海滩的绝佳门户。砾石山脊在这里达到最高的15米（在阿伯茨伯里只有7米）。从停车场出发，踩着光滑的鹅卵石费力前进：前方是阳光下闪烁耀眼的大海，海浪拍打着石块; 狭窄的砾石山脊和辽阔的Fleet潟湖则在身后。

★ 阿伯茨伯里天鹅饲养场
野生动物保护区

（Abbotsbury Swannery; ☏01305-871130; www.abbotsbury-tourism.co.uk; New Barn Rd, Abbotsbury; 成人/儿童 £12.50/9.50; ⏱3月底至10月 10:00~17:00）每年5月, 大约600只自由飞翔的天鹅会来到这片被Fleet潟湖和切西尔海滩山脊庇护着的阿伯茨伯里天鹅饲养场栖息。漫步于天鹅饲养场纵横交错的蜿蜒小道, 穿行在天鹅巢穴之间将是一次奇妙的体验。天鹅们会用鼻腔和喉咙弄出声响, 甚至直立起来扇动翅膀, 做出保卫领地的姿态, 就算最活泼好动的孩子也可能被它们惊呆。

天鹅饲养场位于风景如画的小村阿伯茨伯里（Abbotsbury）附近，在距离韦茅斯10英里的B3157公路旁。

莱姆里吉斯（Lyme Regis）

人口 3637

由于蕴藏了丰富的化石，莱姆里吉斯在历史上被记下了重要的一笔。随着海岸线后退引起的滑坡，周围的崖壁不断显露出坚硬的历史遗迹。莱姆的侏罗纪海岸已经被联合国教科文组织列入世界遗产名录，整个小镇都弥漫着对化石的热爱，每个人——从古生物学家到出游玩乐者——都会着迷于在海岸搜寻宝贝。再加上美丽的沙滩和一些令人愉悦的食宿点，使得这里成为探游周边的一处魅力落脚点。

◉ 景点

莱姆里吉斯博物馆　　　　　　　　　博物馆

（Lyme Regis Museum; ☏01297-443370; www.lymeregismuseum.co.uk; Bridge St; 成人/儿童 £5/2.50; ◎4月至10月 周一至周六 10:00~17:00，周日 至16:00，11月至次年3月 周三至周日 10:00~16:00）1814年，一位名叫玛丽·安宁（Mary Anning）的当地青少年在莱姆里吉斯附近发现了第一具鱼龙的完整骨架化石，从而将小镇推上了世界舞台。安宁小姐后来成为著名的化石专家，为推动现代古生物学的发展贡献良多。博物馆建在她故居的遗址上，讲述了她的故事并展览了令人惊叹的化石和其他一些史前发现。

博物馆每周都会开展3~7次寻找化石的团队游（成人/儿童 £12/6），时间视潮汐情况而定。最好预约。

Cobb　　　　　　　　　　　　　　　　地标

这片标志性的弧形岸堤始建于13世纪，并不断经过加固和扩建，所以现在的线条轮廓已经不复当年优雅，但沿着其轨迹走到尽头的体验仍然令人难以抗拒。

恐龙化石馆　　　　　　　　　　　　博物馆

（Dinosaurland; ☏01297-443541; www.dinosaurland.co.uk; Coombe St; 成人/儿童 £5/4; ◎2月中旬至10月中旬 10:00~16:00，冬季 开放时间不定）这家欢乐的小型室内侏罗纪公园内布满了化石遗迹：留意箭石、蛇颈龙和一具当地发现的鱼龙化石。栩栩如生的恐龙模型可能会让小朋友激动不已，而坚如磐石的暴龙蛋和重达73公斤的恐龙粪便更让他们欣喜若狂。

水力磨坊　　　　　　　　　　　　历史建筑

（Town Mill; ☏01297-444042; www.townmill.org.uk; Mill Lane; 要求捐款 £2.50; ◎周二至周日 11:00~16:00）这座14世纪的水力磨坊如今还在吱吱嘎嘎地工作，气氛十足。旁边有咖啡馆、画廊、一间珠宝工坊和微型精酿酒吧。

搜寻化石

对化石的狂热是会传染的。莱姆里吉斯坐落于英国最不稳定的海岸线之一，频繁的山石崩落意味着大大小小的史前遗迹不时会从悬崖翻滚而下。

可参加有导览带领的徒步探索之旅。在莱姆里吉斯以东3英里处，**查茅斯遗产海岸中心**（Charmouth Heritage Coast Centre; ☏01297-560772; www.charmouth.org; Lower Sea Lane, Charmouth; ◎复活节至10月 每天 10:30~16:30，11月至次年复活节 周五至周一 10:30~16:30）免费每周开展1~7次团队游（成人/儿童 £8/4）；莱姆里吉斯城内的**莱姆里吉斯博物馆**也提供一周3~7次的徒步探索游（成人/儿童 £12/6）。当地专家**布兰登·列侬**（Brandon Lennon, ☏07854377519; www.lymeregisfossilwalks.com; 成人/儿童 £9/7; ◎周六至周一）也会组织探险行程。尽早预订，因为所有徒步项目都很受欢迎。

想要尽可能有所发现，就在落潮后2小时内造访海滩。如果你打算自己搜寻，比较官方的建议是注意查看潮汐涨落时间，并且在落潮时寻找；但要留意警示标志，远离悬崖区域，只在海滩范围内活动，并且记得给后来的人留些宝贝。噢，对了，如果真找到什么惊人化石，你得告诉专家们。

冬季开放时间不定；提前致电确认。

🏃 活动

★ Undercliff
步行游览

这片位于莱姆西部起伏不平的自然保护区面积达304公顷，其形成原因是大规模山体滑坡。滑动的峭壁、裂缝和山脊构成了极具挑战性的徒步地形，小路在茂密的植被、裸露的树根和杂乱的荆棘丛之间蜿蜒。Undercliff起于莱姆里吉斯中心以西1英里处；从Holmbush停车场即可找到步道指示牌。

🛏 住宿

Sanctuary
民宿 £

(☎01297-445815; www.lyme-regis.demon.co.uk; 65 Broad St; 标单/双 £45/56) 这是为书虫量身定制的民宿：位于一家四层书店中，拥有18个房间，迷人的卧室装点着印花棉布和大量藏书。到处都是令人手不释卷的古ള典籍——别让它们耽误你去吃很棒的早餐。氛围轻松，物超所值。

Coombe House
民宿 ££

(☎01297-443849; www.coombe-house.co.uk; 41 Coombe St; 双 £68~76; Ⓟ) 这家民宿非常超值，清新舒适的凸窗卧室风格时尚，摆放着藤椅和白色木头家具。早餐会用手推车送到你的房间，有自制面包和一个烤面包。

值 得 一 游

福德修道院

福德修道院 (Forde Abbey; ☎01460-221290; www.fordeabbey.co.uk; Chard; 建筑 成人/儿童£13/5, 花园 £10/5; ⓧ建筑 4月到10月 周二至周五和周日 正午至16:00, 花园 全年每天 10:00~16:30) 始建于12世纪，原先是西多会修道院，但自1649年以来就一直是一座私人住宅。这座建筑拥有华丽的灰泥天花板和精美的壁毯，但花园才是重头戏——这里有12公顷的草坪、池塘、灌木丛和花圃，还有几百种罕见而美丽的品种。

福德修道院位于莱姆里吉斯以北10英里，没有公共交通前往。

器——对于慵懒的莱姆假日而言堪称完美。

★ Hix Townhouse
民宿 £££

(☎01297-442499; www.hixtownhouse.co.uk; 1 Pound St; 标单 £125~135, 双 £135~165; @) 有趣的设计风格、豪华的装修和地处城区的便利位置，让这座18世纪的联排公寓令人难以抗拒。每个房间都别致地呼应一个休闲主题（如园艺、垂钓、阅读等）；最棒的是航海房（Sailing），有仿造的舷窗、排列得颇有艺术感的绳索、迷你屋顶露台和华丽的海景。

🍴 就餐

★ Alexandra
英国菜 £

(☎01297-442010; www.hotelalexandra.co.uk; Pound St; 下午茶 £8~30; ⓧ15:00~17:30; Ⓟ@) 这里仿佛是阿加莎·克里斯蒂（Agatha Christie）侦探小说中的神秘场景，只不过没有谋杀案发生。柳条椅点缀着精心修剪的草坪，背后就是波光粼粼的莱姆湾。这里是享用正宗英式下午茶的理想地点，配有司康饼、果酱和小小的三明治。

Harbour Inn
酒馆食物 ££

(☎01297-442299; www.harbourinnlymeregis.co.uk; 23 Marine Pde; 主菜 £11~19; ⓧ正午至14:30和18:00~21:00, 10月至次年3月 周日晚间歇业) 这里有鲜花环绕的滨海露台，时髦舒适的内部空间，还有一些镇上最棒的酒馆食物——马赛鱼汤味道浓郁，恰到好处。

Millside
新派英国菜 ££

(☎01297-445999; www.themillside.co.uk; 1 Mill Lane; 主菜 £13~18; ⓧ周二至周日 12:00~14:30, 周二至周六 18:30~21:00) 这家时尚餐馆的菜单上全是各种英国西部食物，从加了切达奶酪（Cheddar）的多汁汉堡，到当天出海渔船打捞回来的新鲜渔获。紧凑的露台是风和日丽时享用午餐的迷人地点。

★ Hix Oyster & Fish House
海鲜 £££

(☎01297-446910; www.hixoysterandfishhouse.co.uk; Cobb Rd; 主菜 £13~23; ⓧ12:00~22:00, 10月至次年3月 周一和周二 歇业; ☎) 在这间时尚前卫的开放式小屋内，你可以将Cobb的全景一览无余，同时享用美味的食

物：莱姆湾贝类杂烩汤搭配茴香利口酒，以及用咖喱、南非野生辣椒调制的当地鲶鱼和鳕鱼。不妨考虑用牡蛎作为前菜；布朗西岛（Brownsea Island）或波特兰的牡蛎一份£2.95。

❶ 实用信息

旅游局（☎01297-442138；www.visit-dorset.com; Church St; ◐4月至10月 周一至周六 10:00~17:00，周日 10:00~16:00，11月至次年3月 周一至周六 10:00~15:00)

❶ 到达和离开

X51路汽车（£4.80，1.25小时，周一至周六每小时1班）开往多切斯特。

X53路汽车（每天4班到每小时1班，冬季周日停运）向东经由切西尔海滩开往韦茅斯（£7.60），向西开往阿克斯明斯特（£6），从那里可以转乘班车前往埃克塞特。

舍伯恩（Sherborne）

人口 9581

舍伯恩盛产色调柔和的橙黄色岩石：它们曾在15世纪被用来建造了大量建筑，包括位于舍伯恩中央的令人难忘的修道院。这座宁静的小镇散发出富有的气息。

◉ 景点

舍伯恩修道院 教堂

（Sherborne Abbey; ☎01935-812452; www.sherborneabbey.com; Abbey Cl; 建议捐款£4; ◐4月至9月 8:00~18:00，10月至次年3月 至16:00）在全盛时期，华丽的圣母玛利亚修道院教堂（Abbey Church of St Mary the Virgin）是连续26任撒克逊主教的中央主教座堂。它建成于8世纪初，公元998年成为一座本笃会修道院，主教座堂的地位则持续到了1075年。建筑拥有令人入迷的扇形拱顶（全英国最古老的）、由撒克逊诺曼式支柱支撑的中央塔楼和一个1180年的诺曼式门廊。

舍伯恩古堡 城堡

（Sherborne Old Castle; EH; ☎01935-812730; www.english-heritage.org.uk; Castleton; 成人/儿童 £4.70/2.80; ◐4月至6月、9月和10月 10:00~17:00，7月和8月 至18:00）今天的舍伯恩古堡是一片风景如画的遗址，而它最初是由索尔兹伯里主教罗杰（Roger）在1120年修建的——伊丽莎白一世在16世纪末将它赐予了自己一度最爱的沃尔特·雷利爵士（Sir Walter Raleigh）。在英国内战期间，这里成为保皇派的一座要塞；1645年，克伦威尔围攻城堡16天后，将其变成了一片断壁残垣，只留下了西南边的门房、塔楼和北边的一排城墙。

舍伯恩新堡 城堡

（Sherborne New Castle; ☎01935-812072; www.sherbornecastle.com; New Rd; 成人/儿童 £12/免费，仅花园 £6.50/免费; ◐4月至10月 周二至周四、周六和周日 11:00~17:00）沃尔特·雷利爵士在1594年开始修建令人印象深刻的舍伯恩新堡，但只建到中央主楼他本人就被詹姆斯一世囚禁了。詹姆斯一世迅速将城堡卖给了约翰·迪格比爵士（Sir John Digby），后者为它增添了今日所能见到的华丽翼楼。1753年，景观设计师兼园丁"万能的"布朗对城堡所在的院落进行了大规模改造，增添了一座大湖和占地12公顷的水畔花园。

🛏 食宿

★ Cumberland House 民宿 ££

（☎01935-817554; www.bandbdorset.co.uk; Green Hill; 双 £80~85; ℗☲）这些历史感浓郁的房间散发出艺术的气息——薄层砂岩地板上铺着鲜艳的毛毯，柠檬色和燕麦色的墙壁穿插在古老的房梁之间。美味的早餐包括鲜榨橙汁、糖渍新鲜水果和自制燕麦等。

Stoneleigh Barn 民宿 ££

（☎01935-817258; www.stoneleighbarn.co.uk; North Wootton; 标单 £80，双 £90~100，家 £120起; ℗☲）从外面看，饱经风霜的暖色调石材和巨大的花园让这座18世纪的谷仓显得十分宜人。在里面，桁架裸露的宽敞房间以各自迷人的主题色命名——例如淡紫色（Lilac）、红色（Red）或蓝色（Blue）。

这家民宿位于舍伯恩东南方向约2英里处。

George
酒馆食物 ££

（www.thegeorgesherborne.co.uk; 4 Higher Cheap St; 主菜 £9~13; ⏱正午至14:30和18:00~21:00; 🛜）这是舍伯恩最古老最舒适的旅馆，开业已有5个世纪；如今被无数食客磨得发亮的木椅靠背昭示了它的年头。食物是经久不衰的小酒馆经典：厚实的牛排、火腿鸡蛋、自制布丁和当日招牌烤肉。

★ Green
新派英国菜 £££

（☎01935-813821; www.greenrestaurant.co.uk; 3 The Green; 主菜 £16~25; ⏱周二至周六正午至14:30和18:30~21:30）这家亲切雅致的餐馆陈设别致而非破旧，食物则是纯粹的西部乡村风。多塞特风味菜肴可能包括番红花蒜泥蛋黄酱配螃蟹汤、野蒜香烤羊肉。想要获得物超所值的大餐，可以试试当日套餐（3道菜套餐£22）。

ℹ️ 实用信息

旅游局（☎01935-815341; www.visit-dorset.com; Digby Rd; ⏱3月中旬至8月 周一至周六 9:30~17:00, 9月至11月 至16:00, 12月至次年3月中旬 至15:00）

ℹ️ 到达和离开

长途汽车

多切斯特, 途经瑟恩阿伯斯（X11路; £4.70, 1.25小时, 周一至周六每天4~7班）

约维尔（Yeovil; 58路; £2.50, 15分钟, 周一至周六每小时1班）

火车

埃克塞特（£18, 1.25小时, 每小时1班）

伦敦滑铁卢火车站（£40, 2.5小时, 每小时1班）

索尔兹伯里（£14, 45分钟, 每小时1班）

沙夫茨伯里（Shaftesbury）

宜人的集镇沙夫茨伯里高踞在陡峭的山脊，俯瞰着田园牧歌般的草甸，环绕着中世纪修道院的遗址。极具个性的城堡和明信片般漂亮而古老的街道为它增添了迷人魅力。

👁 景点

沙夫茨伯里修道院
遗址

（Shaftesbury Abbey; ☎01747-852910; www.shaftesburyabbey.org.uk; Park Walk; 成人/儿童 £3/2.50; ⏱4月至10月 10:00~17:00）山顶上的遗址标志着这里曾经是英格兰最大最富有的女子修道院之所在。公元888年由阿尔弗雷德大帝下令修建，其女儿Aethelgifu担任了修道院的第一任院长。据信圣爱德华（St Edward）就埋葬于此，而克努特国王（King Knut）于1035年在这座修道院去世。大部分建筑都被亨利八世拆掉了，不过你依然可以在它的地基上徜徉，在博物馆里寻找雕像和泥金装饰手稿。

金山街（Gold Hill）
街道

这条极为陡峭的古朴卵石斜坡上镜率很高，街边都是巧克力包装盒一样的村舍。金山街曾出现在Hovis面包一条著名的电视广告中。

老沃德城堡
城堡

（Old Wardour Castle; EH; ☎01747-870487; www.english-heritage.org.uk; 靠近Anstey; 成人/儿童 £5.40/3.20; ⏱4月至9月 10:00~18:00, 10月 10:00~16:00, 11月至次年3月 周六和周日 10:00~16:00; 🅿）六边形的老沃德城堡建于1393年左右，在英国内战中受损严重，如今只留下了这些宏伟的遗址。在城堡高处能眺望到非常棒的风景，它的草坪则是野餐的好地方。位于沙夫茨伯里以东4英里处。

🛏 食宿

Number 5
民宿 ££

（☎01747-228490; www.fivebimport.co.uk; 5 Bimport; 双 £90; 🅿🛜）这座乔治国王时期联排别墅经过精心修复，明显能看出主人对装修的用心：优雅的纺织品、素淡的色彩、瓷砖贴地的浴室和独立浴缸。早餐十分丰盛，食材都来自本地农贸市场，如果吃太多，步行两分钟即可在镇上转转。

Fleur de Lys
酒店 £££

（☎01747-853717; www.lafleurdelys.co.uk; Bleke St; 标单 £95~100, 双 £115~160, 标三 £170~180; 🅿@🛜）在这家精致、优雅和浪漫的酒店，柔和的灯光打在缎子床罩和舒适的靠垫上，还有迷你冰箱、自制饼干和现磨咖啡，无不让人感受到服务的细致入微。

这里的餐厅(2/3道菜套餐£30/38;⊙周一至周六19:00~22:00)有口皆碑。

Mitre 酒馆食物 ££

(www.youngs.co.uk;23 High St;主菜£10~14;⊙周一至周四11:00~15:00和18:00~21:00,周五至周日12:00~21:00)铺着木板的露台会把你吸引到这家古老的旅馆——从这里俯瞰山下,Blackmore Vale的无敌美景让人难忘。同时你还可以享用沙拉和汉堡,或者鸭蛋火腿配薯条。

❶ 实用信息

旅游局(☏01747-853514; www.shaftesburydorset.com; 8 Bell St;⊙周一至周六10:00~16:00)

❶ 到达和离开

常用线路包括29路车,开往索尔兹伯里(£5,1小时,周一至周六每天5班)。

威尔特郡(WILTSHIRE)

威尔特郡蕴含着丰富的宗教文化,以及众多不容错过的景点。这片绿意盎然的地区拥有英国最多的神秘石圈、仪式古道和古老的坟墓,能为你插上想象的翅膀——你将在此感受巨石阵晨前的恢宏和埃夫伯里石圈的神秘氛围。威尔特郡还拥有800年历史的索尔兹伯里宁静的大教堂,斯陶海德和朗里特富丽堂皇的豪宅,以及美得令人难以置信的村庄拉科克。一个充满英式魅力的郡正在等待你的探索。

❶ 到达和当地交通

公共汽车

公共汽车在威尔特郡分布不均,特别是该郡的西北地区。

First(www.firstgroup.com)服务于威尔特郡西部。

Salisbury Reds(www.salisburyreds.co.uk)涵盖索尔兹伯里和众多乡村地区。可购买单日通票(Rover Ticket;成人/儿童£8.50/5.50)和7日通票(索尔兹伯里地区£14.50,路网覆盖的全部地区£25)。

Stagecoach(www.stagecoachbus.com)经营斯温顿(Swindon)和索尔兹伯里附近的线路。

火车

从伦敦滑铁卢火车站前往索尔兹伯里(£23,1.5小时,每小时至少1班)的路线继续延伸,可通往埃克塞特和普利茅斯。另一条线路向北至巴斯(£11,1小时,每小时1班)和布里斯托尔(£11,1.25小时,每小时1班)。

索尔兹伯里(Salisbury)

人口 40,300

索尔兹伯里以一座有着英格兰最高尖顶的恢宏大教堂为中心,充满魅力,也适合作为探索威尔特郡的大本营。1000多年来,这里一直是重要的郡县首府,街道上的建筑涵盖了各个时期的建筑风格,从中世纪城墙到都铎王朝时期半木结构的联排房屋,再到乔治国王时代的宅邸和维多利亚时代的别墅,宛如一部建筑史。

◉ 景点

★ 索尔兹伯里大教堂 主教座堂

(Salisbury Cathedral;☏01722-555120; www.salisburycathedral.org.uk; The Close;需要捐款 成人/儿童£7.50/3;⊙周一至周六9:00~17:00,周日 正午至16:00)虽然英格兰拥有无数漂亮的教堂,但论宏伟壮观,没有几座能比得上建于13世纪的索尔兹伯里大教堂。这座早期英格兰哥特式建筑,外部由尖拱和飞扶壁精心装饰,内部则相对肃穆简朴,以适合信众进行虔诚的祷告。教堂的雕塑和墓穴非常杰出,同时不要错过每天的**塔楼团队游**(tower tour; 成人/儿童£13.50/8.50;⊙5月至9月每天2~5次)和参观13世纪《**大宪章**》(Magna Carta;⊙4月至10月 周一至周六9:30~17:00,周日12:00~16:00,11月至次年3月 周一至周六9:30~16:30,周日12:00~15:45)的原件副本。

大教堂建于1220年至1258年。在装饰精美的**西面墙壁**(West Front)后方,一条小通道伸向70米长的**中殿**,中殿两侧矗立着优美的波倍克石灰岩柱。注意在北面侧廊有一台奇妙的**中世纪钟**,可追溯到1386年,这可能是世界上最古老的一台还在运转的钟了。回廊的东侧尽头,是亮丽的《**良心犯**》(Prisoners

Salisbury 索尔兹伯里

Salisbury 索尔兹伯里

◎ 重要景点
1 《大宪章》...B4
2 索尔兹伯里大教堂...................................B3
3 索尔兹伯里博物馆...................................A4

✈ 活动、课程和团队游
塔楼团队游..（见2）
4 Salisbury Guides......................................C2

🛏 住宿
5 Cathedral View..C3
6 Chapter House...C3
7 Spire House..C3

8 St Ann's House...D3

🍴 就餐
9 Anokaa...A1
10 Charter 1227..C2
11 Danny's Craft Bar....................................C1

🍷 饮品和夜生活
12 Haunch of Venison.................................B2

🎭 娱乐
13 Salisbury Playhouse..............................A1

of Conscience；1980年）彩绘玻璃，下方是爱德华·西摩尔（Edward Seymour；1539~1621年）和凯瑟琳·格蕾夫人（Lady Catherine Grey）华美的坟墓。其他的纪念碑和墓分布在中殿的边沿，包括威廉·隆格斯佩（William Longespée）之墓，他是亨利二世的私生子，约翰国王同父异母的弟弟。在其墓挖掘过程中，人们在隆格斯佩的颅骨中还发

现一只保存完好的老鼠。

索尔兹伯里大教堂最引以为傲的就是123米高的尖塔，是在14世纪中叶加建的，至今仍是英国最高的教堂尖顶。对中世纪的建筑工匠而言，这不啻为巨大的技术挑战：重约6500吨，需要剪刀拱和支撑扶壁等复杂的交叉支撑系统才能让塔身直立。仔细观察，你会发现这额外增加的重量已经使得中殿四面的中心扶壁出现了变形。

克里斯托弗·雷恩爵士（Sir Christopher Wren）在1668年对大教堂进行了勘测，计算得出塔顶倾斜了75厘米。中殿地面的黄铜板就是用于测量偏移。不过在1951年和1970年的再次测量中，并没有出现更大幅度的倾斜。尽管如此，这座著名的"摇摆尖塔"的加固工程至今仍在继续。

大教堂在颂唱晚祷时才真正显出本来的风采，一般在17:30（周一至周六），周日为16:30。只在学校开学期间进行。

★ 索尔兹伯里博物馆　　　　　　　博物馆

（Salisbury Museum; ☎01722-332151; www.salisburymuseum.org.uk; 65 The Close; 成人/儿童 £8/4; ◎全年 周一至周六 10:00~17:00, 外加6月至9月 周日 正午至17:00）馆里所陈列的特别重要的考古发现包括巨石阵弓箭手（Stonehenge Archer），他的骨骸被发现于巨石阵附近的沟渠，旁边发现的一根箭矢或许就是置他于死地的原因。此外，博物馆内还展出了公元前100年的金币以及一串青铜时代的金项链，总体上对威尔特郡的史前文明进行了精彩的介绍。

老塞勒姆遗址　　　　　　　　考古遗址

（Old Sarum; EH; ☎01722-335398; www.english-heritage.org.uk; Castle Rd; 成人/儿童 £5.20/3.10; ◎3月至9月 10:00~18:00, 10月 至17:00, 11月至次年3月 至16:00; P）老塞勒姆遗址的断壁残垣坐落在索尔兹伯里以北2英里处芳草萋萋的小山丘上。你可以漫步在杂草丛生的残址中，看看原先大教堂的石基，顺便眺望威尔特郡的乡村——你会看到索尔兹伯里大教堂的尖顶。如今在特定日期，这里会举行中世纪竞赛、骑马比武、露天戏剧和模拟战役等活动。X5路公共汽车周一至周六每小时1班往返于索尔兹伯里和老塞勒姆遗址之间（£2.30）。巨石阵团队游的大巴也会在此停留。

★ 威尔顿庄园　　　　　　　　历史建筑

（Wilton House; ☎01722-746728; www.wiltonhouse.com; Wilton; 宅邸和园子 成人/儿童 £15.50/13.25; ◎5月至9月 周日至周四 11:30~17:00; P）富丽堂皇的威尔顿庄园提供了一个洞察英国贵族精致奢华世界的机会。这是英格兰最精美的庄园之一，自1542年起，历任彭布罗克伯爵（Earl of Pembroke）就居住于此，庄园历经了世世代代的扩建、改造和翻新。亮点包括单立方室（Single Cube Room）和双立方室（Double Cube Room），由17世纪的先锋建筑家伊尼戈·琼斯（Inigo Jones）设计。

威尔顿庄园位于索尔兹伯里以西2.5英里处，可从索尔兹伯里搭乘R3路公共汽车（£2.70, 10分钟, 周一至周六 每小时1~3班）前往。

👉 团队游

Salisbury Guides　　　　　　　步行游览

（☎07873-212941; www.salisburycityguides.co.uk; 成人/儿童 £6/3; ◎4月至10月 每天 11:00, 11月至次年3月 周六和周日 11:00）这些90分钟的游览从旅游局出发。

🛏 住宿

St Ann's House　　　　　　　民宿 ££

（☎01722-335657; www.stannshouse.co.uk; 32 St Ann St; 标单 £64, 双 £89~110; ☎）18世纪的St Ann's弥漫着优雅的氛围，配有铸铁壁炉、迷你吊灯和框格窗，暖色调的配色和精心挑选的古董同样赏心悦目。早餐品种包括本地烘焙的面包和自制的八角柑橘酱。

Cathedral View　　　　　　　民宿 ££

（☎01722-502254; www.cathedral-viewbandb.co.uk; 83 Exeter St; 标单 £85~95, 双 £99~140; P☎）对细节的关注决定了这座乔治国王时代联排别墅的特色；安静雅致的房间里，会摆上微型花艺和自制饼干。早餐包括一流的威尔特郡香肠和民宿的自制面包及果酱，自制的低热量柠檬蛋糕则会在下午茶时出现。

Spire House
民宿 ££

（☎01722-339213; www.salisbury-bedandbreakfast.com; 84 Exeter St; 标单/双/标三£65/80/95; 🅿🛜）这家民宿的房间保持得很是整洁美观，轻松悠闲的气氛延续到了早餐：羊角面包、鲜榨橙汁会送到你的房间。客房风格多变，从不同寻常的三人间（有茶杯型灯罩）到湖蓝色现代风的客房，还有一些采用了复古风（有四柱床、油画和迷你扶手皮椅）的布置。

房价含免费停车许可。

★ Chapter House
旅馆 £££

（☎01722-341277; www.thechapterhouseuk.com; 9 St Johns St; 标单£115~145, 双£135~155; 🛜）在这家有着800年历史的精品旅馆内，木镶板和吱吱作响的楼梯挤在低矮的房梁边。比较便宜的房间风格时尚，但更贵一点的房间着实让人惊艳——内有独立浴缸和罕见的纹章。最佳选择是6号房，据说查理国王曾经下榻此处。他运气真不错。

✕ 餐饮

Anokaa
印度菜 ££

（☎01722-414142; www.anokaa.com; 60 Fisherton St; 主菜£14~19; ⏰正午至14:00和17:30~23:00; 🅿）粉色的霓虹灯暗示了这里所呈上的食物: 高档印度菜肴的现代多层次版本。各种香料和风味的组合让食材焕发活力，不含肉的菜单很受素食者欢迎，午餐时段的自助餐（£9）让所有人都心满意足。

Danny's Craft Bar
美国菜 ££

（☎01722-504416; www.dannyscraftbar.co.uk; 2 Salt Lane; 汉堡£7~13; ⏰周一至周四17:00~21:00, 周五12:00~21:00, 周六9:00~21:00, 周日9:00~17:00; 🛜🅿）在这家时尚的小店用餐，无论什么时候都是一件心旷神怡的事情: 早餐有辣香肠和牛油果卷饼、浸满糖浆的煎饼或奶酪青豆等。晚上来这里，精酿啤酒和鸡尾酒与厚实的汉堡和手切薯条堪称绝配。餐厅为美式墨西哥风味，既有趣又前卫。

素食选择包括厚蘑菇片和哈罗米芝士三明治。店里时不时举办喜剧和现场音乐演出。

Charter 1227
英国菜 £££

（☎01722-333118; www.charter1227.co.uk; 6 Ox Row, Market Pl; 主菜£15~30; ⏰周二至周六正午至14:30和18:00~21:30）这里是"经典英格兰菜肴以食材制胜"理念的拥趸——因此你有机会尽情享用油封鸭、菲力牛排或烤羊肉，当然烹饪和摆盘也都非常有保障。轻车熟路的当地人会在午餐时段或周二至周四的18:00~19:00前来就餐，此时主菜的价格封顶在£10~15。

Haunch of Venison
酒馆

（www.haunchpub.co.uk; 1 Minster St; ⏰周一至周六11:00~23:00, 周日至18:00）这家14世纪的酒馆有木镶板装饰的小包间、螺旋楼梯和歪斜的天花板，甚至还可能闹鬼——可谓气氛十足。其中一个鬼活着的时候在这里玩桥牌出老千导致手被砍——不妨在内部展览中留意他那只已经干瘪的手掌。

☆ 娱乐

Salisbury Playhouse
剧院

（Wiltshire Creative; ☎01722-320333; www.salisburyplayhouse.com; Malthouse Lane）一座有口皆碑的表演创作剧目的剧院，也举办顶级的巡演和音乐剧。

剧院与索尔兹伯里艺术中心、国际艺术节共同组建了Wiltshire Creative。

ℹ 实用信息

旅游局（☎01722-342860; www.visitsalisbury.co.uk; Fish Row; ⏰周一至周五9:00~17:00, 周六10:00~16:00, 周日10:00~14:00; 🛜）

ℹ 到达和离开

长途汽车

National Express（www.nationalexpress.com）的班线停靠火车站附近的Millstream Approach。直达目的地包括:

巴斯（£11, 1.25小时, 每天1班）
布里斯托尔（£6, 2.25小时, 每天1班）
伦敦维多利亚火车站 经由希斯罗（£10, 3小时, 周一至周六每天3班）。

当地的客运服务停靠城内各站，主要运营线路如下:

迪韦齐斯（Devizes；2路；£6，1小时，周一至周六每小时1班）
沙夫茨伯里（Shaftesbury；29路；£5，1小时，周一至周六每天5班）
巨石阵（Stonehenge；☏01202-338420；www.thestonehengetour.info；成人/儿童/家庭£30/20/90）旅游巴士定时从索尔兹伯里火车站发车。

火车
索尔兹伯里的火车站位于大教堂西北半英里处。每半小时1班的火车的目的地包括：
巴斯（£10，1小时）
布拉德福德（Bradford-on-Avon；£14，40分钟）
布里斯托尔（£16，1.25小时）
伦敦滑铁卢火车站（£42，1.5小时）
南安普敦（£10，40分钟）

每小时1班的火车的目的地包括：
埃克塞特（£20，2小时）
朴次茅斯（£20，1.25小时）

巨石阵（Stonehenge）

欢迎来到英国最具标志性的考古遗址。这个引人注目的环形巨石阵1500年来不断地吸引大批朝圣者、诗人和哲学家到来，直到今天仍然是一个神秘超凡的地方——它让现在的人们回想英国历史时，不要忘记曾在索尔兹伯里平原的仪式古道上走过的先民。

◉ 景点

★ 巨石阵　　　　　　　　　　　　考古遗址

（Stonehenge；EH；☏0370 333 1181；www.english-heritage.org.uk；靠近Amesbury；成人/儿童 当天门票£19.50/11.70，预订£17.50/10.50；◷6月至8月 9:00~20:00，4月、5月和9月 9:30~19:00，10月至次年3月 9:30~17:00；Ⓟ）经历了一次超级现代的改造工程后，古老的巨石阵如今新增了一座令人印象深刻的游客中心，还将附近一条对景区造成干扰的公路恢复成草地，强化了这里的历史环境，让这处名胜古迹得以重拾尊严和神秘。

一条通道围绕着环形的巨石阵，不过你不能走进巨石阵的内部，除非参加备受推崇的Stone Circle Access Visits（见317页），才能近距离观看巨石阵。门票票面标明了进入

❶ 巨石阵票务
巨石阵发放的是限时票，意味着如果想要确保进场，必须预订——即使是英国遗产和国民信托组织可免费入场的成员也不例外。如果计划在旺季参观，最好尽早订票。

景区的具体时间，尽早到达等待进场。

巨石阵是英国最神秘的考古发现之一：尽管人们对遗址的用途做出无数种理论上的猜测，有人说是祭祀中心，也有人说是天体时钟，但没有人真正知道史前布立吞人为何花费这么多时间和精力来建造它。而最近的考古发掘显示，周围地区在巨石阵建造的数百年前就已经被神圣化。

巨石阵第一阶段的建造开始于大约公元前3000年，当时外圈环状的土堤和壕沟已经建成。1000年以后，又添建了内圈的花岗岩，被称为蓝砂岩。据说这些重达4吨的巨大石材都是从250英里之外的南威尔士普雷瑟里山（Preseli Mountains）运送过来的，这对于石器时代那些装备最简易的人们而言，绝对是一项非凡的壮举。虽然没有人彻底了解这些工匠如何将石料运输到这么远的地方，但人们普遍认为，他们使用了绳索、滑橇和树干制作的滚筒——而索尔兹伯里平原在巨石阵建造时期还被森林所覆盖。

在公元前1500年左右，巨石阵的巨石被拖曳到这里，竖立起来，围成环状，再在两块竖直的石块上方横放一块巨大的石楣，形成"三石塔"。这些砂岩从一种极为坚硬的岩石上切割下来，而人们在距离遗址20英里的莫尔伯勒丘陵（Marlborough Downs）找到了这种岩石。据估算，拖动一块50吨的巨石穿越乡间大约需要600人。

大致就在这一时期，500年前先建成的蓝砂岩被重新排列，在内圈形成了**马蹄形蓝砂岩**（blue stone horseshoe），并在中央摆放了一块**祭石**（altar stone）。外圈的**马蹄形三石塔**（trilithon horseshoe）由五组竖起的巨石组成，其中三组至今完好无损，而另外两组都只剩下一块竖起的巨石。主要的**砂岩石圈**（sarsen circle）由30块巨大的立石组成，现

在只剩下17块竖石和6块横石。

再往外,另一圈石阵由58个奥布里坑洞(Aubrey Holes)组成,那些坑洞以17世纪发现它们的约翰·奥布里(John Aubrey)命名。南冢(South Barrow)和北冢(North Barrow)就在这圈石阵的内部,每个原先都立有一块巨石。就像英国众多石圈(包括22英里之外的埃夫伯里石圈)一样,内圈的马蹄形蓝砂岩排列的走向和夏日出的轴线一致,因此有人支持巨石阵是某种天文历法的理论猜测。

史前的朝圣者需要沿着仪道(Avenue)进入遗址,巨石阵的入口由屠杀石(Slaughter Stone)和踵石(Heel Stone)构成,位置稍靠外。

目前,关于将靠近遗址的A303主干道迁移到隧道内的长期规划仍在辩论阶段。提议修建的隧道旨在减少巨石阵附近的车辆交通,但批评者认为修建隧道可能会对该地区现在尚未发现的其他古迹造成破坏。

巨石阵景点闭园前2小时停止入场。英格兰遗产(EH)和国民信托组织(NT)成员入园免费,但是也要提前获取标明时间的门票。

★ **游客中心** 博物馆
(Visitor Centre; EH; ☎0370 333 1181; www.english-heritage.org.uk; 包括巨石阵门票 成人/儿童当天门票 £19.50/11.70,预订 £17.50/10.50; ⓢ6月至8月 9:00~20:00,4月、5月和9月 9:30~19:00,10月至次年3月 9:30~17:00)馆内的精彩亮点是巨石阵360度投影,展示了巨石阵在岁月和季节中的变化,包括仲夏日出和旋转星空下的景象。引人入胜的视听展览详细讲述了巨石的运输和建造阶段,同时展出了300件考

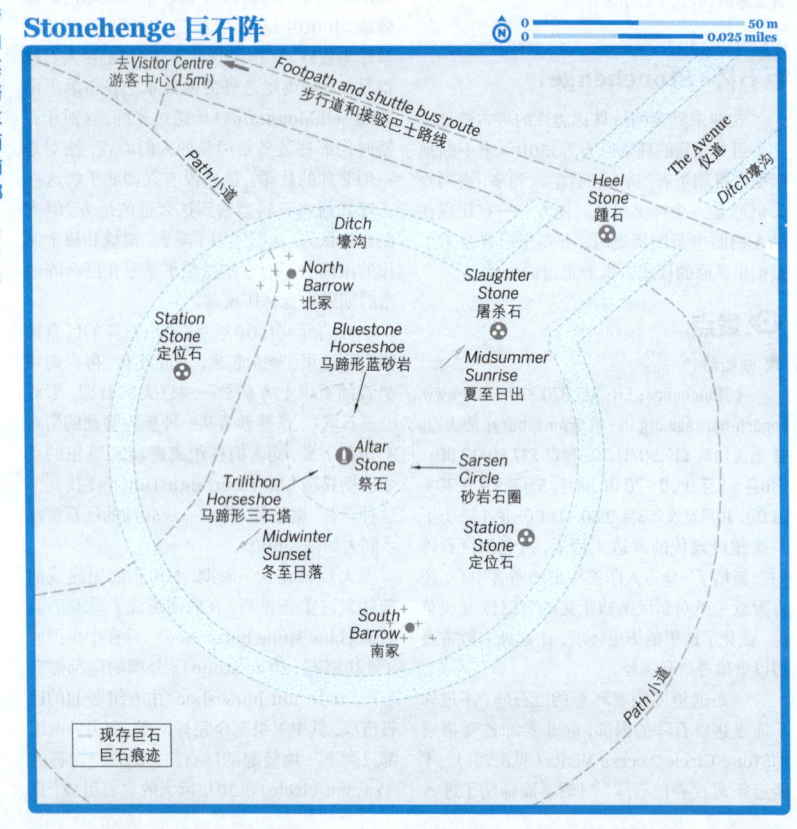

Stonehenge 巨石阵

巨石阵仪式景观

巨石阵实际上只是大片古代遗址群的一部分。

古赛道遗址（Cursus）位于巨石阵以北，是一条大致沿东西延伸的长椭圆形堤岸区域；雷瑟尔古赛道（Lesser Cursus）稍小一些，就在附近。关于这些遗址的用途众说纷纭，有人说是古代的竞技场，也有人说是缅怀死者的列队仪道。两片墓地——老王坟（Old Kings Barrows）和新王坟（New Kings Barrows）坐落在仪道（the Avenue）的两侧。仪道原本连接了巨石阵与2英里之外的埃文河（River Avon）。

国民信托组织（National Trust; www.nationaltrust.org.uk）的网站可以下载全长3.5英里的环形徒步路线图（搜索"A Kings View"）。按照这条路线，你可以从巨石阵穿越白垩岩丘陵，途经古赛道遗址以及老王坟和新王坟，再沿着一段仪道漫步。

巨石阵游客中心也有介绍徒步路线的手册。

古发现，例如燧石碎片、骨针和箭头，以及利用附近的考古尸骸复原出的新石器时代男子的脸部模型。游客中心外面有复原的石器时代房屋，你可以进去参观制绳和燧石敲击等演示。

👥 团队游

★ Stone Circle Access Visits　　步行

（☎0370 333 0605；www.english-heritage.org.uk；成人/儿童 £38.50/23.10）游客一般只能参观巨石阵的外围，但在这些1小时的自助步行游览中，你可以进入考古遗址的核心区域，近距离观察标志性的蓝砂岩和三石塔。团队游在傍晚或清晨进行，寂静的气氛和斜射的阳光会加深你的现场体验。每次游览只接纳30人，至少提早三个月预订。

Salisbury Guided Tours　　历史

（☎07775-674816；www.salisburyguidedtours.com；每人 £64起）经营多条专家带队的游览路线，前往巨石阵、范围更广的仪式场所和索尔兹伯里。

ℹ️ 到达和离开

没有前往遗址的定时公共汽车。

Stonehenge Tour（☎01202 338420；www.thestonehengetour.info；成人/儿童 £31.5/21）从索尔兹伯里的火车站发车，6月至8月每半小时1班，9月至次年5月每小时1班。车票包括巨石阵以及老塞勒姆遗址（见313页）的铁器时代山堡的门票；回程时在老塞勒姆停车。

朗里特（Longleat）

★ 朗里特　　动物园

（Longleat；☎01985-844400；www.longleat.co.uk；靠近Warminster；全程门票成人/儿童 £35/26，建筑和庭院 £19/14；⊙2月至10月中旬 10:00~17:00，7月末和8月 10:00~19:00；🅿）朗里特一半是祖传宅邸，一半是野生动物园。1966年这里被改造成英国第一座野生动物园，当年"万能的"布朗设计的庭院成了可以驾车穿梭的奇妙动物园，让生活在威尔特郡乡野的野生动物能像在非洲荒野上一般自在。朗里特还有不少亮点，包括历史宅邸、声光恐龙展、窄轨铁路、迷宫、宠物角、蝴蝶园以及蝙蝠洞。

朗里特是英格兰第一座对公众开放的庄园，做出这一决定是迫于资金压力：沉重的税赋和"二战"后增长的账单意味着豪宅也需要维持收支平衡。

宅邸内部有精美的挂毯、家具和装饰华丽的天花板，还有七间共有4万册藏书的图书室。然而，这里更大的亮点是现任侯爵创作的一系列油画和迷幻系壁画，他在20世纪60年代曾是艺术系学生，一直保持着英国贵族特立独行的悠久传统——不妨登录他的网站（www.lordbath.co.uk）一探究竟。

朗里特夏季周末大多开放至19:00。庄园紧邻A362公路，距离弗罗姆（Frome）3英里。在线订票可优惠10%。

不要错过

斯陶海德（STOURHEAD）

斯陶海德（Stourhead; NT；☏01747-841152; www.nationaltrust.org.uk; Mere; 成人/儿童 £16.60/8.30；☉3月初至11月初 11:00~16:30，11月初至12月底 至15:30；ⓟ）拥有众多庙宇和装饰性建筑，景色极为优美，堪称庭园设计书的典范。帕拉第奥式的住宅里配备了齐彭代尔式家具，还有克劳德（Claude）和加斯帕德·普桑（Gaspard Poussin）的绘画作品；但这里的重头戏，仍是横亘整片山谷的壮观的18世纪花园（开放时间为9:00~17:00）。

一条风景如画的2英里花园环线会带你见识最华丽的装饰性建筑，并沿着湖畔前往阿波罗神庙（Temple of Apollo）；一条3.5英里的支线则会从帕特农（Pantheon）附近延伸到风景迷人、高达50米的阿尔弗雷德国王塔（King Alfred's Tower）。

斯陶海德紧邻B3092公路，位于弗罗姆（Frome）以南8英里处。

拉科克（Lacock）

人口 1159

天竺葵盛开的村舍小屋，风格各异的屋顶，都让中世纪小村拉科克仿佛定格在了19世纪中期。自从1944年，村庄就归属国民信托组织管辖，许多地方完全看不出现代发展的痕迹：没有电线杆，也没有供电路灯，村庄边缘设立的大停车场让村里车辆寥寥无几。不出意外，这里很受古装剧和剧情片的青睐——拉科克村和它的修道院就曾在哈利·波特系列片、《唐顿庄园》、《另一个波琳家的女孩》（*The Other Boleyn Girl*）、BBC改编的《狼厅》（*Wolf Hall*）、《摩尔·弗兰德斯》（*Moll Flanders*）以及《傲慢与偏见》中出镜。

◉ 景点

拉科克修道院　　　　　　　　　　　　修道院

（Lacock Abbey; NT；☏01249-730459; www.nationaltrust.org.uk; Hither Way; 成人/儿童 £13.40/6.70；☉3月至10月 10:30~17:30，11月至次年2月 11:00~16:00）拉科克修道院是管窥中世纪世界的一扇窗户。13世纪创立时，它还是奥古斯丁女修道院（Augustinian nunnery），有着浓重历史氛围的房间和令人惊叹的哥特式门廊上排列着古怪的赤陶塑像，你可以留意寻找鼻子上放着一块糖的替罪羊。一些最初的结构还保留在回廊里，中世纪壁画的痕迹也依稀可见。

福克斯·塔尔伯博物馆　　　　　　　　博物馆

（Fox Talbot Museum; NT；☏01249-730459; www.nationaltrust.org.uk; Hither Way; 成人/儿童 £13.40/6.70；☉3月至10月 10:30~17:30，11月至次年2月 11:00~16:00）这座博物馆专门介绍了照相底片的发明者：威廉·亨利·福克斯·塔尔伯（William Henry Fox Talbot; 1800~1877年）。他是一位多产的发明家，从1834年开始，他就一边在拉科克修道院工作，一边研究摄影发明。位于修道院内的博物馆详细介绍了他的开拓性发明，并展示了各种精美的照片。

持修道院门票可进入博物馆参观。

🛏 食宿

★ Sign of the Angel　　　　　　　　旅馆 ££

（☏01249-730230; www.signoftheangel.co.uk; 6 Church St; 标单 £110，双 £110~140；ⓟ🛜）这个华丽的15世纪餐厅兼旅馆充满了历史的印痕。抛光的横梁、倾斜的地板和开放式壁炉，加上鸭绒被、精致家具和中性色调，营造出清新的乡村风格。其他招待包括豪华洗浴用品、专业厨师烘焙的饼干和一杯免费的普罗塞克酒（如果你预订了较高档的房间）。

Pear Tree　　　　　　　　　　　　　旅馆 ££

（☏01225-704966; www.peartreewhitley.co.uk; Top Lane, Whitley; 双 £125~150，四 £150；ⓟ🛜）把房间打造得如此极致休闲而清新一定花费了不少功夫——这里的客房混搭有竖框窗户、老式木椅、强劲的淋浴和卡通框画等。老旅馆里的房间更具历史特色，而位于改建谷仓里的客房更有时尚感。旅馆位于拉科克西南4英里处。

餐厅（主菜 £14~18）的露台、裸梁日光室和创意菜肴有口皆碑，菜品大多在菜园里就地取材。食物供应时间为12:00~14:30和18:00~21:00。

Red Lion
旅馆 **££**

（☎01249-730456；www.redlionlacock.co.uk；1 High St；双£105~120；P🛜）在历史悠久的拉科克，没有什么地方比睡在乔治国王时代的马车驿站里更有气氛了。走在石板地面上，经过开放式壁炉，爬上漂亮的楼梯间，来到可爱的房间——厚厚的垫子摆在石质的窗框边，透过窗户就能看到诗情画意的风景。食物也很不错（主菜£14起，从12:00供应至20:00）。

King John's Hunting Lodge
咖啡馆 **£**

（☎01249-730313；21 Church St；小吃£5起；⏲2月至12月中旬 周三至周日 11:00~17:00；P）在拉科克最古老的建筑里享用下午茶是一种不可多得的体验。这里有舒适而带横梁的房间，以及一座宁静的花园，为纤巧的瓷器、轻食午餐和可口的蛋糕提供了宜人的背景。

埃夫伯里及周边 （Avebury & Around）

人口 530

虽然旅行团的大巴直奔巨石阵，不过纯粹追求史前文化的人会前往埃夫伯里的庞大石圈。和索尔兹伯里平原另一侧的巨石阵相比，这里缺少了壮观的三石塔，但毋庸置疑的是，埃夫伯里同样值得游览。这里更大也更古老，大部分村庄实际上就坐落在石圈中——步道在巨石周围蜿蜒穿行，你可以彻底沉浸在四周的非凡气氛中。环绕埃夫伯里的周边地区也有大量史前遗址，还有一座庄园宅邸，后者经过修复的众多房间跨越五个不同时代。

◉ 景点

★ 埃夫伯里石圈
考古遗址

（Avebury Stone Circle；NT；☎01672-539250；www.nationaltrust.org.uk；⏲24小时；P）**免费** 直径348米的埃夫伯里石圈是全世界最大的石圈，也是最古老的石圈之一，可追溯至公元前2500年至公元前2200年。如今这里还有30多块石头保留在原处，柱子则标出了缺失石头本来的位置。在巨石之间穿行，你能深刻感受到石圈的巨大体量；环绕石圈的土堤和壕沟也是证明了其规模之大。石圈更安静的西北部分特别有气氛。国民信托组织大多数时候都会组织导览团队游（£3）。

埃夫伯里石圈原本有98块立石组成外圈，巨石最高可达6米，大多数重达20吨。石圈还被外围另一圈高5米的土堤和最深达9米的壕沟环绕。外圈的内部有南部（29块石头）和北部（27块石头）两处更小的石圈。

中世纪时，英国的异教历史令教会不能忍受，因而许多石头被埋起、移走或损毁。1934年，富商考古学家亚历山大·凯勒（Alexander Keiller）监督石圈重新被立起来。他后来使用通过果酱获利的家族资产，买下了整个遗址以造福后人。

通往埃夫伯里的现代公路巧妙地将石圈分割成四块区域。从靠近Henge Shop（☎01672-539229；www.hengeshop.com；High St；⏲9:30~17:00）的高街（High St）出发，然后逆时针沿着石圈步行参观，你首先会在西南区域看到11块立石。其中一块名叫理发师兼外科医生石（Barber Surgeon Stone），之所以如此命名是因为在石头下发现的一具男性骸骨，陪葬的工具显示他是一位理发师兼外科医生。

石圈东南区域的起点有几块巨大的入口石，标志着从西坎尼特仪道（West Kennet Ave）通往石圈的入口，南部内圈就坐落于此。该石圈内还有方尖石碑（obelisk），以及一组Z形石（Z Feature）。在这个较小的内圈外，只剩下了圈石（Ring Stone）的基座。

在位于东北区域的北部内圈，有三块砂岩保留下来，它们原属于一处长方形隘口（cove）。西北区域拥有最完整的立石群，其中庞大的斯温顿石（Swindon Stone）重达65吨，是为数不多的从未被推倒的巨石之一。

★ 埃夫伯里庄园
历史建筑

（Avebury Manor；NT；☎01672-539250；www.nationaltrust.org.uk；成人/儿童£10.50/5.25；⏲4月至10月 11:00~17:00，2月中旬至3月 至16:00，11月和12月 周四至周日 11:00~16:00）这座

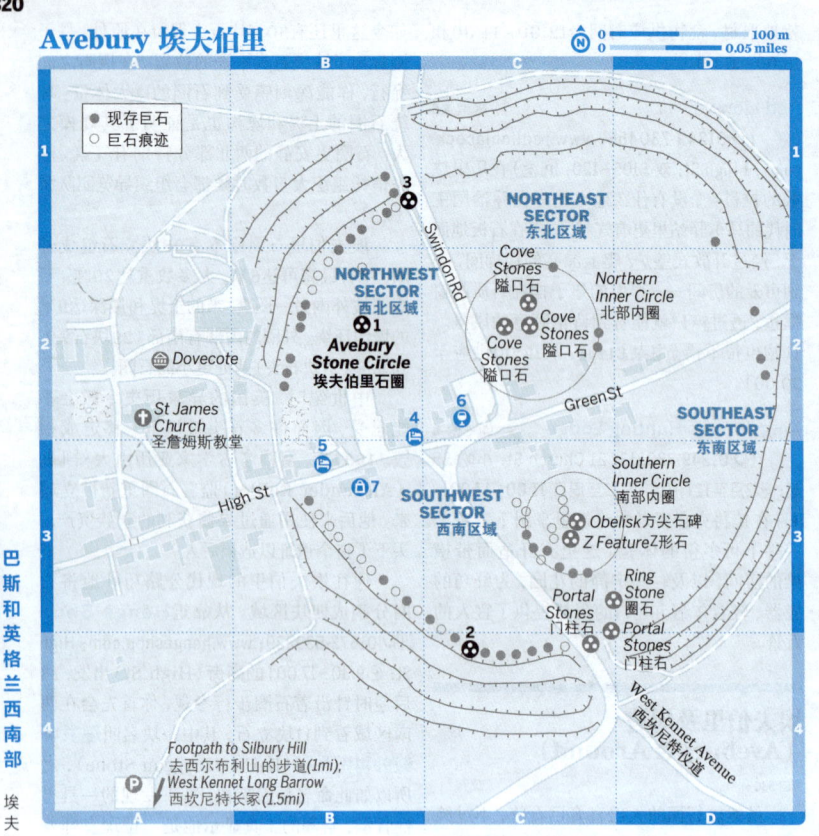

Avebury 埃夫伯里

地图图例:
- 现存巨石
- 巨石痕迹

地图标注:
- NORTHEAST SECTOR 东北区域
- NORTHWEST SECTOR 西北区域
- SOUTHEAST SECTOR 东南区域
- SOUTHWEST SECTOR 西南区域
- Cove Stones 隧口石
- Northern Inner Circle 北部内圈
- Southern Inner Circle 南部内圈
- Obelisk 方尖石碑
- Z Feature Z形石
- Portal Stones 门柱石
- Ring Stone 圈石
- Avebury Stone Circle 埃夫伯里石圈
- Dovecote
- St James Church 圣詹姆斯教堂
- Swindon Rd
- Green St
- High St
- West Kennet Avenue 西坎尼特仪道
- Footpath to Silbury Hill 去西尔布利山的步道(1mi); West Kennet Long Barrow 西坎尼特长冢(1.5mi)

巴斯和英格兰西南部 — 埃夫伯里及周边

Avebury 埃夫伯里

◎ 重要景点
1 埃夫伯里石圈 B2

◎ 景点
2 理发师兼外科医生石 C4
3 斯温顿石 B1

住宿
4 Avebury Lodge B2
5 Manor Farm B3

饮品和夜生活
6 Red Lion C2

购物
7 Henge Shop B3

16世纪的庄园是所有古迹翻新的范本,使用了原始的技术和材料,重现跨越五个时代的内部装潢。这里鼓励人们亲身感受,所以你可以在都铎王朝、乔治国王时代、20世纪30年代等不同年代背景的房间里,或坐在床上,或玩桌球,或聆听屋内的留声机。只出售定时票,需尽早前来,以确保可以入内。

西尔布利山

考古遗址

(Silbury Hill; EH; www.english-heritage.org.uk; 靠近埃夫伯里; P) **免费** 在埃夫伯里南边田野上赫然矗立的西尔布利山高40米,是欧洲最大的人工土石方工程,高度和体量都与埃及金字塔相若。它建造于公元前2500年左右,但建造的具体原因仍不得而知。虽然不能直接靠近山体,但你可以在附近的步道和A4公路旁的停车场远眺观赏。

西坎尼特长冢　　　　考古遗址

(West Kennet Long Barrow; EH; ☎0370 333 1181; www.english-heritage.org.uk; ◎黎明至黄昏) 免费 英格兰最美的墓葬丘建于公元前3500年左右。它的入口由砂岩巨石拱卫,上方还有巨大的顶石覆盖。这里的考古挖掘大约发现了50具骨骸,出土文物都在迪韦齐斯(Devizes)的威尔特郡遗产博物馆(Wiltshire Heritage Museum)展出。前往长冢需从停车场出发,穿过田地步行半英里即可到达。

埃夫伯里石圈通往西坎尼特长冢(2英里)的步道沿途会经过西尔布利山的巨大土丘。

🛏 食宿

★ Manor Farm　　　　民宿 ££

(☎01672-539294; www.manorfarmavebury.com; High St; 标单/双 £90/100; 🅿 📶) 在石圈里入住针毡房间的难得机会:这座红砖农舍依偎在埃夫伯里石圈里侧。优雅舒适的房间将老旧的木材和明亮的装饰完美融合,窗口可以看到有着4000年历史的立石,可谓激动人心。

Avebury Lodge　　　　民宿 £££

(☎01672-539023; www.aveburylodge.co.uk; High St; 标单/双/标三 £155/195/250; 🅿 📶) 这里给人一种错觉,仿佛是儒雅的考古学家还在现场:石圈的古文物研究图挂满墙壁,房间里装着窗帘盒和枝形吊灯;无论何时从窗口望出去,总能看到埃夫伯里石圈的一角。很迷人,但价格有点昂贵——位置让房价水涨船高。

Red Lion　　　　酒馆

(www.oldenglishinns.co.uk; High St; ◎11:00~23:00) 在这里喝上一杯,就意味着在全世界唯一一家处于石圈内的酒馆喝过酒了。最佳的位置是"水井餐桌",玻璃桌面盖住了一口26米深的17世纪古井——据说过去不止有一位倒霉的村民跌入井中丧生。

ℹ 到达和离开

49路公共汽车每小时1班,开往斯温顿(Swindon; £3, 30分钟)和迪韦齐斯(Devizes; £3, 15分钟)。周日有6班。

埃克斯穆尔国家公园 (EXMOOR NATIONAL PARK)

埃克斯穆尔绝对是个令人上瘾的地方,壮阔的赤褐色风景会让你不舍离去。公园的中部是高地荒原,黄褐色的草地和巨幅天幕构成了一幅空旷、广阔、超尘脱俗的景象。风景如画的村庄埃克斯福德(Exford)是理想的探游大本营。北面布满岩石的陡峭河谷切入高原,炭黑色的悬崖矗立在海边。

在这些高耸的海角中,坐落着魅力超凡的村庄波洛克(Porlock)以及林顿(Lynton)和林茅斯(Lynmouth)两座姊妹村,它们别具风情,是住宿的好地方。悠闲的达夫弗顿(Dulverton)散发出小镇的活力,而迷人的邓斯特(Dunster)则拥有鹅卵石街巷和一座赤褐色的城堡。在埃克斯穆尔的每一个地方,生活的步调总是和着季节的律动和色彩——春天新出生的牲畜、夏末的紫色石楠花、秋天的金色叶子,以及冬季的高远蓝天和木柴炉火等。所有这些都能让你在埃克斯穆尔领略一个返璞归真的传统世界。

🏃 活动

★ Exmoor Adventures　　　　户外

(☎07976 208279; www.exmooradventures.co.uk) 经营皮划艇和独木舟(半天/全天 £35/70)、山地自行车(半天 £40起)、海岸运动(£35)和攀岩(£65)等运动课程培训,面向从入门者到资深人士的广泛人群。同时还可出租山地车(每天 £25)。

骑行

虽然(也或许正因为)有令人生畏的山丘,自行车运动在埃克斯穆尔非常流行。国家骑行路网(National Cycle Network, 简称 NCN; www.sustrans.org.uk)的数条路线穿越该公园,包括从布里斯托尔至帕德斯托(Padstow)的西南部小道(West Country Way; NCN3号线路),还有伊尔弗勒科姆(llfracombe)至普利茅斯(Plymouth)的德文郡海岸沿线骑行路径（Devon Coast to Coast; NCN27号线路）。

埃克斯穆尔也是该郡最令人兴奋的越野骑行目的地，有许多马道和得到批准的路线。埃克斯穆尔国家公园管理处（Exmoor National Park Authority, 简称ENPA）印制有用颜色编码的越野骑行地图（£10），可以在旅游局购买。

Exmoor Adventures开设有5小时的山地自行车技巧课程（£60），还出租山地车（每天£25）。

Pompys　　　　　　　　　　　　骑行
（☎01643-704077; www.pompycycles.co.uk; Mart Rd, Minehead; 每天 £18; ◎周一至周六 9:00~17:00）销售和出租自行车。

骑马
埃克斯穆尔是首屈一指的骑马目的地，可骑乘小马或大马越野，骑马2小时的收费为£30~46起。

Brendon Manor　　　　　　　　骑马
（☎01598-741246; www.brendonmanor.com）设有丰富多样的骑马之旅，时长从1到3个小时，前往开阔荒原或是深入峡谷。价格从£26起。位于林顿（Lynton）附近。

Burrowhayes Farm　　　　　　骑马
（☎01643-862463; www.burrowhayes.co.uk; 每小时 £25; ◎4月至10月中旬）位于波洛克（Porlock）附近，提供前往Horner Valley山谷以及荒原的多条骑马线路。还有专门为儿童准备的半小时小马骑行（£14）。

Outovercott Stables　　　　　　骑马
（☎01598-753341; www.outovercott.co.uk; 每小时 £30）Outovercott提供前往埃克斯穆尔荒原山地的线路有多条，从适合新手的1小时路线，到面向中高级骑手更具挑战性的线路，后者可以欣赏洛克斯山谷（Valley of Rocks）和海岸线风光。

徒步
开阔的荒原和带路标的大量马道让埃克斯穆尔成为一个非常适合徒步的地区。最著名的路线之一是**萨默塞特和北德文郡海岸小径**（Somerset & North Devon Coast Path），它是**西南海岸小径**（South West Coast Path; www.southwestcoastpath.org.uk）的一部分。**Two Moors Way**穿越埃克斯穆尔的路段也很有人气，始于林茅斯（Lynmouth），向南延伸至达特穆尔（Dartmoor）和更远的地方。

另一条出色的路线是**柯勒律治步道**（Coleridge Way; www.coleridgeway.co.uk），蜿蜒51英里，穿越埃克斯穆尔、布伦登山丘（Brendon Hills）和匡托克（Quantocks）。180英里长的**Tarka Trail**的一部分也从公园中穿过：可以在库姆马丁（Combe Martin）踏上这条路，沿着悬崖徒步至林顿和林茅斯，然后穿越沼泽前往巴恩斯特布尔（Barnstaple）。

国家公园管理处（www.exmoor-nationalpark.gov.uk）全年运营有组织的徒步游览，包括野外赏鹿游、夜鹰观鸟徒步和黑暗夜空观星漫步等，类型多样。

ℹ️ 实用信息
Active Exmoor（www.visit-exmoor.co.uk/active-exmoor）

Exmoor Nationl Park（www.exmoor-nationalpark.gov.uk）

Lonely Planet（www.lonelyplanet.com）目的地信息、酒店预订、旅游者论坛等。

Visit Exmoor（www.visit-exmoor.co.uk）官方旅游网站。

埃克斯穆尔国家公园管理处下设三个旅游局，分别位于**达尔弗顿**（Dulverton; ☎01398-323841; www.visit-exmoor.co.uk; 7-9 Fore St; ◎4月至10月 10:00~17:00, 10月至次年4月 工作时间缩短）、**邓斯特**（Dunster; ☎01643-821835; www.visit-exmoor.co.uk; Dunster Steep; ◎4月至10月 10:0~17:00, 10月至次年4月 工作时间缩短）和林茅斯（见328页）。

埃克斯穆尔国家公园管理处（ENPA; www.exmoor-nationalpark.gov.uk）负责管理公园。

ℹ️ 当地交通
如果没有自己的交通工具，在埃克斯穆尔可能会非常不方便。但是只需提前筹划，加上一点点耐心，乘坐公共汽车往返荒野上的主要城镇村庄也是可行的。

达尔弗顿（Dulverton）

人口 1500

作为埃克斯穆尔国家公园的南大门，达尔弗顿坐落在巴尔勒山谷（Barle Valley）的底部，靠近埃克斯河（River Exe）和巴尔勒河（River Barle）两条重要河流的交汇处。这是一座传统的村镇，有枪支销售商、渔具铺和礼品商店，也是荒原边缘富有魅力的落脚点。

埃克斯穆尔最著名的地标是**塔尔石阶**（Tarr Steps），这是一座古树遮蔽下的古老的简易石板桥，巴尔勒河中竖立的石柱支撑着桥面巨大的石板。撇开传闻不谈（当地传说这座桥是魔鬼用来日光浴的），它第一次出现在历史记载中是在17世纪初，而在21世纪的洪水之后，又不得不进行重建。从达尔弗顿至西蒙斯巴斯（Simonsbath）的B3223公路上有指向石阶的路标，在达尔弗顿西北方向5英里处便可看到。

食宿

★ Streamcombe Farm　　　　民宿 ££

（☎01398-323775；www.streamcombefarm.co.uk；Streamcombe Lane，靠近Dulverton；标单£60~75，双£75~100；P⑥）在这座迷人的18世纪农舍，古朴时尚的卧室里有壁炉和回收利用的老旧托梁，唯一的声音来自外面的绵羊、鹿和野鸡。也可以选择小巧漂亮的牧羊人小屋（£85，2人入住），配有烧烤架和燃木柴炉。

Town Mills　　　　民宿 ££

（☎01398-323124；www.townmillsdulverton.co.uk；1 High St；标单/双/套£95/105/140；P⑥）这是达尔弗顿镇上的最佳住宿，本身就是一座现代的河边磨坊，内部有奶油色的地毯、木兰花色的墙壁，到处都布置着花艺。

Tarr Farm　　　　酒店 £££

（☎01643-851507；www.tarrfarm.co.uk；Tarr Steps；标单/双£80/160；P⑥）这是个真会让你迷失自我的地方：迷人的农舍隐藏在塔尔石阶附近的树林里，距离达尔弗顿7英里。9个现代风格的房间宽敞豪华，有机沐浴用品和自制饼干令人陶醉。农场的食物也远近闻名。

这里欢迎所有客人的到来：徒步者和亲子游客常为这里的奶油茶点（供应时间为11:00~17:00）和丰盛的午餐而来，夜幕降临后食客们则会品尝更加正式的乡村菜肴，例如干酪螃蟹和焖羊肉（主菜£15~24）。餐点供应时间为11:00~14:30和18:30~21:30。

★ Woods　　　　法式小馆 ££

（☎01398-324007；www.woodsdulverton.co.uk；4 Bank Sq；主菜£15~19；⊙正午至14:00和19:00~21:30）凭借鹿角装饰、狩猎印花和大型柴炉，获奖无数的Woods堪称埃克斯穆尔气质的最佳体现。找到味道浓郁的菜单也就不足为奇：试试油封珍珠鸡腿、焖羊肩、芦笋和野蒜烩饭等。提早预订。

酒吧菜单（£7~13，供应时间为18:00~21:30）都是简餐，例如牛排、奶酪煎蛋卷（带

当地知识

观赏赤鹿

埃克斯穆尔生活着英国数量最多的野生赤鹿,秋季是最佳观赏季节——此时是每年一度的"恋爱"季,能看见雄鹿们为了吸引雌鹿交配而咆哮、撞击鹿角。

埃克斯穆尔国家公园管理处(Exmoor National Park Authority,简称ENPA; www.exmoor-nationalpark.gov.uk)定期组织野生动物主题导览徒步游 免费,其中包括傍晚观鹿徒步游。或者可参加有组织的吉普车巡游,包括观光和几小时的野生动物越野观察。

Barle Valley Safaris (07977571494; www.exmoorwildlifesafaris.co.uk; 成人/儿童 £35/25; 团队游 9:30和14:00)乘坐四驱车的野生动物观赏巡游,半天的行程,会进入荒原。从达尔弗顿、邓斯特、埃克斯福德和惠登克罗斯出发。

Discovery Safaris (01643-863444; www.discoverysafaris.com; 每人 £25; 团队游 10:30和14:00)这些每天两次的吉普车巡游从波洛克(Porlock)出发,然后前往荒野寻找野生动物,尤其是埃克斯穆尔最著名的赤鹿。

Johnny Kingdom Safaris (www.johnnykingdom.co.uk; 每4人 £100)每个月1次,全程4个小时,由一位电视野生动物主持人和摄影师领队。他们8:00左右从South Molton出发,非常热门——因此尽早预订。

烟熏黑线鳕的煎蛋卷)、羔羊肉汉堡,以及炸鱼和薯条。

Mortimers 咖啡馆 £

(01398-323850; 13 High St; 主菜 £9起; 周四至周二 9:30~17:00;)这里厚实的木桌和裸露的砖块,颠覆了人们对传统茶室的固有印象。菜单同样出人意料:可能遇到自制的"哞哞汉堡"(奶油面包夹牛肉)和非同寻常的干酪吐司——可以选择山羊奶酪或布里干酪等,搭配啤酒或萨默塞特苹果酒。

邓斯特(Dunster)

人口 820

邓斯特是埃克斯穆尔最古老的村庄之一,中心矗立着一座红墙城堡,还有一个中世纪的纱线市场,鹅卵石街道、汨汨的溪流和驮马桥在此交织,别具风情。

⊙ 景点

邓斯特城堡 城堡

(Dunster Castle; NT; 01643-823004; www.nationaltrust.org.uk; Castle Hill; 成人/儿童 £11.60/5.80; 3月至10月 11:00~17:00; P)玫瑰色调的邓斯特城堡位于一座葱翠的山丘之顶。它由勒特雷尔(Luttrell)家族建造,埃克斯穆尔北部大片地区曾经都属于该家族。城堡最古老的部分建于13世纪,不过角楼和外墙是19世纪加建的。不妨留意都铎王朝时期的装饰、17世纪的灰泥石膏工艺和极为宏伟的阶梯。留出时间探索繁花似锦的台地花园,那里有河畔步道和一座仍在使用的水力磨坊,还能远眺埃克斯穆尔海岸的风景。

水力磨坊 历史建筑

(Watermill; NT; 01643-821759; www.nationaltrust.org.uk; Mill Lane; 11:00~17:00)这座仍在转动的18世纪磨坊大部分齿轮和磨石都是原物。旁边有一个风景如画的河畔茶室,你可以在磨坊商店购买这里出品的有机石磨面粉。

磨坊的门票包含在旁边邓斯特城堡的门票内。

🛏 食宿

Dunster Castle Hotel 酒店 ££

(01643-823030; www.thedunstercastlehotel.co.uk; 5 High St; 双 £90~175;)在这个从前的马车驿站,从深紫色家具、纹样繁复的织物到豪华的纹章式床罩,一切都散发着富裕的气息。菜单上以优质的经典酒馆食物和一流的甜品为主,巧克力和开心果布朗尼值得强烈推荐。食物(主菜 £11~24)供应时间为

8:00~11:00、正午至14:30和17:30~20:00。

Millstream Cottage
民宿 ££

(☎01643-821966;www.millstreamcottage dunster.co.uk;2 Mill Lane;标单£65,双£79~89)在17世纪时,这里曾是邓斯特的济贫院,但如今它是一座可爱的客栈,拥有村舍小屋风格的房间。入住时有迎客的奶油茶点,早餐有烟熏黑线鳕。还有一个极为舒适的客用休息室,可以让你在烧木柴的壁炉前打个盹儿。

Luttrell Arms
历史酒店 £££

(☎01643-821555;www.luttrellarms.co.uk; High St;房间£150~220; P 🐾)在这家精致古老的马车驿站里,你可能得搬个梯子才能爬上特色房间的四柱高床。在中世纪时,这里曾是克里夫修道院的招待所。即便是标准间也都非常出色;黄铜制品和横梁随处可见,还有一两座灰泥壁炉。

★ Reeve's
英国菜 £££

(☎01643-821414;www.reevesrestaurant dunster.co.uk;20 High St;主菜£20~30;⊙周二至周六 19:00~21:00,周日 正午至14:00)与这间超时尚餐厅同名的厨师Reeve曾经获得烹饪大奖,因此这里的一切都显得理所当然:复杂的创意菜能够真正体现埃克斯穆尔本地食材的特色。可以选择的菜式包括柠鲽配龙虾浓汤,或是迷迭香野蒜嫩烤羊肉等。收尾甜品?也许可以试试当地奶酪配烤核桃面包。

❶ 到达和离开

198路汽车向北开往迈恩黑德(Minehead; £2),向南驶往达尔弗顿(Dulverton; £4,1.25小时,周一至周六 每天2~3班),途经惠登克罗斯(Wheddon Cross)。

全长22英里的**West Somerset Railway** (☎01643-704996;www.west-somerset-railway. co.uk;24小时通票 成人/儿童 £20/10)在夏天停靠邓斯特,5月至10月每天4~7班火车。

波洛克及周边 (Porlock & Around)

海滨村庄波洛克是埃克斯穆尔海岸最漂亮的村庄之一,主街上分布着一座座茅草小屋,面朝大海,背倚陡峭的山坡。曲曲折折的小巷通向西边2英里处漂亮的波洛克码头防波堤,那里有弧形鹅卵石海滩和引人注目的海滨景色。

◉ 景点

★ 波洛克码头
港口

(Porlock Weir; P)波洛克码头坚固的花岗岩堤岸围起了一片弧形鹅卵石海滩,岸边散落着多家酒馆、渔民仓库和季节性营业的商店。码头已经存在于此近1000年(它在调查土地概况的《末日审判书》中被称为"Portloc")。这里是酒馆午餐、散步闲逛的好地方,可以欣赏波洛克溪谷远方的美景,而且很方便转上西南海岸小径。

霍尔尼科特庄园
建筑

(Holnicote Estate; NT; ☎01643-862452; www.nationaltrust.org.uk;靠近Porlock; P) 免费50平方英里的霍尔尼科特庄园占据着波洛克东部一片开阔土地,包含一系列漂亮至极的小村庄。风景如画的**Bossington**通向迷人的**Allerford**和15世纪的驮马桥。最大的村庄**Selworthy**有一家咖啡馆、一家商店,坐拥埃克斯穆尔诱人的美景,土砖茅草顶的村舍散布在村庄绿地四周。

🛏 食宿

Sea View
民宿 ££

(☎01643-863456;www.seaviewporlock. co.uk; High Bank;标单£37起,双£70~75; 🐾) 物超所值的Sea View房间不大,但装饰精美,配有彩绘家具、小饰品和油画。周到的备品包括水泡膏药和肌肉舒缓喷剂,可以让挑战波洛克陡峭山丘的徒步客们放松身体。

Cottage
民宿 ££

(☎01643-862996;www.cottageporlock. co.uk; High St;标单/双/标三£45/75/90; P 🐾) 房屋的18世纪风情显而易见——客厅里大大的壁炉、低矮的门楣和形状奇怪的客房。不过室内装饰时尚而现代,土色或深蓝色主调的房间里还摆放有糖果条纹的靠垫。

Ship Inn
酒馆食物 ££

(Top Ship; ☎01643-862507; www.

shipinnporlock.co.uk; High St; 主菜 £10~19; ⊙正午至14:30和18:00~20:30; ℗)浪漫派诗人柯勒律治（Coleridge）和他的朋友罗伯特·骚塞（Robert Southey）都曾在这家茅草顶的13世纪波洛克小酒馆开怀畅饮——你甚至还能坐在"骚塞的角落"。吧台供应丰盛的酒馆食物：主要是牛排、烧烤和炖菜。

Locanda On The Weir　　　　意大利菜 ££

(☎01643-863300; www.locandaontheweir.co.uk; Porlock Weir; 主菜 £10~24; ⊙周三至周日 19:00~21:00, 周六和周日 12:30~14:30, 夏季营业时间延长; ℗⑤✎)老板兼厨师来自意大利，因此菜肴也融合了埃克斯穆尔的食材和地中海的风味。你的比萨可能会配上戈贡左拉奶酪和梨，意面里面则有本地牛肉和托斯卡纳西红柿，而鱼菜或许会是baccala'alla Livornese（鳕鱼配小酸豆、土豆和橄榄）。

❶ 实用信息

旅游局(☎01643-863150; www.porlock.co.uk;

埃克斯穆尔观星指南

埃克斯穆尔拥有一项殊荣，它是欧洲第一个国际黑暗天空保护区（International Dark Sky Reserve），这表明此地的夜间极为黑暗。那么这在现实中意味着什么？答案是，许多当地组织都会限制光污染；而对游客来说，这里的夜晚就是无比璀璨的星空。

埃克斯穆尔国家公园管理处（www.exmoor-nationalpark.gov.uk）偶尔会组织月光漫步，并且编写了《黑暗天空指南》(Dark Skies Guide)，里面列出了星图，以及标有光污染最小地点的地图。可在游客中心索取，或者从管理处官网下载。公园还会举办**黑暗天空节**(Dark Skies Festival; ☎01398-322236; www.exmoor-nationalpark.gov.uk; ⊙10月底)，也出租适用的望远镜（每晚£25）。

想要获得最佳观星体验，埃克斯穆尔中高部为最佳——可尝试Brandon Two Gates（B3223路边）或Webber's Post（Dunkery Beacon北边一点）。

West End, Porlock; ⊙复活节至10月 周一至周六 10:00~17:00, 11月至次年复活节 周一至周六 至12:30)

❶ 到达和离开

长途汽车

300路汽车从波洛克向东沿海岸线开往迈恩黑德（Minehead; £6, 15分钟），向西驶往林茅斯（Lynmouth; £10, 55分钟）。运营时间为7月中旬至9月初的周一至周五，每天2班。

小汽车

如果是自驾，有两条风景如画的路线通往波洛克村（Porlock）：一条是经过松林和U形弯道的收费公路New Road，另一条是必须常踩刹车的1:4坡度的下坡路Porlock Hill（A39）。此外，还有一条收费公路——Porlock Scenic Toll Rd（亦称Worthy Toll Rd）可供选择，它连接波洛克码头（Porlock Weir），比较颠簸。

林顿和林茅斯（Lynton & Lynmouth）

这一对海滨孪生小镇藏身于险峻悬崖和树木成行的陡峭山坡上，简直就是风景画家梦中的天堂。坐落在岸边的林茅斯熙熙攘攘繁忙的港口后方到处是酒馆和纪念品商店；而高踞悬崖顶部的林顿给人的感觉则更加文雅富足。悬崖旁的一条铁路连接两地，为列车提供动力的是湍急的West Lyn河，该河在附近形成了无数的跌水和瀑布。

⦿ 景点

★ 悬崖铁路　　　　历史铁路

(Cliff Railway; ☎01598-753486; www.cliffrailwaylynton.co.uk; The Esplanade, Lynmouth; 单程/往返 成人 £2.90/3.90, 儿童 £1.80/2.40; ⊙2月、3月和10月 10:00~17:00, 4月、5月和9月 至18:00, 6月至8月 至19:00)这是维多利亚时代的杰出工程，由钢缆连接的两个车厢沿着陡峭倾斜的岩壁下降或上升，其运行方向主要通过调整车厢水箱中水的重量。车厢全部以漂亮的木头和抛光黄铜装饰，自1890年就开始运行，为游人提供了不容错过的乘车体验。

洪水纪念堂 博物馆

(Flood Memorial; The Esplanade, Lynmouth; ⏰复活节至10月 9:00~18:00) 免费 1952年8月16日，一场暴雨后巨浪席卷了林茅斯。洪水造成了极大的破坏——34人丧生，4座桥梁和无数房屋被冲走。这里的展览包括灾后重建的照片，以及灾难亲历者的个人讲述。

🏃 活动

林顿和林茅斯壮观的风景中有几条很受欢迎的徒步路线，其中包括前往**福尔兰角**（Foreland Point）灯塔的路线，前往林茅斯以东2英里**Watersmeet**（途经East Lyn河畔优美的林间空地）的路线，以及沿着风光迷人的**Glen Lyn Gorge峡谷**行进的路线。鬼斧神工的Valley of the Rocks（见本页）是真正的亮点，从林顿沿海岸步道西行1英里即可到达。

★ Valley of the Rocks 徒步

诗人罗伯特·骚塞曾这样描绘山谷中激动人心的地质风貌："岩堆岩，石叠石，令人生畏的庞然大物。"你可以寻找被称为"Devil's Cheesewring"和"Ragged Jack"的岩石构造，但要当心在小路上游荡的凶猛山羊。从林顿向西，沿着一条贴着悬崖峭壁的海滨步道前行1英里可达。

🛏️ 住宿

Bath Hotel 酒店 ££

(📞01598-752238; www.bathhotellynmouth.co.uk; The Harbour, Lynmouth; 双 £80~130; 🅿🛜) 这家酒店自维多利亚时代以来就是这座小镇的标志，如今第三代经营者正在为这家老牌酒店注入新鲜活力。时尚的鸡尾酒吧旁边增加了航海主题的炫彩客房，躺在舒适的船上就能将港口和岬角风光一览无余。标准房在时尚方面就要差得多——但是它们的价格也更便宜£50。

Lynn Valley 民宿 ££

(📞01598-753300; www.lynnvalleyguesthouse.com; Riverside Rd, Lynmouth; 标单 £60起，双 £80~110, 四 £150; 🛜) 这家漂亮的小客栈非常受徒步者青睐，很大程度上得益于它就在海滨步道边上的地理位置、解乏泡澡的浴缸以及丰富的酒水品类。即使你不是在附近徒步，清新明亮的内饰、美丽的海港风光以及房间里的迷你瓶装雪莉酒也会让你对这里一见倾心。

Rising Sun 旅馆 £££

(📞01598-753223; www.risingsunlynmouth.co.uk; Harbourside, Lynmouth; 双 £160~190) 曾经是14世纪走私者出没的地方，如今已然变成一个拥有时尚感的世外桃源。优雅的细节随处可见，从温馨的灯光和本土艺术到柔软、有品位的床套等。订一间海景房，便可看外面港口的潮涨潮落。

★ Old Rectory 酒店 £££

(📞01598-763368; www.oldrectoryhotel.co.uk; Martinhoe; 标单 £135~155, 双 £180~230, 套 £230~260; 🅿🛜) 这家浪漫的酒店在风格方面表现极为出色。精品客房非常豪华，有优雅的浴缸、柔滑的面料和豪华的洗浴用品；花园十分宁静，鲜花盛开。酒店的厨师精心烹制自种的农产品。位置就在林顿以西6英里的小村Martinhoe。

🍴 就餐

★ Charlie Friday's 咖啡馆 £

(📞07544 123324; www.charliefridays.co.uk; Church Hill, Lynton; 小吃 £4起; ⏰4月至10月 10:00~18:00, 冬季营业时间缩短; 🛜🚻♿🐕) 一个时髦友好的消闲之处，供应入口即化的酥皮糕点、厚实的三明治、可口的干酪玉米片和源自公平贸易的两份杯浓缩咖啡，让人精神抖擞。吉他、编织和棋牌游戏让店里总是弥漫着欢乐的氛围。

★ Ancient Mariner 酒馆食物 ££

(📞01598-752238; www.bathhotellynmouth.co.uk; The Harbour, Lynmouth; 主菜 £12~19; ⏰12:00~15:00和18:00~21:00; 🛜) 这家酒馆好像将沉船里的物品全都带到了林茅斯，包括吧台铜顶、弧线形的船甲板以及一尊衣冠不整的船首像。尽情享用美味佳肴——包括厚实的Mariner汉堡，可以搭配埃克斯穆尔艾尔啤酒、黑糖焖胸肉、洋葱酱和蓝奶酪慕斯等。

★ Rising Sun 新派英国菜 ££

(📞01598-753223; www.risingsunlynmouth.

co.uk; Harbourside, Lynmouth；2/3道菜套餐£30/39；⊙正午至14:30和18:00~21:00）在港口边的Rising Sun，大厨不仅擅长烹制埃克斯穆尔的肉类和蔬菜，还有这片崎岖海岸的各种海鲜。应季菜肴可能有美味多汁的龙虾、新鲜的海鲈和当地贻贝等，所有菜式都被服务生信心满满地端上桌。建议预订。

❶ 实用信息

林茅斯旅游局（☎01598-752509；www.visit-exmoor.co.uk；The Esplanade, Lynmouth；⊙10:00~17:00）埃克斯穆尔国家公园管理处游客中心。

林顿旅游局（☎0845 458 3775；www.lynton-lynmouth-tourism.co.uk；Lynton Town Hall, Lee Rd, Lynton；⊙4月至10月 周一至周六 10:00~17:00，周日 至14:00，11月至次年3月 周二至周四 10:00~15:00）

德文郡（DEVON）

德文郡会带给你自由的感觉。这里周围海滩绵延，地势高低起伏，散落着充满历史感的故居、活力绽放的城市和荒凉粗犷的原野。在这里，你可以放弃旅程计划和清单，踏上崎岖的海岸步道，乘船游览优美的风景，或者迷失在地图上根本找不到的篱笆小巷。

你可以探索学院气息浓厚的埃克塞特、游人如织的托基、游艇天堂达特茅斯和另类文化的托特尼斯，也可以躲到达特穆尔的荒野，或去偏僻的北部海岸冲浪。如果想给身体充充电，可以品尝周围葡萄园酿造的红酒，享用从田间地头或海中水畔新鲜获得的食物。无论你打算以何种方式来探索德文郡——冲浪、骑车、划皮划艇、骑马、海中畅游、赤脚踏浪——都会让你感觉宾至如归。

❶ 实用信息

Visit Devon（www.visitdevon.co.uk）官方旅游网站。

❶ 当地交通

公共汽车

大部分往返主要城镇乡村的公共汽车线路如今都由Stagecoach（www.stagecoachbus.com）运营，一些规模较小的客运公司设有班次较少的其他地区线路。达特穆尔基本没有公交；你需要自驾或者骑自行车前往更加偏远的地区。

当地有集中实用的公共汽车通票：**Devon Day Ticket**（成人/儿童/家庭 £9.30/6.20/18.60）适用于所有公司，**Stagecoach South West Explorer**（成人/儿童/家庭 £8.30/5.50/16.60）和**South West Megarider Gold**（7日通票 £30）仅覆盖Stagecoach的公共汽车。了解详情可浏览Stagecoach网站。

Traveline South West（www.travelinesw.com）是非常好的在线行程规划工具，而**Devon interactive bus map**（https://new.devon.gov.uk/travel）提供了视觉化的公交车线路图，十分实用。

火车

德文郡的火车干线沿着达特穆尔南部边缘，从埃克塞特驶往普利茅斯，并继续通向康沃尔郡。支线包括39英里的埃克塞特—巴恩斯特布尔（Barnstaple）的塔卡线（Tarka Line）、15英里的普利茅斯—甘尼斯莱克（Gunnislake）的泰马河谷线（Tamar Valley Line），以及景色秀丽的埃克塞特—托基（Torquay）的派恩顿线（Paignton Line）。此外还有几条非常迷人的蒸汽铁路，包括达特茅斯蒸汽火车铁路（见338页）、博德明和温福德铁路（见388页）和南德文郡蒸汽火车铁路（见342页）等。

如果你要经常乘坐火车的话，**德文郡和康沃尔郡自由通票**（Freedom of Devon & Cornwall Rover；7天内任选3天出行 成人/儿童 £49/24.50，15天内任选8天出行 成人/儿童 £79/39.50）非常划算。

埃克塞特（Exeter）

人口 117,800

埃克塞特富裕而宜人，体现出它数个世纪以来作为德文郡宗教和行政中心的重要地位。哥特式大教堂俯瞰着绵延的鹅卵石街道，城市里遍布着中世纪和乔治国王时代的建筑，古罗马城墙的遗址也随处可见。如今，时髦的现代购物中心带来了时尚的气息，数量极多的大学生保证了夜生活的多姿多彩，朝气蓬勃的码头更是骑车游和皮划艇之旅的出发点。再加上一些新潮的餐饮和住宿场所，你将会获得惬意而不失活力的探游落脚点。

历史

埃克塞特的历史可以从它的建筑中略窥一二。古罗马人在公元55年左右长驱而入，建造了17公顷的堡垒，其中包括2英里长的防御城墙，今天仍能见到保存下来的断壁残垣（尤其是在Rougemont和Northernhay花园中的那些）。撒克逊人和诺曼人统治时期见证了城镇的发展：1068年这里建起了一座城堡，大教堂则在40年后竣工。都铎王朝时期羊毛业的腾飞为埃克塞特带来了出口贸易、大量财富和半木结构的房屋。繁荣继续延续到了乔治国王时代，当时数百位商人在这里建起高雅的豪宅。然而，"二战"的轰炸带来了灾难。仅1942年的一个晚上，156人死于空袭，市区12公顷的面积被夷为平地。21世纪，耗资2.2亿英镑打造的Princesshay购物中心为这座城市多元建筑增添了一栋有着耀眼玻璃外墙的钢筋结构楼宇。2016年，大教堂广场中心备受喜爱的18世纪建筑——Royal Clarence Hotel遭遇了一场毁灭性的大火。在本书调研期间，关于酒店重建和标志性外立面恢复的计划还在讨论中。

◉ 景点

★ 埃克塞特大教堂 天主教堂

（Exeter Cathedral, Cathedral Church of St Peter; ☎01392-285983; www.exeter-cathedral.org.uk; The Close; 成人/儿童 £7.50/免费; ◉周一至周六 9:00~17:00, 周日 11:30~17:00）埃克塞特宏伟的大教堂是德文郡最引人注目的基督教景点之一。教堂大量使用温暖的蜜色石材，大部分建于12世纪和13世纪。西立面有精美的中世纪雕刻，室内的天花板更是惊艳——作为全世界最长的连续哥特式拱顶，它拥有镀金和色彩鲜艳的屋顶浮雕装饰。不妨留意主入口处巨大的乐高模型；只需£1, 你也可以在上面加一块积木。

这里作为宗教场所的历史至少可以追溯到5世纪，然而诺曼人直到1114年才开始建造当今这栋建筑，大教堂现有的几座塔楼都源于那一时期。1270年，长达九十年的改建工作开始，为大教堂加了英国早期风格和哥特式装饰风。

在西立面（Great West Front）上方，几十座饱经风霜的人物雕像褪去了曾经的色彩，组成了目前英格兰规模最大的14世纪雕塑群。教堂内部，优美对称的天花板高悬头顶，延伸至北侧耳堂和15世纪的埃克塞特钟（Exeter Clock）——后者用金色球体表示位于宇宙中心的地球（按照中世纪的天体理论），百合花装饰的太阳則围绕着地球旋转。时钟仍在运转，准点还会报时。

主教宝座（Bishop's Throne）上方巨大的栎木华盖雕刻于1312年，游吟诗人走廊（minstrels' gallery）则建于1350年，装饰着12位演奏乐器的天使。教堂的工作人员会指出一尊著名的雕像：一位女士长着两只左脚，以及一座小巧的圣詹姆斯礼拜堂（St James Chapel），原建毁于空袭，后被重新修复。留意礼拜堂内不同寻常的雕刻：一只猫和一只老鼠，奇怪的是，还有一名橄榄球运动员。

每天都有信息丰富的大教堂免费导览游，费用包含在门票内；你也可以借助免费的语音导览器来自助游览。但是如果想要体验最震撼人心的风景，就得选一座塔楼爬上去。屋顶团队游在周二和周六（你可以提前在线预约）开展。参与者必须年满8周岁。

颂唱晚祷时间为周一至周五17:30, 以及周六和周日16:00。

★ 皇家艾伯特纪念博物馆 博物馆

（RAMM, Royal Albert Memorial Museum & Art Gallery; ☎01392-265858; www.rammuseum.org.uk; Queen St; ◉周二至周日 10:00~17:00; 🛜）免费 从维多利亚时代起，这里就是埃克塞特城文化场景的核心要素。这座体型巨大的红砖博物馆近年耗资2400万英镑进行了翻修。宏伟展厅的玻璃柜里摆满了各种奇怪的物件和考古发现——从"世界文化"展厅的武士盔甲、非洲面具和埃及木乃伊，到维多利亚时代收藏家沃尔特·珀西·斯拉登（Walter Percy Sladen）收集的海星和海胆等棘皮动物，可谓无奇不有。馆内还侧重介绍了埃克塞特的历史。

★ 埃克塞特地下通道 地道

（Underground Passages; ☎01392-665887; www.exeter.gov.uk/passages; 2 Paris St; 成人/儿童 £6/4; ◉6月至9月 周一至周六 9:30~17:30,

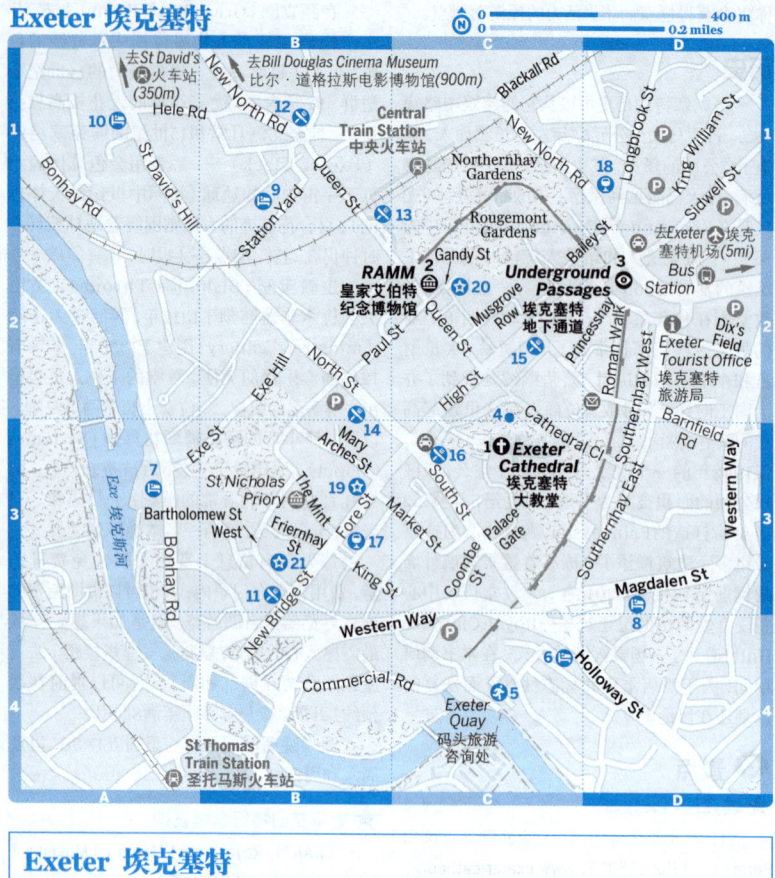

Exeter 埃克塞特

◎ 重要景点
1 埃克塞特大教堂	C3
2 皇家艾伯特纪念博物馆	C2
3 埃克塞特地下通道	D2

⊕ 活动、课程和团队游
埃克塞特大教堂塔顶游览	(见1)
4 Redcoat Tours	C2
5 Saddles & Paddles	C4

住宿
6 Globe Backpackers	C4
7 Headweir Mill House	A3
8 Hotel du Vin Exeter	D3
9 Silversprings	B1
10 Telstar	A1

✖ 就餐
11 @Angela's	B3
12 Dinosaur Cafe	B1
13 Exploding Bakery	B1
14 Herbies	B2
15 Lloyd's Kitchen	C2
16 Plant Cafe	C3

饮品和夜生活
17 Fat Pig	B3
18 Old Firehouse	D1

娱乐
19 Bike Shed	B3
20 Exeter Phoenix	C2
21 Exeter Picturehouse	B3

周日10:30~16:00，10月至次年5月 周二至周五10:30~16:30，周六9:30~17:30，周日11:30~16:00）屈膝弯腰，戴上安全帽，做好被吓得毛骨悚然的心理准备，走进这条英格兰唯一对外开放的地道。这些中世纪的拱顶地下通道里以前用于安装向城市输送淡水的管道。向导会带你穿过错综复杂的管道网络，告诉你关于幽灵鬼魂、逃生路线和霍乱疫病的故事。每天最后一次游览在景点关闭前1小时出发，活动深受欢迎，请预约。

比尔·道格拉斯电影院博物馆　　博物馆

（Bill DouglasCinema Museum；[_]01392-724321；www.bdcmuseum.org.uk；Old Library, Prince of Wales Rd；◯10:00~17:00；[P]）**免费** 这个古怪的博物馆是电影迷的必到景点。馆内陈列着苏格兰电影制片人比尔·道格拉斯收集的电影主题纪念品，他最著名的作品是以自己童年为原型的半自传体三部曲。道格拉斯还是一位狂热的收藏家，拥有5万多件电影周边藏品：魔术灯笼、西洋镜、迪士尼电影的原始胶片、查理·卓别林的瓶塞、詹姆斯·邦德棋盘游戏、复古电影海报和星球大战玩具等。博物馆位于市中心西北方向1英里，就在埃克塞特大学（Exeter University）的校园里。

鲍德海姆城堡　　历史建筑

（Powderham Castle；[_]01626-890243；www.powderham.co.uk；成人/儿童£12.95/10.95；◯4月至6月、9月和10月 周日至周五11:00~16:30，7月和8月 至17:30；[P]）鲍德海姆城堡是德文郡伯爵（Earl of Devon）的世代居所，是一座威严但亲切的宫殿。它建于1391年，维多利亚时期又进行过一番改建。可以参观木镶板装饰的华美大厅（Great Hall）、饲养了650头鹿的草地，还可在厨房一窥"楼梯之下"的仆佣生活。鲍德海姆城堡位于埃克斯河畔，靠近肯顿（Kenton），就在埃克塞特以西8英里处。

活动

Saddles & Paddles　　户外

（[_]01392-424241；www.sadpad.com；Exeter Quay；◯9:00~18:00）码头边的这家商店出租自行车（成人 每小时/每天£7/18）、单人和双人皮划艇（£12/45）和加拿大式独木舟

当地知识

大教堂塔顶游览

不要错过登上埃克塞特大教堂塔顶游览（[_]01392-285983；www.exeter-cathedral.org.uk；含埃克塞特大教堂门票 成人/儿童£13/5；◯7月至9月 周二14:00，周六10:30），欣赏城市屋顶连绵壮阔的美景。台阶数量实在不少（确切地说是251级台阶），登塔者必须年满8岁。因为名额有限，我们强烈推荐提早在线预订。

（£18/60），并且提供关于线路的实用建议。

团队游

★ Redcoat Tours　　步行

（[_]01392-265203；www.exeter.gov.uk/leisure-and-culture）**免费** 这些信息丰富且免费的1.5小时团队游，会带领游客探索城市历史的不同时期（古罗马、都铎、乔治国王等），可以选择的有趣主题包括晚间幽灵徒步、穿过地下墓穴的火炬冒险之旅。大部分线路都从大教堂草坪（Cathedral Green）出发；夏天有一些会从埃克塞特码头出发。

每天都会有几条徒步游线路，冬天也不例外；无须预约。

住宿

Globe Backpackers　　青年旅舍 £

（[_]01392-215521；www.exeterbackpackers.co.uk；71 Holloway St；铺/双£17.50/45；◯前台8:30~12:00和15:30~23:00；[P][@]）这里是预算较低的旅行者的最爱。旅舍一尘不染，舒适惬意，所在建筑曾是栋布局不规则的联排别墅，内有3间双人房、宽敞的宿舍和6个公共淋浴间。还有一间令人愉快的休息室、相当小的厨房，此外还提供免费Wi-Fi和储物柜。

★ Telstar　　民宿 ££

（[_]01392-272466；www.telstar-hotel.co.uk；77 St David's Hill；标单£35~50，双£60~85，家£85~105；[P][@]）"不落俗套的维多利亚风格"是对这家优质民宿的最佳描述：屋里装饰着古朴的壁炉、植绒壁纸和戴着飞行员护目镜的雄鹿头。客房既有传统氛围也不乏现代舒

适设施；浴室则采用了19世纪风格的瓷砖。如果你喜欢户外空间，可以订一间带有宽敞露台的双人间。

Silversprings 公寓 ££

(☎01392-494040；www.silversprings.co.uk；12 Richmond Rd；1/2 卧客公寓每晚 £85/100；P 🛜)选择这家酒店式公寓作为你在埃克塞特的住所，理由不胜枚举。位置无可挑剔，从公寓旁的广场步行不远即可到达市中心；每间公寓都有自己的起居室和迷你厨房，还有DVD播放器、卫星电视等设施。家具非常棒，采用毛绒面料，设计也很时尚。

★ Hotel du Vin Exeter 精品酒店 £££

(☎01392-790120；www.hotelduvin.com/locations/exeter；Magdalen St；房间 £105~195；@🛜🏊)这座宏伟的红砖大楼（曾经是埃克塞特的眼科医院）如今是豪华的Hotel du Vin连锁酒店的埃克塞特分店。宁静时尚的房间融合了建筑本身的维多利亚风格（凸窗、檐口、木地板），搭配以柔和的色调、另类的壁纸以及北欧风格的沙发。酒店内还有时尚的八角形餐厅、一流的酒吧和高端水疗室。

Headweir Mill House 民宿 £££

(☎01392-210869；www.headweir-house.co.uk；Bonhay Rd；双 £110~150；P 🛜)这栋房屋俯瞰着埃克斯河两岸风光（以及热闹的Bonhay Rd），其历史已经超过200年，但你很难从它的11间现代风格的客房中看出这一点：房间宽敞，采用典雅的灰色、灰褐色、木条板材和条纹设计，完美融合了房间原本的年代感。不妨订一间有凸窗和河景的客房。

🍴就餐

★ Exploding Bakery 咖啡馆 £

(☎01392-427900；www.explodingbakery.com；1b Central Cres, Queen St；小吃 £2.50；⏰周一至周五 8:00~16:00，周六 9:00~16:00；🛜)好消息：埃克塞特最时尚的小烘焙店如今新增了几张餐桌，这意味着能有更多空间来品味这里的白咖啡、玛奇朵和创意蛋糕——柠檬、波伦塔配开心果是爆款。

Plant Cafe 素食 £

(1 Cathedral Yard；主菜 £6~9；⏰周一至周六 8:30~17:00；🛜🌱)这个随意而清新的天然食物咖啡馆总是一座难求。这要归功于它可以欣赏大教堂绿地的绝佳位置，以及富有想象力的菜肉煎蛋饼、馅饼和沙拉。风和日丽时，你可以在室外就座。

Dinosaur Cafe 中东菜 £

(☎01392-490951；5 New North Rd；主菜 £6~8；⏰周一至周六 10:00~21:00)在这个让人心情愉悦的土耳其拼盘酒吧，柠檬黄的墙壁和质朴的木制家具为享用古斯米、肉丸和香辣炸饼（mücver）打造了一个绝佳环境。土耳其式早餐（鸡蛋、意大利腊肠和菲达奶酪）是厌倦了普通早餐想换换胃口的好选择。

Herbies 素食 ££

(☎01392-258473；15 North St；主菜 £7~14；⏰周一至周六 11:00~14:30，周二至周六 18:30~21:30；🌱)Herbies二十多年来一直愉快地为埃克塞特的素食者和纯素者提供食物。可在这里品尝各种老派经典：希腊式蔬菜馅饼、蘑菇和南瓜泥意式炖饭、摩洛哥塔吉

> **值得一游**
>
> ## RIVER COTTAGE食堂
>
> 电视主厨休·弗恩利-惠汀斯托尔（Hugh Fearnley-Whittingstall）大力宣传可持续的有机食物，他的大部分电视节目都是在 **River Cottage HQ**(☎01297-630300；www.rivercottage.net；Trinity Hill Rd, Axminster；2道菜午餐 £55，4道菜晚餐 £70)的"主场"录制，就在距离埃克塞特30英里的阿克斯明斯特（Axminster）附近。如果你想参观他施展魔力厨艺的地方，可以预约丰盛的4道菜套餐，食材都采用他自己花园里的农产品；或者报名参加定期举办的烹饪课程。另一个比较便宜的选择是去位于附近阿克斯明斯特村的**食堂**(☎01297-631715；www.rivercottage.net；Trinity Sq, Axminster；主菜 £7~18；⏰周日至周二 9:00~17:00，周三至周六 至23:00；🌱)用餐。

锅风味菜等。

Lloyd's Kitchen
法式小馆 ££

（☏01392-499333；www.lloydskitchen.co.uk；16 Catherine St；主菜午餐£6.95~11.95，晚餐£14~22；◎周一至周四 9:00~15:00，周五和周六 9:00~15:00和18:30~21:30，周日 10:00~15:00）这家独立餐厅由精力充沛的老板劳埃德（Llyod）经营，地处连锁餐厅林立的城市中心。玻璃移门、白炽灯、瓷砖和长椅共同打造出了一个迷人的空间。菜肴经典而可口：菜肉煎蛋饼、单面三明治、汉堡、沙拉和当日"英式经典"；夜幕降临后，菜单变成谷饲鸡肉、油封鸭和牛排（仅限周五和周六）。早餐也十分丰盛。

@Angela's
新派英国菜 £££

（☏01392-499038；www.angelasrestaurant.co.uk；38 New Bridge St；主菜£17~32；◎周三至周六 18:00~21:00）埃克塞特最著名的高级餐厅之一，在浆得雪白的桌布上供应正式的法国风味菜肴。你可以期待各种美味，例如烤鸭、阿伯丁安格斯牛肉和蒸大比目鱼，搭配浓郁的奶油、酱料或红酒汁。

🍷饮品和夜生活

★Fat Pig
精酿酒厂

（☏01392-437217；www.fatpig-exeter.co.uk；2 John St；◎周一至周五 17:00~23:00，周六 12:00~23:00，周日 12:00~17:00）这家精酿啤酒厂是镇上喝啤酒的最佳去处。它生产自己的艾尔啤酒，同时还酿造自有品牌的杜松子酒、伏特加和更多"实验性"烈酒。这是一个令人愉悦的空间，分为主酒吧和小暖房，装饰别致。酒吧菜肴也非常不错，尤其是周日的烧烤。

Old Firehouse
酒馆

（☏01392-277279；www.oldfirehouseexeter.co.uk；50 New North Rd；◎周一至周三 正午至次日2:00，周四至周六 至次日3:00，周日 至次日1:00）步入埃克塞特这家烛光摇曳的舒适老店，你立刻就有了宾至如归的感觉。干枯的啤酒花从房椽上垂下来，地板铺着石板，墙壁也是裸露的石材。种类繁多的苹果酒和桶装艾尔啤酒令人印象深刻，21:00开始供应的比萨让无数学生填饱了肚子。

Beer Engine
精酿酒厂

（☏01392-851282；www.thebeerengine.co.uk；Newton St Cyres；主菜£12；◎11:00~23:00，厨房 周一至周六 12:00~15:00和18:00~21:30，周日 12:00~18:30）这里曾经是一间铁路酒店，有着涂漆地板、皮革长椅和裸露的红砖。但是最吸引人的还是在楼下：啤酒厂闪闪发光的不锈钢酿酒罐和输酒管。啤酒的名称则源于建筑的历史：果味浓郁的Rail Ale、浓烈而甜美的Piston Bitter，以及口感醇厚的Sleeper Heavy等。

店里的食物也十分美味，例如焖羊肩、用当地Quickes切达干酪制作的农夫拼盘、牛排和Sleeper Ale馅饼。酒厂所在的村庄Newton St Cyres位于埃克塞特以北5英里处，A377公路边。火车从埃克塞特出发（往返£7），到达这个村子时正好赶上晚饭；返回的火车时间为23:00稍过（周日为22:30），非常方便。

☆娱乐

Bike Shed
剧院

（☏01392-434169；www.bikeshedtheatre.co.uk；162 Fore St；◎周一至周四 17:00至午夜，周五和周六 至次日2:00，周日 至23:00）Bike Shed简陋的砖衬地下室表演空间给歌曲创作新人提供了一试身手的场所。周五和周六夜晚有现场音乐和DJ表演，复古风格鸡尾酒吧的存在恰到好处。

Exeter Phoenix
艺术中心

（☏01392-667080；www.exeterphoenix.org.uk；Bradninch Pl和Gandy St交叉路口；◎周一至周六 10:00~23:00；🖥）作为埃克塞特的艺术和灵魂之所在，Phoenix融合了独立电影院、演出空间、画廊数种功能于一身，还是一个很酷的咖啡馆兼酒吧（小吃供应到19:00），总是熙熙攘攘的。

Exeter Picturehouse
电影院

（☏0871 902 5730；www.picturehouses.co.uk；51 Bartholomew St W）这家环境私密的独立电影院播放主流片和小众文艺片。

ℹ️实用信息

埃克塞特旅游局（☏01392-665700；www.visitexeter.com；Dix's Field；◎4月至9月 周一至

周六 9:00~17:00，10月至次年3月 周一至周六 9:30~16:30）

❶ 到达和离开

飞机
埃克斯特国际机场（Exeter International Airport; ☏01392-367433; www.exeter-airport.co.uk）位于城东6英里处。航班连接多座英国城市，包括曼彻斯特、纽卡斯尔、爱丁堡和格拉斯哥，以及锡利群岛（Isles of Scilly）和海峡群岛（Channel Islands）。

56/56A/56B路公共汽车从埃克塞特的St David's火车站和埃克塞特汽车站前往埃克塞特国际机场（£3.90, 30分钟）, 6:30~18:30每小时1班。

长途汽车
埃克塞特的**长途汽车站**（Paris St）正在进行耗资数百万英镑的整修，在此期间部分线路可能改到其他地方发车。完工日期目前仍未可知。最新信息可联系旅游局。

线路目的地如下：

埃克斯茅斯（Exmouth）57路（£4.30, 35分钟, 每小时2~4班）

莱姆里吉斯（Lyme Regis）9A路（£7.50, 每小时至少1班, 周日6班）, 经由Beer。冬季周日停运。

普利茅斯 X38路（£7.50, 1.25小时, 周一至周五每天6班, 周六4班, 周日2班）

锡德茅斯（Sidmouth）9/9A路（£7, 35分钟, 周一至周六每小时2班, 周日每小时1班）

托普瑟姆（Topsham）57路（£2.50, 10分钟, 每小时2~4班）

托特尼斯（Totnes）X64路（£6.10, 50分钟, 周一至周六每天6~7班, 周日2班）

火车
如果前往德文郡和康沃尔郡的主要城镇，乘坐火车比汽车更加快捷方便，但是票价往往更贵。停靠St David's火车站的干线列车如下：

布里斯托尔（Bristol）£29, 1.75小时, 每半小时1班

伦敦帕丁顿火车站（London Paddington）£71.20, 2.5小时, 每半小时1班

派恩顿（Paignton）£7.70, 50分钟, 每半小时1班

彭赞斯（Penzance）£21.80, 3小时, 每半小时至1小时1班

普利茅斯（Plymouth）£9.70, 1小时, 每半小时1班

托基（Torquay）£7.70, 45分钟, 每半小时至1小时1班

托特尼斯（Totnes）£7, 35分钟, 每半小时1班

部分支线列车还会经过埃克塞特中央火车站（Exeter Central train station）。

❶ 当地交通

自行车
Saddles & Paddles（见331页）出租自行车。

公共汽车
H路公共汽车（每小时2~4班）连接了St David's火车站、中央火车站（£1）和高街（High St），途经汽车站附近。

出租车
St David's火车站、高街（High St）和Sidwell St都有出租车招呼站。

Apple Central Taxis（☏01392-666666; www.appletaxisexeter.co.uk）

Exeter City Cars（☏01392-975808; www.exetercitycars.com; ⏱24小时）

Z Cars（☏01392-595959）

托基及周边
（Torquay & Around）

人口 114,270

作为维多利亚时代以来的海滨度假胜地，以及情景喜剧《弗尔蒂旅馆》（Fawlty Towers）中虚构的主人公弗尔蒂（Basil Fawlty）的旅馆所在地，托基如今仍然是体会老式英国风情的夏季经典度假目的地。这里经常自称为"英格兰的蓝色海岸"，以此标榜其棕榈林立的海滨和赤褐色的悬崖峭壁。但与此同时，托基散发着新奇的混搭魅力：除了团队游客、寻觅阳光的家庭和享受派对的年轻人，高端餐厅和精品民宿也开始在此冒头。这意味着，这座城镇可能正在摆脱旧日形象，转而展现出更优雅的现代风情。实际上，城南3英里处占地广大的廉价度假胜地派恩顿才是更需要转型的地方。

不管怎样，这里始终还是有许多景点和活动：一个奇异的模型村庄，一条悬崖铁路，与阿加莎·克里斯蒂有关的过往，以及几片令人印象深刻的海滩等。

◉ 景点和活动

托基最引以为豪的风景，莫过于20多处

阿加莎·克里斯蒂

托基是现象级女作家阿加莎·玛丽·克拉丽莎·克里斯蒂夫人（Dame Agatha Mary Clarissa Christie；1890~1976年）的出生地，她创作的谋杀案侦破故事在销量方面仅次于《圣经》和威廉·莎士比亚。她创造的角色举世闻名：骄傲自负的比利时小胡子侦探赫尔克里·波洛（Hercule Poirot）、观察敏锐又好管闲事的独身老婆婆马普尔小姐（Miss Marple）等。

阿加莎·克里斯蒂在托基的Barton Rd出生，11岁时发表了第一篇文章。"一战"时，她与阿奇·克里斯蒂中尉（Archie Christie）结婚，同时在位于托基市政府的红十字会医院工作，这期间了解到大量关于毒药的知识，成为后来她写作时的重要线索，包括1920年第一部小说《斯泰尔斯庄园奇案》（The Mysterious Affair at Styles）中的情节。六年后出版的《罗杰疑案》（The Murder of Roger Ackroyd）采用了当时极具创新的情节反转，她因此一举成名。

时间来到1926年，打击接踵而至：先是母亲辞世，然后是丈夫提出离婚。这位作家神秘地失踪了十天，她弃置的汽车引发了一场大规模搜索，最终人们在哈罗盖特的一家酒店发现了她，当时她使用了丈夫想要结婚的新欢的名字登记入住。克里斯蒂始终坚称自己患了失忆；不过一些评论家认为这不过是场炒作。

后来，克里斯蒂与考古学家马克思·马洛文爵士（Sir Max Mallowan）结婚。他们前往中东旅行的经历给她的写作提供了大量素材。直到1976年去世时，克里斯蒂共创作了75部小说和33部剧本。

托基旅游局（见337页）有关于"阿加莎·克里斯蒂文学之路"的免费手册（也可从官网下载），你可以跟随这条路线参观当地的主要景点；另外托基博物馆（Torquay Museum; ☎01803-293975; www.torquaymuseum.org; 529 Babbacombe Rd; 成人/儿童 £6.45/3.95; ☉周一至周六 10:00~16:00）收藏了大量照片、手抄笔记，展示了她笔下著名的侦探们。最精彩的莫过于格林威（见338页），这是她在达特茅斯附近的夏日寓所。从达特茅斯（见311页）乘坐渡轮，或者搭乘派恩顿始发的蒸汽火车至Greenway Halt，然后步行0.5英里穿过林地，就可到达作家故居。

海滩和绵延22英里的壮观海岸线。地处最中心的是受潮汐影响的托雷修道院沙滩（Torre Abbey Sands; Torbay Rd）；当地人会前往73米高的红土悬崖旁边的碎石沙滩——欧迪科姆海滩（Oddicombe Beach）；下海游泳者则对风景如画的安斯蒂海湾（Anstey's Cove）情有独钟。

★ 活力海岸　　　　　　　　　　动物园

（Living Coasts; ☎01803-202470; www.livingcoasts.org.uk; Beacon Quay; 成人/儿童 £11.80/3.90，与派恩顿动物园联票 £22.50/15.95; ☉4月至7月初、9月和10月 10:00~17:00，7月初至8月 至18:00，11月至次年3月 至16:00; ⓟ）紧邻托基港边的悬崖，巨大的敞开式布置的活力海岸鸟舍可以让你近距离观察外来鸟类。巨大的围栏内有几条水下观赏隧道，以及几处模拟的小环境，包括企鹅海滩、海雀悬崖和海狗湾等。与派恩顿动物园的联票可享25%的优惠。

★ 巴巴科姆模型村庄　　　　　　博物馆

（Babbacombe Model Village; ☎01803-315315; www.model-village.co.uk; Hampton Ave; 成人/儿童 £11.95/9.95; ☉10:00~16:00; ⓟ）这座"小人国"微缩景观共展出413座小型建筑，以及13,160位身形小巧的人物，仿佛是英国所有古怪事物的缩影。景观包括小巧的巨石阵、足球场、海滩（还装饰有天体浴者）、动画马戏团、城堡（正在遭受火龙攻击）和一座由茅草顶房屋组成的村庄（消防员们正在忙着救火）。古灵精怪，恰到好处。

★ 派恩顿动物园　　　　　　　　动物园

（Paignton Zoo; ☎01803-697500; www.

paigntonzoo.org.uk; Totnes Rd, Paignton; 成人/儿童 £16.50/12.35, 与活力海岸联票 £22.50/15.95; ⊙4月至10月 10:00~18:00, 11月至次年3月 至16:30; P）这座占地32公顷的新式动物园是迄今为止派恩顿最具吸引力的地方。开阔的围场内，重现了大草原、湿地、热带雨林、沙漠等各种生态环境。亮点包括猩猩岛、有着巨大玻璃background围墙的猫科动物园和狐猴丛林——你甚至可以沿着木板吊桥走入林中，而灵长类动物就在树木间跳跃。园内还有鳄鱼沼泽，步道就在尼罗河鳄、古巴鳄和咸水鳄头顶和身旁蜿蜒。持联票还可游览活力海岸的海鸟中心。

巴巴科姆悬崖铁路 铁路

(Babbacombe Cliff Railway; ☎01803-328750; www.babbacombecliffrailway.co.uk; Babbacombe Downs Rd; 成人/儿童 往返 £2.80/2; ⊙2月至10月 9:30~16:30) 巴巴科姆这条漂亮的索道铁路建于20世纪20年代，可谓是当年的工程奇迹，而如今你可以登上小巧玲珑的车厢，沿着悬崖上修建的轨道上山下山。无论如何，它为你省去了上下悬崖的腰酸腿疼。

🛏 住宿

Torquay Backpackers 青年旅舍 £

(☎01803-299924; www.torquaybackpackers.co.uk; 119 Abbey Rd; 铺 £18~20, 双 £38; @◈) 这一经济型旅舍位于维多利亚时期的排屋内，虽显陈旧，却是俭游者格外青睐的住所，靠谱而实惠。店内有大小合适的厨房、配有DVD播放机的休息室，以及带室外台球桌的木板平台。不过宿舍可能会很吵，因为它在喜欢热闹的年轻人中颇为热门。

★ The 25 民宿

(☎01803-297517; www.the25.uk; 25 Avenue Rd; 房间 £108~168; P◈) "我们放弃了浅白色。"这家民宿的老板自豪地说道。看看他们是怎么办到的：充满乐趣的卧室采用斑马纹搭配柠檬黄，或者紫红色搭配孔雀蓝。波普艺术随处可见，各种小摆件比比皆是；你还可以用iPad玩玩氛围灯，或是在淋浴间看电视。还有自制的布朗宁蛋糕可供品尝。物超所值，乐趣无限。暑期通常都要求最低连住三晚。

Hillcroft 民宿 ££

(☎01803-297247; www.thehillcroft.co.uk; 9 St Lukes Rd; 双 £89~130; P◈) 这是托基镇上比较好的民宿选择之一，卧室分别围绕摩洛哥、巴厘岛、龙目岛和托斯卡纳等主题布置。最棒的选择是宽敞的套房：普罗旺斯 (Provençal), 配有镀金床和起居室; 印度 (India) 套房也不错, 用印度艺术品打造，有一张四柱床。

★ Cary Arms 精品酒店 £££

(☎01803-327110; www.caryarms.co.uk; Babbacombe Beach; 双 £245~395, 套 £375~450; P◈🐾) 这家历史悠久的酒店位于巴巴科姆沙滩边，所提供的不仅是新英格兰海滩度假村这么简单。明亮清新的房间配有糖果条纹床套和白色家具，散发着时尚气息；但是如果要看到最美的风景，一定要订一间个性的海滩"小屋"，配有Smeg冰箱、夹层卧室和无懈可击的海景露台。酒店还有一间相当不错的水疗室。

🍴 就餐

Me & Mrs Jones 咖啡馆 £

(☎01803-298745; www.meandmrsjonesdeli.com; 11 Ilsham Rd; 菜肴 £6起; ⊙周一至周五 8:00~17:30, 周六 9:00~16:00) 在这家休闲的咖啡馆兼熟食店里，餐桌上方彩灯闪烁，周围摆放着各种美味佳肴：有机酸面包、"squealer"（猪肉）馅饼、爽口的沙拉、优质的熟食和让人垂涎欲滴的奶酪。

★ Elephant 新派英国菜

(☎01803-200044; www.elephantrestaurant.co.uk; 3 Beacon Tce; 2/3道菜午餐套餐 £18.50/21.95, 晚餐主菜 £16.50~26.50; ⊙周二至周六 12:00~14:00和18:30~21:00) 这是托基高档餐饮界的明星，赞誉无数的米其林星级餐厅，由名厨西蒙·赫尔斯顿 (Simon Hulstone) 打理，其对应季食物（大部分都产自他自己的农场）的品位以及对摆盘的追求让他赢得了无数拥趸。菜肴充满现代气息，又不失经典特色（不过还是有出人意料的组合），每盘菜都像一幅画一样精美。午餐物超所值。

Rockfish 海鲜 ££

(☎01803-212175; www.therockfish.co.uk;

20 Victoria Pde; 主菜£12～20; ⊙12:00～21:30) 屡获大奖的名厨Mitch Tonks打理的小型海鲜连锁餐厅在托基开设的分店, 菜肴充分展现了这位大厨对于当日新鲜渔获的品位。环境轻松休闲, 白色的实木和航海小物件让人感觉如同身在船上, 食物从经典的炸鱼和薯条、鮟鱇鱼虾球到香烤海鲜拼盘和海藻鞑靼酱等。如果想品尝德文郡龙虾, 一定要预订。

On the Rocks 法式小馆 ££

(☎01803-203666; www.ontherocks-torquay.co.uk; 1 Abbey Cres; 主菜£13～26; ⊙11:00至午夜) 推拉门和路边桌, 使这家轻松休闲的咖啡馆能一览无余地看到海景——只是中间被海滩道路所阻隔。但是, 这里仍然是品尝贻贝、多汁牛排或柔滑的鮟鱇鱼片的好地方。一些回收利用的物件还营造出了质朴和半嬉皮的氛围。

CoCo (www.cocotorquay.co.uk; 1 Abbey Cres; ⊙周一至周五17:00至午夜, 周六和周日11:00至午夜) 鸡尾酒吧就在隔壁。

❶ 实用信息

托基旅游局(☎01803-211211; www.theenglishriviera.co.uk; 5 Vaughan Pde; ⊙周一至周六10:00～17:00) 托基主要的旅游局位于中心港口, 提供关于托基、派恩顿和布里克瑟姆(Brixham)的旅游信息。

❶ 到达和离开

长途汽车

从托基**长途汽车站**(Lymington Rd)出发的班线如下:

布里克瑟姆(Brixham) Stagecoach 12路(£4.50, 45分钟, 每半小时1班) 途经派恩顿。

托特尼斯(Totnes) Stagecoach Gold (£3.50, 45分钟, 每小时1～2班)。X64路从托特尼斯继续驶往达特茅斯。

渡轮

4月至9月之间, **Western Lady**(☎布里克瑟姆01803-852041, 托基01803-293797; www.westernladyferry.com; 单程/往返£2/3; ⊙4月至9月)往返于托基港(The Harbour)和布里克瑟姆之间。

火车

火车从埃克塞特St David's火车站出发, 途

值得一游

布里克瑟姆(BRIXHAM)

一系列迷人的、色彩柔和的渔民小屋通向布里克瑟姆马蹄形的港口, 在那里, 拱形游廊、礼品商店与蜿蜒曲折的街道、色彩鲜艳的船只以及英格兰最繁忙的渔港之一和谐共存。

布里克瑟姆的生活中心是**鱼市**(Fish Market; www.englishriviera.co.uk; The Quay; 团队游含早餐£15; ⊙4月至10月), 可以参加清晨6:00出发的导览团队游, 非常抢手, 一定要预约。沿着布里克瑟姆港口一路向下, 不妨留意**"金鹿"号**(Golden Hind; ☎01803-856223; www.goldenhind.co.uk; The Quay; 成人/儿童£7/5; ⊙3月至10月10:30～16:00)的复制品, 其原型是弗朗西斯·德雷克(Francis Drake)著名的环球航海探险船。

前往布里克瑟姆最惬意的方式是乘坐沿海岸线航行于布里克瑟姆港口和托基之间的渡船——德高望重的"西方女士"号(Western Lady)。

经托基(£7.70, 45分钟, 每半小时至1小时1班), 前往派恩顿(£7.70, 52分钟)。

达特茅斯及周边 (Dartmouth & Around)

人口 10,720

作为英国最负盛名的海军学院所在地, 河畔小镇达特茅斯是德文郡最漂亮的城镇之一, 随处可见色调柔和、让人目眩神迷的17世纪和18世纪建筑, 港口内停满游艇和帆船, 美如画卷。尽管它现在看上去时尚光鲜, 但仍是一个在使用的港口。此外, 定期开展的河船观光、科尔顿菲什阿克的装饰艺术房屋以及阿加莎·克里斯蒂故居这三大亮点, 更让达特茅斯的魅力无可抵挡。

达特茅斯位于达特河口的西侧, 它和东岸的村庄金斯韦尔之间有汽客渡轮连接, 与托基交通往来也很密切。如欲探索德文郡南部海岸和南哈姆斯区, 不妨将这里作为舒适的大本营。

◎ 景点

★ 格林威　　　　　　　　　历史建筑

（Greenway; NT; ☎01803-842382; www.nationaltrust.org.uk/greenway; Greenway Rd, Galmpton; 成人/儿童 £11.60/5.80; ◎2月中旬至10月 10:30~17:00, 11月和12月 周六和周日 11:00~16:00）格林威在德文郡必看景点中排名相当靠前，推理小说家阿加莎·克里斯蒂迷人的度夏宅邸就坐落在平静的达特河沿岸。部分导览式的团队游可以让你在多个房间里徜徉，家具和摆设基本上保留着阿加莎离开这里时的样子。令人着迷的水畔花园内，有一些曾出现在她小说中的元素，所以你会看到一些因虚构谋杀案而臭名昭著的地点。自驾者必须预订停车位，更好的交通方式是乘坐Greenway Ferry渡轮或步行。

★ 科尔顿菲什阿克　　　　　历史建筑

（Coleton Fishacre; NT; ☎01803-842382; www.nationaltrust.org.uk/coleton-fishacre; Brownstone Rd, 靠近Kingswear; 成人/儿童 £11.60/5.80; ◎2月中旬至10月 10:30~17:00, 11月和12月 周六和周日 11:00~16:00; ℗）想一瞥爵士乐时代的辉煌，就来这栋老房子吧——这里曾居住着剧院经理人德欧利·卡特（D'Oyly Carte）一家。房屋建造于20世纪20年代，从拉利克（Lalique）设计的郁金香射灯、浴室里的连环画瓷砖，到摆放着钢琴的雅致客厅，都展现着这里无可挑剔的装饰艺术细节。槌球的草地球场通往斜坡亚热带花园，接着便是豁然开朗的海景。从金斯韦尔沿着悬崖徒步4英里可达，或者开车前往。

达特茅斯城堡　　　　　　　城堡

（Dartmouth Castle; EH; ☎01803-833588; www.english-heritage.org.uk/visit/places/dartmouth-castle; Castle Rd; 成人/儿童 £6.80/4.10; ◎4月至9月 10:00~18:00, 10月 至17:00, 11月至次年3月 周六和周日 至16:00; ℗）在这座诗情画意的古堡，你可以探索迷宫一样的通道、氛围十足的门卫室，从城垛上还能看到壮观风景。最佳交通方式莫过于乘坐船体很小的敞篷城堡渡轮（见339页）前往，或者从达特茅斯出发沿着海岸道路步行或驾车（1.5英里）。

★ 达特茅斯蒸汽火车铁路　　　铁路

（Dartmouth Steam Railway; ☎01803-555872; www.dartmouthrailriver.co.uk; Torbay Rd, Paignton; 成人/儿童 往返 £17.50/10.50; ◎2月中旬至10月 每天4~9班火车）这些复古列车从海滨的派恩顿开出，沿着达特河美丽的河岸缓慢前行，仿佛将乘客们带回了蒸汽火车的时代。全程7英里、30分钟的路程会经过Goodrington Sands海滩，然后停靠Greenway Halt（阿加莎·克里斯蒂故居附近），接着到达小村金斯韦尔（Kingswear），那里有渡轮可前往风景如画的达特茅斯。

这条线路由Dartmouth Steam Railway & Riverboat Company（见341页）经营。该公司同时开设其他活动，包括乘坐明轮蒸汽船的近海航行和出海航行。浏览该公司官方网站以了解详细信息。

🛏 住宿

Alf Resco　　　　　　　　　民宿 ££

（☎01803-835880; www.cafealfresco.co.uk; Lower St; 双 £90~105起, 公寓 £125; 🛜）这里不仅提供镇上最美味的食物，还设有几间舒适的客房，包括有高低床的"船员宿舍"、带独立卫浴的"船长舱室"，布局紧凑，房顶都有大椽，很有些船舱里的氛围（还有提灯、镶板墙、水景等）。

Dartmouth Boutique B&B　　民宿 ££

（☎01803-834553; www.thedartmouthbandb.co.uk; 7 Church Rd; 双 £95~155; ℗🛜）虽然这家精致的含早餐民宿位居达特茅斯最陡峭街道的高处，但其实距离城镇中心也只有15分钟的步行路程。地势意味着视线可以越过山丘直抵远方的大海。客房明亮奢华，织物面料顺滑，搭配以巴洛克风格的装饰和柔和的色调。

★ Bayard's Cove　　　　　　　民宿 £££

（☎01803-839278; www.bayardscoveinn.co.uk; 27 Lower St; 双 £165~175, 家 £185~305; 🛜）Bayard's Cove个性十足，梁柱随处可见，你会睡在刷得雪白的石壁之间，还有巨大的教堂蜡烛相伴。豪华家庭套间有一张巨大的双人床和儿童小屋，小屋里有上下铺和迷你电视。从房间甚至能瞥见河口。

🍴 就餐

★ Alf Resco　　　　　　　　咖啡馆 £

（☎01803-835880；www.cafealfresco.co.uk；Lower St；主菜 £6起；☉7:00~14:00；🛜）这家独立咖啡馆集合了口味挑剔的各方达特茅斯人，从游艇爱好者到拖家带口的，从游客到河船船员，都对这里趋之若鹜。全天提供相同的菜单：主要有丰盛的不限时早餐、烤面包和厚实的法棍面包，咖啡也非常不错。

Crab Shell　　　　　　　　三明治 £

（1 Raleigh St；三明治 £5；☉4月至12月 10:30~14:30）有时你想要的不过是一个经典蟹肉三明治，那么这个小餐馆会很乐意满足你的小心愿：食材就来自几步之外的码头上。此外还有三文鱼、龙虾和鲭鱼三明治可供选择。

Rockfish　　　　　　　　海鲜 ££

（☎01803-832800；www.therockfish.co.uk；8 South Embankment；主菜 £10~18；☉正午至21:30）赞誉无数的大厨Mitch Tonks打造了五间小酒馆连锁店，而这就是达特茅斯分店。海鲜是店里当之无愧的招牌菜，挡雨板和航海装饰与达特茅斯的街道相得益彰。炸鱼和薯条味道不错。

★ Seahorse　　　　　　　　海鲜 £££

（☎01803-835147；www.seahorserestaurant.co.uk；5 South Embankment；主菜 £23~34；☉周二至周六 正午至14:30和18:00~21:30）Mitch Tonks之于德文郡，如同明星大厨Rick Stein之于康沃尔，他们都在各自的家乡开设了好几家餐厅。这是Mitch Tonks开的第一家餐厅，也是最棒的一家：在这间经典的海鲜餐厅里，新鲜上岸的渔获会用炭火烧烤。皮革长椅、木地板和葡萄酒墙营造出一种法国小酒馆的感觉。需要预订。

ℹ️ 实用信息

达特茅斯游客中心（Dartmouth Visitor Centre；☎01803-834224；www.discoverdartmouth.com；ayor's Ave；☉周一至周六 10:30~14:30）这间小小的游客中心有无数关于达特茅斯和南哈姆斯地区的信息，它就位于Mayor's Ave停车场旁边一栋孤零零的楼房里。

ℹ️ 到达和离开

长途汽车

普利茅斯 可搭乘Stagecoach的3路车（£7.30, 2.5小时，周一至周六每小时1班），途经金斯布里奇（Kingsbridge）。周日只有2班**长途汽车**（South Embankment），最远开到金斯布里奇（£7, 1小时）。

托特尼斯 Stagecoach的X64路车（£3.70, 50分钟，周一至周六每2小时1班，周日2班）开往托特尼斯，然后继续驶往埃克塞特（£6.60, 2小时）。

渡轮

达特茅斯出发的渡轮情况如下：

城堡渡轮（Castle Ferry；www.dartmouthcastleferry.co.uk；成人/儿童 往返 £5/3；☉复活节至10月 10:00~16:45）驶往达特茅斯城堡。

达特茅斯—Dittisham渡轮（☎01803-882811；www.greenwayferry.co.uk；成人/儿童 往返 £8.50/6.50；☉复活节至10月）沿河而上至宁静的小村Dittisham。

达特茅斯—金斯韦尔Higher Ferry（☎07866 531687；www.dartmouthhigherferry.com；小汽车/人 单程 £5.60/0.60；☉周一至周六 6:30~22:50，周日 8:00起）运载小汽车和乘客，每6分钟1班，开往河口对岸的金斯韦尔，这样你可以避开镇上狭窄的街道。

达特茅斯—金斯韦尔Lower Ferry（www.southhams.gov.uk；小汽车/人 £5/1.50；☉7:10~22:45）镇上最古老的渡轮服务，自14世纪运行至今。这是一个由牵引机牵引的浮动平台。

格林威渡轮（☎01803-882811；www.greenwayferry.co.uk；成人/儿童 往返 £8.50/6.50；☉3月中旬至10月 每天5~8班）开往格林威并继续前往Dittisham。这家公司还提供河上观景游船。

火车

达特茅斯蒸汽火车铁路有火车往返于金斯韦尔和派恩顿。最近的干线铁路车站位于托特尼斯。

托特尼斯及周边
（Totnes & Around）

人口 8041

托特尼斯的特立独行众所周知，以至于当地爱开玩笑的人在这座小镇的标志下写上了"纳尼亚的孪生胎"。尽管数十年来托特尼斯都以德文郡最具嬉皮风格的城镇而闻名，但2005年，凭借着对生态环保的注重，它还成为英国第一座"转型城镇"——开始摆脱对石油的依赖。除了可持续性，托特尼斯还拥有一处诱人的葡萄园、一座坚固的诺曼城堡和大批优美的都铎王朝时代建筑，也很适合作为一系列户外活动的跳板。

◎ 景点和活动

★ 沙珀姆葡萄酒和奶酪工厂　　酒庄

（Sharpham Wine & Cheese；☎01803-732203；www.sharpham.com；葡萄园£2.50；⊙5月至9月 10:00~18:00，3月和4月 至17:00，10月至12月 周一至周六 至15:00；ℙ）这座葡萄园位于托特尼斯以南3英里处的A381公路边，因其清爽的白葡萄酒以及美味奶酪而远近闻名。工厂坐落于蜿蜒的达特河畔丘陵上，如今已经是英国最知名的葡萄酒制造商之一。你可以自行探索葡萄生长的山坡（£2.50），然后到商店里品尝葡萄酒和奶酪（分别为£7和£3），或者报名参加导览团队游（£20，4月至9月周六和周日 15:00）。

达汀顿庄园　　历史景点

（Dartington Estate；☎01803-847000；www.dartington.org；⊙花园 黎明至黄昏，游客中心 9:00~17:00；ℙ）**免费** 亨利八世曾将这处占地324公顷的迷人庄园送给他的两位妻子（凯瑟琳·霍华德和帕尔）。这里在很长一段时间里都是小镇上的艺术学院；如今里面14世纪的宅邸经常举办各种活动，包括知名的古典音乐节和文学节。此外还有一家艺术电影院、几家商店、一间很棒的酒馆和民宿。庭院同样值得探索。庄园位于托特尼斯西北2英里处。

托特尼斯城堡　　城堡

（Totnes Castle；EH；☎01803-864406；www.english-heritage.org.uk；Castle St；成人/儿童 £4.30/2.60；⊙4月至9月 10:00~18:00，10月 至17:00，11月至次年3月 周六和周日 至16:00）托特尼斯城堡高踞于城镇上方一座山丘的顶部，是保存最完好的诺曼"城寨"城堡（motte and bailey castle；圆形主楼建在抬高的防御工事上）。在上面可以看到托特尼斯连绵的屋顶景致和远处南哈姆斯的绝美风光，但是堡内几乎空无一物。不妨找一找中世纪的厕所（但是不能使用）。

★ Dynamic Adventures　　冒险运动

（☎01803-862725；www.dynamicadventurescic.co.uk；Park Rd, Dartington Hall）这里提供各种超赞的活动，包括独木舟和皮划艇（半天/全天 £35/70）以及海上皮划艇（£75起），此外还有探洞（半天 £35）、攀岩和箭术（每小时均为£15）。提前预约。

位于托特尼斯西北2英里处的达汀顿庄园内。

★ Totnes Kayaks　　皮划艇

（☎07799-403788；www.totneskayaks.co.uk；The Quay, Stoke Gabriel；单人皮划艇 半天/全天 £30/40；⊙4月至6月、9月和10月 周五至周日 10:00~17:00，7月和8月 每天 10:00~17:00）达特河从岸上看已经足够漂亮，不过为了更好地领略其风采，你还是需要前往水上。在托特尼斯东南5英里处的Stoke Gabriel，这家热情友善的户外公司对外出租单人和双人皮划艇，可以让你探索河流——不过最好提前致电了解潮汐时间。

⌂ 住宿

★ Dartington Hall　　民宿 ££

（☎01803-847150；www.dartington.org；Dartington Estate；标单/双 £55/119起；ℙ⛵）这座田园诗般的古老庄园宅邸的翼楼经过精心改造，如今里面的房间风格多样，既有古典主题，也有豪华现代风格。部分房间俯瞰青草葱翠、边缘铺着鹅卵石的庭院，不妨选择一个这样的房间，然后享受宁静的一夜安眠。庄园距离托特尼斯1.5英里。

★ Cott Inn　　酒馆 ££

（☎01803-863777；www.cottinn.co.uk；Cott Lane, Dartington；标单/双 £100/125；ℙ）这家14世纪的小酒馆就是典型的英式旅馆：古朴沧桑、茅草屋顶、房梁裸露。房间有波浪形墙体、艺术风格的家具、清爽环保的床单，配色为淡紫色和橄榄色。酒馆食材全部来自本地——达汀顿羔羊、金斯布里奇土豆和Salcombe螃蟹等。

✕ 就餐

Pie Street
馅饼 £

（☏01803-868674；www.piestreet.co.uk；26 High St；馅饼 £9.95；⏰周一 11:30~18:00，周二至周四 至20:00，周五和周六 至21:00，周日 正午至16:00）这里的口号是"英国的灵魂食品"（British soul food）——换言之，就是各种豪华版馅饼，加上你选择的土豆泥或薯条，以及毫不吝啬的肉汁。你可以选择传统的牛排和艾尔啤酒或鸡肉、火腿和韭菜，或是尝尝与众不同的盏格鲁—印度咖喱馅饼或浓香素食馅饼。可以在小酒馆风格的室内坐下来用餐，也可以打包带走。

Willow
素食 £

（☏01803-862605；87 High St；主菜 £6~10；⏰周一至周六 10:00~17:00，外加周三、周五和周六 18:30~21:00；🅿🍴）如果连本地的纯天然素食餐馆都没有，托特尼斯也就不是托特尼斯了。多年来，Willow就牢牢占据了这个位置。店内一切都非常时尚，菜单上有各种乳蛋饼、馅饼、莫萨卡（moussaka；希腊式茄盒）、沙拉和汤——其中许多都是纯素或无麸的。

★ Riverford Field Kitchen
新派英国菜 ££

（☏01803-762074；https://fieldkitchen.riverford.co.uk；Wash Farm；3道菜午餐/晚餐 £23.50/27.50；⏰就餐 周一至周六 12:30，周日 正午和15:30，大多数晚上19:00；🅿🍴）这家秉承环保和有机理念、"从田间到餐桌"的餐厅是每个到访托特尼斯的人都想尝试的地方。这里最开始时只是一个食品包装门店，如今已然发展成为一家令人愉悦的谷仓酒馆，食客们坐在木头长桌边，共同分享当天的食物。供应乡村风味：你可以期待美味的沙拉、烤肉和富有创意的素食。要求预订。

Rumour
酒馆食物 ££

（☏01803-864682；www.rumourtotnes.com；30 High St；主菜 £9~18；⏰周一至周六 正午至15:00，每天 18:00~22:00；🅿🍴）Rumour是一家当地老店——一个狭窄舒适的酒馆兼餐厅，有昏黄的照明灯、当代艺术品和可供阅读的报纸。除了被奉为传奇的比萨（£9.50），还有许多菜品可供选择，例如意式炖饭、牛排、炖菜和当日特色鱼餐。酒吧营业时间为10:00~23:00。

🍷 饮品

★ The Totnes Brewing Co
精酿酒厂

（☏01803-849290；www.thetotnesbrewingco.co.uk；59a High St；⏰周一至周四 17:00至午夜，周五至周日 正午至午夜）在这家时尚的城镇酒馆，有数十种精酿啤酒可供选择，从修道院风格的小麦啤酒到帝国世涛，它们都有着非常拉风的名字（个人最爱：Hopless Romantic、Nutty Old England和Duck Medicine）。不过这并不是昏暗的老式啤酒屋——你会看到实木桌椅和正对大街的落地窗。

在楼上，**Barrel House Ballroom**经常举办现场演出。

Hairy Barista
咖啡

（☏07916-306723；coffee@thehairybarista.co.uk；69 High St；咖啡 £2起；⏰周一至周六 8:00~17:00，周日 9:00~17:00）无论是爱乐压（Aeropress）、冷萃、V60、白咖啡，还是常规老套的浓缩咖啡，实至名归的咖啡师（也叫Roe Yekutiel）都会全力以赴地制作——这让他的小店成为镇上精品咖啡的荟萃之地。此外还供应蛋糕和点心。但是店内空间实在是过于紧凑（进门时要小心台阶！）。

ⓘ 到达和当地交通

船

Dartmouth Steam Railway & Riverboat Company（☏01803-555872；www.dartmouthrailriver.co.uk；North Embankment）有渡船驶向下游的达特茅斯。

长途汽车

托特尼斯的陆路交通非常方便。

埃克塞特 Stagecoach X64路（£6.10，50分钟，周一至周六每天6~7班，周日2班）。往不同的方向可继续开往金斯布里奇和达特茅斯。

普利茅斯 Stagecoach Gold（£3.60，1小时，周一至周六每半小时1班，周日每小时1班）。

托基 Stagecoach Gold（£3.50，45分钟，周一至周六每半小时1班，周日每小时1班）。

火车

火车至少每小时1班开往埃克塞特（£7，35分钟）和普利茅斯（£6.50，30分钟）。

古雅的**南德文郡蒸汽火车铁路**（South Devon Steam Railway；☏01364-644370；www.southdevonrailway.co.uk；成人/儿童 往返£15/9；◷4月至10月）开往位于达特穆尔外缘的巴克法斯特利（Buckfastleigh）。

普利茅斯及周边（Plymouth & Around）

人口 258,000

几十年来，始终有人觉得普利茅斯杂乱无序且丑陋，嫌弃这座城市碍眼的建筑和有时很明显的贫困。但两位名厨Hugh Fearnley-Whittingstall和Mitch Tonks的到来，以及正在进行的海滨重建项目，可能要让他们收回这些评论了。没错，作为皇家海军的重要港口，这座城市在"二战"轰炸中损失惨重，直到今天仍然是粗糙多于精致；但对游客而言，普利茅斯也充满着各种可能。你可以畅游于装饰艺术风格的露天游泳池，参观杜松子酒厂，学习立式桨板、皮划艇和航海，漫步水族馆，乘船穿越海湾，然后观看一场顶级戏剧表演，在派对中迎接黎明。至于撒手锏？历史底蕴深厚的巴比肯街区和普利茅斯高地——后者是一处绿意盎然的宽阔海角，布满了咖啡馆，能够领略海湾船舶如织的醉人美景。

历史

在普利茅斯的历史中，海洋始终是主角。有历史记载的第一艘货轮在1211年离港，到16世纪末，这里就已经成了探险家和冒险者首选的港口。这里的码头曾送别过弗朗西斯·德雷克爵士（Sir Francis Drake）、沃尔特·雷利爵士（Sir Walter Raleigh）、击败西班牙无敌舰队（Spanish Armada）的海军、建立美国的清教徒、查尔斯·达尔文、库克船长（Captain Cook）和无数运载移民前往澳大利亚和新西兰的船只。

"二战"期间，普利茅斯遭受了德国空军的毁灭性打击，超过1000位平民死于闪电战的空袭，市中心也化为瓦砾。21世纪，海滨地区得到重建，耗资2亿英镑的Drake Circus购物中心落成，以及规模不断扩大的大学，在城市中心汇集了若干新建筑和3万名学生。

◉ 景点

★ 普利茅斯高地（Plymouth Hoe） 地标

据说，弗朗西斯·德雷克就是从这片俯瞰着普利茅斯湾（Plymouth Sound）的绿地海角窥探到西班牙舰队的。**德雷克雕像**所在之处传说就是当年他看到西班牙舰队之后继续打完那场草地滚球的地方。背undo别墅的宽阔步道上立有几十座战争纪念碑。

斯米顿塔 灯塔

（Smeaton's Tower；☏01752-304774；www.plymhearts.org；The Hoe；成人/儿童£4/2；◷10:00~17:00）红白条纹相间的斯米顿塔从普利茅斯高地海角中央拔地而起。游客可攀爬93级石阶，穿过环形房间，来到露天平台，一边身临其境地了解以前灯塔管理员的生活，一面眺望市区、达特穆尔和大海的壮观美景。

整座21米高的建筑此前矗立在离岸14英里的埃迪斯通礁石（Eddystone Reef）上，后来在19世纪80年代被一块砖一块砖地迁移到现址。

★ 巴比肯 街区

（Barbican；www.barbicanwaterfront.com）想要看看普利茅斯从前的模样，不妨前往充满历史感的巴比肯港区。街道部分铺着鹅卵石，两旁是都铎王朝和詹姆斯一世时期的建筑，码头边的老仓库都已改建成为酒吧、餐厅和画廊。这里出名的另一个原因是1620年清教徒所乘坐的"五月花"号（Mayflower）就是从这里驶向新大陆；**"五月花"号登船处**（Mayflower Steps; Sutton Harbour）标记了大致地点。

附近**岛屋**（Island House; Sutton Harbour）的侧墙上还镌刻着"五月花"号当年的乘客名单。詹姆斯·库克船长1768年的探索远航，以及第一艘开往澳大利亚和新西兰的移民船也都是从这里起航。

如今，巴比肯是城里最热闹的地区之一——更不用说这里的美丽街景了。总之干了这杯，亲爱的！

★ 普利茅斯杜松子酒厂 酿酒厂

（Plymouth Gin Distillery；☏01752-665292；www.plymouthdistillery.com；60 Southside St；团

Plymouth 普利茅斯

巴斯和英格兰西南部 普利茅斯及周边

Plymouth 普利茅斯

◎ 重要景点
- **1** 巴比肯 D3
- **2** 国家海洋水族馆 D3
- **3** 普利茅斯鱼市 D3
- **4** 普利茅斯杜松子酒厂 C3
- **5** 普利茅斯高地 B4

◎ 景点
- **6** 德雷克雕像 B3
- **7** 岛屋 D3
- **8** "五月花"号登船处 D3
- **9** 斯米顿塔 B4

✈ 活动、课程和团队游
- **10** Plymouth Boat Trips D3
- **11** Tinside Lido B4

🛏 住宿
- **12** Imperial B3
- **13** Rusty Anchor A4
- **14** Sea Breezes A4

✖ 就餐
- **15** Barbican Kitchen C3
- **16** Harbourside Fish & Chips C3
- **17** Jacka Bakery C3
- **18** Supha's Street Emporium D2

🍸 饮品和夜生活
- **19** Annabel's C2
- **20** Bread & Roses D1
- **21** Dolphin D3

队游£7)）从1793年起，这里就开始酿造杜松子酒，使这里成为英格兰最古老的仍然在产的杜松子酒厂。每天4到6次的团队游会参观蒸馏室，指导品酒，最后你还可以在二级保护建筑中漂亮的鸡尾酒吧里喝上一杯赠送的杜松子酒。

★ 普利茅斯鱼市　　　　　　　　市场

(Plymouth Fish Market; ☎01752-204738; www.plymouthfisheries.co.uk; Sutton Harbour)每天都有约6万吨海产通过这个市场交易，使其成为规模仅次于伦敦比林斯盖特（Billingsgate）的英国第二大鱼市。在开市全面运转时，场面非常壮观。码头管理员（p.bromley@sutton-harbour.co.uk）可以安排鱼市团队游。此外还有当地渔民带领的Fish in Sutton Harbour（简称FISH）定期导览团队游；浏览www.facebook.com/suttonharbour了解最新信息。

★ 国家海洋水族馆　　　　　　　水族馆

(National Marine Aquarium; ☎0844 893 7938; www.national-aquarium.co.uk; Rope Walk; 年票 成人/儿童 £16.95/12.95; ⓗ10:00~17:00)英国最大——也许还是最棒的——海洋馆就在巴比肯港旁边。这里有许多可看的，但最大的亮点是引人注目的大西洋生态池（Atlantic Ocean tank），这是英国最深的池体，能容纳200万升水体，里面有锥齿鲨、柠檬鲨、鲟鱼和蝠鲼，以及一艘"二战"时Walrus水上飞机的复制品。其他区域还有模仿的大堡礁（Great Barrier Reef）和当地海洋栖息地，例如埃迪斯通礁石（Eddystone Reef）和普利茅斯湾等。

提前在线订票可优惠10%，有效期同样是一年。

活动

★ Tinside Lido　　　　　　　　　游泳

(☎01752-261915; www.everyoneactive.com/centre/tinside-lido; Hoe Rd; 成人/儿童 £4.50/3.50; ⓗ5月底至9月初 周一至周五 12:00~18:00，周六、周日和学校假期 10:00起)这座华丽的露天游泳池是普利茅斯人气最旺的景点之一。位于高地下方，可以俯瞰普利茅斯湾，是爵士时代的迷人瑰宝——建于1935年，有时尚的白色曲线和糖果条纹的浅蓝和深蓝瓷砖，一如从菲茨杰拉德小说中走出的场景。Tinside的海水没有加热，不过有热水淋浴。

Mount Batten Centre　　　　水上运动

(☎01752-404567; www.mount-batten-centre.com; 70 Lawrence Rd)位于蒙巴顿半岛（Mount Batten Peninsula），有从巴比肯开来客运渡轮（☎07930 838614; www.mountbattenferry.co.uk; Barbican Pontoon; 成人/儿童 往返£3/1)。这个中心提供各种水上运动的教学，包括皮划艇（£19）、桨板和帆船（£20）的2小时体验课程。

★ Plymouth Boat Trips　　　　乘船游

(☎01752-253153; www.plymouthboattrips.co.uk; Barbican Pontoon)这家公司游览路线的首选是Cawsand Ferry——一段30分钟的航行，迎风穿越海湾，来到酒馆林立、古朴的康沃尔郡渔村Kingsand和Cawsand（成人/儿童 往返 £8/4，复活节至10月每天6班）。此外，全年都组织普利茅斯造船厂和海军基地的1小时乘船巡游（成人/儿童£8.50/5)，以及含游览埃奇库姆山（Mount Edgcumbe; ☎01752-822236; www.mountedgcumbe.gov.uk; Cremyll; 成人/儿童 £7.20/3.75; ⓗ3月至9月 周日至周四 11:00~16:30）的乘船巡游。

节日

★ 英国烟花锦标赛　　　　　　　烟花

(British Fireworks Championships; www.britishfireworks.co.uk; ⓗ8月中旬)在8月中旬的两个夜晚，六家专业公司会竭尽全力争取夺魁，每晚都有三家公司进行10分钟的烟花表演。非常受欢迎，会吸引成千上万的人到普利茅斯海边，到处都是嘉年华的狂欢气氛。

住宿

Rusty Anchor　　　　　　　　　民宿 £

(☎01752-663924; www.therustyanchor-plymouth.co.uk; 30 Grand Pde; 标单/双 £40/50) Grand Pde街边众多民宿中的一家。这间联排小别墅是游走普利茅斯后一处舒适的落脚点。漂流木和贝壳的装饰让这座惬意的民宿充满了海洋气息；四个房间都能看到普利茅

当地知识

威廉皇家庭院（ROYAL WILLIAM YARD）

在19世纪40年代，这座体量庞大的海滨仓库曾经为无数皇家海军的舰船提供补给。而现在，这里已经是时髦公寓、美术馆、商店以及众多餐厅和酒吧的聚集地，非常适合呼朋唤友的烘焙店 Column Bakehouse（☎01752-395137；www.columnbakehouse.org；Ocean Studios, Royal William Yard；菜肴 £4~8；◎周二至周三 9:00~16:00，周四至周六 至17:00，周日 10:00~16:00）和优雅的Vignoble（见346页）葡萄酒吧也在这里。

这是一个氛围独特的地方，走过从前的屠宰场、面包房、啤酒厂和制桶工厂时，你会忍不住感慨军需物资供应规模之大。

庭院位于市中心以西2英里处，可搭乘34路汽车（£1.30，9分钟，每半小时1班）；不过每小时1班的渡轮（☎07979152008；www.royalwilliamyard.com/getting-here/by-waterbus；Barbican Pontoon；单程 成人/儿童 £3/2；◎5月至9月 10:00~17:00）会更有趣。从庭院向北步行10分钟，就能乘坐Cremyll渡轮（☎01752-822105；www.cremyll-ferry.co.uk；Admirals Hard；成人/儿童 往返 £3/1.50；◎每半小时1班）慢吞吞地穿过Tamar前往康沃尔，直抵埃奇库姆山（Mount Edgcumbe）庄园的海滨步道。

斯湾的开阔水域。老板Jan会尽量满足你对早餐的要求——无论是腌鱼、煎饼或是自制卷饼。

★ St Elizabeth's House   精品酒店 ££

（☎01752-344840；www.stelizabeths.co.uk；Longbrook St, Plympton St Maurice；双 £129~149；P ⓢ）准备好被宠溺吧。在这家由17世纪庄园宅邸改造的精品酒店，独立式浴缸、橡木家具和埃及棉床品让房间极尽优雅，套间还有华丽的浴室和专属露台。唯一的缺点就是远离城镇：在郊区村庄Plympton St Maurice，位于普利茅斯以东5英里处。

Imperial   酒店 ££

（☎01752-227311；www.imperialplymouth.co.uk；Lockyer St；标单 £61~91，双 £91~122，家 £121~141；P ⓢ）普利茅斯高地最棒的小型酒店就在这栋曾经属于一位海军上将的联排别墅内。如今虽然保留了一些历史特色，但是总体上已经改头换面，感觉非常现代，配有米色地毯、实木家具和与众不同的Orla Kiely壁纸。

Sea Breezes   民宿 ££

（☎01752-667205；www.plymouth-bedandbreakfast.co.uk；28 Grand Pde；标单 £55~65，双 £85~95，家 £110~125；ⓢ）拥有海洋主题的配色和原始风格的房间，是一个超级舒适的住宿地点。加上极富魅力的老板、铸铁床架、老式闹钟和海景，一定会让你印象深刻。两套互相连通的房间非常适合家庭入住。

Premier Inn Sutton Harbour   酒店 ££

（☎0871 527 8882；www.premierinn.com；28 Sutton Rd；房间 £70~100；P ❉ ⓢ ♿）没错，这是一家全国连锁酒店的分店，内饰统一，注重功能性，但仍不失为极其实用的住宿场所。配有奶油色墙壁和MDF家具，还有可以俯瞰萨顿港（Sutton Harbour）的黄金地段。

这不会是你最难忘的住宿夜晚，但有的时候位置比豪华更重要。

🍴 就餐

★ Jacka Bakery   面包房 £

（☎01752-264645；38 Southside St；小吃 £3~8；◎周三至周一 9:00~16:00）这里非常时尚，极其热情，十分擅长烘焙美食，深受当地人青睐。招牌产品包括巨大的羊角面包、肉桂螺旋面包和三种酵母制作的大块面包等。搭配选择十分丰富——野生蘑菇、龙蒿叶和煎蛋是非常不错的选择。

★ Supha's Street Emporium   亚洲菜 £

（☎01752-228513；www.suphas.co.uk；Unit 1, E Quay House；菜肴 小份 £2.95~4.95，大份 £7.50~15.95；◎周二和周日 12:00~21:00，周三至周六 至22:00；☝）萨顿港周边新兴地区一家

充满异国情调的餐馆,专营香辣可口的泰国街头食物:经典的马沙文咖喱、蒸海鲈、肉碎沙拉(larb)和木瓜沙拉等。无论选择小份、分享份或是混合搭配你的咖喱,你都会享受到正宗的美味。素食选择也非常丰富。

Harbourside Fish & Chips   炸鱼和薯条 £

(www.barbicanfishandchips.co.uk; 35 Southside St; 外带炸鱼和薯条£5.65起; ⊙11:00~22:00, 周五和周六 至23:00)这家顶级薯条店在整座城市都赫赫有名——每逢用餐高峰时段外就会排起长队。如果你原本计划户外用餐,请注意——普利茅斯的海鸥已经习惯了突袭"打劫",因此最好还是带上你的薯条,到隔壁的Dolphin点一杯啤酒,坐下来慢慢吃。

★ Rock Salt   新派英国菜 ££

(☎01752-225522; www.rocksaltcafe.co.uk; 31 Stonehouse St; 2/3道菜午餐套餐£12/16, 晚餐£16.95~24.95; ⊙10:00~15:00和17:00~21:30; ☎)本地小伙戴夫·詹金斯(Dave Jenkins)在自己的小啤酒馆制作出的惊人作品赢得了一批忠诚的当地回头客,并且屡屡斩获美食大奖。你可以在一天中的任何时候前往:早晨享用蓬松的美式煎饼,午餐是清爽的洋蓟烩饭,晚餐则是油封牛肉片。非常出色的本地餐厅。

Barbican Kitchen   新派英国菜 ££

(☎01752-604448; www.barbicankitchen.com; 60 Southside St; 2/3道菜午餐套餐£13/16, 主菜 £11~17.95; ⊙周一至周六 正午至14:30和18:00~21:30)普利茅斯厨师克里斯(Chris Tanner)和詹姆斯(James Tanner)兄弟俩在普利茅斯杜松子酒厂(见342页)开了间休闲但精致的法式小馆,为巴比肯增添了一抹亮色。这是一个别致、有趣的用餐场所,有深绿色长椅,墙上还张贴着尤达和李小龙的波普艺术画。食物新鲜,风格现代。

🍷 饮品和夜生活

如同任何一座皇家海军城市一样,普利茅斯拥有热闹的夜生活。Union St是夜总会的聚集地,而Mutley Plain和North Hill更具学生气息;另外,你能在酒吧林立的巴比肯区找到更多的餐厅。到了夜晚,这三个地区都会变得吵闹混乱,特别是周末。

★ Dolphin   酒馆

(☎01752-660876; 14 The Barbican; ⊙10:00~23:00)这座美妙的巴比肯酒馆始终保持着原貌,有破损的餐桌和带坐垫的长凳,还有着率真淳朴的氛围。饿了?去隔着两家的Harbourside Fish & Chips买份外带炸鱼和薯条,然后坐在这里享用你的啤酒。

一定要看看墙上挂着的深受喜爱的当地艺术家Beryl Cook(曾经也是这里的常客)的作品。

★ Annabel's   夜店

(www.annabelscabaret.co.uk; 88 Vauxhall St; ⊙周四 21:00至次日2:00, 周五和周六 20:30至次日3:00)这家深夜卡巴莱夜店里,各种节目轮番登台。这里总是充满乐趣:驻场DJ打碟助阵,休息吧氛围迷人,而你永远不知道会看到什么样的娱乐节目——滑稽戏还是蓝调,喜剧或是乡村音乐。

Bread & Roses   酒馆

(☎01752-659861; www.breadandrosesplymouth.co.uk; 62 Ebrington St; ⊙周一至周五 16:00至次日1:00, 周六 12:00至次日1:00, 周日 12:00~23:00; ☎)普利茅斯的文艺精英们对这个集时尚酒馆、社会企业孵化器和文化中心于一体的个性场所情有独钟。在爱德华时代风格与现代装饰相互交融的室内,你会找到高品质的啤酒,偶尔还会有很酷的当地乐队演出,还有很多人在这里构思创意计划书。

Vignoble   葡萄酒吧

(☎01752-222892; www.levignoble.co.uk; Royal William Yard; ⊙正午至23:30, 周五和周六至午夜)这是个小巧雅致的地方,你可以品尝自己选择的佳酿,试味杯的分量正适合浅尝辄止。位于市中心西边2英里处的威廉皇家庭院。

ℹ️ 实用信息

旅游局(☎01752-306330; www.visitplymouth.co.uk; 3 The Barbican; ⊙4月至10月 周一至周六 9:00~17:00, 周日 10:00~16:00, 11月至次年3月 周一至周六 10:00~16:00)有许多当地的旅游宣传页,免费提供住宿预订和景点提前订票的服务。

❶ 到达和离开

长途汽车
National Express客运班车抵离普利茅斯汽车站（Mayflower St）。目的地包括：

布里斯托尔 £13~24，3小时，每天4~6班
埃克塞特 £7.60~12.70，1~1.5小时，每天4班
伦敦 £15.50~28.20，5~6小时，每天6班
彭赞斯 £8，3.25小时，每天5班

当地客运班车线路如下：

埃克塞特 X38路（£7.50，1.25小时，周一至周五每天6班，周六4班，周日2班）
托特尼斯 Stagecoach Gold（£3.60，1小时，周一至周六每半小时1班，周日每小时1班）

火车
目的地包括：

布里斯托尔 £41.90，2小时，每小时2或3班
埃克塞特 £9.70，1小时，每半小时1班
伦敦帕丁顿火车站 £79.80，3.25小时，每半小时1班
彭赞斯 £10.70，2小时，每半小时1班
托特尼斯 £6.50，30分钟，每半小时至1小时1班

达特穆尔国家公园（Dartmoor National Park）

达特穆尔（☎01822-890414；www.visitdartmoor.co.uk）是德文郡的狂野之心。这片广袤的国家公园占地368平方英里，仿佛是托尔金笔下的世界，有大片蜜色的沼泽、苔藓遍布的巨石、淙淙流淌的小溪和奇特的花岗丘陵（当地人称为"突岩"）。

风和日丽时，达特穆尔仿佛一曲田园牧歌，小马悠然自得地踱步，绵羊在路边吃着青草。史蒂文·斯皮尔伯格（Steven Spielberg）曾选择这里作为"一战"故事片《战马》（*War Horse*）的部分取景地，阿瑟·柯南·道尔爵士（Sir Arthur Conan Doyle）也以这里为背景创作出了《巴斯克维尔的猎犬》（*The Hound of the Baskervilles*）——这片阴郁的荒野好像真的有幽灵猎犬的传说。

达特穆尔也是一处户外活动的热门场地，可以进行徒步、骑车、骑马、攀岩和急流皮划艇等多种活动，此外还有许多淳朴的酒馆和庄园酒店。当雾气笼罩时，这里就是一处非常理想的安乐窝。

✈ 活动

达特穆尔是一个非常精彩的户外活动场地，无论是午后徒步或是马背疾驰。想要了解更全面的信息，**CRS Adventures**（☎01364-653444；www.crsadventures.co.uk；Holne Park；每人每天£35起）和Adventure Okehampton（见349页）等活动提供方都有许多让你心跳加速的活动项目。

徒步
总长约730英里的公共步道蛇行穿越达特穆尔开阔的荒野和崎岖的突岩。地形测量局（Ordnance Survey，简称OS）探路者系列之《达特穆尔徒步》（*Dartmoor Walks*；£12）指南一书提供了28条9英里以内的徒步线路，《达特穆尔短途徒步》（*Dartmoor Short Walks*；£8）提供的路线则更适合家庭出游。

18英里的**邓普勒步道**（Templer Way）需要2~3天，从海托（Haytor）延伸至廷茅斯（Teignmouth）。**西德文步道**（West Devon Way）全长36英里，连接了奥克汉普顿和普利茅斯。95英里的**达特穆尔步道**（Dartmoor Way）从南部的巴克法斯特利（Buckfastleigh）开始环行，途经莫顿汉普斯特德（Moretonhampstead），向西北方向到达奥克汉普顿，再向南经过利德福德，最后到达塔维斯托克（Tavistock）。117英里的**双荒原步道**（Two Moors Way）从德文郡南部海岸的Wembury开始，穿越达特穆尔和埃克斯穆尔两座国家公园，直抵北部海岸的林茅斯（Lynmouth）。

要准备好应对达特穆尔诡异多变的恶劣天气，并且带好地图和指南针，因为许多步道都没有标明方向。英国地形测量局（OS）制作的比例尺为1:25000的达特穆尔探索者地图（28号地图，Dartmoor；£9）提供最全面的信息，并且标注了公园分界线和国防部军事靶场的范围。

★ Moorland Guides 徒步
（www.moorlandguides.co.uk；成人/儿童£2.50/免费起）提供各种徒步选择，从一小时

的漫步到费力的全天徒步，主题包括遗产、地质、野生生物、神话和航海。从不同的地点出发——在预订时会被告知具体的出发地点。

骑自行车

路线包括11英里的花岗岩步道（Granite Way; NCN27号线路其中一段），沿着一条废弃的铁轨往返于奥克汉普顿和利德福德之间，全程越野。13英里的普林斯顿和布雷特山地骑行线（Princetown & Burrator Mountain Bike Route）是一条颇具挑战性的沼泽地环线，沿着车道和马道，途经普林斯顿、小村Sheepstor和布雷特水库（Burrator Reservoir）。

旅游局出售《达特穆尔骑行》（*Dartmoorfor Cyclists*；£13）地图。

Devon Cycle Hire 骑行

（☏01837-861141; www.devoncyclehire.co.uk; Sourton Down，靠近Okehampton；每天 成人/儿童£16/12；⊙4月至9月 周四至周二以及学校假期的周三 9:00~17:00）位于花岗岩步道上（NCN27号线路其中一段）。支付少许费用可以送车上门。

Fox Tor Café Cycle Hire 骑行

（☏01822-890238; www.foxtorcafe.com/cycles; Fox Tor Café, Two Bridges Rd；每天 成人/儿童£18.50/10；⊙9:00~17:00）靠近普林斯顿和布雷特山地骑行线。

骑马

荒原上有大量本地养马场，可满足各种级别骑手的不同要求。

Babeny Farm 骑马

(01364-631296; www.babenystables.co.uk; Poundsgate; 骑马每30分钟/1小时£35/50; 4月至10月)一家友好的、家庭经营的农场，提供骑马、教学等服务，甚至可以让你"携马度假"，租用马厩每匹马每晚£15。位于阿什伯顿(Ashburton)西北8英里处。

Cholwell 骑马

(01822-810526; www.cholwellridingstables.co.uk; 靠近Mary Tavy; 1/2小时骑马£23/42)家庭经营的马场，可满足新手和专业骑手的不同要求。位于一座旧银矿旁边，靠近荒原边缘的Mary Tavy村，大致在奥克汉普顿和塔维斯托克之间的半道上。

攀岩

Adventure Okehampton 户外运动

(01837-53916; www.adventureokehampton.com; Klondyke Rd; 每半天/全天£25/50; 只在学校假期开放)这家户外公司有不计其数的让你心跳加速的方式，从攀登、射箭、皮划艇之类的常规活动，到非同寻常的消遣项目——例如"岩缝一线天"(weasling; 从达特穆尔突岩间的窄缝里挤过去)、"the Big Oke Abseil"[利用绳索从梅尔登高架桥(Meldon Viaduct)向奥克门河(Okement River)绳降]。

❶ 实用信息

达特穆尔国家公园管理处(Dartmoor National Park Authority, 简称DNPA; www.dartmoor.gov.uk)达特穆尔的管理机构，有非常不错的网站，可以找到关于景点和活动的大量信息。它还制作了一些热门景点的免费语音导览，其中包括普林斯顿(Princetown)、珀斯特布里奇(Postbridge)、海托(Haytor)和Bellever等。

达特穆尔国家公园管理处海托办事处(DNPA Haytor; 01364-661904; www.dartmoor.gov.uk; 紧邻B3387公路; 4月至10月 10:00~17:00, 11月至次年3月 周四至周日 10:00~15:00)巴维特雷西(Bovey Tracey)以西3英里的国家公园管理处办公室。

达特穆尔国家公园管理处珀斯特布里奇办事处(DNPA Postbridge; 01822-880272; www.dartmoor.gov.uk; B3212公路旁边的停车场内; 4月至9月底 10:00~17:00, 9月底至次年3月 周四至周日 10:00~15:00)位于珀斯特布里奇的小型国家公园游客中心。

高地沼泽旅游局(Higher Moorland Tourist Office; DNPA; 01822-890414; www.dartmoor.gov.uk; Tavistock Rd; 4月至10月 10:00~17:00, 11月至次年3月 周二和周四至周日 至15:00)与游客中心位于同一栋楼内，这栋楼曾经是辉煌一时的Duchy Hotel。

Visit Dartmoor(www.visitdartmoor.co.uk)达特穆尔官方旅游网站，有各种住宿、活动、景点和重大活动的信息。

❶ 到达和当地交通

乘坐公共汽车前往达特穆尔各地并非不可能；但是，班次可能较少，有些班次只在特定季节才会开行。

旅游局有各种班车时刻表；Traveline South West (www.travelinesw.com)是非常好的在线资源。

98路(周一至周六每天1班)由Target Travel运营，这是唯一一班进入荒原腹地的定时班线。从塔维斯托克开往普林斯顿、Two Bridges和珀斯特布里奇，然后返回耶尔弗顿(Yelverton)。有时下午的班车最远只到普林斯顿，然后折返。

173路(周一至周六每天5班)由Dartline Coaches运营，这条线路从埃克塞特开往查福德(Chagford)，每天有2班车继续前往莫顿汉普斯特德(Moretonhampstead)。

1路(周一至周六 每小时4班，周日 每小时1班)Stagecoach的这条线路从普利茅斯开往塔维斯托克(Tavistock)，中途经过耶尔弗顿。

---

❶ 达特穆尔自驾游

在达特穆尔的公路上驾驶令人兴奋，但是很多路段的牧场没有设置围栏，所以你会遇见马路中央游荡着达特穆尔矮马、绵羊甚至奶牛。许多路段限速40英里/小时。荒原上的停车场比路边停车带多不了多少，但可能都是颠簸路面。偏远停车场的砸窗盗物事件并非罕见——贵重物品请妥善保存。

178路（周一至周六每天1班）从牛顿阿伯特（Newton Abbot）开往奥克汉普顿（Okehampton），经由巴维特雷雷（Bovey Tracey）、莫顿汉普斯特德和查福德。由Country Bus运营。

113路（周一至周五每天1班）Country Bus运营的线路，从塔维斯托克开往Trago Mills，中途停靠耶尔弗顿、普林斯顿、Two Bridges、阿什伯顿和牛顿阿伯特。

6A路（周一至周六每天4班，周日1班）从比尤德（Bude）沿着荒原北缘开往埃克塞特，中途停靠奥克汉普顿。

Haytor Hoppa 271路 只在5月底至9月中旬的周六开行，4班车在牛顿阿伯特、巴维特雷雷、海托和威德科姆（Widecombe-in-the-Moor）之间运行（每天车费£5）。

23路（☎07580 260683；◉每月第一个周六）从塔维斯托克开往埃克塞特的小巴，中途经过普林斯顿、珀斯特布里奇、Two Bridges和莫顿汉普斯特德。仅在每月第一个周六运行；电话订票。

普林斯顿（Princetown）

人口 1770

普林斯顿位于海拔更高的荒原中心，相当偏僻，建有一座颜色灰暗、让人不安的达特穆尔监狱。天气不好时，小镇会令人感觉偏远荒凉。但这里同时是体验沼泽地生活不易的绝佳地点，也可以作为徒步某些出色步道时气氛不错的休整基地。

◉ 景点

高地沼泽游客中心 博物馆

（Higher Moorland Vistor Centre；DNPA；☎01822-890414；Tavistock Rd；◉4月至9月10:00~17:00，3月和10月 至16:00，11月至次年2月周四至周日 10:30~15:30）这里是旅游局兼游客中心，遗产展览包括与马口铁制作、火药工厂、生态和传说相关的物品，还有一部延时摄影的精彩视频。

这栋建筑曾经是Duchy Hotel酒店，阿瑟·柯南·道尔爵士曾入住这里写出了《巴斯克维尔的猎犬》。达特穆尔流传着这样一个说法：当地人亨利·巴斯克维尔（Henry Baskerville）带着这位小说家进行了一次马车之旅，路上遭遇的阴郁风景和有关幽灵犬的传说，启发了道尔爵士的创作。

达特穆尔监狱博物馆 博物馆

（Dartmoor Prison Museum；☎01822-322130；www.dartmoor-prison.co.uk；成人/儿童£3.50/2.50；◉周一至周四和周六 9:30~16:30，周五和周日 至16:00；ⓟ）在19世纪初，普林斯顿这座臭名昭著的监狱曾用来关押法国和美国的战犯，1850年改为罪犯监狱，如今仍关押着约640名犯人。博物馆就在监狱大门上坡处，能一窥监狱里的生活。你会看到紧身拘束衣、手铐、一些越狱的故事，以及现代囚犯制作的临时刀具。

2015年有消息称，这座监狱有可能在未来10年内关闭。

🛏 食宿

★ Tor Royal Farm 民宿 ££

（☎01822-890189；www.torroyal.co.uk；Tor Royal Lane，靠近Princetown；标单£60，双£80~110；ⓟ）这座茅屋风格的农舍充满了生活气息，极富魅力。历史氛围浓郁的房间（有乳白色家具、蓬松的床单、简单的椅子）非常舒适，免费的维多利亚蛋糕下午茶、纸杯蛋糕、丰富的装饰是选择在此入住的主要原因。

Two Bridges 酒店 £££

（☎01822-892300；www.twobridges.co.uk；Two Bridges；房间£140~240；ⓟ🛜）这里也许是最古老的荒原酒店：抛光的木头饰板、巨大的火炉，住客包括华利斯·辛普森（Wallis Simpson）、温斯顿·丘吉尔（Winston Churchill）和费雯丽（Vivien Leigh）。Premier和Historic房间古老得可以搬进博物馆，有巨大的四柱床和各式古董家具；价格较便宜的房间有许多花卉元素的装饰。酒店位于普林斯顿东北1.5英里处。

★ Prince of Wales 酒馆、青年旅舍 £

（☎01822-890219；Tavistock Rd；主菜£10~18；◉11:00~23:00；ⓟ🛜）火焰熊熊的壁炉、低矮的天花板、友善的房东——这家酒馆正是这样的地方，引得许多人进来喝杯自酿的"监狱艾尔"（Jail Ale），然后用热气腾腾的食物填饱肚子。

店里同时提供民宿房间（双人间£50起），也有便宜的宿舍床位，设施出乎意料的高档，包括中央供暖和一间烘干室。

★ Fox Tor Cafe
咖啡馆 £

(☎01822-890238; www.foxtorcafe.com; Two Bridges Rd; 主菜 £5~12; ◎周一至周五9:00~17:00, 周六 7:30~18:00, 周日 7:30~17:00; ⊛)这个友好的小咖啡馆被当地人简称为FTC, 是享用早餐、丰厚三明治和各种蛋糕的好地方, 但是这里还有更多的美味食物, 例如辣椒和蘑菇炖菜等。在达特穆尔潮湿寒冷的日子里, 店里的两座柴炉格外受欢迎。

屋后还有简单的宿舍铺位（铺 £12）, 徒步和骑行的旅者都会入住这里。店里还可出租自行车（见348页）。

珀斯特布里奇及周边 (Postbridge & Around)

人口 170

古朴的村庄珀斯特布里奇之所以受欢迎, 是因为附近的中世纪石板桥, 村庄名称也来源于此。这是一座建于13世纪的桥, 四块3米长的石板架在坚固的桥墩上, 后者由石头层层堆叠而成。桥下是奔腾的东达特河（East Dart）, 这里风景如画, 脱下鞋子, 将脚放进水中, 你可能从未感受过如此冰凉的河水。

食宿

Brimpts Farm
民宿 £

(☎0845-0345968; www.brimptsfarm.co.uk; Dartmeet; 露营位每人 £5, 标单/双/家 £40/75/105; ℗)达特穆尔农场中的佼佼者, 布置就和这里的下午茶一样传统, 甚至更出色。可以选择装饰别致的民宿房间、简单的露营地（每个帐篷 £5）或者木铝构造的露营舱（每晚 £30~35）, 所有这些都能饱览迷人的荒原景观。这里还供应丰盛的早餐、外带午餐和无懈可击的奶油茶点。位于Two Bridges到Dartmeet的B3357公路边。

Dartmoor YHA
青年旅舍 £

(Bellever; ☎0845 371 9622; www.yha.org.uk; 铺/四 £25/90; ℗⊛)这处别有风味的旅舍本来是一座农场, 位于种植林的边缘, 有一间大厨房、许多粗糙的石墙和温馨的多人间。同时有自行车出租。位于珀斯特布里奇以南1英里处。

> ### ⓘ 警告
>
> 达特穆尔毗邻的三个区域是军事训练场, 会使用真枪实弹。旅游局会指明它们的所在位置, 英国地形测量局（OS）的地图也做出了标记。建议你检查自己的徒步路线是否会进入训练场, 如果答案是肯定的, 提前通过射击情报部门（Firing Information Service; ☎0800 458 4868; www.mod.co.uk/access）了解你计划徒步时段会否有实弹训练。白天使用中的训练场周围会插上红旗, 晚上会亮红灯。但即使没有军事训练, 也要小心草丛里任何不明的金属物体。不要触碰发现的任何物体, 记录它的位置, 然后向指挥官（Commandant; ☎01837-650010）报告。

★ Warren House Inn
酒馆食物 ££

(☎01822-880208; www.warrenhouseinn.co.uk; 靠近Postbridge; 主菜 £9~15; ◎正午至20:30, 酒吧 11:00~23:00, 冬季时间缩短; ℗)这间达特穆尔老字号酒馆被困在这片方圆数英里的沼泽地中, 洋溢的热情只有在这种偏远的酒馆才能感受得到。从1845年开业以来一直燃烧的火堆（据说是）温暖了石面地板、条凳桌椅和大口吞咽食物的徒步游客。兔肉馅饼（Warreners Pie）的好味道广为流传。位于珀斯特布里奇东北约2英里处, 就在B3212公路边。

威德科姆 (Widecombe-in-the-Moor)

人口 570

蜂蜜色和灰色交织的建筑, 高耸的教堂塔楼, 村庄绿地上肆意漫步的马匹, 构成了一幅典型的达特穆尔图卷——这就是威德科姆。这座村庄还被写入了传统英国民谣《威德科姆集市》（*Widecombe Fair*）, 歌谣参考的正是每年9月第二个周二举行的传统乡村盛事。

◉ 景点

圣潘克拉斯教堂
教堂

(St Pancras Church; ☎01364-621334; The Green; ◎8:00~17:00)40米高的圣潘克拉斯塔

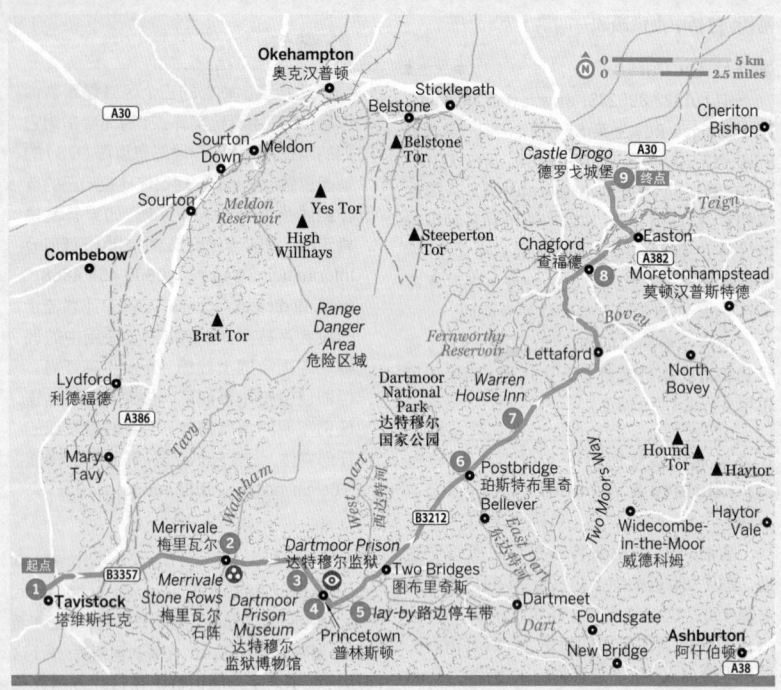

自驾游览
达特穆尔公路之行

起点: 塔维斯托克
终点: 德罗戈城堡
全长: 20英里;一天

在达特穆尔开车就像身处电影场景中:令人震撼的风光大片如同360度穹幕放映。这趟优美旅途自西向东一路上行穿越荒野,能看见荒凉的监狱、史前遗迹、一家乡村酒馆和一座独具特色的城堡。先从 ❶ **塔维斯托克**开始,走游在精美的19世纪建筑之间中途在Pannier市场淘些古董,接着沿B3357公路前往普林斯顿。沿途要爬升陡峭的坡道(可能会耳鸣),驶过一片拦畜栅栏(标志着你正身处荒野"领地"),翻越一座有着蜂蜜色突岩痕迹的小山。很快将到达 ❷ **梅里瓦尔**(Merrivale)。过了Dartmoor Inn之后,靠右停车,然后漫步陡坡(向南),你将发现一道曲折的石阵;继续前进100米,还有一道石圈和一座立石。返回车上,继续爬升一小段路,右转前往普林斯顿,中途看一看引人沉思的达特穆尔监狱(这里不能停车;后面还有更好的观景点),并在 ❸ **达特穆尔监狱博物馆**(见350页)探索监狱里的残酷故事。穿过起伏不平的 ❹ **普林斯顿**,走B3212公路前往图布里奇斯(Two Bridges);离开普林斯顿后立刻出现的 ❺ **路边停车带**上能获得更好的观看监狱的视角。跟随路标前往莫顿汉普斯特德,沿途视野开阔。在 ❻ **珀斯特布里奇**停车,走走这座拥有700年历史的古老桥梁,不妨把你的脚浸在冰凉的达特河中。继续行进数英里, ❼ **Warren House Inn** 是用午餐的好地方。在Lettaford附近,取道一条有路标的下行小街前往 ❽ **查福德**,参观点缀着茅草屋的广场,逛一逛这里老派的商店。最后前往 ❾ **德罗戈城堡**,探索这座建于20世纪20年代的宏伟住宅。

楼让这里被冠以"荒原大教堂"(Cathedral of the Moor)的称号。在教堂内部，你可以找到讲述了有关火和硫黄传说的标识牌——传说1638年一场猛烈的暴风雨摧毁了屋顶的尖塔，造成几位教区居民死亡。而正如达特穆尔的惯例，这一切都被归咎于魔鬼，因为据说魔鬼当时来这里寻找人的灵魂。

食宿

Manor Cottage　　　　　　　　民宿 £

(☎01364-621218; www.manorcottagedartmoor.co.uk; 标单 £45~60, 双 £55~70; P🛜)这座精致而古老的村舍位于村子中心，门廊周围爬满了蔷薇。最好的选择是独立螺旋楼梯顶部的带卧室、浴室的套房。早餐有浆果蜜饯、当地香肠和屋外咯咯乱窜的母鸡新下的土鸡蛋。

★ Rugglestone Inn　　　　酒馆食物 ££

(☎01364-621327; www.rugglestoneinn.co.uk; 主菜 £11; ⊙正午至14:00和18:30~21:00)在这个紫藤摇曳的酒馆喝上一杯，你就会想要放下一切搬到达特穆尔来生活。这是一间有着木梁、低矮天花板的经典老式乡村酒馆，充满了当地特色，每个印记仿佛都在诉说一段历史。酒头后有多种原浆艾尔啤酒，菜单上满是饱腹的佳肴，比如馅饼、意式千层面、乳蛋饼和螃蟹锅。

到达和离开

威德科姆的客运班线非常有限——672路车每周运行一次(周三)，前往巴克法斯特利(Buckfastleigh)、阿什伯顿(Ashburton)和牛顿阿伯特(Newton Abbot)。

在夏季的周六，可以搭乘Haytor Hoppa班线(每天车费 £5)前往威德科姆，有4班车，同时开往牛顿阿伯特、巴维特雷西(Bovey Tracey)和海托(Haytor)。

查福德和莫顿汉普斯特德 (Chagford & Moretonhampstead)

查福德是达特穆尔最漂亮的村庄之一，石墙小屋、白色建筑以及茅草屋顶围绕着一个经典的村镇广场。这是一个美丽奔放、活力四射的小村，有非常不错的食宿选择。与此同时，无论视线投向何方，都可以看到突岩景色。

◉ 景点

★ 德罗戈城堡　　　　　　　历史建筑

(Castle Drogo; NT; ☎01647-433306; www.nationaltrust.org.uk/castle-drogo; 靠近Drewsteignton; 成人/儿童 £11.60/5.80; ⊙3月中旬至10月 11:00~17:00; P)这座梦幻而独特的城堡在查福德东北3英里处，由埃德温·鲁琴斯爵士(Sir Edwin Lutyens)为白手起家的食品业百万富翁朱利尔斯·德鲁(Julius Drewe)设计，建于1911年至1931年，融合了中世纪城堡的宏伟和村舍的自在舒适。遗憾的是，这个地方已然饱经风霜，目前正在进行为期六年的大修。但是部分区域依然对公众开放，还有一些需要你发挥想象的翻新展示，包括被脚手架环绕的瞭望塔。

食宿

Sparrowhawk　　　　　　　青年旅舍 £

(☎01647-440318; www.sparrowhawkbackpackers.co.uk; 45 Ford St; 铺/双/家 £19/40/50; 🛜)达特穆尔为数不多的独立青年旅舍之一，也是靠谱的经济型住宿选择之一。位于一座经过改建的房屋内，大量使用木饰和裸石，还有一个中央庭院，周边环绕着古老的外屋。住宿条件非常简单，但服务热情。店内设有一间厨房。

★ Gidleigh Park　　　　　　　　酒店 £££

(☎01647-432367; www.gidleigh.co.uk; Gidleigh; 房间 £315~545, 套 £750~1095, 3道菜午/晚餐 £65/125; ⊙餐厅 12:00~14:00和19:00~21:00; P🛜)毫无疑问，这里是德文郡最宏伟、最梦幻、最贵的酒店。长长的私人车道的尽头，仿都铎风格的房屋毫不遮掩地彰显着豪华气质：这里有带淋浴房的宽敞套间、带壁炉的奢华休息室，以及由多次获奖的大厨Chris Simpson掌勺的餐厅。酒店位于查福德以西2英里处。

★ Horse　　　　　　　　　美食酒馆 ££

(☎01647-440242; www.thehorsedartmoor.co.uk; 7 George St; 主菜 £8~20; ⊙周二至周六 12:30~14:30, 每天 18:30~21:00)一个自诩为

"酒囊饭袋"的地方,如何让你不喜爱呢?除了地处乡村交通不便,这个时尚的美食酒馆不会比任何一个大城市的同行逊色。供应简单但美味的食物,包括西班牙小吃、贻贝、自制腌金枪鱼、碳烤肋眼排骨和五花八门的比萨等。

奥克汉普顿和利德福德 (Okehampton & Lydford)

奥克汉普顿毗邻一片无人居住的被蕨类植物覆盖的山坡和花岗突岩,辽阔壮美的高海拔荒原让人心旷神怡。小镇像是一处补给站,传统的商店和酒馆给打算前往达特穆尔荒野的探险者提供了不错的去处。

它附近还有一座令人印象深刻的当地地标——46米高的梅尔登高架桥(Meldon Viaduct),这是1874年至1968年穿越荒原的伦敦至西南地区铁路旧线上的历史遗迹。

小村利德福德最广为人知的莫过于壮观的峡谷,贯穿附近并一直延伸到一座美丽的瀑布。这里曾经是一处战略要塞,不过中世纪城堡早已沦为废墟。村子位于奥克汉普顿西南9英里处。

◎ 景点

★ 利德福德峡谷 瀑布

(Lydford Gorge; NT; ☎01822-820320; www.nationaltrust.org.uk; 成人/儿童 £9.40/4.70; ☉3月中旬至10月 10:00~17:00,11月和12月 11:00~15:30)这条宛若刀削斧劈的峡谷,其深度在西南地区首屈一指。可通过1.5英里的河畔崎岖步道前往,中途会穿过几处水花四溅的旋涡,包括令人生畏的"魔鬼大锅"(Devil's Cauldron)。峡谷步道通向水声如雷的白色夫人瀑布(White Lady Waterfall),落差达30米。肯定无法与尼亚加拉瀑布相提并论,但无论如何值得一游。

奥克汉普顿城堡 城堡

(Okehampton Castle; EH; ☎01837-52844; www.english-heritage.org.uk; Castle Lodge; 成人/儿童 £4.80/2.90; ☉4月至6月、9月和10月 10:00~17:00,7月和8月 至18:00)奥克汉普顿城堡位于一座岩石嶙峋的断崖上,占据了战略制高点。这里的历史可追溯至诺曼时期,后来成为德文郡伯爵休·考特尼(Hugh Courtenay)的华丽居所,在这位伯爵的主持下,这里又被扩建为德文郡规模最大的城堡。如今这里是一片风光不错的断壁残垣,内部几乎所剩无几,但仍有部分外墙屹立不倒,其中一些已经倾斜到不可思议的角度。

芬奇锻造厂 历史建筑

(Finch Foundry; NT; ☎01837-840046; www.nationaltrust.org.uk; Sticklepath; 成人/儿童 £7.10/3.55; ☉3月初至10月 11:00~17:00; P)一个世纪以前,这座宏伟的建筑每天都会发出巨大的声响,锻造和打磨各种钢铁。这里曾是西南地区最繁忙的工具制造工厂之一,每天生产出成百上千的凿子、小刀、剪刀和镰刀等。但它现在并不是人们印象中常见的废弃旧工厂,它仍在使用中,由三座水车提供动力。你可以驾车或骑车前往,或者从奥克汉普顿沿着Tarka Trail向东步行4英里(3.5小时)。

🛏 食宿

Okehampton Bracken Tor YHA 青年旅舍

(☎01837-53916; www.yha.org.uk; Saxongate; 铺 £27; ☉前台 8:00~10:00和17:00~22:00; P@🛜)喜欢户外运动的低预算旅行者会喜欢这里:这家百年历史的庄园占地1.6公顷,位于高地荒原的边缘,奥克汉普顿以南1英里处。提供攀岩和独木舟活动,并出租自行车。奥克汉普顿镇上还有一家国际青年旅舍联盟(YHA)的住宿处。

★ Dartmoor Inn 旅馆 ££

(☎01822-820221; www.dartmoorinn.com; Moorside; 双 £115; ☉餐厅周二至周六 12:00~14:30和18:45~21:00; P)看上去非常古老,但在白色的外观背后,这个曾经的马车驿站是一个彻头彻尾的现代场所:明亮、清新、与时俱进。大部分人来这里都是为了享用超凡的食物,例如慢炖牛尾和片羊后腿肉等(主菜£12~20);但是不妨在此住上一晚——房间里配有罗伯茨(Roberts)复古收音机、雪橇床和华丽的床品。

❶ 实用信息

旅游局(☎01837-52295; www.everythingokehampton.co.uk; 3 West St; ☉4月至10月 周一至周五

10:00~15:00，周六 至13:00）位于达特穆尔生活博物馆（Museum of Dartmoor Life）。

克罗伊德和布劳顿（Croyde & Braunton）

人口 8130

作为德文郡北部的冲浪中心，克罗伊德有你想象得到的欢愉氛围。在这里，旧世界与新"冲浪潮"相接，越过茅草屋顶能看到货架上各式各样的泳衣，身着冲浪短裤的潮流人士在17世纪的旅馆外小口喝着啤酒，滚滚海浪朝着广袤的沙滩铺天卷地而来。

⊙ 景点和活动

克罗伊德浪涛的魅力难以抵御。**Ralph's**（☎01271-890147; Hobbs Hill; 冲浪板和泳衣租赁 每4小时/24小时 £12/18，趴板和泳衣 £10/15; ⊙3月中旬至12月 9:00至黄昏）是提供冲浪服装和冲浪板出租的商户之一。**Surf South West**（☎01271-890400; www.surfsouthwest.com; Croyde Burrows停车场; 每半天/全天 £35/65; ⊙3月底至10月）和**Surfing Croyde Bay**（☎01271-891200; www.surfingcroydebay.co.uk; Baggy Point; 每半天/全天 £35/70）有冲浪课程。

★ **英国冲浪博物馆**　　　　　　　　　博物馆

（Museum of British Surfing; ☎01271-815155; www.museumofbritishsurfing.org.uk; Caen St; 成人/儿童 £2/免费; ⊙复活节至12月 周三至周一 11:00~15:00）很少有博物馆能这样炫酷。墙壁上挂着色彩艳丽的冲浪板和复古泳衣，深褐色的影像非常抓人，讲述的故事也令人叹服：照片上，18世纪的英国帆船手正在驾驭夏威夷的浪涛，还有一些堪称20世纪20年代英格兰土生土长的冲浪先锋。这里展示的历史都和冲浪相关。

布劳顿巴罗斯　　　　　　　　　　野生动物保护区

（Braunton Burrows; www.explorebraunton.org; 靠近Braunton; P）**免费** 这里庞大的沙丘群在英国首屈一指。小路蜿蜒穿过沙质小丘、盐沼、紫色百里香、黄色山柳菊和倒距兰（pyramidal orchid）。洞穴围绕着巨大的沙滩，那曾经是美国军队在诺曼底登陆之前的主要训练场。模拟登陆艇如今仍然隐藏在停车场南端附近的沙丘荒草中。

🛏️ 食宿

★ **Baggy**　　　　　　　　　　　青年旅舍、民宿 £

（☎01271-890078; www.baggys.co.uk; Baggy Point; 铺/双 £33/110起; 🏠）忘掉那些狭窄的床铺和挂满湿衣的宿舍吧——这家青年旅舍兼冲浪小屋清新明亮，非常吸引人。坐拥优越的滨海位置，房间非常迷人，有许多木本家具，非常整洁。此外还有一间带露台的冲浪咖啡馆，你可以边吃早饭边看海浪翻涌。

Ocean Pitch　　　　　　　　　　　露营地 £

（☎07581-024348; www.oceanpitch.co.uk; Moor Lane; 营地 每2个成人 £30; ⊙6月中旬至9月初; P🏠）冲浪者的最爱，位于克罗伊德湾最北端，可以看到惊涛拍岸。如果你不想支帐篷，也可以租一间豪华卧舱（每晚£99，最少连住2晚），或者选择经典的大众露营房车（每晚£99，最少连住2晚）。

Thatch　　　　　　　　　　　　　　　旅馆 ££

（☎01271-890349; www.thethatchcroyde.com; 14 Hobbs Hill; 双 £60~100，家 £120）这座巨大的茅草屋顶酒店是冲浪者心中的传奇，时髦的卧室饰以淡淡的乳白色以及条纹和格子图案。店主在另一家酒馆楼上和对面的村舍中也提供更多住宿处。最理想的房间位于附近安静的小修道院，屋里有裸露的石墙和典雅的横梁。店里也供应酒馆食物（主菜 £10起; 8:00~22:00），丰盛程度远近闻名。

ℹ️ 实用信息

布劳顿旅游局（☎01271-816688; www.visitbraunton.co.uk; Caen St; ⊙全年 周一至周五 10:00~15:00，外加6月至12月 周六 至13:00）位于镇上的（免费的）博物馆内。

伊尔弗勒科姆及周边（Ilfracombe & Around）

人口 11,510

如果说还有哪里凝聚着已然褪色的英式海滨度假地的昔日辉煌，那么一定就是伊尔弗勒科姆了。这里有陡峭的悬崖、优雅的联排别墅、高尔夫草坪和彩灯闪烁的步道，仿佛仍然沉醉于往日时光中。但是透过这些表象，你会看到伊尔弗勒科姆的另一面——这是艺术家达米恩·赫斯特（Damien Hirst）最爱的地方，他在海边创作了一尊饱受争议的雕塑，与此同时一些顶级餐厅也在此落地生根。伊尔弗勒科姆绝对值得一游。

景点和活动

★ 真理雕像 地标

（Verity；码头）这座由达米恩·赫斯特创作的雕像高20米，名为《真理》，表现的是一位高举着长矛的赤裸孕妇，就矗立在伊尔弗勒科姆港口上。面朝海面的一侧她的皮肤被剥开，展现了躯体的筋腱、脂肪和胎儿。批评家称雕像伤风败俗，艺术家称她象征着真理和公正。无论如何，该景点都吸引了大量游客。

伊尔弗勒科姆水族馆 水族馆

（Ilfracombe Aquarium；☎01271-864533；www.ilfracombeaquarium.co.uk；码头；成人/儿童£4.75/3.75；◈2月初至5月底和10月 10:00~15:00，5月底至9月 至17:00或17:45）再现了从埃克斯穆尔到大西洋的多种水生环境，包括河口、岩池和港口。

★ 隧道海滩 游泳

（Tunnels beaches；☎01271-879882；www.tunnelsbeaches.co.uk；Bath Pl；成人/儿童£2.50/1.95；◈4月至6月、9月和10月 10:00~17:00，7月和8月 至19:00）1823年，几百名威尔士矿工徒手从这里坚硬的岩石中开凿出了四条隧道。这绝对是一项壮举。这些隧道通向一片沙滩，从那里的维多利亚式潮汐浴场能跳进大海。

食宿

Ocean Backpackers 青年旅舍 £

（☎01271-867835；www.oceanbackpackers.co.uk；29 St James Pl；铺£18~20，双£45~50，家£55~80起；🅿@🛜）刷得亮堂的套房式宿舍、氛围亲切的厨房和免费咖啡让这家历史悠久的独立旅舍显得休闲自在；休息室里巨大的世界地图也曾触发了无数个旅行故事。双人间和家庭房都物超所值。

★ Norbury House 民宿 ££

（☎01271-863888；www.norburyhouse.co.uk；Torrs Park；双£85~110，家£120~145；🅿🛜）这家华丽客栈的每间客房风格都不尽相同：你可以在波普艺术、装饰艺术和当代时尚风中进行选择。这里有漂亮的软装、采光很好的客厅（搭配有小型三角钢琴）、富有魅力的主人、绝佳的海浪和城镇景观，是超值之选。

★ Olive Branch & Room 法式小馆 £££

（☎01271-867831；www.thomascarrchef.

不要错过

克洛韦利

克洛韦利（Clovelly；☎01237-431781；www.clovelly.co.uk；成人/儿童£7.50/4.50；◈6月至9月 9:00~18:00，4月、5月和10月 9:30~17:00，11月至次年3月 10:00~16:00；🅿）是一座古色古香、诗情画意的德文郡小村。村舍从崖壁随山势错落而下，直抵弧形港口——那里排列着捕龙虾网笼，远方是蔚蓝的大海。村庄中一连串美得难以置信的旅馆和民宿让人不忍离去。

克洛韦利由私人所有，门票在山顶的游客中心收取。村庄中的卵石街道太过陡峭，无法通行汽车，所以到现在仍然靠滑橇运输各种供给；你会看到家家户户门外斜铺的滑行装置上都放有大面包篮子。经典童书《水孩子》（The Water Babies）的作者查尔斯·金斯利（Charles Kingsley）曾在这里度过大部分童年时光——不要错过他的故居，以及极具氛围的渔民村舍和村庄中的双子礼拜堂。

导览团队游（☎07974 134701；www.clovellyvillagetours.co.uk；团队游£5）提供了关于村庄建筑和历史的有趣介绍。

如果你不喜欢陡峭的坡道，或者你打算将行李运到村中的某间民宿，可以预约路虎出租车上的一个座位（£2）返回你来时的停车场。

co.uk; 56 Fore St; 主菜 £21~23; ⓒ周二至周六 18:30~21:00; 🛜🍴) 这家酒馆的主厨Thomas Carr师从米其林星级厨师Nathan Outlaw, 也终于凭借这间小酒馆赢得了自己的米其林一星。菜肴不仅展现了他高超的厨艺, 也宣传了当地的农产品和海鲜。想要完整的体验, 可以选择6道菜或8道菜的品味套餐(£75和£95)。Carr还宣布将在镇上开一间海鲜烧烤店, 我们不禁拭目以待。

提供住宿(双人间 £115~130), 并且如你所愿, 早餐绝对是一种享受。

Quay 欧洲菜 ££

(📞01271-868090; www.11thequay.co.uk; 11 The Quay; 主菜 £11~25; ⓒ4月至9月 每天 12:00~14:30和18:00~21:00, 10月至次年3月 周三至周六 12:00~14:30和18:00~21:00)这家餐厅属于艺术家达米恩·赫斯特(就是一分为二的奶牛和腌鲨鱼等行为艺术的作者), 是目前为止伊尔弗勒科姆最嬉皮的海滨用餐场所。墙上挂着艺术家自己的作品, 所以在一边品尝白兰地焗龙虾浓汤或煎埃克斯穆尔鸡胸肉时, 一边还可以研究他的雕塑《真理》的模型, 以及泡在福尔马林中的鱼这一绝妙的讽刺作品。

❶ 实用信息

旅游局(📞01271-863001; www.visitilfracombe. co.uk; The Seafront; ⓒ复活节至10月 周一至周五 9:30~16:30, 周六和周日 10:30~16:30, 11月至次年复活节 周日 休息)位于海滨的地标剧院(Landmark Theatre)内。

❶ 到达和离开

21/21A路 开往巴恩斯特普尔(Barnstaple; £2.50, 40分钟, 每半小时1班), 途经布劳顿(Braunton; £1.90, 30分钟)。

300路 仅7月和8月开往林茅斯(Lynmouth; £3, 周一至周五每天2班)。

康沃尔郡(CORNWALL)

康沃尔郡(当地人称为Kernow)在古代是凯尔特人建立的王国(当时被称为Kernow), 到了这里你就不能再往西继续前进了。这片骄傲独立的半岛拥有英格兰西南部最野性的海岸线和最壮观的海滩, 始终保持着自己鲜明的特色。

虽然旧时的支柱产业(采矿、捕鱼和农业)都开始渐渐消失, 但康沃尔郡已然转型成为英国的创意产业区之一。无论是探索"伊甸园工程"的太空时代生态园, 还是品尝名厨的创意料理, 抑或是在荒芜的沙滩放松身心, 这里保证都会让你感受到灵感的迸发。多留一些时间, 让原汁原味的康沃尔渗入你的灵魂。

2006年, 作为康沃尔郡和西德文郡矿业景观(Cornwall & West Devon Mining Landscape; www.cornish-mining.org.uk)的一部分, 康沃尔的历史采矿区也被列为联合国教科文组织的世界遗产。

❶ 到达和离开

如今, 前往康沃尔的交通已经变得非常方便, 但它地处最西边的位置仍旧意味着, 从英国大部分地方前往该地的旅行时间都会非常漫长。

康沃尔纽基机场(见367页)就在纽基城外, 有航班直达伦敦盖特威克机场和其他大城市。First Kernow的A5路公交(26分钟, 周一至周六每2小时1班, 周日3班)从纽基汽车站开往帕德斯托(Padstow), 中途停靠机场。从城镇中心搭乘出租车前往机场的费用为£15~25。夏季也会运行飞往英国和欧洲多个目的地的季节性航班。

从伦敦帕丁顿火车站前往彭赞斯(Penzance)的干线铁路列车穿过康沃尔郡的中部, 中途经停各大城镇。

前往康沃尔的主要公路A30, 夏季非常容易陷入拥堵。作为备选项, 可以走A38公路, 从普利茅斯经由Tamar Bridge前往康沃尔, 但比较绕路。过桥费只在离开康沃尔时才要支付。

❶ 当地交通

公共汽车、火车和渡轮的时间表都可以在**Traveline South West** (📞0871 200 2233; www. travelinesw.com)网站上找到。

Great Scenic Railways (www.greatscenicrailways.com)的网站十分实用, 可以在线购买康沃尔地区的铁路车票, 也可查询列车时刻表。

公共汽车

康沃尔郡的主要公共汽车运营公司**First**

Kernow（☎客服 0845 600 1420, 时刻表 0871200 2233; www.firstgroup.com/cornwall）设有往返各大城镇之间的客运服务。该郡另一大公共汽车服务经营商Western Greyhound于2015年进入破产管理，尽管如今仍有部分线路交由规模较小的客运公司运营，但许多线路已经被砍掉，导致一些偏远地区无定时客运班车服务。

涵盖所有公共汽车线路的单日通票价格为£12/6, 只比Ride Cornwall Ranger通票（成人/儿童/家庭 £13/9.75/26）略微便宜一点，但后者还能坐火车。

有点不方便的是，First运营商的时刻表查询和购票（mTickets）分属两个移动应用。目前，通过mTickets票务应用只能购买单日和多日旅行通票。

火车

康沃尔郡的铁路主干线沿着海岸线延伸，最远到达彭赞斯，支线则通往甘尼斯莱克（Gunnislake）、卢港（Looe）、法尔茅斯（Falmouth）、圣艾夫斯（St Ives）和纽基（Newquay）。

大部分火车线路都属于Great Western Railway（见253页），不过Cross Country（见253页）也有线路经停主要车站。

这两家公司都有非常实用的手机应用，可以查询火车时刻并在线购票。

交通工具通票

有几种通票涵盖了康沃尔的公共交通工具。**Ride Cornwall Ranger**（成人/儿童/家庭 £13/9.75/26）最超值，单日有效，覆盖康沃尔境内以及康沃尔和普利茅斯之间的公共汽车和火车。通票可在火车站或汽车站购买，或者直接上车向司机购买，周一至周五 9:00之后以及周末都可使用。**Freedom of Devon & Cornwall Rover**（7日内选3日出行 成人/儿童 £49/24.50, 15日内选8日出行 成人/儿童 £79/39.50）如果你经常在德文和康沃尔之间乘火车，非常超值。

Day Ranger的车票覆盖了康沃尔所有的支线铁路，"Two Together"和"Groupsave"的票则可以允许2至4名成人一同旅行。

如果你在康沃尔有一个固定地址（例如一处度假屋），就可以购买**德文和康沃尔铁路卡**（Devon & Cornwall Railcard; £10, www.railrover.org/railcards）。持该卡在德文和康沃尔搭乘非高峰时段的火车时，可享30%的票价优惠，包括所有支线在内。

比尤德（Bude）

人口 9240

比尤德距离德文郡边界仅仅数英里，这座轻松的海滨小镇拥有很多让人流连忘返的海滩，以及一座建于20世纪30年代可爱的露天游泳池。城镇本身没有太多景观，但是镇外的海岸线风景绝美，值得驻足。

◉ 景点和活动

比尤德有许多从城镇中心可以轻松前往的沙滩，但是如果去较偏远的海滩，你就需要沿着海滨路驾车或徒步。小镇以南3英里是一片宽阔的沙滩**Widemouth Bay**（发音wid-muth），非常适合家庭游客和冲浪者。再往南2英里，就是砾石海滩**Millook**，以及背靠壮观悬崖的**克拉金顿港**（Crackington Haven）。

小镇以北3英里是国民信托组织（National Trust）旗下的海滩**Northcott Mouth**和**Sandymouth**。

再往北1英里，便是布满卵石的海滩**Duckpool**，即使在夏季通常也非常安静。

Raven Surf School　　　　　　　　　冲浪

（☎07860-465499; www.ravensurf.co.uk; 每节课 £35）前冲浪冠军Mike Raven开设的冲浪学校。同时设有冲浪救援和教练的培训，还有生态环保的"冲浪小屋"（surf pod）可供住宿，附近有一处露营地。

Big Blue Surf School　　　　　　　　冲浪

（☎01288-331764; www.bigbluesurfschool.co.uk; 每节课 £30）值得推荐的学校，设有面向初学者和中级冲浪者的课程，还为残障冲浪者开设特殊课程，周二晚上和周六早晨的"女士俱乐部"是这里的一大特色。位于Summerleaze海滩停车场，找到一辆拖车就是了。

🛏 食宿

Elements Hotel　　　　　　　　　　酒店 ££

（☎01288-275066; www.elements-life.co.uk; Marine Dr; 标单 £69, 双 £89~130, 家 £130起; P🐾🍴🐶）这家酒店坐拥崖顶的绝佳位置，但是从外面看上去有点平淡无奇。不用

担心：里面有着舒缓的海洋色调、热情洋溢的印花纺织品、开阔的海景风光，以及贴心周到的现代设施，如蓝牙音箱、家庭房里的Playstation游戏机，还有一间Finholme桑拿室。冲浪套餐由Raven Surf School提供。

Hebasca　　　　　　　　　　　设计酒店 ££

（☏01288-352361；www.hebasca.co.uk；Downs View；房间 £84~235；[P][？]）价格实惠的精品酒店是对这里最好的描述。它也是Crooklets海滩Tommy Jacks（☏01288-356013；www.tommyjacks.co.uk；Crooklets Beach；房间 £70~165；[P][？][#]）的姊妹店。这里专为成年人设计，舒适的房间采用大地色系与彩色装饰品混搭，配有浅色的印花靠垫以及大量北欧风格的实木板。这里给人感觉更多是高效，而非不紧不慢的优雅。楼下有一间烧烤餐厅和鸡尾酒吧，有黑白相间的装饰以及以渔夫为主题的波普风格壁画。

★ Beach at Bude　　　　　　　　酒店 £££

（☏01288-389800；www.thebeachatbude.co.uk；Summerleaze Cres；房间含早餐 £179~245；[P][？][#]）这家迷人的酒店在各方面都可圈可点：空间、风格、服务以及毋庸置疑的风景。它占据了Summerleaze海滩后方得天独厚的位置，房间非常有吸引力，配备了淡灰色的木制家具、Lloydl Loom椅子，采用了桃红和灰褐色调，风格类似新英格兰的海滨小屋。这里的餐厅（主菜 £14~24）也非常棒。

Life'sa Beach　　　　　　　　　咖啡馆 ££

（☏01288-355222；www.lifesabeach.info；Summerleaze；主菜午餐 £5.75~9.50,2/3道菜晚餐套餐 £25/30；◎周一至周六 10:30~15:30和19:00~22:00，周日 10:30~15:00）这家海边小酒馆被当地人亲切地称为LAB，是比尤德的老牌餐饮店。白天可以过来吃一份法棍或汉堡，但最好的时光还是在日落时，你可以在这里一边享用整条盐炙海鲷和烤大比目鱼，一边享受镇上最好的风景。

❶ 实用信息

比尤德旅游局（☏01288-354240；www.visitbude.info；The Crescent；◎周一至周六 10:00~17:00，外加夏季周日 10:00~16:00）位于比尤德城堡附近的大型停车场旁边。

❶ 到达和离开

First Kernow的95路汽车（£3.50~6，周一至周六每天6班，周日4班）往返于比尤德和博斯卡斯尔（Boscastle；30分钟）、廷塔杰尔（Tintagel；

> **值 得 一 游**
>
> ### 康沃尔郡的酒庄
>
> 康沃尔郡虽然并不是葡萄酒的名产地，但鲍勃·林多（Bob and Lindo）和萨姆·林多（Sam Lindo）父子俩从1989年起就一直在这里的Camel Valley Vineyard（☏01208-77959；www.camelvalley.com；◎商店 周一至周六 10:00~17:00，团队游 周一至周五 14:30，外加周三 17:00）生产屡获大奖的优质葡萄酒。产品包括葡萄酒、玫瑰葡萄酒和品质超群、只欠名声的香槟酒。粉丝们称这个酒庄的葡萄酒有一种淡淡的清爽，是来自这里温和的气候和纯净的海风。定期举行葡萄园团队游，你也可以在附设商店品尝和购买各种葡萄酒。
>
> Trevibban Mill（☏01841-541413；www.trevibbanmill.com；Dark Lane, St Issey；◎周三至周四和周日 12:00~17:00，周五和周六 至22:00）是葡萄酒界声名鹊起的新生力量，在如梦似幻的康沃尔风景中品尝佳酿，实在是一种享受。庄园内共有约11,000株葡萄和1700棵苹果树，产品包括多种白葡萄酒和玫瑰葡萄酒，既有普通酒，也有起泡酒（甚至还有果味红葡萄酒）。苹果酒和果汁也非常可口。
>
> 导览团队游（£30）将带你了解葡萄酒的制作工艺流程和庄园的有机理念，周日开展，其间包括了品酒环节。此外，庄园内还有一间迷人的餐厅Appleton's at the Vineyard（☏01841-541413；www.trevibbanmill.com/appletons-at-the-vineyard；St Issey；主菜 £17~24；◎周三至周日 12:00~17:00，周五和周六 18:30~22:30），以及一间葡萄酒品尝酒吧。

96路车（周一至周六每天4班）往返于卡默尔福德和艾萨克港（Port Issac）、波尔泽斯（Polzeath）和罗克（Rock）。需注意的是，每逢周日，95路车会经停通常96路车停靠的站点。

博斯卡斯尔（Boastcastle）

人口 640

博斯卡斯尔栖息于陡峭山谷的怀抱中，三条河流在此交汇，它的航海历史可以追溯至伊丽莎白时代。这里村舍古朴，悬崖开满鲜花，溪流潺潺，还有一座坚固的码头，怎么拍照取景都不会难看。但是平静的景色掩盖了一段动荡的过往：2004年，博斯卡斯尔遭受了一次英国历史上非常严重的山洪，车辆、桥梁和房屋都被冲走。现在村庄已经重建完毕，但是仔细观察，你仍能看到洪水在村里留下的痕迹。

◉ 景点

魔法博物馆 博物馆

（Museum of Witchcraft & Magic；☏01840-250111；www.museumofwitchcraftandmagic.co.uk；The Harbour；成人/儿童 £5/4；◉周一至周六 10:30~18:00，3月至11月 周日 11:30~18:00）这座怪诞的博物馆于1960年在博斯卡斯尔建成开放，很显然收藏了世界上最多的魔法用品，包括闹鬼的头盖骨、巫婆的缰绳和巫毒娃娃。这里既俗气，又有些惊悚，一些"具有争议的"展览可能会引起敏感些的儿童不适（对于部分成人也一样）。最近的展览是关于咒语和仪式魔法的。

🛏 食宿

Boscastle YHA 青年旅舍 £

（☏0845 371 9006；www.yha.org.uk；Palace Stables, The Harbour；铺 £19~25；◉4月至11月）博斯卡斯尔这间迷你小旅舍在2004年险些被洪水冲走，不过现在已经完成了整修翻新。宿舍非常小，但位于港口边，十分便利，而且这栋建筑也是村里最古老的房屋之一。不供应食物，不过你可以自炊。

Boscastle House 民宿 ££

（☏01840-250654；www.boscastlehouse.co.uk；Doctors Hill；双 £128起；🅿🛜）博斯卡斯尔最棒的民宿，位于一座维多利亚时代的房屋中，能俯瞰山谷。5间优雅的房屋呈现出明亮的当代风格，融合了中性色彩和大胆的印花墙纸。Charlotte房间有凸窗观景，Nine Windows房间有双水槽和独立浴缸，Trelawney房间空间宽敞，带沙发。最少连住两晚。

★ Boscastle Farm Shop 咖啡馆 £

（☏01840-250827；www.boscastlefarmshop.co.uk；蛋糕和茶 £3~5；◉10:00~17:00；🅿）这家出色的农场商店位于山坡上的B3263公路边，距离港口半英里远，出售自产食物，包括红宝石色的牛肉，可能是北海岸最好的香肠，以及品种齐全的康沃尔特产。空间宽敞的咖啡馆中有高大的窗户，能看到绿色田野和海岸——是品尝奶油茶点的最佳背景。

ⓘ 实用信息

博斯卡斯尔旅游局（☏01840-250010；www.visitboscastleandtintagel.com；The Harbour；◉3月至10月 10:00~17:00，11月至次年2月 10:30~16:00）距离码头不远，有一些关于当地历史和徒步线路的实用宣传页。

ⓘ 到达和离开

Coastal的95路汽车（£3.20~5.20，周一至周六每天6班，周日4班）从比尤德往博斯卡斯尔（30分钟），然后继续前往廷塔杰尔（13分钟）、卡默尔福德（30分钟）和韦德布里奇（1小时）。

在卡默尔福德，你可以转乘96路车前往艾萨克港。

廷塔杰尔（Tintagel）

人口 1820

传说中亚瑟王的幽灵在廷塔杰尔和它壮观的崖顶城堡里徘徊不散。虽然现在的遗迹主要建于13世纪，但考古发现一座更早的堡垒的地基，这进一步增强了亚瑟王或许真就出生在这座城堡里的猜测，与当地人的观念不谋而合。城堡遗址是一处令人慨叹的浪漫景象，破败的墙壁在陡峭的悬崖上摇摇欲坠，非常值得花上至少半天时间探索一番。

已有计划宣称，将在大陆和城堡所在的岩塔之间修建72米长的步行桥。尽管这一计划饱受争议，许多当地人也极力反对，但仍于2017年底获得了议员们批准，只是尚未确定最终完工日期。

村子本身并不是太令人激动，不过如果你想寻找有关亚瑟王的漂亮纪念品，这里有很多。

◎ 景点

★ 廷塔杰尔城堡　　　　　　　　　　城堡

(Tintagel Castle; EH; ☎01840-770328; www.english-heritage.org.uk; 成人/儿童 £8.40/5; ⊙4月至9月 10:00~18:00, 10月 至17:00, 11月至次年3月 至16:00)廷塔杰尔这座宏伟的崖顶城堡因为据称是亚瑟王的诞生地而广为人知。城堡从罗马时代就已经有人居住，曾一度作为康沃尔的凯尔特国王的居所。现存建筑大部分是由康沃尔伯爵理查德所建——他于13世纪30年代在这里建起了城堡。虽然城堡与亚瑟王的联系可能很牵强，但毫无疑问，这里的确是建造堡垒的好地方。建筑依附在深色的花岗岩崖壁上，周围是轰鸣的浪涛和盘旋的海鸥，堪称经典的童话城堡景致。

老邮局　　　　　　　　　　　　历史建筑

(Old Post Office; NT; ☎01840-770024; www.nationaltrust.org.uk; Fore St; 成人/儿童 £4.60/2.30; ⊙3月中旬至9月 10:30~17:30, 10月 11:00~16:00)这座邮局是16世纪传统康沃尔长屋中保存最好的一座，杂乱的屋顶上有多孔烟囱，屋内有多个房间。正如名字所暗示的，建筑在19世纪曾被用作邮局。

❶ 到达和离开

First Kernow的95/96路车 (£3.50~6.50, 周一至周六每天6班, 周日4班)从卡默尔福德 (15分钟)驶往比尤德 (50分钟), 中途停靠廷塔杰尔。

艾萨克港 (Port Isaac)

人口 720

如果你在寻找典型的康沃尔渔港小镇，那么艾萨克港一定不负你望。在中世纪的港口和船台周围，散布着多条卵石街巷和狭窄小街，土墙茅屋林立。

虽然艾萨克港是个仍在使用的港口，但它最为人所知的，还是热门电视剧《外科医生马丁》(*Doc Martin*) 的外景地——它将村庄作为现成的背景舞台。码头附近有指示牌，指引游客前往马丁医生的茅屋。一条短短的海岸步道会将你带至相邻的港口 **Port Gaverne**，继续向西几英里，就到了 **Port Quin**，后者现在由国民信托组织管理。

这座小村还是康沃尔大厨Nathan Outlaw施展厨艺的主要舞台。

🛏 食宿

Old School Hotel　　　　　　　　酒店 ££

(☎01208-880721; www.theoldschoolhotel.co.uk; Fore St; 标单 £67~101, 双 £119~185; P🅿)这家小酒店曾经是艾萨克港的学校。眼尖的《外科医生马丁》粉丝们一眼就能认出这里就是剧中的乡村学校。相应地，这里的房间也用学校的课程命名：最好的是Latin (拉丁语) 房, 配有雪橇床和带橱柜的浴室; Biology (生物) 房配有沙发和教堂风格的窗户; 跃层的Mathematics (数学) 房, 则有共用露台和高低床。

Outlaw's Fish Kitchen　　　　　海鲜 £

(☎01208-881183; www.nathan-outlaw.com/outlaws-fish-kitchen; 1 Middle St; 主菜 £6.50~17; ⊙6月至9月 周一至周六, 10月至次年5月 周二至周六 12:00~15:00和18:00~21:00) 这家海港边上的鱼餐馆是顶级名厨Nathan Outlaw的新店。主打小份海鲜菜品，可以与朋友共同分享。确切的菜单要根据当天艾萨克港渔民的收获而定。餐厅很小, 只有几张桌子, 因此一定要预订。

Fresh from the Sea　　　　　　　海鲜 ££

(☎01208-880849; www.freshfromthesea.co.uk; 18 New Rd; 三明治 £5.50~9.50, 主菜 £10.50~20; ⊙周一至周六 9:00~16:00)当地渔民 Callum Greenhalgh每天都会驾船出海捕虾捕蟹, 然后将渔获在他这间艾萨克港的小店里销售。海鲜无比新鲜; 螃蟹沙拉价格为£10.50, 整只龙虾更是非常合理的£20。如果赶上了季节, 附近Porthilly的牡蛎价格为每只£1.50。

★Restaurant Nathan Outlaw 海鲜 £££

(☎01208-862737; www.nathan-outlaw.com; 6 New Rd; 品味套餐 £130; ⊙周三至周六 19:00~21:00, 外加周四至周六 12:00~14:00)自从康沃尔的顶级名厨Nathan Outlaw将他的主要业务从罗克搬到这里后,艾萨克港的声望大幅提升。在这家餐厅,你会感受到Outlaw对康沃尔鱼和海鲜的热情。他的风格意外地非常经典,主要依靠顶级食材而非各种烹饪技巧。如同所有两次摘星米其林的餐厅一样,这里的价格绝不便宜,但在这里就餐肯定是值得吹嘘的体验。

❶ 到达和离开

First Kernow的95/96路往返于卡默尔福德(Camelford; £4.50, 30分钟)和St Minver(£4.50, 30分钟),每天至少有4班经停艾萨克港。

帕德斯托和罗克（Padstow & Rock）

人口 3160

要说哪个地方代表了康沃尔郡的时尚趋势,那就是帕德斯托。这座古老的渔港小镇已经变成该郡最国际化的角落,而这多亏了在这里开店的明星主厨们,其中包括Rick Stein——他在帕德斯托小镇开设了几家餐馆和酒店,以及礼品商店、烘焙店、酒馆、海鲜料理学校、炸鱼和薯条酒吧。

毫无疑问,帕德斯托近年的变化令人刮目相看:比起康沃尔郡的古朴,帕德斯托现在更像是伦敦时尚的青辛顿区,酒馆和馅饼店的旁边就是餐厅和精品小店。虽然难以定论,小镇在追求发展的同时能否坚守初心,但依靠着海滨风光,它的确很难不受欢迎。

在骆驼河口（Camel Estuary）对岸与帕德斯托相对的就是罗克,这座小村庄现在已经是富裕度假者们趋之若鹜的胜地。在附近,Daymer Bay的沙滩沿着河口展开,这里是诗人约翰·贝杰曼（John Betjeman）一生的挚爱。

⦿ 景点和活动

帕德斯托被很多美丽的海滩包围,包括所谓的七湾（Seven Bays）: Trevone、Harlyn、MotherIvey's、Booby's、Constantine、Treyarnon和Porthcothan。

在骆驼河口中间,有一片名为Doom Bar的危险沙洲,过去曾有多艘船只在此出事,而它也是当地一款非常受欢迎的艾尔啤酒的名称来源。

普里多庄园 历史建筑

(Prideaux Place; ☎01841-532411; www.prideauxplace.co.uk; Prideaux Pl; 建筑和庭院成人 £8.50, 仅庭院 £3; ⊙建筑 13:30~16:00, 庭院和茶室 4月至10月 周日至周四 12:30~17:30)这座宏伟的一级保护建筑由据称是征服者威廉后代的普里多—布伦（Prideaux-Brune）家族所建,很受古装电视剧和历史电影导演的欢迎。导览游持续约1小时,可参观会客厅、楼梯和普里多—布伦家族的传家宝,以及超级丰富的泰迪熊收藏。

国家龙虾孵育场 自然展览

(National Lobster Hatchery; ☎01841-533877; www.nationallobsterhatchery.co.uk; South Quay; 成人/儿童 £3.95/1.85; ⊙7月和8月 10:00~19:30, 9月至次年6月 至16:00或17:00)为了应对龙虾数量减少,这一码头边的孵育场会将龙虾苗先养育在水槽中,之后再放归自然。展览详细介绍了甲壳类动物的生命历程,观景水箱中能近距离观看龙虾活动。不妨预订30分钟的"Meet the Expert"团队游（成人/儿童 £12/6）,能使你一窥幕后的工作。

★骆驼小道 骑车

(Camel Trail; www.cornwall.gov.uk/cameltrail)老旧的帕德斯托—博德明（Padstow-Bodmin）铁路在20世纪50年代被废弃,现在改造成为康沃尔郡最受欢迎的自行车道。主段始于帕德斯托,向东穿越韦德布里奇（Wadebridge; 5.75英里）,之后一路通往博德明沼地（Bodmin Moor）的普利布里奇（Poley Bridge; 18.3英里）。

要租借自行车,可以在**Padstow Cycle Hire**(☎01841-533533; www.padstowcyclehire.com; South Quay; 每天 成人£16~18, 儿童 £6~11; ⊙9:00~17:00, 夏季 至21:00),或是帕德斯托那端的**Trail Bike Hire**(☎01841-532594;

www.trailbikehire.co.uk; Unit 6, South Quay; 成人£14, 儿童£5~8; ⊙9:00~18:00), 或韦德布里奇那端的 Bridge Bike Hire (☎01208-813050; www.bridgebikehire.co.uk; Camel Trail; 成人£12~14, 儿童£6~9; ⊙10:00~17:00)。

租金通常都包含打气筒和头盔；双人自行车和儿童小拖车费用另收。

大多数人都是从帕德斯托出发，然后返回，因此如果你从韦德布里奇出发会更加安静（而且更容易找到停车处）。

帕德斯托乘船游 乘船游览

(Padstow Boat Trips; www.padstowboattrips.com; South Quay) 在复活节和10月之间，Jubilee Queen (☎07836-798457; 成人/儿童£12/7) 设有沿海岸航行的观光航程，而 Padstow Sealife Safaris (☎01841-521613; www.padstowsealifesafaris.co.uk; 2小时航行 成人/儿童£39/25) 可带你参观当地海豹和海鸟的栖息地。

想要速度更快一点，不妨参加15分钟的快艇之旅 (£7)，快速经过危险的Doom Bar沙洲，以及Daymer Bay、Polzeath、Hawkers Cove和Tregirls等海滩。

网站上列有当地所有活动运营商的名录。

节日和活动

五朔节 文化节

(May Day; ⊙5月1日) 又被称为'Obby 'Oss Day(木马节)，是帕德斯托最盛大的节日，据说起源于远古时异教徒的生育仪式。节庆期间，你会看见两种颜色的彩马(红色和蓝色)在街巷中穿行，最后在五月柱下面会合。这个节日会吸引成千上万的游客前来，因此务必提前计划行程。

住宿

Treyarnon Bay YHA 青年旅舍 £

(☎0845 371 9664; www.yha.org.uk; Treyarnon Bay; 铺£15~29; ⊙前台 8:00~10:00和14:00~22:00; ▣☎) 这座20世纪30年代建造的海滩旅舍位于Treyarnon海湾的绝壁上。客房很宽敞，有一间出色的咖啡馆，夏季可以烤肉，日落景象非常迷人。旅舍位于帕德斯托以东4.5英里处；有停车场，但最近的公交车站在Constantine，步行前往需20分钟。

Althea Library 民宿 ££

(☎01841-532579; www.altheahouse-padstow.co.uk; 64 Church St; 双£90~120; ▣☎) 如果想住在帕德斯托镇中心，那么这家覆盖着常春藤的迷人建筑就是最佳选择。有两种可以自炊的时尚套间：Rafters房要通过一段独立的楼梯进入，Driftwood房中有松木四柱床。设施非常豪华——两个套间都有沙发、雀巢咖啡机、浴缸以及小厨房。如果长期住宿，还有附近名为Inglenook的茅屋可选。

Woodlands 民宿 ££

(☎01841-532426; www.woodlands-padstow.co.uk; Treator; 双£130~150; ▣☎) 周边是绿色的田野，远处是水光潋滟的大海，这里是帕德斯托的绝佳民宿。房间有些过分花哨，但是依然舒适，早餐非常丰盛。位于距帕德斯托海港约1英里的A389公路边。

Symply Padstow 民宿 ££

(☎01841-532814; www.symply-padstow.co.uk; 32 Dennis Rd; 标单£61~67, 双£97~109; ☎) 帕德斯托有一点是避不开的——住宿价格昂贵，但是这间民宿的费用却显得相当实惠（即使在非热门城镇也算便宜）。三个房间迷人而温馨，采用植物和印花装饰，都有非常棒的海景。此外这里还有一间可以自己做饭的小屋(每周£400~920)。

就餐

★ Chough Bakery 面包房 £

(☎01841-533361; www.thechoughbakery.co.uk; 1-3 The Strand; 糕点£3~5; ⊙周一至周六 9:00~17:00) 这间家庭经营的面包房位于城区中心，采用传统方法制作的糕点远近闻名——堪称郡内最佳，曾经数次在世界糕点大赛上折桂。

Prawn on the Lawn 法式小馆 ££

(☎01841-532223; www.prawnonthelawn.com; 11 Duke St; 主菜£7.50~45; ⊙复活节至9月周二至周六 正午至午夜) 这家小小的海鲜酒吧是伦敦同名餐饮店的分店，也是帕德斯托餐饮业的新成员。这里只有一个简单的房间，墙砖裸露，有白色的瓷砖和黑板，一面墙边摆着几张餐桌。但是这家店装饰并不重要：海鲜才是真正的招牌——可以选择小盘、分享盘或是按重量计价。

Rojano's in the Square 意大利菜 ££

（☏01841-532796；www.paul-ainsworth.co.uk；9 Mill Sq；比萨和意大利面£8.50~20；⊙10:00~22:00）这家出色的意大利小馆现在由米其林星级大厨Paul Ainsworth经营，提供超赞的柴烤比萨、香辣意大利面和开胃小吃。这是一个充满乐趣、慵懒闲适的用餐地，价格非常合理。

Cornish Arms 美食酒馆 ££

（☏01841-520288；www.rickstein.com/eat-with-us/the-cornish-arms；St Merryn；菜£10.95~17.95；⊙11:30~23:00）这家位于St Merryn村附近的乡村酒馆隶属大厨Rick Stein的餐饮帝国旗下，供应各种酒吧经典菜肴，例如斯干比虾、牛排和火腿、鸡蛋加薯条。所有菜肴都极具创意，食材产自当地。周日烤肉非常受欢迎，因此最好早点到达。距离帕德斯托有3英里的车程。

★ Paul Ainsworth at No 6 英国菜 £££

（☏01841-532093；www.paul-ainsworth.co.uk/number6；6 Middle St；2/3道菜午餐套餐£25/29，晚餐主菜£31~45；⊙周二至周六正午至14:30和18:00~22:00）Rick Stein也许早已远近闻名，但Paul Ainsworth未必就甘拜下风。他制作的菜肴有着令人惊喜的丰富口味和无可挑剔的呈现形式，绝对让你耳目一新。联排别

> **当地知识**
>
> **比德拉森石阶**
>
> 宏伟的岩层**比德拉森石阶**（Bedruthan Steps；Carnewas；NT；www.nationaltrust.org.uk）**免费** 位于纽基（Newquay）和帕德斯托（Padstow）之间。这些巨大的花岗岩石柱可能是由数千年的风和海浪侵蚀形成，现在则是漫步的好去处。这里由国民信托组织所有，他们还经营有停车场和咖啡馆。景点免费，但是非国民信托组织成员需要支付停车费用。

墅则营造了一个轻松、自在的用餐环境。如今餐厅已经跻身为米其林星级餐厅，因此这里一桌难求——一定要预订。

★ Seafood Restaurant 海鲜 £££

（☏01841-532700；www.rickstein.com；Riverside；3道菜午餐£40，主菜£26~71；⊙午餐11:30~16:00，晚餐 周六 18:00~21:00，周日至周五 18:30~21:30）这是Stein餐饮帝国的发家之地，依然是康沃尔郡顶级就餐场所之一。如今Stein已经很少亲自上阵——这里由其子Jack负责打理。一如既往，海鲜仍是店里的招牌：从新鲜龙虾到大比目鱼、多利鱼和海鲜大拼盘。所有佳肴都在一间雅致、明亮的餐厅里享用。

❶ 实用信息

帕德斯托旅游局（☏01841-533449；www.padstowlive.com；North Quay；⊙4月至9月 周一至周六 10:00~17:00，周日 至16:00，10月至次年3月 周一至周六 10:00~17:00）位于码头边的一座红砖建筑内。

❶ 到达和离开

帕德斯托港口旁有几座停车场，不过很快就会停满，所以更好的办法是停到镇子高处的大型停车场，再步行走下来。

帕德斯托唯一一条常用班线是First Kernow的5A路汽车，驶往纽基（周一至周六时间不定，周日3班，1小时25分钟），沿着海岸线经停Harlyn Bay、Constantine Bay、Porthcothan、Mawgan Porth、纽基康沃尔机场和Porth Beach等地。

纽基（Newquay）

人口 19,420

纽基带有几分顽皮气质，除了迷人的海滩，很少有其他拿得出手的东西。在许多年里，人们对纽基的普遍印象，就是康沃尔郡的冲浪之都，口碑不佳。而造成这一名声的主要原因，事实上就在于纽基本身。这里的夜生活臭名昭著，糟糕的夜店、吵闹的酒馆和恶俗的游戏厅林立于主街两侧，无怪乎这座城镇现在正尽力转变自己派对频繁、灯红酒绿、低廉粗俗的形象。

但是情况正在发生变化：纽基人正在齐心协力，促成这座城镇的形象升级。大型夜店中的几家已经关闭；新潮的酒馆、咖啡馆、烘焙店和健康食品商店正在城市中心层出不穷；在海边，若干精品酒店吸引着品位更挑剔的客人。虽然任重道远，但纽基仿佛已在慢慢成长。一切只是需要时间。

◎ 景点

纽基拥有北康沃尔最漂亮的几片海滩。在夏季时，离城镇最近的三大海滩——Towan、Great Western和Tolcarne一定是人山人海。大部分冲浪者都会前往Fistral，但在离城数英里的地方，还有Crantock、Holywell Bay和Watergate Bay等优质海滩。

蓝礁水族馆　　　　　　　　　水族馆

（Blue Reef Aquarium；☎01637-878134；www.bluereefaquarium.co.uk/newquay；Towan Promenade；成人/儿童£10.95/8.50；◎10:00～18:00；❋）这座小型水族馆位于Towan海滩上，有可触摸生物水槽和各种深海生物，包括珊瑚礁鲨、赤蠵龟和一只巨型太平洋章鱼。在线订票有优惠。

纽基动物园　　　　　　　　　动物园

（Newquay Zoo；☎01637-873342；www.newquayzoo.org.uk；Trenance Gardens；成人/儿童£13.20/9.90；◎10:00～17:00；❋）纽基的这座迷你动物园虽然并非举世无双，但其中的企鹅、狐猴、鹦鹉和蛇类足够让孩子们开心。热带馆（Tropical House）和蟾蜍厅（Toad Hall）十分有趣，还有12:00的企鹅喂食和14:30的狮子投喂等活动。

特里莱斯　　　　　　　　　历史建筑

（Trerice；NT；☎01637-875404；www.nationaltrust.org.uk；成人/儿童£10/5；◎建筑11:00～17:00，花园10:30～17:00）这座伊丽莎白时代的庄园建于1751年，目前由国民信托组织管理，最著名的是大厅（Great Chamber）中繁复精美的拱形天顶，以及组成大窗的576块窗格中一些源于16世纪的彩绘玻璃。庄园位于纽基东南3.3英里处。

🏃 活动

纽基有许多冲浪学校，不过质量参差不齐。可挑选提供小班授课的，最好是明文不举办单身派对的那些。可询问老师的资质和经验，以及会不会去Fistral以外的海滩。优秀的培训学校都会追逐最好的海浪。

Extreme Academy　　　　　　探险运动

（☎01637-860840；www.extremeacademy.co.uk；Watergate Bay）这一水上运动经营商属于附近的Watergate Bay Hotel旗下，提供门类齐全的项目：必不可少的冲浪课程，以及更多非同寻常的选择，如站立式划桨冲浪和"手板冲浪"（hand-planing；即依靠手腕上系着的迷你冲浪板人体冲浪）等。2.5小时的入门冲浪课程为£35，趴板冲浪£25，立式桨板£40。

Ebo Adventure　　　　　　　户外运动

（☎0800 781 6861；www.eboadventure.co.uk）这一综合活动中心主要在Holywell Bay最北端的Penhale Training Camp露营地。这里并不只有冲浪运动——也可以尝试风等沙滩车、皮划艇、动力风筝、立式桨板和海岸运动（混合了攀岩、攀爬和野外游泳）。这里还设有丛林技能的训练课程。

Rip Curl English Surf School　　　冲浪

（☎01637-879571；www.englishsurfschool.com；课程£35起）位于Towan Beach海滩，是经验最丰富和效率最高的大型学校之一。与澳大利亚冲浪品牌Rip Curl联手经营，员工都是英格兰冲浪协会（English Surfing Federation）认证的教练（包括英国国家队教练）。同时还设有海岸运动和趴板冲浪。初学者课程费用为£35，如果你本身已经有一定经验，想提高自身技巧，费用为£42。

Kingsurf Surf School　　　　　冲浪

（☎01637-860091；www.kingsurf.co.uk；Mawgan Porth；课程£35起）如果想避开Fistral海滩的喧嚣，那么这里是理想之选。学校位于Mawgan Porth，有5个年轻教练，特色是关注学员个人表现，小班授课。

🛏 住宿

★ Scarlet　　　　　　　　　酒店 £££

（☎01637-861600；www.scarlethotel.co.uk；

Mawgan Porth；房间 £260起；P 🛜 🐾）想要感受名副其实的奢华，康沃尔郡这座只接待成年人、华丽时尚的生态酒店当之无愧。它位于Mawgan Porth的黄金地段，距离纽基5英里。充满前卫的设计感，宽敞的海景房配有时髦家具、极简风格的装饰和奢华的水疗池，还有冥修房、室外浴池和野外游泳池。餐厅也非常漂亮。

★ Watergate Bay Hotel 酒店 £££

（☎01637-860543；www.watergatebay.co.uk；Watergate Bay；双 £290~440；P 🛜）这家时尚的热门海滩酒店将奢华与生活方式结合到了一起：现场的Extreme Academy提供丰富多彩的户外活动，住客可以尽情参与其中。海滩房采用滨海色彩和板条木材装饰，华丽的室内泳池可以远眺海湾，给人感觉豪华自然而不做作：湿脚印和沙足印从来不是问题。

🍴 就餐

★ Pavilion Bakery 面包房 £

（www.pavilionbakery.com；37 Fore St；面包 £2~4；⏰8:00~16:00）在伦敦最时尚的地段开了三间分店（维多利亚公园、哥伦比亚路和百老汇市场）之后，这家非凡的面包店将首都之外的第一家店选在了纽基，就在一栋A字形建筑内，店里有裸露的墙砖、原木装饰和开放式厨房。试试令人赞不绝口的酸面包、手工面包，以及可能是康沃尔最好的羊角面包和巧克力面包。

Sprout 素食 £

（☎01637-875845；www.sprouthealth.co.uk；Crescent Lane；主菜 £3.50~5.50；⏰周一至周六9:00~17:00；🍴）如果你喜欢有机食物，也在意食材是否源于公平贸易，那么这家位于不起眼的小巷中的全食品商店，绝对是最佳选择。素食杂烩锅（例如严格素食的非洲花生炖菜和丰盛的摩洛哥炖菜）十分美味，而且很快就会售罄——同样抢手的还有可口的无麸蛋糕。

★ Fish House Fistral 海鲜 ££

（☎01637-872085；www.thefishhousefistral.com；Fistral Beach；主菜午餐 £8.50~16.95，晚餐 £12.95~19.95）这家海滨海鲜餐馆已经成为当地食客和Fistral游客的最爱，而且绝对当之无愧。海鲜菜肴量大丰富，食材都是当日新鲜渔获，可打造成法式、意式和亚洲风味，海滩小屋的气氛让人神往。主厨Paul Harwood师从Rick Stein，他的海鲜烹饪技巧就充分展示了这一点。

Beach Hut 法式小馆 ££

（☎01637-860877；Watergate Bay；主菜 £12.50~22；⏰9:00~21:00）结束海滩漫步或者在Watergate快速冲浪之后，每个人都想来这家小咖啡馆，坐下喝杯咖啡、吃块蛋糕或者用什么东西填饱肚子。实木内饰和宽大窗户让这里格外迷人，黑板上写满了各种简单菜肴，如汉堡、开胃菜、贻贝、泰式炒河粉以及海鲜咖喱等。

这家小馆位于Fifteen Restaurant（☎01637-861000；www.fifteencornwall.co.uk；午餐主菜 £16~21，晚餐主菜 £19~28，5道菜晚餐 £65；⏰8:30~10:00，12:00~14:30和18:15~21:15）下面，却隶属Watergate Bay Hotel。夏季很难找到停车位。

Lewinnick Lodge 法式小馆 ££

（☎01637-878117；www.lewinnicklodge.co.uk；Pentire Head；主菜 £12.50~20；⏰8:00~22:00）这家美食餐吧高踞Pentire Head悬崖顶，坐拥美妙无比的纽基海岸线风光，绝对是一边欣赏美景一边享用午餐的超赞选择。内饰非常现代（大量使用木饰和厚玻璃），食物非常可口——有汉堡、贻贝和泰式沙拉等。

🍷 饮品和夜生活

想在纽基喝上一杯并不困难。有很多氛围热烈的夜店和热闹的酒吧，镇中心周五和周六的晚上是出了名的喧嚣，在夏季更是如此。

Tom Thumb 酒吧

（☎01637-498180；www.tom-thumb.co.uk；27a East St；⏰正午至午夜）这家鸡尾酒吧比より更像纽基。这里有再生木材打造的家具，超酷的螺旋楼梯，以及精选的自制混合饮品（分为各种有趣的类别，例如"Something

Saucy"和"Giggle Water"等)。如果再多几处这样的地方,那么纽基啤酒小子的形象没几天就能转变了。

☆ 娱乐

Whiskers
现场音乐

(☎01637-498100; www.whiskersnewquay.co.uk; 5-7 Gover Lane; ⓒ17:00至午夜)略显杂乱的娱乐场所,定期举办现场演出,既有当地乐团,也有来自内陆和更远地区的大牌明星。在其他时间,DJ会适时地打碟助阵。这里偶尔也会举办各种稀奇古怪的活动,例如人体素描、口语大碰撞等。

❶ 实用信息

纽基旅游局(☎01637-854020; www.visitnewquay.org; Marcus Hill; ⓒ周一至周五 9:15~17:30, 周六和周日 10:00~16:00) 小巧而信息丰富的咨询处,可以帮助安排从住宿到冲浪课程等众多事情。

❶ 到达和离开

飞机
康沃尔纽基机场(Cornwall Airport Newquay; ☎01637-860600; www.cornwallairportnewquay.com) 康沃尔的主要机场,距离纽基5英里,现在Flybe航空(www.flybe.com)有每日直达航班前往曼彻斯特和伦敦盖特威克机场; Isles of Scilly Travel (见389页) 也有航班往返锡利群岛。

First Kernow的A5路汽车(26分钟,周一至周六每2小时1班,周日3班)从纽基汽车站开往帕德斯托,中途经停机场。从城中心乘坐出租车前往机场,费用为£15~25。

夏季还会开通往返英国和欧洲大陆多个城市的季节性航班。

长途汽车
纽基汽车站位于Manor Rd。

帕德斯托(Padstow) A5路(£5.20, 90分钟,周一至周六每2小时1班,周日3班)经停机场,然后沿海岸线北行,中途停靠Mawgan Porth、Porthcothan、Constantine Bay和Harlyn Bay。注意每天只有几班车在Bedruthan Steps停靠。

圣阿格尼丝岛(St Agnes)87路(£5.20, 50分钟,周一至周六每小时1班,周日5班)前往圣阿格尼丝岛途中停靠Crantock、Holywell Bay和佩伦波斯(Perranporth),然后继续前往特鲁罗。

特鲁罗(Truro)90/92/93路(£5.20, 70分钟,周一至周六每半小时1班,周日5班); 不同的车次线路也不相同,行经不同的村庄,但是终点站都是特鲁罗。

韦德布里奇(Wadebridge)95路(£4.20, 50分钟,周一至周六每天5班)

火车
纽基位于纽基和Par(Atlantic Coast Line, £6.50, 45分钟)之间的支线铁路上,从Par可以转乘伦敦至彭赞斯(Penzance)的干线列车。

佩伦波斯至波斯托温(Perranporth to Porthtowan)

在纽基西南部,康沃尔崎岖的北部海岸线蜿蜒绕过景色绝美的荒野、海浪拍打的崖壁和一些黄金海湾——包括适合家庭游客的佩伦波斯海滩、古老的矿业小镇圣阿格尼丝,以及浪涛汹涌的波斯托温。

◉ 景点和活动

★ 佩伦波斯海滩
海滩

(Perranporth Beach; ℗ ♿) 佩伦波斯这片巨大平坦的沙质海滩受到所有人的青睐: 遛狗的宠物主、挥铲提桶挖沙子的家庭游客、开风筝沙滩车的人及冲浪者。这片海滩最大的特点在于规模——长度超过1英里,背后是连绵的沙丘和岩石崖壁——这意味着即使是最繁忙的季节,也总能找到一隅乐土。这里也是当地夜生活中心——Watering Hole酒吧的所在地。

★ 查普珀斯
海湾

(Chapel Porth; NT; www.nationaltrust.org.uk; ℗) 在距离圣阿格尼丝2英里的地方,就是康沃尔郡最美丽的海湾之一: 查普珀斯。这是一座原始的岩石海滩,周围环绕的陡峭崖壁上长满金雀花,归国民信托组织(NT)所有。海湾之上就是昔日锡矿**Wheal Coates**废弃的发动机架,矿上至今仍然保留着烟囱和卷扬机房。从那里沿着海滨蜿蜒的步道,可到达疾风呼啸的岩层露头**St Agnes Head**。这是印在许多明信片上的全景风光——别忘了带上相机。

Blue Hills Tin Streams 博物馆

(☎01872-553341; www.cornishtin.com; 成人/儿童 £6.50/3; ◎4月中旬至10月中旬 周二至周六10:00~14:00)圣阿格尼丝以东1英里处（路标指示通往Wheal Kitty）就是**Trevellas Porth**岩石峡谷。谷内坐落着康沃尔郡最后一家炼锡厂，你可以在厂内参观整个生产过程，从采矿、熔化、浇铸到成型。商店出售手工制作的首饰。

餐饮

Chapel Porth Cafe 咖啡馆

(Chapel Porth; 三明治和蛋糕£2~5; ◎10:00~17:00)这家位于查普珀斯海滩边缘的咖啡馆是当地老字号，供应热可可、干酪法棍面包、香肠三明治、煎饼以及特色招牌——刺猬冰激凌（香草冰激凌加凝脂奶油和榛子）。

★ Blue Bar 酒吧

(☎01209-890329; www.blue-bar.co.uk; 主菜£8~16; ◎10:00~23:00)无论是打算海滨小酌，还是午餐时想在沙滩边吃汉堡，这家位于Porthtowan的冲浪咖啡馆都是最佳选择。店外有可以远眺沙滩的桌子，室内也有不少餐桌，尽量早来，可以选择景色超赞的窗边座位。海滩风格的装饰、优质的小吃和不时举办的音乐之夜，都让这里成为北部海岸最具人气的餐饮场所之一。

Watering Hole 酒吧

(☎01872-572888; www.the-wateringhole.co.uk; Perranporth Beach; ◎10:00~23:00)一代代康沃尔年轻人都曾经来这家海滩酒吧玩过，尽管在最近的暴风雨中屡遭破坏，但这里依然人气旺盛。虽然看上去有点其貌不扬，但却是喝一杯清晨咖啡或是伴着落日品尝啤酒的好地方。定期举办各种现场音乐演出——Tom Jones和Snoop Dogg都曾在此演出。

❶ 到达和离开

从纽基发往特鲁罗（Truro）的87路（£6, 45分钟，夏季每小时1班）经停圣阿格尼丝，还会经过Crantock、Holywell、佩伦波斯（Perranporth）和Trevellas等地。

圣艾夫斯（St Ives）

人口 9870

如果要按照美丽程度对康沃尔郡所有港口排序，圣艾夫斯绝对是冠军的有力竞争者。密密麻麻的石板屋顶、渔民小屋和教堂塔楼簇拥着宝蓝色的海湾，景色绝对让你目眩神迷。圣艾夫斯曾经是一座繁忙的沙丁鱼渔港，在20世纪20年代和30年代成为康沃尔郡的艺术中心，当时文艺界多位重要人物——如芭芭拉·赫普沃斯（Barbara Hepworth）、特里·弗罗斯特（Terry Frost）、本·尼克尔森（Ben Nicholson）和纳姆·贾柏（Naum Gabo）——都移居至此寻求艺术自由。

小镇如今仍然充满艺术气息，鹅卵石街巷内画廊林立，著名的泰特圣艾夫斯美术馆也设在此地，美术馆在近期完成了数百万英镑的扩建。不过小镇能否保持其艺术底蕴是另一个问题——这里已经成为康沃尔最热门的家庭度假地，夏季被游客挤得水泄不通，因此尽量在春秋两季前往。

◎ 景点和活动

这里最大的沙滩是**Porthmeor海滩**和**Porthminster海滩**，两处都是沙质海滩，面积广阔。它们之间突出的葱郁海岬被称作**岛**（Island），上面有一座建于14世纪之前的小型**圣尼古拉斯修道院**（Chapel of St Nicholas）。半岛东侧是**Porthgwidden海滩**，多数时间都是逃离人群的好去处。

正如你想象的那样，小镇各处分布数不胜数的画廊。

★ 泰特圣艾夫斯美术馆 美术馆

(Tate St Ives; ☎01736-796226; www.tate.org.uk/stives; Porthmeor Beach; 成人/儿童£9.50/免费，与芭芭拉·赫普沃斯博物馆联票£13/免费; ◎10:00~17:20, 16:00停止入馆)在完成为期18个月、耗资数百万英镑的重修之后，圣艾夫斯最璀璨的美术馆重新开馆，并在博物馆原先的螺旋形建筑外新增了一处巨大的展示空间。美术馆侧重介绍"二战"后聚集在圣艾夫斯并将这个海滨小镇变成现代艺术朝圣地的先锋艺术家的作品，明亮的白色展厅内展有芭芭拉·赫普沃斯、特里·弗罗斯特、

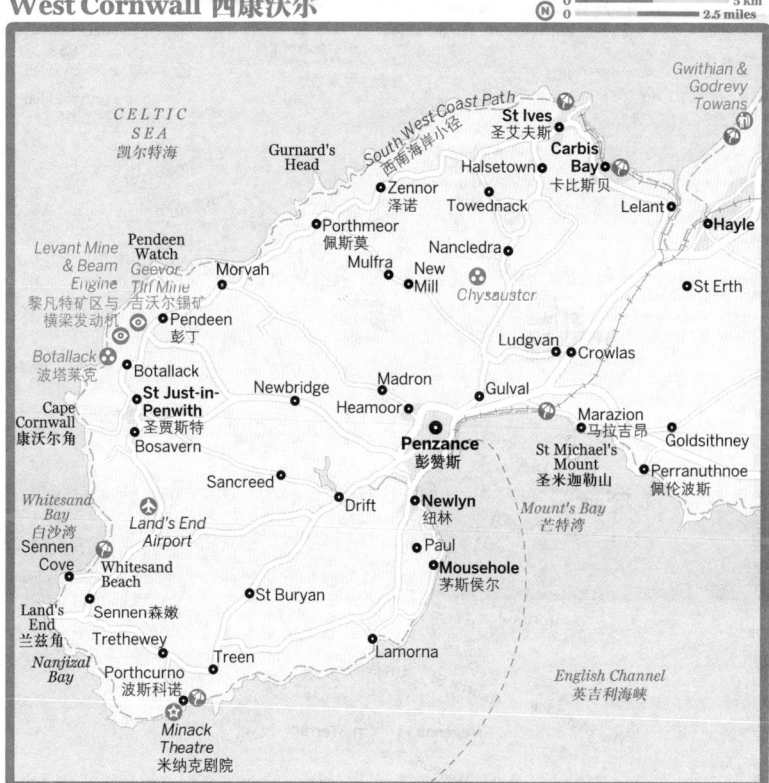

West Cornwall 西康沃尔

彼得·兰宁（Peter Lanyon）和帕特里克·赫仑（Patrick Heron）等名家的杰作。

芭芭拉·赫普沃斯博物馆　　博物馆

（Barbara Hepworth Museum；☎01736-796226；Barnoon Hill；成人/儿童 £7.70/免费，与泰特圣艾夫斯美术馆联票 £13/免费；◯3月至10月 10:00~17:20，11月至次年2月 至16:00）芭芭拉·赫普沃斯（1903~1975年）是20世纪顶尖的抽象艺术雕塑家之一，也是圣艾夫斯艺术领域的关键人物。她位于Barnoon Hill的工作室在她去世后几乎原封未动，毗邻的花园收藏了她的几座著名雕塑，其中许多灵感都源于她在康沃尔所感受到自然元素的威力：岩石、海洋、砂砾、风、天空等。博物馆还设有免费的私人团队游，可了解更多相关背景。

★里奇陶艺馆　　画廊

（Leach Pottery；☎01736-796398；www.leachpottery.com；Higher Stennack；成人/儿童 £6/免费；◯全年 周一至周六 10:00~17:00，3月至10月 周日 11:00~16:00）当圣艾夫斯的其他艺术家在雕塑和抽象艺术方面开辟新天地时，陶艺家伯纳德·里奇（Bernard Leach）正在其位于Higher Stennack的工作室里努力重塑英国陶瓷。里奇从日本和东方雕塑中汲取灵感，使用独特的"登窑"（参考他在日本见到的窑炉）烧制，从而让他的陶瓷成为东西方结合的典范。

St Ives Boats　　乘船游

（☎0777 300 8000；www.stivesboats.co.uk；成人/儿童 £16/10起）St Ives Boats是海港边几家提供垂钓之旅和乘船观景的经营商之一，其活动包括前往海豹岛（Seal Island）观看灰海豹（grey-seal）栖息地，以及前往Godrevy的灯塔等。如果你真的很幸运，甚至

St Ives 圣艾夫斯

巴斯和英格兰西南部 圣艾夫斯

可能会在夏天邂逅鼠海豚或姥鲨。

住宿

Channings　　　　　　　　民宿££

(☎01736-799500; www.channingsstives.co.uk; 3 Talland Rd; 标单£50~65, 双£95~115; P◎⚐)这家小型露台民宿在其他地方或许能够算是物有所值，但在圣艾夫斯，绝对称得上物美价廉。如果可以，不妨订一间全景套房，内设起居室和斜顶天窗，可以俯瞰圣艾夫斯和Godrevy灯塔的美丽风光。标准海景房的风景没有那么惊艳，但也足够舒适。

West by 5　　　　　　　　民宿££

(☎01736-794584; www.westbyfive.com; 7 Clodgy View; 房间£80~140; ⚐)这是一家值得推荐且非常可靠的民宿，位于一处石头外墙的爱德华时代别墅内，共有四间客房，可以居高临下远眺港口的壮丽风景（1号房和2号房景色最好）。装饰比较简单，有蓝色的床单、条纹百叶窗和松木床架；其他豪华设施包括Hypnos床具和鹅绒被，增加了几分华丽的感觉。唯一的缺点？没有停车位。

St Ives 圣艾夫斯

◎ 重要景点
1 泰特圣艾夫斯美术馆......................B2

◎ 景点
2 芭芭拉·赫普沃斯博物馆 B3
3 Porthgwidden海滩............................D1
4 Porthmeor海滩..................................B2
5 Porthminster海滩..............................D5

⊙ 活动、课程和团队游
6 St Ives Boats C3

🛏 住宿
7 Channings C5
8 Little Leaf Guest House A4
9 Trevose Harbour House C4
10 West by 5 ....A3

🍴 就餐
11 Alba C3
12 Blas Burgerworks............................C4
13 Moomaid of Zennor........................C2
14 Porthminster Kitchen......................C2
15 SILCo Searoom...............................D2
16 The Digey Food Room....................C2

🍷 饮品和夜生活
17 Hub C3
18 Sloop Inn..C2
19 圣艾夫斯啤酒厂...............................A5

Little Leaf Guest House 民宿 ££

(☎01736-795427; www.littleleafguesthouse.co.uk; Park Ave; 房间 £75~125; 📶🐕)另一处可以控制你圣艾夫斯之旅成本的最佳住所。地方不大,只有6间客房。虽然空间并非亮点,但房间布置非常迷人,采用奶油色调和松木家具。2号房风景最佳,其次是位置较高且有天窗的5号房。

★ Primrose Valley Hotel 酒店 £££

(☎01736-794939; www.primrosonline.co.uk; Primrose Valley; 房间 £180~230; P📶🐕)这家时尚的酒店经过装修之后重新开业,最大的卖点莫过于与Porthminster沙滩咫尺之遥。但吸引力绝不仅止于此——室内灯光,灰褐色、灰色、海蓝色的配色,以及包括柳条灯在内的复古设计、北欧风格梳妆台、实木面板和舰船模型等,都给人感觉非常现代,从内到外无懈可击。

Trevose Harbour House 民宿 £££

(☎01736-793267; www.trevosehouse.co.uk; 22 The Warren; 双 £195~275; 📶)民宿位于一条名为Warren的迷人小巷,联排建筑内共有6间客房,采用海洋主题进行了翻新,如今搭配以清新的白色和蓝条纹的装饰。房间里准备了Neal's Yard的洗浴用品、iPod基座和复古设计的装饰品,此外还有一间摆满书的休息室和一座极简风格的天井庭院。随处都流露出精致的气质,价格当然也不便宜。

🍴 就餐

Moomaid of Zennor 冰激凌 £

(www.moomaidofzennor.com; The Wharf; 冰激凌 £2起; ⊙9:00~17:00)这家冰激凌制造商堪称当地传奇,30种口味的冰激凌都在泽诺村外的家庭农场制作,使用自家的牛奶和Rodda's凝脂奶油。也有一些奇异的风味,例如配有无花果和马斯卡彭奶酪的梨酒冰糕。

The Digey Food Room 咖啡馆 £

(☎01736-799600; www.digeyfoodroom.co.uk; 6 The Digey; 主菜 £6~8.50; ⊙9:00~16:00)位于圣艾夫斯最古老且最迷人的小巷内的这家小咖啡馆刚开业不久,但已经成为当地人最爱的地方之一。店面小巧舒适,服务热情友善,有一间商品丰富的熟食店和一个摆满自制蛋糕及糕点的柜台——但真正吸引人的,莫过于这里丰盛的午餐(茴香肉馅煎蛋饼、牛油果泥吐司、三文鱼和莳萝乳蛋饼等)。

★ Porthminster Beach Café 法式小馆 ££

(☎01736-795352; www.porthminstercafe.co.uk; Porthminster Beach; 主菜 £15~22; ⊙9:00~22:00)这是一家绝不平凡的海滩咖啡馆:作为一间成熟的法式小馆,这里有着绝美的阳光露台和超赞的地中海风味菜单,主打海鲜。你可以一边品尝丰盛的浓味鱼汤、海鲜咖喱或普罗旺斯鱼汤,一边欣赏微风习习的海滩风景。它还出版有自己的烹饪书籍,方便你将配方带回家。

Porthminster Kitchen　　　　法式小馆 ££

（☏01736-799874；www.porthminster. kitchen；The Wharf；主菜午餐£7.50~16，晚餐£11~19；⏱9:00~22:00）由Porthminster Beach Café的经营团队打理，是圣艾夫斯非常受欢迎的港口餐饮店之一。作为一家氛围轻松、小酒馆风格的场所，这里供应各种海滩菜肴，如贻贝薯条、海鲜咖喱、鳕鱼片配卷心菜煎土豆等。食物非常靠谱，一楼的餐厅能欣赏到无可比拟的海港风光。

SILCo Searoom　　　　咖啡馆 ££

（☏01736-794325；www.silcosearoom. com；1 Wharf House；西班牙小吃£3.25~12；⏱周一至周六9:00~22:00）这家码头旁边的餐厅如今由St Ives Liquor Company（镇上知名的精酿杜松子酒厂商）经营，专做康沃尔风格的西班牙小吃：焗螃蟹、鲭鱼片、贻贝等，再加上常见的Padrón辣椒和面包橄榄组合。采用绅士俱乐部的风格装修（皮椅、深色木材、暗色调装潢），非常适合饮用鸡尾酒；有壮观的海港风光。

Blas Burgerworks　　　　咖啡馆 ££

（☏01736-797272；The Warren；汉堡£10~12.50；⏱7月和8月 正午至21:30，其他月份17:30~21:30）🍴这是一家精致的汉堡咖啡馆，注重生态友好，菜单很有想象力。可选择6盎司的Classic Blasburger汉堡，或者要一份配有牛油果酱和玉米沙拉的Rancheros，或是配有甜菜根、切达干酪和自制辣泡菜的Smokey（也有大量素食可选）。店主还经营有出色的民宿Halsetown Inn（☏01736-795583；www. halsetowninn.co.uk；Halsetown；主菜£13~22.50；⏱正午至14:00和18:00~21:00），就在圣艾夫斯镇外。

★Alba　　　　新派英国菜 £££

（☏01736-797222；www.alba-stives.co.uk；Old Lifeboat House；2/3道菜晚餐套餐£24/28，主菜£16~28.95；⏱18:00~22:00）各种新餐厅层出不穷，但这个老救生艇站旁边的港口小酒馆却始终屹立不倒。它由一间船库改建而成，采用错层式布局：用餐在楼上，景观窗可以眺望海港；楼下则是时尚的酒吧A-Bar。主厨Grant Netherott有米其林星级厨师的背景，因此菜肴相当精致：一流的鱼和海鲜是这里的主打招牌菜。

17:30~19:30供应晚餐套餐。

🍷 饮品和娱乐

圣艾夫斯啤酒厂　　　　精酿酒厂

（St Ives Brewery；☏01736-793467；www. stives-brewery.co.uk；Trewidden Rd；主菜£3~8；⏱周一至周六9:00~17:00，周日10:00~16:00）自2010年成立以来，圣艾夫斯的精酿啤酒厂不断成长壮大，还开了自己的咖啡馆和啤酒屋。其旗舰产品当属Boiler's（一款季节性的艾尔），以及酒花味道浓郁的IPA精酿Knill By Mouth。你可以在咖啡馆品尝这两种佳酿，还能欣赏到错落有致的城镇屋顶风光。

Sloop Inn　　　　酒馆

（☏01736-796584；www.sloop-inn.co.uk；The Wharf；⏱11:00~23:00）这座木梁屋顶的白色酒馆就如同穿惯了的拖鞋一般舒适，有几张码头边的餐桌，提供多款本地艾尔啤酒。风和日丽时，港口一侧的小露台是镇上喝一杯的最佳去处。

Hub　　　　酒吧

（www.hub-stives.co.uk；The Wharf；⏱9:00~23:00）开放式的Hub是圣艾夫斯的夜生活中心（热闹程度有限）：白天来份咖啡和汉堡，晚上喝杯鸡尾酒。正处港口的位置非常棒。

ℹ️ 到达和离开

长途汽车

17/17A/17B路（£5，30分钟，周一至周六每半小时1班，周日每小时1班）前往彭赞斯（Penzance）最快的方法，经停Lelant和马拉吉昂（Marazion）。

16/16A路（£5，周一至周六每小时1班）前往彭赞斯的另一种选择。16A路经过泽诺（Zennor）和Gurnard's Head酒馆，而16路经过Halsetown、Ludgvan和Gulval。

火车

从圣艾夫斯出发的支线列车值得乘坐，哪怕仅仅是为了沿途的海岸风光。

列车往返于圣艾夫斯火车站和St Erth（£3，14分钟，每半小时1班），经停Lelant；然后在St

Erth你可以转乘彭赞斯到伦敦帕丁顿火车站的干线列车。

泽诺和圣贾斯特（Zennor & St Just）

圣艾夫斯和泽诺之间的B3306海岸公路蜿蜒经过康沃尔郡一片荒野角落，这里与人们印象中光鲜的海港城镇和迷人海滩相去甚远。小村庄泽诺围绕着中世纪的Church of St Senara教堂分布，因是传说中泽诺美人鱼的故乡而闻名。但这里还有另一个鲜为人知的文学渊源——作家D.H.劳伦斯在1915年至1917年曾经客居此地，但他自由自在的作风和大都会的品位（更不用提放肆的派对）招致了当地人的反感，最终被当作可疑的共产主义间谍驱逐出村（他在小说《袋鼠》中也叙述了这一场景）。

◉ 景点

Church of St Senara 教堂

泽诺村中的这座小教堂至少可追溯到1150年。教堂内部，一把著名的椅子上雕刻着泽诺美人鱼的传奇故事：据说美人鱼因为当地小伙马修·特瑞瓦拉（Matthew Trewhella）的歌声，而与他坠入爱河。当地人称，你仍然可以在附近的Pendour Cove听见他们的歌声。不过即使你没有听见，那里海岸步道沿线的风光也会让你不虚此行。

★ 吉沃尔锡矿 矿井

（Geevor Tin Mine；☎01736-788662；www.geevor.com；成人/儿童 £14.60/8.50；⏰3月至10月 周日至周五 9:00~17:00，11月至次年2月 10:00~16:00）这座历史悠久的矿井位于圣贾斯特以北的彭丁（Pendeen）附近，已于1990年关闭，现在作为景点开放，可以让你深入了解康沃尔郡矿工当初昏暗肮脏、充满危险的工作环境。你可以先在地面参观更衣楼层以及早期矿石挑选设备，然后参加导览游下到地下的矿道中。幽闭恐惧症人士谨慎报名。

★ 波塔莱克 遗址

（Botallack；NT；www.nationaltrust.org.uk/botallack）这处壮观的矿场附着于黎凡特（Levant）附近的悬崖，是康沃尔最具氛围的工业历史景点之一。矿场的主烟囱——正确的名称是"皇冠"（Crowns）——孤悬于风景如画的悬崖峭壁上方，下面就是翻腾的海蓝。这里非常上镜，而且经常出现在电影里，最近一次是BBC最新拍摄的《波尔达克》（Poldark）。深入矿井需要走一段陡峭的下坡路，但是绝对不虚此行；国民信托组织（NT）网站上可以下载语音导览。

在19世纪鼎盛时期，这座矿井曾经是全国储量最丰富、最深的地方，矿道蜿蜒伸出海岸近半英里，每年能出产14,500吨锡和2万吨铜矿石。你可以在Count House工作室了解整座遗址的历史，工作室所在地还有几座矿山曾用来饲养矿上小马的马厩。

黎凡特矿区与横梁发动机 历史景点

（Levant Mine & Beam Engine；www.nationaltrust.org.uk/levant-mine-and-beam-engine；成人/儿童 £8.10/4.05；⏰4月至10月 10:30~17:00）在这座崖顶，世界上仅存不多的一座横梁发动机仍然在雷鸣般地运作。这些伟大的机器于1840年建造，曾经是康沃尔郡繁荣矿业的动力来源——为矿坑火车提供动力，帮助升降机上下竖井，并且从地下通道里抽水。1930年矿区关闭后，这里得到了一群爱好者的修复和精心维护，机器全力运作时的场景非常壮观。

康沃尔角（Cape Cornwall） 地标

从圣贾斯特附近崖壁伸展出去的这片地区是康沃尔唯一的海岬，嶙峋的岩层露头崖顶矗立着一座废弃的矿场大烟囱。海岬之下是**普莱斯特海湾**（Priest's Cove）的岩石海滩，附近分布着**St Helen's Oratory**的断壁残垣，据说它是西康沃尔最早建造的基督教礼拜堂之一。

🍴 食宿

Zennor Chapel Guesthouse 民宿 ££

（☎01736-798307；www.zennorchapelguesthouse.com；Wayside St；房间£80起；🅿）顾名思义，这家极具吸引力的民宿（此前是一家青年旅舍）占据了村庄边缘的一座老教堂。内设五间客房，其中大部分都保留了原来的特点，包括美丽的弧形窗。有不同的住宿选择——双人间、大床间以及带高低床的家庭房等。楼

值得一游

米纳克剧院和波斯科诺

康沃尔最西端的**波斯科诺**（Porthcurno）楔形沙滩是西康沃尔游泳和晒日光浴的绝佳海滩之一；如果想裸泳，岬角附近还有不那么知名的**Pednvounder**——它是康沃尔少数几片天体海滩之一。

但该地区最著名的当属壮观的崖顶剧院——**米纳克剧院**（Minack Theatre；✆01736-810181；www.minack.com；门票£10起）。整座剧院直接雕凿自花岗岩峭壁上，俯瞰着悬崖下方翻滚的大西洋海浪，由剧场爱好者罗文娜·凯德（Rowena Cade）于20世纪30年代到70年代打造，世界上很少有剧院能与这里的环境相提并论。

你可能想不到，波斯科诺还曾经是跨大西洋的电信枢纽，一座小小的**博物馆**（✆01736-810966；www.telegraphmuseum.org；成人/儿童£9.50/5.50；⊙10:00~17:00）就讲述了这段鲜为人知的历史。

下还有一间咖啡馆和礼品商店。

★ **Gurnard's Head** 英国菜 ££

（✆01736-796928；www.gurnardshead.co.uk；B3306，靠近Zennor；主菜£11.50~24，房间£125~190；P🐾🐕）位于泽诺和圣贾斯特间风光旖旎的海滨公路边上，你不可能错过它，因为名字就装饰在屋顶上。这里有着西康沃尔顶级餐饮场所的美誉，特色是各种经典、传统的英式菜肴，还有一流的周日烤肉。实木家具、摆满书籍的书架、深棕色的版画，营造出一种舒适居家的感觉。

森嫩和兰兹角（Sennen & Land's End）

过了圣艾夫斯，越靠近康沃尔郡尽头的兰兹角，海岸线就越荒凉空旷。这里是英格兰大陆的最西端，黑黝黝的悬崖俯冲而下，插入波涛汹涌的海面，晴朗的日子里，视线可及远方的锡利群岛。

遗憾的是，20世纪80年代建造于此的主题乐园**传奇兰兹角**（Legendary Land's End；✆0871 720 0044；www.landsend-landmark.co.uk；单日票成人/儿童£12.60/9；⊙3月至10月10:00~17:00；🎠）并没有让景色变得更漂亮。我们的建议是：只支付停车场的费用，跳过俗气的多媒体表演，选择在崖顶漫步一圈，欣赏激动人心的景色。可留意寻找古老的长船灯塔（Longships Lighthouse），它耸立在1.25英里外大海中的一座海礁上。

从兰兹角沿海岸小路向西走可前往僻静的海湾**Nanjizal Bay**，或者向东到古老的**森嫩**港口，那里能够眺望美丽的**白沙湾**（Whitesand Bay），后者是本地区最令人印象深刻的一片海滩。

茅斯侯尔（Mousehole）

人口697

茅斯侯尔（发音mowzle）由密密麻麻的村舍和错综复杂的巷道组成，藏身于花岗岩防波堤的背后，宛如童话故事的场景[作家安托尼亚·巴伯（Antonia Barber）注意到了这一美景，并将她备受欢迎的童话《茅斯侯尔的猫》（*The Mousehole Cat*）的故事背景设置在了这里]。几个世纪以来，这里都是康沃尔郡最繁忙的沙丁鱼码头，但是渔业资源在19世纪末渐渐枯竭，小村现在的经济发展几乎完全依靠旅游业。

茅斯侯尔夏季游客如织，冬季却路人寥寥（茅斯侯尔以第二居所比例高而闻名）。小村拥有迷宫般的岔路、阁楼和庭院，非常适合悠闲地漫步。

🛏 食宿

★ **Old Coastguard Hotel** 酒店 £££

（✆01736-731222；www.oldcoastguardhotel.co.uk；The Parade；双£140~245；P🐾🐕）这座位于茅斯侯尔边缘的漂亮住处被誉为康沃尔郡顶级海滨酒店之一，由Gurnard's Head（见本页）的老板们经营。房间非常经典——低调的配色、庄重的床——最好的房间毋庸置疑地拥有美丽海景。现场**餐厅**（主菜

£13.50~18.50)供应非常出色的海鲜, 峭壁花园很适合沐浴日光。

2 Fore St
法国菜 ££

(☎01736-731164; www.2forestreet.co.uk; Fore St; 晚餐主菜 £14~18.25; ⊙12:00~14:00和19:00~21:00)这家休闲的法式小馆挤在茅斯侯尔小巷内的一间小房子里,主打各种法国经典菜肴——这一点不足为奇,因为主厨曾经师从Raymond Blanc。这里有一间小餐室、一个迷人的花园以及主打当地海鲜食材的菜单。

彭赞斯(Penzance)

人口 21,168

彭赞斯的古老港口俯瞰着芒特湾(Mount's Bay)的壮阔波澜,在腥咸海风的吹拂下,给人一种比康沃尔郡许多精致海港更加真实的感觉。这里的街道和购物中心也毫不虚饰,有些许破败的感觉。起风的日子里,最棒的事情莫过于在维多利亚时代的海滨步道上散步。

◎ 景点和活动

彭理宅画廊及博物馆
画廊

(Penlee House Gallery & Museum; ☎01736-363625; www.penleehouse.org.uk; Morrab Rd; 成人/儿童 £5/4; ⊙复活节至9月 周一至周六 10:00~17:00, 10月至次年复活节 周一至周六 10:30~16:30)这座小博物馆是了解西康沃尔艺术传承的理想场所。馆内有众多纽林画派(Newlyn School)艺术家的作品,包括斯坦霍普·福布斯(Stanhope Forbes)和伊丽莎白·福布斯(Elizabeth Forbes)、沃尔特·兰利(Walter Langley)和拉莫纳·波奇(Lamorna Birch)等。博物馆定期会在一栋漂亮的19世纪建筑内举办各种常规展。附近的彭理花园(Penlee Gardens)是散步的好地方。

特雷明希尔雕塑园
花园

(Tremenheere Sculpture Garden; ☎01736-448089; www.tremenheere.co.uk; 成人/儿童 £8/4.50; ⊙花园 10:00~17:00; ⓟ)这座极具创意的花园于2012年在彭赞斯城外建成开放。景观花园位于一座不受风雨侵袭的山谷内,随处可见各种艺术作品和装置艺术品。

不要错过

圣米迦勒山

圣米迦勒山(St Michael's Mount; NT; ☎01736-710507; www.stmichaelsmount.co.uk; 建筑和花园 成人/儿童 £15/7.50; ⊙建筑 7月至9月 周日至周五 10:30~17:30, 3月至6月和10月 至17:00)在芒特湾(Mount's Bay)中心赫然矗立,同大陆的马拉吉昂(Marazion)之间由鹅卵石长堤相连,景色令人难忘,堪称康沃尔的标志性风景之一。它最初是一座本笃修道院,后来归圣奥宾(St Aubyn)家族所有,如今是造访康沃尔的必到景点。涨潮时可以从马拉吉昂搭乘渡轮(成人/儿童 £2/1)上岛,不过退潮时沿长堤步行前往也值得尝试——就和几百年前的朝圣者一样。

岛上至少从5世纪起就有修道院,但现在遗存的建筑大部分是12世纪由本笃会修士建造(同一宗教团还在法国建造了与此类似的圣米歇尔山修道院)。主建筑的亮点包括洛可可风格的画室、军械库、14世纪的教堂,但真正令人惊艳的当属精彩的崖顶花园。得益于当地的特有气候,许多异域风情的鲜花和灌木都能在此生长,每逢夏天花园一派姹紫嫣红。

近来圣米迦勒山发掘出土了斧头、匕首和金属卡环等,证明了岛上至少从青铜时代就已有人居住,不过很久以前的史前人类就曾到过这里。根据一些研究者的观点,这座小岛可能在数千年的时间里,一直都是当地铜矿和锡矿的贸易站。

冬季时只能乘船上岛,但是夏天从堤道漫步到岛上是一种奇妙的体验。官方网站上有堤道开放的具体时间和实用的指南(www.stmichaelsmount.co.uk/plan-your-visit/causeway-opening-times)。

Penzance 彭赞斯

◎ 景点
1 彭理宅画廊及博物馆 B2

✈ 活动、课程和团队游
2 Jubilee Pool D3

🛏 住宿
3 Artist Residence Penzance C2
4 Chapel House Penzance C2
5 Venton Vean A3

🍴 就餐
6 Cornish Barn C2
7 Shore B2

🍷 饮品和夜生活
8 Admiral Benbow C2
9 Turk's Head C2

不妨找找以下作品：詹姆斯·特瑞尔（James Turrell）的"天空视野"（sky-view）房间；大卫·纳什（David Nash）的一堆树桩，名为"黑冢"（Black Mound）；比利·怀恩特（Billy Wynter）的"相机暗箱"（Camera Obscura），它能让你看到花园和芒特湾的奇特全景。

雕塑园里还有一家很棒的咖啡馆，Tremenheere Kitchen（午餐£8~14）。在学校假期时，还会举办搭建小屋、艺术工作坊等家庭活动。

★ Jubilee Pool 游泳

（☎01736-369224；www.jubileepool.co.uk；Western Promenade Rd；成人/儿童£5/3.50；⏰6月初至9月底 10:30~18:00，周二至20:00）由于近来屡遭冬季风暴袭击，彭赞斯华丽的海水浴场一度关闭，但如今已经重新恢复开放，再次成为镇上的热门和骄傲。建于1935年的这座露天游泳池，是装饰艺术风格的典范建筑，时尚、光鲜、耀眼的白色——正是海水浴的绝佳背景。

15:30之后会有折扣票价（成人/儿童£3.15/2.50）。

此外，浴场还宣布了一个激动人心的计划——准备使用地热技术加热部分浴池。可在官方网站查询最新进展。

🛏 住宿

Penzance YHA 青年旅舍

（☎0845 371 9653；www.yha.org.uk；Castle Horneck, Alverton；铺£19~25；🅿🛜）这间旅舍

位于镇郊一座18世纪的建筑中。空间不太规则，包括咖啡厅、洗衣房和可容纳4~10人的多间宿舍。从港口步行前往需要15分钟。

★ **Venton Vean** 民宿 ££

(☎01736-351294；www.ventonvean.co.uk；Trewithen Rd；房间 £88~100；🛜) 这座现代风格的民宿采用时尚的灰色和蓝色搭配，有条状木地板、凸窗和精心的设计。1号和2号房间最宽敞；前者能看到彭礼纪念公园（Penlee Memorial Park）。早餐丰盛，包括煎饼、纽林熏鱼、牛油果酸面包吐司，以及西班牙玉米饼和炸豆泥等墨西哥风味大餐。

★ **Artist Residence Penzance** 民宿 £££

(☎01736-365664；www.artistresidence.co.uk/our-hotels/cornwall；20 Chapel St；双 £135~255，豪华套间 £315起；🛜🅿🐾) Chapel St上这座经过改建的联排别墅在翻新过后，拥有无可挑剔的品位，结合了复古建筑特色和现代精品风格，是彭赞斯最有趣味的酒店。它非常注重细节：罗伯茨复古收音机、卷边浴缸、古董家具、老式茶叶箱和一两幅不寻常的壁画。Loft房非常迷人，尤其是豪华的Lookout房间。

★ **Chapel House Penzance** 民宿 £££

(☎01736-362024；www.chapelhousepz.co.uk；Chapel St；房间 £190起；🛜) 这里是Chapel St历史最悠久的建筑之一——曾经是一位船长的旧居，在之后的多年间作为当地的艺术中心。而如今它又以一座漂亮的民宿出现，成为旅行者最爱的歇脚地之一。至于原因，显而易见。这里的六间客房都经过了精心设计：复古家具、强劲淋浴、橡木床、时尚的浴室、天窗，这一切都与乔治国王风格的建筑完美融合。

🍴 就餐

★ **Shore** 新派英国菜 ££

(☎01736-362444；www.theshorerestaurant.uk；13/14 Alverton St；晚餐主菜 £20.50起，5/7道菜品尝套餐 £42/60；⊗周三至周六 18:30~21:00) 这家精致的海鲜小酒馆由主厨Bruce Rennie打理，他曾在多家米其林星级餐厅任职。这里主打各种鱼类和贝类菜肴，食材都来自纽林每天出海的渔船，菜肴呈现出浓郁的法式和意大利式特色。据猜测，这很有可能是康沃尔未来的米其林星级餐厅；趁着现在，赶紧去一尝滋味吧！

★ **Ben's Cornish Kitchen** 英国菜 ££

(☎01736-719200；www.benscornishkitchen.com；West End；2/3道菜晚餐 £27/33；⊗周二至周六 正午至13:30和19:00~20:30；🅿) 马拉吉昂（Marazion）大街上的这家餐厅极不起眼，稍一晃神就会错过，但仍有客不远千里前来一饱口福——品尝餐厅主打的受法国料理影响的康沃尔风味肉食。Ben的厨艺获得了广泛的赞誉，并且荣膺Waitrose、《美食指南》(*Good Food Guide*)和《饕餮指南》(*Trencherman's Guide*)颁发的各种奖项，因此一桌难求——提早预订。

★ **Tolcarne Inn** 酒馆食物 ££

(☎01736-363074；www.tolcarneinn.co.uk；Tolcarne Pl；主菜 £15~22；⊗周二至周六 正午至14:15和19:00~21:00，周日 正午至14:15) 这家位于纽林的旅馆由厨师Ben Tunnicliffe经营，他在康沃尔餐饮界有着经久不衰的威望。这里的气氛清爽实在——顶级品质的鱼、海鲜和当地产的肉类，服务从容周到。非常舒适的空间，充满了走私者酒馆的魅力——黑板菜单、白色墙壁以及海港风光。推荐预订，尤其是周日午餐。

Cornish Barn 法式小馆 ££

(☎01736-339414；www.thecornishbarn.co.uk；20 Chapel St；菜肴 £8~20；⊗周一至周五 7:30~14:30和17:30~21:30，周六 7:30~15:00和17:30~21:30，周日 7:30~15:30和18:00~21:00) 这家位于Artist Residence Penzance底层的法式小馆，内室有着裸露的墙砖、磨损的木材、光秃秃的灯泡和熊熊燃烧的壁炉，洋溢着嬉皮风的美学，但是也非常质朴。午餐可以试试烘蛋或者酪乳鸡肉汉堡，夜幕降临后则不妨享用用熏炉自制的烟熏菜肴（例如熏牛排或啤酒罐鸡肉等）。

🍷 饮品和夜生活

Admiral Benbow 酒馆

(☎01736-363448；46 Chapel St；

⊙11:00~23:00)在历史悠久的Chapel St，粗陋的老店Benbow仿佛是从《金银岛》中走出来的一般，而航海装饰大部分都来自沉船遗迹：铁锚、灯笼、船首像等。

Turk's Head 酒馆

(☎01736-363093; Chapel St; ⊙11:00~23:00)据说是镇上最古老的酒吧；从13世纪开始就已有之。在历史上，这里是彭赞斯"自由贸易商"（其实就是走私者）最爱的酒馆，一条地下隧道曾经从地窖（现在是餐厅）通往港口。酒头里有Skinner's和Sharp's的艾尔啤酒，以及主打海鲜的菜单——特色菜包括蟹肉三明治和烤龙虾。

❶ 到达和离开

长途汽车

长途汽车从**汽车站**（Wharf Rd）发车。当地目的地包括：

赫尔斯顿（Helston; U4路; £6，周一至周六每小时1班，周日每小时2班）途经马拉吉昂，可以继续前往法尔茅斯（Falmouth）和彭林（Penryn）。

圣艾夫斯（St Ives; 16/16A/A17路; £6, 30分钟，周一至周六每小时1班，周日5班）

兰兹角（Land's End; A1路; £6, 50分钟，周一至周六每2小时1班，周日5班）

火车

彭赞斯是伦敦帕丁顿火车站始发列车的最后一站。

特鲁罗（Truro; £7, 30分钟）

圣艾夫斯（St Ives; £4.50, 50分钟，在St Erth换乘）

埃克塞特（Exeter; £40.30, 3小时）

伦敦帕丁顿火车站（London Paddington; £91.10, 5.5小时）

利泽德（The Lizard）

康沃尔郡的南部海岸线在利泽德半岛转了一个急弯，田野和荒地就突然让位给了黑色悬崖、汹涌波涛和嶙峋岩石。利泽德曾是恶名昭彰的船只墓地，如今仍有着原始野性的特质。赫尔福德河（River Helford）将这里与康沃尔郡其他地方分隔开来，凶险的大海在周围环绕。虽然冬季狂风呼啸，但夏季的时候，峭壁野花烂漫，海滩和海湾也都很适合野泳。

这里也是康沃尔红嘴山鸦的重要栖息地。这种鸟儿也出现在康沃尔郡的徽章上，一度濒临灭绝，如今在利泽德的悬崖峭壁上筑巢，数量正缓慢地恢复性增长。

在夏天，你可能会看到慢慢爬行的蛇蜥，甚至还会遇到蝰蛇，但是半岛名字本身（Lizard意思是"蜥蜴"）与爬虫其实并无关系——它源于古老的凯尔特语"lys ardh"，意思是"高等法院"（high court）。

◎ 景点和活动

★ 基南斯湾（Kynance Cove） 海滩

这片属于国民信托组织的海湾位于利泽德角（Lizard Point）以北1英里处，景色令人惊艳，峻峭的离岸群岛耸立于蓝色海面之上，海水如同热带大洋般湛蓝。海湾周围的悬崖富含蛇纹石，这种红绿色的岩石很受维多利亚时代饰品工匠的欢迎。除了是一个让人惊叹的景点之外，当海况尚可时，这里也是游泳的好地方。注重生态保护的海滩**咖啡馆**（☎01326-290436; www.kynancecovecafe.co.uk; 主菜£5~14; ⊙9:00~17:30）提供饮品和小吃。

利泽德灯塔遗产中心 博物馆

(Lizard Lighthouse Heritage Centre; ☎01326-290202; www.trinityhouse.co.uk/lighthouse-visitor-centres/lizard-lighthouse-visitor-centre; 成人/儿童£3.50/2.50; ⊙3月至10月 周日至周四 11:00~17:00)这座建于1751年的白色塔屹立于利泽德角，提醒着往来船只避开危险的岩礁。虽然和英国其他灯塔一样，如今这里已经实现自动化，你仍可以参观遗产中心，了解曾经的机械设备和过去的船只遇难事件。这也是康沃尔唯一一座可以登塔参观的灯塔：导览团队游（成人/儿童£8/5）可进入灯塔内部参观炽光室和雾号。

★ 康沃尔海豹保护区 动物保护区

(Cornish Seal Sanctuary; ☎0871 423 2110; www.visitsealife.com/gweek; 成人/儿童£15.50/12.50; ⊙5月至9月 10:00~17:00, 10月至次年4月 9:00~16:00)从法尔茅斯沿赫尔福德河驱车12英里，就到了这座位于Gweek让人

啧啧称奇的海洋动物中心。这里负责照料被冲上康沃尔海岸的伤病和孤儿海豹,之后也会将它们放归大海。这绝对是孩子们会喜欢的地方,而父母们也会发现自己被海豹的呆萌逗乐。保护区会定时举办讲座和喂食表演。在线订票可获得30%的超值优惠。

食宿

Lizard YHA
青年旅舍

(☎0845 371 9550; www.yha.org.uk; 铺£16~25; ◎4月至10月)这里在英国最佳经济型住宿榜单上一直名列前茅,曾经是灯塔旁边的维多利亚时期酒店,如今被改造成一家国际青年旅舍。位置无可挑剔,可以远眺数英里的狂野山崖和海岸,而且经营得很不错:有多种不同类型的宿舍、自炊厨房和宽敞的休息室,不过没有咖啡厅。

★ Kota
各国风味

(☎01326-562407; www.kotarestaurant.co.uk; 2/3道菜套餐£20/25, 主菜£14~24; ◎周二至周六 18:00~21:00)这间Porthleven的顶级餐厅由有着毛利和马来西亚华裔血统的主厨Jude Kereama打理。位于一间古老的港口磨坊内,主打远东和融合菜肴,并以经典的法国烹饪为基础。摆盘十分精美——菜看起来非常漂亮,有可食花朵和其他典饰——不过有些菜肴的复合口感要胜过别的菜。预订必不可少。

他在港口附近还开设了一家更随性的小馆Kota Kai(☎01326-574411; www.kotakai.co.uk; 主菜£8.95~18.95; ◎周四至周二 正午至14:00, 周一至周六 17:30~21:30; ⚡)。

Halzephron Inn
酒馆食物

(☎01326-240406; www.halzephron-inn.co.uk; 主菜£10~22; ◎11:00~23:00)这家老店位于赫尔斯顿(Helston)以南5英里处Gunwalloe海湾的崖壁之上。外墙刷成白色,屋顶是石板搭盖,吧台上有黄铜饰品,天花板上能看见横梁,极富康沃尔郡特色。菜单上包括啤酒糊炸鱼、烤熏肉排、鸭胸肉等。有石墙围绕,每个角落都很舒适,外面还有一个小露台。

法尔茅斯及周边
(Falmouth & Around)

人口 20,775

在康沃尔郡,没有哪个滨海城镇有法尔茅斯这样得天独厚的地理位置——它俯瞰着宽阔的法尔河(Fal River)奔腾流入英吉利海峡。被碧海青山环绕的法尔茅斯魅力十足,有着纵横交错的小巷、历史悠久的酒馆、古朴沧桑的石板屋顶以及新潮时尚的咖啡馆。这里是探索康沃尔郡南部海岸的理想大本营,有许多酒吧和法式小馆,还有三片海滩以及康沃尔最棒的海事博物馆。

虽然如今这里的经济主要靠附近彭林(Penryn)的法尔茅斯大学学生的消费来拉动,但在18世纪和19世纪,利润丰厚的海上贸易才是这座城镇的生财之道。法尔茅斯是世界上第三深的天然港口,当时茶叶帆船、商船和定期邮船都在此停靠卸货,城镇也随之发展壮大。现在法尔茅斯仍然是修船业的重要中心——前往潘丹尼斯角(Pendennis Point)时就能看到船场塔吊林立。

◎ 景点

法尔茅斯拥有三片适合游乐的漂亮海滩——Gyllyngvase、Swanpool和Maenporth,虽然无法与北部海岸相提并论,但也非常适合划船和晒日光浴。所有海滩都有停车场,但是夏天很难找到车位;有一趟公交车(见382页)通往三大海滩。

在法尔茅斯以南4英里处的河北岸,还有两座精彩的亚热带花园比邻而立,分别是Trebah(☎01326-252200; www.trebahgarden.co.uk; 成人/儿童£10/5; ◎10:30~17:30, 16:30停止入场)和Glendurgan(NT; ☎01326-250906; www.nationaltrust.org.uk/glendurgan-garden; 成人/儿童£9.50/4.75; ◎周二至周日 10:30~17:30)。

★ 汤菜苗圃
花园

(Potager Garden; ☎01326-341258; www.potagergarden.org; 建议捐款£3; ◎周四至周日 10:00~17:00)虽然距离法尔茅斯还有一段车程,但康斯坦汀(Constantine)附近这个华丽的厨房花园(即花园式菜园)值得绕道一游。它被现在的主人从破败衰颓中解救出来，然后由志愿者们重新打理成了一座赏心悦目的法式"汤菜苗圃"（potager）。亮点包括长达30米的温室和口味超棒的素食**咖啡馆**，周末会有许多当地人到这里来享用午餐（主菜£6~10）。随时都有精选的植物可供出售。

国家海事博物馆 博物馆
（National Maritime Museum；☎01326-313388；www.nmmc.co.uk；Discovery Quay；成人/儿童£12.95/5；◎10:00~17:00）法尔茅斯最引人注目的博物馆就在Discovery Quay周围改造一新的区域内。该馆是伦敦格林尼治那座国家海事博物馆的前哨，主要介绍法尔茅斯的海港历史，搭配有定期举办的航海主题展览——最近的展览包括英国皇家救生艇协会（RNLI）的历史、探索太平洋和文身传统等。建筑中心是令人印象深刻的**舰队长廊**（Flotilla Gallery），天花板还悬挂有一列小船。

潘丹尼斯城堡 城堡
（Pendennis Castle；EH；☎01326-316594；www.english-heritage.org.uk；成人/儿童£8.40/5；◎3月至9月 10:00~18:00，10月 至17:00，11月至次年2月 周六和周日 至16:00）这座铎时代的城堡赫然矗立在潘丹尼斯角，与河口对岸的圣莫斯（St Mawes）城堡相呼应。它作为亨利八世庞大的修建城堡项目的一部分，用以巩固英格兰的海防。可以漫步游览城堡的主楼、都铎炮台、领主卧室、"一战"时期的警卫室以及"二战"时期的半月炮组（Half-Moon Battery）。7月和8月每天12:00还能听到正午鸣枪（Noonday Gun）。

🏃 活动

法尔河游船（Fal River Boat Trips） 乘船游
法尔茅斯的主码头是沿法尔河航行的游船的出发点，前往Flushing和圣莫斯（St Mawes）的渡轮也从这里发船。这里有几家经营机构，都提供类似的线路。Enterprise Boats（见383页）是其中最知名的一家，定时有观光船经由特雷利希克花园（Trelissick Gardens）开往特鲁罗（Truro）和圣莫斯。

AK Wildlife Cruises 观看野生动物
（☎01326-753389；www.akwildlifecruises.co.uk；成人/儿童£50/45）这一专门的野生动物观赏游轮由热情友好的"Keith船长"经营，从法尔茅斯港（Falmouth Harbour）启程，

不要错过

伊甸园工程和赫里甘失落的花园

圣奥斯特尔（St Austell）5英里外一座黏土坑底部坐落着**伊甸园工程**（Eden Project；☎01726-811911；www.edenproject.com；成人/儿童£27.50/14，与赫里甘失落的花园联票£38.05/18.45；◎9:30~18:00，16:30停止入园），这是世界上最大的温室，拥有庞大的生物群落，如今也已成为康沃尔郡著名的地标，绝对不容错过。这个泡泡形状的生态群落看上去就像是登月站，内部维持着若干微型生态系统，从雨林生态群落（Rainforest Biome）中恶臭的大王花和香蕉树，到地中海生态群落（Mediterranean Biome）的仙人掌和高耸的棕榈树，各种奇异的植物都能在此生存。在线订票可享受折扣价格。

伊甸园项目是从唱片制作人转型成为企业家的蒂姆·斯密特（Tim Smit）的智慧结晶，他的另一项大手笔则是拯救了几乎变成废墟的**赫里甘失落的花园**（Lost Gardens of Heligan；☎01726-845100；www.heligan.com；Pentewan；成人/儿童£14.50/6.50；◎3月至10月 10:00~18:00，11月至次年2月 至17:00）。这座建于19世纪的宏伟花园原先是特里梅因家族（Tremaynes）的庄园，"一战"后渐渐破败失修，但是后来在一大批园艺师和志愿者的妙手之下，现在已重现往日光彩。整座花园就像是一个园艺仙境，你会发现井井有条的草坪、生机勃勃的菜地、结满水果的温室、一座秘密的洞穴和一棵25米高的杜鹃花树，甚至还有如同秘境般的丛林峡谷（Jungle Valley），里面长满了蕨类植物、棕榈树和热带花卉。赫里甘距离圣奥斯特尔7英里。

去寻找当地的海洋生物。根据季节不同，你很可能会看到海豚、鼠海豚、姥鲨、海鹦和海豹——甚至看到小须鲸也并非不可能。

Gylly Adventures　　　　　　　　皮划艇

(☎07341 890495; www.gyllyadventures.co.uk; 皮划艇团队游每人£40) 位于Gyllyngvase海滩，这家水上运动公司出租各种常见器具——立式桨板、皮划艇、冲浪板等。同时它也设有非常棒的皮划艇导览游。可选择项目包括法尔茅斯港口团队游、沿着赫尔福德河顺流而下、边喝边划（pubpaddle），以及（最值得尝试的）由LED头灯照明的夜间皮划艇之旅（每人£45）。

🎉 节日

法尔茅斯牡蛎节　　　　　　　　　餐饮

(Falmouth Oyster Festival; www.falmouthoysterfestival.co.uk; ⊙10月) 节日期间，你可以尽情品尝新鲜牡蛎、贻贝和其他甲壳类动物。届时还会举办厨艺班和烹饪演示。

🛏 住宿

★ Highcliffe Contemporary B&B　民宿 ££

(☎01326-314466; www.highcliffefalmouth.com; 22 Melvill Rd; 标单£55~70，双£80~160; 🛜) 复古的家具和可回收利用的设计让每个房间都有了自己的特色。最好的是明亮的阁楼房（Attic Penthouse），有天窗能眺望法尔茅斯湾。早餐会装在野餐篮送入客房，或者你也可以在餐厅吃煎饼和猪油布丁（一种香肠）。

Bosanneth　　　　　　　　　　民宿 ££

(☎01326-314649; www.bosanneth.co.uk; Gyllyngvase Hill; 双£90起; 🛜) 这家民宿有8个房间，弥漫着混搭的装饰风。有些房间比较复古，带有古老的镜子、回收再生的家具和古典的配色，其余一些则比较现代。"绿洲"花园尤其令人愉快。

★ Greenbank　　　　　　　　　酒店 £££

(☎01326-312440; www.greenbank-hotel.co.uk; Harbourside; 房间£130~260; 🅿🛜) 这是法尔茅斯最好的一家酒店，位置绝佳，面朝Flushing，能眺望船只密布的河口。这里就像是阿加莎·克里斯蒂小说里的背景——公共休息室的柜子里摆放了航海饰物和船舶模型，高大的窗户能看到水面。房间的风格则相对现代，采用淡黄和乳白色调。海景房收费高昂。

🍴 就餐

★ Stone's Bakery　　　　　　　面包房 £

(☎07791 003183; www.stonesbakery.co.uk; 28a High St; 面包£1.50~3，主菜£6~9; ⊙周一至周六 9:00~16:00; 🛜) 在这家华丽的面包店里，新鲜出炉的面包如同艺术品一样置于橱窗内。店里的招牌是传统手工制作的乡村面包，味道浓郁的麦芽面包和有机酸面包会让你赞不绝口。最近搬到街上一处新地点，如今有更大的地方可以供应优质早餐和午餐的比萨及蛋挞。

Good Vibes Café　　　　　　　咖啡馆 £

(☎01326-211870; www.facebook.com/goodvibescafefalmouth; 28 Killigrew St; 三明治和沙拉£6~8; ⊙周一至周六 8:30~17:30; 🛜) 这家友好的现代咖啡馆位于Moor，丰盛的早餐（素食和非素食）、富有创意的三明治（从五香鸡肉到花生鲭鱼百吉饼面包）、爽口的沙拉和令人难以抗拒的蛋糕都非常受欢迎。龙头里有免费的黄瓜水，店里的冰沙和果汁也值得推荐。

★ Oliver's　　　　　　　　　　　法式小馆 ££

(☎01326-218138; www.oliversfalmouth.com; 33 High St; 主菜£15~24; ⊙周二至周六 正午至14:00和19:00~21:00) 这家法式小馆由赞誉无数的大厨Ken Symons经营，是法尔茅斯所有人的心头好。不过餐厅很小，因此必须提前很久预订。白墙和松木桌子的精简环境很适合品尝Ken制作的创意地中海风味食物。很多食材都来自当地。预订必不可少。

★ Wheelhouse　　　　　　　　　海鲜 ££

(☎01326-318050; Upton Slip; 主菜£8~15; ⊙周三至周六 18:00~22:00) 这家店位于Church St附近窄巷深处，小巧的航海主题贝类酒吧供应各种海鲜食物：螃蟹、扇贝、贻贝或龙虾都是连壳端上桌，配备有相应的食用工具。会有两次入座时间，不过都会很快售

★ Star & Garter   美食酒馆 ££

(☎01326-316663; www.starandgarterfalmouth.com; 52 High St; 晚餐主菜£16~23; ⊙正午至22:00)这家历史悠久的酒馆位于老街高街(High St)最上方，被一片古董商店和健康食品店簇拥。它现已转型为一家美食酒馆，实行"从头至尾"美食概念（即充分利用食材，减少浪费），尽量使用本地产品制作各式菜肴。酒馆获得了巨大成功，多次获得大奖；店内还能看到河对面的Flushing风光。菜单上以肉食为主，因此素食者可能要三思而后行。

★ Ferryboat Inn   美食酒馆 ££

(☎01326-250625; www.staustellbrewery.co.uk/pub/falmouth/ferryboat-inn; Helford Passage; 主菜£8~20; ⊙11:00~23:00)这家迷人的河畔酒馆堪称康沃尔的经典。屋外设有木制野餐桌，能欣赏赫尔福德河的梦幻风景；内饰采用了实木和石板，厨房为开放式。供应各种美味——牡蛎、贝类和周日烤肉都值得一试——大大的黑板上会写有几道当日特色鱼肴。从法尔茅斯出发的35路车（每小时1班）经过此地。

🍷 饮品和夜生活

★ Beerwolf Books   酒馆

(☎01326-618474; www.beerwolfbooks.com; 3 Bells Ct; ⊙正午至午夜)将优质酒馆和绝妙的书店融合在一起，可能是有史以来最棒的创意——在坐下来喝杯艾尔啤酒之前你可以先看看书。啤酒每周更换，欢迎自带食物。店内摆放着旧椅子和混搭的餐桌，环境古朴，服务热情，让人倍感舒适。

Chintz Symposium   酒吧

(☎01326-617550; www.thechintzbar.com; Old Brewery Yard; ⊙17:00~23:30; 🐾)这家超级时尚的酒吧位于Hand Bar楼上，主要供应葡萄酒、熟食、奶酪和鸡尾酒。二手店淘回来的家具和环保材料的墙纸将A字形结构的阁楼空间装扮得可圈可点，葡萄酒单让人眼花缭乱。

Hand Bar   酒吧

(☎01326-319888; www.facebook.com/handbeerbaruk; 3 Old Brewery Yard; ⊙正午至次日1:00)彼得·沃克（Peter Walker）的精酿啤酒吧充分展示了他的专业性，他在利兹经营North Bar期间积累了丰富经验。啤酒选择很多，酒头里的热门精酿包括纽约布鲁克林啤酒厂和博德明海港啤酒厂生产的啤酒——不过精致也意味着价格昂贵。酒吧很应景地坐落在从前的啤酒厂里，屋外庭院里摆着几张桌子，但内部空间有限。

Front   酒馆

(☎01326-212168; Custom House Quay; ⊙11:00~23:30)啤酒爱好者在法尔茅斯的首选应当就是这家破旧而舒适的小酒馆。木质地板都磨花了，吧台上方有用粉笔写下的可选艾尔啤酒，直接从木酒桶里供应。大门在Arwenack St附近小丘的下面。

★ Espressini   咖啡馆

(☎01326-236582; www.espressini.co.uk; 39 Killigrew St; ⊙周一至周六 8:00~18:00, 周日 10:00~16:00; 🐾)康沃尔郡最好的咖啡馆，独一无二，由专业咖啡师Rupert Ellis经营。咖啡的种类多到足以写满一块2米长的黑板，绝无夸张。最近还开始供应品种有限的早餐和午餐菜肴。在城镇另一边的Arwenack St上还有一家只供应咖啡的分店。

ℹ️ 实用信息

小巧的**法尔河信息中心**（Fal River Information Centre; ☎01326-741194; www.falriver.co.uk; 11 Market Strand, Prince of Wales Pier; ⊙周一至周六 9:30~17:30, 周日 10:00~16:00）位于威尔士王子码头（Prince of Wales Pier）旁边，由Fal River Company经营，提供各种实用的建议。该公司还经营法尔河上大部分渡轮，并提供住宿预订服务。

ℹ️ 到达和离开

法尔茅斯位于连接特鲁罗（Truro; £4.20, 24分钟）的铁路支线的尽头，你可以在特鲁罗转乘由彭赞斯（Penzance）开来的干线列车，前往普利茅斯、埃克塞特和伦敦帕丁顿火车站等地。

法尔茅斯的**Moor汽车站**（The Moor）就在城镇中心。**First Kernow**（www.firstgroup.com/cornwall）经营如下班车线路。

赫尔斯顿（Helston; £5.40, 周一至周六每小时1

班)35/35A路汽车,沿途停靠Glendurgan花园和Trebah花园。

彭赞斯(周一至周六每2小时1班)2路车,经停赫尔斯顿。

Redruth(£5.40,每小时1班)U2路,经停彭林。

特鲁罗(£5.40,周一至周六每半小时1班,周日每小时1班)U1路,经停彭林。

如果要前往Gyllyngvase和Swanpool海滩,可在汽车站乘坐367路车(周一至周五每小时1班,周六4班)。

特鲁罗(Truro)

人口 17,430

特鲁罗是康沃尔郡府,也是郡内唯一一座城市。城内最醒目的是三座宏伟的大尖顶,它们所属的19世纪大教堂就如同一艘新哥特风格的巨型游轮,航行在城市之上。这里是康沃尔郡主要的购物和商业中心:街道上遍布高街连锁品牌和独立商店,Lemon Quay(康沃尔大厅对面)平整的广场上每周还会举行市集。

特鲁罗往昔的富饶体现于城内各处漂亮的乔治式排屋和维多利亚式别墅——尤其是在Strangways Tce、Walsingham Pl和Lemon St等街道的两侧——不过大量的20世纪六七十年代房屋让这座城市的建筑吸引力稍打折扣。

景点和活动

特鲁罗大教堂   教堂

(Truro Cathedral; www.trurocathedral.org.uk; High Cross;建议捐款£5;周一至周六7:30~18:00,周日9:00~19:00)高耸的哥特复兴风格特鲁罗大教堂在1910年完工,建于16世纪的教区教堂遗址上,是继圣保罗大教堂之后英格兰建造的第一座主教座堂。内部宽大的中殿包含几处精美的维多利亚风格彩绘玻璃,还有"威利斯神父"管风琴(Father Willis Organ),令人印象深刻。

康沃尔皇家博物馆   博物馆

(Royal Cornwall Museum; 01872-272205; www.royalcornwallmuseum.org.uk; River St;周一至周六 10:00~17:00)免费 这是康沃尔郡的重点博物馆,展品包罗万象:从地质标本、到凯尔特金属颈圈,再到典礼马车。楼上还有古埃及展区,以及一座小型画廊,其藏品令人惊喜——特纳(Turner)和范戴克(van Dyck)的作品各一,还有纽林派艺术家斯坦霍普·福布斯的多件作品。

★ Enterprise Boats   乘船游

(01326-374241; www.falriver.co.uk/getting-about/ferries/enterprise-boats;单日往返成人/儿童£15.30/7.20)从特鲁罗城市中心顺流而下2英里,经过Boscawen公园,就到了河畔小村Malpas,从那里可以乘坐渡轮沿法尔河顺流而下,前往法尔茅斯。根据潮水情况,船可能从Malpas浮码头或特鲁罗港口管理员办公室出发;两地之间有双层巴士往返。

轮船经过林木繁茂的河岸和隐秘的河口;其中一些途中会在特雷利希克(Trelissick)停靠。这是一段赏心悦目的河上之旅。

在线订票可享10%优惠。

★ 特雷利希克   花园

(Trelissick; NT; 01872-862090; www.nationaltrust.org.uk/trelissick-garden;建筑和花园 成人/儿童 £12/6,庭院£4;庭院10:30~17:30,建筑11:00~17:00)特雷利希克是康沃尔郡最美丽的贵族庄园之一,位于特鲁罗以南4英里处,庄严地屹立于法尔河的入海口。规整的花园种植着木兰和绣球花,纵横交错的小道穿过周围大片的绿色田地和草坪之间。宏伟的19世纪新帕拉第奥式建筑已经重新向公众开放,内设关于庄园历史的展览。如果你只打算参观庄园的庭院,停车费为£4。

住宿

Mannings Hotel   酒店 ££

(01872-270345; www.manningshotels.co.uk; Lemon St;房间£115~125,公寓£145; P)这座部分乔治国王风格的建筑是城市中心最好的住处,已经精心进行了现代化改造:色调明亮,搭配非常实用的家具,不过整体氛围有些标准化。还有9间自炊公寓,都配有小厨房和螺旋楼梯,适合长期住客。带大门的私人停车场非常方便。

Merchant HouseHotel   酒店 ££

(01872-272450; www.merchant-house.

co.uk; 49 Falmouth Rd; 标单/双/家 £79/99/119; ❓❓❓) 这座维多利亚式建筑位置很便利，经过翻修的房间采用海蓝色主调，更加明亮。有的带天窗，有的能眺望花园。由于很受商务人士和团队游客的欢迎，所以得预订。沿着Lemon St上陡坡，经过Lander纪念碑后即可到达。

✖ 餐饮

Craftworks Street Kitchen 街头食物 £

(📞01872-857117; www.craftworkskitchen.co.uk; Lemon Quay; 主菜 £6~8; ⏰周一至周四 11:00~18:00, 周五和周六 至20:00, 周日 至16:00) 这个简陋的小餐馆位于一个旧集装箱内，却制作出城里最棒的街头美食。可以选择美味的炸玉米饼和玉米卷饼，如辣椒鸡肉和牛腩，搭配墨西哥卷饼和红洋葱泡菜，或者干脆来一份鱼肉三明治或韩式鸡肉汉堡。

Bustopher Jones 法式小馆 ££

(📞01872-430000; www.bustophersbarbistro.com; 62 Lemon St; 主菜 £12.95~24; ⏰周一至周六 正午至22:00) 这家小馆在最近几年里关了又开，几经起伏，如今已重回市区小酒馆的行列。在迷人的木镶板餐厅里，你可以享用丰盛的菜肴，如煎鳕鱼配黄油酱、焗土豆鸭肉等。屋后有一个小天井。

Thomas Daniell 英国菜 ££

(📞01872-858110; www.tdtruro.com; 1 Infirmary Hill; 主菜午餐 £6.95~10.95, 晚餐 £11.95~21.50; ⏰午餐 每天 正午至17:00, 晚餐 周一至周六 17:00~22:00) 由Old Grammar School (📞01872-278559; www.theoldgrammarschool.com; 19 St Mary's St; ⏰周一至周六 10:00至深夜) 鸡尾酒吧老板经营的这家精致的美食酒馆在经过翻修之后，如今显得个性时尚，已然成为这个城市的新宠之一。大大的木头餐桌，酒头里的当地艾尔啤酒，变化多样的就餐空间，再加上繁多的葡萄酒选择，都是这里的特色。供应的食物都是中规中矩的美食酒馆菜肴，包括海鲜牛排套餐、炸鱼等。

★ 108 Coffee 咖啡馆

(📞07582 339636; www.108coffee.co.uk; 109 Kenwyn St; ⏰周一至周五 7:00~18:00, 周六 8:00~18:00) 这是特鲁罗喝咖啡的首选之地，由狂热的咖啡爱好者Paul和Michelle开办。这些咖啡豆来自康沃尔咖啡烘焙商Origin，白咖啡和浓缩咖啡在郡内首屈一指 (你甚至可以提前发短消息预订，以节约等待时间)。

Old Ale House 酒馆

(📞01872-271122; www.old-ale-house.co.uk; 7 Quay St; ⏰正午至23:00) 这是一家很受啤酒爱好者欢迎的酒馆，撒锯末的地板，天花板上饰有啤酒杯垫，供应各种贵宾啤酒。可以在吧台要一把花生下酒——把花生壳扔在地上也不会引起他们的反感。大部分啤酒都来自Skinner啤酒厂。

ℹ️ 实用信息

旅游局 (📞01872-274555; www.visittruro.org.uk; Boscawen St; ⏰周一至周五 9:00~17:30, 周六 至17:00) 位于康沃尔大厅 (Hallfor Cornwall) 后门旁边的小办公室里。

ℹ️ 到达和离开

长途汽车

特鲁罗的**汽车站**位于Lemon Quay旁边。

法尔茅斯 (£5.40, 周一至周六每半小时1班, 周日每小时1班) U1路车, 经停彭林。

圣艾夫斯 (£5.40, 1.5小时, 周一至周六每小时1班) 14/14A路。

彭赞斯 (£5.40, 周一至周六每半小时1班, 周日每小时1班) 18路。

火车

特鲁罗位于伦敦帕丁顿火车站到彭赞斯的干线铁路上，同时也有支线铁路通往法尔茅斯。

布里斯托尔 £49, 3.5小时

埃克塞特 £19.60, 2.25小时

法尔茅斯 £4.40, 30分钟

伦敦帕丁顿火车站 £91.10, 4.5小时

彭赞斯 £11, 30分钟

福伊 (Fowey)

人口 2275

从许多方面来说，福伊都像是南海岸上的帕德斯托，一个由普通港口转变而来的富有的度假胜地。这里有许多色调柔和的房屋、

港口酒馆和能眺望福伊河岸林地的错落平台。从伊丽莎白时代起这里就已经是重要港口，城镇的财富主要就来自出口圣奥斯特尔（St Austell）的陶土。恐怖作家达芙妮·杜穆里埃（Daphnedu Maurier）曾迁居于此，她从Menabilly Barton附近的房屋吸取灵感创作了《蝴蝶梦》（Rebecca）。

如今，这里已成为一座迷人的高端度假城镇，也是探索康沃尔东南地区的便利落脚点。

沿着小河向北前进数英里，就到了河畔小村Golant。那里值得绕道前往，不妨在水边酒馆吃顿午餐，然后划划皮划艇。

◎ 景点和活动

波柯瑞斯海滩 　　　　　　　　海滩

（Polkerris Beach; www.polkerrisbeach.com）位于福伊以西2英里处，是本地区最大最热闹的海滩。帆船课程、帆板运动和立式桨板都有提供。

Fowey River Expeditions 　　皮划艇

（☎01726-833627; www.foweyexpeditions.co.uk; 47 Fore St; 成人/儿童 £30/15; ⓒ4月至10月）乘坐单人或双人独木舟参加的导览团队游，非常适合新手。标准行程约3小时，从福伊启程。

★ Encounter Cornwall 　　　皮划艇

（☎07976-466123; www.encountercornwall.com; Golant; 成人/儿童 £30/15）3小时的皮划艇导览游，从福伊以北的Golant出发，可选择探索溪流或海岸。还提供2小时的"日落"（sundowner）行程和立式桨板之旅。

⏠ 住宿

★ Coriander Cottages 　　　　民宿 ££

（☎01726-834998; www.foweyaccommodation.co.uk; Penventinue Lane; 单床小屋 £125~145; Ｐ❄🐾）♪这座令人愉悦的乡村建筑位于福伊郊外，生态环保的住宿提供多间开放式的自炊农舍，都能欣赏宁静的乡村风光。石头仓房已经进行过现代化的精心改造，利用太阳能电池板、地热和收集的雨水，以减少对环境的影响。还有按天（而不是像有些地方按周）收费的小屋，非常方便。

Old Quay House 　　　　　　酒店 £££

（☎01726-833302; www.theoldquayhouse.com; 28 Fore St; 双 £195~300, 套 £340起; ❄）这座高档的码头酒店堪称福伊高端酒店的典范，使用天然布料、藤椅和雅致的单色色调，房间是能够欣赏河口风光的套间和顶楼豪华公寓。在城镇中心一栋漂亮的河畔建筑内；餐厅专营高端海鲜。

Cormorant Hotel 　　　　　　酒店 £££

（☎01726-833426; www.cormoranthotel.co.uk; Golant; 双 £90~180; Ｐ❄）这家小酒店位于Golant，从福伊出发溯河而上即到（陆路约5英里），正处河畔的位置绝佳，许多房间都有能看到水景的阳台。房间分布在舒适的三个楼层内，Superior客房俯瞰着美丽的河景，性价比颇高。考虑到迷人的风光，这里的房价还可接受。

🍴 餐饮

Lifebuoy Cafe 　　　　　　　咖啡馆 £

（☎07715 075869; www.thelifebuoycafe.co.uk; 8 Lostwithiel St; 主菜 £5~10; ⓒ8:00~17:00）这家友好的咖啡馆是福伊人最爱的早餐场所。店面装饰个性张扬，有色彩明亮的家具、圆点的旗帜，架子上摆着老旧的Action Men。可大口品尝Fat Buoy早餐，或者经典的炸鱼柳三明治，搭配一大杯上好的传统英国茶。

Dwelling House 　　　　　　　咖啡馆 £

（☎01726-833662; 6 Fore St; 茶 £3~6; ⓒ5月至9月 10:00~18:30，10月至次年4月 周三至周日 至17:30）在城里再找不到比这家咖啡馆更适合喝下午茶的地方了。店里的蛋糕均为自制，从柠香到咖啡核桃口味的，表面装饰着七彩糖针和糖霜漩涡，都摆放在精致的蛋糕架上，是地地道道的英式风格。

Sam's 　　　　　　　　　　法式小馆 ££

（☎01726-832273; www.samscornwall.co.uk/fowey; 20 Fore St; 主菜 £12~18; ⓒ正午至21:00）这家餐馆多年来在福伊一直很受欢迎。卡座、夜光菜单和热烈的本地风格营造出一种悠闲的氛围。菜肴包括汉堡、鱼、沙拉和牛排，人气始终居高不下——只不过你很难在这里吃到高级料理。不接受预约。

King of Prussia
酒馆

(☎01726-833694；www.kingofprussiafowey.co.uk；Town Quay；⏱11:00~23:00) 福伊有大量酒馆，但你不妨来这家能望见最佳港湾风光的酒吧看看。酒馆的名字源自当地著名的"自由贸易者"（即走私家）约翰·卡特（John Carter）。拾阶而上进入糖果粉色的建筑里，争取找一张可以欣赏河景的餐桌。

❶ 实用信息

福伊游客信息中心（☎01726-833616；www.fowey.co.uk；5 South St；⏱周一至周六 9:30~17:00，周日 10:00~16:00）有关于福伊和康沃尔郡东南地区的丰富信息。

❶ 到达和离开

客运班车线路有限：真正实用的只有24路（周一至周六每小时1班，周日6班），开往圣奥斯特尔（St Austell）、赫里甘（Heligan）和梅沃吉西（Mevagissey）。这趟班车还停靠Par火车站，你可以在这里搭乘伦敦至彭赞斯的干线列车。

福伊有两种渡轮：Bodinnick Ferry为汽车渡轮，过河前往对岸的Bodinnick，中途停靠Polruan；Polruan Ferry则为客运渡轮。

Polruan Ferry（www.ctomsandson.co.uk/polruan-ferry；成人/儿童 £2.80/0.80，自行车 £1，狗 £0.40；⏱5月至9月 7:15~23:00，10月至次年4月 周一至周六 7:15~19:00，周日 10:00~17:00）前往Polruan的客运渡轮。冬季和夏季夜晚，从Town Quay出发；白天则从Esplanade的Whitehouse Slipway船台出发。

Bodinnick Ferry（www.ctomsandson.co.uk/bodinnick-ferry；小汽车和2名乘客/步行者/自行车 £4.80/1.80/免费；⏱5月至9月 周一至周六 7:00~19:30，周日 8:00~19:30，10月至次年4月末班为19:00）汽车渡轮，前往河对岸的Bodinnick。

卢港（Looe）

人口 5280

东卢港和西卢港两个小镇被陡峭山谷环抱，地处宽阔河口的两岸，由一座建于1853年的维多利亚风格多孔拱桥相连。从《末日审判书》（*Domesday Book*）的时代开始，这里就有人居住，中世纪时成为繁荣的港口。到了维多利亚时代，又转型为了富裕阶层的度假地——最著名的是，这里还于1800年前后在**班卓码头**（Banjo Pier；圆形似班卓琴，因而得名）安装了英国第一台"活动更衣车"，自那之后就一直是热门的海滩休闲目的地。

与福伊不同，卢港会让人感觉有点落后于时间——薯条店、纪念品小店和温馨的民宿仍然是这里的主流——但如果你本来就是在寻找单纯可以在海边玩乐的海滨城镇，那么卢港不会让你失望。

◉ 景点

卢岛
岛屿

(Looe Island；www.cornwallwildlifetrust.org.uk/looeisland；导览徒步游 £25) 与Hannafore

---

值得一游

伯尔派罗和梅沃吉西（POLPERRO & MEVAGISSEY）

康沃尔郡的每一处海湾似乎都有着风景如画的渔港，但即使在这样风景秀丽的地方**伯尔派罗**的魅力仍然难以抵挡——村舍、船只商店和小巷全部围绕着一座坚固的花岗岩港口分布。这里曾经是走私犯的藏身地，至今仍然散发出老道的气息，不过到了夏季也自然免不了人潮拥挤。连接伯尔派罗和卢港的海岸小路景色尤其美丽。主停车场位于村子上方750米处，从村下行15分钟可到达码头。

同样在海边，小村**梅沃吉西**并没有像海岸线上的其他港口那样大肆提升改造，给人的感觉更好。村里有适合游走探索的小巷，也有酒馆、二手书店和画廊，而且这儿的港口还是南部海岸线上最适合抓螃蟹的地方之一。每逢夏季，渡轮会沿着海岸线从梅沃吉西港驶往福伊（Fowey）。

Point有一英里海面相隔的卢岛（官方名称为St George's Island）草木繁盛，是一片占地9公顷的自然保护区和海洋生物天堂。你可以自行徒步游览，或者向岛上的护林员预约导览，他们会帮助你寻找灰海豹、鸬鹚、绿鹭鸶和蛎鹬等本地野生动物。参加导览徒步游最好预约。

在4月至9月，Moonraker（☎07814 264514; Buller Quay; 往返 成人/儿童 £7/5, 外加登岛费 £4/1）从Buller Quay码头出发，但是具体行程取决于天气和潮汐。

住宿

Penvith Barns　　　　　　民宿 ££

（☎01503-240772; www.penvithbarns.co.uk; St-Martin-by-Looe; 房间 £85~110; P❄❄❄）这座民宿由一座乡村谷仓改造而成，由友善的老板Graham和Jules经营。民宿位于小村St-Martin-by-Looe附近，是可以远离镇上人潮的理想居所。客房有小有大：Piggery房是位于屋檐下的小房间; Dairy房空间宽敞，足够容纳备用床和沙发。每个房间都有自己独立的入口。夏季需要至少连住两晚。

Commonwood Manor　　　民宿 ££

（☎01503-262929; www.commonwoodmanor.com; St Martins Rd; 双 £90~115; P❄❄❄）这个优雅的庄园位于东卢港山坡上的黄金地段，是比卢港一些窝在地下室的廉价民宿好太多的经济型住宿地点。房间内饰色彩柔和，而且如果你可以订到凸窗卧室，就能欣赏全镇最佳的海景。通常需要至少连住两晚。

实用信息

卢港旅游局（☎01503-262072; www.looeguide.co.uk; Guildhall, Fore St; ⏰复活节至10月 10:00~17:00）卢港高效的游客中心员工齐全，可以处理所有旅行相关事宜：住宿、活动、餐厅推荐等。

到达和离开

从利斯卡德（Liskeard）到卢港的支线铁路本身就如同一次一日游，沿途穿过林木繁茂的山谷，直到海滨。Looe Valley Line Day Ranger通票（成人/儿童 £4.40/2.20）可以在一天内无限次乘车; 从利斯卡德到卢港用时约40分钟。

值 得 一 游

考特黑尔庄园

在泰马河谷谷口，矗立着都铎王朝时期的**考特黑尔庄园**（Cotehele House; NT; ☎01579-351346; www.nationaltrust.org.uk/cotehele; St Dominick; 成人/儿童 £11.60/5.80; ⏰建筑 11:00~16:00, 花园 黎明至黄昏），是埃奇库姆王朝最低调的乡村宅邸之一。空旷的大厅是庄园的核心景观，庄园内部收藏着无与伦比的都铎时期挂毯、盔甲和家具。

在室外，花园绵延向坡下延伸，经过18世纪的Prospect Folly直抵考特黑尔码头（Cotehele Quay）。码头上的探索中心介绍了泰马河谷的历史，老式平底帆船"三叶草"号（Shamrock）也停泊在码头附近。

博德明沼地（Bodmin Moor）

虽然壮阔野性程度不及达特穆尔，但博德明沼地也有独属于自己的荒凉之美。这里分布着石南和花岗岩山丘，包括拉夫突岩（Rough Tor, 发音row-tor; 海拔400米）和康沃尔最高点布朗威利（Brown Willy; 海拔420米），是一片引人遐想的荒芜之地，不乏各种史前遗址和关于神秘野兽的传说。

沼地北部和中部区域大部分都荒无人烟，不见树木，南部则更多绿色。除了山丘之外，沼地上的主要地标是Jamaica Inn，它因为达芙妮·杜穆里埃的同名小说《牙买加旅店》（*Jamaica Inn*）而闻名。

景点和活动

★ 兰海德罗克庄园　　　　　历史建筑

（Lanhydrock; NT; ☎01208-265950; www.nationaltrust.org.uk/lanhydrock; 成人/儿童 £14.35/7.20; ⏰建筑 11:00~17:30, 庭院 10:00~17:30）这座宏伟的庄园位于博德明东南2.5英里处，使参观者能一窥如同电视剧《楼上楼下》（*Upstairs, Downstairs*）的维多利亚时代真实生活。房屋于1881年遭遇了一场毁灭性大火，之后得到了全面重建，成为阿加尔·罗巴茨（Agar-Robartes）家族的宅邸，屋内有恒温器、烤箱、暖色调橱柜和冲水厕所等现代化设施。最大的亮点是藏有多件艺术品和古董的画室，以及当时极为先进的带冷藏室的巨大厨房。华丽的长廊（Long Gallery）的石膏天花板远近闻名。

★ 戈里西亚瀑布（Golitha Falls） 瀑布

这些雷鸣般的瀑布位于圣克里尔（St Cleer）以西约1.25英里处，是沼地上最著名的景点之一。瀑布周围分布着古代橡树林的遗迹，橡树曾经覆盖着沼地的绝大部分地区。在距离保护区半英里的地方有一座停车场，靠近Draynes Bridge桥。

卡恩格拉斯洞窟 洞穴

（Carnglaze Caverns；☎01579-320251；www.carnglaze.com；成人/儿童 £7/5；⏰10:00~17:00，8月 至20:00；🅿🎫）石料曾经是博德明沼地重要的出口原料，这些幽深的洞窟就是当年矿工们徒手刨出的。如今这里留下了氛围独特、纵横交错的地下洞穴，以及一片闪着幽光的地下池塘。夏季有时还会在洞内举办音乐会和戏剧表演。矿洞遗址就在St Neot外面，路标非常明晰。

★ 博德明和温福德铁路 铁路

（Bodmin & Wenford Railway；☎01208-73555；www.bodminrailway.co.uk；一日通票 成人/儿童 £13.50/6.50；⏰5月至9月 火车每天3~5班，其他月份班次减少）这条蒸汽铁路由发烧友经营，是康沃尔郡硕果仅存的"标准轨距"线路。火车吱吱嘎嘎在博德明和波斯卡恩接合点（Boscarne Junction）之间行驶，全长6.5英里。许多列车仍然保留着20世纪50年代的风貌。在波斯卡恩那端，铁路还连接着骆驼小道（见362页）；而只要车上有空间，自行车就可以被带上火车，方便你继续去骆驼小道骑行。

🍴 就餐

★ St Tudy Inn 新派英国菜 ££

（☎01208-850656；www.sttudyinn.com；St Tudy；主菜 £14~25；⏰餐 周一至周六 正午至14:30和18:30~21:00，周日 正午至14:30）当地名厨Emily Scott打理的这家一流的乡村酒馆很快就成为东康沃尔首屈一指的餐饮场所。旧酒馆已经焕然一新，而Scott将传统英国风味与现代应季菜式相结合的做法也极具创意。附设的谷仓里还有几个优雅的客房（双人间£135起）。

★ Woods Cafe 咖啡馆 ££

（☎01208-78111；www.woodscafecornwall.co.uk；Cardinham Woods；主菜 £6~12；⏰10:30~16:30）这是家超赞的咖啡馆，藏身于Cardinham树林中一栋古老的樵夫小屋内，它的人气全凭实力——这里以自制蛋糕、各种暖心的汤和香肠三明治而闻名。非常适合徒步后美餐一顿。

锡利群岛（ISLES OF SCILLY）

锡利群岛位于大陆以西不过28英里远，但在许多方面都像是另一个世界。群岛包括近140座小岛，岛上的生活面貌几十年来仿佛都不曾改变过：没有交通拥堵，没有超市，没有跨国酒店，唯一的噪声污染来自拍岸惊涛和鸥鸟啼叫。这并不是说锡利群岛落后于时代——毕竟主要岛屿上还有手机信号和宽带上网——只不过人们似乎更愿意按照自己的步调在岛屿上悠闲过活。群岛以优美的海滩而闻名，几乎没有比这里更好的避世之地了。

只有5座岛上有人居住：圣玛丽岛（St Mary's）最大，其次是特雷斯科（Tresco），而布赖尔岛（Bryher）、圣马丁斯岛（St Martin's）和圣阿格尼丝岛（St Agnes）上只有少数意志坚定的人还在坚守。5座岛屿之间有固定班次的渡轮连接。

夏季无疑是最忙碌的季节，而在冬季，许多场所则会完全停止营业。

ℹ️ 实用信息

锡利群岛旅游信息中心（☎01720-424031；www.visitislesofscilly.com；Porthcressa Beach；⏰3月至10月 周一至周六 9:00~17:30，周日 9:00~14:00，11月至次年2月 周一至周五 10:00~14:00）群岛上唯一的旅游局。

Scilly Online（www.scillyonline.co.uk）当地运营的网站，有许多关于群岛的实用信息。

Simply Scilly（www.simplyscilly.co.uk）官方旅游网站。

❶ 到达和离开

Isles of Scilly Travel（☎01736-334220；www.islesofscilly-travel.co.uk）每天有几个航班从兰兹角机场（靠近泽诺）和纽基机场飞来。成人票价单程£80起。夏季也有航班从埃克塞特、布里斯托尔和南安普敦飞来。自2018年起，兰兹角机场还开通了前往圣玛丽岛的直升机线路。飞行时间约20分钟。

Scillonian III（☎0845 710 5555；www.islesofscilly-travel.co.uk；⊙4月至10月）在彭赞斯和圣玛丽岛之间劈波斩浪的锡利群岛渡轮（单程成人£49.50）。夏季每天至少1班，冬季停运。大部分天气条件下都可开航，但很有可能会晕船；提前做好准备。

❶ 当地交通

圣玛丽岛和其他岛屿之间的岛际渡轮交通由**圣玛丽船民联合会**（St Mary's Boatmen's Association；☎01720-423999；www.scillyboating.co.uk；成人/儿童 往返任意岛屿£9.50/4.75）运营。如果你打算住在特雷斯科的酒店，另有单独的酒店接客渡轮服务。

只有圣玛丽岛上才有公共汽车和出租车服务。所有航班都由**Paulgers Transport**（☎01720-423701；成人/儿童 往返£7.50/3.50）接驳，无论住在哪里；如果你计划去其他岛屿，也可以将你直接送到码头。

圣玛丽岛（St Mary's）

人口 2200

圣玛丽岛是每个外来者到锡利群岛的第一站（除非你是驾驶自己的私人游艇前往），也是群岛中最大最繁忙的一座，大部分的酒店、商店、餐厅和民宿都在这里。圣玛丽的形状如同一个圆弧，最宽的地方不过3英里多一点，西南端则是一个爪状半岛——岛上的首府休镇（Hugh Town）和Scillonian渡轮的登岛地点都在这个半岛。主要机场位于东边1英里处的老城（Old Town）附近。

◉ 景点

锡利群岛博物馆　　　　　　　　　　　　博物馆

（Isles of Scilly Museum；☎01720-422337；www.iosmuseum.org；Church St, Hugh Town；成人/儿童£3.50/1；⊙复活节至9月 周一至周五10:00~16:30，周六 至正午，10月至次年复活节 周一至周六 10:00至正午）这座小型博物馆着重探索了群岛历史，展出种类繁多的考古发现和沉船文物。藏品包括新石器时代的遗物，如工具、珠宝、世代水手留下的黏土烟斗，以及几艘航船。另外还有一个关于英国首相爱德华·希斯（Edward Heath）的小型展览——他是如此热爱锡利群岛，以至于去世后就安葬在这里。

☞ 团队游

锡利群岛徒步　　　　　　　　　　　　　　徒步

（Scilly Walks；☎01720-423326；www.scillywalks.co.uk；成人/儿童£7/3.50）提供3小时的圣玛丽岛考古游和历史游，还会定期举办其他岛屿的导览徒步游，均由当地历史学家和考古学家Katherine Sawyer带领。

岛屿野生动物观光　　　　　　　　　　　徒步

（Island Wildlife Tours；☎01720-422212；www.islandwildlifetours.co.uk；半/全天£7/14）定期举行的观鸟和野生动物徒步游，由当地观鸟专家、锡利群岛自然历史当之无愧的权威人士Will Wagstaff带领。在圣玛丽岛开展的团队游大都9:45或10:00开始，但定期也会开展其他岛屿的团队游。需要自行支付岛屿间乘船费用。

岛屿海上巡游　　　　　　　　　　　　　乘船游

（Island Sea Safaris；☎01720-422732；www.islandseasafaris.co.uk）有观赏当地海鸟和海豹栖息地之旅（成人/儿童£34/25），也有1小时的"岛屿品味"团队游（每人£25）。另外出租泳装和浮潜装备。

🛏 住宿

Garrison Campsite　　　　　　　　　露营地 £

（☎01720-422670；www.garrisonholidaysscilly.co.uk；Tower Cottage, Garrison；成人£10.50~12.50，儿童£5.25~6.25，狗£5；📶🐾）圣玛丽岛上的主要露营地，位于休镇上方的高处，距离加里森（Garrison）堡垒不远。露营地很大，占地3.5公顷，有充足的露营位（其中一些带有电源插座），同时设有Wi-Fi、小商店以及洗衣淋浴区。露营地里也提供可住宿的小屋，

Mincarlo 民宿 ££

(☎01720-422513; www.mincarloscilly.com; 标单 £43~51, 双 £77~114; 🛜📶) 圣玛丽岛上很难找到比这家小客栈更好的位置了, 在这里可以将Town Beach海滩西端到休镇的风光尽收眼底。房间普通但舒适(阁楼最便宜), 起居室里有当地图书可以阅读, 早餐非常不错, 老板Nick和Bryony对当地了如指掌。

Star Castle Hotel 酒店 £££

(☎01720-422317; www.star-castle.co.uk; Garrison; 标单 £157, 双 £248~327; 🛜📶📶) 这座从前的堡垒位于加里森角(Garrison Point), 俯瞰如同一颗八角星, 如今是群岛上的星级酒店之一, 有着沧桑的城堡房间, 也有一些现代化的花园套房。有些古板且昂贵, 不过风景算得上是首屈一指, 房价中包括晚餐。5月至9月旺季以外的时段要便宜得多。

Atlantic Hotel 旅馆 £££

(☎01720-422417; www.atlanticinnscilly.co.uk; 房间 £175~240; 🛜📶) 经过St Austell Brewery啤酒厂老板的细心改造, 这间老牌旅馆看起来要比原来光鲜许多。楼上设有适合夏季入住的客房, 配有彩色印花、柔和色调和豪华的织物。房间分为三种, 但是港口风景绝对值得多加点钱。食物和啤酒厂的其他旅馆类似: 贻贝、龙虾汉堡、海鲜拼盘和其他酒馆菜肴。

🍴 就餐

Juliet's Garden Restaurant 法式小馆 ££

(☎01720-422228; www.julietsgardenrestaurant.co.uk; 主菜午餐 £7~15, 晚餐 £14~24.95; ⏰正午至16:00和18:00~21:00) 圣玛丽岛这家老牌法式小馆开业已有三十多年, 现在仍然是岛上最好的就餐处。位于一座改造后的谷仓中, 从镇上步行前来需要15分钟。白天有美食沙拉和三明治, 夜幕降临后提供更经典的菜式, 例如煎鲷鱼、慢烤羊羔肉和龙虾等, 还搭配有烛光。风和日丽时, 花园里是绝佳的用餐处, 就是人有点多。

Dibble & Grub 咖啡馆 ££

(☎01720-423719; www.dibbleandgrub.com; 午餐 £6~12, 晚餐 £10~16; ⏰4月至9月10:00~22:00) 这家时髦的海滨咖啡馆位于Porthcressa海滩旁边, 在岛上的老消防站内。菜单上有西班牙小吃和地中海风味的经典菜式。

ℹ️ 当地交通

机场大巴(£3)于航班起飞前40分钟从休镇出发。Island Rover (☎01720-422131; www.islandrover.co.uk; 车票 £9)组织复古巴士观光之旅; 通常每天都有几班, 暑期旺季还会增开一班。

在圣玛丽岛搭乘出租车, 可选择Island Taxis (☎01720-422126)、Scilly Cabs (☎01720-422901)或St Mary's Taxis (☎01720-422142), Paulgers Transport (见389页)也有机场出租车。

特雷斯科(Tresco)

人口 175

从圣玛丽岛穿过海峡的短途跳岛游船会将你带到群岛中的第二大岛特雷斯科, 那里曾经是塔维斯托克修道院(Tavistock Abbey)修士的领地, 如今则被康沃尔公爵领地的Dorrien Smith家族租用。

特雷斯科的主要景点是岛上的亚热带花园, 其他地方也非常适合骑车探索。而由于整座岛都被私人租下, 这里比其他地方看上去更加井井有条, 更加美观, 包装策划更完善, 尤其在这里把目标游客定位为高端访客之后。

👁️ 景点

⭐ 特雷斯科修道院花园 花园

(Tresco Abbey Garden; ☎01720-424105; www.tresco.co.uk/enjoying/abbey-garden; 成人 £15, 5~16岁儿童 £5; ⏰10:00~16:00) 特雷斯科的主要景点, 也是锡利群岛的必看名胜之一, 就是这座建于1834年的亚热带花园。原址为一座12世纪的本笃会修道院, 后经有远见的园艺学家Augustus Smith精心设计建造。占地7公顷的花园如今有2万多种异域品种, 从高大的棕榈树到沙漠仙人掌和红灿灿的凤凰木等, 所有植物都由温润的墨西哥湾暖流滋养。门票还包含Valhalla收藏, 主要展品包括特雷斯科沿岸沉船的船首像和姓名牌。

🛏 食宿

★ New Inn
酒馆、酒店 £££

(☎01720-422849; www.tresco.co.uk; 房间£130~340; 🛜🍴)根据特雷斯科的标准来看, New Inn物美价廉。房间采用舒缓的黄色和淡蓝色, 但要是想观景, 你就不可避免多花些钱。旅馆本身也提供不错的食物(主菜£10~18), 多为常规菜肴, 例如鳕鱼薯条、牛排、汉堡等; 低矮木梁的酒吧也充满了岛屿风情。

布赖尔岛（Bryher）

布赖尔岛是锡利群岛有人居住岛屿中最小也最野性的一座, 只有约80人生活在这里。这座狭长的岩石岛屿长满了茂盛的蕨类和石南, 周边白色沙滩环绕, 它饱经大西洋风暴的侵袭——地狱海湾(Hell Bay)绝非危言耸听。但是在晴朗的天气里, 布赖尔岛就会变成赏心悦目的目的地, 适合徒步探索。

小岛充满了社区感: 你会看到小摊上销售着新鲜的切花、自己种的蔬菜、自制果酱以及一包包软糖。

🛏 食宿

Bryher Campsite
露营地

(☎01720-422886; www.bryhercampsite.co.uk; 露营位£10.75; 🚗🍴)设施简单, 风景美丽, 周围被干垒墙环绕, 距离大海咫尺之遥。每晚价格包含热水淋浴和拖拉机码头接送。

★ Hell Bay Hotel
酒店 £££

(☎01720-422947; www.hellbay.co.uk; 双£140~360; P🛜🍴)可能是锡利群岛上最优雅的住宿处——名副其实的岛屿隐逸之所, 新英格兰风格的家具与金色、海蓝色和灰色的木梁搭配在一起。如同豪华海滨别墅一般, 有修建整齐的花园和非常棒的餐厅(3道菜套餐£45)。园景房最实惠。

Fraggle Rock
咖啡馆 ££

(☎01720-422222; www.bryher.co; 主菜£8~15; ⓒ9:00~21:00; 🛜)这家悠闲的咖啡馆也是酒馆, 主打乳蛋饼、沙拉和汉堡, 在

391

前面的优美花园里用餐——还会有小鸡在你的周围晃悠, 而一抬头就能看到远方的Hangman's Rock岩石。旺季的晚上这里会非常热闹。如果想住下来, 这里也有几间木板小屋(每周£620~1090)。

Bryher Shop
熟食

(☎01720-423601; www.bryhershop.co.uk; ⓒ周一至周六9:00~17:30, 周日10:00~13:00)这是岛上一间迷人的杂货店, 你可以挑选需要的各种生活必需品。此外店内还有一个邮寄柜台。

圣马丁岛（St Martin's）

人口 136

圣马丁岛是群岛第三大岛, 也是最靠北的岛屿, 而作为锡利群岛鲜花种植业的中心, 岛上的花田在花季时总是一派姹紫嫣红的迷人景象。此外这里还有清澄透亮的海水和天然无瑕的沙滩, 让人更容易将它与圣卢西亚(而非康沃尔)联系起来。

主要的居民点在Higher Town, 在那里你可以找到乡村商店和潜水机构, 附近的Middle和Lower镇上则有少量小屋可供住宿。

👁 景点和活动

圣马丁葡萄庄园
葡萄酒

(St Martin's Vineyard; ☎01720-423418; www.stmartinsvineyard.co.uk; ⓒ周二至周四10:45~16:00, 导览团队游11:00)英国最小、最西南的葡萄园, 出产一系列白葡萄酒。团队游由庄园主Val Thomas和Graham Thomas组织。

★ Scilly Seal Snorkelling
游泳

(☎01720-422848; www.scillysealsnorkelling.com; 每人£49; ⓒ3月至9月)你会在这里获得一段难忘的回忆——和灰海豹一起在圣马丁岛清澈的海水里共泳。好奇的海豹会靠得很近, 而最胆大的海豹甚至会啃你的脚蹼。行程耗时约3小时。

这家机构会到你在圣马丁岛的住处接上你, 同时提供从特雷斯科或圣玛丽港口的晨间接驳服务。

🛏 住宿

岛上住宿条件有限，只有一家超贵的酒店和几间民宿。

St Martin's Campsite　　露营地 £

(☎01720-422888；www.stmartinscampsite.co.uk；露营位 £11~12，狗 £3；⊙3月至10月) 群岛上第二大的露营地，位于劳伦斯湾的最西端，3块场地上共设置了50个露营位（最多容纳100人）。有投币式洗衣机和淋浴，早餐有鸡蛋和蔬菜供你自炊。

Polreath　　民宿 ££

(☎01720-422046；www.polreath.com；Higher Town；双 £110~130；🕸) 这家友好的花岗岩村舍的几间房都不大，阳光温室中准备有下午茶、自制柠檬水和晚餐。5月至9月要求至少连住一周。

🍴 餐饮

Little Arthur Farm　　咖啡馆

(☎01720-422457；www.littlearthur.co.uk；咖啡馆菜肴 £5~8；⊙10:30~16:00) 🌱 这家小型农场把想象力运用到了各个方面，在这里，你可以一窥圣马丁岛的美好生活。农场里有一间咖啡馆兼法式小馆，多是自产自销，甚至还自制环保的鞋子。还有一间生态小屋可供住宿（每周 £280~380）。

Adam's Fish & Chips　　海鲜

(☎01720-422457；www.adamsfishandchips.co.uk；炸鱼和薯条外卖 £9，堂食 £10.50；⊙7月和8月 周二至周四和周六 18:00~20:30，周日 正午至14:00，复活节至6月和9月 周二、周四和周六 18:00~20:30) 这里提供刚捕捞的新鲜炸鱼——吃到什么品种，完全取决于当天的收获。由Adam和Emma经营，他们就在附近的Little Arthur Farm农场生活和工作。可以打包带走，但是如果你想在店里的六张餐桌用餐，要预订。

Seven Stones　　酒馆

(☎01720-423777；sevenstonesinn@gmail.com；⊙10:00~23:00) 这间雅致的酒馆是岛上唯一的酒吧，因此自然而然成为夜生活的中心。除了上佳的食物（主菜 £8~14）、康沃尔艾尔啤酒，从露台还能远眺其他岛屿的绝佳风光。

圣阿格尼丝岛 (St Agnes)

人口 170

锡利群岛最南端的岛屿，岛上有一连串空旷的海湾和零星几处史前遗迹，着实给人极其偏远的感觉。游客在靠近老灯塔的Porth Conger登陆，从那里你可以沿着海岸小道徒步，环游整个小岛。

在退潮时，一条狭窄的沙洲会露出水面，成为连接邻近古夫岛（Gugh）的天然桥梁。古夫岛上有多处古老的墓葬遗址，以及一些古代墓室。

🛏 食宿

★ Troytown Farm　　露营地 £

(☎01720-422360；www.troytown.co.uk；成人/儿童 £10/5，帐篷 £2~8) 前往圣阿格尼丝岛露营地的过程是一段别样的体验：接到船后，你将坐在拖拉机车斗里，沿着树篱间的车道穿过岛屿。露营地很小，但是坐落在岛上的日落海岸，周围被干垒墙环绕，放眼就能望见海天一色的地平线。营地设有男女厕所、投币式淋浴（60便士）和充电柜。

行李转运费用为£3.50。露营地还可出租预置式钟形帐篷（每周 £420起），以及三座可以自炊的小屋（每周 £385~1045）。记得带上手电，因为岛上夜间非常非常黑。

Covean Cottage　　村舍 ££

(☎01720-422620；www.coveancottage.com；双 £88~104) 这是岛上唯一的民宿。石墙堆砌的小村舍里有3个可爱的海景房间，也有一间小咖啡馆，供应店主制作的早餐和简餐。

★ Turk's Head　　酒馆食物 ££

(☎01720-422434；主菜 £8~14；⊙周一至周六 11:00~23:00，周日 正午至22:30) 这座英国最南端的啤酒屋充满了沧桑感，随处可见各种航海纪念品：玻璃柜里的船模、群岛的老旧地图、海员的黑白照片等。而且你也很难找到比这里更好的畅饮之地了。如果本地小伙子们兴致好，你甚至还能听到海员号子。

剑桥和东安格利亚

包括 ➡

剑桥	397
伊利	411
科尔切斯特	413
滨海绍森德区	417
拉文纳姆	419
贝里·圣埃德蒙兹	420
诺里奇	425
克罗默	428
布莱克尼	432
金斯林	435

最佳餐饮

➡ Midsummer House（见409页）
➡ Roger Hickman's（见428页）
➡ Great House（见420页）
➡ Eric's Fish & Chips（见435页）
➡ Butley Orford Oysterage（见422页）

最佳住宿

➡ Varsity（见407页）
➡ Swan（见424页）
➡ 3 Princes（见427页）
➡ Victoria（见434页）
➡ Cley Windmill（见429页）
➡ Deepdale Farm（见434页）

为何去

东安格利亚的宽广平原向东平缓延伸直抵大海，郁郁葱葱的农田、荒凉的沼泽地带和波光粼粼的河流交织在一起，构成一幅壮丽画卷。这片地区以无边的沙滩、广阔的天空，以及曾经赋予康斯特布尔和庚斯博罗无限文学灵感的田园风光而闻名。

不过这里可不只有乡野的诗情画意：在原为沼泽的地域，崛起了举世闻名的剑桥大学城，古老典雅的建筑和精益求精的治学理念都令人敬服，东面则是大城市诺里奇。在两座名城周边，散布着宏伟的教堂城市、漂亮的集市小镇以及美丽如画的村庄，都是这一地区在中世纪通过繁荣的羊毛业和纺织业积累下巨大财富的最好证明。

曲折的海岸线上散落着迷人的渔村和传统的海滨度假村，内陆则有平和而温润的诺福克湖区，都是人们放松身心的理想胜地。

何时去

➡ 如果想要参观剑桥大学，那么就避免春季（4月初至6月中旬）去游览，那段时间正是学生准备考试的日子，会对游客关闭。

➡ 6月至8月，能够欣赏到诺福克和萨福克海滩以及诺福克湖区最美的风景。但是学校放假时（7月下旬至8月）会有大批游客前来参观，住宿费用也随之上涨。

➡ 在6月举行的奥尔德堡节上能够欣赏到古典音乐演出。7月，绍斯沃尔德的纬度音乐节提供另类摇滚、喜剧和戏剧等表演。

➡ 11月，绍斯沃尔德的"言辞表达"（Ways With Words）文学节吸引了很多大牌作家。

➡ 12月，在平安夜，"九篇读经与圣诞颂歌庆典"将在剑桥大学国王学院礼拜堂举行，优美经典的音乐回荡在大厅中。

剑桥和东安格利亚亮点

❶ **剑桥**（见397页）撑船驶过历史悠久的学院，然后在国王学院礼拜堂聆听美妙的晚祷。

❷ **桑德林汉姆府**（见433页）在女王乡村庄园的客厅中东张西望。

❸ **诺福克湖区**（见430页）划独木舟探索静谧的水路。

❹ **奥德利庄园和花园**（见416页）游览英国最宏伟的豪华宅邸之一。

❺ **霍尔克姆**（见419页）赤脚漫步于松林旁无边无际的金色沙滩。

❻ **拉文纳姆**（见419页）在这个氛围独特的集镇里，让自己沉浸在中世纪建筑中。

❼ **诺里奇**（见425页）惊叹于城内大教堂的精美肋状拱顶。

❽ **奥尔德堡**（见422页）享用美味海鲜，在慵懒的度假村沿步行道散步。

❾ **帝国战争博物馆**（见410页）在达克斯福德，了解英国和美国空军的历史。

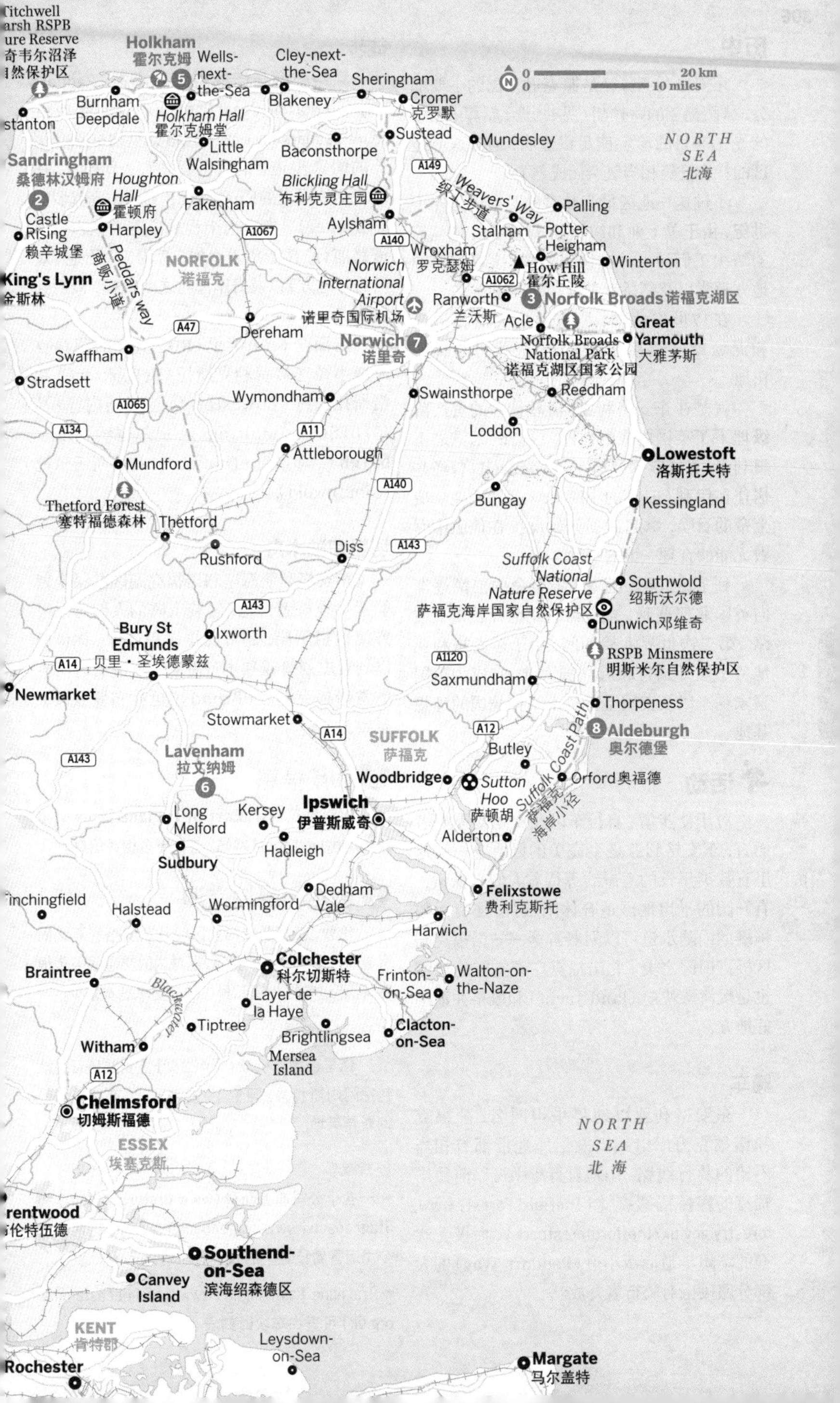

NORTH SEA 北海
0 20 km
0 10 miles
Titchwell Marsh RSPB Nature Reserve
奇韦尔沼泽自然保护区
Holkham 霍尔克姆
5
Wells-next-the-Sea
Cley-next-the-Sea
Sheringham
Cromer 克罗默
Burnham Deepdale
Holkham Hall 霍尔克姆堂
Blakeney
Hunstanton
Little Walsingham
Baconsthorpe
Sustead
Mundesley
Sandringham 桑德林汉姆府
Houghton Hall 霍顿府
2
Castle Rising 赖辛城堡
Harpley
Fakenham
Blickling Hall 布利克灵庄园
A149
Weavers' Way 织工步道
Palling
Aylsham
Stalham
Potter Heigham
A1067
A140
Wroxham 罗克瑟姆
Winterton
How Hill 霍尔丘陵
Peddars Way 商贩小道
NORFOLK 诺福克
King's Lynn 金斯林
Norwich International Airport 诺里奇国际机场
A1062
Ranworth 兰沃斯
3
Norfolk Broads 诺福克湖区
Acle
A47
Dereham
Norwich 诺里奇
7
Norfolk Broads National Park 诺福克湖区国家公园
Great Yarmouth 大雅茅斯
Swaffham
Stradsett
A1065
Wymondham
Swainsthorpe
Reedham
A134
A11
Loddon
Attleborough
Lowestoft 洛斯托夫特
Mundford
A140
Bungay
Thetford Forest 塞特福德森林
Kessingland
Thetford
Rushford
Diss
A143
Suffolk Coast National Nature Reserve 萨福克海岸国家自然保护区
Southwold 绍斯沃尔德
A143
Dunwich 邓维奇
Bury St Edmunds 贝里·圣埃德蒙兹
Ixworth
RSPB Minsmere 明斯米尔自然保护区
A1120
A14
Saxmundham
Newmarket
Thorpeness
Stowmarket
A14
SUFFOLK 萨福克
A12
8
Aldeburgh 奥尔德堡
Lavenham 拉文纳姆
Butley
A143
Woodbridge
Sutton Hoo 萨顿胡
Orford 奥福德
6
Suffolk Coast Path 萨福克海岸小径
Ipswich 伊普斯威奇
Long Melford
Kersey
Alderton
Hadleigh
Sudbury
Dedham Vale
Felixstowe 费利克斯托
Finchingfield
Halstead
Wormingford
Harwich
Colchester 科尔切斯特
Braintree
Frinton-on-Sea
Walton-on-the-Naze
Blackwater
Layer de la Haye
Tiptree
Brightlingsea
Clacton-on-Sea
Witham
Mersea Island
A12
Chelmsford 切姆斯福德
ESSEX 埃塞克斯
NORTH SEA 北海
Brentwood 布伦特伍德
Southend-on-Sea 滨海绍森德区
Canvey Island
KENT 肯特郡
Leysdown-on-Sea
Rochester
Margate 马尔盖特

历史

东安格利亚曾经是撒克逊王国的主要部分，从萨福克的萨顿胡（见419页）船葬中出土的光彩夺目的珍宝就足以证明，当时这个地区的社会已经相当复杂而成熟了。

不过这一地区最为鼎盛的时期还是在中世纪，由于羊毛业和纺织业日趋兴旺，佛兰德的纺织工匠涌入并在这里定居，多座宏伟的地方教堂以及剑桥大学也在此时建立。

在17世纪之前，原有的绝大部分沼泽和泥塘就已经逐渐被排干，成为可耕种的田地。

就是在东安格利亚，清教徒中的资产阶级埋下了英国内战的火种。议会的无冕之王奥利弗·克伦威尔（Oliver Cromwell）曾经是居住在伊利（Ely）的小商人，在那里，他响应上帝的召唤，拿起武器开始反抗在他眼中腐败无能的查理一世的统治。

到了18世纪，随着工业革命的浪潮逐渐向英国北部蔓延，东安格利亚也开始走下坡路。第二次世界大战期间，由于东安格利亚地势平坦开阔且靠近欧洲大陆，它成为英国皇家空军以及美国空军抗击纳粹德国的理想基地。

🏃 活动

对于徒步游、自行车以及皮划艇爱好者而言，东安格利亚是个完美的目的地——这里有数英里长的海岸线等待着人们来探索，有开阔的平坦地区适合休闲旅行，还有无数蜿蜒的内陆水道可以划船游览——诺福克湖区极富田园之美。北诺福克广袤空旷的海滩也是玩海滩快艇（land yacht）和风筝冲浪的好地方。

骑车

东安格利亚以地势平坦闻名，萨福克和诺福克海岸沿线以及沼泽地带都有相当不错的骑行线路。山地自行车手可以前往诺福克的塞特福德森林（Thetford Forest; www.forestry.gov.uk/thetfordforestpark），而极受欢迎的崎岖步道商贩小道（Peddars Way）的大部分路段也对骑行者开放。

徒步

商贩小道与诺福克海岸小径（Peddars Way and Norfolk Coast Path; www.nationaltrail.co.uk/peddarsway）是一条93英里（150公里）长的国家步道，走完全程需要7天时间，从塞特福德附近的Knettishall Heath到克罗默（Cromer）。步道前半程是沿着一条古罗马道路前行，接着沿着海滩、海堤、盐沼地（观鸟的好地方）以及海岸渔村之间蜿蜒，最后到达终点。

南面全长50英里（80公里）的萨福克海岸小径连接费利克斯托（Felixstowe）和洛斯托夫特（Lowestoft），途经斯内普·马尔汀（Snape Maltings）、奥尔德堡（Aldeburgh）、邓维奇（Dunwich）和绍斯沃尔德（Southwold）。

划船和独木舟

东安格利亚海岸和诺福克湖区也深受划船运动爱好者喜爱，轻装上阵的人们可以很方便地租到船，还可安排课程训练。你也可以划着皮划艇或独木舟沿着缓慢流淌的河流欣赏诺福克湖区（Broads；也称布罗兹区）景致。

ℹ️ 实用信息

可以浏览 **Visit East of England**（www.visiteastofengland.com）网站，查询更多相关信息。

ℹ️ 到达和当地交通

伦敦、英格兰中部地区以及东安格利亚之间有着非常便捷的公共交通，区域内的交通服务也很完善。不过前往小镇和村庄的公交车班次较少。

飞机

诺里奇国际机场（见428页）主要航班目的地包括阿姆斯特丹、阿伯丁、爱丁堡、埃克塞特和曼彻斯特等地。

公共汽车

➡ 一些小公司加上First（www.firstgroup.com）和Stagecoach（www.stagecoachbus.com）这两家大公司运营着该地区的公共汽车网络。

➡ Traveline East Anglia（www.travelineeastanglia.org.uk）可查询车次时刻表。

火车

➡ 地区性的铁路公司大安格利亚（Greater Anglia；www.greateranglia.co.uk）发售安格利亚火车通票（Anglia Plus Pass）。通票有效期为7天；有效期内可以选择任意1天（£19）或任意3天（£38）使用。

剑桥郡（CAMBRIDGESHIRE）

来到剑桥郡的游客大都不会错过魅力十足的剑桥大学城，这里有威严肃穆的古老建筑，穿着学位袍骑自行车的青年学子，以及辉煌的教堂。除了这座美得令人赞叹的学府之外，由沼泽改造而来的平原、绿油油的农田、纵横交织的水道都使得这里成为徒步和骑行的完美目的地。伊利无与伦比的大教堂、达克斯福德（Duxford）精彩的帝国战争博物馆（Imperial War Museum），都是极具吸引力的景点。

ℹ 当地交通

这一地区的公共交通网以剑桥为中心辐射周边。从伦敦国王十字车站（£25，每小时2～4班）乘坐火车到剑桥只需1小时。这条线路还会继续向北，经过伊利到达诺福克的金斯林（King's Lynn）。另有支线线路向东通往诺里奇以及萨福克。

剑桥（Cambridge）

📞 01223 / 人口 123,900

剑桥是一座非凡的大学城，它有着遍布市内的精美建筑，丰厚的历史底蕴与传统，还有闻名于世的奇特仪式。古代学院建筑密集的核心地带，风景如画的河畔"后花园"（学院花园），以及环绕着整座城市的葱郁草坪，都使得剑桥比起"宿敌"牛津，有着更为安宁祥和的魅力。

和"另一个地方"（the Other Place）——当地人都知道这指的是牛津——一样，数世纪以来，剑桥的建筑始终保持原貌，你可以和从这里走出的无数首相、诗人、作家、科学家一样，漫步于学院建筑之间，感受大学氛围。学术精神似乎已经渗入这里的每一寸墙壁，背着厚重书籍的骑者穿梭于鹅卵石街巷，学生们在精心修剪的草坪上休憩，学霸们在历史悠久的酒馆中讨论着可以改变人类生活的研究课题。第一次尝试撑船的人们顺着河流曲折前行，而那些早已过了青葱岁月的人们情不自禁会幻想：如果自己当初在这样美妙的环境中求学，会是怎样一番情景。

历史

虽然剑桥的历史可以追溯至铁器时代，但在11世纪以前，它不过是贫穷落后的乡村。此后，奥古斯丁修会（Augustinian）的修士来此设立了传教点，而正是这些宗教机构，最终成为诸多学院的前身。1209年，牛津大学城的市民和大学师生之间爆发冲突，部分学者厌倦了当地民众与学生之间持续不断的纷争，离开牛津北上，成为后来剑桥大学的首批创始人。不过剑桥也没能远离纷争，市民与学生之间的争执在这里依旧时有发生。

剑桥大学的第一所学院彼得学院（Peterhouse；永远不要多余地加上"College"一词）于1284年创立。1318年，罗马教皇约翰二十二世宣布剑桥正式成为大学。

到了14世纪，王室、贵族、宗教人士、行业协会以及任何有钱人都能依靠冠名创办自己的学院提高声誉，不过在宗教改革时期，随着修道院纷纷被取缔，这一体系遭到冲击。直到500年后，女性才被允许进入神圣的学院领地。可即便如此，她们也只能进入仅招收女生的学院——分别创建于1869年的格顿学院（Girton）和成立于1871年的纽纳姆学院（Newnham）。1948年，剑桥终于变得开明，允许女性可以真正从这里毕业。

剑桥师生中走出过众多影响世界的名人：98位诺贝尔奖获得者（超过世界上其他任何学院机构）、13位英国首相、9位坎特伯雷大主教，以及不计其数的科学家和大量的诗人及作家。正是在这个城镇，牛顿完善了他的地心引力学说；惠普尔发明了喷气式发动机；克里克和沃特森发现了DNA（这在很大程度上都离不开为剑桥科学家的罗莎琳·富兰克林的研究成果）；威廉·华兹华斯、拜伦勋爵、弗拉基米尔·纳博科夫、史蒂芬·霍金、史蒂芬·弗雷等人都曾在这里学习。

今天，剑桥大学依旧是世界上最好的研究中心之一。得益于在这里诞生的一系列重大发现，剑桥将永远在学术史上占据重要的一席之地。

◉ 景点

★ 国王学院礼拜堂
教堂

（King's College Chapel；☎01223-331212；www.kings.cam.ac.uk；King's Pde；成人/儿童£9/6；⊙学期内 周一至周六 9:30~15:15，周日13:15~14:30，学校假期 每天 9:30~16:30）在这样一座遍布精美绝伦建筑的城市里，国王学院礼拜堂依然光彩夺目。这座宏伟的16世纪建筑是英国最杰出的哥特式建筑典范之一。但真正吸引人的还是礼拜堂内部，长达80米的扇形拱顶天花板堪称世界最大，繁复精美，令人叹为观止，它往上延伸，直到与一系列烟花石雕融为一体。这处气氛十足的空间为教堂的世界顶级唱诗班提供了完美的舞台；你可以在令人震撼的颂唱晚祷（仅限学期内，周一至周六 17:30，周日10:30和15:30）举行时免费聆听天籁之音。

长久以来，礼拜堂的塔尖对于喜爱夜攀（见406页）的学生而言，有着磁石一般的吸引力。而无数的明信片、茶巾以及唱诗班CD上都能看到礼拜堂的雄姿。这座建筑是由虔诚的国王亨利六世在1446年下令修建的，但直到1516年前后亨利八世在位期间才竣工。

装饰在礼拜堂两侧高大的彩绘玻璃窗保证了室内光线充足，彩绘玻璃都还是当年原有的，是本地区罕见的逃过17世纪英国内战一劫的幸存物。据说，因奥利弗·克伦威尔曾在剑桥求学，他自己深谙这些美丽艺术杰作的宝贵，于是下令不得破坏礼拜堂的玻璃窗。

《烈火战车》

三一学院的大庭院早已成为许多人尝试挑战运动极限的舞台。这里因为电影《烈火战车》（Chariots of Fire）而闻名，电影有一幕是主角在四方庭院中以43秒完成350米冲刺的场景（43秒恰恰是钟敲响12下的时间）。虽然很多学生尝试过，但哈罗德·阿伯拉罕斯（Harold Abrahams；电影男主角）从未在这里跑过，电影中的跑步场景是在伊顿（Eton）拍摄的。如果你好奇自己是否能完成这一挑战，那记住，你需要奥运参赛选手的速度才有可能接近目标。

教堂的门厅与唱诗班席被一道雕工精细的木雕屏风隔开，这是由彼德·斯托克顿（Peter Stockton）专为亨利八世设计制作的。屏风上刻有亨利八世与情人安妮·博林（Anne Boleyn）缠绕在一起的姓名首字母。靠近看，你或许还能在雕刻的神话野兽以及象征意义的花朵之间找到一张愤怒的面孔（可能就是斯托克顿本人的）。屏风上方则是华丽的蝙蝠翼式管风琴，始建于1686年，不过后来几经翻修。

在精雕细刻的深色唱诗班席前面就是光线明亮的圣坛，周围装饰着鲁本斯（Rubens）的绘画杰作《贤士来朝》（The Adoration of the Magi；1634年）和精美绝伦的东窗。圣坛左边的侧礼拜堂内设有展览，以图文并茂的形式介绍了建造礼拜堂的各阶段和方法。

注意，礼拜堂（但不包括庭院）在考试期间（4月至6月）正常开放。

每到平安夜，国王学院礼拜堂都会举行九篇读经与圣诞颂歌庆典（Festival of Nine Lessons and Carols）。届时BBC会进行全球转播，约300家美国广播电台都能够收听到。你也可以排队等位——如果你到得够早（通常是9:00以前），便可顺利进入室内。

★ 三一学院
学院

（Trinity College；☎01223-338400；www.trin.cam.ac.uk；Trinity St；成人/儿童£3/1；⊙7月至10月 10:00~16:30，11月至次年6月 10:00~15:30）穿过气势恢宏的都铎王朝风格的大门，就来到了剑桥规模最大的学院——三一学院，这里气氛优雅，开阔的大庭院是世界上同类庭院中规模最大的。学校还矗立着享有盛誉、散发着书香和淡淡霉味的雷恩图书馆（Wren Library；⊙全年 周一至周五 正午至14:00，以及学期内 周六 10:30~12:30）免费。图书馆收藏有55,000册1820年以前印制的古籍，超过2500册的手稿。藏品包括莎士比亚、圣杰罗姆（St Jerome）、牛顿、斯威夫特（Swift）的原稿，以及A.A.米尔恩（AA Milne）的《小熊维尼》（Winnie the Pooh）的原作。米尔恩和他的儿子克里斯托弗·罗宾（Christopher Robin）都毕业于这所学院。

当你经过那扇部分镀金的大门进入三一学院时，不妨留意门上方那尊学院创始人亨利八世的雕像。他的左手拿着一个金色的圆球，而右手紧握的并非最初那根权杖，而是半截桌腿——这是当初学生们的恶作剧，不过自那之后就再没换回来过。作为剑桥最受推崇的学院之一，这尊雕像无疑是精彩的注解，提醒着人们谁才是这里真正的主人。

进入大庭院（Great Court）之后，书生气的幽默让位于磅礴气势，壮观的建筑和庞大的规模让人惊叹。入口右边有一棵小树，栽种于20世纪50年代，据传是那棵启发了三一学院知名校友艾萨克·牛顿爵士（Sir Isaac Newton）的苹果树的后代。该学院其他著名毕业生还包括弗朗西斯·培根（Francis Bacon）、拜伦勋爵、丁尼生（Tennyson）、查尔斯王储（HRH Prince Charles；据传他保镖的考试得分比他还高），以及至少9位首相（既有英国的，也有其他国家的）以及30多位诺贝尔奖获得者。

学院宽敞的大厅拥有壮观的悬臂托梁屋顶和灯笼式天窗。再过去就是纳维尔庭院（Nevile's Court）庄严的回廊。或许亨利八世也会倍感骄傲，他创立的这所学院终于得以举办城里最盛大的派对，即每年6月初举办的奢华五月舞会（见406页）——不过你必须家底殷实，并且有内部人脉才能得到邀请。

★ **菲茨威廉博物馆** 博物馆

（Fitzwilliam Museum；www.fitzmuseum.cam.ac.uk；Trumpington St；捐赠入场）周二至周六10:00～17:00，周日 正午至17:00）免费 这个规模异常庞大的新古典主义风格博物馆被当地人亲昵地称为"the Fitz"，是英国首批公共艺术博物馆之一，建设之初是用来陈列第七任菲茨威廉子爵（Viscount Fitzwilliam）遗赠给母校的珍贵收藏。馆内展出了古罗马和古埃及的墓葬品，众多艺术大师的杰出作品，以及一些更稀奇的收藏：纸币、文学手稿、手表、盔甲等。

为了和馆内的藏品相匹配，博物馆在建筑设计方面肆意而华丽张扬，风格多元混搭，不仅装饰以大理石和马赛克镶嵌画，还融合了古希腊和古埃及等多种风格。下层展廊内都是古代的无价之宝，不妨留意古罗马随葬卧榻、也门的还愿铜匾牌（公元100～200年）、古埃及猫女神贝斯特（Bastet）的小雕像、出色的古埃及石棺以及动物木乃伊，还有一些精美的泥金装饰手稿。上层展廊陈列有莱奥纳多·达·芬奇、提香、鲁本斯、印象派画家、庚斯博罗和康斯特布尔，以及伦勃朗和毕加索的杰作。精彩亮点包括吉奥瓦尼·德尔·庞特（Giovanni del Ponte）细腻的《圣母怜子》（Pietà）和萨尔瓦多·罗莎（Salvator Rosa）黑暗风格且个人特色强烈的《人性的弱点》（L'Umana Fragilita）。

博物馆曾经发生过一件悲剧：这座建筑始建于1837年，由乔治·巴斯维（George Basevi）负责，但是他并没能亲眼看到其竣工：在同期进行的伊利大教堂（Ely Cathedral）工程中，巴斯维倒退着欣赏自己的作品时意外滑倒跌落，不幸身亡。

博物馆周六14:30会安排1小时的导览游（£6）。

★ **后花园（The Backs）** 公园

在剑桥各学院富丽堂皇的建筑和庄严规整的庭院后面，有一系列依河而建的花园和绿地，被统称为"后花园"。这片宁静葱郁的绿地与波光粼粼的河面完美融合，成为众学院无与伦比的风景线，常常成为剑桥在游客心目中留下的最经典永恒的画面。漫步于河畔小径或步行桥上，你可以欣赏到美如画卷的校园生活情景和风姿绰约的座座桥梁。你也可以选择舒服地乘坐撑篙船，欣赏这美好的一幕。

建于1831年的圣约翰学院（见403页）叹息桥（Bridge of Sighs）十分精美，而欣赏这一桥梁的最佳地点就是位于南边由雷恩设计的那座颇有气派的桥，该桥也在圣约翰学院里。剑河上历史最悠久的桥位于克莱尔学院（Clare College；01223-333200；www.clare.cam.ac.uk；Trinity Lane；成人/儿童£5/免费；黎明至黄昏，4月初至6月中旬 停止对公众开放），建于1639年，装饰有石球。这座桥的设计师总共只得到了15便士的设计费，据说出于不满和委屈，他切掉了桥扶手一个装饰石球的一部分，让桥永远没法完工。

而在所有桥梁中，最令人好奇的是将女王学院（见402页）两部分连接起来的数学桥（Mathematical Bridge），在Silver St上可以看到它。这座看似脆弱的木桥始建于1749年。

Cambridge 剑桥

Map of Cambridge showing streets and landmarks including:

- 去 Benson House (175m)
- 去 Worth House (500m)
- Hertford St
- Chesterton Rd
- Cam 剑河
- Castle St
- Pound Hill
- Chesterton La
- Northampton St
- Magdalene St
- Quayside
- Thompson's La
- New Park St
- Park Pde
- Jesus Green 耶稣草坪
- Victoria Ave
- Midsummer Common 仲夏大草地
- Bridge St
- Portugal Pl
- Park St
- Jesus College 耶稣学院
- The Backs 后花园
- Trinity College
- St John's St
- Green St
- Sussex St
- Malcolm St
- Manor St
- Jesus La
- Maid's Causeway
- Trinity College 三一学院
- Trinity La
- Rose Cres
- Market St
- Sidney St
- Hobson St
- King St
- Christ's Pieces 基督公园
- Drummer St Bus Station 汽车站
- Emmanuel Rd
- Senate House Passage
- Garrett Hostel La
- King's College Chapel 国王学院礼拜堂
- King's Pde
- Market Pl Tourist Office 旅游局
- Guildhall
- Wheeler St
- Emmanuel St
- Parker St
- Clarendon St
- 去 Espresso Library (150m); Kingston Arms (850m)
- Parkside
- National Express 快车站
- Queens' La
- Trumpington St
- Bene't St
- Corn Exchange St
- Downing St
- St Andrew's St
- Downing Pl
- Queens' Rd
- King's Pde
- Mill La
- Tennis Court Rd
- Parker's Piece 帕克公园
- Silver St
- Little St Mary's La
- Trumpington St
- Regent Tce
- Gonville Pl
- Newnham Rd
- Fitzwilliam Museum 菲茨威廉博物馆
- Granta Pl
- Lensfield Rd
- Regent St
- 去 Cambridge University Botanic Garden 剑桥大学植物园 (375m); Grantchester 格兰切斯特 (3mi)
- 去 Cambridge YHA 旅社 (650m); 火车站 (800m)

剑桥和东安格利亚 · 剑桥

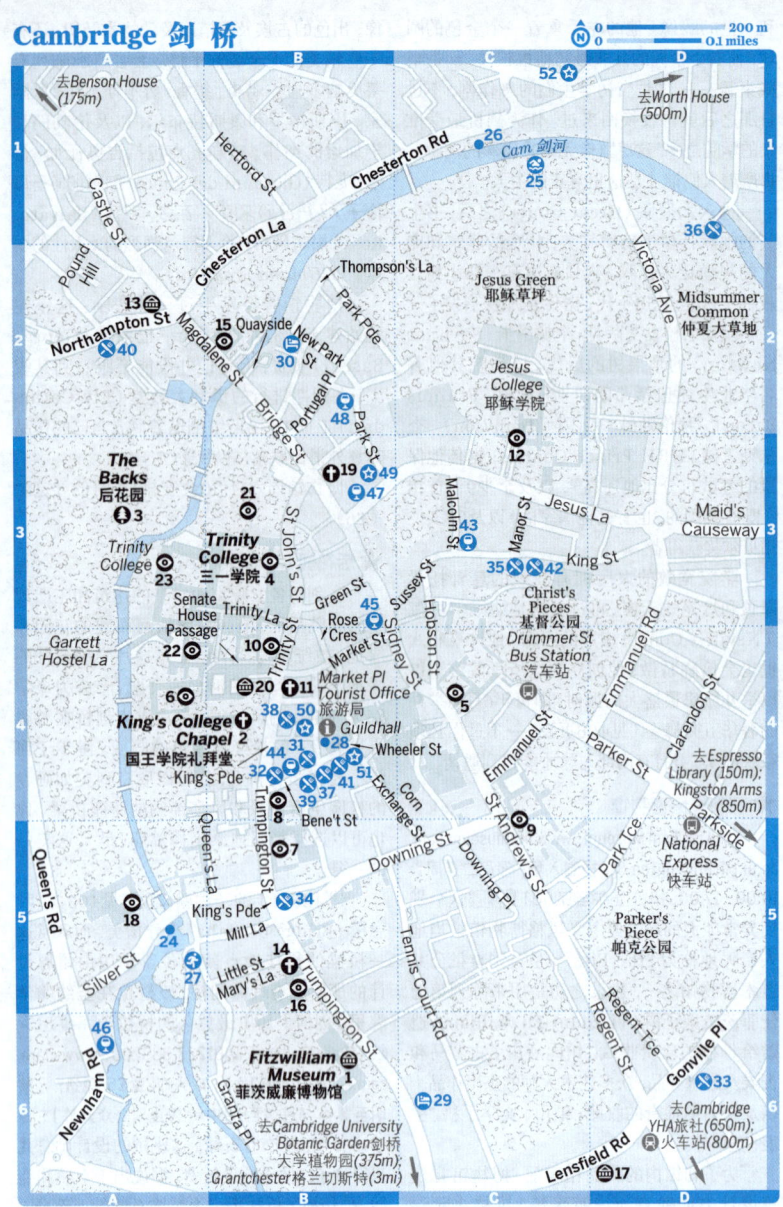

无论有些信口开河的导游告诉你什么，事实上数学桥既不是艾萨克·牛顿爵士设计的（牛顿爵士逝于1727年），最初的桥也未必没有使用钉子，而有学者曾将其拆开却无法复原等传闻皆不属实。

冈维尔与凯斯学院

学院

(Gonville & Caius College; ☎01223-332400; www.cai.cam.ac.uk; Trinity St; ⊙6月中旬至9月周一至周五8:00~12:00, 10月至次年4月中旬 每天9:00~14:00) **免费** 被当地人称为"Caius"

Cambridge 剑桥

◎ 重要景点
- **1** 菲茨威廉博物馆 B6
- **2** 国王学院礼拜堂 B4
- **3** 后花园 A3
- **4** 三一学院 B3

◎ 景点
- **5** 基督学院 C4
- **6** 克莱尔学院 A4
- **7** 圣体学院 B5
- **8** 圣体钟 B5
- **9** 伊曼纽尔学院 C5
- **10** 冈维尔与凯斯学院 B4
- **11** 圣母大教堂 B4
- **12** 耶稣学院 C3
- **13** 凯特尔宅院 A2
- **14** 小圣玛丽教堂 B5
- **15** 莫德林学院 B2
- 佩皮斯图书馆 .... (见15)
- **16** 彼得学院 B5
- **17** 极地博物馆 D6
- **18** 女王学院 A5
- **19** 圆教堂 B3
- **20** 评议堂 B4
- **21** 圣约翰学院 B3
- **22** 三一堂学院 A4
- **23** 雷恩图书馆 A3

◎ 活动、课程和团队游
- **24** Cambridge Chauffeur Punts A5
- Granta Moorings .... (见46)
- **25** 耶稣草坪泳池 C1
- **26** Riverboat Georgina C1
- **27** Scudamore's Punting A5
- **28** 步行游览 B4

◎ 住宿
- **29** Hotel du Vin C6
- **30** Varsity B2

◎ 就餐
- **31** Aromi B4
- **32** Cambridge Chop House B4
- **33** Cotto D6
- **34** Fitzbillies B5
- **35** Locker C3
- **36** Midsummer House D1
- **37** Pint Shop B4
- **38** Rainbow B4
- **39** Smokeworks B4
- **40** St John's Chop House A2
- **41** Steak & Honour B4
- **42** Urban Shed C3

◎ 饮品和夜生活
- **43** Cambridge Brew House C3
- **44** Eagle B4
- **45** Fez B3
- **46** Granta A6
- **47** Hidden Rooms B3
- **48** Maypole B2

◎ 娱乐
- **49** ADC B3
- **50** Cambridge Arts Theatre B4
- **51** Corn Exchange B4
- **52** Portland Arms C1

（发音同keys）。冈维尔与凯斯学院最引人注目的是三扇精美的**大门**：美德（Virtue）、谦逊（Humility）与荣誉（Honour），它们象征着优秀学生的日益进步。第三道大门（Porta Honoris；拥有恢宏的拱顶以及精美的日晷）通往**评议堂**（Senate House），意味着学生完成学业可以毕业了。知名校友包括弗朗西斯·克里克（Francis Crick；他和沃特森一起发现了DNA），以及探险家斯科特不幸的南极远征队成员之一爱德华·威尔逊（Edward Wilson），已经离世的天体物理学巨匠史蒂芬·霍金在这里执教了50多年。

学院实际上经历过两次创建，第一次是由名叫冈维尔的牧师在1348年创建的，第二次则是在1557年由凯斯医生（Dr Caius，其英文姓氏为Keys——当时的学者们使用名字的拉丁文形式是很普遍的）资助扩建。尽管凯斯是一位杰出的医生，但他在校规中所坚持的不招收"聋哑人、身体有残缺者、跛足者、慢性病患者以及威尔士人"等规定使他个人的名誉受到了影响。

基督学院 学院

（Christ's College；☎01223-334900；www.christs.cam.ac.uk；St Andrew's St；◎9:00~16:00，5月初至6月中旬 停止对公众开放）**免费**
基督学院拥有500多年的历史，古老而显赫。闪闪发光的**大门**上刻有博福特家族的纹章神兽斑点神羊（类似羚羊的动物）、都铎王朝玫

参观剑桥的学院

剑桥大学由31个学院组成，但是并非所有学院都向公众开放。在为期两周的圣诞节假期和4月上旬至6月中旬的复习与考试期间，所有学院都会停止接待游客。此外，各个学院开放的时间每天或许也会有变化，所以如果你下定决心要去参观某所特定的学院，最好提前联系，以免失望而归。

瑰以及铁闸门。创始人玛格丽特·博福特夫人（Lady Margaret Beaufort）的雕像如精神领袖般高悬上方。穿过坚实的橡木门就进入了风景如画的**第一庭园**（First Court），这也是剑桥唯一的圆形前庭院。可以找找这里纪念校友查尔斯·达尔文的几个**花园**，园内种植的植物是他从著名的加拉帕戈斯群岛之行带回来的。

继续往前，穿过第二庭院（Second Court）便能看到一道通往**教工花园**（Fellows' Garden；仅周一至周五开放）的大门，花园里有一棵桑树，据说17世纪的诗人约翰·米尔顿（John Milton）就是在这棵树下写出了著名的《利西达斯》（*Lycidas*）。其他知名校友包括萨沙·拜伦·科恩（Sacha Baron Cohen；主演过《Ali G个人秀》和《波拉特》）以及历史学家西蒙·沙玛（Simon Schama）等。

莫德林学院
学院

（Magdalene College；☎01223-332100；www.magd.cam.ac.uk；Magdalene St；⊙8:00~18:00，4月初至6月中旬 停止对公众开放）`免费` 河畔的莫德林学院的发音经常被人念错，学院名字的正确读音为"Maud-lyn"，原本是本笃会的招待所。该学院最宝贵的所在是**佩皮斯图书馆**（Pepys Library；⊙复活节至8月 周一至周五 14:00~16:00，周六 11:30~12:30和13:30~14:30，10月至次年复活节 周一至周六 14:00~16:00，9月 停止对公众开放）`免费`，藏有3000本珍贵书籍，都是由17世纪中期的日志作者遗赠给母校的。这些藏书与众不同，印有漂亮封面的书卷按高低排放，包括生动的中世纪手稿，以及描绘了16世纪40年代皇家海军战列舰的《安东尼书卷》（*Anthony Roll*）。

莫德林学院是剑桥最后一所同意接收女生的学院。1988年，女性学生终于被校方录取，为此，当时一些男生戴起黑色臂章，甚至将学院旗降了半旗。

伊曼纽尔学院
学院

（Emmanuel College；☎01223-334200；www.emma.cam.ac.uk；St Andrew's St；⊙9:00~18:00，4月初至6月中旬 停止对公众开放）`免费` 创建于16世纪的伊曼纽尔学院（学生们称之为"Emma"）以克里斯托弗·雷恩爵士（Sir Christopher Wren）设计的雅致**礼拜堂**而闻名。这所学院还有一块纪念约翰·哈佛（John Harvard；1632年毕业并获得文学学士学位）的牌匾，这位学者后来定居新英格兰，并将自己的财产捐给了当时马萨诸塞（Massachusetts）的一所剑桥学院——也就是现在的美国哈佛大学。

女王学院
学院

（Queens' College；☎01223-335511；www.queens.cam.ac.uk；Silver St；门票£3.50；⊙10:00~15:00；4月初至6月中旬 停止对公众开放）华丽的女王学院建于15世纪，优雅地横跨剑河两岸，由看起来不太科学的数学桥（见399页）连接起来。学院亮点包括两个漂亮的中世纪庭院：**老庭院**（Old Court）和**回廊庭院**（Cloister Court），以及精美的半木结构**校长小屋**（President's Lodge）和著名荷兰学者兼改革家德西德里乌斯·伊拉斯谟（Desiderius Erasmus）在1510年至1514年居住过的塔楼。

圣体学院
学院

（Corpus Christi College；☎01223-338000；www.corpus.cam.ac.uk；King's Pde；门票£3；⊙6月中旬至9月 10:30~16:30，10月至次年4月 14:00~16:00）圣体学院建于1352年，那些精美的建筑在历史的沉淀中保留至今。内部的**老庭院**（Old Court）仍保持了中世纪的原貌，弥漫着修道院的神圣气息。留心一下迷人的日晷，以及纪念昔日的学生、创作了《浮士德博士的悲剧》（*Doctor Faustus*）和《帖木儿大帝》（*Tamburlaine*）的剧作家克里斯托弗·马洛（Christopher Marlowe；1564~1593

年)的牌匾。穿过一个有着近200年历史的"新庭院",就进入了帕克图书馆(Parker Library),馆内珍藏有世界上最精美的盎格鲁-撒克逊手稿(周一和周四下午对旅游咨询处组织的团队游客开放)。

三一堂学院　　　　　　　　　　　　　学院

(Trinity Hall College; ☎01223-332500; www.trinhall.cam.ac.uk; Trinity Lane; 捐赠入场; ◎周二和周四 10:00~12:00和14:00~17:00,周日 9:00~12:00,4月至6月 停止对公众开放)这所学院安静地坐落在众多知名学院之间,但是与名声更响亮的三一学院并无关联。创建于1350年的三一堂学院规模不大,最初被作为律师和教士躲避黑死病的避难所。学院的礼拜堂是剑桥最美丽的教堂之一,某些时候,你可以在晚祷时入内参观;具体时间可查询学院网站。

耶稣学院　　　　　　　　　　　　　　学院

(Jesus College; ☎01223-339339; www.jesus.cam.ac.uk; Jesus Lane; ◎9:00~17:00, 4月初至6月中旬 停止对公众开放) 免费 这个宁静的学院在15世纪创办,曾经是圣拉黛贡德女修道院(nunnery of St Radegund),直到伊利主教(Bishop of Ely)约翰·阿尔科克(John Alcock)以"挥霍浪费无度、行为不检点"为由驱逐了修女。耶稣学院的亮点包括诺曼风格的拱顶走廊和13世纪的圣坛,以及普金(Pugin)、福特·马多克斯·布朗(Ford Madox Brown)、威廉·莫里斯(William Morris;设计了学院的天花板)、伯恩·琼斯(Burne Jones;设计了彩绘玻璃)的新艺术派杰作。学院的著名校友包括托马斯·克兰默(Thomas Cranmer)——宗教改革期间因为坚持信仰,在牛津被处以火刑;此外还有德高望重的BBC和PBS电台记者、主持人阿利斯泰尔·库克(Alistair Cooke)。

圣约翰学院　　　　　　　　　　　　　学院

(St John's College; ☎01223-33860; www.joh.cam.ac.uk; St John's St; 成人/儿童 £10/5; ◎3月至10月 10:00~17:00,11月至次年2月 10:00~15:30,6月中旬 停止对公众开放)圣约翰学院是6位首相、3位圣人以及《银河系漫游指南》(*The Hitchhiker's Guide to the Galaxy*)

的作者道格拉斯·亚当斯(Douglas Adams)的母校,也是剑桥最上镜的学院之一。学院于1511年由亨利七世的母亲玛格丽特·博福特创立,延展在河的两岸,由叹息桥相连。叹息桥是雕刻着石头花饰的杰作,也是学生们喜爱的玩恶作剧的地点。只有进入圣约翰学院内,或乘撑船游览,才能细致领略叹息桥的那份美妙。

剑桥大学植物园　　　　　　　　　　　花园

(Cambridge University Botanic Garden; ☎01223-336265; www.botanic.cam.ac.uk; 1 Brookside; 成人/儿童 £6/免费; ◎4月至9月 10:00~18:00,2月、3月和10月 至17:00,11月至次年1月 至16:00)这个美丽的植物园由查尔斯·达尔文的导师约翰·亨斯洛(John Henslow)教授创建,总共种植了8000种植物,有一个精致的树木园、几间玻璃暖房(种有食虫植物猪笼草和娇弱的拖鞋兰)、一个冬季花园以及醒目的草本植物带。5月至9月每周日14:30都可以参加1小时的免费导览游。

2月至4月和10月至12月每个月第一个周日也会开设免费团队游。植物园位于市中心以南1200米处,经过Trumpington St即可到达。

凯特尔宅院　　　　　　　　　　　　　博物馆

(Kettle's Yard; ☎01223-748100; www.kettlesyard.co.uk; Castle St; ◎周二至周日 12:00~17:00) 免费 广受欢迎的凯特尔宅院最近完成了耗资1100万英镑的维护整修,新增了一些高科技当代艺术展厅。但对许多人而言,这里最大的吸引力还是原有的藏品,它们仍陈设在馆内前伦敦泰特美术馆馆长吉姆·艾德(Jim Ede)的旧居中。艾德将三栋房屋打通,创造出了一个奇怪而静谧的空间,用来在乡村农舍氛围的展厅里展示顶级绘画和雕塑,其中包括米罗(Miró)和亨利·摩尔(Henry Moore)等名家的作品。

圆教堂　　　　　　　　　　　　　　　教堂

(Round Church; ☎01223-311602; www.christianheritage.org.uk; Bridge St; £3.50; ◎周二至周六 10:00~17:00,周日 13:30~17:00)美丽的圆教堂是剑桥的又一瑰宝,也是英格兰仅有的4座同类建筑之一。教堂是由神秘的圣殿骑

士团（Knights Templar）在1130年建造的，与众不同的圆形中殿被坚实的诺曼柱所环绕，柱头的石雕表面鲜活体现了12世纪的雕刻工艺。

极地博物馆　　　　　　　　　博物馆

（Polar Museum；☎01223-336540；www.spri.cam.ac.uk/museum；Lensfield Rd；◎周二至周六 10:00~16:00）**免费** 在这个极具震撼力的博物馆里，有关恶劣环境、坚定决心和一些致命错误的故事发人深省。博物馆以极地探险为主要展览内容，展现了罗尔德·阿蒙森（Roald Amundsen）、弗里乔夫·南森（Fridtjof Nansen）、欧内斯特·沙克尔顿（Ernest Shackleton）和船长罗伯特·福尔肯·斯科特（Robert Falcon Scott）等先驱的事迹。馆内的藏品令人动容，包括绘画、照片、衣物、器具、地图、日记，还有斯科特极地探险队成员给亲人留下的绝笔信。

圣体钟　　　　　　　　　　　　地标

（Corpus Clock；Bene't St）圣体钟由24开黄金制成，通过同轴LED灯光来显示时间。一只被称为"时光吞噬者"（time-eater）造型丑陋的昆虫在钟的上方缓缓爬行。圣体钟每隔5分钟才会校准时间，其余时候不是走得慢，就是停下来再突然加速，这是设计师J.C.泰勒（JC Taylor）的独特用心，旨在表现生命无常。

圣母大教堂　　　　　　　　　教堂

（Great St Mary's Church；www.gsm.cam.ac.uk；Senate House Hill；◎周一至周六 10:00~16:00，周日 13:00~16:00）**免费** 这是座非凡的大学教堂，其地基历史可追溯到1010年。13世纪90年代时在火灾中化为灰烬，随后在1351年得以重建。1478年至1519年进行了大规模的扩建，呈现出今天的垂直式哥特晚期风格。教堂鲜明的特色表现在维多利亚时代中期的彩色玻璃窗、座席走廊和两架管风琴——这在教堂里并不多见。塔楼（成人/儿童 £4/2.50）是1690年增建的，登上塔楼能够欣赏到剑桥塔尖林立的梦幻风景。

小圣玛丽教堂　　　　　　　　教堂

（Little St Mary's Church；☎01223-366202；www.lsm.org.uk；Trumpington St；◎7:30~18:30）

免费 这座教堂原来的名字非常拗口——St Peter's-without-Trumpington-Gate（没有特兰平顿门的圣彼得教堂），这也是圣彼得学院（后来改名为彼得学院）的名称来源。教堂内有一座戈德弗雷·华盛顿（Godfrey Washington）纪念碑，他是彼得学院的学生，也是美国首任总统乔治·华盛顿的叔祖父。其家族纹章正是星条旗，美国国旗的设计灵感就源于此。

彼得学院　　　　　　　　　　学院

（Peterhouse；☎01223-338200；www.pet.cam.ac.uk；Trumpington St；◎9:00~17:00，4月初至6月中旬 停止对公众开放）**免费** 充满魅力的彼得学院建于1284年，是剑桥最古老且最小的学院。多年来，学院大部分的建筑都经历了重建或者改扩建，其中就包括建于1632年的精美小礼拜堂，不过经过精心修复的主大厅依旧保持了13世纪的原有风貌。

尽管学方坚决否认，但学生间依旧传言校内经常有幽灵出没。在彼得学院培养出的毕业生中，有3人获得了诺贝尔奖。

🚶 活动

Scudamore's Punting　　　　　划船

（☎01223-359750；www.scudamores.com；Mill Lane；含船工撑船每45分钟成人/儿童 £20/10，6人自助撑船 每小时£30；◎9:00至黄昏）出租撑船、手划艇、皮划艇以及独木舟。在线预订可获得折扣价格。

耶稣草坪泳池　　　　　　　　游泳

（Jesus Green Pool；☎01223-302579；www.cambridge.gov.uk/jesusgreen-outdoor-pool；Jesus Green；成人/儿童 £4.60/2.45；◎5月至9月 周一、周二和周五 7:30~19:30，周三、周四、周六和周日 12:00~19:30）这座户外游泳池建于20世纪20年代，长达91米，形状狭长，深受喜爱晒日光浴的人士追捧。

👉 团队游

★ 步行游览　　　　　　　　　　步行

（Walking Tours；☎01223-791501；www.visitcambridge.org；Peas Hill；◎每天1~5次导览游）城里最棒的导览团自游，行程包括游览一所学院和城内的主要景点。选项包括2小

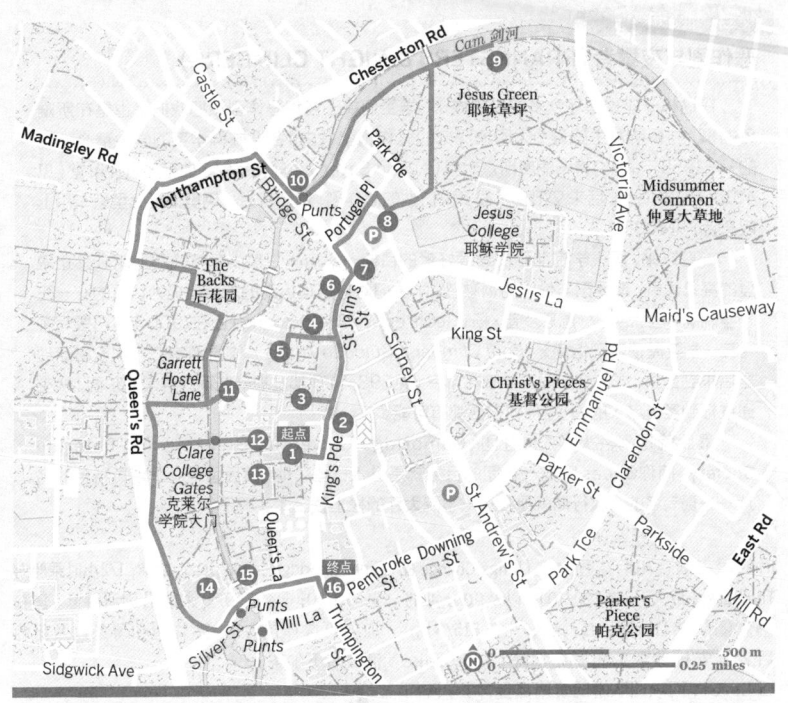

步行游览
学院和后花园

起点: 国王学院礼拜堂
终点: Fitzbillies
全长: 3英里,4小时

从 ❶ **国王学院礼拜堂**(见398页)出发,漫步向北,进入 ❷ **圣母大教堂**并登上塔楼欣赏剑桥全景。接下来,避开骑行者和导游,快速进入令人激动的 ❸ **冈维尔与凯斯学院**(见400页),观赏那里精美的大门。❹ **三一学院**(见398页)装饰精致的入口耸立在左手边,穿过入口走进名副其实的大庭院,欣赏令人赞叹的建筑,然后前往珍藏着珍贵历史典籍、沉静的 ❺ **雷恩图书馆**(见398页)。之后驻足观赏 ❻ **圣约翰学院**(见403页)的华美外观,沿路下去可看到建于12世纪、迷人的 ❼ **圆教堂**(见403页)。在狭窄的Portugal Pl的漂亮台阶处右转,位于路尽头的 ❽ **Maypole**(见409页)酒馆气氛友好,是个喝一杯的好地方。

接下来去耶稣草坪的斜对面,可以考虑在小巧的露天 ❾ **耶稣草坪泳池**游个泳。然后沿河岸向西南漫步,经过运河船闸和船屋,踏上通往撑船码头的水边木板路。在 ❿ **莫德林学院**(见402页)旁过桥,学院里的佩皮斯图书馆值得绕路游览一番。

之后转入现代感十足的Northampton St,你就站在通往后花园的小路上了,圣约翰学院的优雅全景在树林中若隐若现,也可以看到隔壁的三一学院。接下来要沿学院小径与河流曲折前行:踏上 ⓫ **Garrett Hostel Lane**,更近距离地观赏撑船、桥梁和各学院的外观。然后回到小径,再绕路左转前往 ⓬ **克莱尔学院**(见399页)通常开着的大门,一定要去教工花园观赏一番。

回到后花园,可以看到国王学院西端、帕拉第奥式的 ⓭ **教工大楼**就在右边。绕过 ⓮ **女王学院**(见402页)左转,在Silver St的桥上好好端详一下左边敦实的 ⓯ **数学桥**(见399页)和右边众多等待出发的撑船。休息的时间到了,在 ⓰ **Fitzbillies**(见408页)舒舒服服地吃块切尔西葡萄干面包,喝杯热气腾腾的茶。

当地知识

恶作剧与夜攀者（PRANKSTERS & NIGHT CLIMBERS）

在这样一座聚集了众多才俊的城市，学生们精于各种恶作剧和把戏似乎也是在所难免的事。剑桥所发生的最令人印象深刻的恶作剧就是由4名机械科学系的学生精心计划的——1958年，他们将一辆奥斯汀七型（Austin Seven）小轿车吊到了地标建筑评议堂（见401页）的屋顶上。后来又出现了很多模仿性的恶作剧，例如将另一辆奥斯汀七型轿车吊上叹息桥（见403页）。

一直以来，国王学院都是夜攀爱好者的目标——有学生热衷在夜晚爬上明令禁止攀登的高耸建筑，享受无与伦比的刺激感。学生们对待这项运动的态度是极为认真的——三一学院的学生杰弗里·温思罗普·杨（Geoffrey Winthrop Young）还在1900年专门撰写了《三一学院屋顶攀爬指南》（Roof Climber's Guide to Trinity）。如果你是在一次夜攀活动之后来到剑桥，或许会在国王学院礼拜堂（见398页）顶部发现一些不同寻常的东西，从交通锥标到圣诞老人的帽子，任何东西都有可能。

最后就是剑桥大学入侵社团（Cambridge University Breaking and Entering Society，简称Cubes），这一社团的目标就是进入一些禁地，然后留下一张别具特色的名片——最有名的一次行动就是在三一学院大厅的橡上摆上木头鸭子。

时的**国王学院和后花园之旅**（Kings College & The Backs；成人/儿童 £20/10），以及90分钟的**精彩团队游**（Highlights；成人/儿童 £15/8），后者常安排参观彭布罗克学院（Pembroke College），两项团队游的费用都包含了学院门票。由于是热门活动，尽量预订。

此外还有时长1小时的**剑桥精华团队游**（Essential Cambridge；成人/儿童 £12.50/6）。步行团队游都从旅游咨询处出发。每周还有2个晚上组织多姿多彩的1小时**幽灵之旅**（Ghost Tours；成人/儿童 £7/5）。

Cambridge Chauffeur Punts 划船

（☏01223-354164；www.punting-in-cambridge.co.uk；Silver St Bridge；船工撑船每小时 成人/儿童 £16/7，6人自助撑船每小时 £24；◉6月至8月 9:00~20:00，4月、5月、9月和10月 10:00至黄昏）定期开展船工撑船团队游，也提供自助划船的船只租赁。

Granta Moorings 划船

（☏01223-301845；www.puntingincambridge.com；Newnham Rd；船工撑船每小时 成人/儿童 £14/8，6人自助撑船每小时 £22~26；◉4月至10月 9:30至黄昏）如果你要前往格兰切斯特（见412页），这家撑船出租公司位置十分便利。

Riverboat Georgina 划船

（☏01223-929124；www.riverboatgeorginacambridge.co.uk，Jesus Lock；1/2小时乘船游览 £10/20；◉4月至9月）乘船沿剑河游览。套餐加项可选择包含午餐、炸鱼和薯条以及葡萄酒或者下午茶。

节日和活动

Bumps 体育

（www.cucbc.org/bumps；◉2月和6月）传统的沿剑河（Cam；剑桥延伸段被称为Granta）进行的划船比赛，届时各学院划船俱乐部的船只争相"碰撞"前方的船，展开激烈竞争。

啤酒节 啤酒节

（Beer Festival；www.cambridgebeerfestival.com；◉5月）在耶稣草坪举办的啤酒和苹果酒盛宴，为期5天，超级受欢迎。其间除了可以喝到来自全国各地的佳酿，还能品尝到品种繁多的英国奶酪。

五月舞会 文化节

（May Balls；◉6月初）这个正式舞会是一年中最盛大的学生活动。而舞会的名字和真正举办的月份并不相符，这是因为最初舞会确实是在5月举办的，但校方认为在考试之前举办这样的饮酒狂欢盛宴不妥当，所以现在都是在考试结束后举办，但是作为典型的剑桥式搞怪，舞会依然延续了老名字。

剑桥莎士比亚戏剧节 戏剧节

(Cambridge Shakespeare Festival; www.cambridgeshakespeare.com; ⓘ7月和8月)莎翁最受喜爱的剧作将会在几个学院花园里上演。

民谣节 音乐节

(Folk Festival; www.cambridgefolkfestival.co.uk; ⓘ7月末至8月初)很受热捧的为期4天的音乐节,在剑桥市中心东北4英里处的切里欣顿厅(Cherry Hinton Hall)举办。近些年来,音乐节吸引了凡·莫里森(Van Morrison)、雷村黑斧合唱团(Ladysmith Black Mambazo)、克里斯蒂·摩尔(Christy Moore)、伊梅尔达·梅(Imelda May)、保罗·西蒙(Paul Simon)和凯蒂·赛斯托尔(KT Tunstall)等知名乐手前来参加。

🛏 住宿

Cambridge YHA 青年旅舍 £

(📞0345-371 9728; www.yha.org.uk; 97 Tenison Rd; 铺/双 £25/60; @🛜)这家时尚友好的青年旅舍人气极旺,有布局紧凑的宿舍,配套设施齐全,就在火车站附近,位置十分方便。

Tudor Cottage 民宿 ££

(📞01223-565212; www.tudorcottageguesthouse.co.uk; 292 Histon Rd; 标单/双 £55/90; P🛜;🚌8)这家干净温馨的民宿令游客宾至如归,从小巧的露台花园到摆满早餐桌的特色茶品、麦片、蛋糕以及马芬蛋糕,都那么令人愉悦。距市中心不到2英里,8路公共汽车站就在门口。

Rosa's 民宿 ££

(📞01223-512596; www.rosasbedandbreakfast.co.uk; 53 Roseford Rd; 标单 £45~60; P🛜;🚌8)这家友好的、由家族经营的民宿适合独自出行的游客,3间单人房都采用中性色调装修,明亮而舒适。位于市中心以北2英里处,外面有免费的路边停车位,附近有8路公共汽车站。

Worth House 民宿 £

(📞01223-316074; www.worth-house.co.uk; 152 Chesterton Rd; 标单 £75~95, 双 £100~140, 标三 £165, 四 £192; P@🛜)民宿服务热情周到,房间讨人喜爱,性价比很高。浅灰色、奶油色与红色糖果条纹完美搭配,卫生间花哨有趣,配有独立浴缸,茶盘上摆满了茶点。家庭游客住宿选择尤其出色。

剑桥大学学生公寓 民宿 ££

(University Rooms Cambridge; www.universityrooms.com/en/city/cambridge; 标单/双 £50/80起)如果你想体验在真实的校园生活,可以住在学院的学生公寓内。房间类型不一,有能够眺望学院庭院的实用单人房(需要共用卫生间),也有在附近公寓楼内更为现代化的套房。早餐通常是在食堂(学生餐厅)。

在大学假期(6月至8月、圣诞节,以及3月至4月)期间,你会有更大的选择余地。

Benson House 民宿 ££

(📞01223-311594; www.bensonhouse.co.uk; 24 Huntingdon Rd; 标单 £80~120, 双 £120; P🛜)Benson胜在很多小细节,比如说你可以睡在羽毛枕上,搭配埃及棉床上用品,茶具为皇家道尔顿出品的骨瓷,然后尝尝醇香咖啡、牛角面包和新鲜水果搭配而成获奖早餐。

★ Hotel du Vin 精品酒店 £££

(📞01223-928991; www.hotelduvin.com; 15 Trumpington St; 双 £190~270; 套 £290~430; @🛜)堪称英国最时髦、最酷炫的连锁酒店之一。位于剑桥的这家分店承袭了该品牌一贯的招牌风格,房间极其漂亮,配有卷边浴缸、强劲淋浴和定制床,拱顶地下酒吧舒适迷人,小饭馆(2/3道菜 £18/21)同样雅致,富丽堂皇的套房(有旋转电视、迷你影院和环绕音响)可谓至高享受。

★ Varsity 精品酒店 £££

(📞01223-306030; www.thevarsityhotel.co.uk; Thompson's Lane; 双 £195~360; ❄@🛜)这家河畔酒店有44个风格各异的房间,室内设施和家具颇具特色(例如卷边浴缸和旅行箱),还有大大的落地窗、意式咖啡机以及智能手机充电座等。从屋顶露台还能眺望剑桥学院的绝美风景。

代客停车服务费用为每晚£20。

Felix 精品酒店 £££

(📞01223-277977; www.hotelfelix.co.uk;

Whitehouse Lane, Huntingdon Rd; 标单 £220, 双 £165~280, 套 £315~335; P@🛜🐾) 大胆的现代艺术和富有想象力的设计使Felix跻身极佳的精品住宿之列。休息室里优美的实木镶板旁边放着色彩鲜艳的椅子, 此外还配有丝绸窗帘、鸭绒被, 卫生间里设有地板供暖。酒店就位于城西北大约1.5英里处。

就餐

★ Urban Shed 三明治 £

(☎01223-324888; www.theurbanshed.com; 62 King St; 三明治 £5起; ⊙周一至周五 8:30~17:00, 周六 9:00~17:30, 周日 10:00~17:00; 📶) 个性独特、充满复古风情的Urban Shed服务意识极强, 以至经常来这里的顾客都有用来存放马克杯的专用储物柜。老式飞行座椅摆放在电缆卷轴做成的桌子上, 他们自己烘焙的混合咖啡味道醇厚, 三明治的选择丰富多样, 内馅选择包括烤茄子和瑞士奶酪、椰子沙嗲鸡肉以及撒上瓜子仁的烤西葫芦等。

Steak & Honour 汉堡 £

(www.steakandhonour.co.uk; 4 Wheeler St; 汉堡 £6~9; ⊙周一至周五 11:30~15:00和17:00~21:30, 周六 11:30~22:00, 周日 至17:00) "你可没办法单手拿着它", 这个由几辆汉堡卡车发展而来的摊铺对客人说。小圆面包之间的牛肉饼被挤实, 奶酪受热融化。你可以把它们带走, 但是更方便的办法是在简易咖啡馆里吃掉 (塑料托盘、没有靠垫、福米卡贴面餐桌)。拿上几张餐巾纸, 痛快享用这种街头快餐吧!

Aromi 意大利菜 £

(☎01223-300117; www.aromi.co.uk; 1 Bene't St; 主菜 £5起; ⊙周日至周四 9:00~19:00, 周五和周六 至22:00; 📶) 如果你抵制不了这家餐厅的诱惑, 就别硬撑着啦, 不要辜负橱窗里那些超诱人的西西里比萨, 进来尽情品尝美食吧。新鲜的菠菜和帕尔马火腿高高堆在薄脆的饼皮上, 令人意犹未尽。然后再喝下那罪恶感十足的浓醇热巧克力饮, 这一切堪称盛宴了。

Aromi在不远处的Peas Hill有另外一间咖啡馆, 在Fitzroy St上还有一家意式冰激凌店。

Fitzbillies 咖啡馆

(☎01223-352500; www.fitzbillies.com; 52 Trumpington St; 主菜 £9~12; ⊙周一至周五 8:00~18:00, 周六 9:00~18:00, 周日 9:30~18:00) 剑桥最古老的面包房, 是一代又一代学生心里温暖柔软的回忆, 以喷香蓬松的切尔西葡萄干圆面包 (Chelsea buns) 和其他甜品而闻名。打包好食物带走, 或者在古朴典雅的咖啡馆舒服地坐着, 大快朵颐吧。

Locker 咖啡馆

(☎07566 216042; www.thelockercafe.co.uk; 54 King St; 小吃 £5起; ⊙周一至周五 8:30~17:30, 周六 9:30起, 周日 10:00~16:00; 🛜📶) ♪ "道德" 咖啡、自制汤羹, 加上剑桥各生产商出产的美味面包、蛋糕和馅饼。这个小清新的咖啡馆的确更胜一筹。

Espresso Library 咖啡馆

(☎01223-367333; www.espressolibrary.com; 210 East Rd; 主菜 £7.50~11; ⊙周一至周六 7:00~18:00, 周日 8:00起; 🛜📶) 高冷的背景音乐, 几乎每张桌子上都有客人在用笔记本电脑, 这标志着这个工业风的咖啡馆深受学生们的喜爱。这要部分归功于绿色健康的食物——菜肴可能包括红薯和菠菜馅饼, 或者鲜美多汁的褐色蘑菇配小圆面包——剩下的原因则是令人赞不绝口的咖啡。

Rainbow 素食 ££

(☎01223-321551; www.rainbowcafe.co.uk; 9a King's Pde; 主菜 £10~13; ⊙周二至周六 10:00~22:00, 周日 至15:00; 📶) 素食者的好去处: 一间氛围良好的地下室小酒馆, 隐藏在紧邻King's Parade的一条小巷尽头。这里有几间舒适的房间、摇摇晃晃的餐桌, 丰富多样的素食食材可以制作五花八门的烘焙、烧烤、面食和馅饼等菜肴。

Kingston Arms 酒吧食物 ££

(☎01223-319414; www.facebook.com/pg/KingstonArms; 33 Kingston St; 主菜 £8~14; ⊙周一至周四 17:00~23:00, 周五和周六 正午至午夜, 周日 至23:00; 🛜) 一家屡获殊荣的美食酒吧, 食物超赞, 有烤肉、自制意式调味饭以及美味的香肠, 能让你大饱口福。同时还有十多种艾尔啤酒, 丰富的桌上游戏, 店里聚集了很多当地学生和地方居民，营造了一种现代剑桥的气氛。位于市中心东南1英里处。

Pint Shop
新派英国菜 ££

（☎01223-352293；www.pintshop.co.uk；10 Peas Hill；小吃£5起，主菜£12~22；⊙周一至周五12:00~22:00，周六11:00~22:30，周日11:00~22:00）人气极旺的Pint Shop，致力于实现就餐和饮品之间的平衡。为此，这里既是一家忙碌的精酿啤酒酒吧，也是一家供应传统菜肴的时尚餐厅（干式熟成牛排、杜松子酒渍海鳟、炭烤鱼以及烤肉串等）。总而言之，诱惑无法抵挡。

Smokeworks
烧烤 ££

（www.smokeworks.co.uk；2 Free School Lane；主菜£11~20；⊙周一至周五11:30~22:00，周五和周六至22:30，周日至21:30；📶）这家光线昏暗的工业主题餐厅，招牌菜为入口即化的排骨、鸡翅和味道极好的烟熏手撕猪肉，吸引着口味挑剔的肉食爱好者们不断前来。这里的服务热情迅速，咸焦糖奶昔之玻璃樽之大会让你无所适从。

Cambridge Chop House
英国菜 ££

（☎01223-359506；http://www.cambscuisine.com/cambridge-chop-house；1 King's Pde；主菜£17~26；⊙9:00~23:30，周一至周六正午至22:30，周日至21:30）靠窗座位能欣赏到剑桥的绝美景致，包括神圣的国王学院的外墙。食物都是经典的英式菜肴，有丰盛的肉排、排骨、薯条，还有一系列的鱼肉以及牛油布丁（suet pudding）。这里也经营早餐（9:00~11:15）以及咖啡和糕点（10:00~11:30）。

姐妹店 **St John's Chop House**（☎01223-353110；www.cambscuisine.com/st-johns-chop-house；21 Northampton St；主菜£14~26；⊙周一至周五12:00~15:00和18:00~21:30，周六12:00~22:30，周日至21:00）就在圣约翰学院后门附近。

★ Midsummer House
新派英国菜 £££

（☎01223-369299；www.midsummerhouse.co.uk；Midsummer Common；5/8道菜£69/145；⊙周三至周六正午至13:30，周二至周六19:00~21:00；📶）作为当地最棒的餐厅，大厨丹尼尔·克利福德（Daniel Clifford）打造的米其

林二星创意菜口感丰富，技艺高超。试试各种南瓜菜肴（加入奶油）、鲭鱼（Jack Daniels威士忌腌制）、鹌鹑、大扇贝和松鸡，然后是荒莩白巧克力球配椰汁、芒果和香米等。

与众不同的是，这里还提供素食、纯素和鱼素版本的8道菜套餐。

Cotto
各国风味 £££

（☎01223-302010；www.cottocambridge.co.uk；Gonville Pl；3道菜£70~75；⊙周二至周六18:30~21:00；📶）🍴如今搬迁到时尚的Gonville Hotel内，但餐厅提供的菜肴在艺术性和精准度方面魅力依旧。菜单可能包括奶油海鲜或招牌菜Cotto鹿肉排，之后还有深海鱼油烤苹果酥和奶酪慕斯等。

🍷 饮品和夜生活

★ Cambridge Brew House
微酿酒厂

（☎01223-855185；www.thecambridgebrewhouse.com；1 King St；⊙周日至周四11:00~23:00，周五和周六至午夜）选一杯啤酒，也许它就来自吧台旁边那排闪闪发光的大酒罐里。再加上热闹的氛围、折中主义的装饰、脏脏汉堡以及英式餐前小吃（主菜£10~15），你会发现这里其实就是心中一直梦想着的酒馆。

Hidden Rooms
鸡尾酒吧

（☎01223-514777；www.facebook.com/pg/hiddenrooms；Jesus Lane；⊙周三和周四19:00~23:00，周五和周六至午夜）鸡尾酒爱好者的福音。在Hidden Rooms（只要你能找到），卡座和餐桌服务与精致的鸡尾酒十分契合，每个月两次的爵士和调酒课程则增加了另一层吸引力。

找到这里有一个小窍门：前往Pizza Express，然后下一层楼。

Maypole
小酒馆

（☎01223-352999；www.maypolefreehouse.co.uk；20a Portugal Pl；⊙周日至周四11:30至午夜，周五和周六至次日1:00）有十几种散装的原浆艾尔啤酒、50种杜松子酒、宽敞的啤酒花园、友好传统的气氛，这个红砖小酒馆颇受当地人喜爱。同时供应丰盛的自制意大利菜肴，再加上各种地区和精酿啤酒节庆活动，让这里总是人气高涨。

Fez
夜店

(www.cambridgefez.com; 15 Market Passage; ◎周二至周日 10:00~15:00)嘻哈音乐、舞曲、R&B、电子乐、放克、独立音乐、浩室音乐和车库摇滚；顶级DJ以及俱乐部之夜——在剑桥最火爆的夜店，你会找到所有的一切。这里主打摩洛哥风情。

Eagle
小酒馆

(☎01223-505020; www.eagle-cambridge.co.uk; Bene't St; ◎周日至周四 11:00~23:00，周五和周六 至午夜; 🛜🍴)剑桥最著名的酒馆，光临过此地尽情畅饮知名学者不计其数，其中就有诺贝尔奖获得者克里克(Crick)和沃特森(Watson)，他们在这里展开过关于DNA双螺旋结构研究的讨论(注意门边的蓝色牌匾)。这是一家15世纪的酒馆，布局不规则，木镶板装潢的房间简单舒适，其中一间的天花板上还有第二次世界大战时期飞行员的签名。

酒馆里的食物(主菜 £10~15)全天供应，着实不错，而且还贴心地备有儿童餐。

Granta
小酒馆

(☎01223-505016; www.granta-cambridge.co.uk; 14 Newnham Rd; ◎11:00~23:00)这家河畔酒馆建在一个漂亮的磨坊池塘之上，坐拥如画的风景。如果你觉得酒馆外观看起来十分眼熟，那是因为这里受到很多电视剧导演的青睐。也难怪，酒馆舒适的平台，河边的露台，再加上停泊在河岸的零星几艘撑船，此情此景让人忍不住坐下喝一杯，感慨一下"逝者如斯夫"。

☆ 娱乐

ADC
剧院

(☎01223-300085; www.adctheatre.com; Park St)著名的由学生自发组织的脚灯戏剧社(Footlights comedy troupe)的大本营正是在这里，前辈成员包括艾玛·汤普森(Emma Thompson)、休·劳瑞(Hugh Laurie)、斯蒂芬·弗雷(Stephen Fry)等。

Cambridge Arts Theatre
剧院

(☎01223-503333; www.cambridgeartstheatre.com; 6 St Edward's Passage)剑桥最大最完善的剧院，各种剧目在此上演，从阳春白雪的戏剧和舞蹈到哑剧，再到伦敦西区最新剧目，一应俱全。

Corn Exchange
表演艺术

(☎01223-357851; www.cornex.co.uk; Wheeler St)从流行乐到摇滚乐，再到喜剧，吸引了众多顶级明星前来演出。

Junction
表演艺术

(☎01223-511511; www.junction.co.uk; Clifton Way)戏剧、舞蹈、喜剧、现场乐队以及夜店之夜，尽在这一位于火车站附近的现代表演场地。沿着Regent St，然后转向Hills Rd，距市中心东南1.5英里处。

Portland Arms
现场音乐

(☎01223-357268; www.theportlandarms.co.uk; 129 Chesterton Rd; ◎周一至周四 12:00~23:30，周五和周六 至次日0:30，周日 至23:00)想听现场演奏，目睹潜力乐队的崛起，这里就是最好的选择。这家可以容纳200人的空间深受学生们的喜爱，是很好的音乐演出场所。这里有木镶板装饰的沙龙酒吧、宽敞的露台，每个月还会举办喜剧之夜。

ℹ️ 实用信息

旅游局(☎01223-791500; www.visitcam

值 得 一 游

帝国战争博物馆（IMPERIAL WAR MUSEUM）

在欧洲最大的**航空博物馆**(☎01223-835000; www.iwm.org.uk; Duxford; 成人/儿童 £19/9.50; ◎10:00~18:00; 🅿🍴)中，数个巨大的飞机库中有将近200架精心保存的老式飞机。宽敞的飞机场展示了从俯冲轰炸机到双翼飞机、喷火式战斗机和协和式飞机等各式机型。令人惊叹的美国空军博物馆(American Air Museum)飞机库旨在向参加第二次世界大战的美国军人致敬，这里的美国民用和军用飞机收藏规模是美国之外最大的。

达克斯福德(Duxford)位于剑桥以南9英里处，就在M11的Junction 10交叉路口。只有周日才有公共汽车开往博物馆(132路; £3.90, 50分钟)。

bridge.org; The Guildhall, Peas Hill; ⓧ周一至周六 9:30~17:00, 以及4月至10月 周日 11:00~15:00) 提供各种信息咨询服务, 还可帮助预订住宿、徒步游和乘船团队游、各种活动, 以及国王学院礼拜堂的门票。此外还出售地图、指南和纪念品。

❶ 到达和离开

长途汽车
National Express (☎0871 781 8181; www.nationalexpress.com; Parkside; 📶) 的长途汽车从Parkside出发, 直达班线目的地如下:

盖特威克 (Gatwick) £41, 4小时, 每天7班
希斯罗 (Heathrow) £31, 2.75小时, 每小时1班
伦敦维多利亚 (London Victoria) £11, 2.5小时, 每2小时1班
牛津 (Oxford) £14, 3.5小时, 每小时1班
斯坦斯特德机场 (Stansted) £10, 45分钟, 每2小时1班

小汽车
剑桥市中心大部分区域都是步行区, 市区多层停车场的收费是2小时£2.40~4。

在市区周边的主要线路上有5个**停车换乘点** (Park & Ride; 停车每天/每周 £1/5) 可供使用。周一至周六每天7:00~20:00以及周日9:00~17:45, 这5处换乘点有公共汽车往返市中心 (往返票价£3), 每隔10~15分钟1班——可了解详细时刻信息。

火车
火车站距市中心东南1.5英里, 直达路线通往下列目的地:

伯明翰新街 (Birmingham New Street) £35, 3小时, 每小时1班
贝里·圣埃德蒙兹 (Bury St Edmunds) £11, 40分钟, 每小时1班
伊利 £5, 15分钟, 每小时3班
金斯林 £7, 50分钟, 每小时1班
伦敦国王十字车站 (London King's Cross) £25, 1小时, 每小时2~4班
斯坦斯特德机场 £11, 35分钟, 每30分钟1班

❶ 当地交通

自行车
剑桥是个十分适合骑自行车的地方, 两轮车能让你更好地欣赏这座城市的美。

我们推荐以下自行车租赁商店:

City Cycle Hire (☎01223-365629; www.citycyclehire.com; 61 Newnham Rd; 每半天/天/周 £9/12/25, ⓧ周一至周五 9:00~17:30, 以及复活节至10月 周六 9:00~17:00) 距市中心西南1英里处。

Rutland Cycling (☎01223-307655; www.rutlandcycling.com; Corn Exchange St; 每4小时/天 £7/10; ⓧ周一至周五 9:00~18:00, 周日 10:00~17:00) 位于城镇中心的Grand Arcade购物中心内。还有一个分店就在火车站的Station Rd路边。

公共汽车
➡ 公共汽车线路从**汽车总站** (Drummer St) 出发绕城行驶。

➡ 许多线路从运营时间为6:00~23:00前后。

➡ C1路、C3路和C7路公共汽车在火车站停靠。

➡ 持城市Dayrider通票 (£4.30) 可以在24小时内无限次乘坐剑桥范围内所有公共汽车。

伊利 (Ely)

☎01353 / 人口 20,256

伊利 (发音同ee-lee) 是一座小巧迷人的城市, 从剑桥出发, 这里是很好的一日游目的地。这座以曾经栖息在周边沼泽地里的鳗鱼 (eel) 命名的城市, 却有着令人赞叹不已的大教堂。从中世纪开始, 伊利就是英国最大的鸦片制作中心之一, 那些上层阶级的女士们会举办"罂粟派对", 当地母亲们会用"罂粟茶"让自己的孩子昏昏欲睡。今天, 除了令人眩晕的高耸教堂塔楼外, 伊利还遍布着中世纪风情的街道, 两边林立着传统的茶室和漂亮的乔治国王时代风格的建筑。古朴典雅的码头风景更为伊利增添了别致的神韵。

ⓞ 景点

★ 伊利大教堂 　　　　　　　　　　主教座堂
(Ely Cathedral; ☎01353-667735; www.elycathedral.org; The Gallery; 成人/儿童 £9/免费, 含塔楼团队游 £16.5/免费; ⓧ7:00~18:30) 庄严肃穆的伊利大教堂是城中最为醒目的建筑, 从广阔平坦的沼泽地很远之外就能望见其雄伟的轮廓, 因此它也被称为"沼泽之船" (Ship of the Fens)。

建于12世纪初期教堂中殿光彩夺目, 干净明朗的线条以及空间的高耸感令人震撼。

不妨留意一下入口处的天花板，技艺精湛的14世纪**八角塔**（Octagon）以及熠熠生辉的高耸**塔楼**。标准门票包括一楼的**导览游**。**塔楼团队游**（每天4~5次）可以让你看到大教堂的另一面，登上165级台阶后可以将壮观的景致尽收眼底。

至少从公元673年起，伊利就是人们礼拜和朝圣的地方，那一年，东安格利亚国王的女儿埃塞德里拉（Etheldreda）在此址建立了一座女修道院（事实上，在决心成为修女之前，她已经经过两次婚），她死后不久即被封为圣徒。后来女修道院被丹麦人洗劫破坏，随后作为修道院重建。诺曼人征服英格兰之后，这里曾被拆毁，后又作为教堂被重建。1109年，伊利成为大教堂，为了支撑厚重的墙体，教堂后来又增加了哥特式拱顶。

在宽敞的14世纪**圣母堂**（Lady Chapel）里可以看到若干个奇怪的空壁龛，这些壁龛曾经供奉着圣人和殉难者的雕像。在英国内战期间，这些雕像被要求破除习俗的人无情地损毁。不过精致花饰窗格幸运地保留下来，窗格上方有一尊颇有争议的雕塑《圣母玛利亚》，由戴维·韦恩创作，2000年揭幕后毁誉参半。大教堂的华美使其成为颇受欢迎的电影取景地：你可能会在《伊丽莎白：黄金年代》（*Elizabeth: The Golden Age*）以及《另一个波琳家的女孩》（*The Other Boleyn Girl*）中认出一些精美的细节场景。为了感受最震撼的氛围，在颂唱晚祷（周一至周六17:30，周日16:00）或唱诗礼拜时来最好（周日10:30）。

奥利弗·克伦威尔故居
博物馆

（Oliver Cromwell's House；☎01353-662062；www.olivercromwellshouse.co.uk；29 St Mary's St；成人/儿童 £5/3；⏰4月至10月 10:00~17:00，11月至次年3月 11:00~16:00）1636年至1647年，这位英格兰清教徒国务大臣和家人曾在这栋漂亮的半木结构房屋中生活——当时他还是当地的什一税征收员。如今房屋内部经过重修，如实反映出他们日常生活中的家具和配饰——甚至还能看到烛光摇曳的蜡烛、随意摆放的礼帽还有写字用的鹅毛笔。整个过程引人入胜，你不禁会重新思考：克伦威尔究竟是英雄，还是恶棍？

伊利博物馆
博物馆

（Ely Museum；☎01353-666655；www.elymuseum.org.uk；Market St；成人/儿童 £4.50/1；⏰4月至10月 周一至周六 10:30~17:00，周日 13:00~17:00；11月至次年3月 周一和周三至周六 10:30~16:00，周日 13:00~16:00）这个离奇的小博物馆就位于老监狱（Old Gaol House）内，恰当地展现了牢房内的那些可怕场景。展览还介绍了古罗马人和盎格鲁-撒克逊人在这里生活的历史，亨廷顿（Haddlington）附近的长坟岗（Long Barrow），以及沼泽地的形成过程。此外，你还能了解到伊利老行当的秘密，例如捉鳗鱼、皮革制品贸易。

🛏 住宿

许多游客都将伊利作为从剑桥出发的一日游目的地，因此这里的住宿总量不算太多，

另辟蹊径

格兰切斯特（GRANTCHESTER）

古老的茅草屋顶村舍、鲜花盛开的花园、微风轻抚的牧场，还有经典的奶油茶点，这些都是吸引朝圣者们沿着剑河去往风景如画的格兰切斯特村的理由。自爱德华时代以来，沿途风光始终没有变过，你还能追随一些世界上最伟大的学者的步伐，来一次3英里的徒步、骑自行车或者划船旅行。

在欣赏完田园风光之后，可以选择坐在枝繁叶茂的苹果树下，在折叠椅上享受安逸时光，或者在迷人的 **Orchard Tea Garden**（☎01223-840230；www.theorchardteagarden.co.uk；47 Mill Way；午餐主菜 £5~10，蛋糕 £3；⏰4月至10月 9:00~18:00，11月至次年3月 9:00~16:00）享受蛋糕或是午间简餐，这里曾经是布卢姆斯伯里团体（Bloomsbury Group）最爱的露营、野餐、游泳以及讨论作品的场所。

18路车从剑桥开往格兰切斯特（£2.60，15分钟，周一至周六每小时1班）。

但是如果你打算在这里住一晚，也有一些迷人的民宿可供选择。

★ Peacocks 民宿 £££

(☎07900 666161; www.peacockstearoom.co.uk; 65 Waterside; 标单£110～135；双£135～160;☎)走进这家民宿宽敞的套间，立刻就有种回家的感觉。在"Cottage"房里，会客区和卧室饰有罗兰爱思牌（Laura Ashley）花卉图案的壁纸，风格亲切。"Brewery"房的古老书籍、镀金镜框、光亮的古董，令人想到气派的绅士俱乐部。

Riverside 民宿 £££

(☎01353-661677; www.riversideinn-ely.co.uk; 8 Annesdale; 标单£72，双£129～139; P☎)这家乔治国王时期风格的民宿位于伊利码头，房间内为哑色和深红色搭配，有织锦床上用品、深色家具以及干净的卫生间。在这里可以欣赏大乌斯河（River Great Ouse）美景，看看河上的船屋和划船的人。

就餐

★ Peacocks 咖啡馆 £

(☎01353-661100; www.peacockstearoom.co.uk; 65 Waterside; 小吃£8起，奶油茶点£9～19;☉周三至周日10:30～16:30，以及6月至9月周二)这家曾经获奖的咖啡馆供应种类相当丰富的奶油茶点——其中一些包括巧克力司康饼和玫瑰葡萄酒。也可以选择美味的自制汤羹、沙拉和蛋糕。不妨在布满有趣饰物和骨瓷的室内用餐，紫藤低垂的小花园也不错。

Old Fire Engine House 英国菜 ££

(☎01353-662582; www.theoldfireenginehouse.co.uk; 25 St Mary's St; 2/3道菜午餐套餐£17/22，主菜£17; ☉周一至周六正午至14:00和19:00～21:00，周日12:00～14:00; ☎)这家店菜肴感觉就像是从东安格利亚的农家厨房里做出来的。都是用当地的应季食材烹制而成，菜单可能包括Denham庄园的鹿肉、诺福克湖区的海蓬子，以及伊利的本地熏鳗鱼等。布丁深受孩子们喜欢，口味有香气扑鼻的苹果和黑莓果泥配奶油等。

❶ 实用信息

旅游局(☎01353-662062; www.visitely.org.uk; 29 St Mary's St; ☉4月至10月10:00～17:00，11月至次年3月11:00～16:00)提供介绍游览路线的小册子，包括"鳗鱼之路"（Eel Trail; £0.5）和"沼泽地河流步道"徒步环线（Fen Rivers Way circular walks; £2）。

❶ 到达和离开

你可以沿着17英里长的沼泽地河流步道从剑桥步行至伊利。火车目的地如下：

剑桥 £3，20分钟，每小时1～3班
金斯林 £7，30分钟，每小时1～2班
诺里奇 £17，1小时，每30分钟1班

埃塞克斯（ESSEX）

因为流行文化对埃塞克斯的成见，这里的居民多年来一直是被贬损挖苦的对象，有些针对他们的英国笑话无比恶毒。但是除了假装晒黑的人和遍地游乐设施的度假村，埃塞克斯郡还有着宁静的中世纪村庄和起伏的地貌，英国备受推崇的画家康斯特布尔正是被这里秀丽的风光激发出无限灵感。科尔切斯特的历史气息浓郁，而该地区人气最高的假胜地滨海绍森德区，则凭借传统的鸟蛤商贩和鹅卵石小巷，在安静的老利镇郊外展现出温柔的一面。

❶ 到达和离开

➡ 埃塞克斯的公共交通十分方便。
➡ 火车往返于科尔切斯特和伦敦利物浦街火车站（£25，1小时，每15分钟1班）之间，也有车往返于滨海绍森德区和伦敦利物浦街火车站、芬丘奇街站（Fenchurch St）之间（£12～15，1.25小时，每小时3班）。
➡ 客运班车开往戴德姆谷（Dedham Vale）和萨福隆沃尔登（Saffron Walden）；**Traveline East Anglia**（www.travelineeastanglia.org.uk）可查询车次时刻表。

科尔切斯特（Colchester）

☎01206 / 人口180,420

科尔切斯特是英国有历史记载的最早城市，历史可追溯至公元前5世纪，坚固的城堡和绵延的古罗马城墙在城市的建筑中格

外显眼。公元43年，古罗马人到来并征服不列颠，在这里建立了北方首府坎努罗杜努姆（Camulodunum）。不过在建城17年之后，布狄卡（Boudica）就率军将这里夷为平地。11世纪时，入侵的诺曼人在这里建造了一座宏伟的城堡。如今，城堡周围的狭窄街道中坐落着引人注目的新艺术场馆和一些漂亮的半木结构的房屋。

◎ 景点

★ 科尔切斯特城堡　　　　城堡

（Colchester Castle；www.cimuseums.org.uk；Castle Park；成人/儿童 £7.75/4.80；⊙周一至周六 10:00~17:00，周日 11:00~17:00）城堡于1076年在古罗马克劳多斯神庙（Temple of Claudius）的地基上建造而成，是英国现存最大的诺曼时期要塞，比伦敦塔更为雄伟。数百年来，这里先后被用作王室居所、监狱和一位驱魔降邪将军的家。在斥资400万英镑修复之后，新增了精彩的声光表演，再现了已不复存在的城堡内部结构。

其他亮点还包括Fenwick Hoard古罗马金银珠宝展，以及前往城堡屋顶的导览团队游（成人/儿童 £3/1.50，需要预约）。

firstsite　　　　艺术中心

（☎01206-713700；www.firstsite.uk.net；Lewis Gardens；⊙ 10:00~17:00；🅿）**免费** 这个艺术中心的建筑以玻璃和铜为主要材料，曲线优美、熠熠生辉，内部与外部同样引人注目：采光充足，空间广阔，装置艺术品空间过渡自然。临时艺术品与历史展品并置，匠心独具。其中一件永久性展品是华丽的贝利菲尔德马赛克（Berryfield Mosaic），这是1923年在此发现的古罗马工艺品，如今摆在画廊中心的玻璃罩中。

圣树博物馆　　　　博物馆

（Hollytrees Museum；www.cimuseums.org.uk；Castle Park；⊙周一至周六 10:00~17:00）**免费** 博物馆建筑是乔治国王时期的联排别墅，室内摆满玩具、服装和钟表，令人回想起富有的主人和仆人们的日常家居生活，还有一些特殊的展品，比如船木工制作的船形婴儿车、维多利亚时代的自制剪影和让人羡慕不已的精致娃娃屋等。

荷兰区（Dutch Quarter）　　　　街区

从High St向北漫步，很快就到达这块都铎王朝时期的飞地，城里最美观的半木结构房屋和年久失修的排屋都集中在这里。这一地区是16世纪清教徒纺织工从荷兰逃离至此的明证。

🛏 食宿

Four Sevens　　　　民宿 ££

（☎01206-546093；www.foursevens.co.uk；28 Inglis Rd；标单 £55~65，双 £65~80，家庭 £90~95；🅿🚭）装饰简朴，特色是独立式洗手池、藤椅和地台床。早餐令人赞不绝口，麦片的选择有8种。客人入住时，常有自制蛋糕作为欢迎礼物。位于市中心西南1英里处，就在通往莫尔顿（Maldon）的B1022公路旁。

North Hill　　　　酒店 ££

（☎01206-574001；www.northhillhotel.com；51 North Hill；标单 £65~87，双 £85~107，套 £127；🚭）在这个时髦的住宿场所，要一间后楼中充满个性的农舍风格的客房，你就能看到歪斜的横梁和裸露的红砖，搭配以豪华的现代装饰。更现代的房间位于隔壁的老律师楼中——书架上有不少法律类书籍。

★ Company Shed　　　　海鲜 ££

（☎01206-382700；http://thecompanyshed.co；129 Coast Rd, West Mersea；主菜 £6~18；⊙周二至周六 9:00~16:00，周日 10:00~16:00）带上面包和葡萄酒来这座海边的小屋尽情享用贻贝、牡蛎、对虾、龙虾、鳗鱼冻和熏鱼，或者店里最有特色的海鲜拼盘。餐馆由世代挖牡蛎的Howard家族经营，至今已传至第八代。小馆位于科尔切斯特以南9英里的默西岛（Mersea Island），要留意潮汐情况，因为道路在涨潮时无法通行。

Green Room　　　　新派英国菜 ££

（☎01206-574001；www.northhillhotel.com；51 North Hill；主菜 £8.50~26；⊙每天 7:00~22:00，周一至周六 12:00~14:00和18:00~21:00，周日 12:00~17:00）在这家温馨热情的餐厅里，当地应季经典菜肴被赋予了当代风格，菜肴从炸鱼薯条或慢烤五花肉，到奶油螃蟹、芝麻菜和帕尔马干酪调味饭等，可谓应有尽有。

❶ 实用信息

旅游局（☎01206-282920；www.visitcolchester.com；Castle Park；◉周一至周六 10:00~17:00）位于圣树博物馆内。

❶ 到达和离开

National Express的直达长途汽车往返伦敦维多利亚车站（£15，3小时），大约每3小时1班。

火车开往伦敦利物浦街火车站（£25，1小时，每15分钟1班）。

戴德姆谷（Dedham Vale）

约翰·康斯特布尔（John Constable）以这座宁静的山谷为灵感源泉和创作场所，用画笔浪漫演绎着乡村的小路、春季的田野、潺潺的溪流。这位画家1776年出生于东博高尔特（East Bergholt）并在这里成长，你也许看不到他的名作《干草车》（*The Hay Wain*）的老旧板车的原型，但漂亮的小屋、起伏的乡野和悠闲的魅力仍在。

戴德姆谷如今被称为"康斯特布尔之乡"，以戴德姆、东博高尔特和弗莱德福德三座村庄为中心。道路两旁草木葱茏，加上迷人的田园风光和优雅的教堂建筑，使得步行或骑车探索这里成为一桩乐事。

◉ 景点

弗莱德福德   历史建筑

（Flatford，NT；☎01206-298260；www.nationaltrust.org.uk；Bridge Cottage, East Bergholt附近；停车£4；◉4月至10月 10:00~17:00，11月至次年3月 周六和周日 至15:30；Ⓟ）**免费** 这座茅草顶的**布里奇小屋**（Bridge Cottage）就在弗莱德福德磨坊旁边。小屋中有详细介绍画家生平和作品的展览。4月至10月间，每天都有导览游（£3.50；周一至周五 12:00，周六和周日 11:30和13:30）带游客参观弗莱德福德磨坊、威利·洛特小屋（Willy Lott's House；在油画《干草车》中出现过）和其他康斯特布尔描绘过的景点。也有自助游路线。

弗莱德福德磨坊   历史建筑

（Flatford Mill；Flatford, East Bergholt附近；Ⓟ）康斯特布尔的拥趸们肯定一眼就能认出来，这座红砖磨坊在他的许多画作中都出现过，周边如今仍是一派田园风光。磨坊曾是画家家庭的财产，现在是教育中心，你可以欣赏房前屋后的如画美景，但不能入内。

🛏 食宿

★ **Dedham Hall**   民宿 ££

（☎01206-323027；www.dedhamhall.co.uk；Brook St, Dedham；标单/双 £75/120；Ⓟ）民宿满是旧式英格兰氛围，在这座15世纪的农舍里，带有厚厚坐垫的扶手椅随意摆放在古老的木梁旁边，烛台立在红砖火炉之上，蓬松的枕头扔在舒适的床上。阳光斑驳的花园里，点缀着几把椅子，让你根本不想离开。

住客还可以品尝这里优雅且富有想象力的晚餐（双人晚餐和含早餐民宿费用为£180）。

Sun   旅馆 £££

（☎01206-323351；www.thesuninndedham.com；High St, Dedham；标单/双 £90/145；Ⓟ📶）已经有几百年历史的Sun处处流露着传统的气质：咯吱作响的地板和摇晃的墙壁构成的空间里，有着旧旧的镜子、黄铜床架以及绝妙的配色——赤土色配淡黄，橄榄色配绿色，完美搭调。

Milsoms   酒店 £££

（☎01206-322795；www.milsomhotels.com；Stratford Rd, Dedham；双 £145~190；Ⓟ❄📶）朴实的设计给这里的房间增添了真正的乐趣：红色的皮质扶手椅、万向台灯、复古电话与鲜艳的条纹图案和奔放的现代艺术相得益彰。这里的自行车和独木舟租赁服务为住客探索戴德姆谷提供了一种轻松宁静的方式。

试试这里人气极旺的餐厅（开放时间为12:00~21:30，主菜 £9~23），尝尝当地牛排、烟熏三文鱼和小薄饼、鸭肉玉米饼以及豪华版冰激凌。

❶ 到达和离开

从曼宁特里（Manningtree）火车站走2英里就可到达弗莱德福德磨坊，沿途景色优美。

往返科尔切斯特的公共汽车目的地如下：

戴德姆（80、81和102路；£2.60，30分钟，每天2~7班）

东博高尔特（93和94路；£8.50，40分钟，周一至周六每小时1班）

萨福隆沃尔登
（Saffron Walden）

☎01799 / 人口 15,210

12世纪的集镇萨福隆沃尔登由半木结构房屋、狭窄小巷、歪斜屋顶和古老建筑组成，景色宜人。小镇的名字来源于15~18世纪周边田地里培育的藏红花（saffron crocus；世界上最昂贵的香料之一）。如果时间允许，不妨在周二或周六上午来这里看看市场摊档挤满城中心的热闹景象。

◉ 景点

★ 奥德利庄园和花园 历史建筑
（Audley End House & Gardens；EH；☎01799-522842；www.english-heritage.org.uk；紧邻London Rd；成人/儿童 £18/11；⊙建筑 4月至9月 12:00~17:00，10月 至16:00，花园 4月至9月 10:00~18:00，10月 至17:00）淋漓尽致地展现了其创建者——首任萨福克伯爵的雄心勃勃，1668年，查理二世国王买下了这幢美妙的詹姆斯一世早期风格建筑，庄园终于成为王室宫殿。银器、贵重的家具和宝贵的画作令原本就奢华的房间更熠熠生辉，这是英格兰最无与伦比的乡村别墅之一。庄园周围是漂亮的花园，由"万能"的兰斯洛特·布朗（Lancelot Brown）设计。奥德利庄园位于萨福隆沃尔登以西1英里处，紧邻B1383公路。

萨福隆沃尔登博物馆 博物馆
（Saffron Walden Museum；☎01799-510333；www.saffronwaldenmuseum.org；Museum St；成人/儿童 £2.50/免费；⊙周二至周六 10:00~16:30，周日 14:00~16:30；🅿）这座出色的博物馆可以追溯到1835年，馆内陈列着五花八门的藏品，涵盖从当地历史、18世纪服装到地质学、维多利亚时期玩具和古埃及工艺品等众多方面的内容。庭院内还保留着建于1125年前后的沃尔登城堡主楼的遗址，如今已是荆棘丛生。

布里奇恩德花园 花园
（Bridge End Gardens；Bridge End；⊙花园 24小时，迷宫和菜园 周一至周五 9:00~15:30，以及复活节至10月 周六和周日 10:00~17:00）免费
这七座花园彼此相连，在精心修复之后重新焕发出维多利亚时期的风采。如果想要感受独特的氛围，一定要在迷宫和菜园都开放的时候来此游览。

老太阳旅馆 历史建筑
（Old Sun Inn；Church St）萨福隆沃尔登最有名的地标建筑，坐落在一处十字路口，周边环绕着多座木结构房屋。装饰精美的旅馆建于14世纪，克伦威尔也曾在这里发号施令，建筑的外墙仍有17世纪的精致灰泥装饰。

✗ 就餐

Cafe Coucou 咖啡馆 £
（☎01799-513863；www.cafecoucou.co.uk；17 George St；主菜 £6~10；⊙周一至周六 9:00~17:00）家庭经营的咖啡馆，气氛欢快，供应美味的自制乳蛋饼、巨大的司康饼、分量十足的厚片三明治和富有想象力的沙拉，都非常抢手。

Eight Bells 酒馆食物 ££
（☎01799-522790；www.8bells-pub.co.uk；18 Bridge St；主菜 £12~19；⊙12:00~15:00和18:00~21:30；🅿）这座建于16世纪的小酒馆里，中世纪的细节特征与现代风格相得益彰。本地羔羊肉、鹿肉和野味都带着浓厚的南欧风味，可以吃到开味小吃和各种拼盘，以及汉堡、香肠与炸鱼薯条。

❶ 实用信息

旅游局（☎01799-524002；www.visitsaffronwalden.gov.uk；1 Market Pl；⊙周一至周六 9:30~17:00）有非常不错的免费宣传页，介绍了一条游览镇上历史建筑的步行线路。

❶ 到达和离开

7路汽车往返于萨福隆沃尔登和剑桥之间（£4.60，1.25小时），周一至周六每小时1班。132路汽车运营相同线路，周日每天1班。

最近的火车站在萨福隆沃尔登以西2英里的奥德利庄园（Audley End）。301路从奥德利庄园火车站前往萨福隆沃尔登（£2，15分钟，周一至周六每小时1班）。火车前往下列目的地：

剑桥 £7, 15分钟, 每20分钟1班
伦敦利物浦街火车站 £10, 1.25小时, 每30分钟1班

滨海绍森德区（Southend-On-Sea）

📞01702 / 人口 177,900

绍森德区遍地都是露天游乐场，到了夜间霓虹闪烁，这里就是伦敦人的周末乐园，到处是花哨的娱乐场所和人满为患的夜店。不过在这些娱乐项目之外，绍森德区还分布着一片美丽的沙滩和长得出奇的码头，在老利镇的郊区还有一座传统渔村。

◎ 景点

绍森德码头　　　　　　　　　　地标

（Southend Pier; www.southend.gov.uk/pier; Western Esplanade; 成人/儿童 £2/1; ⏰5月底至8月 8:00~20:00, 4月至5月底和9月至10月 8:00~18:00, 11月至次年3月 周三至周日 9:00~17:00）欢迎来到世界最长的码头——确切地说，长度是惊人的1.341英里（2.158公里）。码头建于1830年，经历过多次船只相撞、风暴和火灾，最近的一次是在2005年，码头的外端遭受破坏。如今，可以吹着海风悠闲地漫步至已被修复的码头外端，沿途会路过咖啡馆、阳光露台、礼物商店、展览空间以及一座在用的救生站。回程可乘坐**码头铁路**（单程 成人/儿童 £4.50/2.25）免却步行之苦。

码头博物馆　　　　　　　　　　博物馆

（📞01702-611214; Pier Museum; www.southendpiermuseum.co.uk; Western Esplanade; 成人/儿童 £1.50/0.50; ⏰5月至10月 周六、周日、周二和周三 11:00~17:00）这座迷人的博物馆再现了绍森德海滨的鼎盛时期，馆内有一辆维多利亚时期的半开放式有轨电车，旁边是怀旧照片以及仍在使用的信号箱。最好的展品是仍可使用的古董老虎机。博物馆是志愿者在经营，因此开放时间不定——可提前致电查询。

老利镇（Old Leigh）　　　　　　街区

迷人的老利镇有鹅卵石铺就的街道、售卖蛤蜊的小屋、美术馆和工艺品商店。沿绍森德海滨向西走上长长的一段，或者乘当地火车可达。

🛏 住宿

Hamiltons　　　　　　　　　精品酒店 ££

（📞01702-332350; www.hamiltonsboutiquehotel.co.uk; 6 Royal Terrace; 双 £70~140; 📶）酒店设有锻铁迷你阳台，坐拥码头风景，在这座乔治亚风格度假村里可以感受到绍森德鼎盛时期的迷人魅力。干净的客房采用中性色调，点缀以雅致的碧蓝色，偶尔出现的法式沙发和水晶吊灯为这里增加了一些复古的色彩。

Roslin Beach　　　　　　　　　酒店 ££

（📞01702-586375; www.roslinhotel.com; Thorpe Esplanade; 标单 £80~170, 双 £118~209, 套 £160~325; ⏰餐饮 12:00~21:00; 🅿✳📶❄）Roslin处处洋溢着海滨的特色与时尚——海沙一直绵延到门前的台阶上，卧室采用炫目的贝壳设计，套房有着华丽的落地玻璃阳台。在桑拿房中纾解疲惫，享受水疗，再去婆婆的棕榈树环绕的水景露台，品尝新鲜捕获的银鱼（主菜 £10~26）。

Beaches　　　　　　　　　　　　民宿 ££

（📞01702-585858; www.beachesguesthouse.co.uk; 192 Eastern Esplanade; 标单 £60~70, 双 £95~110; 📶）在这里，你会发现柔和的糖果条纹、雅致的色调和橙色时尚靠垫。要一间带阳台的房间，欣赏点缀着小船的海滩以及绍森德码头的细长轮廓。

🍴 就餐

Osborne Bros　　　　　　　　　海鲜 £

（📞01702-477233; High St, Leigh-on-Sea; 小吃/主菜 £3/9; ⏰8:00~17:00）半是鱼档、半是简陋咖啡馆，位于老利镇的海滨，泰晤士河口一览无余，最好边欣赏风景边品尝这里的螃蟹、鳗鱼冻或海鲜拼盘（蛤蜊、贻贝、对虾和小龙虾；£9），然后再到隔壁的酒馆喝一杯啤酒。

★ Simply Seafood　　　　　　　海鲜 £££

（📞01702-716645; www.simply-seafood.com; 1 The Cockle Sheds, Leigh-on-Sea; 主菜 £16~37; ⏰周二至周六 12:00~15:30和17:00~21:30, 周日

至16:30)位于老利镇西边的天桥下，这家光线明亮的小餐馆让源自当地的海鲜大放异彩。生蚝来自埃塞克斯、螃蟹来自克罗默、鱼则是来自停在外面的小船。扇贝烤制堪称完美，海鲜拼盘(fruits de mer)更是一绝。

ⓘ 实用信息

旅游局（☎01702-215620；www.visitsouthend.co.uk；Southend Pier, Western Esplanade；◷5月底至8月 8:00~20:00，4月至5月底和9月至10月 8:00~18:00，11月至次年3月 周三至周日 9:00~17:00)位于码头入口处。

ⓘ 到达和离开

绍森德最实用的火车站是中央火车站和维多利亚火车站（从海岸出发分别步行10分钟和15分钟即可到达）。直达列车目的地包括：

滨海利（从中央火车站发车）£3，7分钟，每15分钟1班

伦敦芬丘奇街火车站（从中央火车站发车）£12，1.25小时，每小时3班

伦敦利物浦街火车站（从中央火车站发车）£15，1.25小时，每小时2班

萨福克(SUFFOLK)

整个萨福克地区到处散落着如诗如画的美丽村庄，在这里，时光如同停滞一般。中世纪的羊毛贸易为萨福克积累了财富，恢宏的教堂和奢华的都铎王朝时期府邸见证了这里曾经的富足辉煌。萨福克西部是美如明信片风光的拉文纳姆和朗梅尔福德，北部较远的贝里·圣埃德蒙兹有着闲适的氛围和众多历史建筑，以及传统集市的景致。海岸沿线则是优雅的滨海度假胜地奥尔德堡和绍斯沃尔德，到处散发着安静古典的气息。

ⓘ 到达和当地交通

伊普斯威奇(Ipswich)是这一地区主要的交通枢纽，Traveline(www.travelineeastanglia.co.uk)可查询公交线路详情。

从伊普斯威奇出发的火车前往下列目的地：

贝里·圣埃德蒙兹 £9，30分钟，每小时1~2班

伦敦利物浦街火车站(London Liverpool St) £17，1.25小时，每小时2~3班

诺里奇 £16，40分钟，每小时2班

朗梅尔福德(Long Melford)

☎01787 / 人口 2800

朗梅尔福德有两座伊丽莎白一世时期的庄园和几家不错的小酒馆，绵延不尽的绿色村庄、古董店，还有一连串的独立商店，这些无疑都是游览朗梅尔福德的好理由。

◉ 景点

肯特韦尔庄园
历史建筑

(Kentwell Hall；☎01787-310207；www.kentwell.co.uk；成人/儿童 £11.25/8.55；◷时间不定；Ⓟ)庄重典雅的肯特韦尔庄园的历史可追溯至16世纪初，庄园极尽都铎王朝时期的奢华之风，却由于它仍是私人宅邸，因此有着美妙的日常生活气息。庄园被一条矩形护城河环绕，拥有葱郁的花园和饲养珍稀动植物的迷人农场。在都铎风情重现活动期间，整个庄园领地会挤满穿着古代紧身胸衣和连裤袜的人。开放时间不固定，学校暑假和其他周末一般会在11:00~17:00开放；最好提前致电查询。

梅尔福德府
历史建筑

(Melford Hall，NT；☎01787-379228；www.nationaltrust.org.uk；Hall St；成人/儿童 £8.20/4.10；◷复活节至10月 周三至周日 12:00~17:00)从外观看，这座散发着浪漫气息的伊丽莎白时期庄园，自1578年接待过女王之后就少有变化。内部有着华丽的木镶板宴会厅，很多摄政时期以及维多利亚时期的装饰细节，还有关于童话作家毕翠克丝·波特(Beatrix Potter)的展览——1786年至1960年，帕克家族是这座大宅的主人，而波特是帕克家族的表亲。

圣三一教堂
教堂

(Holy Trinity；☎01787-310845；www.longmelfordchurch.com；Church Walk；捐赠入场；◷复活节至9月 10:00~18:00，10月至次年复活节 10:00~16:00) **免费** 气势恢宏的圣三一教堂规模更像是主教座堂，远非普通的教堂，堪称是15世纪羊毛贸易时期教堂的典范。教堂最大的特色就是彩绘玻璃窗以及碎石装饰的外墙。

不要错过

萨顿胡

在伊普斯威奇东北11英里处,紧邻B1083公路的地方,1939年考古发现了**萨顿胡**(Sutton Hoo; NT; ☎01394-389700; www.nationaltrust.org.uk; Woodbridge附近;成人/儿童£8.90/4.50; ◎2月至9月10:30~17:00, 1月 周六和周日 至16:00; P ♿),同时出土了英格兰规模数一数二的盎格鲁-撒克逊宝藏。考古发掘出一艘巨大的盎格鲁-撒克逊船的船体,为东安格利亚国王雷德沃尔德(Raedwald)的船葬之墓,装满了撒克逊人的宝藏。

在游客中心能欣赏到按照原船尺寸重建的复制船和墓室。最珍贵的宝藏包括国王精雕细刻的头盔、盾牌、金饰以及拜占庭银器,都陈列在大英博物馆,这里展出的是复制品和一把原来王子用的宝剑。

18处墓葬组成的"皇室墓葬"周边有几条小径。不过你只能参加1小时的导览游(成人/儿童£2.50/1.25)沿这些小径走走。通常每天至少有1次团队游;可致电咨询时间。

这里从2018年冬天开始耗资400万英镑的大规模再开发,2019年6月之前都停止接待游客,具体开放时间详见网站。

🛏 食宿

Black Lion *酒店 ££*

(☎01787-312356; www.blacklionhotel.net; The Green; 标单£80, 双£85~95, 套£145, 家庭£150; P ⓢ)这家酒店完美地融合了古典和现代,油画、鹿角和炉火与优雅的沙发、可爱的飘窗以及厚厚的坐垫套十分搭调。配色从舒缓的燕麦色到活泼的酸橙色;可以选择带有教堂庭院或村落绿地景观的房间。

酒店的食物(主菜£10~18)供应时间为12:00~14:30以及18:30~21:00,菜品包括石烤比萨、经典酒馆食物以及考究的餐厅主菜等。

Bull *旅馆 ££*

(☎0845 6086040; www.oldenglishinns.co.uk; Hall St; 标单/双£72/82~125; P ⓢ)这里原本或许是1450年为羊毛商人建造的住宅,从1580年前后开始作为小酒馆供应酒水。室内空间宽敞,吧台上方的雕花天花板和徽章诉说着这里的古老历史。正面的房间布置最有格调,木梁和深色实木极富时代感。

美味的酒馆食物(例如慢炖五花肉以及丰盛的汉堡)供餐时间是正午至21:30(主菜£10~14)。

★ Scutcher's *新派英国菜 £££*

(☎01787-310200; www.scutchers.com; Westgate St; 主菜£22~28; ◎周四至周六 正午至14:00和19:00~21:30)在传统菜肴的基础上重新演绎加工,烹制出的佳肴在斯陶尔河谷(Stour Valley)有着很响亮的名声。豌豆汤里加入了少量咖喱,帕尔玛火腿有淡淡的石榴汁味道,当地牛肉采用亚洲风味烹饪。非常现代、高端、游刃有余。

ℹ 到达和离开

长途汽车路线包括:

贝里·圣埃德蒙兹 753路(£4.30, 1小时,周一至周六每小时1班)

萨德伯里 753路(£1.60, 10分钟,周一至周六每小时1班)

拉文纳姆(Lavenham)

☎01787 / 人口 1413

作为昔日羊毛交易的中心,拉文纳姆是东安格利亚最美、最值得前往的地方之一。这里有着保存完好的精致中世纪建筑,错落有致,有些还倾斜弯曲成夸张的效果。拉文纳姆共有300座半木结构、灰泥以及茅草顶的房屋村舍,自15世纪鼎盛时期以来,基本上没有改变过,如今很多都变成了为游客提供食宿的绝佳场所。

👁 景点

拉文纳姆会馆 *历史建筑*

(Lavenham Guildhall; NT; ☎01787-247646; www.nationaltrust.org.uk; Market Pl; 成人/儿童£6.80/3.40; ◎3月至10月11:00~17:00, 11月至次

年2月 周五至周日 至16:00)拉文纳姆最有魅力的建筑都聚集在High St、Water St以及不同寻常的三角形集市（Market Pl）周边，最醒目的当属这座白色的16世纪早期会馆，这是有密柱装饰的、木构建筑的完美典范。如今会馆是一个展现当地历史的博物馆，展出羊毛交易以及中世纪同业公会相关的展品，在博物馆安静的花园里，你还能看到用来调制典型中世纪色彩的染料植物。

利特尔庄园 历史建筑

（Little Hall；☎01787-249078；www.littlehall.org.uk；Market Pl；成人/儿童 £4/免费；⊙复活节至10月 周一 10:00~13:00，周二至周日 13:00~16:00) 这座浅褐色的14世纪庄园博物馆曾经属于一位成功的羊毛商人。多亏了20世纪20~30年代居住于此的盖尔-安德森双胞胎的努力，这座中世纪小庄园内部的房间都得到了精心的修复，恢复了往日的时代特色。

圣彼得与圣保罗教堂 教堂

（St Peter & St Paul；www.lavenhamchurch.onesuffolk.net；Church St；⊙8:30~17:30) 这座无比壮观的教堂是垂直风格晚期的建筑，耸入云霄，有着精致对称的窗户、高耸的燧石塔和怪兽状滴水嘴。教堂建于1485年至1530年，竣工于宗教改革前夕，是萨福克现存的几座宏伟的羊毛贸易时期教堂之一，如今已成为拉文纳姆昔日繁荣昌盛的证明。

食宿

Angel 酒店 ££

（☎01787-247388；www.cozypubs.co.uk；Market Pl；标单 £90~109，双 £100~120；⊙食物 周一至周五 12:00~15:00和18:00~22:00，周六 12:00~22:00，周日 至20:00；P🛜）这家酒店位于拉文纳姆最古老的建筑之内，深绿色的走廊通往宽敞明亮、精心整修的裸梁房间。酒吧不拘一格的装饰（包含剧院聚光灯和破旧的旅行箱）与这里的菜单相得益彰，菜品从比萨饼和英式旅馆常规菜肴到丰盛的沙拉和单点菜肴（主菜 £12~26）等。

★ Swan 酒店 £££

（☎01787-247477；www.theswanatlavenham.co.uk；High St；标单 £180~310，双 £195~375；套 £385~435；P🛜）作为一座精美绝伦的中世纪建筑，Swan能满足你对一个酒店的所有想象。高品质的装修搭配以燕麦色和橄榄色以及温和的红色，四处被古老的木制网格所环绕。服务周到，套房尤其惊艳，高耸的拱形屋顶上木梁交错分布。

★ Great House 新派英国菜 £££

（☎01787-247431；www.greathouse.co.uk；Market Pl；3道菜午餐/晚餐 £26/37；⊙周三至周日 正午至14:30，周二至周六 19:00~21:30) 当传统遇上现代，东安格利亚食材与法式厨艺碰撞，文化的混搭在这里相得益彰。你可以吃到Gressingham烤鸭或萨福克炖肉，然后品尝咖啡和果仁糖千层酥，或者风味独特的法式小菜和萨福克奶酪。

❶ 到达和离开

从周一到周六，753路长途汽车定时往返贝里·圣埃德蒙兹（£4.20，30分钟，周一至周六每小时1班）。

贝里·圣埃德蒙兹 （Bury St Edmunds）

☎01284 / 人口 41,113

在贝里，历史的足迹清晰可见。几个世纪以来，这里都是朝圣中心，无论是气氛十足的被拆毁修道院遗址、漂亮的乔治国王时代建筑还是安静的花园，处处散发着浓厚的历史气息。除此以外，能参观两个酿酒厂也是吊足了游客的胃口。

◉ 景点

修道院花园 遗迹

（Abbey Gardens；Mustow St；⊙黎明至黄昏) 免费 曾经气势恢宏的修道院如今只剩下大教堂后面绿地上的遗址，尽管在修道院被拆毁后，当地居民搬走了大部分石材，但如今这里依旧有着沧桑的美感，令人印象深刻。石墙尤其醒目（尤其是西墙），部分崩塌风化形成奇特形状。其他特色还包括装饰精美的大门（Great Gate）、小巧可爱的鸽舍以及开满鲜花的花园。

圣埃德蒙兹伯里大教堂　　　　　主教座堂

（St Edmundsbury Cathedral；☏01284-748720；www.stedscathedral.co.uk；Angel Hill；要求捐赠 成人/儿童 £3/50便士；◉周日至周五 7:00~18:00，周六 8:00~18:00）大教堂45米高的塔楼于2005年正式竣工，使用林肯郡（Lincolnshire）的石灰岩砌成，为传统的哥特风格，它也为英国其他大教堂塔楼的石刻雕工提供了与众不同的完美范例。

大教堂的大部分建筑都始建于16世纪初，不过东端是1945年后修建完成的。整体风格兼具柔和与刚毅，特别是华丽的悬臂托梁屋顶，以及北十字翼厅由伊丽莎白·弗林克女爵士（Dame Elisabeth Frink）制作的《十字架上的耶稣》雕像，震撼人心。

莫伊斯大厅　　　　　博物馆

（Moyse's Hall；☏01284-706183；www.moyseshall.org；Cornhill；成人/儿童 £4/2；◉周一至周六 10:00~17:00，周日 12:00~16:00；🅿）这座有趣的博物馆位于令人难忘的12世纪圆顶地下室内，藏品包括装有玛丽·都铎头发的盒式吊坠，从镇上被拆毁的修道院中发现的物品，以及令人不寒而栗的贝里女巫审判相关展览介绍。这里还会举办精彩的讲座和活动。

皇家剧院　　　　　历史建筑

（Theatre Royal；NT；☏01284-769505；www.theatreroyal.org；Westgate St）绝对让你大开眼界——这是英国唯一仍在使用的摄政时代剧院，有华丽的镀金装饰、一排排包厢以及视错效果的屋顶，可以自行免费游览，也可以参加团队游（£7.50）参观舞台前后的各种装置。这些导览团队游通常在2月至11月的周三、周四和周六的11:00开展，不过时间各异——最好提前致电了解。

圣玛丽教堂　　　　　教堂

（St Mary's Church；☏01284-754680；www.wearechurch.net；Honey Hill；捐赠入场；◉周一至周六 10:00~16:00，10月至次年复活节 10:00~15:00）圣玛丽教堂是英格兰最大的教区教堂之一，玛丽·都铎（Mary Tudor；亨利八世的妹妹，曾是法国王后）之墓也位于此地。教堂建于1430年左右，内部的悬臂托梁屋顶非常有名，上面像吸血鬼一般的天使像仿佛正要俯冲下来。至今教堂仍会敲响宵禁钟，就如同中世纪时期一样。

🛏住宿

★ Chantry　　　　　酒店 ££

（☏01284-767427；www.chantryhotel.com；8 Sparhawk St；标单/套 £90/175，双 £109~149；🅿@📶）这里的一切都让人感觉恰到好处——这家家庭经营的联排别墅定位在酒店和含餐民宿之间。框格窗和铸铁壁炉都显示着房屋的乔治亚风格；法式床和淋浴房增加了现代舒适度；充满欢乐氛围的休息室和小酒吧让你感觉宾至如归。

Fox　　　　　旅馆 ££

（☏0845 6086040；www.oldenglishinns.co.uk；1 Eastgate St；双 £107~122；🅿📶）不妨睡在这几间整修改造后的牲畜棚，周围是尽量保留原貌的陈设——发白的木梁、风化的砖墙，甚至是牲畜套圈。刷着油漆的藤椅和大枝形吊灯让旅馆又上升了一个档次。

Old Cannon　　　　　民宿 ££

（☏01284-768769；www.oldcannonbrewery.co.uk；86 Cannon St；标单/双 £105/120）这间民宿由一家时尚的精酿啤酒厂开办，经过改建的外屋设有几间漂亮的客房，装饰着雅致的格子图案和赤土色墙壁。每个房间都用厂里的一种啤酒来命名——在入住时你会免费获得一瓶。如果你觉得味道不错，还可以到隔壁的酒馆里再喝几杯。

🍴餐饮

★ Pea Porridge　　　　　新派英国菜 ££

（☏01284-700200；www.peaporridge.co.uk；29 Cannon Street；主菜 £13~18；◉周四至周六 正午至13:45，周二至周六 18:30~21:00）一进入这家街区小饭店，就被温暖快乐的气息感染，菜肴的香气扑鼻而来，当地应季农产品与地中海的原料完美邂逅——这些原料可能包括意大利熏火腿、皮奎洛天红椒和石榴等。许多菜都采用炭炉烹饪，鹌鹑、小牛肉和鹿心都带着浓郁的烟熏味道。

Maison Bleue　　　　　法国菜 £££

（☏01284-760623；www.maisonbleue.

co.uk; 31 Churchgate St; 主菜 £22~29; ⊙正午至 14:00和19:00~21:30, 周一歇业) 在这家优雅的法国餐厅坐下来享用风格独特、美味十足的新派法式菜肴。创意菜包括牛肉配马铃薯团子、兔肉配蜗牛或大比目鱼配蛤蛛等。套餐（3道菜午餐/晚餐 £26/36）超值。

★ Old Cannon 小酒馆

(☎01284-768769; www.oldcannonbrewery. co.uk; 86 Cannon St; ⊙11:00~23:00; ☎) ❂ 在这家精酿酒厂，闪闪发光的糖化锅（麦芽捣成糊的罐子）就摆放在时尚的吧台旁——试试劲爽的Gunner's Daughter（酒精度5.5%）或St Edmund's Head（酒精度 5%）。

酒吧菜肴里也加入了艾尔啤酒烹制（供餐时间 周一至周六 12:00~21:00, 周日至14:25）；可以试试黑啤渍香肠和培根。

Nutshell 小酒馆

(☎01284-764867; www.thenutshellpub. co.uk; The Traverse; ⊙周一至周四 11:00~23:00, 周五和周六 至午夜，周日 正午至22:30）超小的长凳和餐桌，天花板上贴满了各国纸钞，还挂着条河豚：你会奇怪这家袖珍的木结构小酒馆如何塞下这么多东西。《吉尼斯世界纪录大全》(Guinness Book of Records) 认定这里是英国最小的酒馆之一。

如果你尚能忍受，不妨找找已经快变成木乃伊的400岁的标本猫。

❶ 实用信息

旅游局 (☎01284-764667; www.visit-burystedmunds.co.uk; The Apex, Charter Sq; ⊙周一至周六 10:00~17:00) 位于城西Arc购物中心内。

❶ 到达和离开

长途汽车

中心汽车站位于St Andrew's St North。直达班线如下：

剑桥 Stagecoach 11路 (£5.50; 1小时, 周一至周六每小时1班）

伦敦维多利亚 National Express (£10, 3.5小时, 每天1班）

火车

火车站位于城镇中心以北，步行10分钟即可到达。线路包括：

剑桥 £10, 40分钟，每小时1班
伊利 £10, 30分钟，每2小时1班

奥尔德堡 (Aldeburgh)

☎01728 / 人口 3225

奥尔德堡（发音为orld-bruh）是本地区最迷人的城镇之一，时光在这个沿海小镇好似停滞了。这里有着秀丽的街道和开阔的鹅卵石海岸，周围分布着色彩柔和的房屋、独立商店、美术馆以及卖鲜鱼的简陋鱼棚。奥尔德堡的两大节庆以及与作曲家本杰明·布里顿

> **另辟蹊径**
>
> ### 奥福德角
>
> 狂风呼啸、地处偏远的**奥福德角** (Orford Ness; NT; ☎01728-648024; www.nationaltrust. org.uk; 成人/儿童含轮渡 £4/2; ⊙6月底至9月 周二至周六 10:00~17:00, 复活节至6月底和10月 周六 10:00~17:00) 是欧洲最大的有植被鹅卵石滩，曾是秘密军事试验场，如今已辟为自然保护区，栖息着珍稀的涉禽、动物，生长着罕见的植物。渡轮从奥福德码头（Orford Quay) 出发：奥德福（奥尔德堡东北11英里处）的末班船14:00出发，岛上的末班船17:00返回。渡轮座位有限，最好早点到以便预订座位。
>
> 镇上建于12世纪的**城堡** (Castle; EH; www.english-heritage.org.uk; 成人/儿童 £7.30/4.40; ⊙复活节至9月 10:00~18:00, 10月 10:00~17:00, 11月至次年复活节 周六和周日 至16:00; ℗) 采用了别出心裁的18面柱形设计，值得一游。如果到了晚饭时间，不要错过**Butley Orford Oysterage** (☎01394-450277; www.pinneysofford.co.uk; Market Hill; 主菜 £9~20; ⊙每天 正午至14:15, 以及8月 每天 18:30~21:00, 4月至6月、9月和10月 周三至周六 18:30~21:00, 11月至次年3月 周五和周六 18:30~21:00) 的新鲜生蚝、蒜蓉煎虾以及超美味的海鲜。

（Benjamin Britten）的渊源，吸引着无数游客慕名前来。

◎ 景点

明斯米尔
自然保护区

（Minsmere；RSPB；www.rspb.org.uk；Westleton附近；成人/儿童 £9/5；⊙保护区 黎明至黄昏，游客中心 9:00～17:00，11月至次年1月 至16:00；P）由于英国皇家鸟类保护协会明斯米尔自然保护区的存在，邓维奇附近海岸吸引了大批观鸟爱好者。这个自然保护区是英国最稀有鸟类之一——麻鸦（bittern）的栖息地，每年秋天，还会有数百种候鸟路过此地。游客中心全年提供双筒望远镜租借服务，小道旁有绝佳的观鸟隐蔽棚。

明斯米尔位于奥尔德堡以北8英里处。由于缺乏公交线路，你需要驾车、骑车或徒步前往。

《扇贝》
公共艺术

（Scallop；Thorpe Rd停车场附近）玛吉·汉布琳（Maggi Hambling）的雕塑作品，以纪念20世纪作曲家本杰明·布里顿与奥尔德堡的深刻联系，作曲家在这里度过了人生大部分时光。这是两座4米高扇贝形状的雕塑，上面刻有布里顿创作的歌剧《彼得·格莱姆斯》（Peter Grimes）中的句子。把《扇贝》雕塑摆放于海滨在当地颇具争议。从城里沿着海岸向北步行不远即可到达。

✦ 节日和活动

奥尔德堡音乐节
音乐

（Aldeburgh Festival；www.snapemaltings.co.uk/season/aldeburgh-festival；⊙6月）这是一场古典音乐的探寻之旅，由本杰明·布里顿在1948年设立，是东安格利亚规模最大的音乐节之一，不断加入新的、重新创作和重新发现的曲目，也包括视觉艺术。

奥尔德堡饮食节
餐饮

（Aldeburgh Food & Drink Festival；www.aldeburghfoodanddrink.co.uk；⊙9月底）为期两天的欢庆，届时能品尝到萨福克地区农产品和一流美食佳肴。

⊨ 食宿

★ Ocean House
民宿 ££

（☏01728-452094；www.oceanhousealdeburgh.co.uk；25 Crag Path；标单 £80，双 £100～120，公寓每周 £1400）离海滩只有七步（真数过）之遥。多间乡村风格的客房，其中不少能直接看到浪花朵朵的大海。5人间自炊公寓带有个普通的小厨房和袖珍阳台，顶层的双人间可真是太棒了！三面海景尽收眼底，客厅还摆放着小三角钢琴。

Fish & Chip Shop
炸鱼和薯条 £

（☏01728-452250；www.aldeburghfishandchips.co.uk；226 High St；主菜 £5～7；⊙每天 正午至14:00，周四至周一 17:00～20:00）奥尔德堡的炸鱼和薯条被认为是这一地区最好的，而这家店就是完美选择。

★ Lighthouse
新派英国菜 ££

（☏01728-453377；www.lighthouserestaurant.co.uk；77 High St；主菜 £11～19；⊙正午至14:00和18:30～22:00；❷）这间明亮小酒馆的老板曾在这当过多年的服务员，店里充满了热情友好的感觉。当地鱼肉（烧烤、挂浆炸或是油煎）和素菜都是餐厅最擅长的，不过多汁的牛扒配胡椒、蓝纹奶酪或大蒜香草黄油酱也堪称无懈可击。

ⓘ 到达和离开

64和65路汽车连接奥尔德堡和伊普斯威奇（£6.50，1.5小时，周一至周六每小时1班），然后从那里可以转车前往本地区其他目的地。

绍斯沃尔德（Southwold）

☏01502／人口 1090

绍斯沃尔德名声在外，这里是富人度假目的地，素有"滨海肯辛顿"（肯辛顿是伦敦的高档街区）的绰号。这里迷人的海滩、鹅卵石墙壁的小屋、炮台高架的峭壁和成排的海滨浴场小屋的确美不胜收。约瑟夫·马洛德·威廉·特纳（JMW Turner）、查尔斯·雷尼·马金托什（Charles Rennie Mackintosh）、卢西安·弗洛伊德（Lucian Freud）和达米安·赫斯特（Damien Hirst）等多位艺术家都曾来过此地。

⊙ 景点

阿得南斯啤酒厂　　　　　　　　　啤酒厂
（Adnams；☎01502-727225；www.adnams.co.uk; Adnams Pl; 团队游£20; ⊙3月至9月 每天2~4次团队游）参加团队游花1小时参观这座维多利亚时期啤酒厂的现代高科技设备, 然后在指导下进行30分钟的啤酒品尝, 再选一瓶免费啤酒带回家。需要预订。

如今还可以参观阿得南斯杜松子酒厂（£20）。参加团队游必须年满18周岁。

海滨和码头　　　　　　　　　　　街区
（☎01502-722105; www.southwoldpier.co.uk; North Pde; ⊙码头9:00~17:00, 周五至周日9:00~20:00）**免费** 海滨是绍斯沃尔德的主要景区。沿海滨路漫步, 欣赏敦实的19世纪**灯塔**, 再顺道去始建于1899年、最近重建的190米长的**码头**。这里的Under the Pier Show（开放时间为10:00~17:00, 周五和周六至19:00）展出了不少融简单乐趣和政治讽刺为一体、手工制作的古怪娱乐器械。

值得一游
托马斯·庚斯博罗故居

别具氛围的托马斯·庚斯博罗**出生地**（Thomas Gainsborough's House; ☎01787-372958; www.gainsborough.org; 46 Gainsborough St; 成人/儿童£7/2; ⊙周一至周六10:00~17:00, 周日11:00~17:00）收藏的庚斯博罗画作数量为世界之最。托马斯·庚斯博罗的父亲为这座16世纪的住宅和花园修建乔治国王时代风格的外观。进入其中, 可以看到门厅处的《皮特敏斯特男孩》（Pitminster Boy）, 以及精美的《哈里特的肖像》（Portrait of Harriett）和以细腻笔触描绘织物而著称的《特雷西子爵夫人》（Viscountess Tracy）, 还有一些画家热衷于描绘的风景画。

萨德伯里有定时客运班车开往伊普斯威奇（1小时）、朗梅尔福德（13分钟）、拉文纳姆（30分钟）、贝里·圣埃德蒙兹（1.5小时）和科尔切斯特（Colchester; 50分钟）。

Coastal Voyager　　　　　　　　划船
（☎07887 525082; www.coastalvoyager.co.uk; Blackshore, Southwold Harbour; ⊙全年每小时出航）提供的行程包括乘30分钟快船巡游海湾之旅（成人/儿童£29/14）、悠闲的3.5小时布莱斯河口（Blyth Estuary）游船之旅（£34/16）和3小时斯科比沙滩乘船游（Scroby Sands; £44/22）, 后者还会去参观海豹聚居地和风力发电场。

🎊 节日和活动

纬度音乐节　　　　　　　　　　　艺术
（Latitude Festival; www.latitudefestival.co.uk; Henham Park; ⊙7月）在一座乡间庄园中举行的音乐、文学、舞蹈、戏剧等各种活动。

言辞表达文学节　　　　　　　　　文学
（Ways with Words; www.wayswithwords.co.uk; ⊙11月）著名作家的访谈和读书会, 在全镇多地点举行。

🛏 食宿

★Sutherland House　　　　　酒店£££
（☎01502-724544; www.sutherlandhouse.co.uk; 56 High St; 房间£100~169; P🛜）建筑前身是市长官邸, 即位前的詹姆斯二世以及桑威奇伯爵都曾下榻于此。估计他们对目前的酒店装饰也会感到满意: 房间不同凡响, 灰泥吊顶、裸露的横梁、独立式浴缸——总之, 这里品质一流、氛围奢华, 而且充满了历史时尚感。

餐厅（主菜£12~23; 正午至14:00 19:00~21:00, 周一不营业）将上好的当地食材打造成西班牙小吃、浓汤、蒜泥蛋黄酱和蛋奶酥等佳肴。

Swan　　　　　　　　　　　　酒店£££
（☎01502-722186; www.adnams.co.uk; Market Sq; 标单£160~325, 双£200~350; P🛜🐾）啤酒爱好者的福音——这是绍斯沃尔德啤酒巨头阿得南斯啤酒厂（Adnams）旗下的超时尚酒店。大胆而精彩的翻新给这座17世纪的建筑带来了粉色的椅子、极简主义的四柱床和工业风格的照明, 效果极佳。在Tap Room酒吧, 员工们随时准备为你端上隔壁酿造的啤酒。

新派英国菜（£12~16; 供应时段12:00~

22:00)可能包括松露烤菜花、火腿、鸡蛋和薯条,或者鸡肝冻等。

❶ 到达和离开

146路公交车往返绍斯沃尔德和诺里奇(£4.40,1.5小时,周一至周六每小时1班)。

如果要向南行,包括往返奥尔登堡,可以搭乘88A路车前往黑尔斯沃思(Halesworth;£2.80,30分钟,周一至周六每小时1班),然后换乘521路(£4.80,1小时,每天4班)。

诺福克(NORFOLK)

一望无垠的湛蓝天空、开阔的海滩、劲风吹过的沼泽地、蜿蜒的内陆水道,还有那些漂亮的燧石房屋,这一切构成了诺福克的迷人画卷。有这样一种说法,说当地人"一只脚站在陆地,一只脚站在海里"。在这里游览不可能远离水,无论是静谧诺福克湖区风车转动的河流,还是鸟类资源丰富的宽阔沙滩,一切都与水有关。往内陆走,在繁忙的都首府诺里奇,你还能看到壮观的大教堂和城堡、热闹的集市,以及各式各样美妙的住宿和用餐选择。

❶ 到达和离开

诺里奇是诺福克郡的交通枢纽。火车包括一条直达伦敦利物浦街(£18,2小时,每小时2班)的线路。

Traveline(www.travelineeastanglia.org.uk)有详细的客运班车线路。最实用的线路之一是班次频繁的Coasthopper Bus(www.sanderscoaches.com),这条线路沿着海岸线在克罗默(Cromer)和金斯林(King's Lynn)之间运行。

诺里奇(Norwich)

☎01603 / 人口 132,512

诺里奇是一座繁荣且温柔的城市,随处可见曲折的街巷,两边矗立着诺多建筑瑰宝,这一切都是它在中世纪羊毛贸易时期繁荣发展的最好证明。市区的一端,恢宏的大教堂巍然矗立,而在另一头,雄伟的诺曼城堡高踞山巅。这中间,安静的街巷旁散落着歪斜的半木结构建筑。而热闹的集市、数量庞大的学生群进一步增强了诺里奇悠闲从容的氛围。加上距离诺福克湖区和沙滩很近,你可以把这里当作很好的周边游落脚点。

◉ 景点

★ 诺里奇大教堂　　　　　　　　　主教座堂

(Norwich Cathedral; ☎01603-218300; www.cathedral.org.uk; 65 The Close, 捐赠入场; ⊙7:30~18:00)诺里奇最壮观的地标建筑当属这座非凡的圣公会大教堂,其高耸的尖塔是全英格兰除索尔兹伯里(Salisbury)大教堂尖塔外最高的,而回廊的规模也是首屈一指的。值得关注的还有令人叹为观止的教堂顶部、精美的屋顶圆形凸饰,以及客堂(Hostry)出色的现代化展示。50分钟的导览游(需要捐赠,周一至周六每小时1场,11:00~15:00)可以带你更加深入地了解。

★ 诺里奇城堡　　　　　　　　　　城堡

(Norwich Castle; ☎01603-495897; www.museums.norfolk.gov.uk; Castle Hill; 成人/儿童 £9.15/7.30; ⊙周一至周六 10:00~16:30, 周日13:00开始)雄伟的诺里奇城堡坐落于山顶,俯瞰着诺里奇市中心。这座体量庞大的12世纪城堡也是英国保存最完好的盎格鲁-诺曼军事建筑典范之一。

城堡内极为出色的互动博物馆有着丰富的历史藏品,包括布狄卡(Boudica)、爱西尼人(Iceni)、盎格鲁-撒克逊人以及维京人的生动展览。不过最棒的还是博物馆本身的氛围,展览通过生动的影像,还原了城堡中世纪作为监狱时期那些残酷的刑罚,令人毛骨悚然。每天至少两次的导览游(成人/儿童 £3.70/3)包括参观城垛以及阴森的地牢。

★ 诺里奇博物馆　　　　　　　　　博物馆

(Museum of Norwich; www.museums.norfolk.gov.uk; Bridewell Alley; 成人/儿童 £5.70/4.55; ⊙周二至周六 10:00~16:30)在这里参观需举止有度——这座14世纪的感化院也被称为"女人、乞丐和流浪汉的监狱"。博物馆内的展览聚焦了诺里奇中世纪时期成为英格兰第二大城市的辉煌瞬间,以及19世纪工业革命为诺里奇留下的遗产。你可以在20世纪50年代的会客厅做游戏,听听鞋匠的口述回忆,还可以在袖珍电影院看电影。

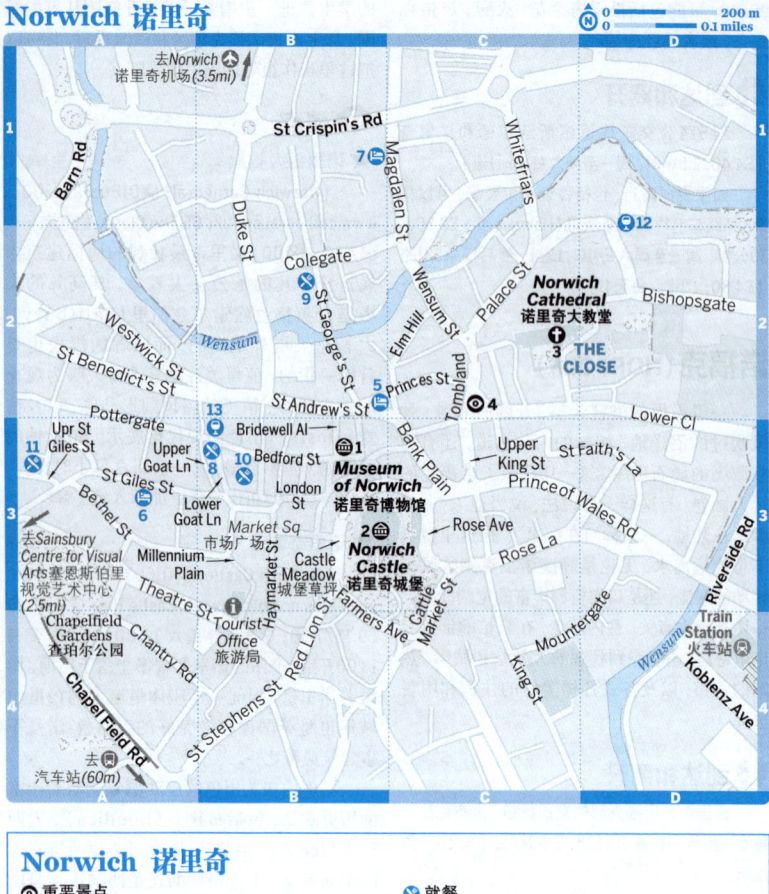

Norwich 诺里奇

重要景点
- **1** 诺里奇博物馆 B3
- **2** 诺里奇城堡 B3
- **3** 诺里奇大教堂 C2

景点
- **4** Tombland区和Elm Hill街 C2

住宿
- **5** 3 Princes B2
- **6** 38 St Giles A3
- **7** Gothic House B1

就餐
- **8** Grosvenor Fish Bar B3
- **9** Last Wine Bar & Restaurant B2
- **10** Library B3
    Mustard .... (见1)
- **11** Roger Hickman's A3

饮品和夜生活
- **12** Adam & Eve D1
- **13** Birdcage B3

布利克灵庄园　　　　　　　历史建筑

（Blickling Hall; NT; ☎01263-738030; www.nationaltrust.org.uk; Blickling; 成人/儿童 £14.35/7.20; ⊙建筑 复活节至10月 12:00~17:00, 11月至次年复活节 10:30~15:00, 庭院 复活节至10月 10:00~17:30, 11月至次年复活节 10:00~15:00; P🚻）始建于11世纪，最初是一座主教宫殿兼庄园建筑。17世纪时詹姆斯一世（James Ⅰ）的首席法官亨利·霍巴特爵士（Sir Henry Hobart）对庄园进行了大规模的

改建。如今，这一恢宏的詹姆斯一世风格府邸里，奢华的贵宾房内摆满了精美的乔治国王时期风格家具、绘画以及织锦挂毯，长廊有着精美绝伦的灰泥堆塑天花板。庄园内的广袤林地里，自行车道和徒步线路纵横交错。

布利克灵庄园位于诺里奇以北15英里处，紧邻A140公路。

塞恩斯伯里视觉艺术中心　　　画廊

（Sainsbury Centre for Visual Arts；☎01603-593199；www.scva.ac.uk；University of East Anglia；◎周二至周五10:00~18:00，周六和周日至17:00；⚌22、25、26）**免费** 中心位于著名建筑师诺曼·福斯特（Norman Foster）设计的第一个大型公共建筑内。作为本地区最重要的艺术中心，这里汇集了包括毕加索、摩尔（Moore）、德加（Degas）、培根（Bacon）等人的作品，此外还有丰富的非洲、太平洋和美洲艺术作品。

它位于市中心以西2英里处的东安格利亚大学（University of East Anglia，简称UEA）校园内。可以乘坐22路、25路、26路公共汽车前往（£2.20，15分钟）。

Tombland区和Elm Hill区　　　街区

市中心诺里奇大教堂附近是葱郁的Tombland区，集市最初就位于此地（"tomb"是古挪威语，意为空旷，可见这里有开办集市的空旷地方）。从这里出发，顺着Princes St来到Elm Hill，这是诺里奇最漂亮的街道，铺满了中世纪的鹅卵石，随处可见歪斜的木头横梁和房门，还有迷人的商店和隐匿的安逸咖啡馆。

🛏 住宿

Gothic House　　　民宿 ££

（☎01603-631879；www.gothic-house-norwich.com；King's Head Yard，Magdalen St，标单/双 £75/105；🅿🛜）进入这家民宿仿佛穿越到了摄政时期。原先的木镶板、柱子以及飞檐挨着螺旋楼梯，鲜花绽放的房间内摆放着新鲜的水果和装雪利酒的迷你酒柜，室内的颜色主要有橄榄绿、柠檬黄和蛋清色。

★ 3 Princes　　　民宿 £££

（☎01603-622699；www.3princes-norwich. co.uk；3 Princes St；标单/双 £85/140~160；🛜）这家民宿服务热情，装饰舒适而简约，还有自制下午茶和宽敞的房间，是极为理想的过夜住宿选择。位置在一条安静、漂亮但地段居中的街道上，自助式欧陆早餐（包括新鲜羊角面包和麦片）以及舒适的床铺更增添了几分魅力。

38 St Giles　　　民宿 £££

（☎01603-662944；www.38stgiles.co.uk；38 St Giles St；标单/套 £95/240；🅿🛜）这家精品民宿的所有细节都十分周到，从高度抛光的地板到历史悠久的樱桃红色沙发。芥末黄色的墙壁和厚重的地毯让这里更加迷人。早餐品种包括当地有机肉类和鸡蛋，加上诺福克培根和枫糖浆配奶油煎饼等。

🍴 就餐

★ Grosvenor Fish Bar　　　炸鱼和薯条 £

（www.fshshop.com；28 Lower Goat Lane；主菜 £5起；◎周一至周六 11:00~19:30）这家做出的炸鱼和薯条与众不同，特色美味有：金黄酥脆的鳕鱼条搭配薯条，独版巨无霸汉堡 "Big Mack" 是酥脆炸马鲛鱼柳配面包卷，"Five Quid Squid"（鱿鱼圈配蒜泥蛋黄酱）真的只卖£5。可以在地下室餐厅里吃，也可以让店家将外卖送到对面的Birdcage酒馆，你可以在那里搭配啤酒享受一下。

Mustard　　　咖啡馆 £

（www.mustardcoffeebar.co.uk；3 Bridewell Alley；小吃/主菜 £2/7；◎周一至周六 8:00~17:00；🛜）这家时尚的咖啡店是在牛头牌芥末酱（Colman's Mustard；诺里奇知名品牌）商店的原址上建起的，自然而然地传承了老店的色彩设计，由内而外都以鲜亮的黄色为主色调。优质的菜谱包括早餐百吉饼面包配哈罗米芝士和枫糖浆，以及西班牙腊香肠配苏格兰蛋。

Library　　　法式啤酒馆 ££

（☎01603-616606；www.thelibrary restaurant.co.uk；4a Guildhall Hill；主菜 £12~25；◎周一至周六 正午至14:30和18:00~22:00，周日正午至16:00；🍴）这里的厨师非常擅长烟熏，烟熏菜肴涵盖了从鸡肉、羔羊肉和牛肉到茴香籽的各种口味。菜肴独具特色，店面更是不同凡响——这家啤酒馆的前身是间图书馆，

剑桥和东安格利亚

诺里奇

维多利亚时期的书架依然立在墙边，在此就餐倒是有点像俱乐部的感觉。

Last Wine Bar & Restaurant 英国菜 ££

（☏01603-626626；www.lastwinebar.co.uk；70 St George's St；主菜 £14~24；◎周一至周六 12:00~14:30和18:00~21:30）酒吧的装饰非常漂亮，反映了这栋建筑过去作为鞋厂的历史往事，其中照明做成了木鞋模具外观，Singer缝纫机当成桌子。食物与环境相得益彰——吧台有一流的汉堡、牛扒、马铃薯团子以及鱼肉派，点菜餐厅内则供应各种创意英国经典菜。

★ Roger Hickman's 新派英国菜 £££

（☏01603-633522；www.rogerhickmansrestaurant.com；79 Upper St Giles St；2/3/7道菜晚餐 £38/47/63，◎周二至周六 正午至14:30，19:00~22:00）这家餐厅简约而不失优雅：浅色木地板，白色亚麻桌布，以及专业又不显得唐突的高质量服务。菜肴有油封三文鱼和兔肉或火焰马鲛鱼等，烹饪技巧一流且富有创意，对品质有着追求，绝对让你不虚此行。午餐（2/3道菜 £20/25）相当划算。

🍷 饮品和夜生活

★ Birdcage 小酒馆

（www.thebirdcagenorwich.co.uk；23 Pottergate；◎11:00至午夜；🛜）福米卡（Formica）贴面桌子、悠扬的曲调、茶杯蛋糕和鸡尾酒，都使这个小酒吧显得格外出挑。预约参加店里的Bums Life Drawing活动（是的，没看错；£4，周二19:00），品一杯酒，或者到街对面的Grosvenor Fish Bar点一份炸鱼和薯条，都是不错的选择。

Adam & Eve 小酒馆

（Bishopsgate；◎周一至周六 11:00~23:00，周日 正午至22:30）诺里奇现存的最古老的酒吧，从1249年开始供应酒水，当初那些建造大堂的工匠常进来喝一杯。酒吧很小，地板下陷，墙上有部分木镶板，来这里的不仅有回头客，还有唱诗班歌手以及追寻幽灵的人，他们都被这里的麦芽威士忌和原浆艾尔啤酒所吸引。

ℹ️ 实用信息

旅游局（☏01603-213999；www.visitnorwich.co.uk；Millennium Plain；◎周一至周六 9:30~17:30，以及7月中旬至9月中旬 周日 10:30~15:30）就在Forum内。

ℹ️ 到达和离开

飞机

诺里奇国际机场（Norwich International Airport；☏01603-411923；www.norwichairport.co.uk；Holt Rd）位于城北4英里处，全年有飞往阿姆斯特丹、阿伯丁、爱丁堡、埃克塞特、曼彻斯特的航班，夏季还有飞往西班牙和海峡群岛（Channel Islands）的航班。

长途汽车

长途汽车站（Queen's Rd）在城堡以南400米处。National Express（www.nationalexpress.com）以及First（www.firstgroup.com）等公司均有长途汽车前往以下目的地：

克罗默 X44路；£3.70，1小时，周一至周六每小时1班
金斯林 Excel（XL）；£6.40，1.5小时，每小时1班
伦敦维多利亚 £12，3小时，每2小时1班

火车

火车站紧邻Thorpe Rd路，位于诺里奇城堡以东600米处。火车目的地包括：

剑桥 £20，1.25小时，每小时1班
伊利 £17，1小时，每30分钟1班
伦敦利物浦街火车站 £20，2小时，每30分钟1班

克罗默（Cromer）

☏01263 / 人口 7949

克罗默在维多利亚时代曾经是时尚度假胜地，如今则是传统英式海滨热门度假地点和极具吸引力的渔港。狭窄的街巷里随处可见颜色明亮的房屋和独立商店。其主要特色有鲜甜的克罗默蟹（Cromer crab）、美丽的码头以及鹅卵石海滩，非常迷人。

👁️ 景点

菲尔布里格庄园 历史建筑

（Felbrigg Hall；NT；☏01263-837444；www.nationaltrust.org.uk；Felbrigg；成人/儿童 £11/5.25；◎3月至10月 12:00~17:00，2月初至3月底 12:00~15:00；🅿️）这座建于詹姆士一世时期的优雅宅邸有着乔治国王时代艺术风格

的室内和壮丽的外观，有一处橘园，还有华丽的围墙花园。位于克罗默西南2英里处，紧邻B1436公路。

亨利·布洛格博物馆　　　　　　　博物馆

（Henry Blogg Museum; RNLI Lifeboat Museum; ☎01263-511294; www.rnli.org; The Gangway; ⓗ4月至9月 周二至周日 10:00~17:00, 2月、3月、10月、11月 10:00~16:00）**免费** 用摩斯电码发出求救信号，或者用信号旗打出你的名字——亲自体验的小道具为这家迷人的博物馆增添了更多吸引力，娓娓道来的海上勇敢救援的故事十分感人，馆内还有一艘"二战"时的救生艇。

博物馆就是以皇家救生艇协会（Royal National Lifeboat Institution）的一位获得勋章最多的舵手的名字来命名的，并且讲述了这位勇士非凡的救援经历。

🛏 食宿

★ Red Lion　　　　　　　　　　旅馆 ££

（☎01263-514964; www.redlioncromer.co.uk; Brook St; 标单 £65~95, 双 £115~160, 套 £160~180; Ｐ🛜）彩色地砖、木制楼梯扶手和彩色玻璃，无声地诉说着这家建于18世纪的传统海滨旅馆的悠久历史；清新时尚、海洋主题的房间赋予这里现代感。所有卧室都带有卫浴间，配备法压壶冲泡咖啡和新鲜牛奶——最佳选择是套房（7号房），你可以在阳台上或卷边浴缸里尽情欣赏海景。

★ Davies　　　　　　　　　　　海鲜 £

（☎01263-512727; 7 Garden St; 螃蟹 £3.50~6; ⓗ4月至10月 周一至周六 8:30~17:00, 周日 10:00~16:00,11月至次年3月 周二至周六 8:30~16:00）与其说是一家水产店，不如说是一家当地名餐厅——在这里，螃蟹是店内的小船（"理查·威廉"号）当天出海所捕获，然后现场煮熟、撬开并浇汁。其他菜肴包括蛤蜊、贻贝和自制肉酱;鲭鱼和辣根酱味道非常赞。

Rocket House　　　　　　　咖啡馆 £

（☎01263-519126; www.rockethousecafe.co.uk; The Gangway; 主菜 £6.50~11; ⓗ周一至周五 9:00~17:00, 周六和周日 10:00起; 📶）室内空气清新，海景一览无余，因为阳台几乎就在海面上。简餐包括农家诺福克斑点奶酪（Norfolk Dapple）和宾哈姆蓝纹奶酪（Binham Blue cheese）、当地烟熏鲭鱼沙拉，以及店家招牌菜克罗默蟹（Cromer crab）拼盘等。

ℹ 到达和离开

➡ 有火车线路连接克罗默和诺里奇（£8, 45分钟，每小时1班）。

➡ 克罗默位于Coasthopper（www.sanderscoaches.com）客运汽车线路上，定时有班车发往海边的克莱、布莱克尼和韦尔斯。从韦尔斯出发，有班车频繁往返金斯林。

海边的克莱 （Cley-next-the-Sea）

☎01263 / 人口 450

正如名字所预示的那样，克莱（发音"cly"）是一处闲散沉寂的村庄，蜷缩在海岸边上。多座漂亮的平房将风车包围起来，画面十分美好，有众多鸟儿栖息的沼泽呈扇形分布开来。

◎ 景点

克莱沼泽　　　　　　　　　自然保护区

（Cley Marshes; ☎01263-740008; www.norfolkwildlifetrust.org.uk; 邻近海边的克莱; 成人/儿童 £4.50/免费; ⓗ黎明至黄昏; Ｐ）作为英国主要的观鸟地点之一，克莱沼泽栖息着300多种留鸟以及大量迁徙至此的候鸟，金色芦苇中隐藏着纵横交错的步道和观鸟隐蔽棚。

即使你对观鸟不感兴趣，也不要错过（免费的）从游客中心和咖啡馆望出的风景。不想走路的人可以在这里观鸟，坐下来喝杯拿铁，透过望远镜清晰地欣赏放大了的白腹鹨。

🛏 食宿

★ Cley Windmill　　　　　　　民宿 £££

（☎01263-740209; www.cleymill.co.uk; High St; 双 £190~205, 公寓 每周 £560起; Ｐ）作为一幢18世纪的圆形农房，从歪斜的墙面就能看出那悠长的岁月，Cley Windmill还是非常有个性的。每一间房间都是以磨坊过去的

探索诺福克湖区

为什么要去沼泽地游览?

12世纪的佃农们为寻找泥炭而在内陆挖出坑穴,后来Wensum河、Bure河、Waveney河和Yare河等河流上涨灌入这些巨大坑穴,形成了如今这片广袤的湿地。这里包括若干脆弱的生态系统,已被辟为国家公园(www.visitthebroads.co.uk)加以保护,湿地里生长着英国最珍稀的植物,栖息着罕见的鸟类,对观鸟爱好者和自然科学家极具吸引力。除此之外,如果你曾经梦想拥有开着自己的船,在水上生活,这里还有125英里长的无船闸畅通水道供你圆梦探索。若你喜欢划独木舟,享受远离喧嚣、迷失在大自然中的感觉,这里能够为你提供充裕的机会。

乘船探索

游船各式各样,既有大型的带船舱游船,也有尾挂马达式的小船。而租借时间方面,你可以选择几个小时的随意观光,也能进行长达一周的行程。同时提供教学指导。船的租金取决于船身大小、配套设备以及出行季节,4人船每小时约£25,4小时£80起,全天£110起。租用一周租金£550~1400,包含燃料和保险。

Broadland Day Boats(☎01692-581653; www.dayboathire.com; Sutton Staithe Boatyard, Sutton Staithe; 小船租赁每天£95~110,独木舟租赁每半天/全天£25/40)可租借小船和独木舟。**Barnes Brinkcraft**(☎01603-782625; www.barnesbrinkcraft.co.uk; Riverside Rd, Wroxham; 独木舟租赁每半天£30,小船租赁每小时/天£18/152,4铺小船每周£470起; ◉4月至10月)既有短租,也有长租,而**Broads Tours**(☎01603-782207; www.broads.co.uk; The Bridge, Wroxham; 小船租赁每小时/天/周£20/175/1400起; ◉3月至10月 8:00~17:30)则按天或按周出租,并且设有乘船团队游。**Blakes**(☎0345 498 6184; www.blakes.co.uk; 4铺小船每周£550~1000)主打各种假日游船之旅。

划独木舟探索

喜欢划船者可以租用独木舟,一天费用£35~40。我们推荐**Whispering Reeds**(☎01692-598314; www.whisperingreeds.net; Staithe Rd, Hickling; 独木舟租赁每3/6小时£25/35; ◉复活节至10月)和**Waveney River Centre**(☎01502-677343; www.waveneyriver centre.co.uk; Burgh St Peter; 皮划艇/独木舟租赁每天£28/36; ◉复活节至10月)。**Mark the Canoe Man**(☎01603-783777; www.thecanoeman.com; 半天行程成人/儿童£25/15; ◉4月至10月)的工作人员对湖区了如指掌,可以安排普通乘船游无法到达地区的导览游(£25起),也出租独木舟和皮划艇,组织周末露营独木舟游,以及两天独木舟和丛林求生之旅(成人/儿童£175/125)。

徒步和骑车探索

这一地区的徒步网络纵横交错,包括从克罗默到大雅茅斯、全长61英里(98公里)的织工步道(Weavers' Way),沿途风景绝佳。湖区的最高点是霍尔丘陵(How Hill),只比海平

功能来命名(形状怪异的"大麦箱"房——Barley Bin可以说太棒了),从很多房间望出去,都能直接看到长满芦苇的盐沼。旁边是一个漂亮的4人间自炊平房。

George 旅馆 £££

(☎01263-740652; www.thegeorgehotelatcley.co.uk; High St; 双£120~335)这里固然是一家历史悠久的英式旅馆,但完全弥漫着北诺福克的当代氛围。因地制宜的设计包括裸露的地板、壁炉和扶手椅以及古怪的抽屉柜。不妨选择一间可以俯瞰沼泽的房间,以欣赏随风舞动的芦苇丛。

★ Picnic Fayre 熟食店 £

(☎01263-740587; www.picnic-fayre.co.uk; High St; 小吃£3起; ◉周一至周六 9:00~17:00,周日10:00~16:00)进了这家熟食店,就别

面高出了12米，所以在此地徒步不需要你有惊人的身体素质。Aylsham和Stalham之间的路段对自行车开放。

自行车租赁机构包括Broadland Cycle Hire（☎07887 480331；www.norfolkbroadscycling.co.uk；Bewilderwood, Hoveton；自行车租赁 每天成人/儿童 £18/7，每周 £70/45；⊙7月至9月初 10:00~17:00）和Mark the Canoe Man。每天租金为£18~20；也可以租借儿童座椅和双人自行车。

有什么与水无关的景点和活动？

诺福克湖区博物馆（Museum of the Broads；☎01692-581681；www.museumofthebroads.org.uk；The Staithe, Stalham；成人/儿童 £5.50/2.50；⊙复活节至10月 周日至周五 10:00~16:30）位于波特汉姆（Potter Heigham）以北5英里处，紧邻A149公路，馆内展品特色是精美的船只，以及有关当地沼泽居民传统的生活习俗、泥炭开采以及现代保护等各类内容的展览。你还可以乘坐汽艇。

Toad Hole Cottage（☎01692-678555；www.howhilltrust.org.uk；How Hill；⊙4月至10月 10:30~17:00）**免费** 小巧的木屋重现了沼泽居民的生活，展示了捕鳗鱼者家庭的生活方式以及在沼泽地中干活使用的工具。

Bewilderwood（☎01692-633033；www.bewilderwood.co.uk；Horning Rd, Hoveton；成人/儿童 £16.50/14.50；⊙复活节至10月 10:00~17:30；🅿5B）专为儿童和童心未泯的成年人准备的森林游乐场，这里有高空滑索、丛林桥、树屋以及其他各种老式户外冒险活动，泥浆、迷宫、沼泽地步行必不可少。

圣海伦教堂（St Helen's Church；☎01603-270340；Ranworth；⊙9:00~17:00）湖区最令人着迷的教会景点，建于14世纪，当地人称之为"布罗兹大教堂"（Cathedral of the Broads），在漂亮的小村兰沃斯（Ranworth）中，拥有精美的绘有耶稣受难像的中世纪圣坛隔屏，以及15世纪的《轮唱赞美诗集》——这是极为罕见的泥金装饰祈祷书。

比尤尔谷蒸汽火车铁路（Bure Valley Steam Railway；☎01263-733858；www.bvrw.co.uk；Aylsham；成人/儿童往返 £13.50/6.50；⊙4月至10月 每天2~9班；🅿）广受蒸汽火车爱好者的青睐，火车往返于艾尔舍姆（Aylsham）和罗克瑟姆（Wroxham）之间9英里长的窄轨铁路上。回来的时候可以乘船。

当地交通情况如何？

在诺福克湖区自驾有违本次旅游的本意，也不实用。从诺里奇有长途汽车前往本地区的中心罗克瑟姆（从诺里奇沿A1151公路可达），而从诺里奇和大雅茅斯（Great Yarmouth）有长途汽车到另一个中心波特汉姆（从罗克瑟姆出发沿A1062公路可达），从那里你可以走水路，也可以选择步行小径。

想着减肥了。店里摆满了富有想象力的英式野餐经典食物——猪肉馅饼配西班牙腊肠、香肠配甜辣椒酱，以及自制的薰衣草面包等。还有黏牙的自制软糖和葡萄牙蛋挞。实在美味。

❶ 实用信息

旅游局（☎01263-740008；www.norfolkwildlifetrust.org.uk；Cley Marshes；⊙3月至10月 10:00~17:00，11月至次年2月 10:00~16:00）有可以看到鸟类保护区的巨大落地窗，旁边有座位和望远镜，这里还有一个咖啡馆。

❶ 到达和离开

克莱位于Coasthopper（www.sanderscoaches.com）客运汽车线路上，定时有班车发往克罗默、布莱克尼和韦尔斯。从韦尔斯出发，有班车频繁往返金斯林。

布莱克尼（Blakeney）

☏01263 / 人口 801

美丽的小村布莱克尼在港口淤塞前曾经是一个繁忙的贸易渔港。现在这里提供一条极具魅力的海滨步行线路，你会看到海岸边停靠着许多游艇。此外，还提供轮船游，前往附近的布莱克尼角（Blakeney Point），去欣赏在那里繁衍生息的500多只海豹和灰海豹懒散晒太阳的场景。

☞ 团队游

Bishop's Boats
划船

（☏01263-740753；www.bishopsboats.com；Blakeney Quay；成人/儿童 £12/6；⏰4月至10月 每天1~4次）1小时的布莱克尼角海豹观赏之旅；最佳月份是6月至8月，此时普通小海豹正好出生。

Beans Boat Trips
划船

（☏01263-740505；www.beansboattrips.co.uk；Morston Quay；成人/儿童 £12/6；⏰4月至10月 每天1~3次）乘船前往数百只海豹栖息的布莱克尼角游览。游船出发地为布莱克尼东边1.5英里处的Morston Quay码头。

🛏 食宿

Kings Arms
旅馆 ££

（☏01263-740341；www.blakeneykingsarms.co.uk；Westgate St；标单/双 £65/85；🅿🐾）在小酒馆内，旧式房间简单温馨，色调明亮，你可能都不想离开了。点一大份酒吧小吃（这里的炸鱼薯条远近闻名；主菜 £9~18；供餐时间正午至21:00），酒足饭饱之后，可以从店主马乔里（Marjorie）那里获得一些她在当戏剧演员时的剧院八卦。

Moorings
新派英国菜 ££

（☏01263-740054；www.blakeney-moorings.co.uk；High St；主菜 £7~19；⏰周二至周六 10:30~20:00，周日 10:30~17:00）光是完美的鱼肉菜肴已经足以使这个小酒馆拥有一大批忠实拥趸了。尝试诺福克蟹肉蛋糕或香草烤本地鲭鱼。不容错过的布丁有诺福克熟奶酪，此外大黄、蜂蜜和藏红花馅蛋挞也很赞。

ℹ 到达和离开

布莱克尼位于Coasthopper（www.sanderscoaches.com）客运汽车线路上，定时有班车发往克罗默、海边的克莱和韦尔斯。从韦尔斯出发，有班车频繁往返金斯林。

海边的韦尔斯（Wells-next-the-Sea）

☏01328 / 人口 2165

迷人的韦尔斯陆地和海洋景色同样出色。一排排乔治国王时代风格的漂亮房屋和燧石小屋，蜿蜒向下延伸至船只停泊的码头边。北部是一大片金色沙滩，背靠着松树覆盖的沙丘。

⦿ 景点

韦尔斯海滩
海滩

（Wells Beach；🅿）韦尔斯海滩绵延数里直到西部，边缘是浓密的松树林和绵延沙丘。色彩明亮的沙滩小屋坐落在岸边，木台阶向上通往森林。它们位于一条一英里长的公路终点，你可以步行、开车或乘坐小火车前往。周围有停车场。

韦尔斯和沃尔辛海姆铁路
历史铁路

（Wells & Walsingham Railway；☏01328-711630；www.wellswalsinghamrailway.co.uk；Stiffkey Rd；成人/儿童往返 £9.50/7.50；⏰3月底至10月 每天4~5班；🅿）世界最长的10.25英寸窄轨铁路从韦尔斯通往村庄小沃尔辛海姆（Little Walsingham），全长5英里，一路风景如画、美不胜收。小沃尔辛海姆村里有神殿以及已被毁的沃尔辛海姆修道院遗址，这些断壁残垣依然壮观非凡。

🛏 食宿

Wells YHA
青年旅舍 £

（☏0345 371 9544；www.yha.org.uk；Church Plain；铺/双/家 £25/70/80；🅿🐾）位于市中心，在一个有着华丽山墙的20世纪初教堂大厅里。现代家居和友好氛围让这里显得无懈可击。

★ Old Customs House
民宿 ££

（☏01328-711463；www.eastquay.co.uk；East

女王的乡村庄园

君主制主义者和那些着迷于英国王室的人会在桑德林汉姆府（Sandringham；☎01485-545400；www.sandringhamestate.co.uk；成人/儿童£16.50/8；⊙复活节至9月 11:00~16:30，10月至15:30；P；35）找到很多值得细细品味的东西，这里是女王的乡村庄园。

桑德林汉姆府于1870年由当时的威尔士亲王和王妃（后来的英王爱德华七世和王后亚历山德拉）买下了这一庄园，这里的建筑特征与装饰仍然保持着爱德华七世时期的风格。与此同时，当年的旧马厩，现在则是一个展现爱国主义的博物馆，陈列着各式各样的王室纪念品。王室古董车收藏尤其令人痴迷，从1900年第一辆被王室使用的摩托车，到女王母亲开过的小机动车，让人大开眼界。庄园还拥有25公顷的景观花园。

这里会组织花园导览团队游（£3.50；周三和周六 11:00和14:00）。商店出售占地巨大的庄园出产的各种有机产品。

桑德林汉姆府位于金斯林东北6英里处的A149公路边上。35路汽车从金斯林出发途经此地（£2.50，20分钟，每小时1班）。

Quay；标单£85~95，双£105~115；P🐾）庄重但舒适的感觉来自老旧木镶板、摆满书的壁龛和漂亮的小溪景观。可选择温馨的"Captain's Quarters"或配有奢华四柱床的房间。与老板聊聊你早餐想吃什么——比如当地烘焙的蛋糕配自制果酱或烟熏黑线鳕？

Wells Beach Cafe　　　　　　　咖啡馆 £

（www.holkham.co.uk；Wells Beach；主菜£5起；⊙复活节至10月 10:00~17:00，11月至次年复活节至16:00；🐾）这里有当地人最喜欢的面包夹培根、自制辣椒，还有可口的热巧克力。外面摆着野炊餐桌，店里安有柴炉，天冷风大时取暖用。

❶ 实用信息

旅游局（☎01328-710885；www.visitnorthnorfolk.com；Freeman's St；⊙4月至10月 周一至周六 10:00~16:00，周日至13:00）

❶ 到达和离开

韦尔斯是沿海客运班车服务的中转站。从这里出发的客运班线包括：

Coasthopper（www.sanderscoaches.com）往返克罗默，途经布莱克尼和海边的克莱。

Coastliner（www.lynxbus.co.uk）前往金斯林，经由霍尔克姆、伯纳姆迪普戴尔（Burnham Deepdale）、布兰凯斯特斯泰瑟（Brancaster Staithe）和蒂奇韦尔（Titchwell）。

霍尔克姆（Holkham）

☎01328 / 人口 200

小村霍尔克姆虽然只有两处比较大的景点，但都给人强烈美感：一个是宏伟的乡村庄园，另一个则是壮观的绵延沙滩。

◉ 景点

★霍尔克姆国家自然保护区　　野生动物保护区

（Holkham National Nature Reserve；www.holkham.co.uk；停车每2小时/天£3/7；⊙停车场：4月至9月 6:00~21:00，10月至次年3月 至18:00）海滩、沙丘、盐沼、放牧沼泽、松林和灌木丛——占地37平方公里的霍尔克姆保护区分布着种类众多的栖息地。从霍尔克姆村Lady Anne's Dr的停车场可以方便地进入保护区内。在那里，纵横交错的步道穿过森林，经过观鸟隐蔽棚，最后到达一片广袤纯净的海岸。

霍尔克姆堂和庄园　　　　　　历史建筑

（Holkham Hall and Estate，☎01328-713111；www.holkham.co.uk；成人/儿童£16/8，停车费£3；⊙复活节至10月 周日、周一和周四 正午至16:00；P）霍尔克姆庄园是最早的莱斯特伯爵（Earl of Leicester）留下的，现在依然属于他的后代。这是一座严肃的帕拉第奥式宅邸，外观非常朴素，但内部富丽堂皇，红色天鹅绒装饰着墙面和地板，摆着古希腊和古罗马雕像的复制品,大理石厅(Marble Hall)内刻有凹槽纹的石柱,以及豪华的格林卧房(Green State Bedroom)。庄园坐落在由威廉姆·肯特(William Kent)设计的大型鹿园内(每天10:00~17:00开放)。

🛏 住宿

★ Victoria
旅馆 £££

(📞01328-711008; www.holkham.co.uk; Park Rd; 标单£135~160, 双£160~250, 家£260~290; ⓧ食物供应8:00~10:00和12:00~21:00; P⚡📶)在沿着开阔的霍尔克姆海滩徒步观光后,到Victoria喝上一杯,已经成为一种传统。如果把喝一杯饮品拉长至在这里住一晚,那一定也是一件让人心旷神怡的事情。浴室非常干净,海洋色调与清新的现代风格和奇特的古董相得益彰。食物(主菜£7~20)的材料通常都源自霍尔克姆庄园,然后精心烹制成时尚的乡村美食。

❶ 到达和离开

霍尔克姆位于Coastliner(www.lynxbus.co.uk)客运班车线路上,定时有班车往返金斯林和韦尔斯。从韦尔斯出发,有班车频繁往返克罗默。

伯纳姆迪普戴尔 (Burnham Deepdale)
📞01485/人口800

徒步爱好者纷纷涌入这个可爱的海滨地带,小村伯纳姆迪普戴尔[和布兰克斯特斯泰瑟村(Brancaster Staithe)无缝过渡]挨着一条乡村小道。伯纳姆迪普戴尔村边是诺福克海滨小径,周围分布着沙滩和芦苇丛生的沼泽,村中则有纵横的自行车道穿过,鸟儿在空中飞舞,该村同时也是水上运动的大本营。

⊙ 景点

★ 蒂奇韦尔沼泽
自然保护区

(RSPB; 📞01485-210779; www.rspb.org.uk; Titchwell; 停车£6; ⓧ黎明至黄昏; P)蒂奇韦尔沼泽自然保护区的沼泽、沙洲、潟湖吸引了大量鸟禽。春天,在这里可以听到麻鸭的啼鸣;夏季有白腹鹞(marsh harrier)、反嘴鹬(avocet)、燕鸥(tern)和筑巢的文须雀(bearded tit)等,冬季则可以观赏到20多种涉禽和不计其数的野鸭和野鹅。

蒂奇韦尔沼泽位于伯纳姆迪普戴尔以西3英里处。

🛏 食宿

★ Deepdale Farm
青年旅舍 £

(📞01485-210256; www.deepdalefarm.co.uk; Burnham Deepdale; 铺/双/家/四£18/60/70/80, 露营地£26起; P@📶)🚶对于背包客来说, Deepdale Farm是一个非常不错的选择:极其干净的带卫浴宿舍、由牲畜棚改造的双人间、设备齐全的小厨房、烧烤区,以及舒适的休息室里温暖的火炉惬意无比。露营者可以选择更奢华的游猎帐篷,或是自带帐篷——你会发现外面不远的地方就有热水淋浴。

青年旅舍也有旅游咨询处(www.deepdalefarm.co.uk; Burnham Deepdale; ⓧ周一至周六9:00~17:00, 周日10:00~16:00),这里是参加附近海滩的风筝冲浪和帆板运动的最佳选择。

★ 蒂奇韦尔庄园
酒店 £££

(Titchwell Manor; 📞01485-210221; www.titchwellmanor.com; Titchwell; 靠近Brancaster; 房间£170~220; P@📶)这座豪华的现代酒店坐落在一栋维多利亚时期宅邸内。你会在别致的房间里看到迷人的复古家具和大胆的配色。从香草花园庭院旁的客房到风景优美的海景房,一定能让你有心仪之选。

时尚的餐厅露台是享用现代风味西班牙小吃和看单点菜的好地方(主菜£14~35; 食物供应时间为12:00~14:00和18:00~21:00)。

★ White Horse
新派英国菜 ££

(📞01485-210262; www.whitehorsebrancaster.co.uk; Main Rd, Brancaster Staithe; 主菜£14~24; ⓧ9:00~21:00; P📶)这家美食酒馆创意十足的菜单让其从竞争对手中脱颖而出。几乎所有菜看都使用到诺福克应季食材——野蒜、当地风味鸭肉酱、天妇罗布兰克斯特生蚝以及盐沼羔羊肉等。客房(双£160~250)雅致的色彩搭配让你感觉如同置身海岸边。

Eric's Fish & Chips   炸鱼薯条

(📞01485-525886; www.ericsfishandchips.com; Drove Orchards; 主菜£9~15; ⊙12:00~21:00)这里将北诺福克流行的烹饪风格融入经典英国菜式中,充满了想象力。店里有复古菜单、明亮的瓷砖、高脚凳和让人振奋一新的经典改良菜肴:格吕耶尔干酪(Gruyère)和菠菜阿兰希尼(spinach arancini)、黑线鳕配黑蒜泥蛋黄酱、酸橙扇贝等。可堂食,也可带走。

❶ 到达和离开

伯纳姆迪普戴尔位于Coastliner(www.lynxbus.co.uk)客运班车线路上,往来金斯林和韦尔斯的班车频繁在此停靠。

从韦尔斯出发,有定点客运班车发往克罗默。

金斯林(King's Lynn)

📞01553 / 人口 12,200

金斯林曾是英格兰最重要的港口之一,一度有着"沃什湾仓库"(沃什湾就是邻近的海湾the Wash,亦称瓦士湾)的美誉。据说在其鼎盛时期,你可以踏着河上紧密相连的船只横渡大乌斯河(River Great Ouse)。在金斯林老城里的鹅卵石小巷、热闹的每周集市、商人住宅间的狭窄街道间仍能感受到海港城市的气息。

◉ 景点

林恩的故事   博物馆

(Stories of Lynn; 📞01553-777775; www.kingslynntownhall.com; Saturday Market Pl; 成人/儿童£4/2; ⊙10:00~16:30)耗资200万英镑的升级将以往的档案资源转换成多媒体展品,你能浏览了解当地海员、探险家、市长和普通市民的故事。博物馆位于15世纪的市政厅内,还有一部分是镇上乔治国王时期的监狱,使你有机会在曾经的监牢里走来走去。

林恩博物馆   博物馆

(Lynn Museum; www.museums.norfolk.gov.uk; Market St; 成人/儿童£4.50/3.80; ⊙周二至周六 10:00~17:00,以及4月至9月 周日 12:00~16:00)馆内的亮点包括大量爱西尼(Iceni)金

霍顿府

帕拉第奥建筑风格的霍顿府(Houghton Hall; 📞01485-528569; www.houghtonhall.com; 邻近King's Lynn; 成人/儿童£15/5; ⊙5月至9月底 周三、周四和周日 11:00~17:00; 🅿)建于1730年,是为英国事实上的第一任首相罗伯特·沃波尔爵士(Sir Robert Walpole)建造的。如今单是看看华丽的大客厅就不虚此行,令人目眩的建筑内部随处可见镀金装饰、织锦挂毯、天鹅绒和当时的家具。庄园周围的庭院共栖息着600头鹿,占地2公顷的围墙花园点缀着当代雕塑,都适合愉快漫步,观赏盛景。霍顿府就在金斯林以东13英里处的A148公路旁。

币和木阵美术馆(Seahenge Gallery),后者讲述在4000年前的青铜器时代早期木阵建造和遗址保护背后的故事,该木阵位于诺福克海岸,曾被海水淹没,至1998年才被发现。展品中包含一座按原始尺寸复制的模型,你甚至可以站在里面。

真实之院博物馆   博物馆

(True's Yard; 📞01553-770479; www.truesyard.co.uk; North St; 成人/儿童£3/1.50; ⊙周二至周六 10:00~16:00)这一地区曾经繁华、极为独立的渔业社区如今只剩下两座渔屋,博物馆就在这两座已经修复的渔屋里,馆内展示当年挤在类似渔屋内渔民的生活和传统。

金斯林大教堂   教堂

(King's Lynn Minster, St Margaret's Church; 📞01553-767090; www.stmargaretskingslynn.org.uk; St Margaret's Pl; ⊙8:00~18:00)风格杂糅,有佛兰德黄铜饰物和可以推断潮汐(而非时间)的17世纪月相盘。在西门旁可以看到历史上多次洪水的水位标记。

✿ 节日和活动

金斯林艺术节   文化

(King's Lynn Festival; www.kingslynnfestival.org.uk; ⊙7月)东安格利亚最重要的文化盛事,有中世纪歌谣、歌剧等各种风格的音乐演出,还有文学讲座。

食宿

★ Bank House
精品酒店 ££

(☏01553-660492; www.thebankhouse.co.uk; King's Staithe Sq; 标单£85~120, 双£115~220; ℗☎) 这里实在让人着迷：位于码头区的位置、略带现代感的装饰、豪华的浴室，使这座雅致的乔治国王时代风格的联排别墅令人难以拒绝。最好的客房（宽敞的Captain's Room）非常豪华；但是即使是比较便宜的河景"Cosy"房间也同样迷人。

在楼下，新潮的法式小酒馆（菜肴£7~18；营业时间12:00~20:30）供应美味的新派英国菜。

Market Bistro
新派英国菜 ££

(☏01553-771483; www.marketbistro.co.uk; 11 Saturday Market Pl; 主菜£14~22; ⊙周三至周六 正午至14:00, 周二至周六 18:00~20:30) 这个家族经营的小酒馆专门使用诺福克本地食材，赢得大批顾客喜爱，服务热情友好。季节性特色菜肴包括大比目鱼配烟熏花菜，或者烤鹿肉配甜菜根开胃菜。餐厅的套餐（2/3/5道菜套餐£16/20/35）极具创意，展现了纯熟的烹饪技巧。

❶ 实用信息

旅游局 (☏01553-763044; www.visitwestnorfolk.com; Purfleet Quay; ⊙4月至9月 周一至周六10:00~17:00, 周日 正午至17:00, 10月至次年3月 至16:00) 安排古迹导览徒步游（成人/儿童£5/1），时间为5月至10月周二、周五和周六的14:00。

❶ 到达和离开

公共汽车 Coasthopper (www.sanderscoaches.com)和Coastliner (www.lynxbus.co.uk)都有定期客运班车从金斯林发车，沿着海岸一路前往克罗默（£10, 2.5小时）。

火车 从剑桥（£10, 50分钟）有火车经伊利驶往金斯林，伦敦国王十字车站（£37, 1.75小时）也有火车驶往金斯林，均为每小时1班。

伯明翰和英格兰中部

包括 ➡

伯明翰	440
沃里克郡	449
斯塔福德郡	462
伍斯特郡	465
赫里福德郡	468
什罗普郡	471
诺丁汉郡	486
林肯郡	493
莱斯特郡	500
德比郡	507
峰区	513

最佳餐饮

- ➡ The Cross（见452页）
- ➡ Hammer & Pincers（见505页）
- ➡ Chatsworth Estate Farm Shop Cafe（见526页）
- ➡ Fischer's Baslow Hall（见526页）
- ➡ Salt（见460页）

最佳住宿

- ➡ The Cow（见509页）
- ➡ Coombe Abbey Hotel（见451页）
- ➡ St Pauls House（见445页）
- ➡ George Hotel（见499页）

为何去

如果你在寻找印象中的英式乡村——绿意盎然的山谷、黑白木屋装饰的花里胡哨的村庄、像诺丁汉郡的舍伍德森林一样充满传奇故事的林地，或是仿佛正有末代贵族从马厩纵马而出的宏伟庄园——这个国家的中部地区就是你要找的地方。

此外，你还可以找到拥有百年工业历史的遗址——入选世界遗产名录的铁桥工业区和德文特河谷工业区，以及如今充满活力的城市，包括英格兰第二大城市伯明翰：从一个运河密布的工业聚集区重塑为文化与创意之都，还有令人印象深刻的21世纪建筑和活力四射的夜生活。除此之外还有起伏的群山，清新的空气会让你不禁想要深吸几口。徒步客和自行车手们成群结队地来到这些未开发的地方，特别是峰区国家公园和英格兰—威尔士边界地区的什罗普郡丘陵，隐没在广袤的美景中。

何时去

- ➡ 2月或3月（取决于大斋节的具体时间），去阿什本感受忏悔节足球赛（Shrovetide football）美妙的喧闹。
- ➡ 斯特拉特福文学节（Stratford's Literary Festival）于4月或5月举办，当代作家云集，或许连莎士比亚都不能小觑。
- ➡ 从5月到9月，每逢周末和公众假期，什罗普郡丘陵摆渡车（Shropshire Hills Shuttles）从彻奇斯特雷顿附近的卡丁米尔谷（Carding Mill Valley）驶往长景山（Long Mynd）的山顶村庄，什罗普郡丘陵荒野和沼地高原美景如画。
- ➡ 6月至9月是在峰区徒步和骑行的最佳季节。
- ➡ 美食爱好者一定不会错过9月在拉德洛举办的著名美食节。

伯明翰和英格兰中部亮点

❶ 伯明翰（见440页）在图书馆楼顶的"秘密花园"俯瞰熙攘的城市。

❷ 峰区国家公园（见513页）徒步、骑行或自驾穿越英格兰第一座国家公园。

❸ 林肯（见493页）漫步在威廉一世建造的城堡墙上，俯瞰这座历史文化底蕴深厚的城市内耸立的大教堂。

❹ 铁桥峡（见475页）在工业革命的发源地逛逛博物馆。

❺ 莱斯特（见501页）在莱斯特了解国王理查三世的生平、死亡和遗骸被发现的过程。

❻ 埃文河畔斯特拉特福（见455页）参观莎士比亚曾就读的教室和恢复原貌的联排别墅，然后在充满都铎王朝风韵的莎翁故乡欣赏一场皇家莎士比亚剧团的演出。

❼ 大莫尔文（见467页）游览大莫尔文著名的汽车工厂，驾车逶迤于周边的群山峻岭之间。

❽ 伯利府（见499页）参观斯坦福德这处恢宏庄园的豪华大厅和宏大园林。

Humber
NORTH SEA 北海
Scunthorpe 斯肯索普
M180
Grimsby 格里姆斯比
Doncaster 唐卡斯特
M1
Rotherham
Sheffield 设菲尔德
A57
Gainsborough
Market Rasen
Louth
Trent
Worksop
Chatsworth House 查茨沃斯庄园
A1(M1)
Chesterfield 切斯特菲尔德
Tuxford
3 Lincoln 林肯
Horncastle
Skegness
Sherwood Forest National Nature Reserve 舍伍德森林国家自然保护区
Waddington
Spilsby
Hardwick Hall 哈德威克庄园
Edwinstowe
Clipstone
Newstead Abbey
A16
Cromford
Newark-on-Trent 纽瓦克
Southwell 邵斯韦尔
Coningsby
Witham 威瑟姆河
A17
Sleaford
Boston 波士顿
The Wash 沃什湾
Belper 贝尔帕
M1
A46
Nottingham 诺丁汉
Derby 德比
Grantham 格兰瑟姆
Woolsthorpe Manor 伍尔斯索普庄园
East Midlands Airport 东米德兰机场
A38
Wymeswold
Spalding
A17
National Forest 国家森林
Loughborough 拉夫堡
Melton Mowbray
A1
Packington
Whitwell 惠特韦尔
The Fens 芬斯
A16
Oakham
Stamford
Sutton Cheney 萨顿切尼
M1
5 Leicester 莱斯特
Rutland Water 拉特兰湖
Edith Weston
8 Burghley House 伯利府
Peterborough 彼得伯勒
A47
Bosworth Battlefield 博斯沃思战场
A5
Lyddington
Fotheringhay
Market Harborough
Kettering
Coventry 考文垂
Catthorpe
Rugby 拉格比
Althorp House 奥尔索普宅邸
Stoneleigh Abbey 斯通雷修道院
Warwick 沃里克
Northampton 北安普敦
Cambridge 剑桥
Charlecote Park 查莱克特公园
Sulgrave Manor 苏尔格拉福庄园
Stoke Bruerne 斯托克布鲁恩
Towcester
Silverstone
M1
Banbury 班伯里
Milton Keynes 米尔顿凯恩斯
Luton 卢顿

🚶 活动

奔宁山步道（Pennine Way）和石灰岩步道（Limestone Way）等著名徒步线路穿梭于峰区群山间，还有一些颇具挑战性的骑行路线，比如奔宁山骑行道（Pennine Cycleway），英格兰—威尔士交界的边界地区也非常适合开展户外徒步。

拉特兰湖（Rutland Water）有许多水上运动；赫里福德和铁桥峡可以划独木舟和皮划艇。

ℹ️ 到达和当地交通

伯明翰机场（见448页）和德比（Derby）附近的东米德兰机场（见510页）是主要的航空枢纽。

中部地区有着极好的铁路网络，连接着各个城镇。伯明翰长途汽车站（Birmingham Coach Station）的**National Express**（☎08717 818181；www.nationalexpress.com）公司以及当地巴士公司，运营线路连接大型城镇、村庄和其他偏远目的地，不过淡季班次数量将有所减少。想要了解一般线路信息，可在Traveline上查询**东米德兰**（East Midlands；☎0871 200 2233；www.travelineeastmidlands.co.uk）或**西米德兰**（West Midlands；☎0871 200 2233；www.travelinemidlands.co.uk）。可以向当地相关机构咨询打折的全天通票。

伯明翰（BIRMINGHAM）

☎0121 / 人口 1,128,100

重获新生的英国第二大城市面貌一新，高楼大厦如雨后春笋般拔地而起。一座技术先进的图书馆、焕然一新的New St站旁光鲜亮丽的购物中心、经过巧妙修复的维多利亚时代建筑，都只是伯明翰大城市规划（Big City Plan）的部分内容，之前还有气派非凡的邮筒（Mailbox）和斗牛场（Bullring）两大购物中心，以及外立面宛如"气泡膜"的标志性塞尔福里奇（Selfridges）大楼。其他项目如轨道交通（轻轨/有轨电车）网络拓展、市中心天堂广场（Paradise）的新酒店开发项目、公共空间、富丽堂皇的住宅和商业大厦等，计划在2025年前后完工。

除了风景如画的运河、水滨景点、出色的博物馆和美术馆之外，你还会发现丰富的有着各色美味的餐饮场所、前卫或者隐秘的鸡尾酒吧和精酿啤酒厂。伯明翰的工业遗产包括珠宝角（Jewellery Quarter）、吉百利（Cadbury）加工厂，还有从蛋奶沙司厂改造成的前卫创意中心。

2022年，伯明翰还将举办英联邦运动会（Commonwealth Games）。被当地人亲切地称为"Brum"的伯明翰，如其名字一般，热闹而繁荣。

⊙ 景点

⊙ 市中心

伯明翰最壮观的民用建筑都聚集在New St西端的维多利亚广场（Victoria Square）步行区，其中最醒目的是宏伟庄严的议会大楼（Council House），建于1874~1879年。这里的公共艺术包括现代主义风格狮身人面像和一座有尊裸体女性像的喷泉——被戏称为"按摩浴缸里的荡妇"，而维多利亚女王雕像（statue of Queen Victoria）则在一旁面露不满。

再向西便是世纪广场（Centenary Square），这里矗立着装饰艺术风格的战争纪念礼堂（Hall of Memory War Memorial）、国际会议中心（International Convention Centre，简称ICC；☎0121-644 5025；www.theicc.co.uk；8 Centenary Sq）以及交响乐大厅（Symphony Hall；☎0121-780 3333；www.thsh.co.uk；8 Centenary Sq）。广场旁还立有伯明翰工业革命时期领袖人物马修·博尔顿（Matthew Boulton）、詹姆斯·瓦特（James Watt）和威廉·默多克（William Murdoch）的金色雕像（Centenary Square）。世纪广场的核心景观就是出众的伯明翰图书馆。

★ 伯明翰图书馆   图书馆

（Library of Birmingham；☎0121-242 4242；www.birmingham.gov.uk/libraries；Centenary Sq；⏰地面层 周一和周二 9:00~21:00，周三至周五11:00起，周六 11:00~17:00，楼内其他部分 周一和周二 11:00~19:00，周三至周六 至17:00）由弗朗辛·侯班（Francine Houben）设计的伯明翰图书馆堪称杰出的建筑佳作，它的外形看上去像一堆包装精美的礼物。图书馆于2013年开放，有一个地下圆形剧场、螺旋形内厅和观景台，玻璃全景电梯直通"秘密花园"（7层），在那里可以远眺城市全景风光。馆内除了档案、照片及善本收藏馆（藏有英国最重要的莎士比亚作品）之外，还有展览空间、超过160台电脑和一个咖啡馆。英国电影协会城市媒体中心向公共免费开放国家电影档案馆。

伯明翰背靠背房屋区 历史建筑

（Birmingham Back to Backs; NT; ☎0121-666 7671; www.nationaltrust.org.uk; 55 63 Hurst St; 75分钟团队游 成人/儿童 £8.65/5.25; ◉团队游需预约 周二至周日）在这趟奇特的观光之旅中，你能看到经过修缮的背靠背联排房屋，参观4个工薪阶层家庭的住宅，了解19世纪40年代至20世纪70年代在此居住的人们的故事。可电话预约义务讲解导游。

想要加生动地品味这里的历史风韵，你可以预订位于Inge St 52号和54号的三层小别墅（双 含Wi-Fi £130起）。入住的客人可免费参加背靠背民宅团队游。

伯明翰博物馆和美术馆 博物馆、美术馆

（Birmingham Museum & Art Gallery; ☎0121-348 8038; www.birminghammuseums.org.uk; Chamberlain Sq; ◉周六至周四 10:00~17:00，周五 10:30起）免费 重要藏品包括罗塞蒂（Rossetti）、爱德华·伯恩·琼斯（Edward Burne Jones）和其他画家的拉斐尔前派（Pre-Raphaelite）艺术作品，馆内还收藏着令人称道的古代珍品和维多利亚时代的艺术品。临时展览也很不错，有历史珍品展，也有新兴当代艺术家作品展。

这里的Edwardian Tearooms是享用下午茶的优雅去处，每个卡座都装有"香槟蜂鸣器"（champagne Buzzers），在按钮上轻触一下即下单一杯香槟酒。此外馆内也设有休闲咖啡室。

伯明翰主教座堂 主教座堂

（Birmingham Cathedral; ☎0121-262 1840; www.birminghamcathedral.com; Colmore Row; 乐捐入场; ◉周一至周五 7:30~18:30，周六和周日 至17:00）这座教堂为纪念圣菲利普（St Philip）而建，在1709~1715年按照新古典主义风格建造，规模不大但造型完美。拉斐尔前派艺术家爱德华·伯恩·琼斯负责创作了精彩绝伦的彩色玻璃窗。

智库 博物馆

（Thinktank; ☎0121-348 0000; www.birminghammuseums.org.uk; Millennium Point, Curzon St; 成人/儿童 £13.50/9.75，天象演示 £1.50; ◉10:00~17:00）这里原来是工厂区，千禧点（Millennium Point）的开发中包含着这一雄心勃勃又令人振奋的计划：让科学走进孩子们的世界。值得关注的内容包括过去（伯明翰的工业成果）、现在（资源如何被运作）和未来的展览，同时还有一座户外科技园和一座天文馆。

◉ 伯明翰运河（Birmingham Canals）

在工业时代，伯明翰是英国运河网络的主要枢纽（如今，这座城市的运河总里程甚至长过威尼斯）。现在仍有狭长的客船途经码头边一连串的时尚建筑，驶入市中心。

伊康画廊 画廊

（Ikon Gallery; ☎0121-248 0708; www.ikon-gallery.org; 1 Oozells Sq; ◉周二至周日 11:00~17:00）免费 在引人注目的布林德雷广场（Brindley Pl）开发区内，有诸多银行、设计时尚的餐厅，而一座经过改建的哥特式校舍里坐落着前卫的伊康画廊。这座美术馆内的展览可能会令你激动，但也可能会让你感到费解甚至愤怒，完全取决于你对概念艺术的态度。

国家海洋生物中心 水族馆

（National Sea Life Centre; ☎0121-643 6777; www.visitsealife.com; 3a Brindley Pl; £20，含幕后之旅 £23.50; ◉周一至周五 10:00~17:00，周六和周日 至18:00）这座国家海洋生物中心由诺曼·福斯特爵士（Sir Norman Foster）设计。充满异国风情的海洋生物在其中自在畅游，包括水獭、水母、水虎鱼以及头部呈铲形的双髻鲨（hammerhead shark）等。网上预购门票可以快速入馆，还可比现场购票获得大幅折扣。这里有定期举办的主题讨论和喂食活动，你还可网上预约30分钟的幕后之旅团队游，从而进入不为人知的幕后区域参观；还有多种1小时团队游，可以喂海龟、企鹅或（如果你够胆）喂鲨鱼（£65~105；最低年龄限制12~14岁）。

Birmingham 伯明翰

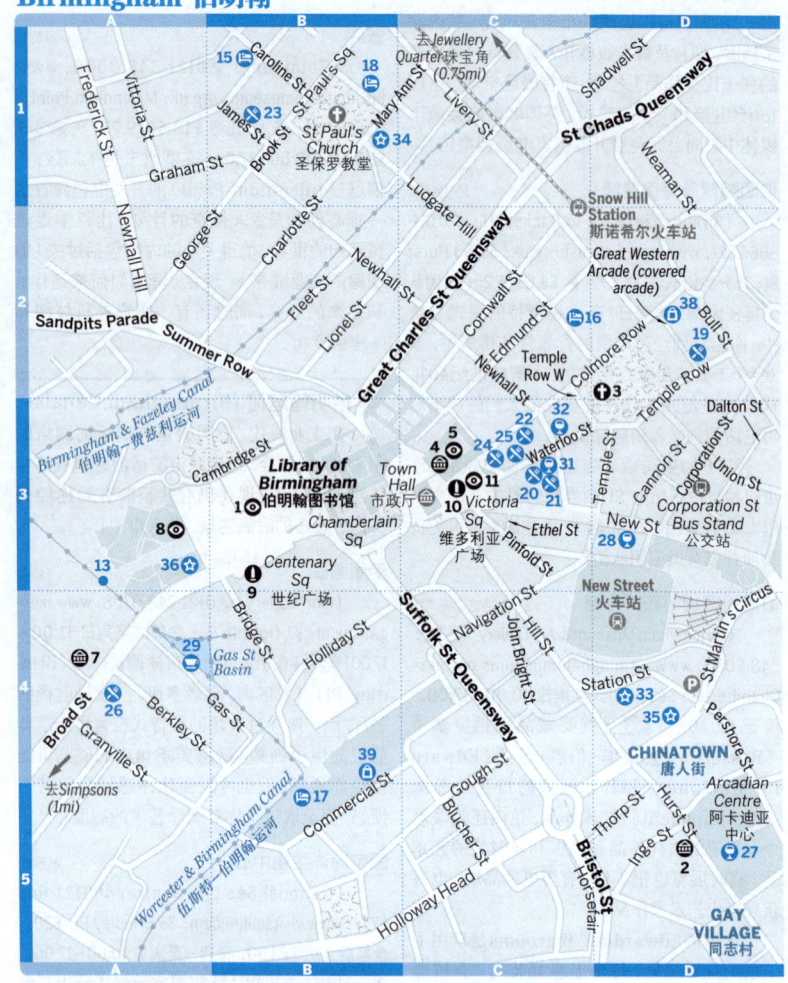

伯明翰和英格兰中部 伯明翰

珠宝角 (Jewellery Quarter)

自从17世纪查理二世迷上法国珠宝后，伯明翰就一直是英国珠宝界的重镇。珠宝角位于市中心西北0.75英里处，这里现已改造一新，生产的珠宝至今仍占英国珠宝制造总量的40%。数十家对公众开放的作坊名单可在线查询www.jewelleryquarter.net。

从斯诺希尔(Snow Hill)地铁站坐地铁或是从Moor St站搭乘火车均可到达珠宝角站(Jewellery Quarter)。

珠宝角博物馆 博物馆

(Museum of the Jewellery Quarter; ☎0121-348 8140; www.birminghammuseums.org.uk; 75 Vyse St; 成人/儿童 £7/3; ◷周二至周六 10:30~16:00)Smith & Pepper珠宝厂运营80年后，于1981年关闭，工厂面貌现在仍保持着关闭时的原样。导览游时长约为1小时，会讲解伯明翰珠宝行业的悠久历史，近距离观摩工匠大师们的现场制作。进入临时展览区和商店免费。

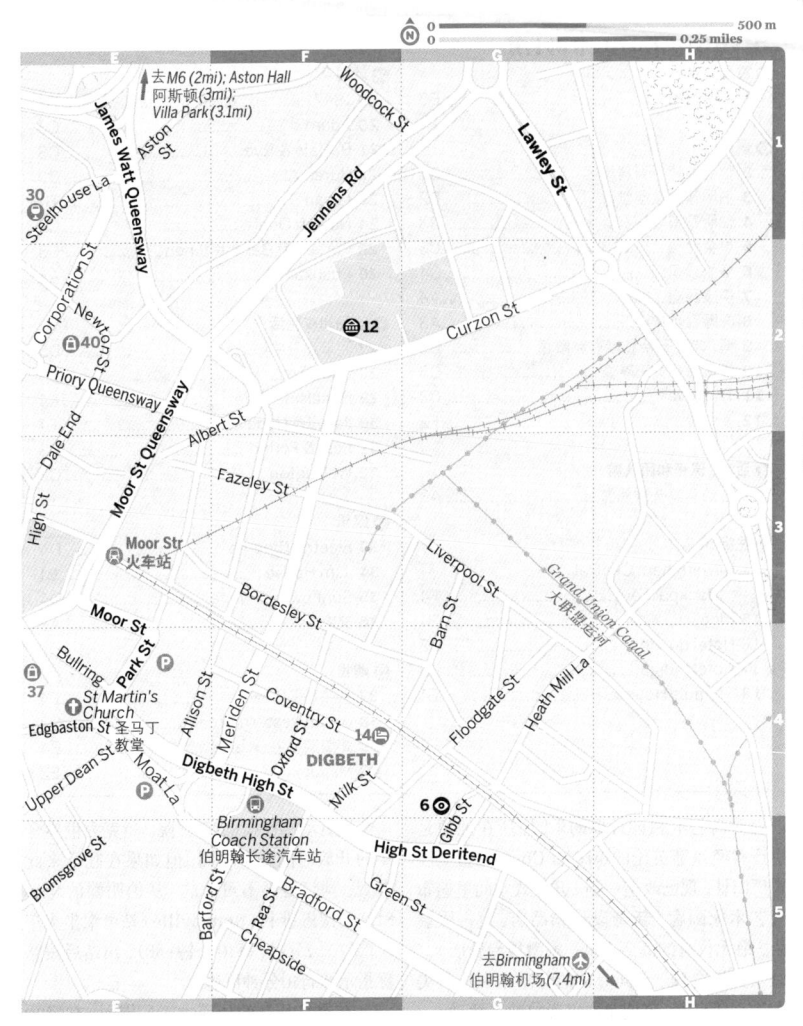

◎ 郊区 (Outlying Areas)

★ 巴伯美术学院　　　　　　　　　　画廊

(Barber Institute of Fine Arts; ☎0121-414 7333; www.barber.org.uk; University of Birmingham, Edgbaston; ⓥ周一至周五 10:00~17:00，周六和周日 11:00起) 免费 巴伯美术学院坐落在市中心以南3英里处的伯明翰大学(University of Birmingham)内，收藏着数量惊人的文艺复兴时期杰作，作品来自诸如鲁本斯(Rubens)和范戴克(Van Dyck)等欧洲大师以及庚斯博罗(Gainsborough)、雷诺兹(Reynolds)和特纳(Turner)等英国巨匠。现代巨擘毕加索、马格里特(Magritte)和其他艺术家的经典作品，也可以在这里觅得踪迹。乘火车从伯明翰New St站到大学站(University; £2.50, 7分钟，每10分钟1班)，再步行10分钟即到。

★ 蛋奶沙司厂　　　　　　　　　　艺术中心

(Custard Factory; ☎0121-224 7777; www.custardfactory.co.uk; Gibb St; ⓥ商店 周二至周六 10:00~18:00, 活动时间不定) 市中心东南1英里处就是Digbeth创意区，其中心蛋奶沙司厂是

Birmingham 伯明翰

◎ 重要景点
1 伯明翰图书馆................................B3

◎ 景点
2 伯明翰背靠背房屋区......................D5
3 伯明翰主教座堂............................D2
4 伯明翰博物馆和美术馆..................C3
5 议会大楼..C3
6 蛋奶沙司厂....................................G4
7 伊康画廊..A4
8 国际会议中心................................A3
9 博尔顿、瓦特和默多克雕像..........B3
10 维多利亚女王雕像.........................C3
11 The River......................................C3
12 智库...F2

⊙ 活动、课程和团队游
13 舍伯恩码头乘船游........................A3

◎ 住宿
14 Birmingham Central
    Backpackers.................................F4
15 Bloc...B1
16 Hotel du Vin..................................C2
17 Hotel Indigo..................................B5
18 St Pauls House.............................B1

◎ 就餐
19 1847...D2
20 Adam's..C3
21 Buffalo & Rye................................C3
22 Bureau...C3
23 Lasan...B1
24 Nosh & Quaff................................C3
25 Purecraft Bar & Kitchen...............C3
26 Pushkar...A4

◎ 饮品和夜生活
27 阿卡迪亚中心................................D5
28 Bacchus..D3
29 Canalside Cafe.............................A4
30 Jekyll & Hyde................................E1
31 Lost & Found................................C3
32 Wellington....................................C3

◎ 娱乐
33 Electric Cinema............................D4
34 Jam House....................................B1
35 Sunflower Lounge........................D4
36 交响乐大厅...................................A3

◎ 购物
37 斗牛场购物中心............................E4
38 Great Western Arcade..................D2
39 邮筒购物中心................................B4
40 Mailbox..E2

一处时尚艺术和设计界的乐园，所在地原是生产曾经风靡英伦的Bird's Custard蛋奶沙司厂旧址，现已改造一新。开放式空间里遍布着艺术家画廊、新奇设计精品店、复古服装店、绝无仅有的商店（如一家滑板专营店），以及价格合理、不同寻常的咖啡馆和街头美食流动摊点等。定期举办电影放映等活动。

吉百利巧克力世界
博物馆

（Cadbury World；☏0844 880 7667；www.cadburyworld.co.uk；Linden Rd, Bournville；成人/儿童 £17/12.50；⊙11:00~16:30，开放时间时常变化）去不了威利·旺卡的巧克力工厂（Willy Wonka's Chocolate Factory；著名电影中的工厂设定），去吉百利巧克力世界也是一样的美妙。吉百利巧克力世界位于伯明翰以南4英里处，向游客展示可可和吉百利家族的历史，也提供免费的试吃活动、制造巧克力的机器展览以及美妙的巧克力主题之旅，包括一座设有动感座椅的4D影院。巧克力世界全年的开放时间大不相同，但如果在旺季要来此参观，预订是必不可少的。从伯明翰的New St站到博恩维利（Bournville）站可乘坐火车（£2.70，7分钟，每10分钟1班），出站后按路标指示步行10分钟可达。

在香气扑鼻的巧克力工厂周围，有着20世纪早期，乐善好施的吉百利家族为安置工厂工人建造的美丽的博恩维利村（Bournville Village）。

阿斯顿庄园
历史建筑

（Aston Hall；☏0121-348 8100；www.birminghammuseums.org.uk；Trinity Rd, Aston；建筑 成人/儿童 £8/3，庭院 免费；⊙复活节至10月周二至周日 11:00~16:00）该庄园位于城市中心以北3英里处，四周环境郁郁葱葱。庄园建于1618~1635年间，保存良好，具有詹姆斯一世时期的奢华建筑风格。富丽堂皇的内部装饰随处可见雕带、堆塑饰边天花板和挂毯。从伯明翰New St站搭乘火车到阿斯顿站（Aston；£2.40，7分钟，每10分钟1班），下车后步行10分钟即到。

团队游

舍伯恩码头乘船游
游船

（Sherborne Wharf Boat Trips；0121-454 536/；www.sherbornewharf.co.uk；Sherborne St；1小时游船 成人/儿童 £8/6；复活节至11月 每天11:30、13:00、14:30和16:00，12月至次年复活节 周六和周日 11:30、13:00、14:30和16:00）怀旧的窄船巡航游，从国际会议中心旁的码头出发。

节日和活动

克鲁夫兹犬展
动物展

（Crufts Dog Show；www.crufts.org.uk；3月初）全球规模最大的犬展，在国家展览中心（National Exhibition Centre）举办，为期四天。

伯明翰骄傲节
LGBT

（Birmingham Pride；www.birminghampride.com；5月下旬）英国LGBTIQ文化最大、最丰富多彩的庆祝活动之一，持续整个周末。

住宿

伯明翰大多数酒店都是以商务旅行者为目标群体的连锁酒店，所以周中工作日一般都价格不菲。试着找找周末住宿的优惠价格。住宿数量相对有限，但是未来数年内这里将有一些新酒店陆续开业。

民宿大多位于市中心以外，集中在东南部的Acocks Green或西南部的Edgbaston和Selly Oak。

Birmingham Central Backpackers
青年旅舍 £

（0121-643 0033；www.birminghambackpacker.com；58 Coventry St，铺/双/标三/四 含早餐 £15/36/57/72起；@）尽管紧靠铁路桥，但这座紫色绿松石色装饰的背包客青年旅店仍值得推荐，因为它靠近巴士站，交通方便，干净整洁，有多种颜色的宿舍或胶囊式豆荚舱供选择。高品质的设施包括配备DVD并定期举办电影之夜活动的休息室、一个小酒吧（注意不能自带酒精饮料）和自助厨房。

★ St Pauls House
精品酒店 ££

（0121-272 0999；www.saintpaulshouse.com；15-20 St Paul's Sq；双 £119起；P）这家2016年开业的独立酒店俯瞰着珠宝角的一座公园。店内有34间清新、现代风格的客房，有各种温馨细节，例如羊毛罩内的热水瓶等。升级的时尚酒吧（周五至周日有现场音乐）和餐厅装饰采用了工业风格的绳索（如壁挂装饰和家具等），也呼应了这座建筑曾经是间绳索工厂的历史。

Hotel Indigo
精品酒店 ££

（0121-643 2010；www.ihg.com；The Cube, Wharfside St；双 £119起）这家时尚酒店位于邮筒（Mailbox）购物中心附楼The Cube的23层和24层，是高端的Hotel Indigo连锁酒店伯明翰分店。酒店位置便利，设施齐全，包括一座小型泳池，52间客房都有非常养眼的风景（部分房间还有阳台）。

Bloc
酒店 ££

（0121-212 1223；www.blochotels.com；77 Carolin St；双 £89起）这家位于珠宝角的酒店在豆荚小户型房间的设计方面确有过人之处，特点鲜明且颇具现代气息。房间虽小，但空间却得以巧妙利用——嵌入墙中的平板电视、床底的储物柜，紧凑的浴室里还有奢华的淋浴喷头。预订时要留意：有的房间带窗，有的不带。

Hotel du Vin
精品酒店 £££

（0121-794 3005；www.hotelduvin.com；25 Church St；双/套 £129/191起；P@）位于原先伯明翰眼科医院的维多利亚红砖建筑内，高端Hotel du Vin连锁酒店在伯明翰的分店品味非凡，饰有铁艺栏杆和古典壁画。这里的66个房间都配有高品质卫浴间；酒店内设有水疗和健身房，小酒馆的地板虽然略显沧桑，但丰富的葡萄酒单让人眼前一亮，此外还配备舒适柔软皮革家具的酒馆和休闲吧。

就餐

Buffalo & Rye
烧烤 £

（www.buffaloandrye.co.uk；11 Bennetts Hill；菜肴 £7.50~17；厨房 周一至周四 正午至23:00,

香气四溢的Buffalo & Rye的拿手菜包括烟熏慢烹排骨、香料腌制的童子鸡以及卡真风味布法罗香辣鸡翅。这里的鸡尾酒（如采用蜜桃酒、蜜桃汁和酸橙汁调制的Moonshine Margarita）从倒置的玻璃罐流出时，还会飘出烟雾。另有来自美国小型啤酒厂的数十种精酿啤酒。

Pushkar
印度菜 ££

(☎0121-643 7978; www.pushkardining.com; 245 Broad St; 2/3道菜午餐套餐 £11/14, 主菜 £8.25~19; ◉周一至周五 正午至14:30和17:00~23:30, 周六 17:00~23:30, 周日 至23:00) 上等的北印度和旁遮普邦印度菜是这里的焦点。餐厅正面是巨大的落地玻璃窗，室内搭配以金色装饰，铺着白色桌布。精美的佳肴包括盒装菜品、用餐巾环圈着的印度烤饼，以及超凡的鸡尾酒。午餐套餐超值。这家餐厅的时尚分店Praza (☎0121-456 4500; www.praza.co.uk; 94-96 Hagley Rd, Edgbaston; 主菜 £7~18, 晚宴套餐 £29~39, 周日印度下午茶 成人/儿童 £19/10; ◉周一至周六 17:00~23:30, 周日 13:00~18:00) 位于Edgbaston, 同样品质非凡。

Purecraft Bar & Kitchen
美食酒馆 ££

(☎0121-237 5666; www.purecraftbars.com; 30 Waterloo St; 主菜 £13.50~19; ◉厨房 周一至周五 正午至22:00, 周六 9:00起, 周日 正午至17:00, 酒吧 周一至周四 11:00~23:00, 周五和周六 至午夜, 周日 正午至22:00) 在这个精酿啤酒爱好者的天堂，开放式厨房里制作出精致的菜肴，并且还贴心地推荐相配的啤酒品种。菜单每月更新，可能包括Lawless Lager炸鱼薯条（搭配Veltins Pilsener啤酒）; Brewer's Grain芦笋和蚕豆烩饭（搭配Odell St Lupulin American Pale Ale啤酒）; 或者烤比目鱼配啤酒欧芹黄油和Jersey Royal嫩马铃薯（搭配Purity Mad Goose啤酒）。

Bureau
美食酒馆 ££

(☎0121-236 1110; www.thebureaubar.co.uk; 110 Colmore Row; 主菜 £7~15.50, 大盘 £16; ◉周一和周二 正午至22:00, 周三和周四 至23:00, 周五 至午夜, 周六 至次日1:00) 这座闪闪发光的大理石建筑曾是一座历史可追溯到1902年的写字楼。店里供应独具匠心的鸡尾酒（如山核桃木烟熏"血腥玛丽"），食物也同样值得一试。有口皆碑的熟食类型菜肴包括苏格兰鸭肉包鸭蛋（煮熟的鸭蛋用油封的鸭肉包裹，外面还有一层油炸的面包糠，搭配西洋菜和红洋葱酱）。屋顶露台避风向阳，十分舒适。

Nosh & Quaff
美国菜 ££

(☎0121-236 4246; www.noshandquaff.co.uk; 130 Colmore Row; 主菜 £8~23, 整只龙虾 £29.50; ◉周日至周四 正午至22:00, 周五和周六 至23:00) 这家宽敞的北美风味餐厅里的菜品包括美味汉堡、热狗和山核桃木慢烤排骨，再加上各色小菜，如烤玉米和甘薯角配酸奶油，但是真正的招牌菜当属从加拿大空运来的鲜活龙虾，浇上蒜泥柠檬黄油酱汁。风格前卫的酒吧供应各种精酿啤酒。

Lasan
印度菜 ££

(☎0121-212 3664; www.lasan.co.uk; 3-4 Dakota Bldgs, James St; 主菜 £14.50~22; ◉周一至周五 正午至14:30和18:00~23:00, 周六 18:00~23:00, 周日 正午至21:00) 毒舌名厨戈登·拉姆齐（Gordon Ramsay）曾经将这家位于伯明翰珠宝角的优雅高档餐厅评为英国"最佳当地餐厅"。这里精致的印度菜经常推陈出新，就餐环境幽静私密，同时供应各种鸡尾酒（和无酒精鸡尾酒饮料）。

1847
素食、纯素 ££

(☎0121-236 2313; www.by1847.com; 26 Great Western Arcade, Colmore Row; 2/3道菜套餐 £22/29; ◉周一至周四 正午至14:30和16:30~21:00, 周五 正午至14:30和16:30~21:30, 周六 正午至21:30, 周日 至20:00) 占据了一座被列入遗产保护名录的维多利亚风格市场街的整整两层，这个别致餐厅的素食和纯素菜肴绝对顶级，从山羊奶酪糖果配大头菜、辣椒酱和甜菜等头盘，到包含酪乳哈罗米芝士的主菜，以及大黄配大豆蛋奶沙司、爆米花和椰子冻等丰盛的甜品。

★ Simpsons
英国菜 £££

(☎0121-454 3434; www.simpsonsrestaurant.co.uk; 20 Highfield Rd, Edgbaston; 午餐套餐

£45~75，晚餐£75~110；周一至周四 正午至14:00和19:00~21:00，周五和周六 正午至14:00和19:00~21:30，周日 正午至16:30；）该餐厅位于市中心西南2.5英里处葱郁的Edgbaston，在华丽的乔治国王时代风格的建筑内，它推出的高品质米其林星级套餐（有专为儿童和素食者准备的版本）值得前往一尝。你还可以在楼上3间奢华的卧室里（£110）过夜，或者在这里的Eureka Kitchen参加周六全天烹饪培训班（£150，包括3道菜午餐）。需预订。

Adam's　　　　　　　　　　英国菜 £££

(0121-643 3745; www.adamsrestaurant.co.uk; New Oxford House, 16 Waterloo St; 3道菜平日午餐套餐£39.50，3道菜/品尝晚餐套餐£65/90；周二至周六 正午至14:00和19:00~21:00)这家米其林星级餐厅精心准备各种美味组合，例如羔羊杂碎配山羊奶及豆腐、薄荷和樱桃萝卜，鮟鱇鱼配野生贻贝、香槟和鱼子酱，以及梨、烤甘草、焦糖和果仁糖等。葡萄酒单上有许多英式佳酿，可选择按杯点酒。尽早预订。

🍷 饮品和夜生活

与日俱增的独立酒馆和酒吧遍布全城。

伯明翰的夜生活中心包括Broad St（又称为"黄金英里"——有人说这得名于附近多见仿晒美黑的人），以及唐人街（Chinatown）的阿卡迪亚中心（Arcadian Centre; www.thearcadian.co.uk; Hurst St; 商店营业时间各异）。

后工业风格的Digbeth也有不错的夜店，在蛋奶沙司厂（见443页）及周边也会有夜店活动。

★ Jekyll & Hyde　　　　　　酒馆

(0121-236 0345; www.thejekyllandhyde.co.uk; 28 Steelhouse Lane; 周一至周四 正午至23:00，周五 至午夜，周六 至次日1:00;)在这家风格迷幻的酒馆里，劲爽的鸡尾酒（或各种混合酒）用糖果罐、洒水壶、茶壶和迷你浴缸——甚至高顶大礼帽来喝。在楼下，Mr Hyde's商场有一间舒适的客厅和"爱丽丝漫游仙境"主题庭院；楼上是Dr Jekyll的Gin Parlour，里面有90多种不同的杜松子酒。

Lost & Found　　　　　　　酒吧

(www.the-lostandfound.co.uk; 8 Bennett's Hill; 周日至周三 11:00~23:00，周四 至午夜，周五和周六 至次日1:00;)虚构的维多利亚时代探险家/教授Hettie G Watson是这家植物园图书馆主题酒吧的灵感来源，所在建筑建于1869年，之前是一家银行。进入圆顶大门后，在高柱和木镶板的装饰空间里，高脚座周围满是各种植物、书籍、地球仪和地图。就像故事里Hettie的"秘密商场"，酒吧里套着小酒吧，收藏着古董镜子、黄铜和钢铁家具，以及更多植物。

Wellington　　　　　　　　酒馆

(www.thewellingtonrealale.co.uk; 37 Bennett's Hill; 10:00至午夜)柔和的壁纸、木吧台和闪闪发亮的黄铜给人以时光凝滞的感觉，这家带有木结构屋顶露台的整洁酒馆，是城内喝地道艾尔啤酒的最好去处。它的27种手打啤酒和苹果酒包括Black Country及瓦伊河谷最受欢迎的一些品种，以及几款罕见的啤酒。

Bacchus　　　　　　　　　　酒吧

(0121-632 5445; www.nicholsonspubs.co.uk; Burlington Arcade, New St; 周一至周四 11:00~23:00，周五和周六 至次日1:00，周日 正午至22:30;)位于博灵顿市场街（Burlington Arcade）下面，这座幽暗的酒吧里弥漫着一种颓废的地下城气氛。沿着人造大理石楼梯而下，摇摇欲坠的支柱和大型古希腊式壁画逐渐变成中世纪风格石拱门、宝剑以及铠甲和烛台。店里有品种丰富的桶装啤酒、杜松子酒和威士忌。

Canalside Cafe　　　　　　咖啡馆

(0121-643 3170; 35 Worcester Bar, Gas St; 周一至周六 9:00~23:00，周日 至22:30)窄船从这座18世纪水闸管理员小屋的露台旁悠然划过，低矮的房间内摆满了航海用品，火炉烧得很暖和。可在此稍作停留，小酌一杯清茶或艾尔啤酒，冬日里还可以来一杯热气腾腾的苹果酒。

☆ 娱乐

Sunflower Lounge　　　　　现场音乐

(0121-632 6756; www.thesunflower

lounge.com; 76 Smallbrook Queensway; ⊙酒吧 周日至周二 正午至23:30, 周三和周四 至次日1:00, 周五和周六 至次日2:00)这家独立流行音乐小酒吧独具特色,还会定期举办另类音乐现场演奏和DJ之夜活动。

Electric Cinema 电影院

(www.theelectric.co.uk; 47-49 Station St; 标准/沙发座 £10.50/12, 沙发座加服务生服务 £14.80)屋顶上有装饰艺术风格标牌, 自1909年开始运营, 这里可以说是英国现在运营的电影院中最古老的。影院主要上映艺术电影。你可以坐在豪华舒适的双人沙发上接受观影服务, 或是在有传统苦艾酒柜台的酒吧喝上一杯, 鸡尾酒通常都是以正在上映的电影为主题, 此外还有各种"爆米花鸡尾酒"(poptails; 爆米花风味的鸡尾酒, 可以代替爆米花)。

Jam House 现场音乐

(☏0121-200 3030; www.thejamhouse.com; 3-5 St Paul's Sq; ⊙周二和周三 18:00至午夜, 周四 至次日1:00, 周五和周六 至次日2:00)这片音乐演奏场地时尚而又休闲, 氛围极好(着装须得体), 而钢琴家朱尔斯·霍兰德(Jools Holland)正是这一切的缔造者。这里的表演者既有大牌爵士乐队, 也有著名灵魂歌手, 类型多样。年满21岁方可入场。

🛍 购物

Great Western Arcade 购物中心

(www.greatwesternarcade.co.uk; 位于Colmore Row和Temple Row之间; ⊙商店营业时间各异)商场装饰有玻璃屋顶及地板砖, 堪称维多利亚时代市场街的瑰宝, 如今商场内大部分都是独立店铺。

Swordfish Records 音乐

(www.swordfishrecords.co.uk; 66 Dalton St; ⊙周一至周六 10:00~17:30)一家伯明翰老牌特色店。这家独立唱片商店位于一条背街小巷内, 销售全新和二手黑胶唱片(以及少量CD), 包括自有厂牌的作品。罗伯特·普兰特(Robert Plant)、杜兰杜兰(Duran Duran)的约翰·泰勒(John Taylor)、戴夫·戈尔(Dave Grohl)和尼尔·戴蒙德(Neil Diamond)都曾光顾这里。该店同时也是了解鲜为人知的现场和音乐节信息的好地方。

邮筒购物中心 商场

(Mailbox; www.mailboxlife.com; 7 Commercial St; ⊙商场 周一至周六 10:00~19:00, 周日 11:00~17:00, 商店 营业时间各异)伯明翰时尚潮流的运河畔购物中心, 这里原先是皇家邮政(Royal Mail)的分拣处, 如今经过重新开发后, 分布着几家设计酒店、一系列高档餐馆、豪华的哈维·尼克斯百货商店(Harvey Nichols)以及众多设计师精品店。超级时尚的金属结构附楼the Cube(www.thecube.co.uk), 25层有Marco Pierre White的观景餐厅Steakhouse Bar & Grill。

斗牛场购物中心 商场

(Bullring; www.bullring.co.uk; St Martin's Circus; ⊙周一至周五 10:00~20:00, 周六 9:00起, 周日 11:00~17:00; 商店 营业时间各异)斗牛场购物中心分为两片大型零售区域——东商场(East Mall)和西商场(West Mall), 所有的国际名牌以及你能叫得出名字的连锁咖啡馆在这里都设有分店, 建筑杰作塞尔福里奇大楼(Selfridges)同样醒目出色, 就像巨大的机械昆虫复眼一样俯视着整个城市。

ℹ 实用信息

各种旅游信息都可查询网站www.visitbirmingham.com。

伯明翰图书馆(见440页)的地面层接待处也可为游客提供咨询。

城市中心, 尤其是斗牛场购物中心南边以及Broad St和周边, 周末晚上可能会因为无处不在的狂欢者而格外嘈杂。

Digbeth汽车站和周边入夜后不是很安全。

ℹ 到达和离开

飞机

伯明翰机场(Birmingham Airport; 代码BHX; ☏0800 655 6470; www.birminghamairport.co.uk)位于城市中心以东8英里处, 有航班直接飞往英国其他城市和欧洲大陆, 以及飞往迪拜、印度和美国的长途直达航线。

快速方便的火车定时往返于伯明翰New St站和伯明翰国际机场站之间(£3.80, 15分钟, 每10

分钟1班）。伯明翰国际机场站与航站楼之间有空铁联运（Air-Rail Link）单轨火车（免费，2分钟，班次频繁）互联，运营时间为3:30至次日0:30。

还可以乘坐X1路公共汽车（£2.40，35分钟，每小时最多2班）从Moor St Queensway前往机场，该线路24小时运营。

搭乘出租车从机场到市区费用约为£45。

长途汽车

大多数城际巴士从**伯明翰长途汽车站**（☎0871 781 8181；Mill Lane, Digbeth）发车，但前往埃文河畔斯特拉特福（Stratford-upon-Avon）的X20路（£5.50，1.5小时，每小时1班；）也从更方便的Carr's Lane车站出发，就在Moor St火车站对面。

National Express（见440页）运营往来伯明翰与英国各大城市间的长途汽车，包括以下目的地：

伦敦维多利亚 £4.70~13.80，3.75小时，每小时至少1班

曼彻斯特 £3~15，3小时，每小时1班

牛津 £6~25，2.25小时，每天8班

火车

多数长途火车从伯明翰New St站出发，但奇尔特恩铁路公司（Chiltern Railways）运营的线路则从伯明翰的斯诺希尔（Snow Hill）火车站开往伦敦的马里波恩火车站（Marylebone；£54，2小时，每小时1班）；此外，London Midland铁路公司的列车分别从伯明翰斯诺希尔火车站和伯明翰Moor St火车站开往埃文河畔斯特拉特福（£8.30，50分钟，每半小时1班）。

正在施工的高速铁路（HS2）建成通车后从伦敦到伯明翰只需40分钟——预计在2026年完工。

从New St站出发的实用线路如下：

德比 £19.30，40分钟，每小时4班

莱斯特（Leicester）£14.50，1小时，每小时2班

伦敦尤斯顿（London Euston）£54，1.5小时，每小时最多6班

曼彻斯特 £37.40，1.75小时，每半小时1班

诺丁汉（Nottingham）£33.10，1.25小时，每小时2班

什鲁斯伯里（Shrewsbury）£15.30，1小时，每小时2班

❶ 当地交通

小汽车

由于伯明翰市中心仍在大兴土木，进城和城市内的交通颇受影响，停车位非常有限。可以向入住酒店打听道路情况（不要完全依赖导航仪，或者理应应当地认为酒店的停车场可以使用）。道路封闭的最新信息都会发布在www.visitbirmingham.com/travel/latest-travel-updates网站。

公共交通

当地公交车都从位于Corporation St的交通枢纽发车，该车站位置便捷，就在这条街与New St交叉路口北边。想要获取路线信息，你可以从游客中心拿一本免费的《伯明翰路网地图和指南》（*Network Birmingham Map and Guide*）。车票单程£1.50起。

请注意，在市中心施工期间，公共汽车停靠站可能发生变化，车程也可能会延长。

伯明翰的单线有轨电车线路Metro（www.nxbus.co.uk）连接New St站与伍尔弗汉普敦（Wolverhampton），途经珠宝角、西布朗维奇（West Bromwich）和达德利（Dudley），票价£1起。

从New St站到伯明翰市政厅站（Birmingham Town Hall）和世纪广场站（Centenary Sq）的延伸线计划于2021年开通。

持各种优惠票可以乘坐公共汽车和火车，你可以在位于New St站的**Network West Midlands Travel Centre**（www.networkwestmidlands.com；New St station；☉周一至周六 8:30~17:30）购票。

沃里克郡（WARWICKSHIRE）

如果这里不是英语世界最著名文学巨匠的出生地，沃里克郡或许也只是众多风景如画、山地连绵和贸易城镇遍布的郡县中的普通一员。威廉·莎士比亚（William Shakespeare）出生于埃文河畔斯特拉特福，也在此去世，而与莎翁生平有关的景点吸引着世界各地的游客纷至沓来。著名的沃里克城堡（Warwick Castle）同样游人如织。其他地方的游客数量较少，但凯尼尔沃斯（Kenilworth）有着氛围浓郁的城堡遗址，发源于拉格比（Rugby）的同名运动（英式橄榄球）让这里的世界英式橄榄球名人堂（World Rugby Hall of Fame）成为膜拜圣地，而作为"2021年英国文化之都"走进聚光灯下的考

文垂（Coventry）则拥有两座非凡的大教堂和一个不容错过的汽车博物馆。

ℹ️ 到达和当地交通

考文垂是主要的交通枢纽，连接伦敦尤斯顿和伯明翰New St站的火车班次频繁。

考文垂（Coventry）

📞024/人口 352,900

考文垂曾一度是布料、钟表、自行车、汽车和军火生产的繁华重镇。恰恰是考文垂的军火工业在"二战"期间引起了德国空军（German Luftwaffe）的注意——1940年11月14日的夜晚，这座城市惨遭闪电战的狂轰滥炸，纳粹党人甚至由此造出一个新的动词"coventrieren"，意为"夷为平地"。少数中世纪的街道在空袭中幸免于难，让我们有机会看到考文垂的历史残影。

在20世纪80年代英国汽车工业下滑后，考文垂又经历了进一步的倒退，但如今得益于城市再开发项目、大学校园的拓展以及生机勃勃的文化发展（被授予"2021年英国文化之都"），这座城市已然走上复兴之路，新投资和新开门店与日俱增，全年都有各种活动和节庆在此上演。

◉ 景点

★ 考文垂交通博物馆　　博物馆

（Coventry Transport Museum；📞024-7623 4270；www.transport-museum.com；Hales St；博物馆 免费，速度模拟器 成人/儿童 £5/3.50；⏰10:00~17:00）这座规模宏大的博物馆拥有数以百计的车辆，从老式汽车到不断刷新陆上速度极限的喷气动力汽车，不一而足。馆内还有德劳瑞恩公司（De Lorean）出品的配有鸥翼式车门的镀漆不锈钢DMC-12（在电影《回到未来》中名声大噪），旁边则是无与伦比的捷豹（Jaguar）E-type，以及戴姆勒（Daimler）的装甲车。而对倾心于20世纪70年代英国奇特设计的狂热者而言，Triumph TR7以及"特别版"的Austin Allegro车都不容错过。当然，你也应该欣赏一下当今世界陆上速度纪录（World Land Speed Record）的保持者——"超音速推进号"（Thrust SCC），以及原纪录的保持者"推进2号"（Thrust 2）。孩子们一定会爱上4D推进号速度模拟器。

★ 考文垂大教堂　　主教座堂

（Coventry Cathedral；📞024-7652 1210；www.coventrycathedral.org.uk；Priory Row；大教堂和遗址 乐捐入场，攀登塔楼 £4，闪电战体验博物馆 £2；⏰大教堂和塔楼 周一至周六 10:00~16:00，周日 正午至15:00，遗址 每天9:00~17:00，博物馆 11月至次年2月中旬 闭馆，开放时间不定）引人回忆的圣米迦勒大教堂（St Michael's Cathedral）建于1300年前后，但毁于纳粹闪电战空袭投下的燃烧弹。如今，这处遗址已成为纪念考文垂最黑暗时刻的纪念地，同时也是和平与和解的象征。你可以爬上180级台阶，来到哥特式尖顶（Gothic spire）一览考文垂全景风光。

具有象征意义的是紧挨着圣米迦勒大教堂砂岩墙壁，由巴兹尔·斯宾思爵士（Sir Basil Spence）设计的现代主义风格建筑杰作考文垂大教堂，教堂内部装饰着未来主义的管风琴、彩色玻璃窗和雅各布·爱泼斯坦（Jacob Epstein）创作的有关恶魔与圣米迦勒的雕塑作品。

法戈村　　文化中心

（Fargo Village；www.fargovillage.co.uk；Far Gosford St；⏰开放时间不定）这是由车用散热器工厂改建而成的后工业风格文化中心，经常举办市集、现场音乐会、月光露天电影放映和研习会（例如园艺或铁艺）等活动。村里的商店销售从二手书到复古家具在内的各种商品；此外还有若干艺术和手工艺工作室、一家位于复古Freedom Jetstream旅行拖车内的美发店，出色的精酿酒厂Twisted Barrel，以及多家咖啡馆、烘焙店和街头食品摊档。

圣玛丽市政厅　　历史建筑

（St Mary's Guildhall；📞024-7683 3328；www.stmarysguildhall.co.uk；Bayley Lane；⏰3月中旬至9月 周日至周四 10:00~16:00）**免费** 这座半木半砖的大厅是深入了解"二战"前的考文垂风情的最佳地点之一，在中世纪时，小镇各行各业的代表在此济济一堂讨论城镇事务。作为英国最精美的市政厅之一，圣玛丽市政厅曾被选为囚禁苏格兰玛丽女王（Mary Queen of Scots）的监狱。彩绘玻璃窗上绘有多位英格兰国王的画像，大厅的深处矗立着W.C.马歇尔（WC Marshall）创作的戈黛娃夫人（Lady Godiva）雕像。你不妨留意一下历史可追溯到1500年的"考文垂挂毯"，上面描绘了圣母升天的场景。

拱形石头地下室里有一间气氛独特的咖啡馆。

赫伯特美术馆和博物馆　　　　美术馆、博物馆

（Herbert Art Gallery & Museum; ☏024-7623 7521; www.theherbert.org; Jordan Well; ◉周一至周六 10:00~16:00, 周日 正午起）**免费** 赫伯特美术馆和博物馆位于考文垂的两大教堂后面，其收藏的绘画和雕塑兼容并蓄，包括T.S.劳里（TS Lowry）、斯坦利·斯宾塞（Stanley Spencer）和大卫·霍克尼（David Hockney）的作品。发人深省的历史展厅展现了从自然历史、考古遗物到考文垂的社会与工业历史等方方面面。深刻而令人振奋的展览注重表现冲突、和平与和解。馆内还有众多面向孩子的活动，并为成人准备了各种创意活动（书法、银器制作等），还有一间光线充裕的咖啡馆。

食宿

★ Coombe Abbey Hotel　　　　历史酒店 ££

（☏024-7645 0450; www.coombeabbey.com; Brinklow Rd, Binley; 双 含早餐 £105起; **P**❄）孩提时代的伊丽莎白一世女王曾经在这座庄园生活过，它位于考文垂以东5.5英里，占地达200公顷。这座建于12世纪的修道院1581年改建成为一处庄严的宅邸，内设绿地、几座规则式园林和一片湖水。119间装饰各异的客房大多都配有四柱床；部分房间的卫浴间隐藏在书架后面。此外酒店还有一间玻璃温室餐厅，定期举办各种主题宴会。

Golden Cross　　　　酒馆食物 ££

（☏024-7655 1855; www.thegoldencrosscoventry.co.uk; 8 Hay Lane; 主菜 £9~18; ◉厨房

值 得 一 游

拉格比（RUGBY）

沃里克郡的第二大城镇拉格比是座迷人的集镇，历史可追溯至铁器时代。但最出名的还是发源于此、如今以该镇命名的英式橄榄球运动（Rugby），这里是无数橄榄球迷心中的圣地。

1823年，著名的拉格比学院（Rugby School）发明了英式橄榄球运动，据说当时威廉·韦伯·埃利斯（William Webb Ellis）在一场足球比赛中犯规，接到球后抱着球向前跑。学院位于**韦伯·埃利斯橄榄球博物馆**（Webb Ellis Rugby Football Museum; ☏01788-567777; 5-6 Matthews St; ◉周一至周六 9:30~17:00）**免费** 对面，校园本身不对公众开放，但你可以透过Barby Rd路边的大门张望被奉为橄榄球运动圣地的操场。一尊**威廉·韦伯·埃利斯雕像**（Lawrence Sheriff St 和Dunchurch Rd交叉路口）屹立于拉格比学院正门外。

世界橄榄球名人堂位于**拉格比美术馆和博物馆**（Rugby Art Gallery & Museum; ☏01788-533201; www.ragm.co.uk; Little Elborow St; 美术馆和博物馆 免费, 世界橄榄球名人堂 成人/儿童 £6/3; ◉美术馆和博物馆 周二至周五 10:00~17:00, 周六 至16:00, 世界橄榄球名人堂 周一至周六 10:00~17:00, 周日 至16:00）综合建筑内，设有多个互动展览。

最佳住宿地当属**Brownsover Hall**（☏01788-546100; www.brownsoverhall.co.uk; Brownsover Lane, Old Brownsover; 双 £90起; **P**❄），这是一栋列入二级保护名录的哥特复兴风格宅邸（弗兰克·惠特尔在这里完成了涡轮喷气引擎的设计），位于占地2.8公顷的林地和精美花园内，就在拉格比以北2.7英里处。

拉格比在考文垂以东13英里处，定期有列车前往（£6, 10分钟, 每小时最多4班）。拉格比也有火车开往伯明翰（£9.90, 40分钟, 每小时最多4班）和莱斯特（£14.70, 1.25小时, 每小时1班）。

周一至周六 正午至21:00, 周日 至17:00, 酒吧 周一至周四 11:00~23:00, 周五和周六 至次日1:00, 周日 正午至20:00; 🛜🍴) 这座美丽的多铎王朝时期建筑始建于1583年, 带有裸梁天花板、原先的彩色玻璃和温暖的柴炉, 非常适合坐下来喝一杯, 店里的食物 (大部分都是无麸类型) 也值得专程来此一试, 例如啤酒糊炸虾配豌豆泥或牛里脊配斯提尔顿奶酪酱等。周末时楼上会举办精彩的现场音乐演出。

ℹ️ 实用信息

游客局 (📞024-7623 4284; www.visitcoventryandwarwickshire.co.uk; Herbert Art Gallery & Museum, Jordan Well; ⏰周一至周六 10:00~16:00, 周日正午起) 位于赫伯特美术馆和博物馆的接待区 (见451页)。

ℹ️ 到达和离开

长途汽车

X17和X18路汽车 (每20分钟1班) 开往凯尼尔沃斯 (£3, 35分钟) 和沃里克 (Warwick; £3.20, 40分钟)。

火车

火车目的地如下:
伯明翰 £4.70, 30分钟, 每10分钟1班
伦敦尤斯顿 £49, 1.25小时, 每10至20分钟1班
拉格比 £6, 10分钟, 每小时最多4班

凯尼尔沃斯 (Kenilworth)

📞01926/人口 22,413

凯尼尔沃斯距离沃里克和考文垂之间的A46公路不远, 氛围独特的凯尼尔沃斯城堡遗址曾使得沃尔特·司各特 (Walter Scott) 深受启发, 1821年创作了小说《凯尼尔沃斯》(Kenilworth), 至今, 这里仍然令人心驰神往。小镇被芬汉溪 (Finham Brook) 一分为二: 大多数游客感兴趣的历史乡村区域位于北岸, 南边则是商业中心。

👁️ 景点

凯尼尔沃斯城堡 城堡、遗址

(Kenilworth Castle; EH; 📞01926-852078; www.english-heritage.org.uk; Castle Green; 成人/儿童 £11.30/6.80; ⏰4月至9月 10:00~18:00, 10月 至17:00, 11月至次年2月中旬 周六和周日 至16:00, 2月中旬至3月 周三至周日 至16:00) 城堡遗址坐落在凯尼尔沃斯郊区的田野树篱间, 令人叹为观止。城堡始建于1120年左右, 1266年曾安然挺过英国历史上时间最长的围困。当时, 爱德华勋爵 (后来的爱德华一世) 的军队坚守壕沟和城垛, 战斗长达6个月之久。都铎王朝时期城堡经过大规模扩建, 但在英国内战期间垮塌, 墙体遭到破坏, 用来防御的河水也被排干。千万别错过修复后的伊丽莎白花园, 非常壮观。

斯通雷修道院 历史建筑

(Stoneleigh Abbey; 📞01926-858535; www.stoneleighabbey.org; B4115; 成人/儿童 庭院和团队游 £11/4.50, 仅庭院 £5/1; ⏰团队游 复活节至10月 周日至周四 11:30、13:00和14:30; 庭院 复活节至10月 周日至周四 11:00~17:00; 🅿️) 这座庄严的乡间别墅让电影导演们心醉神迷。造访过斯通雷修道院的客人不乏查理一世和简·奥斯汀等名人。它于1726年建成, 现在只对团队游开放 (费用包含在门票内), 壮观的帕拉第奥式西翼建有繁复精美的石膏天花板和木镶板房间。埃文河 (River Avon) 穿过庭院, 拓宽的河段营造出"倒影湖面"的效果。修道院位于凯尼尔沃斯以东2英里处。

🍴 食宿

The Old Bakery 民宿 ££

(📞01926-864111; www.theoldbakery.eu; 12 High St; 标单/双/标三 £75/95/115起; 🅿️🛜) 位于城堡东边, 周边餐厅密布。这家迷人的民宿拥有装饰华丽而现代化的房间, 很有吸引力。地面层还有一间温馨舒适的酒吧 (营业时间为周一至周四 17:30~23:00, 周五和周六 17:00~23:00, 周日 17:00~22:30), 供应正宗的艾尔啤酒。

⭐ The Cross 美食酒馆 £££

(📞01926-853840; www.thecrosskenilworth.co.uk; 16 New St; 2/3道菜午餐套餐 £30/32.50, 5道菜晚餐品尝套餐 £75, 主菜 £28~42; ⏰周二至周四 正午至14:00和18:30~21:30, 周五 正午至14:00和18:00~21:30, 周六 正午至14:30和18:00~21:30, 周日 正午至15:30; 📶🍴) 这家米其林星级美食餐厅坐落于一栋浪漫的19世纪

旅馆内，堪称英格兰餐饮界的璀璨珍宝。准备迎接各种精致可口的创意菜肴吧，包括烤扇贝海藻酱、烟熏甜菜根鸭胸肉配覆盆子果醋、奶油蛋卷布丁配糖渍苹果黑莓和月桂叶冰激凌等。

餐厅也提供素食菜单；小美食家们可以享用专属的3道菜儿童套餐（£12）。

❶ 到达和离开

从周一到周六，X17和X18路公共汽车每20分钟1班，从考文垂（£3，25分钟）经凯尼尔沃斯驶往沃里克（£4.20，30分钟）。周日公车停运。

沃里克（Warwick）

☏01926/人口 31,345

沃里克经常被莎士比亚提及，是沃里克伯爵（earl of Warwick）世袭宅邸的所在地，历史上沃里克伯爵曾在玫瑰战争（Wars of the Roses）中发挥了至关重要的作用。尽管在1694年遭受了毁灭性的火灾，沃里克仍然算得上是中世纪建筑的宝库：这里的街道充满魅力，富有历史气息，沃里克城堡气势恢宏，高耸的塔楼俯视着周遭的一切。

⊙ 景点

★ 沃里克城堡　　　　　　　　　　城堡

（Warwick Castle；☏01926-495421；www.warwick-castle.com；Castle Lane；城堡 成人/儿童 £27/24，城堡和地牢 £32/28；⊙4月至9月 10:00~17:00，10月至次年3月 至16:00；🅿）沃里克城堡于1068年由威廉一世[征服者威廉（William the Conqueror）]建造，并作为沃里克伯爵的世袭宅邸代代相传。城堡保存得极为完好，是镇上最精彩的亮点，令人印象深刻。杜莎集团（Tussauds Group）用各种华丽的亲子游蜡塑景点布置城堡内部，以耀眼的方式生动重现了城堡丰富的历史。除了私人房间里的蜡像外，城堡还有骑马比武、每天的投石机发射、主题之夜和参观地牢等活动。网上购买折扣门票可以快速进入参观。现场有许多不错的住宿选择（见本页）。

圣玛丽牧师会教堂　　　　　　　　教堂

（Collegiate Church of St Mary；☏01926-403940；www.stmaryswarwick.org.uk；Old Sq；

教堂 乐捐入场，塔楼 成人/儿童 £3/1.50；⊙周一至周六 10:00~16:30，周日 12:30起）这座始建于1123年的诺曼式教堂宏伟壮观，曾在1694年沃里克大火中严重受损，如今教堂内部分布着多座16、17世纪的墓地。精彩亮点包括14世纪扩建的诺曼地下室（Norman crypt），以及令人叹为观止的博尚礼拜堂（Beauchamp Chapel），后者建于1442~1464年，用以供奉历任沃里克伯爵的遗体。沿着134级台阶登上塔楼，你可以在楼顶眺望整个小镇的优美景色（儿童必须年满8岁）。

莱斯特勋爵医院　　　　　　　　历史建筑

（Lord Leycester Hospital；☏01926-491422；www.lordleycester.com；60 High St；成人/儿童 £8.50/5，仅花园 £2；⊙4月至9月 周二至周日 10:00~17:00，10月至次年3月 至16:00）这座摇摇晃晃的建筑曾幸运地逃过了1694年大火的浩劫，它自1571年起便用作退伍士兵的养老院（但不是医院）。如今游客可以参观礼拜堂、会堂和军团博物馆，在建有精致节结园和诺曼式拱门的围墙花园中散步。

🛏 食宿

Tilted Wig　　　　　　　　　　　酒馆 ££

（☏01926-400110；www.tiltedwigwarwick.co.uk；11 Market Pl；双 £85；📶）位于中心位置Market Pl，这家始建于17世纪的客栈洋溢着乔治国王时代的建筑风格，店名诙谐有趣（意为"歪斜的假发套"）。4间客房可以俯瞰广场，紧凑而舒适，店内提供优质的小酒馆食物，如用沃里克郡稀有猪肉制成的蒜泥香肠等（主菜 £9~18）。

Rose & Crown　　　　　　　　　　酒馆 ££

（☏01926-411117；www.roseandcrownwarwick.co.uk；30 Market Pl；标单/双/家含早餐 £90/100/110起；📶）这家城镇广场上的家庭旅馆历史可追溯至17世纪，酒馆楼上有5间宽敞迷人、装修颇具品味的房间，巷子对面的房子里还有另外8间客房。店里供应口感很棒的艾尔啤酒和瓶装啤酒，以及味道不错的新派英国菜式（主菜 £13~27.50）。客房中有4间家庭房。

★ 沃里克城堡住宿处　　　　　　度假酒店 £££

（Warwick Castle Accommodation；☏0871

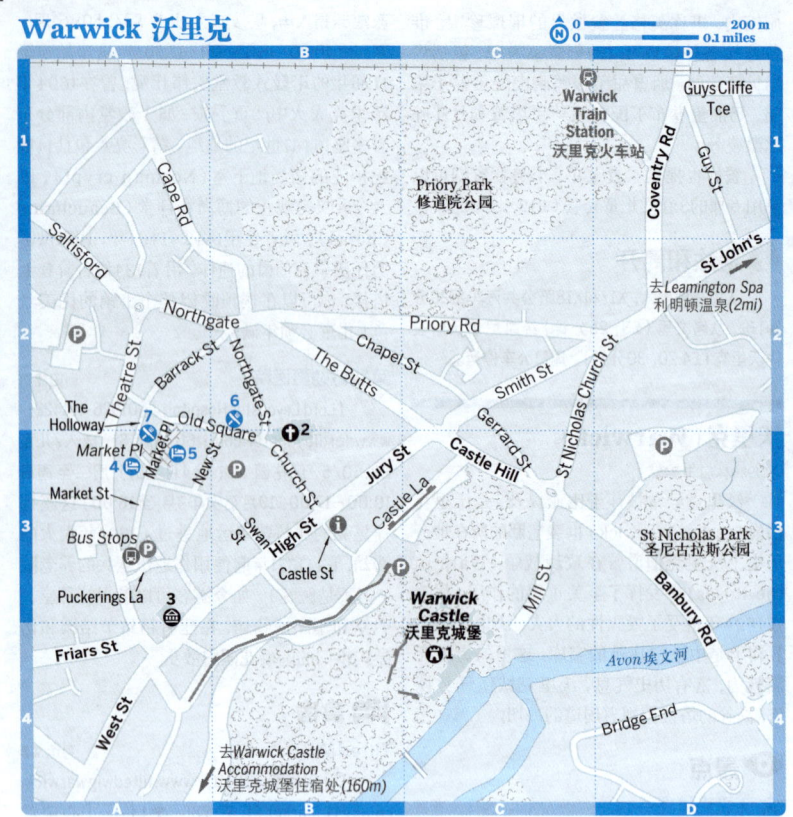

Warwick 沃里克

◎ 重要景点
1 沃里克城堡..................................C4

◎ 景点
2 圣玛丽牧师会教堂............................B3
3 莱斯特勋爵医院..............................A3

🛏 住宿
4 Rose & Crown...............................A3
5 Tilted Wig.................................A3

✘ 就餐
6 Old Coffee Tavern..........................B2
7 Tailors....................................A3

097 1228; www.warwick-castle.com; Warwick Castle; 塔楼套/小屋/豪华野营每晚 £550/242/212; ⊙塔楼套房和小屋全年, 豪华野营 7月至9月上旬; P🐾)沃里克城堡(见453页)氛围独特的住宿包含两日城堡门票。城堡内有两间配有四柱床的塔楼套房(包含一次独立团队游、香槟酒和早餐)。河畔的骑士村(Knight's Village)有林地、骑士主题的小屋(都带有露台, 部分带有小厨房)和中世纪娱乐设施。主题帐篷(带公共卫浴)构成了豪华野营地。帐篷最多入住5人。

Old Coffee Tavern
英国菜 ££

(📞01926-679737; www.theoldcoffeetavern.co.uk; 16 Old Sq; 主菜 £9.50~12.50; ⊙厨房 周一至周五 7:00~22:00, 周六 正午起, 周日 正午至20:00, 酒吧 周一至周四 7:00~23:00, 周五至次日0:30, 周六 8:00至次日0:30, 周日 至22:00; 🐾)这座客栈建于1880年, 众多维多利亚风格特点都保存完好。最初是作为沃里克酒馆的禁酒替代场所而建的。如今你可以在这里点艾尔啤酒和精酿苹果酒、鸡尾酒以及葡萄酒，还有经过改良的英国特色菜，如面拖烤肉（toad-in-the-hole）和鸡肉火腿馅饼（chicken-and-ham-hock pie）等。楼上有10间冷色调的时尚客房（双含早餐£92.50起）。

Tailors　　　　　　　　　　　　新派英国菜 £££

（☎01926-410590；www.tailorsrestaurant.co.uk；22 Market Pl；2/3道菜午餐套餐 £17/21，2/3/6道菜晚餐套餐 £29.50/39.50/60；◎周二至周六 正午至14:00和18:30~21:00）这里曾是一间裁缝店，如今则变成了一家由两位人气大厨共同打理的高雅餐馆。这里将知名农场供应的上等食材——珍珠鸡、猪五花肉和羊肉，精心烹制成各种充满创意的菜肴，如黄油面包屑、凉拌卷心菜、黑松露和茴香糖等。

❶ 实用信息

旅游局（☎01926-492212；www.visitwarwick.co.uk；Court House，Jury St；◎全年 周一至周五9:30~16:30，周六 10:00起，以及4月至12月中旬周日10:00~16:00）位于铺着砂岩地板的法院（1725年）内。

❶ 到达和离开

长途汽车

客运班车从**Westgate House**（Market St）外发车：

National Express运营的长途汽车开往伦敦维多利亚（£20.40，4小时，每天最多4班）

Stagecoach公司的X17和X18路汽车开往考文垂（£5.80，1.25小时，周一至周六 每20分钟1班），中途经停凯尼沃斯（£4.20，30分钟）。X18路汽车也开往埃文河畔斯特拉特福（£5.40，40分钟，周一至周六 每小时2班，周日 每小时1班）。

火车

火车站位于城镇中心东北0.5英里的Station Rd上。

火车开往伯明翰（£7.10，30分钟，每小时1班）、埃文河畔斯特拉特福（£6.90，30分钟，每2小时1班）和伦敦马里波恩（£34，1.5小时，每30分钟1班；其中一些要在利明顿温泉（Leamington Spa）换乘]。

埃文河畔斯特拉特福 （Stratford-upon-Avon）

☎01789/人口 27,455

作为一位英语作家，威廉·莎士比亚笔下的句子经常被后人奉为经典并反复引用。1564年，莎士比亚在斯特拉特福出生，并于1616年在这里去世。这座与莎翁生平息息相关的小镇散发着典型的都铎王朝风情，在这里，你既可以参观旅游气息浓厚的场所，如再现中世纪风格的建筑和莎翁主题的茶室，也可以前往简单质朴的景点，如莎士比亚在圣三一教堂（Holy Trinity Church）的朴素墓地，更有高雅的活动等着你，如观看由全球知名的皇家莎士比亚剧团（Royal Shakespeare Company）表演的戏剧。

◎ 景点

★ 莎士比亚最后居住地　　　　　　古迹

（Shakespeare's New Place；☎01789-338536；www.shakespeare.org.uk；Chapel St和Chapel Lane交叉路口；成人/儿童 £12.50/8；◎4月至8月 10:00~17:00，9月和10月 至16:30，11月至次年2月 至15:30）莎士比亚在退休后，远离了伦敦光鲜亮丽的生活，搬到这处叫作新居（New Place）的舒适宅子，1616年4月因不明原因在此与世长辞。1759年，房子被拆除，如今一座伊丽莎白时期的精致节结园占据了原址的一角，颇为引人注目。一项大型修复工程再现了莎士比亚的厨房，在按照曾经的模样复建的房屋里有许多展品。你还可以去逛逛旁边的纳什之屋，那里曾是莎翁外孙女伊丽莎白（Elizabeth）生活过的地方。

★ 莎士比亚出生地　　　　　　　历史建筑

（Shakespeare's Birthplace；☎01789-204016；www.shakespeare.org.uk；Henley St；成人/儿童 £17.50/11.50；◎4月至8月 9:00~17:00，9月和10月 至16:30，11月至次年3月 10:00~15:30）这位全世界最受欢迎的剧作家于1564年在此出生并度过孩提时光，而你也可以从这里开始寻找莎士比亚之旅。16世纪中后期，约翰·莎士比亚（John Shakespeare）一直是这座房子的主人，时间长达50年。作为约翰在世的长子，威廉·莎士比亚于1601年父亲去世

Stratford-upon-Avon 埃文河畔斯特拉特福

时继承了这座房屋,并在这里度过了婚后最初的5年时光。在房屋现代风格的建筑外表下,隐藏着经过复原的都铎王朝风格的房间,还有莎士比亚笔下著名人物的现场表演,引人入胜的展览详细介绍了这位最受欢迎的斯特拉特福之子。

圣三一教堂 教堂

(Holy Trinity Church; 01789-266316;www.stratford-upon-avon.org;Old Town;莎士比亚之墓 成人/儿童 £3/2; 4月至9月 周一至周六 9:00~18:00,周日 12:30~17:00,3月和10月 周一至周六 9:00~17:00,周日 12:30~17:00,11月至次年2月 周一至周六 9:00~16:00,周日 12:30~17:00)这里是莎翁最后的安息之所,也是他受洗和礼拜的地方,据称也是英格兰到访人数最多的教区教堂。教堂内有一些16世纪和17世纪的气派墓地(特别是在Clopton礼拜堂内),唱诗班席位的雕刻极为精美,当然还有威廉·莎士比亚之墓,上面刻着颇为不祥的墓志铭:"迁我尸骨者定遭亡灵诅咒"(cvrst be he yt moves my bones)。

机械艺术和设计博物馆 博物馆

(Mechanical Art & Design Museum,简称MAD Museum; 01789-269356;www.themadmuseum.co.uk;4-5 Henley St;成人/儿童 £7.60/5.20; 10:00~17:30)这座博物馆趣味盎然的体验式展示让孩子们能够深入浅出地了解物理知识,他们可以搭建自己的引力驱动滚珠轨道积木,用自身动能点亮照明面板,以及配合动画展示压杠杆和转曲柄。门票全天有效,你可以随意出入。

玛丽·阿登农庄 古迹、农场

(Mary Arden's Farm; 01789-338535;

Stratford-upon-Avon
埃文河畔斯特拉特福

◎ **重要景点**
- 1 莎士比亚出生地 C1
- 2 莎士比亚最后居住地 C2

◎ **景点**
- 3 霍尔农庄 C3
- 4 圣三一教堂 C4
- 5 机械艺术和设计博物馆 D1
- 6 莎士比亚的学校 C3

● **活动、课程和团队游**
- 7 Avon Boating E2
- 8 城市观光巴士 E1
- 9 Stratford Town Walk D2

◎ **住宿**
- 10 Arden Hotel D3
- 11 Emsley Guesthouse B1
- 12 Townhouse C3

◎ **就餐**
- 13 Edward Moon's C2
- 14 Fourteas D2
- 15 Lambs D2
- Rooftop Restaurant .... （见21）
- 16 Salt C3
- Townhouse .... （见12）

◎ **饮品和夜生活**
- 17 Dirty Duck D3
- 18 Old Thatch Tavern C1
- 19 Windmill Inn C3

◎ **娱乐**
- 20 Other Place D3
- 21 皇家莎士比亚剧团 D2
- 天鹅剧场 .... （见21）

◎ **购物**
- 22 Chaucer Head D2

莎士比亚的学校　　　　　　　古迹

（Shakespeare's School Room; ☏01789-203170; www.shakespearesschoolroom.org; King Edward VI School, Church St; 成人/儿童 £8/5; ◎11:00~17:00）莎士比亚的母校——爱德华六世国王学校（King Edward VI School; 如今依然是一所声名卓著的文法学校）有一座黑白木结构建筑, 始建于1420年, 曾经是城镇

www.shakespeare.org.uk; Station Rd, Wilmcote; 成人/儿童 £15/10, ◎4月至8月 10:00~17:00, 9月和10月 至16:30; ）研究莎士比亚家族谱系的专家能够循着家谱, 将莎翁母亲儿时的居所追溯至斯特拉特福以西3英里的Wilmcote。如今, 这处运营中的农场主要针对家庭游客, 回顾展示几个世纪以来农村生活的变迁。农庄里有多条自然小径和鹰猎表演, 还饲养了一些稀有的农场动物。你可以搭乘**城市观光巴士**（City Sightseeing bus; ☏01789-299123; www.city-sightseeing.com; 成人/儿童 24小时 £16.82/8.41, 48小时 £25.52/13; ◎4月至9月 9:30~17:00, 10月至次年3月 至16:00）, 或骑车沿着埃文河畔斯特拉特福运河（Stratford-upon-Avon Canal）的拖船道, 经安妮·海瑟薇小屋来到这里。请注意, 与其他莎士比亚景点不同, 农庄从11月至次年3月都不接待游客参观。

的市政厅，莎士比亚的父亲约翰就曾在此任职市长。在莎翁学习过的教室里，你可以旁听仿都铎时期的课程，观看一部短片，然后试试自己能否完成都铎风格的家庭作业。

安妮·海瑟薇小屋　　　　　历史建筑

（Anne Hathaway's Cottage; ☏01789-338532; www.shakespeare.org.uk; Cottage Lane, Shottery; 成人/儿童 £12.50/8; ◉4月至8月 9:00~17:00, 9月和10月 至16:30, 11月至次年3月 10:00~15:30）在与莎士比亚喜结连理前，安妮·海瑟薇就住在Shottery（位于镇中心以西1英里处）这座漂亮的茅草顶农舍里。这处故居仍保存着当年的家具，还有美丽的花园、一处果园和林园，后者种植有莎翁戏剧里出现过的所有树种。一条步行小径（自行车禁行）从Evesham广场通往Shottery。城市观光巴士在此设有站点。

霍尔农庄　　　　　　　　　历史建筑

（Hall's Croft; ☏01789-338533; www.shakespeare.org.uk; Old Town; 成人/儿童 £8.50/5.50; ◉4月至8月 10:00~17:00, 9月和10月 至16:30, 11月至次年2月 11:00~15:30）这栋詹姆斯一世时期的漂亮联排别墅位于镇中心南面，曾属于莎士比亚的女儿苏珊娜（Susanna）和她的丈夫、名医约翰·霍尔（John Hall）。这里的展览为游客提供了一次了解16世纪和17世纪医药发展的好机会。芳香植物在可爱的花园里尽情生长，都是药物制剂的原料。

👉 团队游

Avon Boating　　　　　　　　划船

（☏01789-267073; www.avon-boating.co.uk; The Boathouse, Swan's Nest Lane; 河上巡游 成人/儿童 £6/4; ◉复活节至10月 9:00至黄昏）运营埃文河巡游活动，全程40分钟，每20分钟1班，分别从主桥两侧出发。这里还出租划桨船、独木舟和平底撑篙船（每小时£6）和摩托艇（每小时£40）。

Stratford Town Walk　　　　徒步游

（☏07855 760377; www.stratfordtownwalk.co.uk; 城镇徒步游 成人/儿童 £6/3, 幽灵游徒步 £7/5; ◉城镇徒步 周一至周五 11:00, 周六和周日 11:00和14:00, 幽灵徒步需预约 周六 19:30）热门的2小时**城镇徒步**导览游从Sheep St对面的Waterside出发（无须预约）。夜间令人心颤的**幽灵徒步游**持续90分钟，出发地点相同，但是必须预约。

✱ 节日和活动

斯特拉特福文学节　　　　　　文学

（Stratford Literary Festival; ☏01789-207100; www.stratfordliteraryfestival.co.uk; ◉4月下旬/5月上旬）斯特拉特福镇最大的文化盛宴就是为期一周的斯特拉特福文学节，它吸引了不少文坛大腕，诸如罗伯特·哈里斯（Robert Harris）、P.D.詹姆斯（PD James）和西蒙·阿米蒂奇（Simon Armitage）等。

🛏 住宿

Stratford-upon-Avon YHA　　青年旅舍

（☏0345 371 9661; www.yha.org.uk; Wellesbourne Rd, Alveston; 铺/双/豪华露营 £13/58/49起; 🅿🛜）这家出众的青年旅舍在镇中心以东1.5英里处，位于有着200年历史的高大宅第中，134个床位吸引着各个年龄段的游客入住。旅舍共有32间客房和宿舍，其中16间带独立卫浴套房。这里还有餐厅、酒吧和厨房。搭乘6或X17路公共汽车（£3.50, 12分钟，每小时最多2班）即可从Bridge St到达此处。Wi-Fi信号仅覆盖公共区域。

> ### ⓘ 莎士比亚故居
>
> 与莎士比亚有关的5处重要宅第——莎士比亚出生地（见455页）、莎士比亚最后居住地（见455页）、霍尔农庄（见本页）、安妮·海瑟薇小屋（见本页）和玛丽·阿登农庄（见456页）——都设有博物馆，构成了游客在斯特拉特福的核心游览体验。这些景点全部由莎士比亚出生地信托基金会（Shakespeare Birthplace Trust; www.shakespeare.org.uk）管理。
>
> 通票（Full Story ticket; 成人/儿童 £22/14.50）涵盖了全部5处故居，可在线预订或现场购买，比单独购买门票优惠多达60%。

Stag at Red Hill
旅馆 ££

(☎01789-764634; www.stagredhill.co.uk; Alcester Rd, Alcester; 双/家含早餐 £99/109起; P❀)斯特拉特福曾经令人望而生畏的法院和监狱,历史可以追溯到500多年前,如今已改造成一座田园风格乡村旅馆,就位于城镇中心以西4英里处。这里的9间客房(包括一间配有折叠沙发的家庭房)装饰各不相同;豪华房配有切斯特菲尔德沙发。优质的酒馆菜肴包括Red Hill香肠配葱蓝土豆泥。坐在啤酒花园里可以将乡村风光一览无余。

Emsley Guesthouse
民宿 ££

(☎01789-299557; www.theemsley.co.uk; 4 Arden St; 双/家 £82/97起; P❀)这家维多利亚式民宿的主人和蔼可亲,5间卧室非常漂亮,住宿环境干净整洁,颇具吸引力,顶楼还有一间宽敞别致的家庭房,裸梁天花板颇具装饰感。有两间客房专为家庭住客而设。需要至少入住两晚。

Townhouse
精品酒店 £££

(☎1789-262222; www.stratfordtownhouse.co.uk; 16 Church St; 双含早餐 £130起; ❀)这家精致酒店的十多个房间部分装有独立浴缸,所有房间都有豪华寝具和Temple Spa洗漱用具。房屋本身堪称有着400年历史的古建筑瑰宝,地处城镇中心,还设有一流的餐馆(主菜 £9.50~24; ⏰厨房 周一至周五 正午至15:00和17:00~22:00,周六 正午至22:00,周日 至20:00,酒吧 周一至周六 8:00至午夜,周日 至22:30; ❀)。睡觉轻的人尽量不要住在1号房间,那里离酒吧最近。周末需要至少连住两晚。

Arden Hotel
酒店 £££

(☎01789-298682; www.theardenhotelstratford.com; Waterside; 标单/双含早餐 £115/130起; P❀)朝向天鹅剧场,这家精致的酒店有一个小巧别致的小酒馆和香槟吧。这里的45个房间内有各色的名牌纺织品装饰,浴室采用抛光的大理石。连通房尤其适合家庭入住。儿童还会收到含有小游戏的欢迎礼包。

✕ 就餐

Fourteas
咖啡馆 £

(☎01789-293908; www.thefourteas.

值 得 一 游

查莱克特公园

埃文河边这座盛大奢华的伊丽莎白一世时期查莱克特公园(Charlecote Park; NT; ☎01789-470277; www.nationaltrust.org.uk; Loxley Lane, Charlecote; 建筑和花园 成人/儿童 £11.45/5.70, 仅花园 £7.60/3.80; ⏰建筑 3月中旬至10月 周四至周二 11:00~16:30, 2月中旬至3月中旬 周四至周二 正午至15:30, 11月和12月 周六和周日 正午至15:30, 花园 3月至10月 10:30~17:30, 11月至次年2月 至16:30)位于埃文河畔斯特拉特福以东5英里处,据说年轻的莎士比亚曾在公园的院子里猎鹿。如今,成群的小鹿依然在园内游荡。1823年,建筑内部装潢从乔治国王时期的印花棉布风格翻新为华丽的都铎风格。精彩亮点包括摆满厨具的维多利亚时代厨房和1551年的都铎式原建门房。

X17路汽车从斯特拉特福开往查莱克特(£4.40, 30分钟, 周一至周五 每小时2班, 周六和周日 每小时1班)。

---

co.uk; 24 Sheep St; 菜肴 £4.60~7.55, 有/无普罗塞克葡萄酒的下午茶 £20/15; ⏰周一至周六 9:30~17:00, 周日 11:00~16:30)与斯特拉特福盛行的莎士比亚主题不同的是,这家茶馆把20世纪40年代作为它的灵感来源,配有优美的老茶壶、镶框海报,服务人员也穿着特定时期的服装。店里供应散茶冲泡的优质茶饮和家常自制的蛋糕,还有全天早餐、汤、三明治(包括一种鸡肉和培根制作的"Churchill club")以及丰盛的下午茶。

Lambs
新派欧洲菜 ££

(☎01789-292554; www.lambsrestaurant.co.uk; 12 Sheep St; 主菜 £14.50~23.50; ⏰周一 17:00~21:00, 周二至周六 正午至14:00和17:00~21:00, 周日 正午至14:00和18:00~21:00)这家餐馆用具有现代气息的高雅装饰取代了莎士比亚时期的印花棉布,却保留了16世纪原汁原味的露梁天花板。菜单上有格莱辛汉鸭子(Gressingham duck)、赫里福德牛排以及羔羊肉(香草羊肩肉配烤马铃薯千层派、芥末

Edward Moon's 英国菜 ££

(☎01789-267069；www.edwardmoon.com；9 Chapel St；主菜 £12.25~17；周一至周五 正午至14:30和17:00~21:30，周六 正午至15:00和17:00~22:00、周日 正午至15:00和17:00~21:00；🌐）这家温馨的独立餐厅以历史上一位著名的流动厨师命名，这位名厨常为英国殖民地地区的服役人员烹制家乡菜。餐馆供应的英式佳肴可口丰盛，例如啤酒牛排馅饼和口感软嫩的羔羊羊腿配红醋栗汁。儿童版的2道菜套餐价格为£6.95。

Rooftop Restaurant 各国风味 ££

(☎01789-403449；www.rsc.org.uk；3层，Royal Shakespeare Theatre, Waterside；主菜 £12.50~25.50；⏰周一至周四 10:30~21:30，周六至21:45，周日 至15:30；📶🌐）从皇家莎士比亚剧院（见461页）楼上的这家餐厅和户外露台都可以看到埃文河美丽风光。全球风味菜肴从螃蟹扁意面到斯里兰卡花椰菜、南瓜和腰果咖喱，无有不好；餐厅设有多种固定套餐，包括素食、无麸以及儿童菜单等。这里的酒吧可以调制城里最棒的鸡尾酒。

★ Salt 英国菜 £££

(☎01789-263566；www.salt-restaurant.co.uk；8 Church St；2/3道菜套餐午餐 £33.50/37，晚餐 £37/45；⏰周三至周六 正午至14:00和18:30~22:00，周日 正午至14:00）斯特拉特福的餐饮明星就是这家氛围温馨、横梁裸露的小酒馆。在半开放式厨房里，老板兼主厨保罗·福斯特（Paul Foster）带来令人叫绝的应季创意菜肴：春天可能遇到欧芹根配菊苣和黑松露屑、洋蓟牛肉、熏比目鱼配牡蛎和苹果泥，以及沙棘无花果千层糕和山羊奶冰激凌等。

🍷 饮品和夜生活

★ Old Thatch Tavern 酒馆

(www.oldthatchtavernstratford.co.uk；Greenhill St；⏰周一至周六 11:30~23:00，周日 正午起；📶）想要真正体验斯特拉特福的旧时代氛围，最好的办法是和当地人一起到镇上历史最悠久的酒馆喝上一杯。建于1470年的这座茅草顶古建珍宝有香醇的艾尔啤酒和舒适的夏季庭院。

Dirty Duck 酒馆

(Black Swan；www.oldenglishinns.co.uk；Waterside；⏰周一至周六 11:00~23:00，周日 至22:30）这家河畔酒馆相当迷人，又称"黑天鹅"（Black Swan），是英格兰唯一一家经授权使用两个名字的小酒馆。酒吧深受戏剧演员的喜爱，曾有许多演员成了这里的常客，如奥利弗、阿滕伯勒（Attenborough）等——曾光顾这里的客人名单简直就像是一本演艺界的名人录。

国家啤酒中心

特伦特河畔伯顿（Burton-upon-Trent）是以7世纪所建修道院为中心逐渐发展起来的，这家修道院以治疗泉水而闻名。当地的酿酒始于1700年前后，在18世纪初特伦特河开始通航，使伯顿成为重要的啤酒酿造中心。这段历史可以在**国家啤酒中心**（National Brewery Centre；☎01283-532880；www.nationalbrewerycentre.co.uk；Horninglow St, Burton-upon-Trent；成人/儿童 £11.95/6.95；⏰4月至9月 10:00~17:00，导览团队游 11:00和14:00；10月至次年3月 10:00~16:00，导览团队游 11:00和13:30）2小时导览团队游期间得到详细的展示。中心设有一座博物馆，而且至今仍然是一家微酿啤酒厂。工作人员还会向你介绍伯顿的其他啤酒厂以及传统艾尔啤酒屋。

参加团队游时，你会了解到诸如当年伯顿为了向印度殖民地运送啤酒而开发出淡色艾尔的往事：这也是如今IPA（印度淡啤酒）的起源。你还有机会参加品酒（同时为儿童准备了软饮）。

从德比（£7.60，15分钟，每小时3班）和伯明翰（£16.90，30分钟，每小时3班）开来的火车驶往伯顿火车站，车站就位于国家啤酒中心西南0.5英里处，步行可达。

Windmill Inn 酒馆

（www.greeneking-pubs.co.uk; Church St; ⓘ周日至周四 11:00~23:00，周五和周六 至午夜；🛜）这家低矮天花板酒馆历史悠久，早在莎士比亚写出押韵诗句的时代就开始供应啤酒了。白色外墙鲜花绽放，后院还有一个绿树成荫的啤酒花园。

☆ 娱乐

★ 皇家莎士比亚剧团 剧院

（Royal Shakespeare Company, 简称RSC; ☎售票处 01789-403493; www.rsc.org.uk; Waterside; 团队游 成人£7~9，儿童£4.50~5，塔楼 成人/儿童£2.50/1.25; ⓘ团队游时间各异，塔楼 3月中旬至10月中旬 周日至周五 10:00~17:00，周六 10:00~12:15和14:00~17:00，10月中旬至次年3月中旬 周日至周五 10:00~16:30，周六 至12:15）世界知名的皇家莎士比亚剧团在斯特拉特福运营着两个大舞台——Waterside的**皇家莎士比亚剧院**和天鹅剧场，还有规模稍逊一筹的Other Place。这些场所见证了传奇人物的经典演出，这些名角包括劳伦斯·奥利弗（Lawrence Olivier）、理查德·伯顿（Richard Burton）、朱迪·丹奇（Judi Dench）、海伦·米伦（Helen Mirren）、伊恩·麦克莱恩（Ian McKellan）和帕特里克·斯图尔特（Patrick Stewart）。不同类型的1小时**导览团队游**将带你深入幕后。

搭乘皇家莎士比亚剧院的扶梯/电梯登上**塔楼**，欣赏城镇和埃文河的全景风光。另一个观赏风景的好地方是位于3层的Rooftop Restaurant（见460页），餐厅连着一片大露台。

想要了解演出时间，可咨询皇家莎士比亚剧团，并且尽早预订。对于25岁以下的观众、学生和老年人常有优惠票价，部分门票会留到演出当天出售，但通常一经放票便会被抢购一空。

Other Place 剧院

（☎售票处 01789-403493; www.rsc.org.uk; 22 Southern Lane）皇家莎士比亚剧团经营的最小舞台，有200个座位。新剧都在此上演；这里还会定期举办免费现场音乐和脱口秀之夜。

天鹅剧场 剧院

（Swan Theatre; ☎01789-403493; www.rsc.org.uk; Waterside）演出皇家莎士比亚剧团出品的剧目，这个大舞台可容纳426位观众。

🛍 购物

Chaucer Head 书籍

（www.chaucerhead.com; 21 Chapel St; ⓘ周一至周四 11:00~17:30，周五和周六 10:00~17:00）从廉价平装书到价值数千英镑的稀少珍本，在这里都能找到。这家书店最初于1830年在伯明翰开业，1960年迁至以文学著称的斯特拉特福。

ⓘ 实用信息

旅游局（☎01789-264293; www.shakespeare-england.co.uk; Bridge Foot; 周一至周六 9:00~17:30，周日 10:00~16:00）就在Clopton大桥西边。

ⓘ 到达和离开

长途汽车

National Express的长途汽车和其他客运公司的车均从斯特拉特福的河畔公共汽车站（Riverside bus station）出发，该车站就在Bridgeway的斯特拉特福休闲中心（Stratford Leisure Centre）后面。National Express开通的汽车班线目的地如下：

伯明翰 £9，1小时，每天2班

伦敦维多利亚（London Victoria）£13.10，3小时，每天2班直达班车

牛津 £10.10，1.25小时，每天1班

小汽车

如果你自驾前往斯特拉特福，需注意小镇的停车场全天24小时都收取昂贵的停车费。

火车

从埃文河畔斯特拉特福火车站出发，London Midland铁路公司的火车开往伯明翰（£8，50分钟，每小时2班）；奇尔特恩铁路公司运营的火车则驶向伦敦马里波恩火车站（£30.40，2.75小时，每小时最多2班），中途需在利明顿温泉站换乘；东米德兰兹有火车开往沃里克（£6.90，30分钟，每2小时1班）。

每逢夏天，怀旧风格的**莎士比亚快车蒸汽火车**（Shakespeare Express Steam Train; ☎0121-708

4960；www.vintagetrains.co.uk；单程/往返£17.50/27.50；⊙7月至9月中旬 周日）每周日都会在斯特拉特福和伯明翰Moor St火车站之间轰隆隆地往返两次，单程耗时1小时。

斯塔福德郡
（STAFFORDSHIRE）

夹在不断扩张的大都市伯明翰和曼彻斯特（Manchester）之间的斯塔福德郡苍翠繁茂，绿意盎然，该郡北半部地势升高，与峰区的崇山峻岭相接。

定时有火车和公共汽车往返利奇菲尔德、斯塔福德和其他大型城镇。

利奇菲尔德（Lichfield）
☎01543 /人口 32,219

即使没有城里宏伟的哥特式大教堂——全国最壮观的教堂之一，这座铺着鹅卵石的迷人集镇同样值得游览，不妨追随词典编纂者和才子塞缪尔·约翰逊（Samuel Johnson）以及达尔文的祖父、自然哲学家伊拉斯谟·达尔文（Erasmus Darwin）的足迹探游其间。约翰逊曾将利奇菲尔德人描述为"英格兰最冷静的正派人"，考虑到这里是全国最后一个停止将人烧死在火刑柱上的地方，这种评价还真是相当宽厚。

◉ 景点

★ 利奇菲尔德主教座堂 　　　　　　主教座堂

（Lichfield Cathedral；☎01543-306100；www.lichfield-cathedral.org；19 Cathedral Close；大教堂 乐捐入场，塔楼团队游 成人/儿童 £6/4；⊙大教堂 周一至周六 9:30~18:15，周日 12:30~17:00，塔楼 时间不定）顶端矗立着3座醒目的塔楼，利奇菲尔德主教座堂宛如哥特式的梦幻场景，于1200~1350年分阶段修建。巨大的拱顶中殿坐落在通向唱诗班席位的直线略偏处，从西门看去，呈现出一种奇异的透视效果，大教堂内的雕刻依然保留着内战时士兵磨剑留下的磨损痕迹。

查询网站以了解45分钟塔楼徒步游的时间，以便爬上160级台阶，在中央尖塔欣赏无与伦比的美丽风景。

伊拉斯谟·达尔文故居 　　　　　　历史建筑

（Erasmus Darwin House；☎01543-306260；www.erasmusdarwin.org；Beacon St；⊙4月至10月 11:00~17:00，11月至次年3月 周四至周日 至16:00）免费 拒绝了国王乔治三世（King George Ⅲ）的御医职位后，伊拉斯谟·达尔文成为月光社（Lunar Society）的重要人物，早在其孙查尔斯·达尔文提出进化论的几十年前，就开始与包括韦奇伍德（Wedgwood）、博尔顿（Boulton）和瓦特（Watt）在内的诸多杰出人物一起探讨生命的起源。"进化论祖父"的故居里有一些有趣的展品，包括伊拉斯谟画有各种发明的笔记本。房屋后面是芳香四溢的草药花园，通向教堂内院。

塞缪尔·约翰逊出生地博物馆 　　　博物馆

（Samuel Johnson Birthplace Museum；☎01543-264972；www.samueljohnsonbirthplace.org.uk；Breadmarket St；⊙3月至10月 10:30~

阿尔顿塔

极受欢迎的阿尔顿塔（Alton Towers；☎0871 222 3330；www.altontowers.com；Farley Lane, Alton；成人/儿童 游乐园 £55/48，水上公园 £18/14；⊙时间不定）位于奇德尔（Cheadle）以东4英里处，紧邻B5032公路，这座游乐园里有各种设施让你花钱过足瘾。刺激的游乐项目包括"Th13teen"、"复仇女神"（Nemesis）、"湮没"（Oblivion）、"银河号"（Galactica）和"稻草人"（Wickerman）等众多过山车。稍显温和的游乐设施包括旋转木马、舞台表演、海盗主题海洋馆和一座水花四溅的水上公园等。

在线查看当季游乐设施开放情况并提前购票，可以避免现场售票处排长队，还可享受票价折扣。游乐园内的五家酒店都设有主题房，提供提早一小时入园等便利。

最好是自驾前往（有单轨环线列车往返于停车场和正门之间）。到夏天，每天有巴士往返阿尔顿塔与特伦特河畔斯托克、诺丁汉和德比；Traveline（见440页）可查询具体班次。

陶区——特伦特河畔斯托克

陶区（The Potteries）即斯塔福德郡著名的陶瓷产区，以陶瓷闻名的特伦特河畔斯托克是陶区的中心。别以为这里满是精致的小陶瓷作坊：早在工业革命时期斯托克就已转向大规模生产制陶，如今这里是面积广大的工业城镇，各区域间由立交桥和分支道路连接。开放参观的仍从事生产的陶瓷厂有数十家，包括远近闻名的韦奇伍德工厂。

游客中心（☏01782-236000；www.visitstoke.co.uk；Bethesda St, Hanley；◷周一至周六10:00~17:00，周日11:00~16:00）提供对游客开放的陶瓷厂的名录。

陶区博物馆和美术馆（Potteries Museum & Art Gallery；☏01782-236000；www.stokemuseums.org.uk；Bethesda St, Hanley；◷周一至周六10:00~17:00，周日11:00~16:00）想要详细了解陶区历史的话，这家博物馆设有全面的陶瓷展览，从Toby水壶、浮雕玉石（jasperware）到大胆创新的装饰品，应有尽有。其他亮点还包括2009年发现的斯塔福德郡宝藏（Staffordshire Hoard；迄今为止考古发现的最大盎格鲁－撒逊金银器宝藏，包括5.1公斤黄金、1.4公斤银以及3500余件珠宝）的珍品、"二战"时期由出生于斯托克的飞行员雷吉纳德·米歇尔（Reginald Mitchell）设计的喷火式战斗机，还有T.S.劳里与亨利·摩尔爵士创作的艺术品。

韦奇伍德的世界（World of Wedgwood；☏01782-282986；www.worldofwedgwood.com；Wedgwood Dr, Barlaston；工厂团队游和博物馆 成人/儿童£10/8，仅博物馆 免费；◷工厂 周一至周五10:00~16:00，博物馆 周一至周五10:00~17:00，周六周日 至16:00）在Hanley以南8英里一片迷人的绿地上，约西亚·韦奇伍德（Josiah Wedgwood）陶瓷帝国的这座现代产品中心展示着种类丰富的历史藏品，包括韦奇伍德生产的新古典风格、蓝白相间的精致陶瓷玉石。在工作日，这里设有自助导览工厂团队游和先到先得的工厂导览游（时长1小时）。工艺装饰大师（Master Craft and Decorating）工作室还会举办拉胚制陶和设计教学课程。

16:30，11月至次年2月 11:00~15:30）**免费** 这座引人入胜的博物馆用图表的方式记录了词典编纂先驱、才子、诗人和批评家塞缪尔·约翰逊的生平。他从家乡利奇菲尔德移居伦敦，花费了9年的时间，编纂出第一本英文大词典。约翰逊在词典中用举例的方式为词语"dull"（枯燥）下定义："编纂词典是一项枯燥的工作。"在博物馆1层，戏剧化的短片讲述了约翰逊的人生经历。这座漂亮的房屋值得探访。

利奇菲尔德博物馆   博物馆

（Lichfield Museum；☏01543-256611；www.stmaryslichfield.co.uk；Market Sq）**免费** 这座博物馆位于经过修复的圣玛丽教堂（St Mary's Church）内，展览涵盖利奇菲尔德1300年的历史，城市图书馆和美术馆也设在这里。爬上塔楼的120级台阶，城市景色一览无余。

🛏 食宿

George Hotel   酒店 ££

（☏01543-414822；www.thegeorgelichfield.co.uk；12-14 Bird St；标单/双 £90/120起；🅿🛜）这家古老的乔治国王时代酒馆已经升级改造为舒适的中档酒店，有45间客房，不过为其加分的是位置，而非氛围。家庭房可入住4人。

Swinfen Hall Hotel   历史酒店 £££

（☏01543-481494；https://swinfenhallhotel.co.uk；Swinfen；标单/双/套含早餐 £151/165/331起；🅿🛜）乔治国王时代风格的Swinfen Hall庄园建于1757年，位于利奇菲尔德东南3英里处，周围分布着40公顷林地，林地内点缀着规则式园林、野生草坪以及一座鹿苑。酒店17间或传统或当代风格的客房都可以欣赏林地风景。精致的餐厅提供多道菜品尝套餐并搭配套酒。

Damn Fine Cafe   咖啡馆 £

（www.damnfinecafelichfield.co.uk；16 Bird St；菜肴 £4.50~10；◷周二至周六 9:00~15:30，周日 10:00~15:00）当地人挤挤挨挨，这家便捷的咖啡馆全天提供培根香肠或是素菜配面托烤香肠等早餐品种、汤（免费品尝

伯明翰和英格兰中部 利奇菲尔德

463

当天特色)、马苏里拉奶酪配各种面包和三明治。

Trooper
美食酒馆 ££

(☎01543-480413; www.thetrooperwall.co.uk; Watling St, Wall; 主菜 £12~26; ⊙厨房 周一至周三 正午至21:15, 周四至周六 至21:45, 周日至20:00, 酒吧 周一至周六 正午至午夜, 周日 至22:00; ♠) 坐落于利奇菲尔德西南3英里处秀丽的小村庄沃尔(Wall), 这家美食酒馆以从当地供应商采购的原料和自家菜园里的香草而骄傲。牛排是这里的招牌菜, 还有现代风味的酒馆经典食物, 例如苹果酒火腿馅饼。在天气晴朗时, 可以在阳光明媚的啤酒花园里享用无与伦比的艾尔啤酒。

店里的儿童菜单包括迷你版的4盎司牛排配薯条。

Wine House
英国菜 ££

(☎01543-419999; www.thewinehouselichfield.co.uk; 27 Bird St; 主菜 £12.50~27; ⊙周一至周六 正午至22:00, 周日 至18:00)精心挑选的葡萄酒加上高档的酒馆菜肴, 与这座红砖房屋内的时髦气氛相得益彰。可选菜从慢炖

> **值得一游**
>
> ### 利奇菲尔德勋爵的沙格伯勒
>
> 富丽堂皇的新古典主义风格**沙格伯勒**(Shugborough; NT; ☎01889-880160; www.nationaltrust.org.uk; Great Haywood; 成人/儿童 £13/6.50; ⊙建筑 3月至10月 11:00~16:30, 12月 10:00~15:00, 庭院 3月至10月 9:00~18:00, 11月和12月 9:00~16:00)是皇家摄影师利奇菲尔德勋爵(Lord Lichfield)的祖宅。墙面空间很大一部分展示着他的摄影作品; 亮点还包括几间豪华大厅里精致的路易十五和路易十六时期家具。时长1小时的导览团队游(已包括在门票内)在11:00和13:00之间开展。沙格伯勒位于斯塔福德以东6英里处的A513公路边; 825路汽车往返于斯塔福德和利奇菲尔德, 停靠地点为距庄园1英里处(£4.20, 30分钟, 周一至周六每小时2班)。

五花肉配苹果酱到牛排和海鲜, 例如钓获的黑鲈配白葡萄酒、青葱和蛤蜊。

🍸 饮品和夜生活

Beerbohm
酒吧

(www.beerbohm.co.uk; 19 Tamworth St; ⊙周二至周六 11:00~23:00; ⑤)位于薄荷色调的传统店面内, 这家酒吧色彩丰富的内饰是满满的休闲风, 摆满了各种手工打造的家具。独特的酒水单包括自酿的Dandy Bitter品牌酒, 以及当地艾尔啤酒和小批量的杜松子酒、英国葡萄酒、独具匠心的麦芽威士忌, 加上进口精酿啤酒(其中一些为无麸类型)。这里不供应食物, 但是可以提供盘子和餐具, 方便你自带下酒菜。

Whippet Inn
酒馆

(www.whippetinnmicro.co.uk; 21 Tamworth St; ⊙周三和周四 正午至14:30和16:30~22:00, 周五和周六 正午至22:00, 周日 至17:00)这是家只有一间屋子的迷你酒馆, 来自众多独立英国啤酒厂的艾尔啤酒和精酿桶装啤酒是店里的特色招牌, 此外还有精选的苹果酒和葡萄酒, 但是这里坚决不供应拉格啤酒或烈酒。匠心独运的酒吧小吃包括猪肉馅饼、苏格兰蛋和香肠卷等。

❶ 实用信息

旅游局(☎01543-256611; www.stmaryslichfield.co.uk; Market Sq)位于经过修缮的圣玛丽教堂内。

❶ 到达和离开

汽车站在伯明翰路(Birmingham Rd)的利奇菲尔德城市火车站(Lichfield City train station)对面。825路汽车开往斯塔福德(£4.20, 1.25小时, 周一至周六每小时2班)。

利奇菲尔德有两座火车站:

利奇菲尔德城市火车站(Lichfield City)开往伯明翰(£5.30, 35分钟, 每小时最多4班)的火车从城市中心的利奇菲尔德城市火车站发车。

利奇菲尔德特伦特河谷火车站(Lichfield Trent Valley)开往伦敦尤斯顿(£49.40, 1.75小时, 每小时最多2班)的火车从城市中心以东1.5英里处的利奇菲尔德特伦特河谷火车站发车。

伍斯特郡
（WORCESTERSHIRE）

或许，伍斯特郡最为人所熟知的是由两位伍斯特化学家于1837年研制的著名调味料，这里也是英格兰中部地区的工业中心向英格兰—威尔士边界地区宁静的乡村过渡的地方。伍斯特郡南部与西部的边缘地区分布着绿意盎然的乡村和悠闲沉寂的集镇，而其首府则是经典的英格兰郡治风格，城里宏伟壮观的大教堂曾赋予作曲家爱德华·埃尔加（Edward Elgar）灵感，让他创作出一些伟大作品。

活动

全长210英里的河畔塞文步道（Severn Way）蜿蜒穿过伍斯特郡，从威尔士的普林利蒙（Plynlimon）延伸至布里斯托尔的海边。稍短一些的步道是全长100英里的三大唱诗班步道（Three Choirs Way），这条步道连接着伍斯特（Worcester）、赫里福德以及格洛斯特。莫尔文丘陵（Malvern Hills）也是徒步、骑车的主要场所，详情可登录www.malvernhillsaonb.org.uk查询。

到达和当地交通

伍斯特是铁路交通的枢纽，出行便捷，基德明斯特（Kidderminster）则是古色古香的塞文河谷铁路（见480页）的南部起点。

长途汽车和火车线路连接着各大城镇，但开往乡村的汽车线路则少得可怜。登录网页www.worcestershire.gov.uk或Traveline（见440页）查询长途汽车公司和时刻表等交通信息。

伍斯特（Worcester）

☎01905 / 人口 101,328

伍斯特（发音为woos-ter）有着大量的历史名胜，让人足以原谅城里一些丑陋的建筑——那是战后人们过于青睐钢筋水泥建筑的表现。这座古老的大教堂城市不仅是著名的Worcestershire酱汁（用发酵酸角和凤尾鱼调制的不可思议的调料）的故乡，也是内战最后一役（1651年9月3日爆发的伍斯特之战）的发生地。战败的查理二世藏身于一棵橡树

另辟蹊径
THE FIRS: 埃尔加出生地

人们来到这处朴的乡村农舍（NT; www.nationaltrust.org.uk/the-firs; Crown East Lane, Lower Broadheath）缅怀英格兰最受欢迎的古典作曲家爱德华·埃尔加，他于1857年在此出生。自2018年年中起，国民托管组织（National Trust）开始运营这座博物馆；可浏览网站查询门票价格和开放时间，以及在此举行音乐会的详细情况。鲜花盛放的花园里有一尊埃尔加雕像，他正坐在长凳上眺望莫尔文丘陵；这一雕塑作品由艺术家杰玛·皮尔森（Jemma Pearson）创作。

小屋位于伍斯特以西4英里处；你需要自备交通工具前往。

里，方侥幸逃脱圆颅党人（Round-heads）的追捕。至今，伍斯特还会在每年的5月29日为此庆祝，这一天政府大楼都会用橡树枝条精心装扮。

景点

★ **伍斯特大教堂** 主教座堂

（Worcester Cathedral; ☎01905-732900; www.worcestercathedral.co.uk; 8 College Yard; 大教堂 乐捐入场，塔楼 成人/儿童 £5/免费，团队游 £5/免费; ⊙大教堂 周一至周六 7:30~18:00, 周日正午起; 塔楼 时间不定, 团队游 3月至11月 周一至周六 11:00和14:30, 12月至次年2月 周六 11:00和14:30）伍斯特威严壮美的大教堂巍然屹立，俯视着一旁流过的塞文河（River Severn），这里也是《大宪章》（*Magna Carta*）签署人约翰王（King John）最后的安息之地。腿脚强健的游客可以攀登235级台阶登上塔楼（记得提前确认开放时间），查理二世曾在损失惨重的伍斯特之战（Battle of Worcester）期间在这里检阅军队。1小时的团队游从礼品店出发。作曲家爱德华·埃尔加是小镇当地人，当年他的几部作品就是在此公开首演。想要欣赏音乐，那么就来参加颂唱晚祷（evensong; 周一至周六 17:30, 周日 16:00）吧。

皇家伍斯特瓷器工厂 博物馆

（Royal Worcester Porcelain Works; ☎01905-

21247; www.museumofroyalworcester.org; Severn St; 成人/儿童含语音导览 £6.50/免费; ◎周一至周六 10:00~17:00, 周日 11:00~16:00)虽然英国还有其他著名陶瓷,但皇家伍斯特瓷器工厂仍然在与其对手的竞争中略胜一筹,拿到了向英国王室供应精致瓷器的合同。语音导览非常有趣,展现了皇家伍斯特瓷器工厂更为离奇的一面,包括曾试水烤瓷牙领域,以及专为霍乱暴发时期设计的"便携式洗礼盆"。商店里有许多令人眼花缭乱的精美瓷器,从修士形状的烛花剪到装饰顶针和药盒,不一而足。

Greyfriars 历史建筑

(NT, ☎01905-23571; www.nationaltrust.org.uk; Friar St; 成人/儿童 £5.45/2.70; ◎3月至10月 周二至周六 11:00~17:00, 11月至12月中旬 至16:00) Friar St曾经遍布历史建筑,直到打破旧习的20世纪60年代到来——有许多老建筑就是毁于此时,包括极其迷人的中世纪停殓门(Lich Gate)。不过,一些旧救济院保存下来,国民托管组织雪中送炭,在其援助下Greyfriars得以幸存,使今天的人们有机会逛逛1480年建造的木结构商人住宅。建筑内部有多间独具风情的木镶板房间,后面还有一个漂亮的围墙花园。

🛏 食宿

Diglis House Hotel 酒店 ££

(☎01905-353518; www.diglishousehotel.co.uk; Severn St; 标单/双/套含早餐 £90/115/145起; ℗☎)这家乔治国王时期风格的酒店紧邻一旁的船坞,位于风景秀丽的河滨地带,从大教堂步行不远就可到达。酒店布局不规则,共有28间舒适的客房,最好的房里有四柱床和奢华的卫生间以及河景。优雅的餐厅(主菜 £13~19)连着一个可以观赏河景的露台。房客可以免费使用附近的健身房。

Mac & Jac's 熟食、咖啡馆 £

(www.macandjacs.co.uk; 44 Friar St; 菜肴 £4.5~18; ◎周二至周六 9:00~17:00)这家店位于Friar St,楼下是迷人的熟食店,楼上则是休闲咖啡馆,提供咖啡和布里奶酪葡萄三明治,以及包括香脆猪五花配烤杏仁和芫荽等热菜。不要错过美食晚宴之夜。

★ Cardinal's Hat 酒馆

(☎01905-724006; www.the-cardinals-hat.co.uk; 31 Friar St; ◎周一 16:00~23:00, 周二至周六 正午起, 周日 正午至22:30; ☎)这是伍斯特最古老和最华丽的酒馆,历史可追溯到14世纪,现在仍保留着原有特色,包括实木镶板和柴炉等,而且据说还会闹鬼。英格兰精酿啤酒和苹果酒占据了所有的酒头;菜单主打当地食材烹制的英国经典菜肴(苏格兰蛋、馅饼、腌鱼、手工奶酪拼盘等)。楼上是6间乔治国王时期风格的精品客房(双 £82.50~125)。

★ Old Rectifying House 英国菜 ££

(☎01905-619622; www.theoldrec.co.uk; North Parade; 主菜 £9.50~18; ◎厨房 周二至周四 正午至15:00和18:00~21:00, 周五和周六 正午至16:00和18:00~21:30, 周日 正午至16:00, 酒吧 周二至周四和周日 正午至23:00, 周五和周六 至次日0:30; ☎☎)伍斯特最时尚的就餐地点,有烛光照明、彩砖内饰,露台餐桌带遮阳伞。令人食欲大开的菜单包括炖猪脸配脆火腿等。休闲酒吧里常有DJ打碟,供应精致的鸡尾酒,包括当地杜松子酒和桦树利口酒调制的"Hedgerow Shire"等。

儿童、素食者和纯素食者在此都能找到合适的食物:比如包括周日坚果烧在内的纯素菜肴,当然必须预订。

ℹ 实用信息

旅游局(☎01905-726311; www.visitworcestershire.org/worcester; Guildhall, High St; ◎周一至周五 9:30~17:00, 周六 10:00~16:00)位于市政厅内,这是栋历史可追溯至1721年的一级保护建筑。

ℹ 到达和离开

长途汽车

汽车站(Crowngate Centre, Friary Walk)位于Friary Walk的Crowngate Centre内。National Express有客运班车开往伦敦维多利亚站(£16.90, 4小时, 每天2班)。

火车

Worcester Foregate火车站是主要的铁路枢纽,但也有车次从Worcester Shrub Hill火车站始发。常规列车如下:

伯明翰 £8.50，1小时，每20分钟1班
大莫尔文（Great Malvern） £5.50，15分钟，每小时最多3班
赫里福德 £9.90，50分钟，每小时1班
莱德伯里（Ledbury） £7.10，25分钟，每小时1班
伦敦帕丁顿（London Paddington） £35，2.5小时，每小时最多3班

大莫尔文（Great Malvern）

☏01684/人口 29,626

顺着森林茂密的山脊一路下来，在伍斯特西南方大约7英里处，有一座风景如画的温泉小镇大莫尔文，这里也是前往莫尔文地区的门户所在，后者是片从周围草甸陡然升起的高耸火山群，绵延9英里。在维多利亚时代，具有一定药效的泉水曾被当作灵丹妙药，用来医治从痛风到眼睛发炎等各种疾病。你可以亲身体验这种说法的真实性，从镇上散落分布的公用地下井里直接取一点莫尔文泉水品尝一下。

⊙ 景点

★摩根汽车公司 　　　　　　　工厂、博物馆
（Morgan Motor Company; ☏01684-573104; www.morgan-motor.co.uk; Pickersleigh Rd; 博物馆 免费，团队游 成人/儿童 £22.50/11.25; ⊗博物馆 周一至周四 8:30~17:00，周五 至14:00，团队游需预约）摩根从1909年起便开始手工制造高雅的跑车。如果你是参加2小时的团队游，可以进入那些朴素得像棚子一样的厂房参观，观看机师们现场工作（团队游需预订），也可以参观博物馆旁边陈设的系列的老式经典车型。如果买一辆如此精美的车仍是遥不可及的梦想，那么不妨租上一辆在莫尔文丘陵兜兜风（每天/周末/周 £220/595/1050起，含保险）。

大莫尔文修道院 　　　　　　　修道院
（Great Malvern Priory; ☏01684-561020; www.greatmalvernpriory.org.uk; Church St; ⊗9:00~17:00）**免费** 这座始建于11世纪的大莫尔文修道院精彩连连，从原建的诺曼式巨柱，到颇具超现实意味的现代主义风格彩绘玻璃，无不显易了其非凡的特色。唱诗班席位用一排15世纪的瓷屏风围了起来，修道士席位则装饰有14世纪的凸板，板上绘有各种不甚庄重的图案，从"三鼠吊猫"到神话中的蛇怪巴西利斯克（basilisk）。查尔斯·达尔文的女儿安妮（Annie）就葬在这间教堂。

🛏 食宿

Abbey Hotel 　　　　　　　酒店 £££
（☏01684-892332; www.sarova.abbeyhotel.com; Abbey Rd; 双/家 £160/180起；P🐕📶）缠绕的藤蔓植物让这里看上去就像格林兄弟（Brother's Grimm）童话故事里的城堡一样，这座庄严的酒店共有103间高雅的客房，位于当地历史博物馆和修道院旁的黄金地段。

Mac & Jac's 　　　　　　　咖啡馆 £
（www.macandjacs.co.uk; 23 Abbey Rd; 菜肴 £4.50~18; ⊗周二至周六 9:00~18:00，周日 10:00~15:30）这家简约明亮的咖啡馆位于修道院附近，有着时尚的白色门脸，供应创意新鲜沙拉、面包干、共享盘、意大利调味饭拼盘和当日可口的果馅饼。

St Ann's Well Cafe 　　　　　　　咖啡馆、素食 £
（☏01684-560285; www.stannswell.co.uk; St Ann's Rd; 菜肴 £2~4.50; ⊗复活节至9月 周二

当 地 知 识

莫尔文丘陵徒步游

莫尔文丘陵突兀地矗立在伍斯特郡与赫里福德郡交界处的塞文平原上，最高峰是Worcester Beacon（419米），沿着大莫尔文陡峭的山坡上行3英里方可登顶。总长超过100英里的小径纵横分布在各大山峰间，峰顶多为没有树木的草场。这一带的场景或许是许多交响乐章的灵感来源。

大莫尔文旅游局有种类丰富的手册，提供热门徒步路线的相关信息，其中一份地图绘有小镇和周边山区分布的矿泉、水井和喷泉。由远足爱好者运营的网站www.malverntrail.co.uk也是获取实用步行信息的宝库。

购买每天£4的停车票可以在丘陵地区的所有停车场使用。

至周五 11:30~15:30, 周六和周日 10:00~16:00; ⏰) 顺着St Ann's Rd费力上行便能看到这家古色古香的咖啡馆 (出发前最好问清其营业时间), 小店坐落在一栋19世纪初期的别墅内, 清冽的山泉会汩汩地流入门旁精心雕饰的水盆中。全素食 (包括纯素选择), 从汤到馅饼、夹心法棍、蛋糕、糕点和布丁等, 应有尽有。

Fig Tree
地中海菜 ££

(📞 01684-569909; www.thefigtreemalvern.co.uk; 99b Church St; 主菜午餐 £8.50~13, 晚餐 £14~19; ⏰周二至周六 正午至14:00和17:30~21:30) 餐厅藏在Church St附近的一条小巷中, 由19世纪的马厩改造而成, 提供地中海式菜品, 包括午餐 (如橄榄油佛卡夏扁面包、意面和沙拉) 和晚餐 (西班牙辣香肠塞鱿鱼、烤羊肉串配酸奶黄瓜和藏红花米饭)。无论白天或是夜晚, 都不要错过店里的招牌菜——杏仁柠檬玉米饼配无花果冰激凌。

ℹ️ 实用信息

旅游局 (📞01684-892289; www.visitthemalverns.org; 21 Church St; ⏰4月至10月 10:00~17:00, 11月至次年3月 周一至周六 10:00~17:00, 周日 至16:00) 是了解步行和骑车信息的好地方。

ℹ️ 到达和离开

公共汽车班次有限, 乘坐火车是最好的选择。火车站在镇中心的东边, 紧邻Avenue Rd。

线路如下:

赫里福德 £8.20, 30分钟, 每小时1班
莱德伯里 £5.20, 10分钟, 每小时1班
伍斯特 £5.50, 15分钟, 每小时最多3班

赫里福德郡
(HEREFORDSHIRE)

紧邻威尔士边界的赫里福德郡分布着开阔田野、起伏山丘和座座黑白色的可爱小村庄, 很多村子历史可以追溯至都铎王朝或更早的年代。

🏃 活动

除了沿英格兰—威尔士边界建于8世纪的奥法大堤 (Offa's Dyke) 绵延177英里著名的奥法大堤步道 (Offa's Dyke Path) 之外, 徒步者也可以取道赫里福德郡小径 (Herefordshire Trail; www.herefordshiretrail.com), 这条线路全长150英里, 沿途经过莱姆斯特 (Leominster)、莱德伯里、瓦伊河畔罗斯 (Ross-on-Wye) 和金顿 (Kington)。

相比之下, 136英里的瓦伊河谷徒步路线 (Wye Valley Walk; www.wyevalleywalk.org) 略微省力, 从威尔士的切普斯托 (Chepstow) 延伸穿越赫里福德郡后折回威尔士的普林利蒙 (Plynlimon)。

全长100英里的三大唱诗班步道 (Three Choirs Way), 连接赫里福德主教座堂、伍斯特大教堂和格洛斯特大教堂。

自行车骑手可以从赫里福德出发, 沿六城堡自行车道 (Six Castles Cycleway; NCN Route 44) 到达莱姆斯特和什鲁斯伯里, 或者沿NCN Route 68抵达大莫尔文和伍斯特。

ℹ️ 当地交通

火车班次频繁, 目的地包括赫里福德和莱德伯里, 长途汽车线路则开往郡内其他城镇。欲了解长途汽车时刻表, 可查询Traveline (见440页)。

赫里福德 (Hereford)

📞01432/人口 58,896

赫里福德位于边界地区 (Marches) 中心, 被苹果园和起伏牧场环绕着, 横跨瓦伊河 (River Wye)。这座生机勃勃的城市最吸引游客的重要景点是宏伟的大教堂。

👁️ 景点

★ **赫里福德主教座堂** 主教座堂

(Hereford Cathedral; 📞01432-374200; www.herefordcathedral.org; 5 College Cloisters, Cathedral Close; 大教堂 乐捐入场, 世界地图 £6; ⏰大教堂 周一至周六 9:15~17:30, 周日 至15:30, 世界地图 3月中旬至10月 周一至周六 10:00~17:00, 11月至次年3月中旬 周一至周六 至16:00) 原先的撒克逊教堂被威尔士强盗付之一炬之后, 统治赫里福德的诺曼人在原址上建起一座更大、更宏伟的教堂。这座教堂随后经历过一系列中世纪建筑风格的改建。

教堂的标志亮点无疑是恢宏的世界地图

（Mappa Mundi），精心绘制在一整张牛皮纸上，是1290年左右对整个地球格局进行的极为奇异的设想。同一间侧厅里还有世界现存最大的**锁链图书馆**，书架上的铁链牢牢拴着珍稀的手稿。

赫里福德苹果酒博物馆　　　　博物馆

（Cider Museum Hereford; ☎01432-354207; www.cidermuseum.co.uk; Pomona Pl; 成人/儿童 £5.50/3; ☉周一至周六 10:30~16:30）这里是Bulmer苹果酒厂的原址，通过碾磨器、榨汁机、玻璃器皿、水彩画、照片和电影等展示介绍了苹果酒的酿造工艺。这里还有以前农民用来盛装薪水的小桶（costrel），当时的薪水部分用苹果酒支付。在博物馆网站上可以下载绘有赫里福德果园步行线路的电子导览册。博物馆位于市中心以西0.5英里处，沿着Eign St走，然后向南转弯沿Ryelands St前行即可到达。

🛏 住宿

Charades　　　　民宿 £

（☎01432-269444; www.charadeshereford.co.uk; 32 Southbank Rd; 标单/双 £55/61起; P@🛜）前往汽车站很方便，这栋壮观的1877年维多利亚时代房屋有6个迷人的房间，室内有高高的天花板和明亮的大窗户，有些房间还能看到抚慰人心的乡村景色。房屋本身极具特色——在大厅里找找古老的服务铃和丰富的"泰坦尼克"号纪念品。传统或素食早餐非常不错。

★ Castle House　　　　精品酒店 £££

（☎01432-356321; www.castlehse.co.uk; Castle St; 标单/双/套 £140/155/190起; P🛜）气派的乔治国王时期连栋房屋曾经是赫里福德主教的居所，如今改造成为宁静的酒店。酒店16间客房套间装饰精美，两间高级餐厅的食材均出自附近自有农场，阳光花园一直延伸至赫里福德从前的护城河边。另外8个新房间（部分设有无障碍通道）距此不远，位于步行可达的25 Castle St。

🍴 餐饮

★ A Rule of Tum　　　　汉堡 £

（☎01432-351764; www.aruleoftum.com;

当 地 知 识

赫里福德郡苹果酒

赫里福德郡苹果酒路线（Hereford-shire Cider Route; www.ciderroute.co.uk）沿途经过众多当地苹果酒厂，你可以找一家先尝后买，然后再晕乎乎地向下一家酒厂进发。注意道路安全，旅游局有地图和指南小册子，有助于你乘长途汽车或骑车探索这一地区。

如果你的时间只够参观一家赫里福德苹果酒厂，那么就去**Westons Cider Mills**（☎01531-660108; www.westons-cider.co.uk; The Bounds, Much Marcle; 团队游 成人/儿童 £10/4; ☉周一至周五 9:00~17:00, 周六和周日 10:00起），这里生产的招牌苹果酒甚至供应伦敦的议会大厦。信息全面的团队游（1.5小时）11:00、12:30、14:00和15:30出发，成年游客可以免费品尝苹果酒和梨酒。另外还有一座引人入胜的酒瓶博物馆。酒厂位于小村Much Marcle以西不到1英里处。

---

32 Aubrey St; 汉堡 £7.50~11.50; ☉周一至周六 正午至22:00, 周日 至20:00; 🛜👶）裸露的墙砖、细长的木椅和庭院花园，构成了享用奶油面包汉堡的绝佳环境，特色汉堡包括Hereford Hop（牛小腿肉、Hereford Hop奶酪、腌黄瓜和芥末蛋黄酱）。素食汉堡在一个单独的烤架上制作；还有用藜麦粉制作的无麸汉堡。除了当地苹果酒，店里还供应口味不错的鸡尾酒，比如以伏特加为基酒的Marmalade Mule。

Hereford Deli　　　　熟食 £

（www.thehereforddeli.com; 4 The Mews, St Owen St; 三明治 £2~3; ☉周一至周五 8:00~18:00, 周六 9:00~16:00）这家美食店摆放着几张餐桌，美味的三明治非常超值。菜式组合包括搭配芒果酸辣酱的咖喱柴鸡、苏格兰烟熏三文鱼搭配柠檬莳萝奶油，或者当地烤牛肉搭配Cropwell Bishop Stilton奶酪和玫瑰果冻。这家店藏身于大型公共停车场附近的一条狭窄小巷内。

★ Beer in Hand　　　　酒馆

（www.beerinhand.co.uk; 136 Eign St; ☉周

黑白村庄

赫里福德郡西北部有一块三角形地带，至今仍保持着都铎王朝时期的特色，村庄绿地周边错落分布着众多黑白相间的村舍建筑，好似与现代世界无关的世外桃源。蜿蜒的黑白村庄小径（Black and White Village Trail; www.blackandwhitetrail.org）路旁有许多漂亮的木结构建筑，你可以沿小径环线驱车40英里欣赏沿途美景。环状小径起点在莱姆斯特，途经Eardisland和金顿，后者是以拉德洛为起点的莫蒂默步道（Mortimer Trail）的南端，该步道全长30英里、路标齐全。

在旅游局索取自驾、乘长途汽车或骑车探索黑白村庄地区的指南。

—17:00~22:30，周二至周四 至23:00，周五和周六 正午至23:00，周日 15:00~21:00）这家独立酒馆的苹果酒非常不错，大部分都产自当地。店里还是自有品牌Bdyssey啤酒的啤酒屋（例如Black Out，一种黑麦芽、浓郁口感的美式黑啤，配料加入了新鲜柑橘，在附近的National Trust Brockhampton Estate内酿造完成）。店内有棋牌游戏，但没有电视。

❶ 实用信息

旅游局（☎01432-370514; www.ruralconcierge.co.uk; Hereford Butter Market; ⊙周一至周六 10:00~16:00）由当地有口皆碑的旅游公司Rural Concierge运营的信息中心。

❶ 到达和离开

长途汽车

长途汽车站在市中心东北500米的Commercial Rd上。Stagecoach经营的班车开往格洛斯特（£4.20, 1.5小时，周一至周六 每小时1班）。

本地公共汽车线路的目的地包括瓦伊河畔罗斯（33路；£3.70, 50分钟，周一至周六 每小时1班），发车地点为市中心的St Owen St。

火车

火车站位于城市中心东北950米处。
火车目的地如下：

伯明翰 £23.60, 1.5小时，每小时1班
莱德伯里 £6.50, 15分钟，每小时1班
伦敦帕丁顿 £57.70, 3小时，每小时最多2班——包括直达或在纽波特、南威尔士换乘
拉德洛 £10.40, 25分钟，每小时最多2班
伍斯特 £13, 45分钟，每小时1班

莱德伯里（Ledbury）

☎01531/人口 9290

莱德伯里历史气息浓厚，街边古董商店林立，黑白色调的曲折街道最终通往一座中世纪时期漂亮的高脚市集屋（Market House）。这栋木结构建筑架在若干根木柱上，显得不太稳固。据传，这些柱子当年都是从西班牙无敌舰队（Spanish Armada）的沉船上取下来的。

教堂巷（Church Lane）相当漂亮，沿着这条鹅卵石铺就的小径就可以从High St到达小镇的教堂，路边挤满了倾斜的木结构建筑。

🍴 食宿

Feathers Hotel 酒店 ££

（☎01531-635266; www.feathers-ledbury.co.uk; 25 High St; 双 含早餐 £89起; ℙ🐕⚡）莱德伯里的地标建筑，这座黑白色的都铎王朝时期酒店始建于1564年，屹立于城中主街上。在22间客房中，位于比较古老建筑里的房间有微微倾斜的地板、彩绘的柱梁，比后建的现代建筑内的房间更具个性。店里有一家氛围独特的木镶板餐厅Quills（主菜£13.50~28），还有一个室内泳池。

Verzon House Hotel 酒店 £££

（☎01531-670381; www.verzonhouse.com; Hereford Rd, Trumpet; 标单/双/套 £80/110/180起; ℙ🐕）✒这是间迷人的乔治王朝时期风格休闲农舍，位于莱德伯里西北3.8英里处的A438公路旁边。这处别致的乡村度假胜地有8间豪华客房，都配有独立浴缸、鹅绒枕和长绒地毯。酒店餐厅的新派英国菜单选用本地农产品为食材（主菜£14~30）。

Malthouse Cafe & Gallery 咖啡馆 £

（☎01531-634443; Church Lane; 主菜午

餐£4.50~8，晚餐£12~16；⏲周二至周四 9:00~17:00，周五和周六 9:00~17:00和18:00~23:00，周日和周一 10:00~16:00；🍴）这座常春藤缠绕的建筑远离街道，位于一座鹅卵石庭院内，是享用早餐（例如荷包蛋配百里香、韭菜和防风草蛋糕）或午餐（黑布丁香肠卷、山羊奶酪和迷迭香千层酥）的宜人去处。周五和周六晚上的主菜可能还包括芥末五花肉或慢烤赫里福德郡牛肋排。

🛍 购物

★ Malvern Hills Vintage　　　古董

（☎01531-633608；www.malvernhillsvintage.com；Lower Mitchell Barns, Eastnor；⏲商店和咖啡馆 周三至周六 10:00~16:00，周日 11:00起）位于莱德伯里东北1.5英里处的一处大型木材仓库里，店内堆满了富有历史气息的物件、古董和工业珍品——从维多利亚灯具和黄铜收银机，到桃木梳妆台、橡木框镜子、真皮切斯特菲尔德沙发，甚至还有各种经典车，例如1956年的保时捷365 Speedster。夹层楼内的茶室供应烤饼、蛋糕和切片面包。

ℹ 到达和离开

长途汽车班次有限，但火车定时前往下列目的地：

大莫尔文 £5.20，10分钟，每小时1班
赫里福德 £6.50，15分钟，每小时1班
伍斯特 £7.10，25分钟，每小时1班

瓦伊河畔罗斯（Ross-on-Wye）

☎01989/人口 10,582

位于瓦伊河湾上方的红色砂岩峭壁上，瓦伊河畔罗斯地势呈丘陵起伏，在18世纪因亚历山大·蒲柏（Alexander Pope）和塞缪尔·泰勒·柯尔律治（Samuel Taylor Coleridge）声名鹊起。他们两人都向约翰·克尔（John Kyrle）敬献过文学作品，克尔将他的生命和财富全部奉献给了这个贫穷教区，被称为"罗斯慈善家"。

👁 景点

市集屋　　　画廊

（Market House；☎01989-769398；www.madeinross.co.uk；Market Pl；⏲4月至10月 周一至周六 10:00~17:00，周日 10:30~16:00，11月至次年3月 周一至周六 10:30~16:00）🎫免费 17世纪的市集屋坐落在Market Pl饱经风霜的砂岩柱顶部。橙红色的建筑内部现在是"诞生于罗斯"（Made in Ross）艺术家合作社所在地，这个组织的会员都生活和工作在方圆20英里以内，在这里展示和出售创作的艺术品和手工艺品。房屋前面的广场上会定期举办市集。

🛏 食宿

King's Head　　　旅馆 ££

（☎01989-763174；www.kingshead.co.uk；8 High St；双/家 £77/95起；🅿🛜🐾）这座半木结构旅馆的历史可以追溯到14世纪，到处都充满魅力。15间棕色和灰白色调的房间部分配有四柱床，旅馆的木制酒吧供应当地艾尔啤酒和苹果酒，此外还有一间烛光摇曳、书籍丰富的阅览室，以及一间温室餐厅。有限的停车位可供客人使用。

Pots & Pieces　　　咖啡馆 £

（www.potsandpieces.com；40 High St；菜肴 £3~7.50；⏲全年 周一至周五 9:00~16:45，周六 10:00~16:45，以及6月至9月 周日11:00~15:45）在这间市场旁的茶室看看各种瓷器和手工艺品，选择柠香、咖啡、核桃和胡萝卜等风味的蛋糕。美味的选择包括乳蛋饼、三明治和当日例汤。

Truffles Delicatessen　　　熟食 £

（www.trufflesdeli.co.uk；46 High St；菜肴 £2.50~5.50；⏲周一至周六 8:00~17:00，周日 11:00起）店内摆满了当地的手作特产（奶酪、面包、酸辣酱等），还提供一流的三明治、汤和沙拉，可以打包带走，前往河边野餐。

ℹ 到达和离开

汽车站在Cantilupe Rd上。33路车开往赫里福德（£3.70，50分钟，周一至周六 每小时1班）。32路车开往格洛斯特（£4.20，1小时，周一至周六 每小时1班，周日 每2小时1班）。

什罗普郡（SHROPSHIRE）

静谧的什罗普郡坐落在威尔士的边界地

带，因四散分布的山丘、城堡和木屋村落而享有盛名。亮点包括城堡高耸的拉德洛、工业重镇铁桥（Ironbridge）和美丽的什罗普郡丘陵，那里是边界地区最好的徒步和骑车去处。

✱ 活动

对于徒步爱好者而言，高低起伏的什罗普郡丘陵就像迷人的海妖一样召唤着他们。什鲁斯伯里和拉德洛之间的地区地势起伏剧烈，无与伦比的步道盘绕在彻奇斯特雷顿（Church Stretton）附近的**文洛克岭**（Wenlock Edge）和**长景山**（Long Mynd）的侧翼。什罗普郡也有长途步道穿郡而过，包括著名的**奥法大堤步道**（Offa's Dyke Path）和深受喜爱的**什罗普郡步道**（Shropshire Way），后者在拉德洛和彻奇斯特雷顿周边蜿蜒而过。

山地自行车手们前往泥泞的小道，骑车攀登彻奇斯特雷顿附近的**长景山**（Long Mynd），而公路自行车手们的目标则是**六城堡自行车道**（Six Castles Cycleway；NCN 44），该车道从什鲁斯伯里通向莱姆斯特，全长58英里。

旅游局办事处对外销售《边界地区骑行的乐趣》（*Cycling for Pleasure in the Marches*）一书，里面有5张涵盖整个什罗普郡的地图以及旅游指南。

❶ 到达和离开

什鲁斯伯里是当地的交通枢纽，有便捷的公路和铁路交通服务。彻奇斯特雷顿和拉德洛也有非常方便的铁路线路。

从5月到9月，**什罗普郡丘陵摆渡车**（Shropshire Hills Shuttles；www.shropshirehillsaonb.co.uk；Day Rover通票 成人/儿童 £10/4；⊙5月至9月 周六、周日和公众假期 每小时1班）在周末和公众假期运营，公交车沿着热门的远足路线开行，每小时1班。

什鲁斯伯里（Shrewsbury）

☎01743/人口 71,715

蜿蜒的中世纪街道纵横交错，都铎王朝时期的木屋角度倾斜，甚是危险，城镇景色令人心旷神怡。什鲁斯伯里同样也是中世纪时期英格兰与威尔士冲突的前沿阵地。即便到了今天，向东通向伦敦的公路桥仍被人称为英格兰大桥（English Bridge），以区别于向西北方通向霍里黑德（Holyhead）的威尔士大桥（Welsh Bridge）。什鲁斯伯里还是查尔斯·达尔文（1809~1882年）的出生地。

关于镇名的发音一直是人们津津乐道的话题。2015年什鲁斯伯里大学中心举办的慈善辩论会上，"shroos-bree"（音韵与"grew"同）战胜了对手"shrows-bree"（音韵与"grow"同），《什罗普郡星报》（*Shropshire Star*）的民意调查也得出了相同的结论。不过你在镇上和英国媒体上都还会听到这两种发音。

◉ 景点

什鲁斯伯里城堡　　　　　　　　　城堡、博物馆

（Shrewsbury Castle；☎01743-358516；www.shropshireregimentalmuseum.co.uk；Castle St；成人/儿童 £4/1；⊙6月至9月中旬 周一至周三、周五和周六 10:30~17:00，周日 至16:00，2月中旬至5月和9月中旬至12月中旬 周一至周三、周五和周六 至16:00）小镇城堡的建材取自什罗普郡的红色砂岩，城堡内还有一间**什罗普郡军团博物馆**（Shropshire Regimental Museum），而从**劳拉塔**（Laura's Tower）和城墙上放眼望去，可以欣赏到优美的景色。楼下**大厅**（Great Hall）的历史可以追溯至1150年。

什鲁斯伯里修道院　　　　　　　　　　　教堂

（Shrewsbury Abbey；☎01743-232723；www.shrewsburyabbey.com；Abbey Foregate；乐捐入场；⊙4月至10月 10:00~16:00，11月至次年3月 10:30~15:00）始建于1083年的本笃会修道院原本十分宏伟，平面呈十字形，但如今仅剩下一座美丽的红砂岩建筑——现在的什鲁斯伯里修道院。教堂曾两次作为英格兰议会的会议场所，但在1540年修道院解散时失去了其尖顶和两栋翼楼。而在1826年，当工程师托马斯·特尔福德（Thomas Telford）修建伦敦—霍里黑德公路之时，工程恰好穿过修道院庭院，使教堂又一次遭到了破坏。尽管如此，你依然可以看到一些诺曼式、早期英格兰式和维多利亚风格的特征，包括一扇14世纪无与伦比的西窗。

Shrewsbury 什鲁斯伯里

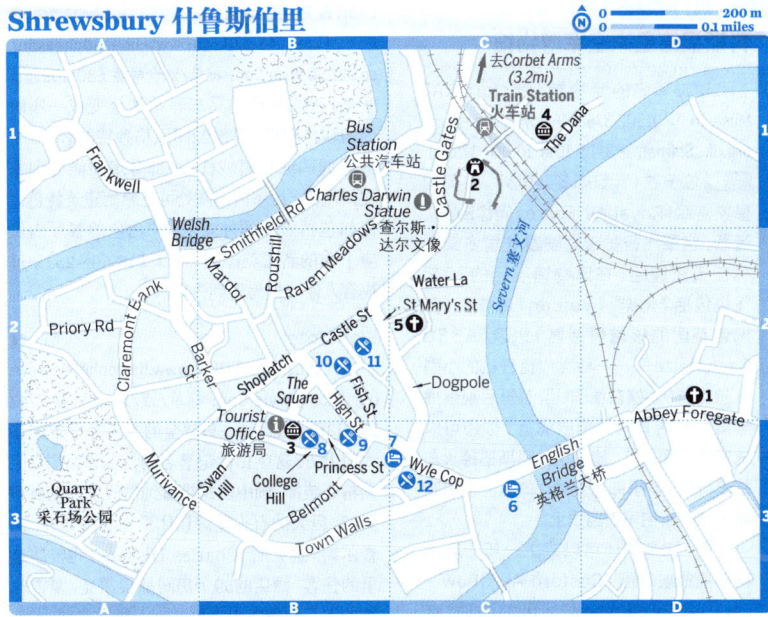

Shrewsbury 什鲁斯伯里

◎ 景点
1 什鲁斯伯里修道院................................D2
2 什鲁斯伯里城堡....................................C1
3 什鲁斯伯里博物馆和美术馆................B3
4 什鲁斯伯里监狱....................................C1
5 圣玛丽教堂..C2

◎ 住宿
6 Lion & Pheasant C3

7 Lion Hotel C3

◎ 餐饮
8 Ginger & Co B3
9 Golden Cross B3
10 Harvey's of Fish St.............................B2
11 Number Four Butcher Row B2
12 Henry Tudor House............................C3

圣玛丽教堂
教堂

(St Mary's Church; www.visitchurches.org.uk; St Mary's St; 乐捐入场; ◎周一至周六10:00~16:00) 这座中世纪的教堂有着高耸的尖塔,其内部装饰异常精美,拥有令人印象深刻的彩绘玻璃窗,其中一扇1340年的窗户,上面描绘了耶西之树(Tree of Jesse; 圣经中对耶稣宗源关系的描述)。中殿有着恢宏的橡树屋顶,但1894年的那场狂风除了将尖塔的顶部掀翻吹走外,也导致这里的大部分屋顶被破坏。教堂大多数的玻璃均来自欧洲,包括1500年后使用的一些不同凡响的荷兰玻璃。

什鲁斯伯里监狱
历史建筑

(Shrewsbury Prison; ☎01743-343100; www.shrewsburyprison.com; The Dana; 监狱 成人/儿童 £15/9.50, 幽灵之旅 团队游 £20; ◎监狱团队游 10:00~17:00, 幽灵之旅团队游 19:00和21:00) 这座始建于1793年的监狱,一直到2013年才结束其使命。如今的团队游由从前的监狱看守带领:在到达后,你将成为一名"囚犯"被带入普通犯监区,然后进入一间牢房,随即身后的门会被锁上。或者,你也可以选择自助导览游。夜幕降临后,令人毛骨悚然的幽灵之旅团队游(不建议儿童参加)还将参观曾经绞死11名囚犯的死刑室。

值得一游

科斯福德皇家空军博物馆

这座著名的**博物馆**(Cosford RAF Museum; ☎01902-376200; www.rafmuseum.org.uk; Shifnal; ◐3月至10月 10:00~17:00) **免费**位于铁桥以东13英里处,由英国皇家空军(Royal Air Force,简称RAF)运营,空军飞行员曾驾驶着这里多架飞机在天空翱翔。在博物馆展示的70架飞机包括"火神"(Vulcan)轰炸机(曾携带英国的核威慑武器)以及FA330 Bachstelze——一种类似直升机的小型矶鹞旋翼机,拖在德国U型潜艇后观察提醒潜艇是否有对方船舰逼近。你还可以试驾黑鹰模拟机。博物馆从科斯福德火车站步行0.5英里即可到达,车站位于伯明翰—什鲁斯伯里铁路线上。

6月初来访还可以赶上一年一度的科斯福德航空展(Cosford Air Show; www.cosfordairshow.co.uk),届时,红箭(Red Arrows)特技飞行表演队将会拉着彩色烟雾飞过天空。

什鲁斯伯里博物馆和美术馆　博物馆

(Shrewsbury Museum & Art Gallery; ☎01743-258885; www.shrewsburymuseum.org.uk; The Square; 成人/儿童 £4.50/2; ◐周一至周六 10:00~17:00,周日 11:00~16:00)什鲁斯伯里小镇博物馆内的展品包罗万象,包括古罗马时期的珍宝、什罗普郡的黄金和青铜器时代的佩里手镯(Perry Bracelet)等藏品。馆内的史前展厅和古罗马展厅免费参观。

住宿

Corbet Arms　酒馆 ££

(☎01743-709232; www.thecorbetarms.com; Church Rd, Uffington; 双/家 含早餐 £90/105起; ❘P❘❘❘)位于什鲁斯伯里东部4英里处塞文河岸边的小村乌飞顿(Uffington),这个宁静、家庭友好型的小酒馆有9间时尚的独立卫浴房间,由楼梯相通。可以选择顶楼的10号客房,有裸露在外的房梁、宽敞的会客区,还可以看到周围乡村的全景风光。店里还提供优质的酒馆食品和很棒的星期日烧烤。

Lion & Pheasant　精品酒店 ££

(☎01743-770345; www.lionandpheasant.co.uk; 50 Wyle Cop; 标单/双含早餐 £80/109起; ❘P❘❘❘)这家从前的马车驿站如今变成一座时尚的联排别墅,提供22间风格独特的客房,有舒适的鹅绒和鸭绒枕头,部分房间能看到塞文河风光。房屋内部随处可见原始建筑特色,比如包括宏伟的外露木梁。白色的餐厅内供应上乘的新派英国菜(主菜£18.50~25)。过夜客人停车位为先到先得。

Lion Hotel　酒店 ££

(☎01743-353107; www.thelionhotelshrewsbury.com; Wyle Cop; 标单/双/套 含早餐 £74/109/135起; ❘P❘❘❘)一只镀金的木头狮子雄踞在大门上方,这座16世纪著名的马车驿站用肖像画精心装饰,画中多是带着纯白假发的勋爵和贵妇。巨大的石头壁炉让休息室温暖如春,连查尔斯·狄更斯(Charles Dickens)也曾是这里的住客。酒店的59个房间都很漂亮,复古花纹的织品和陶瓷水壶更是锦上添花。

餐饮

Ginger & Co　咖啡馆 £

(www.facebook.com/gingerandcocoffee; 30-31 Princess St; 菜肴 £4.75~12; ◐周一至周六 8:30~17:00,周日 10:00~16:00; ❘❘)一场成功的众筹活动为这个通风良好的L形咖啡馆带来了极高人气,店内摆放着各种回收再利用的家具。这里是享用简单早午餐或午餐(手工鳄梨吐司配橡木熏五花培根)、小吃(柠檬和伯爵茶司康饼配自制覆盆子果酱)的好地方,有不错的咖啡和维生素满满的冰沙。还有多种无麸、不含乳和纯素食选择。

Golden Cross　新派英国菜 ££

(☎01743-362507; www.goldencrosshotel.co.uk; 14 Princess St; 主菜 £13.50~24.50; ◐周二至周六 正午至14:30和17:30~21:30,周日 正午至14:30)这个浪漫的烛光旅店可追溯至1428年,供应高端酒馆菜单(波特酒和小柑橘淋烤火腿、炖牛脸等),还有5间精品客房(双 £75~150),配备豪华的设施,如独立式浴缸和躺椅。

Number Four Butcher Row　咖啡馆 ££

(☎01743-366691; www.number-four.com;

4 Butcher Row；主菜早餐£3.25~11，午餐£7~12，2/3道菜晚餐套餐£16/20；◎周一 9:00~16:00，周二至周四至21:00，周五和周六至21:30；）这家有口皆碑的复式板楼咖啡馆，隐藏在St Alkmund的教堂附近。丰盛的早餐品种从本尼迪克莱，到培根法棍或配有鲜榨果汁的全套英式早餐。午间简餐包括汉堡和美味沙拉（例如黑布丁配芥末醋汁）；晚餐则显得高大上（慢烤五花肉和苹果土豆泥）。

Harvey's of Fish St 小酒馆 ££

（☏01743-344789；www.harveysfishstreet.com；11 Fish St；主菜£13~28，5道菜品尝套餐£38；◎周二至周四 11:00~22:30，周五和周六至23:00，周日 正午至16:00）这家典雅的小酒馆位于迷人的Fish St上，菜肴中加入了各种野生香草和鲜花，例如野蒜鸽胸烩饭或薄荷黑莓酱淋享麻烤羊肩等。摆放着沙发的休闲酒吧是享用鸡尾酒的舒适地点。

Henry Tudor House 酒馆

（www.henrytudorhouse.com；Barracks Passage；◎周一至周四 正午至23:00，周五和周六 11:00至次日1:00，周日 正午至22:00）藏身于Wyle Cop，这栋凸出建筑早在15世纪就确立了黑白鲜明对比的美，这里也是亨利七世在博斯沃思战役之前的居所。今天它融入了镀锌酒吧、明亮的温室和罩在鸟笼里的枝形吊灯等古今元素。酒馆定期会举办现场演出。这里的食物（黄瓜泥鲭鱼、什罗普郡酥皮牛柳）也非常出色。

❶ 实用信息

旅游局（☏01743-258888；www.originalshrewsbury.co.uk；The Square；◎周二至周六 10:00~16:30，周日 11:00~16:00）位于什鲁斯伯里博物馆和美术馆内。

❶ 到达和离开

长途汽车

汽车站（Smithfield Rd）位于河岸边。

直达线路如下：

彻奇斯特雷顿 435路；£3.70，1小时，周一至周五每小时1班，周六每2小时1班

铁桥峡 96路；£4.50，35分钟，每2小时1班

拉德洛 435路；£4.10，1.25小时，周一至周六每小时1班

火车

火车站位于城市中心东北边，Castle Foregate街尾。

火车线路目的地如下：

伯明翰 £15.30，1小时，每小时2班

霍里黑德 £48.50，3小时，每小时1班

伦敦尤斯顿 £74.30，2.75小时，每20分钟1班；在克鲁（Crewe）或伍尔弗汉普顿（Wolverhampton）换乘

拉德洛 £13.50，30分钟，每小时最多2班

铁桥峡（Ironbridge Gorge）

☏01952/人口 2582

在这片绿意盎然河谷中的林地、山丘和村庄里漫步或骑车时，很难想象，眼前这片宁静的土地就是工业革命的发源地。尽管如此，1709年亚伯拉罕·达比（Abraham Darby）就是在这里用焦炭完善了熔炼铁矿石的技艺，第一次使大规模冶炼生铁成为可能。

亚伯拉罕·达比的儿子亚伯拉罕·达比二世（Abraham Darby II）发明了一种生产铁梁的新型锻造工艺，这也使得亚伯拉罕·达比三世可以在1779年因建造历史上第一座铁桥而震惊世界。如今，该铁桥仍然是这一处世界遗产地的核心景观。城里10家风格迥异的博物馆都介绍了工业革命的历史，这些博物馆所在的建筑也都经历了当年的浪潮。

◉ 景点

★ 铁桥 桥梁

（Iron Bridge；www.ironbridge.org.uk；◎桥梁 24小时，收费亭 3月中旬至9月 10:00~16:00，10月至次年3月中旬 关闭）**免费** 达比家族极具先锋创造性，拱形铁桥就是基于这个家族发

> ### ❶ 铁桥峡通票
>
> 铁桥峡博物馆信托组织（Ironbridge Gorge Museum Trust；www.ironbridge.org.uk）管理着铁桥峡的10座博物馆。在任一博物馆或旅游局购买通票（成人/儿童£26.50/16.50）可以节省大笔门票开支。该通票有效期12个月，可以不限次数地参观铁桥峡所有景点。

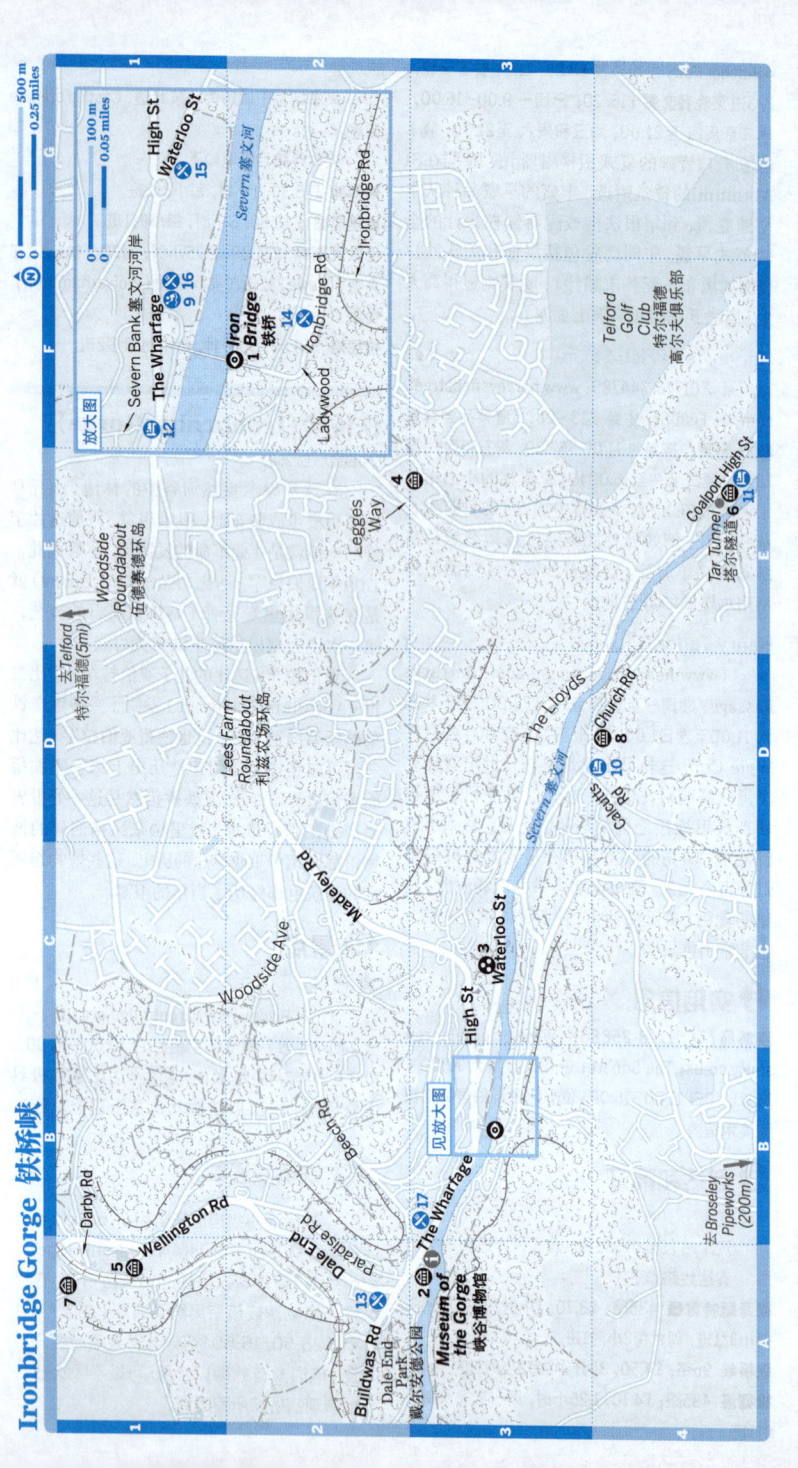

Ironbridge Gorge 铁桥峡

Ironbridge Gorge 铁桥峡

◎ **重要景点**
1 铁桥..F2
2 峡谷博物馆.....................................A3

◎ **景点**
3 Bedlam Furnaces C3
4 布里茨山维多利亚小镇................E3
5 煤溪谷铁器博物馆........................A1
6 科尔波特瓷器博物馆....................E4
7 达比庄园..A1
　引擎动力馆...............................(见5)
8 杰克菲尔德瓷砖博物馆................D4

◎ **活动**
9 Ironbridge Canoe & Kayak Hire F1

　Shropshire Raft Tours ....(见2)

◎ **住宿**
10 Calcutts House............................D4
11 Coalport YHA..............................E4
12 Library House..............................F1

◎ **餐饮**
13 Dale End Café.............................A2
14 D'arcys at the Station F2
15 Pondicherry G1
16 Restaurant Severn F1
17 Malthouse B3

明的新技术建造的,而该地区也因此得名。当1779年建造铁桥时,没人相信这个自重384吨的庞然大物能用生铁建成且不会因其自身的重量而垮塌。在原先的收费亭(tollhouse)里还有一个关于铁桥历史的小型展览。桥梁修复工程于2018年完工后,铁桥也有了夜间照明。

★ 峡谷博物馆　　　　　　　博物馆

(Museum of the Gorge; www.ironbridge.org.uk; The Wharfage; 成人/儿童 £4.50/3.15; ◎3月中旬至9月 10:00~16:00,10月至次年3月中旬 闭馆)从峡谷博物馆开始你的旅途吧。该博物馆位于河畔的一处哥特式仓库里,通过电影、图片和展品介绍了这处世界遗产地,包括一套12米长的3D模型,还原了这座小镇1796年的模样。

引擎动力馆　　　　　　　博物馆

(Enginuity; www.ironbridge.org.uk; Wellington Rd; 成人/儿童 £9/6.95; ◎3月中旬至9月 10:00~16:00,10月至次年3月中旬 闭馆)孩子们会爱上这座杠杆与滑轮世界的科学中心。在这里可以操控机器人,或徒手驾驶蒸汽机车(需要懂一点工程技术),还可以用自助发电装置启动真空吸尘器。

布里茨山维多利亚小镇　　博物馆

(Blists Hill Victorian Town; ☎01952-433424; www.ironbridge.org.uk; Legges Way; 成人/儿童 £17.95/10.90; ◎3月中旬至9月 每天 10:00~16:30,10月至次年3月中旬 周二至周日 至16:00)Hay Inclined Plane索道当年用于把什罗普郡运河(Shropshire Canal)装煤的驳车运上山顶,而布里茨山正位于索道顶端。这座可爱的维多利亚式村庄如今经过修缮,重新入住了身穿古代服饰的小镇居民,每天忙于日常家务。村庄里甚至还有一家银行,你可以在那里用现代英镑兑换先令,这样就可以在村里的商店使用了。夏天,维多利亚时期的集市会给年轻的游客增加不少乐趣。

达比庄园　　　　　　　　博物馆

(Darby Houses; ☎01952-433424; www.ironbridge.org.uk; Darby Rd; 成人/儿童 £5.65/3.75, 与煤溪谷铁器博物馆联票 £10.45/6.55; ◎3月中旬至9月 11:00~15:00)就在煤溪谷铁器博物馆(见478页)上面的山坡处,这些修复后的庄园显得非常漂亮,达比家族的几代成员曾安居于此,过着低调但高雅舒适的贵格会(Quaker)生活。在Rosehill庄园里,小孩和大人都可以试穿上维多利亚时代的服装来欣赏瓷器展览。达比家庭住宅的最大亮点是亚伯拉罕·达比三世设计铁桥的书房。

科尔波特瓷器博物馆　　　博物馆

(Coalport China Museum, www.ironbridge.org.uk; Coalport High St; 成人/儿童 £9/5.50; ◎3月中旬至9月 每天 10:00~16:00,10月至次年3月中旬 周一闭馆)当冶铁业趋于衰落之际,铁桥峡

开始寻求转型，并最终选择了发展制瓷业。当地人开始使用布里茨山（Blists Hill）周围开采出的细黏土生产瓷器。如今，古老的瓷器作坊依然保持着浓郁的氛围，两座高耸的瓶形窑俯视着周遭的一切。老作坊里还有一家吸引人的博物馆，展示着传统制瓷工艺，追溯着瓷业的历史。

杰克菲尔德瓷砖博物馆 博物馆
（Jackfield Tile Museum; www.ironbridge.org.uk; Salthouse Rd; 成人/儿童 £9/5.90; ◷3月中旬至9月 10:00~16:00, 10月至次年3月中旬 周一闭馆）杰克菲尔德曾是世界上最大的瓷砖工厂，以其烧彩砖瓦而名扬天下。颜色各不相同的黏土层层堆砌，最终将华丽的设计展现在人们面前。为修复古典建筑，烧彩瓷砖至今仍在此生产。展厅用煤气灯点亮，再现了过去几个世纪里华丽的彩砖房间，比如维多利亚时期的公共厕所。博物馆位于塞文河的南岸，从Hay Inclined Plane索道底部跨过人行桥便可到达该博物馆。

煤溪谷铁器博物馆 博物馆
（Coalbrookdale Museum of Iron; www.ironbridge.org.uk; Wellington Rd; 成人/儿童 £9/5.90, 与达比庄园联票 £10.45/6.55; ◷3月中旬至9月 10:00~16:00, 10月至次年3月 周一闭馆）煤溪谷铁器博物馆坐落在黑压压的建筑里，这里原先是亚伯拉罕·达比的铸铁厂，厂内有一些不错的互动展品。当年除了为铁桥生产大梁以外，工厂还凭借重型机械和生产铺张的装饰铸件而闻名——比如伦敦海德公园的大门都是这里制造的。

✈ 活动

Ironbridge Canoe & Kayak Hire 独木舟、皮划艇
（☎07594 486356; www.facebook.com/ironbridgecanoeandkayakhire; 31 High St; 租皮划艇/独木舟 每小时 £20起; ◷复活节至10月 周一至周五 预约, 周六和周日 9:00~20:00）夏季当河水处于安全水位时，你可以租独木舟和皮划艇探索峡谷及周边区域。

Shropshire Raft Tours 漂流
（☎01952-427150; www.shropshirerafttours.co.uk; The Wharfage; 漂流之旅 成人/儿童 £14.95/6.95, 独木舟和皮划艇租赁 每小时/天 £15/45, 自行车租赁 每半天/全天 £19/29起; ◷设备租赁 复活节至10月 9:00~17:00, 团队游需预约 复活节至10月 11:30、14:00和16:30, 以及7月和8月 19:00）铁桥峡可能没有激流，但是这并不影响你沿着和缓的塞文河顺流而下1.2英里，享受漂流之旅。这家注重生态环保的旅行社可以安排90分钟的漂流游，带你欣赏美丽的峡谷风光。提供救生衣。这里还出租独木舟、皮划艇和自行车，包括电动自行车。

🛏 住宿

Coalport YHA 青年旅舍 £
（☎0845 371 9325; www.yha.org.uk; Coalport High St; 铺/双 £13/50起; ⓟ⌕）旅舍由瓷器工厂改建而来，位于铁桥最安静、最秀美的一角。这家青旅的21个房间现代而实用，共有82个床位，最大卖点的是其完备的设施，包括洗衣房、厨房和拥有酒类经营许可证的咖啡馆。公共区域有Wi-Fi。

★Library House 民宿 ££
（☎01952-432299; www.libraryhouse.com; 11 Severn Bank; 标单/双 £75/110起; ⓟ⌕）在主干道旁的小巷深处，坐落着一幢精心翻修的1730年乔治王朝时期风格的图书馆建筑，墙上爬满藤蔓，这正是这家民宿的所在地。屋里有着各种各样的珍奇小物件、古书、版画和平版印刷品，屋后则是一座漂亮的花园。民宿共有3间保存完好、精心布置、充满魅力的独立房间，分别称为"弥尔顿"（Milton）、"乔叟"（Chaucer）和"艾略特"（Eliot），还有一只可爱的店宠小狗到处摇尾示好。

Calcutts House 民宿 ££
（☎01952-882631; www.calcuttshouse.co.uk; Calcutts Rd; 双 £91起; ⓟ⌕）这家民宿位于塞文河南岸，在铁桥以东大约1英里处，靠近杰克菲尔德瓷砖博物馆（见本页）。这里原先是铁器制造商的寓所，其历史可追溯至18世纪。房间的内部装饰传统但极具个性，其中一间还有张特大号的四柱床，距今已有200年的历史。

✕ 餐饮

Dale End Café
熟食 £

(☏01952-872650; http://dale-end-cafe.business.site; Dale End, Coalbrookdale; 菜肴£3.50~12.50; ◎周一、周二和周四至周六 8:30~16:30, 周日 10:00~16:00; 🛜📶) 这家美妙的咖啡馆无疑是该地区最适合吃些便饭的地方。热乎乎的汤、沙拉、三明治和比萨都是新鲜出炉,可外卖,也可在舒适的店铺里或庭院里撑着遮阳伞的就餐区享用。非常适合儿童就餐。

Pondicherry
印度菜 ££

(☏01952-433055; www.pondicherryrestaurant.co.uk; 57 Waterloo St; 主菜£10~16; ◎周二至周六 17:30~23:00, 周日 17:00~21:00) 这座前警察局和法院建筑始建于1862年,至今仍保留着众多原建特征,比如四个上锁的牢房(其中一间是如今的外卖等候区)、地方法官的长凳和窗户上的蓝色铁栅栏。餐厅供应一流水准的当代印度菜肴,包括大众喜爱的泥炉菜拼盘和鸡肉咖喱,再加上厨师招牌菜如羊肉saag mamyam(菠菜五香斯塔福德郡羊肉)。

D'arcys at the Station
地中海菜 ££

(☏01952-884499; www.darcysironbridge.co.uk; Ladywood; 主菜£12~15, 2道菜套餐£13.95; ◎周三至周六 18:00~21:30) 就在河对岸,过桥即到,餐厅所在的老车站建筑非常漂亮,与摩洛哥鸡肉、塞浦路斯烤肉和托斯卡纳炖豆子等风味十足的地中海菜肴相得益彰。欢迎10岁以上的儿童就餐。

Restaurant Severn
欧洲菜 £££

(☏01952-432233; www.restaurantsevern.co.uk; 33 High St; 主菜£8.50~12.50, 2/3道菜晚餐套餐£23/27起, 2/3道菜周日午餐套餐£20/25; ◎午餐 周三至周六 预订, 周三至周六 18:00~23:00, 周日 正午至18:00) 这家广受欢迎的高档餐厅菜单经常变换,但是经典菜肴有包括什罗普郡鹿肉馅饼配干邑白兰地和覆盆子酱等菜肴经常出现。环境私密,菜肴摆盘非常有看头,河畔的位置风景优美。

Malthouse
酒馆

(☏01952-433712; www.themalthouseironbridge.co.uk; The Wharfage; ◎周日至周四 11:30~23:00, 周五和周六 至次日1:00) 这家位于塞文河岸边的旅馆于2018年重新装修,是人们喝一杯、用餐或住宿的理想场所。当地艾尔啤酒、精酿杜松子酒和鸡尾酒在酒单上精彩纷呈,街头食品风格的菜单从鱼肉炸玉米饼到南方炸鸡,现代气息浓郁的客房(双含早餐 £75起)色彩鲜艳。周末有现场音乐演出。

ℹ️ 实用信息

旅游局(☏01952-433424; www.discovertelford.co.uk/visitironbridge; Museum of the Gorge, The Wharfage; ◎3月中旬至9月 10:00~16:00, 10月至3月中旬 周一闭馆) 位于峡谷博物馆(见477页)。

ℹ️ 到达和离开

最近的火车站在6英里以外的特尔福德(Telford), 从车站可以搭乘18路汽车前往铁桥(£4.50, 15分钟,周一至周六 每2小时1班)。这趟汽车还会继续驶向马奇温洛克(Much Wenlock; £4.50, 30分钟)。

9路汽车从布里奇诺斯(Bridgnorth)驶往铁桥(£4.50, 30分钟,周一至周六每2小时1班)。

96路汽车往返于铁桥和什鲁斯伯里(£4.50, 35分钟,每2小时1班)。

马奇温洛克(Much Wenlock)

☏01952/人口 2877

拥有一个在英国乡村随处可见的古怪名字, 马奇温洛克就像它的名字听起来那般迷人可爱。围绕着年代久远的文洛克修道院(Wenlock Priory)遗址,街道上分布着都铎王朝、詹姆士一世和乔治国王时期的房屋,当地人会和每个人打招呼。这座宛如故事书般的英国村庄自称对现代奥林匹克运动发挥了推动作用。

◎ 景点

文洛克修道院
遗址

(Wenlock Priory; EH; ☏01952-727466; www.english-heritage.org.uk; 5 Sheinton St; 成人/儿童 包括语音导览 £6.30/3.80; ◎4月至9月 10:00~18:00, 10月 至17:00, 11月至次年3月 周六和周日 至16:00) 文洛克修道院目前仅剩克吕尼

派的遗存建筑矗立在点缀着动物造型灌木的翠绿草坪上，令人伤感。这座修道院由诺曼修道士公元680年在撒克逊修道院的遗址上修建，神圣的遗址包括装饰精美的牧师会礼堂和雕刻得与众不同的洗手盆，过去修道士们在就餐前要按照仪式在此盥洗。

市政厅　　　　　　　　　　　　历史建筑

（Guildhall；☎01952-727509；www.muchwenlock-tc.gov.uk；Wilmore St；◎4月至10月 周五至周一 11:00~16:00）免费 建于1540年，采用典型的都铎王朝时期风格，有些倾斜的市政厅以装饰华丽的木雕为特色。其中一根支撑柱在中世纪时被用来实施鞭刑。

🛌 食宿

Wilderhope Manor YHA　　　　　　青年旅舍 £

（☎0845 371 9149；www.yha.org.uk；Longville-in-the-Dale；铺/双/家 £13/50/116起；露营每人 £12；◎青年旅舍 全年，露营地 4月至10月；🅿@🛜）这是一栋伊丽莎白一世时期的有山形墙灰石质的庄园，大气磅礴，有螺旋楼梯、木镶板墙壁、令人印象深刻的石头地板餐厅和带橡木横梁的宽敞房间——这里是王室的下榻处。公共区域有Wi-Fi。在温暖的月份里，露营地也可以容纳几顶帐篷。位于马奇温洛克西南7.5英里处，最好能自备交通工具前往。

Raven Hotel　　　　　　　　　　　旅馆 ££

（☎01952-727251；https://ravenhotel.com；30 Barrow St；双/套含早餐 £120/150起；🅿🛜）马奇温洛克最好的住宿地点，这家17世纪的马车驿站和改建马厩富有历史魅力，宽敞的客房具有浓厚别致的乡村时尚风格。楼下是花团锦簇的庭院，出色的餐馆（午餐主菜 £12~22，2/3道菜晚餐套餐 £29/39）提供地中海风味和英国食物。

Fox　　　　　　　　　　　　　　酒馆食物 ££

（☎01952-727292；www.foxinnmuchwenlock.co.uk；46 High St；主菜 £8.50~20；◎厨房 周一至周五 17:00~21:00，周六 正午起，周日 正午至20:00；酒吧 至23:00；🛜）在这座16世纪小旅馆的巨大壁炉前取暖，然后在餐厅安心品尝来自当地的鹿肉、野鸡肉和牛肉，畅饮一品脱什罗普郡艾尔啤酒。烛光晚餐美妙无比。

这里还有5个现代风格的房间（标单/双/家 £50/75/115起）。

❶ 实用信息

旅游局（☎01952-727679；www.visitmuchwenlock.co.uk；The Square；◎4月至10月 每天，11月至次年3月 周五至周日 10:30~13:00和13:30~16:00）内设一座简单的当地历史博物馆（门票免费）。

❶ 到达和离开

436路汽车从什鲁斯伯里开往马奇温洛克（£4.50，35分钟，周一至周六 每小时1班）并继续前往布里奇诺斯（£4.20，20分钟）。18路汽车开往铁桥（£4.50，30分钟，周一至周六 每2小时1班）。

布里奇诺斯（Bridgnorth）

☎01746 / 人口 12,079

塞文河上方，壮观的砂岩断崖一落千丈。被塞文河一分为二的布里奇诺斯是什罗普郡最漂亮的历史城镇之一，尽管上城（High Town）大部分在1646年内战期间被付之一炬，城镇仍具有丰富的建筑魅力。

在其同名的教堂附近，上城可爱的**圣伦纳兹街**（St Leonard's Close）上有几栋全镇里最迷人的建筑和济贫院，包括一幢华丽的六山墙房屋，曾经是文法学校的一部分。

19世纪的悬崖铁路（也是英国最陡峭的铁路）和几条狭窄的小巷从上城向下延伸至下城（Low Town），包括最险峻的步行街Cartway，街道底端是可追溯至1580年的珀西主教宅邸（Bishop Percy's House）。

👁 景点

★ 塞文河谷铁路　　　　　　　　　　铁路

（Severn Valley Railway；☎01299-403816；www.svr.co.uk；Hollybush Rd；成人/儿童 单程 £14.50/9.50，单日通票 £21/14；◎5月至9月 每天，10月至次年4月 周六和周日）布里奇诺斯是塞文河谷铁路的北端终点，古老的蒸汽或内燃机车从Hollybush Rd的车站出发，沿着河谷嘎嚓嘎嚓地缓慢行驶，到达基德明斯特（Kidderminster；1小时）。可浏览网站了解其他活动的日期，例如下午茶、杜松子酒和威士忌品尝、20世纪40年代重现以及夜间幽灵列车等。

自行车手可以沿着铁轨旁边20英里长的"莫西亚之路"(Mercian Way; NCN Route 45)骑行,前往怀尔森林(Wyre Forest),沿途景色秀丽;乘火车可免费携带自行车。

还有"驾驶体验"活动,在此期间你可以学习如何驾驶蒸汽或内燃机车,起价£160。

布里奇诺斯悬崖铁路　　　　　　　　　　铁路

(Bridgnorth Cliff Railway; ☎01746-762052; www.bridgnorthcliffrailway.co.uk; 入口6a Castle Tce & Underhill St; 往返£1.60; ◎5月至9月 周一至周六 8:00~20:00,周日 正午起,10月至次年4月 至18:30)英国最陡峭的内陆铁路,从1892年至今,一直沿着悬崖缓慢爬升50米。悬崖顶部的步行小径可以看到璀璨的夜间全景,小径绕过断崖,通向散落着砖石残垣的美丽公园,有的砌石以不可思议的角度倾斜,这些是布里奇诺斯城堡(Bridgnorth Castle)仅剩的遗存。小径还会经过由托马斯·特尔福德设计的圣玛丽教堂,教堂宏伟壮观,顶部建有圆屋顶。

丹尼尔磨坊　　　　　　　　　　　　历史建筑

(Daniels Mill; ☎01746-769793; www.danielsmill.co.uk; The Cankhom, Eardington; 成人/儿童£5/4; ◎4月至10月 周四至周日 11:00~16:00)丹尼尔磨坊是全国尚在使用的最大水力磨坊,依然在为当地面包师碾磨面粉。游客可以跟着住在这里的磨坊主参观,进行一次了解机械装置的个人游。位于城镇中心南边1英里处,可徒步或开车前往。

🛏 食宿

Severn Arms　　　　　　　　　　　民宿 £

(☎01746-764616; www.thesevernarms.co.uk; 3 Underhill St; 标单/双/家£50/70/80起,单/双 不带独立卫生间£36/60起; 🅿)位于悬崖底部的悬崖铁路旁边,位置得天独厚,这座乔治国王时期风格的河畔房屋有9间舒适客房,大部分都可欣赏大桥景色。乐于助人的店主会指点你将车停在附近。家庭房可入住两位成人加两名儿童。

Fish　　　　　　　　　　　海鲜、西班牙小吃 £

(☎01746-768292; www.fishbridgnorth.co.uk; 54 High St; 西班牙小吃£7~10; ◎复活节至10月 周三、周四和周六 正午至17:00,周五 至20:00,11月至次年复活节 周三至周五 11:00~15:00,周六 至17:00)这是个时尚的地方,餐桌是倒扣的葡萄酒桶。店里的小吃采用隔壁鱼店的英国海鲜(Brixham牡蛎、惠特比剥壳螃蟹、阿布罗斯熏鱼、Dover比目鱼、Cornish蛤蜊、烟熏北海鲭鱼和Stornoway贻贝等)为原料。还有来自全球各地的葡萄酒,可按杯点。

ℹ 实用信息

旅游局(☎01746-763257; www.visitbridgnorth.co.uk; Listley St; ◎周一 9:30~18:00,周二、周三和周五 至17:00,周六 至15:00)设在城镇图书馆内。

ℹ 到达和离开

436路汽车从什鲁斯伯里开往布里奇诺斯(£4.20,1小时,周一至周六 每小时1班),途经马奇温洛克(£4.20,20分钟)。9路汽车开往铁桥(£4.50,30分钟,周一至周六 每2小时1班)。

彻奇斯特雷顿 (Church Stretton)

☎01694/人口 2789

彻奇斯特雷顿坐落在由长景山和卡拉多克山(Caradoc Hills)形成的深谷中,是徒步或骑自行车翻越什罗普郡丘陵的理想大本营。虽然简易的黑白色木梁房屋随处可见,但城镇里的多数建筑均是19世纪的仿造建筑,由维多利亚时代蜂拥至此呼吸乡村空气的人们修建。

⊙ 景点

这一带最大的吸引力来自徒步游。旅游局有当地山地车环线和提供骑马服务的马场地图与详情。当地各类活动信息可浏览www.shropshiresgreatoutdoors.co.uk。

斯奈尔比奇　　　　　　　　　　　　　矿山

(Snailbeach; ☎07850 492036; www.shropshiremines.org.uk; 团队游 成人/16岁以下儿童£7.50/3; ◎景点 24小时,团队游需预约 4月至10月 周日和周一)斯奈尔比奇里曾是铅矿和银矿开采的小村,随处可见引人入胜、锈迹斑斑的机械遗迹。你可以从Bog游客中心（☎01743-792484；www.bogcentre.co.uk；The Bog, Stiperstones；⏰复活节至9月 周一 正午至17:00，周二至周日 10:00起，10月 周一 正午至16:00，周二至周日 10:00起；🅿️）网站下载自助导游步道线路图来探索矿区，或者提前预约导览游（需要准备防水鞋具）带你进入矿山。

阿克顿·斯科特庄园　　农场

（Acton Scott Estate；☎01694-781307；www.actonscott.com；Marshbrook；成人/儿童 £9/5；⏰农场 周六至周三 10:00~16:30，课程 4月至10月）这座历史悠久的运营农场位于彻奇斯特雷顿以南4英里处，占地面积广，饲养着传统的家禽和牲畜，每天都向来客展示维多利亚时代的农牧技艺，如制桶、钉马蹄、车轮制造等。可提前预约各种体验课程，包括铁艺、养蜂、植物识别和19世纪烹饪等。

🛏 住宿

Bridges Long Mynd YHA　　青年旅舍

（☎01588-650656；www.yha.org.uk；Bridges；铺 £12起，露营每人 £10起；🅿️）位于长景山西侧，这个极为偏僻的地方深受徒步者喜爱，有38张床位（加上花园帐篷营地），位于小村布里奇斯（Bridges）的学校旧址内。没有Wi-Fi，没有手机信号，不接受信用卡。翻越长景山至拉特灵霍普（Ratlinghope），然后向西南行1.1英里即可到达，或者搭乘什罗普郡丘陵摆渡车（见472页）在特定季节开行的巴士。

Mynd Guest House　　民宿 ££

（☎01694-722212；www.myndhouse.co.uk；Ludlow Rd, Little Stretton；标单/双 £60/80起；🅿️）就位于彻奇斯特雷顿以南不到2英里处，这家迷人的客栈坐拥美景，能远眺对面山谷和正后方长景山的绚丽山色。8间客房得名于本地地标，民宿有一家小酒吧和摆放着地方书籍的休闲室，还设有自行车停放区和一个能让你烘干靴子的房间。

🍴 就餐

Van Doesburg's　　熟食

（☎01694-722867；www.vandoesburgs.co.uk；3 High St；菜看 £1.85~5；⏰周一至周六 9:00~17:00）挑选野餐食材的绝佳去处。

有80多种英国奶酪和其他熟食，例如酸辣酱等。可打包的即食菜肴有包括鸡肉蘑菇馅饼、沙拉、乳蛋饼、汤和美味的三明治（例如泡菜烤牛肉配芥末酱或农家切达干酪配李子和苹果小菜）。可致电预订定制式野餐篮。

Bridges　　酒馆食物 ££

（☎01588-650260；www.thebridgespub.co.uk；Ratlinghope；主菜午餐 £6~11，晚餐 £10.50~16；⏰厨房 周一至周六 11:30~21:00，周日 12:30~20:30，酒吧 9:30~23:00；🅿️）位于彻奇斯特雷顿东北约5英里、长景山下的河畔，这家隐秘的乡村酒馆因Three Tuns艾尔啤酒、现场音乐、河畔露台、闲适的住处（铺/双/家 £30/60/120起）和令人回味的食物（羊腿肉薄荷酱、意式牛肉宽面……）而备受推崇。儿童菜单上有迷你汉堡可供选择。

ℹ 实用信息

旅游局（☎01694-723133；www.churchstretton.co.uk；Church St；⏰4月至9月 周一至周六 9:30~13:00和13:30~17:00，10月至次年3月 周一至周六 9:30~13:00和13:30~15:00）毗邻图书馆，有丰富的徒步信息。

ℹ 到达和离开

长途汽车

435路汽车从彻奇斯特雷顿向北驶往什鲁斯伯里（£3.80，40分钟，周一至周五 每小时1班，周六 每2小时1班），向南驶往拉德洛（£3.80，40分钟，周一至周五 每小时1班，周六 每2小时1班）。

在夏季周末，什罗普郡丘陵摆渡车（见472页）开行每小时1班的客运班车，从彻奇斯特雷顿附近的卡丁米尔谷发往长景山上的村庄，中途经过布里奇斯的青年旅舍，以及斯奈尔比奇矿山附近的Stiperstones。

火车

拉德洛（£7.60）和什鲁斯伯里（£6.60）之间的火车每小时1班，停靠彻奇斯特雷顿，两个目的地到这里都需要15分钟。

毕晓普斯堡（Bishop's Castle）

☎01588/人口 1630

坐落于安详宁静的什罗普郡乡间，毕晓

普斯堡是木结构连栋房屋和"哈伯德大妈"（Old Mother Hubbard；著名英国童谣）式村舍的混合体。High St从城镇教堂向山上延伸至乔治国王时期的市政厅。

景点

★ 克里河谷葡萄园　　　　　　葡萄酒厂

(Kerry Vale Vineyard; ☎01588-620627; www.kerryvalevineyard.co.uk; Pentreheyling; 团队游 £16~35; ⊗团队游 3月中旬至11月 周四、周六和周日正午; 商店和咖啡馆 3月中旬至10月 周二至周日 10:00~16:00, 11月和12月 至15:00) 从前的彭特黑林古罗马城堡(Pentreheyling Roman Fort) 庄园占地2.4公顷，如今种植了6000多株葡萄藤，当地出土的古代陶器和金属制品也在酒厂商店里进行展示。团队游类型多样，既有穿越葡萄园的1小时导览徒步游（包括讲解这里的古罗马历史和品酒环节），也有2小时的酒庄导览参观（包括品酒、教学以及享用葡萄园自产起泡葡萄酒的下午茶等），也可以在咖啡馆点一份葡萄酒试品套装。

拄拐房屋　　　　　　　　　　博物馆

(House on Crutches; ☎01588-630556; www.hocmuseum.org.uk; High St; ⊗4月至9月 周六和周日 14:00~17:00) **免费** 歪歪斜斜的16世纪"拄拐房屋"是小镇博物馆所在地，讲述了过去200多年里什罗普郡日常生活的方方面面。

住宿

Castle Hotel　　　　　　　　酒店 ££

(☎01588-638403; www.thecastlehotelbishopscastle.co.uk; Market Sq; 标单/双/家含早餐 £115/125/180起; P🐾🐾) 这家18世纪的马车驿站看起来很结实，建造时使用的石头来自如今片瓦无存的毕晓普斯堡，餐厅里（主菜£11~22）华丽的木镶板也来自老城堡。酒店共有12个带独立卫生间的房间，都很漂亮，屋里的现代纺织品与古董家具相得益彰；还有几间3张床的家庭房，如有需要也能提供简易床。酒店里的酒吧温暖舒适，花园赏心悦目。

Poppy House　　　　　　　　民宿 ££

(☎01588-638443; www.poppyhouse. co.uk; 20 Market Sq; 标单/双/家 £50/70/90起; 🐾) 这家温馨的客栈有可爱的独立客房，配有门锁门和大量古老的木梁。非常欢迎儿童入住；五岁以下住宿免费。附设的咖啡馆供应早餐，这里周三至周一10:00~16:00对非住客开放（菜肴£4~8.50）。

餐饮

New Deli　　　　　　　　　　熟食 £

(32 High St; 菜肴£2.50~8.50; ⊗周二至周六 9:00~16:00) 这家充满诱惑的熟食商店供应当地出品的英格兰和威尔士奶酪和面包，以及火腿、萨拉米和腊肠、预拌沙拉、果酱、酸辣酱和泡菜、蛋糕和饼干，以及艾尔啤酒、葡萄酒和烈酒，意味着你可以尽情选择各种野餐菜肴，前往附近的丘陵地带享受美食美景。

Three Tuns　　　　　　　　　酒馆

(www.thethreetunsinn.co.uk; Salop St; ⊗周一至周六 正午至23:00, 周日 至22:30; 🐾) 毕晓普斯堡最好的酒吧与小酿酒厂Three Tuns Brewery相连。从1642年开始，酒厂的庭院里就装满深棕色艾尔啤酒的酒桶滚过。这家当地酒馆充满活力，啤酒美味无比。夏季定期有爵士乐、蓝调和铜管乐队演出。

实用信息

旅游局 (☎01588-630023; www.bishopscastletownhall.co.uk; High St; ⊗周一至周六 10:00~16:00) 坐落在始建于1765年、后经过修复的市政厅内，有关于附近丘陵徒步和骑行的详细指南。当地艺术家的作品在楼上展厅展出。

到达和离开

553路汽车往返什鲁斯伯里（£3.80, 1小时，周一至周六 每天5班）。

拉德洛 (Ludlow)

☎01584 / 人口 11,003

在湍急的蒂姆河(River Teme)北岸，这座安宁而古朴的集镇以诺曼式华美城堡遗址为中心，向四周辐射开来，鹅卵石街道两边分布着宏伟的黑白色都铎王朝时期建筑。周边乡村的优质农产品有助于小镇拉德洛成为全国的美食风向标。这里有超凡的市场、熟食店、餐厅以及美食节。

◎ 景点

拉德洛城堡
城堡

(Ludlow Castle; ☎01584-873355; www.ludlowcastle.com; Castle Sq; 成人/儿童 £6/3; ◎3月中旬至10月 10:00~17:00, 11月至次年1月上旬和2月上旬至3月中旬 至16:00, 1月上旬至2月上旬 周六和周日 至16:00)拉德洛城堡矗立在河湾上方的悬崖顶部这一理想的防御位置,当初是为抵御前来劫掠的威尔士人而建造——或者是为了实施英格兰在威尔士的扩张,解说不一。城堡始建于诺曼征服之后,在14世纪进行了大肆扩建。

城堡外墙内的诺曼礼拜堂是英格兰少数现存的圆形礼拜堂之一,坚固的城堡主楼在1090年前后修建,登上去可以俯瞰美不胜收的山景。

拉德洛啤酒厂
自酿酒吧

(Ludlow Brewing Company; ☎01584-873291; www.theludlowbrewingcompany.co.uk; The Railway Shed, Station Dr; 团队游 £7; ◎团队游需预约, 周一至周五 15:00, 周六 14:00, 游客中心和啤酒屋 周一至周四和周六 10:00~17:00, 周五 至18:00, 周日 11:00~16:00)位于一条不起眼的小巷,啤酒厂酿造的全天然美酒佳酿屡获殊荣,在厂里和附设的后工业风格、通风透气的酒吧直接出售。持续1小时的团队游含1品脱6款试品啤酒。

圣劳伦斯教堂
教堂

(Church of St Laurence; www.stlaurences.org.uk; 2 College St; 门票 捐赠£3; ◎10:00~17:00)英国最大的教区教堂之一,圣劳伦斯教堂保存着宏伟的伊丽莎白一世时期的条纹大理石墓地,中世纪的唱诗班席凸板雕有诙谐的图案,有一处刻着一个喝得酩酊大醉的小伙子正在袭击他的啤酒桶。圣母堂(Lady Chapel)内有奇妙的**耶稣家谱玻璃窗**(Jesse Window),最早可追溯至1330年(不过玻璃基本上是维多利亚时代的)。圣约翰礼拜堂(St John's Chapel)的4扇窗户可追溯至15世纪中叶,包括蜜色的**黄金窗**(Golden Window)。攀登200级台阶,登上**塔楼**(已包括在门票捐赠内),欣赏绝美的景色。

❀ 节日和活动

拉德洛春节
文化节

(Ludlow Spring Festival; www.ludlowspringfestival.co.uk; ◎5月中旬)为期2天的拉德洛春节以城堡作为宏伟背景,大街小巷都会摆满啤酒、苹果酒和食品摊,还有老爷车展和现场音乐会。

拉德洛美食节
餐饮

(Ludlow Food Festival; www.ludlowfoodfestival.co.uk; ◎9月上旬)地点位于拉德洛城堡里,拉德洛美食节于9月上旬举行,为期3天,有来自本镇和威尔士边界地区的180多家参展商。

🛏 住宿

Clive
精品酒店 ££

(☎01584-856565; www.theclive.co.uk; Bromfield Rd, Bromfield; 双/家 含早餐 £115/140起; P❋🐾🛜)对于美食家来说,这是在拉德洛的终极住宿选择。酒店位于小镇西北4英里处,毗邻拉德洛美食中心(见485页),拥有自己的顶级餐厅;早餐由Ludlow Kitchen供应。酒店的15间客房大多位于地面层;家庭房被浴室隔成两个休息区,为父母和儿童提供了各自独立的空间。

Charlton Arms
旅馆 ££

(☎01584-872813; www.thecharltonarms.co.uk; Ludford Bridge; 双 含早餐 £100~160; P🛜)在这家地标式旅馆里,最好的房间俯瞰着蒂姆河,更棒的房间配有露台(一个房间有户外热水浴缸和四柱床)。这里的酒馆也朝向露台,提供顶级水准的英国新派菜式。服务堪称完美。有免费的大停车场。

Feathers Hotel
历史酒店 £££

(☎01584-875261; www.feathersatludlow.co.uk; 21 Bull Ring; 标单/双 £95/140起; P🛜)踏进异常华丽的詹姆斯一世时期的木制门面,你会在这家1619年的古建瑰宝里看到挂毯、陈旧的家具、木横梁和彩色玻璃,似乎仍能听到骑士们正在为查理国王(King Charles)的健康干杯。最好的房间在老楼里,新侧楼房间的个性和浪漫色彩略显不足。附设餐馆设有晚餐、住宿和早餐全包套餐。

✖ 就餐

Ludlow Kitchen
咖啡馆 ££

(☎01584-856020；www.ludlowkitchen.co.uk；Bromfield Rd, Bromfield；早餐£3.50~9，午餐主菜£7~13；⊙周一至周六8:00~17:00，周日至16:00；👨‍👩‍👧)🍃这家阳光明媚的咖啡馆采用的是来自拉德洛美食中心（见本页）手工农产品商店的农产品。美味的早餐（格兰诺拉麦片配自制酸奶；全英式煎土鸡蛋、精品培根和黑布丁；鸡蛋卷等）是午餐美馔的序曲，精致佳肴包括拉德洛啤酒厂的啤酒糊炸鱼配鞑靼牛肉等。

Fish House
海鲜 ££

(☎01584-879790；www.thefishhouseludlow.co.uk；51 Bull Ring；菜肴£8~15，分享拼盘£25~60；⊙周三至周六12:00~15:00)除了周六那天以先来后到为准以外，推荐预订这家供应牡蛎和鱼的时髦餐吧的餐位。店里的餐桌都是用酒桶改造的，食材均选用英国最好的海鲜：惠特比（Whitby）螃蟹和龙虾，阿布罗斯（Arbroath）熏鱼和比格伯里湾（Bigbury Bay）牡蛎，搭配有机面包、柠檬和蛋黄酱，佐以葡萄酒、当地艾尔啤酒、苹果酒和香槟等佳酿。

Bistro 7
小酒馆 ££

(☎01584-877412；www.bistro7ofludlow.co.uk；7 Corve St；主菜£15.50~21.50；⊙周二至周六正午至14:30和18:30~21:30)拉德洛从前的红砖墙邮局为创意小酒馆烹饪提供了绝佳的场所。无所不知的服务员会向你介绍定期更换的菜单，没能赶上林鸽沙拉、黑布丁猪排和李子煮红酒配迷迭香蛋白酥等美食。或者点一盘当地奶酪拼盘，搭配荨麻和香辣苹果酱。

Mortimers
英国菜 £££

(☎01584-872325；www.mortimersludlow.co.uk；17 Corve St；2/3道菜午餐套餐£22.50/26，3道菜晚餐套餐£47.50，7道菜品尝套餐£62.50，搭配葡萄酒£100；⊙周二至周六正午至14:00和18:30~21:00；👨‍👩‍👧)在高档佳肴领域，这里堪称

拜伦庄园

位于湖畔的**拜伦庄园**（也称纽斯泰德修道院，Newstead Abbey；☎01623-455900；www.newsteadabbey.org.uk；Newstead；建筑和花园 成人/儿童£10/6，公园 免费；⊙建筑和花园 周六和周日 正午至16:00，公园 每天10:00~17:00)最初作为奥古斯丁小修道院（Augustinian priory）修建于1170年前后，后于1539年改建为一座宅邸。它与积极浪漫主义诗人拜伦勋爵（Lord Byron；1788~1824年）有着难以割舍的联系——他于1798年继承这座建筑，在1818年出售。

拜伦的这处故居里充满了符合诗人特质、略显古怪的纪念物。拜伦有一条爱吠叫的小狗名叫Boatswain，如今在景观庭院里就有这只狗的纪念碑。

拜伦庄园位于诺丁汉以北12英里处，紧邻A60公路。Pronto公司的公共汽车（£3.50，25分钟，周一至周六 每10分钟1班，周日每半小时1班）从诺丁汉维多利亚汽车站出发，经停庄园大门口，再步行1英里便可到达宅邸和花园。

拉德洛的顶级餐饮店。深色木镶板和舒适的角落空间，提供了享用精致菜肴的浪漫就餐环境。菜品包括松露南瓜泥扇贝或拉德洛鸭肉配熏牛肉片卷块根芹等。素食者可以预订无肉的7道菜品尝套餐，包含芦笋配烤嫩甜菜根和栗色奶油布丁等创意菜肴。

🛍 购物

★拉德洛美食中心
餐饮

(☎01584-856000；www.ludlowfoodcentre.co.uk；Bromfield Rd, Bromfield；⊙周一至周六9:00~17:30，周日10:00~17:00)🍃美食中心80%以上的奶酪、肉类、面包、水果和蔬菜都源自周边地区，店里还展示着多种现场制作的食品，令人垂涎欲滴。透过橱窗，可以看到传统果脯、馅饼、冰激凌及更多正在制作的美食。该中心位于拉德洛西北2.8英里处，紧邻Bromfield Rd（A49），沿途设有路标。

不妨留意定期举行的各种活动，包括试

吃等。美食中心附设儿童游乐场和野餐区。旁边的咖啡馆兼餐厅Ludlow Kitchen（见485页）所用食材就选自这里。

拉德洛市场
市场

（Ludlow Market; www.ludlowmarket.co.uk; Castle Sq; ◎周一、周三、周五和周六 9:30~14:00）拉德洛市场的摊档出售新鲜农产品、手工食品和饮品、鲜花、书籍、礼物等。周四和周日还会举办各种主题的衍生市场（农夫市集、跳蚤市场、书市和手作市集等）。

❶ 实用信息

旅游局（☏01584-875053; www.visitshropshirehills.org.uk; 1 Mill St; ◎3月至12月 周一至周六 10:00~16:00，次年1月和2月 周一至周六 至14:00）位于拉德洛集会厅（Ludlow Assembly Rooms）3层。

❶ 到达和离开

长途汽车
435路汽车开往什鲁斯伯里（£4.10, 1.25小时，周一至周六 每小时1班），途经彻奇斯特雷顿（£3.10, 35分钟）。

火车
从城镇北缘的车站发车前往赫里福德（£10.40, 25分钟，每小时最多2班）和什鲁斯伯里（£13.50, 30分钟，每小时最多2班），火车班次频繁，途经彻奇斯特雷顿（£7.60, 15分钟）。

诺丁汉郡
(NOTTINGHAMSHIRE)

提起诺丁汉郡，人们就会想到一个人——罗宾汉（Robin Hood）。虽然人们对于这位森林英雄是否真实存在仍然争论不休，但诺丁汉郡却大肆宣扬与这名侠盗之间的联系。高超的叙事能力似乎早已植根于诺丁汉人的血液中——当地的文学大师包括因《查泰莱夫人的情人》（Lady Chatterley's Lover）而饱受争议的著名作家D.H.劳伦斯（DH Lawrence），以及享乐主义诗人拜伦勋爵（Lord Byron）。诺丁汉是一座热闹非凡的中心城市，但若是深入诺丁汉附近的乡村，你会发现绿意盎然的舍伍德森林（Sherwood Forest）周边散落着不少历史小镇和庄严的宅邸。

❶ 到达和离开

National Express和**Trent Barton**（☏01773-712265; www.trentbarton.co.uk）运营的班车提供了大部分的公共交通服务。想要获得汽车时刻表，可查询Traveline（见440页）。诺丁汉郡有火车定时开往大多数的大型城镇，以及峰区的许多小乡村。

诺丁汉（Nottingham）
☏0115/人口 321,550

诺丁汉永远与穿着紧身裤的侠盗和脾气暴躁的治安官（即侠盗罗宾汉的传说）联系在一起。除此以外，这座充满活力的郡首府也散发着大城市的魅力，不乏引人入胜的历史景点，同时，由于城里有着大量精力充沛的学生族，喧嚣的音乐夜店也不少。

◎ 景点

诺丁汉城堡
展览馆

（Nottingham Castle; www.nottinghamcity.gov.uk; Lenton Rd）与诺丁汉同名的城堡位于突起的砂岩之上，岩层下方分布着洞穴和隧道。城堡最早由征服者威廉建造，并一直为英格兰的国王所拥有，直到英国内战期间坍塌。

如今矗立在此的庄园般的建筑则是17世纪重新建造的，目前正在进行大规模维修，预计2020年春季再次接待游客。重新开放后，城堡内还将新增一座罗宾汉展厅和一座叛乱展厅（Rebellion Gallery），着重介绍动荡不安的中世纪时代，还将展出各种艺术和手工业制品，比如盐够粗陶器和蕾丝制品等。

地下洞穴的开放长度也将延伸，城堡院落的一部分也将改造，以便更好地展示中世纪风貌。此外，城堡内将新增一座游客中心和咖啡馆。位于17世纪小屋内的**诺丁汉生活博物馆**（Museum of Nottingham Life at Brewhouse Yard）也将在2020年年中重新开放。

非常上镜的**罗宾汉雕像**屹立在从前的护城河沟内，施工期间仍可近距离参观。

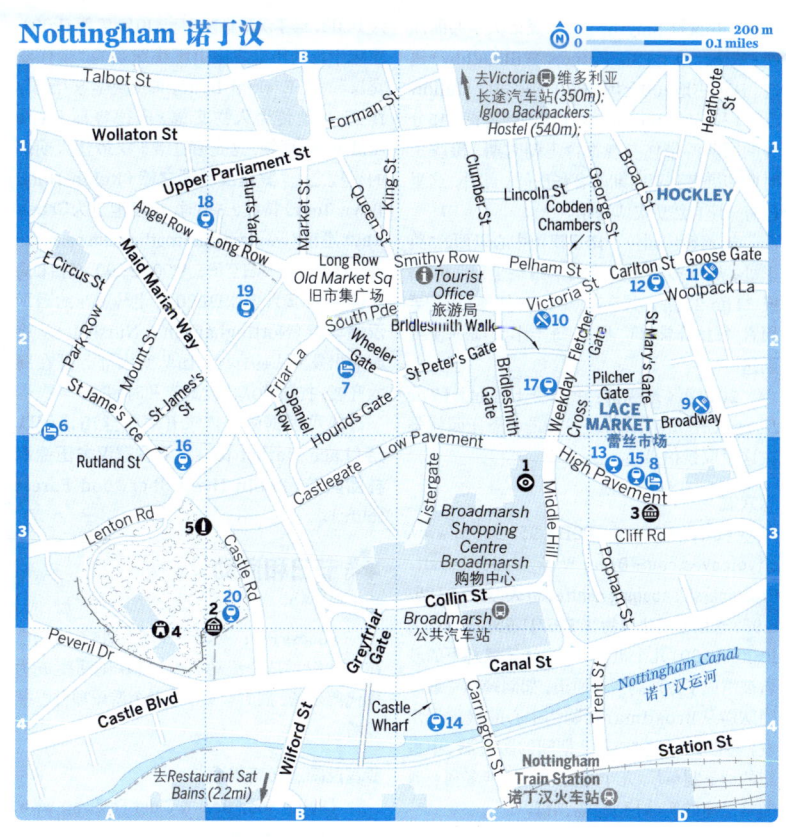

Nottingham 诺丁汉

◎ 景点
- 1 洞穴城 C3
- 2 诺丁汉生活博物馆 B3
- 3 国家司法博物馆 D3
- 4 诺丁汉城堡 A4
- 5 罗宾汉雕像 A3

◎ 住宿
- 6 Hart's A2
- 7 Igloo Hybrid Hostel B2
- 8 Lace Market Hotel D3

◎ 就餐
- 9 Annie's Burger Shack D2
- 10 Delilah Fine Foods C2

Hart's 餐馆 .... （见6）
- 11 Larder on Goosegate D2
Merchants .... （见8）

◎ 饮品和夜生活
- 12 Boilermaker D2
- 13 Brass Monkey D3
- 14 Canal House C4
- 15 Cock & Hoop D3
- 16 Crafty Crow A3
- 17 Cross Keys C2
- 18 Dragon A1
- 19 Malt Cross B2
- 20 Ye Olde Trip to Jerusalem B3

沃莱顿庄园 历史建筑

（Wollaton Hall；☏0115-876 3100；www.wollatonhall.org.uk；Wollaton Park, Derby Rd；团队游 成人/儿童 £5/免费，庭院免费；⊙团队游 正午和14:00，庭院 周一至周五 8:00至黄昏，周六和周日 9:00起）1588年由先锋建筑师罗伯特·斯

迈森（Robert Smythson）为煤矿大亨弗朗西斯·威洛比爵士（Sir Francis Willoughby）建造。庄园占地200公顷，成群的扁角鹿（fallow deer）和马鹿（red deer）在庄园内游荡。45分钟的团队游带你参观都铎王朝时期、摄政王时期和维多利亚时期的奢华房间。此外，这里还有一座自然历史博物馆。

沃莱顿庄园位于诺丁汉市中心以西2.5英里处，从维多利亚公共汽车站乘坐L2、30路或"The 2"路公共汽车（£4, 15分钟，周一至周六 每15分钟1班，周日 每半小时1班）便可到达。

2012年《蝙蝠侠：黑暗骑士崛起》（*The Dark Knight Rises*）一片中的韦恩庄园就是在这里取景拍摄的。

洞穴城 洞穴

（City of Caves；☎0115-952 0555；www.cityofcaves.com；Drury Walk, Upper Level, Broadmarsh shopping centre；成人/儿童 £7.95/6.95，含国家司法博物馆 £16/11.95；⊙团队游 10:30~16:00）几个世纪以来，诺丁汉地下的砂岩被凿成了各种洞穴和通道，如同蜂窝一般。团队游从Broadmarsh购物中心的最顶层出发，会带你穿过"二战"期间的防空洞、中世纪的地下制革厂、几个酒窖和一处维多利亚时期贫民窟的实体模型。需预订。

国家司法博物馆 博物馆

（National Justice Museum；☎0115-952 0555；www.nationaljusticemuseum.org.uk；High Pavement；成人/儿童 £9.95/7.95，含洞穴城 £16/11.95；⊙周一至周五 9:00~17:30，周六和周日 10:00起）司法博物馆坐落在雄伟的乔治国王时期郡േ厅（Shire Hall）内。在这里，你有机会了解几个世纪以来英国司法体制的变迁，包括中世纪的火刑和水刑，令人毛骨悚然。博物馆内有员工身着戏装扮演的历史人物，定期还会举办各种活动、展览和重现法庭场景表演等。门票全天有效。

👉 团队游

⭐ Ezekial Bone Tours 徒步

（☎07941 210986；www.ezekialbone.com；罗宾汉城镇之旅 成人/儿童 £14.50/8，诺丁汉精华游 £12/6；⊙罗宾汉城镇之旅 3月至10月周六 14:00, 诺丁汉精华游 3月至10月 周六 11:00）趣味十足的历史之旅由屡获殊荣的"现代罗宾汉"——Ezekial Bone，即历史学家/演员/作家/当地传奇人物艾德·安德鲁斯（Ade Andrews）率领，这是游览诺丁汉最让人期待的行程之一。罗宾汉城镇之旅（Robin Hood Town Tour）持续2.5小时，出发地点为**Cross Keys酒馆**（www.crosskeysnottingham.co.uk；15 Byard Lane；⊙周日至周三 9:00~23:00，周四和周五 至午夜，周六 至次日1:00）；走马观花的诺丁汉精华游（Nottingham in a Nutshell）从旅游局出发（见491页）。团队游大部分都在周六开展；提前确认出发地点和时间。

还可根据游客需求开展蕾丝市场团队游（Lace Market tours）和罗宾汉舍伍德森林团队游（Robin Hood Sherwood Forest tours）。

🎉 节日和活动

鹅市 市集

（Goose Fair；⊙10月上旬）为期5天的鹅市在中世纪时是个流动集市，现在则演变成为现代游乐场，届时会有500多个游乐项目震撼登场。

罗宾汉啤酒和苹果酒节 饮品

（Robin Hood Beer & Cider Festival；www.beerfestival.nottinghamcamra.org；⊙10月中旬）为期4天的美食节，提供超过1000种啤酒以及250种苹果酒和梨酒。

罗宾汉盛典 文化节

（Robin Hood Pageant；www.visit-nottinghamshire.co.uk；⊙10月下旬）适合家庭参与的罗宾汉盛典在10月下旬举行，为期2天。可咨询旅游局（见491页）了解活动详情；2020年的盛典预计将在诺丁汉城堡维修结束重新开放后重返原来的场地。

🛏 住宿

Igloo Hybrid Hostel 青年旅舍 £

（☎0115-948 3822；www.igloohostel.co.uk；4-6 Eldon Chambers, Wheeler Gate；铺 £19起，标单/双睡眠舱 £32/64起，标单带/不带独立卫生间 £39/34起，双带/不带独立卫生间 £84/72；🛜）人气极旺的**Igloo Backpackers Hostel**

（☎0115-947 5250；www.igloohostel.co.uk；110 Mansfield Rd；铺/标单/双/标三 £20/29/64/78起；❷）的姊妹店，位置非常便利，与旧市集广场（Old Market Sq）咫尺之遥。客舱风格的"睡眠舱"设有USB接口和阅读灯，店内有设施齐全的自助厨房，和一个非常适合社交的庭院花园。

★ Lace Market Hotel　　精品酒店 ££

（☎0115-948 4414；www.lacemarkethotel.co.uk；29-31 High Pavement；标单/双/套含早餐 £76/122/184起；🅿❄🛜）酒店位于升级改造的蕾丝市场（Lace Market）中心区，为一幢乔治国王时期的高雅联排别墅。光鲜亮丽的42个房间里有着现代化的装饰和设施；部分房间安有空调。酒店的高级餐厅Merchants（见本页）及附带的酒馆 Cock & Hoop（www.lacemarkethotel.co.uk；25 High Pavement；⏱周一至周四 正午至23:00，周五 至午夜，周六 至次日1:00，周日 至22:30；时间可能变化）都很不错。

Hart's　　精品酒店 ££

（☎0115-988 1900；www.hartsnottingham.co.uk；Standard Hill，Park Row；双/套含早餐 £139/279起；🅿🛜）这家时髦酒店坐落在以前的诺丁汉综合医院（Nottingham General Hospital）的庭院里，醒目的现代化建筑里有着超现代风格的房间（其中一些带有小露台），而其著名的**餐馆**（主菜 £17.50~32.50；⏱周一至周五 7:00~14:30和18:00~22:00，周六 7:30~14:30和18:00~22:30，周日 7:30~14:30和18:00~21:00；❷）则位于古老的红砖翼楼内。你还可以在酒店的小型健身房里锻炼，或者在私人花园里放松心情。

🍴 就餐

★ Delilah Fine Foods　　熟食、咖啡馆 £

（☎0115-948 4461；www.delilahfinefoods.co.uk；12 Victoria St；菜肴 £4~10，拼盘 £17~20；⏱周一至周五 8:00~19:00，周六 9:00起，周日 11:00~17:00；❷）🌿在这里你可以品尝到无可挑剔的精选干酪（150多种）、馅饼（pâté）、肉类和更多手工制成的美味佳肴，简直就是老饕的食乐园，即可以堂食，也方便外带。餐馆位于原银行大楼的宏伟建筑内，有夹层座位。不接受订位，不过你可以预订定制餐篮，享用一场野餐盛宴。

Annie's Burger Shack　　汉堡、美国菜 £

（☎0115-684 9920；www.anniesburgershack.com；5 Broadway；汉堡 £8.90~13.20，早餐 £6~10；⏱周日至周四 8:00~10:30和正午至23:00，周五和周六 8:00~10:30和正午至午夜；🛜❷）菜单上有30多种不同的汉堡（提供素食、纯素或肉食版本），这里是蕾丝市场人气极高的餐饮场所，身为美国人的老板提供极其正宗的菜肴（而且还提供地道的艾尔啤酒）。平日早餐菜单有美国经典菜肴（蓝莓煎饼配枫糖浆和培根、波士顿热狗配豆子）。提前订位。

Larder on Goosegate　　英国菜 ££

（☎0115-950 0111；www.thelarderongoosegate.co.uk；16-22 Goosegate；主菜 £13.50~22，下午茶 £16.50起；⏱周二至周四 17:30~22:00，周五和周六 正午至14:30和17:30~23:00）这家位于1层的餐厅设有落地窗，店内光线充盈，可以俯瞰繁忙的Goosegate。这里的蓝山羊奶酪和甜菜根芝士蛋糕、Shetland Queen扇贝配野蒜酱和熏茄子烤春季羔羊肉都是非常考究的英国菜肴。在周五和周六，这里都会供应古董骨瓷的下午茶。需预约。

Merchants　　欧洲菜 £££

（☎0115-948 4414；www.lacemarkethotel.co.uk；29-31 High Pavement；主菜 £16~30；⏱周一至周五 7:00~22:00，周六 8:00~10:30和正午至17:00，周日 7:00~10:30和正午至14:00）带吊顶的用餐区域令人赞叹，称得上是诺丁汉数一数二的高级就餐环境。定期更换的可口创意菜式包括Texel羔羊配开心果和小胡瓜，爱尔兰海鳟配海蓬子和樱桃萝卜，或者鲜蘑蚕豆山羊凝乳。甜品还有水煮大黄意式奶冻配黑胡椒碎以及罗勒冰激凌等。

Restaurant Sat Bains　　美食 £££

（☎0115-986 6566；www.restaurantsatbains.com；Lenton Lane；7/10道菜品尝套餐 £95/110；⏱周三和周四 18:00~21:00，周五和周六 至21:45；❷）凭借极具创意的菜肴，善于突破创新的主厨Sat Bains获得了米其林二星评级（餐厅不实行按单点菜；提前告知可照顾相关饮食禁忌）。请尽早预订，此外取消预订的费用也非常昂贵。这里还有时尚的客房（双 £140~190，套间 £285）。位于城市中心西南2英里处的A52公路边。

🍺 饮品和夜生活

★ Ye Olde Trip to Jerusalem　　　酒馆

（☎0115-947 3171；www.triptojerusalem.com；Brewhouse Yard, Castle Rd；◷周日至周四11:00~23:00，周五和周六 至午夜）这座氛围浓郁的酒吧建于城堡下方的峭壁内，号称是英格兰最古老的酒馆。该酒馆建于1189年，出发东征的十字军战士们可能还在这里饮酒解渴过，而其错综相连的房间和鹅卵石铺就的庭院至今仍是在诺丁汉小酌一杯最有意境的去处。

还可以致电咨询参观其酒窖和洞穴的团队游。

★ Crafty Crow　　　酒馆

（www.craftycrownotts.co.uk；102 Friar Lane；◷周日至周四 正午至23:00，周五和周六 11:00至午夜；🛜）🍃在这家专营啤酒的酒馆里，轮换登场的啤酒包括其位于诺丁汉Magpie Brewery啤酒厂出品的佳酿，选用英国啤酒花和麦芽酿制，以及当地其他微酿酒厂的扎啤、精酿啤酒和苹果酒。酒馆没有电视，错层空间采用木板墙装饰；不要错过卫生间，用小酒桶改装的洗面池和龙头十分别致。酒馆食物所用食材均产自当地。

Dragon　　　酒馆

（☎0115-941 7080；www.the-dragon.co.uk；67 Long Row；◷周日至周三 正午至23:30，周四 至午夜，周五和周六 至次日1:00；🛜）自制美食、出色的啤酒花园和周末的复古音乐使这家酒馆的气氛在任何时候都令人愉悦。但周二尤为火爆，19:30开始在Racing Room（www.theracingroom.co.uk）举办"速度之夜"赛车活动（参赛报名费 £5），届时多辆遥控四驱车会围着全长180英尺的赛道竞相追逐，赛道中间是诺丁汉微缩景观，场面热烈。

Boilermaker　　　鸡尾酒吧

（boilermakerbar.co.uk；36b Carlton St；◷周一至周五 17:00至次日1:00，周六 14:00起，周日 19:00起）走进一家类似工业锅炉房的店面，再穿过两道不太好找的门，你就能进入这家如洞穴般空旷的隐秘酒吧，这里灯光昏暗，回荡着休闲音乐。新奇的创意鸡尾酒（如Figgy Stardust，采用龙舌兰酒、洋蓟酒、无花果、石榴和黑核桃混调）会进一步加深你的非凡体验。

Malt Cross　　　酒馆

（www.maltcross.com；16 St James's St；

不要错过

舍伍德森林国家自然保护区（SHERWOOD FOREST NATIONAL NATURE RESERVE）

如果罗宾汉现在想要藏匿在舍伍德森林，他和他的好汉们（Merry Men）可得改扮成骑山地车的一日游游客了。如今这片老龄林占地不过182公顷，但仍是诺丁汉市居民主要的出游地。为期一周的**罗宾汉盛典**（Robin Hood Festival；www.nottinghamshire.gov.uk；◷8月）每年8月在这片森林举行，是再现中世纪生活的大型节日。

保护区弧形木结构建筑里的**游客中心**（www.visitsherwood.co.uk；Forest Corner, Edwinstowe；森林和游客中心 免费，停车 £4；◷3月至9月 10:00~18:00，10月至次年2月 至16:00）🍃于2018年重装开业，为游客提供森林野生动物、徒步线路和罗宾汉传说有关的信息——包括树龄达800年的**Major Oak**——一棵树枝粗大、用几根杆子支撑着的橡树，据传这里曾是侠盗王子罗宾汉（Robin of Locksley）的藏身之所。

在舍伍德森林南边2英里处的B6030路边，**Sherwood Pines Cycles**（☎01623-822855；www.sherwoodpinescycles.co.uk；Sherwood Pines Forest Park, Old Clipstone；自行车租赁 成人/儿童 每小时 £9/8，每天 £28/20；◷周四至周二 9:00~17:00，周三 至19:00）提供山地自行车出租，用来探索该区域的小径。

周一至周四11:00~23:00, 周五 至次日1:00, 周六 10:00至次日1:00, 周日 10:00~21:00) 喝一杯的好地方。这家酒馆位于一座维多利亚时期庄严而古老的音乐厅内, 查理·卓别林曾在此献艺。如今是基督教慈善基金会 (Christian Charity Trust) 经营的公共空间, 经常举办艺术展览和现场音乐演出。有包括丰盛汉堡在内的一流酒吧食物。

Brass Monkey   鸡尾酒吧

(www.brassmonkeybar.co.uk; 11 High Pavement; 周一至周六 17:00至次日3:00) 在这家诺丁汉开业最早的鸡尾酒吧里, DJ打碟, 现场音乐震撼着蕾丝市场。店里还有多款新奇的热门鸡尾酒, 比如接骨木莫吉托 (elderflower mojito)。夏日的夜晚, 天台更是挤满客人。

Canal House   酒馆

(0115-955 5060; www.castlerockbrewery.co.uk/pubs/the-canalhouse; 48-52 Canal St; 周一至周三 11:00~23:00, 周四 至午夜, 周五和周六 至次日1:00, 周日 至22:30) 这是城内首屈一指的运河畔酒馆, 被一处水湾分成两部分, 设有众多河畔座位, 提供诺丁汉本地Castle Rock Brewery酿造的各种扎啤。定期举办的活动从喜剧表演到精酿啤酒节, 可谓精彩纷呈。

❶ 实用信息

诺丁汉的**旅游局**(0844 477 5678; www.experiencenottinghamshire.com; The Exchange, 1-4 Smithy Row; 全年 周一至周六 9:30~17:30, 以及7月、8月和12月上旬至圣诞节周日 11:00~17:00) 有大量旅游宣传册和与罗宾汉有关的周边产品。

❶ 到达和离开

飞机

东米德兰机场 (见510页) 位于诺丁汉中心西南大约13.5英里处, Skylink的公共汽车途经该机场 (单程/往返£5.20/10.40, 1小时, 每小时至少1班, 24小时运营)。

长途汽车

维多利亚长途汽车站位于Milton St上Victoria shopping centre购物中心的后方, 当地长途汽车多从该车站发车。100路汽车开往绍斯韦尔 (Southwell; £4.30, 1小时, 每小时1班), 而90路汽车则驶向纽瓦克 (Newark; £5.50, 50分钟, 周一至周六 每小时1班, 周日 每2小时1班)。

另一些长途汽车则从**Broadmarsh公共汽车站**(Collin St) 出发。

National Express的车班次频繁, 目的地包括:
伯明翰 £11.10, 2.25小时, 每天9班
德比 £9, 40分钟, 每天7班
莱斯特 £4.60, 55分钟, 每小时1班或更多
伦敦维多利亚 £9.30, 3.5小时, 每2小时1班

火车

火车站就在市中心的南缘。
德比 £7.60, 30分钟, 每小时4班
林肯 (Lincoln) £11.80, 55分钟, 每小时1班
伦敦国王十字/圣潘克拉斯 £47, 1.75小时, 每小时2班
曼彻斯特 £27.50, 1.75小时, 每小时最多2班

特伦特河畔纽瓦克 (Newark-on-Trent)

01636/人口 27,700

特伦特河畔纽瓦克为其在英国内战期间选边站错队付出了代价。小镇曾经历了奥利弗·克伦威尔 (Oliver Cromwell) 军队的四次围攻而幸免于难, 但1646年查理一世投降后, 小镇最终被圆颅党人洗劫一空。如今这座河畔城镇宁静宜人, 城堡遗址也值得驻足游览一番。

◉ 景点

纽瓦克城堡   城堡

(Newark Castle; www.newark-sherwooddc.gov.uk/newarkcastle; Castle Gate; 庭院 免费, 团队游 成人/儿童 £5.50/2.75; 庭院 黎明至黄昏, 团队游需预约 周三和周五至周日) 纽瓦克城堡遗址位于俯瞰着特伦特河的一处美丽花园内, 至今仍保留着诺曼时期的壮观大门、一系列地下通道和房间。国王约翰——在罗宾汉传奇中被描述为恶人——于1216年在此逝世。团队游可在网站www.palacenewarktickets.com预约。庭院中经常举办各种音乐会、节庆和文化活动。

纽瓦克航空博物馆 博物馆

（Newark Air Museum；☎01636-707170；www.newarkairmuseum.org；Drove Lane, Winthorpe；成人/儿童 £9/4.50；◎3月至10月 10:00~17:00，11月至次年2月 至16:00）在纽瓦克以东2英里处，靠近Winthorpe Showground。博物馆内陈列着100多架飞机藏品，包括一架可怕的"火神"（Vulcan）轰炸机、一架吸血鬼T11（Vampire T11）、一架"格洛斯特"流星战斗机（Gloster Meteor）以及一架德哈维兰虎蛾机（de Havilland Tiger Moth），此外还有关于英国皇家空军的小型展览。

✖ 餐饮

Old Bakery Tea Rooms 咖啡馆 £

（☎01636-611501；www.oldbakerytearooms.co.uk；4 Queens Head Ct；主菜 £6~12；◎周一至周六 9:30~17:00；✖）包括美味甜食和可口司康饼在内的所有食品都是现场新鲜出炉的。该餐馆坐落在一座迷人的15世纪都铎王朝风格建筑内，午餐特色菜包括浓汤、意式菜肉蛋饼、蒜末烤面包和烟熏三文鱼奶油蛋卷。仅收现金。

Castle Barge 酒吧

（www.castlebarge.com；The Wharf；◎10:30至午夜）这艘旧粮食驳船停靠在特伦特河畔，俯瞰着纽瓦克城堡，该船曾经往返于赫尔港（Hull）和庚斯博罗（Gainsborough）之间，如今则是享用当地艾尔啤酒的理想场所，无论舱内或是甲板上都很惬意。酒吧在河畔还设有野餐桌椅。菜品包括石烤比萨饼。

ⓘ 实用信息

旅游局（☎01636-655765；www.newark-sherwooddc.gov.uk；14 Appleton Gate；◎10:00~16:00）位于历史中心区的东北边缘。

ⓘ 到达和离开

28路和29路汽车开往绍斯韦尔（£6.70，45分钟，每小时2班）。

纽瓦克有两个火车站：

纽瓦克城堡 东米德兰火车开往莱斯特（£18.30，1.25小时，每小时1班）、诺丁汉（£6.40，30分钟，每小时2班）和林肯（£5.40，25分钟，每小时2班）。

纽瓦克北门（Newark North Gate）东海岸主线（East Coast Main Line）上的火车开往伦敦国王十字（£34.50，1.5小时，每小时2班）；去往北边的目的地需要在唐卡斯特（Doncaster；£24.80，25分钟，每小时1班）换乘。

绍斯韦尔（Southwell）

☎01636/人口 7297

绍斯韦尔散布多座紫藤低垂的高大乡间别墅，让人感觉仿佛走进英国浪漫主义文学时期书中描述的场景。

◎ 景点

★ 绍斯韦尔大教堂 教堂

（Southwell Minster；www.southwellminster.org；Church St；建议捐赠 £5；◎3月至10月 8:00~19:00，11月至次年2月 至18:30）村中心拔地而起的绍斯韦尔大教堂令人惊叹，它建于撒克逊和古罗马时期的基址上，融合了12世纪、13世纪的建筑特点，包括之字形门框和弧形拱门等。牧师会礼堂则有几座罕见的彩绘玻璃窗，以及精雕细刻的人脸、动物和森林树叶装饰。

绍斯韦尔济贫院 博物馆

（Southwell Workhouse；NT；☎01636-817260；www.nationaltrust.org.uk；Upton Rd；成人/儿童 £9.10/4.55；◎外部导览团队游 11:00，济贫院 3月至11月上旬 正午至17:00）坐落在前往纽瓦克的路上，村镇中心以东1英里处，这处济贫院旧址揭示了19世纪穷人所面临的艰难生活。你可以随着语音导览参观厂房和工人舍，聆听"工友"和"官员"的独白。1小时的外部导览团队游每天11:00开始。

🛏 食宿

Saracen's Head Hotel 历史酒店 ££

（☎01636-812701；www.saracensheadhotel.com；Market Pl；标单/双/家/套 含早餐 £90/100/130/150起；🅿🛜🐾）这座庞大的木结构黑白色建筑原来是家马车驿站，位于村中心一座鲜花盛开的庭院内，现在共有27间精心翻新的客房（部分客房有四柱床和独立浴缸）分布在新旧翼楼中。曾经下榻于此的贵宾包括查理一世、拜伦勋爵和狄更斯等人。酒店橡木镶板的餐厅供应传统英国菜肴（2/3道菜套餐£19.50/23.50）。

家庭房最多可住四人；还可提供婴儿床。

Old Theatre Deli 咖啡馆、熟食 £

（www.theoldtheatredeli.co.uk；4 Market Pl；菜肴£6~12；◎8:30~18:00）店内美食包括出自中部地区有口皆碑的Hambleton Bakery烘焙坊的手工面包，美味的三明治、乳蛋饼、馅饼、沙拉和特色热菜，例如玉米培根油炸馅饼等，都可以打包或在店内或人行道露台餐区享用。你还可以点一个配有地垫的野餐篮。这家店位于乔治国王时期的剧院内。

❶ 到达和离开

100路汽车从诺丁汉（£4.30，1小时，每小时1班）发车。如果要前往特伦特畔纽瓦克，可以搭乘28路或29路汽车（£6.70，45分钟，每小时2班）。

林肯郡（LINCOLNSHIRE）

林肯郡分布着低矮的山丘和人烟稀少、地势平坦的芬斯（Fens），农田上点缀着座座风车，最近还新增了一架架风力发电机。在历史悠久的郡府林肯周围，你可以游览海滨度假胜地、风景如画的水道、安静的自然保护区以及尤其适合英国时代剧取景拍摄的石头小镇。

林肯郡最著名的两位"黄肚皮"（yellow bellies；林肯郡当地人对自己的称呼）是艾萨克·牛顿爵士（Sir Isaac Newton；其故居伍尔斯索普庄园现已开放参观）和已故前首相撒切尔夫人（集镇格兰瑟姆一位杂货商之女）。

🏃 活动

这一地区曾经在9世纪被挪威入侵者占据，全长达147英里的**维京步道**（Viking Way）就穿越此地，从亨伯河（River Humber）岸边起，蜿蜒穿过林肯郡荒原（Lincolnshire Wolds）的平坦山丘，通往拉特兰（Rutland）的奥克汉（Oakham）。

自行车手们可以从当地任何一家旅游局办事处获取穿过林肯郡的骑行路线信息。全长33英里的**水边步道**（Water Rail Way）是条平坦的公路自行车道，沿着威瑟姆河（River Witham）边林肯和波士顿（Boston）之间的旧铁路前进，穿过经典乡村芬斯地带，沿途还有不少雕塑值得欣赏。

❶ 到达和离开

东米德兰火车连接着林肯、纽瓦克城堡和诺丁汉。纽瓦克北门火车站和格兰瑟姆（Grantham）则位于连接伦敦国王十字火车站和爱丁堡（Edinburgh）的东海岸主线上。

当地的公共汽车穿梭于林肯郡的各个小镇之间，但行车缓慢，且班次较少。可访问www.lincolnshire.gov.uk网站上的"交通"页面。

完整交通信息可查询Traveline（见440页）。

林肯（Lincoln）

☏01522 / 人口 97,541

市镇的周围环绕着古老的城门，其中就包括位于Bailgate的纽波特拱门（Newport

值 得 一 游

贝尔顿庄园

14.2公顷规则式园林环绕的**贝尔顿庄园**（Belton House；NT；☏01476-566116；www.nationaltrust.org.uk；Belton；建筑和庭院 成人/儿童 £15.70/10，仅庭院£12/8.20；◎建筑 3月至10月 周三至周日12:30~17:00，11月至次年2月 停止接待游客，庭院 3月至10月 9:30~17:30，11月至次年2月 至16:00）是英国时代剧理想的外景地。《简爱》《汤姆·琼斯》和科林·福斯（Colin Firth）版的《傲慢与偏见》都曾在此取景。这座始建于1688年的庄园呈现经典复古风格，仍保留了原建筑特征，包括荷兰雕刻大师格林林·吉朋斯（Grinling Gibbons）的华丽木雕。庄园位于格兰瑟姆东北2.5英里处，紧邻A607公路，Stagecoach的1路公共汽车（£2.50，15分钟，周一至周六 每小时1班，周日 每2小时1班）开往此地。

周边526公顷的场地300多年来一直是鹿群的栖息地。庄园内还设有农场商店、餐厅、咖啡馆和探险游乐园。

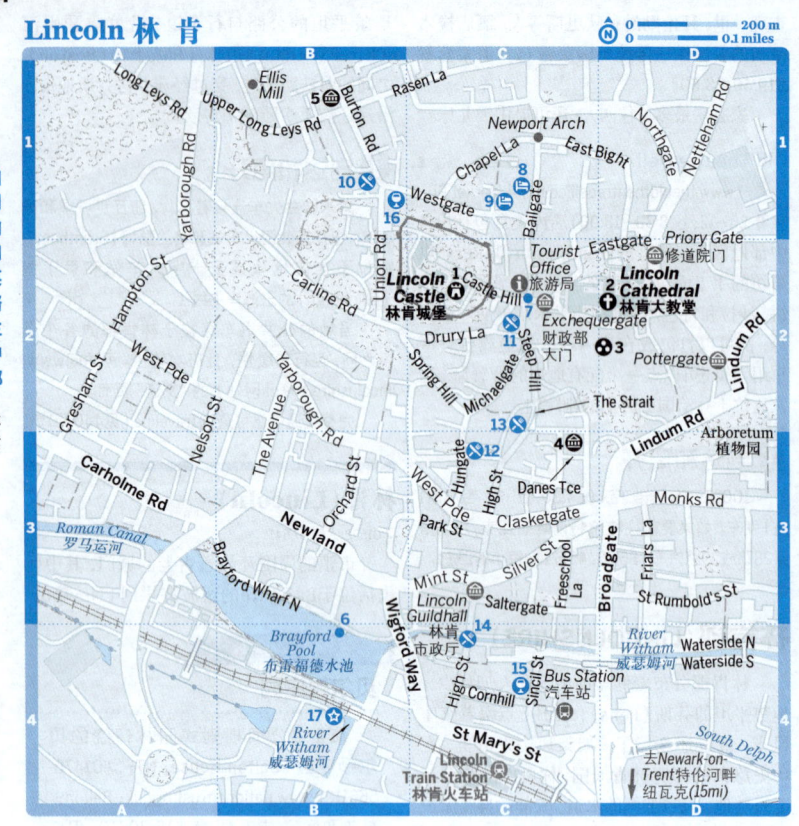

Lincoln 林肯

◎ 重要景点
- **1** 林肯城堡 C2
- **2** 林肯大教堂 D2

◎ 景点
- **3** 主教宫 D2
- **4** 藏品博物馆 C3
- **5** 林肯郡生活博物馆 B1

⊙ 团队游
- **6** Brayford Belle B4
- **7** 幽灵之旅 C2

🛌 住宿
- **8** Bail House C1
- **9** Castle Hotel C1

🍴 就餐
- **10** Bronze Pig B1
- **11** Brown's Pie Shop C2
- **12** Cheese Society C3
- **13** Jews House C2
- Reform .... (见9)
- **14** Stokes High Bridge Café C4

🍷 饮品和夜生活
- **15** Cosy Club C4
- **16** Strugglers Inn B1
- **17** Engine Shed B4

Arch）——Bailgate是一处早期古罗马人定居点遗址。在美丽的老城中心，纵横交错的中世纪鹅卵石街道旁矗立着11世纪的城堡和12世纪建造的宏伟大教堂。几条小道翻越林肯悬崖（Lincoln Cliff）的边缘，路旁是都铎王朝时期的乡间洋房、古老的小酒馆和独立小店。

林肯新城坐落在威瑟姆河岸边的山脚下，虽然没那么引人入胜，但大学附近的布雷福德水滨（Braytord Waterfront）开发区复兴之后，成了欣赏来往船只的热门场所。

◉ 景点

★ 林肯大教堂 主教座堂

（Lincoln Cathedral；☎01522-561600；www.lincolncathedral.com；Minster Yard；周一至周六 成人/儿童 含城堡联票 £17.20/9.60，大教堂 £8/4.80，9:00之前和16:00之后以及周日 全天乐捐入场；⊙7月和8月 周一至周五 7:15~20:00，周六和周日 至18:00，9月至次年6月 周一至周六 7:15~18:00，周日 至17:00）无与伦比的林肯大教堂，如同中世纪的摩天大楼般矗立在城中，是神圣的力量在人间的惊人体现。高耸的主塔楼立于中殿和耳堂相交处，高度达83米，其高度在英格兰位列第三。而在中世纪时期，一座覆铅的木结构尖顶曾让塔楼又加高了79米，甚至高于宏伟的埃及吉萨金字塔。时长1小时的导览游（已包含在门票中），周一至周六每天至少两次，此外还有屋顶和塔楼团队游（£4；预约）。

教堂的内部空间极大，即便是对现代会众而言也绰绰有余。礼拜仪式在圣休斯唱诗席（St Hugh's Choir）进行，这是一座由中殿和耳堂相交处向东延伸出来的"教堂中的教堂"。穿过繁复精美的雕花石屏，便来到唱诗席。向北望去，就可看到名为"教长之眼"（Dean's Eye；大约1192年建造）的精美玫瑰窗，与之相对的是南边的"主教之眼"（Bishop's Eye；1330年）窗，上面绘有花卉装饰。在北耳堂（North Transept）的3座礼拜堂（Services Chapels）里，还有更多的彩绘玻璃窗。

在圣休斯唱诗席的另一侧，天使唱诗席（Angel Choir）由28根柱子支撑，柱子顶端雕刻着天使和叶状涡卷纹饰。其他有趣的细节包括十边形的牧师会礼堂（chapterhouse）——爱德华一世曾在这里召开议会。而在2005年，电影《达·芬奇密码》（The Da Vinci Code）的高潮段落就拍摄于此。

颂唱晚祷是聆听管风琴的天籁之音回荡大教堂的最好时机；具体时间可在网站查询。

★ 林肯城堡 城堡

（Lincoln Castle；☎01522-554559；www.lincolncastle.com；Castle Hill；成人/儿童 含大教堂联票 £17.20/9.60，城堡单日票 £13.50/7.20，仅城堡 £7.50/5，庭院 免费；⊙4月至9月 10:00~17:00，10月至次年3月 至16:00）林肯城堡修建于1068年，是威廉一世（征服者威廉）得胜后为保卫自己的新王国而建造的首批城堡之一。你可以从这里俯瞰整座城市和周边数英里内壮美的乡村风景。2015年大修项目完工后，开放了整座城堡的围墙，并将1215年的大宪章（仅存的4份副本中的一份）移至光鲜的地下层新陈列厅。包含在城堡门票中的一小时导览游从东门出发；可在黑板上查看具体时间。

主教宫 遗迹

（Bishops' Palace，EH；☎01522-527468；www.english-heritage.org.uk；Minster Yard；成人/儿童 £5.90/3.50；⊙4月至9月 周三至周日 10:00~18:00，10月 周三至周日 至17:00，11月至次年3月 周六和周日 至16:00）林肯大教堂的一旁坐落着12世纪主教宫遗址。宫殿曾在内战期间被议会一方的军队破坏殆尽，如今遗址虽然饱经沧桑，但依旧气势恢宏。在这里，当地的主教们曾一度控制着从亨伯河到泰晤士河一带的主教教区。门票包含趣味十足的语音导览。山坡上的阶梯花园栽满了葡萄藤。

林肯郡生活博物馆 博物馆

（Museum of Lincolnshire Life；☎01522-782040；www.lincolnshire.gov.uk；Old Barracks，Burton Rd；⊙10:00~16:00）**免费** 这座迷人的社区博物馆位于一栋陈旧的维多利亚式军营里，馆内陈列着各式各样的展品，从维多利亚时期的农具到"一战"中在林肯制造的铁皮坦克。

藏品博物馆 博物馆

（Collection；☎01522-782040；www.

thecollectionmuseum.com; Danes Tce; ⊙10:00~16:00, 每月的第一个周一 10:45起) **免费** 博物馆里的大量动手体验式展示项目让考古变得生动有趣,孩子们可以在这里接触到文物,穿上古典服饰。别忘了去看一看"黄肚皮"(当地人的自称,在沼泽地区出生的当地人因环境恶劣导致肤色泛黄,故此得名)被压碎的头盖骨,这是从斯利福德(Sleaford)附近一处新石器时代的墓葬遗址发掘出土的,迄今已有4000年的历史。周六14:00有免费的1小时导览团队游。还可留意各种晚间主题活动。

财政部大门(Exchequergate)　　历史建筑

这座三重拱形、城垛形顶部的财政部大门位于城堡和大教堂之间,曾是教会的租户支付租金的地方,其历史可追溯到14世纪。一块黑白格子(chequered)布用于帮助清点付款,这也是术语"exchequer"(财政部、国库)的起源。

👉团队游

幽灵之旅　　步行

(Ghost Walks; ☎01673-857574; www.lincolnghostwalks.co.uk; 成人/儿童 £5/3; ⊙周三至周六 19:00)令人毛骨悚然的步行团队游持续75分钟,全年从旅游局旁边出发。不必提前预订;在团队游出发前10分钟到达即可。

Brayford Belle　　游船

(☎01522-881200; www.lincolnboattrips.co.uk; Brayford Wharf North; 成人/儿童 £7/4; ⊙团队游 复活节至9月 每天11:00、12:15、13:30、14:45和15:45, 10月 时间不定)搭乘"Brayford Belle"号游船,在50分钟时间里沿威瑟姆河与Fossdyke Navigation游览,后者是一个可以追溯至古罗马时期的运河系统。不接受信用卡支付。

🛏住宿

Castle Hotel　　精品酒店 ££

(☎01522-538801; www.castlehotel.net; Westgate; 标单/双/马车房 含早餐 £90/120/220起; ℗⑨)酒店共有18间客房,每一间都用橄榄绿、松露色和牡蛎色做了精心的装饰,适合家庭入住的4人马车房也不例外。这幢红砖建筑位于林肯的古罗马广场(Roman forum)遗址上,1852年建成,曾经作为学校和"二战"时的瞭望台。好好享受酒店与备受好评的附设餐馆**Reform**(www.reformrestaurant.co.uk; 主菜 £15~22; ⊙周三至周六 正午至14:30和19:00~21:00, 周日 正午至15:00)联合推出的各种物超所值的晚餐、住宿和早餐组合优惠。

Bail House　　民宿 ££

(☎01522-541000; www.bailhouse.co.uk; 34 Bailgate; 双/家 £84/134起; ℗⑨☒)这座漂亮的乡间洋房位于林肯市中心,有着乔治国王时期的复古风格。石墙、斑驳的石板路、掩映的花园,还有一间杰出的木结构穹顶房,都只是这间民宿魅力的一部分,这里停车空间有限,但有花园和儿童游乐场,甚至还有一座季节性开放的恒温户外游泳池。家庭房可入住4人。

🍴就餐

Stokes High Bridge Café　　咖啡馆 £

(www.stokes-coffee.co.uk; 207 High St; 菜肴 £5~9; ⊙周一至周六 8:00~17:00, 周日 11:30~16:00; ⑨☒🚭)这座高耸的1540年黑白都铎风格建筑堪称林肯地标,是英格兰唯一一座建在中世纪古桥(1160年)上的建筑。在保存完好的半木结构内部,1892年就已开业的家庭烘焙工坊Stokes出品采用特别咖啡豆制作的精萃咖啡。经典菜肴包括英式早餐、传统烤肉以及下午茶等。

Cheese Society　　奶酪 £

(www.thecheesesociety.co.uk; 1 St Martin's Lane; 菜肴 £5~9, 奶酪拼盘 £9~18; ⊙厨房 周一至周五 11:00~15:30, 周六 至16:00, 商店 周一至周五 10:00~16:30, 周六 至17:00)这家明亮简约的店铺不仅出售90多种英式奶酪,还设了12张座椅提供咖啡。试试精心准备的奶酪拼盘或者各种菜肴,如两次烤制的Dorset Blue Vinney蛋奶酥或Wensleydale香草司康饼配烟熏三文鱼等。

Brown's Pie Shop　　馅饼、英国菜 ££

(☎01522-527330; www.brownspieshop.co.uk; 33 Steep Hill; 主菜 £9.75~26.50; ⊙周一至周五 正午至14:30和17:00~21:30, 周六 正午至

21:30，周日至20:00）这家老牌经典英式餐厅丰盛的罐烘菜肉馅饼（pot pies；没有酥皮饼底）塞满了当地采购的牛肉、兔肉和野味。除了馅饼，这里的传统菜肴还包括林肯郡香肠配焦糖洋葱肉汁和慢炖五花肉等。

★ Bronze Pig 英国菜 £££

（☎01522-524817；www.thebronzepig.co.uk；4 Burton Rd；主菜£16~27；⊙预订，周三至周六18:30~22:00，周日11:30~14:00）入围BBC《厨艺大师》（*Master Chef*）决赛的爱尔兰人Eamonn Hunt和西西里主厨Pompeo Siracusa的餐馆刚一开张就轰动了林肯的餐饮界。两人非凡的新派英国菜烹饪技艺受到意大利菜影响，所用食材均产自当地。需提前很久预订，准备接受惊喜吧。这里还有四间豪华客房（双£105起）。

Jews House 欧洲菜 £££

[☎01522-524851；www.jewshouserestaurant.co.uk；15 The Strait（Steep Hill）；主菜£16.50~25.50；⊙周二19:00~21:30，周三至周六正午至14:00和19:00~21:30] Jews House所在的古罗马犹太人之家（Romanesque Jew's House）是英格兰最古老的房屋之一，大约建于1160年。餐馆在当地颇受欢迎，供应各种招牌美食（烤林鸽肉、松露蛋奶沙司和培根；柠檬烤比目鱼配扇贝慕斯）。

🍷 饮品和夜生活

Cosy Club 酒吧

（www.cosyclub.co.uk；Sincil St；⊙周日至周三9:00~23:00，周四至午夜，周五和周六至次日1:00；🛜）这座1848年建成的玉米交易所经过精心改造，高耸的天花板还开着天窗。现在则是林肯最热闹的酒吧之一。除了各种鸡尾酒如"英国玫瑰"（杜松子酒、玫瑰水、草莓和起泡酒调制）和"伯爵早餐"（伏特加、伯爵茶和酸橙汁），这里还供应早餐、早午餐、西班牙小吃和各国风味菜肴。

Strugglers Inn 酒馆

（www.strugglers-lincoln.co.uk；83 Westgate；⊙周二和周三正午至午夜，周四至周六至次日1:00，周日和周一至23:00）屋后围墙庭院内的啤酒花园阳光明媚，而采用壁炉取暖的室内环境同样温馨舒适。打开酒头，纯正的精选艾尔啤酒汩汩流出，所有这一切都让这家小酒馆成为林肯市独立酒吧中的翘楚。

Engine Shed 现场音乐

（☎0871 220 0260；www.engineshed.co.uk；Brayford Pool）林肯规模最大的现场音乐场地，位于从前的铁路集装箱仓库内。过往登台演出的大牌明星包括Kings of Leon、Fat Boy Slim和Manic Street Preachers等。除了音乐，这里还会举办各种体育赛事、喜剧演出以及快闪市集等活动。

ℹ️ 实用信息

旅游局（☎01522-545458；www.visitlincoln.com；9 Castle Hill；⊙周一至周六10:00~17:00，周日10:30~16:00）位于一座16世纪的半木结构建筑内。

ℹ️ 到达和离开

长途汽车

汽车站（Melville St）就在新城区的火车站东北。

Stagecoach长途汽车中包括前往格兰瑟姆（£5.60，1.5小时，周一至周六每小时1班，周日5班）的1路汽车。

火车

火车站位于新城区布雷福德水滨开发区以东250米处。

波士顿 £14.40，1.25小时，每小时1班，在斯利福德换乘

伦敦国王十字 £79.50，2.25小时，每小时最多3班；在纽瓦克或彼得伯勒（Peterborough）换乘

特伦特河畔纽瓦克 纽瓦克城堡；£5.40，25分钟，每小时最多2班

诺丁汉 £11.90，1小时，每小时1班

设菲尔德（Sheffield）£15.30，1.25小时，每小时1班

波士顿（Boston）

☎01205/人口35,124

很难相信，这个沉寂的波士顿居然是它更大、更出名的美国"表亲"名字的来源。虽然没有波士顿的市民登上"五月花"号，但这个港口确实曾经成为遭受迫害的清教徒（Puritans）逃离诺丁汉郡、前往荷兰和美

洲寻求宗教自由的通道。17世纪30年代，波士顿牧师约翰·考顿（John Cotton）激情昂扬的布道，激发了许多当地人跟随前辈们的脚步远渡重洋，其中就包括美国第六任总统约翰·昆西·亚当斯（John Quincy Adams）的祖先。这些先驱者在新殖民地马萨诸塞州（Massachusetts）建立了一座同名的小镇，而之后的，就是众所周知的历史了。

◎景点

莫德弗斯特风车　　　　　　　　　　历史建筑

（Maud Foster Windmill；☎01205-352188；www.maudfoster.co.uk; 16 Willoughby Rd; 成人/儿童 £4/2; ⊙周三和周六 10:00~17:00）在Market Pl东北方大约800米远的地方，矗立着英国境内最高的仍在运转的风车。风车共有5片翼板而非常见的4片，内部有7层踩上去嘎吱作响的楼板，由近乎垂直的楼梯连接。成袋销售现场磨制的面粉。自炊者可住隔壁的谷仓（双£430起，含3夜住宿以及风车磨坊团队游和停车；不接待儿童）。

市政厅　　　　　　　　　　　　　　博物馆

（Guildhall；☎01205-365954；www.bostonguildhall.co.uk; South St; ⊙周三至周六 10:30~15:30）免费 在逃往新大陆前，清教徒的先驱们曾被短暂地监禁在14世纪的老市政厅里，该市政厅位于威瑟姆河畔，是林肯郡最古老的砖砌房屋之一，其历史可以追溯至14世纪90年代。建筑的内部很有趣，有互动的展品，一座经过修复的16世纪法庭，以及一个重建的乔治国王时期厨房。定期举办的临时展览也可免费参观。

圣波托尔夫教堂　　　　　　　　　　教堂

（St Botolph's Church; www.parish-of-boston.org.uk; Church St; 塔楼 成人/儿童 £5/免

林肯郡：轰炸机之乡

随着第一次世界大战的爆发，英国皇家空军（RAF）于1918年成立，两年后空军学院在林肯郡创办。第二次世界大战期间，英国的"轰炸机之乡"成为无数空军中队的驻扎地；到了1945年，这里的机场（49座）比英国任何地区都要多。美国海军（US Navy）执行反潜侦察的水上飞机从这里起飞，B-29轰炸机的基地也设于此。

就在林肯南边，2018年新开放的国际轰炸机指挥中心设有一座令人动容的纪念碑和博物馆。在林肯的旅游局，你可以了解到林肯郡航空传统的其他情况。

国际轰炸机指挥中心（International Bomber Command Centre; ☎01522-514755; www.internationalbcc.co.uk; Kanwick Hill; 纪念碑 免费，博物馆 成人/儿童 £7.20/4.50; ⊙纪念碑 24小时，博物馆 周二至周日 9:30~17:00）2018正式开放的这座纪念地，位于林肯以南1.5英里处，占地4.5公顷，其中心是一座31米高的金属尖顶（102英尺，正好是兰开斯特轰炸机的翼展宽度），周围锈铁装饰墙上镌刻着曾在英国轰炸机司令部服役或提供支持的57,861位男女军人的姓名。纪念碑旁边是座先进的博物馆，馆内的高科技互动展览介绍了轰炸机司令部的历史，包括"二战"空袭亲历者感人的叙述。

不列颠之战纪念飞行表演队游客中心（Battle of Britain Memorial Flight Visitor Centre; ☎01522-552222; www.lincolnshire.gov.uk; Dogdyke Rd, Coningsby; 博物馆 免费，飞机库团队游 成人/儿童 £8.50/4.60; ⊙飞机库团队游需预约，周一至周五 10:00~17:00）90分钟的飞机库团队游，带你欣赏喷火式战斗机和四引擎的兰开斯特"林肯"轰炸机（Lancaster City of Lincoln）。从林肯乘IC5路公共汽车（£4.60, 1小时，周一至周六 每小时1班）可达。

林肯郡航空遗产中心（Lincolnshire Aviation Heritage Centre; ☎01790-763207; www.lincsaviation.co.uk; East Kirkby, 靠近Spilsby; 成人/儿童 £8.50/3; ⊙复活节至10月 周一至周六 9:30~17:00, 11月至次年复活节 周一至周六 10:00~16:00）坐落在原"二战"轰炸机机场上，至今还保留着战争期间的指挥塔。遗产中心陈列着多架战时的飞机和机动车辆。位于林肯东南方向30英里处，A153公路可达，没有公共交通工具连接此地。

费；⊙教堂 参观时间 周一至周六 8:30~16:00，周日 7:30起，塔楼 周一至周六 10:00~15:30，周日 13:00起，最晚攀登时间 15:00）建于14世纪早期，教堂的塔楼高达88米，由于其好似被截断顶部般的外形，当地人管这座教堂叫"树桩"（Stump），而波士顿这个名字也正是来源于"St Botolph's Stone"的变体。挑一个天气晴朗的日子，努力登上209级台阶，你就可以远眺32英里开外的林肯市。

❶ 到达和离开

这里有火车往返林肯与波士顿之间（£14.40, 1.25小时, 每小时1班），但需要在斯利福德换乘；还有火车开往诺丁汉（£18.20, 1.5小时, 每小时1班）。

斯坦福德（Stamford）

☏01780 / 人口 19,704

作为英格兰最漂亮的小镇之一，斯坦福德仿佛时光凝固一般：优雅的街道旁排列着蜜色的石灰石建筑，在小巷里隐藏着酒馆、有趣的餐馆和独立的小型精品店。参差林立的古老教堂尖顶高耸入云，平静的韦兰河（River Welland）汩汩流淌，蜿蜒穿过镇中心。小镇是电影人寻找英格兰标志性美景时的最爱，于是从《傲慢与偏见》到《达·芬奇密码》，斯坦福德便频频出镜。

◉ 景点

★ 伯利府 历史建筑

（Burghley House; www.burghley.co.uk; 建筑和花园 成人/儿童 £19/10, 仅花园 £13/9; ⊙建筑 3月中旬至10月 周六至周四 11:00~17:00, 花园 3月中旬至10月 每天 11:00~17:00, 公园 全年每天 8:00~18:00或时间更早的黄昏）豪华的伯利府（读作bur-lee）由伊丽莎白一世女王的首席顾问威廉·塞西尔（William Cecil）所建，其后代现在仍居住于此。伯利府占地810公顷，园林由"万能"的兰斯洛特·布朗设计，点缀着多座圆顶建筑、亭子、瞭望楼和烟囱。奢华的大厅更是亮点。每年9月上旬这里会举办著名的伯利马术大赛（Burghley Horse Trials）。庄园位于斯坦福德东南1.3英里处，沿斯坦福德火车站附近公园中标识清楚的小

艾萨克·牛顿爵士故居

艾萨克·牛顿爵士的粉丝们在这位伟人的出生地一定会感受到犹如地心引力般的莫大吸引力。**伍尔斯索普庄园**（Woolsthorpe Manor; NT; ☏01476-862823; www.nationaltrust.org.uk; Water Lane; 建筑和庭院 成人/儿童 £7.70/3.85, 仅庭院 £3.86/2.68; ⊙3月中旬至10月 周三至周一 11:00~17:00, 11月至次年3月中旬 周五至周日 11:00~17:00）位于格兰瑟姆以南约8英里处。这栋17世纪的朴素住宅中有经过重建的牛顿居所，据说激发万有引力定律灵感的苹果树就在花园里。这里还有一个精致的儿童科普室和一家咖啡馆。从格兰瑟姆乘坐中央汽车9路（£2.80, 20分钟, 周一至周六 每天4班）可达。

径步行15分钟即到。

圣玛丽教堂 教堂

（St Mary's Church; www.stamfordbenefice.com; St Mary's St; ⊙8:00~18:00，时间可能不定）这座12世纪的圣玛丽教堂有一个可爱而不甚稳固的八角尖塔顶（建于13世纪）。夏季这里会举办古典音乐会；门票（£14起）在斯坦福德的旅游局发售。

🛏 住宿

William Cecil at Stamford 历史酒店 ££

（☏01780-750070; www.hillbrookehotels.co.uk; High St, St Martin's; 标单/双/家 含早餐 £100/110/175起; P 🛜）这家令人惊艳的翻新酒店位于伯利府庄园内，27个房间的设计灵感无不源于伯利府邸，拥有古典的装饰和埃及棉床品等奢侈配置以及赠送的有机伏特加等。家庭房可以入住两位成人和两个孩子；还有几间连通房。时尚的餐厅供应可口的英式经典菜肴，朝向一个摆放着藤椅的露台。

★ George Hotel 历史酒店 £££

（☏01780-750750; www.georgehotelofstamford.com; 71 High St, St Martin's; 标单/双/套/四柱床房 含早餐 £130/215/290/320起; P 🛜 🐾）斯坦福德地标性的奢华酒店，于1597年开始

营业。如今这里的45间客房大小和装饰各异，完美融合了古典的魅力与现代的高雅。同时，酒店内的橡木镶板餐厅提供高级的新派英国菜肴，气氛较休闲的花园房餐厅在庭院里供应下午茶。两间酒吧中有一家香槟酒吧。

饮品

Paten & Co
酒馆

(www.kneadpubs.co.uk；7 All Saints' Pl；⊙周一至周六 11:00至午夜，周日 正午至18:00；☎) 当现在的业主在装修这座18世纪的建筑时，发现了Paten & Co葡萄酒和烈酒商人的彩绘标志，并且获准使用原来的名称。主打老式鸡尾酒（如覆盆子和百里香Collins），此外还有碳烤街头食品等。顶楼可以看到令人心醉的万圣教堂尖塔。

万圣啤酒厂
啤酒厂

(All Saints Brewery；www.allsaintsbrewery.co.uk；22 All Saints' St；⊙周一至周六 正午至23:00，周日 至22:30；☎) 在这里，维多利亚时代的蒸汽酿酒设备用来制造有机果味啤酒，让这座1825年的啤酒厂在关闭数十年后重获生机。在附设的酒馆里或庭院的遮阳伞下试试这里的樱桃、草莓、覆盆子和杏子啤酒。酒保可带你进行非正式的酿酒团队游。

值 得 一 游

奥尔索普宅邸

斯潘塞（Spencer）家族的祖宅，**奥尔索普宅邸**（Althorp House；☎01604-770107；www.spencerofalthorp.com；成人/儿童￡18.50/11；⊙7月中旬至9月上旬 正午至17:00）——发音为"altrup"——是戴安娜王妃的安息之地，修建有一座纪念碑以纪念王妃。宅邸内杰出的艺术收藏品包括有鲁本斯、庚斯博罗和范戴克等大师的作品。门票收益将用于戴安娜王妃纪念基金（Princess Diana Memorial Fund）支持的慈善事业。

奥尔索普位于北安普敦（Northampton）西北5.5英里处，紧邻A428公路，不通公共交通；乘坐出租车至此的费用约为￡20。

Tobie Norris
酒馆 ￡￡

(www.kneadpubs.co.uk；12 St Paul's St；⊙周一至周四 10:00～23:00，周五和周六 至午夜，周日 正午至22:30) 这家出色的酒馆由石头墙壁和青石地板构成，拥有几个带壁炉的房间和一座阳光明媚、鲜花盛开的庭院，并供应当地麦芽酒。碳烤比萨饼是菜单上品种丰富的招牌菜。

❶ 实用信息

旅游局（☎01780-755611；www.southwestlincs.com；27 St Mary's St；⊙周一至周六 9:30～17:00；☎）位于斯坦福德艺术中心（Stamford Arts Centre）内。

❶ 到达和离开

长途汽车

Centrebus公司的4路汽车开往格兰瑟姆（￡4.60，1.25小时，周一至周六 每天3班），Centrebus公司的9路车开往奥克汉（￡3.50，45分钟，周一至周六 每小时1班）。

火车

火车驶向伯明翰（￡32.80，1.5小时，每小时1班）、诺丁汉（￡25.30，1.75小时，每小时1班），后者在莱斯特（￡19.10，40分钟）换乘；另有火车前往斯坦斯特德机场（Stansted Airport，￡38.40，1.75小时，每小时1班），途经彼得伯勒（￡8.30，15分钟）。

莱斯特郡（LEICESTERSHIRE）

在工业革命时期，莱斯特郡是英国重要的创新中心，但其工厂也因此成为"二战"期间德军空袭的主要目标。迄今为止，战时轰炸所留下的伤痕在郡内大多数的小镇上依旧清晰可见。尽管如此，莱斯特郡仍然保留了一些遗址，从伊丽莎白一世时期的城堡到古罗马时期的废墟，令人印象深刻。而其繁忙且多元的首府莱斯特则因2012年发现了国王理查三世的遗骸并于2015年将其再次下葬而获得世人关注。

❶ 到达和当地交通

莱斯特拥有良好的长途汽车和火车服务。想

要获得汽车路线和时刻表,可访问www.leicestershire.gov.uk网站上的"道路和交通"(Roads and Transport)页面。

班车定期往返拉特兰与莱斯特、斯坦福德和其他周边市镇之间。

莱斯特(Leicester)

人口 348,300

莱斯特(发音为les-ter)的地下掩埋着2000年的历史,旧城毁于德国空军和战后城市设计者之手。然而,自20世纪60年代起,大批纺织工人从印度和巴基斯坦涌入莱斯特,把这座城市变成了热闹的国际大熔炉。

2012年莱斯特一处停车场的挖掘中发现并于2013年确认的理查三世国王骸骨令世人震惊,为城市带来了又一波发展,在发掘现场建立起漂亮的游客中心,还修葺了大教堂,2015年将这位国王重新安葬在大教堂内。

◉ 景点

★ 理查三世:王朝、死亡与发现　　博物馆

(King Richard III: Dynasty, Death & Discovery; www.kriii.com; 4a St Martin's Pl; 成人/儿童 £8.95/4.75; ◎周日至周五 10:00~16:00,周六 至17:00)在2012年令人震惊地重新发现理查三世国王遗骸之后,莱斯特建起了这座高科技的游客中心,由三个部分构成。王朝展区展示了理查三世如何崛起成为金雀花王朝最后一位君主。死亡展区探究博斯沃思战役(Battle of Bosworth),理查三世正是在这场战事中阵亡,成为英格兰最后一位战死沙场的国王。发现展区详细介绍了莱斯特大学考古发掘工作和身份鉴定工作,你可以参观遗骸的墓葬现场。

馆内的"谋杀、密谋和混乱"(Murder, Mystery and Mayhem)展厅涵盖了所有重要人物、战役和"玫瑰战争"(Wars of the Roses)的重要事件。这场持续百年的战争双方分别是约克王朝(House of York;族徽为白玫瑰)和兰开斯特王朝(House of Lancaster;族徽为红玫瑰)。

★ 莱斯特大教堂　　主教座堂

(Leicester Cathedral; 0116-261 5357;

值得一游

乔治·华盛顿的祖屋

苏尔格拉福庄园(Sulgrave Manor; 01295-760205; www.sulgravemanor.org.uk; Manor Rd, Sulgrave; 成人/儿童 £7.20/3.60; ◎4月至9月 周四、周五和周日 11:00~17:00)由劳伦斯·华盛顿(Lawrence Washington)修建于1539年。1656年,美国第一位总统乔治·华盛顿的曾祖父科洛内尔·约翰·华盛顿上校(Colonel John Washington)乘船前往弗吉尼亚,在那之前,华盛顿家族在此居住了将近120年。

苏尔格拉福庄园位于北安普敦西南约20英里处,紧邻班伯里(Banbury)附近的B4525公路,你需要自备交通工具前往此地。

www.leicestercathedral.org; Peacock Lane; 乐捐入场; ◎周一至周六 10:00~17:00,周日 12:30~14:30)这座规模宏大的中世纪教堂因2015年国王理查三世的遗骸重新下葬而声名大振,国王被葬入了教堂中的石灰石墓里。还可看看教堂屋顶支柱上的醒目雕刻。

1小时的导览团队游(成人/儿童 £5/免费)周一至周五11:30和14:30开始。每逢周六,30分钟的理查三世国王之旅(成人/儿童 £3/免费)从11:00~16:00,逢整点开始。

国家太空中心　　博物馆

(National Space Centre; www.spacecentre.co.uk; Exploration Drive; 成人/儿童 £14/11; ◎周一至周五 10:00~16:00,周六和周日 至17:00)尽管英国的航天发射任务一般都在法属圭亚那(French Guiana)或哈萨克斯坦(Kazakhstan)进行,但莱斯特的太空博物馆依旧引人入胜,带领游客探索星球的奥秘。这里曾是失败的2003年小猎犬2号(Beagle 2)火星探测器的控制中心。此外,馆内还有不少深受儿童欢迎的有趣展品,涵盖了从天文学到当前太空任务现状等各方面的内容。太空中心位于市中心以北1.5英里处。从Haymarket公共汽车站(Charles St)搭乘54路或54A路汽车(£1.60,15分钟,周一至周六 每10分钟1班,周日 每20分钟1班)便可到达。

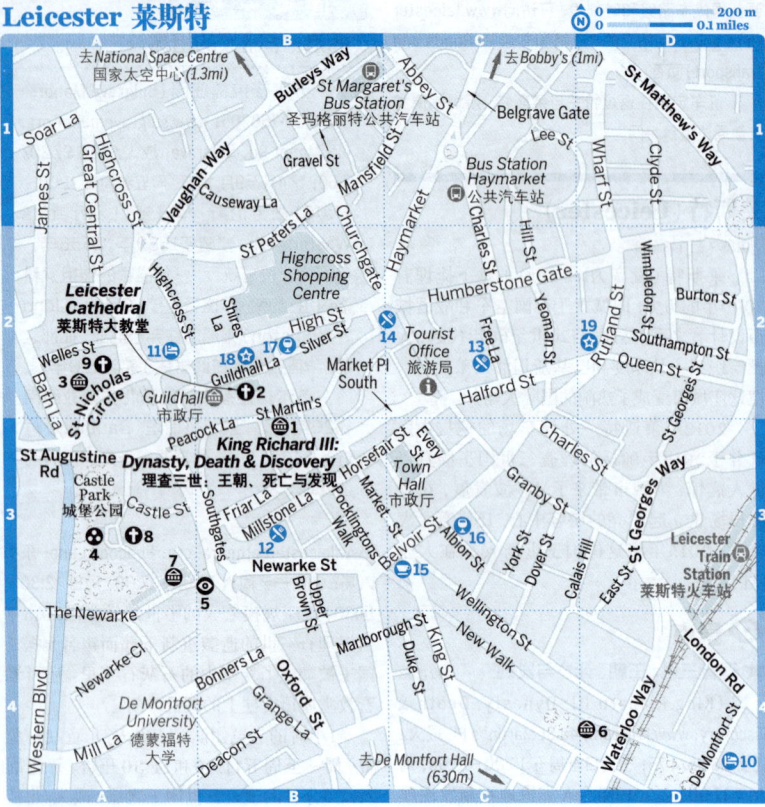

Leicester 莱斯特

◎ 重点景点
- **1** 理查三世: 王朝、死亡与发现 B3
- **2** 莱斯特大教堂 B2

◎ 景点
- 大厅 .... (见4)
- **3** 犹太残墙博物馆 A2
- **4** 莱斯特城堡 A3
- **5** Magazine B3
- **6** 新沃克博物馆和美术馆 D4
- **7** 纽瓦克房屋博物馆 A3
- **8** 圣玛丽·德·卡斯特罗教堂 A3
- **9** 圣尼古拉教堂 A2

🛏 住宿
- **10** Belmont Hotel D4
- **11** Hotel Maiyango A2

🍴 就餐
- **12** Boot Room B3
- **13** Good Earth C2
- **14** Walkers C2

🍷 饮品和夜生活
- **15** Bread & Honey C3
- **16** Gate 38 .... C3
- **17** Globe B2

✦ 娱乐
- **18** Cookie B2
- **19** Curve Theatre D2

莱斯特城堡 遗址

（Leicester Castle；Castle View）在**纽瓦克房屋博物馆**（Newarke Houses Museum；☎0116-225 4980；www.leicester.gov.uk/leisure-and-culture；The Newarke；⊙周一至周六 10:00~16:00，周日 11:00起）免费 周围分布着中世纪的莱斯特城堡遗址，在博斯沃思战役前，理查三世正是在该城堡度过了他人生最后的时光。最具有纪念意义的城门被称为**Magazine**（Newarke St），这里曾作为炮弹和火药的仓库。12世纪的**大厅**（Great Hall；www.dmu.ac.uk；Castle Yard）覆盖着乔治国王时期的砌砖，矗立在一扇15世纪的大门后。大门靠近**圣玛丽·德·卡斯特罗教堂**（St Mary de Castro；www.stmarydecastro.co.uk；15 Castle View；⊙周一至周五 正午至14:00，周六 14:00~16:00），1366年杰弗里·乔叟（Geoffrey Chaucer）正是在这座教堂举行了婚礼。

新沃克博物馆和美术馆 博物馆、美术馆

（New Walk Museum & Art Gallery；☎0116-225 4900；www.leicester.gov.uk/leisure-and-culture；53 New Walk；⊙周一至周五 11:00~16:30，周六和周日 至17:00）免费 这座维多利亚式的博物馆宏伟壮观，亮点包括恐龙展厅和收藏的油画（包括特纳和德加的作品）、毕加索的陶瓷器，以及一座埃及馆，你可以在这里看到真品木乃伊和波利斯·卡洛夫（Boris Karloff）1932年的电影《木乃伊》的相关展品。

犹太残墙博物馆 博物馆

（Jewry Wall Museum；www.visitleicester.info；St Nicholas Circle；⊙2月至10月 11:00~16:30）免费 在本书调研期间，这里正在进行维护。这座博物馆介绍了莱斯特自古罗马时期以来的历史。博物馆的前方是**犹太残墙**（Jewry Wall）——古罗马时期莱斯特公共浴池的残垣。如今，浴池的砖体和石体已经成为旁边**圣尼古拉教堂**（St Nicholas Church；www.stnicholasleicester.com；St Nicholas Circle；乐捐入场；⊙周六 14:00~16:00，周日 18:30~20:30）墙壁的一部分。

🏃 活动

中部大铁路 铁路

（Great Central Railway；☎01509-632323；www.gcrailway.co.uk；往返成人/儿童 £17/9）蒸汽火车从位于Redhill Circle的莱斯特北站（Leicester North station），行驶8英里前往拉夫堡中央火车站（Loughborough Central）。1841年，托马斯·库克（Thomas Cook）就是沿着这条线路组织了首个旅行团。全年的周末和夏季的部分周中都有内燃机车运行；具体时间可在线查询。

前往莱斯特北站，可在Haymarket公共汽车站（见501页）搭乘25路汽车（£1.60，20分钟，每10分钟1班）。

🛏 住宿

★ Hotel Maiyango 精品酒店 ££

（☎0116-251 8898；www.maiyango.com；13-21 St Nicholas Pl；双/套 £79/109起；❄️🛜）这家精致的酒店就在High St步行街的尽头，共有14个宽敞的房间，内部装饰则包括手工打造的家具、当代艺术品和大屏幕电视等。屋顶酒吧（仅服务住客）有超凡的鸡尾酒和城市天际线风光。

Belmont Hotel 酒店 ££

（☎0116-254 4773；www.belmonthotel.co.uk；20 De Montfort St；标单/双/家/套 £62/81/105/139起；🅿❄️@🛜）这家建于19世纪的酒店已经由同一个家族拥有并经营了四代之久。74间时尚的现代风格客房设计各不相同，酒店位置宜人，俯瞰着树木茂盛的新沃克（New Walk）。家庭房有双人床和双层床。餐馆广受推崇，两个酒吧Jamie's和Bowie's分别朝向露台和暖房。

🍴 就餐

Walkers 馅饼 £

（Walker & Son；www.walkerspies.co.uk；4-6 Cheapside；菜肴 £1~5；⊙周一至周六 8:00~17:00）在午间简餐方面，你很难找到能与Walkers丰盛的猪肉馅饼相媲美的食物。这家店于1824年在莱斯特开业，一直精心打理着自己的品牌，但是这里的馅饼如今仍是一门家族生意。其他馅饼还有鸡肉、培根蘑菇、农场肉排、野味和手撕猪肉等。店门外的步行道上摆着几张餐桌。

Bobby's
印度菜、素食 £

(☎0116-266 0106; www.eatatbobbys.com; 154-156 Belgrave Rd; 菜肴 £4~8; ◷周一至周五 11:00~22:00, 周六和周日 10:00起; ⚑) 莱斯特印度餐厅林立的Golden Mile最有名的一家, 就是这间20世纪70年代开业的餐厅, 供应品种齐全的素食经典菜肴。

Good Earth
素食

(☎0116-262 6260; www.facebook.com/veggiegoodearth; 19 Free Lane; 主菜 £3.50~7; ◷周一至周五 正午至15:00, 周六 至16:00; ⚑) 这家有口皆碑的素食咖啡馆菜单常换常新, 每天供应不同样式的健康素食烘焙食品、分量十足的沙拉和自制糕点, 经常举办包括现场音乐在内的各种晚间活动。仅接受现金。

Boot Room
小酒馆 ££

(☎0116-262 2555; www.thebootroomeaterie.co.uk; 29 Millstone Lane; 主菜 £13.25~25; ◷周二至周六 正午至14:00和18:00~21:30; ☎) 风格现代的独立小酒馆, 建筑的前身是一家鞋厂。从海鲈鱼配翻糖土豆、大虾、鱿鱼和龙虾汤到普伊扁豆罗望子酱鸭腿, 菜肴丰富, 都采用优质食材。还要留点肚子吃蛋奶酥等当日甜品。

★John's House
英国菜 £££

(☎01509-415569; www.johnshouse.co.uk; Stonehurst Farm, 139-141 Loughborough Rd, Mountsorrel; 2/3道菜午餐套餐 £26/30, 2/3/7道菜晚餐套餐 £48/55/124; ◷周二至周六 正午至14:00和19:00~21:00) 主厨约翰·达芬 (John Duffin) 在莱斯特以北8英里的Stonehurst Farm (可追溯至16世纪) 出生。在米其林星级餐厅工作之后, 他于2014年返回家乡开了一间自己的餐厅, 后来赢得了米其林一星的评级。多道菜套餐 (不设菜单) 展示了他在厨艺方面的想象力, 菜肴包括Porthilly牡蛎配烟熏Montsorrel鳗鱼和野生浆果等。

Stonehurst (www.stonehurstfarm.co.uk) 如今仍是一座运营中的农场, 设有非常棒的农场商店、茶室、宠物农场和一座摆满复古机车的摩托博物馆。

🍷 饮品和夜生活

Gate 38
鸡尾酒吧

(38b Belvoir St; ◷周五和周六 21:00至次日 3:30; ☎) 在Albion St留意小巧的黄色机场登机口标志, 就能找到这个超酷的地下酒吧, 里面有机舱座位和飞机舷窗, 窗上装饰着莱斯特城夜晚的城市灯光相片, 仿佛正在进行夜间飞行一样。这里的"出发板"(departure

---

博斯沃思战役

每片战场在数百年后都将只是一块平淡无奇的土地, 但1485年理查三世阵亡的**博斯沃思战役** (Battle of Bosworth; ☎01455-290429; www.bosworthbattlefield.org.uk; Ambion Lane, Sutton Cheney; 成人/儿童 £8.95/5.75, 导览徒步游 £4.50/3; ◷遗产中心 10:00~17:00, 16:00停止入场, 庭院 7:00至黄昏) 战场却有所不同, 这里因一座陈列着骨骸和火枪弹药的遗产中心而显得更为生动; 环绕遗址的导览徒步游持续约90分钟。身着复古服装的历史爱好者每年8月都会在这里重现当年大战的场景。

尽管博斯沃思战役仅仅持续了数小时, 然而却标志着金雀花王朝 (Plantagenet dynasty) 的终结, 以及都铎王朝时代的开启。这里也是传说中身负重伤的理查三世喊出那句经典名句的地方: "一匹马, 一匹马, 用我的王国换一匹马! "但事实上, 他没有这么说过, 这句名言是由伟大的都铎王朝宣传大师威廉·莎士比亚杜撰出来的。

在参观完战场后, 不妨前往17世纪的马车驿站**Hercules Revived** (☎01455-699336; www.herculesrevived.co.uk; Sutton Cheney; 主菜 £11.50~20; ◷厨房 周一至周六 正午至14:30和18:00~21:00, 周日 正午至16:00, 酒吧 每天 至23:30) 享用午餐, 菜品都是顶级的美食酒馆菜肴。

战场遗址位于莱斯特西南16英里处的萨顿切尼 (Sutton Cheney), 紧邻A447公路。

board）列出了以目的地命名的鸡尾酒，例如京都（用清酒、番茄汁和烟熏胡椒调制）或布宜诺斯艾利斯（采用Pisco白兰地、酸橙、姜汁啤酒和黄瓜汁调制）等。

Bread & Honey 咖啡馆

（www.breadnhoneycoffee.com; 15 King St; ⊙周一至周五 7:45~15:00; 🛜）来自单一农场以及合作社的咖啡豆，由伦敦Monmouth烘焙后，在这个狭小的咖啡馆里弥漫出浓郁的香味。这家的加奶咖啡（flat white）是方圆数英里之内的头牌。同时供应热气腾腾的汤、不含任何防腐剂的面包、自制的热菜和美味的蛋糕（巧克力软糖蛋糕搭配白巧克力糖衣；蜂蜜香蕉面包）。

Globe 酒馆

（www.eversosensible.com/globe; 43 Silver St; ⊙周日至周四 11:00~23:00, 周五和周六 至次日1:00）Lanes位于High St南边纵横交错的小巷里，氛围浓郁，而这家老酒馆就坐落于此。店里供应上乘的干啤，时常还有一群根据质量而非品种数量来对酒水评头论足的客人。

☆ 娱乐

Cookie 现场音乐

（☎0116-253 1212; www.thecookieleicester.co.uk; 68 High St; ⊙酒吧 周二和周三 15:00~23:00, 周四 正午起, 周五和周六 正午至凌晨1:00, 周日 正午至17:00, 音乐会时间各异）砖石地下室内可以容纳350位来客, 这座独立演出空间是在私密环境里观看现场乐队演出和喜剧之夜的好地方。

Curve Theatre 剧院

（☎0116-242 3595; www.curveonline.co.uk; 60 Rutland St; 后台团队游 成人/儿童 £5/4）在这个光鲜亮丽的艺术世界里，经常会有大牌明星表演和一些富有创意的现代戏剧演出，对于听力或视觉受损的戏剧爱好者而言也非常友好。你可以致电售票处预订后台团队游。

De Montfort Hall 现场音乐

（☎0116-233 3111; www.demontforthall.co.uk; Granville Rd）在这家规模庞大的演出场所里，经常上演管弦乐、芭蕾舞、音乐剧和其他大型歌舞表演。

当地知识

HAMMER & PINCERS

想要试试与众不同的美味，不妨前往这家田园风格的**美食酒馆**（☎01509-880735; www.hammerandpincers.co.uk; 5 East Rd, Wymeswold; 主菜 £19~27.50, 7/10道菜套餐 £45/60, 配葡萄酒 £75/100; ⊙周二至周六 正午至14:00和18:00~21:30, 周日至16:00; 🅿）坐落在秀丽村落怀姆斯沃德（Wymeswold）旁边宁静的花园中，供应的菜肴、面包、使用的佐料全部是自制；应季特色菜可能包括苹果酒海鳟、杜松子酒烩野鸡和迷迭香黄汁冰糕等。不要错过店里的招牌菜：两次烘焙的奶酪蛋奶酥。酒馆位于莱斯特以北16英里处，可由A46公路前往。

🛈 实用信息

旅游局（☎0116-299 4444; www.visitleicester.info; 51 Gallowtree Gate; ⊙周一至周五 10:30~16:30, 周六 9:30起, 周日 11:00~16:00）提供大量有关莱斯特市和郡的信息，颇有帮助。

🛈 到达和离开

长途汽车

城际长途汽车从市中心北部的**圣玛格丽特公共汽车站**（St Margaret's bus station; Gravel St）出发。Skylink也有实用班线开往东米德兰机场（£7.30, 1小时, 每小时至少1班, 24小时运营），然后继续开往德比。

National Express开设的线路包括：

考文垂 £5.50, 45分钟, 每天3班
伦敦维多利亚 £11.60, 2.75小时, 每小时1班
诺丁汉 £4.60, 45分钟, 每小时最多2班

火车

东米德兰的火车开往：
伯明翰 £19.20, 1小时, 每小时最多2班
伦敦圣潘克拉斯 £86.50, 1.25小时, 每小时多达4班

拉特兰（Rutland）

1974年, 拉特兰被并入莱斯特郡, 但在

另辟蹊径

斯托克布鲁恩和大联盟运河（STOKE BRUERNE & THE GRAND UNION CANAL）

在北安普敦以南约8.2英里处的迷人小村，色彩艳丽的驳船频繁来往于大联盟运河上，这是英格兰运河网络要道。你可以从这里沿水路一直到达莱斯特、伯明翰或伦敦。

一座玉米磨坊被改造为妙趣横生的**运河博物馆**（Canal Museum; www.canalrivertrust.org.uk/thecanalmuseum; 3 Bridge Rd; 成人/儿童 £4.75/3.10; ◐4月至10月 10:00~17:00, 11月至次年3月 开放时间缩短），以图表形式展现了运河网的历史，以及运河船员、水闸管理员和维护工的生活。馆内陈列着多座等比例模型，馆外则停靠着历史悠久的窄船"雕刻家"号（Sculptor），该船已被列入"全国历史船舶名录"（National Historic Boat Register）。

Boat Inn（☏01604-862428; www.boatinn.co.uk; 主菜 餐厅£15~25, 小酒馆 £7~13; ◐餐厅 周二至周六 正午至14:00和19:00~21:00, 周日 正午至14:30, 酒吧 周一至周六 9:00~23:00, 周日 至22:30）当属一处运河边的地标；码头边也摆放有野餐桌。这家适合聊天的当地酒馆氛围轻松，供应酒吧经典菜肴到21:00，还有一间更为正式的餐厅，供应牛排等精致菜肴，以及种类繁多的艾尔啤酒。

1997年，拉特兰又重获"独立"地位，成为如今英国最小的郡。

拉特兰的中心是拉特兰湖（Rutland Water）。该湖是1976年由Gwash Valley修建堤坝形成的巨型人工水库，占地面积达4.19平方英里，吸引了约20,000只禽鸟栖息于此，其中就有鱼鹰（osprey）。

◉ 景点和活动

拉特兰湖自然保护区   自然保护区
（Rutland Water Nature Reserve; www.rutlandwater.org.uk; Egleton; 成人/儿童 含停车 £6/3.50, 双筒望远镜租赁 每天 £5; ◐3月至10月 9:00~17:00, 11月至次年2月 至16:00）保护区位于奥克汉附近，区内共有31处隐蔽观鸟点，**安格利亚水鸟观赏中心**（Anglian Water Birdwatching Centre）楼上还有一个观测台，中心的展览介绍了该地区品种丰富的鸟类，包括鱼鹰、长尾山雀、白喉林莺、红腹灰雀、园林莺和松鸡等。还可以留意数量众多的水鼠。保护区内的**林登游客中心**（Lyndon Visitor Centre; ☏01572-737378; www.rutlandwater.org.uk; Manton; 成人/儿童 含停车 £6/3.50; ◐3月中旬至9月上旬 9:00~17:00）可凭门票参观，在温暖的月份里开放。

Rutland Watersports   水上运动
（☏01780-460154; www.anglianwater.co.uk; Whitwell Leisure Park, Bull Brigg Lane, Whitwell; 帆板/皮划艇/立式桨板 租赁每小时 £20/8.50/10起; ◐4月至10月 周五至周二 9:00~19:00, 周三和周四 至20:00, 11月至次年3月 时间缩短）Rutland Watersports提供的水上运动包括帆板运动、划皮划艇和站立式划桨冲浪（SUP）等。你可以在这里租赁装具或参加课程。

Rutland Belle   游船
（☏01572-787630; www.rutlandwatercruises.com; Whitwell; 成人/儿童 £9.50/6.50; ◐7月中旬至8月 周一至周六 正午至15:00, 周日 11:00起, 每小时出发, 4月至7月中旬和9、10月 运营时间缩短）乘坐45分钟的往返游船之旅，从惠特韦尔（Whitwell）到拉特兰水库南岸的诺曼顿（Normanton）。这家公司偶尔也会组织傍晚的观鸟航行，时间为90分钟（成人/儿童 £22/13）。

✦ 食宿

Hambleton Hall   历史酒店 £££
（☏01572-756991; www.hambletonhall.com; Hambleton; 标单/双/套含早餐 £225/310/625起, P☎☏☎）这是英格兰最好的乡村酒店之一，位于1881年建造的一座狩猎木屋里，坐落在拉特兰湖中一个突出的半岛上，地处奥克汉以东3英里。花卉图案装饰的豪华房和米其林星级餐馆（2道菜午餐套餐 £31.50，3/4道菜晚餐套餐 £75/95）均被美丽的花园环绕，花园中还有一座户外热水泳池（5月至9月）。

Otters Fine Foods 熟食、咖啡馆 £

（☎01572-756481；www.ottersfinefoods.co.uk；19 Mill St, Oakham；菜肴 £5~8.50；◎周一至周六 9:00~17:30）这家熟食店位于一间童话般的茅草顶白色小屋里。可以在店里挑选三明治、乳蛋饼、汤、沙拉、奶酪、肉、熟食等美味带到湖边野餐，或者提前预订一份野餐篮。如果天公不作美，则可以在商店里的咖啡馆用餐。

Mill Street Pub & Kitchen 美食酒馆 ££

（☎01572-729600；www.millstreetoakham.com；6 Mill St, Oakham；主菜 £12.50~26.50；◎厨房 周一至周四 7:30~21:00，周五和周六 至21:45，周日 至20:00，酒吧 周一至周四 7:30~23:00，周五和周六 至午夜，周日 至22:30；⚡📶♿）这家漂亮的小酒馆位于奥克汉中心购物街上，包括一间拱形砖砌地窖、一间玻璃暖房和阳光明媚的露台。菜单亮点包括龙蒿炖猪肘配自制辣泡菜以及吐司面包；此外还有素食和儿童菜单，以及来自奥克汉Grainstone啤酒厂的艾尔啤酒。楼上设有7间现代风格的客房（双含早餐£90起），均以美丽的乡村色调装饰。

❶ 到达和离开

9路车往返奥克汉和斯塔福德（£3.50，45分钟，周一至周六 每小时1班），途经拉特兰湖北岸。

火车往返奥克汉和莱斯特（£15.70，30分钟，每小时1班）。

德比郡（DERBYSHIRE）

德比郡的乡村有着两种截然不同的色调：一边是绿草丰茂的山谷绵延起伏，干石墙纵横其间；另一边则是荒野高沼地褐色斑驳的贫瘠山顶。德比郡的名胜景区有峰区国家公园（Peak District National Park），里面保留着一些最能引起共鸣的英格兰景致，吸引着远足、登山、自行车和探洞爱好者们蜂拥前来。

❶ 到达和离开

东米德兰机场（见510页）是距离最近的航空枢纽。此外，德比的火车运营系统非常完善，但前往小镇的公共交通数量较少。在峰区，德文特谷线（Derwent Valley Line）从德比出发前往马特洛克

> **另辟蹊径**
>
> **猴板栗乐园和国家森林**
>
> 国家森林（www.nationalforest.org）是一项雄心勃勃的计划，打算在莱斯特郡、德比郡和斯塔福德郡种植3000万棵树，开拓新区域以实现森林的可持续发展，项目总面积达到51,800公顷（200平方英里）。目前，已有超过850万株树苗在此扎根。这里的旅游景点包括极受孩子们欢迎的自然中心**猴板栗乐园**（Conkers；☎01283-216633；www.visitconkers.com；Rawdon Rd, Moria；成人/儿童 £9.05/8.14；◎复活节至9月 10:00~18:00，10月至次年复活节至17:00）。这里还有多条骑行小道；自行车可以从**Hicks Lodge**（☎01530-274533；Willesley WoodSide, Moira；自行车租借 每3小时/天 成人/儿童 £16/30；◎自行车道 8:00至黄昏，自行车租赁和咖啡馆 2月中旬至10月 周五至周三 9:00~17:00，周四 至21:00，11月至次年2月中旬 周一至周三和周五 10:00~16:00，周四 9:00~21:00，周六和周日 至17:00）租赁。
>
> 如果想在这里过夜，**国家森林YHA青年旅舍**（National Forest YHA；☎0845 371 9672；www.yha.org.uk；48 Bath Lane, Moira；铺/双/家 £13/50/70起；🅿⚡）非常注重生态环保（例如雨水收集装置以及使用太阳能生物质炉），有23间一尘不染的独立卫浴客房、自行车存放处以及一间供应当地农产品和有机葡萄酒的餐厅。位于猴板栗乐园西边300米处的Bath Lane路边。

(Matlock)，而霍普谷线（Hope Valley Line）连接着设菲尔德和曼彻斯特，埃代尔村（Edale）和霍普村（Hope）就在其沿线。

想要获取德比郡长途汽车的完整路线表，可访问www.derbyshire.gov.uk网站上的"交通与道路"（Transports and Roads）页面。

德比（Derby）

☎01332 / 人口 248,752

德比坐落于向峰区绵延的德比郡丘陵地区的东南边缘，是中部地区最具活力和创意的城市之一。这里曾是工业革命时期的重镇。当年几乎是在一夜之间，一座冷清的集镇就摇身变成了重要的制造业中心，生产着各式各样的物品，从初期的丝绸和骨瓷，到后来的火车和劳斯莱斯（Rolls-Royce）飞机引擎。20世纪80年代，这座城市遭遇工业衰退窘境，但在一系列令人振奋的文化开发项目和复兴的河岸地区带动下，如今德比重新恢复了活力。

◉ 景点

德比皇冠瓷器厂　　　　　　　博物馆、工厂

（Royal Crown Derby Factory；☎01332-712800；www.royalcrownderby.co.uk；Osmaston Rd；博物馆和工厂团队游 成人/儿童 £5/2.50，仅博物馆 £2/1；◉博物馆 周一至周六 10:00~16:00，工厂团队游 周一至周四 11:00和13:30，周五 11:00）从具有亚洲设计风格的前卫作品，到普通人家也会代代相传的收藏品，这家历史悠久的德比瓷器厂至今仍在生产英格兰顶级的精美骨瓷。工厂团队游需预约，游览过程约90分钟，其中包括参观博物馆。现场商店有皇冠瓷器厂的瓷器（包括次级品和绝版品种）出售，优雅的茶室也使用本厂的陶瓷茶具。

德比大教堂　　　　　　　　　主教座堂

（Derby Cathedral；☎01332-341201；www.derbycathedral.org；18 Irongate；大教堂 乐捐入场，塔楼团队游 成人/儿童 £5/4；◉教堂 8:30~17:30，塔楼时间不定）德比大教堂建于公元943年，并于18世纪进行了重建，其高耸的穹顶俯视着中世纪精美的坟墓，其中就包括"哈德威克的贝丝"（Bess of Hardwick）那奢华的墓冢。这位不停改嫁的女主人在不同的时期入住哈德威克庄园（Hardwick Hall）、查茨沃斯庄园（Chatsworth House）和博尔索弗城堡（Bolsover Castle），成为女主人。可查询网站以了解历史学家担任领队的教堂塔楼团队游时间，登上这座全英国第二高的都铎王朝时期钟楼，需要爬上189级台阶。

游隼会在高耸的塔楼上筑巢，想要了解它们的动态，可访问www.derbyperegrines.blogspot.com。

德比博物馆和美术馆　　　　　　博物馆

（Derby Museum & Art Gallery；www.derbymuseums.org；The Strand；◉周二至周六 10:00~17:00，周日 正午至16:00）**免费** 这里展出当地的历史和工业展品，包括由德比皇冠瓷器厂出品的精美瓷器。馆内还有一座考古馆，此外还收藏着德比知名艺术家约瑟夫·怀特（Joseph Wright；1734~1797年）创作的画作。

Quad　　　　　　　　　　　美术馆、电影院

（☎01332-290606；www.derbyquad.co.uk；Market Pl；美术馆免费，电影院门票 成人/儿童 £9/7；◉美术馆 周一至周六 11:00~17:00，周日午起）位于Market Pl的Quad是一座现代主义风格的立方体建筑，颇为引人注目。馆内有着未来主义的美术馆以及一座艺术电影院。

🛏 住宿

Coach House　　　　　　　　　民宿 £

（☎01332-554423；www.coachhousederby.com；185a Duffield Rd；标单/双 £47/60起；🅿︎🛜）这座1860年建造的红砖房屋位于德比以北1.7英里处，周围环绕着一片布局不规则的小型花园。主屋内设有4间不同主题的乡村风格客房，配备了色彩丰富的图案壁纸，精心改建的马厩内还有3间现代阁楼式客房。个性化服务包括免费的自制布朗尼蛋糕等。可供应素食和无麸早餐（需预订）。街边停车位为先到先得。

Farmhouse at Mackworth　　　　旅馆 ££

（☎01332-824324；www.thwfarmhouseatmackworth.com；60 Ashbourne Rd；双/家含早餐 £85/110起；🅿︎🛜）这家旅馆位于德比西北

2.5英里处连绵起伏的乡村，因此免费停车不是问题。设计师旅馆的10间精品客房配有格子布、质朴实木表面和镀铬配饰，加上Nespresso咖啡机和蓬松的浴袍等。旅馆内有一间美妙的酒吧和配有Josper碳烤炉的餐厅。

Cathedral Quarter Hotel 酒店 ££

(☎01332-546080; www.cathedralquarterhotel.com; 16 St Mary's Gate; 双/套含早餐 £95/145起; ✹☏) 该酒店具有乔治国王时期的建筑风格，离大教堂很近。在其恢宏的外表下设有38个房间。酒店的服务一如其大理石楼梯般毫无瑕疵。此外，这里还有一座内设的水疗池和精致的正餐厅。

★ The Cow 旅馆 £££

(☎01332-824297; www.cowdalbury.com; The Green, Dalbury Lees; 双 含早餐 £145起; P☏☎) 这家白色的19世纪旅馆位于德比以西6.5英里处，2017年经过精心修复，配备了坚实的橡木地板、石墙以及实木拼接的天花板。这里的12间装潢各异的客房从维多利亚风格到装饰艺术特色再到复古不等，采用了当地手工制作的床垫和埃及棉套件。餐吧的高脚凳采用牛奶罐制作，所有食材都在方圆30英里范围内采购。

🍴 就餐

Jack Rabbits 咖啡馆 £

(☎01332-206322; www.jackrabbitskitchen.com; 53-55 Queen St; 菜раз£4.85~9; ⏱周一至周六 8:30~17:00, 周日 10:00~16:00; ☏🍴) 这家阳光明媚的咖啡馆非常适合懒洋洋地坐下来品尝各国风味菜肴，从早餐（墨西哥煎蛋饼、法式/美式混合火腿蛋松饼）到午餐（瑞典土豆煎饼配荷包蛋、腌黄瓜和酸奶油），多种多样。面包、蛋糕和切片都是现场烘焙；咖啡来自诺丁汉烘焙工坊Outpost。这家餐厅还有顶级水准的儿童菜单。

Wonky Table 小酒馆 ££

(☎01332-295000; www.wonkytable.co.uk; 32 Sadler Gate; 主餐午餐 £8~10, 晚餐 £13~19; ⏱周一 17:00~22:00, 周二至周五 正午至15:00和17:00~22:00, 周六 正午至15:30和17:00~22:00; 🍴) 在一间有裸露砖墙的复古餐厅里，Wonky Table有一份精简的日间菜单，还有沙拉和三明治，但在晚餐时，诸如杏仁慢烤猪肉里脊等别具一格的菜式就出现了。还有不少素食选择。

Darleys 新派英国菜 £££

(☎01332-364987; www.darleys.com; Waterfront, Darley Abbey Mill; 主菜 £23~26.30, 2/3道菜午餐套餐 £20/25; ⏱周二至周四 正午至

伯明翰和英格兰中部 德比

不要错过

凯德莱斯顿庄园

新古典主义风格的**凯德莱斯顿庄园**（Kedleston Hall; NT; ☎01332-842191; www.nationaltrust.org.uk; Kedleston Rd, Quarndon; 建筑和花园 成人/儿童 £13.60/6.80, 仅花园 £6.80/3.40; ⏱建筑 2月至10月 周六至周四 正午至17:00, 花园 2月至10月 10:00~18:00, 11月至次年1月 至16:00) 矗立在一片开阔的景观庭园上，是恢宏庄园建筑爱好者的必游之地。从宏伟的门廊进入宅邸室内，你就会来到令人叹为观止的大理石大厅（Marble Hall），厅内装饰着巨大的雪花石柱和希腊神像。

柯曾（Curzon）家族从12世纪开始世代居于此地，但是如今这一气派的宅邸是1758年由纳撒尼尔·柯曾爵士（Sir Nathaniel Curzon）建造的。而当时，凯德莱斯顿村可怜的老农民们不得不将自己简陋的住处向远处迁移了1英里，以免"碍眼"的存在破坏了景致。哎，美好的过往岁月……

这里的亮点包括总督乔治·柯曾（Viceroy George Curzon）收集的印度珍宝，以及仿照罗马万神殿建造的穹顶圆形沙龙，还有18世纪风格的娱乐花园。

凯德莱斯顿庄园位于德比西北5英里处，紧邻A52路。在庄园开放月份，往返德比和阿什本（£3.60, 25分钟, 周一至周六 每天最多6班）的114路公交车在庄园大门处停靠。

14:00和19:00~20:30, 周五和周六 正午至14:00和19:00~21:00, 周日 正午至14:30; ☑) 这家高档餐馆位于市中心以北2英里处，坐落在一幢完美改造的磨坊里，装饰华丽，可以俯瞰河畔美景，还有一处漂亮的河滨露台。餐厅供应的佳肴美馔包括海鳟配奶油鸟蛤、咖喱和海蓬子帕可拉等。全天供应素食和纯素菜单。

🍷 饮品和夜生活

★ Old Bell Hotel　　　酒馆

（www.bellhotelderby.co.uk; 51 Sadler Gate; ⊙周日至周四 11:30~23:30, 周五和周六 至次日1:30）这家黑白色小酒馆的悠久历史可追溯至1650年，1745年曾接待过邦尼王子查理的士兵。2013年由当地企业家Paul Hurst果断整修后焕然一新，但保留了原建筑特色、古董和照片。店内有中央庭院（据称有幽灵出没）。Tavern和Tudor两间酒吧供应艾尔啤酒品尝套餐、小吃和午餐；Belfry Bar则是高端的牛排屋。

The Tap　　　酒馆

（www.brewerytap-dbc.co.uk; 1 Derwent St; ⊙周一至周四 正午至23:00, 周五 至次日1:00, 周六 11:00至次日1:00, 周日 11:00~23:00）小酒馆拥有维多利亚式的优雅氛围，供应自酿的啤酒、其他厂的特选艾尔啤酒以及80多种世界各地的精酿啤酒。

🛍 购物

Bennetts　　　百货商店

（www.facebook.com/bennettsirongate; 8 Irongate; ⊙周一至周六 9:00~17:00, 周日 11:00~16:00）德比历史悠久的百货店建于1734年，当年只是一家五金商店，如今仍在销售五金器具，经历几百年的发展后，这里也销售漂亮的衣服、日用品、礼品等各种商品。

1层内部阳台上，**Lisa Jean at Bennetts Brasserie**（☑01332-344621; www.lisajean-bennetts.co.uk; 主菜 £10~13, 香槟早餐 £25; ⊙周一至周六 9:00~15:30, 周日 11:00~14:00），主营香槟早餐。

ℹ 实用信息

旅游局（☑01332-643411; www.visitderby.co.uk; Market Pl; ⊙周一至周六 9:30~20:00）位于主广场集会厅的楼下。

ℹ 到达和离开

飞机

东米德兰机场（East Midlands Airport; 代码EMA; ☑0808 169 7032; www.eastmidlandsairport.com）位于德比东南方大约11.5英里处，由Skylink运营的公共汽车（£4.70, 40分钟，每小时至少1班）往返两处。公共汽车24小时通行。

长途汽车

德比的车站就在Westfield购物中心的东面，当地的公共汽车和长途汽车均从这里出发。High Peak设有往返德比和巴克斯顿（Buxton; £8, 1.75小时）的长途汽车，每小时1班，途经马特洛克（£4.50, 45分钟）和贝克韦尔（Bakewell; £6.50, 1.25小时），其中1辆车将继续开往曼彻斯特（£8, 2.25小时）。

其他线路包括：

莱斯特（Skylink）£7.30, 1.75小时, 每小时1~2班
诺丁汉（Red Arrow）£5.20, 35分钟, 周一至周六每10分钟1班, 周日 每小时3班

火车

火车站位于德比市中心东南方大约0.5英里处的Railway Tce。

伯明翰 £19.30, 40分钟, 每小时4班
利兹（Leeds）£35.40, 1.5小时, 每小时2班
伦敦圣潘克拉斯 £65.50, 1.75小时, 每小时最多2班

阿什本（Ashbourne）

☑01335/人口 8377

风景如画的阿什本位于峰区国家公园的南部边缘，陡峭石路边分布着各种咖啡馆、小酒馆和古董店。

🚶 活动

Ashbourne Cycle Hire Centre　　　骑行

（☑01335-343156; www.peakdistrict.org; Mapleton Rd; 每半天/天标准自行车 £14/17起, 电动自行车 £23/27; ⊙3月至10月 9:30~17:30, 11月至次年2月 营业时间缩短）位于镇西北1公里处蒂辛顿步道（Tissington Trail）路边, 就在

阿什本下方一座巨大而又古老的铁路隧道尽头。租车提供头盔、简易修理工具包和地图。你也可以租到山地车和儿童自行车、带有婴儿座椅的自行车、儿童拖车和双人自行车等。

食宿

Compton House 民宿 ££

（☎01335-343100；www.comptonhouse.co.uk；27-31 Compton St；标单/双 £55/75起；🅿🛜）布满褶边装饰的清新整洁房间、热情洋溢的问候以及镇中心的地理位置，都让这家店成为阿什本民宿的首选。周末需要至少连住两晚。

Flower Cafe 咖啡馆 £

（www.theflowercafe.co.uk；5 Market Pl；主菜 £5~12.50；⏱周日至周五 8:30~17:00，周六至20:00；🍴）小巧可爱的咖啡馆，食品都是自制，全年供应的特色菜包括防风草、西班牙香肠、栗子、西兰花、斯蒂尔顿奶酪等汤品以及香辣豆子。每到夏天，这里还供应美味的乳蛋饼（奶酪韭菜和蘑菇；培根、布里干酪和蔓越莓……）。有多款无麸和不含奶的菜肴。

实用信息

旅游局（☎01335-343666；www.ashbournetowncouncil.gov.uk；Market Pl；⏱6月至10月周一至周六 10:00~17:00，11月至次年5月 工作时间缩短）位于镇政厅内。

到达和离开

公共汽车线路包括：

巴克斯顿（High Peak）441路和442路；£4.50，1.25小时，周一至周五每天10班，周六8班，周日5班

德比（Trent Barton Swift）£4.30，40分钟，周一至周六每小时1班，周日5班

马特洛克温泉（Matlock Bath）

☎01629/人口 753

马特洛克温泉（别和北面2英里外的马特洛克镇弄混了，那是个面积更大的普通城镇）像是误入了峰区国家公园的英国海滨休闲区。小镇主要的步行街沿着穿过陡峭峡谷的德文特河（River Derwent）延伸，两旁布满了各种娱乐场所、茶室、快餐店、酒馆和商店，旨在满足那些在夏季周末聚集于此的摩托车手们的需求。而当夏日远去时，小镇就变得安静多了。

景点

峰区铅矿博物馆 博物馆

（Peak District Lead Mining Museum；www.peakdistrictleadminingmuseum.co.uk；The Grand Pavilion, South Pde；博物馆 成人/儿童 £4/3，矿井 £4.50/3.50，联票 £7/5；⏱4月至8月 10:00~17:00，9月和10月 11:00~16:00，11月至次年3月周六和周日 11:00~16:00）这家由矿业爱好者经营的博物馆坐落在一幢维多利亚风格的老式舞厅里，在这里你可以深入了解马特洛克的采矿史。孩子们可以在迷宫般的隧道和矿井里转来转去，而大人们则可以浏览馆内的历史展品。4月至10月每天13:00（11月至次年3月仅周末），你都可以进入**坦普尔矿井**（Temple Mine）淘"金"（好吧，其实只是发光的矿物罢了）。如要参加矿井团队游，建议预约。

克罗姆福德工厂 博物馆

（Cromford Mill；☎01629-823256；www.cromfordmills.org.uk；Mill Lane, Cromford；语音导览或导览团队游 成人/儿童 £5/免费；⏱9:00~17:00，导览团队游需预约 周五 11:00）18世纪70年代由理查德·阿克莱特（Richard Arkwright）创办，是第一座依靠德文特河上一系列水车产生动能从而加工棉花的现代工厂。这一成功范例使得一连串水力驱动的工厂相继成立，加速进入工业时代。除了90分钟的语音导览游，每周还有一次1小时的导览团队游。工厂位于马特洛克温泉以南1英里处（步行20分钟可达），或者你也可以乘坐火车在克罗姆福德下车（£2.50，5分钟，每小时1班）。

考德威尔磨坊 博物馆

（Caudwell's Mill；☎01629-734374；www.caudwellsmill.co.uk；Rowsley；磨坊团队游 成人/儿童 £4.50/2；⏱磨坊团队游 9:30~16:15，商店 9:00~17:00）**免费** 一座利用水力隆隆运转的工厂，至今仍在以传统的方式生产面粉——有20种产品对外销售，以及6种不同的燕麦产品，以及酵母和饼干等。磨坊有各

类手工艺作坊和一个茶室。你可以从马特洛克温泉搭乘前往贝克韦尔（Bakewell）的汽车（£3.40, 20分钟，每小时1班）直接到达罗斯利（Rowsley），或者乘坐山顶铁路（Peak Rail）的蒸汽火车，出站后沿着河畔小径步行前往。

马森工厂　　　　　　　　　　博物馆

(Masson Mills; ☎01629-581001; www.massonmills.co.uk; Derby Rd; 成人/儿童 £3/2; ⊙周一至周六 10:00~16:00, 周日 11:00起, 12月关闭) 位于马特洛克温泉以南1英里处，这处规模庞大的博物馆将向你讲述河谷纺织厂的故事，而一旁附属的购物村则满是各大服饰品牌的工厂折扣店。

⚡ 活动

山顶铁路　　　　　　　　　　　铁路

(☎01629-580381; www.peakrail.co.uk; Station Yard, Matlock; 成人/儿童 往返 £9.50/4.50, 单程 £5/2.75; ⊙3月至11月，时间不定) Sainsbury超市位于马特洛克镇（不是马特洛克温泉）的郊外，旁边有一座小型的月台，怀旧的蒸汽火车正是从这里出发，沿着一条长4英里的铁轨驶向附近考德威尔磨坊所在的罗斯利村。

亚伯拉罕高地　　　　　　　　主题公园

(Heights of Abraham; ☎01629-582365; www.heightsofabraham.com; Dale Rd; 成人/儿童 £17/11.50; ⊙3月中旬至11月上旬 每天 10:00~16:30) 极为壮观的缆车（需凭门票乘坐）可以将你从谷底带至山顶的这家休闲公园，气氛浓郁的探洞和寻矿之旅，以及化石展览都深受孩子们青睐。洞内常年恒温10℃，因此记得带件薄外套。

🛏 住宿

Grouse & Claret　　　　　　　旅馆 ££

(☎01629-733233; www.grouseclaretpub.co.uk; Station Rd, Rowsley; 双含早餐 £90起; P🕸) 位于马特洛克温泉西北6.2英里处的小村罗斯利。这家18世纪的石砌旅馆有8间装饰着乡村风情墙纸的舒适客房，以及一间以叉烤鸡肉为特色的餐厅，加上一个极为宽敞、阳光明媚的啤酒花园，餐桌都摆在遮阳伞下。

Hodgkinson's Hotel & Restaurant　　　　　　　　　酒店 ££

(☎01629-582170; www.hodgkinsons-hotel.co.uk; 150 South Pde; 标单/双/家 含早餐 £60/110/155起; P🕸) 酒店位于市中心一栋列入二级保护名录的维多利亚时期建筑内，古典家具、华丽墙纸、铸铁壁炉、手工香皂和鹅绒被子装饰着房间，让你仿佛置身于马特洛克的黄金时代。餐馆（周一至周六傍晚营业; 2/3道菜套餐 £27/30）只有18个座位，建议预订。从4月到9月，周末要求至少连住两晚。

🛍 购物

Scarthin Books　　　　　　　　书籍

(www.scarthinbooks.com; The Promenade, Cromford; ⊙周一至周六 9:00~18:00, 周日 10:00起) 超过10万册新书和二手书把12个房间塞得满满当当。此外，这座书迷天堂还会定期举办文学活动，有一个素食咖啡馆（主菜 £3.50~6.50），供应有机比萨、汤、卷饼、馅饼和墨西哥卷饼。

ℹ 实用信息

旅游局 (☎01629-583834; www.visitpeakdistrict.com; The Grand Pavilion, South Pde; ⊙4月至8月 10:00~17:00, 9月和10月 11:00~16:00, 11月至次年3月 周六和周日 11:00~16:00) 位于峰区铅矿博物馆内（见511页）。

ℹ 到达和离开

马特洛克是峰区周边公共汽车枢纽。
贝克韦尔(High Peak) £3.80, 35分钟，每小时1班
德比(High Peak) £4.60, 40分钟，每小时1班

每小时有1班火车往返于马特洛克温泉和德比（£6.30, 35分钟，每小时1班）。

切斯特菲尔德（Chesterfield）

☎01246 / 人口 103,800

切斯特菲尔德是峰区东面的门户，也是繁忙的服务中心，以教堂顶上的螺旋尖塔而闻名。

华丽的伊丽莎白时代豪宅哈德威克庄园就在附近。

⊙ 景点

哈德威克庄园 　　　　　历史建筑

（Hardwick Hall; NT; ☎01246-850430; www.nationaltrust.org.uk; Doe Lea; 建筑和花园成人/儿童 £13.95/7, 仅花园 £7/3.54, 与老哈德威克庄园的联票 £20.75/11.10; ☉建筑 2月中旬至10月周三至周日 11:00~17:00, 11月至次年2月中旬 周三至周日 至15:00, 花园 全年每天 10:00~18:00）英国保存最完整的伊丽莎白一世时期的宅邸之一，由著名的建筑大师罗伯特·斯迈森（Robert Smythson）设计，采用了当时所有的最新潮流元素，包括大玻璃窗。宅邸内部则用华丽的挂毯和历史上政要的油画肖像精心装饰，处处透露出奢华的氛围。

哈德威克庄园位于切斯特菲尔德东南方10英里处，紧邻M1公路。自驾前往最方便。

庄园主人是16世纪第二有权势的女性——什鲁斯伯里伯爵夫人伊丽莎白（Elizabeth, Countess of Shrewsbury），也就是大家熟知的"哈德威克的贝丝"，她通过嫁给那些行将就木的富有贵族而积累了令人瞠目的财富。在其第四任丈夫于1590年去世后，贝丝便用继承的遗产建造了哈德威克庄园。

留点时间去哈德威克公园（Hardwick Park）欣赏一下规则式园林，或是在园内长长的小径上漫步游览。

庄园的隔壁就是贝丝的第一座宅院——**老哈德威克庄园**（Hardwick Old Hall; EH; www.english-heritage.org.uk; Doe Lea; 成人/儿童 £7.50/4.60, 含哈德威克庄园联票 £20.75/11.10; ☉复活节至9月 周三至周日 10:00~18:00, 10月至17:00, 11月至次年复活节 开放时间缩短）的遗址。

圣玛丽和万圣教堂 　　　　　教堂

（St Mary & All Saints Church; ☎01246-206860; www.crookedspire.org; Church Way; 尖塔团队游 成人/儿童 £6/4; ☉教堂 周一至周六 9:00~17:00, 周日 8:30~18:30, 尖塔团队游 周一至周六）**免费** 蔚为壮观的螺旋尖塔高耸于圣玛丽和万圣教堂顶上，来到切斯特菲尔德一定要去看看。这座68米高的巨塔建于1360年，外形呈右旋螺旋结构，而由于尖塔朝南面的铅壳在阳光的照射下不断膨胀，导致尖塔向西南方略倾斜几米。尖塔团队游持续45分钟，带你进入塔内部一探究竟。团队游一般在周一至周六，具体时间公布在前门，也可以提前致电查询。

ⓘ 实用信息

旅游局（☎01246-345777; www.visitchesterfield.info; Rykneld Sq; ☉周一至周六 9:30~18:00）位于圣玛丽和万圣教堂正对面。

ⓘ 到达和离开

长途汽车

切斯特菲尔德长途汽车站位于Beetwell St, 170路汽车开往贝克韦尔（£3.60, 45分钟, 每小时1班）。

火车

切斯特菲尔德位于诺丁汉（£13.20, 45分钟, 每小时最多3班）和德比（£11.70, 20分钟, 每小时最多3班）之间的铁路主线上，火车继续前往设菲尔德（£5.50, 15分钟）。火车站就在市中心东边。

峰区（PEAK DISTRICT）

气势磅礴的峰区国家公园位于奔宁山脉（Pennines）最南部连绵起伏的山脉间。古老的石头村落掩映在峰区的山谷中，山坡上则点缀着气势恢宏的庄园和耸立的岩石峭壁。黑峰（Dark Peak）周围都是裸露的沼泽地和砂岩"断崖"，南边的白峰（White Peak）则主要由石灰岩山谷组成。

没人知道峰区是如何得名的，但肯定不是因为其风景，这里有丘陵和山谷、峡谷和湖泊、原始的沼泽和砂岩绝壁，但唯独没有山峰。最流行的说法是，该地区得名于早期在此居住的一支盎格鲁—撒克逊人的部落——Pecsaetan。

峰区国家公园成立于1951年，是英格兰第一座也是欧洲最受欢迎的国家公园。但即便是在旺季，这片面积达555平方英里的英格兰开阔乡野足可让你找寻隐逸安宁。

🗡 活动

徒步

峰区是英格兰最受欢迎的徒步地区之

一，拥有令人惊叹的丘陵、山谷和天空，秀美风景吸引着如潮的远足者在夏季纷至沓来。白峰地区是休闲漫步的绝佳场所，你几乎可以在这里的任何地方出发（记得进出国家公园时随手关门）。如果你选择在崎岖的黑峰地区探险，确保穿上防水靴子，小心别滑进小溪和沼泽里。

峰区最有名的步道是奔宁山步道（Pen-

Peak District National Park
峰区国家公园

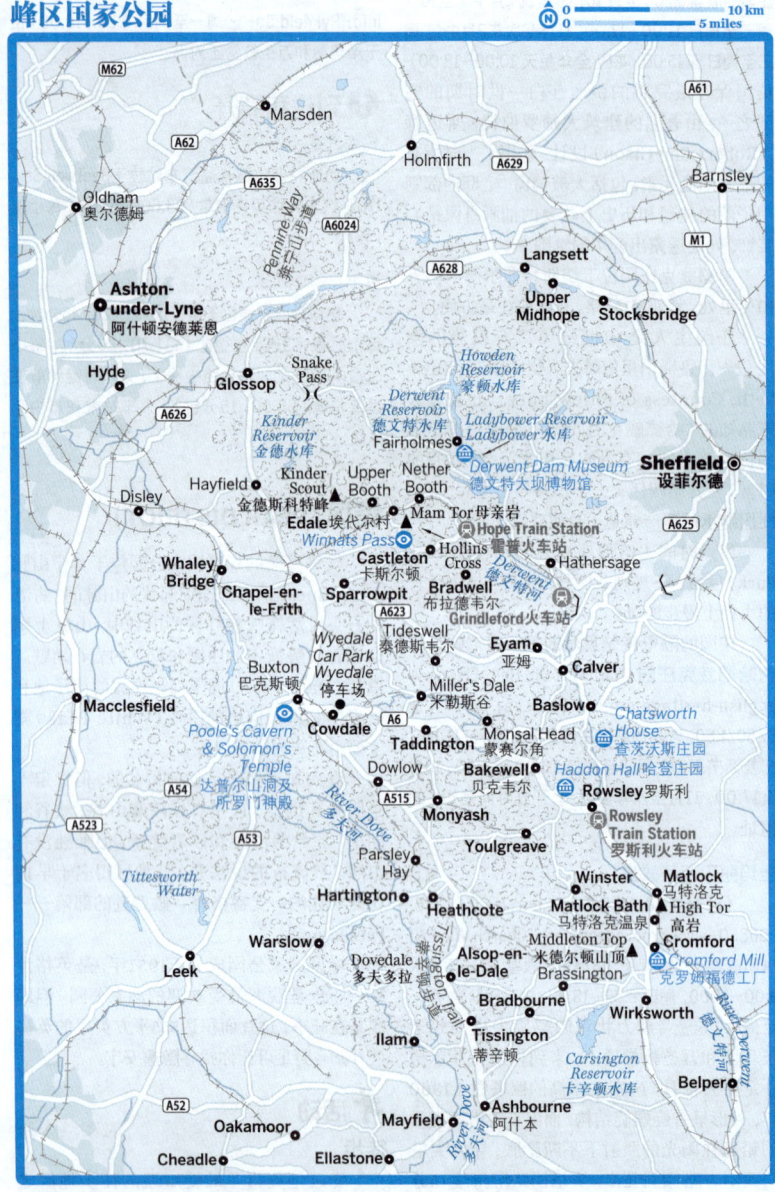

nine Way),该步道从埃代尔村向北绵延268英里,直至苏格兰边界(Scottish Borders)。如果你没有长达3个星期的充裕时间走完全部,那么不妨用3天的时间,轻松地到达约克郡(Yorkshire)的美丽小镇赫布登桥(Hebden Bridge)。

长达46英里的**石灰岩步道**蜿蜒穿过德比郡的乡野,从卡斯尔顿一直延伸至斯塔福郡的罗斯特(Rocester),途中各种步道、小径和僻静的小道纵横交错。很多人选择在一天之内走完卡斯尔顿和马特洛克之间长达26英里的路段,非常累人,用两天的时间走完就比较从容。旅游局提供有关步道详情的小册子。

其他受欢迎的路线还包括:**高峰区步道**(High Peak Trail)、**蒂辛顿步道**(Tissington Trail)和**蒙赛尔步道及隧道**(Monsal Trail & Tunnels)。此外,峰区还有多条短途步道。

骑车

对于自行车手而言,急降的山谷和骤升的陡坡无疑是完美的试车场,而当地的旅游局会提供大量的骑行地图和小路指南。想要选择没有车辆的轻松路线,可前往全长17英里的**高峰区步道**。该车道从马特洛克温泉附近的克罗姆德(Cromford)开始,沿着一条古老的铁轨通向巴克斯顿附近的Dowlow,蜿蜒穿过秀美的丘陵和农场,延伸至一个叫作Parsley Hay的地方,从这里再沿着**蒂辛顿步道**(NCN 68号路线的一段)向南骑行13英里就是阿什本。车道是公路旁的骑行专用道,适合公路自行车。

和奔宁山步道一样,**奔宁山马道**(Pennine Bridleway)又是一处考验你小腿承受力的绝佳场所。在米德尔顿山顶(Middleton Top)和南奔宁山脉(South Pennines)之间,总长约120英里的小道已经建成,该路线非常适合骑马者、自行车手和徒步客。你也可以从德比出发,沿着**奔宁山骑车道**(Pennine Cycleway;NCN 68号路线)抵达巴克斯顿,甚至继续向前。其他颇受欢迎的路线包括从卡斯尔顿向南延伸至斯塔福德郡的**石灰岩步道**,以及位于贝克韦尔和Wyedale之间,靠近巴克斯顿的**蒙赛尔步道及隧道**。

峰区国家公园管理局(Peak District National Park Authority; ☎01629-816200; www.peakdistrict.gov.uk)在阿什本(见510页)、德文特水库(见521页)和**Parsley Hay**(☎01298-84493; www.peakdistrict.gov.uk;每半天/全天标准自行车 £14/17,电动自行车 £23/27; ☉2月中旬至11月上旬 9:30~17:00)都设有自行车租赁中心。你可以租一辆自行车,然后在另一个地点还车,无须支付异地还车费用。

Peak Tours(☎01457-851462; www.peaktours.com;自助导览团队游 每2晚£140起)在峰区各地为7种不同的自助导览团队游提供自行车。

探洞和登山

峰区的石灰岩地带分布着大大小小的洞穴和溶洞,包括卡斯尔顿(Castleton)、巴克斯顿和马特洛克温泉地区一系列对外开放的"旅游山洞"。由德比郡探洞协会(Derbyshire Caving Association)运营的网站www.peakdistrictcaving.info提供详尽资料。**Peaks and Paddles**(☎07896 912871;

峰区交通通票 (PEAK DISTRICT TRANSPORT PASSES)

购买公共汽车通票将会使你的峰区之旅变得非常便捷。

持峰区特惠通票(Peaks Plus ticket; 成人/儿童 £7.50/5)可全天乘坐High Peak巴士,包括阿什本、马特洛克温泉和巴克斯顿之间的Transpeak线路。

持峰区超值特惠通票(Peaks Plus Xtra ticket; £12.50/8)则可乘坐德比、设菲尔德和巴克斯顿之间的全部Transpeak和TM巴士线路。

德比郡徒步旅行者通票(Derbyshire Wayfarer ticket; 成人/儿童 £12.40/6.20)覆盖郡内所有巴士和火车,最远可到设菲尔德。

大曼彻斯特徒步旅行者通票(Greater Manchester Wayfarer ticket; 成人/儿童 £12/6)覆盖峰区和大曼彻斯特全部火车和巴士线路,以及柴郡(Cheshire)和斯塔福德郡的部分线路。

www.peaksandpaddles.org; 独木舟和探洞 £55起, 绳降 £25起; ⊗需预约)经营探洞、独木舟和绳降远征之旅。

峰区是英格兰顶尖登山运动员的训练场。虽然这里没有高耸的山峰, 但石灰岩峡谷和裸露的突岩(峭壁), 以及向南延伸直至斯塔福德郡荒原(Staffordshire Moorlands)的砂岩"绝壁", 都非常考验严格高超的登山技术。在峰区攀登砂岩主要选取的是一些传统的路线, 需要可靠的朋友、螺母和岩石塞。一些石灰岩峭壁上可以找到装好螺栓的竞技登山路线, 但是很多路线上使用的设备都较为古老, 需要采取额外的防护措施。联系英国登山协会(British Montaineering Council; www.thebmc.co.uk)了解当地登山的建议和详情。

❶ 到达和离开

设菲尔德和德比等地区中心城市都有公共汽车前往峰区境内的各个目的地。需注意的是, 汽车一般周末发车较多, 许多班次在冬季完全停运。贝克韦尔和马特洛克(不是马特洛克温泉)是两个主要的交通枢纽——你可以从两地前往峰区内的各区域。所有的旅游局和Traveline(见440页)都有时刻表。当地还有开往马特洛克温泉、巴克斯顿、埃代尔村和其他几个小镇和村庄的火车。

巴克斯顿(Buxton)

☏01298/人口 22,115

作为峰区国家公园的"首府"(尽管是在公园的范围之外), 巴克斯顿位于德比郡的绵延山谷中, 起伏的山坡上点缀着乔治国王时期的排房、维多利亚时代的娱乐场所和公园。这里的天然温泉在20世纪初期的黄金岁月曾吸引了众多追求健康的游客前来, 积累起大量财富。

如今, 游客们则为了摄政时期的华丽建筑和周边乡村的自然景观而来。小镇每逢周二和周六都有集市, 为灰色石灰岩打造的市场带来一抹亮色。

◉ 景点和活动

★ 行宫花园 花园

(Pavilion Gardens; www.paviliongardens. co.uk; ⊗7月和8月 10:00~17:00, 4月至6月 周一至周五 10:00~17:00, 周六和周日 10:30起, 9月 10:30~17:00, 10月和11月 至16:00, 12月、次年2月和3月 11:00~16:00) 免费 毗邻巴克斯顿歌剧院的是同样富丽堂皇、占地9.3公顷的行宫花园, 穹顶式的凉亭点缀其间; 全年都会在园内的室外音乐台举办各种音乐会, 而主建筑里则设有热带温室、艺术和手工艺品展厅、怀旧的咖啡馆和旅游局(见519页)。

普尔山洞 洞穴

(Poole's Cavern; ☏01298-26978; www.poolescavern.co.uk; Green Lane; 成人/儿童 £9.95/5.50; ⊗3月至10月 9:30~17:00, 团队游 每隔20分钟; 11月至次年2月 10:00~16:00, 团队游 周一至五 10:30、12:30、14:30, 周六和周日 每隔20分钟) 从镇中心向西南方向愉快地行进1英里就可以来到普尔山洞。下行28级台阶就来到了这座壮观的天然石灰岩溶洞, 洞内温度为7摄氏度, 凉爽宜人。团队游的游览时间是50分钟。

从洞穴的停车场上行20分钟, 穿过Grin Low Wood就是**所罗门神殿**(Solomon's Temple), 这是一处塔的遗址, 你可以从这里俯视全镇美景。这座神殿建于1896年, 以替代早先的建筑, 神殿下方的古墓曾经出土过青铜时代的人类遗骸。

巴克斯顿新月楼和地热水疗 历史建筑

(Buxton Crescent & Thermal Spa; https://buxtoncrescent.com; The Crescent) 在维多利亚时代, 泡温泉的人们主要集中在巴克斯顿奢华的浴室, 这一建筑群建于1854年, 具有摄政王时期恢宏的建筑风格。建筑前方矗立着一座宏大的弧形新月楼, 该大楼显然受到了位于巴斯的皇家新月楼(Royal Crescent)的启发, 本书调研时正进行规模庞大的修复建设工作。除了一座五星级酒店和水疗馆, 泵房也将成为未来新景点的核心景观, 这处泵房近一个世纪以来一直将温泉水源源不断地输送到小镇各个角落。新建的景点"泵房和星月楼遗产体验"(Pump Room and Crescent Heritage Experience)将集中展现巴克斯顿水疗小镇的悠久传统。

巴克斯顿博物馆和美术馆 博物馆、美术馆

(Buxton Museum & Art Gallery; www.

Buxton 巴克斯顿

Buxton 巴克斯顿

◎ 重要景点
1 行宫花园 A2

◎ 景点
2 巴克斯顿新月楼和地热水疗 C2
3 巴克斯顿博物馆和美术馆 C3
4 德文郡穹顶 B1

◎ 活动、课程和团队游
5 Buxton Tram B2
德文郡水疗馆 ....（见4）

◎ 住宿
6 Grosvenor House B2

7 Old Hall Hotel B2
8 Roseleigh Hotel B4

◎ 餐饮
9 Barbarella's C1
10 Columbine Restaurant C3
11 Old Sun Inn B4

◎ 娱乐
12 歌剧院 B2

◎ 购物
13 Scrivener's Books & Bookbinding B4

derbyshire.gov.uk/leisure/buxton_museum; Terrace Rd; ⊙全年 周二至周六 10:00~17:00, 以及复活节至9月 周日 正午至16:00) 免费 小镇的博物馆坐落在一栋维多利亚时期的漂亮建筑内。博物馆里陈列着峰区发现的化石、老照片、艺术品以及展现当地社会历史的丰富展品，还有取自卡斯尔顿维多利亚时代的"奇迹屋"（House of Wonders）的小摆设，其中就包括了魔术师哈利·胡迪尼（Harry Houdini）的手铐。

德文郡穹顶　　　　　　　　　　历史建筑

（Devonshire Dome; www.devonshiredome.co.uk; 1 Devonshire Rd）维多利亚风格建筑精品——1779年用玻璃建造的德文郡穹顶是欧洲最大的无支撑穹顶。这里有德比大学和巴克斯顿与里克学院学生经营的实习餐厅，以及德文郡水疗馆(Devonshire Spa; ☎01298-330334; 水疗£40起; ◎周二、周三、周六和周日 9:00~19:00，周四和周五 至21:00，周日 10:00~18:00)。

★ Buxton Tram　　　　　　　　公共汽车

（☎01298-79648; https://discoverbuxton.co.uk; 成人/儿童£7.50/5; ◎3月下旬至10月 需预约）从行宫花园（见516页）出发，老式的八座送奶马车以每小时12英里的速度，在峰区镇中心环游大约1小时，这就是妙趣横生的"峰区奇观"（Wonder of the Peak）团队游。

该公司还设有几项1小时的步行团队游（£7起），例如"维多利亚时代的巴克斯顿"（Victorian Buxton），从同一地点出发。

节日和活动

巴克斯顿艺术节　　　　　　　　艺术节

（Buxton Festival; www.buxtonfestival.co.uk; ◎7月）作为英国最盛大的文化节庆之一，为期17天的巴克斯顿艺术节吸引了文学、音乐和戏剧领域的知名人士参会，活动在包括当地歌剧院在内的多处场馆举办。

住宿

Old Hall Hotel　　　　　　历史酒店 ££

（☎01298-22841; www.oldhallhotelbuxton.co.uk; The Square; 标单/双 含早餐£69/79起; ☎❄）该酒店可能是英格兰最古老的酒店，每一块嘎吱作响的地板下仿佛都有一段在历史中浸润许久的传奇故事。和其他高贵的住客一样，苏格兰的玛丽女王（Mary, Queen of Scots）也曾在此居住，只不过她在1576年至1578年的这段长住并非她个人意愿。酒店的房间仍然保留着宏大气势（其中一些配有四柱床），此外，这里还有几家酒吧、休闲酒吧和餐厅供你选择。

Roseleigh Hotel　　　　　　　　民宿 ££

（☎01298-24904; www.roseleighhotel.co.uk; 19 Broad Walk; 标单/双£51/86起; ❂@❄）这家漂亮的民宿由家庭经营，位于一栋宽敞而又古老的维多利亚式建筑内，拥有装修华丽的房间，很多都能远眺行宫花园的优美风景。民宿的主人是一对热情好客的夫妇，也是富有经验的旅行者，有着许多趣闻等你聆听。夏季周末要求至少连住两晚。

Grosvenor House　　　　　　　民宿 ££

（☎01298-72439; www.grosvenorbuxton.co.uk; 1 Broad Walk; 标单/双/家£55/70/100起; ❂❄）这间旧式维多利亚风格客栈能够俯瞰行宫花园，在大客厅里可以看到公园。这里的8间客房（包括1间家庭房，可人住3人，还能放置一张婴儿床），配有古董家具和图案壁纸及厚窗帘。在旺季时，这里要求至少入住两晚，且无单人房供应。

餐饮

Barbarella's　　　　　　　　各国风味 ££

（☎01298-71392; www.barbarellaswinebar.co.uk; 7 The Quadrant; 主菜£10~20; ◎周日至周四 正午至23:00，周五和周六 至午夜; ❄❀）枝形吊灯、黑白涡纹墙纸以及光洁的木桌，都让这家靓丽的复古葡萄酒吧成为巴克斯顿最火爆的小酒馆。不过这里也是享用大份菜肴和熟食拼盘的好地方，或者可以试试分量更足的海鲜菜（包括口感爽滑的海鲜杂烩浓汤）和碳烤肉排。

Columbine Restaurant　　　　新派英国菜 ££

（☎01298-78752; www.columbinerestaurant.co.uk; 7 Hall Bank; 主菜£14~23.50; ◎周一和周三至周六 19:00~22:00，周日 正午至14:00）❀位于市政厅旁的巷子里，这家低调的餐馆是懂行的巴克斯顿人的最佳选择。大厨倾心打造富有想象力的菜肴，主要食材均选自地方特产，例如薄荷黄油High Peak羔羊肉等。三个就餐区中有两个位于氛围独特的石头地窖内。建议预订。

Old Sun Inn　　　　　　　　　　　　酒馆

（www.theoldsuninnbuxton.co.uk; 33 High

St; ⊙周日至周三 正午至23:00, 周四至周六 至午夜)巴克斯顿所有酒馆中最舒适的一家,这家17世纪马车驿站的房间挤挤挨挨,保留着浓郁的原建筑特色,店内供应品种丰富的桶装啤酒,欢乐的顾客横跨几代人。

☆ 娱乐

歌剧院 歌剧

(Opera House; ☎01298-72190; https://www.buxtonoperahouse.org.uk; Water St; 团队游 £10; ⊙团队游 需预约)由剧院建筑帅弗兰克·马奇阿姆(Frank Matcham)于1903年修建,2001年经过了修缮。巴克斯顿的这家华美歌剧院经常举办各式各样的戏剧、舞蹈、音乐会和喜剧表演。后台导览团队游持续90分钟,可通过网站预约。剧院旁边的**行宫艺术中心**(Pavilion Arts Centre)也会举办各类表演,还设有一间360个座位的电影院。

🛍 购物

Scrivener's Books & Bookbinding 书籍

(☎01298-73100; www.scrivenersbooks.co.uk; 42 High St; ⊙周一至周六 9:30~17:00, 周日 正午至16:00)这家占据5层楼的书店虽然略显凌乱,但非常讨人喜欢。书籍高高堆起,就算用杜威图书分类法(Dewey system)也未必能够马上找到你想要的书。

Cavendish Arcade 购物中心

(www.cavendisharcade.co.uk; Cavendish Circus; ⊙周一至周六 9:00~18:00, 周日 10:00~17:00, 店铺 营业时间各异)这个购物中心由桶状拱形彩色玻璃天棚覆盖,内有多家出售高档礼品的精品店。

❶ 实用信息

旅游局(☎01298-25106; www.visitpeakdistrict.com; Pavilion Gardens; ⊙7月和8月 10:00~17:00, 4月至6月 周一至周五 10:00~17:00, 周六和周日 10:30起, 9月 10:30~17:00, 10月和11月 至16:00, 12月、次年2月和3月 11:00~16:00; 📶)管理有序的旅游局,有关于该地区徒步线路的详细信息。

❶ 到达和离开

Market Pl的道路两旁都设有公共汽车站。从

峰区的大教堂

高高矗立在历史上的铅矿小村泰德斯韦尔拥有体量巨大的教区教堂——**施洗者圣约翰教堂**(St John the Baptist; ☎01298-871317; https://tideswellchurch.org; Commercial Rd, Tideswell; ⊙9:00~18:00)——又名峰区大教堂,自14世纪以来它就一直坐落于此,基本没怎么改变。找找刻有"十诫"的木板,以及14世纪当地大地主瑟斯顿·德鲍尔(Thurston de Bower)用全套中世纪盔甲装饰的气派坟墓。教堂位于巴克斯顿以东8英里处,66路汽车开往此地(£4, 25分钟, 周一至周六每2小时1班)。

173路汽车往返于泰德斯韦尔和贝克韦尔(£3.10, 30分钟, 每天 每2小时1班)。

High Peak前往德比(£8, 1.75小时)的汽车每小时1班,途经贝克韦尔(£5, 30分钟)和马特洛克温泉(£5.20, 1小时);每天有5班汽车继续开往曼彻斯特(£6, 1.25小时)。

66路汽车开往切斯特菲尔德(£5.90, 1.25小时, 周一至周六 每2小时1班),途经泰德斯韦尔(Tideswell; £4, 25分钟)和亚姆(Eyam; £4.60, 40分钟)。

去设菲尔德乘坐65路汽车(£6.40, 1.25小时, 周一至周六 每2小时1班, 周日3班)。

Northern Rail运营往来曼彻斯特的火车(£10.60, 1小时, 每小时1班)。

卡斯尔顿(Castleton)

☎01433/人口 742

魅力无限的卡斯尔顿拱卫着险峻峡谷Winnats Pass的入口。每当夏日周末,这里都吸引着英格兰中部地区的游客蜂拥而至。不妨选择周中来此享受难得的宁静与安逸。倾斜的石屋坐落在村庄街道的两旁,纵横交错的步道穿越周边的丘陵,气氛十足的佩弗里尔城堡遗址高踞峭壁之上,而其下方的岩床则遍布着极具吸引力的洞穴。

◎ 景点

卡斯尔顿位于517米高的母亲岩（Mam Tor）山脚下，石灰岩步道的北端就在此处。这条小道沿着城堡东墙下方深处狭长多石的洞穴溪谷（Cave Dale）延伸。旅游局（见521页）提供地图与宣传册，包括多条难度较低步道的详细信息。

佩弗里尔城堡　　　城堡、遗址

（Peveril Castle; EH; ☎01433-620613; www.english-heritage.org.uk; 成人/儿童 £5.90/3.50; ⊙复活节至9月 10:00~18:00, 10月 至17:00, 11月至次年复活节 周六和周日 至16:00）这座一见难忘的城堡耸立在卡斯尔顿南部的山脊之上，距离城镇中心步行距离350米，经年累月的侵蚀破坏，如今城堡遗址看上去就好像是一座峭壁。该城堡由"征服者威廉"（威廉一世）的儿子——威廉·佩弗里尔（William Peveril）建造，曾作为亨利二世、约翰王和亨利三世的狩猎行宫。城堡虽然破败，但却能够从陡坡上欣赏到整个霍普谷（Hope Valley）的美景。在上山之前，先打听一下遗址是否因维修而临时关闭。

卡斯尔顿博物馆　　　博物馆

（☎01433-620679; www.peakdistrict.gov.uk; Buxton Rd; ⊙4月至10月 9:30~17:00, 11月至次年3月 至16:30）**免费** 旅游局（见521页）旁边就是这家迷人的小镇博物馆，馆内的展览涵盖了各种主题，包括采矿、地质学、攀岩和悬挂式滑翔，以及奇特的加兰橡叶节（见本页）。

特雷克悬崖洞穴　　　洞穴

（Treak Cliff Cavern; ☎01433-620571; www.bluejohnstone.com; Buxton Rd; 成人/儿童 £9.95/5.30; ⊙3月至10月 10:00~16:15, 11月至次年2月 至15:15）特雷克悬崖洞穴以林立的钟乳石和色彩鲜艳的萤石矿脉而闻名，这些裸露的蓝色萤石（Blue John stone）仍在开采中，以满足珠宝业的需要。持续40分钟的团队游每半小时1次，主要介绍采矿历史，孩子们则可以在学校假日期间亲自抛光自己的蓝色萤石。该洞位于卡斯尔顿村中心西边1英里处。

蓝萤石洞穴　　　洞穴

（Blue John Cavern; ☎01433-620638; www.bluejohn-cavern.co.uk; 成人/儿童 £12/6; ⊙4月至10月 周一至周五 9:30~16:00, 周六和周日 至17:00, 11月至次年3月 9:30至黄昏）该洞穴位于卡斯尔顿以西2英里的母亲岩东南山坡上，其天然的岩洞如迷宫般四通八达。同时，该洞穴也拥有丰富的萤石储量，至今每年冬季仍会进行开采工作。报名参加1小时的导览团队游（每20分钟1次）可以进入洞内。你可以从前往母亲岩的封闭路段步行上山至此。

斯比德维尔洞　　　洞穴

（Speedwell Cavern; ☎01433-623018; www.speedwellcavern.co.uk; Winnats Pass; 成人/儿童 £12/10; 含峰区溶洞联票 £19/15.50; ⊙4月至10月 每天 10:00~17:00, 11月至次年3月 周六和周日 10:00~17:00）卡斯尔顿以西约0.5英里处就是Winnats Pass的入口，斯比德维尔洞就坐落于此，需要向下106级台阶，这里可谓是幽闭恐惧症患者的梦魇。奇特的观光游船将带你穿过地下河道，来到一个巨大的地下湖泊——人们称之为"无底洞"（Bottomless Pit）。每次在这里进行洞穴勘探时都能发现新的洞室。

峰区溶洞　　　洞穴

（Peak Cavern; ☎01433-620285; www.peakcavern.co.uk; Peak Cavern Rd; 成人/儿童 £11.25/9.25, 含斯比德维尔洞联票 £19/15.50; ⊙4月至10月 每天 10:00~17:00, 11月至次年3月 周六和周日 10:00~17:00）这是卡斯尔顿最便于进出的洞穴，从村子中心沿着一条优美的溪畔小道向南步行250米即可到达。溶洞的入口是英格兰最大的天然洞穴入口，被称为"魔鬼的屁股"（Devil's Arse; 虽然不太雅）。在纤维光缆照明的映衬下，你可以看到石灰岩溶洞那鬼斧神工般的构造。旺季时最好提前在线购票。

✿ 节日和活动

加兰橡叶节　　　文化节

（Garland Festival; www.peakdistrict.co.uk; ⊙5月29日）数百年来，卡斯尔顿都会在5月29日庆祝橡树苹果节（Oak Apple Day; 如果29日是周日则在28日庆祝），加兰国王（披满鲜花头饰）和女王骑着马在村里游行。

🛏 食宿

Ye Olde Nag's Head Hotel 酒馆 ££

(☎01433-620248; www.yeoldenagshead.co.uk; Cross St; 双 £50~105; 🛜🐾)酒馆位于小镇的主干道路边，是这里"住宅型"酒吧中最惬意的一家，提供9间设施完备的舒适房间；较好的房间还有四柱床和水疗池。吧台可提供啤酒试品拼盘，酒吧里会定期举办现场音乐演出，还有一间供应酒馆经典菜肴的热门餐厅。

Three Roofs Cafe 咖啡馆 £

(www.threeroofscafe.com; The Island; 菜肴 £5~11; ⓒ周一至周五 9:30~16:00, 周六和周日 至17:00; 🛜)这家咖啡馆销售卡斯尔顿最受欢迎的奶油茶点，其对面则是通往旅游局的岔路。店里还有丰盛的三明治、馅饼、炸鱼薯条、汉堡和带皮烤土豆。

★ Samuel Fox 英国菜 £££

(☎01433-621562; www.samuelfox.co.uk; Stretfield Rd, Bradwell; 2/3/7道菜套餐 £28/35/55; ⓒ2月至12月 周三至周六 18:00~21:00, 周日 13:00~16:00; 🅿🛜)迷人的小旅馆位于霍普谷内的布拉德韦尔（Bradwell），卡斯尔顿东南方向2.5英里处，酒馆由主厨James Duckett家族世代经营，供应非凡的英国菜肴，如烤鹿肉配腌紫甘蓝、烤野鸡配嫩芽、培根和欧洲萝卜。楼上有4间色彩柔和的漂亮客房（双含早餐£130起），住客可于周一和周二晚上在店内用餐。

询问是否有晚餐、住宿和早餐的组合优惠。

ⓘ 实用信息

旅游局（☎01433-620679; www.peakdistrict.gov.uk; Buxton Rd; ⓒ4月至10月 9:30~17:00, 11月至次年3月 10:00~16:30）位于卡斯尔顿博物馆。

ⓘ 到达和离开

长途汽车

汽车运营线路包括：

贝克韦尔 173路汽车；£3.30, 50分钟，每2小时1班，途经霍普（Hope; £2.20, 5分钟）和泰德斯韦尔（£5.30, 30分钟）

设菲尔德 271和272路汽车；£5.90, 1.25小时，周一至周五每天4班，周六每天3班

火车

最近的火车站位于卡斯尔顿以东大约2英里处的霍普，步行即可到达。火车站在设菲尔德（£5.80, 30分钟，每小时1班）和曼彻斯特（£11.80, 55分钟，每小时1班）铁路沿线。

德文特水库（Derwent Reservoirs）

德文特河谷的上游在霍普谷（Hope Valley）的北面，曾于1916~1935年遭遇洪水侵袭，因此当地建造了3座大型水库[Ladybower水库、德文特水库和豪顿水库（Howden Reservoir)]以便向设菲尔德、莱斯特、诺丁汉和德比供水。这些人工湖很快就证明了自身的价值——"二战"期间，"大坝终结者"中队（Dambusters; 英国皇家空军第617中队）在德国鲁尔河谷（Ruhr Valley）投下"水面弹跳炸弹"（bouncing bombs）前，曾在德文特水库区域进行了演练。

如今，这些水库都是颇受徒步客、自行车手和山地自行车手欢迎的旅游目的地。当然，这里也吸引了大量的鸭子，所以请缓慢驾驶！

⊙ 景点和活动

德文特大坝博物馆 博物馆

(Derwent Dam Museum; www.dambusters.org.uk; Fairholmes; ⓒ周日 10:00~16:00) **免费** 博物馆位于德文特大坝顶部西塔内，展览深入介绍了英国皇家空军第617中队——即大名鼎鼎的"大坝终结者"——测试"水面弹跳炸弹"的详细情况。

Derwent Cycle Hire Centre 骑行

(☎01433-651261; www.peakdistrict.gov.uk; Fairholmes; 每半天/整天标准自行车 £14/17, 电动自行车 £23/27; ⓒ2月上旬至11月上旬 9:30~17:00) Fairholmes的自行车租赁中心，出租山地车、儿童车和电动自行车。

ⓘ 实用信息

旅游局（☎01433-650953; www.peakdistrict.gov.uk; Fairholmes; ⓒ2月初至11月初 9:30~

17:00，11月初至次年2月初 周一至周五 10:00～15:30，周六和周日 至16:30)提供各种徒步和骑行建议。

埃代尔村（Edale）

☏01433/人口 353

峰区壮美的风光环绕四周，漂亮的教堂周围聚集着一座座石屋，毫无疑问，埃代尔村是一处消磨时光的迷人之地。村子位于白峰与黑峰之间，也是奔宁山步道的南部终点。虽然村落地处偏远，但曼彻斯特－设菲尔德铁道线途经该村，带来如潮的游客在此享受周末时光。

🛏️ 食宿

Fieldhead Campsite 露营地 £

（☏01433-670386；www.fieldhead-campsite.co.uk；Fieldhead；露营地 每人/汽车 £7/3.50；⌚2月至12月；🅿🛜）荒原旅游局（Moorland Tourist Office）的隔壁就是这片横跨6块田野的露营地。这里景色优美，设施齐备，部分宿营位置紧挨着河流。淋浴费用为20便士。不接待房车；也不允许点篝火和烧烤。

Edale YHA 青年旅舍 £

（☏0845 371 9514；www.yha.org.uk；Rowland Cote, Nether Booth；铺/双/家 £13/50/70起；🅿🛜）这家乡间旅舍位于埃代尔村以东1.5英里处，从这里可以远眺Back Tor的壮丽风景。从Hope路出发沿着标牌而行便可到达。所有157张床位都是宿舍铺位；Wi-Fi仅限公共区域。提前确认是否有空铺，因为这里非常受学生团队的青睐。

Stonecroft 民宿 ££

（☏01433-670262；https://stonecroftguesthouse.co.uk；Grindsbrook；标单/双 £60/105起；🅿🛜🌿）这座漂亮的石屋始建于20世纪初，布局典雅，拥有3间舒适的卧房（2间双人房，1间单人房）。主人茱莉亚（Julia）准备的有机早餐都是无麸食品，还可选择素食或纯素；预订时可搭配午餐盒饭（£7.50）。自行车出租每半天£25。可安排火车站接送。不接待儿童。

Cooper's Cafe 咖啡馆 £

（☏01433-670401；Grindsbrook；菜肴 £2～11；⌚周一、周二、周四和周五 9:00～16:00，周六和周日 8:00～17:00；🛜）这家氛围活跃的咖啡馆紧邻乡村学校，提供各种汤、汉堡、带皮烤土豆、特色素食辣椒以及蛋糕等。

Rambler Inn 酒馆食物 ££

（☏01433-670268；www.dorbiere.co.uk；Grindsbrook；主菜 £7.50～11；⌚厨房 周一至周六 正午至21:30，周日 至20:00，酒吧 周一至周六 正午至23:00，周日 至22:30；🛜🐾）位于火车站正对面，这家石砌酒馆的壁炉让室内十分温暖，供应艾尔啤酒和酒馆食物，例如炖菜、香肠以及土豆泥等。店里还有儿童菜单，9间陈设简单的民宿客房（双/标三/家 £90/100/155起），偶尔还会举行现场音乐演出。

ℹ️ 实用信息

荒原旅游局（☏01433-670207；www.peakdistrict.gov.uk；Fieldhead；⌚4月至9月 9:30～17:00，10月至12月和次年2月至3月 工作时间缩短）有着铺满景天的"生态屋顶"，还有一条瀑布从玻璃面板上飞溅而下，这个生态环保的旅游局提供地图和荒原展览，旁边还有一处露营地。

ℹ️ 到达和离开

火车从埃代尔村出发，开往曼彻斯特（£11.60，45分钟，每小时1班）和设菲尔德（£7.40，30分钟，每小时1班）。

亚姆（Eyam）

☏01433/人口 969

古色古香的亚姆（发音为ee-em）原先是座开采铅矿的小村，有过惨痛的历史。1665年，从伦敦运来代销的布料上夹杂着携带致命病菌"黑死病"（Black Death）的跳蚤，瘟疫席卷了整个小镇。后来村里的神父William Mompesson说服村民进行自我隔离。最终，800名村民中有270多人不幸罹难，而周边的村庄则基本逃过一劫。如今，在青翠群山的映衬下，你可以漫步在亚姆起伏的街道上，欣赏路旁古老的村舍。

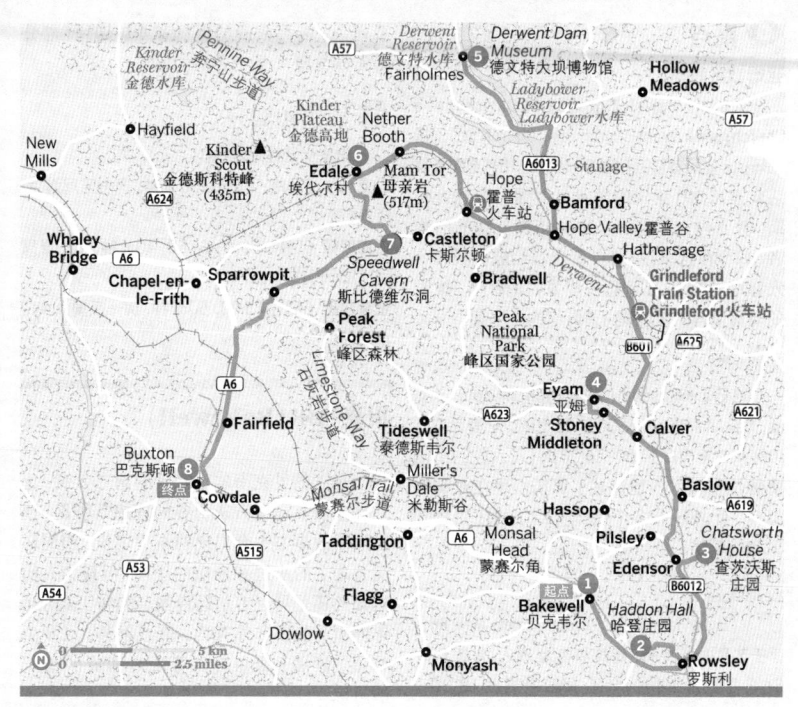

自驾游览 峰区

起点: 贝克韦尔
终点: 巴克斯顿
全长: 52英里; 1~2天

在美丽的小镇 ❶**贝克韦尔**(见524页)给车加满油,这里以独特的贝克韦尔布丁闻名。沿A6公路向南行驶3.5英里到罗斯利,在Church Lane左转,沿蜿蜒的道路再行驶2英里,游览迷人的中世纪 ❷**哈登庄园**(见525页)。

返回罗斯利,在A6公路左转,到B6012公路再左转,沿路行驶2.9英里,然后右转到达有"峰区宫殿"之称的 ❸**查茨沃斯庄园**(见524页)。

回到B6012公路,右转进入A619公路。到达乡村酒店和米其林星级餐厅Fischer's Baslow Hall所在的Baslow,在环岛左转,沿A623公路行驶3.4英里,沿岔路前往 ❹**亚姆**。驶上山坡,到达古雅的博物馆,了解这座城市辛酸的瘟疫史。在这里散步的感觉不错。

继续开车上坡,在Edge Rd右转,再在Sir William Hill Rd右转,之后在Grindleford左转进入B601公路。沿路行驶到Hathersage,然后左转进入A6187公路,继续沿路行驶到达霍普谷。从这里出发,在A6013公路右转,经过Ladybower水库,到达 ❺**德文特大坝博物馆**(见521页),进馆了解第二次世界大战时"大坝终结者"中队的"水面弹跳炸弹"测试。

行驶5.8英里返回通往霍普谷的岔路口,然后在Hathersage Rd右转,在Edale Rd再次右转,沿山谷驱车前行,到达另一个绝佳的徒步目的地 ❻**埃代尔村**后可下车徒步游览。

当你向卡斯尔顿进发时可以看到风景优美的群峰,开车登上海拔近517米的陡峭山峰母亲岩,到达Winnats Rd,然后沿曾是珊瑚礁的壮观峡谷Winnats Pass前往 ❼**斯比德维尔洞**(见520页)探索。

从斯比德维尔洞出发,向西沿Arthurs Way抵达Winnats Rd。行驶至A623公路右转,沿路抵达前温泉城镇 ❽**巴克斯顿**(见516页),欣赏维多利亚时期的建筑。

◎ 景点

亚姆教区教堂　　　　　　　　　　教堂
（Eyam Parish Church, St Lawrence's Church; www.eyam-church.org; Church St; 乐捐入场; ⊙复活节至9月 9:00~18:00, 10月至次年复活节 至16:00）亚姆的教堂可追溯至撒克逊时期，教堂内安葬着许多1665年黑死病的罹难者。如今在这里，你可以观看彩绘玻璃板和令人感动的展示，了解瘟疫爆发时的往事。教堂的院落里有一个雕刻于8世纪的十字架。

亚姆博物馆　　　　　　　　　　博物馆
（Eyam Museum; www.eyam.museum.org.uk; Hawkhill Rd; 成人/儿童 £2.50/2; ⊙复活节至10月 周二至周日 10:00~16:00）引人入胜的小镇博物馆生动深入地讲述了那场发生在亚姆的瘟疫，此外还有多个展览介绍了村庄铅矿开采和丝绸纺织的历史。

亚姆庄园　　　　　　　　　　历史建筑
（Eyam Hall; https://eyamhall.net; Main Rd; 手工艺品中心 免费, 建筑和花园 成人/儿童 £12/6; ⊙手工艺品中心 全年 周三至周日 10:00~16:30, 建筑和花园 2月中旬至4月下旬 周三、周四和周日 11:00~15:00）这座17世纪的庄园看上去相当结实，建有石头的窗户和门框，周围则环绕着传统的英式围墙花园。如今，庄园内设有手工艺品中心、奶酪商店、精酿啤酒店和咖啡馆。

🛏 食宿

Miner's Arms　　　　　　　　　酒馆 ££
（☎01433-630853; www.theminersarmseyam.co.uk; Water Lane; 标单/双 £45/70起; ☎）尽管对于其确切年代尚无定论，但可以肯定的是，这家传统的乡间酒馆落成后不久即赶上了亚姆1665年黑死病肆虐的时期。走进酒馆，你会发现裸露着横梁的房顶、和蔼的员工、温暖的壁炉、舒适的独立卫浴间以及物有所值的酒馆食物（主菜 £9~14.50）。

Village Green　　　　　　　　　咖啡馆 £
（www.cafevillagegreen.com; The Square; 菜肴 £2~7; ⊙周四至周一 9:15~16:15; ☎）这家惹人喜爱的咖啡馆坐落在小村的广场上，户外鹅卵石地面上摆着餐桌，供应自制汤羹以及一系列令人馋涎欲滴的蛋糕和面包切片（部分为无麸类型），还有香醇的咖啡。

ℹ 到达和离开

汽车运营线路包括：
贝克韦尔 275路; £3.90, 20分钟, 周一至周六 每天3班
巴克斯顿 65路和66路; £4.60, 40分钟, 周一至周六 每2小时1班
设菲尔德 65路, £5.90, 50分钟, 周一至周六 每2小时1班

贝克韦尔（Bakewell）
☎01629/人口 3950

迷人的贝克韦尔是峰区的第二大镇，也是探索白峰地区石灰岩谷的理想落脚点。镇里满是故事书中会出现的石头建筑，四周环绕着著名的步道和恢宏的庄园，但最为人所熟知的还是贝克韦尔远近闻名的布丁（1820年问世，在糕点外壳内，填着果酱，以及由鸡蛋、黄油、糖和杏仁等混合而成的蛋奶沙司）。

◎ 景点

★查茨沃斯庄园　　　　　　　　历史建筑
（Chatsworth House; ☎01246-565300; www.chatsworth.org; 建筑和花园 成人/儿童 £21/12.50, 仅花园 £14/7, 游乐园 £6.50, 公园 免费; ⊙5月下旬至9月上旬 10:30~17:00, 3月中旬至5月下旬和9月上旬至次年1月上旬 开放时间缩短）占地面积广阔的庄园位于贝克韦尔东北方3英里处，又被称为"峰区宫殿"（Palace of the Peak），数百年来一直为德文郡的伯爵和公爵所有。走进房屋内部，奢华的房间与壁画装饰的客厅里摆满了无价的油画和古典家具。庄园的庭园和景观花园占地面积达25平方英里，其中不乏由"万能"的兰斯洛特·布朗设计的观赏性花园。孩子们一定会喜欢上以农场冒险为主题的游乐园。

从贝克韦尔乘218路汽车（£2.70, 15分钟, 每半小时1班）可达。

1552年，权势极大的"哈德威克的贝丝"及其第二任丈夫威廉·卡文迪什（William Cavendish）共同建造了该庄园，后者通过帮

助亨利八世解散英格兰修道院得到恩典与赏识。而在1569年，伊丽莎白一世则下令将苏格兰的玛丽女王软禁于此。

你可以在庄园内找由卢西恩·弗洛伊德（Lucian Freud）所作的当代德文郡公爵及夫人的肖像画。

这里还有国内最精致的农场商店之一（见526页），还附设有一家咖啡馆。

徒步客可以选择经仿威尼斯的村庄Edensor（发音为en-sor），沿着小道穿过查茨沃斯公园（Chatsworth park）抵达庄园，而自行车手则可以取道Pilsley骑行至此。

哈登庄园 历史建筑

（Haddon Hall; ☎01629-812855; www.haddonhall.co.uk; Haddon Rd; 成人/儿童 £15.75/免费; ◎3月下旬至9月 每天 10:30~17:00, 10月 周五至周一 10:30~17:00, 12月 10:30~16:00）哈登庄园在贝克韦尔以南2英里处的A6公路边，围墙花园、久经风霜的木屋以及石砌角塔，都展现出一座中世纪庄园应有的风范。庄园始建于12世纪，并在中世纪时期不断扩建与重修，18世纪初消停下来，后来直至20世纪20年代才又进行修缮维护。你可以从贝克韦尔出发，搭乘High Peak公共汽车（£2.50, 10分钟，每小时1班），也可以沿着大多在河流东岸的田间小径步行至此。

哈登庄园没有维多利亚时代过于绚烂的风格装饰，这里曾多部古典大片的拍摄地点，如2005年的《傲慢与偏见》和1998年的《伊丽莎白》（Elizabeth）等。

索恩桥啤酒厂 啤酒厂

（Thornbridge Brewery; ☎01629-815999; www.thornbridgebrewery.com; Buxton Rd; 团队游 成人/儿童 £10/3; ◎团队游需预约 周三、周四和周五 15:00, 商店 周一至周五 9:00~16:30）这家位于河畔的啤酒厂出品的啤酒包括各种瓶装啤酒（例如果味草莓金色艾尔, I Love You Will You Marry Me）、小桶装啤酒（例如维也纳风格的拉格, Kill Your Darlings）和大桶装的艾尔（包括啤酒花味道浓郁的Brother Rabbit）。持续1.5小时的团队游带你深入幕后，还包括Thornbridge玻璃杯的品酒环节，之后你可以保留这个玻璃杯。5岁以下的儿童不能参加团队游。啤酒厂距贝克韦尔中心半英里，位于城镇西北边缘。

古宅博物馆 博物馆

（Old House Museum; ☎01629-813642; www.oldhousemuseum.org.uk; Cunningham Pl; 成人/儿童 £5/2.50; ◎3月下旬至11月上旬 11:00~16:00）贝克韦尔当地历史博物馆位于一座饱经风霜的石屋中。这座石屋是亨利八世在位期间一位税政官的住宅，伊丽莎白一世时期进一步扩建，后来在工业革命期间又被分隔成磨坊工人的小屋。千万不要错过都铎王朝时期的厕所和关于抹灰篱笆墙的展览，后者是一种利用编织树枝和牛粪筑墙的传统工艺。

✈ 活动

风景如画的蒙赛尔步道从贝克韦尔郊外的Combs Viaduct开始，沿着一条废弃的铁道线通向位于Wye Dale的Topley Pike, 大约在巴克斯顿以东3英里处。小道还会经过一些重开的旧铁路隧道，总长8.5英里。

想要进行一次收获良多的短程徒步，不妨沿着蒙赛尔步道步行3英里，来到蒙赛尔角（Monsal Head）这处极佳的观景点。你可以在此停留，去Monsal Head Hotel（见526页）小憩一番，该酒店提供艾尔啤酒和无与伦比的新派英国菜肴。如果还有时间，那么继续前往米勒斯谷（Miller's Dale），那里的高架桥让你可以凭高远眺，欣赏陡峭山谷里的壮美景色。贝克韦尔和巴克斯顿的旅游局都可以提供相关详情。

其他徒步路线则通往一些宏伟古宅，如哈登庄园和查茨沃斯庄园。

🛏 住宿

Hassop Hall Hotel 历史酒店 ££

（☎01629-640488; www.hassophallhotel.co.uk; Hassop Rd, Hassop; 双 £110起; ）这座宏伟的宅邸建于14世纪，在17世纪进行过大规模改建，位于贝克韦尔以北3英里处的规则式园林和林地内，通过一条带门楼的气派车道进入其中。酒店的13间客房配有四柱床、装饰壁炉和独立浴缸。附设餐厅供应精致菜肴，例如盐壳烤英式幼鸭等。

Rutland Arms Hotel　　　　酒店 ££

（☏01629-338051; https://rutlandarmsbakewell.co.uk; The Square; 标单/双含早餐 £64/116 起; P☎❄☕）这座具有贵族气息的石砌马车驿站建于1804年。据说简·奥斯汀在创作《傲慢与偏见》时曾住在该酒店的2号房内。主楼和邻近庭院的楼房内共有33个房间；其中更贵的几间客房内保留着大量维多利亚式的华丽装饰。

🍴 就餐

★ Chatsworth Estate Farm Shop Cafe　　咖啡馆、熟食 £

（www.chatsworth.org; Pilsley; 菜肴 £6~14.50; ⓘ咖啡馆和商店 周一至周六 9:00~17:00, 周日 10:00起; ✎）🍃这个田园风情的咖啡馆是峰区最佳用餐地点之一，丰盛的早餐（火腿蛋松饼配查特沃斯培根或三文鱼；草莓和蜂蜜查特沃斯酸奶配牛奶什锦早餐）供应到11:30，接下来的午餐（牛排和牛脂布丁；传统烧烤等）供应至15:00，然后是午后菜单。隔壁农场商店里超过半数的产品都是农场自产的。

Old Original Bakewell Pudding Shop　　面包房、咖啡馆 £

（www.bakewellpuddingshop.co.uk; The Square; 菜肴 £7~12.50; ⓘ周一至周六 8:30~18:00, 周日 9:00起）众多自称自贝克韦尔布丁原创者的店铺之一，茶室在1层，裸露的木梁很是别致，供应简餐和塔式下午茶。

Monsal Head Hotel　　　　英国菜 ££

（☏01629-640250; www.monsalhead.com; Monsal Trail; 主菜 £11.50~16; ⓘ厨房 周一至周六 正午至21:30, 周日 至21:00; P☎❄☕）坐拥Monsal Head美丽观景台的同名酒店，供应艾尔啤酒和美味的英国菜肴，例如柴郡奶酪和辣根蛋奶酥、德比郡炖牛肉配熏蒜土豆泥，以及黑莓碎香草蛋奶沙司和糖霜荨麻叶。提前预订以入住这里的7间舒适客房（双含早餐 £110起）。

Juniper　　　　　　　　　　比萨 ££

（☏01629-815629; www.juniperbakewell.co.uk; Rutland Sq; 比萨 £8~13.75; ⓘ周日至周四 15:00~22:00, 周五和周六 11:00~23:00; ☎✎）这家别致的小餐馆由一个杜松子酒吧（有40多种杜松子酒和贝克韦尔出品的索恩桥啤酒）和现代比萨饼餐厅组成，室内装饰着杜松子浆果色的墙壁和格子呢软垫椅子。热气腾腾的比萨饼包括Let's Meat（萨拉米香肠、培根、香肠、香辣牛肉和意大利腊香肠）、Billy Goat（山羊奶酪、焦糖红洋葱和马苏里拉奶酪）以及Mighty Brunch（黑布丁、蘑菇和鸡蛋）。

Piedaniel's　　　　　　　　法国菜 ££

（☏01629-812687; www.piedanielsrestaurant.com; Bath St; 主菜午餐 £13, 晚餐 £16~25; ⓘ周二至周六 正午至14:00和19:00~21:00）大厨埃里克（Eric）和克里斯蒂娜·皮耶达尼埃尔（Christiana Piedaniel）烹饪的新派法国菜可谓是当地餐馆的佼佼者。白色的餐厅精致典雅，适合享用诸如诺曼底洋葱汤配苹果酒和格鲁耶尔干酪、猪肉卷配烩紫甘蓝和谷物芥末酱，以及橙香火焰可丽饼等精致菜肴。

★ Fischer's Baslow Hall　　美食 £££

（☏01246-583259; www.fischers-baslowhall.co.uk; 259 Calver Rd, Baslow; 2/3/6 菜午餐套餐 £25/33.50/68, 2/3/8道菜晚餐套餐 £64.50/78.50/88; ⓘ正午至14:00和19:00~21:00; ☎✎）位于贝克韦尔东北方向4英里处，这是家藏身于1907年石砌豪宅里的出色米其林星级餐厅，供应英国农产品（德比郡羊羔肉、约克郡野味、康沃尔郡螃蟹等，不一而足），蔬菜采自自种的菜园。主宅中有6间花团锦簇的豪华客房，毗邻的花园建筑中还有5间（双人间含早餐£260起，包含3道菜晚餐套餐£367起）。

🍷 饮品和夜生活

Pointing Dog & Duck　　　　酒馆

（www.pointingdog.co.uk; Coombs Rd; ⓘ11:00~23:00; ☎）这家酒馆所在的老锯木厂原来由旁边的河水驱动机器，如今经过精心的店里装饰着高耸的横梁天花板、裸石墙壁，在河畔露台上还能看到河里的鸭子。这个充满田园风情的地方非常适合浅酌一杯或品尝酒馆食物，例如啤酒糊炸鱼薯条或炭烤牛排等。

🛍 购物

Bakewell Deli
食物和饮品

(www.facebook.com/bakewelldeli; Rutland Sq; ⊙9:00~17:00)这家迷人的熟食店里满是当地特产,有峰区本地烘焙的Full Moon咖啡、马特洛克温泉蜂蜜、贝克韦尔布丁、当地腌肉、酸辣酱、果酱和馅饼,还有50多种英国奶酪,包括附近霍普谷Cow Close Farm手工制作的多种奶酪。你还可以在店内挑选各种三明治、卷饼和汤,打包到河边野餐。

Bakewell Market
市场

(Granby Rd; ⊙周一 9:00~16:00)贝克韦尔热闹的周一市场聚集了160多家固定摊档,包括霍普谷冰激凌(Hope Valley Ice Cream)、Peak Ales、Bittersweet Chocolates、Brock & Morten(冷榨油)和考德威尔磨坊(面粉)等本地生产商。

ℹ 实用信息

旅游局 (☎01629-816558; www.visitpeakdistrict.com; Bridge St; ⊙4月至10月 9:30~17:00,11月至次年3月 10:30~16:30)位于老市场大厅内,夹层有一个摄影展厅。

ℹ 到达和离开

巴克韦尔位于High Peak的客运线路上。有开往巴克斯顿(£5,30分钟)、德比(£6.50,1.25小时)和马特洛克温泉(£2.70,35分钟)的汽车,均为每小时1班。每天还有5班汽车继续驶向曼彻斯特(£8,1.75小时)。

其他线路包括:

卡斯尔顿 173路;£3.30,50分钟,每天4班,经由泰德斯维尔(£3.10,30分钟)

切斯特菲尔德 170路,£4.80,50分钟,周一至周六每小时1班,周日每2小时1班

约克郡

包括 ➡

约克	533
哈罗盖特	543
斯卡伯勒	546
赫尔姆斯利	550
惠特比	553
斯基普顿	559
马勒姆	563
利兹	566
赫尔港	581
贝弗利	585

最佳餐饮

- Pipe and Glass Inn（见586页）
- Norse（见544页）
- Bridge Cottage Bistro（见557页）
- Talbot Yard（见552页）
- Ox Club（见570页）
- Cochon Aveugle（见540页）

最佳住宿

- La Rosa Hotel（见556页）
- Talbot Hotel（见552页）
- Grays Court（见539页）
- Art Hostel（见569页）
- Lister Barn（见564页）

为何去

约克郡的人口和苏格兰相仿，面积是比利时的一半，本身就如同一个国家。它有自己的旗帜、自己的方言，还有自己的节日——约克郡日（Yorkshire Day；8月1日）。

长久以来，人们都热衷于到此来徒步和骑行，因为这里有英国首屈一指的美丽风景——沉静的荒原、翠绿的山谷绵延，通向壮观的海岸线。此外，这里囊括了历史万象，从古罗马时代到21世纪，充满中世纪风情的约克是北部最让人向往的地方，不过郡内还有无数其他氛围独特的城镇乡村等待探索，修道院遗迹、古老的城堡和经典的园林同样数不胜数。

但是约克郡拒绝停留在过往的辉煌中，这里的迷人之处还在于富有创新意识的当地人正在不懈地推动城镇与时俱进。曾经没落的城镇正在迎来复兴，现代英伦风情和约克郡传统在咖啡馆、酒吧和餐馆完美融合。

何时去

➡ 在2月，为期一周的乔维克北欧海盗节纪念约克被维京海盗侵略的过往历史。

➡ 春天，黄色的水仙花盛开，装点着戴尔斯和北约克荒原路边的风景。三峰挑战赛在里伯斯谷地霍顿举办；成千上万的游客蜂拥至莫尔顿参加年度美食节。

➡ 在7月，哈罗盖特举行约克郡大展览，来庆祝农业丰收。与此同时，约克郡沿海的悬崖引来了大量筑巢的海鸟。

➡ 在约克郡山谷徒步的最佳时节是9月，里士满的徒步节也在此时举行。在秋季花展时，哈罗盖特吸引了园艺师的到来；惠特比在万圣节前后会欢庆其最盛大的哥特式周末。

历史

正当你沿着A1主路穿越约克郡时，你也在追随着公元1世纪古罗马军团占领英国北部的足迹。事实上，许多约克郡的城镇，包括约克、卡特里克（Catterick）和莫尔顿（Malton），都是由古罗马人建立的，而多条现代公路（包括A1、A59、A166和A1079）也是遵循罗马古道的布局。

当罗马人在5世纪离开后，本地的不列颠人（Briton）为了捍卫主权，与入侵的盎格鲁条顿部落（Teutonic）作战，约克郡一度成为诺森布里亚王国（Kingdom of Northumbria）的一部分。9世纪，维京人（Viking）到来并攻占了英国北部大面积的国土，这部分土地被称为丹麦区（Danelaw）。他们把现在约克郡所在地域分成三个行政区（thridings），汇合处所在的乔维克（Jorvik；即如今的约克）为兴旺繁荣的商业之都。

1066年，约克郡成了争夺英格兰王位的关键阵地，盎格鲁—撒克逊国王哈罗德二世（Harold Ⅱ）率军北伐，在斯坦福德桥战役（Battle of Stamford Bridge）打败挪威国王哈拉尔·哈德拉达（Harald Hardrada）之后，又调兵南下，结果在黑斯廷斯战役（Battle of Hastings）中败给了征服者威廉（威廉一世），并中了致命的一箭。

英格兰北部的居民并不甘心屈服于诺曼人随后的统治。为了镇压反抗者，诺曼贵族在约克郡全境建造了一连串固若金汤的城堡，包括在约克、里士满、斯卡伯勒（Scarborough）、斯基普顿（Skipton）、皮克灵（Pickering）和赫尔姆斯利（Helmsley）的城堡。诺曼人将强占的土地建成大片庄园，成为支撑英格兰中世纪贵族的基础。

到15世纪，约克公爵（Duke of York）和兰开斯特公爵（Duke of Lancaster）已经富可敌国，最终发动了争夺英格兰王位的玫瑰战争（Wars of the Roses；1455~1487年）。从1536年到1540年，亨利八世解散了众多修道院，宏伟的里沃兹（Rievaulx）、芳汀（Fountains）和惠特比（Whitby）修道院的财富全部落入了贵族世家手中。随后，约克郡开始了长达200年悄然繁荣的发展，北部有肥沃的农场，而南部设菲尔德以餐具生意为主，直到

约克郡最佳徒步路线

克利夫兰步道（Cleveland Way；www.nationaltrail.co.uk/clevelandway）这条连接荒原和海岸的经典徒步路线赫赫有名，环绕北约克荒原国家公园，全长109英里。从起点赫尔姆斯利到终点法利（Filey）总共需要9天。

海岸沿线路径（Coast to Coast Walk；www.wainwright.org.uk/coasttocoast.html）英格兰最受欢迎的步道之一，全长190英里，穿越英格兰北部，从湖区（Lake District）经过约克郡山谷和北约克荒原国家公园。约克郡的路段需要步行一周至10天，沿途的风景在英格兰首屈一指。

戴尔斯步道（Dales Way；www.dalesway.org.uk）这条步道充满魅力，而且走起来不太费劲，全长80英里。它从约克郡山谷通往湖区，起点为西约克郡的伊尔克利（Ilkley），沿着沃夫河（River Wharfe）穿越山谷的核心，终点位于温德米尔湖畔鲍内斯（Bowness-on-Windermere）。

奔宁山步道（Pennine Way；www.nationaltrail.co.uk/pennineway）这条英格兰最著名的徒步路线在约克郡境内绵延100多英里，途经赫布登桥、马勒姆、里伯斯谷地霍顿和霍斯（Hawes），并且经过哈沃斯和斯基普顿附近。

白玫瑰步道（White Rose Way；ww.nationaltrail.co.uk/yorkshirewoldsway）这条景色秀美但经常被低估的步道全长79英里，蜿蜒穿越约克郡东部行政区景色绝佳的地带。起点为亨伯大桥附近的Hessle，终点为法利（Filey）镇北面东海岸Feley Brigg半岛的顶端。被誉为"约克郡鲜为人知的瑰宝"，全程需要5天，是非常棒的入门级徒步路线。

约克郡亮点

1. **约克**（见533页）探索这座城市的中世纪街巷和令人惊叹的大教堂。
2. **约克郡山谷国家公园**（见558页）另辟蹊径，探索鲜为人知的角落。
3. **芳汀修道院**（见545页）在风情万种的中世纪遗址漫步。
4. **北约克郡荒原铁路**（见553页）乘坐火车游览英格兰风景最秀丽的铁路线之一。
5. **惠特比**（见553页）坐在码头上，品尝世界上最美味的炸鱼薯条。
6. **霍华德城堡**（见542页）感受《故园风雨后》里显赫贵族们的气派。
7. **马勒姆**（见563页）穿上徒步靴，沿着陡峭的小路欣赏风景优美的山坳。
8. **利兹**（见566页）陶醉于约克郡的精酿啤酒盛况，游逛极具创意的啤酒厂品酒间。
9. **赫尔港**（见581页）体验航海传统，探索约克郡最大东海岸城镇的复兴码头区。
10. **莫尔顿**（见552页）在重焕生机的乔治国王时期市镇了解手作食物和饮品生产商。

0 20 km
0 10 miles
NORTH SEA
北海
Billingham
比林厄姆
Middlesbrough
米德尔斯伯勒
ckton-
-Tees
A174
A171
Stokesley
Esk
Danby
丹比村
5 Whitby惠特比
Hawsker
Grosmont
Robin Hood's Bay罗宾汉湾
Boggle Hole
A171
A19
Leven
North York Moors
National Park
北约克荒原国家公园
4 North Yorkshire
Moors Railway
北约克郡荒原铁路
The
Hambleton
Hills
汉布尔顿山
Seph
Hutton-
le-Hole
Lastingham
Scarborough
斯卡伯勒
Helmsley
赫尔姆斯利
Pickering
皮克灵
Cayton Bay
Thirsk
瑟斯克
Seven
Derwent
德文特河
Hertford
Filey
Bempton Cliffs
Nature Reserve
本普顿悬崖自然保护区
Rye
拉伊河
A19
Cleveland Hills
10 Malton
莫尔顿
Castle
Howard
霍华德城堡
6
Flamborough
Head
Bridlington
oroughbridge
B1363
Kirkham Priory
科克汉姆修道院
A64
Great
Driffield
A166
A59
1 York
约克
EAST RIDING
OF YORKSHIRE
约克郡东部行政区
Hull
赫尔河
A1079
Wetherby
Hornsea
South Dalton
A1
A19
Beverley
贝弗利
A164
Selby
塞尔比
Barlby
Hull
赫尔港
9
Hull Ferry Terminal
赫尔渡口枢纽
Monk
Fryston
Howden
Ouse
Patrington
To Rotterdam & Zeebrugge
Humber
Trent
Easington
NORTH
LINCOLNSHIRE
北林肯郡
A15
Kilnsea
High
ckworth
Thorne
Scunthorpe
斯肯索普
Grimsby
格里姆斯比
Spurn
Head
Cleethorpes
Doncaster
唐克斯特
NORTHEAST
LINCOLNSHIRE
东北林肯郡
A15
Rotherham
Gainsborough
Market
Rasen
Worksop
LINCOLNSHIRE
林肯郡
A158
NOTTINGHAMSHIRE
诺丁汉郡
A57
Lincoln
林肯
esterfield
斯特菲尔德
DERBYSHIRE
德比郡

工业革命的爆发彻底改变了这里的社会地理格局。

南约克郡成为煤矿开采和钢铁冶炼中心，而西约克郡大规模的纺织业使利兹（Leeds）、布拉德福德（Bradford）、设菲尔德和罗瑟勒姆（Rotherham）等城市蓬勃发展。到20世纪末，另一场革命席卷而来。重工业已经消失，而约克郡的城市重新变得闪闪发亮，纷纷转型成为金融业、数字化创新和旅游业的高科技中心。

✈ 活动

约克郡拥有多样地形，荒野中的山丘、静谧的谷地、高地泥沼和壮观的海岸线提供了大量户外活动的机会。登录www.outdooryorkshire.com了解更多详细信息。

骑行

约克郡是2014年环法自行车赛的起点，人们对骑行的兴趣迅速高涨，也促成了自2015年以来环约克郡赛（Tour de Yorkshire；www.letour.yorkshire.com）年度自行车赛的诞生。这里拥有大量乡间小道，道路网完善，非常适合公路自行车。但是国家公园也会吸引许多汽车司机，所以到了周末，就连次级小路也会很拥挤。

山地自行车骑手可以利用改建后适合自行车通行的马道、原先的铁路和弃用的采矿轨道。多比森林（Dalby Forest；www.forestry.gov.uk/dalbyforest）位于皮克灵附近，提供特意修建的山地自行车道，难度从新手跨越到专业级别。在萨顿（岸堤）国家公园中心（见550页）还有全新路标的小道。

徒步

想要短途徒步或散步，最好的去处是约克郡山谷，那里有不少徒步路线穿过景色优美的山谷或者翻越荒野中的山顶，其中还有一些海拔较高的山峰。约克郡东部行政区（East Riding）的约克郡丘陵（Yorkshire Wolds）中隐藏着不少乐趣，而北约克荒原安静的山谷和壮丽的海岸线也有许多非常棒的小道。

ⓘ 实用信息

约克郡旅游局（Yorkshire Tourist Board；www.yorkshire.com）提供充足的综合性宣传单和手册。想要了解更多详细的信息，不妨浏览出色的当地旅游局网站。

ⓘ 到达和当地交通

长途汽车

National Express（☏0871 781 8181；www.nationalexpress.com）运营的长途汽车连接伦敦、英格兰南部、英格兰中部地区、苏格兰和约克郡的多数城市与大型城镇。

约克郡周围的公共交通班次频繁，颇有效率，特别是在主要城镇之间。国家公园的班次较少，但是如果不赶时间，仍足够前往多数地点，特别是在夏季（6月至9月）。

小汽车

主要的南北交通动脉M1和A1高速公路穿过约克郡的中部，连通了设菲尔德、利兹和约克等重要的城市。如果你从北欧走海路前往英国，约克郡东部行政区的赫尔港是该地区主要的港口。

Traveline Yorkshire（☏0871 200 2233；www.yorkshiretravel.net）提供约克郡全境的公共交通信息。

火车

伦敦和爱丁堡之间的主要铁路线穿越约克郡，每天至少有10班火车停靠约克和唐卡斯特（Doncaster），你可以在这两个地方换乘前往约克郡的其他目的地。直达火车通往其他英格兰北部城市，如曼彻斯特（Manchester）和纽卡斯尔（Newcastle）等地。想要了解时刻表信息，可联系**国家铁路咨询处**（National Rail Enquiries；☏03457 48 49 50；www.nationalrail.co.uk）。

北约克郡
（NORTH YORKSHIRE）

这是约克郡的4个郡中最大——也是英格兰面积最大且景色最优美的一个郡。不同于英格兰北部的其他地区，它几乎安然无恙地度过了工业革命。从中世纪起，北约克郡的财富几乎完全来源于绵羊饲养和羊毛生产。

这里并没有倒闭的工厂、磨坊和矿井，精美绝伦的人工遗址点缀在这片地区，华丽而壮观，无论是已经毁坏的遗址或是经过修复的精美庄园还是富有的修道院，都会让人想起从绵羊身上攫取的大量财富。

和别的地方一样，北约克郡最迷人之处还是它的城市。虽然雅致的温泉小镇哈罗盖特以及底蕴深厚的海滨度假地惠特比吸引了众多拥趸，但中世纪风情约克的壮美仍然无与伦比——这是除伦敦之外游客最多的英格兰城市。

约克（York）

☎01904/人口 152,841

在英格兰北部，没有一个城市比约克更具有中世纪的气息。工业革命并没有带走它的光彩，璀璨的文化和历史财富保留至今。13世纪建造的宏伟城墙围绕着中世纪蛛网般密布的小巷，市中心矗立着世界上最漂亮的哥特式大教堂之一、壮观的约克大教堂（York Minster）。漫长的历史和深厚的底蕴在这里沉淀和保存，散发着别样光彩，而这座布满了博物馆、餐厅、咖啡馆和传统酒馆的现代旅游城市，依然小心翼翼地继承着这份历史遗产。

为了避免混淆，在这部分请牢记:"gate"的意思是"街道"，而"bar"的意思是"城门"。

⦿ 景点

★ 约克大教堂　　　　　　　　　　主教座堂

（York Minster；☎01904-557200；www.yorkminster.org；Deangate；成人/儿童 £10/免费，含塔楼 £15/5；⏱周一至周六 9:00~18:00，周日12:30~18:00，最晚入场 周一至周六 16:30，周日15:00）引人注目的约克大教堂是整个欧洲北部最大的中世纪教堂，也是世界上最漂亮的哥特式建筑之一。约克大主教同时也是英格兰大主教，地位仅次于坎特伯雷大主教，后者被尊称为全英格兰大主教——由于对英国国教的中心存在分歧，人们使用不同的称谓加以区别。需注意的是，唱诗班席、东区和圆顶地下室在最晚入场时间前后可能因为准备晚祷而停止接待游客参观。

大教堂原址最早是一座木结构的礼拜堂，为诺森布里亚王国埃德温国王（King Edwin）在627年的复活节接受洗礼而建，如今教堂地下室仍然有原址的标记。后来在此处古罗马大会堂（basilica）的遗址上建造了一座石头教堂，现在还能透过地基看见部分遗址。第一座诺曼人的大教堂建于11世纪，你同样可以在地基和地下室看见保存下来的遗迹。

现在的大教堂主要建造于1220~1480年间，展现了哥特式建筑在不同发展时期的建筑风格。耳堂建于1220~1255年间，属于早期英式风格（Early English）；八边形的牧师会礼堂建于1260~1290年，中殿建于1291~1340年，都属于盛饰式风格（Decorated style）；西侧塔楼、西立面和中央塔楼建于1470~1472年，都属于垂直式风格（Perpendicular style）。

不要错过圆顶地下室（开放时间为周一至周六10:00~16:15，周日13:00~15:00），地基内有一个非常棒的互动式展览——"揭秘约克大教堂"（York Minster Revealed），带领游客们穿越大教堂所在地点2000年的历史，了解古罗马人和诺曼人留下的遗址。约克大教堂的中心是气势恢宏的塔楼，值得登上顶端，一睹约克无与伦比的美景。登上塔楼需要多支付£5，而且还要在幽闭的环境中爬上275级台阶。

★ 国家铁路博物馆　　　　　　　　　博物馆

（National Railway Museum；www.nrm.org.uk；Leeman Rd；⏱4月至10月 10:00~18:00，11月至次年3月 至17:00；🅿♿ 免费）约克的国家铁路博物馆是世界上最大的铁路博物馆，拥有超过100辆机车，布展精心，同时还陈列有众多饶有趣味的物件。该博物馆规模极大，位于好几座巨型列车检修库内——想要全部游览至少需要2小时。博物馆如今还打造了以"绿头鸭"号机车（Mallard；£4）为原型的高科技模拟体验，这辆机车曾在1938年创下了蒸汽机车的最快速度世界纪录（126英里/小时）。

这里值得火车迷关注的亮点包括：乔治·史蒂文森（George Stephenson）1829年"火箭"号（Rocket）的复制品，这是世界上第一列"现代化的"蒸汽机车；一列20世纪60年代的日本新干线（Shinkansen bullet train）；以及世界著名的"苏格兰飞人"号（Flying Scotsman）相关展览，它是第一列时速打破100英里的蒸汽火车（如今已经全

York 约克

约克郡 约克

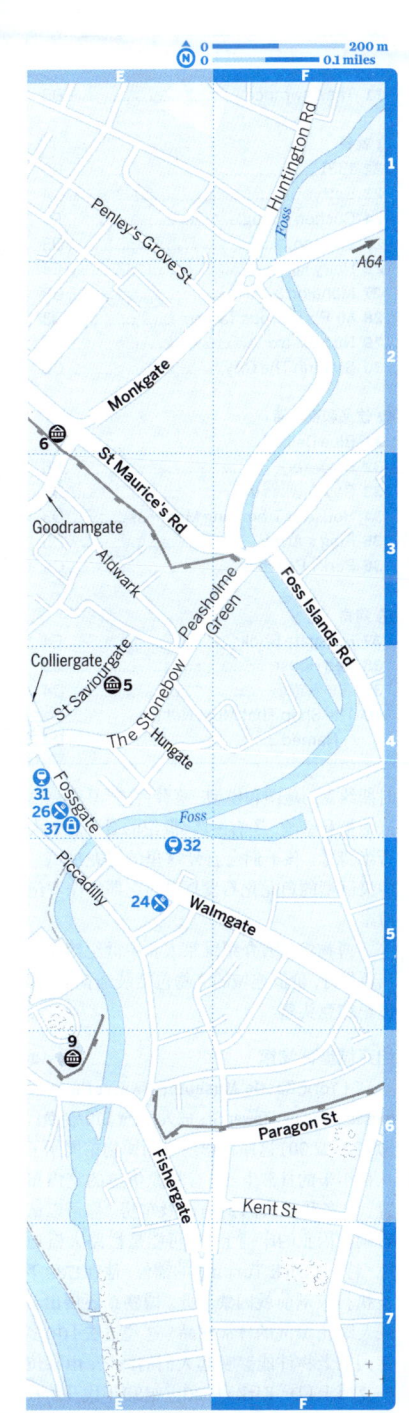

面修复,在英国各地观光线路上运行)。馆内还有一列被切成两截的1949年4-6-2型机车,以方便观众了解它的运作原理(讲解在每日16:00举行)。

即使你不是铁路发烧友,也会被玛丽女王、阿德莱德女王和维多利亚女王以及爱德华七世国王曾经坐过的皇家列车所吸引,丝绸衬垫的车厢华丽耀眼。

博物馆位于火车站以西大约400米处。天气条件允许时,公路列车(成人/儿童£3/2)在11:00~16:00开通,每30分钟1班,往返于约克大教堂和国家铁路博物馆之间。

★ 乔维克北欧海盗中心　　　博物馆

(Jorvik Viking Centre; ☎门票预订01904-615505; www.jorvikviking-centre.co.uk; Coppergate; 成人/儿童£11/8; ◎4月至10月10:00~17:00,11月至次年3月 至16:00)互动多媒体展示旨在还原历史画面,效果却常常适得其反,但是备受赞誉的乔维克北欧海盗中心却在这方面处理得很漂亮。场景是基于20世纪70年代末在馆址所在地点的考古发掘复原的,如今全方位地甚至从气味上重现了维京人的定居点,通过"时光机器"单轨列车将游客带回9世纪的"乔维克"(即维京语中的"约克")。通过在线订票并且选择参观时段,你可以减少现场排队等候的时间(门口几乎总是排起长队)。

尽管"带你回到过去"的讲解有时也没什么新意,但是这份尊重历史真实性的幽默感仍然会生动地为你呈现维京时代的约克。走下单轨列车便能参观博物馆展览,展品包括从大英博物馆借展的珍品。不要错过劳埃德银行粪化石(Lloyds Bank coprolite),这一人类粪便化石长度离谱,竟有9英寸,重达半磅,应该是世界上唯一拥有自己维基百科词条的排泄物。

挖掘博物馆　　　博物馆

(Dig; ☎01904-615505; www.digyork.com; St Saviour's Church, St Saviourgate; 成人/儿童£6.50/6; ◎10:00~17:00,最晚入场 16:00; ⚫)和乔维克北欧海盗中心(见本页)同属于一个组织,位于一座别具氛围的老教堂内。挖掘博物馆让你有机会成为一名"考古侦探",挖掘约克遥远历史的秘密,还能了解考古学家

York 约克

◎ 重要景点
- 1 乔维克北欧海盗中心 D5
- 2 国家铁路博物馆 A4
- 3 约克大教堂 D3

◎ 景点
- 4 克利福德塔 D5
- 5 挖掘博物馆 E4
- 6 理查三世体验馆 E2
- 7 屠市巷 D4
- 8 司库府 D2
- 9 约克城堡博物馆 E6
- 10 约克城市美术馆 C2
- 11 约克郡博物馆 C3

⊘ 团队游
- 12 志愿者导游协会 C3
- 13 City Cruises York C4
- 14 约克幽灵探寻 D4

🛏 住宿
- 15 Bar Convent B6
- 16 Dairy Guesthouse C7
- 17 Fort D3
- 18 Grays Court D2
- 19 Hedley House Hotel B2
- 20 Safestay York B5
- 21 The Lawrance B5

⊗ 就餐
- 22 1331 .... D3
- 23 Bettys C4
- 24 Cochon Aveugle E5
- 25 El Piano D3
- 26 Hairy Fig E4
- 27 Mannion & Co C3
- 28 Mr P's Curious Tavern D3
- 29 No 8 Bistro C2
- 30 Star Inn The City C3

◎ 饮品和夜生活
- 31 Blue Bell E4
- 32 Brew York E5
- 33 Guy Fawkes Inn D3
- 34 House of Trembling Madness D3
- 35 King's Arms D5
- 36 Perky Peacock C4

⊙ 购物
- 37 Fossgate Books E4
- 38 Red House C3
- 39 屠市巷市场 D4
- 40 The Shop That Must Not Be
    Named D4

的工作方式。它比乔维克北欧海盗中心更注重实践性，主要面向儿童，而且有趣与否，很大程度上取决于你的向导的水平。

屠市巷（The Shambles） 街道

"屠市巷"一词得名于撒克逊语的"sha-mel"，因为在1862年，这条街上有26家肉铺。现在，屠户们早已踪迹难觅，鹅卵石街巷十分狭窄，路两旁15世纪都铎王朝时期的房屋向外突出，似乎就要在你头顶上方连起来了。这里是英国最古雅独特的地方，也是全欧洲游客来访最多的地方之一，随处可见举着相机拍照的游客。

约克郡博物馆 博物馆

（Yorkshire Museum; www.yorkshiremuseum.org.uk; Museum St; 成人/儿童 £7.50/免费; ⊙10:00~17:00）约克的主要古罗马遗存都埋藏在中世纪的古城之下，因此约克郡博物馆的出色展览尤为难得，能够让你一睹艾伯拉肯（Eboracum）的模样。馆内展示了古罗马时期约克的地图和模型、墓葬古迹、马赛克镶嵌地板和壁画，还有一尊4世纪的君士坦丁大帝半身像。孩子们会喜爱这里的恐龙展览，中央巨型的鱼龙化石发掘自约克郡的侏罗纪海岸。

博物馆还有介绍维京人和中世纪约克的出色展厅，价值连城的文物包括装饰精美的9世纪约克头盔。

约克城堡博物馆 博物馆

（York Castle Museum; www.yorkcastlemuseum.org.uk; Tower St; 成人/儿童 £10/免费; ⊙9:30~17:00）这座精彩纷呈的博物馆展示了几百年来的日常生活，有复原仿建的室内布置、维多利亚式的街道以及牢房。你可以试着躺在囚犯的床铺上，这可能是拦路大盗迪克·特平（Dick Turpin）的铺位，他在1739年被执行绞刑前就囚禁于此。博物馆还展出了令人眼花缭乱的日常物品，这些过去400多年间的老物件能够唤起人们的回忆，由某位柯克博士（Dr Kirk）从20世纪20年代开始收集，他担心这些老式器物会被逐渐淘汰，然后彻底消失。

约克城市美术馆　　　　　　　　　美术馆

（York City Art Gallery；☎01904-687687；www.yorkartgallery.org.uk；Exhibition Sq；成人/儿童 £7.50/免费；◉10:00~17:00；📅）除了早期古典绘画大师们的作品，美术馆还有丰富的馆藏，包括L.S.劳里（LS Lowry）、毕加索、格雷森·佩里（Grayson Perry）、大卫·霍克尼（David Hockney）和备受争议的约克艺术家威廉·埃蒂（William Etty）等人的作品，其中埃蒂在19世纪20年代成为当时首位以画裸女形象为主的知名英国画家。这座美术馆的独特活动包括现场举办的雕塑制作课程（你可以尝试自己动手），以及与众不同的互动式陶瓷中心（www.centreofceramicart.org.uk），陈列从古罗马时期到现代的1000多件展品。

克利福德塔　　　　　　　　　　　　城堡

（Clifford's Tower；EH；www.english-heritage.org.uk；Tower St；成人/儿童 £5/3；◉4月至9月 10:00~18:00，10月 至17:00，11月至次年3月 至16:00）约克珍贵的城堡遗址所剩无几，除了这座引人遐想的石塔。塔的形状是很不寻常的四瓣形，最初的塔楼建在城堡主楼内，在1190年的一场反犹太人暴动中被毁。当时，一群愤怒的暴民强行把150名犹太人锁在塔楼里，不幸的犹太人纷纷选择自杀而不是等待被杀。如今石塔里并没有什么景致，但是登上塔顶可以看到全城精美绝伦的风景。

理查三世体验馆　　　　　　　　　博物馆

（Richard III Experience；www.richardiiiexperience.com；Monk Bar；成人/儿童 含亨利七世体验馆联票 £5/3；◉4月至10月 10:00~17:00，11月至次年3月 至16:00）这座博物馆位于保存最完好的约克中世纪城门中，讲述了理查三世（1483~1485年在位）的生平和统治以及他对约克的影响，阐述了"塔中王子"事件（Princes in the Tower；爱德华五世和其弟弟失踪疑案）的来龙去脉，请游客自行判断王子的叔叔理查是否为幕后凶手。

司库府　　　　　　　　　　　　　历史建筑

（Treasurer's House；NT；www.nationaltrust.org.uk；Chapter House St；成人/儿童 £8.10/4；◉3月至10月 11:00~16:30；📅）历史悠久的司库府曾经是约克大教堂的中世纪宝库所在地，显得与众不同：它于19世纪被约克郡实业家弗兰克·格林（Frank Green）买下，彼时这里已经被分隔成保持连通的不同区域。通过耗资巨大的修缮和查阅无数历史文献后，格林用了数年时间将其恢复成从前的样子，但是却拒绝拘泥于某一时代，于是就有了现在这种体现出从中世纪到18世纪不同年代经典风格的多种房间。

这栋房屋还流传着约克最经典的一个鬼故事：20世纪50年代，一位在地下室忙活的水管工信誓旦旦地称看见一队古罗马战士列队穿墙而过。除周三外，这里每天都有定时开展的团队游（£4），其中一条线路就包括了号称闹鬼的地下室。

🏃 活动

★ Brewtown　　　　　　　　　　啤酒之旅

（☎01904-636666；www.brewtowntours.co.uk；£60；◉11:30~17:00）这些前往精酿啤酒厂的厢式货车之旅是了解约克郡小型酿酒厂背后故事的轻松方式，其中一些酒厂仅通过这种方式对公众开放。老板Mark设有不同的线路（约克、莫尔顿或利兹等地），具体取决于活动是星期几；每条线路都会参观三家啤酒厂，一路品酒，有时甚至还会提供配酒小食。

👉 团队游

志愿者导游协会　　　　　　　　步行游览

（Association of Voluntary Guides；www.avgyork.co.uk；◉团队游全年 10:15和13:15，6月

> ### ℹ️ 约克通票
>
> 如果你打算参观多个景点，使用约克通票（YorkPass；https://yorkpass.com）可以节约一些钱。持该票能进入约克市内和附近的多个最佳付费景点，包括约克大教堂、乔维克北欧海盗中心和霍华德城堡（见542页）。你可以在约克旅游局或网上购买；1/2/3日通票成人为£42/60/70，儿童为£26/30/35。

至8月18:15) **免费** 免费的2小时的城市步行游览,从约克城市美术馆前面的Exhibition Sq出发。

City Cruises York　　　乘船游

(www.citycruisesyork.com; Lendal Bridge; 成人/儿童 £9.50/5.50起; ◎团队游10:30、正午、13:30和15:00; ❋)全程1小时的乌斯河(River Ouse)航行,从King's Staith发船,10分钟后在兰德尔桥(Lendal Bridge)停靠。另外提供特别的午餐、下午茶和傍晚巡航。可以上船购票,或者在兰德尔桥的售票处购票。

约克幽灵探寻　　　步行游览

(Ghost Hunt of York; ☎01904-608700; www.ghosthunt.co.uk; 成人/儿童 £6/4; ◎团队游19:30)孩子们会爱上这个获过奖、非常有趣的团队游行程,全程75分钟,一路上都能听到鬼故事。游览从屠肉巷尾端开始,风雨无阻,活动从未被取消过,而且也不需要预约,到时候直接到场等着手铃响起就可以了。

节日和活动

乔维克北欧海盗节　　　文化

(Jorvik Viking Festival; www.jorvik-viking-festival.co.uk)在2月中旬的某一周举办,作为节日的一部分,上演约克被维京人入侵的景象,以战役重现、主题步行游览、市集活动和其他维京风情的乐趣为特色。

约克美食节　　　餐饮

(York Food Festival; www.yorkfoodfestival.com; ◎9月下旬)为期10天,节日集中展示约克郡的美食,有美食摊、试吃、啤酒帐篷和厨艺展示等活动。重头戏虽然在9月下旬,但6月也会举办规模稍逊的尝味美食节,复活节周末还有一个巧克力节。

住宿

★ Safestay York　　　青年旅舍 £

(☎01904-627720; www.safestay.com; 88-90 Micklegate; 铺/标双/家 £15/60/75起; @ ☎)这是家大型精品青年旅舍,位于一座列入一级保护名录的乔治国王时期联排别墅内,室内有色彩缤纷的装饰和齐全的设施,包括一个带有台球桌的酒吧。房间大多带有独立卫浴,比普通的青年旅舍更有个性,门外的牌匾以极其吸引人的方式描述了不同房间的历史由来。

旅舍非常受学生团体和婚前单身派对的青睐,因此别指望这里会有多安静。不过家庭房非常巧妙地安排在房屋的顶层。

York YHA　　　青年旅舍 £

(☎0345 371 9051; www.yha.org.uk; 42 Water End, Clifton; 铺/标双 £15/39起; ℗ ☎)这栋漂亮的维多利亚风格房屋曾经是贵格会教徒糖果制造商朗特里(Rowntree)的住宅,现已成为一家宽敞的青年旅舍,也适合儿童入住。这里有250多张床位、一个宽敞的花园和现场餐厅。经常客满,尽早预订。位于市中心西北1英里处,从兰德尔桥出发,可以沿着河滨步道前往(路灯照明较差,避免晚上行走)。

另外,可以在火车站或Museum St搭乘2路公共汽车,不过要注意这趟车在晚上停运。

Fort　　　青年旅舍 £

(☎01904-620222; www.thefortyork.co.uk; 1 Little Stonegate; 铺/双 £22/85起; ☎)这家精品青旅的内饰是多位年轻英国设计师的杰作,用一点小个性和天资打造了这个实惠的住处。旅舍有6人和8人的宿舍,还有5个双人间,但是很难有一个安静的休息场所,因为它正处城中心,楼下还有个热闹的俱乐部(提供耳塞)。房费含浴巾以及免费的茶、咖啡和洗衣服务。

★ The Lawrance　　　公寓 ££

(☎01904-239988; www.thelawrance.com/york/; 74 Micklegate; 单/双床 £75/160起; ❋ ☎)这家酒店位于一排古老的红砖建筑后面,曾经是一家工厂,如今则是非常棒的住所:一家超漂亮的酒店式公寓,室内有全套现代设施,外观极富传统特色。部分公寓为复式结构,全部房间都舒适宽敞,配有真皮沙发、平板电视和豪华的家具。

Dairy Guesthouse　　　民宿 ££

(☎01904-639367; www.dairyguesthouse.co.uk; 3 Scarcroft Rd; 标单/双/家 £70/80/100起; ℗ ☎)这座维多利亚时代风格住宅设有品

位不俗的房间，将清新装饰与五星级卫生间和原建筑特色（如铸铁壁炉等）完美融合。民宿的庭院栽满鲜花和绿树，是一天奔波观光后坐下来休息的好地方。庭院后有两间村舍风格的房间，虽然没有楼内房间那么舒适，但更加私密。

Bar Convent　　　　　　　　民宿 ££

（☎01904-643238；www.bar-convent.org.uk；17 Blossom St；标间带/不带卫生间 £64/39起，双带/不带卫生间 £74/90起，家带/不带卫生间 £102/116；⛵）这座豪宅位于Micklegate Bar外，从火车站步行到这里不到10分钟。院子里面有家运营中的女修道院、咖啡馆、会议室和展览室，同时也提供非常棒的民宿。向信奉宗教或无信仰的游客都开放。迷人的卧室风格现代，设施齐全，早餐非常丰盛，还有一个花园和不为人知的礼拜堂可以游览。

Hedley House Hotel　　　　　酒店 ££

（☎01904-637404；www.hedleyhouse.com；3 Bootham Tce；双/家 £105/130起；P⛵）这家大型红砖排屋酒店提供各种选择，包括适合家庭、最多可容纳5人的房间，还有带自炊厨房的公寓等。充满设计元素的休息室有一种大型酒店的感觉，后面外部露台上还有瑜伽练功房和按摩浴缸。从市中心步行5分钟左右，穿过博物馆花园即可到达。

★ Grays Court　　　　　　　历史酒店 £££

（☎01904-612613；www.grayscourtyork.com；Chapter House St；双 £190~235，套 £270~290；P⛵）这座中世纪豪宅有11间客房，感觉就像一家乡村酒店。酒店位于迷人的花园内，可以直接登上城墙，卧室里有古董家具和现代设施以及设计元素。建筑最古老的部分建于11世纪，詹姆斯一世国王曾经在这里的Long Gallery就餐。

🍴 就餐

★ Mannion & Co　　　　　咖啡馆、小酒馆 £

（☎01904-631030；www.mannionandco.co.uk；1 Blake St；主菜 £7~12；⏱周一至周六 9:00~17:00，周日 10:00~16:30）在这家繁忙的小酒馆通常需要排队等位（不接受预订），店里洋溢着欢乐氛围，每日都有精选美味特餐。菜单上的固定菜包括早餐的火腿蛋松饼，厚厚的约克郡兔子（Yorkshire rarebit；就是干酪吐司），午餐的芝士和熟食拼盘。噢，还有奶油蛋白甜饼配布丁。

Hairy Fig　　　　　　　　　咖啡馆 £

（☎01904-677074；www.thehairyfig.co.uk；39 Fossgate；主菜 £5~12；⏱周一至周六 9:00~16:30）这家咖啡馆兼熟食店在约克显得独树一帜。一方面，你会在这里吃到约克郡最棒的欧洲各地顶尖菜肴，包括意大利白鳀鱼和橄榄油松露，搭配约克蜂蜜酒和烤馅饼；另一方面，你还会遇到狄更斯小说中的甜品商店和供应熟食店菜肴的后室咖啡馆。

★ No 8 Bistro　　　　　　　小酒馆 ££

（☎01904-653074；www.no8york.co.uk/bistro；8 Gillygate；晚餐主菜 £17~19；⏱周一至周五 正午至22:00，周六和周日 9:00~22:00；⛵🍴）这家很酷的小馆在门口使用模仿爱德华七世时期的彩绘玻璃现代艺术品，利用当地新鲜特产烹制多种顶级法式小馆菜肴，例如耶路撒冷洋蓟调味饭配新摘香草，干草和薰衣草慢炖约克郡羊羔肉。菜品全天供应，还有早餐（主菜 £6~9）和周日午餐。建议预订。

Mr P's Curious Tavern　　　　英国菜 ££

（☎01904-521177；www.mrpscurioustavern.co.uk；71 Low Petergate；菜肴 £5~14；⏱周一至周五 正午至22:00，周六 11:00~23:00，周日 正午至18:00）这里专营富有想象力的小盘菜、肉类熟食和奶酪，还有优质的葡萄酒单——似乎与游客云集的地理位置格格不入。位于一座踩上去吱吱作响（据说还闹鬼）的旧房子里，也是约克郡米其林星级大厨安德鲁·佩恩（Andrew Pern）的Star Inn（见552页）在约克的小产业。

Star Inn The City　　　　　　英国菜 ££

（☎01904-619208；www.starinnthecity.co.uk；Lendal Engine House, Museum St；主菜 £14~28；⏱周一至周六 9:30~11:30，正午 至 21:30，周日 至19:30；🍴）位于河畔一座被列入二级保护名录的动力车间中。其滨水的位置和与众不同的英式菜单使名厨安德鲁·佩恩的Star Inn（见552页）的约克分店成为打发时间的极佳去处。在冬季可能会邂逅乡村风格的惬意舒适，夏天可以在宽敞的露台上用餐。

El Piano
纯素 ££

(☎01904-610676；www.el-piano.com；15 Grape Lane；午餐£12，2道菜晚餐£15；◎周一至周六 正午至22:00，周日 正午至21:00；🛜✏🏠）
🍴菜肴是100%纯素食，不含任何坚果、麸质、棕榈油和精制糖，这家西班牙风格的餐馆简直就是素食主义者的理想食堂。楼下有迷人的咖啡馆和阳光明媚的小阳台，楼上则有3个主题客房。供应的菜肴包括鹰嘴豆饼（falafel）、洋葱饼（onion bhaji）、油炸玉米饼（corn fritters）和蘑菇罗勒沙拉，既可以选择小吃的分量，也可以做成什锦拼盘。店里还有外卖柜台。

Bettys
咖啡馆 ££

(☎01904-659142；www.bettys.co.uk；6-8 St Helen's Sq；主菜£6~14，下午茶£19.95；◎周日至周五 9:00~21:00，周六 8:30~21:00；🏠）这里供应经典的下午茶，店内有系着白色围裙的服务员、亚麻桌布和墙边收藏的茶具。招牌菜是Yorkshire Fat Rascal——一大块涂满熔化黄油的水果司康饼，早餐和午餐的菜肴，如培根和牛奶干酪煎土豆饼以及约克郡兔子（干酪吐司），展示了店家的瑞士-约克郡风格。不接受预订，但是准备好排队。

1331
英国菜 ££

(☎01904-661130；www.1331-york.co.uk；13 Grape Lane；主菜£11~20；◎8:00~22:00；🛜✏🏠）这个庭院综合设施中设有酒吧、鸡尾酒酒廊和一个私人影院。极具吸引力的餐厅位于1层，供应非常传统的大众菜肴，有香肠土豆泥、周日烧烤和威灵顿酥皮牛柳等。餐厅同样为素食主义者提供了精选的菜品，例如鹰嘴豆和香菜汉堡。还有2道菜固定套餐，价格为£14.95。

★ Cochon Aveugle
法国菜 £££

(☎01904-640222；www.lecochonaveugle.uk；37 Walmgate；4道菜午餐£40，8道菜品尝套餐£60；◎周三至周六 18:00~21:00，周六 正午至13:30）🍴黑布丁马卡龙？草莓和接骨木花三明治？喷灯烤鲭鱼配蜜瓜冷汤？讲究的美食爱好者们注意了——这家小店志向高，不断推出新鲜变化（没有按单点菜）的品尝套餐，充满了想象和创意。你永远不知道下一道菜是什么，除了相信它一定十分美味之外。必须预订。

🍺 饮品和夜生活

★ Blue Bell
酒馆

(☎01904-654904；53 Fossgate；◎周一至周四 11:00~23:00，周五和周六 至午夜，周日 午至22:30；🛜）这就是纯正的英式酒馆的模样：具有200年历史的小巧房间装饰着木镶板，还有一处缓慢燃烧的壁炉，装饰从1903年以来一直未曾改变，角落里堆放着古老的棋盘游戏，友好的酒吧员工把这里打理得井井有条，黑板上用粉笔写着当周的桶装艾尔特饮——瞧，杯口还浮着泡沫。当然前提是你能进得去（店里经常爆满）。仅接受现金付款。

House of Trembling Madness
酒吧

(☎01904-640009；www.tremblingmadness.co.uk；48 Stonegate；◎周一至周六 10:00至午夜，周日 11:00起）当一个地方自诩为"中世纪饮酒大厅"时，那么一定值得去看一看。地面层和地下室有一间让人印象深刻的商店，摆满了精酿啤酒、杜松子酒、伏特加甚至苦艾酒；但是上到1层，你会发现秘密的饮酒室——一个古老的木结构房间，有高高的天花板、吧台和快乐的饮酒客们。

Guy Fawkes Inn
酒馆

(☎01904-466674；www.guyfawkesinnyork.com；25 High Petergate；◎周一至周四和周日 11:00~23:00，周五和周六 至午夜）当年那个密谋炸掉英国议会并由此开启英国"篝火之夜"传统的著名男子，1570年就出生在这里。步行穿过迷人的乔治王朝时代木镶板酒馆，在后阳台最远端找到盖伊·福克斯（Guy Fawkes）祖母的小屋，旁边是一幅巨大的壁画。

Brew York
精酿啤酒厂

(☎01904-848448；www.brewyork.co.uk；Enterprise Complex, Walmgate；◎周三和周四 18:00~23:00，周五 16:00起，周六 正午至23:00，周日 至22:00）这家精酿啤酒厂位于一座空旷的旧仓库内，一半的空间被多个巨大的

酿酒罐占据，剩下的地方则摆着简单的饮客长凳和吧台，后者有经常更换的各式桶装啤酒特饮。在啤酒厂的尽头有一个可以俯瞰Rowntree Wharf码头的河畔小露台。

Perky Peacock　　　　　　　　　　咖啡馆

（www.perkypeacockcoffee.co.uk; Lendal Bridge; ⊙周一至周五7:00~17:00, 周六9:00起, 周日至16:00）约克的魅力之一就是邂逅藏在历史古建筑内不起眼的小地方，比如这家咖啡馆。它所在房屋是一座蜷缩于河岸边的14世纪圆形瞭望塔。在古老的木梁下啜饮一杯醇香咖啡，或者在街边的餐桌上享用美味的糕点。

King's Arms　　　　　　　　　　　酒馆

（☎01904-659435; King's Staith; ⊙周一至周六正午至23:00, 周日至22:30）约克最负盛名的酒馆位于河畔的优越位置，码头边还摆放着餐桌。非常适合在夏日傍晚小酌，但是准备好和百来号人一起享用。

🛍 购物

Fossgate Books　　　　　　　　　　书籍

（☎01904-641389; fossgatebooks@hotmail.co.uk; 36 Fossgate; ⊙周一至周六10:00~17:30）一家经典的旧式二手书店，地板上的旧书堆积如山，落地式书架上摆满了涉及各个领域的书籍，从犯罪小说和畅销平装书到深奥的学术巨著和初版书，可谓应有尽有。

Red House　　　　　　　　　　　古玩

（www.redhouseyork.co.uk; Duncombe Pl; ⊙周一至周五9:30~17:30, 周六至18:00, 周日10:30~17:00）大约60位古董商的物品摆满两层楼的10间展室，老物件包括珠宝、瓷器、钟表和家具，不一而足。

The Shop That Must
Not Be Named　　　　　　　　礼物和纪念品

（30 The Shambles; ⊙10:00~18:00）哈利波特的粉丝在这里绝对如同被施了咒语一般。这家开在屠市巷（据说这条街就是小说中"对角巷"的原型）的商店于2017年开业。魔杖？有。魁地奇球迷装备？有。魔药？有。绝对能让"麻瓜们"深深着迷。如今在屠市巷上至少有3家哈利波特主题商店，但这家最先开

业，而且一直保持了最旺的人气。

屠市巷市场　　　　　　　　　　　食物

（Shambles Market; www.shamblesmarket.com; The Shambles; ⊙9:00~17:00）约克郡奶酪、惠特比鲜鱼和当地肉类都是喜欢自己做饭的旅行者钟爱的上佳食材。在屠市巷后面这个包罗万象的市场里，还有艺术品、手工艺品和约克郡平顶帽出售。餐饮区位于屠市巷和Pavement交叉路口附近，能找到各种实惠小吃、咖啡和冰激凌，可以坐在附近的野餐桌旁享用。

❶ 实用信息

约克旅游局（☎01904-550099; www.visityork.org; 1 Museum St; ⊙周一至周六9:00~17:00, 周日10:00~16:00）提供约克郡各地的旅游和交通信息，另外提供住宿预订（需支付少许手续费）和票务销售。

❶ 到达和离开

长途汽车

约克没有汽车站；城际巴士停靠点为火车站外。当地和地区公交车也在这里以及火车站东北200米处的**Rougier St**（Rougier St）停靠。

如果要获取时刻表信息，可致电**Traveline Yorkshire**（☎0871 200 2233; www.yorkshiretravel.net），或者在火车站和Rougier St的24小时电子信息屏查询。火车站的游客中心也有一个公共汽车信息咨询处（周一至周六8:00~16:00）。

伯明翰 £20, 3.5小时, 每天1班
爱丁堡 £40, 5.5小时, 每天2班
伦敦 £36起, 5.5小时, 每天3班
纽卡斯尔 £12, 2.25小时, 每天2班

小汽车

在市中心驾车反而会很麻烦，所以不妨利用城市外围的停车换乘场（Park & Ride, www.itravelyork.info/park-and-ride）。如果你前往周边地区，可选的租车公司包括**Europcar**（☎0371 384 3458; www.europcar.co.uk; Queen St; ⊙周一至周五8:00~18:00, 周日至16:00），位于火车站的长期停车场旁边。

火车

约克是主要的铁路枢纽，多趟直达列车前往

许多英国城市：
伯明翰 £45，2.25小时，每小时2班
爱丁堡 £70，2.5小时，每小时2~3班
利兹 £7，25分钟，至少每15分钟1班
伦敦国王十字 £80，2小时，每30分钟1班
曼彻斯特 £21，1.5小时，每小时4班
纽卡斯尔 £20，1小时，每小时4~5班
斯卡伯勒 £11.50，50分钟，每小时1班

❶ 当地交通

约克市中心可以轻松步行游览，主要景点之间步行都不会超过20分钟。

自行车

旅游局提供免费实用的约克骑行地图，或者访问iTravel-York（www.itravelyork.info/cycling）。

霍华德城堡（Castle Howard）位于约克东北15英里处，可经哈克斯比（Haxby）和斯特伦瑟尔（Strensall）前往，是一处有趣的目的地。另外，**穿越奔宁山骑行小道**（Trans-Pennine Trail cycle path; www.transpenninetrail.org.uk）的一段，从约克的Bishopthorpe出发，沿着老铁轨延伸至塞尔比（Selby；15英里）。

你还可以在火车站的**Cycle Heaven**（☏01904-622701; www.cycle-heaven.co.uk; York Railway Station, Station Rd; 2/24小时 £10/20; ◎全年 周一至周五 8:30~17:30, 周六 9:00~17:00, 5月至9月 周日 11:00~16:00）租自行车。

公共汽车

当地公共汽车由First York（www.firstgroup.com/york）经营，单程票价为£1~3。单日通票可以乘坐所有当地公共汽车，售价£4.50（上车或在停车换乘场购买）。

霍华德城堡（Castle Howard）

虽然豪华宅邸在英国可能不足为奇，但是你很难找到一处可以和**霍华德城堡**（Castle Howard; ☏01653-648333; www.castlehoward.co.uk; 成人/儿童 建筑和庭园 £18.95/9.95, 仅庭院 £11.95/7.95; ◎建筑 10:00~16:00, 庭院 10:00~17:00, 最晚入场 16:00; Ⓟ）相媲美的建筑。城堡位于连绵起伏的霍华德山地（Howardian Hills），设计大胆，壮观非凡。这是世界上最漂亮的建筑之一，根据伊夫林·沃（Evelyn Waugh）1945年创作的关于英国贵族的怀旧小说，在20世纪80年代翻拍的电视剧《故园风雨后》（*Brideshead Revisited*）和2008年的同名电影中，霍华德城堡频繁出镜。

1699年，当卡莱尔伯爵（Earl of Carlisle）诚邀好友约翰·范布勒爵士（Sir John Vanbrugh）设计他的新寓所时，这位爵士并没有接受过正规的设计训练，只是一名剧作家。幸运的是，范布勒雇用了尼古拉斯·霍克斯穆尔（Nicholas Hawksmoor），他曾经担任过克里斯托弗·雷恩（Christopher Wren）建造圣保罗大教堂时的文员。霍克斯穆尔不仅参与了大部分设计，在房子上建造了一个以圣保罗教堂穹顶为模板的巴洛克风格圆屋顶（在英国住宅建筑领域首开先河），后来还和范布勒合作建造了又一建筑奇迹——布伦海姆宫（Blenheim Palace）。今天，房子仍然属于尼古拉斯·霍华德阁下（Hon Nicholas Howard）和他的家族所有，游客经常可以在附近看见他。

如果可以的话，尽量选择在工作日参观，这样你能有更多的空间去欣赏这件融合了艺术、建筑、景观设计和自然美景的享乐主义杰作。你可以在孔雀花园里闲庭信步，俯视范布勒设计的有趣的四风殿（Temple of the Four Winds）和霍克斯穆尔庄严的陵墓以及远山风光。进入城堡内部，你会发现房屋分为两种截然不同的风格；包括大厅（Great Hall）在内的东翼建于18世纪，是华丽的巴洛克风格；西翼则直到19世纪才完工，当时的潮流则更多偏向于古典的帕拉第奥风格。房屋内随处可见各种瑰宝：精美的大厅装饰着古希腊科林斯式高柱，礼拜堂装饰着拉斐尔前派的彩绘玻璃，走廊里还陈列了经典的古董。

不妨留意与建筑和花园有关的讲解和团队游，具体将根据员工分配情况临时安排。山坡下方的湖上还有乘船游，庭院入口处有不错的咖啡馆、礼品店和农产品店，销售来自当地农民的美味食品——这里可以让你轻松消磨掉一整天的时光。

霍华德城堡位于约克东北15英里处，紧邻A64公路。有几条团队游路线从约克出发，在旅游局可了解最新的发团安排。181路

汽车从约克开往莫尔顿，中途经过霍华德城堡（往返£10，1小时，全年周一至周六每天4班）。

哈罗盖特（Harrogate）

01423/人口73,576

漂亮端庄的哈罗盖特是典型维多利亚风格的温泉小镇，总是与经典的英国情怀相关，似乎是退休老兵和拿着每日电讯报（*Daily Telegraph*）永远支持保守党的老年贵妇们的最爱。他们来到哈罗盖特，欣赏把城镇装扮得五颜六色的花展和苗圃，特别是在春秋两季。小城最著名的游客要数阿加莎·克里斯蒂（Agatha Christie）了，为了回避破裂的婚姻，她在1926年化名躲到这里。

当然，整座城并不会全部再现维多利亚时代。虽然哈罗盖特的黄金时代无疑在一些游客的心目中占据了最爱的位置，但城区大量的时尚酒店和新潮餐馆也迎合了哈罗盖特新兴的会展产业。那些活力四射的市场销售青年才俊们来此开会的时候，总得找个地方解决吃住问题。

◉ 景点和活动

皇家泵房博物馆　　　　　　　　　博物馆

（Royal Pump Room Museum; www.harrogate.gov.uk; Crown Pl; 成人/儿童£4/2.50; ⊙4月至10月 周一至周六10:30~17:00, 周日14:00~17:00, 11月至次年3月 至16:00）你可以在华丽的皇家泵房博物馆了解哈罗盖特作为温泉小镇的历史。泵房建于1842年，位于当时城里最著名的硫黄泉之上。展览详细介绍了当年"水疗治病"泡温泉热潮是如何改变这座城镇，并且记录了当时为这座小镇所吸引的风云人物。在曾经分发补养药的彩色玻璃柜台旁边，你可以坐下来看看黑白老电影，了解病人们如何接受泥炭浴等治疗。

来到温泉小镇做水疗治病的习惯在19世纪成为风尚，并在"一战"之前的爱德华七世时期达到巅峰。1858年，查尔斯·狄更斯曾经造访哈罗盖特，形容这里是"最古怪的地方，住着最奇特的人，过着最怪异的生活：跳舞，看报纸，吃饭"，但这听起来真挺讨人喜欢的。

蒙彼利埃区　　　　　　　　　　　地区

（Montpellier Quarter; www.montpellierharrogate.com）蒙彼利埃区是城里最迷人的区域，俯瞰着位于Crescent Rd和蒙彼利埃山（Montpellier Hill）之间的Prospect Gardens。这片步行街区排列着经过修复的19世纪建筑，房子里开有美术馆、古董店、时尚精品店、咖啡馆和餐厅，是牛津街（Oxford St）和剑桥街（Cambridge St）周围主要购物区的高档商区。

★ 土耳其浴室　　　　　　　　　　水疗

（Turkish Baths; 01423-556746; www.turkishbathsharrogate.co.uk; Parliament St; 周一至周四£18, 周五£21.50, 周六和周日£29.50, 导览游每人£3.75; ⊙导览游 周三9:00~10:00）在铺设着精美瓷砖的土耳其浴室里，投入哈罗盖特过往历史的怀抱吧。浴室里仿摩尔风格的设施建于维多利亚时期，能让你体会多种浴场乐趣：热浴室、蒸汽房和浴池等，还可以使用原来的木制更衣隔间和历史悠久的Crapper厕所。浴室的开放时段非常复杂，只限单一性别和男女混浴的时间段轮流，所以请电话联系或者查询网络信息。每周一次的建筑导览团队游非常不错，而且经济实惠——记得预约。

✦ 节日和活动

春季花卉展　　　　　　　　　　　园艺

（Spring Flower Show; www.flowershow.org.uk; £17.50; ⊙4月下旬）春季花卉展是每年的盛事，在约克郡大展览馆（Great Yorkshire Show Ground）举办，为期3天。可以观赏盛开的鲜花、花卉竞赛、园艺展示、市场摊位、花艺制作和苗圃商店。

约克郡大展览　　　　　　　　　　农业

（Great Yorkshire Show; www.greatyorkshireshow.co.uk; 成人/儿童£25/12.50; ⊙7月中旬）由约克郡农业协会（Yorkshire Agricultural Society）举办，为期3天。可以看到各种精心打扮的漂亮农场牲畜来角逐奖项，娱乐活动包括骑马越障表演、驯鹰、厨艺展示和乘坐热气球。展览期间还有一间Black Sheep酒吧。

🛏 住宿

Hotel du Vin
精品酒店 ££

(☏01423-856800; www.hotelduvin.com/locations/harrogate; Prospect Pl; 房/套£124/244起, 停车 每晚£10; P 🤶) 这家超级时尚的精品酒店设有整洁的休息室——阁楼套间有裸露的橡木横梁、硬木地板和带双人浴缸以及双淋浴的奢华浴室,应当属于镇上最漂亮的房间之一。这里连床准间都很宽敞舒适(就是有些吵)。房费在淡季时会有折扣,因此不妨多留意在线信息。

Bijou
民宿 ££

(☏01423-567974; www.thebijou.co.uk; 17 Ripon Rd; 标单/双£59/74起; P 🤶) Bijou的意思是"珠宝",这家维多利亚风格的别墅也的确珠光宝气,属于精品民宿。休息室里有一架钢琴,"诚信酒吧"只需£10就能自助开一瓶普罗塞克葡萄酒。只是位置在山上,从会议中心过来有些费劲。

Acorn Lodge
民宿 ££

(☏01423-525630; www.acornlodgeharrogate.co.uk; 1 Studley Rd; 标单/双£49/89起; P 🤶) Acorn Lodge对细节非常重视:时髦的装饰、挺括的棉质床单、水力强劲的淋浴和早餐完美的荷包蛋。顶楼屋檐下的5号、6号、7号房间尤其迷人。民宿位置也很理想,步行到镇中心仅需10分钟。

★ Harrogate Brasserie Hotel
精品酒店 £££

(☏01423-505041; www.harrogatebrasserie.co.uk; 26-30 Cheltenham Pde; 标单/双£95/135, 公寓£155起; P 🤶) 超级便利的核心地段位置使这里成为哈罗盖特最吸引人的住处之一。房间装潢各不相同,有精妙的色彩组合,个别房间还会有皮质扶手椅,5号房带一个巨大的浴室,房屋最顶层还有两间带小阳台的舒适开间公寓;在主楼后面,有两套适合家庭入住的大公寓。

🍴 就餐

Baltzersen's
咖啡馆 £

(☏01423-202363; www.baltzersens.co.uk; 22 Oxford St; 午餐£5.50~9; ⓒ周一至周六 8:00~17:00, 周日 10:00~16:00; 🤶🍴) Norse的姊妹店是一家简单的北欧风格小咖啡馆,有香醇的咖啡(来自利兹的North Star)、北欧华夫饼和糕点,午餐还提供挪威炖菜和开口三明治,比如咖喱鲽鱼配土豆沙拉等。

Bettys
咖啡馆 ££

(☏01423-814070; www.bettys.co.uk; 1 Parliament St; 主菜£6~14, 下午茶£19.95; ⓒ9:00~21:00; 🍴) 这家经典的茶室位置很好,可以俯瞰公园的风景。它是当地的老字号茶室,1919年,一位瑞士移民糖果商坐错了火车,误打误撞来到约克郡,最后决定在这里住下来,开了这家茶室。所有食物都是现场制作,人们总是会排队等桌来品尝特色茶和蛋糕;要么来早点,要么晚点到。

Tannin Level
小酒馆 ££

(☏01423-560595; www.tanninlevel.co.uk; 5 Raglan St; 主菜£13~29; ⓒ周二至周五 正午至14:00和17:30~21:00, 周六 至21:30, 周日 正午至17:00) 🌿 老旧的陶土地板砖、抛光的桃花心木餐桌、镀金框的镜子和绘画为这家受欢迎的小酒馆营造了惬意而优雅的环境。定价很有竞争力,并且以当季的英国食材为主,比如约克郡羔羊臀肉或小胡瓜和约克郡奶酪馅饼。这也意味着周末最好订位。

★ Norse
北欧菜 £££

(☏01423-313400; www.norserestaurant.co.uk; 28a Swan Rd; 主菜£16~23, 9道菜品尝套餐£59; ⓒ周二至周六 18:00~21:00, 周六 正午至14:00) 🌿 Norse为高档餐饮带来了更多乐趣,可口的品尝套餐将英国最棒的农产品与斯堪的纳维亚烹饪相融合,打造出非同凡响的风味菜肴,例如甜菜根、可可和辣根;猪肉、生蚝和豌豆;酸奶、醋栗和柑橘花等。酒水单包括精心挑选的精酿啤酒和鸡尾酒以及葡萄酒等。预订必不可少。

🍷 饮品和夜生活

★ Bean & Bud
咖啡

(☏01423-508200; www.beanandbud.co.uk; 14 Commercial St; ⓒ周一至周六 8:00~17:00, 周日 10:00~16:00; 🤶) 小巧玲珑且充满波希米亚风情,这家咖啡馆对饮品非常重

视。咖啡种植者的名字和咖啡园的海拔高度都自豪地展示在墙壁上。这里也是享用产地纯正的热可可的好地方，桌子上摆放着公平贸易粗糖。每天都有两种或三种现磨咖啡，还提供品质一流的白茶、绿茶、乌龙茶和红茶等。

★ Major Tom's Social 精酿啤酒

(📞01423-566984; www.majortomssocial.co.uk; The Ginnel, 紧邻Montpellier Gardens; ⊙周日至周四 正午至23:30, 周五和周六 至次日1:00)
这个1层的啤酒屋看起来杂乱无章却又自带酷感，是当地人聚到木长凳上东拉西扯一整晚的地方——因为他们相当满意店里的生啤酒。不配套的复古沙发，墙上贴的各种老电影和音乐海报，让这里显得更有气氛。同时提供便宜的比萨菜单（£6.50~8.50）。

Harrogate Tap 精酿啤酒

(📞01423-501644; www.harrogatetap.co.uk; Station Pde; ⊙周日至周四 11:00~23:00, 周五 11:00至午夜, 周六 10:00至午夜; 🚇)坐落在一座始建于1862年、后来经过修复的红砖火车站建筑内。步入其中，立刻被一种繁华的维多利亚酒吧氛围所包围，品类繁多的酒水更是锦上添花，比如常换常新的十余种手工艾尔啤酒，还有十几种带酒头的桶装啤酒，以及来自世界各地的120余种瓶装精酿啤酒，无一不好。

ℹ️ 实用信息

哈罗盖特旅游局(📞01423-537300; www.visitharrogate.co.uk; Crescent Rd; ⊙4月至10月 周一至周六 9:00~17:30, 周日 10:00~13:00; 11月至次年

不 要 错 过

芳汀修道院

斯塔德利皇家庄园（Studley Royal）中迷人的水上花园建于18世纪，为了衬托12世纪**芳汀修道院**(Fountains Abbey; NT; www.fountainsabbey.org.uk; 成人/儿童 £15/7.50; ⊙3月至10月 10:00~17:00, 11月至次年1月 周六至周四 至16:00, 2月 10:00~16:00; 🅿)风景如画的遗址而建。这两处建筑合力呈现了田园牧歌般的优雅和静谧，成功入选联合国教科文组织世界遗产名录，并且是国民托管组织所有付费景点中游客人数最多的景点。

1132年，一群修士与约克本笃会（Benedictines of York）产生不和，继而来到这里建立起自己的修道院。经过多年的努力，他们最终在1135年被西多会（Cistercians）接纳。到13世纪中叶，这座新建的修道院已经凭借从羊毛贸易中获取的丰厚利润变得格外富有，从而成为全国最具规模的西多会修道院。在解散修道院后，亨利八世没收了教会财产，修道院的地产落入私人之手。1598~1611年，人们用修道院遗址的石料作为部分建材修建了芳汀大厅（Fountains Hall）。1768年，大厅和修道院遗址都并入了斯塔德利皇家庄园。

斯塔德利庄园的主人是约翰·艾思拉比（John Aislabie），他曾经担任英国财政大臣。在一次财务丑闻曝光后，他被逐出议会，然后用毕生的心血打造这座庄园。斯塔德利庄园的主楼在1946年毁于一场大火，但是精美绝伦的景观，包括宁静的人工湖，都几乎完整保留了18世纪的风貌。

修道院遗址围绕着罗马式回廊分布，非常壮观。巨大的圆顶地下室位于教堂的西端，曾经居住着200位庶务修士，修道院农场的食物和羊毛也储藏于此。高耸的九祭坛礼拜堂（Chapel of Nine Altars）位于东端，在东北方向的窗户外刻着一只绿精灵，后者在基督教传播以前是丰饶多产的象征。

从修道院遗址沿着多条景色优美的步道前行1英里即可到达著名的水上花园，花园是为了突出主景修道院遗址的浪漫氛围而建。不要错过花园之上的**圣玛丽教堂**(St Mary's Church; Studley Royal; ⊙复活节至9月 正午至16:00) 免费 。

芳汀修道院位于里彭（Ripon）以西4英里处，紧邻B6265公路。139路公共汽车全年运行，从里彭开往芳汀修道院游客中心（往返£4.40, 15分钟, 周一、周四和周六每天4班）。

3月 周一至周六 9:30~17:00)

ℹ️ 到达和离开

长途汽车 Harrogate & District(www.harrogatebus.co.uk)的36路汽车往返哈罗盖特和利兹（£6.30, 45分钟，每小时2~4班）和里彭（Ripon, £6.30, 30分钟）之间。

火车 火车从利兹（£8.30, 35分钟，每30分钟1班）和约克（£8.90, 35分钟，每小时1班）前往哈罗盖特。

斯卡伯勒（Scarborough）

📞01723 / 人口 61,750

看看如今的斯卡伯勒，很难想象这里是从坐落在雄伟岬角城堡下方一个繁忙的中世纪渔村逐步发展起来的。这段历史大部分都已伴随着咸湿的海风而逝，城堡已然成为惹人遐思的断壁残垣，但保留下来的是从18世纪和19世纪就弥漫在小镇上的度假胜地氛围，当然这要归功于斯卡伯勒的天然水疗温泉。如今，这里的两座迷人海滩则是钟爱此地的度假者们最念念不忘的地方。

缘崖而下的缆索铁路将游客们带到南湾（South Bay）海滨步道（这有免费的Wi-Fi），路旁各种游艺设施和炸鱼薯条店林立。斯卡伯勒有很多地方都值得推荐——包括一座重新开发的维多利亚时期水疗馆、大型水上乐园、爱德华时代的娱乐花园和妙趣横生的地质博物馆——不过节奏缓慢的市中心仍然让人觉得仿佛仍停留在过往时光，与别处流行的复古风潮有本质区别。

👁 景点和活动

★ 斯卡伯勒城堡　　　　　　　　　　城堡

(Scarborough Castle; EH; www.english-heritage.org.uk; Castle Rd; 成人/儿童 £6.50/3.90; ⏱4月至9月 10:00~18:00, 10月 10:00~17:00, 11月至次年2月中旬 周六和周日 至16:00, 2月中旬至3月 周三至周六 10:00~16:00)宏伟的斯卡伯勒城堡主楼建于中世纪，雄踞于斯卡伯勒海岬的制高点。传说理查一世钟爱这里的景致，死后他的鬼魂时常在此游荡。沿着悬崖边缘散步，你能够看见一座有着2000年历史的古罗马信号站（Roman Signal Station）遗址。这里还有一家咖啡馆和几张野餐桌。

皮斯霍姆公园　　　　　　　　　　公园

(Peasholm Park; www.peasholmpark.com; Columbus Ravine; ⏱24小时) 免费 斯卡伯勒漂亮的爱德华时期娱乐花园位于北湾（North Bay）后方，除了山顶的塔楼，这里还因其夏季的海战表演（Naval Warfare; 成人/儿童 £4.50/2.50; ⏱7月和8月 周一、周四和周六 15:00）而闻名。届时大型舰船模型将在湖面上重现著名的海上战役（访问网站查看表演日期）。

圆形博物馆　　　　　　　　　　博物馆

(Rotunda Museum; www.rotundamuseum.co.uk; Vernon Rd; 成人/儿童 £3/免费; ⏱周二至周日 10:00~17:00; 🅿)圆形博物馆专门用于介绍约克郡东北海岸线地质，这片海岸出土了英国许多最重要的恐龙化石。当地悬崖的岩层也是解密英格兰地质史的重要依据。博物馆由"英国地质学之父"威廉·史密斯（William Smith）创立，他曾经于19世纪20年代居住在斯卡伯勒，博物馆也有早期的乔治国王时期展品和适合儿童的实践活动区。

海洋生物保护区　　　　　　　　水族馆

(Sea Life Sanctuary; www.sealife.co.uk; Scalby Mills; 成人/3岁以下儿童 £19/免费; ⏱周一至周五 10:00~16:00, 周六和周日 至17:00, 最晚入场闭馆前1小时; 🅿)在这处亲子游景点，你可以看见珊瑚礁、海龟、章鱼、海马、水獭和其他众多奇妙的生物，但最吸引人的还是海豹池和企鹅区的讲解以及喂食时间。中心位于北海滩的最北端，而迷你的北湾铁路（见549页）连接了这段0.75英里的道路。注意，如果在线购票可便宜一半，但是仍需排队入场；周末或者学校假期，这里会被孩子挤满。

斯卡伯勒冲浪学校　　　　　　　　冲浪

(Scarborough Surf School; 📞01723-585585; www.scarboroughsurfschool.co.uk; Killerby Cliff, Cayton Bay; ⏱9:00~17:00)提供全天冲浪课程，每人£33起，潜水衣和冲浪板租赁每天£25, 立式桨板2小时课程每人£50起。学校旁边的海滩停车费用为每天每车£3。

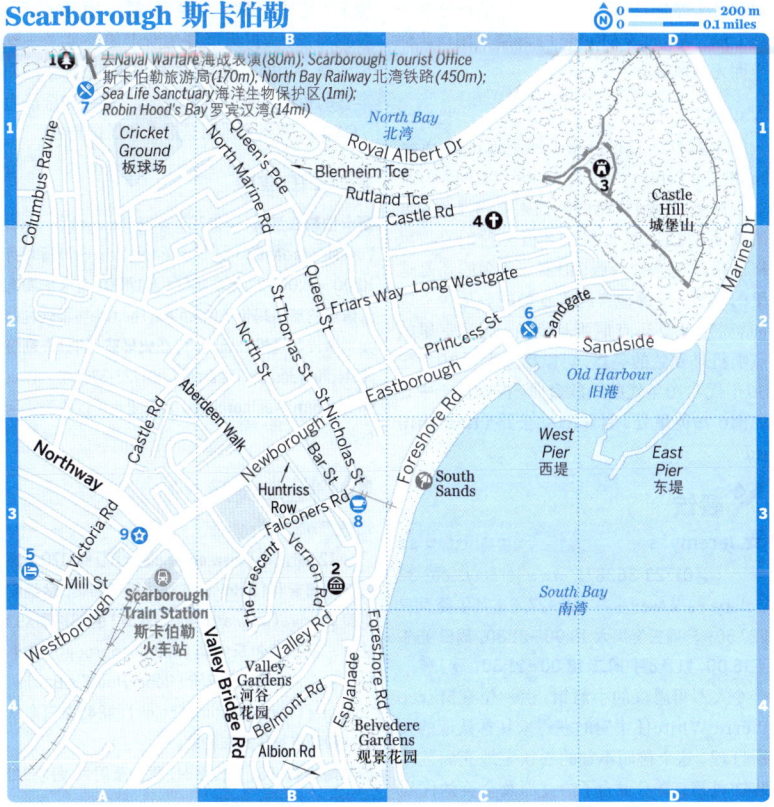

Scarborough 斯卡伯勒

去 Naval Warfare 海战表演(80m); Scarborough Tourist Office 斯卡伯勒旅游局(170m); North Bay Railway 北湾铁路(450m); Sea Life Sanctuary 海洋生物保护区(1mi); Robin Hood's Bay 罗宾汉湾(14mi)

约克郡 斯卡伯勒

Scarborough 斯卡伯勒

◎ 景点
- 1 皮斯霍姆公园 A1
- 2 圆形博物馆 B3
- 3 斯卡伯勒城堡 D1
- 4 圣玛丽教堂 C1

◎ 住宿
- 5 Windmill A3

◎ 餐饮
- 6 Golden Grid C2
- 7 Jeremy's A1
- 8 Cat's Pyjamas B3

◎ 娱乐
- 9 史蒂芬·约瑟夫剧院 A3

🛏 住宿

YHA Scarborough　　青年旅舍 £

(☎01723-361176；www.yha.org.uk；Burniston Rd；铺/四 £15/55起；Ｐ)这家景色优美的旅舍改建自17世纪的水磨坊，设有自行车存放处，休息室还有架钢琴。旅舍位于小镇以北2英里处，在通往惠特比的A166公路上。从York Place搭乘12路公共汽车到Ivanhoe酒馆；然后步行5分钟即可到达。

★ Windmill　　民宿 ££

(☎01723-372735；www.scarborough-windmill.co.uk；Mill St；双/家 £85/120起，公寓 £100~130；Ｐ🛜)奇异二字不足以形容这个地方。它由镇中心一座18世纪的磨坊精心改造而成，磨坊内有两间带自炊设施的公寓，此外鹅卵石庭院周围还分布着几间小屋、一间家庭房和几个带四柱床的双人间。尽量预订磨坊楼上的公寓（每晚£100起），环绕式阳台让你坐拥无敌风景。

Waves
民宿 ££

（☎01723-373658；www.scarboroughwaves.co.uk；39 Esplanade Rd, South Cliff；标单/双£54/73起；P🛜）挺括的纯棉床单和强劲的淋浴喷头使这家澳大利亚老板经营的复古风格民宿住起来很舒服，但真正出名的还是这里的早餐。早餐包含纯素食版的鸡蛋葱豆饭和奶昔，此外还有煎蛋和腌鱼。休息室里的点唱机是别致的亮点，可以播放大量20世纪60年代和70年代的劲歌金曲。民宿位于中心向南0.75英里处，紧邻A165公路（Ramshill Rd）。

🍴 餐饮

★ Jeremy's
英国菜、法国菜 ££

（☎01723-363871；www.jeremys.co；33 Victoria Park Ave；主菜£18~27，3道菜午餐 周日£27.50；⏰周三至周六 18:00~21:30，周日 正午至15:00，以及8月 周二 18:00~21:30；🅿️🌿）一个令人不可思议的小酒馆，由一位在Marco Pierre White任主厨时获得米其林认证的大厨打理。这个秘而不宣的餐饮宝地充满艺术装饰风格，菜肴融合了约克郡及全英的优质农产品和荤餐的创意和烹饪手法。周末时最好预订。

Golden Grid
炸鱼和薯条 ££

（☎01723-360922；www.goldengrid.co.uk；4 Sandside；主菜£10~20；⏰周一至周四 11:00~20:45，周五至周日 10:30~21:30；🅿️）这家海鲜堂食餐馆自1883年以来始终供应斯卡伯勒最美味的鳕鱼。浆挺的白桌布和浆挺的白围裙是永恒不变的传统，菜单也遵循传统：除了鳕鱼和薯条、生蚝以及新鲜捕获的螃蟹和龙虾，这里还有香肠土豆泥、烤牛肉和约克郡布丁，以及牛排配薯条。

Cat's Pyjamas
咖啡馆

（☎01723-331721；www.thecatspyjamascafebars.co.uk；2 St Nicholas Cliff；⏰周日至周四 8:00~17:00，周五和周六 9:00~22:00；🛜）这间20世纪20年代主题的咖啡馆和杜松子酒吧位于古建中央缆车车棚内，楼上用餐区可以看到海景，为古板沉静的斯卡伯勒带来一丝小清新。店里供应简单的早午餐和午餐，例如丰盛的鱼肉三明治，加上咖啡、蛋糕和金汤力（G&T），背景音乐则是爵士和摇摆舞曲。

ℹ️ 实用信息

斯卡伯勒旅游局（☎01723-383636；www.discoveryorkshirecoast.com；Burniston Rd；⏰7月和8月 10:00~18:00，9月至次年6月 至17:00）斯卡伯勒有人值守的旅游局位于Open Air Theatre售票处内，正对着皮斯霍姆公园大门。在**史蒂芬·约瑟夫剧院**（Stephen Joseph Theatre；☎01723-370541；www.sjt.uk.com；Westborough）大堂里也可以找到实用的小册子。

ℹ️ 到达和离开

长途汽车

128路汽车（www.eyms.co.uk）沿着A170公路从赫尔姆斯利（Helmsley）驶往斯卡伯勒，途经皮克灵。Arriva（www.arrivabus.co.uk）的93路和X93路汽车从米德尔斯伯勒（Middlesbrough）和惠特比发车，途经罗宾汉湾（Robin Hood's Bay）。Costliner（www.coastliner.co.uk）的843路汽车从利兹和约克驶往斯卡伯勒。

赫尔姆斯利 £8，1.75小时，周一至周六 每小时1班，周日 每天至少4班

利兹 £12，2.75小时，每小时1班

惠特比 £6.20，1小时，每小时1~2班

约克 £12，1.75小时，每小时1班

火车

提前订票，可以获得前往约克和利兹的折扣车票。

赫尔港 £16，1.5小时，周一至周六 每天9班，周日 每天6班

利兹 £29.80，1.25小时，每小时1班

莫尔顿 £8.90，25分钟，每小时1班

约克 £17.30，45分钟，每小时1班

ℹ️ 当地交通

维多利亚时期小巧的缆索车嘎吱嘎吱地沿着斯卡伯勒陡峭的悬崖上上下下，往返于城区和海滩之间。**Central Tramway**（www.centraltramway.co.uk；Marine Pde；每人 £1；⏰2月中旬至6月、

9月和10月 9:30~17:45，7月和8月 至21:45）往返于Grand Hotel和海滨步道之间，而**Spa Cliff Lift**（www.scarboroughspa.co.uk/cliff_lift; Esplanade；每人£1；⊙至少10:00~17:00，时间不定）则连接起Scarborough Spa和Esplanade。

109路敞篷巴士沿海滨运行于Scarborough Spa和北湾的Sands综合体之间（£2，每20分钟1班，9:30~15:00）。这趟巴士在复活节到9月之间每天都有，10月仅周末运行。全天有效、随时上下的车票价格是£3。

小巧的北湾铁路（North Bay Railway；☎01723-368791；www.nbr.org.uk；往返 成人/3岁及以上儿童 £4/3；⊙4月至5月和9月 每天 10:30~15:00，7月和8月至17:30，全年 周六和周日）也通往北海滩。

想要搭乘出租车，可致电**Station Taxis**（☎01723-361009, 01723-366366; www.taxisinscarborough.co.uk），£5可以前往镇上的多数景点。

北约克荒原国家公园
（NORTH YORK MOORS NATIONAL PARK）

壮观的北约克荒原位于北约克郡海岸的腹地，孑然而立，荒凉多风。全世界四分之三的石南荒原地貌都位于英国，而这里是英国面积最大的一处。山脊公路从草木繁盛的绿色山谷一路向上，通向荒凉空旷的沼泽，饱经风霜的十字石碑标记着古道的路线。夏季石南花盛开，漫山遍野都笼罩在紫色中。

这片乡野是经典的徒步胜地。新老步道纵横分布在荒原上，远处零星点缀着几座鲜花装饰的漂亮山村。国家公园还拥有全英格兰风景首屈一指的蒸汽铁路，东部边缘则是历史悠久的惠特比——英格兰最具梦幻色彩和最让人魂萦梦牵的海滨小镇之一。

国家公园出版的*Out & About*旅游指南非常实用，可以从旅游局和酒店获得，指南提供该看什么和该做什么的信息。可浏览网站www.northyorkmoors.org.uk。

🏃 活动

Yorkshire Cycle Hub　　　骑行

（☎01287-669098; www.yorkshirecyclehub.co.uk; Fryup; 🅟）这个新建的中心坐落在北约克荒原国家公园中部，致力于为当地和来访的自行车爱好者提供不可或缺的帮助。设有自行车租赁（山地车和电动自行车）、修车店、简易住宿（每晚£25）、自行车清洗和存放，以及带有柴炉和美妙乡村风光的一流咖啡馆。

North York Moors Guided Walks 步行游览

（☏01439-772738; http://northyorkmoors.eventbrite.com）**免费** 国家公园每年都会发布由志愿者和专业人士带领的导览徒步游计划安排（绝大多数都免费）。其中一些是绕过荒原、沿着古道寻访中世纪遗迹或城堡遗址；其他线路则是穿过风铃草林观赏鸟儿，或是探寻海岸乡村的神奇和秘密。务必在线或致电预约。

❶ 实用信息

共有两个国家公园中心，提供徒步、骑行、野生动植物和公共交通的相关信息。

荒原国家公园中心（Moors National Park Centre; ☏01439-772737; www.northyorkmoors.org.uk; Lodge Lane, Danby; 停车 2/24小时 £2.50/4.50; ⓒ4月至10月 10:00~17:00, 11月至次年2月中旬 10:30~16:00, 1月和2月中旬 仅周六周日开放）

萨顿（岸堤）国家公园中心（Sutton Bank National Park Centre; ☏01845-597426; www.northyorkmoors.org.uk; Sutton Bank, by Thirsk; ⓒ4月至10月 10:00~17:00, 11月至次年2月中旬 10:30~16:00, 1月和2月中旬 仅周六和周日开放; ⓦ）

❶ 当地交通

在5月下旬至9月的周日和周一公共假日，当地会为国家公园内各处穿梭的徒步者们提供几条小巴线路服务；所有信息都可在Moorsbus（www.moorsbus.org）网站查询。

例如，**荒原探索**（Moors Explorer; ☏周一至周六 8:00~18:00 01482-592929; www.eyms.co.uk; 全天随上随下车票 £12.50）设有从赫尔港到位于Danby的荒原国家公园中心的线路，沿途设有站点，但每年只开行6次左右。全天随上随下车票价格为£12.50。下载一个EYMS手机应用，可查询班车时刻，并且了解实时到站时间。

北约克郡荒原铁路（见553页）行驶于皮克灵和惠特比之间，是夏季探索中部荒原的绝佳交通方式。

如果你计划驾车行驶在荒原的次级公路上，要留意路上那些游荡的绵羊和羔羊；每年都有上百只羊死于粗心驾驶员的车轮之下。

赫尔姆斯利（Helmsley）

☏01439/人口 1515

赫尔姆斯利是北约克郡的一座典型集镇，拥有漂亮的老石头房子和历史悠久的马车驿站，当然还有鹅卵石铺设的集市广场（赶集日是周五），这也是长途克利夫兰步道（见529页）的起点。一座结实的诺曼城堡遗迹和庄严古宅高高矗立，静静地凝视着镇上的一切，周围广袤的田野绵延起伏。附近还有里沃

> **值 得 一 游**

HUTTON-LE-HOLE

四处散落的华丽石头小屋、潺潺流淌的小溪，以及一群在村庄绿地上低头吃草的绵羊，这一切都让Hutton-le-Hole成为约克郡"最美丽村庄"称号的有力竞争者。绿地上的凹陷和空洞也许是这个地方得名的缘由——这里曾经被简单地称作"Hutton Hole"（胡顿洞），法语化的"le"在维多利亚时代才被加上。现在如今村子里有几家茶室、冰激凌店、一家酒馆，以及迷人的**瑞伊德尔民俗博物馆**（Ryedale Folk Museum; www.ryedalefolkmuseum.co.uk; Hutton-le-Hole; 成人/儿童 £7.95/6.95; ⓒ4月至9月 10:00~17:00, 3月和10月至11月 至16:00）。

旅游局（位于民俗博物馆内）有关于该地区徒步的小册子（£1），包括前往附近小村Lastingham的4英里环线（2.5小时）。"水仙花步道"（Daffodil Walk）是一条沿达夫河（River Dove）河岸前行的3.5英里环线。顾名思义，其主要看点就是水仙花，最美的季节是3月或4月。

兹修道院浪漫的遗址、一些出色的餐厅和几条乡间步道。

⊙ 景点

★ 里沃兹修道院　　　　　　　　　遗址
（Rievaulx Abbey; EH; www.english-heritage.org.uk; 成人/儿童 £8.90/5.30; ⓘ4月至9月 10:00~18:00, 10月 至17:00, 11月至次年2月中旬 周六和周日 至16:00, 3月 每天开放; P）里沃兹修道院（发音为"ree-voh"）的宏伟遗址位于赫尔姆斯利以西3英里处僻静的拉伊河（River Rye）谷地，周边田野森林环绕，鸟语嘤嘤。大规模的遗址很好地展现了曾经生活于此的修道士的规模和复杂程度，新建博物馆妙趣横生的展览介绍了他们的故事。这里还有家带落地窗和户外露台的咖啡馆，可以欣赏遗址风光。

1132年，西多会修道士选择这处静谧的地点作为在英国北部传教活动的大本营。第三任院长圣奥力力（St Aelred）对修道院环境的一番评论非常著名："到处都很平和，到处都很宁静，彻底远离世界的喧嚣。" 不过里沃兹的修道士并没有远离尘世，而是很快从牧场和铅矿中获利颇丰。

有一条3.5英里长、赏心悦目的步行小道从赫尔姆斯利通往里沃兹修道院；赫尔姆斯利游客中心咨询点可提供关于路线的宣传页。如果你不想来回都步行，他们也会告诉你相关巴士线路信息。这段小路也是克利夫兰步道的起始路段。

修道院上方的山坡坐落着里沃兹柱廊（Rievaulx Terrace; NT; www.nationaltrust.org.uk; 成人/儿童 £5.95/3; ⓘ5月至9月 10:00~17:00, 次年3月至4月和10月 至16:00; P），由托马斯·邓科姆二世（Thomas Duncombe Ⅱ）修建于18世纪，作为观赏修道院风景的观景台。注意，修道院和柱廊之间没有直接的道路，两处景点都要单独收取门票，其景点大门都位于一条狭窄道路上，相隔约1英里（如果从修道院前往柱廊，需要走20分钟的陡峭上山路）。

赫尔姆斯利城堡　　　　　　　　城堡
（Helmsley Castle; EH; www.english-heritage.org.uk; Castlegate; 成人/儿童 £6.40/3.80; ⓘ4月至9月 10:00~18:00, 10月 至17:00, 11月至次年3月 周五至周日 至16:00; P）壮观的城堡建于12世纪，周围分布着令人惊叹的多条防御深沟和土堤，后来的统治者又陆续增加了厚厚的石墙和防御塔。内战后，堡垒被拆除，只剩下一幢形如尖牙的塔楼。遗址后方14世纪的West Range里详细介绍了城堡跌宕的历史。

邓科姆公园花园　　　　　　　　花园
（Duncombe Park Gardens; www.duncombepark.com; 成人/儿童 £5/3; ⓘ花园4月至8月 周日至周五 10:30~17:00; P）景色优美的邓科姆公园位于赫尔姆斯利城郊，由托马斯·邓科姆（他的儿子后来修建了里沃兹柱廊）于1718年修建，威严的乔治国王时期风格的邓科姆花园别墅位于中央。从别墅（不对外开放）和规则式园林出发，沿着宽阔的草地步道和阶地穿过树林直到仿古庙宇，在如今列为自然保护区的景观公园里有更长的步行路线。

🛏 住宿

Feathers Hotel　　　　　　　　旅馆 ££
（☎01439-770275; www.feathershotelhelmsley.co.uk; Market Pl; 标单/双 £80/100起; P）市集广场有不少老式马车驿站提供民宿、上好美食和一品脱手打艾尔啤酒，这家就是其中之一。大部分房间近期经过了重新装修，如今由里到外都散发着历史特色。

Canadian Fields　　　　　　　豪华露营 ££
（☎01439-772409; www.canadianfields.co.uk; Gale Lane; 游猎式帐篷 £65~100; ⓘ2月至11月中旬; P）这个豪华露营地位于赫尔姆斯利以东3英里处，宽敞的帆布"游猎式帐篷"内提供厨房、电力和柴炉，还有独立户外淋浴，住宿体验既舒适又不寻常。同时设有自助扎帐的露营区（每晚£15起），巨大的圆锥形帐篷内的酒吧兼餐厅则是充满欢乐的交际中心。

Feversham Arms　　　　　　　酒店 £££
（☎01439-772935; www.fevershamarms.com; High St; 双/套 £120/190起; P）就位于赫尔姆斯利的教堂后面，Feversham Arms有一种温馨精致的氛围，乡村魅力与精品时

尚互相碰撞。服务很出色，房间舒适（尤其是带有阳台的豪华泳池套房，宽敞又轻松）。不过大部分人还是奔着可爱的露天恒温泳池和水疗服务来的，内设的餐厅不太值得一试。

✖ 就餐

Vine Cafe
咖啡馆 £

（☎01439-771194；www.vinehousecafehelmsley.co.uk；Helmsley Walled Garden, Cleveland Way；⊙4月至10月 10:00~17:00；🅿♿）咖啡馆距离**赫尔姆斯利封闭花园**（Helmsley Walled Garden；www.helmsleywalledgarden.org.uk；成人/儿童 £7.50/免费；⊙4月至10月 10:00~17:00）不过咫尺之遥，店里的主要特色是从花园中采摘的绿色食材。小店位于藤蔓覆盖的维多利亚风格暖房内。菜单上的菜肴简单新鲜，包括自制咖喱鹰嘴豆泥、有机肉馅煎蛋饼和赫尔姆斯利火腿三明治等。店里持有卖酒牌照，因此你可以午餐时点一杯约克郡金汤力，在阳光下慢慢享用。

★ Star Inn
新派英国菜 £££

（☎01439-770397；www.thestarataharome.co.uk；Harome；主菜 £20~32；⊙周二至周六 11:30~14:00，周一至周六 18:00~21:30，周日 正午至18:00；🅿♿）这家茅草屋顶的乡村酒馆是一家米其林星级餐厅，主打用附近乡村的优质农产品烹制的美食：惠特比螃蟹配泡菜扇贝和牛油果冰沙，或英国烤鹌鹑配炖婆罗门参和佛手柑果酱。餐厅周一至周六提供3道菜套餐，价格为£25。Harome位于赫尔姆斯利东南2英里处，紧邻A170公路。

这是个让你流连忘返的地方，好在你真可以在这里住下来：毗邻的屋子有9间精美的卧室（£150~240），每间都是经典奢华的乡村风格。

★ Hare Inn
新派英国菜 £££

（☎01845-597769；www.thehare-inn.com；Scawton；6道菜午餐 £55，10道菜晚餐 £70；⊙周三至周六 正午至14:30和18:00~21:00；🅿）🍀"隐藏的珍宝"一词已被使用过度，但是用在这里却非常得当——位于赫尔姆斯利以西4英里处的一座隐秘小村里，这家21世纪的餐厅藏身于13世纪的旅馆外表下，在轻松、非正式甚至趣味盎然的环境里享用精致美食。没有点菜菜单，只提供应季品尝套餐——而且店里只有七张餐桌；必须预订。

> **当地知识**
>
> ### 莫尔顿，约克郡的美食之都
>
> 已经过世的意大利传奇大厨安东尼奥·卡鲁齐奥（Antonio Carluccio）是将莫尔顿称为"约克郡的美食之都"的第一人。这个秀美的市集小镇一直在努力让自己变得实至名归——甚至包括在进入城镇道路路边的广告牌上打出大幅标语，并且绘制了一幅街头壁画来以加强宣传。
>
> 相对于这样规模的市镇而言，这里的餐饮业无异于非常繁荣。美食探寻之旅的第一站，最好选在**Talbot Yard**（www.visitmalton.com/talbot-yard-food-court；Yorkersgate；⊙时间各异），这是家出色的美食广场，提供从意式冰激凌、丰盛的猪肉馅饼、屡获殊荣的艾尔啤酒和现磨咖啡到切尔西葡萄干圆面包和马卡龙在内的美味佳肴。**Malton Artisan Food Tour**（www.maltoncookeryschool.co.uk；Talbot Hotel集合；每人 £45；⊙周四和周六）设有导览团队游。
>
> 来都来了，不妨去逛逛莫尔顿自己的"屠市巷"，从前屠夫们在这里杀好羊后会拿到镇上的绵羊市场销售。如今巷子里挤满了复古商店。逛街后，继续前往**Brass Castle**（☎01653-698683；https://brasscastle.co.uk；10 Yorkersgate；⊙周二至周四 16:00~21:00，周五和周六 正午至22:00，周日 至20:00）品尝美味的精酿艾尔，然后再在迷人的**Talbot Hotel**（☎01653-639096；www.talbotmalton.co.uk；Yorkersgate；双/套 £110/300起；🅿📶）过夜。
>
> 乘坐火车从约克（£10，25分钟，每小时1班）前往莫尔顿非常方便，火车站就在市集广场（Market Pl）南边不远，步行只需步道10分钟即可到达。

❶ 到达和离开

公共汽车停靠中心广场。从斯卡伯勒出发,128路汽车(£8,1.75小时,周一至周六 每小时1班)驶往赫尔姆斯利,途经皮克灵,4月至10月增开周日运营班次(每天6班)。

皮克灵(Pickering)

☎01751/人口 6830

皮克灵是一座热闹的集镇,拥有壮观的诺曼城堡,并且宣称自己是"通往北约克荒原的门户"。这座门户还是北约克郡荒原铁路的终点,美景从蒸汽火车时代保留至今。

两条风景如画的车道向北穿过荒原:前往惠特比的A169公路经过霍克姆洞(Hole of Horcum)的养眼风光和戈斯兰(Goathland)的徒步小道;Blakey Ridge道路(始于镇西6英里处)经过漂亮的小村Hutton-le-Hole(见550页)和远近闻名的Lion Inn,一路前往Danby。

◉ 景点

★ 北约克郡荒原铁路   观光铁路

(North Yorkshire Moors Railway,简称NYMR;www.nymr.co.uk;Park St;皮克灵至惠特比单日票 成人/儿童 £30/15;⊙复活节至10月,11月至次年复活节 服务减少)这条私营铁路全长18英里,从皮克灵穿越景色优美的乡野到达惠特比。迷人的复古蒸汽机车拖着装有木夹座的古典车厢,吸引着铁路发烧友与一日游的游客。对没有开车的游客而言,这是前往荒远之地的绝佳交通工具,还可以设计站与站之间的徒步游览。乘车前一天在线预订可获得10%的折扣,而且无须在现场排队购票。

皮克灵城堡   城堡

(Pickering Castle;EH;www.english-heritage.org.uk;Castlegate;成人/儿童 £5.40/3.20;⊙4月至9月 10:00~18:00,10月 至17:00)皮克灵城堡很像我们儿时画的城堡:厚实的石头外墙包围着城堡主塔,整个城堡坐落在高高的土坡上,可以看到周围乡村的开阔景色。它由征服者威廉于1070年前后建造,被后来的多位国王加以扩建改造,不过原始建筑如今已所剩无几。

🛏 食宿

★ White Swan Hotel   酒店 £££

(☎01751-472288;www.white-swan.co.uk;Market Pl;标单 £129起,双 £150~210;🅿🛜)
镇上的顶级去处,成功地融合了时尚酒馆和精致餐厅,提供采用当地农产品制作的每日更新菜单(主菜 £14~22),还有奢华的精品酒店。9间客房位于经过改造的驿站建筑内,但最好的房间在后面清静的房屋内,住客还能享受地热供暖和免费浴袍等。

Black Swan   酒馆

(☎01751-798209;www.blackswan-pickering.co.uk;18 Birdgate;⊙周一至周四 11:30~23:00,周五和周六 至23:30,周日 至22:30;🛜)这家18世纪马车驿站经历了雄心勃勃的改造,以再现往日的辉煌。食物值得推荐,还有现场酿造的啤酒(问问吧台的酒保,说不定他会带你参观一下这里的小啤酒厂),以及一间20世纪20年代主题的鸡尾酒吧,你可以从酒馆后面进入其中。楼上清新现代的民宿客房£95起。

Pickering Station Tearoom   咖啡馆 £

(Station platform, North Yorkshire Moors Railway;主菜 £4~6;⊙8:30~16:00)这家20世纪30年代的老式茶室位于皮克林车站1号月台上,供应当地采购的美食,如来自Masham的Brymor冰激凌,以及由奶酪和约克郡火腿帕尼尼组成的简单午餐等;或者来店里品尝一杯约克郡茶,看着蒸汽火车轰隆隆地进站。食物供应到14:30。

❶ 到达和离开

128路汽车往返于赫尔姆斯利(£5,40分钟)和斯卡伯勒(£6.20,1小时)之间,每小时1班,途经皮克灵。840路汽车往返于利兹和惠特比之间,中途也经过皮克灵(每小时1班)。

惠特比(Whitby)

☎01947/人口 13,213

惠特比的城区一分为二,埃斯克河(River Esk)在东崖(East Cliff)的18世纪渔村和西崖(West Cliff)上文雅的维多利亚风格市郊之间形成隔断,也由此产生了城镇两

Whitby 惠特比

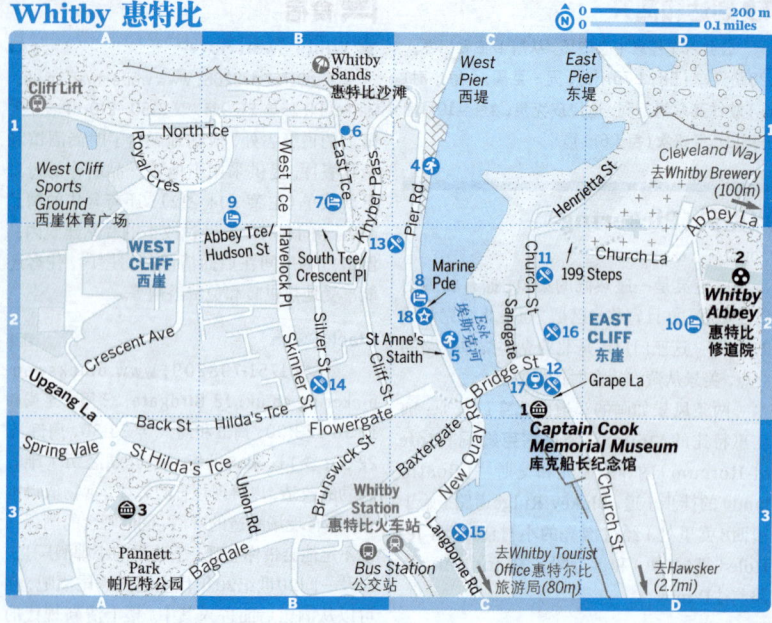

重要景点
- 1 库克船长纪念馆 C2
- 2 惠特比修道院 D2

景点
- 3 惠特比博物馆 A3

活动、课程和团队游
- 4 Captain Cook Experience C1
- 5 Whitby Coastal Cruises C2
- 6 Whitby Ghost Walks B1

住宿
- 7 La Rosa Hotel B1
- 8 Marine Hotel C2
- 9 Rosslyn House B1
- 10 YHA Whitby D2

就餐
- 11 Blitz C2
- 12 Humble Pie 'n' Mash C2
- 13 Quayside C2
- 14 Rusty Shears B2
- 15 Star Inn the Harbour C3
- 16 White Horse & Griffin C2

饮品和夜生活
- 17 Green Dragon C2

娱乐
- 18 Dracula Experience C2

种不同的特征：一边是繁忙的商业和捕鱼港口（18世纪探险家詹姆斯·库克船长就是在这里首次出航），码头边的鱼市熙熙攘攘；另一边是漂亮的传统海滨度假村，随处可见沙滩、游乐设施和悠闲的度假者。

气势磅礴的修道院遗址，在高处傲然俯瞰下面的小城，成为布拉姆·斯托克（Bram Stoker）创作哥特式惊悚故事《吸血鬼伯爵德古拉》（*Dracula*）的灵感来源。不过关于巫术和幽灵的传说早在盎格鲁－撒克逊时代的657年，圣希尔达（St Hilda）在此登陆并建立一座修道院社区时就开始流传。小镇坦然接受自己诡异和奇妙并存的名声，每年都会举办两次非常热闹的哥特风格周末。

⊙ 景点

★ 惠特比修道院　　　　　　　　　遗迹

（Whitby Abbey；EH；www.english-heritage.org.uk；East Cliff；成人/儿童 £8.70/5.20；⊙4月至9月 10:00~18:00，10月 至17:00，11月 周二至周六 至16:00，12月至次年3月 周六和周日 至16:00；P）世界上的修道院遗址分成三种：普通的修道院遗址、风景如画的修道院遗址和惠特比修道院。修道院高踞东崖的天际线之上，宛如天空映衬下庞大的哥特式墓碑剪影。这里不像宗教建筑，更像气宇轩昂的电影取景地，人们也就不难想象，为何这座中世纪的巨大建筑能够激发维多利亚时期小说家布拉姆·斯托克（在惠特比度假期间）的灵感，将其设为德古拉伯爵紧张刺激的领地。

修道院遗址旁边的庄严大宅由Cholmley家族修建。16世纪30年代英国解散所有的修道院后，该家族成员从亨利八世手中租下了惠特比修道院的土地。门票包含精彩纷呈的免费语音导览，在本书调研期间，宅邸内的游客中心正在升级改造，准备陈列关于这里历史的更新讲解。

Church St尽头有199级台阶的**教堂楼梯**（Church Stairs），你可以沿着陡峭的台阶上山来到惠特比修道院。如果开车，你需要从A171斯卡伯勒公路前往埃斯克河大桥东边。

★ 库克船长纪念馆　　　　　　　　博物馆

（Captain Cook Memorial Museum；www.cookmuseumwhitby.co.uk；Grape Lane；成人/儿童 £5.90/3.50；⊙4月至10月 9:45~17:00，次年2月中旬至3月 11:00~15:00）这家引人入胜的博物馆位于一位船主的故居中，他曾经和库克一起开始航海的征程。精彩亮点包括库克青年时代做学徒时所住的阁楼、库克自己的地图和信件、从南太平洋带来的蚀刻版画，还有一艘很棒的"决心"号（Resolution）船型，船上还摆放着船员和货物模型。库克曾在惠特比生活了9年，后来回到这里，远征船队中的三艘船都是惠特比船厂建造的。

惠特比博物馆　　　　　　　　　　博物馆

（Whitby Museum；www.whitbymuseum.org.uk；Pannett Park；成人/儿童 £5/免费；⊙周二至周日 9:30~16:30；🅿）包罗万象的惠特比博物馆位于镇中心西面的一座公园内，展示了蛇颈龙（plesiosaur）化石和恐龙脚印化石、库克船长纪念物、瓶中船及煤玉首饰，甚至还有一只恐怖的"荣耀之手"（Hand of Glory），据说这只人手是从死刑犯的尸体上截下来的。

🏃 活动

Captain Cook Experience　　　　乘船游览

（☎01723-364100；www.endeavourwhitby.com；Fish Quay, Pier Rd；25分钟船游 £3.50）乘坐这艘"奋进"号（HM Bark Endeavour）的经典复刻船从惠特比港出海游览。这艘船的尺寸只有原始船只的40%，但是足以让你感受到大型远航船的磅礴大气。船长会向游客讲述库克船长在海上经历的千难万险，以及他与惠特比的渊源。这趟船游老少皆宜。

Whitby Coastal Cruises　　　　　乘船游览

（☎07981 712419；www.whitbycoastalcruises.co.uk；Brewery Steps；3.5小时船游 £15）这个老牌家族企业在沿海或埃斯克河上开展观看鸟类、海豹、海豚之旅，甚至还组织海岸线蒸汽火车之旅。在9月份的观鲸季，你可以在

另辟蹊径

戈斯兰（GOATHLAND）

戈斯兰风景如画的火车站位于北约克郡荒原铁路上，是《哈利·波特》系列电影中霍格莫德（Hogsmeade）火车站的取景地，而小村庄则在英国电视剧《心跳》（Heartbeat）中作为艾登斯菲尔德（Aidensfield）出镜。这里也是多条轻松且令人享受的步道的起点，远足途中常能听见远方的蒸汽火车隆隆驶过。

附近的小村Beck Hole有一间氛围美妙的**Birch Hall Inn**（www.beckhole.info；Beck Hole；⊙5月至9月 11:00~23:00，10月至次年4月 周一至周三 11:00~15:00和19:30~23:00；🍴🍺）可以略事休息，小店给人一种穿越回到过去的错觉。"酒吧"是间小巧的起居室，墙上开了一个小洞，饮料就是从里面递出来；或者你也可以坐到屋外的小河边。点一份猪肉馅饼，以及本村自酿的艾尔啤酒。仅收现金。

其姊妹店Whitby Whale Watching（www.whitbywhalewatching.net；观鲸游 £40）报名参团，很可能会看到小须鲸（偶尔也会看到座头鲸）。

👉 团队游

★ Whitby Ghost Walks
步行游览

（☎01947-880485；www.whitbywalks.com；Whale Bone Arch, West Cliff；成人/儿童 £5/3；⊙19:30）如果没有恐怖的鬼故事和奇异事件，惠特比就不是惠特比了。而没有人比克兰科博士（Dr Crank）更了解这一切，并且在引人入胜的75分钟团队游中走遍西崖传说中闹鬼最凶的街巷，以巧妙的方式向大家讲述那些传闻逸事。你会听到荣耀之手、尖叫隧道和无头骑士这样的逸闻，以及当地历史的趣事。

Hidden Horizons
户外活动

（☎01723-817017；www.hiddenhorizons.co.uk；成人/儿童 £8/5起）你可以在这家当地团队游公司的帮助下，沿着惠特比周围的海滩寻找化石（这里化石很多）、参加恐龙脚印漫步、嬉戏潮水潭，或者报名观星课程。这些活动妙趣横生，能学到很多知识。可在网站上查询活动安排并预约。

🎉 节日和活动

惠特比哥特周末
文化节

（Whitby Goth Weekends；www.whitbygothweekend.co.uk；门票1/2天 £34/65）哥特爱好者的天堂，每半年都会吸引8000多名游客参加，举办现场音乐会、各种活动和鬼马集市（Bizarre Bazaar）：几十位商贩销售哥特风格的服装、首饰、艺术品和音乐作品。哥特周末每年举办两次，时间是4月下旬或5月上旬和10月下旬或11月上旬（万圣节前后）。

惠特比蒸汽朋克周末
文化节

（Whitby Steampunk Weekend；www.wswofficial.com；Whitby Pavilion；⊙7月下旬）在7月的最后一个周末，科幻小说与维多利亚幻想在惠特比碰撞，蒸汽朋克流派的粉丝们在Steampunk Emporium举办盛大的舞会、戏服漫步、娱乐活动和购物。一点点哥特，又一点点极客，非常"惠特比"。活动大多在西崖的Whitby Pavilion举行。

🛏 住宿

YHA Whitby
青年旅舍 £

（☎0845371 9049；www.yha.org.uk；Church Lane；铺/标双/家 £13/19/25起；🅿🛜）这家旅舍在修道院旁边的一栋大宅内，环境绝佳，人气极旺。要想睡上这些简易的铺位，需要提前很久预订。从镇子里爬上199级台阶，或者搭乘从火车站前往惠斯比修道院的97路公共汽车（周一至周六每小时2班），即可来此。

★ La Rosa Hotel
酒店 ££

（☎01947-606981；www.larosa.co.uk/hotel；5 East Tce；双 £86~135；🅿🛜）怪诞而奇妙。《爱丽斯梦游仙境》的作者路易斯·卡罗尔在惠特比度假时曾住在这栋房子里。如今一走进这里，就像是穿过镜子步入让人又爱又恨的维多利亚时代，酒店到处摆放着小古董和奇趣物件，还有零碎的复古电影道具。8个充满古怪色彩的房间，可以看到壮观的海景，没有电视机，有一间室内酒吧，提供的早餐放在客房的篮子里。

Rosslyn House
民宿 ££

（☎01947-604086；www.rosslynhousewhitby.co.uk；11 Abbey Tce；标单/双/家 £65/90/100起；🛜）迷人的维多利亚风格排屋，在西崖的众民宿中独树一帜，明亮现代，友善热情。单人间非常温馨；家庭房十分宽敞（但是酒店不接待12岁以下的儿童）。为徒步者们准备了一间方便实用的烘干室。

★ Marine Hotel
旅馆 £££

（☎01947-605022；www.the-marine-hotel.co.uk；13 Marine Pde；房间 £150~195；🛜）比起普通酒店客房，这里的房间更像是迷你套间，4间卧房新奇时尚又不失舒适，让人想一直宅在屋里不出门。两个房间有阳台，能够欣赏港湾的壮丽美景。

🍴 就餐

★ Rusty Shears
英国菜 £

（☎01947-605383；3 Silver St；早午餐 £3.50~6.50；⊙9:30~17:00；🛜）这家复古风情的咖啡馆有各种饮品。让人刮目相看的饮品单上有100多种杜松子酒（可惜这里晚上并不营业）和杜松子品酒套餐，还有一个围墙庭院可以用来享用午后户外简餐，再加上几间复古风格的房间让客人们能着美味的咖啡和蛋糕聊聊天，享用糖浆馅饼或约克郡茶香吐司等。早午餐包括Fortune烟熏培根和嫩滑的炒蛋，值得推荐。

Humble Pie' n' Mash　　　　　英国菜 £

（☎01947-606444；www.humblepie.tccdev.com；163 Church St；馅饼餐 £6.99；◎正午至20:00）美妙的自制肉汁馅饼有羊肉韭葱迷迭香、烤蔬菜山羊奶酪等多种口味，在洋溢着20世纪40年代温馨怀旧氛围的木屋里供应。不接受预订，仅收现金。

Blitz　　　　　咖啡馆

（☎01947-606935；www.theblitzwhitby.co.uk；97-98 Church St；午餐£3~9，晚间西班牙小吃拼盘£4~9；◎10:00~23:00）战争怀旧是这间20世纪40年代风格的咖啡馆的装饰主题。小店位于惠特比东崖，供应咖啡、金汤力和各种食物。巨幅壁画上绘制着伦敦在战争中满目疮痍的夜景，墙壁则被改造成战壕状。在白天，食物菜单专注于基本菜有如"Blitz Bomber"（闪电轰炸）英式三明治；夜间则供应美味的世界风味西班牙小吃。

★ Bridge Cottage Bistro　　　　英国菜 ££

（☎01947-893438；www.bridgecottagebistro.com；East Row, Sandsend；主菜£12~28；◎周二至周日 10:00~16:00，周四和周六 18:30~21:00，周五 19:00~21:00）这家出类拔萃的新派英国菜餐厅位于惠特比北边3英里处的美丽海滨小村Sandsend，可能算得上是东海岸最棒的用餐地。餐厅藏身于一栋朴素的海岸老屋内，装潢也不张扬，让菜品自己说话，而主角永远都是约克郡特色菜，包括干草烤羊羔肉、惠特比海鳟配腌甜菜根，以及葡萄干蛋糕配温斯利山谷（Wensleydale）冰激凌等。

★ White Horse & Griffin　　　　英国菜 ££

（☎01947-604857；www.whitehorseandgriffin.com；87 Church St；主菜£15~24；◎周一至周六 正午至21:00，周日 12:30~16:00和17:30~21:00；☎✿）这个华丽的旧式马车驿站创办于库克船长时代，而库克船长本人在17世纪时也曾在此召集船员。挤进狭窄的酒吧，很难发现后面的餐厅，但菜看出人意料：有摆盘精致、品质一流的英式烹饪，食材包括当地海鲜和约克郡肉类等。

Quayside　　　　　炸鱼和薯条 ££

（☎01947-825346；www.quaysidewhitby.co.uk；7 Pier Rd；主菜£9~15；◎11:00~20:00；✿）✎上等的炸鱼和薯条，就差附近的竞争对手Magpie Cafe所使用的"世界最棒"的宣传标语了。如果你想避开那边排队的人，那就来这里吧。外卖炸鱼和薯条£4.60。

Star Inn the Harbour　　　　英国菜 ££

（☎01947-821900；www.starinntheharbour.co.uk；Langborne Rd；主菜£12~24；◎周一至周五 11:30~21:00，周六 正午起，周日 正午至19:00）约克郡餐饮大腕安德鲁・佩恩（Andrew Pern），携着米其林星级餐厅Star Inn（见552

> **值 得 一 游**
>
> ## 罗宾汉湾（ROBIN HOOD'S BAY）
>
> 　　风景如画的罗宾汉湾与舍伍德森林（Sherwood Forest）里的那位绿林好汉并无关联，因何得名现在也不得而知，当地人都称之为"湾镇"（Bay Town）或仅仅是"湾"（Bay）。但不可否认，这座渔村确实是约克郡海岸最漂亮的景点之一。
>
> 　　你可以把车停在山上村庄的停车场（4小时收费£4），村里有多栋19世纪船主们建造的舒适的维多利亚风格别墅。然后下山前往老湾（Old Bay），那是村里最古老的区域，因而不要想着能够开车下去。错综复杂的狭窄小巷里布满了茶室、酒馆、工艺品店和艺术家工作室，甚至还有一家袖珍的电影院。落潮时，你可以走到海滩上在潮水潭附件找找贝壳。
>
> 　　罗宾汉湾位于惠特比东南6英里。每小时1班的93路汽车往返惠特比和斯卡伯勒之间，途经罗宾汉湾。

页）之盛名，将家乡惠特比港口边的前游客中心打造成这家衍生餐厅。餐厅主打航海主题，菜单也偏重当地鱼类食材，但是也有新奇特菜品，如约克郡布丁和鹅肝等。

饮品和夜生活

★ Whitby Brewery
精酿啤酒厂

（☎01947-228871；www.whitby-brewery.com；Abbey Lane, East Cliff；⊙11:00~17:00；🍺）当徒步客们在崖顶发现这家位于惠特比修道院后面的啤酒厂，一定会欣喜若狂。现代酿酒厂内只能放得下三张餐桌——另外一半空间早已被一个华丽到不协调的爱德华时代吧台所占据，酒保挤在吧台后面忙碌着。店里有品种不多的精酿艾尔啤酒，门口还有户外桌椅。

Green Dragon
精酿啤酒

（www.thegreendragonwhitby.co.uk；Grape Lane；⊙周一至周六 正午至19:30，周日 至18:00）位于惠特比最曲折小巷内一栋古色古香的老房子里。这家酒吧勇于挑战，将英国热烈的精酿啤酒风潮成功引入这座传统的艾尔啤酒小镇上。店面一半是酒行，一半是狭小的啤酒酒吧，五个酒桶里轮换流淌着约克郡的佳酿，如Northern Monk、Abbeydale和Vocation等。或者在店里买上一支瓶装啤酒（和商店价格一样），就地饮用。

☆ 娱乐

Dracula Experience
剧院

（☎01947-601923；9 Marine Pde；成人/儿童£3/2.50；⊙复活节至10月 9:45~17:00，11月至次年复活节 仅周六和周日营业）关于德古拉传说的戏剧性演绎绝对是哥特式极客的元素之一，而且还有各种特效，凭空出现的特型演员，以及其他在黑夜里会让你坐立不安的事情。非常奇幻，极其惠特比；不适合8岁以下儿童观看。

ℹ️ 实用信息

惠特比旅游局（☎01723-383636；www.visitwhitby.com；Harbour Master's Office, Langborne Rd；⊙5月至10月 9:30~17:00，11月至次年4月 周四至周日 10:30~16:00）

ℹ️ 到达和离开

长途汽车

93路和X93路汽车往南开往斯卡伯勒（£6.20,1小时，每30分钟1班），每隔一辆班次会经过罗宾汉湾（£4.30,15分钟，每小时1班）；向北到达米德尔斯伯勒（£6.20,1小时，每小时1班），周日班次更少。**汽车站**位于惠特比火车站旁边。

Coastliner的840路汽车从利兹前往惠特比（£14, 3.25小时，周一至周六每天4班，周日2班，但是需要在莫尔顿换乘），途经约克和皮克灵。

火车

从北部来，你可以从米德尔斯伯勒（£7.10,1.5小时，每天4班）搭乘火车沿埃斯克谷铁路前往惠特比，或者从达勒姆（Durham）和纽卡斯尔搭乘火车过来。从南部来，可以选择从约克搭乘火车前往斯卡伯勒，然后在斯卡伯勒搭乘汽车去惠特比，这样比较方便。

约克郡山谷国家公园
（YORKSHIRE DALES NATIONAL PARK）

公园名字中的"dale"由古挪威语"dalr"而来，意思是"山谷"。约克郡山谷自20世纪50年代以来就被辟为国家公园进行保护，一直都是英格兰最热门的徒步和骑行乐园之一，深受喜爱。公园的冰川山谷地貌特征显著，主要由高海拔石南荒原、陡峭的山坡和平顶的丘陵组成，零星点缀着气氛轻松的乡村酒馆和风声呼啸的小道。

山下是翠绿的山谷、纵横交错的干石堤坝和小谷仓，还有景色优美的小村庄，绵羊在村庄的草地上吃草。来到山谷南部的石灰岩地区，你还会看见英格兰最典型的喀斯特地貌，这是由雨水溶解石灰岩基岩形成的景观。

整个地区都风景如画而且易于探索，是极受英国人欢迎的度假地——一定要提前订好住宿，因为这一带没有大酒店。公众假期周末和年度骑行盛事"环约克郡赛"期间，都是一床难求。

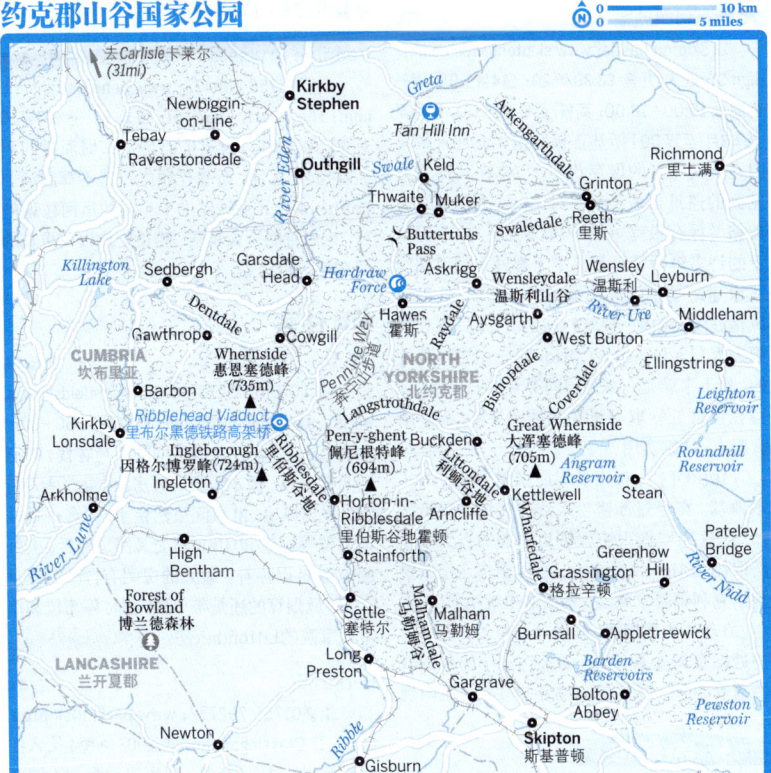

Yorkshire Dales National Park
约克郡山谷国家公园

❶ 到达和离开

大约90%的游客开车前往公园，因此夏季时狭窄的公路格外车多拥挤，停车也是棘手的问题。如果可以的话，尽可能使用公共交通工具。

公共汽车线路和班次十分有限，许多线路都只在暑期开行，一些只在周日和公众假期开行；可在旅游局索取DalesBus班次时刻表，或者查询DalesBus（www.dalesbus.org）网站。

如果要搭乘火车，进入山谷最便捷有趣的方式是搭乘著名的**塞特尔—卡莱尔铁路**（Settle-Carlisle Line；简称SCL；☏01768-353200；www.settle-carlisle.co.uk）。火车往返于利兹和卡莱尔，沿途停靠斯基普顿、塞特尔和多个小村庄，你能从火车站台直接进入山地，那种感觉简直无与伦比。

斯基普顿（Skipton）

☏01756/人口 14,625

斯基普顿有英格兰保存最完好的中世纪古堡之一，也是通往山谷南部的门户。这座繁忙集镇得名于盎格鲁—撒克逊时代的"绵羊镇"（sceapeton），你一看就知道小镇过去是如何发家致富的。周一、周三、周五和周六是集市日。人们从四面八方赶来，小城也因此弥漫着节日的气氛。

利兹—利物浦运河（Leeds-Liverpool Canal）流经斯基普顿中心区，从而使这座城镇成为乘船游览运河的绝佳起点。

👁 景点和活动

★ 斯基普顿城堡　　　　　　城堡

（Skipton Castle; www.skiptoncastle.co.uk; High St; 成人/儿童 £8.30/5.20; ⏰4月至9月 周一至周六 10:00~18:00, 周日 正午至18:00, 10月至次年3月 至17:00）斯基普顿城堡如此迷人的原因在于其完好的保存状态，与你在其他地方见到的遗址形成了鲜明对比。虽然它被誉为英格兰保存最完好的中世纪古堡之一，但城堡的许多鲜明特色都成型于都铎王朝时期。从原建诺曼拱门进入城堡中，来到一处都铎风格庭院，院内一棵紫杉树是由安妮·克利福德夫人（Lady Anne Clifford）于1659年栽种的，接下来就是一系列房间等着你去探索。记得在售票处领取城堡免费插图导览，有多语言版本，详细实用。

1090年，一位诺曼男爵修建了城堡的实木地基。在经过苏格兰人数次无情的攻击洗劫后，这座城堡很快就被更坚固的石头城堡所取代。1310年，爱德华二世国王将这座城堡赐给克利福德家族，后者在这里统治了350多年。在英国内战期间，城堡是英格兰北部最后一处保皇派要塞，在一场长达三年的包围战中遭受重创，最终在1645年被攻陷。堡内现存建筑多为17世纪时安妮·克利福德夫人重新修复之后的结果。

Pennine Cruisers　　　　　游船

（☎01756-795478; www.penninecruisers.com; The Wharf, Coach St; 每人 £4; ⏰3月至10月 10:30至黄昏）没有坐船游览穿城而过的利兹-利物浦运河，斯基普顿之行就不算圆满。Pennine Cruisers提供半小时的运河往返航行，运河游船全天租赁、船长之旅以及更长的假期船只租赁等。

🛏 住宿

★ The Pinfold　　　　　　客栈 ££

（☎07510 175270; http://thepinfoldskipton.wixsite.com/pinfold; Chapel Hill; 房间 £60~80; 🅿🛜）这是家仅设普通房间的小巧客栈，有三间明亮通风、橡木大梁的客房，洋溢着迷人清新的乡村风情。淋浴间虽然狭小，但客栈正处斯基普顿城堡和High St交叉路口附近，极好的位置足以弥补。最大的房间有自己的休息区，但最划算的还是带单独门廊、停车位和小草地庭院的Littondale房。

Park Hill　　　　　　　　民宿 ££

（☎01756-792772; www.parkhillskipton.co.uk; 17 Grassington Rd; 双 £90; 🅿🛜）从入住时赠送的一杯雪利酒，到用当地食材（如新鲜土鸡蛋和自种番茄）烹制的丰盛早餐，这家民宿用实在的约克郡方式欢迎你入住。位于市中心以北0.5英里处，拥有迷人的半乡村风情，就在通往格拉辛顿（Grassington）方向的B6265公路上。不接待12岁以下儿童。

🍴 餐饮

Bizzie Lizzies　　　　　炸鱼和薯条 £

（☎01756-701131; www.bizzielizzies.co.uk; 36 Swadford St; 主菜 £9~12; ⏰11:00~21:00; ♿）这家备受赞誉的老式炸鱼薯条餐馆坐拥运河风景。忙碌的外卖柜台也销售炸鱼薯条，售价£5.80（外卖营业至23:30）。麸质不耐受？没问题，店里也有Coeliac UK认证的无麸薯条。

★ Le Caveau　　　　　　　英国菜 ££

（☎01756-794274; www.lecaveau.co.uk; 86

另辟蹊径
禁地迷宫花园

禁地迷宫花园（Forbidden Corner; ☎01969-640638; www.theforbiddencorner.co.uk; Tupgill Park Estate, Leyburn附近; 成人/儿童 £12.50/10.50; ⏰复活节至10月 周一至周六 正午至黄昏, 11月和12月 仅周日; 🅿♿）可谓是举世无双：一座现代的围墙花园里点缀以维多利亚风格的怪诞装饰，其中一些散发着哥特式的诡异，另一些则弥漫着超现实的梦幻风情。没有地图，因此只能靠自己四处探游，穿过一条条假山洞隧，拐过一个个急弯，撞见一个个死胡同——让人感觉如同闯进了大卫·鲍伊（David Bowie）演的电影《魔幻迷宫》（Labyrinth）里。孩子们肯定会在一些转弯处感到害怕，成年人走出花园后也难免紧张。门票必须预订。

值得一游

英国海拔最高的酒馆

位于海拔328米（1732英尺）处的 **Tan Hill Inn**（☎01833-628246；www.tanhillinn.com；Tan Hill, Swaledale；⌚7月和8月 8:00~23:30，9月至次年6月 9:00~21:30；🅿📶🍴）是英国位置最高的酒馆。这家酒馆位于里斯西北11英里处，周围荒无人烟，19世纪时是为了招待附近的矿工而建。起风是，呼啸的狂风会让周围弥漫着狂野的气息，但是酒馆里面却是出乎意料的舒适温馨，公共酒吧区气氛十足，铺着石板地面，还有个古老的壁炉，休息室里则摆放着真皮沙发。

High St；主菜£17~20；⌚周二至周五 正午至14:30 和19:00~21:00，周六17:00~21:00）🍴在时尚装修的掩饰下，很难想象这间16世纪的地下室曾是用来关押偷羊贼的牢房。如今这里已经是斯基普顿最好的小酒馆之一，供应采用当地新鲜农产品制作的应季菜单，诱人的菜肴包括两次烤制的烟熏里伯斯谷地山羊干酪蛋奶酥和慢烤Nidderdale羔羊肩等。在工作日，你还可以花上12.95英镑，享受两道菜的午餐套餐。

Narrow Boat　　　　　　　　　　酒馆

（www.markettowntaverns.co.uk；38 Victoria St；⌚正午至23:00；🅿📶🍴）这家气氛友好的酒吧位于斯基普顿运河港池旁一条小巷深处，基本上是一家现代风格的精酿啤酒吧，但木梁和古老的酒吧家具依然营造出一种传统酒馆的历史感。啤酒选择十分丰富；下酒菜如哈罗米芝士薯条、南方炸鸡汉堡和品种不断更新的小面包比萨饼等也都十分有趣。

ⓘ 实用信息

旅游局（☎01756-792809；www.welcometoskipton.com；Town Hall, High St；⌚周一至周六 9:30~16:00）

ⓘ 到达和离开

斯基普顿是从利兹来的Metro火车的最后一站（£5.80起，45分钟，班次频繁）。580路和582路汽车周一至周六往返于斯基普顿和塞特尔（£5.50，40分钟，白天每小时1班），其中部分车次继续前往英格尔顿（Ingleton）。周一至周六每天都有2班巴士从斯基普顿开往马勒姆（£4，40分钟），也有汽车频繁往来于斯基普顿和格拉辛顿之间。

格拉辛顿（Grassington）

☎01756/人口 1611

如果想要游览山谷南部，格拉辛顿是一处很好的大本营，小镇中心完全地保留着乔治国王时期的风貌，整个夏季都会涌入大量游客和徒步者，感受迷人而传统的氛围，不过这里刻意营造的乡村气息略显造作，但仍不失为一处魅力村镇。

🎉 节日和活动

格拉辛顿艺术节　　　　　　　　艺术节

（Grassington Festival；www.grassington-festival.org.uk；⌚6月）约克郡山谷一年中文化活动的高潮，是一个为期两周的艺术盛事——格拉辛顿艺术节，吸引了很多音乐、戏剧和喜剧界的名流大腕。节日期间还会举办一些另类活动，比如干石砌墙专题讨论会。

🛏 食宿

Ashfield House　　　　　　民宿 ££

（☎01756-752584；www.ashfieldhouse.co.uk；Summers Fold；双£80~127，套£155~215；🅿📶）这座僻静的17世纪乡间别墅带有一座围墙庭院，屋内还有壁炉和诚信酒吧，弥漫着温馨的感觉。民宿就在小镇中心广场附近。

★ Devonshire Fell　　　　　酒店 £££

（☎01756-718111；www.devonshirefell.co.uk；Burnsall；房间£129起；🅿📶）这里曾经是磨坊主经常光顾的绅士俱乐部，位于风景如画的小村Burnsall，如今酒店颇具现代气息，宽敞的客房大多能看到美丽的山谷风光。被用作餐厅、早餐室和下午茶的暖房可以欣赏壮美的风景。酒店位于格拉辛顿东南3英里处，可以经由河边的小路步行前往。

Corner House Cafe　　　　　咖啡馆 £

（☎01756-752414；www.cornerhouse

里伯斯谷地和三峰（RIBBLESDALE & THE THREE PEAKS）

风景秀丽的里伯斯谷地穿过约克郡山谷国家公园的西南角，三座形态特别的山峰屹立于天际，被称为三峰：惠恩塞德峰（Whernside; 735米）、因格尔博罗峰（Ingleborough; 724米）和佩尼根特峰（Pen-y-ghent; 694米）。沿着塞特尔－卡莱尔铁路（见559页）可以轻松到达。这里是英格兰最受欢迎的户外运动场所之一，每逢周末，都会吸引数千名徒步、自行车和洞穴探险爱好者前来。

在位于霍顿以北5英里处的山谷尽头，坐落着高达30米的里布尔黑德铁路高架桥（Ribblehead Viaduct），它建于1874年，长400米，是塞特尔－卡莱尔铁路线上最长的一座桥。你可以沿着奔宁山步道徒步前往，然后从里布尔黑德（Ribblehead）火车站乘坐列车返回。

从1965年起一直由同一个家族经营的传统咖啡馆 **Pen-y-Ghent Cafe**（☎01729-860333；主菜 £3~6；◷周一和周三至周五 9:00~17:30, 周六 8:00~17:30, 周日 8:30起；🅿🖊📶）位于里伯斯谷地霍顿，供应炒蛋配薯条、自制司康饼和大杯的茶，为徒步者补充能量；同时还有纯素食和无麸食品以满足特定需求。店里也销售地图、徒步指南和徒步装备。

grassington.co.uk; 1 Garr's Lane; 主菜 £6~10; ◷10:00~16:00; 📶🖊📶）这个小巧迷人的白色小房子坐落在村庄广场上坡的地方，供应好喝的咖啡和非常特别的自制蛋糕（柑橘薰衣草糖浆蛋糕的美味出人意料），以及定制三明治和午餐特色菜如山谷羔羊肉火锅或鸡肉和香肠奶油烤菜等。早餐供应至11:30，品种从肉桂吐司到全套英式煎鸡蛋，一应俱全。

❶ 实用信息

格拉斯顿国家公园中心（☎01756-751690; Hebden Rd; 2/24小时停车 £2.50/5; ◷4月至10月 10:00~17:00, 11月、12月、次年2月和3月 周六和周日 至16:00）

❶ 到达和离开

格拉斯顿位于斯基普顿以北6英里处；从斯基普顿汽车站或火车站搭乘72路汽车（£4.20, 30分钟，周一至周六每小时1班），或者从汽车站发车的X43路（周日和公众假期每小时1班）。如果要继续前行，72路汽车接下来驶往河谷上游的Kettlewell和Buckden等村庄。

霍斯（Hawes）

人口 1137

霍斯位于温斯利山谷的核心地带，这座繁荣的集镇（集市日是周二）风景如画，周围群山环绕，步道纵横。镇上有几家古董、艺术和工艺品商店，村庄中心还有瀑布，更是赏心悦目。但在热闹的夏季周末，霍斯狭长的主干道总会被堵得水泄不通。车辆可以停靠在国家公园中心旁边的停车场，位于村庄东入口附近。

在霍斯西北1英里处，漂亮的小村哈德劳（Hardraw）有座让人更为惊叹的瀑布、乡村教堂和非常棒的老酒馆，后者为那些想要享受乡村宁静夜晚的游客提供食宿。

◉ 景点

哈德劳瀑布　　　　　　　　　　　瀑布

（Hardraw Force; www.hardrawforce.com; Hardraw; 成人/儿童 £2.50/1.50; 🅿）位于霍斯以北1.5英里处，高达30米，是英格兰最高的不间断瀑布，但除非暴雨过后，否则它按国际标准来讲，还不算真正意义上的壮观。进入瀑布需要从Green Dragon Inn后面的停车场步行400米，不过景观步道沿途风景还不错。进入步道时会收取门票费用（仅收现金），还有一家咖啡馆销售当地冰激凌。

温斯利山谷乳制品厂　　　　　　博物馆

（Wensleydale Creamery; www.wensleydale.co.uk; Gayle Lane; 成人/儿童 £3.95/2.45; ◷10:00~17:00; 🅿📶）这家乳制品厂专门生产酥碎的白奶酪，这种奶酪是电视卡通明星超级无敌掌门狗（Wallace and Gromit）的最爱。你可以参观奶酪博物馆，在展示厅观看干酪制造的操作过程（周一至周五），然后进入商店试吃购买。为孩子们准备的互动式展览讲解了从牧草到奶牛再到奶酪的整个过程。

现场还有一家咖啡馆，供应巨大的司康饼、温斯利山谷奶酪吐司和烤奶酪三明治。

山谷乡村博物馆 博物馆

（Dales Countryside Museum；01969-666210；www.dalescountrysidemuseum.org.uk；Station Yard；成人/儿童 £4.80/免费；10:00~17:00，1月 闭馆；）山谷乡村博物馆与国家公园中心同一栋建筑内，完整介绍了历史上改变该地区景观的因素，如地质构造、铅矿挖掘和圈地运动以及当地铁路等。

食宿

★ Green Dragon Inn 旅馆 ££

（01969-667392；www.greendragonhardraw.co.uk；Hardraw；铺/双/套 £18/97/120；）这家迷人的老式酒馆有石板地面、低矮的木梁、古老的橡木家具和Theakston桶装啤酒。旅馆供应美味的牛排啤酒派，并提供简易铺位，在酒馆后面的简单房间里也有舒适的民宿客房，酒吧楼上还有两间别致的套房。位于霍斯西北1英里处。

Herriot's Guest House 民宿 ££

（01969-667536；www.herriotsinhawes.co.uk；Main St；标单/双 £50/82起；）这家小巧的客栈位于一栋老旧石楼内部，离镇上的瀑布不远，在一家咖啡店楼上有6个舒适的独立卫浴房间，提供免费的自制饼干，还有徒步者套餐。顶楼的房间能看到令人心旷神怡的山谷风景。

到达和离开

霍斯国家公园中心（01969-666210；Station Yard；停车2/24小时 £2.50/5；4月至10月 10:00~17:00，11月、12月、次年2月和3月 时间缩短，1月 停止接待游客）

马勒姆（Malham）

人口 238

即使在竞争激烈、美景遍地的山谷地区，马勒姆也绝对是一个极富吸引力的村庄。石头小屋和旅馆驿站沿着一条蜿蜒穿过村中心的河流分布，而且远近闻名的徒步小路让村里总是人气旺盛，吸引了来自世界各地的徒步爱好者。如果你的时间只够在山谷区游览一个地方，那么马勒姆一定是首选。

从格拉辛顿向西延伸至英格尔顿的这一片地区有英格兰最广袤的石灰岩地貌，凹凸不平地分布着壶穴、干谷、石灰岩水平面和峡谷。马勒姆山坳和戈尔山谷断崖（Gordale Scar）是两处最壮观的景点，都位于马勒姆村附近，从村中心步行即可到达。

景点和活动

★ 马勒姆山坳（Malham Cove） 自然地貌

在马勒姆村北，一条0.75英里长的乡野步道沿着淙淙流淌的小溪通往马勒姆山坳。这处巨大的山体四周是高达80米的垂直悬崖，好似天然的圆形剧场。一座大型冰川融水瀑布曾经从悬崖上奔涌而下，但数百年前就已枯竭。你可以沿着山坳左侧陡峭的石阶山路徒步攀爬（沿着奔宁山步道路牌），去游览悬崖顶部面积庞大的石灰岩水平面——这里是《哈利波特与死亡圣器》电影的外景地。

游隼每年春天在崖顶筑巢，英国皇家鸟类保护协会（RSPB）会在悬崖底部搭建观鸟台并设置望远镜——提前致电国家公园中心（见564页）以了解具体日期，因为每年时间都不一样。

马勒姆景观步道 步行游览

（Malham Landscape Trail；www.malhamdale.com）这条5英里的环线步道是约克郡最佳单日徒步线路之一，串起三处让人叹为观止的自然景观：马勒姆山坳（见本页）；壮观的戈尔山谷断崖（Gordale Scar），一座拥有瀑布美景的深邃石灰岩峡谷；铁器时代聚落的遗迹，以及珍妮特·福斯（Janet's Foss）瀑布。关于小路的详细介绍手册可从网站下载，或者在村内的酒馆和住处索取。

马勒姆湖（Malham Tarn） 湖泊

位于马勒姆村北3.5英里处的一座冰川湖，也是自然保护区，可从马勒姆山坳向北步行1.5英里或自驾前往。湖边有两座停车场：

南边的比较大，从这里可以沿着湖东的小路徒步；另一个在北边（跟随前往"Arncliffe/Grassington"的路牌），通往湿地上的栈道，蜿蜒穿过沼泽和矮树林，有时候能看到狍、苍鹭和水鼠等动物。

食宿

Malham YHA
青年旅舍 £

(0845-371 9529；www.yha.org.uk；Finkle St；铺/标双 £13/49起；P⑤)这家专门建造的旅舍位于小村中心的主路桥对面，门前有一个漂亮的花园，设有非常实用的设施如自行车存放处、烘干室，以及出售啤酒和葡萄酒的商店。少数独立房间有非常豪华的独立卫浴；房费变化很大，具体取决于周几以及住宿需求情况。

★ Lister Barn
民宿 £££

(01729-830444；www.thwaites.co.uk；Cove Rd；双 £140~180；P⑤⑧)马勒姆的Lister Arms酒馆在村中主干道边经营着这家由谷仓改建的时尚民宿。这里共有8间现代风格的客房，中心是一个迷人的开放式公共区，有免费的香草茶和一个柴炉，让住客能够消除长途跋涉之后的疲累。其中一间客房有无障碍设施，还有两间配有高低床和独立卧室的家庭房。

Lister Arms
酒馆食物 ££

(01729-830444；www.thwaites.co.uk；Cove Rd；主菜 £10~18；⊙周一至周六 8:00~23:00，周日 至22:30；P⑤⑦⑧)这家舒适的马车驿站是徒步后在马勒姆放松身心的最佳去处，寒冷的天气里会生起火炉，屋后有一座啤酒花园，还供应经典酒馆菜肴和写在黑板上的特色菜。在繁忙的夏季月份，人们会在屋前的草地上坐下来喝酒。

❶ 实用信息

马勒姆国家公园中心(Malham National Park Centre；01729-833200；www.yorkshiredales.org.uk；停车 2/24小时 £2.50/5；⊙4月至10月 10:00~17:00，11月、12月、次年2月和3月 周六和周日 至16:00)在马勒姆村南停车场内；这里销售的徒步游手册（£1.50）比村里的免费宣传册更加全面详细。

❶ 到达和离开

全年周一至周六每天至少有2班汽车从斯基普顿开往马勒姆（£4.10，35分钟）。沿途风景如画的Malham Tarn Shuttle公交线路往返塞特尔和马勒姆（£4，30分钟）、马勒姆湖和英格尔顿，仅在复活节至10月的周日和公众日期每天6班。访问DalesBus网站（www.dalesbus.org）或者咨询马勒姆国家公园中心以了解更多信息。

马瑟姆（MASHAM）

在里彭西北方向9英里处，小村马瑟姆因为出品约克郡顶级的啤酒而远近闻名。约克郡最知名的啤酒厂**西克斯顿**(Theakston's；01765-680000；www.theakstons.co.uk；The Brewery, Masham；团队游 成人/儿童 £8.50/4.95；⊙9月至次年7月 10:30~16:30，8月 至17:00)于1827年在此创建，1987年被全球啤酒巨头Scottish & Newcastle收购，但2004年再次回到家族掌控中。酒厂最著名的艾尔啤酒Old Peculier，名字起源于Peculier of Masham，后者是中世纪时的教区法院，负责处理醉酒、斗殴等违法行为。厂里有一座游客中心，同时也是酒吧，每天组织4次团队游（8月份有5次）。

在村庄另一边，**Black Sheep啤酒厂**(01765-680101；www.blacksheepbrewery.com；Wellgarth, Masham；团队游 成人/儿童 £9.50/4.95；⊙周日至周三 10:00~17:00，周四至周六 至23:00；P⑧)是西克斯顿家族的"black sheep"（不肖子弟）保罗·西克斯顿（Paul Theakston）于1992年独立门户开办的啤酒厂，他在Scottish & Newcastle充满争议的接管后愤而离开家族自己创业。如今这家新啤酒厂的声望已经不在附近邻厂之下，每天有4次趣味盎然的团队游。这里还有一间出色的休闲酒馆，以及一个可以品尝厂里酿制的大部分艾尔啤酒和精酿啤酒的酒吧。

注意：马勒姆只能经由狭长的公路进出，夏季会非常拥堵，最好把车停在国家公园中心，然后步行前往村庄。

里士满（Richmond）

☎01748 / 人口 8415

漂亮的集镇里士满高踞在岩石之上，俯瞰着斯韦尔河（River Swale），被恢宏的城堡遗址守护着，一座烟雾迷蒙的小瀑布从崖上奔腾而下。数百年来，这里一直是军屯城镇，如今仍驻扎着一个英格兰著名军团，其驻地就在附近现代化的卡特里克兵营（Catterick Garrison）。

从宽阔的鹅卵石集市广场（赶集日是周六）辐射延伸的街道两边，散落着乔治国王时期的优雅楼宇和美丽的石屋，从屋子间不时可以看到周围的丘陵和山谷。附近有多条当地徒步路线，小镇也成为探索山谷北部的绝佳大本营，只是缺少一流的餐饮选择；在这里找不到迷人的旧式旅馆。

◉ 景点

★ 乔治皇家剧院　　　　历史建筑

（Georgian Theatre Royal; www.georgiantheatreroyal.co.uk; Victoria Rd; 成人/儿童 £5/2; ◎团队游 2月中旬至11月中旬 周一至周六 10:00~16:00，每小时1次）乔治皇家剧院建于1788年，是英国最完整的乔治国王时期剧院。剧院于1848年关闭，后被作为一家拍卖行直至20世纪。后来经过一番大修后，1963年作为剧院重新开业。有趣的团队游（整点出发）包含观赏英国现存的最古老的舞台布景，它绘制于1818~1836年间。

里士满城堡　　　　城堡

（Richmond Castle; EH; www.english-heritage.org.uk; Tower St; 成人/儿童 £6.20/3.70; ◎复活节至9月 10:00~18:00，10月 至17:00，11月至次年复活节 周六和周日 至16:00）里士满城堡建于1070年，最有意思的亮点当属过去几百年来城堡被用作多种用途，包括"一战"时曾用来关押拒服兵役的人（有一处令人着迷的小型展览介绍城堡该方面的历史——入口在商店内）。历史可追溯至12世纪末的30米高城堡主楼被完

山谷骑行

约克郡山谷的山地车骑行中心 **Dales Bike Centre**（☎01748-884908; www.dalesbikecentre.co.uk; Fremington; 山地车/电动自行车每天 £30/50起; ◎9:00~17:00）位于里士满以西12英里处，提供高品质自行车租赁（山地和公路自行车，以及电动自行车）和修理服务、建议和小路地图，设有一家自行车商店，可开展导览骑行（£199每天，最多7人），还有一间舒适的咖啡馆，供应香醇的咖啡和铺位住宿（双铺房间每晚 £58）。

整地保留，是游览中最精华的部分，在顶部还可以俯瞰整个城镇的风景。

🛏 住宿

Old Dairy　　　　民宿 ££

（☎01748-886057; www.olddairylowrow.wordpress.com; Low Row, Swaledale; 标单/双 £65/80; P 🛜 🐾）在山谷中心这座200年历史的村屋内，客人们会感觉宾至如归。主人将两个房间改造为舒适、现代的客房，坐拥山谷的迷人风光。午后会供应蛋糕，主人一家对当地徒步、骑行、观星和天文摄影等可谓了如指掌。位于里士满西边15英里处的里斯（Reeth）附近。

Frenchgate Hotel　　　　精品酒店 ££

（☎01748-822087; www.thefrenchgate.co.uk; 59-61 Frenchgate; 标单/双 £88/118起; P 🛜）这座改建的乔治国王时代联排房屋现在是一处精品酒店，楼上拥有9间雅致的客房，配有时尚的细节，比如记忆海绵床垫、奢华浴室里的大理石地暖等。房屋部分建筑历史可追溯至1650年，因此我们不必太过吹毛求疵。楼下有一家很棒的餐厅（3道菜晚餐 £39），屋后还有隐秘花园和私人停车场。

🍴 就餐

★ George & Dragon　　　　酒馆食物 £

（☎01748-518373; www.georgeanddragonhudswell.co.uk; Hudswell; 主菜 £8~10; ◎食物供应 周一至周六 正午至14:00和18:00~21:00，

周日 正午至16:00；☎♨）位于里士满以西1.5英里处，这是一家由社区拥有和经营、纯正的当地酒馆。店里供应品类不多的新鲜烹饪酒馆食物，包括周日的烤牛肉和约克郡布丁，轮换供应的啤酒种类也赢得广泛赞誉。屋后露台坐拥壮美的山谷风光。

The Station
英国菜 £

（☎01748-850123；www.thestation.co.uk；Station Yard）里士满已经退役的维多利亚时期火车站，被大胆改造成一处多功能空间，内设展演画廊、独立电影院、精酿啤酒厂（提供品酒和销售）以及冰激凌店等。当地人到这里的Angel's Share Bakery购买外卖午餐，这家店有现烤的新鲜面包、乳蛋饼和当地特色如约克郡凝乳馅饼等。带着你买的餐点，到绿草如茵的店外，坐在野餐桌旁慢慢享用。

Rustique
法国菜 ££

（☎01748-821565；www.rustiquerichmond.co.uk；Chantry Wynd，Finkle St；主菜£11~23；⊙正午至21:00）✍这家餐厅藏匿在与众不同的拱廊步行街上，其法式乡村菜肴始终令食客印象深刻，例如油封鸭（confit de canard）和贻贝配白葡萄酒、大蒜奶油（moules marinière）。建议预订。

❶ 实用信息

里士满旅游局（☎01609-532980；www.richmond.org；Richmond Library, Queens Rd；⊙周一和周四至周五10:00~17:00，周二至19:00，周三至正午，周六 至13:00，1月和2月 10:30起）一个小旅游局，获得的信息资讯数量远不及约克郡其他地方的旅游局。

❶ 到达和离开

从位于伦敦与爱丁堡铁路线上的达灵顿（Darlington）出发，搭乘X26路或X27路汽车可以轻松到达里士满（£5.30，30分钟，每半小时1班，周日每小时1班）。所有长途汽车都停靠在三一教堂广场（Trinity Church Sq）。

仅在5月至9月的周日和周一公休日开通，Northern Dalesman的830路长途汽车从里士满前往霍斯（£4，1.5小时，每天2班），途经里斯（Reeth），午后班次继续前往里布尔黑德（Ribblehead）。

西约克郡
（WEST YORKSHIRE）

正是顽强不屈的纺织业从18世纪开始推动着西约克郡的经济发展。毛纺厂、工厂以及运输原材料和成品的运河纷纷建起，构成了该郡的主要风景。但往事已经烟消云散，近些年这些历史上坚韧不拔的地区逐渐转型成为风景如画的旅游景点。

利兹和布拉德福德，这两座相邻的城市都如此之大，几乎已经融为一体，目前都在经历剧烈的复兴和彻底改造，市中心越来越漂亮，并且建起了崭新的博物馆、美术馆和餐馆，希望吸引更多爱冒险的游客。城市之外，西约克郡主要的地貌还是狂野的荒原，深邃的山谷纵横其间，零星分布着古老的磨坊小镇和村庄。勃朗特姐妹曾在书中栩栩如生地描绘了此间的风景，而她们也是西约克郡最具盛名的文学人物和最大的旅游卖点。

❶ 到达和当地交通

Metro是西约克郡效率最高的铁路和公共汽车网络，以利兹和布拉德福德为中心，这两座城市是通向该郡的重要门户。想要了解交通信息，联系**West Yorkshire Metro**（☎0113-245 7676；www.wymetro.com）。

Day Rover通票（£8.40）可以在工作日的9:30~16:00和18:30之后以及周末全天无限次地搭乘Metro的公共汽车和火车。从西约克郡的汽车站、火车站和多数旅游局可以购得多种不同的通票，涵盖公共汽车和/或火车，还可以领取大量实用的Metro地图和时刻表。

利兹（Leeds）

☎0113 / 人口 474,632

利兹距离山谷南部约有1小时车程，是英国发展速度最快的城市之一，炫目的外表又一次体现了北英格兰人的自信。十五年来的重建把市中心从几近荒废的工业城镇打造成为21世纪的时尚都市，外形大胆的购物中心在市中心比比皆是，重获活力的维多利亚工业街区让人眼前一亮，创新独立的餐饮业崛起壮大。

来自北方各地的人们到这里来度过购物

周末、观看音乐会、享受热闹的夜生活，从而使这座城镇底气十足地成为约克郡的时尚标杆。旅游景点方面其实无甚看点，除了皇家军械库博物馆之外。但是这里前往山谷、约克、哈罗盖特、曼彻斯特和哈沃斯（Haworth；因勃朗特姐妹而享有文坛盛名）的交通都非常便利，从而使其成为探索周边的绝佳大本营，并且也不像邻近的约克那样旅游气十足。

⊙ 景点

★ 皇家军械库　　　　　　博物馆

（Royal Armouries; www.royalarmouries.org; Armouries Dr; ⊙10:00~17:00; 🅿🚹）**免费** 这座利兹最有趣的博物馆建于1996年，原先用来存放伦敦塔的盔甲和兵器，但后来又加以扩建，涵盖了三千年以来的战争与防卫的历史财富，现在成为国家收藏陈列馆。馆内的展品丰富又不失趣味，包含了形形色色的主题，比如骑马比武、剑术和印度的大象盔甲。从百年步行桥（Centenary Footbridge）沿着河流往东步行约10分钟，或者从利兹火车站南入口外的Granary Wharf乘坐免费渡船前往。

利兹美术馆　　　　　　美术馆

（Leeds Art Gallery; www.leeds.gov.uk/artgallery; The Headrow; ⊙周二至周六 10:00~17:00, 周日 11:00~15:00）**免费** 这座市立艺廊珍藏了大量19世纪和20世纪英国重量级画家的作品，包括特纳（Turner）、康斯特布尔（Constable）、斯坦利·斯宾塞（Stanley Spencer）和温德姆·刘易斯（Wyndham Lewis）等。还有新近艺术家的当代作品，如安东尼·葛姆雷（Antony Gormley），他是《北方的天使》（Angel of the North）的雕刻者。2017年10月，美术馆在经过大修之后重新开放，其中一间展厅里展示了新发现的维多利亚时代桶形穹顶玻璃天花板。

利兹工业博物馆　　　　　　博物馆

（Leeds Industrial Museum; Armley Mills; ☎0113-3783173; www.leeds.gov.uk/museumsandgalleries/armleymills; Canal Rd, Armley; 成人/儿童 £4/2; ⊙周二至周六 10:00~17:00, 周日 13:00~17:00; 🅿🚹）原本是世界最大的纺织厂之一，现在改建成了一座博物馆，讲述了利兹那段既辉煌又不光彩的工业历史。虽说城市的财富源自纺织工业，但发展却不惜以人类自身为代价——正是狄更斯作品中描述的工作环境。除了关于工厂机械的展览，馆内还有布匹制作过程的展览。博物馆位于市中心以西2英里处，从Kirkgate Market附近的Vicar Lane搭乘15路公共汽车前往。

科克斯托尔修道院　　　　　　教堂

（Kirkstall Abbey; www.leeds.gov.uk/kirkstallabbey; Abbey Rd, Kirkstall; ⊙4月至9月 周二至周日 10:00~16:30, 10月至次年3月 至16:00）**免费** 利兹最令人印象深刻的中世纪建筑就是美丽的科克斯托尔修道院，由北约克郡芳汀修道院的西多会修士们在1152年创建。如今，这座城市经常将它作为各种精彩活动和每月周末食品市场（4月至11月；在线查询具体日期）的宏大背景。位于市中心西北3英里处；可乘坐33路、33A路或757路汽车前往。

道路对面就是**修道院之家博物馆**（Abbey House Museum; www.leeds.gov.uk/museumsandgalleries; Abbey Walk, Kirkstall; 成人/儿童 £4.95/2.50; ⊙周二至周五和周日 10:00~17:00, 周六 正午至17:00; 🅿🚹），这里曾经是修道院的大门楼。如今馆内有一些精心重建的商店和房屋，重现了维多利亚时代利兹的街景，此外还有若干主要面向儿童的巡回展。

泰特利　　　　　　美术馆

（Tetley; ☎0113-3202423; www.thetetley.org; Hunslet Rd; ⊙周四至周二 10:00~17:00, 周三 至20:00）泰特利啤酒厂（Tetley Brewery）已经退役的20世纪30年代办公楼，如今被改造为一处当代艺术场馆，地面层设有餐厅和酒馆，客人们可以在露台上放松身心。楼上的旧会议室得到充分应用，改造成为奇特的画廊空间，定期举办巡回展览，展出国际和本地艺术家和摄影师的杰作。中央楼梯井还有一部保存完好的20世纪30年代的升降机。

桑顿商场　　　　　　著名建筑

（Thornton's Arcade; 入口紧邻Briggate或Lands Lane）虽然不是最宏伟的，但桑顿商场却是利兹建造的首个维多利亚购物商场，如今依然充满趣味。天蓝色的新哥特式拱门向上直到玻璃天花板，精巧的店铺里开有城内最棒的零售商和咖啡馆。在商场西端有一个

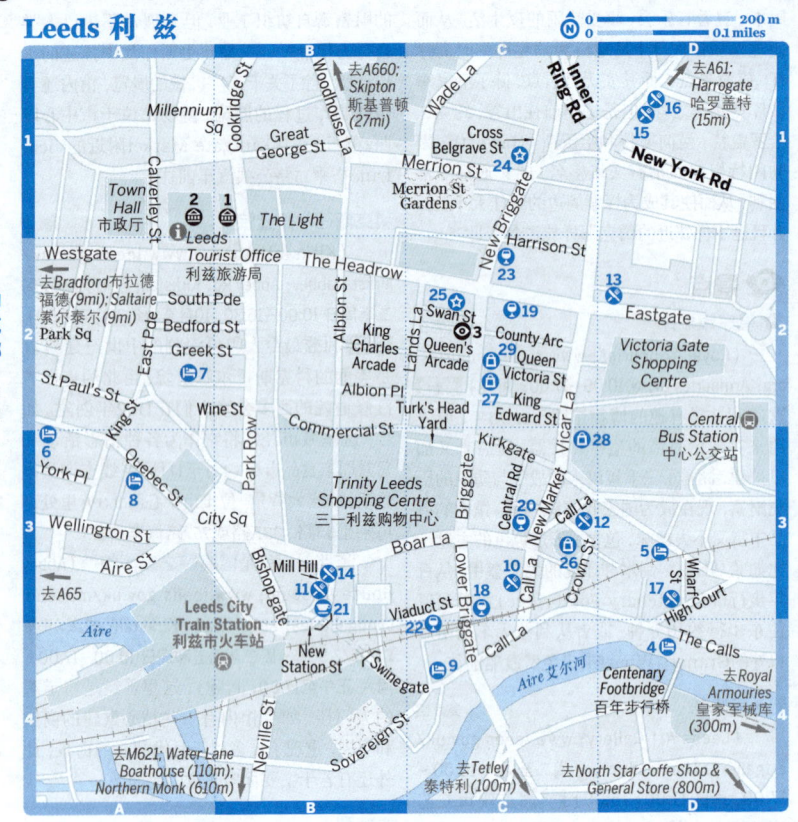

Leeds 利兹

亨利·摩尔美术馆　　　美术馆

（Henry Moore Institute；www.henry-moore.org/hmi；The Headrow；◎周二和周四至周日11:00~17:30，周三至20:00）**免费** 这家美术馆改建自市中心的一座维多利亚时期的仓库，展示了20世纪多位雕刻家的作品，却唯独没有亨利·摩尔（1898~1986年）的雕塑，他从利兹艺术学院（Leeds School of Art）毕业。想要目睹摩尔的雕塑，可以前往约克郡雕塑公园（见572页）和赫普沃思·韦克菲尔德画廊（见572页）。

✹ 节日和活动

利兹独立美食节　　　餐饮

（Leeds Indie Food；www.leedsindiefood.co.uk；◎5月中旬；🚶）这个本土美食节始于2015年，一经推出就让利兹在5月份的两周时间里陷入美食的海洋，也成为英国独立本地厂商、餐厅、咖啡馆和酒吧最别出心裁的盛大庆典之一。节庆期间，城里会举办几十场稀奇古怪的活动，例如厨房接管、葡萄酒和啤酒搭配晚餐、电影之夜、美食摄影工坊、野生采摘徒步游和啤酒厂串烧游等。

利兹艺术节　　　音乐节

（Leeds Festival；www.leedsfestival.com；◎8月底）8月公众假期的周末（8月最后一个周一前的周末）会吸引超过5万名音乐爱好者聚集在距离市中心10英里的布拉默姆公园（Bramham Park），参加利兹音乐节。音乐节有好几个舞台，是英格兰规模最大的摇滚盛会之一。现场有各种露营/豪华野营选择，或者也可以购买单日票。

Leeds 利兹

◎ 景点
- **1** 亨利·摩尔美术馆 B1
- **2** 利兹美术馆 A1
- **3** 桑顿商场 C2

◎ 住宿
- **4** 42 The Calls D4
- **5** Art Hostel D3
- **6** Chambers A3
- **7** Dakota A2
- **8** Quebecs A3
- **9** Roomzzz Leeds City C4

◎ 就餐
- **10** Art's Cafe Bar & Restaurant C3
- Belgrave Music Hall & Canteen .... （见24）
- **11** Bundobust B3
- **12** Caravanserai C3
- **13** Cat's Pyjamas D2
- **14** Friends of Ham B3
- **15** Hansa's Gujarati D1
- Ox Club .... （见19）
- **16** Reliance D1
- **17** Shears Yard D3

◎ 饮品和夜生活
- **18** Bar Fibre C3
- **19** Headrow House C2
- **20** HiFi Club C3
- **21** Laynes Espresso B3
- **22** Mission C4
- **23** North Bar C2

◎ 娱乐
- **24** Belgrave Music Hall & Canteen C1
- **25** City Varieties C2

◎ 购物
- **26** Corn Exchange C3
- **27** Harvey Nichols C2
- **28** Kirkgate Market C3
- **29** Victoria Quarter C2

住宿

★ Art Hostel
青年旅舍 £

（☎0113-345 3363；www.arthostel.org.uk；83 Kirkgate；铺/标双/标三 £22.50/55/70；⊛）这家青年旅舍坐落在利兹夜生活区附近一栋200年历史的砖砌建筑内，本身就是城市中心复兴的绝好广告。每间客房均由当地艺术家独立设计，青旅里随处可见回收再利用的家具和各种奇思妙想。

Roomzzz Leeds City
公寓 ££

（☎0203-504 5555；www.roomzzz.com/leeds-cicy；10 Swinegate；开间公寓/双人公寓 £69/89起；@⊛）提供明亮现代的奢华公寓，配有厨房，并且全天都可以入住。而且拥有绝佳的城市中心位置。还有两家分店，都位于Burley Rd，目前来看还是这家店位置最便利。

42 The Calls
精品酒店 ££

（☎0113-244 0099；www.42thecalls.co.uk；42 The Calls；房间 £85~160，套 £180起；@⊛）这家酒店是精品酒店的先驱（1991年开业），位于一座19世纪的谷物磨坊内，如今已经被利兹一众全新现代酒店甩在身后，但其河畔的位置和房间原汁原味的磨坊特色，依然让这里成为城里最有趣的住宿地之一。早餐需另外付费而且价格不菲，但是附近有很多地方可以就餐。

★ Chambers
公寓 £££

（☎0113-386 3300；www.morethanjustabed.com；30 Park Pl；双人公寓 £145~190，停车每晚£12；ⓟ⊛）这栋宏伟的爱德华七世时代的写字楼已经被改造成63间豪华服务式公寓，房型从双人开间公寓到双卧室顶层公寓不等（后者每晚£342，可入住多达四位成人）。简约、清新、一尘不染，这里还有非常棒的24小时前台，服务热情，还设有健身房、酒吧，并且为客人享用开胃酒或睡前酒准备了一个漂亮的小露台。

★ Dakota
酒店 £££

（☎0113-322 6261；http://leeds.dakotahotels.co.uk；8 Russell St；双 £112起，套 £250起；⊛⊛）这家全新登场的酒店抬高了利兹豪华酒店的格局。凭借靠近商业区和酒吧区的中心位置，时尚而柔和的设计内饰以及五星级服务，这家酒店迅速获得了住客们的认可和欢迎。房间豪华、现代而经典，套房如同迷你公寓，有开放的休息区和带浴袍的更衣室。这里标出的房费仅针对普通房间。

Quebecs
精品酒店 £££

(☎0113-244 8989; www.quebecshotel.co.uk; 9 Quebec St; 双 £85~165，套 £165~285; **P**🖥) 富丽堂皇的酒店洋溢着维多利亚时代的魅力，改建自利兹和西约克郡自由俱乐部（Leeds & County Liberal Club），公共区域装饰着精美的木镶板和纹章彩绘玻璃窗，卧室也贯彻了同样的豪华设计理念，但由于这是一栋保护建筑（这意味着没有双层隔音玻璃），因此有些街道噪音也就不足为奇。

✖ 就餐

Caravanserai
北非菜

(☎0113-234 1999; www.caravanseraileeds.co.uk; 1 Crown St; 菜肴 £3~8; ⊗周一至周四 10:30~23:00，周五和周六 至次日3:00或更晚; 🖥) 模仿传统的caravansersai（路边旅馆），门前摆着车轮，楼上小巧的"宴会室"每一寸墙壁都挂满了厚壁毯。这个非常好的街头食物小店供应新鲜准备的小拼盘、沙拉三明治和土耳其烤肉，菜肴就是从墙上的传菜口递出来。不容错过的还有椰枣蜂蜜奶昔，撒上肉桂粉装在罐中端上桌。仅收现金。

Belgrave Music Hall & Canteen
街头小吃

(www.belgravemusichall.com; 1 Cross Belgrave St; 主菜 £2.50~8; ⊗食物供应 11:00~22:00; 🖥🍴) 这个酒吧兼音乐场地有两个很棒的厨房。其一供应手工比萨（要小心凝固的辣椒酱）；另一间则用来供应早午餐和也许是约克郡最好吃的汉堡，而且价格超值。每个月第二个周六，这里都会举办Belgrave Feast（11:00~20:00），一个艺术市集和街头美食节。

Hansa's Gujarati
印度菜 £

(☎0113-244 4408; www.hansasrestaurant.com; 72-74 North St; 主菜 £6.50~8; ⊗周一至周五 17:00~22:00，周六 至23:00，自助餐 周日 正午至14:00; 🍴🥡) Hansa's是利兹的老字号，供应健康可口的古吉拉特（Gujarati）素食已20多年了。除了一座印度教神龛，饭店看起来毫不张扬，非常低调，但食物非常精致。招牌菜包括khasta kachori（以鹰嘴豆和土豆为馅料

的油炸糕点，搭配酸豆和薄荷），点缀些石榴作为摆盘装饰。

Cat's Pyjamas
印度菜 £

(☎0113-234 0454; www.thecatspjs.co.uk; 9 Eastgate; 主菜 £7~10; ⊗周一至周五 17:00~23:00，周六 正午起，周日 正午至22:00) 这家非常受欢迎的印度郊区街头食品大厅于2017年年中在利兹市中心开业。大胆的宝莱坞壁画中和了餐厅的北方工业美学气质。菜单上有五花八门的南亚次大陆菜肴（果阿鸡肉绿咖喱、泥炉烧烤以及奶酪炸玉米饼等街头小食）以及精酿啤酒。

Bundobust
印度菜 £

(☎0113-243 1248; www.bundobust.com; 6 Mill Hill; 菜肴 £3.75~6.50; ⊗厨房 周一至周四 正午至21:30，周五和周六 至22:00，周日 至20:00; 🍴) 精酿啤酒和印度街头食品挤在一个简约风格的砖墙酒吧里，还有什么比这更加约克郡呢？啤酒来自本地和国际啤酒厂，食物灵感来自印度各地路边摊的素食小贩。秋葵薯条是最受欢迎的下酒菜；更实在的美味还包括奶酪和蘑菇烤肉以及比尔亚尼土豆丸子等。

★ Friends of Ham
熟食 ££

(☎0113-242 0275; www.friendsofham.co.uk; 4-8 New Station St; 菜肴 £6~17; ⊗周一至周三 11:00~23:00，周四至周六 至午夜，周日 至22:00; 🖥) 这家时尚的酒吧提供最好的熟食和奶酪——来自西班牙、法国、英国——以及精致的葡萄酒和精酿啤酒。食材经精心挑选和烹制，味道超赞，你可以单点一份小吃，或者一份大拼盘，搭配抹有橄榄油的面包一起享用。早午餐从11:00供应到14:00。

★ Ox Club
烧烤 ££

(☎07470 359961; www.oxclub.co.uk; Bramleys Yard, The Headrow; 主菜 £16~30; ⊗周二至周六 17:00~22:00，早午餐 周六和周日 11:00~15:00) 据说是利兹最好的餐厅（或者至少是米其林星级餐厅以外的最佳餐厅）。它占据了一处私密而极简风格的空间，并且用当地特产打造出简单明了的菜单。虽然自我标榜为一家烤肉餐厅，但这里的新派英国菜要让你在普通烧烤店吃到的菜品更具创意——不妨试试鞑靼鹿肉配烟熏油脂等。

Reliance
英国菜 ££

(☎0113-295 6060; www.the-reliance.co.uk; 76-78 North St; 主菜 £5~16; ◎周一至周三 正午至22:00, 周四至周六 至22:30, 周日 至20:30; 🛜) Reliance是一家让人极为舒适的酒吧,你可以在这里随心所欲地读书看报,或者就着一瓶约克郡啤酒或天然葡萄酒聊聊天,是个打发下午时光的好地方。此外,这里还是利兹最棒的美食酒馆之一,提供周日烤肉、应季新派英国菜,如猪脸甜菜根和烟熏苹果,还有自制熟食拼盘等(是的,他们从来都是自己做)。

Shears Yard
新派英国菜 ££

(☎0113-244 4144; www.shearsyard.com; 11-15 Wharf St; 主菜 £14~25; ◎周二至周六 17:30~22:00, 周六 11:00~15:00, 周日 正午至16:00; ✦) 大量的裸露墙砖、水泥地板和高耸的屋顶打造出一片工业风的环境(这里曾经是家制绳厂),用丰富的想象力打造出极具美感的创意菜肴,如牛颊肉油炸馅饼配烤洋葱汤,或者鱿鱼配土豆和香菜浓汤。2/3道菜晚餐套餐价格为£17.50/21.50,周二至周四整晚以及周日19:00前供应。

🍷 饮品和夜生活

★ Laynes Espresso
咖啡

(☎07828 823189; www.laynesespresso.co.uk; 16 New Station St; ◎周一至周五 7:00~19:00, 周六和周日 9:00~18:00; 🛜) 本地人表示,Laynes的出现彻底改变了利兹的咖啡行业。当这家店在2011年开业时,城内还没有一家类似的地方。如今咖啡店已经扩展规模,并且供应丰盛的全天早午餐——荞麦煎饼和牛油果泥吐司,当然都是全天然——以及约克郡干酪吐司配浓咖啡,这里仍是在城里享用浓缩咖啡或奶咖的最佳独立咖啡馆。

★ Northern Monk
啤酒厂

(☎0113-243 0003; www.northernmonkbrewco.com; The Old Flax Store, Marshall St; ◎周二至周四 11:45~23:00, 周五和周六 至次日1:00, 周日 11:45~21:00) 这家精酿啤酒厂是如此成功,以至于他们的产品已经被摆上了英国超市的货架。但饮酒思源,最好的品酒场所当然还是在被列为二级保护建筑的酒厂品酒间里,位于利兹中心南边重焕生机的Holbeck街区。品酒室的可选干啤有酒花浓郁的IPA、口感丰润的波特、小批量合酿品牌和特邀客啤等;还设有啤酒厂团队游。

★ North Star Coffee Shop & General Store
咖啡

(www.northstarroast.com; Unit 33, The Boulevard, Leeds Dock; ◎周一至周五 7:30~17:30, 周六 9:00~17:00, 周日 10:00~16:00) 这家极简风格的咖啡馆和咖啡商店附属于利兹的首家独立咖啡烘焙店,位置就在皇家军械库附近。透过巨大的玻璃门观看每天的研磨,感受空气中飘荡的香气,还可以品尝奶咖和蛋糕(每天都在现场新鲜烤制),或者试试这里的早午餐——包括慢炒鸡蛋配四种奶酪黄油黑麦司康饼,虽然分量不大,但绝对可口。

★ Headrow House
酒吧

(☎0113-245 9370; www.headrowhouse.com; Bramleys Yard, The Headrow; ◎周日和周一 正午至23:00, 周二 至23:30, 周三 至午夜, 周四 至次日0:30, 周五 至次日2:00, 周六 至次日3:00) 这座历史悠久的建筑曾经是纺织厂,后来一度成为藏污纳垢的地下酒馆,不过如今Headrow House已经让其改头换面,变成现在的四层楼夜生活场所。地面层的啤酒大厅销售自酿的比尔森,啤酒就从墙上的罐子里直接流出来。楼上有一间鸡尾酒吧和利兹最棒的屋顶露台饮酒点。这里也是Ox Club(见570页)餐厅所在地。

North bar
精酿啤酒

(www.northbar.com; 24 New Briggate; ◎周一和周二 11:00至次日1:00, 周三至周六 至次日2:00, 周日 正午至午夜; 🛜) 这家狭长的酒吧长久以来就是利兹的国际精酿啤酒天堂。如今这里开始推出North Brewing Co品牌的自酿啤酒,而且味道相当不错。就在店里喝,或是参观酒厂的品酒室(Sheepscar Grove),后者可以自带食物,开放时间为周五16:00~22:00和周六的正午至22:00,地方就在North Bar北边,步行只需10分钟。

Water Lane Boathouse
精酿啤酒

(☎0113-246 0985; www.waterlaneboathouse.com; Water Lane; ◎周日至周四 11:00~

约克郡艺术场馆

约克郡雕塑公园(Yorkshire Sculpture Park; ☎01924-832631; www.ysp.co.uk; Bretton Park, 邻近Wakefield; 停车 2小时/全天 £6/10; ◎10:00~18:00; ℗ 🚻 🍴)这是英格兰最令人印象深刻的雕塑展,雕塑四散陈设在庄严的18世纪布雷顿公园(Bretton Park)内,后者约有200公顷草坪、田地和绿树。约克郡雕塑公园有点像艺术领域的野生动物园,展出了国内外数十位雕塑家的作品。该公园也有向当地两位杰出的雕塑大师致敬之意,即出生于附近韦克菲尔德的芭芭拉·赫普沃思(Barbara Hepworth; 1903~1975年),以及亨利·摩尔(Henry Moore; 1898~1986年),不过他们的作品更多地陈列在赫普沃思·韦克菲尔德画廊。

雕塑公园的乡村环境特别适合摩尔的作品,因为他深受户外的影响,更希望自己的艺术品放置于室外风景中而不是室内。其他不容错过的展品还包括安迪·高兹沃斯(Andy Goldsworthy)和爱德华多·包洛奇(Eduardo Paolozzi)的作品,以及罗杰·海恩斯(Roger Hiorns)的名作Seizure 2008/2013,一个覆盖着蓝色硫酸铜晶体的公寓(只在周末开放)。园内也有临时展览和来访艺术家的作品展示,另外有一家书店和咖啡馆。

公园位于利兹以南12英里、设菲尔德以北18英里处,紧邻M1高速公路的38号出口。如果你使用公共交通工具,搭乘从利兹前往韦克菲尔德的火车(£3.90, 15~30分钟,班次频繁)或者搭乘从设菲尔德前往巴恩斯利(Barnsley; £4.30, 25分钟,每小时4班)的火车,然后换乘96路汽车,这趟班车往返于韦克菲尔德和巴恩斯利,途经布雷顿公园(£3~3.40, 30分钟,周一至周六 每小时1班)。

赫普沃思·韦克菲尔德画廊(Hepworth Wakefield; ☎01924-247360; www.hepworthwakefield.org; Gallery Walk, Wakefield; 停车 £5; ◎10:00~17:00; ℗)2011年,随着这座备受赞誉的当代艺术画廊落成开放,加入约克郡雕塑公园的艺术阵营后,西约克郡在国际艺术舞台上的地位得到提升。这座画廊坐落于考尔德河(River Calder)岸边一栋棱角分明的气派建筑中,展示着出生于韦克菲尔德的雕刻家芭芭拉·赫普沃思(Barbara Hepworth)的众多作品,她最著名的作品当属Single Form,目前陈列在纽约的联合国总部。

画廊比外面看起来要小一些,但是展示了10多件赫普沃思的原作,还有其他20世纪英国艺术家的作品,包括艾文·希钦斯(Ivon Hitchens)、保罗·纳什(Paul Nash)、维克多·帕斯摩尔(Victor Pasmore)、约翰·派珀(John Piper)和亨利·摩尔(Henry Moore)等雕刻家。

画廊在韦克菲尔德中心附近,从Wakefield Kirkgate火车站向南步行10分钟即可到达。利兹有多趟火车发往这里(£3.90, 15~30分钟,每小时3~4班),非常便捷。

Salts Mill(☎01274-531163; www.saltsmill.org.uk; Victoria Rd; ◎周一至周五 9:30~17:00, 周六和周日 至17:30; ℗)索尔泰尔(Saltaire),一处维多利亚时代地标和联合国教科文组织世界遗产,曾经是一座工业村,1851年由禁酒主义慈善家、羊毛大亨泰特斯·索尔特(Titus Salt)建立。村子里大型工厂的规模曾在世界上首屈一指。如今的Salts Mill是座宽敞明亮、宛如大教堂般恢宏的建筑,其主要看点是出生于布拉德福德的艺术家大卫·霍克尼(David Hockney)的永久作品展览。

从利兹有火车频繁开往索尔泰尔(£4.10, 15分钟,每30分钟1班)。

23:00, 周五和周六 至次日0:30)从这个啤酒酒吧的落地窗或宽敞的户外休息区观看运河上的船只驶入Granary Wharf(粮仓码头)。酒吧占据了水边具有历史意义的重要位置,以至于似乎伸手就能与船上的人碰杯。顶级品质的全球精酿啤酒价格高昂,但环境无懈可击。还有美味的比萨饼,价格£5起。

Bar Fibre 俱乐部

(www.barfibre.com; 168 Lower Briggate; ◎周日至周四 正午至次日1:00, 周五至次日3:00, 周

六至次日4:00)位于利兹LGBTIQ地区的核心地带——热闹场面一直延伸到名字怪尴尬的Queen's Court。这家店是利兹最受欢迎的男同性恋酒吧，但热爱这里派对氛围的不止男同性恋群体。这是盛装打扮的人们所聚集的地方；着装标准就是……打扮漂亮，展现自己最完美的一面，不然可能很难获得入场许可。可下载酒吧的手机应用以获取折扣，例如买一送一等。

Mission   夜店

（www.clubmission.com; Viaduct St; £4起; ⊙周四22:30至次日3:30，周五23:00至次日5:00，周六23:00至次日8:00）这家超大型俱乐部自诩为"浩室音乐之家"（the home of house），号称重新定义了派对的内涵。周五晚上的Teatro会有来自世界各地的天才乐手登台，周六则是由驻场DJ和特邀嘉宾带来的先锋音乐盛宴，之后的派对会让鼓点的节奏一直响彻到周日天亮之时。

HiFi Club   夜店

（☎0113-242 7353; www.thehificlub.co.uk; 2 Central Rd; ⊙周二至周日23:00至次日4:00）如果摩城唱片或爵士乐的鼓点能够让你舞动起来，这就是你的地盘。店里还会举办脱口秀演出（£14），时间是周six晚上19:00起，联票套餐还包括Art's Cafe（☎0113-243 8243; www.artscafebar.com; 42 Call Lane; 主菜£13~18; ⊙周一至周六正午至23:00，周日至21:00; 🛜🍴）的晚餐，价格为£26.95（在线预订）。

☆ 娱乐

★ Belgrave Music Hall & Canteen   现场音乐

（☎0113-234 6160; www.belgravemusichall.com; 1 Cross Belgrave St; ⊙周日至周四11:00至午夜，周五和周六至次日3:00）Belgrave是城里最好的现场音乐场地，经常上演从滑稽剧到喜剧在内的各种演出，还有民谣和嘻哈等。这里的三层楼里还有一个宽敞的酒吧，放眼望去都是一连串的精酿啤酒酒头，以及两间厨房（见570页）和许多共享餐桌和沙发，美妙的屋顶露台可以眺望城市美景。谁会舍得离开？

City Varieties   现场音乐、喜剧

（☎0113-243 0808; www.cityvarieties.co.uk; Swan St）建于1865年，是世界上仍在使用的音乐厅中最老的一家，哈利·胡迪尼、查理·卓别林和莉莉·兰特里（Lily Langtry）等名家都曾经在这里表演。节目包括单口喜剧、现场音乐、默剧和老派的综艺节目。

🛍 购物

Corn Exchange   购物中心

（www.leedscornexchange.co.uk; Call Lane; ⊙周一至周三、周五和周六10:00~18:00，周四至21:00，周日10:30~16:30; 🛜）壮观的玉米交易所（Corn Exchange）始建于1863年，旨在为粮食贸易商提供服务。这里有个漂亮的锻铁屋顶，如今里面开着多家独立商店和精品店，销售从黑胶唱片和精酿啤酒到时装、珠宝以及约克郡设计商品，无所不包。

Kirkgate Market   市场

（www.leeds.gov.uk/leedsmarkets; Kirkgate; ⊙周一至周六8:00~17:30）英国最大的室内市场，销售鲜肉、鱼、水果和蔬菜，以及居家用品等，如今更是建立了一个人气极旺的街头食品大厅。市场最佳地段当属Vicar Lane附近的顶端，最早的维多利亚时代摊档仍有商贩营业——这可是英国零售巨头Marks & Spencer1884年的发家之地。

Victoria Quarter   购物中心

（www.victorialeeds.co.uk; Vicar Lane; 🛜）马赛克路面、彩绘玻璃屋顶的Victoria Quarter购物商城位于Briggate和Vicar Lane之间，光是欣赏这里的精美建筑就值得一游，还可以去与它平行延伸的County Arcade逛逛。血拼一族可以和球星夫人们一起，在路易威登、维维安·韦斯特伍德（Vivienne Westwood）等品牌店中搜寻精品。至于旗舰店，当然要去Harvey Nichols（www.harveynichols.com; 107-111 Briggate; ⊙周一至周六10:00~19:00，周日11:00~17:00）。

ℹ 实用信息

利兹旅游局（☎0113-378 6977; www.visitleeds.co.uk; Leeds Art Gallery, Headrow; ⊙周一至周六10:00~17:00，周日11:00~15:00; 🛜）位于城市美

术馆地下室，靠近美术馆商店。

ⓘ 到达和离开

飞机
利兹布拉德福德国际机场（Leeds Bradford International Airport; www.leedsbradfordairport.co.uk）经由A65公路可达，位于利兹西北11英里处，航班飞往国内和国际多个目的地。Flying Tiger的757路公共汽车（£3.80，40分钟，每20~30分钟1班）往返于利兹汽车站/火车站和机场之间。乘坐出租车大约£20。

长途汽车
National Express（www.nationalexpress.com）运营前往多个大城市的长途汽车，而Yorkshire Coastliner（www.coastliner.co.uk）的长途汽车则驶往约克、皮克宁、莫尔顿、斯卡伯勒和惠特比。单日特惠通票（Daytripper Plus; £16）可在一天内无限次地搭乘Coastliner的客运班车。**中央汽车站**（Central Bus Station）位于Victoria Gate Shopping Centre附近。
伦敦 £7.50~20，4.5小时，每小时1班
曼彻斯特 £3~6，1.25小时，每小时至少1班
斯卡伯勒 £12，3小时，每小时1班
惠特比 £13，3.5小时，周一至周六每天4班，周日每天2班
约克 £6，1.25小时，每小时至少1班

火车
利兹火车站有频繁开往国内其他城市以及曼彻斯特国际机场的车次。这里也是风景如画的塞特尔-卡莱尔铁路（见559页）的起点。如果你提前订购车票并且旅行时间灵活，那么前往曼彻斯特和约克的车票可能会遇到"白菜价"。
伦敦国王十字 £65，2.25小时，每小时至少1班
曼彻斯特 £10，1~1.5小时，每10~20分钟1班
曼彻斯特机场 £24，1.5小时，每小时3班
设菲尔德 £11，1小时，每小时6班
约克 £7，25分钟，每15分钟至少1班

ⓘ 当地交通

利兹的城市中心相对紧凑，步行前往各地比乘坐公共汽车更加方便。CityBus 70 South Bank（单一票制50便士）往返于火车站和利兹码头（Leeds Dock；前往皇家军械库），但是往返两地之间更别致的方式是免费的摆渡船，登船地点是火车站南出口旁边的Granary Wharf。

各种不同的WY Metro（www.wymetro.com）Day Rover通票包含火车和/或汽车，适合前往布拉德福德、哈沃斯和赫布登桥（Hebden Bridge）使用。

布拉德福德（Bradford）
☏01274 / 人口 349,561

布拉德福德与利兹的郊区可能互相重叠，融为一个都市圈，但是布拉德福德的特色并没有被它光彩夺目的邻居抹去。凭借在羊毛贸易中扮演的关键角色，布拉德福德在20世纪吸引了一大批来自孟加拉国和巴基斯坦的移民。

虽然偶有种族关系紧张的情况发生，但他们的到来让城市焕发活力，为城市注入了新的能量，还带来了美味的咖喱餐馆——近年来布拉德福德已经连续六次荣膺"英国咖喱之都"的称号。不过人们到这里来主要还是为了参观国家科学和媒体博物馆。

⊙ 景点

国家科学和媒体博物馆 博物馆
（National Science & Media Museum; www.nationalmediamuseum.org.uk; 紧邻Little Horton Lane; ⊙10:00~18:00）**免费** 布拉德福德最重要的景点坐落在一栋玻璃幕墙建筑中，这座博物馆记录了摄影、电影、电视、广播和网络的发展历程，展品包括19世纪的照相机和早期动画片，并且介绍了数码科技和广告心理学。国际游客可能会发现聚焦英国本土电视史的相关展览让自己感觉云里雾里，不过还有其他能够亲自动手的项目，包括一套互动的声光展和摆满20世纪80年代电视游戏的房间（吃豆人！街头霸王！）。馆内还有一间**IMAX电影院**（www.picturehouses.com; 成人/儿童£8.50/6起）。

博物馆俯瞰**城市公园**（City Park），后者是布拉德福德获得无数赞誉的中央广场，现在拥有英国最大的都市水景——镜池（Mirror Pool）。

✕ 就餐

布拉德福德以咖喱闻名，数百家咖喱餐馆遍布全城，千万要进店品尝一番。下载布拉

德福德咖喱指南（Bradford Curry Guide；www.visitbradford.com/explore/Bradford_Curry_Guide.aspx）很有帮助，能让你分清咖喱番茄炖羊肉（rogan josh）和假正宗小吃的区别。

Kashmir
印度菜 £

（☎01274-726513；27 Morley St；主菜£4.50~7；◎周日至周四11:00至次日2:00；周五和周六 至次日4:00；❷）餐厅杂乱无章的外表可能会让你踟蹰不前：这家布拉德福德历史最悠久的咖喱餐馆，毫无装饰，但供应顶级的美味，禁止饮酒（也禁止自带）。人少的时候你会被安排坐在没有窗的地下室，这里具备了20世纪50年代工厂食堂的所有特征，但食物无可挑剔。就位于国家科学和媒体博物馆转角处。

Zouk Tea Bar
印度菜、巴基斯坦菜 ££

（☎01274-258025；www.zoukteabar.co.uk；1312 Leeds Rd；主菜£8.50~13；◎正午至午夜；🌐🅿🍴）这家咖啡馆餐厅时尚现代，主厨来自拉合尔，供应高档菜单和一些以传统印度和巴基斯坦食物为基础的非同凡响的改良菜，例如美味的沙瓦玛烤肉卷和五香咖喱炖羔羊腿肉等。餐厅位于布拉德福德市郊；搭乘往返于布拉德福德换乘站（Interchange）和利兹之间的72路车，可以在餐厅外面下车。

❶ 到达和离开

布拉德福德位于从利兹（£4.20，20分钟，每小时3~5班）发车的Metro列车线上，同时也是利兹和赫布登桥之间铁路经过的站点。

赫布登桥（Hebden Bridge）
☎01422/人口 4235

紧倚在陡峭山谷的山坳处，这个约克郡的时髦小镇过去是一个工业中心，但并没有随着工业复兴的终结而没落，相反，在动荡了一段时间后它演变成一个引人注目的波希米亚风格户外旅游地。城镇里有大学学者、艺术家、铁杆嬉皮士和颇具规模的同性恋团体。与此相匹配的还有大量的复古商店、有机和素食咖啡厅以及二手书店。从镇中心出发往周边山上的步道也十分具有吸引力。

◉ 景点和活动

吉普森工厂
历史建筑

（Gibson Mill；NT；☎01422-846236；www.nationaltrust.org.uk；停车£5；◎3月中旬至10月11:00~16:00，11月至次年3月中旬 周六和周日 至15:00；❷）🍴）这个修葺一新、采用可持续能源的19世纪老棉纺厂，如今有一座咖啡馆和游客中心，展览涵盖了工厂的行业和社会历史以及以前员工们的故事。工厂周围分布着当地美景**Hardcastle Crags**（黎明至黄昏开放，门票免费）的林地和瀑布，位于城镇北边1.5英里处，从圣乔治广场（St George's Square）步行45分钟可达，部分路段沿河而行。步道不是很好辨别，可浏览www.hbwalkersaction.org.uk查看详情。

赫布登桥工厂
历史建筑

（Hebden Bridge Mill；www.innovationhebdenbridge.co.uk；St George's Sq；◎开放时间不定）赫布登桥旧红砖工厂的细长烟囱是镇中心的地标，其历史甚至可以追溯到城镇建立之前，1974年侥幸逃脱了被拆除的命运。如今工厂已成为复古商店和小型工作室的聚集地，地面层则是独立设计商店和咖啡吧，工厂仍在运行的水车和阿基米德螺旋桨（水泵）就在这里。展板介绍了这里的过往，以及如何使用清洁的水能等情况。商店营业时间各异；周末大都会开门。

赫普顿斯托尔
村庄

（Heptonstall；www.heptonstall.org）在赫布登桥上方有一个更加古老的村庄赫普顿斯托尔。狭窄的鹅卵石街巷两旁坐落着500余年历史的村舍和漂亮的**13世纪教堂**遗址。最吸引文学朝圣者的是建于1854年的**圣托马斯教堂**（St Thomas' Church）的墓地，诗人西尔维娅·普拉特（Sylvia Plath；1932~1963年）就安葬于此，而她的丈夫、著名诗人泰德·修斯（Ted Hughes；1930~1998年）就出生在附近的Mytholmroyd。你要特别仔细才能找到她的墓碑，坐落在教堂远端围墙后面的新墓地里。

Hebden Bridge Cruises
游船

（☎07966 808717；http://hebdenbridgecruises.com；Stubbing Wharf, King St；每人£15

> **不要错过**
>
> ## 约克郡的"黑金"
>
> 在近3个世纪的时间里,西约克郡和南约克郡一直都是产煤要地。煤矿塑造但也破坏了当地的风貌,一个个村庄围绕着矿井建立发展。到了20世纪80年代,煤矿产业开始衰落,但即使如今只剩下几座矿坑保存下来,煤炭开采在当地遗留的历史印记仍然清晰可见。其中的Caphouse Colliery矿井旧址如今已改造成为**英格兰国家煤矿开采博物馆**(National Coal Mining Museum for England; www.ncm.org.uk; Overton, Wakefield附近; 停车 £2, 团队游 £4, 小火车 往返 £1.50; ⓢ10:00~17:00, 最后一次团队游15:15; ℗♿) **免费**。
>
> 参观的一大亮点就是井下团队游(每隔10~15分钟出发):游客戴上安全帽和头灯,乘坐罐笼下降近140米,然后沿着地下矿道来到采煤层,大型挖掘机如今被闲置一旁。导游由过去的矿工担任,进行详细的讲解。他们有时会用纯正的当地口音(在约克郡被称为"Tyke")说些技术术语,有点难懂。
>
> 博物馆位于利兹以南10英里的A642公路上,在韦克菲尔德(Wakefield)和哈德斯菲尔德(Huddersfield)之间,可以经由M1高速公路的40号出口到达。若使用公共交通工具,从利兹搭乘火车前往韦克菲尔德(£3.90, 15~30分钟, 每小时3~4班),然后乘坐232路或128路汽车前往哈德斯菲尔德(£3.10, 25分钟, 每小时1班)。

起;ⓢ周六 13:00和14:15)登上一艘五颜六色的运河游船,参加由导游带领的Rochdale运河团队游,还附赠茶和司康饼,或者2道菜的周日烧烤。游船从城镇中心以西0.5英里处的Stubbing Wharf Pub出发。

🛏 住宿

Hebden Bridge Hostel　　青年旅舍 £

(📞07786 987376, 01422-843183; www.hebdenbridgehostel.co.uk; Birchcliffe Centre, Birchcliffe Rd; 铺/标双/四 £20/55/75; ⓢ复活节至11月上旬; ℗♿)从市中心上行10分钟即可到达这家生态环保的青年旅舍,它藏身于一栋宁静的石屋里,就在Baptist老教堂后侧。旅舍有阳光充足的露台、惬意的图书室和舒适整洁的独立卫浴房间,以及一个仅提供素食的厨房。有一点不方便的地方就是,这家青年旅舍每天10:30~17:00不开门,住客在这一时间段只能游荡在外。

★ Thorncliffe B&B　　民宿 ££

(📞07949 729433, 01422-842163; www.thorncliffe.uk.net; Alexandra Rd; 标单/双 £55/75; 📶)这处赏心悦目的维多利亚式房子位于城镇后方的山上,客人的住宿在房子的顶层,宽敞安静的阁楼双人间带有独立卫浴,能远眺山谷的秀丽景象,一层也有个独立卫浴双

人间,但看不到景观。健康的欧式素食早餐会送到房间里。

🍴 餐饮

Mooch　　咖啡馆 £

(📞01422-846954; https://moochcafebar.wordpress.com; 24 Market St; 主菜 £8~12; ⓢ9:00~20:00; 📶♿♨)这家令人放松的小咖啡酒吧彰显了赫布登的另类气质,菜肴包括全素食的早餐,布里干酪葡萄面包和地中海式午餐盘,包括橄榄、鹰嘴豆泥、葡萄叶包饭、塔波利沙拉(tabouli)等。店里还有各种瓶装啤酒、葡萄酒、可口的浓缩咖啡,屋后还有一个小小的围栏户外露台。

★ Green's Vegetarian Café　　素食馆 ££

(📞01422-843587; www.greensvegetariancafe.co.uk; Old Oxford House, Albert St; 主菜午餐 £5~9, 晚餐 £11.95; ⓢ周三至周日 11:00~15:00, 周五和周六 18:30~22:00; ♨)约克郡最好的素食餐厅之一,以美食家的烹饪态度对待素食和纯素的各国美馔,供应的菜肴比如西西里岛caponata(茄子、红辣椒、芹菜、橄榄和刺山柑)配意面、泰国绿咖喱配鹰嘴豆、南瓜和豆腐等。早餐(11:00至正午)包括品质超凡的炒有机鸡蛋配橄榄油佛卡夏扁面包。晚餐最好预订。

★ Vocation & Co

精酿啤酒

(☎01422-844838; www.vocationbrewery.com; 10 New Rd; ⓒ周一—16:00~23:00, 周二至周日 正午至23:00; ⓟ)啤酒爱好者的福音。当地精酿啤酒品牌Vocation Brewery 设立的第一间啤酒屋,位于一栋俯瞰赫布登桥码头的宏伟维多利亚风格建筑内。店铺内部与外表形成鲜明反差:超现代、极简主义环境,有20个酒头,供应包括来自其他一流北部啤酒厂(如Magic Rock和Cloudwater等)的各式啤酒,还有美味的炸玉米饼菜单(周二至周日)。

☆ 娱乐

Trades Club

现场音乐

(☎01422-845265; www.thetradesclub.com; Holme St)这栋建筑始建于1923年,作为当地工会的社交俱乐部。20世纪80年代迎来复兴,之后逐渐成为英国最酷的现场音乐场馆之一,近年来曾经在此登台的有许多耳熟能详的巨星,如Buzzcocks、Patti Smith、the Fall以及George Ezra,也不乏初露头角的独立音乐天才。

❶ 实用信息

赫布登桥旅游局(☎01422-843831; www.hebdenbridge.co.uk; Butlers Wharf, New Rd; ⓒ10:00~17:00)有各种当地徒步和骑行线路的地图和宣传单。

❶ 到达和离开

只有一条主干道穿城而过,天气好的时候会堵得水泄不通,因此尽量选择乘坐火车前往。赫布登桥位于从利兹(£5.80, 50分钟,周一至周六每20分钟1班,周日每小时2班)到曼彻斯特(£10, 35分钟,每小时3~4班)的火车路线上。

哈沃斯(Haworth)

☎01535/人口 6380

似乎只有莎士比亚的地位比勃朗特三姐妹(艾米莉、安妮和夏洛蒂)更崇高——如果单从每年成千上万游客到哈沃斯这座牧师住所致以敬意这个角度来说。三姐妹就是在这里写下了《简·爱》(*Jane Eyre*)和《呼啸山庄》(*Wuthering Heights*)等经典作品。

不出意料,整个村庄的手工和旅游产业都围绕着勃朗特三姐妹,但即使没有这层文学渊源,哈沃斯也值得一游。鹅卵石铺就的中心商业街两侧全是有趣的独立复古店、手工艺和艺术品商店,销售当地约克郡手工艺人的作品,从牧师住所的后门就可以直接游览勃朗特笔下著名的荒野。

◎ 景点

哈沃斯教区教堂

教堂

(Haworth Parish Church; www.haworthchurch.co.uk; Church St; ⓒ周一至周六 9:00~17:30)你游览哈沃斯的第一站应该就是教区教堂,这座19世纪末迷人的宗教建筑建于一座更古老的教堂基址之上。勃朗特三姐妹对之前那座老教堂一定不陌生,它在1879年才被拆毁。布朗特家族墓地位于东南角的一根廊柱下,地面上一块抛光黄铜墓碑纪念着夏洛蒂和艾米莉;安妮则安葬于斯卡伯勒的**圣玛丽教堂**(St Mary's Church; Castle Rd; ⓒ5月至9月周一至周五 10:00~16:00, 周日 13:00~16:00)。

勃朗特故居博物馆

博物馆

(Brontë Parsonage Museum; ☎01535-642323; www.bronte.org.uk; Church St; 成人/儿童 £8.50/4; ⓒ4月至10月 10:00~17:30, 11月至次年3月 至17:00)故居博物馆位于一座漂亮的花园内,俯瞰着哈沃斯教区教堂及墓地,勃朗特家族曾在1820年至1861年居住在这座房子里。房间如今都经过精心装修,令人好像置身于勃朗特的时代,里面有夏洛蒂的卧房、她的衣服和写作工具。这里还有介绍三姐妹的展览,包括她们儿时写的有意思的微型书。

基斯利和沃斯山谷铁路

遗产铁路

(Keighley & Worth Valley Railway; www.kwvr.co.uk; Station Rd; 成人/儿童 往返 £12/6, Day Rover通票 £18/9)在这条古老的铁路上,火车由蒸汽和经典柴油机车牵引,往返于基斯利和Oxenhope,途经哈沃斯。1970年的经典电影《铁路少年》(*Railway Children*)就是在这条线上取景:片中的珀克斯先生(Mr Perks)是奥克沃思(Oakworth)火车站的站长,火车站爱德华七世时期的面貌完好地保存至今。火车6月至8月每天运行,每小时1班,但是其他月份的时刻表经常变化;可在官方网站查询。游览哈沃斯月台并观看火车进站的门票为50便士,不过从附近的人行天桥上一样可以看到。

住宿

YHA Haworth
青年旅舍

(☎0845 371 9520;www.yha.org.uk;Longlands Dr;铺/标双£13/29;🅿🛜)与哈沃斯的勃朗特氛围非常匹配,这座YHA青年旅舍就位于一座巨大的维多利亚时期哥特式老房子里,有台球桌、休息室、自行车商店、洗衣间,还有Black Sheep艾尔啤酒出售。位于小镇东北侧,紧邻Lees Lane,屋后有一个大花园。

Apothecary Guest House
民宿 £

(☎01535-643642;www.theapothecaryguesthouse.co.uk;86 Main St;标单/双£40/60;🛜)在Main St高处街尾的一座别致而古老的楼房内,倾斜、狭窄的过道通往简单而充满现代装饰感的房间;物超所值。

★ Old Registry
民宿 ££

(☎01535-646503;www.theoldregistryhaworth.co.uk;2-4 Main St;双£80~135;🅿🛜)这里有些与众不同,显得优雅淳朴,每间精心布置的主题客房要么有四柱床和按摩浴缸,要么能欣赏山谷风光。"秘密花园"(Secret Garden)房间可以看到从公园直到山下村庄的全景风光,如果运气够好,还会看到蒸汽火车慢悠悠地穿过其间。车可以停在附近的Haworth Old Hall,费用为每晚£3。

餐饮

Cobbles & Clay
咖啡馆

(www.cobblesandclay.co.uk;60 Main St;主菜£5~8;⏱9:00~17:00;🛜♿👶)这家热闹的咖啡馆也很适合儿童,不仅供应公平交易的咖啡和健康的沙拉、小吃,如托斯卡纳炖豆(Tuscan bean stew)、鹰嘴豆泥配皮塔饼和生食蔬菜条,而且客人有机会享受为陶器上色的乐趣。这里的农夫午餐包括当地哈沃斯奶酪,值得一试。

Hawthorn
英国菜 ££

(☎01535-644477;www.thehawthornhaworth.co.uk;103-109 Main St;午餐£5.50~11,晚餐£13~20;⏱周三至周日 11:00~23:00)这座建筑曾经是乔治国王时代一位著名钟表匠的住所,如今已然获得新生,成为一间优雅的烛光餐厅间酒吧,供应各种新派英国菜肴如豌豆鹌鹑蛋火腿汤、约克郡山谷羔羊肉、野蒜北海鳕鱼等。午餐菜单相对简单,可以试试这里的手冲咖啡和蛋糕,还有提神的蒲公英和牛蒡饮。

Haworth Steam Brewery
精酿啤酒厂

(☎01535-646059;www.haworthsteambrewery.co.uk;98 Main St;⏱周四至周六 11:00~23:00,周日至周三 至18:00)这个舒适的酒吧肯定是英国最小的精酿啤酒厂之一,供应自己酿制、获得无数赞誉的艾尔啤酒和哈沃斯的Lamplighter杜松子酒,再加上几种特选酒,比如为哈沃斯年度朋克蒸汽周末(每年11月)专门打造的一款IPA和杜松子酒。这里也有不错的酒吧小吃菜单,菜肴包括啤酒屋羊腿肉、惠特比虾以及牛腩三明治等。

购物

Cabinet of Curiosities
化妆品、礼物和纪念品

(https://the-curiosity-society.myshopify.com;84 Main St;⏱10:00~17:30)19世纪40年代,布伦威尔·勃朗特(Branwell Brontë;三姐妹之弟)正是踉踉跄跄地走到这里购买鸦片町成瘾,最终于1848年9月辞世。如今这家店铺重新恢复了维多利亚时代的外观,向大众销售各种稀奇古怪的东西,如哥特风格的小玩意儿和漂亮的沐浴产品等。值得一逛。

ℹ 实用信息

哈沃斯旅游局(☎01535-642329;www.visitbradford.com/discover/Haworth.aspx;2-4 West Lane;⏱4月至9月 10:00~17:00,10月至次年3月至16:00)这处旅游局可提供大量信息,介绍村庄和周围地区,当然还有勃朗特三姐妹。在本书调研期间,这里或将被勃朗特故居博物馆接手,工作时间也不太固定;如果计划前往,可提前致电查询。

ℹ 到达和离开

从利兹出发,最方便的方式是经由Metro铁路线上的基斯利前往。B1路、B2路和B3路汽车（www.keighleybus.co.uk）从基斯利汽车站驶往哈沃斯（£2.70，20分钟，每20分钟1班），每小时1班的B3路继续开往赫布登桥。但是从基斯利前往哈沃思最有趣的方式还是乘坐基斯利和沃斯山谷铁路的火车（见577页）。

南约克郡
(SOUTH YORKSHIRE)

钢铁之于南约克郡就如同羊毛之于西约克郡。丰富的自然资源（煤炭、铁矿和充足的水）使这里成为英国钢铁产业的大熔炉。从18世纪到20世纪，该地区始终是英格兰北部的工业重地。

设菲尔德和罗瑟勒姆的鼓风炉以及巴恩斯利和唐卡斯特的煤矿可能已经久停良久，但维多利亚时期的魄力和干劲仍然鲜活地保留至今，不只存在于老旧的钢铁厂和矿井（一些如今已被改造成博物馆和展览馆）中，也存在于设菲尔德市中心恢宏优雅的市政建筑中，与19世纪雄心壮志的工业发展相映成趣。

设菲尔德（Sheffield）

☏ 0114／人口 518,090

钢铁工业给设菲尔德带来的名声早已不复存在，但经过多年的低谷，这座工业城市已然东山再起。像许多英格兰的北部城市一样，它全力以赴地抓住了都市复兴的机遇，凭借欣欣向荣的学生群体，努力重新打造自己。

城里一些古老的炼钢厂、铁匠铺和锻造厂，如今已经被改造为充满趣味的博物馆，主题依然是南约克郡工业时代的辉煌，其中尤以正在经历重大发展的凯勒姆岛（Kelham Island）为代表。设菲尔德短期内很难凭借城市面貌获得赞誉，但是其趣味盎然的历史足以让你花上一两天时间细细探索。

◉ 景点

★ 凯勒姆岛博物馆　　　　　　　博物馆

（Kelham Island Museum; www.simt.co.uk; Alma St; 成人／儿童 £6／免费; ⊙周一至周四 10:00~16:00，周日 11:00~16:45; ᴾ🚻）设菲尔德非凡的工业遗产是这座别开生面的博物馆的主题。博物馆位于城市最古老工业区的人造岛屿上。展品涵盖了工业的方方面面，从钢铁制造到磨刀等。让人印象最深刻的展示莫过于隆隆作响的12,000马力River Don蒸汽机（大小如同一栋房屋），每天会启动两次，分别是正午和14:00。博物馆位于城市中心以北800米处；从设菲尔德火车站可乘坐有轨电车（£1.70）前往Shalesmoor车站。

冬季花园　　　　　　　　　　　花园

（Winter Gardens; Surrey St; ⊙周一至周六 8:00~20:00，周日 至18:00）设菲尔德市中心最令人骄傲的景点就是这处志向高远的公共空间，花园高耸的玻璃屋顶由弧形胶合木料优雅地支撑着。这座21世纪建筑与附近

值 得 一 游

钢铁时代

在鼎盛时期，Templeborough钢铁厂曾是世界上产量最高的钢铁冶炼厂，有6座3000度高温熔炉，年产钢铁180万吨，工人人数超过1万人。如今这里已经涅槃重生，转型成为**麦格纳**（Magna; ☏01709-720002; www.visitmagna.co.uk; Sheffield Rd, Templeborough, Rotherham; 成人／儿童 £11.95／9.95; ⊙10:00~17:00，最后入场 16:00; ᴾ🚻），一座重工业纪念地以及各年龄段孩子们动手体验的乐园。展览以土、气、水、火为主题。其中"火"展区让人格外印象深刻，以高耸的炼钢炉为展示核心，游客有机会用真正的电弧打造自己的小钢水坑（尽管只是一小会儿）。每小时一次的"大融化"（Big Melt）大型声光和焰火表演——以令人难忘的方式重现了当初电弧炉点火开炉时的场景。

麦格纳位于设菲尔德东北4英里、M1公路旁靠近罗瑟勒姆处；参观之前先致电确认，因为有时这里14:00就闭馆了。

维多利亚时代的**市政厅**与**和平花园**（Peace Gardens）形成鲜明对比，周围还点缀着喷泉、雕塑和在草坪上享用午餐的白领们。

千禧年画廊　　　　　　　　　　　　画廊

（Millennium Gallery; www.museums-sheffield.org.uk; Arundel Gate; ◎周一至周六 10:00~17:00，周日 11:00~16:00）**免费** 设菲尔德文化复兴在这家"四合一"画廊体现得淋漓尽致，**罗斯金收藏馆**（Ruskin Collection）有各类绘画、手稿和有趣的物件，都是维多利亚时期的艺术家、作家、评论家兼哲学家约翰·罗斯金（John Ruskin）的收藏，他将设菲尔德视为英国工业时代的缩影。另外，**Skykes 画廊的金属制品收藏**（Skykes Gallery Metalwork Collection）陈列着1.3万件闪闪发光的展品，介绍了设菲尔德从钢铁铸造到工艺设计的转型发展，"设菲尔德钢铁"标志现在已经成了时尚设计的经典元素。

格雷夫斯画廊　　　　　　　　　　　画廊

（Graves Gallery; www.museums-sheffield.org.uk; Surrey St; ◎周二至周六 11:00~16:00）**免费** 画廊藏有精美易懂的英国和欧洲艺术品，时间跨度从16世纪直至现代，此外还设有各种巡展；展出的名家作品包括特纳、西斯利、塞尚、高更、米罗（Miró）、克利（Klee）、L.S.劳里和达米恩·赫斯特（Damien Hirst）等。

阿比代尔工业村遗址　　　　　　　博物馆

（Abbeydale Industrial Hamlet; www.simt.co.uk; Abbeydale Rd S; 成人/儿童 £4/免费; ◎周一至周四和周六 10:00~16:00，周日 11:00~16:45; P）在炼钢厂兴起前，金属加工都是在阿比代尔这样靠近河边和水坝（以便利用水力）的村庄社区内开展。这座工业博物馆如今已经和设菲尔德不断扩张的市郊融为一体，让游客们能一睹最初更纯真的年代，有经过复原的18世纪铁匠铺、作坊和机器（包括仍在使用的原建水车）。它位于市中心西南4英里的A621公路上（通往峰区方向）。

🛏 住宿

Leopold Hotel　　　　　　　　　精品酒店 ££

（☎0114-252 4000; www.leopoldhotels.com; 2 Leopold St; 房间 £70~160，套 £90~200; 🛜）这是设菲尔德的第一家精品酒店，位于一所列入二级保护建筑名录的文法学校旧址里，以合理的价格提供时尚精致的氛围。半夜从Leopold Sq广场酒吧传来的喧嚣会影响睡眠，所以要选择后面安静的房间。

Houseboat Hotels　　　　　　　　　船屋 ££

（☎07776 144693; www.houseboathotels.com; Victoria Quays, Wharfe St; 标单/双/标三/四 £85/110/145/170起; P）来尝试一些与众不同的住处: 脱掉鞋子，在永远停泊的船屋里惬意享受，船上还有自炊厨房和露台区域。

🍴 就餐

Street Food Chef　　　　　　　　墨西哥菜 £

（☎0114-275 2390; www.streetfoodchef.co.uk; 90 Arundel St; 主菜 £3~6; ◎周一至周六 8:00~22:00，周日 10:00~21:00）本地学生特别钟爱这个接地气、健康绿色的墨西哥食堂。这家店一开始只是一辆街头快餐车，如今已经在设菲尔德开设了几家分店。餐厅主打新鲜准备的、物超所值的墨西哥卷饼、炸玉米饼和炸玉米粉馅饼，可以堂食，也可带走。留意一下这里的早餐和午餐折扣，还有无麸和无乳制品的选择。

Blue Moon Cafe　　　　　　　　　　素食 £

（www.bluemooncafesheffield.com; 2 St James St; 主菜 £7.70; ◎周一至周六 8:00~20:00; 🍴）设菲尔德的老字号，供应美味的素食和纯素菜肴，早餐供应至11:00，轮换供应搭配米饭的单一定价主菜。这里的就餐空间以古朴的历史气息而著称，有高高的蓝色天花板和玻璃屋顶中庭——很适合来此消磨周六的午后时光。

Marmaduke's　　　　　　　　　　咖啡馆 £

（www.marmadukescafedeli.co.uk; 22a Norfolk Row; 主菜 £6~12; ◎周一至周六 9:00~17:00，周日 10:00~16:00; 🛜🍴）这家狭小而热闹的咖啡馆魅力十足，摆满了回收再利用的家具和小物件，由一个年轻而富有激情的团队运营，供应的全天早餐主打当地出产的有机农产品，午餐有熟香三明治和乳蛋饼，还有素食特餐，如香草哈罗米芝士汉堡等。

Vero Gusto
意大利菜 ££

(☎0114-276 0004; www.verogusto.com; 12 Norfolk Row; 午餐主菜£9~26, 晚餐£15~30, ◎周二至周六11:00~23:00; 🐾) Gusto是一家名副其实的意大利餐馆,身着西服背心的服务生供应自制的意大利美食和纯正的意大利咖啡,就连顾客很多也是意大利人,读着意大利报纸……你懂的。午餐时段有比萨,下午供应咖啡、自制意大利糕点,晚餐则专注于考究的意大利菜肴。晚餐需预订。

🍷 饮品和夜生活

Fat Cat
酒馆

(☎0114-249 4801; www.thefatcat.co.uk; 23 Alma St; ◎周日至周四 正午至23:00, 周五和周六 至午夜) 这家老式独立酒馆坐拥便利地理位置,就在凯勒姆岛博物馆转角处,供应隔壁凯勒姆岛啤酒厂出品的啤酒和艾尔啤酒,同时还有猪肉馅饼(£1.50)和各种酒吧小吃。这里的回头客多为学生和当地居民。

Sheffield Tap
精酿啤酒

(☎0114-273 7558; www.sheffieldtap.com; Sheffield Train Station; ◎周日至周四 11:00~23:00, 周五和周六 10:00至午夜; 🐾) 这座精心修复的爱德华时代铁路酒吧是设菲尔德啤酒爱好者常去的靠谱酒馆。店里有几个酒吧区域,啤酒花和麦芽的香味在屋子另一头愈发浓郁,那有个房间专门酿造自有的Two Tapped Brew Co啤酒,餐桌上方装有高高的、运作中的酿酒设备。这里也出售数十种本地和国际啤酒。

☆ 娱乐

Showroom
电影院

(☎0114-275 7727; www.showroomworkstation.org.uk; 15 Paternoster Row) 这是英格兰最大的独立电影院,位于一栋宏伟的装饰艺术综合建筑内,上映影片类型多样,包括各种艺术、另类和非主流电影。

Leadmill
现场音乐

(☎0114-272 7040; www.leadmill.co.uk; 6 Leadmill Rd) 昏暗杂乱的Leadmill是每支乐队在英国南北部巡回演出时的必经之地,也是镇上欣赏现场摇滚和另类音乐的最佳场所。

也会有夜总会之夜,但是总喜欢播放俗气的20世纪七八十年代迪斯科经典舞曲。

ℹ️ 实用信息

设菲尔德的旅游局在2017年关闭,好在www.welcometosheffield.co.uk网站是了解这座城市资讯的好途径。

ℹ️ 到达和离开

想要了解前往设菲尔德和南约克郡的旅游信息,联系**Travel South Yorkshire**(☎01709-515151; www.travelsouthyorkshire.com)。

长途汽车

设菲尔德的汽车站称为Interchange(换乘站),位于市中心以东,大约在火车站以北250米处。National Express的长途汽车从这里开往伦敦(£5起, 4.5小时, 每天8班)。

火车

出行当日购票,车票价格可能翻番;尽量提前预订。

利兹 £6起, 1小时, 每小时2~5班
伦敦圣潘克拉斯 £62起, 2.25小时, 每小时至少1班
曼彻斯特 £8起, 1小时, 每小时2班
约克 £11起, 1.25小时, 每小时2班

约克郡东部行政区(EAST RIDING OF YORKSHIRE)

约克郡东部行政区绵延起伏的农田一直延伸至赫尔港的海边。这座海港凭借亨伯河(Humber)宽阔的河口和北海维持生计。在它的北面,是约克郡东部行政区最迷人的小镇贝弗利(Beverley)。这座小镇与赫尔港的粗犷截然不同,充满乔治国王时期的风情,还有英格兰最漂亮的教堂之一。

赫尔港(Hull)
☎01482/人口 284,321

曾被恰如其分地称为"赫尔河畔金斯顿"(Kingston-upon-Hull; 赫尔河上的古老港口在1299年被授予"皇家许可证",成为国王的小镇),赫尔港一直是英格兰东海岸的主要港口,经济围绕着羊毛和红酒贸易、捕鲸和

渔业得以发展。

被评为"2017年英国文化之都"后，赫尔港自信满满，对海滨区和旧城的重新开发已经引发了一场小型的文化复兴，尤其是在Humber St附近的水果市场（Fruit Market）地区，废弃的建筑物被改造为艺术家的工作室，前卫的咖啡馆和酒吧也层出不穷。请注意：赫尔港正在变得时尚起来。

尽管现代风情的城市中心没有因其风景而受到赞誉，但赫尔港乔治国王时期的古老鹅卵石街区也有游客鲜至的隐逸之美。其他景点还包括几家引人入胜的博物馆、菲利普·拉金纪念馆（Philip Larkin；曾经在此生活的英国现代诗人）以及一座出色的水族馆——最终，这座城市正在逐渐发展成日益热门的高性价比旅游目的地。

◎ 景点

★ 深海水族馆   水族馆

（The Deep；☎01482-381000，www.thedeep.co.uk；Tower St；成人/儿童 £13.50/11.50；⏱10:00~18:00，最晚入园 17:00；🅿🚻）赫尔港最主要的景点就是深海水族馆，这家英国最壮观的水族馆位于一座有棱有角的巨大建筑里，看起来就像是从亨伯河浑浊的河水中伸出的大鲨鱼头。水族馆内部也同样吸引人，不停播放的纪录片和电脑互动展示带你领略海洋的形成和生命的进化过程以及全球保护议题等。

最大的水族箱深10米，生活着鲨鱼、刺鳐和五彩斑斓的珊瑚鱼，海鳗缠绕着礁石，宛如一条条彩虹色的黏液围巾。水族箱内的玻璃电梯上上下下可以带你近距离观看，但是走楼梯的视角更好。不要错过顶楼的咖啡馆，从那里可以欣赏亨伯河口的壮丽景色。

★ 旧城（Old Town）   地区

在赫尔港旧城，恢宏的教堂与乔治国王时代联排别墅林立的鹅卵石街道相映成趣，让人们仿佛穿越回到了曾经繁荣的过往。旧城东至赫尔河，西到王子码头（Princes Quay），地方只有巴掌大。经过近年来的不懈努力，码头旁边的**水果市场**（Fruit Market）已经重焕生机，复古商店、艺术工作室和独立酒吧与咖啡馆在Humber St层出不穷；旧城的室内**三一市场**（Trinity Market），如今涌现出许多类似于Shoot the Bull的街头食品供应商。

★ 威伯福斯厅   博物馆

（Wilberforce House；www.hullcc.gov.uk/museums；High St；⏱周一至周六 10:00~17:00，周日 11:00~16:30）免费 英国成为世界上首个工业化国家也直接得益于跨大西洋奴隶贸易，这座重要的博物馆如实记录了这一历史，以及17~19世纪英国在将数百万非洲奴隶带回欧洲的过程中所扮演的角色。威伯福斯厅（1639年）是政治家和反对奴隶制度的斗士威廉·威伯福斯（William Wilberforce）的出生地（1759年），他领导的反奴隶斗争最终推动了英格兰在1833年废除奴隶制。

亨伯河街画廊   画廊

（Humber St Gallery；www.humberstreetgallery.co.uk；64 Humber St；⏱周二至周日 10:00~18:00，每个月第一个周四 至20:00）免费 这家别致的三层楼当代画廊位于赫尔港经过改造的水果市场内，所在建筑曾经是一座香蕉催熟仓库。巡回展览主题包括国际和本地视觉艺术、设计、摄影和电影，永久展品的亮点是20世纪60年代由绰号"类人猿"（Pongo）的伦恩·鲁德（Len Rood）创作的一幅涂鸦，这幅画作被当地活动家救下，幸免于被拆除的命运。注意找找看"Dead Bod"——赫尔港码头上一堵锈迹斑斑的棚墙，也是归航的水手们最熟悉的家乡标志。原址于2015年被拆除，但是"Dead Bod"得以在亨伯河街画廊的咖啡馆里延续生命。

费瑞斯美术馆   美术馆

（Ferens Art Gallery；☎01482-300300；www.hullcc.gov.uk/ferens；Queen Victoria Sq；⏱周一至周六 10:00~17:00，周日 13:30~16:30；♿）免费 经过大规模整修后，费瑞斯美术馆于2017年作为赫尔港"文化之都"庆祝活动的一部分重新开放。永久藏品包括弗兰斯·哈尔斯（Frans Hals）等古典大师的杰作，以及卢西恩·弗洛伊德（Lucian Freud）、彼得·纳什（Peter Nash）、彼得·布莱克（Peter Blake）、大卫·霍克尼和基利安·怀宁（Gillian Wearing）等现代艺术家的作品。

亨伯大桥 桥梁

（Humber Bridge; www.humberbridge.co.uk; P）1981年落成的亨伯大桥身姿优雅地横跨宽阔的亨伯河口。长达1410米的桥面使其成为当时世界上最长的单跨悬索桥——这个头衔一直保持到1998年日本明石海峡大桥通车，不过如今仍被列为一级保护建筑。感受桥梁规模以及河口之开阔的最佳方式，是从Ferriby Rd附近的桥北端亨伯大桥旅游局出发，沿着桥梁步道徒步或骑自行车游览。

大桥位于河畔小镇Hessle西边1英里，即赫尔港以西4英里处。经过大桥的A15公路将约克郡和林肯郡连到一起，让曾经被忽略的角落出现在人们眼前。

350路汽车从赫尔港典范换乘站（Hull Paragon Interchange）开往Hessle的Ferriby Rd路（25分钟，每30分钟1班），下车后步行300米即可到达旅游局。

海事博物馆 博物馆

（Maritime Museum; ☎01482-300300; www.hcandl.co.uk; Queen Victoria Sq; ◷周一至周六10:00~17:00，周日11:00~16:30; ♿) **免费** 在19世纪初，赫尔港拥有英国最大的捕鲸船队。提炼的鲸油为这个国家的工业革命提供了机械润滑油。这个有趣的博物馆塞满了当年的航海人工制品，包括捕鲸叉、仿制船、一副鲸鱼骨架以及桅杆望台（发明于约克郡），以及大量的贝壳收藏品。

赫尔码头公厕 历史建筑

（Hull Pier Toilets; Nelson St）公共厕所成为旅游景点的情况实在有点天方夜谭，但是载着旅行团的大巴却经常在这里停车，游客们兴高采烈地拍下这些爱德华时代的厕所。这座建筑非常有趣，不过内部并没有什么特别之处。功用当然一直有，但是并非景点，毫无疑问。

🛏 住宿

Hull Trinity Backpackers 青年旅舍 £

（☎01482-223229; www.hulltrinitybackpackers.com; 51-52 Market Pl; 铺/标单/标双 £19/30/39起; ☏）这家位置便利的青年旅舍有简单的房间，是赫尔港最实惠的住处之一。房间干净，服务友善，老板非常乐意向你展示这个城市最好的一面。旅舍里还有设计十分迷人的公共区域，免费洗衣，舒服的床品和贴心的自行车停放处。每张床铺边上都有非常方便的电源和USB插口。

Garden Mews 民宿 £

（☎01482-215574; http://the-garden-mews-gb.book.direct; 13-14 John St; 标单/双/家 £40/65/90，带共用卫浴间 £30/55/80; ☏）这家便宜而温馨的民宿位于绿树成荫的Kingston Sq边上，离New Theatre很近，不过前往迷人的旧城和水果市场还需要步行一段距离。房间非常舒适，但并不出彩；早餐需每人另加£5。

★ Hideout 公寓 ££

（☎01482-212222; www.hideouthotel.co.uk; North Church Side; 双 £90起，单床公寓 £110~130，双床公寓 £130起; P☏）这些豪华的服务型公寓充分展现了赫尔港从成为"文化之都"以来经历了怎样的发展。时尚而现代，服务员会在你登记入住前为你打开复古的收音机，然后在起居室里支起绘画架，以便你心血来潮时画下自己的灵感。位置就在市中心，紧邻旧城内的大教堂。

🍴 就餐

★ Thieving Harry's 咖啡馆 £

（www.thievingharrys.co.uk; 73 Humber St; 主菜 £6~8.50; ◷厨房周一至周五 10:00~16:00，周六 9:00~16:00，周日 9:00~18:00; ☏）这里有当地咖啡馆需要具备的全部气质，因此深受人们喜欢：热情友好的服务、清新随性的氛围、香醇可口的咖啡以及分量十足的早午餐。所有这些都在一栋舒适的仓库改建建筑内，摆放着似乎错配的复古家具，窗外就是码头，可以看到随海浪起伏的船只。菜单非常有趣，美味的菜肴包括煎蛋腊香肠、香菜酸奶油面包以及丰富的素食选择。

Hull Pie 馅饼 £

（☎01482-345735; www.thehullpie.co.uk; 202 Newland Ave; 主菜 £3.50~6.50; ◷11:00~21:00）这家著名的外卖餐厅供应赞誉无数的现烤馅饼，有多种馅料可选，从焦糖啤酒和牛腩到鸡肉、火腿和蘑菇、白葡萄酒和百里香，搭配肉汁和各种小菜，包括豌豆糊、烤胡萝卜和薯条等。有时会在市中心和农夫市集上开设临时摊位。

★ The Old House　　　　　　英国菜 ££

(☏01482-210253; www.shootthebull.co.uk/the-old-house; 5 Scale Lane; 主菜 £13~24; ◎周一 16:30~21:30, 周二至周日 正午至21:30)曾经是一间旧式酒馆, 如今则是赫尔港街头食物品牌Shoot the Bull的大本营。这家迷人的餐厅在让街头食物登上大雅之堂方面十分得心应手。当地采购的肉类和鱼可能会制作成喷灯烤鲭鱼, 然后是稀有品种牛肉派配烟熏鳗鱼泥和欧芹酱。这里的招牌菜当然属于街头食物菜单: 漂亮的小圆面包制作的黄油牛肩三明治。

第二家专门经营街头小吃的分店位于旧城的三一市场内。

Hitchcock's Vegetarian Restaurant　　　　　　素食 ££

(☏01482-320233; www.hitchcocksrestaurant.co.uk; 1 Bishop Lane, High St; 每人 £20; ◎周二至周六 20:00~22:30; ♪⌨)"诡异"一词足以形容这个地方。气氛十足的小房间像迷宫一样, 供应"任你吃到饱"的素食自助餐, 由第一位预订的顾客决定当晚的主题是墨西哥菜、印度菜、加勒比菜还是任何菜。但是无论是什么菜, 味道都非常好, 服务也很热情。要求预订。只有一个就餐时段; 最好在20:00~21:00到达。

Bait　　　　　　海鲜 ££

(☏01482-343088; www.baithull.co.uk; 13-15 Princes Ave; 主菜 £12~21; ◎周二至周四 正午至14:30和17:00~21:00, 周五和周六 正午至21:00, 周日 至21:30)✈赫尔港的航海传统也反映在这家餐厅用英国顶级海鲜打造的经典菜品中, 包括Lindisfarne天然生蚝和惠特比龙虾浓汤, 以及出人意料的亚洲风味菜肴, 如新鲜寿司和生鱼片等。餐厅也有肉类和素食菜肴, 周二到周四和周日还提供3道菜的£34周中套餐。

🍷 饮品和娱乐

★ Olde Black Boy　　　　　　酒馆

(☏01482-215040; 150 High St; ◎周一和周二 17:00~23:30, 周三至周日 正午至23:30)诗人菲利普·拉金最爱的小酒馆, 也是赫尔港历史最悠久的酒馆, 从1729年开始营业至今。橡木地板和屋顶横梁、深色木质镶板以及冬季的舒适壁炉营造出温馨的氛围, 周三下午还有现场民谣音乐表演。

Humber St Distillery　　　　　　鸡尾酒吧

(☏01482-219886; www.hsdc.co.uk; 18 Humber St; ◎周二至周日 正午至23:00)这家大气的鸡尾酒酒吧主打各种杜松子酒, 位于赫尔港水果市场区的核心地段, 深色木条镶板和裸露砖墙的装饰和谐互补。杜松子酒单有来自世界各地的150余种杜松子酒, 包括许多本地和限量版; 你可以点一份杜松子酒试品套餐(仅限工作日晚上); 酒吧甚至已经开始自己酿造杜松子酒。

Minerva　　　　　　酒馆

(www.minerva-hull.co.uk; Nelson St; ◎周一至周六 11:30~23:00, 周日 正午至23:00; ⌨)如果你喜爱酒馆多于夜店, 那么就来这家位于水滨有200年历史的迷人酒馆, 喝一杯Black Sheep。在阳光灿烂的日子, 你还可以坐在户外, 一边看着轮船来来往往, 一边品尝炸鱼薯条(£9.50)。这里的艾尔啤酒和杜松子酒试品组合套餐别具特色。

Früit　　　　　　现场音乐、喜剧

(☏01482-221113; www.fruitspace.co.uk; 62-63 Humber St; ☏)这里是赫尔港水果市场区文化复兴的焦点, 它的前身是座工业设施, 现在改造成为一个多功能的演出场所, 有酒吧、电影院和舞台。当地乐队定期在此举办现场演唱会(偶尔有大腕演出), 每月有喜剧俱乐部, 亨伯河街市集(Humber Street Market)在每月第三个周日举办。

ⓘ 实用信息

赫尔港旅游局(☏01482-300306; www.visithullandeastyorkshire.com; Paragon Interchange, Ferensway; ◎周一至周五 8:00~18:30, 周六 9:00起, 周日 10:00~17:00)位于赫尔港典范换乘站, 就在火车站。

ⓘ 到达和离开

船

渡船码头位于市中心以东3英里的乔治

国王码头（King George Dock）；一班公共汽车往返于火车站和渡船码头之间。有渡轮前往比利时的泽布吕赫（Zeebrugge）和荷兰的鹿特丹（Rotterdam）。

长途汽车

城际长途汽车从赫尔港典范换乘站发车。Mega Bus（https://uk.megabus.com）有廉价长途汽车前往伦敦。X62路汽车直达利兹。在夏季月份，X21路直接开往斯卡伯勒，其他时间则需要在Bridlington转车。X46/47路汽车开往约克，途经贝弗利。

伦敦 £10，4.5小时，每天4班
利兹 £8，2小时，每天3班
约克 £7.70，1.75小时，每小时1班

火车

火车站本身就是赫尔港典范换乘站的一部分，后者是一个火车和汽车站综合换乘设施。
利兹 £13，1小时，每小时1班
伦敦国王十字 £85，2.75小时，每2小时1班
约克 £20，1.25小时，每小时1班

贝弗利（Beverley）

📞01482 / 人口 10,109

漂亮的贝弗利是约克郡最迷人的小镇之一，主要的景点就是它恢宏的大教堂——足以和英格兰任何一座主教座堂相媲美，还有教堂脚下纵横交错的街巷，路旁随处可见乔治国王时期和维多利亚时期的建筑。

所有景点从火车站或汽车站步行不远即可到达。每逢周六，周六集市（Saturday Market）广场上都有大型集市；周三还有一个规模较小的集市，其所在的广场就叫作……周三集市（Wednesday Market）广场。

⊙ 景点

贝弗利大教堂　　　　　　　　　　　教堂

（Beverley Minster; www.beverleyminster.org; St John St; 1小时屋顶团队游 成人/儿童 £10/5; ⊙4月至10月 周一至周六 9:00~17:30, 周日 正午至17:00, 11月至次年3月 至16:00) **免费**
这是英格兰最著名的宗教建筑之一，是英国非主教座堂中令人印象最深刻的。外墙高耸竖直的线条轮廓非常壮观，但教堂内部更加迷人。14世纪的北侧廊装饰有古老的石刻，上面雕刻的多数都是音乐家。我们对早期乐器的大部分了解就来自这些图案。你会看见妖精、魔鬼和其他怪诞的形象。找找吹风笛的人物雕刻吧。

教堂始建于1220年，是在这个地点建造的第三座教堂，最早的一座建于7世纪。这项工程持续了两个世纪，经历了哥特式建筑的早期英国式、盛饰式和垂直式风格。

工艺精湛的**珀西棺盖**（Percy Canopy；1340年）位于祭坛附近，这个精美的褶皱雕饰置于当地贵族埃莉诺·珀西夫人（Lady Eleanor Percy）之墓上方，显示出当时英格兰雕塑家的精湛技艺，堪称哥特式石雕的典范。形成鲜明对比的是，旁边圣坛里一个磨光的10世纪石椅撒克逊**和平之椅**（frith stool）不太引人关注，它曾经为逃避法律制裁者提供过庇护。

塔楼的屋顶有一台复原的踏车起重机，当时的工人只能像无助的仓鼠那样踩踏起重机以吊起大量建材，最终造就了这座中世纪教堂。可以参加每周六11:00的团队导览游登上屋顶参观。

贝弗利韦斯特伍德　　　　　　　　　公园

（Beverley Westwood; Walkington Rd）贝弗利西部边缘被这片宽阔的村社牧场所包围。牧场上种满了成年树木，在过去数百年一直是当地居民的放牧场地。自1380年以来，这片树林草场就归"村社"共同所有。每年3月举行的"贝弗利自由人"（Freemen of Beverley）会选举出一群男士来担任"牧场主管"（Pasture Masters），负责管理牧场的相关事宜。吃饱喝足的奶牛摇摇晃晃穿过未建围栏的道路，徒步者们则在此散步和欣赏贝弗利大教堂的雄伟身姿。

🛏 食宿

★ YHA Beverley Friary　　　　　青年旅舍

（📞0345-371 9004; www.yha.org.uk; Friar's Lane; 铺/双 £15/49起; ⊙5月至12月; 🅿 📶) 在贝弗利，即便是最便宜的住处也拥有绝佳的环境和地段。这座精心修复的房屋原本是一座14世纪的多明我会修道院，在乔叟（Chaucer）的《坎特伯雷故事集》（*The*

Kings Head 旅馆 ££

(☎01482-868103；www.kingsheadpubbeverley.com；38 Saturday Market；房间 £90起；🅿🛜)这座乔治国王时期的马车驿站已经现代化改造，气氛活跃的酒吧楼上有10间明亮时尚的房间。酒吧在周末开到很晚，倘若不想被卷入狂欢，这里还提供耳塞。

Vanessa Delicafe 咖啡馆 £

(☎01482-868190；www.vanessadelicafe.co.uk；21-22 Saturday Market；主菜 £4.50~10；⊙周一至周六 9:00~16:30，周日 10:00~15:30；🛜♿)这家受欢迎的咖啡厅位于一个熟食店楼上，沙发和书架分散摆在桌子之间，靠窗的位置可以俯瞰集市广场。静静地享用卡布奇诺和蛋糕，看看周日的报纸，或者吃一顿丰盛的午餐特色菜，例如鹿肉汉堡或约克郡猪肉馅饼、烤火腿、奶酪和酸辣酱拼盘。

★ Pipe and Glass Inn 美食酒馆 £££

(☎01430-810246；www.pipeandglass.co.uk；West End, South Dalton；主菜 £11~30；⊙周二至周六 正午至14:00和18:00~21:30，周日 正午至16:00；🅿🛜✏♿)✈位于贝弗利西北方向4英里处一个古雅的小村庄里，这个魅力十足的米其林星级乡村小酒馆就餐环境轻松愉悦，装饰着褪色的木头桌子、石头壁炉还有皮质沙发。但是最值得关注的无疑还是食物，哪怕是鱼肉馅饼这类看似简单的菜品都令人难忘。饱餐之后，你可以逛逛这里的香草花园。

如果你想在此过夜，有五间豪华卧室可供选择（每晚£200~245，含早餐），但周末夜晚的预约经常要等上数月，工作日住宿可以提前两个月预订。

🍷 饮品和夜生活

Cockpit Cafe 咖啡馆

(☎07421 225900；www.thecockpitcafe.com；8 Wednesday Market；⊙周二至周四和周日 10:00~16:30，周五和周六 10:00至午夜；🛜♿)乐趣无穷：在贝弗利乔治国王时期的一座集市广场上，这个迷人的复古咖啡馆仿佛让人穿越回到空中旅行的黄金时代，服务生都穿着20世纪40年代的航空公司制服，家具也都采用旧手提箱改造而成，背景音乐则是怀旧气息的战时小调。饮品单包括Fentimans汤力水、蒲公英和牛蒡、咖啡和鸡尾酒等，有品种有限的食物菜单。

ℹ 实用信息

贝弗利旅游局(☎01482-391672；www.visithullandeastyorkshire.com/beverley；Treasure House, Champney Rd；⊙周一、周三和周五 9:30~17:00，周二和周四 至20:00，周六 9:00~16:00)贝弗利旅游局位于Treasure House内，后者也是镇美术馆所在地，旁边就是图书馆。

ℹ 到达和离开

有多班汽车从赫尔港驶来，包括121路、122路、246路和X46路/X47路汽车（£4.60，30分钟，每小时1班）。X46路/X47路汽车连接贝弗利和约克（£7.20，1.25小时，每小时1班）。

火车定期前往斯卡伯勒（£14，1.25小时，每1~2小时1班）和赫尔港（£7，15分钟，每小时2班）。

曼彻斯特、利物浦和英格兰西北部

包括 ➡

曼彻斯特	590
切斯特	603
利物浦	607
兰开夏郡	617
布莱克浦	617
兰开斯特	619
里布尔河谷	620
马恩岛	621

最佳餐饮

- 20 Stories（见599页）
- Freemasons at Wiswell（见619页）
- Northcote Hotel（见621页）
- Mackie Mayor（见598页）
- Restaurant Fraiche（见615页）

最佳住宿

- Inn at Whitewell（见621页）
- 2 Blackburne Terrace（见613页）
- King Street Townhouse（见597页）
- Edgar House（见605页）
- Saba's Glen Yurt（见623页）

为何去

这里有两座历史名城、一座充满风韵的都铎之城、一座个性突出的岛屿以及英国最让人心旷神怡的田园风景……欢迎来到英格兰西北部。本地区占主导地位的就是强大的曼彻斯特——一座以创新为基础，依靠创新精神迸发出巨大活力的城市。在奔宁山脉另一边则是势均力敌的利物浦，它深以自己的悠久传统为荣，在许多事情上都喜欢和山那边的邻居一比高下，从食物到足球，无不如此。夹在两城之间的是切斯特这座被古罗马城墙围起来的都铎之城。但西北部地区不仅有钢筋水泥的人类印迹：不用走多远就会看到北兰开夏郡的田园风光，而近海处就是马恩岛，这座岛如此美丽，以至于联合国教科文组织将整个岛屿评为"生物圈保护区"。

何时去

➡ 全世界最有名的越野障碍赛马比赛——安特里全国越野障碍赛马（Aintree Grand National）每年4月的第一个周末在利物浦郊外举行。

➡ 5月到6月将在马恩岛上举行"旅游杯"摩托车赛（Tourist Trophy；简称TT）——吸引了来自世界各地的摩托车迷。

➡ 艺术活动方面的亮点包括精彩绝伦的曼彻斯特国际艺术节（Manchester International Festival），于7月举办，每两年一次。

➡ 音乐爱好者可以在8月的最后一周去利物浦，在克里姆菲尔德音乐节（Creamfields）和Mathew St Festival上纵情狂欢，后者歌颂与披头士乐队（Beatles）有关的一切。

➡ 足球赛季是8月下旬到次年5月。

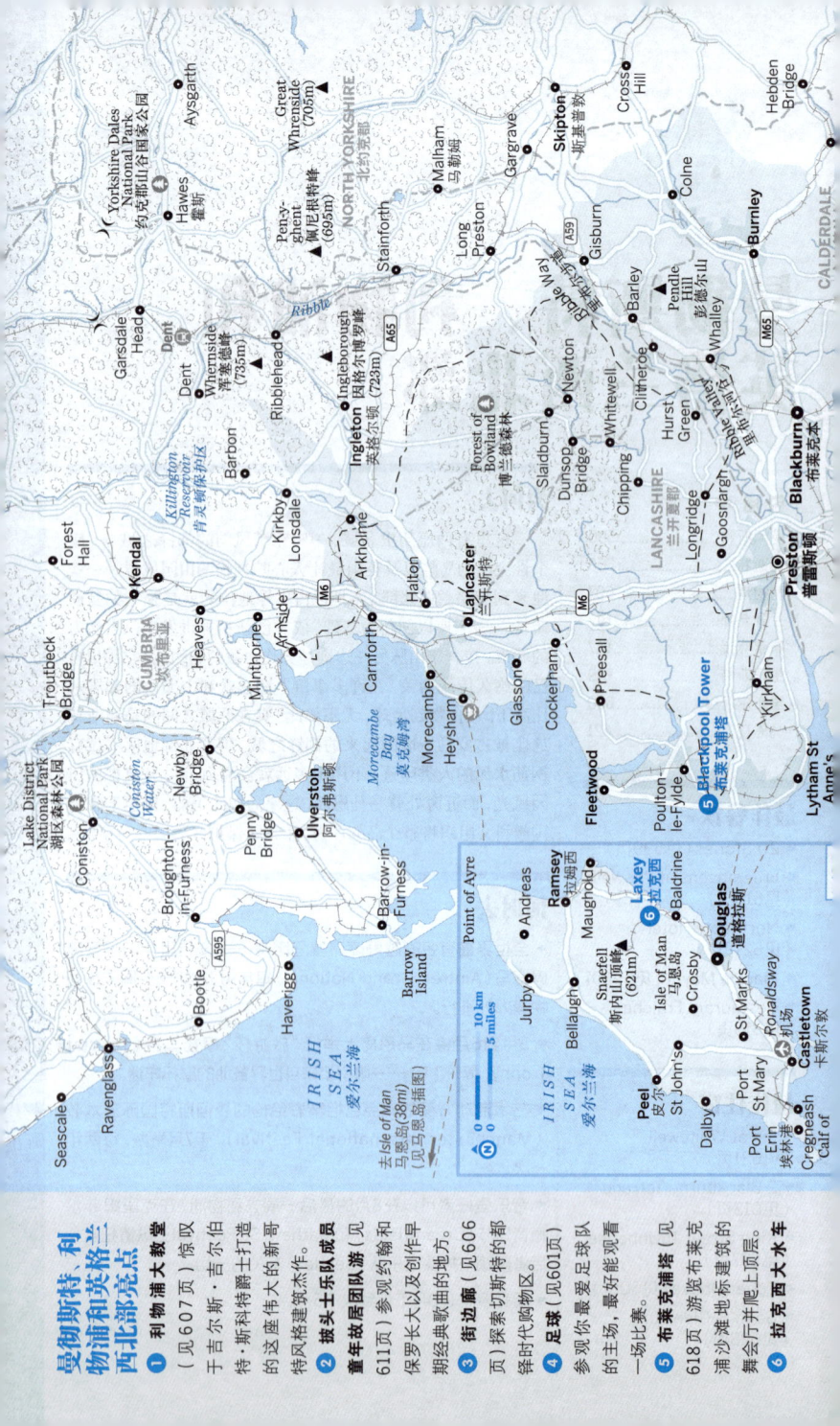

曼彻斯特、利物浦和英格兰西北部亮点

① 利物浦大教堂
（见607页）惊叹于吉尔斯·吉尔伯特·斯科特爵士打造的这座伟大的新哥特风格建筑杰作。

② 披头士乐队成员童年故居团队游（见611页）参观约翰和保罗长大以及创作早期经典歌曲的地方。

③ 街边廊（见606页）探索切斯特市中心的都铎时代购物区。

④ 足球（见601页）参观你最爱足球队的主场，最好能观看一场比赛。

⑤ 布莱克浦塔（见618页）游览地标建筑的沙滩舞会厅并把塔顶层。

⑥ 拉克西大水车

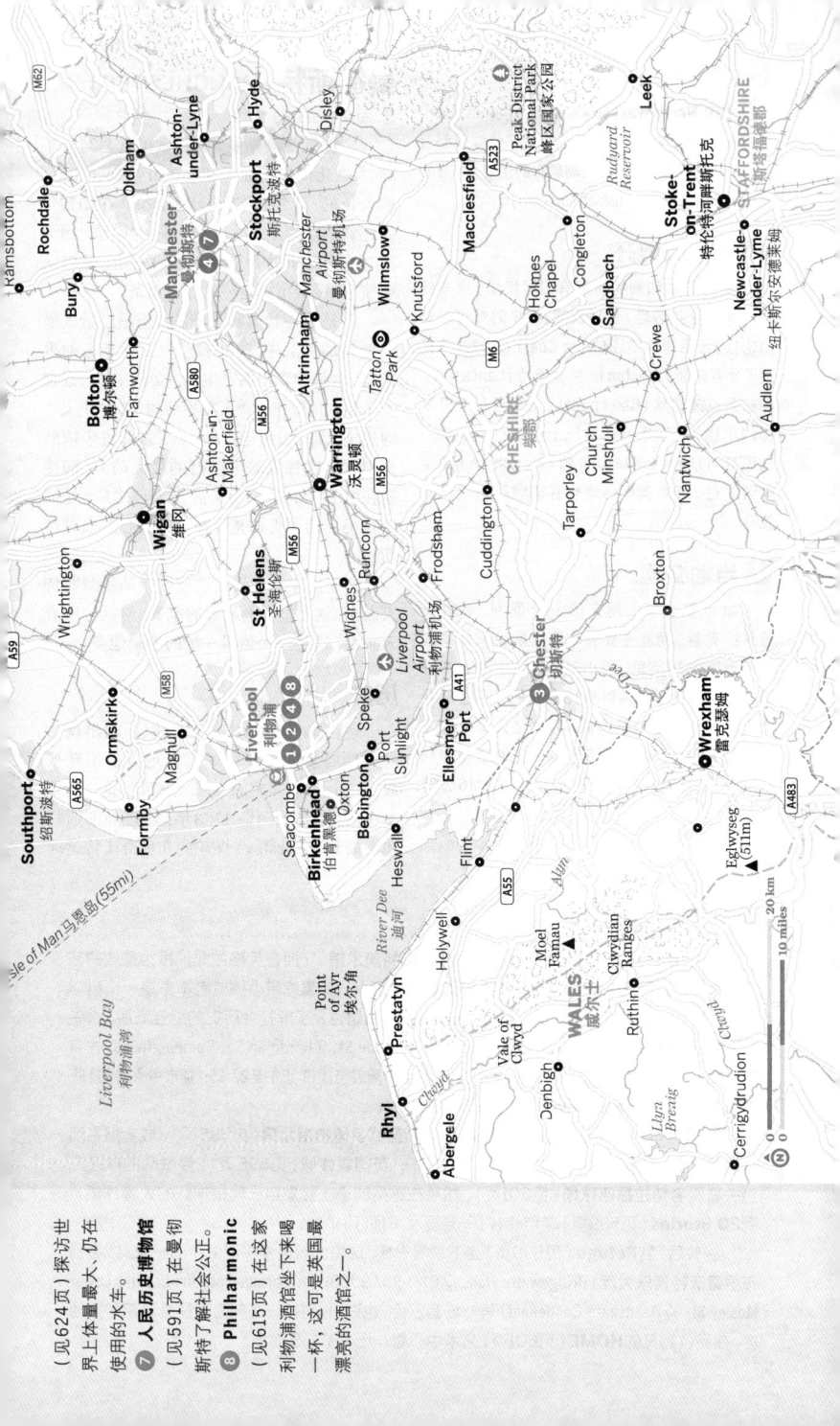

(见624页)探访世界上体量最大、仍在使用的水车。

⑦ 人民历史博物馆
(见591页)在曼彻斯特了解社会公正。

⑧ Philharmonic
(见615页)在这家利物浦酒馆坐下来喝一杯,这可是英国最漂亮的酒吧之一。

❶ 实用信息

Visit North West（www.visitnorthwest.com）是官方旅游机构，但所有城市和大部城镇都有自己专门的旅游部门；有关马恩岛的信息，可查看 **Isle of Man**（www.visitisleofman.com）。

❶ 到达和离开

曼彻斯特和利物浦都有国际机场，火车线路可通往全英各地，包括仅需2个小时就可抵达的伦敦。西海岸铁路线（West Coast Line）火车往返于普雷斯顿（Preston）、兰开斯特（Lancaster）和布莱克浦沙滩（Blackpool）。如要前往兰开夏郡的小镇，有四通八达的巴士线路可供选择。马恩岛可从利物浦和希舍姆（Heysham）乘坐轮渡前往，而且英国各地也有定期航班飞往马恩岛。

❶ 当地交通

城市和小镇之间交通十分便利，公共交通网络完善。两座主要城市曼彻斯特和利物浦之间相隔仅34英里，每小时都有汽车和火车往返。切斯特在利物浦以南18英里处，不过从曼彻斯特前往该地也很方便，可乘坐火车或取道M56高速公路。布莱克浦沙滩在曼彻斯特和利物浦以北50英里处，位于同样便利的M6公路沿线。

曼彻斯特（MANCHESTER）

☎ 0161 / 人口 535,475

"这是曼彻斯特，我们做事就是与众不同。"文化传媒从业者和Factory Records创始人托尼·威尔森（Tony Wilson）在1977年如此宣称。这是一个十分大胆的说法，因为当时这个城市的音乐复兴还没开始，足球队成绩平平，城市更是陷入经济萧条。

但是雄心壮志和满满的自信早已融入曼彻斯特的血液中，这里曾经是工业革命的推进器，也是孕育出共产主义、女权主义、素食主义和其他旨在改善人类生活的各种"主义"的热土。到了21世纪，发明、探索和进步依然是引领这座伟大城市前行的最大动力，即使是在2017年的恐怖主义袭击事件之后，曼彻斯特仍然能用更加宽容和包容的态度来对待新移民。

对于出生或生活在这座城市的曼彻斯特人而言，这是世界上最好的家乡；对其他所有人来说，这是一个值得一游的温暖他乡。

历史

运河和蒸汽动力的棉纺织厂的出现使曼彻斯特从一个疾病肆虐的地方小镇转变成了一个疾病肆虐的大工业城市。这一切发生在18世纪60年代：1763年，连接曼彻斯特和沃斯利（Worsley）煤矿的布里奇沃特运河

曼彻斯特一日游

行程的第一站不妨设在光线充裕的**曼彻斯特美术馆**，它拥有英格兰北部极为重要的艺术收藏。然后用几个小时来游览**科学与工业博物馆**——如果你带小孩或者本身是一个科学极客，几小时可能还远远不够。或者，**人民历史博物馆**也是了解社会历史的绝佳场所。中午在**Tattu**（☎ 0161-819 2060；www.tattu.co.uk；Gartside St, 3 Hardman Sq, Spinningfields；主菜 £14~27；⊙周一至周四 正午至15:00和17:00~22:45，周五至周日 正午至22:45；🚇市中心各路）吃中餐，或者在**Mackie Mayor**（见598页）挑选午餐。

搭乘有轨电车前往萨尔福德码头，参观**帝国战争博物馆北馆**（见595页），或者报名团队游参观英国广播公司（BBC）的北方总部——**英国媒体城**（见595页）；曼联队的球迷应当去看看**老特拉福德球场**（见601页），然后在球员通道上想象自己就是球队的大牌球星。到**20 Stories**（见599页）享用晚餐（一定要尽早预订）。

晚餐后，到**Refuge**（见599页）坐下来喝一杯，这是北城区众多酒吧中的一家，或者到**布里奇沃特音乐大厅**（Bridgewater Hall；☎ 0161-907 9000；www.bridgewater-hall.co.uk；Lower Mosley St；🚇Deansgate-Castlefield）听一场音乐会。也许，你可以一路向南前往凯瑟菲尔德地区，在品位超凡的**HOME**（见601页）艺术中心看一场电影或是演出。

（Bridgewater Canal）贯通；1769年，理查德·阿克赖特（Richard Arkwright）为他的超级棉纺织厂申请了专利。之后，曼彻斯特和整个世界都不同了。当1776年运河延伸到利物浦和远海时，曼彻斯特（也称"棉都"）已经靠着煤炭和蒸汽动力，高速前行在轻松赚大钱的康庄大道上。

虽然产生的财富足以让所有人分一杯羹，但19世纪曼彻斯特的有钱人使得这座人口极速膨胀的城市中（1801年时人口为9万，100年后达到200万）绝大多数创造财富的人享受不到一点成果，他们的回报是一种新型的都市住所：工业贫民窟。工作环境恶劣、超时工作、童工、工伤意外事故和死亡，这些现象司空见惯。马克·吐温曾经说他想住在这里，因为"从曼彻斯特到死亡，中间的转换无声无息"。维多利亚时代的价值观大抵如此。

飞奔的齿轮在19世纪末开始放缓。美国开始展现其工业实力并占据了纺织品贸易的可观份额，曼彻斯特的纺织厂产量开始下滑，随后全部停工。到"二战"时，整个城市生产的棉布甚至都不够做桌布的。战后，情形也没有多大改观：在1961年至1983年，生产岗位减少了15万个，曼彻斯特港口（1963年时仍为全英第三大港口）在1982年因运输量下降而最终关闭。

1996年6月15日，曼彻斯特人迎来了更糟糕的一天，爱尔兰共和军（IRA）的炸弹摧毁了市中心的一大片建筑。但随后的重建在今天看来，却是玻璃—铬合金建筑革命的开端。

◉ 景点

◉ 市中心

★ 人民历史博物馆　　　博物馆

（People's History Museum；☏0161-838 9190；www.phm.org.uk；Left Bank, Bridge St；⊙10:00~17:00）**免费** 这家很不错的博物馆极富感染力地讲述了英国迈向民主的200年艰苦历程，博物馆曾是一座爱德华七世时期的水泵站，现被翻修一新。在1层打卡进馆（正如字面意思，你需要一个老厂房的钟上打卡，这种钟因被经理们动了手脚以延长员工工作时间而臭名昭著），你就进入了英国争取基本民主权利、劳动改革和公平待遇的中心。

在托马斯·潘恩（Thomas Paine；1737~1809年）于1791年起草《人的权利》（Rights of Man）的小桌子和一排制作精美、色彩鲜艳的工会横幅等展品之间，有一些极具说服力的互动展示，其中有一个显示屏，你可以在上面追踪博物馆记录的所有大事件对同一个家族五代人造成的影响。2层则展示了从"二战"至今人们争取平等权利的斗争，涉及同性恋权利、反种族主义倡议以及过去50年来英国的标志性社会政治事件，包括国家医疗保健服务制度（National Health Service，简称NHS）的建立、矿工大罢工和对人头税的大规模游行抗议。

★ 科学与工业博物馆　　　博物馆

（Museum of Science & Industry，简称MOSI；☏0161-832 2244；www.msimanchester.org.uk；Liverpool Rd；建议捐赠£3，特展£6~8；⊙10:00~17:00；🚇1或3；🚉Deansgate-Castlefield）**免费** 曼彻斯特底蕴深厚的工业遗产在这里体现得淋漓尽致。博物馆位于世界上最古老的铁路总站——利物浦街旧车站的巨大院落中，丰富的藏品包括蒸汽机、火车头和早期的工厂机器，还从下水道开始讲述城市的变迁，同时通过新技术的展示表现对未来的展望。

这家博物馆老少皆宜，但主要还是吸引年轻人：他们很容易就会在这里花上一整天的时间到处戳戳玩玩，测试早期电击仪或琢磨怎样使用印刷机。你可以近距离感受喷气式战斗机引擎，接触空间时代的各种新技术；博物馆如今还增设了一个航天员虚拟真实的体验，名字叫"Space Descent VR with Tim Peake"（与蒂姆·皮克一起感受宇宙空间）。贯穿始终的主题是曼彻斯特和曼彻斯特人所扮演的重要角色：曼彻斯特是1948年世界上第一台存储程序计算机（一个昵称为"宝贝"的大家伙）的诞生地；世界上第一艘蒸汽动力潜水艇是按照当地教区牧师乔治·加列特（George Garrett）在1879年的设计制造的。

★ 曼彻斯特美术馆　　　美术馆

（Manchester Art Gallery；☏0161-235 8888；www.manchesterartgallery.org；Mosley St；⊙周五

Manchester 曼彻斯特

593

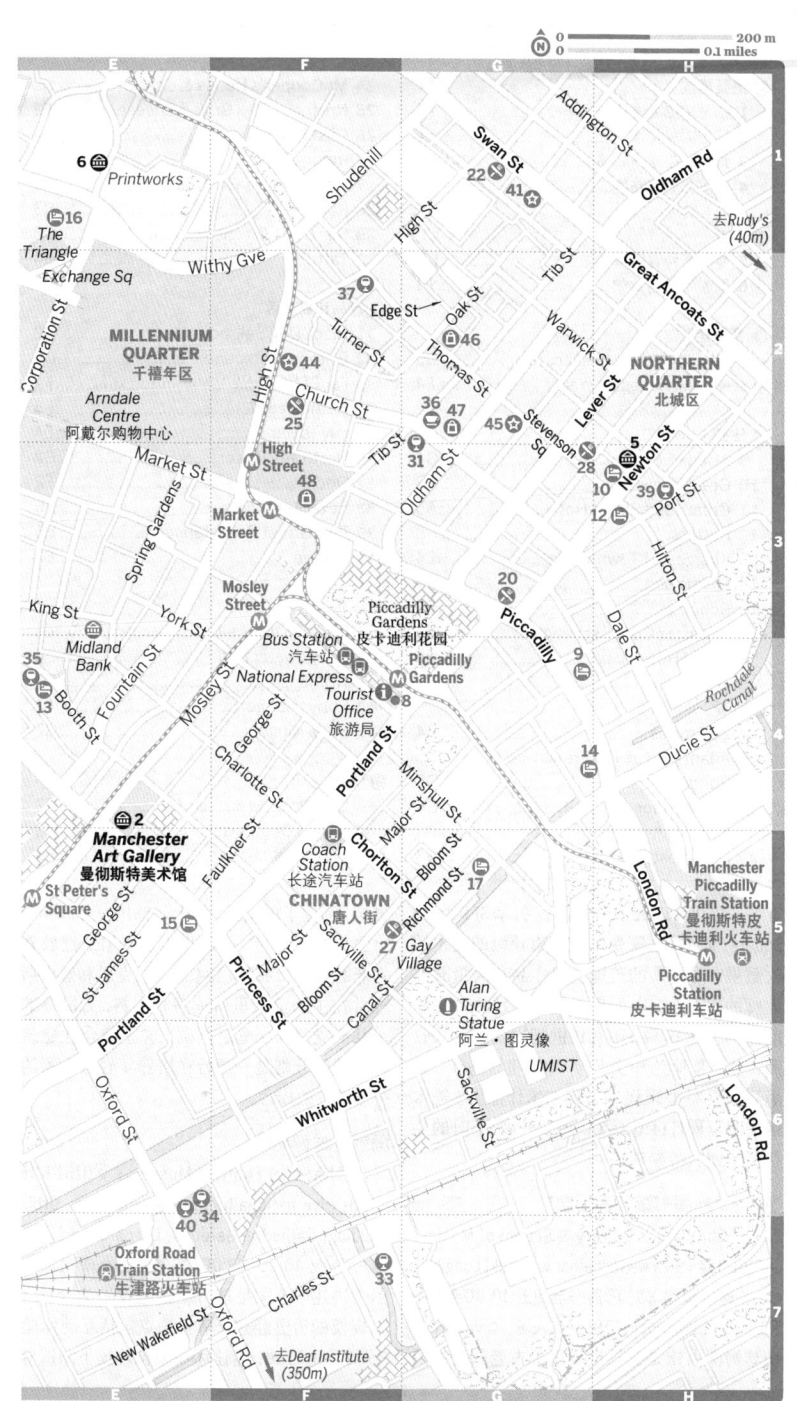

E | F | G | H

Addington St
Oldham Rd

6 Printworks
Swan St
22
41
Shudehill
High St
去Rudy's
(40m)
Great Ancoats St

16 The Triangle
Exchange Sq
Withy Gve
37
Edge St
Oak St
46
Tib St
Warwick St

Corporation St

MILLENNIUM QUARTER
千禧年区
Turner St
44
Thomas St
NORTHERN QUARTER
北城区

Arndale Centre
阿戴尔购物中心
High St
Church St
25
36 47
45
Stevenson Sq
28
5
Newton St

Market St
Tib St
31
10
39
Port St

High Street
48
12

Spring Gardens

Market Street

King St
York St
Mosley Street
Hilton St

35
Midland Bank
Fountain St
Piccadilly Gardens
皮卡迪利花园

13
Booth St
Bus Station
汽车站
20
Piccadilly
9

National Express
Piccadilly Gardens
Tourist Office
旅游局 8
Dale St

Rochdale Canal

Charlotte St
George St
14

2 **Manchester Art Gallery**
曼彻斯特美术馆
Portland St
Major St
Minshull St
London Rd

St Peter's Square
Faulkner St
Coach Station
长途汽车站
Chorlton St
Bloom St
17
Manchester Piccadilly Train Station
曼彻斯特皮卡迪利火车站

George St
15
CHINATOWN
唐人街
Richmond St
27 Gay Village
Piccadilly Station
皮卡迪利车站

St James St
Major St
Sackville St
Bloom St
Alan Turing Statue
阿兰·图灵像

Portland St
Princess St
Canal St
UMIST

Whitworth St
Sackville St
London Rd

Oxford St
40 34
Oxford Road Train Station
牛津路火车站
33

New Wakefield St
Oxford Rd
Charles St

去Deaf Institute
(350m)

曼彻斯特、利物浦和英格兰西北部 曼彻斯特

Manchester 曼彻斯特

◎ 重要景点
1 切瑟姆图书馆和音乐学校 D1
2 曼彻斯特美术馆 E4
3 科学与工业博物馆 A5
4 人民历史博物馆 B3

◎ 景点
5 曼彻斯特警察博物馆 H3
6 国家足球博物馆 E1

⌒ 团队游
7 Manchester Guided Tours D5
8 New Manchester Walks F4

🛏 住宿
9 ABode G4
10 Cow Hollow H3
11 Great John Street Hotel A5
12 Hatters H3
13 King Street Townhouse E4
14 Malmaison G4
15 Roomzzz E5
16 Roomzzz Corn Exchange E1
17 Velvet Hotel G5

🍴 就餐
18 20 Stories B4
19 Adam Reid at The French D5
20 Bundobust G3
21 Hawksmoor C4
22 Mackie Mayor G1
23 Manchester House B3
24 Mr Cooper's House & Garden D5
25 Northern Soul Grilled Cheese F2
26 Oast House B4
 Refuge by Volta .... (见40)
27 Richmond Tea Rooms F5
28 Rosylee G3
29 San Carlo Cicchetti C3
30 Tattu B4

🍸 饮品和夜生活
31 Black Dog Ballroom G2
32 Britons Protection C6
33 Fac251 .... F7
34 Homoelectric E6
35 Lily's Bar E4
36 North Tea Power G2
37 Odd F2
38 Peveril of the Peak D6
39 Port Street Beer House H3
40 Refuge E6

🎭 娱乐
41 Band on the Wall G1
42 Bridgewater Hall D6
43 HOME D7
44 Ruby Lounge F2
45 Soup Kitchen G2

🛍 购物
46 Oi Polloi G2
47 Oxfam Originals G2
48 Tib Street Market F3

至周三10:00~17:00,周四至21:00;➤St Peter's Square)**免费**)这家曼彻斯特市顶级的美术馆收藏展示了上乘的英国艺术作品和大量欧洲大师的杰作。馆内汇集了全国最好的拉斐尔前派的艺术珍藏,还有17世纪以前的永久收藏,主要是荷兰和文艺复兴早期的杰作。这里还经常举办现代和当代艺术作品展。美术馆周四至周日14:00~15:00会开展1小时的免费精华团队游参观。

★ 切瑟姆图书馆和音乐学校 图书馆

(Chetham's Library & School of Music; ☎0161-834 7861; www.chethams.org.uk; Long Millgate; 建议捐赠£3; ⓢ周一至周五10:00至正午和13:30~15:30,分时间段整点入场; ➤Victoria)切瑟姆图书馆是英语世界里最古老的公立图书馆,创建于1653年,位于一栋历史可追溯至1421年的建筑里。一排排黑色书架上摆放着古老的书籍和手稿。1845年,马克思和恩格斯经常在主阅览室里研读各种史料,为最终的《共产党宣言》奠定基础。这座综合性建筑的其他部分则是一所旨在培养年轻音乐家的公立学校的校舍。

国家足球博物馆 博物馆

(National Football Museum; ☎0161-605 8200; www.nationalfootballmuseum.com; Urbis Building, Cathedral Gardens, Corporation St; 乐捐入场; ⓢ10:00~17:00)**免费**)这家博物馆用图表讲述了英国足球自诞生起发展为今日巨大规模的历史经过。精彩亮点包括互动体验**Football Plus**,能让你在模拟环境下测试自

己的球技，买一张体验卡（3次£6，8次£10）试试运气吧，该体验适合7周岁以上的儿童。

萨尔福德码头 (Salford Quays)

帝国战争博物馆北馆　　　　　　　博物馆

（Imperial War Museum North；☏0161-836 4000；www.iwm.org.uk/north；Trafford Wharf Rd, The Quays；◎10:00~17:00；🚇Harbour City或MediaCityUK）**免费** 丹尼尔·利伯斯基（Daniel Libeskind）所设计的铝板现代建筑内部，是一座与众不同的战争博物馆，探索了冲突对社会的影响，而不是一味展出各种具有毁灭效果的武器。主展厅内的六个迷你展览从不同的角度讲述了20世纪初的战争，包括妇女的作用以及科技的影响等。

英国媒体城　　　　　　　　　　艺术中心

（MediaCityUK；☏0161-886 5300；www.mediacityuk.co.uk；Salford Quays；成人/儿童£11/7.25；◎团队游 周一至周三、周六和周日 10:30、12:30和15:00；🚇Harbour City或MediaCityUK）在这个占地81公顷的巨大媒体城中，英国广播公司（BBC）北部的中心是一大亮点。BBC有6个部门设在这里：早间、少儿、体育、广播5台、教育以及未来媒体技术部。除此之外，这里也是ITV热门剧集《加冕街》（*Coronation Street*）的布景地，这是一部世界上播映时间最久且广受欢迎的肥皂剧。

虽然目前《加冕街》的影棚尚不开放团队游，但你还是可以参加一个90分钟的导览游，参观BBC的布置格局以及一些著名电视节目的布景，小朋友们还有机会在互动演播厅里"制作"一期节目。更多信息详见www.bbc.co.uk/showsandtours。如果逛累了，该地区有许多咖啡馆和餐厅可供休息。

洛利艺术中心　　　　　　　　　艺术中心

（Lowry；售票处0843-2086000；www.thelowry.com；Pier 8, Salford Quays；◎画廊 周日至周五 11:00~17:00，周六 10:00起；🚇Harbour City或MediaCityUK）这个附带有演出场所、酒吧、餐厅和商店的当代艺术中心，每年吸引超过100万游客。这里提供各种各样的艺术服务，从大名鼎鼎的戏剧作品、喜剧演出到儿童剧场，甚至还有婚礼服务。该中心收藏了300幅L.S.洛利（LS Lowry；1887~1976年）创作

的都市人文景观杰作，他出生于附近的小镇斯特雷福德（Stretford），该艺术中心就是以他的名字命名的。

🏃 活动

Three Rivers Gin　　　　　　　导览团队游

（☏0161-839 2667；www.manchesterthreerivers.com；21 Red Bank Parade；£95；◎周四至周六 19:30，周六和周日 13:00）这家获得无数赞誉的曼彻斯特小型酿酒厂每周都会开展几次团队游游览，让游客们能够参观酿酒厂的工作间。其长达3小时的"杜松子酒体验"从曼彻斯特饮酒历史开始，讲述这座城市与杜松子酒的关联，品尝各种以杜松子酒为基底的鸡尾酒，最后的高潮是亲自动手进行植物萃取获得自己专属的1升杜松子酒带回家。

酒厂位于曼彻斯特维多利亚车站北边的铁路拱洞下。如果你不想花钱参观，又想尝尝味道，遍布城内大街小巷的酒吧都可以找到酒厂的产品，包括主打杜松子酒的Impossible。

值 得 一 游

惠特沃斯美术馆（WHITWORTH ART GALLERY）

曼彻斯特第二重要的美术馆（☏0161-275 7450；www.whitworth.manchester.ac.uk；University of Manchester, Oxford Rd；◎周五至周三 10:00~17:00，周四至21:00；🚌在皮卡迪利花园乘坐15路、41路、42路、43路、140路、143路或147路）**免费** 经过修整后，至少在外观上可以说是首屈一指了——侧楼和后楼的开放式展出空间扩大了一倍，还修建起玻璃步道。馆内收藏着众多英国水彩画，这是伦敦之外的最佳历史收藏，展厅里陈列着从丢勒和伦勃朗，到卢西安·弗洛伊德和大卫·霍克尼等名家的作品。

除了这些艺术珍品，你会发现美术馆里另一个有趣的地方，就是专门陈列各种壁纸的几个房间——绝对扩充了你对家庭装修的壁纸的认识，可不仅仅有清淡柔和或者可怕的花朵图案。庭院里还有一家可爱的咖啡馆。

👉 团队游

Manchester Guided Tours
步行游览

(☎07505 685942; www.manchesterguidedtours.com; £10; ⏰11:00)每天开展的徒步团队游将带领游客参观这个城市的主要景点(11:00从中央图书馆出发),包括曼彻斯特大教堂和皇家交易所等。此外也有其他不同主题的团队游,例如Cottonopolis(了解曼彻斯特的工业遗产)、John Ryland Library团队游以及前往迪兹伯里(Didsbury)和Chorlton等偏远郊区的团队游等。

New Manchester Walks
步行游览

(☎07769 298068; www.newmanchesterwalks.com; £8~10)多项团队游的完整内容覆盖了曼彻斯特独具个性的方方面面,从音乐到历史,从政治到酒馆等。这里还有与一些足球相关的徒步游,以及五花八门的"古灵精怪"徒步游,主题从维多利亚饮食习惯到Strangeways监狱的历史等。出发地点各不相同。

🎉 节日和活动

曼彻斯特日
艺术节、游行

(Manchester Day; http://manchesterday.co.uk; ⏰6月中旬)庆祝曼彻斯特一切值得庆祝的事物(仿照纽约的感恩节大游行):在城中心的三座广场举办50台演出,最后的高潮是一场色彩缤纷的大游行。

另辟蹊径

曼彻斯特警察博物馆

曼彻斯特城市里最守口如瓶的秘密之一,就是这座非同一般的博物馆(Manchester Police Museum; ☎0161-856 4500; www.gmpmuseum.co.uk; 57a Newton St; ⏰周二 10:30~15:30)免费,位于一栋维多利亚时代的前警察局内。原来的建筑气势如虹地(也许有点诡异)重新焕发出活力,你可以在19世纪的牢房里进进出出,想象囚犯们曾经躺在木枕上睡觉;参观一间历史可追溯到1895年的治安法庭,了解从前的历史案例和在此受审的一些臭名昭著的名字(包括面部照片和犯罪武器照片等)。

曼彻斯特国际艺术节
艺术节

(Manchester International Festival; ☎0161-238 7300; www.mif.co.uk)该艺术节每两年举办一次,为期3周,主要呈现视觉艺术、表演和流行文化的新作品。近年来参加该活动的知名艺术家包括达蒙·奥尔本(Damon Albarn)、玛丽娜·阿布拉莫维奇(Marina Abramović)、比约克(Björk)和史蒂夫·麦奎因(Steve McQueen)等。2020年还将迎来The Factory的建成,这是一座全新多媒体艺术场馆,将成为节庆活动的主要场地。

★ 曼彻斯特同性恋骄傲节
LGBT

(Manchester Pride Festival; ☎0161-831 7700; www.manchesterpride.com; ⏰8月下旬; 🚇Piccadilly Gardens)英格兰规模最大的同性恋、双性恋和跨性别者的庆祝活动之一,在8月末的公共假期周末举办,为期3天。节日活动包括歌舞(the Big Weekend);辩论、电影、演讲和社区项目(the Superbia Weekend);一场盛大的游行;以及最后一晚为所有HIV去世者点亮蜡烛的感人的烛光守夜活动。

曼彻斯特饮食节
餐饮

(Manchester Food & Drink Festival; www.foodanddrinkfestival.com; Albert Sq; ⏰10月)曼彻斯特顶级的飨餮盛事,大家争相展示自己的美食。在10月初举办,为期10天。农夫市集、"快闪"餐厅和美食活动只是这个全英最大的城市美食节的部分亮点。许多活动都在市政厅前的Albert Square举办。

🛏 住宿

Hatters
青年旅舍

(☎0161-236 9500; http://hattersgroup.com; 50 Newton St; 铺/标单/双 £20/40/56起; 🅿@🛜; 🚇市中心各路)老式电梯和陶瓷洗手池是曾经的女帽厂留下的唯一印记。现在这里是城内最好的青年旅舍之一。位置无可挑剔,就位于北城区(Northern Quarter)中心,你不用走太远就可以感受到最棒的另类曼彻斯特。

Manchester YHA
青年旅舍

(☎0345371 9647; www.yha.org.uk; Potato Wharf; 铺/双 £15/65起; 🅿@🛜; 🚇Deansgate-

Castlefield）这座特地建造的运河畔青年旅舍位于凯瑟菲尔德地区（Castlefield），是全国最佳青年旅舍之一。这里的4人间和6人间均配有独立卫生间，还有3间双人间，设备齐全，是你绝佳的选择。旅舍所在的Potato Wharf就位于Liverpool Rd左侧。

Roomzzz 公寓 ££

（☎0161-236 2121; www.roomzzz.co.uk; 36 Princess St; 房间 £100起; ❄@☎; ☐市中心各路）躲在不怎么高雅的店名背后的，是一座由二级保护建筑改建的设计独特的美丽寓所。该服务公寓的特点是配有厨房和最新的连接设备，包括流畅的iMac电脑和里里外外免费的Wi-Fi。楼下有一间小食品储藏室出售食品。如果你计划长住一段时间的话，强烈推荐在这里下榻。这家公寓还有一间新的分店（Exchange Sq; 房间 £119起; ☐Exchange Square），位置就在玉米交易所（Corn Exchange）。

Malmaison 酒店 ££

（☎0161-278 1000; www.malmaison.com; Piccadilly St; 房间 £110起; ❄@☎; ☐市中心各路, ☐Piccadilly Gardens）空间内充满了红色天鹅绒和深紫色元素，加上装饰艺术风格的铁艺和标志性的黑白瓷砖，装修时髦至极。Malmaison曼彻斯特店延续了该连锁酒店一贯的古怪设计风格和对酷炫的追求，当然也绝不以牺牲舒适度为代价，总之这些房间棒极了。

ABode 酒店 ££

（☎0161-247 7744; www.abodehotels.co.uk; 107 Piccadilly St; 房间 £100起; ❄@☎; ☐市中心各路; ☐Piccadilly Gardens）酒店由一家纺织厂改建而成。工厂原有的设备被成功融入了61间客房中，这些客房被分为4类：舒适型、享受型、艳丽型和5层的华丽型，奢华程度递增，最后一类包括5间十分时髦的顶层套房。

Cow Hollow 精品酒店 ££

（☎07727 159727; www.cowhollow.co.uk; 57 Newton St; 房间/套 £120/140起; ☎; ☐市中心各路）酒店坐落在一栋19世纪的编织工厂内，空间紧凑，但魅力丝毫不减。16间舒适的客房拥有原始的横梁、砖墙和华丽的浴室；其中一些在装饰中融入了原有的机械设备。一些豪华细节包括Hypnos床、鹅绒被以及每天傍晚的免费普罗塞克酒和小吃。前台位于地面层的酒吧内。

★King Street Townhouse 精品酒店 £££

（☎0161-667 0707; www.eclectichotels.co.uk; 10 Booth St; 房间/套 £225/£335起; ❄@☎; ☐市中心各路）这座美丽的1872年意大利文艺复兴风格的前银行建筑，如今变成了一家精致的精品酒店，设有40间客房，从舒适型到套房不等。家具是古典优雅和当代风格的完美结合。顶层有一间小型水疗室，带有一个可以远眺市政厅的无边泳池；楼下则是一间漂亮的酒吧兼餐厅。

Velvet Hotel 精品酒店 ££

（☎0161-236 9003; www.velvetmanchester.com; 2 Canal St; 房间 £140起; ☎; ☐市中心各路）有19间美丽的定制房，风格鲜明：24号房有雪橇床，34号房有双人浴缸，还有大卫·贝克汉姆（David Beckham）衣衫半解的性感照片（毕竟这里是同性恋村嘛）。撇开诱人的装饰和地理位置不谈，这家酒店不仅吸引同性恋人群，同样受到非同性恋游客的欢迎。

Great John Street Hotel 酒店 £££

（☎0161-831 3211; www.eclectichotels.co.uk; Great John St; 房间 £160起; P❄@☎; ☐2路、3路至科学与工业博物馆）高雅奢华的设计感？有。华丽而富有趣味的房间（包括埃及棉床单、高级的洗漱用品、独立浴缸和许多高科技电器）？有。这家酒店原来是一所校舍，小则小矣，但还很不错。装饰艺术风格的大厅和妙的卧室均是品位和奢华的代表。要是学校都能给我留下这样温暖舒适的记忆该多好。

🍴 就餐

Rudy's 比萨 £

（www.rudyspizza.co.uk; 9 Cotton St, Ancoats; 比萨 £4.90~8.90; ⏱周一至周五 正午至15:00和17:00~22:00, 周六 正午至22:00, 周日 至21:00; ☐Piccadilly Gardens）城里最棒的比萨饼店，很难找到桌子（写下名字然后开始排队等待），但绝对值得期待。这里用料讲究，自己发面，使用恰到好处的San Marzano西红柿以及fior di latte马苏里拉奶酪，制作的比萨饼连那不勒斯人都会赞不绝口。在Peter St还有一家分店。

Northern Soul Grilled Cheese　三明治 £

（www.northernsoulmcr.com; 10 Church St; 主菜 £4~7; ⊘周日 11:00~18:00, 周一至周三 至20:00, 周四至周六 至21:00）这家店凭借黏糊糊的烤奶酪小吃在美食洼地曼彻斯特北城区开辟出一片天地，是享用经济实惠餐点的好地方。这里自诩为"精品美食"，但其所在的临时小屋或者亲民的价格似乎都跟"精品"二字沾不上边儿。菜单上有各种各样的奶酪三明治，以及美味浓郁的奶酪通心粉和奶昔。

Richmond Tea Rooms　咖啡馆 £

（☎0161-237 9667; www.richmondtearooms.com; Richmond St; 主菜 £5~8, 下午茶 £10.50~24.95; 圖市中心各路）如果疯帽（《爱丽斯漫游仙境》中的帽匠）要在曼彻斯特开一场茶饮派对，那么一定会选择这家奇妙随意的茶室，里面有许多古典家具和看似是糖衣蛋糕的彩色柜台。店里主打三明治和简餐，但是真正吸引人的却是精选下午茶，以及手指三明治、司康饼和蛋糕等。

Bundobust　印度菜 £

（☎0161-359 6757; www.bundobust.com; 61 Piccadilly; 菜肴 £3.75~6.50; ⊘周一至周四 正

不要错过

维多利亚浴场

维多利亚浴场（Victoria Baths; ☎0161-224 2020; www.victoriabaths.org.uk; Hathersage Rd, Chorlton-on-Medlock; 成人/儿童 £6/5; ⊘导览团队游 4月至10月周三14:00; 圖市中心乘坐50路或147路）在1906年开业时是英国高大上的浴场；这座二级保护的爱德华时期古典建筑尽管曾被废弃30年，但仍然保存了大部分的旧时辉煌。目前人们正在对这里的3个浴池、土耳其浴室以及金碧辉煌的新装饰风格内饰进行细致整修，监理托管组织每周三都会开展1小时的导览团队游，让大众更好地了解这个地方。

午至21:30, 周五和周六 至22:00, 周日 至20:00; ⊘; 圖市中心各路, 圖Piccadilly Gardens）这家利兹餐厅的分店主打各种印度街头素食食品和精酿啤酒。曼彻斯特分店的装修风格也一脉相承，包括门口的实木镶板等，但是这家地下室场地要比利兹餐厅大得多。不妨试试2道菜午间快餐（周一至周五 正午至16:00; £7）。

★ Rosylee　咖啡馆 ££

（www.rosylee.com; 11 Stevenson Sq; 主菜 £10~18, 2/3道菜套餐 £11.95/14.95; ⊘周一至周四 10:00~21:00; 周五至周六 至22:00, 周日 至20:00; 圖市中心各路）这座大气的茶室位于北城区中心，爱德华七世时期和乔治国王时期的典雅风格相互交融，其菜单包括各种英式经典菜肴，如啤酒黑线鳕、薯条以及牛排牛油布丁等。下午茶（£18.25或£25.25, 后者包括一杯香槟酒）品质一流。

★ Refuge by Volta　各国风味 ££

（☎0161-233 5151; www.refugemcr.co.uk; Oxford St; ⊘周一至周四 正午至14:45和17:00~21:00, 周五 至21:30, 周六 正午至21:30, 周日 正午至21:00; 圖市中心各路）曼彻斯特最时尚的餐厅占据了城内最棒的酒吧之一——The Refuge的一半空间。菜单由voltini组成，这是一种受从中东到韩国等全球烹饪风格影响而打造的分享菜肴（包括烤羊肉卷和韩国泡菜等），其灵感来源于餐馆老板兼DJ卢克·考德里（Luke Cowdrey）和贾斯汀·克劳福德（Justin Crawford; 他们也被称"the Unabombers"）的旅行经历。体验超凡。

★ Mackie Mayor　食品大厅 ££

（www.mackiemayor.co.uk; 1 Eagle St; 主菜 £9~15; ⊘周二至周四 10:00~22:00, 周五 至23:00, 周六 9:00~23:00, 周日 9:00~20:00; 圖市中心各路）这家经过修复的前肉类市场，如今摇身变为一个体验非凡的美食大厅，聚集着精心挑选的10家商户。Honest Crust的比萨超赞; Baohouse的猪腩包味道鲜美; Nationale 7让三明治变得不再普通; Tender Cow则有真正美味的牛排。大厅分为上下两层，设有公共餐桌。

Oast House　各国风味 ££

（☎0161-829 3830; www.theoasthouse.

uk.com; Crown Sq, Spinningfields; 主菜£11~18; ⓘ周一至周三和周日 正午至午夜，周四 至次日1:00，周五至周六 至次日2:00; 市中心各路）Spinningfields的这个主食餐厅外形酷似肯特郡的尖顶圆形烘房（一种用于烘干啤酒花的中世纪的窑），在2018年经过重修之后彻底改头换面，包括新增了一座用于户外就餐的庭院。品种丰富的菜单包括汉堡、烤肉串、牛排和户外烧烤炉制作的旋转烤鸡，不过你也可以选择美味的干酪火锅和精选的自制馅饼。

Mr Cooper's House & Garden　新派英国菜 ££

（https://mrcoopers.co.uk; Midland Hotel, 16 Peter St; 主菜£9.50~23; ⓘ周一至周六 正午至22:00，周日 13:00~22:00; St Peter's Square）罗伯·泰勒（Rob Taylor）精美呈现的菜肴堪称新派英国菜最美味和低调的选择。趣味盎然的菜品包括剑鱼排配日本毛豆和味噌酱，或者慢烤五花肉配意大利卷心菜。餐厅名字来自当地马车制造商，其房屋在米德兰酒店（Midland Hotel）建造之前曾位于此址。

San Carlo Cicchetti　意大利菜 ££

（www.sancarlocicchetti.co.uk; King St W, House of Fraser; 小盘菜£6.95~8.95; ⓘ周一至周五 8:00~23:00，周六 9:00起，周日 9:00~22:00; 市中心各路）明星厨师Aldo Zilli操刀设计了这家精致意大利餐厅的高级菜单。餐厅位于House of Fraser地面层。这里摒弃了常见的大份肉菜，推出各种称为cicchetti的小份菜。松露和羊乳干酪饺非常美味。早餐也供应常规鸡蛋菜肴。

★ 20 Stories　英国菜 £££

（0161-204 3333; https://20stories.co.uk; 1 Spinningfields, Hardman Sq; 主菜£15~27; ⓘ周一至周四 正午至14:45和17:30~22:15，周五至周六 正午至15:45和17:30~22:30，周日 正午至15:15和17:30~20:45; 市中心各路）2018年最受期待的新店就是这座位于20层高楼上的楼顶餐厅，由当地明星厨师Aiden Byrne（Manchester House从前的大厨）打理。风景优美，菜肴非凡，彰显了Byrne拿手的极致优雅、朴实无华的烹饪特色。有一带火塘和烧烤架的户外露台，供应可口的汉堡和炸鱼薯条。

Adam Reid at The French　新派英国菜 £££

（0161-932 4198; www.the-french.co.uk; Midland Hotel, 16 Peter St; 4/6/9道菜套餐£45/65/85; ⓘ正午至13:30和18:30~21:30; St Peter's Square）Adam Reid的精致新派英国菜被认为是曼彻斯特的餐饮亮点之一，特别是如果你选择餐厅三品尝套餐其中之一。房间光线昏暗，氛围温馨，背景音乐是独立摇滚，但食物却精细考究且摆盘精美。强烈推荐预订。

Hawksmoor　牛排 £££

（0161-836 6980; www.thehawksmoor.com; 184-186 Deansgate; 牛排£19~36; St Peter's Square）让伦敦肉食爱好者们垂涎欲滴的牛排馆于2017年在曼彻斯特开设了分店，绝对不让人失望。在二级保护名录的法院楼房内，环境好得让人惊叹，每样元素都精心组合在一起，营造出地道的20世纪30年代风格氛围。牛排（可称重）味道完美，小菜也非常棒。

Manchester House　新派英国菜 £££

（www.manchesterhouse.uk.com; Tower 12, 18-22 Bridge St; 主菜£37, 10/14道菜品尝套餐£70/95; ）曼彻斯特最著名的餐馆在厨师长Aiden Byrne离开后如何生存？还好Nathan Tofan一力承当，凭借超凡的厨艺顺利接过了重任。当年Byrne在设计曼彻斯特风味的分子美食菜单时，他就是Byrne的高级助手，如今已经将简化版的Blumenthal和Adrià做出了自己的特色。提前订位。

🍷 饮品和夜生活

★ Refuge　酒吧

（0161-233 5151; www.refugemcr.co.uk; Oxford Rd; ⓘ周一至周三 8:00至午夜，周四 至次日1:00，周五至周六 至次日2:00，周日 至23:30; 市中心各路）酒吧所在地是曾经的Refuge Assurance Building大楼维多利亚哥特风格的首层，这不仅仅是曼彻斯特最漂亮的酒吧，而且也可以算是最酷的酒吧——一切都得益于创意总监二人组、DJ兼餐厅老板卢克·考德里和贾斯汀·克劳福德的独特审美。他们同时也经营着西北地区最棒的夜店Homoelectric。

★ Homoelectric 夜店

（www.twitter.com/homoelectric；The Refuge, Oxford Rd；⊙周六 定期22:00至次日4:00；⊠市中心各路）2018年，人们见证了曼彻斯特的传奇俱乐部重新焕发活力，如同宣传语所说的"永不停歇的异域风情迪斯科舞曲，欢迎同性恋、异性恋、女同性恋和性取向不明者"。在传奇DJ组合"the Unabombers"（卢克·考德里和贾斯汀·克劳福德）的带领下，（大约）每个月一次的俱乐部之夜在Refuge的地下室举行，就是考德里和克劳福德经营的酒吧兼餐厅。查看Twitter以了解具体信息。

Cloudwater Barrel Store Tap Room 啤酒厂

（www.cloudwaterbrew.co；Arch 13, Sheffield St；⊙周四 16:00~21:00，周五14:00~22:00，周六正午至22:00，周日正午至20:00；⊠Piccadilly）在曼彻斯特皮卡迪利火车站（Piccadilly Station）后方拱洞内的仓库里，摆着两层啤酒桶，设有简单的座位，氛围独特的品酒室供应完美的啤酒。Cloudwater是英格兰口碑最好的微型酿酒厂之一，这间啤酒屋还供应干啤，并且销售罐装啤酒，令粉丝们心满意足。

Fac251 夜店

（☎0161-272 7251；www.factorymanchester.com；112-118 Princess St；£1~6；⊙周一至周六23:00至次日4:00；⊠市中心各路）这家夜总会位于托尼·威尔森创办的Factory Records前总部，是城内最受欢迎的场地之一。3个房间都有广泛的音乐吸引力，从鼓和贝斯到"摩城"节奏和独立摇滚，每个人都能找到自己的所爱，从周一的Quids In（面向学生）到周六的the Big Weekender（商业节奏和布鲁斯）。

Peveril of the Peak 酒馆

（☎0161-236 6364；127 Great Bridgewater St；⊙11:00~23:00；⊠Deansgate-Castlefield）曼彻斯特众多漂亮的维多利亚酒馆中最好的一间。留意外墙上美丽的釉面瓷砖。

Britons Protection 酒馆

（☎0161-236 5895；50 Great Bridgewater St；⊙周--至周四 正午至午夜，周五和周六 至次日1:00，周日 至23:00；⊠Castlefield-Deansgate）这家地道的英国酒吧有300多种威士忌（加入咖啡和蜂蜜的Cu Dhub "黑威士忌"是真正的特色），听着就很伤肝吧。店里同时还提供家常菜（腌猪腿、馅饼等）。这家老式酒馆的里屋有开放式的壁炉，氛围舒适惬意，寒冷的夜晚待在这里再好不过了。

Odd 酒吧

（☎0161-833 0070；www.oddbar.co.uk；30-32 Thomas St；⊙周日至周三 11:00至午夜，周四至次日1:00，周五和周六 至次日2:00；⊠Piccadilly Gardens）这是一家别具一格的小酒吧，有古怪的家具陈设、怪异的音乐和一群反正统的顾客。北城区这家特立独行的酒吧对日渐同质化的现代酒吧而言是一剂完美的解药，也是曼彻斯特值得珍惜保护的一部分。

Lily's Bar 鸡尾酒吧

（☎0161-714 0414；www.1761mcr.co.uk；2 Booth St；⊙正午至午夜；⊠；⊠市中心各路）这家地下室香槟酒吧位于1761年的餐厅内，以伯林格夫人（Madame Bollinger）的昵称"Aunt Lily"（莉莉阿姨）命名，但是除了销售法国香槟之外，酒吧与她本人并无关联。这里的环境如同地下酒吧，设有长靠椅、深褐色的电影投影幕以及巨大的鱼缸（是的，没听错）。

North Tea Power 咖啡馆

（☎0161-833 3073；www.northteapower.co.uk；36 Tib St；⊙周一至周五 8:00~19:00，周六9:00起，周日 10:00~18:00；⊠）虽然店名中有"茶"，但是这家咖啡馆的内饰却充分显示出它作为一家咖啡商店的存在感。它是曼彻斯特最早投身手工咖啡浪潮的店家之一，设有必不可少的公共餐桌、工业风格的柱子和敲着Macbook的白领们。除了奶咖、Aero Press和手冲咖啡，菜单上还有各种散装茶叶、蛋糕和全天早餐品种可供选择。

Port Street Beer House 精酿啤酒

（www.portstreetbeerhouse.co.uk；39-41 Port St；⊙周日至周五 正午至午夜，周六至次日1:00；⊠Piccadilly Gardens）艾尔啤酒爱好者会爱上北城区的这处酒吧。这里有七种手打鲜啤、18条干啤线，以及来自世界各地的100多种啤酒，包括无麸麦芽酒和一些重口味的啤酒：Brewdog的Tactical Nuclear Penguin是酒精度达到32%的烈性黑啤（stout），价格高达每瓶£45，让你不会想要第二瓶。定期举办品酒和酒头接管活动。

Black Dog Ball room　　　　　　　酒吧

（☏0161-839 0664；www.blackdogballroom.co.uk；52 Church St；◷周一至周五和周日 正午至次日4:00，周六 至次日5:00；▣；▣市中心各路）这家位于地下室的酒吧有一种非法经营的氛围，但在这里喝酒没有丝毫违法之处。精选鸡尾酒棒极了（偶尔还会举办调酒课程），气氛总是热闹嘈杂，但是音乐很赞也很响——周四到周六晚上都会有驻场DJ带来非常美妙的音乐。

☆ 娱乐

★ HOME　　　　　　　　　　　　艺术中心

（☏0161-200 1500；www.homemcr.org；2 Tony Wilson Pl, First St；门票£5~20；◷售票处 正午至20:00，酒吧 周一至周四 10:00~23:00，周五至周六 至午夜，周日 11:00~22:30；▣市中心各路）英国最棒的艺术中心之一，有两座剧院空间，在不同的舞台布景上演前卫的艺术新作。五块电影屏幕放映最新的独立电影以及经典老电影。此外还有一间地面层酒吧和一间咖啡馆，在1层供应精致美食。

Bandon the Wall　　　　　　　现场音乐

（☏0161-834 1786；www.bandonthewall.org；25 Swan St；◷17:00至深夜；▣市中心各路）一流的场地，演出内容从摇滚乐到世界音乐，间或有爵士乐、蓝调和民谣表演。

Ruby Lounge　　　　　　　　　现场音乐

（☏0161-834 1392；www.therubylounge.com；28-34 High St；门票£8~10；◷正午至午夜，夜店 23:00至次日3:00；▣Exchange Square）北城区极佳的现场音乐场地，以摇滚乐队演出为主。这里会非常吵。在乐队表演之后，通常还会举行一场通宵达旦的夜店之夜。

Deaf Institute　　　　　　　　现场音乐

（www.thedeafinstitute.co.uk；135 Grosvenor

参观球队主场团队游

曼彻斯特联队博物馆和团队游（Manchester United Museum & Tour；☏0161-826 1326；www.manutd.com；Sir Matt Busby Way；团队游 成人/儿童 £18/12；◷博物馆 周一至周六 9:30~17:00，周日 10:00~16:00，团队游 每10分钟1次，周一至周六 9:40~16:30，周日 至15:30，比赛日停止接待；▣Old Trafford或Exchange Quay）即使你不是这个世界著名足球俱乐部的球迷，这座能够容纳超过75,000人的老特拉福德球场（Old Trafford）也一定会给你留下深刻的印象，如果你是曼联球迷，那就更好不过了。跟随博物馆团队游，你可以沿着球员通道走到场边，在这片球场，曼联队的超级巨星们尽情展示着过人的足球天赋。

其他亮点还包括在看台上坐一坐、去更衣室参观，还可以去球员休息室一探究竟（除非受球员邀请，否则连经理人都禁止入内），对于曼联球迷来讲，这绝对是令人欣喜若狂的经历。馆内有丰富的球队历史资料，还有应用最新科技的点播系统，你可以重温自己最喜欢的进球画面。

曼彻斯特城市体育场团队游（Manchester City Stadium Tour；☏0161-444 1894；www.mcfc.co.uk；Etihad Campus；团队游 成人/儿童 £17.50/12；◷周一至周六 9:00~17:00，周日 10:00~16:00，比赛日停止接待；▣Etihad Campus）在这段90分钟的曼城队球场团队游期间，你将参观主队和客队更衣室（不妨留意二者的巨大区别）、场边球员休息区、媒体室，以及VIP客人们在比赛日观看队员们进场的Tunnel Club（通道俱乐部）。其他团队游则将体育场与旁边的学院打包到一起。在线预订可享优惠价格。

团队游的行程还包括参观奖杯陈列室，2018年这里新增加了一座英超联赛冠军奖杯，这是2012年以来球队赢得的第三次冠军，也是在世界上最知名的足球教练——卡塔兰·约瑟普·瓜迪奥拉执教期间拿下的第一个冠军。

St；⏰10:00至午夜；🚇市中心各路）这里过去是听障者机构，如今设有极棒的中型场地，地下室还有一个小型场地，地面层有个咖啡馆。你会在这里欣赏到数十支当地乐队带来的摇滚和流行音乐，我们保证你此前从未听说过（偶尔还会遇到到此巡演的乐队）。

Soup Kitchen
现场音乐

（http://soup-kitchen.co.uk；31-33 Spear St；£3~5；⏰周一至周三和周日 正午至23:00，周四至次日1:00，周五和周六 至次日4:00；🚇Market Street）白天是一处典型的北城区食堂式咖啡馆，但是夜幕降临后就摇身变为城里欣赏现场音乐的顶级去处。巡演的独立音乐人都会在此登台演出。乐队表演结束后，DJ会接管场地，经常通宵达旦到清晨6:00才散场。

🛍 购物

Oi Polloi
服装

（www.oipolloi.com；63 Thomas St；⏰周一至周六 10:00~18:00；🚇市中心各路）除了令人影响深刻的休闲鞋系列，这家时髦的精品店还有众多设计师品牌，包括A Kind of Guise、LA Panoplie、Nudie Jeans Co和Maison Kitsuné等。

Tib Street Market
市场

（📞0161-234 7357；Tib St；⏰周六 10:00~17:00；🚇市中心各路）生机勃勃的本土设计师在这里得到了展示自己作品的机会。在这个每周举办的集市里，你可以买到所有东西，从钱包到内衣，从帽子到珠宝。

Oxfam Originals
古着

（Unit 8, Smithfield Bldg, Oldham St；⏰周一至周六 10:00~18:00，周日 正午至17:00；🚇市中心各路）如果你喜欢复古，这家极好的店铺以20世纪60年代和70年代的优质服装。购物时记着这样做（二手购物）是善举。

ℹ 实用信息

旅游局（www.visitmanchester.com；1 Piccadilly Gardens；⏰周一至周六 9:30~17:00，周日 10:30~16:30；🚇Piccadilly Gardens）大多采用自助式服务，提供帮助引导游客的宣传册和交互式地图。

ℹ 到达和离开

飞机

曼彻斯特机场（Manchester Airport；📞0808-1697030；www.manchesterairport.co.uk）机场位于城南12英里处。

长途汽车

National Express（📞08717 81 81 81；www.nationalexpress.com）有从**长途汽车站**（Chorlton St）发车前往大多数主要城市的车次，目的地包括：

利兹 £5.20，1小时，每小时1班

利物浦 £7.10，1.5小时，每小时1班

伦敦 £14.10，4.25小时，每小时1班

火车

曼彻斯特皮卡迪利火车站（Piccadilly Gardens东边）是乘坐火车前往英国其他铁路干线城市的主要站点。然而要去布莱克本（Blackburn）、哈利法克斯（Halifax）和哈德斯菲尔德（Huddersfield）等西北部目的地的话，则要去国家足球博物馆北面的维多利亚车站（Victoria station）乘车，该站也有火车前往利兹和利物浦。两个火车站间由Metrolink连接。非高峰时段的票价会便宜很多。目的地包括：

布莱克浦沙滩 £17.70，1.25小时，每半小时1班

利物浦莱姆街（Liverpool Lime St）£11.40，45分钟，每半小时1班

伦敦尤斯顿（London Euston）£85.90，3小时，每天7班

纽卡斯尔 £69.50，3小时，每天6班

ℹ 当地交通

抵离机场

公共汽车 £4.20，30分钟，每20分钟1班前往皮卡迪利花园（Piccadilly Gardens）

Metrolink £4.20，40分钟，每12分钟1班；在Cornbrook或Firswood换乘前往市中心

出租车 £20~30，25~40分钟

火车 £5，20分钟，每10分钟1班至皮卡迪利火车站

公共汽车

Metroshuttle有三条不同的免费线路，环绕曼彻斯特中心城区运行，每10分钟1班。你可以在旅游局领一份地图。大多数当地的公共汽车从皮卡迪利花园出发。

Metrolink

维多利亚车站和皮卡迪利火车站之间最便利的交通方式是**Metrolink**(www.metrolink.co.uk)轻轨电车,轻轨更远还可以到达萨尔福德码头、迪兹伯里以及其他郊外地区。轻轨电车还往返机场,不过你需要在Cornbrook或Firswood换乘。轻轨电车于6:00~23:00在城内各地运行,每几分钟1班。你可以在站台的购票机上买票。

火车

凯瑟菲尔德地区的迪恩斯盖特车站(Deansgate station)有前往皮卡迪利火车站、Oxford Rd车站和萨尔福德车站的城郊线路火车。

切斯特(CHESTER)

☎01244/人口 118,200

切斯特的都铎和维多利亚风格中心城区被誉为英国最美丽的城镇中心之一。这些黑白木结构房屋和红色砂岩建筑被古罗马时代城墙围在城中,一直是英格兰西北部最热门的旅游景点之一。

在十字形布局的历史城镇中心之外,切斯特是个平凡的宜居城市。现在或许很难看出,但在中世纪,切斯特作为西北部最重要的港口欣欣向荣。然而随着迪河(River Dee)的日渐淤塞,切斯特的重要性落到了利物浦之后。

◉ 景点和活动

★ 城墙(City Walls) 地标

如果想感受切斯特的独到之处,沿着环绕着历史城镇中心的城墙(2英里长)走一圈不失为一个好方法。城墙最早于公元70年由古罗马人建造,在接下来的几个世纪里经历了多次规模变化,但从大约1200年开始就基本保持在目前所在的位置上了。游客中心的宣传册《沿切斯特城墙漫步》(*Walk Around Chester Walls*)是很好的指南,你还可以参加90分钟的导览徒步游。

在城墙的诸多特色中,最引人注目的是著名的**东城门**(Eastgate),在这里你可以看到名气仅次于伦敦大本钟的时钟,是为维多利亚女王1897年登基60周年钻禧庆典特制的。

在城墙的东南角有**许愿台阶**(wishing steps),是1785年加建的。据当地传说,如果你可以屏住一口气在这些凹凸不平的台阶上跑一个来回,你的愿望就会实现。

南城门被称为**桥门**(Bridgegate),因为它位于迪河老桥(Old Dee Bridge)的北端。在南城门里面有一家酒馆**Bear & Billet**(www.bearandbillet.com; 94 Lower Bridge St; ⊙正午至23:30),这是切斯特最古老的木结构建筑,建造于1664年,曾经是进城的收费站。

切斯特主教座堂 主教座堂

(Chester Cathedral; ☎01244-324756; www.chestercathedral.com; 12 Abbey Sq; ⊙周一至周六 9:00~18:00, 周日 13:00~16:00) 免费
切斯特主教座堂最初是一座本笃会修道院,建造在一座早期撒克逊教堂的遗址上,这座撒克逊教堂原是纪念圣韦堡(St Werburgh;切斯特的守护圣人)的,因1540年亨利八世颁布的解散令而关闭,但于第二年重新封为主教座堂。虽然大教堂被赋予了维多利亚风格的外观,但还是保留了不少12世纪的原建结构。你可以免费入内四处参观,但是**团队游**(成人/儿童 全景团队游 £8/6, 精华团队游 £6; ⊙全景团队游 每天 11:00和15:00, 精华团队游 周一至周二 12:30和13:15, 以及周三至周六 14:00和16:00)相当不错,他们会带你到钟楼顶上一览周围风光。

古罗马圆形大剧场 考古遗址

(Roman Amphitheatre; Little St John St) 免费 就在城墙外面,曾是一个可以容纳7000名观众的竞技场(全英最大)。一些历史学家认为,这里可能是亚瑟王圣殿(King Arthur's Camelot)的所在地,而他的骑士"圆桌"可能就是指这座圆形的建筑。目前发掘工作仍在继续。在夏季,这里偶尔会举办演出活动。

蓝色星球水族馆 水族馆

(Blue Planet Aquarium; www.blueplanetaquarium.com; 成人/儿童 £17/12.25; ⊙周一至周五 10:00~17:00, 周六和周日 至18:00; 🚌从Bus Exchange搭乘1路和4路)切斯特人做事从来不含糊,这家蓝色星球水族馆在1998年开业时就是当时英国最大的水族馆。馆内有十种鲨

Chester 切斯特

地图标注

- National Express Coach Station National Express 快车站
- 去Green Bough (1mi); Stone Villa (1mi)
- Canal St
- Watertower St
- George St
- St Oswald's Way
- Milton St
- Shropshire Union Canal 什罗普郡联合运河
- 去Artichoke (200m)
- King St
- Town Hall Bus Exchange 市政厅公共汽车枢纽
- Hunter St
- Abbey St
- Frodsham St
- Chester Royal Infirmary 切斯特皇家医院
- St Martin's Way
- Princess St
- Tourist Office 旅游局
- Northgate St
- St Werburgh St
- City-Rail Link Bus Stop A City-Rail Link 公交车站
- Foregate St
- 去Chester Backpackers (300m); 火车站(1mi)
- Bedward Rd
- Hamilton Pl
- Central Cross 中央十字
- Eastgate St
- Rows 街边廊
- St John St
- Vicar's La
- Union St
- National Express
- Watergate St
- Commonhall St
- Pierpont La
- Weaver St
- Bridge St
- Pepper St
- Little St John St
- Grosvenor Park 格罗夫纳公园
- Nuns Rd
- Greyfriars
- Whitefriars
- Nicholas St
- Roman Gardens
- Blackfriars
- Cuppin St
- Grosvenor St
- Albion La
- The Groves
- City Walls 城墙
- QUEEN'S PARK 女王公园
- Castle St
- Lower Bridge St
- The Roodee
- Roodee
- Agricola's Tower 阿格里克拉塔楼
- Chester Castle 切斯特堡
- Castle Dr
- River Dee 迪河
- Grosvenor Rd

鱼，你可以在70米长的自动步道上近距离观察。水族馆位于切斯特以北9英里处，M53公路通往利物浦方向的10号出口处。在线订票可享受10%的折扣。

格罗夫纳博物馆　　博物馆

（Grosvenor Museum；☎01244-972197；www.grosvenormuseum.co.uk；27 Grosvenor St；⊙周一至周六10:30~17:00，周日13:00~16:00）免费 这座杰出的博物馆有全英最全面的古罗马墓碑收藏，博物馆后面是一座保存良好的乔治国王时期的房屋，室内建有厨房、客厅、卧室和浴室。

Chester Boat　　乘船游览

（☎01244-325394；www.chesterboat.co.uk；Boating Station, Souters La, The Groves；团队游£7~20；⊙11:00~17:00）经营每小时出发1次的30分钟和2小时游船之旅（后者在周六和周日正午和14:30出发），沿着迪河上下游览，行程包括乘船参观美丽的伊顿庄园（Eaton Estate），那里是威斯敏斯特（Westminster）公爵和公爵夫人的宅邸家。登船点都设在名为Groves的河畔步道沿线。

Chester 切斯特

◎ **重要景点**
1 城墙 C4
2 街边廊 B3

◎ **景点**
3 切斯特主教座堂 B2
4 格罗夫纳博物馆 B4
5 古罗马圆形大剧场 C3

⊙ **团队游**
切斯特主教座堂团队游 .... (见3)
6 Chester Boat C4

◎ **住宿**
7 ABode Chester A4
8 Chester Grosvenor Hotel & Spa C2
9 Edgar House C4

◎ **就餐**
10 Joseph Benjamin B1
Simon Radley at the
    Grosvenor .... (见8)
The Kitchen .... (见13)
Twenty2 .... (见9)

◎ **饮品和夜生活**
11 Bear & Billet C4
12 Brewery Tap B4

◎ **娱乐**
13 Storyhouse B2

🛏 住宿

Chester Backpackers　　青年旅舍 £

(☎01244-400185; www.chesterbackpackers.co.uk; 67 Boughton; 铺/标单/双 £16/22/34起; ⊙前台仅 8:00~11:00和16:00~19:30; ☏)在典型的都铎式黑白建筑里有舒适的宿舍间和独立的房间，不错的松木床，还有一座漂亮的花园。房间小巧舒适。只需步行很短时间就可到城墙。前台每天只在特定的时间段营业。

★ Edgar House　　精品酒店 ££

(☎01244-347007; www.edgarhouse.co.uk; 22 City Walls; 房间 £105起)这家赞誉无数的住宿毫不掩饰其精致奢华。一栋乔治国王时期建筑，内有7间风格各异的客房——其中一些有独立浴缸和落地双扇玻璃门，外面就是一座优雅的露台。墙上装饰着漂亮的绘画，房内到处可以感受到房东的非凡审美品位。出众的Twenty2(www.restauranttwenty2.co.uk; 品尝套餐 £59; ⊙周三至周六 18:00~21:00，下午茶 周五至周日 正午至16:00)餐厅向非住客开放。

Stone Villa　　民宿 ££

(☎01244-345014; www.stonevillachester.co.uk; 3 Stone Pl, Hoole Rd; 标单/双 £60/85起; ⓅⓈ; 🚌从市中心乘坐9路)这栋建于1850年的美丽小别墅有口皆碑，拥有你所需要的一切。优雅的卧室、可口的早餐和热情好客的主人，都使这里成为镇上一流的住处。民宿距市中心大约1英里。你甚至可以租下整栋房子——可入住22人——费用为每晚£900。

ABode Chester　　酒店 ££

(☎01244-347000; www.abodechester.co.uk; Grosvenor Rd; 房间/套 £89/289起; Ⓟ❋☏)这家现代酒店有84间客房，均配有手工打造的Vispring床和带有强劲淋浴的漂亮浴室。房内有优质洗浴用品、平板电视和羊绒床品，处处流露出优雅气质。房间分为几类：舒适(Comfortable)、理想(Desirable)、令人羡慕(Enviable)、最令人羡慕(Most Enviable)以及绝佳(Fabulous)套房等。朝南的客房能看到Roodee赛马场。

★ Chester Grosvenor Hotel & Spa　　酒店 £££

(☎01244-324024; www.chestergrosvenor.com; 58 Eastgate St; 房间 £200起; Ⓟ@☏)黑白木结构的Grosvenor就位置和品质而言足以算作顶级酒店——就在东门时钟(Eastgate Clock)旁边，为住客带来五星级的愉悦体验。大堂里最醒目的无疑是由28,000片水晶组成的枝形吊灯；从这里可以前往配有雅致古典家具的超大客房。酒店里还有一间顶级水疗室(向非住客开放)以及一家米其林星级餐厅(见606页)。

不要错过

街边廊

除了城墙,切斯特的另一个精彩之处是**街边廊**(Rows),以中央十字(Central Cross)为中心,几条带走道的两层拱廊沿着街道向四个方向伸展出去。这种建筑是维多利亚式建筑和都铎式建筑(既有原始的也有模仿的)的巧妙结合,里面是一些非常棒的独立店铺。

街边廊的起源并不十分明确,但通常认为是古罗马城墙慢慢坍塌后,中世纪商人们在碎石壁旁建起了他们的店铺,而后来者又在他们的基础上加盖了自己的店铺。

🍴 就餐

The Kitchen 　　　　　　　　　　　黎巴嫩菜 £

(www.thekitchenstoryhouse.co.uk; Storyhouse, Hunter St; 主菜£8~9; ◎周一至周六 8:00~21:30,周日 9:30~21:00)餐厅位于切斯特全新的艺术中心Storyhouse(见本页)地面层,美味的头盘和其他小盘菜是店里的主打菜品。午间快餐(Express Lunch; £7.50)供应时间为正午至15:00,菜肴包括香辣鸡肉、南瓜和哈罗米芝士等。

Joseph Benjamin 　　　　　　　　新派英国菜 ££

(☏01244-344295; www.josephbenjamin.co.uk; 134-140 Northgate St; 主菜£11~18; ◎周二至周六 12:00~15:00,以及周四至周六 18:00~21:30和周日 正午至16:00)这家复合型餐厅是切斯特烹饪界一颗耀眼的明星。吧台和熟食台供应精心准备的本土菜肴,可以外带也可以堂食。好吃的三明治和可口的沙拉是外带菜单的主角,而较为正式的晚餐菜单则包含新派英国烹饪的经典菜肴。

Artichoke 　　　　　　　　　　　新派英国菜 ££

(www.artichokechester.co.uk; The Steam Mill, Steam Mill St; 主菜£14~17; ◎周一至周六 10:00~15:30和17:00~22:00,周日 10:00~20:00)什罗普郡联合运河(即如今的运河区)沿线有许多仓库改建的餐饮场所,这家咖啡馆兼酒吧就是其中之一。店里供应三明治、小吃和可口的主菜,比如海鳟配豌豆芥末奶油酱,以及脆皮油封鸭腿配土豆、培根和红叶卷心菜等。这里也是热门的饮酒场所。

★ Simon Radley at the Grosvenor 　　　　　新派英国菜 £££

(☏01244-324024; www.chestergrosvenor.com; 58 Eastgate St, Chester Grosvenor Hotel; 品尝套餐£99,点菜菜单£75; ◎周二至周六 18:30~21:00)Simon Radley'的正式餐厅(提前30分钟到店品尝饮料和开胃小菜)自1990年起就开始供应近乎完美的新派英国菜,当时获得的米其林一星评价一直保留至今。佳肴美馔让人叫绝,酒单也非常丰富。堪称英国最佳餐厅之一,但为什么不再拿下一颗米其林星星呢?需注意的是,必须着正装,且不接待12岁以下儿童。

🍷 饮品和娱乐

Brewery Tap 　　　　　　　　　　　　　　酒馆

(www.the-tap.co.uk; 52-54 Lower Bridge St; ◎正午至23:00,周五 至22:30)如果你在寻找城里最好的啤酒,那么艾尔啤酒促进组织(Campaign for Real Ale, 简称Camra)的狂热爱好者一定会向你推荐这家店。酒馆位于二级保护建筑的雅各布时期宴会厅内,共有七个酒头,轮番供应来自英国各地的优质啤酒。

★ Storyhouse 　　　　　　　　　　　　艺术中心

(☏01244-409113; www.storyhouse.com; Hunter St)这栋20世纪30年代的装饰艺术建筑已经被改造成一家获誉无数的现代艺术中心,内设两座剧场——800个座位的大剧院和150个座位的实验剧场——以及一座放映独立和艺术电影的电影院。地面层的黎巴嫩风味餐厅The Kitchen(见本页)非常不错。

ℹ️ 实用信息

旅游局(☏01244-402111; www.visitchester.com; Town Hall, Northgate St; ◎3月至10月 周一至周六 9:00~17:30,周日 10:00~17:00,11月至次年2月 周一至周六 9:00~17:00,周日10:00~16:00)提供游客咨询、住宿预订服务以及各种宣传册。

❶ 到达和离开

长途汽车
当地公交车从**市政厅公共汽车枢纽**(Town Hall Bus Exchange; Princess St)发车。**National Express**(☏08717 81 81 81; www.nationalexpress.com)长途汽车在Vicar's Lane停靠,对面就是古罗马圆形大剧场的游客中心。目的地如下:

伯明翰 £15.30,2小时,每天4班
利物浦 £9.20,45分钟,每天4班
伦敦 £33,5.5小时,每天3班
曼彻斯特 £7.60,1.25小时,每天3班

火车
火车站距离市中心约1英里,沿Foregate St和City Rd或Brook St走可达。持有火车票的乘客可以免费搭乘City-Rail Link公共汽车,该车来往于火车站和**Bus Stop A**(Frodsham St)之间。火车目的地如下:

利物浦 £7.30,45分钟,每小时1班
伦敦尤斯顿火车站 £85.90,2.5小时,每小时1班
曼彻斯特 £17.60,1小时,每小时1班

❶ 当地交通

市中心的大部分地区在10:30~16:30都封闭交通,因此自驾车可能会是个累赘。无论如何,这座城市很适合步行游览,而且大多数景点靠近城墙。有公交车定时开往动物园和水族馆。

利物浦(LIVERPOOL)

☏0151 / 人口 467,500

利物浦居民们对自己城市的热爱让人很难不为之动容。过去数十年来,这座城市一直被各种各样的社会弊病困扰,但居民们依然对它充满热爱,并且用众所周知的黑色幽默和对足球的狂热表达出来。

最糟糕的时刻已经成为过往,如今能够更明显地感受到这种热爱。城里最令人印象深刻的文化遗产多是利物浦还是英国第二大城市时的,这是许多利物浦人"Scousers"至今仍津津乐道的荣耀——当地人被称为"Scousers",源自一种水手们喜爱的鱼肉烩菜Scouse——不过,如今真正能够让他们心潮澎湃的却是正在开展的城市升级计划,一度破败不堪的市中心正蜕变为英格兰北部最宜居的城市之一。

历史

利物浦依靠奴隶、原材料和成品的三角贸易积累起了财富。从1700年起,船舶就开始将棉制品和武器装备从利物浦运往西非,并在那里交换奴隶,这些奴隶随后被带到西印度群岛和弗吉尼亚州,在那里再用来交换蔗糖、朗姆酒、烟草和棉花。

作为一个大型港口,这座城市吸引了数以千计的爱尔兰和苏格兰移民,凯尔特人的影响依然显著。然而在1830~1930年,有900万人从这里登船前往新大陆,主要是英格兰人、苏格兰人、爱尔兰人,也有瑞典人、挪威人和俄罗斯犹太人。

"二战"的爆发使利物浦的重要性重新显现出来。超过100万名美国士兵于诺曼底登陆前在此登临,这里的港口作为横跨大西洋补给线的西大门,再次发挥了巨大的作用。美国兵带来了最新的美国唱片,使利物浦成为第一个接触到新节奏和蓝调音乐的欧洲港口,最终催生了摇滚乐。不到20年,默西之声(Mersey Beat)就代表了英国流行乐,之后历史时刻来临——4个留着拖把头的利物浦人组成了一支噪音爵士乐队……

◉ 景点

主要景点包括位于市中心西边的艾伯特码头(Albert Dock)、时尚的Ropewalks区(位于Hanover St南面,两座大教堂的西面)。莱姆街车站、长途汽车站和披头士乐队歌迷的圣地——卡文区(Cavern Quarter)都在北边。

◉ 市中心

★ 利物浦大教堂   教堂

(Liverpool Cathedral; ☏0151-709 6271; www.liverpoolcathedral.org.uk; Upper Duke St; 塔楼体验 成人/学生 £5.50/4.50; ⊙8:00~18:00,塔楼体验 10:00~16:30; 🚌从市中心乘坐82路和86路)这座恢宏的新哥特式建筑不仅是全英国最大的教堂,也是世界上最大的圣公会大教堂。它由吉尔斯·吉尔伯特·斯科特爵士(Sir Giles Gilbert Scott;他还设计过红色电话亭)设计,如今依然被视为建筑奇观,其规模

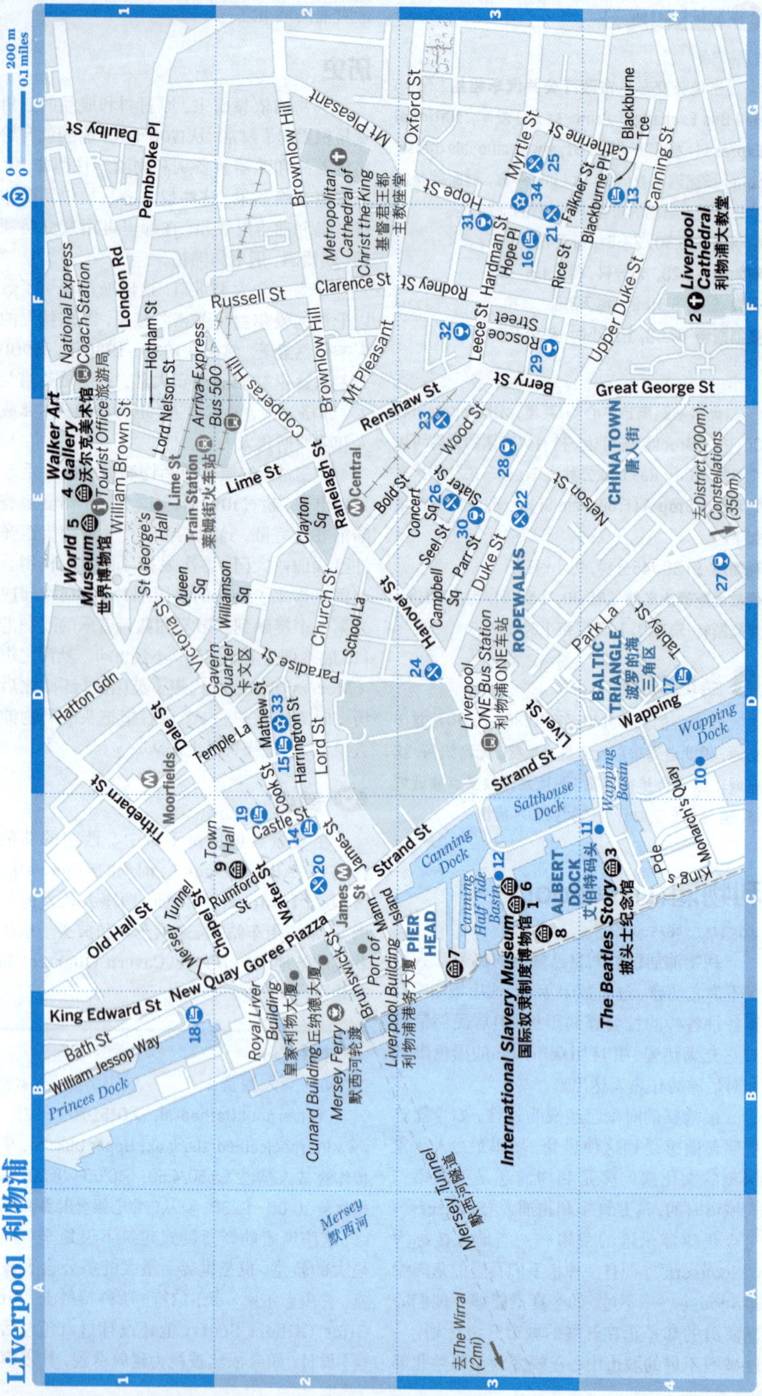

曼彻斯特、利物浦和英格兰西北部

利物浦

Liverpool 利物浦

◎ 重要景点
- **1** 国际奴隶制度博物馆..................C3
- **2** 利物浦大教堂..............................F4
- **3** 披头士纪念馆..............................C4
- **4** 沃克尔美术馆..............................E1
- **5** 世界博物馆..................................E1

◎ 景点
- **6** 默西赛德郡海事博物馆.............C3
- **7** 利物浦博物馆..............................C3
- **8** 泰特利物浦美术馆......................C3
- **9** 西部方案博物馆..........................C2

◎ 团队游
- **10** 披头士乐队成员童年故居团队游..............................D4
- **11** Magical Mystery Tour..............C4
- **12** Old Docks Tour.........................C3

◎ 住宿
- **13** 2 Blackburne Terrace..............G4
- **14** 62 Castle St..............................C2
- **15** Hard Days Night Hotel...........D2
- **16** Hope Street Hotel...................F3
- **17** Liverpool YHA.........................D4
- **18** Malmaison................................B1
- **19** Tune Hotel................................C2

◎ 就餐
- **20** Etsu...C2
- **21** HOST...F3
- London Carriage Works..........（见16）
- **22** Monro..E3
- **23** Mowgli Street Food................E3
- **24** Salt House................................D3
- **25** The Art School........................G3
- **26** Wreckfish.................................E3

◎ 饮品和夜生活
- **27** 24 Kitchen Street....................E4
- **28** Arts Club..................................E3
- **29** Grapes.......................................F3
- **30** Merchant..................................E3
- **31** Philharmonic...........................F3
- **32** Roscoe Head............................F3

◎ 娱乐
- **33** 卡文俱乐部..............................D2
- **34** Philharmonic Hall...................G3

令人惊叹的同时，却也不失亲近感。你可以登上塔楼，欣赏城市及周边的无限风光；如果天气晴好，你甚至能远眺55英里外的布莱克浦塔（Blackpool Tower）。

塔楼体验（Tower Experience）包括观看Great Space，这是一部关于大教堂历史的10分钟全景高清电影，讲述了大教堂1904年开建直到1978年完工的历史；还可以近距离观看Great George，世界上最重的套钟。内部空间十分空旷，但管风琴尤其值得关注，风琴管在唱诗班席对面的两个房间中间，总共有10,268根音管和200个音栓，极可能是世界上最大的可操作风琴。大教堂也收藏着许多艺术作品，包括西门（West Doors）上一幅由翠西·艾敏（Tracey Emin）创作的《为了你》（For You）：这是一组粉色的霓虹灯标志牌，上面写着："I felt you and I knew you loved me"（我感觉到你，我知道你曾经爱过我）。有导游可以提供团队游；建议捐赠£3。

★ 沃尔克美术馆
美术馆

（Walker Art Gallery；☎0151-478 4199；www.liverpoolmuseums.org.uk/walker；William Brown St；◉10:00~17:00；◻市中心各路）**免费** 这家市内顶尖的美术馆自诩为"北方的国家美术馆"，收藏有14世纪到21世纪杰出的艺术作品。最精彩的展品包括拉斐尔前派、现代英国艺术作品和雕塑，更不用提时常更换的当代艺术特展。美食馆也很适合举家前来参观，位于地面层的"小朋友的大艺术"画廊（Big Art for Little Artist）为8岁以下的儿童量身打造，包括许多互动展品和游戏，（希望）可以让小朋友对艺术产生终生的兴趣。

★ 世界博物馆
博物馆

（World Museum；☎0151-4784399；www.liverpoolmuseums.org.uk/wml；William Brown St；◉10:00~17:00；◻市中心各路）**免费** 自然历史、科学和技术是这家利物浦最古老博物馆的主题。博物馆建成于1853年，展出品从活蹦乱跳的小昆虫到体质人类学收藏，应有尽有。这座极具娱乐性和教育性的博物馆分为五个主题层：从一层的水族馆到五层的天文馆。天文馆的展品覆盖了宇宙（月岩、望远镜等)和时间(钟表、从16世纪到20世纪60年代的计时器)等。强烈推荐。

西部方案博物馆
博物馆

(Western Approaches Museum; www.liverpoolwarmuseum.co.uk; 1-3 Rumford St; 成人/儿童 £10.50/9; ⊙周一至周二和周四至周日10:00~16:15; ⓟ市中心各路)在1941年2月7日至1945年8月15日，Derby House的地下室曾是大西洋海战时期实施"西部方案"(Western Approaches)的秘密指挥中心，其主要使命是监控敌军从大西洋进犯英伦群岛西部的情况。同盟国如迷宫一般的指挥中心仍保留了战争结束时的样子。精彩亮点包括极其重要的地图室，在这里你可以想象自己在玩真人版的《大战役》(Risk)。

◉ 艾伯特码头 (Albert Dock)

利物浦最大的旅游景点就是艾伯特码头，2.75公顷的水域被巨大的铸铁柱环绕，加上令人印象深刻的5层楼仓库建筑群，组成了英国最大的保护建筑群，而且已被列入《世界遗产名录》。一项优秀的再开发改造计划确实让这个码头焕发了生机。在这一带你会找到几家很不错的博物馆以及泰特美术馆分馆，还有一些上佳的餐厅和酒吧。

★ 国际奴隶制度博物馆
博物馆

(International Slavery Museum; ☎0151-478 4499; www.liverpoolmuseums.org.uk/ism; Albert Dock; ⊙10:00~17:00) **免费** 博物馆从本质上而言，是静止的过去，但是这座了不起的国际奴隶制度博物馆却能唤起观众对现实的共鸣。它以清晰而坚定的态度揭示了奴隶制难以想象的可怕，包括利物浦本身在三角奴隶贸易中所扮演的角色。展览应用了大量多媒体展示和其他方式，不怯于直面种族主义，亦不为这一非人道制度背后的意识形态做辩护。

奴隶制的历史通过一系列个人经历的描述变得栩栩如生，比如一份保存完好的航海记录和船长的日记，讲述了一艘贩奴船一次典型的从利物浦出发前往西非的贩卖之旅。在驶往大西洋与西印度群岛间可怕的"中间通道"之前，尽可能多的奴隶会被购买或绑架上船。那些熬过旅途折磨活下来的奴隶会被卖掉，换来蔗糖、朗姆酒、烟草和棉花，这些货物接着会被运回英格兰。展品包括当时的手铐脚镣、铁链和用来惩罚反抗奴隶的工具，一件比一件触目惊心。

泰特利物浦美术馆
美术馆

(Tate Liverpool; ☎0151-702 7400; www.tate.org.uk/liverpool; Albert Dock; 特展 成人/儿童 £6/5起; ⊙10:00~17:00; ⓟ市中心各路) **免费** 美术馆自诩为现代艺术的北方之家，收藏有众多20世纪艺术家的杰作，展品分布在4层楼内，此外还有伦敦泰晤士河畔泰特现代

利物浦一日游

将第一站定在艾伯特码头的**披头士纪念馆**：这里有对乐队四位成员的详细介绍，但是粉丝们不妨预约上午的团队游，前往**Mendips**和**20 Forthlin Road**，分别是约翰·列侬和保罗·麦卡特尼的儿时旧居；团队游从艾伯特码头出发。如果你并非披头士乐队的忠实粉丝，那么可以先去探访**国际奴隶制度博物馆**，然后回到城内，浏览让人叹为观止的**利物浦大教堂**(见607页)。午餐可以选择在**Salt House**(见614页)或**HOST**(见614页)用餐。

如果你还想多补充一点文化养分，那就继续去参观**沃尔克美术馆**或**世界博物馆**内非常神奇的自然科学展品。足球迷们当然不会错过游览安菲尔德球场和参观**利物浦足球俱乐部**(见616页)。至于晚餐，如果是很早以前就计划并预约好，可以前往**Restaurant Fraiche**(见615页)；否则不妨去**Wreckfish**(见614页)。

晚餐之后，记得先到**Philharmonic**(见615页)喝一杯，然后到街对面的**Philharmonic Hall**(见616页)看一场演出。如果你更向往刺激热闹，波罗的海三角区的夜店就是很好的选择：我们最喜欢的是**Constellations**(见616页)，那里总会有一些让人着迷的主题活动。

不要错过
(永不)顺其自然 [(NEVER) LET IT BE]

他们在半个世纪前解散，且有两名成员已经去世，但是披头士乐队对利物浦的意义不减反增。

大多数纪念地以小小的Mathew St为中心，它是卡文俱乐部的原址，也是"卡文区"的核心看点，更是当地毫不遮掩地消费披头士乐队声名的证明。你可以在Rubber Soul牡蛎吧大快朵颐，在From Me to You商店买乔治·哈里森的枕头套，然后把它套在酒店Hard Days Night Hotel（见613页）的枕头上（注：以上店名均为披头士乐队的歌名）。艾伯特码头的**披头士纪念馆**（Beatles Story; ☎0151-709 1963; www.beatlesstory.com; Albert Dock; 成人/儿童/学生 £15.95/9.50/12; ⊙9:00~19:00, 最晚入场 17:00; ⊜市中心各路）是游客最常去的纪念馆，但如果你真的想要了解关于披头士乐队的知识，我们强烈推荐你去参观国民托管组织管理的**Mendips**，那里是约翰在1945~1963年与他的姨妈同住的家；你还可以去参观**20 Forthlin Road**，这座朴素的联排小楼就是保罗长大的地方，想要参观必须预约**披头士乐队成员童年故居团队游**（Beatles' Childhood Homes Tour; NT; ☎0151-427 7231; www.nationaltrust.org.uk; Jury's Inn, 31 Keel Wharf, Wapping Dock; 成人/儿童 £23/7.25; ⊙3月至11月周三至周日 10:00、11:00、14:10和15:00）。

如果你更喜欢自己去的话，游客中心有《探索约翰·列侬的利物浦》（*Discover Lennon's Liverpool*）指南和地图，还有罗恩·琼斯（Ron Jones）的《披头士乐队的利物浦》（*The Beatles' Liverpool*）。

美术馆的巡展。但是这里的展品总体还是偏少，缺乏我们所期待的与世界闻名的泰特美术馆匹配的那种震撼力。

默西赛德郡海事博物馆　　博物馆

（Merseyside Maritime Museum; ☎0151-478 4499; www.liverpoolmuseums.org.uk/maritime; Albert Dock; ⊙10:00~17:00; ⊜市中心各路）**免费** 这座博物馆以世界上最伟大的港口之一的故事为主题，相信我们，这里的展览生动而引人入胜。其中一个出色展览是"新大陆的移民"（位于地下室），讲述了900万移民的故事和他们为了到达北美和澳大利亚所付出的努力。一艘可以走进去参观的典型船只模型展现了当时移民船上的艰苦条件。

利物浦博物馆　　博物馆

（Museum of Liverpool; ☎0151-478 4545; www.liverpoolmuseums.org.uk/mol; Pier Head; ⊙10:00~17:00; ⊜市中心各路）**免费** 你可以通过博物馆内关于城市文化和历史里程碑的互动性展示，来了解利物浦的传奇历史。这些重要事件涉及铁路、贫穷、财富、《布鲁克赛德》（*Brookside*; 20世纪八九十年代一部以利物浦为背景的肥皂剧，深受欢迎）、披头士和足球（15分钟的短片介绍了足球对这座城市的意义，绝对值得一看）。这样热切地想要讲述有关城市的所有故事，意味着展览不会太有深度，不过孩子们会很喜欢这里。

博物馆会不断引入新元素并举办临时展览，确保所有巡回展览都与当代的利物浦有关。近期的展览主题包括"利物浦与战争"（"二战"中"闪电战"的照片尤其让人印象深刻）以及"傲慢与偏见"，后者探讨了这座城市的LGBT身份认同。

☞ 团队游

★ 安菲尔德体育场团队游　　团队游

（Anfield Stadium Tour; www.liverpoolfc.com; Anfield Stadium; 体育场团队游 成人/儿童 £20/15; ⊙9:00~17:00, 比赛日除外; ⊜从利物浦ONE车站乘坐26路和27路，从Queens St车站乘坐17路）对利物浦足球俱乐部的粉丝而言，安菲尔德是一个特别的地方，这也体现在1小时自助语音导览的包含敬意的语调上。这条参观线路从新的主看台出发，向下到足球场边。沿途的看点包括主队和客队更衣室以及豪华的球员休息室等。

你还会参观新闻媒体间和主队场边休息

"三女神"建筑
(THE THREE GRACES)

艾伯特码头北部自18世纪60年代末期建造了石头码头以后，就被称为Pier Head。横跨默西河（River Mersey）的渡轮出发点至今依旧存在，当年，这里是几百万移民与他们的欧洲故土最后的连接点。

利物浦博物馆（Museum of Liverpool）无疑是令人印象深刻的建筑杰作，不过码头上最值得骄傲的还是三座被称为"三女神"（Three Graces）的爱德华七世时期风格建筑，它们可追溯到利物浦欣欣向荣的时期。利物浦港务大厦（Port of Liverpool Building）、丘纳德大厦（Cunard Building）以及皇家利物大厦，后者顶部装饰有利物浦的象征——著名的5.5米高的铜雕利物鸟（Liver Bird）。

区，经由新的"冠军步道"通道即可到达，在那里你可以触摸标志性的"This is Anfield"（这里是安菲尔德）标识。整个游览期间，不同参观点都有工作人员值守，随时准备回答问题，通常都会带着点幽默俏皮，从而让这段参观之旅成为球迷特别是孩子们的难忘回忆。球场位于市中心东北2.5英里处。

Old Docks Tour
团队游

（☎0151-478 4499；www.liverpoolmuseums.org.uk/maritime；Merseyside Maritime Museum, Albert Dock；◉周一至周三10:30、正午和14:30；🚌市中心各路）**免费**完全免费，乐趣无穷。该团队游将带你参观世界上第一座封闭式的商用湿船坞，了解利物浦作为一个强大港口城市的历史（以及这里财富的来源）。你还会看到小溪Pool的河床，利物浦这一城市名正是得名于这条小溪。

Magical Mystery Tour
文化

（☎0151-7039100；www.cavernclub.org；每人£18.95；◉团队游11:00~16:00每小时1次；🚌市中心各路）2小时的游览会带你打卡所有与披头士乐队有关的地标，包括他们的出生地、童年故居、母校，还有像Penny Lane和Strarberry Field这样的重要地点，行程在卡文俱乐部结束（Cavern Club；并非原来的那个）。从艾伯特码头的游客中心对面出发。

🎉 节日和活动

⭐ 全国越野障碍赛马
赛马

（Grand National；☎0151-523 2600；http://aintree.thejockeyclub.co.uk；Aintree Racecourse, Ormskirk Rd；◉4月；🚌从利物浦ONE车站乘坐300路、311路、345路、350路和351路，🚆从利物浦中央车站到Aintree）世界上最著名的障碍赛马——也是英格兰人气最旺的活动之一——举办时间是4月的第一个周六，赛程4.5英里，参赛马匹要跨越世界上最难的障碍围栏。比赛的主角是40多匹经验丰富的健马，擅长跳跃，充满了英格兰式的坚韧强劲和彪悍勇气。尽早提前订票。安特里（Aintree）位于市中心以北6英里处。

利物浦音乐节
音乐节

（Liverpool Sound City；www.soundcity.uk.com；Baltic Triangle；◉5月；🚌所有穿越城区的公交车）5月第一个周末，城里的波罗的海三角区（Baltic Triangle）和Cains啤酒厂会举办各种盛大的另类音乐节庆活动。

利物浦国际音乐节
音乐节

（Liverpool International Music Festival；☎0151-239 9091；www.limfestival.com；Sefton Park；◉7月下旬；🚌从莱姆街车站乘坐75路）音乐节在7月最后一个周末举办，当地以及世界各地的乐队轮番登台演出。音乐节期间甚至还有一场VIP体验，使你能进入私人酒吧聚会。

International Beatleweek
音乐节

（www.internationalbeatleweek.com；◉8月下旬；🚌所有主要的公交车线路）在8月下旬的4天时间里，可以和来自20个国家的70支乐队一起高唱你最喜欢的披头士歌曲。在这个由卡文俱乐部组织的活动期间，常有一些颇具实力的表演；其中一些翻唱是如此精彩，甚至让人怀疑是否已经超越了原作。但答案是否定的，毫无疑问。

🛏 住宿

Liverpool YHA
青年旅舍

（☎0345-371 9527；www.yha.org.uk；25

Tabley St; 铺 £13起; PR; 市中心各路）外观或许看上去像东欧的公寓大楼，但这家装饰有大量披头士乐队纪念品的青年旅舍屡获殊荣，或许是你在全英国能够找到的最舒适的青年旅舍。而且它最近还进行了设施升级。有配套浴室的宿舍甚至还有电热毛巾架。

Tune Hotel 酒店 £

（☎0151-239 5070; www.tunehotels.com; 3-19 Queen Bldgs, Castle St; 房间 £35起; ✳@☎; 市中心各路）略微升级版的豆荚旅馆，各种独立卫浴的房间里提供舒适的夜间睡眠空间（当然有超级舒适的床垫和优质的床品）。最便宜的房间没有窗户，而且空间狭小，但是考虑到这里的价格和地段，牺牲一点空间感也就不在话下了。卫生间有强劲的淋浴。

Titanic Liverpool 酒店 ££

（☎0151-559 1444; www.titanichotelliverpool.com; Stanley Dock, Regent Road; 房间/套 £100/250起; 从利物浦ONE车站乘坐135路和235路）到利物浦比赛的客队最喜欢的住宿选择。Stanley Dock的旧仓库如今完美变身成为这家巨大的酒店，房间也相当宽敞，采用北欧极简风格装修——大量空间、皮革和大地色调。楼下是酒吧Rum Bar——店名仿佛是致敬这间19世纪大仓库原来存储的货物，地下室还有一间漂亮的水疗室。

Hard Days Night Hotel 酒店 ££

（☎0151-236 1964; www.harddaysnighthotel.com; Central Bldgs, North John St; 房间 £90~140, 套 £350起; @☎; 市中心各路）作为披头士主题酒店，住客们并非全部都是他们的粉丝，不过乐迷们可以更好地乐在其中：毋庸置疑的豪华，110个超级现代风格的房间用特别授权的披头士图画装饰。如果你选择某一间以列侬或麦卡特尼命名的套房，你会发现房间里有一架类似歌曲"Imagine"中的白色小三角钢琴，以及一瓶可口的香槟。

Hope Street Hotel 精品酒店 ££

（☎0151-709 3000; www.hopestreethotel.co.uk; 40 Hope St; 房间/套 £100/165起; @☎; 市中心各路）这家令人惊艳的精品酒店位于市内最优雅的街道上，是利物浦奢华酒店的代表。埃及棉装饰的豪华大床、装有地热的橡木地板、液晶宽屏电视和现代时尚的浴室（配有高档的洗浴用品）都不动声色地彰显着格调。在超赞的London Carriage Works（见615页）享用早餐的费用为£18.50。

62 Castle St 精品酒店 ££

（☎0151-702 7898; www.62castlest.com; 62 Castle St; 房间 £60起; PR@☎）这座优雅的酒店成功地融合了传统的维多利亚式后古典主义建筑风格和时髦的当代格调。20间华丽套房装潢各不相同，都配有高清等离子电视、花洒淋浴和豪华的浴室用品。

Malmaison 酒店 ££

（☎0151-229 5000; www.malmaison.com; 7 William Jessop Way, Princes Dock; 房间/套 £75/125起; PR@☎; 从利物浦ONE车站搭乘135路或235路）Malmaison最喜欢的配色方案——紫红色和黑色充斥着这座特别建造的酒店，带来当代的精致感。这家利物浦分店的一切都让人感觉很舒服，从豪华大床和深深的浴缸，到厚重的天鹅绒窗帘和超级美味的自助早餐。只需要一会儿，你就会忽略反复播放的披头士音乐。

★ 2 Blackburne Terrace 民宿 £££

（www.2blackburneterrace.com; 2 Blackburne Tce; 房间 £160~180; ✳@☎; 市中心各路）这家精致的民宿位于一座经过改建的二级保护建筑内。这栋1826年乔治国王时期风格的联排别墅，可能是城里最优雅的住宿选择。屋内只有四间客房，但房间布置完美，都有古家具和现代设施。早餐非常丰盛，休息室绝对赏心悦目。只有1号房配有淋浴，不过所有房间都配备独立式浴缸。

🍴 就餐

Mowgli Street Food 印度菜 £

（www.mowglistreetfood.com; 69 Bold St; 主菜 £3.95~6.95; ⊙周日至周三 正午至21:30, 周四至周六 至22:30; 市中心各路）Nisha Katona一直致力于为大众提供正宗的印度街头食物，其生意是如此成功，以至于这家餐厅现已发展为连锁店，分店在西北地区遍地开花，甚

值得一游

斯皮克堂

作为伊丽莎白时代半木结构建筑的宏伟典范，斯皮克堂（Speke Hall; NT; www.nationaltrust.org.uk; 宅邸和花园 成人/儿童 £11.70/5.85，仅花园 成人/儿童 £8.10/4.05; ◎周三至周日 12:30~17:00，以及8月的周二; ◼从利物浦ONE车站乘坐500路）随处可见华丽的木结构灰泥房间。房屋包括若干处"神父密室"，也就是16世纪和17世纪反天主教期间，这里仁慈的主人藏匿罗马天主教传教士的地方。

这座对角线图案的都铎风格房屋可追溯到1490~1612年，周围曾经是成千上万英亩广袤土地，但如今只剩下了一条机动车道以及精心维护的花园；曾经属于斯皮克堂的教堂农场（Chapel Farm）早已成为附近利物浦机场的核心区域。

斯皮克堂距利物浦市中心7.5英里；公共汽车会把你带到距离大门0.5英里处。下午时段的披头士乐队成员童年故居团队游（见611页）从这里出发。

至还向南开到了牛津。你会发现店里没有常见的咖喱或普通的kormas，而是一些让德里人都会赞不绝口的可口特色菜。不接受预订。

★ Wreckfish　　　　新派英国菜 ££

（www.wreckfish.co; 60 Seel St; 主菜 £17~25; ◼市中心各路）餐厅老板Gary Usher的众筹餐厅成为新派英国菜的杰出典范：没有特别花哨的菜，但一切都恰到好处。从开放式厨房里端上餐桌的菜肴精致考究，包括棕色黄油烤鳐鱼鳍，以及近乎完美的肋眼牛排配松露和帕尔玛干酪薯条。

HOST　　　　亚洲菜、融合菜 ££

（www.ho-st.co.uk; 31 Hope St; 主菜 £10~14, Chop Chop快餐菜 £7; ◎周一至周六 11:00~23:00, 周日 正午至22:00; ◼市中心各路）明亮通风的房间，时髦别致的装饰。当代纽约风格的啤酒店提供了非常棒的泛亚洲菜肴，比如：印尼焖羊肉配炒饭和椰浆咖喱红鸭配荔枝。这里的前菜也非常美味。Chop Chop单份菜午后菜单（正午至17:00）非常不错。

Monro　　　　美食酒吧 ££

（ ☎0151-707 9933; www.themonro.com; 92 Duke St; 2道菜午餐 £12.50, 晚餐主菜 £12~18; ◎11:00~23:00; ◼市中心各路）这里是城里颇受欢迎的午餐、晚餐尤其是周末早午餐的就餐场所。不断变化的经典菜单，以及尽量采用本地食材烹饪的菜肴，让这家帅气的老酒馆摇身变成顶级的就餐场所。在别处很难找到如此好吃的酒吧小食。

Etsu　　　　日本菜 ££

（ ☎0151-236 7530; www.etsu-restaurant.co.uk; 25 The Strand, 紧邻Brunswick St; 主菜 £13~17, 15片刺身 £15; ◎周二、周四和周五 正午至14:30和17:00~21:00, 周三和周六 17:00~21:00, 周日 16:00~21:00; ◼市中心各路）城里最棒的日式料理店就是这家位于写字楼地面层的当代风格餐厅。招牌菜是新鲜寿司和生鱼片，以及其他常见的日式经典菜肴，从日式炸鸡（用酱油、生姜和大蒜腌制后油炸的脆皮鸡块）到烤鳗鱼饭等。

Salt House　　　　西班牙菜 ££

（www.salthousetapas.co.uk; Hanover Sq; 西班牙小吃 £5~8; ◎正午至22:30; ◼市中心各路）利物浦的西班牙小吃吧越来越受欢迎，这是其中最棒的一家——一半是熟食店，一半是餐馆。烹饪地道正宗，花样繁多可口，从各种熟食到美味的鱼类菜肴等。熟食店的外卖柜台同时也供应品质超群的三明治。

The Art School　　　　新派英国菜 ££

（ ☎0151-230 8600; www.theartschoolrestaurant.co.uk; 1 Sugnall St; 2/3道菜套餐 £25/32, 品尝套餐 £89; ◼市中心各路）维多利亚时代"贫困儿童之家"的旧灯室，如今成为城里品尝当代英国菜肴的理想去处，负责打理餐厅的是大厨Paul Askew（曾经在London Carriage Works掌勺）。菜单丰富多样，精心制作的英式菜肴摆盘考究，还有两份素食和纯素菜单可供选择。葡萄酒单也很棒。

★ Restaurant Fraiche 英国菜 £££

(www.restaurantfraiche.com; 11 Rose Mount, Oxton, Wirral; 6道菜套餐£88, 配葡萄酒£133; ⓟBirkenhead Park) 五张餐桌、一位孤独的大厨、一颗闪闪发亮的米其林评星:Marc Wilkinson在威勒尔 (Wirral) 半岛的Oxton开设的这家小餐馆可谓实至名归,因为他始终不遗余力地为食客们提供顶级的英式用餐体验。店内没有菜单,桌子十分抢手——提前三个月预订试试运气如何。

London Carriage Works 新派英国菜 £££

(☎0151-705 2222; www.thelondoncarriageworks.co.uk; 40 Hope St; 2/3道菜餐£22/27.50, 主菜£17~29; ⓢ周一至周五7:00~10:00、正午至15:00和17:00~22:00, 周六8:00~11:00和正午至22:00, 周日 至21:00; ⓟ市中心各路) 这家获奖餐厅成功地将世界各地的民族风味与传统英国菜融合在一起,并在漂亮的餐室里提供佳肴。这家餐厅更像一个明亮的玻璃盒子,用雕花玻璃分隔成多个区域。建议预约。

🍸 饮品和夜生活

Ropewalks是利物浦最繁忙的酒吧区——深夜活动场所众多,人们在这里痛饮狂舞直至凌晨——不过在城内各处也有许多不错的酒吧。如果你想邂逅城里最具创意的人群,那么最有可能的地方大概是在波罗的海三角区。

★ Botanical Garden 酒吧

(www.baltictriangle.co.uk/botanical-garden; 49 New Bird St; ⓢ3月至9月 正午至23:00; ⓟ市中心各路) 一家季节性快闪酒吧,主打各种杜松子鸡尾酒,是城里最酷的夏季酒吧之一。也有品种丰富的啤酒可供选择,厨房供应美味的墨西哥食物。如果碰上雨天,你可以退居室内暖房,里面有一个大众露营车改建的吧台。周末会有一流DJ驻场。

★ Grapes 酒馆

(www.thegrapesliverpool.co.uk; 60 Roscoe St; ⓢ周日至周三15:30至次日1:00, 周四至周六至次日2:00; ⓟ市中心各路) 这家超凡的旧式酒吧是城里最友好的酒吧之一,供应品种繁多的当地艾尔啤酒(来自利物浦Organic啤酒厂的Bier Head是我们的最爱)。卡文俱乐部时期的披头士也会在此停留,但这远不是我们前往这个氛围美妙、杂乱无章的经典酒馆的主要原因。

Roscoe Head 酒馆

(☎0151-709 4365; www.roscoehead.co.uk; 24 Roscoe St; ⓢ周二至周六11:30至午夜, 周日 正午至午夜, 周一11:30~23:00; ⓟ市中心各路) 这个古老的酒馆是利物浦的"老字号", 为忠诚的老客户们供应五花八门的艾尔啤酒。周末非常拥挤, 但气氛也变得格外热烈。

24 Kitchen Street 夜店

(☎0780 1982583; www.facebook.com/24kitchenstreet; 24 Kitchen St; 门票£8~12; ⓢ周五和周六21:00至次日4:00; ⓟ市中心各路) 多功能的会场主要侧重于艺术和电子音乐两个方面。这个改建的维多利亚式建筑是在利物浦跳舞的最佳选择之一。

Philharmonic 酒馆

(36 Hope St; ⓢ10:00至午夜; ⓟ市中心各路) 这家非同寻常的酒吧是由"路西塔尼亚"号(Lusitania)的建造工匠们设计的,是全英格兰最漂亮的酒吧之一。酒吧内部有蚀刻和彩色玻璃、铁艺、马赛克和瓷砖装饰,如果你觉得这还不错,那再去看看大理石打造的男士洗手间吧,这是全英国唯一列入《国家遗产名录》的洗手间。

Arts Club 夜店

(☎0151-707 6171; www.academymusicgroup.com/artsclubliverpool; 90 Seel St; £5~13; ⓢ周一至周六19:00至次日3:00; ⓟ市中心各路) 这家经过改造的剧院是利物浦人气最旺的夜场之一,尽管经历了数次更名,老板也换过几茬了,这里依然会举办各种精彩的主题之夜活动,现场音乐和DJ打碟让现场每个人都随着城里最嗨的音乐舞动起来。

Merchant 酒吧

(40 Slater St; ⓢ周一至周四和周日 正午至午夜, 周五 至次日2:00, 周六 至次日3:00; ⓟ市中心各路) 这家酒吧于2016年开业,位于一座经过改造的商人住宅内,洋溢着浓郁的北欧风情——精简的墙壁、木制酒吧桌——在本书

波罗的海三角区

忘掉Ropewalks吧——如今大部分利物浦最棒的夜场都位于波罗的海三角区（Baltic Triangle）。这一带曾是破败的仓库区，位于城市中心和Toxteth北边的码头之间，现在已经变成这座城市最具个性的创意中心。我们推荐的最佳夜场包括24 Kitchen Street、街头快闪式杜松子酒吧Botanical Garden、回收站改造的多功能场馆Constellations（见本页）和District（见本页），后者是该地区最先开业的夜场。

调研期间，这里可算是城中最"in"的场所。酒吧供应50种不同的精酿啤酒、按杯出售的杜松子酒，以及酒头里流出的普罗塞克酒。品味不凡的DJ专门负责背景音乐。

☆ 娱乐

★ 利物浦足球俱乐部　　　足球

（Liverpool Football Club；0151-263 9199，售票处 0151-220 2345；www.liverpoolfc.com；Anfield Rd；从利物浦ONE车站乘坐26路，从Queen Square车站乘坐17路，或者从St Johns La乘坐917路）作为20世纪七八十年代英国足坛的主导力量，利物浦足球俱乐部如今依然是世界上最著名和最受欢迎的球队之一，尽管自1991年以来就再没赢得英超联赛冠军奖杯。现在的足球明星们在德国籍主教练尤尔根·克洛普的带领下，于市中心以北的主场——安菲尔德球场——为球迷奉献精彩的比赛。

观看一场现场比赛——尤其是现场球迷齐声高唱球队队歌《你永不独行》（*You'll Never Walk Alone*）——你一定会被英格兰球迷们的激情感染。如果你买不到比赛的球票，也可以报名安菲尔德体育场团队游（见611页），近距离参观主队更衣室并沿着球员通道到场边休息区。每逢比赛日，都有Soccerbus（www.merseyrail.org；Sandhills Station；成人 单程/往返 £2/3.50，儿童 £1/1.50；比赛开始前2小时）从Merseyrail Northern Line的Sandhills车站驶往球场。

★ Constellations　　　现场表演

（0151-345 6302；www.constellations-liv.com；35-39 Greenland St；周一至周四 9:00至午夜，周五和周六 至次日2:00，周日 10:00至午夜；市中心各路）无论你是想看一场集体鼓乐、参加武术培训班，还是在狂欢中释放自我，这个位于回收站旧址内的绝佳场地都是最好的选择。天气晴朗时，DJ会在花园里播放音乐——这是城里最棒的音乐现场之一。夏季的周日提供餐食。

Philharmonic Hall　　　古典音乐

（0151-709 3789；www.liverpoolphil.com；Hope St；从城市中心乘坐75路、80路、86路）这座装饰艺术音乐厅是利物浦最美丽的建筑之一，是市内主要管弦乐团所在地，也是欣赏古典音乐会和歌剧的地方——此外还有其他类型的演出，从合成器流行乐到先锋音乐等，无所不包。

District　　　现场音乐

（07812 141936；www.facebook.com/District-473098799400626；61 Jordan St；周五至周六 19:00至次日4:00）波罗的海三角区率先开业的现场表演场馆是一个位于仓库建筑内的老式俱乐部，经常举办现场音乐、电影放映和精彩的舞池之夜等。音响效果在利物浦首屈一指。

卡文俱乐部　　　现场音乐

（Cavern Club；0151-236 1965；www.cavernclub.org；8-10 Mathew St；入场费 14:00前/后 免费/£5；周一至周三和周日 10:00至午夜，周四 至次日1:30，周五和周六 至次日2:00；市中心各路）这是严格按照披头士乐队早期登台演出的地方重建的俱乐部，虽然都不在原来的地点（当初的俱乐部在附近不远处）。但是这家"世界上最著名的俱乐部"依然是个欣赏本土乐队表演的不错场地，其中包括（当然必不可少的）翻唱披头士歌曲的乐队。

ⓘ 实用信息

旅游局（www.visitliverpool.com；Liverpool Central Library, William Brown St；9:30~17:00；市中心各路）这家小型游客咨询处有宣传页、地图和各种资讯。

❶ 到达和离开

飞机
利物浦约翰·列侬机场（Liverpool John Lennon Airport; ☎0870750 8484; www.liverpoolairport.com; Speke Hall Ave; 🚌从市中心乘坐86路或500路）既有国际航班也有英国国内航班[贝尔法斯特（Belfast）、伦敦和马恩岛]。

机场位于市中心以南8英里处。**Arriva Express Bus 500**（www.arriva.co.uk; £5; ⏰4:30~19:00）每30分钟1班，开往利物浦ONE车站，车程约30分钟。乘坐出租车前往市中心的费用不超过£20。

长途汽车
National Express Coach Station（www.nationalexpress.com; Norton St）车站在莱姆街车站以北300米处，有连接主要城市的长途汽车服务，目的地包括：
伯明翰 £14，2.5小时，每天5班
伦敦 £30.10，5~6小时，每天6班
曼彻斯特 £6.10，1小时，每小时1班
纽卡斯尔 £16，5.5小时，每天3班

火车
利物浦主要的火车站是莱姆街车站，每小时都有开往几乎所有地方的列车，目的地包括：
切斯特 £7.30，45分钟
伦敦尤斯顿火车站 £44，3.25小时
曼彻斯特 £5.90，45分钟

❶ 当地交通

如果你计划搭乘公共交通工具，那么可以先办一张Walrus卡，这种非接触式公交卡可在城内各处使用，开卡费用为£1。然后可以在卡上充入下列经济实惠的通票：
Saveaway（成人/儿童 £5.30/2.70）单日通票，适用于非高峰时段的公共汽车、火车和默西河轮渡（Mersey ferry）。
Solo Ticket（1/3/5天 £4.80/13.50/21）可在默西赛德郡（Merseyside）无限次乘坐公交车。

船
著名的**默西河轮渡**（www.merseyferries.co.uk; 单程/往返 £2.70/3.50）从Pier Head渡船码头出发[在艾伯特码头北面的皇家利物大厦（Royal Liver Building）旁]，往返于Woodside和Seacombe之间。

公交车
利物浦ONE车站（Liverpool ONE BusStation; www.merseytravel.gov.uk; Canning Pl）位于城市中心区。当地公共交通由**Merseytravel**（www.merseytravel.gov.uk）协调管理。

小汽车
小汽车在利物浦其实有点英雄难觅用武之地，不过好消息是大部分室内和露天停车场的停车费都相对便宜——通常是每天£3~6。唯一例外的大概是利物浦ONE车站的大型停车场，费用为每小时£2.50以及每天£17。砸窗偷窃是一个常见的问题，因此将贵重物品放在车上。

火车
Merseyrail（www.merseyrail.org）提供四通八达的市郊铁路服务，连接利物浦和大默西赛德区（Greater Merseyside）。市中心有4个火车站：莱姆街车站、中央车站（去Ropewalks很方便）、James St车站（靠近艾伯特码头）和Moorfields车站[去利物浦战争博物馆（Liverpool War Museum）]。

兰开夏郡（LANCASHIRE）

一路北上，穿过钢筋水泥林立的南半郡后，兰开夏郡绵延起伏的田园风光无比耀眼。在布莱克浦沙滩这一渐渐没落的海滩度假胜地东边，里布尔河谷（Ribble Valley）是进入湖区（Lake District）之前的理想开胃菜（湖区恰好位于兰开夏郡北部边界之外），平缓而美丽。兰开斯特则是乔治国王时代风格的气派郡府。

布莱克浦（Blackpool）

☎01253 / 人口150,331

布莱克浦面对低成本航空公司将度假客不断运往阳光更明媚的其他海岸这一现实，如今已经回归为更加传统的度假之地，再加上远近闻名的欢乐海滩游乐场（Pleasure Beach）的高科技惊险项目等，这里的魅力颇有生命力。

镇上最著名的还有布莱克浦塔以及三个码头。景观灯光则是用来延长短暂的夏日旅游季的成功策略。从9月上旬至11月上旬，5英里长的海滨步道（Promenade）被数以千计的

电灯和霓虹灯点亮。

景点

★ 布莱克浦塔
游乐场

（Blackpool Tower；0844856 1000；www.theblackpooltower.com；登塔通票 成人/儿童 £56.45/44；10:00起，闭园时间不定）这座154米高的塔建造于1894年，是布莱克浦沙滩最醒目的地标建筑。在**布莱克浦塔眼**（Blackpool Tower Eye）观看关于城镇历史的4D电影，然后乘坐电梯上升到达观景台。那里能看到壮丽景色，而且你和地面蚂蚁般大小的人群只隔着脚下的厚玻璃地板。强烈推荐游客在线上购买门票，因为现场买票可能要贵上50%。

回到地面后，**地牢**展位于老式摩尔风格（Moorish）的圆形广场和华丽的洛可可风格的**舞厅**旁边，舞厅里有雕刻精美的镀金灰泥天花板，还有壁画、水晶吊灯和随着沃利策风琴的夸张曲调在抛光木地板上翩翩起舞的人们。这里还有供孩子们游乐的**Jungle Jim's**冒险游乐场，7层（level 7）也有一座**Dino Golf**——一座9洞迷你高尔夫球场。

布莱克浦欢乐海滩游乐场
游乐园

（Blackpool Pleasure Beach；售票处 0871 222 9090，咨询 0871 222 1234；www.blackpoolpleasurebeach.com；Ocean Beach；游乐场门票 £6；单日不限次数游乐设施腕带 成人/儿童 £39/33；开放时间不定，夏季通常为10:00~20:00）布莱克浦沙滩商业区的核心就是布莱克浦欢乐海滩游乐场，它占地16公顷，有超过145种游乐设施，每年吸引700万余名游客，轻而易举地成为目前全英国最受欢迎的游乐场。

游乐设施被分成几类，你持游乐园门票入场后，可以购买某一类别的票或者多类别联票。或者你也可以购买不限次数的游乐设施腕带，里面已包含了£6的门票；如果你事先在网上订票的话会有大幅优惠。快速通行卡（Speedy Pass；£15）通过安排特定的乘坐设施省去排队的麻烦，你可以租这张卡，并且在一张卡上添加多人使用服务。此外，还有贵宾快速通行卡（VIP Speedy Pass；£25），可以减少50%的排队时间；或者可以办理贵宾+快速通行卡（VIP Plus Speedy Pass；£50），几乎不用排队。游乐场没有固定的关门时间，取决于繁忙程度。

北码头
地标

（North Pier；Promenade）**免费** 布莱克浦沙滩三座维多利亚式码头中最著名的一座，建于1862年，并于次年开放，曾经收取1便士的通行费用，现在这里过剩的无聊游乐设施都是免费的。

住宿

Number One
精品酒店 ££

（01253-343901；www.numberoneblackpool.com；1 St Lukes Rd；标单/双 £80/110起；P）这家极具魅力的精品旅馆奢华而具有现代感，比周围的住所都高档很多。酒店的一切都散发着含蓄的优雅，从深色木质家具和高端的现代设备到一流的早餐，无一不好。它位于一条安静的小路上，在欢乐海滩游乐场附近的South Promenade后面。

Big Blue Hotel
酒店 ££

（01253-400045；www.bigbluehotel.com；Blackpool Pleasure Beach；房间 £70起；P@）一家漂亮的家庭旅馆，房间设施齐全，配有可以应付小孩子的DVD机和电脑游戏，而且它位于布莱克浦欢乐海滩游乐场的南入口处，确保了所有人都获得乐趣。

实用信息

旅游局（01253-478222；www.visitblackpool.com；Festival House, Promenadet；周一至周二 9:00~18:00，周三至周六 至17:00，周日 10:00~16:00）位于北码头南侧的Promenade边。

到达和离开

长途汽车
中央长途汽车站位于Talbot Rd，靠近镇中心。目的地包括：

伦敦 £39.70，7小时，每天4班

曼彻斯特 £8，1.75小时，每天4班

火车
这里主要的火车站是布莱克浦沙滩北站（Blackpool North），位于北码头以东大约5个街区

的Talbot Rd上。大部分驶来此地的火车都需要在普雷斯顿换乘，但是也有从下列目的地出发的直达列车：

利物浦 £16.20，1.5小时，每天7班
曼彻斯特 £17.70，1.25小时，每半小时1班
普雷斯顿 £7.50，30分钟，每半小时1班

❶ 当地交通

布莱克浦沙滩有超过14,000个停车位，所以停车应该没有问题。有轨电车和公共汽车优惠卡的选择很多，既有日票也有周票，可以在旅游局和大多数报刊店买到。**有轨电车**（tramway；1站£1.70，16站内£2.70；⊙4月至10月 10:30起）全程11英里，沿着码头开行，最远到Fylde Coast[也经过中央走廊停车场（central corridor car parks）]，每8分钟1班，白天服务。

兰开斯特（Lancaster）

☎01524 / 人口 143,500

兰开夏郡充满乔治王朝时代气息的郡府如今非常安静，但宏伟的城堡和漂亮的蜜色建筑充分说明了它在18世纪全盛时期的强大和富庶，当时这里曾是重要的贸易港口和贩奴的重要中转站。

◉ 景点

★ **兰开斯特城堡** 城堡

（Lancaster Castle; ☎01524-64998; www.lancastercastle.com; Castle Park; 成人/儿童 £8/6.50; ⊙9:30~17:00，导览游 周一至周五10:00~15:00 每小时1次，周六和周日 每30分钟1次）这座气势恢宏的城堡是兰开斯特最引人注目的建筑，始建于1150年，后来几个世纪里不断扩建：建于1325年的**Well Tower**又名"女巫塔"，因为它的地牢1612年曾关押过著名的彭德尔女巫审判（Pendle Witches Trial）中受到指控的人；令人印象深刻的双塔**门楼**（gatehouse）同样建于14世纪。目前城堡仍被用作刑事法庭（Crown Court），因此只能加入导览团队游入内参观。

贵格会运动的创始人乔治·福克斯（George Fox；1624~1691年）也曾被囚于此。城堡在18世纪和19世纪被大规模改建以满足它作为监狱的用途需要。直到2011年，这里一直都是C类囚犯的关押地——导览团队游会游览堡内的A区。

威廉姆森公园和热带蝴蝶馆 花园

（Williamson Park & Tropical Butterfly House; 热带蝴蝶馆 成人/儿童 £4/3; ⊙4月至9月 9:00~17:00，10月至次年3月 至16:00; ◻从汽车站乘坐18路）兰开斯特的最高点就是这座占地22公顷的优雅公园，除了景观，园内的亮点是**热带蝴蝶馆**，充满了奇异而令人印象深刻的蝴蝶品种。此外还有**艾什顿纪念馆**（Ashton Memorial），这座67米高的巴洛克式装饰性建筑是艾什顿勋爵（Lord Ashton）为纪念妻子而建的，他是公园创建者詹姆斯·威廉姆森（James Williamson）的儿子。纪念馆就建在曾经的Lancaster Moor上，直到1800年该地成为城堡内的死囚被执行绞刑的场地。

兰开夏郡头牌美食酒馆

Freemasons at Wiswell（☎01254-822218; www.freemasonsatwiswell.com; 8 Vicarage Fold, Wiswell; 主菜 £24~32, 2/3道菜套餐 £22.50/27.50; ⊙周三至周六 正午至14:30和18:00~21:00，周日 正午至18:00）史蒂文·史密斯（Steven Smith）多次获奖的餐厅位于迷人的小村Wiswell，供应首屈一指的新派英国菜肴。所在之处是一间经典的英式酒馆，设有实木餐桌和熊熊燃烧的火炉，装潢风格与菜单的精致形成鲜明对比。我们推荐慢烤乳猪、黑布丁、烤红薯和大黄酱。

The White Swan（www.whiteswanatfence.co.uk; 300 Wheatley Ln Rd, Fence, Burnley; 主菜 £19~28; ⊙周二至周四 正午至14:00和17:30~20:30，周五至周六 至21:30，周日 正午至16:00）外面看起来平淡无奇，但在Fence村的这间酒馆却非常擅长制作出类拔萃的新派英国菜。这里中曾在米其林星级餐厅Northcote Hotel（见621页）工作的大厨汤姆·帕克（Tom Parker）打理。菜肴品种特意设计为少而精——只有三道主菜——但味道无可挑剔。

在车站乘坐公共汽车可至，或者从Moor Lane沿陡峭山道路走不远即到。

兰开斯特小修道院 教堂

（Lancaster Priory；☎01524-65338；www.lancasterpriory.org；Priory Cl；◎9:30~17:00）紧挨着兰开斯特城堡的是同样漂亮的小修道院教堂，建造于1094年，但在中世纪进行过大规模重建。

🛏 住宿

Sun Hotel & Bar 酒店 ££

（☎01524-66006；www.thesunhotelandbar.co.uk；63-65 Church St；房间 £80起；🅿 @ 🛜）这家很棒的酒店位于一座有300年历史的建筑中，但那种质朴老式的感觉在卧室门口就戛然而止，室内是时髦而现代的16间客房。楼下的小酒馆是镇上最好的酒馆之一，也是就餐的理想选择。主菜价格为£10~12。

The Borough 精品酒店 ££

（☎01524-64170；www.theboroughlancaster.co.uk；3 Dalton Sq；房间 £120起；🅿 @ 🛜）这栋典雅的乔治王朝风格两层小楼内共有9个漂亮的房间，每个都配有意大利大理石瓷砖卫浴间，尽显奢华。楼下的酒吧附设一个微酿啤酒厂，因此你随时可以品尝当地生产的桶装艾尔啤酒。

🍴 餐饮

★ Bay Horse Inn 美食酒馆 ££

（☎01524-791204；www.bayhorseinn.com；Bay Horse La, Ellel；主菜 £18~29；◎周三至周六正午至14:00和18:30~21:00，周日 正午至15:00和18:00~20:00；🚌从兰开斯特车站乘坐40路、41路和42路）这家雅致的酒吧位于兰开斯特以南6英里处，是在兰开夏郡享用精致当地菜肴的绝佳去处。主厨克雷格·威尔金森（Craig Wilkinson）在店外挂了一块标牌，标出酒馆与提供食材的农场之间的距离，其本土膳食主义的情怀展露无遗。这些当地食材随后被他加工成美味菜肴，如慢烹鸭腿配无花果或完美的烤鳕鱼片等。

★ The Hall 咖啡馆

（☎01524-65470；https://thecoffeehopper.com；10 China St；◎周一至周六 8:00~18:00，周日 10:00~17:00）Nitro、Chemex、批量冲泡、虹吸……无论你想要什么，这座位于旧教区大厅里的咖啡馆总能满足咖啡行家们的挑剔要求，提供口感完美的咖啡。这是Atkinsons Coffee Roasters的旗下店面，这家公司自1840年开始烘焙咖啡豆。店里还有非常不错的三明治和蛋糕。

🛍 购物

★ Charter Market 市场

（www.lancaster.gov.uk；Market Sq；◎4月至10月 周三和周六 9:00~16:30，11月至次年3月 至16:00）兰开斯特这座历史悠久的市场是英格兰西北部最棒的市场之一，也是当地农场主销售产品的聚集地。你会发现来自莫克姆湾的小虾、当地制作的火锅和馅饼，以及来自世界各地的异域风情菜肴等。这个市集从市集广场（Market Sq）一直延伸到Market St和Cheapside。

ℹ 实用信息

旅游局（☎01524-582394；www.visitlancaster.org.uk；The Storey, Meeting House Lane；◎周一至周六 10:00~16:00）提供书籍、地图、宣传册，以及各种活动和团队游的票务等。

ℹ 到达和离开

兰开斯特汽车站是兰开夏郡的主要交通枢纽，有公共汽车定期开往主要城镇和村庄。

兰开斯特邻近西海岸铁路的主干道和坎布里亚（Cumbrian）海岸铁路。目的地包括：

卡莱尔（Carlisle）£22.20，1小时，每小时1班
曼彻斯特 £18.20，1小时，每小时1班

里布尔河谷（Ribble Valley）

里布尔河谷被本地人称为"小瑞士"，拥有兰开夏郡最具吸引力的自然景观。西侧是布莱克浦沙滩，南面则是普雷斯顿和布莱克本不断扩张的城市。

克利瑟罗（Clitheroe）是里布尔河谷最大的集镇，壮观的诺曼要塞远近闻名。要塞建于12世纪，如今已经空空如也。在这里可以俯瞰河谷壮丽的景色。

河谷的北部是博兰德森林（Forest of Bowland）人烟稀少的荒原——这一带1964年就被列为"杰出自然风景区"，非常适合步行。南部是绵延起伏的山丘，点缀着别具魅力的集镇和遗址，里布尔河（River Ribble）贯穿其间。

◉ 景点和活动

诺曼要塞和城堡博物馆　　历史建筑

（Norman Keep & Castle Museum; www.lancashire.gov.uk; Castle Hill; 博物馆 成人/儿童 £4.40/3.30; ◉要塞 黎明至黄昏, 博物馆 3月至10月 11:00~16:00, 11月至次年2月 周一至周二和周五至周日 正午至16:00）这座诺曼要塞在过去800年内一直统领着当地的天际线。它是英国最小的城堡，也是现存唯一一座保留着内战时期皇家兵营的城堡。要塞始建于1186年，1644年被保皇派军队占领，但是之后避免了被毁坏的命运。如今宽阔的庭院里有一座博物馆，展示了3.5亿年的地方历史。

★ Cycle Adventure　　骑行

（☏07518 373007; www.cycle-adventure.co.uk）这家机构提供租赁自行车服务，几乎可以在英格兰西北部任意地方取还。每日费用从山地车£25到公路车£34不等。儿童山地车租金为每天£19起。还可提供头盔和其他工具，并有海量资讯、路线地图和其他指南等。

里布尔河步道（Ribble Way）　　徒步

这条步道是英国北部最热门的长距离步道之一。全程70英里，沿里布尔河延伸，起点是里布尔黑德（Ribblehead; 位于约克郡山谷），中途穿越克利瑟罗，终点是普雷斯顿的入海口。

兰开夏郡骑行线　　骑行

（Lancashire Cycle Way; www.visitlancashire.com）里布尔河谷正处兰开夏郡骑行线的北环线之内。想获得更多关于路线和安全问题等信息，可联系Cycle Adventure。

🛏 食宿

★ Inn at Whitewell　　旅馆 £££

（☏01200-448222; www.innatwhitewell.com; Forest of Bowland; 标单/双 £99/137）曾是博兰德森林护林员的住宅，如今改造成一家很不错的客栈，有复古家具、泥炭壁炉和维多利亚式爪足浴缸，算得上是英格兰北部最佳住宿之一。所有设施都堪称一流，包括这里的风景，让人仿佛置身于法国乡村。附设的餐厅（主菜£15~27）也非常不错。

★ Parkers Arms　　美食酒馆 ££

（☏01200-446236; www.parkersarms.co.uk; Newlon-in-Bowland; 主菜 £15~20; ◉周三至周五 12:30~14:30和18:30~20:30, 周六 12:30~21:00, 周日 12:30~18:00）在这家淳朴的乡村酒馆，你会品尝到风土（terroir）主厨Stosie Madi烹制的风味绝佳的简单菜肴。虽然凭借超赞的馅饼而远近闻名，但她的菜单——每天可能按相应食材更换多达两次——志在探索兰开夏郡的风味美馔，从牛顿鹿肉配当地树莓和未经高温消毒过的奶酪，到极好的兰开夏郡火锅等。

★ Northcote Hotel　　新派英国菜 £££

（☏01254-240555; www.northcote.com; Northcote Rd, Langho; 主菜 £23~48; ◉正午至14:00和19:00~21:30）英格兰北部最考究的餐厅之一，这里的米其林星级菜单包括由主厨丽莎·古德温·艾伦和侍酒师克雷格·班克罗夫特精心打造的朴实创意菜。鸭肉、羊肉、牛肉和鸡肉都采用新派英国烹饪制作，结果非同凡响。楼上是26间时尚新潮的客房（£240~380），使其成为西北部顶级美食度假地之一。强烈推荐预订。

马恩岛（ISLE OF MAN）

忘掉你在英国本岛遇到的那些道听途说吧：马恩岛（当地Manx语的岛名为Ellan Vannin）其实与外地并无不同。小岛之所以有着古怪名声无非是因为它始终我行我素，拒绝英格兰的热情，保持了一种半自治状态（这里有世界上最古老、连续实行的议会：Tynwald）。

岛上风景秀丽，分布着葱郁的峡谷、荒芜的丘陵以及崎岖的海岸。2016年，联合国教科文组织将马恩岛划定为生物保护区（英国的五个生物保护区之一），这意味着马恩岛成为在英国享受最美自然风景的绝佳去处之一。在举世闻名的"旅游杯"(Tourist Trophy, 简称TT) 摩托车赛季期间, 岛上宁静的田园风光会被打破, 5月和6月会有5万名观众到此观战。毫无疑问, 如果你想要寻一方隐逸之地, 记得避开摩托车轰鸣的赛季时段。

到达和离开

飞机
Ronaldsway机场(Ronaldsway Airport; www.iom-airport.com)位于道格拉斯(Douglas)以南10英里处, 靠近卡斯尔敦(Castletown)。开通往返马恩岛航线的航空公司如下:

爱尔兰航空公司(Aer Lingus Regional; www.aerlingus.com; £25起)

英国航空(British Airways; www.britishairways.com; £82起)

易捷航空(Easyjet; www.easyjet.com; £20起)

弗莱比航空公司(Flybe; www.flybe.com; www.flybe.com; £25起)

洛根航空(Loganair; www.loganair.co.uk; £60起)

船
Isle of Man Steam Packet(www.steampacket.com; 行人 单程/往返 £25/42起, 小汽车及2名乘客 往返 £170起)提供从利物浦和希舍姆前往道格拉斯的车载渡轮和高速双体船服务。从4月中旬至9月中旬, 马恩岛也有前往都柏林和贝尔法斯特的船只。

MANX HERITAGE假日通票

马恩岛的11处主要景点都由Manx Heritage (MH; www.manxnationalheritage.im) 运营, 这是岛上一个类似于"国民托管组织"的机构。这些景点包括城堡、历史旧居、博物馆和世界上最大的在用水车。除非另有说明, Manx Heritage的景点都是复活节至10月每天10:00~17:00开放。持Manx Heritage假日通票(www.manxheritageshop.com, 成人/儿童 £25/12)可进入岛上所有历史遗址景点参观; 通票可在旅游局或网站购买。

当地交通

往返于机场和道格拉斯的公共汽车7:00~23:00运行, 每半小时1班。出租车到岛上各地都有固定价格; 乘坐出租车到道格拉斯的车费为£20, 到皮尔(Peel)为£25。

岛上有完备的公共汽车服务(www.gov.im), 道格拉斯的旅游局提供时刻表并且可以在此购票。旅游局还销售GoExplore通票(1天成人/儿童 £16/8, 3天 £32/16), 持票可以无限制地乘坐公共交通, 包括到斯内山顶峰(Snaefell)的电车和道格拉斯的马拉有轨电车。

Simpsons Ltd(01624-842472; www.simpsons.im; 15-17 Michael St, Peel; 每天/周 £20/100; 周一至周六 9:00~17:00)设有自行车租赁服务。

车迷们将非常喜爱风景优美的开阔弯道, 这里非常适合刺激的驾车——而且在道格拉斯城外没有限速。最受欢迎的行车道无疑是"旅游杯"(Tourist Trophy)摩托车赛路线沿线。机场有汽车租赁运营商的柜台, 租车费用为每天£35起。

19世纪的电力和蒸汽**铁路运输服务**(01624-663366; www.iombusandrail.info; 3月至10月)是往返两地十分令人满意的方式:

道格拉斯-卡斯尔敦-埃林港蒸汽火车(Douglas-Castletown-Port Erin Steam Train)往返£12.40

道格拉斯-拉克西-拉姆西电车(Douglas-Laxey-Ramsey Electric Tramway)往返£12.40

拉克西-斯内山顶铁路(Laxey-Summit Snaefell Mountain Railway)往返£12

道格拉斯(Douglas)

01624 / 人口 26,218

岛上最大的城镇和最重要的商业中心, 与维多利亚时代作为英国度假胜地的全盛状态相比的话, 显得黯然失色, 这一点和对岸的布莱克浦沙滩颇为类似。岛上大部分的酒店和餐厅仍开在道格拉斯, 而且这里的大多数财务公司不乏关注税款的英国人频繁关顾。

景点

马恩岛博物馆和国家美术馆 博物馆
(Manx Museum & National Art Gallery; MH; www.manxnationalheritage.im; Kingswood Grove; 周一至周六 10:00~17:00) **免费** 这座现代化博物馆先用一部短片介绍了岛屿一万年的历

史，然后用多个展览讲述了相关内容，包括维京海盗的金银财宝、当地议会（Tynwald）的历史渊源、"二战"时期岛上的拘留营以及著名的"旅游杯"摩托车赛等。博物馆另一半是<u>国家美术馆</u>，馆内陈列着马恩岛知名艺术家的作品，包括阿基巴尔德·诺克斯（Archilbald Knox）和约翰·米勒·尼克尔森（John Miller Nicholson）。总之是概括了解岛屿基本情况的好地方。

住宿

★ Saba's Glen Yurt　　　　　圆顶帐篷 ££

（www.sabasglenyurt.com; Close Ny Howin, Main Rd, Union Mills; 双人帐篷 £110）在Union Mills的保护区内，你可以入住生态环保的太阳能圆顶帐篷。帐篷内配有特大床和柴炉。帐篷外有热腾腾的热水池，可以痛痛快快地泡个澡消除旅途疲惫。

4月至9月，这里要求周末最少连住两晚。地方就在镇东北2.5英里处前往皮尔的路边。

Inglewood　　　　　　　　　精品酒店 ££

（01624-674734; www.inglewoodhotel-isleofman.com; 26 Palace Tce, Queens Promenade; 标间/双含早餐 £42.50/85起; P@⑨）这家经过精心翻修、服务热情友好的酒店有海景套间，内设大木床和真皮沙发。自制早餐很棒，酒吧特选酒饮主打来自世界各地的威士忌。

Claremont Hotel　　　　　　酒店 £££

（01624-617068; www.claremonthoteldouglas.com; 18-22 Loch Promenade; 房间 £150起; P❄@⑨）岛上最豪华的酒店就是这家位于海滨步道边的经典酒店，宽敞的客房铺着漂亮的木地板，采用海滨色彩装饰，床铺舒适，配有清爽的床单。

就餐

★ Little Fish Cafe　　　　　　海鲜 ££

（www.littlefishcafe.com; 31 North Quay; 主菜 £11.50~14.50; 11:00~21:00）美味的海鲜以各种方式呈现，从柠檬黄油芥末鳕鱼到喀拉拉风格的烤鱼咖喱等。如果想享用早午餐，"Queenie Po' Boy"——炸马恩岛女王扇贝、辣椒蛋黄酱和牛油果酸面包——搭配既美味又新颖。餐厅也供应肉类菜肴，但是真正的招牌菜还是海鲜。

Tanroagan　　　　　　　　　海鲜 ££

（01624-472411; www.tanroagan.co.uk; 9 Ridgeway St; 主菜 £15~21; 周二至周六 正午至14:00和18:00~21:30）这家优雅的餐馆主打各种海产。鱼类是直接自渔船卸下，只需用欧陆烹饪方法稍加演绎或是放在火上烧烤一下，味道已经相当鲜美。建议预订。

14 North　　　　　　　　　新派英国菜 ££

（01624-664414; www.14north.im; 14 North Quay; 主菜 £16~25; 周一至周六 正午至14:30和18:00~21:30）这里曾是木材商的住宅，现在被改造成一家精致的小饭馆，主打当地特色菜，包括腌鲱鱼、熏羊腿当然还有女王扇贝——全都是当地出产。

实用信息

旅游局（01624-686766; www.visitisleofman.com; Sea Terminal Bldg, Douglas; 9:15~19:00, 10月至次年4月 周日 关闭）

皮尔

皮尔是西海岸最具吸引力的小镇，有着非常舒适的沙滩。但这里最吸引人的景点当属11世纪<u>皮尔城堡</u>（Peel Castle; MH; www.manxnationalheritage.im; 成人/儿童 £6/3; 6月至8月 10:00~17:00, 次年3月至5月和9月至10月 至16:00）的遗址，就在圣帕特里克岛（St Patrick's Island）山顶的极佳位置，该岛有一条堤道与皮尔相连。景点提供语音导览帮助你了解城堡遗址，你也可以睁大眼睛搜寻城堡里的幽灵——一只名为Moddey Dhoo的黑犬。

马恩岛北部（Northern Isle of Man）

首府以北，占据制高点的是海拔621米的斯内山顶峰，这也是全岛最高峰。你可以沿着"旅游杯"车赛的环线线路翻越山峰前往拉姆西（Ramsey），或者选择另一路线沿着海岸前进，途中路过拉克西时可以乘坐有轨电车登上斯内山顶峰附近，然后步行轻松登顶。

◉ 景点

★ 拉克西大水车　　　　　　　　　历史景点

（Great Laxey Wheel; MH; https://manxnationalheritage.im/our-sites/laxey-wheel/; Mines Rd, Laxey; 成人/儿童 £8/4; ◷4月至10月 9:30~17:00）无论怎么形容伊莎贝拉夫人拉克西大水车（Lady Isabella Laxey Wheel）都不为过。这座水车建造于1854年，用来从矿井中抽水，这是一个非常"大"的水车，直径有22米，每分钟能够从550米深处抽出1140升水。它是世界上同类水车中最大的，得名于当时副总督的妻子。

Grove Museum of Victorian Life　　博物馆

（MH; www.manxnationalheritage.im; Andreas Rd, Ramsey; 成人/儿童 £6/3; ◷6月至8月 10:00~17:00,9月 至16:00,次年3月 周六和周日 11:00~15:00）这座宏伟的房屋建于19世纪中期，原是利物浦航运商邓肯·吉布（Duncan Gibb）为自己和家人建造的避暑度假屋。如今这里大致保持了维多利亚时代鼎盛时期的模样，你可以在复古风格的房间里漫步——甚至可以了解女帮厨的具体工作！直到20世纪70年代，这座房屋一直由吉布家族成员居住。位于拉姆西的边缘。

❶ 到达和离开

Vannin公交车行程15英里，往返于拉克西和道格拉斯之间。具体路线可经由拉克西和海岸（3路、3A路）或直接从内陆翻越斯内山顶峰（X3路）。此外，有轨电车也沿着海岸慢慢驶往拉姆西。另一条有轨电车则连接斯内山和拉克西。

马恩岛南部（Southern Isle of Man）

位于马恩岛最南端的宁静港口小镇卡斯尔敦是这座岛屿最早的首府。镇上有座壮观的城堡和古老的议会建筑。

埃林港（Port Erin）是一个小巧的维多利亚风格海滨假村，村里有座规模不大的铁路博物馆（Station Rd; 成人/儿童 £2/1; ◷4月至10月 9:30~16:30,导览团队游另加7月中旬至9月中旬 周四 19:30和21:30,周日 11:00~13:00）。

圣玛丽港（Port St Mary）位于海岬另一边，有蒸汽火车往返两地之间。"Calf of Man"鸟类保护区可从圣玛丽港前往。

◉ 景点

★ 拉申城堡　　　　　　　　　　　　城堡

（Castle Rushen; MH; www.manxnationalheritage.im; Castletown Sq, Castletown; 成人/儿童 £8/4; ◷5月至8月 10:00~17:00）这座壮观的13世纪拉申城堡雄踞于卡斯尔敦上方，它是欧洲结构最完整的中世纪建筑之一。你可以参观门楼、中世纪厨房、地牢以及大厅。在旗塔可以饱览城镇和海岸风光。

克莱格尼什村民俗博物馆　　　　博物馆

（Cregneash Village Folk Museum; MH; www.manxnationalheritage.im; 成人/儿童 £6/3; ◷6月至8月 10:00~17:00,4月至5月和9月至10月 至16:00）直到20世纪早期，岛上的大部分农民仍遵循一种名为"crofting"的佃农制度，这是一种由小型社区粮食生产定义的社会制度。这座民俗博物馆位于岛屿南部高地上，包括一座传统马恩岛小屋，你可以了解佃农们的生活，在远处的田野你还会看到四角绵羊和马恩猫，不妨和它们打个招呼。

Old House of Keys　　　　　　　博物馆

（MH; www.manxnationalheritage.im; Parliament Sq; 辩论 成人/儿童 £6/3, 其他时间 免费; ◷4月至10月 10:00~16:00）从前的马恩岛议会（Tynwald的下议院）所在地，如今已经恢复成了1866年的模样——这是岛屿历史上的一个关键年份，当时议会投票决定议会成员应由民众选举产生。11:00和14:45,游客们都能参观当日的热点议题辩论——从而了解议会民主如何进行。你还可以在这里了解到马恩岛争取"民族自决"的斗争。

Calf of Man　　　　　　　　　　鸟类保护区

（www.manxnationalheritage.im; ◷4月至9月）离克莱格尼什不远处的这座小岛地处英国

西部最重要的鸟类迁徙线路上，每年都有33种鸟类在此繁衍，包括曼恩剪水鹱、三趾鸥、刀嘴海雀、鹭鸶等。岛上经常能见到的其他鸟类物种还有游隼、白尾鹞、红嘴山鸦和渡鸦等。这个岛从1939年开始正式被辟为鸟类保护区。**Gemini Charter** (01624-832761; www.geminicharter.co.uk；1~4小时观鸟行程每人£15~30)组织从圣玛丽港出发前往该岛观鸟的行程。

到达和离开

Bus Vannin有客运班车往返卡斯尔敦和道格拉斯(途经机场)之间，以及卡斯尔敦、埃林港和圣玛丽港之间(往返£5.70)。此外还有道格拉斯至埃林港的蒸汽火车(往返£12.40)，中途停靠卡斯尔敦。从机场乘出租车前往卡斯尔敦的车费约为£8。

湖区和坎布里亚

人口 499,800

包括 ➡

温德米尔	631
安布尔赛德	636
格拉斯米尔	639
霍克斯黑德	642
科尼斯顿	643
科克茅斯	648
凯西克	649
巴特尔	653
肯德尔	657
卡莱尔	661
彭里斯	664

最佳餐饮

- ➡ L' Enclume（见660页）
- ➡ Old Stamp House（见639页）
- ➡ Jumble Room（见641页）
- ➡ Punch Bowl Inn（见659页）
- ➡ Drunken Duck（见643页）
- ➡ Fellpack（见651页）

最佳住宿

- ➡ Forest Side（见641页）
- ➡ Brimstone Hotel（见647页）
- ➡ Daffodil Hotel（见641页）
- ➡ Wasdale Head Inn（见648页）
- ➡ Eltermere Inn（见647页）

为何去？

"这儿的壮阔之美于全国独一无二"，湖畔诗人元老级人物——威廉·华兹华斯（William Wordsworth）——有感而发。即使几个世纪过去了，他的诗句依旧是对这里的精确描述。说到了自然景观，全英没有任何一处能比得上湖区。几百年来，诗人、画家以及漫游者均对此处趋之若鹜，以求寻得灵感或避世远遁，时至今日它仍是让人沉醉于英国壮美山河的最佳去处。

占据了885平方英里的湖区国家公园为英格兰最大的国家公园，2017年被列为联合国教科文组织世界遗产，是本地区当之无愧的主要景点。沿路的每一次转弯都呈现出更为惊人的景色：深邃的山谷、陡峭的垭口、闪光的湖水、刷白的旅馆，还有荒凉的山丘。越过国家公园的边界，周围也值得细细探索一番：卡莱尔、肯德尔以及彭里斯三座老城充满历史之感，而坎布里亚的海岸则自有一份独特魅力。

何时去

- 湖区为英国最受欢迎的国家公园，想要避开人群就选择早春或晚秋时节。

- 这里的气候多变，早已声名远播。随时可以来一场倾盆大雨，为了以防万一，带上你的防雨装备吧。

- 5月中旬，坎布里亚郡规模最大的山地节会在凯西克举行，而6月的啤酒节则将恭迎来自全世界的酒客。

- 安布尔赛德的传统体育日在7月最后一个星期六进行，活动包括猎犬追踪和坎布里亚摔跤，格拉斯米尔每年的体育日在8月的公共假期举行。

- 11月，全球顶级的扯谎大王齐集桑顿布里奇，参加一年一度的吹牛大赛。

历史

新石器时代的定居者在公元前5000年左右抵达湖区。此后,该地区先后被凯尔特人、盎格鲁人、维京人和罗马人占领。在黑暗时代,这里更成了古代王国雷吉德(Rheged)的中心。

在中世纪时期,坎布里亚标志着"充满争议的土地"(Debatable Lands)的开始,后者是英格兰和苏格兰之间的荒凉边疆。成群的边境掠夺者(Border Reivers)不时侵扰着这片地区,促使卡莱尔、彭里斯和肯德尔建起了防御塔楼和城堡。

19世纪这里成为浪漫主义运动的中心,这在很大程度上归功于坎布里亚出生的诗人威廉·华兹华斯。此外,他更是致力于保护湖区美景免受过度开发的侵扰。这场保卫战最终在1951年以湖区国家公园的建立得以胜利告终。

现今的坎布里亚郡成立于1974年,主要由相邻的坎伯兰郡(Cumberland)和威斯特摩兰郡(Westmorland)组成。

✘ 活动

骑车

你若是不畏山路难行,骑车是探索湖区和坎布里亚的极佳方式。至于一些短途的越野骑行,格里泽代尔森林(Grizedale Forest; www.forestry.gov.uk/grizedale)和温莱特森林公园(见650页)的线路很受欢迎。

长线骑行则可选择70英里的坎布里亚小道(Cumbria Way),在阿尔弗斯顿(Ulverston)、凯西克和卡莱尔之间穿行;140英里的爱尔兰海—北海跨陆地骑行线(Sea To Sea Cycle Route; C2C, NCN 7; www.c2c-guide.co.uk),该路线始于怀特黑文(Whitehaven),向东穿过北奔宁山脉,通向纽卡斯尔;另外,173英里的掠夺者骑行线(Reivers Route; NCN 10; www.reivers-route.co.uk)连接着泰恩河(River Tyne)和怀特黑文。

徒步

许多人都冲着徒步游览而来湖区。地图和指南在所有的旅游局和书店均有销售,例如柯林斯出版社(Collins)的《莱克兰山地巡游》(*Lakeland Fellranger*)和英国地形测量局(Ordnance Survey)的《探路者指南》(*Pathfinder Guides*)。纯粹主义者更钟爱阿尔弗雷德·温赖特(Alfred Wainwright)的7册《莱克兰荒野指南图册(1955~1966)》[*Pictorial Guides to the Lakeland Fells* (1955~1966)]。该图册集徒步指南、插图、纪实文字叙述以及手绘地图和文字记录于一体。

地图是必不可少的。英国地形测量局出版的比例尺为1:25,000的《地形》(*Landranger*)地图被多数官方机构使用;一些徒步者则倾向于Harvey制作的《超级徒步者》(*Superwalker*)地图,比例尺为1:25,000。

另外还有多条穿越坎布里亚的长线步道,如全长54英里的阿勒代尔漫游小道(Allerdale Ramble)始于Seathwaite,终于索尔威湾(Solway Firth),连接阿尔弗斯顿和卡莱尔的坎布里亚小道全长70英里,更有191英里的海岸沿线路径(Coastto Coast),可以一览圣比斯(St Bees)到约克郡罗宾汉湾的沿岸风光。多家公司提供门到门行李递送服务,如Coast to Coast Packhorse(☏017683-71777; www.c2cpackhorse.co.uk)或Sherpa Van(☏0871-5200124; www.sherpavan.com),均可以把行李从某地运往下一个目的地。

其他活动

坎布里亚是户外活动的圣地:攀岩、定向越野、骑马、射箭、越野/山地长跑和溪流(瀑布)速降。可联系Outdoor Adventure Company(☏01539-722147; www.theoutdooradventurecompany.co.uk, Old Hutton)、Rookin House(☏017684-83561; www.rookinhouse.co.uk)以及Keswick Adventure Centre(☏017687-75687; www.keswickadventurecentre.co.uk; Newlands)。

ℹ 到达和离开

最近的大型机场在曼彻斯特,但是卡莱尔的小型机场现在也有航班直接往返伦敦绍森德、贝尔法斯特(Belfast)和都柏林。

卡莱尔位于西海岸的铁路线上,该线从伦敦尤斯顿火车站通往曼彻斯特和格拉斯哥。想要前

湖区和坎布里亚亮点

1. **斯科费尔峰**（见647页）征服英格兰最高山峰。
2. **山顶农庄**（见642页）感受毕翠克丝·波特的灵感来源。
3. **"贡多拉"号蒸汽游船**（见644页）用19世纪的端庄方式泛舟科尼斯顿湖。
4. **格里泽代尔森林**（见643页）骑行于被户外艺术包围的林间小道上。
5. **霍尼斯特板岩矿**（见654页）下到湖区最后一个板岩矿坑的地下深处。
6. **雷文格拉斯和埃斯克代尔铁路**（见660页）搭乘袖珍蒸汽列车进入埃斯克代尔。
7. **鸽屋**（见639页）参观威廉·华兹华斯钟爱的湖畔故居。
8. **卡莱尔城堡**（见662页）巡视卡莱尔雄伟中世纪城堡的防卫墙。
9. **博罗代尔和巴特米尔**（见655页）开启一段穿越最迷人湖区山谷的公路之旅。
10. **劳瑟庄园**（见664页）在重焕生机的彭里斯探访这座宏伟的坎布里亚庄园。

Canonbie
Bewcastle
Northumberland National Park
诺森伯兰国家公园
Sewingshields
Esk
Kirkcambeck
Once Brewed
Bardon Mill
A6071
Brampton
布兰普顿
Haltwhistle
霍特惠斯尔
Haydon Bridge
Hexham
赫克瑟姆
NORTHUMBERLAND
诺森伯兰
Houghton
Gelt Woods
Allendale Town
Carlisle Castle
卡莱尔城堡
Warwick Bridge
Castle Carrock
Alston
Bolt's Law
Allenheads
Armathwaite
Low Hesket
Nenthead
Leadgate
Eden
A686
South Tyne
Rookhope
Hesket Newmarket
Lazonby
The Pennines
Little Salkeld
Langwathby
Langdon Beck
DURHAM
达勒姆
Greystoke
Blencathra (870m)
Lowther Estate
劳瑟庄园
Newbiggin
A66
Pooley Bridge
Middleton-in-Teesdale
M6
Coupland
Thirlspot
Ullswater
阿尔斯沃特湖
Shap
沙普
CUMBRIA
坎布里亚
A66
Helvellyn (950m)
Brough
Haweswater
Soulby
A591
Fairfield (875m)
Kirkby Stephen
Greta
Grasmere
格拉斯米尔
Newbiggin-on-Line
Nateby
Dove Cottage 鸽屋
A6
Ambleside 安布尔赛德
Tebay
Swale
Keld
Troutbeck 特劳特贝克
Lake District National Park
湖区国家公园
Hill Top
山顶农庄
Staveley
A683
Thwaite
Buttertubs Pass
A593
Hawkshead
Windermere 温德米尔
Windermere 温德米尔湖
NORTH YORKSHIRE
北约克郡
Grizedale Forest
格里泽代尔森林
Winster
Kendal 肯德尔
Sedbergh
Garsdale Head
Crosthwaite
Oxenholme
Killington Reservoir
Hawes
Dent
Newby Bridge
纽比布里奇
Heaves
Dent
Cowgill
Whernside (735m)
Yorkshire Dales National Park
约克郡山谷国家公园
A590
Ribblehead
Kirkby Lonsdale
Cartmel
Grange-over-Sands
Arnside
M6
Pen-y-ghent (695m)
A65
Ribble
A6
Bardsea
Ingleborough (723m)
Ingleton
Horton-in-Ribblesdale
Arncliffe
Carnforth
High Bentham
Morecambe Bay
莫克姆湾
LANCASHIRE
兰开夏郡

往湖区，你需要在奥克森霍尔姆（Oxenholme）换乘，搭乘开往肯德尔和温德米尔（Windermere）的列车。坎布里亚海岸周围和塞特尔与卡莱尔之间的铁路线风景尤为秀丽。

National Express经营的长途汽车从伦敦维多利亚车站和格拉斯哥发出，直接前往温德米尔、卡莱尔和肯德尔。

❶ 当地交通

船

可以在温德米尔、科尼斯顿湖（Coniston Water）、阿尔斯沃特湖和德文特湖（Derwentwater）搭乘环湖渡船。另外，温德米尔还有游船和跨湖渡船服务可供选择。

长途汽车

主要的公共汽车运营商是**Stagecoach**（www.stagecoachbus.com）。多数线路在冬季会减少班次服务。你可以在Stagecoach官网或坎布里亚郡政府网站（Cumbria County Council；www.cumbria.gov.uk）下载时刻表。此外还可在游客中心咨询客运班车时刻表。

常用线路包括：

555路公共汽车（Lakeslink）从兰开斯特开往凯西克，中途经停温德米尔和安布尔赛德等大城镇。

505路公共汽车（Coniston Rambler）前往肯德尔、温德米尔、安布尔赛德和科尼斯顿（Coniston）。

X4路/X5路公共汽车 从彭里斯前往沃金顿（Workington），途经特劳特贝克（Troutbeck）、凯西克和科克茅斯（Cockermouth）。

小汽车

在旺季以及长周末交通都颇为拥挤。坎布里亚许多城镇的街道均实行计时停车规则。可在当地商店或游客中心免费索取停车卡。

如果你是自驾前往湖区，加入国民托管组织会员是一个不错的办法，因为这意味着你可以在所有国民托管组织的停车场免费停车（否则会被收取高额停车费）。

旅行通票

在坎布里亚可以买多款旅行通票。

湖区日票（Lakes Day Ranger；成人/儿童/家庭£23/11.50/45）是性价比最高的单日通票，可一日无限次搭乘湖区的火车和公共汽车。另含温德米尔的游船航行，搭乘蒸汽火车可获得9折优惠，乘坐Coniston Launch、Keswick Launch、Ullswater Steamer游船可获得8折优惠。

坎布里亚漫行日票（Cumbria Day Ranger；成人/儿童£43/21.50）使用此款通票可以在一天内在坎布里亚搭乘火车。此外，该票在兰开夏郡、北约克郡、诺森伯兰（Northumberland）、邓弗里斯（Dumfries）以及加洛韦（Galloway）的部分区域也可使用。

湖区中心区域日票（Central Lakes Dayrider；成人/儿童/家庭£8.30/6.20/23）此款通票可搭乘鲍内斯（Bowness）、安布尔赛德、格拉斯米尔、兰代尔（Langdale）和科尼斯顿的Stagecoach公共汽车，包括599路、505路和516路。成人/儿童再加£4/2，就可以享受温德米尔或科尼斯顿的游船之旅。

凯西克和霍尼斯特日票（Keswick & Honister Dayrider；成人/儿童/家庭£8.30/6.20/23）可搭乘从凯西克去往博罗代尔（Borrowdale）、巴特米尔（Buttermere）、洛顿（Lorton）以及温莱特森林公园（Whinlatter Forest Park）的汽车。

西北地区超值通票（North West Megarider Gold；每周£28）可在7天内无限次乘坐兰开夏郡、默西赛德郡（Merseyside）、坎布里亚、西柴郡（West Cheshire）和纽卡斯尔的Stagecoach公共汽车。

湖区（THE LAKE DISTRICT）

人口 40,800

湖区（也称为莱克兰）无疑是英国最受欢迎的国家公园。每一年，这儿大片的丘陵和乡村都吸引着约1500万人前来探索，原因不言而喻。自19世纪这里迎来了浪漫主义诗人后，那嶙峋突兀的峰峦、山中湖泊和波光粼粼的湖水所构成的明信片般的风景，一直萦绕在游客的心头。2017年，湖区被列为联合国教科文组织世界遗产，这是对当地独特的丘陵耕作文化的高度肯定。

❶ 实用信息

国家公园游客中心总部位于温德米尔镇外的Brockhole（见635页），另外，在温德米尔（见635页）、鲍内斯（见635页）、安布尔赛德（见636页）、凯西克（见649页）、科尼斯顿（见643页）和卡莱尔（见661页）也设有游客中心。

Lake District 湖 区

温德米尔及周边
（Windermere & Around）

♪015395/人☐5423

在安布尔赛德和纽比布里奇（Newby Bridge）之间绵延10.5英里，温德米尔不仅是湖区湖泊之冠，更是全英最大的湖体，名气堪比苏格兰的尼斯湖。自从1847年第一辆火车缓缓驶入小镇以来，这里就一直是旅游业的中心，也是国家公园内最受欢迎的景点。

然而经常使人弄混的是，温德米尔被划分成两部分：温德米尔镇离湖还有1.5英里，位于一座陡峭的丘陵山顶；而游客云集、过度开发的温德米尔湖畔鲍内斯（通常简称为"鲍内斯"）坐落在湖的东岸。

节假日和旅游高峰期的住宿（以及停车位）会很紧张，需要提前预订。

◎ 景点和活动

雷堡　　　　　　　　　　历史遗址

（Wray Castle；NT；www.nationaltrust.org.uk/wray-castle；成人/儿童£9.60/4.80；◎10:00~17:00）这座拥有角楼和城垛的仿哥特式城堡建于1840年，最初的主人詹姆斯·道森是利物浦的一位退休医生，后来于1929年交由国民托管组织管理。尽管内部空空荡荡，但湖畔的庭院却大气恢宏。这里曾经被毕翠克丝·波特（Beatrix Potter）的家人用作度假屋。前往雷堡的最佳交通方式是从鲍内斯乘船；停车位有限，在旺季会为非自驾的游客提供优先参观。

布莱克韦尔城堡　　　　　历史建筑

（Blackwell House；♪01539-722464；www.blackwell.org.uk；成人/16岁以下儿童£8/免费；

Windermere 温德米尔

Windermere 温德米尔

住宿
1 1 Park Road C3
2 Rum Doodle B4
3 The Hideaway B1
4 Wheatlands Lodge B2

就餐
5 Francine's C2
6 Homeground C2
7 Hooked B2

饮料和夜生活
8 Crafty Baa C1

⊙4月至10月 10:30~17:00，2月、3月、11月和12月至16:00）布莱克韦尔城堡位于鲍内斯以南2英里的B5360公路上，是19世纪工艺美术运动（ArtsandCraftsMovement）的典范，彰显出工业革命批量生产无法企及的手工技术及工匠精神。城堡由巴里·斯各特（Mackay HughBaillieScott）为富裕的啤酒酿造商爱德华·霍尔特爵士（Sir Edward Holt）所设计，拥有多处工艺美术运动的细节：明亮通风的房间、定制手工艺品、木镶板、彩绘玻璃以及代夫特瓷砖。仿中世纪风格的大礼堂以及庄严的雪白画室尤其引人注目。

咖啡馆更可让人饱览温德米尔的风光。

落脚公园　　　　　　　　　　　　花园

（Fell Foot Park; NT; www.nationaltrust.org.uk/fell-foot-park；⊙4月至9月 8:00~20:00，10月至次年3月 9:00~17:00，咖啡馆 10:00~17:00）**免费**公园位于温德米尔的南端，鲍内斯以南7英里处。这片占地7公顷的湖畔庄园原属庄主宅邸，现为国民托管组织所有。天气晴朗时，公园的湖岸小径和葱郁草地非常适合野餐。园内有一家咖啡馆,你还可以租条小船划一划。

莱克兰汽车博物馆　　　　　　博物馆

(Lakeland Motor Museum; ✆015395-30400; www.lakelandmotormuseum.co.uk; Backbarrow; 成人/儿童 £8.75/5.25; ◉4月至9月9:30~17:30,10月至次年3月 至16:30)博物馆在纽比布里奇以南2英里处的A590公路边。馆内收藏有一系列的古董车型:经典款(Mini、奥斯汀·希利、名爵)、运动型轿车(德劳瑞恩、奥迪Quattros、阿斯顿马丁)以及另类车(泡泡车、水陆两用车)。此外还有关于大篷车历史和复古自行车的各种奇怪展品。另一栋楼可看到唐纳德和麦尔肯·坎贝尔在科尼斯顿湖的水上速度记录。楼内还收藏有1935年生产的蓝鸟汽车和1967年生产的蓝鸟K7船的复制品。网上订票可获得10%的折扣。

湖区水族馆　　　　　　水族馆

(Lakes Aquarium; ✆015395-30153; www.lakesaquarium.co.uk; Lakeside; 成人/儿童 £7.45/5.45; ◉10:00~18:00)水族馆位于纽比布里奇附近的湖南端。馆内模拟了多个水下栖息地,从热带非洲到莫克姆湾(Morecambe Bay)。温德米尔游船(见634页)以及莱克赛德和哈弗思韦特铁路(见633页)上的火车均在水族馆旁停靠,还可以从鲍内斯搭乘6/X6路公共汽车前往。网上订票每张可优惠£1。

莱克赛德和哈弗思韦特铁路　　　　铁路

(Lakeside &Haverthwaite Railway; ✆015395-31594; www.lakesiderailway.co.uk; 成人/儿童/家庭从哈弗思韦特至莱克赛德往返£6.90/3.45/19,单日通票成人/儿童 £10/5; ◉3月中旬至10月)该铁路最早用于把矿石和木材运到阿尔弗斯顿和巴罗的港口。如今这些古董蒸汽火车一路喷着白烟,行走于阿尔弗斯顿附近的哈弗思韦特和纽比布里奇、莱克赛德之间。火车每天发车5~7趟,与温德米尔游船时间相呼应——你可以购买含前往鲍内斯或安布尔赛德游船的联票。

🛏 住宿

Windermere YHA　　　　　　青年旅舍 £

(✆0845-371 9352; www.yha.org.uk; Bridge Lane; 铺 £13~35; ◉前台 7:30~11:30和15:00~22:00; [P][@])不要被店名误导,距离温德米尔最近的国际青年旅舍其实离湖岸还有1.5英里,位于Troutbeck Bridge和特劳特贝克村庄之间的半道上。这座宏伟的建筑曾经是一座宅邸,如今经过现代化改造,变成了常见的国际青年旅舍:高低铺的宿舍、餐厅、自炊厨房、休息室和烘干室等。从前面的房间里能看到美丽的温德米尔风光,屋外还设有帐篷营地。

比较不方便的是,从温德米尔驶来的公交车停靠站点在山下1英里处的Troutbeck Bridge。

★Rum Doodle　　　　　　民宿 ££

(✆015394-45967; www.rumdoodlewindermere.com; Sunny Bank Rd, Windermere; 双 £95~139; [P][🐾])这家民宿名称来源于经典的旅行小说(讲述了喜马拉雅山一座虚构的山峰),随处可见充满想象力的小细节。这里的房间主题都来自书中的地点和人物,各种细节如书本效果的壁纸、复古地图和旧手提箱等更是点睛之笔。其中最出彩的房间是"Summit",这是屋檐下的舒适套间,带有独立的起居室。夏季需最少连住两晚。

The Hideaway　　　　　　民宿 ££

(✆015394-43070; www.thehideawayatwindermere.co.uk; Phoenix Way; 双 £90~170; [P][🐾])这家备受赞誉的民宿位于一所前校长的住宅里,设有一系列精致的客房。这里的房间面向各种预算,从Standard Comfy(简约装饰,空间局促)一直到Ultimate Comfy(独立浴缸、错层式夹层、空间宽敞),可谓一应俱全。无论选择哪种房间,房东每天都会用自制蛋糕和下午茶等美食款待你。

Wheatlands Lodge　　　　　　民宿 ££

(✆015394-43789; www.wheatlandslodge-windermere.co.uk; Old College Lane; 双 £105~140; [P][🐾])这家民宿位于鲍内斯和温德米尔镇中间,格调朴实无华,但处处流露出优雅高效。房屋为维多利亚风格,房型从Club(稍显狭窄)到Master(空间略显宽敞)不等。早餐是一大亮点,提供自制麦片、当地培根和香肠,以及来自LochEwe的烟熏三文鱼。

1 Park Road
民宿 ££

(☏015394-42107; www.1parkroad.co.uk; 1 Park Rd, Windermere; 双£80~112; P❀❀) 温德米尔镇上的靠谱选择，有6间怡人、宽敞的房间（含几间可以带爱犬入住的房间）。设施齐全，心思巧妙，如配置了室内DVD播放器、茶中加入新鲜（非高温处理）牛奶，还有各种受欢迎的小吃，例如坎布里亚出产的软糖和棉花糖等。这些贴心的细节都让其从竞争中脱颖而出——而且房价在温德米尔算是相当实惠，尤其是非周末时段。

Gilpin Hotel
酒店 £££

(☏015394-88818; www.gilpinlodge.co.uk; Crook Rd; 房间£275~465; P) 温德米尔的民宿价格也许被炒到了令人咋舌的地步，但这家著名的乡间豪宅却向外界展示了什么叫物有所值。令人叹为观止的豪华客房以丘陵命名，花园套房有自己的露台和户外热水浴缸，附近高级的Lake House还配有专职车夫。

超凡的米其林星级餐厅、迷人的水疗中心，还有宽敞的庭院，都与酒店高贵典雅的气质完美契合。

Cranleigh
酒店 £££

(☏015394-43293; www.thecranleigh.com; Kendal Rd, Bowness-on-Windermere; 双£110~190, 套£305~525; P❀) 这家超级时尚的民宿拥有温德米尔首屈一指的内部装饰：从雪橇床到美洲虎印花椅套和背光灯浴室镜，仿佛是设计教材中实际经典案例的堆叠（不过并不是全都那么出彩）。尽管如此，这里绝对不是一个沉闷的住宿选择——如果想体验极致奢华，不妨订一间精品教堂套房。

就餐

Homeground
咖啡馆 £

(☏015394-44863; www.homegroundcafe.co.uk; 56 Main Rd, Windermere; 咖啡£2~4, 主菜£7~10; ⊙9:00~17:00) 温德米尔自己专属的咖啡屋，供应可口的奶咖、手冲咖啡和蕊丝翠朵（ristretto），辅以养眼的奶泡拉花技巧。这里也是享用早午餐的绝佳去处，供应各种新潮菜品，例如豪华版火腿吐司蛋和枫糖培根华夫饼等。总而言之，这是一家在镇上极受欢迎的小店。

★ Mason's Arms
酒馆食物 ££

(☏015395-68486; www.masonsarmsstrawberrybank.co.uk; Winster; 主菜£12.95~18.95) 位于湖泊以东3英里处，在鲍兰布其奇（Bowlands Bridge）附近，让人惊艳的Mason's Arms可是当地人守口如瓶的秘密。橡梁、板岩和铸铁火炉几百年不变，露台还能欣赏山地和田野醉人的美景。食物非常丰盛——坎布里亚炖菜、慢烤卡梅尔羊肉——还有迷人的房间和小屋可供留宿（£175~350）。简言之，太赞了。

Brown Horse Inn
酒馆食物 ££

(☏015394-43443; www.thebrownhorseinn.co.uk; Winster; 主菜£12.95~16.95; ⊙午餐正

温德米尔湖及岛屿（WINDERMERE & THE ISLANDS）

温德米尔得名于古挪威语"Vinandrmere"（Vinandr湖；因此温德米尔湖实为同义反复的说法）。温德米尔湖位于安布尔赛德和纽比布里奇之间，面积达5.7平方英里，湖最宽处达1英里，最深处约为220米。

湖岸分别由私人、国家公园管理局或国民托管组织所拥有，而湖本身则属于温德米尔人民[当地慈善家亨利·格罗夫（Henry Leigh Groves）于1938年代表当地人民出资将湖泊购下]。

温德米尔湖共有18座岛屿：最大的为面积16公顷的贝尔岛（Belle Isle），岛上有一座18世纪的意式塔楼，而最小的岛屿为梅登霍尔姆（Maiden Holme），仅仅有一小片土地和一棵孤单的树。

温德米尔游船（☏015394-43360; www.windermere-lakecruises.co.uk; 船票£2.70起) 设有从鲍内斯码头出发的观光游船。

午至14:00，晚餐 18:00~21:00）BrownHorse位于温德米尔以外3英里处的Winster，是一家人气餐吧。农副产品均来源于BrownHorse Estate，再配上大厨精心烹饪的肉类和野味（如鹿肉、早春羔羊肉和乳鸽）。横梁和火炉为这里增添了乡土气息，这儿还有店内的Winster Brewery小酒厂酿制的几种麦芽酒。

Angel Inn
酒馆食物 ££

(☎015394-44080; www.the-angelinn.com; Helm Rd, Bowness-on-Windermere; 主菜£10.95~16.50; ⓘ11:30~16:00和17:00~21:00）这家精致的餐吧位于鲍内斯湖岸附近的山丘顶上，供应超凡的酒馆小吃：想想意式薄比萨饼、黑鲈配小白菜和莱克兰香肠组合。如果想在草坪上的桌子用餐，一定早点过来——湖光山色，因此座位非常紧俏。

楼上有13个明亮且性价比较高的房间（£106~186）。

Francine's
小酒馆 ££

(☎015394-44088; www.francinesrestaurantwindermere.co.uk; 27 Main Rd, Windermere; 2/3道菜晚餐套餐£16.95/19.95; ⓘ周二至周六 10:00~14:30和18:30~23:00）这是街区小酒馆的标杆，是当地人的心头最爱；如果你不是第一次光顾，老板可能会直接叫出你的名字。这是一个挤满桌子的小空间，食客们在里面可谓是摩肩接踵。食物非常靠谱，并不花哨，味道也十分走心，烤珍珠鸡、油封五花肉和鸡肉都让人赞不绝口。

Hooked
海鲜 £££

(☎015394-48443; www.hookedwindermere.co.uk; Ellerthwaite Sq, Windermere; 主菜£19.95~21.95; ⓘ周二至周日 17:30~22:30）在温德米尔琢磨用餐地点时，海鲜肯定不会是你的第一选择，但是保罗·怀特（Paul White）开设的这家一流的鱼餐厅绝对值得考虑。他喜欢遵循经典：鳕鱼配地中海蔬菜和香蒜沙司、海鳟鱼配豌豆和意式熏肉，或者柠檬鲽鱼配刺山柑和欧芹黄油等。地方不大，因此最好预订。

🍷 饮品和夜生活

★ Crafty Baa
精酿啤酒

(☎015394-88002; 21 Victoria St, Windermere Town; ⓘ11:00~23:00）店名已然暗示了一切——精酿啤酒革命风潮已经来到，店里就有各种各样的啤酒可供选择：捷克比尔森、小麦啤酒、烟熏拉格，甚至还有芒果、醋栗和椰子啤酒，品种都用粉笔写在墙上的石板上，上酒时还会搭配（如果你想要）小吃拼盘。这里以前是民宅，空间不算大，不过目前正计划将店面扩展到隔壁。

霍克斯黑德啤酒厂
啤酒厂

(Hawkshead Brewery; ☎01539-822644; www.hawksheadbrowery.co.uk; Mill Yard, Staveley）这家知名精酿啤酒厂开设的啤酒屋在Staveley，位于温德米尔以东3英里处。出售的啤酒主要有Hawkshead Bitter，深色的Brodie's Prime以及水果味的Red。可预订导览游。

Hole in T' Wall
酒馆

(☎015394-43488; Fallbarrow Rd, Bowness-on-Windermere; ⓘ11:00~23:00）鲍内斯镇上最古老的酒馆，建于1612年，有着斑驳的横梁和低矮的屋顶，充满了情调。

ⓘ 实用信息

温德米尔和周边设有几处游客信息中心。

Brockhole国家公园游客中心（Brockhole National Park Visitor Centre; ☎015394-46601; www.brockhole.co.uk; ⓘ10:00~17:00）湖区主要的信息中心，位于一栋从前的乡村民房内，就在距离温德米尔3英里处的A591公路边。

温德米尔信息中心（Windermere Information Centre; ☎015394-46499; www.windermereinfo.co.uk; Victoria St, Windermere; ⓘ8:30~17:30）温德米尔镇上的一处小型信息咨询点，靠近火车站，由Mountain Goat运营。

鲍内斯游客信息中心（Bowness Visitor Information Centre; ☎0845 901 0845; bownesstic@lake-district.gov.uk; Glebe Rd, Bowness-on-Windermere; ⓘ9:30~17:30）位于码头旁边的基本信息咨询点，带有一间商店和咖啡馆。

ⓘ 到达和离开

船

如果是驾车、骑车或徒步穿越温德米尔，可从鲍内斯向南到**Windermere Ferry**（www.cumbria.

gov.uk/roads-transport/highways-pavements/windermereferry.asp；小汽车/自行车/行人£4.40/1/50便士；◯每20分钟1班，3月至10月 周一至周五6:50~21:50，周六和周日9:10~21:50，11月至次年2月 至20:50)，搭乘渡船从东岸的Ferry Nab前往温德米尔湖西岸的Ferry House。

夏季时车辆会排起长队。

长途汽车

National Express每天有一班长途汽车从伦敦（£46，8小时）发出，途经兰开斯特和肯德尔。

请注意，如果您要去往比格拉斯米尔更远的地方，或者计划从任何地方返回，那么最好买一张湖区中心区域日票（见630页）。

555路/556路Lakeslink（£4.70~9.80，每天至少每小时1班）从火车站出发，沿途停靠Troutbeck Bridge（5分钟）、Brockhole游客中心（7分钟）、安布尔赛德（£4.70，15分钟）、格拉斯米尔（£7.20，30分钟）和凯西克（£9.80，1小时）。反向路线继续前往肯德尔（£6.50，25分钟）。

505路Coniston Rambler（每天每小时1班）从鲍内斯发车，前往科尼斯顿（£9.80，50分钟），途经特劳特贝克、Brockhole、安布尔赛德、Skelwith Fold、霍克斯黑德和霍克斯黑德山（Hawkshead Hill）。每天有两辆公共汽车前往肯德尔。

599路Lakes Rider（£4.20~7.20，每天每小时3班）敞篷巴士往返于鲍内斯、特劳特贝克、Brockhole、赖德尔教堂（Rydal Church，前往赖德尔山）、鸽屋（Dove Cottage）和格拉斯米尔。部分公共汽车停靠温德米尔火车站。

火车

温德米尔是国家公园内唯一通行火车的城镇。火车行驶于肯德尔和奥克森霍尔姆支线上，接下来的到达站包括爱丁堡、曼彻斯特和伦敦皮卡迪利。

目的地	单程票价（£）	车程
爱丁堡	67	2.5小时
格拉斯哥	68.60	2.25~2.75小时
肯德尔	5.90	15分钟
兰开斯特	14.70	45分钟
伦敦尤斯顿	108.10	3.5小时
曼彻斯特皮卡迪利	37	1.5小时

安布尔赛德（Ambleside）
015394/人口2529

这里一度是温德米尔北部繁忙的工厂和纺织品中心。如今的安布尔赛德是一座迷人的小镇。镇上建筑所用的板岩和灰色石材与莱克兰其他地方的一样，富有特色。被起伏丘陵环抱的安布尔赛德，是徒步者最喜爱的落脚点，镇上的户外运动商店扎堆而建，另外还有多家酒吧和咖啡馆为徒步者的探险之旅充充电。

◉ 景点和活动

★ 赖德尔山　　　　　　　历史建筑

（RydalMount；☎015394-33002；www.rydalmount.co.uk；成人/儿童£7.50/4，仅庭院£5；◯3月至10月9:30~17:00，11月、12月和次年2月11:00~16:00)诗人威廉·华兹华斯在湖区最著名的住所毫无疑问就是鸽屋（见639页），但其他大部分时间是住在赖德尔山。这所房子位于安布尔赛德西北1.5英里处、紧邻A591公路，华兹华斯一家自1813年开始便居住于此，直到诗人于1850年去世。屋内收藏有珍贵的华兹华斯纪念品。555路公共汽车（4月至10月还可乘坐599路公共汽车）在道路尽头停靠。

在楼下，你可随意逛逛图书室、餐厅以及绘画室（别忘了看看橱柜里威廉用过的笔、墨水瓶和午餐盒。在壁炉上方还挂着美国画家亨利·英曼为其画的肖像）。而楼上则是卧室和华兹华斯的阁楼书房。书房内收藏着他的百科全书以及他哥哥约翰的剑，只是约翰在1805年的海难中失踪了。

花园也非常迷人；华兹华斯总是想成为一位园艺师，庭院里的布局许多都出自他的设计。房屋的下方是种满黄水仙的"朵拉的田地"（Dora's Field）。华兹华斯用这片宁静的草坪悼念其在1847年因肺结核去世的长女。

阿密特博物馆　　　　　　博物馆

（Armitt Museum；☎015394-31212；www.armitt.com；Rydal Rd；成人/儿童£5/免费；◯10:00~17:00)尽管在2015年的洪水中遭受损失，但安布尔赛德这家精致小巧的博物馆现在已完成修复并重新开放。这里不仅有核心藏品，更收藏着一系列有趣的周期性展品，包括莱克兰著名人物的各种作品。其中包括国民托管组织创始人卡农·哈德威克·罗恩斯利（Canon Hardwicke Rawnsley）、湖区摄影先锋赫伯特·贝尔（Herbert Bell）以及亚伯拉罕兄弟，还有毕翠克丝·波特（Beatrix Potter）捐赠的一些自己著作的首版和植物水彩画。

现代主义派艺术家库尔特·施维特斯（Kurt Schwitters）作为德国难民，于"二战"后定居安布尔赛德。其油画原作也被收藏在博物馆内。

斯托克吉尔瀑布（Stock Ghyll Force） 徒步

安布尔赛德最受欢迎的徒步路线需时30分钟，轻松上山到达18米高的斯托克吉尔瀑布，步道标记在Stock Ghyll Lane巷尾的老集市大厅（Market Hall）后方。如果还有力气，不妨沿着步道越过瀑布，到达Wansfell Pike（482米）。该路线较为陡峭，需时2小时。

Low Wood Watersports 划船

（☎015394-39441；www.englishlakes.co.uk/low-wood-bay/watersports；Low Bay Marina）这家水上运动中心提供滑水、帆船和皮划艇项目。另有手划船和摩托艇可供出租。皮划艇价格每小时£15起，独木舟每小时£18起。

🛏 住宿

★ Ambleside YHA 青年旅舍 £

（☎0345 371 9620；www.yha.org.uk；Lake Rd；铺£18~32；🅿🛜）湖区国际青年旅舍旗舰店之一，这座庞大的湖滨旅舍举办众多愁感假日活动，比如皮划艇和溯溪。设施不错，包括厨房、自行车出租、船舶码头和酒吧。这也意味着旅舍很受欢迎，请提前预订。一家人出行的话可以把整个多人间订下来作为独立房间使用。旅舍位于Lake Rd（A591），在安布尔赛德和温德米尔之间。

Low Wray 露营地 £

（NT；☎预订 015394-63862；www.nationaltrust.org.uk/features/lake-district-camping；2位成人露营地£16~43，生态豆荚舱£45~80；⏰露营地入住办理时间3月至10月 周六至周四15:00~19:00，周五 至21:00）国民托管组织管理

的四处湖区营地中最热门的一个，占据了温德米尔湖岸的极好位置。露营地位于距离安布尔赛德3英里的B5286公路上。这里共有120个帐篷露营位，9个房车硬质沥青露营位，加上几间豆荚舱和野营帐篷。可以选择湖景、森林、田野或水边。505路公交车停靠附近。

Waterwheel 民宿 ££

（☎015394-33286；www.waterwheelambleside.co.uk；3 Bridge St；双£90~110；🛜）这家位于主街旁的小型含餐民宿，让你能够伴着河水的声音入眠。三个房间虽然不大，但很有特点：Rattleghyll是舒适的维多利亚风格，Loughrigg挤在橡子下面，Stockghyll有一张黄铜床和爪足浴缸。缺点？唯一的停车位还在250米开外的公共停车场。最少连住两晚。

Gables 民宿 ££

（☎015394-33272；www.thegables-amblesi de.co.uk；Church Walk；标单£52~60，双£104~140；🅿🛜）安布尔赛德性价比最高的民宿之一，位于一处安静角落的双山形墙建筑，可眺望休闲区域。斑点图案的靠垫和彩色印花令人心情愉悦，但房间大小不一（房间在这里肯定是越大越好）。住客在屋主人的餐馆Sheila's Cottage（☎015394-33079；The Slack；主菜£12.50~18；⏰正午至14:30和18:30~22:00）用餐还可以获得优惠。有一个先到先得的小型停车场。

★ Nanny Brow 民宿 £££

（☎015394-33232；www.nannybrow.co.uk；Nanny Brow,Clappersgate；双£145~280；🅿🛜）如果要找出一个选择这间优质民宿的理由，那一定是无懈可击的风景。白色的房子坐落于岩壁之上，居高临下地俯瞰着Brathay山谷，房间非常宽敞（都以当地的丘陵命名），设有漂亮的木床、镶金边的镜子和各种古董家具，与房子19世纪末20世纪初的"工艺美术运动"时期风格相匹配。

Lakes Lodge 民宿 ££

（☎015394-33240；www.lakeslodge.co.uk；Lake Rd；房间£132~162；🅿🛜）这里定位于豪华民宿和中档迷你酒店之间，是在安布尔赛德的极佳大本营。客房线条明朗、装饰朴实且

当地知识

湖区5大经典徒步路线

阿尔弗雷德·温莱特（Alfred Wainwright）是湖区最出名的山地徒步者。由会计师转行作家的他，在所著共7册的《指南图册》（*Pictorial Guides*）中记录了214处正式山地。但他不满足于此，书中往往标记出至少两条登顶路线，就斯科费尔峰而言，则是5条。如果时间紧迫，你可以看看以下5条徒步路线，体验一下为何湖区的山地徒步如此特别。

斯科费尔峰（978米）湖区徒步路线的老大哥。6~7个小时的艰难徒步才能登上英国最高峰的峰顶。经典路线从沃斯代尔黑德出发。

赫尔维林峰（950米）胆小的人可不要随意挑战该线路。近乎垂直的步道沿着Striding Edge刀锋般的山脊而上。路线始于格伦古里丁或帕特代尔，需时至少6小时。

布伦卡思拉山（868米）傲然独立的布伦卡思拉山，可饱览凯西克以及北部山地的壮丽全景。从斯雷尔凯尔德（Threlkeld）出发需要4小时。

Haystacks（597米）温莱特最爱的大山，他的骨灰也撒落于此。从巴特米尔（Buttermere）村出发，来回需时3小时，山路陡峭。

Catbells（451米）老少咸宜的山地步道，上至70岁老者，下至6岁顽童均可完成。位于德文特湖的西边，登顶需要几小时。

井井有条，许多都配有当地美景的壁画。主楼和副楼都有房间。提供自助早餐。

Waterhead Hotel   酒店 £££

（☎08458504503；www.englishlakes.co.uk；Lake Rd；房间 £142~350；P令❀）如果要在安布尔赛德优质酒店住上一晚（再加上理应享受的温German尔全景风光），这里绝对是最佳选择。从外面看起来，它采用传统的湖区石材建造；在室内，这里的40多间客房有着恰到好处的舒适，不过风格上略显商务气质。湖景房价格不菲，但在线订房通常可以获得不错的折扣。

就餐

★ Great North Pie   馅饼 £

（☎01625 522112；www.greatnorthpie.co；Unit 2 The Courtyard, Rothay Rd；馅饼 £4~8；◷9:00~17:00）这家总部位于威姆斯洛（Wilmslow）有口皆碑的馅饼供应商，如今在安布尔赛德开设了一家直营门店，自然而然成为镇上人们的最爱。在这里试试各种经典口味，如Swaledale牛肉馅或兰开夏郡奶酪洋葱，还可以选择应季食材的馅饼菜单：全都十分美味，搭配土豆泥和肉汁（还有素食，总能满足你的需求）。

Stockghyll Fine Food   熟食 £

（☎015394-31865；www.stockghyllfinefood.co.uk；Rydal Rd；三明治 £3~4；◷周三至周日9:00~17:00）想要采购优质的坎布里亚奶酪、酸辣酱、冷盘、啤酒和法棍，这家精致的食品商店一定是安布尔赛德的首选，这里还有非常不错的猪肉馅饼、香肠卷和外卖三明治。

Apple Pie   咖啡馆 £

（☎015394-33679；www.applepieambleside.co.uk；Rydal Rd；午餐 £4~10；◷9:00~17:30）想吃一顿午餐快餐，这个友好的小咖啡馆是你的靠谱选择。店里供应馅料满满的三明治、热馅饼、烤土豆和可口的蛋糕（苹果派在当地有口皆碑）。所有食物都可堂食或带走。

咖啡馆还开设了极为超值的民宿（双 £52~85；P令）。

Zeffirelli's   意大利菜 £

（☎015394-33845；www.zeffirellis.com；Compston Rd；比萨和主菜 £8~15；◷11:00~22:00）这可是人人皆爱的当地地标。Zeff's因其美味的比萨和意面而常常人满为患。只需£21.75就可获得双享套餐（Double Feature）：包括两道菜和一张隔壁影院（☎015394-33100；Compston Rd）的电影票。

Fellini's 素食 ££

(☎015394-32487; www.fellinisambleside.com; Church St; 主菜£12~15; ⓒ17:30~22:00; ♿)素食者们不必担心：虽然你身处坎布里亚香肠和炖菜火锅（羊肉、蔬菜和土豆炖菜）的包围中，你仍然可以大快朵颐。Fellini's精致的"地中海素食"可以拯救你。菜肴都极具创意而且摆盘精致——试试口感清爽的摩洛哥千层酥、波多贝罗填馅蘑菇和菊苣馄饨。

★ Old Stamp House 小酒馆 £££

(☎015394-32775; www.oldstamphouse.com; Church St; 晚餐主菜£24~28; ⓒ周三至周六12:30~14:00, 周二至周六18:30~22:00)在华兹华斯曾经从事邮票分销商工作的建筑的地窖里，这家精致的小酒馆选用最优质的坎布里亚农产品，大部分是在方圆数英里内养殖、捕获、猎取或加工的。你会在菜单上发现北极红点鲑、赫德维克羔羊以及狍子肉等食材，再加上野生食材、出人意料的味道搭配和清淡可口的酱料，所有一切都无可挑剔。非常优秀。

★ Lake Road Kitchen 小酒馆 £££

(☎015394-22012; www.lakeroadkitchen.co.uk; Lake Rd; 5/8道菜品尝套餐£65/90; ⓒ周三至周日18:00~21:30)这个备受赞誉的小酒馆为安布尔赛德的餐饮界带来了一些炫目的色彩。在Noma接受过培训的首席厨师詹姆斯·克洛斯（James Cross）致力于探索"北方的美食"，他的多道菜品尝套餐大多选用当地采购的应季和野生食材，从岸边的海藻到森林里的蘑菇等。摆盘无可挑剔，口味前卫大胆，北欧风格的装饰也很养眼。

❶ 实用信息

Hub (☎015394-32582; tic@thehubofambleside.com; Central Bldgs, Market Cross; ⓒ9:00~17:00)主要信息中心，也是邮局所在地。还有一间出售地图、书籍和纪念品的商店。

❶ 到达和离开

555路 至少每小时1班（包括周日），开往格拉斯米尔（£4.70）和凯西克（£8.80），反方向车次开往鲍内斯、温德米尔（£4.70）和肯德尔（£7.60）。

599路 敞篷巴士，至少每小时1班（包括周末），开往格拉斯米尔、鲍内斯、温德米尔和Bruckhole游客中心；每天有4班巴士继续驶往肯德尔。票价与555路相同。

505路 前往霍克斯黑德（Hawkshead）和科尼斯顿（£5.90, 每天每小时1班）。

516路 前往埃尔特沃特（Elterwater）和兰代尔（£4.40, 每天6班）。

格拉斯米尔（Grasmere）

☎015394 / 人口1458

如果你想寻觅浪漫主义的痕迹，格拉斯米尔就是你要找的地方。这个小村依偎在千岛之湖的岸边，为葱郁的山林、牧场和烟青色的丘陵所围绕，更因浪漫主义诗歌之父华兹华斯从前的故居而闻名。他于1799年在附近的鸽屋安家，然后在此度过了余生的大部分时光。这附近有3处故居可供参观，还有一座非常棒的博物馆。另外，诗人家族的坟墓也在村里的教堂院落中。

格拉斯米尔的文学盛名也带来了难以尽述的烦恼：每逢夏天村子里都被挤得水泄不通，现代社会的礼品商店、茶室和接待大巴车团队游的酒店很难让这里保持当年令华兹华斯心醉神迷的宁静田园风情。

◉ 景点

★ 鸽屋和华兹华斯博物馆 历史建筑

(Dove Cottage & The Wordsworth Museum; ☎015394-35544; www.wordsworth.org.uk; 成人/儿童£8.95/免费; ⓒ3月至10月9:30~17:30, 11月、12月和次年2月10:00~16:30)这座藤蔓攀缘的小巧村舍（曾是名为Dove & Olive Bough的小酒吧）位于格拉斯米尔边缘，是威廉·华兹华斯于1799年至1808年居住的宅院。小屋狭窄的房间内拥有大量文物：找一找诗人的护照、他的眼镜以及沃尔特·斯科特爵士（Sir Walter Scott）为他最爱的小狗Pepper画的像。为了避免游客积压，参观根据时段售票，包含导览游。

华兹华斯与妹妹多萝西（Dorothy）、妻子玛丽，以及3个孩子约翰、朵拉和托马斯一直居住于此，直到1808年。其后便搬到了附近Allen Bank的一座房子，随后将村舍出租给托马斯·德·昆西（Thomas de Quincey;

值得一游

特劳特贝克（TROUTBECK）

这座偏远的小村位于前往柯克斯通山口（Kirkstone Pass）的路上，值得来此参观国民托管组织管理的农舍Townend（NT；☎01539-432628；www.nationaltrust.org.uk/townend；成人/儿童 £6.50/3.25；◎3月至10月 周三至周日 13:00~17:00，学校假期 每天开放），了解18世纪的湖区生活。这处农舍曾经是农民本·布朗（Ben Browne）和家人的住所，这一家族1943年前一直住在这里。如今经过修复，白色的房屋里摆放了一些老式农具、物品和家具。11:00~13:00每小时都有导览团队游。

Mortal Man（☎015394-33193；www.themortalmaninn.co.uk；Tourtbeck；主菜£12.50~18.95；🅿🐾）是坐下来喝一杯啤酒、尝尝小吃的好地方——啤酒花园内可以看到令人震撼的美景。

508路公共汽车从温德米尔（£4.80，25分钟，每天5班）开来，停靠特劳特贝克，然后继续翻过柯克斯通山口前往阿尔斯沃特和彭里斯。

《一个英国鸦片服用者的自白》的作者）。

门票含隔壁非常棒的**华兹华斯博物馆和美术馆**（Wordsworth Museum & Art Gallery）的入场，该馆是全国拥有最多浪漫主义运动藏品的博物馆之一，包括许多手稿原件和几位著名浪漫主义运动代表人物有些吓人的死亡面具。

格拉斯米尔湖及赖德尔湖（Grasmere Lake & Rydal Water） 湖泊

宁静的小道环绕着格拉斯米尔的双湖湖岸。如果想租一条小船划划，可以到格拉斯米尔湖北端的 Grasmere Tea Gardens（☎015394-35590；Stock Lane；◎9:30~17:00），从村中心步行仅需5分钟。

圣奥斯瓦德教堂 教堂

（St Oswald's Church；Church Stile）以维多圣人名字命名的格拉斯米尔中世纪小教堂，是华兹华斯及其家人每周日参加教堂祈祷的地方。这里也是他们最后的安息之地——在一棵美丽的紫杉树华盖下，华兹华斯的家庭墓地藏在教堂墓地的一个安静角落里。近年来在隔壁建立了一个宁静的纪念花园，以便为教堂的修复提供资金——当然种植了大片的水仙花。

从墓碑上可以看到威廉及妻子玛丽、妹妹多萝西和子女朵拉、威廉、托马斯、凯瑟琳的名字。塞缪尔·泰勒·柯勒律治（Samuel Taylor Coleridge）的儿子哈利（Hartley）也长眠于此，此外还有奎利南（Quillinan）的名字；爱德华·奎利南（Edward Quillinan）于1841年与诗人深爱的女儿朵拉结婚，成为华兹华斯的女婿。

教堂本身也值得一游。在教堂里，你会发现华兹华斯的祈祷书和他最喜欢的长凳，有牌匾专门注明。这座教堂是湖区历史最悠久的教堂之一，大部分建筑都可追溯至13世纪，不过据说它最早建立于7世纪。2017年，这座教堂进行了修复和重新粉刷。

🛏住宿

Butharlyp How YHA 青年旅舍

（☎0845 371 9319；www.yha.org.uk；Easedale Rd；铺 £18~30；◎前台 7:00~23:00；🅿🛜）格拉斯米尔的国际青年旅舍位于一座大型的维多利亚时代风格的房屋之内，周围绿草茵茵，距离村庄不远，步行即可到达。多人间大小不一，选择多样，而且有一家酒吧兼咖啡馆可供应早餐和3道菜的"Supper Club"套餐。

Grasmere Hostel 青年旅舍

（☎015394-35055；www.grasmerehostel.co.uk；Broadrayne Farm；铺 £20~24；🅿@🛜）这家时尚的独立青年旅舍散发着淡淡的北欧风情，配有出人意料的豪华设施如北欧桑拿室、采光天窗、两间厨房，每个（男女混住）宿舍都有独立卫浴。屋内的舷窗可以眺望周边的丘陵风光。旅舍由农舍改造而成，位于村子以北1.5英里的A591公路上，邻近Traveller's Rest酒馆。

Heidi's Grasmere Lodge　　民宿 ££

(📞0774 382 7252; www.heidisgrasmerelodge.co.uk; Red Lion Sq; 双 £99~130; 🛜)这家奢华的民宿位于村中心，提供6间非常女性化的房间，到处都装饰着褶边抱枕和Cath Kidston品牌风格的碎花图案。房间虽小，但十分舒适：6号房拥有自己的阳光露台，可以走上一段螺旋楼梯到达。

How Foot Lodge　　民宿 ££

(📞015394-35366; www.howfootlodge.co.uk; Town End; 双 £78~85; 🅿)距离鸽屋仅仅几步之遥。这家石屋拥有6个房间，使用黄褐和米黄色调装饰。豪华双人间最好，一间拥有阳光露台，另一间拥有私人起居室。考虑到位置，房费诚然非常便宜。

★ Forest Side　　精品酒店 £££

(📞015394-35250; www.theforestside.com; Keswick Rd; 房间含全膳£230~400; 🅿🛜)想要感受实实在在的奢华，可预订这家漂亮的精品酒店。由知名酒店经营者安德鲁·怀尔德史密斯（Andrew Wildsmith）管理，这里到处都是体现设计师情怀的小细节：别致的室内装饰，配有拷花丝绒沙发、天堂鸟壁纸、雄鹿头和20个从"Cosy"到"Jolly Good""Superb""Grand"和"Master"的房间。主厨凯文·提科尔（Kevin Tickle）曾经在L'Enclume（见660页）掌勺，如今负责打理这家一流餐厅，菜肴大多选用菜园里的自产食材入撰。

★ Daffodil Hotel　　精品酒店 £££

(📞015394-63550; www.daffodilhotel.co.uk; 双 £145~260, 套 £180~340; 🅿🛜)这家2012年开业的高档酒店位于一栋维多利亚风格建筑内，不过78间客房却洋溢着现代风格：花哨的地毯、艺术印花和大胆的青柠色、紫色和蓝绿色等。可选择湖景房或山景房，迷人的浴室配有盘式花洒和Molton Brown卫浴产品。酒店里还有精致的餐厅和豪华的水疗室。总体而言相当不错。

🍴 就餐

Brew　　咖啡馆 £

(📞015394-35248; www.heidisgrasmerelodge.co.uk; Red Lion Sq; 主菜 £4~8; ⏰9:00~17:30)这家令人愉悦的乡村咖啡馆供应自制汤羹和厚切三明治，很适合快速解决午餐。店内的招牌菜是烙饼和可口的烟熏奶酪，非常美味。

★ Jumble Room　　新派英国菜 ££

(📞015394-35188; www.thejumbleroom.co.uk; Langdale Rd; 晚餐主菜 £14.50~23; ⏰周三至周一 17:30~21:30)夫妻搭档安迪（Andy）和克莉茜·希尔（Crissy Hill）把这座乡村餐馆打造成餐饮业排头兵。用餐环境欢快温馨，斑点图案的餐具、奶牛壁画和红黄蓝三色奠定了波希米亚的情调，风格各异的菜肴包括来自全球的风味和食材——这一周是马来西亚海鲜咖喱，下周则变成了波斯羔羊肉。

Lewis's　　小酒馆 ££

(📞015394-35266; Broadgate; 主菜 £14.95~24.95; ⏰周二至周六 18:00~21:00)一家十分靠谱的乡村小酒馆，Lewis's的同名餐厅供应丰盛而经典的英式酒馆菜肴——牛排、烤羊肉、五花肉、鲈鱼等。实在而不花哨，确实是享用晚餐的可靠选择。

🛍 购物

★ Sarah Nelson's Gingerbread Shop　　食品

(📞015394-35428; www.grasmeregingerbread.co.uk; Church Cottage; ⏰周一至周六 9:15~17:30, 周日 12:30~17:00)从1854年开始营业，这家教堂边上的著名甜品店销售格拉斯米尔最经典的纪念品：传统的姜饼干，质地处于饼干的松脆和蛋糕的绵软之间（6/12片 £3.50/6.70），原始配方可是最高机密。由身着褶边连胸围裙、头戴笔挺圆帽的女店员为你端上美食，服务亲切友好。

ℹ 到达和离开

555路常规公共汽车（至少每小时1班，周日不休息）从温德米尔驶往格拉斯米尔(15分钟)，途经安布尔赛德、赖德尔教堂和鸽屋，然后继续前往凯西克。

599路敞篷公共汽车（夏季每小时2班或3班）从格拉斯米尔出发，途经安布尔赛德、Troutbeck Bridge、温德米尔和鲍内斯。

两路车收费都一样；从格拉斯米尔到安布尔赛德收费£4.70，到鲍内斯和温德米尔为£7.20。

霍克斯黑德（Hawkshead）

015394/人口1640

莱克兰的村庄都不如小巧迷人的霍克斯黑德那样风景如画，刷白的村舍、鹅卵石街道和老旧的酒馆错落分布，隐匿在安布尔赛德和科尼斯顿之间的深绿乡间。小村同样深受文学气息熏陶，华兹华斯在这儿上的学，毕翠克丝·波特的丈夫——威廉·希利斯（William Heelis）——在这里当了多年律师（他过去的办公室现已改造为画廊）。

村庄中心禁止汽车驶入。

◎ 景点

★ 山顶农庄　　历史建筑

（Hill Top；NT；015394-36269；www.nationaltrust.org.uk/hill-top；成人/儿童 £10.90/5.45，花园和商店 免费；6月至8月 10:00~17:30，4月、5月、9月和10月周六至周四 至16:30，11月至次年3月 仅周末开放）农庄位于霍克斯黑德以南2英里处的NearSawrey小村内。这间闲恬的农舍1905年被毕翠克丝·波特购得，成为她笔下众多故事的灵感来源：房子在《大胡子塞缪尔的故事》（Samuel Whiskers）、《小猫汤姆的故事》（Tom Kitten）、《小猪布兰德的故事》（Pigling Bland）以及《傻鸭子杰迈玛的故事》（Jemima Puddle-Duck）等书中均有出现，你也许还能一眼认出《彼得兔》（Peter Rabbit）中的家庭菜园。门票都标有时间以避免拥挤，但是无法预订。由于这里实在太受欢迎，提前做好排长队的心理准备。

屋外覆满常春藤，里面摆满了纪念品，看起来如同故事书中的场景。但是毕翠克丝实际上只在与威廉·希利斯结婚前才在这里居住过。1913年，这对新婚夫妇迁往Castle Cottage附近更大的农场。女作家在那里创作了更多的绘本故事，直至1943年逝世。

毕翠克丝将山顶农庄（以及Castle Cottage和1600多公顷土地）捐赠给国民托管组织，前提条件是这座房屋要同往日一样摆放她的物品和装饰。也许了解作家私人生活的最佳途径就是这里的许多古玩、收藏和艺术品——从古典扇子、精致瓷器和蝴蝶标本到她经常使用的颜料罐等。对毕翠克丝研究者而言，这里绝对是个宝库。这座房子也是2016年纪念作家诞生150周年活动的主要举办地。

唯一让人困扰的就是这座房子实在太受欢迎了，游客络绎不绝。这里是每位到湖区的游客必然选择的打卡景点。尽量在下午晚些时候或者周中工作日时游览，以避开汹涌的人潮。

★ 塔恩豪斯湖　　湖泊

（Tarn Hows；NT；www.nationaltrust.org.uk/coniston-and-tarn-hows）塔恩豪斯湖位于B5285公路边上，距离霍克斯黑德2英里。蜿蜒的乡间小道直通这个风景迷人的人工湖。塔恩豪斯湖现在归国家信托组织所有。湖岸周围满是步道和林地，留意在树顶嬉戏的红松鼠。

附设的国民托管组织停车场面积不大，车位很快就停满了。包括505路在内的几条公共汽车线路都会在附近停靠。

毕翠克丝·波特画廊　　画廊

（Beatrix Potter Gallery；NT；www.nationaltrust.org.uk/beatrix-potter-gallery；Red Lion Sq；成人/儿童 £6.50/3.25；3月中旬至10月 周六至周四 10:30~17:00）毕翠克丝·波特不仅是儿童绘本作家，也是一位具有天赋的动植物画家和业余自然学家。这座小型的画廊原本是波特丈夫、律师威廉·希利斯的办公室，如今收藏着她所创作的动植物精致的水彩画。她似乎特别着迷于蘑菇。

霍克斯黑德文法学校　　历史建筑

（Hawkshead Grammar School；www.hawksheadgrammar.org.uk；门票£2.50；4月至10月 周一至周六 10:30~13:00和13:30~17:00）在几个世纪之前，年轻有为的乡绅小时候都要被送往霍克斯黑德接受基础教育。其中著名的学生包括威廉·华兹华斯，他于1779年至1787年在这里上学——你可以找到诗人小时候刻上自己名字的课桌。课程任务非常艰巨：每天学习10小时，包括多门重要的学科，如拉丁语、希腊语、几何、科学和修辞学。楼上有一处小型展览，可以了解学校的历史。

食宿

Hawkshead YHA　　　青年旅舍

(☎0845 371 9321; www.yha.org.uk; 铺 £13~30; P@☎)这家气派的旅舍位于一座二级保护建筑摄政时期的房屋内，俯瞰着埃斯韦特湖（Esthwaite Water），距离霍克斯黑德1英里，就在前往纽比布里奇的路上。这是一个极具性价比的住宿地：宿舍和厨房都非常宽敞，外面还有露营豆荚舱，同时设有自行车租赁。505路公共汽车就停靠在小巷尽头。

Yewfield　　　民宿 ££

(☎015394-36765; www.yewfield.co.uk; Hawkshead Hill; 标单 £85~120，双 £90~140; P☎)这座布局不规则的维多利亚豪宅是霍克斯黑德最佳住宿选择之一，虽然交通不是太方便（位于前往科尼斯顿的路边，靠近塔恩豪斯顿）。民宿由安布尔赛德Zeffirelli's的老板经营，设有不同类型的舒适房间以及随处可见古董的休息室，各种生态环保的细节更是锦上添花，例如木柴锅炉和全素早餐等。连住三晚可享折扣房价。

★ Drunken Duck　　　酒馆食物 £££

(☎015394-36347; www.drunkenduckinn.co.uk; Barngates; 午/晚餐主菜 £10/22; ⓥ正午至14:00和18:00~22:00; P☎)湖区老牌田园餐选择之一，这里将历史悠久的酒馆和高级餐厅氛围融合到一起。酒馆位于霍克斯黑德山顶林木葱郁的交叉小路上，水准非凡的菜肴和自酿艾尔啤酒远近闻名，板岩和印花营造出一种令人信服的乡村风情。晚餐需提前预订，或者在午餐时到这里来碰碰运气。

如果想留宿于此，你会发现这里的房间（£125~250）跟其食物一般精致。要找到酒馆并不容易：从霍克斯黑德往安布尔赛德的方向，沿着B5286公路前行，留意棕色的路标。

❶ 到达和离开

505路公共汽车（£4.70~5.90，每天每小时1班）从霍克斯黑德驶往温德米尔、安布尔赛德和科尼斯顿。

科尼斯顿（Coniston）

☎015394/人口 641

这座湖畔小村偎依在科尼斯顿老人峰（Old Man of Coniston; 803米）坑坑洼洼的山峰之下，是为支持当地铜矿开采而建，而现今，周围的山巅满是旧时采铜的遗迹。人们来这儿游玩不外乎为了两样：一是搭乘古老而风韵犹存的Coniston Launch游湖；二是徒步登上老人峰，来回约6英里的路程陡峭不易行走，风景却宜人，让人不虚此行。

科尼斯顿的盛名还源于这里见证了一系列打破最高时速世界纪录的壮举，麦尔肯·坎贝尔爵士（Sir Malcolm Campbell）和他的儿子唐纳德·坎贝尔在20世纪30年代至60年代进行过多次尝试。不幸的是，多次成功打破世界纪录之后，唐纳德在1967年的一次试验中不幸身亡，当时他那艘充满未来设计理念的"蓝鸟号"喷气船在每小时320英里的高速

格里泽代尔森林（GRIZEDALE FOREST）

占地2428公顷的格利泽代尔森林绵亘于科尼斯顿湖和埃斯韦特湖之间。这片茂密的针叶林得名于古挪威语中的"griss-dale"，意思是"猪谷"。尽管如今看起来是一片未受破坏的茂密森林，但其实这里的很多树都是在过去的一百年里重新栽种的——到19世纪晚期，原先的林地因为当地伐木、采矿和木炭行业需求而几乎消失殆尽。

森林里有九条步行小路和七条骑行小路可供探索——其中一些轻松简单，适合家庭出游；其他一些则是面向硬核徒步客和骑手。沿途你会看到隐藏在灌木丛中的40多件户外雕塑，它们由艺术家们自1977年陆续创作（www.grizedalesculpture.org网站有非常实用的在线指南）。

游客中心（☎0300 067 4495; www.forestry.gov.uk/grizedale; ⓥ夏季 10:00~17:00，冬季至16:00）出售小路地图，自行车可从Grizedale Mountain Bikes（☎01229-860335; www.grizedalemountainbikes.co.uk; 成人/儿童 每半天 £25/15起; ⓥ9:00~17:00）租赁。

之下翻船。2001年，船体残骸和驾驶员遗体被打捞上岸，坎贝尔安葬于圣安德鲁教堂（St Andrew's church）的公墓地中。

◎ 景点

科尼斯顿湖（Coniston Water） 湖泊

波光粼粼的科尼斯顿湖长达5英里，是湖区仅次于温德米尔和阿尔斯沃特湖的第三大湖，从小镇沿着Lake Rd步行半英里即可来到湖边。探索湖泊的最佳方式是坐船，可以从两条游船线路中选一条，或者干脆自己操桨泛舟。Coniston Boating Centre 可租到小艇、手划船、独木舟、皮划艇和摩托艇。

除了麦尔肯和唐纳德·坎贝尔在这里进行的速度挑战外，这座湖还因为亚瑟·兰瑟姆（Arthur Ransome）的经典儿童故事《燕子和鹦鹉》（Swallows and Amazons）而为人熟知。科尼斯顿湖南端的皮尔岛（Peel Island），据说就是书中"野猫岛"（Wild Cat Island）的原型。

布兰特伍德 历史建筑

（Brantwood；☎015394-41396；www.brantwood.org.uk；成人/儿童 £7.70/免费，仅花园 £5.35/免费；◎3月中旬至11月中旬 10:30～17:00，11月中旬至次年3月中旬 周三至周日 至16:00）约翰·拉斯金（John Ruskin；1819～1900年）是19世纪伟大的思想家之一。他集博学家、哲学家、画家、评论家于一身，从威尼斯建筑到花边编织，对世间万物都略知一二。1871年，拉斯金买下了这座湖畔房屋，并用接下来的20年时间加以修造，大力倡导手工技艺（他甚至亲自设计了墙纸）。不妨留意壮观的贝壳藏品。科尼斯顿有船定时开往布兰特伍德。或者，可以沿着B5285公路边的路牌前往。

这里的亮点包括宏伟但出人意料舒适的会客厅、摆满大部头的书房以及楼上用他最喜欢的水彩画装饰的小卧室（大部分都是约瑟夫·马洛德·威廉·特纳画作的复制品）。房间角落里有个圆形小塔楼，拉斯金每天花几个小时在此眺望湖面、思考各种问题。后来，他受到深度抑郁症的折磨，曾在这个房间里精神崩溃。他再也没有在这里睡过。

在房屋外面，占地100公顷的花园和阶梯草坪沿上坡分布（"Brant"源于挪威语，意思是"陡峭"）。特别值得注意的还有Hortus Inclusus，这是一座按照中世纪设计建造的草药园；此外还有Zig-Zaggy，其灵感来源于但丁《地狱》（Inferno）里的炼狱山。最棒的风景来自拉斯金表兄Joan Severn设计的高处步道（High Walk）。

之后，你可以在由旧马厩改造而成的咖啡馆里享用午餐。

✈ 活动

★ "贡多拉"号蒸汽游船 乘船游

（Steam Yacht Gondola；NT；☎015394-63850；www.nationaltrust.org.uk/steam-yacht-gondola；Coniston Jetty；绕湖半圈 成人/儿童/家庭 £11/6/25，绕湖一圈 成人/儿童/家庭 £21/10/48）建造于1859年，并在20世纪80年代被国民托管组织出资修复，这艘奇妙的蒸汽游船看起来既像威尼斯的蒸汽船（vaporetto），又像英式船屋，拥有软垫装饰的大厅和铮亮的木制座椅。船上可以很好地观赏湖景，特别是你要前往布兰特伍德的话。游船非常生态环保：自2008年以来，航行就以废旧木材作为动力来源。

Coniston Launch 乘船游

（☎015394-36216；www.conistonlaunch.co.uk；Coniston Jetty；红色线路 成人/儿童往返 £11.50/5.75，黄色线路 £12.75/6.40，绿色线路 £17.25/8.65）自2005年开始，科尼斯顿的这两条现代化游船便由太阳能驱动。45分钟的常规北线（Northern Service; 红色线路）停靠Waterhead Hotel、托弗（Torver）和布兰特伍德。60分钟的野猫岛游船（Wild Cat Island Cruise; 黄色线路）游览湖中的小岛。

历时105分钟的南线（Southern Service; 绿色线路）有不同的主题。周一和周三的主题为《燕子和鹦鹉》，周二和周四的主题为《坎贝尔的故事》（Campbell story）。

Coniston Boating Centre 划船

（☎015394-41366；www.conistonboatingcentre.co.uk；Coniston Jetty）在这里可租手划船（每小时 £15）、皮划艇和立式桨板（2小时 £20）、加拿大独木舟（2小时 £25）和摩托艇（每小时 £30）。同时也有自行车出租（成人/儿童2小时 £15/5）。

🛏 住宿

Hoathwaite Campsite
露营地 £

(NT; ☎预订015394-63862; www.nationaltrust.org.uk/holidays/hoathwaite-campsite-lake-district; 成人、帐篷和汽车 £8~14, 额外成人/儿童 £6/3; ⊙复活节至11月) 这家国民托管组织名下的简易露营地位于科尼斯顿和托弗之间的A5394公路边。露营地里除了卫生间和自来水供应,就没有别的设施了,但是从这里远眺科尼斯顿湖的景致无与伦比。

Lakeland House
民宿 ££

(☎015394-41303; www.lakelandhouse.co.uk; Tilberthwaite Ave; 标单 £50~70, 双 £70~99, 套 £130~190) 这家位于Hollands咖啡馆楼上简约的民宿,正处科尼斯顿中心位置,物有所值。客房近期经过全面翻修,采用了清新的色彩装饰,浴室也升级了; 部分客房设有天窗,其他则可以看到老人峰的山景。"瞭望套间"(Lookout Suite)还有自己的起居室和室内浴缸。

Bank Ground Farm
民宿 ££

(☎015394-41264; www.bankground.com; East ofthe Lake; 双 £90起; P) 这家湖畔村舍有着文学精神: 亚瑟·兰瑟姆把这里作为《燕子与鹦鹉》故事中Holly Howe农场的原型。部分房屋始建于15世纪,房间看起来温馨舒适。有的摆放着雪橇床,还有的装饰着裸露横梁。茶室漂亮夺目,有几间村舍可以提供长期住宿。要求最少入住两晚。

🍴 就餐

Herdwicks
咖啡馆 £

(☎015394-41141; Yewdale Rd; 主菜 £4~10; ⊙10:00~16:00) 这家明亮怡悦的咖啡馆由一户当地人家经营,是吃午餐的绝佳去处——无论你想要自制汤羹、超大号三明治,还是一块可口的蛋糕,都能心满意足。食材尽可能使用本地出产的,光线充足、窗户巨大的就餐空间让人心旷神怡。

Bluebird Cafe
咖啡馆 £

(☎015394-41649; Lake Rd; 主菜 £4~8; ⊙9:30~17:30) 这家湖畔咖啡馆生意兴隆,等候Coniston Launch游船的人们往往在此用餐。供应常规的沙拉、烤土豆和三明治,还摆着多张户外餐桌,可以边吃边欣赏湖光山色。

Steam Bistro
小酒馆 ££

(☎015394-41928; www.steambistro.co.uk; Tilberthwaite Ave; 2/3道菜套餐 £22.95/26.95; ⊙周三至周日 18:00~23:00) 这家漂亮的新酒馆已经成为科尼斯顿用餐的首选。菜式五花八门,借鉴了多种全球风味——从日本饺子到卡真特色手撕猪肉以及希腊式慢炖羊肉等菜肴。更好的是,所有菜肴都是定价菜(prix fixe)。

🍷 饮品和夜生活

Sun Hotel
酒馆

(☎015394-41248; www.thesunconiston.com; ⊙10:00~23:00) 在唐纳德·坎贝尔最后一次致命实验期间,这里曾充当过工作筹备总部。这家酒馆是坐下来喝一杯的好地方,啤酒花园可以眺望风景,而舒适的角落最适合安静坐着——不妨留意店里各种坎贝尔纪念物。食物(主菜 £12~21)在用餐高峰时段品质不定。地方就在Church Beck桥旁的小山上。

Black Bull
酒馆

(☎015394-41335; www.conistonbrewery.com/black-bull-coniston.htm; Yewdale Rd; ⊙10:00~23:00) 科尼斯顿最主要的聚会地点,古老的Black Bull有多个挤挤挨挨的房间和受欢迎的室外露台。食物可口(主菜 £8~18),但是自酿艾尔啤酒才更有名: 酒头随时供应Bluebird Bitter和Old Man Ale,另外还有时令佳酿。

ⓘ 实用信息

科尼斯顿旅游局(☎015394-41533; www.conistontic.org; Ruskin Ave; ⊙周一至周六 9:30~16:30, 周日 10:00~14:00)

ⓘ 到达和离开

505路公共汽车驶往温德米尔(£9.80,每天每小时1班),途经霍克斯黑德和安布尔赛德。还有几班继续前往肯德尔。请注意,对于大部分公共汽车行程而言,最划算的是购买24小时湖区中心区域日票(见630页)。

值得一游

英国最陡峭的道路

小兰代尔（Little Langdale）和埃斯克代尔之间的山地上，蜿蜒着一条声名远扬的山路，翻越了英国最高的两个山口，赖诺斯（Wrynose）和哈德诺特（Hardknott）。从远古时代就开始使用的原马帮小道，后来被罗马人大力修葺一番：哈德诺特山口顶部矗立着古罗马要塞的遗址。你还可以看到城墙、阅兵广场和长官宅院的断壁残垣。从这里望向海岸，那景色可是无可匹敌。

作为电视汽车秀和周末骑行的热门路段，如果你能保证平稳缓慢地驾驶，这里完全是可以驾车通过的。但若你倒车技术不佳，或是害怕在深渊边上行驶，最好还是别在此自驾了。这不是一条能够风驰电掣的道路，你要随时做好与对面车辆会车时倒车让路的准备。

要从安布尔赛德出发前往两个山口，走A593公路，一条路是按路牌指示往Skelwith Bridge的方向行驶，而后转入前往小兰代尔的岔路。到了Three Shires Inn后，道路会变得陡峭。另一条路则是从西边进入，沿着A595海岸公路行驶，在埃克斯代尔的路口转入，沿着道路前行直到经过Boot，然后便能到达山口。

科尼斯顿车船票（成人/儿童£19/8.30）包括505路公共汽车的往返车票，外加一张水上游船的船票和布兰特伍德（见644页）的门票。

埃尔特沃特和大兰代尔（Elterwater & Great Langdale）

☎015394

从科尼斯顿向北出发，公路通向原始空旷的大兰代尔，湖区标志性的徒步山谷之一。到了美丽的埃尔特沃特村，壮丽的丘陵横亘天际，连绵重叠，俯视着山脚田园牧歌般的美景、摇摇欲坠的谷仓和青翠的田野。

穿越丘陵的环线就是兰代尔峰（Langdale Pikes）徒步线路，路线经过多个山峰：Pike O'Stickle（709米）、Loft Crag（682米）、Harrison Stickle（736米）和Pavey Ark（700米），这是谷内最热门的徒步线路，使你能打卡3到5座山地，而且包括了非常陡峭难行的6英里路程。全程至少需要6个小时。

🛏 住宿

Langdale YHA　　　　　青年旅舍

（☎0845 371 9748；www.yha.org.uk；High Close, Loughrigg；铺£13~32；☉3月至10月，前台7:00~10:00和15:00~23:00；🅿@🛜）如果你事先不知道这是一家青旅，一定会把它当成宏伟的乡村酒店：占地广阔的维多利亚式建筑，位于私人土地上，还有自己的植物园。配有框格窗的大宿舍可以俯瞰丘陵风光。旅舍内还有一个巨大的厨房和休息室（带有原建华丽壁炉）。咖啡馆供应早餐、午餐盒饭以及2道菜的"supper club"晚餐。

需要注意的是，这里离大兰代尔还有几英里，好在516路公共汽车正好从门口经过。

Great Langdale Campsite　　露营地

（NT；☎015394-63862；www.nationaltrust.org.uk/features/great-langdale-campsite；Great Langdale；露营地£12~25，额外成人£6，豆荚舱£35~70；☉入住办理时间 周六至周四15:00~19:00，周五至21:00；🅿）很可能是整个湖区位置最佳的露营地了，坐落在绿意盎然的草地上，可以远眺大兰代尔的山地。旅游旺季会客满，但120个营地位置可以提前预订，另外50个空位则是先到先得。也提供露营豆荚舱和圆顶帐篷。

Elterwater Hostel　　　　青年旅舍

（☎015394-37245；www.elterwaterhostel.co.uk；Elterwater；铺/双/家£25/58/124；@）曾经是国际青年旅舍联盟成员，如今则是一家独立的青年旅舍。地理位置十分便利，从埃尔特沃特的绿地步行不远就可到达。这里由农舍改造而成，40个床位分布在多个宿舍房间（大部分都是六人间），部分多人间可以直接作为独立的家庭房。咖啡馆供应早餐和晚餐，店内也有自助厨房。

★ Old Dungeon Ghyll   酒店 ££

(☎015394-37272；www.odg.co.uk；Great Langdale；标单£58，双£116~132；P🐶🛜）这家酒店被亲昵地称为ODG，店内洋溢着浓郁的湖区传统氛围：许多著名的徒步者曾经在这里投宿，包括查尔斯王子（Prince Charles）和登山家克里斯·鲍宁顿（Chris Bonington）。酒店古色古香，摆放着饱经风霜的家具和四柱床，惹人喜爱。即使你不在此入住，也可以在徒步之后来到铺着板岩、点燃火炉的Hiker's Bar酒吧喝一杯——这里可是几十年来兰代尔的社交活动中心所在。

★ Brimstone Hotel   酒店 £££

(☎015394-38062；www.brimstonehotel.co.uk；Langdale Estate, Great Langdale；房间£340~520；P）这片位于兰代尔庄园（Langdale Estate）的豪华小屋重新诠释了奢华。巨大的套房走的是伦敦式的时髦风，而非湖区的舒适慵懒。楼间夹层、光滑的瓷砖、私人露台和未来感的柴火壁炉为标配。此外，当然少不了阅读室、"始祖鸟"品牌的装备室、私人树林以及超凡的Stove餐厅。新增的Brimstone Spa让这里更显高端：户外泳池、娱乐室、双人私密水疗室等。

★ Eltermere Inn   酒店 £££

(☎015394-37207；www.eltermere.co.uk；Elterwater；房间£149~295；P🐶）这家迷人的旅馆是整个莱克兰最可爱的偏远隐居地之一。房间简洁经典，以浅黄褐色和灰褐色为主调的装修品位不俗，再配搭上点睛细节，如窗座位和独立淋浴。酒店自带的酒吧气氛温馨，菜肴相当不错。天气晴朗时，还可以在草坪供应下午茶。

🍴 就餐

Sticklebarn   酒馆食物 £

(☎015394-37356；Great Langdale；午餐主菜£5~8，晚餐主菜£11~13.50；⏱11:00~21:00）如今由国民信托组织经营，这家经过改造的谷仓是徒步者的最爱：每到一天结束时，这里总是挤满了用啤酒来抚慰腰酸腿疼的徒步游客们。食物健康丰盛：啤酒炖绵羊肉、鹿肉酱和香辣牛肉碎，再加上让人眼花缭乱的艾尔啤酒选择。

Chesters by the River   咖啡馆 £

(☎015394-32553；www.chestersbytheriver.co.uk；Skelwith Bridge；午餐主菜£8~15；⏱9:00~17:00）这家精致的河畔咖啡馆紧邻一条淙淙流淌的小溪，位于安布尔赛德和埃尔特沃特中间的Skelwith Bridge边，比一般的小吃店更加高档：美味的沙拉、特色菜和蛋糕让值得进店吃些东西的顾客歇歇脚。这里还有一家别致的礼品店——商品包括街角工坊制作的板岩纪念品。

❶ 到达和离开

516路公共汽车（每天6班）是这里唯一的公共汽车，途中停靠安布尔赛德、Skelwith Bridge、埃尔特沃特和大兰代尔的Old Dungeon Ghyll酒店。从安布尔赛德出发，到大兰代尔的车费为£5.90。

沃斯代尔（Wasdale）

☎019467

距离坎布里亚海岸5英里之遥，沃斯代尔山谷怪石嶙峋且山风呼啸，湖区风貌在这里突然转变成原始狂野。山谷由绝迹已久的冰川侵蚀形成，这里拥有湖区海拔最高且最荒芜的山峰，还有银灰色浩渺的沃斯特湖（Wastwater），这是英格兰最深且最寒冷的湖泊。

对徒步者而言，沃斯代尔的山地充满诱惑，对想要征服英格兰最高峰**斯科费尔峰**（978米）的人尤其如此。

🚶 活动

★ 斯科费尔峰（Scafell Pike）   徒步

海拔978米的英格兰最高峰是所有雄心壮志的徒步者都想要征服的对象。最经典的路线从沃斯代尔黑德（Wasdale Head）出发；难度有点大，但大部分体力尚可的徒步者都可以完成，不过全程陡峭，天气恶劣时难以辨别前进的方向。往返全程需要六七个小时。

这条线路需要准备相应的装备：雨衣、冲锋包（背包）、地图、食物、饮用水和徒步靴。如果天气预报表明天气晴好，那就更可能看到大部分风景。

住宿

★ Wastwater Hall YHA
青年旅舍

(☎0845-371 9350; www.yha.org.uk; Wasdale Hall, Nether Wasdale; 铺£13~30; ⊗前台8:00~10:00和17:00~22:30; ℗)这家旅舍位于沃斯特湖的岸边,如此优越的地理位置,通常需要花大价钱才能享受到。这座19世纪的仿都铎王朝风格宅邸仍然保留了大量复古建筑元素,包括屋顶桁架和格栅窗户。旅舍配有自炊设备和不错的餐厅。

Wasdale Head Campsite
露营地

(NT; ☎预订015394-63862; www.nationaltrust.org.uk/features/lake-district-camping; 露营地£12~25,额外成人£6,豆荚舱£35~80)这家国民托管组织经营的露营地原始迷人,位于斯科费尔山脚下。只提供基础设施,如洗衣间和淋浴室,但是景色美得脱俗。在沃斯代尔臭名昭著的坏天气突然出现时,露营豆荚舱(其中一些带有接电装置)和圆锥形帐篷将会是不错的避难所。

★ Wasdale Head Inn
民宿 ££

(☎019467-26229; www.wasdale.com; 标单£59,双£118~130,标三£177; ℗⑨)随处可见山地徒步的印记。坐落在巍峨的斯科费尔峰山脚的这家19世纪旅舍散发着老式优雅气息,复古老照片和攀岩物件点缀其间。房间舒适,宽敞的套间由马厩改造而成。木镶板餐厅供应精美食品,Ritson's Bar另提供酒馆小食和Great Gable Brewing Co酿制的艾尔啤酒。

这里还可露营,费用为每晚£5。

科克茅斯(Cockermouth)

☎01900/人口9146

充满乔治国王时代风情的小镇科克茅斯位于科克河与德文特河的交汇处,因作为威廉·华兹华斯的出生地和著名的詹宁斯啤酒厂(Jenning's Brewery)所在地而闻名。但因为紧邻两条大河的地理位置使这里经常受到洪水侵袭——最近两次分别是2009年和2015年,小镇中心大部分都被洪水淹没。

景点

★ 华兹华斯故居
历史建筑

(Wordsworth House; NT; ☎01900-824805; www.nationaltrust.org.uk/wordsworth-house; Main St; 成人/儿童£7.90/3.95; ⊗3月至10月 周六至周四11:00~17:00)这座漂亮的乔治国王时期风格住宅位于Main St的尽头。1770年4月7日,诗人威廉·华兹华斯便出生于此。屋子原建于1745年左右,如今已根据华兹华斯的档案描述进行过一丝不苟的复原:厨房、会客厅、书房和卧室看起来都和威廉小时候看到的差不多。身着古装的导游在房内四处走动,让游客感觉更像穿越了时空。屋外围起来的菜园在华兹华斯自传体叙事诗《序曲》(*The Prelude*)中曾经提及。

屋里也有一些趣味盎然的实践体验:你可以在前职员办公室里试着用羽毛笔写字,在羽管键琴上弹奏和弦以及(如果你参观的当天有女佣当值)看看如何在厨房炙热的炉火上煮菜。展览讲述了华兹华斯家族的故事,以及威廉本人的诗歌影响。

詹宁斯啤酒厂
啤酒厂

(Jennings Brewery; ☎01900-821011; www.jenningsbrewery.co.uk; 成人/儿童£9/4.50; ⊗导览游 周三至周六13:30)真正的艾尔啤酒爱好者对詹宁斯的大名肯定不陌生——这家1874年成立的酒厂,产品遍布湖区的酒馆。你可以参加导览游以了解啤酒酿造过程,而后在Old Cooperage Bar品酒,包括Cocker Hoop和Sneck Lifter两款酒。儿童必须年满12岁。

住宿

Old Homestead
民宿 ££

(☎01900-822223; www.byresteads.co.uk; Byresteads Farm; 标单£40~50,双£60~80; ℗)"Byre"是一个古老的英语方言单词,意思是"牛棚",但是在这家可爱的农场建筑中,不会真的让你去住牛棚。房间温馨而传统,采用了经典的松木、板岩以及抹灰墙,现代舒适设施包括强力淋浴和地热供暖等。Cruck Rooms和Master's Loft是最好的房间。

这家民宿位于科克茅斯镇外2英里处。

Croft House
民宿 ££

(☏01900-827533；www.croft-guesthouse.com；6/8 Challoner St；标单£68~88，双£78~98；☏) 这家民宿位于一栋赏心悦目的柠檬黄联排屋内，旁边是镇上主街的一条分岔路。所有房间都进行了精心布置：从品位不凡的格纹床架和当代壁纸到小小的床头灯。自制的格兰诺拉麦片和橙子煎饼让早餐成为一种享受。

✖ 就餐

★ Merienda
咖啡馆 £

(☏017687-72024；www.merienda.co.uk；7a Station St；主菜£4~8；◉周一至周四8:00~21:00，周五和周六至22:00，周日9:00~21:00) 这家深受科克茅斯当地人喜爱的咖啡馆每天都营业，在凯西克还有第二家分店。店内明亮、通风，融合了地中海风味的菜肴别具一格。肉类和素食搭配均衡。无肉不欢者可以享用分量十足的慢烤牛腩汉堡，而素食主义者则可以试试出色的烘蛋配菲达奶酪和茄子。

Quince & Medlar
素食 ££

(☏01900-823579；www.quinceandmedlar.co.uk；13 Castlegate；主菜£15.50；◉周二至周六19:00~22:00；☏) 即使你是一位坚定的肉食爱好者，也不妨试试在此就餐，见识一下素菜不见得局限于烤坚果和烘蘑菇——在这里，你依然可以大快朵颐，西葫芦蛋奶酥、块根蔬菜和普伊扁豆"仿羊杂布丁"或法式洋葱挞。餐厅位于乔治国王时代的房屋内，外观也非常漂亮。

Bitter End
酒馆

(☏01900-828993；www.bitterend.co.uk；15 Kirkgate；◉正午至14:30和18:00~22:00) 这家酒馆的多款自酿啤酒都得过奖，例如Cockermouth Pride、Lakeland Honey Beer和Cuddy Lugs。你可以在吧台透过玻璃隔断看见里面正在酿酒的酒桶。

❶ 实用信息

科克茅斯旅游局(☏01900-822634；www.cockermouth.org.uk；88 Main St；◉周一至周五10:00~16:00，周六至14:00)

❶ 到达和离开

X4路/X5路汽车(周一至周六每半小时1班，周日每小时1班)从科克茅斯开往凯西克(£6.10)和彭里斯(£7.40)。

凯西克(Keswick)
☏017687/人口4821

凯西克是湖区最北边的主要城镇，或许还拥有最美的地理位置。云雾缭绕的丘陵环绕小镇，旁边坐落着景色优美的德文特湖，湖中岛屿星罗棋布，游船悠然驶过银色的一湾湖水。还可以从这儿继续前往博罗代尔和巴特米尔周围的山谷。凯西克同时也是非常棒的徒步大本营——斯基多峰(Skiddaw)和布伦卡思拉山(Blencathra)等高山就在附近。

◎ 景点

★ 凯西克博物馆
博物馆

(Keswick Museum；☏017687-73263；www.keswickmuseum.org.uk；Station Rd；成人/儿童£4.50/3；◉10:00~16:00) 凯西克别开生面的小镇博物馆讲述了该地区的历史，从古代考古学一直到湖区工业大潮的来临等。馆内五花八门的展品，包括兰代尔峡谷出土的新石器时代斧头到不计其数的蝴蝶标本等。其中广为人知的展品是一只有着700年历史的木乃伊猫咪，以及"斯基多山音乐石"(Musical Stones of Skiddaw)，这件古怪的乐器由角质岩制成，曾经为维多利亚女王演奏过。

卡斯特勒里格石圈
纪念地

免费 石圈位于小镇以东1英里处的山顶上。这处令人叹为观止的石圈由48块巨石构成，距今3000~4000年，周围被壮丽的群山环绕。

湖区酿酒厂
酿酒厂

(Lakes Distillery；☏017687-88850；www.lakesdistillery.com；团队游£12.50；◉11:00~18:00) 自2014年开业以来，湖区的第一家精酿酒厂就一炮而红。酒厂位于一座19世纪50年代建立的"模范农场"内，由一群酿酒高手共同创立。截至目前，酒厂产品包括一种杜松子酒、一种伏特加酒和一种主打的威士忌酒，此外还有用李子、接骨木花、大黄和玫瑰果以及咸味焦糖调味的多种利口酒。导览团队游将带你了解酿酒工艺流程，并且有机会品尝三种烈酒。

你还可以报名参加专业的威士忌之旅，并且与酒厂的羊驼群邂逅。**Bistro at the Distillery**是享用午餐的理想选择。

温莱特森林公园　　　　　　　　　　森林

（Whinlatter Forest Park; www.forestry.gov.uk/whinlatter）**免费** 温莱特森林占地4.6平方英里，松树、落叶松和云杉密布，是英格兰唯一真正意义上的山地森林，海拔达790米。这片森林距离凯西克约5英里，是红松鼠的特定保护区，你可以在**游客中心**（☎017687-78469; ☉10:00~16:00）透过实时视频观看松鼠喂食。这里有两条刺激的山地自行车道，还有树顶挑战乐园**Go Ape**（www.goape.co.uk/days-out/whinlatter; 成人/儿童 £33/25; ☉3月中旬至10月 9:00~17:00）。你可以在游客中心隔壁的**Cyclewise**（☎017687-78711; www.cyclewise.co.uk; 3小时租赁成人/儿童 £19.50/15起; ☉10:00~17:00）租借自行车。

森林免费开放，但若驾车前来，则需要支付停车费（1小时£2，全天£8）。

77路公共汽车（每天4班）从凯西克发车。如果你自驾，在A66公路向西行，在Braithwaite附近留意棕色路牌标识。

德文特铅笔博物馆　　　　　　　　博物馆

（Derwent Pencil Museum; ☎017687-73626; www.pencilmuseum.co.uk; Southy Works; 成人/儿童 £4.95/3.95; ☉9:30~17:00）因2015年洪水而受损严重的铅笔博物馆终于重新开放。凯西克这家最奇异的博物馆以常见的铅笔为主题——展品包括为女王登基60周年钻禧庆典特制的铅笔、战时间谍用来装秘密地图的空心铅笔，以及世界上最大的铅笔（全长达到8米）。这一切都源于17世纪时人们在博罗代尔山谷发现了石墨，使凯西克成为主要的铅笔产地。

活动

Keswick Launch　　　　　　　　　乘船游

（☎017687-72263; www.keswick-launch.co.uk; 环湖通票 成人/儿童/家庭 £10.75/5.65/25.50）在凯西克以南，被连绵起伏的丘陵环绕的德文特湖波光粼粼，湖中点缀着座座小岛。毫无疑问，这是湖区最美丽的湖泊之一。和其他地方一样，欣赏湖光山色的最佳方式就是来到水面上。Keswick Launch经营定期跨湖乘船游览，码头旁还可租赁手划船和摩托艇（每小时£12/27）。

节日和活动

凯西克山岳节　　　　　　　　　　户外节

（Keswick Mountain Festival; www.keswickmountainfestival.co.uk; ☉5月）5月举行的山岳节庆祝与山相关的一切事物。

凯西克啤酒节　　　　　　　　　　啤酒节

（Keswick Beer Festival; www.keswickbeerfestival.co.uk; ☉6月）凯西克的艾尔啤酒盛会在6月举行，人们在此开怀豪饮。

住宿

Keswick YHA　　　　　　　　　　青年旅舍 £

（☎0845371 9746; www.yha.org.uk; Station Rd; 铺 £15~35; ☉前台 7:00~23:00; ☎）在2015年洪水后进行了重新装修。凯西克漂亮的国际青年旅舍看起来焕然一新——这里的顶级设施包括一个开放式的地面层咖啡馆、一间非常智能化的厨房，还能俯瞰菲茨公园（Fitz Park）和湍急的格雷塔河（River Greta）的美丽风景。宿舍装饰采用标准国际青年旅舍风格，不过部分房间有独立河畔阳台。真是太棒了！

★ Howe Keld　　　　　　　　　　民宿 ££

（☎017687-72417; www.howekeld.co.uk; 5-7 The Heads; 标单 £65~90, 双 £110~140; P ☎）这家高档的民宿集万千宠爱于一身：鹅绒被、石板地面的浴室、时尚色调和当地家具。最好的房间可以远眺Crow Park及其高尔夫球场，早餐多种多样。如果The Heads有停车位，可以免费停车。

Lookout　　　　　　　　　　　　民宿 ££

（☎017687-80407; www.thelookoutkeswick.co.uk; Chestnut Hill; 双 £90~120; P ☎）绝对实至名归：这家三间客房的民宿卖点就是风景——每扇窗都能看到周围的连绵群山。民宿位于一栋20世纪20年代的山形墙房屋内，但棕色和米色搭配、木床和极简风格的玻璃淋浴间让这里充满了现代感。屋外有一座赏心悦目的花园。沿着Penrith Rd一路向西，然后右转进入Chestnut Hill；民宿就在左手边。

Linnett Hill　　　　　　　　　　民宿 ££

(☎017687-44518；www.linnetthillkeswick.co.uk；4 Penrith Rd；标单 £50, 双 £88~98；☏)这家温馨民宿拥有许多加分元素，受到游客的大力推荐：清新的白色房间，临近菲茨公园的地理位置，以及全年不变的合理价格。早餐也挺不错，你可选择黑板上的特色菜。餐桌上铺着方格桌布，餐厅内的柴火壁炉噼啪作响。

★ Cottage in the Wood　　　　酒店 £££

(☎017687-78409；www.thecottageinthewood.co.uk；Braithwaite；双 £130~220；⊙餐厅 周二至周六 18:30~21:00；P☏)想享受与世隔绝的宁静，不妨前往这家位置偏僻的酒店。它就位于前往温莱特森林公园（Whinlatter Forest）的路上，所在的老式马车驿站已经升级改造成一座完全现代化的建筑。典雅的房间可欣赏到山林和乡村的美景：从山景房可眺望斯基多山脉（Skiddaw Range），但我们更爱绝对私人化的阁楼套房（Attic Suite）和花房，配有木地板和玻璃淋浴间。配套餐厅同样出色（晚餐套餐£45）。

✕ 就餐

★ Fellpack　　　　　　　　　　咖啡馆 £

(☎017687-71177；www.fellpack.co.uk；19 Lake Rd；午餐 £4~8；⊙周三至周一 10:00~16:00, 周四至周六 18:00~21:00)这家时尚的咖啡馆主打"丘陵杂烩"(fell pots)。这是一种湖区风格的一碗食，碗里的材料包括红薯和咖喱或烟熏豌豆通心粉，也有焖辣牛肉等，全都是现场制作，味道浓郁。外卖午餐还配送小面包和法棍面包。老板热情好客，食物可口且充满想象力。我们非常喜欢这里。每周还有三天会供应晚餐。

★ Lingholm Kitchen　　　　　咖啡馆 £

(☎017687-71206；www.thelingholmkitchen.co.uk；主菜 £7~9；⊙9:00~17:00)这家华丽的咖啡馆环境绝了：在林霍尔姆庄园（Lingholme Estate）漂亮的围栏花园里，透过长达30米的玻璃墙可以看到斯基多峰的如画风景，再加上一座精致的旧暖房。午餐时段，餐厅供应新派早午餐菜肴，例如鹰嘴豆炸面团、烘鸡蛋、猪肉丸子，当然少不了牛油果吐司。

Jasper's Coffee House　　　　咖啡馆 £

(☎017687-73366；20 Station St；三明治 £4起, 菜肴 £6~8；⊙周一至周四 10:00~16:00, 周五至周日 9:00~17:00；☏)爱犬人的福音：这家人气极旺的凯西克咖啡馆一切都与汪星人有关。菜肴都是以传说中的名犬命名（The Muttley、The Old Yeller、The Huckleberry Hound等），墙壁上挂着汪星人的图片，自然也欢迎狗狗陪主人进店用餐。食物方面，店里供应标准的早午餐菜肴：皮塔饼、香肠卷、卷饼和三明治以及熟食早餐等。

Pheasant Inn　　　　　　　　酒馆食物 ££

(☎017687-76234；www.the-pheasant.co.uk；Bassenthwaite Lake；主菜 £13.50~21, 餐厅晚餐套餐 £45；⊙餐厅 周三至周六 19:00~21:00, 周日 正午至14:30, 小酒馆 正午至14:30和18:00~21:00)驾车沿着巴森斯韦特湖（Bassenthwaite Lake）行驶一小段距离便可到达这家精品餐饮酒馆。狩猎版画和锡制酒杯装饰着老式酒吧，还备有陈年威士忌和莱克兰艾尔啤酒。两家餐馆（休闲小酒馆和非常正式的餐厅）都提供优质的乡村食物，以及正宗的英式下午茶，包括塔式蛋糕盘摆着的司康饼和黄瓜三明治等。

Square Orange　　　　　　　　咖啡馆 ££

(☎017687-73888；www.thesquareorange.co.uk；20 St John's St；⊙周日至周四 10:00~23:00, 周五和周六 至午夜)这家热闹的咖啡馆酒吧似已经成为凯西克人人都爱的聚会场所——这无疑要归功于与众不同的薄底比萨饼、品质极佳的精选葡萄酒和精酿啤酒，以及定期举办的现场音乐演出等。店内有木质大吧台和折叠餐桌，散发出欧陆风情——咖啡在凯西克也堪称一绝。

Morrel's　　　　　　　　　　英国菜 ££

(☎017687-72666；www.morrels.co.uk；Lake Rd；3道菜套餐 £21.95, 主菜 £12.50~22.50；⊙周

二至周日17:30~21:00)也许是凯西克坐下来吃晚餐的最佳选择,这家极具吸引力的餐厅主打英式小馆风格菜肴。光滑实木、聚光灯和玻璃让这里感觉雅致大气。

🍷 饮品和夜生活

Dog & Gun
酒馆

(☎017687-73463; 2 Lake Rd; ⓒ11:00~23:00)座椅、横梁、壁炉还有地毯,有些年头的Dog就是湖区酒馆的写照。尝尝Thirst Rescue艾尔啤酒,酒馆的部分收入将捐给凯西克高山救援队(Keswick Mountain rescue team)。

Cafe-Bar 26
酒吧

(☎017687-80863; 26 Lake Rd; ⓒ周一至周六 9:00~23:00,周日10:00~22:00)这家温馨舒适的街角红酒吧也供应美味的午餐和晚餐西班牙小吃(£4~10)。

🛍 购物

★ George Fisher
运动和户外用品

(☎017687-72178; www.georgefisher.co.uk; 2 Borrowdale Rd; ⓒ周一至周六 9:00~17:30,周日10:00~16:00)可能算得上是湖区最著名的户外商店,创建于1967年,依然是高要求的徒步者为自己挑选装备的地方(即使这里的价格要比连锁店贵一些)。商店占了三层楼,销售各种登山靴、帐篷及露营设备,提供的量脚买靴服务实在是贴心周到。

ℹ 实用信息

凯西克旅游局(☎017687-72645; www.keswick.org; Moot Hall, Market Pl; ⓒ9:30~16:30; 🛜)镇上的旅游局运营良好,员工非常博学。同时销售Keswick Launch游船的折扣票,有免费Wi-Fi。

ℹ 到达和离开

凯西克和霍尼斯特日票(见630页)可让你在凯西克地区无限次搭乘公共汽车,包括乘坐77路和78路前往博罗代尔和巴特米尔(即使你当日往返,通票的价格也比直接购买往返票要便宜)。所有公共汽车都抵达汽车站。

从凯西克出发的相关线路:
555路/556路Lakeslink 每半小时发车前往格拉斯米尔(£8.30, 40分钟)、安布尔赛德(£8.80, 45分钟)、温德米尔(£9.80, 1小时)和肯德尔(£10.60, 1.5小时)。

77路/77A路 环线(每天5~7班)从凯西克出发,途经波廷斯凯尔(Portinscale)、Catbells、格兰奇(Grange)、锡托勒(Seatoller)、霍尼斯特山口(Honister Pass)、巴特米尔、洛顿和温莱特(Whinlatter)。

78路(周一至周五至少每小时1班,周末每半小时1班)博罗代尔主要的公共汽车,沿途停靠洛多尔(Lodore)、格兰奇、罗斯维特(Rosthwaite)和锡托勒。

博罗代尔(Borrowdale)
☎017687/人口 417

博罗代尔和巴特米尔两座山谷并肩相依,分布着崎岖的山峦、广阔的田野、叮咚作响的溪流和干石墙,符合许多人心目中湖区风景的形象。这一带曾经是矿业开采的中心(以板岩、煤炭和石墨为主),现在成为徒步者的地盘,除了奇形怪状的谷仓和隆隆作响的拖拉机,也没什么会阻碍你欣赏美景了。

凯西克南边的B5289公路沿着德文特湖,延伸至博罗代尔中心,蜿蜒经过博罗代尔格兰奇(Grange-in-Borrowdale)、罗斯维特和Stonethwaite等小村庄。

👁 景点和活动

Watendlath Tarn
湖泊

沿着凯西克以南的B5285公路前行,在岔路口转入,便可抵达由国民托管组织管理的山中小湖。沿途会经过湖区著名的拍摄景点阿什内斯桥(Ashness Bridge),这是一处驮马桥。国民托管组织会员可在湖边免费停车,但道路狭窄,让车道很少,夏季步行上山更省心。

洛多尔瀑布(Lodore Falls)
瀑布

这条著名的瀑布位于德文特湖的南端,曾在罗伯特·骚塞(Robert Southey)的诗中提到过,不过景色仅在大雨后才够壮观。瀑布位于Lodore Hotel酒店的庭院内,捐款可放进现场的诚信箱中。

Bowder Stone
自然景观

景点位于格兰奇以南1英里处,一条岔路

直通地质奇观Bowder Stone。这块1700吨重的巨石是冰川后退时所遗留的。沿着一架梯子可以登上岩顶。

Platty+　　　　　　　　　　　　　　　划船

(☎017687-76572; www.plattyplus.co.uk; 皮划艇和独木舟每小时£8~15)这家机构位于德文特湖南端的洛多尔登船码头,提供皮划艇、独木舟、手划船和小帆船租赁。另外还可以报名参加具教学课程。

🛏 住宿

Seatoller Farm　　　　　　　　露营地 £

(☎017687-77232; www.seatollerfarm.co.uk; 成人/儿童£7/3; ⊗复活节至10月)一处偏僻而可爱的露营地,位于锡托勒附近一座具有500年历史的农场内,有河畔或林地露营位置可选择。此外农舍里还设有民宿房间(双£75~90)。

Borrowdale YHA　　　　　　　青年旅舍 £

(☎0845 371 9624; www.yha.org.uk; Longthwaite; 铺£15~30; ⊗2月至12月; P🗢)这家友好的青年旅舍为博罗代尔附近的户外活动提供了一个极佳的大本营。它位于一条潺潺的小溪旁边,周围环绕着花园和丘陵,环境十分迷人。部分木结构的房屋有点像是滑雪小木屋,内设休闲风格的宿舍、大厨房和休息室,还有乒乓球和桌球,屋外还有野生动物区。

Derwentwater Independent Hostel　　　青年旅舍 £

(☎017687-77246; www.derwentwater.org; Barrow House; 铺£24, 标单和双£60, 标三£66~75, 四£83~96; P@)这座19世纪的宅邸是一处宏伟的二级保护建筑,如今里面有一家在建筑方面算得上是英国最招摇的青年旅舍。此前曾经是国际青年旅舍联盟成员,如今则是独立经营,这里的漂亮细节随处可见:许多房间都保持了原建筑特色,例如灰泥天花板和壁炉等。占地7公顷的庭院内有一条人工景观瀑布。

★ Langstrath Inn　　　　　　　民宿 ££

(☎017687-77239; www.thelangstrath.com; Stonethwaite; 双£114~140; ⊗餐厅 周二至周日正午至14:30和18:00~20:30; P🗢)这家简约的乡村旅馆是博罗代尔最佳经济住所之一。8个房间简单温馨,配有浑红床套,部分房间还有别具特色的屋顶房梁——但是真正的卖点当属让人心醉神迷的风景。餐馆供应丰盛实在的美味佳肴(晚餐主菜£13.25)和霍克斯黑德酿酒厂的艾尔啤酒。

Glaramara Hotel　　　　　　　　酒店 ££

(☎017687-77222; www.glaramarahouse.co.uk; Seatoller; 标单£59, 双£74~118; P🗢🍽)如果你的预算无法入住博罗代尔的豪华乡村酒店,那么这家物超所值、活动丰富的地方就是很好的替代选择。内饰为商务风格(松木家具、简洁装饰),但是位置无懈可击:紧邻霍尼斯特山口,周围被丘陵和绿地环绕。酒店有自己的户外活动中心,开设有峡谷攀登、攀岩、探矿等活动。

❶ 到达和离开

77路/77A路(£3.10起,周一至周六 每天7班,周日 每天5班)为环线线路,从凯西克出发,经由Catbells和博罗代尔村庄的小路起点波廷斯凯尔(Portinscale),翻越霍尼斯特山口,穿过巴特米尔和洛顿,经过温莱特山口(Whinlatter Pass)返回凯西克。

78路汽车(£6.20~8.30,至少每小时1班, 7月至8月周末每半小时1班)经过博罗代尔,最远到达锡托勒,然后原路返回凯西克。

如果你计划当日往返,购买凯西克和霍尼斯特日票(见630页)往往比直接买往返票更加便宜。

巴特米尔(Buttermere)

☎017687/人口 121

从霍尼斯特山口向西北1.5英里,就来到了冰川融水侵蚀形成的巴特米尔盆地,后方是巍峨高峰和翠绿丘陵。山谷里的"双子湖"——巴特米尔和克拉莫克湖(Crummock Water)原本是一个湖,后来被冰川淤塞和山体滑坡阻隔成互不相通的两个湖。

小村巴特米尔位于两座湖泊之间,是探索山谷周围和附近丘陵的舒适大本营,其中包括Haystacks(597米),莱克兰最著名的徒步客——作家阿尔弗雷德·温赖特最爱的山峰和最后的安息之地。

🛏 食宿

★ Buttermere YHA 青年旅舍 ££

(📞0845 371 9508; www.yha.org.uk; 铺£13~32; ⏱3月中旬至10月，前台 8:30~10:00和17:00~22:30; 🅿🛜) 雄踞霍尼斯特和巴特米尔之间，位置得天独厚。这家非常不错的板岩外墙青年旅舍(曾经是一家酒店)可以从窗户望见湖光山色。内饰非常清新，色调明亮，而且拥有出人意料的现代气息。旅舍里有一间咖啡馆兼厨房，以及多个四人间和六人间。夏天室外有地方可供露营。

Syke Farm 露营地

(📞017687-70222; www.sykefarmcampsite.com; 成人/儿童 £8/4; ⏱复活节至10月) 位于一片起伏不平的河畔空地上，这个露营地有着返璞归真的气质，但是你睡醒就可以看到Red Pike、High Stile和Haystacks的无限风光。前台设在村子的农场商店里，别忘了试试店里的自制冰激凌。

★ Kirkstile Inn 酒馆食物 ££

(📞01900-85219; www.kirkstile.com; 主菜£11.50~15.95) 你不太可能找到更棒的乡村小酒馆。藏身于小湖洛斯沃特(Lowswater)附近，在巴特米尔以北1英里左右。Kirkstile是一片乐土：噼啪作响的炉火、橡木横梁、古旧地毯、木质吧台等。酒馆尤以其获奖艾尔啤酒(尝尝Lowswater Gold)而闻名。

房间(标单 £85~105, 双 £117~137)古色古香，其中一些更能远眺洛顿河谷(Lorton Vale)。

Bridge Hotel 酒馆食物 ££

(📞017687-70252; www.bridge-hotel.com; 主菜£10~16; 🅿🛜) 顾名思义，这个古老的旅馆就在巴特米尔村的桥边。酒吧供应常见酒馆食物，精致休闲餐厅供应档次更高的菜肴。这座古老的旅馆有着装饰华丽的房间(标单£84.50起, 双 £169~189)以及复古的宁静氛围。

Fish Inn 酒馆食物 ££

(📞017687-70253; www.fishinnbuttermere.co.uk; 主菜£8~16; 🅿) 18世纪美人"巴特米尔女仆"曾在这家白色旅馆(双 £90~125)工作。而现在，这里仅仅是热情好客的当地小酒馆。提供诸如千层面及炸鱼等常见主食，再配上一杯当地酿酒厂出品的艾尔啤酒。

ℹ 到达和离开

77路/77A路汽车(£6.20, 每天5~7班)从凯西克发车，途经巴特米尔和霍尼斯特山口。如果当天返回，可以通过购买凯西克和霍尼斯特日票(见630页)省点钱。

> **不要错过**
>
> ### 霍尼斯特山口 (HONISTER PASS)
>
> 离开博罗代尔，从丘陵边的一条狭窄险峻公路蜿蜒而上，就可到达霍尼斯特山口。这里有英国最后一个仍在开采的板岩矿。尽管你仍可以在附设的纪念品商店选购板岩纪念品，但如今霍尼斯特板岩矿(Honister Slate Mine, 📞017687-77230; www.honister.com; 矿井团队游 成人/儿童£14.50/8.50, 全日通票含矿井团队游和经典/极限铁索攀岩 £56.50/64; ⏱团队游 3月至10月 10:30、12:30和15:30) 推出了各种探险活动，从地下导览团队游到刺激惊险的铁索攀岩(via ferrata; 经典路线 £40, 极限路线含InfinityBridge £45, 全日通票含矿井团队游和经典/极限铁索攀岩 £56.50/64) 徒步游。包含所有活动的全日通票价格为成人/儿童£56.50/43.50。

阿尔斯沃特湖及周边 (Ullswater & Around)

📞017684

湖区第二大湖泊是阿尔斯沃特湖，仅次于温德米尔湖。波光粼粼的湖泊全长7.5英里，北接普利布里奇(Pooley Bridge)，南侧与格伦里丁(Glenridding)和帕特代尔(Patterdale)相连接。湖泊所在的深邃山谷由绝迹已久的冰川侵蚀形成，周围环绕着连绵起伏的山峦，其中最著名的赫尔维林峰(Helvellyn)高达950米，是坎布里亚第三高峰。

三个主要的村庄都在湖东岸。偏远的湖

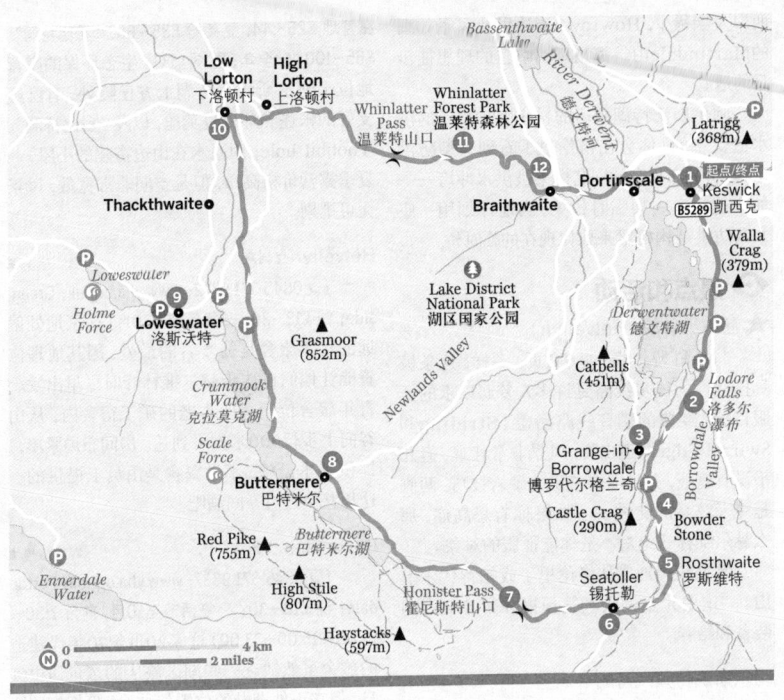

自驾游览
博罗代尔和巴特米尔

起点: 凯西克
终点: 凯西克
全长: 28英里; 3~4小时

这是湖区最美的自驾路线之一,非常适合作为从凯西克出发的一日游。

先在 ❶ **凯西克**(见649页)享用早餐,而后驶上B5289公路,前往博罗代尔。第一站将到达 ❷ **洛多尔瀑布**(见652页),位于德文特湖南端的一个漂亮瀑布。然后,绕一点儿路前往 ❸ **博罗代尔格兰奇**这个小村庄,一条小路可通往散落着板岩的峭壁Castle Crag,这片山地可眺望到博罗代尔的美景。

从格兰奇出发,继续前往名为 ❹ **Bowder Stone**(见652页)的巨石。早已消失的冰川不仅将巨石移至此地,更侵蚀形成了博罗代尔山谷。慢慢前行至 ❺ **罗斯维特**,在FlockIn茶室喝杯茶、吃点蛋糕,或继续赶路至 ❻ **锡托勒**吃午餐。

下午就该挑战那条陡峭的上山道路,前往 ❼ **霍尼斯特山口**(见654页)。挑选些板岩纪念品,或者参加团队游深入古老的板岩矿矿井或试试惊心动魄的铁索攀岩。

再往前行,道路下降来到美丽的 ❽ **巴特米尔**(见653页)。在你左手边的湖泊远方,High Stile、Haystacks和Red Pike几座嶙峋山峰巍然矗立。到Fish Inn喝一杯,也别忘了到圣詹姆斯教堂瞻仰一下徒步先驱兼作家阿尔弗雷德·温莱特的墓碑。

过了 ❾ **洛斯沃特**后,沿着克拉莫克湖的湖岸前进,大可选择绕行经过Kirkstile Inn,景色之美绝对让你大呼值得。到达 ❿ **下洛顿村**后,往右拐,经温莱特山口可到达 ⓫ **温莱特森林公园**(见650页)。

返回凯西克的路上有多家不错的晚餐地点,如Baithwaite附近的 ⓬ **Cottage in the Wood**(见651页),或者巴森斯韦特湖边传统风格的Pheasant Inn。

西岸人烟稀少，Howtown周边以及风景如画的Martindale山谷都是远离喧嚣的理想徒步目的地。

阿尔斯沃特湖周边的村庄因2015年的洪水遭受重创。你会在格伦里丁看到大型防洪工程，普利布里奇的同名桥梁被洪水冲垮——如今这里有一架临时桥梁，当地计划用一座永久防洪结构桥梁来取代现在的临时桥。

◉ 景点和活动

★ 赫尔维林峰（Helvellyn） 徒步

与斯科费尔峰（见647页）一样，这条极具挑战性的徒步线路是许多人梦寐以求的征服目标。经典的攀登线路涵盖了Striding和Swirral Edge两道山脊，风景非常壮观，但几乎没有遮蔽，并且需要一定的攀岩技巧，两侧是令人眩晕的陡坡——如果你有恐高症，那么赫尔维林峰绝对不是你能征服的对象。

常见线路通常从格伦里丁或帕特代尔上山。一定要先查询天气预报并带齐必需的装备和给养。

阿尔斯沃特蒸汽游船 乘船游

（Ullswater 'Steamers'；☎017684-82229；www.ullswater-steamers.co.uk；全部码头通票成人/儿童£15.95/6.95）阿尔斯沃特湖历史悠久的蒸汽游船是探索湖泊的有趣方式。这些船只包括1877年下水、典雅的"湖上夫人"号（Lady of the Lake），她可能是世界上最古老的在运客轮。游船东西航行，由普利布里奇出发，沿途停靠湖岸村庄Howtown，然后前往格伦里丁。夏季每天9班，冬季只有3班。

戈巴罗公园和艾拉福斯瀑布 公园、瀑布

（Gowbarrow Park & Aira Force; NT）**免费** 这处连绵的公园沿湖岸延伸，位于普利布里奇和格伦里丁之间。标识清晰的步道通向20米高壮观的**艾拉福斯瀑布**（Aira Force）。另一处**海福斯瀑布**（High Force）位于山坡更上方。**格林可因湾**（Glencoyne Bay）位于戈巴罗公园的南侧，春季盛开的水仙花引得华兹华斯书写下经典的诗句。

🛏 住宿

Quiet Site 露营地 £

（☎07768-727016；www.thequietsite.co.uk；露营地£25~44，豆荚舱£35~65，"霍比特洞"£65~100；全年；**P**✆）这家生态环保的露营地位于阿尔斯沃斯湖上方丘陵处，有已支好的帐篷和环保豆荚舱，以及"霍比特洞"（hobbit hole；用原木在山边搭建的小屋）。夏季露营价格高昂，但是空间非常宽敞，风景无可挑剔。

Helvellyn YHA 青年旅舍

（☎0845 371 9742；www.yha.org.uk；Greenside；铺£13~30；复活节至10月）这家地处偏远的青年旅舍是徒步者的最爱，因其地理位置能让他们在徒步赫尔维林峰时尽早出发。青年旅舍位于一座古老的矿工宿舍内，从山谷向上步行900米方可到达。房间布局紧凑，提供基本设施，不过餐食是由员工提供的。这里甚至还有一间酒吧。

Patterdale YHA 青年旅舍 £

（☎0845-371 9337；www.yha.org.uk；Patterdale；铺£13~30；复活节至10月，前台7:30~10:00和15:00~23:00）这家20世纪70年代建造的旅舍虽然缺乏一些湖区旅店的浓郁历史气息，但它正处湖畔的位置绝佳，而且拥有国际青年旅舍该有的一切设备，包括厨房、咖啡馆和电视休息室，只要你不嫌弃其建筑风格死板无趣就好。

Old Water View 民宿 ££

（☎017684-82175；www.oldwaterview.co.uk；Patterdale；双£98；**P**✆）帕特代尔拥有好几家民宿，但这家是最好的。简单的民宿注重基本要素：优质服务、舒适房间和高性价比。错层的Bothy房很适合全家住宿，阁楼的床铺可以给孩子们睡；Little Gem房可以眺望溪流，而Place Fell房曾经是阿尔弗雷德·温赖特最爱的房间（墙上还有他的签名）。

★ Another Place, The Lake 精品酒店 £££

（☎017684-86442；www.another.place；Watermillock；房间£230~290，家£345~385；**P**✆❋🐾）被康沃尔Watergate Bay酒店的老板买下后，原先的Rampsbeck Hotel已然重获新生，成为湖区最豪华、最适合家庭入住、可开展各种活动的度假村之一。醒目的新楼建有无边际泳池和当代风格的房间——旧楼里的房间给人感觉更传统一些。酒店有餐厅、酒

吧、藏书丰富的阅览室以及湖畔草坪，同时还可开展立式桨板、皮划艇和野泳等各种活动。

✖ 就餐

Granny Dowbekin's　　　　　　咖啡馆 £

（☎017684-86453; www.grannydowbekins.co.uk; Pooley Bridge; 主菜 £6~12; ◷9:00~17:00）如果想吃丰盛的全天早餐、农夫午餐、厚实的三明治或有趣的糕点，那么位于普利布里奇的这家咖啡馆就是最好的选择。自制的"姜饼桥"（ginger bridge）是一款非常美味的伴手礼。

Fellbites　　　　　　　　　　　咖啡馆 ££

（☎017684-82781; Glenridding; 午餐主菜 £3.95~9.95, 晚餐主菜 £12.50~18; ◷周四至周二 9:00~20:30, 周三 至17:30）咖啡馆位于格伦里丁中心停车场旁边，在一天中的任何时段都有能满足你胃口的美食：早餐时丰盛的油煎食品；午餐时的汤羹、手撕猪肉汉堡和干酪吐司；晚餐则是羊腿和鸭胸等。菜肴实在，不搞噱头。

1863　　　　　　　　　　　　　小酒馆 ££

（☎017684-86334; www.1863ullswater.co.uk; High St, Pooley Bridge; 主菜 £13.50~22.50; ◷晚餐 18:00~21:00, 酒吧 14:00~22:00）普利布里奇餐饮圈子的优雅新成员，由首席大厨菲尔·科瑞尔（Phil Corrie）打理，他对经典菜肴情有独钟，但同样擅长现代风味——因此你会邂逅兼容并蓄的美味，如Goosnargh鸡肉配羊肚菌和松露土豆，或者蜂蜜酒烤鸭配甜李子酱等。

楼上也设有客房（双 £95~150），房间采用了一些风格大胆的壁纸。

❶ 实用信息

湖区国家公园阿尔斯沃特湖信息中心（☎017684-82414; ullswatertic@lake-district.gov.uk; Glenridding; ◷4月至10月 9:30~17:30, 11月至次年3月 周末 至15:30）

❶ 到达和离开

508路公共汽车从彭里斯开往格伦里丁和帕特代尔（£5.50, 每天9班）。其中5班公交车继续翻越柯克斯通山口驶往温德米尔。

阿尔斯沃特湖车船联票（Ullswater Bus-and-Boat Combo; 成人/儿童/家庭 £16/9/34）包括当日无限次乘坐508路公共汽车及Ullswater Steamer游船的往返船票；在公共汽车上购票。

肯德尔（Kendal）

☎015395 / 人口 28,586

严格而言，肯德尔并不属于湖区，却是进入该区域的主要门户城镇。小镇另有别名"昔日灰城"（Auld Grey Town），皆因镇上众多建筑均使用暗灰色石头建造而成。肯德尔是热闹的购物区，有许多优质餐厅，时髦的艺术中心和引人入胜的博物馆。但对于大多数人来说，一说起它就想起当地著名的薄荷蛋糕。自1953年埃德蒙·希拉里（Edmund Hillary）和丹增·诺盖（Tenzing Norgay）在攀登珠峰时，以其充饥开始，这款薄荷蛋糕就成为英国徒步装备的常备干粮。

◉ 景点和活动

艾伯特美术馆　　　　　　　　　美术馆

（Abbot Hall Art Gallery; ☎01539-722464; www.abbothall.org.uk; 成人/儿童 £7/免费, 与莱克兰生活与工业博物馆联票 £9; ◷4月至10月 周一至周六 10:30~17:00, 11月至次年3月 至16:00）肯德尔的这家精品艺廊收藏着18世纪、19世纪西北部最优秀的艺术品。藏品多为肖像画和湖区风景画：找一找康斯特布尔（Constable）、约翰·拉斯金和本地艺术家乔治·罗姆尼（George Romney）的画作。罗姆尼于1734年出生于Dalton-in-Furness, 后来成为一位炙手可热的肖像画家，是肯德尔流派的风云人物。

肯德尔博物馆　　　　　　　　　博物馆

（Kendal Museum; ☎01539-815597; www.kendalmuseum.org.uk; Station Rd; £2; ◷周二至周六 10:00~16:00）博物馆由维多利亚时期的疯狂收藏家威廉·托德亨特（William Todhunter）在1796年创办。这家大杂烩式的博物馆藏品多样，从填充野兽和蝴蝶标本，到中世纪银币，无所不包。博物馆还重修了阿尔弗雷德·温莱特的办公室。在1945年至1974年，他曾担任该馆的荣誉馆长。别忘了去看看他痕迹斑斑的烟斗和背包。

另辟蹊径

恩纳代尔湖（ENNERDALE）

如果你真想将人间琐事抛却脑后，恩纳代尔湖这个世外桃源便是你的选择了。小镇位于沃斯代尔的北面，山谷及其同名湖泊曾为板岩矿和大片的人工用材林所在地，但在往后的岁月中这些功能陆续去除。随着恩纳代尔湖复原（Wild Ennerdale; www.wildennerdale.co.uk）工程的开展，山谷渐渐返璞归真。

无须多言，如果你喜爱安静的步道，这座山谷就是一片乐土。几条深受喜爱的路线都经过山地通往沃斯代尔。若前往巴特米尔，沿途则会经过 **Black Sail YHA**（☎0845-371 9680; www.yha.org.uk; 铺 £35; ◎3月中旬至10月，办理入住17:00~21:00），这座绝妙而偏僻的青年旅舍坐落在一座牧羊人的山屋里。旅舍深受登山者和徒步者的喜爱，最终成了国际青年旅舍的地标。铺位数量有限，建议提早预订。

莱克兰生活与工业博物馆　　博物馆

（Museum of Lakeland Life & Industry; ☎01539-722464; www.lakelandmuseum.org.uk; 成人/儿童 £5/免费，与艾伯特美术馆联票 £9; ◎3月至10月 周一至周六 10:30~17:00，11月至次年2月至16:00）博物馆位于艾伯特美术馆对面。馆内重现了18世纪、19世纪莱克兰的生活场景，包括农舍的客厅、莱克兰厨房、药房，以及著有《燕子与鹦鹉》一书的作家亚瑟·兰瑟姆的书房——这里还可以看到他当年的随笔本。

莱汶斯府　　历史建筑

（Levens Hall; ☎015395-60321; www.levenshall.co.uk; 宅邸和花园 成人/儿童 £13.90/5，仅花园 £9.90/4; ◎宅邸 正午至16:00，花园 3月至10月 周日至周四 10:00~17:00）这座伊丽莎白一世时期的建筑围绕一座13世纪中叶的防御塔楼而建，宅邸内部摆满詹姆斯一世时期的精美家具，但最吸引人的亮点还是17世纪的花园。园中树木精心造型，修剪成金字塔型、旋涡型、卷曲型，还有《爱丽丝梦游仙境》中的孔雀型，有种超现实的艺术效果。

赛泽堡　　城堡

（Sizergh Castle, NT; ☎015395-60070; www.nationaltrust.org.uk/sizergh; 成人/儿童 £11.50/5.75，仅花园 £7.50/3.75; ◎宅邸 4月至10月 正午至16:00，花园 10:00~17:00）城堡位于肯德尔以南3.5英里处的A591公路旁，为斯特里兰克（Strickland）家族的世袭宅邸。城堡围绕防御塔楼而建，最美的便是大礼堂内展示的华丽木镶板，以及占地650公顷的庄园，里面分布着湖泊、果园、林地和草场。

🛏 住宿

Kendal Hostel　　青年旅舍 £

（☎01539-724066; www.kendalhostel.com; 118-120 Highgate; 铺/双 £20/40; ◎前台 17:00~20:00; @📶）这家陈设简单的青年旅舍曾经是国际青年旅舍联盟成员。如今有14间可入住2~14人的客房，分为男女混住或单一性别宿舍。旅舍共有四层，氛围非常友善。地面层设有共用厨房、休息室和免费桌球案，以及带锁扣的储物柜（你需要自备挂锁）。紧邻Brewery Arts Centre（见659页）。

Sonata Guest House　　民宿 ££

（☎01539-732290; www.sonataguesthouse.co.uk; 19 Burneside Rd; 双 £85~90; 📶）这家民宿位于一栋典型的肯德尔灰色石头排屋内，没有特别时髦之处，但是足够舒适。房间柔美温馨，装饰着花卉图案壁纸，还有一些贴心的小细节，例如鹅绒枕头和备货丰富的茶盘。停车非常麻烦。

Lyth Valley Country Inn　　酒店 £££

（☎015395-68295; www.lythvalley.com; Lyth; 双 £150~200，套 £240~300; P📶）位于肯德尔以西7英里处，但是能让客人远道而入住，它必有过人之处——这家酒店位置绝佳，能俯瞰里斯峡谷（Lyth Valley），该峡谷游客罕至，出产的李子远近闻名。酒店房间非常吸引人，配有实木家具和裸露的砖墙。我们也非常喜欢房间的名字，例如"蹦蹦兔"（Hopping Hare）和"呱呱鸭"（Quacking Duck）等。

橡木镶板餐厅（主菜£13.95~18.95）菜肴品质上乘。

🍴 就餐

Brew Brothers　　　　　　　　　咖啡馆

（☎01539-722237; www.brew-brothers.co.uk; 69 Highgate; 主菜 £8.50~10; ◎周一至周六 8:30~17:30）这家位于海格特（Highgate）的时尚咖啡馆是肯德尔餐饮界的新生力量。单凭其杂乱的木制家具和黑色围裙的咖啡师，这里看上去不怎么起眼，但老板却是土生土长的本地人——他们之前曾在温德米尔经营一家咖啡馆。试试店里早餐时段的牛油果泥和荷包蛋，然后在午餐时大口咽下热腾腾的熏三文鱼三明治。非常美味。

Yard 46　　　　　　　　　　　　咖啡馆

（☎07585-320522; www.yard46.co.uk; Branthwaite Brow; 午餐 £3~8; ◎周一至周五 10:00~16:00, 周六至17:00）肯德尔有很多咖啡馆，但这一家绝对与众不同。它位于一条不起眼的小巷里，小小的庭院中立着栋白色旧建筑，屋内是间框架结构的阁楼餐厅。美味的汤羹、创意十足的沙拉和香甜的蛋糕，加上各种非同寻常的选择，如pan con tomate（番茄意式烤面包）和素食早午餐小吃配煎鸭蛋分。

Baba Ganoush　　　　　　　　熟食 £

（☎01539-738210; www.baba-ganoush.co.uk; Finkle St; 主菜 £5~9; ◎周二至周六 10:30~15:00）咖啡熟食店位于一个偏僻的巷子内，供应地中海风味的美味午餐，例如阿拉伯馅饼、炖羊肉、素食前菜和摩洛哥塔吉锅，再加上品种丰富的沙拉。如今他们搬到了同一条街上的另一家店铺里，以便为就餐者提供更大的空间。

★ Punch Bowl Inn　　　　　　酒馆食物 ££

（☎015395-68237; www.the-punchbowl.co.uk; Crosthwaite; 主菜 £15.95~24.50; ◎正午至16:00和17:30~20:30; P）如果你不介意开车前往，那么Crosthwaite村这家老牌美食酒吧的顶级菜肴一定会让你大饱口福。白色的外立面，精心装潢的现代化内饰，打造出舒适迷人的用餐空间。主厨斯科特·费尔韦瑟（Scott Fairweather）的超凡菜品将经典菜肴与当地特色食材完美融合（生蚝奶油冻、土豆炸丸子、豌豆炖重汁肉丁、婆罗门参等）。

这里的房间（£135~320）也非常迷人：每间都与众不同，最漂亮的房间有再生木头横梁、倾斜的屋檐、板岩地板浴室以及情侣爪足浴缸。

★ The Moon Highgate　　　　　小酒馆 ££

（☎01539-729254; www.themoonhighgate.com; 129 Highgate; 午餐 £6~12, 晚餐 £17~21; ◎周二至周六 11:30~14:15和周二至周五 17:30~21:15, 周六 18:00~21:30）如今由才华横溢的大厨Leon Whitehead打理，这家精致的小酒馆擅长从坎布里亚应季食材和优质特产中汲取灵感。经典菜肴总是伴随着意外的惊喜：豆瓣奶油布丁或者洋葱肉汁鸡蛋等。菜肴摆盘非常漂亮，有不少素食选择，整洁的空间让人心情愉悦。餐厅在镇上难逢敌手，毫无疑问。

☆ 娱乐

Brewery Arts Centre　　　　剧院、电影院

（☎01539-725133; www.breweryarts.co.uk; Highgate）非常好的艺术中心，内有画廊、咖啡馆、剧院和两家电影院，放映最新电影，并上演音乐、戏剧、舞蹈和其他各类演出。

🔒 购物

★ Low Sizergh Barn　　　　　　食品

（☎015395-60426; www.lowsizerghbarn.co.uk; ◎9:00~17:30）这家农场商店出售产品类丰富的莱克兰美食，就在肯德尔村外的A590公路旁边。如果天气晴朗，你还可以沿着农场小径或者树林小道探游一番，看看奶农挤奶的场景——留意商店门口的鲜奶自动贩卖机。只有坎布里亚才有！

ⓘ 到达和当地交通

从温德米尔出发的火车途经奥克森霍尔姆开往肯德尔（£5.90, 15分钟, 每小时1班）。

555路/556路 班车（周一至周五每半小时1班, 周末每小时1班）定时开往温德米尔（£6.50, 30分钟）、安布尔赛德（£7.60, 40分钟）和格拉斯米尔（£8.80, 1.25小时）。

106路 开往彭里斯（£11.30, 80分钟, 周一至周五每天1~2班）。

坎布里亚海岸
(CUMBRIAN COAST)

01229

尽管湖区中部的湖光山色吸引着源源不断的游客,但出乎意料的是,很少有人会继续向西跋涉,来到坎布里亚海岸探索。这真是太遗憾了。虽然不一定比得上诺森伯兰的宏伟荒凉,也无法和苏格兰崎岖壮观的海岸线媲美,但是坎布里亚的海岸仍然值得细细探索——这片风景由漫长的沙滩海湾、绿草如茵的岬角、盐沼和海边村庄交织而成,荒凉而美丽,从莫克姆湾一直延伸到索尔威海岸。在圣比斯角(St Bees Head)有一个重要的海鸟保护区,胡克庄园(Holker Hall)的宏伟庭院也值得一游。

在历史上,坎布里亚的海岸地带一直为当地采矿、采石和航运业提供服务,巴罗因弗内斯(Barrow-in-Furness)至今仍是重要的造船中心。更具争议的是塞拉菲尔德(Sellafield)核电站,虽然是当地主要雇主,但落成半世纪后仍然饱受争议。

◉ 景点和活动

★ 雷文格拉斯和埃斯克代尔铁路　　　铁路

(Ravenglass & Eskdale Railway; 01229-717171; www.ravenglass-railway.co.uk; 成人/儿童/家庭24小时通票 £15/9/44.95;) 人们亲切地称其为La' al Ratty。这条袖珍铁路修建的初衷是将埃斯克代尔矿井开采的铁矿石运往海岸。而现在,这些迷你蒸汽火车往返于海岸小镇雷文格拉斯和Dalegarth村之间,晃晃悠悠地在埃克斯代尔山谷中行驶7英里,沿途停靠多个站点,早已成为坎布里亚受欢迎的亲子游景点。

根据季节不同,每天有7~14班火车运行;暑期之外的车票会便宜一些。火车也允许宠物犬乘坐(£1.50),你还可以带上自行车(£4),不过都必须提前预约。持火车票还可半价搭乘阿尔斯沃特蒸汽游船(见656页)。

★ 胡克庄园　　　历史建筑

(Holker Hall; 015395-58328; www.holker.co.uk/; 成人/儿童 £12.50/免费; 宅邸 11:00~16:00, 庭院 3月至10月 周三至周日 10:30~17:00) 胡克庄园位于卡梅尔(Cartmel)以东3英里处的B5278公路边上,近4个世纪以来都是卡文迪什(Cavendish)家族的宅邸。虽然部分房屋始建于16世纪,但主体结构在1871年一场毁灭性的火灾后几乎全部重建。庄园是典型的维多利亚时期华丽浮夸风格建筑,外立面建有直棂窗、山形墙和铜顶尖塔,而内部则是多间过分奢华的房间。

值得一看的亮点包括陈列着齐本德尔家具和古老油画的画室,以及书房,后者摆着一部亨利·卡文迪什(硝酸的发现者)留下的

不要错过

卡梅尔(CARTMEL)

小巧的卡梅尔有三大著名招牌:12世纪的修道院(priory; 5月至10月 9:00~17:30, 11月至次年4月至15:30) 免费 、小型赛车道(racecourse)以及全球闻名的浓腻太妃蛋糕,在Cartmel Village Shop (015395-36280; www.cartmelvillageshop.co.uk; 1 The Square; 周一至周六 9:00~17:00, 周日 10:00~16:30)有售。

而在最近,卡梅尔作为大厨西蒙·罗根[Simon Rogan; 被誉为坎布里亚的赫斯顿·布卢门撒尔(Heston Blumenthal)]的故乡而声名大噪。罗根的旗舰餐厅L' Enclume (015395-36362; www.lenclume.co.uk; Cavendish St; 定餐午餐 £59, 午餐和晚餐套餐 £155; 周二至周日 正午至13:30和18:30~20:30)尽情展示了他创意无边的菜式、天马行空的摆盘设计,还有孜孜不倦找寻食材的热情。

此外,在村庄的另一头,他还经营着一家没那么正式的小酒馆,名为Rogan & Company (015395-35917; www.roganandcompany.co.uk; The Square; 2/3道菜定餐午餐 £20/26, 主菜 £18~25; 周一和周三至周六 正午至14:00和18:00~21:00, 周日 12:15~15:15)。两家餐厅均需提前订位。

显微镜和3500余册古籍（其中有些是假书，1911年这栋房屋铺设电路后用来遮挡电灯开关）。最精彩的当属**长廊**，灰泥天花板和精致的英式家具早已远近闻名——留意19世纪的带狮身人面像雕刻桌腿的木桌，以及用象牙和黄檀镶嵌的核桃木橱柜等。

胡克庄园的户外庭院占地超过10公顷，包括玫瑰园、林地、几座华美的喷泉和一棵高达22米的欧洲菩提树（limetree）。

庄园的食品大厅摆满了庄园出产的食品，包括两种著名特产：鹿肉和盐沼羊肉。

圣比斯角 _{野生动物保护区}

（St Bees Head; RSPB; stbees.head@rspb.org.uk）位于怀特黑文以南5.5英里，小镇圣比斯以北1.5英里处，这座强风肆虐的海角是坎布里亚最重要的筑巢海鸟保护区之一。随着季节的不同，海鸟的种类也不尽相同。其中就包括管鼻鹱、三趾鸥和刀嘴海雀，还有英国唯一的黑海鸠群落。这里还有总长超过2英里的多条悬崖步道。

孟卡斯特城堡 _{城堡}

（Muncaster Castle; ☎01229-717614; www.muncaster.co.uk; 成人/儿童 £14.50/7.30; ☺花园和猫头鹰中心 10:30~17:00，城堡 周日至周五 正午至16:00）这座雉堞林立的城堡位于雷文格拉斯以东1.5英里处，当初围绕着一座14世纪防御塔楼而建，以抵抗掠夺者的入侵。彭宁顿（Pennington）家族在此居住了7个世纪，城堡的建筑亮点包括大厅和八角图书室，而堡外则有一片装饰性迷宫和恢宏的庭院。城堡里还有一间老鹰和猫头鹰中心，每天都会举行几次飞行表演。在线订票可享受15%的折扣优惠。

孟卡斯特城堡闹鬼也是人尽皆知的事。要小心留意Muncaster Boogle，还有被称为TomFool（也叫作"汤姆笨蛋"）的恶毒小丑。

劳瑞尔与哈代博物馆 _{博物馆}

（Laurel & Hardy Museum; ☎01229-582292; www.laurel-and-hardy.co.uk; Brogden St, Ulverston; 成人/儿童 £5/2.50; ☺复活节到10月 10:00~17:00，全年其他月份 周一和周三 闭馆）由劳瑞尔与哈代喜剧二人组的狂热收藏者比尔·库宾（Bill Cubin）在1983年建立，这家疯狂博物馆位于斯坦·劳瑞尔（Stan Laurel）的故乡阿尔弗斯顿，如今搬到了镇上古老的Roxy电影院里的新馆。馆内密密麻麻地展示着电影纪念物品，包括原始海报和拍摄道具，还有一家袖珍影院不断播放着劳瑞尔与哈代的经典电影。博物馆现在由比尔的孙辈运营，是电影爱好者必游之地。

ⓘ 到达和离开

弗内斯和坎布里亚海岸铁路（Furness and Cumbrian Coast）环线全长120英里，往返于兰开斯特和卡莱尔之间，沿途停靠格兰奇、阿尔弗斯顿、雷文格拉斯、怀特黑文和沃金顿等海岸度假地。**坎布里亚海岸单日票**（Cumbria Coast Day Ranger; 成人/儿童 £20.20/10.10）可单日无限次搭乘该线路。算下来比卡莱尔或兰卡斯特的往返票还要便宜。

北坎布里亚和东坎布里亚
（NORTHERN & EASTERN CUMBRIA）

许多游客匆匆路过北坎布里亚和东坎布里亚，然后一头扎进湖区。其实，这片内陆地区也值得你从国家公园绕行前往，花点儿时间探索一番。虽然没有著名的山地和漂亮的村庄，但这里依然充满趣味：传统的小镇、摇摇欲坠的城堡、废弃的修道院和广袤的沼泽，都沿着宏伟的古罗马工程奇迹哈德良长城（Hadrian's Wall）绵延分布。

卡莱尔（Carlisle）

☎01228 / 人口 75,306

卡莱尔算不上英国最漂亮的城市，但蕴含了丰富的历史和传统。它所处位置微妙，正坐落在英格兰和苏格兰的边界，这片地区曾被不祥地称为"充满争议的土地"，注定了这座坎布里亚的首府拥有暴风骤雨般的过往：先后被维京人、苏格兰人和边境掠夺者洗劫一空，卡莱尔1000多年来都是英格兰防御的前沿阵地。

恢宏的红色城堡和大教堂，无不诉说着

城市的过去，和市内大部分房屋一样，都使用深红色的砂岩建造而成。English St的两座宏伟圆塔，曾经守护着城市的大门。

哈德良城墙最近的一段以附近的布兰普顿（Brampton）为起点。

◉ 景点

★ 卡莱尔城堡　　　　　　　　　　城堡
（Carlisle Castle; EH; ☎01228-591922; www.english-heritage.org.uk/visit/places/carlisle-castle; Castle Way; 成人/儿童 £8/4.80，与坎布里亚军事生活博物馆联票 £9.20/5.15; ⊙4月至9月 10:00~18:00，10月至次年3月 10:00~17:00）深沉的暗红色城堡静静矗立在城市的北侧。城堡最初围绕着一座凯尔特人和罗马人的要塞而建，1092年威廉·鲁弗斯（William Rufus）又主持增建了一座诺曼主楼，之后陆续由亨利二世、爱德华一世和亨利八世进行加固，后者还增修了据说可以大炮的塔楼。从城垛向远处眺望，壮阔景色绵延直至苏格兰边界。城堡内还设有一座坎布里亚军事生活博物馆（Cumbria's Museum of Military Life; ☎01228-532774; 成人/儿童 £4.50/2.50，与卡莱尔城堡联票 £9.20/5.15; ⊙4月至10月 10:00~18:00，11月至次年3月 周六至周四 至17:00），馆内有一些与该地区军团相关的纪念物品。

城堡见证了数世纪以来的若干戏剧性历史事件：1568年，苏格兰玛丽女王（Mary, Queen of Scots）曾被囚禁于此；在英格兰内战期间，城堡遭遇了长达8个月的围攻，而保皇党的卫兵只能依靠老鼠和狗肉为食，最终在1645年投降。留意地牢里的中世纪涂鸦和"舔舐石"（licking stones），据说那些忠于詹姆斯二世的囚犯借此获取水分。

卡莱尔大教堂　　　　　　　　　　教堂
（Carlisle Cathedral; ☎01228-548151; www.carlislecathedral.org.uk; 7 The Abbey; 建议捐款 £5，摄影 £1; ⊙周一至周六 7:30~18:15，周日 至17:00）教堂与城堡一样使用红色砂岩建造而成。卡莱尔大教堂建于1122年，当初只是一座隐修院，然后它的第一任院长奥瑟沃德（Athelwold）成为第一位卡莱尔主教，隐修院因此晋升为大教堂。著名的建筑特色包括15世纪的唱诗班席、桶形穹顶和14世纪的东窗（East Window），这是英格兰最大的哥特式窗户之一。大教堂周围散落着其他的隐修院遗址，包括建于16世纪的教堂餐厅（fratry）和隐修院塔楼（prior's tower）。

图利别墅博物馆　　　　　　　　　博物馆
（Tullie House Museum; ☎01228-618718; www.tulliehouse.co.uk; Castle St; 成人/儿童 £6.50/免费; ⊙周一至周六 10:00~17:00，周日 11:00~17:00）卡莱尔的主要博物馆，叙述着这座城市2000年的历史。罗马边境展厅（Roman Frontier Gallery）探寻了罗马人占领卡莱尔的历史，边境展厅（Border Galleries）涵盖从青铜器时代直至工业革命期间的当地历史。两座展厅充实了故事细节：边境掠夺者厅（Border Reivers Gallery）讲述了曾经在该地区烧杀抢掠的劫匪，而维人揭秘展厅（Vikings Revealed）展示了来自Cumwhitton维京人墓地的发现，包括头盔、佩剑和随葬品等。顶层的观景台（Lookout）可以远眺古堡迷人风光。

🛏 住宿

★ Halston Aparthotel　　　　　　酒店 ££
（☎01228-210240; www.thehalston.com; 20-34 Warwick Rd; 单床公寓 £120~140，双床公寓 £240~280; P⊛）如果想要在市中心住宿，这家自助式公寓绝对是卡莱尔最理想的住宿选择。虽然面积不大，但公寓内设施齐全，配有小厨房、现代装饰、镶木地板、推拉窗，非常整洁。再加上酒店位于一栋爱德华时代建筑内（原为卡莱尔邮政总局），绝对让你叹为观止。

★ Willowbeck Lodge　　　　　　 民宿 ££
（☎01228-513607; www.willowbeck-lodge.com; Lambley Bank, Scotby; 双£100~140; P⊛）如果是否在市中心不重要，那么这家富丽堂皇的民宿绝对是这座城市的首选。4间客房非常宽敞，当代风格，装饰华丽，有地板供热、埃及棉床品以及雅致的淡黄和土褐色调。部分房间有阳台，可以俯瞰花园和池塘。

Warwick Hall　　　　　　　　　 民宿 £££
（☎01228-561546; www.warwickhall.org;

Warwick-on-Eden；标单£85~150，双£90~220）这家精致的乡村宅邸在Warwick Rd上，距离市中心2英里，绝对称得上是隐居之地。房间宽敞，天花板很高，装饰充满复古风情。住在这间民宿，就像是做客某位贵族朋友的庄园一般。园地占地有好几公顷，还有一条私家河流可供钓鱼。

就餐

Foxes Cafe Lounge 咖啡馆 £

（☎01228-491836；www.foxescafelounge.co.uk；18 Abbey St；主菜£4~8；⊙周一至周五9:00~16:00，周六10:00~16:30）来这家酷炫的咖啡馆品尝各式糕点和卡布基诺咖啡，或者清爽的苹果冰沙——不如干脆享用一份丰盛的早午餐（分为Full Fox肉食版和Herbivore素食版）。

David's 英国菜 ££

（☎01228-523578；www.davidsrestaurant.co.uk；62 Warwick Rd；2道菜午餐£17.95，晚餐主菜£16.95~25.95；⊙周二至周六 正午至15:30和18:30~23:00）多年来，这家联排别墅内的餐厅一直都是卡莱尔正式餐厅的代名词，而且目前还没有看到改变的迹象。餐厅主营丰富的传统菜肴，带着浓郁的法国风味：羊肉配开心果肉酱、烤鸡配韭菜和龙蒿。房屋内部也弥漫着浓浓的古典建筑风情。

Thin White Duke 小酒馆 ££

（☎01228-402334；www.thinwhiteduke.info；1 Devonshire St；主菜£9.95~14.95；⊙11:45~23:00）光是听这个名字就让人十分激动（至少对大卫·鲍伊的粉丝而言是如此），尽管菜单上的汉堡、泥炉鸡肉和嫩煎牛排可能与"公爵"并无太大关系。不过他或许会喜欢这里的鸡尾酒，以及店面环境——酒馆位于一座修道院旧址内，满是裸露的砖墙和复古时尚的内饰。

Foxborough Smokehouse 烧烤 ££

（☎01228-317925；www.foxboroughrestaurant.com；52 Cecil St；午餐主菜£10，晚餐主菜£12~16；⊙周三和周四 正午至14:00和17:00~21:00，周五 正午至14:00和17:00~22:00，周六10:00~22:00，周日10:00~14:00和17:00~20:30）普通食材，慢烹细煮；猪肉、鸡肉和牛肉。这些词几乎是对这个地窖熏制室的完美描述，这里的一切都是异香扑鼻的浓郁口味，而且毫无掩饰的全是肉食。其招牌菜是"雅各布的楼梯"（Jacob's Ladder）——在绿色蛋形焖炉里制作的干牛肉肋条。虽然素食者也有自己的选择——沙拉、辣椒——但这里真不是吃素的！

饮品和夜生活

Hell Below 酒吧

（☎01228-548481；14-16 Devonshire St；⊙周一至周五 正午至午夜，周六 至次日2:00，周日至18:00）这家砖墙酒吧是卡莱尔前卫饮酒者最喜欢去的地方，供应精酿啤酒和实惠的鸡尾酒（不妨尝尝bubblegum sours和starburst cosmos等有趣的调酒）。包括汉堡、玉米片、比萨饼在内的小吃可以帮你填饱肚子。

Shabby Scholar 咖啡馆

（☎01228-402813；11-13 Carlyle Court；西班牙小吃£3~7，午餐主菜£7~9.50；⊙周一至周六10:00至午夜）这家大受欢迎的咖啡馆店如其名，是一家时髦的寒酸小店。配备了破旧的家具，由旧板条做成的吧台，以及百分百的时尚感。店里的西班牙小吃、小点心和汉堡都很不错，不过客人大都是冲着鸡尾酒而来的。

娱乐

Brickyard 演出场所

（☎01228-512220；www.thebrickyardonline.com；14 Fisher St）卡莱尔蹩脚的演出场地，原址是一处纪念馆。

实用信息

卡莱尔旅游局（☎01228-598596；www.discovercarlisle.co.uk；Greenmarket；⊙周一至周六9:30~17:00，周日10:30~16:00）

到达和离开

飞机

卡莱尔的小**机场**（www.carlisleairport.co.uk）位于城中心东北8英里处，**洛根航空**（Loganair；www.loganair.co.uk）开通有往返伦敦绍森德、都柏林和贝尔法斯特的直航航班。

长途汽车

National Express的长途汽车从Lonsdale St的汽车站出发，目的地包括伦敦（£25.50~39.10，7.5小时，每天2~3班直达班车）、曼彻斯特（£17~24.40，3~3.5小时，每天3班）和格拉斯哥（£12~17.10，2小时，每天4~6班）。

554路公共汽车开往凯克克（£14.60，70分钟，周一至周六每天4班，周日3班）；104路公共汽车开往彭里斯（£6.30，40分钟，周一至周六每半小时1班，周日9班）。

火车

卡莱尔位于伦敦至格拉斯哥的西海岸铁路线上。这里也是风景秀丽的坎布里亚海岸铁路线和泰恩河谷铁路线（Tayne Valley Line）的终点，还是穿越约克郡山谷的**塞特尔—卡莱尔铁路**（Settle to Carlisle Railway；www.settle-carlisle.co.uk；成人往返£28）的终点。主要目的地如下：

格拉斯哥 £28.50，1.25小时
兰开斯特 £32.40，45分钟
伦敦尤斯顿 £119.70，3.5小时
曼彻斯特 £56，2小时10分钟
泰恩河畔纽卡斯尔 £16.70，1.5小时

彭里斯（Penrith）

☎01768/人口15,181

红砖打造的彭里斯位于国家公园区域之外，或许与约克郡山谷那些坚韧的集镇更有共同之处。这里可靠而传统，镇上有多家舒适的酒吧和古朴的茶馆，每周二更有鲜活的集市。这也是前往美如画卷的伊顿谷（Eden Valley）的主要门户。

◉ 景点

★ 劳瑟庄园　　　　　　　　历史景点

（Lowther Estate；☎01931-712192；www.lowthercastle.org；成人/儿童 £9/7；◷10:00~17:00）这座庞大的乡村庄园曾经属于湖区最受尊敬的家族之一，庄园现主人正斥巨资对其进行大型翻修。已有400年历史的雉堞城堡与庄园领地再次对游客开放。自"二战"后，庄园年久失修，花园也随之被遗忘，但翻修工程正逐渐使花园恢复生机，不过城堡本身仍是一片废墟。

参观区域包括鸢尾花园（Iris Garden）、大紫杉步道（Great Yew Walk）、经过修复的花坛以及众多隐蔽的装饰亭阁、湖泊和林地等。

雷吉德　　　　　　　　　　游客中心

（Rheged；☎01768-868000；www.rheged.com；◷10:00~18:00）位于彭里斯以西2英里处，外观看起来宛如一座湖区的丘陵。游客中心内有个IMAX电影院和各种临时展览。此外还有一座大型零售商场，销售坎布里亚特产和纪念品。负责打理咖啡馆的当地大厨彼得·塞德威尔（Peter Sidwell）还在中心内开办了烹饪培训班。

🛏 住宿

Lounge　　　　　　　　　　酒店 ££

（☎01768-866395；www.theloungehotelandbar.co.uk；King St；双/家 £80/110起；☎）如果想以合理的价格入住市中心的酒店，这家别致的小酒店就是最好的选择。配有松木家具和复合地板，淡绿、米色和灰褐色的搭配虽不算出彩，但也并不显得俗丽。三床公寓（£160）自带小厨房。可在底楼的小酒馆享用早餐和晚餐。

★ Augill Castle　　　　　　酒店 £££

（☎01768-341967；www.stayinacastle.com；Kirkby Stephen；房间/套 £180/240起；Ｐ☎）如果你憧憬着住进货真价实的英国城堡，这家位于Kirkby Stephen的豪华古宅便是你的最佳选择。城堡该有的一切这里都有：呈锯齿状垛墙角楼、彩绘玻璃窗、空旷的房间。但房间内部却充盈着时尚设计感，古董家具和现代装潢完美契合。甚至附设一家小型电影院。酒店位于彭里斯东南25英里处。

George Hotel　　　　　　　酒店 £££

（☎01768-862696；www.lakedistricthotels.net/georgehotel；Devonshire St；双 £125~165；Ｐ☎）彭里斯的这家红砖马车驿站历史悠久。酒店客房属于传统装潢，中规中矩的条纹和乡村图案相辅相成，还有一家古雅的酒吧和餐厅。但它或许不太符合你初见时的那种传统风格——房间固然舒适，却有些遗憾，原建筑特点所剩无几。免费停车非常棒。

✕ 就餐

★ Four & Twenty 小酒馆 ££

(☎01768-210231；www.fourandtwenty penrith.co.uk；14 King St；午餐主菜 £14~16，晚餐主菜 £16.50~19.50；◎周二至周六 正午至14:30和 18:00~21:30）以适中的价格享用精致的餐饮是这家小酒馆的经营理念。店内时尚的装饰配上原木、宴会椅以及混合搭配的家具。在这儿可品尝精致考究的菜品，如大蒜里脊肉、鼠尾草和帕尔玛火腿，或者法式浓味海鲈汤等。如果想在彭里斯外出用餐，就来这里吧！

George & Dragon 酒馆食物 ££

(☎01768-865381；www.georgeanddragon clifton.co.uk；Clifton；主菜 £13.95~21.95；◎正午至14:30和18:00~21:00）如果你不介意开车，小村克利夫顿（Clifton）的这家漂亮小酒馆非常适合吃午饭或晚餐。它位于劳瑟庄园内，大部分食材（包括野味）都为庄园自产。篝火、长凳和橡子打造出舒适的就餐环境，菜看普遍不错，但还达不到美食酒吧的水准。

★ Allium at Askham Hall 高端美食 £££

(☎01931-712350；www.askhamhall.co.uk；Askham；晚餐套餐 £50；◎周二至周六 19:00~21:30）富丽堂皇的环境，宛如帝王的盛宴。主厨理查德·斯瓦尔（Richard Swale）对坎布里亚农产品的热情来自孩提时代的打猎、钓鱼和采摘（他甚至自己养鸡）。他烹饪的菜肴以丰富和精致见长——例如鸡肉、花椰菜奶酪和松露——呈现出艺术品般的视觉效果。餐厅环境非常正式：记得着装得体。

🛍 购物

JJ Graham 餐饮

(☎01768-862281；www.jjgraham.co.uk；6-7 Market Sq；◎周一至周六 8:30~17:30）自1793年以来，这里就开有一家杂货店。如今这家备受欢迎的旧式熟食店依然是你选购当地奶酪、自制甜辣酱和散装茶叶的好地方。

❶ 实用信息

彭里斯旅游局（☎01768-867466；pen.tic@eden.gov.uk；Middlegate；◎周一至周六 9:30~17:00，周日 13:00~16:45）镇上的小博物馆也设在这里。

❶ 到达和离开

多趟火车向北前往卡莱尔（£5.90，15分钟），向南前往奥克森霍尔姆（£7，25分钟），你可以在这里换乘支线铁路列车前往温德米尔。

汽车站位于城中心东北方，紧邻Sandgate。104路公共汽车开往卡莱尔（£6.30，40分钟，周一至周六每半小时1班，周日9班），X4路/X5路汽车开往坎布里亚海岸（£6.80~11.20，周一至周六每半小时1班，周日每小时1班），途经雷吉德、凯西克和科克茅斯。

纽卡斯尔和英格兰东北部

包括 ➡

泰恩河畔纽卡斯尔 670
泰恩茅斯 679
达勒姆 679
哈德良长城 684
科布里奇 686
霍特恩斯尔及周边 686
诺森伯兰国家公园 688
诺森伯兰海岸 690

最佳餐饮

- Riley's Fish Shack（见679页）
- House of Tides（见675页）
- Raby Hunt（见684页）
- Knitsley Farm Shop（见683页）
- Bay Horse（见684页）

最佳住宿

- Lumley Castle（见681页）
- Lord Crewe Arms（见686页）
- Langley Castle Hotel（见688页）
- Otterburn Castle Country House Hotel（见689页）
- Jesmond Dene House（见673页）

为何去

刚毅不屈的泰恩河畔纽卡斯尔（Newcastle-upon-Tyne）位于英格兰东北部。这座昔日的工业重镇坐落在气势磅礴的泰恩河沿岸。如今，陡峭的山坡上错落分布着一排排漂亮的维多利亚式建筑，许多老工厂和仓库都已改造成为画廊、博物馆、酒吧和各类娱乐场所。纽卡斯尔拥有传奇的夜生活，夜晚去酒吧感受一下欢乐的气氛，一定不虚此行。

纽卡斯尔也是远通荒野的理想门户，从切维厄特丘陵（Cheviot Hills）到神秘的诺森伯兰国家公园（Northumberland National Park），再到偏远的北奔宁山脉（North Pennines），可以深入东北部粗犷壮美的乡野。壮观的哈德安长城在这片风景中开辟出一条荒僻的道路，引人注目的堡垒废墟散落周围，不断让人想起人们为此地抵抗北方苏格兰人的入侵曾进行的残酷战斗。这一地区的海岸未受破坏，分布着狭长的无人沙滩、被风雨侵袭的城堡以及众多小巧美丽的离岸岛屿。

何时去

➡ 哈德良长城全年都有再现古装情景的表演和古罗马庆祝活动。

➡ 夏季（6月至8月）是探索本地区绵延广阔沙滩的最佳时间。但对于冲浪者来说，泰恩茅斯（Tynemouth）世界级的海浪在冬春两季最棒（不过海水也最为寒冷）。

➡ 9月和10月，诺森伯兰国家公园秋意正浓，你大可尽情享受。

➡ 9月更适合畅饮纽卡斯尔棕色艾尔啤酒，或者穿上跑鞋去参加泰恩河畔的"大北方长跑"（Great North Run），这是全世界规模最大的半程马拉松赛事之一。

历史

由于英格兰东北部地处边界的前沿阵地，动荡的历史对这里的影响，比对英格兰其他任何地方都大得多。尽管哈德良长城并不是一道防御屏障，但它仍标志着罗马不列颠（Roman Britain）的北方界线，同时也是罗马帝国重兵把守的边界。随着罗马军队的撤离，该地区成了盎格鲁王国伯尼西亚（Bernicia）的一部分，而后者则于604年与德伊勒王国（Deira；包括如今约克郡的大部分地区）联合，建立了诺森伯利亚王国（Northumbria）。

在随后的500年里，盎格鲁—撒克逊人与丹麦人竞相争夺该地区的控制权，诺森伯利亚王国也因此经历了几番易手与边界变更。最终，特威德河（River Tweed）以北的地区于1018年割让给了苏格兰，而新生的英格兰王国则拥有河流以南的一切。

1066年迎来了诺曼人的入侵。威廉一世急于保障其王国的北部边界不被苏格兰人侵犯，下令建造了不少城堡。如今你在沿岸所见的绝大部分城堡都是那个时代的产物。同时，威廉一世也与达勒姆（Durham）的采邑主教们达成了交易，以确保他们忠于自己。这些诺森伯兰的新领主们作为边疆领主（Marcher Lords；采用"边疆"的同义词march）实力变得异常强大，牵制住了苏格兰人。

都铎王朝时期，诺森伯兰成为叛变者的温床，且情况日趋激烈。当其时，北方地区大部分为天主教所占据，诺森伯兰第七任公爵托马斯·帕西（Thomas Percy）领导该地区民众在1569年发动了北方起义（Rising of the North），公然反对伊丽莎白一世，但因遭遇镇压而失败。16世纪，边境掠夺者（Border Reivers）——来自边境两边的抢劫者——让地区处于旷日持久的无序状态，直到1707年英格兰和苏格兰签订了《联合法案》（Act of Union）后，社会秩序才得以恢复。

19世纪时期，煤矿在英国东北部工业化的进程中发挥了至关重要的作用，为泰恩河与蒂斯河（Tees）沿岸的钢铁厂、船坞和军工作坊提供了动力。1825年，这里的采矿业催生了世界上第一条蒸汽火车铁路——斯托克顿铁路和达林顿铁路（Stockton & Darlington），铁道线由当地的工程师乔治·史蒂芬森（George Stephenson）设计建造。然而，20世纪又爆发了社会冲突，采矿、造船、炼钢和铁路等工业在大萧条时期（Great Depression）和战后多年纷纷经历了衰退。尽管重建英格兰东北部是一项极为庞大的工程，但这一地区重整旗鼓的速度颇为惊人。

活动

骑行

英格兰东北部拥有一些最激动人心的骑行路线。

长期以来深受旅行者青睐的海岸与城堡骑行线（Coast & Castles Cycle Route；www.coast-and-castles.co.uk）是国家骑行路网（National Cycle Network，简称NCN）的一部分，这条200英里长的路线沿着壮丽的诺森伯兰海岸南北延伸，连接泰恩河畔纽卡斯尔和特威德河畔贝里克（Berwick-upon-Tweed），以及苏格兰的爱丁堡（Edinburgh）。

总长140英里的爱尔兰海—北海跨陆地骑行线（Sea to Sea Cycle Route；www.c2c-guide.co.uk）横穿英格兰北部地区。路线始于坎布里亚海岸的圣比斯（St Bees）、怀特黑文（Whitehaven）或沃金顿（Workington），止于泰恩茅斯或桑德兰（Sunderland），途经湖区北部，以及荒芜的北奔宁山脉。

另一条海岸至海岸的骑行路线是哈德良骑行线（Hadrian's Cycleway；www.hadrian-guide.co.uk）。这条全长174英里的路线沿哈德良长城延伸，把南希尔兹（South Shields）或泰恩茅斯与坎布里亚的雷文格拉斯（Ravenglass）相连接。

173英里长的掠夺者骑行线（Reivers Route；http://reivers-route.co.uk）也是一条海岸至海岸的骑行路线，它起于怀特黑文，终于泰恩茅斯，途经基尔德森林（Kielder Forest）、苏格兰边区（Scottish Borders）和湖区。

徒步

人们普遍认为北奔宁山脉以及更北边的切维厄特一带是"英国最后一片荒野"。翻山长线包括著名的奔宁山步道（Pennine Way；

纽卡斯尔和英格兰东北部亮点

❶ 霍利岛（林迪斯法恩）
（见695页）经潮汐堤道前往这座世外桃源般的朝圣之地。

❷ 维多利亚隧道
（见671页）深入纽卡斯尔街道地下，探索这条运煤马车道和"二战"时期的防空洞。

❸ 基尔德天文台
（见689页）在诺森伯兰黑暗天空公园的这个天文台观星。

❹ 巴纳德堡（见682页）参观城堡内的鲍斯博物馆，欣赏非凡的艺术品。

❺ 贝里克长城（见696页）在英国最北边的城市特威德河畔贝里克，沿伊丽莎白时期的防御工事散步。

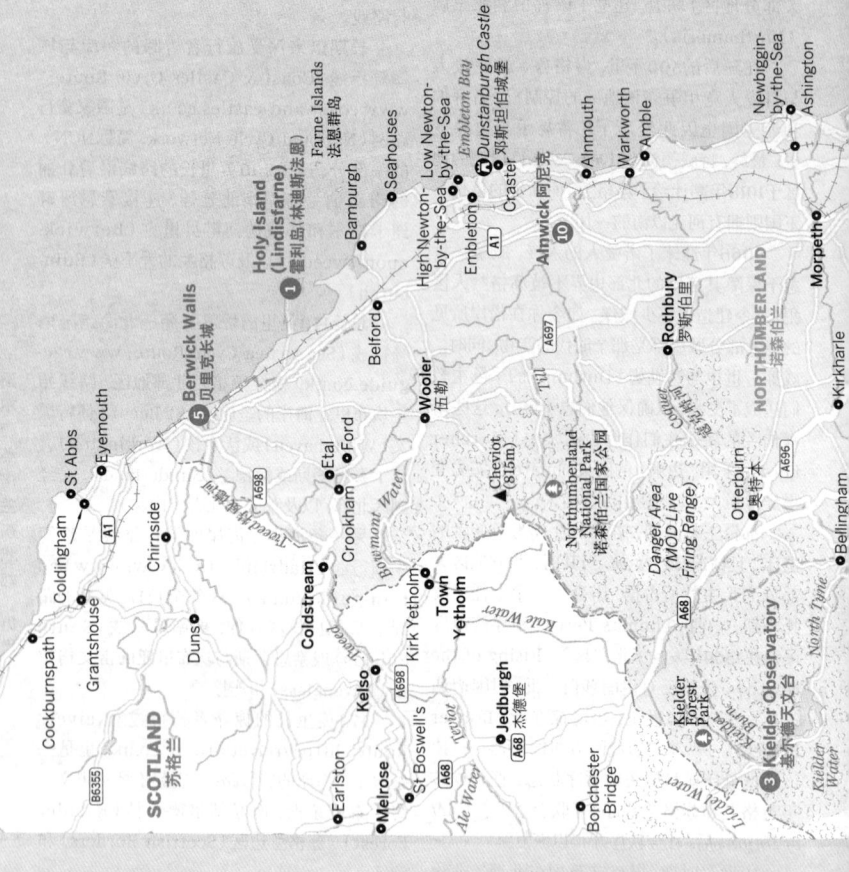

与一世纪时期的长城绕行一同。

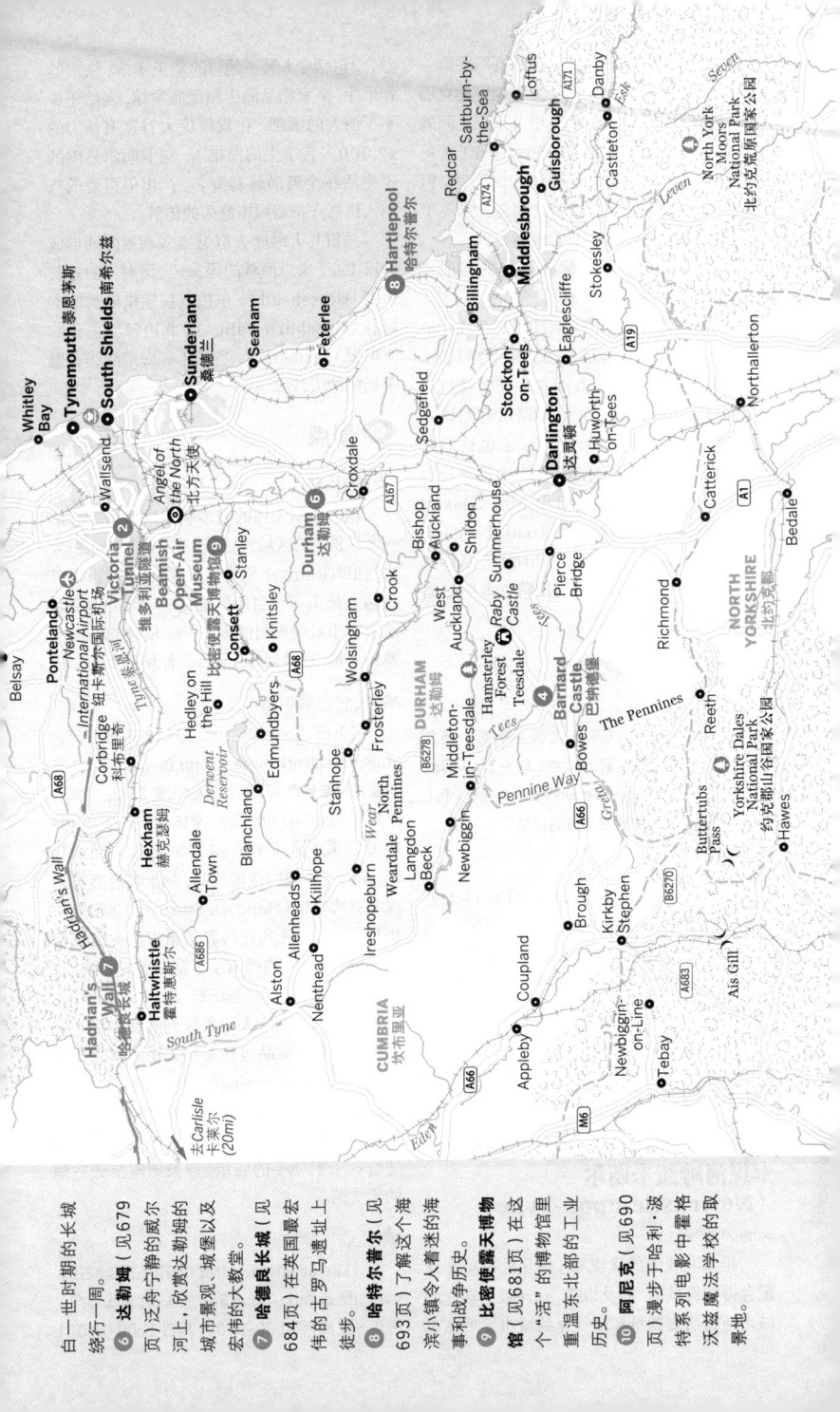

⑥ **达勒姆**（见679页）泛舟宁静的威尔河上，欣赏达勒姆的城市景观、城堡以及宏伟的大教堂。

⑦ **哈德良长城**（见684页）在英国最宏伟的古罗马遗址上徒步。

⑧ **哈特尔普尔**（见693页）了解这个海滨小镇令人着迷的海事和战争历史。

⑨ **比密使露天博物馆**（见681页）在达个"活"的博物馆里重温东北部的工业历史。

⑩ **阿尼克**（见690页）漫步于哈利·波特系列电影中霍格沃兹魔法学校的取景地。

www.nationaltrail.co.uk），这是英国的第一条国家步道，修建于1965年，主要位于约克郡山谷（Yorkshire Dales）和苏格兰边界之间的高地之上，同时也会横穿一些河谷和乏善可陈的种植园区。整条路线全长约268英里，但鲍斯（Bowes）和哈德良长城之间总长70英里的路段会是一次不错的4日尝鲜游路线。

哈德良长城有很多轻松好走的环形步道，通向各个要塞和历史景点。

海风呼啸的诺森伯兰海岸（Northumberland coast）有条步道连接克莱斯特（Craster）和班堡（Bamburgh），途中还会经过邓斯坦伯（Dunstanburgh）。沿路可看到这区域最为壮丽的两座城堡，而该步道也是最好的步道之一。另一条海岸步道是30英里长的贝里克郡海岸步道（Berwickshire Coastal Path；www.walkhighlands.co.uk/borders/berwickshire-coastal-path.shtml），从特威德河畔贝里克通往苏格兰村庄科克本斯佩斯（Cockburnspath）。

❶ 到达和当地交通

公共汽车

该地区的公共汽车班次极为有限，特别是诺森伯兰郡西部的偏远地点。联系 **Traveline**（☏0871-200 2233；www.travelinenortheast.info）获取线路、时刻表和价格方面的信息。

火车

东海岸主干线（East Coast Main Line）从伦敦国王十字火车站（London King's Cross）出发，向北驶达爱丁堡，途经达勒姆、纽卡斯尔和贝里克；Northern Rail运营本地及北方城际间的火车线路，包括向西开往卡莱尔（Carlisle）的火车。

本区有多种Rover车票可供选择，适合一日游和长时间旅行的游客。详情可参考http://networkonetickets.co.uk。

泰恩河畔纽卡斯尔（Newcastle-upon-Tyne）

☏0191/人口 293,204

维多利亚式的优雅和工业化的粗犷在此配合得相得益彰。除此以外，这座极为独立的城市还将历史遗址和现代化的城市发展完美融合，包括令人赞不绝口的新美术馆、恢宏的音乐厅、多家精品酒店和优质餐馆，当然还少不了诱人的酒吧。在规模庞大且富有活力的42,000多名学生的助推下，纽卡斯尔热闹的夜生活在全英国赫赫有名。严肃但可爱的当地人依然守护着城市悠久的传统。

预留几天时间去逛逛维多利亚时期形成的市中心、泰恩河畔的码头区、河对岸的盖茨黑德（Gateshead）、东边重获生机的奥斯本河谷（Ouseburn Valley）、北边环境美化的杰斯蒙（Jesmond），当然还有海岸沿线泰恩茅斯的冲浪沙滩。

◉ 景点

◉ 市中心

纽卡斯尔宏伟的维多利亚风格市中心是一大片紧凑的区域，大致上东以Pilgrim St为边，西以Grainger St为界，是英格兰城市复兴之路上最引人注目的例证之一。码头边则是这座城市最受瞩目的景点——横跨泰恩河的地标大桥，以及河畔几座令人惊艳的大厦。

★ 大北方博物馆　　　　　博物馆
（Great North Museum；☏0191-208 6765；https://greatnorthmuseum.org；Barras Bridge；普通展厅门票免费，天文馆成人/儿童 £3/2；⊙周一至周五 10:00~17:00，周六 至16:00，周日 11:00~16:00）**免费** 纽卡斯尔大学（Newcastle University）博物馆的展品，加上享有盛誉的汉考克博物馆（Hancock Museum）的自然历史展品，共同陈列在后者的新古典主义风格大楼内。于是馆内便有了丰富多彩的展览，比如各种恐龙、古罗马圣坛石、古埃及木乃伊、日本武士和一些令人印象深刻的动物标本。最引人注目的展品包括实物大小的雷克斯霸王龙（Tyranno saurusrex）模型，以及一座哈德良长城的互动式模型，该模型细致地展现了每一处堡垒和要塞。此外，博物馆还有多种适合孩子们动手的展示，以及一座全天放映的天文馆。

★ 生命科学中心　　　　　博物馆
（Life Science Centre；☏0191-243 8210；www.life.org.uk；TimesSq；成人/儿童 £15/8；⊙周一至周六 10:00~18:00，周日 11:00~18:00）

这家中心隶属一个致力于基因科学研究的机构。在这里，你可以通过一系列亲手操作式的展品，发现生命的秘密。科学中心的亮点莫过于一台运动模拟器（Motion Ride），让你有机会"感受"蹦极和其他极限运动（4D电影每年都会更换）。这里有很多激发脑力的街机游戏，就算孩子们没有领会其中所传递的知识也无妨，只要他们能乐在其中就好。高峰时期需提前预订。

★ 探索博物馆　　　　　　　　博物馆

（Discovery Museum；☎0191-232 6789；https://discoverymuseum.org.uk；Blandford Sq；⊙10:00~16:00）免费 这家不容错过的博物馆详细介绍了泰恩河畔丰富的历史。博物馆共有3层楼，所在建筑以前是批发合作社（Co-operative Wholesale Society）。展品围绕着长达30米、壮观的Turbinia船分布。这艘船是1897年时世界上最快的船，同时也是第一艘以蒸汽涡轮为动力的船只。博物馆其他亮点包括：介绍泰恩河造船业的展厅，其中包含了1929年河流场景的等比例模型；一个名为"纽卡斯尔故事"（Story of Newcastle）的展厅，讲述了这座城市从埃利尔斯桥（Pons Aelius；建于古罗马时期）直到谢丽尔·科尔（Cheryl Cole；生于纽卡斯尔的女歌手）的历史故事。

纽卡斯尔城堡　　　　　　　　城堡

（Newcastle Castle；☎0191-230 6300；www.newcastlecastle.co.uk；Castle Garth；成人/儿童£6.50/3.90；⊙10:00~17:00）这个堡垒的名字融合了"新"和"城堡"之意，它大部分已经被火车站吞并，只剩下方形的诺曼式城堡主楼和黑门（Black Gate）等少数遗迹。这两处建筑进行过修葺，里面的展览内容涉及纽尔卡斯的历史、城堡和自古罗马时期以来的当地居民。从城堡主楼的屋顶可以看到城市全景，是最佳的观景地点。

莱恩艺廊　　　　　　　　　　画廊

（Laing Art Gallery；☎0191-278 1611；www.laingartgallery.org.uk；New Bridge St；⊙周二至周六10:00~17:00，周日14:00~17:00）免费 这座美术馆收藏有庚斯博罗（Gainsborough）、高更（Gauguin）和亨利·摩尔（Henry Moore）等大师精美绝伦的作品。馆内的重要收藏还包括诺森伯兰出生的艺术家约翰·马丁（John Martin；1789~1854年）的画作。可以在官网的"最新活动"（What's On）中查看演讲和团队游等活动。临时展览可能会额外收费。

饼干厂　　　　　　　　　　　画廊

（Biscuit Factory；www.thebiscuitfactory.com；16 Stoddart St；⊙周一至周五10:00~17:00，周六至18:00，周日11:00~17:00）免费 这家商业美术馆过去饼干厂的历史并不重要，重要的是现在——英国最大的现代艺术、工艺和设计画廊/商店，每个季节，你都可以在此欣赏和/或购买到由200多名艺术家创作的作品，它们的形式多种多样，包括油画、雕塑、玻璃器皿和家具，其中多数都以英国东北部为主题。这里有一间咖啡馆Factory Kitchen以及环境优雅的餐馆Artisan。

◎ 奥斯本河谷 (Ouseburn Valley)

奥斯本河谷位于纽卡斯尔市中心以东约1英里处。这里曾是19世纪纽卡斯尔的工业中心，如今的它正在复兴，有陶器厂、玻璃吹制工作室和其他富有创意的工作平台，以及一些小酒馆、酒吧和娱乐场所。

★ 维多利亚隧道　　　　　　　古迹

（Victoria Tunnel；☎周一至周五 9:00~17:00；0191-230 4210；www.ouseburntrust.org.uk；Victoria Tunnel Visitor Centre, 55 Lime St；团队游 成人/儿童 £7/4；⊙预约参观）走在纽卡斯尔的街道上，你大概怎样也不会想象到脚下有一条2.5公里长的地下大隧道。隧道建于1839年至1842年，原为煤矿马车的运输大道，后在"二战"时期用作防空洞。导览游时长2小时，志愿者将带你穿过隧道内一段700米长的区域。这里对参观人数做了限制，需要预订，并穿上舒适的鞋和便于清洗的外套——隧道内的墙壁用稀石灰水粉刷过；该团队游不适合7岁以下的儿童。团队游的起点和终点都设在维多利亚游客中心（Victoria Visitor Centre）。

七层故事——童书中心　　　　博物馆

（Seven Stories-The Centre for Children's Books；www.sevenstories.org.uk；30 Lime St；成

Newcastle-upon-Tyne 泰恩河畔纽卡斯尔

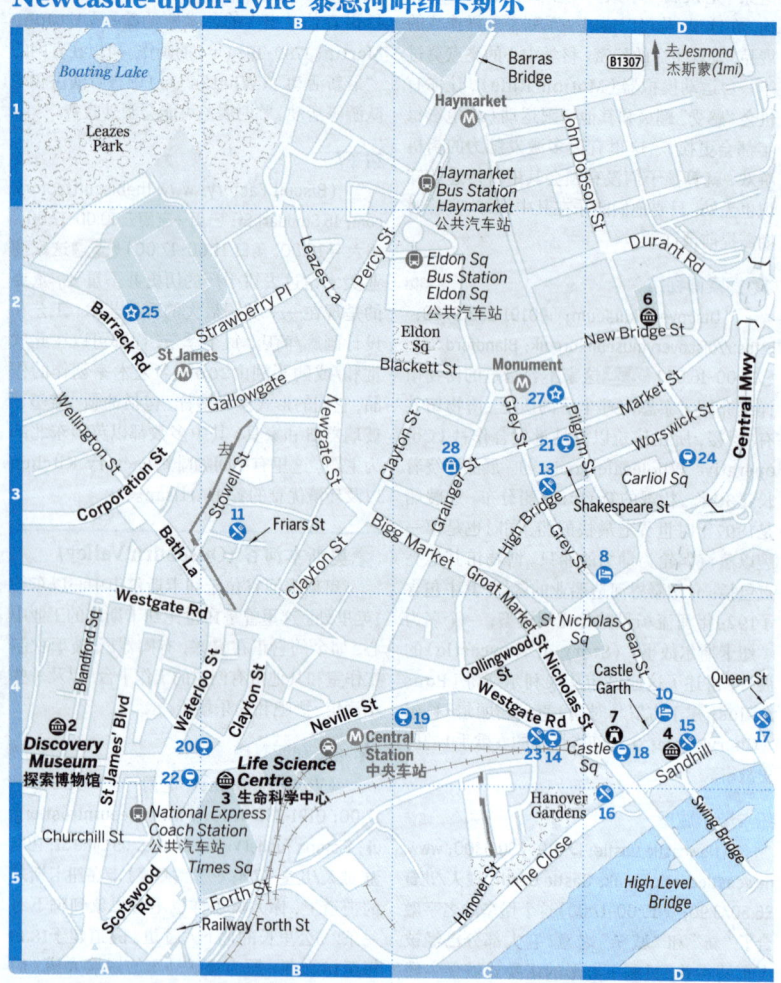

人/儿童 £7.70/6.60；◎周二至周六 10:00~17:00，周日 至16:00）七层故事——童书中心由一个漂亮的维多利亚式磨坊精心改建而成，是一座鼓励游客动手参与的博物馆，致力于打造儿童文学的奇妙世界。徜徉在这栋7层楼的建筑里，你会发现一些原始的手稿、20世纪30年代以来的艺术藏品，以及主要面向儿童的不断变化的展览和活动，旨在鼓励更多的孩子能够在新纪元里成为像A.A.米尔恩斯（AA Milnes）一样的作家。馆内有书店、小吃店和咖啡馆。

盖茨黑德（Gateshead）

泰恩河以南的纽卡斯尔就是"小镇"（实际上只能算是街区）盖茨黑德。当地政府把整片泰恩河流域都作为"纽卡斯尔盖茨黑德"（Newcastle Gateshead）加以宣传推广。

★ 波罗的海当代艺术中心

（BALTIC-Centre for Contemporary Art; ☎0191-478 1810; http://baltic.art; Gateshead Quays; ◎周三至周一 10:00~18:00，周二 10:30~18:00）免费 波罗的海当代艺术中心所在建筑

节日和活动

大北方长跑
体育节

(Great North Run; www.greatrun.org; ◎9月中旬)纽卡斯尔全长13.1公里的半程马拉松赛在9月中旬举办。参赛资格通过抽签决定，共有57,000个名额。参加这个节日的另一形式是加入当地人的队伍，在比赛沿线为参赛者们鼓劲加油。路线从市中心开始，经过泰恩河大桥(Tyne Bridge)和盖茨黑德，到达南希尔兹（South Shields）。

住宿

Grey Street Hotel
精品酒店 ££

(☎0191-230 6777; www.greystreethotel.co.uk; 2-12 Grey St; 双 £89起; ✦✦✦)这家漂亮的酒店位于市中心最别致的街道上，所在建筑原是一间银行，属于二级保护建筑物。改造后，酒店的设施迎合了当代需求，比如三层玻璃的框格窗。49个风格各异的房间里有大床，装饰色调时尚；有些房间的整面墙上挂着巨幅黑白照片。

Malmaison
精品酒店 ££

(☎0191-389 8627; www.malmaison.com; 104 Quayside; 双/套£115/190起; P✦✦)极具品位的Malmaison成功地将酒店格调展现在这座从前的仓库建筑中，甚至连电梯里都有法语语音提示。宽大的床铺、考究的照明以及名品家具让122间豪华客房熠熠生辉。最好的房间可以看到千禧桥（Millennium Bridge）。酒店内有温泉浴池、健身房和小餐馆。

Newcastle Jesmond Hotel
酒店 ££

(☎0191-239 9943; www.newcastlejesmondhotel.co.uk; 105 Osborne Rd; 标单/双/标三 £60/77/95起; P✦)这家重新装修过的红砖酒店距离Osborne Rd的酒吧和餐厅不远，房间并不算很大，却十分舒适干净。酒店还有几个免费停车位（但数量不多，尽早到达）。Wi-Fi信号一般。

★Jesmond Dene House
精品酒店 £££

(☎0191-212 3000; https://jesmonddenehouse.co.uk; Jesmond Dene Rd; 双 £140起; P✦✦✦)这家精致的酒店提供40间宽敞的

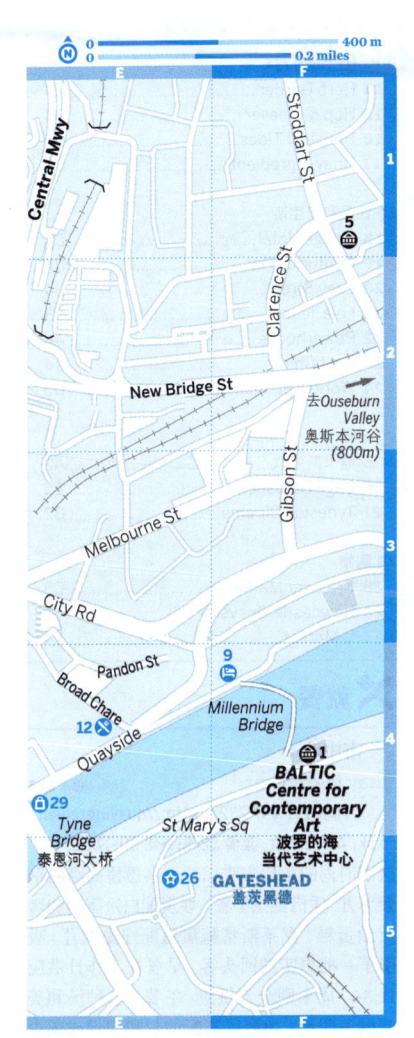

曾是巨大的芥末色粮仓，如今则是一座庞大的芥末色美术馆，规模堪比伦敦的泰特现代美术馆(Tate Modern)。这里没有永久性展览，而是巡回展出一些当代艺术中最引人注目的作品和装置。馆内有多位常驻艺术家、表演场地，还有电影院、酒吧、风景优美的屋顶餐馆（需预订），位于地面层的餐厅设有河畔餐桌。位于4楼的户外平台和5楼的观景台可以欣赏到泰恩河的全景。

Newcastle-upon-Tyne 泰恩河畔纽卡斯尔

◉ **重要景点**
1 波罗的海当代艺术中心..................F4
2 探索博物馆..................................A4
3 生命科学中心..............................B4

◉ **景点**
4 Bessie Surtees House D4
5 饼干厂...F1
6 莱恩艺廊.......................................D2
7 纽卡斯尔城堡..............................D4

活动、课程和团队游
St James Park Tours..................（见25）

住宿
8 Grey Street Hotel..........................D3
9 Malmaison....................................F4
10 Vermont Hotel D4

就餐
11 Blackfriars...................................B3
12 Broad Chare................................E4
13 Fat Hippo Underground.............C3
14 Herb Garden................................C4
15 Hop & Cleaver.............................D4
16 House of Tides............................D5
17 Quay Ingredient..........................D4

饮品和夜生活
18 Bridge Hotel.................................D4
19 Centurion Bar..............................C4
20 Eazy Street..................................B4
21 Lola Jeans...................................C3
22 Powerhouse................................A4
23 Split Chimp.................................C4
24 World Headquarters..................D3

娱乐
25 纽卡斯尔联足球俱乐部..............A2
26 Sage Gateshead..........................E5
27 Tyneside Cinema........................C2

购物
28 Grainger Market..........................C3
29 Newcastle Quayside
   Market..E4

客房，装潢采用融入有现代感的工艺美术风格，有漂亮的浴室、地暖和最新的高科技设施；部分房间带独立露台。**高级餐厅**（☎0191-212 5555；主菜£17.50~32, 2/3道菜套餐£20/25, 下午茶£25；◷周一至周四7:00~10:00、正午至17:00和19:00~21:00, 周五7:00~10:00、正午至17:00和19:30~21:30, 周六7:30~10:30、正午至17:00和19:00~21:30, 周日7:30~10:30和正午至21:00）✎环境优雅；提供包含晚餐、住宿和早餐的服务套餐。

Vermont Hotel　　　历史酒店 £££

（☎0191-233 1010; www.vermont-hotel.com; Castle Garth; 双£132起, 2/4人公寓£169/189起; ⓟ⛶）这栋宏伟的石头建筑（原先的郡政厅所在地）散发着20世纪初期的高贵典雅气质，有一个艺术装饰风格的舞厅、101间带大理石浴室和光泽木质家具的客房（包括有连通房的家庭房和豪华套房）、两个酒吧和一间商务休闲餐厅。酒店提供的免费车位有限，先到先得。酒店在附近还提供11套生自炊式豪华公寓。

就餐

市中心

Quay Ingredient　　　咖啡馆 £

（☎0191-447 2327; http://quayingredient.co.uk; 4 Queen St; 菜肴£2~8; ◷8:00~17:00; ⛶）这家时尚的袖珍咖啡馆位于泰恩桥高高的钢架下方，凭借热烹早餐（炒蛋配白松露油和烤黄油蛋糕、克莱斯特腌熏鱼配柠檬欧芹）吸引了一批忠实的回头客。早餐在工作日供应11:30, 周末则全天供应。午餐有各种汤和美味的三明治（如海鲜酱配油封鸭肉卷或图卢兹香肠配炸洋葱）。

★ Broad Chare　　　美食酒吧 ££

（☎0191-211 2144; www.thebroadchare.co.uk; 25 Broad Chare; 主菜£10~24, 酒吧小吃£2.25~3.85; ◷厨房 周一至周六 正午至14:30和17:30~22:00, 周日 正午至17:00, 酒吧 周一至周六 11:00~23:00, 周日 至22:00）在这家漂亮的美食酒吧, 你可以坐在深色木质吧台旁或夹层楼上享用经典英国食物和上等的桶装艾尔啤酒。开胃菜有脆爽的猪耳朵、猪肉馅饼和陶罐鹿肉冻等, 随后的主菜可能是美味的烤猪排配黑布丁和苹果汁，最后还有黑糖馅饼配核桃碎之类的甜点让你这一餐吃得绝对尽兴。

Hop & Cleaver　　　　　　　　　美食酒吧 ££

(☎0191-261 1037; www.hopandcleaver.com; 44 Sandhill; 主菜 £9.50~14; ⓥ厨房 周一至周四 17:00~21:00, 周五和周六 正午至22:00, 周日正午至21:00, 酒吧 周一至周四 17:00至午夜, 周五至周日 11:00至次日1:00)酒吧位于气派的詹姆斯一世时期风格的**Bessie Surtees House**(☎0191-269 1255; https://historicengland.org.uk; ⓥ周一至周五 10:00~16:00) 免费 里, 虽然是一个喝酒的地方(它会限量酿造精酿啤酒), 但食物同样出彩: 烟熏牛胸肉配油炸苹果洋葱馅饼; 12小时慢煮手撕猪肉配自制卷心菜丝沙拉和烧烤酱; 炭烤波旁威士忌浸肋排; 啤酒烤鸡。肉类在店内熏烤; 也供应素菜, 但种类不多。

Herb Garden　　　　　　　　　比萨餐馆 ££

(☎0191-222 0491; www.theherbgardenuk.com; Arch 8, Westgate Rd; 比萨£8.50~16.50; ⓥ11:30~23:30; 🛜🅿)🌱Herb Garden店如其名: 一排桶状圆柱里栽种着各种香草和沙拉蔬菜, 上方开着亮闪闪的植物生长灯。餐厅供应的比萨多达17种, 其中包括两种口味的意式卡颂比萨饺(calzone); 周末还会供应早餐比萨, 如Twisted English(香肠、黑布丁、西红柿、蘑菇和鸡蛋)和Breakfast in Bed(巧克力、榛子、香蕉和蜂蜜)。无须预订。

★ House of Tides　　　　　　　　美食店 £££

(☎0191-230 3720; http://houseoftides.co.uk; 28-30 The Close; 尝味套餐午餐 £70, 搭配葡萄酒 £130, 晚餐 £85, 搭配葡萄酒 £150; ⓥ周二至周四 18:00~20:30, 周五至正午至13:15和18:00~20:30, 周六 正午至13:15和17:00~21:00)这栋16世纪的商人住宅如今已被改造成纽卡斯尔最著名的餐厅——米其林星级餐厅House of Tides。餐厅由纽卡斯尔名厨肯尼·阿特金森(Kenny Atkinson)创办, 多道菜尝味套餐隔段时间就会推出新款菜品, 全部采用上等食材精心烹制, 如奥克尼扇贝、诺福克鹌鹑、野黑莓、黑松露和金莲花等。餐厅可为有特殊饮食要求的客人——比如素食主义者(但不包括严格素食主义者)——提供合适的菜肴, 不过需要提前预约。

Blackfriars　　　　　　　　　　英国菜 £££

(☎0191-261 5945; www.blackfriarsrestaurant.co.uk; Friars St; 主菜 £16~34; ⓥ周一至周六 正午至14:30和17:30~23:00, 周日 正午至16:00; 🅿)🌱这所13世纪的修道院为餐厅的"现代中世纪"式佳肴提供了气氛十足的用餐环境。餐厅的窗户为漂亮的彩色玻璃; 夏季时会将餐桌椅摆放到回廊花园里。看看杯垫上的地图, 以了解你所享用的鳕鱼、林鸽或稀有猪肉的原产地。其他所有的食物, 包括面包、馅饼、冰激凌和香肠, 都是餐厅自制的。建议预订。

🍴 杰斯蒙 (Jesmond)

Fat Hippo Jesmond　　　　　　　汉堡 ££

(☎0191-340 8949; www.fat-hippo.co.uk; 35a St Georges Tce; 汉堡 £8.50~14.50; ⓥ周一至周四 正午至21:30, 周五 正午至22:00, 周六 11:00~22:00, 周日 11:30~21:30)木板盛着硕大无比的汉堡, 再配上不锈钢小桶装的手切炸薯条, 这家当地餐馆经营得颇为成功。"Stinky Pete"里有蓝纹奶酪、墨西哥青椒和红洋葱酱; "4x4"汉堡里有4块大肉饼。素食汉堡有香辣豆馅; 配菜包括炸醋泡小黄瓜、奶酪通心粉丸子和自制卷心菜丝沙拉。餐馆同时供应精酿啤酒、苹果汁和含酒奶昔。

市中心还有一家姐妹店**Fat Hippo Underground**(☎0191-447 1161; www.fathippo.co.uk; 2-6 Shakespeare St; 汉堡 £8~14; ⓥ周一至周四 正午至22:00, 周五和周六 11:00~22:30, 周日 11:30~22:00), 位于一间拱顶地下室内。

Patricia　　　　　　　　　　　法式小馆 ££

(☎0191-281 4443; www.the-patricia.com; 139 Jesmond Rd; 主菜 £16~24, 拼盘 £3~10, 2/3道菜晚餐套餐 £20/25; ⓥ周三至周五 17:00~22:00, 周六 正午至14:30和18:00~22:00, 周日 正午至16:00; 🅿)大厨尼克·格里夫斯(Nick Grieves)以自己祖母的名字命名这家餐馆。店里生意特别好, 你需要预订才能享用奥克尼生扇贝配脆红辣椒和烤鹌鹑配巧克力茴香等佳肴, 食物均在半开放式的厨房里烹饪而成。对于素食主义者来说, 烤韭菜配绵软羊乳酪等也是出色的选择。店里有精选旧世界和新

Peace & Loaf
法式小馆 £££

(☎0191-281 5222; www.peaceandloaf.co.uk; 217 Jesmond Rd, Jesmond; 主菜 £18~29, 3道菜午餐/晚餐套餐 £25/30; ◎周一至周三 正午至14:00和17:30~21:00, 周四至周六 正午至14:00和17:30~21:30, 周日 正午至15:30)这个带夹层的双倍挑高的空间是大卫·库尔森（David Coulson）的美食秀场。在获得《厨艺大师》（Master Chef: The Professionals）的冠军后，库尔森曾跟着米其林两星厨师米歇尔·小鲁克斯（Michel Roux Jr）工作。黑布丁馅珍珠鸡配梨子酒炖紫甘蓝是他打造的一道精致的新派英国菜。餐馆的许多食材采自杰斯蒙德恩（Jesmond Dene）树林或来自库尔森自己的花园。

🍷 饮品和夜生活

🍸 市中心

Lola Jeans
鸡尾酒吧

(☎0191-230 1921; www.lolajeans.co.uk; 1-3 Market St; ◎周一至周四 正午至午夜, 周五至周日至次日1:00)在这家用枝形吊灯、平绒椅子和迷人壁画进行装饰的爵士时代风格酒吧里，你可以喝到用复古玻璃杯盛着的鸡尾酒，包括具有当地风味的Fog on the Tyne（波士荷兰烈酒、浓缩纽卡斯尔棕色艾尔、玫瑰柠檬水和荨麻甜露酒）和Coal Faced Flip（菲奈特布郎卡、加咖啡的野格利口酒、鸡蛋、浓缩香草黑啤和巧克力苦啤酒）。

World Headquarters
夜店

(☎0191-281 3445; www.welovewhq.com; Curtis Mayfield House, Carliol Sq; ◎周五和周六 23:00至次日5:00, 工作日 营业时间不定)致力于用各种形式的表演展现黑人音乐才华：放克、灵歌爵士乐、舞池爵士、北方灵歌、节奏蓝调、华丽迪斯科、浩室音乐和瑞格舞曲等。这家无与伦比的夜店是为真正热爱音乐的人士而准备的。

Bridge Hotel
小酒馆

(http://sjf.co.uk/our-pubs/bridge-hotel; Castle Sq; ◎周一至周四 11:30~23:00, 周五和周六 至午夜, 周日 正午至22:30)自1901年开业以来，这家传统小酒馆一直保留着它最初的特色：维多利亚时期风格的雅座、木雕艺术品、彩色玻璃窗和马赛克瓷砖。店里供应至少10种手打艾尔啤酒；还有品类丰富的威士忌。啤酒花园有一部分墙是纽卡斯尔的中世纪城墙，从花园可以俯视高架桥（High Level Bridge）和泰恩桥（Tyne Bridge）。

Centurion Bar
酒吧

(www.centurion-newcastle.com; Central Station; ◎周一至周四 10:00~23:00, 周五和周六 至午夜, 周日 至22:30)酒吧所在建筑以前是中央车站的一等候车室，历史可追溯至1893年，现已被列为一级保护建筑，房间从地板到天花板都贴满了维多利亚时期的精美瓷砖。在去夜店狂欢前可以先过来小酌一杯。

Split Chimp
小酒馆

(www.splitchimp.pub; Arch 7, Westgate Rd; ◎周一至周四 15:00~22:00, 周五和周六正午至23:00)这个两层楼的微酿啤酒馆虽然装饰着黑猩猩（Chimp）拼贴画，但实际上店名却是以垫在酒桶后、便于桶倾斜的木头命名的。酒

LGBT在纽卡斯尔

纽卡斯尔的同性恋场所活力四射，中心区域是由Waterloo St、Neville St和Collingwood St几条街形成的"粉色三角区"（Pink Triangle），并向南延伸至Scotswood Rd。

Eazy Street (☎0191-222 0606; 8-10 Westmorland Rd; ◎正午至次日3:00)这家酒吧对异性恋和同性恋同样欢迎，每晚都有卡拉OK、DJ打碟盛宴和变装歌舞秀等活动。

Powerhouse (www.facebook.com/PowerhouseClub; 9-19 Westmorland Rd; ◎周一 23:00至次日4:00, 周四和周五 23:30至次日4:00, 周六 23:30至次日5:00)混合型夜店，但多数顾客为同性恋者。这家店规模庞大，共有4层楼，闪烁的灯光、强劲的音响系统以及暗示性的造型均可在此找到。

馆位于一座铁路高架桥下方，有一条31英尺长的撞柱游戏球道，偶尔会举办现场音乐。轮番供应各种桶装的当地手工啤酒；也有瓶装精酿啤酒、苹果酒和葡萄酒。

Quilliam Brothers' Tea House　　茶室

(☎0191-261 4861; www.quilliambrothers.com; Claremont Bldgs, 1 Eldon Pl; ⊙周一至周五 10:00至午夜，周六 9:00至午夜，周日 10:00~16:00)为了给纽卡斯尔的醉猫景象增添些许别样色彩，三兄弟创建了这家时髦的匈牙利式茶室。店里提供超过100款茶饮，采用后工业风格装饰，还有个小电影院播放着邪典电影，不时还会举办现场表演和艺术活动。

🍺 奥斯本河谷

★ Tyne Bar　　小酒馆

(☎0191-265 2550; www.thetyne.com; 1 Maling St; ⊙周一至周四 正午至23:00，周五和周六 至午夜，周日 至22:30; 🛜)这个户外舞台有免费的现场表演和免费的自动点唱机，在格拉斯豪斯桥(Glasshouse Bridge)的砖砌桥拱下摆放着啤酒花园风格的座位，大片的绿草地配合着无敌的河景，所有这一切令这家隐蔽的河边酒馆如磁石般吸引着当地人。周二的19:00～21:00供应免费的酒吧食物(但还是需要购买饮品)。

Ship Inn　　小酒馆

(☎0191-222 0878; www.facebook.com/shipouseburn; Stepney Bank; ⊙周日至周四 正午至23:00，周五和周六 至午夜)奥斯本河谷里这家漂亮的红砖房从19世纪初一直营业至今，它的门前有一块小草地，现在的老板将室内重新装修后，旧貌换新颜。酒馆有一个很棒的素食厨房，供应墨西哥玉米卷饼和豆腐锅贴等小吃。

☆ 娱乐

Sage Gateshead　　现场音乐

(☎0191-443 4661; www.thesagegateshead.org; St Mary's Square, Gateshead Quays)这座由铬合金和玻璃打造的横放瓶状建筑为诺曼·福斯特(Norman Foster)设计，气势恢宏地展现在世人面前。这里是Northern Sinfonia和Folkworks的大本营，也会举办精彩的现场音乐演出。

Tyneside Cinema　　电影院

(☎0191-227 5500; www.tynesidecinema.co.uk; 10 Pilgrim St; 成人/儿童 £8.75/5.25起，新闻影片免费)这家电影院于1937年正式对外营业，是纽卡斯尔第一家播放新闻影片的电影院。艺术装饰风格的电影院配备了豪华舒适的红色天鹅绒座椅，依旧播放着各种新闻影片(每天的11:15)，同时也放映主流或小众电影，甚至还保存有英国百代公司(British Pathé)出品的电影。周一、周二、周五和周六的11:00都会有1小时的免费导览游，带你参观电影院大楼。

纽卡斯尔联足球俱乐部　　足球

(Newcastle United Football Club, 简称NUFC; ☎0844 372 1892; www.nufc.co.uk; St James Park, Strawberry Pl; ⊙售票处 周一至周五 10:00~17:00，周六 9:00~16:00，比赛日9:00至中场时间)NUFC不仅是一支足球队，它还代表着泰恩河畔人的荣耀与希望。可通过网络、电话和售票处购买球赛门票，售票处设在俱乐部神圣的圣詹姆斯公园(St James' Park)球场里的Milburn Stand。提供各种**体育场团队游**(体育场团队游成人/儿童 £15/8，屋顶团队游 £20/15; ⊙团队游需预约)，包括屋顶游览。

Cluny　　现场音乐

(☎0191-230 4474; https://thecluny.com; 36 Lime St; ⊙周一至周四 正午至23:00，周五和周六 至午夜，周日 至22:30)巡回演出和当地音乐才俊的表演让奥斯本河谷的每个晚上都充满了欢乐，表演者包括实验派的先锋摇滚乐团和前途光明的流行音乐女神。这个场所从2017年开始转为私营。有一家不错的餐馆。

🛍 购物

Grainger Market　　市场

(www.graingermarket.org.uk; Grainger St和Clayton St之间; ⊙周一至周六 9:00~17:30)纽卡斯尔这一华丽的室内市场自1835年开始营业，共有超过110个摊位，所售商品种类繁多，从鱼、肉、蔬菜、农产品，到服饰、配饰和家庭用品，一应俱全。古老的称重间(Weigh House)在1巷和2巷之间，在过去，货品都是拿到这里来进行称重的。你还可以去一些非常不错的小吃摊上解决午餐。

Newcastle Quayside Market　　市场

（泰恩桥下；◎周日 9:00~16:00）每周日（恶劣天气除外）在泰恩桥周围的码头都会举办集市，各种摊位出售珠宝、照片、艺术品、服装、家庭用品等。街头艺人和食品摊让气氛更加热烈。

❶ 实用信息

纽卡斯尔没有旅游局的实体店，但网站www.newcastlegateshead.com上会提供相关信息。

❶ 到达和离开

飞机

纽卡斯尔国际机场（Newcastle International Airport；代码NCL；☎0871882 1121；www.newcastleairport.com；Woolsington）机场位于纽卡斯尔以北7英里处，紧邻A696公路，有直飞英国和欧洲多个城市的航班，以及前往迪拜（Dubai）的长途航线。旅行社也会包机飞往美国、中东和非洲等地。

机场与市区之间有地铁（£3.10，25分钟，每12分钟1班）。

从机场坐出租车去纽卡斯尔市中心的费用大约为£25。

长途汽车

本地和地区长途汽车从**Haymarket**（Percy St）或**Eldon Sq**的汽车站发车，而National Express运营的长途汽车则从**长途汽车站**（Churchill St）出发。如果要乘坐前往东北部的当地汽车，你可以选择物超所值的Explorer North East ticket（成人/儿童 £10.50/5.50），该票在大多数线路上都能使用。

X15路公共汽车沿A1向北至特威德河畔贝里克（£6.60，2.5小时，周一至周六每小时1班，周日每两小时1班）。X18路公共汽车沿海岸开往贝里克（£6.60，4小时，每天3班）。

National Express提供前往爱丁堡的班车（£11.50，2.75小时，每天3班），另有到伦敦（£18.60，8小时，每天3班）和曼彻斯特（£22.30，4.5小时，每天4班）的汽车。

小汽车

泰恩河建有两条收费河底隧道（www.tt2.co.uk；单程£1.70）。

火车

纽卡斯尔位于伦敦和爱丁堡之间的火车主干线上，也是向西延伸至卡莱尔的泰恩河谷线（Tyne Valley Line）的起点站。

阿尔恩茅斯（Alnmouth；由此前往阿尼克）£10.60，35分钟，每小时1班

特威德河畔贝里克 £10.50，50分钟，每小时最多2班

卡莱尔 £8.10，1.5小时，每小时1班

达勒姆 £5.50，20分钟，每小时最多5班

爱丁堡 £33，1.5小时，每小时最多2班

哈特尔普尔（Hartlepool）£9.50，50分钟，每小时1班

伦敦国王十字火车站 £153，3.25小时，每小时最多4班

约克 £21.50，1.25小时，每小时最多4班

❶ 当地交通

纽卡斯尔拥有庞大的公共汽车网络，但四处逛逛的最好方式还是乘坐便捷的地铁（Metro；www.nexus.org.uk）。

公共交通的单程票£1.50起。

单日通票（Day Saver；£3~5.10）可在当日9:00后无限次乘坐地铁，而持一日漫游票（Day Rover；成人/儿童£10.50/5.50）的乘客则可以在一天内随时无限次乘坐泰恩和威尔（Wear）地区的各种交通工具。

> **不 要 错 过**
>
> ### 北方天使（THE ANGEL OF THE NORTH）
>
> 这座非比寻常的锈红色展翅**人形雕塑**（www.gateshead.gov.uk；Durham Rd, Low Eighton）重达200吨，自1998年起便矗立在纽卡斯尔以南约6英里处的A1公路旁，人们亲切地称其为"盖茨黑德之光"（Gateshead Flasher）。雕塑高20米，翼展甚至宽于一架波音767客机，是安东尼·戈姆利爵士（Sir Antony Gormley）最具标志性的作品（也使其于2014年封爵）。从纽卡斯尔的Eldon Sq（£2.20，20分钟）搭乘21路公共汽车可到达雕塑所在地。附近有免费停车场。

周末晚间的出租车很少，可以试试**Noda Taxis**（☏0191-222 1888；www.noda-taxis.co.uk），该公司在中央车站入口处外面设有办公亭。

泰恩茅斯（Tynemouth）

☏0191/人口 67,520

泰恩河口位于纽卡斯尔以东9英里处，是英国最好的冲浪地点之一，这片辽阔的新月形蓝旗沙滩的近海全年都有适合的大浪，偶尔还会举办重大的冲浪比赛。

⊙ 景点和活动

泰恩茅斯修道院　　　　　　　　　　　遗迹

（Tynemouth Priory；EH；www.english-heritage.org.uk；Pier Rd；成人/儿童£5.90/3.50；☉4月至9月 10:00~18:00，10月至17:00，11月至次年3月周六和周日 10:00~16:00）修道院由本笃会修士在11世纪的遗址基础上修建，位于泰恩河口的断崖之上，占据着战略要地。但它在1539年修道院解散时被洗劫一空。军队接管修道院达4个世纪之久，直到1960年才归还。如今，修道院教堂的遗址屹立在古老的军事设施旁，这里的炮口都对着大海，防范那些从未出现的敌人。

🛏 食宿

Grand Hotel　　　　　　　　　　历史酒店 ££

（☏0191-293 6666；www.grandhoteltynemouth.co.uk；Grand Pde；双/家 含早餐£98/118起；🅿@🛜）建于1872年的这栋建筑曾是诺森伯兰公爵及其公爵夫人的夏季住所，现在则成为城市的地标。主楼和隔壁的连栋房屋里共有46间客房，其中多间可以看到海滩；部分客房有四柱床和温泉浴缸。酒店里有一间维多利亚时期风格的小酒馆（供应艾尔啤酒）、供应英式下午茶的客厅和小吃店，都非常不错。旺季期间建议尽量提早预订。

★Riley's Fish Shack　　　　　　　海鲜 ££

（☏0191-257 1371；http://rileysfishshack.com；King Edward's Bay；菜肴£6~18.50，主菜£18.50~26.50；☉周一至周六 9:30~22:00，周日至17:30，营业时间可能不定）🚶从East St出发，沿一段陡峭的木质楼梯走，便可来到海滩和

这间风格质朴、位置隐蔽的小店。店里的当地海鲜味道惊艳，也供应三明治卷和肉馅卷饼等柴火烤制的食物，还有鳕鱼普伊扁豆配意式培根和帕尔玛干酪屑等主菜；食物被放在环保的木盒里呈上桌。室内座位较少；室外有一些凳子，沙滩上还摆放了折叠躺椅。

Staith House　　　　　　　　　美食酒吧 ££

（☏01912-708441；www.thestaithhouse.co.uk；57 Low Lights；主菜£15~26；☉厨房 周一至周四 正午至15:00和18:00~21:00，周五和周六 正午至15:30和18:00~21:30，酒吧 周一至周六 11:00至次日1:00，周日 正午至22:30；🛜）🍴美食酒吧Staith House位于鱼码头对面，每天鲜鱼都从码头卸下船。酒吧里有个明媚的啤酒花园和用回收木材打造的吧台，食物味道可口，采用符合可持续发展理念的当地农产品烹饪而成，比如来自泰恩茅斯海滩的海藻。海鲜是店里的主打菜（南希尔兹螃蟹、林迪斯法恩牡蛎、北海无须鳕……），但也供应诸如诺森伯兰羊后臀尖一类的肉食菜肴。

ℹ 到达和离开

从纽卡斯尔出发前往泰恩茅斯，最便捷的方式便是搭乘地铁（£3.10，25分钟，每12分钟1班）。

达勒姆（Durham）

☏0191/人口 48,069

英格兰最漂亮的罗马式大教堂、规模巨大的城堡、鹅卵石铺就的斜坡街巷四通八达，城里还有英国排名第三的大学（仅次于牛津和剑桥），开学期间，随处可见谈吐不凡的学生。达勒姆无疑是从纽卡斯尔出发一日游或过夜游的理想目的地。

⊙ 景点

★达勒姆大教堂　　　　　　　　　　大教堂

（Durham Cathedral；☏0191-386 4266；www.durhamcathedral.co.uk；Palace Green；大教堂捐款进入，导览游 成人/儿童£5/4.50；☉大教堂 周一至周六 9:30~18:00，周日 12:30~17:30；大教堂导览游 周一至周六 10:30、11:00和14:00）宏伟的大教堂堪称盎格鲁－诺曼式古罗马

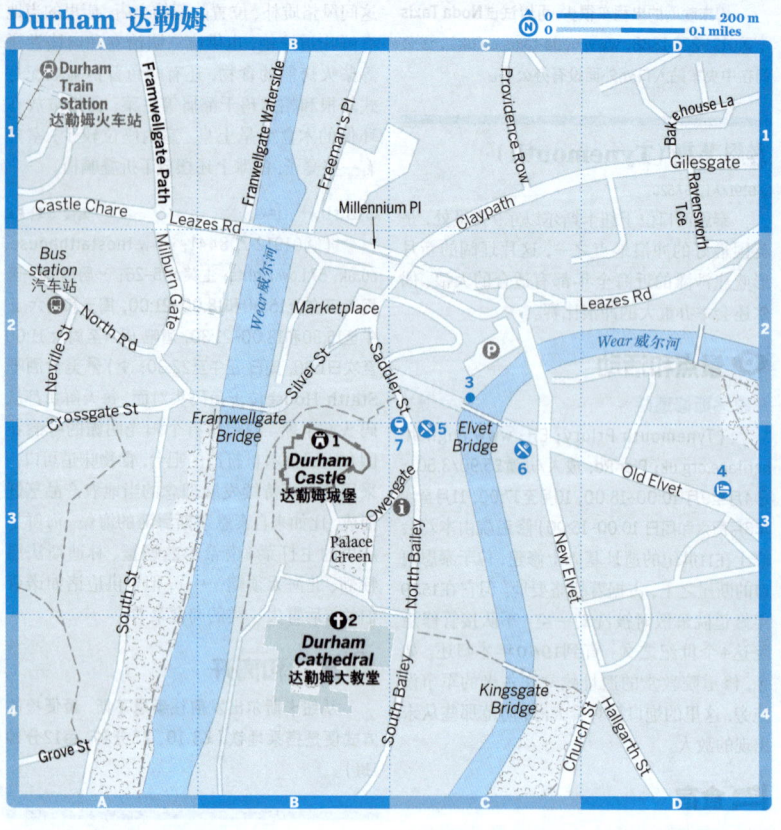

Durham 达勒姆

重要景点
1 达勒姆城堡 B3
2 达勒姆大教堂 B4

活动
Browns Boathouse .... （见3）
3 Prince Bishop River Cruiser C2

住宿
4 Townhouse D3

就餐
5 Cellar Door Durham C3
6 Tealicious C3

饮品和夜生活
7 Shakespeare Tavern C3

建筑风格的代表建筑,是英国基督教发展的辉煌丰碑。1986年教堂被联合国教科文组织列入《世界遗产名录》。中世纪的重刑犯曾一次次地抓住著名的教堂门环（Sanctuary Knocker），以便在教堂里获得37天的庇护,然后再接受审判或被流放出境。教堂的大门后则是蔚为壮观的内部。导览游持续1小时,特别值得参加。在本书写作期间,有325级台阶的塔楼正关闭整修。

达勒姆是欧洲第一座采用石头券架拱结构的教堂,支撑着沉重的石头屋顶,并使造尖顶横拱成为现实,堪称建筑史上的伟大成就。大教堂中塔的历史可以追溯至1262年,但却在1429年的雷击中受损,其后经历过大大小小的修补,但结果都令人不甚满意,直到1470年才进行了彻底的重建,而西塔则是1217~1226年增建的。

美丽的 Galilee Chapel 建于1175年，其北面保留着存世极少的12世纪壁画，被认为是圣卡斯伯特（St Cuthbert）和圣奥斯瓦德（St Oswald）的画像。Galilee Chapel里还有"德高望重的比德"之墓（tomb of the Venerable Bede），这位8世纪的诺森伯兰修道士也是历史学家，其所著的《英吉利教会史》（*Ecclesiastical History of the English People*）至今仍是人们了解英国早期基督教发展的重要信息来源。此外，他还引入了公元纪年体系，即从耶稣诞生之年作为纪年的开始。比德最初被安葬在贾罗（Jarrow），但1022年一个可恶的修道士偷出了他的遗骸并带到了这里。

教堂其他亮点还包括14世纪的**主教宝座**（Bishop's Throne），漂亮的石屏 Neville Screen（1372~1380年）则将祭坛与圣卡斯伯特之墓（St Cuthbert's tomb）隔开，而在大部分建于19世纪的回廊里，你会发现原先的修道士铺房（Monk's Dormitory）如今被改建成了一座藏书3万册的图书馆，陈列有盎格鲁—撒克逊人的石雕。这里还有关于大教堂建设和圣卡斯伯特生平的视听展示，以及持续更新的展览。

★ **达勒姆城堡** 城堡

（Durham Castle；☎0191-334 2932；www.dur.ac.uk/durham.castle；Palace Green；仅接待团队游，成人/儿童 £5/4；⊙需预约）达勒姆城堡建于1072年，是一座标准的城寨式城堡，后来一直是采邑主教的住所，1837年它成为杜伦大学（University of Durham）的首座学院。至今它依然是大学礼堂。50分钟的团队游亮点颇多，包括17世纪黑楼梯（Black Staircase），以及保存完好的诺曼礼拜堂（Norman chapel；1080年）。预约方式包括电话预约和去格林宫图书馆（Palace Green Library）或世界遗产地游客中心（见682页）现场预约；大部分日子都有团队游，大学放假期间还会增开一些团队游。

🏃 活动

Browns Boathouse 划船

（☎0191-386 3779；www.brownsboats.co.uk；Elvet Bridge；成人/儿童 每小时£7/4.50；⊙3月中旬至9月末 10:00~18:00）租一艘手工打造的传统手划船，体验浪漫的河上泛舟之旅。

Prince Bishop River Cruiser 游轮

（☎0191-386 9525；www.princebishoprc.co.uk；Browns Boathouse, Elvet Bridge；成人/儿童 £8/5；⊙游轮3月至10月 12:30、14:00和15:00）提供威尔河（River Wear）上1小时的观景巡航游。

🛏 住宿

★ **Lumley Castle** 城堡 £££

（☎0191-389 1111；www.lumleycastle.com；Ropery Lane, Chester-le-Street；双庭院/城堡£170/190起，套£230起；🅿🛜）这是一座气氛迷人的14世纪城堡，螺旋式石阶通向塔楼，走廊的地板嘎吱作响，房间装饰着图案墙纸和厚重的窗帘，许多客房都有带顶篷的四柱床（庭院房更具现代感）。堡内有一间环境优雅

> **值 得 一 游**
>
> ## 比密使露天博物馆（BEAMISH OPEN-AIR MUSEUM）
>
> 达勒姆郡气氛活跃、引人入胜的"活"**博物馆**（☎0191-370 4000；www.beamish.org.uk；Beamish；成人/儿童£19/11；⊙复活节到10月 10:00~17:00；11月至次年复活节10:00~16:00，1月至2月中旬周一和周五闭馆，最迟入馆时间15:00）毫无保留地勾勒出19世纪和20世纪英格兰东北部工业生活的真实图景。博物馆的亮点包括：你可以深入地下，探索矿井，参观仍在运营的农场、学校、牙科诊所和小酒馆；你还会惊叹于无论是多么狭小拥挤的农舍，都能塞进一架钢琴。不要错过搭乘Steam Elephant，这台蒸汽机车可是1815年的老古董，或者欣赏一下史蒂芬森（Stephenson）机车1号（Locomotion No 1）的复制品。
>
> 博物馆在达勒姆西北方9英里（但达勒姆没有实用的公共汽车）、纽卡斯尔以南10公里处。从纽卡斯尔乘坐28路或28A路（£5.10，50分钟，每30分钟1班）公共汽车可以到。

的餐厅和摆放了古旧书籍的图书室吧；常规的活动有伊丽莎白一世时代的宴会等。城堡在达勒姆东北方7英里处。

Townhouse
精品酒店 £££

(☎0191-384 1037; www.thetownhousedurham.co.uk; 34 Old Elvet; 双£140起; ❀) Townhouse的11间豪华客房各有不同主题，例如法式的Le Jardin、远洋班轮风格的Cruise和再现往昔火车卧铺包厢的Edwardian Express。部分房间带独立的户外浴缸。牛排是酒店内新派英国菜餐厅的特色菜。

🍴 就餐

Tealicious
咖啡馆 £

(☎0191-340 1393; www.tealicioustearoom.co.uk; 88 Elvet Bridge; 菜肴£2.60~6.25, 英式下午茶 成人/儿童£13.50/8.50; ⏰周二至周六 10:00~16:00, 周日 正午至16:00; 🍴) 这家以蓝白为色调的雅致咖啡厅供应自制蛋糕（如白巧克力芝士蛋糕或柠檬姜味蛋糕）、浓汤和三明治，以及24款用精美骨瓷单独盛装的茶饮。店里的英式下午茶对成人和儿童来说都是味蕾的享受。咖啡馆很小，最好提前订位。

Garden House Inn
英国菜 ££

(☎0191-386 3395; www.gardenhouseinn.com; Framwellgate; 三明治£5~12, 主菜£12~18; ⏰周一至周六 正午至15:00和17:00~21:30, 周日 正午至18:00; ❀🍴) 田园风格的Garden House建于18世纪，午餐时间供应美味的三明治，比如龙虾或螃蟹馅、茴香和意式蒜味香肠（Nduja）馅，午餐和晚餐主打用本地食材烹饪的菜肴（林迪斯法恩牡蛎配野生大蒜和熏辣椒，烤诺森伯兰羊肉配榛子粒甜菜根）。6间舒适的客房（4个双人间，2个家庭房; £85/105起）为复古装饰风格。

Cellar Door Durham
英国菜 ££

(☎0191-383 1856; www.thecellardoordurham.co.uk; 41 Saddler St; 主菜£16~24, 2/3道菜午餐套餐£14/16; ⏰正午至21:30) 从Saddler St上一扇不显眼的小门可进入这家餐厅。这座12世纪的建筑坐拥无敌河景，露台也能俯瞰美景。供应各国风味的菜肴，比如脆皮羊肉配番茄蒸粗麦粉、芫荽浓汁和茄子等开胃菜，

以及泥炉烤鸡腿、孟买土豆和膨化印度米饭等主菜（提供素食和严格素食菜肴）。服务贴心周到。

🍷 饮品和夜生活

Shakespeare Tavern
小酒馆

(63 Saddler St; ⏰11:00~23:30) 这家建于1190年的小酒馆十分正宗，是当地酒友们饮酒消遣的好去处。酒吧内配有标靶和雅座，还有多款令人赞不绝口的啤酒和酒精饮品。不少风趣幽默的客人常常来顾这里，此外，据说还有驻店鬼魂。这里有时会举办民俗音乐即兴演出，不妨关注一下。

ℹ️ 实用信息

达勒姆的**世界遗产地游客中心**(World Heritage Site Visitor Centre; ☎0191-334 3805; www.durhamworldheritagesite.com/visit/whs-visitor-centre; 7 Owen Gate; ⏰2月至12月 9:30~17:00, 次年1月 至16:30) 就在城堡旁边。

网站www.thisisdurham.com有关于达勒姆和全郡的丰富信息。

ℹ️ 到达和离开

火车
东海岸主干线（East Coast Main Line）可使你快速到达多个地方，包括：
爱丁堡 £44.90, 1.75小时, 每小时1班
伦敦国王十字火车站（London King's Cross）£68.20, 3小时, 每小时1班
纽卡斯尔 £5.50, 18分钟, 每小时5班
约克 £25, 55分钟, 每小时4班

长途汽车
汽车站（North Rd）位于河西岸的North Rd。
目的地包括：
哈特尔普尔（Hartlepool）57A路长途汽车; £7, 1小时, 每小时2班
伦敦 National Express; £30, 6.75小时, 每天2班
纽卡斯尔 21路、X12路和X21路长途汽车; £4.40, 1.25小时, 每小时至少4班

巴纳德堡（Barnard Castle）

☎01833 / 人口5495

魅力无限的市集城镇巴纳德堡也被称为

巴尼（Barney）。与传统主义者所梦想的一般，镇上到处是古董店、工艺品店和颇具氛围的老酒馆，映衬着小镇的两大标志景点：让人心生畏惧的古堡遗址和非凡卓越的法国城堡。

◉ 景点

★ 鲍斯博物馆　　　　　　　　　　博物馆

（Bowes Museum；☎01833-690606；www.thebowesmuseum.org.uk；Newgate；成人/儿童£14/5；⊙10:00~17:00）装饰华美的鲍斯博物馆位于镇中心以东约0.5英里处，置身于一座宏伟的法式城堡之内。构建博物馆的理念源于约瑟芬·鲍斯（Josephine Bowes），这位巴黎女演员的丈夫、19世纪的工业家约翰·鲍斯（John Bowes）出资，并由法国建筑师Jules Pellechet负责修建，于1892年落成开放。博物馆内展示了鲍斯夫妇环球旅行期间所收集的物品。馆内的明星藏品是一个奇妙的18世纪机械银天鹅，于每天14:00进行表演。如果错过了演出，还可以观看表演的相关影片。

巴纳德堡　　　　　　　　　　　　遗迹

（Barnard Castle；EH；☎01833-638212；www.english-heritage.org.uk；Scar Top；成人/儿童£5.60/3.40；⊙复活节至9月 10:00~18:00，10月 至17:00，11月至次年复活节 周六和周日 10:00~16:00）城堡由盖伊·拜鲁尔（Guy de Bailleul）修建于蒂斯河（River Tees）边的悬崖之上，后在1150年左右又进行过重建。4个世纪后，巴纳德堡有一部分遭拆除，但它的遗迹至今占据了超2公顷的土地，令人印象深刻，附近的河流风光旖旎。这里还有一个美丽的花园。

拉比城堡　　　　　　　　　　　　城堡

（Raby Castle；☎01833-660202；www.rabycastle.com；Staindrop；城堡、花园和公园 成人/儿童 £12/6，仅花园和公园 £7/3；⊙7月和8月 周二至周日 11:00~16:30，3月末至6月和9月 周三至周日 11:00~16:30）占地广阔的拉比城堡是天主教徒内维尔家族的堡垒，直到1569年他们参与了反对新教徒伊丽莎白一世女王的未遂谋反（即"北方起义"）。城堡内饰的历史大都可追溯到18世纪和19世纪，但其外观则维持原貌。城堡围绕一个中庭而建，四周被护城河环绕。拉比城堡在巴纳德堡东北方6.8英里处，乘坐85A路公共汽车（£3.10，15分钟，周一至周五每天8班，周六和周日每天6班）可以到达。

🛏 食宿

Old Well Inn　　　　　　　　　　旅馆　££

（☎01833-690130；http://theoldwellinn.co.uk；21 The Bank；标单/双含早餐 £65/85起；🛜）这家古老的马车驿站旅馆建于一口看不见的大水井之上，共有10间宽敞的客房。其中9号房间最为迷人，自带私家入口、板岩地面和浴缸。酒馆供应桶装本地艾尔啤酒，天气晴朗时你可以坐在啤酒花园的树荫下慢慢品尝。

Cross Lanes Organic Farm Shop　　　　　　　　　熟食、咖啡馆 £

（☎01833-630619；www.crosslanesorganics.co.uk；Cross Lanes, Barnard Castle；菜肴 £4~13；⊙周一至周六 8:30~17:00，周日 10:00~17:00；🛜🅿）这家获过奖的农场商店兼咖啡馆位于巴纳德堡以南1.5英里处，绵羊在种着青草的屋顶上悠闲地吃着草。室内空间很大，食材全部采用有机农产品；供应早餐（自制腌培根、自制香肠和农场母鸡下的蛋）、午餐（美味三明治、牛肉或素食汉堡和柴火烤比萨）和"田园下午茶"（有机奶油制作的甜点

当 地 知 识

KNITSLEY FARM SHOP

从达勒姆去诺森伯兰国家公园和哈德良长城的路上（达勒姆西北方12英里处），不妨来 Knitsley Farm Shop（☎01207-592059；www.knitsleyfarmshop.co.uk；East Knitsley Grange Farm, Knitsley；菜肴£5~12.50；⊙商店 周二至周六 10:00~17:00，周日至16:00，咖啡馆 周二至周五 10:00~17:00，周六 9:30~17:00，周日 9:30~16:00）🍴买点东西，店里有优质的奶酪、肉食、水果、蔬菜、自制糖果、饼干、蛋糕和面包等。留出时间到出色的附设咖啡馆里吃顿饭：新鲜食材烹制的汤、农家香肠、手撕猪肉和脆皮面包卷。

★ Raby Hunt

美食店 £££

(☎01325-374237；www.rabyhuntrestaurant.co.uk；Summerhouse, Darlington；尝味套餐£115，大厨之作£150；⊙周三至周六 18:00~21:30，周日 正午至14:00；🅿)这栋常春藤覆盖的房屋位于巴纳德堡以东11英里处，原本是招待牲畜贩子的旅馆，已有200年的历史。在自学成才的大厨詹姆斯·克劳兹（James Close）的努力下，现在这里已成为美食家们必来打卡的精致餐厅，克劳兹在2012年获得了第一颗米其林星，2017年获得了第二颗米其林星。尝味套餐（不能点菜）通常包含12~15道佳肴，比如带壳的蛏子和褐虾。需要提前数周预订。

原先的马厩现已被改造成3间豪华客房（双人间含早餐£180起）。

★ Bay Horse

美食酒吧 £££

(☎01325-720663；www.thebayhorsehurworth.com；The Green,Hurworth-on-Tees；主菜午餐£8~22，晚餐£20~25；⊙厨房 周一至周六 正午至14:30和18:00~21:30，周日 正午至16:00，酒吧 周一至周六 11:00~23:00，周日 正午至22:30；🅿)从巴纳德堡往东行19英里，就能到达漂亮的临河村庄Hurworth-on-Tees，这家店位于村中15世纪马车驿站旧址内，绝对不虚此行。记得提前预订，不然你可能会错过用当地食材烹饪的绝味佳肴了，比如煎无须鳕配苹果、鳗鱼熏肉饼或兔腰肉配兔腿馅饼。这里的野生大蒜、韭菜、荨麻和香草均从附近的野外采摘而来。

❶ 到达和离开

巴纳德堡的公共交通不方便，而且好几个重要景点都在城外，所以自驾几乎是避免不了的。

哈德良长城（Hadrian's Wall）

哈德良长城得名于下令修建的罗马皇帝，是古罗马时期最伟大的工程项目之一，长达73英里的恢宏巨制修建于公元122~128年，用来将罗马人和苏格兰皮克特人（Scottish Picts）分隔开来。如今，这些令人肃然起敬的遗址生动地印证了罗马人的野心和坚韧不拔的品质。

哈德良长城竣工后，这个庞然大物横穿岛屿，从西部索尔韦湾（Solway Firth）一直延伸至东部的泰恩河口附近。每英里（古罗马时期每英里合现在0.95英里）都有一个小型堡垒（里堡）守卫着入口，而两个里堡之间又建有两座巡哨塔。横跨全国的所有里堡均被逐一编号，从沃尔森德0号里堡开始——你可以在此参观长城最后的要塞西格达纳姆（见687页）——到索尔韦湾鲍内斯（Bowness-on-Solway）的80号里堡结束。

哈德良长城以南的一些要塞被用作前哨基地（有些甚至比长城还老），这样的要塞共有16个。

🏃 活动

哈德良长城小径（Hadrian's Wall Path；www.nationaltrail.co.uk/hadrians-wall-path）是一条84英里长的国家步道（National Trail），从东部的沃尔森德开始，沿着长城一直延伸至西部的索尔韦湾鲍内斯。走完全程大约需要7天时间，在此期间，你有充裕的时间来探索沿途丰富的考古遗址。

❶ 实用信息

赫克瑟姆（Hexham；☎01670-620450；www.visitnorthumberland.com；Queen's Hall, Beaumont St；⊙周一至周五 9:00~17:00，周六 9:30~17:00）、霍特惠斯尔（见686页）和科布里奇（见686页）都有游客中心。沃镇游客中心（见690页）——又叫作诺森伯兰国家公园游客中心（Northumberland National Park Visitor Centre），位于格林黑德。另一个获取旅游信息的地方是The Sill（National Landscape Discovery Centre；☎01434-341200；www.thesill.org.uk；Military Rd, Once Brewed；⊙4月至11月初 9:30~18:00），这里又叫作国家景观探索中心（National Landscape Discovery Centre），位于Once Brewed。

Hadrian's Wall Country（http://hadrianswallcountry.co.uk）是整个地区的门户网站。

❶ 到达和当地交通

长途汽车

往返于赫克瑟姆和卡莱尔的AD122路哈德

良长城公共汽车（复活节至9月，每天5班）招手即停，每天都有1班从纽卡斯尔中央车站出发，并返回该车站，但并非所有的车次都会覆盖全程。AD122路可搭载自行车，但位置有限。每年的其他时间，185路长途汽车往返于伯多斯沃尔德古罗马堡垒和卡莱尔之间，途经霍特惠斯尔（仅周一至周六，每天3班）。

10路长途汽车往返于纽卡斯尔与赫克瑟姆（1.5小时，周一至周六每30分钟1班，周日每小时1班）之间。

A69公路与赫克瑟姆以西的长城平行，该公路连接着卡莱尔和纽卡斯尔。X84路和X85路长途汽车沿A69公路行驶，并停靠在主要景点以南2~3英里处，每30分钟1班。

持**哈德良长城漫游通票**（Hadrian's Wall Rover Ticket; 1日票成人/儿童 £12.50/6.50, 3日票 £25/13）的游客可以搭乘以上所有的长途汽车，除了X84路和X85路。在所有博物馆和景点购票时出示该通票可以享受九折优惠。

持**哈德良边境通票**（Hadrian's Frontier Ticket; 成人/儿童 1日票 £16/8, 3日票 £32/16）可在诺森伯兰无限次乘坐所有长途汽车。

两种通票均可从汽车司机或游客中心购买，后者还提供汽车时刻表。

汽车和摩托车

自己开车是在这一带游玩的最佳方式，通常前往下一处堡垒或要塞只需要短距离驾驶即可。每天/每周停车费为£5/15，且停车票在长城沿途各景点均可使用。

B6318沿长城从纽卡斯尔的远郊通往伯多斯沃尔德。主干道A69和铁路一般距离长城南面3~4英里，沿长城走向延伸。

Hadrian's Wall & Northumberland National Park
哈德良长城和诺森伯兰国家公园

火车

纽卡斯尔与卡莱尔之间的火车线路(泰恩河谷线,£16.60,1.5小时,每小时1班)在科布里奇、赫克瑟姆、海登布里奇(Haydon Bridge)、巴登米尔(Bardon Mill)、霍特惠斯尔和布兰普顿都设有火车站。但并非所有班次都会在所有站点停靠。

科布里奇 (Corbridge)

☏01434/人口3011

科布里奇位于泰恩河畔一片绿草丰茂的河流转弯处,鹅卵石铺就的街巷两旁分布着老式商店和小酒馆。自撒克逊时期就有人在此生活,当时这里有一座极为重要的修道院。镇上许多漂亮建筑当年都是用附近Corstopitum废墟偷来的石头建造的。

⊙ 景点

科布里奇古罗马遗址及博物馆   古迹

(Corbridge Roman Site & Museum;EH;www.english-heritage.org.uk; Corchester Lane;成人/儿童£7.60/4.60;⊙4月至9月 10:00~18:00,10月至17:00,11月至次年3月 周六和周日 10:00~16:00) Corstopitum原为古罗马时期的一座驻防小镇,其遗址位于Market Pl以西约半英里处的Dere St,那里曾是从约克前往苏格兰的主干道。这是该地区最古老的防御工事,甚至比哈德良长城早40年。不过目前你在这里看到的大多数建筑均建于公元200年之后。彼时,这里已经发展成为一处民用定居点,并成为长城沿线的主要基地。

🛏 食宿

★ Lord Crewe Arms   旅馆 £££

(☏01434-677100; www.lordcrewearmsblanchland.co.uk; The Square, Blanchland;双£184起;🅿)这家旅馆在北奔宁山一个名为布兰奇兰德(Blanchland)的蜜蜡色石头村庄里,位于科布里奇以南11英里处。旅馆共有21间迷人的客房,一些坐落在1165年修建的男修道院院长房屋里,另一些则在先前的矿工小屋里。旺季以外的时间,房费差不多可以减半。旅馆还供应绝佳的新派英国菜,此外还有一间名为the Crypt的拱顶酒吧,后者保留着一个中世纪的大壁炉,非住客也可以在此消费。

★ Corbridge Larder   熟食、咖啡馆 £

(☏01434-632948; www.corbridgelarder.co.uk; 18 Hill St;菜肴£3.50~10;⊙周一至周六 9:00~17:00,周日 10:00~16:00)这家不错的熟食店供应多款野餐美食,包括面包、100多种芝士、酸辣酱、蛋糕、巧克力和酒(可以定制野餐篮),还有即点即做的三明治、馅饼、乳蛋饼、果馅饼、开胃前菜和小吃拼盘。这个超赞的美食补给站楼上是一家小咖啡馆,供应摩洛哥香辣鸡肉等菜肴。

ⓘ 实用信息

科布里奇的**游客中心**(☏01434-632815; www.tvisitnorthumberland.com; Hill St;⊙4月至10月 周一至周六 10:00~16:30,11月至次年3月周三、周五和周六 11:00~16:00)位于图书馆的一角。

ⓘ 到达和离开

往返于纽卡斯尔(£5.10,45分钟,每小时1班)和卡莱尔(£7.40,2.25小时,每小时1班)之间的X84路和X85路公共汽车途经科布里奇,从纽卡斯尔(£5.10,1小时,周一至周六每30分钟1班,周日每小时1班)开往赫克瑟姆(£2.20,12分钟,周一至周六每30分钟1班,周日每小时1班)的10路公共汽车也经停科布里奇。你可以在赫克瑟姆转乘哈德良长城AD122路公共汽车(夏季)和185路公共汽车(全年)。

科布里奇也处在纽卡斯尔(£6.20,45分钟,每小时1班)和卡莱尔(£14.90,1.5小时,每小时1班)之间的铁路线上。

霍特惠斯尔及周边 (Haltwhistle & Around)

☏01434/人口3811

霍特惠斯尔不过是个由两条相交街道组成的小村庄,但比起哈德良长城沿线其他地方,它周边能看到更多长城的重要景点,不过这里的旅游设施很不健全,这有点出乎我们的意料。

霍特惠斯尔自诩为英国主岛的地理中心,但这种说法并非定论。

⊙ 景点

★ 豪斯特兹古罗马要塞和博物馆   古迹

(Housesteads Roman Fort & Museum;

哈德良长城遗址

除了豪斯特兹古罗马要塞和文德兰达古罗马要塞等重要遗址，哈德良长城沿线还有许多其他古罗马遗址。

西格达纳姆（Segedunum；☎0191-278 4217；https://segedunumromanfort.org.uk；Buddle St, Wallsend；成人/儿童£6/免费；◎6月至9月中旬10:00~17:00，复活节至5月和9月中旬至11月初至16:00，11月初至次年复活节周一至周五至14:30）在纽卡斯尔以东5英里的沃尔森德（Wallsend）市郊，是哈德良长城最后一个边境哨所。35米高的塔楼下分布着引人入胜的遗址，包括一个重建的罗马浴室（里面有蒸汽腾腾的水池和壁画）和一间博物馆。

切斯特古罗马堡垒（Chesters Roman Fort；EH；☎01434-681379；www.english-heritage.org.uk；Chollerford；成人/儿童£7/4.20；◎4月至9月 10.00~18:00，10月 10:00~17:00，11月至次年2月中旬周六和周日 10:00~16:00，2月中旬至3月 周三至周日 10:00~16:00）在乔勒福德（Chollerford）村附近，古罗马时期曾安置过从西班牙北部阿斯图里亚斯（Asturias）过来的500名官兵。如今这里保留着一座残缺不全的桥（东岸是最佳观赏位置）、4个门房、一个浴室和地热系统。

伯多斯沃尔德古罗马堡垒（Birdoswald Roman Fort；EH；☎01697-747602；www.english-heritage.org.uk；Gilsland, Greenhead；成人/儿童£8.30/5；◎4月至9月 10:00~18:00，10月 10:00~17:00，11月至次年2月中旬 周六和周日 10:00~16:00，2月中旬至3月 周三至周日 10:00~16:00）拥有最长的完整墙段，从这里一直延伸到哈罗（Harrow）的斯卡里堡（Scar Milecastle）。从这里可以遥望坎布里亚的艾欣峡谷（Irthing Gorge；格林黑德以西4英里处）。

宾彻斯特古罗马堡垒（Binchester Roman Fort；www.durham.gov.uk/binchester；成人/儿童£5/3.50；◎7月和8月 10:00~17:00，复活节至6月和9月 11:00~17:00）也称为Vinovia，位于达勒姆西南方向9.6英里处。堡垒初建于公元80年，原为木结构建筑，后来在公元2世纪初用石头进行了重建，曾是达勒姆郡最大的堡垒。

EH；☎01434-344363；www.english-heritage.org.uk；Haydon Bridge；成人/儿童£7.80/4.70；◎4月至9月 10:00~18:00，10月 至17:00，11月至次年3月至16:00）豪斯特兹是哈德良长城沿线最壮观的遗址，同时也是全国保存最完整的古罗马要塞。古迹位于B6318公路上，巴顿米尔往北4英里、霍特惠斯尔东北方向6.5英里处。站在山脊之上，脚下是面积达2公顷的遗址地，你可极目四望，远眺诺森伯兰国家公园的荒野，以及蜿蜒延伸的长城，感慨壮阔风光和古罗马哨塔的历史遗韵。

★文德兰达古罗马要塞和博物馆　　古迹

（Vindolanda Roman Fort & Museum；☎01434-344277；www.vindolanda.com；Bardon Mill；成人/儿童£7.90/4.75，与古罗马军队博物馆联票£11.60/6.80；◎4月至9月 10:00~18:00，2月初至3月和10月 至17:00，11月至次年2月初至16:00）文德兰达古迹占地宽广，可让游客一睹当年古罗马驻军城镇的生活百态。大规模挖掘的遗址面积庞大，而凝固了时间的博物馆仅仅是其中的一部分，其他遗迹还包括堡垒和小镇的残存部分（考古挖掘仍在进行中），以及重建的塔楼和神庙，蔚为壮观。2017年的出土物令人惊叹，包括目前唯一存世的一双古罗马拳击手套。

古迹位于巴登米尔（Bardon Mill）往北1.5英里处的A69公路和B6318公路之间，就在霍特惠斯尔东北方向5.8公里处。

古罗马军队博物馆　　博物馆

（Roman Army Museum；☎01697-747485；www.vindolanda.com/roman-army-museum；Greenhead；成人/儿童£6.60/3.75，与文德兰达古罗马要塞联票£11.60/6.80；◎4月至9月 10:00~18:00，2月中旬至3月和10月 至17:00）博物馆位于格林黑德东北方1英里处、靠近沃镇峭壁（Walltown Crags）的地方，这里曾是卡沃

兰罗马要塞（Carvoran Roman Fort）的所在地。博物馆经过整修后现有3间讲述古罗马军队及罗马帝国兴衰史的展厅；古城墙（有一段展示2000年前和如今长城模样的3D影片）；关于哈德良长城生活的背景信息介绍（比如士兵们如何在这个罗马帝国的边疆角落打发他们的闲暇时间）。

住宿

★ Ashcroft 民宿 ££

（☎01434-320213；swww.ashcroftguesthouse.co.uk；Lanty' Lonnen, Haltwhistle；标单/双/家/公寓 £80/94/124/140起；P🐾🛜）英国最好的民宿也莫过如此。典雅的爱德华七世时期牧师的住所，周遭环绕着近1公顷的阶梯式草坪和花园，修剪得整齐漂亮。有些房间带有私人阳台和露台，所有房间都有高顶天花板和现代生活设备。早餐（房费已含）用铸铁的阿加炉具烹饪而成，餐厅的环境富丽堂皇。

Holmhead Guest House 民宿 ££

（☎01697-747402；http://bandb-hadrianswall.co.uk；Greenhead；露营地每1/2人 £7/10，铺/标单/双 £15.50/72/82起；⊙客栈全年营业，露营地和双层床房 5月至9月；P🐾）民宿再利用地基所在原建筑的部分墙体修建而成。这家卓越的农舍位于格林黑德以北1英里处，提供舒适的客房，简单的上下铺大房间，以及5个于

赫克瑟姆修道院（HEXHAM ABBEY）

赫克瑟姆是一个漂亮但略显沧桑的集镇，它的中心地带坐落着宏伟的奥古斯丁修道院（☎01434-602031；www.hexhamabbey.org.uk；Beaumont St；捐款进入；⊙9:30~17:00）——英国早期建筑中无与伦比的瑰宝。1537年，该修道院化身赫克瑟姆的教区教堂，巧妙地逃过了当年的修道院解散事件，迄今为止，仍然承担着当地教堂的职责。修道院的亮点包括一座7世纪的撒克逊地下室，是圣威尔弗里德教堂（St Wilfrid's Church）唯一留存的部分，当初那座教堂建于674年，使用的是原Corstopitum的刻字石材。

供电的露营地。奔宁山小道（Pennine Way）和哈德良长城小径均经过此地，Thirwall Castle城堡参差的遗址矗立在山上。还可以询问能否去看看3世纪的古罗马涂鸦。

★ Langley Castle Hotel 城堡 £££

（☎01434-688888；www.langleycastle.com；Langley；可看到城堡的双人间/城堡双人间£167/255起；P🐾🛜）这座美丽的城堡赫然耸立在12英亩的花园中，它修建于1350年，嘎吱作响的走廊两边摆放着盔甲装饰——据说这里还住着一个幽灵。9个城堡房间里装饰着古董家具（大多数房间的床是四柱床）；城堡附近庭院内另有18个"可以看到城堡"的房间，入住客人可以使用城堡的设施和服务。可以考虑一下包含了晚餐、房费和早餐的组合套餐。

❶ 实用信息

游客中心（☎01434-321863；www.visitnorthumberland.com；Mechanics Institute, Westgate；⊙周一至周五 10:00~16:30，周六 至13:00）位于霍特惠斯尔的主街上。

❶ 到达和离开

185路公共汽车开往古罗马军队博物馆（£2.60，10分钟，每天3班）和伯多斯沃尔德古罗马堡垒（£3.10，25分钟，每天3班）。

霍特惠斯尔与赫克瑟姆（£6.70，20分钟，每小时1班）和纽卡斯尔（£13.10，1小时，每小时1班）之间有火车连接。

诺森伯兰国家公园（Northumberland National Park）

占地405平方英里的自然奇境是英格兰最后一片广袤的荒野，也是全国人口最少的国家公园。哈德良长城最精美的部分沿着公园的南部边缘伸展，这片土地上点缀着不少史前遗址和防御加固房屋，直到18世纪，有着厚实墙壁的防御塔楼是这里唯一的坚固房屋。

紧邻着国家公园的是基尔德湖泊和森林公园（Kielder Water & Forest Park）。这里是欧洲最大的人造湖——基尔德湖——所在地。该湖储水量达2000亿升，湖岸长达27英

里，周围环绕着英国最大的人工森林，种植有1.5亿棵云杉树和松树。

得益于人烟稀少，在2013年底，该地区被国际暗夜协会（International Dark Skies Association）划定为"黑暗天空"保护区域（欧洲最大的同类型区域），并实行了光污染控制措施。

◉ 景点

哈德良长城小径（Hadrian's Wall Path）最壮观的一段位于公园南部的Sewing shields和格林黑德之间。

切维厄特丘陵（Cheviots）中纵横分布着多条不错的步道（有一条路线可以登顶815米高的切维厄特——整段山脉中的最高峰），沿途常会经过一些史前遗址；当地的游客中心还提供地图、导游和路线信息。

★ 基尔德天文台　　　　　　　　天文台

（Kielder Observatory; ☎0191-265 5510; https://kielderobservatory.org; Black Fell, 紧邻Shilling Pot; 成人/儿童 £22/20.50起; ✓预约参观）这家先进的天文台建于2008年，在这里参加观星旅程可看到诺森伯兰国际黑暗天空公园（Northumberland International Dark Sky Park）内最棒的景色。天文台组织的活动包括夜间游猎观察、家庭活动、天体摄影等。千万记得要尽早预订，所有活动都非常受欢迎。入夜后这里十分寒冷，衣着要够保暖，可参考滑雪时所穿的衣物。看到基尔德天文台和天空站（Kielder Observatory and Skyspace）的标志牌后左转，驾车沿路上行2英里便可到达。

奇灵厄姆城堡　　　　　　　　　城堡

（Chillingham Castle; ☎01668-215359; www.chillingham-castle.com; Chillingham; 城堡成人/儿童 £9.50/5.50, 奇灵厄姆野牛群 £8/3, 城堡和奇灵厄姆野牛群 £16/6; ✓城堡 4月至10月 正午至17:00, 奇灵厄姆野牛群团队游 4月至10月 周一至周五 10:00、11:00、正午、14:00、15:00和16:00, 周日 10:00、11:00和正午）13世纪建成的奇灵厄姆城堡与历史、战争、折磨和鬼魂颇有渊源，是传说中英国鬼魂出没最多的地方之一，从幽灵葬礼到寻找出轨离家丈夫的玛丽·伯克利夫人（Lady Mary Berkeley）均传闻在此出现过。城堡的主人汉弗莱·韦克菲尔德爵士（Sir Humphry Wakefield）竭尽全力修复堡内奢华的中世纪大厅、铺设板岩地板的宴会厅和恐怖的行刑房。奇灵厄姆城堡位于伍勒东南6英里处。往返于阿尼克（Alnwick; £3, 25分钟）和伍勒（Wooler; £3, 20分钟）之间的470路公共汽车（周一至周六每天4班）中途停靠奇灵厄姆。

克拉格塞德住宅、花园与林地　历史建筑、花园

（Cragside House, Garden & Woodland; NT; ☎01669-620333; www.nationaltrust.org.uk; 成人/儿童 £18/9, 仅参观花园和林地 £13/6.50; ✓住宅 11:00~17:00, 花园和林地 3月中旬至10月 10:00~18:00, 时间不定）这栋令人印象深刻的宅邸是首位阿姆斯特朗勋爵（Lord Armstrong）的乡间寓所，位于罗斯伯里（Rothbury）东北方1英里处，紧邻B6341公路。19世纪80年代，庄园便已拥有了冷热自来水、电话和报警系统，并且是全球首个采用电力照明的房屋，而且使用的是水力发电。维多利亚风格的花园面积辽阔，湖泊、荒原点缀其间，更有欧洲规模数一数二的奇石花园。5月下旬至6月中旬前来参观，还能观赏克拉格塞德著名的杜鹃花争奇斗艳盛景。

🛏 住宿

Wooler YHA　　　　　　　　　青年旅舍 £

（☎01668-281365; www.yha.org.uk; 30 Cheviot St, Wooler; 铺/双/木屋 £18/37/50起; ✓4月至10月; P🐾）这家便捷的青年旅舍位于伍勒一座低矮的红砖建筑内，类型多样的房间里共有57个床位。提供手工搭建的"牧羊人木屋"（可以睡2~3人，有电暖）、现代化的休息室和小餐馆，以及自助厨房、烘干室和自行车存放处。

★ Otterburn Castle Country House Hotel　　　　　　　城堡 ££

（☎01830-520620; www.otterburncastle.com; Main St, Otterburn; 双/套含早餐 £130/210起; P🐾）城堡由国王"征服者威廉"（William the Conqueror）的表亲罗伯特·乌姆弗拉维尔（Robert Umfraville）于1086年修建，占地面积将近13公顷。城堡曾经发生过许多故事，现在提供17间装饰高雅的客房，部分套房里配有四柱床和壁炉。木镶板装

饰的Oak Room Restaurant（2/3道菜套餐£25/30）供应新派英国菜；酒吧有熊熊燃烧的壁炉。

❶ 实用信息

想要获取信息，可联系**诺森伯兰国家公园**（Northumberland National Park; ☏01434-605555; www.northumberlandnationalpark.org.uk）。

有些小镇上设有游客中心，比如**伍勒**（☏01668-282123; www.wooler.org.uk; Cheviot Centre, 12 Padgepool Pl, Wooler; ⓒ周一至周五 10:00~16:30, 周六 至13:00）和**罗斯伯里**（☏01669-621979; www.visitkielder.com; Coquetdale Centre, Church St, Rothbury; ⓒ4月至10月 周一至周五 10:00~16:30, 周六 10:30~16:00, 11月至次年3月 时间缩短）。此外，在霍特惠斯尔附近有一个国家公园旅游局**沃镇游客中心**（Walltown Visitor Centre; Northumberland National Park Visitor Centre; ☏01434-344396; www.northumberlandnationalpark.org.uk; Greenhead; ⓒ4月至9月 10:00~18:00, 10月 至17:00, 11月至次年3月 周六和周日 10:00~16:00）。Kielder Castle（一个建于1775年的捕猎小屋）是**森林公园中心**（Forest Park Centre; ☏01434-250209; www.visitkielder.com; Forest Dr, Kielder; ⓒ10:00~16:00）所在地，能提供关于诺森伯兰国家公园的旅游信息，包括基尔德地区的徒步、山地骑行和水上运动等。

所有的游客中心都可预订住宿。

❶ 到达和离开

这里的公共交通选择十分有限，要想好好玩，必须自驾。

奥特本（Otterburn）808路长途汽车（£3.60, 1小时, 周一至周六每天1班）往返于奥特本和纽卡斯尔之间。

伍勒（Wooler）470路和473路长途汽车往返于伍勒和阿尼克（Alnwick; £3, 40分钟, 周一至周六每天4班）之间。267路和464路长途汽车往返于伍勒和特威德河畔贝里克（£4.50, 1小时, 周一至周六每2小时1班）之间。

诺森伯兰海岸
（Northumberland Coast）

正如诺森伯兰偏远荒芜的内陆一般，其海岸也是人迹罕至。在这里，你找不到任何一家花哨的海边度假村，却有着城堡耸立的村庄，极富魅力。绵延宽阔的沙滩上，也许只有你一人独享。

阿尼克（Alnwick）

☏01665/人口 8116

阿尼克为诺森伯兰历史上的公爵之镇。小狭窄的鹅卵石纵横交错，宛如一座优雅的迷宫，镇中心矗立着庞大的中世纪城堡。阿尼克还拥有一家迷人的书店和宏伟的阿尼克花园（Alnwick Garden）。

◉ 景点

★ 阿尼克城堡　　　　　　　　　城堡

（Alnwick Castle; ☏01665-511178; www.alnwickcastle.com; The Peth; 成人/儿童£16/8.50, 与阿尼克花园套票£28/12.20; ⓒ4月至10月 10:00~17:30）诺森伯兰公爵宏伟的世袭宅邸坐落在由"万能"的兰斯洛特·布朗设计的公园里，自14世纪开始便没有太大变化。这里是电影制作人最爱的取景地——哈利·波特系列电影前几部中的霍格沃兹魔法学校便是在此取景。城堡内部极尽奢华。其中6个房间开放参观，包括大厅、饭厅、守卫室和图书室，均陈列着不同凡响的意大利的画作，包括提香的《戴荆冕的耶稣画像》（*Ecce Homo*）以及卡纳莱托（Canaletto）的多幅画作。

阿尼克花园　　　　　　　　　花园

（Alnwick Garden; www.alnwickgarden.com; Denwick Lane; 成人/儿童£13.20/4.95, 与阿尼克城堡联票£28/12.20; ⓒ4月至10月 10:00~18:00, 2月至3月 至16:00）这座花园占地面积达4.8公顷，大片青草地环绕着中间气势磅礴的大叠瀑（Grand Cascade），3万升水由120个独立的喷嘴喷射而出，向21座围堰水池跌落。另外还有6座花园，其中受意法影响的华饰园（Ornamental Garden）种植了15,000多棵植物，玫瑰园（Rose Garden）以及迷人的毒药花园（Poison Garden）。毒药花园内种植了多株全球最致命的植物，且多数在园外属于非法植物，包括大麻、致幻蘑菇、颠茄以及烟草。

Treehouse（☏01665-511852; 主菜

£10.50~16.50；◐周一和周二 正午至14:30，周三至周六 正午至14:30和18:00~20:30，周日 正午至16:00）是一家有镶嵌木板装饰的餐馆，四周有树梢掩映，供应新派英国菜。

食宿

★ Alnwick Lodge　　民宿、露营地 ££

（☎01665-604363；www.alnwicklodge.com；WestCawledge Park，A1；帐篷营地 £15起，豪华露营含床上用品 £58起，民宿标间/双/家 £55/75/100起；P🐾🛜）这家华美的维多利亚式农舍位于阿尼克镇中心以南3英里处。提供的15间客房摆满了古董，装饰风格略显奇特，比如立式带盖浴缸。热腾腾的现煮早餐在大圆宴会桌上供应。你也可以在复原的吉卜赛大篷车、马车以及牧羊人小屋（带公用浴室）内体验一次豪华露营，还可以选择在避风的草地上自己搭帐篷。

White Swan Hotel　　酒店 ££

（☎01665-602109；www.classiclodges.co.uk；Bondgate Within；双/家 £119/142起；P🐾🛜）这家有着300年历史的马车驿站旅馆位于镇中心，有56个布置优雅的房间，包括可以睡4人的家庭房。酒店的建筑亮点要算是高级餐厅 Olympic（主菜 £12.50~21，2/3道菜午餐套餐 £14/18，3道菜晚餐套餐 £35.50；◐正午至15:00和17:00~21:00）。

Plough Inn　　美食酒吧 ££

（☎01665-602395；www.theploughalnwick.co.uk；24 Bondgate Without；主菜午餐 £5.50~11.50，晚餐 £13~22；◐厨房 周一至周四 正午至14:30和17:30~21:00，周五和周六 正午至14:30和17:30~22:00，周日 正午至20:00，酒吧 周日至周四至23:00，周五和周六 至次日1:00）建于1896年的马车驿站现在变成了一间当代捕猎小屋风格的优质美食酒吧。晚餐供应的菜肴令人胃口大开：热水派皮什锦野味馅饼，罐焖兔肉配醋栗酸辣酱，还有烤柠檬鲽。螃蟹汤和三明治是午餐的主要供应食物。楼上有7间宽敞的乡村风格客房（双 含早餐 £145起）。

购物

★ Barter Books　　书籍

（☎01665-604888；www.barterbooks.co.uk；Alnwick Station，Wagon Way Rd；◐9:00~19:00）这家二手书店前身为阿尼克的火车站，是一座维多利亚式建筑。燃煤火炉、丝绒脚垫、阅览室以及咖啡馆让这里充满了迷人的氛围。第二次世界大战的标语"保持冷静，继续前行"（Keep Calm and Carry On）的重新流行有赖于这家书店：在改造车站时，老板发现了一系列的海报，并将其变成一项成功的事业。海报的原稿已镶嵌入框，摆放于收银台上方。

ⓘ 实用信息

阿尼克的**旅游局**（☎01670-622152；www.visitalnwick.org.uk；2 The Shambles；◐复活节至10月 周一至周六 9:30~17:00，周日 10:00~16:00，11月至次年复活节 周一至周六 10:00~16:00）位于广场市场（Market Pl）旁边。

ⓘ 到达和离开

X15路长途汽车较快，沿A1开往特威德河畔贝里克（£6.60，1小时，周一至周六每小时1班，周日每2小时1班）和卡莱尔（£6.60，1.5小时，周一至周六每小时1班，周日每2小时1班）。X18路长途汽车沿海岸开往特威德河畔贝里克（£6.60，2小时，每天3班）和纽卡斯尔（£6.30，2小时，每小时1班）。

阿尼克最近的火车站位于阿尔恩茅斯（Alnmouth），转乘X18路（£2.70，10分钟，周一至周六每小时1班，周日每2小时1班）可到达。阿尔恩茅斯火车站有火车前往特威德河畔贝里克（£7，20分钟，每小时最多2班）、爱丁堡（£20.30，1小时，每小时最多2班）和纽卡斯尔（£10.60，40分钟，每小时最多2班）。

克莱斯特（Craster）

☎01665／人口 305

阿尼克东北约6英里外坐落着克莱斯特，这个避风的小渔村少沙，带有海水的咸味，以熏鱼著称。早在20世纪初，村里每天都要熏制2500条鲱鱼。如今当地仍在出产的熏鱼经常出现在女王的早餐桌上。

⊙ 景点

邓斯坦伯城堡　　城堡

（Dunstanburgh Castle；EH；www.english-

自驾游览 诺森伯兰海岸

起点： 滨海纽比金（Newbiggin-by-the-Sea）
终点： 特威德河畔贝里克
全长： 78英里；需时1天

从泰恩茅斯出发，美好风光从 ❶ **滨海纽比金** 才开始展现眼前。纽比金的海滩在2007年得以重修，超过50万吨的细沙从斯凯格内斯运到这里，以应对海水侵蚀，岸边还矗立着肖恩·亨利创作的巨型铜雕塑——《情侣》。

沿A1068公路继续往北前行13英里，将来到 ❷ **安布尔渔港**。可在此走一走海滨木栈道，乘坐出海观看海鹦的游轮（见695页）。向北不到2英里处就来到色彩柔和的 ❸ **沃克沃斯**，这有一片围绕寇克特河的河湾分布的房屋，14世纪沃克沃斯城堡参差不齐的遗址也高踞于此。城堡曾在莎士比亚《亨利四世》的第一部、第二部中出现，而1998年的电影《伊丽莎白》就在此取景。

沃克沃斯往北约5英里是 ❹ **阿尔恩茅斯**，以粉刷鲜艳的房屋和美丽的海滨为亮点。往内陆再行驶5英里，可到达繁荣的城镇 ❺ **阿尼克**（见690页）。你可以在此看到宏伟的城堡——哈利·波特系列电影中霍格沃兹魔法学校的取景地，以及美艳动人的阿尼克鱼花园。掉头重返海岸，并沿着B1339公路行驶4.7英里，而后在Windside Hill向东转入 ❻ **克莱斯特**（见691页），这里的熏鱼闻名天下。在这里可以远眺巍然矗立的邓斯坦伯城堡。往北约5英里，便是恩布尔顿湾的 ❼ **Low Newton-by-the-Sea**。不妨在此停下，稍作休整，到Ship Inn（见694页）喝杯自酿啤酒。

经过西豪斯村（前往法恩斯群岛的出发点），就到了 ❽ **班堡**（见694页），这里坐落着最富有戏剧性的城堡。再往前17英里，通过潮汐堤道后（注意查询潮汐时间），可到达偏远的 ❾ **霍利岛（林迪斯法恩）**（见695页），岛上神圣的修道院遗址（见695页）依旧吸引着众多的朝拜者。回到主岛后，往北14英里就到了伊丽莎白一世时期的长城（见696页）。长城围绕着英国最北部的城市——美丽的 ❿ **特威德河畔贝里克**（见696页），你几乎可以走完整段长城。

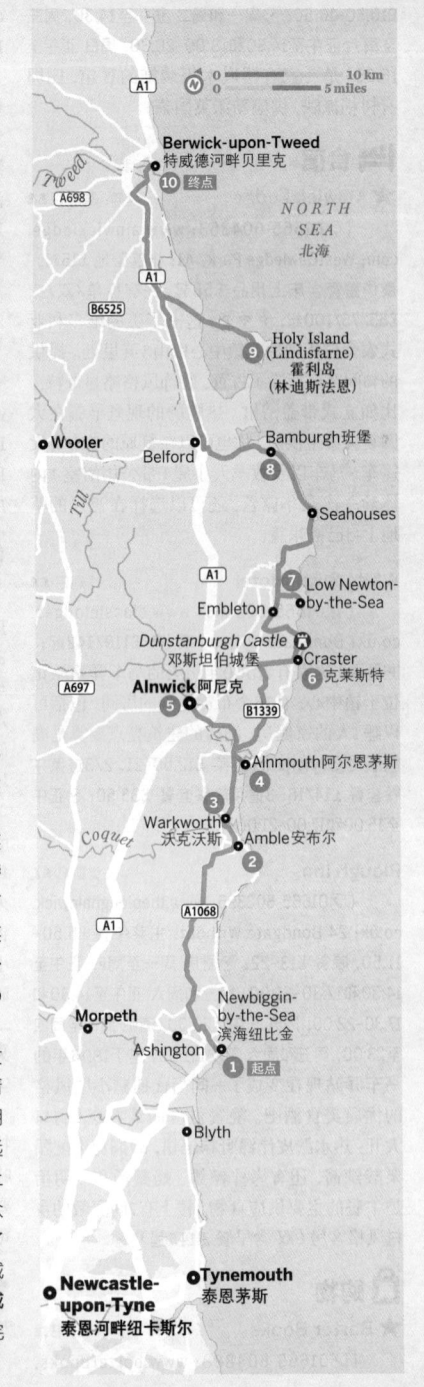

值得一游

哈特尔普尔（HARTLEPOOL）

钢铁厂和造船厂使得这座北海边的小镇在19世纪积累起财富，但也使这里成为"一战"时的攻击目标。1914年12月16日，哈特尔普尔被1150颗炮弹轰炸，死亡人数达117人，其中就包括"一战"中首名在英国本土牺牲的士兵——29岁的达勒姆轻步兵（Durham Light Infrantry）二等兵西奥菲勒斯·琼斯（Theophilus Jones）。现在你仍然可以在19世纪的休炮台博物馆（Heugh Gun Battery Museum；☎01429-270746；www.heughbattery.com；Moor Tce；成人/儿童 £6/4；◉6月至8月 周五至周一 10:00~17:00，2月至5月和9月至11月 周六和周日 10:00~16:00）看到地下弹药库、练兵场和全景观景塔。

同样值得参观的还有哈特尔普尔海事体验（Hartlepool's Maritime Experience；☎01429 860077；www.hartlepoolsmaritimeexperience.com；Jackson Dock, Maritime Ave；成人/儿童 £10/8；◉复活节至10月 10:00~17:00，11月至次年复活节 11:00~16:00），这是一个适合亲子游的景点，位于历史悠久的码头边。通过身着旧时服装的工作人员、有趣的历史展览和行业作坊情景模拟（如枪支制造者、打造刀剑的铁匠等）生动地再现了当地的历史。英国最古老的海上战船HMS Trincomalee也停泊于此，这艘船建造于1817年。

---

heritage.org.uk；Dunstanburgh Rd；成人/儿童 £5.40/3.20；◉4月至8月 10:00~18:00，9月 至17:00，10月 至16:00，11月至次年3月 周六和周日 10:00~16:00）从克莱斯特起始的海岸步道车辆不可通行，沿途景色最美，前行1.5英里后，可到达这座饱经风霜、令人感慨的城堡。它于1314年兴建，后在玫瑰战争时期得以加固，但后来却逐渐破败，到了1550年已沦为废墟。部分最初的城墙和警卫室仍然屹立不倒，这些遗迹也算是对建造者的致敬了。

✕ 就餐

Jolly Fisherman 美食酒吧 ££

（☎016650-576461；www.thejollyfishermancraster.co.uk；Haven Hill；主菜 午餐 £8~14，晚餐 £12~25；◉厨房 周一至周六 11:00~15:00和17:00~20:30，周日 正午至17:00，酒吧 周一至周六 11:00~23:00，周日 至23:00）蟹肉料理（诸如浓汤、三明治、鱼肉拼盘等）是这家美食酒吧的特色，但也有各种鱼菜肴、一款招牌汉堡和牛排配牛油薯条。除了醇正的艾尔啤酒，还供应品类丰富的红酒。酒吧内有火光摇曳的壁炉，室外的啤酒花园能眺望邓斯坦伯城堡。

★ Robson & Sons 食品

（☎01665-576223；www.kipper.co.uk；Haven Hill；熏鱼每公斤 £9起；◉周一至周五 9:00~16:30，周六 9:00~15:30，周日 11:00~15:30）这家传统的熏鱼店见证了四代人的心血；英国王室也是小店的回头客。店里的熏鲱鱼是最为出名的，但烟熏三文鱼和其他鱼类也不赖。

ℹ 到达和离开

X18路长途汽车前往阿尼克（£5.40，55分钟，每天3班）、特威德河畔贝里克（£6.60，1.5小时，每天3班）以及纽卡斯尔（£6.60，2.5小时，每天3班）。周一至周六，418路长途汽车往来于克莱斯特和阿尼克（£5.10，30分钟，每天4班）。

恩布尔顿湾（Embleton Bay）

优美的恩布尔顿湾是一片宽阔的弧形浅色沙滩，起始于邓斯坦伯，沿途经过起伏不平的可爱村庄恩布尔顿，最后以一段开阔的香草色弧状海滩止于Low Newton-by-the-Sea村，后者是受国民托管组织保护的个小巧刷白村庄。

◉ 景点

海湾后方有一条步道通向牛顿湖自然保护区（Newton Pool Nature Reserve），该保护区是鸟类繁殖和迁徙的重要地点，可以看到红嘴鸥和蝗莺。保护区内设有几处隐蔽观鸟点，可让你躲起来观察它们。如果沿着海角继续往前走，越过Low Newton后，会到达海角间的一片优美而隐蔽的沙滩——足球洞（Football Hole）。

克莱斯特是去邓斯坦伯城堡最方便的入

口；涨潮时从恩布尔顿湾去城堡的路会被海水切断。

食宿

Joiners Arms　　　　　　　　　　　　小酒馆 £££

(☎01665-576112；http://www.joiners-arms.com；High Newton-by-the-Sea；双£160起；ＰＳ)本地人热爱这家美食酒吧可不是没有理由的。食材均来源于周边地区，海鲜和牛排十分美味，欢迎家庭前来用餐。对于游客而言，这里还是一家不错的住宿点。5间现代客房的装饰风格各不一样，但充满精致贴心的细节，如石砖艺术、独立浴缸和四柱大床。

Ship Inn　　　　　　　　　　　小酒馆食物 ££

(☎01665-576262；www.shipinnnewton.co.uk；Low Newton-by-the-Sea；主餐午餐£5.50~9，晚餐£9~22.50；⊙厨房 4月至10月 周三至周六 正午至14:30和18:45~20:00，周日至周二 正午至14:30，酒吧 周一至周六 11:00~23:00，周日 11:00~22:00，11月至次年3月 营业时间缩短)这家田园风格小酒馆坐落在一片村庄绿地中。店里提供20多种自酿啤酒，有金啤酒、小麦啤酒、黑麦啤、苦啤、烈性啤酒以及季节限定品种。酿酒的水来自当地的寇克特河(Coquet River)。食物也是一流，包括螃蟹、龙虾和本地区农场出产的肉类。不接受信用卡结账和午餐预订(只能早点过来)；晚餐接受预订。周末经常会有现场音乐。

❶ 到达和离开

X18路长途汽车前往纽卡斯尔(£6.60，2.75小时，每天3班)、特威德河畔贝里克(£5.60，1.25小时，每天3班)和阿尼克(£5.40，45分钟，每天3班)，停车点就在Joiners Arms门前。周一至周六，418路长途汽车(£5.10，35分钟，每天4班)来往于恩布尔顿村和阿尼克。

班堡(Bamburgh)

☎01668/人口 414

班堡宏伟的城堡高踞于玄武岩峭壁之上，傲然俯视着山下古朴的村落。村庄的宅邸围着中心那片让人愉悦的绿地，仍在纪念当地女英雄格雷斯·达林(Grace Darling)的英勇事迹。

◉ 景点

班堡城堡　　　　　　　　　　　　　　城堡

(Bamburgh Castle；☎01668-214515；www.bamburghcastle.com；Links Rd；成人/儿童£11/5；⊙2月初至11月初 10:00~17:00，11月初至次年2月初 周六和周日 11:00~16:30)诺森伯兰最壮观的城堡为亨利二世所建，围绕着中间那座高大的11世纪诺曼主楼分布。城堡在13世纪、14世纪的边境战争中发挥了重要作用，而后在1464年倒塌，成为玫瑰战争中倒塌的第一座英格兰城堡。到了19世纪，伟大的工业家阿姆斯特朗勋爵(Lord Armstrong)对其进行修葺，自此城堡便成了阿姆斯特朗家族的住宅。

格雷斯·达林博物馆　　　　　　　　博物馆

(RNLI Grace Darling Museum；☎01668-214910；www.rnli.org；1 Radcliffe Rd；⊙复活节至9月 10:00~17:00，10月至次年复活节 周二至周日 10:00~16:00) 免费 格雷斯·达林出生于班堡，是外法恩岛(Outer Farne)灯塔守护者的女儿。1838年，SS Forfarshire号船搁浅，达林在可怕的暴风雨中划船出海，拯救了船员。这家翻新过的博物馆甚至展示了当时她划的那艘平底小船的实物，另有影片重现那个风暴夜发生的感人事迹。博物馆以南隔着三栋房子就是格雷斯的出生地，她就安葬于对面的教堂墓地。

就餐

★ **Mizen Head**　　　　　　　　　　　海鲜 ££

(☎01668-214254；www.mizen-head.co.uk；Lucker Rd；主菜£13~27；⊙周一至周三 18:00~21:00，周四至周日 正午至13:45和18:00~21:00；ＰＳ)班堡的最佳餐馆/住处便是这家提供住宿的餐厅。当地海鲜——龙虾、贻贝、螃蟹、三文鱼、鱿鱼等——是店里的特色菜，香煎牛扒也很不错。11间客房装饰着格子织物和黑白色的海岸图案，明亮而宽敞(双£98起)。勤快的员工服务专业。

Potted Lobster　　　　　　　　　　海鲜 ££

(☎01668-214088；www.thepottedlobsterbamburgh.co.uk；3 Lucker Rd；主菜£12~21，半只/整只龙虾£18/33，海鲜拼盘£70；⊙7月和8

月 正午至21:00, 9月至次年6月 正午至15:00和18:00~21:00) 在这家航海主题风格的餐馆里, 班堡的龙虾是桌上的主角, 烹饪方式包括往壳里加奶油鸡蛋白兰地的法式焗烤; 用大蒜欧芹黄油烧烤; 水煮后配野生大蒜蛋黄酱凉食。双人份的海鲜拼盘里堆满龙虾、林迪斯法恩牡蛎、克莱斯特螃蟹、腌鲱鱼等, 还会配有手工薯条和酥脆自制面包等小食。

❶ 到达和离开

搭乘X18路公共汽车向北可达特威德河畔贝里克(£6.60, 50分钟, 每天3班), 向南可达纽卡斯尔(£6.60, 3.75小时, 每天3班)。

霍利岛(林迪斯法恩) [Holy Island (Lindisfarne)]

这座小巧的岛屿面积仅为2平方英里, 但却有超凡脱俗的气质。退潮时露出的狭窄堤道是唯一连通主岛的方式, 岛屿每天有5个小时是与大陆隔断的。小岛是如此荒芜偏僻, 自635年圣奥登(St Aidan)到此建起一座修道院后, 千百年里几乎没有什么变化。

当你越过空荡荡的平地时, 不难想象在793~875年, 维京掠夺者是如何不断地侵扰这片土地的。而修道士们最终也接受了现实, 黯然离开。他们带着泥金装饰的《林迪斯法恩福音书》(Lindisfarne Gospels; 现收藏于伦敦的大英图书馆), 还带着圣卡斯伯特(St Cuthbert)奇迹般保存下来的遗体。卡斯伯特在此居住了几年, 但更喜欢内法恩岛的隐居生活。11世纪时, 这里重修了一座修道院, 但在1537年的修道院解散中未能幸存。

◉ 景点

林迪斯法恩修道院　　　　　　遗迹、博物馆

(Lindisfarne Priory; EH; www.english-heritage.org.uk; 成人/儿童 £7.50/4.60; ⊘4月至9月 10:00~18:00, 10月 至17:00, 11月至12月和次年2月中旬至3月 周三至周日 10:00~16:00, 1月至2月中旬 周六和周日 10:00~16:00)曾经的修道院仅剩下红灰色的废墟, 景象怪诞, 但可让你一睹当年林迪斯法恩修道士们的孤独生活。其后圣母玛利亚教堂(St Mary the Virgin Church)建于13世纪, 是在蒂斯(Tees)和福斯湾(Firth of Forth)之间首座教堂的原址

寇克特岛的海鹦

5月末至6月初, 为庆祝安布尔附近寇克特岛上海鹦雏鸟的孵化, 会举办**安布尔海鹦节**(Amble Puffin Festival; http://amblepuffinfest.co.uk; ⊘5月末), 节日为期3天, 活动包括当地历史讲座、观鸟导览游、展览、水上运动、工艺品市集、美食节和现场音乐。

在海鹦繁殖季节, 你可以通过**Dave Gray's Puffin Cruises**(☎01665-711975; www.puffincruises.co.uk; Amble Harbour, Amble; 成人/儿童£10/5; ⊘4月至10月预约参加)乘船去岛上观鸟。

上建造的。旁边的博物馆展示了首座修道院的遗迹, 介绍了修道院解散前和之后修士们的故事。开放时间对应潮汐变化。

林迪斯法恩城堡　　　　　　　　　　城堡

(Lindisfarne Castle; NT; www.nationaltrust.org.uk; 成人/儿童 £7.30/3.60; ⊘5月末至9月 周二至周日 11:00~17:00, 复活节至5月末和10月 10:00~16:00)这座童话书插画般漂亮的小城堡1550年建在一处岩石断崖上, 而后在1902年和1910年, 埃德温·勒琴斯爵士(Sir Edwin Lutyens)为《乡村生活》杂志的老板爱德华·哈德逊先生(Mr Edward Hudson)扩建改造了城堡。你可以想象, 当年这些迷人的厅室举办过多么奢华的派对。城堡位于村庄以东半公里处。开放时间对应潮汐变化。

🛏 食宿

Lindisfarne Inn　　　　　　　　旅馆££

(☎01289-381223; www.lindisfarneinn.co.uk; Beal Rd, Beal; 标单/双/家 含早餐 £81/115/135起; ℗☎☀)尽管这家旅馆位于主岛(A1公路上, 转入堤道岔路之旁)上, 但如果你对过岛时间拿捏得当, 在这里住宿和/或吃饭也是个挺方便的选择。旅馆的23间现代化客房一尘不染, 且远离马路, 不会受到噪声影响。酒吧食物远高于一般水平(比如板油布丁配诺森伯兰野味)且随季节变化而调整。

Crown & Anchor　　　　　　　　旅馆££

(☎01289-389215; http://holyislandcrown.

co.uk; Market Pl; 标单/双£60/70起; ⓟ🐾) 这家资深酒馆堪比岛屿社交生活的基石。客房装饰着明亮的色彩，食物地道。但这里最大的亮点是啤酒花园，可以看到城堡、修道院和海港的全景风光。

Barn @ Beal
酒馆食物 ££

(📞01289-540044; http://barnatbeal.com; Beal Farm, Beal; 主菜午餐£9~11, 晚餐£14~20; ⓒ咖啡馆9:00~17:00, 午餐和晚餐需预约, 酒吧营业时间随季节变化; 📶🐾) 这家气氛活跃的小酒馆位于A1岔路口东北方1公里处（岛屿以西2公里处），你可以在这里通过网络摄像头观看堤道上的潮汐。林迪斯法恩的海鲜（包括龙虾）用和农场自产农产品制作的汉堡是店里的招牌菜。酒馆有一个供儿童玩耍的区域。此外，还有12个帐篷露营位置（£7起）和9个房车露营地（£25起）。

🛍 购物

St Aidan's Winery
食品、饮品

(Lindisfarne Mead; 📞01289-389230; www.lindisfarne-mead.co.uk; Prior Lane; ⓒ9:00~17:00 取决于潮汐涨落) 林迪斯法恩的St Aidan's Winery采用当地的地下水和蜂蜜、根据传统罗马调制方法生产蜂蜜酒。你可以免费品尝3种口味——原味、血橙味和香料味——以及添加了生姜、野草莓、接骨木果、黑莓或樱桃的强化葡萄酒。还有蜂蜜酒巧克力松露和果酱等商品。来之前记得先查询开门时间。

ℹ 到达和离开

自驾者需特别留意过岛时间，你可以在该地区的游客中心和公告栏上或网站www.holy-island.info上查询。每年都有司机被涨起的潮水困在半路，不得不弃车的情况发生。

退潮时，Holy Island Hopper (www.berwickupontweedtaxis.co.uk; £3, 15分钟) 有车来往于岛屿和大陆，车辆会停靠Beal Rd和A1公路，之后再转乘X15路和X18路前往特威德河畔贝里克、阿尼克和纽卡斯尔。

自驾的话，需将车停在带标志的停车场内（每天£4.60）。复活节至9月，每20分钟便有一辆穿梭巴士（往返£2）往返于停车场和城堡之间；也可以选择步行去村庄（300米）和城堡（1英里）。

特威德河畔贝里克 (Berwick-upon-Tweed)

📞01289/人口 12,043

英国最北端的城市是一座优美的要塞小镇，特威德河穿城而过。一级建筑贝里克桥[Berwick Bridge, 也称老桥 (Old Bridge)]于1611年至1624年由砂岩修筑而成，与皇家特威德桥 (Royal Tweed; 1925~1928年) 双双横跨在特威德河上。

贝里克保持着两项独特的所谓纪录：一是欧洲历史上经历战斗最多的定居区（1174年至1482年，这里在苏格兰和英格兰之间易手14次）；二是其足球队——贝里克突击队 (Berwick Rangers)——是唯一一支出战苏格兰联赛的英格兰队伍（虽然仅是较低级的苏格兰乙级联赛）。尽管自15世纪以来，贝里克便一直为英格兰管辖，但它仍然保有自身特质，边界以南的当地人发音仍然有明显的苏格兰口音。

◉ 景点和活动

★ 贝里克长城
古迹

(Berwick Walls, EH; www.english-heritage.org.uk; ⓒ黎明至黄昏) **免费** 贝里克伊丽莎白一世时期的长城颇为坚固，1558年开始，人们对爱德华二世执政期间所修的长城进行了加修巩固。如今整段长城几乎都可步行游览。1英里长的城墙漫步不容错过，可看到开阔的美景。曾经巍峨坚固的边缘城堡现在仅保留了一小部分，大部分的建筑都被火车站取代。

贝里克军营
博物馆、画廊

(Berwick Barracks, EH; www.englishheritage.org.uk; The Parade; 成人/儿童£4.90/2.90; ⓒ4月至9月 10:00~18:00, 10月 周三至周日 至16:00) 军营由尼古拉斯·霍克斯莫尔 (Nicholas Hawksmoor) 所设计，是英国最古老的以军事为目的的专门建造的军营 (1717年)。现在，几家博物馆和画廊则入驻于此，展示了自17世纪开始这座小镇和英国军人的历史。体操画廊 (Gymnasium Gallery) 展出的都是有名的当代艺术作品。

Berwick Boat Trips
游轮

(📞07713 170845; www.berwickboattrips.

co.uk; Berwick-upon-Tweed Quayside; 2小时北海野生动物团队游 成人/儿童 £15/7, 1小时河上团队游 £8/4, 2小时日落河口团队游 £15/7; ⊙预约参加)组织多种游船之旅,北海游轮可以观看海豹、海豚和海鸟,河上乘船游沿着特威德河观光,而日落河口团队游则能领略夕阳映水的美景。网上可查到活动时间表。

🛏 食宿

Berwick YHA
青年旅舍 £

(☎01629-592700; www.yha.org.uk; Dewars Lane; 铺/双/家 £15/59/79起; ℙ@⛶) 这栋建于18世纪中叶的粮仓被改造为设施先进的青年旅舍,有多人间(共55个床位)和单人间(全都带卫生间)。现代生活设施包括电视休息室、洗衣房和公共区域的Wi-Fi。员工非常乐于助人。

★ Marshall Meadows Country House Hotel
历史酒店 ££

(☎01289-331133; http://marshallmeadowshotel.co.uk; Marshall Meadows; 双/家含早餐 £109/129起; ℙ⛶🐾) 这是英格兰最北边的酒店,它坐落在6公顷的林地和装饰花园中,距离苏格兰边界仅600米。这座乔治国王时期的庄园有19间客房(包括底层的一间家庭房),装饰有乡村风格的印花和格纹床上用品。酒店内有两个带壁炉的舒适酒吧和一个温室,橡木镶板的餐厅供应早餐(有腌鲱鱼)和烛光晚餐。

Audela
英国菜 ££

(☎01289-308827; www.audela.co.uk; 64 Bridge St; 主菜 £12.50~23; ⊙周四至周一 正午至14:30和17:30~21:00)店面原为一家贝壳海产店,如今则是镇上最好的餐馆,店名Audela取自贝里克船厂(Berwick Shipyard)最后制造的那艘船(1979年)。食材均来自当地的供应商,特色菜肴包括贝里克螃蟹配腌胡萝卜、牡蛎沙棘、烤野鸡配朝鲜蓟和哈吉斯菜泥,以及香菜诺森伯兰羔羊肉配野蒜卷土豆。

另辟蹊径
法恩群岛

在鸟类繁殖季节(大约是5月至7月)的**法恩群岛**(Farne Islands; NT; ☎01289-389244; www.nationaltrust.org.uk; 成人/儿童不包含船只接送£27.30/13.60, 繁殖季节以外时间价格略低; ⊙需预约, 3月至10月季节和天气允许时),你可看到约20种海鸟喂养雏鸟,包括海鹦、三趾鸥、北极燕鸥(Arctic tern)、绒鸭(eider duck)、鸬鹚和海鸥,以及6000多头灰海豹。法恩群岛距离渔村西豪斯(Seahouses)3英里远。经营乘船游的旅行社从西豪斯的码头出发,**Billy Shiel**(☎01665-720308; www.farne-islands.com; Harbour Rd, Seahouses; 成人/儿童不含登岛费2.5小时团队游£18/12, 6小时团队游£40/25; ⊙4月至10月, 需预约)是其中一家; 你可以通过西豪斯的**游客中心**(☎01670-625593; http://visitnorthumberland.com; Seafield car park, Seahouses; ⊙4月周四至周二 9:30~16:00, 5月至10月每天 9:30~16:00)联系船游公司。

渡海并不轻松(天气恶劣时无法成行)。穿保暖且防水的衣服,还要戴顶旧帽子来防鸟。

ⓘ 到达和离开

在连接伦敦和爱丁堡的东海岸铁路主干线上, 特威德河畔贝里克差不多位于爱丁堡(£13.40, 1小时, 每小时最多2班)和纽卡斯尔(£8, 45分钟, 每小时最多2班)的中间位置。

长途汽车停靠Golden Sq(与Marygate连接处)。National Express来往于爱丁堡(£15.70, 1.25小时, 每天2班)和伦敦(£38.10, 8小时, 每天2班)的长途汽车经停此处。

X15路(经阿尼克; £6.60, 2.5小时, 周一至周六每小时1班, 周日每2小时1班)和X18路(£6.60, 4小时, 每天3班)长途汽车开往纽卡斯尔。

哈德良长城
（Hadrian's Wall）

罗马最后的边界

在英国所有的古罗马遗址中，哈德良皇帝于公元2世纪修建的长城是目前最为壮观的。长城横跨英格兰北部，始于爱尔兰海，止于北海。联合国教科文组织在1987年赋予它世界遗产的称号。

此处我们选择长城的几处精华部分进行介绍，其中就包括遗迹豪斯特兹城堡（城堡复原图如下）。

豪斯特兹粮仓（Housesteads' Granaries）

诺森伯兰细雨绵绵，十分潮湿。粮仓的通风系统使得储备在这里的农作物保持干爽。此后的1500年，这里再也没出现过类似的通风系统。

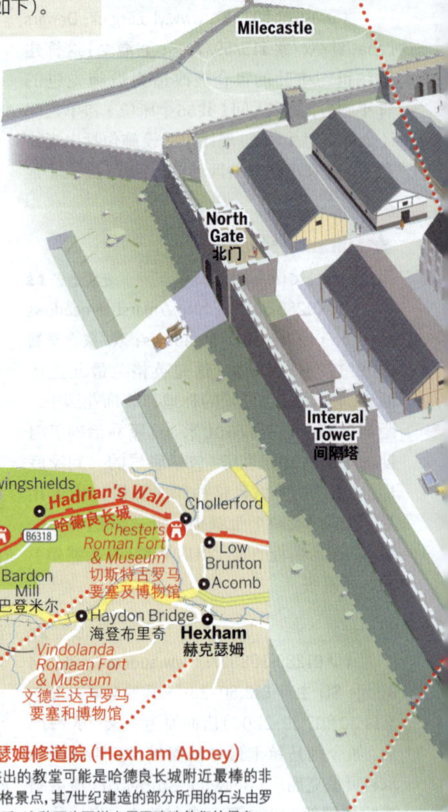

伯多斯沃尔德古罗马堡垒（Birdoswald Roman Fort）

到长城保存最长最完整的一段游历一番，在大要塞的遗址上漫步，而后到室内参观一下长城鼎盛时期的全比例模型。孩子们肯定很高兴。

切斯特古罗马要塞（Chesters Roman Fort）

这座守护跨越在River North Tyne河上的桥的堡垒，是英国境内保存最为完整的古罗马骑兵碉堡。这里还有一座十分不错的浴室。北方冬天长达数月且异常寒冷，浴室便显得无比重要。

赫克瑟姆修道院（Hexham Abbey）

这座杰出的教堂可能是哈德良长城附近最棒的非罗马风格景点，其7世纪建造的部分所用的石头由罗马人开采，这种石头同样也用于建造他们的堡垒。

豪斯特兹医院（Housesteads' Hospital）

在麻醉学还没有出现的时代，在医院还能进行手术，这着实令人惊讶。对罗马医神埃斯科拉庇俄斯的宗教仪式和祈祷，大概对得了疝气或阑尾炎的病人有点功效。

豪斯特兹厕所
(Housesteads' Latrines)
在古罗马时代，公共厕所很常见，而豪斯特兹的厕所保存得尤其良好。当时的人会使用浸泡了醋的海绵当作厕纸，幸好这海绵没有被保存下来。

长城小细节和数据

拉丁名： Vallum Aelium
长度： 73.5英里（80罗马里）
建造时期： 公元122年至128年
建造所使用人力： 3个军团（约16,000人）
特征： 至少16座要塞，80座里堡，160座塔楼
你知道吗： 哈德良长城并非是罗马人在英国修建的唯一一座长城。建于公元140年的安东尼长城（Antonine Wall）横穿了现在的苏格兰中部，但随后不久便被遗弃了。

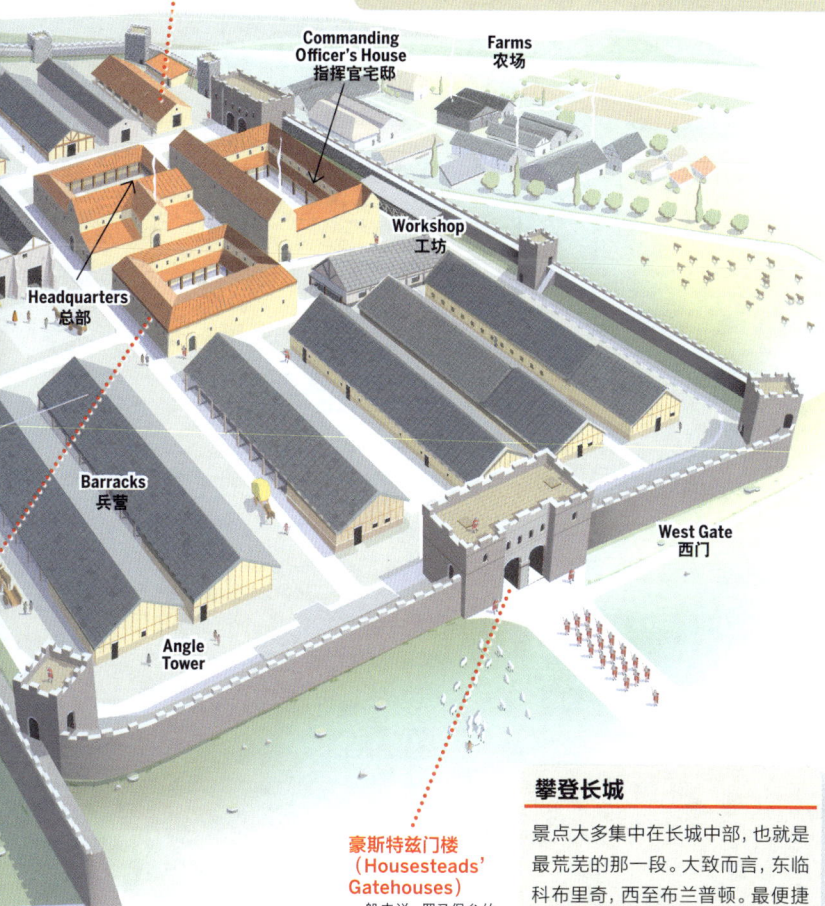

图中标注：
- Commanding Officer's House 指挥官宅邸
- Farms 农场
- Workshop 工坊
- Headquarters 总部
- Barracks 兵营
- Angle Tower
- West Gate 西门

豪斯特兹门楼
(Housesteads' Gatehouses)
一般来说，罗马堡垒的大门都会设在敌军来的方向，但豪斯特兹门楼却不同寻常，它没有一扇门是对着敌人的；建造者将大门东西对齐。在石头上还能看到车轮磨出的车辙。

免费导游
在某些景点，知识渊博的遗址导游志愿者可解答你的问题，让你的参观更加充实。

攀登长城
景点大多集中在长城中部，也就是最荒芜的那一段。大致而言，东临科布里奇，西至布兰普顿。最便捷的游玩方式便是开车，沿着B6318公路行驶，另外AD122路专线班车也可带你到那里。沿着哈德良长城小径（84英里）徒步，能让你近距离欣赏这一雄伟建筑。

威尔士

1. 康沃尔，西南海岸小径（见252页） 2. 兰贝里斯，利恩帕达恩湖（见794页） 3. 湖区，波尼斯（Bowness）的温德米尔湖（见634页） 4. 苏格兰的高地（见972页）的徒步者

震撼人心的英国

在英国,最为人熟知的莫过于其历史都城伦敦和爱丁堡,大学之乡剑桥和牛津,以及巴斯保存完整的古罗马遗址。但是,在城市之外,还潜藏着英国的另一面:崇山峻岭的壮观美景、湖畔村庄的恬静,还有大不列颠岛绵延数千英里的浩瀚海岸线。

湖区

英国最高的山脉和最大的湖泊都位于湖区(见630页)。冬季,山顶一片白雪皑皑,无论何时都呈现出一派壮观美景。在过去,湖区风光赋予了威廉·华兹华斯诗篇创作的灵感,而现在则吸引着众多徒步者前来朝圣。2017年,这里被联合国教科文组织列入《世界遗产名录》。

斯诺登尼亚

威尔士因斯诺登尼亚国家公园(见784页)而魅力无限,众多山峰和冰川雕琢而成的山谷绵延在国土北部。游客可搭乘瑞士那种的齿轮火车登上斯诺登山顶。而另一边的特瑞凡峰和格莱德法奥尔山的徒步登顶之旅则同样具有挑战性,你也可以获得壮美的景色和宁静作为回报。

康沃尔海岸

在英国,要想找一片美丽的海岸,那选择可是数不胜数。然而在遥远的西南边,康沃尔郡(见357页)的海岸可是无出其右。细沙海滩、宁静海角、明信片般的渔港、让人心跳加速的冲浪运动和大西洋海浪冲刷而成的崎岖悬崖,相互交融,形成一道道美景。

苏格兰西北高地

北部和西部海岸(见1007页)路途遥远。但这里拥有全英国最美的景色,再远的路程也是值得的。在这片遥远的荒芜之地,大山的悬崖垂直于大海之上,狭长的海湾则深入内陆,造就了一片此地只应天上有的美景。

威尔士亮点

❶ **威尔士海岸小径**(见43页)
沿着这条因美景而著名的870英里长的小径漫步。

❷ **斯诺登尼亚**(见784页)攀登威尔士最高峰——斯诺登。

❸ **圣戴维兹**(见740页)领略一下小巧的圣戴维兹,欣赏其优美的天主教堂和田园风情。

❹ **康威城堡**(见807页)遇见众多威尔士堡垒中最为漂亮的那座。

❺ **彭布罗克郡**(见735页)拜访海滩、诺曼古堡和野生动植物保护区。

❻ **布雷肯比肯斯**(见751页)登山之后回到美食酒馆中大吃一顿。

❼ **瓦伊河畔海伊**(见751页)置身于书虫的天堂。

❽ **加的夫**(见707页)探索首府的城堡和购物街,享受夜生活。

❾ **波特米洛恩**(见800页)体验巴洛克式意大利风情。

加的夫、彭布罗克郡和南威尔士

包括 ➡

加的夫	707
阿伯加文尼	722
布莱纳文	724
斯旺西	726
曼布尔斯	730
高尔半岛	731
滕比	737
圣戴维兹	740
波斯加因及周边	743

最佳餐饮

- ➡ Fish at 85（见716页）
- ➡ Whitebrook（见722页）
- ➡ Walnut Tree（见723页）
- ➡ Coast（见737页）
- ➡ Mosaic（见728页）
- ➡ Restaurant James Sommerin（见716页）

最佳住宿

- ➡ Lincoln House（见715页）
- ➡ Tŵr y Felin（见743页）
- ➡ Old School Hostel（见744页）
- ➡ Llethryd Barns（见732页）
- ➡ Port Eynon YHA（见731页）
- ➡ Grove（见740页）

为何去

从具有历史意义的边境小城切普斯托开始，一直延伸到西边锯齿状的彭布罗克郡海岸，南威尔士的确布满了景点。瓦伊河谷坐守边陲，是英国旅游业的发祥地。200多年来，人们前来探索这里宁静的航道和树木繁茂的蜿蜒山谷，山谷中丁登修道院的雄伟废墟为一代又一代的诗人和艺术家带来了创作的灵感。

公国的首府——加的夫，在这片宛如一条红龙的土地上，拥有着一座大都市的成熟韵味。就在威尔士第二大城市斯旺西之外，高尔半岛沿海的美景令人陶醉。北边，卡马森郡富饶的腹地充溢着舒适的乡村生活氛围。

除了加的夫之外，南威尔士最具吸引力的景点依然是彭布罗克郡，那里近200英里长的神奇海岸线如今已成为一座国家公园，由陡峭的悬崖、金色的沙滩、梦幻般的村庄以及海滨度假村所组成。

何时去

- ➡ 1月至3月是最寒冷的月份，不过威尔士的本土赛事六国橄榄球锦标赛会让当地人全身发热。
- ➡ 多数加的夫的大型节日都在7月举办，其中包括加的夫国际美食节、凡夫俗子露天戏剧节和威尔士逍遥音乐节。
- ➡ 高尔和彭布罗克郡海岸最好的徒步季节是春末、夏初或秋初时节。

加的夫、彭布罗克郡和南威尔士亮点

❶ **加的夫**（见707页）惊叹于维多利亚时代的奢华如何体现在这座城市的城堡上。

❷ **圣戴维兹**（见740页）探索这个小城市壮观的主教堂和冲浪海滩。

❸ **彭布罗克郡海岸小径**（见741页）沿着海岸线欣赏岩石与大海的碰撞。

❹ **卡里利城堡**（见725页）越过护城河，走进童话世界。

❺ **丁登修道院**（见721页）在瓦伊河谷这片浪漫的河边遗迹中漫步。

❻ **布莱纳文**（见724页）饱览工业遗址，并饱食世界级的奶酪。

❼ **威尔士国家植物园**（见734页）欣赏美丽的园艺花园。

❽ **彭特伊凡**（见748页）在威尔士最高的支石墓领略美景。

❾ **罗瑟利**（见732页）观看海浪冲刷沃姆斯角。

加的夫（CARDIFF）

029 / 人口 349,941

加的夫作为威尔士1955年以来的首府，如今已为自己的这一身份不断注入活力，成为新千年英国城市中心的翘楚之一。地处古老的城堡和超现代化的海滨之间，布局紧凑的加的夫似乎自己也对自己目前的有趣状态而感到惊讶。

这种活力在加的夫的建筑中体现得最为明显，它不停地打造出新建筑，发展的速度令人难以置信。这份新建立的自信充满了感染力，如今吸引人们前来的已不止英式橄榄球比赛。来这里过周末吧，成群的购物者来到海耶斯（Hayes）商业区，之后又有大波的狂欢者前往首府中兴旺的酒馆、酒吧和现场演出场所，令街道热闹非凡。

加的夫也是前往周边山谷及海岸地带进行一日游的绝佳基地，你可以参观城堡、海滩、有趣的工业遗址和历史遗迹。

历史

公元75年，罗马人在如今加的夫城堡的所在地建造了一座堡垒。加的夫名称大致来自Caer Târf（塔夫河边的城堡）这一称呼或是与罗马将领奥鲁斯·狄第乌斯（Aulus Didius）相关的Caer Didi（狄第乌斯堡垒）。罗马人于375年前后遗弃了这座堡垒，之后一直到诺曼人征服英格兰（Norman Conquest）之前，加的夫都处于未被占领状态。1093年，一位名叫罗伯特·菲茨海曼（Robert Fitzhamon）的诺曼骑士，同时也是格拉摩根（Glamorgan）的征服者以及之后册封的格洛斯特伯爵（Earl of Gloucester），为自己在罗马人的城墙内建造了一座城堡，一座小城围绕着它发展起来。二者均在1183年的一场威尔士叛乱中遭到破坏。1404年，在欧文·格兰道尔（Owain Glyndŵr）反抗英格兰统治者期间，小镇被洗劫一空，暴动以失败告终。

1536年，第一部《都铎联合法案》（*Tudor Acts of Union*）将加的夫纳入英格兰的统治之下，并为其带来些许稳定。尽管此地是重要的港口、贸易城镇和主教辖区，但在1801年，只有1000人定居于此。

该城当今的地位得益于其北方山谷中铁矿和煤矿的开采。煤炭最早的小规模出口可以追溯到1600年。1794年，拥有众多威尔士煤矿产地的布特家族（Bute）建造了格拉摩根郡运河（Glamorganshire Canal），铁矿石可从梅瑟蒂德菲尔（Merthyr Tydfil）用船运至加的夫。1840年，运河的地位被新的塔夫河谷铁路（Taff Vale Railway）取而代之。

而就在铁路开通的一年前，布特家族的第二代侯爵在加的夫以南的比特敦（Butetown）建成了当地第一个码头，在其他南威尔士口岸中先人一步。到了所有人都意识到山谷中蕴藏着巨大的煤炭储量（并由此触发了一波"黑金潮"）时，布特家族坚持要从布特镇船运煤炭。加的夫从此蓬勃发展。

在加的夫……

两日游

以在历史悠久的市中心漫步开始这一天，可以选择在**加的夫国家博物馆**（见709页）和**加的夫城堡**（见709页）稍作停留并探索一番。中午可以在**加的夫市场**（见719页）采购食物，然后在**布特公园**（见711页）野餐。如果天气不适合，可在市中心任何一家价格公道的餐厅用餐。第二天可以在**加的夫湾**（见712页）体验未来的时光，你可以置身于优秀的建筑之中，并在码头边用餐。

四日游

第三天上午在**圣法甘斯国家历史博物馆**（见712页）走进过往时光，然后去**佩纳斯**（见716页）一日游。在你旅程的最后一天，向北探索**兰达夫大教堂**（见714页），然后继续参观**红城堡**（见712页）和**卡菲利城堡**（见725页）。在威尔士首府的最后一晚，可以到市区的现场音乐场所（见717页）爽一把。

Cardiff 加的夫

Cardiff 加的夫

🛏 住宿
1. Cardiff Central YHA D2
2. Lincoln House B1
3. Number 62 .... B1
4. Saco Cardiff B1

🍴 就餐
5. Bully's A1
6. Fish at 85 .... A1
7. Purple Poppadom A2

🍷 饮品和夜生活
8. Bragdy a Chegin B1

🎭 娱乐
9. Chapter A2

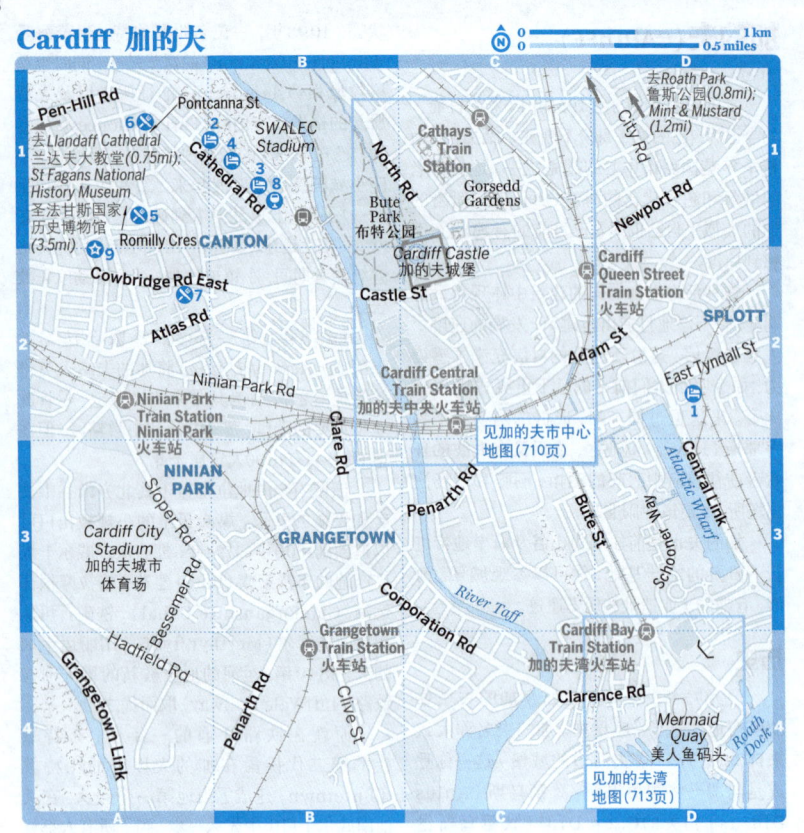

港区迅速扩张，布特家族赚得盆满钵满，城市也快速发展，人口从19世纪末的17万人跃升至1931年的22.7万人。在比特敦的港畔地区，一个名叫老虎湾（Tiger Bay）的多民族工人社区发展壮大起来。1905年，加的夫正式设立为市。一年之后，优雅的市民中心（Civic Centre）正式落成。1913年，加的夫成为世界顶尖的煤炭港口，煤出口量超过1000万吨。

第一次世界大战之后，煤炭贸易的迅速滑落和20世纪30年代的经济大萧条（Great Depression）减缓了加的夫的扩张。雪上加霜的是，"二战"的狂轰滥炸严重破坏了城市，夺去了超过350人的生命。不久之后，煤炭工业的国有化使得布特家族在1947年打包走人，并把城堡及大片土地捐给该城。

威尔士当时并没有官方的首府，建立首

府的需求对于威尔士的国家地位来说是个重要的问题。加的夫是威尔士的最大城市,拥有享有盛誉的建筑瑰宝——市民中心,这些都是它成为首府的优势。在威尔士政府成员的投票中加的夫获得36票,力压卡耶那封(Caernarfon)获得11票,阿伯里斯特威斯(Aberystwyth)获得4票,1955年加的夫被宣布成为威尔士有史以来的第一座首府。

◉ 景点

◉ 市中心 (City Centre)
★ 加的夫国家博物馆　　　　博物馆

(National Museum Cardiff;见710页地图; ☎0300 111 2 333; www.museumwales.ac.uk; Cathays Park; ⊙周二至周日 10:00~17:00; Ⓟ) 免费 这座宏伟的新古典建筑以自然历史和艺术为主,是分布在全国各处的7所机构所构成的威尔士国家博物馆(Welsh National Museum)中最重要的一个。这里是英国的顶级博物馆之一,你至少需要3个小时才能不辜负它,不过在这里可以轻松消磨掉一个雨天里的最好时段。博物馆后方的停车费用为£6.50。

威尔士的演变展(Evolution of Wales)带领观众们穿越46亿年的地质历史,它用多媒体将威尔士置于全球的大背景生动展示出。火山爆发的影片和威尔士风景的航拍片段解释了这里风景的形成过程,而恐龙和毛茸茸的猛犸象模型则令孩子们兴趣盎然。

自然历史展品包括色彩鲜艳的昆虫,以及一座1982年被冲到阿伯肖(Aberthaw)附近的9米长的座头鲸骨架。世界上最大的海龟(2.88×2.74米)——一只在哈勒赫(Harlech)海滩发现的棱皮龟——也在这里,就悬挂在天花板下。

这里拥有全世界最为优秀的印象派画家收藏之一,艺术品馆藏包括3幅莫奈的《睡莲》(*Water Lilies*),以及他所描绘的伦敦、鲁昂和威尼斯风景;西斯莱的《佩纳斯的悬崖》(*The Cliff at Penarth*;艺术家本人就是在加的夫结婚的);雷诺阿夺目的《巴黎妇人》(*La Parisienne*);罗丹的《吻》(*The Kiss*)以及凡·高(Van Gogh)痛苦至极的《奥维尔的雨》(*Rain: Auvers*)。这里充

分展示了威尔士艺术家如格温·约翰(Gwen John)、奥古斯塔斯·约翰(Augustus John)、理查德·威尔逊(Richard Wilson)、托马斯·琼斯(Thomas Jones)、大卫·琼斯(David Jones)和切里·理查兹(Ceri Richards)等人的作品,此外还有来自邻英格兰的名人,如弗兰西斯·培根(Francis Bacon)、大卫·霍克尼(David Hockney)和雷切尔·怀特瑞德(Rachel Whiteread)。

该博物馆收藏的许多印象派及后印象派作品来自1952年和1963年格温多琳·戴维斯(Gwendoline Davies)和玛格丽特·戴维斯(Margaret Davies)姐妹的遗赠。这对姐妹是19世纪煤炭和航运大亨戴维·戴维斯(David Davies)的孙女。博物馆的一个房间专门用于展示她们所收藏的七幅英国大师特纳(JMW Turner)的画作,这些画作在20世纪50年代曾被视为赝品而遭拒收,但最近被重新鉴定为真迹。

楼上的一个大画廊专门展出威尔士陶瓷,其他的则是主题广泛的临时展览,如"女性摄影"和"日本设计"。

★ 加的夫城堡　　　　城堡

(Cardiff Castle;见710页地图; ☎029-2087 8100; www.cardiffcastle.com; Castle St;成人/儿童 £13/9.25,包含团队导览游 £16/12; ⊙3月至10月 9:00~18:00,11月至次年2月 9:00~17:00)城堡的正中是一座中世纪主楼,但后来为加的夫城堡增添的辅楼才真正引发了人们的想象力。在维多利亚时代,奢华的仿哥特式建筑被嫁接到这处遗迹上,包括一座钟楼和一间奢华的宴会厅。这一绚丽的梦幻世界只有部分可以持城堡常规门票进入;其余的需要随(推荐的)导览游参观。留意地面上的投石器(中世纪的攻城装备)和猎鹰。

1766年到1947年,这座城堡曾是布特家族的私人领地。正是该家族将加的夫从一个小镇变成了世界上最大的煤炭港口。1947年,城堡被捐赠给了加的夫。它和传统的威尔士城堡相去甚远,倒更像是散落在中央绿地周围风格迥异、互不相干的"城堡群",构成了加的夫的整个历史。其中,最像传统城堡的部分是位于景区中心的城寨城堡式**诺曼环状堡垒**(Norman shell keep;木结构约建于

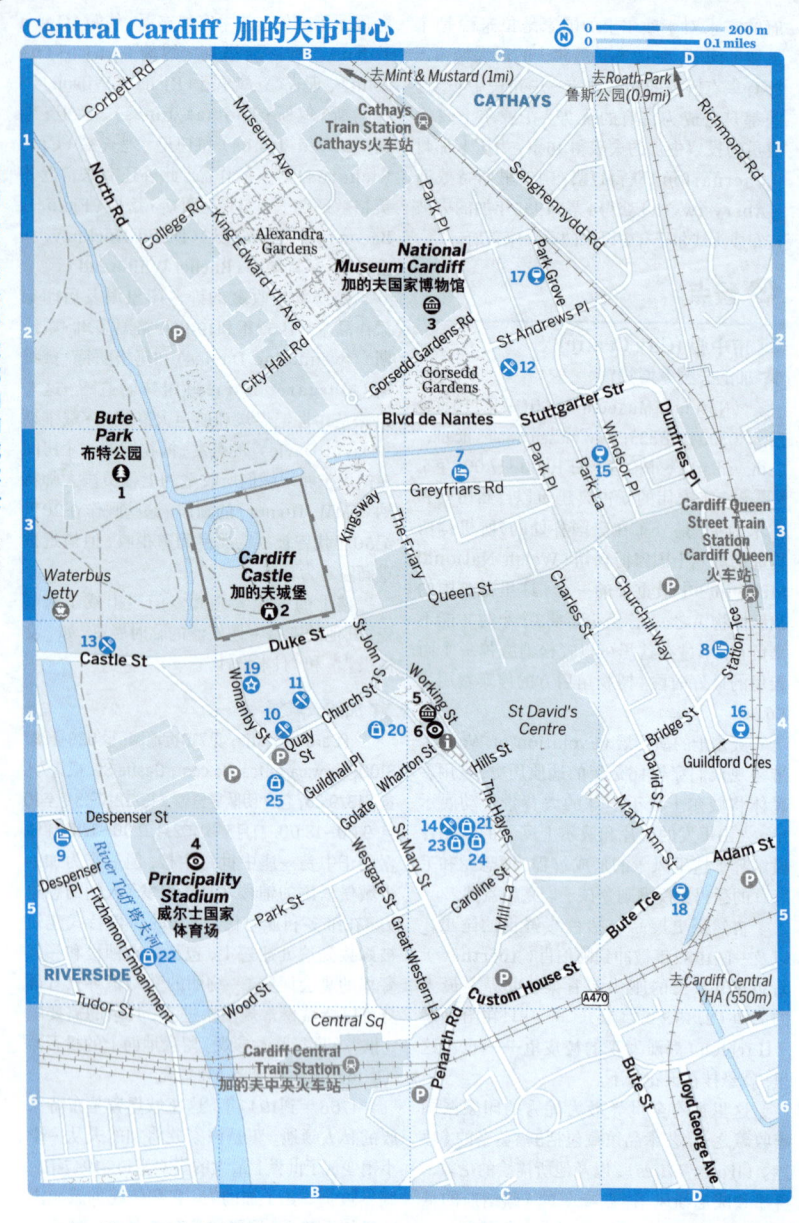

Central Cardiff 加的夫市中心

加的夫、彭布罗克郡和南威尔士

加的夫

1081年，并于1135年重建），以及构成入口大门的13世纪黑塔（Black Tower）。征服者威廉（William the Conqueror）的长子——诺曼底公爵罗伯特曾被他的兄弟——英格兰的亨利一世——囚禁在这座木制堡垒中，直到他83岁去世。

15世纪20年代，沃里克伯爵在西墙上建造了一幢富丽堂皇的房子，17世纪时赫伯特家族（Herbert；即彭布罗克伯爵家族）将其扩建。但在布特家族买下这座城堡时，这

Central Cardiff 加的夫市中心

◎ 重要景点
1 布特公园......................................A3
2 加的夫城堡...................................B3
3 加的夫国家博物馆...........................C2
4 威尔士国家体育场............................A5

◎ 景点
5 加的夫故事博物馆...........................C4
6 Yr Hen Lyfrgell..............................C4

住宿
7 Park Plaza C3
8 Premier Inn Cardiff City Centre.........D4
9 River House..................................A5

就餐
10 Casanova B4
11 Coffee Barker..............................B4
12 Park House.................................C2
13 Pettigrew Tea Rooms....................A4

14 The Plan.....................................C5

◎ 饮品和夜生活
15 Buffalo Bar D3
16 Gwdihŵ D4
17 Pen & Wig C2
18 Porter's D5

◎ 娱乐
19 Clwb Ifor Bach.............................B4

◎ 购物
Bodlon ....(见6)
20 加的夫市场..................................B4
21 Morgan Quarter...........................C5
22 河畔市场.....................................A5
23 Spillers Records...........................C5
24 Wally's Delicatessen.....................C5
25 WRU Store..................................B4

里已经年久失修。布特家族的第一位侯爵雇用建筑师亨利·荷兰（Henry Holland）及其岳父——著名的景观设计师"能匠"兰斯洛特·布朗（Lancelot Brown），将房子和地面重新整修。

直到19世纪，人们才发现诺曼人的防御工事是在公元1世纪加的夫最初的古罗马堡垒遗址上修建起来的。如今城堡周围的高墙大多是维多利亚时期复原的3世纪的3米厚的古罗马墙体。从城市正面清晰可见红砖条标志着原古罗马部分的结束和重建部分的开始。

位于西侧的塔楼和角楼也是19世纪开始建的，色彩鲜艳的40米高的**钟楼**高耸其中。这座仿哥特式的华丽建筑由布特家想法古怪的第三代侯爵和他的建筑师威廉·伯吉斯（William Burges）共同打造而成。后者是一位充满激情的怪人，常常穿着中世纪的服装并在肩上扛着一只鹦鹉。二人都痴迷于哥特式建筑、宗教符号学和占星术，这些元素都为该建筑以及布特家族位于红城堡（Castell Coch）的第二套威尔士住所的设计带来了影响。然而，除了对过去的关注，**城堡还配备了维多利亚时代的所有现代化条件**，比如电灯（这是威尔士第二座以这种新奇的魔法为特色的住宅）和楼上卧室浴室中的自来水。

从装饰着描绘时间主题（黄道符号按季节分组，北欧诸神代表着一周中的各天，胆敢在门口偷听的人定会感到害怕——经过门口时务必抬头看看）的钟楼里的冬季吸烟室（winter smoking room），到由红木和镜子装饰的布特爵爷的自恋卧房，房间里还挂着一尊镀金的福音传道者圣约翰（St John the Evangelist）的雕像（约翰是侯爵的受洗名），天花板上镶嵌着189面锥形镜子，用希腊语拼写出约翰这一名字——50分钟的**导览游**会带你进入城堡内部。

售票处旁边有一间小而实用的**旅游局办事处**，持城堡常规的门票可以进入宴会厅，且免费使用出色的语音导游机（支持儿童模式和多语种播放）。可以从**"二战"防空洞**开始参观，它被保存在城堡外墙内一条又长又冷的走廊里，然后前往**火线**（Firing Line），这是一个纪念威尔士兵的有趣的小型博物馆。

★ 布特公园　　　　　　　　　　　　公园

（Bute Park；见710页地图；http://parc-bute.com；◎7:30至日落前30分钟）布特公园与加的夫城堡（见709页）和塔夫河相邻，是在1947年与城堡一同被捐赠给城市的。它和索菲亚花园（Sophia Gardens）、彭特卡那绿地（Pontcanna Fields）与兰达夫绿地

(Llandaff Fields)一起，从塔夫河沿岸向西北延伸至兰达夫(Llandaff)，构成了一条全长1.5英里的绿色长廊。它们都曾经是布特家族庞大家产的一部分。

★ 威尔士国家体育场　　　　　　　体育场

（Principality Stadium, 即Millennium Stadium；见710页地图；☏咨询0844 249 1999，门票及团队游029-2082 2432；www.principalitystadium.wales; Westgate St; 团队游 成人/儿童 £13/9; ⏰团队游 10:00~17:00，周日 至16:00）这座壮观的体育场也被称作千禧体育场（"Principality"是目前拥有命名权的赞助商），如同一艘搁浅的宇宙飞船，矗立在塔夫河的东岸。这座拥有74,500个座位和可开闭式顶棚、耗资1.68亿英镑的三层体育场是为举办1999年的橄榄球世界杯（Rugby World Cup）而兴建的。如果你买不到球票，也值得来这里一游。在网上或是直接在球场内的WRU Store（见710页地图；☏0333 014 5343; www.wru.co.uk; 8 Westgate St; ⏰周一至周六 9:30~17:30，周日 10:00~16:00）预订。

★ 圣法甘斯国家历史博物馆　　　博物馆

（St Fagans National History Museum; ☏0300 111 2 333; www.museumwales.ac.uk; St Fagans; 停车 £5; ⏰10:00~17:00; 🚌32A）在加的夫市中心以西5英里的圣法甘斯村这一城乡接合部，来自全国各地的历史建筑被拆除并重新组装于此。40多座建筑在此展示，其中包括茅顶农舍、谷仓、一座水车、一所学校、一座18世纪的一神教礼拜堂，以及出售符合时代风情的货品的商店。32路、32A路和320路大巴（£1.80，26分钟）从加的夫开往这里。开车的话，沿着Cathedral Rd的方向一直走就能到达。

红城堡　　　　　　　　　　　　　城堡

（Castell Coch, Cadw; www.cadw.gov.wales; Castle Rd, Tongwynlais; 成人/儿童 £6.90/4.10; ⏰3月至6月、9月和10月 9:30~17:00，7月和8月 至18:00，11月至次年2月 周一至周六 10:00~16:00，周日 11:00起; 🅿）加的夫城堡的小型兄弟城堡位于加的夫北部边缘茂密的森林峭壁上，外观奇特花哨。这里是第三代布特侯爵的避暑地，和加的夫城堡一样，也是古怪的建筑师威廉·伯吉斯设计的花哨的哥特式复兴风格。布特家族迪士尼式的度假住所建造在吉尔伯特·德克莱尔（Gilbert de Clare）的13世纪红城堡遗址上，是个位于高处的历史建筑。门票包含使用很不错的语音导游机。

Yr Hen Lyfrgell　　　　　　　　文化中心

（旧图书馆；见710页地图；☏029-2022 5982; www.yrhenlyfrgell.wales; The Hayes; ⏰周一至周六 9:00~17:00，周日 10:00~16:00）欢迎（Croeso）来到这个英语大行其道的首府里仍旧捍卫威尔士语的堡垒。加的夫美丽的旧图书馆已经变成了一个展示所有使用威尔士语（Cymraeg）物品的橱窗，有一间不错的礼品店（见718页）、一个咖啡馆和威尔士语课程。这里欢迎所有人前来，即使只能用威尔士语说出一句羞怯的"早上好"（boreda）。到达之后，可以看看图书馆原入口处镶嵌的华丽的维多利亚瓷砖，并参观加的夫故事博物馆（Cardiff Story museum; 见710页地图；☏029-2034 6214; www.cardiffstory.com; ⏰10:00~16:00）免费。

◎ 加的夫湾 (Cardiff Bay)

加的夫湾设有许多重要的国家机构，这片建筑师的乐园汇集了有趣的建筑、开阔的空地以及各种公共艺术，展示了现代的威尔士民族。这里的主要商业中心是美人鱼码头（Mermaid Quay），有着大量的酒吧、餐厅和商店。

它并不总是今天这副模样。到1913年，共有超过1300万吨的煤炭从加的夫码头运出。经历了"二战"后的萎靡，码头逐渐退化为由干枯水池构成的废墟，铁路路堤将其与市区分隔。码头外围的海湾是世界上潮位落差最大的地方之一（高低潮之间的水位差大于12米），一天长达14小时都被满是恶臭和污水的泥滩包围。附近比特敦的居民区成为无人重视的贫民窟。

从1987年起，这片区域进行了大刀阔斧的重建。1999年，世界一流的拦潮坝的建成是整个重建工程的转折点。

★ 威尔士千禧中心　　　　　　　艺术中心

（Wales Millennium Centre; 见713页地图；☏029-2063 6464; www.wmc.org.uk; Bute Pl,

Cardiff Bay 加的夫湾

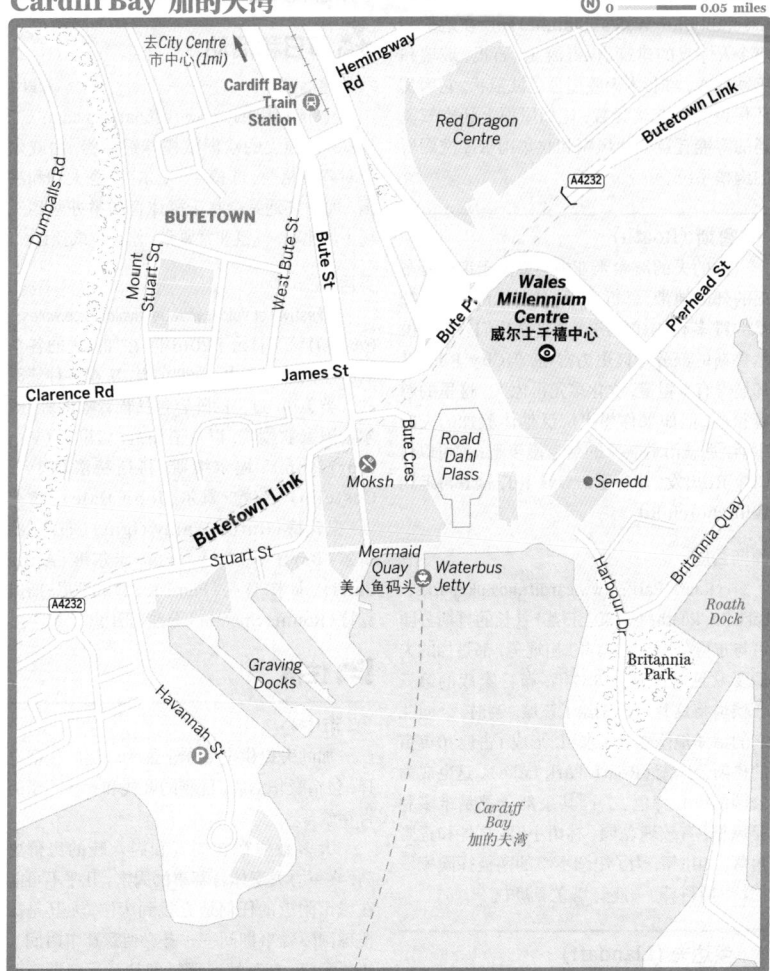

Cardiff Bay; ◉9:00~19:00,演出夜晚关闭时间更晚)造价1.06亿英镑的威尔士千禧中心是加的夫湾重生的中心和标志,是用紫色、绿色和灰色调的威尔士石板层层叠加而成的建筑杰作,顶部为镀铜的拱形钢铁屋顶。它由威尔士建筑师乔纳森·亚当斯(Jonathan Adams)设计,作为威尔士首屈一指的艺术建筑,于2004年对外开放,里边的主要文化组织有威尔士国家歌剧团(Welsh National Opera)、国家舞蹈团(National Dance Company)、英国广播公司威尔士国家交响乐团(BBC National Orchestra of Wales)、威尔士文学会(Literature Wales)、HiJinx Theatre和威尔士音乐中心(Tŷ Cerdd)。

Senedd 著名建筑

(见713页地图; ☏03002006565; www.assembly.wales; Cardiff Bay; ◉周一至周五 9:30~16:30,周六和周日 10:30~16:30) 免费 Senedd 由理查德·罗杰斯爵士[Lord Richard Rogers; 伦敦劳埃德大楼(Lloyd's building)、千年穹顶(Millennium Dome)和巴黎蓬皮杜中心(Pompidou Centre)的幕后设计

师]设计,这座威尔士国民议会(National Assembly for Wales' Siambr)的所在地是一座令人惊叹的建筑,以混凝土、石板、玻璃和钢铁建成,红杉木天蓬屋顶呈波浪状。它因其环保设计而获奖无数,比如屋顶上让空气流通的零能耗巨大通风帽和收集雨水冲洗厕所的沟槽系统。

鲁斯(Roath)

加的夫的波希米亚中心就位于市中心东面的郊区地带。邻近大学,使得Cathays区拥挤的维多利亚式平房非常受学生们欢迎。虽然鲁斯的部分地区更为富裕,但City Rd一带却显得有点粗糙,文化多元得惊人。这里的游客很少,但如果你想更广泛地体验加的夫的生活,那就沿着狭窄的街道漫步吧:你可以由City Rd出发,步行至Crwys Rd,接着再走到Whitchurch Rd。

鲁斯公园 公园

(Roath Park; www.cardiff.gov.uk/parks; Lake Rd, Roath; ⊙7:30至日落)狭长的鲁斯公园可与布特公园(见711页)相媲美,都是加的夫最受欢迎的绿地。1887年,布特家族的第三任侯爵将这片土地赠给了该城。当时,公园北端的沼泽地修建起了水坝,形成了占地30英亩的鲁斯公园湖(Roath Park Lake),这也成为公园的中心特色。公园其余部分都是维多利亚风格,有玫瑰花园、林荫小道、草坪和荒野角落。1915年,为了纪念不幸的南极探险家罗伯特·斯科特,一座灯塔立于湖中。

兰达夫(Llandaff)

兰达夫大教堂 主教座堂

(Llandaff Cathedral; ☎029-2056 4554; www.llandaffcathedral.org.uk; Cathedral Green, Llandaff; ⊙周一至周六 9:00~18:30,周日 7:00~18:30)这座庄严的大教堂坐落在塔夫河附近的一个山谷中,建造于一座6世纪修道院的旧址上,该修道院是由圣泰洛(St Teilo)修建的。现存建筑始建于1120年,经历了整个中世纪时期,逐渐支离破碎。在宗教改革和内战时期,教堂被用作啤酒馆,之后又成为动物收容所。它于18世纪被废弃,19世纪时进行了大规模重建,被德军1941年的轰炸破坏后,又经历了大规模的翻修。

节日和活动

六国锦标赛 体育节

(Six Nations; www.rbs6nations.com; ⊙2月和3月)顶尖的欧洲橄榄球锦标赛,由威士对阵英格兰、苏格兰、爱尔兰、意大利和法国。加的夫通常会在千禧体育场举办两到三场主场比赛,气氛非常紧张,住宿应该预订。

美声节 音乐节

(Festival of Voice; www.festivalofvoice.wales; ⊙6月初)该节日始于2016年,在加的夫的各个场所逢偶数年举办,为期10天,庆祝各种流派的人类美声。过去的阵容包括福音唱诗班、威尔士国家歌剧院,以及诸如范·莫里森(Van Morrison)、埃尔维斯·科斯特洛(Elvis Costello)、约翰·凯尔(John Cale)、鲁弗斯·温赖特(Rufus Wainwright)、布林·特费尔(Bryn Terfel)、安娜·卡尔维(Anna Calvi)、菲米·库蒂(Femi Kuti)和罗尼·斯佩克特(Ronnie Spector)等独唱明星。

住宿

市中心

加的夫提供全威尔士最为广泛的住宿选择,包括豪华酒店、优雅的客栈和一些不错的青年旅舍。

大多数住宿在周五和周六晚的房价更高,在举办大型体育赛事的周末,几乎不可能在城市附近的任何地方找到床位,尤其是橄榄球国际赛事期间——务必留意赛事时间、提早预订。有时情况糟糕到甚至远至斯旺西(Swansea)的酒店都被一订而空。

★ River House 青年旅舍

(见710页地图; ☎029-2039 9810; www.riverhousebackpackers.com; 59 Fitzhamon Embankment, Riverside; 铺/标单/大床含早餐£16/33/38起; @🛜)River House由一对专业而热情助人的兄妹经营,拥有设备齐全的厨房、一间洗衣房、一处小巧的花园和一间舒适的电视休息室。旅舍就位于千禧体育场隔着塔夫河的对岸。房间类型包括小小的宿舍以及配有大床的私人房间,所有房间都需要共用卫生间。还提供免费早餐（谷类、吐司、糕点和水果）。

Cardiff Central YHA　　青年旅舍 £

（见708页地图；☎345-371 9311；www.yha.org.uk；1 East Tyndall St；铺/房间 £10/49起；☎）这家经营有道的国际青年旅舍靠近加的夫市中心，周边是繁忙的道路和汽车经销商店铺，但它决定让这座前身是美居酒店（Mercure hotel）的建筑保持基本不变，十分明智。一些卧室现在变成了宿舍，还新增了客用厨房、洗衣房和其他设施，但所有的房间都保留了现代酒店风格的浴室，还有很多停车位。

Premier Inn Cardiff City Centre　　酒店 £

（见710页地图；☎08715278196；www.premierinn.com；Helmont House, 10 Churchill Way；房间不含早餐 £64起；☎）英国最大的酒店连锁企业在加的夫市中心的分店拥有200个床位，其所在的镜面外墙大楼以前是办公大厦，就位于市中心。虽然并不光鲜亮丽，但很舒适、干净且物超所值——但你需要预订并提前付款，以确保得到最低的价格。想要安静一些的房间就选高一些的楼层。

★ Park Plaza　　酒店 £££

（见710页地图；☎029-2011 1111；www.parkplazacardiff.com；Greyfriars Rd；单/双 £125/175；✱☎☎）Park Plaza豪华却不沉闷，拥有所有你能想象到的高档商务酒店应有的五星级设施，包括客用健身房、水疗馆、餐厅和酒吧（也对外开放），床上用品使用的是埃及棉。时尚的前台内有一个煤气炉泛着火光在墙边燃烧，背面的房间可以透过茂密的树叶看见市民中心的景致。

彭特卡那和坎顿

长长的Cathedral Rd枝繁叶茂，两旁林立着民宿和小旅馆，几乎所有都是翻修过的维多利亚时代的联排屋。从市中心步行过来只需15~20分钟，从火车站或汽车站乘出租车只需10英镑。临街停车不受限制，但在工作时间很难找到空位。

★ Lincoln House　　酒店 ££

（见708页地图；☎029-2039 5558；www.lincolnhotel.co.uk；118~120 Cathedral Rd, Pontcanna；双/阁楼 £125/250起；❒☎）Lincoln House介于大型民宿和小型酒店之间，是一座规模宏伟的维多利亚时期建筑，堆满书籍的起居室的彩色玻璃窗上有纹章标记，还有个独立的酒吧。酒店共有21间房以及一间可睡4个人的阁楼，预订一张有四柱床的卧房会增添几分浪漫。

★ Number 62　　客栈 ££

（见708页地图；☎029-20412765；www.number62.com；62 Cathedral Rd, Pontcanna；标单/双 £74/83起；☎）唯一令我们不将Number 62归入含早民宿的理由就是这里的早餐需要额外收费（需要在马路对面的Beverley Hotel用餐）。舒适的房间配有体贴入微的额外用品，如润肤露、化妆棉和棉签，客栈前方的花园则是这条街上最为精心打理的花园之一。

Saco Cardiff　　公寓 ££

（见708页地图；☎0845 122 0405；www.sacoapartments.co.uk；76 Cathedral Rd, Pontcanna；公寓 £120起；❒☎）这座宽敞的联排别墅经历了一次现代的翻新，被改建成配有单卧室或双卧室的酒店式公寓，配有舒适的休息室和配套的厨房。这里为长时间的住客而设立，不过周中也可以只住一晚。两室公寓对有孩子的家庭来说性价比很高，起居室还有一个沙发床。

🍴 就餐

🍴 市中心

Coffee Barker　　咖啡馆 £

（见710页地图；☎029-20224575；Castle Arcade；主菜 £6~7；⏰周一至周三 8:30~17:30, 周四至周六 至23:00, 周日 9:30~16:30；☎🐾）这家酷酷的咖啡馆位于某条加的夫维多利亚时代拱廊的入口处，拥有一系列的房间，适合享用咖啡、美味的煎饼、例汤和装在玻璃奶瓶里的香浓奶昔。尽管咖啡馆不大，但柔软的椅子和古怪的装饰为它营造了舒适的氛围。这里通常很热闹，还包括一家氛围轻松的酒吧，营业时间为周四至周六，23:00结束营业。

Pettigrew Tea Rooms　　咖啡馆 £

（见710页地图；☎029-20235486；www.

当地知识

佩纳斯（PENARTH）

富裕的佩纳斯已从老派海边度假地转型为真正的加的夫郊区，尽管它事实上属于毗邻郡。这里与加的夫湾以建造水坝形成的淡水湖相连接，如今在湖畔有个繁忙的码头。

即使只是来Restaurant James Sommerin（☎029-2070 6559；www.jamessommerinrestaurant.co.uk；The Esplanade；主菜£26~27，6/9道菜£65/85；⊙周二至周日 正午至14:30和19:00~21:30）用餐，也值得来一趟佩纳斯。该餐厅以老板兼主厨的名字命名，他在蒙茅斯郡（Monmouthshire）的餐厅就曾获得过米其林星级，想必该殊荣离这家餐厅也不远了。厨房里端出来的很多菜看都是色香味俱全，融合了多种质地、均衡的味道和复杂的分子烹饪技术。

---

pettigrew-tearooms.com；West Lodge, Castle St；主菜£8~10；⊙周一至周五 8:30~17:30，周六和周日 9:00~18:00）这家颇具氛围的小茶室位于建于1863年的布特公园的门房内，屋顶呈锯齿状，茶水和蛋糕都盛放于精致的瓷器中。黄瓜三明治、奶油烤饼、破旧的复古家具和20世纪20年代的满是杂音的曲调都是喝茶的佐料。如果你想吃得更丰盛点，也可以尝试一下农夫拼盘（ploughman's platter）。

Casanova　　　　　意大利菜 £££

（见710页地图；☎029-2034 4044；www.casanovacardiff.co.uk；13 Quay St；2/3道菜午餐£14/18，晚餐£25/32；⊙周一至周六 正午至14:30和17:30~22:00）这间迷人的小餐厅不只提供一般的意大利菜或某一地区的特色菜，而是有来自意大利各地正宗的地方菜可供选择。不出所料，菜单上的菜式多种多样，每道菜都有六种选择，包括一些不寻常的菜式，比如carne e cappuccio：用美味的卷心菜、白葡萄酒、香草和西红柿炖出来的山羊肉。

Park House　　　　新派欧洲菜 £££

（见710页地图；☎029-2022 4343；www.parkhouserestaurant.co.uk；20 Park Pl；主菜£26~27，2/3道菜午餐£20/25；⊙周二至周六 正午至14:30和18:00~21:30；🛜）这家私家会所的气氛相当沉闷，然而菜式却毫不保守，微妙的国际风味与经典的欧洲技术和配料融合在菜肴中，如用摩洛哥ras el hanout香料、古法种植胡萝卜和当地的海草烤比目鱼。穿上盛装按下门铃等待进入吧。

彭特卡那和坎顿

★Purple Poppadom　　印度菜 ££

（见708页地图；☎029-2022 0026；www.purplepoppadom.com；185a Cowbridge Rd E；主菜£15~17，2道菜午餐£15；⊙周二至周六 正午至14:00和17:30~23:00，周日 13:00~21:00）主厨兼作家阿南德·乔治（Anand George）为"新式印度菜"（nouvelle Indian）的烹饪开辟了新的道路，为来自南亚次大陆各地——从克什米尔到喀拉拉邦——的地方菜增添了独特的风味。值得庆幸的是，菜肴侧重于经过实践检验的完美的地方美食，而不是任何不必要的古怪作品。

★Fish at 85　　　　　　海鲜 ££

（见708页地图；☎029-2023 5666；www.fishat85.co.uk；85 Pontcanna St, Pontcanna；2/3道菜午餐套餐£15/18，主菜£19~22；⊙周二至周六 正午至14:30和17:30~21:30）白天时这里是鱼店（因此才有一股浓郁的、挥之不去的鱼腥味）；到了晚上则摇身一变成为优雅的餐厅，有着科德角（Cape Cod）式的装饰，蜡烛漂浮在盛满水的罐中，是加的夫享用海鲜晚宴的首要餐厅。除了单点菜单和午式套餐外，还有每日海鲜菜单，提供英国水域打捞到的最好食材。

Bully's　　　　　　　小酒馆 ££

（见708页地图；☎029-2022 1905；www.bullysrestaurant.co.uk；5 Romilly Cres, Pontcanna；主菜£18~22；⊙周三至周六 正午至14:00和18:30~21:00，周日 正午至15:30；🍴）这家舒适的街坊小酒馆的墙上贴满了各种各样不拘一格的装饰（各种纸币、一些著名餐馆的收据等），与这里高品质的菜肴相比，这里的环境略显古怪。周五和周六晚上提供全套套餐，特色菜品有海鲈鱼配意大利宽面、螃蟹、海芦笋和龙虾浓汤，或咖喱胡桃南瓜配玉米饼、花椰菜泥和红薯煎饼。

加的夫湾

Moksh 印度菜 £ £

（见713页地图；☎029-2049 8120；www.moksh.co.uk; Ocean Bldg, Bute Cres, Cardiff Bay; 主菜£6~18; ⏰周日至周四 正午至14:30和18:00~23:00, 周五和周六 正午至14:30和18:00至午夜; 🍴）这一典型的印度餐厅拥有一种接地气的果阿氛围，但厨房却如"威利·旺卡和香料工厂"一般出品一道道美味：撒了辣椒/巧克力粉的羊排、大虾、白巧克力/辣椒泡沫、威士忌木料烟雾、巧克力和甜橙烤鸡块以及费列罗巧克力猪肉配佳发饼干冰激凌。

Cathays和鲁斯

★ Mint & Mustard 印度菜 £ £

（☎029-2062 0333; www.mintandmustard.com; 134 Whitchurch Rd, Cathays; 主菜£13~15; ⏰周一至周六 正午至14:00和17:00~23:00, 周日至22:00; 🍴）皮革靠椅和青绿色调的装饰是这家令人愉快的印度南部喀拉拉邦美味小店的时尚背景。如果你对马拉巴尔海鲜（用椰奶、黑胡椒和青葱头马萨拉香料烹制的虾、贻贝和鱿鱼）不感兴趣，这里也提供丰富的素食选择和标准的印度美食。

🍷 饮品和夜生活

Gwdihŵ 酒吧

（见710页地图；☎029-20397933; www.gwdihw.co.uk; 6 Guildford Cres; ⏰周一至周六 15:00至午夜, 周四至周六 正午至次日2:00, 周日 16:00至午夜）这家小巧可爱的酒吧以霓虹灯作为外墙装饰，提供各种娱乐活动（喜剧、DJ、竞猜之夜和许多现场音乐演出，包括热闹曼延到停车场的小型音乐节），在任何时候都是个富有魅力的场所，可以前来喝上一杯。你可能会好奇店名的意思，它其实是威尔士语对猫头鹰的叫法。

Buffalo Bar 酒吧

（见710页地图；☎029-20310312; www.buffalocardiff.co.uk; 11 Windsor Pl; ⏰周日至周三 正午至次日3:00, 周四至周六 至次日4:00）Buffalo是城内酷小孩们的聚集地，拥有复古的家具、可口的美食、浓烈的鸡尾酒和另类的曲调。后边有个小小的啤酒花园，而楼上则有前卫的独立乐队现场表演，深夜时会间插DJ演出。像波罗蜜馅饼这样有趣的食物从正午至21:00都会提供（主菜£11~13）。

Porter's 酒吧

（见710页地图；☎029-21250666; www.porterscardiff.com; Bute Tce; ⏰周一至周三 17:00至次日0:30, 周四和周五 16:00至次日3:00, 周六 正午至次日3:00）这家酒吧的老板是一位自认失败的演员，酒吧氛围友好洒脱，在大多数夜晚都有活动举行，无论是竞猜、现场音乐、喜剧节目还是电影放映（有个附属的小影院）。当地戏剧在拥有44个座位、名为"Other Room"的剧院内上演，就在酒吧隔壁。酒吧后方还有一个美妙的啤酒花园，位于铁路轨道的阴影下。

Bragdy a Chegin 小酒馆

（Brewhouse & Kitchen; 见708页地图；☎029-20371599; www.brewhouseandkitchen.com/venue/cardiff; Sophia Close; ⏰周一至周四 11:00~23:00, 周五和周六 至午夜, 周日 正午至22:30; 📶）这个全英国品牌Brewhouse & Kitchen连锁店的前哨站就位于SWALEC体育场旁边，对想喝酒的板球爱好者来说是个绝佳位置。这里有一个现场的小啤酒厂、一个温室和啤酒花园，甚至还有一个"学院"，在其中你可以学习酿造和啤酒品尝的基本知识。厨房（主菜£11~15）提供烧烤食物和经典酒吧美食。

Pen & Wig 小酒馆

（见710页地图；☎029-20371217; www.penandwigcardiff.co.uk; 1 Park Grove; ⏰周一至周四 11:30至午夜, 周五和周六 至次日1:00, 周日 至23:00）在这个固守传统的酒吧墙面上，用拉丁语印上了法律词组（以向法律界的多位赞助人致敬），但是巨大的露天啤酒花园和轮番上阵的娱乐项目[周一为Cask-Ale俱乐部、周二知识竞赛（quiz Tuesday）、周六现场音乐会]却让这里毫不古板沉闷。菜单（主菜£10~11）提供平常的小酒馆美食，如小羊腿、意式宽面和汉堡。

☆ 娱乐

拿一份免费的月刊杂志 *Buzz*（www.

buzzmag.co.uk），里面有最新的娱乐信息，在旅游局办事处、剧院和类似的场所都可以领取。旅游局办事处的工作人员也可以推荐。

★ Clwb Ifor Bach   现场音乐

（见710页地图；☏029-2023 2199；www.clwb.net; 11 Womanby St；入场费£5起）传奇的Clwb（读作"Club"）以12世纪威尔士叛军人物Ifor Bach为店名，自1983年作为威尔士语社交俱乐部开业以来便成就了很多威尔士乐队，作为加的夫最为重要的独立音乐表演场地而声名远播。现在，这里的乐队以多种语言演出，从年轻的后起之秀到更为成熟的表演都有涵盖，还有定期的俱乐部之夜。

★ Chapter   艺术中心

（见708页地图；☏029-2030 4400；www.chapter.org; Market Rd, Canton；◷周一至周四8:30~23:00，周五和周六 至午夜，周日 至22:30；☏）Chapter于1972年建立，如今是加的夫最前卫的艺术场所，轮番上演各式各样的当代戏剧、艺术展览、文艺片、工坊、另类剧目和舞蹈表演。这里还有一家很受欢迎的咖啡馆兼酒吧（从8:30至少营业至22:30），供应多种多样的欧洲啤酒和真正的桶装麦芽酒。

🛍 购物

市中心最引人注目的发展之一是Hayes购物区的转变。庞大而又炫目的St David购物中心的扩建占据了其整个东面的场地。与这座现代的商场相匹配的是历史悠久的维多利亚时期和爱德华七世时期的拱廊商店街网，熟铁建筑已延伸到了St Mary St的一侧。

★ 河畔市场   市场

（Riverside Market；见710页地图；☏029-20190036；www.riversidemarket.org.uk; Fitzhamon Embankment；◷周日 10:00~14:00）每个周日，威尔士国家体育场附近的塔夫河河堤上都林立着河畔市场的摊位。独立生产商展示着他们的产品，从特制奶酪、自制酸面包和腌肉，到新鲜蔬菜、果酱罐和厚重的油炸圈饼。这里的座位可以让你一边喝着美味的咖啡、吃着美食，一边看着河水流过。

Bodlon   礼品和纪念品

（见710页地图；www.bodlon.com; Yr Hen Lyfrgell, The Hayes；◷周一至周六 9:00~17:00，周日 10:00~16:00）如果你想要一件不太俗气的威尔士纪念品，这家位于威尔士文化中心的商店是个不错的选择。Bodlon在威尔士语中意为"快乐"或"满足"，出售当地制作的艺术作品和工艺品、威尔士语贺卡和书籍，甚至还有一系列用威尔士语作为标签的厨房储物容器。

Morgan Quarter   购物中心

（见710页地图；www.morganquarter.co.uk; St Mary St和The Hayes之间）加的夫最古老的拱廊商店街（1858年），Royal通过一系列的拱顶小巷与Morgan Arcade相通，构成了一片时髦的步行商业区，被称作Morgan Quarter。除了名牌时装，还有出售滑板、旧书和古董的商店。可以留意一下**Spillers Records**（见710页地图；☏029-20224905；www.spillersrecords.co.uk; 27 Morgan Arcade；◷周一至周六 10:00~18:00）、各种艺术和设计展示装置、**The Plan**（见710页地图；☏029-20398764；www.theplancafe.co.uk; 28 Morgan Arcade；主菜£4~9；◷8:30~17:00；☏）咖啡馆以及出众的**Wally's Delicatessen**（见710页地图；☏029-20229265；www.wallysdeli.co.uk; 38-46 Royal Arcade；◷周一至周六 8:30~17:30，周日 11:00~16:00）。

现场音乐

大型摇滚和流行音乐会在威尔士国家体育场举行（见712页）。如果你期待更为深入的体验，那就去那些有现场乐队表演的众多酒吧试试吧，比如Gwdihŵ、Buffalo Bar和**10 Feet Tall**（☏029-2022 8883；www.10feettallcardiff.com; 12 Church St；◷周一至周四 15:00至次日3:00，周五至周日 正午至次日3:00）。

兰蒂夫大教堂（见718页）和**施洗者约翰教堂**（St John the Baptist Church；☏029-2039 5231；www.cardiffstjohncityparish.org.uk; 3 St John St；◷周一至周六 10:00~15:00）会定期举办古典音乐会。

加的夫市场

市场

(Cardiff Market；见710页地图；St Mary和Trinity St之间；⊙周一至周六8:00~17:30) 虽然自18世纪以来这里就有一个市场，但现在以铁架覆盖的市场年份仅可追溯到1891年。这里的摊位出售各种物件，从新鲜的鱼到手机套，应有尽有，还有新鲜的面包、奶酪、冷藏肉、烤鸡和威尔士蛋糕，供人们在布特公园野餐。黑胶唱片爱好者可以去楼上的Kelly's Records (周一至周六9:00~17:00)。

❶ 实用信息

旅游局 (Tourist Office；见710页地图；☎029-2087 3573；www.visitcardiff.com；Yr Hen Lyfrgell, The Hayes；⊙周日至周四10:00~15:00，周五和周六至17:00) 位于旧图书馆内，提供信息、建议并出售纪念品。在加的夫城堡售票处旁也设有办公桌，营业时间为9:00~17:00。

❶ 到达和离开

飞机

加的夫机场 (Cardiff Airport；☎01446-711111；www.cardiff-airport.com) 位于加的夫西南12英里处，要经过巴里 (Barry)。以下为提供定期飞往加的夫航班的航空公司：

Flybe (www.flybe.com) 飞往安格尔西岛 (Anglesey)、柏林、海峡群岛 (Channel Islands)、科克 (Cork)、都柏林、杜塞尔多夫 (Düsseldorf)、爱丁堡、格拉斯哥、米兰、慕尼黑、巴黎、罗马和威尼斯。

伊比利亚航空公司 (Iberia；www.iberia.com) 航班飞往马德里。

荷兰皇家航空公司 (KLM；www.klm.com) 航班飞往阿姆斯特丹。

卡塔尔航空公司 (Qatar；www.qatarairways.com) 航班飞往多哈。

瑞安航空公司 (Ryanair；www.ryanair.com) 航班飞往法罗 (Faro)、南特内里费机场 (Tenerife South)。

伏林航空公司 (Vueling；www.vueling.com) 航班飞往阿利坎特 (Alicante)、巴塞罗那、马拉加、帕尔马·洛卡岛 (Palma de Mallorca)。

长途汽车

加的夫的旧中央客运站于2008年被拆除；经过多年的策划和错误的开工，其替代品即将于2020年开始营业，就位于火车站旁重新焕发活力的中央广场 (Central Sq)。与此同时，公交车停靠在城里各处的临时车站。详情可查看https://www.traveline.cymru。

长途汽车目的地包括纽波特 (Newport；X30/30路，£2.20，40分钟，车次频繁)、阿伯加文尼 (Abergavenny；X3路，£8.30，1.5小时，车次频繁)、布雷肯 (Brecon；T4路，£7，1小时45分钟，每天8班)、斯旺西 (X10路，£5，1小时15分钟，每天6班) 和阿伯里斯特威斯 (Aberystwyth；T1C路，£17，4小时，每天1班)。

Megabus (http://uk.megabus.com) 提供从伦敦至加的夫 (途经纽波特) 的单程长途汽车服务，价格便宜至£8.30起。

National Express (www.nationalexpress.com) 长途汽车由**加的夫长途汽车站** (Cardiff Coach Station；Sophia Gardens) 出发，目的地包括滕比 (Tenby；£19，2小时45分钟，每天)、斯旺西 (£5.20，1小时15分钟，班次频繁)、切普斯托 (Chepstow；£6.60起，1小时，每天6班)、布里斯托尔 (Bristol；£8.70，1小时15分钟，每天6班) 和伦敦 (£15起，3小时45分钟，班次频繁)。

火车

从英国主要城市出发的火车都抵达位于城市中心南边的加的夫中央火车站 (Cardiff Central station)。伦敦帕丁顿车站 (£62起，2小时15分钟，每小时2班)、阿伯加文尼 (£14，40分钟，班次频繁)、斯旺西 (£11.40，1小时，每小时2班)、菲什加德港 (Fishguard Harbour；£11.50起，3小时15分钟，每天2班) 和霍里黑德 (Holyhead；£47，5小时，每天7班) 与加的夫之间有直达车次。最新的时刻表和预订可登录www.thetrainline.com查看。

❶ 当地交通

抵离机场

加的夫机场快运 (Cardiff Airport Express) T9巴士 (£5，40分钟，4:00至次日0:30之间每20分钟1班) 来往于机场和加的夫湾之间，途中经过市中心。

905路穿梭巴士 (£1，7分钟) 连接机场航站楼和附近的卢斯加的夫机场火车站 (Rhoose Cardiff Airport railway station)。从卢斯开往加的夫中央火车站的火车（£4.60，33分钟）周一至周六每小时1班，周日每小时2班。

FlightLink Wales（✉加的夫机场 01446-728 500，总部 029-2025 3555；www.flightlinkwales.com）拥有在机场运营出租车的特许权，提供开往市区的迷你穿梭巴士，可合租（£22起），也可单独租用（£31起）。

船

有两艘船交替作为水上巴士沿着塔夫河运行，从**布特公园**（见711页地图）到**美人鱼码头**（Mermaid Quay；见713页地图），10:30~17:00之间每半小时发船。全程大约需时25分钟，单程收费£4，还附有景点解说。

公共汽车

当地公共汽车由**Cardiff Bus**（✉029-2066 6444；www.cardiffbus.com；单程票/日票 £1.90/3.80）运营；可直接向司机购票（现金或免触支付方式；不找零）。市中心各站点都有有用路线，包括Baycar公司运营的开往加的夫湾的6路、开往Cathays和鲁斯公园的52路和54路、经由Cathedral Rd开往兰达夫的25路和63路，以及开往圣法甘斯的32A路（由Easyway运营）。

火车

通常而言，对短途行来说，公共汽车相比火车更为方便，不过市内各处也有许多火车站，包括加的夫中央火车站、Cardiff Queen St、加的夫湾、Cathays和Grangetown。车资约£2.10。

蒙茅斯郡 (MONMOUTHSHIRE/SIR FYNWY)

你只需想想不计其数的城堡，便可知道这片宜人的乡村地带曾经是一处多么蛮荒的边境。诺曼贵族领主使石匠们忙得团团转，建立了强大的防御工事来抵御不羁的威尔士人。尽管这些石头城堡沿着蒙诺河（River Monnow）和瓦伊河（River Wye）划出了清晰的边界，1543年的《联邦第二法案》还是将蒙茅斯郡置于英格兰和威尔士之间的司法边缘地带。直到1974年，蒙茅斯郡才被确认为威尔士的一部分，这种法律上的模糊才得以消除。

瓦伊河是英国的第五长河，发源于威尔士中部的山区，流经英格兰，然后流回中部，形成了威尔士和英格兰的边界，并在切普斯托以南注入塞文河（River Seven）。它的大部分地区都被划为杰出自然风景区（Area of Outstanding Natural Beauty, AONB；www.wyevalleyaonb.org.uk），以其石灰岩峡谷和茂密的阔叶林而闻名。

切普斯托 (Chepstow/Cas-gwent)

✉01291 / 人口 12,418

切普斯托是一个迷人的集镇，位于瓦伊河的一个大S形弯内，拥有宏伟的诺曼式城堡和全英国最著名的赛马场之一。该镇起初是作为诺曼人征服威尔士东南部的基地兴起的（从各方面而言，这里的"威尔士特征"都不是很明显：从城东部穿过的瓦伊河在982年才由国王阿特尔斯坦（Athelstan）划定为两国的边界）。切普斯托后来发展成为繁荣的木材和葡萄酒交易港口。由于内河商业让位给了铁路经济，切普斯托的重要性也随之减弱，而从这座城市的名字也可略知一二——它在古英语中的意思就是"市场"。

⊙ 景点

★ **切普斯托城堡** *城堡*

（Chepstow Castle; Cadw; www.cadw.gov.wales; Bridge St; 成人/儿童 £6.90/4.10; ⊙3月至6月、9月和10月 9:30~17:00，7月和8月 至18:00，11月至次年2月 周一至周六 10:00~16:00，周日 11:00~16:00）宏伟的切普斯托城堡位于石灰岩悬崖上，俯瞰着脚下的河流，守望着瓦伊河的主河道穿越英格兰进入南威尔士。它是英国最古老的城堡之一，始建于1067年，即征服者威廉入侵英格兰之后一年内。令人印象深刻的巨塔（Great Tower）的年份可以追溯到这一时期，还使用了从附近的罗马城镇卡尔文特（Caerwent）掠夺来的砖块。它在几个世纪的时间内不断扩展，形成了一处沿着山坡蜿蜒的狭长地形的建筑群。

🛏 食宿

Three Tuns *小酒馆 ££*

（✉01291-645797；32 Bridge St；18a The

Back; 标单/大床 £65/85; ⓢ) 这家建于7世纪中叶的小酒店位于城堡附近，经过巧妙的改造，地毯和古董家具与这座古建筑更为粗犷的特色之间形成了互补。在温暖的天气里，以城堡为背景、鲜花盛开的啤酒花园令人愉悦。菜单上有各种馅饼（主菜£10），周末楼下通常都提供现场音乐，但晚上11点之后噪音便逐渐消失。

Riverside Wine Bar 西班牙小吃 ££

（☎01291-628300; www.theriversidewinebar.co.uk; 18a The Back; 主菜 £12~14; ⓒ周一至周四 10:30~23:00，周五和周六 至午夜，周日 至22:00，食物供应 正午至16:00和17:30~21:30）陷入皮沙发之中豪饮一杯葡萄酒，同时敞开了吃开胃菜、奶酪拼盘、肉串、玉米饼、比萨和西班牙小吃。厚重的镀金镜框和富有特色的壁纸为这里定下了基调，在夏季，餐桌会摆放到室外，那里有一个温馨的露天平台，可以透过柳叶看到瓦伊河对岸的英格兰。

❶ 到达和离开

长途汽车

长途汽车由切普斯托**汽车站**（Thomas St）出发，往返于纽波特（7XP路、X74路和73路，£3.80，30分钟至1小时15分钟，车次频繁）、丁登（69路，£2.95，19分钟，每天最多10班）和蒙茅斯（Monmouth; 69路，£4，45分钟）、布里斯托（7XP路，£6，55分钟，最多10班）。周日提供有限的服务。

National Express（www.nationalexpress.com）每天最多提供4班车次，往返于伦敦（£12起，3小时）、加的夫（£4.80起，1小时）、斯旺西（£11起，2小时）。

火车

有班次频繁的直达火车往返于纽波特（£7.60，23分钟）、格洛斯特（Gloucester; £10，30分钟）和加的夫（£10，40分钟），但每天只有一班直达车开往斯旺西（£17，1小时45分钟）和菲什加德港（£20，3小时45分钟）。

下瓦伊河谷（Lower Wye Valley）

A466公路沿着瓦伊河蜿蜒在陡峭、树木葱茏的山谷中，从切普斯托开始，穿过丁登的小村落直达蒙茅斯，沿途经过此地著名的修道院。这是鲜有人探访的威尔士地区，一路上的风景都很漂亮，尤其是河面的薄雾在黄昏时缓缓升起，笼罩着各处遗址时。

18世纪和19世纪时电线、造纸和造船等工业在这里蓬勃发展，如今却几乎无法看到任何遗留下的痕迹。这里是个划船的好地方，在瓦伊河上划皮划艇为享受这一特殊之地的幸福氛围提供了恰到好处的节奏和视角。

◉ 景点

★**丁登修道院** 修道院

（Tintern Abbey, Cadw; www.cadw.gov.

值 得 一 游

卡利恩罗马堡垒（CAERLEON ROMAN FORTRESS）

卡利恩罗马堡垒隐藏在古朴小城**卡利恩**普通外表下的，是英国最大最重要的古代罗马人居住地之一。公元43年，罗马人在入侵英国之后，通过建立密布的要塞和军营网络来统治自己的新领地。其中，军事组织的最高层是军团堡垒，在英国只有3个——位于约克的艾伯拉肯（Eboracum）、切斯特的德瓦（Deva）和卡利恩的伊斯卡（Isca）。

卡利恩（意为"军团堡垒"）作为第二奥古斯都军团（2nd Augustan Legion）的精英总部超过200年时间，从公元75年持续到3世纪末。它不只是一处军营，还是一座特意修建的小镇，周长达到9英里，还有一个大型圆形剧场和当时最先进的罗马**浴场综合建筑**（Cadw; www.cadw.gov.wales; High St; ⓒ4月至10月 每天 9:30~17:00，11月至次年3月 周一至周六 9:30~17:00，周日 11:00~16:00; Ⓟ）免费。

卡利恩位于纽波特市中心东北3英里处。纽波特（£1.70，11分钟，车次频繁）和蒙茅斯（Monmouth; £4.35，45分钟，每天8班）都有长途汽车开往卡利恩。

wales; Tintern; 成人/儿童 £6.90/4.10; ⊙3月至6月、9月和10月 9:30~17:00, 7月和8月 至18:00, 11月至次年2月 周一至周六 10:00~16:00, 周日 11:00~16:00; P) 几个世纪以来, 这座令人难忘的修道院河畔遗迹一直是诗人和艺术家们的灵感之所在, 其中最著名的是威廉·华兹华斯和J.M.W.特纳, 前者在1798年到访此地后写下了《在丁登寺几英里之上写下的诗句》(*Lines Composed a Few Miles Above Tintern Abbey*), 后者则为修道院创作了许多画作和素描。修道院由西多会于1131年建立, 1536年, 修道士们被亨利八世赶出修道院, 留下的只是风景如画的废墟。

食宿

Tŷ Bryn　　　　　　　　　　　民宿 ££

(☎01594-531330; www.wyevalleystay.co.uk; Monmouth Rd, Llandogo; 标单/大床 £85/90; P🕸) 这座古老的石屋栖于一处小山坡上, 俯瞰着瓦伊河位于Llandogo村的一处壮观的河湾, 有3间带独立卫浴的舒适客房, 由友善的年轻房主打理。其中的2间为河景房, 还设有起居室和面向花园的露台, 适合进行轻松的交际活动。

★ **Whitebrook**　　　　　　新派英国菜 £££

(☎01600-860254; www.thewhitebrook.co.uk; Whitebrook; 3道菜套餐/午餐/晚餐 £39/53/82, 大床含晚餐 £250起; ⊙周三至周日 正午至14:00和19:00~21:00; P🕸) 这家很棒的米其林星级餐厅位于瓦伊河谷的一个偏远地区, 藏身于绿树荫下的乡间小路旁, 这里的客房值得前来体验。从厨房端出的每一道菜都是一件小小的艺术品, 主要是用采自12英里内的食材制作而成, 上面点缀着如艾蒿、荨麻、野生大蒜和接骨木这样的香料。

❶ 到达和离开

每天有11个班次(周六车次更少, 周日不营)的69路大巴往返于切普斯托(£1.95, 19分钟)和蒙茅斯(£2.65, 30分钟)之间, 该车在此没有站点。你可能需要自驾前往。

阿伯加文尼 (Abergavenny/Y Fenni)
☎01873 / 人口 13,283

繁忙而普通的阿伯加文尼在历史舞台上曾扮演过许多角色: 罗马堡垒、诺曼要塞、制革织造中心以及关押希特勒副手的监狱。它坐落在三个形状优美的山丘(Blorenge、Ysgyryd Fawr/Skirrid和Sugar Loaf)之间, 对喜爱步行的人来说是绝佳的大本营, 到处都能看到令人振奋的绿色植物。这里每年都举办美食节, 小镇边缘还有一些广受赞誉的餐馆, 也吸引了对威尔士产品感兴趣的人和烹饪爱好者。

它的古名Y Fenni(在威尔士语中意为"铁匠的地方")是指在这里流入Usk河的一条小溪, 后来在英语中被称为Gavenny(Abergavenny的意思是"Gavenny的河口")。罗马人在这里建立了戈班尼乌姆堡垒(Gobannium Fort), 距离他们在卡利恩(Caerleon)设立的要塞正好是行军一整天的脚程距离, 堡垒在公元57年到400年都有罗马人驻扎。诺曼征服后不久, 一位名叫哈默林·德·巴隆(Hamelin de Ballon)的领主建造了这座城堡, 之后小镇的重要性与日俱增。

◉ 景点

★ **圣玛丽修道院**　　　　　　　　教堂

(St Mary's Priory Church; ☎01873-858787; www.stmarys-priory.org; Monk St; ⊙周一至周六 9:00~16:00) 这座巨大的石制教堂内有大量贵族墓穴及珍宝, 因而被称作"南威尔士的威斯敏斯特教堂", 尽管这点无法从其外观看出来。作为本笃会修道院的一部分, 它与诺曼城堡(公元1087年)同时建立, 但现存建筑主要建于14世纪, 在15世纪和19世纪还有增建和改建。

🎉 节日和活动

阿伯加文尼美食节　　　　　美食及美酒

(Abergavenny Food Festival; www.abergavennyfoodfestival.co.uk; ⊙9月中旬) 威尔士最重要的美食节在9月的第三个周末举行, 有游行、辩论、比赛、课程、摊位和稀奇古怪的名人出现。但真正吸引人之处在于, 这是一个热情高涨的地方节日,由志愿者主办,而不是那些只有经济能力的食品生产商的展览。在晚上,城堡里会有市集和活动。

🛏 食宿

Angel Hotel
酒店 £££

(☎01873-857121; www.angelabergavenny.com; 15 Cross St; 房间/小屋 £159/300起; P🌐)阿伯加文尼的顶级酒店是一幢不错的乔治时代建筑,曾经是一个著名的汽车旅馆。时尚而精致的房间位于酒店大楼、毗邻的由马厩改建成的住房、城堡附近的维多利亚式小屋或17世纪的城堡小屋(可睡4个人),任你选择。还有一家不错的餐厅(主菜餐厅 £14~18, 酒吧 £6~14;⊙正午至23:00)和酒吧,提供新派英国菜以及精致的下午茶和傍晚茶。

Cwtch Cafe
咖啡馆 £

(☎01873-855466; 58 Cross St; 主菜 £5~6;⊙周一至周六 9:00~17:00;🌐)时尚又友好的Cwtch(在威尔士语中意为"拥抱")用自制蛋糕、咖啡和干酪吐司、加拿大煎饼(配脆培根和枫糖浆)、乳蛋饼和美食馅饼这样的午餐菜肴吸引着一批常客拥趸。也有很多不含麸质的食品可供选择。

★ Walnut Tree
新派英国菜 £££

(☎01873-852797; www.thewalnuttreeinn.com; Old Ross Rd, Llanddewi Skirrid; 主菜 £27~29, 2/3道菜午餐 £25/30;⊙周二至周六正午至14:30和18:30~22:00)成立于1963年,这家米其林星级餐厅提供由主厨肖恩·希尔(Shaun Hill)以各种烹饪方式制作的肉类和海鲜菜肴,专注于使用新鲜的本地食材。如果在享用完John Dory和蟹肉配夏季蔬菜面条汤之类的菜后,饱得不想走太远,那么还可以入住雅致的小屋(£150起)。

Walnut Tree位于阿伯加文尼东北3英里处的B4521公路旁。

Hardwick
新派英国菜 £££

(☎01873-854220; www.thehardwick.co.uk; Old Raglan Rd; 主菜 £20~22, 2/3道菜 周日午餐 £27/34;⊙正午至15:00和18:30~22:00;P)这家传统的酒馆有古老的石头壁炉、低矮的天花板横梁和抛光的铜质吧台,已经成为

不要错过

拉格兰城堡

拉格兰城堡(Raglan Castle; Cadw; www.cadw.wales.gov.uk; 成人/儿童 £6.90/4.10;⊙3月至6月、9月和10月 9:30~17:00, 7月和8月 9:30~18:00, 11月至次年2月 周一至周六 10:00~16:00, 周日 11:00~16:00; P)是威尔士最后建成的一座中世纪大城堡,其设计目的相对于防御来说倒更像是财力的炫耀。这组宏伟无规则的建筑由暗粉色与灰色砂岩建成,由威廉·托马斯爵士(Sir William ap Thomas)和他的儿子威廉·赫伯特(William Herbert; 第一代彭布罗克伯爵)于15世纪和16世纪间共同建成。

拉格兰城堡位于繁忙的A40公路旁,在蒙茅斯西南8英里处,距离阿伯加文尼东南9英里处。在蒙茅斯和阿伯加文尼之间运营的长途汽车会在拉格兰村经停,从车站步行至城堡需要5分钟。

首席厨师斯蒂芬·特里(Stephen Terry)展示朴实无华而又口味绝佳的乡村菜肴的场所。像炖兔肉配油炸加伦塔这样的菜肴非常令人满意,但你还需为自制冰激凌留出肚子。这里还附有8间雅致的客房(£140起)。

Hardwick位于阿伯加文尼以南2英里处的B4598公路旁。

ⓘ 实用信息

旅游局(☎01873-853254; www.visitabergavenny.co.uk; Tithe Barn, Monk St;⊙周一至周六 10:00~16:00)位于建于12世纪的Tithe Barn内,曾经是本笃会修道院的一部分。

ⓘ 到达和离开

有直达火车往来于加的夫(£14, 45分钟,每天最多9班)、斯旺西(£17, 1小时45分钟,每天最多14班)、曼彻斯特(£31起, 2小时45分钟,每天最多15班)、滕比(£30, 3小时45分钟,每天一班)和霍里黑德(£35, 4.5小时,每天最多7班)之间。

阿伯加文尼的**汽车站**提供的直达班次包括:来往于赫里福德(Hereford; £5.70, 55分钟,每天5班)和加的夫(£8.30, 1小时45分钟,每小时1班)

的X3路、来往于梅瑟蒂德菲尔（Merthyr Tydfil；£6.80，1小时45分钟，每小时1班）的TX4路、来往于蒙茅斯（Monmouth；£3.80，45分钟，每天6班）的83路和来往于布雷肯（Brecon；£3.60，1小时，每天10班）的43路。

南威尔士河谷
（SOUTH WALES VALLEYS）

加的夫和纽波特北部呈扇形分布的山谷曾经是威尔士的工业心脏，在该国（以及世界）历史上扮演着不可小觑的角色。虽然煤炭和钢铁行业已经没落，但名为朗达（Rhondda）、西农（Cynon）、瑞姆尼（Rhymney）和埃布（Ebbw）的山谷仍然能使人们回想起当时团结的工人阶级、男声合唱团和位于破败的煤黑色景观之中的整齐的联排房屋。今天，该区域为了对抗明显而悲惨的衰退，正通过宣传和保护其工业遗产来创建自己的旅游业。诸如威尔士采矿公司（Welsh Mining Experience）、大坑（Big Pit）和布莱纳文炼铁厂（Blaenavon Ironworks）之类的地方成为威尔士最令人印象深刻和具有历史意义的旅游景点。

布莱纳文
（Blaenavon/Blaenafon）

📞01495 / 人口 5753

在所有随着重工业消亡的山谷村镇中，偏偏是曾经的煤铁重镇布莱纳文展露了重振的端倪——这很大程度上得益于此地齐聚的独一无二的工业遗址被联合国教科文组织在2000年列为世界遗产。尽管周围有布雷肯比肯斯国家公园（Brecon Beacons National Park）和阿伯加文尼等旅游景点，但它们也无法抢走小镇布莱纳文的风头。任何对工业历史（或者也可以笼统地称为社会历史）感兴趣的人将会在此大饱眼福。

◉ 景点

★ 大坑国家煤矿博物馆　　　　矿井
（Big Pit National Coal Museum；📞0300 1112333；www.museumwales.ac.uk；停车 £3；⏰9:30~17:00，团队游 10:00~15:30；🅿️👶）免费 令人着迷的大矿井给人机会去探索真正的煤矿，并领略1880年至1980年这百年间在这里工作的矿工的生活。团队游是在前矿工的带领下，下降90米进入矿井并探索地道和采掘面。在地面上，你可以造访多处煤矿建筑，包括建于1939年的井口浴室，里边展出了与产业相关的物品以及令人动容的前矿工的回忆录。

布莱纳文世界遗产中心　　　　博物馆
（Blaenavon World Heritage Centre；📞01495-742333；www.visitblaenavon.co.uk；Church Rd；⏰周二至周日 10:00~17:00）免费 由一所旧学校巧妙改造而来，该中心有咖啡厅、旅游局办事处、美术馆和礼品店，更重要的是有精美的互动视听演示可以回顾该地区的工业遗产。如果你想更好地领略该地的世界遗产，这里可以作为首站。

布莱纳文炼铁厂　　　　古迹
（Blaenavon Ironworks；Cadw；📞01495-792615；www.cadw.gov.wales；North St；⏰复活节至10月 10:00~17:00，11月至次年复活节 周四至周六 至16:00）免费 在1789年竣工时，这家炼铁厂是当时世界上最先进的炼铁厂之一。今天，这里仍然是保存得最完好的工业革命时期的炼铁厂之一，在其中一个残存的巨型窑炉内设有动作感应的视听展示，主要的观众是把这里当作家园的乌鸦们。同时展出的还有工人们的联排小屋，按照各个历史不同时期做出了内部装饰。

庞蒂浦至布莱纳文铁路　　　　文化遗产铁路
（Pontypool & Blaenavon Railway；📞01495-792263；www.pontypool-and-blaenavon.co.uk；日票 成人/儿童 £9/5）这条铁路为运煤和载客而修建，经过当地志愿者的修复，如今你可以乘坐火车沿着这条铁路从镇中心前往Furnace Sidings（靠近大坑国家煤矿博物馆），再接着前往英国海拔最高的火车站之一——Whistle Halt（海拔396米）。请在网上查询运行日和时刻表，大多数列车都是修复后的蒸汽机车。

🛏️ 食宿

Oakfield　　　　民宿 ££
（📞01495-792829；www.oakfieldbnb.com；

值得一游

卡菲利城堡

如果你认为**卡菲利城堡**(Caerphilly Castle, Cadw; www.cadw.gov.wales; Castle St; 成人/儿童 £8.50/5.10; ⊙3月至6月、9月和10月 9:30~17:00，11月至次年2月 周一至周六 10:00~16:00，周日 11:00~16:00; ⓐ)（其众多的塔楼和城垛倒映在鸭子成群的湖面上）是电影布景而非古代建筑也是情有可原的。尽管经常被用作电影的取景地，这里还是英国借水防御的13世纪要塞中最好的例证之一，也是威尔士规模最大的城堡。

其建造工程大多是在1268年至1271年完成的，由富有权势的英格兰男爵吉尔伯特·德克莱尔(Gilbert de Clare; 1243~1295年)、格拉摩根边区领主(Lord Marcher of Glamorgan)建造，目的是抵抗统一并统治大部分威尔士的卢埃林·阿普·格鲁菲兹亲王(Prince Llywelynap Gruffydd)——圭内斯(Gwynedd)亲王（也是最后一位威尔士裔威尔士亲王）的进攻威胁。爱德华一世随后针对威尔士亲王采取的行动，终结了卢埃林的野心，卡菲利城堡短命的前线生涯就此终结。东南角的斜塔倾斜主要是因为沉陷而非战事。

卡菲利城堡在13世纪时是最高艺术水平的城堡，是最早使用湖泊、桥梁以及一系列同心堡垒来进行防御的城堡之一。要进到内院去，你必须至少要对付3座吊桥、6个吊闸以及5组双闸门。在14世纪初，这里被改造为大型的住所，壮观的礼堂为娱乐活动进行了调整，不过城堡从14世纪中期便被荒废了。

你今天所见到的不少都是城堡爱好者布特家族修复的成果。第三代布特侯爵将靠墙的建筑买下并拆除，礼堂在1870年被加上了一个壮观的木制天花板。第四任侯爵在1928年至1939年实施了一次大规模的翻修，为很多受到大萧条影响的当地人提供了工作。翻修工作在1950年第五任侯爵将城堡赠予国家之后又再继续。1958年，水坝重新注入水，为该城堡创造出如今的梦幻外观。

你可以从外面的门进来，进入第一座塔里，之后再去售票处。楼上的展览详细地介绍了城堡的历史。内部的一座塔楼里在墙上投映有卡通片的影片，以简化的版本讲述同一个故事。

在南边坝顶可以看到复原后的中世纪攻城器，在重现战役的时候它们是运作的模型，并且向湖中投掷石弹。喜欢厕所幽默的人应该去附近一座小塔楼里的公共厕所看看。

从加的夫去卡菲利最方便的方式是坐火车(£4.60, 18分钟，每小时最多3班)。

25路和26路往返于加的夫(£4.20, 40~50分钟，车次频繁)，50路则去往纽波特(£3.80, 45分钟，车次频繁)。由加的夫开出的26路途中会经过红城堡(见712页)，这样一天之内就可以同时造访红城堡和加的夫城堡。周日的车次更少。

加的夫、彭布罗克郡和南威尔士 布莱纳文

---

1 Oakfield Tce, Varteg Rd; 标单/大床 £48/70; ⓟ ⓐ)这家一尘不染的民宿的老板Paula和Heidi所知甚多，对于本地信息无所不知。3间设备齐全的客房有着清新的现代感。其中两间带有私人浴室，而第三间则是一套相互连通的家庭套房，楼梯口有一间浴室。

Coffi Bean 咖啡馆 £

(✆01495-790127; 76 Broad St; 主菜 £4~5; ⊙周二至周六 9:00~15:00; ⓐ)这个经过改造的可爱的老店是感受当地生活的好地方，有着磨砂窗、装饰艺术装置，墙上贴着三叶草瓷砖。简单的食物包括早餐、三明治、烤土豆、炖菜、咖喱、蛋饼、蛋糕和像样的周日午餐。

❶ 到达和离开

X24路长途汽车往返于纽波特(£7.50, 1小时)，车次频繁。

值得一游

朗达河谷（RHONDDA VALLEY）

在1990年关闭最后一个矿井之前，朗达河谷就是煤矿开采的同义词。这一工业遗产在威尔士采矿体验（Welsh Mining Experience, Rhondda Heritage Park；☎01443-682036；www.rhonddaheritagepark.com；Lewis Merthyr Colliery, Coed Cae Rd, Trehafod；团队游 成人/儿童£6.95/5.75；◉周二至周日 10:30~16:30）免费 内得到了完整展示，这里位于Lewis Merthyr的煤矿建筑内，该矿在1983年关闭，如今是朗达遗址公园（Rhondda Heritage Park）。其中的亮点是40分钟的黑金体验（Black Gold Experience；建议预约），你会在一位前矿工的陪伴下，戴上矿工的头盔和头灯，下到采煤工作面。解说将生动地再现煤矿工作，深刻地揭示了煤炭行业的社会影响。

该矿就位于Trehafod的A4058公路旁，在Pontypridd和Porth之间。从加的夫中央火车站有定期火车去往Trehafod（£4.60, 35分钟），下车后步行10分钟就能到达遗址公园。

斯旺西湾和高尔半岛
（SWANSEA BAY & THE GOWER）

斯旺西（Swansea/Abertawe）

☎01792 / 人口 241,300

狄兰·托马斯（Dylan Thomas）称斯旺西为"丑陋的可爱小城"，对这个威尔士的第二大城市来说，时至今日该称谓依然恰如其分。它正在经历加的夫式的复兴，逐步将单调乏味的战后市中心改造成更能匹配壮观的5英里斯旺西湾的所在。

斯旺西在威尔士语中被称为"Abertawe"，描述了塔威河（Tawe）入海口的位置，河流由此汇入斯旺西湾。维京人将这里命名为"施魏因岛"（Sveins Ey），大概指的就是河口的沙洲。

斯旺西以其内在的魅力弥补了些许视觉上的缺陷。众多热情奔放的学生在市区的酒吧出没，而市郊也染上了一抹流行的色彩，比如Sketty和Uplands——比较方便的就是，最好的民宿都在那里。

历史

诺曼人于1106年在这里建起了城堡——正如他们一直以来乐此不疲的那样，该城堡主要用作收集各种战利品，但直到工业革命时期斯旺西才真正发展起来，成为一个重要的冶铜产业中心。矿石最早从康沃尔（Cornwall）经过布里斯托尔海峡（Bristol Channel）运入，但到了19世纪，矿石的来源地变为智利、古巴和美国，以此交换威尔士产的煤。

到了20世纪，该市的工业基础开始衰落，但是纳粹德国空军（Luftwaffe）依然认为斯旺西日渐衰退的工业是重要的军事打击目标，在1941年的空袭中大肆摧毁了市中心。20世纪六七十年代和80年代，它被作为一个普普通通的零售业城镇重建、开发，但再进一步的重建则更多地考虑到了这座城市本身的文化和历史价值，似乎正在消除一些最乏味的过度改建。

◉ 景点

狄兰·托马斯中心　　博物馆

（Dylan Thomas Centre；☎01792-463980；www.dylanthomas.com；Somerset Pl；◉10:00~16:30）免费 这个不起眼的博物馆位于老市政厅（guildhall），展现了这位出生在斯旺西的诗人的生平和作品。它毫无保留地展现了狄兰·托马斯自我标榜的倾向；他最后陷入酗酒无法自拔。除了收藏的纪念品之外，真正使狄兰·托马斯的作品鲜活起来的是一系列的录音，这些录音是该中心互动式永久展览"爱上这些语句"（Love the Words）的一部分。

国家海滨博物馆　　博物馆

（National Waterfront Museum；☎029-20573600, 03001112333；www.museumwales.ac.uk；South Dock Marina, Oystermouth Rd；◉10:00~17:00）免费 博物馆位于一个1901年的码头仓库中，有着醒目的玻璃和石板延伸物。博物馆的15个亲自动手实践展馆使用互动电脑屏幕和视听演示来展示威尔士的

商业航海历史，以及工业化进程对其人民造成的影响。效果有点夸张，但有很多有趣的内容，包括关于威尔士音乐工业[收藏品包括邦妮泰勒（Bonnie Tyler）的黄金唱片和黛菲（Duffy）的白金唱片]的展示以及"女性工作"的部分。

埃及中心 博物馆

（Egypt Centre; ☎01792-295960; www.egypt.swan.ac.uk; Swansea University Singleton Campus, Mumbles Rd; ◉周二至周六10:00~16:00; ♿）**免费** 斯旺西大学（Swansea University）所收藏的古埃及文物来自许多英国机构和收藏人士所捐出的约5000件捐赠品，其中有一系列精美的日常及非日常生活用品，包括4000年前的剃须刀和鳄鱼木乃伊。登录网站查看适合孩子的季节性活动。

❊ 节日和活动

狄兰·托马斯节 文学

（Dylan Thomas Festival; www.dylanthomas.com/festival; 10月27日至11月9日）该节日以诗歌朗诵、讲座、电影放映和表演来纪念斯旺西最为著名的人物。艺术节从10月27日（托马斯的生日）开始，持续到11月9日（他的忌日）。

🛏 住宿

Mirador Town House 民宿 ££

（☎01792-466976; www.themirador.co.uk; 14 Mirador Cres, Uplands; 标单/大床£60/80起; ⓘ）极端古怪另类而又媚俗，所有7个房间的主题都天马行空且别具匠心——罗马、地中海、非洲、威尼斯、埃及、亚洲和法国——墙壁上绘有壁画，有的天花板上也有。不过，装饰方面的怪异想法对这里的舒适度并无影响，而热情洋溢的店主则是酒吧、餐厅和整个民宿内调动气氛的主要人物。

Premier Inn Swansea Waterfront 酒店 ££

（☎0871-527 9212; www.premierinn.com; Langdon Rd; 房间£62起; ⓘ）这家崭新的滨水连锁酒店位于市中心的河对岸，性价比无与伦比。和所有的Premier Inn一样，客房设计得都很醒目、舒适、设备齐全。提前预订折扣房间，还可以要求景观房。如果你开车前往，请注意酒店隔壁的停车场相对比较贵。

狄兰·托马斯出生地 客栈 £££

（Dylan Thomas Birthplace; ☎01792-472555; www.dylanthomasbirthplace.com; 5 Cwmdonkin Dr; 房间£150起）狄兰·托马斯的粉丝们现在有机会入住这栋诗人出生并居住至23岁的房子。这所房子一直努力保持着当时的风格，你可以选择住在Nancy（他的妹妹）、DJ和Florrie（他的父母），或是迪伦自己曾经住过的卧室里。

预订房间后就可以私享这所房子，独自前来的旅行者只需花费150英镑即可达成心愿。

🍴 就餐

★ Square Peg 咖啡馆 £

（☎01792-206593; www.squarepeg.org.uk; 29b Gower Rd, Sketty; 主菜£6~7; ◉周一至周六8:00~17:00; ♿）以旧牛仔布重新装潢的椅子看着不那么协调，古怪的当地摄影作品贴满了墙壁，而这正是那种能提供地道好咖啡的时髦地方。任何时间都有两种综合咖啡提供，每个月还有"客人之选"（guest roasters），不会让你失望。菜单包括美味的早餐、沙拉、汤和可口的自创玉米饼。

Joe's Ice Cream Parlour 冰激凌 £

（☎01792-653880; www.joes-icecream.com; 85 St Helen's Rd; 甜筒/圣代£1.50/4.30起; ◉10:00~23:00）要吃冰激凌圣代或甜筒，当地人爱去Joe's。这家斯旺西的冰激凌店由乔·卡斯卡里尼（Joe Cascarini）在1922年创立，他的父辈则是从意大利阿布鲁齐山迁居此地的移民。这家意大利冰激凌店如此受欢迎，在南威尔士的其他4个地方也纷纷开出了分店。

★ Gigi Gau's Favourite 中国菜 ££

（☎01792-653300; www.favouritechinese.co.uk; 18-23 Anchor Ct; 主菜£13~15; ◉正午至22:00; ♿）这间深受喜爱的中式厨房位于滨水区的一个新的中央位置，避开了许多西化中式餐馆的面糊、通用酱汁和复制菜单，制作出的食物无愧于中国博大精深的烹饪宝藏。自制有机面条搭配时髦的北京风味酱汁，猪肉是湖南风味的红烧肉，素菜也不只有菜单上那几样。

Swansea 斯旺西

加的夫、彭布罗克郡和南威尔士

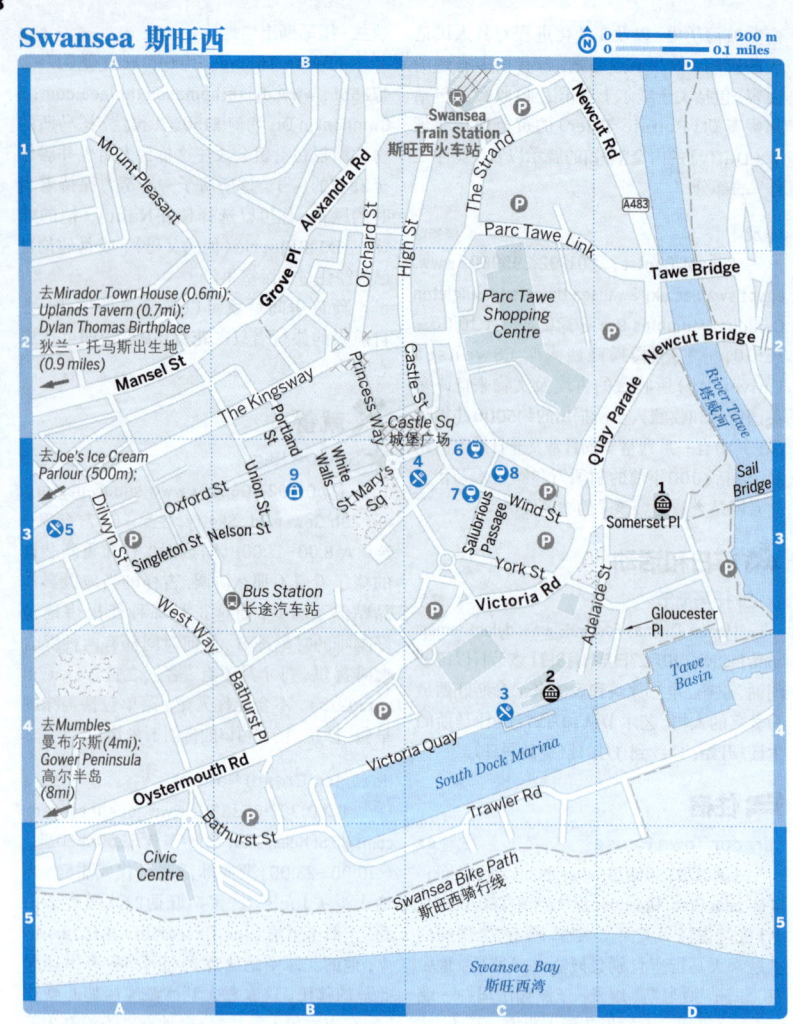

斯旺西

★ Mosaic 西班牙小吃 ££

(☎01792-655225; www.mosaicswanseauk.com; 11 St Helen's Rd; 西班牙小吃£6~7, 拼盘每人£20; ⊙周三至周五18:00~23:00, 周六正午至15:00和18:00~23:00; ♪)这家别致的餐厅坐落在后巷的一个老式砖砌仓库内, 菜单和装潢一样兼容并收, 其特色是"融合世界风味的西班牙小吃"。小吃以小盘和美味拼盘的方式呈现, 意在共享, 从牙买加烤鸡到日式咖喱虾, 让舌尖游荡世界。附带的鸡尾酒吧确实很酷。

Hanson at the Chelsea 海鲜 ££

(☎01792-464068; www.hansonatthechelsea.co.uk; 17 St Mary's St; 主菜£18~22, 2/3道菜午餐£15/19; ⊙周一至周六 正午至14:00和19:00~21:00)浪漫幽会的最佳去处, 这个优雅的小餐厅隐匿于嘈杂的Wind St街后面, 毫不起眼, 拥有芥末黄的墙壁和挺括的餐布。像鳕鱼配普罗旺斯蔬菜和覆盆子酱之类的海鲜是这里的明星菜肴, 但菜单上也有很多不那么特别的荤菜, 黑板上每天都有用粉笔书写的特色菜。不过, 可供素食者的选择就少多了。

Swansea 斯旺西

景点
1 狄兰·托马斯中心 D3
2 国家海滨博物馆 C4

就餐
3 Gigi Gau's Favourite C4
4 Hanson at the Chelsea............C3
5 Mosaic A3

饮品和夜生活
6 Kon-Tiki C3
7 No Sign Bar C3
8 Prohibition C3

购物
9 斯旺西市场 B3

Slice
新派英国菜 £££

(☏01792-290929；www.sliceswansea.co.uk；73-75 Eversley Rd, Sketty；3/6道菜午餐£32/48，晚餐£42/55；⏰周四和周日 18:15~21:15，周五和周六 12:30~13:45和18:15~21:15) 简单的装饰——木地板、木家具以及白墙——与Slice的厨房烹制的精致菜肴形成了反差。它提供的食物极其美味：当地出产的肉、鱼、奶酪和啤酒，加上自制面包和自家种植的香料，这些都是制作创意美味佳肴——比如白蟹搭配意式奶冻、牛油果和西瓜——的基础。

🍷 饮品和夜生活

★ No Sign Bar
葡萄酒吧

(☏01792-465300；www.nosignwinebar.com；56 Wind St；⏰11:00至午夜；📶) 狄兰·托马斯过去经常光顾这里，也是他的短篇小说《盯梢者》(*The Followers*) 中酒窖 (Wine Vaults) 的原型。No Sign是Wind St上唯一留存至今的"传统"酒吧。这里曾经属于一位葡萄酒商人，深色木头镶板搭建出了一个又长又窄的避风港，老男孩在此谈天说地。这里还有友善的员工、不错的小酒吧食物和很棒的桶装啤酒。

Kon-Tiki
鸡尾酒吧

(☏01792-462896；10 The Strand；⏰周日至周四 18:00至午夜，周五和周六 至次日1:30) 酷酷的Kon-Tiki隐藏在从Wind St下坡的方向，提供热带海滩幻想的各种精致元素：仿制的波利尼西亚雕塑、盛在提基(tiki)酒杯里的鸡尾酒、挂在墙上的仿造席子以及音箱中播放的鲍勃·马利(Bob Marley)的歌曲。周末时这里有一种夜店的氛围，需要收取£1的入场费，还有DJ表演，有时候一直要到曙光初现才会打烊。

Prohibition
鸡尾酒吧

(☏07500-701866；Green Dragon Lane；⏰周三 21:00至次日3:00，周五 20:00起，周六 19:00起) 从Wind St沿着一条小巷悄悄走下去，会意地向躲在暗处的保镖点一下头，进入走廊，推开书柜，进入另一个的世界。在那里，迷人的调酒师为懂得欣赏且识货的顾客们展现自己的魅力并提供一流的鸡尾酒。没有门牌标志；从Kon-Tiki酒吧往前走两个门就能找到。

Uplands Tavern
小酒馆

(☏01792-458242；www.facebook.com/theuplandstavern；42 Uplands Cres, Uplands；⏰11:00~23:00) 这是托马斯生前常去的地方，以深绿色作为主色调，你仍然可以在狄兰·托马斯的包间里惬意地享受日间的啤酒。傍晚过来，这里就会变得非常狂野，同时也是城市现场音乐表演的中心，吸引着学生和当地常客的到来。可在其脸书主页上查询接下来的活动。

🛍 购物

★ 斯旺西市场
市场

(Swansea Market；www.swanseaindoormarket.co.uk；Oxford St；⏰周一至周六 8:00~17:30) 斯旺西自从1652年起就有室内市场了，而这里则是建于1830年。在遭到"二战"轰炸之后，这里于1961年重建，如今则是品尝鸟蛤 (cockle)、紫菜面包 (laverbread) 和新鲜出炉的威尔士蛋糕 (Welshcake) 等土特产的热闹地方。58d号摊位Thai Taste (主菜£4~5) 并非来自当地，但很难路过而不品尝一番。

ℹ 实用信息

莫里斯顿医院 (Morriston Hospital；☏01792-702222；www.wales.nhs.uk；Heol Maes Eglwys,

Morriston)设有意外事故和急诊科,位于市中心以北5英里处。

警察局(☏101;www.south-wales.police.uk;Grove Pl)

❶ 到达和离开

长途汽车

斯旺西的**汽车站**(Plymouth St)位于市中心的西部边缘,靠近Quadrant购物中心。

National Express(☏0871 781 8181; www.nationalexpress.com)的长途汽车往返于滕西(£9.20, 1.5小时,每天2班)、加的夫(£5.20, 1小时15分钟,车次频繁)、切普斯托(£11起, 2小时,每天最多4班)、布里斯托尔(£14, 2小时45分钟,每天4班)和伦敦(£24, 5小时,每天4班直达)。

其他直达长途汽车往返于加的夫(X10路, £5, 1小时15分钟,车次频繁)、拉内利(Llanelli; 110路和X11路, £5.90, 1~1.5小时,车次频繁)、卡马森(Carmarthen; X11路, £5.80, 1小时45分钟,车次频繁)和兰代洛(Llandeilo; X13路, £5.80, 1.5小时,每天5班)。

火车

斯旺西的火车站位于Castle Sq以北600米处Castle St和High St的交叉口。直达火车往返于加的夫(£11, 1小时,每小时2班)、阿伯加文尼(£19, 1.5小时,每天最多9班)、滕比(£15, 1.5小时,每天7班)、兰德林多德韦尔斯(Llandrindod Wells; £14, 2小时45分钟,每天4班)和伦敦帕丁顿车站(£68起, 3小时,班次频繁)。

曼布尔斯(The Mumbles/Y Mwmbwls)

曼布尔斯沿着斯旺西湾南端海岸线伸展开来,自1807年起便是斯旺西的海边休闲地。在那之前的三年前,奥伊斯特茅斯铁路(Oystermouth Railway)最初是为了运煤的马车道而建造,到1807年时被改建成了铁路以运送货物。作为世界上最早的客运铁路,于1960年停运。

曼布尔斯再度时尚起来,滨海步道旁的酒吧和餐馆激烈地竞争,当本地女儿、好莱坞女演员凯瑟琳-泽塔-琼斯(Catherine Zeta-Jones)在半岛南端的Limeslade斥资200万英镑建了一座豪宅的时候,曼布尔斯名声大震。

歌手邦妮・泰勒(Bonnie Tyler)在这里也置办了豪宅。

曼布尔斯这一独特名字的缘起尚不清楚,不过有一种说法是,有个法国水手给海角处的两块圆石取了个"Les Mamelles"(乳房)的绰号。

❷ 景点

从曼布尔斯角(Mumbles Head)往西走,有两处小海湾:**朗兰湾**(Langland Bay)和**卡斯维尔湾**(Caswell Bay),这两个海湾在涨潮时布满礁石,但在退潮时则会露出数公顷的金色沙滩。这两处都很受家庭和冲浪者的欢迎。在卡斯韦尔以西约500米处,位于海岸小路边的是一个美丽的**白兰地湾**(Brandy Cove),一个远离人群的隐蔽小海滩。

★ 克莱恩花园 花园

(Clyne Gardens; www.swansea.gov.uk/clyne) **免费** 这座壮观的花园占地20公顷,在春天杜鹃花盛放的时候尤其令人印象深刻。此外还有雅致的马醉木、吊钟花、风信子树林、野花草地、一个沼泽园,甚至还有一只狗的坟墓可以探索。入口在Mumbles Rd位于斯旺西那侧尽头处的Woodman Pub旁边。

奥伊斯特茅斯城堡 城堡

(Oystermouth Castle; ☏01792-635478; www.swansea.gov.uk/oystermouthcastle; Castle Ave; 成人/儿童 £3/2.50; ⏰4月至9月 11:00~17:00)如果没有城堡的话,威尔士就不是威尔士了,因此毫无疑问Newton Rd上的时髦商店和酒吧被一处宏伟的遗址默默地守卫着。这里曾经是高尔的诺曼领主们的堡垒,如今是夏季莎士比亚戏剧演出的中心地点。从城垛能看到斯旺西湾不错的风景,城堡里还定期提供角色扮演演出和适合孩子们的活动。

🛏 住宿

Tides Reach Guest House 民宿 ££

(☏01792-404877; www.tidesreachguesthouse.com; 388 Mumbles Rd; 标单/大床 £65/85起; 🅿🛜)在更换老板之后的这些年,Tides Reach仍然保留了如出一辙的友好服务和美味可口的早餐。有些房间能看到海景,其中最棒的是类似套房的9号房,斜顶的天窗往外打开就形成了一个虚拟平台。旺季时2晚起订。

Patricks with Rooms　　　　酒店 £££

(☎01792-360199; www.patrickswithrooms.com; 638 Mumbles Rd; 标单/大床 £100/125起; 🛜) Patricks拥有16间风格各异的卧室，使用大胆的现代色彩，墙上有美术作品，还有毛茸茸的浴袍，部分房间还有浴缸和海景。有的房间在后边独立的附楼里。楼下是一家主厨为Patrick的（很不错的）餐厅（主菜 £18~19）和一个让你流连忘返的酒吧，可以考虑在这里享用下午茶（£18）。

🍴 就餐

Front Room　　　　咖啡馆 £

(☎01792-362140; www.thefrontroomcafe.co.uk; 618 Mumbles Rd; 主菜午餐 £6~7, 晚餐 £14~16; ⏰周二至周日 9:30~16:00，周五和周六 9:30~16:00和18:30~21:00; 🛜🐾) 天花板上挂着海贝枝形吊灯，浅蓝色墙壁上点缀着当地艺术品，这个欢乐的小咖啡馆是个令人愉快的地方，你可以尽情享用早餐、威尔士干酪、农夫午餐、三明治（烤的或大份）或传统下午茶（两人份每人£14）。更具创意的是晚间小酒馆菜单，其中可能有鱼、椰子和罗望子咖喱。

Munch of Mumbles　　　新派英国菜 ££

(☎01792-362244; http://munchofmumbles.co.uk; 650 Mumbles Rd; 2/3道菜午餐 £16/22, 晚餐 £25/30; ⏰周三至周六 正午至14:00和18:30~21:00，周日 正午至14:00) Munch小而舒适、浪漫，桌上有鲜花和蜡烛，提供一流的小酒馆菜单，每道菜都有6种做法选择。你可以自带葡萄酒来，只需要付一点开瓶费。菜肴往往充满令人愉快的怀旧风味，如黄油烤野鸡配奶油焗土豆和"节日配菜"。

ℹ️ 到达和离开

2B路（偶尔是3A路）定期往来于斯旺西和曼布尔斯之间（£4.30, 30~40分钟）。2C路则往返于卡斯韦尔湾（£2.60, 12分钟）。

高尔半岛
(Gower Peninsula/Y Gŵyr)

宽阔的奶糖色海滩、拍打的浪花、众多崖顶步道和崎岖荒凉的高地，这一切令高尔半岛仿佛离斯旺西的都市喧嚣极其遥远，呈现出一种异域之感——但实际上它离斯旺西很近。这片15英里的狭长地带由曼布尔斯向西延伸，1956年成为英国第一个官方认证的杰出自然风景区（AONB）。国民信托（National Trust）拥有大约四分之三的海岸，你可以沿着威尔士海岸小径（Wales Coast Path）徒步穿越整个海岸线。半岛也拥有彭布罗克郡以外威尔士最好的冲浪点。

朗兰湾（Longland Bay）、卡斯维尔湾（Caswell Bay）和艾农港是适合家庭的主要海滩，在夏季有救生员巡逻。不过，令人印象最为深刻，同时也最受冲浪爱好者们欢迎的还是位于半岛尽头、绵延3英里的壮观的罗斯利海湾（Rhossili Bay）。高尔北部的海岸大部分是盐沼地，对涉禽和野禽来说是重要的栖息地。

ℹ️ 到达和离开

半岛的公共交通网较为稀疏，不过有从斯旺西开往帕克米尔、艾农港、罗斯利（Rhossili）、雷诺尔德斯顿（Reynoldston）、兰马多克（Llanmadoc）和兰根尼斯（Llangennith）的长途汽车。去奥克斯威奇需要在帕克米尔转车。

想在海滩附近停车的话请自备零钱。

艾农港（Port Eynon）

☎01792 / 人口 636

艾农港长四分之三英里、布满岩石的蓝旗海滩（Blue Flag beach）是高尔夏季最繁忙的游泳胜地。随着气温的升高，小镇的人流急剧膨胀，露营地、客栈、小酒馆和青年旅舍都做好了迎接季节性人潮的准备。无论一年中的什么时候，无论抢占午餐时酒馆的餐桌还是争夺海滩上的浴巾空间时多么激烈，这里都是一个令人相当愉快的海滨小镇。

⭐ Port Eynon YHA　　　青年旅舍 £

(☎01792-391794; www.yha.org.uk; 铺/房间 £22/59起; ⏰复活节到10月; 🛜) 该旅舍绝佳的位置值得一提，它过去是座救生艇站，你不必睡在沙滩上就可以与大海尽情地亲近。它比一般的青年旅舍更舒服，老板很友善，从休息区还可以看到海景。房间里有洗手池，但多

另辟蹊径

三崖湾（THREE CLIFFS BAY）

三崖湾得名于这座金字塔状的三尖峭壁，其东面有一个天然的拱形突起伸入水中。它经常入选为英国最美丽的海滩之一，从建于13世纪的彭德德城堡（Pennard Castle）那不可思议的风景如画的废墟上俯瞰，它给人的印象尤其深刻。

到达海滩的唯一办法是步行。想要从城堡俯瞰的话，留意穿过马路的小道，从帕克米尔的Shepherd's咖啡店（停车费£3）往下走一点。过桥后向右转，然后在下一个路口选择左边那条路上山。在到达城堡之前，你要绕过一些房子和彭纳德高尔夫球场。如果你想走更为平坦、快捷的路，那就选择右边的岔路，沿着小溪走。另一种方法是从索斯盖特（Southgate）的National Trust的停车场出发，沿着彭纳德悬崖下方一英里长的步道前往。

数房间需要共用浴室。

Culver House　　　　　　　公寓 ££

（☎01792-720300; www.culverhousehotel.co.uk; 公寓£95起; 🌐）这座经过翻修的19世纪洋房距海滩仅一步之遥，拥有8间独立公寓，配备了齐全的现代便利设施。楼上的公寓有阳台，而一楼的多数房间则通向可爱的小花园。在旺季可能需要至少2晚起订。

ℹ️ 到达和离开

艾克港的直达公共交通包括往返于罗斯利（£3，13分钟，每天1班）的118路、往返于雷诺尔德斯顿（£3.80，15~35分钟，每天最多7班）的115路/118路/119路、往返于帕克米尔（£4.50，30~45分钟，每天最多5班）的117路/118路、往返于斯旺西（£4.80，1小时，每天4班）的118路/119路和往返于兰根尼斯（£4.80，1小时至1小时15分钟，每天3班）的115路。

奥克斯威奇湾和帕克米尔 (Oxwich Bay & Parkmill)

奥克斯威奇湾由一座2.5英里长的多风的弧形沙丘围成。便利的公路和一个大型停车场（每天£4）使它深受家庭和水上运动爱好者的欢迎（这里没有救生员，但除此之外对初学冲浪的人来说很适合）。海滩后面的**奥克斯威奇自然保护区**（Oxwich Nature Reserve）是一片盐沼和淡水沼泽，有橡树林、白蜡树林和沙丘，是各种鸟类和沙丘植物的家园。

高尔某些最棒、最隐秘的海滩就在曼布尔斯和奥克斯威奇湾之间的延伸地带，尤其是在小小的旅游村庄帕克米尔附近。

★ Llethryd Barns　　　　　　民宿 ££

（☎01792-391327; www.llethrydbarns.co.uk; Llethryd; 标单/大床£80/105; 🅿）这幢漂亮的乔治时代晚期农场建筑位于一个马蹄形的中央庭院内，现已被改造成7间套房，每间都配有起居区和夹层卧室。房间有各自的入口，所以不会经过别人的房间，早餐也很丰盛。位于帕克米尔以北2英里的B4271公路旁。

Parc-le-Breos House　　　　酒店 ££

（☎01792-371636; www.parc-le-breos.co.uk; Parkmill; 房间£106起; 🅿🌐）这座民宿位于主干道以北的一处维多利亚时期的哥特式狩猎小屋内，是自有的私人房产，提供16间套房。气势恢宏的休息室、温室和餐厅内有大壁炉，在寒冷的冬季可以派上用场，附近还有一些不错的步道。3道菜的晚餐（£20）需要预订，周三至周日18:00~20:00供应。

ℹ️ 到达和离开

公共汽车往返于斯旺西（36分钟，每天10班）、奥克斯威奇（15分钟，每天7班）、雷诺尔德斯顿（14分钟，每天8班）、艾克港（27分钟，每天4班）和罗斯利（31分钟，每天8班）。

罗斯利 (Rhossili)

☎01792 / 人口 236

把最好的留到最后，高尔半岛以罗斯利湾边缘3英里长的金色沙滩为尽头，蔚为壮观。这里几乎正对着位于西面的爱尔兰最南端，是英国最好、最受欢迎的冲浪海滩之一。但是需要注意的是：当海浪汹涌时，游泳较为危险。退潮时，一艘在1887年的风暴中失事的挪威小艇"Helvetica"号那幽灵般的残骸就在海滩正中的沙地上突现出来。

村子南部是Viel（读作"vile"），这是一片中世纪时开垦的带状田地，仍然被保留至今，实属罕见。

★ 沃姆斯角（Worms Head）　　自然保护区

高尔的最西端从这个长达一英里的海角把守，该海角在涨潮时会成为一个岛屿。沃姆斯这个名称来源于古英语wurm，意思是"龙"，指的是此处崎岖地形好似尼斯湖水怪的外形。在筑巢季节（4月至7月），海豹会在岩石周围晒太阳，悬崖上则密密麻麻挤满了刀嘴海雀、海鸠、三趾鸥、管鼻鹱和海鹦。

你有机会用5个小时（两侧退潮各有2.5小时）的时间穿过一条我道，沿着Outer Head狭窄的顶部走到陆地的最远点。**罗斯利游客中心**（Rhossili Visitor Centre；☎01792-390707；www.nationaltrust.org.uk/gower；Coastguard Cottages；◎10:30~16:30）有公布的潮汐时刻表，务必仔细查看上面所记载的时间，因为经常会有人被上涨的潮水阻隔，返回不得而需要被营救。而那些在令人紧张不安的寒冷夜晚被困于此处的人之中，就包括了年轻的狄兰·托马斯，正如他在《一个青年艺术家的画像》（*Portrait of the Artist as a Young Dog*）一书中那篇《你期望谁跟我们在一起？》（*Who Do You Wish Was With Us?*）所描述的那样。如果你真的受困于此，千万不要尝试涉水或游回大陆，这里的洋流汹涌、礁石湿滑不稳。

❶ 到达和离开

罗斯利的直达公共交通包括往返于艾农港（£3，13分钟，每天1班）的118路、往返于雷诺尔德斯顿（£3.80，20~30分钟，每天最多8班）的118路/119路、往返于帕克米尔（£4.50，30~45分钟，每天最多8班）的118路和往返于斯旺西（£4.80，1小时至1小时15分钟，每天最多11班）的118路/119路。

兰根尼斯（Llangennith）

☎01792 / 人口 517

冲浪者们蜂拥前来位于罗斯利湾北端的这个美丽的村庄，这里有一家不错的当地小酒馆，海滩旁边还有一个大型露营地（这个露营地本身就很可爱，还可以欣赏到从罗斯利湾一直到沃姆斯角的迷人景色）。兰根尼斯以饱经风霜、建于12世纪的圣塞尼德教堂（church of St Cenydd）为中心，每周六10:00~13:00有一个当地农产品市场。

🏃 活动

PJ's Surf Shop　　冲浪

（☎01792-386669；www.pjsurfshop.co.uk；潜水服/冲浪板/单口桨板 每天 £12/12/30；◎3月至10月 9:00~17:00，11月至次年2月 周一至周五10:00~17:00）由前冲浪冠军彼得·琼斯（Peter Jones）经营，是当地冲浪爱好者们的活动中心。登录网站可查看近期的当地冲浪条件。

Progress Surf　　冲浪

（☎07876 712106，01792-410825；www.swanseasurfing.com；课程 2小时/1天 £25/50）这家移动式的户外用品店在卡斯维尔湾或兰根尼斯提供冲浪入门课程，地点的选择取决于海浪条件。他们还教授桨板、皮划艇和其他形式的水上运动。

🛏 食宿

King's Head　　酒店 ££

（☎01792-386212；www.kingsheadgower.co.uk；房间 £99~150；Ⓟ🐾）这两幢石制农场建筑位于山上的同名**小酒馆**（主菜 £12~14；◎11:00~23:00，厨房 正午至21:30）后方，风格简约时尚，配备了现代浴室和地暖。除了这里的20个房间外，附近的房子里还有7个房间。上网查询按周报价和连住5晚的优惠。

❶ 到达和离开

直达公共交通115路/116路往返于兰马多克（£3，10分钟，每天最多4班）、雷诺尔德斯顿（£4，36分钟，每天最多3班）和艾农港（£4.80，1小时15分钟，每天最多3班）。

卡马森郡
（CARMARTHENSHIRE/SIR GAERFYDDIN）

卡马森郡拥有平缓的山谷、众多的河流、深绿色的树林和卡马森湾（Carmarthen

Bay/Bae Caerfyrddin），还有点缀其间的庄严古堡。卡马森湾是一处美丽的新月形海岸，经常被那些匆忙赶往彭布罗克郡的人忽视，后者就在此地紧西面。卡马森郡东部接壤布雷肯比肯斯（Brecon Beacons），与这些迷人的邻居相比，它显得安静得多，也是较少有人探索的威尔士地区，但却值得前来一探究竟。如果你偏爱花园、豪宅和乡村田园生活，那就将安逸的卡马森郡列入你的行程吧。

拉纳森（Llanarthne）

☎01558／人口 870

小小的拉纳森（也写作Llanarthney）和其他几十个卡马森郡的村庄一样生活节奏缓慢，是一个令人愉快的乡村。如果不是附近的威尔士国家植物园的开放，它可能与其他村庄并无二致。豪华的住宿和良好的餐饮之选已经入驻了这一新近闻名的村庄。

◎ 景点

★ 威尔士国家植物园　　花园

（National Botanic Garden of Wales；☎01558-667149；www.botanicgarden.wales；成人／儿童 £10/4.55；⊙4月至10月 10:00~18:00，11月至次年3月 至16:30；Ｐ图）隐匿于起伏的泰威河谷（Tywi Valley）乡间，这座奢华的植物园于2000年开放，目前仍在发展壮大。它曾经是一处贵族的地产，园中包含了适宜各自不同种类植物生长的自然环境，如湖泊、沼泽、林地和荒原，也有很多装饰华美的区域和教育展览。植物园中心区域坐落着诺曼·福斯特（Norman Foster）设计的大温室（Great Glasshouse），陷入地面的玻璃穹顶令人印象深刻。植物园位于拉纳森西南2英里处，沿着主路上有路标指示。

🍴 食宿

Llwyn Helyg Country House　　民宿 £££

（☎01558-668778；www.llwynhelygcountryhouse.co.uk；房间 £129起；Ｐ图）虽然这个位于村边的巨大石屋有着乔治时代风格，但它实际上是一座现代化的建筑。3间客房装饰豪华，配有深色木制家具、白色意大利大理石私人浴室和水疗浴缸。为了保持这种高雅的氛围，它不接受16岁以下儿童入住。

★ Wright's Food Emporium　　熟食店、咖啡馆 £

（☎01558-668929；www.wrightsfood.co.uk；Golden Grove Arms，B4300；主菜午餐 £8~9，晚餐 £11~13；⊙周日和周一 11:00~17:00，周三和周四 至19:00，周五和周六 9:00~22:00；Ｐ图）这是一家非常受欢迎的熟食店兼咖啡馆，位于一个布局不规则的老式乡村酒馆内，提供三明治、沙拉和装满了当地和进口顶级食材的开胃菜大拼盘。搭配一杯精酿啤酒或从它提供的小酒庄有机葡萄酒里选择几种，然后浏览成箱的黑胶唱片和货架上该地区最好的农产品。

ℹ 到达和离开

在卡马森（£2.40，35分钟）和兰代洛（£2.40，20~35分钟）之间运营的278路/279路会经停此地，每天最多2班。279路停在植物园前。

兰代洛（Llandeilo）

☎01558／人口 1771

兰代洛位于一座小山之上，四周被绿野环绕，狭窄的街道两旁都是宏伟的乔治和维多利亚时期的建筑，以一座风景如画的教堂和墓地为中心。周边地区曾一度被大型乡村庄园占据，虽然它们早已荡然无存，但饲养的鹿、种植的园林树木和农田风貌却无疑成了它们遗留给兰代洛的宝贵财富。

很多旅行者将兰代洛当作一个跳板，以前往地形更为荒凉的布雷肯比肯斯国家公园，这里许多出色的景点之间间隔的车程都很短：伊丽莎白花园、起伏的乡村庄园、城堡等。

◎ 景点

★ 迪内弗尔城堡　　历史建筑

（Dinefwr；NT，Cadw；☎01558-824512；www.nationaltrust.org.uk；成人／儿童 £7.60/3.80；⊙庄园 复活节至10月 每天 11:00~18:00，11月至次年复活节 周五至周日 至16:00，花园开放时间更长；Ｐ图）这个位于兰代洛以西的庄园拥有324英亩土地，田园风光美不胜收，有鹿苑、牧场、树林、一座铁器时代的堡垒、一座罗马

值得一游

多莱克西金矿

多莱克西金矿（Dolaucothi Gold Mines；NT；☎01558-650177；www.nationaltrust.org.uk；成人/儿童 £8.40/4.20；⏰复活节至10月 11:00~17:00；🅿🚻）位于一处美丽的森林庄园内，靠近Pumsaint村，是英国境内唯一已知的罗马金矿。位于地面的展览和采矿机械很有趣，但最吸引人的是参加导览团到地下参观旧矿井。在地面有一个充满沉积物的水槽，你可以在那里试着感受一下淘金。个人游览的语音讲解器包含在门票内。

参观结束后，值得前去小而可爱的 Dolaucothi Arms（☎01558-650237；A482；主菜 £9~10；⏰周二 16:00~23:00，周三至周六 正午至23:00，周日 正午至20:00；🅿🍴）坐坐，这个建于16世纪的马车客栈有一个友善的前厅酒吧、开放式壁炉，还附有茶室（Doli's）和一个体面的酒吧餐厅。

在兰彼德（Lampeter；£3.50，20分钟）和兰多维利（Llandovery；£2.45，30分钟）之间运行的289路长途汽车在每个工作日都会在此地经停一次。

堡垒的隐秘遗迹、一座12世纪的城堡以及**纽顿庄园**（Newton House；拥有维多利亚时期哥特式外观的美丽的17世纪庄园）。庄园里展示的是爱德华七世时期的生活，重点介绍了楼下仆人们的生活状况。其他的房间让人回忆起纽顿庄园在"二战"时被用作医院的那段岁月，之前的桌球室如今是一个茶室。

★阿伯格拉斯尼花园　　　　花园

（Aberglasney Gardens；☎01558-668998；www.aberglasney.org；Llangathen；成人/儿童 £7.73/免费；⏰4月至10月 10:00~18:00，11月至次年3月 10:30~16:00；🅿）徘徊于这些规整的围墙花园内，感觉有点像闯进了简·奥斯汀的小说中。这些花园的历史可追溯至伊丽莎白时代，并且一直在不断地发展，花园内还有一个特别为装饰花园而建造的回廊。西侧风信子树林中有一个池塘花园、一条有250年历史的紫杉通道和一座"野生"花园，以及许多其他园艺休憩场所。夏季时，展览和音乐活动为这里带来了欢声笑语。

🛏食宿

Cawdor　　　　　　　　　酒店 ££

（☎01558-823500；www.thecawdor.com；Rhosmaen St；房间/公寓 £95/200起；🅿🛜）穿过入口从宽石板铺就的路面进入Cawdor，你会体验到这里作为乔治时代众议会大厦的感觉。铺着灰色和粉色条纹地毯的楼梯通向设施齐全的客房，房内床品是埃及棉，装饰浴室的是大理石，楼下的酒吧以及更为正式的餐厅则供应像样的食物（主菜 £11~12）。

★Ginhaus Deli　　　　　　熟食店 £

（☎01558-823030；www.ginhaus.co.uk；1 Market St；主菜 £8~10；⏰周一至周四 8:00~17:00，周五和周六 至22:00；🛜）这家时髦的熟食店兼咖啡馆专门提供两种生活中最美味的食物（杜松子酒和奶酪），此外还供应早餐、夹心长棍面包、乳蛋饼、蛋挞、新鲜果汁和美味的英国食物，如烟熏黑线鳕鱼配荷包蛋。厨房休息时提供熟食和奶酪拼盘，周五和周六 17:00~20:00提供比萨。

ℹ到达和离开

公共交通包括往返于拉纳森（£2.40，20~35分钟，每天最多2班）的278路/279路、往返于兰多维利（Llandovery，£3.15，45分钟，每天最多8班）和卡马森（£3.60，50分钟）的280路/281路，以及往返于斯旺西（£5.80，1.5小时，每天最多6班）的X13路。

兰代洛位于威尔士的中心铁路线上。直达火车往返于兰多维利（£3.70，20分钟，每天5班）、斯旺西（£7.60，1小时，每天5班）、兰德林多德韦尔斯（£8.30，1.5小时，每天4班）、加的夫（£21起，2小时15分钟，每天2班）和什鲁斯伯里（Shrewsbury；£15，3~3.5小时，每天4班）。

彭布罗克郡
（PEMBROKESHIRE）

如果上帝是一位拥有艺术追求的地理老

师，那你基本可以想象全世界都会是彭布罗克郡海岸（Pembrokeshire Coast）这样的地貌：凹凸不平的火山岩、冰川融水冲刷而成的细长峡湾、垂直堆叠的石灰岩和侵蚀而形成的天然拱门，还有泉眼和海蚀柱。高耸的红色和灰色海岸悬崖沿着海岸线绵延伸展，其间镶嵌着许多完美的沙滩。

这里的狂野自然风光和难以置信的美景是该郡最大的财富。夏天，人们从英国各地涌来这里体验超赞的步行、冲浪、海岸活动和海上皮划艇，以及欣赏壮丽的海滩、丰富的海洋生物和秀丽的城镇。

除了自然资源外，彭布罗克郡还拥有丰富的凯尔特和前凯尔特遗址、令人生畏的城堡、迷人的岛屿和小小的圣戴维兹——这个神奇的迷你城市有着酷酷的氛围，壮观的大教堂和威尔士守护神有着斩不断的联系。

桑德斯福特（Saundersfoot）

☎01834 / 人口 2748

如纽扣般小巧而可爱的桑德斯福特有一片长长的迷人海滩，海滩的一端是一个温馨的小港口，建于1829年，用于煤炭运输。如今，这一带唯一的采矿活动就是小孩子们在金色的沙滩上挖掘。从市中心向外辐射的丘陵街道两旁林立着保存完好的老房子，其中有一些有趣的商店可以逛逛。

这里比邻近的滕比更加安静，后者沿着海岸公路步行1小时即可到达。

◉ 景点

弗利农场　　　　　　　　　　　　动物园

（Folly Farm；☎01834-812731；www.folly-farm.co.uk；Begelly；成人/儿童£16/14；◷10:00~

17:00；🚻）如果你的孩子再也无法忍受城堡和教堂，这处动物园/宠物动物园/游艺集市/游乐场的结合体可以解决难题。一旦他们厌倦了海盗船、龙乐园和儿童挖掘机，这里还有很多其他动物可以去了解，包括农场动物、猫鼬、猴子、长颈鹿、斑马和一个出色的企鹅馆。农场位于桑德斯福特以北3英里处的A478公路旁。

Reptile Experience　　　　　　动物园

（☎07940 793845；www.reptile-experience.co.uk；Waterloo House，Brewery Tce；成人/儿童£15/12；⏱邂逅运动11:00、13:30和16:00）在长达2小时的参与式体验中，来和巨蟒、多毛蜘蛛和各种各样令人毛骨悚然的滑溜溜的爬虫类小动物邂逅吧。

🛏 住宿

★ Trevayne Farm　　　　　　露营地 £

（☎01834-813402；www.trevaynefarm.co.uk；Monkstone；每个帐篷/露营车£18/28起；⏱复活节至10月；🐕）这处位于悬崖顶部的大型露营地建在一个占地40公顷的生态农场之中，拥有美丽的海景和两个单独的区域，所以想要回归自然的露营者可以避免和房车共处一处。完美而僻静的Monkstone海滩感觉就像是农场的私人水域，它就在桑德斯福特以南1英里处，可通过海岸小径或2英里的公路到达。

St Brides Spa Hotel　　　　　酒店 £££

（☎01834-812304；www.stbridesspahotel.com；St Brides Hill；标单/大床£145/190起；🅿🛜🏊）彭布罗克郡首屈一指的温泉酒店，在烛光闪烁的Cliff餐厅享用晚餐前，你可以在俯瞰桑德斯福特海滨的高处小水疗池里来次舒压按摩。34间卧室（以及2套公寓）时尚而现代，配色充满了海滨风情。

🍴 就餐

★ Cliff　　　　　　　　新派英国菜 ££

（☎01834-812304；www.stbridesspahotel.com；St Brides Hill；主菜£21~22；⏱18:00~21:00；🛜）St Brides Spa酒店所附的高档餐厅内烛光摇曳，眼前的美景绵延数英里。可口的本地产品，尤其是海鲜，被巧妙地融入新派英国菜肴中，如大比目鱼佐茴香、羽衣甘蓝和桑德斯福特贝类，满足你的口腹之欲。

★ Coast　　　　　　　　新派英国菜 £££

（☎01834-810800；http://coastsaundersfoot.co.uk；Coppet Hall Beach；主菜£26~29；⏱3月至10月 每天，11月至次年2月 周三至周日 正午至14:00和18:30~21:00；🚗）与壮观的海滨景致相匹配的是从主厨汤姆·海因斯（Tom Hines）的厨房里端出来的充满魔力的美味佳肴，该餐厅屡获殊荣。无论你是选择富有创意的"汤姆的菜单"，还是在午餐时间的"Pebble菜单"中选择更简单、更便宜的食物（3道菜£28），都要做好大吃一惊的准备。当地海鲜真的很好吃，服务也很棒。

ℹ 实用信息

旅游局（☎01834-813672；www.visitpembrokeshire.com；Saundersfoot Library，Regency Hall；⏱10:00~13:00和14:00~16:00）桑德斯福特的图书馆同时也会热情地为游客们提供建议。

ℹ 到达和离开

桑德斯福特的火车站距离城中心1英里。直达火车可往返于斯旺西（£16，1.5小时，每天7班）、滕比（£3.60，7分钟，每天9班）和彭布罗克（£7.90，37分钟，每天9班）。

381路定期往来于滕比（£2.50，10分钟）、纳伯斯（Narberth，£3.55，33分钟）和哈弗福德韦斯特（Haverfordwest，£5.10，54分钟）。

滕比
(Tenby/Dinbych Y Pysgod)

☎01834 / 人口 4625

滕比位于一座海角上，两边被沙滩包围，风景如同明信片一般优美。房子被漆成了渔村的经典柔和色调，白色优雅的乔治七世风格宅院点缀其中。诺曼人建的城墙仍然勾勒小镇的主要轮廓，度假者徜徉在中世纪的街道上，光顾着分布于两侧的酒吧、冰激凌店和礼品商店。

没有庸俗的海滨步道和码头，到了淡季这里又高雅地变回一座安逸的小镇。夏季时分，这里是不折不扣的旅游度假胜地，酩酊大醉的人随处可见，热闹非凡。

◉ 景点

科尔迪岛　　　　　　　　　　　岛屿

（Caldey Island；☎01834-844453；www.caldey-island.co.uk；成人/儿童 £13/6；⏰5月至9月 周一至周六，4月和10月 周一至周四）季节性的游船从滕比港口驶往科尔迪岛，这里是灰海豹和许多海鸟的家园，并且拥有一座红顶白墙的修道院，里面住着约12位西多会的修道士。你必须去探访一下多沙的修道院湾（Priory Bay）、灯塔、村中博物馆、老修道院和圣伊尔蒂教堂（St Illtyd's Church），后者有着奇怪的尖塔，塔内放着一块刻有奥格姆文字（Ogham；一种古凯尔特文字）的石头。

圣凯瑟琳岛（St Catherine's Island）　岛屿

退潮时，你可以步行穿过沙滩到达小小的圣凯瑟琳岛，但如果你被潮汐困在岛上，就需要忍受漫长而寒冷的等待了。所以，务必提前在Coast to Coast、www.pembrokeshirecoast.wales网站，或是旅游局（见739页）查询潮汐时刻表。岛上的维多利亚城堡从复活节开放到10月。

Tudor Merchant's House　　　历史建筑

（NT；☎01834-842279；www.nationaltrust.org.uk；Quay Hill；成人/儿童 £5.25/2.60；⏰复活节至7月、9月和10月 周三至周一，8月 每天，11月至次年复活节 周六和周日 11:00~17:00）滕比的这座15世纪的联排屋经过了精心修复，布置得如同它在鼎盛时期一样，装饰了丰富多彩的壁挂，配备了复古风格的床和厨房用具。厨房旁边有口污水井，但管理者们不会再打开井盖去重现当年的气味。

🛏 住宿

Southside　　　　　　　　　　　酒店 £

（☎01834-844355；www.southsidetenby.co.uk；Picton Rd；大床 £60；🛜）这个友好的（而且物有所值）的私人小酒店就位于城墙外，客房宽敞、舒适，一点也不显得寒酸。4间客房中有3间有配套浴室，另一间的私人浴室位于走廊的另一头。不吃早餐的话，房费可以减免£5。

Myrtle House Hotel　　　　　　酒店 ££

（☎01834-842508；www.myrtlehousehoteltenby.com；St Mary's St；标单/大床 £50/100；🛜）这家由家庭经营的友好酒店坐落在小镇老城区的一座乔治时代风格的房屋内，给人一种老派的感觉。窗外没什么风景，但8间带浴室的房间可以满足你所有的需求，酒店的位置也很好（离通向Castle Beach的台阶不远）。

Penally Abbey　　　　　　　　　酒店 £££

（☎01834-843033；www.penally-abbey.com；Penally；房间 £165起；🅿🛜🐾）这座由乡间住宅改造而来的酒店在山坡上俯瞰着卡马森湾，酒店所在地原先是一处老修道院，位于Penally村，滕比西南2英里处的A4139公路旁。11间色彩明亮的舒适房间分布在主楼和相邻的车房内，还附有一间令人印象深刻的餐厅。

🍴 就餐

Mooring　　　　　　　　　　　咖啡馆 ££

（☎01834-842502；www.themooringtenby.

彭布罗克郡海岸国家公园

彭布罗克郡海岸国家公园（Pembrokeshire Coast National Park/Parc Cenedlaethol Arfordir Sir Benfro）成立于1952年，公园几乎占据了整个彭布罗克郡海岸及离岸的岛屿，以及北部犹如月球表面的普雷瑟里山（Preseli Hills）。彭布罗克郡的海岸悬崖和岛屿上生活着大量海鸟，而海豹、海豚、鼠海豚和鲸鱼也经常在沿海水域出没。

两个国家公园信息中心分别位于彭布罗克和圣戴维兹，遍布彭布罗克郡的当地旅游办公室都配备有公园宣传册。每年出版的免费出版物及手机应用 *Coast to Coast*（www.pembrokeshirecoast.wales；可以在线浏览内容）刊登了许多公园景点、重大盛事和公园举办活动的详细信息，包括导览步行游、主题团队游、自行车行、骑马游、岛屿巡游、独木舟之行和小巴游。单是为了潮汐时间表就值得去领 *Coast to Coast* 了，这些信息对于我们了解海岸小径的众多支线很有帮助。

com; 15 High St; 主菜 早餐£5~6, 午餐£7~8, 晚餐£14~18; ⊙周日至周二 8:30~16:30, 周三至周六 至21:00; ⓈⒶ)这家在High St上的现代餐厅风格清新, 在白天是一家咖啡馆, 供应让人身心愉悦的食品(早餐、三明治、香肠土豆泥、干酪通心粉), 在夜间则摇身变成一家高雅的法式小馆, 提供番茄、意大利白豆和当地贻贝炖香辣鱼之类的美味。咖啡也不错。

Plantagenet House　　新派英国菜 £££

(☎01834 842350; www.plantagenettenby.co.uk; Quay Hill; 主菜 午餐£10~12, 晚餐£25~28; ⊙正午至14:30和18:00~21:00, 冬季开放时间缩短; Ⓐ)精致的氛围瞬间令人印象深刻——这里是浪漫烛光晚餐的最佳去处。餐馆隐匿于一条小巷之中, 是滕比最古老的房子, 某些部分可以追溯到10世纪, 屋内巨大的12世纪弗兰德式烟囱灶台甚是显眼。菜有包括当地海鲜、有机牛肉和许多蔬菜选择。

❶ 实用信息

旅游局(☎01437-775603; www.visitpembrokeshire.com; Upper Park Rd; ⊙9月至次年6月 周一至周五 9:00~17:00, 周六 10:00~17:00, 7月和8月 周一至周五 9:00~17:00, 周六 10:00~17:00, 周日 10:00~16:00)

❶ 到达和离开

长途汽车

客运站(Upper Park Rd)就在旅游局隔壁。

滕比的直达长途汽车往来纳伯斯(X49路, £5, 23分钟, 每天2班)、桑德斯福特(381路, £2.50, 10分钟, 固定时刻)、马诺比尔(Manorbier; 349路, £3.60, 20分钟, 每小时1班)、彭布罗克(349路, £4.30, 45分钟, 每小时1班)和哈弗福德韦斯特(381路, £5.25, 1小时15分钟, 每小时1班)。

National Express(见730页)运营的长途汽车的目的地有斯旺西(£9.20, 1.5小时, 每天2班)、加的夫(£19, 3.5小时, 每天1班直达)、伯明翰(£42, 6小时, 每天1班直达)和伦敦(£32, 7小时, 每天1班直达)。

火车

有火车直达彭布罗克(£5.50, 20分钟, 每天9班)、纳伯斯(£5.20, 20分钟, 每天9班)、斯旺

值 得 一 游

彭布罗克城堡(PEMBROKE CASTLE)

这座壮观而威严的**城堡**(☎01646-681510; www.pembroke-castle.co.uk; Main St; 成人/儿童£6/5; ⊙10:00~17:00; Ⓐ)在300多年间都是彭布罗克伯爵的住所, 还是都铎王朝第一任国王亨利七世的出生地。1093年, Arnulph de Montgomery在这里修建了一座堡垒, 但现存的大部分建筑只能追溯到13世纪。无论对孩子们还是大人来说, 这里都是个很棒的地方, 他们可以在城墙上探索, 穿梭于塔楼之间, 这里还有生动的展览为游客详细介绍城堡的历史。

火车会停靠在彭布罗克和彭布罗克码头站。有直达火车往返于加的夫(£10起, 3小时15分钟, 每天1班)、斯旺西(£15, 2小时, 每天7班)、纳伯斯(£8.40, 48分钟, 每天8班)和滕比(£5.50, 20分钟, 每天9班)。

西(£15, 1.5小时, 每天7班)和加的夫(£12起, 3小时, 每天1班直达)。

纳伯斯(Narberth/Arberth)

☎01834 / 人口 2412

纳伯斯是一个有着悠久历史的迷人的南彭布罗克郡集市小镇, 拥有一个充满艺术气息的小社区, 有独立商店、咖啡馆、餐馆和画廊。尽管没什么特别的景点, 还是值得停下来感受一下这里活跃的氛围、对美食的热情以及繁荣的零售业。这里似乎成功战胜了经济的低迷, 肉铺、熟食店、古玩店和精品店排列在街道两旁。这里在9月会举办好客的美食节, 还有一处诺曼城堡的遗址和一座有着双楼梯的有趣的镇公所。

◉ 景点

纳伯斯博物馆　　博物馆

(Narberth Museum; Amgueddfa Arberth; ☎01834-860500; www.narberthmuseum.co.uk; The Bonded Stores, Church St; 成人/儿童

£4.50/1; ⊙周三至周六 10:00~17:00)这座维护得良好的博物馆坐落在一栋气氛极佳的经过修复的保税仓库建筑内,以纪念纳伯斯及其周边地区的丰富历史,员工由志愿者组成。你可以通过模型和互动游戏来了解中世纪攻城战和纳伯斯城堡;走在历史悠久的街道上、参观商店;或者坐在会讲故事的椅子上听听威尔士民间故事。

🛏 食宿

Max & Caroline's　　　客栈 £

(📞01834-861835; www.maxandcarolines.com; 2a St James St; 标单/大床 £50/70; 📶)当你住在纳伯斯最好的咖啡馆楼上时,为什么还要费心寻觅早餐呢?这就是这家由英国人和德国人共同管理的优秀客栈的经营理念,这也意味着你可以以比同样水准的酒店更低的价格租到两间装修精美的客房。欧式早餐需要加£5。

★ Grove　　　酒店 £££

(📞01834-860915; www.thegrove-narberth.co.uk; Molleston; 房间 £170起, 3/8道菜晚餐 £69/94; ⊙餐厅 正午至14:30和18:00~21:30; 🅿📶)🍴这家安静的乡间酒店就在纳伯斯南边,周围环绕着精心修剪过的草坪、成熟的树木和野生草甸,是个真正神奇的住所。奢华的客房将现代风格与时代特性相融合,而著名的店内餐厅Fernery是彭布罗克郡最棒的,供应新派威尔士菜,如大比目鱼配苹果姜泥和小龙虾酱。

Dragon Inn　　　小酒馆食物 ££

(📞01834-860257; www.thedragonnarberth.com; 5 Water St; 主菜 £10~13; ⊙11:00~23:00)石墙、厚地板和低矮的天花板都暗示着这家乡村小酒馆的古老历史。这里离海边约有7英里,但厨房里的特色菜却是"当地的"海鲜,包括马鲛鱼、龙虾和其他新鲜的海鲜。周日的午餐,三道菜(包括花费10小时烹饪的烤牛肉这样的美味)只需£15。

ℹ 到达和离开

长途汽车目的地包括:哈弗福德韦斯特(322路, £4.05, 21分钟, 每天3班直达)和卡马森(322路, £5.35, 37分钟, 每天3班直达)、桑德斯福特(381路, £3.55, 34分钟, 固定时刻)、滕比(X49路, £5, 23分钟, 每天2班)以及卡迪根(Cardigan; 430路, £4.15, 70分钟, 每天3班)。

直达火车目的地包括:新港格温特郡(Newport Gwent; £18, 2小时45分钟, 每天1班)、加的夫(£12起, 2.5小时, 每天2班)、斯旺西(£16起, 1小时15分钟, 每天8班)、滕比(£5.20, 20分钟, 每天9班)和彭布罗克(£8.80, 45分钟, 每天8班)。

圣戴维兹 (St Davids/Tyddewi)

📞01437 / 人口 1383

充满魅力的圣戴维兹(是的,现在的英文名字已经没有撇号了)是英国最小的城市,建于12世纪的宏伟的主教座堂拥有着经久不衰的吸引力,使这里成了威尔士最神圣的地方。作为威尔士的主保圣人圣戴维的诞生地和归葬地,1500年来,这里一直都是朝圣之所。

周围的环境也富有神圣魅力——三面被一望无际的大海包围,在街道的尽头瞧一眼就会令人惊叹连连。远处还有些奇形怪状的山峰,耸立在这片古老的大地之上。

今天,圣戴维兹也吸引了非宗教朝圣者,他们被该地悠闲的氛围、上好的景点和餐厅,以及周边地区一流的徒步、冲浪和野生动物观赏活动吸引而来。

⊙ 景点

★ 圣戴维兹主教座堂　　　主教座堂

(St David's Cathedral; www.stdavidscathedral.org.uk; The Pebbles; 建议捐款 £3, 团队游 £4; ⊙周一至周六 8:30~18:00, 周日 12:45~17:30)圣戴维兹主教座堂隐匿在山谷之中,位于高墙背后,刻意保持着谦逊的姿态。选择在谷地建造教堂的初衷是为了躲避撒克逊人的侵袭,但事与愿违——教堂至少被洗劫了7次。然而,只要你穿过将教堂与城区分隔开来的门楼,石头的高墙就会映入眼帘,你会发现这座教堂和其他同时代的教堂建筑一样宏伟壮观。

★ 圣戴维兹主教宫　　　遗迹

(St Davids Bishop's Palace; Cadw; www.

彭布罗克郡海岸小径（PEMBROKESHIRE COAST PATH）

彭布罗克郡海岸小径位于彭布罗克郡突然伸入海中的海岸线上，是英国最壮观的长途路线之一。小径始建于1970年，绵延186英里，拥有英国最引人注目的海岸风景，从安乐斯（Amroth）一直延伸到圣道格尔（St Dogmaels），沿途有令人眩晕的悬崖峭壁和一望无际的美丽海滩。如果你没有足够的时间和耐力走完全程，也可以很容易将其分成小段进行。

小径沿途天气状况多变，手机信号的覆盖不太可靠；来之前需要做好准备，带上适合雨天的装备，即使在夏天时也要带上保暖衣物。http://nt.pcnpa.org.uk是小径的专属网站，非常适合计划行程。

徒步旅行者的最佳"伴侣" 彭布罗克郡的海岸长途汽车在5月至9月每天3次往返于5条主要路线上。在剩下的月份里，Puffin Shuttle、Strumble Shuttle和Poppit Rocket等公司的车仅在周四和周六提供每天2班服务。请登录www.pembrokeshire.gov.uk或取阅国家公园的Coast to Coast杂志查看时刻表。

最佳路段

马洛斯沙地（Marloes Sands）到布罗德港（Broad Haven）（4.5~6小时，13英里）沿着扣人心弦的悬崖顶部散步，感觉很棒，在一处令人印象深刻的海滩结束行程。沿途有许多接入点和固定时刻的公共交通，使得这段路也适合短途的环形步行。

白沙（Whitesands）到波斯加因（Porthgain）（4~5小时，10英里）如果你的时间有限，这一美丽却累人的路段值得一试。这里距离圣戴维兹很近，在一天行程结束时还提供一些不错的小吃奖励。

波斯加因（Porthgain）到普威尔德利（Pwll Deri）（4~6小时，12英里）这是一个令人兴奋的路段，拥有陡峭的悬崖、岩石拱、尖峰、小岛、海湾和海滩，但途中也有陡峭的爬山和下山路。可以欣赏到圣戴维兹和斯特鲁姆布尔岬的壮丽景色。

纽波特（Newport）到圣道格尔（St Dogmaels）（6~8小时，15.5英里）一个艰难的、有如过山车般的路段，多次经过陡峭的小山，但可以领略壮观的景色：野性十足的崎岖海岸、众多的岩石造型、陡峭的悬崖和洞穴。

cadw.gov.wales；成人/儿童 £4/2.40； ⊙7月和8月 10:00~18:00，3月至6月、9月和10月 9:30~17:00，11月至次年2月 10:00~16:00）这片壮观的宫殿遗址与相邻的圣戴维兹主教座堂（见740页）始建于同一时期，但其最终保留下来的高耸的装饰性哥特式建筑形式主要得益于1327年至1347年间任职的主教亨利·德高尔（Henry de Gower）。其最鲜明的特点是围绕庭院的带拱饰的护墙，仿照棋盘图案以紫色和黄色石块进行了装饰。支撑拱门的枕梁也雕刻着丰富多样的形象：动物、人头像，还有怪诞神秘的生物。

★ 奥丽尔帕克画廊　　　　　　　　画廊

（Oriel y Parc；Landscape Gallery；☏01437720392；www.orielyparc.co.uk；High St 和Caerfai Rd的交叉路口；⊙10:00~16:00）奥丽尔帕克画廊位于小镇边缘一座鲜明的半圆形环保建筑里，是彭布罗克郡海岸国家公园管理局（Pembrokeshire Coast National Park Authority）和威尔士国家博物馆（National Museum Wales）成功合作的结晶。它不仅承担着旅游办公室和国家公园游客中心（比画廊开放时间要稍长一些）的职责，还为馆藏艺术品举办临时展览。展出的重点是风景画，特别是彭布罗克郡丰富的自然美景。

圣戴维兹角　　　　　　　　　　地区

（St Davids Head，NT）这个由威尔士最古老的岩石形成的海角曾被凯尔特人加固过，处处长满了石楠，颇有气氛。我们仍然可以看到铁器时代城墙上杂乱的石头和沟渠，还有

St Davids 圣戴维兹

St David 圣戴维兹

重要景点
1. 奥丽尔帕克画廊 D2
2. 圣戴维兹主教宫 A1
3. 圣戴维兹主教座堂 B1

住宿
4. Bryn Awel C2
5. Coach House C1
6. Ramsey House A2
7. Tŵr y Felin D2

就餐
8. Bishops B1
9. St Davids Food & Wine C2

曾经作为茅屋地基的岩石圈。海岬的顶端有一堆岩石和草皮覆盖的礁石,是野餐或观赏野生动物的好地方。在夏天,能看到俯冲而下的塘鹅和翱翔的红嘴山鸦。这里还常常能看见野生的小马驹,平添了一丝古老氛围。

拉姆西岛（Ramsey Island/Ynys Dewi） 鸟类保护区

拉姆西岛紧邻圣戴维兹以西的海角,四周被崎岖的海岸悬崖和成群的小岛与礁岩环绕。这座岛屿是英国皇家鸟类保护协会（Royal Society for the Protection of Birds, RSPB）名下的保护区,以栖息着大量的红嘴山鸦而闻名。红嘴山鸦属鸦科,有着乌黑发亮的羽毛以及标志性的红色喙部和双腿。此外,这里也是观察灰海豹的绝佳地点。

圣诺恩湾（St Non's Bay） 遗迹

这片粗犷美丽的土地位于圣戴维兹以南,并以圣戴维的母亲名字命名,一直以来被认为是他的出生地。一条小径可以通往13世纪的**圣诺恩礼拜堂遗址**（ruins of St Non's Chapel），如今这里只剩下墙壁的根基和一块标有圆环十字架的石头——据说这块石头立于7世纪。周围空地的立石透露了这座礼拜堂可能建于远古异教徒的石圈之中。

白沙湾 海滩

（Whitesands Bay; Porth Mawr）这条一英里长的沙滩是一个很受欢迎的冲浪、游泳和散步地。在潮水水位非常低时,你可以看到1882年搁浅在这里的一艘划桨拖船的残骸,以及史前森林的化石遗迹。在白沙滩人多的时候（而且经常如此）,你可以沿着海边的小路向北走10~15分钟,避开拥挤的人群,到达位于**波特梅尔根**（Porthmelgan）的一个更小、更僻静的海滩。

住宿

YHA St Davids 青年旅舍

（☏0800 019 1700; www.yha.org.uk; Llaethdy; 铺/大床 £20/45; ⓧ4月至10月; Ⓟ）这座青年旅舍以前是个农舍,位于圣戴维兹西北2英里处,藏身于Carn Llidi的山地之中,靠近冲浪者们的游乐场白沙湾。如果你热衷于徒步或有自己的交通工具，它会是一个很不错的住处选择。牛棚改造为多人间和标双房，还有一个诱人的公用厨房。带浴室的房间可以住4个人，还有停放自行车的车棚。

Bryn Awel　　　　　　　　　　民宿 ££

(☎01437-720082; www.brynawel-bb.co.uk; 45 High St; 标单/大床 £85/90起; ⏨)Bryn Awel位于High St上，位置不错，房间小而温馨（全都带有浴室），分布在一栋漂亮的两层木制维多利亚风格的房屋楼内。民宿主人热爱户外运动，可以给出在当地步行和观鸟的最佳建议。

Coach House　　　　　　　　民宿 ££

(☎01437-720632; www.thecoachhouse.biz; 15 High St; 标单/大床 £70/95起; ⏨)明亮、简单的10间客房只是Coach House魅力的一部分，热情而乐于助人的老板、不错的早餐和位于镇中心的地理位置，使得这里成为圣戴维兹较好的住宿选择之一。主人从前窗向主街上的过路人出售威尔士馅饼（类似康沃尔馅饼; £6）。

Ramsey House　　　　　　　　民宿 ££

(☎01437-720321; www.ramseyhouse.co.uk; Lower Moor; 大床 £135; P⏨)年轻的老板将他们位于小城郊外的鸭蛋青色的房子装修成了时尚的精品民宿。6间客房风格各异，但都使用了大胆的壁纸，搭配枝形吊灯、丝质盖毯、鹅绒羽绒被和雅致的卫生间。不适合儿童入住。

★ Twr y Felin　　　　　　　　酒店 £££

(☎01437-725555; www.twryfelinhotel.com; Caerfai Rd; 房间/套 £200/370; P⏨)这座别致的精品酒店是圣戴维兹最高档的住宿选择，酒店里有一个形状奇特的圆塔，曾经是一座风车。整座建筑内到处摆放着特约当代艺术作品，仅在休闲酒吧和餐厅（Blas）就有几十件作品。21间卧室都很豪华，但最壮观的是位于塔楼内的三层圆形套房。

✕ 就餐

St Davids Food & Wine　　　熟食店 £

(☎01437-721948; www.stdavidsfoodand wine.co.uk; High St; 主菜 £3~4.50; ⏲周一至周六 8:30~17:00, 周日 10:00~17:00, 冬季 周一至周六 9:00~17:00)在这家专营当地有机食品的熟食店，你可以储备一些野餐用品（包括奢华的火腿），也可以买一块糕点或按需制作的三明治（比如啤酒炖牛肉），坐在店前的长椅上享用。

Bishops　　　　　　　　　小酒馆食物 ££

(☎01437-720422; www.thebish.co.uk; 22-23 Cross Sq; 主菜 £11~14; ⏲11:00至午夜; ⏨)一家杂乱却友好的小酒馆，里边坐满了当地人、徒步者和随便进入的人们，员工面带微笑地供应着大份的小酒馆食物。冬季有熊熊的火炉，还提供不错的啤酒，从啤酒花园里还能看到主教座堂的美景。别奇怪桌上的名字（比如"婊子"其实指的是拉姆西岛和大陆之间的潮汐流）。

❶ 实用信息

国家公园游客中心和旅游局（National Park Visitor Centre & Tourist Office; ☎01437-720392; www.orielyparc.co.uk; High St; ⏲4月至10月 9:30~17:00, 11月至次年3月 至16:00)位于奥丽尔帕克画廊（圣戴维兹的风景画廊），正如其名所示，兼具旅游局和国家公园游客中心两种功能。

❶ 到达和离开

公共交通很有限，特别是在周日和冬季。

彭布罗克郡的主要海岸长途汽车服务公司（见741页）的车会停靠在Strumble and Puffin Shuttles。在3月25日至9月25日，还会有Celtic Coaster的车经过这里，这辆车在圣戴维兹、圣农湾（St Non's Bay）、圣查士丁尼（St Justinian）和白沙湾之间环线运营。

每天最多9班411路前往索尔瓦（Solva; £1.65, 8分钟,)、纽盖尔（Newgale; £2.35, 21分钟）和哈弗福德韦斯特（£3.40, 40分钟, 每天10班），而413路则前往菲什加德（Fishguard; £3.80, 45分钟, 每天6班）。

波斯加因及周边 (Porthgain & Around)

☎01348 / 人口 897

几个世纪以来，小海港波斯加因都只有

几座坚固的小屋挤在一处岩石遍布的海湾里。从1851年开始，这里作为沿着Abereiddi开采石料的船运起点而繁荣起来，到了1889年，这里的花岗岩和细黏土矿藏使其成为建筑石材和砖块的出产地。"二战"后的衰退打破了发展的泡沫，稳固的石码头和杂草丛生的砖块仓"罐"就是剩下的全部了，给人一种后末日的萧条感。

尽管如此，这里却是个美丽的小港口：虽然曾经是工业港口，波斯加因却出奇地风景如画，如今有几家画廊和餐馆，是沿着彭布罗克郡海岸小径进行数日徒步的不错基地。

◎ 景点和活动

蓝潟湖　　　　　　　　　　海湾

（Blue Lagoon; NT; Abereiddi）1910年之前，位于水边的Abereiddi一直开采岩岩，然后通过电车运到位于波斯加因的港口。采矿停止后，一条通道被炸穿，通到海里，淹没了矿井，形成了一个明亮的蓝绿色水池，周围环绕着一圈陡峭的石墙。你当然可以在这里游泳，但请注意这里的水相当深，且冰冷刺骨。

Preseli Venture　　　　　探险运动

（☏01348-837709; www.preseliventure.co.uk; Parc-y-nole Fach, Mathry; 海岸活动/皮划艇 £52起; ⊙办公室 9:00~17:00; ♿）免费 这里提供海岸活动、海上皮划艇、冲浪和沿海徒步等运动，还拥有不错的环保背包客客栈（每晚包早餐/半包/全包 £42/58/65），靠近Abermawr，就在波斯加因以东6英里处。

🛏 住宿

★ Old School Hostel　　　青年旅舍 £

（☏01348-831800; www.oldschoolhostel.com; Ffordd-yr-Afon, Trefin; 标单/大床 £30/44; ℗☎）免费 这家旅舍位于Trefin一栋杂乱无章的老校舍中，在波斯加因以东2英里处，是一家色彩明亮的独立私营的新型混合型背包客栈。6间客房带有独立淋浴室，但厕所需要共用，还有一间设备齐全的带浴室公寓（£50）。房价包含了免费参加各种各样的游戏以及高质量的自助式早餐。

Crug Glâs　　　　　　　　酒店 £££

（☏01348-831302; www.crug-glas.co.uk; Abereiddy Rd; 房间/独栋屋 £150/190; ℗☎）酒店位于一个大型牛肉和谷物农场，该农场至少自12世纪起就存在于此了——在圣戴维兹12世纪的黑皮书里就提到过这里。这个奢华的乡间别墅的房间内装饰着丰富多彩的织物、华丽的床、巨大的浴室，气派优雅、复古。主屋内有5个房间，另外2间位于改造过的农场建筑里。

酒店内还附有一家顶级的餐厅。Crug Glâs位于波斯加因以南3英里处的A487公路旁。

The Shed　　　　　　　　海鲜 ££

（☏01348-831518; www.theshedporthgain.co.uk; 主菜 £16~18; ⊙6月至8月 10:00~21:00，其余月份时间更短，11月至次年3月间需致电预约; ☎♿）Shed位于一处经过完美改造后的车间里，就在海港旁边，这家简单的法式小酒馆被誉为彭布罗克郡最棒的海鲜餐厅之一。炸鱼薯条有一份单独的菜单，而主菜则取决于当天的新鲜渔获，其中颇受欢迎的是波斯加因龙虾。在晴朗的假日，这里会异常拥挤。

❶ 到达和离开

唯一前来此地的长途汽车是Strumble Shuttle，属于彭布罗克郡海岸长途汽车服务公司（见741页）。

菲什加德 (Fishguard/Abergwaun)

☏01348 / 人口 3383

菲什加德位于其现代的渡轮码头和老渔港之间的海角上，经常被游客无视，他们大多是在乘坐往来于爱尔兰的渡轮时经过这里而已。这里并没有什么出众的景点，但却是个迷人而充满文化活力的小城镇，而且刚巧曾是外国人最后一次入侵不列颠的地点。

菲什加德分为三个截然不同的区域。位于正中的是主城区，以Market Sq的镇公所为中心。东边是下城区（Lower Town/YCwm）风景如画的港口，1971年电影版的《牛奶树下》（*Under Milk Wood*）曾在那里取景，该影片由理查德·伯顿（Richard Burton）、彼得·奥图尔（Peter O' Toole）和伊丽莎白·泰

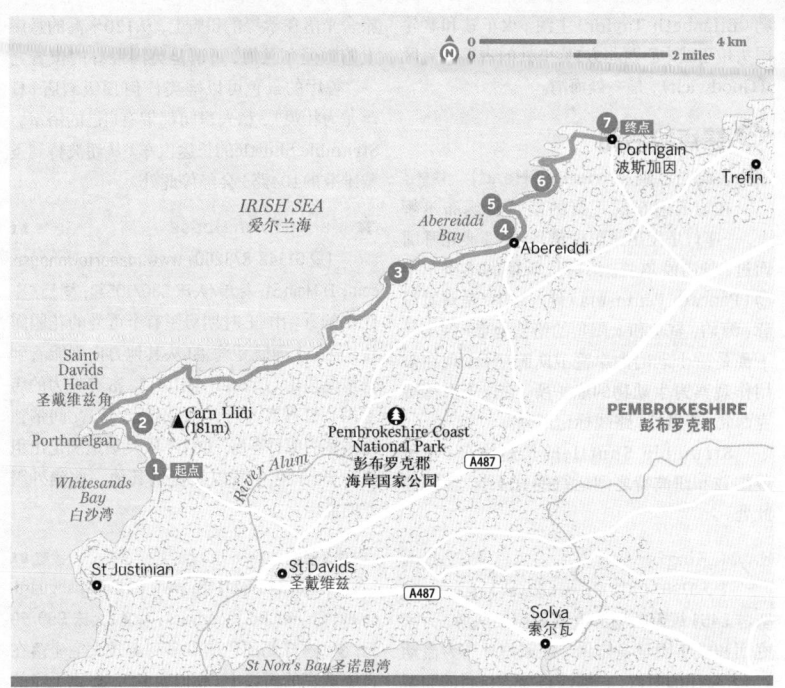

步行游览
白沙到波斯加因

起点: 白沙湾
终点: 波斯加因
全长: 10英里, 4~6小时

从圣戴维兹附近高人气的白沙湾(Whitesands Bay)到波斯加因历史悠久的港口, 这段风景秀丽的步程覆盖了一段美丽但偏僻的海岸, 会带你去到崎岖的海角并经过令人惊叹的悬崖、漂亮的海湾和被水淹没的采石场。这是一条颇为费力的路线, 有几处陡峭的上下坡, 不过却是非常值得的。

于繁忙的 ❶ **白沙湾**(见742页)启程往西行进至荒芜且多石的圣戴维兹角(St Davids Head)。这条路线的开头相当好走, 路况很好、视野开阔而且还能欣赏到崎岖的火山岩。这里仅有的人类生活过的痕迹十分古老, 海角上简朴的 ❷ **新石器时代墓室**比周围凯尔特要塞的遗址年代要更加久远。

道路很快变得更为崎岖, 位于 ❸ **Aberpwll**的可爱小海湾分布着起伏不定的岩石群。经过了摇摇欲坠的悬崖到达 ❹ **Abereiddi**, 在海湾可寻觅一下海豹的身影, 还有在海上潜水抓鱼的塘鹅以及可能会出现的鼠海豚。Abereiddi的海滩因为遍布小化石的黑沙而闻名, 过了海滩之后的路径两旁有废弃的采石场建筑和采石工人的小屋, 通往 ❺ **Blue Lagoon**, 这处采石场积水形成的深蓝绿色水潭如今十分受海岸运动爱好者们的欢迎, 在9月初, 来自世界各地的悬崖跳水爱好者们齐聚这里, 从27米的高度跳进下方冰冷的水中。

从Abereiddi走到波斯加因的45分钟步程是步道里最好的路段之一, 先经过一处崖顶高原, 之后是人迹罕至的 ❻ **Traeth Llyfn**, 有着不错的暗色沙、被海浪冲刷磨平的岩石和若隐若现的悬崖。一条金属台阶向下通往金色沙滩, 但要警惕汹涌的暗流和潮汐, 它们会切断部分海滩和台阶之间的路。

接着走完最后一段下坡路进入小海港 ❼ **波斯加因**, 你可以在Shed品尝海鲜或是在热情好客的Sloop Inn来杯冰饮犒赏自己。

勒（Elizabeth Taylor）主演。火车站和渡轮码头位于城中心西北方1英里处的古德威克区（Goodwick），是一处海湾。

◉ 景点和活动

斯特鲁姆布尔岬（Strumble Head） 观景点

在岩石遍布的荒野的斯特鲁姆布尔岬上，一座灯塔发出耀眼的信号，高速渡轮呼啸而过，驶向爱尔兰。海岬从所谓的本凯尔半岛（Pencaer Peninsula）伸入海中，是观看海豚、海豹、鲨鱼和太阳鱼的绝佳地点；停车场下面是一个老的海岸警卫队瞭望台，现在被用作观察野生动物的庇护所。它位于古德威克西北4英里处，路线标记清晰。

Strumble Shuttle的长途汽车（在圣戴维兹和纽波特之间运行的404路）会经停此处。

Kayak-King 皮划艇

（☎07967 010203；www.kayak-king.com；团队游£45）每天两场海上皮划艇团队游，为家庭团和成年团量身定做。这家户外店为流动经营，带团的时候，它那漆得惹人注目的厢型车在菲什加德港南部也能看见，不过最简单的还是致电或是使用在线表格预订。

🛏 住宿

Pwll Deri YHA 青年旅舍£

（☎0845 371 9536；www.yha.org.uk；Castell Mawr, Trefasser；铺/房间£16/75；P）这家青年旅舍坐落在翠绿的田野上，从120米高的悬崖上俯瞰爱尔兰海，可谓是英国最好的位置之一。餐厅的景色可以媲美任何顶级酒店（日落尤为壮观），私人房间都带有自己的浴室。Strumble Shuttle的长途汽车（从纽波特到圣戴维兹的404路）会经停此处。

★ Manor Town House 民宿££

（☎01348-873260；www.manortownhouse.com；11 Main St；标单/大床£80/105起；☎）这座优雅的乔治国王时期房屋有个可爱的花园露台，坐在上面眺望海港[从其他地方则能看到普雷瑟里山（Preseli Hills）]。富有魅力的店主用心打理客人的空间，不断改善着6间带独立浴室的醒目客房，并且不厌其烦地满足出租自行车、打包午餐以及提供其他一些额外服务的需求。

Fern Villa 民宿££

（☎01348-874148；www.fernvillafishguard.co.uk；Church Rd, Goodwick；标单/大床£50/70起；☎）这栋奶油色的维多利亚式大宅坐落在古德威克的斜坡上（朝向教堂），提供干净的带浴室房间，有些拥有裸露的石墙和海景。如果你想要住得靠近火车站和轮渡港口，尤其是沿海小径，这是一个很好的选择。

🍴 餐饮

Gourmet Pig 熟食店、咖啡馆£

（☎01348-874404；www.gourmetpig.co.uk；

最后一次不列颠入侵

尽管1066年的黑斯廷斯可能吸引了所有注意力，但最后一次不列颠入侵其实于1797年2月22日发生在菲什加德西北方的Carreg Wastad Point。1400名松散的法国雇佣兵和获释的罪犯在一位名叫泰特上校（Colonel Tate）的爱尔兰裔美国人的带领下，试图在布里斯托尔登陆并行军至利物浦，以便在法军入侵爱尔兰时分散英军的注意力。恶劣的天气使得他们在Carreg Wastad上了岸，在爬上陡峭的悬崖之后，他们开始四处掠夺饮食。

入侵者希望威尔士农民可以以革命的热情起身加入他们，但不出所料，他们酒醉后的掠夺并没能令当地人对他们产生好感。"自由民"（yaoman）志愿军在菲什加德人的帮助下很快送走了法国人，其中最出名的是一位叫杰迈玛·尼古拉斯（Jemima Nicholas）的人，他手持一把干草叉，单人匹马俘获了12名雇佣兵。

在到达仅仅两天后，被围困的泰特就投降了，入侵者在古德威克缴械，被送往哈弗福德韦斯特的监狱。这个未经深思熟虑的登岸行为着实令人摸不着头脑，因为这里只能通过海上或菲什加德之外的海岸小径到达。

32 West St；主菜 £5~7；◎周一至周六 9:30~17:30，某些周日 10:00~16:00；⊕）美味的三明治、咖喱角、伊比利亚风味的熟食拼盘（摆满了西班牙辣香肠、火腿、香肠和曼彻格芝士）、馅饼和糕点是这个令人放松的熟食店兼咖啡馆的主打，还有咖啡师制作的 Coaltown 咖啡（在 Ammanford 烘焙而成）。找个靠窗的座位，看看菲什加德人如何生活。还有很多诱人的进口（以及本地）美食可供带走。

Peppers　　　　　　　　　　　　　　酒吧

（☏01348-874540；www.peppers-hub.co.uk；16 West St；主菜午餐 £9~10，晚餐 £16~18；◎周四至周六以及夏季的周一至周六 10:00~15:00 和 18:00~22:00）这个时尚中心包括一间有趣的画廊（临街的是西威尔士艺术中心）、一家优秀的餐厅、一块宁静的露台区和一个铺着瓷砖地板的诱人小酒吧。这里有很好的威尔士生啤和苹果酒可供选择，还有不错的葡萄酒单，工作人员也清楚如何正确使用鸡尾酒调酒器。还有定期的现场演出，尤其是爵士乐。

Ship Inn　　　　　　　　　　　　　　小酒馆

（☏01348-874033；3 Old Newport Rd, Lower Town；◎周三至周五 17:00~23:00，周六 正午至午夜，周日 正午至 22:00）这家有着 250 年历史的小酒馆有着极其舒适和欢乐的气氛，冬天的时候，壁炉燃起温暖的火焰，墙上挂满了纪念品，包括理查德·伯顿拍摄《牛奶树下》时在酒馆外留下的照片（街道和附近的码头丝毫没有改变）。

❶ 实用信息

除了很有帮助的**旅游局**（☏01437-776636；www.visitpembrokeshire.com；Town Hall, Market Sq；◎周一至周五 9:00~17:00）之外，镇公所内还有图书馆（可以免费上网，很方便）和市集厅，周四时会举办普通市集，周六早上则有农夫市集。

❶ 到达和离开

船

Stena Line（☏08447 707070；www.stenaline.co.uk；Fishguard Harbour；行人/小汽车和司机 £31/79 起；⊕）每天有 2 班渡轮往返于爱尔兰东南部

的罗斯莱尔（Rosslare）和菲什加德港之间，全年无休。

长途汽车

车次频繁的 T5 路来往于菲什加德与哈弗福德韦斯特（£3.50, 33 分钟）、纽波特（£2.50, 15 分钟）、卡迪根（£3.85, 37 分钟）和阿伯里斯特威斯（Aberystwyth；£6, 2.5 小时）之间，413 路则开往圣戴维兹（£3.70, 50 分钟，每天最多 6 班）；此外还有很有用的海岸长途汽车服务公司的车（见 741 页）。

火车

此地的两个火车站——菲什加德和古德威克站（Fishguard and Goodwick Station）以及菲什加德港口站（Fishguard Harbour Station）——实际都位于古德威克区，两个车站都有班次频繁的火车开往斯旺西（£16, 2 小时，每天 3 班）、加的夫（£16 起，2.5~3 小时，每天 2 班）、纽波特（£20, 3 小时 15 分钟，每天 1 班）和曼彻斯特（£47, 6 小时 15 分钟，每天 1 班）。

纽波特 （Newport/Trefdraeth）

☏01239／人口 880

与靠近英格兰边界的工业化城市纽波特截然不同，彭布罗克郡的纽波特拥有一群被花簇所点缀的小别墅，紧密地挤在一座小小的诺曼城堡下方（现在为私人住宅）。它位于普雷瑟里山（Preseli Hills）靠海一边凸起的 Mynydd Carningli 的山脚下，近些年因此地

另辟蹊径

普雷瑟里山（PRESELI HILLS）

彭布罗克郡海岸国家公园内唯一的高地是位于 Foel Cwmcerwyn 的**普雷瑟里山**（Mynydd Preseli），海拔 536 米，它包围着一处引人入胜的史前景观。这片地区散布着山堡、史前石柱和墓室，因为出产巨石阵所使用的神秘青石而出名。这条古老的黄金之路（Golden Road）曾经是 5000 年前韦塞克斯（Wessex）和爱尔兰之间贸易路线的一部分，路线沿着山顶延伸，经过史前石家和位于贝德阿瑟（Bedd Arthur）的石圈。

不要错过

彭特伊凡

作为威尔士新石器时代最大的支石墓，彭特伊凡(Pentre Ifan; Cadw; http://cadw.gov.wales; ◎10:00~16:00)是一座位于一处偏僻山坡上的有着5500年历史的新石器时代墓室，在那里可欣赏到极佳的普雷瑟里山景和海景。巨大的、5米长的压顶石重量超过16吨，被精确巧妙地置于3个又高又尖的直立石柱上，使用的是与巨石阵石碑相同的青石。这里位于纽波特东南3英里处，在位于A487公路南部的一条小路旁有路标指示。

高品质的餐馆和客栈而声名远播。

纽波特很适合作为沿滨海步道或往南去普雷瑟里山徒步的大本营，不过在夏季确实拥挤。小沙滩 Parrog Beach 位于小镇西北角，与河对面半英里之外的 Newport Sands (Traeth Mawr)比起来就相形见绌了，后者是该地区最棒的海滩。

⊙ 景点

★ 亨利斯城堡　　　　　　历史景点
(Castell Henllys; ☎01239-891319; www.castellhenllys.com; Meline; 成人/儿童 £5.50/3.50; ◎4月至10月 10:00~17:00, 11月至次年3月开放时间缩短)如果你曾经想过凯尔特人的村庄会是什么模样、感觉如何、弥漫着何种气味，那就去这个位于纽波特以东4英里处的铁器时代的定居点体验一次时光倒流之旅吧。从公元前600年到罗马人占领之时，这里一直有个繁荣的凯尔特人定居点，如今这块定居点在原址上整体进行了重建。穿着古代服饰的工作人员为这里带来了新生，他们点燃篝火并表演着传统工艺。如蝙蝠和水獭这样的野生动物似乎为此地增加了逼真度。

Carreg Coetan Arthur　　　　墓地
(Cadw; http://cadw.gov.wales; 1 Carreg Coetan; ◎10:00~16:00) 免费 这座小小的支石墓被田地和房屋所包围，已经有5000年的历史了。第一眼看上去好像墓上面的压顶石是被四根直立的柱子牢牢支撑起来的，近看会发现它们被古老的魔法牢牢地维系在一起，持续了几千年，而且只用两根石柱保持平衡。考古调查在此发现了火化骨头的残留物和骨灰盒。它位于小镇东部边缘的一条小路旁，路标清晰。

🛏 食宿

Cnapan　　　　　　　　　　民宿 ££
(☎01239-820575; www.cnapan.co.uk; East St; 标单/双 £75/98; ◎3月至次年1月; 🅿🐾)这座乔治国王时期的联排别墅属于保护建筑，维护得很完善，有5间照明充足的客房和开满了鲜花的花园。装修使室内装潢焕然一新，并留下了崭新的浴室。4号房稍大一些。楼下曾是一家餐厅，早餐的水准也如餐厅一般棒。

★ Canteen　　　　　　　比萨、汉堡 £
(☎01239-820131; www.thecanteennewport.com; Market St和East St交叉路口; 主菜 £10~11; ◎9:30~14:30和18:00~21:00; 🍴♿🐾)这家餐厅推出了一系列又薄又脆的石烤比萨，辅以从当地采购的优质配料，成功使其带有威尔士风味，令人垂涎欲滴。这些比萨的名字有：Strumble Head、Mae Hen Wlad Fy Nhadau("我父亲的土地")和Costa del Newport。它还提供汉堡、沙拉和三明治，以及还算不错的咖啡和威尔士生啤。

❶ 到达和离开

纽波特的直达长途汽车包括：车次频繁的T5路开往戴纳斯克罗斯(Dinas Cross; £1.65, 6分钟)、菲什加德(£2.45, 15分钟)、哈弗福德韦斯特(£4.15, 40分钟)、卡迪根(£3.45, 23分钟)和阿伯里斯特威斯(£6, 2.5小时, 每天9班)。海岸长途汽车服务公司的车(见741页)也很有用，尤其是夏季时。

布雷肯比肯斯和中威尔士

包括 ➡

布雷肯比肯斯国家公园	751
瓦伊河畔海伊	751
布莱克山脉	755
布雷肯	757
拉努蒂德韦尔斯	762
赖尼德	765
蒙哥马利	766
威尔士浦	767
阿伯里斯特威斯	771
卡迪根	775

最佳餐饮

- ➡ Ynyshir Hall（见770页）
- ➡ Carlton Riverside（见763页）
- ➡ Checkers（见767页）
- ➡ Drawing Room（见764页）
- ➡ Ultracomida（见773页）

最佳住宿

- ➡ Hay Stables（见753页）
- ➡ Celyn Farm（见756页）
- ➡ Peterstone Court（见759页）
- ➡ Harbour Master（见775页）
- ➡ Beudy Banc（见769页）
- ➡ Living Room Treehouses（见769页）

为何去

这里最吸引人的是布雷肯比肯斯国家公园壮丽无比的高地风光，公园内的高山公路延伸至偏远的村庄和粉刷过的古老教堂。这里的徒步小径和山地自行车道非常棒，而对书籍情有独钟的瓦伊河畔海伊则适合那些喜欢动脑的人。

相比之下，波伊斯的乡村则是威尔士最具乡村特色的地方——绿油油的田野、树木繁茂的河谷和小市集城镇；这是工业革命遗漏的角落。与世隔绝、饱受海蚀的锡尔迪金拥有一些英国受破坏程度最少的海滩，以及生机勃勃的热门地——阿伯里斯特威斯。在城市以外的地方，沿着偏僻的山间和山谷小道步行，或者沿着狭窄的乡间小路骑行，会让人感到兴奋无比。威尔士中部本土特色最显著，大约40%的人说母语，这其中有超过50%的人居住在锡尔迪金。

何时去

➡ 步行的话，4月和7月通常是最为干燥的月份；而7月和8月则较为温暖。

➡ 海伊会在5月举办文化节，6月时，则会在举办光明之路节期间探讨哲学和表演音乐。

➡ 在8月举办的绿色人类音乐节和布雷肯边缘艺术节上，甩掉帽子，体验一下沼泽潜水。

➡ 在1月份的拉努蒂德韦尔斯山地自行车两轮战车比赛中，挑战寒冷，赢得月桂花环。

布雷肯比肯斯和中威尔士亮点

① **卡迪根湾**(见776页)沿着崎岖的海岸划独木舟,海豚和海豹相伴左右。

② **布莱克山脉**(见755页)驾车穿过点缀着小教堂的埃赫亚斯山谷,体会让人毛骨悚然的驾驶快感。

③ **瓦伊河畔海伊**(见751页)参观对书籍着迷的威尔士小镇。

④ **佩尼凡**(见761页)避开人群,攀登该地区的最高峰。

⑤ **坎布里亚山脉**(见763页)享受这些偏僻山区中与世隔绝的生活。

⑥ **活力谷**(见766页)探索维多利亚时代宏伟的大坝,采摘野生浆果。

⑦ **阿伯里斯特威斯**(见771页)体验多元文化的碰撞和与学生们的狂欢。

⑧ **卡雷格凯南城堡**(见760页)仰望威尔士最引人注目的要塞。

布雷肯比肯斯国家公园

(BRECON BEACONS NATIONAL PARK)

布雷肯比肯斯国家公园（Parc Cenedlaethol Bannau Brycheiniog）从卡马森郡（Carmarthenshire）的兰代洛（Llandeilo）附近一直延伸到英格兰边境，绵延45英里，起伏不断，公园内拥有威尔士南部一些最美的风景。高山高原上长满了绿草和石楠，北部边缘则呈扇形分布着冰川冲刷过的山凹，上方是树木繁茂、瀑布飞溅的山谷和令人心醉神迷的美丽乡村景致。

公园内有4个截然不同的区域：西部荒凉、孤寂的**布莱克山**（Black Mountain/Mynydd Du），拥有高沼地和冰川湖；**大森林地质公园**（Fforest Fawr Great Forest），其湍急的溪流和壮观的瀑布形成了泰威河（River Tawe）和尼思河（River Neath）的源头；**布雷肯比肯斯山**（Brecon Beacons/Bannau Brycheiniog）是独特的平顶山丘群，包括公园的最高峰佩尼凡（Pen-y-Fan；海拔886米），以及**布莱克山脉**（Black Mountains/Y Mynyddoedd Duon）石楠丛生的山脊——请勿和前面提到的布莱克山混淆。

活动

这个公园有数百条步行路线，从温和的散步到费力的攀登都有所涵盖。该地区的旅游局办事处以及利巴努斯（Libanus）附近的国家公园游客中心都提供步行卡、地图和导游服务。

同样地，这里也有许多优秀的越野山地自行车路线，包括14条分级的、有路标的小径，详细地列在旅游办事处和国家公园办公室提供的指南上。

实用信息

公园的主要**游客中心**（☏01874-624437；www.breconbeacons.org; Libanus; ⊙复活节至10月 9:30～16:30,11月至次年复活节 10:00～16:30）提供步行、远足和自行车道、户外活动、野生动物和地质方面的详细信息，以及一个咖啡馆和纪念品商店。它位于A470公路旁，距离布雷肯（Brecon）西南4英里，距离梅瑟蒂德菲尔（Merthyr Tydfil）北部15英里。在梅瑟蒂德菲尔和布雷肯之间运行的任何一辆长途汽车都会在利巴努斯村（Libanus village）停靠，距离公园1.25英里。

英国地形测量局（Ordnance Survey，简称OS）的游骑兵（Landranger）地图160和161覆盖了该公园的大部分区域，户外休闲（Outdoor Leisure）地图12和13也是如此。这些详细的地图包括了步行和自行车道。

到达和离开

没有火车线路会经由国家公园之内穿过，但会经停其外围的城镇：阿伯加文尼（Abergavenny）、兰代洛、兰加多格（Llangadog）和兰多维利（Llandovery）。

多数长途汽车只在周一至周六运行。其中最有用的路线包括：

T4 加的夫、梅瑟蒂德菲尔、利巴努斯、布雷肯、泰加斯（Talgarth）、比尔斯韦尔斯（Builth Wells）、拉芬蒂德韦尔斯（Llandrindod Wells）、纽镇（Newtown）

T6 布雷肯、塞尼布里基（Sennybridge）、格林塔卫（Glyntawe）、斯旺西（Swansea）

X3 阿伯加文尼、兰威汉基尔克鲁科尼（Llanvihangel Crucorney）、赫里福德（Hereford）

39 布雷肯、瓦伊河畔海伊、赫里福德

43/X43 阿伯加文尼、克里克豪厄尔（Crickhowell）、兰加托克（Llangattock）、乌斯克河畔塔利波特（Talybont-on-Usk）、兰弗莱纳赫（Llanfrynach）、布雷肯

63/X63 布雷肯、Dan-yr-Ogof National Showcaves、斯旺西

瓦伊河畔海伊（Hay-on-Wye/Y Gelli Gandryll）

☏01497 / 人口 1894

瓦伊河畔海伊是坐落在威尔士边境怀伊河畔的一个美丽小镇，已经发展出了与其规模不相称的名声。首先是二手书店的爆炸式增长，由魅力十足、特立独行的当地人理查德·布斯（Richard Booth）主导。

作为世界的二手书之都，海伊于1988年开始举办文学和文化节，该节的知名度每年都在不断提升，涵盖了创造性艺术的各个方面。现在，在每年的5月和6月，为期10天的海

Brecon Beacons National Park 布雷肯比肯斯国家公园

0 10 km
0 5 miles

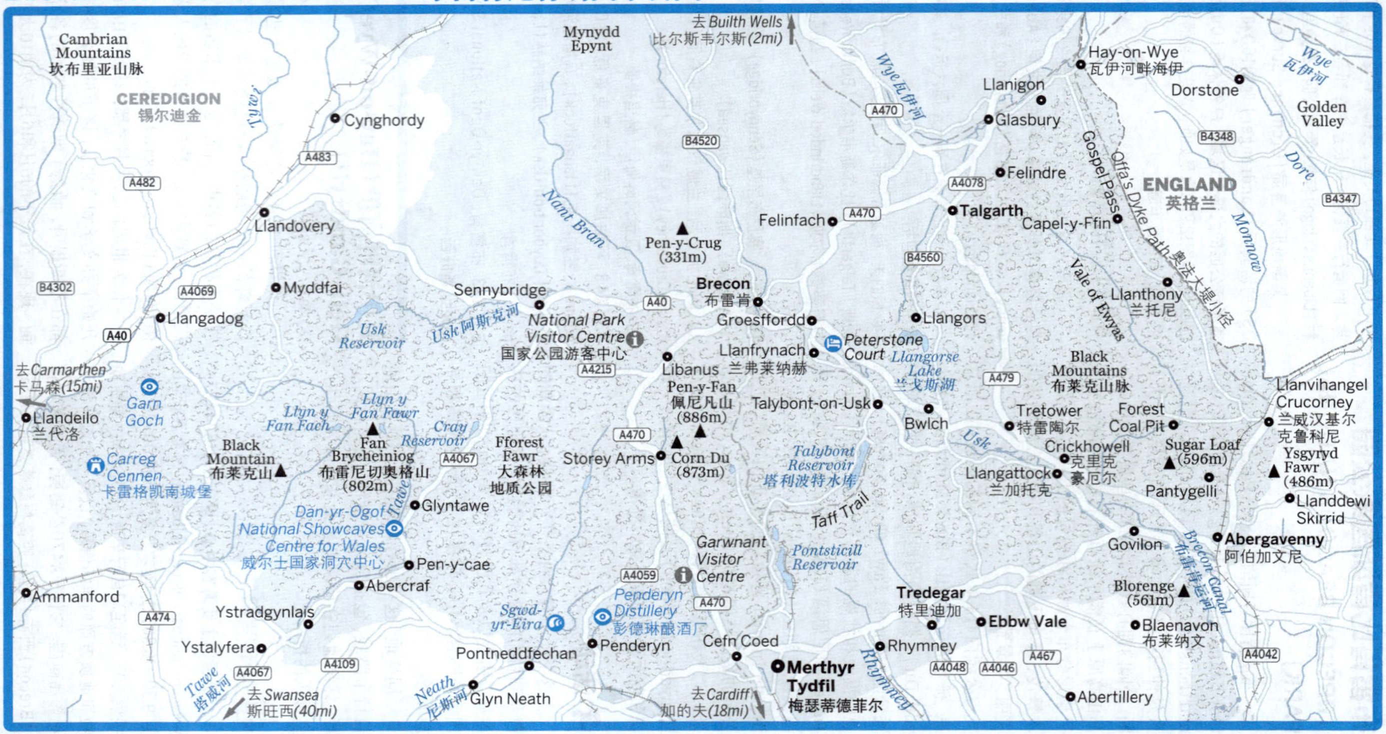

伊文化节（Hay Festival）都是一大亮点。美国前总统比尔·克林顿（Bill Clinton）曾在2001年作为著名嘉宾出席，他将海伊节称为"心灵的伍德斯托克音乐节"（Woodstock of the mind）。

小镇的中心由狭窄的斜坡小巷组成，街道上点缀着有趣的商店，里面住着各色人等，这些人正是被此地的个性和众多书籍吸引而来的。即使在节日之外，这里的另类氛围也挥之不去。

节日和活动

★ 海伊文化节　　　　　　　　　　文学

（Hay Festival；售票处 01497-822629；www.hayfestival.com；⊙5月和6月）免费 为期10天的海伊文化节是英国最重要的文学艺术节，类似于书虫们的格拉斯顿伯里音乐节（Glastonbury）。就像典型的音乐节一样，它以其魅力吸引着艺术星系角落里最亮的星星。进入文化节场地免费；个人项目需收取门票。

光明之路节　　　　　　　　　音乐、哲学

（How The Light GetsIn；www.howthelightgetsin.org；门票 £108起；⊙www.hayfestival.com；⊙5月和6月）作为世界上最大的哲学和音乐节，光明之路节于2018年回归海伊，推出了一个名为《黑暗、权威和梦想》（Darkness, Authority and Dreams）的节目，邀请来了包括语言学家诺姆·乔姆斯基（Noam Chomsky）和影子内政大臣黛安·阿博特（Diane Abbott）等形形色色的演讲者出席。和海伊节基本同时举办，它吸引了成千上万的游客来到怀伊河畔。

住宿

Hay Stables　　　　　　　　　　民宿 ££

（01497-820008；www.haystables.co.uk；Oxford Rd；标单/大床 £60/75起；[P][令][象]）这家友好的客栈位于镇中心，3间现代化客房都带有私人浴室，装修成舒缓的奶油色调。这里有一个供客人交流的公共区域和一个设备齐全的大厨房。早餐是自助式的，你可以自己准备油煎食品，此外还有酸奶、谷物和任何你能想到的早餐食物。登录网站查看最后时刻的折扣信息。

Maesyronnen　　　　　　　　　　民宿 ££

（01497-842763；www.maesyronnenbandb.co.uk；Glasbury；标单/大床 £45/90；[P][令]）这座19世纪的石屋幽静而悠闲，坐落在美丽而杂乱的花园中，可以看到怀伊山谷（Wye Valley）和布莱克山脉的景色。四个房间中只有一个有私人浴室，但所有房间都有古董家具和如同过去一般的宁静感觉。早餐的特色是当地和自制的食物。Maesyronnen靠近格拉斯布里（Glasbury），距离海伊5英里。

就餐

Old Electric Shop　　　　　　　　素食 £

（01497-821194；www.oldelectric.co.uk；10 Broad St；主菜 £8；⊙10:00~17:00；[令][象]）海伊最时髦的咖啡馆位于一个不拘一格的旧货店般的空间内，里面挤满了出售新旧服装、家具，当然还有书籍的工作室。菜单写在黑板上，一直卖到下午3点，包括美味的素食汤、沙拉和咖喱。在有些夜晚（海伊文化节期间每天晚上；见本页），这里也会开设一个快闪式鸡尾酒吧，经常配有现场音乐。

★ St John's Place　　　　　　新派英国菜 ££

（07855 783799；www.stjohnsplacehay.tumblr.com；St. John's Chapel & Meeting Rooms, Lion St；主菜 £10~14；⊙周五及周六 18:00~22:00）这家餐厅每周只开放两个晚上，只提供三道"菜"加上更多种类的"酒吧小吃"，但这种安排似乎让厨房有足够的精力来进行各种尝试和提高。食物复杂精致而装潢简单优雅，敢于探险的食客将会得到丰厚的回报。

★ Tomatitos Tapas Bar　　　　西班牙菜 ££

（01497-820772；www.haytomatitos.co.uk；38 Lion St；西班牙小吃 £5~7；⊙周一至周六 11:00~23:00，周日 16:00~23:00，周一至周六正午至15:00和18:00~22:00，周日 16:00~21:00；[令]）友好、忙碌的Tomatitos将人人都爱的酒吧气氛与以西班牙菜为主的菜单结合在一起。除了玉米圆饼和搭配苹果酒的西班牙辣香肠等主菜外，每天的特色菜还会增加明星菜肴，比如烤牛肉馅青椒，甚至还有羊肉炖锅。这里的食物非常棒，再搭配来自西班牙、

布雷肯比肯斯和中威尔士　瓦伊河畔海伊

葡萄牙和法国的葡萄酒，味道会更好。

楼上还提供非常宜人的**客房**（标单/大床含早 £64/78）。

River Cafe　　　　　　　　　　　　　英国菜 ££

（☎01497-847007; www.wyevalleycanoes.co.uk; The Boat House, Glasbury; 主菜£15~18; ⊕周日至周二 8:30~16:00, 周三至周六 至21:00; P⊛）在海伊西南5英里的小镇格拉斯布里，River Cafe充分利用了瓦伊河临河的美景。餐厅是开放式的，非常通风，在潺潺水流上方有一个木甲板。厨房推出了一些创意十足却又令人身心舒缓的菜肴，如搭配炖肉蔬菜、培根和法式奶油的鳕鱼，这类菜是当代英国菜的典型代表，但并不流行。

Old Black Lion　　　　　　　　　小酒馆食物 ££

（☎01497-820841; www.oldblacklion.co.uk; 26 Lion St; 主菜 午餐£9~10, 晚餐£16~18; ⊕厨房 20:00~21:30, 正午至14:30和18:30~21:00）步行者、读书客和文学名流都聚集在这座17世纪的破旧客栈里，这里有着沉重的黑色横梁、低矮的天花板以及承袭自酒馆前身的特色——该酒馆的前身建于14世纪，与海伊城堡建于同一时期。这里的气氛就像你所希望的那样舒适，且对于小酒馆菜肴来说，食物丰盛而精致。

🍷 饮品和夜生活

Baskerville Arms　　　　　　　　　　　小酒馆

（☎01497-820670; www.baskervillearms.co.uk; Clyro; ⊕周一至周四 11:00~14:30和17:50~23:00, 周日 11:00~23:00; ⊛⊛）如果你想逃离节日的喧嚣，去一家简单随性的乡村酒吧喝杯安静的酒，那么位于克莱罗（Clyro）的Baskerville就很合适，这里距离海伊约1英里。它至少在乔治时代（那时候店名还是The Swan）就为人所知，不难想象，这里一直以同样朴实无华的方式款待了好几代的旅人、行人和偶然路过的人。

☆ 娱乐

Globe at Hay　　　　　　　　　　　　现场表演

（☎01497-821762; www.globeathay.org; Newport St; ⊕周日、周一和周三 9:30~17:00, 周二和周四 至23:00, 周五和周六 至午夜; ⊛）这座由卫理公会教堂改建而成的场地由艺术与思想研究所（Institute of Art and Ideas）管理，该研究所是海伊光明之路节（见753页）的幕后主办方。这一场地拥有多个功能：咖啡馆（主菜£12~14）、酒吧、现场音乐表演场地、剧院、俱乐部和全方位的社区中心。这是一个出色的私密场地，你可以在这里观看乐队演出、喜剧演员表演，或者听一场激烈的政治辩论。

🔒 购物

海伊有几十家二手书店和古董书店，数十万本书从地板一直堆到天花板——光是Booth's一家就拥有50万本书。旅游办公室和城里各处场地提供的免费地图上标注出了这些店铺的信息。这里也有出售古董、当地特色产品、艺术品和历史地图的不错铺。

★ Richard Booth's Bookshop　　　　　书籍

（☎01497-820322; www.boothbooks.co.uk; 44 Lion St; ⊕周一至周六 9:30~17:30, 周日 10:30~17:00）Booth's是海伊最著名且仍旧是最好的书店，从外面精致的瓷砖到里面排列整齐的货架（与早年摇摇欲坠的货架大不相同）都展露着美感。这里有一个相当大的盎格鲁—威尔士文学区、一个威尔士旅游区、一个不错的小咖啡馆（主菜£8~9）和一个艺术电影院。

Mostly Maps　　　　　　　　　　　　　地图

（☎01497-820539; www.mostlymaps.com; 2 Castle St; ⊕周二至周六 10:30~17:30）在这个以蓝红相间的木材大胆装饰的店面后，你

在布雷肯比肯斯山观星

2013年，布雷肯比肯斯山成为世界上第五处被授予"黑暗天空保护区"（Dark-Sky Reserve）称号的地方。该地区是英国最适宜观星的地区之一，光污染受到密切的监测。在晴朗的夜晚，夜空中可以看到流星雨、星云、星群和银河。公园各处的游客中心可以提供观星活动的相关信息，也可以登录www.breconbeacons.org/stargazing查看。

会发现精美的古地图和插图，许多是手工绘制的。

Murder & Mayhem　　　　　书籍

（☎01497-821613；5 Lion St；◎周一至周六10:00~17:30）这里是Addyman Books（☎01497-821136；www.hay-on-wyebooks.com；39 Lion St；◎10:00~17:30）的特别分店，就在主店的街对面，地板上有身体轮廓线，天花板上有怪物装饰，还有成堆的侦探小说、真实犯罪和恐怖书籍。

Rose's Books　　　　　书籍

（☎01497-820013；www.rosesbooks.com；14 Broad St；◎10:00~17:00）这间可爱的小店铺专营稀有的儿童和插画书。

❶ 实用信息

旅游局（☎01497-820144；www.hay-on-wye.co.uk; Chapel Cottage, Oxford Rd；◎周一至周六10:30~16:30，周日11:00~14:00）提供标记了海伊所有书店的地图，以及针对该镇和周边地区的大量文学作品和旅行建议。

❶ 到达和离开

每天（除周日）最多有6班39路长途汽车开往泰加斯（£5.50，23分钟）、菲林法赫（Felinfach）£6.30，33分钟）、布雷肯（£6.80；37分钟）和赫里福德（£8.10，57分钟）。

国家自行车42号线路（National Cycle Route 42）经过瓦伊河畔海伊，向南前往阿伯加文尼。在附近的格拉斯布里，它还与国家自行车8号线路（Lôn Las Cymru）相连，后者往西南方向通往布雷肯并途经布雷肯比肯斯国家公园。

布莱克山脉（Black Mountains/ Y Mynyddoedd Duon）

从阿伯加文尼向北一直延伸到瓦伊河畔海伊的群山非常原始，而且基本上无人居住（如果你忽略羊群和红鸢的话），风力强劲的**瓦恩法赫**（Waun Fach）高达811米。

洪都河（River Honddu）从风景秀丽而幽静的**埃维亚斯山谷**（Vale of Ewyas）穿行而过，流经布莱尔山脉的中心地带，从**兰威汉基尔克鲁科尼**（Llanvihangel Crucorney）

的小村庄一直通向暴露在外的**福音书山口**（Gospel Pass；海拔549米），在那里，一条单车道公路蜿蜒穿过一片神奇而荒凉的风景，一直延伸到瓦伊河畔海伊。该路沿途经过风景如画的兰托尼小修道院（Llanthony Priory）遗址和**小村庄菲芬角**（Capel-y-Ffin），村庄里有更多的修道院遗址和18世纪的**圣母玛利亚教堂**（Church of St Mary the Virgin）。

◉ 景点

★ 圣伊苏伊教堂
（St Issui's Church/Patrishow）　教堂

这座建于11世纪的小教堂位于埃维亚斯山谷（Vale of Eywas），坐落在茂密森林的半山腰上。它就像一粒承载着威尔士信仰和文化的时间胶囊，深埋在群山之中，不曾改变。它完美的位置和饱经风霜的简朴都令人惊叹，而在教堂内部，它真正的奇迹显现出来：一个雕刻精美的木质屋顶屏幕和阁楼，年代可以追溯到1500年左右；中世纪的圣经文本壁画、盾形纹章和赭色骷髅；以及追忆逝去之人的纪念品。

★ 兰托尼小修道院　　　　废墟

（Llanthony Priory; Cadw; www.cadw.gov.wales;◎10:00~16:00；P 🅿️ 🚫）**免费** 这座奥古斯丁式修道院位于洪都河畔的牧场和树木繁茂的山丘之间，坐落在美丽得不可思议的埃维亚斯山谷的半山腰。在1230年完工时，它可能是威尔士第二重要的修道院，在1538年亨利八世解散英国各处的修道院后被废弃。兰托尼在宏伟程度上仅次于丁登修道院（Tintern），但这里的背景更为令人惊艳，而且无须和拥挤的人群做斗争。J.M.W.特纳也对兰托尼留下了深刻的印象：他在1794年以此地为背景作了一幅画。

阿斯加拉德法乌尔
（Ysgyryd Fawr/Skirrid）　　山脉

在环绕阿伯加文尼的冰川蚀刻山丘中，斯科里德山（Skirrid；海拔486米）是最引人注目的，还有与之相配的历史传说。靠近山顶的岩石裂缝曾被认为是在基督死亡的同时裂开，这块被当作圣地的地方曾建立过一个小教堂（至今还剩下两块直立的石头遗存）。在宗教改革期间，多达百人会在这个偏远地区参加非法的天主教弥撒。

🛏 食宿

★ Celyn Farm
民宿 £ £

(☏01873-890894；www.celynfarm.co.uk；Forest Coal Pit；标单/大床 £65/82起) 如果想拥有一段不被打扰的时光，你会喜欢上Celyn Farm (Celyn意为"神圣的")。这座偏远的乡间大宅位于一座占地120公顷的农场内，可以自兰威汉基尔克鲁科尼 (Llanvihangel Crucorney) 或克里克豪厄尔 (Crickhowell) 出发，经由狭窄的小道到达 (务必把地图打印出来)。屋内有4个漂亮的房间，提供美味的早餐，还能欣赏到下方的糖面包山 (Sugar Loaf) 和格雷恩福尔河 (Gwryne Fawr River) 的田园风光。

Skirrid Mountain Inn
小酒馆食物 £

(☏01873-890258；www.skirridmountainn.co.uk；Hereford Rd, Llanvihangel Crucorney；午餐 £5~6，晚餐 £10~12；⊙周一 17:30~23:00，周二至周五 11:00~14:30和17:30~23:00，周六 11:30~23:00，周日 正午至22:00；🅿🐾) 这"或许"算得上是威尔士最古老的旅馆；欧文·格兰道尔 (Owain Glyndŵr) "也许" 曾在此重整过军队；莎士比亚"兴许"从此地获得过灵感；无论如何猜测，毫无疑问的是，Skirrid年代非常久远 (很可能是建于1110年之前)，而且氛围怡人。楼下炉火熊熊，食物丰盛。

ℹ 到达和离开

在阿伯加文尼 (£3.10, 16分钟) 和赫里福德 (£4.60, 45分钟) 之间运行的X4长途汽车一天内最多会在兰威汉基尔克鲁科尼经停7次；周日不运营。

克里克豪厄尔 (Crickhowell/Crughywel)

☏01873 / 人口 2060

这个风景如画、鲜花烂漫的繁华村庄环绕着一座诺曼式城寨城堡和乌斯克河 (River Usk) 畔的一处浅滩而建。城堡只剩下几座摇摇欲坠的塔楼，而在17世纪，通往邻近村庄兰加托克 (Llangattock) 的优雅石桥取代了浅滩的作用。这座桥以一面有12个拱门，另一面却有13个而闻名。

克里克豪厄尔本身没什么可看的，但有很多独立商店可以逛，是个过夜的好地方，而且离布雷肯比肯斯山 (Brecon Beacons) 和埃维亚斯山谷 (Vale of Ewyas) 也很近。该镇大力保护当地的商店，曾在2015年联合起来阻止一个不受欢迎的超市开业。克里克豪厄尔还高调地发起了一场反税运动，通过以其人之道还治其人之身的方式抗议离岸公司的避税天堂。

👁 景点

★ 特雷陶尔庄园及城堡
历史建筑

(Tretower Court & Castle; Cadw; www.cadw.gov.wales; Tretower；成人/儿童 £6.90/4.10；⊙4月至10月 10:00~17:00，11月至次年3月 周四至周六 至16:00) 特雷陶尔最初是沃恩 (Vaughan) 家族的宅邸，只需购买一张门票就能一并参观两座历史建筑：坚固的诺曼圆形要塞，如今已没有屋顶，只能俯瞰一面被羊啃过的城壁；还有一栋15世纪的庄园住宅，带有一座漂亮的花园和果园 (现在配有野餐桌)。它们共同展现了中世纪晚期军事要塞是如何向乡村住宅转变的。它位于克里克豪厄尔西北3英里的A479公路旁。

桌山 (Crug Hywel/Table Mountain)
山脉

桌山 (Hywel's Rock; 海拔451米) 拥有独特的平顶山地貌，位于克里克豪厄尔的北部，以此得名。你可以攀登陡峭的山坡、进行令人满意的徒步，到达令人印象深刻的铁器时代堡垒遗址，该遗址占据着整个顶峰。旅游局 (见757页) 提供详细介绍这条4.5英里路线 (往返3小时) 的宣传单。

✦ 节日和活动

绿人音乐节
音乐节

(Green Man Festival; www.greenman.net; Glanusk Park；成人/儿童 £189/22；⊙8月中旬；🐾) 这个为期4天的音乐节以其柔和的氛围和绿色的精神，以及为儿童和残疾人提供良好的服务而声名远播。它吸引来了像布莱恩·琼斯顿大屠杀乐队 (Brian Jonestown Massacre) 这样的一流独立艺人和有趣的电子艺术家，偶尔还有屹立不倒的摇滚传奇出现。门票包含在克里克豪厄尔以西2英里的河边露营的费用。

克里克豪厄尔步行节　　　　　　　运动节

（Crickhowell Walking Festival; www.crickhowellfestival.com; ◎3月）这个为期9天的节日在圣大卫节（3月1日）的这一周举办，以带向导的远足、户外主题工作坊和音乐为特色。事实证明，这个节日非常受欢迎，现在还会在9月的一个长周末举行，名为"秋季额外场"（Autumn Extra）。

食宿

Gwyn Deri　　　　　　　　　民宿 ££

（☎01873-812494; www.gwynderibedandbreakfast.co.uk; Mill St; 标单/大床/家 £45/70/100; P🅟🛜🐕）这家舒适的民宿位于教堂和河流之间的一个安静的郊区地带，由一对友好的夫妇经营，他们把三间现代化的客房打扫得一尘不染，还非常乐意与住客分享他们对这一地区的了解。额外惊喜包括房间内的新鲜水果和不错的精选早餐。有相连的房间可供家庭使用。

Cafe at Book-ish　　　　　　咖啡馆 £

（☎01873-810337; www.book-ish.co.uk/cafe; 18 High St; 主菜 £5~7; ◎周一至周六 10:00~17:30, 周日 11:00~16:00; 🛜）这家色彩明亮、被广为推荐的咖啡馆附属于一间不错的独立书店，在当地非常受欢迎，是享用单人午餐的理想之处——或许可以点一份农夫拼盘搭配当地的Perl Las奶酪、火腿、猪肉派和腌制小菜——一边阅读你刚刚购买的平装书。咖啡很好，阁楼还会作为活动空间被利用——登录网站查看接下来的品鉴会、阅读以及其他活动。

实用信息

旅游局（☎01873-811970; www.visitcrickhowell.co.uk; Beaufort St; ◎周一至周六 10:00~17:00, 周日 至13:30; 🛜）与一个艺术画廊位于同一幢楼，提供关于当地徒步线路的宣传单。

到达和离开

直达长途汽车服务包括：每天12班43/X43路开往阿伯加文尼（£2, 11分钟）、兰弗莱纳赫（Llanfrynach; £2.50, 33分钟）和布雷肯（£2.70, 45分钟）。周日不运营。

布雷肯
（Brecon/Aberhonddu）

☎01874 / 人口 8403

标致的市集小镇布雷肯坐落在乌斯克河和洪都河的交汇处。几个世纪以来，该镇作为羊毛生产和编织的中心而兴旺发达。今天，在古老的石头街道上，你会发现布雷肯比肯斯山的徒步旅行者与该镇大型军事基地的士兵们共同出没于酒吧、餐馆和户外用品商店。这里有一个主教座堂、城堡遗址和古老的运河基础设施可以游览，但它最大的吸引力在于它是进入国家公园的基地。

景点

布雷肯大教堂　　　　　　　　教堂

（Brecon Cathedral; ☎01874-623857; www.breconcathedral.org.uk; Cathedral Close; ◎8:30~18:30）布雷肯大教堂坐落在洪都河上方的一座小山上，始建于1093年，是本笃会修道院（Benedictine monastery）的一部分，尽管除了生动的雕刻字体外，原诺曼教堂几乎没有留下其他什么遗迹。今天矗立的哥特式建筑的大部分可追溯到13世纪初。现代的增建物包括一个华丽的1937年的祭坛和一个悬在中殿末端半空中的十字架。大教堂内的广场上有一个**遗产中心**（☎01874-625222; ◎周一至周六 11:00~15:00）**免费**、咖啡馆及礼品店。

活动

Beacon Park Day Boats　　　　划船、独木舟

（☎01873-858277, 0800 612 2890; www.beaconparkdayboats.co.uk; Toll House, Canalside; 划船 每半日/日 £50/80, 独木舟 每半日/日 £25/40; ◎复活节至10月 10:00~17:00）这里出租拥有6到8个座位的电动船和可以坐下3个人的加拿大独木舟。在一天之内，你就可以乘船到东南方向的兰加托克来回。它还拥有一支豪华窄艇"舰队"，可以提供更长时间的含宿航行。

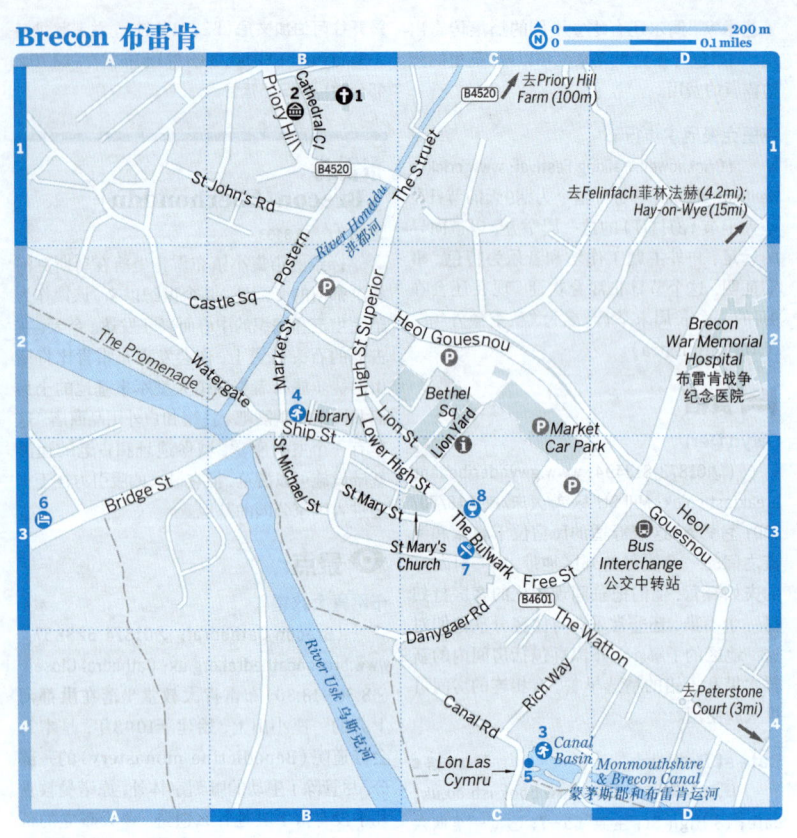

Brecon 布雷肯

Brecon 布雷肯

◎ 景点
1 布雷肯大教堂 B1
2 遗产中心 B1

✈ 活动、课程和团队游
3 Beacon Park Day Boats C4
4 Biped Cycles B2
5 Dragonfly Cruises C4

🛏 住宿
6 Coach House A3

🍴 就餐
7 Gurkha Corner C3

🍷 饮品和夜生活
8 Brecon Tap C3

Dragonfly Cruises 划船

(☎07831 685222; www.dragonfly-cruises.co.uk; Canal Basin, Canal Rd; 成人/儿童 £7.80/4.50, 出租 每1/2/3小时 £25/35/45; ◎3月至10月; ♿) 经营在蒙茅斯郡 (Monmouthshire) 和布雷肯运河 (Brecon Canal) 上2个半小时的窄船游览。在7月和8月，每周有6~7天会发船，在凉爽的月份则要少很多——请致电或上网查询。还有小船出租。

Biped Cycles 自行车

(☎01874-622296; www.bipedcycles.co.uk; 10 Ship St; 租用自行车 每天 £28; ◎周一至周六9:00~17:00) 出租山地自行车和公路自行车，还提供修理并安排导览骑行。

🎉 节日和活动

布雷肯野兽节　　　　　　　　　运动节

（Brecon Beast；www.breconbeast.co.uk；⏱9月中旬）一项长达44英里或68英里的山地自行车挑战。报名费（预付£35；现场£40）包含露营费用、途中的茶歇、"意大利面派对"和一件T恤。所有的收益都会捐给布雷肯山救援组织（Brecon Mountain Rescue）、基思·莫里斯纪念基金（Keith Morris Memorial Fund）和其他慈善机构。

布雷肯边缘艺术节　　　　　　　音乐节

（Brecon Fringe Festival；www.breconfringe.co.uk；⏱8月）布雷肯边缘艺术节最初是作为著名的布雷肯爵士音乐节（Brecon Jazz Festival；该音乐节遗憾地于2015年起不再运营）的替代品而举办，在8月的4天时间里，将多种音乐风格带入镇上及周边的各家酒吧和其他场地。

🛏 住宿

Priory Mill Farm　　　　　　　露营地 £

（www.priorymillfarm.co.uk；Hay Rd；营地 每位成人/儿童£9/6；⏱复活节至9月；P）一个鹅卵石铺成的庭院、一座古老的磨坊建筑、放养的鸡以及洪都河畔一片郁郁葱葱的露营草地——这里简直就是露营天堂，只需沿着河边步行5分钟就能到达布雷肯。营地里供应当地的木材和木炭，你可以用来点燃篝火，此外还有一个半封闭式的小屋可以用来做饭和聊天，以及骑手们会用到的自行车棚。

Coach House　　　　　　　　　民宿 ££

（☎01874-620043；www.coachhousebrecon.com；12 Orchard St；房间/套£84/170；🛜）这家19世纪的驿站非常适合徒步旅行者的需要，有一间可以放登山用具的烘干室、丰盛的早餐（包括不错的素食选择），还有主人准备的午餐盒饭。6间时尚、现代的房间以令人舒缓的奶油色装饰，配有超舒适的床和良好的淋浴设施。

★ Peterstone Court　　　　　　　酒店 £££

（☎01874-665387；www.peterstone-court.com；Llanhamlach；房间£165起；P🛜🏊）这个优雅的乔治时代庄园宅邸位于乌斯克河畔，提供大而舒适的房间，还拥有远眺比肯斯的一流山谷景致。精品水疗中心是另一个卖点，他们使用有机美容产品为客人提供优质服务。这里还有一座独立的三居室农舍和一家很棒的餐厅。兰哈姆拉克（Llanhamlach）在布雷肯东南3英里处的A40公路旁。

🍴 就餐

Gurkha Corner　　　　　　　　尼泊尔菜 £

（☎01874-610871；12 Glamorgan St；主菜£8~9；⏱周二至周日 正午至14:30和17:30~23:00；🌶）喜马拉雅山的乡村景色图片为这家没有窗户的友好的尼泊尔餐厅带来了光明。咖喱、炒饭、扁豆和丰富的蔬菜配菜等美味佳肴受到了印度菜的影响，但并不完全相同。刺荨麻（sisnu）咖喱就是一个很好的例子。

★ Felin Fach Griffin　　　　　　新派英国菜 £££

（☎01874-620111；www.felinfachgriffin.co.uk；Felinfach；主菜 午餐£15~16，晚餐£20~21；⏱正午至14:30和18:00~21:00）这个乡村酒吧所获得的奖项和它提供的葡萄酒单一样长，客人可以在一个轻松、朴实的环境里享用美食。明火、皮革沙发和木梁营造了一种舒适的氛围，在这里可以享受当地的鱼、农产品和野味，比如白豆羊胸肉、羊杂碎和欧芹酱。楼上还有不错的客房（标单/大床£135/193起；P🏊）。

另辟蹊径

加恩戈奇（GARN GOCH）

你很可能会独自一人欣赏加恩戈奇 **免费** 那令人印象深刻的遗迹。作为威尔士最大的铁器时代遗址之一，它由两处山丘堡垒组成，较小的占地1.5公顷，更大的则占地11.2公顷。虽然你现在看到的只是一堆堆巨大的瓦砾，但要知道这些石头城墙曾经却高达10米、厚达5米。从山上俯瞰，可以全方位领略布莱克山乡间那令人瞠目结舌的景色。

想抵达这里，从兰加多格先到伯利恒村（Bethlehem），然后再进入山区，一路都有路标。

饮品和夜生活

Brecon Tap
酒吧

(☎01874-618124；www.facebook.com/brecontap；The Bulwark；◎周日至周四 11:00~23:00，周五和周六 至午夜，点餐 正午至15:00和18:00~21:00；🛜)Tap最初是由布雷肯酿酒公司（Brecon Brewing）的小伙子们众筹而成的酒吧，是一个提供精酿啤酒、传统苹果酒、庄园葡萄酒和当地烤肉饼的宝地。偶尔，在当地人享受美好时光时还会奏起现场音乐。

ℹ 实用信息

Visit Brecon（☎01874-620860；www.breconbeacons.org；Lion Yard；◎周一至周六 9:00~17:00，周日 10:00~16:00）在由郡政府资助的旅游局关闭后，布雷肯议会为这个地方游客信息中心筹集到了资金，令人鼓舞。

ℹ 到达和离开

直达的**长途汽车**停靠在布雷肯的换乘处（bus interchange/Heol Gouesnou）。每天最多有12班43/X43路开往克里克豪厄尔（£2.70，30~45分钟）和阿伯加文尼（£3.60，45分钟），最多有6班39路开往瓦伊河畔海伊（£6.80，37分钟），最多有8班T4开往拉努蒂德韦尔斯（£4.65，1小时15分钟）和加的夫（£7，1小时45分钟）。短程线路周日不提供服务。

市场的停车场提供短时停车服务。Hoel Gouesnou和运河港池附近有可以长时间停车的车位。

Ride & Hike（☎07989 242550；www.rideandhike.co.uk）提供普通计程车服务，并为徒步者提供穿梭车。6座穿梭车的参考价为：国家公园游客中心（£20）、梅瑟蒂德菲尔（£45）和加的夫（£100）。

大森林地质公园和布莱克山（Fforest Fawr & Black Mountain）

布雷肯比肯斯国家公园（Brecon Beacons National Park）的西部人烟稀少，没有任何值得探访的城镇。**大森林地质公园**（Great Forest）曾经是诺曼人的狩猎场，现在则是联合国教科文组织的地质公园（www.fforestfawrgeopark.org.uk），以荒凉的旷野、布满鲜花的石灰石路面和树木繁茂且遍布青苔的峡谷等地貌景观而闻名。再往西是**布莱克山**（Y Mynydd Du），这是一片荒无人烟的广阔山峰，向勇敢的徒步旅行者发出了无法抗拒的挑战邀请。这片一直被冰川冲刷着的土地，从史前时代到罗马时期，再到今天，人类活动对其对影响从未间断过，是一个荒凉、狂野而又迷人的地方。

◉ 景点

★ 卡雷格凯南城堡
城堡

（Carreg Cennen；Cadw；☎01558-822291；http://cadw.gov.wales；Trap；成人/儿童 £5.50/3.50；◎4月至10月 9:30~18:00，11月次年3月 至17:00）威尔士最浪漫的城堡的废墟高踞在凯南河（River Cennen）上方的一处陡峭的石灰岩峭壁之上，从数英里外的各个方向都能一睹它的身影，非常引人注目。这里最初是一座威尔士城堡，现在留存的建筑可以追溯到13世纪晚期爱德华一世征服威尔士的年代。在1462年的玫瑰战争期间，城堡的部分被拆除。卡雷格凯南城堡位于一个同名农场内，在由兰代洛向南行的A483公路上有清楚的标志。

潘德林酿酒厂
酿酒厂

（Penderyn Distillery；☎01685-810650；www.welsh-whisky.co.uk；Penderyn；团队游 成人/

比肯斯山小道（BEACONS WAY）

长99英里的比肯斯山小道蜿蜒穿过国家公园，从阿伯加文尼附近的阿斯加拉德法乌尔（Ysgyryd Fawr/Skirrid）一直延伸到位于布莱克山边缘的伯利恒村，途中经过各山的最高峰，需要8天才能完成。

不用说，这是颇具难度的徒步线路，需要合适的步行装备和良好的地形测量（OS）地图——在沼泽地段很难辨明方向。这条路线可以用让人筋疲力尽的8天来完成，但是你可以选择花更长的时间使过程更有趣，而不是仅仅把它当作一个耐力测试。

不要错过

佩尼凡（PEN-Y-FAN）

攀登**佩尼凡**(海拔886米)——布雷肯比肯斯山的最高峰——是公园里最受欢迎的徒步路线之一（每年约有35万人攀登，因此绰号"高速公路"）。最短的路线从Pont ar Daf停车场开始，在布雷肯西南10英里处A470公路旁。这是一段陡峭但却直接的艰难旅程，先爬上Corn Du峰（海拔873米），然后经过短暂的下坡路，再上爬至佩尼凡（来回4.5英里；约3小时）。

另一段稍长（往返5.5英里）且同样拥挤的路线从北边1英里处的Storey Arms户外中心开始。T4路长途汽车会在这里停靠。（注意：Storey Arms并非小酒馆！）想要避开人群的话，可以从山的北侧选择一条较长的路线，走这些路线在上山的过程中还能看到更有趣的景色。最好的起点是Cwm Gwdi停车场，位于布雷肯西南3.5英里处的一条小路的尽头。从这里，你可以沿着一条顺Cefn Cwm Llwch山脊开辟的小径走，欣赏邻近山峰的美景，最后再进行一段陡峭的攀登到达峰顶。从停车场到山顶来回7英里；需要预留3~4小时。如果从布雷肯出发，全程来回14英里。

儿童￡9/4.50；9:30~17:00，夏季至18:00；P）尽管威尔士的酒精蒸馏历史悠久，但这家精品蒸馏酒厂直到2004年才推出了自己的第一款麦芽威士忌，标志着威尔士的威士忌酿造在沉寂的100多年后（受19世纪末禁酒运动的影响）的复兴。参观者可以观看这种"液体火焰"的产生过程：先和新鲜的泉水一起在一个单铜蒸馏器中蒸馏，然后在波旁酒桶中放置成熟，最后在气味浓郁的马德拉葡萄酒桶中完成。团队游包括品酒环节。

红鸢饲养中心　　　　　　　鸟类保护区

（Red Kite Feeding Centre；01550-740617；www.redkiteswales.co.uk；Llanddeusant；成人/儿童￡4/2；4月至10月 15:00，11月至次年3月 14:00）在这个偏远的饲养中心，每天都有许多猛禽扑来享用它们的午后餐点——脏兮兮的残羹剩饭。你可能会看到50多只红鸢，还有秃鹰和乌鸦，它们都藏在离食肉活动场地仅几米远的地方。

Waterfall Country　　　　　　瀑布

一连串令人惊叹的瀑布位于Pontneddfechan村和Ystradfellte村之间，在这里，梅勒特河（River Mellte）、黑普斯特河（River Hepste）和皮尔丁河（River Pyrddin）流经陡峭的森林峡谷。众多瀑布中最棒的是**雪之瀑布**（Sgwd-yr-Eira/Waterfall of the Snow），你可以走进水帘后方。梅勒特河一度涌入英国最大的**洞穴入口**Porth-yr-Ogof（Door to the Cave；高3米，宽20米）消失不见，但在南面100米处又重新现身。

食宿

★ Coed Owen Bunkhouse　　青年旅舍

（07508 544044, 01685-722628；www.breconbeaconsbunkhouse.co.uk；Cwmtaff；铺/房间￡30/60；P）这家极好的青年旅舍就位于康特雷弗水库（Cantref Reservoir）南面的一个绵羊农场之内，是由一处旧石头谷仓特别设计改造而来的，提供配有6张和10张铺位的精致宿舍房间和两间小小的私人房间。这里有一个很棒的厨房、一个公共区域、几张户外桌子、一间靴室和一间洗衣房。周末的时候这里通常都被团队客人预订了，但如果是单人旅行者在周中前来，应该还能有床铺。

★ Mandinam　　　　　　　　小屋 ￡￡

（01550-777368；www.mandinam.com；Llangadog；木屋￡100；复活节至10月；P）这个位于公园西北边缘的偏远庄园提供了一种波希米亚式的回归自然的体验，这里有小小的固定马车、厨房和可以泡在里面进行浪漫观星的用木柴加热的热水浴缸。你不必担心隐私问题，因为木屋散布在这片广阔的田园般的土地上，彼此间隔很远。拥有这个农场的主人家很友好，使这里成为一个特别的地方。至少4晚起入住。

卡雷格凯南城堡茶室　　　　威尔士菜 ￡

（Carreg Cennen Tearoom；01558-822291；www.carregcennencastle.com；Trap；主

菜£6~7；9:30~17:30；P）这里或许是全世界最好的城堡茶室。农场主饲养的长角牛的牛肉被做成了菜单上的农家馅饼和牛肉沙拉，此外，这里还提供热腾腾的威尔士炖肉（cawl）和美味的自制蛋糕。茶室位于一个令人印象深刻的改建谷仓内，坐落在城堡的下方（见760页）。

❶ 实用信息

嘉南特游客中心（Garwnant Visitor Centre；☏01685-387456；www.naturalresourceswales.gov.uk/garwnant；停车£2；9:30~16:30；❋）威尔士自然资源（Natural Resources Wales）的游客中心位于林恩水库（Llwyn-on Reservoir）的顶部，是进行几段轻松的森林漫步的起点。它还有一个咖啡馆（主菜£5）、一个小型山地自行车场地、一个冒险娱乐区和两条供孩子们玩耍的益智小径。在停车场的机器上可以买到垂钓许可证（£6起）。

❶ 到达和离开

途经这一地区唯一运行的长途汽车如下：在布雷肯和Ystradgynlais之间运行的63路，该车会经停Dan-yr-Ogof National Showcaves Centre（仅限开放时）；在加的夫和纽镇（经停梅瑟蒂德菲尔、布雷肯和拉努蒂德韦尔斯）之间运行的T4路，停车点在嘉南特游客中心附近。

波伊斯（POWYS）

小村庄、安静的集镇和大量的羊群散落在乡村波伊斯如波浪般起伏的山丘和荒野上，目前来说，这里是威尔士最大的一个郡。这个现代区划以一个古老的威尔士王国命名，1974年由历史悠久的蒙哥马利郡（Montgomeryshire）、拉德诺郡（Radnorshire）和布雷克诺克郡（Brecknockshire）合并而成。这里大部分都是乡野地带，适合步行和骑自行车，但这个郡不仅仅是把绿色停留在字面意义上——马奇莱兹（Machynlleth）已成为英国环保理念的一个焦点，全郡上下齐心协力恢复红鸢种群数量，并已经取得了巨大的成功。这种鸟现在是波伊斯郡的象征，而波伊斯则是威尔士的绿色心脏。

❶ 到达和当地交通

公共汽车

公共汽车是波伊斯覆盖面最广的公共交通方式：从周一到周六（周日班次稀疏），主要线路（比如由TrawsCymru运营的线路）上都有固定时刻的服务，次要线路上的车次则较为零星。Traveline Cymru（www.traveline.cymru）是可以帮助你计划行程的地方。

火车

"威尔士之心线"（Heart of Wales Line）将波伊斯一分为二，自拉努蒂德韦尔斯进入该郡，由奈顿（Knighton）出郡。在北面，"坎布里亚线"（Cambrian Line）由英格兰的什鲁斯伯里（Shrewsbury）开始，经过威尔士浦（Welshpool）和纽镇到达马奇莱兹。这两条火车线路虽然票价相对昂贵，但沿途风光无限，也是在波伊斯旅行的最佳方式。在www.nationalrail.co.uk可以查看车票和时刻表。

拉努蒂德韦尔斯（Llanwrtyd Wells/Llanwrtyd）

☏01591 / 人口 574

拉努蒂德（Llanwrtyd/khlan-oor-tid）韦尔斯是个奇怪的小镇，除了一个非传统的节日期间，它是一个几乎无人居住的地方。而在节日举办期间，这里则挤满了疯狂的参赛者和他们快乐的支持者。

除了最近成为"古怪威尔士"的首府之外，拉努蒂德韦尔斯一直由美丽的步行、自行车骑行和骑马之乡所环绕，西北部是坎布里亚山脉（Cambrian Mountains），东南部则是米尼德伊皮恩特山原（Mynydd Epynt）。

当地牧师西奥菲勒斯·埃文斯（Theophilus Evans）在1732年首次发现了臭井（Ffynon Droellwyd/Stinking Well）的治病功效，当时他的坏血病得以痊愈。随着臭井越来越受欢迎，拉努蒂德成为一个温泉小镇。然而，如今它的水井已被封堵，除了节日期间，很难在这里找到多少生命迹象。它自称是英国最小的城镇，但显然并不属实。

住宿

Ardwyn House 民宿 ££

(☎01591-610768; www.ardwynhouse.co.uk; Station Rd; 标单/大床 £60/80; P🐾)年轻的民宿主人修复了这座曾经废弃的房屋内工艺美术品。这里有乡村景色、拼花地板、旧年代墙纸和随处可见的古董家具，三个房间里有两个配有爪形浴缸。这里还有一个以橡木作为镶板的客人休息室，里面有一张台球桌和酒吧，到达后还提供下午茶。另外还有两间可自炊的农舍（每周£495）。

Lasswade Country House 民宿 ££

(☎01591-610515; www.lasswadehotel.co.uk; Station Rd; 标单/大床 £65/90起; P🐾)🍴这家带有客房的优秀乡村餐厅充分利用了爱德华时期的一幢漂亮的三层楼高的房子，从这里可以俯瞰伊尔丰山谷（Irfon Valley）并远眺布雷肯比肯斯山。这里致力于绿色旅游（它赢得了许多奖项，以水力发电，甚至为电动汽车提供充电设备），在美食方面也做得很出色：主厨兼老板的三道菜菜单（£34）以坎布里亚羊肉、塔利（Tally）山羊奶酪和其他美食为特色。

餐饮

★ Carlton Riverside 威尔士菜 ££

(☎01591-610248; www.carltonriverside.com; Irfon Cres; 主菜 £19~23; ⓘ周一至周六 18:30~20:30; P🐾)这家高档餐厅有一种精品店的感觉，壁炉架上摆放着它所获的许多奖项。楼上有一个酒吧（周二至周日晚间营业），但这里真正的明星是这家餐厅以及以大量当地农产品为特色的精美菜单。周二至周六期间，至少提前一天通知也能安排午餐。

Drovers Rest 威尔士菜 ££

(☎01591-610264; www.food-food-food.co.uk; Y Sgwar; 3道菜 £30; ⓘ周三至周日 正午至14:00和19:30~21:30; 🐾)这家迷人的餐厅被认为是威尔士中部最好的餐厅之一，这一点得到了越来越多的认可，他们用当地产品烹饪出了许多奇妙的菜肴。它紧挨着伊尔丰，有一个令人放松的河边露台和几个简单但舒适的房间（标单/大床 £40/80，部分房间带

值得一游

坎布里亚山脉（CAMBRIAN MOUNTAINS）

坎布里亚山脉是一片相当荒凉但十分美丽的高地，大致覆盖了斯诺登尼亚和布雷肯比肯斯山之间的地区。这片荒凉、空旷的高原人烟稀少，尚未开发，是塞文河和怀伊河的源头。隐藏在山峦之间的是湖泊、瀑布、荒芜的山谷，以及拥有数千只羊的牧场。除了活力谷（Elan Valley）周边，拜访这一地区的游客相对较少；如果你想远离人群，在威尔士没有比这更好的地方适合独自徒步或骑自行车。许多路线纵横交错，包括83英里长的坎布里亚步道（Cambrian Way）；你可以在www.walkingbritain.co.uk上找到详细的路线，也可以在www.cambrian-mountains.co.uk上查询更多关于该地区的信息。

浴室）。餐厅的主人也定期开办为期一天的烹饪课程（£165~195），以威尔士美食和野味为主。

★ Neuadd Arms Hotel 小酒馆

(☎01591-610236; www.neuaddarmshotel.co.uk; ⓘ周日至周四 8:30至午夜，周五和周六 至次日1:00)像任何一家不错的乡村小酒馆一样，Neuadd Arms也是邻近社区人们的聚会点。这里提供有趣的菜单（主菜 £9~11）、含早餐的民宿房间（标单/大床 £44/77）以及在酒馆后方的马厩里酿造的上好啤酒。这里也是拉努蒂德的游客信息点，你可以在此了解在该地区进行山地自行车、骑马或徒步活动的一切相关信息。

ℹ 到达和离开

48路长途汽车开往比尔斯韦尔斯（£3.80，30分钟，每天最多4班）。

拉努蒂德位于"威尔士之心线"（www.heart-of-wales.co.uk）上，每天最多有4班直达火车开往斯旺西（£11.90, 2小时）、兰代洛（£5.40, 45分钟）、拉努蒂德韦尔斯（£4.50, 35分钟）和什鲁斯伯里（£15, 2小时15分钟）。

比尔斯韦尔斯（Builth Wells/ Llanfair-Ym-Muallt）

☏01982 / 人口 2738

比尔斯（Builth，读作"bilth"）可能是威尔士中部前温泉小镇中最具活力的一个，给人一种忙碌、平凡的感觉。它曾经是威尔士工人阶级的游乐场，坐落在怀伊河畔的上佳位置，是当地农业的中心。虽然这里本身并没有什么吸引人的地方，但对于在这一地区的任何一条长路上步行或骑自行车的人来说，这里是一个方便的基地。

节日和活动

皇家威尔士畜牧展 市集

（Royal Welsh Show；www.rwas.co.uk；Llanelwedd；成人/儿童 每天 £26/5；☺7月；🅿）每年7月，有超过20万人来到比尔斯参加皇家威尔士畜牧展（于1904年在阿伯里斯特威斯开设），展览会为期4天，从经过打扮的牲畜到伐木工比赛、猎鹰表演，再到摆满农产品的食品大厅，内容丰富多彩。

食宿

Bronwye 民宿 ££

（☏04419-8250 8002；www.bronwye.co.uk；Church St；标单/大床 £60/75起；🅿🛜）这座19世纪的宏伟建筑位于怀依河附近，有五间舒适、现代的房间，配有很好的床和浴室。它的风格偏向于舒适而现代，而不是富有时代特色，但这里热情好客，有宜人的花园和美味的早餐，性价比很高。

Caer Beris Manor 酒店 £££

（☏01982-552601；www.caerberis.com；A483；标单/大床 £74/143起）这座建于1896年、仿都铎王朝风格的乡间庄园曾经是斯旺西勋爵（Lord Swansea）的家，位于一条长长的车道尽头，该车道蜿蜒穿过伊尔丰河（River Irfon）畔的11公顷的开阔草地。经典的风格、用原木生起的火、宽敞的房间、带垂幔的窗帘、厚重的面料和流苏灯在等待着客人的光临。以橡木镶板装饰的Restaurant 1896提供不错的季节性菜单，以当地的农产品（主菜 £19～25）为特色。

★ Drawing Room 新派威尔士菜 £££

（☏01982-552493；www.the-drawing-

拉努蒂德的节日

在考虑如何在黑暗的冬季里鼓励拉努蒂德的旅游业发展时，一些市民有了一些非常规的想法。现在每个月都会举办活动（详情参见www.green events s.co.uk），但以下所列的是其中最古怪的一些：

世界山地自行车两轮战车锦标赛（World Mountain Bike Chariot Racing Championship；www.green-events.co.uk；每队参赛费 £20；☺1月）经过特殊设计的山地自行车两轮战车比赛；1月中旬举行。

人对马马拉松赛（Man vs Horse Marathon；www.green-events.co.uk；☺6月中）拉努蒂德首个创意古怪的竞赛，看看两条腿如何对战四条腿；6月中旬举行。

世界沼泽潜水锦标赛（World Bog Snorkelling Championships；www.green-events.co.uk；成人/儿童 £15/12；☺8月银行假期）在8月的银行假期期间举行；衍生活动包括山地自行车沼泽潜水赛和沼泽潜水三项全能赛，都在7月举行。

真正的麦芽酒摆动和漫步节（Real Ale Wobble & Ramble；www.green-events.co.uk；1/2天骑行 £18/25，1/2天漫步 £11/18；☺11月）自行车骑手们和步行者们沿着一条有路标的路线运动喝酒两不误；在11月举行。

Mari Llwyd（New Year Walk In；www.green-events.co.uk；☺新年）庆祝威尔士诗歌和该国深厚的异教历史；新年前夜举行。

room.co.uk；3道菜 £40；⏰19:00开始营业，最后点菜 20:30；🅿🛜）这家拥有2个玫瑰花星级（rosette）的餐厅兼民宿位于一栋乔治时代的乡村宅邸内，是该地区最好的餐厅之一。优质威尔士黑牛肉、布雷肯羊肉和卡迪根海湾蟹是以当地产品为主的菜单上的特色，而装修精美的客房非常值得考虑（£215起，含早餐）。这里位于比尔斯以北3英里处的A470公路旁。

ℹ 到达和离开

经停此处的长途汽车包括班次频繁的T4路，开往拉努蒂德韦尔斯（£2, 20分钟）、纽镇（£5.80, 1小时15分钟）、布雷肯（£3.70, 1小时）和加的夫（£8, 2小时45分钟）；每天一班X75路，开往克里克豪尔尼（1小时）和阿伯加文尼（70分钟）；以及每天一班X15路，开往瓦伊河畔海伊（£3.20, 30分钟）和赫里福德（£6.70, 1小时15分钟）。

赖厄德
（Rhayader/Rhaeadr Gwy）

📞01597 / 人口 1837

赖厄德是一个漂亮的、小小的、宁静祥和的畜牧集镇，围绕着一个以战争纪念钟为标志的中心十字路口而建。这个地方吸引着前来参观附近的活力谷（Elan Valley）和打算尝试136英里长的瓦伊河谷步道（Wye Valley Walk）的步行者们。它以几座极其珍贵的木结构建筑而闻名，周四时冷冷清清（店铺只营业半天时间），但在周三的集市日就会人头攒动。

👁 景点和活动

赖厄德博物馆和美术馆　　　博物馆

（Rhayader Museum & Gallery；📞01597-810561；www.carad.org.uk；East St；成人/儿童 £4/免费；⏰周二至周五 10:00~16:00，周六至13:00；🅿）这个小博物馆专注于赖厄德及其周边地区的当地历史和生活，利用手工艺品、电影和50多部口述历史来探索从民间故事到牧羊农场的一切。附属的商店出售当地的工艺品、玩具和书籍，为游客提供该地区的大量信息，剧院内则举办舞蹈、戏剧和音乐演出。

吉格林农场红鸢喂食站　　　观鸟

（Gigrin Farm Red-Kite Feeding Station；📞01597-810243；www.gigrin.co.uk；South St；成人/儿童 £7/4；⏰周一至周三、周六至周日、学校假日期间 13:00~17:00；🅿）每天下午2点（英国夏令时的下午3点），数百只红鸢会飞到吉格林农场，大吃特吃残羹剩饭。乌鸦和渡鸦也想加入进来，但它们都必须屈从于超级敏捷的红鸢——后者有着2米长的翼展和耙状的爪子，它们会和乌鸦（以及彼此）抢夺肉。

Clive Powell Mountain
Bike Centre　　　山地自行车

（📞01597-811343；www.clivepowell-mtb.co.uk；West St；⏰9:00~13:00和14:00~17:30）这一中心由一位前自行车赛冠军和教练经营。你可以租用一辆山地/公路自行车（每天 £32/24，含头盔和补胎工具；多数车是新的吉安特牌），或是选择轻松一些的电动自行车（每天 £40）。

🛏 食宿

Camping & Caravanning Club　　　露营地 £

（Wyeside；📞01597-810183；www.campingandcaravanningclub.co.uk；Llangurig Rd；无电营地2位成人2晚 £58；⏰4月至10月；🅿🛜）从赖厄德的中心地带走一小段路就能到达这个令人放松的、青草茵茵的露营地，这里拥有河景、树林、两个淋浴区和一个商店。可以购买速度更快的Wi-Fi（每天 £3起）。

Horseshoe Guesthouse　　　民宿 ££

（📞01597-810982；www.rhayader-horseshoe.co.uk；Church St；标单/大床 £45/78；🅿🛜）这家19世纪的前客栈曾经叫做Butcher's Arms，现在提供舒适的现代客房（7间中有5间带浴室）、拥有大量公共空间的大型餐厅、花园、温室和带围墙的庭院。这里依然保留着厚重的横梁和其他一些古色古香的装饰，还有一家可容纳20人的餐厅（3道菜 £16），并且可以准备午餐盒饭（每人 £6）。

Triangle Inn　　　小酒馆

（📞01597-810537；www.triangleinn.co.uk；Cwmdauddwr；主菜 £8~12；⏰5月至8月 周二至周六 正午至15:00和18:30~23:00，周日和周

值得一游

活力谷（ELAN VALLEY）

活力谷内到处都是美丽的乡村，由维多利亚和爱德华时代的水坝和它们形成的湖泊将这片土地划分为许多块。19世纪末，在赖厄德以西的宜兰河（River Elan, 读作ellen）上修建水坝，主要是为了给伯明翰提供可靠的供水。在第二次世界大战期间，最早的水坝被用作"弹跳炸弹"的试验场——这种炸弹被用在以德国鲁尔山谷（Ruhr Valley）为袭击目标的传奇突袭当中。山谷内所有的水库现在每天为伯明翰和威尔士南部和中部部分地区提供超过7000万加仑的水，并产生约3.9兆瓦的水力发电电力。

山谷的游客中心（☎01597-810880；www.elanvalley.org.uk；B4518；⊙复活节到10月9:00~17:00, 11月至次年3月 10:00~16:00）拥有内容详尽的展览、出租自行车（每小时/每天£7/26），并提供如观鸟游猎行、秋季"步行节"以及Pen y Garreg大坝内部游览这样的活动。中心位于最低的那座大坝的下游，在赖厄德3英里外的B4518公路旁。

除非有自己的交通工具，否则去往活力谷只能通过步行、骑自行车或是从赖厄德搭乘计程车前往。

—18:30~23:00, 9月至次年4月 周四至周六 正午至15:00和18:30~23:00, 周日至周三 18:30~23:00; ⑤）这座16世纪的小旅馆就在通往Cwmdauddwr（毗邻赖厄德的村庄）的桥对面，是当地最受欢迎的饮酒场所。它是如此之小，以至于厕所在马路对面，地板上有一个活动门，这样飞镖手就不会撞到天花板。这是一个非常受欢迎的地方，提供真正的麦芽酒和大份的酒吧经典食物。

❶ 到达和离开

经停此地的长途汽车包括开往拉努蒂德韦尔斯（£2.30, 17分钟, 每天最多7班）的X47路，以及开往纽镇（£4.25, 1小时, 每天2班）、威尔士浦（£6.60, 2小时, 每天2班）和什鲁斯伯里（£9.50, 2小时45分钟, 每天1班）的X75路。

蒙哥马利（Montgomery）

☎01686 / 人口 966

文雅的蒙哥马利是该国最美丽的小镇之一，它以一个市场广场为中心，广场四周排列着漂亮的石屋和砖房，俯瞰着一座诺曼城堡的废墟。街道两旁混合排列着乔治时代和维多利亚时期风格的建筑以及木结构的房屋（许多房屋都以历史牌匾标记出来，容易识别），魅力十足，还有许多很棒的餐厅。

旅行者可能会对Bunners（☎01686-668308; www.bunners.co.uk; Arthur St; ⊙周一至周五 9:00~17:30, 周六 至17:00）充满好奇，这是一家老式的五金店，几乎无所不卖，吸引来了几英里以外的顾客。该镇以东一英里处是奥法堤坝（Offa's Dyke）保存最完好的地段之一，B4386公路两侧有6米高的沟渠。

◉ 景点

圣尼古拉教堂　　　　　　　　　　　　　教堂

（St Nicholas' Church; Church Bank; ⊙9:00至日落）这座教堂让人回想起建于1226年的诺曼圣尼古拉教堂（Norman St Nicholas Church），它的拱形天花板上装饰着错综复杂的彩色凸起，宗教改革运动前的基督受难像屏风雕刻精美，19世纪中期的彩色玻璃窗引人注目。留意当地主理查德·赫伯特（Richard Herbert）爵士和妻子玛格达伦（Magdalen）精心装饰的带檐墓，他们是伊丽莎白时代诗人乔治·赫伯特（George Herbert）的父母。

克拉弗兰兹模型车博物馆　　　　　　　博物馆

（Cloverlands Model Car Museum; ☎01686-668004; www.cloverlandsmuseum.wales; Montgomery Institute, Arthur St; 成人/儿童£3/免费; ⊙4月至10月 周五 10:00~15:00, 周六和周日14:15~16:15, 11月至次年3月 周五 10:00~15:00, 周六 14:00~16:15; ⓟ）拥有3000多件展品的克拉弗兰兹是英国同类博物馆中拥有最多藏品的博物馆之一，也是模型车爱好者的必去之处。大约一半的汽车是从一位名为吉莉安·罗杰斯（Gillian Rogers）的收藏家那里租借而

来的，其中包括四分之一比例的菲亚特1936 Topolino和1935年Singer Le Mans的工作模型，这两款车是专门为这位收藏家和她的妹妹设计的。公共假期时有特别的开放时间，非营业时间也可以预约。

蒙哥马利城堡 废墟

（Montgomery Castle；4月至6月 10:00~18:00，7月至9月中 至21:00）**免费** 蒙哥马利城堡的废墟耸立在城镇上方崎岖不平的突起处。这座诺曼城堡的建造始于1223年，而在1267年，在该城堡进行的条约谈判中，亨利三世将威尔士亲王的头衔授予了卢埃林·阿普·格鲁菲德（Llywelyn ap Gruffydd）。这座曾经伟大的堡垒建筑如今已所剩无几，但在这里将美丽的棋盘状乡村景色收入眼底。

食宿

Dragon Hotel 旅馆 ££

（01686-668359；www.dragonhotel.com；Market Sq；标单/大床 £63/79起；P）这家17世纪的半木制驿站深受步行者们的欢迎，拥有20个带浴室的房间、一间公共小雅室、一个游泳池和一家由Bistro 7经营的餐厅（主菜 £13~17；厨房营业时间 11:30~15:00和18:00~20:45），该餐厅之前位于威尔士浦。位于同一条路上的酒吧和其他任何一家酒吧一样，都是品尝蒙哥马利当地酿制的麦芽酒的好地方。

Castle Kitchen 咖啡馆 £

（01686-668795；www.castlekitchen.org；8 Broad St；午餐£8；周一至周六 9:00~16:30，周日 11:00起）这个可爱的小熟食店兼咖啡馆俯瞰着蒙哥马利风景如画的中心城区，如果想去奥法坝或周围的山上野餐，这里是采购饮料、黄油、熟食和其他供给的完美之地。你也可以选择在室内放松一下，享受友好的服务，还有各种美味的汤、面包、三明治、每日特色菜，当然还有美味的蛋糕。

★Checkers 法国菜 £££

（01686-669822；www.thecheckersmontgomery.co.uk；Broad St；6道菜 £65；晚餐 周二至周六）蒙哥马利最吸引人的地方之一就是这家真正一流的带客房的餐厅。这里采用新奇的现代法国烹饪方式，处理新鲜的、本地采购的食材，提供一流的服务，推出蒸比目鱼配扇贝慕斯、豌豆泥、培根和薄荷酱等菜肴，赢得了一批忠实的粉丝，成为威尔士境内七家米其林餐厅之一。

这家17世纪的驿站在楼上设有5间安静时尚的房间，配有特别舒适的床、iPod底座和令人倍感幸福的浴室。住宿和晚餐套餐£285起。

❶ 到达和离开

每天最多有6班X71路和81路长途汽车开往威尔士浦（18分钟）和纽镇（23分钟）。

威尔士浦 （Welshpool/Y Trallwng）

01938 / 人口 5994

英格兰人最初把这个地方叫作"池塘"（Pool），指的是附近塞文河（River Severn）边的一片沼泽地（很久以前就干涸了）。1835年改称威尔士浦，这样就没人会把它和多塞特郡（Dorset）的普尔（Poole）弄混了。它坐落在一个树木繁茂的陡峭山下，是一个美丽的集镇，主街两旁有都铎王朝、乔治时期和维多利亚时代的建筑，但除此之外城中心没什么其他吸引人之处，也没有可供住宿或吃饭的地方。如今，它最出名的地方或许是周一的牲畜市场，这是西欧最大的市场之一。不过，更为引人注目的当然是其周边景点，比如壮丽的波威斯城堡（Powis Castle）和威尔士浦至兰韦尔窄轨铁路（Welshpool & Llanfair Light Railway）。

◉ 景点和活动

★波威斯城堡 城堡

（Powis Castle；NT；01938-551944；www.nationaltrust.org.uk；成人/儿童 城堡和花园 £13/6.50；花园 10:00~18:00，城堡 11:00~17:00；P）这座红砖砌成的波威斯城堡被宏伟的花园环绕，最初由波威斯王子格鲁菲德·阿普·格温温温（Gruffydd ap Gwenwynwyn）于13世纪建造，后由赫伯特和克莱夫家族的几代人将其扩建。作为城堡的亮点，克莱夫博物馆（Clive Museum）收藏有"印度的克莱夫"（他于1757年在普拉西战役中为英国夺下孟加拉）和其子爱德华（他迎娶了第一代波威斯伯爵之女）从印度和远东带回的精美文物。

波伊斯兰博物馆和蒙哥马利运河　博物馆

（Powysland Museum & Montgomery Canal；☏01938-554656；www.powys.gov.uk；Canal Wharf；◉6月至8月 周一至周五 10:30~13:00和14:00~17:00，周六 11:00~14:00，9月至次年5月 周三关闭；♿）**免费** 蒙哥马利运河最初全长35英里，从纽镇一直到什罗普郡（Shropshire）的弗兰克顿枢纽（Frankton Junction），在那里与兰戈伦运河（Llangollen Canal）汇合。位于威尔士浦中心运河码头（Canal Wharf）旁的是波伊斯兰博物馆，博物馆外有一个蓝色的大手袋[一座安迪·汉考克（Andy Hancock）创作的雕塑，以纪念女王登基60周年]。博物馆内利用漆得精美的窄船和罗马钱币收藏等迷人藏品讲述了该郡的故事。

威尔士浦至兰韦尔窄轨铁路　团队游

（Welshpool & Llanfair Light Railway；☏01938-810441；www.wllr.org.uk；Raven Sq；成人/儿童 £13.70/4.50；◉3月至10月；♿）这条坚固的窄轨铁路于1903年完工，从漂亮的班威山谷（Banwy Valley）中穿行而过，目的是将牲畜运往市场。铁路长8英里，历时50分钟，从雷文广场站（Raven Square Station）开始经过陡峭的斜坡到达兰费尔凯瑞尼翁（Llanfair Caereinion）。可上网查询出发时间。铁路曾于1956年关闭，7年之后又由热情的志愿者重新开放，现在甚至提供蒸汽机车驾驶课程（£395）。

🛏 食宿

Long Mountain　民宿 ££

（☏01938-553456；www.longmountainbandb.co.uk；Hope Rd, Little Hope；标单/大床 £66/88；🅿🛜）悠闲自在的伊夫林（Evelyn）和迈克（Mike）距离威尔士浦2英里的地方精心经营着一间民宿。它是一座有着400年历史的木结构房屋的现代扩建部分，拥有三间客房，配备最优质的装修、结实的橡木家具、配有埃及棉床上用品的特大号床和大理石浴室。奥法的堤坝小路（Dyke Path）就在距离民宿不远处，可以欣赏到美丽的景色。不接受16岁以下儿童入住。

沿着B4381公路向东行，在B4388公路左拐，然后再右转到Hope Rd就能到达这里。

Corn Store　各国风味 ££

（☏01938-554614；4 Church St；主菜 £14~16，2道菜套餐 £17；◉周二至周六 正午至14:00和18:00~21:00，周日 正午至16:00）如果威尔士浦还有一家餐饮机构，那就是这里。主厨兼老板瑞贝卡（Rebecca）在此经营了25年，有鳄梨图案的墙面、樱桃木圆桌和彩虹镜，镜子下方是那些享用欧洲和亚洲菜肴的常客家庭，菜品包括配有辣椒和小龙虾尾的鲈鱼，或是佐黑莓和黑刺李-杜松子酒酱汁的鸭胸等。这是城里最棒、最友好的地方。

❶ 实用信息

旅游局（☏01938-552043；www.visitwelshpool.org.uk；1 Vicarage Gardens, Church St；◉周一至周六 9:30~16:30，周日 10:00~16:00）提供住宿预订服务和关于威尔士浦的景点及活动的大量信息。

❶ 到达和离开

X75路长途汽车开往纽镇（£2.70，48分钟，每天最多9班）和什鲁斯伯里（£3.10，48分钟）；国家快运公司（National Express）运营的每天1班的长途汽车，一个开往阿伯里斯特威斯（Aberystwyth；£15，1小时45分钟）方向，另一个开往伯明翰（£13，2小时15分钟）方向。

国家快运公司（www.nationalexpress.com）每天1班的长途汽车经过威尔士浦，向西开往阿伯里斯特威斯（£12，1小时45分钟），向东开往什鲁斯伯里（£6.40，22分钟）、伯明翰（£13，2小时15分钟）和伦敦（£28起，5.5小时）。

威尔士浦位于"坎布里亚线"上，该火车向东开往阿伯里斯特威斯（£16，1.5小时）、什鲁斯伯里（£6.10，22分钟）和伯明翰（£19，1.5小时），每隔1或2小时1班；向西去往纽镇（£5.50，15分钟）和马奇莱兹（£14，52分钟）。

马奇莱兹（Machynlleth）

☏01654 / 人口 2214

小小的马奇莱兹（读作ma-*hun*-khleth）

不可小觑。这座小镇拥有重要的历史意义，是国家英雄欧文·格兰道尔（Owain Glyndwr）于1404年首次成立该国议会的地方。奇怪的是，人们对这一历史传奇并不太了解，也不曾给予热烈的庆祝；而马奇莱兹更广为人知的身份或许是威尔士的绿色之都，这要归功于位于其北部3英里处的替代性技术中心（Centre for Alternative Technology），以及它靠近自行车道和森林山丘的地理位置。

像许多威尔士省级中心一样，马奇莱兹为了保持经济引擎的运转也在苦苦挣扎，不过这里仍旧是一个令人惊讶的具有国际氛围的地方城镇，有一些美妙的餐厅和住宿可供选择，主要是在周边的乡村地带。

◉ 景点

★ 马奇莱兹现代美术馆　　　　画廊

（MOMA Machynlleth；☏01654-703355；http://moma.machynlleth.org.uk；Penrallt St；⊙周一至周六 10:00~16:00）免费 现代美术馆的一部分位于一座名为塔伯纳克雷（Tabernacle）的前卫斯理小礼拜堂内，展品包括威尔士当代艺术家的作品，既有永久展览，也有不断变化的临时展览。小礼拜堂本身给人一种法庭的感觉，但它的音效非常好——被用作音乐会、剧院和每年8月举行的国际音乐庆祝活动"马奇莱兹音乐节"（Machynlleth Festival）的场地。

欧文·格兰道尔中心　　　　博物馆

（Owain Glyndwr Centre；Canolfan Owain Glyndwr；☏01654-702932；www.canolfanglyndwr.org；Maengwyn St；⊙复活节至9月 10:00~16:00）免费 欧文·格兰道尔中心位于一栋少见的中世纪晚期的威尔士联排屋内，其中的展览讲述了这位威尔士英雄争取独立的故事，展览的主角是笔盒信（Pennal letter），欧文在信中表达了与法国结盟的期望。尽管这栋楼被称为旧议会大楼（Old Parliament Building），但建成时间在1460年前后，已经是在欧文于此地创建议会约50年之后了，不过据说它非常类似之前真正的议会所在地。

如果在开放时间门被锁上了，可以向隔壁的Caffi Alys索要钥匙。

⏿ 住宿

★ Beudy Banc　　　　小屋 £

（☏01650-511495；www.beudybanc.co.uk；Abercegir；小屋 £75起）免费 这个美妙的地方位于一个坐落在迪菲山谷（Dyfi Valley）之中的绵羊牧场内，提供的舒适小屋位于绿草茵茵的草地之上，拥有壮丽的景色。这里有一个火山坑和一条步行小道，小道穿过牧场与**格兰道尔之路**（Glyndwr's Way；http://nationaltrail.co.uk/glyndwrs-way）相连，但此地真正的亮点是两条不错的山地自行车下坡道以及小径和桥梁网络。

Beudy Banc位于马奇莱兹东北约3英里处的A489公路旁；留意简单写有"Banc"字样的岔路小标志。

★ Glandyfi Castle　　　　民宿 ££

（☏01654-781238；www.glandyficastle.co.uk；Glandyfi；房间 £100起）这座奇特的摄政哥特式城堡建于1820年，是一位拥有奴隶的加勒比种植园主送给妻子的礼物，如今作为奢华民宿重新焕发了生机。三个房间结合了古典和现代的风格，而角楼、塔楼和拥有的壮丽景色使它成为一个难以置信的特别之地——在这里可以欣赏到18公顷的花园一直到迪菲河口的景致。

该民宿位于马奇莱兹西南6英里处，紧邻A487公路。

Wynnstay Wales　　　　酒店 ££

（☏01654-702941；www.wynnstay.wales；Maengwyn St；标单/大床 £65/115）这家昔日的乔治时期驿站（1780年）至今仍是城里最面面俱到的酒店，拥有22间迷人的老式客房和嘎吱作响、凹凸不平的地板，其中一间配有四柱床。楼下有一家不错的餐厅、一间葡萄酒商店，后者随时供应意大利单个庄园出产的优质葡萄酒。在复活节和10月之间的周五和周六的晚上，一家柴火比萨店（比萨 £10）会在院子里营业。

★ Living Room Treehouses　　　　小屋 £££

（☏01172-047830；www.living-room.co；大床/家 3天2晚 £379/399）经过奇妙的设计，这6间舒适、拥有乡村魅力的树屋融入一片紧邻A470公路的迷人森林中。你可以和自然亲密接触（住在树上！），床却依旧豪华，房间的隔热墙壁和烧木料的火炉让你全年都感到温暖，四下里一片寂静（树屋之间彼此分隔很远）。入住日为周日、周三和周五。

✕ 就餐

市场 市场 £

（Maengwyn St；⊙周三）1291年，爱德华一世亲自特许了周三街道市场，从那时起，该市场就一直保留并一直活跃。

Number Twenty One 威尔士菜 ££

（☎01654-703382；www.numbertwentyone.co.uk；21 Maengwyn St；主菜£13~15；⊙周三至周日正午至22:00；✎🏠）Number Twenty One由一对热情的年轻美食家夫妇经营，他们的雄心壮志使它超越了通常的小镇小酒馆。这里的食物富有想象力但不复杂，服务友好而专业，也欢迎孩子们。座位有限，请预订。

★ Ynyshir Hall 美食 £££

（☎01654-781209；www.ynyshirhall.co.uk；Eglwysfach；12道菜午餐/19道菜晚餐£75/125；⊙周三至周六 正午至14:00和19:00~21:00；🅿🛜）野味、当地最好的肉类和海鲜以及自己菜园的农产品为Ynyshir Hall的Gareth Ward烹饪出威尔士最美味的食物奠定了基础。这家米其林星级餐厅位于一幢似乎与维多利亚女王有些关联的豪华的乡村别墅内，套餐菜单将简洁（"鲭鱼""草莓"）的美食提升到富有先驱精神的新高度。

ℹ 到达和离开

如果你骑自行车的话，Lôn Las Cymru（苏斯特兰国家自行车网8号线）经过马奇莱兹，往北通向科里斯（Corris），往东南则通向赖厄德。

长途汽车线路包括开往阿伯里斯特威斯（£4.25, 40分钟，每天最多10班）的X28路；开往多尔格劳镇（Dolgellau；£3.45, 30分钟）、波斯马多格（Porthmadog；£5.40, 80分钟）、卡那封（Caernarfon；£5.40, 2小时15分钟）和班戈（Bangor；£5.40, 2小时45分钟）的车次频繁的T2路；以及开往替代性技术中心（见本页；£2.15, 7分钟）和科里斯（£2.50, 15分钟）的34路，每天最多9班。

开往**纽镇**（Maengwyn St）和**其他目的地**（Pentrerhedyn St）的长途汽车停靠在城中心市场两侧。

搭乘火车的话，马奇莱兹位于车次频繁的"坎布里亚线"和"坎布里亚海岸线"（Cambrian Coast Line）上。目的地包括阿伯里斯特威斯（£6.90, 35分钟）、波斯马多格（£15, 2小时）、普尔黑利（£17, 2.5小时）、纽镇（£10, 35分钟）和伯明翰（£24, 2.5小时）。

锡尔迪金（GEREDIGION）

被卡迪根湾（Cambrian Mountains）和坎布里亚山脉包围的锡尔迪金（结尾读作"dig"而不是"didge"）是5世纪的酋长塞雷迪格（Ceredig）建立的一个古老的威尔士王国。这里的乡村社区避开了南部采煤山谷和北部采石城镇所经历的人口涌入，正因为此，除格温内思郡（Gwynedd）和安格尔西岛（Anglesey）以外，威尔士语在这里比任何其他地方都要强势。

重工业的缺乏也使得锡尔迪金拥有一些英国最干净的海滩，而阿伯里斯特威斯往南不通火车，人群相对来说不那么密集。被称作"威尔士绿色沙漠"的坎布里亚山脉的贫瘠高地形成了天然的屏障，使这里更加与世

不要错过

替代性技术中心

40年来，一小群爱好者们一直在发人深省的**替代性技术中心**（Centre for Alternative Technology，简称CAT；Canolfan y Dechnoleg Amgen；☎01654-705950；www.cat.org.uk；Pantperthog；成人/儿童£8.50/4；⊙10:00~17:00；🅿🏠）致力于实践可持续发展，该技术中心位于马奇莱兹北部的德易菲联合国教科文组织生物圈保护区（Dyfi Unesco Biosphere Reserve）内。该教育和游客中心成立于1974年（远远超前于那个时代），展示了可持续发展的实际解决方案。展览面积达3公顷，主题包括堆肥、有机园艺、环保建筑、可再生能源、污水处理及循环再造等。

隔绝。尽管最近由于当地制作的双语悬疑剧《荒郊疑云》(Hinterland/Y Gwyll)的播出吸引来了一批粉丝,锡尔迪金的沙湾、河谷、宁静的集镇和干旱的山区仍旧是威尔士鲜少有人涉足之地。

❶ 到达和离开

阿伯里斯特威斯是锡尔迪金主要的铁路枢纽站,可以连接英格兰的什鲁斯伯里(£21,1小时45分钟,车次频繁)和利恩半岛(Llŷn Peninsula)的普尔黑利(£16.60,2小时45分钟至3小时45分钟)。

阿伯里斯特威斯 (Aberystwyth)

☏01970 / 人口 17,183

阿伯里斯特威斯(读作"aber-*ist*-with")是一座充满活力的大学城,沿着呈弧形的卡迪根湾分布,拥有令人惊叹的地理位置,但同时也存在着一些身份危机。街道两旁是学生酒吧和廉价餐馆,码头上闪烁着传统娱乐活动的灯光,但在小巷子里藏着几家雅致的精品店和有机、天然咖啡馆。学校上课期间,酒吧里熙熙攘攘,学生们在人行道上踢足球,而到了夏天,带着小桶和铲子的孩子们则在海滩上玩耍。此外,华丽的乔治时代风格的房子被涂成柔和的色调,分布在人行道两旁。从这些房子的露台上,可以瞥见壮观的海滨度假胜地的痕迹。

这里广泛使用威尔士语,当地人以自己的传统为傲。你可以在艺术中心(见774页)看一场表演,欣赏男声合唱团(☏01970-623800; www.aberchoir.co.uk; Plascrug Ave; ⊙周四 19:00~20:30)的演出,或是在卡迪根湾简简单单地观看日落,这些是当地最为经典的体验。

◉ 景点

Marine Tce拥有一排俯瞰着北海滩(North Beach)的壮丽淡色房屋,这让人回想起该城作为一个时尚度假胜地存在的维多利亚全盛时期。当你走到1.5英里长的人行步道的尽头时,对着白色的金属条踢一脚是一种习俗,尽管当地人似乎都无法解释这种仪式背后的原因何在。

北海滩一旁排列着多少有些破旧的乔治时代酒店,不过其中也有几个明显的例外。皇家码头(Royal Pier; ☏01970-636100; www.royalpier.co.uk; Marine Tce; ⊙周二、周三、周五和周六 10:00~23:00, 俱乐部 至次日3:00; ▣)、宏伟的旧大学(Old College; www.aber.ac.uk/en/oldcollege; 6 King St; ⊙周一至周五 8:00~21:00, 学期中 10:00~16:00, 假日 周一至周五 8:00~19:00)和神秘、排列稀疏的阿伯里斯特威斯城堡 免费 遗迹是这里的主要景点。

在沿着南海滩(South Beach)行进之前,人行步道先转了一个弯,这片海滩是更为荒凉但仍然具有吸引力的海滨。许多当地人更喜欢多石但更空旷的坦尼布奇海滩(Tanybwlch Beach),就在海港南部,这里是莱塞多尔河(River Rheidol)和伊斯特威斯河(River Ystwyth)的交汇处。潘迪纳斯(Pen Dinas)高地位于坦尼布奇之后,是重要的铁器时代山丘堡垒迪纳斯马勒(Dinas Maelor)要塞的所在地。虽然堡垒的轮廓仍清晰可见,但山顶现在已被一座威灵顿(Wellington)纪念碑所占据。

威尔士国家图书馆　　　　　图书馆

(National Library of Wales; ☏01970-632800; www.llgc.org.uk; Penglais Rd; ⊙周一至周五 9:30~18:00, 周六 至17:00) 免费 作为文化重地的国家图书馆位于小镇东部的一座山顶上,从这里可以俯瞰卡迪根湾的壮丽景色。它于1916年建立,拥有数以百万计的各语言书籍——作为一个版权图书馆,它拥有在英国出版的每一本书的副本。在其拥有的25,000份手稿中,珍藏有13世纪的《卡马登黑皮书》(*Black Book of Carmarthen*;现存最古老的威尔士文本)、由乔叟(Chaucer)的抄写员亚当·平克赫斯特(Adam Pinkhurst)留下的文本以及第一版的《失乐园》(*Paradise Lost*)。

其他展厅展示了一系列令人兴奋的临时展览,以图书馆的收藏和威尔士遗产为特色。

锡尔迪金博物馆　　　　　博物馆

(Ceredigion Museum; ☏01970-633088; www.ceredigionmuseum.wales; Coliseum Theatre,

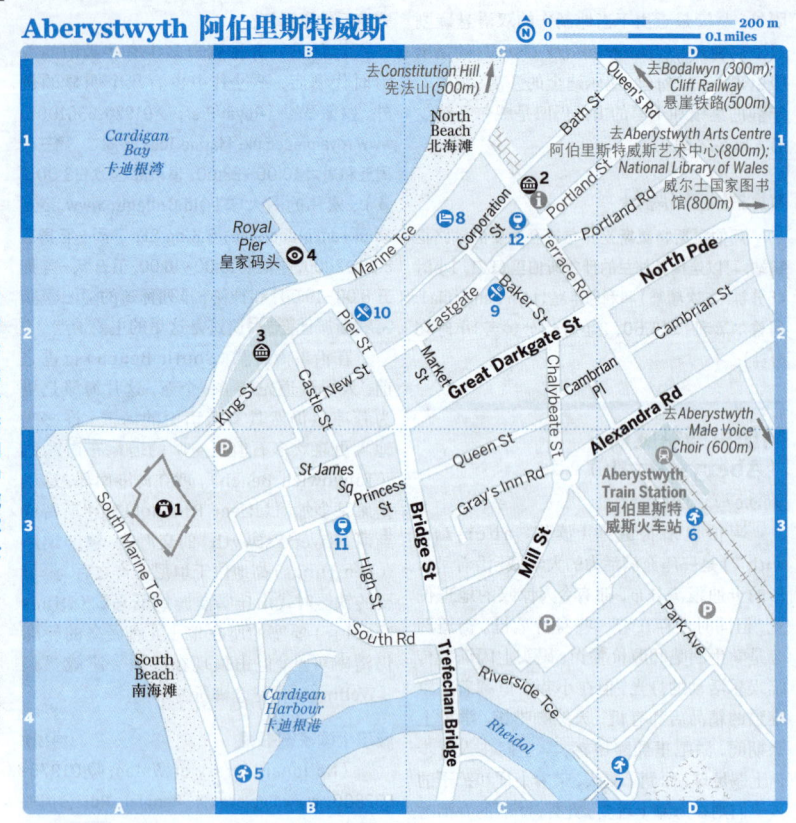

Aberystwyth 阿伯里斯特威斯

Terrace Rd；周一至周六 10:00~17:00）**免费** 这座博物馆位于三层楼高的大剧场（Coliseum）内，于1905年作为剧院开放，1932年起改为电影院，承诺进行"不低俗的娱乐"。优雅的内部结构保留了舞台部分，环绕舞台的是娱乐展览，展出的是博物馆收集的6万多件关于阿伯里斯特威斯历史的文物：从旧的药房陈设和手工编织的羊毛短裤，到一个迷你木偶剧院和一个19世纪50年代山寨小屋的复制品，应有尽有。这里还有临时展览（有些收取入场费），每周四的17:15甚至还有瑜伽（£5）。

🏃 活动

★ 莱多尔山谷铁路   铁路

（Vale of Rheidol Railway；Rheilffordd Cwm Rheidol；☎01970-625819；www.rheidolrailway.co.uk；Park Ave；成人/儿童 往返 £22/10；⊙2月中至10月 每天最多5班，11月 仅限周日，12月至次年2月中 不营业；🅿）这条风景秀丽的窄轨铁路是阿伯里斯特威斯最受欢迎的景点之一。于1923年至1938年间建造的蒸汽机车，已经被志愿者们精心修复，从树木繁茂的美丽的莱多尔河谷咔嚓咔嚓地一路开到魔鬼桥（Devil's Bridge），全程近12英里。这条线路于1902年开通，目的是将铅和木材从山谷中运出，但"一战"的爆发和它所服务的矿山的关闭降低了它的盈利能力。

悬崖铁路   缆车

（Cliff Railway；Rheilffordd y Graig；☎01970-617642；www.aberystwythcliffrailway.co.uk；Cliff Tce；成人/儿童 单程 £4/2.50，往返 £5/3.50；⊙4月至10月 10:00~17:00，旺季至18:00，11月至次年3月 开放时间缩短；🅿）如果你不想步行爬上**宪法山**（Constitution Hill；海拔130米，不能开车），那就搭乘慢腾腾的"小

Aberystwyth
阿伯里斯特威斯

◎景点
1 阿伯里斯特威斯城堡..............................A3
2 锡尔迪金博物馆......................................C1
3 旧大学..B2
4 皇家码头..B2

◎活动
5 莱多尔自行车小径..................................B4
6 莱多尔山谷铁路......................................D3
7 伊斯特威斯小径......................................D4

◎住宿
8 Gwesty Cymru..C1

◎就餐
9 Treehouse...C2
10 Ultracomida..B2

◎饮品
11 Ship & Castle..B3
12 White Horse..C1

悬崖铁路"吧,它是英国最长(可能也是最慢的,最高时速4英里)的电动缆车。它在1896年初次建造时一定是处于"冰川期",当时它是由一个水平衡系统驱动的。

莱多尔自行车小径 自行车

(Rheidol Cycle Trail; www.discoverceredigion.co.uk; ⚑)这条17英里长的莱多尔自行车小径主要包括专门的自行车道和安静的乡间小路,从阿伯里斯特威斯港出发,经过美丽的莱多尔山谷,到达魔鬼桥。沿途经过林地信托(Woodland Trust)管理下的Coed Geufron森林,还有岔路通向**Bwlch Nant yr Arian**(☎01970-890453; www.naturalresources.wales; Ponterwyd;停车2小时£1.50; ⊙游客中心及咖啡馆10:00~17:00)、莱多尔发电厂(Rheidol Power Station)及莱多尔矿(Rheidol Mines)。最后一段路很陡。

伊斯特威斯小径 自行车

(Ystwyth Trail; www.discoverceredigion.co.uk; ⚑)这条21英里长的路线主要沿着原大西部铁路(Great Western Railway)从阿伯里斯特威斯东南一直通到特雷加隆(Tregaron),沿途都设有路标,适合骑自行车和步行的人。这条路线的前12英里一直顺着伊斯特威斯河而行,终点是泰菲山谷(Teifi Valley)。可以从阿伯里斯特威斯Riverside Tce的人行天桥出发,或者选择从特雷加隆开始——如果你喜欢走下山路的话。

🛏住宿

★ Gwesty Cymru 酒店 ££

(☎01970-612252; www.gwestycymru.com; 19 Marine Tce;标单/大床£70/90起; ⊙餐厅 正午至14:30和18:00~21:00; ⚑)这家"威尔士酒店"是一块真正的瑰宝,是一家富有魅力的精品酒店,就位于海滨旁,带有很强的威尔士特征。酒店地上铺着当地产的石板,搭配紫红色地毯和当代风格的装修。8间带浴室的房间中,有4间海景房,4号和6号房拥有浴缸。

Bodalwyn 民宿 ££

(☎01970-612578; www.bodalwyn.co.uk; Queen's Ave;标单/大床£52/82起; ⚑)这家标致的爱德华时期民宿既不失高档又有家的温馨,提供有品位的客房、闪闪发光的新浴室和丰盛的早餐(拥有素食选择)。有三个房间可以看到海景,推荐入住带有飘窗的3号房。

🍴就餐

Treehouse 咖啡馆 £

(☎01970-615791; www.treehousewales.co.uk; 14 Baker St;主菜£8~9; ⊙周一至周六10:00~17:00; ⚑)这家优秀的咖啡馆占据了一栋维多利亚式住宅的两层空间,就在一家有机食品杂货店上面。咖啡馆将当地的食材制作成各种菜肴,对素食者、纯素食者和肉食爱好者同样诱人。这里的午餐(正午至15:30)可能是城里最好的选择,供应富有想象力的食物,比如哈里萨辣椒酱(harissa)烤鸡和棕色小扁豆糊配辣豆油煎饼。

★ Ultracomida 西班牙小吃 ££

(☎01970-630686; www.ultracomida.co.uk; 31 Pier St;西班牙小吃£7~8; ⊙周一 10:00~17:00,周二至周六 至22:00,周日 正午至16:00; ⚑)Aber很幸运能拥有Ultracomida——这家兼进口商店、熟食店和餐厅于一体的店铺显然是出于店主个人对伊比利亚一切事物的热爱。店前部是西班牙熟食、奶酪、干货和甜食区（这点要归功于法国和威尔士），货品特别而丰盛，而后部则是一个欢乐的小餐厅，供应美味的西班牙小吃和朴实的葡萄酒。

★ Y Ffarmers　　　　　　　　　小酒馆食物 ££

(☎01974-261275；www.yffarmers.co.uk；Llanfihangel y Creuddyn；主菜£15~18；◎周二至周五18:00~23:00，周六 正午至23:00，周日 正午至15:00，旺季 营业时间延长) 这家出色的小酒馆于2018年初曾被大火烧毁，但业已经过精心修复，这里是人们造访位于阿贝尔（Aber）东南7英里的美丽小村庄兰菲汉格尔克鲁丁（Llanfihangel y Creuddyn）的主要原因。从外表看，它不过是一个舒适的白色砖房，却供应很棒的威尔士小酒馆食物：用莱佛面包酱做的皱皮蛋糕，用龙蒿和青葱做的珍珠鸡，还有其他让人咂舌的创意。

🍷 饮品和娱乐

White Horse　　　　　　　　　小酒馆

(☎01970-615234；www.whitehorseaberystwyth.co.uk；Upper Portland St；◎周日至周三10:00至午夜，周四至周六 至次日1:00；☎) 这家小酒馆宽敞、简单，欢迎所有人的到来，它坐拥十字路口的位置，给人一种开放而现代的感觉，顾客在这里可以悠闲地观看外面的路人。白天气氛放松，以观看运动赛事为主，周末晚上则拥挤而喧闹。

Ship & Castle　　　　　　　　　小酒馆

(☎07773 778785；1 High St；◎周一 16:00至午夜，周二至周四 14:00至午夜，周五至周日14:00至次日1:00；☎☎) 一场恰如其分的翻修不仅让这家建于1830年的小酒馆一如既往地舒适和受欢迎，同时还增加了观看橄榄球比赛的大屏幕。这里是品尝纯正麦芽酒的好地方，不光品种多，还经常更换。此外还有一些苹果酒。

阿伯里斯特威斯艺术中心　　　　表演艺术

(Aberystwyth Arts Centre；Canolfan Y Celfyddydau；☎售票处 01970-623232；www.aberystwythartscentre.co.uk；Penglais Rd；◎售票处 周一至周六 10:00~20:00，周日 13:30~17:30) 作为威尔士最大的艺术中心之一，这里与时俱进地上演精彩的歌剧、戏剧、舞蹈和音乐会，此外还有一个艺术画廊、一家高质量的书店、一家酒吧和咖啡馆。电影院放映大量的邪典电影和外语影片，而且总有一些工作坊可以报名参加。

中心属于阿伯里斯特威斯大学的一部分，位于彭格莱斯（Penglais）校区，在城东半英里处。

ℹ️ 实用信息

旅游局 (☎01970-612125；www.discoverceredigion.co.uk；Terrace Rd；◎周一至周六 10:00~17:00；☎) 在锡尔迪金博物馆内，这个办公室提供地图和关于当地历史的书籍，并提供免费Wi-Fi。乐于助人的员工可以安排住宿。

ℹ️ 到达和离开

长途汽车

线路包括开往马奇恩莱兹（£4.25，40分钟）、多尔格劳镇（£5.60，1小时15分钟）、波斯马多格（£5.60，2小时15分钟）、卡那封（£5.60，3小时）和班戈（£5.60，3.5小时）的T2路，车次频繁；开往卡马森（£6.10，1小时45分钟至2.5小时）和加的夫（£10，3.5小时）的T1C路，每小时1班；以及开往阿伯赖伦（Aberaeron；£3.80，40分钟）和卡迪根（£5.50，1.5小时）的T5/X50路，每小时1班。

国家快运公司每天有一班长途汽车往返于纽镇（£13，80分钟）、威尔士浦（£15，1小时45分钟）、什鲁斯伯里（£15，2小时15分钟）、伯明翰（£21，4小时）和伦敦（£29，7小时）。

火车

阿伯里斯特威斯是威尔士爱瑞发铁路（Arriva Trains Wales）"坎布里亚线"的终点，这条线路从威尔士中部穿过，每2小时1班，途经马奇恩莱兹（£6.90，35分钟）、纽镇（£14，1小时15分钟）、威尔士浦（£16，1.5小时）和什鲁斯伯里（£21，2小时）开往伯明翰（£32，3小时）。

阿伯赖伦（Aberaeron）

☎01545 / 人口 1337

风度翩翩的阿伯赖伦有着色彩鲜艳的乔治时代风格房屋，曾经是一个繁忙的港口和造船中心，它优雅的建筑是19世纪早期计划扩张的结果。铁路的建成使它成为一个受欢迎的度假胜地。随着重工业的消失，今天的阿伯赖伦正在悄悄地对抗经济的下滑趋势；它时尚的街道和令人艳羡的海港旁林立着独立商店和咖啡馆、别致的民宿和精品酒店，以及许多优秀的餐厅。

◎ 景点

卡迪根湾海洋生物中心 野生动物保护区

(Cardigan Bay Marine Wildlife Centre; ☎01545-560224; www.welshwildlife.org; Glanmor Tce, New Quay; ◎复活节到10月 9:00~17:00, 夏季假日 至18:00) **免费** 你可以在这里了解更多关于卡迪根湾海洋生物的信息（位于新码头，距离阿伯赖伦7英里），也可以参加海豚考察船之旅——研究人员正在收集宽吻海豚和其他当地海洋哺乳动物的数据。考察船之旅的时长和价格不尽相同(Sulaire号, 2小时 £20；"Anna Lloyd"号, 4小时/全天 £38/65)，开船日期会在网站上公布。是否发船取决于天气状况，致电01545-560032以确保行程如期进行。

Llanerchaeron 历史建筑

(NT; ☎01545-570200; www.nationaltrust.org.uk/llanerchaeron; Ciliau Aeron; 成人/儿童 £7.80/4.20; ◎花园 10:30~17:30, 别墅 11:30~16:00, 冬季 花园开放时间缩短 别墅关闭; ▣)这个保存完好的乔治时代乡村庄园让人们可以一瞥200年前威尔士绅士和他们的仆役们的生活。别墅本身由约翰·纳什（John Nash）设计，是他早期最完整的作品之一，特点是弯曲的墙壁、假窗户和华丽的飞檐。庄园自给自足，在这方面和过去保持一致，工作人员在带围墙的花园里种植水果、蔬菜和草药，照看稀有品种的牲畜。

⛺ 住宿

★ **Harbour Master** 精品酒店 ££

(☎01545-570755; www.harbour-master.com; Pen Cei; 标单/大床 £75/120起; ⛽)这家精品酒店位于阿伯赖伦港入口处，提供的食物和住宿配得上任何别致的城市酒店。紫罗兰色的乔治时代建筑格外引人注目，拥有13间装修独特的客房，使用Frette牌床上用品、老式威尔士毛毯、大胆的配色方案和高科技的浴室。位于新翻修的粮仓内的房间有着同样的现代风格，还有绝佳的海港景色。

楼下，Harbour Master著名的**餐厅**使用当地食材制作出令人愉快的佳肴，如龙虾和螃蟹、威尔士牛肉、羊肉和奶酪(2/3道菜晚餐£28/35)。热闹的酒吧提供同样出色的菜肴，气氛更为休闲（主菜 £14~15）。登录网站查看带晚餐的住宿套餐，请注意，某些情况下至少两晚起住。

3 Pen Cei 民宿 ££

(☎01545-571147; www.pen-cei-guesthouse.co.uk; 3 Pen Cei; 大床 £95起; ⛽)和蔼可亲的老板约翰（John）和莱斯利（Lesley）重新精心装修了这个华丽的乔治时代航运办公室，使用清爽的床上用品、大胆的配色方案和鲜花来装饰，所有房间都以当地的主要河流命名。大一点的房间有超级大的床（其中一间还有独立的浴室），主人非常乐于助人、热情好客。

ℹ️ 到达和离开

周一至周六，T5和X50路定期开往阿伯里斯特威斯（£3.80, 40分钟, 每小时1班）和卡迪根（£4.40, 50分钟至1小时15分钟, 每小时1班）。

卡迪根（Cardigan/Aberteifi）

☎01239 / 人口 4191

卡迪根这个城镇给人一种从沉睡中醒来的感觉。作为伊丽莎白时代重要的贸易中心和鲱鱼渔业港口，随着铁路的到来和19世纪泰菲河（River Teifi）的淤塞，它逐渐衰落。如今，它周边的自然美景、时髦的工艺品店、当地时尚品牌、美食商店和家庭式民宿又让它重获生机。另类的艺术形式正在此发展，街道和小巷两旁杂乱的历史建筑被赋予新的生命。最重要的是，卡迪根城堡已被修复，现在是威尔士语言、文化和表演的中心。

"Cardigan"是英语写法的Ceredigion，意为Ceredig的地方，但其威尔士名字Aberteifi，指的是它在泰非河河口的位置。

◎ 景点和活动

★ **卡迪根城堡** 城堡

(Cardigan Castle/Castell Aberteifi;

☏01239-615131; www.cardigancastle.com; 2 Green St; 成人/儿童 £5/2.70; ⓧ10:00~16:00) 卡迪根城堡在威尔士文化中占重要地位, 1176年, 在里斯·阿普·格鲁菲德勋爵(Lord Rhys ap Gruffydd)的主持下, 在此举办了第一届竞争激烈的国家艺术节(National Eisteddfod)。这座城堡多年来一直被人忽视, 经过耗资数百万英镑的翻修, 它从废墟中重生, 如今已成为威尔士当地文化的一个重要中心, 永久展览、艺术节、现场表演、语言课程、节日庆典等活动都在这城堡四面墙内举行。

A Bay to Remember 观赏野生动物

(☏01239-623558; www.baytoremember.co.uk; Prince Charles Quay; 1小时行程 成人/儿童 £26/13; ⓧ3月到10月)这家公司组织人们乘坐硬壳充气船出海, 观赏宽吻海豚、海港鼠海豚、灰海豹和海鸟, 从St Dogmaels、Gwbert和Poppit Sands出发, 前往卡迪根湾, 可以选择1小时或2小时的行程。目击动物的概率在短途行程中是70%, 在长一些的行程中是90%。售票处位于泰非河旁的查尔斯王子码头(Prince Charles Quay)。

🛏 住宿

Gwbert Hotel 酒店 ££

(☏01239-612638; https://gwberthotel.com; Gwbert; 标单/大床 £65/85起, 农舍 每周 £526起; ℗🛜)Gwbert是卡迪根最具吸引力的住宿之一, 将悬崖林立的水湾美景尽收眼底, 泰非河就是经过这出水湾流入卡迪根湾的。这里有21间极其舒适、带浴室的朴素客房。此外还有丰盛的早餐、位于酒店门口的上好步道和Flat Rock法式小馆, 该法式小馆提供的经典菜高于小酒吧和小酒馆的一般水平(主菜£12~15), 你可以享受全方位的服务。

Gwbert还在该地区经营5座自炊式的农舍。

Ty-Parc B&B 民宿 ££

(☏01239-615452; www.ty-parc.com; Park Ave; 标单/大床 £60/75; ℗🛜)这座迷人的爱德华时代风格的房子位于卡迪根市中心以北, 提供五间明亮的带浴室的客房, 房间里以奶油色调和浅木色家具装饰。额外体贴的细节之处包括淋浴房的收音机和鲜花, 还可以要求提供打包午餐。不适合宠物或儿童。

🍴 就餐

★ Fforest Pizzatipi 比萨 £

(☏01239-612259; www.pizzatipi.co.uk; Cambrian Quay; 比萨£7~9; ⓧ7月和8月 每天 正午至23:00, 6月末和9月 周六和周日 16:00~23:00)这一季节性临时比萨店由年轻的兄弟4人共同经营, 是夏天晚上城里最热门的地方。从两个柴火烤炉里现烤的比萨、精酿啤酒、音乐、精心挑选的活动和热闹的气氛, 都在一个位于隐秘河畔庭院的烛光圆锥形帐篷内提供——你还能要求什么呢? 平日里21:00之后不提供食物, 周日则是17:00。

1176 法式小馆 ££

(☏01239-562002; www.cardigancastle.com/dining; Cardigan Castle; 午餐 主菜 £6~8, 3道菜晚餐 £28; ⓧ周日至周四 10:00~16:00, 周五和周六 10:00~16:00和18:30~21:30)这个以玻璃和石板装饰的法式小馆以威尔士举办第一届国家艺术节的那一年命名(该艺术节就在卡迪根城堡举办），是该文化节于2015年重生的重要见证。这里的午餐和下午茶很受欢迎（每人£12），在周五和周六的晚餐时段也会营业，产自城堡厨房花园的农产品是其中的亮点。

✩ 娱乐

Theatr Mwldan 剧院

(☏01239-621200; www.mwldan.co.uk; Bath House Rd; ⊙周一 17:00起，周二至周六 10:00起，周日 正午至起至最后一场演出结束; ⓢ)Mwldan剧院位于原屠宰场内，上演喜剧、戏剧、舞蹈、音乐和电影，并有一个艺术画廊和一家不错的咖啡馆。夏天时城堡里有露天演出。

❶ 实用信息

旅游局 (☏01239-613230; www.discoverceredigion.co.uk; Theatr Mwldan, Bath House Rd; ⊙周二、周三、周五和周六 10:00~17:00)设在Mwldan剧院的大堂内；提供住宿预订服务以及一般信息。

❶ 到达和离开

　　长途汽车线路包括去往阿伯里斯特威斯（£5.50, 1.5小时）的T5/X50路，去往St Dogmaels（8分钟）和Poppit Sands（15分钟）的407路，去往卡马森（90分钟）的460路，以及去往菲什加德（90分钟）的Poppit Rocket线（405路），均为每小时1班。**汽车站位**于Finch Sq。

New Image Bicycles (☏01239-621275; www.bikebikebike.co.uk; 29-30 Pendre; 每半天/全天 £18/23; ⊙周一至周六 10:00~17:00)出租自行车，可以沿着卡迪根湾和泰非山谷骑行。

斯诺登尼亚和北威尔士

包括 ➡

兰戈伦 781
斯诺登尼亚国家公园.....784
多尔格劳镇.........................785
布莱奈费斯廷约格.........790
贝图瑟科伊德.....................791
斯诺登山.............................795
波斯马多格.........................800
卡那封.................................803
康威.....................................807
兰迪德诺.............................810
博马力斯.............................814

最佳餐饮

➡ Tyddyn Llan（见799页）
➡ Hayloft Restaurant（见809页）
➡ Watson's Bistro（见810页）
➡ Tredici Italian Kitchen（见815页）
➡ Y Sgwâr（见801页）

最佳住宿

➡ Totters（见804页）
➡ Bodysgallen Hall（见813页）
➡ Ffynnon（见787页）
➡ Ruthin Castle（见780页）
➡ Tŷ Newydd（见802页）

为何去

崎岖的山道、历史悠久的铁路线、属于世界遗产的城堡和复兴的海滨小镇，这些使威尔士北部可与其南部景点分庭抗礼。这一地区以斯诺登尼亚国家公园为主，公园内的阴郁天空下耸立着雄伟的山峰。

有这样一座令人敬畏的山脉作为保护盾，难怪鲜有人踏足的利恩半岛和古老的安格尔西岛飞地都保留着自己的传统语言和文化。

事实上，整个地区都给人一种真正的威尔士之感：你会在大街上听到威尔士语，看见凯尔特遗产景观，还能从各种画廊、博物馆和景点里感受到文化自豪感——这种状况从北海岸的海滩一路持续到以河流串起的威尔士东北腹地。从很多方面来说，威尔士北部提炼出了威尔士真正的精髓——不过可别跟加的夫人说这些哦。

何时去

➡ 4月至7月是最干燥的月份，而7月和8月则最为温暖。

➡ 探访山区和海滨步道最佳的月份是6月和7月。

➡ 斯诺登山的火车在复活节至11月期间运行，可以一路开到峰顶。

➡ 7月，专业跑步者们会挑战斯诺登山跑步赛，而兰戈伦则将迎来兰德迪诺国际音乐艺术节及边缘艺术节。

➡ 9月是另一个活动丰富的月份，巴拉的铁人三项赛、巴茅斯的艺术和步行节以及波特米洛恩超棒的6号音乐节都在这个月里举办。

➡ 10月时山区开始降雪，路上的积雪一直要到5月才会完全消融。

斯诺登尼亚和北威尔士亮点

❶ **卡德伊里斯山**（见785页）攀登斯诺登尼亚第二名的山峰。

❷ **庞特基西斯特输水道**（见781页）乔治时代土木工程巅峰之作。

❸ **布莱奈费斯廷约格**（见790页）在阴森森的板岩洞穴内挑战一下幽闭恐惧症。

❹ **威尔士高地铁路**（见800页）乘坐窄轨火车，纵贯海岸。

❺ **Braich-y-Pwll**（见802页）凝望神圣的巴德西"朝圣之岛"。

❻ **贝德盖勒特**（见798页）在石板农舍和潺潺小河之间漫游。

❼ **哈勒赫城堡**（见789页）欣赏卡迪根湾和斯诺登山的景色。

❽ **博马力斯**（见814页）在安格尔西岛最美的小镇中沉醉于乔治时代的魅力。

❾ **卡那封城堡**（见804页）见证这座拥有拜占庭之美与力量的城堡。

北威尔士边境

位于威尔士东北部的登比郡(Denbighshire)、雷克瑟姆郡(Wrexham)和弗林特郡(Flintshire)拥有一种混搭的气质,既有坚韧不拔的一面,又有华丽的一面,令人困惑。从1974年到1996年,他们都曾是克卢伊德郡(Clwyd)的一部分,在区划被调整之后,又重新使用起他们更为古老的名字。令人惊讶的是,最好的地方却距离海岸最远,特别是荒野山区地带以及登比郡南部那郁郁葱葱的农田。在去往斯诺登尼亚(Snowdonia)的路上,有必要在这里稍作停留。

❶ 到达和离开

进入该地区的主要入口有:雷克瑟姆,有火车可以到达切斯特(Chester;£5.60,20分钟)、伯明翰(£10.50,1小时45分钟)和伦敦(£39,转2次车,4.5小时);兰戈伦,长途汽车T3路可以开往雷克瑟姆(30分钟),国家快运公司(National Express)的车则开往雷克瑟姆(£3.60,25分钟)、什鲁斯伯里(Shrewsbury;£9.40,转1次车,2.5小时)和伯明翰(£17,转一次车,4小时)。

里辛(Ruthin)

☎01824 / 人口 5654

里辛(读作rith-in)坐落在有着田园风光的克卢伊德山谷中,远离任何旅游路线,是一个迷失于时光之中的迷人的山顶小镇。令人稍许惊讶的是,它还是登比郡的行政中心。在中世纪时,这里是一个重要的集镇和纺织品生产商。这里仍然有每周三次的牲畜市场,以及周五上午的农产品市场和周四的普通市场。

里辛的中心地带是圣彼得广场(St Peter's Sq),广场四周是各种令人印象深刻的遗产建筑,包括一座1401年的半木结构法院大楼(现在是一家银行)和圣彼得学院教堂(St Peter's Collegiate Church),该教堂最为古老的部分可以追溯到1310年。

❂ 景点

Nantclwyd y Dre 历史建筑

(☎01824-706868;www.denbighshire.gov.uk;Castle St;成人/儿童 £5/4;◐7月和8月 周一和周三 11:00~16:00,周六 至17:00,周二和周日 至15:00,4月至6月和9月 开放时间缩短)这栋半木结构建筑的年头可以追溯到1435年,被认为是威尔士最古老的联排屋。它最初属于一个织工家庭,如今还保有明显的旧日气息。房间都经过了翻修,并配备了家具,以反映每个新增部分的时代。人们可以以此了解曾经住在这里的各个家庭的生活。位于屋后的13世纪的领主花园(Lord's Garden)已经修复,再次变得绿意盎然、令人愉悦。

里辛工艺品中心 艺术中心

(Ruthin Craft Centre;☎01824-704774;www.ruthincraftcentre.org.uk;Park Rd;◐10:00~17:30;ⓟ)免费 一座优秀的画廊和艺术中心。这里有三个画廊,出色地展出了当地最好的摄影、绘画和雕塑作品,除此之外,还展示了许多待出售的作品。该中心内还有艺术家工作室、公众工作坊和讲座、一个非常棒的咖啡馆和商店,以及一个自助式信息中心。

里辛监狱 历史建筑

(☎01824-708281;www.denbighshire.gov.uk;46 Clwyd St;成人/儿童 £5/4;◐4月至9月 周三至周一 10:00~17:00)这座阴森森的建筑是英国唯一一座对游客开放的本顿维尔(Pentonville)式维多利亚监狱。免费音频导览由一位虚构的囚犯讲解,而监狱内的信息面板可以让你查看所有可怕却又吸引人的监狱日常生活细节,你还可以了解到有"威尔士霍迪尼"之称的约翰·琼斯(John Jones)那次勇敢的越狱——就发生在19世纪70年代的这座监狱内。本顿维尔式监狱采用的是隔离和观察囚犯的"分离系统"。

🛏 食宿

★ Ruthin Castle 历史酒店 ££

(☎01824-702664;www.ruthincastle.co.uk;Castle St;房间/套 £109/169起;ⓟ☎)孔雀那略显凄凉的叫声回荡在这个美妙酒店的花园里,这是这一另类奢华酒店带给人的第一印象。酒店所在之处本是一片城堡废墟(由爱德华一世的盟友建于13世纪),在其之上建起了一座维多利亚式"城堡",而这家无比富丽堂皇的酒店则充分利用了新城堡的各个角落,包括Spa、木镶板装饰的图书馆/酒吧,甚

不要错过

厄西格（ERDDIG）

想要一瞥18世纪及19世纪时英国上层阶级的生活，并感受一下那个过去的世界"楼上—楼下"等级森严的社会等级制度，庄严的厄西格（NT；01978-355314；www.nationaltrust.org.uk/erddig；成人/儿童 £13/6.30，仅花园 £8/4；宅第 12:30~15:30，花园 10:00~17:00，冬季开放时间缩短；宅第及其花园热烈欢迎阁下光临。这座宅第最早的部分建于1680年，自20世纪初以来几乎没有变动过；这里没有电，但仍有大量的附属建筑。这栋房子是约克家族两个多世纪以来（直到1973年）的祖屋。

厄西格位于兰戈伦东北约12英里处的Rhostyllen村，A483公路旁有标识。

至还有一间中世纪宴会厅。

Leonardo's   熟食 £

（01824-707161；www.leonardosdeli.co.uk；4 Well St；三明治、卷饼和沙拉 £4；周一至周六 9:00~16:00）这家令人垂涎欲滴的熟食店由一对威尔士—德国夫妇经营，供应当地奶酪、散养鸡蛋、蜜饯、烈酒和顶级馅饼（这里的鸡肉、韭菜和紫菜包是2011年英国馅饼奖的冠军）等丰富的熟食。

★ On the Hill   新派英国菜 ££

（01824-707736；www.onthehillrestaurant.co.uk；1 Upper Clwyd St；主菜 £16~18，1/2/3道菜 午餐 £14/17/20；周一至周四 正午至14:00和18:30~21:00，周五和周六 正午至14:00和17:00~21:00）这座建于16世纪的房子靠近广场，低矮的天花板和裸露的横梁营造出一种令人难忘的氛围，在这种环境中享用出精心制作的乡村菜肴。像威尔士猪肉套餐（酥脆的肚腩、培根包裹的里脊肉和慢火烹制的猪头肉）这样的大份菜肴可以搭配几道以鱼为主的菜和一份蔬菜，让人心满意足。午餐菜单很划算。

❶ 到达和离开

X51路长途汽车在里辛和登比安（Denbigh；£3.40，20分钟）之间运营，车次频繁，其中部分车会继续开往雷克瑟姆（£3.90，1小时）；X1路往返于切斯特（£3.90，1小时），每天2班。

兰戈伦（Llangollen）

01978 / 人口 3465

风景如画的小小的兰戈伦（读作khlan-goth-len）分布于波浪翻滚、曲折环绕的迪伊河（River Dee/Afon Dyfrdwy）两岸，以神秘的迪纳斯布兰堡（Castell Dinas Brân）的山顶遗址作为背景。这座美丽自信的小城一直被认为是块风水宝地。滨河步道由一座建于14世纪的桥向西延伸，自维多利亚时代以来就一直是一个受欢迎的散步地点。

来兰戈伦进行夏日漫步和激流泛舟的人越来越多，而在冬天，在厚厚的积雪下，它依旧非常漂亮。两个主要的艺术节促进了旅游业的发展，对该地区工业遗产感兴趣的铁路和工程爱好者们也纷至沓来。这些工业遗产形成了这个城镇现今的布局：房屋被迁移，好为机车让路。

兰戈伦得名于圣科伦（St Collen），这位7世纪的僧侣在这里建立了一个宗教社区（llan）。几个世纪后，它成为伦敦至霍里黑德驿站马车路线上的重要一站，将英国首都和爱尔兰连接了起来。

⊙ 景点

★ 庞特基西斯特输水道和运河世界遗产遗址   运河

（Pontcysyllte Aqueduct & Canal World Heritage Site；01978-292015，游客中心 01978-822912；www.pontcysyllte-aqueduct.co.uk；导览游 £3；游客中心 复活节至10月、11月的长周末、12月及2月末至复活节 10:00~16:00）免费 乔治时代杰出的工程师托马斯·特尔福德（Thomas Telford；1757~1834年）于1805年建造了庞特基西斯特输水道，使得运河能够由迪伊河上方通过。输水道长307米、宽3.6米、1.7米深、38米高，是整个英国运河系统中最为壮观的工程，也是有史以来建造的地势最高的运河输水道。鉴于这一点，输水道和长达11英里的

Llangollen 兰戈伦

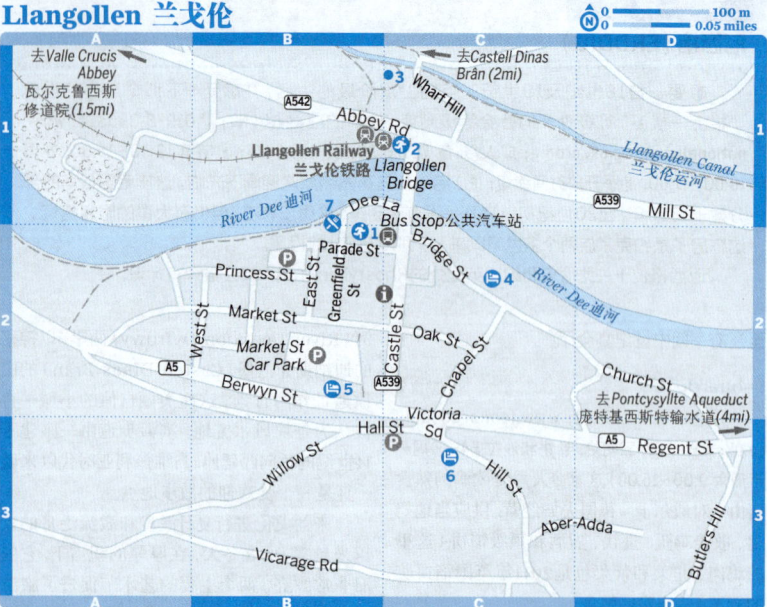

Llangollen 兰戈伦

活动
1 Llangollen Outdoors B2
2 兰戈伦铁路 C1
3 Welsh Canal Holiday Craft C1

住宿
4 Cornerstones Guesthouse C2
5 Llangollen Hostel B2
6 mh Townhaus C3

就餐
7 Corn Mill B1

运河被联合国教科文组织认定为世界文化遗产。顺便说一句，输水道的名字读作"pont-kus-*sulth*-the"。

纽伊斯宅第　　　　　　　　历史建筑

（Plas Newydd；☎01978-862834；www.denbighshire.gov.uk/heritage；Hill St；成人/儿童£6/5；⊙4月至9月 10:30~17:00；P）纽伊斯宅第是"兰戈伦夫人"——18世纪的爱尔兰贵族埃莉诺·巴特勒（Eleanor Butler）夫人及其伴侣萨拉·庞森比（Sarah Ponsonby）——的住宅，拥有一种穿越时空的氛围。这对著名的情侣将一处简单的农舍改造成混合了哥特式和都铎风格的精致建筑，配有彩色玻璃窗、雕刻橡木镶板和浪漫的、景色如画的传统花园。自助式音频导览提供丰富的信息，收费£1.50，而宁静的花园则免费开放。

瓦尔克鲁西斯修道院　　　　　　废墟

（Valle Crucis Abbey；Abaty Glyn y Groes；Cadw；www.cadw.wales.gov.uk；A542；成人/儿童4月至10月 £4/2.40，11月至次年3月 免费；⊙4月至10月 10:00~17:00，11月至次年3月 至16:00）这座庄严的西多会修道院遗址位于兰戈伦以北2英里处。该修道院于1201年由波伊斯（Powys）北部的统治者马多格·阿普·格鲁菲德（Madog ap Gruffydd）创建，比名声更为响亮的丁登修道院（Tintern）更早使用哥特式建筑风格（在1537年瓦尔克鲁西斯修道院被解散之前，丁登修道院一直是最富有的西多会修道院，是瓦尔克鲁西斯修道院唯一的竞争对手）。一个小小的解说中心将僧侣们的日常生活重呈现于世，时不时举办的戏剧和其他活动也使宁静的场地充满生气。

迪纳斯布兰堡　　　　　　　　城堡

（Castell Dinas Brân）**免费** 迪纳斯布兰堡

（意为"乌鸦城堡"）那些随处可见的破烂拱门和摇摇欲坠的城墙是一座13世纪短命城堡的现存遗迹，想当年，这里曾被形容为"威尔士最强大，英格兰最宏伟"的城堡。由于担心被爱德华一世攻破，城堡被守军付之一炬，如今已经所剩无几。从兰戈伦步行到城堡需要走来回一个半小时的陡峭山路，奖赏是可以欣赏到迪伊河及其周边乡村的360度美景。

🏃 活动

兰戈伦铁路   铁路

（☎01978-860979；www.llangollen-railway.co.uk；Abbey Rd；成人／儿童 往返£16/8.50；⊙2月中至10月 每天，其余月份 班次缩减）这段10英里的短途旅程穿过迪伊山谷（Dee Valley），途经伯温[Berwyn；靠近马蹄瀑布（Horseshoe Falls)]和科温（Corwen），曾是鲁阿本（Ruabon）至巴茅斯（Barmouth）线的一部分，铁路爱好者、遗址爱好者和家庭都能在这里度过美好的一天。有定期以《托马斯和朋友》《帕丁顿熊》和《小猪佩奇》为主题的儿童日，而"散装鲜啤列车"（real-ale train；£20）则深受成年人的喜爱。

Llangollen Outdoors   户外

（☎01978-464066；www.llangollenoutdoors.co.uk；Fringe Shed, Parade St；轮胎漂流和漂流£55；⊙8:30~17:00,冬季营业时间缩短）这家户外店既适合休闲人士，也适合严肃人群，经营皮划艇、轮胎漂流、峡谷探险、独木舟、攀岩和丛林探险等项目以及计划行程，每人£55起。全年开放，甚至还组织扔斧头之类的特殊活动。

Welsh Canal Holiday Craft   划船

（☎01978-860702；www.horsedrawnboats.co.uk；Llangollen Wharf；⊙3月中至10月）在学校放假期间，用马拉动的窄艇每半小时就安静地从兰戈伦码头出发一班，航程45分钟；平日里每小时发一次船（成人／儿童£7.50/3.50）。往返2小时的行程则会前往马蹄瀑布，而电动船可以前往庞特基西斯特输水道（见781页；成人／儿童£13/8.50；回程乘大巴）。自驾船也可以提供，每天／每周末收费£135/190。旺季时务必预约。

🎉 节日和活动

兰德迪诺国际音乐艺术节   表演艺术

（International Musical Eisteddfod；☎01978-862000；www.international-eisteddfod.co.uk；日票／节日票£12/230；⊙7月）兰德迪诺国际音乐艺术节设立于"二战"后，旨在促进世界和谐。每年7月，它都会吸引来自50个左右国家的4000位参与者和5万名观众，把可爱的兰戈伦变成一个国际化的村庄。除了民间音乐和舞蹈比赛，在皇家国际馆（Royal International Pavilio）举办的盛大音乐会还会邀请全球明星参加。该艺术节在2004年被提名诺贝尔和平奖。

兰戈伦边缘艺术节   表演艺术

（☎08001-455779；www.llangollenfringe.co.uk；节日票£85；⊙7月）这个由志愿者举办的小镇艺术节从7月中旬开始持续11天时间，成功地吸引了一些令人惊讶的大牌明星到来：2018年的明星阵容包括Lee 'Scratch' Perry和林顿·克维西·约翰逊（Linton Kwesi Johnson）。此外，还有诗歌朗诵、音乐窄船巡游和蒸汽火车旅行，并以在瓦尔克鲁西斯修道院（见782页）遗址举行的音乐会作为压轴。

🛏 食宿

Llangollen Hostel   青年旅舍 £

（☎01978-861773；www.llangollenhostel.co.uk；Isallt, Berwyn St；铺／大床£20/50；🅿️📶）这家优秀的独立青年旅舍的前身是一所家庭住宅，主人很友善，给人一种温馨之感。它提供各种各样的房间，从私人带浴室大床房到六张床的宿舍一应俱全，还有井然有序的厨房和舒适的休息室。这里很欢迎骑自行车的人、徒步者和划独木舟的人入住，提供洗衣设施和存放自行车／船的地方。价格包含自助式的麦片加面包早餐。

★ mh Townhaus   民宿 ££

（☎01978-860775；www.manorhaus.com；Hill St；大床£110起；📶）这家超时尚的民宿最初是作为带客房的餐厅开业的，但现在只专注于住宿。民宿位于一栋多层维多利亚式联排屋内，拥有9个干净整洁的房间（其中一间可以睡6个人)、一个休息室和酒吧、一个图书馆,甚至还有一个屋顶热水浴缸。这里还有一间半独立式的单卧室农舍,供自炊客人使用。

Abbey Farm 农场住宿 ££

(☏01978-861297; www.theabbeyfarm. co.uk; 露营小屋 每晚 £50起, 农舍 每周 £240起; ℗) Abbey Farm拥有3栋自炊式石砌农舍(最大的一栋可以睡下14个人)、位于瓦尔克鲁西斯修道院(见782页)下方的露营地、一家农场商店和一家茶室兼小酒馆(旺季时在9:00~21:00间供应食物,淡季的周一至周三营业至17:00),面积很大。如果你嫌麻烦不想自己搭帐篷,半固定式的露营小屋会让事情简单很多。

Cornerstones Guesthouse 民宿 ££

(☏01978-861569; www.cornerstones-guesthouse.co.uk; 19 Bridge St; 房间 £120起; ℗🛜🐾)条状木地板和橡木梁让这一改造后的16世纪住宅显得富有魅力且年代感十足。现在它是一家五星级金牌民宿,有冬日炉火、美味的早餐和三间布置得很漂亮的房间。在10月到次年3月之间的工作日,入住三晚仅收取两晚的价格。

Corn Mill 小酒馆食物 ££

(☏01978-869555; www.brunningandprice. co.uk/cornmill; Dee Lane; 主菜 £13~17; ⊙厨房正午至21:30; 🛜)在这个经过改造的磨坊的中心,水车仍然在不停旋转,现在这里是一个令人愉快的、熙熙攘攘的小酒馆兼餐馆。在这里的露台可以俯瞰波浪翻滚的迪伊河,是城里享用一顿简单户外午餐的最佳地点,可以考虑点一份炖羊肩肉或熏黑线鳕鱼饼。酒吧的营业时间比厨房长一两个小时。

❶ 实用信息

旅游局(☏01978-860828; www.northeastwales. co.uk; The Chapel, Castle St; ⊙9:30~17:00)这个很有帮助的旅游办公室兼作艺术和工艺画廊,提供很多地图、书籍和礼物。可以下载它的《兰戈伦历史小径》(*Llangollen History Trail*)小册子,其中详细介绍了途经瓦尔克鲁西斯修道院(见782页)和迪纳斯布兰堡(见782页)的9.5公里的步行环线。

❶ 到达和离开

每天最多有10班T3路会往返于雷克瑟姆(£3.60, 34分钟)、兰德里洛(Llandrillo; £4.20, 39分钟)、巴拉(£5.10, 1小时)、多尔格劳镇(£6.20, 1.5小时)和巴茅斯(£6.20, 2小时)。发车地点位于博物馆附近的Parade St。

当夏天的人群蜂拥而至时,在兰戈伦停车是非常昂贵的。如果你住的地方没有自己的停车场,可以查询一下它是否能提供市政停车场的使用许可。

斯诺登尼亚国家公园 (SNOWDONIA NATIONAL PARK/PARC CENEDLAETHOL ERYRI)

1951年,威尔士最著名的自然区域成为该国第一个国家公园。每年都有超过40万人通过步行、攀爬或乘火车到达1085米高的斯诺登山顶。然而,公园内的美景不仅限于斯诺登山——这里占地823平方英里,拥有令人惊叹的海岸线、森林、山谷、河流、鸟群聚集的河口和威尔士最大的天然湖泊。

和威尔士其他国家公园一样,这里也有人居住,巴拉、多尔格劳镇、哈勒赫(Harlech)和贝图瑟科伊德等规模相当的城镇都位于公园内,人口达到2.6万人。斯诺登尼亚三分之二的土地为私人所有,而超过四分之三的土地则用于放牧牛羊。

这个公园是两种濒危物种唯一的家园:一种名为斯诺登百合的高山植物和一种彩虹色的斯诺登甲虫。Gwyniad是仅在巴拉湖(Llyn Tegid/Bala Lake)才能发现的一种白鱼,凑巧的是,这里可能也是英国唯一的黏性蜗牛的聚居地。

在威尔士语中斯诺登尼亚写作Eryri(读作*eh*-ruh-ree),意为"高地"。

❶ 实用信息

公园管理局(www.eryri-npa.gov.uk)出版了一份免费的年度游客报,其中包括关于交通、有组织的步行和其他活动的信息。

❶ 到达和离开

斯诺登尼亚的主要入口有:贝图瑟科伊德、

巴拉、波斯马多格和多尔格劳镇。利恩半岛的主要入口是波斯马多格和普尔黑利（Pwllheli）。而对威尔士北部边境来说，主要入口为兰戈伦和雷克瑟姆。

有两条主要的火车线路会经过该地区："坎布里亚线"（Cambrian）/"坎布里亚海岸线"（Cambrian Coast line）以及"康威山谷线"（Conwy Valley），前者经过波斯马多格和普尔黑利，后者则开往贝఩瑟科伊德。窄轨的"威尔士高地和费斯廷约格线"（Welsh Highland and Ffestiniog line）和"威尔士高地线"（Welsh Highland line）由波斯马多格往内陆地带行驶，部分线路还会从卡那封开往布莱奈费斯廷约格（Blaenau Ffestiniog）和贝德盖勒特（Beddgelert）。

主要的长途汽车路线包括：T2路（波斯马多格和多尔格劳镇）、T3路（雷克瑟姆、兰戈伦、巴拉和多尔格劳镇），以及从普尔黑利穿越利恩半岛的很多线路。

多尔格劳镇（Dolgellau）

📞01341 / 人口 2679

多尔格劳镇（读作dol-*geth*-lye）是个迷人的小集镇，历史悠久，拥有威尔士最集中的历史遗产建筑（超过200栋）。如今已不复存在的梅里奥内斯郡（Merionethshire）的首府是18世纪和19世纪初威尔士繁荣的羊毛工业区的中心，多尔格劳镇许多最漂亮、坚固而朴实的建筑都是在当时建造的。然而，当地的制造业未能跟上大规模机械化的步伐，经济开始衰退，而镇中心也在很大程度上保留了当时的原貌。

当浪漫主义复兴风潮兴起后，威尔士的自然景观受到了上流社会旅行者的欢迎，该地区由此开始复苏。19世纪时这里也有过一次小规模的淘金热。多尔格劳镇的金子以微微泛出粉色而闻名，受到了皇室的喜爱，现在这批皇室高层成员结婚戒指上所使用的黄金就是在这里开采的。如今，多尔格劳镇严重依赖旅游业，尤其是徒步旅行者。

◉ 景点和活动

茅达赫河口   自然保护区

（Mawddach Estuary；www.mawddachestuary.co.uk）茅达赫河口是一个引人注目的景观地，周围是林地、湿地和斯诺登尼亚南部山脉。山谷内有两处皇家鸟类保护协会（Royal Society for the Protection of Birds,

---

值得一游

卡德伊里斯山（CADER IDRIS/CADAIR IDRIS）

卡德伊里斯山（海拔893米）是一座巨大的山峰，可能是为了纪念一位神话中的巨人或一位7世纪的威尔士王子而得名，或者两者兼有。这是座神秘的山，传说中有地狱的猎狗在它的山峰上徘徊，人们经常能看到奇异的光。据说，任何人只要在山顶过夜，醒来后不是变疯就是成为诗人。

通常登顶卡德伊里斯山的路线是"Tŷ Nant"或称**小马步道**（Pony Path；往返6英里，5小时），从位于多尔格劳镇西南3英里的Tŷ Nant停车场出发。

最轻松但最长的路线是"陶因"（Tywyn）或**兰菲翰盖尔及彭南特步道**（Llanfihangel y Pennant Path；往返10英里，6小时），从兰菲翰盖尔及彭南特小村庄开始，沿着平缓的马道往东北方向前行，在中途并入Tŷ Nant线路。

最短但最为陡峭的路线是**明福德步道**（Minffordd Path；往返6英里，5小时），起点位于Dol Idris停车场（4小时/全天 £2/4），在多尔格劳镇以南6英里的A487公路和B4405公路交叉口。

如果你准备登顶，你需要结实的鞋子、防护服和有利的天气预报。地图可以从斯诺登尼亚国家公园网站（www.eryri-npa.gov.uk）下载。

从卡德伊里斯山下山之后，如果想要纵情享用一顿美食，**Old Rectory on the Lake**（📞01654-782225；www.rectoryonthelake.co.uk；Tal-y-Llyn；标单/大床 £70/120起，3道菜餐食 £35；🅿🛜）能满足你的需要。这里位于Tal-y-llyn湖岸边，距离明福德步道起点不到2英里。

Snowdonia & Llŷn Peninsula 斯诺登尼亚和利恩半岛

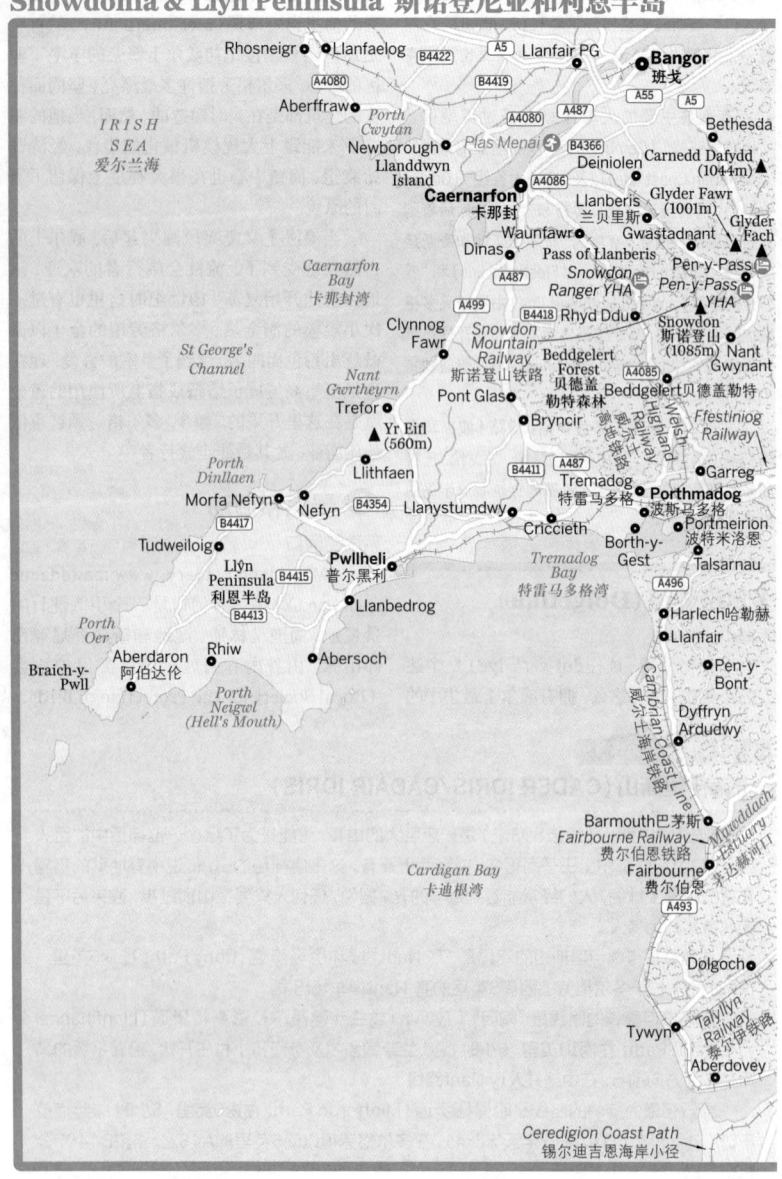

简称RSPB)的自然保护区,从多尔格劳镇或巴茅斯出发,通过茅达赫小径可以轻松步行或骑自行车到达。Arthog Bog位于多尔格劳镇以西8英里处,紧邻A493公路,位于通往Morfa Mawddach车站的路上;而Coed Garth Gell则位于西面2英里处的A496公路旁。

茅达赫小径　　　　　　　　　　　徒步

(Mawddach Trail; www.mawddachtrail.co.uk)9.5英里长的茅达赫小径是条平坦(在某些地方可以无障碍通行)的步行和自行车

悬崖步道（Precipice Walk） 徒步

如果你不打算攀登卡德伊里斯山（Cader Idris），在这条长3.5英里的环线沿途可以欣赏到各种各样美丽的风景，并穿过属于私人的南瑙庄园（Nannau estate），令人惊叹。它带你穿过森林，沿着陡峭的山坡和Llyn Cynwch湖边行走。步道的起点位于Llanfachreth的Saith Groesffordd停车场，距离多尔格劳镇约2.5英里。

住宿

HYB Bunkhouse 青年旅舍 £

（☏01341-421755；www.medi-gifts.com；2-3 Bridge St；铺 £20；**P**⏿）这家简易的青年旅舍附属于一楼的Medi礼品店，有一些拥有橡木横梁的房间，每个房间可睡四人（上下铺，每一组尽可能分开），还有便利的小厨房。缺点是，没有休息室，只有一个房间带有浴室，旺季时按房间而不是按床铺收费。

Bryn Mair House 民宿 ££

（☏01341-422640；www.brynmairbedandbreakfast.co.uk；Love Lane；标单/大床 £95/105起；**P**⏿）这座令人印象深刻的石屋曾是乔治时代教区长的住宅，坐落在花园之中，在Love Lane的街道旁。酒店的三间豪华民宿客房都配有埃及棉床单、DVD播放器和iPod底座；1号房可以看到壮丽的山景。复活节至9月期间最少入住两晚。

★ Ffynnon 民宿 £££

（☏01341-421774；www.ffynnontownhouse.com；Love Lane；标单/大床 £100/160起；**P**⏿）这家屡获殊荣的精品民宿着眼于当代设计，热情好客，既拥有家庭的温馨气氛，又不缺时尚感。法国古董与现代枝形吊灯、爪形浴缸和电子配件结合在一起，每个房间都有一个休息区，可以舒适地欣赏迷人的景色。这里有一个酒吧、一个图书馆、一个户外热水浴缸，卧室里则有埃及棉床单和鹅绒被。

Penmaenuchaf Hall 酒店 £££

（☏01341-422129；www.penhall.co.uk；Penmaenpool；标单/大床 £125/185；**P**⏿❋）这间高档的乡村酒店拥有豪华的家具、雕塑花园和壮丽的景色，是博尔顿（Bolton）棉花巨

道，小径沿着一条旧铁路穿过树林，在美丽的茅达赫河口的南面经过湿地，之后穿过高架铁路桥到达巴茅斯（返程可以乘坐公共汽车）。这条小径始于多尔格劳镇桥旁的停车场。

头詹姆斯·利（James Leigh）的旧宅。14间客房拥有一种奢华的旧日氛围，还提供所有21世纪的便利设施，部分房间里配有四柱床。酒店的花园餐厅Llygad yr Haul的标准也同样高。它在多尔格劳镇以西2英里处，紧邻A493公路。

餐饮

TH Roberts
咖啡馆 £

（☎01341-423573；Parliament House, Bridge St；轻主食£4~5；⊙周一至周六9:00~17:30；🖥）这家魅力十足的咖啡馆位于一幢二级建筑（在英国被定义为具有历史价值，值得使用额外手段进行保护的建筑）内，沿用了原建筑内的柜台、玻璃柜和木制抽屉，看上去与昔日位于此处的五金商铺十分相似。这里的咖啡和茶是多尔格劳镇最好的，有一间阅览室，里面有书和报纸。汤、三明治和干酪土司（以及祖母司康饼）都是一流的。

Mawddach Restaurant
欧洲菜 ££

（Bwyty Mawddach；☎01341-421752；www.mawddach.com；Llanelltyd；主食£17~20；⊙周四至周六18:30~21:00，周日正午至14:30；🅿）Mawddach坐落在多尔格劳镇以西2英里的A496公路旁，位于一座漂亮的翻新谷仓内，

另辟蹊径

考迪布雷宁森林公园（COED Y BRENIN FOREST PARK）

这个林地公园占地16平方英里（位于多尔格劳镇以北8英里处，紧邻A470公路），是在威尔士骑山地自行车的首选地点。它的规模不断扩大，有超过70英里专门修建的自行车道，分为八个等级路线，适合从初学者到专业级别的所有人。小径指南使用老式的防水卡，也可以下载免费应用程序：PlacesToGo和PlaceTales。一些更为激烈的赛道，比如Dragon's Back和Beast of Brenin，则是用于主要的山地自行车比赛。

这里出没的野生动物有黇鹿；它们很难被发现，但最有可能在清晨看到它们的身影。

可以看到卡德伊里斯山（见785页）和河口（见785页）的景色。雅致的石板地板和皮革座椅与美味的食物很相配：水煮牛里脊肉配蘑菇炖肉，或是烤鳕鱼配小扁豆、黑黄油面包屑和欧芹酱。周日午餐（2/3道菜 £22/25）物超所值。

Dylanwad Da
葡萄酒吧

（☎01341-422870；www.dylanwad.co.uk；Porth Marchnad；小食£4~7；⊙周二和周三10:00~18:00，周四至周六至23:00）该店的店名取自店主迪伦·罗兰（Dylan Rowlands），是多尔格劳镇最好的葡萄酒酒吧，迪伦十分清楚如何将美味的小份食物和葡萄酒搭配起来，并将这一点发挥到极致。这里也供应奶酪、沙拉诺火腿和其他小盘美食，但正如迪伦的书《雷比特与里奥哈》（*Rarebit and Rioja*）的书名所暗示的那样（Riojia为西班牙的著名酒产区），食物的存在只不过是为了作为他个人所认可的、精选葡萄酒（按杯）的配角。

ℹ 到达和离开

长途汽车停靠在镇中心Eldon Sq的西侧。固定时刻的T2路往返于马奇莱兹（Machynlleth；£3.45, 30分钟）、波斯马多格（£3.75, 50分钟）和卡那封（£5.40, 1.5小时），车次频繁的T3路开往兰戈伦（£6.20, 1.5小时）。请注意，某些长途汽车会停靠在广场的南侧，比如开往陶因（Tywyn；£3.40, 55分钟）的28路。

巴茅斯
（Barmouth/Abermaw）

☎01341 / 人口2279

自从1867年铁路开通以来，拥有蓝旗海滩、距离美丽的茅达赫河口不远的海滨度假胜地巴茅斯就一直是一个受欢迎的旅游目的地。一到夏天，这里就变成了一个典型的海滨度假胜地：薯条店、碰碰车、骑驴和捕蟹都出现了，这里主要面向从英格兰西米德兰兹郡（West Midlands）涌来的游客。在盛夏的霓虹灯下，巴茅斯显得相当柔和，让人可以好好欣赏它的乔治时代和维多利亚风格的建筑、美丽的环境和一流的步道。

主要的商业区沿着A496公路延伸；该公

路经过城中时被称作Church St、High St和King Edward's St。

你不太可能错过巴茅斯最重要的地标性建筑：事实上，你很可能会坐火车、步行或骑两轮交通工具经过它。**巴茅斯大桥**呈弧线形优美地进入城内，在茅达赫河口之上横跨700米；它因修铁路而建于1867年，是英国较长的木制高架桥之一。

住宿

Hendre Mynach
露营地 £

(☏01341-280262；www.hendremynach.co.uk；Llanaber Rd；露营地/露营小屋£28/55；🅿🐾)这个维护良好的公园就在海滩旁边，修剪整齐的树篱和几处被防风林保护的平坦露营地之间是划定好的旅行车营地。就位于巴茅斯北面的A496公路旁。

Richmond House
民宿 ££

(☏01341-281366；www.barmouthbedandbreakfast.co.uk；High St；标单/大床£75/85起；🅿📶)这栋漂亮的维多利亚式石砌联排屋拥有四间舒适的现代客房（其中三间可以看到海景，包括最大的家庭阁楼房），还有一片颇具吸引力的花园区，以厚实的木制家具装饰，夏天可以在此休息。此外还有一间烘干室和安全的自行车存放处，到市中心和海滩都很方便。

餐饮

Bistro Bermo
法式小馆 ££

(☏01341-281284；6 Church St；主菜£19~22；⊙周二至周六 18:00~21:00，周日 正午至15:00)这家让人颇感亲切的餐厅藏身于水绿色的店面后，提供精心设计的菜单，主要食材都是威尔士农产品和新鲜的鱼。这里的特色菜肴有鸭胸肉配核桃和日常海鲜特色菜，烹饪风格偏向经典而非实验性，味道很不错。店内只有六张桌子，所以务必预订。

Last Inn
小酒馆

(☏01341-280530；www.last-inn.co.uk；Church St；⊙正午至23:00；🍴)这个15世纪鞋匠的家现在是巴茅斯最有特色的酒吧，里面有壁炉，到处是旧船木材和其他不拘一格的航海纪念品。不同寻常的是，酒吧的后墙就是山体，一处泉水在建筑内部形成了一个池塘，并被华丽地装饰了一番。这里欢迎孩子们来用餐，菜单上全是适合大众口味的菜肴，周二和周五晚上还有现场音乐。

❶ 到达和离开

巴茅斯位于"坎布里亚海岸线"上，每天最多有9班直达火车开往费尔伯恩(Fairbourne；£3，7分钟)、哈勒赫(Harlech；£5.20，25分钟)、波斯马多格(£7.60，50分钟)、马奇莱兹(£9.80，1小时)和普尔黑利(£12，80分钟)。

长途汽车停靠在Jubilee Rd上，从火车站穿过Beach Rd就能到达。班次包括往返于哈勒赫(30分钟)的38/39路，去往多尔格劳镇(£3.90，20分钟)、巴拉(£5.70，1小时)、兰德里洛(£6.20，1.5小时)和兰戈伦(£6.20，2小时)的车次频繁的T3路。

自行车道Lôn Las Cymru经过巴茅斯，向北去往哈勒赫，向东则去往多尔格劳镇。

哈勒赫（Harlech）

☏01766 / 人口 1627

多山的哈勒赫以其城堡内巨大的灰色石塔而闻名，俯瞰着波光粼粼的特雷马多格湾(Tremadog Bay)，四周被斯诺登尼亚的群山紧紧包围。很可能自铁器时代开始，这里的岩石上就修筑起了碉堡，但爱德华一世在下令建造现存的城堡时，把之前所有的痕迹都清除了。哈勒赫城堡于1289年建成，是联合国教科文组织世界遗产所认定的"格温内思郡爱德华国王的城堡及城墙"(Castles and Town Walls of King Edward in Gwynedd)所包含的四处防御工事中最南端的一个。

哈勒赫是个令人愉悦的地方，已经成为斯诺登尼亚更为高雅的目的地之一，几乎半数的商店在出售古董或茶叶。虽然夏天时这里熙熙攘攘，其余时间却安静宜人。这里可以作为前去海滩度假或到国家公园游览几天的理想基地，而这些景致从未令人失望过。

⦿ 景点

哈勒赫城堡
城堡

(Harlech Castle；Cadw；www.cadw.wales.

gov.uk; Castle St; 成人/儿童 £6/4.10; ◎3月至6月、9月和10月 9:30~17:00, 7月和8月 至18:00, 11月至次年2月 周一至周六 10:00~16:00, 周日 11:00~16:00) 1289年, 爱德华一世建成了这座令人生畏的城堡, 但其外观又让人赏心悦目, 这是他堡垒"铁环"中最南端的一座, 该"铁环"旨在将威尔士人牢牢地控制在他的统治之下。这座灰色砂岩城堡的巨大双塔门楼和外墙至今仍完好无损, 给人一种坚不可摧的错觉。游客可以通过一个设施齐全的游客中心进入城堡, 中心内有互动性展览、儿童活动和详细介绍城堡历史的电影。

食宿

★ Maelgwyn House 民宿 ££

(☎01766-780087; www.maelgwynharlech.co.uk; Ffordd Isaf; 房间 £85起; ◎2月至10月; ❊❊) Maelgwyn曾经是一所寄宿学校, 现在则是装点着艺术品的典型民宿。这里的主人十分有趣, 还有美味的早餐, 5间雅致的客房里配有DVD播放机和制茶设备(选择房间时尽量要3间带海景中的1间, 非常值得)。布里奇特(Bridget)和德里克(Derek)还可以帮助安排观鸟之旅和真菌采摘活动。满分推荐。

Castle Cottage 农舍 ££

(☎01766-780479; www.castlecottageharlech.co.uk; Ffordd Pen Llech; 标单/大床 £85/130起; ❊❊) 这栋建于16世纪的农舍将自己定位为"带客房的餐厅", 拥有7间现代风格的宽敞卧室, 装饰着暴露在外的横梁, 还配有室内DVD播放机和供每位客人享用的一碗新鲜水果。美食**餐厅**(2/3/5道菜 £39/42/45)屡获殊荣, 主打威尔士农产品, 特色菜有当地的羊排、当地网获的海鲈鱼和其他野味。

As.Is Bistro 法式小馆 ££

(☎01766-781208; www.asis-harlech.co.uk; The Square; 比萨/主菜 £11/15; ◎周一、周二和周四至周六 17:30~21:00) 这家受欢迎的法式小馆位于城堡下方, 提供简短的比萨和意大利面菜单, 此外还有如烤剑鱼配甜玉米炸饼和豆、番茄及香菜萨尔萨辣酱这样更具创意的菜肴。店内空间颇为时尚: 裸露的电线、超大的灯泡和粗糙的木桌, 店主们极力取悦客人。

❶ 到达和离开

哈勒赫位于"坎布里亚海岸线"上, 每天最多有5班直达火车开往费尔伯恩(£6.30, 34分钟)、波斯马多格(£4.20, 22分钟)、巴茅斯(£5.20, 25分钟)、普尔黑利(£8.80, 47分钟)和马奇莱兹(£13, 1.5小时)。火车站位于城堡岩石下方; 有好几条陡峭的小路通向High St, 需要费力地爬20分钟, 走大路的话有半英里远。

每天有3班2路长途汽车往返于High St和巴斯(30分钟)。

国家自行车网络(National Cycle Network)8号路线(Lôn Las Cymru North)经过哈勒赫, 向北通向波斯马多格, 向南则去往巴茅斯。

布莱奈费斯廷约格 (Blaenau Ffestiniog)

☎01766 / 人口 3823

19世纪时英国各地屋顶所使用的石板大多来自威尔士, 而其中大部分来自布莱奈费斯廷约格的矿山。然而, 只有大约10%的开采板岩是可用的, 所以每生产1吨板岩, 就会随之产生9吨碎石。即使布莱奈(读作blay-nye)位于斯诺登尼亚国家公园的中心地带, 但其周围由采矿废石堆积而成的灰色山脉令其无法被正式包括在公园的管辖范围内。在威尔士的工业场所还未被公认为其历史遗产的一部分的年代, 对这个布局紧凑且贫困的小镇来说, 这就好比一个巴掌打在脸上。

虽然板岩开采仍在小规模进行, 但这一曾经强大的行业被废弃, 如今却成了布莱奈的亮点。这里绝对算不上一个"漂亮的"小镇, 但却让游客有机会探索石板洞穴或进行极限运动。从波斯马多格出发, 通过历史悠久的费斯廷约格铁路(Ffestiniog Railway)来此进行一日游非常棒。

◎ 景点

★ Cellb 艺术中心

(☎01766-832001; www.cellb.org; Park Sq; ◎咖啡馆兼酒吧 周二至周六 正午至22:00, 厨房 周三至周六 正午至15:00和18:00~21:00) 最近开放的这座多功能中心在爱德华七世时期是一个警察局(也就是其名称的由来), 从瑜伽到现场乐队表演, 再到40座的电影院, 各种活动应有尽有。它也是镇上最吸引人的餐饮场所,有一个咖啡馆兼鸡尾酒吧,它们巧妙地利用了原有的设施。除此之外,这里还是青年旅舍,提供三间小宿舍(由原法官办公室和审讯室改建而来;每晚£22),带有厨房和时尚的休息室。

★ 莱赫韦斯板岩矿洞　　　　　　矿

(Llechwedd Slate Caverns;☏01766-830306;www.llechwedd-slate-caverns.co.uk;团队游£20;◎9:30~17:30;P)布莱奈的主要景点位于一个维多利亚时代板岩矿的深处。你可以沿着英国最陡峭的采矿缆车铁路进入1846年的隧道和洞穴网络,而"强化现实技术"使19世纪矿工们的恶劣工作条件生动地展示出来,做好准备在黑暗的隧道内躲闪和攀爬。还可以乘坐军用卡车参观采石场(每人£20)。每天的首发团半价;登录网站查看时间、预订。

🏃 活动

Zip World Slate Caverns　　　探险运动

(☏01248-601444;www.zipworld.co.uk;Llechwedd Slate Caverns;◎订票处8:00~18:30)如果你曾经想过在板岩矿内练习一下蹦床技巧(谁没这么想过呢?),那么"Bounce Below"——一处有着"教堂大小"的、其中满是弹力网、步道、隧道和滑梯的洞穴——能够助你实现梦想(成人/儿童1小时£25/20)。此外"Titan"——长800米的滑索,就位于深邃、空旷的矿坑上方(2小时£50),也可以尝试穿越洞穴的滑索(2小时£65)。

Antur Stiniog　　　　　　山地自行车

(☏01766-238007;www.anturstiniog.com;Llechwedd Slate Caverns;1次上坡£5,日票£31起;◎周四至周一10:00~16:00)如果你不知道何为恐惧,那就看看这七辆蓝色、红色、黑色和深黑色的山地自行车,它们沿着石板洞穴附近的山坡飞驰而下。现场有辆小型巴士提供上坡服务,还有一个咖啡馆,这里的工作人员还会组织各种基于活动的定制假期(步行、皮划艇、登山和野外露营),在布莱奈费斯廷约格的High St还有一家咖啡馆商店。

ℹ️ 到达和离开

"康威山谷线"和费斯廷约格铁路(见800页)都以此为终点,前者从贝图瑟科伊德(£5.40,34分钟)和兰迪德诺(£9.20,1小时15分钟)出发,后者则由波斯马多格出发。

长途汽车服务包括往返于波斯马多格(£2.30,30分钟)的3/3B路,车次频繁;每天最多3班去往多尔格劳镇(50分钟)的35路;以及每天最多9班去往贝图瑟科伊德(£2.70,25分钟)和兰迪德诺(£5,1小时15分钟)的X19路。

贝图瑟科伊德(Betws-y-Coed)

☏01690 / 人口 532

贝图瑟科伊德(读作bet-us-ee coyd)位于三个河谷[(卢格威(Llugwy)、康威(Conwy)和莱德尔(Lledr)]的交会处,就在奎迪尔森林(Gwydyr Forest)的边缘。这里的户外用品店看上去比酒吧还多,步道的起点就位于市中心,而维多利亚式板岩建筑中的相当一部分都作为民宿运营,是探索斯诺登尼亚的完美基地。

自维多利亚时代以来,贝图瑟就一直是威尔士最受欢迎的内陆度假胜地。在那个年代,曾有一批乡村画家在此成立了一个艺术社区,以记录此处风景的多样性。1868年,铁路的开通使它的受欢迎程度大大提高。如今,贝图瑟科伊德受到了众多家庭、派对人士以及步行者们的欢迎。

⊙ 景点

游览贝图瑟的乐趣之一就是在河岸上漫步,并于历史悠久的桥梁之间穿梭。跨越康威河的主路上有宽32米的**滑铁卢大桥**(Waterloo Bridge);这座桥在当地被称为"铁桥",桥上有大量铭文庆祝该桥于威灵顿(Wellington)战胜邦尼(Boney)的那一年(1815年)建成。在信息中心的后面,有一条令人愉悦的小道环绕着由康威河和卢格威河汇流而成的狭长地带,最后回到圣米迦勒教堂(St Michael's Church)。附近,**Sapper桥**是一座白色的悬索步道桥(1930年),横跨康威河,过桥之后穿过田野可以一直通到A470公路。

在村庄的另一头,15世纪的石桥**Pont-y-Pair**(意为"大锅桥")下方是卢格威河的急流。一条沿河而建的小道通向下游约一英里处的矿工桥（Miners' Bridge），该桥以矿工们前往附近铅矿工作的路命名。这是卢格威河上最古老的渡河点，但原来的桥早已消失不见。

秋天的康威河和卢格威河盛产鲑鱼。户外商店沿着Holyhead Rd一字排开，向步行者、攀岩者和骑自行车的人出售设备和专业参考书。

燕子瀑布 瀑布

（Swallow Falls; Rhaeadr Ewynnol；成人/儿童£1.50/50p）贝图瑟科伊德的主要自然旅游景点位于城西2英里处，就在卢格威河畔的A5公路旁。这是个美丽的地方，是威尔士最长的瀑布，42米高的激流穿过岩石落入下方的绿色池塘。如果在季节性开放时间之外前来，请携带硬币至旋转门支付（不设找零）。

🏃 活动

★ Go Below Underground Adventures 探险运动

（☎01690-710108；www.go-below.co.uk；探险£49起；⊙9:00~17:00）进入一座老板岩矿的深处，在湖泊之间尝试手滑索道，在竖井里下降。你不需要有洞穴探险的经历，也不用挤过狭小的空间，但是幽闭恐惧症患者可能会提出异议。Go Below设计的最新挑战是"从矿井到山"（Mine to Mountain）——从420米深的地下一路登顶斯诺登山，全程需要跋涉14个小时。

订票处位于康威瀑布，在贝图瑟南面的A5公路拐往彭马科诺（Penmachno）附近。

Zip World Fforest 探险运动

（☎01248-601444；www.zipworld.co.uk；A470；3次"过山车探险"£20，2小时"游猎之旅"£40；⊙9:00~17:00；🅿）Fforest的乐趣包括"游猎之旅"（Safari）——一个由绳梯和树梢上的滑索组成的网络；"过山车探险"（Coaster）——乘坐列车急速下降；还有"天空之旅"（Skyride）——一个80英尺高、5人同乘的秋千，速度快得让人瞠目结舌。还有一个咖啡馆，探险活动结束之后可以品尝到美味的热巧克力。

🛏 住宿

★ Coed-y-Celyn Hall 公寓 £

（☎07821 099595；www.selfcatering-in-snowdonia.co.uk；A470, Coed-y-Celyn；公寓每周£410起；🅿🛜）这座位于康威河畔的19世纪50年代的豪宅是为一位矿业巨头建造的，在20世纪50年代被拍卖，其中一半被改造成了公寓。6间公寓各不相同，但面积都很大，而且性价比极高。第四套公寓有模压天花板、大扇窗户，可以看到前面的草坪，特别吸引人。

Vagabond 青年旅舍

（☎01690-710850；www.thevagabond.co.uk；Craiglan Rd；铺£20起；🅿🛜🐾）这家青年旅舍位于森林覆盖的峭壁下方的斜坡上，有一座"私人"瀑布由峭壁上倾泻而下，是贝图瑟最好的青年旅舍，也是镇上唯一的青年旅舍。这里陈设简单，拥有新近装修的6~8张床的宿舍、两个家庭房、共享浴室和一个迷人的酒吧（16:30~23:00）、厨房和公共休息室。晚餐收费£8.50~10.50。

Bod Gwynedd 民宿 ££

（☎01690-710717；www.bodgwynedd.com；Holyhead Rd；标单/大床£80/95起；🅿🛜）在城市西部边缘高耸的松树和翠绿的田野的映衬下，这家友好的民宿提供五间装饰雅致的客房，位于维多利亚时代中期的石板屋中。热情好客的主人将这里打理得非常整洁，并能分享大量的当地知识。不适合宠物或未满18岁人士。

Maes-y-Garth 民宿 ££

（☎01690-710441；www.maes-y-garth.

另辟蹊径

奎迪尔森林（GWYDYR FOREST）

28平方英里的奎迪尔森林自20世纪20年代起开始种植树木，树种有橡树、山毛榉和落叶松。这片森林环绕着贝图瑟科伊德，散布于铅锌矿的残余巷道之间。该森林的名字源自曾位于同一地点的更为古老的一片森林，很适合一日游，不过在潮湿的天气里会非常泥泞。《在贝图瑟科伊德周边步行》（Walks Around Betws-y-Coed；£5）在国家公园信息中心有售，其中记录了数条森林环线的细节信息。

co.uk; Lon Muriau; 大床 £85起; P🞄) 这家一流的民宿紧邻A470公路，从贝图瑟出发经由一条穿过河流和田野的步道（从圣米迦勒教堂后方为起点）也能到达，民宿位于20世纪70年代由克劳夫‧威廉斯—埃利斯（Clough Williams-Ellis）设计的"高山风格"的房子里。这里温暖好客，拥有五间安静时尚的客房与华丽的景色，4号房也许是最好的，有自己的阳台和山谷的景致。

🍴 就餐

Bwyd I Fynd 咖啡馆 £

（Food to Go；📞01690-710006；www.bwydifynd.co.uk; Station Approach; Welsh cakes 70p；⊗9:00~22:00，10月至次年3月 营业时间缩短）这个巴掌大的地方提供新鲜出炉的威尔士蛋糕，从传统口味到不同寻常的甜味和咸味都有；所有的蛋糕都由威尔士有机鸡蛋和黄油制成。也供应馅饼、自制蛋糕和不错的咖啡；全都是野餐的好素材。

★ Bistro Betws-y-Coed 威尔士菜 ££

（📞01690-710328；www.bistrobetws-y-coed.co.uk; Holyhead Rd; 午餐 £8~9，晚餐 £15~18；⊗6月至9月 正午至14:30和18:30~21:00，其余月份 营业时间缩短）Bistro Betws可能是城里最好的餐厅，对一些威尔士的主要菜肴进行了有趣的创新，比如黑线鳕配威尔士干酪土司屑。要注意油煎野鸡胸肉配黑布丁土豆饼和威士忌蘸酱里可能有小碎骨。夏天的时候这里生意很旺，务必预订。

Tŷ Gwyn Hotel 欧洲菜 ££

（📞01690-710383；www.tygwynhotel.co.uk; A5; 主菜 £15~19；⊗正午至14:00和18:00~21:00；🅿）这家有着400年历史的驿站内每一根暴露在外的横梁都散发出一种独特的气质。菜单上全是听上去很美味的当地食材（Pen Loyn农场的羊里脊、Llyn Brenig湖的鳟鱼）和相当多的蔬菜（野生蘑菇和松仁沙拉酱肉不错），但真正吸引人的是这座古怪的老建筑本身。

ℹ 实用信息

斯诺登尼亚国家公园信息中心（📞01690-710426；www.eryri-npa.gov.uk; Royal Oak Stables; ⊗复活节至10月 9:30~17:30，其余时间 至16:00）这间办公室不只是个存放书籍、地图和当地工艺品的仓库，还是提供关于徒步小径、山区情况等信息的宝贵来源。

ℹ 到达和离开

贝图瑟科伊德位于"康威山谷线"（www.conwyvalleyrailway.co.uk）上，每天最多有5班火车开往兰迪德诺（£6.60，50分钟）和布莱奈费斯廷约格（£5.40，34分钟）。

Snowdon Sherpa公司的长途汽车S2路开往燕子瀑布（7分钟）、Capel Curig（12分钟）、Pen-y-Pass（25分钟）、兰贝里斯（Llanberis; 35分钟）和班戈（Bangor; S6路，夏季，1小时）；票价统一为£2。

其他长途汽车包括每天最多10班的19/X19路，开往康威（£3.30，45分钟）、布莱奈费斯廷约格（£2.70，25分钟）和兰迪德诺（£3.50，50分钟）。

斯诺登尼亚冲浪

就在国家公园东部边界之外，郁郁葱葱的康威山谷中，有一小片意想不到的有如毛伊岛（Maui）的地方：**斯诺登尼亚冲浪**（Surf Snowdonia; 📞01492-353123; www.surfsnowdonia.co.uk; Conway Rd, Dolgarrog; ⊗8:00~23:00; 🅿）探险公园，以一个巨大的人造波浪池（10:00至日落）为中心。如果对学习冲浪（成人/儿童 £55/45）不感兴趣，这里还提供"碰撞飞溅"（crash and splash）项目（每小时 £25）、皮划艇以及步行项目，还有一个儿童游乐园。

如果你想在这里玩得久一点的话，这里还有咖啡馆兼酒吧、餐厅和固定露营地；7月下旬会在"潟湖"岸边举行电波节（Electric Wave festival）。在从兰迪德诺枢纽站（Llandudno Junction）到贝图瑟科伊德的A470公路旁，有标识指明去往斯诺登尼亚冲浪的方向。

兰贝里斯（Llanberis）

📞01286 / 人口 1904

兰贝里斯对步行者和登山者来说就像一

块磁铁,全年都吸引着数量稳定的穿着粗糙摇粒绒衣服的人前来,尤其是在7月和8月(届时住宿费用非常高)。它的位置在国家公园之外,但起到了一个枢纽的功能,部分原因是因为斯诺登山峰铁路(Snowdon Mountain Railway)的起点位于此。虽然这并非该地区最迷人的城镇,但它的超凡魅力与周围的美景相得益彰。

兰贝里斯最初是迪诺威格(Dinorwig)采石场工人们的居住地,这里大量的石料垃圾很难被忽视。虽然旅游业如今是生活的基石,但这个小镇并没有放弃它的工业起源。迪诺威格曾经是世界上最大的人工洞穴,现在是欧洲最大的抽水蓄能电站的一部分。一些旧采石场已经变身成为一个板岩工业博物馆,而曾经把板岩运送到海边的窄轨铁路现在则沿着利恩帕达恩湖(Llyn Padarn)运送那些蹒跚学步的兴奋的孩子们。

⦿ 景点和活动

★ 国家板岩博物馆 博物馆

(National Slate Museum; ☎0300 111 2 333; www.museumwales.ac.uk/en/slate; ⊙复活节至10月 10:00~17:00,11月至次年复活节 至16:00; P) **免费** 如果你对工业博物馆不感兴趣,大可忽略这个听起来很无趣的名字,但这个博物馆还是值得一去。在迪诺威格采石场,大部分的板岩是从开阔的山坡上直接开凿出来的,留下了一个仿佛雕刻出来的锯齿状的悬崖面,看上去即使不算美丽,也相当迷人。博物馆占据了利恩帕达恩湖边的维多利亚时代的工作室,以视频短片、一座巨大的水车、工人们的小屋(内部装饰从1861年一直演变到采石场关闭的1969年)和示范表演为特色。

发电山 博物馆

(Electric Mountain; ☎01286-870636; www.electricmountain.co.uk;团队游 成人/儿童 £8.50/4.35; ⊙1月至5月和9月至12月 10:00~16:30,6月至8月 9:30~17:30)发电山不只是迪诺威格发电厂的公共临界区,还是一个集画廊、咖啡馆和纪念品商店于一体的旅游中心。它也有关于水力发电的互动式展览,是进入埃利迪尔(Elidir)山下750米的发电站内部的迷人导览之旅的起点。

这个中心位于湖边的A4086公路旁,靠近High St的南端。

🛏 住宿

YHA Snowdon Llanberis 青年旅舍 £

(☎0845 371 9645; www.yha.org.uk; Llwyn Celyn, Ceunant St;铺/标双/露营小屋 £24/69/109起; ⊙接待处 8:00~10:00和17:00~22:00; P⦿)这个简朴的青年旅舍最初是一个采石场经理的房子,拥有一个自助厨房、一间烘干室和可以睡下4个人的固定式露营小屋,提供餐食(£8~10),视野很棒(从一个公认的杂乱的山坡地带)。从城里步行10分钟就能到达,在High St上有标识。

★ Beech Bank 民宿 ££

(☎01286-871085; www.beech-bank.co.uk; 2 High St;标单/大床 £70/80; P⦿)这座有着两道山墙、以锻铁镶边的石屋给人的第一印象很不错,走进去之后感觉甚至更棒。时尚的装修、漂亮的浴室和丰富的装饰,这些都符合主人喜爱社交的个性,可以为早起的远足者和登山者打包早餐。强烈推荐,不过不接受儿童入住。

Plas Coch Guest House 客栈 ££

(☎01286-872122; www.plascochsnowdonia.co.uk; High St;标单/大床 £60/80起; P⦿)这家维多利亚时代中期的石砌客栈更像是家小酒店而不是普通的民宿,由吉姆(Jim)和埃里尔(Eryl)这对友好的夫妇经营,他们有很多当地知识可以分享。这里有一间舒适的、铺着板岩地板的客厅,卧室时尚、舒适,某些客房大到堪称套房。早餐奢侈而美妙,包括素食和纯素食的选择。

🍴 就餐

★ Gallt-y-Glyn 小酒馆食物 £

(☎01286-870370; www.galltyglyn.com; A4086;主菜 £11; ⊙厨房 周三至周六 18:00~21:00; 🐾)当然,这里也提供意大利面、馅饼、汉堡和沙拉,但几乎每个人都是来享用比萨和随每道主食附赠的啤酒的。只要在纸质菜单上勾选你想要的,然后交给吧台就行。位于A4086公路旁,往卡那封的方向出城半英里就是。它虽有点破旧,有点古怪,但非常适合家庭用餐，非常棒。

Pantri
咖啡馆

（☎01286-238070；High St；主菜£4~6；⊕周三至周日 10:00~17:00，节假日 每天）这里的咖啡真棒！除了咖啡外，这家休闲、色调柔和的小咖啡馆所提供的一切都是额外奖励。但这些额外奖励——自制蛋糕、三明治、汤之类的东西——也是一流的。

Pete's Eats
咖啡馆

（☎01286-870117；www.petes-eats.co.uk；40 High St；主菜£5~6；⊕8:00~20:00；📶）这是一家繁忙的当地咖啡馆，以原色为主色调。在这里，徒步旅行者和登山者们一边享用丰盛的早餐一边交流心得，墙上挂着的是他们疲惫的先行者的照片。楼上提供宿舍床铺（每晚£16），有一个巨大的布告牌，上面写满了旅游信息，还有一个图书交换处以及一个地图和指南书室。

Peak Restaurant
各国风味

（Bwyty'r Copa；☎01286-872777；www.peakrestaurant.co.uk；86 High St；主菜£14~17；⊕周三至周六 19:00~22:00；🅿）这家餐厅很受欢迎、经久不衰，其背后的主厨曾在加州传奇餐厅Chez Panisse当过厨师。从开放式的厨房可以看到她在工作，把优质的威尔士农产品变成带有国际灵感的菜肴，比如安格尔西鲈鱼佐香菜酱，或者威尔士羊腿配白洋葱泥、迷迭香和红醋栗。

❶ 到达和离开

Snowdon Sherpa公司的长途汽车收取统一价£2，停靠在High St上的Joe Brown's旁。S1路去往Pen-y-Pass（15分钟），而S2路则继续前往Capel Curig（35分钟）和贝图瑟科伊德（47分钟）。

其他班次固定的长途汽车包括往返于卡那封（£1.80，25分钟）的88路和往返于班戈（£3，50分钟）的85路。

斯诺登山
(Snowdon/Yr Wyddfa)

不正面挑战斯诺登山（海拔1085米），斯诺登尼亚的旅途就不算完整。斯诺登山是英国令人敬畏的山脉之一，也是威尔士的最高峰（它实际上是英国第61高的山峰；前60名都位于苏格兰）。在威尔士语中这座山被叫作 "Yr Wyddfa"（读作uhr-*with*-vuh，意为"坟墓"），是巨人Rhita Gawr的神秘安息之地，他要求用亚瑟王的胡子给自己作斗篷，并因为这一鲁莽举动而被杀。在晴朗的日子里，从斯诺登起伏的美丽山脊上可以远眺爱尔兰和马恩岛（Isle of Man），山背向下延伸，落差巨大，形成了山谷（cwms）和深湖。即使是在阴天，你也会发现自己位于云层之上。多亏了斯诺登山峰铁路，当风不太大的时候，斯诺登山是非常容易到达的。事实上，它是如此容易攀登，以至于山顶和一些路段颇为拥挤，令人沮丧。

🚶 活动

⭐ 斯诺登山小径
徒步

7条不同长度和难度的小径通向斯诺登山山顶，所有线路往返大约都需要6个小时。山顶上有一个火车站和一个咖啡馆，这并不意味着你应该低估徒步的难度。没有一条路线是绝对安全的，尤其是在冬天。这里经常有人被困，多年来也有人因此丧生，包括一些经验丰富的登山者。

去往山顶最直接的路线是**兰贝里斯路线**（Llanberis Path；往返9英里），就沿着铁路线行进。从Pen-y-Pass出发的两条路线上坡路段最少，但仍然是比较难走的路：矿工路线（Miner's Track；往返8英里）开始时宽阔而

在斯诺登山山脚下度过一晚

YHA Snowdon Pen-y-Pass

（☎08453-719534；www.yha.org.uk；A4086；宿/标双£26/79；🅿）位置绝佳，门前就是3条斯诺登山路线的起点。这里有设备齐全的厨房、洗衣房和干燥室、Mallory's咖啡馆兼酒吧（以一位住客的名字命名，他于珠峰上去世），以及安静舒适的房间，其中16间带有浴室。青年旅舍位于兰贝里斯附近出城5.5英里的A4086公路旁，Snowdon Sherpa公司的车站就位于路旁。

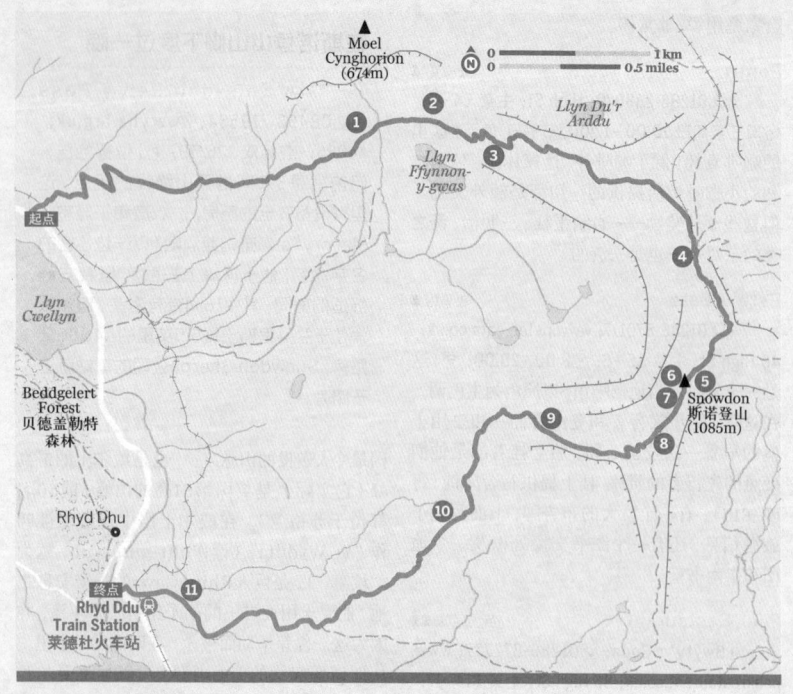

步行游览
由斯诺登骑警路线上山，由莱德杜路线下山

起点: Snowdon Ranger YHA
终点: 莱德杜火车站
全长: 8英里，6小时

这条独特的斯诺登登山路线还算笔直且安静，而且沿途没有太多艰难的攀登点（即便如此，在下雪和结冰的情况下，只有装备有冰爪和冰镐的经验丰富的登山者才可以沿着莱德杜路线下山；其他人则应选择斯诺登骑警路线返程）。两条路线的起点都有长途汽车和火车可以通往卡那封、贝德盖勒特和波斯马多格的住处。

最早的一位"斯诺登骑警"是约翰·莫顿（John Morton），他是一名英国登山向导，于19世纪初在现在的YHA青年旅舍所在地建了一家旅馆，并带领游客沿着这条路线登上山顶。该路线沿着❶Moel Cynghorion 低矮的山坡缓慢爬升到❷Bwlch Cwm Brwynog，之后小径变得更为陡峭，并翻越了❸Clogwyn Du'r Arddu。最终，它与斯诺登山峰铁路并行。小径在一块❹立石处穿过轨道，向右转与兰贝里斯路线合并，最后到达❺顶峰。

当你准备下山时，在❻Hafod Eryri（见797页）游客中心的下方选择莱德杜路线。200米之后有一处❼立石标记出了沃特金路线的岔路口；继续直行。沿着❽Bwlch Main（意为"细长的道路"）向前，是一条两边有陡坡的狭窄道路：如果路上有冰雪或刮着大风，这段路可能会非常危险，只适合装备良好和经验丰富的徒步者。在这段路的尽头，小径被一分为二；选择右边的道路。从这里开始，小径在之字形下行的过程中逐渐变宽，然后沿着❾Llechog的山脊边缘而行。在经过一个旧的茶点小屋的❿废墟后，道路变得平坦起来。最后一段继续沿着废弃的⓫Ffridd板岩采石场向前，最后在莱德杜火车站附近结束。

平缓，但从Llyn Llydaw开始变得陡峭；而更有趣的**皮格路线**（Pyg Track；往返7英里）则更加崎岖不平。

从卡那封—贝德盖勒特路（A4085公路）开始的两条路线：**斯诺登骑警路线**（Snowdon Ranger Path；往返8英里）是冬天最安全的路线，而**莱德杜路线**（Rhyd Ddu Path；往返8英里）则是最不常用的路线，却拥有壮观的景色。最具挑战性的路线是**沃特金路线**（Watkin Path；往返8英里），从南面的楠特瓜南特（Nantgwynant）出发，需要攀登1000多米，最后还要爬过一个陡峭的、布满碎石的斜坡。

经典的**斯诺登登山马蹄路线**（Snowdon Horseshoe；往返7.5英里）在皮格路线上分岔，沿着险峻的山脊**Crib Goch**（山上最为危险的路线，只推荐经验丰富的登山者尝试）前行，下行经过Y Lliwedd峰，最后一段走的是矿工路线。

★ 斯诺登登山峰铁路　　　　　　铁路

（Snowdon Mountain Railway；☎01286-870223；www.snowdonrailway.co.uk；成人/儿童往返 柴油车 £29/20，蒸汽车 £37/27；⊙3月中至10月 9:00~17:00）如果你的身体不适合爬山、时间不够，或者只是懒得动，那么维多利亚时代那些痴迷于铁路的勤勉之人给你提供了另一种选择。斯诺登登山峰铁路于1896年开通，是英国海拔最高的齿条齿轮传动式公共铁路。老式蒸汽机车和现代柴油机车可以在一小时内从兰贝里斯爬上斯诺登山顶。

火车仅在山顶停留短暂的半小时就开始返程。单程票只能预订上山的车（成人/儿童 £22/17）；如果你想步行上山、坐车下山，就得寄希望于返程还有空座。每一年都有成千上万人乘坐该火车登顶；务必提前订票以免错失良机。发车时间取决于乘客需求及天气状况。在3月到5月之间（或是在风速很大时），火车只能到达海拔779米的Clogwyn站（成人/儿童 £19/13）。

🛏 住宿

YHA Snowdon Ranger　　　　　青年旅舍 £

（☎08453-719659；www.yha.org.uk；Rhyd Ddu；铺/标双 £23/50起；🅿🛜）这家由昔日小旅馆改建成的青年旅舍位于A4085公路旁，就在贝德盖勒特以北5英里的斯诺登骑警路线的起点处，紧邻Llyn Cwellyn湖岸，拥有属于自己的湖滩，离兰贝里斯和贝德盖勒特的远足和攀岩中心也很近。这里设施少但可靠，可以欣赏到斯诺登山的景色。

Pen-y-Gwryd　　　　　　　　　　酒店 ££

（☎01286-870211；www.pyg.co.uk；Nant Gwynant；标单/大床 £58/115；🅿🛜🏊）这座乔治时代风格的驿站有点古怪但很有气氛，1953年的珠穆朗玛峰登山队曾把它用作训练基地，餐厅天花板上的签名就是他们在这里留下的回忆。电视、Wi-Fi和手机信号，这里全都没有；取而代之的是一个舒适的游戏室、一个桑拿房，还有一个供那些足够强壮的人游泳的湖。提供膳食和打包午餐。

酒店就位于Pen-y-Pass下方，在A498公路和A4086公路的交叉口。

ℹ 实用信息

Hafod Eryri（https://snowdonrailway.co.uk；⊙复活节至10月 10:00至最后一班火车出发前20分钟；🛜）由花岗岩包裹，建筑曲线融入山体中，建筑内有咖啡馆和卫生间，还有一些依赖周边环境来诠释的元素。一面墙的落地窗朝向西，一排小窗对着石冢。冬天或天气情况不佳时不开放，其他时候只要火车（见本页）运行就开放。

ℹ 到达和离开

推荐乘坐公共交通前往，因为停车场很抢手，而且Pen-y-Pass停车场每天费用均为£10。

在你决定选择哪条路线去山顶之前，先研究一下长途汽车和火车时刻表。如果你住在兰贝里斯，那么兰贝里斯路线、皮格路线和矿工路线最方便。斯诺登骑警路线和莱德杜路线则更为适合贝德盖勒特和卡那封。

威尔士高地铁路（见800页）会在莱德杜路线的起点经停，还有一个招呼停车站（Snowdon Ranger Halt），下车之后可以走斯诺登骑警路线。

Snowdon Sherpa公司的S1路、S2路、S4路、S6路或S97路（单程/天票 £2/5）会停靠各线路的起点。

另一种选择是斯诺登登山峰铁路（见本页），

从兰贝里斯到达山顶，然后步行下山。如果想自行上山再乘火车下山的话较为困难，因为火车仅在有座的情况下才会接受新乘客乘坐。

贝德盖勒特（Beddgelert）

📞01766 / 人口 455

迷人的贝德盖勒特是一个由深色石屋组成的保护村，俯瞰着科尔文河（River Colwyn）和一座爬满常春藤的桥，村子位于科尔文河与格莱斯林河（River Glaslyn）交汇的上游不远处。春天，村子里鲜花盛开；夏天，周围的小山被紫色的石楠花所覆盖。由英格丽·褒曼（Ingrid Bergma）主演、马克·罗布森（Mark Robson）导演的1958年的电影《六福客栈》（*The Inn of the Sixth Happiness*）就是在这里拍摄的。

贝德盖勒特，意为"盖勒特的坟墓"，据说指的是13世纪格温内思王子（Prince of Gwynedd）卢埃林大帝（Llywelyn the Great）的狗。卢埃林以为盖勒特袭击了他的小儿子，于是把狗杀死，却发现其实是盖勒特击退了一只袭击他孩子的狼。更有可能的是，贝德盖勒特这个名字来自5世纪的爱尔兰传教士格勒特（Celert），据说他曾在这里建立了一座教堂。无论如何，盖勒特的"墓地"（可能是18世纪时一位无所顾忌的酒店老板为了促进生意而修建的）是一个很受欢迎的景点，沿着一条漂亮的河边小道可以到达。

陶因（TYWYN）

陶因镇位于国家公园外围，这里的蓝旗海滩长而多沙，是该地区较受欢迎的海滩之一。这里的另一个卖点是窄轨的泰尔伊铁路（Talyllyn Railway；Rheilffordd Talyllyn；📞01654-710472；www.talyllyn.co.uk；Wharf Station；成人/由成人陪伴的儿童 往返 £18/2；⊙复活节至10月，其余时间不定），是雷夫·W.奥德里（Rev W Awdry）的《托马斯和朋友》（*Thomas the Tank Engine*）故事集的灵感之源，也因此闻名遐迩。除此之外，这还是一个安静宜人的小镇，周边是盐沼牧羊场，小镇沿着蜿蜒的High St分布。

◉ 景点和活动

斯冈铜矿 矿

（📞01766-890595；www.syguncoppermine.co.uk；A498；成人/15岁以下儿童 £8.95/6.95；⊙夏季 9:30~17:00，冬季 10:00~16:00，11月11日至12月26日和1月3日至2月9日 关闭；P ♿）这个矿井的历史可以追溯到罗马时代，尽管在19世纪时开采力度得到了加强。在1903年被遗弃后，它被改造成了一个博物馆，提供半小时的自导式地下参观，里面有立体透视模型可以让人回想起维多利亚时期矿工的生活。你也可以亲自尝试一下金属探测（£2.50）或淘金（£2）。它位于贝德盖勒特东北一英里处的A498公路旁。

Craflwyn & Dinas Emrys 步行

（NT，📞01766-510120；www.nationaltrust.org.uk/craflwyn-and-beddgelert）位于贝德盖勒特东北一英里处，靠近Llyn Dinas，隶属国民信托的Craflwyn农场是几段短途步道的起点，其中包括一条通往Dinas Emrys的小路，这是威尔士神话中最重要但却鲜为人知的遗址之一。想要入住Pretty Craflwyn Hall，可以联系HF Holidays（www.hfholidays.co.uk），该公司代表国民信托负责出租。

阿伯格莱斯林峡谷和摩尔赫伯格山（Aberglaslyn Gorge & Moel Hebog） 徒步

阿伯格莱斯林峡谷步道从贝德盖勒特出发，穿过美丽的格莱斯林河谷，到达位于彭特阿伯格莱斯林（Pont Aberglaslyn）的主路（往返3英里，2小时）。攀登摩尔赫伯格山（海拔783米）则更为艰苦（8英里的环线，5小时），包括横穿另外两座山峰的一段美丽的山脊小路。贝德盖勒特的旅游办公室有关于这两条步道的宣传单。

🛏 食宿

Sygun Fawr Country House 酒店 ££

（📞01766-890258；www.sygunfawr.co.uk；标单/大床 £45/89起；P 🛜）这座坚固的石头庄园坐落在一条小巷的尽头，热诚欢迎你的光临。几个世纪以来，新增部分（包括一间暖房）一直依附于17世纪60年代的核心建筑而

值得一游

巴拉（BALA/Y BALA）

划皮划艇和独木舟的人、风帆冲浪者、水手、筏夫和徒步旅行者都会喜欢安静的、讲威尔士语的巴拉镇。在这里，你能看见威尔士最大的天然湖泊巴拉湖（Llyn Tegid/Bala Lake），以及特里沃林河（River Tryweryn）——一处进行激流皮划艇活动的胜地。

这附近最好的大本营是 **Tyddyn Llan**（01490-440264；www.tyddynllan.co.uk；Llandrillo；标单/大床/套 含晚餐£185/260/320起；P），一家位于宁静的埃迪农山谷（Vale of Edeyrnion）花园之中的优雅酒店。12间客房和套房各有其独特的风格：有些追求时髦而浪漫，有些是破旧别致的现代风格。不过，这里主要的吸引力还是附带的米其林星级**餐厅**（2/3道菜晚餐£50/60；午餐 周五至周日，晚餐 每天；P），拥有创意菜单和一流的菜肴（包括鲜活贝类）。

Tyddyn Llan位于兰德里洛（Llandrillo），在巴拉以东8英里处。

建，所以12间舒适的卧室各有不同；有些有壮观的山景。在村子东北的A498公路上有清楚的路标指示。

附带的**餐厅**供应经典菜肴，比如烤三文鱼佐黄油白沙司和慢火煨羊腿。

Hebog　　　　　　　　　　　咖啡馆 ££

（01766-890400；www.hebog-beddgelert.co.uk；Fford Caernarfon；主菜£15~18；周日至周五 10:00~17:00，周六 至19:00；）在贝德盖勒特的高档餐厅中，Hebog是一家高档咖啡馆，供应红酒炖威尔士牛肉和自制菠菜意大利乳清干酪饺子佐红椒香蒜沙司。有一个风景优美的夏季露台，就在流水潺潺的格莱斯林河旁，无可挑剔。

ⓘ 实用信息

旅游局（01766-890615；www.eryri-npa.gov.uk；3 Dolfair；复活节至10月 9:30~12:30和13:00~17:00，11月至次年复活节 周六和周日 10:00~16:00）提供该地区和步行、骑自行车及住宿相关的不错信息，还出售当地农产品。

ⓘ 到达和离开

Snowdon Sherpa公司的长途汽车也在贝德盖勒特提供服务，单程票统一价为£2：S4路往返于卡那封（30分钟）、Snowdon Ranger（10分钟）、莱德杜（6分钟）和Pen-y-Pass（20分钟），而S97路则去往波斯马多格（21分钟）、特雷马多格（Tremadog；13分钟）和Pen-y-Pass（18分钟）。

贝德盖勒特是历史悠久的威尔士高地铁路（见800页）的其中一站，这条铁路在复活节至10月期间连接的卡那封（往返£31，1.5小时）和波斯马多格（往返£22，40分钟），冬季时班次减少，会在莱德杜和斯诺登骑警路线的起点经停。

利恩半岛（LLŶN PENINSULA）

利恩（Llŷn读作"khleen"，有时候也写作"Lleyn"）半岛由地势崎岖不平的斯诺登尼亚伸进爱尔兰海，是一片绿色的起伏土地，约30英里长，平均宽8英里。这一地区安定和平、不太发达，拥有独立的步行和自行车路线、铁器时代的堡垒、海滩、零星的小渔村和70英里长的野生动物丰富的海岸线[其中大部分为国民信托所有，近80%被指定为自然风景区（Area of Outstanding Natural Beauty）]。几个世纪以来，来此地最多的是经此前往巴德西岛（Bardsey Island）的朝圣者们。

威尔士语是利恩的日常用语。事实上，这里相当"威尔士"。半岛和邻近的安格尔西岛（island of Anglesey）是罗马人和诺曼人最后征服的地方，这两个地方从未失去其独立身份感。

ⓘ 到达和离开

"坎布里亚海岸线"最远到达利恩半岛的普尔黑利，而由如卡那封、波斯马多格和普尔黑利这样的主要城镇出发的长途汽车则会经过整个半岛。3月至10月，**Llŷn Coastal Bus**（01758-721777；www.bwsarfordirllyn.co.uk）公司的车的运营时间为周四到周日，将步行者和冲浪者们送至半岛更为偏僻、美丽的角落。

波斯马多格（Porthmadog）

☎01766 / 人口 2910

尽管存在着一些不完善之处，忙碌的小波斯马多格（读作port-mad-uk）还是拥有一个醒目的河口和一些极为友善、主要讲威尔士语的民众。它位于利恩半岛和斯诺登尼亚国家公园之间，精彩神奇的波特米洛恩（Portmeirion）村庄近在咫尺。加之拥有丰富便利的公共交通，可以把这个方便之地作为基地，待上几天。

对铁路爱好者来说，波斯马多格也是一个真正的天堂。威尔士各地都有"小火车"，是维多利亚时代的工业遗产，但波斯马多格有着三方面的优势：它是威尔士两段最好的窄轨火车旅程的南部终点站，还有第三条蒸汽火车线路通向一个铁路遗产中心。

巴赫湾（Traeth Bach）的浅水河口盛产鲻鱼，而鲻鱼又吸引来了鱼鹰。在博斯格斯特（Borth-y-Gest）和波特米洛恩的悬崖附近都能看见这些大型猛禽的身影。

历史

波斯马多格和邻近的特雷马多格村（Tremadog；后者现在其实是前者的郊区）都是由改革派地主威廉·亚历山大·马多克斯（William Alexander Madocks）建立并命名的。他在19世纪初修建了一英里长的科夫（Cob）堤道，将堤后400公顷的湿地排干了水，并创建了一个全新的港口。他死后，科夫被费斯廷约格铁路（Ffestiniog Railway）用作铁轨线；在1873年的巅峰时期，它从布莱奈费斯廷约格的矿山运送了超过11.6万吨板岩到港口。1888年，T.E.劳伦斯（即阿拉伯的劳伦斯）就在特雷马多格出生，虽然劳伦斯一家于12年后搬到了牛津，但仍可以在教堂附近找他家的位置（有一块牌匾标明）。

◉ 景点和活动

★ 波特米洛恩村庄 村庄

（Portmeirion Village；☎01766-770000；https://portmeirion.wales；成人/儿童 £12/8.50；⊙9:30~19:30；Ⓟ）村庄坐落在宁静的半岛上，一直延伸到入海口，这片奇思妙想、色彩斑斓的建筑是由威尔士建筑师克劳夫·威廉·埃利斯爵士（Sir Clough Williams-Ellis）设计的，深受意大利影响。从1925年开始，克劳夫爵士开始收集一些富丽堂皇的大厦的碎片，并将它们与自己的创作组合在一起，打造出这个奇特而美妙的海滨乌托邦。如今，这些建筑都被列入遗产名录，该村庄成为保护区，节日、集市、演出和其他活动经常在这里举行。

★ 费斯廷约格铁路 铁路

（Ffestiniog Railway；Rheilffordd Ffestiniog；☎01766-516024；www.festrail.co.uk；日票 £25；⊙复活节至10月 每天，其余月份 开放时间缩短，🐾）费斯廷约格是世界上现存最古老的窄轨铁路，从开采石板的小镇布莱奈费斯廷约格通往波斯马多格。这条铁路的工业鼎盛时期早已过去，有着150年历史的蒸汽机车和有交织字母图案的木质车厢如今载着游客穿越橡树林，经过高耸的山峰下方和波光粼粼的河边。单程多花£7，就可以乘坐装有巨大窗户的观光车厢。

每位购票成人可以免费带一名16岁以下儿童同行；其余儿童半价。

★ 威尔士高地铁路 铁路

（Welsh Highland Railway；☎01766-516000；www.festrail.co.uk；⊙复活节至10月，冬季 营业时间缩短）威尔士高地铁路从波斯马多格海港站（Porthmadog Harbour Station）出发，经过贝德盖勒特（往返 £22）、莱德杜（往返 £26）和斯诺登山的西坡，开往卡那封（2.5小时）。每位购票成人可以免费带一名16岁以下儿童同行；16岁以上儿童半价。

✦ 节日和活动

★ 六号音乐节 表演艺术

（Festival No 6；☎0344 326 4264；www.festivalnumber6.com；Portmeirion；门票 £180起；⊙9月）从2012年开始，这个集艺术、文化、喜剧和美食于一体的摇滚舞蹈音乐节已经多次荣登最佳音乐节的榜首，并在9月的一个长周末里，创造性地利用了波特米洛恩梦幻般丰富多彩的环境。过去到场的大牌包括新秩序乐团（New Order）、佛利伍麦克合唱团（Fleetwood Mac）和Cassius乐队。

PortmeiriCon
文化节

(Prisoner Convention; www.portmeiricon.com; Portmeirion; ◎4月)这个节日让人要么纷至沓来，要么避之不及：4月份，邪典美剧《囚徒》(The Prisoner)的粉丝们聚集在波特米洛恩，参加一个周末的化装舞会和人体象棋比赛。室内活动只对Six of One（《囚徒》观赏协会）的成员开放，但任何人都可以观看户外表演，或有机会看到为参加这一节日而来的众多名人。

食宿

★ Yr Hen Fecws
民宿 ££

(☎01766-514625; www.henfecws.com; 16 Lombard St; 标单/大床£80/90; P⑦)"老面包房"可能是波斯马多格最好的住所，它是一座经过装修的石砌农舍，风格时髦，有7间装修简单的带浴室客房，装饰有暴露在外的板岩墙和壁炉。早餐在金盏花墙和楼下小酒馆裸露的横梁下供应（晚餐 主菜£17~19，每天18:00~21:00）。

Hotel Portmeirion & Castell Deudraeth
酒店 £££

(☎01766-770000; https://portmeirion.wales; Portmeirion; 房间£259起; P☒)Hotel Portmeirion的历史可以追溯到1850年，由克劳夫·威廉·埃利斯爵士扩建为波特米洛恩村庄的焦点建筑，拥有上好的临水位置、14个风格各异的房间、一家餐厅、一个游泳池和一个带露台的酒吧。在村庄外，奇特的哥特式Castell Deudraeth提供11间舒适的现代客房，它的历史也可以追溯到维多利亚时期。

★ Y Sgwâr
法式小馆 £££

(☎01766-515451; www.ysgwar-restaurant.co.uk; 12-16 Market Sq, Tremadog; 主菜£15~25; ◎正午至14:00和18:00~21:00)这家国际化的威尔士餐厅位于波斯马多格的近邻——特雷马多格的主广场，提供这两个城镇最好的美食。服务非常周到和友好，烤鳕鱼配龙虾浓汤和油炸小龙虾等菜肴令人食指大动。午餐在18:00~19:00之间供应的固定套餐（2/3道菜£18/22）物超所值。

❶ 到达和离开

波斯马多格位于"坎布里亚海岸线"上，每天有8班直达火车往返于克里基厄斯(Criccieth; £3, 8分钟)、普尔黑利(£5.40, 24分钟)、哈勒赫(£4.20, 23分钟)、巴茅斯(£7.60, 1小时)和马奇莱兹(£15, 2小时)。**费斯廷约格&威尔士高地铁路**(www.festrail.co.uk)有观光火车开往布莱奈费斯廷约格、斯诺登山各线路起点和卡那封。

长途汽车停靠在High St, 大多数车会经过卫星城特雷马多格。线路包括：往返于多尔格劳镇(£3.75, 50分钟)、卡那封(£4.35, 50分钟)和马奇莱兹(£5.40, 1.5小时)的T2路，车次频繁；往返于普尔黑利(£3.80, 35分钟)的3/3B路，车次频繁；往返于贝德盖勒特(£2, 23分钟)的S97路(由Snowdon Sherpa运营)，每天最多6班；以及往返于卡那封(£4.35, 45分钟)的T2路，每天最多3班。

国家自行车网络(National Cycle Network)的8号路线(Lôn Las Cymru North)经过波斯马多格，往西通向克里基厄斯，往南去往哈勒赫。

值 得 一 游

克里基厄斯(CRICCIETH)

这个温文尔雅的慢节奏海滨小镇坐落在波斯马多格以西5英里处的两处沙石蓝旗海滩之上。这里的名声主要来自居高临下的**克里基厄斯城堡**(Cadw; www.cadw.wales.gov.uk; Castle St; 成人/儿童£5.50/3.30; ◎4月至10月 每天10:00~17:00, 11月至次年3月 周三至周六10:00~16:00, 周日11:00~16:00)遗迹，该城堡坐落在海滨最突出的岬角上，在那里可以欣赏到半岛整个南部海岸和从特雷马多格湾一直到哈利赫的景色。

这座城堡由威尔士王子卢埃林大帝于1239年兴建，在1283年被爱德华一世的军队占领，又在1404年由欧文·格林多(Owain Glyndŵr)为威尔士夺回，后者的军队迅速将其洗劫一空。如今，在售票处有一个规模不大但内容丰富的展览中心，其多媒体录音带有威尔士口音，听上去颇为愤怒。

阿伯索奇(Abersoch)

☎01758 / 人口 708

阿伯索奇是个令人愉悦的天然渔港，夏天

时，成千上万喜欢划船的人、冲浪者、海滨迷和热爱阳光的家庭会光临此地。小镇被柔和的蓝绿色山丘环绕，其主要吸引力是蓝旗海滩——半岛上较受欢迎的海滩之一。冲浪者们则会去往更南面的 Porth Neigwl（意为地狱之口）和 Porth Ceiriad 挑战大西洋的海浪。

★ Venetia 　　　　　　　　　　酒店 ££

（☎01758-713354；www.venetiawales.com；Lôn Sarn Bach；标单/大床 £93/128起；P 🛜）这里没有正在下沉的威尼斯宫殿，只有五间豪华客房，位于一幢宏伟的维多利亚宅第内，里面装饰着设计师品牌照明设备和现代艺术；Cinque房的浴缸上方有一台电视。**餐厅**（主菜 £17~18）专营威尼斯传统菜肴，特别是海鲜和意大利面（cicchetti；小盘分量）；可以在闪烁的现代吊灯下享用美食。

Coconut Cove 　　　　　　　　泰国菜 ££

（☎01758-712250；www.thecoconutcove.co.uk；Lôn Port Morgan；主菜 £16~21；⊙7月和8月 17:00~21:00，9月至次年6月 周二和周三 不营业；P）原来的泰国主厨和老板不再经营这个常年受欢迎的地方（之前名为Coconut Kitchen），但现在的主厨和老板依然来自泰国。这家餐厅离海很近，像阿伯索奇湾海鲜美味（Abersoch Bay Seafood Delight；海鲜与蔬菜用辣酱煸炒）这样的菜似乎带有特别的意义。

❶ 到达和离开

18路长途汽车停靠在Stryd Fawr（High St），每天最多5班开往兰波德罗戈（Llanbedrog；7分钟）和普尔黑利（15~20分钟）。

阿伯达伦（Aberdaron）

☎01758 / 人口 941

阿伯达伦是一个犹如世界尽头一般的存在，被粉刷成白色的房屋经受住了从悬崖林立的阿伯达伦湾吹来的狂风。传统上，这里是朝圣者历经艰险去往巴德西岛和6世纪时由圣卡德凡（St Cadfan）建立的宗教定居点之前的最后一个歇脚地。离海岸不远的小葛兰群岛（Gwylan Island）是北威尔士最重要的海雀繁殖地，而红嘴山鸦、游隼、野兔和灰海豹也会在周围乡间的野生环境中繁衍生息。这个世所罕见的地方有着无限充足的光线、石头和海景，在这里行走是一件让人终生难忘的事情。

◉ 景点

★ Braich-y-Pwll 　　　　　　　　地区

（NT；www.nationaltrust.org.uk）中世纪的朝圣者们经由崎岖却幽美的利恩半岛去往神圣的巴德西岛；只要瞥一眼他们的目的地——从铁灰色的大海中升起的、被冲浪冲刷的岩石——就能看出他们最后这段行程有多艰辛。一条小路穿过圣玛丽修道院（St Mary's Abbey）的遗址，通往一块名为曼梅林（Maen Melyn）的新石器时代立石，表明这是一处圣地，远在凯尔特人或他们的圣人到来之前就存在于此。

圣希文教堂 　　　　　　　　　　教堂

（St Hywyn's Church；www.st-hywyn.org.uk；⊙10:00~17:00）圣希文教堂坐落在一片卵石滩之上，左半部分建于1100年，右半部分则是400年后为给朝圣者提供住宿而加建的。教堂里面有关于当地历史的信息；这里有两处6世纪基督教社区的遗迹["韦拉修斯"（Veracius）和"西纳库斯"（Senacus）纪念碑]；还有中世纪的圣水钵。威尔士诗人R.S.托马斯（RS Thomas）曾于1967年至1978年在此担任牧师，这里的环境为他阴郁又富有激情的作品提供了合适的背景。

如果教堂在开放时间内门被锁住了，可以从毗邻的Tŷ Newydd酒店借钥匙开门。

笛音沙滩 　　　　　　　　　　　海滩

（Porth Oer, Whistling Sands；NT；www.nationaltrust.org.uk；停车 £1.50）这片可爱但偏僻的沙滩位于阿伯达伦以北2.5英里处，拥有形状奇特的沙粒，走在上面就会咯吱作响，因此它的英文名叫"会吹哨的沙子"（Whistling Sands）。从这里开始，沿着迪纳斯巴赫（Dinas Bach）和迪纳斯福尔（Dinas Fawr）这两块海岬向西南方向走2英里，就能到达Porth Orion的小海湾。

🛏 食宿

Tŷ Newydd 　　　　　　　　　　酒店 ££

（☎01758-760207；www.gwesty-tynewydd.

值得一游

巴德西岛 (BARDSEY ISLAND/YNYS ENLLI)

这座神秘的岛屿长2英里,距离利恩半岛的北端也是2英里,是个神奇的地方。事实上,它是亚瑟王传说中阿瓦隆岛(Isle of Avalon)的众多候选岛屿之一。据说魔法师梅林(Merlin)仍然在岛上某处的一座玻璃城堡中沉睡。

公元6世纪或7世纪时,名不见经传的圣卡德凡(St Cadfan)在此处建立了一座修道院,为躲避撒克逊入侵者的凯尔特人提供庇护,之后,中世纪的朝圣者们也随之而来。据说,去巴德西岛朝圣三次相当于去罗马朝圣一次。

大多数去巴德西的现代朝圣者是观鸟爱好者;夏季时,大约有17,000只马恩岛海鸥在这里的洞穴中筑巢,它们在晚上才会出现。一群大西洋灰海豹常年生活在这里;港口旁的一堆岩石是海豹们经常出没的地方。其他景点包括6世纪的**雕刻石头**、一座13世纪**修道院塔**的遗迹和糖果条纹的**灯塔**。

巴德西岛信托(Bardsey Island Trust; ☎08458-112233; www.bardsey.org)可以帮忙安排去往岛上的行程,还可以为那些不想当天往返的人安排假日酒店住宿。

要抵达巴德西岛只能通过搭乘两家私营船运公司的轮渡。夏季时,**Bardsey Boat Trips** (☎07971-769895; www.bardseyboattrips.com; 成人/儿童 £30/20)的船从靠近阿伯达伦的Porth Meudwy开往巴德西; **Enlli Charters** (☎08458-113655; www.enllicharter.co.uk; 每人£45; ◎4月至9月)的船则从普尔黑利出发。

---

co.uk; 房间 £110起; ⑨)这家酒店的房间很舒适,服务友善,但使其脱颖而出的却是绝佳的地理位置。它就在海滩上,拥有令人舒适的装修、宽敞和光线充足的房间,许多房间都能看到美丽的海景。从露台酒吧餐厅(主菜 £12~17)正下方可以看到海潮的起落,这样的设计正适合下午在此享用杜松子酒和汤力水。

Y Gegin Fawr   威尔士菜 £

(The Big Kitchen; ☎01758-760359; 主菜 £7起; ◎9:00~18:00)在精神需求得到满足之后,前往巴德西岛的朝圣者们就可以在Y Gegin Fawr享用一顿大餐了。Y Gegin Fawr是一处带有厚墙的小公共厨房,装着小窗户,坐落在阿伯达伦城中心,非常漂亮。这里从1300年就开始营业,如今供应当地捕捞的螃蟹和龙虾、自制的蛋糕和司康饼,在夏天的周末晚上,还供应烧烤猪肉、牛腩和通心粉奶酪。

❶ 到达和离开

经过阿伯达伦的长途汽车包括往返于Nefyn(£2.60, 30分钟,每个方向每天1班)的8B路,以及每天最多8班去往兰波德罗戈(£2.60, 30分钟)和普尔黑利(£2.60, 40分钟)的17/17B路。

北海岸 (THE NORTH COAST)

北威尔士海岸有着经久不衰的自然魅力,但海滨度假胜地的吸引力却参差不齐:有些是杰出代表,有些则较为落后。科尔温湾(Colwyn Bay)以西的部分,包括位于卡那封和康威(见807页)的列入联合国教科文组织世界遗产名录的那些壮丽的城堡,以及兰迪德诺的维多利亚式度假胜地——一处最受欢迎的家庭度假中心。而在海湾的东部,沙滩沿着一系列不太吸引人的度假小镇延伸,但如果向南进入令人愉快的康威河谷(Conwy Valley),则有更棒的景点待人探索。

卡那封 (Caernarfon)

☎01286 / 人口 9763

卡那封坐落在闪闪发光的梅奈海峡(Menai Strait)和深紫色的斯诺登尼亚山脉之间,因其宏伟的城堡而声名远播,该城堡是爱德华一世最优秀、最强悍的军事杰作之一。考虑到该城重要的历史意义(自罗马人占领以来,它一直是一个关键的战略地),其邻近斯诺登尼亚的地理位置,以及它作为威尔士文化中心的声誉(这里的母语使用者人口比例不逊于其他地方),卡那封算是一个迷人的、游客不多的目的地。它有着一种含蓄的魅力，在城堡周围的街道上还能真切感觉到厚重的历史，尤其是在Palace St、Castle Sq和Hole in the Wall St上的酒馆。老城墙内的鹅卵石巷道旁有一些不错的乔治时代建筑，而滨海地区则不可避免地越来越中产阶级化。

◉ 景点和活动

★ 卡那封城堡
城堡

（Caernarfon Castle; Cadw; www.cadw.wales.gov.uk; 成人/儿童 £9.50/5.70; ⓘ 3月至6月、9月和10月 9:30~17:00, 7月和8月 至18:00, 11月至次年2月 周一至周六 10:00~16:00, 周日 11:00起; ℙ）宏伟的卡那封城堡是爱德华一世在1283年至1330年建造的，作为军事要塞、政府所在地和皇宫。它由来自萨沃伊（Savoy）的圣乔治（St George）的詹姆斯大师（Master James）设计并主监工完成，在简洁性和规模上都非凡响。今天，它仍然是英国较完整、令人印象深刻的城堡之一，相互连接的城墙和塔楼围绕在中心绿地周围，大部分保存完好但空无一人，你可以行走其中。

受到《威尔士民间故事集》（*Mabinogion*）中所叙述的《马森之梦》（*Dream of Macsen Wledig*）的启发，卡那封的城墙模仿的是5世纪的君士坦丁堡（即伊斯坦布尔），以色带状的墙面、多边形的塔楼取代了传统的圆塔和炮楼。

除去这童话般的一面，城堡非常坚固，拥有一系列城垛和复杂的多处箭缝。城堡曾在1404年击退欧文•格林多（Owain Glyndŵr）的军队，当时城内只有28名驻军；英国内战时，这里还曾抵抗过3次围攻，最后于1646年对克伦威尔的军队投降。

城堡开始动工一年后，爱德华的次子在这里出生，四个月后他的哥哥去世，他随之成为王位继承人。为了巩固小爱德华的权力，他于1301年被任命为威尔士亲王，从而创造了英国国王将爵位授予继承人的传统。作为爱德华二世，他的结局非常糟糕，可能是被一根烧红的火钳刺死的；他那被严重腐蚀的雕像就在国王大门（King's Gate）上。不过，实际发生在此地（而不是伦敦）的第一次授勋是在1911年，授予的是他的同名人物爱德华八世（巧合的是，爱德华八世的统治也很短暂，尽管终结得没那么暴力）。

可以从鹰塔（Eagle Tower）开始游览城堡，就是在入口处右边有旗杆的那座塔。在炮楼上，你可以看到饱经风霜的老鹰标志，塔名就是由此而来的，旁边还有一些石雕头盔人像，意在伪装驻军的数量（从码头上更容易看到它们）。

在东北塔（North East Tower）内播放着一部电影追溯该城堡自罗马时代以来的历史，而皇后塔（Queen's Tower；以爱德华一世的妻子埃莉诺命名）内则是皇家威尔士燧发枪团的团部博物馆（Regimental Museum of the Royal Welch Fusiliers），里面全是勋章、制服、武器和历史展品。

Dinas Dinlle
海滩

在位于卡那封西南6英里处的这片狭长、多沙、岩石环绕的蓝旗海滩上，有时可以看到海豚和鼠海豚。周围的平坦土地与起伏的利恩半岛形成了鲜明对比，后者可以隔海相望，还能看见一座孤山顶部的铁器时代的堡垒遗迹。家庭游客会喜欢这里的咖啡馆和厕所。

Plas Menai
水上运动

（National Watersports Centre; ☎01248-670964, 0300 300 3112; www.plasmenai.co.uk; 半天/全天 £35/70起; ⓘ办公室 8:30~17:00）这个优秀的中心全年提供适合各种能力水平的航海、机动船、皮划艇、帆船和立式桨板（周末打包价 £190起，需预约）课程。中心提供的住宿包括民宿房间（标单/大床 £50/80）和舍（£32），都可使用泳池和健身房设施。中心的位置在去往班戈方向的A487公路出城3英里处。5C路长途汽车（卡那封至班戈）会经停此处。

🛏 食宿

★ Totters
青年旅舍

（☎01286-672963; www.totters.co.uk; 2 High St; 铺/大床 £20/55; ⓘ）现代、干净、热情好客，这家优秀的独立旅舍是卡那封最物有所值的住宿。一座14世纪的拱门给位于地下室的公共厨房增添了一种历史感（这里可能曾经是临街的入口），欧式早餐免费。这里有小小的宿舍和大床房、一间拥有两张床的顶楼公寓、一间电视室和一间交换图书馆。

⭐ Victoria House　　　　　民宿 ££

（☎01286-678263；https://thevictoriahouse.co.uk；13 Church St；房间£90~100；@🛜）Victoria House几乎算是完美的民宿——一幢位于卡那封老城区中心位置的坚实的维多利亚建筑，由格外好客和细心的主人运营，气氛令人十分愉悦。4间宽敞、现代的客房有着许多可爱的小细节：免费洗漱用品、一张关于小镇历史的DVD、新鲜的牛奶和迷你酒吧提供的欢迎饮料，在这里吃早餐也是一种乐趣。

Plas Dinas Country House　　民宿 £££

（☎01286-830214；www.plasdinas.co.uk；Bontnewydd；农舍/房间£109/139起；🅿🛜）直到20世纪80年代，这栋建于17世纪的宅第一直属于斯诺勋爵（Lord Snowdon）的家族；他的妻子玛格丽特公主（Princess Margaret）经常住在这里。尽管门厅和大会客室里挂着祖先的画像，但屋子整体给人的印象却出奇地亲切。10间卧室里满是古董和用心的小细节，比如高品质的洗漱用品和蓬松的浴袍，还提供自炊式农舍。

Y Gegin Fach　　　　　　　咖啡馆

（☎01286-672165；5-9 Pool Hill；主菜£6~7；⏰周二至周五9:00~16:00，周六10:00起）这间"小厨房"是正宗的、讲威尔士语的老式咖啡馆，窗户上挂着网眼窗帘，桌布上点缀着欢快的红色圆点。这是一个享受传统美食的好地方，比如干酪土司（rarebit）、炸丸子（faggots）、炖羊肉（lobscouse）和威尔士蛋糕，吃完之后但愿自己也有一个会烹制此等美食的威尔士奶奶。夏天时营业时间会延后。

⭐ Osteria　　　　　　　　托斯卡纳菜 ££

（☎01286-238050；26 Hole in the Wall St；主菜£12~13；⏰周二至周四18:00~21:30，周五和周六 正午至14:30和18:00~21:30；🍴）两位来自佛罗伦萨的合作伙伴选中了一座紧靠着城墙的、粉刷成白色的石头建筑，为卡那封的餐饮界锦上添花。这里的特色是有趣的生牛肉片（carpaccios）和什锦面包[bruschette；试试加了核桃和蜂蜜的戈尔根朱勒干酪（gorgonzola）]，他们从托斯卡纳进口了很多食材和葡萄酒，并准备了一些日常特色菜，比如填馅蔬菜、鳕鱼意大利面和樱桃番茄肉酱。

ℹ 到达和离开

公交车

公交车和长途汽车从**汽车站**（Pool Side）发车。包括去往克里基尼斯（45分钟）、特雷马多格（45分钟）和波斯马多格（50分钟）的1/1A路；去往班戈（30分钟）、康威（1小时15分钟）和兰迪德诺（1.5小时）的5/X5路；去往普尔黑利（45分钟）的12路；以及去往兰贝里斯（30分钟）的88路。Snowdon Sherpa公司的S4路车开往贝德盖勒特（30分钟），途经斯诺登骑警路线（22分钟）和莱德杜路线（24分钟）的起点。

Bicycle Beics Antur（☎01286-802222；www.anturwaunfawr.org；Porth yr Aur, High St；半天/全天£12/18；⏰周二至周六9:30~17:00）出租自行车，还为选择当地自行车路线提供建议。在www.gwynedd.llyw.cymru可以查询到格温内思郡（Gwynedd）休闲自行车路线的信息，包括12.5英里长的Lôn Eifion路线（起点位于威尔士高地铁路站附近，往南去往Bryncir）和4.5英里长的Lôn Las Menai路线（沿着梅奈海峡走到Y Felinheli村）。Lôn Las Cymru线路经过卡那封，往东北去往班戈，往南则去往克里基尼斯。

小汽车

免费的街道停车位非常稀缺，但在老城内还是有可能抢到一个停车位（试试Church St）的，在维多利亚码头（Victoria Dock）的南部河堤边有一些免费（竞争激烈）的车位。

火车

卡那封是威尔士高地铁路的北部终点站，该观光火车线路开往波斯马多格（往返£40, 2.5小时），途经莱德杜（往返£24, 1小时）和贝德盖勒特（往返£31, 1.5小时），火车在复活节至10月正常运行，冬季时班次减少。火车站位于靠近河边的St Helen's Rd上，花费了250万英镑升级翻新。

班戈（Bangor）

☎01248 / 人口 18,439

虽然班戈不是北威尔士最具吸引力的城镇，但它拥有活跃的艺术和文化氛围，是该地区两个最佳场地的所在地：庞蒂奥（Pontio）

和斯托里尔（Storiel）。班戈以其大学为主导，拥有多元文化的人口，是格温内思郡内最大的城市，也是北威尔士的主要交通枢纽，与安格尔西岛和斯诺登尼亚有许多交通往来线路。

公元6世纪时，圣狄尼奥尔（St Deiniol）在这里建立了一座修道院，后来发展成为班戈可爱的小教堂。班戈大学创建于1884年，坐落在城镇上方的山脊上，其新哥特式的轮廓仿佛大教堂一般。在开学期间，一万多名学生令城市人口急剧增加，带来了青春活力和该地区最好的夜生活。

◉ 景点

班戈主大教堂
教堂

（https://bangorcathedral.churchinwales.org.uk; Glanrafon; ⊗周一至周四 10:30~16:30, 周五和周六 至13:00）这座教堂的正式名称是圣狄尼奥尔主教座堂（Cathedral Church of St Deiniol），是英国较古老的教堂之一，其历史可以追溯到公元525年，当时这位圣人在此地建立了自己的社区。现存的石头教堂的历史可以追溯到12世纪，当时格鲁夫德·阿普·赛南（Gruffudd ap Cynan）在遭到北欧海盗袭击后重建了这座教堂，这也成为如今的班戈发展的开端。之后又发生了一系列破坏事件，今天大教堂的大部分是维多利亚时代建筑师乔治·吉尔伯特·斯科特爵士（Sir George Gilbert Scott）的作品。

斯托里尔
博物馆

（Storiel; ☏01248-353368; www.gwynedd.gov.uk/museums; Ffordd Gwynedd; ⊗周二至周六 11:00~17:00）**免费** "斯托里尔"这个名字是威尔士语中"故事"和"画廊"的合成词，标志着这个精心策划的机构专注于历史和艺术方面的结合。这里实际上是格温内思郡的一个民间博物馆，充分利用了前主教的宫殿，展出了当地的文物[包括罗马人的"塞贡之剑"（Segontium sword）]、摄影、艺术作品等。有时这里还组织导览团和创意工作坊，咖啡馆（Caffi Storiel）的咖啡不错，还有一家商店出售珠宝、陶瓷和其他手工艺品。

加斯码头
码头

（Garth Pier; Garth Rd; 成人/儿童 50/20p; ⊗周一至周六 8:00~18:00, 周日 10:00~17:00）考虑到这里广阔的潮汐滩涂（涉水鸟类的天堂），维多利亚时代的人选择这里建造在长度上排名英国第九的游乐码头是个令人惊讶的决定。铁制的加斯码头于1896年启用（20世纪70年代时险些被拆除），朝着格尔西岛的方向伸入梅奈海峡458米。华丽的亭子点缀其间，尽头还有一个茶室（因码头逾期维修，从2018年6月开始关闭）。

每天的停车费用为£1.50。

Zip World Penrhyn Quarry
探险运动

（☏01248-601444; www.zipworld.co.uk; Penrhyn Quarry, Bethesda; 单次 £89; ⊗8:00~18:30）彭林（Penrhyn）老采石场约1英里、深360米，是欧洲最长的（也是世界上最快的）滑索道Velocity 2的所在地。穿上红色的滑索服，在尝试大滑索之前，先在"小滑索"（Little Zipper）上建立信心，然后以每小时125英里的速度从采石场中心的湖面上方滑过。

Bethesda位于班戈东南4英里处的A5公路旁。

🛏 食宿

Management Centre
酒店 ££

（☏01248-365900; www.themanagementcentre.co.uk; Bangor Business School, College Rd; 标单/大床 £80/100; ᴾ🛜）班戈的住宿选择并不出色，但这一隶属大学的商务中心拥有57间现代化的带浴室房间，可以住得很舒服。附带的**餐厅兼酒吧**名叫1884（主菜 £12~14），18:00~21:00提供晚餐——如果你不想走陡坡步行进城再回来的话。

Blue Sky
咖啡馆 £

（☏01248-355444; www.blueskybangor.co.uk; Ambassador Hall, rear 236 High St; 主菜 £9~11; ⊗周一至周六 9:30~17:30; 🛜♿）Blue Sky虽然藏身于小巷之中，位于原耶和华见证会国王堂（Jehovah's Witness Kingdom Hall）内，但早已被众人所知：它是城里享用早餐、汤、三明治、汉堡和沙拉的最佳去处，所有食材都来自当地供应商。厨房在16:00停止供应，但当晚上有演出时，咖啡馆会更晚关门。

☆ 娱乐

庞蒂奥 表演艺术

（Pontio；☎01248-383838，售票处 01248-382828；www.pontio.co.uk；Deiniol Rd；◎周一至周六 8:30~23:00，周日 正午至20:00）庞蒂奥巩固了班戈作为北威尔士文化之都的地位。这座耗资数百万英镑新建的艺术与创新中心志存高远，有着古根海姆（Guggenheim）式室内装饰，包括一座拥有450个座位的主剧院、一座有着120个座位的工作室剧院和一家电影院。它由班戈大学经营，用英语和威尔士语上演戏剧、古典音乐和马戏团表演，以及其他艺术活动、电影节等。

❶ 到达和离开

国家快运公司（National Express）的车往返于利物浦（£18，3小时）、伯明翰（£19，6小时）和伦敦维多利亚车站（£22，9.5小时）。

当地的汽车站（Garth Rd）位于Deiniol购物中心后方，线路包括：去往卡那封（30分钟）的5C路；去往康威（40分钟）和兰迪德诺（1小时）的X5路；去往梅奈桥（Menai Bridge；12分钟）和博马力斯（35~45分钟）的53路、56路、57路和58路；去往兰贝里斯（35~50分钟）的85路/86路；去往卡那封（25~35分钟）、波斯马多格（1小时15分钟）、多尔格劳镇（2小时）、马奇菜兹（2.5小时）和阿伯里斯特威斯（Aberystwyth；3.5小时）的T2路；以及去往梅奈桥（18分钟）、兰盖夫尼（Llangefni；40分钟）和霍里黑德（1小时45分钟）的X4路。

班戈的火车站位于Holyhead Rd，紧邻High St的西南端尽头。直达目的地包括：霍里黑德（£10，30~45分钟）、Rhosneigr（£7.10，25分钟）、Llanfair PG（£3.30，6分钟）、康威（£7.20，17分钟）和伦敦尤斯顿火车站（London Euston；£96，3小时15分钟）。

康威（Conwy）

☎01492 / 人口 4839

对任何一个哪怕是对历史事件稍有兴趣的人来说，参观这个拥有英国最完整城墙的小镇都应该是行程的重点。名列世界遗产名录的城堡依旧占据着小镇和康威河入海口的主要位置，自从13世纪晚期爱德华一世首次在此建立城堡以来就一直如此。

当从东面接近城堡时，三座相距不远的跨越康威河的桥梁营造出了一种戏剧化的繁荣背景，包括托马斯·泰尔福（Thomas Telford）于1826年设计修建的吊桥（世界上同类桥中的首例之一）和罗伯特·斯蒂芬森（Robert Stephenson）于1848年设计建造的铁路桥（第一座管状桥）。

◉ 景点

★ 康威城堡 城堡

（Conwy Castle；Cadw；☎01492-592358；www.cadw.wales.gov.uk；Castle Sq；成人/儿童 £9.50/5.70；◎3月至6月、9月和10月 9:30~17:00，7月和8月 至18:00，11月至次年2月 周一至周六 10:00~16:00，周日 11:00起；Ⓟ）卡那封城堡更加完整，哈勒赫城堡的位置更加夺目，博马力斯城堡在技术上更加完美，然而在构成联合国教科文组织世界遗产的四个城堡中，康威城堡是最值得一看的。探索城堡的边边角角是追溯历史的最佳方式，而且最棒的是，前往城垛还可以观赏周边全景，细品康威城堡的宏伟复杂。这样一来你就更加清楚为何它曾被用来恐吓和支配新近征服的威尔士。

康威城堡是爱德华一世在威尔士最昂贵的堡垒，建造花费约1.5万英镑（按今天的货币计算超过4500万英镑）。如果它的尖塔和塔楼让人想到的是浪漫的童话故事，而不是征服和压迫，那肯定不是建造者的意图。

康威城堡在1283~1287年建造于一块岩石之上，俯瞰着斯诺登尼亚山脉和康威河的河口。在这片狭长的建筑群中，有两个巴比肯（防御大门）、八座略呈锥形的粗黑石塔和一座巨大的弓形大厅，坚固无比。

17世纪内战后，这座城堡年久失修，国务委员会下令部分拆除。但今天，它仍然存在，对于任何对威尔士历史感兴趣的人来说，它都是必游之地。门票包含语音讲解器，对游览非常有帮助。与Pals Mawr的联票价格为每名成人/儿童£11.50/6.90。

城墙（Town Wall） 历史建筑

免费 与城堡同时建造（见本页）1300米长的城墙，使康威城堡成为英国中世纪重要的遗址之一。城墙的建立是为了保护英国殖民者免受威尔士人的侵扰，威尔士人被禁止

Conwy 康威

Conwy 康威

◎ 重要景点
1 康威城堡..................................D3

◎ 景点
2 Plas Mawr..............................B2
3 威尔士皇家学会......................B2
4 市政厅....................................C3

◎ 住宿
5 Bryn B&B................................A3
6 Gwynfryn................................B2

◎ 就餐
7 Edwards of Conwy..................B2
8 Parisella's of Conwy Ice Cream.........C1
9 Watson's Bistro......................B2

◎ 饮品和夜生活
10 Albion Ale House...................B2

住在这个小镇上, 甚至周围的村庄也不行。你可以从几处入口爬上城墙并沿着城墙走。

Plas Mawr　　　　　　　　　　历史建筑

(Cadw; www.cadw.wales.gov.uk; High St; 成人/儿童 £6.90/4.10; ◎复活节至9月 9:30～17:00, 10月 至16:00) Plas Mawr于1585年为商人兼朝臣罗伯特·韦恩 (Robert Wynn) 建造, 是英国现存伊丽莎白时代较精美的城镇住宅之一。高大的白色建筑外观标志着主人的地位, 但无法展现出内部装饰的生动: 彩色的楣板和石膏画天花板, 纹章上印有房屋第一任主人的首字母。门票包含语音讲解器, 对游览非常有帮助。与康威城堡 (见807页) 的联票价格为每位成人/儿童£11.50/6.90。

威尔士皇家学会　　　　　　　　　画廊

(Royal Cambrian Academy; ☎01492-593413; www.rcaconwy.org; Crown Lane; ◎周二至周六 11:00～17:00) 免费 皇家学会成立于1881年, 1882年得到维多利亚女王授予的皇家许可, 现在依然人气很旺, 其会员在两座土墙画廊里举办全年展览, 还有来自威尔士国家博物馆 (National Museum Wales) 和其他地方的临时展览。每年8月和9月, 该学院都会在同一屋檐下举办很棒的年度夏季画展 (Annual Summer Exhibition), 展出威尔士当代艺术的精华, 这是自学会创建初期就留下来的传统。

🛏 住宿

Conwy YHA 青年旅舍 £

(☎08453 719 732; www.yha.org.uk; Sychnant Pass Rd, Larkhill; 铺/房间 £19/59; P 🛜) 这家昔日的酒店坐落在小镇上方的一座山上,已被改造成一家一流的青年旅社。宿舍内有两或四张床;除了一间外,所有的私人客房都带有浴室。在大餐室内可以欣赏到壮丽的山景和海景(酒吧 正午至23:00)。Wi-Fi仅限公共区域。

★ Gwynfryn 民宿 ££

(☎01492-576733; www.gwynfrynbandb.co.uk; 4 York Pl; 标单/大床 £90/105起; 🛜) 这家非常友好的有着9间客房的民宿位于一个翻新的卫斯理教堂和法衣室内,虽然看上去似乎有被天花乱坠的装饰物和挂饰吞没的危险,但却是个很不错的住宿选择。干净明亮的房间里满是贴心的额外物品,比如小冰箱、饼干、巧克力和耳塞。住客必须年满15岁。

Bryn B&B 民宿 ££

(☎01492-592449; www.bryn.org.uk; Sychnant Pass Rd; 标单/大床 £65/95; P 🛜) 这座坚固的维多利亚式房屋毗邻城墙,有**五间豪华客房**,以舒缓的奶油色装饰,其中三间配有特大号床。在这里吃早餐是种享受,有新鲜烘焙的面包和有机/公平交易食材,精心修剪的花园也赏心悦目,枝叶一直延伸到围墙上。这里还会照顾到客人特别的饮食需要,对好客的主人来说,没有什么是特别麻烦的。

🍴 餐饮

★ Parisella's of Conwy Ice Cream 冰激凌 £

(www.parisellasicecream.co.uk; Conwy Quay; 圆筒 £2.50; ⏱10:30~17:30, 夏季 营业时间延长) 码头上的这个售货亭出售的可能是威尔士最棒的冰激凌。在Parisella的60多种口味中,有巧克力碎片(stracciatella)、柠檬凝乳(lemon curd)、意大利苦杏酒(amaretto)

不要错过

博德南特庄园(BODNANT ESTATE)

无论你是花园还是美食爱好者,都不应该错过这一私家农业庄园内向公共开放的景点(www.bodnant-estate.co.uk)。当许多大型乡村庄园在20世纪陷入困境时,麦克拉伦家族[拥有阿伯康威男爵(Baron Aberconway)头衔]设法保住了他们的庄园。第二代阿伯康威男爵是一位真正的园艺家,他在1949年将**博德南特花园**(Bodnant Garden; NT; ☎01492-650460; www.nationaltrust.org.uk; Ffordd Bodnant, Tal-y-Cafn; 成人/儿童 整个庄园 £13/6.60; ⏱3月至10月 10:00~17:00, 11月至次年2月 至16:00, 5月至8月 周三 至20:00; P 🍴)捐赠给了国民信托,但是该家族一直代表国民信托打理该花园。今天,这座庄园拥有相当美丽的园艺,就位于绿意盎然、清新宜人的康威山谷内。

如果在漫步时感觉到了饿意,这里有**Bodnant Welsh Food** (☎01492-651931; www.bodnant-welshfood.co.uk; Furnace Farm, Tal-y-Cafn; ⏱农场商店 周一至周六 10:00~17:30, 周日至16:30; P)、**Furnace Tea Room** (☎01492-651100; www.bodnant-welshfood.co.uk/eat/tea-room; Furnace Farm, Tal-y-Cafn; 主菜 £5~8; ⏱周一至周六 9:00~17:30, 周日 10:00~16:30; P 🛜)和**Hayloft Restaurant** (☎01492-651102; www.bodnant-welshfood.co.uk/eat/hayloft-restaurant; Bodnant Welsh Food, Furnace Farm, Tal-y-Cafn; 主菜 £17~20; ⏱周三至周六 正午至14:00和17:30~20:30, 周日 正午至15:00)可以为你缓解。

庄园还是**威尔士国家养蜂中心** (National Beekeeping Centre Wales; ☎01492-651106; www.beeswales.co.uk; Furnace Farm, Tal-y-Cafn; 团队游 成人/儿童 £7/3.50; ⏱4月至10月 周二至周六 10:00~16:00, 周日 11:00起)、**Farmhouse** (☎01492-651100; www.bodnant-welshfood.co.uk/accommodation; Bodnant Welsh Food, Furnace Farm, Tal-y-Cafn; 标单/大床 £70/110; P 🛜)民宿和几座独立农舍的所在地。

庄园位于康威河以东,在康威镇以南4英里处。

和黑樱桃等美味。在12 High St上也有一处店铺（10:00~17:00营业，夏季更晚）。

在繁忙的日子里，海鸥会聚集在这两个地方的外面"抢劫"毫无戒心的顾客。

Edwards of Conwy　　　　　　　　熟食 £

（☎01492-592443；www.edwardsofconwy.co.uk；18 High St；馅饼 £5.50；⊙周一至周六7:00~17:30，周日10:30~16:30）首先，这家熟食店的威尔士肉很不错，此外还出售美味的馅饼、当地奶酪、新鲜的面包和三明治。从香肠到猪肉馅饼，这家熟食店的各种产品都不断获得各种赞誉。

★ Watson's Bistro　　　　　　　威尔士菜 ££

（☎01492-596326；www.watsonsbistroconwy.co.uk；Bishop's Yard, Chapel St；2道菜午餐 £14，主菜 £16~18；⊙周三和周四17:30~20:30，周五和周六 正午至14:00和17:30~21:00，周日17:30~20:00）Watson's藏身于城墙下一个郁郁葱葱的花园内，将法式小酒馆的烹饪技巧与优质的本地食材结合了起来。所有的食物都是自制的：从陶罐蹄膀（hamh-hock terrine）配干酪土司，到鲈鱼配虾和白葡萄酒，再到冰激凌。预订，在18:30之前来，可以享受早鸟价套餐（3道菜 £22）。

★ Albion Ale House　　　　　　　　小酒馆

（☎01492-582484；www.albionalehouse.weebly.com；1-4 Upper Gate St；⊙周四至周六 正午至23:00，周五和周六 至午夜；⛴）这家20世纪20年代的酒馆属于被保护建筑，是威尔士四家手工酿酒厂（Purple Moose、Conwy、Nant和Great Orme）的合作结晶，对于真正的啤酒爱好者来说无疑是天堂一般的存在。在10种生啤中，8种是真正的麦芽酒，其余2种是苹果酒。Albion多次获得威尔士和北威尔士年度小酒馆奖，同时也提供葡萄酒和威士忌。

❶ 实用信息

旅游局（☎01492-577566；www.visitllandudno.org.uk；Muriau Buildings, Rose Hill St；⊙9:30~17:00；⛴）这个极其繁忙的办公室里堆满了小册子和纪念品，职员都是非常乐于助人的本地专家。隔壁房间里有关于格温内思王子们的有趣的互动展览。

❶ 到达和离开

长途汽车

长途汽车线路包括：去往卡那封（1小时15分钟）、班戈（40分钟）和兰迪德诺（22分钟）的5路/X5路；去往兰迪德诺（15分钟）的14路/15路；以及去往兰迪德诺（20分钟）和贝图瑟科伊德（50分钟）的19路。

去往兰迪德诺的车从靠近Castle Sq的车站出发，而去往班戈/卡那封的车则从火车站外出发。

小汽车

A55公路会经过康威河下的隧道，这样车辆可以绕过康威城。从班戈进城的主路沿着城墙外蜿蜒而行，然后穿过一座中世纪的城门进入城内，再沿着Berry St和Castle St缓慢前行，穿过公路桥。城墙内其余的狭窄网状道路是单行道，白天禁止停车。

在普森特山（Mt Pleasant）上和城堡旁边有凭票泊车停车场。如果你想免费停车并且不介意步行10分钟的话，在到达城墙之前，在Bangor Rd的倒数第二条街右转，穿过狭窄的铁路桥，然后在卡南特公园（Cadnant Park）的住宅区停车。

火车

康威的火车站就位于城墙内的Rosemary Lane上。直达目的地包括：霍里黑德（£14.70，1小时）、Rhosneigr（£16，45分钟）、Llanfair PG（£8.70，26分钟）、班戈（£7.20，21分钟）和什鲁斯伯里（£30，2小时）。

兰迪德诺（Llandudno）

☎01492 / 人口 15,286

威尔士最大的海滨胜地横跨一座半岛，两边都有长长的沙滩。作为维多利亚时代游客的高档度假小镇，兰迪德诺仍然保留着19世纪的宏伟，优雅的婚礼蛋糕状建筑点缀着广阔的海滨。无数民宿和小型私人酒店在淡季主要接待中年游客，而夏天时则轮到带着水桶和铲子的年轻家庭到来。

兰迪德诺的主要亮点除了犹如时光停滞的迷人英国海滨（码头、人行步道、《潘趣与朱迪》剧）之外，还包括近在咫尺却犹如荒野的大奥姆（Great Orme）——一个引人注目的原始岬角，有着令人叹为观止的斯诺登尼亚景色和绵延数英里的小径。

此地与《爱丽斯梦游仙境》[爱丽斯·利德尔（Alice Liddell）——刘易斯·卡罗尔（Lewis Carroll）的小说中虚构人物爱丽斯的灵感来源，曾与家人一起来这里度假]的关联很牵强，书中人物的雕像遍布小镇，并由一条小径串连，上面有55个青铜兔子脚印。

◎ 景点

★大奥姆青铜时代矿区　　　　　　矿

（Great Orme Bronze Age Mines；☎01492-870447；www.greatormemines.info；成人/儿童£7/5；◎3月中至10月 9:30~17:30；Ｐ）大奥姆（见本页）北部附近一处不太引人注目的史前矿，是迄今为止发现的规模最大的史前矿。这片具有重要历史意义的遗址差点被填平成停车场，现在已发展成为一个必看的景点，拥有游客中心，还位游客提供探索长达5英里的隧道的机会，这些隧道是数百年来为寻找铜而挖掘的。真正令人震惊的是，4000年前用来挖掘这个迷宫的工具只是石头和骨头而已。

一段45分钟的自助式游览解释了古人如何在冶炼场将岩石变成铜，之后就可以深入地下约200米处，进入有着3500年历史的隧道。该遗址的发现将英国的冶金史提前了整整两千年，令人难以置信，该矿在17世纪至19世纪还被重新开采。最后入场时间是16:30。

★大奥姆　　　　　　自然保护区

（Great Orme；Y Gogarth）从海平面上很难测量被称为大奥姆（Y Gogarth）的石灰岩块的真实规模，但它的周长为2英里，高度为207米。这片平缓的巨型岩块以北欧语中"蠕虫"或"海蛇"的名字命名，隐现在兰迪德诺附近。这块海岬被指定为"具有特殊科学价值的地点"（Site of Special Scientific Interest，简称SSSI），这里有种类丰富的鲜花、当地特有的蝴蝶和海鸟，还有大约150只克什米尔野山羊。

有三条带有标识的小径 [其中哈夫雷花园小径（Haulfre Gardens Trail）最轻松]通往山顶；你可以在多处看见新石器时代的墓室、青铜时代的矿井、铁器时代的堡垒遗迹，以及一座古老的教堂，这座教堂是献给兰迪德诺的同名守护神——圣都铎诺（St Tudno）

的。在山顶有一间咖啡馆、一个酒吧、一家礼品店、迷你高尔夫和其他娱乐项目，以及大奥姆郊野公园游客中心（见813页），中心内有很多迷人的展示，包括一段15分钟的视频。此地的景色令人惊叹：从一个方向可以看到爱尔兰海及其肥沃的风力农场，从另一个方向可以面朝斯诺登尼亚俯瞰兰迪德诺。

兰迪德诺码头　　　　　　码头

（Llandudno Pier；www.llandudnopier.com；North Pde；◎10:00~22:00；ⓘ）直到你漫步在维多利亚码头（Victorian pier），吃着冰激凌，驱赶着海鸥，一趟兰迪德诺之旅才算完整。兰迪德诺的码头全长670米，是威尔士最长的码头。当它在1878年开放时，主要是用作马恩岛（Isle of Man）轮船乘客的下船点。那些日子已经一去不复返了，取而代之的是棉花糖、老虎机和海上风电场的景观。这里没什么高雅的艺术，但孩子们会喜欢。

兰迪德诺人行步道（Llandudno Promenade）　　　　海滨

兰迪德诺标志性的2英里长的人行步道是其独特的景观之一。正是在这里，维多利亚女王亲自观看了科曼教授（Professor Codman）的《潘趣与朱迪》(Punch & Judy Show；☎07900-555515；www.punchandjudy.com/codgal.htm；The Promenade；◎全年 周六和周日正午至16:00, 复活节至9月中旬 学校假期期间 每天），该剧自1860年以来一直由同一个家族出演——希望女王被逗乐了。潘趣先生标志性的红白条纹帐篷坐落在维多利亚码头的入口处。

西岸（West Shore）　　　　　　海滩

当主海滩人满为患时，可以往西走到康威湾（Conwy Bay）这个安静得多的蓝旗海滩。这里所能欣赏到的安格尔西岛和斯诺登尼亚山脉的景色令人惊叹，尤其是日落时分，在奥姆的尽头还有一个船模池。

大奥姆有轨电缆车　　　　　　缆车

（Great Orme Tramway；☎01492-577877；www.greatormetramway.co.uk；Victoria Station, Church Walks；成人/儿童 往返£8.10/5.60；◎复活节至10月 10:00~18:00）乘坐1902年的有轨电车，你可以毫不费力地登上大奥姆（见本页）

Llandudno 兰迪德诺

◎ 景点
- 1 大奥姆有轨电缆车 A1
- 2 兰迪德诺码头 C1
- 3 兰迪德诺人行步道 C2

🛏 住宿
- 4 Can-y-Bae D3
- 5 Escape B&B A2
- 6 Osborne House B1

就餐
- 7 Characters A2
- 8 Cottage Loaf B2
- 9 Fish Tram Chips A1
- 10 Orient-Express B2
- 11 Seahorse B1

⭐ 娱乐
- 12 《潘趣与朱迪》 B2

的山顶。这是世界上仅有的三条由电缆运作的有轨电车线之一（另外两条位于同样迷人的里斯本和旧金山）。在天气允许的情况下，电车每20分钟就会发车一次，攀爬陡峭的斜坡；在中途站（Halfway Station）换乘第二辆电车。

🛏 住宿

★ Escape B&B   民宿 ££

（☎01492-877776；www.escapebandb.co.uk；48 Church Walks；房间 £110起；🅿🛜）Escape是兰迪德诺最早的时尚民宿，设有9间风格各异的大床房，拥有精致的氛围和节能时尚的特色。即使你不是一个室内设计极客，

也会喜欢自助式酒吧休息室、博世（Bose）的iPod基座、DVD图书馆、美味的早餐和轻松的氛围。不适合10岁以下儿童。

Can-y-Bae   酒店 ££

（☎01492-874188；www.can-y-baehotel.com；10 Mostyn Cres；标单/大床 £60/85；🛜📺）"海湾之歌"是一家对同性恋友好的热情酒店，在其主要的老住客中，许多人都是前来参观的演员。这家以戏剧为主题的居民酒吧的墙上挂满了签名纪念品，这里还有一架钢琴可以让人膜拜。不适合有14岁以下儿童的家庭。

Clontarf Hotel   酒店 ££

（☎01492-877621；www.clontarfhotel.

co.uk; 2 Great Ormes Rd; 标单/大床 £47/67起; ▣⌂)这个拥有9个独立风格房间的小酒店很友好，且不乏奢华的细节：其中3个房间配有上好的淋浴设施，Romantic屋则有四柱床和漩涡浴缸。在所有房间都可以看到海景或大奥姆（见811页），小酒吧则有助于晚间放松，友善的老板会烹饪美味的早餐。

★ Bodysgallen Hall   历史酒店 £££

（NT; ☎01492-584466; www.bodysgallen. com; 标单/大床/套£160/180/435起; ▣⌂※)这家由国民信托所有但由私人管理的1620年乡村别墅是幢宏伟的粉红石砌建筑，位于壮观的法式规则花园中，让你可以沉浸在詹姆士一世时代贵族的木镶板世界里。客房分别位于主楼和偏远的农舍内，设计传统，带有现代化的设施，还有一个不错的餐厅（3道菜 £60）和水疗中心。

Bodysgallen位于兰迪德诺以南3英里处，紧邻A470公路。

Osborne House   酒店 £££

（☎01492-860330; www.osbornehouse. co.uk; 17 North Pde; 套£160起; ▣⌂)豪华的Osborne House采用了经典的美学设计，以大理石、古董家具和华丽窗帘装饰为主，呈现出一种令人印象深刻的风格。最好的套房位于一楼，有维多利亚风格的客厅和海景。酒店有一个餐厅（主菜£14～17），客人可以使用附近的姐妹酒店——帝国酒店（Empire Hotel）的水疗中心和游泳池。

✕ 就餐

Fish Tram Chips   炸鱼薯条

（☎01492-872673; 22-24 Old Rd; 主菜 £7～10; ⊙正午至19:00)这家店始终如一地提供美味、新鲜的鱼和自制配菜，店员很友好，这是当地人享用高品质鱼类美食的地方，可以打包或在小餐室内享用。这里可能是兰迪德诺最划算的餐厅；夏天时营业时间会延长。

Orient-Express   咖啡馆 £

（☎01492-879990; 8 Gloddaeth St; 主菜 £6～8; ⊙9:00～17:00; 🐾)棕色的皮革、深色的木头、枝形吊灯和狭窄的空间让人想起火车旅行的黄金时代，但最重要的是，这里是一个欢迎儿童的友好咖啡馆。虽然在这里也可以喝到标准的英国咖啡，但最好的选择是土耳其菜：哈罗米奶酪（halloumi）、烤鸡、包心卷（dolmas）、果仁蜜饼（baklava）等——不难猜想出餐厅主人的出身。

★ Cottage Loaf   小酒馆食物 ££

（☎01492-870762; www.the-cottageloaf. co.uk; Market St; 主菜 £15～19; ⊙11:00～23:00, 厨房 正午至21:00; ⌂)这家极具魅力的小酒馆位于紧邻Mostyn St的一条小巷里，墙壁上挂着版画，木地板上铺着地毯，气氛欢快友好。美味的食物从传统的中式五花肉、牛排和康威馅饼之类到更有异国情调的菜肴，还有很多不错的生啤和桶装啤酒。

Characters   茶室 ££

（☎01492-872290; 11 Llewelyn Ave; 主菜 午餐£6～7, 晚餐£17～19; ⊙周一至周四 11:00～16:00, 周五和周六 11:00～16:00和18:30～22:30; 🐾)这里摆满了艺术品，柳条椅和舒适的沙发点缀其间，还有闪闪发光的蛋糕架，是兰迪德诺最漂亮、最好的茶室。它提供配有三层糕点的下午茶（£10），以及三明治、汤和烤土豆等简单的午餐。周末时用热石烹饪晚餐，可以自助烤肉，并自带酒水。

Seahorse   海鲜 £££

（☎01492-875315; www.the-seahorse. co.uk; 7 Church Walks; 1/2/3道菜 £20/27/32; ⊙16:30～22:00)唐（Don）是兰迪德诺唯一一家专门经营海鲜的餐厅的主厨，也是一位真正的渔夫，菜单反映了他对当地海产的热情：梅奈贻贝配白葡萄酒，或泰式蟹肉鱼饼配腌黄瓜。餐厅分为两层：楼上装饰着地中海风格的大型壁画，而地下室则更为私密，给人一种更舒适的感觉。

❶ 实用信息

大奥姆郊野公园游客中心（Great Orme Country Park Visitor Centre; ☎01492-874151; www. visitllandudno.org.uk; Pyllau Rd, Great Orme; ⊙复活节至10月 10:00～17:30)游客中心位于**大奥姆**（见811页）的顶部，有关于地理及该地区动植物等方面的3D和互动式展览。

兰迪德诺旅游办公室(Llandudno Tourist Office; ☎01492-577577; www.visitllandudno.org.uk; Unit 26, Victoria Centre, Mostyn St; ◎9:00~16:00)位于Mostyn St上的Victoria Centre商场内,工作人员很热心,提供丰富的信息以及预订住宿服务。

🛈 到达和离开

兰迪德诺的火车站位于城中心位置的Augusta St。有班次频繁的直达车往返于贝图瑟科伊德(£6.60,50分钟)、布莱奈费斯廷约格(£9.20,1小时15分钟)、切斯特(£20,1小时)和曼彻斯特皮卡迪利车站(Manchester Piccadilly; £34,2小时15分钟);前往其他地方则需要在兰迪德诺枢纽站(Llandudno Junction; £3.10,8分钟)或切斯特转车。

长途汽车停靠在Upper Mostyn St和Gloddaeth St的交叉路口。国家快运公司的车往返于利物浦(£15,2.5小时)、曼彻斯特(£17,4.5小时)、伯明翰(£24,5.5小时)和伦敦(£24,8小时45分钟)。其他线路包括去往卡那封(1.5小时)、班戈(1小时)和康威(22分钟)的5路/X5路;去往康威(15分钟)的14路/15路;以及去往康威(20分钟)和贝图瑟科伊德(70分钟)的19路。

不要错过

安格尔西画廊(ORIEL YNYS MÔN)

安格尔西画廊(Oriel Ynys Môn; ☎01248-724444; www.orielynysmon.info; Rhosmeirch Llangefni; ◎10:30~17:00; P) **免费** 是安格尔西岛视觉艺术的主要场所,这里的特色包括:各种临时艺术展览;一座"历史画廊",可了解该岛的过去和在罗马人入侵时所扮演的角色;拥有营业执照的咖啡馆Blas Mwy;以及儿童活动区Discovery Den。但最吸引人的是Oriel Kyffin Williams展厅:这里的展品定期更换,但总是以该画廊所收藏的400多件约翰·凯芬·威廉姆斯爵士(Sir John 'Kyffin' Williams)的作品中的一部分作为特色。这位来自兰盖夫尼的多产艺术家所创作的肖像和风景画为人们了解威尔士文化提供了一个独特的视角。

白天时,在人行步道的主要路段停车按时计费,但一旦过了Venue Cymru以东的环形交叉路口就可以免费停车。

安格尔西岛(ISLE OF ANGLESEY/YNYS MÔN)

安格尔西岛占地276平方英里,是威尔士最大的岛屿,也是英格兰面积最大的岛屿。它是威尔士语和文化的要塞,也是游客的热门目的地,有着令人振奋的海岸线、幽静的海滩和威尔士最集中的古迹。

超过85平方英里的安格尔西岛——包括大部分的海岸线——已被指定为自然美景区(Area of Outstanding Natural Beauty);徒步旅行、海滨生活和水上运动都是此地主要的亮点。在人造景观中,美丽的乔治时代小镇博马力斯(Beaumaris)最为引人注目,但安格尔西岛上到处是不为人知的宝藏。

历史

从史前时代起,安格尔西岛肥沃的土地就是一些小型农民社区的所在地。岛上遍布巨石、墓室和环形石阵,这些高度集中的遗迹见证了数千年来集中于此地的文化。该岛对凯尔特人来说是圣地,公元60年,这里是最后一部分落入罗马人之手的威尔士土地。考虑到它的前哨地位和独特之处,把安格尔西看作威尔士的心脏地带并不过分。这个岛屿的一个古老的名字是Môn mam Cymru,意为"威尔士之母",该称号是由威尔士牧师兼历史学家杰拉德(Gerald)在12世纪时起的。

博马力斯(Beaumaris/Biwmares)

☎01248 / 人口 1274

安格尔西岛最美丽的小镇将以下这些元素成功组合在了一起:海滨位置、大陆山脉的景色、一座近乎完美的城堡以及乔治、维多利亚和爱德华时代建筑的优雅集合,这里有越来越多的精品店、画廊、醒目的酒店和别致的餐厅。许多房子都漆上了迷人的颜色,有些房子的历史非常悠久;当地的房地产经纪人拥有一栋半木结构的房子,该房屋的历史可以追溯到1400年，是英国较古老的房屋之一（可以在Church St尽头附近的Castle St上找到它）。

小镇的浪漫名字可以追溯到讲法语的爱德华一世时期，正是他建造了这里的城堡。该名称由beau marais（意为"美丽的沼泽"）而非beau maris（意为"好丈夫"）演变而来，不过与法语不同的是，英语中最后一个s需要发音。不出所料，如今，这里很受退休人士的欢迎。

⊙ 景点

★ 博马力斯城堡　　　　　　城堡

（Beaumaris Castle; Cadw; http://cadw.gov.wales; Castle St; 成人/儿童 £6.90/4.10; ⊙3月至6月、9月和10月 9:30~17:00, 7月和8月 至18:00, 11月至次年2月 11:00~16:00）为巩固自己所征服的威尔士领土，英格兰的爱德华一世建造了众多伟大的城堡，博马力斯城堡是最后修建的，也是技术上最完美的一座。它始建于1295年，但从未完全按照设计完工，现已位列世界遗产名录。它那令人赏心悦目的对称性、注满了水的护城河、连续的四道同心"墙中之墙"以及坚固的塔楼和门楼，这些是每一个城堡修建者从心底向往的。

彭蒙修道院　　　　　　　　教堂

（Penmon Priory; Cadw; www.cadw.wales.gov.uk; Penmon; 停车场 £3; ⊙10:00~16:00; P）免费 在博马力斯的茶室享受过愉快时光之后，在向北4英里的彭蒙可以感受到安格尔西岛长久以来的在人们精神上的重要性。早在公元6世纪，圣塞利奥尔（St Seiriol）就在这里建立了一座凯尔特修道院；修道院于公元971年被烧毁，其最后的遗迹是一处圣井水池，隐藏在如今简单的石头教堂后面。教堂现存最早的部分包括两座10世纪的凯尔特十字架、第二个千禧世纪之交（10世纪末11世纪初）时盛圣水的容器和一些12世纪的罗马式拱门。

博马力斯监狱　　　　　　历史建筑

（Beaumaris Gaol; www.visitanglesey.co.uk; Steeple Lane; 成人/儿童 £5.55/4.50, 包括博马力斯法院 £8.40/6.90, 仅限现金; ⊙4月至9月 周六至周五 10:30~17:00）这座外观阴森、有着石制

值 得 一 游

纽伊斯宅第

纽伊斯宅第（Plas Newydd; NT; ☎01248-714795; www.nationaltrust.org.uk; Llanfairpwll; 成人/儿童 £12/5.80, 仅花园 £9.20/4.60; ⊙宅第 3月至11月初 11:00~16:30, 花园 3月至10月 10:30~17:00, 11月至次年2月 11:00~15:00; P）是安格尔西侯爵夫人的宏伟庄园，周围环绕着宁静的花园和牧场，可以欣赏到从梅奈海峡到斯诺登尼亚的美景。这座建筑某些部分的历史可以追溯到15世纪初，但留存到今天的哥特式杰作大多是在18世纪成形的。在室内，墙上挂着佩吉特家族 [威廉·佩吉特（William Paget）曾是亨利八世的国务卿] 杰出先祖们的镀金画像，该家族在1976年之前都是该宅第的主人。

矮墙的监狱建于19世纪初，自那以后就基本没有变过。在当时，它是一座颇为现代的监狱，每个牢房都带有厕所，还有一个踏板水泵。然而，这些都不足以驱散没有窗户的惩罚室的阴郁气氛，被判有罪的囚犯就是在这间牢房内等待着上绞刑架、接受死亡，气氛同样阴郁的还有囚犯们遭受苦役的碎石场。自从它不再作为监狱开放后，这里被用作儿童诊所（多么愉快！）和警察局。

🛏 食宿

Bulkeley　　　　　　　　遗产酒店 ££

（☎01248-810415; www.bulkeleyhotel.co.uk; 19 Castle St; 房间 £102起; P🛜🐾）这座历史悠久的酒店堂而皇之地占据着博马力斯主街的显要位置，爬满常青藤的正门眺望着梅奈海峡。该酒店由当地显贵理查德·巴尔克利（Richard Bulkeley）为1832年维多利亚公主（后来的维多利亚女王）亲临此地而专门建造，450栋房屋在此过程中被拆除。这里有咯吱作响的镶木地板、楼梯毯压条和其他舒适而传统的小细节。

★ Tredici Italian Kitchen　　意大利菜 ££

（☎01248-811230; www.tredicibeaumaris.com; 13 Castle St; 主菜 £13~15; ⊙周日至周四 正午至15:00和18:00~21:30, 周五和周六 正午至

15:00和17:00~22:00）Tredici位于一家高品质肉铺和杂货店的楼上，是一间私密的餐厅，将地中海风味带到了海风徐徐的安格尔西岛。这里尽可能使用当地农产品（Halen Môn海盐可以增加薯条的风味，贻贝就产自梅奈海峡），而无花果、马苏里拉奶酪等自然是从阳光更充足的地方进口来的。

❶ 到达和离开

长途汽车停靠在Church St上。线路包括去往梅奈桥（18分钟）和班戈（35~45分钟）的53路、57路和58路；部分57路和58路会继续开往彭蒙（10分钟）。

城堡旁边的海滨有一个大型的凭票泊车停车场。如果你愿意步行，通常在梅奈桥往镇里的路上有免费的停车位。

霍里黑德（Holyhead/Caergybi）

📞01407/人口 11,619

在邮车的鼎盛时期，霍里黑德（读作

另辟蹊径

女巨人围裙古墓（BARCLODIAD Y GAWRES BURIAL MOUND）

女巨人围裙古墓位于壮丽的特莱斯特湾（Trecastle Bay）的一块海岬之上，在村子以南2英里处，是威尔士最大的新石器时代墓地（Cadw；📞01407-810153；www.cadw.gov.wales；⊙外部 10:00~16:00）免费。当它在20世纪50年代被挖掘出来的时候，考古学家兴奋地发现里面有5块立石，石头上装饰着螺旋形和之字形的图案，这些图案与在爱尔兰博伊恩山谷（Boyne Valley）发现的很类似，除此之外墓地里还有两位男性的火化遗骸。

为防止恶意破坏，古墓的入口现在被一扇铁门封住了，但你仍然可以一瞥黑暗的内部。想进入古墓的话，可以致电位于Llanfaelog（位于1英里开外）的Wayside Stores，预约周六、周日和银行假日的正午至16:00之间，工作人员会派人去把门开。

"holly head"）是伦敦路线的重要终点站，也是前往爱尔兰的船只的主要枢纽。铁路的开通只是增加了该城的人流量，但最近廉价航班的增加则降低了对渡轮的需求，而霍里黑德正处于艰难时期。令人印象深刻的凯尔特门户大桥（Celtic Gateway bridge；将火车站和渡轮码头与主要购物街连接了起来）是利用重建资金建造起来的，该资金还将用于对海滨进行彻底的重建。但目前，市中心仍然让人感觉相当沉闷。

事实上，霍里黑德并不位于安格尔西岛上；霍里岛（Holy Island）与安格尔西的西岸之间隔着一条狭窄的海峡，不过如今各种各样的桥梁遮挡了视线，你可能都没有意识到自己正穿越到另一个岛上。

◉ 景点

★ 英国皇家鸟类保护协会南栈悬崖保护区　野生动物保护区

（South Stack Cliffs RSPB Reserve；📞01407-762100；www.rspb.org.uk/wales；South Stack Rd；⊙游客中心 10:00~17:00，咖啡厅 10:00~15:00；🅿）免费 在霍里黑德以西2英里处，大海在令人眩晕的南栈悬崖（South Stack Cliffs）下怒吼奔腾，这里是英国皇家鸟类保护协会（Royal Society for the Protection of Birds，简称RSPB）的一个重要保护区，多达9000只海鸟在这里筑巢。5月到6月，海鸠、海雀和15对正在热恋的海鹦会聚集在这里，而全年都可以看到红嘴山鸦、管鼻藿、游隼和许多其他品种。你可以在游客中心获取信息、租用双筒望远镜并预约导览步行游。

南栈灯塔　灯塔

（South Stack Lighthouse；📞01407-763900；www.trinityhouse.co.uk；South Stack Rd；成人/儿童 £5.80/3.50；⊙复活节到9月初 10:00~16:00）南栈（Ynys Lawd）的岩石小岛拥有一种世界尽头的壮丽感，海浪拍打着悬崖底部，海鸠和海雀在高处筑巢。这条小径通往连接霍里岛的摇摇欲坠的老桥，不适合胆小的人走，它有400级滑溜溜的台阶，而且回程有可能需要在陡峭悬崖上进行攀爬。门票包含参观一座28米高的灯塔,这座灯塔建于1809年,据说一直闹鬼,至今仍在使用。最晚入场时间为15:30。

霍里黑德海事博物馆　　　　　博物馆

(Holyhead Maritime Museum; ☏01407-769745; www.holyheadmaritimemuseum.co.uk; Newry Beach; 成人/儿童 £5/免费; ◐复活节至10月 周二至周日 10:00~16:00; Ⓟ🚸) 这座博物馆虽小, 但经过精心修复, 被认为是威尔士最古老的救生艇屋 (约1858年)。这里适合全家出游, 有航模、照片和展览, 展示了从罗马时代起霍里黑德的航海历史。可以在此欣赏一些珍奇物品, 比如猛犸象的颚骨 (于1864年在霍里黑德港出土) 和古董手摇潜水泵, 还可以在毗邻的 "二战" 防空洞内观看 "霍里黑德战争" 展。

🛏 食宿

Yr-Hendre　　　　　　　　　民宿 ££

(☏01407-762929; www.yr-hendre.net; Porth-y-Felin Rd; 大床/标双 £65起; Ⓟ🛜) Yr-Hendre是一栋前牧师的房子, 坐落在小镇边缘一个宁静的大花园中, 也许是霍里黑德最好的住宿选择。这里拥有专业的管理和家的温馨, 三间卧室的设计很女性化 (就连房间名也是女性的: Bethany、Amanda和Nicola), 可以看见海景或光秃秃的霍里黑德山。这里欢迎步行者, 还提供安全的自行车存放室。

Ucheldre Kitchen　　　　　　咖啡馆 £

(www.ucheldre.org; Millbank; 主菜 £5~6; ◐周一至周六 10:00~16:30, 周日 14:00~16:30; Ⓟ) 别去街旁的低档小饭馆了, 去这家附属于艺术中心 (Canolfan Ucheldre; ☏01407-763361; ◐周一至周六 10:00~17:00, 周日 14:00起; Ⓟ) 的咖啡馆吧。这里利用了天窗采光, 以艺术品 (来自本地, 可以出售) 进行装饰, 是一个令人感觉轻松的地方, 可以吃到清淡的午餐 (卷饼、烤三明治、铁板三明治、汤) 或茶和蛋糕 (留点肚子给柠檬蛋白派)。午餐只在中午至14:00供应。

ℹ 到达和离开

天气状况不佳时, 最好在去往轮渡码头 (www.holyheadport.com) 之前先联系轮渡公司: **Irish Ferries** (☏0818 300 400; www.irishferries.com; 步行乘客/摩托车/小汽车 £31/55/101起) 和 **Stena Line** (☏08447 707 070; www.stenaline.co.uk; 步行乘客/摩托车/小汽车 £31/41/99起), 因为班次有时会被取消。直达火车往返于Rhosneigr (£4.70, 12分钟)、Llanfair PG (£8.90, 29分钟)、班戈 (£10, 30分钟)、康威 (£16, 1小时15分钟) 和伦敦尤斯顿火车站 (£100, 3小时45分钟至4.5小时)。

国家快运公司的车停靠在轮渡码头, 往返于利物浦 (£24, 2小时45分钟)、曼彻斯特 (£24, 4小时45分钟)、伯明翰 (£24, 4小时) 和伦敦维多利亚 (£59, 7.5小时)。

主要的当地车站位于Summer Hill。目的地包括: Trearddur (4路; 10分钟)、Cemaes (61路; 45分钟)、Llanfair PG (X4路; 1小时)、梅奈桥 (X4路; 1.5小时) 和班戈 (X4路; 1小时45分钟)。

苏格兰

皇家大道

壮观的一日游

规划你在皇家大道上的行进路线,包含几个艰难的决定——单单一天里不可能看完所有的东西,所以提前决定你不想错过的,然后环绕着它们规划行程比较明智。记得留出时间吃午餐、探索阡陌小巷,以及在节日期间享受High St上演的街头戏剧。

前往城堡前广场(Castle Esplanade)最愉悦的路线是在皇家大道的起点,从王子街花园(Princes Street Gardens;春季你会走在及膝高的水仙花之间)内Ross Bandstand后边的天桥出发,走上曲折的小径。从 ❶ 爱丁堡城堡出发就意味着你接下来走的都是下坡路。要看到大道上全程各处的美景,就爬上 ❷ 暗箱博物馆的观景塔,然后去 ❸ 格拉德斯通宅和 ❹ 圣吉尔斯大教堂。如果你喜欢历史,你还会想在必看清单里加上 ❺ 玛丽金街、❻ 约翰·诺克斯故居和 ❼ 爱丁堡博

到访皇家大道的皇室

1561年: 苏格兰女王玛丽一世接见了约翰·诺克斯。
1745年: 美王子查理占领爱丁堡城堡失败,因而转到荷里路德建立了宫殿。
2004年: 伊丽莎白二世女王正式开放了苏格兰议会大楼。

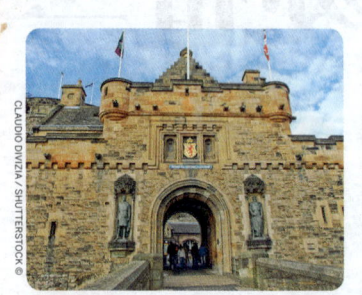

爱丁堡城堡 (Edinburgh Castle)

如果你时间很紧,就去参观城堡大厅、苏格兰国王御宝和战俘监狱(Prisons of War)的展览。去Half Moon Battery拍一张下面的皇家大道全景。

Royal Scottish Academy 苏格兰皇家学院
Scott Monument 司各特纪念碑
Heart of Midlothian 中洛锡安之心
City Chambers 市政厅
Scottish National Gallery 苏格兰皇家美术馆
NORTH BRIDGE 北桥
Princes Street Gardens 王子街花园
THE MOUND
CASTLEHILL
GEORGE IV BRIDGE 乔治四世桥
HIGH ST
Scotch Whisky Experience 苏格兰威士忌体验

格拉德斯通宅 (Gladstone's Land)

一楼忠实地再现了一个富有的爱丁堡商人在17世纪的生活。看看漂亮的彩绘寝室(Painted Bedchamber),里边的墙壁和木制天花板装饰精美。

午餐休息

Holyrood 9的汉堡和啤酒;Maxie's Bistro的牛排和薯条;Ondine的高档海鲜。

物馆。

在大道的末端，于现代和古代的政权中心里做出选择——❽苏格兰议会或❾荷里路德宫。傍晚攀登亚瑟王座，或是稍微缓和一些的卡尔顿山，为一天的行程画上完美的句号。这两处都很适合看日落。

深度观赏

每个景点所需最短时间：

爱丁堡城堡：2小时
格拉德斯通宅：45分钟
圣吉尔斯大教堂：30分钟
玛丽金街：1小时（团队游）
苏格兰议会：1小时（团队游）
荷里路德宫：1小时

玛丽金街（Real Mary King's Close）

导览游全程鬼故事不断，但是亮点在于一间17世纪房间，在那里能看到剥落的灰墙中探出的成簇马毛，闻到石头、灰尘和历史的古老味道。

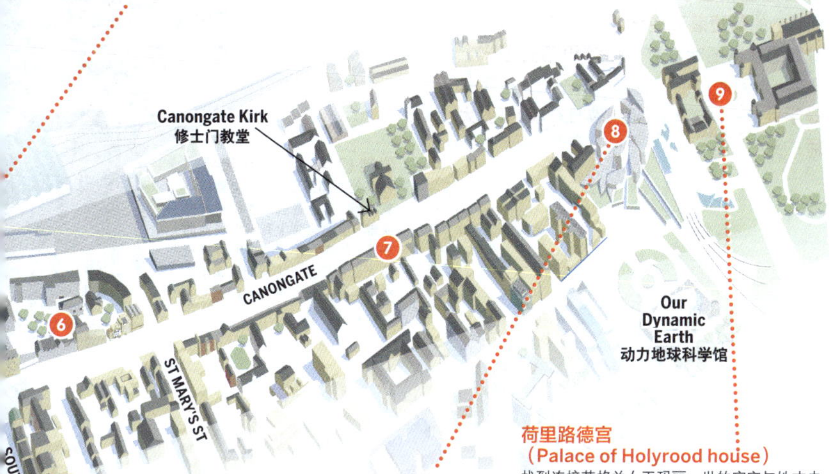

荷里路德宫（Palace of Holyroodhouse）

找到连接苏格兰女王玛丽一世的寝宫与她丈夫达恩雷勋爵的寝宫的秘密楼梯，在他的亲信刺杀她的内臣（还有可能是情人）戴维·里奇奥的时候，他控制住了女王。

苏格兰议会（Scottish Parliament）

没有时间参加导览游？从接待处拿一份《探索苏格兰议会大楼》，在外面来一场自助游，然后攀上Salisbury Crags欣赏美丽的建筑。

圣吉尔斯大教堂（St Giles Cathedral）

在西端找一下伯恩·琼斯（Burne-Jones）设计的彩色玻璃窗（1873年），上面描绘了流过的约旦河，再去找找Moray Aisle里的罗伯特·路易斯·史蒂文森（Robert Louis Stevenson）纪念铜像。

罗斯林礼拜堂

罗斯林解密

罗斯林礼拜堂是一座小建筑，但内部装饰繁复，让人眼花缭乱。买一本罗斯林伯爵写的官方指南书很值得，你可以在花园中找一个长椅，进入礼拜堂之前先阅读一番——背景介绍会让你的参观体验更有趣。书里还有自助游览礼拜堂的实用信息，并介绍了石匠大师和徒弟的传说。

入口在 ❶ **北门**。找个长椅坐下，先让你的眼睛适应昏暗的室内；然后抬头望向天花板，上面刻有玫瑰花、水仙花和星星（你能看到太阳和月亮吗？）。沿北边走廊走到圣母堂（Lady Chapel），那里与教堂的其他部分被 ❷ **石匠柱** 和 ❸ **学徒柱** 隔开。你在这里会找到雕刻的 ❹ **堕落天使路西法**，以及 ❺ **绿人**。附近的雕刻图案看起来像 ❻ **印第安玉米**。最后，走到西边抬头看墙——左边角落里是 ❼ **学徒** 的头。右边是（相当破旧的）❽ **石匠大师** 的头。

堕落天使路西法（Lucifer, the Fallen Angel）

左数第二扇窗户左边，有一个用绳子捆起来的头朝下的天使，这一形象经常与共济会有联系。上方的拱门装饰有死亡之舞。

学徒（The Apprentice）

在高处的角落里，一个空置的神龛下方，放置着被杀害的学徒的头部，他的额头上有一个很深的伤口，就在右眼上方。传说是石匠大师由于妒火中烧而杀害了学徒。学徒左面的墙上那颗破旧的头是他母亲的。

罗斯林礼拜堂和达·芬奇密码

丹·布朗为小说设定结局的时候，参考了罗斯林礼拜堂与圣殿骑士团（The Knights Templar）和共济会之间的可能的关联——在雕纹中找到了罕见的符号，而且其创建人的一个后代——威廉·圣克莱尔（William St Clair）是个石匠大师。罗斯林确实是个加密作品，永世不变，但是其含义依照个人的理解因人而异。可以看看罗伯特·L.D.库珀写的《罗斯林骗局？》（*The Rosslyn Hoax?*），你可能会对礼拜堂符号有另类的解读。

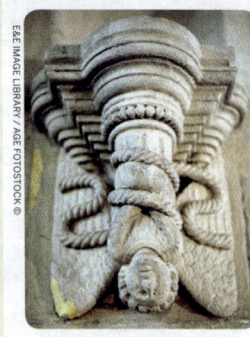

探索更多

在参观过礼拜堂之后，下坡去看罗斯林城堡（Roslin Castle）的壮观遗址，然后沿树叶繁茂的罗斯林峡谷（Roslin Glen）漫步。

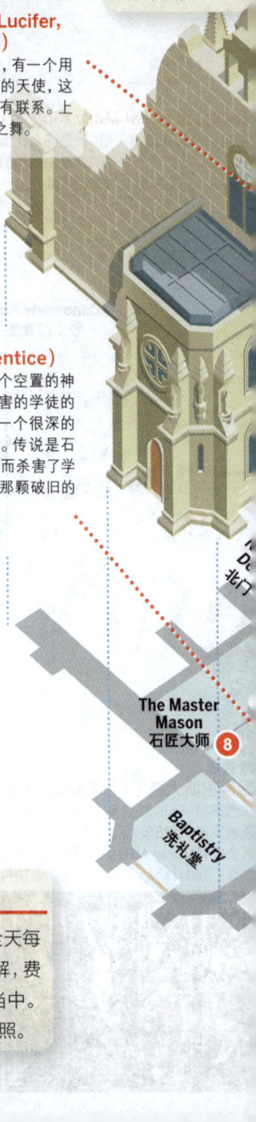

实用建议

当地导游全天每隔一小时有讲解，费用包含在门票当中。礼拜堂内禁止拍照。

绿人（Green Man）

礼拜堂左边第二扇和第三扇窗户之间的拱门上的一处浮雕，上面有超过100个极为精美的"绿人"雕刻，这是一种春天、繁殖和重生的异教象征符号。

学徒柱（The Apprentice Pillar）

这大概是礼拜堂最漂亮的雕纹了。有四条藤蔓从底部八个龙嘴里吐出，在柱上盘旋而上。顶部是亚伯拉罕之子以撒，被绑着躺在祭坛上。

印第安玉米（Indian Corn）

南边墙上第二扇窗户附近的中楣据说代表着印第安玉米，但它的时间要早于哥伦布在1492年发现新大陆。其他的雕纹似乎看起来像芦荟。

斯特灵城堡

城堡游览

斯特灵城堡面积较大，但也不至于大到你必须要舍弃某些景点——你一定有足够的时间去欣赏整个城堡。除非你对苏格兰王室了如指掌，否则建议你先去参观❶**城堡展览**，这样你就可以把历任国王詹姆斯几世区分开来。之后你就可以随意地欣赏风景了。首先，在❷**城墙**上驻足环顾四周，远眺作为苏格兰历史上重要战略点的平坦河谷，品味无限风光。

你可以继续走到城堡的中心，快速地游览一下❸**中央厨房**，那里的仿真食物可能会让你感到十分饥饿。看完之后，你就可以步入主庭院。环绕你四周的就是城堡的主要建筑，包括❹**皇家教堂**。夏季时，❺**大礼堂**会有一些活动（包括文艺复兴时期的舞蹈）——请在入口处获取详情。如果你对军团历史感兴趣的话，❻**阿盖尔和萨瑟兰高地军团博物馆**很值得参观。如果你没有这方面兴趣的话，可以忽略。把最好的留在最后——在人流较少的下午前往豪华的❼**皇宫**。

花些时间观赏美丽的❽**斯特灵挂毯**，这幅挂毯是技艺娴熟的工匠们于2001~2014年在城堡的工坊中手工织就的。

城堡上下

如果你有时间的话，可以沿树荫遮蔽、宁静而迷人的Back Walk，绕老城堡垒漫步，再登上城堡的制高点俯瞰全景。接着，在老城中悠闲信步而下，欣赏它的外观。

重要提示

➡ 苏格兰文物局（Historic Scotland）会员免费。如果你打算参观多处苏格兰文物局管理的遗址，加入会员能帮你省下很多钱。

➡ 重要数据：始建时间：1110年之前；围城次数：至少9次；最后一次围城：美王子查理（未成功）；整修皇宫花费：1200万英镑。

阿盖尔和萨瑟兰高地军团博物馆（Museum of the Argyll & Sutherland Highlanders）

馆藏展示苏格兰富有传奇色彩的军团之一的历史——如今该军团已归入苏格兰皇家军团，主要陈列物包括军团大事记、武器及制服。

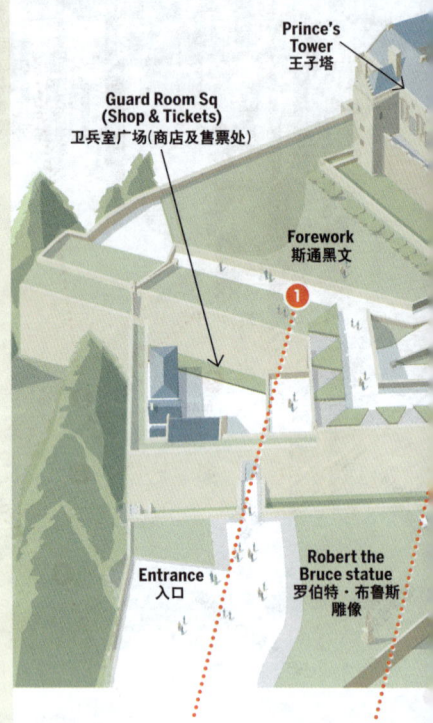

Prince's Tower 王子塔

Guard Room Sq (Shop & Tickets) 卫兵室广场（商店及售票处）

Forework 斯通黑文

Robert the Bruce statue 罗伯特·布鲁斯雕像

Entrance 入口

城堡展览（Castle Exhibition）

斯图亚特王朝的历史通过这个展览完全呈现在你的眼前，同时，你还可以观看到一些近期在城堡地下刚出土的文物。对残骸的分析揭示了数量惊人的人物生平资料。

皇宫（Royal Palace）

参观城堡的一大新点就是重建之后的室居所，这里原是詹姆斯五世所建的精美的天花板、豪华的家具、绚丽的独兽挂毯，让人目不暇接。

大礼堂及皇家教堂
(Great Hall & Chapel Royal)

分别由詹姆斯四世及詹姆斯六世所建,中央庭院周围的建筑都经历过重建。宽敞的大礼堂以雕梁支撑屋顶,是苏格兰最大的中世纪风格礼堂。

King's Old Building
国王旧居所

Nether Bailey
下方外庭

Grand Battery
炮台

中央厨房
(Great Kitchens)

这里将为你还原文艺复兴时期组织、准备一场王室饕餮盛宴的原始场景。当你看到逼真的食物,包括肉类、面包、禽肉和鱼类的时候,你的肚子可能会饿得咕咕叫。

斯特灵挂毯(Stirling Tapestries)

皇宫里挂着16世纪壁毯的精致复制品,以丰富的基督教象征符号描绘了捕猎独角兽的场景。这些挂毯由工匠们用中世纪的技法全手工精心编织,每幅挂毯耗时四年完成。

城墙
(Ramparts)

登上城墙,占据高耸的火山岩峭壁上的制高点,就可以一览无余地欣赏到城堡风景。包括罗伯特·布鲁斯在班诺克本的战争胜利遗址及威廉·华莱士纪念碑。

1. 斯蒂尔顿奶酪 2. 周日烤肉配约克郡布丁
3. 哈吉斯 4. 奶油茶点

英国美食

美食爱好者知道英国终于已经摆脱了饮食乏味的名声。无论在哪儿都能轻松找到优质菜肴,利用本地食材秉承传统,并加以现代改良。

对于很多游客来说,每天的美食要从酒店或民宿的"全英式早餐"(威尔士式、苏格兰式、约克郡式等)开始,满满一盘烤肉会让人震惊,它提供足够的热量,能让人精力充沛地观光几小时。

午餐或晚餐正好品尝地区特色,比如苏格兰的哈吉斯或三文鱼、威尔士的羊肉或紫菜面包,以及沿海地区随处可见的海鲜。

如果三餐间隙有些饿,可以留心提供奶油茶点的乡村咖啡馆,茶点包括烤饼、果酱和奶油,搭配另外一种英式传统:一杯热茶。

英国传统饮食

炸鱼薯条 最受欢迎的老牌食品,最好在沿海城镇品尝。

哈吉斯 苏格兰的标志,主要食材是动物内脏和燕麦,传统搭配选择是土豆和芜菁。

三明治 当今的全球小吃,实际上是英国18世纪的"发明"。

紫菜面包 紫菜是一种海藻,与燕麦搅拌并油煎,制成这种威尔士传统特色饮食。

农夫午餐面包和奶酪 酒馆菜单的常客,最好佐酒。

烤牛肉和约克郡布丁 英国周日的传统午餐。

康沃尔馅饼 西南特有的开胃点心,如今在全国各地都能找到。

1. **邓韦根城堡**（见1023页），邓韦根
麦克劳德家族的领主宅邸和斯凯岛的热门景点。

2. **高地牛，珀斯郡**（见991页）
只是一座小岛的英国却拥有各种各样的野生动物。

3. **罗斯林礼拜堂**（见822页），罗斯林
游客成群结队地前来参观这座凭借丹·布朗的《达·芬奇密码》而闻名于世的教堂。

4. **科河谷**（见996页），西部高地
苏格兰最壮丽、最著名的峡谷，是17世纪一场大屠杀的遗址。

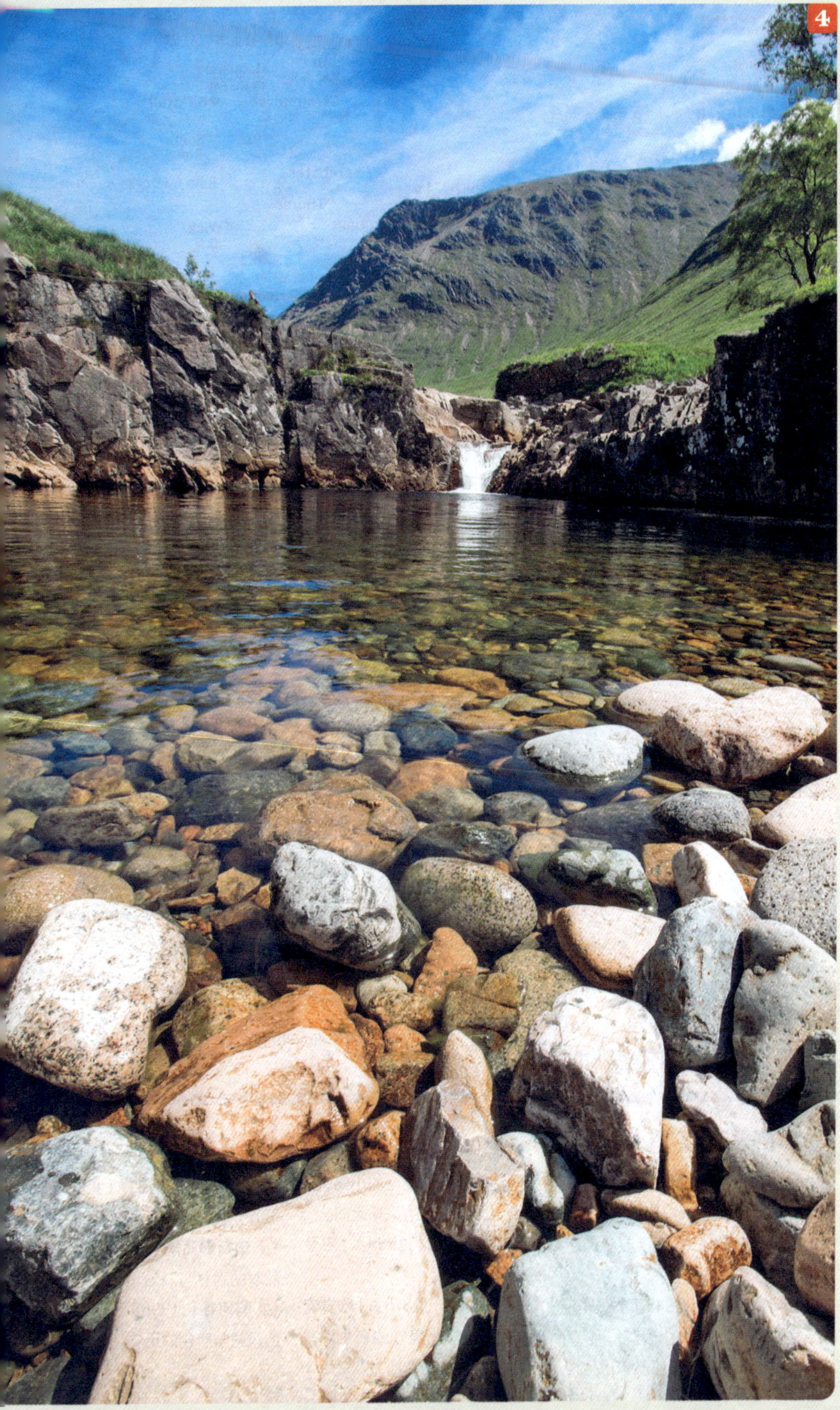

FRANCESCO DE MARCO/SHUTTERSTOCK ©

苏格兰亮点

① **斯凯岛**（见1018页）领略斯凯岛那令人忧伤的辉煌。

② **爱丁堡**（见831页）参观最迷人的苏格兰首府。

③ **洛蒙德湖**（见945页）探索苏格兰风景最优美的地区。

④ **西部高地步道**（见945页）漫步于这条具有挑战性的小路，穿行于全国最美好的风景之间。

⑤ **本尼维斯山**（见999页）攀登英国的最高峰。

⑥ **格拉斯哥**（见878页）欣赏宏伟的建筑，享受美妙的夜生活，结识热情好客的当地人。

⑦ **北部和西部海岸**（见1007页）欣赏令人惊叹不已的美景。

⑧ **珀斯郡高地**（见991页）欣赏壮观的森林与湖泊。

⑨ **科河谷**（见996页）感受美丽的风景与悲剧的历史。

爱丁堡

☎0131/人口 513,210

包括 ➡

景点	834
活动	851
团队游	851
节日和活动	852
住宿	853
就餐	856
饮品和夜生活	864
娱乐	867
购物	869

最佳就餐

➡ Kitchin（见863页）
➡ Gardener's Cottage（见860页）
➡ Ondine（见858页）
➡ Timberyard（见863页）
➡ Contini（见860页）
➡ Aizle（见862页）

最佳住宿

➡ Witchery by the Castle（见854页）
➡ Pilrig House（见856页）
➡ Sheridan Guest House（见856页）
➡ Southside Guest House（见855页）
➡ Two Hillside Crescent（见854页）

为何去

爱丁堡是一个十分值得探索的城市。从遍布老城区的地穴和窄巷（wynd），到斯托克布里奇（Stockbridge）和克拉蒙（Cramond）等都市新村，爱丁堡到处有古灵精怪的秘境，招呼着你，诱惑着你再多走几步。在每一个转角处，你都会有柳暗花明、奇景突现之感。不管是阳光下郁葱葱的山林，锈红色岩石探出的一角，还是远方一闪而过的蔚蓝海洋。

除了观光，爱丁堡还有顶级的商店、世界一流的餐厅以及尽享狂饮的酒吧。在这个城市里，酒馆林立，即兴音乐表演成风，你可以深夜酣饮，彻夜狂欢，然后再沿着蜿蜒的石子路漫步回家。

8月的狂欢时节，种种疯狂聚集到一起，仿佛世界上有一半人都来到爱丁堡参加一场超大规模的派对。你要是觉得自己应付得来，那就加入他们吧。

何时去

➡ 爱丁堡一年四季都是旅行目的地，不过旺季——8月和9月上旬的节日期间，以及新年前后——游人如织，物价最高。

➡ 5月是理想的到访时段，通常天气晴朗，繁花似锦。

爱丁堡亮点

① **爱丁堡城堡**（见834页）站在爱丁堡激动人心的城堡上欣赏全城美景。

② **皇家游艇"不列颠尼亚"号**（见849页）在热闹的利斯登上女王的游艇。

③ **亚瑟王座**（见848页）徒步登上死火山，尽览无与伦比的爱丁堡全貌。

④ **玛丽金街**（见836页）地下探险，发掘爱丁堡隐藏的秘密。

⑤ **荷里路德宫**（见848页）游览这座城市的浮华宫殿。

⑥ **苏格兰国家博物馆**（见837页）浏览苏格兰最佳博物馆的藏品。

⑦ **罗斯林礼拜堂**（见870页）走进达·芬奇密码的现实灵感来源。

历史

爱丁堡的诞生源于一座死火山被冰川侵蚀的残迹——城堡岩（Castle Rock）。它为守护英格兰东北部至苏格兰中部的沿海线路提供了近乎完美的防御位置。

7世纪，城堡岩地区被称为"敦爱丁"（Dun Eiden；意思是"山坡上的堡垒"）。638年，英格兰东北部的诺斯安布雷亚（Northumbria）王国出兵攻占了这里，保留了凯尔特语中"爱丁"这个词，把"敦"这个字眼儿翻译成他们古英语里的堡垒，即"堡"（burh），"爱丁堡"（Edinburgh）的名字由此诞生。

最初，爱丁堡纯粹是个防御要塞，后来到了12世纪，国王大卫一世迁都于此，并在荷里路德（Holyrood）地区兴建了修道院，爱丁堡此后开始扩张。与邓弗姆林（Dunfermline）相比，王室更中意于爱丁堡，由于议会随同国王而来，爱丁堡因此成为苏格兰的首都。该城第一道像模像样的城墙建于1450年前后，城墙内即是今天的老城区，东至内瑟鲍（Netherbow），南至格拉斯广场（Grassmarket）。这个城区从那时开始已经是苏格兰人口最稠密的城镇，可以说是中世纪的"曼哈顿"，人满为患，逼得拥挤的老百姓盖起了五六层高的房子，向上而不是向外拓展空间。

在加尔文教徒约翰·诺克斯（John Knox）煽动并领导的苏格兰宗教改革（Reformation；1560~1690年）运动中，作为首府的爱丁堡扮演了重要的角色。苏格兰玛丽女王（Mary, Queen of Scots）也曾移驾荷里路德宫，但在此执政仅6年。后来，她的儿子詹姆斯六世于1603年继承了英格兰王位，把首都迁到了伦敦。1707年通过的《统一法案》（*Act of Union*）进一步弱化了爱丁堡的地位。

尽管如此，在苏格兰启蒙运动（Scottish Enlightenment；约1740~1830年）时期，爱丁堡文化学术事业蓬勃兴旺，被称为"天才的温床"（a hotbed of genius）。18世纪后期，新城区（New Town）建成。到了19世纪，随着一栋栋维多利亚式楼房在南北城郊扩张，爱丁堡人口翻了两番，达到40万人之多。

游览爱丁堡……

两日游

爱丁堡城堡（见834页）是这座城市首屈一指的景点，所以要留足一上午的探索时间。沿皇家大道散步，经过历史悠久的**玛丽金街**（见836页）。在**Devil's Advocate**（见857页）吃午餐，下午游览**苏格兰议会大厦**（见845页）和**荷里路德宫**（见848页），然后登**卡尔顿山**（见845页）欣赏夕阳，俯瞰全城美景。找个舒适又浪漫的地方享用晚餐，比如**Ondine**（见858页），餐后去参加幽灵之旅**灰衣修士墓园**（见839页），把自己吓个半死，然后前往**Bongo Club**（见864页）或**Cabaret Voltaire**（见864页），娱乐一番。

第二天的行程都与文化有关：参观**苏格兰国家博物馆**（见837页），在**苏格兰国家画廊**（见843页）欣赏标志性的艺术品，攀上**司各特纪念碑**（见843页）顶端，然后乘巴士前往利斯，登上**皇家游艇"不列颠尼亚"号**（见849页）。至于晚餐，可以预订**Martin Wishart**（见863页）的精美法餐或者**Fishers Bistro**（见863页）的新鲜海鲜。

四日游

如果时间充裕，你还可以探索更多地方。首先参观**苏格兰国家现代美术馆**（见850页），随后沿利斯江岸步道散步到斯托克布里奇和**皇家植物园**（见850页）。如果时间允许，下午还可以徒步攀登**亚瑟王座**（见848页），晚上找几家城里的传统**酒馆**（见864页）待上一会儿。

第四天，前往城市南缘，在**罗斯林礼拜堂**（见870页）待上一上午。回到市中心，下午逛逛新城区的精品店和百货商店。在**苏格兰国立肖像美术馆**（见842页）转悠一小时，接着信步穿过**王子街花园**（见842页），享受傍晚时光，途中在**Gardener's Cottage**（见860页）吃晚餐。

20世纪20年代，城市的边界进一步扩展，收编了北边的利斯、西边的克拉芒和南边的潘特兰山（Pentland Hills）。在第二次世界大战后的1947年，首届爱丁堡国际艺术节（Edinburgh International Festival）和爱丁堡边缘艺术节（简称Fringe）相继举办，而在这两个现在公认的世界级艺术盛会的刺激下，爱丁堡文化之花璀璨绽放。

1997年，苏格兰举行全民公投，支持英国将权力下放，建立苏格兰议会，而1999年苏格兰议会迎来了第一次会议，爱丁堡也进入了一个新时代。现代的议会大楼靠近皇家大道的尽头，当时曾引发了不小的争议。在2014年的独立公投中，苏格兰人投票留在英国。

◎ 景点

爱丁堡的主要景点都集中在市中心，即老城区内皇家大道在爱丁堡城堡和荷里路德之间这一段，以及新城区。皇家游艇"不列颠尼亚"号（Britannia）是个值得一提的例外：游艇位于重新开发过的利斯港口区，距城中心东北2英里。

如果你对观光感到厌倦，值得闲逛的理想地方有斯托克布里奇和莫宁赛德、美丽的河畔村庄克拉芒，以及卡尔顿山和亚瑟王座的蜿蜒小径。

◉ 老城区（Old Town）

爱丁堡的老城区是一片由石质建筑构成的复杂历史迷宫，台阶、拱顶、窄巷（wynd）通向连接爱丁堡城堡和荷里路德宫的皇家大道（Royal Mile）的鹅卵石谷地。经过修复的16世纪和17世纪老城区公寓构成繁荣的市中心社区，街上布满了博物馆、餐馆、酒吧和商店。

16世纪时，皇家大道是国王往返城堡和荷里路德宫的御道，于是便有了这个霸气的名号。大道分为5个部分[城堡前广场（Castle Esplanade）、城堡山（Castlehill）、草坪集市（Lawnmarket）、High St和炮门（Canongate）]，每部分的名字都反映了其历史渊源。

★ 爱丁堡城堡　　　　　　　　城堡

（Edinburgh Castle；见836页地图；📞0131-225 9846，www.edinburghcastle.gov.uk；Castle Esplanade；成人/儿童 £18.50/11.50，语音导览 £3.50/£1.50；⏰4月至9月 9:30~18:00，10月至次年3月 至17:00，关门前1小时停止入内；🚌23路、27路、41路、42路、67路）爱丁堡城堡在苏格兰历史上的地位十分关键，这里既是皇室居所——11世纪，国王马尔科姆·坎莫尔（King Malcolm Canmore；1058~1093年在位）和玛格丽特女王（Queen Margaret）首先移驾于此——又是一个军事要塞。城堡最后一次军事行动是在1745年；从那时起一直到20世纪20年代，这里都是英国军队在苏格兰的大本营。今天，它是苏格兰最具氛围且最受欢迎的旅游景点之一。

Princes St西端耸立的阴郁、黝黑的城堡岩正是爱丁堡得以存在的原因。从公元1~2世纪的罗马军团，到英俊王子查理（Bonnie Prince Charlie）1745年的部队，无数入侵者会经过这里从英格兰挺进苏格兰中部，而沿途就属这座岩石嶙峋的山头最为易守难攻。

城堡的主城门（Entrance Gateway）两侧是罗伯特·布鲁斯（Robertthe Bruce）和威廉·华莱士（William Wallace）的雕像。穿过主城门，沿一条鹅卵石小巷前行，钻过一道建于16世纪的吊门（Portcullis Gate），最后可到达阿盖尔炮台（Argyle Battery）和磨坊山炮台（Mills Mountbattery Battery）。在那里的城垛上，从新城区到福斯湾（Firth of Forth）的景色可以一览无余。

在磨坊山炮台的远端便是著名的一点钟炮（One O' Clock Gun）。这门锃亮的火炮在第二次世界大战中服过役，炮弹重量为25磅，每天（除周日、圣诞节和耶稣受难

❗ 爱丁堡皇家通行证 (ROYAL EDINBURGH TICKET)

如果打算参观皇家游艇"不列颠尼亚"号、爱丁堡城堡和荷里路德宫，可以考虑购买爱丁堡皇家通行证（https://edinburghtour.com/royal-edinburgh-ticket）。持卡可以进入以上三个景点，还能无限次乘坐各景点之间随上随下的观光车。

命运之石（THE STONE OF DESTINY）

1996年圣安德鲁日（St Andrew's Day）这天，一块尺寸为26.5英寸×16.5英寸×11英寸、两端连有生锈铁环的砂岩岩石，被郑重其事地安置在了爱丁堡城堡中。此前的700年里，这块石头一直躺在伦敦威斯敏斯特隐修院（Westminster Abbey）的加冕宝座（Coronation Chair）下。从1307年登基的爱德华二世到1953年登基的伊丽莎白二世，大部分英格兰的以及随后英国的君主加冕时都曾在这块石头上稳稳地坐过一把。

这就是传说中的命运石——据说此石源于"圣地"（Holy Land），苏格兰国王在加冕时会把双脚（而非臀部；英王们犯了小的谬误）放在石头上。1296年，英格兰的爱德华一世把此石从珀斯（Perth）附近的斯昆修道院（Scone Abboy）中偷走并带回伦敦。之后的700年中命运石仅两次离开过伦敦：第二次世界大战德军空袭时，它被短暂地搬到了格洛斯特（Gloucester）安置；1950年的圣诞节，它被一些苏格兰爱国学生偷了回来，在苏格兰停留了3个月。可以说，命运石长久以来便是英格兰统治苏格兰的一个象征。

1996年，命运石重返政治聚光灯下。当时，时任苏格兰事务大臣兼保守党议员的迈克·福希斯（Michael Forsyth）计划将这块砂岩石归还给苏格兰。这其实是苏格兰保守党为了在大选前提高低迷人气而进行的一次十分露骨的努力，可福希斯的这个宣传伎俩还是不幸落得惨淡收场。苏格兰人民接过命运石，道了声谢，随后在1997年5月的大选中一股脑儿把所有的保守党议员打入历史的"冷宫"。

但很多人都认为，爱德华一世1296年顺走的只是个蹩脚的赝品，真正的命运石被人"掉了包"，依然安全地藏在苏格兰某处。这也不是不可能——根据一些文献对于命运石的原石描述，它本是黑色大理石质，上面带有复杂的雕饰。感兴趣的人应该去读读尼克·爱金森（Nick Aitchison）写的《苏格兰命运石》（*Scotland's Stone of Destiny*），里面详述了苏格兰最有名的一块石头的历史和文化意义。

日——Good Friday）13:00准时开炮报时，可谓震耳欲聋，吸引了大批人群前往观看。

在磨坊山炮台南面，小路蜿蜒向上，穿过弗格门（Foog's Gate），抵达城堡岩的最高处，上面傲然立着一座小型罗马式建筑——圣玛格丽特礼拜堂（St Margaret's Chapel），爱丁堡现存最古老的建筑。礼拜堂很可能是由大卫一世或亚历山大一世为了纪念他们的妈妈玛格丽特女王所建，建造时间大约在1130年（玛格丽特于1250年被封圣）。礼拜堂旁边是曼斯玛格炮（Mons Meg），一门造于15世纪的巨型攻城加农炮。该炮1449年造于曼斯地区（位于今比利时），因此而得名。

城堡岩顶部的主体建筑都环Crown Sq而建，其中最显眼的便是苏格兰民族战争纪念馆（Scottish National War Memorial）。纪念馆对面是城堡大厅（Great Hall），是为了詹姆斯四世（1488～1513年在位）而建，原是举办庆典活动的地方，后被当成苏格兰议会集会地直至1639年。其最大特色是从16世纪保留至今的橡尾梁（hammer-beam）屋顶。

城堡地穴（Castle Vaults）位于城堡大厅下（经由战争监狱展览区进入地穴），曾被作为储藏室、面包房和监狱使用。现在地穴已被翻修成了18世纪和19世纪早期风格的监牢，法国和美国囚犯在古老的木门上刻下的涂鸦今天依然可见。

广场东面是皇家广场（Royal Palace），建于15世纪和16世纪。穿过广场上一系列的历史古建，便可到达一间密室——这可是城堡中的亮点，因为里面存放着欧洲现存最古老的御宝，苏格兰国王御宝（Honours of Scotland）。御宝有三——王冠（造于1540年，使用的是14世纪罗伯特·布鲁斯王冠上的黄金）、宝剑、权杖——自从1707年《统一法案》颁布后，便被锁在箱子里，为世人遗忘，直到1818年借小说家沃尔特·司各特爵士（Sir Walter Scott）之力才重见天日。此地的另一

Old Town 老城

个展品就是命运石（Stone of Destiny）。

旁边是皇家寓所（Royal Apartments），在其中一间卧房里，苏格兰玛丽女王产下一子，那便是后来在1603年统一苏格兰和英格兰的詹姆斯六世。

★ 玛丽金街　　　　　　历史建筑

（Real Mary King's Close；见本页地图；☎0131-225 0672；www.realmarykingsclose.com；2 Warriston's Close；成人/儿童£15.50/9.50；⏱4月至10月 10:00~21:00，周一至周四 9:00~17:30，周五和周六 9:30~21:00，11月 周日 至18:30，12月至次年3月 周日至周四 10:00~17:00，周五和周六 至21:00；🚌23路、27路、41路、42路）爱丁堡18世纪的市政厅（City Chambers）就建造在被封闭起来的玛丽金街遗址之上，这条中世纪老城区小巷的较低部分在地基之间封存了250年，几乎丝毫未变。现在，这里对外开放，让人们可以潜入这个阴森诡异的地下迷宫，以奇特的方式了解17世纪爱丁堡的日常生活。身着年代服饰的人们带团游览一座16世纪的联排别墅和一个17世纪掘墓人瘟疫肆虐的故居。建议提前订票。

带讲解的团队游加上鬼故事和阴森的布景似乎有点无聊，压榨利用小巷历史中恐怖低俗部分的全部价值。但也有真正有趣的东西可看；这间斑驳的17世纪廉租屋也有些令人毛骨悚然，从脱落的板条抹灰隔墙中露出的成簇马毛和幽灵图案，而你的鼻孔里则充溢着石头与灰尘的古老气味。

在街旁的一个旧卧房里，有个灵媒曾经声称有个叫安妮（Annie）的小女孩的鬼魂来找他。鬼童的故事和富有同情心的游客留下的大堆古怪的小娃娃和泰迪熊，这两样哪个更吓人，真的很难说。

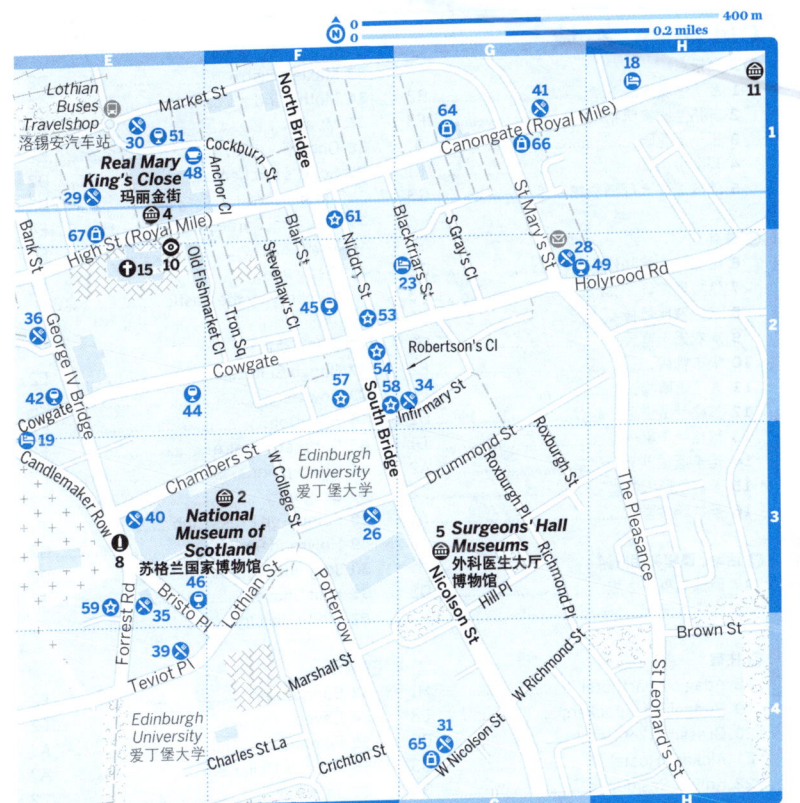

★ 苏格兰国家博物馆

博物馆

(National Museum of Scotland; 见836页地图; ☎0300-123 6789; www.nms.ac.uk/national-museum-of-scotland; Chambers St; ◯10:00~17:00; ♿; ❐45, 300) 免费 博物馆长长的建筑外墙在典雅的Chambers St上非常显眼。众多展品分布于两栋楼之中——一栋是现代风格，一栋是维多利亚时期风格——新楼（1998年）的金色石体建筑以及醒目的风格使其成为爱丁堡较为明显的地标之一。博物馆的5层楼追溯了苏格兰从远古一直到20世纪90年代的历史，许多展览富有想象力，令人耳目一新，可提供多语种语音导览。特别展览收费。

与现代大楼相连的维多利亚老博物馆，其历史可追溯到1861年。尽管外墙坚实灰暗，内部玻璃顶展厅却明亮漂亮，毫不憋闷。旧楼里的藏品不拘一格，涉及类别包括自然历史、考古学、时尚及科学技术，以及古埃及、伊斯兰世界、中国、日本、韩国和西方某些国家的装饰艺术。

圣吉尔斯大教堂

教堂

(St Giles Cathedral; 见836页地图; www.stgilescathedral.org.uk; High St; ◯4月至9月 周一至周五 9:00~19:00, 周六 至17:00, 周日 13:00~17:00, 11月至次年3月 周一至周六 9:00~17:00, 周日 13:00~17:00; ❐23路、27路、41路、42路) 免费 这座巨大的灰色大教堂大致可追溯至15世纪，不过大部分在19世纪经过修复。蓟花礼拜堂（Thistle Chapel）是教堂最有意思的部分之一，于1911年为苏格兰蓟花骑士团（Knights of the Most Ancient & Most Noble Order of the Thistle）所建，里面有16个雕工极其精细的哥特风格仪座

Old Town 老城

◎ **重要景点**
- 1 爱丁堡城堡 ... B2
- 2 苏格兰国家博物馆 ... F3
- 3 王子街花园 ... B1
- 4 玛丽金街 ... E1
- 5 外科医生大厅博物馆 ... G3

◎ **景点**
- 6 暗箱博物馆和幻想世界 ... D2
- 7 格拉斯广场 ... D3
- 8 义犬波比雕像 ... E3
- 9 灰衣修士墓园 ... D3
- 10 集市御碑 ... E2
- 11 爱丁堡博物馆 ... H1
- 12 苏格兰威士忌体验馆 ... D2
- 13 苏格兰国家画廊 ... D1
- 14 圣卡斯伯茨教区教堂 ... A2
- 15 圣吉尔斯大教堂 ... E2
- 16 圣约翰教堂 ... A1

◎ **活动、课程和团队游**
- 17 凯迪与巫术之旅 ... D2
- 集市观光 ... （见10）

◎ **住宿**
- 18 Adagio Aparthotel ... H1
- 19 Budget Backpackers ... E3
- 20 Grassmarket Hotel ... D2
- 21 Kickass Hostel ... C3
- 22 Knight Residence ... B4
- 23 Safestay Edinburgh ... G2
- 24 Witchery by the Castle ... D2

◎ **就餐**
- 25 Amber ... D2
- 26 Brew Lab ... F3
- Cannonball Restaurant ... （见12）
- 27 Castle Terrace ... B3
- 28 David Bann ... G2
- 29 Devil's Advocate ... E1
- 30 Doric ... E1
- 31 Field Southside ... G4
- 32 Grain Store ... D2
- 33 Maxie's Bistro ... D2
- 34 Mother India's Cafe ... G2
- 35 Mums ... E3
- 36 Ondine ... E2
- 37 Scott's Kitchen ... D2
- 38 Timberyard ... B3
- 39 Ting Thai Caravan ... E4
- 40 Tower ... E3
- 41 Wedgwood ... G1
- Witchery by the Castle ... （见24）

◎ **饮品和夜生活**
- 42 Bongo Club ... E2
- 43 Bow Bar ... D2
- 44 BrewDog ... E2
- 45 Cabaret Voltaire ... F2
- 46 Checkpoint ... E3
- 47 Dragonfly ... C3
- 48 Edinburgh Press Club ... E1
- 49 Holyrood 9A ... G2
- 50 Jolly Judge ... D2
- 51 Malt Shovel ... E1
- 52 White Hart Inn ... C3

◎ **娱乐**
- 53 Bannerman's ... F2
- 54 Caves ... F2
- 55 Filmhouse ... A3
- 56 Henry's Cellar Bar ... A3
- 57 Jazz Bar ... F2
- 58 Royal Oak ... F2
- 59 Sandy Bell's ... E3
- 60 穿行剧院 ... A3
- 61 Whistle Binkie's ... F1

◎ **购物**
- 62 Armstrong's ... D3
- 63 Bill Baber ... D2
- 64 Geoffrey (Tailor) Inc ... G1
- 65 Lighthouse ... G4
- 66 Ragamuffin ... G1
- 67 Royal Mile Whiskies ... E1

（stall），每个座位上都设有华盖，华盖上饰有一位骑士的头盔和铠甲。留心观察拱顶上那个吹风笛的天使像。

圣吉尔斯大教堂的正确叫法应该是"爱丁堡苏格兰高级教堂"（High Kirk of Edinburgh；这里只在1633~1638年和1661~1689年才是真正的主教座堂——有主教座位在这里），教堂以跛脚者和乞丐的主保圣人命名。教堂内部有欠恢宏，但历史悠久：1126年，此地曾建有一座诺曼风格的教堂，后来在1385年被英格兰入侵者摧毁（幸存下来的大件儿只有支撑着教堂塔楼的几根中心柱）。这里是苏格兰宗教改革运动的心脏，约翰·诺克斯曾于1559~1572年在此任牧师。

教堂里面有几处华丽的遗迹，包括蒙特罗斯侯爵詹姆斯·格雷厄姆（James Graham）及其对手盟约者（苏格兰长老会的拥护者）阿盖尔侯爵阿奇博尔德·坎贝尔（Archibald Campbell）的陵墓。前者是查理一世在苏格兰的军事长官，1650年在集市御碑（Mercat Cross）被处死；后者在1661年查理二世复辟后被斩首。这里还有作家罗伯特·路易斯·史蒂文森（Robert Louis Stevenson）的青铜纪念碑，以及1638年《民族圣约》的副本。

大教堂西门外主街旁边，有一颗中洛锡安之心（Heart of Midlothian），嵌在步行道的石头中，标记的是议事厅（Tolbooth）原址。爱丁堡的议事厅建于15世纪，后于19世纪初被拆除，曾扮演过各种角色：议会大厅、市政厅、苏格兰新教教会归正宗大议会（General Assembly of the Reformed Kirk）、法庭，以及最后作为恶名远扬的监狱和刑场。依照传统，经过这里的人会朝中洛锡安之心吐口水，以期获得好运（所以不要站在下风处！）。

大教堂的另一端立有一块集市御碑（Mercat Cross；见836页地图；🅟35），始建于1365年，这是19世纪复建的版本。当时，商贩们会在御碑周围做生意，国王有什么命令也会在这里宣布。

暗箱博物馆和幻想世界　　博物馆

（Camera Obscura & World of Illusions；见836页地图；www.camera-obscura.co.uk；Castlehill；成人/儿童 £15.50/11.50；⏰7月和8月 9:00~22:00，4月至6月、9月和10月 9:30~20:00，11月至次年3月 10:00~19:00；🅟23, 27, 41, 42, 67）爱丁堡的暗箱是一种19世纪的好玩设备，从1853年以来便一直在使用中，使用折射镜和反射镜在一幅巨大的水平幕布上勾勒出了爱丁堡鲜活的形象。陪同讲解很有意思，整场体验有一种奇特的魅力，而且这里还有一个专门演示各种幻象的展览。沿着楼梯，穿过各类展示区便可到达观景塔（Outlook Tower），在那里能俯瞰全城美景。

格拉斯广场　　街道

（Grassmarket；见836页地图；🅟2）15世纪至20世纪初叶的格拉斯广场一直是牲口市场，也是老城区的中心，曾经是这座城市执行死刑的主要场所，广场东端原先的绞刑架如今被纪念碑取代，纪念在此被害的100多名保守福音派教徒。臭名昭著的杀人犯布克（Burke）和海尔（Hare）就是在西端附近一条如今已经消失的死胡同下手作案的。

宽敞的广场周边是高高的公寓楼和若隐若现的城堡身影，如今还有许多热闹的酒馆和餐厅，包括罗伯特·彭斯（Robert Burns）光顾过的 White Hart Inn（见836页地图；📞0131-226 2806；www.whitehart-edinburgh.co.uk；34 Grassmarket；⏰周日至周四 11:00至午夜，周五和周六 至次日1:00；🅟2）。据说它是城里仍在经营的最古老酒馆（1516年开业），1803年还接待过威廉·华兹华斯。从格拉斯广场向东延伸的牛门（Cowgate）又长又暗，过去是人们将亚瑟王座附近牧场的牲口驱赶至城墙安全场所的道路。如今它是爱丁堡夜生活的中心，步行5分钟以内的范围内有20多家夜店和酒吧。

灰衣修士墓园　　墓地

（Greyfriars Kirkyard；见836页地图；www.greyfriarskirk.com；Candlemaker Row；⏰24小时；🅟2, 23, 27, 41, 42, 67）环绕教堂的灰衣修士墓园是爱丁堡最令人心潮跌宕的公墓之一，也是一片遍布着一个个精巧纪念碑的宁静绿洲。许多著名的爱丁堡人都安眠于此，包括诗人艾伦·拉姆齐（Allan Ramsay；1686~1758年），建筑家威廉·亚当（William Adam；1689~1748年）和首版《大英百科全书》（Encyclopaedia Britannica）的编辑威廉·斯梅里（William Smellie；1740~1795年）。如果你想体验墓园最恐怖的一面——在漆黑的夜里进入地下墓穴，那么你可以参加亡灵之城导览游（见852页）。

墓园最近的知名度来自它是J.K.罗琳（JK Rowling）笔下著名反派人物伏地魔的长眠之处。据说，罗琳创作这名黑魔王的灵感就来自19世纪的托马斯·里德尔（Thomas Riddell）绅士墓穴；72岁的托马斯于1806年去世。

义犬波比雕像　　纪念碑

（Greyfriars Bobby Statue；见836页地图；George IV Bridge和Candlemaker Row的交叉路口；

另辟蹊径

外科医生大厅博物馆
（SURGEONS' HALL MUSEUMS）

坐落于威廉·普雷菲尔于1832年设计的爱奥尼亚式宏伟圣堂，三座引人入胜的博物馆（见836页地图；☎0131-527 1711；www.museum.rcsed.ac.uk；Nicolson St；成人/儿童 £7/4；◉10:00~17:00；🚌3、5、7、8、14、30、31、33）最初的用途是教学楼群。外科历史博物馆（The History of Surgery Museum）可以让人了解苏格兰从15世纪至今的外科学历史。亮点有关于杀人犯布克和海尔的展览，包括布克的死人面部模型和用他的皮肤制成的钱包，还有关于约瑟夫·贝尔医生（Dr Joseph Bell）的展览，后者是福尔摩斯人物的灵感来源。

旁边的牙科收藏馆（Dental Collection）有令人望而生畏的拔牙工具，全面介绍了牙科学的历史；而病理学博物馆（Pathology Museum）则用甲醛保存着19世纪的病变器官和巨大肿瘤，阴森可怕，引人注目。

🚌23、27、41、42、45、67）等身大小的义犬波比的雕像位于灰衣修士墓园外，大概是爱丁堡最受欢迎的拍摄对象。波比是一只斯凯梗狗（Skyeterrier），在19世纪末俘获了英国公众的心。1858年至1872年，这只小狗一直守在主人（一个爱丁堡警察）的墓旁。1912年，这个故事借埃莉诺·爱金森（Eleanor Atkinson）的小说被永远地传颂开来，而在1961年，波比的故事又被华特·迪士尼（Walt Disney）——不是他还能是谁——搬上了银幕。

苏格兰威士忌体验馆
博物馆

（Scotch Whisky Experience；见836页地图；www.scotchwhiskyexperience.co.uk；354 Castlehill；成人/儿童 £15.50/7.50起；◉4月至7月10:00~18:00，8月至次年3月 至17:00；🚌23、27、41、42）这座多媒体中心位于一座旧学校中，通过一系列融视觉、听觉和嗅觉为一体的展览、展示和讨论会——包括世界上最多的麦芽威士忌（3384瓶！）藏品——带人们体验从大麦到装瓶威士忌的生产过程。稍贵的团队游包括种类繁多的威士忌和苏格兰菜品尝活动。这里还有家餐厅（见836页地图；☎0131-477 8477；www.scotchwhiskyexperience.co.uk/restaurant；主菜 £12~25；◉周日至周四 正午至20:30，周五和周六 至21:00；🛜♿），烹饪传统苏格兰菜，而且烧菜时只要有可能总爱加点威士忌。

爱丁堡博物馆
博物馆

（Museum of Edinburgh；见836页地图；☎0131-529 4143；www.edinburghmuseums.org.uk；142 Canongate；◉周一和周四至周六 10:00~17:00，周日 正午至17:00；🚌300）**免费** 博物馆位于汉特利大宅（Huntly House）内，就在皇家大道上的议事厅大钟对面，粉刷成鲜艳的红色和黄褐色，所以很好找。房子建于1570年，里面的博物馆介绍了爱丁堡从远古到现在的整个历史。内有不少国家级展品，包括1638年签订的《民族公约》（National Covenant）原件，但人气最高的展品当属一个狗项圈和一个喂食盆。这两个物件属于爱丁堡最著名的"汪星人"——义犬波比（见839页）。

邓巴巷花园
花园

（Dunbar's Close Garden；见842页地图；Canongate；◉6月至8月 7:00~19:30，5月和9月 至17:30，4月和10月 至16:30，11月至次年3月 至15:30；🚌300）这座有围墙的花园坐落于老城区某条死胡同的尽头，按照17世纪的风格布局，有碎石小路、修建整齐的灌木、香草鲜花，还有大树。它是皇家大道喧闹之中的宁静绿洲，一处隐蔽的乐土。

◉ 新城区 (New Town)

爱丁堡的新城区位于老城区以北的一条与皇家大道平行的山岭上，两个区被王子街花园所处的河谷隔开。新区纵横交错、规则典雅的乔治风格的排屋与老城区特有的混乱无序的公寓和小巷形成鲜明的对比，是世界上最完好的乔治王时期建筑和城镇规划的范例。

除了街景以外，主要景点是王子街上的美术馆和花园，以及圣安德鲁广场（St Andrew Sq）附近的苏格兰国立肖像美术馆（Scottish National Portrait Gallery），都在步行可达的范围内。

王子街（Princes St）是世界上壮观的购物街之一。王子街的建筑全都立于街道北侧，因此在夏季能够充分享受日照，也能让人越过王子街花园眺望到南面的爱丁堡城堡和老城区拥挤的建筑群。

王子街的西端由Caledonian Hotel的红砂岩大楼和圣约翰教堂（St John's Church；见836页地图；Princes St；[巴士图标]所有前往Princes St的大巴）塔楼占据着，内部精美的哥特复兴风格非常值得参观。下面的圣卡斯伯茨教区教堂（St Cuthbert's Parish Church；见836页地图；Lothian Rd；[巴士图标]所有前往Lothian Rd的大巴）19世纪90年代建于一处古老的遗迹上——最晚从12世纪开始，这里就有一座教堂，或许可以追溯至7世纪。墓地里面有圆形岗楼——让人想起布克和海尔生活的那个墓地必须防范盗贼的年代。

东端是Balmoral Hotel（见855页；最初是同名铁路公司建于1902年的North British Hotel）的醒目钟楼——按照惯例，大钟拨快了三分钟，所以你不会赶不上火车——还有1788年漂亮的登记大楼（Register House；见842页地图；Princes St；[巴士图标]所有前往Princes St的大巴），由罗伯特·亚当（Robert Adam）设计，前面有威灵顿公爵（Duke of Wellington）的骑马雕像。里面是苏格兰国家档案馆（National Archives of Scotland）和苏格兰人宗谱研究中心（ScotlandsPeople；见842页地图；[电话图标]0131-314 4300；www.scotlandspeople.gov.uk；2 Princes St；[时钟图标]周一至周五 9:00~16:30；[巴士图标]所

爱丁堡地下城

随着爱丁堡在18世纪末19世纪初的扩张，许多老房屋被拆掉，人们在老城区北面和南面开辟了新区，并建桥连接新老两区。南桥（建于1785~1788年）和乔治四世桥（George IV Bridge；建于1829~1834年）从皇家大道向南延伸，横跨牛门（Cowgate）地区的深谷，但由于现在两座桥周边建筑众多，你很难看出它们是桥——乔治四世桥共有9个桥拱，但只能看到2个；南桥的隐藏桥拱则多达18个。

桥拱形成的地穴（subterranean vault）最初被用作储藏室、作坊和小酒馆。但到了19世纪初，许多失去了土地、身无分文的苏格兰高地地区居民流落至此，也有不少爱尔兰人从发生了大饥荒的老家逃荒到这里，这使得爱丁堡人口增加，也让这些滴水的阴暗密室成为城市贫民窟，堕入了贫穷、肮脏和犯罪的深渊。

19世纪末，这些地穴最终得到了清理整顿，之后为世人所忘记，直到1994年，南桥地穴（South Bridge vaults）才对导览游开放。某些地下房间据说闹鬼，还有一间曾在2001年接受过灵异研究者的调查。

尽管如此，爱丁堡"地下史"中最吓人的时期比这还要早，得追溯到瘟疫袭城的1645年。传说，玛丽金街（Mary King's Close；皇家大道北部的一条小巷，位于城镇大厅，从Cockburn St仍可看到其被封闭起来的北端）里被病魔击倒的住户都被人用砖封进自家屋内等死。等人们最后进屋清理时，尸体已僵硬无比，工人们不得不砍掉其四肢才能从小门洞和又窄又弯的楼梯间把尸体运上来。

据说从那时起，小巷就有瘟疫受害者的鬼魂出没。几乎没人选择住在这里，准备搬进来的人也宣称自己看见了断头断肢的幽灵，于是小巷的大部分区域被荒弃。1753~1761年，皇家交易所（即今天的城镇大厅）在玛丽金街地下部分之上动工兴建，将这一段小巷完好地封存于地下。

到了20世纪，在爱丁堡市政厅的批准下，偶尔有一些游客在导游的带领下进入小巷，于是公众的兴趣被重新点燃。许多游客宣称亲历了灵异现象——最著名的鬼魂是个叫作"安妮"（Annie）的小姑娘，她的悲惨遭遇促使不少人把玩偶娃娃作为给她的礼物留在某一个房间的角落里。2003年，小巷以"玛丽金街"（见836页）为名对公众开放。

New Town 新城

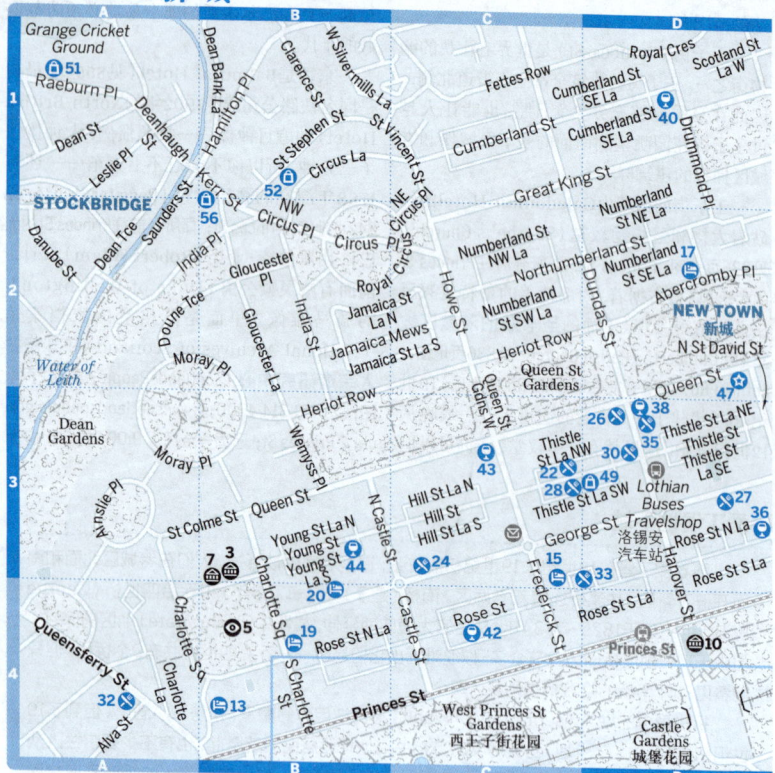

有前往Princes St的大巴）。

王子街花园（Princes Street Gardens；见836页地图；Princes St；⊙黎明至黄昏；🚌Princes St）**免费** 所在河谷曾被北湖占据。这片沼泽低地在19世纪初被泻干。花园被中央的一座**小丘**（The Mound）一分为二。小丘当时共耗费了约200万车土，人们把建造新城挖地基的土倾倒在这里，以便建造一条连接新老城区、横跨河谷的道路。道路于1830年完工。

★**苏格兰国立肖像美术馆**　　　　美术馆
（Scottish National Portrait Gallery；见本页地图；☎0131-624 6200；www.nationalgalleries.org；1 Queen St；⊙10:00~17:00；🅿;🚌所有前往York Pl的大巴；🚇St Andrew Sq）**免费** 威尼斯哥特式风格的美术馆如宫殿一般，是城市最棒的景点之一。美术馆通过绘画、照片和雕塑展示苏格兰的历史，赋予了苏格兰从古至今那些著名人物一张张鲜活的面容，从罗伯特·彭斯（Robert Burns）、苏格兰玛丽女王和英俊王子查理，到演员肖恩·康纳利（Sean Connery）、喜剧演员比利·康诺利（Billy Connolly）和诗人杰basis·凯（Jackie Kay），涵古盖今。专题展览需要购买门票。

美术馆的内部以工艺美术风格装饰，**大厅**里的装饰更华丽。哥特式柱廊上方的成列的中楣由威廉·霍尔（William Hole）在1898年所绘，作为著名苏格兰人的"可视百科"，以时间顺序排列从卡尔加库斯（Calgacus；带领古苏格兰部落对抗罗马人的酋长）到作家兼哲学家托马斯·卡莱尔（Thomas Carlyle；1795~1881年）等人物。一楼阳台上的壁画描绘了苏格兰历史中的场景，而天花板上则绘有夜空中的星群。

美术馆的精选"路线"折页在带你参观

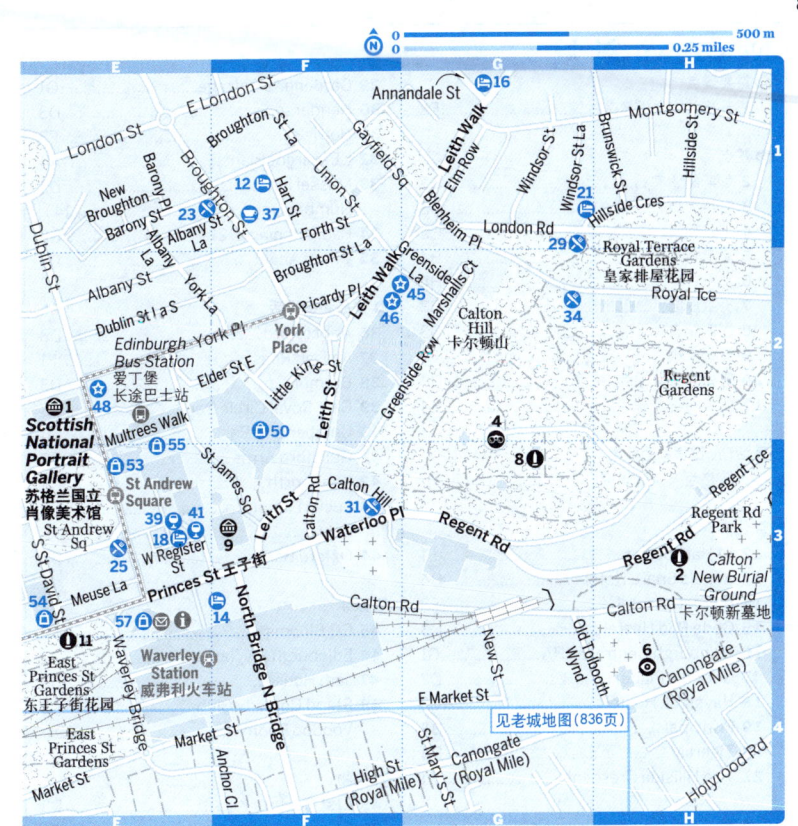

几个不同展览的同时还加上了一些背景信息的介绍；"隐秘历史"（Hidden Histories）路线尤其有趣。

司各特纪念碑　　　　　　　　　　　纪念馆

（Scott Monument；见842页地图；www.edinburghmuseums.org.uk; East Princes Street Gardens; £5; ◎4月至9月 10:00~19:00, 10月至次年3月 至16:00; ☐Princes St）司各特纪念碑巨大的哥特式尖顶傲视着王子街花园的东半边，是为了纪念1832年去世的小说家沃尔特·司各特爵士（Sir Walter Scott），通过公共募捐的方式建造的。外部用其小说中的64个人物雕像进行装饰，而内部则为你展示了司各特的一生。沿287级台阶爬到顶部，你可以欣赏到绝美的城市风景。

苏格兰国家画廊　　　　　　　　　　美术馆

（Scottish National Gallery；见836页地图；☎0131-624 6200；www.nationalgalleries.org；The Mound; ◎周五至周三 10:00~17:00, 周四 至19:00; ☐所有前往Princes St的大巴; ☐Princes St）**免费** 这座威严的古典建筑有着爱奥尼亚式的门廊，其历史可追溯到1850年，由威廉·普雷菲尔（William Playfair）设计。里面八边形的房间使用天窗采光，内部已经恢复了曾经维多利亚式的装修风格，配有深绿色的地毯和暗红色的墙壁。美术馆内存有重要的欧洲艺术藏品，时间跨度从文艺复兴直至后印象主义，包含韦罗基奥（达·芬奇的老师）、丁托列托、提香、霍尔拜因、鲁本斯、凡·戴克、弗美尔、格雷考、普桑、伦勃朗、庚斯博罗、特纳、康斯特勃、莫奈、毕沙罗、高更以及塞尚等名家的作品。

夏洛特广场　　　　　　　　　　　　广场

（Charlotte Square；见842页地图; ☐19,

New Town 新城

◎ **重要景点**
1 苏格兰国立肖像美术馆..................E2

◎ **景点**
2 彭斯纪念碑.................................... H3
3 布特大厦.. B3
4 卡尔顿山...................................... G2
5 夏洛特广场................................... B4
6 邓巴巷花园................................... H4
7 乔治庄园.. B3
8 国家纪念碑................................... G3
9 登记大楼....................................... F3
10 苏格兰皇家学院........................... D4
11 司各特纪念碑.............................. E4

◎ **活动、课程和团队游**
苏格兰人宗谱研究中心 ....（见9）

◎ **住宿**
12 14 Hart Street............................. F1
13 Angels Share Hotel.................... B4
14 Balmoral Hotel............................ F3
15 Code Pod Hostel........................ C3
16 Edinburgh Central SYHA.......... G1
17 Gerald's Place............................ D2
18 Haystack Hostel......................... E3
19 Principal....................................... B4
20 Tigerlily.. B4
21 Two Hillside Crescent G1

◎ **就餐**
22 Bon Vivant................................... C3
23 Broughton Deli............................ E1
24 Contini... C3
25 Dishoom.......................................E3
26 Dogs... D3
27 Dome.. D3
28 Fishers in the City...................... C3
29 Gardener's Cottage G1
30 Henderson's................................ D3
31 Howie's... F3
32 L'Escargot Blanc........................ A4
33 Mussel Inn................................... D3
Number One..............................（见14）
34 Paul Kitching 21212................... G2
35 Urban Angel................................. D3

◎ **饮品和夜生活**
36 Abbotsford.................................. D3
37 Artisan Roast............................... F1
38 Bramble.. D3
39 Café Royal Circle Bar................. E3
40 Cumberland Bar.......................... D1
41 Guildford Arms............................ E3
42 Kenilworth.................................... C4
43 Lucky Liquor Co.......................... C3
Lulu..（见20）
44 Oxford Bar................................... B3

◎ **娱乐**
45 CC Blooms................................... F2
46 Edinburgh Playhouse................. F2
47 Jam House................................... D2
48 Stand Comedy Club................... E2
Voodoo Rooms..........................（见39）

◎ **购物**
49 21st Century Kilts...................... D3
50 Edinburgh St James................... F2
51 Galerie Mirages.......................... A1
52 Golden Hare Books.................... B1
53 Harvey Nichols........................... E3
54 Jenners.. E3
55 毛特里步行街.............................. E3
56 Stockbridge Market................... B2
57 Waverley Mall.............................. E3

36, 37, 41, 47）George St西端是新城区的建筑瑰宝；夏洛特广场由罗伯特·亚当于1791年设计，他之后便不久于人世。广场北侧是亚当的杰作，也是乔治王朝时代的建筑典范之一。No 6中心的**布特大厦**（Bute House；见842页地图）是苏格兰首席大臣的官邸。

乔治庄园 历史建筑

（Georgian House，苏格兰国民信托组织景点；见842页地图；www.nts.org.uk; 7 Charlotte Sq; 成人/儿童 £8/6; ◎4月至10月 10:00~17:00, 3月和11月 11:00~16:00, 12月1日至16日 周四至周日 11:00~16:00; ▣19, 36, 37, 41, 47）苏格兰国民信托组织（National Trustfor Scotland）旗下的乔治庄园经过精美的修复和装潢，展示着18世纪末爱丁堡富裕的精英阶级的生活方式。房屋墙壁上装饰有艾伦·拉姆齐、亨利·莱本爵士和约书亚·雷诺兹爵士的画作，还有设备齐全的18世纪厨房，包括瓷器柜和酒窖。

苏格兰皇家学院 画廊

（Royal Scottish Academy；见842页地图；▣0131-225 6671; www.royalscottishacademy.org;

The Mound；⊙周一至周六 10:00~17:00，周日 正午至17:00；🚇Princes St）免费 这座多里安式希腊神庙的北边有山形墙，上面是维多利亚女王的坐像，里面是苏格兰皇家学院。该建筑由威廉·普雷菲尔设计，建于1823~1836年，最初名为皇家研究所（Royal Institution）；1910年，苏格兰皇家学院进驻此地。美术馆展示了1831年至今的学院成员的绘画、雕塑和建筑图纸，并且全年举办临时展览（门票价格不定）。

◎ 荷里路德和亚瑟王座（Holyrood & Arthur's Seat）

★ 苏格兰议会大厦　　　　　　知名建筑

（Scottish Parliament Building；见846页地图；📞0131-348 5200；www.parliament.scot；Horse Wynd；⊙集会中 周二至周四 9:00~18:30，周一、周五和周六 10:00~17:00，休会中 周二至周四 10:00~17:00；♿；🚌6, 300）免费 苏格兰议会大厦在一座酒厂的原址上兴建，由加泰罗尼亚建筑师恩里克·米拉莱斯（Enric Miralles；1955~2000年）设计，2004年10月由女王剪彩。据说建筑的平面图代表一朵"植根于苏格兰土壤的民主之花"（最好站在索尔兹伯里峭壁上俯视）。1小时免费团队游（建议预订）包括参观辩论厅、会议室、花园大厅（Garden Lobby），以及议员（MSP）办公室。

米拉莱斯认为一座大楼也可以成为一件艺术品。但是，当这幢怪异的混凝土精品建筑最初在索尔兹伯里峭壁（Salisbury Crags）脚下出现的时候，老实本分的爱丁堡人怎么都看不出个头绪。这个东西是什么意思？从西面墙壁上形状怪异的窗户[灵感来自苏格兰著名绘画《罗伯特·沃克神父在达丁思顿湖上溜冰》（*The Reverend Robert Walker Skating on Duddingston Loch*）中神父的轮廓]，到主立面的非对称嵌板（表现一幅拉到旁边的窗帘——开放政府的标志），大厦外面的每一个古怪造型都有某种象征意义。

从公共入口进去就是议会大厅，顶棚拥有三重拱顶，不高，由光亮的水泥制成，整体感觉像山洞、地窖或城堡地穴。大厅与辩论厅（位于议会大厅正上方）相比，光线昏暗，可以说是从黑暗迈向光明——民主的光明——的历程起点。气势恢宏的辩论厅是议会大厦的核心，其设计理念并不是让坐在里面的政客们觉得荣耀，而是要让他们感到谦卑。辩论厅的窗户面对卡尔顿山，使议员们可以仰视那里的纪念碑（纪念的是苏格兰启蒙运动），而一根尖利的橡木大梁用钢丝挂在天花板上，高悬于议员头上，仿佛一把把"达摩克利斯之剑"。

大厦的公共区域包括议会大厅（Main Hall）和辩论厅的公共画廊。其中议会大厅用来举办展览，还有商店和咖啡馆。这些公共区

不要错过

卡尔顿山（CALTON HILL）

卡尔顿山（见842页地图；🚌1, 4, 5, 15, 34, 45）在王子街东端拔地而起，其顶部散布着一些恢宏的遗迹，其中大多可追溯到19世纪前半段，是爱丁堡的卫城。这里也是爱丁堡最美的景致之一：站在山顶，能将爱丁堡城堡、荷里路德、亚瑟王座、福斯湾、新城区以及整条王子街尽收眼底。希腊式的彭斯纪念碑（Burns Monument；见842页地图；Regent Rd；🚌4, 5, 3）（1830年）位于山丘南侧的Regent Rd，纪念诗人罗伯特·彭斯（Robert Burns）。

山顶最大的建筑是国家纪念碑（National Monument；见842页地图；Calton Hill；🚌1, 4, 5, 15, 34, 45），试图复制雅典的帕特农神庙，野心勃勃，旨在纪念在拿破仑战争中牺牲的苏格兰士兵。由发行公债支撑的这项工程于1822年开工建设，刚刚竖起12根柱子就资金不足。于是它被本地人叫作"爱丁堡之耻"。

山上还有建于1818年的城市天文台（City Observatory），原型是雅典的风之圣殿。最初的用途是为船舶驾驶人员提供精确的天文计时服务，不过如今则成为当代视觉艺术的绝佳空间。

Edinburgh 爱丁堡

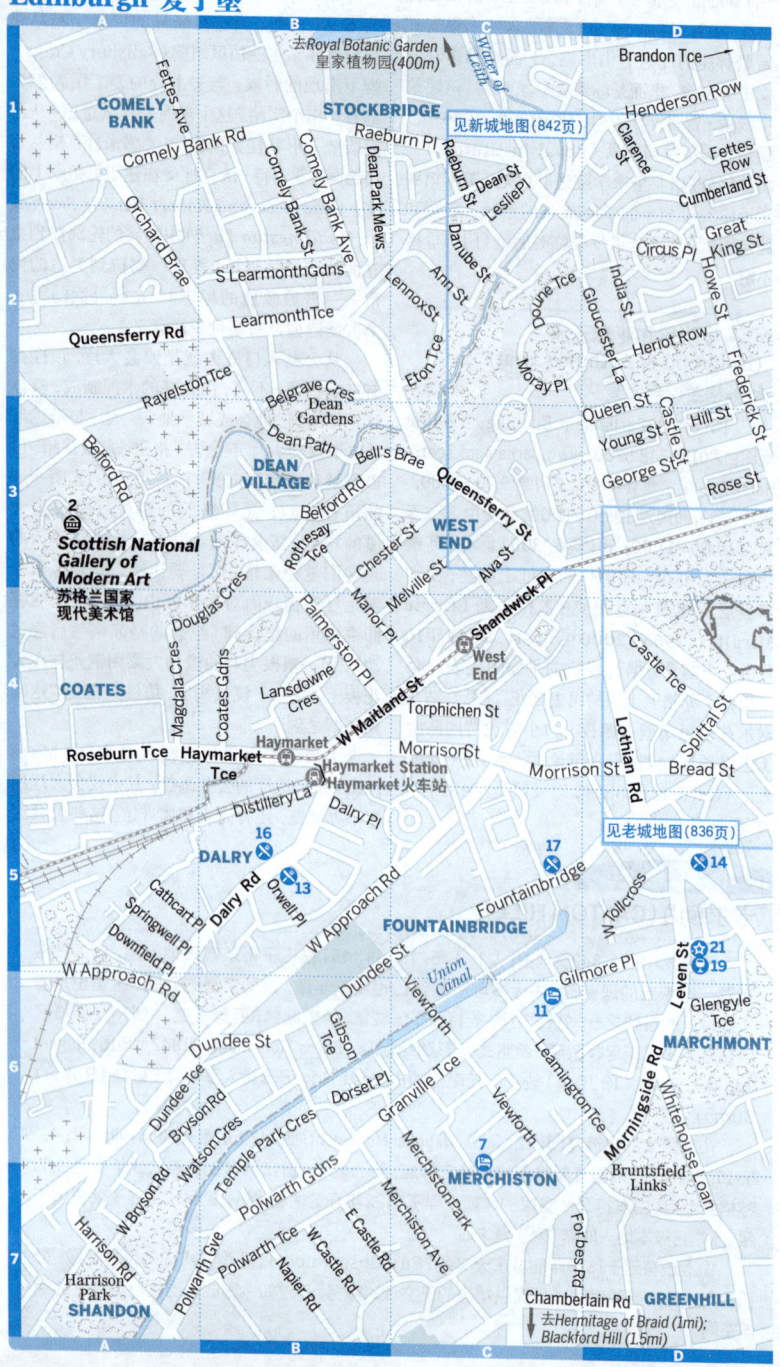

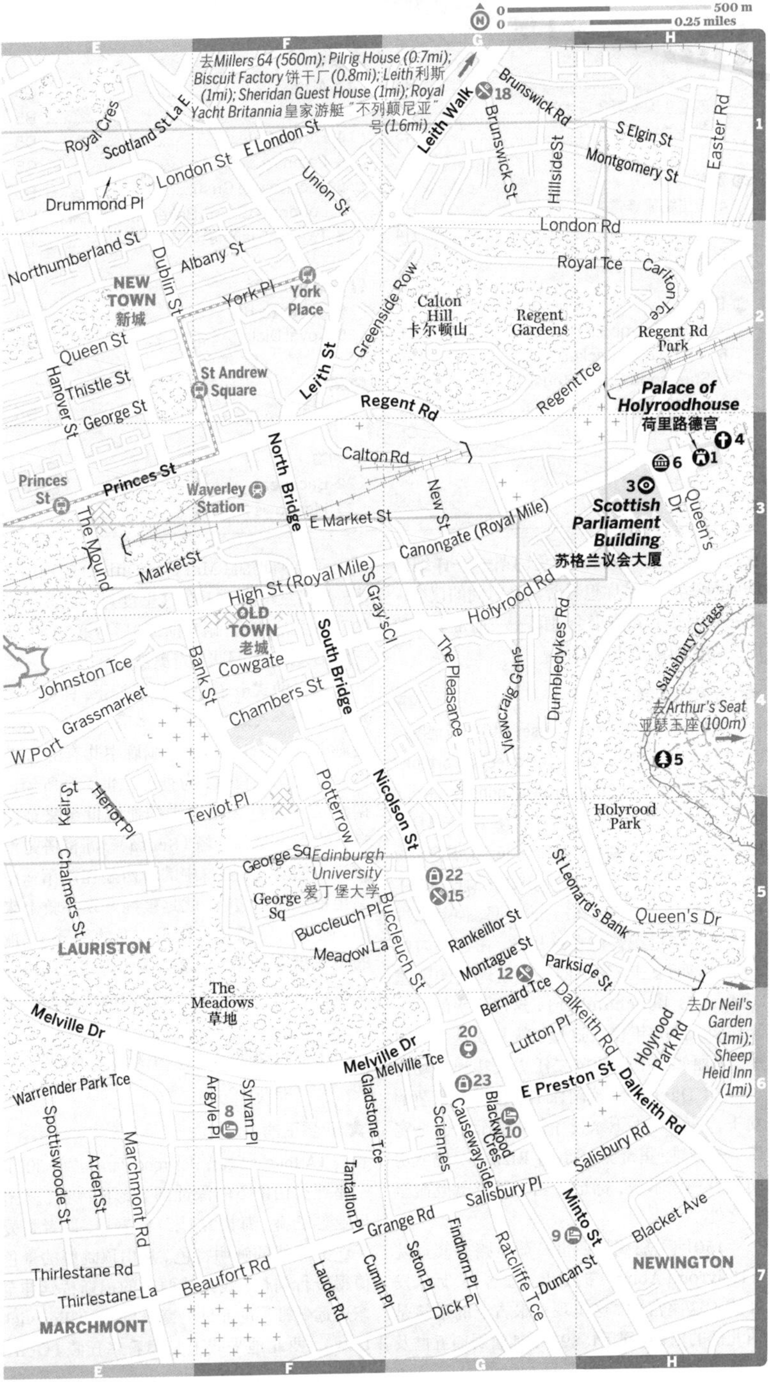
0 500 m
0 0.25 miles
E
F
G
H
1
2
3
4
5
6
7
去Millers 64 (560m); Pilrig House (0.7mi); Biscuit Factory 饼干厂 (0.8mi); Leith 利斯 (1mi); Sheridan Guest House (1mi); Royal Yacht Britannia 皇家游艇"不列颠尼亚"号 (1.6mi)
Leith Walk
18
Brunswick Rd
Brunswick St
Hillside St
S Elgin St
Montgomery St
Easter Rd
Royal Cres
Scotland St La E
E London St
London St
Drummond Pl
Union St
London Rd
Northumberland St
Albany St
Dublin St
NEW TOWN
新城
York Pl
York Place
Greenside Row
Calton Hill
卡尔顿山
Regent Gardens
Royal Tce
Carlton Tce
Regent Rd Park
Queen St
Hanover St
Thistle St
George St
St Andrew Square
Leith St
Regent Rd
Regent Tce
Palace of Holyroodhouse
荷里路德宫
4
1
6
Calton Rd
Princes St
Princes St
Waverley Station
North Bridge
New St
3
Scottish Parliament Building
苏格兰议会大厦
Queen's Dr
The Mound
E Market St
Canongate (Royal Mile)
Market St
High St (Royal Mile)
S Gray's Cl
Holyrood Rd
OLD TOWN
老城
Cowgate
South Bridge
The Pleasance
Viewcraig Gdns
Dumbiedykes Rd
Salisbury Crags
Johnston Tce
Bank St
Chambers St
Grassmarket
W Port
去Arthur's Seat 亚瑟王座 (100m)
5
Keir St
Heriot Pl
Teviot Pl
Potterrow
Nicolson St
Holyrood Park
Chalmers St
George Sq
Edinburgh University
爱丁堡大学
George Sq
22
15
St Leonard's Bank
Buccleuch Pl
Buccleuch St
Rankeillor St
Queen's Dr
Meadow La
LAURISTON
Montague St
12
Parkside St
The Meadows
草地
Bernard Tce
Dalkeith Rd
Melville Dr
20
Lutton Pl
Holyrood Park Rd
去Dr Neil's Garden (1mi); Sheep Heid Inn (1mi)
Melville Dr
Melville Tce
23
E Preston St
Dalkeith Rd
Warrender Park Tce
Argyle Pl
Sylvan Pl
8
Gladstone Tce
Sciennes
Causewayside
Blackwood Cres
10
Spottiswoode St
Arden St
Marchmont Rd
Salisbury Rd
Tantallon Pl
Salisbury Pl
Grange Rd
Findhorn Pl
Minto St
9
Blacket Ave
Seton Pl
Ratcliffe Tce
Cumin Pl
NEWINGTON
Thirlestane Rd
Beaufort Rd
Lauder Rd
Duncan St
Thirlestane La
Dick Pl
MARCHMONT

爱丁堡 景点

Edinburgh 爱丁堡

◎ 重要景点
1. 荷里路德宫 H3
2. 苏格兰国家现代美术馆 A3
3. 苏格兰议会大厦 H3

◎ 景点
4. 荷里路德修道院 H3
5. 荷里路德公园 H4
6. 女王美术馆 H3

ⓒ 住宿
7. Albyn Townhouse C6
8. Argyle Backpackers F6
9. Sherwood Guest House G7
10. Southside Guest House G6
11. Town House C6

ⓧ 就餐
12. Aizle G5
13. First Coast B5
14. Forest Café D5
15. Kalpna G5
16. Locanda de Gusti B5
17. Loudon's Café & Bakery C5
18. Twelve Triangles G1

ⓒ 饮品和夜生活
19. Bennet's Bar D5
20. Royal Dick G6

ⓧ 娱乐
21. 国王剧院 D5

ⓒ 购物
22. Backbeat G5
23. Meadows Pottery G6

域对游客开放（公共画廊免门票——详细信息见网站）。如果你想看看集会时间的议会，那就到网站上弄清集会时间——通常全年的周二到周四都是集会时间。

★ 荷里路德宫　　　　　　　宫殿

（Palace of Holyroodhouse；见846页地图；☎0303-123 7306；www.royalcollection.org.uk/visit/palace-of-holyroodhouse；Canongate, Royal Mile；成人/儿童含语音导览 £14/8.10；◎4月至10月 9:30~18:00，最后入场时间 16:30，11月至次年3月 至16:30，最后入场时间15:15；🚍6, 300）这座宫殿是皇室在苏格兰的官邸，但其名气更多来自16世纪曾住在这里的、命运多舛的苏格兰玛丽女王。游览的亮点是**玛丽的寝室**（Mary's Bedchamber），这位不幸的女王于1561~1567年住在这里。就是在这个房间里，玛丽妒火中烧的第二任丈夫达恩雷勋爵（Lord Darnley）控制住了这位怀有身孕的女王，并命其手下杀死了她的内臣，也是宠臣——戴维·里奇奥（David Rizzio）。隔壁房间里有一块木板，标记着当年里奇奥流血至死之处。

1501年，詹姆斯四世从荷里路德修道院（Holyrood Abbey）扩建出一座客栈，后来发展成了这座宫殿。这里现存最古老的建筑是西北部的塔楼，建于1529年，是詹姆斯五世及其妻子吉斯玛丽（Mary of Guise）的御用套房。苏格兰玛丽女王在这里度过了风波不断的6年：舌战约翰·诺克斯，先后与第二任和第三任丈夫成婚，目睹里奇奥被谋杀。

在自助式电子导游的带领下，你可以参观一个个令人难忘的皇室客房，最终抵达**大画廊**（Great Gallery）。画廊中共有89幅苏格兰历代国王肖像，为查理二世下令所绘，据称是要通过无懈可击的血统世系来证明自己的祖先是苏格塔（Scota）。苏格塔是埃及法老的女儿，襁褓中的摩西躺在芦苇篮中漂至尼罗河岸边时，就是被她发现并救上来的。随后游览抵达宫殿最古老的部分，玛丽的寝室就在那里，与她丈夫的卧房之间由一条密道相连，最后以荷里路德修道院的遗址终结。

王室驻跸期间，宫殿不对外开放；具体日期，查看网站。

★ 亚瑟王座　　　　　　　观景点

（Arthur's Seat；Holyrood Park；🚍6, 300）一座死火山留下的深蚀部分形成冰盖，塑造出亚瑟王座（海拔251米）的岩顶，后者是爱丁堡天际线的鲜明特色。从山顶眺望的景色值得步行前往，线路从西边的福斯桥延伸至东边远处锥形的北贝里克山（North Berwick Law），西北地平线上是奥希尔丘陵（Ochil

Hills)和高地（Highlands）。你还可以从荷里路德徒步至山顶，大约需要45分钟。

荷里路德公园 公园

（Holyrood Park；见846页地图；🚌6, 300）荷里路德公园赋予了爱丁堡市中心一丝荒野的味道。公园原是苏格兰国王的猎场，占地263公顷，地貌多样，包括岩石峭壁、高沼地和湖（loch），以及**亚瑟王座**海拔251米的山峰。你可乘车或骑车沿Queen's Dr环游公园。

尼尔博士花园 花园

（Dr Neil's Garden；📞07849 187995；www.drneilsgarden.co.uk；Old Church Lane, Duddingston Village；⏰10:00至黄昏；🚌42）**免费** 爱丁堡最典型的秘密花园，位于一座12世纪教堂的阴影下，是苏格兰较宁静的绿地之一。20世纪60年代，安德鲁（Andrew）博士和南希·尼尔（Nancy Neil）博士在亚瑟王座山坡与达丁顿湖（Duddingston Loch）零散的一片荒野中栽培植物，包括松柏、石楠和高山植物，还建成一座非凡的草药园。找一张长椅坐下，感受这个特殊地方适合沉思的氛围。

女王美术馆 画廊

（Queen's Gallery；见846页地图；www.royalcollection.org.uk/visit/the-queens-gallery-palace-of-holyroodhouse；Horse Wynd；成人/儿童 £7/3.50，包括荷里路德宫 £17.50/10；⏰4月至10月 9:30~18:00，最后入场时间 16:30，11月至次年3月 至16:30，最后入场时间 15:15；🚌6, 300）这座令人惊叹的现代美术馆占据从前的教堂和学校建筑，展示皇家收藏（Royal Collections）的艺术品。展览每隔6个月左右更换；关于当前的详细信息，可以查询网站。

荷里路德修道院 修道院

（Holyrood Abbey；见846页地图；www.historicenvironment.scot/visit-a-place/places/holyrood-abbey；Canongate；包括荷里路德宫免费；⏰4月至10月 9:30~18:00，最后入场时间 16:30，11月至次年3月 至16:30，最后入场时间 15:15；🚌6, 300）1128年，大卫一世在索尔兹伯里崖（Salisbury Crags）的山影中修建了这座修道院。它的名字据说被认为是大卫的母亲圣玛格丽特（St Margaret）带回苏格兰的真十字架（True Cross；"rood"在苏格兰古语中意为十字架）碎片。大部分遗迹可以追溯至12世纪和13世纪，不过东南角的门廊是原诺曼教堂的遗存。持荷里路德宫（见848页）的门票可以进入这里。

👁 利斯（Leith）

利斯自14世纪以来便是爱丁堡的海港，但在第二次世界大战后的几十年里陷入衰败。如今，它正在稳步复苏，旧仓库变身豪华公寓，通往海运大厦（Ocean Terminal）的海滨地带如雨后春笋般涌现出一大批前卫酒吧和餐馆，还有新建的大型购物休闲中心，以及曾经的皇家游艇"不列颠尼亚"号。

⭐ 皇家游艇"不列颠尼亚"号 船

（Royal Yacht Britannia；www.royalyachtbritannia.co.uk；Ocean Terminal；成人/儿童 含语音导览 £16/8.50；⏰4月至9月 9:30~18:00，10月 至17:30，11月至次年3月 10:00~17:00，关门前1.5小时内禁止登船；🅿；🚌11, 22, 34, 36, 200, 300）曾经的皇家游艇"不列颠尼亚"号造于Clydeside，从1953年首航到1997年退役，一直都是英国王室海外旅行期间的漂流式假屋，如今永久地停泊在海运大厦（见869页）前。带上一个电子导游器（有30种语言可选），按着自己喜欢的节奏游览游艇，探索皇室的日常生活，也让你了解到女王的一些非常有趣的私人喜好。

"不列颠尼亚"号是20世纪50年代装潢的丰碑，卧室风格也表明女王偏爱简单而不矫情的环境。但说到游艇的管理，那可非常不简单，相当讲究。女王每次出游，船上会有45名王室成员陪同，行李重达5吨，甲板上还专门建造了一间狭小车库，用来精心守护女王的劳斯莱斯。船上有一名海军将军、20名军官和220多名船员。

甲板（由缅甸柚木制成）每天都要擦洗，但在女王御用房间周边进行的一切工作都不能发出任何声响，而且必须在8:00前完成。女王的浴室中配有一个温度计，来确保洗澡水温度恰到好处。而且游艇在港口停泊期间，有一个船员专门负责确保舷梯的角度保持在12度以内。值得一提的是，在舰桥前的观景甲板上有一块挡风板：这个装置是为了阻挡不懂"规矩"的微风掀起女王的裙边，在不经意间曝光了御用内衣。

2010年，"不列颠尼亚"号有了一个新"伴儿"，一艘20世纪30年代的赛艇"猎犬"号（Bloodhound）。赛艇在20世纪60年代曾为女王所有。现在，"猎犬"号就泊在"不列颠尼亚"号旁边（除7月、8月，此时赛艇巡航至他处），与其他展品一同揭示了王室家族对于与航海有关的一切事物的热爱。

"皇家观光"（见852页）的巴士在船只开放时间内从威弗利桥（Waverley Bridge）前往"不列颠尼亚"号。

爱丁堡雕塑工坊　　　　　　　　艺术中心

（Edinburgh Sculpture Workshop；0131-551 4490；www.edinburghsculpture.org；21 Hawthornvale；周一至周六 9:30~17:00；P；7, 11）免费 坐落于旧铁路侧轨的这幢顶级建筑是第一座专为英国雕塑开设的艺术中心，定期举办展览、论坛和课程。参观的时候可以在Edinburgh's Milk经营的一流咖啡馆吃午餐，还可以沿连接利斯江岸步道的霍索恩韦尔（Hawthornvale）小路上散步。

海滨　　　　　　　　　　　　　　景区

（The Shore；16, 22, 36, 300）利斯最迷人的地方就是利斯江岸旁边这条酒馆和餐馆林立的海滨鹅卵石街道。在19世纪修建其他码头之前，这里曾是利斯最初的码头。No 30门口的铁匾记录"国王登陆"——乔治四世（1650年查理二世以后第一位来到苏格兰的英国在位君主）1822年的上岸地点。

饼干厂　　　　　　　　　　　　艺术中心

（Biscuit Factory；0131-629 0809；www.biscuitfactory.co.uk；4-6 Anderson Pl；10:00~17:00；11, 36）利斯时尚界最近又多了一个创意艺术中心，位于旧饼干厂内，也是Edinburgh Gin第二座酿酒厂的所在。活动包括美食集市、各种夜店之夜等。这里尚处于发展的初期阶段，不过已经计划在这栋两层楼内开设20间工作室、一家咖啡馆和酒吧，还有屋顶的社区花园。

大爱丁堡地区
(Greater Edinburgh)

★皇家植物园　　　　　　　　　　花园

（Royal Botanic Garden；0131-248 2909；

值得一游

苏格兰国家现代美术馆
（SCOTTISH NATIONAL GALLERY OF MODERN ART）

爱丁堡主要的现代艺术美术馆（见846页地图；0131-624 6200；www.nationalgalleries.org；75 Belford Rd；10:00~17:00；13）免费 位于迪恩村以西500米左右，四周风景优美。除了展示苏格兰后印象派流行彩色画家的优秀画作以外——莱斯利·亨特（Leslie Hunter）在《巴洛赫倒影》（Reflections, Balloch）中施展出不可思议的技巧，让苏格兰看起来像是法国南部——美术馆还是沿利斯步道散步的起点。有些展览收费。

名为Modern One的主要展览集中表现20世纪艺术，包括以马蒂斯、毕加索、柯克纳、马格里特、米罗、蒙德里安和贾科梅蒂为代表的各场欧洲艺术运动。虽然也有美国和英国艺术家，但大部分空间留给了苏格兰画家——从20世纪初叶的苏格兰色彩画家，到彼得·豪森（Peter Howson）和肯·柯里（Ken Currie）等当代艺术家。

楼下有一家很棒的咖啡馆（www.heritageportfolio.co.uk/cafes；主菜 £5~7；周一至周五 9:00~16:30，周六和周日 10:00~16:30；），附近的公园以亨利·摩尔（Henry Moore）、雷切尔·怀特瑞德（Rachel Whiteread）和芭芭拉·赫普沃斯（Barbara Hepworth）等人的雕塑为特色，还有查尔斯·詹克斯（Charles Jencks）的"地形艺术品"以及2014年作为"茅屋项目"（Bothy Project；www.thebothyproject.org）的一部分建设的质朴木屋和展览空间：猪岩茅屋（Pig Rock Bothy）。

美术馆后面的小路和台阶通往利斯江岸步道，你可以沿着河边小路步行4英里前往利斯。

www.rbge.org.uk; Arboretum Pl; ◎3月至9月 10:00~18:00, 2月和10月 至17:00, 11月至次年1月 至16:00; 🚌8, 23, 27) 免费 爱丁堡的皇家植物园是英国第二古老的植物园(最老的是牛津),也是世界上较受重视的植物园之一。植物园于1670年建于荷里路德附近,1823年迁到现在的位置,占地70英亩,景观优美,内有气派的**维多利亚风格温室**(门票£6.50)、缤纷的杜鹃花和映山红花丛,还有一个世界知名的石头花园(rockgarden)。花园的另一个入口位于20a Inverleith Row。

John Hope Gateway游客中心位于一座引人注目的环保建筑中,俯瞰着Arboretum Pl的正门,有关于生物多样性、气候变化和可持续发展的展览,并展有植物园收藏的珍稀植物,还有一个特别设立的生物多样园。

爱丁堡动物园　　　　　　　　　　　　动物园

(Edinburgh Zoo; ☎0131-334 9171; www.edinburghzoo.org.uk; 134 Corstorphine Rd; 成人/儿童£19.50/9.95; ◎4月至9月 10:00~18:00, 10月至次年3月 至17:00, 11月至次年2月 至16:00; 🅿; 🚌12, 26, 31)爱丁堡动物园开放于1913年,是一所世界领先的保护型动物园。爱丁堡的人工培育计划已经帮助拯救了许多濒危物种,包括西伯利亚虎、倭河马和小熊猫等。最值得看的包括两只2011年12月来到这里的**大熊猫**——甜甜和阳光,以及**企鹅游行**(即动物园的企鹅每天14:15会出来放放风)。动物园距市中心西2.5英里。

罗利斯顿城堡　　　　　　　　　　　　城堡

(Lauriston Castle; ☎0131-336 2060; www.edinburghmuseums.org.uk/Venues/Lauriston-Castle; 2a Cramond Rd S; 成人/儿童£5/3, 花园免费; ◎花园 4月至9月 8:00~20:00, 10月至次年3月 至17:00, 城堡游 14:00; 🅿🚻; 🚌16, 21, 27, 29, 37, 41, 42)罗利斯顿城堡拥有苏格兰最令人瞩目的爱德华时代风格内饰,各种装饰元素都可追溯至16世纪。最初的布局设计由威廉·普雷菲尔在19世纪40年代完成,作为20世纪20年代送给这个国家的礼物,美丽的花园依旧免费向公众开放。意大利园和日本园宁静宜人,俯瞰福斯湾和克拉蒙德岛(Cramond Island)的风景壮丽,适合野餐。

🏃 活动

爱丁堡的幸运之处在于城市里面有不少很棒的步行区域,包括亚瑟王座(见848页)、卡尔顿山(见845页)、**布莱克福德山**(Blackford Hill; Charterhall Rd; 🚌24, 38, 41)、**布雷德秘境**(Hermitage of Braid; www.fohb.org; 🚌5, 11, 15, 16)、**科斯托菲尼山**(Corstor-phine Hill; www.corstorphinehill.org.uk; Clermiston Rd N; 🅿; 🚌26)以及**克拉蒙**(🚌41)那里的海岸和河岸。**潘特兰山**(www.pentlandhills.org) 免费 的海拔高达500多米,从市区向西南延伸超过15英里,非常适合进行初高级水平的徒步。

你可以从市中心出发,沿**利斯江岸步道**(Water of Leith Walkway; www.waterofleith.org.uk/walkway)到达巴乐诺(Balerno, 8英里),然后继续前进穿过潘特兰地区(Pentlands)前往西佛伯恩(Silverburn; 6.5英里)或卡洛浦(Carlops; 8英里),最后乘巴士返回爱丁堡。另一个不错的选择是**联合运河**(Union Canal)的纤夫路,起点在泉桥(Fountainbridge),一路直抵法尔科克(Falkirk, 31英里)。你可以从拉索(Ratho; 8.5英里)或布罗克斯本(Broxburn; 12英里)乘坐长途汽车或者从林利思戈(Linlithgow; 21英里)乘长途汽车或火车返回爱丁堡。

The Scottish Rights of Way & Access Society(☎0131-558 1222; www.scotways.com)提供关于苏格兰步行小径和通行权利的信息和建议。

👆 团队游

步行游

爱丁堡有许许多多步行游项目,可以让人按照主题探索这座城市,还有不少随上随下的巴士游,往来于城内各大景点之间。

爱丁堡文学酒馆游　　　　　　　　　　步行

(Edinburgh Literary Pub Tour; www.edinburghliterarypubtour.co.uk; 成人/学生£14/10; ◎5月至9月 每天19:30, 10月至次年4月 日期有限)观光时长两小时,带你了解爱丁堡的文学史,以及搜寻与之息息相关的小酒馆(howff),令人受益匪浅。导游克拉特(Clart)和麦克布雷恩(McBrain)两位先生非常风趣。这是爱丁堡最棒的徒步游之一。

亡灵之城游
步行

（City of the Dead Tours; www.cityofthedeadtours.com; 成人/特价 £11/9；⏰复活节至10月21:00，11月至次年复活节 20:30）这场在灰衣修士墓园的夜间游览很可能是爱丁堡众多"鬼魂"观光中最吓人的一个。许多参加过的人都宣称自己见到了"促狭鬼麦克坎兹"（Mackenzie Poltergeist）。他原本是17世纪的一位法官，迫害了许多盟约派人士，死后便在墓园一角出没，骚扰着当初关押盟约派人士的监牢。不适合12岁以下的孩子参加。

不为人知的爱丁堡
步行

（Invisible Edinburgh; ☎07500-773709; www.invisible-cities.org; 每人 £10）这项探险活动把流浪汉培训成导游，带你探索城市的另一面。团队游主题包括"罪与罚"（Crime & Punishment; 包括布克和海尔）和"女强人"（Powerful Women; 从玛吉·迪克森到J.K.罗琳）。必须预订；具体时间可查看网站。

凯迪与巫术之旅
步行

（Cadies & Witchery Tours; 见836页地图；☎0131-225 6745; www.witcherytours.com; 84 West Bow; 成人/儿童 £10/7.50; ⏰全年 19:00, 外加 4月至9月 21:00; 🚶2）披着斗篷、面色惨白的亚当·莱奥（Adam Lyal; 已故），将带领着你踏上"谋杀与谜团之旅"（Murder & Mystery），探访老城区阴森的角落。这里组织的观光游很有名气，因为会有装扮过的演员（叫作"jumper-ooter"）出其不意地跳出来吓唬你。

猜火车游
步行

（Trainspotting Tours; www.leithwalks.co.uk; 每人 £7.50，最低费用 £15）团队游的地点来自欧文·威尔士（Irvine Welsh）1993年的著名小说《猜火车》（Trainspotting）及1996年的改编电影，全程充满智慧和热情。少儿不宜。

瑞布斯观光
步行

（Rebus Tours; ☎0131-553 7473; www.rebustours.com; 每人 £15; ⏰周六中午）小说家伊安·兰金（Ian Rankin）笔下的侦探约翰·瑞布斯（John Rebus）经常出没于爱丁堡一些不为人知的角落。一场两小时的导览游，将会用于探索这些地方。10岁以下儿童不建议参加。

集市观光
步行

（Mercat Tours; 见836页地图；☎0131-225 5445; www.mercattours.com; Mercat Cross; 成人/儿童 £13/8; 🚶35）这里提供各种诱人的历史徒步游和"孤魂野鬼"（Ghosts & Ghouls）游，但最有名的是参观南桥（South Bridge）下方闹鬼的隐蔽地穴。团队游从集市御碑（见839页）出发。

巴士游

皇家观光
巴士

（Majestic Tour; www.edinburghtour.com; 成人/儿童 £15/7.50; ⏰除12月25日外 全年每日）每15～20分钟1班，自由上下车，从威弗利桥出发，经由新城区、皇家植物园和纽黑文前往海运大厦那里的皇家游艇"不列颠尼亚"号。返程时途经利斯步道（Leith Walk）、荷里路德和皇家大道。

城市观光
巴士

（City Sightseeing; www.edinburghtour.com; 成人/儿童 £15/7.50; ⏰除12月25日外 全年每日）亮红色的敞篷巴士老城游和新城游，每20分钟1班从威弗利桥出发。

✱节日和活动

爱丁堡除夕
新年

（Edinburgh's Hogmanay; ☎0131-510 0395; www.edinburghshogmanay.com; 街头派对门票 £21; ⏰12月30日至1月1日）爱丁堡除夕是欧洲最大的冬季节日，活动包括火把游行、大型街道派对以及于新年第一天举行的著名的"疯人游泳狂欢"（Loony Dook; 冻人的海洋游泳活动）。12月31日20:00以后进入市中心的主庆祝区需购票，一定要早早订票。

幻想艺术节
表演艺术节

（Imaginate Festival; ☎0131-225 8050; www.imaginate.org.uk; 5月下旬至6月上旬）英国最大的儿童表演艺术节，幻想艺术节长达一

周，活动适合3~12岁的儿童。届时会有世界各地的演出团体前来，表演内容既有《韩赛尔与格蕾特》(Hanseland Gretel) 这种经典童话故事，又有专为小观众们创作的新剧目。

爱丁堡国际电影节　　　　电影节
(Edinburgh International Film Festival; ☎0131-623 8030; www.edfilmfest.org.uk; ◐6月) 电影节原是爱丁堡节(Edinburgh Festival)的三个分节日之一，于1947年首次与爱丁堡国际艺术节(见本页)和爱丁堡边缘艺术节共同举办。现在，为期两周的六月电影节成了一个国际盛会，展映英国和欧洲的新电影，还会有一两部好莱坞大片的欧洲首映式在此举行。

皇家高地展　　　　博览会
(Royal Highland Show; ☎0131-335 6200; www.royalhighlandshow.org; Royal Highland Centre, Ingliston; 6月下旬; ◐成人/儿童£29/免费) 这是苏格兰人气超高的全国性农业展，为期4天，只要和"农"字沾边的活动都有，从马术障碍赛和开拖拉机比赛，到剪羊毛和猎鹰比赛，无所不包。不可计数的围栏里有"精心打理"的牛仔竞技用牛和"打扮精致"的获奖绵羊。高地展在大周末举行(从周四到周日)。

苏格兰艾尔啤酒节　　　　啤酒节
(Scottish Real Ale Festival; www.sraf.camra.org.uk; Corn Exchange, Chesser Ave; 6月下旬或7月上旬) 苏格兰最大的啤酒节是"酿造之物"的盛宴，让你有机会品尝各类苏格兰乃至全世界以传统方式酿造的啤酒，能让你幸福得"冒泡"。6月或7月的某个长周末举行。

爱丁堡美食节　　　　美食节
(Edinburgh Food Festival; www.edfoodfest.com; ◐7月) 为期四天的节日，主要地点在乔治广场花园(George Square Gardens)，在爱丁堡边缘艺术节开幕式之前举办，活动丰富多彩，包括座谈会、厨艺展示、品尝体验、小吃摊及娱乐项目等。

爱丁堡国际爵士乐与蓝调音乐节　　　　音乐节
(Edinburgh International Jazz & Blues Festival; ☎0131-473 2000; www.edinburghjazzfestival.com; ◐7月) 音乐节于1978年首次举办，每年一次，聚集了全世界的顶级音乐人，时间比爱丁堡边缘艺术节和爱丁堡军乐节(见本页)早一周，于周五开始，为期9天。节日开始后的第一个周末在王子街上有个狂欢游行，当天下午在王子街花园里还有免费的露天音乐表演。

爱丁堡边缘艺术节　　　　表演艺术节
(Edinburgh Festival Fringe; ☎0131-226 0026; www.edfringe.com; ◐8月) 当第一届爱丁堡国际艺术节于1947年举办时，有8个剧团没能在主要活动中抢得一席之地。他们并未知难而退，反倒"抱团儿"在"边缘"地带举行了一个自己的迷你节，爱丁堡的这个新节日就这样诞生了。今天，爱丁堡边缘艺术节是世界上最大的表演艺术节。

爱丁堡军乐节　　　　军乐节
(Edinburgh Military Tattoo; ☎0131-225 1188; www.edintattoo.co.uk; ◐8月) 军乐节活动包括军乐队游行、管弦鼓乐集体表演、杂耍、啦啦队、独轮车表演等，全部表演都在夜间，以灯火通明、恢宏气派的爱丁堡城堡为背景进行，非常壮观。按照传统，每个节目表演结束时都有一名风笛吹奏手在灯火辉煌的城垛吹奏一曲悼歌。节日在每年8月的前三周举行。

爱丁堡国际艺术节　　　　表演艺术节
(Edinburgh International Festival; ☎0131-473 2000; www.eif.co.uk; ◐8月至9月) 音乐节于1947年首次举办，是为了庆祝第二次世界大战苦难的结束、国家重享太平。音乐节有多个"世界之最"——世界最老牌、最大型、最有名以及最棒的音乐节。最初规模不大的爱丁堡国际艺术节今天已能吸引到数百名世界顶级音乐人和表演艺术家，在三周的时间里为人们奉上各种各样的音乐、歌剧、戏剧和舞蹈表演。

住宿

爱丁堡提供各种住宿选择，从位于漂亮的维多利亚别墅和乔治时期风格洋房里面价格适中的客栈，到昂贵时髦的精品酒店，应有尽有。这里还有许多连锁酒店，以及一些宏伟古宅中无比非凡的酒店。经济型住宿方面，也不缺少青年旅舍和独立背包客青旅,经常提供便宜的双人间和标准间。

🛏 老城区

Budget Backpackers 青年旅舍

(见836页地图;☎0131-226 6351;www.budgetbackpackers.com;9 Cowgate;铺£17~24,标双£68;@⑤;🚌2)这个有趣的地方有不少额外优势,包括自行车寄存、台球桌、洗衣房和好玩放松的休闲室。多花一点钱,可以住进四床位宿舍,不过大宿舍的性价比很高。唯一的缺点是周末会涨价,除此以外,这里不失为一处极好的住处。

Safestay Edinburgh 青年旅舍 £

(见836页地图;☎0131-524 1989;www.safestay.com;50 Blackfriars St;铺£34~40,标£139;@⑤;🚌300)旅舍大而现代,在气氛愉悦的咖啡馆里,你可以购买早餐。现代化设施包括房卡,以及手机、MP3和笔记本充电站。每个房间都配有储物柜,旅舍自带一个大酒吧,而且地处市中心,就在皇家大道旁,这些让这里成了年轻的派对狂人的钟爱之地,别指望晚上会安静。

Kickass Hostel 青年旅舍 ££

(见836页地图;☎0131-226 6351;https://kickasshostels.co.uk;2 West Port;铺£20~25,标双£74;@⑤;🚌2)这里的主要优势是物有所值,地段优越(步行5分钟就能抵达城堡),意外之喜是艳丽的内饰、便宜的咖啡馆兼酒吧和热心的员工。铺位有免费储物柜、床头灯和手机充电器等。

★ Witchery by the Castle 民宿 £££

(见836页地图;☎0131-225 5613;www.thewitchery.com;Castlehill;套£345起;🅿;🚌23, 27, 41, 42)Witchery位于老城区内爱丁堡城堡旁一座建于16世纪的房屋中,9间奢华的哥特式套房奢侈地布置有古董、橡木嵌板、挂毯、火炉、四柱大床和卷边浴缸,还提供鲜花、巧克力和免费的香槟。超级受欢迎——你必须提前好几个月预订才能确保有房。

Adagio Aparthotel 公寓 £££

(见836页地图;☎0131-322 8299;www.adagio-city.com;231 Canongate;双£214起;

🅿⑤;🚌6, 300)全球公寓酒店连锁品牌之一,这个地方提供设备齐全的豪华公寓,可住2~4人,地段优越,位于皇家大道上,从威弗利火车站步行过来仅需10分钟。

Grassmarket Hotel 酒店 £££

(见836页地图;☎0131-220 2299;www.grassmarkethotel.co.uk;94-96 Grassmarket;标单/双/标三£144/167/248起;⑤;🚌2)一家古怪但讨喜的酒店,位于老城区中心格拉斯哥广场的一幢老宅,卧室的墙上贴着《丹迪》(Dandy;DC Thomson发行于邓迪的一份漫画刊物)的头版封面,咖啡吧提供苏格兰Tunnock茶点和无酒精饮料。直接在网站订房有时可享受优惠价格。

🛏 新城区

Code Pod Hostel 青年旅舍 £

(见842页地图;☎0131-659 9883;www.codehostel.com;50 Rose St N Lane;铺£25起,双£99;⑤;🚌Princes St)这家高档青年旅舍正位于新城区中心,既有漂亮的设计装饰,又有新颖的睡眠舱,后者与上下铺相比,私密性更高(每间宿舍4~6人,都带套内淋浴间)。另外还有名为Penthouse的双人豪华公寓,包括小厨房和屋顶露台。

Haystack Hostel 青年旅舍 £

(见842页地图;☎0131-557 0036;https://haystackhostels.co.uk;3 W Register St;铺£24~36;@⑤;🚌St Andrew Sq)最近经过翻新的Haystack是一家小而干净且相对安静的青旅,12人、9人和3人间置有结实的松木床铺和舒适的新床垫。这里有个小厨房和娱乐区,还有个洗衣间。地理位置优越,紧邻王子街的东端,距离火车站和客运站只有2分钟的步程。

★ Two Hillside Crescent 民宿 ££

(见842页地图;☎0131-556 4871;www.twohillsidecrescent.com;2 Hillside Cres;房间£115起;@⑤;🚌19, 26, 44)5间装修风格各异的宽敞卧室为这栋乔治王朝时代的华丽洋房锦上添花——"高级房"带两扇可以俯瞰花园的落地窗,值得多花钱入住。住客们可以前往现代时尚的餐厅,围坐在大桌子旁边享用早

★ 14 Hart Street　　　　　　民宿 ££

（见842页地图；☎07795 203414；http:// 14hartstreet.co.uk；14 Hart St；标单/双 £115/125；☎；🖥8）14 Hart Street位于市中心，适合儿童，散发出乔治王朝时代的优雅和旧爱丁堡的魅力。由一对退休夫妇经营，这家民宿有三个宽敞的卧室，都带有套内卫生间，还有一间豪华餐厅，客人们可以自己定下时间，在此享用早餐。每个房间都有威士忌和酥饼，堪称令人舒心的意外之喜。

Gerald's Place　　　　　　民宿 ££

（见842页地图；☎0131-558 7017；www. geraldsplace.com；21b Abercromby Pl；双 £89~149；@☎；🚌23, 27）老板格拉尔德（Gerald）无比迷人，乐于助人，他的乔治王朝风格花园公寓（只有两间客卧，都有独立卫生间）非常优美，地段优越，对面就是宁静的公园，从市中心步行即可轻松抵达。旺季最少要住三晚（仅收现金或支票；不能使用信用卡）。

★ Principal　　　　　　　精品酒店 £££

（见842页地图；☎0131-341 4932；www.phcom pany.com/principal/edinburgh-charlotte-square；38 Charlotte Sq；房间 £245起；P☎；🚌所有前往 Princes St的大巴）新城区传统的乔治王朝风格建筑（前身是Roxburghe Hotel）经过现代翻新，让你感觉像是走进了乡村别墅的派对现场。服务友好周到，客人不会觉得被打扰，氛围随意；卧室的设计风格多用传统的粗花呢，玻璃屋顶的花园庭院非常漂亮，提供早餐。

Balmoral Hotel　　　　　　酒店 £££

（见842页地图；☎0131-556 2414；http:// balmoralhotel.grandluxuryhotels.com；1 Princes St；房间 £295起；P☎⛅；🚌所有前往Princes St的大巴）奢华的Balmoral是王子街东端的醒目地标，提供爱丁堡最优质的住宿，包括18世纪风格的套房、大理石卫生间，以及王子街和司各特纪念碑（见843页）的夕阳美景。地下室还有水疗和健身中心，包括20米的游泳池。

Angels Share Hotel　　　　酒店 £££

（见842页地图；☎0131-247 7000；www. angelssharehotel.com；9-11 Hope St；房间 £135起；☎；🚌所有前往Princes St的大巴）入住这家嘈杂的小酒店，即可置身于新城区的正中心，溜达没多远就是王子街的商店和乔治街（George St）的鸡尾酒吧。房间低调而时尚，全都装饰有苏格兰名人的大照片——只要你不介意床头上面的露露（Lulu）或罗德·斯图尔特（Rod Stewart）就没关系！

🏨 爱丁堡南部

Argyle Backpackers　　　　青年旅舍 £

（见846页地图；☎0131-667 9991；www. argyle-backpackers.co.uk；14 Argyle Pl；铺/标双 £15/54起；@☎；🚌41）旅舍涵盖3座相连的联排房，安静轻松，提供标准三人间、双人间和4~6人间（男女混住）。既有双人间和双床双人间，也有含4~10个床位的宿舍（男女混住或女性专用）。另有一间舒适的电视休息厅，一个迷人的小温室，后面还用围墙隔出了一片怡人的花园，供人夏日乘凉。

Town House　　　　　　　民宿 ££

（见846页地图；☎0131-229 1985；www. edinburghbedandbreakfast.com；65 Gilmore Pl；每人 £45~62；P☎；🚌10, 27）豪华小型民宿 Town House有5个房间，提供的居住品质和舒适程度与更大和更贵的地方相比不遑多让。这栋雅致的维多利亚式排屋有大飘窗和宽敞的卧室（都带有套内卫生间），早餐菜单有三文鱼饼和腌鱼，以及一些更普通的饭菜。

Sherwood Guest House　　民宿 ££

（见846页地图；☎0131-667 1200；www. sherwood-edinburgh.com；42 Minto St；标单/双 £75/90起；P☎；🚌所有前往Newington的大巴）Minto St民俗一条街上较具吸引力的客栈之一，由一个乔治王时期的联排房改装而成，用鲜花吊篮和灌木丛点缀。里面有6间配有独立卫浴的客房，既有历史风格，又有现代床品，还有中性色彩。

★ Southside Guest House　　民宿 £££

（见846页地图；☎0131-668 4422；www. southsideguesthouse.co.uk；8 Newington Rd；标单/双 £100/140起；☎；🚌所有前往Newington的

大巴）尽管位于一个典型的维多利亚式联排房之中，这家民宿已经超越了传统客栈的范畴，感觉更像是一家现代精品酒店。8间风格独特的客房，内饰考究，还有现代风格的家具和巧妙而大胆的色彩。早餐很丰盛，还有Buck's Fizz（混合橙汁的起泡酒）来缓解你的宿醉。

Albyn Townhouse 民宿 £££

（见846页地图；☎0131-229 6459；https://albyntownhouse.co.uk；16 Hartington Gardens；标单/双 £101/154起；P✿❄；🚌11, 15, 16, 23, 36, 45）位于时髦的布伦特菲尔德区（Bruntsfield）一条死胡同的尽头，所在的维多利亚式洋房经过翻新，这家民宿的确能够让人觉得宾至如归。设计风格并未削弱热情的氛围，老板（还有他们可爱的小狗）非常乐于提供游览等建议。

Knight Residence 公寓 £££

（见836页地图；☎0131-622 8120；www.theknightresidence.co.uk；12 Lauriston St；1/2/3卧室公寓 £130/160/240起；P✿❄；🚌2）这些现代公寓里装饰着当代艺术家的作品，带1间、2间和3间卧室的公寓（夜间可订；3间卧室的公寓最多可住7人）都有设备齐全的厨房和舒适的客厅，还有有线电视、DVD和立体音响。位于市中心的一条宁静街道，地段优越，步行几分钟即可到达格拉斯广场。

🛏 利斯

Edinburgh Central SYHA 青年旅舍 £

（苏格兰国际青年旅舍，简称SYHA；见842页地图；☎0131-524 2090；www.syha.org.uk；9 Haddington Pl；铺/标双 £23/61；@❄；🚌所有前往Leith Walk 的大巴）这家专门建造的现代青年旅舍距威弗利火车站以北半英里，紧邻利斯步道，很大（300个床位），很炫，配有自己的咖啡馆兼酒馆、自助厨房、8床位宿舍漂亮舒服，也有私人客房，还有房卡和等离子电视等现代化设备，可说是"五星级"的青年旅舍。

★ Sheridan Guest House 民宿 ££

（☎0131-554 4107；www.sheridanedinburgh.com；1 Bonnington Tce；标单/双 £85/95起；P✿❄；🚌11）藏身于新城区北部的这个小天堂的台阶两边摆着姹紫嫣红的花盆。8个卧室（都带套内卫生间）将清新的色彩与现代的家具、时尚的照明及艳丽的绘画相结合，为这栋房子乔治王朝风格的鲜明线条锦上添花。除了常见饮食以外，早餐菜单还有鸡蛋饼、枫糖薄煎饼，以及熏三文鱼炒鸡蛋。

Millers 64 民宿 ££

（☎0131-454 3666；www.millers64.com；64 Pilrig St；房间 £90~180；❄；🚌11）豪华的室内织物、多彩的垫子、时尚的浴室、鲜花，再加上爱丁堡式的好客之情，让这家维多利亚联排房民宿倍受青睐。这里只有2间卧房（节日期间最少须住3晚），因此要早早预订。

★ Pilrig House 公寓 £££

（☎0131-554 4794；www.pilrighouse.com；30 Pilrig House Close；❄每周 £945~1470；P✿❄；🚌36）❤Pilrig是一栋建于17世纪的华丽洋房，曾经是罗伯特·路易斯·史蒂文森（Robert Louis Stevenson）祖父的住宅[他在小说《诱拐》（*Kidnapped*）中提到过]。房子坐落在一条安静的死胡同的尽头，俯临着宁静的公园，提供2套豪华公寓，可以做饭，配备设备齐全的厨房和私家停车位。5月至8月，最少住7晚。

🍴 就餐

20世纪90年代以来，爱丁堡在外就餐的局面大变样。在那以前，高档餐饮就是前往Aberdeen Angus Steak House品尝大虾冷盘、（全熟）牛排和薯条，以及黑森林奶油蛋糕。现在，爱丁堡的餐厅/人口比值高过英国任何其他城市，其中包括几家米其林星级餐厅。

🍴 老城区
★ Mums 咖啡馆 £

（见836页地图；☎0131-260 9806；www.monstermashcafe.co.uk；4a ForrestRd；主菜 £9~12；❄周一至周六 9:00~22:00, 周日 10:00~22:00；❄🚻；🚌2, 23, 27, 41, 42, 300）❤这家咖啡馆主打怀旧牌，供应的简单而经典的英伦美食即便放到20世纪50年代的菜单里也毫不扎眼，比如培根煎蛋、香肠配土豆泥、牧人馅饼以及炸鱼和薯条。但是创新还是有的——食物全部选用品质上乘的当地食材现场制作。这里还有精选瓶装精酿啤酒和用苏格兰传统工艺酿造的苹果酒（cider）。

Scott's Kitchen
苏格兰菜、咖啡馆 £

（见836页地图；0131-322 6868；https://scottskitchen.co.uk；4-6 Victoria Tce；主菜£8~10；9:00~18:00；23, 27, 41, 42, 67）绿色瓷砖、棕色皮革和乔治王朝式拱形窗户为这家现代的咖啡馆平添一抹优雅的感觉。这里的苏格兰菜品一流，物有所值。早餐时可以大快朵颐（供应至11:45），包括班尼迪克蛋、培根面包卷，或者蜂蜜香蕉杏仁粥，还可以仔细品尝午餐，包括熏鳕鱼汤、炖鹿肉或哈吉斯。

Ting Thai Caravan
泰国菜 £

（见836页地图；www.tingthai-caravan.com；8-9 Teviot Pl；主菜£5~9；周日至周四 11:30~22:00，周五和周六 至23:00；2, 41, 42, 47, 67）这个地方热闹、低调，最初是一家快闪店，如今始终保持一切从简的作风，无须预订，只收现金。大餐桌旁边挤满顾客，热气腾腾的食物盛在纸盒里面，特别美味；香喷喷的咖喱、芝麻鱼酱棕榈红烧肉，还有特大号的椰子啤酒"气泡虾"。但服务态度比较高冷。

★ Cannonball Restaurant
苏格兰菜 ££

（见836页地图；0131-225 1550；www.contini.com/cannonball；356 Castlehill；主菜£15~25；周二至周六 正午至15:00和17:30~22:00；23, 27, 41, 42）历史悠久的Cannonball House位于爱丁堡城堡的滨海大街旁边，已经被改造为一家精致的餐厅（和威士忌酒吧）。孔蒂尼（Contini）家族将他们的意大利魔法施展于苏格兰传统美食，烹饪出哈吉斯配香辣腌芜菁和威士忌果酱，以及野蒜龙虾配柠檬黄油等菜肴。

Mother India's Cafe
印度菜 ££

（见836页地图；0131-524 9801；www.motherindia.co.uk；3-5 Infirmary St；菜肴£4~6；周一至周三 正午至14:00和17:00~22:30，周四至周日 正午至23:00；所有前往South Bridge的大巴）格拉斯哥倡导的简单概念在爱丁堡的这个地方俘获了人心，还有胃口：用西班牙小吃的分量呈现印度美食，不必吃撑，你就可以品尝多种多样的不同美味。备受欢迎，所以要提前订桌，以免失望而归。

David Bann
素食 ££

（见836页地图；0131-556 5888；www.davidbann.com；56-58 St Mary's St；主菜£12~14；周一至周五 正午至22:00，周六和周日 11:00~22:00；300）**免费** 如果你想让一个食肉族朋友相信斋饭可以和荤菜一样可口，一样有创意，那么就带他来这里。这里的扁豆农家馅饼、烤韭葱辣椒调味饭等菜品保证能让食肉者饭依。

Devil's Advocate
酒馆食物 ££

（见836页地图；0131-225 4465；http://devilsadvocateedinburgh.co.uk；9 Advocates Close；主菜£10~23；提供食物 正午至15:00和17:00~22:00；6, 23, 27, 41, 42）不去探索皇家大道附近的小巷，爱丁堡之行就不算圆满。如果运气好，你可以到达这家舒适的错层式酒馆兼餐厅，位于经过改造的一座维多利亚时代的泵站。菜单包括优质酒馆小吃——烤排骨在城里首屈一指。周末人满为患，需要预订。

Doric
苏格兰菜 ££

（见836页地图；0131-225 1084；www.the-doric.com；15-16 Market St；主菜£12~25；正午至次日1:00；6）爱丁堡较受欢迎的餐厅之一，这家小馆位于一层（门口楼梯在Doric Bar右侧），从王子街和皇家大道过来都很方便。木地板、白墙和红色天花板营造出时尚氛围，坐在靠窗的餐桌旁，浏览苏格兰新鲜食材汇聚的菜单之余，还可以眺望司各特纪念碑（见843页）。

Maxie's Bistro
法式小馆 ££

（见836页地图；0131-226 7770；www.maxiesbistro.com；5b Johnston Tce；主菜£11~25；正午至23:00；23, 27, 41, 42）这家烛光小馆拥有令人惬意的环境，摆放垫子的角落位于石墙和木梁之间，非常适合享用一顿舒适的晚餐，而且到了夏季，人们在午餐时段就会排队等待可以俯瞰Victoria St的露台餐桌。食物值得信赖，既有面食、牛排和炒菜，也有海鲜拼盘和每日特菜。最好预订，尤其是在夏季。

★ Grain Store
苏格兰菜 £££

（见836页地图；0131-225 7635；www.

grainstore-restaurant.co.uk; 30 Victoria St; 主菜 £18~32; ◎周一至周六 正午至14:30和18:00~21:45, 周日 正午至14:30和18:00~21:30; ◻2, 23, 27, 41, 42) 极具情调的楼上餐厅, 位于风景如画的Victoria St, Grain Store拥有当之无愧的口碑, 提供最优质的苏格兰食材, 最适合烹饪奥克尼扇贝配南瓜、栗子和烟肉, 还有炖鹿肘配黑莓、婆罗门参和羽衣甘蓝。三道菜午餐价格£16, 物超所值。

★ **Ondine**　　　　　　　　　　海鲜 £££

(见836页地图; ☎0131-226 1888; www.ondinerestaurant.co.uk; 2 George IV Bridge; 主菜£18-38, 2/3菜午餐 £19/24; ◎周一至周六 正午至15:00和17:30~22:00; ☎; ◻23、27、41、42) 这里是爱丁堡较好的海鲜餐厅之一, 食材主要使用环保养殖的鱼类。在弧形的Oyster Bar坐下, 往肚子里塞些英式炭烤生蚝(oysters Kilpatrick)、熏黑线鳕杂烩汤、芝士焗龙虾和烤贝类拼盘, 或是吃点简单的炸鳕鱼和薯条(配上薄荷豌豆泥, 以保持高雅)。

Wedgwood　　　　　　　　苏格兰菜 £££

(见836页地图; ☎0131-558 8737; www.wedgwoodtherestaurant.co.uk; 267 Canongate; 主菜£18~28, 2/3道菜午餐 £16/20; ◎正午至15:00和18:00~22:00; ◻35) ✏这家餐馆友好、低调, 座右铭是轻松自在吃美食。苏格兰食材在鞑靼牛肉配酱油鸡蛋骨髓碎辣根菜, 或五香鲅鲦鱼配泡椒柠檬脯烧茄子等菜肴中发挥创意; 菜单上面的沙拉来自厨师亲自采摘的野菜。

Witchery by the Castle　苏格兰菜、法国菜 £££

(见836页地图; ☎0131-225 5613; www.thewitchery.com; Castlehill; 主菜£23~43, 2道菜午餐 £22; ◎正午至23:30; ◻23、27、41、42) Witchery位于一栋可以追溯到1595年的商人住宅, 墙壁上有橡木镶板和豪华壁挂, 天花板低矮, 还有红色皮革座套, 这个烛光摇曳的角落显得古色古香、富丽堂皇。楼梯通向的另一间更加浪漫的餐厅, 名为秘密花园(Secret Garden)。菜单包括牡蛎、安格斯牛排等, 葡萄酒单上面有将近1000种酒水。

Tower　　　　　　　　　　苏格兰菜 £££

(见836页地图; ☎0131-225 3003; www.

🚶 步行游览
老城区巷陌

起点: 城堡前广场
终点: Cockburn St
全长: 1英里; 1~2小时

起点在 ❶ **城堡前广场** (Castle Esplanade), 这里可以让你向南望到格拉斯集市广场; 其中一个塔楼林立的四边形建筑很显眼, 那就是乔治·赫利尔特学校。从这里向城堡山和皇家大道的起点出发。

右手边的那个17世纪房屋叫作 ❷ **炮弹房** (Cannonball House), 因为墙壁上嵌着一枚铁炮弹(在面向城堡的外墙上, 往最大的两扇窗户中间稍偏下那个区域找)。炮弹被射进墙壁可不是出于愤怒。当时爱丁堡第一条自来水管线铺成, 炮弹是用来标记水面高度的: 在这个高度水便可自动流出。

街对面的那个低矮的长方形建筑(现在是家主要靠游客养活的格子呢编织作坊)原来是一个水源地, 负责老城区的饮水供给。建筑西墙上有一个青铜喷泉, 叫作 ❸ **女巫之井** (Witches Well), 纪念1479~1722年因被怀疑使用巫术而被处决的约4000名受害者(多数为女性)。

经过水源地向左沿Ramsay Lane前行。你可以看看 ❹ **拉姆齐花园**——爱丁堡较吸引人的地段之一, 这里有一座八边形建筑, 叫作拉姆齐寓所, 曾为诗人艾伦·拉姆齐的故居。19世纪末寓所周围兴建了许多公寓房。石头路在这里向右延伸开去, 经过学生公寓区, 抵达 ❺ **新学院** (New College)的塔楼。这里是爱丁堡大学神学院的所在。你可以顺便进入学院的院落, 看看那里的约翰·诺克斯(一个具有煽动力的布道者, 苏格兰新教改革领袖, 对于1560年苏格兰教会的建立功不可没)的雕像。

经过新学院后立即右转, 沿台阶走到米尔尼府(Milne's Court), 这里是一处隶属爱丁堡大学的学生公寓。从那里出来进入草坪集市, 穿过街道(略微靠左)钻进位于322-328号的 ❻ **里德府巷** (Riddell's Court), 这是一条经过修复的老城区小巷。你会感觉自己置身一个小型院落, 但你

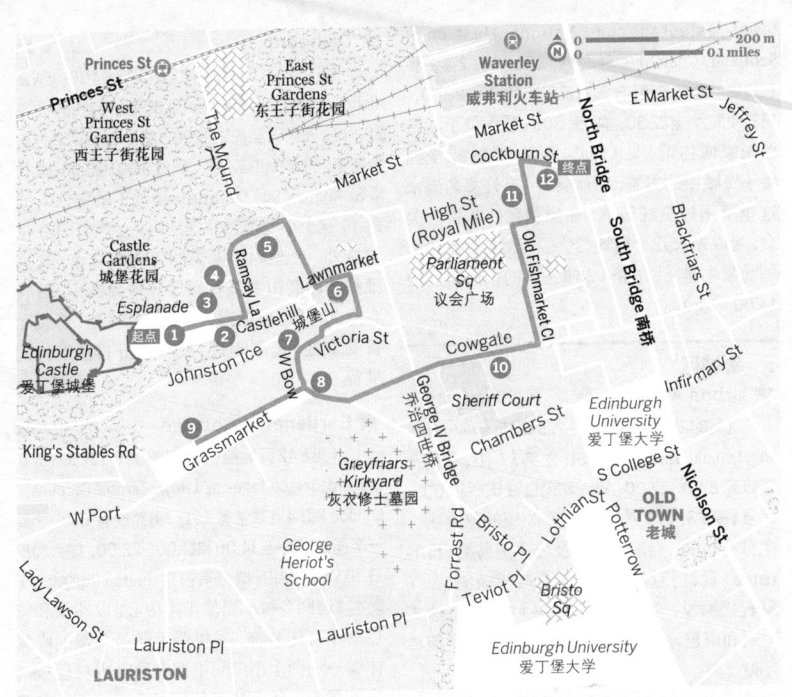

面前的那座房子（建于1590年）最初是在街道的边缘（你刚刚从下面穿过的建筑是于1726年补建的——可以看到右边门口处铭刻的日期）。穿过刻有"Vivendo discimus"（意为：我们生活并学习着）的拱顶，你便进入了原建于16世纪的院落。

回到街上，右转然后再右转，沿渔夫小巷（Fisher's Close）前行可到达店铺林立、石头铺筑的弯路Victoria St。街道两边店铺上便是令人心悦目的维多利亚联排房。漫步向右行，边走边赏景——位于联排房远端的 ❼ **Maxie's Bistro** 非常适合驻足小饮——然后走下台阶，在Upper Bow南端继续下行，前往格拉斯集市广场。在广场的东端，Maggie Dickson小酒馆外有一尊 ❽ **盟约派纪念碑**（Covenanters Monument）。17世纪，有超过100名盟约派人士在这里登上绞刑台就义。

如果你饿了，那么格拉斯集市广场有几个不错的地方可以吃饭，还有几家令人满意的小酒馆——推荐诗人罗伯特·彭斯曾光顾过的 ❾ **White Hart Inn**（见839页）。穿过乔治四世桥的桥拱，沿牛门幽暗的狭径东行，右手边的建筑是新法院大楼，而从左手边往上看便是议会广场身后的建筑群。经过右边的法院便是 ❿ **裁缝大厅**（Tailors Hall；原建于1621年，后于1757年扩建）。大厅现在成了酒店和酒吧，但曾经是裁缝行会的集会地。

左转，爬上典型的老城区石子窄巷——坡度很陡的老鱼市小巷，然后重回皇家大道，街对面下坡方向几步远的地方就是 ⓫ **船锚小巷**（Anchor Close）。小巷因曾在此开业的一家叫"船锚"的客栈而得名。18世纪，这家客栈成了一个名叫"绅士协会"的俱乐部的集会地，让会员们可以在推杯换盏之际展开智力辩论。俱乐部的创立者是威廉·斯梅里，即《大英百科全书》第一版的编辑，罗伯特·彭斯是最知名的会员。

沿船锚小巷走下去，然后在 ⓬ **Cockburn St** 完成这场徒步。这里是爱丁堡最酷的购物街之一，两边遍布音像店和服装精品店。这条街是在19世纪50年代被硬生生地从老城区的楼房群中开辟出来的，目的是让人们能更方便地在威弗利火车站和皇家大道之间往返。

tower-restaurant.com; National Museum of Scotland, Chambers St; 主菜£22~34, 2菜午餐和剧场前套餐£20; ⓘ周日至周四10:00~22:00, 周五和周六 至22:30; (🚌45, 300)餐厅位于苏格兰国家博物馆（见837页）顶部的塔楼，坐拥爱丁堡城堡的美景，时尚典雅。有许多名流来这里享用过烹饪简单、品质精良的苏格兰美食，可以先来几个生蚝尝尝，再试试盐腌28天的肋眼牛排。下午茶（26英镑）的供应时间为14:00~18:00。

新城区

★ Urban Angel   咖啡馆 £

（见842页地图；☎0131-225 6215; www.urban-angel.co.uk; 121 Hanover St; 主菜£7~11; ⓘ周一至周五 8:00~17:00, 周六和周日 9:00~17:00; 🚌23, 27）这是一家健康的熟食店，主打有机的、当地产的以及公平贸易类（fair-trade）食材。这里还有一家咖啡馆兼酒馆，气氛轻松愉悦，全天供应早午餐（蜂蜜粥、法式吐司和班尼迪克蛋）、什锦沙拉以及各类简单小吃。

Broughton Deli   咖啡馆 £

（见842页地图；☎0131-558 7111; www.broughton-deli.co.uk; 7 Barony St; 主菜£7~11; ⓘ周一至周五 8:00~18:00, 周六 9:00~18:00, 周日 10:00~17:00; 🚌8）在新城区波希米亚式的主街Broughton St附近，熟食柜台后面的明亮房间里摆放着混搭的咖啡馆桌椅，为早午餐提供了一处迷人的环境。早午餐工作日供应至14:00，周末供应至15:00；可以选择美式薄煎饼、素菜卷，以及面包片水煮蛋配鳄梨。

Henderson's   素食 £

（见842页地图；☎0131-225 2131; www.hendersonsofedinburgh.co.uk; 94 Hanover St; 主菜£7~14; ⓘ周一至周四 8:30~20:45, 周五和周六 至21:15, 周日 10:30~16:00; 🚌23, 27）1962年开业的Henderson's是爱丁堡素食餐厅的鼻祖。主要使用非转基因的有机食品，可以满足特殊的膳食要求。托盘和柜台服务让人想起20世纪70年代的食堂（散发美好的怀旧气息），每日沙拉和热菜总是很受欢迎。

★ Dishoom   印度菜 ££

（见842页地图；☎0131-202 6406; www.dishoom.com/edinburgh; 3a St Andrew Sq; 主菜£8~13; ⓘ周一至周三 8:00~23:00, 周四和周五至午夜, 周六 9:00至午夜, 周日 9:00~23:00; 🚌St Andrew Sq）Dishoom是爱丁堡餐饮界的新丁，这个小型连锁品牌的第一家餐厅开在伦敦城外。灵感源于孟买的伊朗咖啡馆，这家雅致的印度街头美食餐厅环境高档；早餐具有传奇色彩，包括招牌式培根印度烤饼。餐厅备受欢迎，需要预订，或者做好排队等位的准备。

★ Gardener's Cottage   苏格兰菜 ££

（见842页地图；☎0131-558 1221; www.thegardenerscottage.co; 1 Royal Terrace Gardens, London Rd; 4道菜午餐£21, 7道菜晚餐£50; ⓘ周一至周五 正午至14:00和17:00~22:00, 周六和周日 10:00~14:00; 🚌所有前往London Rd的大巴）**免费**这间乡村小屋位于市中心，以花朵和彩色的小灯作装饰，提供爱丁堡最有趣的晚餐体验——两个小房间里摆有回收木料做成的公共餐桌，套餐基于新鲜的本地食材（蔬果大多采自自己的有机菜园）。必须预订；周末提供早午餐。

★ Contini   意大利菜 ££

（见842页地图；☎0131-225 1550; www.contini.com/contini-george-street; 103 George St; 主菜£14~18; ⓘ周一至周五 8:00~22:00, 周六 10:00~22:30, 周日 11:00~20:00; 🚌所有前往Princes St的大巴）乔治王朝时期宏伟的银行大厅在桃红色横幅和灯罩的映衬下显得朝气蓬勃，里面就是这家热闹的意大利酒吧和餐馆，适合一家人光顾，重点是新鲜地道的食材（每周从米兰进口；自制面包和面食）和美食带来的简单乐趣。

Dome   苏格兰菜 ££

（见842页地图；☎0131-624 8624; www.thedomeedinburgh.com; 14 George St; 主菜£15~28; ⓘ10:00至深夜; 🚌St Andrew Sq）这幢新古典建筑的前身是商业银行总部，非常宏伟，有高高的玻璃穹顶、柱形拱和马赛克地面。Dome的Grill Room是全城令人印象深刻的餐厅之一。菜单上都是苏格兰现代菜肴，包

Bon Vivant
法式小馆 ££

（见842页地图；☎0131-225 3275；http://bonvivantedinburgh.co.uk；55 Thistle St；主菜£13~17；⊙正午至22:00；📶；🚌23, 27）在这个新城区最受欢迎的地方，烛光在柔和的原木的映衬中摇曳着。按照这个地区的标准，这里的菜品物超所值，提供各种西班牙式小吃，还有标准主菜，菜单随季节更新，食材选自本地的菜肴，有培根贝汁鳕鱼片等。

Dogs
英国菜 ££

（见842页地图；☎0131-220 1208；www.thedogsonline.co.uk；110 Hanover St；主菜午餐£7，晚餐£12~15；⊙周一至周五 正午至14:30和18:00~22:00，周六和周日 正午至16:00和18:00~22:00；📝；🚌23, 27）**免费**法式小馆风格，食材选用比较便宜的肉类（如熏牛心、牛杂碎等）和不太知名但更为环保的鱼类（绿鳕、鲱鱼），烹制出的食品实实在在，毫不花哨；菜单有一半是素食，菜肴美味，比如苏格兰燕麦洋葱裹鸡蛋。服务态度生硬，不过价格摆在那里，谁还在乎别的？

Mussel Inn
海鲜 ££

（见842页地图；☎0131-229 5979；www.mussel-inn.com；61-65 Rose St；主菜£13~24；⊙周一至周四 正午至15:00和17:30~22:00，周五和周六 正午至22:00，周日 12:30~22:00；📶；🚌Princes St）🌿Mussel Inn的老板是西海岸的贝类养殖户，提供新鲜的直采海鲜。餐厅的生意很好，室内用明亮的山毛榉木材装饰，夏季的顾客都会挤到外边的人行道。每锅贻贝1公斤，可选酱汁——可以试试辣椒、蒜、姜、香菜和孜然，价格为£15。

Fishers in the City
海鲜 ££

（见842页地图；☎0131-225 5109；www.fishersbistros.co.uk；58 Thistle St；主菜£16~23；⊙正午至22:30；📶📝；🚌24, 29, 42）🌿利斯著名的Fishers Bistro（见863页）位于市中心的分店，比较高档，有花岗石面餐桌和错层式用餐区，以航海为主题，专营苏格兰优质海鲜——见多识广的服务员会端上肥美多汁的牡蛎、入口即化的甜香扇贝，还有烤得恰到好处的海鲈鱼。

Howie's
苏格兰菜 ££

（见842页地图；☎0131-556 5766；www.howies.uk.com；29 Waterloo Pl；主菜午餐£8~17，晚餐£13~20；⊙正午至14:30和17:30~22:00；📶📝；🚌1, 4, 5, 15, 34, 45）明亮、通风的乔治时代转角餐厅，广受欢迎，环境高雅。成功的秘诀在于只对新鲜的苏格兰食材进行简单处理；菜单随季节变化，物有所值；特选葡萄酒非常适口，每瓶£18起。

Paul Kitching 21212
法国菜 £££

（见842页地图；☎0131-523 1030；www.21212restaurant.co.uk；3 Royal Tce；3道菜午餐/晚餐£32/70起；⊙周二至周六 正午至13:45和19:00~21:00；📶；🚌所有前往London Rd的大巴）宏伟的乔治时代风格洋房位于卡尔顿山的山坡上，是爱丁堡的米其林星级餐厅，环境优雅。Timorous Beasties和Ralph Lauren的非凡设计为精心烹饪的五道菜晚餐（£85）营造出美好的背景；菜式每周更换，特色是新鲜的应季美味。

Number One
苏格兰菜 £££

（见842页地图；☎0131-557 6727；www.roccofortehotels.com/hotels-and-resorts/the-balmoral-hotel/restaurants-and-bars/number-one；Balmoral Hotel, 1 Princes St；3道菜晚餐£80；⊙周一至周四 18:30~22:00，周五至周日 18:00~22:00；📶；🚌所有Princes St大巴）爱丁堡市中心餐厅的中流砥柱，时尚又精致，金色和天鹅绒装饰尽显优雅，王冠上闪烁着米其林的一颗星。食物是一流的现代苏格兰菜式（7/10道菜品尝菜单 单人价格 £89/120），服务态度近乎于百般讨好。

🍴爱丁堡南部
★ Brew Lab
咖啡馆 £

（见836页地图；☎0131-662 8963；www.brewlabcoffee.co.uk；6-8 S College St；主菜£4~5；⊙周一 8:00~18:00，周二至周五 至20:00，周六和周日 9:00~20:00；📶；🚌所有前往South Bridge的大巴）手持iPad的学生斜靠在扶手椅上，啜饮精心冲泡的意式浓咖啡，四周是散发艺术感的老旧砖块和灰泥、从学校健身房回收来的地板、车间旧长椅和实验室的凳

Forest Café
素食 £

（见846页地图；☎0131-229 4922；http://blog.theforest.org.uk/cafe；141 Lauriston Pl；主菜£3~6；⏰10:00~23:00；📶🖥♿；🚌所有前往Tollcross的大巴）相对于毫无瑕疵的意式咖啡吧来说，这个由志愿者打理的非营利艺术空间和咖啡馆堪称一剂放松、生动、即使稍有沧桑却令人舒适的解药，提供多种丰盛的素食和严格素食，从墨西哥玉米片到中东的炸豆丸子卷等，应有尽有。

Kalpna
印度菜 £

（见846页地图；☎0131-667 9890；www.kalpnarestaurant.com；2-3 St Patrick Sq；主菜£8~13；⏰正午至14:00和17:30~22:30；♿；🚌所有前往Newington的大巴）Kalpna是爱丁堡最受欢迎的老牌餐厅，也是全国较好的印度餐厅之一，无论是素食还是其他菜式。菜式主要是古吉拉特风味，包括少数印度其他地区菜肴。自助午餐（£8.50）非常合算。

★ First Coast
苏格兰菜 ££

（见846页地图；☎0131-313 4404；www.first-coast.co.uk；97-101 Dalry Rd；主菜£13~20；⏰周一至周六 正午至14:00和17:00~23:00；📶🖥♿；🚌2, 3, 4, 25, 33, 44）这家热门街区小馆的主餐区惹人注目，内有海蓝色木墙板和赤裸的石墙，菜单简短，提供丰盛的舒心饮食，比如搭配奶油糊、褐虾和蒜香黄油的鱼，或者鸡胸肉配血肠、薏米和甜菜根。午餐和傍晚时分有美味的两道菜餐食，价格为£13.50。

★ Aizle
苏格兰菜 ££

（见846页地图；☎0131-662 9349；http://aizle.co.uk；107-109 St Leonard's St；5道菜晚餐£55；⏰周三至周六 17:00~21:00；📶；🚌14）如果你对吃什么犹豫不决，那么Aizle（名字是苏格兰古语的"火花"或"灰烬"）非常适合你。这里没有菜单，只有用每个月收获的最好、最新鲜的本地农产品烹制的五道菜晚餐（列在黑板上），样式精美，堪称盘中艺术品。

★ Locanda de Gusti
意大利菜 ££

（见846页地图；☎0131-346 8800；www.locandadegusti.com；102 Dalry Rd；主菜£14~26；⏰周一至周三 17:30~22:00，周四至周六 12:30~14:00和17:30~22:00；♿；🚌2, 3, 4, 25, 33, 44）这家熙熙攘攘的家庭小馆充斥着喧哗声，以及玻璃杯和餐具碰撞发出的声响，虽非普通的意大利餐厅，却仿佛那不勒斯的小小一隅，主厨罗萨里奥（Rosario）的那不勒斯家常菜为它锦上添花。菜肴包括清淡可口的小方饺拌黄油和鼠尾草、美味的海鲜烧烤拼盘等。

★ Loudon's Café & Bakery
咖啡馆

（见846页地图；www.loudons.co.uk；94b Fountainbridge；主菜£8~13；⏰周一至周五 7:30~17:00，周六和周日 8:00~17:00；📶🖥♿；🚌1, 34, 300）店内烘焙有机面包和蛋糕，咖啡豆的来源符合伦理，日报和周末版报纸散落各处，店外也有几张餐桌——还有什么理由不喜欢它呢？周末提供全天早午餐（8:00~16:00），包括班尼迪克蛋、格兰诺拉麦片酸奶，以及蓝莓薄饼配水果沙拉等特色菜肴。

Field Southside
苏格兰菜 ££

（见836页地图；☎0131-667 7010；www.fieldrestaurant.co.uk；41 W Nicolson St；主菜£13~19；⏰周二至周六 正午至14:00和17:30~21:00；🚌41, 42, 67）小餐馆Field迸发出比它的规模大得多的力量，取得了少见的成就：成为价格适中的高档餐厅。苏格兰现代美食样式精美，墙上画着一头巨大的牛。午餐/戏前菜单上的三道菜价格为£16.95（正午至14:00和17:30~18:45供应），性价比非常高。

利斯

Twelve Triangles
面包房

（见846页地图；☎0131-629 4664；www.twelvetriangles.com；90 Brunswick St；主菜£2~3；⏰周一至周五 8:00~17:00，周六和周日 9:00~17:00；🚌所有前往Leith Walk的大巴）Twelve Triangles坐落于利斯步道不起眼的延长线上，是一家非常特别（且非常小）的面包房。精巧的厨房制作出全城最好的手工面包、点心和咖啡，甜甜圈的馅料具有传奇色彩，包括开心果蛋奶、粉红柚子乳清干酪，还有巧克力和花生酱。咖啡和甜甜圈最为精致。

Quay Commons　　　　　　　　咖啡馆
(☎0131-677 0244; www.quaycommons.co; 92 Commercial Quay; 主菜£6~12; ⏰周一至周四8:00~18:00, 周五和周六至22:00, 周日9:00~18:00; 🛜; 🚌16, 22, 36, 300)🍴一家熟食店、面包房兼特许咖啡馆，由Gardener's Cottage（见860页）的老板经营，将原来的保税仓库加以设计改造。在这里可以观看面包师工作。店内午餐提供有益健康的汤、三明治和沙拉，周五和周六晚上还有手工制作的意大利面。

★ Fishers Bistro　　　　　　　海鲜 ££
(☎0131-554 5666; www.fishersbistros.co.uk; 1 The Shore; 主菜£14~25; ⏰周一至周六正午至22:30, 周日12:30~22:30; 🛜🅿️♿; 🚌16, 22, 36, 300)这家温馨的小餐馆位于一栋建于17世纪信号塔下面，是爱丁堡最棒的海鲜馆之一。菜品价格差别很大，便宜的有经典鱼饼配柠檬小葱蛋黄酱，贵的有法夫龙虾薯条（£40）这种硬菜。

A Room in Leith　　　　　　苏格兰菜 ££
(☎0131-554 7427; http://teuchtersbar.co.uk; 1a Dock Pl; 主菜£12~25; ⏰周一至周四16:00~23:00, 周五至周日正午至23:00; 🛜♿; 🚌16, 22, 36, 300)这家餐馆及其兄弟酒吧 Teuchters Landing (1c Dock Pl; ⏰10:30至次日1:00; 🛜)的前身是红砖砌成的候船室（等候渡过福斯湾的渡轮），位置偏僻，码头的浮台上有亮堂的温室和户外餐桌。苏格兰风味菜单上包括威士忌哈吉斯、设得兰扇贝配蟹肉熏鳕鱼调味饭。

★ Kitchin　　　　　　　　苏格兰菜 £££
(☎0131-555 1755; http://thekitchin.com; 78 Commercial Quay; 3菜午餐/晚餐£33/75; ⏰周二至周六正午至14:30和18:00~22:00; 🅿️; 🚌16, 22, 36, 300)本地出产的时鲜就是这家优雅而不做作的苏格兰餐厅赢得一颗米其林评星的关键。当然，菜单随季节变化，所以准备好在夏季享用新鲜的沙拉，冬季享用野味，而在拼写中含有"r"的月份里则有烤扇贝配白葡萄酒、苦艾酒和香草酱等贝类菜肴。

★ Martin Wishart　　　　　　法国菜 £££
(☎0131-553 3557; www.martin-wishart.co.uk; 54 The Shore; 3道菜午餐£32, 4道菜晚餐£90; ⏰周二至周五正午至14:00和19:00~22:00, 周六正午至13:30和19:00~22:00; 🅿️; 🚌16, 22, 36, 300)🍴2001年，这家餐馆成为爱丁堡第一个获得米其林星级的餐馆并保持至今。与店名同名的厨师曾经与阿尔伯特·鲁（Albert Roux）、马可·皮埃尔·怀特（Marco Pierre White）和尼克·奈恩（Nick Nairn）等名厨共事，利用现代的法式技艺烹饪最好的苏格兰食材，成果包括白芦笋油封洋葱海螯虾，以及六道菜素食品尝菜单（£75）等。

🍴 西区和迪恩村

L' Escargot Blanc　　　　　　法国菜 ££
(见842页地图; ☎0131-226 1890; www.lescargotblanc.co.uk; 17 Queensferry St; 主菜£15~25; ⏰周一至周四正午至14:30和17:30~22:00, 周五和周六正午至15:00和17:30~22:30; ♿; 🚌19, 36, 37, 41, 47)🍴这家超凡的街区小馆由来自法国的厨师和侍者经营，三分之二的一流食材都取材于苏格兰（三分之一从法国进口），是真正的烹饪文化"老同盟"。可以选择蒜香黄油蜗牛、酒闷仔鸡（使用自由放养的苏格兰鸡），以及精美的白兰地肋眼牛排等传统菜肴。

★ Timberyard　　　　　　　苏格兰菜 £££
(见836页地图; ☎0131-221 1222; www.timberyard.co; 10 Lady Lawson St; 4道菜午餐或晚餐£55; ⏰周二至周六正午至14:00和17:30~21:30; 🛜♿; 🚌2, 300)🍴古旧的木地板、铸铁支柱、裸露的横梁和旧红木板做成的餐桌为这家慢食餐厅营造了一种复古乡村氛围，这里主要使用来自本地的食材，由以手工种植和采集为主的供应方供货。特色菜有青蒜、茴香和熏蛋黄烤扇贝，还有婆罗门参和百里香烤鹌鹑。

★ Castle Terrace　　　　　　苏格兰菜 £££
(见836页地图; ☎0131-229 1222; www.castleterracerestaurant.com; 33-35 Castle Tce; 3道菜午餐/晚餐£33/70; ⏰周二至周六正午至

14:15和18:30~22:00；(图2) 2010年开业刚刚一年，Castle Terrace就在老板厨师多米尼克·杰克（Dominic Jack）的带领下获得了米其林星级（2015年失去星级）。菜单符合时令，巴黎式的厨艺体现于优质的本地食材，比如埃尔郡猪肉、阿伯丁郡羊肉和纽黑文螃蟹，就连酱汁中的奶酪都产自苏格兰。

饮品和夜生活

爱丁堡一直是一座酒徒城市，拥有700多家酒馆，平均每平方米的酒馆数量在英国首屈一指——而且酒馆与其中的酒客一样，风格各异，充满个性，有的宛如维多利亚时代的宫殿，有的则是类似夜店前身的时髦酒吧，既有艾尔鲜啤酒馆（聚会地点，经常是酒馆），也有前卫的鸡尾酒休闲酒吧。

老城区

阳光灿烂的夏日午后，格拉斯广场的酒馆会在室外摆放餐桌，而晚上光顾那里的则是一群群醉醺醺的人，如果你对此没有兴趣，可以避开他们。牛门——格拉斯广场向东的延伸区域——是爱丁堡的夜店区。

★ Cabaret Voltaire 夜店
（见836页地图；www.thecabaretvoltaire.com；36-38 Blair St；周二至周六 17:00至次日3:00，周日 20:00至次日1:00；所有前往South Bridge的大巴）这家孤傲地播放着"另类音乐"的夜店藏身于一个有着石块拱顶的地穴中，很有感觉。没有巨大的舞池和对DJ自我陶醉式的崇拜，而是把自己打造成一个"创意熔炉"，将DJ、现场表演、喜剧、戏剧、视觉艺术、语言艺术等各类元素融合在一起。值得来看看。

★ Bow Bar 酒馆
（见836页地图；www.thebowbar.co.uk；80 West Bow；周一至周六 正午至午夜，周日 至23:30；2, 23, 27, 41, 42）爱丁堡最棒的传统酒馆之一（历史没有看上去那么悠久），供应各类优质散装鲜啤、苏格兰精酿杜松子酒和啤酒威士忌，周五和周六晚上通常只有站的地儿。

Bongo Club 夜店
（见836页地图；www.thebongoclub.co.uk；66 Cowgate；免费至£7；周二和周四 23:00至次日3:00，周五至周日 19:00至次日3:00；图2）这家古怪神奇的夜店属于一个本地艺术慈善团体所有，历史悠久，从狂野的派对和本地乐队演出到表演艺术和儿童喜剧，应有尽有。

Edinburgh Press Club 咖啡
（见836页地图；https://edinburghpressclub.coffee；20-30 Cockburn St；周一至周六 7:30~18:00，周日 8:30~18:00；6）前身是报纸《苏格兰人》（Scotsman）的广告办公室，经过精心翻新，留有红砖、巧妙排列的木料和一些新闻行业的纪念品，包括两台好用的人工打字机。这家热门咖啡馆提供优质咖啡和茶，还有种类不多的酒精饮料。

Checkpoint 酒吧
（见836页地图；0131-225 9352；www.checkpointedinburgh.com；3 Bristo Pl；9:00至次日1:00；2, 47）一家友好的咖啡馆、酒吧和餐厅，菜单种类齐全，包括早餐、酒吧小吃和丰盛的主菜，Checkpoint正在争取爱丁堡最时尚地点的名头。这个实用主义风格的白色空间拥有大大的落地窗，阳光充足，而且占面积很大，似乎什么都能装下，包括一只旧集装箱。

BrewDog 酒吧
（见836页地图；www.brewdog.com；143 Cowgate；正午至次日1:00；45, 300）这里是自封为苏格兰"朋克酿酒厂"的BrewDog酒厂在爱丁堡的前哨，其工业时代风格的装潢超级时尚。牛门两边的酒吧多数地板都黏糊糊的，因此这家光亮的混凝土酒吧和时尚的工业风内饰在这一片十分显眼。除了酒厂自产的各类备受推崇的啤酒，这里还有艾尔啤酒供客人选择，以及传统酒吧的标志——吧台边缘下方的衣钩。

Malt Shovel 酒馆
（见836页地图；0131-225 6843；www.maltshovelinn-edinburgh.co.uk；11-15 Cockburn St；周一至周三 11:00~23:00，周四和周日 至午夜，周五和周六 至次日1:00；6）外表传统的酒馆，使用深色木料和柔软的格子呢装饰，Malt Shovel提供各种艾尔啤酒以及超过40种麦芽威士忌，还有出色的酒馆小吃，包括炸鱼薯条、汉堡包和麦芽酒牛排馅饼。

Holyrood 9A
酒馆

（见836页地图；www.theholyrood.co.uk；9a Holyrood Rd；◎周日至周四 9:00至午夜，周五和周六 至次日1:00；🛜；📖36）烛光在光亮的木质装饰环境中摇曳着，为这家非凡的艾尔啤酒酒吧营造出极具情调的氛围，还有来自全国和全世界各个角落的20多种散装精酿。如果你很饿，这里还提供美味的汉堡。

Dragonfly
鸡尾酒吧

（见836页地图；📞0131-228 4543；www.dragonflycocktailbar.com；52 West Port；◎16:00至次日1:00；🛜；📖2）Dragonfly是一家非常时髦的休闲酒吧，有一种新加坡莱佛士的感觉——也就是说，水晶吊灯、锃亮的木头和东方艺术品——凭借创意鸡尾酒和具有设计感的内饰赢得如潮的好评。在整洁的小夹层中找个位子，俯瞰吧台里的调酒师摇晃调制新加坡司令。

Jolly Judge
酒馆

（见836页地图；www.jollyjudge.co.uk；7aJames Ct；◎周一至周四 正午至23:00，周五和周六 至午夜，周日 12:30~23:00；🛜；📖23, 27, 41, 42）一个温馨的小酒馆，躲在一条小巷里，散发着一股17世纪的温馨气息（天花板很低，上有木梁和彩绘），而且天气寒冷时还会燃起熊熊炉火暖人身心。没有音乐或游戏设备，有的只是萦绕耳边的交谈声。

🍷新城区

Café Royal Circle Bar
酒馆

（见842页地图；📞0131-556 1884；www.caferoyaledinburgh.co.uk；17 W Register St；◎周一至周三 11:00~23:00，周四至午夜，周五和周六至次日1:00，周日 至22:00；🛜；📖Princes St）也许是爱丁堡最经典的酒吧，Café Royal的名气主要来自其恢宏大气的椭圆形吧台和由皇家道尔顿（Royal Doulton）公司生产的"维多利亚时代著名发明家"主题的瓷砖。坐在吧台旁边或者彩色玻璃窗户下舒适的皮革隔间里，可以选择7种桶装艾尔啤酒。

Lucky Liquor Co
鸡尾酒吧

（见842页地图；📞0131-226 3976；www.luckyliquorco.com；39a Queen St；◎16:00至次日1:00；📖24, 29, 42）这家黑白色的小酒吧什么都与数字13有关：使用13瓶基酒制作每日酒单上的13款鸡尾酒，结果就是一份有趣的酒单，包括几种不常见的风味，比如香豆酒、豌豆泥和薰衣草苦艾酒（不过不在一只杯子里！），酒吧员工风趣、友善。

Guildford Arms
酒馆

（见842页地图；📞0131-556 4312；www.guildfordarms.com；1 W Register St；◎周一至周四 11:00~23:00，周五和周六 至23:30，12:30~23:00；🛜；📖St Andrew Sq）位于王子街东端附近的小巷，Guildford是一家经典的维多利亚式酒馆，一眼望去尽是泛着光泽的红木、黄铜和华丽的檐板。各种艾尔啤酒非常棒——尽量在楼上与众不同的廊台上找张桌子，可以俯瞰下方酒客人头攒动的盛景。

Artisan Roast
咖啡

（见842页地图；📞07522 321893；www.artisanroast.co.uk；57 Broughton St；◎周一至周四 8:00~19:30，周五 至18:30，周六和周日 9:00~18:30；📖8）爱丁堡在咖啡界能够超水平发挥，主要得感谢Artisan Roast。位于Broughton St上的这家又小又昏暗的咖啡馆如今已经跻身旗舰店，在城里开了三家分店，还在坎娜密尔斯（Canonmills）开了一间"品

当 地 知 识

品尝威士忌

如果没时间参观苏格兰的酿酒厂，别担心——这座城市有几个品尝威士忌的好地方。

苏格兰威士忌体验馆（见840页）全面介绍苏格兰最具代表性的烈酒。

Bow Bar Busy 位于格拉斯广场地区的酒馆，有种类繁多的麦芽威士忌。

Malt Shovel 老派酒馆，吧台后面藏着100多种单一麦芽威士忌。

Bennet's Bar（见867页）品尝100多种麦芽酒的惬意环境。

Cumberland Bar 夏季的理想选择；坐在花园中享用麦芽酒。

尝室",在Prestonfield设立了烘焙工坊。这里的咖啡适合真正的咖啡爱好者,气氛庄严,满室芬芳。

Bramble 鸡尾酒吧

(见842页地图;☎0131-226 6343;www.bramblebar.co.uk;16a Queen St;⏰16:00至次日1:00;🚌23、27)Bramble这类酒吧很容易便能赢得"隐藏得最深的酒吧"的称号(位于干洗店下面,只有一块不起眼的铜牌),因为这是位于一片砖石迷宫之中,且没有标识的地窖酒吧,但可以说是爱丁堡最好的鸡尾酒吧。没有啤酒,没有花哨,只有调制专业的鸡尾酒。

Cumberland Bar 酒馆

(见842页地图;☎0131-558 3134;www.cumberlandbar.co.uk;1-3 Cumberland St;⏰周一至周三 正午至午夜,周四至周六 至次日1:00,周日 11:00~23:00;📶;🚌23、27)这里便是亚历山大·麦考尔—史密斯(Alexander McCall-Smith)的系列小说《苏格兰街44号》(*44 Scotland Street*)中提到的那个位于新城区的酒馆原型,因此永远被世界记住。木饰、铜饰和镜子为这里营造出了古老而传统的感觉(尽管历史并没有那么久),供应保存良好的散装鲜啤和各类啤酒威士忌,还有一个可人的小型啤酒园。

Abbotsford 酒馆

(见842页地图;☎0131-225 5276;www.

> **当地知识**
>
> **SHEEP HEID INN**
>
> Sheep Heid(www.thesheepheidedinburgh.co.uk;43-45 The Causeway;⏰周一至周四 11:00~23:00,周五和周六 至午夜,周日 正午至23:00;🍴;🚌42)可能是爱丁堡最老的客栈(营业执照可追溯到1360年),感觉更像是一家高级乡村酒馆,而非爱丁堡酒吧。它位于亚瑟王座阴影下的半乡村地带,凭借19世纪吃喝玩乐的小巷及其可爱的啤酒小花园而闻名。走完城里最有名的徒步线路后,最适合在这里喝上一杯,恢复几分元气。

theabbotsford.com;3 Rose St;⏰周一至周四 11:00~23:00,周五和周六 至午夜,周日 12:30~23:00;📶;🚌所有前往Princes St的大巴)Rose St上少数保留爱德华时代辉煌的酒馆之一,Abbotsford一直以来便是作家、演员、记者、媒体人和许多忠实粉丝的集会地,其历史可追溯到1902年,得名于沃尔特·司各特爵士的乡间别墅。酒馆中心是华丽的红木岛形吧台,提供各种优质的艾尔啤酒。

Kenilworth 酒馆

(见842页地图;☎0131-226 1773;www.nicholsonspubs.co.uk;152-154 Rose St;⏰周一至周四 正午至23:00,周五 正午至午夜,周六 11:00至午夜,周日 11:00~23:00;📶;🚌Princes St)奢华的爱德华时代酒馆,依然保留原来的设施——地砖、红木环形吧台和酒架、华丽的镜子和煤气灯——Kenilworth在20世纪70年代是爱丁堡的同性恋酒吧,如今则吸引来各个年龄段的各色人等,提供各种艾尔啤酒和麦芽威士忌。

Oxford Bar 酒馆

(见842页地图;☎0131-539 7119;www.oxfordbar.co.uk;8 Young St;⏰周一至周四 正午至午夜,周五和周六 11:00至次日1:00,周日 12:30~23:00;📶;🚌所有前往Princes St的大巴)这里是最罕见的一类酒吧:一家为"纯粹"的人开放的"纯粹"的吧,没有所谓"主题",不花里胡哨,不装腔作势。在伊安·兰金(Ian Rankin)创作的瑞布斯侦探系列小说中,主人公瑞布斯便常常光顾这里,让酒吧有了不朽之名。有时有现场民谣演出。

Lulu 夜店

(见842页地图;☎0131-225 5005;www.luluedinburgh.co.uk;125 George St;⏰21:00至次日3:00;📶;🚌所有前往Princes St的大巴)豪华皮革沙发、红缎子靠垫、迷信的钢网窗帘和昏暗的红色光线都为Tigerlily(见842页地图;☎0131-225 5005;www.tigerlilyedinburgh.co.uk;125 George St;房间£160起;📶;🚌所有前往Princes St的大巴)下方的这家美艳夜店营造出一种奢靡颓废的氛围。驻场和特邀DJ表现得比一般夜店更有创造力。

爱丁堡南部

★ Royal Dick
精酿啤酒

（见846页地图；☎0131-560 1572；www.summerhall.co.uk/the-royal-dick；1 Summerhall；⊙周一至周六 正午至次日1:00，周日 12:30至午夜；🛜；🚌41, 42, 67）Royal Dick的内部装饰能让人想起它作为爱丁堡大学兽医学校所在地的历史：架子上摆放着实验玻璃器皿，墙上挂满兽骨，甚至还有一张古老的手术台。不过这里是一家温馨、热情的酒吧，并不吓人，提供自家酿酒作坊手工酿制的麦芽酒和杜松子酒。

★ Bennet's Bar
酒馆

（见846页地图；☎0131-229 5143；www.bennetsbaredinburgh.co.uk；8 Leven St；⊙11:00至次日1:00；🚌所有前往Tollcross的大巴）位于国王剧院（King's Theatre；见846页地图；☎0131-529 6000；www.capitaltheatres.com/kings；2 Leven St；⊙售票处 10:00~18:00；🚌所有前往Tollcross的大巴）旁，Bennet's（1839年开业）几乎全部保留了原维多利亚时代的装潢，包括含铅彩色玻璃窗、造型繁复的镜子、木制酒架以及吧台上的黄铜水龙头（流出的是啤酒威士忌，有100多种可选）。

利斯

★ Roseleaf
酒吧

（☎0131-476 5268；www.roseleaf.co.uk；23-24 Sandport Pl；⊙10:00至次日1:00；🛜；🚌16, 22, 36, 300）Roseleaf迷人、别致，几乎和利斯的一般酒吧差别不大，贴着带有花朵图案的墙纸，摆放旧家具以及玫瑰花纹的瓷器（鸡尾酒装在茶壶里），供应艾尔酒和瓶装啤酒，也供应各种特色茶水、咖啡和果饮（包括玫瑰柠檬水）和高水准的酒吧食品（10:00~22:00供应）。

Nobles
酒馆

（☎0131-629 7215；http://new.noblesbarleith.co.uk；44a Constitution St；⊙周二、周三和周日 10:00~23:00，周四 至午夜，周五和周六 至次日1:00；🚌12, 16）Nobles位于酒馆众多的地方，大概最受本地人青睐。这家位于利斯中心的维多利亚式的咖啡馆兼酒吧经过精心修复，保留了原来的彩色玻璃窗户、木墙板和涉及老港口历史的航海主题。饮食简单，价格适中，优质的麦芽酒任你选择。

Old Chain Pier
酒馆

（☎0131-552 4960；http://oldchainpier.com；32 Trinity Cres；⊙周日至周四 11:30~23:00，周五和周六 至次日1:00；🛜；🚌16, 200）Old Chain Pier令人愉悦，坐拥俯瞰大海的优越位置——大楼前身是19世纪穿越福斯湾汽轮的售票处（同名码头在1898年的暴风雨中被冲垮）。酒吧提供艾尔啤酒、瓶装精酿、鸡尾酒和葡萄酒，厨房供应很棒的酒馆小吃。

Port O' Leith
酒馆

（☎0131-554 3568；www.facebook.com/ThePortOLeithBar；58 Constitution St；⊙周一至周六 11:00至次日1:00，周日 正午至次日1:00；🚌12, 1）这是家老式的当地酒馆，经过精心修复，还曾出现在2013年的电影《阳光利斯》（*Sunshine on Leith*）里。光顾此地的水手留下的旗子和帽带让它的航海历史显而易见（利斯码头区就在路的尽头）。本来只想进来小酌一杯的你很可能会一直待到打烊。

☆ 娱乐

☆ 老城区
★ Sandy Bell's
传统音乐

（见836页地图；www.sandybellsedinburgh.co.uk；25 Forrest Rd；⊙周一至周六 正午至次日1:00，周日 12:30至午夜；🚌2, 23, 27, 41, 42, 45）从20世纪60年代开始，这家低调的酒馆始终是传统音乐的一座堡垒（老板娘曾与克里斯乐队合作演唱过）。这里每个工作日夜晚21:00，以及周六14:00和周日16:00起都有音乐演出，还有很多即兴演奏。

Caves
现场音乐

（见836页地图；https://unusualvenuesedinburgh.com/venues/the-caves-venue-edinburgh；8-12 Niddry St S；🚌300）位于南桥下方古老石穴的宏伟地下场所，Caves会举办各种一次性的夜店之夜活动和现场音乐演出，爱丁堡节期间还有同乐会（ceilidh；传统音乐）。关于活动预告，可以查看"What's On"网站的链接。

Bannerman's
现场音乐

（见836页地图；www.facebook.com/BannermansBar; 212 Cowgate; ⊙周一至周六 正午至次日1:00, 周日12:30至次日1:00; ☎; ◘45, 300）Bannerman's是老牌音乐场所——在过去的40多年，似乎每个爱丁堡的学生都曾在这里度过一半青春时光——分布于南桥下方重重的古老地穴之中。每周有五六个晚上，这里的现场摇滚、朋克和独立乐队都会吸引来成群结队的学生、本地人和背包客。

Royal Oak
传统音乐

（见836页地图；www.royal-oak-folk.com; 1 Infirmary St; ⊙周一至周六11:30至次日2:00, 周日12:30至次日2:00; ◘所有前往South Bridge的大巴）这家热门民谣酒馆面积不大，所以如果你想保证自己有位子，就早点前去（工作日21:00开始，周六活动18:00和21:30，周日活动16:30和19:00）。周六晚上大厅有开放式活动——带上你的乐器（和/或一副好歌喉！）。

Jazz Bar
爵士乐、蓝调

（见836页地图；www.thejazzbar.co.uk; 1a Chambers St; £3~7; ⊙周日至周五17:00至次日3:00, 周六13:30至次日3:00; ☎; ◘45, 300）这家地下室酒吧很有感觉，镶木地板打磨得光亮，石头墙壁不饰一物，餐桌烛光照明，铁架座椅很时尚。老板和经营者都是爵士音乐家。现场音乐每晚21:00至次日凌晨3:00, 周六15:00开始；不只是爵士乐，乐队还会演奏蓝调、疯克、灵魂乐和融合乐。

Whistle Binkie's
现场音乐

（见836页地图；www.whistlebinkies.com; 4-6 South Bridge; 免门票, 周五和周六午夜后除外; ⊙周日至周四17:00至次日3:00, 周五和周六13:00至次日3:00; ◘所有前往South Bridge的大巴）这家拥挤的地下室酒吧就在皇家大道旁，几乎每晚都有现场音乐表演，直至凌晨3:00，包含摇滚、蓝调、民谣和爵士等。周一老牌的开麦夜是新人展示自己的舞台。

☆ 新城区

Jam House
现场音乐

（见842页地图；☎0131-220 2321; www.thejamhouse.com; 5 Queen St; £4起; ⊙周五和周六18:00至次日3:00; ◘St Andrew Sq）Jam House是节奏布鲁斯钢琴家和电视名人朱尔斯·霍兰（Jools Holland）的智慧结晶，位于曾经的BBC TV演播室，提供出色的饮食和现场爵士和布鲁斯演出。顾客年龄要求21岁以上，着装要求是休闲时尚。

Voodoo Rooms
现场音乐

（见842页地图；☎0131-556 7060; www.thevoodoorooms.com; 19a W Register St; 免费至£20; ⊙周一至周四16:00至次日1:00, 周五至周日正午至次日1:00; ◘St Andrew Sq）黑色皮革的奢华装饰、华丽的石膏图案和镀金的细节为Café Royal Circle Bar（见865页）楼上的这家酒吧兼演出场所营造出时尚的氛围。从古典灵魂和摩城音乐到布鲁斯之夜、即兴演奏，再到本地乐队现场演出，应有尽有。

CC Blooms
夜店

（见842页地图；☎0131-556 9331; http://ccblooms.co.uk; 23 Greenside Pl; ⊙11:00至次日3:00; ☎; ◘所有前往Leith Walk的大巴）这个爱丁堡20世纪90年代的同性恋场所虽说是美人迟暮，却像是被打了一针强心剂，这栋两层楼每晚都充斥着震耳欲聋的迪斯科舞曲，挤满跳舞的人。23:00以后，人头攒动，饮料价格过高，不过也值得前去——早点前往，或者周日晚上去看看狂野的卡巴莱演出"Church of High Kicks"。

Stand Comedy Club
喜剧

（见842页地图；☎0131-558 7272; www.thestand.co.uk; 5 York Pl; 票价£3~18; ⊙周一至周六19:30起, 周日12:30起; ◘St Andrew Sq）俱乐部成立于1995年，是爱丁堡主要的一个独立喜剧表演场所，好像一个私密的歌舞酒吧，每晚都有表演，周日午餐时间还有免费表演。

Edinburgh Playhouse
现场音乐

（见842页地图；☎0844 871 3014; www.atgtickets.com/venues/edinburgh-playhouse; 18-22 Greenside Pl; 售票处 周一至周六正午至18:00, 演出夜晚 至20:00; ◘所有前往Leith Walk的大巴）位于利斯步道顶端的这座剧院经过修复，演出百老汇音乐、舞蹈和歌剧，举办流行音乐会。

☆ 西区和迪恩村

Filmhouse
电影院

（见836页地图；☎0131-228 2688；www.filmhousecinema.com；88 Lothian Rd；🛜；🚌所有前往Lothian Rd的大巴）Filmhouse是每年一届的爱丁堡国际电影节（见853页）的一个主场馆，放映各类电影，包括文艺片、经典片、外语片以及第二轮上映电影（second-run film），举办许多主题电影活动、电影回顾展以及70毫米胶片宽银幕电影放映活动。3个影厅皆有无障碍通道。

Henry's Cellar Bar
现场音乐

（见836页地图；☎0131-629 2992；www.facebook.com/Henryscellarbar；16 Morrison St；免费至£10；⏰周日和周二至周四 21:00至次日3:00，周一 20:00至次日3:00，周五和周六 19:00至次日3:00；🚌所有前往Lothian Rd 的大巴）爱丁堡最不拘一格的现场音乐演出场所之一，大多数晚上有节目上演，涉及摇滚乐、独立音乐、巴尔干风情民谣、放克、嘻哈、硬核摇滚等，既有本土乐队，又有来自全球的表演。

穿行剧院
戏剧

（Traverse Theatre；见836页地图；☎0131-228 1404；www.traverse.co.uk；10 Cambridge St；⏰售票处 周一至周六 10:00~18:00，演出当晚 至19:00；🛜；🚌所有前往 Lothian Rd 的大巴）剧院主推新创作的苏格兰剧目，上演先锋现代戏剧和舞剧。周日售票处只在有演出的情况下才会开放（16:00开始售票）。

🛍 购物

王子街是爱丁堡主要的购物街，两旁全是大型的高街品牌店，步行街Rose St有许多较小的商铺，George St和Thistle St则有许多更为昂贵的名设计师精品店。

想买些非主流的东西——比如时装、音乐、工艺品、礼品和珠宝——你可以去Cockburn St、Victoria St和St Mary St这几条石子巷。它们全部位于老城区，靠近皇家大道；也可去位于新城区西部的William St；还有新城区正北边的斯托克布里奇。

新城区里还有两个大型购物中心——位于王子街东端的Waverley Mall（见842页地图；☎0131-557 3759；www.waverleymall.com；Waverley Bridge；⏰周一至周六 9:00~19:00，周日 10:00~18:00；🚌所有前往Princes St的大巴）和旁边Leith St北端的 Edinburgh St James（见842页地图；www.edinburghstjames.com；1 Leith St；🚇St Andrew Sq）。此外，毛特里步行街（Multrees Walk；见842页地图；www.multreeswalk.co.uk；St Andrew Sq；🚇St Andrew Sq）也是精品商店云集，哈维·尼克斯（Harvey Nichols）的旗舰店就在这里，位于圣安德鲁广场（St Andrew Sq）东边。

利斯规模超大的海运大厦（Ocean Terminal；☎0131-555 8888；www.oceanterminal.com；Ocean Dr；⏰周一至周五 10:00~20:00，周六 至19:00，周日 11:00~18:00；🛜；🚌11, 22, 34, 36, 200, 300）是城里最大的购物中心。

🔒 老城区

Armstrong's
二手店

（见836页地图；☎0131-220 5557；www.armstrongsvintage.co.uk；83 Grassmarket；⏰周一至周四 10:00~17:30，周五和周六 至18:00，周日 正午至18:00；🚌2）爱丁堡的时尚地（大概1840年开业）Armstrong's是一家高品质的古着商店，从20世纪40年代的优雅裙装到70年代时髦的喇叭裤，应有尽有。除了复古服装以外，这里还是寻找二手苏格兰裙和哈里斯粗花呢的好地方，还可以为化装舞会找找灵感。

Ragamuffin
时装和饰品

（见836页地图；☎0131-557 6007；www.facebook.com/pg/ragamuffinclothesandknitwear；278 Canongate；⏰周一至周六 10:00~18:00，周日 正午至18:00；🚌35）优质的苏格兰针织品和纺织品，包括约翰斯顿埃尔金（Johnstons of Elgin）羊绒制品、费尔岛（Fair Isle）毛衣和哈里斯粗花呢。

Geoffrey（Tailor）Inc
时装和饰品

（见836页地图；☎0131-557 0256；www.geoffreykilts.co.uk；57-59 High St；⏰周一至周六 9:30~18:00，周日 10:30~17:30；🚌300）Geoffrey为你准备传统高地服装，还能用你自带的格子呢制作苏格兰裙。分店21st Century Kilts能利用各种布料制作时尚现代的苏格兰裙。

不要错过

罗斯林礼拜堂

丹·布朗（Dan Brown）的小说以及随后改编的电影《达·芬奇密码》（The Da Vinci Code）面世多年以后，游客依然如潮水般涌向这座苏格兰最美丽、最神秘的教堂——**罗斯林礼拜堂**（Rosslyn Chapel；也称为圣马太牧师会教堂，Collegiate Church of St Matthew；0131-440 2159；www.rosslynchapel.com；Chapel Loan, Roslin；成人/儿童 £9/免费；6月至8月 周一至周六 9:30~18:00，9月至次年5月 至17:00，全年 周日 正午至16:45；P；37）。礼拜堂于15世纪中叶为奥克尼（Orkney）第三任亲王威廉·圣克莱尔阁下（Sir William St Clair）所建，其雕工繁复的内部一反当时建筑潮流，浓缩了石匠高超的技艺，造型富含象征意义。门票包括与有资质的导游探讨交流，每小时一次。

除了花、藤、天使和圣经中的人物，石雕也包括了非基督教"绿人"（Green man；建筑上一种用植物包围的石制人面）造型中的典范；还有些人像与共济会和圣殿骑士相关。这些雕像富含的象征意义使得一些研究者认为罗斯林礼拜堂是圣殿骑士团的某种密室，还有人宣称礼拜堂下的秘密地穴可能藏有圣杯或是施洗约翰的头颅，甚至是耶稣本人的遗体。礼拜堂为苏格兰主教教堂所有，每周日早上依然会有宗教活动。

礼拜堂位于村庄罗斯林的东边，距爱丁堡中心南7英里。你可乘坐洛锡安巴士37路至Penicuik Deanburn，线路连接爱丁堡西区至罗斯林（£1.70，1小时，15分钟1班）。注意，开往Bush的37路车不经过罗斯林——查看公共汽车前面，如有疑问，可以询问司机。

Bill Baber
时装和饰品

（见836页地图；0131-225 3249；www.billbaber.com；66 Grassmarket；周一至周六 9:00~17:30，周日 11:00~16:00；2）这家由家族经营的针织设计作坊已有40多年历史了，利用亚麻、美利奴羊毛、丝绸和棉布制作时尚、多彩的设计服饰。

Royal Mile Whiskies
饮品

（见836页地图；0131-225 3383；www.royalmilewhiskies.com；379 High St；周日至周三 10:00~19:00，周四至周六 至20:00；23, 27, 41, 42）如果你喜欢威士忌，那么这个地方有小杯和整瓶的单一麦芽威士忌。这里还有各种混合威士忌、爱尔兰威士忌和波旁威士忌，你还可以在网上购买。

新城区

21st Century Kilts
时装和饰品

（见842页地图；http://21stcenturykilts.com；48 Thistle St；周二和周四至周六 10:00~18:00；23, 27）21st Century Kilts的客户包括艾伦·卡明（Alan Cummings）、罗比·威廉姆斯（Robbie Williams）和范·迪塞尔（Vin Diesel）等名人，出售各种材质的现代时尚苏格兰裙，既销售成衣，也可以量身定做。

Jenners
百货店

（见842页地图；0131-225 2442；www.houseoffraser.co.uk；48 Princes St；周一至周三 9:30~18:30，周四 至20:00，周五 至19:00，周六 9:00~19:00，周日 11:00~18:00；Princes St）1838年开业，2005年被House of Fraser收购，Jenners是苏格兰百货公司中的贵妇。这里有各种传统和现代的优质商品。

Harvey Nichols
百货店

（见842页地图；0131-524 8388；www.harveynichols.com；30-34 St Andrew Sq；周一至周三 10:00~18:00，周四 至20:00，周五和周六 至19:00，周日 11:00~18:00；St Andrew Sq）作为爱丁堡购物界皇冠上的宝石，这里的四层楼都是设计师品牌，价格标签能让你瞠目结舌。

爱丁堡南部

Meadows Pottery
陶瓷

（见846页地图；0131-662 4064；www.themeadowspottery.com；11a Summerhall Pl；周一至周五 10:00~18:00，周六 至17:00；2, 41, 42, 67）这家小店出售各种色彩艳丽的高温焙烧氧化陶瓷，实用和装饰用途均有，全部在店内手工制作完成。如果找不到你想要的，还可

Backbeat
音乐

（见846页地图；☎0131-668 2666；31 E Crosscauseway；⏰周一至周六 10:00~17:30；🚌所有前往Newington的大巴）如果你正在寻找很久以前的二手黑胶唱片，这家局促的小店的收藏令人惊叹而且变化多端，包括爵士、布鲁斯、摇滚和灵魂音乐，还有许多20世纪60~70年代的唱片，不过你需要花些时间才能从杂乱的收藏中找到想要的。

Lighthouse
书籍

（见836页地图；☎0131-662 9112；http://lighthousebookshop.com；43 W Nicolson St；⏰周一至周六 10:00~18:00，周日 11:30~17:00；🚌41,42,67）Lighthouse是一家前卫的独立书店，支持小出版商和本地作家。店内有各种关于政治、同性恋和女权主义的文学作品，还有非主流的小说和纪实作品。

🏠 利斯

Kinloch Anderson
时装和饰品

（☎0131-555 1390；www.kinlochanderson.com；4 Dock St；⏰周一至周六 9:00~17:30；🚌16, 22, 36, 300）爱丁堡较好的格子呢商店之一，Kinloch Anderson于1868年开业并且仍然由家族经营。它还是王室的苏格兰裙和高地服装供应商。

🏠 斯托克布里奇

★ Golden Hare Books
书籍

（见842页地图；☎0131-629 1396；https://goldenharebooks.com；68 St Stephen St；⏰10:00~18:00；🚌24, 29, 42）Golden Hare是最可爱的独立书店，出售一流的"漂亮、非凡和有趣的书籍"，设置了迷人的儿童角，还会安排组织妥善的活动。如果你热爱书籍、图书设计和漂亮的商店，那么此处不容错过。

Stockbridge Market
市场

（见842页地图；www.stockbridgemarket.com；Kerr St和Saunders St的交叉路口；⏰周日 10:00~17:00；🚌24, 29, 36, 42）周日，本地人会聚集在Stockbridge Market。市场位于与该区同名的桥梁旁边一个枝繁叶茂的广场上。商品从新鲜的苏格兰农产品到手工陶瓷、珠宝首饰、肥皂和化妆品，不一而足。Steampunk Coffee在一辆20世纪70年代的大众房车内经营，可以在那儿买一杯意式浓咖啡。

Galerie Mirages
珠宝

（见842页地图；☎0131-315 2603；www.galeriemirages.com；46a Raeburn Pl；⏰周一至周六 10:00~17:30，周日 12:00~16:30；🚌24, 29, 42）到处是来自世界各地的珠宝首饰、纺织品和手工艺品，Mirages简直就是阿拉丁的宝藏，最有名的是既符合传统文化又兼具当代审美设计的各种银器、琥珀和宝石。

ℹ️ 实用信息

医疗服务

爱丁堡皇家医院（Edinburgh Royal Infirmary；☎0131-536 1000；www.nhslothian.scot.nhs.uk/GoingToHospital/Locations/RIE；51 Little France Cres, Old Dalkeith Rd；⏰24小时；🚌7, 8, 21, 24, 38）爱丁堡主要的综合性医院，有24小时急诊室。

西部综合医院（Western General Hospital；☎0131-537 1000；www.nhslothian.scot.nhs.uk/GoingToHospital/Locations/WGH；Crewe Rd S；⏰8:00~21:00；🚌19, 24, 29, 38 47）不危及生命的伤病无须预约即可前往这里的Minor Injuries Clinic。

邮局

弗雷德里克街邮局（Frederick St Post Office；见842页地图；40 Frederick St；⏰周一和周三至周五 9:00~17:30，周二 9:30~17:30，周六 9:30~12:30；🚌24, 29, 42）

威弗利购物中心邮局（Waverley Mall Post Office；见842页地图；upper level, Waverley Mall；⏰周一和周三至周六 9:00~17:30，周二 9:30~17:30；🚌所有前往Princes St的大巴）

圣玛丽街邮局（St Mary's St Post Office；见836页地图；46 St Mary's St；⏰周一至周五 9:00~17:30，周六 至12:30；🚌300）

旅游信息

爱丁堡旅游局（Edinburgh Tourist Office；Edinburgh iCentre；见842页地图；☎0131-473

3868; www.visitscotland.com/info/services/edinburgh-icentre-p234441; Waverley Mall, 3 Princes St; ⏰7月和8月 周一至周六 9:00~19:00, 周日 10:00~19:00, 6月 至18:00, 9月至次年5月 至17:00; 🚌; St Andrew Sq)内有住宿预订服务处、货币兑换处、礼品商店及图书商店、上网处, 还有柜台销售爱丁堡城市团队游票和苏格兰城际巴士(Scottish City link)车票。

爱丁堡机场旅游局(Edinburgh Airport Tourist Office; ☎0131-473 3690; www.visitscotland.com; East Terminal, Edinburgh Airport; ⏰周一至周五 7:30~19:30, 周六和周日 至19:00)机场扩建航站楼内的苏格兰旅游信息中心(Visit Scotland Information Centre)。

爱丁堡边缘艺术节办公室(Edinburgh Festival Fringe Office; ☎0131-226 0026; www.edfringe.com; 180 High St; ⏰6月中旬至7月中旬 周一至周六 正午至15:00, 7月中旬至8月1日 每天 10:00~18:00, 8月 每天 9:00~21:00; 🚌所有前往South Bridge 的大巴)爱丁堡边缘艺术节(见853页)活动售票处和信息中心。

爱丁堡节日指南(Edin burgh Festival Guide; www.edinburghfestivalcity.com)爱丁堡众多节日的相关信息, 这里全有。

❶ 到达和离开

飞机

爱丁堡机场(Edinburgh Airport, EDI; ☎0844 448 8833; www.edinburghairport.com)位于城西8英里处; 有众多班机飞往苏格兰以及英国其他地区、爱尔兰以及欧洲大陆。机场扩建航站楼内有苏格兰旅游信息中心。

长途汽车

爱丁堡长途巴士站(Edinburgh Bus Station; 见842页地图; 行李寄存柜 每24小时 £5~10; ⏰周日至周四 4:30至午夜, 周五和周六 至12:30; St Andrew Sq)位于圣安德鲁广场东北角, 可从广场或Elder St步行进入。查询时刻表可拨打Traveline (☎0871 200 22 33; www.travelinescotland.com)。

苏格兰城际巴士(Scottish Citylink; ☎0871 266 3333; www.citylink.co.uk)有车将爱丁堡与苏格兰各城市和主要城镇相连。下方选取从爱丁堡出发的单程标准票价。

目的地	票价(£)
阿伯丁	32.70
邓迪	17.50
威廉堡	37
格拉斯哥	7.90
因弗内斯	32.20
波特里	58.30
斯特灵	8.70

超级巴士(Megabus; ☎0141-352 4444; www.megabus.com)也值得一试, 因为那里的城际巴士票价便宜(最低£5起), 可从爱丁堡前往阿伯丁、邓迪、格拉斯哥、因弗内斯和珀斯。

可搭乘各类巴士从伦敦以及英国其他地方前往爱丁堡。

小汽车

早晚高峰时段(周一至周五 7:30~9:30和16:30~18:30)驾车进出爱丁堡的体验前所未有。安排行程的时候, 尽量避开这些时段。

进出爱丁堡的主路:
- M90向北通往珀斯
- M9向西北通往斯特灵
- M8向西通往格拉斯哥
- A7向南通往加拉希尔斯
- A68向南通往梅尔罗斯和杰德堡
- A1向东南通往特威德河畔贝里克

火车

爱丁堡火车总站是**威弗利火车站**, 位于市中心。西线火车也会在干草集市火车站(Haymarket station)停靠, 住在西区的话在这里上下车更方便。

你可以在**爱丁堡铁路旅行中心**(Edinburgh Rail Travel Centre; Waverley station; ⏰周一至周六 5:00至午夜, 周日 7:00至午夜; 🚌所有前往Princes St的大巴)购买车票、进行预订以及获取旅行信息。具体票价和时刻表信息, 可致电**国家铁路咨询服务处**(National Rail Enquiry Service; ☎03457 48 49 50; www.nationalrail.co.uk)或登录网站使用"旅行计划助手"(journey planner)。

如果两人同行, 可以考虑购买**Two Together Railcard**(www.twotogether-railcard.co.uk; 每年£30), 在英国全境乘坐火车可享受联运票价高达30%的折扣。

苏格兰铁路公司（ScotRail；☎0344 811 0141；www.scotrail.co.uk）运营前往以下地点的固定班次列车：

阿伯丁（£35.50, 2.5小时）
邓迪（£18.90, 1.25小时）
格拉斯哥（£14.40, 50分钟，每15分钟1班）
因弗内斯（£40, 3.5小时）

❶ 当地交通

抵离机场
长途汽车
洛锡安巴士（Lothian Buses）的**机场班车**（Airlink; https://lothianbuses.co.uk/airport）100路从火车站外的威弗利桥出发前往机场（单程/往返£4.50/7.50, 30分钟，每10分钟1班，4:00至午夜），途经西区和干草集市。Skylink运营的200路和300路从机场运行至海运大厦，分别途经爱丁堡北部和爱丁堡西部/皇家大道。

有轨电车
Edinburgh Trams（www.edinburghtrams.com）从机场开往市中心（单程/往返£6/8.50, 33分钟，每6~8分钟1班，6:00至午夜）。

出租车
从机场打的去市中心大约花费£20, 20~30分钟。

公共汽车
公共汽车和有轨电车的所有主要车站都贴有时刻表、线路图和票价指南，你可以在洛锡安汽车站（Lothian Buses Travelshop）的**Waverley Bridge**（见836页地图; 31 Waverley Bridge; ⊙周二、周三和周五 9:00~18:00, 周一和周四 至19:00、周六 至17:30, 周日 10:00~17:30; 🚌6）和**Hanover St**（见842页地图; 27 Hanover St; ⊙周一至周五 9:00~18:00, 周六 至17:30; 🚌23, 27）分支领取免费的《洛锡安巴士线路图》（*Lothian Buses Route Map*）。

市内范围的成人票价每位£1.70；向司机购买。5岁以下儿童免费乘车，5~15岁儿童单一票价80便士。

洛锡安巴士不找零，但第一巴士可找零。洛锡安巴士的司机还会卖一种日票（£4），可凭此在一天里无限次乘车，洛锡安巴士和电车有效；家庭一日票（最多包括2名成年人和3名儿童）价格为£8.50。

夜班公交从午夜运营至凌晨5:00, 每小时1班，单一票价为£3.50。

你还可以购买一卡通（Ridacard; Travelshops有售，不能在公交车司机处购买），价格为£19, 持卡可在一周内无限次乘车。

洛锡安巴士的失物招领处在Hanover St Travelshop。

小汽车
尽管小汽车对于出城进行日间旅行很有用，但在爱丁堡市中心开车是负担大于便利。王子街、George St和夏洛特广场车辆限行，许多街道都是单行线，而且在市中心找车位就像挖金子一样难。另外，荷里路德公园周边的Queen's Dr在周日也会禁止机动车通行。

周一至周六 7:30~18:30, 进城主路旁边没有停车场。而且在市中心停车棘手至极。

周一至周六 8:30~18:30, 路边停车位由自助售票机控制，每小时£2.20~4.20, 最长时间为30分钟至4小时。

违反规定就会被罚款，一般都是超时几分

昆斯费里和福斯桥（QUEENSFERRY & FORTH BRIDGE）

福斯湾最狭窄的部分在昆斯费里，又名南昆斯费里（South Queensferry）。从最初便有渡船从这里前往法夫（Fife）。这座村庄得名自玛格丽特女王（1046~1093年），因为她曾批准将一群去圣安德鲁朝圣的信徒们免费渡过湾去。渡船在这里一直运营到了1964年，那一年**福斯公路桥**（Forth Road Bridge）开通。后来，第二条公路桥**Queensferry Crossing**于2017年开通。

宏伟的**福斯桥**（Forth Bridge），只有外地人才会把它叫作福斯铁路桥（Forth Rail Bridge），比第一条公路桥早74年，代表了19世纪工程学的最高成就，于1890年开通，是全世界第一座大型钢结构桥梁，3个巨大悬臂跨度为1630米，其建造耗费了53,000吨钢材和650万颗铆钉，有73人在建设中丧命。

钟——爱丁堡的停车管理员数量多、名声差。罚款£60，如果14日内付清可以降至£30。违章停车会被锁车或拖走。奥姆尼中心（Omni Centre）、Blackfriars St、Castle Tce、Holyrood Rd和喷泉公园（Fountain Park）有大型长期停车场。摩托车可以免费停放在市中心的指定区域。

出租车

爱丁堡的黑色出租车可以在街上招停，也可以打电话预约（附加费80便士）或者在市中心的许多停车处找到。首个450米的起步价为£2.10（夜间£3.10），此后每184米25便士——市内常见的2英里路程车费为£6~7。小费随意——因价格昂贵，本地人短途打车很少给小费，不过如果路途较远，他们偶尔也会凑足支付50p的整数。

中央出租车（Central Taxis；☎0131-229 2468；www.taxis-edinburgh.co.uk）
城市出租车（City Cabs；☎0131-228 1211；www.citycabs.co.uk）
联合出租车（Com Cab；☎0131-272 8001；www.comcab-edinburgh.co.uk）

有轨电车

爱丁堡的电车系统（www.edinburghtrams.com）线路从爱丁堡机场至约克广场（York Pl）、利斯步道顶端，途经干草集市、西区和王子街。

车票可以与市内的洛锡安巴士通用，市内单程£1.70，前往机场费用£6。周一至周六8分钟至10分钟一班，周日12~15分钟一班，运行时间5:30~23:00。

格拉斯哥和苏格兰南部

包括 ➡

格拉斯哥	878
皮布尔斯	900
梅尔罗斯	902
杰德堡	903
邓弗里斯	906
科库布里	908
加洛韦森林公园	910
加洛韦角	912

最佳就餐

- Ubiquitous Chip（见893页）
- Stravaigin（见891页）
- Ox & Finch（见891页）
- Cobbles（见905页）
- Auld Alliance（见909页）
- Coltman's（见901页）

最佳住宿

- Dakota Deluxe（见888页）
- Alamo Guest House（见889页）
- Knockinaam Lodge（见913页）
- Old Bank House（见903页）
- Old Priory（见905页）
- Edenbank House（见905页）

为何去

虽然智者们已经充分认识到这里的魅力，但对于许多人来说，苏格兰南部不过是驱车前往苏格兰北部途中经过的地方。这真是大错特错。不过游人的轻视也让这里即使在夏季也能找到诸多安静的角落。

由于邻近英格兰的地区都难免战火纷争，许多教堂和废弃修道院的遗址如今成为苏格兰最有感觉的历史景点。西部的广袤森林，位于熙熙攘攘的集镇之间，起伏的群山延伸至海岸沙滩。最有吸引力的无疑是格拉斯哥，苏格兰最大的城市，一座时髦、热情的大都市，拥有富有感染力的精神气质和各种优秀的博物馆、餐馆和酒馆。这座城市需要你花费几天时间。

何时去

➡ 6月份是游览这里众多城堡大宅的最佳时节，鲜花盛开的花园美景十分壮观。西区音乐节和爵士音乐节令格拉斯哥在6月成为音乐的天堂。

➡ 格拉斯哥的夏季非常宜人，天气更好，当地人的心情也比平时好多了。

➡ 10月前往加洛韦的森林，看看在交配季节奋力争抢配偶的马鹿。

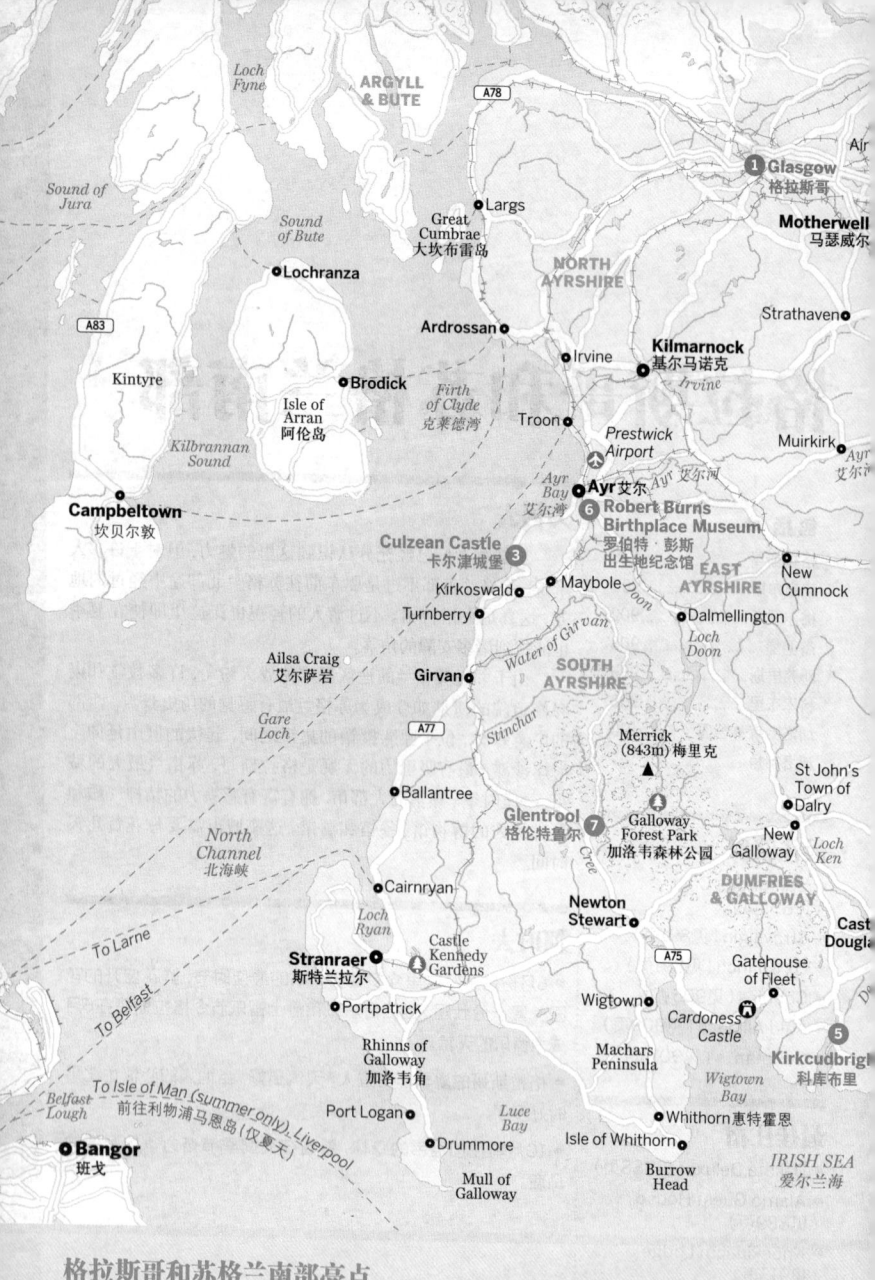

格拉斯哥和苏格兰南部亮点

① **格拉斯哥**（见878页）陶醉于英国第二大城市中的博物馆、餐馆、酒馆和音乐场所。

② **边境修道院**（见902页）探索高贵而又令人回味的废墟及该地区其他历史景点——德赖堡是我们的最爱。

③ **卡尔津城堡**（见905页）欣赏18世纪的建筑奇观，这座城堡坐落在野生海崖上。

④ **赫米蒂奇城堡**（见902页）置身于英格兰-苏格兰边界的这座

城堡，思索往昔的艰难岁月。

⑤ **科库布里**（见908页）惊叹于这座小镇居民的创造天赋。

⑥ **罗伯特·彭斯出生地纪念馆**（见906页）从这位游吟诗人的诗作中学习苏格兰低地方言。

⑦ **格伦特鲁尔**（见910页）沿着这里或其他7stanes山地车中心的森林路径骑车。

⑧ **新拉纳克**（见898页）欣赏这个漂亮的工厂社区所实施的激进的社会改革。

格拉斯哥（GLASGOW）

0141 / 人口 596,500

格拉斯哥虽然外表冷漠，却内心狂热。这座苏格兰最大的城市，雅致而朴实，不失友善，历经几十年的变革现已成为英国最为迷人的大都市之一。这座城市外观优美，坐落于克莱德河（Clyde River）沿岸，将自己从制造业和贸易中获得的巨额财富化作丰富多彩的建筑遗产：庄严的维多利亚式大楼、宏伟的公共建筑，以及最重要的——散落于全城的查尔斯·伦尼·麦金托什（Charles Rennie Mackintosh）的美妙设计作品。

除了无比恢宏的建筑以外，格拉斯哥还有一些出色的博物馆和美术馆、超级购物中心、热闹的夜生活和几家苏格兰最棒的餐厅。总而言之，这里真是个好地方——与许多心无旁骛的游客一样，你很快就会发现：格拉斯哥的纯粹活力极具感染力。

历史

2世纪，今格拉斯哥所在的地区曾经被罗马人一分为二。他们修建了安东尼墙（Antonine Wall），防范墙外的古苏格兰野蛮人对帝国边境的侵扰。

圣肯蒂格恩（St Kentigern），更广为人知的名字是圣蒙哥（St Mungo；最初只是昵称），于6世纪在这一带修建了宗教场所，并且使其成为重要的主教座堂，格拉斯哥由此发展起来。不过建在这里的大教堂只是这座中世纪城市所剩无几的一处遗址。充满生机的新时代扫去了历史的尘埃，让格拉斯哥迎来了一个新时代——是资本主义、工业革命和大英帝国的时代。

格拉斯哥地处西海岸的位置让它成为连接美国的重要贸易港口。18世纪，欧洲与美国之间的多数烟草贸易都取道格拉斯哥，这成了该城财富的源泉。烟草大亨在城里各处大兴土木，那些建筑留存至今。哪怕在19世纪烟草贸易衰落的时候，作为纺织生产、造船、煤炭和钢铁工业的中心，格拉斯哥继续繁荣之路。城内的许多大型建筑和纪念碑都建于维多利亚时代，那时的格拉斯哥简直就是商业繁荣的代名词。然而繁荣的外表下却隐藏着工厂工人恶劣的工作条件。

20世纪前半段，格拉斯哥是英国军事工业的中心，为两次世界大战供应武器和船只。"二战"期间，这座城市遭受过地毯式轰炸。然而"二战"后，港口和重工业开始衰败，到了20世纪70年代初，这座城市难逃劫数。格拉斯哥成为失业、经济萧条和城市暴力的代名词，回天乏术，中心是臭名昭著的Gorbals这种高层住宅方案。

近年来，城市的发展与文化的繁荣给这里注入了时尚与自信。尽管这里的生活水平在英国仍处于低位，而且许多人的日子依然不好过，但当下的复兴让我们有理由乐观地展望格拉斯哥的未来。2014年英联邦运动会（Commonwealth Games）的成功举办也将这种复兴的气象展现在了全世界的眼前。

◉ 景点

市中心（City Centre）

格拉斯哥市中心从东到西，个性大变，从各种服务设施、交通站点、酒馆和商店的一派热闹景象变成一条条更宁静的大道，比如Bath St，被改造成时尚酒吧的地下室上面矗立着高档写字楼。这里是全城大部分高品质住宿场所的集中地带，也是学生区，主要夜生活中心Sauchiehall St贯通整个街区。

★ 格拉斯哥艺术学校　　历史建筑

（Glasgow School of Art；见880页地图；0141-353 4526；www.gsa.ac.uk；167 Renfrew St）2018年，这栋查尔斯·伦尼·麦金托什最著名的建筑历经了2014年的大火后，正准备重新开幕，令人难以置信的是，又一场大火瞬间摧毁了人们苦心重建的建筑内部，并对整栋建筑造成了严重的破坏。这所学校已承诺重建建筑，但任重道远。在本书调研期间，隔壁里德大楼的游客中心、商店和展览馆不对游客开放；查看网站，确认参与与团队游是否重启。

★ 市政厅　　历史建筑

（City Chambers，见880页地图；0141-287 2000；www.glasgow.gov.uk；George Sq；⊙周一至周五 9:00~17:00） 免费 这处宏伟的建筑是本地政府的所在地，建于19世纪80年代格拉斯哥最富有的时期。内部甚至比外墙更加奢华，里边的一些厅室有时会被电影取景冒充克里姆林宫或是梵蒂冈。你可以在开放时间看一看这里豪华的一层。要想看更多的内容,周一至周五的10:30和14:30有免费导览游;值得在当日提前过来预约。

★ 沙曼卡机械剧院　　　　　　　　　　剧院

（Sharmanka Kinetic Theatre;见880页地图; ☎0141-552 7080; www.sharmanka.com; 103 Trongate;成人/儿童 短剧 £8/3,长剧 £10/8;周三和周四 40分钟演出17:00,周五 13:00,周六和周日 15:00,周四1小时演出 19:00,周日 17:00)

这个出众的机械剧场位于Trongate 103艺术中心。俄裔苏格兰雕塑家兼机械师爱德华·拜尔舒德斯基（Eduard Bersudsky）用一些废品和精致的雕像制作出各种出色的大型雕像。配合着余音绕耳的音乐,每尊雕像似乎都能展现出人类精神的悲欢离合。这里非常适合孩子,对于成年人来说也很感人:可能前一刻还很励志,接着就恐怖起来,但总归是很缤纷巧妙且发人深思。

现代艺术美术馆　　　　　　　　　　画廊

（Gallery of Modern Art;简称GoMA;见880页

查尔斯·伦尼·麦金托什（CHARLES RENNIE MACKINTOSH）

伟大的城市都有伟大的艺术家、设计师和建筑家,他们既滋养了城市的文化和历史的根蒂,又表达了城市的灵魂与个性。查尔斯·伦尼·麦金托什就是这样的人。其线性和几何式的怪异设计对于格拉斯哥产生了巨大的影响。许多由麦金托什设计的建筑都对公众开放,而且你会经常看见他又高又细的新艺术风格被再现。

麦金托什生于1868年,曾就读于格拉斯哥艺术学校。他在那里遇到了具有影响力的艺术家兼摄影师玛格丽特·麦克唐纳（Margaret Macdonald）,后来与其结婚;他们在许多项目上都合作过,并且强烈地影响着对方的作品。麦金托什与玛格丽特的妹妹弗朗西丝（Frances）和妹夫赫伯特·麦克奈尔（Herbert MacNair）共同组建了发展格拉斯哥风格的先锋团体"四人组"。他们对新艺术的贡献包括吸收了工艺美术运动和日本设计的影响。

1896年,年仅27岁的麦金托什凭借对母校格拉斯哥艺术学校新楼的设计在比赛中获胜。该建筑的第一部分于1899年建成投入使用,现在被认为是英国新艺术风格建筑最早期的代表,是他高超建筑才华初露锋芒之作。第二部分于十年后建成,采纳了一些最早的装饰艺术风格。这幢建筑展示了他在融合功能和风格方面的技巧。

麦金托什另一件最成功的作品是海伦斯堡（Helensburgh）的山丘小屋（见945页）。分布于城镇各处的其他建筑还有每日纪事报大楼（Daily Record Building;见880页地图; 20 Renfield Lane）、苏格兰街头学校（Scotland Street School; ☎0141-287 0504; www.glasgowlife. org.uk; 225 Scotland St; ⓥ周二至周四和周六 10:00~17:00,周五和周日 11:00 开始）免费、麦金托什女王十字教堂（Mackintosh Queen's Cross;见884页地图; ☎0141-946 6600; www.mackintoshchurch.com; 870 Garscube Rd;成人/儿童 £4/免费; ⓥ4月至10月 周一至周五 10:00~17:00,11月至12月和2月至3月 周一、周三和周五 至16:00,1月关闭）和艺术爱好者之家（House for an Art Lover; ☎0141-353 4770; www.houseforanartlover.co.uk; Bellahouston Park, Dumbreck Rd;成人/儿童 £6/4.50; ⓥ网上查询,大概 周一至周五 10:00~16:00,周六 至正午,周日 至14:00）。经麦金托什改造的柳茶馆（见881页）以将他的设计理念体现至最细小的方面为特色。

尽管麦金托什的天赋很快在欧洲其他地区得到认可,但苏格兰当时并不看好他。1914年,他结束了自己在这里的建筑生涯,前往英格兰专攻家具设计。麦金托什死于1928年,而其才华直到20世纪的最后10年才得到广泛认可。想了解更多其人其作,你可以联系查尔斯·伦尼·麦金托什协会（Charles Rennie Mackintosh Society;见884页地图; ☎0141-946 6600; www.crmsociety.com; Mackintosh Queen's Cross, 870 Garscube Rd）。特别活动请查询他们的网站及www.glasgowmackintosh.com。

Central Glasgow 格拉斯哥市中心

格拉斯哥和苏格兰南部 格拉斯哥

地图；0141-287 3050；www.glasgowmuseums.com；Royal Exchange Sq；周一至周三和周六 10:00~17:00，周四 至20:00，周五和周日 11:00~17:00）免费 这座当代美术馆是一座优雅的新古典主义建筑，陈列有国内外艺术家的当代艺术作品。美术馆内部风格独特，与经常展出的先锋原创画作形成鲜明的对比，不过各展览的质量存在明显差异。管理方正着力让孩子们喜欢上这里。外边的威灵顿公爵骑马雕像通常头顶交通锥标，非常调皮；虽然当

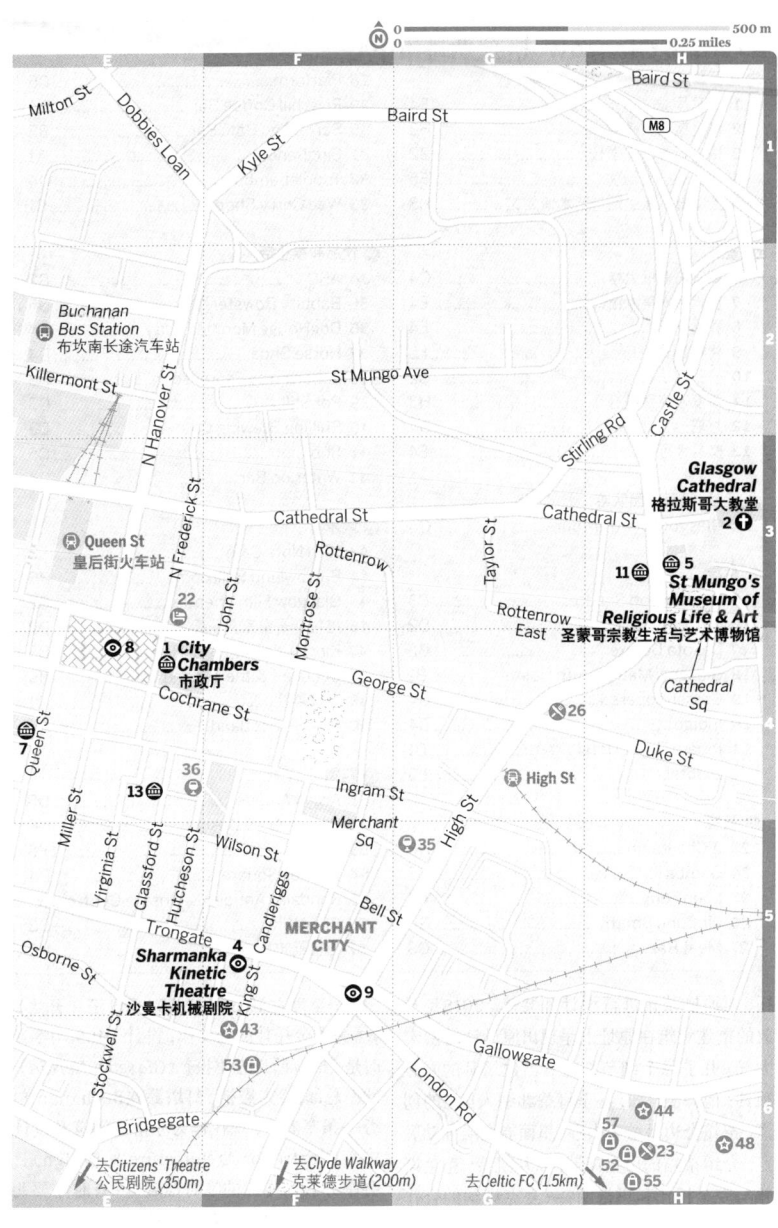

局对此有些微词，但这一场景还是保持下来，如今已经成为一种象征。

柳茶馆　　　　　　　　　　　　历史建筑

（Mackintosh at the Willow；见880页地图；☏0141-204 1903；www.mackintoshatthewillow.com；217 Sauchiehall St；展览费用 成人/儿童 £5.50/3.50；⊙茶馆 9:00~17:00，展览 周一至周六 9:00~17:30，周日 10:00~17:00，最后入场时间 闭馆前1小时）20世纪初叶，麦金托什接受老板凯特·克兰斯顿（Kate Cranston）的委

Central Glasgow 格拉斯哥市中心

◎ 重要景点
1 市政厅...E4
2 格拉斯哥大教堂...................................H3
3 格拉斯哥艺术学校................................B2
4 沙曼卡机械剧院....................................F5
5 圣蒙哥宗教生活与艺术博物馆...........H3

◎ 景点
6 每日纪事报大楼.....................................C4
7 现代艺术美术馆....................................E4
8 乔治广场...E4
9 格拉斯哥路口..F5
10 柳茶馆...C2
11 普罗万德勋爵府...................................H3
12 灯塔...D4
13 交易大厅...E4

◎ 活动、课程和团队游
14 Glasgow Central Tours C4

◎ 住宿
15 Blythswood Square................................B3
16 Citizen M..D2
17 Dakota Deluxe.......................................B2
18 Glasgow Metro Youth Hostel B1
19 Grasshoppers..C4
20 Indigo...B4
21 Pipers' Tryst Hotel................................D1
22 Z Hotel..E3

◎ 就餐
23 A'Challtainn..H6
24 Gamba...C3
25 Loon Fung..A2
26 McCune Smith......................................G4
27 Meat Bar..C3

28 Platform...C5
29 Riverhill Coffee Bar D4
30 Saramago Café Bar..............................B2
31 Singl-end A1
32 Topolabamba..D4
33 Wee Curry Shop C1

◎ 饮品和夜生活
34 ABC..B2
35 Babbity Bowster...................................G5
36 DogHouse Merchant City...................E4
37 Horse Shoe...D4
38 Laboratorio Espresso..........................D3
39 Pot Still..C3
40 Shilling Brewing Co D3
41 Sub Club C5
42 Waterloo Bar...C4

◎ 娱乐
43 13th Note Café......................................F6
44 Barrowland Ballroom..........................H6
45 Glasgow Film Theatre C2
46 格拉斯哥皇家音乐厅 D2
47 King Tut's Wah Wah Hut B3
48 St Luke's & the Winged Ox H6
49 皇家剧院...D1
50 Tickets Scotland...................................C5

◎ 购物
51 Argyll Arcade D5
52 Barras Art & Design.............................H6
53 Mr Ben..F6
54 Princes Square C3
55 Randall's Antique & Vintage Centre H6
56 Slanj Kilts..D3
57 巴拉斯市场..H6

托，对原柳茶馆进行设计和装修。2018年开放的重建筑在原址上呈现出原设计的恢宏大气。几乎每个细节都能看出建筑师的匠心独具；他挥洒自如，甚至将茶匙纳入自己的创意。茶馆旁边是游客中心，里面有两层互动展览，介绍茶馆的历史背景，以及凯特·克兰斯顿与麦金托什和玛格丽特·麦克唐纳的合作过程。

灯塔 历史建筑
（Lighthouse；见880页地图；☎0141-276 5365；www.thelighthouse.co.uk；11 Mitchell Lane；

◎周一至周六 10:30~17:00，周日 正午开始）**免费** 麦金托什的处女作，设计于1893年，当时是《格拉斯哥先驱报》（*Glasgow Herald*）的新总部，令人震撼。灯塔藏在Buchanan St旁一条窄巷中，现在作为苏格兰建筑及设计中心（Centre for Architecture & Design），会举办较为专业的临时性展览（有时需要购买门票）。此外，里面也有麦金托什解读中心（Mackintosh Interpretation Centre），详细全面（也略显枯燥）地介绍其人其作。站在"灯塔"顶层，俯视市中心的屋顶与尖顶，沉醉在美景中。

东区 (East End)

东区包括城市最古老的地区,以格拉斯哥大教堂为中心,还有正迅速成为创意活动中心的几个格拉斯哥传统地区。其中之一的卡尔顿(Calton)曾以亚麻厂闻名,如今却是英国较贫穷的地区之一;著名的周末巴拉斯市场(Barras)一派繁忙景象。该地区以天主教为主,不过人们主要的崇拜中心是位于路边的凯尔特人(Celtic FC)体育场。

★ 格拉斯哥大教堂　　　　　主教座堂

(Glasgow Cathedral; HES; 见880页地图; ☎0141-552 6891; www.historicenvironment.sco; Cathedral Sq; ⏰4月至9月 周一至周六 9:30~17:30, 周日 13:00~17:00, 10月至次年3月 周一至周六 10:00~16:00, 周日 13:00开始)大教堂给人一种时光停滞的独特感觉。幽暗威严的内部散发着中世纪特有的力量感,让人不禁打颤。教堂是哥特式建筑的一个惊艳代表,也几乎是苏格兰唯一一座经历了宗教改革时期暴徒的摧残却近乎完好地保留至今的主教堂。现存大部分建筑可追溯到15世纪。

入口是悬挂着军团旗帜的中殿侧门。木屋顶从建成至今,历经多次修复,不过其中部分木料还可以追溯至14世纪;注意那些令人印象深刻的盾牌。教堂细长的彩色玻璃窗令人惊叹,其中许多元素非常现代;左侧是弗朗西斯·斯皮尔(Francis Spear)1958年的作品《创世纪》(The Creation),填满西侧的窗户。

15世纪末的唱诗班石屏风将教堂一分为二,上面装饰代表七宗罪的七对人像。东窗的四副彩色玻璃镶板描绘的是使徒(同样出自弗朗西斯·斯皮尔之手),发人深省。东北角的入口通向上面15世纪的牧师会礼堂,那里是格拉斯哥大学的成立地点,现在是圣器收藏室。

经过一段楼梯可以进入大教堂最有趣的下方教堂。林立的柱子围绕圣蒙哥(6世纪在此建立了一个修道社区)的陵墓,营造出具有感染力的氛围;陵墓是中世纪著名的朝圣中心,据说朝圣效果与前往罗马不相上下。

参观教堂的时候,记得去墓地(⏰4月至10月7:00~16:30, 11月至次年3月 8:00开始) 免费 散步,莫失良机。

★ 圣蒙哥宗教生活与艺术博物馆　　博物馆

(St Mungo's Museum of Religious Life & Art; 见880页地图; ☎0141-276 1625; www.glasgowmuseums.com; 2 Castle St; ⏰周二至周四和周六 10:00~17:00, 周五和周日 11:00开始) 免费 这座博物馆位于主教座堂前殿经过重建的主教宫内,大胆尝试从艺术视角去浓缩呈现世界上的主流宗教,并比较各宗教在展现出生、婚姻与死亡等方面的异同,成就实属惊人。其主要亮点有两方面:第一,这里展示的艺术品震撼人心,打破了宗教和文化之间的界限;第二,你有机会去了解各种不同信仰,深浅随意。

普罗万德勋爵府　　　　　历史建筑

(Provand's Lordship, 见880页地图; ☎0141-276 1625; www.glasgowmuseums.com 3 Castle St; ⏰周二至周四和周六 10:00~17:00, 周五和周日 11:00开始) 免费 勋爵府在大教堂旁边,是格拉斯哥最古老的住宅。府邸建于1471年,当时为牧师住宅(manse),是15世纪苏格兰民居建筑的罕见代表。天花板和门廊很低,房间里使用当时的家具和艺术品进行装饰;楼上有一个房间,重现出16世纪早期牧师的生活样貌。这里最吸引人的地方就是其真实感,可惜原先的木地板不得不被覆盖保护起来。

西区 (West End)

★ 凯尔文格罗夫美术馆和博物馆　　画廊、博物馆

(Kelvingrove Art Gallery & Museum; 见884页地图; ☎0141-276 9599; www.glasgowmuseums.com; Argyle St; ⏰周一至周四和周六 10:00~17:00, 周五和周日 11:00开始) 免费 这座恢宏气派的砂岩建筑是维多利亚式的文化大教堂,也是一家奇妙非凡的博物馆,展品种类之多令人眼花缭乱。这里,美术作品被放在了动物标本旁,一排密克罗尼西亚人(Micronesian)用鲨鱼牙制作的宝剑被放在一架喷火式战机(Spitfire)的旁边,但这种组合"杂而不乱":每个展厅的主题都经过深思熟虑,藏品数量也是多得看不完。有的展厅主题是苏格兰艺术,有的展出法国印象主义的精美画作以及文艺复兴时期意大利和佛兰德斯(Flanders)地区的伟大作品。

West End 西区

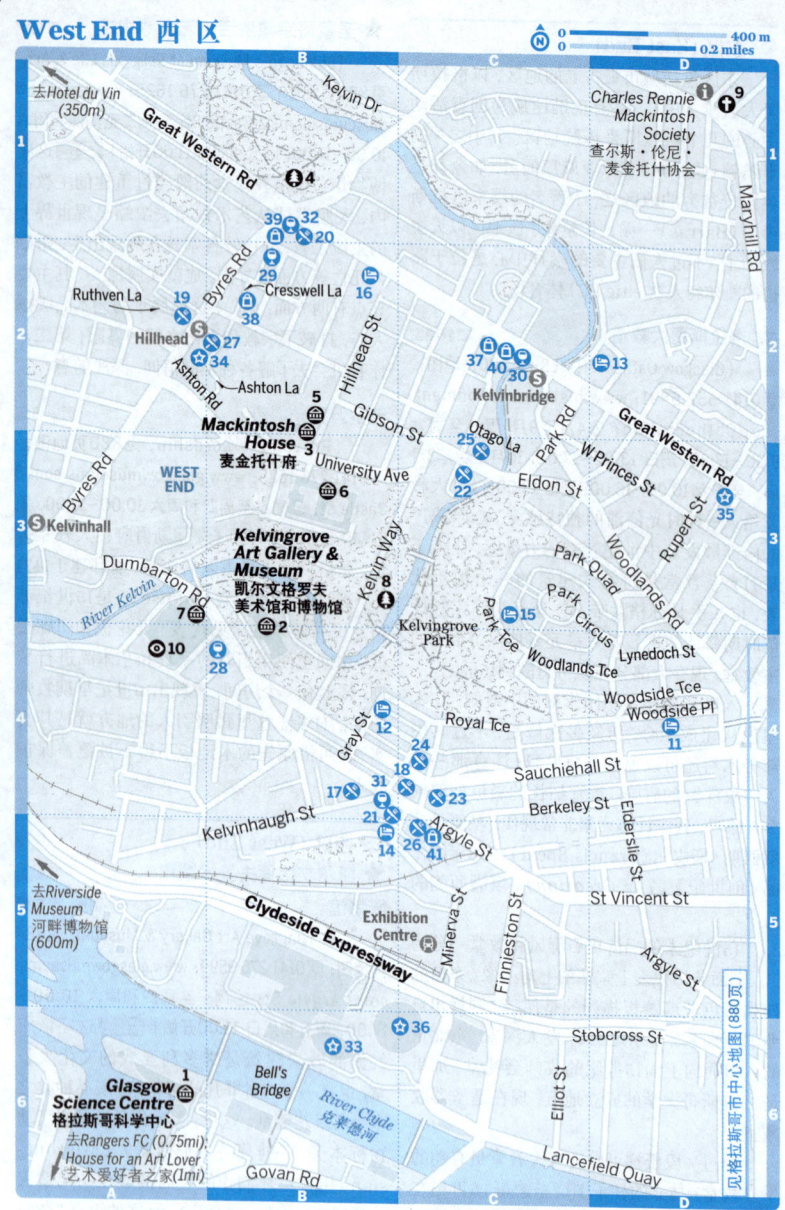

萨尔瓦多·达利（Salvador Dalí）的惊世之作《十字若望的基督》（Christ of St John of the Cross）也藏于此。最好的是，大部分展品——包括绘画，都在旁边配上了一段简单易懂的解释说明。你在这里可以学到关于艺术在内的很多知识，而且有很多针对各年龄段的活动和展示，所以非常适合孩子们。1小时的免费导览游发团时间为11:00和14:30。13:00前来可以听到动听的管风琴演奏。可从Renfield St乘17路等其他多路公交车前往。

West End 西 区

◎ 重要景点
- 1 格拉斯哥科学中心..................................A6
- 2 凯尔文格罗夫美术馆和博物馆...............B4
- 3 麦金托什府..B2

◎ 景点
- 4 植物园...B1
- 5 亨特美术馆..B2
- 6 亨特博物馆..B3
- 7 凯尔文宫..A3
- 8 凯尔文格罗夫公园....................................B3
- 9 麦金托什女王十字教堂............................D1
- 10 苏格兰国家图书馆....................................A4

🛌 住宿
- 11 15Glasgow..D4
- 12 Alamo Guest House..................................B4
- 13 Amadeus Guest House.............................D2
- 14 Flower House..B5
- 15 Glasgow SYHA..C3
- 16 Heritage Hotel...B2

❌ 就餐
- 17 78 Cafe Bar..B4
- 18 Alchemilla..C4
- 19 Bothy..A2
- 20 Cail Bruich...B1
- 21 Gannet..B4
- 22 Left Bank...C3
- 23 Mother India...C4
- 24 Ox & Finch..C4
- 25 Stravaigin..C3
- 26 The Finnieston..C5
- 27 Ubiquitous Chip..B2

◎ 饮品和夜生活
- 28 Brewdog Glasgow.....................................B4
- 29 Hillhead Bookclub....................................B2
- 30 Inn Deep..C2
- 31 Kelvingrove Café......................................B4
- 32 Òran Mór...B1

✪ 娱乐
- A Play, a Pie & a Pint..........................（见32）
- 33 Clyde Auditorium.....................................B6
- 34 Grosvenor Cinema...................................A2
- 35 Hug & Pint..D3
- 36 Hydro...C6
- 37 Caledonia Books.......................................C2
- 38 De Courcy's Arcade.................................B2
- 39 Demijohn...B1
- 40 Glasgow Vintage Company.....................C2
- 41 Hidden Lane..C5

亨特博物馆　　　　　　　　　博物馆

（Hunterian Museum；见884页地图；☏0141-330 4221；www.hunterian.gla.ac.uk；University Ave；◐周二至周六 10:00~17:00, 周日 11:00~16:00）**免费** 博物馆位于格拉斯哥大学一座气派的砂石楼中，建筑本身就值得前来观赏。这座不寻常的博物馆收藏了著名校友威廉·亨特（William Hunter；1718~1783年）的作品。亨特的主业是一位解剖学家和内科医生，但就如启蒙运动时期很多杰出"通儒"一样，他对于这个世界赐予我们的所有事物都感兴趣。

因此，在展厅里，泡着器官的玻璃罐旁边是地质学现象图示。此外，还有从古老的苏格兰石寨（broch）捡回来的瓦片、恐龙骨架和一柜子恐怖的畸形动物。主展厅有高高的拱顶，看起来气势宏伟。亮点包括安东尼墙文物展览和一名耶稣会会士于1674年在宫中为皇帝绘制的一幅精美的中文版《万国图》（*Map of the Whole World*）。

这些藏品或许将搬至凯尔文馆（Kelvin Hall）的新博物馆，不过大概最早也得等到2023年。

亨特美术馆　　　　　　　　　画廊

（Hunterian Art Gallery；见884页地图；☏0141-330 4221；www.hunterian.gla.ac.uk；82 Hillhead St；◐周二至周六 10:00~17:00, 周日 11:00~16:00）**免费** 亨特博物馆（见本页）路对面就是这家美术馆，同属一份遗赠，这座美术馆展出了麦金托什府（Mackintosh House）及早期荷兰大师的各种杰作。最重要的亮点是詹姆斯·麦克尼尔·惠特勒（James McNeill Whistler）创作的浅显易懂的印刷绘本和绘画作品，非常独特。这里还有苏格兰色彩画家用色大胆的画作和"格拉斯哥画派画家"（Glasgow Boys）的作品，不过我们上次参观的时候，这些作品并未展出。

★ 麦金托什府　　　　　　　　历史建筑

（Mackintosh House；见884页地图；☏0141-

330 4221；www.hunterian.gla.ac.uk；82 Hillhead St；成人/儿童 £6/3；⊙周二至周六 10:00~17:00，周日 11:00~16:00）这里与亨特美术馆（见855页）相连，原是查尔斯·伦尼·麦金托什与其作为艺术家兼设计师的妻子玛丽·麦克唐纳（Mary Macdonald）所购买的第一套住房。可以说室内装饰是这对夫妇的一个强项。即便在今天看来，麦金托什府也令人惊叹。一层的客厅和餐厅有一种低调的典雅，往里去是一间惊艳的起居室，楼上是卧室。上午有导览游，下午是自助游。

植物园 公园

（Botanic Gardens；见884页地图；☏0141-276 1614；www.glasgowbotanicgardens.com；730 Great Western Rd；⊙7:00至黄昏，温室 夏季 10:00~18:00，冬季 至16:15）在这里散步是一种非常奇妙的体验，Great Western Rd的喧嚣突然之间就消失了。凯尔文河（River Kelvin）沿岸的花园树木繁茂，还有许多值得探索的热带物种。**基布尔宫**（Kibble Palace）是一座令人印象深刻的维多利亚式钢铁玻璃建筑，可以追溯至1873年，还是英国较大的温室之一；另外可以逛逛种植药用植物的草药园。

凯尔文馆 博物馆

（Kelvin Hall；见884页地图；☏0141-276 1450；www.glasgowlife.org.uk；1445 Argyle St；⊙周一至周五 6:30~22:00，周六 8:00~17:00，周日 8:00~20:00）**免费** 20世纪20年代开馆的展览中心，这座庞大的砂岩宫殿于2016年修复并重新开幕，是一处综合性的休闲和艺术空间。除了健身房和体育设施以外，这里还有**苏格兰国家图书馆**（National Library of Scotland；见884页地图；☏0845 366 4600；www.nls.uk；Kelvin Hall；⊙周二和周四至周六 10:00~17:00，周三 13:30~20:00）**免费** 的音像档案，并存有格拉斯哥大学博物馆的藏品（需要预约）。主展厅经过规划，最后或将保存亨特的收藏品，以及与这座城市有关的其他展览。

🏃 活动

克莱德步道（Clyde Walkway） 步行、骑车

克莱德步道起于克莱德河上游，延伸约40英里，止于新拉纳克附近的克莱德瀑布（Falls of Clyde）。格拉斯哥旅游局提供很棒的成套小册子，详述这条步道的各个路段。其中一条经过格拉斯哥的10公里长路段涵盖了很多有趣的地点，但是沿路大部分古老的船坞已被现代建筑取代。上游风景最美。

Glasgow Central Tours 步行

（见880页地图；www.glasgowcentraltours.co.uk；团队游£13；⊙团队游时间 查看网站）热情、风趣的导游会带你在格拉斯哥中央火车站（见899页）的后面和下面四处转转。即使铁路本身并不能让你觉得兴奋，隐蔽的空间、维多利亚式的废弃站台，以及许多引人入胜的信息，也让这次体验饶有趣味。活动持续大约1小时；团队游日期，可查看网站。参加者年龄必须在12岁以上。

Hidden Heritage Tours 骑车

（☏07857 974178；www.hiddenheritagetours.co.uk；⊙3月至10月）2019年重新推出的这些团队游探索格拉斯哥的工商业遗产，提供2小时的商人城步行游（£10）、2小时的河畔自行车游（自备/租自行车£15/20）、半天的主要景点自行车游（自备/租自行车 £20/30），或者探索克莱德造船业历史的全天游（自备/租自行车£35/45）。

★ 节日和活动

凯尔特音乐节 音乐节

（Celtic Connections；☏0141-353 8000；www.celticconnections.com；⊙1月）持续两周的节日，聚焦于苏格兰及世界各地的根源音乐和民间音乐。

格拉斯哥电影节 电影节

（Glasgow Film Festival；www.glasgowfilm.org；⊙2月）持续两周的电影节，城里有多个放映地点。

格拉斯哥国际喜剧节 喜剧节

（Glasgow International Comedy Festival；☏0844 873 7353；www.glasgowcomedyfestival.com；⊙3月）3月份连续两周的国内外优质喜剧为全城各地的舞台增添活力。

南区边缘艺术节 表演艺术节

（Southside Fringe；www.southsidefringe.org.uk；⊙5月）这个越来越受欢迎的节日主要在克

莱德南部郊区举办,多个场所的演出持续两星期。

西区艺术节
表演艺术节

(West End Festival; ☎0141-341 0844; www.westendfestival.co.uk; ◎6月)这个音乐和艺术节是格拉斯哥规模最大的节日,持续三周。

格拉斯哥爵士音乐节
音乐节

(Glasgow Jazz Festival; www.jazzfest.co.uk; ◎6月)精彩的音乐节期间,城里将举办国际知名演出,舞台位于乔治广场(George Sq)和商人城(Merchant City)。

格拉斯哥TRNSMT音乐节
音乐节

(www.trnsmtfest.com; ◎6月至7月)该节日从2017年才开始举办,持续6月下旬和7月上旬的两个连续周末,已经取得巨大的成功,将独立摇滚的重要演出吸引至格拉斯哥格林公园(Glasgow Green)。

🛏 住宿

🛏 市中心

Glasgow Metro Youth Hostel 青年旅舍 £

(见880页地图; ☎0141-354 0109; www.hostellingscotland.org.uk; 89 Buccleuch St; 标单£32~45; ◎6月下旬至8月; 🛜)这家夏季青年旅舍的场地由附近的格拉斯哥艺术学院(Glasgow School of Art)学生宿舍提供。所有房间都是舒适的单人间,其中很多带套内卫生间,还有厨房设施,非常适合单人或团体旅行者。每天和每月的价格不同。

★ Grasshoppers
酒店 ££

(见880页地图; ☎0141-222 2666; www.grasshoppersglasgow.com; 87 Union St; 房间£90~138; ❄🛜🍳)这家价格合理的小酒店不起眼地藏在中央火车站旁边一座陈旧的铁路管理楼里,是个现代而令人愉悦的惊喜。客房很袖珍(有几间比较大些)但设施齐全,能够看到车站屋顶的玻璃海洋,非常难得。有无数体贴的细节——友善的员工、有趣的艺术品、室内咖啡壶、免费纸杯蛋糕和冰激凌,还有工作日晚餐——使其成为市中心最温馨的住宿选择。

★ Z Hotel
酒店 ££

(见880页地图; ☎0141-212 4550; www.thezhotels.com; 36 North Frederick St; 房间£90~165; ❄🛜)外观是一栋紧邻乔治广场(George Sq)的历史建筑,里面藏着时髦的现代化酒店。房间紧凑却现代——我们的想

> **值得一游**
>
> ### 南区和克莱德地区(SOUTHSIDE & THE CLYDE)
>
> 这里曾经是一片兴旺的造船工业区,战后陷入衰败,但始终致力于重振活力。它是格拉斯哥引人入胜的多元文化区域,还分布着几个出色的景点。
>
> **格拉斯哥科学中心** (Glasgow Science Centre; 见884页地图; ☎0141-420 5000; www.glasgowsciencecentre.org; 50 Pacific Quay; 成人/儿童 £11.50/9.50, IMAX、格拉斯哥塔或天文馆另付£2.50~3.50; ◎4月至10月 每天10:00~17:00, 周三至周五 至15:00, 11月至次年3月 周六和周日 至17:00; 👶)中心有数百个互动展示项目,一家IMAX影院,一座127米高的旋转观景塔、一座天文馆,以及现场科学展示,生动演示科学和技术。要过来的话,可以从Union St搭乘89路或90路公交。
>
> **河畔博物馆** (Riverside Museum; ☎0141-287 2720; www.glasgowmuseums.com; 100 Pointhouse Pl; ◎周一至周四和周六 10:00~17:00, 周五和周日 11:00开始; 👶) **免费** 这座交通博物馆由已故伊拉克裔英国建筑师扎哈·哈迪德(Zaha Hadid)设计,主要藏品是一组迷人的苏格兰产轿车,还有各种各样的火车头、电车、自行车和克莱德产轮船的模型。
>
> **布雷尔收藏馆** (Burrell Collection; ☎0141-287 2550; www.glasgowlife.org.uk; Pollok Country Park; ◎闭馆) **免费** 这座杰出的博物馆位于城外3英里处,各类艺术品包罗万象,有中国瓷器、中世纪家具和塞尚的绘画。正在闭馆整修,将于2020年重新开馆。

法是：住在这里，可以在酒吧区社交一番，尤其是在下午的葡萄酒和奶酪活动期间。大屏幕电视和令人满意的淋浴间让定价不菲的房间尤为舒适。如果预订，性价比还算高。

Citizen M 酒店 ££

（见880页地图；☎020-3519 1111；www.citizenm.com; 60 Renfrew St; 房间 £90~180; @☎）这家现代连锁酒店摒弃了一些标准酒店的设施，以自助式入住终端和极简感、塑料感很强的现代客房取而代之。客房只有两个特点：一是舒适的特大号床，二是灯光极具情调的淋浴间。这样做是想鼓励客人更多地在公共区域活动，而你也一定会被公共区域吸引的：那里有超级时尚舒适的定制家具，一家24小时咖啡馆，还有苹果电脑。

Pipers' Tryst Hotel 酒店 ££

（见880页地图；☎0141-353 5551；www.thepipingcentre.co.uk; 30~34 McPhater St; 标单/双 £90/120, 不含早餐 £78/96; ☎）酒店名为"风笛者之约"，倒不是为了吸引来苏格兰追风的游客，这家位于一座华贵建筑中私密温馨的酒店真的是由隔壁风笛中心经营的，所有收益都用来维持中心的运转。这里性价比高，店员活泼，且地处市中心，与周边其他住处相比略胜一筹。这里有一家惬意的酒吧兼餐馆，晚上在里面听完凯尔特音乐，喝过麦芽酒，无须走多远便能回房休息。

★Dakota Deluxe 酒店 £££

（见880页地图；☎0141-404 3680；www.dakotahotels.co.uk; 179 West Regent St; 房间 £150~200; ✽☎✻）深色木质和灰色调的Dakota文雅、性感，从昏暗的地下餐厅到阳光充足的套房，全都传达出一种强烈的设计理念。房间非常宽敞，特色是迷人的起居空间，还有诱人的床。服务一流，酒吧区域令人愉悦——看看你能认出照片上的多少个人。

Indigo 酒店 £££

（见880页地图；☎0141-226 7700；www.hinglasgow.co.uk; 75 Waterloo St; 房间 £130~200; ✽@☎）早年间是有轨电车的发电站，由优雅建筑改造的这家精品连锁酒店为市中心增加了一个令人满意、无比安静的住宿选项。房间有壁画风格的艺术品、很棒的床和免费的迷你吧（房间级别越高，里面的配置就越好）。空间宜人，卫生间有花洒。价格不定；网上的价格通常更实惠。

Blythswood Square 酒店 £££

（见880页地图；☎0141-248 8888；www.blythswoodsquare.com; 11 Blythswood Sq; 房间 £195~300; P@☎✻✽）这家典雅的五星级酒店位于一个漂亮的乔治王时期联排房中，能让你体验老城区的奢华。灰色和水红色的内饰让酒店各处都显得舒适温馨。房间（最近经过翻新）从标准间到顶层套房，各种标准都有，舒适度也随之递增。传统的"经典"房间，窗户对着下面热闹的广场，魅力难挡，但在周末你可以住在酒店背后的新建配楼中，那里更安静。

🏨 西区

西区的台地令人惬意，有许多值得一住的地方，从青年旅舍和出色的民宿到苏格兰最豪华的城市酒店，应有尽有。

Glasgow SYHA 青年旅舍 £

（见884页地图；☎0141-332 3004；www.hostellingscotland.org.uk; 8 Park Tce; 铺/标单/双 £29/52/69; @☎）旅舍在一个迷人的联排房内，位于山上，可以俯瞰凯尔文格罗夫公园（Kelvingrove Park），是苏格兰最好的正规青年旅舍之一，好得没话说。多数宿舍有4~6个床位，配有挂锁储物柜，且所有宿舍都有独立卫生间。公共活动室宽敞、舒适，适合休闲聚会。旅舍不实行宵禁，有一个不错的厨房，可提供三餐。

Heritage Hotel 酒店 ££

（见884页地图；☎0141-339 6955；www.theheritagehotel.net; 4 Alfred Tce, Great Western Rd; 标单/双 £45/75; P☎）这家友好的酒店距离西区的热闹地带只有一步之遥，有一种开放而随意的感觉，尽管酒店下方的地台已经相当破旧。总的来说，一层和二层的房间要相对大一些，风景也要更好些。地理位置、停车场与非常合理的价格令这里脱颖而出。

★Amadeus Guest House 民宿 ££

（见884页地图；☎0141-339 8257；www.amadeusguesthouse.co.uk; 411 North Woodside

Rd; 标单 £60~70, 标单 不带卫生间 £42~45, 双 £80~100; ▣) 这家民宿紧邻喧嚣的Great Western Rd, 位于河畔步道旁边一条安静的街道上, 步行1分钟即是地铁站。房间明亮紧凑, 各具特色, 气氛轻松活泼, 令人愉悦。房型多样, 包括几个单人间。这里物有所值, 服务热情真诚。房费包括不错的欧式早餐。

★ Alamo Guest House　　民宿 ££

(见884页地图; ▣0141-339 2395; www.alamoguesthouse.com; 46 Gray St; 双 £99~111, 精品双 £159~220, 双 不带卫生间 £69~79; @▣) 尽管名字听起来不像, 但这家又小又好的客栈真的是一个安宁平静的地方。民宿位于凯尔文格罗夫公园对面, 感觉上远离了城市的喧嚣, 但实际上从这儿步行就可前往格拉斯哥最好的几座博物馆和几家餐厅。房间的装修融合了古典家具和现代设计, 配有很棒的卫生间, 店主会热情地欢迎你。

Flower House　　民宿 ££

(见884页地图; ▣0141-204 2846; www.theflowerhouse.net; 33 St Vincent Cres; 标单 £50~70, 双 £70~120; ▣) 这栋漂亮的维多利亚式排屋正面藤萝密布, 鲜花盛开, 是一家舒适的老式民宿——你肯定不会错过它。紧邻菲尼斯顿街(Finnieston strip), 古董摆件、条纹壁纸, 还有高档家具将其内部装饰得既高贵又舒适。浴室在外边, 不过很私密; 采用了特别的"硬币墙"。老板非常好客, 脾气温和, 提供自制早餐。

★ 15Glasgow　　民宿 £££

(见884页地图; ▣0141-332 1263; www.15glasgow.com; 15 Woodside Pl; 双/套 £130/160; ▣▣) 19世纪的格拉斯哥商人肯定知道如何建造一所漂亮的房子, 这栋19世纪40年代的排屋正是其中的华丽翘楚。大房间高高的天花板下呈现出许多细腻的历史细节, 辅以性感而现代的灰色、漂亮的卫生间和精挑细选的优质家具。热情的老板会为了让你感到舒适而倾尽全力: 一边俯瞰公园, 一边在房内享用早餐, 实在幸福。他们不接待5岁以下的儿童。

Hotel du Vin　　酒店 £££

(▣0141-378 0385; www.hotelduvin.com; 1 Devonshire Gardens; 房间 £184~304; ▣@▣▣) 这里长久以来都是格拉斯哥备受富豪名流青睐的地方, 在奢华感和舒适度上傲视群雄。酒店占据三座古典的砂石联排房, 装修豪奢, 有一种精雕细琢出来的典雅。房间类型繁多, 令人眼花缭乱, 风格各异, 大小各异。服务老派而谦恭, 且自带一家很棒的餐厅, 有多种酒品可选。

✖ 就餐

格拉斯哥是苏格兰最棒的美食城, 有各种各样的餐馆和咖啡馆可选。西区是美食中心, 而商人城地区优质餐饮场所的集中度也非常高。酒馆和酒吧(见893页)通常也是很好的用餐选择。

内容出色的《吃喝指南》(*Eating & Drinking Guide*)由《名单》(*List*)杂志在每隔一年的4月出版, 地域涵盖格拉斯哥和爱丁堡。

✖ 市中心
★ Riverhill Coffee Bar　　咖啡馆 £

(见880页地图; ▣0141-204 4762; www.riverhillcafe.com; 24 Gordon St; 面包卷 £4~5; ⊙周一至周五 7:00~17:00, 周六 8:00开始, 周日 10:00开始; ▣) ✦连锁咖啡馆遍布格拉斯哥市中心, 所以遇到这家小店实在令人高兴。店内提供出色的咖啡和热巧克力, 还有美味的馅料面包卷和诱人的点心。原材料符合可持续的要求, 非常好吃。服务态度友好; 如果住在附近, 你肯定会天天过来。

★ Saramago Café Bar　　咖啡馆、严格素食 £

(见880页地图; ▣0141-352 4920; www.cca-glasgow.com; 350 Sauchiehall St; 主菜 £8~12; ⊙食物 周日至周三 正午至22:00, 周四至周六 至23:30; ▣✦) 在当代艺术中心(Centre for Contemporary Arts)通风的天井中, 这里有着各种兼收并蓄的纯素创意食品, 还有来自世界各地的顶级风味相结合。楼上的酒吧(16:00开始营业)在陡斜的Scott St上有个平台, 里边挤满了享受不拘一格的DJ打碟与优质扎啤的热情文艺青年。

Platform　　街头食品 £

(见880页地图; www.facebook.com/platformgla; 253 Argyle St; 简餐 £4~7; ⊙周五和周六 正午至22:00, 周日 至18:00)中央车站铁

轨下方的一排砖拱地下室氛围独特，每逢周末就会派上用场，街头食品商贩摆开摊位，酒吧为躲避恶劣天气的人提供酒。这里适合全家人，欢迎带狗。工作日期间，咖啡馆照旧营业。

Wee Curry Shop   印度菜 £

（见880页地图；☎0141-353 0777；www.weecurryshop.co.uk；7 Buccleuch St；2道菜午餐£5.95，主菜£8~10；⊙正午至14:00和17:00~22:30；🌐✦）这个小地方有优质的家常咖喱。最好预订——它是名气很大的舒适场所，菜单种类有限，提供性价比超高的两道菜午餐。

★ Singl-end   咖啡馆 ££

（见880页地图；☎0141-353 1277；www.thesingl-end.co.uk；265 Renfrew St；菜肴£7~13；⊙9:00~17:00；🌐✦）这家长长的地下咖啡馆富丽堂皇，服务也令人愉快，散发着早午餐餐馆的欢快气氛。这里提供很多选择，包括美味的咖啡、丰盛的早餐和午餐、酒和烘焙食品。服务周到，比如提供细致的严格素食选择和清晰的标签。正在节食？可以把你的目光转到门旁边丰富多彩的"来吃掉我"蛋白饼和点心。

Topolabamba   墨西哥菜 ££

（见880页地图；☎0141-248 9359；www.topolabamba.com；89 St Vincent St；份菜£5~11；⊙供餐 周日至周四 正午至22:00，周五和周六 至22:30；🌐✦）前卫的墨西哥风格装饰非常有趣、迷人——头骨、雕像和龙舌兰酒板条箱——这个地方为格拉斯哥带来了一些正宗的墨西哥风味，比如诱人的玉米饼和可口的炸玉米粉圆饼，放眼望去一盘玉米片都没有。酿鱿鱼特别好吃，不过所有食物的味道都很丰富，令人耳目一新。分量与西班牙小吃差不多，可以点上几种，大家分享。

Loon Fung   粤菜 ££

（见880页地图；☎0141-332 1240；www.loonfungglasgow.com；417 Sauchiehall St；主菜£11~15；⊙正午至23:00；🌐✦）这家雅致的广东绿洲是苏格兰较正宗的中餐馆之一：确实，在这里体验传统饮食之后走出来发现自己身处喧闹的Sauchiehall St而不是香港，这着实令人惊讶。这里的点心很美味，至于海鲜——试一下鲈鱼——实在出色。

Meat Bar   美国菜 ££

（见880页地图；☎0141-204 3605；www.themeatbar.co.uk；142 West Regent St；主菜£9~20；⊙供餐 正午至22:00；🌐）Meat Bar像是黑手党电影中小混混被揍的地下酒吧，时尚格调中间有些黑社会的气氛。顾名思义，这里主打肉食：就连有的鸡尾酒里面都会加肉。每日现切的最优苏格兰牛肉（£25~40）搭配各种美式慢火熏肉。食物美味，气氛独特，啤酒让人感兴趣。

★ Gamba   海鲜 £££

（见880页地图；☎0141-572 0899；www.gamba.co.uk；225a West George St；主菜£21~30；⊙周一至周六 正午至14:15和17:00~21:30，周日 17:00~21:00；🌐）位于商业区地下室的这家店很容易被忽视，实际上却是城里最棒的海鲜餐厅。外观优雅，精心调制的风味让认可持续采购于苏格兰及更远地区的鱼类出类拔萃。服务热情周到。这里还有不错的工作日优惠午餐，2/3道菜价格£20/22。

🍴东区

McCune Smith   咖啡馆 £

（见880页地图；☎0141-548 1114；www.mccunesmith.co.uk；3 Duke St；简餐£4~8；⊙8:00~16:00；🌐）这家明星咖啡馆得名于一名格拉斯哥大学的毕业生；他是著名的废奴主义者，也是第一位获得医学学位的非裔美国人。热情友好的老板认真冲泡咖啡，在天花板很高的明亮室内提供可口的早餐和早午餐，外加美味的三明治和汤。他们自己烘焙面包，菜单上的一半饮食都是严格素食。

A' Challtainn   海鲜 ££

（见880页地图；☎0141-237 9220；www.baadglasgow.com/achalltainn；Moncur St；主菜£12~19；⊙供餐 周二至周六 正午至21:00，周日11:00~19:00）A' Challtainn位于艺术设计中心（Art & Design Centre）的楼上，伴随巴拉斯市场的复兴，凭借优质的牡蛎和东方扁虾以及极为新鲜的鱼类特色菜，成为吸引人的就餐地点。市场营业的时候，阳台座位非常适合享用午餐。下面还有鸡尾酒吧，以及本书调研前不久才开业的烘焙咖啡馆。

西区

78 Cafe Bar
咖啡馆、素食 £

（见884页地图；0141-576 5018；www.the78cafebar.com；10 Kelvinhaugh St；主菜£5~9；供餐 正午至21:00；）与常见的素食餐馆不同，这家咖啡馆更像是一间安逸的客厅，有舒适的长沙发和结实得令人安心的木桌，还有各种诱人的麦芽酒。低价素食包括丰盛的炖菜和咖喱，氛围无比热情，定期举办现场音乐。

★ Ox & Finch
创意菜 ££

（见884页地图；0141-339 8627；www.oxandfinch.com；920 Sauchiehall St；小盘菜£4~10；正午至22:00；）这个时尚的地方几乎可以概括格拉斯哥繁荣、现代的餐饮界，店名像是酒馆，装修豪华却不失现代感和舒适性，还有开放式厨房，提供小吃分量的菜肴。在舒适的隔间就座，让味蕾做好准备，为新颖、美味的创意菜惊呼吧。菜品吸收了法国和地中海风味，不过主打的还是苏格兰的优质食材。

★ Mother India
印度菜 ££

（见884页地图；0141-221 1663；www.motherindia.co.uk；28 Westminster Tce, Sauchiehall St；主菜£11~16；周一至周四 17:30~22:30，周五 正午至23:00，周六 13:00~23:00，周日 13:00~22:00；）格拉斯哥有许多不错的南亚餐馆，该城的"咖喱控"们无时无刻不在争论各店的优劣，而他们的讨论永远绕不开Mother India。这里的地位在数年间难以撼动，展现了不凡的质量和创新力。3个用餐区域全都很迷人，而且餐厅还为吸引儿童顾客动了一番脑筋，单独为孩子们准备了一份儿童菜单。

★ Stravaigin
苏格兰菜、创意菜 ££

（见884页地图；0141-334 2665；www.stravaigin.co.uk；28 Gibson St；酒吧菜肴£6~12，餐馆主菜£15~19；供餐 11:00~23:00；）Stravaigin是一个真正的饕餮之所，持续供应优质创新菜，而且突破创意的界限。三层楼内到处有用餐区域，让人觉得轻松悠闲。进门一层还有一家热闹的酒吧，提供单独的菜单。包括哈吉斯在内的苏格兰传统菜式与各种亚洲风味菜肴相映生辉，全都非常美味。

Alchemilla
地中海菜 ££

（见884页地图；0141-337 6060；www.thisisalchemilla.com；1126 Argyle St；盘菜£5~14；供餐 正午至22:00）菲尼斯顿街上的优质餐厅数量众多，这一家正是其中典范。悠闲的开放式厨房餐厅供应地中海东部风格的大中小盘菜。美味的菜肴适合分享，其中的诀窍是有趣的原料和新奇的口感。这里有许多无肉食选择及一系列平时难寻的天然葡萄酒。

The Finnieston
海鲜 ££

（见884页地图；0141-222 2884；www.thefinniestonbar.com；1125 Argyle St；主菜£13~23；供餐 周一至周六 11:00~22:00，周日至21:00；）这家美食酒吧是这条越来越有活力的街道上的佼佼者，其舒适浪漫的甲板氛围以及巧妙布置的航海图案令人回想起这片地区的航海历史。这里为顾客考虑周到，出色的G&Ts（在小庭院里面喝一杯）与鸡尾酒搭配少数以苏格兰可持续海鲜为主的优质高端酒馆食品。另外，早午餐值得推荐。

Left Bank
法式小馆 ££

（见884页地图；0141-339 5969；www.theleftbank.co.uk；33 Gibson St；主菜£9~16；周一至周五 9:00~22:00，周六和周日 10:00开始；）巨大的临街窗户使这家超凡的小馆不会被错过，这里有精心准备的美食惊喜和慵懒的下午时光。许多小区域里挤满了沙发和厚实的餐桌，私密感很强。菜品种类繁多，非常适合多人一起分享。这里也有许多创意美食，使用应季及当地食材，风格各异。早餐和早午餐也是一大亮点。

Bothy
苏格兰菜 ££

（见884页地图；0845 166 6032；www.bothyglasgow.co.uk；11 Ruthven Lane；主菜£12~20；供餐 周一至周五 正午至22:00，周六和周日 10:00开始；）这家西区餐馆既有现代的设计又有舒适的复古陈设，打破了人们对苏格兰食物平庸乏味的缪见。Bothy烹饪经过现代改良的传统家常饭菜。很容易就能吃饱，但也要给

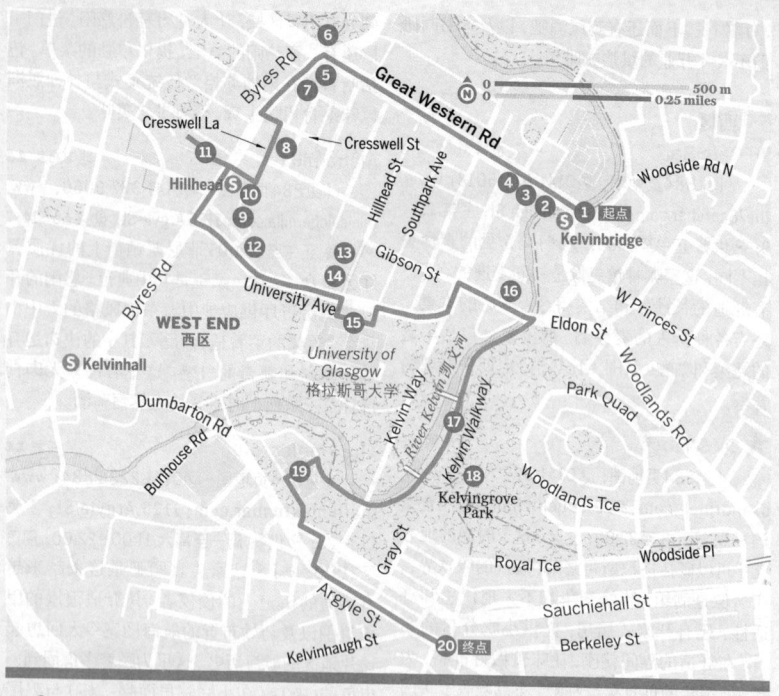

步行游览
西区

起点: KELVINBRIDGE地铁站
终点: ARGYLE ST, 菲尼斯顿
全长: 3英里; 2小时

从地铁站出来,左转走过 ❶ **大西大桥**(Great Western Bridge; Kelvinbridge),大桥南侧装饰着希尔黑德自治市的立狮,北边是城市的盾徽。桥梁跨越克莱德河支流凯尔文枝繁叶茂的水道。注意重返此地的河畔酒吧 ❷ **Inn Deep**(见894页)。门口的盾徽属于喀里多尼亚铁路公司;此地过去是车站。

沿Great Western Rd前行,逛逛 ❸ **Glasgow Vintage Company**(见897页)和 ❹ **Caledonia Books**(见897页)。Byres Rd街角的教堂如今是 ❺ **Òran Mór**(见895页)。马路延长线对面是 ❻ **植物园**(见886页)。

左拐走上Byres Rd;首先走进左侧的有商店看看,比如 ❼ **Demijohn**(见897页)。在Cresswell St左转,然后直行至Cresswell Lane,逛逛 ❽ **De Courcy's Arcade**。

沿小巷前行,来到酒吧集中的 ❾ **Ashton Lane**,那里的 ❿ **Ubiquitous Chip**(见893页)依旧是较好的餐馆之一。在Jinty McGuinty's对面右转,进入Byres Rd。穿过正对面的 ⓫ **Ruthven Lane**,查探古怪商店。

回到Byres Rd,往南走,左转至University Ave。爬上小山,20世纪60年代丑陋的 ⓬ **博伊德·奥尔**(Boyd Orr)塔楼很快就被更典型的砂岩台地取代。左侧是 ⓭ **亨特美术馆**(见885页)和 ⓮ **麦金托什府**(见885页);右侧,漫步穿过格拉斯哥大学主楼的四合院,里面是 ⓯ **亨特博物馆**(见885页)。

在University Ave尽头左转,然后右转进入Gibson St,那里有 ⓰ **Stravaigin**等一流的午餐地点。过桥,右转进入公园,再右走向河流和 ⓱ **凯尔文步道**。顺着这条路前行半英里,穿过美丽的 ⓲ **凯尔文格罗夫公园**,抵达 ⓳ **凯尔文格罗夫美术馆和博物馆**(见883页)。从这里步行不远就能到达 ⓴ **Argyle St** 的菲尼斯顿美食街。

甜点留点肚子。分量较小的午餐盘菜物有所值,室外区域也很吸引人。

★ Ubiquitous Chip 苏格兰菜 £££
(见884页地图; ☏0141-334 5007; www.ubiquitouschip.co.uk; 12 Ashton Lane; 2/3道菜午餐£20/24,主菜£20~30,啤酒屋主菜£13~16; ⊙餐馆 周一至周六 正午至14:30和17:00~23:00,周日12:30~15:00和17:00~22:00; 奈)

🍴Ubiquitous Chip是主打苏格兰美食的老牌名店,凭借永远无敌的料理以及长长的酒水单而成为传奇。很多人感觉格拉斯哥缺少精致的美食,因此本店取了这个颇具讽刺意味的名字——"无所不在的薯条"。这里的菜肴有点法式的感觉,但使用的是不折不扣的苏格兰原材料,精挑细选,并且奉行环保原则。在优雅的庭院就餐区,你能吃到一些全格拉斯哥最好的晚餐,而楼上较为便宜的啤酒屋(营业时间更长)的美食性价比则出奇地高。

Cail Bruich 苏格兰菜 £££
(见884页地图; ☏0141-334 6265; www.cailbruich.co.uk; 725 Great Western Rd; 2/3道菜午餐£22/28,套餐£45~55; ⊙周一和周二18:00~21:00,周三至周六 正午至14:00和18:00~21:00,周日13:00~19:00; 奈)餐厅高雅,只是没什么特色,厨房烹饪令人难忘的苏格兰现代菜肴。采摘理念为美食增添了浓郁的香料风味,令人惊奇,而且成果总是很有趣,不做作。从餐前小点到自制面包,什么都是最好的;品尝菜单(£55)是最佳饮食组合,搭配自选的葡萄酒套酒(£40)。

Gannet 苏格兰菜 £££
(见884页地图; ☏0141-204 2081; www.thegannetgla.com; 1155 Argyle St; 主菜£21~25; ⊙周二和周三 17:00~21:30,周四至周六 正午至14:00和17:00~21:30,周日13:00~19:30; 奈) 🍴 这家菲尼斯顿街上的明珠时髦却不刻板,室内贴着木墙裙,气氛惬意,美食外观精美,味道算不上前卫。精悍的每日菜单主打主要来自苏格兰南部的高品质食材,另外还有搭配完美又诱人的葡萄酒单。热心、专业的服务也是加分项。

🍷 饮品和夜生活

众所周知,格拉斯哥人喜欢喝两杯,这座城市昏暗、时而喧闹的酒馆和酒吧是英国最棒的夜生活区域之一。酒吧的风格与畅饮的主顾们一样多元。精酿啤酒、纯麦威士忌、苏格兰杜松子酒:此处应有尽有。

格拉斯哥有着活跃的LGBT社群,商人城及周边都有同性恋社区(尤其是Virginia、Wilson和Glassford这三条街)。想进入同性恋圈,你可以查阅《名单》(www.list.co.uk),以及免费的《苏格兰同性恋》(*Scots Gay*; www.scotsgay.co.uk)杂志及网站。

🍷 市中心
★ DogHouse Merchant City 酒吧
(见880页地图; ☏0141-552 6363; www.brewdog.com; 99 Hutcheson St; ⊙周一至周五 11:00至午夜,周六和周日 10:00开始; 奈)Brewdog漂亮的啤酒加上乐观的态度,商人城的这个地方永远是一个有趣的地方。熏肉汉堡类食品从开放式厨房端出,25个龙头从早到晚都能流出优质的精酿啤酒。

★ Sub Club 夜店
(见880页地图; ☏0141-248 4600; www.subclub.co.uk; 22 Jamaica St; ⊙通常 周二、周五和周六 23:00至次日3:00)苏格兰最有名的夜店,历经几十年风雨,依旧势头强劲。Sub Club的周六是格拉斯哥的传奇夜之一。作为泡吧重地,这里的音响效果被不少派对狂评为全城最佳。幽闭的末世氛围不适合心脏脆弱的人。关于其他主题夜晚的信息,可以查看网站。

Shilling Brewing Co 精酿啤酒吧
(见880页地图; ☏0141-353 1654; www.shillingbrewingcompany.co.uk; 92 West George St; ⊙周一 正午至23:00,周二至周四 至午夜,周五和周六 至次日1:00,周日 12:30~23:00; 奈)在过去的银行喝一杯,这事儿很格拉斯哥。市中心的这家酒馆正是其中翘楚。天花板很高的木结构空间装饰有可以望见市中心的大窗户和可以品尝啤酒的足够大的空间;葡萄柚味道浓郁的Unicorn IPA是真正的口腔清洁剂。另外几十个龙头流出来自苏格兰各地的手工精酿。

Pot Still 酒馆

（见880页地图；☎0141-333 0980；www.thepotstill.co.uk；154 Hope St；⊙11:00至午夜；🛜）Pot Still是最活泼和最舒适的地方，嘎吱作响的地板和老式铁腿桌子让人有一种时光交错的感觉。这里有一些非凡的威士忌选择和见多识广的员工——不断在梯子上爬上爬下地取酒。美味的派（£4）很适合垫饥。

Laboratorio Espresso 咖啡馆

（见880页地图；☎0141-353 1111；www.labespr.tumblr.com；93 West Nile St；⊙周一至周五 7:30~17:30，周六 9:00开始，周日 11:00开始）全部用混凝土和玻璃建造的时尚空间，这家咖啡馆提供我们在格拉斯哥喝过的最棒咖啡。咖啡豆来源正当，美味的双份浓缩使用地道的意式浓咖啡；提供豆浆。即使最冷的天气，店外都有两三张桌子。店内有点心和脆饼，不过都是为了搭配这里的咖啡。

ABC 夜店

（O₂ABC；见880页地图；☎0141-332 2232；www.o2abcglasgow.co.uk；300 Sauchiehall St；⊙周四至周六 23:00至次日3:00；🛜）这里是Sauchiehall街上的标志地，既是夜店也是演出场，有两处上演大牌演奏会的大型演出区域和几个很吸引人的酒吧。这里是个多功能场所，还有三个老牌的夜店主题之夜：周四的Jellybaby、周五的Propaganda和周六的Love Music。门票大约£5。

Waterloo Bar 酒馆、同性恋酒吧

（见880页地图；☎0141-248 7216；www.facebook.com/waterloobar1；306 Argyle St；⊙周一至周四 正午至23:00，周五和周六 至午夜，周日 12:30~23:00）这家传统小酒馆是苏格兰最古老的同性恋酒吧，吸引了各个年龄层的主顾。气氛友好，有着大批的常客，是一个结识朋友的安静场所。

Babbity Bowster 小酒馆

（见880页地图；☎0141-552 5055；www.babbitybowster.com；16-18 Blackfriars St；⊙周一至周六 11:00至午夜，周日 12:30开始；🛜）这家漂亮的小馆位于商人城一个安静的角落，特别适合白天来此静静地饮几杯，尤其是在旁边的啤酒园里。服务积极，在香肠香味的诱惑下，你也许会选择在此用午餐；这里还提供住宿。这里是市中心迷人的小酒馆之一，所在建筑也是这一带最华贵的建筑之一。这里是固定的民谣演出场地。

Horse Shoe 小酒馆

（见880页地图；☎0141-248 6368；www.thehorseshoebarglasgow.co.uk；17 Drury St；⊙周日至周五 10:00至午夜，周六 9:00开始）这家传奇的城市酒馆和热门约会地点可以追溯至19世纪末叶，从那时至今几乎没有变化。这里风景如画，拥有英国最长的连续吧台，但最吸引人的还是吧台提供的东西——真麦啤酒和舒畅的心情。酒吧楼上提供城里最物有所值的酒馆食物（菜肴£4~10）。

🍺 西区

★ Inn Deep 酒吧

（见884页地图；☎0141-357 1075；www.inndeep.com；445 Great Western Rd；⊙周一至周六 正午至午夜，周日 12:30~23:00）走下台阶，发现自己正置身于凯尔温河岸的奇妙地点。天气晴好的时候（格拉斯哥人对天气的要求很低），端着一杯精酿啤酒，随着欢乐的人群走上河畔小路，无比美好。桥下的拱顶室内空间同样别具一格。

Kelvingrove Café 酒吧、咖啡馆

（见884页地图；☎0141-221 8988；www.kelvingrovecafe.com；1161 Argyle St；⊙周一至周六 8:00至午夜，周日 9:00开始；🛜）美观的木地板、高雅的陈设和棋盘式瓷砖让这个地方时髦、舒适，非常匹配酒单上的鸡尾酒和杜松子酒。它做到了成功跨界：古老的本地小酒馆感觉与热情的餐桌服务相映成趣，食物比看上去稍微高档一些。

Brewdog Glasgow 小酒馆

（见884页地图；☎0141-334 7175；www.brewdog.com；1397 Argyle St；⊙正午至午夜；🛜）最适合在参观过凯尔文格罗夫美术馆和博物馆之后过来喝上一品脱啤酒，这个地方非常赞，供应各种来自同名酿酒厂的美味的手工啤酒。Punk IPA散发清爽的啤酒花香，还有其他热门啤酒、新品啤酒和贵宾啤酒值得尝试。品尝套餐意味着你可以尝试好几种酒，手边还有

汉堡和热狗来下酒。

Hillhead Bookclub　　　　　　　　酒吧

（见884页地图；☎0141-576 1700；www.hillheadbookclub.co.uk；17 Vinicombe St；⊙周一至周五11:00至午夜，周六和周日10:00开始；🛜）浓郁的氛围是这家友好的西区酒吧招揽生意的"利器"。这家双层酒吧有着装饰华丽的木制顶棚，内有精心调制的鸡尾酒、便宜到家的饮品、可口可心的食物以及许多有趣的装饰细节。这里竟然把一张乒乓球案摆进了笼子里。

Òran Mór　　　　　　　　酒吧、夜店

（见884页地图；☎0141-357 6200；www.oran-mor.co.uk；Byres Rd和Great Western Rd的交叉路口；⊙周一至周三 9:00至次日2:00，周四至周六 至次日3:00，周日10:00至次日3:00；🛜）有些人可能会觉得在教堂里喝酒不合适，但我们要说：上帝创造万物皆有他的道理。这家酒吧、餐厅、夜店兼剧场是个可爱的万能场所，内部非常迷人，还有不错的威士忌取代圣水。午餐时段的 A Play, a Pie and a Pint（见884页地图；www.playpiepint.com；Òran Mór，£10~14 包括馅饼和酒；⊙周一至周六13:00）极具特色。

☆ 娱乐

格拉斯哥是苏格兰的娱乐之城，从古典音乐、高雅戏剧和芭蕾到各种令人惊叹的现场音乐。想要了解这方面信息，可以查看极有价值的免费活动指南《名单》(The List；www.list.co.uk)。

可以直接在演出场所购买门票。要看音乐会，**苏格兰票务**（Tickets Scotland；见880页地图；☎0141-204 5151；www.tickets-scotland.com；237 Argyle St；⊙周一至周三、周五和周六9:00~18:00，周四 至19:00，周日 11:30~17:30）是个实用的订票中心。

现场音乐

★ King Tut's Wah Wah Hut　　　现场音乐

（见880页地图；☎0141-221 5279；www.kingtuts.co.uk；272a St Vincent St；⊙正午至午夜）城里最棒的现场音乐酒吧之一，每晚都有乐队表演。本地主要音乐演出场地，格拉斯哥真正的亮点。

Hydro　　　　　　　　现场表演

（见884页地图；☎0844 395 4000；www.thessehydro.com；Finnieston Quay；🛜）一栋壮观的现代建筑，与隔壁的 Clyde Auditorium（见884页地图；☎0844 395 4000；www.sec.co.uk；Finnieston Quay）为伴，Hydro的圆形剧场是个极其受欢迎的大牌演唱会与演出场所。

Hug & Pint　　　　　　　　现场音乐

（见884页地图；☎0141-331 1901；www.thehugandpint.com；171 Great Western Rd；⊙正午至午夜；🛜）楼下空间几乎每天都有乐队演出，这家本地酒吧令人身心舒畅，是理想的目的地。一流的氛围、非常新颖的亚洲严格素食和色彩艳丽的室内装饰，一切都很棒。

Barrowland Ballroom　　　　　　演出场所

（The Barrowlands；见880页地图；www.glasgow-barrowland.com；244 Gallowgate）寒酸却难得一见的老舞厅，位于巴拉斯市场上方，可以举办一些大型巡回演出。它是苏格兰最有气氛的演出场所之一，铺着有弹性的地板，原汁原味。

13th Note Café　　　　　　　　现场音乐

（见880页地图；☎0141-553 1638；www.13thnote.co.uk；50-60 King St；⊙正午至23:00或午夜；🛜）舒适的地下场地，提供小型独立乐队、周末DJ和定期的戏剧演出。位于街面的这家咖啡馆令人惬意，提供不错的素食和严格素食（£7~10，直至21:00）。

St Luke's & the Winged Ox　　　现场音乐

（见880页地图；☎0141-552 8378；www.stlukesglasgow.com；17 Bain St；⊙正午至午夜；🛜）这座经过改造的教堂位于巴拉斯市场旁边，彩色玻璃和管风琴还在原地——是每周末举办现场音乐会的绝佳场所，还举办展览、集市等。相连空间更加舒服，是一家不错的酒馆，全天供餐，直至21:00。

电影院

★ Glasgow Film Theatre　　　　　电影院

（见880页地图；☎0141-332 6535；www.glasgowfilm.org；12 Rose St；成人/儿童 £10.50/5.50）紧邻Sauchiehall St的这座三厅影院放映艺术电影和经典影片。

Grosvenor Cinema
电影院

（见884页地图；☎0845 166 6002；www.grosvenorwestend.co.uk；Ashton Lane）这座可爱的影院能让你在观景结束后深入西区的餐饮娱乐中心。

剧院和音乐厅

格拉斯哥皇家音乐厅
演出场地

（Glasgow Royal Concert Hall；见880页地图；☎0141-353 8000；www.glasgowconcerthalls.com；2 Sauchiehall St；）这里可为你奉上一场古典音乐盛宴。也是皇家苏格兰国立交响乐团（Royal Scottish National Orchestra）现在的演出主场。这里经常举办流行、民谣和爵士音乐演出，以大牌艺人的个人演唱会为主。

皇家剧院
演出场地

（Theatre Royal；见880页地图；☎0844 871 7647；www.glasgowtheatreroyal.org.uk；282 Hope St）这家格拉斯哥最老的剧院骄傲地显摆着自己引人注目的现代化翻新，也是苏格兰歌剧团（Scottish Opera）的主场。

公民剧院
剧院

（Citizens' Theatre；☎0141-429 0022；www.citz.co.uk；119 Gorbals St）位于克莱德地区南部，它是苏格兰顶级剧院之一，非常值得来此观看演出。上次前往时发现，大型改建项目即将开始，剧院将关闭至2020年。

Tramway
表演艺术

（☎0845 330 3501；www.tramway.org；25 Albert Dr；⊙周一至周六 9:30~20:00，周日 10:00~18:00；）这座繁忙的文化中心位于从前的电车站，既有表演和展览空间，也有受欢迎的咖啡馆。它是真正的南区中心，后面是与众不同的花园（☎0141-433 2722；www.thehiddengardens.org.uk；25a Albert Dr；⊙4月至9月 周二至周六 10:00~20:00，周日 正午至18:00，10月至次年3月 周二至周六 10:00~16:00，周日 正午至16:00）免费。这里吸引来前卫的戏剧团体，是苏格兰芭蕾舞团（Scottish Ballet）的主场，并且举办各种艺术展览。剧院距离东波洛克希尔兹（Pollokshields East）火车站非常近。

运动

两家足球俱乐部——流浪者（Rangers；☎0871 702 1972；www.rangers.co.uk；Ibrox Stadium, 150 Edmiston Dr）和凯尔特人（Celtic；☎0871 226 1888；www.celticfc.net；Celtic Park, Parkhead）——完全主宰着苏格兰体育界，他们享有的资源远比其他俱乐部多，而且有着悠久的历史（彼此也是竞争对手）。按照传统，他们之间的对抗也有政治色彩：流浪者队的支持者以新教信徒为主，而凯尔特人队的支持者则大多是天主教徒。两队的比赛很值得一看。两队都有恢宏的主体育场，气氛热烈。两队的比赛（一般来说，每年4场）竞争激烈，但门票不面向公众发售；你得认识持有长期票的人。近年来，资金链断裂后流浪者队不得不拼命爬回原先的级别，直到2016年才重返一线队伍。

🔒 购物

格拉斯哥号称拥有英国除伦敦外最大的零售购物区，是购物狂的天堂。Buchanan St和Argyle St附近的"时尚英里大道"（Style Mile）以及商人城（尤其是走高端路线的Ingram St）都是时装中心，而西区则有许多更为非主流、更为波希米亚的购物选择：能够买到很棒的古着。周末东区的巴拉斯市场非常值得前往。

★ Mr Ben
服装

（见880页地图；☎0141-553 1936；www.mrbenretroclothing.com；101 King St；⊙周一和周二 12:30~18:00，周三至周六 10:30开始，周日 12:30~17:30）这个可爱的地方是格拉斯哥较好的古着淘宝地点之一，出售Fred Perry等各种名牌，还有更加光彩照人的服装，甚至户外装备。

巴拉斯市场
市场

（The Barras；见880页地图；☎0141-552 4601；www.glasgow-barrowland.com；Gallowgate和London Rd之间；⊙周六和周日 10:00~17:00）Gallowgate传奇的周末跳蚤市场——Gallowgate巴拉斯市场引人入胜，这里既有流行趋势，又不失格拉斯哥工人阶层的色彩。出售旧玻璃杯、海报和DVD的地道老摊位让你恋恋不舍，旁边就是朴实的商人们聚集的复古传统酒馆,还有降价销售的山寨品牌和精明小贩兜售走私烟的街道。

这里逛起来很有趣,可以从出售的物品中感受当地的特色。人们来到这里只是为了溜达,而且有些地方还有几乎消失了的英式路边摊和旧货商人。小心钱包。

Barras Art & Design　　　　工艺品

(BAaD;见880页地图;☎0141-237 9220; www.baadglasgow.com; Moncur St; ⊙周二至周六正午至午夜,周日 11:00~22:00)这片由艺术家和设计师工作室组成的区域位于巴拉斯市场中间,带动了这个地区的活力,掀起了一股新的民间风潮。上面有屋顶的美丽庭院中有酒吧、咖啡馆和餐厅,还有快闪店等各种商店。周末大多有活动,包括每个月一次的农贸集市。

Randall's Antique & Vintage Centre　　　　二手店

(见880页地图;☎07752 658045; www.facebook.com/randallsantiqueandvintagecentre; Stevenson St West; ⊙周六和周日 9:00~17:00)这里是真正的宝库,藏有曾经被人喜爱的物品,它们或低劣俗丽或奇特华丽,已经有了些年头。这里的几个卖家分布合理,最适合逛上一逛。不要带孩子,他们会让你怀疑自己不久前还用过的东西是不是太古老了。

Princes Square　　　　购物中心

(见880页地图;☎0141-221 0324; www.princessquare.co.uk; 48 Buchanan St; ⊙周一至周五 10:00~19:00,周六 9:00~18:00,周日 11:00~17:00)位于经过修复的1841年的宏伟广场,装饰着精致的铁制品和充满活力的树叶和孔雀金属造型,中心内有许多化妆品和服装店,包括Vivienne Westwood。这里还有不错的餐厅和咖啡馆,以及带屋顶露台的酒吧。

Argyll Arcade　　　　珠宝

(见880页地图;☎0141-248 5257; www.argyll-arcade.com; Buchanan St; ⊙周一至周六 10:00~17:30,周日 正午至17:00)这条历史悠久的华丽拱廊在Buchanan St和Argyle St之间,建成于维多利亚女王登基之前。连成一排的珠宝和钟表店值得一逛。门前戴着礼帽的人心急地迎接前来购买钻戒的兴奋情侣。

Hidden Lane　　　　工艺品

(见884页地图; www.thehiddenlaneglasgow.com; 1103 Argyle St)隐藏于紧邻菲尼斯顿街的一条通道周围,这些小巷内有妙趣横生的各种艺术商店和工作室,值得探究。这里还有茶馆、珠宝店和瑜伽中心等。

Caledonia Books　　　　书籍

(见884页地图;☎0141-334 9663; www.caledoniabooks.co.uk; 483 Great Western Rd; ⊙周一至周六 10:30~18:00)这个独具个性的地方正是二手书店应该有的样子,尘土的气味、历史的气息,略显混乱的书架上还有各种样引人入胜的书籍。

Slanj Kilts　　　　服装

(见880页地图;☎0141-248 5632; www.slanjkilts.com; 80 St Vincent St; ⊙周一至周三、周五和周六 9:30~17:30,周四 至18:30,周日 11:00~16:00)这家气氛欢快的商店是租售传统和现代苏格兰裙的最佳地点,还有其他格子呢服装及各种T恤衫及配饰。永远值得一逛。

Glasgow Vintage Company　　　　二手店

(见884页地图;☎0141-338 6633; www.facebook.com/theglasgowvintagecompany; 453 Great Western Rd; ⊙周一至周六 11:00~18:00,周日 至17:00)与格拉斯哥的其他二手店相比,这家店的空间更宽敞一点,能让人放松地闲逛。

Demijohn　　　　饮食

(见884页地图;☎0141-337 3600; www.demijohn.co.uk; 382 Byres Rd; ⊙周一至周六 10:00~18:00,周日 11:30~17:00)这家商店与众不同、新奇迷人,大号玻璃瓶排成一排,盛放手工酿制的醋、植物油、利口酒和蒸馏液体。购买前先尝尝,然后挑一个特别的瓶子装上。

❶ 实用信息

上网

免费Wi-Fi覆盖市中心。大约1英镑就能买一张本地SIM卡,流量包价格不贵。

医疗服务

格拉斯哥牙科医院(Glasgow Dental Hospital;

☎0141-211 9600；www.nhsggc.org.uk；378 Sauchiehall St）

格拉斯哥皇家医院（Glasgow Royal Infirmary；☎0141-211 4000；www.nhsggc.org.uk；84 Castle St）提供医疗急救服务，有门诊部。

伊丽莎白女王大学医院（Queen Elizabeth University Hospital；☎0141-201 1100；www.nhsggc.org.uk；1345 Govan Rd）位于河流南岸的现代医院。

旅游信息

提供旅游信息的有用网站包括www.glasgowlife.org.uk、www.peoplemakeglasgow.com，以及发布娱乐活动和餐厅评价的www.list.co.uk。

格拉斯哥旅游局（Glasgow Tourist Office；见880页地图；www.visitscotland.com；158 Buchanan St；⊙11月至次年4月 周一至周六 9:00~17:00，周日 10:00~16:00，5月、6月、9月和10月 周一至周六 9:00~18:00，周日 10:00~16:00，7月和8月 周一至周六 9:00~19:00，周日 10:00~17:00；☎）本市的旅游局位于市中心，周四9:30开始办公。

❶ 到达和离开

飞机

格拉斯哥国际机场（Glasgow International Airport，简称GIA；☎0344 481 5555；www.glasgowairport.com；☎）距城西10英里，格拉斯哥国际机场有国际和国内航班。服务设施有租车处、自动柜员机、免费Wi-Fi和互联网终端。

格拉斯哥普瑞斯特维克机场（Glasgow Prestwick Airport，简称PIK；☎0871 223 0700；www.glasgowprestwick.com）格拉斯哥普瑞斯特维克机场距格拉斯哥西南30英里，服务包括**瑞安航空**在内的一些廉价航空公司，有很多航班前往欧洲南部的大部分度假胜地。

长途汽车

所有长途汽车的到达和出发站都在**布坎南长途车站**（Buchanan bus station；见880页地图；☎0141-333 3708；www.spt.co.uk；Killermont St；☎），那里的储物柜很贵，有自动柜员机，还能无线上网。

Megabus（☎0141-352 4444；www.megabus.com）想要最便宜的长途大巴票，首先联系这家公司。Megabus会根据供需情况提供低价票，涵盖许多主要巴士线路，包括前往爱丁堡和伦敦的。

National Express（☎0871 781 8181；www.nationalexpress.com）每天有发往几座英国城市的长途汽车。

值 得 一 游

拉纳克和新拉纳克（LANARK & NEW LANARK）

在贸易小镇拉纳克以南，在克莱德河旁一处迷人的峡谷内，便是世界遗产**新拉纳克**（☎01555-661345；www.newlanark.org；成人/儿童/家庭 £12.50/9/38；⊙4月至10月 10:00~17:00，11月至次年3月 至16:00；🅿）。作为英国最大的棉纺基地，从1800年开始，罗伯特·欧文（Robert Owen）经营的棉纺厂因开创性地进行了一系列社会改革更为知名。如今已经成为世界文化遗产的新拉纳克其实是这位开明资本家的一座丰碑。他为自己的工人提供住房、合作商店、全世界第一所幼儿园、成人教育课程、病假补助，还有被他叫作"性格形成学院"（New Institute for the Formation of Character）的社交中心。

持门票可以参观生产毛线的巨大走锭细纱机（spinningmule）和一座老教学楼（Historic Schoolhouse），10岁的棉纺女工安妮·迈克里奥德（Annie McLeod）会在楼内借助三维全息技术出现在你的面前，向你描述1820年小镇的生活，运用高科技将你带回新拉纳克的过去。你还可以见到一栋工人房屋、罗伯特·欧文的故居和20世纪20年代风格的乡村商店。

拉纳克距格拉斯哥东南25英里。240X路直达巴士周一至周六每小时1班（£6.50，1小时）；格拉斯哥中央火车站也有火车前往（£7.30，55分钟，每30分钟1班，周日每小时1班）。

从拉纳克步行前往新拉纳克很不错，但也可从火车站乘每30分钟1班的巴士前往（每天都有）。

苏格兰城际巴士（Scottish Citylink；☎0871 266 3333；www.citylink.co.uk）有车前往爱丁堡（£7.90，1.25小时，每15分钟1班）和苏格兰大多数主要城镇。

布坎南长途汽车站还有直达爱丁堡机场的长途汽车（£12，1小时，半小时1班）。

火车

一般来说，**格拉斯哥中央火车站**（Glasgow Central Station；www.scotrail.co.uk；Gordon St）的火车驶往苏格兰南部、英格兰及威尔士，而**皇后街火车站**（Queen Street station；www.scotrall.co.uk；George St）的火车驶往苏格兰北部和东部（包括爱丁堡）。两站之间每10分钟就有1班摆渡巴士。1个多小时就有1班火车直达伦敦尤斯顿车站（Euston station）；这种列车与巴士相比更快（4.5小时），也比大巴更舒服。预订/淡季/正常单程票价为£65/142/183。

苏格兰铁路公司（见873页）运营苏格兰境内线路。目的地包括：

阿伯丁（£41.80，2.5~3.5小时，每小时1班）
邓迪（£23.20，1.5小时，每小时1班）
爱丁堡（£14.40，50分钟，每15分钟1班）
威廉堡（£30.80，3.75小时，每天4班）
因弗内斯（£92.50，3.5~4小时；每天5班直达，周日3班）
奥本（£25.30，3小时，每天3~6班）

❶ 当地交通

抵离机场

500路公共汽车每隔10或15分钟（深夜每半小时或1小时1班）从格拉斯哥国际机场出发前往布坎南汽车站，途经中央车站和皇后街火车站（单程/往返£8/12，25分钟）。这一巴士24小时运营。乘坐这班公共汽车可以使用总价£12的一日票或£18的四日票。

另一班77路公共汽车也覆盖这段路线，途经西区，每小时2班，耗时更长。

打车费用约为£25。

公共汽车

城市的公交多数由格拉斯哥第一巴士（First Glasgow；☎0141-420 7600；www.firstglasgow.com）经营，发车频繁。你可以上车购票，但多数公交车不零售。市内短途行程需£1.60或£2.30；一日通票（£4.50）很值，有效时间至次日1:00，而那时夜间巴士刚好开始运营。一周通票费用为£17。登录网站www.spt.co.uk，查看线路图。

小汽车

在格拉斯哥开车最麻烦的在于经常令人费解的单行道规定。短时间停车（最多2小时）的话，可以在路边找找机会，使用停车收费器付费，每小时费用最高£4。或者，多层停车场或许是最好的选择，没有那么贵。提前询问你下榻的酒店，确认其是否提供停车优惠。

这里有许多汽车租赁公司；大公司和折扣店都设有机场办事处。

Arnold Clark（☎0141-423 9559；www.arnoldclarkrental.com；43 Allison St；⏱周一至周五8:00~17:30，周六至16:00，周日11:00~16:00）

Avis（☎0344 544 6064；www.avis.co.uk；70 Lancefield St；⏱周一至周五8:00~18:00，周六至15:00，周日10:00~14:00）

Enterprise（☎0141-221 2124；www.enterprise.co.uk；40 Oswald St；⏱周一至周五7:00~21:00，周六8:00~16:00，周日10:00~15:00）

Europcar（☎0371 384 3471；www.europcar.co.uk；76 Lancefield Quay；⏱周一至周五8:00~18:00，周六至16:00）

Hertz（☎0141-229 6120；www.hertz.co.uk；Jury's Inn，80 Jamaica St；⏱周一至周五8:00~18:00，周六至13:00，周日10:00~14:00）

出租车

出租车数量不短缺，如果你想了解关于格拉斯哥的方方面面，与出租车司机聊聊是个不错的开始。车费相当合理——在市中心转转费用约为£6，打电话叫车不收附加费。如果打电话约车，**Glasgow Taxis**（☎0141-429 7070；www.glasgowtaxis.co.uk）接受信用卡付费；该公司大多数出租车符合无障碍标准。下载它的App，预订方便。

火车

格拉斯哥内外广泛覆盖城郊铁路网络；如果车站有工作人员，应该在列车出发前购买车票，如果没有，可以找列车员买票。

城市也有地铁，在城中心、西部和南部共设15站（单次票£1.70）。地铁在**皇后街火车站**（见本页）旁边的Buchanan Street地下车站和**格拉斯哥中央火车站**（见本页）附近的St Enoch地下车站接入轻轨网络。全日票（All Day Ticket；£4.10）可让你在一天内无限次乘坐地铁，而"环游车票"（Round about ticket）只需£7，可以一天内无限次乘坐火车和地铁。地铁运行时间约为周一至周六6:30~23:30，周日只有10:00~18:00运行，令人郁闷。

边境地区
（BORDER SREGION）

边境地区有段艰难的历史：数百年的战火与劫掠让这里满目疮痍，这一点在那些宏伟的边区修道院遗址中得到了集中体现。在跨境战争中，修道院的财富有着难以抗拒的诱惑力，几经摧残又几经重建。今天，这些巨大的石头遗迹是边境地区最好的景观。不要错过赫米蒂奇城堡（Hermitage Castle）：只有这座令人毛骨悚然的要塞能够概括这一地区的动荡历史。

但边境地区同时也是古朴幽静的，好客的村庄有着古老的传统，为乡间添彩，还有浮夸的宅邸等待被探索。这里也十分适合徒步和骑行，山上枝繁叶茂，绿树成荫。海岸附近有欧洲最好的冷水潜水地点。

值 得 一 游

帕克斯顿庄园

特威德河畔贝里克以西6英里的**帕克斯顿庄园**（Paxton House；☎01289-386291；www.paxtonhouse.co.uk；B6461；成人/儿童 £10/4；⊙复活节至10月 10:00~17:00，院子 10:00至日落；📶）位于特威德河畔，四周是绿地和花园。庄园由帕特里克·霍姆（Patrick Home）为自己的未婚妻、普鲁士腓特烈大帝（Frederick the Great）的女儿修建。遗憾的是，她最后悔了婚，不过那是她的损失；这座由亚当家族（约翰、詹姆斯和罗伯特）设计的建筑被认为是英国18世纪最杰出的帕拉第奥式房屋。团队游每天组织4次；冬季参观次数有限，见网站。

从贝里克过来的32路长途汽车每隔两个小时左右就会经过这里。

皮布尔斯（Peebles）
☎01721 / 人口 8600

皮布尔斯有一条风景如画的大街位于特威德河（River Tweed）与Eddleston Water之间，是边境地区最漂亮的城镇之一。尽管这里缺少重要的景点，但附近起伏的山林中怡人的氛围和不错的徒步选择会引人流连数日。

⊙ 景点和活动

特威德河的河畔步道有许多适合野餐的草坪，还有儿童乐园（主公路桥附近）。

格伦特雷斯（Glentress）森林附近有最繁忙的7stanes山地自行车**中心**（www.7stanesmountainbiking.com）**免费**，还有可以观鹦和有路标的徒步路线。另外还有秋千和飞索**森林线路**（www.goape.co.uk；Glentress Forest；成人/儿童 £33/25；⊙2月至11月），更不用说露营小屋（见www.glentressforestlodges.co.uk）。在城里，你可以从**Bspoke Cycles**（☎01721-723423；www.bspokepeebles.co.uk；Old Tweeddale Garage, Innerleithen Rd；自行车 每天£25起；⊙周一至周六 9:00~17:30）租自行车探索这片地区。

皮布尔斯以东7英里的因内尔雷森（Innerleithen）还有更多山地自行车小路。

🛏 食宿

Lindores Guest House 民宿 ££

（☎01721-729040；www.lindoresgh.co.uk；60 Old Town；标单 £50~60，双 £70~80；📶）这栋房子相当显眼，提供宽敞、华丽的房间，由一对有趣、友善的夫妇经营。既有套内卫生间，也有共用卫生间，淋浴间很棒。早餐特色是实在美味的自制面包等。这里有安全的自行车和摩托车停车场。

Tontine Hotel 酒店 ££

（☎01721-720892；www.tontinehotel.com；High St；标单 £70~90，双 £100~130；🅿📶）这里就在热闹地带的中心，是边境地区热情待客之道的坚定捍卫者。客房重新装修过，非常舒适，色彩时髦，还配有高档的卫生间，而这里的服务也周到至极。有四柱床和/或河景的房间费用略高。这里还有不错的**餐厅**（主菜 £11~19；⊙正

不要错过

特拉奎尔府

特拉奎尔府(Traquair House; ☎01896-830323; www.traquair.co.uk; Innerleithen; 成人/儿童/家庭 £9/4.50/25; ⊙复活节至9月 11:00~17:00, 10月 至16:00, 11月 周六和周日 至15:00)是苏格兰一座宏伟的乡村庄园,十分漂亮,有一种不食人间烟火的美感,游览这里仿佛在进行一次时光旅行。古怪的倾斜地坪与发霉的味道赋予了这里一种真实的历史感。尽管这里第一次出现在正式记载中是在1107年,但部分建筑据说在此之前很久便已建成。最初的塔楼逐渐扩建,但自17世纪以来几乎原封不动地保留至今。特拉奎尔府距皮布尔斯东南约6英里。

自15世纪以来,庄园一直归斯图尔特/斯图加特家族(Stewart/Stuart;为同一家族,但不同时期拼写不同)各个支系所有。庄园主坚定不移的天主教信仰,及其对于斯图加特王朝的忠心为这里吸引了许多著名访客,包括苏格兰玛丽女王和英俊王子查理(Bonnie Prince Charlie),但也在1688年英格兰詹姆斯二世被推翻后为这里引来了许多麻烦。随着二世党(Jacobite)大势已去、转入地下,城堡家族的领地、财富和影响力也日渐衰败。

特拉奎尔最有趣的一个地方就是这里的密室:在1829年《天主教解放法》(*Catholic Emancipation Act*)最终通过前,天主教牧师们便在这里秘密生活并主持弥撒。其他美丽而沧桑的房间内有许多有趣的遗物,包括玛丽女王抚养儿子苏格兰詹姆斯六世(也就是后来的英格兰詹姆斯一世)所使用过的摇篮,以及属于二世党的特拉奎尔伯爵(Earl of Traquair)及其家人所撰写的有趣的信件,其中一封是在伦敦临刑之前所写,尤其感人。

除了庄园大宅,这里还有一个花园迷宫、一个生产美味的"熊牌啤酒"(Bear Ale)的小型酿酒屋以及一系列工艺品作坊。这里还有3个豪华的民宿房间可供下榻(单人间/双人间 £130/190)。

巴士X62路从爱丁堡出发,经由皮布尔斯前往因内尔雷森,进而前往加拉谢尔斯(Galashiels)和梅尔罗斯。

午至14:30和18:00~20:45; ☎)和酒吧。

Cocoa Black   咖啡馆 £

(☎01721-723764; www.cocoablack.com; 1 Cuddy Bridge; 甜点 £2~5; ⊙周一至周五 9:30~17:00, 周六 9:00~17:00, 周日 10:30~17:00; ☎🅿)巧克力爱好者应该直奔这家氛围友好的咖啡馆,所有喜欢可可的人都会对这里精致的蛋糕及其他糕点感到满意。这里还有能让你学习如何自制糕点的学校。

★ Coltman's   法式小馆、熟食店 ££

(☎01721-720405; www.coltmans.co.uk; 71 High St; 主菜 £13~16; ⊙周日至周三 10:00~17:00, 周四至周六 至22:00; ☎)🍴这家位于主街上的熟食店有无数的诱人美食,比如优质的奶酪和意大利肉食,以及可能全苏格兰最美味的香肠卷。店后面漂亮的用餐区供应自信的小馆菜品和小吃,使用本地顶级食材,风味多样。楼上有一家舒适的酒吧。

❶ 实用信息

皮布尔斯旅游局(Peebles Tourist Office; ☎01721-728095; www.visitscottishborders.com; 23 High St; ⊙4月至6月、9月和10月 周一至周六 9:00~17:00, 周日11:00~16:00, 7月和8月 周一至周六 9:00~17:30, 周日 10:00~16:00, 11月和12月 周一至周五 9:00~17:00, 周六 9:30~16:00, 周日 11:00~16:00, 1月至3月 周一至周五 9:00~17:00, 周六 9:30~16:00)市中心有用的旅游局。本书调研期间,前景难测。

❶ 到达和离开

长途车站位于Eastgate邮局的旁边。X62路长途汽车每半小时1班(周日每小时1班)发车前往爱丁堡(£5.60, 1.25小时)。反方向的车辆开往梅尔罗斯(£6.20, 1.25小时)。

梅尔罗斯（Melrose）

☎01896/人口 2500

小而迷人的梅尔罗斯是个依靠旅游业运转的幽雅村庄。它坐落在Eildon Hills三座石楠覆盖的山丘下，有个典型的市集广场，以及一个很赞的修道院遗址。城外就是沃尔特·司各特爵士（Sir Walter Scott）的家乡阿伯茨福德，也非常适合拜访。

⊙ 景点

★ 梅尔罗斯修道院　　　　　　遗迹

（Melrose Abbey; HES; ☎01896-822562; www.historicenvironment.scot; 成人/儿童 £6/3.60; ◑4月至9月 9:30~17:30，10月至次年3月 10:00~16:00）用红色砂岩建造而成的梅尔罗斯修道院大概是边境地区修道院中最有意思的一个，它在14世纪反复遭到英格兰人的毁坏。如今剩下的残破框架是纯粹的哥特式，遗址也因其装饰性的石雕工艺而闻名——找一找吹风笛的猪形滴水兽。尽管梅尔罗斯在7世纪有过一个修道院，但大卫一世在1136年为熙笃会的修士们建造了这座修道院，之后又被罗伯特一世重建，他的心脏就埋在这里。

★ 阿伯茨福德　　　　　　历史建筑

（Abbotsford; ☎01896-752043; www.scottsabbotsford.com; 游客中心 免费，住宅 成人/儿童 £11/5; ◑4月至10月 10:00~17:00，11月至次年3月 至16:00，12月至次年2月关闭）这里就在梅尔罗斯之外，是探索沃尔特·司各特爵士生平与作品的地方，我们对于现代小说的发展和对苏格兰的认识都要感谢他。这座怪诞奇妙的房屋是他曾经生活过的地方——也是当他的出版商破产之时毁灭他的地方——真正令这位19世纪的作家得以复活。特威德河畔上的园地十分可爱，司各特也从在周围乡间的漫步中汲取了很多灵感。

★ 德赖堡修道院　　　　　　遗迹

（Dryburgh Abbey; HES; ☎01835-822381; www.historicenvironment.scot; 成人/儿童 £6/3.60; ◑4月至9月 9:30~17:30，10月至次年3月 10:00~16:00）这里在边境地区的修道院中是最漂亮也是最完整的一个，部分是因为旁边的城镇德赖堡（Dryburgh）已经不复存在（也是一个战争的受害者），部分是因为处于特威德河边一处满是鸟鸣声的谷地中的优良位置。修道院可以追溯至1150年前后，属于成立于法国的修会普利孟特瑞会（Premonstratensian），这里能让人回忆起12世纪的修道生活，这一点比附近的其他修道院做得更加成功。这个粉色调的石砌遗址就是沃尔特·司各特爵士的埋葬之地。

🛏 食宿

Dunfermline House　　　　　　民宿 ££

（☎01896-822411; www.dunfermlinehouse.

值得一游

赫米蒂奇城堡

赫米蒂奇城堡（Hermitage Castle; HES; ☎01387-376222; www.historicenvironment.scot; B6357; 成人/儿童 £5/3; ◑4月至9月 9:30~17:30）被称为"英国最血腥的河谷的守护城"，是苏格兰边境地区野蛮历史的缩影。巨大而平整的石墙，悲凉中透着孤傲，让这里看起来不像是苏格兰贵族的住处，更像是野蛮军队准备外出突袭的巢穴，它是苏格兰最荒凉、最震撼的遗迹之一。城堡距哈among克南12英里，位于B6357公路旁。

这里具有至关重要的战略地位，见证了英格兰侵略者的许多暴行与阴谋，而所有这些都与城堡背信弃义的苏格兰领主有关。1388年，威廉·道格拉斯爵士（Sir William Douglas）在这里囚禁了与其为敌的亚历山大·拉姆齐爵士（Sir Alexander Ramsay），并故意将其饿死。关押拉姆齐的地牢（今天依然可见）上有一个谷仓，他依靠从那里散落下来的谷粒存活了17天。1566年，苏格兰玛丽女王（Mary, Queen of Scots）探望在此养伤的博斯维尔勋爵（Lord Bothwell）。结果这位勋爵在身体康复之后，（很可能）谋杀了女王的丈夫，自己和女王成婚，后又抛弃了玛丽女王开始了逃亡生活。

co.uk; Buccleuch St; 双 £65; 🛜) 靠近梅尔罗斯修道院（见902页），这个地方是传统的民宿风格，服务态度真诚热情，房间华丽舒适，非常适合步行和骑自行车的人，早餐远高于一般水准，随处都有许多水果提供。

★ Old Bank House 民宿 ££

（📞01896-823712; www.oldbankhousemelrose.co.uk; 27 Buccleuch St; 标单/双 £55/70; 🛜❄️）这家优秀的民宿位于市中心一座迷人的老楼中。老板的艺术触觉显而易见，从墙上覆盖的绘画（有些出自他自己之手）、一屋子的收藏品和雅致的新艺术风格，以及华丽的早餐室都能看出来。房间宽敞，配有舒适的家具和现代化卫生间；另外，他们还有敢于尝试新事物的态度。

★ Townhouse 精品酒店 £££

（📞01896-822645; www.thetownhousemelrose.co.uk; Market Sq; 标单/双/高级双 £100/138/159; P🛜）豪华的Townhouse拥有温馨的氛围和专业的管理，有着城里最好的客房，陈设富有品位，关注细节。高级房十分宽敞，配有豪华的家具，带独立卫浴的客房也很赞。标准间有点小但重新装修过，非常舒适。物有所值。

店内还有一家出色的餐厅（主菜 £14~18; ⏰正午至14:00和18:00~21:00; 🛜）。

Cellar 咖啡馆 £

（Abbey Fine Wines, Rhymer's Fayre; 📞01896-823224; www.abbeyfinewines.co.uk; 17 Market Sq; 主菜 £5~8; ⏰4月至10月 周一至周六 9:30~16:30, 11月至次年3月 周一至周六 10:00~16:00）走进 Cellar，摄入一些咖啡因。这里还是在城市广场上喝杯葡萄酒的好地方，还有食物拼盘和特色奶酪。门口有一家不一般的商店，出售葡萄酒和威士忌。

ℹ️ 到达和离开

边境铁路（Borders Railway）从爱丁堡延伸至距离梅尔罗斯1.5英里的特威德河畔（Tweedbank; £10.70, 1小时, 半小时1班）。从那里前往梅尔罗斯的长途汽车半小时1班。

固定班次的X62长途汽车往返爱丁堡（£7.50, 2.5小时, 周一至周六 半小时1班），途经皮布尔斯。周日每小时1班，不过只从附近与梅尔罗斯之间有固定班次长途汽车连接的加拉谢尔斯（Galashiels）发车。

至于边境上的其他地点，基本上都需要在加拉谢尔斯换乘。

杰德堡（Jedburgh）

📞01835 / 人口 4000

迷人的杰德堡有许多旧建筑和窄巷，得到了明智的修复，欢迎人们来步行探索。这里的中心是其修道院遗址宏伟的框架。

👁️ 景点

★ 杰德堡修道院 遗迹

（Jedburgh Abbey; HES; 📞01835-863925; www.historicenvironment.scot; Abbey Rd; 成人/儿童 £6/3.60; ⏰4月至9月 9:30~17:30, 10月至次年3月 10:00~16:00; 🅿️）这里主宰着小镇的天际线，是边境地区第一个交由国家管理的修道院，在遗址被精心保护的各处借由音频和视觉展示着修道院的故事（适合孩子）。红色砂岩建成的遗址没有屋顶，但是相对完好，从中殿里某些复杂（尽管有点磨损）的石雕之中可以看出泥水工的超凡技艺。

修道院为大卫一世于1138年所建，作为奥斯定会（Augustinian）司铎的小隐修院。

苏格兰玛丽女王游客中心 历史建筑

（Mary, Queen of Scots' Visitor Centre; Queen St; ⏰3月初至11月下旬 周一至周六 9:30~16:30, 周日 10:30~16:00）**免费** 玛丽在前往赫米蒂奇城堡（Hermitage Castle）对受伤的博斯维尔伯爵（Earl of Bothwell; 女王后来的夫君）进行过那次著名的访问之后，于1566年生活在这座美丽的16世纪塔楼里。这里有趣的展览回顾着玛丽的生死悲歌，展有各种与她有关的物件——其中包括她的一缕头发。

🛏️ 食宿

Maplebank 民宿 £

（📞01835-862051; maplebank3@btinternet.com; 3 Smiths Wynd; 标单/双 £30/50; P🛜❄️）这里是一个让人愉悦的地方，给人的感觉就像你是借住在别人家一样。在这里，那个别人就像你最喜欢的姑姑或者阿姨: 友善、大

Glenbank House Hotel　　　　酒店 ££

(☎01835-862258; www.jedburgh-hotel.com; Castlegate; 双£65~99; P🅟) 这栋美丽古老的建筑有现代化的舒适房间——有的相当紧凑——有光可鉴人的现代浴室，还可以俯瞰城区和丘陵美景。这个地方非常可爱，经营者非常热情。没有餐厅，不过反正你都住在市中心了。

Capon Tree　　　　　　　　苏格兰菜 ££

(☎01835-869596; www.thecapontree.com; 61 High St; 主菜£14~20; ⏲周一至周五供餐18:00~21:00, 周六 正午至14:30和17:30~21:00, 周日 正午至14:30和17:30~20:00; 🅟) 时尚和悠闲的完美结合，这家态度热情的小馆和酒吧烹饪苏格兰现代菜式。摆盘精致，但并不矫情，卖相和食材堪称一流。综合套餐很诱人，服务态度良好，气氛浪漫。这里还有漂亮的房间。

❶ 实用信息

杰德堡旅游局 (Jedburgh Tourist Office; ☎01835-863170; www.visitscotland.com; Murray's Green; ⏲4月至6月、9月和10月 周一至周六9:00~17:00, 周日10:00~16:00, 7月和8月 周一至周六9:00~17:30, 周日10:00~17:00, 11月至次年3月 周一至周六10:00~16:00; 🅟) 边境地区的旅游局总部。非常有帮助。

❶ 到达和离开

杰德堡往来霍伊克(Hawick)、梅尔罗斯和凯尔索(时长均为25分钟左右, 大约每小时1班, 周日每小时2班)的长途汽车线路顺畅。另外还有开往爱丁堡(£7.80, 2小时, 每天6班, 周日3班)的长途汽车。

凯尔索 (Kelso)

☎01573 / 人口5600

凯尔索是一个繁荣的集镇，内有一个宽阔的铺石广场，两侧是乔治王时期建筑，整体有喜庆的感觉，也有迷人的沧桑感。白天，这里是个热闹的小地方，但到了20:00之后街道上空无一人。小镇地处特威德河与泰维奥特河(River Teviot)交汇处，是边境地区最好玩的地方之一。

⊙ 景点

弗洛斯城堡　　　　　　　　历史建筑

(Floors Castle; ☎01573-223333; www.floorscastle.com; 成人/儿童 城堡和院子£11.50/6; ⏲5月至9月10:30~17:00, 10月 周六和周日) 宏伟的弗洛斯城堡是苏格兰最大的、依然有人居住的宅邸，曾是洛克斯堡公爵(Duke of Roxburghe)的住宅，距凯尔索西1英里，可俯瞰特威德。城堡最初由威廉·亚当建于18世纪20年代，其原本简洁的乔治王时期建筑风格在19世纪40年代被"改良"过，增建了多少有些画蛇添足的城垛和角楼。城堡内部客厅中的17世纪布鲁塞尔挂毯色彩鲜活，华丽的舞厅中有着精细的橡木雕饰，值得一观。带围墙的花园是宽阔院子的亮点。

梅勒斯坦庄园　　　　　　　历史建筑

(Mellerstain House; ☎01573-410225; www.mellerstain.com; Gordon; 成人/儿童£10/5; ⏲复活节和5月至9月 周五至周一 正午至17:00) 1778年建成，它被认为是苏格兰最优秀的罗伯特·亚当设计作品。建筑规模庞大，凭借传统的优雅品位、华丽的内饰和石膏吊顶出名；图书室尤其出色。楼上卧室没那么迷人，但可以看看陈列室收藏的奇特木偶和娃娃。

另辟蹊径
斯梅洛姆塔

狭窄的**斯梅洛姆塔** (Smailholm Tower; HES; ☎01573-460365; www.historicenvironment.scot; Sandyknowe Farm, Smailholm; 成人/儿童£5/3; ⏲4月至9月 9:30~17:30) 坐落在湖边的岩石小山丘上，有着边境地区最能勾起往日回忆的风景，其血腥的历史被完好地保存下来。尽管里边的展览很少，但能在顶部收获的全景也值得这一番攀爬了。塔楼位于凯尔索以西6英里处，B6397上斯梅洛姆(Smailholm)村南边1英里处。

不要错过

卡尔津城堡

气势恢宏的**卡尔津城堡**（Culzean Castle, NTS；01655-884455；www.nts.org.uk；Culzean；城堡 成人/儿童/家庭 £16.50/12.25/41；城堡 4月至10月 10:30~17:00，16:00后停止入场，公园全年 9:30至日落；）（发音是kull-ane）是苏格兰国民托管组织的旗舰景点，也是苏格兰最令人印象深刻的豪华古宅。渐行渐远，由罗伯特·亚当设计的城堡如同虚无缥缈的海市蜃楼。身为那个时代最有影响力的建筑家，亚当最有名的是其在细节上的精雕细琢和典雅的装饰风格，而这两点都被他用在了天花板与壁炉的设计中。

在悬崖上建造的这座18世纪大宅非常夸张。这里美丽的椭圆楼梯被认为是他最杰出的作品。一层华丽的圆形大厅与下面的汹涌波涛形成了鲜明的对比。据说卡西利斯领主（Lord Cassillis）的卧室闹鬼，有一名因为死了孩子而不断哭泣的绿衣女子。就连卫生间都跟宫殿一样：主卧室旁边的更衣室配备最先进的维多利亚式淋浴间。

这里有儿童游乐区，内有小号的城堡模型，另外还有重建的维多利亚式葡萄园、橘园、鹿园和鸟舍。4月至10月甚至有机会能下榻城堡，而且这里还有露营地。

往返艾尔（Ayr）和格文（Girvan）的Stagecoach长途汽车在大门外停车，从那儿步行1英里可以抵达城堡。

建筑位于凯尔索西北约6英里处的戈登附近。这里整个夏季都举办音乐会。

凯尔索修道院　　遗迹

（Kelso Abbey; HES; www.historicenvironment.scot; Bridge St；4月至9月 9:30~17:30，10月至次年3月 周六至周三 10:00~16:00）**免费** 这里曾是苏格兰南部最富有的修道院之一，由迪龙会（Tironensian）所建。迪龙会源自法国皮卡迪（Picardy）的迪龙（Tiron）地区，后于1113年前后由大卫一世传到边境地区。16世纪英格兰的进攻摧毁了这里，但今天遗留下来的部分则是苏格兰现存罗马式建筑中最为精美的代表之一。

住宿

★Edenbank House　　民宿 ££

（01573-226734; www.edenbank.co.uk; Stichill Rd；标单/双 £50/90；）沿Stichill路行半英里便是这座气派的维多利亚时期大宅，周围非常空旷，仅有田野上的羊叫和花园中的鸟鸣偶尔打破这里的寂静。客栈很棒，房间宽敞华贵，能欣赏到草地的美景，主人待客非常热情殷勤。早餐使用自家食材，而且主人对住客采取"放养"的方式，让人十分轻松。

★Old Priory　　民宿 ££

（01573-223030; www.theoldpriorykelso.com; 33 Woodmarket; 标单/双 £80/90；）这里的房间很赞，还有无数人性化的细节——经营者会在夜里铺好床，让你感觉宾至如归。双人房一流，家庭房实在很棒。大窗户让房间光线充足。奇妙的图书室（£120）宽敞、奢华，还有超大卫生间。这真是一家一流的民宿。

餐饮

★Cobbles　　法式小馆 ££

（01573-223548; www.thecobbleskelso.co.uk; 7 Bowmont St; 主菜 £10~17；供餐 周一至周五 正午至14:30和17:45~21:00，周六 正午至21:00，周日 正午至20:30；）这家主广场旁的小店人气超高，周末想在这里吃上饭需要来电订位。这里气氛欢快，热情温馨，供应高档美味的酒馆小食，分量实在。可以从酒吧菜单、牛排和美食中进行选择。留些肚子来品尝奶酪和/或甜点。酒吧自有的精酿麦芽啤酒一流。的确是一个好地方。

★Rutherfords　　酒馆

（07803-208460; www.rutherfordsmicropub.co.uk; 38 The Square；周日至周四 正午至22:00，周五和周六 至23:00，11月至次年3月 营业时间较短）这家迷人的小酒吧适合聊天，没有电视和音乐。这个讨人喜欢的地方有从显微镜中流出的杜松子酒、精心挑选的精酿啤酒和烈酒,还有热情、欢快的氛围,与众不同,出类拔萃。

ⓘ 到达和离开

每天有6班直达大车前往爱丁堡(£7.70,2小时,周日2班),还有通往其他边境城镇和特威德河畔贝里克(Berwick-upon-Tweed)的固定线路。

邓弗里斯和加洛韦
(DUMFRIES & GALLOWAY)

邓弗里斯和加洛韦的平缓山丘和葱郁谷地间有着苏格兰南部最好的几处景点。对于家庭来说这是十分理想的旅游地点,有许多适合孩子的东西。加洛韦森林(Galloway Forest)是个亮点,有着壮丽的风景、山地自行车和徒步路径,还有欧洲马鹿、鸢和其他的野生动物生活在这里,以及凯尔勒孚热克城堡(Caerlaverock Castle)梦幻般的遗址。一连串苏格兰南部最平和美丽的城镇为这一迷人的地区增添了魅力,在太阳的照耀下十分动人。这里也确实耀眼。这里受到墨西哥湾暖流(Gulf Stream)的影响,是苏格兰气候最温和的地区,这种自然环境成就了几个著名的花园。

邓弗里斯(Dumfries)

☏01387/人口 32,900

可爱的红色砂岩桥梁交错于宽阔的尼思河(River Nith)之上,贯穿邓弗里斯宜人的市中心,河岸长满青草。历史中,这座城镇在英格兰军队复仇的路上占据着战略性的地位;因此,尽管这里自从古罗马时期就已经存在,但最古老的建筑可以追溯到17世纪。曾有很多著名的人物经过这里:罗伯特·彭斯曾在这里生活过,并担任过收税员;彼得·潘的创造者J.M.巴里(JM Barrie)在这里上过学;DJ卡尔文·哈里斯(Calvin Harris)也来自这里。

⦿ 景点

★ 彭斯故居
博物馆

(Burns House; ☏01387-255297; www.dumgal.gov.uk; Burns St; ⊙4月至9月 周一至周六 10:00~17:00,周日 14:00~17:00,10月至次年3月 周二至周六 10:00~13:00和14:00~17:00) 免费
这里是彭斯迷们的朝圣地。诗人就是在这里度过了生命中的最后一年,玻璃柜中展有各种他的生前物品以及手稿,很有意思的是还展有书信:请一定要读一下。

值得一游

罗伯特·彭斯(ROBERT BURNS)

罗伯特·彭斯(1759~1796年)是苏格兰最著名的诗人,也是全民偶像,其最有名的作品是《友谊地久天长》(Auld Lang Syne)的歌词,每逢其诞辰(1月25日),全世界的苏格兰人都会庆祝"彭斯之夜"(Burns Nights)。

阿洛韦(距艾尔南3英里)是一个郁郁葱葱的俏丽小村,每一个彭斯的粉丝都一定要来——1759年1月25日,彭斯便出生在这里。罗伯特·彭斯出生地纪念馆(The Robert Burns Birthplace Museum; NTS; ☏01292-443700; www.burnsmuseum.org.uk; Murdoch's Lone; 成人/儿童 £10.50/7.50; ⊙10:00~17:00)收藏了各种各样与彭斯有关的纪念品,包括这位诗人的手稿和物品,比如他作为收税员需要携带的手枪。馆中有许多诙谐之处,即使诗人自己也一定不会介意,有趣的声音和影像表演会让孩子们感觉很愉快。

凭门票也可前往彭斯出生地小屋(Burns Birthplace Cottage; 11:00~17:00开放),与博物馆之间有步道相连。彭斯就是在这座狭小的茅草顶小屋中的一个小型箱型床上出生的,并在此度过了其人生中的前七年。

苏格兰南部地区里,只要和彭斯搭得上边的景点都已被开发出来了,各地旅游局都有小手册《彭斯遗产之旅》(Burns Heritage Trail),可带你前往每一个能和这位游吟诗人"沾亲带故"的地方。彭斯的粉丝也应该去网站www.robertburns.org上看看。

罗伯特·彭斯中心　　　　　　博物馆

(Robert Burns Centre; ☏01387-264808; www.dumgal.gov.uk; Mill Rd; 视听展示 £2.30; ◎4月至9月 周一至周六 10:00~17:00, 周日 14:00~17:00, 10月至次年3月 周二至周六 10:00~13:00和14:00~17:00) **免费** 尼思河的河岸上一处老磨坊内值得一看的彭斯展，讲述了诗人和18世纪90年代的邓弗里斯的故事。还有视听展示可以选择，介绍了邓弗里斯的更多背景，并解释了展览的内容。该中心夜间是电影院。

罗伯特·彭斯墓　　　　　　　　陵墓

(Robert Burns Mausoleum; St Michael's Kirk, Brooms Rd) **免费** 罗伯特·彭斯的陵墓位于**圣米迦勒教堂**(St Michael's Kirk; www.stmichaelschurchdumfries.org; ◎4月至9月 周一至周五 10:30~15:30)的墓园，在距离入口较远的角落（东角）。信息牌上有关于他被重新掩埋的可怕记录。

🛏 食宿

★ Ferintosh Guest House　　　民宿 ££

(☏01387-252262; www.ferintosh.net; 30 Lovers Walk; 标单 £35~42, 双 £66~74; 🅿🛜) Ferintosh是火车站对面的一座美丽经典的维多利亚式砂岩别墅，是个令人愉快的地方，有着高品质的客房和温馨热情的招待。这里的服务员对于待客有着正确的态度，床铺舒适松软，到来后会有一小杯免费的迎宾酒，并且还能好好聊聊酿酒厂。老板的原创艺术品为室内装饰锦上添花。

Huntingdon　　　　　　　　　民宿 ££

(☏01387-249071; www.thehuntingdonbandb.co.uk; 32 Lovers Walk; 房间 £90; 🅿🛜) 这栋结实的砂岩建筑前身是一所日间医院，现在是一家高标准的整洁、现代的民宿。四个迷人的房间非常宽敞，带高标准的现代化卫生间。民宿位于火车站旁边，前面有宜人的草坪，还有一位和蔼可亲的老板。可以只付房费。

Cavens Arms　　　　　　　酒吧食物 £

(☏01387-252896; www.facebook.com/cavens.arms.9; 20 Buccleuch St; 主菜 £8~12; ◎供餐 周二至周六 11:30~20:30, 周日 正午至20:30; 🛜) 工作人员很可爱, 有10种真麦扎啤, 气氛温馨惬意, 这些造就了这家传奇的邓弗里斯小酒馆。标准酒吧食品分量慷慨, 有许多更具挑战性的每日特餐, 使得这里也成为城里最令人享受的用餐地点。周末挤满了人（不过工作人员会尽力为你找到餐位）。

Kings　　　　　　　　　　　咖啡馆 £

(☏01387-254444; www.kings-online.co.uk; 12 Queensberry St; 小吃 £2~6; ◎周一至周六 8:00~17:30, 周日 正午至16:00; 🛜) 这家热闹的咖啡馆位于市中心, 还是一家书店。这里提供美味的公平贸易咖啡, 有可以观察邓弗里斯生活的大窗户, 还有可口的甜点、早餐和馅料面包卷。

ℹ 实用信息

邓弗里斯旅游局（Dumfries Tourist Office; ☏01387-253862; www.visitscotland.com; 64 Whitesands; ◎11月至次年3月 周一至周六 9:30~16:30, 4月至10月 周一至周六 9:30~17:00 或17:30, 周日 11:00~16:00）位于河边, 提供关于该地区的大量信息, 包括关于本地罗伯特·彭斯小径的宣传单。你可以在这里领取停车卡, 在对面河边的停车场停车。

ℹ 到达和离开

长途汽车

大巴（Whitesands）沿A75公路途经各城镇, 开往斯特兰拉尔（Stranraer; £7.80, 2小时15分钟, 周一至周六 每天7班, 周日3班）以及Castle Douglas和科库布里（Kirkcudbright）。101和102路大巴往来爱丁堡（£10, 2.75~3小时, 每天4~7班）, 途经Moffat和Biggar。

火车

有火车往来于卡莱尔和邓弗里斯之间（£11.40, 40分钟, 每1或2小时1班）, 在邓弗里斯和格拉斯哥之间有直达火车（£17.10, 1.75小时, 周一至周六 每天9班）。周日发车班次减少。

邓弗里斯以南 (South of Dumfries)

邓弗里斯以南地区风光优美, 拥有景色如画的海岸线, 值得探索。该地区零散分布几个出色的景点；这里还有适合家庭的活动。

景点和活动

★ 凯尔勒孚热克城堡　　　　城堡
（Caerlaverock Castle; HES; ☎01387-770244; www.historicenvironment.scot; Glencaple; 成人/儿童 £6/3.60; ◎4月至9月 9:30~17:30, 10月至次年3月 10:00~16:00）凯尔勒孚热克城堡的遗址位于Glencaple旁一片美丽的索尔威湾（Solway）海岸上，是英国最可爱的城堡之一。这座罕见的粉色石头三角城堡被护城河、草坪和树林所环绕，看起来坚不可摧。事实上，这里陷落过好几次，最著名的就是在1300年被爱德华一世攻击的那次：这次围城变成了史诗《凯尔勒孚热克围攻战》（The Siege of Caerlaverock）的主题。

凯尔勒孚热克湿地中心　　　　自然保护区
（Caerlaverock Wetland Centre; ☎01387-770200; www.wwt.org.uk/caerlaverock; Eastpark Farm; 成人/儿童 £7.90/4.54, 世界自然基金会会员免费; ◎10:00~17:00; ）保护着546公顷的盐沼和泥滩，该自然保护区是黑雁等数百种鸟类的栖息地。这里有多种活动，包括观鹳、黎明飞鹅和以儿童为主的项目。这里还有一家为自然爱好者开设的不错书店和提供有机食品的咖啡店。另外提供住宿，独立房间带共用厨房（双人间 £60~84）。

梅比农场公园　　　　农场
（Mabie Farm Park; ☎01387-259666; www.mabiefarmpark.co.uk; Burnside Farm, Mabie; 成人/儿童/家庭 £8/7.50/30; ◎4月至10月 10:00~17:00, 外加 3月 周六和周日; ）如果你的孩子们对历史景点和罗伯特·彭斯满腹牢骚，那就全家整装待发，奔赴邓弗里斯和新阿比（New Abbey）之间紧邻A710的这个地方。这里的设施运转良好，有许多动物和活动，可以爱抚和喂养动物、骑驴、玩卡丁车、滑滑梯、玩软包游乐场设施、吃野餐……不一而足。准备玩上一整天吧。

7stanes Mabie　　　　山地自行车
（www.7stanesmountainbiking.com; A710）**免费** 梅比森林公园（Mabie Forest Park）是苏格兰南部的7stanes山地自行车中心之一，位于新阿比以北2英里左右森林覆盖的群山之间。这里有将近40英里的小径，适合各种水平的骑手；最近的自行车租赁场所在邓弗里斯。此处靠近梅比农场公园，如果带着不同年龄的孩子，前往这里很方便。

住宿

Mabie House Hotel　　　　酒店 ££
（☎01387-263188; www.mabiehousehotel.co.uk; 标单 £45, 双 £90~120, 套 £170; ）这家氛围热情的村舍酒店（建于1715年）位于新阿比以北4英里，是个理想的大本营，特别是对家庭而言，因为农场公园和山地自行车小径就在附近。房间时尚、豪华，价格合理，舒适度一流。周末经常被举办婚礼的人订满。正午至14:30和17:00~21:00供餐。

到达和离开

Stagecoach（☎01387-253496; www.stagecoachbus.com）长途汽车从邓弗里斯向南开往凯尔勒孚热克，向东南方向经由拉斯韦尔（Ruthwell）开往安嫩（Annan）。邓弗里斯有开往新阿比的固定班次长途汽车。

科库布里（Kirkcudbright）

☎01557 / 人口 3400

科库布里（英文发音kirk-coo-bree）庄严的街道旁立有17世纪和18世纪商人的住宅，还有迷人的海港，是探索南部海岸的理想大本营。在得以复原的漂亮的High St拐角处找一下不起眼的窄巷。有着这样的建筑和环境，不难想象为什么自从19世纪末起艺术家们便爱往这跑。

景点

布劳顿公馆　　　　画廊
（Broughton House; NTS; ☎01557-330437; www.nts.org.uk; 12 High St; 成人/儿童 £7.50/6.50; ◎4月至10月 10:00~17:00）18世纪的布劳顿公馆展有格拉斯哥画派画家E.A.霍内尔（EA Hornel; 曾在这里生活和工作）的画作。藏书室有木镶板和石雕，大概是最令人印象深刻的房间。房后有个可爱的日式庭院（2月和3月 周一至周五 11:00~16:00也开放）。

麦克莱伦城堡 城堡

(MacLellan's Castle; HES; ☎01557-331856; www.historicenvironment.scot; Castle St; 成人/儿童 £5/3; ⏰4月至9月 9:30～13:00和14:00～17:30) 这处大而气氛十足的遗址靠近海港，乃托马斯·麦克莱伦（Thomas MacLellan；科库布里的前市长）于1577年所造，用来作为自己的住宅。在里边找一下"老爷的耳朵"（lards' lug），这是一种16世纪设计的隐藏洞口，让主人用来偷听客人的谈话。

🛏 食宿

Anchorlee 民宿 ££

(☎01557-330197; www.anchorlee.co.uk; 95 St Mary St; 标单/双 £68/80; ⏰复活节至12月; P🅿🛜🐾) 这个优雅的住宿场所位于主路，老板亲切好客。4个漂亮的房间空间宽敞；错层式的4号房间非常吸引人，俯临花园。早餐很棒。

⭐ Selkirk Arms Hotel 酒店 ££

(☎01557-330402; www.selkirkarmshotel.co.uk; High St; 标单/双 £90/120, 简双 £99; P@🛜🐾) 这里待客周到。房间外表美观，以时髦的淡紫色为主色调，有铺着地砖的卫生间。木家具和后院花园的景色为它增添了些许质朴的魅力。店内有一家餐厅（主菜 £11~17; ⏰正午至14:00和18:00~21:00; P🛜🐾），还有一家可爱的杜松子和普罗塞克酒吧。这里的工作人员很高兴，你也会的。

Garret 精品酒店 ££

(☎01557-330797; www.thegarrethotel.co.uk; 116 High St; 标单/双 £75/95, 高级双 £105; P) 我们上次经过的时候，这家酒店没有营业，不过还是值得一看。它是一栋乔治时代的宏伟洋房，有8个光线充足的宽敞房间。店内的咖啡馆兼酒吧有花园座位。位于一条漂亮的街道上，地段优越。

⭐ Auld Alliance 苏格兰菜、法国菜 ££

(☎01557-330888; www.auldalliancekirkcudbright.co.uk; 29 St Cuthbert St; 主菜 £14~23; ⏰周四至周六 18:00~21:00, 外加7月至9月 周三; 🐾) 这家餐馆俯临市中心，名副其实——它的名字指的是历史上苏格兰与法国之间的联盟（即老同盟）。本地食材经过法式和地中海式融合后的呈现，形成加洛韦炖羊肉、燕麦黑橄榄酱裹本地鳕鱼等菜肴。

ℹ 实用信息

科库布里旅游局（Kirkcudbright Tourist Office; ☎01557-330494; www.visitscotland.com; Harbour Sq; ⏰4月至6月中旬 周一至周六 11:00~15:00, 周日 11:00~17:00, 6月中旬至8月 周一至周六 9:30~18:00, 周日 10:00~17:00, 9月和10月 周一至周六 10:00~17:00, 周日 11:00~15:00, 11月至次年3月 周一至周六 11:00~16:00）非常便利，有关于周边地区详细徒步和公路游的实用宣传册。在本书调研期间，前景难料。

ℹ 到达和离开

科库布里位于邓弗里斯西南方28公里处，有长途汽车开往邓弗里斯（£4.50, 1.25小时），途经或在Castle Douglas（£2.50, 15分钟）转车。去斯特

不 要 错 过

邓弗里斯别墅

18世纪50年代由亚当兄弟设计的帕拉第奥式建筑，邓弗里斯别墅（Dumfries House; ☎01290-425959; www.dumfries-house.org.uk; Cumnock; 别墅团队游 成人/儿童 £9/4; ⏰团队游 复活节至10月 周日至周五 10:45~15:30, 周六 10:45和正午, 11月至次年2月 周六和周日 12:15和13:45, 12月中旬至次年1月上旬 关闭）是一颗建筑明珠：正是查尔斯王子的亲自干预，才确保它得以保护。别墅里面有保存得非常完好的齐本德尔式家具和许多艺术品。参加导览游；需要预订。苏格兰历史环境协会（Historic Environment Scotland）会员可享受优惠。每天的Grand Tour（成人/儿童 £13/4）也可以带你进入楼上卧室和院子。这里还有一家咖啡馆。

别墅位于艾尔以东13英里处的卡姆诺克（Cumnock）附近。在艾尔或邓弗里斯乘坐开往卡姆诺克的长途汽车，步行或打车2英里至别墅；你也可以乘坐格拉斯哥开往奥金莱克（Auchinleck）的火车。

兰拉尔的话在灵福德（Ringford）或盖特豪斯厄夫弗利特（Gatehouse of Fleet）转车。

加洛韦森林公园（Galloway Forest Park）

加洛韦森林公园在小城新盖多韦的南方和西北方，占地300平方英里，拥有无数湖泊，还有覆盖着石楠和松树的鲸背状高山。最高点是**梅里克**（Merrick；海拔843米）。越野自行车道和几条有路标指示的徒步路线纵横于公园内，其中包括**南部高地路**（☎01387-273987；www.southernupland way.gov.uk）。

徒步者和骑行者应该前往公园西边的**格伦特鲁尔**（Glentrool），从牛顿斯图尔特北边的A714旁Bargrennan的往东走森林公路进去。**格伦特鲁尔游客中心**（Glentrool Visitor Centre；☎01671-840302；https://scotland.forestry.gov.uk；◎10:30~16:30）就在Bargrennan的1公里外。公路之后蜿蜒攀升至**特鲁尔湖**（Loch Trool），景色壮丽。

公园十分注重家庭游客；在旅游局找一下年度活动的手册。这里还非常适合**观星**；它已经被国际暗天协会（International Dark-Sky Association；www.darksky.org）认定为暗天公园（Dark Sky Park）。

🏃 活动

7stanes Glentrool 山地自行车

（www.7stanesmountainbiking.com；Visitor Centre, Glentrool）**免费** 7stanes山地自行车中心之一。这里的蓝色骑行线（Blue Route）长5.6英里，沿路风景优美，可骑行登上绿山岭（Green Torr Ridge），从那儿俯瞰特鲁湖（Loch Trool）。也可以选择广袤乡村骑行线（Big Country Route），该线路长36英里，有很多颇具挑战的上下坡，能让你领略加洛韦森林的美景。这条线要骑上一天，不适合体力差的人。

加洛韦马鹿区 观赏野生动物

（Galloway Red Deer Range；https://scotland.forestry.gov.uk；A712）**免费** 你可以在加洛韦马鹿区的隐藏和观赏区域观察到英国最大的陆地野兽。在秋天的交配季，看它们哼着鼻子为了争抢雌性而互相以角相对，感觉有点像看斗牛。4月至9月，会有护林员导览游（成人/儿童£8/5）带你参观这些引人注目的野兽。

袭击者之路 观光车道

（Raiders' Road；http://scotland.forestry.gov.uk；每辆车£2；◎车辆4月至10月；🅿）位于克拉特灵肖斯游客中心（Clatteringshaws Visitor Centre）以西大约1公里处，袭击者之路长10英里，穿过森林，沿途有多处野餐地点，还有适合儿童的活动，以及有路标的短途徒步路径。因为周围有很多野生动物，所以请驾车慢行。最漂亮的地方是一条可以见到水獭的小瀑布。道路全年可以步行或骑车。

Red Kite Feeding Station 观鸟

（☎01644-450202；www.bellymackhillfarm.co.uk；Bellymack Hill Farm, Laurieston；成人/儿童£5/免费；◎正午至16:00）这座农场紧邻B795，每天14:00喂红鸢。这里有游客中心（内设咖啡馆），从那儿可以观察13:00前后就开始聚集的这些漂亮猛禽。经常有皇家鸟类保护协会（RSPB，Royal Society for the Protection of Birds）的志愿者向你介绍这种鸟的习性。

Stargazing Scotland 户外

（☎07340 518498；www.stargazingscotland.com）一对夫妇会带你趁夜前往加洛韦森林公园观星。他们每年组织几次公开活动（成人/儿童£15/8），可以查看网上日程安排，不过你很有可能需要预订个人游（1/2人£75/89）。

ℹ️ 实用信息

克拉特灵肖斯游客中心（Clatteringshaws Visitor Centre；☎01644-420285；https://scotland.forestry.gov.uk；A712；◎10:00~16:00）在新盖洛韦以西6英里处的克拉特灵肖斯湖（Clatteringshaws Loch）岸边，基本是一家咖啡馆，不过有着奇怪的显示屏。从这里可以走到一个罗马裔不列颠人家宅的复制品（0.5英里），还可以走到Bruce's Stone（1英里），据说罗伯特一世在拉普洛克莫斯之战（Battle of Rapploch Moss）击败了英格兰人后就死在这里。

基尔拉夫特里游客中心（Kirroughtree Visitor Centre；☎01671-402165；https://scotland.forestry.gov.uk；紧邻A75, Palnure；◎10:00~

17:00）这间公园信息办公室位于牛顿斯图尔特以东3英里处，有咖啡馆和隐蔽观察处。这里有一家**7stanes山地车中心**（www.7stanesmountainbiking.com; Visitor Centre, Kirroughtree），还有一家不错的自行车商店（10:00~16:00营业），可以租车和修车。

到达和离开

19英里长的A712（Queen's Way）风景秀丽，位于新盖洛韦和牛顿斯图尔特（Newton Stewart）之间，穿过公园的南部。它是唯一穿过公园的道路，但路上没有长途汽车运营。前往道路西部最近的公交站点是牛顿斯图尔特，前往东部的站点是新盖洛韦。牛顿斯图尔特**出租自行车**（01671-401529; www.kirkcowancycles.co.uk; Victoria Lane; 半/全天 £13/20; 周一至周六 9:00~17:00）。

斯特兰拉尔（Stranraer）

01776 / 人口 10,400

斯特兰拉尔港友善但又有点破败，这里旅游业的中流砥柱已经从前往北爱尔兰的渡轮转移到了前往凯恩赖恩（Cairnryan）的公路。这座城镇还不知道该拿自己怎么办，但周边地区有不错的住宿地点，仍旧有许多地方可探索。

景点

肯尼迪堡花园　　　　　　　　　　花园、城堡

（Castle Kennedy Gardens; 01776-702024; www.castlekennedygardens.com; Sheuchan; 成人/儿童 £5.50/2; 4月至10月 10:00~17:00, 2月和3月 周六和周日）这座壮丽的花园位于斯特兰拉尔以东3英里处，在苏格兰最负盛名。它们占地30公顷，位于两个湖泊与两座城堡之间的一块地峡之上。这里的景观工程于1730年由斯泰尔伯爵（Earl of Stair）启动，让空闲的士兵来做这些工作。从斯特兰拉尔往东开的大巴在主公路上的大门前停靠；从这里走到花园入口的20分钟路程令人愉悦。

斯特兰拉尔博物馆　　　　　　　　　博物馆

（Stranraer Museum; 01776-705088; www.dumgal.gov.uk; 55 George St; 周一至周五 10:00~17:00, 周六 10:00~13:00和13:30~16:30）

免费 这座博物馆有关于本地历史的展览，你可以了解斯特兰拉尔的极地探险家。亮点是来自马达加斯加的石刻烟斗。另外展出本地艺术家的临时展览。

食宿

Ivy House　　　　　　　　　　　　　民宿 £

（01776-704176; www.ivyhouse-ferrylink.co.uk; 3 Ivy Pl; 标单/双 £35/55, 标单无卫生间 £30）这是一家很棒的民宿，有着优秀的设施、整洁的带独立卫浴的客房，以及棒极了的早餐。和蔼的老板从不嫌麻烦，对客人总是面带微笑。价格优惠。后边能够俯瞰墓园的房间尤其清爽安静。

★ Thornbank House　　　　　　　　民宿 ££

（01776-706168; www.thornbankhouse.co.uk; Thornbank Rd; 房间 £80）这个不一般的地方提供相当舒适和陈设得当的现代房间（其中一间带按摩浴缸）。Thornbank还供应非常棒的早餐，态度热情、友好而随意。虽然这里的环境已远超普通水准，但你想象不到这里还有大型室内游泳池和眺望海湾至艾尔萨岩（Ailsa Craig）的震撼美景。其中一个房间有可以观景的户外平台。

Henrys Bay House　　　　　　　苏格兰菜

（01776-707388; www.henrysbayhouse.co.uk; Cairnryan Rd; 主菜 £11~20; 周二至周六 正午至14:00和17:00~21:00）位于市中心以东，这里是斯特兰拉尔的最佳用餐场所，优质的肉食和海鲜非常丰盛，氛围热情。有些菜看有令人欣喜的老派格调，有些菜更具现代风情。如果天气晴朗，可以俯瞰海湾的平台是理想的就餐地点。

到达和离开

斯特兰拉尔位于凯恩赖恩渡轮码头以南6英里处，凯恩赖恩则位于赖恩湖（Loch Ryan）的东岸。长途汽车接驳 **Stena Line**（08447 70 70; www.stenaline.co.uk）渡轮，往来于斯特兰拉尔与凯恩赖恩之间。长途汽车频繁往来于斯特兰拉尔和艾尔之间，经停凯恩赖恩。要打车的话，致电 **McLean's Taxis**（01776-703343; www.mcleanstaxis.com; 21 North Strand St; 24小时）（大约£8）。

加洛韦角
（Rhinns of Galloway）

加洛韦角是斯特兰拉尔以西锤头形状的半岛，从北至南延伸25英里。海岸景色有嶙峋的悬崖、小港口和沙滩。奶牛在绿油油的草地上吃草，墨西哥湾暖流带来的温暖海水为这个半岛带来苏格兰最温暖的天气。

坐落于港口周围的波特帕特里克（Portpatrick）风景优美，是最大的卖点。继续往南，寂静的洛根港（Port Logan）有优质的沙滩和著名的植物园。从西海岸的渔村德拉莫尔（Drummore）再走5英里，可以抵达苏格兰的最南角：壮观的加洛韦海角。

从斯特兰拉尔发车的长途汽车前往半岛各地。

◉ 景点

★ 加洛韦海角
自然保护区

（Mull of Galloway; www.mull-of-galloway.co.uk）苏格兰的最南角无比壮观，可以看到迎风的青草地，还有苏格兰、英格兰、马恩岛和爱尔兰北部的风光。1826年，罗伯特·史蒂文森，那位大作家的祖父，修建了这里的灯塔。RSPB的自然保护区加洛韦海角是数千种海鸟的栖息地，也是野花盛开的地方。保护区入口有一家令人惊叹的悬崖咖啡馆。住宿地点是灯塔看守人过去的住处；查看网站www.lighthouseholidaycottages.co.uk。

洛根植物园
花园

（Logan Botanic Garden; ☏01776-860231; www.rbge.org.uk/logan; Port Logan; 成人/儿童£6.50/免费; ⊙3月至10月10:00~17:00, 11月上旬至16:00）洛根港以北1英里处的洛根植物园全面展现了苏格兰西南的温和气候环境，树蕨和棕榈等各种亚热带植物在此生长。花园是爱丁堡皇家植物园的偏远分支。这里还有一家不错的咖啡馆。

加洛韦海角灯塔
灯塔

（Mull of Galloway Lighthouse; www.mull-of-galloway.co.uk; Mull of Galloway; 成人/儿童£3/1, 含展览£5/1.50; ⊙4月至10月 周六和周日10:00~16:00, 7月和8月 每天）你可以登上加洛韦海角的灯塔，俯瞰四个不同的行政区域：爱尔兰北部、苏格兰、英格兰和马恩岛。想要听听最近刚刚恢复的雾号（海鸟产卵季节以外），可以查看网站。

⊨ 食宿

★ Corsewall Lighthouse Hotel
酒店 £££

（☏01776-853220; www.lighthousehotel.co.uk; Kirkcolm; 双£140~250; P✱）这座历经200年的古老灯塔极其浪漫，在这里就

另辟蹊径

马哈尔斯（THE MACHARS）

牛顿斯图尔特以南，加洛韦丘陵（Galloway Hills）逐渐变成三角形半岛——马哈尔斯起伏的草原。南边有许多早期基督教的遗址，还有一条25英里长的徒步朝圣路（Pilgrims Way）。

该地区游人罕至，但非常值得探索。小威格敦在官方上称为苏格兰国家图书城（Scotland's National Book Town），有超过一打的书店，出售范围宽泛得惊人的书籍。而惠特霍恩（Whithorn）是圣尼尼安（St Ninian）于397年在哈德良长城以外建立的第一个基督教布道团的遗址。因此这里的小修道院是苏格兰史上最早的教堂，如今属于令人神往的惠特霍恩基金会（Whithorn Timescape; The Whithorn Trust; ☏01988-500508; www.whithorn.com; 45 George St; 成人/儿童£6/3.60; ⊙4月至10月10:30~17:00）。

附近的惠特霍恩岛（Isle of Whithorn）曾经是一座岛屿，如今通过堤道与大陆连接。这里有迷人的天然港口和五颜六色的房屋。

415路汽车每一小时左右发车（周日仅2班）往来于牛顿斯图尔特和惠特霍恩岛之间（£3.20, 1小时），途经威格敦（15分钟）和惠特霍恩。

只剩下你和残酷的大海。在阳光明媚的日子里，水面闪着波光，你能看到爱尔兰、金泰尔、阿伦，以及艾尔萨岩（Ailsa Craig）。但当风雨到来的时候，这里就很适合躲在舒适的酒吧兼餐馆中，或是窝在房间的被窝里。

★ Knockinaam Lodge　　酒店 £££

（☏01776-810471；www.knockinaamlodge.com；晚餐、床铺和早餐 标单 £215，双 £360~460；🅿🛜🐕）想要真正的豪华，就往东南方走3英里来这里，这里之前是猎人小屋，与世隔绝的位置令人印象深刻，有连绵的草地通往多沙的海湾。这里就是丘吉尔策划终结"二战"的地方——你可以住在他的套房里——也是一个非常浪漫的避世之所。

Gallie Craig　　咖啡馆 £

（☏01776-840558；www.galliecraig.co.uk；Mull of Galloway；简餐 £3~8；⏱2月和3月 周六至周三 11:00~16:00，4月至10月 每天 10:00~17:00，11月 周六和周日 11:00~16:00）咖啡馆屋顶上长着草，因此从上面看，这家悬崖顶端的咖啡馆和自然融为一体，风景壮观，蛋糕美味，菜有开胃。

Campbell's　　海鲜 ££

（☏01776-810314；www.campbellsrestaurant.co.uk；1 South Crescent；主菜 £13~23；⏱周二至周六 正午至14:30和18:00~21:00，周日 正午至14:30和18:30~21:00；🐕）新鲜的本地海鲜就是这家本地人最爱的低调小店的本钱。薄脆面包片、大虾冷盘和奇特的餐具，这里散发出一种复古氛围，饭菜分量同样令人印象深刻。可以挑选一份分享拼盘，对着海港风光，享受本地捕捞的鱼类或贝类吧。本书调研期间正在打折。

斯特灵和苏格兰中部

包括 ➡

斯特灵	915
圣安德鲁斯	922
东角	927
邓迪	932
阿伯丁	938
洛蒙德湖	945
特罗萨克斯	947
奥本	950
马尔岛	952
爱奥纳岛	957
阿伦岛	967

最佳餐饮

➡ Cellar Restaurant（见931页）
➡ Peat Inn（见926页）
➡ Loch Leven's Larder（见928页）
➡ Adamson（见926页）

最佳住宿

➡ Old Fishergate House（见925页）
➡ Spindrift（见929页）
➡ Victoria Square Guesthouse（见920页）
➡ Monachyle Mhor（见948页）
➡ Iona Hostel（见958页）

为何去

英国的历史根源深深植根于苏格兰中部。斯特灵周围的关键战役塑造了这个国家的命运；该地区历史上重要的城堡为景观锦上添花，前首都珀斯是国王站在命运之石（Stone of Destiny）上面加冕的地方。

从格拉斯哥和爱丁堡出发，随着低地风光转向壮美的高地，游客开始逐步了解这个国家。正是在这里，苏格兰的恢宏大气展现得淋漓尽致——森林和瀑布、崎岖的山脉和湍急的河水，以及北部地平线上拔地而起的笔直山影。

无论是在低地珀斯郡树木繁茂的乡村，还是散落渔村的法夫绿色海岸，你都可以轻松获得进行户外运动的机会：步行、骑车和垂钓。该地区还拥有全国最好的酒馆和餐馆，正好可以在一天结束的时候迎接疲惫的游客。

何时去

➡ 5月是出游的好时机，能避开夏季旅游高峰。

➡ 7月和8月是在法夫享用海鲜盛宴和在布莱尔高里品尝新鲜覆盆子的最佳时节。

➡ 10月和11月，秋天的色彩让克里夫、科姆里和布莱尔高里附近珀斯郡的森林生机盎然。

斯特灵地区(STIRLING REGION)

斯特灵地区是连接苏格兰高地和低地的蜂腰形狭窄地带,自古以来就是战略要地,苏格兰独立战争中最重要的两次战役都发生在这里,古战场就位于斯特灵山顶的城堡附近。1297年,威廉·华莱士在斯特灵桥一役中大败英格兰军。后来,1314年,罗伯特·布鲁斯在班诺克本战役中取得胜利,为苏格兰赢得了独立的地位。今天,该地区仍然是苏格兰人民族自豪感的来源。

到达和当地交通

斯特灵位于北起格拉斯哥和爱丁堡直至珀斯和因弗内斯的主干线上,另外有连接格拉斯哥和爱丁堡的高速公路以及班次频繁的长途汽车。

在该地区,除了斯特灵和邓布兰(Dunblane)之外,其余的地方都没有火车线路覆盖,所以除非是自驾游,不然只能乘坐公共汽车。First(01324-602200;www.firstgroup.com)是该地区主要的公共汽车运营公司。

斯特灵(Stirling)

01786 /人口 36,150

斯特灵老城保存完好,坐落在林木繁茂的悬崖(死火山塞)之上,牢不可破。城内有许多历史悠久的建筑,鹅卵石街道蜿蜒直通引人注目的城堡,从城堡可以俯瞰周围绵延数英里的美丽景色,远处的华莱士纪念馆清晰可见。纪念馆是一座造型奇特的维多利亚时代风格的哥特式建筑,为纪念电影《勇敢的心》中那位传奇的自由斗士而建。班诺克本就在附近,1314年,罗伯特一世大败英格兰的关键性战役就发生在那里。

老城的城堡值得一游,但是也一定要花点时间游览斯特灵老城以及环绕老城的风景如画的倒行(Back Walk)小路。老城下面的现代斯特灵城非常商业化,似乎就不那么有吸引力了。多花点时间在老城游览,你一定会爱上这个地方。

景点

★ **斯特灵城堡** 城堡

(Stirling Castle;HES;www.stirlingcastle.gov.uk;Castle Wynd;成人/儿童 £15/9;⊙4月至9月 9:30~18:00,10月至次年3月 至17:00,关门前45分钟停止入内;P)攻取斯特灵,苏格兰就是囊中之物。从这种说法不难看出,自史前时代以来斯特灵就一直作为要塞堡垒屹立至今。也许你不禁要把斯特灵堡和爱丁堡相比较,不过许多人都认为斯特灵城堡更大气。斯特灵城堡的位置得天独厚,建筑构造宏伟庄严,饱含历史意义,四下视野开阔,这些将注定使你的斯特灵之旅难以忘怀。最好下午去游览;许多人都是一日游的游客,所以到了16:00左右你就几乎可以清静地游览斯特灵城堡了。

目前的城堡始建于14世纪末至16世纪,当时是斯图亚特王朝君主们的寝宫之一。城堡之旅无可争议的亮点是2011年经过大规模整修的**皇宫**(Royal Palace)。重建的皇宫如同16世纪中叶詹姆斯五世下令由法国共济会建成时那样新,詹姆斯国王在这里迎娶他的(法国)新娘,招待其他欧洲君主们。

套间共有6个房间,国王3间,王后3间,会带来一场美轮美奂的色彩盛宴。尤其引人注目的是**斯特灵头像**(Stirling Heads)——国王谒见厅天花板上彩绘橡木盘的复制品(原件位于斯特灵头像画廊)。由工匠耗时数年编织的**斯特灵挂毯**是现代仿品,其16世纪的原作现收藏于纽约大都会博物馆,描绘了猎杀独角兽的场景——基督教的隐喻——精美绝伦。下方外庭(Nether Bailey;位于城堡北端)尽头的展览展示挂毯的编织过程,经常还有一名织工现场演示。

同样值得一游的还有位于皇家起居室之上的**斯特灵头像画廊**(Stirling Heads Gallery),展出橡木雕盘的原件,是一个真正的皇族、朝臣、圣经和古典人物头像展。宫殿地下室的**展览**全方位展示了城堡生活,适合孩子游览。

围绕主堡庭院的其他建筑还有**大礼堂**(Great Hall),由詹姆斯四世建造;**皇家教堂**(Royal Chapel)早在17世纪由詹姆斯六世改建,改建时完好得保存了原始的多彩壁画;还有国王老宅(King's Old Building),这是**阿盖尔和萨瑟兰高地军团博物馆**(Argyll & Sutherland Highlanders Regimental Museum;www.argylls.co.uk;持斯特灵城堡门票免费;⊙4月至9月 9:30~17:00,10月至次年3月 10:00~16:15)的

斯特灵和苏格兰中部亮点

❶ **斯特灵**（见915页）在宏伟的斯特灵城堡眺望争取独立的古战场。

❷ **圣安德鲁斯**（见922页）漫步穿过高尔夫历史上的诞生地，在著名的老球场打打球。

❸ **斯昆宫**（见934页）前往这座高雅的宫殿，在苏格兰国王加冕地点附近与孔雀一起昂首阔步。

❹ **东角**（见927页）在风景如画的渔村的本地海鲜餐馆大快朵颐。

❺ **库罗斯**（见932页）探索电视剧《古战场传奇》中这个保存完好的中世纪村庄。

❻ **利文湖遗产小径**（见928页）徒步或骑车走上一条风光优美的综合小径，环绕美丽的利文湖。

❼ **格拉姆斯城堡**（见935页）探索莎士比亚《麦克白》当中具有传奇色彩的场景。

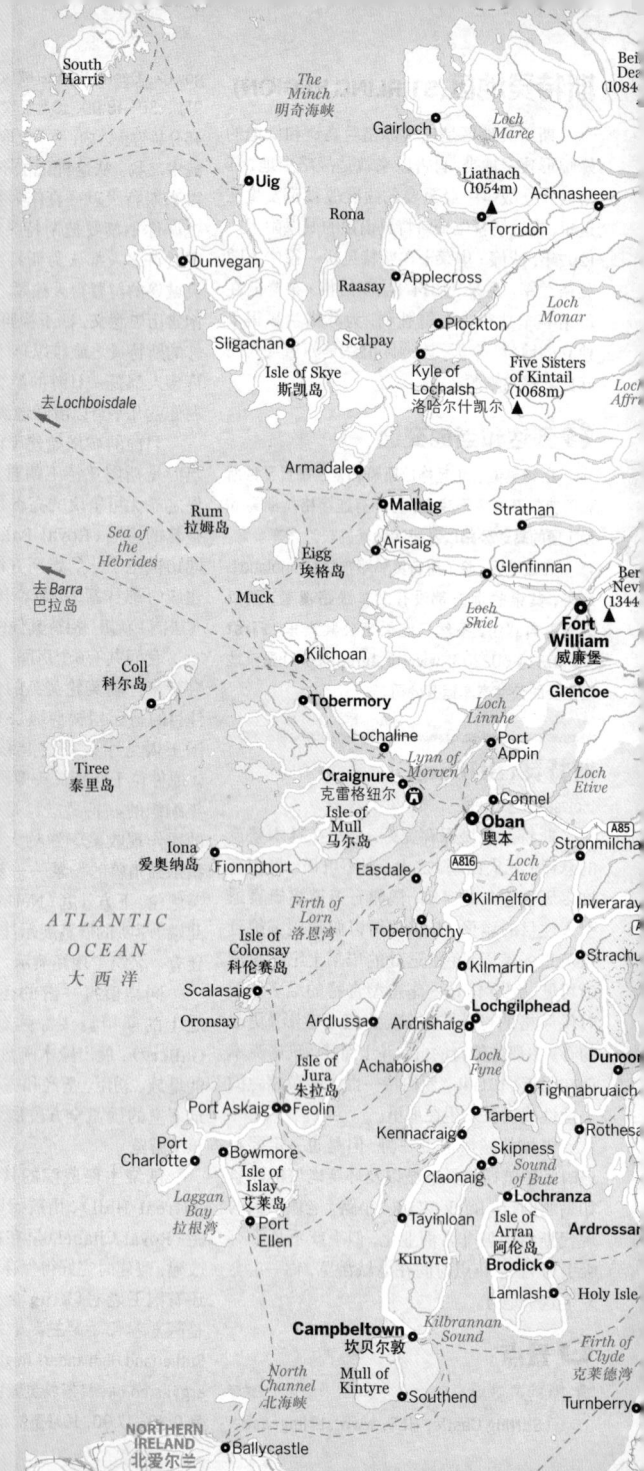

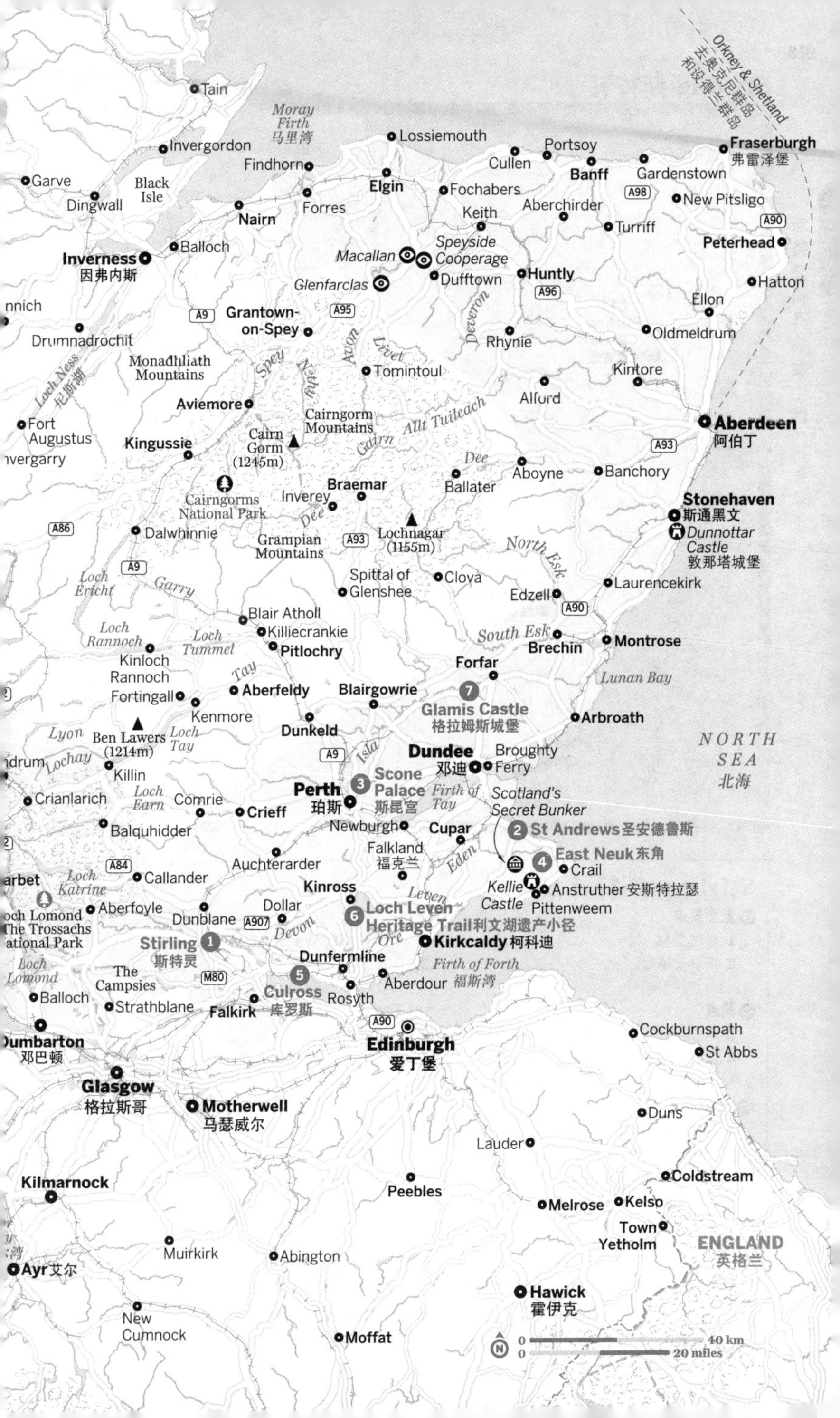

Orkney & Shetland
去奥克尼群岛
和设得兰群岛
Tain
Moray Firth
马里湾
Lossiemouth
Invergordon
Findhorn
Portsoy
Cullen
Fraserburgh
弗雷泽堡
Garve
Black Isle
Dingwall
Elgin
Fochabers
Banff
Gardenstown
A98
New Pitsligo
Forres
Nairn
Keith
Aberchirder
Turriff
A90
Inverness
因弗内斯
Balloch
Speyside Cooperage
Macallan
Peterhead
Glenfarclas
Dufftown
Huntly
A96
Hatton
nnich
A9
Grantown-on-Spey
A95
Deveron
Ellon
Drumnadrochit
Livet
Avon
Rhynie
Oldmeldrum
Loch Ness
尼斯湖
Monadhliath Mountains
Spey
Nethy
Tomintoul
Kintore
Aviemore
Cairngorm Mountains
Allt Tuileach
Alford
Fort Augustus
Cairn Gorm (1245m)
Gairn
Aberdeen
阿伯丁
Kingussie
A93
nvergarry
Dee
Aboyne
Banchory
Braemar
Ballater
Cairngorms National Park
Inverey
Stonehaven
斯通黑文
A86
Dee
Lochnagar (1155m)
Dunnottar Castle
敦那塔城堡
Dalwhinnie
Grampian Mountains
A93
North Esk
A9
Loch Ericht
Garry
Spittal of Glenshee
Clova
Laurencekirk
Edzell
A90
Blair Atholl
Loch Rannoch
Loch Tummel
Killiecrankie
South Esk
Brechin
Montrose
Pitlochry
Kinloch Rannoch
Forfar
Tay
Lunan Bay
Fortingall
Aberfeldy
Blairgowrie
7
Glamis Castle
格拉姆斯城堡
Kenmore
Arbroath
Dunkeld
Lyon
Ben Lawers (1214m)
Loch Tay
NORTH SEA
北海
A9
Isla
Dundee
Broughty Ferry
邓迪
drum
Lochay
Killin
Scone Palace
斯昆宫
3
Perth
珀斯
Firth of Tay
Crianlarich
Loch Earn
Comrie
Scotland's Secret Bunker
Crieff
Balquhidder
Newburgh
Cupar
2 St Andrews 圣安德鲁斯
Falkland
福克兰
Eden
4 East Neuk 东角
Auchterarder
Crail
A84
arbet
Loch Katrine
Callander
Kinross
Kellie Castle
Anstruther 安斯特拉瑟
Pittenweem
Leven
Aberfoyle
Dollar
6 Loch Leven Heritage Trail 利文湖遗产小径
och Lomond The Trossachs ational Park
Dunblane
A907
Devon
Ore
Kirkcaldy 柯科迪
Stirling
斯特灵
1
Dunfermline
Firth of Forth
Loch Lomond
The Campsies
M80
5
Aberdour
福斯湾
Balloch
Culross
库罗斯
Rosyth
Strathblane
Falkirk
A90
Cockburnspath
Dumbarton
邓巴顿
Edinburgh
爱丁堡
St Abbs
Glasgow
格拉斯哥
Motherwell
马瑟威尔
Duns
Lauder
Kilmarnock
Coldstream
Peebles
Melrose
Kelso
Town Yetholm
ENGLAND
英格兰
Muirkirk
Abington
Ayr 艾尔
Hawick
霍伊克
New Cumnock
Moffat
N
0
40 km
0
20 miles

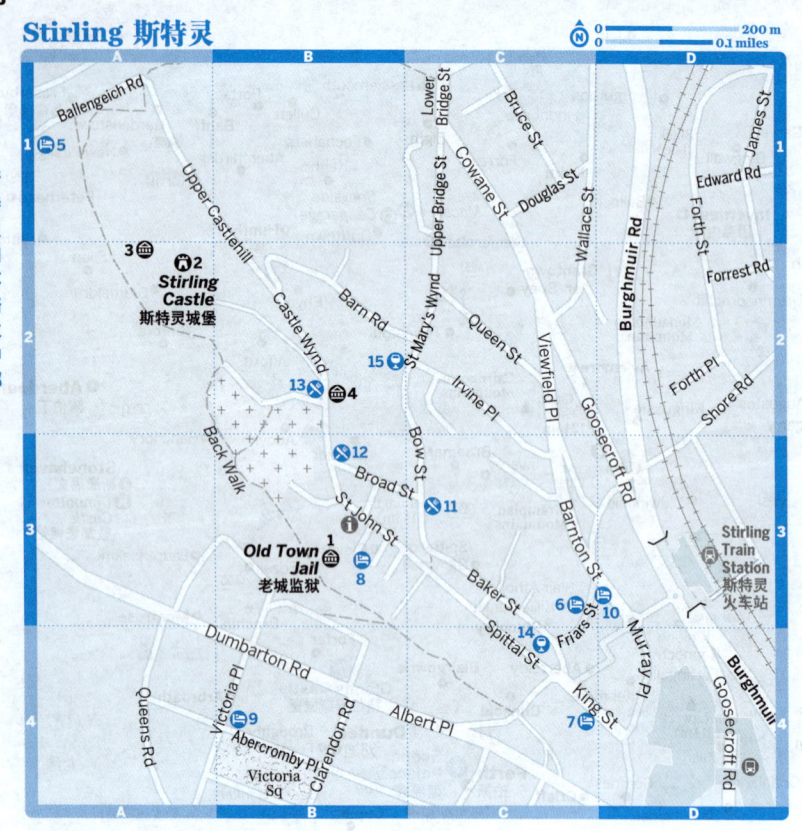

Stirling 斯特灵

Stirling 斯特灵

◎ **重要景点**
1 老城监狱 B3
2 斯特灵城堡 A2

◎ **景点**
3 阿盖尔和萨瑟兰高地军团博物馆 A2
4 阿盖尔故居 B2

⊜ **住宿**
5 Castlecroft Guest House A1
6 Friars Wynd C3
7 McGregor B&B C4
8 Stirling SYHA B3
9 Victoria Square Guesthouse B4
10 Willy Wallace Backpackers Hostel D3

⊗ **就餐**
Breá .... (见14)
11 Darnley Coffee House C3
12 Hermann's B3
13 Portcullis B2

⊙ **饮品和夜生活**
14 Brewdog C4
15 Settle Inn B2

所在地。

其他展览还有<u>中央厨房</u>（Great Kitchens），重现了皇家厨房内紧张、繁忙、发气派的烹调场景；在靠近出口的<u>城堡展览</u>（Castle Exhibition）可以了解到关于斯图亚特王朝的背景信息和当前最新的考古发现。从城墙上往高地和奥希尔丘陵看去，壮丽的景色尽收眼底。

门票包含语音导览机。免费导览游通常从入口处出发。持门票可以游览附近的阿盖尔故居（Argyll's Lodging）。

★ 老城监狱　　　　　　　　　历史建筑

（Old Town Jail; http://oldtownjail.co.uk; St John St; 成人/儿童 £6.50/4.50; ⊙7月至9月中旬10:15~17:15）从20世纪60年代开始，这座令人印象深刻的维多利亚式监狱建筑始终处于荒废状态，直到2015年作为游客景点，重新开放。身着制服的导游带领团队游在曾经的牢房各处转悠，登上瞭望塔顶端，讲述关于囚犯、刑罚和死刑的可怕故事，不时夹杂与斯特灵历史有关的有趣故事。团队游每隔30分钟出发。

华莱士国家纪念馆　　　　　　纪念馆

（National Wallace Monument; ☎01786-472140; www.nationalwallacemonument.com; Abbey Craig; 成人/儿童 £9.99/6.25; ⊙4月至6月、9月和10月 9:30~17:00，7月和8月 至18:00，11月至次年2月 10:00~16:00，3月 10:00~17:00; P）这座维多利亚式的纪念馆高踞在福斯河（River Forth）冲积平原上方的一处悬崖上，风格是如此的哥特，以至于我们觉得它应该有盘旋的蝙蝠和呱呱叫的乌鸦才对。它的形状像一座中世纪塔楼，为了纪念苏格兰独立英雄威廉·华莱士而建，影片《勇敢的心》中刻画了这一人物。从山顶俯瞰到平坦、葱郁、迷人的福斯河谷几乎就值回了那昂贵的票价，河谷内有华莱士1297年在斯特灵桥一役大败英军的战场旧址。

内部狭窄的楼梯通往一系列的陈列室，其中包括英雄祠（Hall of Heroes），这间大理石的英雄祠纪念着苏格兰的悲剧英雄们。欣赏一下华莱士66英寸的宽剑，并在一场3D视听展示中看一下再现的华莱士形象。

公共汽车从斯特灵汽车站开往旅游局（£2.60，10分钟，每30分钟1班）。从旅游局出发，步行或搭乘摆渡大巴上坡到达纪念馆。

班诺克本历史遗迹中心　　　　博物馆

（Bannockburn Heritage Centre; NTS; http://battleofbannockburn.com; Glasgow Rd; 成人/儿童 £11.50/8.50; ⊙3月至10月 10:00~17:30，11月至次年2月 至17:00; P）1314年6月24日，罗伯特·布鲁斯在班诺克本击败英国军队，建立了独立的苏格兰。班诺克本历史遗迹中心使用互动技术重现战场。亮点是在3D景观中利用数码投影展示了步兵和骑兵的活动（在预约时段入场）。班诺克本位于斯特灵以南2英里处；长途汽车从斯特灵汽车站发车（£2.20，10分钟，每小时3班）。

中心外面，"战场"本身不过是一片整洁开阔的草地，有一座圆形的纪念碑，上面刻有凯瑟琳·杰米（Kathleen Jamie）的诗作，以及一座维多利亚时期的布鲁斯骑马像。关于班诺克本战役的发生地点一直有着许多的争论，但肯定就在斯特灵市区南部边缘附近的某处。布鲁斯巧妙利用班诺克本附近的沼泽地，以战术战胜了人数众多且装备精良的英格兰军。

阿盖尔故居　　　　　　　　　历史建筑

（Argyll's Lodging; www.stirlingcastle.gov.uk; Castle Wynd; 持斯特灵城堡门票免费; ⊙12:45~16:00）这栋优雅的建筑是苏格兰最令人印象深刻的17世纪洋房，最初的房主是一名本地富商。后来，以为查理二世会将斯特灵城堡设为行宫的阿盖尔伯爵（Earl of Argyll）买下了这栋建筑。建筑现已复原，格调雅致，游客在这里能够深入了解17世纪奢华的贵族生活。你可以参加20分钟的导游游（持斯特灵城堡门票免费），或在房子里面随意走走。

🛏 住宿

Stirling SYHA　　　　　　　　青年旅舍

（☎01786-473442; www.syha.org.uk; St John St; 铺/标双 £17.50/44; P@）这家青年旅舍地理位置非常优越，设施齐全。虽然保留了原来教堂的外观，不过室内的装潢陈设充满了现代感，服务效率很高。宿舍不大但很舒适，带有储物柜和独立的卫生间。其他亮点还有台球桌、自行车棚、旺季供应的便宜饭菜。缺点可能就是稍微缺少些情调。

Willy Wallace
Backpackers Hostel　　　　　青年旅舍

（☎01786-446773; www.willywallacehostel.com; 77 Murray Pl; 铺/标双 £16/48起; @）这家青年旅舍地处中心位置，非常方便，工作人

值得一游

杜恩（DOUNE）

宏伟的**杜恩城堡**（Doune Castle; HES; www.historicenvironment.scot; 成人/儿童 £6/3.60; ⓢ4月至9月 9:30~17:30, 10月至次年3月 10:00~16:00; P）是苏格兰保存最好的中世纪要塞之一，自从14世纪为奥尔巴尼（Albany）公爵建造完成以后，基本没什么变化。它曾经被电影《巨蟒与圣杯》（*Monty Python and the Holy Grail*; 1975年）、电视剧《古战场传奇》（*Outlander*）和《权力的游戏》（*Game of Thrones*）用作拍摄场景——语音导览由巨蟒剧团成员特瑞·琼斯（Terry Jones）讲述。亮点包括教堂般的大厅（Great Hall），以及大得足够烤一整头牛的厨房壁炉。

城堡是最受宠的皇家狩猎小屋，但同样具有重要的战略意义，因为它控制着低地和高地之间的线路。苏格兰女王玛丽和小王子查理（Bonnie Prince Charlie）都曾经在这儿居住。从城堡墙头可以欣赏美景，高耸的门房高达30米，令人印象深刻。

员友善，房间宽敞，氛围随和，公共休息室还有钢琴和吉他。宽敞的多人间干净清爽、色彩丰富。供应免费的茶水和咖啡。青年旅舍内有一间设施齐全的厨房，整体弥漫着轻松随意的气氛。其他设施包括自行车出租服务和洗衣房。

McGregor B&B　　　　　　　　民宿 £

（Sruighlea; ☎01786-471082; www.sruighlea.com; 27 King St; 标单/双 £48/65; ⓢⓅ）这个地方感觉就像一个秘密的隐匿处——门铃上只有"McGregor B&B"——但它就位于城中心，非常便利。住在这里，你会觉得自己是当地人，门口吃吃喝喝的地方一应俱全。这家民宿温暖的氛围总是让人情不自禁想要再来。

★ Victoria Square Guesthouse　　民宿 ££

（☎01786-473920; www.victoriasquareguesthouse.com; 12 Victoria Sq; 标单/双 £84/120起; Pⓢ）虽然靠近城中心，但是其所在的维多利亚广场非常安静，宛如闹市中的绿洲，坐落在翠绿的公园内，四周环绕着高雅的维多利亚时代的建筑。房间很大，带有凸窗、天花板灯盘和其他古典特色，这些使得此店脱颖而出。这里还有一个很棒的四柱大床房（£145起），适合浪漫出游的情侣，还有一些卧房能够看到上面高耸的城堡。儿童禁止入住。

Castlecroft Guest House　　　民宿 ££

（☎01786-474933; www.castlecroft-uk.co.uk; Ballengeich Rd; 双/标三 £85/105; Pⓢ）隐匿于城堡后的山坡下，住在这里会让人有种遁世隐居的感觉，但是距离斯特灵城中心其实只有很短的步行距离，沿途景致宜人。从休息室和卡座区可以一览葱茏的原野和环绕着城镇的山峦的景致。房间内有很棒的现代化浴室，工作人员十分热情。早餐有自制的面包和许多其他亮点。

★ Friars Wynd　　　　　　　　酒店 £££

（☎01786-473390; www.friarswynd.co.uk; 17 Friars St; 房间 £119起; ⓢ）位于一栋经过修复的19世纪漂亮洋房里，从火车站步行片刻即到，Friars Wynd提供大小不一的8间卧室，其中不少都具有历史特色，比如维多利亚式铁壁炉和裸露的红砖墙。一层房间位于酒吧和餐厅正上方，所以周末稍显嘈杂。

🍴 就餐

Darnley Coffee House　　　　咖啡馆 £

（☎01786-474468; www.facebook.com/DarnleyCoffeeHouse; 18 Bow St; 主菜 £4~6; ⓢ10:00~16:00; ⓢ）这家咖啡馆位于一幢建于16世纪的老房子的拱形地窖内，从斯特灵城堡下坡就到。参观老城时，来这里品尝一下家庭烘焙食品、汤羹、严格素食和特色咖啡（不过没有浓缩咖啡机）是个不错的选择。苏格兰玛丽女王的情人兼后来的丈夫达恩利曾在此停留。

Birds & Bees　　　　　　　酒馆食物 ££

（☎01786-473663; www.thebirdsandthebees-stirling.com; Easter Corntown Rd, Causewayhead; 主菜 £11~22; ⓢ供餐 正午至14:30和17:00~22:00; Pⓢ）这家酒馆有些像是本地

的秘密基地；它位于经过改造的谷仓，藏身于城市北部边缘的一条小路上。这里有仿乡村装饰和受人喜爱的酒馆食物菜单，内容从玉米片和天妇罗大虾到牛排、汉堡、排骨及炸鱼和薯条等，多种多样。提供室外座椅和供孩子们到处跑动的宽敞空间。

Breá 苏格兰菜 ££

(www.brea-stirling.co.uk; 5 Baker St; 主菜 £15~22; ⊙周日至周四 正午至21:00，周五和周六至22:00; 🛜🥗🎠) 🍴 这家繁忙的法式小馆给斯特灵中心城区带来一丝波希米亚气息。室内装饰为当代风格，短菜单展示了精心准备的苏格兰美食，其中包括牛肉、鹿肉、海鲜、哈吉斯和Brewdog啤酒，还有美味的汉堡、比萨和一些素菜。

Portcullis 酒馆食物 ££

(☎01786-472290; www.theportcullishotel.com; Castle Wynd; 主菜 £10~18; ⊙供餐 正午至15:30和17:30~21:00; 🛜) 石砌建筑，同位于下方的城堡一样坚固。这里以前是一所学校，是你结束斯特灵城堡（见915页）游览之后把酒小酌、享受午餐的好去处。供应酒吧餐，即使是威廉·华莱士也会在这里放开肚皮大吃一顿。还有一个小啤酒花园，许多人在里面惬意地喝酒聊天，值得一试。

Hermann's 奥地利菜、苏格兰菜 ££

(☎01786-450632; www.hermanns.co.uk; 58 Broad St; 主菜 £12~20, 2/3道菜午餐 £12.50/15.50; ⊙正午至15:00和18:00~22:00; 🥗🎠) 这家高雅的苏格兰/奥地利风味餐厅是值得信赖且人气很高的就餐选择。室内装修略显保守，但杂志风格的滑雪照片却不可思议地弥补了这一点。这里的食物种类齐全，有苏格兰人最喜爱的熏鳕鱼汤（Cullen skink），也有奥地利风味炸肉排（schnitzel）和鸡蛋面条（spätzle noodles）。这里也有很多可口的素菜可供选择。佐餐的高品质奥地利葡萄酒会带给你不同寻常的体验。

🍷 饮品和夜生活

Brewdog 酒吧

(☎01786-440043; www.brewdog.com/bars/uk/stirling; 7 Baker St; ⊙周日至周四 正午至午夜，周五和周六 至次日1:00; 🛜) 正在蓬勃发展的Brewdog帝国已经来到了斯特灵，前卫的酒吧里面有设计仿古木梁，提供不少于16种来自世界各地的散装精酿，包括它在阿伯丁郡弗雷泽堡（Fraserburgh）附近著名的众筹酿酒坊出产的几种啤酒。

Settle Inn 酒馆

(☎01786-474609; 91 St Mary's Wynd; ⊙周一至周六 11:00~23:00，周日 12:30~23:00; 🛜) 这是斯特灵最古老的一家酒馆（1733年），热诚欢迎每一位来客。酒吧很有氛围，内饰有壁炉、拱形内屋和低矮的吊顶天花板，周五夜晚有民谣演出。贵宾麦芽啤酒、颇有情调的角落位置以及浓郁的当地风情，使得这家酒吧成为同类中的经典。

ℹ 实用信息

斯特灵旅游局（Stirling Tourist Office; ☎01786-475019; www.destinationstirling.com; Old Town Jail, St John St; ⊙10:00~17:00）住宿预订，可以上网。

ℹ 到达和离开

长途汽车

长途汽车站（Goosecroft Rd）位于Goosecroft Rd。
Citylink（☎0871 266 3333; www.citylink.co.uk）运营多条往返斯特灵的线路，包括：

邓迪 £15.20，1.75小时，每小时1班
爱丁堡 £8.70，1.25小时，每小时1班
格拉斯哥 £8.20，45分钟，每小时1班
珀斯 £9.70，50分钟，至少每小时1班

有的长途汽车会继续开往阿伯丁、因弗内斯和威廉堡；更频繁的车次需要换乘。

火车

苏格兰铁路公司（www.scotrail.co.uk）运营的列车线路往返于下列目的地：

阿伯丁 £34.40，2.25小时，工作日每小时1班，周日每2小时1班
邓迪 £15，1小时，工作日每小时1班，周日每2小时1班
爱丁堡 £9.10，1小时，周一至周六每小时2班，周日每小时1班
格拉斯哥 £8.30，40分钟，周一至周六每小时2班，周日每小时1班

当地知识

法夫酿酒厂

法夫附近有几家值得绕路前往的酿酒厂,它们远远没有斯佩塞德更有名的那些酿酒厂忙碌。所有地方都提供导览游和品酒体验。

林多斯修道院酿酒厂(Lindores Abbey Distillery;☎01337-842547;http://lindoresabbeydistillery.com;Abbey Rd, Newburgh;团队游 每人£12.50;◎4月至9月 10:00~16:00,10月至次年3月 11:00~16:00;ⓅRoundation)这家酿酒厂于2017年开始运转,矗立于林多斯修道院遗址旁边。这座修道院是最早出现有关苏格兰威士忌的书面文献的地方,记录可追溯至1494年。

伊顿酿酒厂(Eden Mill Distillery;☎01334-834038;www.edenmill.com;Main St, Guardbridge;团队游 每人£10;◎10:00~18:00)这家酿酒厂酿造啤酒和威士忌,但最有名的是用本地植物手工酿造的各种杜松子酒。它位于圣安德鲁斯西北4英里处,靠近卢赫斯。

金斯巴恩斯酿酒厂(Kingsbarns Distillery;☎01333-451300;www.kingsbarnsdistillery.com;East Newhall Farm, Kingsbarns;导览游£10;◎4月至9月 10:00~18:00,3月和10月 至17:00,11月至次年2月 开放时间缩短;Ⓟ)位于克雷尔的这家酿酒厂2015年开始运转,用法夫的大麦酿造独具特色的低地威士忌。

珀斯 £8.30,35分钟,工作日每小时1班,周日每2小时1班

法夫(FIFE)

法夫王国(www.visitfife.com)与它自称的一样——500年来都是苏格兰君主的家乡——它就像苏格兰东海岸伸出的一个巨大蛇头,位于福斯湾(Firth of Forth)和泰湾(Firth of Tay)之间的一块陆地上,而且成功保留了与国内其他地方完全不同的低地个性。虽然法夫南部属于爱丁堡的通勤居民区,但法夫东部还保留着大片起伏的绿色农田和古雅的渔村,是主要的旅游目的地,海上的清新空气也令人感到无比幸福。法夫最著名的景区是圣安德鲁斯,有着苏格兰历史最悠久的大学,还有许多历史建筑。作为高尔夫球活动中心,圣安德鲁斯吸引着高尔夫专业球手和爱好者到这里的老球场(Old Course)挥杆击球,这绝对是最棒的高尔夫球场体验。

法夫海岸小径(Fife Coastal Path;www.fifecoastalpath.co.uk)从金卡丁(Kincardine)到纽堡(Newburgh),沿着整个法夫海岸线铺展开来,全长117英里。沿途标识清晰,风景如画,有时候风力较大,除此之外困难不大。这条路能被很容易地分成好几个部分,或根据一日徒步游自行选择。较长的路段可以骑山地自行车完成。

ⓘ 到达和当地交通

Stagecoach East Scotland(www.stagecoachbus.com)是这里的主要公交运营商。持法夫日票(Fife Dayrider;£9.10)可以乘坐Stagecoach公司的公共汽车一日无限畅游。

法夫协会(Fife Council)出版有用的交通地图《法夫本地交通》(Getting Around Fife),可以从旅游局领取。网站www.fifedirect.org.uk提供翔实的公共交通信息。

如果你驾车从福斯桥前往圣安德鲁斯,可以选择**法夫沿海观光路**(Fife Coastal Tourist Route),虽然没有M90/A91快捷,但沿途风景更加优美。

圣安德鲁斯(St Andrews)

☎01334 / 人口 16,900

圣安德鲁斯地方虽小,却久负盛名:首先,这里是宗教中心和朝圣中心;其次,这里是全苏格兰最古老的(英国第三古老的)大学城;最后,这里还是高尔夫的故乡,这一点使圣安德鲁斯声名大噪,如今很多高尔夫爱好者都会带着高尔夫球朝圣般地来到这里。不过,圣安德鲁斯还有令人印象深刻的中世纪古迹、庄严雄伟的大学建筑、充满田园诗意的白色海滩以及众多非常不错的客栈和餐馆选择。

圣安德鲁斯老球场是世界上最著名的高尔夫球场，地理位置优越，位于城镇西端的海滨。仅仅在球场神圣的草地上散散步就已让人激动万分了。附近还是美丽的西沙滩（West Sands beach），因电影《烈火战车》（Chariots of Fire）而闻名。

◉ 景点

圣安德鲁斯大教堂　　遗迹

（St Andrews Cathedral; HES; www.historicenvironment.scot; The Pends; 成人/儿童 £5/3, 含城堡 £9/5.40; ⏱4月至9月 9:30~17:30, 10月至次年3月 10:00~16:00）英国最宏伟的中世纪建筑如今只剩下断壁残垣和孤零零矗立的山墙，但你依然可以从残存的遗迹感受到这座巨大的教堂建筑曾经的规模和雄伟。这里还有一座博物馆，收藏了17世纪和18世纪的华丽墓碑、9世纪和10世纪的凯尔特十字架，8世纪末叶的圣安德鲁斯石棺（St Andrews Sarcophagus），后者是中世纪早期欧洲最精美的雕刻典范。

大教堂修建于1160年，1318年祝圣。直到1559年，大教堂一直是这个重要朝圣中心的焦点。但是在宗教改革期间，它被洗劫一空。据说圣安德鲁斯本人的骨骸就埋在祭坛下面。修建大教堂之前，骨骸一直被供奉在附近的圣雷古勒斯教堂（Church of St Regulus/Rule）里。圣雷古勒斯教堂现在就只剩下圣鲁尔塔（St Rule's Tower），你可以经过幽闭的空间，登上这座古塔俯瞰圣安德鲁斯的全景。只有博物馆和塔需要买门票；你可以随意在废墟附近散步。

圣安德鲁斯城堡　　城堡

（St Andrews Castle; HES; www.historicenvironment.scot; The Scores; 成人/儿童 £6/3.60, 含大教堂 £9/5.40; ⏱4月至9月 9:30~17:30, 10月至次年3月 10:00~16:00）虽然城堡现在已变成一片废墟，但遗址本身就发人深省，而且坐拥迷人的海岸线风景。圣安德鲁斯城堡建于1200年左右，当时建造的目的是为圣安德鲁斯的主教提供结实的住宅。在1545年新教改革者被处死以后，其他的改革者展开了报复，他们谋杀了红衣主教Beaton，并夺取了圣安德鲁斯城堡，然后在城堡躲匿了一年之久，这期间他们挖掘了很多隧道（siege tunnels）。你可以沿着这些长满青苔的潮湿隧道往前走（或弯腰前进）。

英国高尔夫博物馆　　博物馆

（British Golf Museum; www.britishgolfmuseum.co.uk; Bruce Embankment; 成人/儿童 £8.50/免费; ⏱4月至10月 周一至周六 9:30~17:00, 周日 10:00~17:00, 11月至次年3月 每天 10:00~16:00）这座博物馆全面介绍了高尔夫

圣安德鲁斯老球场

老球场（☎预订 01334-466718; www.standrews.com; Golf Pl）是全世界最古老、最著名的高尔夫球场。自15世纪开始就有人在这里打高尔夫球了——到1457年，高尔夫似乎已经成为一项非常流行的运动，以至于詹姆斯二世不得不以妨碍军队操练箭术为由，下令禁止打高尔夫球。

如果想来老球场打球，需要通过网站预约或联系预约部门（Reservations Department）。在你打算成行的前一年8月的最后一个周三开始预订。不可预订周末和9月的日期（查看网站的最新指南）。

除非你提前几个月预订，不然想获得开球时间简直是和中彩票的概率相当；在你打算打球的头一天（周日球场不开放）的14:00前到球童室（☎01334-466666; West Sands Rd）抽签（或打电话）。不过要注意，想通过抽签来取得打球资格的人通常非常多，而且夏季时球场费用为£180。

雇佣球童需要£50小费。如果你打算在有风的天气里打高尔夫球，那么分数可能很可观；尼克·佛度（Nick Faldo）的名言："这里的风一吹，海鸥都能走路。"

这里有导览步行游（www.standrews.com/walk；每人 £10; ⏱4月至9月 每天 11:00和14:00）。你还可以周日走过球场或沿着人行道边随便逛逛。

St Andrews 圣安德鲁斯

斯特灵和苏格兰中部 圣安德鲁斯

St Andrews Bay 圣安德鲁斯湾

NORTH SEA 北海

Museum 博物馆

The Pends

West Sands Rd

Old Pavilion

Old Course

The Links

West Sands (200m)

Old Course Hotel (350m); Leuchars Train Station 卢赫斯火车站(5mi); Dundee 邓迪(13mi)

Golf Pl

Hope St

City Rd

Bus Station 汽车站

Station Rd

Kinburn Park

Doubedykes Rd

Argyle St

Alexandra Pl

St Mary's Pl

Bell St

Greyfriars Gdn

Murray Pl

Murray Park

North St

The Scores

Butts Wynd

College St

Church St

Church Sq

Holy Trinity Church 圣三一教堂

Market St

Queen's Gdns

South St

West Burn La

North Castle St

South Castle St

Abbey St

去Crail(10mi); Anstruther(10mi)

St Andrews 圣安德鲁斯

◎ 景点
- **1** 英国高尔夫球博物馆..................B1
- **2** 圣安德鲁斯城堡........................F2
- **3** 圣安德鲁斯大教堂....................G3

⊙ 活动、课程和团队游
- **4** Caddie Pavilion...........................A1
- **5** Old Course Guided walks.........B1
- **6** St Andrews Old Course.............B1

⊜ 住宿
- **7** 34 Argyle St................................B4
- **8** Fairways of St Andrews............B2
- **9** Five Pilmour Place.....................B2
- **10** Old Fishergate House..............F3
- **11** St Andrews Tourist Hostel.....C3

⊗ 就餐
- **12** Adamson....................................D4
- **13** Mitchell's Deli...........................D3
- **14** Northpoint Cafe.......................F3
- **15** Seafood Ristorante.................C1
- **16** Tailend..D3
- **17** Vine Leaf....................................D4

⊙ 饮品和夜生活
- **18** St Andrews Brewing Co.........C4
- **19** Vic..C3

的历史、发展过程及圣安德鲁斯在其中扮演的角色等。丰富的收藏品包括全世界最古老的球具(17世纪末叶,当时用的是塞人羽毛的高尔夫球)、现代装备、奖杯和服装,以及公开赛冠军(男女球员均包含)的许多纪念品,包括老虎·伍兹(Tiger Woods)汗渍斑斑的耐克帽子。

✦ 节日和活动

英国公开赛
体育节

(Open Championship; www.theopen.com; ⊙7月)四大国际高尔夫锦标赛之一。比赛场地每年更换,每隔5年轮至圣安德鲁斯(下一次是2021年)——欲知未来的比赛地点安排,可以查看网站。

圣安德鲁斯高地运动会
文化节

(St Andrews Highland Games; www.standrewshighlandgames.co.uk; 成人/儿童 £7/4; ⊙7月)7月最后一个周日在北部河岸平台(North Haugh)举行。

🛏 住宿

St Andrews Tourist Hostel
青年旅舍 £

(☎01334-479911; www.hostelsstandrews.com; St Marys Pl; 铺 £14.50~18.50; @🖰)青年旅舍气氛比较放松休闲,地处中心位置,是城里唯一的背包客住所。它在一栋宏伟的老建筑内,高高的天花板有飞檐,尤其是巨大的休息室的天花板。这里的风格放任自流,但有时会有点混乱,不过员工和地理位置出类拔萃。前台在14:00~17:00不接待。

★ Fairways of St Andrews
民宿 ££

(☎01334-479513; www.fairwaysofstandrews.co.uk; 8a Golf Pl; 双 £105~140; 🖰)距离高尔夫球最著名的18号果岭只有几步远,这家民宿尽管面积不大,但比起民宿来更像是精品酒店。这里只有3间非常时尚的房间;最好的房间位于顶层,非常宽敞,还有可以俯瞰老球场的阳台。

★ Old Fishergate House
民宿 ££

(☎01334-470874; www.oldfishergatehouse.co.uk; North Castle St; 房间 £115~125; 🖰)这是一幢17世纪的房屋,配有古典家具,营造出历史氛围,位于城镇最古老的区域,靠近圣安德鲁斯大教堂。两个标间非常宽敞,带有单独的客厅,窗边还有带垫的飘窗。如果对古雅趣味这一项打分的话,以10分为满分,我们给这里打9.5分。优质的早餐以蜂蜜薄煎饼和熏鳕鱼煎蛋卷为特色。

Five Pilmour Place
民宿 ££

(☎01334-478665; www.5pilmourplace.com; 5 Pilmour Pl; 标单/双 £80/120起; 🖰)这家豪华而亲切的旅馆就在老球场(见923页)的拐角处,房间不大但非常具有设计感。这里的特大号卧床特别舒服,休息区的真皮扶手椅、泛着光泽的木制装饰和帷幔散发出爱德华时代的味道。

★ 34 Argyle St
民宿 £££

(☎07712 863139; www.34argylestreet.

com; 34 Argyle St; 房间 £150起; ☎) Argyle位于城镇中心以西一栋漂亮老旧的石房中,有四个豪华的酒店品质卧室,现代化的卫生间利用黑色瓷砖、铬合金和玻璃打造(其中两个房间有独立浴缸)。到店饮品、鲜花和糖果等小细节体现出热情好客的氛围。

Old Course Hotel 酒店 £££

(☎01334-474371; www.oldcoursehotel.co.uk; Old Station Rd; 房间 £399起; P☎❄) 作为高尔夫豪华品质的代名词,这家酒店位于老球场(见923页)著名的17号果岭(Road Hole)旁边,拥有宽敞的房间、一流的服务和完善的设施,包括水疗中心。多花£50左右,就可以俯瞰老球场的风光。网上价格通常比较优惠。

🍴 就餐

Tailend 炸鱼和薯条 £

(www.thetailend.co.uk; 130 Market St; 外卖 £5~9; ⓒ11:30~22:00) 🍴 来自阿布罗斯(Arbroath)的美味鲜鱼让这个地方从同类型的薯条店中脱颖而出。这里的食物都是下单后现炸的,其美味可以证明等待是值得的。看到柜台陈列的各种精致的熏制美食,你会开始酝酿野餐计划或去餐馆后面的咖啡馆抢上一个座位。

Northpoint Cafe 咖啡馆 £

(☎01334-473997; www.facebook.com/northpointcafe; 24 North St; 主菜 £4~8; ⓒ周一至周五 8:30~17:00,周六 9:00~17:00,周日 10:00~16:00; ☎) 这家咖啡馆就是威廉王子邂逅未来妻子凯特·米德尔顿的著名场所,当时他们都是圣安德鲁斯大学的学生。这里有不错的咖啡和各种丰富的早餐,有香蕉配粥,也有烤百吉圈、煎饼叠和经典油煎食品。目前这里特别繁忙,所以想吃午餐的话要早点前往。

★ Adamson 法式啤酒馆 ££

(☎01334-479191; http://theadamson.com; 127 South St; 主菜 £13~27; ⓒ周一至周五 正午至15:00和17:00至午夜,周六和周日 11:00至午夜; ☎❄) 这家喧闹忙乱的啤酒馆位于从前的邮局中,凭借广受喜爱的牛排和海鲜,迎合了本地的年轻人、手头宽裕的学生和游客。服务非常热情,偶尔显得混乱,不过这一切全都为它增添了一种忙碌活跃的气氛。

Mitchell's Deli 熟食店、苏格兰菜 ££

(☎01334-441396; www.mitchellsdeli.co.uk; 110-112 Market St; 主菜 £8~20; ⓒ周日至周四 8:00~22:00,周五和周六 至23:00; ☎❄) 枕木地板、工作台切割餐桌和铺着花呢软垫的座椅,为这家以本地食材烹饪的出色熟食店—咖啡馆—餐厅平添了一丝务实的气息。早餐(供应至正午,周日至14:00)包括班尼迪克柴鸡蛋和酵母面包片涂牛油果,晚餐菜单有炸鱼和薯条、芝士通心粉和汉堡。

★ Vine Leaf 苏格兰菜 £££

(☎01334-477497; www.vineleafstandrews.co.uk; 131 South St; 2/3道菜晚餐 £28/33; ⓒ周二至周六 18:00~23:00; ❄) 🍴 这家餐馆时髦、舒适、久负盛名。这里供应精美丰盛的苏格兰海鲜、野味和素菜。固定价格菜单有丰富的菜品可供选择。店内还有种类繁多的酒,多数是旧世界葡萄酒(old-world wine)。建议预订。

★ Peat Inn 苏格兰菜 £££

(☎01334-840206; www.thepeatinn.co.uk; 3道菜午餐/晚餐 £25/55; ⓒ周二至周六 12:30~14:00和18:30~21:00; P) 这家非凡的米其林星级餐厅依托于一家有宽敞**套房**(标单/双 £230/250; P☎)的旅馆,是完美的美食消费地点。厨师采购顶级的苏格兰食材,并用毫不做作也不过于现代的创新方式呈现它们。旅馆距离圣安德鲁斯6英里;沿A915往西南方向前行,然后右转进入B940即可。

错层式卧室俯视着花园,坐拥远处的田野风光。另外提供各种套餐式服务。

Seafood Ristorante 海鲜 £££

(☎01334-479475; www.theseafoodrestaurant.com; The Scores; 主菜 £25~36; ⓒ周一至周六 正午至21:30,周日 12:30~21:30) 🍴 这家时髦的餐馆位于海边的玻璃幕墙房间内,室内铺着光亮的木地板,桌上铺着洁净挺括的白色亚麻布,配备开放式的厨房。从这里可以饱览圣安德鲁斯湾全景。供应一流的海鲜和各式美酒。在午餐和晚餐服务之间,提供小份菜。只有工作日提供3道菜午餐(£25)。

🍷 饮品和夜生活

St Andrews Brewing Co 精酿酒厂

（www.standrewsbrewingcompany.com；177 South St；⊙11:00至午夜；🛜🅿️♿）在这家友好、现代的酒馆，好吃好喝好朋友是一天的安排，这里有18种散装啤酒和苹果酒（包括几种本店自酿），还有170多种瓶装酒及大约30种精酿杜松子酒。

Vic 酒吧

（www.vicstandrews.co.uk；1 St Mary's Pl；⊙10:00至次日2:00；🛜）这个地方最受学生们欢迎，酒吧经过出色的装修，将仓库的特立独行和中世纪的寻欢作乐融为一体。展示黑白流行文化的墙壁衬托着漂亮的高屋顶酒吧，中间是适合社交的长桌，还有各式各样的座椅。另外还有浪漫的吧台、舞池和吸烟平台。这里定期举办活动，比如周末的夜店之夜等。

ℹ️ 实用信息

圣安德鲁斯旅游局（St Andrews Tourist Office；📞01334-472021；www.visitscotland.com；70 Market St；⊙7月和8月 周一至周六 9:15~18:00，周日 10:00~17:00，其余月份时间缩短）工作人员对圣安德鲁斯和法夫地区非常了解，乐于提供帮助。

ℹ️ 到达和离开

长途汽车

所有的长途汽车都从**长途汽车站**（Station Rd）发车。线路目的地包括：

安斯特拉瑟（Anstruther）£4.50，25分钟，每小时1班

克雷尔（Crail）£4.50，25分钟，每小时1班

邓迪 £8，40分钟，至少每小时1班

爱丁堡 £12.50，2小时，每小时1班

格拉斯哥 £12.50，2.5小时，每小时1班

斯特灵 £9，2小时，周一至周六每2小时1班

火车

圣安德鲁斯没有火车站，但是你可以搭乘从爱丁堡（坐在右侧的座位，以便欣赏窗外的海景）开往圣安德鲁斯西北5英里处的卢赫斯（Leuchars；£14.70，1小时，每半小时1班）的列车。卢赫斯定点有大巴发往圣安德鲁斯（£3.20，10分钟，每10分钟1班），出租车车费大约为£13。

东角（East Neuk）

这片迷人的海岸从南边的圣安德鲁斯延伸到法夫岬（Fife Ness）的岬角，然后往西远至厄尔斯费里（Earlsferry）。"Neuk"是古苏格兰语中的"角"，这里无疑是乡间一处十分迷人的幽静地方，有着风景如画的渔村，在与低地国家几个世纪的贸易往来中，独特的红瓦屋顶和山形墙作为遗产保留下来。

法夫海岸小径最漂亮的路段就在这一地区。从圣安德鲁斯可以轻松过来这里，甚至可以从爱丁堡前来一日游，但这里也有很多怡人的住处。

克雷尔（Crail）

📞01333 / 人口 1640

小小的克雷尔漂亮平静，有一个用石头建成的海港经常被人拍到照片里，周围环绕着古朴的红瓦房屋。村子的历史在**克雷尔博物馆**（Crail Museum；www.crailmuseum.org.uk；62 Marketgate；⊙6月至10月 周一至周六 11:00~16:00，周日 13:30~16:00，4月和5月 仅周六和周日）**免费**中有所展现，但最吸引人的还是在曲折的街道上漫步，在港口附近流连，还可以欣赏对岸梅岛（Isle of May）的风景。

👁 景点

坎波封闭花园 花园

（Cambo Walled Garden；www.camboestate.com；Cambo Estate；成人/儿童 £5.50/免费；⊙10:00~17:00；🅿️♿）克雷尔以北2.5英里的坎波庄园（Cambo Estate）是厄斯金（Erskine）家族的乡间别墅。它的封闭花园中间流淌着一条观赏性溪水，以春季和夏季的美景著称，雪花"绽放"的1月和2月也不错。这里有游客中心和咖啡馆，林地小径通往法夫海岸小径，孩子们还可以给庄园的猪喂土豆。

🛏 食宿

Selcraig House 民宿 ££

（📞01333-450697；www.selcraighouse.

当地知识

利文湖遗产小径（LOCH LEVEN HERITAGE TRAIL）

这是苏格兰最好的徒步和骑车综合小径之一。利文湖这条14英里长的观光环路（www.lochlevenheritagetrail.co.uk）连接金罗斯码头（Kinross Pier）、RSPB利文湖自然保护区和出色的Loch Leven's Larder（☎01592-841000; http://lochlevenslarder.com; Channel Farm; 主菜£6~11; ◎9:30~17:30; 🅿🛜♿）🍴农场商店和餐厅。这条小径骑车需要2小时，步行需要5小时；你可以在金罗斯码头租自行车和电动车。在环路上可以欣赏洛蒙德丘陵（Lomond Hills）的美景，金罗斯东北还有一片沙滩。

你还可以游览14世纪末的岛上要塞和监狱：洛赫列文城堡（Lochleven Castle; HES; www.historicenvironment.scot; Kinross Pier; 成人/儿童 含乘船 £7.50/4.50; ◎4月至9月10:00~17:15, 10月 至16:15, 关门前1小时最后出航; 🅿）。苏格兰女王玛丽1567年曾被囚禁于此。城堡如今已经没有屋顶，不过基本完整，是极具情调的目的地——你要乘船登岛（包括在门票费用中）。

---

co.uk; 47 Nethergate; 标单/双£40/80; 🛜♿）18世纪的Selcraig House是个具有特色且经营有方的地方，有各种各样的客房，还有一只温顺的猫。思古之人会被形状奇特的顶层房间吸引，喜好奢华家具的人青睐如梦似幻的四柱床房间。

Lobster Store　　　　　　　　　　海鲜££

（☎01333-450476; 34 Shoregate; 主菜£4~15; ◎6月至9月 周二至周日 正午至16:00, 10月至次年4月 仅周六和周日）这栋古雅的小屋俯瞰克雷尔港口，提供剥好的螃蟹和鲜煮本地龙虾。你还可以要一整只龙虾（剥开的）或者龙虾卷。在这里买外卖很方便——前面有单人餐桌，不过你也可以在港口附近随意找个地方坐坐，品尝你的收获。

ⓘ 到达和离开

克雷尔位于圣安德鲁斯东南方10英里处，Stagecoach（www.stagecoachbus.com）的95路长途汽车往来于利文、安斯特拉瑟、克雷尔和圣安德鲁斯，每天每小时经过一次克雷尔（£4.50, 35分钟到圣安德鲁斯）。

安斯特拉瑟（Anstruther）

☎01333 / 人口 3450

欢快的安斯特拉瑟（当地人发音"enster"）曾经是苏格兰最繁忙的渔港之一，如今已经比有些地方更好地摆脱了渔业衰退带来的不良影响，令人满意的是，现在这里既有摆动的船只、历史悠久的街道，也有漫步在港口附近的游人，他们吃着炸鱼和薯条，或是盘算着乘船前往梅岛的旅行。

👁 景点

苏格兰秘密地堡　　　　　　　　博物馆

（Scotland's Secret Bunker; www.secretbunker.co.uk; Troywood; 成人/儿童£12.50/8.50; ◎3月至10月 10:00~18:00, 最后入馆时间17:00; 🅿）这个引人入胜又令人恐惧的"冷战"纪念地建于20世纪50年代，当时计划用作核战争爆发时英国的指挥中心。地堡藏在地下30米深处，被包裹在5米厚的钢筋混凝土中间，里面有两层朴素的设备控制室、通信中心、广播室、武器库和宿舍，房间内部都是具有历史特色的物品和博物馆展品。地堡位于安斯特拉瑟以北3英里处，紧邻通往圣安德鲁斯的B9131。

苏格兰渔业博物馆　　　　　　　博物馆

（Scottish Fisheries Museum; www.scotfishmuseum.org; East Shore; 成人/儿童 £9/免费; ◎4月至9月 周一至周六 10:00~17:30, 周日 11:00~17:00, 10月至次年3月 周一至周六 10:00~16:30, 周日 正午至16:30）这家出色的博物馆凭借引人入胜的细节完整讲述苏格兰的渔业历史，包括许多适合儿童且需要亲身实践的展览。展览包括祖鲁厅（Zulu Gallery），里边有一艘19世纪的Z级（Zulu-class）渔船，巨大的船体经过部分修复，令人想到沥青和木头的味道。漂浮在博物馆外海港中的是"收割者"号（Reaper），这艘F级（Fifie-class）渔船造于1902年,已经被完全复原。

梅岛
自然保护区

(Isle of May; www.nature.scot)1英里长的梅岛位于安斯特拉瑟东南方6英里处,是一片壮丽的自然保护区。4月至7月,岛上悬崖挤满了三指鸥、刀嘴海雀、海雀、鸬鹚以及80,000多只海鹦。岛内有12世纪的圣阿德里安教堂(St Adrian's Chapel)遗址,供奉875年在岛上被丹麦人杀害的僧侣。安斯特拉瑟港口外边有几艘前往岛上旅行的船只。

凯利城堡
城堡

(Kellie Castle; NTS; www.nts.org.uk; 成人/儿童 £10.50/7.50; ⊙城堡 6月至8月 每天 11:00~17:00,4月、5月、9月和10月 周六至周四; P)凯利城堡是苏格兰低地民用建筑的正宗典范,有嘎吱作响的地板、歪歪扭扭的小门廊、装饰性极强的石膏造型,以及一些非凡的艺术品。建筑最初的部分可以追溯至1360年;1606年前后被扩建至现在的规模。城堡位于美丽的花园中间(全年开放时间9:30~18:00或黄昏),位于皮滕威姆(Pittenweem)西北3英里处的B9171附近。

🛏 住宿

⭐ Murray Library Hostel
青年旅舍 £

(☎01333-311123; http://murraylibraryhostel.com; 7 Shore St; 铺/双 £20/52起; 🛜)这家青年旅舍位于本地图书馆曾经所处的一栋漂亮的红色砂岩水岸建筑中,陈设美观。这里有4~6床宿舍,其中很多可观海景,还有独立标准间和双人间、豪华的现代厨房和舒适的休息室。

⭐ Spindrift
民宿 ££

(☎01333-310573; www.thespindrift.co.uk; Pittenweem Rd; 双/家 £100/150; P🛜😊)如果从西边过来,这里是安斯特拉瑟在左手边的第一个房子,没有必要再走得更远了,这里有着苏格兰式欢快与温暖的待客之道。客房优雅且极其舒适——有些能看到对面的爱丁堡,有一间复原的木质船舱,因为这里以前的主人是个船长。

Bank
旅馆 ££

(☎01333-310189; www.thebank-anstruther.co.uk; 23 High St; 标单/双 £60/100; 🛜)这家现代酒店位于中心地带,旅馆房间位于经过改造的维多利亚式银行建筑中,空间宽敞,有大床和一尘不染的卫生间。建筑背靠河口,从很多房间看出去,风景宜人。酒吧诱人,有桶装精酿啤酒和可以俯瞰大海的玻璃墙餐厅,里面提供不错的酒馆食物(主菜 £11~20)。

🍴 就餐

Anstruther Fish Bar
炸鱼和薯条 £

(☎01333-310518; www.anstrutherfishbar.co.uk; 42-44 Shore St; 主菜 £5~9; ⊙周日至周四 11:30~21:30,周五和周六 至22:00; 🛜)凭借炸鳕鱼和薯条获奖的炸鱼和薯条店,这个地方还提供高档的传统外卖菜肴,包括剥好的螃蟹和炸虾(食材都在本地捕捞)。

Waterfront
各国风味 ££

(☎01333-312200; www.anstruther-waterfront.co.uk; 20 Shore St; 主菜 £11~20; ⊙8:00~22:00; 🛜)夏季餐桌都摆上了人行道,这家永远热门的餐馆最受家庭的青睐,提

不 要 错 过

福克兰(FALKLAND)

16世纪斯图亚特王朝的乡间住所**福克兰宫**(Falkland Palace; NTS; www.nts.org.uk; High St; 成人/儿童 £13/9; ⊙3月至10月 周一至周六 11:00~17:00,周日 正午至17:00)与爱丁堡的荷里路德宫相比,更漂亮,很多方面更令人印象深刻和引人入胜。据说苏格兰女王玛丽一世在这里度过了一生中最快乐的时光,在附近的林地和公园里"当一个乡下女孩"。詹姆斯五世、詹姆斯六世和查理二世在许多情况下都在这里居住过。不要错过全世界现存最古老的网球场,其历史可以追溯至1539年。

福克兰村位于柯科迪(Kirkcaldy)以北11英里处。Stagecoach(www.stagecoachbus.com)的64路长途汽车直达圣安德鲁斯和福克兰之间(£6.50,1.75小时,周一至周六 每小时1班,周日5班)。

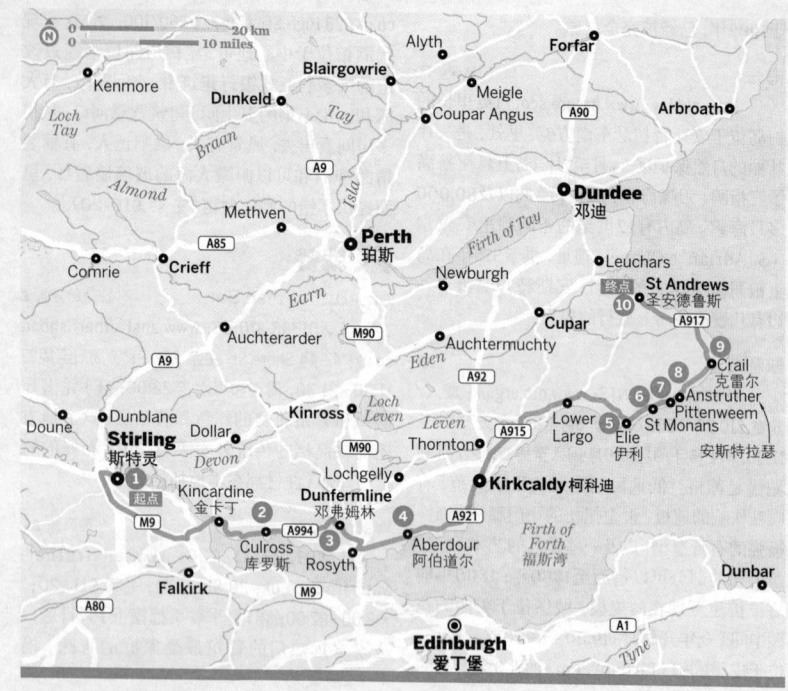

自驾游
览法夫海岸

起点: 斯特灵
终点: 圣安德鲁斯
全长: 76英里; 1天

从 ❶ **斯特灵**(见915页)沿M9往南走,在Junction 7路口朝向Kincardine Bridge东转。接近桥的时候沿金卡丁(Kincardine)和柯科迪的路标指示走,然后一旦经过福斯湾(Firth of Forth),就沿法夫沿海观光路的路标走到历史村庄 ❷ **库罗斯**(见932页)。花一个小时左右探索库罗斯的中世纪建筑,然后经A994继续前往 ❸ **邓弗姆林**(见931页),看一看那里精美的修道院和宫殿遗迹。

从邓弗姆林出来沿M90朝Forth Road Bridge方向走,从Junction 1路口出来(路标指示A921 Dalgety Bay),然后继续行至迷人的海边村庄 ❹ **阿伯道尔**(Aberdour),在Aberdour Hotel或是Room with a View餐厅吃午餐。在A921公路上走到柯科迪,然后沿着更快的A915(路标指示St Andrews)走到Upper Largo,然后上A917往伊利(Elie)的方向开;从这里开始,你就可以沿着法夫沿海观光路的路标走了。

❺ **伊利**有多沙的海滩和沿海步道,是个伸展双腿享受海风的好地方,之后再开几英里就可以探索旁边的渔村 ❻ **St Monans**和 ❼ **Pittenweem**。从Pittenweem再开1英里就到了 ❽ **安斯特拉瑟**(见928页),它值得待久一点,去参观苏格兰渔业博物馆(Scottish Fisheries Museum),在海港边散散步,吃一个冰激凌。如果时间允许的话,你可能还会往内陆走几英里去参观Kellie Castle或是Scotland's Secret Bunker。

在去圣安德鲁斯之前的最后一站就是美丽的渔村 ❾ **克雷尔**(见927页),那里傍晚或午后的阳光为拍摄苏格兰最上相的海港提供了理想的条件。沿海边步道朝法夫岬走一小段,留意海豹和海鸟,为这一天画上完美的句号。然后再开最后10英里去 ❿ **圣安德鲁斯**(见922页)。

供种类繁多、品质优异的菜单。上面应有尽有——从美式墨西哥法士达和意大利千层面到牛排、汉堡和酥脆的卡津鸡。但这里也有来自本地市场的各种优质苏格兰新鲜海鲜,包括贻贝、扇贝、黑线鳕、狗鳕等。

★ **Cellar Restaurant** 苏格兰菜 £££

(☎01333-310378;www.thecellaranstruther.co.uk;24 East Green;5/7道菜午餐£35/60;⊕周三 18:30~21:00,周四至周日 12:30~13:45和18:30~21:00,10月至次年3月 周六没有午餐)❤️优雅而高档的Cellar隐藏在苏格兰渔业博物馆(见928页)后面的一条巷子里,自1982年起便因为优质的食物和葡萄酒而闻名。2015年获得米其林一星,标志着这家餐厅的烹饪水平达到顶峰,提供以苏格兰海鲜、羊肉、猪肉和牛肉为主的创意菜单。预订很有必要。

ℹ️ 到达和离开

Stagecoach(www.stagecoachbus.com)的X60路长途汽车每小时1班从爱丁堡开往安斯特拉瑟(£12.50,2.25小时),然后继续开往圣安德鲁斯(£4.50,25分钟)。95路长途汽车连接安斯特拉瑟及东角的其他村庄,包括克雷尔(£2.40,15分钟,每小时1班)。

邓弗姆林(Dunfermline)

☎01383 / 人口 49,700

邓弗姆林是一座不太可爱的大城镇,不过拥有丰富多彩的历史和能唤起人们往昔回忆的邓弗姆林修道院,附近的这座宫殿是皮滕克里夫公园的迷人院子。后者是后来成为美国钢铁大王的本地男孩安德鲁·卡耐基(Andrew Carnegie;1835~1919年)对这座城市的馈赠。

👁 景点

邓弗姆林修道院和邓弗姆林宫 遗迹

(Dunfermline Abbey & Palace;HES;www.historicenvironment.scot;St Catherine's Wynd;成人/儿童 £5/3;⊕4月至9月 9:30~17:30,10月至次年3月 周六至周三 10:00~16:00)邓弗姆林修道院由大卫一世在12世纪修建,是一座本笃会修道院。修道院及其附近的宫殿当时已经受到虔诚皇室的喜爱:11世纪的时候,马尔科姆三世在这里迎娶了流亡的撒克逊公主玛格丽特,两人都葬在这里。后来这里还埋葬了更多皇室成员,其中最有名的是1329年安葬于此的罗伯特一世。

修道院如今剩下的就是三层高的食堂遗址,以及富有氛围的老教堂中庭,由带几何图纹的石柱支撑,还有精美的罗马式和哥特式窗户。它与19世纪的修道院教堂(https://dunfermlineabbey.com;⊕4月至10月 周一至周六 10:00~16.30,周日 14:00~16:30)免费相邻,罗伯特一世就埋葬在这座教堂华丽的讲坛下方。

食堂旁边的是邓弗姆林宫(Dunfermline Palace;包含在修道院的门票中)。这里曾经是隐修院的客栈,后来为了詹姆斯六世而改建,他的儿子就是命运多舛的查理一世(1600年生于这里)。下边是草木丛生、适合漫步的皮滕克里夫公园(Pittencrieff Park)。

安德鲁·卡耐基出生地博物馆 博物馆

(Andrew Carnegie Birthplace Museum;www.carnegiebirthplace.com;Moodie St;⊕7月和8月 10:00~17:00,3月至6月、9月和10月 周一至周六 10:00~17:00,周日 13:00~16:00,11月 开放时间缩短)免费 美国著名实业家和慈善家安德鲁·卡耐基1835年出生的小屋如今是一座博物馆。1848年,卡耐基移民美国,到了19世纪末叶,已经成为全世界最富有的人,不过他捐献出自己90%的财富,用于在全世界修建图书馆和学校。他买下了宫殿旁边的皮滕克里夫公园,让整个邓弗姆林受益匪浅。

邓弗姆林卡耐基图书馆和美术馆 博物馆

(Dunfermline Carnegie Library & Galleries;www.onfife.com/venues/dunfermline-carnegie-library-galleries;1-7 Abbot St;⊕周一和周四 10:00~19:00,周二和周五 至17:00,周三 至14:00,周六 至16:00,周日 正午至16:00)免费 2017年开馆,这座获奖建筑内有图解邓弗姆林历史的博物馆,中间是一架巨大的梅尔德伦(Meldrum)织布机。这里还有举办艺术展览的画廊,以及一家不错的咖啡馆。

❶ 到达和离开

有长途汽车频繁往来于邓弗姆林和爱丁堡（£6.50，50分钟）、斯特灵（£5.50，1.25小时）和圣安德鲁斯（£11.50，1.5小时）之间，还有火车往来爱丁堡（£5.60，35分钟，每半小时1班）。

库罗斯（Culross）

✆ 01383 / 人口 400

库罗斯（发音"koo-ross"）凭借电视剧《古战场传奇》（*Outlander*）中虚构的村庄克兰斯缪尔（Cranesmuir）迅速为粉丝们所熟悉，它是苏格兰保存最完好的17世纪城镇范例：粉刷成白色和土黄色的红顶房屋矗立于鹅卵石街道中间，蜿蜒的Back Causeway通往修道院，沿途排列着古怪的小屋。苏格兰国民信托组织（National Trust for Scotland，简称NTS）至少拥有城里的20座建筑。

作为格拉斯哥主保圣人圣蒙哥（St Mungo）的出生地，库罗斯自从6世纪起便是一个重要的宗教中心。自治市在本地领主乔治·布鲁斯爵士（Sir George Bruce）的治理下，通过延伸于海床下面的新颖通道开采煤矿而得到发展。当采矿因为通道淹水而终结的时候，这座城镇转向了制麻和制鞋业。

◉ 景点

库罗斯宫　　　　　　　　　　　　古迹

（Culross Palace; NTS; www.nts.org.uk; Low Causewayside; 成人/儿童 £10.50/7.50; ⏱7月和8月 11:00~17:00, 4月至6月、9月和10月 至16:00）说是宫殿，其实这只是一座大房子。这幢17世纪本地领主乔治·布鲁斯爵士宅邸以自他那个年代就基本没有改变过的内部装潢为特色。装饰性的木墙板和彩绘房梁吊顶在全国范围内都具有重要意义，尤其是彩绘厅（Painted Chamber）从17世纪保存至今的寓言式绘画场景。不要错过后边重建的17世纪花园，可以在顶层露台欣赏美景。

库罗斯修道院　　　　　　　　　　遗迹

（Culross Abbey; HES; www.historicenvironment.scot; Back Causeway; ⏱黎明至黄昏）**免费** 库罗斯修道院于1217年由熙笃会建立，已经荒废，坐落于美丽宁静的山上，能够看到河流的入海口。唱诗班席在16世纪被改造成了教区教堂；值得去里边看看彩色玻璃和哥特式的阿盖尔坟墓。

❶ 到达和离开

库罗斯位于斯特灵以东16英里和福斯桥以西12英里处。长途汽车从邓弗姆林（£3.20，30分钟，每小时1班）开往库罗斯。从斯特灵（£9，1.5小时，每天3班）发车的长途汽车需要在福尔柯克（Falkirk）换乘。

邓迪和安格斯 （DUNDEE & ANGUS）

安格斯是肥沃的农业区，从苏格兰第四大城市邓迪开始，一直延伸到高地的边界。宽阔的河谷、重重叠叠的低矮青山、红棕色的翻耕过的肥沃土壤，构成了这一地区独具吸引力的风景。浪漫的安格斯峡谷（Angus Glens）直穿入格兰扁山脉（Grampian Mountains）的丘陵地带，而沿海风景区从阿布罗斯红砂岩悬崖直到蒙特罗斯（Montrose）长长的沙滩。7世纪和8世纪时，这里是皮克特文化（Pictish）的中心地带，至今仍保留了很多有趣的皮克特文化象征的石头。

游客总是汇聚到邓迪以外，还会蜂拥前往游览格拉姆斯城堡（Glamis Castle），安格斯稍显落寞，是个躲避人群的好地方。

邓迪（Dundee）

✆ 01382 / 人口 147,300

伦敦的特拉法加广场（Trafalgar Sq）有纳尔逊，爱丁堡的Princes St有沃尔特·司各特爵士，贝尔法斯特市政厅外面矗立着维多利亚女王。邓迪的城市广场竖立着Desperate Dan的青铜塑像，带点可爱的优雅气质。Dan是英国几代学生所熟悉并喜爱的卡通人物之一，他是DC Thomson邓迪公司1937年开始出版的漫画*Dandy*中的人物。

在苏格兰所有的城市中，邓迪的地理位置或许最为得天独厚。北部是泰湖三角湾，拥有引以为豪的国家级旅游景点，如"发现"号基地和青绿工厂。再加上独具吸引力的海滨城镇布洛替津（Broughty Ferry）以及最友善、最热情和有趣的邓迪人，你会发现，邓迪绝对值得停留。

"发现"号基地附近的海边一带正在进行大规模重建，重点是2018年开幕的邓迪维多利亚和艾伯特博物馆杰出建筑项目。

历史

19世纪，邓迪从最初的贸易口岸发展成为重要的造船、捕鲸、纺织和铁路工程基地。印度的黄麻厂大多归邓迪的公司所有并经营（黄麻是一种制造绳索和粗麻布的天然纤维），这座城市的纺织业雇佣工人数量高达43,000——怪不得邓迪获得了"黄麻之都"（Juteopolis）的绰号。

邓迪常常被称作"3J之城"——黄麻（jute）、果酱（jam）和新闻业（journalism）。根据传说，18世纪末叶发明橘子酱的就是邓迪女士珍妮特·凯勒（Janet Keillor）；她的儿子创建了本市著名的凯勒果酱厂（Keillor jam factory）。黄麻不再生产，凯勒工厂于1988年被收购，生产活动迁至英格兰。但由D.C.托马斯（DC Thomson）家族公司领导的新闻业依然繁荣。儿童漫画最有名气，比如《比诺》（Beano）和《丹迪》（Dandy），还有《新闻报》（Press and Journal）等地区报纸，如今托马斯依旧是本市最大的雇主。

19世纪末20世纪初，邓迪是英国最富有的城市之一——这里的人均百万富翁数量超过英国其他所有地方——但纺织业和工程业在20世纪后半叶开始衰退，导致失业率走高和城市衰败。

20世纪60和70年代，邓迪的城市景观已经被丑陋的公寓楼、办公楼和由难看的混凝土通道相连的购物中心破坏殆尽；大多数游客不会过来。不过，从20世纪90年代中叶开始，邓迪已经把自己改造成为旅游目的地，以及银行、保险和高科技行业的中心，而且它的沿海地带正在进行大规模重建。这里的大学生数量（人口的七分之一）也仅次于海德堡，超过欧洲其他城镇。

⊙ 景点

★ 邓迪维多利亚和艾伯特博物馆　博物馆

（V&A Dundee；☎01382-305665；www.van dadundee.org；Riverside Esplanade；⊙10:00～17:00）免费 邓迪复兴水岸地带的中心就是这座由日本建筑师隈研吾（Kengo Kuma）设计的绝佳建筑。2018年9月开馆，博物馆内有伦敦维多利亚和艾伯特博物馆的艺术与设计前哨，包括展示苏格兰过去和现在设计师的作品展览，这里涵盖了查尔斯·伦尼·麦金托什（Charles Rennie Mackintosh）这样大名鼎鼎的名字，也有霍莉·富尔顿（Holly Fulton）这些时尚设计师的现代创意，还有来自世界各地的最佳艺术和设计作品。

★ "发现"号基地　博物馆

（Discovery Point；www.rrsdiscovery.com；Discovery Quay；成人/儿童 £11.25/6.25；⊙4月至10月 周一至周六 10:00～18:00，周日 11:00～18:00，11月至次年3月 至17:00；ⓟ♿）罗伯特·斯科特船长的极地探险船——著名的"发现"号（RRS Discovery）的三根桅杆散发出历史的沧桑感，与邓迪维多利亚和艾伯特博物馆（见本页）的现代化建筑形成强烈的对比。隔壁游客中心内的展览和视听展览讲述了引人入胜的"发现"号和南极探险的故事，但最具吸引力的还是"发现"号本身。你可以参观桥、厨房和那间有红木镶嵌的军官起居室，还有斯科特和他的船员们使用过的船舱。

这艘船于1900年在邓迪建造。为了在浮冰中航行，木制船体至少有半米厚。1901年它前往南极，在南极度过了两个严酷的冬天。从1931年起，"发现"号闲置在伦敦，状况不断恶化，经过彼得·斯科特（罗伯特的儿子）和海事信托（Maritime Trust）的努力，船才恢复到了1925年的状况。1986年，"发现"号返回停泊在了邓迪港口，成为这个城市的象征，获得再生。

"发现"号基地和青绿工厂通票售价为成人/儿童/家庭£18.25/10.25/46。

★ 青绿工厂　博物馆

（Verdant Works；www.verdantworks.com；West Henderson's Wynd；成人/儿童 £11.25/6.25；⊙4月至10月 周一至周六 10:00～18:00，周日 11:00～18:00，11月至次年3月 开放时间缩短；♿）英国最好的工业博物馆之一，展示了邓迪的黄麻纺织业的历史。博物馆坐落在一家经过

不要错过

斯昆宫（SCONE PALACE）

"我谨向诸位表示感谢，并邀请诸位到斯昆宫去参加我的加冕典礼"，这段引自《麦克白》的话显示了斯昆宫（☎01738-552300；www.scone-palace.co.uk；Scone Estate；成人/儿童£12/8.50，仅限场院£7.50/5.50；⊙5月至9月 9:30~18:00，4月和10月 10:00~17:00，关门前1小时最后入场；P）（发音"skoon"）作为苏格兰王室的加冕地之重要性。原始的斯昆宫建于1580年，选址于历史上意义重大的地方，在19世纪初重建，乔治风格的大庄园极尽奢华。几个世纪以来，斯昆宫一直都属于莫里家族（Murray family）的曼斯菲尔德伯爵（Earls of Mansfield）。宫殿中的许多物品都有有趣的历史（随处有热情的导游帮助解说）。

古代国王的加冕地位于穆特山（Moot Hill）山顶的一座小礼拜堂，紧挨着斯昆宫。据说这座小山是由来这里参加国王加冕仪式的贵族带来的泥土堆成的，这些贵族用靴子装着自己领地的泥土来到此地，以表示对国王权力的认可。但是这里也有可能是古代城寨城堡（motte-and-bailey castle）的遗址。838年，肖·尼思·麦卡宾（Kenneth MacAlpin）就在这里成为苏格兰统一之后的第一位国王，并把命运之石（Stone of Destiny）带到了斯昆宫，所有苏格兰国王都是在它上面举行加冕仪式的。1296年，英格兰的爱德华一世用大车把这块神石运到了威斯敏斯特教堂，命运之石在那里一待就是700年，直到1997年回到苏格兰（现存于爱丁堡城堡，不过正在计划回归珀斯）。

斯昆宫位于珀斯以北2英里处；从城中心出发，走过一座桥，向左转，然后沿A93旁的人行道向左走，直到你到达斯昆宫门口。从这里到斯昆宫还要大约半英里的路程（大约45分钟步程）。从城里开来的多趟长途汽车都在这里停靠；可以在旅游局（☎01738-450600；www.perthshire.co.uk；45 High St；⊙周一至周六 9:30~16:30，周日 11:00~16:00，7月和8月办公时间较长）咨询。

修复的黄麻工厂内，原机械处于工作状态，博物馆的展品展示了将来印度的原材料最后加工成一系列成品的过程，如麻袋布、帆布、美国西部拓荒者使用的车篷布等。博物馆位于市中心以西250米处。

邓迪当代艺术中心　　　　艺术中心

（Dundee Contemporary Arts；www.dca.org.uk；Nethergate；⊙周五至周三 10:00~18:00，周四至20:00）免费1999年开馆以来始终引领本市文化区（Cultural Quarter）的发展，邓迪当代艺术中心的展品涵盖了现代艺术、设计和电影，包括由当代英国及国际艺术家创作的作品。在版画工作室中，你可以看到艺术家在进行创作，或是参加工艺品展示和研讨会。艺术中心内有 Jute Café-Bar（☎01382-909246；www.jutecafebar.co.uk；152 Nethergate；主菜£8~18；⊙10:00~21:30；🛜♿）。

麦克马纳斯画廊　　　　博物馆

（McManus Galleries；www.mcmanus.co.uk；Albert Sq；⊙周一至周六 10:00~17:00，周日 12:30~16:30）免费麦克马纳斯画廊位于一座坚实的维多利亚哥特式建筑内，是由吉尔伯特·斯科特（Gilbert Scott）在1867年设计的。这家城市博物馆画廊很人性化，所见之处皆可参观——你来一次就能把所有的东西看完。展品覆盖了这座城市从铁器时代至今的历史，包括泰桥灾难（Tay Bridge Disaster）的遗物、邓迪的捕鲸业等。

邓迪山丘　　　　公园

（Dundee Law）爬上邓迪山丘（海拔174米），欣赏城市美景、两座泰桥和对面的法夫，不虚此行。泰铁大桥（Tay Rail Bridge）全长2英里多，是当时世界上最长的铁路桥，1887年完工。1.5英里的泰路大桥（Tay Road Bridge）1966年开通。邓迪山丘位于市中心西北1.5英里，步行线路陡峭，你也可以开车登顶。

皇家海军护卫舰"独角兽"号　　　　博物馆

（HM Frigate Unicorn；www.frigateunicorn.org；Victoria Dock；成人/儿童£6.50/2.50；⊙4月

至10月 10:00~17:00，11月至次年3月 周四至周日正午至16:00）邓迪第二个可移动的旅游景点。和经过大规模翻新、光鲜亮丽的"发现"号不同，它依然保留着古老帆船的原汁原味，散发出海水的咸腥气息。这条46炮的"独角兽"号建造于1824年，是英国仍未沉没的船只中最古老的一艘，下水后不久便退役，从未经历战斗。在甲板下面逛逛，感受一下船员们在这样狭小的空间中究竟如何生活。

住宿

Atollbank 民宿 £

（☎01382-801118；www.atollbank.com；19 Thomson St；标单/双 £30/48；❷❸）Atollbank是一家物超所值的民宿，坐落于城市西区的一条安静小巷，有面积很大的整洁卧室（没有套房），靠近本地酒馆和餐厅。

Dundee Backpackers 青年旅舍 £

（☎01382-224646；www.hoppo.com/dundee；71 High St；铺 £18；标单/标双 £45起；@❸）这家青年旅舍位于一座漂亮的经过改建的历史建筑内，带有干净现代的厨房，有台球厅。位置优越，就在市中心地段。晚上稍微有点吵，这是由于靠近酒馆和夜生活区的缘故。

★ Malmaison 精品酒店 ££

（☎01382-339715；www.malmaison.com/locations/dundee；44 Whitehall Cres；房间 £85起；❸）位于一栋维多利亚式酒店建筑，这个地方按照典型的Malmaison风格翻新，比如有复杂精细的栏杆，还有有些夸张却令人满意的现代装饰。南侧房间可眺望重建的水岸地带以及维多利亚和艾伯特博物馆。房费物超所值；关于特别优惠，可查询网站。

Shaftesbury Lodge 酒店 ££

（☎01382-669216；www.shaftesburylodge.co.uk；1 Hyndford St；标单/双 £60/80起；❸）家庭经营的Shaftesbury有12个房间，位于由黄麻大王修建的一栋维多利亚式楼房内，具有许多真实的历史痕迹，包括餐厅里面精美的大理石壁炉。它位于市中心以西1.5英里处，紧邻Perth Rd。

餐饮

★ Bach 咖啡馆 £

（https://the-bach.com；31 Meadowside；主菜 £5~11；◷9:00~17:00；❸❹❺❸）这个地方无疑是城里最好的早餐地点（工作日供餐至11:45，周末全天早午餐），有苏格兰、新西

不要错过

格拉姆斯城堡

格拉姆斯城堡（Glamis Castle；www.glamis-castle.co.uk；成人/儿童 £12.50/9；◷4月至10月 10:00~17:30，入内截止时间 16:30；❷❹）建有众多塔楼和城垛，怎么看都是典型的苏格兰城堡。莎士比亚《麦克白》中的传奇故事就是在这里发生的。从1372年起这里就是皇家宅邸，这里是斯特拉斯摩尔伯爵和金霍恩（Earls of Strathmore and Kinghorne）的府邸。王太后[出生时名字为伊丽莎白·鲍斯-莱昂（Elizabeth Bowes-Lyon）；1900~2002年]在格拉姆斯（发音"glams"）度过她的童年，玛格丽特公主（女王的妹妹；1930~2002年）在这里出生。

1372年，这座5层的L形城堡被转手给莱昂（Lyon）家族，不过17世纪被改头换面。堡内最令人印象深刻的房间是有拱形石膏天花板的客厅。闹鬼的地下室展示武器盔甲，小礼拜堂（也闹鬼）绘有壁画。邓肯厅（Duncan's Hall）的名字源于《麦克白》中被杀害的国王邓肯（不过该场景实际上发生于麦克白在因弗内斯的城堡）。与考德城堡一样，它们所谓与莎士比亚的联系都是虚构的——真正的麦克白与这2座城堡毫无关系，他在它们建成以前就去世了。

你还可以在这栋皇家公寓四处转转，包括太后寝宫。1小时的导览游（包括在门票中）每隔15分钟出发；最后一次团队游的时间是16:30。

城堡位于邓迪以北12英里处。从邓迪发往格拉姆斯的长途汽车（£6.85，1.5小时）每天2~4班；在福弗尔换乘。

兰、亚洲和墨西哥风味美食，比如赫布里底蛋（配斯托诺韦血肠）、自制新西兰汉堡、玉米片和越式三明治（banh mi）。

Parlour Cafe
咖啡馆

（☎01382-203588；58 West Port；主菜£6~9；◎周一至周六 8:00~18:00，周日 10:00~15:00；🛜✉）🍴这家友善的街坊咖啡馆虽小却很赞，有很多好吃的东西，其中包括墨西哥卷饼、咸味水果馅饼、菜豆汉堡、百吉圈和家常汤，全部使用应季食材新鲜制作。咖啡和蛋糕都很棒，但是要做好等桌位或是和当地人拼桌的准备。

Pacamara
咖啡馆

（☎01382-527666；www.facebook.com/espressohcoffee；302 Perth Rd；主菜 £6~9；◎周一至周六 9:30~17:00，周日 至16:00；🛜✉）🍴许多本地人会告诉你，这家前卫的咖啡馆提供邓迪最棒的咖啡，不过这里的早餐生意也很红火，美味的创意早餐（供应至11:30）包括炒柴鸡蛋配牛油果和酵母面包片，还有物超所值的午餐菜肴，比如是拉差辣椒酱鸡肉汉堡等。最好提前订桌。

★ Castlehill
新派苏格兰菜 ££

（☎01382-220008；www.castlehillrestaurant.co.uk；22 Exchange St；3道菜午餐 £38；◎周五和周六 正午至14:30，周三至周六 17:30~22:00）Castlehill被很多人认为足以为邓迪赢得第一颗米其林星，厨师热衷于苏格兰食材（热爱采摘野生香草和蘑菇），为精美呈现安格斯羊肉、珀斯郡猪肉和设得兰扇贝等菜肴投入大量想象力，创作出餐盘中的艺术品。5道菜品尝菜单价格£55。

★ Newport
苏格兰菜 ££

（☎01382-541449；http://thenewportrestaurant.co.uk；1 High St，Newport-on-Tay；小盘菜£6~14；◎周四至周六 正午至14:30，周日 正午至15:00，周三至周六 18:00~21:30；🅿✉）🍴环境超棒，拥有俯瞰泰湾的大窗户，奇特的"回收利用"装饰包括巧妙利用旧钢琴存放餐具和酒杯。尝尝用最好的本地食材呈现的五花八门的小盘菜，或者选择6道菜品尝套餐（每人£55）。这里有素食和鱼素选择。

D'Arcy Thompson
酒吧

（http://thedarcythompson.co.uk；21-23 Old Hawkhill；◎周日至周四 11:30~23:00，周五和周六 至午夜；🛜✉）弯木椅、实验室旧高脚凳和几件小心展示的维多利亚时期的动物标本，都是向那位与酒吧同名的邓迪自然历史教授（1860~1948年）致敬，他曾经在马路对面的大学工作。菜单上有精酿啤酒、咖啡和鸡尾酒，还可以选择高于平均品质的酒馆食品。

❶ 实用信息

邓迪旅游局（Dundee Tourist Office；☎01382-527527；www.angusanddundee.co.uk；16 City Sq；◎周一至周六 9:30~17:00）

❶ 到达和离开

飞机

位于市中心以西2.5英里的**邓迪机场**（Dundee Airport；www.hial.co.uk/dundee-airport）每天都有飞往伦敦斯坦斯特德机场、泽西和阿姆斯特丹的航班。从市中心打车到机场需要10分钟，计价约£5。

长途汽车

长途汽车站位于市中心东北处。阿伯丁长途汽车的一些线路会经过阿布罗斯，其他线路经过福弗尔（Forfar）。

阿伯丁 £18.30，1.5小时，每小时1班

爱丁堡 £17.50，1.5小时，每小时1班，有些会在珀斯换乘

格拉斯哥 £17.50，1.75小时，每小时1班

伦敦 £21起，11~12小时，National Express，每天1班

奥本 £38.20，5.5小时，每天3班，在格拉斯哥换乘

珀斯 £8.20，35分钟，每小时1班

火车

邓迪至阿伯丁的火车途经阿布罗斯和斯通黑文（Stonehaven）。

阿伯丁 £20.90，1.25小时，每小时2班

爱丁堡 £18.90，1.25小时，至少每小时1班

格拉斯哥 £23.20，1.5小时，每小时1班

珀斯 £8.30，20分钟，每小时1班

阿布罗斯（Arbroath）

☎01241 / 人口 23,900

阿布罗斯是个老派的海边度假胜地和渔

港，有着著名的阿布罗斯熏鳕鱼（Arbroath smokie；一种熏鳕鱼）。这种平淡无奇的熏鳕鱼在2004年获得了欧盟的"保护地理标志"（Protected Geographical Indication）的认证——根据法律，"阿布罗斯熏鳕鱼"只能被用来描述在阿布罗斯方圆8公里的范围内以传统方法熏制的鳕鱼。

⦿ 景点

阿布罗斯修道院　　　　　　　　　历史建筑

（Arbroath Abbey；HES；www.historicenvironment.scot；Abbey St；成人/儿童 £6/3.60；⊙4月至9月 9:30~17:30，10月至次年3月 10:00~16:00）阿布罗斯修道院由国王威廉一世（King William the Lion）在1178年建造，其风景如画的红砂岩遗址是阿布罗斯城最显眼的建筑。人们认为，在这里，14世纪初的院长林顿的伯尔纳铎（Bernard of Linton）在1320年起草了著名的《阿布罗斯宣言》（Declaration of Arbroath），主张苏格兰独立的权利；保存完好的艾伯特故居（Abbot's House）非常漂亮，举办展览，包括宣言的复制品。你可以爬上一座塔楼，俯瞰遗址壮观的景色。

圣维珍斯博物馆　　　　　　　　　博物馆

（St Vigeans Museum；HES；☏01241-878756；www.historicenvironment.scot；St Vigeans Lane；成人/儿童 £5/3；⊙根据预约）这座小屋博物馆位于阿布罗斯城中心以北约1英里处，有很多皮克特文化（Pictish）藏品和中世纪石雕。博物馆的代表藏品是Drosten Stone，一面精美地刻有动物形象和狩猎场景，另一面则有交错的凯尔特十字（在左上角找一下魔鬼）。查看网站上的开馆日期，或者提前打电话或询问阿布罗斯修道院，安排参观。

🛏 食宿

Harbour Nights Guest House　　民宿 ££

（☏01241-434343；www.harbournights-scotland.com；4 The Shore；标单/双 £55/75起；🅿）🍴地理位置优越，俯瞰海港，4间卧房装饰时尚，早餐美味，这里是我们在阿布罗斯最喜欢的住处。2号和3号房能看到海港的景色，有点贵（£80起），但非常值得一订。

But 'n' Ben Restaurant　　　　苏格兰菜 ££

（☏01241-877223；www.thebutnben.com；1 Auchmithie；主菜 £8~26；⊙周三至周一 正午至14:00，周三至周六 18:00~21:00，周日 16:00~17:30；🅿🍴）🍴这家舒适的小屋餐厅位于Auchmithie的海港上方，有明火壁炉、质朴的陈设和以海洋为主题的艺术品，供应最好的本地海鲜——推荐阿布罗斯熏鳕鱼煎饼——外加自制蛋糕和甜点，周日有下午茶（£16）。最好预订。

Gordon's Restaurant　　　　　苏格兰菜 £££

（☏01241-830364；www.gordonsrestaurant.co.uk；Main St, Inverkeilor；3道午餐 £35，4道菜晚餐 £65；⊙周日 12:30~13:30，周二至周日 19:00~20:30，10月至次年4月 周日不提供晚餐）🍴这家温馨、质朴的小餐馆位于阿布罗斯以北6英里看上去没什么前途的小村庄——因弗基尔洛（Inverkeilor），提供精美的苏格兰菜式。如果不想在晚餐后驾车回去，那么这里还有5间舒适的卧室（单人间/双人间 £85/110起）。

ℹ 到达和离开

长途汽车

140路长途汽车从阿布罗斯开往Auchmithie（£1.60，15分钟，周一至周五 每天6班，周六和周日 每天3班）。

火车

从邓迪开往阿布罗斯的火车（£5.90，20分钟，每小时2班）继续开往阿伯丁（£20.50，55分钟），中途经过蒙特罗斯和斯通黑文。

阿伯丁郡（ABERDEENSHIRE）

自中世纪以来，阿伯丁郡及西北部的马里就是苏格兰高地最富有、最肥沃的地区。阿伯丁郡以安格斯肉牛、优美的城堡和繁华的花岗岩城市阿伯丁而闻名。

阿伯丁以北的格兰扁山脉逐渐降低，成为遍布崎岖小火山的起伏农业平原。苏格兰东北肥沃的低地角落被称为巴肯（Buchan）；这里的日常生活使用古老的苏格兰方言多立克语（Doric；如果你觉得格拉斯哥口音难懂，试试在弗雷泽堡听听人们的谈话）。

巴肯海岸在嶙峋的悬崖和悠长的沙滩之间不断变换，不时出现风景如画的小渔村，比如彭南（Pennan），那里是电影《本地英雄》（Local Hero）部分场景的拍摄地。

❶ 到达和当地交通

主要的长途汽车线路连接阿伯丁和弗雷泽堡、埃尔金，以及因弗内斯，经由亨特利（Huntly）。这里还有不错的乡村长途汽车线路网络。

唯一的铁路线路从阿伯丁通往埃尔金和因弗内斯，途经亨特利和基斯。

阿伯丁（Aberdeen）
☎ 01224 / 人口 195,000

由于北海的石油工业，阿伯丁成为东北部的动力之源。石油赢利使得阿伯丁和伦敦一样物价昂贵，不过行业的周期性衰退也能引起物价下降。幸运的是，大部分的文化景点，如海事博物馆和阿伯丁美术馆都是免费的。

花岗岩城的名气传遍整个苏格兰，这座城镇大多使用从鲁比斯劳采石场（Rubislaw Quarry）开采的银灰色花岗岩建造；这座采石场曾经是欧洲最大的地面人工坑，现已荒废。阳光灿烂的时候，花岗岩为城市带来一片迷人的光亮，不过当低矮、灰暗的雨云压上北海的时候，人们很难分辨出哪里是楼房，哪里是天空。

皇家迪赛德（Royal Deeside）在城市西边，很容易到达，敦那塔城堡（Dunnottar Castle）在南边，向北有沙滩，西北部是威士忌的王国。

◎ 景点和活动

★ 阿伯丁海事博物馆　　　　博物馆

（Aberdeen Maritime Museum；☎01224-337700；www.aagm.co.uk；Shiprow；⊙周一至周六 10:00~17:00，周日 正午至15:00）免费 海事博物馆俯瞰着繁华的阿伯丁港，中心部分位于一个3层楼高的北海油田采油平台复制品内，展览解释了你想知道的关于石油工业的方方面面。其他美术馆，一些位于教务长罗斯故居（Provost Ross's House）内，这所故居是城里最古老的建筑，也是博物馆的一部分。美术馆展览包括造船、捕鲸和渔业等方面的作品。

★ 戈登高地兵团博物馆　　　博物馆

（Gordon Highlanders Museum；www.gordonhighlanders.com；St Lukes, Viewfield Rd；成人/儿童 £8/4.50；⊙2月至11月 周二至周六 10:00~16:30；P 🅿）这座杰出的博物馆记载了英国陆军最著名部队的历史；这支部队被温斯顿·丘吉尔称作"全世界最精良的兵团"。这支兵团由第四代戈登公爵于1794年在苏格兰东北部创建，1994年与锡福斯兵团和卡梅伦兵团合并组建高地兵团。博物馆位于Union St西端以西约1英里处——可以在Union St乘坐11路或X17路公共汽车。

阿伯丁美术馆　　　　　　　画廊

（Aberdeen Art Gallery；☎01224-523700；www.aagm.co.uk；Schoolhill；⊙周二至周六 10:00~17:00，周日 14:00~17:00）免费 在阿伯丁美术馆庄严的外墙后面有一个清爽的带大理石纹路的展览室，陈列着苏格兰画家和英格兰画家，如格温·哈迪（Gwen Hardie）、斯蒂芬·康罗伊（Stephen Conroy）、特雷弗·萨顿（Trevor Sutton）和蒂姆·奥利维埃（Tim Ollivier）的作品。还有几幅佐安·埃德里（Joan Eardley）的风景画，画家在20世纪50年代和60年代住在斯通黑文悬崖附近的一间小屋里，创作了关于暴风雨中的北海和贫民窟孩子肖像的悲惨油画。

圣马查尔大教堂　　　　　主教座堂

（St Machar's Cathedral；www.stmachar.com；The Chanonry；⊙9:30~16:30）免费 15世纪的圣马查尔大教堂有2座巨大的双子塔，是少有的修筑了防御工事的主教座堂。据说，圣马查尔受令在河流形成十字教权杖形状的地方建造一座教堂，那就是这里。主教座堂最出名的是其令人印象深刻的带有纹章的天花板，上面有48个国王、贵族、大主教和主教的徽章。周日礼拜时间为11:00和18:00。

Clyde Cruises　　　　野生动物观赏

（☎01475-722204；www.clydecruises.com；Commercial Quay；成人/儿童 £16/8起；⊙7月至

8月 周二至周日，4月至6月和9月至10月 周五至周日）组织围绕阿伯丁繁荣的商业海港的巡游，为时45分钟，还有去海港外看海豚和其他海洋野生动物的巡游（成人/儿童 £25/12），时长1.5小时。如果开车，可以在与港口隔着Market St的商业码头（Commercial Quay）或联合广场（Union Sq）的停车场停车。

🛏 住宿

Aberdeen SYHA
青年旅舍 £

（SYHA；☎01224-646988；www.syha.org.uk；8 Queen's Rd；铺/标双 £15.50/36起；@🛜）这家青年旅舍普普通通但性价比高，位于火车站以西1英里处的一幢花岗岩维多利亚式别墅内。沿着Union St向西走，在Albyn Pl岔口向右拐，直到你到达一个街心环岛，从这里继续向西走就是Queen's Rd。

★ Dutch Mill Hotel
酒店 ££

（☎01224-322555；www.dutchmill.co.uk；7 Queen's Rd；标单 £60~85，双 £70~95；P🛜）Queen's Rd旁边的这座维多利亚时代建筑由花岗岩建造，气势恢宏，内有金融写字间、私营学校、医疗诊所和这家独树一帜的酒店——这里有9个卧室，现代风格的装修淡雅美观，还有一家热门酒吧和一家温室餐厅。周末房费比较便宜。

★ Globe Inn
民宿 ££

（☎01224-624258；www.the-globe-inn.co.uk；13-15 North Silver St；标单/双 £72/78；🛜）这个颇具人气的酒馆的楼上有7间有吸引力且舒适的客房，在深色的木床上铺着酒红色的床罩。周末时酒吧有现场音乐演出，所以这里不适合习惯早睡的人，但是合理的价格、优越的位置还是让它显得难以抗拒。没有餐厅，所以早餐是欧陆式的，装在托盘内送到你的房间。周末价格比较便宜。

★ Jays
民宿 ££

（☎01224-638295；www.jaysguesthouse.co.uk；422 King St；标单/双 £70/100起；⊙周一至周四；P🛜）位于市中心（步行15分钟）和阿伯丁老城（步行10分钟）中间，这家装饰雅致的爱德华风格别墅是氛围热情的舒适住所，老板好客，似乎想要不遗余力地帮助客人享受

值 得 一 游

敦那塔城堡

沿着斯通黑文港口的悬崖顶向南到敦那塔城堡（Dunnottar Castle；☎01569-762173；www.dunnottarcastle.co.uk；成人/儿童 £7/3；⊙4月至9月 9:00~17:30，10月至次年3月 10:00~16:30或黄昏；P）只需愉快步行20分钟。壮观的城堡遗迹坐落在一块高出海面50米的海角上，海角上草木青葱。由于这里戏剧性的景致，由法兰高·齐费里尼（Franco Zeffirelli）执导、梅尔·吉布森（Mel Gibson）主演的《哈姆雷特》（1990年）就是在这里取景的。原来的要塞建于9世纪，城堡主塔保存最好，但休息室（1926年复原）更有趣。

住宿的过程。非常受欢迎，所以需要预订（注意：只有周一至周四夜间开门）。

Bauhaus Hotel
精品酒店 ££

（☎01224-212122；www.thebauhaus.co.uk；52-60 Langstane Pl；双/套 £75/120起；🛜）裸露的砖墙、皮革软包墙面、石板卫生间，还有柯布西耶扶手椅，全都为这里比较昂贵的套间增添了一种设计感。酒店位于市中心，物有所值。房费变动幅度很大，所以可以登录网站找找特价。

🍴 就餐

Bonobo Cafe
严格素食 £

（www.bonobotribe.co.uk；73-75 Skene St；主菜 £4~7；⊙周二至周五 8:00~16:00，周六 9:00~17:00，周日 10:00~16:00；♿）🌱阿伯丁在素食餐厅方面有些落后，所以见到2017年开业的这家100%严格素食咖啡馆，令人欣慰。菜单从早餐（供应至正午，周日全天）的牛油果面包片或熏胡萝卜和奶油奶酪百吉饼，到午餐的熏花豆和甜玉米卷等菜肴，不一而足。

Ashvale Fish Restaurant
炸鱼和薯条 £

（www.theashvale.co.uk；42-48 Great Western Rd；外卖 £5~10，堂食 £9~17；⊙11:45~22:00；♿）这里是获奖的炸鱼和薯条餐馆Ashvale的旗舰店，拥有200个座位，凭借优

斯特灵和苏格兰中部

阿伯丁

Aberdeen 阿伯丁

质的鳕鱼闻名。特色菜是Ashvale Whale（将1磅鱼排裹面糊炸制；£12.45）；吃掉一条，你可以免费得到第二条（如果到那时你还想吃的话！）。餐馆位于Union St西端西南300米处。

★ Café 52　　　　　　　　法式小馆 ££

（☎01224-590094；www.cafe52.co.uk；52 The Green；主菜 午餐£5，晚餐£13；⊙周一至周六 正午至午夜，周日 至16:00；⚙✦）这家工业设计风格的法式小馆小而悠闲，高高的狭窄空间内有光秃秃的石雕、粗糙的灰泥和暴露的通风管道，供应最优秀的和性价比最高的东北部美食（甜菜根炸豆丸子搭配脆酸豆和红辣椒酱），考虑到品质，价格相当优惠。

Granite Park　　　　　新派苏格兰菜 ££

（☎01224-478004；www.granitepark.co.uk；8 Golden Sq；2/3道菜午餐£23/28，晚餐主菜£18～33；⊙周二至周六 正午至14:30和17:00～21:30）✎这家时髦精致的餐厅和鸡尾酒吧位于安静的广场上，提供苏格兰人最喜欢的菜肴，比如海鳟、扇贝和阿伯丁安格斯熟成牛肉等，并为它们增添了少许法式或地中海

Aberdeen 阿伯丁

◎ 重要景点
1 阿伯丁海事博物馆........................D3

◎ 景点
2 阿伯丁美术馆............................B2
3 马歇尔学院................................D1
4 斯基恩教长故居........................D2

❸ 活动、课程和团队游
5 Clyde Cruises..............................F4

🛏 住宿
6 Bauhaus Hotel............................A4
7 Globe Inn....................................A3

🍴 就餐
8 Café 52.......................................C3
9 Granite Park...............................A3
10 Moonfish Café..........................C2

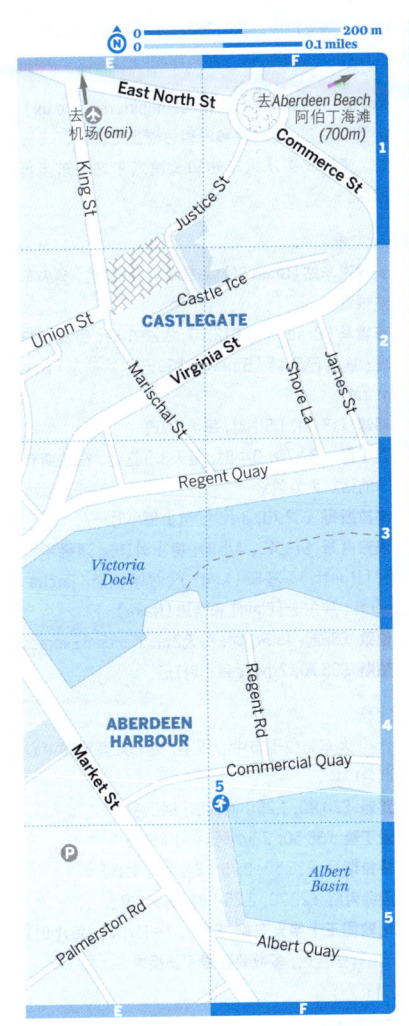

🍷 饮品和夜生活
11 BrewDog...................................D1
Globe Inn ....（见7）
12 Orchid..A5
13 Prince of Wales.......................C2

苏格兰海鲜。建议预订。

★ Silver Darling
海鲜 ££

(☎01224-576229; www.thesilverdarling.co.uk; Pocra Quay, North Pier; 主菜 £15~21; ⓒ周一至周五 正午至14:00和17:30~21:30, 周六 正午至21:30, 周日 正午至20:00; ♿)♪Silver Darling（对"鲱鱼"的古老的苏格兰昵称）是吃一顿特别的美食的地方, 位于阿伯丁海港入口处的旧海关办公室内, 透过大型落地窗可以俯瞰阿伯丁港入海处。在这里你可以边观看鼠海豚在港湾入口处嬉戏, 边享用新鲜的式风味。最好预订。

★ Moonfish Café
新派苏格兰菜 £££

(☎01224-644166; www.moonfishcafe.co.uk; 9 Correction Wynd; 2/3道菜晚餐 £30/36; ⓒ周二至周六 正午至14:00和18:00~21:30)♪这家时髦的小餐馆藏身于一条小街上, 主要采用上等的苏格兰食材, 汲取多国菜品的烹制方法, 既有简单的香肠松子茴香扇贝, 又有洋姜薄荷榛子羊肉。2道菜午餐£16.50。

🍷 饮品和夜生活

★ Orchid
鸡尾酒吧

(www.orchidaberdeen.com; 51 Langstane Pl; ⓒ周日至周四 18:00至次日2:00, 周五 17:00至次日3:00, 周六 18:00至次日3:00) 2017年苏格兰最佳鸡尾酒吧的获胜者, 这个氛围热情、放松的地方对自己的各项技艺充满信心。这里定期举办杜松子酒和威士忌品尝活动, 还有调酒课程——特色鸡尾酒是Pink Orchid（香草伏特加、黑莓利口酒、蔓越橘、酸橙、糖和蛋清, 加冰摇制, 过滤倒入冰镇玻璃杯）。

BrewDog
酒吧

(www.brewdog.com/bars/aberdeen; 17 Gallowgate; ⏰周一至周四 正午至午夜，周五和周六 至次日1:00，周日 12:30至午夜; 🛜🍴)这家旗舰店有苏格兰东部最有创意的精酿，为阿伯丁的酒馆界带来少许工业时尚风，还有来自世界各地、种类繁多的贵宾啤酒。

Globe Inn
酒馆

(www.the-globe-inn.co.uk; 13-15 NorthSilver St; ⏰11:00至午夜，周五和周六 至次日1:00)这个可爱的爱德华七世时代风格的酒吧内有木镶板和大理石面的桌子，墙壁上装饰着古老的乐器，是享用安静的下午茶的不错地方。供应优质的咖啡以及散装鲜啤酒和麦芽威士忌，周二有现场民间音乐表演，周五和周六有摇滚乐队驻场，还拥有可能是全英国最豪华的酒吧厕所。

Prince of Wales
酒馆

(www.princeofwales-aberdeen.co.uk; 7 St Nicholas Lane; ⏰周一至周四 10:00至午夜，周五和周六 至次日1:00，周日 11:00至午夜; 🍴)隐藏在Union St边的一条小巷里，是阿伯丁最著名也是最长的酒吧。这里有超多种类的艾尔啤酒和超值酒吧餐。下午很安静，一旦到了晚上就只有站的地方了。

ⓘ 实用信息

阿伯丁旅游局(Aberdeen Tourist Office; ☎01224-269180; www.aberdeen-grampian.com; 23 Union St; ⏰7月和8月 周一至周六 9:00~18:30，周日 10:00~16:00，9月至次年6月 周一至周六 9:30~17:00; 🛜)查询一般信息很方便；能上网（每20分钟£1）。

ⓘ 到达和离开

飞机
阿伯丁机场(Aberdeen Airport; ABZ; ☎0844 481 6666; www.aberdeenairport.com)位于市中心西北6英里处的戴斯(Dyce)，有许多飞往苏格兰和英国各地的航班，包括飞往奥克尼和设得兰群岛的航班，还有一些国际航班，连接荷兰、挪威、丹麦、德国和法国等国家。

Stagecoach Jet的727路 长途汽车定时从阿伯丁长途汽车站开往机场（单程£3.40，35分钟）。打车从机场去市中心需时25分钟，费用大约£15。

船
Northlink Ferries(www.northlinkferries.co.uk)运营阿伯丁、奥克尼和设得兰群岛之间的汽车渡轮。渡轮码头从火车站和长途汽车站向东步行即到。

长途汽车
长途汽车站(Guild St)就在Jurys Inn旁边，离火车站很近。

布雷马(Braemar) £12.10, 2.25小时，每2小时1班；途经巴勒特(Ballater)和巴尔莫勒尔(Balmoral)

邓迪 £18.30, 1.5小时，每小时1班

爱丁堡 £32.70, 3小时，每天3班直达，在珀斯转车的话则更为频繁

格拉斯哥 £32.70, 3小时，至少每小时1班

因弗内斯 £13.45, 4小时，每小时1班；途经亨特利(Huntly)、基斯(Keith)、福哈伯斯(Fochabers)、埃尔金(Elgin)和奈恩(Nairn)

伦敦 £36起, 13.5小时，每天2班；National Express

珀斯 £25.70, 2小时，每小时1班

火车
火车站位于市中心以南，毗邻大型购物中心联合广场。

邓迪 £20.90, 1.25小时，每小时2班

爱丁堡 £35.50, 2.5小时，每小时1班

格拉斯哥 £35.50, 2.75小时，每小时1班

因弗内斯 £29.70, 2.25小时，每天8班

伦敦国王十字火车站 £175, 7~11小时，每小时1班；有些直达，多数要在爱丁堡换乘

马里(MORAY)

旧郡马里（发音"murr-ay"）以郡府埃尔金为中心，位于一个古代凯尔特伯爵封地的腹地，因为温和的气候和富饶的农场而闻名——19世纪的大麦田曾经为斯佩塞德的威士忌酒厂们提供原料，这些酒厂也是该地区如今最吸引游客的地方。

埃尔金(Elgin)

☎01343 /人口 23,130

埃尔金位于马里中心，自13世纪以来就

是该行政区的首府，中世纪时期曾是一座重镇。山顶上高耸着第五任戈登公爵（Duke of Gordon）的纪念碑。埃尔金的主要景点是教堂遗址，毁坏的教堂内安息着公爵的祖先，还有精美的博物馆。

◉ 景点

★ 埃尔金博物馆　　　　　　　　　博物馆

（Elgin Museum；www.elginmuseum.org.uk；1 High St；接受捐款；◎4月至10月 周一至周五10:00~17:00，周六11:00~16:00）**免费** 苏格兰最古老的独立博物馆是一座珍奇古玩的老式陈列柜，在专门修建的漂亮的维多利亚式建筑里面巧妙展示着迷人的收藏品。展品从厄瓜多尔的萎缩人头到秘鲁的木乃伊，包括皮克特神秘的石刻，以及在本地岩石中发现并具有世界意义的鱼类和爬虫类化石。

埃尔金主教座堂　　　　　　　　主教座堂

（Elgin Cathedral；HES；www.historicenvironment.scot；King St；成人/儿童 £7.50/4.50；◎4月至9月 9:30~17:30，10月至次年3月 10:00~16:00）埃尔金主教座堂遗址被许多人认为是苏格兰最美、最引人深思的地点，被称为是"北方的灯"；那里还有一座全英国最好的八边形牧师会礼堂。教堂建于1224年，1390年，臭名昭著的"巴德诺赫之狼"——罗伯特二世的私生子，奉马里主教之命，放火烧毁了大教堂。工作日有导览游。

🛏 食宿

Moraydale　　　　　　　　　　民宿 ££

（☎01343-546381；www.moraydaleguesthouse.com；276 High St；标单/双/家 £70/85/95起；🅿🛜🐾）Moraydale是宽敞的维多利亚式

斯佩塞德威士忌之旅

参观威士忌酿酒厂令人难忘，但是那些威士忌酒的坚定拥护者可能不会只满足于参观一两所酿酒厂。以下是该地区的五大威士忌景点。

Aberlour（☎01340-881249；www.aberlour.com；团队游 £15起；◎4月至10月 每天9:30~17:00，11月至次年3月 周一至周五 10:00~16:00；🅿）提供精彩的参观体验，讲解详细，其中还包括品尝威士忌的部分。酿酒厂就在阿伯洛尔的主街上。

Glenfarclas（☎01807-f500257；https://glenfarclas.com；团队游 £7.50；◎4月至9月 周一至周五 10:00~17:00，7月至9月周六及10月至次年3月周一至周五 至16:00；🅿）这家独立酿酒厂规模较小，但是非常友善。酿酒厂位于阿伯洛尔以南5英里处Grantown路边；最后一班团队游在关闭前90分钟出发。深度鉴赏家之旅（Connoisseur's Tour；只有7月至9月的周五举行）收费£40。

Glenfiddich（☎01340-820373；www.glenfiddich.co.uk；免门票，团队游 £10起；◎9:30~16:30；🅿）这是一家很大也很繁忙的酿酒厂，但却是离达夫镇最近最方便的酒厂，提供多语言服务。标准团队游（£10）从过分渲染的录像开始，不过很有意思，确实能提供不少信息。深度的半日先驱者之旅（Pioneer's Tour；£95）需预约。

Macallan（☎01340-872280；www.themacallan.com；Easter Elchies, Craigellachie；团队游 £15；◎周一至周五 9:30~17:00；🅿）2018年，Macallan开设了一个新酒厂和游客中心。1小时45分钟的团队游（最多10人）需要预订。地理位置不错，就在Craigellachie以西12英里处。

Speyside Cooperage（☎01340-871108；www.speysidecooperage.co.uk；团队游 £4；◎周一至周五 9:00~17:00，圣诞节至次年1月初关闭）你可以在这里观看酒桶的实际制作过程，距离Craigellachie仅1英里，就在达夫镇路边。

斯佩塞德威士忌酒节（Spirit of Speyside；www.spiritofspeyside.com；◎5月和9月）这是达夫镇每半年举办一次的威士忌酒节，这期间有很多非常不错的活动，每年5月初及9月底举行。住宿和活动门票都要提前很久预订。

官邸，室内陈设极具当时的特色，看看这里的彩绘玻璃，以及铸铁和瓷砖壁炉。卧室都是套间，配有现代卫生间——3间大家庭房尤其物有所值。

Southbank Guest House　民宿 ££

(☎01343-547132; www.southbankguesthouse.co.uk; 36 Academy St; 标单/双/标三 £70/90/145起; P🅟 🖥)Southbank坐落在埃尔金城中心南边一条安静的街道上一座乔治风格城市住宅内，由家庭经营，拥有15间房间，走路5分钟即可到达大教堂和其他景点。旺季要求最少住3晚。

★ Drouthy Cobbler　咖啡馆、酒吧 ££

(☎01343-596000; http://thedrouthycobbler.uk; 48a High St; 主菜 £10~18; ⓥ供餐 每天17:00~21:30, 周六和周日 正午至16:30; 🖥🍴🐾)这家咖啡馆—酒吧有法式小馆风格的菜单，内容定期更换，不过总会有卡伦鳕鱼汤（Cullen skink）、贻贝、香肠土豆泥、炸鱼和薯条以及家常汉堡等优质的热门菜肴。位于一条小巷，晚上还有现场音乐和喜剧演出。

❶ 到达和离开

长途汽车

阿伯丁 £13.45, 2.5小时, 每小时1班
班夫（Banff）和麦克达夫（Macduff） £11.30, 1.75小时, 每小时1班
达夫镇 £5.95, 50分钟, 周一至周六每小时1班
因弗内斯 £11.30, 1.5小时, 每小时1班

火车

阿伯丁 £19.90, 1.75小时, 每天5班
因弗内斯 £13.10, 40分钟, 每天5班

达夫镇和阿伯洛尔（Dufftown & Aberlour）

当地有这么一种说法："罗马也许是建立在7座山上，但达夫镇确实是建立在7家酿酒厂上的。"第四任法夫伯爵——詹姆斯·达夫（James Duff）于1817年建立了达夫镇，它位于埃尔金以南17英里处，是苏格兰斯佩塞德威士忌蒸馏的中心地区。达夫镇一带有7家运营着的酿酒厂，被称为苏格兰麦芽威士忌之都，每两年举办一次斯佩塞德威士忌酒节（见943页）。在威士忌博物馆打听一下Malt Whisky Trail (www.maltwhiskytrail.com)，这是个当地酿酒厂的自助游。

阿伯洛尔（www.aboutaberlour.co.uk）——全称Charlestown of Aberlour——甚至比达夫镇更漂亮，散布在斯佩河（River Spey）的两岸。这里因为有Walkers Shortbread而出名，而且阿伯洛尔酿酒厂（Aberlour Distillery）就在主街上。吸引人的活动包括在洛坎多毛纺厂（Knockando Woolmill）附近的斯佩河捕三文鱼以及沿着斯佩塞德小道徒步。

❶ 到达和离开

有长途汽车连接埃尔金和达夫镇（£6.25, 50分钟），周一至周六每小时1班，之后继续开往亨特利和阿伯丁。

在夏季的周末，你可以从因弗内斯或阿伯丁搭乘开往基斯（Keith; £16.30, 1小时, 每天5班）的火车，然后搭乘基斯—达夫镇铁路线到达夫镇。

洛蒙德湖和特罗萨克斯（LOCH LOMOND & THE TROSSACHS）

洛蒙德湖拥有美丽的湖畔和宜人的山丘，除山峦、湖泊外，还有有益身心的新鲜空气，并且去往苏格兰最大的城市格拉斯哥很方便。如今洛蒙德湖的人气丝毫没有减退的迹象。景色优美的特罗萨克斯同样因为荒凉壮美的高地而长期受人欢迎，非常靠近南部人口中心。

它们被洛蒙德湖和特罗萨克斯国家公园 (Lomond & the Trossachs National Park; ☎01389-722600; www.lochlomond-trossachs.org)连为一体。该国家公园是苏格兰第一座国家公园，成立于2002年。公园覆盖广阔的区域，从北边的巴洛赫（Balloch）至亭庄（Tyndrum）和基林（Killin），从西边的卡伦德（Callander）至考尔森林。长长的洛蒙德湖意味着，要想前往公园西部至特罗萨克斯之间的区域，从该地区最北端经过克林拉里克（Crianlarich）或者从最南端经过德里

门（Drymen）走均可。步行和骑车的人乘坐穿梭于洛蒙德湖的水上巴士来往两地比较轻松。

洛蒙德湖（Loch Lomond）

洛蒙德湖是英国内地最大的湖泊，名气在苏格兰仅次于尼斯湖。它靠近格拉斯哥（20英里以外），也就是说巴洛赫（Balloch）和鲁斯（Luss）等旅游胜地到了夏季会非常拥挤。东部湖畔紧挨着西部高地远足步道，相对更静谧一些，也更有机会从远处的繁忙主路欣赏湖泊。

洛蒙德湖横跨高地边界。南部广阔，岛屿密布，森林和低地草地环绕。但是鲁斯以北的湖面收窄，连通一条冰河时期被冰川凿出的深沟，两侧林立着900米的山峦。

✈ 活动

西部高地步道（West Highland Way; www.west-highland-way.org）沿湖泊东岸延伸，罗布罗伊步道（Rob Roy Way; www.robroyway.com）从德里门经特罗萨克斯至皮特洛赫里（Pitlochry）。三湖步道（Three Lochs Way; www.threelochsway.co.uk）从巴洛赫向西环绕，穿过海伦斯堡（Helensburgh）和阿罗克尔（Arrochar）后绕回洛蒙德湖沿岸的因弗乌格拉斯（Inveruglas）。大特罗萨克斯小径（Great Trossachs Path; www.lochlomond-trossachs.org）连接湖泊与特罗萨克斯。附近还有许多短途步道，可以前往旅游局进一步了解信息。

罗厄德南（Rowardennan）是攀登本洛蒙德山（Ben Lomond; www.nts.org.uk; 海拔974米）的起点。登山线路受人欢迎，比较陡（也许对某些人来说爬起来有些吃力）。

克莱德和洛蒙德湖自行车道（Clyde and Loch Lomond Cycle Way）大部分路段禁行机动车，连接格拉斯哥与巴洛赫（20英里），并在巴洛赫连接西洛蒙德湖自行车道（West Loch Lomond Cycle Path），后者继续沿湖岸延伸至塔比特（Tarbet; 10英里）。公园网站（www.lochlomond-trossachs.org）详细介绍了其他本地线路。

Cruise Loch Lomond 划船

（☎01301-702356; www.cruiselochlomond.co.uk; Tarbet; ⊙复活节至10月 8:30~17:30）这家公司经营从塔比特和鲁斯出发的短途乘船游，以及前往阿克莱特瀑布（Arklet Falls）和罗布罗伊洞穴（Rob Roy's Cave）的两小时旅行（成人/儿童 £15/8）。另外还有几种选择。你可以在罗厄德南下船前往攀登本洛蒙德山（£15/9），下午搭车或者沿着西部高地步道徒步7英里（£15/9）。

🛏 食宿

Rowardennan SYHA 青年旅舍

（☎01360-870259; www.syha.org.uk; Rowardennan; 铺/标双/四 £23.50/60/112; ⊙3月中旬至10月中旬; ⓟ🛜）在洛蒙德湖东侧公路的尽头，这处风景如画的度假地位于优雅的旧猎人小屋，草坪一直延伸到水边。无论你是要在西部高地步道徒步、攀登本洛蒙德山或只是想歇歇脚，这里都是个很棒的选择，有宽敞的休息室，从窗户可以俯瞰湖面。

不要错过

山丘小屋

受格拉斯哥出版商沃尔特·布莱基（Walter Blackie）的委托，山丘小屋（Hill House; ☎01436-673900; www.nts.org.uk; Upper Colquhoun St, Helensburgh; 成人/儿童 £10.50/7.50; ⊙3月至10月 11:30~17:00）建于1902年，这或许是建筑师查尔斯·伦尼·麦金托什最出色的作品——它那永恒不变的优雅气质时至今日依然不失时尚。内部有玫瑰图案和非凡的家具，令人赞叹。抹灰水泥墙返潮了，因此你会发现如今这栋房子是藏在一座巨大的罩子里的。你可以住在这里的顶层——查看NTS网站的"Holidays"版块。小屋位于上海伦斯堡（Upper Helensburgh）车站附近，不过不是所有列车都会在这里停车。

如果抵达海伦斯堡中央车站，步行上坡约1英里，可以到达山丘小屋。可以乘坐302和306路公共汽车到达附近。

Oak Tree Inn　　　　　　　旅馆 £ £

(01360-870357; www.theoaktreeinn.co.uk; Balmaha; 标单/双 £80/100;)一幢用石板和木材建成的传统酒店,为讲究的徒步旅行者们提供明亮现代的房间,还有超级宽敞的高级间、自炊小屋和自带平台的豪华露营舱。质朴的餐厅吸引着当地人、游客和徒步者们,供应丰盛的餐食,有许多基础菜式(主菜 £1~13; 正午至21:00)。这里有许多露天座位。

Drover's Inn　　　　　　　酒馆食物 £ £

(01301-704234; www.thedroversinn.co.uk; Inverarnan; 酒吧餐 £9~14; 周一至周六 11:30~22:00, 周日 至21:30或22:00;)不要错过阿德卢伊(Ardlui)以北这家天花板低矮的酒馆,里面有被熏黑的石头、穿着苏格兰裙的酒保,墙上挂着破旧的雄鹿头和鸟类标本。据说罗伯·罗伊也曾来此喝过啤酒。这家气氛欢快的酒吧供应丰盛的、提供补充登山能量的食物。周末的晚上有现场民间音乐演出。

ⓘ 旅游信息

巴洛赫旅游局(Balloch Tourist Office; 01389-753533; www.visitscotland.com; Balloch Rd; 7月和8月 9:30~18:00, 6月和9月 至17:30, 10月至次年5月 10:00~17:00)位于巴洛赫火车站对面。

巴尔马哈国家公园中心(Balmaha National Park Centre; 01389-722100; www.lochlomond-trossachs.org; Balmaha; 4月至10月 9:30~16:00, 11月至次年3月 周六和周日 9:30~16:00)有指示本地徒步路线的地图。

ⓘ 到达和当地交通

船

3月中旬至10月,洛蒙德湖的航线纵横交错,你可以乘坐公共交通工具,前往探索湖泊沿岸的徒步和自行车小径。旅游局及其网站(www.lochlomond-trossachs.org)提供洛蒙德湖水上巴士的时刻表。

阿登至因什默里岛(07748 823243; www.inchmurrin-lochlomond.com; 往返 £5)随需运行。

阿德卢伊至阿德利(01301-704243; www.ardlui.com; 单人乘客 £6或每人 £4; 4月至10月 9:00~19:00)随需运行;由Ardlui Hotel运营。

巴洛赫至鲁斯(01389-752376; www.sweeneyscruises.com; 单程/往返 £13.50/19)5月至9月每天3班。

巴尔马哈至因卡伊洛奇岛(01360-870214; www.balmahaboatyard.co.uk; 往返 £5; 3月中旬至10月 9:30~17:00)随需运行。

因弗鲁格拉斯至因弗斯内德(01301-702356; www.cruiselochlomond.co.uk; 单程/往返 £10/13; 3月中旬至10月)必须预约。

因弗鲁格拉斯至塔比特(01301-702356; www.cruiselochlomond.co.uk; 单程/往返 £8/12; 5月至9月)每天1班,经过因弗斯内德。

鲁斯至巴尔马哈(01389-752376; www.sweeneyscruises.com; 单程/往返 £8.50/12; 5月至9月)每天4~5班,由Sweeneys运营。另一条线路(01301-702356; www.cruiselochlomond.co.uk; 单程/往返 £10/13; 3月中旬至10月)由Cruise Loch Lomond运营。

鲁斯至因卡伊洛奇岛(01301-702356; www.cruiselochlomond.co.uk; 单程/往返 £10/13; 3月中旬至10月)每天4班。

罗厄德南至鲁斯(01301-702356; www.cruiselochlomond.co.uk; 单程/往返 £10/13; 3月中旬至10月)每天1班; 必须预约。

塔比特至因弗斯内德(01301-702356; www.cruiselochlomond.co.uk; 单程/往返 £10/13; 3月中旬至10月)每天5~6班。

塔比特至鲁斯(01301-702356; www.cruiselochlomond.co.uk; 单程/往返 £10/13; 3月中旬至10月)每天1班。

塔比特至罗厄德南(01301-702356; www.cruiselochlomond.co.uk; 单程/往返 £10/13; 3月中旬至10月)每天1班, 时间8:45。

长途汽车

309路长途汽车从巴洛赫开往德里门和巴尔马哈(£2.60, 20分钟, 每天9~10班), 305路车开往鲁斯(£2.80, 20分钟, 每天9~10班)。207路车连接巴洛赫与洛蒙德湖岸和亚历山德里亚。持有**SPT日票**的家庭游客可以在一天内无限次乘坐格拉斯哥、洛蒙德湖和海伦斯堡地区的大部分长途汽车和火车。所有火车站或格拉斯哥汽车站均可购票(一名成人和两名儿童 £12.30, 两名成人和最多四名儿童 £21.80)。

乘坐火车或格拉斯哥和西北部站点之间的Citylink长途汽车可以抵达塔比特和阿德卢伊。

本地公共汽车从海伦斯堡开往阿罗克尔，经由鲁斯和塔比特，周一至周五每天4班。

特罗萨克斯（The Trossachs）

特罗萨克斯地区长久以来都是人们周末度假的最爱，有着优秀的自然美景和出色的徒步与骑行路线，距离这个国家南部人口密集的中心十分近。山上树木茂密，还有浪漫的湖泊、国家公园的身份以及各种有意思的食宿，这里的人气无疑会继续得到保持。

特罗萨克斯最早是在19世纪初开始出名的，当时好奇的游客从英国各处过来，被沃尔特·司各特在诗作《湖上夫人》[Lady of the Lake；灵感来自卡特琳湖（Loch Katrine）]和小说《罗布·罗伊》(Rob Roy；讲述了这一地区最著名男孩的英勇行为)中的浪漫语言所吸引。

在夏季，特罗萨克斯会塞满旅游大巴，但有许多都是一日游——在宁静、悠长的傍晚凝视最近湖泊中的倒影仍旧可行。如果可以的话，避开周末时间过来，还是很值得的。

卡伦德（Callander）

☎01877 / 人口 3100

卡伦德是特罗萨克斯最重要的城镇，在超过150年里一直吸引着游客前来，主街沿途氛围慵懒，很快就会传染到游客身上。这里有着各种优秀的住宿选择，还有一些饶有趣味的就餐场所。附近有不错的步行和骑车线路。

◉ 景点和活动

★ 汉密尔顿玩具收藏馆 博物馆

(Hamilton Toy Collection；☎01877-330004；www.thehamiltontoycollection.co.uk；111 Main St；成人/儿童 £3/1；◷4月至10月 周一至周六 10:30~17:00，周日 正午至17:00；🅿)汉密尔顿玩具收藏馆是20世纪儿童玩具、满满的娃娃屋、木偶和玩具士兵的王国。收藏品令人惊叹，旅程必定很怀旧。冬季只在某些周末开馆，需要提前打电话。

布拉克林瀑布和卡伦德崖（Bracklinn Falls & Callander Crags） 步行

顺着Bracklinn Rd伸出的小路可以抵达令人印象深刻的布拉克林瀑布（从停车场出发，单程30分钟）。另外紧邻Bracklinn Rd的一条林地小径通向卡伦德崖，俯瞰四周，美景无限；从停车场出发，往返路程约4英里。

Wheels Cycling Centre 骑车

(☎01877-331100；www.scottish-cycling.com；自行车 每小时/天/周 £8/20/90起；◷3月至10月 10:00~18:00)特罗萨克斯是个很适合骑车游览的地方。出众的Wheels Cycling Centre位于骑行路线上，有各式自行车出租。想从卡伦德中心前往这里，可以走Main St附近的Bridge St，右转进入Invertrossachs Rd，继续前行1英里即可。

🛏 住宿

★ Callander Hostel 青年旅舍 £

(☎01877-331465；www.callanderhostel.co.uk；6 Bridgend；铺/双 £19.50/60；🅿@🛜)青旅位于一座仿都铎式的建筑中，是一个本地青年项目的主要爱心之作，如今已经是一流的住宿地。陈设得体的宿舍有带独立照明和USB充电口的上下床，而且从双人间可观美景。员工很可爱，这里还有宽敞的公共区域和公用厨房，以及咖啡馆和花园。

Abbotsford Lodge 酒店 ££

(☎01877-330066；www.abbotsfordlodge.com；Stirling Rd；双 £75~85；◷2月中旬至11月上旬；🅿🛜)这个住宿地点位于主路，在漂亮的维多利亚式房屋中提供性价比超高的时尚现代房间。老板无比热情好客，拥有真正

ℹ 特罗萨克斯的交通

需求响应型交通（Demand Responsive Transport，简称DRT；☎01786-404040；www.stirling.gov.uk）覆盖特罗萨克斯地区。听起来很复杂，其实基本意思就是你想去哪就打车，不过按公共汽车的价格收费。分为几块区域。出租车应该提前24小时电话预约。

的设计眼光。这里还有宽敞、极好的高级房（£125起）和便宜的顶层客房——带共用卫生间——位于屋顶下方，可爱而另类。这里为骑车和徒步的人提供自行车存放处和盒装午餐。

Arden House 民宿 ££

(☎01877-339405; www.ardenhouse.org.uk; Bracklinn Rd; 双£100~125; ☺3月至10月; ⓟ⊜)这家优雅的民宿位于环境出众的山坡上，有绿意盎然的花园和美丽的风景，靠近卡伦德中心却远离人群。房间毫无瑕疵，自然采光充足，楼上的宽敞双人间风景绝佳。店主热情，建筑宏伟——有超级飘窗——还有一个自炊单间公寓使这里成为顶级之选。

★ Roman Camp Hotel 酒店 £££

(☎01877-330003; www.romancamphotel.co.uk; 紧邻Main St; 标单/双/高级£135/160/260; ⓟ⊜⊕)卡伦德最好的酒店，位置处于中心地带，但是给人的感觉很乡村，位于河边一片美丽的园地。有炉火的休息室和配有一个私密的小礼拜堂的图书馆都是很讨喜的部分。这里很老派，客房有4个级别；标准间当然豪华，但高级间更迷人，里面有复古的家具、出色的卫生间、扶手椅和壁炉。

🍴就餐

★ Callander Meadows 苏格兰菜 ££

(☎01877-330181; www.callandermeadows.co.uk; 24 Main St; 晚餐主菜£13~19; ☺全年 周四至周日10:00~14:30和18:00~20.30, 外加5月至9月 周一; ⓢ)悠闲、舒适，这家备受喜爱的餐馆位于卡伦德中心，占据Main St一栋房屋的前屋。它确实出色；对菜肴的呈现以及对罕见风味的结合手法十分现代，但又有着英式烹饪的牢固根基。后边还有个很棒的啤酒/咖啡花园，也可以吃东西。另外提供三明治等比较清淡的午餐。

★ Venachar Lochside 苏格兰菜 ££

(☎01877-330011; www.venachar-lochside.com; Loch Venachar; 主菜£13~18; ☺1月至11月正午至16:00, 外加6月至9月 周五和周六17:30~20:30; ⓢ⊜)这家咖啡馆—餐馆位于卡伦德以西4.5英里处美丽的韦纳沙尔湖(Loch Venachar)附近，湖畔环境令人赞叹，用新颖的方式烹制精心采购的食材(包括美味的本地鳟鱼)。10:00开始营业，供应咖啡、茶和烘焙食品。你还可以租船，劲头十足地去湖上钓鳟鱼。

Mhor Fish 海鲜 ££

(☎01877-330213; www.mhorfish.net; 75 Main St; 主菜£9~18; ☺周二至周日 正午至21:00, 11月至次年2月中旬 周二歇业; ⓢ)🌿这里装饰简单，有硬塑料餐桌和各种五花八门的座椅，食材是自养的海鲜。观看店员捕鱼，然后在用餐区吃掉煎鱼，还可选各种不错的葡萄酒，或者也可以把炸鱼卷在纸里和薯条一起带走。什么都很棒——鱿鱼和牡蛎都是很美妙的开胃菜。

Poppy Seed 苏格兰菜 ££

(☎01877-330329; www.poppyseedrestaurant.co.uk; Leny Rd; 主菜£12~18; ☺周四至周二 午至21:00; ⓢ)年轻的老板重新整修了位于主路的这家小酒店的餐厅。先在漂亮的酒吧选择优质的烈酒，喝杯开胃酒，然后走到餐厅，享用简单菜单上经过想象力和巧手打造的优质食材。冬季，午餐时段歇业，周日除外。

当地知识

MONACHYLE MHOR

Monachyle Mhor(☎01877-384622; www.monachylemhor.net; 双£195~285, 车厢£125; ☺2月至12月; ⓟ⊜⊕)🌿是豪华的世外桃源，位置宁静美妙，俯瞰两片湖泊，很好地与苏格兰乡下和当代的设计与烹饪态度相融合。客房很赞，有古怪原始的装饰，"特色房"特别妙。或者在复古车厢里面来一次豪华野营，或者下榻浪漫的……渡轮候船室。餐馆出类拔萃。

最高级的款待与放松的乡村氛围形成迷人的组合：狗和孩子高兴地在草地上嬉戏，如果你在经过一天的钓鱼或徒步之后满脸通红浑身是泥地走进来，也不会有人对你侧目。

位于巴尔惠德(Balquhidder)，从卡伦德和基林之间主路的一条岔路前往。

❶ 到达和离开

First（www.firstgroup.com）运营从斯特灵发车的长途汽车（£5.80，45分钟，周一至周六 每小时1班，周日 每2小时1班）。

Kingshouse（☏01877-384768；www.kingshousetravel.com）有往来卡伦德和基林的长途汽车（£5.30，40分钟，周一至周六 5~6班）。

要去阿伯福伊尔（Aberfoyle），可以搭乘需求响应型交通（见947页）或是坐前往斯特灵的长途汽车在Blair Drummond游猎公园下车之后过马路，搭乘一辆开往阿伯伊尔方向的车。

卡特琳湖和阿克雷湖 (Lochs Katrine & Achray)

这片崎岖的区域位于阿伯福伊尔以北7英里、卡伦德以西10英里处，是特罗萨克斯的中心。**Loch Katrine Cruises**（☏01877-376315；www.lochkatrine.com；Trossachs Pier, Loch Katrine；1小时巡游 成人 £12~14，儿童 £6.50~7.50）从美丽的卡特琳湖东端的特罗萨克斯码头（Trossachs Pier）出发。其中一艘就是极妙的百年蒸汽船"沃尔特·司各特爵士"号（Sir Walter Scott），去网站上查询一下发船时间，如果可能的话，还是很值得搭乘这艘老船的。这里有好几班1小时的下午航行，10:30（夏季还会额外发船）有船从湖的另一端出发前往斯特罗纳赫拉赫（Stronachlachar）。从斯特罗纳赫拉赫（可以从阿伯福伊尔开车12英里过来）出发，你可以抵达洛蒙德湖的东岸，在偏远的因弗斯内德（Inversnaid）登陆。在特罗萨克斯码头和斯特罗纳赫拉赫之间有一条柏油路，所以你可以坐船出去然后徒步或骑车回来（14英里）。在特罗萨克斯码头，**Katrinewheelz**（☏01877-376366；www.katrinewheelz.co.uk；Trossachs Pier, Loch Katrine；出租自行车 每半/全天 £15/20起；◯4月至10月 9:00~17:00，11月至12月和2月至3月 周六和周日 11:00~15:00）出租不错的自行车。咖啡馆很一般，所以需要自带野餐或者在湖那边用餐。

基林 (Killin)

☏01567 / 人口 800

这座可爱的村庄是探索特罗萨克斯或珀斯郡不错的大本营，位于泰湖的西端，有种散漫放松的感觉，尤其是在风景优美的Falls of Dochart一带，水流翻滚着穿过村庄中心。在明媚的日子里，桥边的岩石上全都是人，他们手里拿着啤酒或是野餐食品。基林城镇周边有不错的步行线路，附近还有壮观的山脉和峡谷。

⊙ 景点和活动

在基林东北方5英里处，**本劳尔斯山**（Ben Lawers；海拔1214米）从泰湖旁拔地而起。这里有许多步行路线；其中一条**徒步环线**值得一走，它上坡进入城南的Acharn森林，从林线的上方探出头来，在那里能够欣赏到泰湖和本劳尔斯山的美景。**基林户外中心**（Killin Outdoor Centre；☏01567-820652；www.killinoutdoor.co.uk；Main St；自行车 每24小时 £25，皮划艇/独木舟 每2小时 £25；◯8:45~17:30）提供徒步建议。

洛哈伊河谷（Glen Lochay）从基林向西进入马姆洛恩（Mamlorn）丘陵地带。你可以沿**河谷骑车**，风景令人叹为观止，山路并不太难走。夏季晴朗的一天，可以攀上**本卡勒姆山**（Ben Challum；海拔1025米），然后下山前往克林拉里克，不过过程比较艰辛。一条连接洛哈伊河谷与莱昂河谷（Glen Lyon）的路坑坑洼洼，维护不良，不适合开车。

基林位于格拉斯哥至因弗内斯的**湖区和峡谷自行车路线**（Lochs & Glens Cycle Way）上。可以在有用的Killin Outdoor Centre（还有独木舟和皮划艇，冬季有攀登钉鞋和雪鞋）租赁自行车。

🛏 食宿

★ **Courie Inn** 旅馆 ££

（☏01567-831000；www.thecourieinn.com；Main St；双 £99~140；🅿🛜）出色的全方位选择，Courie Inn有高品质的舒适房间，风格现代，素净雅致，面积不一，包括奢华的观景套房。传统和现代在此巧妙融合。楼下的餐厅提供法式小馆食品（主菜 £11~15；每天 17:00~20:30，外加周五至周日 正午至15:00），这里还有酒吧。

Old Bank 民宿 ££

（☏01567-829317；www.theoldbankkillin.co.uk；Manse Rd；标单/双 £55/80；🅿🛜）这幢

方形建筑拥有美丽的花园,傲然矗立于基林主街上方。这个地方的氛围真诚热情,老板会尽心尽力提供宾至如归的服务。早餐丰盛,房间非常舒适,色彩现代,可观山景,还有体贴的附加服务。

❶ 到达和离开

Kingshouse运营开往卡伦德(£5.30,40分钟)的长途汽车,周一至周六每天5~6班,可以在那里换乘前往斯特灵。

阿盖尔郡(ARGYLLSHIRE)

奥本(Oban)

☎01631 / 人口 8600

奥本是前往许多赫布里底(Hebridean)岛屿的门户,是一个海滨小镇,位于一处宜人的海湾,能将凯勒拉岛(Kerrera)和马尔岛景色尽收眼底。冬季宁静,夏季交通拥挤,到处都是度假者和半岛观光客。但这并不影响岛屿本身的可爱,而奥本出色的海鲜餐厅也是在太阳沉到海中时最好的去处。这里的位置实在神奇。

◉ 景点

都诺丽城堡 城堡

(Dunollie Castle; ☎01631-570550; www.dunollie.org; Dunollie Rd; 成人/儿童 £6/3; ◷4月至10月 周一至周六 10:00~17:00,周日 正午至17:00)沿着海滨路往北漫步1英里,即可到达都诺丽城堡,这是一段令人愉快的行程。城堡由MacDougalls of Lorn在13世纪建造而成,在1715年詹姆斯二世党人起义中被围困一年之后沦陷。城堡已遭损毁,不过正在持续进行的保护工作让越来越多的部分重现于世。附近的1745宅邸属于MacDougall家族(Clan MacDougall),现在是一家介绍当地和宗教历史的迷人的博物馆。这里还有惬意的林地和咖啡馆。免费团队游每天两次。

奥本酿酒厂 酿酒厂

(Oban Distillery; ☎01631-572004; www.malts.com; Stafford St; 团队游 £10; ◷12月至次年2月 正午或12:30~16:30,3月至6月和10月至11月 9:30~17:00,7月至9月 周一至周五 9:30~19:30及周六和周日 9:30~17:00)自1794年以来,这家漂亮的酿酒厂一直在运转。标准导览规定时出发(值得预订),团费包含少量试喝、可以带回家的玻璃杯,还能直接从酒桶里品尝酒。专家团(£40)在夏季周一至周日每日一次。哪怕没有团队游,门厅处的小型展览仍然值得一看。

麦凯格塔 历史建筑

(McCaig's Tower; Laurel Rd和Duncraggan Rd交叉路口; ◷24小时)小镇的山顶上坐落着一处罗马斗兽场式的维多利亚时代装饰性建筑,于1890年由当地名人约翰·斯图亚特·麦凯格(John Stuart McCaig)发起,本着为失业石匠提供工作的慈善意图而建造。要步行抵达,可以从Argyll St出发,沿着陡峭的Jacob's Ladder(阶梯)上山,海湾的美景绝对让你不虚此行。

✈ 活动

★ Basking Shark Scotland 划船

(☎07975 723140; www.baskingsharkscotland.co.uk; ◷4月至10月)乘船旅行的主要目的是寻找和观察姥鲨——世界上第二大的生物——及其他著名的海洋物种。一日游从科尔(Coll)出发,与从奥本出发的渡轮接驳,费用£140,或者£195(包括游泳/浮潜)。同时提供多日游和淡季研究之旅。这里还有可以让你与海豹同游或划皮划艇的活动。

Sea Kayak Oban 划皮划艇

(National Kayak School; ☎01631-565310; www.seakayakoban.com; Argyll St; ◷周一至周五 10:00~17:00,周六 9:00~17:00,周日 10:00~16:00,冬季营业时间大幅度缩短)Sea Kayak Oban有一家琳琅满目的商店,并提供靠谱的线路建议和海上皮划艇课程,包括为期2天的针对初学者的全包入门课程(每人 £170)。它还为有经验的划独木舟者提供全套设备租赁服务——把皮艇从商店拖到渡船上(皮艇运输免费),前往观光的岛屿。旺季定期发出3小时的短途旅行(成人/儿童 £50/35)。

🛏 住宿

尽管奥本民宿众多,但7月和8月的住宿

仍然供不应求，所以尽量预订。尽量别住Dunollie Rd环岛以南敲诈游客的低劣民宿。如果你在奥本找不到床位，可以考虑去北部4英里处的康内尔（Connel）。

★ Backpackers Plus　　　青年旅舍 £

（☏01631-567189；www.backpackersplus.com；Breadalbane St；铺/标单/标双/双 含卫生间和早餐 £20/29/54/60；@☎）这个态度友好的地方位于老教堂内，气氛良好，拥有宽敞、迷人的公共休息室，里面有很多沙发和扶手椅。房费包括自助早餐，还有免费茶和咖啡，提供洗衣服务和水量足的淋浴间。毗邻建筑有独立房间，性价比非常高。

Oban SYHA　　　青年旅舍

（☏01631-562025；www.syha.org.uk；Corran Esplanade；铺/标双 £24/58，外加非会员每人 £3；P@☎）奥本火车站以北0.75英里处的这家青年旅舍位于滨海大道上一座宏伟的维多利亚式别墅，以高标准进行了现代化装修，有舒适的木质床铺、储物柜、良好的淋浴和一个能够看到奥本湾美景的休息室。所有的多人间都配有独立卫浴；隔壁的度假屋有3人和4人房。供应早餐。淡季的宿舍费用会显著下降。

★ Elderslie Guest House　　　民宿 ££

（☏01631-570651；www.obanbandb.com；Soroba Rd；标单 £50~56，双 £75~88；✿4月至10月中旬；P☎）一家民宿的各方面很难协调：既要现代又要不失舒适，既要友好亲切又不能牺牲隐私。在奥本以南1英里处的这个地方，这种平衡刚刚好，还有各种宽敞的房间，配备大淋浴间、大毛巾和俯瞰郁郁葱葱的美景。早餐很棒，还有户外休闲空间，老板非常好。

Barriemore Guest House　　　客栈 ££

（☏01631-566356；www.barriemore.co.uk；Corran Esplanade；标单 £100起，双 £120~135；✿3月至11月；P☎）Barriemore位置优越，俯瞰奥本湾的入海口。这个地方有着顶级的待客之道，楼梯上有格纹地毯，早餐菜单包含丰盛的法恩ской腌鱼。客房全部很宽敞，重新装修过，并且特色十足。前边的客房——更贵但很大——能看到美妙的风景；后边还有一间很赞的家庭套房（£165），服务热情。

Kathmore Guest House　　　民宿 ££

（☏01631-562104；www.kathmore.co.uk；Soroba Rd；标单 £50，双 £65~75；P☎）从奥本中心缓行10分钟即可到达，这个服务热情的地方既有高地殷勤好客的传统，又提供丰盛的早餐，时尚的床罩和色彩艳丽的艺术品为它平添一丝精品气质。它实际上是两栋毗邻相连的房屋。这里有舒适的休息室和户外花园平台，夏季悠长的夜晚，你可以在那儿品味一杯葡萄酒。

Manor House　　　酒店 £££

（☏01631-562087；www.manorhouseoban.com；Gallanach Rd；房间 £195~270；P☎♨）1780年为阿盖尔公爵（Duke of Argyll）修建的老派Manor House是奥本最好的酒店。这里的房间不大，具有优雅的乔治王朝时代风格——大多数房间可观美丽的海景——配有古董和拥有历史特色的壁纸，还有提供苏格兰和法国菜式的高雅餐厅（晚餐套餐 £49）。住店可享受本地的健身房和高尔夫球场。不接待12岁以下儿童。

🍴 就餐

Oban Seafood Hut　　　海鲜 £

（☏07881 418565；www.facebook.com/obanseafood.hut.9；Railway Pier；主菜 £3~13；✿3月中旬至10月 10:00~18:00）如果你想品尝不同凡响的苏格兰海鲜，又没有去高档餐厅的预算，那么就去奥本著名的海鲜摊位——渡轮码头河岸边的绿色小屋。在这里你可以外带新鲜的和烹制的海鲜，比如优质的鲜虾三明治、剥好的螃蟹和新鲜的牡蛎，价格便宜。

Little Potting Shed Cafe　　　咖啡馆、素食 £

（☏01631-358150；www.facebook.com/thelittlepottingshedcafeoban；5 John St；简餐 £4~9；✿7月和8月 每天 9:00~17:00，周五和周六至 21:00；☎🌱🐾）这个亲切的地方位于紧邻奥本主街的小巷，有木餐桌，提供出众的素食、严格素食和甜品。严格素食早餐也很美味，咖啡优良浓郁，这里还有各式各样的茶，不含乳制品的冰激凌非常适合夏日品尝。欢迎带狗。

★ Ee-Usk　　　海鲜 ££

（☏01631-565666；www.eeusk.com；North

Pier；主菜£14~24；⊙4月至10月 正午至15:00和17:45~21:30，11月至次年3月 正午至14:30和17:45~21:00；☎）🍴Ee-Usk（发音"iasg"，凯尔语中的"鱼"）风格欢快而现代，位于码头的显要位置。落地窗让楼上楼下的食客都能够一边观赏到美景，一边品尝本地的可持续海鲜（从香气浓郁的泰式鱼饼到海螯虾乃至汁多肉美的新鲜鱼类）。服务员的服务快速高效，会尽量帮你找到视野最好的位置。

Waterfront Fishouse Restaurant 海鲜 ££

（☎01631-563110；www.waterfrontfishouse.co.uk；1 Railway Pier；主菜£13~20；⊙正午至14:00和17:30~21:00，6月至8月 营业时间延长；☎♿）Waterfront位于一所改建的海员教会的顶层，装饰风格时尚简洁，沐浴夏季傍晚的阳光。不过这些丝毫不能分散人们对于仅有几米远的码头上新鲜海鲜的热情。供应的菜肴有经典的黑线鳕和鱼片、新鲜牡蛎、扇贝和灯笼大虾。晚餐最好预约。

🍷 饮品和夜生活

Aulay's Bar 酒馆

（☎01631-562596；www.aulaysbar.com；8 Airds Cres；⊙11:30~23:00；☎）Aulay's是一家正宗的苏格兰酒馆，天花板不高，非常舒适，墙上挂满了奥本渡轮及其他船只的老照片。这里的温暖氛围和多种麦芽威士忌吸引来本地人和游客。酒馆分两边：左侧大门通向比较安静的休闲酒吧。

Oban Inn 酒馆

（☎01631-567441；www.facebook.com/theobaninn；1 Stafford St；⊙11:00至次日1:00；☎）很高兴看到这家18世纪的方形酒馆在关闭几年后重新开业，前面舒适的酒吧区域有坚实的墙壁、石板地面和屋顶木梁。这里有桶装法因斯啤酒（Fyne Ales），是在水畔地带与形形色色的本地人、游客及游艇主人一起喝上一杯的最佳地点。

ℹ️ 实用信息

奥本旅游局（Oban Tourist Office；☎01631-563122；www.oban.org.uk；3 North Pier；⊙11月至次年3月 周一至周六 10:00~17:00，周日 11:00~15:00，4月至10月 周一至周六 9:00~17:30，周日 10:00~17:00）位于水畔，十分有帮助的旅游局。

ℹ️ 到达和离开

飞机

赫布里底航空服务公司（Hebridean Air Services；☎0845 805 7465；www.hebrideanair.co.uk；Oban Airport, North Connel）飞机从康奈尔北部机场飞往科尔岛（Coll）、泰里岛（Tiree）、科伦赛岛（Colonsay）和艾莱岛（Islay）。

船

奥本是前往赫布里底群岛的主要门户。**克尔默克渡轮码头**（CalMac Ferry Terminal；☎01631-562244；www.calmac.co.uk；Railway Pier）位于市中心，靠近火车站，渡轮从这里驶往马尔岛、艾莱岛、科伦赛岛、科尔岛、泰里岛、巴拉岛（Barra）和利斯莫尔岛（Lismore）。

长途汽车

Scottish Citylink（☎0871 266 3333；www.citylink.co.uk）的2~5班长途汽车连接格拉斯哥（£20.50，3小时）与奥本。大多数线路经过塔比特和因弗雷里；夏季有一班车经过克林拉里克。一至周六有两班长途汽车向北开往威廉堡（Fort William；£9.40，1.5小时）。

火车

苏格兰铁路公司的火车从格拉斯哥（£25.30，3小时，每天3~6班）开往奥本。想要前往威廉堡，可以在克林拉里克换乘。

马尔岛（Mull）

人口 2800

马尔岛拥有赫布里底群岛最美丽和最多样的景观：从本莫尔山（Ben More）崎岖的山脊、布尔格（Burg）的黑色玄武岩峭壁到耀眼的白色沙滩、玫瑰粉色花岗岩和环绕罗斯（Ross）的碧玉一样的海水，不一而足。高贵的猛禽盘旋过高山和海岸，而西边的海水提供了绝佳的观鲸机会。这里还有一座可爱的海滨"都城"、一座令人印象深刻的城堡、神圣的爱奥纳岛，外加和奥本之间的交通又很方便，因此你也就明白为什么有时在马尔岛上甚至连一张空床位都没有了。

Mull, Coll & Tiree
马尔岛、科尔岛和泰里岛

活动

马尔岛有几条出色的步行线路，包括热门的**本莫尔山**攀登线路和壮观的**卡尔萨伊格拱石小径**（Carsaig Arches Walk）。奥本（见950页）、克雷格纽尔和托伯莫里旅游局提供关于这些及其他徒步线路的更多信息。

Mull Eagle Watch 观鸟

(☎01680-812556；www.mulleaglewatch.com；成人/儿童£8/4；◉4月至9月）英国最大的猛禽白尾海雕已经成功回到马尔岛，岛上总是挤满全神贯注观察它们的观鸟者。2小时的观鸟团队游上午和下午都有，必须预约。

Nature Scotland 野生动物

(☎07743 956380；www.naturescotland.com)热情的年轻导游组织各种出色的野生动物游，包括需要乘坐渡轮的午后游（成人/儿童£30/25，4小时）、夜间水獭观赏之旅（£40/35，3~4小时）、全天步行之旅（£60/50，7小时）和冬日观星游（£40/30，2~3小时）。

Turus Mara 划船

(☎01688-400242；www.turusmara.com；

◉4月至10月中旬）从马尔岛中心出发，乘坐Ulva Ferry前往斯塔法岛（Staffa）和特里什尼什群岛（Treshnish Isles；成人/儿童£65/32.50，6小时）旅行，在斯塔法岛登岸游览时间为1小时，在隆加岛（Lunga）登岸为2小时，你可以在那儿见到海豹、海鹦、海鸥、海雀及其他多种海鸟。这里还提供只前往斯塔法岛的旅行（£32.50/18，3.75小时）和侧重于观鸟的旅行（£75/37.50，8小时）。

Staffa Tours 划船

(☎07831 885985；www.staffatours.com；◉4月至10月中旬）经营从菲昂福特（Fionnphort）和爱奥纳岛前往斯塔法岛的乘船之旅（成人/儿童£35/17.50，3小时），或者斯塔法岛加上特里什尼什群岛的旅行（还可以从托伯莫里和阿德纳默亨出发；£65/32.50，6小时）。海鸟季节前后的旅程用时较短（£50/30，5小时），不在隆加岛上岸。这里还有从奥本出发的联程和团队游选择。

❶ 实用信息

托伯莫里有带自动柜员机的银行；或者你可

在马尔岛观赏野生动物

延续墨西哥湾暖流的北大西洋暖流给寒冷的、极富营养的苏格兰沿岸水域带来了温暖的海水,滋养了数量巨大的浮游生物。小鱼吃浮游生物,大鱼又以小鱼为食;这一大片海洋生物杂居的海域吸引了大量的海洋哺乳动物,如鼠海豚和海豚,甚至还有座头鲸和抹香鲸(尽管目击者很少)。

海岸附近有数十家公司提供观鲸乘船游,时长从两个小时左右到全天;夏季有时观鲸的成功率能达到95%。

海豹、鼠海豚和海豚全年都可观看到,小须鲸则是季节性迁徙动物。观看小须鲸的最佳时机是6月至8月,8月是目击的高峰月。赫布里底鲸鱼和海豚信托基金会的网站(www.whaledolphintrust.co.uk)介绍了很多有关海洋物种以及如何识别它们的信息。

以在合作社食品店购物获得返现。

克雷格纽尔旅游局(Craignure Tourist Office;☏01680-812377;www.visitscotland.com;Craignure;⊙9月至次年6月 周一 9:00~17:00,周二至周六 8:30~17:00,周日 10:00~17:00,7月和8月 周一 9:00~18:15,周二至周六 8:30~18:15,周日 10:00~16:15)位于渡轮码头船点对面。

Explore Mull(☏01688-302875;www.isle-of-mull.net;Ledaig;⊙复活节至6月和9月至10月中旬 9:00~17:00,7月和8月 至19:00;☏)位于托伯莫里停车场,提供本地信息,可以预订各种岛上游,出租自行车。

❶ 到达和离开

CalMac(☏0800 066 5000;www.calmac.co.uk)有3条汽车渡轮线路往返于马尔岛和苏格兰本土。

奥本至克雷格纽尔(成人/小汽车 £3.60/13.40,40分钟,每2小时1班)最繁忙的航线——带车的话,建议预订。

Lochaline至Fishnish(成人/小汽车 £2.40/7.15,15分钟,至少每小时1班,冬季周日每天4班)位于马尔岛东海岸。

托伯莫里至基尔霍恩(Kilchoan)(成人/小汽车 £2.75/8.65,35分钟,4月至10月 周一至周六 每天7班,周日 5班,11月至次年3月 周一至周六 每天3班)发往阿德纳默亨(Ardnamurchan)半岛。

托伯莫里(Tobermory)

☏01688 /人口 1000

马尔岛的主要城镇是风光无比优美的小渔港和游艇港口,粉刷着雪白的房屋沿隐蔽的海湾排开。这里是理想的落脚地点,港口附近和后面的山上有不错的餐厅、诱人的酒馆和各种档次的住宿场所。

◉ 景点和活动

Sea Life Surveys   野生动物

(☏01688-302916;www.sealifesurveys.com;Ledaig)观鲸之旅从托伯莫里港出发前往马尔岛北边和西边的海洋。全天的观鲸活动最长为海上7小时(£80),有95%的观鲸成功率。4小时的观鲸巡游(成人/儿童 £60/30)更适合家庭。另外提供时间较短的观海豹游(£25/12.50,2小时)。

赫布里底鲸鱼和海豚信托基金会   博物馆

(Hebridean Whale & Dolphin Trust;☏01688-302620;www.whaledolphintrust.co.uk;28 Main St;⊙3月至11月 10:30~16:30)**免费** 这个地方有关于鲸鱼和海豚的生物学及生态学展览、视频及互动展示,孩子们在这里可以学习到关于海洋哺乳动物的知识。探索中心还发布志愿服务信息,并报告鲸鱼和海豚的踪迹。开放时间变动很大。

马尔博物馆   博物馆

(Mull Museum;☏01688-301100;www.mullmuseum.org.uk;Main St;⊙复活节至10月 周一至周六 10:00~16:00)**免费** 记载马尔岛历史的马尔博物馆是雨天前往的理想地方,这里举办关于亚麻漂白和托伯莫里帆船(Tobermory Galleon)的展览,趣味盎然。托伯莫里帆船原本属于西班牙的无敌舰队,1588年在托伯莫里湾沉没,从此便成了寻宝者的目标。该组织由志愿者管理,欢迎捐款。

🛏 住宿

Tobermory SYHA 青年旅舍 £

(☎01688-302481; www.syha.org.uk; Main St; 铺/标双/四 £20/60/112; ⓒ3月至10月; @🛜) 这家青年旅舍位于沿岸的维多利亚式房屋内,地理位置优越。这里有非常好的厨房和稍显简朴却一尘不染的宿舍,还有适合家庭的三人间与四人间。夏季很快会客满。

★ Sonas House 民宿 ££

(☎01688-302304; www.sonashouse.co.uk; Fairways, Erray Rd; 标单/双 £90/130, 两人公寓 不含/含早餐 £100/130; P🛜♨) 享受的好地方:10米的恒温室内游泳池!Sonas是一家大型旅馆,风格现代,环境豪华,风景优美,还坐拥托伯莫里湾美景(沿高尔夫球场的指示过来)。浅色原木色彩及其他颜色的房间都很漂亮;"Blue Poppy"带独立阳台。这里还有自给式单间公寓。态度热情,无可挑剔。

★ Highland Cottage 精品酒店 £££

(☎01688-302030; www.highlandcottage.co.uk; Breadalbane St; 双 £160~175; ⓒ4月至10月中旬; P🛜♨) 古式家具、四柱床、绣花床罩、鲜花和烛光为这家小酒店(只有6个房间)平添一种魅力十足的老式村舍氛围,不过配备了各种现代化设施,包括有线电视、全尺寸浴缸和客房服务。这里还有一家很棒的餐厅(晚餐 £42.50),品貌兼优的老板很懂如何令客人们感到舒适。

🍴 餐饮

Fish & Chip Van 炸鱼和薯条 £

(☎01688-301109; www.tobermoryfishandchipvan.co.uk; Main St; 炸鱼和薯条 £6~10; ⓒ4月至5月 周一至周六 12:30~21:00, 6月至9月 每天 12:30~21:00, 10月至次年3月 周一至周四 12:30~19:00, 周五和周六 至20.00) 如果点外卖的话,你可以去海边享用苏格兰最好的美食——炸鱼和薯条。在哪儿还能找到像这样售卖新鲜烹饪的扇贝的餐车呢?

★ Café Fish 海鲜 ££

(☎01688-301253; www.thecafefish.com; The Pier; 主菜 £15~26; ⓒ3月中旬至10月 正午至15:00和17:30~23:00; 🛜) 🍴这家亲切热情的小餐厅俯瞰着托伯莫里港,供应最为新鲜的海鲜。甲壳类海鲜直接卸船送到厨房,烹制成口味丰富的托斯卡纳风味烩海鲜。每日变化的菜单含有肥美的扇贝、鱼饼和其他当天捕捉的海货,厨师还自信地加入亚洲的配料,丰富了口味。需要预订。

另辟蹊径

斯塔法岛(STAFFA)

菲利克斯·门德尔松(Felix Mendelssohn)于1829年来到了马尔岛附近无人居住的斯塔法岛,听到了波涛在如同大教堂一样壮观的**芬戈尔山洞**(Fingal's Cave)里回响后,灵感迸发,创作出《赫布里底群岛序曲》(Hebrides Overture)。洞穴的墙壁上和周围的峭壁由竖直的六角形玄武岩石柱(Staffa在挪威语中意为"柱子岛")组成。上岸后你可以通过堤道步行进入洞穴。从堤道可以看到临近的**船洞**(Boat Cave),但不能步行前往。斯塔法岛上有一个规模相当大的海鹦栖息地,就位于码头的北边。

斯塔法岛西北部分布一连串无人居住的岛屿,被称为特里什尼什群岛(Treshnish Isles)。两座主岛是形状奇怪的**荷兰角**(Dutchman's Cap)和**隆加岛**(Lunga)。你可以在隆加岛靠岸,步行登上山顶,看看哈普岩(Harp Rock)西岸的鹭鸶、海鹦和海鸠的栖息地。

除非你自己有船,否则必须通过有组织的乘船游才能从菲昂福特、爱奥纳岛、托伯莫里、阿德纳默亨、塞尔(Seil)或阿尔瓦(Ulva)渡轮码头前往斯塔法岛和特里什尼什群岛。旅行社有Turus Mara(见953页)、Staffa Tours(见953页)、**Staffa Trips**(☎01681-700358; www.staffatrips.co.uk; ⓒ4月至10月中旬)和**Seafari Adventures**(☎01852-300003; www.seafari.co.uk; Ellenabeich; ⓒ4月至10月)。

Hebridean Lodge
苏格兰菜 ££

(☎01688-301207; www.hebrideanlodge.co.uk; Salen Rd, Baliscate; 主菜 £17~21; ⊘复活节至12月 周一至周五 6:30~20:30) 位于一家画廊和商店上面，这家夹层式餐厅在厚实的木桌上提供用美味的本地食材烹饪的菜肴。服务态度温暖热情，海鲜和羊肉优质新鲜，每日特色菜丰富了包括足量苏格兰菜式的简单菜单。需要预订。

★ Mishnish Hotel
酒馆

(☎01688-302500; www.mishnish.co.uk; Main St; ⊘11:00至次日1:00; 🛜) 港口码头附近的"The Mish"是帆船运动爱好者最喜欢光顾的地方，也是喝一杯的好地方，氛围非常欢快。木镶板的内饰，悬挂的国旗，完全是一派传统酒馆的格调。你可以在这里欣赏苏格兰民族音乐，在炉火旁烘热腿脚，或和当地人一起玩上一局游戏。

❶ 到达和离开

夏季渡轮从托伯莫里开往阿德纳默亨半岛的基尔霍恩。

长途汽车连接托伯莫里与克雷格纽尔（单程/往返 £7/10，每天5~8班，40~50分钟），途经萨伦（Salen）。想要探索马尔岛北部，托伯莫里有开往卡尔加里（Calgary）的长途汽车，途经德韦格（Dervaig）。

马尔岛北部 (North Mull)

从托伯莫里西行至卡尔加里的道路蜿蜒至岛屿的内陆，因此北海岸大部分地区非常荒凉，难以到达。公路穿过德韦格居住区，直通卡尔加里的壮丽海滩。从这里继续前行，你将欣到壮观的海岸景色；从格鲁林（Gruline）反向走这条线路，风景最美丽，不虚此行。

◉ 景点

格伦高姆城堡
画廊、公园

(Glengorm Castle; ☎01688-302321; www.glengormcastle.co.uk; Glengorm; ⊘建筑 复活节至10月 10:00~17:00) **免费** 一条长长的单行道从托伯莫里向北延伸4英里，直至雄伟的格伦高姆城堡，极目远眺，可以越过海洋看到阿德纳默亨、鲁姆（Rum）和外赫布里底群岛。城堡的附属建筑物内有自然中心、农场商店和出色的Glengorm Coffee Shop（简餐 £3~9; ⊘复活节至10月 10:00~17:00; 🛜 🅿)。城堡里面还有高档民宿（房间 £135~290; 🅿🛜🐾)。城堡虽然不对外开放，但你可以在美丽的院子各处探索一番，那里有几条有路标的不错的步行路。带导游的自然步行游也从这里出发；具体时间查看网站。

卡尔加里海滩
海滩

(Calgary Beach) 马尔岛的最佳（和最热闹的）细沙海滩，位于托伯莫里以西12英里处，四周矗立着峭壁，在峭壁上可以远望科尔岛和泰里岛。是的，著名的加拿大卡尔加里正是因这里而得名。

🛏 食宿

Dervaig Hostel
青年旅舍 £

(☎01688-400313; dervaigbunkrooms@gmail.com; Dervaig; 铺/四 £18/60; ⊘4月至10月; 🅿🛜) 德韦格村公所的舒适房间，配备自炊厨房和客厅。宿舍有不错的套内卫生间和舒适的上下床。

★ Calgary Farmhouse
小屋 ££

(☎01688-400256; www.calgary.co.uk; Calgary; 每周 夏季公寓和小屋 £500~2000, 每3天 单间公寓和小屋 £200~270; 🅿🛜🐾) 卡尔加里海滩附近的这处美妙住宿地提供很多出色的公寓、小屋和房屋，设计精美，房间配备有木制家具和烧炭火炉。Hayloft令人赞叹，装点着雅致的橡木和当地艺术作品，长廊一般的Beach House包着木板，在那里可以欣赏如梦似幻的壮丽景色。位于树木之间的美丽露营木屋Romantic Kittiwake有船舱天花板，可以看到海湾风景。

Am Birlinn
苏格兰菜 ££

(☎01688-400619; www.ambirlinn.com; Penmore, Dervaig; 主菜 £14~24; ⊘3月中旬至10月 周三至周日 正午至14:30和17:00~21:00; 🛜) 这家餐馆占据德韦格和卡尔加里之间的一栋宽敞、现代的建筑，这里是个有趣的用餐选择地。来这里就应该吃本地捕捉的甲壳类和软体海鲜，但这里也有汉堡、鹿肉以及其他肉菜。提供托伯莫里或其他附近地点的免费接送。这里还有酒吧。

❶ 到达和离开

托伯莫里至卡尔加里（£3，45分钟），周一至周五每天有4班长途汽车，周六有2班，途经德韦格（£2.50，30分钟）。

马尔岛南部 (South Mull)

从克雷格纽尔到菲昂福特的道路一路延伸，经过岛上最荒凉的景色，最后到达岛的西南地区，那里是一座长长的半岛，即**马尔岛的罗斯**（Ross of Mull）。罗斯的南海岸景色壮丽，沿岸耸立着黑色玄武岩悬崖，再往西依次是白沙滩和粉红色花岗岩峭壁。**卡尔萨伊格拱石**（Carsaig Arches）非同一般，附近马尔科姆角（Malcolm's Point）的悬崖最高。

村庄伯内森（Bunessan）有一座村舍博物馆；一条小路从这里向南延伸，通往美丽的**乌伊斯肯**（Uisken）白沙海湾，从那里能望见朱拉岛帕普斯三重峰（Paps of Jura）。

罗斯的西端，距离克雷格纽尔35英里处便是**菲昂福特**（Fionnphort；发音"finn-afort"），那里有前往爱奥纳岛的渡轮。粉红色花岗岩、白色的沙滩和蓝绿色海洋交相辉映，共同构成了海岸的美丽风光。

🛏 住宿

Ross of Mull Bunkhouse 青年旅舍 £

（☎07759 615200；www.rossofmullbunkhouse.co.uk；Fionnphort；铺/标单/标双 £24/48/70；🅿🛜）这家全年营业的一流宿舍由年轻、热情的老板经营，距离爱奥纳岛渡轮码头大约1英里，散发出一种乡村风情，卫生间高档现代，四床位房间宽敞舒适，内有结实的金属上下床、USB接口和床头灯。迷人的公共房间有壁炉、吉他和湖景，还有一流的厨房和烘干室。

⭐ Seaview 民宿 ££

（☎01681-700235；www.iona-bed-breakfast-mull.com；Fionnphort；标单 £65，双 £90~105；⏰3月中旬至10月；🅿🛜🐾）🍴Seaview距离渡轮码头不远，拥有装修漂亮的卧室和可以欣赏对面爱奥纳岛美景的早餐温室。房间简约、

迷人，配有光可鉴人的现代卫生间。老板相当乐于助人，还提供美味的3道菜晚餐（夏季不提供），经常以本地海鲜为主，早餐包括本地食材。

Achaban House 民宿 ££

（☎01681-700205；www.achabanhouse.co.uk；Fionnphort；标单/双 £46/75；🅿🛜）这家经过翻新的农舍非常棒，提供非常宜人的现代房间，配备现代床品，散发出一种整洁、轻快的感觉。有的房间可俯瞰湖泊。店内气氛闲适、友好，是搭乘渡轮游览爱奥纳岛的理想根据地（距离不到1英里）。客人可以使用一流的厨房和配备木柴火炉的休息室。欧式早餐以自制面包为特色。

🍴 就餐

Creel Seafood Bar 海鲜 £

（☎07864 605682；Fionnphort；简餐 £4~8；⏰4月至10月 8:30~19:00）等待爱奥纳岛渡轮的时候，在船用坡道旁边的这家海鲜小屋津津有味地享用蟹肉三明治或海鳌虾鸡尾酒，再好不过。这里由渔户经营，烹制简单、美味的甲壳海鲜，每日特色鱼类菜肴的价格变动很大。海鲜拼盘很实惠。

⭐ Ninth Wave 苏格兰菜 £££

（☎01681-700757；www.ninthwaverestaurant.co.uk；Bruach Mhor, Fionnphort；3/4/5道菜晚餐 £48/56/68；⏰5月至10月 周三至周日 19:00 开始）🍴这家优秀的园地餐馆归一名龙虾渔夫及其加拿大妻子所有并经营。每日菜单使用本地获取的甲壳海鲜、花园里面种植的蔬菜，以及本地出产的各种优质肉类。餐馆位于经过改造的时髦茅屋中。必须预订（至少两周）。不接待12岁以下儿童。

❶ 到达和离开

周一至周六，克雷格纽尔至菲昂福特的长途汽车每天3~4班，周日1班（单程/往返 £9/14，1.25小时）。

爱奥纳岛 (Iona)

☎01681 / 人口 200

就像是马尔岛西海岸滴下的一颗绿色眼

泪，爱奥纳岛迷人而美丽，这座神圣的岛屿以及数代国王的安葬地，是个充满魔力的地方，配得上其高尚的名声。当你登上开往这里海边沙滩和绿田的渡轮的那一刻，你就会察觉到它的不同寻常。想要感受它的魅力，需要待上一晚：这里有一些出色的住宿场所。爱奥纳岛自称公平贸易岛屿，大力推动生态旅游。

圣高隆（St Columba）从爱尔兰起航，于563年在爱奥纳岛登陆，为在苏格兰传播基督教建立了修道社区。他正是在这里写下了《凯尔经》（*Book of Kells*）——都柏林三一学院的魅力所在。

◎ 景点和活动

经过修道院，在左手边寻找一条标示着 Dun I（发音"dun-ee"）的步道。然后轻松步行15分钟就会到达爱奥纳岛的最高点，四周景色迷人。

★ 爱奥纳修道院　　　　　　　历史建筑

（Iona Abbey；☎01681-700512；www.historicenvironment.scot；成人/儿童£7.50/4.50；◎4月至9月 9:30~17:30，10月至次年3月 10:00~16:00）爱奥纳古老但经历过大规模重建的修道院是岛上的精神中心。气势恢宏的中殿是个很有震慑力的空间，最引人瞩目的便是罗马式和早期哥特式拱顶和柱子；左边的一扇门通往美丽的回廊，中世纪坟墓石板与现代宗教雕塑在那里并存。后边的博物馆展示有美妙的雕刻高十字架，以及其他石雕，还有许多背景信息。修道院外立着一个雕刻精美的圣约翰十字架的复制品。

爱奥纳遗产中心　　　　　　　博物馆

（Iona Heritage Centre；☎01681-700576；www.ionaheritage.co.uk；捐款入内；◎复活节至10月 周一至周六 10:00~17:15）这个地方的内容涵盖了爱奥纳、亚麻漂白和灯塔的历史；这里还有工艺品店，以及提供美味家常烘焙食品的咖啡馆。

🛏 食宿

岛上的住宿选择有民宿和露营，还有一家青年旅舍和两家酒店。春季和夏季预订好住宿非常重要。除了青年旅舍之外，其他地方冬季几乎不营业。

★ Iona Hostel　　　　　　　青年旅舍 £

（☎01681-700781；www.ionahostel.co.uk；铺成人/儿童£21/17.50，标双£42，小屋 标单/双£40/60；[P][🛜]）这处关注生态的小农场及具有环保意识的青旅是苏格兰最值得一去且宁静的住处之一。可爱的赫布里底黑绵羊围绕着建筑，室内有漂亮实用又舒适的多人间，还有一个很赞的厨房休息区。附近有个美妙的海滩，还能爬上一座山坡欣赏风景。距离爱奥纳岛渡轮码头1英里多，经过修道院。

Iona Campsite　　　　　　　露营地 £

（☎07747 721275；www.ionacampsite.co.uk；帐篷营地 每位成人/儿童£7.50/4；◎4月至9月；🐕）这个长满草的朴素营地氛围热情，位于爱奥纳岛渡轮码头以西约1英里，出租睡袋和防潮垫。

★ Argyll Hotel　　　　　　　酒店 ££

（☎01681-700334；www.argyllhoteliona.co.uk；标单£79，双£99~119；◎3月中旬至10月中旬；🛜🐕）这家可爱杂乱的酒店服务很棒，客房时髦迷人（海景房更贵——双人房£174），其中包括性价比很高的家庭选择。房间不豪华，却简单、舒适，令人放松。大多数的房间朝向后边，那里有个很大的有机菜园为餐厅提供食材。这里是爱奥纳岛亲切惬意的安宁住处。

另辟蹊径

杜尔堡

麦克莱恩家族祖传宅邸的所在地，杜尔堡（Duart Castle；☎01680-812309；www.duartcastle.com；成人/儿童£7/3.50；◎5月至10月中旬 每天 10:30~17:00，4月 周日至周四 11:00~16:00）在岩石上俯瞰着马尔海峡（Sound of Mull），十分壮观。这里最初建于13世纪，后来被遗弃了160年，直到1912年重修。地牢、庭院和城垛看起来都令人难忘，而且这里还有着悠久的家族历史。

有一班开往城堡的大巴能够在克雷格纽尔与前来的渡轮接驳（往返£11，包括城堡门票），但也要走相当长一段路。

❶ 到达和离开

每天都有往返菲昂福特和爱奥纳岛的渡轮（成人 往返£3.40，5分钟，每小时1班）。持有许可证才能运输车辆。另有从托伯莫里和奥本出发前往爱奥纳岛的多日游。

因弗雷里（Inveraray）

♪01499 /人口 600

这里没有五十度灰：这座历史悠久的村庄井井有条，一切都是黑白的——哪怕是高街连锁店的标识都印证了这一点。因弗雷里立于法恩湾（Loch Fyne）畔，始建于18世纪，阿盖尔郡公爵在翻修因弗雷里堡时建造了这座乔治风格小镇。

◉ 景点

因弗雷里城堡　　　　　　　　　　城堡

（Inveraray Castle；♪01499-302203；www.inveraray-castle.com；成人/儿童/家庭£11/8/32；⊙4月至10月 10:00~17:45）这座视觉上很有冲击力的城堡位于城镇北侧，自15世纪起来就是坎贝尔家族领主阿盖尔公爵的宅邸。目前这座建于18世纪的建筑包括一座童话式的塔楼和仿造的城垛，里面有一个武器库，墙上挂着超过1000件长戟、短剑、滑膛枪和罗佳伯斧（Lochaber axe）。网上订票稍微便宜。

因弗雷里监狱　　　　　　　　　博物馆

（Inveraray Jail；♪01499-302381；www.invearayjail.co.uk；Church Sq；成人/儿童£11.50/7；⊙4月至10月 9:30~18:00，11月至次年3月 10:00~17:00；🅿）这是一家很具娱乐性的体验式博物馆。你可以旁听审判，真实体验囚房的滋味，同时了解乔治王时代不幸的囚犯遭遇的残酷刑罚。博物馆对细节的关注非常卓越——里面还有一个真人模型囚犯蹲在一个19世纪的厕所内——旺季时，还有演员栩栩如生地表演。最后入馆时间是闭馆前1小时。

🛏 食宿

★ George Hotel　　　　　　　　　旅馆 ££

（♪01499-302111；www.thegeorgehotel.co.uk；Main St E；双£90~135；🅿🛜🐾）George有各式华丽、独特的客房可供选择，陈设具有历史特色的豪华家具。有的房间以四柱床、维多利亚时代的卷边浴缸和单独的按摩浴缸（高级房和套间 每两人价格£145~180；图书室套间堪称奇观）为特色。有些房间在路对面的副楼里。这里还有可以自己做饭的居住选择。

★ Loch Fyne Oyster Bar　　　　　海鲜 ££

（♪01499-600482；www.lochfyne.com；Clachan, Cairndow；主菜£13~26；⊙9:00~17:00；🛜）这家店非常成功，以至于已经将名字授权给了全英的几十家餐馆。但老店仍旧是最棒的一家，这里有刚从湖里打捞上来的咸牡蛎，个大多汁，还有美味的三文鱼菜肴。这里气氛和装饰简单、友善而不做作，还有一家可以随意吃些东西的商店和熟食店。

Samphire　　　　　　　　　　　　海鲜 ££

（♪01499-302321；www.samphireseafood.com；6a Arkland；晚餐主菜£11~21；⊙周三至周五 正午至14:30和17:30~21:00，周六 正午至14:30和17:00~23:00，周日 正午至14:30和17:00~21:00；🛜）这家简洁的餐馆尽量采购可持续的本地海鲜，有很多惹人喜爱之处。厨房散发出一种非常轻松的格调，烹饪手法总能凸显天然风味，菜品令人非常满意。

❶ 到达和离开

Scottish Citylink（见952页）有从格拉斯哥开往因弗雷里（£13，1.75小时，每天多达9班）的长途汽车。有些车还会继续开往坎贝尔敦（Campbeltown；£14.20，2.25小时）；其他长途汽车开往奥本（£10.80，1.25小时）。这里还有长途汽车开往达农（Dunoon；£3.90，1.25小时，周一至周六 每天3班）。

基尔马丁谷（Kilmartin Glen）

这个神奇的峡谷是苏格兰史前遗址最集中的地方。乡野间四下散布着石冢、立石、石圈、山间堡垒和杯环标记的岩石（cup-and-ring-marked rocks）。在一个半径6英里的基尔马丁村落范围内，就有25处立石遗迹和超过100处岩石雕刻。

公元6世纪，爱尔兰移民在阿盖尔的这一地区建立了达尔里阿达王国（Kingdom of

Dalriada），并最终同皮克特人（Picts）融合，于843年建立了第一个苏格兰王国，定都杜纳德（Dunadd）山丘堡垒，堡垒就位于基尔马丁峡谷以南的平原地带。

基尔马丁博物馆住宅博物馆　　博物馆

（Kilmartin House Museum；☎01546-510278；www.kilmartin.org；Kilmartin；成人/儿童£6.50/2.50；◈3月至10月 10:00~17:30，11月至12月下旬 11:00~16:00）这座博物馆位于基尔马丁村，是引人入胜的解说中心，为你之后在基尔马丁游览的古迹景点提供背景知识，还展示从不同的地方发掘收集的工艺品。博物馆大规模改造的资金已经基本到位，所以行前查看网站，了解最新的详细信息。这里还有 **咖啡馆**（☎01546-510278；www.kilmartin.org；Kilmartin；主菜£5~9；◈3月至10月 10:00~17:00，11月至12月下旬 11:00~16:00；🛜🅿）和出售苏格兰工艺品和书籍的商店。

杜纳德山丘堡垒　　考古遗址

（Dunadd Fort；◈24小时）**免费** 这座山堡位于基尔马丁村以南3.5英里处，曾经是基尔马丁王国前几任国王的寝宫，可能还是命运之石（Stone of Destiny）最初的所在地。上面有野猪和两个脚印的模糊石雕，以及可能用于加冕仪式的殴甘铭文。令人瞩目的小山从莫因莫尔自然保护区（Moine Mhor Nature Reserve）松软潮湿的平原上陡然而起。

值 得 一 游

金泰尔角
（MULL OF KINTYRE）

一条狭窄曲折的道路绵延15英里，连接南部的坎贝尔敦和**金泰尔角**，途经绍森德（Southend）附近优美的沙滩。这个偏远的海岬，由于前披头士乐队成员保罗·麦卡尼（Paul McCartney）及其羽翼乐队（Wings）的名曲而获得了不朽的地位；保罗·麦卡尼在该地区拥有一间农舍。从路的尽头走30分钟很陡的下坡路，就会到达一个位于崖顶的灯塔，距离北爱尔兰只有12英里远，隔着海峡可以看见对岸。当频繁降雾的时候不要离开公路，很容易迷失方向。

---

❶ 到达和离开

423路长途汽车往返于阿德里希格（Ardrishaig）和奥本（周一至周五 每天3~5班，周六 2班），途经基尔马丁（从奥本出发£5.60，1小时）。

你可以从阿德里希格出发，沿着**克里南运河**（Crinan Canal）步行或者骑自行车，然后在Bellanoch向北经B8025公路到达基尔马丁（单程12英里）。旅途风光优美。

金泰尔（Kintyre）

40英里长的金泰尔半岛几乎就是一个岛屿，只有塔伯特一条地峡把它和纳普代尔（Knapdale）连接起来。在被西部群岛的古代北欧人占领期间，苏格兰国王颁布法令称维京人可以将乘坐他们的长船航行的所有岛屿据为己有。因此，1098年，狡猾的"赤脚王"马格努斯（Magnus Barefoot）亲自掌舵，让手下拉着他们的船穿过这片狭窄水域，证明金泰尔归他所有。

两侧的海岸线无比壮观，阿伦岛、艾莱岛、朱拉岛和北爱尔兰的风景激动人心。阳光明媚的时候，岩石海岸附近的海水闪闪发光。沿金泰尔步道（Kintyre Way）徒步是体验半岛的理想方式，坎贝尔敦附近的马赫里哈尼什有两座出色的高尔夫球场。

❶ 到达和离开

Scottish Citylink（见952页）的长途汽车从格拉斯哥发车，沿半岛纵向行驶。坎贝尔敦与阿德罗森之间有渡轮，夏季还连通艾尔郡（Ayrshire）。West Coast Motors（www.westcoastmotors.co.uk）还运营本地长途汽车。

塔伯特（Tarbert）

☎01880 / 人口 1100

塔伯特村是一座独具吸引力的渔村和游艇中心，是通往金泰尔半岛的门户，再加上周围矗立着建筑的天然海港，风景如画。它是附近渡轮航线的十字路口，是前往阿伦岛和艾莱岛的方便跳板，无论你选择哪条线路，这里都值得在中途逗留一番。

塔伯特城堡（Tarbert Castle；◈24小时）
免费 俯瞰风景如画的海港，由罗伯特·布鲁斯于14世纪重建，爬满了常春藤，斑驳破败。**法恩湾画廊**(Loch Fyne Gallery；☏01880-820390；lochfynegallery.com；Harbour St；◎周一至周六 10:00~17:00，周日 10:30~17:00)展出当地艺术家的作品。通过画廊旁边指示标的人行道可以爬到塔伯特城堡。

食宿

★ Knap Guest House 民宿 ££

(☏01880-820015；www.knapguesthouse.co.uk；Campbeltown Rd；双 £90~99；🛜) 这个地方位于主路拐角的楼上，非常舒适，服务生殷勤，无可挑剔，陈设豪华，装饰融合了苏格兰和远东风情，非常吸引人，木制的大象尤其显眼。欢迎客人的态度很热情，从早餐室可以眺望港口美景，在那里的开放式厨房能看到正在干活儿的老板。淡季价格下降。

Moorings 民宿 ££

(☏01880-820756；www.themooringsbb.co.uk；Pier Rd；标单 £50~60，双 £80；🅿🛜) 沿着港口前行，刚过塔伯特中心就能来到这个地方，这里由一个男人带着他的狗精心装饰和打理。这里可以俯瞰海景，还有五花八门的陶瓷和木制动物塑像，以及另类的艺术品；你不会错过它的。

Starfish Rooms 民宿 ££

(☏01880-820304；www.starfishtarbert.com；Castle St；标单/双 不含早餐 £35/70；🛜) 位于同名餐厅上方，不过并非同一老板，这一系列铺着木地板的简约套间非常实惠，尤其是对于单人旅行者来说。6号和7号房间是双人间，有迷人的裸露石墙。房费不包括早餐，不过距离咖啡馆非常近。

Ca' Dora 咖啡馆 £

(☏01880-820258；www.facebook.com/cafecadora；Harbour St；主菜 £6~16；◎8:00~21:00；🛜) 环绕塔伯特这一水畔地带的酒馆多多少少有些老套，这个氛围热情的地方就在它们中间。这家在本地深受欢迎的咖啡馆令人愉快，员工轻松活泼，墙上装饰有吸引人的海图。这里有一些标准的苏格兰咖啡馆食品，比如芝士通心粉和烤土豆，还提供几种新颖的每日特别菜式，以本地海鲜为主。

★ Starfish 海鲜 ££

(☏01880-820733；www.starfishtarbert.com；Castle St；主菜 £12~23；◎3月中旬至10月 周日至周四 18:00~21:00，周五和周六 正午至14:00和18:00~21:00；🛜) 🍴这家迷人的餐馆非常热情，烹制简单、优质又有格调的海鲜。这里有着种类丰富的特色菜——从经典法国鱼类菜肴到泰国咖喱，什么都有——食材采用当日塔伯特渔船的任意新鲜渔获。这里还有素食和肉食选择，以及不错的鸡尾酒。旺季前后周日和周一歇业。

❶ 到达和离开

船

CalMac (☏0800 066 5000；www.calmac.co.uk) 运营塔伯特至考尔半岛波塔瓦迪 (成人/小汽车 £2.70/8.40，25分钟，每天6~12班) 的汽车渡轮。10月下旬至次年3月，这里还有开往阿伦岛洛克兰扎 (成人/小汽车 £2.90/9.70，1.25小时，每天1班) 的渡轮，必须预订。

开往艾莱岛和科伦赛岛的渡轮从西南5英里处的肯纳奎格 (Kennacraig) 渡轮码头出发。

长途汽车

Scottish Citylink (见952页) 每天有4~5班往来坎贝尔敦 (£8.40，1小时) 和格拉斯哥 (£17.70，3.25小时) 的长途汽车。

坎贝尔敦 (Campbeltown)

☏01586 / 人口 4800

蓝领的坎贝尔敦围绕着一个美丽的海港。它仍旧受到其渔业和威士忌产业衰退以及附近空军基地关闭的影响，但也凭借高尔夫旅游业、不断增长的酿酒产业和通往艾郡的渡轮而复兴。美丽的海滨以青山做背景，为这座城镇带来充满希望的乐观气息。

◉ 景点和活动

云顶 酿酒厂

(Springbank；☏01586-551710；www.springbankwhisky.com；85 Longrow；团队游 £7 起；◎团队游 周一至周五 10:00、11:30、13:30和15:00，周六 10:00和11:30) 坎贝尔敦一带曾经有不少于32家蒸馏酒厂，但大多数都在20世纪20年代关闭了。这里是如今仍在经营的仅剩的3家之一,也是周边为数不多的几家蒸馏、酵熟和装瓶均在同一地点完成的酒厂之一,因而游览起来十分有意思。这里酿造的麦芽酒质量很高,是苏格兰最好的麦芽酒之一。各种高端团队游可以带你深入了解酿酒过程。

达瓦尔洞穴　　　　　　　　　洞穴

(Davaar Cave; ⓧ24小时) 免费 这处洞穴在坎贝尔敦湖(Campbeltown Loch)的达瓦尔岛(Davaar)的南端,洞里有一个非常罕见的景点正在等着你。洞穴的内壁上有个怪诞的十字架苦像,由本地艺术家阿奇博尔德·麦金农(Archibald MacKinnon)于1887年所绘。你可以在退潮的时候步行上岛:向旅游局查询一下潮汐时间。

🛏 住宿

★ Campbeltown Backpackers 青年旅舍 £

(✆01586-551188; www.campbeltownbackpackers.co.uk; Big Kiln St; 铺 £20; Ⓟ🛜) 🍴这家漂亮的青年旅舍位于城中心一个旧学校的建筑中:这里很棒,有个现代的厨房,还有无障碍设施和最先进的木质床铺。收益用来维持遗迹中心(Heritage Centre; 对面)的运营。如果预订可以享受£2的优惠。

Argyll Hotel　　　　　　　　旅馆 ££

(✆01583-421212; www.argylehotelkintyre.co.uk; A83, Bellochantuy; 标单 £45, 双 £80~90; Ⓟ🛜🐕) 这家传统旅馆在一条可以欣赏艾莱岛和朱拉岛的壮观景色的海岸线上,它位于坎贝尔敦以北10英里处的主路上,神气十足,令人愉悦。房间舒适,早餐是亮点,提供创新的鸡蛋菜肴和许多自制果酱,还可以边吃边俯瞰海景。

🍷 饮品和夜生活

Ardshiel Hotel　　　　　　　　酒吧

(✆01586-552133; www.ardshiel.co.uk; Kilkerran Rd; ⓧ周一至周六 正午至23:00, 周日12:30开始; 🛜) 这家友好的酒店有苏格兰最好的一家威士忌酒吧,是了解坎贝尔敦酿酒传统和品尝本地麦芽酒的理想地点。这里有700多种威士忌可供选择,不适合那些犹犹豫豫的人。

❶ 到达和离开

飞机

洛根航空(Loganair; www.loganair.co.uk)的航班来往于格拉斯哥和坎贝尔敦位于马赫里哈尼什(Machrihanish)的飞机场之间。

船

Kintyre Express(✆01586-555895; www.kintyreexpress.com; ⓧ4月至9月)运营一班高速载客小渡轮,从坎贝尔敦开往北爱尔兰的巴利卡斯尔(Ballycastle; 单程/往返 £50/90, 1.5小时, 5月至8月 每天1班, 4月和9月 周五至周日)。必须预订。从巴利卡斯尔开往艾莱岛(单程/往返 £60/95, 从巴利卡斯尔发船)并返回,然后往返坎贝尔敦。它还经营包船业务。

CalMac(✆0800 066 5000; www.calmac.co.uk) 5月至9月每周有3班往来于艾尔郡的阿德罗森和坎贝尔敦之间(成人/小汽车 £7.90/41.70, 2.75小时);周六回程在阿伦岛的布罗迪克(Brodick)停靠。

长途汽车

Scottish Citylink(见952页)有车从坎贝尔敦开往格拉斯哥(£21.60, 4.25小, 每天4~5班), 途经塔伯特、因弗雷里和洛蒙德湖。去奥本需要在因弗雷里换乘。

艾莱岛(Islay)

✆01496 / 人口 3200

艾莱岛(发音"eye-lah")出产世界上最好的重泥煤威士忌,其威士忌的美誉就像凯尔特万神殿一样被人们口口相传。同时,艾莱岛也是一个友好的迷人岛屿,虽然并没有马尔岛或斯凯岛那样雄伟壮丽的风景,但是岛上的居民热情好客,足以弥补这一缺憾。这里的蒸馏酒厂已经为迎接游客做好了准备;哪怕你不喜欢单一麦芽威士忌,这里众多的鸟类、上等的海鲜、清澈的大海和懒洋洋的海豹绝对能吸引你。这里的人在全英国是最好客的:向过路人挥手致意或打招呼是一定的,这里轻松的氛围令游客不由自主地放松了下来。唯一的不足是富有的威士忌游客已经将住宿的价格提升到了不忍直视的高度。

5月下旬,岛上举办为期一周的**艾莱音乐节**(Fèis Ìle; 艾莱岛节日; www.islayfestival.com;

Islay, Jura & Colonsay
艾莱岛、朱拉岛和科伦赛岛

5月下旬），庆祝传统的苏格兰音乐和威士忌的诞生。活动包括ceilidhs（非正式的娱乐和舞蹈）、风笛队表演、酿酒厂游览、烧烤和威士忌品酒会。岛上人满为患；提前订好住宿。

到达和离开

这里有两个渡轮码头：东海岸的阿斯凯克港（Port Askaig）和南边的埃伦港（Port Ellen）。艾莱岛机场位于爱伦港和波摩尔（Bowmore）之间。

飞机
洛根航空（Loganair; www.loganair.co.uk）每天有3个航班从格拉斯哥飞往艾莱岛，赫布里底航空服务公司（见952页）周二和周四每天有2班飞机从奥本飞往科伦赛岛和艾莱岛。

船
CalMac（见962页）运营从肯纳奎格至埃伦港或阿斯凯克港的渡轮（成人/小汽车￡6.70/33.45，2小时，每天3～5班）。夏季的周三和周六，可以乘船前往科伦赛岛（成人/小汽车￡4.15/17.30，1.25小时，可以一日游）和奥本（成人/小汽车￡9.60/51.45，4小时）。

需要提前几天预订渡轮的汽车舱位。

埃伦港及周边（Port Ellen & Around）

埃伦港是艾莱岛的主要入口。向东北方向延伸的海岸是艾莱岛最为可爱的地方，不到3英里的距离你就能发现三个最著名的威士忌品牌：拉弗格（Laphroaig）、拉加维林（Lagavulin）和阿德贝格（Ardbeg）。

基尔代尔敦（Kildalton）附近，阿德莫尔群岛（Ardmore Islands）海藻环绕的岩石小岛是野生动植物的天堂，也是欧洲第二大普通海豹的栖息地。

景点

阿德贝格　　　　　　　　　　　　　　酿酒厂
（Ardbeg; ☏01496-302244; www.ardbeg.com; 团队游￡6起; ⊙全年 周一至周五 9:30～17:00, 外加4月至10月 周六和周日)阿德贝格标志性的泥煤威士忌要从它值得赞扬的10年陈酿说起。基础团队游很不错，时间更长的团队游包括散步、听故事和拓展性品酒。酿酒厂位于埃伦港东北3英里处；这里还有一家适合吃午餐的不错的咖啡馆。

拉加维林

酿酒厂

(Lagavulin; ☏01496-302749; www.lagavulindistillery.com; 团队游£6起; ◎5月至9月 周一至周五 9:00~18:00, 周六和周日 至17:00, 4月和10月 每天 9:00~17:00, 11月至次年3月 周一至周六 10:00~16:00)泥煤味, 酒劲大, 它是埃伦港附近南部三大酿酒厂之一。Core Range团队游（£15）是不错的选择, 跳过很多你可能已经在其他地方体验过的酿酒工艺, 取而代之的是拓展性品酒环节。

拉弗格

酿酒厂

(Laphroaig; ☏01496-302418; www.laphroaig.com; 团队游£10起; ◎3月至10月 每天 9:45~17:00, 11月和12月 每天 至16:30, 1月和2月 周一至周五 至16:30)拉弗格就在埃伦港外边, 生产著名的泥煤威士忌。在各种难得的品酒活动中, 推荐"从水到威士忌"（Water to Whisky）团队游（£100）——你可以见到取水和挖泥煤的过程, 还可以在野餐时品尝多种威士忌。

食宿

Askernish B&B

民宿 ££

(☏01496-302536; www.askernishbandb.co.uk; 49 Frederick Cres, Port Ellen; 标单£50, 双£90~100; ☏)这栋维多利亚式深色石房靠近埃伦港渡轮坡道, 曾经是本地的诊所; 真的, 其中一个房间以前是手术室, 还有一个房间曾经是候诊室。房间宽敞, 采用老式花卉装饰, 卫生间设施现代。老板对客人用心, 是个妙人。

Old Kiln Café

咖啡馆 £

(☏01496-302244; www.ardbeg.com; Ardbeg; 主菜£8~13; ◎全年 周一至周五 10:00~15:45, 外加4月至10月 周六和周日; ☏)这家咖啡馆位于阿德贝格酿酒厂原来的麦芽制造窑内, 提供家常风味的汤、美味的简餐、丰盛的每日特餐, 以及各种甜点, 其中包括传统的clootie dumpling（填满黑醋栗和葡萄干的浓味蒸布丁）。

SeaSalt

法式小馆、比萨 ££

(☏01496-300300; www.seasalt-bistro.co.uk; 57 Frederick Cres, Port Ellen; 主菜£10~16; ◎正午至14:30和17:00~20:45)这个现代风格的地方热闹忙碌, 是埃伦港一处不同寻常的混搭之地: 它虽然是一家法式小馆, 但外卖有羊肉串、比萨和培根卷。高背餐椅非常舒服, 适合大啖每日特色菜单上的本地海鲜。鲜虾和小龙虾鸡尾酒适合开胃。咖啡和早餐品从10:00供应至正午。

❶ 到达和离开

CalMac的半数渡轮从埃伦港的肯纳奎格码头（成人/小汽车£6.70/33.45, 2小时）出发。

周一至周六每天有6~10班长途汽车从波摩尔开往埃伦港（25分钟）; 有的车还会继续开往阿德贝格。

波摩尔 (Bowmore)

☏01496 / 人口 700

原来的村庄基拉尔罗（Kilarrow）破坏了领主宅邸视野内的景致, 于是1768年在艾莱岛建造了乔治王朝时期风格、迷人的波摩尔村取而代之。波摩尔村的中心是**波摩尔酿酒厂**（Bowmore Distillery; ☏01496-810441; www.bowmore.com; School St; 团队游£10起; ◎3月至10月 周一至周六 9:30~17:00, 周日 正午至16:00, 11月至次年2月 周一至周六 10:00~17:00)和Main St顶端的**圆教堂**（Round Church）, 之所以建成这种特殊的形状是为了确保魔鬼无法找到藏身的角落。魔鬼最后一次现身是在岛上的一间酿酒厂。

食宿

★ Lambeth House

民宿 ££

(☏01496-810597; lambethguesthouse@tiscali.co.uk; Jamieson St; 标单/双 £70/98; ☏)这里待客热情活泼, 干净现代的客房配有顶级的独立卫浴, 是城中心一个可靠的选择。老板娘在让客人感觉宾至如归方面堪称资深专家, 她的早餐实在很棒。房间面积差别很大, 不过价格相同, 所以预订的时候可以要一间大房。

Dha Urlar

民宿 ££

(☏07967 505991; www.dha-urlar-bed-and-breakfast.co.uk; Cruach; 房间£125~150; P ☏)这个地方位于波摩尔以外仅1英里处, 地势高, 坐拥眺望荒原直至朱拉岛、金泰尔角和爱

尔兰海岸的壮观视野。房间宽敞，有舒适的床和现代的卫生间。开放式厨房提供早餐，店主还能为你提供大量本地信息，很有帮助。

Bowmore House　　　　民宿 £££

（☎01496-810324；www.thebowmorehouse.co.uk；Shore St；标单/双 £85/135起；🅿🛜）这里前身是宏伟的银行建筑，个性十足，海景美丽。它是最高级的民宿，房内有咖啡机，还有提供瓶装葡萄酒和本地麦芽酒的自助吧台，以及豪华的特大号床。房间宽敞，屋顶很高，光线充足。更多房间在毗邻的村舍内，可以做饭。

Harbour Inn　　　　精品酒店 £££

（☎01496-810330；www.bowmore.com/harbour-inn；The Square；标单/双 £115/145起；🛜）Harbour Inn如今为波摩尔酿酒厂所有，共有7间豪华的房间，提供友好的服务，还有一家不错的餐厅、一家温馨的酒吧，地段优越，距离艾莱岛首府的海边仅有几步之遥。房间陈设得体，配备优质的现代化便利设施，包括威士忌香皂和凝胶，还有豪华的床品，不过有的房间性价比不高。

✖ 餐饮

Harbour Inn　　　　英国菜 ££

（☎01496-810330；www.bowmore.com；The Square；主菜 £15~20；⏰正午至14:30和18:00~21:30；🛜）归波摩尔酿酒厂所有，位于Harbour Inn的这家餐馆是城里最高档的餐饮场所。在温室风格的用餐区域可以欣赏海面上的夕阳美景。艾莱岛牡蛎是显而易见的美味选择；菜单上的其他内容受益于时令和本地特色，烹饪得当。

Peatzeria　　　　意大利菜 ££

（☎01496-810810；www.peatzeria.com；22 Shore St；主菜 £11~18；⏰正午至22:00，冬季 周一歇业；🛜）店名非得如此不可，很棒的双关语！一座教堂被改造成为热情、温馨的意大利餐厅，令人印象深刻。餐馆擅长美味的石炉烤比萨，也有一长串出色的餐前小吃、千层面及其他意大利面食。温室就餐区不受天气影响，可以俯瞰海湾的独特美景。

Lochside Hotel　　　　酒馆

（☎01496-810244；www.lochsidehotel.co.uk；20 Shore St；⏰11:00至午夜；🛜）艾莱岛主要的威士忌酒吧之一，Lochside Hotel提供出色的本地麦芽酒。气氛良好，本地人和酒厂游客一同品味难得一见的威士忌。这里还有不错的酒吧餐食。

ⓘ 实用信息

波摩尔旅游局（Bowmore Tourist Office；☎01496-305165；www.islayinfo.com；The Square；⏰3月至6月 周一至周六 10:00~17:00，周日 正午至15:00，7月和8月 周一至周六 9:30~17:30，周日 正午至15:00，9月至10月 周一至周六 10:00~17:00，11月至次年2月 周一至周五 10:00~15:00）全国最好的旅游局之一。如果住宿满员，工作人员会尽力为你找到住处。

ⓘ 到达和离开

波摩尔有前往渡轮码头和艾莱岛主要居民区的长途汽车（周一至周六）。

夏洛特港及周边 (Port Charlotte & Around)

迷人的夏洛特港距离波摩尔11英里，就位于因达尔湾（Indaal Loch）的对岸，曾经是酿酒小镇，作为落脚地点非常具有吸引力。城里有博物馆，附近有酿酒厂，可以参与的活动很多。

夏洛特港西南6英里处，风景如画的渔村**波特纳黑文**（Portnahaven）是道路的尽头，是观赏海豹最理想的地方；小港口经常会有几十头肥胖的海豹在晒太阳。

⊙ 景点

★ 布鲁克莱迪克　　　　酿酒厂

（Bruichladdich；☎01496-850190；www.bruichladdich.com；Bruichladdich；团队游 £5起；⏰4月至9月 周一至周五 9:00~18:00，周六 至17:00，周日 10:00~16:00，10月至次年3月 开放时间缩短）布鲁克莱迪克（发音"brook-laddy"）距离夏洛特港两三英里，是趣味十足的酿酒厂，生产种类令人难以置信的瓶装酒；这里总有若干蒸煮新实验。规范说法是淡泥煤味，但贴上"夏洛特港"（Port Charlotte）和"泥煤怪兽"（Octomore）的品牌，它们被酿造成各种酚类怪胎。这里还生产杜松子酒

"植物学家"（Botanist），加入本地草药。对品酒保持开放的态度才能开开心心地参观游览。

齐侯门　　　　　　　　　　　　　　酿酒厂

（Kilchoman；☎01496-850011；www.kilchomandistillery.com；Rockfield Farm, Kilchoman；团队游 £7起；◎4月至10月 9:45~17:00，11月至次年3月 周六和周日 关闭）令人喜爱的Kilchoman位于农场，是苏格兰最小的酿酒厂之一。这里自己种植大麦并制作麦芽，最后手工装瓶。这里有各种包装诱人的产品：艾莱岛威士忌100%是用自己种植的大麦酿造。团队游信息丰富，品酒量大。这里还有一家不错的咖啡馆。

艾莱岛生活博物馆　　　　　　　　　博物馆

（Museum of Islay Life；☎01496-850358；www.islaymuseum.org；Port Charlotte；成人/儿童 £4/1；◎4月至10月 周一至周五 10:30~16:30）这座博物馆生动记载了艾莱岛的悠久历史，位于前独立教会（Free Church）的建筑里。获奖展品包括禁止使用的蒸馏器、19世纪的佃农家具和一双马匹穿的皮靴，这匹马曾经穿着这双靴子在Islay House拉剪草机（因此它不会把蹄子印在草坪上！）。

食宿

Islay SYHA　　　　　　　　　　　青年旅舍 £

（☎01496-850385；www.syha.org.uk；Main St, Port Charlotte；铺/标双/四 £20/48/90；◎4月至10月；@◎）这家砖砌青年旅舍干净、现代，设有大厨房和起居室，一尘不染的宿舍配有洗手盆。它所在的建筑原先是酿酒厂，可以俯瞰湖景。长途汽车在附近停车。提供早餐和加热的晚餐。店内有桌面游戏，可以玩玩艾莱岛大富翁（Islay Monopoly）。

Distillery House　　　　　　　　　民宿 ££

（☎01496-850495；mamak@sky.com；Main St, Port Charlotte；标单/双 £38/80，标双 不带卫生间 £76；P◎）希望以实惠的价格体验岛上居民的真诚热情，可以前往这家温馨的民宿。从北边走进夏洛特港，民宿就在右边，位于原Lochindaal酿酒厂的部分建筑中，由一对亲切的本地夫妇经营。他们会自制可口的橘子酱和燕麦饼。房间维护良好，大多非常舒适。可爱的单人间可观海景。最少住两晚。

Port Charlotte Hotel　　　　　　　酒店 £££

（☎01496-850360；www.portcharlottehotel.co.uk；Main St, Port Charlotte；标单/双/家 £175/240/290；P◎◎）这家可爱的老式维多利亚酒店有装饰独特的卧室——风格现代而雅致——铺着挺括的白色床单，配有优质的洗漱用品，可观赏海景。这个友好的地方有豪华休息室、舒适的酒吧和高档餐厅。

Yan's Kitchen　　　　　　　　　法式小馆 ££

（☎01496-850230；www.yanskitchen.co.uk；Main St, Port Charlotte；餐前小吃 £4~7，主菜 £13~22；◎供餐 4月至10月 周二至周日 正午至15:00和17:30~21:00；◎）从北边走进夏洛特港，这家小屋样式的餐馆就在左侧，信心十足地提供法式小馆菜式，使用鸭胸和本地扇贝等食材烹饪菜肴，无论是餐前小吃还是夜间海鲜特色，全都卖相精美，令人满意。铺着迷人木地板的室内因海岸风景充满魅力。10:30至正午提供咖啡和烤饼。

❶ 到达和离开

周一至周六，每天有6班长途汽车从波摩尔经布鲁克莱迪克开往夏洛特港（30分钟），并继续驶往波特纳黑文。

朱拉岛（Jura）

☎01496 / 人口 200

朱拉岛紧邻海岸，漫长、黑暗、低沉，如同一艘巨大的维京尖底船，鼓起的风帆便是与众不同的朱拉岛帕普斯三重峰（Paps of Jura）。这座壮美、荒凉和孤独的岛屿，是远离尘嚣的绝佳地点——乔治·奥威尔（George Orwell）就是在岛屿北部巴恩希尔（Barnhill）的一间偏远农舍中完成了他的杰作《1984》（Nineteen Eighty-Four）。

朱拉岛的名字来源于古斯堪的纳维亚语 dyr-a（鹿岛），这个名字很贴切，因为这里有红鹿6000头左右，比与它们同居的人类的数量多出30倍。

◎ 景点和活动

这里几乎没有像样的小路，野外探险经

常很艰辛，需要穿过巨大的欧洲蕨、齐膝深的沼泽和高到大腿的草丛。在鹿群出没的季节（7月至次年2月），进山可能会受限；Jura Hotel可以提供详细信息。小心蝰蛇——岛上到处都有，好在它们怕人，人一旦靠近就会溜走。

朱拉岛酿酒厂 酿酒厂

(Isle of Jura Distillery; ☏01496-820385; www.jurawhisky.com; Craighouse; 团队游£6起; ◷4月至10月 周一至周六 10:00~16:30，11月至次年3月 周一至周五 至16:00)除了参观朱拉岛酿酒厂以外，朱拉岛没有太多室内景点。标准团队游每天2次，特别游（£15~25）可以带你深入了解酿酒过程，需要预订。

🍴食宿

岛上住宿场所非常有限，所以需要预订。

Jura Hotel 酒店 ££

(☏01496-820243; www.jurahotel.co.uk; Craighouse; 标单£65，双£100~130; P🐾)Jura Hotel是朱拉岛上的社区中心，经营者热情而高效。客房的面积和形状各有不同，但全部翻新过而且很吸引人。高级房——全部都有海景——十分可爱，现代化的卫生间素雅而光鲜。可以在餐厅或气氛欢快的酒馆用餐。

Barnhill 小屋 ££

(☏01786 850274; www.escapetojura.com; 每周£1200起; P🐾)乔治·奥威尔曾经住过的小屋位于朱拉岛北部偏远、宜人的地带。小屋可住8人，坐落于距离主路7英里的一条崎岖的四驱车道旁边，距离酒馆25英里。条件相当简朴，不过有一台发电机。

Antlers 咖啡馆 £

(☏01496-820496; www.facebook.com/antlers.jura; Craighouse; 简餐£4~9; ◷复活节至10月 10:00~16:00)🍴这家咖啡馆为社区所有，有个工艺品店，并且有关于朱拉岛历史遗产的展览。这里制作美味的烘焙品、鹿肉汉堡、三明治等。可以坐在平台上观赏景色。周五提供晚餐外卖，有时接待堂食。没有售酒执照——开瓶费£3。

ℹ️ 到达和当地交通

朱拉岛有一班**汽车渡轮**(☏01496-840681；

朱拉岛帕普斯三重峰（PAPS OF JURA）

翻过能让人扭断脚踝的碎石堆，登上**帕普斯三重峰**，确实是一次艰难的登山徒步历程，需要健康的体魄和导航技术。11英里的线路非常艰难（需要8小时）。第一座山峰是海峡山（Beinn a'Chaolais；海拔734米），第二座山峰是金山（Beinn an Oir；海拔784米），然后是圣山（Beinn Shiantaidh；海拔755米）。大多数徒步者都会爬上科拉山（Corra Bheinn；海拔569米），然后加入Evans'Walk返回。

最受欢迎的起点是Craighouse以北3英里处的横跨科伦河（River Corran）的桥边。如果你成功登上全部4座山，可以想想一年一度的**朱拉岛跑山比赛**（Isle of Jura Fell Race; www.jurafellrace.org.uk; ◷5月下旬）的纪录是仅仅3小时；而且包括攀登7座山！

www.argyll-bute.gov.uk)穿梭于阿斯凯克港和Feolin（成人/小汽车/自行车 £1.85/9.60/免费，5分钟，周一至周六 每小时1班，周日 每2小时1班）之间。和苏格兰大陆之间没有直达的汽车渡轮。

4月至9月，**Jura Passenger Ferry**(☏07768-450000; www.jurapassengerferry.com；单程£20; ◷4月至9月)线路往返于苏格兰大陆的Tayvallich和朱拉岛上的Craighouse（1小时，除周三外每天1或2班）。建议预订（可以在线完成）。

岛上唯一的**大巴服务**(☏01436-810200; www.garelochheadcoaches.co.uk)往来于Feolin和Craighouse的渡轮码头之间（20分钟，周一至周六 6~7班），时间与渡轮发船和到岸的时间一致，有几班会继续往北，最远开到Inverlussa。

阿伦岛（ARRAN）

迷人的阿伦岛是苏格兰风景中的一颗宝珠。游岛仿佛一场视觉盛宴，岛上也有令人欣喜的美食、温馨的小酒馆（和小岛自己的啤酒屋与酿酒厂）以及众多住处。苏格兰多元的风光在这个小岛上全部可以体验到，最适合徒

Arran 阿伦岛

步或是骑行探索。阿伦岛北部山区有一些颇具挑战的徒步线路,不输高地地区,而岛上的环形沿海路则很受骑行者的欢迎。

❶ 实用信息

旅游局(☎01770-303774;www.visitscotland.com;◎3月至10月 周一至周六 9:00~17:00,外加4月至9月 周日10:00~17:00,11月至次年2月 周一至周六 10:00~16:00)位于布罗迪克。从阿德罗森(Ardrossan)出发的渡轮也能提供一些旅行信息。有用的网站有www.visitarran.com。

❶ 到达和当地交通

CalMac(见962页)运营阿德罗森和布罗迪克(成人/小汽车 £3.90/15.55,55分钟,每天4~9班)之间的渡轮。4月至10月下旬有往来金泰尔半岛克劳奈格(Claonaig)和洛克兰扎(成人/小汽车 £2.90/9.70,30分钟,每天7~9班)的渡轮。冬季开往塔伯特(1.25小时)的渡轮每天1班,必须预订。

每天有4~7班长途汽车从布罗迪克码头开往洛克兰扎(£3.15,45分钟),还有许多车从另一个方向前往拉穆拉什(Lamlash;£2)和怀廷贝(Whiting Bay;£2.75,30分钟),进而继续行至吉尔多南(Kildonan)和布莱克沃特福特(Blackwaterfoot)。可以在旅游局领取时刻表。

阿伦岛日票(Arran Dayrider)价格£6.30,可找司机购买,用于全天旅行。可以在www.spt.co.uk下载公共汽车时刻表。

布罗迪克及周边 (Brodick & Around)

☎01770 / 人口 800

多数游客都会来布罗迪克——阿伦岛的核心地带,并聚集在沿海公路的沿线,欣赏这座城镇长而曲折的海湾。天气晴朗的时候,风光壮观,戈特山(Goatfell)在森林覆盖的海岸上方若隐若现。

◉ 景点和活动

布罗迪克城堡 城堡

(Brodick Castle; NTS; ☎01770-302202; www.nts.org.uk;城堡和公园 成人/儿童 £14/10,仅公园 £7.50/6.50;◎城堡 5月至8月 11:00~16:00,4月和9月 11:00~15:00,公园 全年 9:30至日落)这座优雅的城堡位于布罗迪克以北2英里处,从13世纪最初的样子逐渐发展为哈密尔顿公爵(Duke of Hamilton)的一座豪华古宅和狩猎居所。进园要经过一个狩猎厅,那儿的墙壁上挂满鹿头。内部其余的地方有绝妙的19世纪木家具和各种关于马和猎犬的绘画。导游乐于助人,还有丰富的介绍单——儿童版本更好玩——也提供信息。

阿伦岛啤酒厂 啤酒厂

(Isle of Arran Brewery; ☎01770-302353; www.arranbrewery.com;团队游 £5;◎4月至9月 周一至周六 10:00~17:00,周日 12:30~17:00,10月至次年3月 周一和周三至周六 10:00~15:30)这家啤酒厂距离布罗迪克1.5英里,紧邻洛克兰扎路,出产一流的阿伦岛啤酒,包括让人上瘾的Arran Dark。团队游每天都有:各季节不同,打电话询问一下时间。团队游持续45分钟,其中包括品尝各种啤酒。

阿伦岛遗产博物馆 博物馆

(Isle of Arran Heritage Museum; ☎01770-302636; www.arranmuseum.co.uk; Rosaburn;成人/儿童 £4/2;◎4月至10月 10:30~16:30)这座

博物馆拥有各种关于历史和民族的藏品,比如史前石器和农具等。几栋古建筑里面有许多东西可看,包括岛屿及其居民的翔实背景信息。花园和咖啡馆让整个体验更加圆满。博物馆位于从布罗迪克前往城堡的途中。

★ 戈特山　　　　　　　　　徒步

（Goatfell）戈特山（海拔874米）是岛上的最高峰。上去下来往返8英里（用时长达8小时）。布罗迪克和布罗迪克城堡等地都有小路的起点。天气晴朗的时候,可以望见本洛蒙德山和北爱尔兰,风景绝佳。但是山上很冷,风很大;带上合适的地图（旅游局提供）、防水的衣物和指南针。

🛏 食宿

Brodick Bunkhouse　　　　青年旅舍 £

（☎01770-302968; www.brodickbunkhouse.co.uk; Alma Rd; 铺 £25; P 🛜）从渡轮码头缓步片刻可到,这家方便的青年旅舍位于Douglas酒店后面,有舒适、迷人的三层床,配备个人插座和USB接口。这里一般没有员工,输入密码进门。店内有简易的厨房和无障碍通道。不接待18岁以下的人。

★ Glenartney　　　　　　　民宿 ££

（☎01770-302220; www.glenartney-arran.co.uk; Mayish Rd; 双 £75~100; ⊙复活节至10月; P 🛜 ❄）🍴 令人心旷神怡的海湾美景和真诚热心的店主让这里成了热门住宿地。因为她地处小镇上端,其通风而时尚的客房最大化地利用了自然光线采光。舒适的休息室、自助烘焙和胶囊咖啡,加上可持续发展的理念,为住客带来无比快乐的住宿体验。高档的自行车,还有为徒步者准备的烘干室和小径建议同样是优势。

Douglas　　　　　　　　　酒店 £££

（☎01770-302968; www.thedouglashotel.co.uk; Shore Rd; 房间 £160~200, 套 £230; P 🛜 ❄）位于渡轮码头对面的Douglas是时髦、整洁的天堂,散发出海岛的热情。豪华房间配备整洁、现代的床品,并且最大限度地利用了壮观的景色。这里有许多贴心的设施,比如欣赏风景的望远镜,卫生间很棒。楼下<u>酒吧和法式小馆</u>（法式小馆主菜 £13~20, 酒吧餐 £10~15; ⊙法式小馆 18:00~21:30, 酒吧 正午至21:30; 🛜 🍴）同样值得推荐。平日和冬季价格会下降。

★ Brodick Bar & Brasserie　法式啤酒馆 ££

（☎01770-302169; www.brodickbar.co.uk; Alma Rd; 主菜 £13~22; ⊙周一至周六 正午至14:30和17:30~21:00; 🛜）阿伦岛就餐体验最棒的餐厅之一。黑板上的菜单定期更换,为这家布罗迪克酒馆带来一股现代的法式小馆气口。菜品品相很好,服务生麻利,而且味道可口。你想做出选择很困难,因为全部都很棒。周末晚上人很多。在本书调研期间,店面正在待售,所以情况可能会发生变化。

ℹ 到达和离开

CalMac（见962页）运营阿德罗森和布罗迪克（成人/小汽车 £3.90/15.55, 55分钟, 每天4~9班）之间的渡轮和从这里发车前往岛屿其他地方的长途汽车。

洛克兰扎（Lochranza）

☎01770 / 人口 200

洛克兰扎村庄位于阿伦岛北岸的小海湾,位置绝佳。这里的特色是傲然矗立于小海岬上方的<u>洛克兰扎城堡</u>（Lochranza Castle; www.historicenvironment.scot; ⊙24小时）免费,一处13世纪的遗址。附近的<u>阿伦岛酿酒厂</u>（Isle of Arran Distillery; ☎01770-830264; www.arranwhisky.com; 团队游 成人/儿童 £8/免费; ⊙3月至10月 10:00~17:00, 11月至次年2月 10:30~16:00）生产一种清爽芳香的单一麦芽威士忌。洛克兰扎地区是红鹿聚集的地方,它们经常漫不经心地溜达进村吃草。

🛏 食宿

★ Lochranza SYHA　　　　青年旅舍 £

（☎01770-830631; www.syha.org.uk; 铺/双/四 £24.50/64/108; ⊙3月中旬至10月, 外加全年周六和周日; P @ 🛜 ❄）🍴 这里景色优美,在这个迷人的地方有很棒的青年旅舍。客房不错,里面有厚实的木制家具,配有房卡和储物柜。使用雨水的厕所、热交换系统和一间无障碍客房,都表明这里在设计上很花心思,而舒适的公共活动区、一间餐厅水准的厨房、洗衣

★ Butt Lodge　　　民宿 ££

(☎01770-830333; www.buttlodge.co.uk; 标单 £72起, 双 £85~95, 套 £110~125; ◎3月至10月中旬; P🐕)经过一段坑坑洼洼的不长的路, 就到了这栋维多利亚式狩猎小屋, 它经过年轻老板的敏锐改造, 提供现代化的便利设施, 风格悠闲, 服务态度热情真诚。房间俯瞰山丘、花园和质朴的村庄高尔夫球场, 还有球场里的红鹿。城堡套间位置绝佳, 可以眺望3条步道和夹layersat座位区。

Stags Pavilion　　　法式小馆 ££

(☎01770-830600; www.stagspavilion.com; 主菜 £11~20; ◎周一、周二和周四至周六17:30~20:15, 周日正午至14:30; 🅿)阿伦岛这端最好的餐厅, Stags Pavilion低调地坐落于洛克兰扎乡村高尔夫球场的前俱乐部内。这里主打本地海鲜, 菜肴呈现出显著的意大利风味。你可能会看到红鹿在附近吃草。店内几乎总是满座; 如果可能, 提前订位。自带酒水。

❶ 到达和离开

4月至10月下旬, 渡轮往来于金泰尔半岛克劳奈格和洛克兰扎(成人/小汽车 £2.90/9.70, 30分钟, 每天7~9班)之间。冬季, 航线延伸至塔伯特(1.25小时), 每天1班, 必须预订。

固定班次的长途汽车往来布罗迪克和洛克兰扎(£3.15, 45分钟)。

南海岸(South Coast)

阿伦岛南部的风景比北部更加柔和; 道路在这里下探至树木成荫的小河谷, 而**基尔莫里**(Kilmory)和**拉格**(Lagg)附近的风景尤其可爱。从那里步行10分钟便是**托瑞林石冢**(Torrylinn Cairn), 这片带墓室的坟地拥有超过四千年的历史, 至少已在其中发现了8具尸体。**基尔多南**(Kildonan)有很好的沙地海滩、绝美的观海台、酒店、露营地和爬满蔓藤的荒废城堡。

在岸边幽静的**怀廷贝**(Whiting Bay), 你能找到小沙滩, 也可以轻松徒步一小时, 经过森林前往**巨人墓**(Giant's Graves)和**格伦纳什戴尔瀑布**(Glenashdale Falls)——留意金雕及其他猛禽。

🛏 食宿

★ Sealshore Campsite　　　露营地 £

(☎01770-820320; www.campingarran.com; Kildonan; 1/2人帐篷 £9/16, 双人野营仓 £35; ◎3月至10月; 🅿🐕)营地名为"海豹海岸", 名副其实: 这片小营地就在海边(和Kildonan Hotel旁边), 从露营地的草坪上能看到阿伦岛最美的风景。这里有不错的设施, 包括BBQ、电泵淋浴和日间休息室; 阵阵微风让你不受蚊虫侵扰。舒适的野营仓和经过翻新的Roma房车提供了帐篷以外的选择。

Kilmory Haven　　　青年旅舍 £

(☎01770-870345; www.kilmoryhaven.com; Village Hall, Kilmory; 房间 成人 £25.20; 🅿🐕)位于基尔莫里村务大厅的这个社区项目被注入了极大热情, 成为值得推荐的住宿地点。楼上的舒适宿舍和家庭上下床房间具有青年旅舍的风格, 不过你不必与他人共享。住宿费用包括寝具, 这里还有不错的厨房和就餐区。楼下有一家友好的季节性咖啡馆Wee Bite, 还有一家周末酒吧。

另辟蹊径

国王洞穴

这里有几座岛屿声称罗伯特一世就是在这个洞穴里经历那个著名的"蜘蛛网故事", 阿伦岛就是其中之一: 故事说的是, 看到一只坚持不懈的蜘蛛终于成功结网, 他下定决心继续坚持争取独立。可以从布莱克沃特福特(6英里)或者经由从城镇以北路边停车场伸出的一条3英里环路到达被称为**国王洞穴**(King's Cave; ◎24小时)**免费**的海边洞穴。带上手电筒, 可以在洞中看到基督教早期的雕刻和典型的皮克特符号。

继续前行, 很容易就能走到**马克里荒原石圈**(Machrie Moor Stone Circle; Machrie; ◎24小时)**免费**, 它们是大约4000年前立起来的。

Kildonan Hotel 酒店 ££

(☏01770-820207；www.kildonanhotel.com；Kildonan；标单/双/套 £85/109/135；🅿@☎☞）Kildonan的位置无与伦比，俯瞰海景和在岩石上晒太阳的海豹，风光如梦似幻。迷人的房间，几乎全都能看到海景，重新装修过；套间很棒，带独立露台或小阳台。房间正逐步被改造成为时尚现代的公寓，看起来好极了，不过有最短住宿要求。

Coast 法式小馆 ££

(☏01770-700308；www.facebook.com/coastarran；Shore Rd, Whiting Bay；午餐 £5~7，晚餐主菜 £11~16；☉周三至周六 10:00~15:00和17:00~21:00，周日至周二 10:00~16:00，营业时间随季节变化；☎☞）这个地方拥有阳光充足的水畔温室，提供晚餐，白天提供简餐。餐馆近年来经常转手，不过始终不失为让人坐下来就心情畅快的地方。各季节的营业时间差异很大。

❶ 到达和离开

长途汽车从布罗迪克和拉穆拉什开往怀廷贝，并继续开往基尔多南及更远的地方。

拉穆拉什（Lamlash）

☏01770 / 人口 1000

拉穆拉什位于布罗迪克以南仅3英里处，沿海滩而建，景色令人目眩。"一战"和"二战"期间，这片海湾被海军用作安全锚地。

◉ 景点

霍利岛 岛屿

（Holy Island）紧邻拉穆拉什，这座岛屿为三昧耶林西藏中心（Samye Ling Tibetan Centre）所有，被用作隐修的地方，但允许白天到访。根据潮汐变化调整时间的渡轮从拉穆拉什前来。霍利岛禁止带狗、自行车和酒，严禁生火。步行上山（314米）往返需要两个小时，令人愉快。你可以在 Holy Island Centre for World Peace & Health (☏01770-601100；www.holyisle.org；铺/标单/双全食宿 £32/55/80；☉4月至10月）住宿。房价含全餐。

🛏 食宿

Lilybank Guest House 民宿 ££

(☏01770-600230；www.lilybank-arran.co.uk；Shore Rd；标单/双 £60/80；☉4月至9月；🅿☞）建于17世纪的Lilybank依然保持着传统，但已经经过翻新，符合现代需求。房间干净、舒适，其中一间适合行动不便的人士。前面的房间拥有俯瞰霍利岛的美景。早餐包括有机麦片粥、橡木熏鱼及其他阿伦岛美食。

★ Glenisle Hotel 酒店 £££

(☏01770-600559；www.glenislehotel.com；Shore Rd；标单/双/高级双 £102/157/207；☞）这家时尚的酒店服务优质，非常舒适。客房装饰有当代的织物；斜顶的"舒适房间"稍微便宜一些。所有的房间感觉都很清新，并且有双筒望远镜可以眺望海岸；升级到"高级房"，能够看到最美的海景。楼下提供一流的饮食（☏01770-600559；www.glenislehotel.com；Shore Rd；主菜 £12~18；☉正午至20:45；☎☞），花园旁边有令人愉悦的户外座椅。

❶ 到达和离开

布罗迪克（£2，10分钟）有固定班次的长途汽车前往拉穆拉什。

4月至10月，开往霍利岛的渡轮（☏01770-700463, 07970 771960；tomin10@btinternet.com；往返 成人/儿童 £12/6；☉4月至10月 每天；11月至次年3月 周二和周五根据安排）每天3班（15分钟）。

因弗内斯、高地和北部诸岛

包括 ➡

因弗内斯	973
尼斯湖	981
科河谷	996
威廉堡	997
阿勒浦	1011
斯凯岛	1018
外赫布里底群岛	1025
奥克尼群岛	1035
柯克沃尔	1038
斯特罗姆内斯	1043
设得兰	1047
勒威克	1050

最佳餐饮

➡ Loch Bay（见1024页）
➡ Côte du Nord（见1008页）
➡ Captain's Galley（见1006页）
➡ Machair Kitchen（见1032页）

最佳住宿

➡ Torridon（见1016页）
➡ Hillstone Lodge（见1023页）
➡ Brinkies Guest House（见1044页）
➡ Albert Hotel（见1040页）
➡ Rocpool Reserve（见977页）

为何去

苏格兰广袤而忧郁的灵魂就蕴藏在这幅史诗般的风景中，它的荒凉之美给前来旅行的游客留下了不可磨灭的记忆。薄雾和泥炭，石南花和岩石，还有夏季夜晚依然耀眼的阳光，这些都是偶尔遭遇连日横飞暴雨后你应得的补偿。

珀斯郡高地的山峦和峡谷会为你带来难忘的初体验。作为该地区的首府，因弗内斯背靠着崎岖的凯恩高姆山，吸引着徒步者和滑雪者进山活动。再往北，古老的石头遗迹矗立于神奇的奥克尼群岛和设得兰群岛，证明了史前建造者的存在；岛上一群群海鸟在大片的繁殖栖息地上方盘旋。

西北部高地的山景最具有史诗般的魅力，唯有配上交响乐才能让你充分领略其美丽。这片土地绵延伸入斯凯岛，岛上雄壮的库林丘陵在夕阳的映衬下呈现出参差的剪影。再往前的大西洋沿岸，外赫布里底群岛拥有这个国家最美丽的海滩，你能一窥当地传统岛屿生活。

何时去

➡ 5月、6月和9月是最佳游览季节：你最有可能享受干燥的天气，蚊虫较少。

➡ 9月会举办苏格兰最著名的高地运动会：布雷马集会（Braemar Gathering）。

➡ 11月至次年3月，白雪覆盖山峦；12月，下午4点天就黑了。

➡ 1月，凯恩高姆山提供理想的滑雪环境；设得兰举办维京主题的维京火之祭（Up Helly Aa）节日。

历史

维京人衰败以后，苏格兰的历史不出意外地与它的南部邻居紧密地联系在一起。战争和边界袭击是家常便饭，直到王位共领及其后的政治结盟将两个地区联合起来才得以停息。然而，苏格兰高地与低地之间的文化差异跟低地与英格兰之间的差异相比，并没有多少。

因弗内斯和大峡谷
（INVERNESS & THE GREAT GLEN）

因弗内斯是苏格兰高地的首府，也是英国发展最快的城市之一。这里不仅是交通枢纽，也是前往高地中部、西部和北部，以及马里湾海岸（Moray Firth coast）和大峡谷的起点。

大峡谷是一条成直线的地质断层，从威廉堡直到因弗内斯，跨越整个苏格兰地区。上一次冰河时期的冰川沿断层线侵蚀出幽深的峡谷，如今里面是四片湖泊——林尼湖（Linnhe）、洛希湖（Lochy）、奥伊赫湖（Oich）和尼斯湖（Ness）。这些峡谷始终是重要的交通线路——18世纪初叶，乔治·韦德将军（General George Wade）沿尼斯湖南侧修建了一条军用公路；1822年，喀里多尼亚运河（Caledonian Canal）将这些湖泊连接了起来，形成遍布苏格兰的航道。A82公路沿峡谷而建，并于1933年竣工，竣工日期恰好与人类现代首次目击尼斯湖水怪的日期相吻合。

❶ 到达和离开

因弗内斯和威廉堡之间的大峡谷小道有固定班次的长途汽车。因弗内斯与格拉斯哥和爱丁堡之间有火车线路。

因弗内斯（Inverness）

☎01463 / 人口 61,235

因弗内斯位于大峡谷最北端，横跨尼斯河（River Ness），地理位置得天独厚。夏季会有大批游客涌向这里，想要在附近的尼斯湖寻找怪兽。事实上，风景如画的尼斯河和因弗内斯本身就值得你游览一番，可以沿着河岸漫步或进行一次尼斯湖游游，还可以在城里绝佳的餐厅内享用美食。

因弗内斯或许是由大卫一世于12世纪始建，但由于历史上经常动荡不安，有年头或者具有历史意义的建筑几乎荡然无存——这座城市比较古老的部分大多只能追溯至1822年喀里多尼亚运河开通以后。水浅宽阔的尼斯河穿过市中心，以钓鲑鱼而闻名。

⊙ 景点和活动

★内斯群岛（Ness Islands） 公园

因弗内斯的主要吸引力在于可以沿着河流悠闲漫步，前往内斯群岛。岛上种植着长成的欧洲红松、冷杉、山毛榉和无花果树，通过优雅的维多利亚式人行桥和河岸相连，是野餐的极佳地点。从城堡向南步行20分钟，沿着任意一侧河岸向河上游漫步（大峡谷小道的起点），然后从对岸返回。

因弗内斯博物馆和美术馆 博物馆

（Inverness Museum & Art Gallery; ☎01463-237114; www.inverness.highland.museum; Castle Wynd; ⊙4月至10月 周二至周六 10:00~17:00，11月至次年3月 周四至周六 正午至16:00）**免费**
因弗内斯博物馆和美术馆有野生动物实景模型、地质学展览、摆放古代武器的历史展厅、皮克特石件，以及当代高地艺术和手工艺展览。

因弗内斯城堡 城堡

（Inverness Castle; Castle St）市中心上方的山顶矗立着因弗内斯城堡古雅的塔楼。这幢精致的粉色砂岩建筑是一座男爵城堡，可以追溯至1847年，前身是1746年被詹姆斯二世党人炸毁的中世纪城堡；如今它是郡法院的所在地。城堡不对外开放，但从周围的花园望去，景致优美。

Dolphin Spirit 野生动物观赏

（☎07544 800620; www.dolphinspirit.co.uk; Inverness Marina,Stadium Rd; 成人/儿童 £18.50/12; ⊙复活节至10月）这家机构经营从因弗内斯进入马里湾的巡游，观赏英国最大宽吻海豚群（大约130头），旺季每天4次。这些海豚以游向海湾尽头河流中的鲑鱼为食，人们经

因弗内斯、高地和北部诸岛亮点

① **北海岸500**（见1013页）踏上穿越苏格兰经典风光的公路旅行。

② **哈里斯**（见1029页）欣赏西部群岛最美丽的海滩。

③ **库林丘陵**（见1021页）徒步翻越史凯岛山顶，眺望令人惊叹的天际。

④ **阿弗里克峡谷**（见980页）穿过苏格兰最美峡谷的山脉湖泊。

⑤ **罗西莫楚斯森林**（见987页）漫步穿越凯恩高姆古老的苏格兰森林。

⑥ **本尼维斯山**（见999页）登顶英国最高的山峰。

⑦ **科河谷**（见996页）在这条风景如画的峡谷拍照（如果你能见到的话！）。

⑧ **诺伊德特半岛**（见1001页）前往英国最偏远崎岖的荒野探险。

⑨ **斯卡拉布雷**（见1042页）惊奇于比金字塔还要久远的遗迹。

⑩ **奥克尼群岛**（见1035页）跳岛游览遍布海滩的荒凉群岛。

设得兰群岛

- ATLANTIC OCEAN 大西洋
- Unst 安斯特岛
- Cullivoe
- Yell
- Belmont 贝尔蒙特
- North Roe
- Mid Yell
- Ronas Voe
- Yell Sound
- Fetlar 费特勒岛
- Ulsta
- Toft 托夫特
- Housay
- St Magnus Bay 圣马格纳斯湾
- Papa Stour
- Vidlin
- Laxo
- Whalsay
- West Burrafirth
- Symbister
- Walls
- Weisdale
- NORTH SEA 北海
- Lerwick 勒威克
- Noss 诺斯岛
- Foula 富拉岛
- Bressay
- Boddam
- Sumburgh 萨姆堡
- 0 40 km
- 0 20 miles

- ATLANTIC OCEAN 大西洋
- Port of Ness
- Barvas 巴弗斯
- Carloway 卡洛韦
- Callanish 卡兰尼什
- Stornoway 斯托诺韦
- Isle of Lewis 刘易斯岛
- The Minch 明奇海峡
- Mealasta
- Scarp
- Taransay
- Shiant Islands
- Melvaig 梅尔韦格
- Pabbay
- Berneray 伯纳雷岛
- Tarbert 塔伯特
- Longa
- Harris 哈里斯
- Leverburgh 利弗堡
- Balranald RSPB Reserve 英国皇家鸟类保护协会巴尔兰纳德保护区
- Lochmaddy 洛赫马迪
- The Little Minch
- Uig 乌依格
- Ascrib Islands
- Loch Snizort
- Loch Torrid
- Monach Islands
- North Uist 北尤伊斯特岛
- Loch Dunvegan
- Sound of Raasay
- Isle of Skye 斯凯岛
- Brochel 布罗切尔
- Beal na (626)
- Dunvegan 邓韦根
- Raasay
- Portree 波特里
- Applecross
- Kyle
- Benbecula 本贝丘拉岛
- Inverarish
- Lochai
- 洛哈尔什
- South Uist 南尤伊斯特岛
- **Cuillin Hills** 库林丘陵 ③
- Kyleakin 凯利
- Broadford 布罗德福德
- Lochboisdale 洛赫博伊斯代尔
- Sleat
- Fuday
- Eriskay 埃里斯凯岛
- Canna
- **Knoydart Peninsula** 诺伊德特半岛
- Barra 巴拉岛
- Kinloch
- Inveri
- Vatersay
- Rum 拉姆岛
- Mallaig 马莱格
- Sandray
- Eigg 埃格岛
- Morar
- Pabbay
- Arisaig
- Mingulay
- Lochailor
- Berneray 伯纳雷岛
- Muck
- Ardmolich
- Sea of the Hebrides 赫布里底海
- Achosnich
- Salen
- Ardnamurchan Point
- Kilchoan
- Coll 科尔岛
- Bonnavoulin
- Uig
- Tobermory 托伯莫里
- Tiree 泰里岛
- Isle of Mull 马尔岛
- Lochalin
- Salen

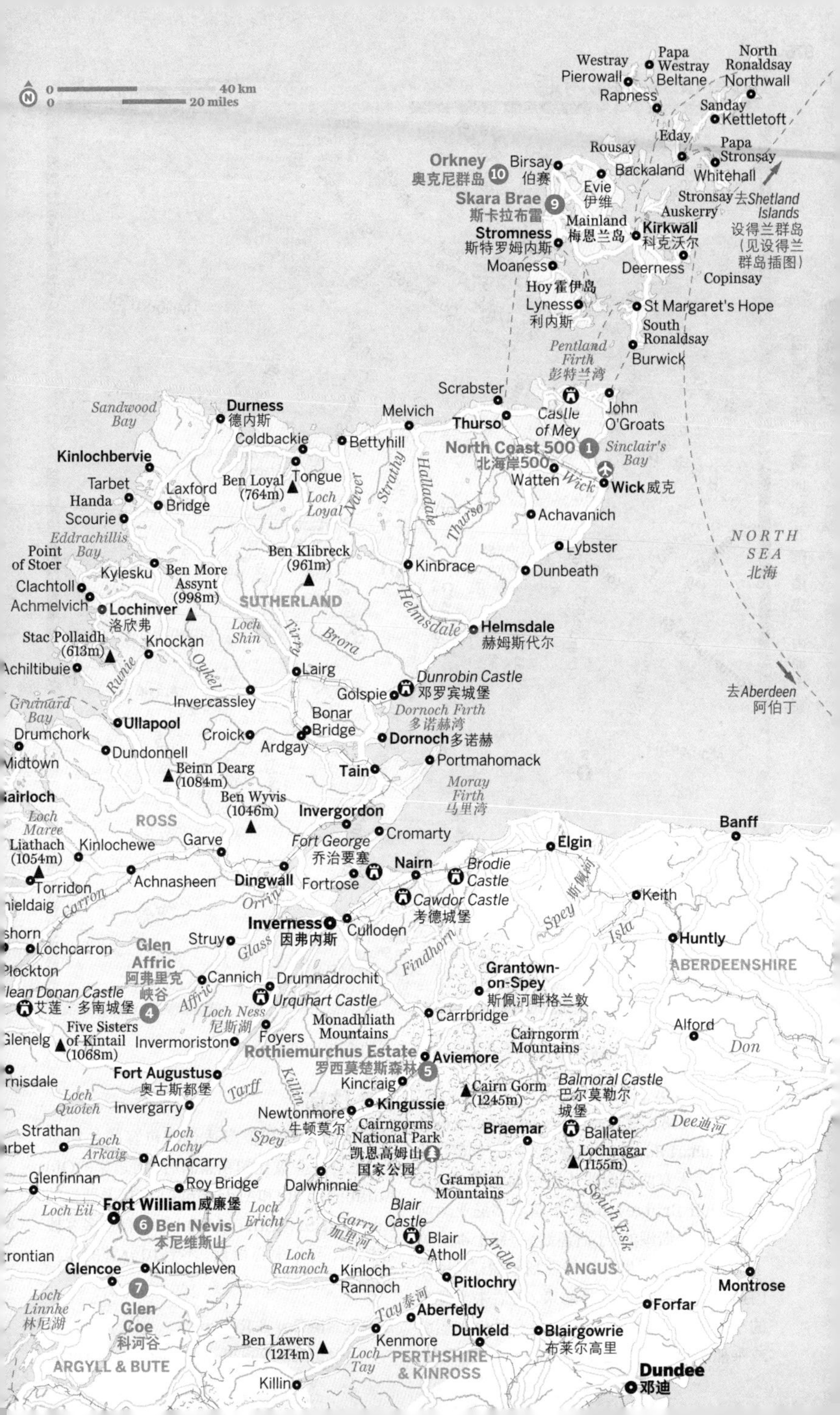

Inverness 因弗内斯

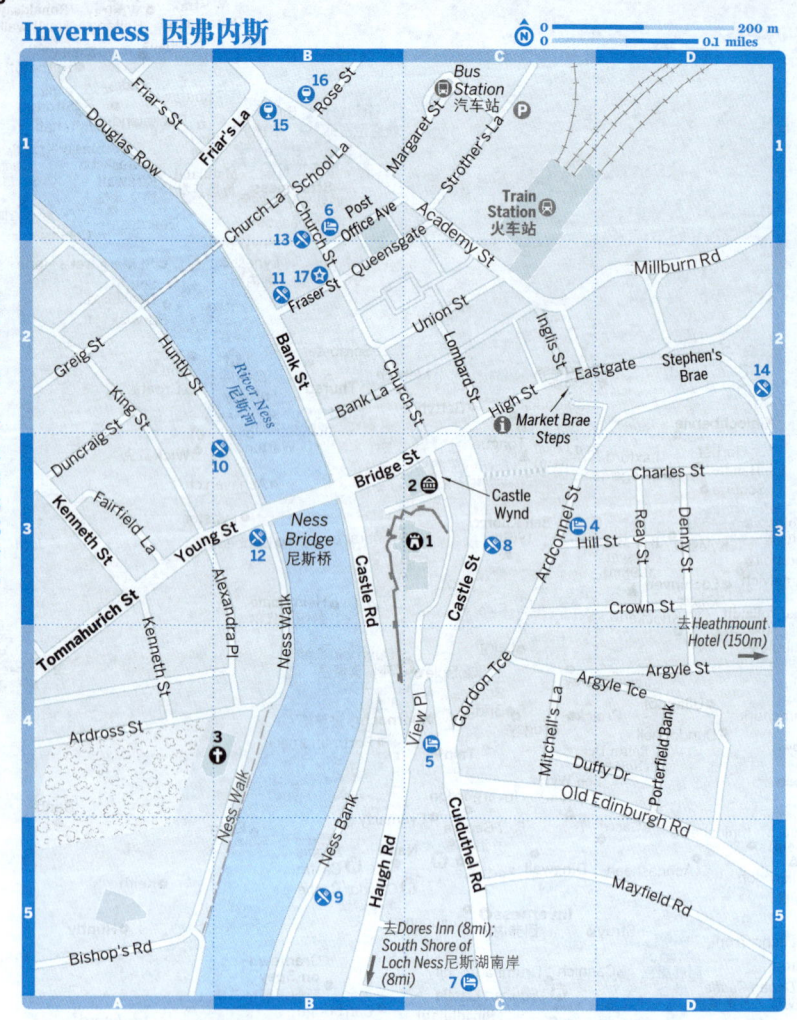

常能见到它们跃出水面或者在船头戏浪。

Loch Ness by Jacobite　乘船游

(☎01463-233999; www.jacobite.co.uk; Glenurquhart Rd; 成人/儿童£23/15; ◎6月至9月; ✤)每天有两班游船从唐纳瑞克桥(Tomnahurich Bridge)出发,沿喀里多尼亚运河开始往返尼斯湖的3小时巡游,一路上都有关于本地历史和野生动物的现场解说。在因弗内斯旅游局(见979页)购票,之后乘坐免费的小公共汽车到达乘船处。也有其他乘游游或乘船和巴士联合之旅,时间为1~6.5小时,有的全年均可参加。

🛏 住宿

因弗内斯有很多适合背包客的住宿场所,也有一些极佳的精品酒店,河东岸的Old Edinburgh Rd和Ardconnel St,以及西岸的Kenneth St和Fairfield Rd一带有很多客栈和民宿;与市中心很近,不到10分钟的步行路程。

Black Isle Bar & Rooms　青年旅舍£

(☎01463-229920; www.blackislebar.com;

Inverness 因弗内斯

◎ 景点
1. 因弗内斯城堡.. C3
2. 因弗内斯博物馆和美术馆............................... C3
3. 圣安德鲁斯大教堂... B4

🛏 住宿
4. Ardconnel House.. C3
5. Bazpackers Backpackers Hotel.................. C4
6. Black Isle Bar & Rooms................................ B1
7. Rocpool Reserve.. C5

🍴 就餐
8. Café 1... C3
9. Contrast Brasserie... B5
10. Kitchen Brasserie... B3
11. Mustard Seed... B2
12. Rocpool... B3
13. Sam's Indian Cuisine..................................... B1
14. Velocity Cafe.. D2

🍷 饮品和夜生活
15. MacGregor's.. B1
16. Phoenix... B1

🎭 娱乐
17. Hootananny... B2

---

68 Church St; 铺/标单/双 £25/55/100; 🛜）它是好酒之人梦想成真的地方——位于市中心的优质青年旅舍，楼下就是提供本地Black Isle Brewery艾尔啤酒的酒吧。

Bazpackers Backpackers Hotel　　　　青年旅舍 £

（☎01463-717663; www.bazpackershostel.co.uk; 4 Culduthel Rd; 铺/双 £18/60; @🛜）这里也许是因弗内斯最小的青年旅舍（只有34个床位），但这丝毫不影响它受欢迎的程度。氛围友好安静，主建筑内有一间欢快的休息室，中间有一个烧木柴的炉子，屋外还有个景致绝佳的小花园（一些房间设在另一栋单独的建筑内，没有花园）。宿舍和厨房稍显局促，但淋浴设施很不错。

Inverness SYHA　　　　青年旅舍 £

（SYHA, ☎01463-231771; www.syha.org.uk; Victoria Dr; 铺/标三 £19/77; P@🛜）从市中心向东北方向步行10分钟即到。风格现代，整洁干净，设施齐全，拥有166个舒适的床位和豪华不锈钢厨房。一定要提早预订，尤其是在复活节期间及7月和8月。

Ardconnel House　　　　民宿 ££

（☎01463-240455; www.ardconnel-inverness.co.uk; 21 ArdconnelSt; 房间 每人 £45~50; 🛜）Ardconnel是我们最喜欢的住宿选择之一（必须预订，尤其是7月和8月），共有6个房间。这座维多利亚式联排住宅里有带私人浴室的舒适房间，餐厅内铺着挺括雪白的亚麻桌布，早餐菜单里甚至有为思乡心切的澳洲游客准备的国民蔬菜酱Vegemite。不接待10岁以下儿童。

★ Heathmount Hotel　　　　精品酒店 £££

（☎01463-235877; www.heathmounthotel.com; Kingsmills Rd; 房间 £160起; P🛜）Heathmount面积不大，气氛友好，8间具有设计感的酒店房间与本地热门酒吧和餐馆相连，房间配色大胆，从紫色和金色家庭房间到性感的黑色天鹅绒四柱床双人间，各有不同。从市中心向东步行5分钟即可到达。

★ Rocpool Reserve　　　　精品酒店 £££

（☎01463-240089; www.rocpool.com; Culduthel Rd; 房间 £270起; P🛜）这家漂亮考究的小型酒店融合了时尚气息与高地风格，优雅的乔治式外墙内隐藏着现代格调的装潢。以红色地毯和当代艺术品装饰的白色门廊明亮精致，直通充满设计感的房间，房内则以巧克力色、奶油色和金色完美搭配。Albert Roux开设的餐厅令酒店的豪华设施更加完整。

★ Trafford Bank　　　　民宿 £££

（☎01463-241414; www.traffordbank-guesthouse.co.uk; 96 Fairfield Rd; 双 £130~150; P🛜）人们对这家优雅的维多利亚别墅好评如潮，这里曾是一位主教的宅邸，距离喀里多尼亚运河很近，从城中心向西步行10分钟即到。豪华客房内配备了鲜花、水果、浴袍和蓬松的毛巾，建议选择入住Tartan Room，里面有特大号的铁艺床和维多利亚风格的卷盖式浴缸（roll-top bath）。

✕ 就餐

Velocity Cafe　　　　　　　　　咖啡馆

(☎01463-419956; www.velocitylove.co.uk; 1 Crown Ave; 主菜 £4~7; ◉周一至周三和周五 8:00~17:00, 周四至21:00, 周六 9:00~17:00, 周日 10:00~17:00; 🛜🅿🏠) 🍴这家骑行者的咖啡馆提供用当地有机食材制作的汤羹、三明治和沙拉，以及美味的蛋糕和咖啡。同时这里也是一个自行车修理车间，除了修车之外还可以和技师预约相应的课程。

★Café 1　　　　　　　　　　法式小馆 ££

(☎01463-226200; www.cafe1.net; 75 Castle St; 主菜 £12~28; ◉周一至周五 正午至14:30和17:00~21:30, 周六 12:30~15:00和18:00~21:30; 🅿🏠) 🍴Café 1氛围友好，独具吸引力。雅致的亚麻色木制品及铁艺装饰之间摆放着烛光餐桌。这里主要使用苏格兰产的优质食材烹调多国风味的菜式，有阿伯丁安格斯牛排（Aberdeen Angus steak）、酥脆的煎黑鲈以及入口即化的猪腩。另有一份严格素食菜单。

Sam's Indian Cuisine　　　　　印度菜 ££

(☎01463-713111; www.samsindian.com; 77-79 Church St; 主菜 £9~17; ◉周六至周四 正午至22:30, 周五 16:00~22:30) Sam's的时尚内饰比一般的咖喱店更胜一筹，食物亦是如此——大量新鲜浓郁的香料和草药让孜然鸡块之类的佳肴风味十足。再喝些印度Cobra啤酒佐餐。

Mustard Seed　　　　　　　　法式小馆 ££

(☎01463-220220; www.mustardseedrestaurant.co.uk; 16 Fraser St; 主菜 £13~23; ◉正午至15:00和17:30~22:00) 🍴这家明亮、热闹的法式小馆每周更换菜单，但主打经过现代改良的苏格兰和法国菜式。如果可以，在楼上阳台找张桌子——因弗内斯最好的户外午餐场所，可以欣赏河流对岸的美景。2道菜午餐£10——没错，就是这个价格——无与伦比。

Kitchen Brasserie　　　　新派苏格兰菜 ££

(☎01463-259119; www.kitchenrestaurant.co.uk; 15 Huntly St; 主菜 £11~22; ◉正午至15:00和17:00~22:00; 🏠) 这家正面是玻璃的壮观餐厅提供出色的菜单，一流的苏格兰食材搭配地中海或亚洲风味，在这里还可以俯瞰尼斯河风光——尽量在楼上就座。2道菜午餐（£10，正午至15:00）和早客套餐（£14，17:00~19:00）物超所值。

Contrast Brasserie　　　　　法式酒馆 ££

(☎01463-223777; www.glenmoriston-townhouse.com/restaurant; 20 Ness Bank; 主菜 £16~24; ◉正午至22:00) 因弗内斯性价比最好的餐厅之一，建议预订。餐厅充满设计感，专业工作人员的微笑服务令人倍感亲切，美味佳肴是用新鲜的苏格兰物产精心烹制的。2/3道菜的午餐套餐（£13/16）和3道菜的早客套餐（£18, 17:00~18:30）都十分划算。

Rocpool　　　　　　　　　　地中海菜 £££

(☎01463-717274; www.rocpoolrestaurant.com; 1 Ness Walk; 主菜 £14~31; ◉周一至周六 正午至14:30和17:45~22:00) 🍴光洁的木制品、清爽的白色亚麻、皮制的长椅和卡座，这一切在这家惬意的小酒馆内营造出了精致的航海氛围。这里供应地中海风味菜，大多采用优质的苏格兰食材，尤其是海产品。2道菜的午餐价格为£17。

🍷 饮品和夜生活

MacGregor's　　　　　　　　　　　酒吧

(www.macgregorsbars.com; 113 Academy St; 双人啤酒套餐 £21起; ◉周一至周四 11:00至午夜, 周五和周六 11:00至次日1:00, 周日 正午至午夜) 用木头与花呢装饰的这家酒吧具有极为强烈的现代感。店里提供种类繁多的苏格兰现打精酿啤酒，甚至还有被称为"精酿常识之旅"的啤酒"套餐"。这里对啤酒的执着一直延伸至男厕所，那里的小便器和洗手盆都是用啤酒桶改造的。

Clachna Harry Inn　　　　　　　　小酒馆

(☎01463-239806; www.clachnaharryinn.co.uk; 17-19 High St,Clachnaharry; ◉周一至周四 11:00~23:00, 周五和周六 11:00至次日1:00, 周日 正午至23:00; 🏠) 这家令人愉快的小酒馆位于市中心西北1英里处，紧邻A862的喀里多尼亚运河岸。店铺由老牌马车驿站改造而成（后面有一个啤酒花园），还提供多种优质艾尔啤酒和酒吧餐。

Phoenix 小酒馆

（☎01463-233685；www.phoenixalehouse.co.uk；108 Academy St；◎周一至周六 11:00至次日1:00，周日 正午至午夜）这家市中心最传统的小酒馆经过精心翻新，拥有一个马蹄形的红木吧台，提供多种桶装艾尔啤酒，包括凯恩高姆、克罗默蒂（Cromarty）和斯凯岛等地啤酒厂酿制的啤酒。

Hootananny 现场音乐

（☎01463-233651；www.hootannanyinverness.co.uk；67 Church St；◎周一至周四 正午至次日1:00，周五和周六 至次日3:00，周日 16:00至午夜）Hootananny是全城最棒的现场音乐表演场所，每晚都有传统民谣或摇滚乐演出，而且经常有来自苏格兰（事实上是来自全世界）的大牌乐队演出。酒吧供应本地啤酒厂Black Isle Brewery酿造的多款啤酒。

❶ 实用信息

因弗内斯旅游局（Inverness Tourist Office；☎01463-252401；www.visithighlands.com；36 High St；◎周一和周三至周六 9:00~17:00，周二10:00开始，周日 10:00~15:00，3月至10月 办公时间延长；☎）提供住宿预订服务，还出售团队游和巡游票。

❶ 到达和离开

飞机

因弗内斯机场（Inverness Airport，代码INV；☎01667-464000；www.invernessairport.co.uk）在城东10英里处的Dalcross，紧邻通往阿伯丁的A96公路。定期有航班飞往阿姆斯特丹、伦敦、曼彻斯特、都柏林、奥克尼、设得兰群岛和外赫布里底群岛，以及英国其他地方。

Stagecoach（☎01463-233371；www.stagecoachbus.com）的11/11A路长途汽车从机场开往因弗内斯汽车站（£4.40，25分钟，30分钟1班）。

长途汽车

长途汽车从**因弗内斯汽车站**（Margaret St）发车。大多数城际线路由**Scottish Citylink**（☎0871 266 3333；www.citylink.co.uk）和 Stagecoach（见本页）运营。**National Express**（☎08717 818181；www.nationalexpress.com）有开往伦敦（£30起，13.5小时，每天1班——班次更频繁的线路需要在格拉斯哥换乘）的长途汽车。

阿伯丁（Stagecoach）£13.45；4小时；每小时1班

阿维莫尔 £10.80；45分钟；每天8班

爱丁堡 £32.20；3.5~4.5小时；每天7班

威廉堡 £12.20；2小时；每天6班

格拉斯哥 £32.20；3.5~4.5小时；每小时1班

波特里 £26.40；3.25小时；每天2班

瑟索（Stagecoach）£21；3.5小时；每天3班

阿勒浦 £14；1.5小时；除周日外每天2班

如果预订得足够早的话，可享受**Megabus**（☎0141-352 4444；www.megabus.com）特供车票，从因弗内斯到格拉斯哥和爱丁堡只要1英镑，到伦敦仅10英镑。

火车

阿伯丁 £29.70；2.25小时；每天8班

爱丁堡 £40；3.5小时；每天8班

格拉斯哥 £40；3.5小时；每天8班

洛哈尔什凯尔 £20；2.5小时；周一至周六每天4班，周日2班；英国沿途风景最优美的火车之旅。

伦敦 £180；8~9小时；每天1班直达列车。其他班次在爱丁堡换乘。

威克 £18；4.5小时；周一至周六每天4班，周日1班或2班；途经瑟索。

❶ 当地交通

自行车

Ticket to Ride（☎01463-419160；www.tickettoridehighlands.co.uk；Bellfield Park；每人 £30起；◎4月至8月 9:00~18:00，9月和10月 周三至周日 9:00~18:00）出租山地自行车、混合动力自行车和三轮车。可以在威廉堡还车。提供免费送车至当地酒店和旅馆的服务。

公共汽车

Stagecoach运营市区和因弗内斯周边，包括奈恩（Nairn）、福里斯（Forres）、卡伦顿战场、比尤利（Beauly）、廷沃尔（Dingwall）和莱尔格（Lairg）的公共汽车线路。一张因弗内斯Zone 2 Dayrider票售价为6.80英镑，一天之内可以在远至卡伦顿、福特罗斯（Fortrose）和德拉姆纳德罗希特（Drumnadrochit）的范围内无限次乘坐。

另辟蹊径

斯特拉斯格拉斯和阿弗里克峡谷（STRATHGLASS & GLEN AFFRIC）

宽广的斯特拉斯格拉斯山谷从比尤利（Beauly）向内陆绵延约18英里，沿着A831到达**坎尼赫**（Cannich）。坎尼赫是该地区唯一的村庄，有一家杂货店和邮局。

阿弗里克峡谷（www.glenaffric.org）是苏格兰最美丽的峡谷之一，从坎尼赫深入群山。峡谷的上游地区已划归**阿弗里克峡谷国家自然保护区**（Glen Affric National Nature Reserve; www.nnr.scot）。

坎尼赫西南约4英里处的**多格瀑布**（Dog Falls）风景优美，是阿弗里克河（River Affric）冲入狭窄崎岖的峡谷之处。环形步行小径（红色路标）从多格瀑布停车场通往瀑布下方的人行桥，然后由河流另一侧返回（2英里，用时1小时）。

公路延伸经过多格瀑布，直至**阿弗里克湖**（Loch Affric）东端的停车场和野餐场所，那里的河边和湖岸有几条短途步行小路。阿弗里克湖环线（10英里，步行5小时，骑车2小时）沿着湖畔路况不错的小径，带你深入荒凉景色的中心地带。

Stagecoach长途汽车17路和117路从因弗内斯开往坎尼赫（£5.90，1小时，周一至周五每天2班），途经德拉姆纳德罗奇特。D&E Coaches（www.decoaches.co.uk）的车从因弗内斯开往坎尼赫，然后继续开往托米赫（Tomich；£6.50，1.25小时，每天3班，仅限工作日）。

出租车

Inverness Taxis（☎01463-222222; www.inverness-taxis.com）火车站外边有出租车候客区。

因弗内斯周边
（Around Inverness）

卡伦顿战场（Culloden Battlefield）

1746年的卡伦顿战役是发生在英国本土的最后一场激战。在这场战役中，英国政府军在68分钟内杀死了1200名高地人，战役以查理王子（Bonnie Prince Charlie）的失败而告终，詹姆斯二世党人的梦想就此破灭。在位国王乔治二世的儿子，同时也是汉诺威军队统领的坎伯兰公爵（Duke of Cumberland）因残酷地对待战败军而被冠以"屠夫"的绰号。这场战役为苏格兰古老的宗族制度敲响了丧钟，战后的"清洗运动"（Clearance）更令人发指，佃户被赶出土地。当年发生激战的凄凉沼泽在接下来的260年中几乎没有变化。

令人印象深刻的**游客中心**（Visitor Centre; NTS; www.nts.org.uk/culloden; 成人/儿童 £11/9.50; ◎6月至8月 9:00~19:00，3月至5月、9月和10月 至18:00，11月至次年2月 10:00~16:00; 🅿）通过电影、音频播放和语音导览（包括在门票中）介绍许多历史背景。

卡伦顿位于因弗内斯以东6英里处。5路公共汽车从因弗内斯的Eastgate购物中心开往卡伦顿战场（£3.15，30分钟，每小时1班 周日除外）。

乔治堡

欧洲同类型炮兵防御工事的典范**乔治堡**（Fort George, HES; ☎01667-462777; www.historicenvironment.scot; 成人/儿童 £9/5.40; ◎4月至9月 9:30~17:30，10月至次年3月 10:00~16:00; 🅿）建于卡伦顿战役后的1748年，最初是乔治二世占领军在高地的大本营——1769年竣工时，其所费资财大约相当于今天的10亿英镑。如今这里仍作为军营使用，公众区域还有关于18世纪军队的展览。沿着1英里多的城墙漫步，美景尽收眼底。

乔治堡在因弗内斯东北方约11英里处，紧邻A96公路。这里没有公共交通。

考德城堡

考德城堡（Cawdor Castle; ☎01667-404615; www.cawdorcastle.com; Cawdor; 成人/儿童 £11.50/7.20; ◎5月至9月 10:00~17:30; 🅿）位于奈恩西南5英里处，曾经是考德领主（Thane of Cawdor）——莎士比亚笔下麦克白的众多头衔之一——的宅邸。不过麦克白

的原型——古代某位苏格兰国王——根本不曾住在这里，因为他于1057年去世，而这座城堡300年以后才开始兴建。无论如何，引人入胜的团队游都会带你深入领略苏格兰贵族的生活。

尼斯湖（Loch Ness）

水深幽暗、狭长的尼斯湖连接着因弗内斯和奥古斯都堡（Fort Augustus），全长23英里。人们深入尼斯湖冰冷的水域，探寻踪迹难测的尼斯湖水怪，不过大多数游客只在德拉姆纳德罗希特（Drumnadrochit）的怪兽展览上看到过它的纸板剪影。交通繁忙的A82路沿着湖西北岸延伸开来，而东南岸的B862则更加安静，沿途景致也更秀丽。尼斯湖周长约70英里，最好沿逆时针方向游览，那样风景更美。

❶ 到达和离开

Scottish Citylink（见991页）和Stagecoach（见979页）从因弗内斯前往威廉堡的长途汽车途经尼斯湖畔（每690~8班，周日5班）；前往斯凯岛的车会在因弗莫里斯顿（Invermoriston）转向。长途汽车在德拉姆纳德罗希特（£3.70, 30分钟）、厄克特城堡停车场（£4, 35分钟）和奥古斯都堡（£8~11.20, 1小时，周一至周六每天5~8班，周日5班）停靠。

德拉姆纳德罗希特（Drumnadrochit）

人口 1100

德拉姆纳德罗希特是一个为尼斯湖水怪疯狂的地方，礼品店里到处是尼斯湖水怪的可爱玩具，两家怪物展览互相争夺客源——这里是尼斯湖水怪之镇。

◉ 景点和活动

尼斯湖中心及展览　　　　　　　博物馆

（Loch Ness Centre & Exhibition；☎01456-450573；www.lochness.com；成人/儿童 £7.95/4.95；⊙7月和8月 9:30~18:00；复活节到6月、9月和10月 至17:00；11月至次年复活节 10:00~16:00；ⓟ🅿）这个尼斯湖水怪主题的旅游吸引采用科学的方法让参观者自己权衡证据的可信性。展品包括早期各式各样用于寻找怪兽的

设备——声呐勘探船、微型潜艇、摄像机、沉积物岩心提取工具，还有最初的照片和视频影像。展览中有关于恶作剧和光学错觉的解说，游客们还能在这里学到很多关于尼斯湖的生态知识——撇开繁殖种群不谈，尼斯湖有足够的食物供养哪怕一只"怪物"吗？

厄克特城堡　　　　　　　　　　城堡

（Urquhart Castle；HES；☎01456-450551；成人/儿童 £9/5.40；⊙6月至8月9:30~20:00, 4月、5月和9月 至18:00, 10月 至17:00；11月至次年3月 至16:30；ⓟ）厄克特城堡位于德拉姆纳德罗希特以东1.5英里的有利位置，因其绝佳的视野（晴天的时候）而成为寻觅尼斯湖水怪的热门地点之一。大型游客中心（大部分位于地下层）包括视频剧院（影片结束时会戏剧性地"揭开"城堡的面纱）和城堡发现的中世纪物品展示。该景点还有一个很大的礼品商店和一家餐馆，夏天总是挤满了游客。

Nessie Hunter　　　　　　　　乘船游

（☎01456-450395；www.lochness-cruises.com；成人/儿童 £16/10；⊙复活节到10月）1小时的寻找怪物巡航之旅，配备有声呐和水下摄像机。每天10:00~18:00每小时会有1班游船从德拉姆纳德罗希特出发（13:00除外）。

🛏 住宿

BCC Loch Ness Hostel　　　青年旅舍 £

（☎07780 603045；www.bcclochnesshostel.co.uk；Glen Urquhart；标三/四 £60/75起，帐篷位置 每人£5, 2人豆荚舱 £70；ⓟ🛜）位于德拉姆纳德罗希特以西6.5英里处，坎尼赫至尼斯湖中途的这个经济型住宿场所干净、现代、优质；建议尽早预订。这里还有不错的露营地，可以选择豪华豆荚舱。

★Loch Ness Inn　　　　　　　旅馆 ££

（☎01456-450991；www.staylochness.co.uk；Lewiston；标单/双/家 £99/120/140；ⓟ🛜）Loch Ness Inn拥有疲惫旅客向往的一切：舒适的卧室（家庭套房适合两个成年人和两个儿童居住），惬意的酒吧供应凯恩高姆和斯凯岛酿酒厂出产的艾尔啤酒，还有一个乡趣餐馆（主菜 £10~20）提供健康的食物。位于刘易斯顿（Lewiston）——德拉姆纳德罗

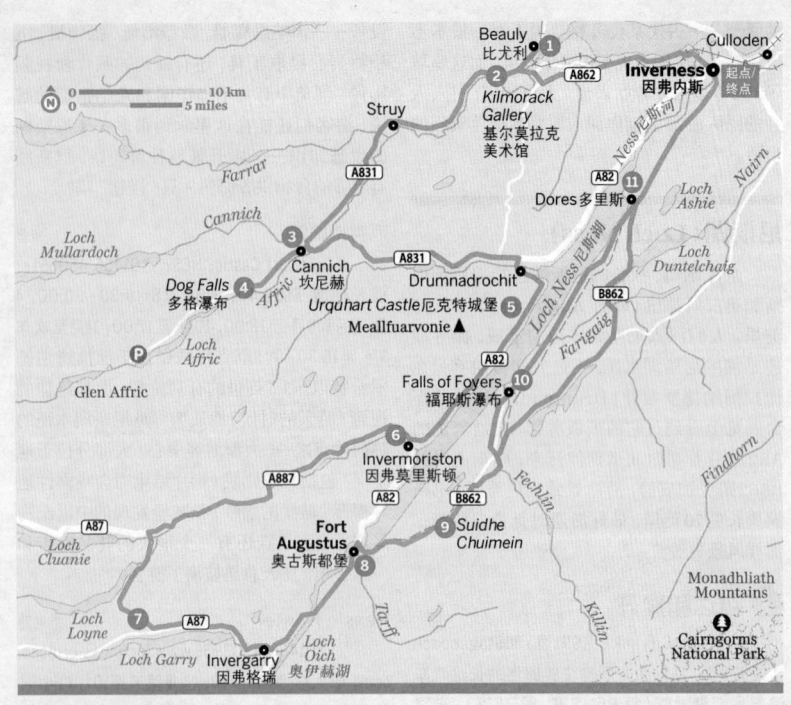

自驾游览
环尼斯湖

起点: 因弗内斯
终点: 因弗内斯
全长: 130英里; 6~7小时

经A862离开因弗内斯, 前往 ❶ **比尤利**, 抵达时还赶得上在Corner on the Square吃早餐。循A831往回走1英里, 右转到达坎尼赫 (Cannich), 途经 ❷ **基尔莫拉克美术馆**, 这座改建的教堂展示当代艺术。越靠近 ❸ **坎尼赫**, 景色越荒凉; 右转, 顺着单行道到达 ❹ **多格瀑布**的停车场。沿奔腾的河流漫步, 或者徒步至观景点 (往返大约1小时; 2.5英里), 一瞥偏远的阿弗里克峡谷 (Glen Aric)。

返回坎尼赫, 在A831上右转前往德拉姆纳德罗赫特, 然后正好驶入A82, 途经风景如画的 ❺ **厄克特城堡** (见981页) 和尼斯湖沿岸。在 ❻ **因弗莫里斯顿**驻足, 看看托马斯·特尔福德 (Thomas Telford) 1813年修建的古桥, 再顺着向西通往洛哈尔什凯尔 (Kyle of Lochalsh) 的A887前行16英里之后, 左转进入通向因弗格瑞 (Invergarry) 的A87。如今, 你置身于高地上最好的山景之间; 随着道路转向东边的加里湖上方, 在著名的 ❼ **观景点** (路右侧的停车带设有路标Glengarry Viewpoint) 歇歇脚。远景莫测, 西边的湖泊似乎勾勒出苏格兰的草图。

在A82的因弗格瑞左转, 到达 ❽ **奥古斯都堡**, 在Lovat (见984页) 或Lock Inn (见984页) 吃一顿迟到的午餐。顺着B862出城, 沿着18世纪韦德将军的军事线路, 到达 ❾ **Suidhe Chuimein**的另一处观景点。沿陈年小道往上步行片刻 (800米), 到达山顶, 那里有更美丽的全景。

继续前行, 你可以选择路过引人注目的 ❿ **福耶斯瀑布**的低路, 或者留在高路 (B862), 以便观赏更多景色; 两条路在尼斯湖的 ⓫ **多里斯** (Dores) 相交, 你可以在这里的Dores Inn伴着尼斯湖的美景啜饮, 甚至可以在返回因弗内斯前, 留下来吃顿晚餐。

尼斯湖水怪的传说

高地的民间传说中充满了生活在河流和湖泊中的奇特生物，特别是——水怪（kelpie，水马）会引诱粗心的旅客，使他们惨遭厄运。然而"怪物"这个称呼其实也是近期才开始流行起来的，它始于一篇1933年5月2日发表在《因弗内斯通讯》（*Inverness Courier*）的题为《尼斯湖奇景》（*Strange Spectacle on Loch Ness*）的文章。

文章描述了艾迪·麦基太太（Mrs Aldie Mackay）和她的丈夫在尼斯湖所目击的怪事："那个生物就在那里撒欢，翻滚了整整一分钟。它的身体像鲸鱼一样，水面翻滚得就像一口开水锅。"

这个故事最先被伦敦出版社报道，此后在那一年引来了一大群的目击者，包括臭名昭著的伦敦游客斯派瑟夫妇，他们声称于1933年7月22日在陆地上遇见了水怪，Inverness Courier再次报道了水怪之事：

"这是一件非常可怕的、令人憎恶的事。在前方50码处，我们看到一个波状的脖子，紧接着是一个庞大笨重的身体。我估计长度在25~30英尺，像大象一样的深灰色。它非常迅速地穿过了马路，但是因为有斜坡，我们没看到它的四肢。尽管我加速向它靠近，但当我到那里时，它已经消失在湖里。水中并没有它的踪迹。我是一个性情温和的人，但我愿意起誓，我确实看到了尼斯湖的野兽，并且我确定这是一个史前的物种。"

伦敦的报业按捺不住了。1933年12月《每日邮报》（*Daily Mail*）派电影导演兼大型猎物猎人马默杜克·韦瑟雷尔（Marmaduke Wetherall）前往尼斯湖追寻野兽的踪迹。几天后他在湖岸泥浆上发现"爬虫类动物"的足迹（不久即被证明是用河马蹄标本造出来的）。1934年4月，来自Harley St的声誉良好的外科医生罗伯特·肯尼斯·威尔逊上校（Robert Kenneth Wilson）拍摄了著名的"长颈怪物"照片。媒体疯狂了，正如他们所说的那样，历史也将为此疯狂。

然而到了1994年，韦瑟雷尔的继子克里斯蒂安·斯珀林（Christian Spurling）透露（时年90岁），那张最著名的尼斯湖水怪照片实际上是一个骗局，是在威尔逊的协助下由他继父伪造的。当然，现在有些人认为斯珀林的忏悔本身就是一个骗局。而颇具讽刺意味的是，揭露了威尔逊上校照片骗局的研究者仍然全心全意地相信怪物的存在。

这些年来，经常有关于看到这个怪兽的言论（浏览www.lochnesssightings.com），这些言论在1996~1997年达到顶峰（好莱坞电影《尼斯湖水怪》在1996年上映），但最近几年，这样的报道逐渐变少。

不管是不是骗局，尼斯湖周边发展起来的奇异的水怪产业，以及20世纪那个夏天开始便备受关注的神秘的尼斯湖水怪，这本身就是最奇特的景象了。

希特和厄克特城堡之间的安静村庄，交通非常便捷。

Drumbuie Farm 民宿 ££

（☎01456-450634；www.loch-ness-farm.co.uk；标单/双 £54/68起；Ⓟ📶）民宿位于在运农场的现代风格房屋内，周围的田野里遍布绵羊和高原牛，还可远眺厄克特城堡和尼斯湖的美丽风光。这里非常欢迎步行者和骑自行车的游客入住。

饮品和夜生活

Benleva Hotel 自酿酒吧

（☎01456-450080；www.benleva.co.uk；Kilmore Rd；⏰周一至周四 正午至午夜，周五 至次日1:00，周六 至次日0:45，周日 12:30~23:00；📶）Benleva位于主路以东0.5英里处的一栋18世纪牧师住宅中，是酒吧界一块未经雕琢的钻石——外表稍有破损，却有金子般的内里。啤酒是招牌，比如来自全国各地的精选艾尔啤酒，包括附近Loch Ness Brewery酿造的啤酒。

奥古斯都堡 (Fort Augustus)

人口 620

奥古斯都堡是4条古代军事道路的交会处，最初是政府驻军地，18世纪早期时又成为乔治·韦德将军修建道路时的指挥总部所在地。而今奥古斯都堡秩序井然，风景如画，被喀里多尼亚运河一分为二，夏季常常会涌入大量的团队游客。

⊙ 景点和活动

喀里多尼亚运河　　　　　　　　　运河

（Caledonian Canal；www.scottishcanals.co.uk）在奥古斯都堡，沿着喀里多尼亚运河航行的轮船要通过5个连续的水闸，升降13米。观看这一景象非常有趣。在整洁美观的运河岸上沐浴阳光或是分辨比较不同游客的口音也是趣事一桩。**喀里多尼亚运河中心**（Caledonian Canal Centre；Ardchattan House, Canalside；⊙9:00~18:00）免费在最低水位的水闸处，提供关于运河历史的信息。

Cruise Loch Ness　　　　　　　乘船游

（☎01320-366277；www.cruiselochness.com；成人/儿童 £14.50/8.50；⊙4月至10月 10:00~16:00每小时1班，11月至次年3月 13:00和14:00）1小时的尼斯湖巡游使用最新的高科技声呐装备，所以你可以密切关注水下，寻找尼斯湖水怪。此外还有1小时的巡航夜游，4月至8月每天20:00出发（周五除外），以及90分钟的快艇游。

⊨ 食宿

Morag's Lodge　　　　　　　青年旅舍 £

（☎01320-366289；www.moragslodge.com；Bunoich Brae；铺/标双 £24.50/62起；P@🛜）这家大型旅舍经营得非常好，位于一座维多利亚式的大房子内，可以欣赏到奥古斯都堡周边丘陵的美景。旅馆内气氛欢乐的酒吧还生着明火壁炉。走过游客中心停车场以北的陡峭辅路，便能看到山坡上树木掩映的青年旅舍。

Lorien House　　　　　　　　民宿 ££

（☎01320-366576；www.lorien-house.co.uk；Station Rd；标单/双 £70/80；P🛜）Lorien与普通民宿相比，更胜一筹——卧室崭新整洁，这幢房子面向的住宿群体是徒步者和骑行者，早餐包括熏三文鱼，客厅的小图书室收藏有徒步、骑行和登山指南。不接待10岁以下的儿童。

★ Lovat　　　　　　　　　　　酒店 £££

（☎01456-459250；www.thelovat.com；Main Rd；双 £173起；P🛜😺）这里曾经是一座"狩猎小屋"酒店，经过精心改造后现已成为一家豪华而环保的理想住所，而且远离运河周边游客"爆棚"的喧闹。宽敞的卧室内陈设着时髦的家具，休息室内有壁炉、舒适的扶手椅和一架三角钢琴。

Lock Inn　　　　　　　　　小酒馆美食 ££

（☎01320-366302；Canal Side；主菜 £10~15；⊙正餐 正午至20:00）Lock Inn是运河岸边一家漂亮的小酒馆，供应品类繁多的麦芽威士忌酒，酒吧餐菜单也十分诱人，其中包括奥克尼鲑鱼、高地鹿肉和每日特供海鲜，特色菜是啤酒糊炸黑线鳕和薯片。

凯恩高姆
(THE CAIRNGORMS)

凯恩高姆国家公园（Cairngorms National Park；www.cairngorms.co.uk）是英国最大的国家公园，面积是湖区的两倍还多。公园北起阿维莫尔（Aviemore），南至安格斯河谷（Angus Glens），西起达尔威尼（Dalwhinnie），东至巴勒特（Ballater）和皇家迪赛德（Royal Deeside）。

公园包括英国海拔最高的地块。这是一片广袤的高原山区，平均海拔超过1000米，Lairig Ghru的深谷和Loch Avon深嵌其中，英国最高的6座山峰中有5座都耸立在这里。这一带拥有花岗岩和石南花组成的山地景观，副极地气候更滋养了罕见的高山苔原植被，以及高海拔鸟类，如雪鹀、雷鸟和小嘴鸻（dotterel）。

这也是主要的山地徒步区，不过即使是不爱运动的人也可以搭乘凯恩高姆山地铁路（见987页），体验高山风情。

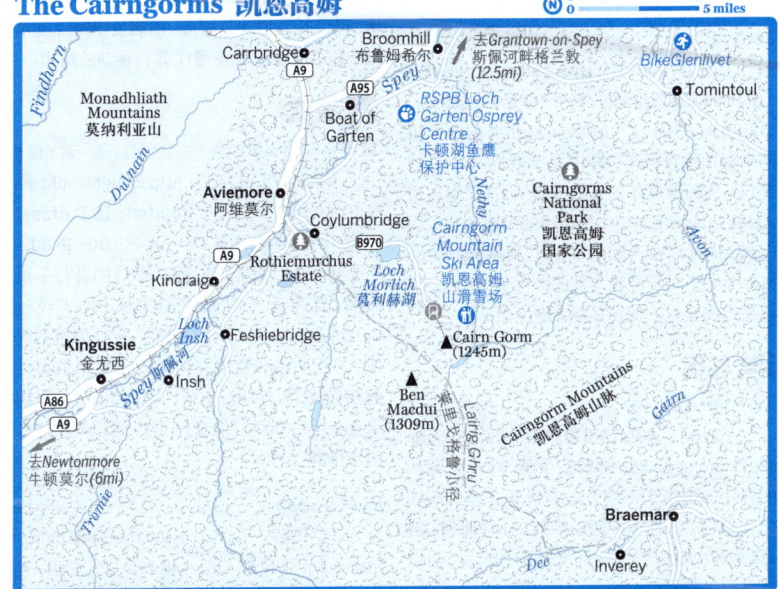

The Cairngorms 凯恩高姆

ℹ️ 到达和离开

珀斯至因弗内斯的主路A9和火车线路沿国家公园的西部和北部边界延伸，阿伯丁至布雷马的A93公路是前往东部的主要途径。沿着从小镇基里缪尔（Kirriemuir）和布里金（Brechin）伸出的小路可以前往南部的安格斯河谷，直到邓迪以北。

最近的机场（见979页）在因弗内斯，从阿维莫尔向北驱车1小时可以到达。

阿维莫尔（Aviemore）

☎01479 / 人口 3150

阿维莫尔是通往凯恩高姆山的门户，也是该地区主要的交通、住宿、餐饮和购物中心。阿维莫尔很难算作苏格兰最漂亮的小镇，其主要景点都在周边地区，但天气情况恶劣禁止上山时，镇上到处都有徒步者、骑车者和登山者（冬季还有滑雪者）在户外用品商店转悠，或者在咖啡馆和酒吧讲述他们最新的探险经历。包括游客和本地人在内，形形色色的人打造出一座生机勃勃的小镇。

阿维莫尔位于紧邻珀斯至因弗内斯A9公路的环线。主要街道路Grampian Rd沿线可以找到几乎所有值得注意的地方；火车站和汽车站靠近它的南端。

凯恩高姆的山间缆车和滑雪区位于阿维莫尔东南10英里处，B970沿线（Ski Rd）。沿B970继续前行可以到达克伦桥（Coylumbridge）和格伦莫尔（Glenmore）。

👁️ 景点和活动

斯特拉斯佩蒸汽火车铁路　　　文化遗产铁路

（Strathspey Steam Railway；☎01479-810725；www.strathspeyrailway.co.uk；Station Sq；往返票 成人/儿童 £15/11.80；🅿️）斯特拉斯佩铁路位于阿维莫尔和布鲁姆希尔（Broomhill）之间，部分路段经过修复后开始重新运行蒸汽火车。修复后的铁路向东北方向绵延10英里，途经卡顿船（Boat of Garten）。6月至8月每天有4班或5班火车运行，4月、5月、9月、10月和12月班次减少。

克雷盖拉希自然保护区　　　自然保护区

（Craigellachie Nature Reserve；www.nnr.scot；Grampian Rd）**免费** 这座保护区是短途徒步的理想场所，翻越覆盖天然桦林的陡峭山坡，可以见到4月至7月在悬崖筑巢的游隼等野生动物。一条小径从Aviemore SYHA向西延伸，经过A9下方，进入保护区。

Bothy Bikes　　　　　　　　　山地自行车

（☎01479-810111；www.bothybikes.co.uk；5 Granish Way,Dalfaber；每半/全天 £16/20起；◉9:00～17:30）位于阿维莫尔北部的这个机构出租山地自行车，提供关于路线和小径的建议；从阿维莫尔通往格伦莫尔的伐木古道（Old Logging Way）是不错的山地骑行入门选择，你可以在返回前环游莫利奇湖（Loch Morlich）。对于经验丰富的自行车手来说，凯恩高姆完全是一座游乐场。建议预订。

🛏 住宿

Aviemore SYHA　　　　　　　　青年旅舍 £

（SYHA；☎01479-810345；www.syha.org.uk；25 Grampian Rd；铺 £23；P@☎）这家高档的青年旅舍位于一幢宽敞且设备齐全的现代化建筑内，从村中心向南步行5分钟即到。有4床房和6床房，带有一间舒适的休息室，可以欣赏群山的景色。

Cairngorm Hotel　　　　　　　　酒店 ££

（☎01479-810233；www.cairngorm.com；Grampian Rd；标单/双 £84/118起；P☎）这家老牌酒店更为人知的名字是"the Cairn"，位于火车站对面带尖塔的精美老式花岗岩建筑内。这里有舒适的房间和浓郁的苏格兰式风情，还有格子呢地毯和鹿角装饰，备受欢迎。周末有现场音乐，可能有些嘈杂——不适合早睡的人。

Ardlogie Guest House　　　　　民宿 ££

（☎01479-810747；www.ardlogie.co.uk；Dalfaber Rd；标单/双 £80/100，小屋 每3晚 £360；P☎）氛围温馨的Ardlogie离火车站很近，共有5个房间，房间视野开阔，可以眺望斯佩河及远方的凯恩高姆山，从卧室窗户或许还能看到红松鼠。舒适的小木屋内还提供自炊式住宿，可供两人居住。设施包括花园内的地滚球场地。最少住两晚。

Hilton Coylumbridge　　　　　酒店 £££

（☎01479-810661；www.coylumbridge.hilton.com；Ski Rd,Coylumbridge；双 £139起；P☎☎☎）这家现代的低层酒店坐落于阿维莫尔镇外的松林中，非常适合家庭，有最多可住两名成人和两名儿童的卧室和室内外游乐场，提供托管婴幼儿服务。酒店位于阿维莫尔以东1.5英里处，就在通往莫利赫湖的路边。

🍴 餐饮

★ Route 7 Cafe　　　　　　　　咖啡馆 £

（☎01479-812433；http://highlandhomecentre.com/route-7-cafe.html；18 Dalfaber Industrial Estate；主菜 £6～10；◉9:00～16:00；P☎☎）这个咖啡馆以门口通过的自行车道命名，需要花些时间才能找到（位于经过Cairngorm Brewery的旁路尽头），但包括汉堡、烤三明治和沙拉在内的丰盛菜单值得你前往寻找；另外还有木柴烤制的比萨（仅限周末正午至15:00）。骑自行车的人可以使用店外的水枪和工具。

Roo's Leap　　　　　　　　　　美国菜 ££

（☎01479-811161；www.roosleap.com；Station Sq；主菜 £8～15，牛排 £22～25；◉周一至周五 正午至14:30和17:00～21:00，周六和周日 正午至21:00；☎☎）这家热闹的餐厅位于旧火车站大楼里面，友好的服务、冰镇瓶啤和美味的烧烤给人感觉颇有澳洲特色。但菜品实际上主打传统美国菜和美式墨西哥菜——铁板牛排、多汁汉堡、法士达和墨西哥玉米片。

Mountain Cafe　　　　　　　　咖啡馆 ££

（www.mountaincafe-aviemore.co.uk；111 Grampian Rd；主菜 £10～15；◉周一至周五 8:30～17:00，周六和周日 至17:30；P☎☎）Mountain Cafe供应使用当地新鲜食材烹制而成的新西兰风味菜肴（店主来自新西兰），早餐包括健康的什锦麦片、粥和新鲜的水果（供应至11:30），午餐也十分丰盛，有海鲜杂烩、汉堡、创意沙拉和自制的面包、蛋糕及饼干。严格素食者、麸质过敏者和坚果过敏者也能在这里找到合适的餐点。

Ski-ing Doo　　　　　　　　　　牛排 ££

（☎01479-810392；9 Grampian Rd；主菜 £8～14，牛排 £19～23；◉正午至21:00；☎☎）适合儿童的Ski-ing Doo（店名是双关语……可以问问服务员！）是阿维莫尔的老牌餐厅，最受滑雪和徒步家庭的欢迎。这个休闲场所提供各种丰盛的家常汉堡、鸡肉菜肴和多汁牛排等；Doo Below咖啡馆—酒吧 15:00～23:00营业。

Winking Owl 　　　　　　　　　　　小酒馆

（www.thewinkingowl.co; Grampian Rd; ◎周一至周四 正午至23:00, 周五和周六 11:00至次日1:00, 周日 12:30～23:00; ）热闹的本地酒馆，位于Cairngorm Brewery配楼下面。这里备受徒步者和登山者欢迎，提供各种优质的艾尔啤酒和麦芽威士忌。

❶ 实用信息

阿维莫尔旅游局（Aviemore tourist office; 01479-810930; www.visitaviemore.com; The Mall, Grampian Rd; ◎全年 周一至周六 9:00～17:00, 周日 10:00～16:00, 7月和8月 办公时间延长）

❶ 到达和离开

长途汽车

长途汽车站在火车站对面的Grampian Rd; 可以在旅游局购买车票。车次如下：

爱丁堡 £28.50; 4小时; 每天5班

格拉斯哥 £28.50; 2.75小时; 每天5班

斯佩河畔格兰敦（Grantown-on-Spey）£4; 35分钟; 工作日每天5班, 周六2班

因弗内斯 £10.80; 45分钟; 每天8班

珀斯 £20.90; 2.25小时; 每天5班

31路公共汽车往返阿维莫尔和凯恩高姆山停车场（£2.90; 30分钟; 每小时1班），途经克伦桥和格伦莫尔。使用Strathspey单日/多日票（£7.30/18.40）可以在1日/7日内无限次乘坐从阿维莫尔出发的长途汽车，最远可到凯恩高姆、卡布里奇（Carrbridge）和金尤西（Kingussie）; 找司机买票。

火车

火车站位于Grampian Rd。线路包括：

爱丁堡（£41; 3小时, 每天6班）

格拉斯哥（£41; 3小时, 每天6班）

因弗内斯（£12.80; 40分钟, 每天12班）

阿维莫尔周边

凯恩高姆山（Cairngorm Mountain）

阿维莫尔东南10英里处的凯恩高姆山

值 得 一 游

罗西莫楚斯森林

罗西莫楚斯森林（Rothiemurchus Estate; www.rothiemurchus.net）从阿维莫尔的斯佩河（River Spey）一直蔓延铺展至凯恩高姆高原, 并以拥有苏格兰现存最大的一片**苏格兰森林**（Caledonian forest）而闻名, 古老欧洲赤松林曾经覆盖了这个国家的大部分地区。如今森林内生活着众多红松鼠, 这里也是大雷鸟和苏格兰野猫仅存的几处栖息地之一。

罗西莫楚斯中心（Rothiemurchus Centre; 01479-812345; www.rothiemurchus.net; Ski Rd,Inverdruie; ◎9:30～17:30; ）**免费**位于阿维莫尔东南1英里处, B970沿线。中心出售的《探索者地图》（Explorer Map）上列出了总长超过50英里的步行道和骑行路的详情, 包括Loch an Ei lein湖周边一段4英里长的可供轮椅进出的小道, 湖畔还坐落着一座残败的城堡和静谧的松树林。

（Cairn Gorm; 1245米）是英国第六高峰, 拥有苏格兰最受欢迎的滑雪场。缆车冬季将滑雪者送上山顶附近, 并继续运行至整个夏季, 便于游客体验高山风情。

凯恩高姆山地铁路 　　　　　　缆索铁路

（Cairngorm Mountain Railway; 01479-861261; www.cairngormmountain.org; 成人/儿童往返票£13.90/9.30; ◎每20分钟1班, 5月至11月 10:00～16:00, 12月至次年4月 9:00～16:30; ）这座国家公园最受欢迎的景点是一段登山铁路, 它可以在短短8分钟内就将游客带到凯恩高姆高原的边缘（海拔1085米）。山脚车站位于Ski Rd尽头的Coire Cas停车场；山顶车站内有一个展览室、一个商店（自不必说）和一家餐厅。遗憾的是, 出于环境和安全方面的考虑, 夏季时游客不得走出山顶车站, 除非你预订了导览游。

5月至10月, 前往凯恩高姆山顶的导览步行游（每人£21.60）每天出发两次, 时长90分钟, 此外每周4天还会有全程4小时的导览登山徒步。关于详细信息, 可查看网站。

莫利赫湖（Loch Morlich）

莫利赫湖位于阿维莫尔以东6英里的格伦莫尔森林公园（Glenmore Forest Park）内，周围环绕着占地8平方英里的松树和云杉树林。景点包括一片沙滩（湖东端）和水上运动中心。

活动

★ Glenmore Lodge 探险运动

（☎01479-861256；www.glenmorelodge.org.uk；Glenmore；1日课程 £65起）英国领先的冒险运动训练中心，开办山地徒步、攀岩、攀冰、皮划艇、山地自行车和登山等课程。该中心舒适的民宿（标单/标双 £60/83；P⓪⑫）、室内攀岩墙、健身房和桑拿设施对所有人开放，即使你不参加课程也可入住或使用。

凯恩高姆驯鹿中心 团队游

（Cairngorm Reindeer Centre；www.cairngormreindeer.co.uk；Glenmore；成人/儿童 £15/9；◎1月上旬至2月中旬 关闭；⓵）你可以参加管理员带领的步行导览前，前去观看和喂食英国唯一的驯鹿群，它们非常温顺，甚至会舔你的手。步行游览每日11:00开始（依天气情况而定），5月至9月每天14:30还有一场；而7月和8月周一至周五15:30会再增加第三场。

莫利赫湖水上运动中心 水上运动

（☎01479-861221；Loch Morlich Watersports Centre；www.lochmorlich.com；◎复活节至10月 9:00~17:00）这家非常受欢迎的机构出租加拿大式划艇（每小时£23）、皮划艇（£9）、帆板（£18）、张帆小游艇（£25）和立式冲浪板（£15），并提供指导。

卡顿船（Boat of Garten）

卡顿船也叫鱼鹰村（Osprey Village），因为这种珍稀美丽的鸟类就在附近的卡顿鱼鹰保护中心（RSPB Loch Garten Osprey Centre；☎01479-831694；www.rspb.org.uk/lochgarten；Tulloch；鱼鹰观赏 成人/儿童 £5/2；◎鱼鹰观赏 4月至8月 10:00~18:00）筑巢安家。鱼鹰每年春季从非洲迁徙而来，在一棵高大的松树上筑巢。

卡顿船位于阿维莫尔东北5英里处。到达这里最有趣的方式是从阿维莫尔乘坐斯特拉斯佩蒸汽火车（见985页），或者你可以沿国家骑行路网7号线（National Cycle Network Route 7；骑车30~40分钟，步行2小时）骑车或步行。

金尤西和牛顿莫尔（Kingussie & Newtonmore）

古老的斯佩塞德（Speyside）城镇金尤西（发音为kin-yew-see）和牛顿莫尔坐落在长满石南花且被称为莫纳利亚山（Monadhliath Mountains）的大山脚下。牛顿莫尔最负盛名的是一流的高地民俗博物馆；金尤西最有名的则是一家高地数一数二的餐馆。

西边的公路从牛顿莫尔延伸至斯皮恩布里奇（Spean Bridge）山口，穿过阿德维里基庄园（Ardverikie Estate）和拉根湖（Loch Laggan），那里因是BBC电视剧《峡谷之王》（*Monarch of the Glen*）的外景拍摄地而出名。

◎ 景点和活动

高地民俗博物馆 博物馆

（Highland Folk Museum；☎01540-673551；www.highlandfolk.museum；Kingussie Rd, Newtonmore；◎4月至8月 10:30~17:30，9月和10月 11:00~16:30；P）免费 这座露天博物馆包括一些历史悠久的建筑，陈列的人工制品展现了高地文化及生活方式等诸多方面的内容。布局类似农场小镇，博物馆里有一个由传统茅草苫顶村舍、锯木厂、校舍、牧羊人小屋和乡村邮局组成的社区。身着特定历史时期服装的演员会示范刻木头、纺羊毛和泥炭烤制食物。你至少需要2~3小时，才能充分参观此地。

Laggan Wolftrax 骑山地自行车

（http://scotland.forestry.gov.uk/visit/laggan-wolftrax；Strathmashie Forest；小径免费，停车 每天£3；◎周一 10:00~18:00，周二、周四和周五 9:30~17:00，周六和周日 9:30~18:00）位于牛顿莫尔西南10英里，通向斯皮恩布里奇（Spean Bridge）的A86公路边，这里是苏格兰一流的山地自行车中心，有专门修建的小径，包括越野骑行和有着岩板和急降的黑钻石级下山路。另有租车店和一家不错的咖啡馆（4月至10月10:00~17:00营业）。

食宿

★ Eagleview Guest House 民宿 ££

（☎01540-673675; Perth Rd, Newtonmore; 房间£78~85; P🛜❄）服务热情的Eagleview是该地区最令人愉悦的住宿地，有装修漂亮的卧室、特大号床、带强劲淋浴的宽敞浴室（4号房除外，那里有维多利亚风格的拖鞋形状浴缸），以及美好的小细节，比如款待托盘上的法式滤压壶和鲜牛奶。

★ Restaurant at the Cross 苏格兰菜 £££

（☎01540-661166; www.thecross.co.uk; Tweed Mill Brae, 紧邻Ardbroilach Rd, Kingussie; 3道菜午餐/晚餐£30/55; ⊙正午至14:00和19:00~20:30; P🛜）Cross位于改建的水车磨坊内，是高地上最好的餐馆之一。环境私密的餐厅椽子低矮，生着明火，有一个可俯瞰溪流的露台，提供每天更换的菜单，其中包括新鲜的苏格兰食材，搭配绝佳的葡萄酒酒单（必须预订）。

如果你想过夜，这里有8个有格调的房间（双人间或标准间£110~200）可供选择。

到达和离开

长途汽车

Scottish Citylink（☎0871 266 3333; www.citylink.co.uk）长途汽车连通金尤西和牛顿莫尔，行驶于珀斯至因弗内斯的主要车道，还有Stagecoach本地长途汽车。

阿维莫尔（Aviemore）£3.70, 20分钟, 每小时1班
因弗内斯（Inverness）£10.70, 1.5小时, 每天3班, 在卡布里奇换乘
珀斯（Perth）£17.10, 1.75小时, 每天1班

火车

金尤西和牛顿莫尔位于爱丁堡/格拉斯哥至因弗内斯的火车线路沿线。

爱丁堡（Edinburgh）£37.50, 2.75小时, 周一至周六每天7班, 周日2班
因弗内斯（Inverness）£12.80, 1小时, 周一至周六每天8班, 周日4班

皇家迪赛德（Royal Deeside）

迪河（River Dee）上游河谷从阿博因（Aboyne）和巴勒特向西延伸至布雷马（Braemar），一路紧挨着A93公路。与王室长久的缘分让这里闻名遐迩——王室如今仍然会在1855年为维多利亚女王修建的巴尔莫勒尔城堡（Balmoral Castle）度假——因此该地区经常被称为皇家迪赛德。

迪河的鲑鱼垂钓闻名世界，河流源头在布雷马以西的凯恩高姆山（Cairngorm Mountains），布雷马也是多条讲山长途步道的起点。网站FishDee（www.fishdee.co.uk）列出了所有河钓的须知事项。

巴勒特（Ballater）

☎01339 / 人口 1530

巴勒特是个迷人的小村庄，其18世纪的历史与附近潘纳尼克泉（Pannanich Springs）有治病功效的泉水密不可分[如今泉水已装瓶生产，名为"迪赛德天然矿泉水"（Deeside Natural Mineral Water）]，而村庄的繁荣则受益于不远处的巴尔莫勒尔城堡。

这座村庄真是祸不单行: 2015年5月，旧皇家车站（Old Royal Station; 此处的主要景点）被烧毁; 2016年1月，人们记忆中最严重的洪水暴发了。经过修复的车站建筑于2018年重新开放，包括博物馆、餐馆和旅游局。

食宿

Ballater Hostel 青年旅舍 £

（☎01339-753752; www.ballater-hostel.com; Bridge Sq; 铺/标双£22/50起; 🛜）它所在的小巷位于迪河上的桥梁附近，旅舍迷人、环保，有6个独立套间（可住2~8人）。房内有个人储物柜和阅读灯，舒适的休闲室配有柔软的大沙发和烧木柴的炉子。

★ Auld Kirk 酒店 ££

（☎01339-755762; www.theauldkirk.com; Braemar Rd; 房间£85起; P🛜❄）这里有些不平常: 共有7个卧室的酒店位于经过改造的19世纪教堂里面。室内的原始样貌与时髦的现代装饰相结合——布道坛如今是前台，休闲室沐浴在哥特式铅条玻璃窗洒下的阳光中。

房费不包括早餐，但客人可以在酒店的咖啡店自行购买。

Rock Salt & Snails　　　　　　　咖啡馆 £

（☎07834 452583；www.facebook.com/rocksaltandsnailsballater; 2 Bridge St; 主菜 £4～9；⊙5月至9月 周一至周五 10:00～17:00, 周六 至21:00, 周日 至18:00, 10月至次年4月 周一至周六 10:00～17:00, 周日 11:00～17:00；🛜🍴👶）一家出色的小咖啡馆，提供优质的咖啡和以本地熟食为主的诱人午餐拼盘（奶酪、火腿、沙拉等），包括儿童拼盘。

❶ 到达和离开

201路长途汽车从阿伯丁开往巴勒特(£12.10, 1.75小时, 周一至周六 每小时1班, 周日6班), 途经克拉西斯堡(Crathes Castle), 其中部分车次继续开往布雷马(£6.25, 35分钟), 两小时1班。

布雷马 (Braemar)

人口 450

布雷马是广阔平原上一座位置至关重要的美丽小村庄，周边环绕着迪谷（Dee valley）和克卢尼河谷（Glen Clunie）相交的山峦。冬季，这里是全国最寒冷的地方之——有记录以来，温度最低至-29℃——在极度严寒的时期，饥饿的鹿会在街上游荡，寻找食物。布雷马是山间徒步的出色落脚地，附近的希河谷（Glenshee）还有滑雪地点。

◉ 景点

马尔庄园　　　　　　　　自然保护区

（Mar Lodge Estate; www.nts.org.uk; ⊙24小时）**免费** 苏格兰国民信托的马尔庄园分布于布雷马以西，是全国最重要的自然保护区之一，占据凯恩高姆国家公园面积的7%。1995年，国民信托花费400万英镑买下这片遗产，条件除了完善保护及对外开放以外，还包括继续将马尔庄园作为体育产业来经营。所以除了步行小径和森林再生以外，人们还可以在此钓鲑鱼和猎鹿。

布雷马城堡　　　　　　　　　城堡

（Braemar Castle; www.braemarcastle.co.uk; 成人/儿童 £8/4；⊙7月至8月 10:00～17:00, 4月至6月、9月和10月周三至周日 10:00～17:00；🅿）有角塔的布雷马城堡就在布雷马村庄以北，其历史可追溯至1628年, 1745年詹姆斯二世党人叛乱（Jacobite Rebellion）之后，成为政府要塞。2007年，这里被本地社区接管，如今提供导览游参观有历史意义的城堡公寓。从停车场走到城堡不太远。

✪ 节日和活动

布雷马集会　　　　　　　　　体育节

（Braemar Gathering; ☎01339-755377; www.braemargathering.org; 成人/儿童 £12/2起; ⊙9月）整个夏季，很多城镇村庄都会举办高

值 得 一 游

巴尔莫勒尔城堡

1855年，作为维多利亚女王的王室私宅，巴尔莫勒尔（Balmoral Castle; ☎01339-742534; www.balmoralcastle.com; Crathie; 成人/儿童 £11.50/6; ⊙4月至7月 10:00～17:00, 最后入场 16:30; 🅿）的修建拉开了苏格兰宏大建筑风格的复兴序幕；这种建筑风格在苏格兰19世纪的众多乡间别墅上得以体现。门票包括精心设计的有趣语音导览，但团队游多为穿越花园和院子的户外游。

至于城堡本身，只有展示埃德温·兰西尔爵士（Sir Edwin Landseer）绘画和王室银器藏品的舞厅向公众开放。别指望能看到女王的闺阁！

你可以购买一本小册子，里面详细介绍了巴尔莫勒尔庄园内部设有路标的几条步行小路；最好的线路是攀登至巨大的花岗岩金字塔——艾伯特亲王石堆（Prince Albert's Cairn），上面的铭文是"纪念伟大和善良的王夫艾伯特。他的心碎的遗孀维多利亚立碑于1862年8月21日"（To the beloved memory of Albert the great and good, Prince Consort.Erected by his broken hearted widow Victoria R.21st August 1862）。

地运动会,但最著名的是9月第一个周六举办的布雷马集会。从1817年至今,这个重要活动每年都由布雷马皇家高地学会(Braemar Royal Highland Society)组织。

住宿

Braemar SYHA 青年旅舍

(01339-741659; www.syha.org.uk; 21 Glenshee Rd; 铺/标双 £21/49; 2月至10月; P@🛜🐾)这家青年旅舍位于布雷马村庄中心以南一栋豪华的狩猎小屋址内,就在通向珀斯的A93路边。舒适的休闲室里有台球桌,花园里有烤架。

Braemar Cabins 小屋

(01339-741242; http://braemarcabins.com; 7-9 Invercauld Rd; 3晚£285起; P🛜🐾)这些迷人的松木小屋位于村庄入口,两个双人间或标准间(有的房间能满足无障碍要求)最多可住4人。小屋设有地暖、设备齐全的厨房和户外平台。旺季期间,最少居住一周(£695)。

Braemar Lodge Hotel 酒店

(01339-741627; www.braemarlodge.co.uk; Glenshee Rd; 铺/标单/双 £15/80/120起; P🛜)这幢维多利亚式的狩猎小屋位于布雷马的南缘,个性十足。木镶板酒吧Malt Room也毫不逊色,墙上装饰着鹿头并提供单一麦芽威士忌。酒店还有不错的山景餐厅,外加院子里12个铺位的徒步者简易宿舍(需要预订)。

❶ 实用信息

布雷马旅游局(Braemar Tourist Office; 01399-741600; The Mews,Mar Rd; 8月 9:00~18:00,6月、7月、9月和10月 至17:00,11月至次年5月 办公时间缩短)位于Fife Arms Hotel对面,提供关于本地区徒步的大量实用信息。

❶ 到达和离开

201路长途汽车从阿伯丁(Aberdeen)开到布雷马(£12.10, 2.25小时,周一至周六 每2小时1班,周日 5班)。珀斯至布雷马的这段50英里行程景色秀丽,不过没有公共交通。

珀斯郡高地
(HIGHLAND PERTHSHIRE)

高地边界从邓巴顿(Dumbarton)到斯通黑文(Stonehaven),斜穿苏格兰,将珀斯郡分为两个各具特色的区域。边界以北的珀斯郡高地从科姆里(Comrie)至布莱尔高里(Blairgowrie),由山峦、森林和湖泊组成,拥有英国一些最美丽的风景。古老的城市邓凯尔德所在的主路A9连接珀斯和因弗内斯,是进入该地区的主要路线。

❶ 到达和当地交通

Scottish Citylink(0871 266 3333; www.citylink.co.uk)长途汽车从爱丁堡或格拉斯哥开往因弗内斯,在伯纳姆和皮特洛赫里停车。珀斯有开往该地区大多数城镇的固定班次长途汽车。往来珀斯与因弗内斯的火车在布莱尔阿瑟尔(Blair Atholl)和皮特洛赫里靠站停车。

邓凯尔德和伯纳姆
(Dunkeld & Birnam)

人口 1005

泰河(Tay)是流经珀斯郡中心"大树村"(Big Tree Country)的一条童话般的河流。那里的姊妹城镇邓凯尔德和伯纳姆由托马斯·特尔福德(Thomas Telford)建于1808年的优美桥梁连接。除了邓凯尔德的古老教堂之外,该地区草木繁盛的壮美山峦也值得徒步游览。当年这是这些徒步小径为毕翠克丝·波特(Beatrix Potter)创作儿童故事提供了一份灵感。

伯纳姆可看的景点较少,它的名字因《麦克白》而闻名于世。伯纳姆森林(Birnam Wood)所剩无几,不过有一条河畔小径通往**伯纳姆橡树**(Birnam Oak),从莎士比亚时代生长至今的一棵树,已有五百岁高龄,值得尊敬,如今其老化的枝干被木头支撑着。周围还有一棵300年树龄的无花果树。

◉ 景点和活动

邓凯尔德主教座堂 教堂

(Dunkeld Cathedral; HS; www.dunkeldcathedral.org.uk; High St; 4月至9月 9:30~17:30,

10月至次年3月 10:00~16:00) 免费 邓凯尔德主教座堂坐落在泰河草木丛生的河岸上,是苏格兰环境最优美的教堂之一;晴天时,这个地方再美丽不过,不要错过。主教座堂的一半仍作为教堂使用;其余部分已成为气氛十足的废墟。教堂部分建筑的历史可追溯至14世纪,在宗教改革和1689年(詹姆斯二世党与政府之间)的邓凯尔德战斗期间受损。

邓凯尔德别墅庭院 花园

(Dunkeld House Grounds; ⊘24小时) 免费 设有路标的步行路从邓凯尔德主教座堂向上游方向延伸,经过由阿瑟尔公爵原宅邸改建的Dunkeld House Hotel的华丽院子。18世纪和19世纪末,被称为"种树公爵"的历代公爵在自己的庄园内"为美化和利润"种植松柏超过2700万株,引进落叶松、道格拉斯冷杉和红杉等品种,为苏格兰的林业播下了种子。

洛斯湖野生动物中心 野生活动保护区

(Loch of the Lowes Wildlife Centre; ☎01350-727337; www.swt.org.uk; 成人/儿童 £4/50便士; ⊘3月至10月 10:00~17:00,11月至次年2月 周五至周日 10:30~16:00; P) 洛斯湖野生动物中心位于邓凯尔德以东2英里的A923公路旁,有专门关注红松鼠和神气鱼鹰的游客中心。这里有一处观鸟隐蔽棚(提供双筒望远镜),繁盛季节期间(4月下旬至8月),你可以在此观察筑巢的鸟儿,还有鸟巢内部的视频直播。

赫米蒂奇(Hermitage) 步行

邓凯尔德附近最热门的一条步行路是赫米蒂奇。这条路标清晰的小径沿布兰河(River Braan)延伸至古雅的奥西恩厅(Ossian's Hall);后者是由阿瑟尔公爵于1758年修建的装饰性建筑,用于俯瞰壮观的奥西恩瀑布(在这里可以见到跳出水面的鲑鱼,尤其是在9月和10月)。赫米蒂奇小径紧邻村庄以西的A9,路标清楚。

食宿

★ Jessie Mac's 青年旅舍、民宿

(☎01350-727324; www.jessiemacs.co.uk; Murthly Tce, Birnam; 铺/双 £20/59起; ⓐ⊛) Jessie Mac's坐落于有气派角楼的维多利亚时期牧师住宅内,是民宿和豪华青年旅舍的绝佳组合,有3个华丽的双人间和4个带上下床的共用或家庭房间。客人可充分利用乡村风格的休闲室、阳光充足的餐厅和设备齐全的厨房,早餐用本地农产品烹制,从有机鸡蛋到邓凯尔德熏鲑鱼,不一而足。

Erigmore Estate 度假屋 ££

(☎01350-727236; www.erigmore.co.uk; Birnam; 双 3晚£273起; P⊛⊛) Erigmore House曾经是一名富有的帆船船长的乡村别墅,豪华的木屋散落在树木茂盛的河畔院落,提供可爱舒适的住宿条件,还有户外平台和——价格较高——专享热水浴缸。房屋本身有共用设施,包括酒吧、餐厅和游泳池。

★ Taybank 小酒馆食品 ££

(☎01350-727340; www.thetaybank.co.uk; Tay Tce,Dunkeld; 主菜 £9~13; ⊘供餐 正午至21:00; P) 在河边的阳光下享用酒馆午餐的首选地是Taybank,这里是定期聚会的地方、民间音乐家的表演空间,还是一家服务热情的酒吧,提供来自当地Strathbraan Brewery的艾尔啤酒。每周几个晚上有现场音乐,菜肴主打本地食材,菜肴有熏鹿肉或烤海鳟等。

ⓘ 实用信息

邓凯尔德旅游局(Dunkeld Tourist Office; ☎01350-727688; www.dunkeldandbirnam.org.uk; The Cross; ⊘4月至10月 周一至周六 10:30~16:30,周日 11:00~16:00,7月和8月 办公时间延长,11月至次年3月 仅周五至周日)有关于当地徒步和自行车小径的信息。

ⓘ 到达和离开

Scottish Citylink(见979页)运营格拉斯哥/爱丁堡和因弗内斯之间的长途汽车,在Birnam Hotel(£18.10,2小时,每天2或3班)停车。**Stagecoach**(www.stagecoachbus.com)的班车每小时发车(周日只有5班),在珀斯和邓凯尔德(£2.80,45分钟)之间运营,并继续开往阿伯费尔迪(Aberfeldy)。

皮特洛赫里(Pitlochry)

☎01796 / 人口 2780

空气中弥漫着高地风情的皮特洛赫里是

北上途中的热门落脚点。夏季，主街上有旅游团组成的"康加舞人龙"般的如潮游客，不过如果你在此稍作停留，依然能感受小镇的十足魅力——宁静的春夜里，鲑鱼在塔姆尔河腾跃，美酒在Moulin Hotel里酿造，周遭一切是如此美好。

⊙ 景点

美丽的河岸是皮特洛赫里的一处景点；塔姆尔河（River Tummel）在此筑有坝，如果幸运，你或许可以看到沿着鱼梯上溯洄游至法斯卡利湖（Loch Faskally）的鲑鱼（5月至11月，最佳月份是10月）。

★ 皮特洛赫里大坝游客中心   游客中心

（Pitlochry Dam Visitor Centre; www.pitlochrydam.com; Armoury Rd; ◎9:30~17:30; P）免费 这座极具建筑美感的游客中心于2017年开业，坐落在塔姆尔河的大坝上方，中心内的展览详细介绍了苏格兰水力发电历史和大西洋鲑鱼生命周期（所有水电站都建有鱼梯，以便让鲑鱼过坝洄游至上游），还有一家出色的咖啡馆。

★ 埃德拉多尔酿酒厂   酿酒厂

（Edradour Distillery; ☏01796-472095; www.edradour.co.uk; Moulin Rd; 团队游 成人/儿童 £10/5; ◎4月至10月 周一至周六 10:00~17:00, 11月至次年3月 周一至周五 至16:30; P）这家酒厂以苏格兰最小、最美的酿酒厂为荣，也是最佳参观地点之一：你可以在一座建筑中看到整个酿酒流程。酿酒厂位于皮特洛赫里以东，沿Moulin路驾车2.5英里，或者愉快徒步1英里，即可到达。

基利克兰基山口   古迹

（Pass of Killiecrankie; NTS; 停车 £2; ◎24小时; P）免费 美丽、粗犷的基利克兰基山口位于皮特洛赫里以北3.5英里处，是1689年引发詹姆斯二世党叛乱的基利克兰基战役（Battle of Killiecrankie）的战场，加里河（River Garry）从这里的嶂谷奔腾而过。游客中心（NTS; ☏01796-473233; www.nts.org.uk; ◎4月至9月10:00~17:00, 10月 11:00~16:00; P）免费 有关于詹姆斯二世党的历史及本地动植物的交互式展览，非常出色。这里有很多可以触碰、拉动和开启的机关——非常适合孩子。林木茂盛的峡谷旁边还有几条令人惊艳的小路，留意红松鼠。

探险花园   花园

（Explorers Garden; ☏01796-484600; www.explorersgarden.com; Foss Rd; 成人/儿童 £4/1; ◎4月至10月 10:00~17:00; P）18世纪和19世纪，苏格兰的植物学家和探险者，比如戴维·道格拉斯（David Douglas；道格拉斯冷杉就是用他的名字命名），将众多珍稀植物引入苏格兰，这座明珠般的花园就是以此为基础打造的，而这个有着300年植物收集史的花园也成为纪念追踪异国物种的"植物猎人"的地点。

🛏 住宿

Pitlochry Backpackers Hotel   青年旅舍 £

（☏01796-470044; www.scotlands-tophostels.com; 134 Atholl Rd; 铺/标双 £20/53; ◎4月至11月中旬; P@🛜）友善、悠闲、非常舒适，这家出色的青年旅舍正好位于城镇中心，有3~8床位的崭新宿舍。这里还有带独立浴室的标准间和双人间，里面有床，但不是上下床，物有所值。便宜的早餐和台球桌更是为欢快的派对氛围增色不少。床单不另收钱。

Pitlochry SYHA   青年旅舍 £

（☏01796-472308; www.syha.org.uk; Knockard Rd; 铺/标双 £19/46; ◎3月至10月; P@🛜）位置优越，俯临城镇中心，受到家庭和徒步者的欢迎。

★ Craigatin House   民宿 ££

（☏01796-472478; www.craigatinhouse.co.uk; 165 Atholl Rd; 双 £107起, 套 £134; P@🛜）优雅的房屋和花园远离主路，品位比苏格兰的民宿高出几倍。宽大的床上铺盖着时髦的当代织品，舒适水平远远超出这里公道的房价；马厩区域改建的房间尤其引人注目。早餐极为美味，休闲区域可以俯瞰苍翠的花园景色。

★ Fonab Castle Hotel   历史酒店 £££

（☏01796-470140; www.fonabcastlehotel.com; Foss Rd; 房间 £225起; P🛜）这幢苏格兰男爵宅邸原是著名波特酒和雪莉酒商人

的子孙乔治·桑德曼上尉（Lt Col George Sandeman）的乡村别墅，是栋建于1892年的红色砂岩建筑，如今改造成为一家豪华酒店和水疗中心。优雅、现代的延伸建筑可以俯瞰法斯卡利湖（Loch Faskally），一流的餐厅提供最精致的苏格兰鹿肉、牛肉和海鲜菜肴。

Killiecrankie Hotel 酒店 £££

（☎01796-473220；www.killiecrankiehotel.co.uk；双 含晚餐 £125起；☉3月至12月；P🅿🐶）这个出众的酒店服务热情得无可挑剔，环境静谧，墙上挂有有趣的艺术品，还有俯瞰美丽花园的房间，令人放松。酒店提供最完美的苏格兰乡村别墅住宿体验，没有同类房屋的陈旧感；饮食同样出色。忙碌的时段最少住两晚；有时提供只含住宿和早餐的价格。

🍴 就餐

★ Moulin Hotel 小酒馆食品 ££

（☎01796-472196；www.moulinhotel.co.uk；Kirkmichael Rd；主菜 £9~16；☉供餐 正午至21:30；P🅿🐶）距离城镇1英里，却是截然不同的世界，这家氛围独特的小酒馆有低矮的天花板、老化的木头和舒适的卡座。Moulin是个极其浪漫的地方，有店内自酿的艾尔啤酒（后面有小酒坊）和一些高地爽心美食：尝尝肉末配白萝卜泥或炖野味。从皮特洛赫里愉悦地漫步上坡，餐后再轻快地往下走。

Port-na-Craig Inn 法式小馆 ££

（☎01796-472777；www.portnacraig.com；Port-na-Craig；主菜 £8~17；☉11:00~20:30；P🐶）从城镇中心过河，这栋可爱的小村舍坐落在以前一座独立小村庄所在地。优质的主餐展示出自信满满的厨艺，摆盘精美，这里还有比较简单的三明治、儿童餐和清淡午餐。或者，你还可以只在河边露天坐坐，一边看着钓鲑鱼的人，一边喝上一品脱。

☆ 娱乐

★ Pitlochry Festival Theatre 剧院

（☎01796-484626；www.pitlochryfestivaltheatre.com；Port-na-Craig；门票 £6~35）这家备受爱戴的著名剧院成立于1951年（在帐篷里！），是珀斯郡高地（Highland Perthshire）文化生活的中心。5月至10月中旬的夏季期间，除了周日之外，一周内每晚都上演不同的戏剧。

ℹ️ 实用信息

皮特洛赫里旅游局（Pitlochry Tourist Office；☎01796-472215；www.perthshire.co.uk；22 Atholl Rd；☉3月至10月 周一至周六 9:30~17:30，周日10:00~16:00，7月和8月 办公时间延长，11月至次年2月 办公时间缩短）提供关于当地徒步的有用信息。

ℹ️ 到达和离开

长途汽车

Scottish Citylink（见991页）长途汽车每天2~4班发往因弗内斯（£18.10，1.75小时）、珀斯（£11.50，50分钟）、爱丁堡（£18.10，2~2.5小时）和格拉斯哥（£18.10，2.25小时）。

Megabus（☎0871 266 3333；www.megabus.com）提供前往因弗内斯、珀斯、爱丁堡和格拉斯哥的折扣车票。

Stagecoach（见992页）长途汽车开往阿伯费尔迪（£3，40分钟，周一至周六 每小时1班，周日3班）、邓凯尔德（£2.60，40分钟，周一至周六 每小时1班）和珀斯（£4.10，1.25小时，周一至周六 每小时1班）。

火车

皮特洛赫里位于珀斯（£14.40，30分钟，周一至周六 每天9班，周日5班）至因弗内斯（£23.40，1.75小时，班次相同）的铁路干线上。

布莱尔城堡（Blair Castle）

苏格兰最受欢迎的旅游景点之一，宏伟的**布莱尔城堡**（☎01796-481207；www.blair-castle.co.uk；成人/儿童 £12/7.70；☉复活节至10月 9:30~17:30，11月至次年3月 周六和周日 10:00~16:00；P🐶）及附近庄园是默里（Murray）家族领袖阿瑟尔公爵（Duke of Atholl）的乡村宅邸。现任公爵每年5月游览城堡，检阅**阿瑟尔高地人**（Atholl Highlanders）——英国唯一的私人军队。引人注目的白色建筑群坐落在加里河（River Garry）后方林木茂密的山坡下。30个房间面向公众开放，展现出一幅自16世纪以来高地上流社会生活的美妙画卷。

原先的塔楼修建于1269年，18世纪和19世纪，城堡经过大规模重建。亮点包括二层的客厅，内有乔治王朝时代的石膏吊顶和佐法尼（Zoffany）绘制的第四代公爵家族的肖像，还有名叫汤米（Tommy）的宠物狐猴（没错，你没看错）；挂毯室挂着17世纪为查理一世创作的壁挂。餐厅非常华丽——看看9品脱的葡萄酒杯——舞厅是橡木镶板的巨大房间，里面挂着数百只鹿角装饰。

塔姆尔湖和兰诺克湖（Lochs Tummel & Rannoch）

塔姆尔湖和兰诺克湖（www.rannochandtummel.co.uk）沿途的线路景色优美，值得尝试，不拘于哪种交通方式——步行、骑自行车、驾车均可。山坡上长满古老的桦树、云杉、松树和落叶松，构成了绝妙的泰森林公园（Tay Forest Park）。山林绵延至波光粼粼的湖泊；推荐秋季前来游览，那时层林尽染，桦树叶最美。

金洛赫兰诺克（Kinloch Rannoch）往西18英里处就是公路的尽头，浪漫偏僻的兰诺克车站（Rannoch Station）位于格拉斯哥—威廉堡铁路线上。远方是荒凉广阔的兰诺克沼地（Rannoch Moor）。站台上有一家出色的茶室（☎01882-633247; www.rannochstationtearoom.co.uk; Rannoch Station; 主菜 £4~6; ◎周一至周四和周六 8:30~16:30，周日 10:00~16:30; P 🐾），旁边是一家服务热情的小酒店。注意，兰诺克车站是道路尽头，最近的服务站在阿伯费尔迪。

每天有2~4班列车从兰诺克车站向北开往威廉堡（£11.10，1小时）和马莱格，向南开往格拉斯哥（£25.30，2.75小时）。

泰湖（Loch Tay）

泰湖是这片被称为布雷多尔本（Breadalbane；来源于凯尔特语的"Bràghad Albainn"）的古代地区的中心——巨大的本劳尔斯山（Ben Lawers; 1214米）赫然耸立于湖泊上方，是凯恩高姆（Cairngorms）地区和本尼维斯山（Ben Nevis）之外的最高峰。泰湖以北的大部分土地属于本劳尔斯山国家自然保护区（Ben Lawers National Nature Reserve; www.nnr.scot），以其稀有的高山植物群闻名。

苏格兰克兰诺格中心（Scottish Crannog Centre; ☎01887-830583; www.crannog.co.uk; 团队游 成人/儿童 £10/7; ◎4月至10月 10:00~17:30; P 🐾）位于泰湖岸边的肯莫尔（Kenmore）以南1英里处，坐落在湖泊上方的木桩上。克兰诺格——实际上就是人工岛——是从公元前三千年前延续至今的一种受欢迎的防御居住方式。在这座超凡的再造建筑[基于对奥克班克（Oakbank）人工岛——在泰湖发现的18座人工岛之一——的研究]内，中心还提供导览游，包括生火和铁器时代的工艺

兰诺克沼地（RANNOCH MOOR）

过了兰诺克车站，文明的痕迹逐渐消退，兰诺克沼地出现。此地是英国最大的荒原，向西绵延8英里，荒凉、阴冷、杳无人迹，直至格拉斯哥至威廉堡的A82公路。高原上三角形的泥炭沼泽占地超过50平方英里，这片沼地高山环绕，散落无数湖泊、池塘和泥煤地。水面占据地表面积的10%，水面有人划独木舟穿过，有人游泳，冬天甚至有人滑冰溜过。

虽然风景萧瑟凄凉，但沼地的野生动物丰富多样，比如草丛中掠过的麻鹬、金鸻和沙锥鸟，湖里游过的黑喉潜鸟和秋沙鸭，以及——如果运气好——头上飞过的鱼鹰和金雕。一群群红鹿在铁轨旁边吃草，水獭在湖岸上蹿来蹿去。留意茅膏菜（sundew），一种食用昆虫的小林植物，长着边缘发黏的叶子。

两条出色（并具有挑战性）的步行小路以兰诺克车站为起点——向北延伸至科鲁尔车站（Corrour Station; 11英里，4~5小时），从那儿可以乘火车返回；向西沿沼地北部边缘至科河谷东端的 Kings House Hotel（☎01855-851259; www.kingshousehotel.co.uk; Kingshouse; 标单/双 £45/100; P），全程11英里，用时约4小时。

等内容。

泰湖的垂钓也很有名——这里能钓到鲑鱼、鳟鱼和梭子鱼。Fish 'n' Trips（☏07967 567347；www.lochtayfishntrips.co.uk）可以承包你的垂钓一日游，包括船、渔具和向导，两人£120，或者可以租船，每天£60。

从肯莫尔至基林的主路沿泰湖北岸延伸。南岸的小路狭窄崎岖（不适合大型车辆），不过可以看到北部山峦的美景。

西部高地
(WEST HIGHLANDS)

这个地区从荒凉的兰诺克沼地（Moor of Rannoch）铺展绵延，直至科河谷和威廉堡以外的西海岸，包括大峡谷南部边区。这里到处都是壮观的风景，岩石密布的高山雄踞荒凉的峡谷之上，辽阔的沼泽、湖泊和成片的商业林交错分布。位于林尼湖（Loch Linnhe）内侧的威廉堡是该地区唯一的大型城镇。

2007年，该地区凭借不同寻常的地质构造和美不胜收的景色，已被升格为洛哈伯地质公园（Lochaber Geopark；www.lochabergeopark.org.uk）。

❶ 到达和离开

沿途风光优美的西部高地铁路线路从格拉斯哥延伸至威廉堡和马莱格——开往斯莫尔群岛（Small Isles）、斯凯岛及外赫布里底群岛的渡轮发船地点——穿过该地区的腹地，是在主要中心城镇之间旅行的理想途径。本地长途汽车服务完善，可以填补铁路网络的空白。

科河谷（Glen Coe）

科河谷是苏格兰最有名、最壮观的峡谷，如遇恶劣天气，它也是最可怕的一个。从东边前往峡谷的道路旁矗立着嶙峋的锥形**布阿柴·埃蒂夫·莫峰**（Buachaille Etive Mor）[大牧人埃蒂夫（Great Shepherd of Etive）]和孤零零的酒店 Kings House Hotel（翻新停业至2019年）。1745年卡伦顿战役以后，此处被用作汉诺威的要塞并由此得名。

A82公路穿过格伦科山口（Pass of Glencoe）并进入狭窄的峡谷上游。号称**三姐妹**（Three Sisters）的3座冷峻的巨峰占据了南部地区，**Aonach Eagach**如刀锋般陡峭的山脊横亘在北侧的地平线上，是经典的登山挑战地带。道路在深谷和飞溅的瀑布之间蜿蜒穿行，直至更具有田园气息的峡谷下游处，附近就是阿赫特里奥奇坦湖（Loch Achtriochtan）和周边唯一有人居住的**村庄格伦科**（Glencoe）。

Glencoe Mountain（☏01855-851226；www.glencoemountain.com; Kingshouse；缆椅 成人/儿童 £12/6；⊙9:00~16:30）滑雪中心以西2英里处，一条小路沿宁静、美丽的**埃蒂夫谷**（Glen Etive）延伸，后者向西南方向绵延12英里，直到埃蒂夫湖（Loch Etive）前端。炎热的夏日，埃蒂夫河（River Etive）有多处适合游泳的水潭，还有几个不错的野餐地点。

🛏 食宿

Glencoe Independent Hostel 青年旅舍 £

（☏01855-811906；www.glencoehostel.co.uk；农舍/简易住屋 铺£17/15；ℙ@🛜）这家位置便利的旅舍位于格伦科村东南1.5英里处的一家旧农舍内，有6床位宿舍和8床位宿舍，简易住屋内共有16个阿尔卑斯农舍风格的铺位。这里还有一个可爱的小木屋，最多可供3人住宿（每晚£80）。

Glencoe SYHA 青年旅舍 £

（☏08155-811219；www.syha.org.uk；铺/标三 £19/83；ℙ@🛜）备受徒步者欢迎，只是氛围稍显刻板。从格伦科村沿河流北侧的小路步行1.5英里即可到达。

Clachaig Inn 酒店 ££

（☏01855-811252；www.clachaig.com；标单/双£57/114；ℙ🛜）格伦科村以东2英里处的Clachaig一直以来都受到山地徒步者和登山者的青睐。这里拥有舒适的独立卫浴套房和一家时尚现代的休闲酒吧，酒吧内配有舒适的卡座和高高的长餐桌，墙上挂着登山照片和小玩意，还有登山杂志可供翻阅。

登山者通常会去位于酒店另一侧气氛活跃的Boots Bar——有壁炉、几种艾尔啤酒和美味的酒吧餐（主菜 £10~21，供餐 正午至21:00），周六的晚上还有苏格兰音乐的现场演出。

★ Glencoe Café 咖啡馆

(☎01855-811168; www.glencoecafe.co.uk; Glencoe village; 主菜£4~8; ⓢ10:00~16:00, 5月至9月至17:00, 11月歇业; P🐕)这家气氛友好的咖啡馆是格伦科村的社交中心, 11:30以前提供火腿煎蛋早餐(包括素食选择), 还有以本地食材为主的简式午餐(想想卡伦鳕鱼汤、熏三文鱼乳蛋饼、鹿肉汉堡), 以及峡谷中最棒的卡布奇诺咖啡。

❶ 到达和离开

Scottish Citylink(见991页)长途汽车往返于威廉堡和格伦科(£8.50; 30分钟; 每天4~8班)以及格伦科和格拉斯哥之间(£22.70; 2.75小时; 每天4~8班)。在格伦科村、格伦科旅游局和Glencoe Mountain Resort都设有长途汽车站点。

Stagecoach(见992页)的44路长途汽车从格伦科村开往威廉堡(£4.10, 40分钟; 周一至周六 每小时1班, 周日3班)和金洛列文(Kinlochleven; £2.20, 15分钟)。

威廉堡(Fort William)

☎01397 / 人口 9910

威廉堡坐落在林尼湖岸边, 四周被壮丽的山景环绕, 拥有全苏格兰数一数二令人羡慕的环境。除了不太迷人的城中心和林尼湖之间拥挤的双车道交通, 威廉堡一派田园牧歌风情, 不过这里有全国最高雨量的纪录。即便如此, 威廉堡仍然被誉为"英国户外体验之都"(www.outdoor-capital.co.uk)。这里铁路和公路交通便利, 是探索周边山脉和峡谷的理想大本营。

神奇的内维斯峡谷(Glen Nevis)起于镇子的最北端附近, 覆盖了本尼维斯山(Ben Nevis; 1345米)的南侧区域。本尼维斯山是英国最高的山脉, 吸引着络绎不绝的徒步和登山爱好者前去挑战。这条峡谷还深受电影制作人的青睐——《勇敢的心》(1995年)、《大侦探皮卡丘》(2018年)、哈利·波特系列电影和电视剧《古战场传奇》(Outlander; 2014年)的部分场景都是在此拍摄。

◉ 景点

★ "二世党人"号蒸汽火车 观光铁路

(Jacobite Steam Train; ☎0844 850 4685; www.westcoastrailways.co.uk; 当日往返票 成人/儿童£35/20起; ⓢ6月中旬至8月 每天, 5月中旬至6月中旬、9月和10月 周一至周五)"二世党人"号蒸汽火车, 使用从前的LNER K1或是LMS Class5MT火车头, 穿行于威廉堡和马莱格(Mallaig)间如画的风景中, 用时2小时。该路线被视为世界最佳铁路旅程之一, 跨越了古老的格伦芬南高架桥(Glenfinnan Viaduct)。这条线路因哈利·波特系列电影而闻名, "二世党人"号的车主提供了电影中使用的蒸汽火车头和全部车辆。

火车上午从威廉堡的火车站发车, 下午从马莱格返回。途中在格伦芬南站短暂停车, 你可以在马莱格游玩1.5小时。

西部高地博物馆 博物馆

(West Highland Museum; ☎01397-702169; www.westhighlandmuseum.org.uk; Cameron Sq; ⓢ5月至9月 周一至周六 10:00~17:00, 10月至次年4月 至16:00, 7月和8月 周日 11:00~15:00) 免费 这家有趣的小型博物馆里有各种类型的高地大事记的收藏。不妨找找查理王子的"隐藏画像"——詹姆斯二世党人叛乱后, 许多高低事务被禁止, 其中就包括这位流亡领导人的画像。这幅微型画像看起来不过是颜料的污迹而已, 要使用柱面镜才能看出图像, 但这幅画像与王子本人的相似度极高。

🛏 住宿

Calluna 公寓 £

(☎01397-700451; www.fortwilliamholiday.co.uk; Heathercroft, Connochie Rd; 铺/标双£20/44, 6人公寓每3晚£124; P🐕)由著名的登山向导阿兰·金伯(Alan Kimber)和他的妻子苏(Sue)经营, Calluna面向徒步和登山团队提供自炊型公寓, 同样也为个人旅行者提供能够共享的公寓。这里有设备齐全的厨房和一个极棒的可烘干潮湿徒步装备的干燥室。

Fort William Backpackers 青年旅舍 £

(☎01397-700711; www.scotlands-top-

hostels.com; Alma Rd; 铺/标双 £21/50; P@🛜)
从汽车站和火车站步行10分钟即可到达，位于一幢很大的维多利亚式别墅内，气氛活泼温馨。旅舍坐落在山坡上，住客可以饱览林尼湖的优美风景。

6 Caberfeidh　　　　　　　　　　民宿 ££

(☎01397-703756; www.6caberfeidh.com; 6 Caberfeidh, Fassifern Rd; 双/家 £78/108; 🛜) 友好的老板和舒适的住宿环境完美结合；还有地处中心的优越位置，一切都为你安排妥当。有两个家庭房（一张双人床和一张单人床）或带四柱床的浪漫双人间可以选择。新鲜制作的早餐包括熏三文鱼炒鸡蛋。

★ Grange　　　　　　　　　　　民宿 £££

(☎01397-705516; www.grangefortwilliam.com; Grange Rd; 双 £180起; P) Grange位于一幢19世纪的优美别墅内，带有精致的景观花园，四处陈设着古董，烧木柴取暖，还有两个豪华套间，配备皮沙发、手工家具和卷盖式浴缸，一间位于大花园里迷人的独立小屋中，全都可以俯瞰林尼湖的景色。不接待儿童。

Lime Tree　　　　　　　　　　　酒店 £££

(☎01397-701806; www.limetreefortwilliam.co.uk; Achintore Rd; 房间 £140起; P🛜❄) 这个维多利亚式的前牧师住宅俯瞰着林尼湖，比一般的客栈更有趣，堪称带客房的艺术画廊，这里到处都装饰着艺术家店主创作的独具特色的高地风景画。美食家可以在这里的餐厅大快朵颐。设计极为人性化的画廊空间既有严肃的展览，曾展出过戴维·霍克尼（David Hockney）和安迪·高兹沃斯（Andy Goldsworthy）的作品，也举办民谣音乐会。

Ashburn House　　　　　　　　民宿 £££

(☎01397-706000; www.ashburnhouse.co.uk; Achintore Rd; 房间 每人£65起; ⏰3月至10月; P🛜) 亮堂、宽敞的卧室——有的房间可以俯瞰林尼湖美景——是市中心以南这幢维多利亚式宏伟别墅的标准配置。坐在休息室的皮沙发上和餐厅的早餐桌旁都可以欣赏海景。不接待12岁以下的儿童；5月至9月最少住两晚。

🍴 餐饮

DeliCraft　　　　　　　　　　　熟食店 £

(☎01397-698100; www.delicraft.co.uk; 61 High St; 主菜£3~10; ⏰周一至周六 8:00~18:30, 周日 10:00~16:00; 🖊) 这家熟食店提供美味的咖啡、一流的比萨和可口的三明治，包括黑面包熏牛肉等传统熟食，可以堂食或外卖，还有各种苏格兰奶酪、精酿啤酒和杜松子酒。

★ Lime Tree　　　　　　　　　苏格兰菜 ££

(☎01397-701806; www.limetreefortwilliam.co.uk; Achintore Rd; 主菜 £16~20; ⏰18:30~21:30; P🛜) 🍴威廉堡从不缺少美食，但这家小酒店兼艺术画廊的餐厅使"英国户外体验之都"登上了美食地图。厨师采用新鲜的苏格兰食材烹制美味菜肴，如法恩湾（Loch Fyne）牡蛎、奥湖（Loch Awe）鳟鱼和阿德纳默亨（Ardnamurchan）鹿肉。

★ Crannog Seafood Restaurant　海鲜 ££

(☎01397-705589; www.crannog.net; Town Pier; 主菜 £15~24; ⏰正午至14:30和18:00~21:00) 🍴Crannog绝对可以获得威廉堡最佳位置奖——地处码头塔楼（Town Pier）顶层内，坐在靠窗的座位可以饱览开阔的林尼湖美景。这里专营本地鱼类，轻松随意，毫不矫饰，主菜单之外每日还有三四道特供鱼，同时也供应羊肉、鹿肉和素食菜肴。2/3道菜午餐价格£16/19。

Grog & Gruel　　　　　　　　　小酒馆

(☎01397-705078; www.grogandgruel.co.uk; 66 High St; ⏰正午至午夜; 🛜) Grog & Gruel是一家传统风格的木镶板酒吧，供应种类丰富的苏格兰和英格兰小啤酒厂酿造的优质桶装啤酒。

ℹ 实用信息

威廉堡旅游局（Fort William tourist office; ☎01397-701801; www.visithighlands.com; 15 High St; 上网 每20分钟£1; ⏰周一至周六 9:00~17:00, 周日 10:00~15:00, 6月至8月 办公时间延长; 🛜) 可以上网。

ℹ 到达和离开

长途汽车站和火车站都在Morrisons大型超

市旁边，从城中心通过Nevisport商店旁边的地下通道即可到达。

长途汽车

Scottish Citylink（☎0871 266 3333；www.citylink.co.uk）运营的长途汽车线路将威廉堡与其他主要城镇连接起来。

爱丁堡 £37；5.25小时；每天4班，在格拉斯哥换乘，途经格伦科和克里安拉利（Crianlarich）。
格拉斯哥 £25；3小时；每天4班
因弗内斯 £12.20；2小时；每天6班
奥本 £9.40；1.5小时；每天2班
波特里 £32.20；3小时；每天3班

Shiel Buses（☎01397-700700；www.shielbuses.co.uk）运营的500路长途汽车开往马莱格（£6.1，1.5小时，周一至周五 每天4班，以及周六和周日 每天1班），途经格伦芬南和阿里塞格（£5.60，1小时）。

火车

风景壮丽的苏格兰高地西部线路（West Highland line）从格拉斯哥开往马莱格，途经威廉堡。夜班**卧铺车**（Caledonian Sleeper；www.sleeper.scot）往返于威廉堡和伦敦尤斯顿火车站（Euston；£135起；双卧铺舱；13小时）之间。

奥本和威廉堡之间没有直达列车——你需要在克里安拉利换车，因此乘坐长途汽车更为快捷。

爱丁堡 £40；5小时，在格拉斯哥皇后街站换乘，每天3班，周日2班
格拉斯哥 £30；3.75小时；每天3班，周日2班
马莱格 £13；1.5小时；每天4班，周日3班

威廉堡周边（Around Fort William）

内维斯峡谷（Glen Nevis）

风光优美的内维斯峡谷距离威廉堡城镇中心仅1小时步程处，曾是《勇敢的心》和哈利·波特系列电影的外景拍摄地。

攀登本尼维斯山

作为不列颠群岛的最高峰，**本尼维斯山**（Ben Nevis；1345米）吸引了很多跃跃欲试的登山者，纵使他们从未想过能够登上一座苏格兰山峰。每年有令人吃惊的（通常也是步履蹒跚地）100,000人成功登顶这座巨峰。

在晴朗的夏日，虽然任何具有相应能力的登山者都应该能够登上本尼维斯山，但是绝对不能掉以轻心，每年都会发生登山者在山中遇险呼叫、紧急救援的情况。你将需要合适的步行靴（山路难行，有时是坎坷的石头路，山顶可能有雪）、保暖的衣服、防水装备、地图和指南针，以及充足的食物和水。别忘了查看天气预报（www.bennevisweather.co.uk）。

踏上这条旅游线路之前有几个问题需要斟酌：山顶高原四周是700米高的悬崖，亚北极区气候；全年的任何日子，山顶都可能有雪；十天里面有九天，山顶云雾笼罩；在云雾弥漫的山顶上，能见度只有10米或更低；在这样的条件下，唯一安全的下山方法就是谨慎使用地图和指南针，避免在那些700多米的悬崖边上行走。

这条旅游线路（最容易的登顶线路）最初被称作小马小路（Pony Track），建于19世纪，用于驮马队伍向山顶气象台（如今已经废弃）运输物资，从1883年持续使用至1904年。

这条旅游线路上山的3个道路起点分别位于——阿欣蒂农场（Achintee Farm）、Glen Nevis SYHA青年旅舍的人行桥和内维斯峡谷游客中心（见1000页）的停车场（如果你开车过来）。道路会逐步爬升到Lochan Meallant-Suidhe（又称Halfway Lochan）的山肩处，之后开始变得曲折陡峭，然后经由Red Burn到达山顶高原。最高点的标志是老天文台遗址旁边巨石堆顶端的三角点；高原上散布着无数小石堆和摆成人名形状的石头，遗憾的是，还有不少废弃物。

往返山顶的总距离为8英里；登顶至少需要4小时或5小时，另外需要2.5~3小时下山。顺利返回之后，不妨在Ben Nevis Inn（见1000页）庆祝一番。不过别忘了，攀登本尼维斯山的年度纪录是往返时间不到1.5小时。嗯，再喝上一杯吧。

Glen Nevis Caravan & Camping Park
露营地

(☎01397-702191；www.glen-nevis.co.uk；帐篷露营地 每人 £9.50，房车 £26；⊙3月中旬至11月上旬；☎)这处露营地面积大、装备良好，是攀登本尼维斯山和周围群山很受欢迎的大本营。营地距离威廉堡2.5英里，位于内维斯峡谷路旁。

Glen Nevis SYHA
青年旅舍 £

(SYHA；☎01397-702336；www.syha.org.uk；铺 £24；P@☎)距离威廉堡3英里的这家青年旅舍正好位于本尼维斯山旅游路线的一处起点旁边，2018年初的全面翻新让它受益匪浅。提供现制早餐(£7)和盒装午餐(£6)。

Achintee Farm
民宿、青年旅舍 ££

(☎01397-702240；www.achinteefarm.com；Achintee；民宿 双 £110，青年旅舍标双/标三 £54/81；⊙民宿5月至9月，青年旅舍 全年；P☎)位于一个漂亮的农舍内，是一处不错的民宿，附带一家小型青年旅舍。位于本尼维斯山登山路的起点。

★ Ben Nevis Inn
苏格兰菜 ££

(☎01397-701227；www.ben-nevis-inn.co.uk；Achintee；主菜 £10~15；⊙4月至10月 正午至23:00，12月至次年3月 周四至周日 正午至23:00，11月歇业；P)这家出色的谷仓小酒馆供应艾尔啤酒和可口的佐酒食物(至21:00)。楼下的简易旅舍内有24个床位(床位 每人 £17)。它位于从阿欣蒂(Achintee)攀登本尼维斯山的登山路起点处，距离West Highland Way步道的终点只有1英里。

❶ 实用信息

内维斯峡谷游客中心(Glen Nevis visitor centre；☎01397-705922；www.bennevisweather.co.uk；⊙7月和8月 8:30~18:00，4月至6月、9月和10月 9:00~17:00，11月至次年3月 9:00~15:00)位于峡谷上方1.5英里处，提供徒步游、天气预报以及攀登本尼维斯山的具体建议和信息。

❶ 到达和离开

41路汽车从威廉堡车站开往Glen Nevis SYHA(见本页)青年旅舍(£2.30，15或20分钟；全年 每天2班，6月至9月 周一至周六 每天5班)。发车时间经常变更，可以在旅游局查询最新的时间表。

内维斯山脊(Nevis Range)

内维斯山脊滑雪区(Nevis Range ski area；☎01397-705825；www.nevisrange.co.uk；日票 成人/儿童 £21/12；⊙7月和8月 10:00~18:00，4月至6月、9月和10月 至17:00，11月至次年3月 9:30至黄昏)位于威廉堡以北6英里处，从这里乘坐缆车可以到达伊加赫山(Aonach Mor)高处。设施全年运营，滑雪季以外的时间，游客也可以进入山间小径和下山的山地车路线(☎01397-705825；www.nevisrange.co.uk/bike；单程/多程票 £18.50/34.50；⊙下山线路 4月至10月 10:15~15:45，林间小径 全年24小时)。

41路长途汽车从威廉堡汽车站开往内维斯山脊(£2.30，25分钟，周一至周六 每天3班，10月至次年4月 班次有限)。时刻表经常变动，可以在威廉堡旅游局(见998页)查询最新信息。

进岛公路(Road to the Isles)

从威廉堡至马莱格的46英里路段是A830公路的一部分，通常被称为进岛公路，因为这条路通往斯莫尔群岛和斯凯岛轮渡的起点，同时也是前往外赫布里底群岛的出发地。该地区到处都与詹姆斯二世党的历史有关，见证了1745~1746年查理王子试图重新夺取英国王位却最终失败的始末。

这条路线风光优美，阿里塞格和马莱格之间的最后路段已经改造成笔直的快速路。如果不是很着急，可以选择景色更美丽的老路(路标是Alternative Coastal Route)。

A830和北面极远处的A87两条公路之间是诺伊德特(Knoydart)和格莱内尔格(Glenelg)——苏格兰的"空白之地"。

❶ 到达和离开

船

Western Isles Cruises(见1001页)运营的客轮连接马莱格和诺伊德特半岛的因弗内(Inverie；25~40分钟)，4月至10月周一至周六每天4班(周日3班)。

CalMac（☎0800 066 5000；www.calmac.co.uk）运营的载客渡轮从马莱格开往斯莫尔群岛的下列地点：

坎纳岛（Canna）往返£10.90，2小时，每周6班
埃格岛（Eigg）往返£8，1.25小时，每周5班
马克岛（Muck）往返£9.20，1.5小时，每周5班
拉姆岛（Rum）往返£8.60，1.25小时，每周5班

CalMac的汽车渡轮开往斯凯岛的阿玛代尔（汽车/乘客 £9.70/2.90，30分钟，周一至周六每天8班，周日5～7班）和南尤伊斯特岛的洛赫博伊斯代尔（Lochboisdale；汽车/乘客 £57.65/10.45，3.5小时，每天1班）。

长途汽车

Shiel Buses（☎01397-700700；www.shielbuses.co.uk）运营的500路车从威廉堡开往马莱格（£6.10，1.5小时，周一至周五 每天4班，以及周六和周日 每天1班），途经格伦芬南（£3.30，30分钟）和阿里塞格（£5.60，1小时）。

火车

西部高地铁路连接威廉堡和马莱格，经停格伦芬南（£6.70，35分钟，每天4班，周日3班）、阿里塞格（£11.20，1小时）和摩拉（£12.40，1.25小时）。

格伦芬南（Glenfinnan）

人口 100

格伦芬南被查理王子的粉丝尊为圣地，这里的**纪念碑**（Monument）纪念了他集结高地军队的地点；格伦芬南也是蒸汽火车爱好者和哈利·波特迷们的朝圣地——著名的铁路高架桥曾在波特系列电影中多次出现。"二世人"号蒸汽火车（见997页）常轰隆隆驶过大桥。

另辟蹊径

诺伊德特半岛（KNOYDART PENINSULA）

诺伊德特半岛——一派荒山野岭和偏僻湖湾的粗犷风光——是英国唯一至今未通车的广阔区域，被连续几英里的崎岖山岳隔绝，紧邻内维斯湖（Lochs Nevis）和胡恩湖（Hourn；盖尔语的意思是"天堂与地狱"之湖）。游览这里的主要目的是攀登1020米的**拉德哈尔山**（Ladhar Bheinn，laar-ven），或者只是体验荒凉的感觉。这里没有电视，没有手机信号；供电只能通过私人的水力发电。

这片崎岖的山野深处没有公路——只有在马莱格乘坐渡船才能抵达此处唯一的村庄**因弗内**（Inverie），或者从偏远道路尽头的金洛赫胡恩（Kinloch Hourn）步行前往（艰难徒步16英里）。四驱车小路从因弗内向西北延伸7英里至边远居民点**杜恩**（Doune）和**艾罗尔**（Airor），那里甚至有更为偏僻的住宿选择。

www.visitknoydart.co.uk列出所有住宿选择，包括**Knoydart Foundation Bunkhouse**（☎01687-462163；www.knoydart-foundation.com；Inverie；铺 成人/儿童 £18/10；@☎）♪和**Knoydart Lodge**（☎01687-460129；www.knoydartlodge.co.uk；Inverie；房间 每人£30起；☎❋）♪，而家常氛围的**Old Forge**（☎01687-462267；www.theoldforge.co.uk；Inverie；主菜 £16～24；◉3月中旬至10月 周四至周二 12:30～23:30，11月至次年3月中旬 周四至周二 16:00～23:00；☎❋）♪作为英国最偏远的酒馆被列入吉尼斯世界纪录。由于诺伊德特位置偏僻，除非打算露营，住宿应该预订。

Western Isles Cruises（☎01687-462233；https://westernislescruises.co.uk；单程/当日往返 £10/20，自行车 £3）运营从马莱格开往因弗内（Inverie；25～40分钟）的客运渡轮，4月至10月周一至周六每天4班，周日3班。乘坐早班船，可以在诺伊德特岸上最长停留10小时，然后返回（当日首班船和末班船需要预订）。因弗内和内维斯湖南侧的塔比特（Tarbet）之间还有下午的班次，可以让徒步者沿摩拉湖（Loch Morar）北岸徒步至塔比特并乘船返回（塔比特—因弗内—马莱格£15）。

另外可以乘船巡游，不上岸（马莱格—因弗内—塔比特—因弗内—马莱格£22）。

◉ 景点和活动

格伦芬南纪念碑
(Glenfinnan Monument) 纪念碑

免费 这根高高的柱子于1815年竖立起来，顶端为穿短裙的苏格兰高地人雕像，纪念碑所在位置是1745年8月19日查理王子最先拿起武器并召集詹姆斯二世党人的地方，这一天标志着他悲剧性斗争的开始，14个月以后，斗争在卡伦顿以灾难收场。周围希尔湖（Loch Shiel）北端的环境美得令人难忘。

格伦芬南站博物馆 博物馆

（Glenfinnan Station Museum；www.glenfinnanstationmuseum.co.uk；捐赠之内，建议£1；⊙复活节至10月 9:00~17:00；P）这座引人入胜的小型博物馆记录了西部高地铁路修建的传奇故事。车站以东著名的21拱**格伦芬南高架桥**建于1901年，曾经出现于几部哈利·波特的电影中。一条令人惬意的步行路从车场向东延伸（设有路标），长约0.75英里，通向可以观赏高架桥和希尔湖的观景点。

格伦芬南游客中心 博物馆

（Glenfinnan Visitor Centre；NTS；www.nts.org.uk；成人/儿童 £3.50/2.50；⊙7月和8月 9:00~19:00，3月至6月、9月和10月 至18:00，11月至次年2月 10:00~16:00；P）这座中心回顾了"四五事件"，即1745年詹姆斯二世党人叛乱（Jacobite rebellion）事件的经过，当时查理王子忠诚的亲族从格伦芬南经爱丁堡向南行军并杀至德比（Derby），之后折回北方，最终在卡伦顿大败。

Loch Shiel Cruises 巡游

（☎07801 537617；www.highlandcruises.co.uk；每人£12~22；⊙4月至9月）沿希尔湖乘游船有机会见到金雕及其他野生动物。周二和周四有1~2.5小时的巡游活动。周三游船会驶过整个湖泊前往阿哈勒克尔（Acharacle；单程/往返£20/30），停靠波洛克（Polloch）和达利勒（Dalilea），可以在东岸的森林小径上步行或骑车。

船从Glenfinnan House Hotel附近的码头启航。

🛏 食宿

★ Prince's House Hotel 旅馆 £££

（☎01397-722246；www.glenfinnan.co.uk；标单/双 £95/160起；P）始建于1658年的Prince's House是一家令人愉悦的老式马车

值得一游

邓罗宾城堡

无论是景观还是特征，东海岸都是高地真正的荒芜地带开始绵延的地方。曲折的A9沿线以平缓的壮美风光及与世隔绝的感觉为标志，向北沿苏格兰最后几处遥远的大陆居民点延伸。公路穿过克罗默蒂湾（Cromarty Firth），沿荒凉质朴的海岸线蜿蜒，旅游热潮被远远抛在身后。

沿迎风海岸绕路而行的主要理由是宏伟的**邓罗宾城堡**（Dunrobin Castle；☎01408-633177；www.dunrobincastle.co.uk；A9；成人/儿童£11.50/7；⊙4月、5月和10月 10:30~16:30，6月至9月 10:00~17:00）是高地上最大的房屋，过了戈尔斯皮（Golspie）1英里即可到达。虽然城堡的历史可以追溯至1275年，但你看到的多半都是修建于1845~1850年的法式风格建筑。漂亮的城堡让本地人百感交集；这里曾经是第一代萨瑟兰公爵的宅邸，而该公爵以高地清除运动（Highland Clearances）中最残忍的几桩事件而臭名昭著。

这座经典的童话般城堡有塔楼和角楼，不过目前只开放展示187个房间中的22间，很多狩猎战利品格外醒目。美丽的花园延伸至大海，每天有两次令人印象深刻的驯鹰表演。花园内有一座博物馆，馆内陈列着不拘一格的考古发现、自然历史展览、一些真实的动物遗体和出色的皮克特石头藏品。

从因弗内斯开往威克/瑟索的火车（£19.90，2.25小时）和长途汽车（£12.05，1.5小时）在戈尔斯皮和邓罗宾城堡靠站停车。

驿站,这是一个很适合"奢侈"地宠爱一下自己的地方。如果想体味酒店最古老的一面,不妨选择宽敞的斯图尔特房间(Stuart Room;£225),屋内挂着苏格兰格子呢,还配有四柱床。餐厅氛围轻松,口碑很好,主要提供苏格兰菜(4道菜晚餐£46)。

Dining Car Tearoom 咖啡馆 £

(☎01397-722300; www.glenfinnanstationmuseum.co.uk; 主菜£6~10; ⓢ5月至10月 9:00~16:30; P)这家具有情调的茶室位于20世纪60年代的铁路车厢内,提供汤和三明治、奶油和果酱司康饼以及壶装茶,可以欣赏希尔湖上方的美丽山景。卧铺车厢还可以住宿(☎01397-722295; Glenfinnan Station; 每人£15, 整节车厢£130; ⓢ5月至10月; P)。

阿里塞格和摩拉(Arisaig & Morar)

小村庄阿里塞格和摩拉之间的海岸线绵延5英里,散布着各种岩石小岛、海湾和美丽的银色沙滩,后方是片片沙丘和狭长沙地。日落时分,举目远眺,海天交接处埃格岛(Eigg)和拉姆岛(Rum)的山峦剪影美不胜收。著名的**摩拉银沙滩**(Silver Sands of Morar)每年7月和8月吸引了大批海滨度假者,提着小桶和铲子在海滨玩耍,海岸边散布的众多露营地都会人满为患。

🛏 食宿

Old Library Lodge & Restaurant 苏格兰菜 ££

(☎01687-450651; www.oldlibrary.co.uk; Arisaig; 主菜£10~21; ⓢ正午至14:00和18:00~20:30; P🛜)🍴 Old Library是一家带客房(单人间/双人间£75/120)的迷人餐馆,坐落于经过改造的有200年历史的老马厩中,可以俯瞰阿里塞格村的海滨风光。午餐菜单以汤、汉堡和熏鱼或熏肉拼盘为主,晚餐则更为精致,提供本地海鲜、牛肉和羊肉。

马莱格(Mallaig)

☎01687 / 人口 800

如果你在威廉堡和斯凯岛之间旅行,很可能需要在熙熙攘攘的渔港和轮渡码头马莱格过夜。的确,这里是个很好的系列一日游落脚点,可以乘坐轮渡到斯莫尔群岛和诺伊德特的不同地点旅游。

马莱格有邮局、设有自动柜员机的银行和合作社超市。

Seafari (☎01471-833316; Harbour Pontoons; 成人/儿童£42/34; ⓢ复活节至9月)经营斯凯岛和斯莫尔群岛周边3小时的观鲸游,乘坐单体船"阿梅莉亚"号(Amelia)或36座双体船"奥赖恩"号(Orion)。夏季出海游见到小须鲸的概率很高(每年平均有180例目击报告),见到宽吻海豚和姥鲨的机会不多。

🛏 食宿

Seaview Guest House 民宿 ££

(☎01687-462059; www.seaviewguesthousemallaig.com; Main St; 标单/双£65/90, 小屋 每周£600; P🛜)这个舒适的民宿坐拥无敌海景,从楼上的卧室和早餐室都能欣赏到港口风光。隔壁还有一个可爱的小屋提供自炊住宿(www.selfcateringmallaig.com; 1间双人房, 1间标双)。

Springbank Guest House 民宿 ££

(☎01687-462459; www.springbank-mallaig.co.uk; East Bay; 标单/双£45/75起; 🛜)Springbank是一栋西部高地的传统房屋,有6个温馨的客卧,可以眺望港口对面斯凯岛库林丘陵(Cuillin of Skye)的风光。

Fish Market Restaurant 海鲜 ££

(☎01687-462299; www.thefishmarketrestaurant.co.uk; Station Rd; 主菜£12~28; ⓢ正午至15:00和18:00~21:00)🍴马莱格挂着"海鲜餐厅"招牌的至少有6家,不过这家才是我们的最爱。它开在港口旁边,明亮而现代,散发着法式小馆的情调。店里供应做法简单的扇贝、烟熏三文鱼、贻贝、炸面包屑鳕鱼(使用新鲜的马莱格鳕鱼),以及最美味的西海岸卡伦石龙子。

楼上是一家**咖啡店**(Station Rd; 主菜£4~8; ⓢ11:00~16:00, 6月至8月 至18:00)。

凯斯内斯郡(CAITHNESS)

一过赫姆斯代尔(Helmsdale),就进入了凯斯内斯郡,悬崖峭壁上长满金雀花和青草，山下掩藏着几座隐蔽的小渔港。苏格兰最北边的这处角落曾经是维京人的领地，与奥克尼（Orkney）和设得兰（Shetland）的历史联系胜过与本土其他地区的联系。这片神秘古老的土地上散落着古碑，居住着对斯堪的纳维亚遗产感到自豪的人民。

❶ 到达和离开

尽管位于遥远的北方，但前往凯斯内斯的交通非常便利。弗莱比航空和洛根航空的线路连接威克机场，还有通往威克和瑟索的火车。长途汽车往来东部和北岸各城镇。

威克（Wick）

☎01955 / 人口7100

威克值得一游，尤其是优秀的博物馆和装扮一新的迷人港区，而且这里还有非常不错的住宿场所。但这里与其说是美丽，不如说是坚韧，自从鲱鱼产业崩溃以来，这座小镇的运势一路走跌。虽然这里曾经是世界上最大的"银色宠儿"鲱鱼渔港，但在第二次世界大战之后，市场萎缩，失业率极高，城镇再也无法完全恢复。

⊙ 景点

★威克遗产中心 博物馆

（Wick Heritage Centre；☎01955-605393；www.wickheritage.org；20 Bank Row；成人/儿童£4/50便士；◐4月至10月 10:00~17:00，停止进入时间 15:45）这座出色的城镇博物馆追踪了鲱鱼产业的兴衰，从渔业设备到完整的鲱鱼船只，展览应有尽有。内部规模绝对巨大，摆满纪念品和描绘19世纪中叶威克全盛时期的各种展品。约翰斯顿（Johnston）的收藏品是明星展览。1863~1977年，三代人拍摄了发生在威克各处大大小小的事情，70,000张照片是令人惊叹的记录。

老富特尼 酿酒厂

（Old Pulteney；☎01955-602371；www.oldpulteney.com；Huddart St；团队游£10；◐10月至次年4月 周一至周五 10:00~16:00，5月至9月周一至周五 10:00~17:00，周六 10:00~16:00）虽然不再自称苏格兰本土最北端的威士忌酿酒厂（这个名号如今落到了瑟索新开设的Wolf-burn头上），但气氛友好的富特尼依然每天组织两次以上的出色团队游（时间一般是11:00和14:00），还为威士忌铁杆爱好者提供比较昂贵的参观活动。它的Stroma威士忌利口酒令人欲罢不能。

🛏 食宿

Bank Guesthouse 民宿££

（☎01955-604001；www.guesthousewick.co.uk；28 Bridge St；标单£50~60，双£75~85；🅿🛜）这栋醒目的维多利亚式建筑位于威克的正中心，里面有一家由本地家庭经营的温馨民宿。房间空间宽敞，装饰着迷人的地毯、壁纸和织物，还有带优质淋浴设施的现代卫生间。早餐超出一般水准。对于行动不便的人来说，楼梯是个问题。

Mackays Hotel 酒店££

（☎01955-602323；www.mackayshotel.co.uk；Union St；标单/双£93/129；🛜）长期以来，热情好客的Mackays是威克最好的酒店。房间漂亮，大都经过翻新，格局和面积不同，所以得要求多看几间房；价格一般低于门价。这里的No 1 Bistro（主菜£17~24；◐正午至14:00和17:00~21:00；🛜）是享用午餐或晚餐的不错选择。世界上最短的街道，2.06米长的Ebenezer Place，就位于酒店一侧。

Bord de l' Eau 法国菜££

（☎01955-604400；2 Market St；主菜£16~24；◐周二至周六 正午至14:00和18:00~21:00，周日 18:00~21:00）这家安详悠闲的法国餐馆是威克最好的就餐地点。餐馆临河，不断变化的菜单以法国经典肉类和野味菜肴为主，还有鱼类每日特餐。开胃菜物超所值，主菜包括种类丰富的蔬菜。在晴朗的夜晚里，坐拥水畔景致的玻璃温室餐厅美妙无比。

❶ 到达和离开

飞机

威克是凯斯内斯郡的交通门户。洛根航空（Loganair）的航班飞往爱丁堡；弗莱比航空/英国东方航空的航班飞往阿伯丁（每天3班，周一至周五）。

长途汽车

Stagecoach和Citylink运营往返因弗内斯

（£20.15，3小时，每天6班）的线路，Stagecoach还有开往瑟索（£3.90，40分钟，每小时1班）的车。另外还有接驳车开往约翰欧格罗茨（John O' Groats）和吉尔斯湾（Gills Bay；£3.60，30分钟，周一至周六4~5班），这两地均有开往奥克尼的载客和汽车渡轮。

火车

从因弗内斯（£21.10，4.25小时，周一至周六每天4班，周日1班）过来的火车到达威克。

约翰欧格罗茨（John O' Groats）

人口 300

虽然它不是英国本土的最北端（最北端是邓尼特角），约翰欧格罗茨依然是长达874英里的越野路线的终点。这条路线的起点是康沃尔（Cornwall）的兰兹角（Land's End），全程艰辛，深受骑行者和远足者的欢迎，其中许多人会借此为慈善事业筹集资金。约翰欧格罗茨大部分被一个时尚的现代化自炊式综合体所占据。从这里有载客轮渡发往奥克尼。

约翰欧格罗茨以东2英里处的**邓肯斯比角（Duncansby Head）**耸立着小灯塔，高达60米的悬崖庇护着筑巢的海燕，使人顿生站立在英伦尽头的庄严苍凉之感。从这里步行15分钟，穿过一个牧羊场，映入眼帘的就是被海浪所绕的巨石——邓肯斯比岩石群（Duncansby Stacks），景色壮观。

如果想吃点东西，**Stacks Coffee House & Bistro**（☎01955-611582；www.facebook.com/stacksbistro；主菜£10~13；◎周二至周日10:00~16:00）提供真正一流的家常烘焙食物和美味的家常菜。

❶ 到达和离开

Stagecoach（见992页）经营的长途汽车往返于约翰奥格罗茨和威克（£3.60；30分钟；周一至周六4~5班）或瑟索（£4.25；40分钟；周一至周六5~8班）之间。

5月至9月，载客渡船（见1036页）会开往奥克尼群岛的伯威克（Burwick）。向西3英里处，汽车渡船（见1036页）全年从吉尔斯湾开往奥克尼岛的圣玛格丽特霍普（St Margaret's Hope）。

梅伊（Mey）

梅伊城堡（Castle of Mey；☎01847-851473；www.castleofmey.org.uk；成人/儿童£11.75/6.50；◎5月至9月10:20~17:00，最后进入时间16:00）最吸引人的就是它与伊丽莎白王太后的关系，位于约翰欧格罗茨以西6英里处。外观宏伟，内部却是居家氛围处处体现了王太后的个人特点。亮点是文雅的导览游，曾经为王太后工作过的员工会讲述各种逸事。院子里还有农场宠物园，与众不同的围墙花园值得漫步一番，还可以眺望彭特兰湾（Pentland Firth）的秀美景色。

往来瑟索（50分钟）和约翰欧格罗茨（15分钟）的汽车在梅伊停车。如需帮助，可提前致电城堡，他们会尽量安排去接你。

邓尼特角（Dunnet Head）

瑟索以东8英里的一条小路通向壮观的邓尼特角，这是英国本土的最北端。气势磅礴的悬崖赫然耸立于汹涌的彭特兰湾海岸边，远方奥克尼群岛的景色令人振奋，下方是晒太阳的海豹和筑巢的海鸟，还有一座由罗伯特·路易斯·史蒂文森（Robert Louis Stevenson）的外公修建的灯塔。

南边弧线优美的邓尼特湾（Dunnet Bay）是苏格兰最美的一处海滩。

往来瑟索（20分钟）和约翰欧格罗茨（45分钟）的长途汽车在A836公路旁的邓尼特停车，不过再往北的海岬没有公共交通线路。

瑟索和斯克拉布斯特（Thurso & Scrabster）

☎01847 / 人口 7600

如果你打算继续往西走，或者过海前往奥克尼，英国最北边的大陆城镇瑟索是个便利的过夜地点。这里有美丽的城镇海滩、河岸步行区和优秀的博物馆。开往奥克尼的渡船从2.5英里以外的斯克拉布斯特发船。

🛏 食宿

Waterside House 民宿 £

（☎01847-894751；www.watersidehouse.

org; 3 Janet St; 标单 £35~40, 双 £50~70; ☎🐾) 位置容易找, 外边停车方便, 这家温馨的经济型客栈提供各种面积的优质独立卫浴套房——尽量入住经过装修的房间。早餐选择包括培根鸡蛋卷, 如果要赶早班渡轮, 还可以打包带走。如果从东边进镇, 过了桥后左转, 即可到达这里。

★ Pennyland House 民宿 ££

(☎01847-891194; www.pennylandhouse.co.uk; A9; 标单 £80, 双 £90~100; P☎🐾) 这栋历史建筑经过精心改造, 是出色的民宿选择。就其住宿档次而言, 这里绝对物超所值, 有配备橡木家具的大房间, 都以高尔夫球场命名; 我们尤其喜爱St Andrews: 非常宽敞, 卫生间很棒, 贴着棋盘格瓷砖。服务员热情而乐于助人, 这里有令人愉悦的早餐空间、花园和露台区, 可以看到对面霍伊岛 (Hoy) 的景色。夏季最少要住两晚。

蠓

忘了尼斯湖水怪吧。苏格兰高地上真正的怪物是贪婪的雌性吸血飞虫, 这种虫体长3毫米, 人称高地蠓 (Highland midge; Culicoides impunctatus)。它是露营者的噩梦, 像苏格兰式短裙和苏格兰威士忌一样, 是苏格兰的标志之一。当它们黑压压一片落在人的身上吸血时, 再平和的人也会变得烦躁抓狂起来。

尽管正常情况下母蠓是素食主义者, 但是它们需要一些血液来严卵。而且, 不管您愿不愿意, 如果你是6月至8月来到苏格兰高地, 那你基本会成为自愿献血者。蠓特别喜欢聚集在水边, 而且在清晨最为活跃, 不过深夜它们也会成群结队地出来巡逻。

驱虫剂和驱虫霜应该是有效的, 但是徒步旅行者最喜欢的是防蠓面纱。穿浅色衣服也管用。越来越多的小酒馆和露营地也开始使用灭蠓器。登录www.smidgeup.com/midge-forecast查看这个地区的蚊蠓活动情况——别怪我们没提醒: 当预测说蚊蠓不活跃的时候, 我们也被咬得够呛。

Camfield House 民宿 ££

(☎01847-891118; www.riversideaccommodation.co.uk; Janet St; 房间 £125~145; P☎) 从瑟索中心的纳尼亚式大门走过, 你会发现自己突然置身于豪华乡村庄园的氛围中。花园华丽, 还奢侈地配备了齐整的3杆洞高尔夫球场, 包括沙坑和水障碍区域。相比之下, 室内什么都不缺, 包括大电视、优质床品和出色的卫生间。这里甚至还有一张全尺寸的台球桌。

Holborn Hotel 法式小馆 ££

(☎01847-892771; www.holbornhotelthurso.co.uk; 16 Princes St; 酒吧餐 £9~13, 餐馆主菜 £13~19; ⊙周一至周四 正午至14:00和18:00~20:00, 周五 至21:00, 周六和周日 正午至14:30和18:00~21:00; 🐾) 这个地方时髦而舒适, 使用浅色木头装修, Holborn与瑟索其他比较传统的酒吧反差极大。酒吧提供简单而上佳的餐食。而只在晚上营业的Red Pepper餐馆菜单简洁, 主打优质海鲜, 比如美味的家常熏制三文鱼, 甜点也很棒。忙碌的时候, 服务速度或许会变慢。

这里还有不错的住宿 (单人间/双人间 £65/90)。

★ Captain's Galley 海鲜 £££

(☎01847-894999; www.captainsgalley.co.uk; Scrabster; 5道菜晚餐 £53.50, 含套酒 £77; ⊙周四至周六 18:30~21:00) 🍴品味雅致、气氛友好的Captain's Galley挨着斯克拉布斯特 (Scrabster) 渡口, 菜单简洁, 以海鲜为主, 特色是当地可持续发展的农产品, 做法可口, 突出自然风味。厨师会选择当地船只上最好的鱼, 菜单准确描述了你所吃的贝类来自哪个渔场。晚上如果在瑟索, 值得安排来这里用餐。

❶ 到达和离开

长途汽车

Stagecoach/Citylink的长途汽车连接瑟索/斯克拉布斯特和因弗内斯 (£20.15, 3小时, 每天5班)。开往威克 (£3.90, 40分钟) 的长途汽车大约每小时发车, 开往约翰欧格罗茨 (£4.25, 40分钟, 周一至周六5~8班) 的车两三个小时发车。

火车

每天有4班火车 (周日1班) 从因弗内斯 (£21.10,

3.75小时)发车,有接驳车开往斯克拉布斯特。

北部和西部海岸
(NORTH & WEST COAST)

这里是典型的高地乡村,周围苍茫空旷,展现着脆弱的野性之美,甚至还有单行道,而这一切在现代而拥挤、高度城市化的英国本岛是多么罕见而弥足珍贵。你可以在这儿迷失几个星期——那依然不太够。

从瑟索前往格伦科尔,北部和西北海岸交错分布着幽深的水湾、被人遗忘的海滩和海浪翻涌的半岛,丰富多彩。崎岖边界的内陆则有辽阔空旷的地区、巨大的湖泊及苏格兰最高的几座山峰。

无论是炽热的阳光,还是昏暗的阴霾,这片土地的特点独树一帜,千变万化——你可以在有限的时间内品味此间风景,刻画出自己对这片古老地区的独有印象。停下车眺望远方吧。这个高地最北端地区正是海岸自驾的梦想之地。

瑟索至德内斯
(Thurso to Durness)

瑟索到德内斯的海岸绵延80英里,景色十分壮观。

瑟索以西10英里处的敦雷(Dounreay)核电站是全世界第一座发电核电站;它目前已经停止使用。清理计划于2025年结束;它依然是该地区主要的就业来源。

远处的梅尔维赫(Melvich)俯瞰优美的海滩,从斯特拉西角(Strathy Point;从滨海公路驾车2英里,然后步行15分钟)望去,风景优美。

贝蒂希尔(Bettyhill)是俯临宏伟海岸线的美丽村庄,往西穿过科尔德巴基(Coldbackie)和汤格(Tongue),巍峨的群山映衬着一座座壮丽的海湾、令人惊叹的沙滩和醒目的岩石,美景令人目不暇接。

⊙ 景点

斯特拉斯内弗博物馆　　　　　　博物馆

(Strathnaver Museum; ☎01641-521418; www.strathnavermuseum.org.uk;成人/儿童 £2/1; ⓗ4月至10月 周一至周六 10:00~17:00)这座博物馆位于一座旧教堂内,通过当地孩子们创作的海报讲述了斯特拉斯内弗大清洗运动(Strathnaver Clearances)中的悲伤故事。博物馆展示麦基家族(Clan Mackay)纪念品、各种小农场耕作工具、"圣基尔达"邮船(圣基尔达用来与大陆传递信息的船型木容器,里面装有信件)。

教堂后门外有一块**法尔石**(Farr Stone)——雕工精致的皮克特十字板。

🛏 食宿

Bettyhill Hotel　　　　　　　　旅馆££

(☎01641-521202; www.bettyhillhotel.com;标单/双 不带卫生间 £60/90,双 带卫生间 £140; ⓗ4月至10月,查询冬季营业时间; ℙ🅢🅧)这家历史悠久的酒店位置优越,可以俯瞰托里斯代尔海湾(Torrisdale Bay)周边景色美丽的沙滩。老板一直在进行大规模整修,经过改造的房间很出色,色彩明亮,配备高档床垫。房间有各种类型(有的风景很棒),还有若干单间和一间村舍。提供酒吧和餐馆饮食。

★ **Cloisters**　　　　　　　　　民宿££

(☎01847-601286; www.cloistersbandb.co.uk; Talmine;标单/双 £40/70; ℙ🅢🅧)Cloisters地段优越,在经过艺术化改造的教堂旁边有3个套间,可以俯瞰汤格海峡(Kyle of Tongue)和沿海岛屿无以伦比的风光;景色从不会让人厌倦。在早餐室也可以欣赏晚景;彬彬有礼的老板还可以安排晚餐。从汤格出发,穿过堤道,右转前往梅尔(Melness)方向,行驶几英里就可到达Cloisters。

Altnaharra Hotel　　　　　　　旅馆££

(☎01549-411222; www.altnaharra.com; Altnaharra;标单 £70,双 £109~120,高级双 £140~160; ⓗ3月至12月; ℙ🅢🅧)这家偏远的高档酒店个性十足,作为垂钓目的地已有两个世纪的历史,仍深受钓鱼爱好者的喜爱。各种房间采用舒适、传统的织物装饰。餐馆提供一流的饮食(2/3道菜晚餐 £29/35),这里还有气氛欢快的酒吧。光是自驾之旅就值得前来:从汤格出发的线路风光壮丽。

旅馆还有几间经过翻新的村舍,可以自己做饭。

Tigh-nan-Ubhal　民宿 ££

(☎01847-611281; www.tigh-nan-ubhal.com; Main St, Tongue; 双 £70~80; 🅿🛜)这家漂亮的民宿位于汤格（Tougue）的中心，步行一分钟的距离就有两家小酒馆；这里拥有舒适的阁楼式的房间，采光充足，不错的地下室双人间带面积相当大的套内卫生间，其他漂亮的房间也都配有装修一新的卫生间、色彩丰富的床品及不少便利设施。民宿服务可靠，态度友好热情，全年都是理想的住宿选择。

★ Côte du Nord　新派苏格兰菜 £££

(☎01641-521773; www.cotedunord.co.uk; The School House, Kirtomy; 精选套餐 £35~45; ⏰4月至9月 周三、周五和周六 19:30; 🅿)才华横溢的创新烹饪方式和充满奇思妙想的摆盘，以及对本地食材的着重利用，都是这家餐厅出色的精选套餐的亮点。很难想象这一带居然能找到美食体验如此之好的地方。餐厅的主厨不是别人，正是当地的医生，他在做手术之余采集野菜香草并进行调味烹饪。品质顶级，餐厅很小，尽早预订。

Kirtomy位于贝蒂希尔以东约2.5英里的主路旁，设有路标；餐馆位于这条路前方约1英里处。

德内斯（Durness）

☎01971 / 人口 400

德内斯（www.durness.org）坐拥极佳的地理位置，沿着几片质朴海滩旁矗立的悬崖绝壁狭长分布。在阳光照耀下，闪亮的白沙、海鸟的啼叫和碧色的海水便交织成一幅神奇的画卷。

⊙ 景点

沿着景色优美的海岸沙滩漫步是在德内斯旅行的一大亮点，探访愤怒角（Cape Wrath）也同样精彩。德内斯拥有众多美丽的海滩，包括东边的Rispond、镇子下方的Sargo Sands以及西边的巴尔拉格尔（Balnakeil）。巴尔拉格尔曾经是一个预警雷达站，现在则是手工艺村。沿着海滩步道向北走就来到法拉德角（Faraid Head），初夏时有海鹦鹉。

可以从广场上的一个小屋租到自行车。

斯摩洞　洞穴

（Smoo Cave; www.smoocave.org）免费
德内斯中心向东1英里处有一条小路下行直通斯摩洞。从巨大的主洞穴进入较小的浸水洞穴，有时可以看到瀑布从洞顶倾泻而下。有证据表明，6000年前该洞曾有人居住。你可以参加团队游（☎01971-511704; www.smoocavetours.weebly.com; 成人/儿童 £5/2; ⏰4月至5月和9月 11:00~16:00, 6月至8月 10:00~17:00），进入洞穴中更深处一探究竟。

🛏 食宿

Lazy Crofter Bunkhouse　青年旅舍 £

(☎01971-511202; www.visitdurness.com/bunkhouse; 铺 £20; 🛜)位于超市对面的Lazy Crofter Bunkhouse是德内斯最实惠的住宿选择。茅屋风格为旅舍增添了浓郁的高地氛围。诱人的宿舍空间宽敞，配备了储物柜，这里还有一张大公用桌，可以在桌上就餐，也可玩棋盘游戏，是社交的好地方。屋外露天平台超赞，坐拥无敌海景，在没有蚊子的夜晚堪称完美。

★ Mackays Rooms　酒店 ££

(☎01971-511202; www.visitdurness.com; 双 标准 £129, 豪华 £149~159; ⏰5月至10月; 🅿🛜📶)在这里你会真的意识到自己来到了苏格兰最远的角落，道路的尽头是一个直角转弯。但无论你是往东或往南走，在这附近都找不到比这家热情的旅店更好的住所了。这里服务顶级，精致细节无处不在，舒适的大床、柔软的床品和现代的色彩更是营造出浪漫的氛围。

酒店还有一栋独立小屋，可以按照自炊或民宿标准出租，有两个房间，最多可住4人。

Smoo Lodge　民宿 £££

(☎01971-511423; www.smoolodge.co.uk; 房间 £135~155; 🅿🛜)以前是狩猎小屋，面积很大，院子宽敞，按照极高的标准精心修复。出色的房间以优质床垫和寝具为特色，还有非常棒的现代卫生间。民宿提供亚洲风格的

值得一游

愤怒角（CAPE WRATH）

虽然地名实际上来源于古挪威语的"转折点"（hvarf），但英国本土偏远的西北角愤怒角有种令人望而生畏的原始感。

由于海面汹涌，危险难测，1828年，罗伯特（Robert）和艾伦·史蒂文森（Alan Stevenson）在海角修建了灯塔。1998年，最后一任看守人离开，灯塔看守人被自动化操作取代。以东3英里处的克罗摩（Clo Mor）海鸟栖息地是英国本土最高的垂直海岸悬崖（195米）。

部分沼地数十年来一直被保留当作炸弹试射场。距离海岬5英里的愤怒角岛（An Garbh-Eilean）不幸与航空母舰的大小差不多，所以经常被英国皇家空军（RAF）的炮弹和导弹狂轰。试射场使用期间，禁止公众靠近相关区域；具体时间会在网站www.visitcapewrath.com列出。

前往愤怒角需要乘坐渡船（☎07719 678729；www.capewrathferry.co.uk；单程/往返£5/7；⊙复活节至10月中旬）——仅限乘客和自行车——越过德内斯湾（Kyle of Durness; 10分钟）。渡船与愤怒角小型公共汽车（Cape Wrath Minibus；☎01971-511284；www.visitcapewrath.com；单程/往返£7/12；⊙复活节至10月中旬）接驳，车速缓慢，路面颠簸，抵达海角全程11英里（50分钟）。

这段组合行程亲切却不太靠谱，有时运力有限，服务混乱，所以旺季时要做好等待的准备，提前打电话确定渡轮运营。渡船从德内斯（Durness）西南2英里处发船，复活节至10月中旬，每天运行2班以上。若你不想乘坐小型公共汽车，下船后可以沿着景色壮观的线路徒步或骑行11英里。

晚餐，早餐有韩国料理特色——是从培根和鸡蛋中换个口味的不错选择。不接待12岁以下的儿童。

★Cocoa Mountain 咖啡馆 £

（☎01971-511233；www.cocoamountain.co.uk；Balnakeil；热巧克力£4，10块巧克力软糖£10；⊙复活节至10月 9:00~18:00）这家气氛欢快的咖啡馆和巧克力制作商位于巴尔拉格尔（Balnakeil）工艺村，提供手工美食，包括辣椒柠檬草椰子白巧克力软糖，还有很多更独特的口味。狂风暴雨的日子里，美味的意式浓咖啡和热巧克力能让人心满意足。这里提供简式午餐和家常烘焙食品，还有巧克力制作坊。

❶ 到达和离开

Far North Bus（☎07782 110007；www.thedurnessbus.com）全年运营开往莱尔格（Lairg; £9, 2.5小时，周一至周五）的长途汽车，那里有火车站。周六有长途汽车发往因弗内斯（£13.40, 3小时）和瑟索（£10.30, 2.5小时）。暑假还有一班车至阿勒浦（Ullapoo; £10, 2.5小时）。所有班次均需预订；有的车可以搭载自行车。

Transport for Tongue（☎01847-611766；www.transportfortongue.co.uk）周二还有两班车往返汤格和德内斯（£7, 1小时）。

德内斯至阿勒浦（Durness to Ullapool）

从德内斯去往阿勒浦的这段69英里的路途或许是苏格兰风景最好的一段公路，一路上的美景令人目不暇接。从德内斯开始，公路从开满石南花的山谷里穿过，向东南方向望去可以看到Foinaven和Arkle巨大而灰暗的身影。在这之后，Lewisian那点缀着上百个小湖泊的片麻岩地貌取代了石南花的清新之美。这里是英国地质情况最有趣的地区，拥有英国最古老的岩石。接下来，漫山遍野的金雀花则为壮丽的阿辛特（Assynt）和科伊加赫（Coigach）砂岩山脉拉开序曲。这些山脉中包括富有特色的糖块状的休尔文山（Suilven）、外形酷似金字形神塔的奎纳格山（Quinag）和尖峰耸立的Stac Pollaidh山。

这片地区被命名为西北高地地质公园（www.northwest-highlands-geopark.co.uk）。

凯尔斯丘和格伦科尔湖
(Kylesku & Loch Glencoul)

凯尔斯丘隐藏在格伦科尔湖岸边，这座小村庄以前是北上线路的渡口，直到1984年被美丽的凯尔斯丘大桥（Kylesku Bridge）取代。这里是徒步的理想大本营；你还可以租自行车。

凯尔斯丘东南5英里处，213米高的秀发瀑布（Eas a' Chual Aluinn）位于荒凉偏远的乡村，是英国最高的瀑布。你可以从凯尔斯丘以南3英里主路急弯处的停车场徒步登上瀑布顶端；往返路程6英里，用时5小时。在凯尔斯丘乘船也可以望见瀑布。

住宿

Kylesku Hotel 旅馆 ££

（☎01971-502231；www.kyleskuhotel.co.uk；Kylesku；标单 £75～110，双 £115～170；◎2月中旬至11月；𝐏❄☎😺）这家酒店装修以后看起来非常整洁，秉承自豪热情的经营之道，是一个非常棒的食宿场所。这里有各种房间，现代配楼中有些房间带阳台，令人赞叹。值得多花一些钱，享受湖景，不过舒适、隐蔽的阁楼房间也很迷人。

到达和离开

暑假期间，周一至周六，Far North Bus有一班车往来德内斯和阿勒浦，在凯尔斯丘停车。需要预订。

洛欣弗和阿辛特
(Lochinver & Assynt)

阿辛特是西北地区壮丽的天然环境的典范，片麻岩构成的大地上星罗棋布地点缀着无数小型湖泊，而冷峻的山峰就矗立在这片粗糙的岩石之海上，这场景令你如同身处另一个星球。冰川作用将休尔文山（731米）、凯恩斯山（Canisp；846米）、奎纳格山（808米）和本莫尔阿辛特山（Ben More Assynt；998米）侵蚀雕刻出奇特而壮美的轮廓。

洛欣弗这个忙碌的小渔港是主要的居住区，它以悠闲的氛围、完备的设施、优美的风景而受到游客的青睐。在洛欣弗以北（或者从北边过去，位于凯尔斯丘以南不远），沿狭窄的B869绕路23英里，风景壮观，海滩优美。从斯托尔角（Point of Stoer）的灯塔出发，沿悬崖步行1小时，可以抵达一根壮观的海蚀柱"老人石"（Old Man of Stoer）。

食宿

An Cala Bunkhouse 青年旅舍 £

（Lochinver Bunkhouse；☎01571-844598；www.ancalacafeandbunkhouse.co.uk；Culag Park,Lochinver；标单/双 铺位 £25/45；𝐏☎）这家迷人、现代的青年旅舍位于港口附近曾经的渔民布道所内，有3个实用的宿舍和一间不错的厨房和休闲室。周日（淡季还要加上周一和周二）楼下咖啡馆歇业，店内没人，需要提前打电话联系。

Clachtoll Beach Campsite 露营地 £

（☎01571-855377；www.clachtollbeachcampsite.co.uk；B869,Clachtoll；营地 £6～12，以及成人/儿童 £5/2；◎4月至10月中旬；𝐏☎😺）Clachtoll坐落于美丽的白沙海滩和碧绿海水旁边的狭长沙地之间，是非凡的海岸露营地，不过多少被附近的自助式开发压过了风头。沿公路从洛欣弗向西北方向前行6英里即可到达。

Achmelvich Beach SYHA 青年旅舍 £

（☎01571-844480；www.syha.org.uk；铺/标双 £21/53；◎4月至9月）这家简单旅舍所在的白色小屋紧邻B869，位于一条辅路的尽头，临近一片美丽的海滩，有一个公共厨房兼社交就餐区。提供加热餐食，夏季有简易商店；在相邻的露营地有一辆薯片餐车，或者你可以步行4英里至洛欣弗。

★ **Albannach** 酒店 £££

（☎01571-844407；www.thealbannach.co.uk；Baddidarroch,Lochinverwww.thealbannach.co.uk；Lochinver；标单/双/套 £135/170/235；◎2月中旬至12月中旬；𝐏☎）🍴Albannach漂亮的房间融入了老式乡村别墅的元素——吱吱作响的陡峭楼梯、填充动物标本、壁炉和高贵的古董家具。这里既有配备了豪华四柱床的复古房间，也有带地暖的现代风格房间，或是带私人露台和户外SPA的房间。壮丽的风景、宽敞的院子，距离非常合适的步行环境，让这里成为理想的大本营。

著名的餐厅虽然关闭了，但热情的老板在城里的Caberfeidh制作美食。在本书调研期间，Albannach正在待售，所以情况可能会有所变化。

Caberfeidh
酒馆食物 ££

（☎01571-844321；www.thecaberfeidh. co.uk；Main St,Lochinver；西班牙小吃£5~8，主菜£12~18；⊙厨房 复活节至10月 周二至周六18:00~21:00，周日12:30~20:00，以及夏季周二至周六 正午至14:30，11月至次年3月 周四至周六18:00~20:00，周日12:30~20:00；🛜）这家气氛欢快的酒馆有河畔啤酒花园，提供各种艾尔鲜啤、不错的葡萄酒和美食。菜单以西班牙小吃的分量为主，包括鹿肉丸和当地的海螯虾。酒馆秉承可持续的、低食品英里数（low-food-mile；减少因运输造成的温室气体排放）的经营理念，注重食物的品质。

Lochinver Larder & Riverside Bistro
咖啡馆、法式小馆 ££

（☎01571-844356；www.lochinverlarder. co.uk；3 MainStLochinver；馅饼£5~6，主菜£12~16；⊙4月至10月 周一至周六10:00~19:45，周日至17:30，11月至次年3月 周一至周六10:00~16:00；🛜）这里采用当地食材烹制创意菜肴。晚间，法式小馆供应优质的海鲜，而外卖柜台出售美味的馅饼与多种美食（尝尝黄杏野猪肉）。店里还供应可以外带和加热的高品质餐食：这对旅馆主和露营者是再好不过的了。

❶ 到达和离开

长途汽车从阿勒浦开往洛欣弗（£5.10，1小时，周一至周六2~3班），夏季有一班车继续开往德内斯。

阿勒浦（Ullapool）

☎01854 / 人口 1500

漂亮的阿勒浦港位于布鲁姆湖（Loch Broom）岸边，是Wester Ross最大的居民点，也是苏格兰最迷人的地方之一。它本身是一个很棒的旅游目的地，同时也是前往西部群岛的门户城镇。港口两旁分布着成排的白色民房，湖泊和两侧的山景更为小镇增添了独特的魅力。在高地清洗运动期间，这处港口是被放逐的苏格兰人的中转站，当时成千上万的苏格兰人被迫从这里登船离开，望着远去的阿勒浦，踏上前往新大陆的旅程。

⊙ 景点和活动

阿勒浦博物馆
博物馆

（Ullapool Museum；☎01854-612987；www.ullapoolmuseum.co.uk；7 West Argyle St；成人/儿童£4/免费；⊙4月至10月 周一至周六11:00~16:00）博物馆坐落在一座经过改造的特尔德福（Telford）教堂内，讲述了阿勒浦以及布鲁姆湖地区的史前史、自然知识和社会历史情况，讲解的重点是人们为何会迁移到新斯科舍（Nova Scotia）及其他地方。这里还有苏格兰血统家谱展示区。

Seascape
划船

（☎07511 290081；www.sea-scape.co.uk；⊙5月至9月）从阿勒浦港口出发，Seascape组织的两小时团队游（成人/儿童£30/20）令人愉快，乘坐橘色硬壳充气艇（RIB）前往萨默群岛（Summer Isles）。该公司还组织较短的旅行（成人/儿童£25/15），以及前往附近马丁岛（Isle Martin）的短途旅行，包含上岸时间（成人/儿童£15/10）。

🛏 住宿

阿勒浦青年旅舍
青年旅舍 £

（Ullapool SYHA；☎01854-612254；www.syha.org.uk；Shore St；铺/标双/四人间£21.50/55/96；⊙4月至10月；🛜）你不得不敬佩苏格兰青年旅舍协会（SYHA），他们总能为旗下的旅舍挑选到最贴心的位置。这家旅舍正处城镇中心，距离美丽的海边很近。从有的房间可以看到海港的风景；繁忙的餐厅和休息厅也不错，可以让你凝视着海面，安静地沉思。

★ Tamarin Lodge
民宿 ££

（☎01854-612667；www.tamarinullapool. com；9 The Braes；标单/双£45/90；🅿🛜）这座雅致的现代建筑坐落在山顶上，本身就非常引人注目；对面的群山、远处的海面和眼前的风景更加令人难忘。房间宽敞、安静，格调轻松，配备了令你意想不到的设施和工具。从所有的房间都看得到风景——一些房间还带观景阳台。超赞的休息室和友善的店主都非常讨人喜欢。

从去往因弗内斯的路上，依照前往Braes的路标前行即可到达。

★ West House 民宿 ££

(☎01854-613126; www.westhousebandb.co.uk; West Argyle St; 双 不含早餐 £75~85; ⓢ5月至9月; ㏗⛾) 🖉这栋坚固的房子正位于阿勒浦的镇中心，曾经是牧师住宅。现代风格的房间相当不错，附带宽大的卫生间。没有早餐，不过有冰箱、果汁和不错的咖啡，另外附近还有两家不错的咖啡店。大多数房间都可以看见美丽的风景，还有不少便利设备。友善的老板还提供该区域诱人的自炊住宿选择。最少住2晚。

★ Ceilidh Place 酒店 ££

(☎01854-612103; www.theceilidhplace.com; 14 West Argyle St; 标单 £70~96, 双 £140~170; ㏗⛾) Ceilidh Place算得上是对苏格兰文化的礼赞。我们这里说的文化是文学和传统音乐，而不是格子呢和尼斯湖水怪。房间设计注重个性化胜于现代化：酒店的房间没有电视，而是摆放着由苏格兰文学家挑选的书籍，外加兼容并蓄的艺术品和温馨舒适的装饰品。这里的休息室非常奢华，有沙发、躺椅和诚信酒吧。这里还有一家书店。

虽然不豪华，但它是高地比较少见和令人惬意的住宿场所之一。

✘ 餐饮

Seafood Shack 海鲜 £

(☎07876 142623; www.seafoodshack.co.uk; West Argyle St; 外卖 £4~9; ⓢ4月至10月下旬 正午至18:00) 空地上的餐车由两名活泼的小姑娘经营，提供新鲜、优质的海鲜。这里有各种各样的美味食物，从野生扇贝到鱿鱼，再到贻贝、螃蟹、牡蛎和鱼等。

Ceilidh Place 苏格兰菜 ££

(☎01854-612103; www.theceilidhplace.com; 14 West Argyle St; 主菜 £10~18; ⓢ2月至12月 8:00~21:00; ⛾) 位于文化和娱乐中心的这家餐馆提供创意菜肴，以本地的新鲜海鲜为主，兼营炖菜，白天还有馅饼、汉堡等简餐。品质与员工人数有些关系，但这里确实是气氛独特的舒适场所，还有户外座椅、按杯出售的上佳葡萄酒，以及定期举办的现场音乐等活动。

Arch Inn 小酒馆美食 ££

(☎01854-612454; www.thearchinn.co.uk; West Shore St; 主菜 £10~18; ⓢ厨房 4月至10月 周一至周六 正午至14:30和 17:00~21:00, 周日 12:30~14:30和17:00~21:00, 11月至次年3月 每天至20:30; ⛾) 这家位于海岸边的小酒馆提供称心如意的酒馆小食，舒适的酒吧和餐厅区则以分量足、摆盘精美的主菜为特色，包括嫩鸡肉、鱼类菜肴和更加高级的用当地海鲜烹制的黑板特价菜。服务是热情高效的。户外桌子旁海浪轻轻拍打着海滩，是小酌一杯的不二选择。

Ferry Boat Inn 酒馆

(☎01854-612431; www.fbiullapool.com; Shore St; ⓢ酒吧 11:00至午夜; ⛾) 这家个性十足的水畔旅馆被简称为FBI，是本地人和游客交际的热门场所。饮食虽然没什么特别，但这里依然是个进来喝一杯的合适地点，气氛友好。

❶ 到达和离开

Citylink有长途汽车往返于因弗内斯和阿勒浦（£14; 1.5小时，每天1~3班），且与前往刘易斯岛的轮渡相接。

CalMac (☎0800 066 5000; www.calmac.co.uk) 每天有2班渡轮（冬季周日只有1班）从阿勒浦开往外赫布里底群岛刘易斯岛的斯托诺韦（成人/汽车 £9.50/50.95, 2.5小时）。

阿勒浦至洛哈尔什凯尔
(Ullapool to Kyle of Lochalsh)

虽然阿勒浦到洛哈尔什凯尔的直线距离还不到50英里，但是实际走起来将是一段蜿蜒延伸150英里的海边旅程。不要被吓到，沿途都是偏僻但风景优美的地区，全程你都可以看到依傍着山脉的海湾和沙滩。

北海岸 500

沿苏格兰遥远北部海岸延伸的这条车道是欧洲最美的一条公路旅行线路。穿越这片由荒凉的沼地、巍峨的群山、肥沃的沿海草地及极美的白沙滩交织而成的空旷地带,眼前展开各种优美壮观的风景,妙不可言。

在最近的高超营销中,这里已经被称为北海岸 500(The North Coast 500; www.northcoast500.com),虽然从因弗内斯出发的往返旅行路程差不多500英里,但如果随心所欲地开上狭窄的小路,在小路尽头寻找完美的海岸风景,那么这条路肯定远不止500。

在我们看来,沿逆时针方向行走该线路观景效果最佳,从因弗内斯沿东海岸开车向北至凯斯内斯郡,然后向西翻过苏格兰的最高峰,接着沿西海岸下山,能够最大程度欣赏滨海风光、光线和阿辛特山脉的巍峨风景。

公路大多是单行道,所以靠边停车以便避让来车或让后车超车非常重要。虽然因弗内斯有公司出租名贵跑车,但你肯定舍不得在这样的道路上轰油门;慵懒的节奏和不断地停车拍照才是最完美的旅行。这趟自驾之旅值得花费几天;实际上因弗内斯和阿勒浦之间的路段轻易就能让你流连一个星期,中途停下来悠闲地品尝海鲜午餐,攀登标志性的山丘,沿山谷线路探索清除运动的痕迹,或者勇敢地在北海中游上一圈。

虽然这条路实际上没有变化,但新的名字已经激发出游客的想象力,因此游客数量激增。沿途村庄尚未有太多住宿场所,所以如果春季或秋季行走这条线路,最好提前订好一切。冬季,很多住宿场所关闭,预订同样不失为好主意。

A832在阿勒浦东南12英里的布雷莫尔(Braemore)掉头折向海岸,通往盖尔洛赫[A835继续向东南延伸,翻越有时会被大雪困住的荒凉山口迪里摩尔(Dirrie More),前往加夫(Garve)和因弗内斯]。如果你急着前往斯凯岛,那么可以取道A835,然后在加夫附近再次驶入A832继续南行。

梅瑟赫瀑布(Falls of Measach) 瀑布

就在A835和A832交界处以西,布雷莫尔以南2英里的地方,从停车场可以前往梅瑟赫瀑布。这座45米高的瀑布飞泻直下,坠入幽深狭长的Corrieshalloch峡谷。你可以爬上摇晃的吊桥,穿过山谷,向西步行250米,前往悬崖峭壁上伸出的观景台,那里的风景令人目眩。瀑布的轰鸣伴着峡谷升起的氤氲水雾,令人印象深刻。

盖尔洛赫及周边(Gairloch & Around)

☎01445 / 人口 1000

盖尔洛赫是若干个村落的集合(包括Achtercairn、斯特拉斯和查尔斯敦),它们环绕着盖尔洛赫湖的近端。盖尔洛赫是参加观鲸和观海豚之旅的理想基地,周围有美丽的沙滩、鳟鱼垂钓点和观鸟点。山间徒步的人也可以把盖尔洛赫当作前往托里顿山(Torridon)和查拉赫山(An Teallach)的大本营。

景点和活动

★因维莱维花园 花园

(Inverewe Garden; NTS; ☎01445-712952; www.nts.org.uk; 成人/优惠 £11/9.50; ◯6月至8月 9:30~18:00, 3月、4月和9月 至17:00, 5月至17:30, 10月 至16:00, 11月至次年2月 10:00~16:00)这个美丽的地方位于盖尔洛赫以北6英里处,为原本凄凉的海岸涂上了一抹绚丽的色彩。由于受到墨西哥湾暖流的影响,这里的气候比较温暖,因此,Osgood MacKenzie于1862年建造了这座奇特的林地花园。3月至10月,工作日每天13:30会组织免费的导览游。拥有售酒许可的咖啡馆—餐厅提供优质的蛋糕。

Hebridean Whale Cruises 野生动物、游轮

(☎01445-712458; www.hebridean-whale-cruises.com; Pier Rd; 游轮 2.5/4小时 £50/80; ◯4月至10月)这家公司总部设在盖尔洛赫的港口,经营三条旅行线路:2.5小时标准观鲸游(从5月开始)、参观海鸟种类繁多的希恩特群岛(Shiant Islands)3小时团队游,以及

前往更远的觅食区寻找逆戟鲸的4小时团队游。另外还可以观看水獭、海豚和海豹等其他野生动物。出海时乘坐灵活的硬壳充气橡皮艇。

盖尔洛赫海洋野生动物中心和游轮　　　野生动物、游轮

（Gairloch Marine Wildlife Centre & Cruises; ☎01445-712636; www.porpoise-gairloch.co.uk; Pier Rd; 游轮 成人/儿童 £20/15; ◎复活节至10月 10:00~16:00）这座小型游客中心有视频和交互性展示，还展出了大量图片和照片，工作人员也很博学内行。游轮从中心发船，每日3次（如果天气允许的话）。在2小时的行程中，你有机会看到姥鲨、鼠海豚和小须鲸。船员们会收集水温和水况的数据，并监测鲸类的种群数量，所以你其实是在支持一个重要的研究项目。

住宿

Gairloch Sands Youth Hostel　　　青年旅舍 £

（☎01445-712219; www.hostellingscotland.org.uk; Carn Dearg; 铺/标双/四 £22/55/96; ◎4月至9月; [P][⊜][?]）这家青年旅舍位于盖尔洛赫以西2.5英里处的海岸，风景绝佳，靠近海滩，非常适合散步。镶木板房间和大餐厅/休闲室环境舒适，不过真正抢眼的还是风景……神了！

Rua Reidh Lighthouse　　　度假屋 ££

（☎01445-771263; www.stayatalighthouse.co.uk; Melvaig; 标单 £75~90, 双 £100~120; ◎复活节至10月; [P][?]）从Melvaig沿着一条狭窄的私人道路下行3英里（盖尔洛赫以北11英里），就来到了这座简单而又出色的度假屋，在此你可以体验一番灯塔守护者的生活。荒凉偏僻的位置很适合徒步和观鸟等活动。房价包含早餐，也可供应可口的晚餐。没有手机信号和Wi-Fi，通常最少住两晚；需要尽早预订。

Shieldaig Lodge　　　酒店 £££

（☎01445-741333; www.shieldaiglodge.com; Badachro; 标单 £150, 双 £200~300; [P][?]）这栋经过翻新的狩猎小屋位于水畔的大型庄园内，地段优越，提供良好的散步和钓鱼环境，还可以驯鹰和射箭，是个舒适的地方——想象一下威士忌和温暖的柴火——还有出色的餐厅、备货充足的酒吧和雅致的房间，其中最好的房间可观水景。这里还有台球桌和漂亮的图书室。

就餐

Mountain Coffee Company　　　咖啡馆

（☎01445-712316; www.facebook.com/mountaincoffee.gairloch; Strath Sq,Strath; 简餐 £4~7; ◎9:00~17:30, 淡季营业时间缩短）看起来更像是安第斯山脉外国人小径上的那些小馆，这个另类、舒适（即使有些简慢）的地方是登山和旅行的胜地，提供美味可口的百吉饼面包、家常烘焙食品和可持续采购的咖啡。温室是晒太阳的好地方，附属的Hillbillies Bookshop值得一逛。

Spiral　　　法式小馆 ££

（☎01445-712397; www.facebook.com/spiralcafeandbistro; Strath Sq,Strath; 主菜 £11~18; ◎2月下旬至12月 周二至周六 17:30~21:00, 周日 正午至14:00, 以及6月至8月 周二至周六 正午至14:00; [?][?]）这个地方位于斯特拉斯（Strath）的广场，凭借乐观、欢快的氛围和各种风味的可口酒馆食物深受本地人和游客的欢迎。特色菜是本地海鲜；招牌菜是鮟鱇鱼咖喱。素食选择更具创新性，超乎寻常。营业时间随当日员工人数变化，可以查看它的Facebook页面。

ⓘ 实用信息

盖尔洛赫信息中心（Gairloch information centre; ☎01445-712071; www.galeactionforum.co.uk; Achtercairn; ◎6月至9月 周一至周六 9:30~17:30, 周日 10:30~17:00, 10月至次年5月 周一至周六 10:00~17:30, 周日 10:30~16:30）社区管理的信息中心，位于穿过镇子的道路旁，就在木结构的Gale Centre内，提供很好的徒步游小册子，还有一家咖啡馆。

ⓘ 到达和离开

开往盖尔洛赫的公共交通线路非常有限。**Westerbus**（☎01445-712255）有车往/来因弗内斯（£10.30, 2.25小时, 周一至周六）和阿勒浦

(£5.15,1.75小时,周四)。

马里湖及周边
(Loch Maree & Around)

马里湖位于普柳(Poolewe)和金洛赫尤(Kinlochewe)之间,绵延12英里,被认为是苏格兰最美丽的湖泊之一,东北侧有巍峨的斯利奥赫山(Slioch),西南角则是本埃山(Beinn Eighe)。夏季不妨留意寻找湖上的黑喉潜鸟。湖泊南端的金洛赫尤是户外活动的大本营。

本埃山小径
(Beinn Eighe Mountain Trail) 步行

这条设有路标的4英里环形小径通往本埃山山坡的一处高原和石冢,可以俯瞰马里湖的壮丽风景。山上非常空旷,几乎没有遮蔽物,所以要带上保暖衣物。小径起点在本埃山游客中心西北约1.5英里处A832的停车场。

从同一起点出发的还有一条比较短的1英里小径,穿过欧洲红松林。

Kinlochewe Hotel 旅馆、青年旅舍 ££

(☏01445-760253; www.kinlochewehotel.co.uk; Kinlochewe; 铺£17.50,标单£60,双£100~110; P🐶😱) 🍴 店员热情好客,这家酒店适合徒步旅行者入住,有一个摆满书籍的美观的休息室,酒吧供应多种手打艾尔啤酒;菜单上主要是当地的食品。这里有"经济间"(£90),共用只有浴缸的卫生间,还有一个简单实在的住屋宿舍,有12个床位,配有不错的厨房和干净的卫生间。

★ Whistle Stop Cafe 咖啡馆、法式小馆 ££

(☏01445-760423; www.facebook.com/Whistle-Stop-Cafe-Kinlochewe-223096744444313; Kinlochewe; 餐£8~16; ⓒ4月至9月 周一至周六 8:00~20:00,周日 10:00~17:00, 2月中旬至3月和10月至11月中旬 营业时间缩短) 开在从前村务大厅里的绚丽小馆,这个迷人的地方提供从咖啡到酒馆食品的丰富餐饮。店里有出色的每日特菜和美味的家常烘焙食品、果汁和冰沙。服务态度友好,为冻得发抖的徒步者和自行车手注入活力。没有售酒执照,但可以自带葡萄酒(开瓶费£1)。

托里顿(Torridon)
☏01445

从金洛赫尤向西南方向延伸的公路穿过托里顿谷(Glen Torridon),四周是英国顶级的壮丽风景。以所在地区命名的古老、巨大的砂岩层被冰川侵蚀形成高山,这些山峰陡峭而娴娜,令人印象深刻,秋天薄雾缭绕,冬季银装素裹,夏日托里顿朔平静蔚蓝的湖水倒映着群峰。

这条公路通向海边位置显要的托里顿村,然后继续向西通往美丽的希尔代格(Shieldaig),那里有一条迷人的主街,旁边是海边的白色房子。

✈ 活动

Torridon Activities 探险运动

(☏01445-791242; www.thetorridon.com/activities; 活动 半/全天£40/60) 该活动中心组织海上皮划艇、独木舟、山地自行车骑行和登山,以及其他几种户外活动。它还出租自行车,包括山地自行车。

🛏 食宿

Torridon SYHA 青年旅舍 £

(☏01445-791284; www.syha.org.uk; Torridon; 铺/标双£21.50/55; ⓒ3月至10月 每天,11月至次年2月 周五和周六 夜晚; P@🐶😱) 这家宽敞的青年旅舍有热心、能干的管理人员,位置得天独厚,坐落于壮观的群山中。宽敞的宿舍和独立房间(标准间有单人床)配有大厨房和气氛欢快的休闲区域,出售艾尔啤酒。这里是深受欢迎的徒步游落脚点,内部山区救援队可以提供中肯的建议。需要预订。

Torridon Inn 旅馆 ££

(☏01445-791242; www.thetorridon.com; Torridon; 标单/双/四£110/140/215; ⓒ复活节至10月 每天,11月和2月中旬至复活节 周四至周日,12月至次年2月中旬 歇业; P🐶😱) 这个高档的徒步者聚集地气氛欢快,有一流的现代化房间,面积和格局差别很大。适合团体(最多6人)的房间比宽敞却定价稍高的双人间更合算。社交酒吧全天提供饮食,另外店内还提供许多活动(见本页)。

★ Torridon 酒店 £££

(☎01445-791242; www.thetorridon.com; Torridon; 房间 标准/高级/豪华/主人£265/320/390/450; ◎1月关闭, 11月、12月、2月和3月的周一和周二关闭; P@🌐🐾) 如果你偏爱雨露拍打帐篷的奢华享受, 那么就来位于浪漫湖滨的这座奢华的维多利亚时代打猎小屋吧。在豪华、现代的房间可以欣赏令人惊叹的风景, 这里配备一流的卫生间, 床罩上可爱的高地牛最有趣不过。它是苏格兰最好的乡村酒店之一, 豪华却不做作。

Tigh an Eilean 酒店 £££

(☎01520-755251; www.tighaneilean.co.uk; Shieldaig; 标单/双 £72.50/145; ◎2月至12月; 🌐) 位于美丽的村庄希尔代格, 水畔环境优美, 想要放松住宿, 这里是个诱人的地点, 提供不豪华却很舒适的老式房间。湖景房间的景色令人心旷神怡, 根据预订顺序安排, 值得提前订好。服务人员乐于助人, 还有带诚信吧台的舒适休闲室。

Shieldaig Bar & Coastal Kitchen 海鲜 ££

(☎01520-755251; www.shieldaigbarandcoastalkitchen.co.uk; Shieldaig; 主菜 £10~21; ◎供餐 正午至14:30和18:00~20:30或21:00, 冬季午餐时段有时歇业; 🌐) 这家迷人的酒馆有艾尔啤酒和水畔餐桌, 还有绝佳的楼上餐厅和户外平台。店里以本地海鲜精品菜肴为主, 还有比萨和酒馆风格的荤菜, 比如牛排薯条、香肠土豆泥等。黑板上的特色菜主打当日渔获。

ℹ️ 实用信息

托里顿乡村中心(Torridon Countryside Centre, NTS; ☎01445-791221; www.nts.org.uk; Torridon; ◎复活节至9月 周日至周五 10:00~17:00) 提供关于该地区野生动物、地质状况和步行小路的信息, 出售徒步地图。你还可以为附近的红鹿群买些食物。

ℹ️ 到达和离开

教学日有长途汽车从希尔代格开往托里顿和盖尔洛赫并返回。**Lochcarron Garage**(☎01520-722997; www.facebook.com/BCSLochcarronGarage) 的长途汽车每周2班, 从因弗内斯开往洛赫卡伦(Lochcarron), 提前安排还可以继续开往希尔代格(从因弗内斯发车£9.90, 2.5小时)。

阿普尔克罗斯(Applecross)

人口 200

遥远的滨海村庄阿普尔克罗斯宛如一座岛屿度假胜地, 一方面是因其与世隔绝的地理位置, 另一方面是由于从这里可以望到拉阿瑟朗(Raasay)和斯凯岛上耸立的山峦。景色蔚为壮观, 令人心跳加速, 日落时分尤为如此。在晴朗的日子里, 这是个令人难以忘怀的地方。当学校假期来临时, 露营地和小酒馆都挤满了人。

从希尔代格沿着蜿蜒的道路前行25英里即可到达阿普尔克罗斯, 但是更加壮观的是雄伟的牛山口(Bealach na Bà; 626米)。这条最早建于1822年的英国海拔第三高的汽车

不要错过

艾莲·多南城堡

艾莲·多南城堡(Eilean Donan Castle; ☎01599-555202; www.eileandonancastle.com; A87,Dornie; 成人/儿童/家庭 £7.50/4/20; ◎4月至5月和10月 10:00~18:00, 6月和9月 9:30~18:00, 7月和8月 9:00~18:00, 11月至12月和次年2月至3月 10:00~16:00, 1月关闭) 在Loch Duich的入口处。它如画般地矗立在那里, 是苏格兰最令人神往的城堡之一, 如今你肯定在许多相册里见过它。城堡建造在一座离岸小岛上, 一座石拱桥将城堡与大陆优雅地连接起来。城堡内部进行了重新装修, 介绍性的展览非常出色。从威廉堡和因弗内斯开往波特里的Citylink长途汽车在城堡对面停车。最后入场时间为关闭前1小时。

参观时不妨看看电影*Highlander*中城堡场景的照片; 这里还有一把1746年卡伦战役中的用剑。1719年当詹姆斯二世党人的军队在格伦希尔战役(Battle of Glenshiel)中落败后, 城堡被政府的船炸毁, 后来城堡于1912~1932年被重建。

公路（从南面的A896进入）拥有最长的连续上坡。经过陡崖上的急弯，险峻的上山路令人毛骨悚然，最大坡度达25%，之后陡然而下，直至能够欣赏到斯凯岛美景的村庄。

Applecross Inn　　　　　　　　旅馆 £££

（☎01520-744262；www.applecross.uk.com；Shore St；标单/双 £90/140；🅿🐶🛜）🍴这家旅馆位于阿普尔克罗斯宽广社区的中心位置，非常适合隐居，但需要预订。从7个舒适的卧室全都能看到斯凯岛的山峦和海景。这里是个神奇的地方，还有一家出色的酒馆和**餐馆**（主菜 £10~18；⏰正午至21:00；🛜）🍴。海边还有几栋可以住宿的小屋。

Applecross Walled Garden　　　咖啡馆 ££

（The Potting Shed，☎01520-744440；www.applecrossgarden.co.uk；主菜 £11~15；⏰3月上旬至10月 11:00~20:30；🅿）阿普尔克罗斯的这幢本地宅邸拥有美丽的围墙花园，花园尽头的建筑就是这家漂亮的咖啡馆—餐馆，可以售酒，提供三明治、汤及更饱腹的餐食，包括多种素食选择和出色的每日特菜。花园8:30开放。

❶ 到达和离开

Lochcarron Garage（见1016页）每周有2班长途汽车（周三和周六）从因弗内斯开往苏赫卡伦并继续前往阿普尔克罗斯（£11.10，3.5小时），事先提出要求，可以经过希尔代格。

普洛克顿 (Plockton)

☎01599 / 人口 400

闲适、小巧的普洛克顿拥有完美的海湾，岸边点缀着完美的村舍，看起来就像是为电影布景而设计。它也的确曾经出现于电影场景中——电影《异教徒》（*The Wicker Man*；1973年）在此拍摄，而且这座村庄作为20世纪90年代电视剧《哈米什·麦克白》（*Hamish Macbeth*）的拍摄地点，一举成名。

拥有如画的完美风光，无怪乎普洛克顿能够成为旅游热点，夏季挤满一日游和度假的人。它的魅力无可否认，"棕榈树"（实际上是耐寒的新西兰巨朱蕉）林立于水畔，灵活的小船在水面上扬帆行驶，另外还有几处不错的住宿和餐饮场所。每年的重大活动是**普洛克顿赛艇会**（Plockton Regatta；www.plockton-sailing.com；⏰7月/8月）。

🏃 活动

Sea Kayak Plockton　　　　　　　皮划艇

（☎01599-544422；www.seakayakplockton.co.uk；1日新手课 £85）Sea Kayak Plockton提供各种活动，从新手课程到环斯凯岛和前往圣基尔达的多日旅行，应有尽有。

👉 团队游

Calum的海豹之旅　　　　　　　　划船

（Calum's Seal Trips；☎01599-544306；www.calumssealtrips.com；成人/儿童 £12/6；⏰4月至10月）可以带你乘船观赏海豹。那些外表光滑的小家伙们成群结队地出现在港口外面。全程配有出色的解说，你甚至还可以见到水獭。团队游每天出发几班，还有时间更长的海豚观赏之旅。

🛏 食宿

Plockton Station Bunkhouse　　 青年旅舍 £

（☎01599-544235；www.visitplockton.com/stay/bunkhouse；铺 £18；🅿🛜）这家青年旅舍位于旧火车站中（新车站位于对面），有舒适的4床宿舍和一个花园，厨房和休息室连在一起，阳光充足，非常适合你悠闲地俯瞰楼下月台上来来往往的兴奋游客（好吧，这有点过度想象了）。店主还在隔壁经营一家高品质的民宿（单人间/双人间 £35/60），店名叫"今夜无人入眠"（Nessun Dorma）。

⭐ Tigh Arran　　　　　　　　　　民宿 ££

（☎01599-544307；www.plocktonbedandbreakfast.com；Duirinish；标单/双 £70/80；🅿🐶🛜）这个温馨的地方距离普洛克顿海岸2英里，热情个性化的服务和对面斯凯岛壮美的风光，让人很难说清楚哪个更棒。共有三个套房，包括吸引人的家庭选择，还有舒适的休闲室，全都可以观景。这个高档住宿地点远离压力和噪声，物超所值。

⭐ Plockton Hotel　　　　　　　　旅馆 ££

（☎01599-544274；www.plocktonhotel.co.uk；41 HarbourSt；标单/双 £100/150，小屋标

单/双£65/100；🛜）✦漆成黑色的Plockton Hotel是那种经典的高地场所，能让人身心愉悦，不管人们是饥、是渴还是疲惫，都可以得到满足。房间令人愉悦，井井有条，设施一流，而且非常贴心。无法欣赏到水景的房间有更大的空间和看到岩石花园的露台，这足以弥补遗憾。附近的小屋提供更简单质朴的舒适环境。

★ **Plockton Shores** 海鲜 ££

（☎01599-544263；www.plocktonshoresrestaurant.com；30 Harbour St；餐馆主菜£14~19；⏰咖啡馆 周一至周六 9:00~17:30，周日正午至16:00，餐馆 周二至周六 17:00~21:00；🅿️）✦餐厅隶属一家商店，特色是诱人的本地海鲜菜肴，包括划算的海螯虾、贻贝、蟹类、东方扁虾等拼盘，还有多汁的野生扇贝天妇罗。此外店里还推出美味的鹿肉、牛排以及不错的精选素菜。拥有售酒许可的咖啡馆提供家常烘焙食品和简单的午餐。

ℹ️ 到达和离开

往来洛哈尔什凯尔（£2.80，15分钟）和因弗内斯（£23.10，2.5小时）的火车在普洛克顿停车，开往各方向的列车每天多达4班。

斯凯岛(SKYE)

人口 10,000

斯凯岛（凯尔特语为an t-Eilean Sgiathanach）的名字源于古挪威语的"sky-a"，意思是"云之岛"——北欧海盗曾描述这里的库林丘陵常年雾气笼罩，如在云中，小岛也因此而得名。斯凯岛是苏格兰第二大岛屿，有着绵延50英里的混合地貌，包括丝绒般的沼泽、层峦叠嶂的山脉、波光粼粼的湖泊和高耸的海岸悬崖。

美丽的自然景观是岛上的主要景点，但如果赶上浓雾罩山，数不胜数的城堡和佃农博物馆，以及舒适的酒吧和餐厅也值得流连一番。此外还有多家美术馆和手工艺工作室。

斯凯岛，连同爱丁堡和尼斯湖，并称为苏格兰三大旅游胜地。然而，人们通常都挤在波特里、邓韦根和特罗特尼施——所以不难在岛屿的偏远角落找到一方安静天地。准备好应对多变的天气；好天气总是非常好，只是并不常见。

🏃 活动

步行

斯凯岛有着苏格兰最好的步行线路——当然也包括一些最险峻的和难度最高的线路。关于这方面，有很多可用的指南书，包括阿罗中心（Aros Centre；☎01478-613750；www.aros.co.uk；Viewfield Rd；展览£5；⏰9:00~17:00；🅿️）免费及波特里旅游局（见1023页）提供的查尔斯·罗德斯（Charles Rhode）所著的一系列四本步行指南。英国地形测量局（Ordnance Survey，简称OS）出版的比例尺为1：50,000的23号和32号地图非常有用，或者Harvey比例尺1：25,000的《超级徒步者——库林》（*Superwalker -The Cuillin*）。天气不好时或是冬季时节不要轻易尝试远途线路。

简单的初级线路包括：从卢伊布（Luib；位于布罗德福德至斯利格亨的公路沿线）穿过莫尔河谷（Strath Mor）并继续通往托林（Torrin；位于布罗德福德至埃尔戈尔公路沿线）（用时1.5小时，4英里）；从斯利格亨（Sligachan）经卡马苏纳里（Camasunary）至基尔马里（Kilmarie；4小时，11英里）；从埃尔戈尔（Elgol）经卡马苏纳里至基尔马里（2.5小时，6.5英里）。从基尔马里通往科鲁伊克（Coruisk）并经由卡马苏纳里有"陡阶"（'Bad Step'）返回的小路景色绝佳，只是稍微难行（往返11英里；至少留出6小时）。"陡阶"是悬在海面上方的岩石，必须从上面爬过去；天气晴朗、干燥的时候还算好走，但有的徒步者会觉得吓人。

Skye Wilderness Safaris（☎01470-552292；www.skye-wilderness-safaris.com；每人£95~120；⏰5月至9月）为小团体（4~6人）安排导览徒步一日游，穿过库林丘陵进入奎雷英（Quiraing）或者沿特罗特尼施山脉前行；费用包括往返波特里的交通。

登山

库林丘陵是攀岩者的乐园，历时2天的库林山脊（Cuillin Ridge）穿越之旅是英伦三岛

Skye & Outer Hebrides
斯凯岛及外赫布里底群岛

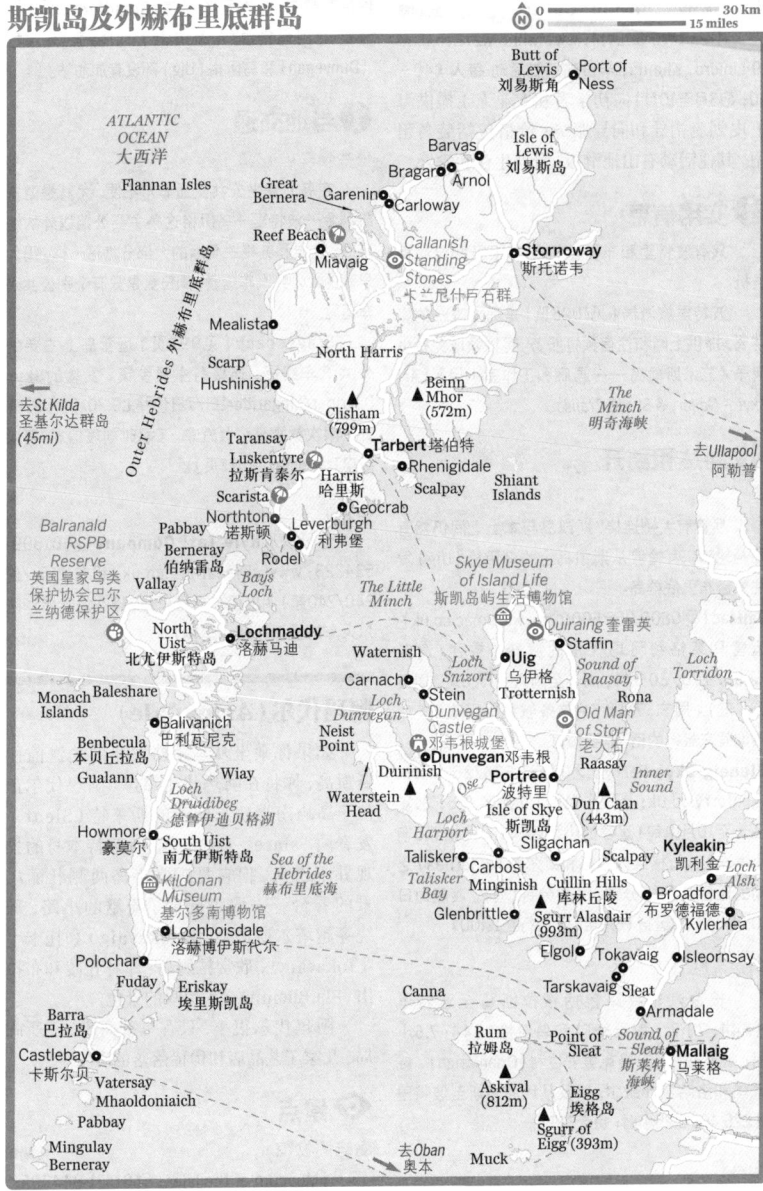

上的最佳登山体验。在该地区有众多登山向导可以提供指导,可让缺乏经验的登山者安全地体验较难的路线。

Skye Guides (☏01471-822116; www.skyeguides.co.uk) 提供攀岩入门一日课程,费用约为£260;私人登山向导每日收费£280(以上两个价格均适用于双人客户)。

海上皮划艇

Whitewave Outdoor Centre 皮划艇

(☎01470-542414; www.white-wave.co.uk; 19 Linicro, Kilmuir; 半日皮划艇活动 每人 £40~50; ◎3月至10月)向初学者和专业人士提供海上皮划艇指导和向导服务; 价格包括装备租用。其他活动有山地滑板、野外生存和攀岩。

❶ 实用信息

只有波特里和布罗德福德有银行和自动柜员机。

波特里旅游局(见1023页)是岛上唯一的旅游局,提供上网和住宿预订服务。可以领取免费小册子《艺术斯凯岛——画廊和工作室小径》(Art Skye – Gallery & Studio Trails)。

❶ 到达和离开

船

尽管有大桥连接,斯凯岛与本土之间仍然有几趟轮渡。有轮渡从斯凯岛上的乌伊格(Uig)发往外赫布里底群岛。

CalMac (☎0800 066 5000; www.calmac.co.uk) 运营马莱格到阿玛代尔的渡船(乘客/汽车£2.90/9.70, 30分钟, 周一至周六 每天8班, 周日5~7班)。周末、7月和8月这条航线很受欢迎。如果你驾车旅行的话,需要预订。

Glenelg-Skye Ferry (☎07881 634726; www.skyeferry.co.uk; 小汽车最多4位乘客 £15; ◎复活节至10月中旬)运营的小型船只(只能搭载6辆小汽车)运行格莱内尔格和凯尔雷(Kylerhea)之间的短暂航程(5分钟, 每20分钟1班)。渡船每日10:00~18:00运行(6月至8月 运行至19:00)

长途汽车

长途汽车线路包括格拉斯哥至波特里(£44; 7小时; 每天3班)和乌伊格(£44; 7.5小时; 每天2班), 途经克里安拉利(Crianlarich)、威廉堡和洛哈尔什凯尔, 以及从因弗内斯至波特里(£26.40; 3.25小时; 每天3班)。

小汽车

斯凯桥(Skye Bridge)于1995年建成通车, 从此斯凯岛就和苏格兰本土永久地连接在了一起。颇受争议的过桥费于2004年取消, 现在可以免费过桥。

道路多为单行道——记得使用让车道, 以便后车超车。在布罗德福德(Broadford; 24小时营业)、阿玛代尔(Armadale)、波特里、邓韦根(Dunvegan)和乌伊格(Uig)都设有加油站。

❶ 当地交通

公共汽车

在岛上乘坐公共交通非常不便, 尤其是游览凯利金—波特里—乌伊格这条主要公路以外的地方时。这里和苏格兰高地的大部分地区一样, 周六只有少数公共汽车运营, 周日更是只有个别公共汽车运营。

Stagecoach (见992页)运营岛上主要的公共汽车线路, 连接各主要乡镇。发售的Skye Dayrider/Megarider1/7日价格£9.20/34.60, 允许不限次数乘坐公共汽车。了解时刻表信息, 可以致电Traveline (见872页)。

出租车

你可以从 **Kyle Taxi Company** (☎01599-534323; www.skyecarhire.co.uk; 租车 每天/周£40/240起)叫出租车或租车(安排在洛哈尔什凯尔火车站提取所租用车辆)。

阿玛代尔(Armadale)

如果你乘坐从马莱格发船的轮渡前往斯凯岛, 你将在阿玛代尔靠岸。阿玛代尔正位于岛屿南端狭长低洼的斯莱特(Sleat, 发音同"slate")半岛上。斯莱特本身的景观并不出众, 但它是观赏半岛两侧壮丽风景的看台——取道陡峭、崎岖的小路, 环绕穿越塔尔斯塔韦(Tarskavaig)和托卡韦(Tokavaig), 欣赏拉姆岛、库林丘陵和布拉山(Bla Bheinn)令人惊叹的景色。

阿玛代尔很小, 只有一家商店、一所邮局、几家工艺品店和稀稀落落的房屋。

◎ 景点

岛屿博物馆 博物馆

(Museum of the Isles; ☎01471-844305; www.clandonald.com; 成人/儿童 £8.50/7; ◎4月到10月 10:00~17:30, 10月时间有时会缩短; P☒)部分损毁的阿玛代尔城堡(Armadale Castle)就位于从阿玛代尔码头伸展来的道

路边，这座城堡曾是斯莱特的麦克唐纳德勋爵（Lord MacDonald）的宅邸。隔壁的博物馆将为你讲述所有你想知道的有关唐纳德家族的事情，此外还有关于群岛领主历史的简单易懂的介绍。

珍贵展品包括罕见的宗族首领肖像及查理王子曾经使用过的酒杯。持门票可参观可爱的城堡花园（castle gardens）。

到达和离开

5月下旬至8月，周一至周六每天有3—5班长途汽车（周日3班）从阿玛代尔前往布罗德福德（£4.10，30分钟）、波特里（£7.70，1.25小时），时间与马莱格抵达的渡船衔接。夏季以外的月份，班次不太频繁，而且未必符合渡船时间。

布罗德福德（Broadford, An T-Ath Leathann）

☏01471／人口750

狭长、布局松散的村落布罗德福德是斯凯岛南部分散社区的服务中心。这里有24小时加油站、一家银行和有自动取款机的大型合作社超市。

住宿

Skye Basecamp　　青年旅舍 £

(☏01471-820044; www.skyebedbasecamp.co.uk; Lime Park; 铺/四 £20/70起; P🛜) 由Skye Guides（见1019页）的登山家经营，这家设施齐全的青年旅舍位于经过改造的住宅内，可以远眺大海对面克罗林群岛（Crowlin Islands）的美景。地图、指南、天气预报和徒步建议，应有尽有。

★ Tigh an Dochais　　民宿 ££

(☏01471-820022; www.skyebedbreakfast.co.uk; 13 Harrapool; 双 £105; P🛜) Tighan Dochais位于一座设计巧妙的现代建筑内，是斯凯岛最好的民宿之一，一座小型人行桥直通一楼的前门。餐厅（供应棒极的早餐）和休息室位于一楼，可以望见大海和山间的美景；卧室（楼下）通往户外观景露台，景致同样迷人。

就餐

★ Cafe Sia　　咖啡馆、比萨店 ££

(☏01471-822616; www.cafesia.co.uk; Rathad na h-Atha; 主菜 £7~17; ⊙10:00~21:00; 🛜🅿♿) 从班尼迪克蛋和卡布奇诺到鸡尾酒和海鲜特色菜，应有尽有，这家迷人的咖啡馆擅长制作炉烤比萨（提供外卖）和超凡的手工咖啡。这里还有户外平台，可以欣赏红色库林山脉（Red Cuillin）。外卖咖啡从8:00开始供应。

★ Creelers　　海鲜 ££

(☏01471-822281; www.skye-seafood-restaurant.co.uk; Lower Harrapool; 主菜 £14~20; ⊙3月至11月 周二至周六 正午至20:30; ♿) 布罗德福德有几处餐厅，其中最棒的莫过于Creelers：这是一家小型餐厅（2018年装修），非常热闹，供应斯凯岛最好的海鲜。特色菜是传统马赛鱼汤（丰盛的香辣海鲜浓汤）。最好预订。

到达和离开

Scottish Citylink长途汽车每天从因弗内斯开往布罗德福德（£24.40，2.5小时，每天3班），途经洛哈尔什凯尔并继续前往波特里和乌伊格。Stagecoach长途汽车从布罗德福德开往波特里（£6，45分钟），每天4班或5班。

库林丘陵（Cuillin Hills）

库林丘陵是英国最壮观的山脉之一（名称来源于古挪威语"kjöllen"，意为"龙骨形状"）。这里虽然算不上高——最高峰Sgurr Alasdair仅为993米——但却像阿尔卑斯山一样，刀锋般的山脊，尖峰林立，遍布碎石坡的隘谷，还有大面积的裸岩。除了经验丰富的登山者以外，库林丘陵海拔较高的区域已经超出了大多数人所能攀登的极限，好在这里也有很多适合低海拔的徒步线路。

其中最好的徒步线路（天气晴朗时）是从Glenbrittle Campsite（☏01478-640404; www.dunvegancastle.com; Glenbrittle; 营地 成人/儿童 包括汽车 £10/6; ⊙4月至9月）到Coire Lagan，来回旅程6英里，最少需要3小时才可以完成。令人印象深刻的高山冰斗有一处适合游泳的小湖泊（只适合强壮的人！）。

偏远的科鲁什克湖[Loch Coruisk；来自盖尔语的Coir' Uisg（水冰斗）]尤为壮观，但步行前往更为艰难，四周环绕库林几座最高的山峰。从埃尔戈尔出发的乘船游（☎0800 731 3089；www.bellajane.co.uk；Elgol Pier；成人/儿童 £28/16；◷4月至10月）或从基尔马里出发的5.5英里艰难徒步旅行可以抵达湖泊。科鲁什克曾经出现在沃尔特·司各特爵士于1815年创作的诗歌《外岛之王》（Lord of the Isles）中。

主要的大本营有两处：北面的斯利格亨（Sligachan，位于洛哈尔什凯尔—波特里长途汽车线路）和南面的Glenbrittle（没有公共交通）。Sligachan Hotel（☎01478-650204；www.sligachan.co.uk；Sligachan；房间 £170起；[P][图]）或许是最有名的大本营，深受几代徒步者和登山者的喜爱。

54路长途汽车只在学校开学期间运营，往返于波特里和卡博斯特（Carbost）之间，途经斯利格亨（£4.25，50分钟），每天2班；如果要去Glenbrittle，你需要从这里步行走完剩下的8英里。

波特里（Portree, Port Righ）

☎01478 / 人口 2320

波特里是斯凯岛最大、最有生机的城镇。风景秀丽的港口周围环绕着颜色鲜艳的房子，四周的群山同样景致如画。"波特里"（来源于凯尔特语，意为国王港）是为纪念詹姆斯五世而得名的：他曾于1540年为安抚当地宗族首领而来到这里。

🏃 活动

MV Stardust　　　　　　　　　　　划船

（☎07798 743858；www.skyeboat-trips.co.uk；Portree Harbour；成人/儿童£20/10）MV Stardust提供环绕波特里湾（Portree Bay）的1.5小时乘船游，途中有机会见到海豹、鼠海豚——如果足够幸运的话——还有白尾海雕。还有时间更长的2小时巡游，前往拉赛海峡（Sound of Raasay；£25/15）。他们还可以安排钓鱼旅行和前往拉赛岛（Isle of Raasay）徒步的船只接送服务。

🛏 住宿

Portree Youth Hostel　　　　　青年旅舍 £

（SYHA；☎01478-612231；www.syha.org.uk；Bayfield Rd；铺/标双 £26/78；[P][图]）这家SYHA青年旅舍（前身是Bayfield Backpackers）在2015年经过彻底翻新，提供色调明快的宿舍和独立房间，还有可以俯瞰海湾的时尚休闲室及户外座椅区。位于城镇中心，距离汽车站仅100米，位置理想。

Torvaig Campsite　　　　　　　露营地 £

（☎01478-611849；www.portreecampsite.co.uk；Torvaig；帐篷营地 每人£9，房车 £21；◷4月至10月；[图]）一个由家庭经营的充满吸引力的露营地，位于波特里以北1.5英里处，在去往Staffin的路上。

Rosedale Hotel　　　　　　　　酒店 ££

（☎01478-613131；www.rosedalehotelskye.co.uk；Beaumont Cres；标单/双 £70/90起；◷复活节至10月；[P][图]）Rosedale是舒适的老派酒店，位于水畔，环境令人惬意——登记入住的时候会有一杯威士忌欢迎你。3栋经过改造的渔民小屋通过迷宫般的狭窄楼梯和廊道连接，装饰一新的卧室有2间带有四柱床，还有可以欣赏海港风景的餐厅。

Cuillin Hills Hotel　　　　　　 酒店 £££

（☎01478-612003；www.cuillinhills-hotel-skye.co.uk；Scorrybreac Rd；房间 £295起；[P][图]）位于波特里东部边缘，这家豪华酒店视野开阔，可以眺望港口对面库林丘陵的壮阔风景。比较昂贵的房间有四柱床，还有一览无余的风景供客人享受，不过所有人都能从落地玻璃餐馆和备货充足的威士忌酒吧欣赏风光。

Bosville Hotel　　　　　　　　酒店 £££

（☎01478-612846；www.bosvillehotel.co.uk；9-11 Bosville Tce；房间 £233起；[图]）Bosville凭借具有设计感的床品和家具、柔软的浴袍和明亮宽敞的卫生间为波特里带来少许大都市的感觉。"高档房间"值得多花些钱，内有可以舒服坐着享受城镇和港口风光的皮革躺椅。

✘ 就餐

Café Arriba　　　　　　　　　　咖啡馆 £

（☏01478-611830；www.cafearriba.co.uk；Quay Brae；主菜 £6~12；⊙5月至9月 7:00~18:00,10月至次年4月 周二至周六 8:00~17:00；☏）✎Arriba是一家时髦的小咖啡馆，采用原色装饰，色调明亮，供应美味的面包奶酪三明治（培根、韭菜和奶酪最受欢迎）以及精选的岛上出产的素食，如素食早餐煎蛋、配有鹰嘴豆泥和辣椒酱的沙拉三明治等。同时供应优质的咖啡。

★ Scorrybreac　　　　　　新派苏格兰菜 ££

（☏01478-612069；www.scorrybreac.com；7 Bosville Tce；3道菜晚餐 £42；⊙全年周三至周日 17:00~21:00,5月中旬至9月中旬 正午至14:00）✎位于曾经是私人住宅的前室，只有8张桌子，Scorrybreac既舒适又有私密感，不慌不忙地提供美味。厨师卡勒姆·芒罗[Calum Munro；著名盖尔语摇滚乐队Runrig成员多尼·芒罗（Donnie Munro）的儿子]尽可能从斯凯岛采购原料，包括野生香草和蘑菇，打造出最精致的融合菜肴。

Dulse & Brose　　　　　　新派苏格兰菜 ££

（☏01478-612846；www.bosvillehotel.co.uk；Bosville Hotel,7 Bosville Tce；主菜 £17~23；⊙5月至9月 正午至15:00和18:00~22:00,10月至次年4月 18:00~20:15；☎）✎这家酒店餐厅拥有令人放松的氛围、获奖厨师和最大限度利用斯凯岛食材的菜单——包括羊肉、野味、海鲜、奶酪、有机蔬菜和浆果——并为传统菜肴平添一种法式风情。隔壁的Merchant Bar（供餐时间 正午至17:00）隶属Bosville Hotel,整个下午都提供西班牙小吃式的酒吧小食。

❶ 实用信息

波特里旅游局（Portree Tourist Office；☏01478-612992；www.visitscotland.com；Bayfield Rd；⊙6月至8月 周一至周六 9:00~18:00,周日 10:00~16:00,9月至次年5月 办公时间缩短；☎）岛上唯一的旅游局；提供上网和货币兑换服务。

❶ 到达和离开

长途汽车总站位于Somerled Sq。每天有五六班Scottish Citylink的长途汽车从洛哈尔什凯尔发往波特里（£7.10；1小时），然后继续前往乌伊格。

当地的公共汽车（周一至周六 通常6~8班，周日3班）从波特里发往：

阿玛代尔（£7.70,1.25小时）5月下旬至8月，和去往马莱格的轮渡接驳。

布罗德福德（£6,45分钟）每天4~5班。

邓韦根城堡（Dunvegan Castle；£5.35,50分钟）全年周六每天4班；5月至9月周一至周五每天4班。

还有3班环线公共汽车环绕特罗特尼施（Trotternish）运行（双向），途经弗洛迪加里（Flodigarry；£4.10,35分钟）、基尔穆尔（Kilmuir；£4.80,45分钟）和乌伊格（£3.60,30分钟）。

你可以在Island Cycles（☏01478-613121；www.islandcycles-skye.co.uk；The Green；出租自行车 每24小时 £20；⊙周一至周六 9:00~17:00）租自行车。

邓韦根 (Dunvegan, Dun Bheagain)

位于斯凯岛西侧的平凡村庄邓韦根凭借历史悠久的同名城堡而闻名。这座城堡与沃尔特·司各特爵士和查理王子都有渊源。

◉ 景点

邓韦根城堡　　　　　　　　　　城堡

（Dunvegan Castle；☏01470-521206；www.dunvegancastle.com；成人/儿童 £14/9；⊙复活节至10月中旬 10:00~17:30；ℙ）斯凯岛最著名的历史建筑和最受欢迎的旅游景点之一，邓韦根城堡是麦克劳德家族（Clan MacLeod）的领主宅邸。除了城堡中常见的物品——佩剑、银器和家族肖像画——这里还有一些有趣的文物，包括Fairy Flag——这面薄薄的丝绸锦旗制作于4~7世纪，以及查理王子的马甲和一绺头发，由弗洛拉·麦克唐纳（Flora MacDonald）的孙女捐赠。

珊瑚海滩（Coral Beaches）　　　　海滩

过了邓韦根城堡大门，易于前行的1英里步行小径从小路尽头开始延伸，直至珊瑚海滩——两片白得刺眼的沙滩，由被称为藻团粒的钙化藻构成。

🛏 食宿

★ Hillstone Lodge　　　　　　　　民宿 £££

（☏01470-511434；www.hillstonelodge.

com; 12 Colbost; 房间 £140起; ⓟ🛜)你不得不注意到斯凯岛的许多新房都有本地获奖建筑师Rural Design的标记——饱经风霜的木墙和采用传统形状样式的现代材料。Hillstone是其中数一数二的房屋,既有雅致的现代风格,还有眺望邓韦根湖(Loch Dunvegan)的美景。它位于Three Chimneys以北约1公里处的码头上方。

★ **Three Chimneys** 新派苏格兰菜 £££

(☎01470-511258; www.threechimneys.co.uk; Colbost; 3道菜午餐/晚餐 £40/68; ⓢ3月中旬至10月 周一至周六 12:15~13:45,以及复活节至9月 另加周日,全年每天 18:30~21:15; ⓟ🛜)Three Chimneys位于邓韦根和Waterstein半途,是家非常浪漫的餐厅,将美食餐厅巧妙地与烛光农舍结合。在隔壁的现代化房屋内还有富丽堂皇的五星级酒店房间(双£345)。需要提前预订,注意晚间时段餐厅不接待儿童。

★ **Loch Bay** 海鲜 £££

(☎01470-592235; www.lochbay-restaurant.co.uk; Stein,Waternish; 3道菜晚餐 £43.50; ⓢ4月至10月上旬 周三至周日 12:15~13:45,周二至周六 18:15~21:00; ⓟ)这间舒适的农舍厨房铺着陶瓦,设有烧柴火的炉子,是斯凯岛最浪漫的餐馆之一, 2018年荣获米其林一星。菜单包括大部分海鲜,不过也有海鲜以外的菜肴选择。最好预订。

❶ 到达和离开

5月、6月、8月和9月的部分时段,从波特里经由邓韦根和克尔伯斯特(Colbost)前往格伦代尔(Glendale; £6.60,1.5小时,周一至周五 每天2班)的长途汽车线路有限;在波特里旅游局提前核实时间。没有前往斯坦(Stein)和沃特尼什(Waternish)的长途汽车。

特罗特尼施(Trotternish)

特罗特尼施半岛位于波特里以北,拥有斯凯岛最美丽,同时也是最奇异的风景。从波特里出发,可取道一条环路自驾观光,穿过乌伊格村,那里有开往外赫布里底群岛的渡船。

◉ 景点

斯塔芬恐龙博物馆 博物馆

(Staffin Dinosaur Museum; www.staffindinosaurmuseum.com; 3 Ellishad*der,Staffin; 成人/儿童 £2/1; ⓢ9:30~17:00; ⓟ)位于路边古老的石头谷仓,这座博物馆拥有在本地侏罗纪砂岩中发现的恐龙足印、菊石及其他有趣的化石收藏;近年来,这片砂岩已经成为恐龙研究的重点。

仙女峡谷(Fairy Glen) 景区

乌伊格以南的一条小路(路标"Sheader and Balnaknock")延伸约1英里通向仙女谷。这座峡谷是由锥形小丘、岩塔、废弃村舍及路边小湖组成,是处奇特迷人的自然景观。

老人石 自然景观

(Old Man of Storr; ⓟ)在波特里以北6英里处, 50米高的玄武岩老人石悬于公路上方,尖石中段鼓起来,看起来摇摇欲坠。从利特汉湖(Loch Leathan;往返2英里)北端的停车场步行到岩石底部。这座尖石似乎无法攀登, 1955年首次被英国登山家唐·惠兰斯(Don Whillans)登顶,此后这样的壮举只被重复过几次。

斯凯岛屿生活博物馆 博物馆

(Skye Museum of Island Life; ☎01470-552206; www.skyemuseum.co.uk; Kilmuir; 成人/儿童 £2.50/50便士; ⓢ复活节至9月下旬 周一至周六 9:30~17:00; ⓟ)斯凯岛屿生活博物馆的茅草屋、佃农房舍、谷仓和农具生动地保留了18世纪、19世纪佃农的生活场景。博物馆后面是基尔穆尔公墓(Kilmuir Cemetery),那里有一座高大的凯尔特十字架,标记着弗洛

不要错过

奎雷英(THE QUIRAING)

斯塔芬湾(Staffin Bay)被奎雷英壮观的玄武岩峭壁主宰:令人印象深刻的悬崖和尖石构成斯凯岛最醒目的风光。从斯塔芬至乌伊格之间的小路最高点的停车场,可往北步行至奎雷英,用时半小时。

拉·麦克唐纳之墓；1955年，十字架代替了原先"每个部分都被游客带走"的墓碑。

食宿

★Cowshed Boutique Bunkhouse
青年旅舍 £

(☎07917 536820；www.skyecowshed.co.uk；Uig；铺/标双 £20/80，豆荚舱 £70；P🐶🛜)这家青年旅舍占据着俯瞰乌伊格湾（Uig Bay）的绝佳位置，从非常具有时尚感的休闲室望去，景色非凡。宿舍有保证舒适和私密的定制上下床铺，豆荚舱（最多可住4人，但两人更舒适）有暖气和套内淋浴间；这里甚至为你的小狗准备了狗屋。

Flodigarry Hotel
酒店 £££

(☎01470-552203；www.hotelinthesky.co.uk；Flodigarry；房间 £175~295；⊙复活节至10月；P🛜)弗洛拉·麦克唐纳（Flora MacDonald）在1751~1759年居住过的小屋如今是这家独具氛围的酒店的一部分，充满冒险精神的主人给了这家酒店新生。你可以居住在那栋小屋里（有4个卧室），或者选择房间更加宽敞的酒店主楼。坐拥美丽海景的餐厅和时髦酒吧同样欢迎非住客。

Single Track
咖啡馆 £

(www.facebook.com/singletrackskye；Kilmaluag；小吃 £3~4；⊙5月中旬至10月下旬 周日至周四 10:30~17:00；P🛜)对于英国电视片《宏大构想》（*Grand Designs*）的粉丝来说，这家草屋顶的木墙画廊和咖啡馆很是眼熟。老板对咖啡的态度认真，咖啡及搭配的蛋糕和司康饼的确出色。店内展示并出售老板及其他斯凯岛艺术家的艺术作品。

❶ 到达和离开

每天有2班或3班长途汽车（周六4班）沿环路（双方向）环绕特罗特尼施半岛，包括弗洛迪加里（Flodigarry；£4.60，35分钟）、基尔穆尔（£5.35，45分钟）和乌伊格（£4，30分钟）。

汽车渡轮往来乌伊格与外赫布里底群岛的塔伯特（Tarbert；哈里斯岛；汽车/乘客 £31/6.30，1.5小时）和洛赫马迪（Lochmaddy；北尤伊斯特岛；汽车/乘客 £31/6.30，1.75小时），每天1班或2班。

外赫布里底群岛
（OUTER HEBRIDES）

人口 27,670

外赫布里底群岛又称西部群岛，凯尔特语则称其为Nah-EileanananIar，这些岛屿散布在苏格兰西北海岸长达130英里的海域范围内。群岛总共由119个岛屿组成，其中5个主要岛屿分别是：刘易斯和哈里斯（Lewis and Harris；虽然常被描述得像是彼此独立的岛屿，但其实是同一个岛屿的两个部分）、北尤伊斯特岛（North Uist）、本贝丘拉岛（Benbecula）、南尤伊斯特岛和巴拉岛（Barra）。而北尤伊斯特岛、本贝丘拉岛和南尤伊斯特岛（通常将这三个岛统称为"尤伊斯特群岛"）之间又有堤路相连接。

从阿勒浦或乌伊格前往西部群岛的轮渡标志着一个重要的文化差异——苏格兰超过三分之一的注册自耕农在外赫布里底群岛生活，那里不少于60%的人说凯尔特语。

如果时间有限，直接前往刘易斯西岸，那里有史前遗迹、保存完好的黑房子和美丽的海滩。

❶ 实用信息

只有斯托诺韦和塔伯特有旅游局。关于旅游信息，可查询www.visitouterhebrides.co.uk网站。

❶ 到达和离开

飞机

斯托诺韦（刘易斯）、本贝丘拉岛和巴拉岛都设有机场。从爱丁堡、因弗内斯、格拉斯哥、阿伯丁和曼彻斯特有航班飞往斯托诺韦。斯托诺韦和本贝丘拉岛之间每天有2班飞机（周二至周四）。

从格拉斯哥每天都有飞往巴拉岛以及周二至周四飞往本贝丘拉岛的航班。在巴拉岛，飞机降落在退潮时坚硬的沙滩上，所以航班时刻表取决于潮汐情况。

英国东方航空公司（Eastern Airways；☎0870 366 9100；www.easternairways.com）

洛根航空（Loganair；☎0344 800 2855；www.loganair.co.uk）

船

下面列出的是**CalMac**（☎0800 066 5000；www.calmac.co.uk）渡轮常规的单程票价：

线路	航时	小汽车(£)	司机/乘客(£)
阿勒浦—斯托诺韦(Ullapool-Stornoway)	2.75小时	£51	£9.50
乌伊格—洛赫马迪(Uig-Lochmaddy)	1.75小时	£31	£6.30
乌伊格—塔伯特(Uig-Tarbert)	1.5小时	£31	£6.30
奥本—卡斯尔贝(Oban-Castlebay)	4.75小时	£68	£14.75
马莱格—洛赫博伊斯代尔(Mallaig-Lochboisdale)	3.5小时	£58	£10.45

每天有2~3班轮渡前往斯托诺韦,另有1~2班轮渡前往塔伯特和洛赫马迪(Lochmaddy),此外每天还有1班船前往卡斯尔贝和洛赫博伊斯代尔。渡轮时刻表,见www.calmac.co.uk。

如需搭载小汽车建议预订(尤其是7月和8月);步行和骑自行车的旅客应该没有问题。自行车免费运载。

❶ 当地交通

刘易斯和哈里斯尽管有各自的名字,实际上属于同一个岛。伯纳雷岛(Berneray)、北尤伊斯特岛、本贝丘拉岛、南尤伊斯特岛和埃里斯凯岛之间则由公路桥梁和堤道相连。而利弗堡(哈里斯)和伯纳雷岛之间、埃里斯凯岛和卡斯尔贝(巴拉岛)之间则有汽车轮渡往返。

地方议会印发了外赫布里底群岛所有公共汽车和轮渡的时间表,可在旅游局领取。也可以登录www.cne-siar.gov.uk查询相关时间表。

自行车

在斯托诺韦(刘易斯)、利弗堡(哈里斯)、豪莫尔(Howmore;南尤伊斯特)和卡斯尔贝(巴拉岛)可租借自行车,租金为一天£10~20。

公共汽车

公共汽车网络几乎覆盖所有的岛屿村庄,主要路线每天有4~6班公共汽车往来,但周日没有公共汽车运营。你可以从斯托诺韦旅游局(见1028页)领取时刻表,或者致电斯托诺韦汽车站(见1028页)询问信息。

汽车

除了塔伯特和斯托诺韦之间的双车道快速路之外,大多数公路都是单车道(见1135页)。主要的危险因素是在路上游荡或睡觉的绵羊。加油站相隔很远(周日刘易斯和哈里斯几乎所有加油站都会关闭),汽油价格比本土高出约10%。

刘易斯和哈里斯的斯托诺韦、巴弗斯、博夫(Borve)、乌伊格、布雷阿克莱特(Breacleit;大伯纳雷岛)、尼斯(Ness)、塔伯特和利弗堡(Leverburgh),北尤伊斯特岛的洛赫马迪和科拉达什(Cladach),本贝丘拉岛的巴利瓦尼什(Balivanich),南尤伊斯特岛的豪莫尔、洛赫伊伊斯代尔和达利堡(Daliburgh),巴拉岛的卡斯尔贝都有加油站。

每天/周的汽车租金大约为£35/170,可以选择Car Hire Hebrides(☎01851-706500; www.carhire-hebrides.co.uk; Ferry Terminal,Shell St)。

刘易斯岛(Lewis, Leodhais)

人口 21,000(包括哈里斯)

刘易斯岛的北部有大片的黑色沼泽(Black Moor),荒凉无垠的泥炭沼泽地里散布着闪闪发光的小湖,这些湖泊在斯托诺韦—巴弗斯(Barvas)公路沿线都可以看到。但刘易斯最好的景色是在西海岸,从巴弗斯西南部到Mealista,连绵起伏的群山、狭长的海湾和海滨的沙滩都让人想起西北部高地。外赫布里底群岛最动人的历史遗迹——卡兰尼什巨石群(Callanish Standing Stones)、**卡洛韦史前圆形石塔**(Dun Carloway; Dun Charlabhaigh; P)和阿诺尔黑房子博物馆(见1028页)也坐落在这里。

斯托诺韦(Stornoway, Steornabhagh)

☎01851 / 人口 5715

斯托诺韦是外赫布里底群岛的"首府",也是群岛中唯一一座真正意义上的城镇。这是一个令人惊讶的繁忙小城,工作日的城中心满是汽车和熙熙攘攘的人群。虽然拥有美丽的天然海港,但该镇本身没有什么景致或情调,不管怎样,这里还是给人留下这片偏远群岛美好的"初印象"。

景点

群岛博物馆 博物馆

(Museum nan Eilean; www.lews-castle.co.uk; Lews Castle; ◎4月至9月 周一至周三、周五和周六 10:00~17:00, 10月至次年3月日期相同 13:00~16:00; **P** 免费) 群岛博物馆2017年开放,占据刘易斯城堡 (见本页) 侧面修建的现代附属建筑。文物、照片和影像资料介绍外赫布里底群岛的文化和历史, 探索传统的岛屿生活。藏品亮点是**刘易斯岛**著名的六颗棋子, 1831年发现于刘易斯岛西部的乌伊格。棋子用鲸鱼齿和海象牙雕刻而成, 被认为制作于800多年前的挪威。

刘易斯城堡 城堡

(Lews Castle; ☎01851-822750; www.lews-castle.co.uk; ◎8:00~17:00; **P**) 免费 这座宏大的宅邸与斯托诺韦镇中心隔着港口相望, 刘易斯城堡建于19世纪40年代, 当初是为刘易斯的所有者马西森 (Matheson) 家族建造的; 1923年, 利弗休姆勋爵 (Lord Leverhulme) 将它赠予了社区。2017年, 主要的重建项目完工, 它被改造为豪华自炊式住宿场所, 但地面层宽敞的公共房间无人使用的时候可以免费参观。这里还有一家出色的**咖啡馆** (主菜£7~15; ◎8:00~16:00; 🛜🍴), 当地少有的周日营业小餐馆。

树木繁茂的美丽院子对公众开放, 园中的散步小道交错纵横, 这里还举办**赫布里底凯尔特节** (Hebridean Celtic Festival; www.hebceltfest.com; ◎7月)。

活动

Hebridean Adventures 野生动物观赏

(☎07871 463755; www.hebrideanadventures.co.uk; Stornoway Harbour; 每人£95; ◎4月至9月) 7小时的观鲸旅行 (仅周三) 从斯托诺韦港口出发, 乘坐经过改造的渔船, 船上有宽敞的沙龙, 恶劣天气时可以躲避风浪。

住宿

★ Heb Hostel 青年旅舍 £

(☎01851-709889; www.hebhostel.com; 25 Kenneth St; 铺/家£19/75; @🛜) Heb Hostel是一家靠近轮渡码头的惬意的青年旅舍, 房间内有舒适的木制上下床, 气氛欢快的客厅内有泥炭壁炉, 友善的店主乐意就游玩的地点和活动提供各种建议。

Park Guest House 民宿 ££

(☎01851-702485; www.the-parkguesthouse.com; 30 James St; 标单/双£79/110起; 🛜) 位于一幢迷人的维多利亚式别墅内, 地处中心地带, 非常舒适, 有1间暖房和6间豪华客房 (主要是套房)。锦上添花的是这里还有一个很棒的餐厅, 专营苏格兰海鲜、牛肉和野味, 外加一两种素菜 (3道菜晚餐£38)。一些房间俯瞰着城镇的主干道, 工作日的早晨会比较嘈杂。

Royal Hotel 酒店 ££

(☎01851-702109; www.royalstornoway.co.uk; Cromwell St; 标单/双£82/105起; **P**🛜) 19世纪, Royal曾是斯托诺韦最迷人的酒店——前面的房间依然保留着木镶板等历史特色, 还可以眺望港口至刘易斯城堡 (见本页) 的风光。不过你可以先要求看看房间, 因为部分房间有些狭小。

就餐

Artizan Cafe 咖啡馆 £

(☎01851-706538; www.facebook.com/artizanstornoway; 12-14 Church St; 主菜£4~7; ◎周一至周五 10:00~18:00, 周六 9:00~18:00; 🛜🍴) 斯托诺韦这家时尚咖啡馆画廊用旧木头和冷色调营造出不俗品味, 使其成为镇上热门的休闲去处, 提供出色的咖啡和蛋糕, 还有西班牙小吃式午餐 (正午至14:30)。举办文化活动, 包括周六的诗歌之夜。

Lido 各国风味 ££

(☎01851-703354; 5 Cromwell St; 主菜£8~13; ◎周一至周六 正午至15:00和17:00~21:00; 🛜🍴) 黑色和黄色的装饰搭配灰色花岗岩桌面为这家繁忙的餐馆平添一种装饰艺术气息。菜单包罗万象, 从美味的汉堡到熏三文鱼沙拉, 再到意大利肉丸, 无一不好。不过店内特色还是比萨, 品质优异——又薄又脆, 火候正好。

★ Digby Chick 法式小馆 £££

(☎01851-700026; www.digbychick.co.uk;

5 Bank St；主菜 £19~26，2道菜午餐 £15；⊙周一至周六 正午至14:00和17:30~21:00；🅿️）这家现代餐厅主营法式小馆菜肴，午餐时间你可以吃到鳕鱼薯条、慢烤五花肉、烤蔬菜帕尼尼，晚餐时段这里就会变为烛光美食餐厅，菜有包括烤海螯虾、烤扇贝、鹿肉和牛排。3道菜的早客套餐（17:30~18:30）售价 £24。

❶ 实用信息

斯托诺韦旅游局（Stornoway Tourist Office；☎01851-703088；www.visitouterhebrides.co.uk；26 Cromwell St；⊙4月至10月 周一至周六 9:00~18:00，11月至次年3月 周一至周五 至17:00）

❶ 到达和离开

公共汽车站（☎01851-704327；South Beach）就位于海滨轮渡码头的旁边（行李寄存，每件25便士至 £1.30）。W10长途汽车从斯托诺韦发往塔伯特（£4.80；1小时；周一至周六 每天4或5班）和利弗堡（£6.80；2小时）。

Westside Circular运营的W2公共汽车从斯托诺韦出发，是途经卡兰尼什（£2.70；30分钟）、卡洛韦、加雷宁（Garenin）和阿诺尔的环形公交线路，让你可以在一天之内游览沿途一两个地方。

长途汽车线路几乎覆盖岛上所有村庄，主要线路每天有4~6班车；但周日没有任何车次。你可以在旅游局领取时刻表或者致电斯托诺韦车站询问信息。

卡兰尼什（Callanish, Calanais）

卡兰尼什位于刘易斯西侧，以史前巨石闻名，是整个苏格兰最具独特氛围的史前遗址之一，永恒的神秘感、惊人的规模和不可否认的美，都给人留下深刻的印象。

◉ 景点

卡兰尼什巨石群　　　　　　　　　　　古迹
（Callanish Standing Stones, HES；www.historicenvironment.scot；⊙24小时）免费 卡兰尼什巨石群位于斯托诺韦以西15英里的A858旁，是英国最完整的石圈之一。这是一处极为恢宏壮观的史前遗址。巨石群矗立在一个俯视着Loch Roag的隐秘海岬之上，13块带状片麻岩巨石仿佛朝圣一般地围绕在4.5米高的中心石碑周围。另外，还有大约40块较小的石头以一处石头墓穴为中心，呈十字状向外辐射分布。这一巨石群建于3800~5000年前，与埃及金字塔的建造时间相近。

卡兰尼什游客中心　　　　　　　　　博物馆
（Calanais Visitor Centre；☎01851-621422；www.callanishvisitorcentre.co.uk；免费入场，展览 £2.50；⊙6月至8月 周一至周六 9:30~20:00，4月、5月、9月和10月 周一至周六 10:00~18:00，11月至次年3月 周二至周六 10:00~16:00；🅿️）卡兰尼什巨石群（见本页）附近的这座游客中心是一座设计理念比较慎重、内敛的建筑佳作。内部举办的小型展览对巨石群的起源和用途进行了推测。游客中心内还有一家不错的**咖啡馆**（主菜 £4~7；⊙6月至8月 周一至周六 9:30~20:00，4月、5月、9月和10月 周一至周六 10:00~18:00，11月至次年3月 周二至周六 10:00~16:00；🅿️）。

❶ 到达和离开

周一至周六，W2长途汽车（西侧环线/Westside Circular）从斯托诺韦开往卡兰尼什（£2.70，30分钟），每天2班，参观巨石群的时间充足。

值 得 一 游

阿诺尔黑房子博物馆

与其说它是博物馆，不如说是一处保存完好的失落世界的片段，这座传统的**黑房子**（Arnol Blackhouse; HES；☎01851-710395；www.historicenvironment.scot；Arnol；成人/儿童 £5/3；⊙4月至9月 周一至周六 9:30~17:30，10月至次年3月 周一、周二和周四至周六 10:00~16:00；🅿️）——集牛棚、谷仓和住宅于一体——建于1885年，1964年以前一直有人居住。博物馆员工每天早上都会在房子中央点上泥炭火，这样你就可以体验独特的泥炭烟的味道；房间没有烟囱，烟雾自行从草皮屋顶、窗户和门飘散出去——如果在室内待太久的话，你会感觉自己都被烟熏了！

博物馆位于巴弗斯以西约3英里处。

另辟蹊径

刘易斯角
（THE BUTT OF LEWIS）

赫布里底群岛极北端的刘易斯角位于迎风位置，地势崎岖，矗立着一座非常醒目的灯塔，海浪拍岸，高崖上栖息着大群筑巢的管鼻䳂。这里有一种荒凉偏僻的感觉，横亘于你与加拿大之间的只有灰色的大西洋。主要居住区尼斯港（Port of Ness; Port Nis）有迷人的港口。西边的特拉（Traigh）沙滩备受冲浪者的欢迎。

你可以在通往埃奥罗皮角（Butt at Eoropie; Eoropaidh）的岔路前面找到圣莫卢阿格教堂（St Moluag's Church; Teampull Mholuidh），一幢类似谷仓的简朴建筑，据信可以追溯至12世纪，但至今依然为苏格兰圣公会所用。

加雷宁（Garenin, Na Gearrannan）

风景如画的加雷宁黑房子村（Gearrannan Blackhouse Village）位于光秃秃的大西洋海岸上，村内共有9座经过修复的茅草顶黑房子。其中一座里面就坐落着黑房子博物馆（Blackhouse Museum; ☎01851-643416; www.gearrannan.com; 成人/儿童 £3.60/1.20; ⓒ4月至9月 周一至周六 9:30~17:30; Ⓟ），房屋建于1955年，馆内展览介绍了村庄历史，另一栋里面则有一家咖啡馆（主菜 £3~6; ⓒ周一至周六 9:30~17:30）。

W2（西侧环线/Westside Circular）长途汽车从斯托诺韦开往距离加雷宁1英里的村庄卡洛韦（Carloway; £3.40, 45分钟），周一至周六每天2班。

刘易斯西部（Western Lewis）

B8011公路（有指向乌伊格的路标，位于斯托诺韦-卡兰尼什的A858沿线）从加里纳海因（Garrynahine）延伸至蒂姆加里（Timsgarry, Timsgearraidh），蜿蜒穿过风景优美的荒野，直至苏格兰几处最令人惊叹的海滩。米亚韦（Miavaig）有一条环路向北绕路，穿过哈尔特斯庄园（Bhaltos Estate），伸向长达1英里的美丽白沙滩（Reef Beach）；海滩后面的狭长沙地有风景壮丽、条件简单的露营地（Cnip; Traigh na Beirigh; 帐篷营地 £10; ⓒ5月至9月）。

公路从米亚韦继续向西，穿过岩石丛生的峡谷，直到蒂姆加里和广阔多沙的乌伊格沙滩（Traigh Uige; Uig Sands）。著名的12世纪刘易斯棋子用海象牙制成，1831年就是在此处的沙丘中被发现的。

小路从蒂姆加里继续向南至迈利斯塔（Mealista），沿途穿过几片面积不大却同样壮观的白沙滩或砾石滩，直至偏远的尽头；天气晴朗的时候，可以望见地平线上的圣基尔达。

长途汽车从斯托诺韦开往乌伊格（£4.80, 1小时, 每天2或3班）；部分班次继续（应要求）开往距离迈利斯塔还有1英里左右的阿德罗伊（Ardroil）和布莱尼什（Brenish）。

哈里斯（Harris, Na Hearadh）

人口 2000

哈里斯风景优美，位于刘易斯以南，是外赫布里底群岛这一串岛屿中的宝石。崎岖的山脉、质朴的沙滩、开满鲜花的狭长沙地和贫瘠的岩石地貌，交织构成了哈里斯壮丽的风光。位于塔伯特的地峡将哈里斯整齐地一分为二：北哈里斯向南面延伸至斯托诺韦，高耸的山脉从泥炭沼泽拔地而起，克利舍姆山（Clisham; 799米）是其最高点；南哈里斯（South Harris）地势低洼，西部环绕着美丽的白沙滩，东部则是复杂的多岩石海岸线。

哈里斯以出产哈里斯斜纹毛呢而闻名，时至今日岛上的居民依然延续着手工制作这种高品质毛呢——大约有400名织工从事该行业，塔伯特旅游局的工作人员会向你推荐织工并介绍允许参观的作坊。

ℹ️ 到达和当地交通

哈里斯和相邻的刘易斯其实都属于同一座岛屿，塔伯特与斯托诺韦之间有一条优质的快速路(37英里)。汽车渡轮往来于塔伯特和乌伊格(斯凯岛)之间，以及利ди堡和伯纳雷岛(北尤伊斯特岛)之间。

塔伯特（Tarbert, Antairbeart）

人口 480

塔伯特是一个海港村，地理位置优越，

是岛屿最狭窄的地方,连接着南北哈里斯。它是外赫布里底群岛的主要渡轮港口之一,还是哈里斯岛酿酒厂(Isle of Harris Distillery)的所在地。

村内设施包括两个加油站、一家银行、一台自动取款机、两家百货商店和一间旅游局。

◉ 景点

哈里斯岛酿酒厂　　　　　　　　　酿酒厂

(Isle of Harris Distillery; ☏01859-502212; www.harrisdistillery.com; Main St; 团队游£10; ⊙周一至周六10:00~17:00; ℗)这家酿酒厂于2015年开工,所以第一批单一麦芽威士忌将于2019年酿成;同时它还酿造哈里斯岛杜松子酒。现代建筑非常时尚——大厅像是豪华酒店——75分钟的团队游夏季每天出发两三次(仅限工作日);团队游很受欢迎,需要预订。厂里还有一家咖啡馆(主菜£6~9; ⊙周一至周六10:00~16:00)。

🛏 食宿

Tigh na Mara　　　　　　　　　　民宿

(☏01859-502270; flora@tigh-na-mara.co.uk; East Tarbert; 每人每晚£30~35; ℗)这家超值的民宿(虽然单人间有些狭小)距离渡口仅5分钟的步程,上山到旅游局后再右转。你可以在拥有海湾美景的暖房内享用店主每日烘焙的新鲜蛋糕。

当地知识

哈里斯的金雕

宏伟的北哈里斯是外赫布里底群岛最多山的地区。这里几乎没有公路,但登山、徒步和观鸟的机会众多。

徒步者可以沿着旧捕鲸站和安胡因苏德城堡(Amhuinnsuidhe Castle)之间米亚韦的停车场和设有大门的小路步行,前往路北1.3英里的金雕观测站。4月至9月的周三,本地护林员会组织时长为3.5小时、寻找金雕的导览步行游。(每人£5);详细信息可以咨询塔伯特旅游局或www.north-harris.org。

Harris Hotel　　　　　　　　　　酒店

(☏01859-502154; www.harrishotel.com; 标单/双£90/115起; ℗⊚)Harris Hotel于1903年开业,先后由卡梅伦(Cameron)家族的四代人经营。这家19世纪的运动酒店建于1865年,当初是为上岛的捕鱼者、猎鹿人修建的,至今仍保持着明显的旧时风格。酒店内有宽敞舒适的客房和不错的餐厅;在餐厅窗户上可以看到J.M.巴里的首字母签名(JM Barrie,《彼得·潘》的作者,曾于20世纪20年代下榻于此。

Hebscape　　　　　　　　　　　咖啡馆

(www.hebscapegallery.co.uk; Ardhasaig; 主菜£3~7; ⊙4月至10月 周二至周六10:30~16:30; ℗⊚)这家时髦的咖啡馆和画廊位于塔伯特以北两三英里处,通往斯托诺韦方向的公路旁。房屋坐落于山顶,俯瞰阿西尔湖(Loch A Siar)激动人心的风景。享用家常烘焙的蛋糕、苏姬(Suki)茶或现磨意式浓咖啡配司康饼、丰盛的家常汤羹,同时还可以欣赏咖啡馆合伙人达伦·科林(Darren Cole)出色的风景摄影作品。

❶ 实用信息

塔伯特旅游局(Tarbert Tourist Office; ☏01859-502011; www.visithebrides.com; Pier Rd; ⊙4月至10月 周一至周六9:00~17:00)

❶ 到达和离开

周一至周六每天有四五班长途汽车从塔伯特发往斯托诺韦(£4.80,1小时)和利弗堡(£3.20,50分钟),途经西海岸公路。

塔伯特还有连接斯凯岛乌伊格(汽车/乘客£31/6.30,1.5小时,每天1班或2班)的渡船。

南哈里斯 (South Harris)

南哈里斯的西海岸拥有几处苏格兰最美丽的海滩。这里铺展着炫目的白色沙滩,拉斯肯泰尔(Luskentyre)和Scarasta水域荡漾着蓝绿色海水,如果气候能再温暖一些,这种白沙碧海的美景一定会成为热门度假胜地;可惜事实并非如此,这里总是少有人光顾。

和西海岸的景观截然不同,东海岸完全是一派月球表面般奇异的岩石景观:裸露的

另辟蹊径

圣基尔达（ST KILDA）

圣基尔达是北尤伊斯特岛以西约45英里处的一片海蚀柱和峭壁林立的岛屿。最大的岛屿赫塔岛（Hirta）只有2英里长、1英里宽，海岸线大多矗立着巨大的悬崖。归苏格兰国民信托（National Trust for Scotland, NTS）所有的这片群岛是联合国教科文组织的世界遗产地，也是北大西洋最大的海鸟筑巢地点，栖息着一百多万只鸟。

赫塔岛是游客唯一能够登陆的岛屿。除了观鸟以外，你可以在贝村（Village Bay）探索岛屿仅有的居住区遗址，那里有管理员办公室和小型博物馆，还可以攀登至岛上最高峰科纳谢尔（Conachair，430米）。

前往圣基尔达的乘船游并不简单——一日游至少需要7小时，包括最短2.5小时的单程过海时间，海上经常大浪汹涌；各项活动必须预订并且依赖于天气状况（仅限4月至9月）。

旅行社包括Go To St Kilda（☎07789 914144；www.gotostkilda.co.uk；Stein Jetty；每人£260）、Kilda Cruises、Uist Sea Tours（见1034页）和Sea Harris等。

片麻岩大地上布满小湖，少数小农场社区附近零星的几抹绿意削弱了萧瑟的气氛。电影爱好者会知道《2001太空漫游》（*2001: A Space Odyssey*）中外星风光的迷幻场景就是在哈里斯东海岸航拍完成的。

狭窄、曲折的道路沿海岸蜿蜒延伸，由于每英里的巨大投资被本地人称作"**黄金之路**"（Golden Road）。这条路建于20世纪30年代，以连接被称为"湾区"（The Bays）的所有小社区。

◉ 景点

★ 拉斯肯泰尔　　　　　　　　　海滩

（Luskentyre；Losgaintir）拉斯肯泰尔是苏格兰最大、最美丽的海滩之一，凭借一连几英亩的退潮白沙滩和蓝绿色的海水闻名。一条小路沿海湾北侧通向古墓旁边的停车场；从那儿沿海滩向西步行或穿过长满草的沙丘，可以欣赏大海对面塔伦赛岛（Taransay）的美妙风景。

塔拉纳马拉　　　　　　　　　艺术中心

（Talla na Mara；☎01859-503900；www.tallanamara.co.uk；Pairc Niseaboist；⊙周一至周六 9:00~17:00；🅿 免费）2017年作为社区所属企业开业，这栋美丽的现代建筑拥有几间艺术工作室和展览空间，展示了表现苏格兰西部群岛景观和文化的作品。

花呢博物馆　　　　　　　　　博物馆

（Clò Mòr；☎01859-502040；Old School；Drinishader；⊙3月至10月周一至周六 9:00~17:30；🅿 免费）坎贝尔家族制作哈里斯斜纹呢已有90年的历史，这个展览（位于家族商店的后面）展示了织物（Clò Mòr在凯尔特语中意为"大块布"）的历史；不妨询问一下是否有现场展示，观看用有70年历史的哈特斯利（Hattersley）织布机织斜纹呢。Drinishader位于东海岸之路上，塔伯特以南5英里处。

利弗堡　　　　　　　　　　　村庄

（Leverburgh；An t-Ob）利弗堡村庄得名于1918年买下刘易斯和哈里斯的利弗休姆勋爵[Lord Leverhulme；阳光牌肥皂（Sunlight Soap）创始人、联合利华创始人]。他对安特奥（An t-Ob，即后来的利弗堡）进行了宏大的规划——它将成为人口达10,000的主要渔港——但该规划随着他1925年去世而夭折，这座村庄重新归于沉寂。

🏃 活动

Sea Harris　　　　　　　　　　划船

（☎01859-502007；www.seaharris.com；Leverburgh Pier；⊙4月至9月）经营前往哈里斯海峡（Sound of Harris）周边观看野生动物的包船旅行（每人£40起），还组织前往圣基尔达（每人£185）的10小时一日游，登岸时间4~5小时。

Kilda Cruises　　　　　　　　　划船

（☎01859-502060；www.kildacruises.co.uk；Leverburgh Pier；每人£215）经营前往圣

基尔达偏远、壮观的群岛的12小时一日游。4月中旬至9月中旬，每天出发。

🛏 住宿

Am Bothan
青年旅舍 £

(☏01859-520251；www.ambothan.com；Ferry Rd, Leverburgh；铺 £25；🅿🛜) 这是一家吸引人的木屋式青年旅舍，拥有不大但整齐的宿舍。你可以在大阳台上一边享受早晨的咖啡，一边欣赏海湾风景。青年旅舍提供自行车出租服务，也安排观赏野生动物的乘船游。

Sorrel Cottage
民宿 ££

(☏01859-520319；www.sorrelcottage.co.uk; 2 Glen, Leverburgh；标单/双 £70/90起；🅿🛜🐾) Sorrel Cottage坐落在一座美观的佃农房屋内，拥有漂亮的现代化房屋，位于利弗堡渡口以西约1.5英里处。素食者和纯素主义者在这里也可以吃得很开心。出租自行车。

★ Borve Lodge Estate
小屋 £££

(☏01859-550358；www.borvelodge.com；3/7晚 £900/1850；🅿🛜) 位于南哈里斯西侧的这幢庄园已经发展成为外赫布里底群岛几处景色最壮观的自炊式住宿场所，包括建于山坡上、草皮屋顶的Rock House，能够俯瞰大海的壮阔美景；以及令人惊叹的Broch，按照铁器时代风格设计的三层石塔（两处均可住两人）。

🍴 就餐

★ Skoon Art Café
咖啡馆 £

(☏01859-530268；www.skoon.com；Geocrab；主菜 £5~9；⏰4月至9月 周二至周六10:00~16:30, 10月至次年3月 营业时间缩短；🅿) 🍃这家整洁的小画廊兼作一流的咖啡馆，位于黄金之路半途，提供美味的家常汤羹、三明治、蛋糕和甜点（尝尝杜松子酒和汤力水蛋糕）。

Temple Cafe
咖啡馆 £

(☏07876 340416；www.facebook.com/thetemplecafe; Northton；主菜 £5~12；⏰4月至9月 周二至周日 10:30~17:00, 10月至次年3月 营业时间缩短；🅿🛜) 这家质朴的咖啡馆位于可爱的木石材质"霍比特屋"，以前是游客中心，如今店里点缀着哈里斯花呢靠垫，提供家常司康饼、汤羹、沙拉和热乎的特色午餐，背景音乐是20世纪70年代的节奏。夏季周五至周日的晚餐时间是18:30~20:00（必须提前预订）。

★ Machair Kitchen
苏格兰菜 ££

(☏01859-550333；www.tallanamara.co.uk; Talla na Mara；主菜 £7~15；⏰正午至16:00和18:00~21:00) 社区中心和美术馆内的这家餐馆坐拥绝佳的地理位置，可以眺望大海对面塔伦赛岛的风光，还有最大限度利用光照的户外平台。菜单包括本地贻贝、螃蟹和熏三文鱼，以及三明治、炸鱼薯条和汉堡。10:00~17:00供应咖啡和蛋糕。

ℹ 到达和当地交通

CalMac (见1025页) 的汽车轮渡从利弗堡出发，曲折航行以避开哈里斯海峡 (Sound of Harris) 内的暗礁，开往伯纳雷岛（行人/车 £3.60/13.55；1.25小时；周一至周六 每天3~4班，周日2~3班）。

你可以在Sorrel Cottage (见本页) 租自行车。

北尤伊斯特岛和伯纳雷岛 (North Uist, Uibhist A Tuath & Berneray, Bearnaraigh)

北尤伊斯特岛——半淹没在湖泊中的岛屿，以鳟鱼垂钓 (www.nuac.co.uk) 而闻名，不过北部和西部海岸上也有几片壮观的海滩。这里是观鸟者的人间天堂，可以定期观赏涉禽和野禽，从红脚鹬到红喉潜鸟，再到红颈瓣蹼鹬，不一而足。风景不像哈里斯那般荒凉多山，却拥有寂静淡然的魅力。

小小的洛赫马迪 (Lochmaddy) 是乘渡船从斯凯上岛后遇见的第一座村庄。这里有几家商店、一家设有自动柜员机的银行、加油站、邮局和酒馆。

伯纳雷岛与北尤伊斯特岛之间的堤道于1998年10月建成并投入使用，但这并没有改变该岛的平静和美丽。西海岸绵延着几片英国最美丽、原始的海滩，而在东海岸的海湾湖 (Bays Loch) 里可以看到海豹和水獭。

景点

圣基尔达观景点 观景点

（St Kilda Viewpoint；P）从环绕北尤伊斯特岛的道路最西端出发，一条可以通车的小路延伸1.5英里，伸向克莱特拉瓦尔（Clettraval）山顶，那里有配备望远镜的观景点，可以欣赏西边圣基尔达和莫纳赫群岛遥远山峰的超凡美景。

英国皇家鸟类保护协会
巴尔兰纳德保护区 野生活动保护区

（Balranald RSPB Reserve；www.rspb.org.uk；P）免费 观鸟者们聚集到皇家鸟类保护协会位于洛赫马迪以西18英里的这片自然保护区，希望能够看到稀有的红颈瓣蹼鹬或听到长脚秧鸡独特的叫声。游客中心有居住在此的看门人，提供时长为1.5小时的导览徒步游（£6），5月至9月周二10:00从游客中心出发。

凯尔萨卜哈格馆 艺术中心、博物馆

（Taigh Chearsabhagh；01870-603970；www.taigh-chearsabhagh.org；Lochmaddy；艺术中心 免费，博物馆 £3；4月至10月 周一至周六10:00~17:00，11月至次年3月 至16:00；P）凯尔萨卜哈格馆是保存和展示尤伊斯特岛历史和文化的博物馆和艺术中心，还是蓬勃发展的社区中心、邮局和聚会地点。中心的咖啡馆（主菜 £4~6，15:00歇业）烹制家常汤羹、三明治和蛋糕。

食宿

Balranald Campsite 露营地 £

（01876-510304；www.balranaldhebrideanholidays.com；Balranald Nature Reserve, Hougharry；帐篷营地 £8~10，以及每人 £2；）可爱的营地坐落于英国皇家鸟类保护协会巴尔兰纳德保护区旁边的狭长沙地，你从帐篷里就可以观鸟，当太阳从旁边白沙滩落下的时候或许还能听到长脚秧鸡罕见的啼叫。

★Langass Lodge 酒店 ££

（01876-580285；www.langasslodge.co.uk；Locheport；标单/双 £95/115起；P）令人愉快的Langass Lodge酒店曾经是狩猎者小屋，俯看朗盖湖（Loch Langais），僻静的位置极好。经过翻新和扩建，如今这里提供12个迷人的房间，其中很多能看到海景，还有一家赫布里底群岛数一数二的餐馆（主菜 £15~25，3道菜晚餐 £38；18:00~20:30），以美味的海鲜和野味著称。

Hamersay House 酒店 £££

（01876-500700；www.hamersayhouse.co.uk；Lochmaddy；标单/双 £95/135；P）Hamersay是洛赫马迪最豪华的住宿场所，有8个具有设计感的卧室，休闲室的炉火周围摆放着皮沙发，以及不错的餐厅（主菜 £13~21，营业18:00~20:30），可以从露台上欣赏海景。

到达和离开

从洛赫马迪到洛赫博伊斯代尔（£5.30，1.75小时）和埃里斯凯码头（Eriskay Pier；£6.20，2.5小时）的长途汽车周一至周六每天运行5~8班。

CalMac（见1025页）渡船从洛赫马迪开往斯凯的乌伊格（每车/人 £31/6.30，1.75小时，每天1或2班），从伯纳雷岛开往哈里斯的利弗堡。

南尤伊斯特岛（South Uist, Uibhist A Deas）

人口 1755

南尤伊斯特岛是外赫布里底群岛的第二大岛屿，为那些想要远离南北主路探索的人保留了最好的角落。低洼的西海岸分布着几乎绵延不绝的白沙海滩和鲜花点缀的狭长沙地，海岸沿线是一条有路标的徒步小径——赫布里底步道（Hebridean Way），众多内地湖泊是一流的鳟鱼垂钓（www.southuistfishing.com）地点。东岸被4条巨大狭长的海湾隔得四分五裂，丘陵起伏，非常偏僻，还有壮观的最高峰本沃尔山（Beinn Mhor；620米）。

从本贝丘拉岛驾车向南，你可以从主要信仰新教的外赫布里底群岛北半部进入主要信仰罗马天主教的南半部，卢瓦尔（Rueval）山坡上的群岛圣母（Our Lady of the Isles）花岗岩雕塑和很多的路边圣地体现出宗教的转变。

洛赫博伊斯代尔（Lochboisdale）渡船码头是岛上最大的定居地，有自动柜员机、银

⊙ 景点和活动

基尔多南博物馆　　　　　　　　博物馆

(Kildonan Museum; ☑01878-710343; www.kildonanmuseum.co.uk; Kildonan; 成人/儿童 £3/免费; ⊙4月至10月 10:00~17:00; ℗)博物馆位于洛赫博伊斯代尔以北6英里处,通过人工制品收藏、引人入胜的黑白照片展览和关于赫布里底(Hebridean)严苛环境的第一手描述,展示了当地佃农的生活。这里还有一家出色的茶室(主菜 £4~8; 11:00~16:00)和工艺品商店。

德鲁伊迪贝格湖　　　　　　　　自然保护区

(Loch Druidibeg; 免费)南尤伊斯特岛北部主要分布着比海(Loch Bee)和德鲁伊迪贝格湖(Loch Druidibeg)水域。该地区被划为特殊科学价值地点(Site of Special Scientific Interest),同时也是重要的鸟类繁殖地,比如滨鹬、红脚鹬、剑鸻、灰雁和长脚秧鸡;你可以参加5英里自助徒步游穿越保护区。想要了解详细信息,去湖畔主路上的苏格兰自然遗产(Scottish Natural Heritage)办公室咨询。

Uist Sea Tours　　　　　　　　乘船游

(☑07810 238752; www.uistseatours.com; The Pier, Lochboisdale)4月中旬至9月中旬,这家公司经营2小时乘船游(每人 £40),从洛赫博伊斯代尔至巴拉海峡(Sound of Barra)观看宽吻海豚(周一、周三和周五晚),还有从埃里斯凯港口(每人 £85)出发前往明古莱岛(Mingulay)看海鹦筑巢的6小时旅行(周五)。此外还组织前往圣基尔达(每人 £175)的7天一日游。

⊨ 住宿

Uist Storm Pods　　　　　　　　露营地 £

(☑01878-700845; www.uiststormpods.co.uk; Lochboisdale; 每个豆荚舱 £70; ℗🐾)这处营地有两栋斯堪的纳维亚式木制露营豆荚舱,位于一个仍在运转的农场的山坡上。每栋都有户外平台和烧烤架,俯临大海;还有迷你厨房、冰箱和化学厕所;最多可住4人。从渡轮码头步行片刻可至豆荚舱;在快到苏格兰皇家银行(RBS bank)的时候走左边的第二条路。

Wireless Cottage　　　　　　　　民宿 £

(☑01878-700660; www.wirelesscottage.co.uk; Lochboisdale; 标单/双/家£37/60/90起; 🐾)这栋美丽的小村舍曾经是本地的电话局,如今是服务态度热情、价格合理的民宿,只有2间卧室(一个双人间、一个家庭间)。从渡船下来步行不远(300米)即可到达。

★ Polochar Inn　　　　　　　　旅馆 ££

(☑01878-700215; www.polocharinn.com; Polochar; 标单/双 £80/95起; ℗🐾)这家18世纪的旅馆被改建为时髦而服务热情的酒店,位置极好,可以看到海对岸的巴拉岛。餐馆和酒吧的出色菜单(主菜 £11~20; 建议预订)包括海鲜羹、炖鹿肉、本地三文鱼和扇贝,以及尤伊斯特岛羔羊肉。Polochar位于洛赫博伊斯代尔西南7英里处,在通向埃里斯凯(Eriskay)的途中。

❶ 到达和离开

Rothan Cycles (☑07740 364093; www.rothan.scot; Howmore; 每天 £10起; ⊙9:00~17:00)出租自行车,提供埃里斯凯和斯托诺韦之间多个地点的取送车服务(除租金外需额外付费)。

W17长途汽车在伯纳雷岛和埃里斯凯之间运营,每天大约4班(周日除外),途经洛赫马迪、巴利瓦尼什和洛赫博伊斯代尔。从洛赫博伊斯代尔至洛赫马迪(£5.30)的行程要用时1.75小时。

CalMac(见1025页)渡轮往来洛赫博伊斯代尔和马莱格。

巴拉岛(Barra, Barraigh)

人口 1175

面积狭小的巴拉岛,周长仅14英里,是外赫布里底群岛最小的岛屿。巴拉岛拥有美丽的海滩、野花盛开的沙丘、多岩石的小山和强烈的社区感。你可以登上岛上最大的村庄卡斯尔贝(Castlebay; 又名Bagha' Chaisteil)东北1英里处的Heaval(383米)山顶,将岛上的美景尽收眼底。

⊙ 景点

特勒莫尔(Traigh Mor)　　　　　　　　海滩

这片广阔硬实的金沙滩(名字的意思是"大海滨")被用来作为巴拉岛的机场(退潮

时宽1英里，足够3条"跑道"），是全世界唯一能够起降定期航班的沙滩机场。看着双水獭（Twin Otter）小飞机起起落落已成为一种观赏活动。本地人会趁着航班间隙在沙滩上捡鸟蛤，一种本地的特色海鲜。

基希穆尔城堡 城堡

（Kisimul Castle; HES; ☎01871-810313; www.historicenvironment.scot; Castlebay; 成人/儿童 含轮渡 £6/3.60; ⓒ4月至9月 9:30~17:30）卡斯尔贝因基希穆尔城堡这座岛上的堡垒而得名。城堡最早是由麦克尼尔家族（Mac Neil）于11世纪建造的。可以参加短途乘船游（如果天气允许的话）前往岛上探索那里的防御工事，还可以从城垛上欣赏美景。

住宿

Dunard Hostel 青年旅舍 £

（☎01871-810443; www.dunardhostel.co.uk; Castlebay; 铺/标双 £20/48起; Ⓟ🛜）这是一家由家庭经营的青年旅舍，气氛友好，从轮渡码头步行5分钟即到。店主可以帮你安排海上皮划艇之旅。

Tigh na Mara 民宿 ££

（☎01871-810304; www.tighnamara-barra.co.uk; Castlebay; 标单/双 £45/75; ⓒ4月至10月; Ⓟ🛜）可爱的村舍民宿，就在渡轮码头上方，位置优越，可以眺望海湾和基希穆尔城堡（见本页）。不妨要求入住带海湾景色的双人卧室套间。

Castlebay Hotel 酒店 ££

（☎01871-810223; www.castlebayhotel.com; Castlebay; 标单/双 £70/125起; Ⓟ🛜）Castlebay Hotel有宽敞的卧室，房间装饰着精致的格子图案。海景房要额外收费，不过物有所值。酒店内有一个舒适的休息室，在暖房内可以一览港口和巴拉岛以南岛屿的景致。酒店内的酒吧是海岛社会生活的中心，定期举办传统音乐活动。

❶ 到达和离开

每日有2班飞机从格拉斯哥飞往巴拉岛。
CalMac（见1025页）渡轮连接埃日厄斯凯和巴拉岛北端的阿德莫（Ardmhor; 行人/小汽车 £3.05/10.55, 40分钟, 每天3~5班），还有轮渡从卡斯尔贝开往奥本。

一班公共汽车线路按阿德莫渡船的离港/到港时间连接起卡斯尔贝（Castlebay; £1.80, 20分钟）。W32路公共汽车沿环岛路线运行，每天最多5班（周日除外），并且在机场和航班接驳。

你可以在Barra Bike Hire（☎07876 402842; www.barrabikehire.co.uk; Vatersay Rd,Castlebay; 半/全天 £10/16; ⓒ周一至周六 9:00~17:00）租自行车。

奥克尼群岛（ORKNEY）

人口 21,670

在你离开苏格兰大陆前往奥克尼的路上，你就能感受到奥克尼群岛的神秘和神奇。岛链与苏格兰北海岸之间的海域相隔不过短短的几英里，但彭特兰湾是欧洲最危险的航道之一，"船只的墓场"之称更为这些笼罩在海雾中的岛屿平添一丝神秘感。

群岛中的岛屿大都地势平坦，分布着绿地，但树木稀少，并且岛四周环绕着红色砂岩绝壁。岛上的传统可追溯着维京人，至今他们在此还有深远的影响。古老的巨石群、史前村庄、顶级的沙滩和壮观的海岸风景都令这里声名远扬。这里的海港讲述着大海对生命的恩赐和威胁，游客们可以在这里找到古老战舰的残骸，远处的海鸟栖息地不时传来阵阵啼鸣。

👉 团队游

Orkney Archaeology Tours 团队游

（☎01856-721450; www.orkneyarchaeologytours.co.uk）专营全包多日游，侧重于奥克尼的古迹，配备考古学家导师。这些团队游需要提前很长时间预订（1~2年）。另外在主要季节以外组织私人定制游。

Wildabout Orkney 巴士游

（☎01856-877737; www.wildaboutorkney.com）组织多种团队游，内容涵盖奥克尼的历史、生态、民俗和野生动物等不同主题。一日游全年开团，价格为£59，接送点在斯特罗姆内斯（接驳早班渡轮）和柯克沃尔。

❶ 实用信息

提供关于奥克尼的各种实用旅游信息，包括

有用的年度指南，还有部分小岛的单独指南。柯克沃尔信息中心（见1041页）有乐于助人的工作人员，提供各种信息。

❶ 到达和离开

飞机

洛根航空（Loganair；☎英国境外0141-642 9407，英国境内0344 800 2855；www.loganair.co.uk）每天都有从柯克沃尔飞往阿伯丁、爱丁堡、格拉斯哥、因弗内斯和萨姆堡（Sumburgh；设得兰群岛）的航班。夏季有飞往曼彻斯特、费尔岛（Fair Isle）和卑尔根（Bergen；挪威）的航班。

船

夏季，渡船车位需要预先登记，此处列出了旺季票价。在本书调研期间，RET方案即将适用于这条航线，所以届时票价应该会降低。

Northlink Ferries（☎0845 6000 449；www.northlinkferries.co.uk）运营从斯克拉布斯特至斯特罗姆内斯（乘客/小汽车 £19.40/59；1.5小时；每天2~3班）、从阿伯丁至柯克沃尔（乘客/小汽车 £31.50/111；6小时；每周3~4班）以及从柯克沃尔至设得兰群岛的勒威克（Lerwick；乘客/小汽车 £24.65/103；6~8小时；每周3~4班）的渡轮航线。淡季费用降幅最高可达35%。

Pentland Ferries（☎0800 688 8998；www.pentlandferries.co.uk；成人/儿童/小汽车/自行车 £16/8/38/免费）在距离约翰奥格罗茨以西3英里的吉尔斯湾和南罗纳德赛岛（South Ronaldsay）的圣玛格丽特霍普（St Margaret's Hope）之间提供轮渡服务，每天有3~4班船，船程一个多小时。

John O'Groats Ferries（☎01955-611353；www.jogferry.co.uk；单程 £19，含到柯克沃尔的长途汽车费用 £20；☉5月至9月）有从约翰奥格罗茨到南罗纳德赛岛南端的伯威克（Burwick）的载客轮渡，还有开往柯克沃尔的长途汽车联营服务，每天有2~3班，船程40分钟。

❶ 当地交通

可以从旅游局免费领取《奥克尼交通指南》（Orkney Transport Guide），指南包括了岛上所有交通方式的详细信息。指南有冬季版和夏季版；10月至次年4月，渡轮、飞机和长途汽车班次减少。

作为奥克尼群岛最大的岛屿，梅恩兰岛和南部四岛之间由堤道相连；乘坐飞机和轮渡则可以到达其他岛屿。

飞机

洛根岛际航空（Loganair Inter-Isles Air Service；☎01856-873457；www.loganair.co.uk）运营从柯克沃尔出发至埃代岛、斯特朗赛岛、桑代岛、韦斯雷岛、帕帕韦斯特雷岛和北罗纳德赛岛的岛际航班。价格合理，如果在外部岛屿住一晚，有时会有特价。需要通过电子邮件或电话预订。

自行车

梅恩兰岛有很多可以租自行车的地方，包括**Cycle Orkney**（☎01856-875777；www.cycleorkney.com；TankernessLane, Kirkwall；每天/3天/周 £20/40/80；☉周一至周六 9:00~17:30）和**Orkney Cycle Hire**（☎01856-850255；www.orkneycyclehire.co.uk；54 DundasSt；每天 £10~15；☉8:00~17:00）。两家都提供非工作时间的车辆送还服务和适合儿童的选择。

船

Orkney Ferries（☎01856-872044；www.orkneyfer-ries.co.uk）运营在梅恩兰岛和其他岛屿之间往返的轮渡。夏季，Island Explorer乘客旅行周费 £42，携带自行车免费。

公共汽车

Stagecoach（☎01856-870555；www.stagecoachbus.com）的公共汽车线路覆盖梅恩兰岛及其相连岛屿。大多数线路周日不发车。你若购买1日票（Dayrider；£8.65）和7天通票（7-Day Megarider；£19.25），即可于有效期内在梅恩兰岛及其相连岛屿享受不限次数的公共汽车服务。

---

❶ 奥克尼探索通票

奥克尼探索通票（Orkney Explorer Pass；www.historicenvironment.scot；成人/儿童/家庭 £19/11.40/38；☉4月至10月）涵盖奥克尼所有苏格兰历史环境（Historic Environment Scotland）遗址，包括梅斯豪石室、斯卡拉布雷、格林斯史前圆形石塔、布拉夫伯赛（Brough of Birsay），以及柯克沃尔的主教宫和伯爵宫。通票有效期30天，仅限4月至10月。

Orkney 奥克尼群岛

小汽车

小型车租赁价格每天/每周约为£45/240,特价有时可低至£30/天。

Orkney Car Hire(James D Peace & Co; ☎01856-872866; www.orkne-ycarhire.co.uk; Junction Rd, Kirkwall; 每天/周 £45/240; ⊙周一至周五 8:00~17:00, 周六 9:00~13:00)和**WR Tullock**(☎01856-875500; www.orkneycarrental.co.uk; Castle St; 每天/周 £45/240; ⊙周一至周五 8:30~18:00, 周六至17:00)距离柯克沃尔的汽车站都很近。

柯克沃尔(Kirkwall)

☎01856 / 人口 7000

这个奥克尼的主要城镇是岛上的商业中心,主要购物街区和渡轮码头比较忙碌。它位于开阔的海湾后面,生机勃勃,极具氛围的街道和曲折的狭巷(wynd)赋予奥克尼的首府一种独特的风格。宏伟的圣马格纳斯大教堂傲然屹立于市中心,附近的伯爵宫和主教宫同样值得悠游一番。柯克沃尔旧城建于11世纪初,堪称古斯堪的纳维亚式城镇的典范。

◎ 景点

★圣马格纳斯大教堂   大教堂

(St Magnus Cathedral; ☎01856-874894; www.stmagnus.org; Broad St; ⊙4月至9月 周一至周六 9:00~18:00, 周日 13:00~18:00, 10月至次年3月 周一至周六 9:00~13:00和14:00~17:00)(F)建于12世纪的圣马格纳斯大教堂是苏格兰最有意思的教堂之一,这座柯克沃尔的地标建筑使用当地的红砂岩建成。教堂内部弥漫着古代宗教的庄严气息,令人印象深刻。墙壁上刻有情真意切、辞藻华丽的墓志铭,使人深切体会到17世纪和18世纪时人们的丧亲之痛。周二至周四有教堂高处的导览游(£8);可以打电话进行预订。

★高地公园酿酒厂   酿酒厂

(Highland Park Distillery; ☎01856 874619; www.highlandpark.co.uk; Holm Rd; 团队游 成人/儿童 £10/免费; ⊙团队游 4月至10月10:00~16:00, 11月至次年3月 周一至周五 14:00和15:00)位于柯克沃尔市中心以南的这家酿酒厂值得参观。它虽然重新起了一个可疑的维京名称,但依然是一家独立酿造大麦芽的可靠酒厂;参加内容丰富的1小时团队游(需预约),可以看到酿造大麦和用来烘干它们的泥炭窑。标准的12年威士忌口感平衡而柔滑,非常适合刚接触威士忌的人以及威士忌爱好者;而18年的高地公园威士忌则是世界上最好的威士忌之一。在专业团队游(£20~75)中你可以品尝到这种18年陈酿以及年份更老的其他产品。可预约安排专业团队游。

伯爵宫   遗迹

(Earl's Palace; ☎01856871918; www.historicenvironment.scot; Watergate; 成人/儿童 £5/3; ⊙4月至9月 9:30~17:30)引人入胜的伯爵宫曾被誉为苏格兰最好的法国文艺复兴时期建筑之一。其中一个房间展示了伯爵宫建造者的逸事——不折不扣的"私生子"帕特里克·斯图尔特伯爵(Earl Patrick Stewart)因叛国罪在爱丁堡被斩首。他于1600年左右开始动工修建伯爵宫,后因资金短缺,宫殿最终也没能竣工。如果你来参观时没开放,可以从花园欣赏一番。门票包括隔壁的**主教宫**(Bishop's Palace; ☎01856-871918; www.historicenvironment.scot; ⊙4月至9月 9:30~17:30)。

奥克尼教堂湾杜松子酒厂   酿酒厂

(Kirkjuvagr Orkney Gin; ☎01856-875338; www.orkneydistilling.com; Ayre Rd; 团队游 成人/儿童 £15/8; ⊙团队游 周一至周六 11:00和14:00)2018年开工的这家酒厂和游客中心位于水畔,是这种奥克尼美酒的全新展示空间。团队游时长1小时,包括视听展览和品酒。在线预订很明智。厂里还有一间咖啡馆—酒吧。在本书调研期间,它还准备推出深度一日游,能让你酿制自己的杜松子酒。

奥克尼博物馆   博物馆

(Orkney Museum; ☎01856-873191; www.orkney.gov.uk; Broad St; ⊙全年 周一至周六 10:30~17:00, 10月至次年4月 12:30~13:30闭馆) **免费** 奥克尼博物馆位于一座曾经的商人住宅内,如迷宫一般复杂的展览概述了奥克尼的历史和史前时期的情况,馆内陈列着若干皮克特雕刻和一个关于街头群伙足球(the ba'; 见1040页)的展览。最棒的是最后几间屋子里

Kirkwall 柯克沃尔

◎ 重要景点
1 圣马格纳斯大教堂 C4

◎ 景点
2 主教宫 C4
3 伯爵宫 C4
4 奥克尼教堂湾杜松子酒厂 B2
5 奥克尼博物馆 B4

⊑ 住宿
6 Albert Hotel C2
7 Ayre Hotel B2
8 Peedie Hostel B2

⊗ 就餐
Bothy Bar .... （见6）
9 Reel C3
10 The Shore C2

的展览,展示了奥克尼19~20世纪社会发展历史。

🛏 住宿

Orcades Hostel 青年旅舍

(☏01856-873745; www.orcadeshostel.com; Muddisdale Rd; 铺/标单/双 £20/40/52;

ⓟ@⑨)这家相当不错的旅舍位于柯克沃尔西部边缘,需要预订。这里原来是一个小型家庭旅馆,因此有一个整洁的厨房和休息室,还有性价比超高的双人间。舒适、宽敞的套间宿舍每间只有4个铺位,保你睡得香甜。热情的主人给这里增添了很多活力。前台有保管贵重物品的储物柜。

街头群伙足球（THE BA'）

每年圣诞节和新年，柯克沃尔将迎来一场惊人的盛事：被称为"街头群伙足球"的疯狂球赛。两支强大的团队——Uppies和Doonies，会使出浑身解数穿过街道，将一个皮球从城镇的一端运送至城镇的另一端。人们将球从路口市场（Mercat Cross）扔向等候球队；Uppies需要带球前往Main St和Junction Rd的交叉路口，Doonies则要带球前往水畔。队员们通常会在赛前喝下大量的烈性饮料，这也使得暴力、耍诡计和其他冲突行为变得司空见惯。疯狂的比赛可以持续数小时。

Peedie Hostel 青年旅舍 £

(☎01856-877177; www.stayinkirkwall.co.uk; Ayre Rd; 铺/标单/标双 £15/20/35; ℗ ✳) 这家地段优越的青年旅舍原来是个渔民小屋，位于柯克沃尔海滨的一角，楼下有漂亮的小区域，楼上空间则比较宽敞。大部分宿舍只有两张床，还有3个独立的厨房区域。通常没有员工，热心的新老板正在慢慢翻新旅舍。

Royal Oak Guest House 民宿 ££

(☎01856-877177; www.royaloakhouse.co.uk; Holm Rd; 标单 £55~64, 双 £80; ℗ ✳) 位于柯克沃尔镇中心以南，这个可爱的地方共有8个明亮的房间，都带现代的套内卫生间。客栈用奥克尼的照片装点，以明亮的餐厅为特色，客人可以使用冰箱、微波炉和休闲室。与主人利兹（Liz）愉快地聊聊再好不过。

★ Albert Hotel 酒店 £££

(☎01856-876000; www.alberthotel.co.uk; Mounthoolie Lane; 标单 £97, 双 £146~181; ✳) 酒店经过翻新之后以紫红色和灰色为主色调，彰显时尚感。虽然它地处城中心，但是非常安静，是柯克沃尔最精致的酒店。有不同类型的舒适而现代的房间，房间内摆着超级诱人的床，还带有漂亮的卫生间。员工乐于助人，如果搭乘早班渡轮，这里还为你提供早餐盒饭。它是游览奥克尼群岛时不错的大本营。**Bothy Bar**（主菜 £7~12; ⊙正午至14:00和17:00~21:00; ✳ ）非常不错。现场入住价格通常稍低。

Ayre Hotel 酒店 £££

(☎01856-873001; www.ayrehotel.co.uk; Ayre Rd; 标单/双 £96/136; ℗ ✳) 这家已有200年历史的酒店位于水畔，氛围热情，有整洁、迷人的大床房，非常适合成为柯克沃尔的落脚地点。多花些钱入住海景房绝对值得。楼下的酒吧—餐馆气氛欢快友好，只是餐食不太出彩。

🍴 就餐

Reel 咖啡馆 £

(www.facebook.com/thereelkirkwall; Albert St; 三明治 £3~6; ⊙周一至周六 9:00~18:00; ✳) Reel是柯克沃尔最好的咖啡馆，位于圣马格纳斯大教堂（见1038页）旁边，店面一半是音乐商店，另一半是咖啡馆。桌位被勇敢地安排在没多少阳光的户外。这是一个很放松的地方，适合缓解宿醉，静静地来杯奥克尼啤酒，或者在午餐时间吃上一份帕尼尼和名字很好听的三明治（再加上奶酪蘑菇三明治Skara Brie）。

★ Foveran 苏格兰菜 ££

(☎01856-872389; www.thefoveran.com; St Ola; 主菜 £15~26; ⊙5月中旬至9月中旬 6:30~20:30, 淡季仅周五和周六以及预先安排好的其他日子; ✳) 🍴Foveran位于Orphir road，距离柯克沃尔3英里远，是奥克尼的最佳餐馆之一。此外，以菜肴的品质来说，其价格出人意料地划算。这家店周围环境安谧，在舒适的就餐区可以俯瞰大海，精选优质的经典奥克尼食材入馔——牛排配肉馅羊肚（haggis）和威士忌酱堪称一绝；而北罗纳德赛（North Ronaldsay）羊肉来自4种不同部位，肉质鲜嫩。

★ The Shore 苏格兰菜 ££

(☎01856-872200; www.theshore.co.uk; 6 Shore St; 酒吧便餐 £9~11, 餐厅主菜 £17~22; ⊙供餐 周一至周五 正午至14:00和18:00~21:00, 周六和周日 10:00~21:00, 冬季营业时间缩短; ✳) 位于港口的这个餐厅很受欢迎，气氛欢快，服务人员乐于助人，供应优质的酒吧便餐，并在餐厅区提供一流的晚餐，以本地海鲜和精心准备的肉菜为主。楼上有一些不错的房间。

❶ 实用信息

柯克沃尔信息中心（Kirkwall information centre；☎01856-872856；www.visitorkney.com；West Castle St；☉11月至次年3月 周一至周六 9:00~17:00，4月和9月至10月 周一至周六 至18:00，5月至8月 每天 至18:00）提供一系列有关奥克尼的信息，与汽车站共用一座楼，工作人员乐于助人。

❶ 到达和离开

柯克沃尔机场（Kirkwall Airport；☎01856-872421；www.hial.co.uk）位于城东南2.5英里处，可以乘坐固定班次的4路汽车（15分钟）前往。

前往奥克尼北部岛屿的轮渡从城镇中心的**码头**（www.orkneyferries.co.uk；Shore St）发船。这里还有可以订票的**奥克尼轮渡办公室**（Orkney Ferries Office；☎01856-872044；www.orkneyferries.co.uk；Shore St；☉周一至周五 7:00~17:00，周六 7:00至正午和13:00~15:00）。开往**沙平赛岛**（**Shapinsay**）**的轮渡**（www.orkneyferries.co.uk；Shore St）从西边的下一座码头发船。

去往阿伯丁和设得兰群岛的轮渡从城西北2英里处的**哈茨顿轮渡码头**（Hatston Ferry Terminal；www.northlinkferries.co.uk；Grainshore Rd；☎）发船。X10路汽车定期开往这里，配合发船时间。

❶ 当地交通

所有的长途汽车都从汽车站（West Castle St）始发：

X1路长途汽车 开往斯特罗姆内斯（£3.20，30分钟；周一至周六 每小时1班，周日7班）；反向至圣玛格丽特霍普（St Margaret's Hope；£3）

2路长途汽车 开往Orphir和胡顿（Houton；£2.35；20分钟；周一至周六 每天4~5班，6月中旬至8月中旬 周日5班）

6路长途汽车 开往伊维（Evie；£3.50，30分钟；周一至周六 每天3~5班）和廷沃尔[Tingwall，劳赛岛（Rousay）渡船]。只有夏季周日运营开往廷沃尔的班次。

东梅恩兰岛至南罗纳德赛岛（East Mainland to South Ronaldsay）

1939年，德国U型潜水艇击沉皇家海军"橡树"号舰船（HMS Royal Oak）后，温斯顿・丘吉尔在斯卡帕湾东侧的水道上架起了混凝土堤道，这些堤道将羔羊屿（Lamb Holm）、Glims Holm、伯雷岛和南罗纳德赛岛与大陆连接了起来。人们将这些屏障叫作丘吉尔屏障（Churchill Barriers），其两侧还保留着当年封锁用船生锈的残骸。如今正是这些屏障支撑起柯克沃尔至伯威克的主要道路。

◉ 景点

★ 化石和遗迹中心　　　　　博物馆
（Fossil & Heritage Centre；☎01865-731255；www.orkneyfossilcentre.co.uk；成人/儿童 £4.50/3；☉4月中旬至9月 10:00~17:00）这座不拘一格的博物馆提供了出色的观展体验，既有一些本地发现的极好的3.6亿年泥盆纪鱼化石，还有精心设计的"世界大战和丘吉尔屏障"展览。楼上展出品类繁杂的家居用品和农具。中心有个不错的小礼品店和令人愉快的咖啡馆。从柯克沃尔过来的话，过到巴雷岛（Burray）后，再前行半英里，在左手边就能看到。

★ 鹰之墓　　　　　考古遗址
（Tomb of the Eagles；☎01856-831339；www.tombeofheeagles.co.uk；Cleat；成人/儿童 £7.50/3.50；☉4月至9月 9:30~17:30，3月 10:00至正午，10月 9:30~12:30）一位农民在自己的耕地上发现了两处考古学遗址，于是便有了这里。第一处是一座青铜时代的石头建筑，里面有个炉坑、室内井和大量座位（一处公共厨房还是早期的奥克尼酒吧？）。继续往前走，一处壮丽的悬崖顶部是新石器时代的墓室（墓内有自助卧式牵拉车可以带你游览墓室），这个复杂的石头建筑里曾放置过340具人类骸骨，他们都死于5000多年前。

Banks Chambered Tomb　　　　　考古遗址
（Tomb of the Otters；☎01856-831605；www.bankschamberedtomb.co.uk；Cleat；成人/儿

童£3/免费；⏰4月至9月11:00~17:00）在挖掘建造停车场时偶然发现了这座5000年前的多室古墓，已有大量的人类骸骨出土，由于土壤的饱和度较高，所以这些骨骼保存得相当完好。古墓在基岩层挖掘成形，这里的参观氛围十足，只是容易让人产生幽闭恐惧感。导览游结合了朴素的考古学理论与敏锐的观察。在毗邻的小酒馆，你能找到出土的石头和骨头，甚至包括水獭的遗体——这些小动物可能将这里当作自己的巢穴。循着鹰之墓的标牌前行即到。

意大利教堂
教堂

（Italian Chapel；📞01865-781268；Lamb Holm；成人/儿童£3/免费；⏰6月至8月9:00~18:30，5月和9月 至17:00，4月和10月 周一至周六10:00~16:00，周日 至15:00，11月至次年3月10:00~13:00）意大利教堂曾是一个战俘营，关押着修建丘吉尔屏障的意大利俘兵。他们在业余时间建造了这座教堂，材料来自两个尼森式（Nissen）活动房和废金属，该建筑体现了他们高超的艺术技巧。教堂内部相当特别，而迷人的背景故事让它成为奥克尼的一大亮点。1960年，当年的一位建设者重返教堂并对漆面进行修复。

梅恩兰岛西部和北部（West & North Mainland）

梅恩兰岛的西部和北部地区散布着多处杰出的史前遗迹：作为全世界重要的新石器时代遗址，仅凭这令人骄傲的一点，奥克尼就值得一游。

全部游览需要花费一天的时间——如果时间紧的话，就参观斯卡拉布雷，然后再去梅斯豪石室，不过你需要提前预订去梅斯豪石室的行程。

◉ 景点

★ 梅斯豪石室
考古遗址

（Maeshowe；📞01856-761606；www.historicenvironment.scot；成人/儿童£5.50/3.30；⏰4月至9月9:30~17:00，10月至次年3月10:00~16:00，团队游 每小时发团10:00~16:00，以及7月和8月18:00和19:00）建于5000多年前的梅斯豪石室是一处神奇之地，这里石器时代的墓穴，是用从几英里外搬运过来的巨大砂岩建成的，其中一些岩石重达数吨。沿着长长的石头甬道走到中央墓室，你可以感觉到一条难以形容的岁月鸿沟将我们和这座神秘陵墓的建造者们分隔开来。

需要参加45分钟的团队游（强烈建议在线预订）进入墓地，从附近的斯丹内斯旅游局乘坐大巴出发。

★ 斯卡拉布雷
考古遗址

（Skara Brae；www.historicenvironment.scot；Sandwick；成人/儿童11月至次年3月£6.50/3.90，4月至10月 含斯凯尔住宅£7.50/4.50；⏰4月至9月9:30~17:30，10月至次年3月10:00~16:00）景点位于斯特罗姆内斯以北8英里的一处沙湾，有着如画的田园风景。非凡的斯卡拉布雷是全世界最发人深思的史前遗址之一，也是北欧保存最完好的新石器时代村庄，其历史比巨石阵和吉萨金字塔还要久远。就连那些石材家具——石床、石盒和石质梳妆台——也原样保留至今，而在距今5千年间，还有人类曾在这一带群居过。这处遗迹直到1850年才惊现于世，当时一场强烈风暴掀起巨浪，席卷海滩上方的沙滩和草地，才露出下面的房屋。

遗址内有精彩的互动展览和短片资料，介绍了这里的考古学发现和相关理论，使游客们能够更好地参观景点。然后将进入一处重建的屋子以便你更深刻地理解（随后进入的）挖掘现场。游客中心提供的正式指南包括不错的自助游。

夏季，持票还可以参观**斯凯尔住宅**（Skaill House；📞01856-841501；www.skaillhouse.co.uk；Sandwick；⏰4月至9月9:30~17:30，10月10:00~16:00），这是一栋重要的阶形山墙奥克尼式宅邸，建于1620年，当时是座主教住宅。从新石器时代的建筑突然跳到20世纪50年代的装饰可能会令你感到奇怪，但它本身就是一个有趣的景点。你可以看到主教17世纪的四柱大床，还可以在图书室里找到一个精巧的隐藏隔间。

本书调研期间，试运行公共汽车（8S）每周都有几班从柯克沃尔和斯特罗姆内斯开往斯卡拉布雷，但不是所有线路都能方便到达景点。你也可以从斯特罗姆内斯出发,沿着海边走到这里(9英里),更轻松的方式是从斯特罗姆内斯打出租车、搭便车或是骑自行车过来。游客中心有电动代步车,前往景点不必步行。

博德加巨石阵 考古遗址

(Ring of Brodgar; www.historicenvironment.scot; ⊙24小时) 免费 斯丹内斯西北1英里有一处巨大的巨石圈,其中有些立石超过5米高。这是斯丹内斯3处纪念碑中最后修建的,时间为公元前2500年至前2000年,至今这里仍是最具气氛的遗址之一。最初,巨石阵共有60块巨石,现在则只剩下21块仍矗立在这片开满石南花的土地上。阴天乌云压境时,这些静静矗立的巨石越发打动人心。

格内斯史前圆形石塔 考古遗址

(Broch of Gurness; www.historicenvironment.scot; Evie; 成人/儿童 £6/3.60; ⊙4月至9月 9:30~17:30, 10月 10:00~16:00)石塔是一座典型的干石要塞塔,建于约2200年前,既是当地有权势农民的地位象征,又可以用来抵御侵略者。壮观的入口和坚固的石墙,最初有10米高,令人印象深刻;而在塔的内部你可以看到壁炉地面和一个隔层遗迹。石塔周围散布着许多保存完好的附属建筑,包括三叶草形状的奇特房屋。游客中心设有关于修建这些非凡要塞的文化展览,引人入胜。

石塔位于一线排开的伊维村东北1.5英里处,就在Aikerness的一处裸露的岬角上。

博德加海角 考古遗址

(Ness of Brodgar; www.nessofbrodgar.co.uk; ⊙团队游 7月上旬至8月下旬 周一至周五 2~3次) 免费 这处考古遗址位于斯丹内立石和博德加巨石阵之间,目前仍在发掘中,精彩的考古发现已改变了人们对英国新石器时代的认知。经挖掘显露出以纪念性建筑为中心的一个主要居民点的证据,可以追溯至公元前三四千年。这里还有一些惊人的发现。夏季发掘季的周一至周五有免费导览游;有关日期和时间的信息,可以查看网站。

斯丹内斯立石 考古遗址

(Standing Stones of Stennes; www.historicenvironment.scot; ⊙24小时) 免费 这4块高大的立石是最早那处由12块立石组成的石圈仅存的遗址,矗立在梅恩兰岛新石器时代遗址集中的这一地区。最近的研究表明这些巨石早在公元前3300年就已被立起,它们的体量十分惊人,最高达到5.7米。巨石所在的博德加海角(Ness of Brodgar)这片狭长的陆地将Harray湖和斯丹内斯湖(Stenness loch)分隔开来,在新石器时代(公元前3500年至前1800年)曾经是一片颇具规模的定居点。

巴恩豪斯新石器时代村落 考古遗址

(Barnhouse Neolithic Village; www.historicenvironment.scot; ⊙24小时) 免费 在斯丹内立石旁分布着巴恩豪斯新石器时代村落的挖掘遗址,据说这里曾经居住着梅斯豪石室的建造者。不要错过这里:它为整个地区带来了生机。房屋保存良好,其石质家具和斯卡拉布雷有些类似。其中的一个房屋需要跨越一个壁炉进入,可能是某种具有仪式意义的行为。

❶ 到达和离开

柯克沃尔和斯特罗姆内斯之间的固定班次长途汽车前往几处古迹,但不包括斯卡拉布雷。在本书调研期间,柯克沃尔、斯特罗姆内斯和斯卡拉布雷之间有一条试运行线路(8S路),但并非所有车次都适合游览。长途汽车也前往南岸和伯赛(Birsay)。

斯特罗姆内斯(Stromness)

☏01856 / 人口 1800

这座迷人的灰石码头有一条狭长的石板主街,还有从高高的房屋之间向下延伸至海边的小巷。这里没有奥克尼主要城镇柯克沃尔(Kirkwall)的规模,不过众多特色弥补了这个缺憾,自从18世纪的全盛期以来几乎毫无改变,那时它是繁忙的船舶补给站,使船只能在欧洲战争期间绕过动荡的英吉利海峡。斯特罗姆内斯是前往奥克尼主要史前遗址旅行的理想地点。

◉ 景点

★ 斯特罗姆内斯博物馆 博物馆

(Stromness Museum; ☏01856-850025;

www.stromnessmuseum.co.uk；52 Alfred St；成人/儿童 £5/1；◎4月至9月 每天10:00～17:00，10月 周一至周六 10:00～17:00，11月至次年3月 周一至周六 11:00～15:30）这座杰出的博物馆的运营方式充满激情，陈设着海洋和自然历史展览的众多小玩意，涉及捕鲸、哈德逊湾公司（Hudson's Bay Company）和"一战"后沉没的德国舰队等，不一而足。馆内还展示有博德加海角最近发掘出的令人惊叹的文物，另外夏季总有一些出色的展览。你可以在此愉快地探索几小时。街道对面是当地诗人和小说家乔治·麦凯·布朗（George Mackay Brown）居住过的房子。

🛏 住宿

Hamnavoe Hostel　　　　青年旅舍 £

（☎01856-851202；www.hamnavoehostel.co.uk；10a North End Rd；铺/标单/标双 £22/24/48；🛜）这家设备齐全的青年旅舍经营有方，拥有一流的设施，包括不错的厨房和俯临远方美丽水景的休闲室。宿舍非常宽敞，有羽绒被、像样的床垫和阅读灯（带上1英镑硬币，用于启动暖气），淋浴很棒。需要提前打电话，因为老板不住在这里。

★ Brinkies Guest House　　　民宿 ££

（☎01856-851881；www.brinkiesguesthouse.co.uk；Brownstown Rd；标单 £65，双 £80～90；🅿🛜）从斯特罗姆内斯中心步行片刻，即可到达，位置偏僻却非常重要，俯临城镇和海湾，这个不同寻常的地方提供岛民最高级别的殷勤款待。紧凑现代的房间漂亮、时髦、舒适，公共区域使用迷人的木饰，不过最重要的是，富有魅力的老板灵活变通，乐观进取，打造出如此特别的地方。

Burnside Farm　　　　　民宿 ££

（☎01856-850723；www.burnside-farm.com；North End Rd/A965；标单 £60，双 £80～90；🅿🛜）民宿位于斯特罗姆内斯边缘仍在运转的奶牛场内，能俯瞰绿色田野、城镇和海港的美丽景色。房间雅致迷人，保持了这座房屋20世纪40年代末修建时的风格，有特定历史时期的讲究家具。卫生间一流、现代而闪亮。可以一边眺望景色，一边吃早餐，亲切的老板再热情不过了。

🍴 就餐

★ Hamnavoe Restaurant　　　海鲜 ££

（☎01856-851226，01856-850606；35 Graham Pl；主菜 £15～24；◎6月至8月 周二至周日 19:00～21:00）斯特罗姆内斯最受欢迎的这家餐馆藏身于主街旁边，擅长烹制一流的本地海鲜，氛围宁静怡人、亲切友好。总有些才从渔船卸下来的好东西，厨师对自己演绎的龙虾无比自豪。必须预订。淡季有时周末营业；最好提前致电核实。

Ferry Inn　　　　　　　小酒馆 ££

（☎01856-850280；www.ferryinn.com；10 John St；主菜 £10～19；◎供餐 4月至10月 7:00～21:00；🛜）每个码头都有酒馆，Ferry就是斯特罗姆内斯的酒馆。气氛欢快，位置居中，民谣、本地啤酒和其独具一格的特色令人倍感温馨，餐区装修得如同船只甲板，全天供应饮食，物有所值。炸鱼薯条一流，黑板上的一些特色菜无比充实。

ℹ 到达和离开

Northlink Ferries（见1036页）运营从斯特罗

霍伊老人海岬（OLD MAN OF HOY）

霍伊岛最著名的景点就是这块137米高的壮观**岩柱**，从一处被侵蚀的海岬顶端附近伸出。这是一段艰难的攀登路线，只适合经验丰富的登山者，不过步行前去观赏岩柱是霍伊岛的亮点，展现岛上最壮观的风景。你还可以从斯克拉布斯特至斯特罗姆内斯的渡船上眺望老人海岬。

从莫阿尼斯码头（Moaness Pier）沿公路步行5英里至拉克威克湾（Rackwick Bay），再从这里前往老人海岬最方便。你将经过已有5000年历史的**矮人石**（Dwarfie Stane；Rackwick Glen；◎24小时）**免费**，苏格兰硕果仅存的石窟墓。返回时，可以取道小路，经过金奈德峡谷（Glens of Kinnaird）和贝里代尔林（Berriedale Wood），后者是苏格兰最北端的天然林。从莫阿尼斯码头出发，往返用时7小时，从拉克威克湾出发，用时3小时。

姆内斯到本土斯克拉布斯特的渡轮（乘客/汽车£19.40/59，1.5小时，每天2~3班）。在本书调研期间，RET方案即将适用于奥克尼群岛渡轮航线，所以届时票价应该会降低。

长途汽车X1定期开往柯克沃尔（£3.20，30分钟，周一至周六 每小时1班，周日7班），还有几班继续前往圣玛格丽特霍普（St Margaret's Hope；£5.90，1.25小时）。

霍伊岛（Hoy）

人口 400

奥克尼第二大岛屿霍伊岛（意为"高岛"）占据了群岛最美丽的部分。清浅碧蓝的海湾宛如东海岸的缎带，巨大的海边悬崖守卫着西侧，而泥炭和荒野覆盖了奥克尼的最高山。北部大多是海鸟繁殖的保护区。乘坐斯克拉布斯特到斯特罗姆内斯的渡轮是欣赏岛上荒凉景色的不错途径。

利内斯（Lyness）是两次世界大战期间的重要海军基地，英国联合舰队（British Grand Fleet）当时就驻扎在斯卡帕湾（Scapa Flow）。引人入胜的**斯卡帕湾游客中心和博物馆**（Scapa Flow Visitor Centre & Museum；01856-791300；www.orkney.gov.uk；Lyness；3月、4月和10月 周一至周六 10:00~16:30，5月至9月 周一至周六 9:00~16:30，周日 渡轮首班至末班）**免费**位于曾经为船只加油的老泵房内，对于所有对奥克尼军事史感兴趣的人来说，都是必须一看的地方。

🛏 住宿

Hoy Centre 青年旅舍

（办公时间 01856-873535，门房 01856-791315；https://orkney.campstead.com；铺/标双 £20/57.70；P 🛜 ）这家干净明亮的现代青年旅舍有令人羡慕的位置，从莫阿尼斯码头（Moaness Pier）步行15分钟左右即可到达，位于崎岖的库拉格斯山（Cuilags）脚下。房间都带独立卫生间，包括物超所值的家庭选择；这里还有宽敞的厨房和DVD休闲室。全年营业。上网预订可以节省管理费（仅限单独房间）。

Stromabank Hotel 旅馆 ££

（01856-701494；www.stromabank.co.uk；Longhope；标单/双 £55/90；P 🛜 ）独具氛围的小酒店Stromabank Hotel位于朗霍普（Longhope）上方的山上，有经过装修且非常合人心意的套间，还有美味的家常菜，包括用大量本地食材制成的海鲜和牛排（£8~14）。（周五至周三 18:00~20:00提供，以及周日正午至14:00。只有周四为客人供餐，周六晚上提供外卖。）

ℹ 到达和离开

Orkney Ferries（见1036页）经营斯特罗姆内斯和霍伊岛北端莫阿尼斯（Moaness）之间的客运/自行车渡轮（成人 £4.25，30分钟，每大2~6班），还有从本土胡顿（Houton；乘客/汽车£4.25/13.60，40分钟，周一至周五 每天大多7班，周六和周日 2班或3班）开往利内斯的汽车渡轮（1班往返朗霍普），尽早预订搭载汽车。只有5月至9月，周日才提供服务。

莫阿尼斯渡轮还经停格雷姆赛岛（Graemsay）。胡顿渡轮线路连接弗洛塔岛（Flotta）。

北部诸岛（Northern Islands）

这些饱受狂风侵袭的群岛是鸟类的天堂。有些岛屿上还有大量的考古遗址、迷人的白沙海滩以及蔚蓝色的海水。尽管有些地方多丘陵，但总体来说视野开阔，平坦、翠绿的农田一直向下延伸至风景优美的海岸。某些岛屿上保存着未受现代社会侵扰的真正意义上的奥克尼岛生活方式。

乘坐渡轮或飞机可以到达，价格合理。北方诸岛值得探索。尽管你几个小时就能看完"景点"，但关键是按照岛上生活的节奏放松地住上一两天。

注意，岛屿名字后面的"ay"的发音更接近"ee"。

ℹ 到达和离开

Orkney Ferries（见1036页）和洛根岛际航空（见1036页）能让你从柯克沃尔前往很多岛屿一日游。

大多数岛屿提供接驳渡轮的长途汽车；你必须打电话预约。同一家运营公司经常还提供岛上团队游览。

韦斯特雷岛 (Westray)

人口 600

如果你时间有限，只能游览奥克尼北方诸岛中的一个，那么选择韦斯特雷岛不会错（www.westraypapawestray.co.uk）。韦斯特雷岛是奥克尼群岛中最大的岛屿，这里有起伏的农田、漂亮的沙滩、不错的海滨步道以及很多迷人的住宿选择。

◉ 景点

★ 诺尔特兰城堡　　　　　　　　城堡

(Noltland Castle; www.historicenvironment. scot; ◎8:00~20:00) 免费 Pierowall以西半英里处耸立着这座坚固的中世纪城堡废墟。诺尔特兰城堡建于16世纪，是苏格兰玛丽女王的侍从吉尔福特·贝尔福（Gilbert Balfour）建造。城堡高耸入云，墙体遍布炮眼，这里是阴险狡诈的贝尔福建造的防御工事的一部分。他曾谋划刺杀红衣主教比顿（Cardinal Beaton），在被流放后，还谋划刺杀瑞典国王。如同戏剧中的奸诈小人一样，他最终落得了不好的下场。

瑙普角　　　　　　　　　　自然保护区

(Noup Head) 免费 韦斯特雷岛西北端的鸟类保护区是一片巨大而壮丽的海崖，每年4月至7月，成千上万只海鸟会飞来这里繁育后代。你可以从一个停车场沿着悬崖顶端步行前往，途经引人注目的Ramni Geo裂口，然后经由灯塔通路返回（4英里）。

⌂ 食宿

Chalmersquoy & the Barn　　民宿、青年旅舍

(☎01857-677214; www.chalmersquoy westray.co.uk; Pierowall; 铺/标单/四 £24/32/72, 民宿标单/双 £58/80, 4/6人公寓 £60/100, 帐篷营地 £9~12 以及每名成人/儿童 £2/1; P🗢) 这家温馨现代的青年旅舍是奥克尼群岛上不可多得的优质住所。整个旅舍都有供暖设备并配有基本的厨房设施，还有一间诱人的休息室；房间可以舒适地入住2人或3人。前门外，可爱的店主还提供可以观赏美景的顶级自炊公寓和宽敞的民宿套房。这里还有露营地和美妙的牛棚，可以举办具有感染力的演唱会。这里住宿选择多种多样，值得推荐。

★ West Manse　　　　　　　　民宿

(☎01857-677482; www.westmanse.co.uk; Westside; 房间 每人 £25; P🗢🐾) 在这间壮丽的房子内，你可以尽情欣赏海岸的美景，这里完全没有时间的概念；兴之所至，你可以自己动手做早餐。热情的店主会向你介绍一系列使用环保清洁能源供暖和烹调食物的方法。这里有玩乐角和雪比特小屋，孩子们会喜欢这个不同寻常的地方。而艺术展览、五花八门的工作室、庄重舒适的家具以及清新的空气正合家长们的心意。

Pierowall Hotel　　　　　　　酒馆食品

(☎01857-677472; www.pierowallhotel.co.uk; Pierowall; 主菜 £9~14; ◎供餐 5月至9月 正午至14:00和17:00~21:00, 10月至次年4月 正午至13:30和18:00~20:00; 🗢) 这家翻新过的当地小酒馆是韦斯特雷岛社区的中心，供应美味的炸鱼和薯条，并因此享誉整个奥克尼群岛，你可以在黑板上了解到酒店船只当天捕获了哪些海货。酒馆也有一些咖喱菜肴，但还是以海鲜为主。这里还提供客房，出租自行车（每天 £10）。

ⓘ 到达和离开

飞机

柯克沃尔和韦斯特雷岛之间每天都有洛根岛际航空（见1036页）的航班往返（单程 £37; 20分钟）。

船

Orkney Ferries（见1036页）连接柯克沃尔和Rapness（乘客/小汽车 £8.35/19.70; 1.5小时; 每天）。开往主要城镇皮罗沃尔（Pierowall）的长途汽车可与轮渡接驳。

劳赛岛 (Rousay)

人口 200

紧邻梅恩兰岛北岸，多山的劳赛岛拥有史前遗址、美景和与世隔绝的悠闲气氛，这样的完美组合值得探索。岛上有连接廷沃尔（Tingwall）的固定班次渡轮，非常适合一日游，但你有可能流连忘返。受欢迎的方式是在渡轮码头附近的Trumland Farm（见1047页）租一辆自行车，沿着岛上14英里的环线骑行。

岛上的主要景点是壮观的米德豪石室和圆石塔（Midhowe Cairn & Broch; www.

historicenvironment.scot; ⊙24小时) 免费 ，被称为"巨大的死亡之船"，建造于公元前3500年左右，规模巨大，内部被分成多个隔间，过去共埋葬了25具遗体。遗址距离劳赛岛渡轮码头6英里。

住宿

Trumland Farm 青年旅舍 £

(☎01856-821252; trumland@btopenworld.com; 露营地 £7, 铺 £15~16; P🐾) 这家小旅馆位于有机农场内，从轮渡码头步行即可轻松到达 (在主街上左转)，这里有两间宿舍，还有一个漂亮的小厨房和公共区域。你可以在外面搭帐篷露营并使用青年旅舍的设施; 在一间小屋和各式各样的农场建筑里还有完善的自炊设施。床品另收 £2。出租自行车。

Taversoe Hotel 旅馆 ££

(☎01856-821325; www.taversoehotel.co.uk; 标单 £40~50, 双 £80~95; P🐾) 位于码头以西2英里处，劳赛岛上唯一的酒店是个低调迷人的地方，经过翻新的房间有一流的卫生间，其中一间适合残障人士。旅馆还能看到美丽的水景。不过景观最好的还是餐厅，而且供应超值菜肴。友好的店主可以去码头接你。

❶ 到达和离开

小型渡轮连接梅恩兰岛的廷沃尔与劳赛岛 (乘客/自行车/汽车 £4.25/免费/13.60, 30分钟; 每天最多6班) 及附近的埃吉尔赛岛 (Egilsay) 和怀尔岛 (Wyre)。

帕帕韦斯特雷岛 (Papa Westray)

当地人称这个美丽平和的小岛 (4英里长, 1英里宽) 为 "Papay", 岛上有或许是欧洲最古老的住宅——拥有5500年历史的**霍沃的纳普** (Knap of Howar, ⊙24小时开放) 免费 ，以及欧洲最大的北极燕鸥群落。而从韦斯特雷机场到这里历时2分钟的旅程也是世界最短常规航线。在这座迷人小岛的海岸散步，很容易就能见到海豹。

住宿

Beltane House 客栈、青年旅舍 £

(☎01857-644224; www.papawestray.co.uk; Beltane; 铺/标单/双 £20/28/44; P🐾) 它是帕帕韦斯特雷岛的社交中心，归当地社区所有。这里唯一的商店周六夜晚可以充当临时酒馆。一栋配楼是带上下床的青年旅舍，另一栋是有整洁套房的客栈。这里有两间厨房、高速 Wi-Fi (可以连接的时候)、一间休闲室/就餐区，以及俯瞰草地直至海边的风光。

它位于渡轮以北1英里多的地方。你还可以在此露营 (成人/儿童 £8/4)，这里还有住两人的豆荚舱 (每人 £20, 寝具外加 £5)。

❶ 到达和离开

飞机

从柯克沃尔每天都有两三班洛根岛际航空 (见1036页) 的航班飞往帕帕韦斯特雷岛 (£18; 20分钟)。(如果定要在岛上过夜) 购买21英镑的往返票性价比高。部分来自柯克沃尔的航班途经斯特雷 (£17; 2分钟, 全世界最短的航班) 或北罗纳德赛岛 (£17; 10分钟)。

船

Orkney Ferries (见1036页) 有1班载客轮渡从韦斯特雷的皮罗沃尔开往帕帕韦斯特雷岛 (£4.15; 25分钟; 夏季 每天3~6班); 如果直接乘坐往来柯克沃尔和韦斯特雷岛的渡轮，这段航程免费。10月至次年4月可安排小船往返 (致电 01857-677216)。周二和周五，从柯克沃尔出发的汽车渡轮开往帕帕韦斯特雷岛。

设得兰 (SHETLAND)

与挪威的地理和历史联系足够紧密，以至于国家的概念模糊不清，设得兰群岛 (Shetland Islands) 是英国最北边的边远居民点。当地口音带有斯堪的纳维亚语的抑扬顿挫，街道用哈康国王 (King Haakon) 或圣奥拉夫 (St Olaf) 命名，提醒人们直到1469年，设得兰还处于挪威人的统治下，当时是作为丹麦公主的嫁妆被赠予苏格兰的。

激动人心的荒凉环境——它被列为联合国教科文组织的地质公园——依然独具苏格兰风情，光秃幽深的峡谷两边是陡峭的山脉、波光粼粼的天蓝色湖泊，当然，还少不了公路上游荡的绵羊。

虽然小马和毛织品闻名遐迩，但这里并

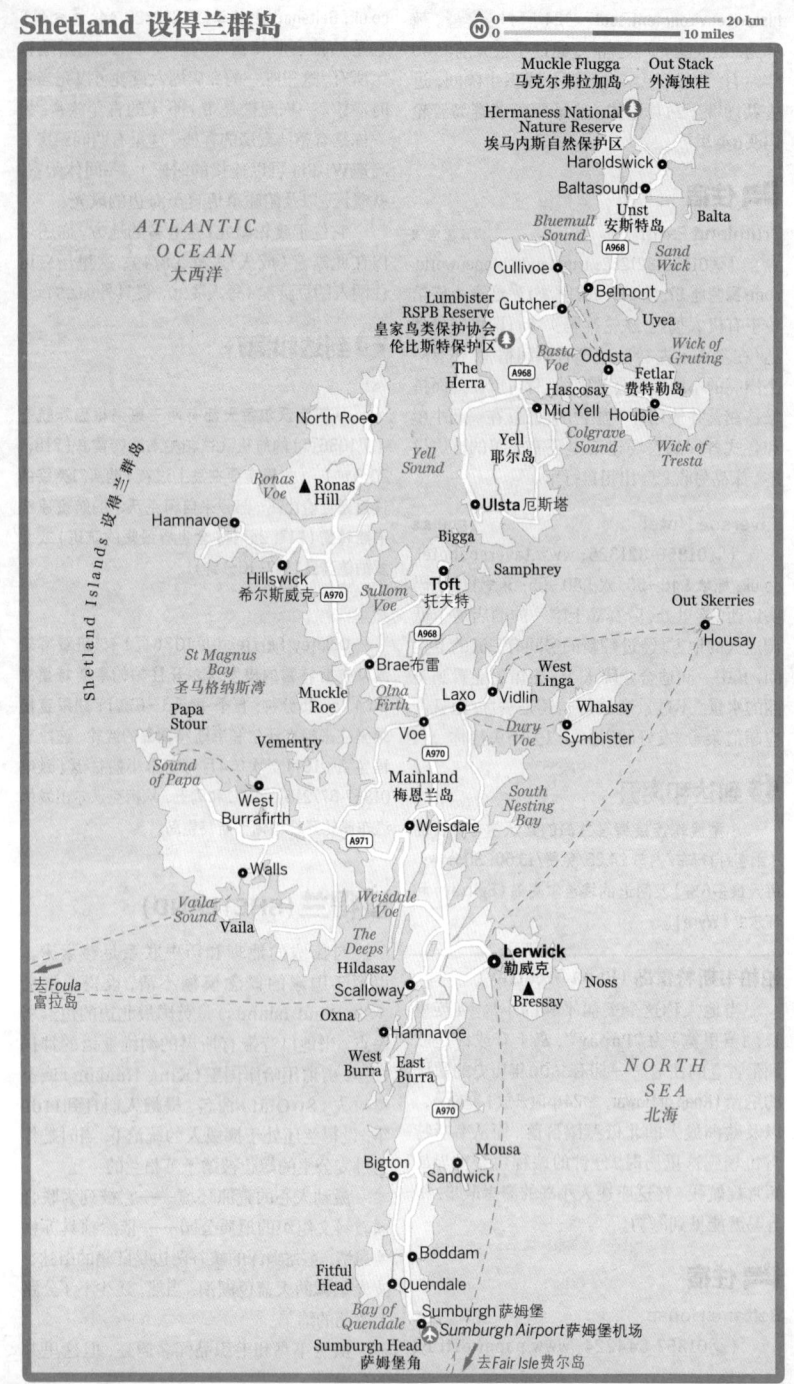

Shetland 设得兰群岛

非落后的农业区。即使油价下降,近海石油还是让这里成为相当富有的繁忙之地。无论如何,大自然仍然是海洋和群岛的主宰,鸟类生活(见1050页)引人入胜:记得背上双筒望远镜。

✨ 节日和活动

维京火之祭 　　　　　　　　　　文化节
(Up Helly Aa; www.uphellyaa.org; ◐1月)设得兰漫长的维京历史在许多方面都有所影响,不仅仅体现在街道名称和宽肩膀的当地人上。多数村庄都会举行火节,这是维京人庆贺太阳重生的冬至仪式的延续,也是勒威克最壮观的活动,在1月的最后一个周二举办。

设得兰民俗节 　　　　　　　　　　音乐节
(Shetland Folk Festival; www.shetlandfolkfestival.com; ◐4月下旬或5月上旬)在为期四天的节日期间,可以在勒威克及更远的多个场地见到国内外民间音乐家。

ⓘ 实用信息

勒威克信息中心(见1053页)位于设得兰主要城镇的中心,提供关于群岛的全面信息。
萨姆堡机场旅游局(Sumburgh Airport Tourist Office; ☎01950-460905; www.shetland.org; Sumburgh Airport; ◐周一至周五 8:45~16:45,周六 10:15~16:00,周日 10:30~17:30,11月至次年3月 周六关门)即便办公室关门也提供小册子。

登录www.shetland.org,这个优质网站上有关于住宿、活动等有用的信息。

ⓘ 到达和离开

飞机
萨姆堡机场(Sumburgh Airport, 代码LSI; ☎01950-460905; www.hial.co.uk)是设得兰的主要机场,在勒威克(Lerwick)以南25英里处。**洛根航空**(☎0344 800 2855; www.loganair.co.uk)每天都有飞往阿伯丁、柯克沃尔、因弗内斯、爱丁堡和格拉斯哥的航班,夏季还有飞往曼彻斯特和卑尔根(Bergen;挪威)的航班。

船
Northlink Ferries(见1053页)每天运营阿伯丁和勒威克(旺季单程乘客/汽车£41/146,12~15小时)之间的夜班汽车渡轮,有的会在奥克尼的柯克沃尔停留。持有基本票,你就可以在躺椅和酒吧区睡觉。共用船舱的卧铺价格是£36.50,相对豪华的双人船舱费用为£84~137。睡眠舱(£18)是舒适的可调节座椅。船上有咖啡馆、酒吧、付费休闲室和电影院,外加速度缓慢的Wi-Fi。RET方案即将适用于这条航线,所以届时票价应该会降低。

ⓘ 当地交通

设得兰岛屿及岛际的公共交通由ZetTrans(www.zettrans.org.uk)运营。http://travel.shetland.org、ZetTrans网站和勒威克的维京汽车站(见1053页)提供飞机、长途汽车和渡轮的时刻表信息。

飞机
设得兰岛际航空服务(Shetland Inter-Island Air Service; Airtask; ☎01595-840246; www.airtask.com)由Airtask运营,从勒威克西北6.5英里处的廷沃尔机场出发。25岁以下可享受很大折扣。航班飞往帕帕斯图尔岛(Papa Stour)、富拉岛(Foula)和费尔岛(Fair Isle)。

船
Shetland Islands Council(www.shetland.gov.uk/ferries)运营的渡轮连接梅恩兰岛及其他岛屿的多个不同地点。

长途汽车
由ZetTrans(www.zettrans.org.uk)协调的长途汽车网络覆盖范围广,以勒威克为中心向本土的各个角落辐射,并连接耶尔岛(Yell)、费特勒岛(Fetlar)和安斯特岛(Unst)。时刻表通常并不适合从勒威克出发一日游,只适合前往这座首府待上一天的人。

小汽车
设得兰有优质的宽阔道路(得益于石油财富)。租车没什么麻烦,车辆可以被送至交通站点。价格通常约为每天/周£40/200。
Bolts Car Hire(☎01595-693636; www.boltscarhire.co.uk; 26 North Rd; ◐全年 周一至周五 9:00~17:30,以及 11月至次年3月 周六至13:00,4月到10月 周六至16:00)在勒威克和机场附近设有办事处;可以在勒威克的渡轮码头提车。
Grantfield Garage(☎01595-692709; www.grantfieldgarage.co.uk; North Rd; ◐周一至周五 9:00~17:30,周六 至17:00)通常最便宜。从Northlink渡船站向勒威克步行片刻,即可到达。
Star Rent-a-Car(☎01595-692075; www.starren

tacar.co.uk; 22 Commercial Rd ⓧ周一至周五8:00~19:00, 周六 至18:00, 周日 正午至17:00) 位于勒威克的维京汽车站 (Viking Bus Station) 对面。在萨姆堡机场还设有办事处。

出租车
Allied Taxis (☎01595-690069; www.shetlandtaxis.co.uk) 提供前往梅恩兰岛各处可靠的出租车服务。

勒威克 (Lerwick)
☎01595 / 人口 7000

以鲱鱼贸易为基础，依靠石油贸易实现现代化，勒威克是设得兰唯一真正的城镇，也是这片群岛三分之一人口的居住地。这里有纯粹的海洋风情，钩状的油船在绝佳的天然港里争抢空间，而渔船队正在减少。沿着氛围独特的商业街 (Commercial St) 漫步是一件乐事。出色的设得兰博物馆讲述了该地的文化背景。

在设得兰观察自然

设得兰是观鸟者的天堂——北极鸟类迁徙的中途停留地和广阔的海鸟繁衍栖息地；6月是观鸟最佳时期。

这里的每种鸟都有名字：红喉潜鸟是"rain geese"，大贼鸥是"bonxies"，海燕是"alamooties"。滑稽的海鹦鹉举止搞怪，堪称亮点。**皇家鸟类保护协会** (Royal Society for the Protection of Birds, 简称RSPB; www.rspb.org.uk) 维护着多片保护区，此外还有**埃马内斯**、**基恩哈马尔** (Keen of Hamar) 和**诺斯**的国家自然保护区。**富拉岛** (Foula) 和**费尔岛** (Fair Isle) 也栖息着数量巨大的海鸟。

留意海面：海獭、逆戟鲸及其他鲸类动物也时常可见。网站www.nature-shetland.co.uk很有用，记录了最近的目击报告。

7月上旬举行的**设得兰大自然节** (Shetland Nature Festival; www.shetlandnaturefestival.co.uk; ⓧ7月上旬) 有导览徒步、会谈、乘船游、开放日和研讨会等丰富活动。

ⓞ 景点和活动

★ 设得兰博物馆
博物馆

(Shetland Museum; ☎01595-695057; www.shetlandmuseumandarchives.org.uk; Hay's Dock; ⓧ9月至次年4月 周一至周六 10:00~16:00, 周日 正午至17:00) **免费** 这座博物馆收藏了5000年来值得一提的文化、人物及他们与这片古老风景的关系的藏品，令人印象深刻。包罗万象但绝不无趣，展览涉及群岛地质到渔业，一应俱全，借助当地神话探究可怕的幽灵马 (nyuggles) 或仙子 (trows)。最精美的展品包括皮克特雕刻和珠宝首饰的复制品。博物馆里还有一座运行灯塔的机械装置、小美术馆、造船车间，以及追溯设得兰祖先的档案文件。

设得兰纺织博物馆
博物馆

(Shetland Textile Museum; Böd of Gremista; ☎01595-694386; www.shetlandtextilemuseum.com; Gremista Rd; 成人/儿童 £3/免费; ⓧ4月下旬至10月上旬 周二至周六 正午至17:00, 周四 至19:00) 位于勒威克中心以北1英里处，这座方形的石屋是安达信的创建者阿瑟·安德森 (Arthur Anderson) 的出生地，曾经还是一座鱼肉加工站。如今这里有关于设得兰著名的针织和编织面料及图案的不错展览。

Shetland Wildlife Boat Tours
划船

(☎07876-522292; www.thule-charters.co.uk; 成人/儿童 £45/35; ⓧ4月至9月) 这家公司夏季每天组织两趟乘坐小型双体船前往诺斯 (Noss) 的旅行。水下摄影机能让人一窥潜入水下深处的鸟儿。

Shetland Seabird Tours
观鸟

(☎07767 872260; www.shetlandseabirdtours.com; 成人/儿童 £45/25; ⓧ4月至10月) 3小时的巡游每天出发两次，前往观赏塘鹅觅食，观察布雷赛岛 (Bressay) 和诺斯喧闹的海鸟栖息地，有可能还见到海豹。你可以在勒威克信息中心 (见1053页) 预约。

🛏 住宿

Woosung
民宿 £

(☎01595-693687; conroywoosung@hotmail.com; 43 St Olaf St; 双 £70, 标单/双不带

卫生间£40/65；🅿️📶）勒威克民宿行业中心的经济型明珠，这个地方有聪明热情的主人；舒适干净的房间物有所值，有冰箱和微波炉。其中两个房间简约、干净，共用卫生间。结实的石屋可以追溯至19世纪，由一位在中国港口贩茶的船长建造并以他的名字命名。

Islesburgh House Hostel　　青年旅舍£

（☎01595-745100；www.islesburgh.org.uk；King Harald St；铺/标单/双/四£21.50/39/43/61；🅿️@📶）一流的青年旅舍位于一栋具有代表性的勒威克宏伟大楼内，有舒适的宿舍、商店、洗衣房、咖啡馆和工业厨房。电子钥匙的安全性有保障，没有宵禁。夏季预订很明智。如果没人，你可以去附近的社区中心办理入住。

★ Fort Charlotte Guesthouse　　民宿££

（☎01595-692140；www.fortcharlotte.co.uk；1 Charlotte St；标单/双£40/80；📶📡）隐藏在夏洛特堡的围墙下方，这个友好的地方提供带独立卫生间的夏季房间，包括很棒的单人间。一些房间可以俯瞰步行街；斜屋顶和亚洲风情为其他房间平添魅力。这里有自行车棚，早餐有当地三文鱼。非常受欢迎，需要预订。这里还提供自己做饭的住宿选择。

Aald Harbour　　民宿££

（☎01595-840689；www.aaldharbourbedandbreakfast.com；7 Church Rd；标单/双£55/80；📶）紧邻步行街，位置便利，这个具有活力的地方有4个可爱的房间，设置宜家家具，还有设得兰织物和化妆品，营造出舒适的北欧风情。房间内有冰箱、不错的淋浴和Wi-Fi；楼下有出色的公共空间。早餐包括新鲜的水果和熏鱼；店内茶馆有时营业。

Rockvilla Guest House　　民宿££

（☎01595-695804；www.rockvillaguesthouse.com；88 St Olaf St；标单/双£65/90；📶📡）设得兰的一些民宿针对的多是石油工人，而非游客，但这家截然不同：位于美丽花园背后的漂亮房子，是一个服务态度热情、令人放松的地方。三个房间各有不同的颜色主题：蓝色房间亮堂，前后都能观景；红色房间性感，窗户旁边摆着沙发；较小的绿色房间位于屋檐下方，比较保守。

Kveldsro House Hotel　　酒店£££

（☎01595-692195；www.shetlandhotels.com；Greenfield Pl；标单/双£118/145；🅿️📶）勒威克最好的酒店，俯临港口，位置居中，环境宁静。这家高贵的小酒店对年长的游客或夫妇有吸引力。所有双人间的价格差不多，而有的房间明显更好些，有四柱床或能看到水景。所有房间都拥有时髦的新卫生间。酒吧区优雅，视野极佳。

🍴 就餐

Mareel Cafe　　咖啡馆£

（☎01595-745500；www.mareel.org；Hay's Dock；简餐£3~5；⏰周日至周四9:00~23:00，周五和周六9:00至次日1:00，供餐至21:00；📶）生动有趣，富于艺术气息，Mareel里的这个地方令人高兴，俯临水面，白天做三明治和小吃，晚上有共享拼盘、汉堡和墨西哥玉米片。咖啡也不错，是个喝一杯的好地方。周末调配的鸡尾酒、DJ及其他活动为它平添风情。

Peerie Shop Cafe　　咖啡馆£

（☎01595-692816；www.peerieshop.co.uk；Esplanade；简餐£3~8；⏰周一至周六8:00~18:00；📶）如果离开大陆后一直渴望符合心意的浓咖啡，就来这家明珠般的咖啡馆，这里有艺术展览、固线卤素灯和工业支架的别致品位。报纸、美味的蛋糕和三明治、热巧克力，是你经受外面的疾风后应得的享受，而且户外座椅难得地为所有人提供了来这里的理由。

★ Fjarà　　咖啡馆、法式小馆££

（☎01595-697388；www.fjaracoffee.com；Sea Rd；主菜£8~22；⏰周二至周六8:00~22:00，周日10:00~18:00，供餐直至20:00；📶）一栋可爱的木制建筑，地段优越，Fjarà坐落于岩石海岸上方，充分利用大型观景窗俯瞰海景，有时还能见到几只晒太阳的海豹。这里什么都有一些，比如早餐、三明治、沙拉和百吉饼，外加啤酒、鸡尾酒和几种美味的晚餐饭菜，包括创意汉堡、野味和本地海鲜，等等。

★ Hay's Dock　　苏格兰菜、咖啡馆££

（☎01595-741569；www.haysdock.co.uk；

Lerwick 勒威克

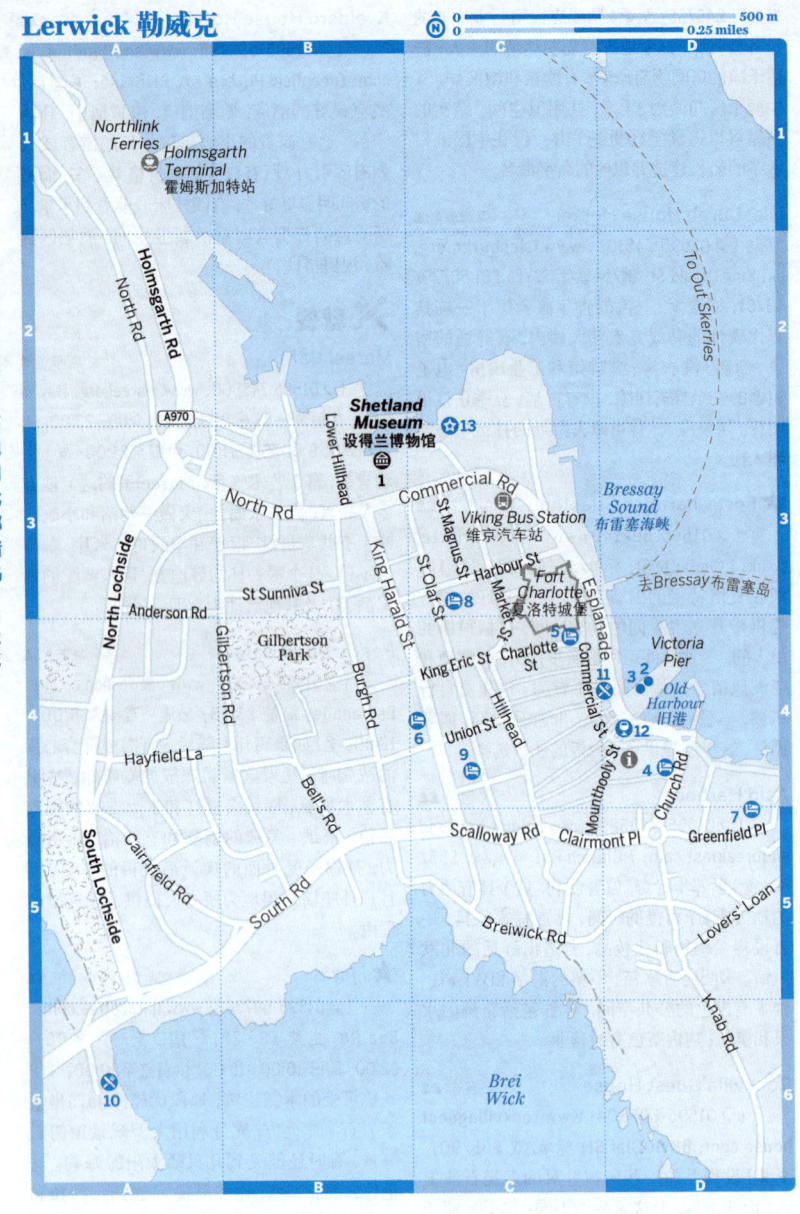

因弗内斯、高地和北部诸岛

勒威克

Hay's Dock, Shetland Museum；主菜午餐 £8~13，晚餐 £17~24；⊙周一至周四 10:00~15:00，周五和周六 10:00~15:00和17:00~21:00；⊜☒）✦楼上是设得兰博物馆，这个地方拥有一面墙的观景窗，晴天在阳台上可以俯瞰港口。干净利落的线条和浅色木头令人想起斯堪的纳维亚，不过菜单以精挑细选的苏格兰及本地食材为基础，具有浓郁的国际风味。午餐从美味的炸鱼和薯条到杂烩羹，不一而足，夜间菜单以海鲜和牛排为主。

Lerwick 勒威克

◉ 重要景点
1 设得兰博物馆................................B3

✚ 活动、课程和团队游
2 Shetland Seabird Tours........................D4
3 Shetland Wildlife Boat Tours............D4

🛏 住宿
4 Aald Harbour..D4
5 Fort Charlotte Guesthouse.................C4
6 Islesburgh House Hostel.....................C4
7 Kveldsro House Hotel D5
8 Rockvilla Guest House.........................C3

9 Woosung..C4

🍴 就餐
10 Fjarå..A6
Hay's Dock ....（见1）
Mareel Cafe ....（见13）
11 Peerie Shop Cafe...............................D4

🍷 饮品和夜生活
12 Captain Flint's....................................D4

🎭 娱乐
13 Mareel..C3

🍷 饮品和夜生活

Captain Flint's
小酒馆

（☎01595-692249；2 Commercial St；⊙11:00至次日1:00；📶）这家位于楼上的码头酒吧拥有明显的海洋风情。这里有各式各样的年轻人、游客、船员和年长的当地人。夜晚有时有现场音乐，另一层有台球桌。尝尝海草味的Reel杜松子酒。

Mareel
艺术中心

（☎01595-745500；www.mareel.org；Hay's Dock）现代的Mareel是欣欣向荣的艺术中心，位于水畔，地段优越，有电影院、音乐厅和咖啡馆。

ℹ 实用信息

勒威克信息中心（Lerwick Information Centre；☎01595693434；www.shetland.org；Commercial St和Mounthooly St交叉路口；⊙4月至9月 周一至周六 9:00~17:00和周日 10:00~16:00，10月至次年3月 周一至周六 10:00~16:00）有各种不错的书和地图，很有帮助。

ℹ 到达和离开

船

Northlink Ferries（☎0845 600 0449；www.northlinkferries.co.uk；📶）从阿伯丁和柯克沃尔出发的渡轮在**霍姆斯加特站**（Holmsgarth Terminal；Holmsgarth Rd）靠岸，从城镇中心往西北方向步行15分钟，即可到达。

长途汽车

从**维京汽车站**（☎01595-744868；Commercial Rd）出发的长途汽车开往群岛的各个角落，包括定期往返萨姆堡机场的线路。

萨姆堡（Sumburgh）

海边悬崖嶙岣，草木丛生的海岬探入波光粼粼的蓝色海水，萨姆堡是梅恩兰岛上景色最优美的地方之一，与泥炭般的北部相比，越发繁茂青翠。设得兰的主机场附近集中着几个出色的景点。

◉ 景点和活动

★ 萨姆堡角游客中心
灯塔、博物馆

（Sumburgh Head Visitor Centre；☎01595-694688；www.sumburghhead.com；成人/儿童£6/2；⊙4月至9月11:00~17:30）这个出色的新景点坐落于几栋建筑中，高耸于萨姆堡角的悬崖上。展览讲解了灯塔、雾号和曾在此运行的雷达站，而且游客中心还设置了关于当地海洋生物和鸟类的高水平展览。你可以跟随额外收费的导览游参观灯塔。

贾尔索夫
考古遗址

（Jarlshof；☎01950-460112；www.historicenvironment.scot；成人/儿童 £6/3.60；⊙4月至9月 9:30~17:30，10月至次年3月 至16:30）萨姆堡机场就在古雅而富于启发性的考古遗址旁边，新与旧在此碰撞。公元前2500年至公元1500年的各段占领时期得见天日；维京人到来后天翻地覆的变化十分明显：他们长方形的长屋与先前圆石塔、圆屋和圆形石屋形成了鲜明的对比。此处顶端是16世纪的"老房子"(Old House),在沃尔特·司各特爵士(Sir Walter Scott)的小说中被称为"贾尔索夫"。门票包含信息丰富的语音导览。

老斯科特尼斯
考古遗址

(Old Scatness; ☎01595-694688; www.shetland-heritage.co.uk/old-scatness; 成人/儿童£5/4; ⏰5月中旬至8月 周五10:15~16:30; 🅿)这处遗址将设得兰的史前面貌栩栩如生地呈现在人们面前;对于考古爱好者来说,这里不容错过,对于孩子们来说,同样有趣。穿着铁器时代服装的导游知识丰富,带你逛遍遗址,让你了解关于维京人占领以及设得兰考古材料的定年研究等重要线索。这里还有公元前300年左右的醒目圆形石塔、圆屋及更晚一些的圆形石屋。其中最好的是重现的泥炭火和工作纺车。在本书调研期间,资金短缺严重限制了开放时间。

★ 萨姆堡角
观鸟

(Sumburgh Head; www.rspb.org.uk)位于梅恩兰岛南端,这些壮观的悬崖为近距离观看海鹦及管鼻藿、海鸠和海雀的筑巢栖息地提供了好机会。如果幸运,你或许可以看到海豚、小须鲸或逆戟鲸。这里的灯塔建筑中还设有一流的萨姆堡角游客中心(见1053页)。

❶ 到达和离开

6路车从勒威克开往萨姆堡和萨姆堡机场(Sumburgh Airport; £2.90至萨姆堡,£3.30至萨姆堡机场, 1小时,每天5~7班)。

北部岛屿(The North Isles)

耶尔、安斯特岛和费特勒岛(Fetlar)组成了设得兰的北部岛屿,彼此之间以渡船连接,耶尔与梅恩兰岛之间也有渡船。所有岛屿都非常适合观赏自然风光;安斯特岛各方面的选择最多。

❶ 到达和离开

从勒威克至耶尔并继续前往安斯特岛和费特勒岛,相互接驳的长途汽车和渡船周一至周六每天一班。本地小型公共汽车开往主要汽车线路以外的岛上地点。

如果你准备在耶尔和费特勒岛或安斯特岛过夜,可以考虑回程时游览耶尔,因为如果当天从梅恩兰岛过来,再乘坐一次渡轮是免费的。

耶尔(Yell)

☎01957 / 人口 1000

如果喜欢,可以大声叫喊("Yell"的双关语),不过没人能听见;这里荒凉的泥炭沼泽是典型的设得兰景色。不过荒凉阴冷的风景也有魅力。耶尔色彩丰富;沼泽的棕色和生动茂盛的绿色,云幕低垂的灰色,北大西洋海水的铁蓝色,它们始终不曾远离。泥炭导致地面外表干裂,不过其实全年大部分时间都有水。虽然很多人会匆忙前往安斯特岛,但耶尔

另辟蹊径

富拉岛(FOULA)

偏远多风的富拉岛(鸟岛)坐落于沃尔斯(Walls)西南约15英里的大西洋上。从梅茵兰岛望去,它的轮廓独特,山峰连绵兀立——最高峰是**达斯诺格**(Da Sneug; 418米)——然后在悬崖**达凯姆**(Da Kame; 376米)急剧下降直至海中。富拉岛与费尔岛都是英国最偏远社区头衔的竞争者,只有几个居民、少量设得兰矮种马和1500头绵羊,外加500,000只海鸟,其中包括珍稀的白腰叉尾海燕和大西洋鹱,以及全世界最具规模的大贼鸥种群。

住宿极为有限:最好的选择是富拉岛北端的**Ristie**(☎01595-753293; www.facebook.com/ristieselfcatering; 开间公寓/房屋£35/50起),提供舒适的自炊式住宿。

设得兰岛际航空服务(见1049页)有从廷沃尔(往返£79)前往富拉岛的航班,可以进行一日游。

BK Marine(☎01595-840208; www.bkmarine.co.uk)有从沃尔斯(成人/汽车和司机 单程£5.50/7.20, 2小时)出发的渡轮,每周2~3班; 必须预订。

有几条不错的山间徒步线路,尤其是西海岸中间的埃拉(Herra)半岛周边。

🛏 食宿

Quam B&B
民宿 ££

(☎01957-766256;www.quambandbyellshetland.co.uk;Westsandwich;双 £80;P⚡)紧邻贯穿耶尔岛的主路,这家农场民宿有友好的老板和三个不错的房间。早餐特色是农场鸡蛋,还可去农场见识一下可爱的小马。可以安排晚餐(每人£15)。

Gutcher Goose
咖啡馆 £

(☎01957-744783;www.facebook.com/gutchercafe;Gutcher;简餐 £3~6;⏰4月至10月上旬 周一至周六 9:00~17:00;⚡)紧邻安斯特岛渡轮码头,这个地方是候船的理想场所。主要作为商店经营,但也提供不错的咖啡,外加三明治、意式帕尼尼三明治和早餐。

安斯特岛 (Unst)

人口 600

一旦跨过高低不平的**安斯特岛**(www.unst.org),你将很快离开苏格兰。苏格兰最北部的居民島比附近的耶尔更美,如天鹅绒般柔和的山丘和紧邻水畔的居民区奋力抵御着肆虐的海风。

◉ 景点

★ 埃马内斯自然保护区
自然保护区

(Hermaness National Nature Reserve;www.nnr-scotland.org.uk)在奇异的埃马内斯海岬,4.5英里的步行环线将带你前往塘鹅、管鼻鹱和海鸠筑巢及海鹦鹉嬉戏的悬崖。你还可以看到苏格兰的最北点,**外油蚀柱**(Out Stack)和**马克尔弗拉加岛**(Muckle Flugga),上面有罗伯特·路易斯·史蒂文森(Robert Louis Stevenson)的叔叔修建的灯塔。去**埃马内斯游客中心**(Hermaness Visitor Centre;☎01595-711278;⏰4月至9月上旬 9:00~17:00)**免费**参观一下,这里有关于前居民艾伯特·罗斯(Albert Ross)的心酸故事。

★ 安斯特岛候车厅
地标

(Bobby's Bus Shelter;www.unstbusshelter.shetland.co.uk;Baltasound)刚过Baltasound,通向小哈马尔(Littlehamar)的岔路处就是英国令人印象最深刻的汽车站。有开拓精神的当地人厌倦了候车的不适,决定做些什么,如今这里有豪华的座椅、小说、众多装饰特色和可以签名的留言簿。主题和配色每年都会改变。

安斯特岛船港博物馆
博物馆

(Unst Boat Haven;☎01957-711809;Haroldswick;成人/儿童 £3/免费,含安斯特岛遗产中心的联票£5;⏰5月至9月 周一至周六 11:00~16:00,周日 14:00~16:00)这座大型棚式建筑是划船爱好者的天堂,挤满受到精心保养的设得兰划艇和帆船藏品,全都拥有有意思的背景故事。老照片和海事方面的人工制品讲述了安斯特岛渔业的辉煌岁月。前面有季节性茶馆。

🛏 住宿

★ Gardiesfauld Hostel
青年旅舍、露营地 £

(☎01957-755279;www.gardiesfauld.shetland.co.uk;2 East Rd,Uyeasound;成人/儿童帐篷营地 £8/4,铺 £16/9;⏰4月至9月;P⚡)这家一尘不染的青年旅舍有非常宽敞的宿舍,还有储物柜、家庭房、花园、高雅的休闲室和可以看到海湾美景的温室小餐区。你可以在此露营;这里有为帐篷和房车准备的单独区域。汽车站就在外边。淋浴需要20便士的硬币。如果预订的话,冬季营业。

Baltasound Hotel
酒店 ££

(☎01957-711334;www.baltasoundhotel.co.uk;Baltasound;标单 £68~75,双 £125~135;⏰4月至10月中旬;P⚡)装修明亮的房间面积各异,辅以草坪周边排列的小木屋。房间定价稍高,多花一小笔钱升级至"大双人间"很合算,里面有现代的卫生间。乡村景色漂亮无比,黄昏的餐厅里洒满落日的斑驳光线,提供晚间酒吧餐。关于冬季营业的详细信息,需要联系酒店。

了解英国

今日英国 **1058**
脱欧公投的余波未平,英国社会的分歧前所未有——英国的未来又会走向何处?

历史 **1061**
狭小的国土凝聚着5000年的历史——无论身在英国何处,你都会感受到浓厚的历史气息。

餐桌 **1081**
温啤酒、约克郡布丁、周日烤肉、肉馅羊肚、切达奶酪,还有颇具争议的马麦酱(Marmite),英国的经典风味不胜枚举。

建筑 **1088**
游览英国有如在建筑史的长河中遨游——古老的巨石阵、高耸的大教堂、残破的城堡、皇家宫殿,应有尽有。

艺术 **1093**
从莎士比亚到性手枪乐队,从约瑟夫·马洛德·威廉·特纳到J.K.罗琳,从乔叟到查尔斯·伦尼·马金托什,英国不愧是文化强国。

风光 **1107**
英格兰绵延起伏的农田、威尔士的荒野山脉,还有苏格兰的荒岛——英国风光令人叹为观止。

体育 **1114**
英国是世界上许多高人气体育运动(如足球、橄榄球、板球和高尔夫等)的发源地,但这并不意味着英国人总能在这些项目上所向披靡。

今日英国

英国正处于巨变的边缘。四十年来，它将第一次脱离欧盟，两年来争议不断，脱欧的结果仍是扑朔迷离。英国面临着国家完整、经济发展的前景、国内政局的走向和君主制的前景等重大问题的抉择。这个国度的未来究竟何去何从，让我们拭目以待吧。

最佳电影

《相见恨晚》（*Brief Encounter*；1945年）感情内敛的英国人的经典爱情故事。

《荒岛酒池!》（*Whisky Galore!*；1949年）伊灵电影公司（Ealing）的经典喜剧，讲述满载威士忌的货船沉没后，苏格兰人与政府斗智的故事；于2016年重拍。

《猜火车》（*Trainspotting*；1996年）讲述爱丁堡瘾君子们粗粝的底层生活。

《我与长指甲》（*Withnail & I*；1987年），两位失业演员在湖区的糟心假期。

《希望与荣耀》（*Hope and Glory*；1987年）伦敦大轰炸时期的动人故事，根据导演约翰·保曼的个人经历改编。

《潜水艇》（*Submarine*；2010年）奇妙的青春片，以20世纪80年代的斯旺西为背景。

最佳书籍

《来自小岛的笔记》（*Notes from a Small Island*；Bill Bryson著；1995年）一个美国人对英国热情而敏锐的观察。

《原始精神》（*Raw Spirit*；Iain Banks著；2003年）一次愉快的苏格兰之旅，寻找完美的威士忌。

《漫游英国海岸线》（*Slow Coast Home*；Josie Drew著；2003年）骑行自行车5000英里穿越英格兰和威尔士的所见所闻。

英国退出欧盟

英国退出欧洲联盟的决定余波犹在。在2016年的公投中，脱欧支持者以52%对48%的微弱优势获胜，对于英国退出欧盟（简称Brexit）的讨论随处可见可闻，无论是新闻、谈话节目、广播中的听众来电，还是酒馆里和公园中的闲谈、职场上的交流，举国上下每言必谈及这一话题。相关磋商在继续进行，悬而未决的难题实在太多：移民、贸易、投资等热点问题，以及北爱尔兰边境之争在本书截稿之时依然没有解决办法。在2019年3月29日的关键节点（此后英国不再是具有投票资格的欧盟成员国）之后，还有达成协议的两年过渡期以保证英国平稳脱欧，至少短期来看会是如此——但政治家们只会在这段时间里绕开真正棘手的问题。与此同时，英国脱欧的支持者们（媒体口中的Brexiteers）认为国家的全球化前景会更加光明，而反对者们则指出经济的发展将被阴影笼罩。实际上，没人能断言英国脱欧的长期后果究竟如何。

更令人惊讶的是，到目前为止还没人提及英国的四个组成部分在脱欧公投上形成的泾渭分明的两大阵营，54%的英格兰人与53%的威尔士人赞成脱欧，而62%的苏格兰人与56%的北爱尔兰人赞成留在欧盟。这种分歧引发了另一个难题：英格兰与威尔士选民的意志是否能取代苏格兰及北爱尔兰选民意志而具备民主正当性？这个问题迄今还没有答案——撇开其他不谈，这至少说明英国国内的分歧比以往更加明显。此外，这也鲜明地体现出英格兰与英国，以及"英格兰性"与"英国性"是两个大相径庭且不一定兼容的概念。

如今，英国脱欧的日期一拖再拖，在拖了三次之后，来到了2020年。这对英国及其未来到底意味着什么仍是未知数。

北部和南部

另一个长期困扰着人们的问题就是英国北部和南部之间根深蒂固的隔阂。数十年来,北部几乎在所有重大经济指标上都落后于南部:英国北部城市及各郡就业率、薪资水平、寿命预期和平均房价都远远低于以伦敦为核心的富庶南部地区。这一问题在20世纪70年代末到80年代已经凸显,后来随着造船、煤矿和钢铁等传统重工业的衰落而不断加剧。从目前来看,经过反复酝酿,旨在通过改善交通网络、发展优势产业的北部振兴计划收效并不明显——但也有些迹象表明北部正在恢复过去的荣光。房价不断上涨,失业率持续下降。高速铁路二号线正在建设之中。曼彻斯特和利物浦都有了第一位直选市长,赫尔港获得2017年度英国"文化之城"称号,纽卡斯尔在2018年举办了备受瞩目的北部大博览会(Great Exhibition of the North)。

英国北部和南部之间的分歧也体现在更大的层面,即三个世纪以来苏格兰与英格兰之间令人忧心忡忡,有时甚至剑拔弩张的关系。在2014年的苏格兰独立公投中,尽管有55%的投票者反对独立,但后来苏格兰的反脱欧立场却划出了北部与南部的另一条政治鸿沟——这可能导致在不久的将来进行第二次独立公投(俗称indyref2)。历经300年的联合将再一次陷入危机,而且这一次,没人能提出任何令人信服的办法来弥合双方的巨大分歧。

绿色宜人之地?

英国的乡村风景秀丽,素有"绿色宜人之地"的美誉,但如今也遇到麻烦。受建筑项目、栖息地减少、杀虫剂使用与农耕方式的影响,许多野生动植物的数量都在大幅下降。2016年有篇重要报告显示,英国有十分之一的野生物种濒临灭绝,人见人爱的标志性动物刺猬也在其列。不过并非一切都令人悲观沮丧,虽说许多物种正在挣扎求生,獾和狐狸等动物倒是多了起来,而一度濒危的水獭,数量也令人难以置信地增加了。但考虑到未来的气候变化、即将进行的大规模住房和基础设施建设——包括颇具争议性的高铁二号线和希思罗机场的第三条跑道——英国正面临着迫切程度前所未有的珍稀野生动植物保护任务。

好在英国的15座国家公园和不计其数的"杰出自然风景区"(Areas of Outstanding Natural Beauty,简称AONB)为许多濒危物种提供了安全的庇护所,增加动物数量的方案也正在筹备之中——特别要提出的是,湖区已在2017年成为英国首座被列入联合国教科文组织世界遗产的国家公园。但盛名与人气也会带来

人口: 6600万
面积: 88,500平方英里
人均国内生产总值: 29,670英镑
国内生产总值增长率: 0.2%
通货膨胀率: 2.3%
失业率: 4.2%

每100个英国人中

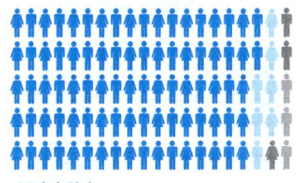

87个白种人
7个亚洲人
3个黑人
3个混血/其他

信仰体系
(占人口百分比)

59 基督教
33 无宗教
4.5 伊斯兰教
1.5 印度教
2 其他

人口(每平方公里)

英国　美国　法国

☻ ≈ 40人

《黑山之上》(On the Black Hill; Bruce Chatwin著; 1982年)以古怪的双胞胎视角, 追踪20世纪威尔士的乡村生活。

《慢速列车之上》(On the Slow Train; Michael Williams著; 2011年)一首对英国铁路旅行的赞歌。

最佳音乐

《滑铁卢的黄昏》(Waterloo Sunset; 奇想乐队; 1967年)雷·戴维斯(Ray Davies)写给伦敦日落美景的情书。

《生命中的一天》(A Day in the Life; 披头士乐队; 1967年)专辑《佩珀中士》(Sgt Pepper's)中的动听曲目。

《天佑女王》(God Save The Queen; 性手枪乐队; 1977年)由性手枪乐队演唱的英国国歌。

《鬼镇》(Ghost Town; 特别乐队; 1981年)2 Tone音乐大师的经典曲目。

《居无定所》(Parklife; 污迹乐队; 1994年)戴蒙·阿尔邦(Damon Albarn)与伙伴们演绎的英伦摇滚遇到巴内特。

《普通人》(Common People; Pulp; 1994年)贾维斯·斯卡克(Jarvis Cocker)对于英国阶级的揶揄。

《泪珠》(Teardrop; Massive Attack; 1998年)迷幻舞曲的典范。

最佳博客

Guido Fawkes(www.order-order.com)关于议会的八卦新闻。

CaughtOffside(www.caughtoffside.com)英国足球忠实拥趸的选择。

Elizabeth's Kitchen Diary(www.elizabethskitchendiary.co.uk)人气火爆的美食博客, 作者是一位旅居设得兰群岛的加拿大人。

The Londoner(www.londoner.me)首都居民罗茜·琼斯(Rosie Jones)的生活方式。

The Quietus(www.thequietus.com)侧重于对英国音乐、艺术、电影和文化评头论足。

压力——斯凯岛的情况可见一斑, 这座岛屿为了保护岛上的自然环境, 正酝酿着限制游客数量。

王室正统

女王伊丽莎白二世年过90, 哈里王子和美国演员梅根·马克尔在2018年成婚, 民众的关注点开始转向英国王室的未来——尤其是王位的继承问题。依据法规, 王位的第一继承人应是女王长子查尔斯王子, 但有些评论家认为, 由于明显的政治倾向以及与卡米拉·帕克·鲍尔斯饱受争议的第二次婚姻, 他也许会将王位让给他的大儿子威廉王子。虽然王位继承者尚不确定, 但有一件事看来已清楚无疑——英国民众对于王室的支持率居高不下, 多数民意调查的结果都显示超过四分之三的民众依然拥护君主立宪制。

历 史

英国也许仅是位于欧洲边缘的一个小国,但是在历史上,英国几乎从不是一个边缘角色。几千年来,众多侵略者和外来客来到这里,定居下来,留下印记,使得英国的风貌、文化和语言具有了一种迷人的杂糅性。英国丰富的历史遗产——南有巨石阵,北有卡伦顿,中间包括哈德良长城、坎特伯雷大教堂、卡那封城堡和伦敦塔——是该国最吸引人的方面之一。

首批移民

在公元前4000年前后,冰川时代接近尾声,冰川消退,一批移民从欧洲来到了这里。他们不是"打一枪换一个地方"的游猎者,而是找个地方安下家来,开始农耕。在农田旁,石器时代的英国先民会用岩石和草坪建造巨大的坟冢(burial mound)。英国现在保存有很多坟冢遗址,比如位于威尔特郡的西坎尼特长冢(West Kennet Long Barrow)、位于彭布罗克郡的彭特伊凡石冢(Pentre Ifan),以及位于奥克尼(Orkney)的梅斯豪石室(Maeshowe)。但是在这些早期先民留存的遗产中,气势最惊人的,无疑当属巨大的石阵,比如卡兰尼什(Callanish)巨石群、埃夫伯里石圈和巨石阵。

巨石阵很可能修建于公元前3000年前后,在索尔兹伯里平原上已矗立了5000多年,比著名的埃及金字塔还要古老。

铁器时代和凯尔特人

在铁器时代(公元前800年至公元100年),这里的人口开始增长,一个个独立的部落开始出现。由于农耕需要大量农田,不列颠岛上各处的部落都开始"变林造田"。这让岛上显现出了"农田—森林—村庄"相间的棋盘式布局,这种布局在今天不列颠岛低地农村地区依然可见。随着人口的增长,保卫领土成了当务之急,于是铁器时代的不列颠人给我们留下了另一类遗产:英格兰南部的土制大城堡,英格兰北部的石制堡垒,以及威尔

大事年表	公元前4000年	约公元前500年	约公元前55年
	新石器时代的人类从欧洲中部迁移而来。他们的生活与之前抵达英国者截然不同:他们并非逐兽群而居的猎人,而是喜欢定居的农耕民族。	凯尔特人是一个最初起源于中欧的民族,后跨海涉洋抵达不列颠。到公元前500年左右,凯尔特人在岛上大部分地区定居下来,同化了当地的原住民。	若干小股罗马入侵者奉尤利乌斯·恺撒之命从高卢(今法国)北部海岸向英格兰南部进发。

约公元60年，爱西尼人（一个凯尔特人部族）的女王布迪卡在领地遭受罗马人侵略后，率军进攻罗马人在卡穆洛杜鲁姆（Camulodunum；今科尔切斯特）和伦底纽姆（Londinium；今伦敦）的驻地，但最终在瓦特灵街战役（Battle of Watling Street；战场在今什罗普郡）中大败。

士和苏格兰的防御塔（brochs）。

最初从中欧迁移过来的凯尔特人到公元前500年已经占据了不列颠岛大部分地区。一个凯尔特—不列颠民族发展了起来，共分成约20个部落，包括坎蒂伊人（Cantiaci；位于今肯特郡）、爱西尼人（Iceni；诺福克）、布里甘特人（Brigantes；英格兰北部）、皮克特人和加勒多尼人（Picts & Caledonii；苏格兰）、奥陶人（Ordovices；威尔士部分地区）以及苏格提人（Scotti；爱尔兰）。

你有没有注意到这些名字读起来像拉丁语呢？那是因为各部落的名字都是由下一批不列颠登陆者起的……

罗马人登场

尤里乌斯·恺撒（Julius Caesar）——这位家喻户晓的罗马统治者，于公元前55年出兵讨伐不列颠岛。但是，罗马人真正的侵略发生在一个世纪后：罗马皇帝克劳狄乌斯（Emperor Claudius）率兵对不列颠展开无情的进攻，到公元50年，几乎控制了整个英格兰南部地区。

多数情况下，罗马人的侵略进行得很顺利：有几个凯尔特—不列颠部落的领袖意识到合作比反抗更划得来。当然，罗马人的侵略也不是一路顺风顺水，一些当地人还是进行了反抗。其中最著名的自由斗士就是能征善战的女王布迪卡（Boudica），其率领的军队一直杀到了罗马港口伦底纽姆（Londinium；今伦敦）。

不管怎么说，反抗不过星星点点，对实力强大的罗马军团来说不痛不痒。大约到了公元80年，新建的不列颠尼亚行省（Britannia；今英格兰和威尔士大部分地区）已稳稳地处在罗马人的掌控下。

曾经，为了控制占领的土地，罗马人在不列颠各处修建了城堡和要塞，尤其是威尔士和英格兰。许多城堡和要塞逐渐演变为城镇，名字里都带"彻斯特"（-chester或caster，源自拉丁语castra，意为"兵营"）。今天较为著名的"彻斯特"有兰开斯特、温切斯特、曼彻斯特、赛伦塞斯特和切斯特。

罗马人谢幕

古罗马人对不列颠岛的控制持续了近4个世纪。本地人和外来者间的通婚很普遍（很多外来者来自帝国的其他地方，比如今天的比利时、西班牙和叙利亚），这样一个罗马—不列颠民族发展了起来。这一新民族主要集中在城镇，而凯尔特—不列颠文化则在部分区域，如威尔士、苏格兰和康沃尔郡的一些地区得以保存。

除了稳定和繁荣，罗马人还带来了一种叫"基督教"的新信仰，基督教于公元313年被罗马皇帝君士坦丁大帝尊为国教，后被引入不列颠。尽管此

43年｜在罗马皇帝克劳狄乌斯的领导下，罗马帝国首次成功入侵英格兰。他的军队展开了无情的进攻，到公元50年，罗马人控制了英格兰南部的大部分地区。

60年｜英勇不凡的女王布迪卡率领一支军队抵抗罗马人，扫平罗马城镇科尔切斯特，并一度推进到了罗马港口伦底纽姆，即今天的伦敦。

60年｜威尔士的凯尔特人在实行信仰疗法的神秘德鲁伊人领导下，在安格尔西展开对入侵的罗马军队的最后抵抗；他们虽然失败了，但并未完全被征服。

122年｜罗马皇帝哈德良并未继续出兵征讨野蛮不逊的不列颠北部部落，而仅仅是建造了一道贯穿东西的壁垒。在之后近300年的时间里，哈德良长城都是罗马帝国最北的边界线。

时在这个小岛上罗马—不列颠文化正在蓬勃发展,可是在其远在地中海的帝国的腹地,衰败已然开始。

罗马人的谢幕并不完美。他们当起了"甩手掌柜",放弃了对不列颠尼亚行省的管理,这个殖民地慢慢地烟消云散。但是历史学家对具体年代很较真儿,他们普遍把罗马在不列颠统治的结束划在了公元410年。

英格兰崛起

陷入后罗马时代真空期的不列颠又被其他人盯上了,欧洲大陆的侵略者再次挥兵来袭。这次来这片原罗马人地盘撒野的是盎格鲁人和撒克逊人(Angles & Saxons;是生活在今德国、丹麦与荷兰地区的条顿部落)。

历史学家们对于之后到底发生了什么莫衷一是。有的说盎格鲁—撒克逊人取代或是同化了当地的罗马—不列颠人和凯尔特人,有的说当地人只是采纳了盎格鲁—撒克逊人的语言和文化。不管怎么说,到了6世纪晚期,在我们现在称作"英格兰"的地区,大部分领土都已在盎格鲁—撒克逊人的统治之下,并分成了3个主要的王国:韦塞克斯(Wessex;位于今英格兰南部)、麦西亚(Mercia;今英格兰中部地区)和诺森布里亚(Northumbria;今英格兰东北部和苏格兰东南部)。

在很多地区,原住民和新来的盎格鲁—撒克逊人虽一同生活,却未受他们影响(500年后诺曼人入侵时,英格兰南部一些地区依然还在使用凯尔特语),但是入侵的影响总体上依然是巨大的。现代英语的核心部分依然是盎格鲁—撒克逊语,许多英国地名源于盎格鲁—撒克逊语,甚至"盎格鲁—撒克逊"(Anglo-Saxon)这个词本身已经成了"纯英伦"的代名词(尽管这个用词饱受诟病,且与事实不符)。

威尔士觉醒

位于不列颠诸岛西端(尤其是爱尔兰)的凯尔特人却在一旁守护着自己独特的、受到罗马影响的文化。正当盎格鲁—撒克逊人入侵东不列颠之时,苏格提人(来自今爱尔兰)在5世纪末出兵侵略今威尔士和苏格兰西部等地区。

面对入侵,高多丁王国(Gododdin;今爱丁堡附近)的人民来到了威尔士西北部。他们赶走了侵略者,最终定居在这里,建立了格温内斯王国(Gwynedd;现在威尔士北部的这个郡依然骄傲地使用着这个名字)。越

历史网站

www.royal.uk

www.bbc.co.uk/history

www.englishmonarchs.co.uk

www.victorianweb.org

罗马人把基督教引入不列颠,凯尔特人皈依了这一信仰,可是后来的盎格鲁—撒克逊人却是异教徒,他们的入侵把基督教信仰连同凯尔特文化中的其他方面都逼退到了不列颠诸岛的边缘,即今天的威尔士、苏格兰和爱尔兰。

约410年	5世纪	5世纪末	597年
罗马这个古代世界最强大的帝国在享受了几百年相对的和平和繁荣之后最终衰败,罗马人在不列颠的统治悄然而逝(而非戛然而止)。	两个条顿部落(今称盎格鲁—撒克逊人)从今德国、丹麦与荷兰地区迁入并很快扩散至英格兰大部分地区。	苏格提人(来自今爱尔兰地区)入侵皮克特人的领地(今苏格兰)阿尔巴,并在今阿盖尔地区建立了达尔里阿达王国。	教皇格里高利派传教士圣奥古斯丁来到英格兰南部,试图在南部的盎格鲁—撒克逊人中点燃基督教信仰之火。他的同道圣艾丹则与之呼应,在英格兰北部收了很多信徒。

越来越多的定居者从康沃尔和法国西部地区来到威尔士,而在6世纪和7世纪,爱尔兰的基督教传教士也来此传教。

威尔士的东面并不太平:英格兰的盎格鲁—撒克逊人对威尔士不断骚扰。为此,威尔士几个各自独立的部落到8世纪开始联合起来抵御外敌,为日后的建国播下了种子。联合起来的威尔士人自称"西姆里"(cymry;意为"同乡人"),而今天威尔士语中"cymru"一词指的就是威尔士。

苏格兰骚动

就在威尔士于不列颠岛西面扎根之际,同样的事情正在岛的北面发生。皮克特人是这一地区(北部和东部)的主要部落,把自己建立的王国称为"阿尔巴"(Alba)。今天,"Alba"在凯尔特语中依然是"苏格兰"的意思。古不列颠人则居住在西南部。

罗马人在不列颠尼亚的统治结束后,阿尔巴王国两面受敌。首先,在5世纪末,苏格提人从爱尔兰地区跨海袭来,建立了达尔里阿达王国(Dalriada;位于今阿盖尔地区)。随后,在7世纪,不断扩张的诺森布里亚王国的盎格鲁—撒克逊人挺进阿尔巴东南部,建立据点。而这时,苏格提人的势力已在皮克特人身边生根发芽,不列颠北部被称为"苏格兰"的时代似乎隐约可见。

维京时代

9世纪,就在英格兰、威尔士和苏格兰等新王国逐渐巩固之际,不列颠岛又迎来了一批惹人讨厌的"欧陆客"。这次的侵略者是维京人(Viking),一个来自今天斯堪的纳维亚地区的北欧民族。

维京人的形象也堪称史上经典:长着金色头发,顶着兽角战盔,挥着大号宝剑,坐着方帆长舟,好劫财劫色。过去,人们认为维京人现身,杀光了所有人,抢下了所有财宝,然后就卷铺盖卷儿走人。这种看法与历史有"一定的"出入,事实上,许多维京人定居不列颠岛,其影响在今天的英格兰北部(以约克郡最为有名)、奥克尼、设得兰尤为明显。

在征服了北部和东部地区之后,维京人开始向英格兰中部发起攻击。阻挡他们前进的是盎格鲁—撒克逊军队。军队领袖是韦塞克斯王国的国王艾尔弗雷德大帝(Alfred the Great),英国历史上最著名的人物之一。

随后发生的战争为之后英格兰的建国奠定了基础,但是胜利可不是

> 如果你想从阅读正史中喘口气,那么理查德·巴伯(Richard Barber)撰写的《英伦诸岛的神话与传说》(*Myths and Legends of the British Isles*)一书将是你的理想读物。这本书可以让你了解亚瑟王与圆桌骑士的传说,以及许许多多其他隐现在时间迷雾中的故事。

685年	8世纪	850年	9世纪
皮克特国王布里德(Bridei)在安格斯(Angus)的那支坦斯米尔(Nechtansmere)以弱敌强,击败了诺森布里亚的军队,为日后苏格兰成为一个独立政治体奠定了基础。	麦西亚王国的奥法王下令在其王国与威尔士之间修建一条明确的边界,这个名为奥法大堤的防御性沟壑今天依然可见。	维京人从今斯堪的纳维亚地区出击,占领了英格兰东部和东北部。他们把首都设在约维克,即今天的约克市。	苏格提人的国王肯尼斯·麦克埃伊因宣布自己是苏格提和皮克特人的联合统治者,将福斯湾以北的苏格兰并为一个统一的王国。

"一边倒"地涌向艾尔弗雷德这边。有那么几个月,这位大帝四处逃窜,蹚过沼泽地,睡过农民房,还烤焦了那一炉著名的烧饼(传说艾尔弗雷德隐姓埋名藏身农家,被农妇要求照看烤炉上的面点,结果因为思考国家大事,点心烤煳了,被农妇骂了个狗血喷头)。不过这些都是传说而已,到公元886年,艾尔弗雷德重整旗鼓,将维京人杀退到了北部。

统一的英格兰?

这样,英格兰被一分为二:北面和东面是维京人的地盘,叫"丹麦区"(Danelaw);南面和西面是盎格鲁—撒克逊人的地盘。艾尔弗雷德被众人推为英格兰人的国王,这是有史以来盎格鲁—撒克逊各部落第一次把自己看成一个统一的民族。

继承艾尔弗雷德王位的是他的儿子爱德华一世(Edward the Elder)。在多次战斗之后,爱德华控制了丹麦区,因此也成了第一个控制整个英格兰地区的国王。他的儿子艾塞斯坦(Athelstan)还不满足,在927年让大家明确地尊奉他自己为"英格兰之王"(King of England)。但这可不是什么值得庆祝的事。维京人势力尚存,到了10世纪,来自斯堪的纳维亚的新一轮侵袭又开始威胁虽已统一却羽翼未丰的英格兰。在之后的几十年里,统治权从英格兰人(埃德加,King Egdar)手中转移到了丹麦人(克努特国王,King Knut)手中,后又被英格兰人(忏悔者爱德华,King Edward the Confessor)夺回。随着第一个千年的结束,这个国家的未来颇不明朗。

威尔士风波不断

就在英格兰反抗维京人进攻的同时,威尔士也在应对这些北欧入侵者。威尔士各个小王国最初为了反抗盎格鲁—撒克逊的镇压曾团结在一起,而在9~10世纪,他们又迫于形势再次协力对抗维京人。

威尔士国王罗德里大帝(King Rhodri Mawr;死于878年)在安格尔西岛附近击败了一支维京军队,开始了统一大业。其孙善人希维尔(Hywel the Good)据称颁布了一系列法律来制约各自为政的威尔士部落。可正当威尔士就要成为一个独立的政治实体之时,维京人大举来攻,让这个刚起步的国家实难抵挡。927年,威尔士各个王国的国王同意奉盎格鲁—撒克逊国王艾塞斯坦为"霸主"(overlord),好与对方结成反维京同盟。

历史 统一的英格兰?

威廉·华莱士的故事被改编成了由梅尔·吉普森(Mel Gibson)主演的史诗电影《勇敢的心》(Braveheart)。在20世纪90年代那场关于扩大自治权(devolution)的辩论中,这部电影所激发的民族自豪感大大推动了苏格兰独立运动的发展,远胜于任何一个政治家的演讲。

927年	1040年	1066年	1085~1086年
艾尔弗雷德大帝之孙、长者爱德华之子艾塞斯坦,仰仗其先辈在收复维京人领土上取得的功绩,首次被明确地奉为"英格兰之王"。	麦克白在战斗中击败邓肯,夺取苏格兰王位,后为邓肯之子马尔科姆所杀。这两点是莎士比亚那部戏剧中唯一与历史相符的地方。	英国历史上的关键一战——黑斯廷斯战役打响,在位国王哈罗德被入侵的诺曼军队击败,英国迎来了一位新的君主:征服者威廉。	新的诺曼统治者进行大规模国情普查,编成《末日审判书》。3年的时间里,他们摸清了英格兰目前的实力和未来的潜力。

苏格兰王国初立

9世纪,达尔里阿达的苏格提有位国王叫肯尼斯·麦克埃伊宾(Kenneth MacAlpin)。他的父亲是苏格提人,但母亲是皮克特族公主,于是麦克埃伊宾便利用皮克特族母系继位的传统,宣称自己是苏格提人和皮克特人的双料统治者,也就等于是整个阿尔巴地区的国王。

在异常短暂的时间里,苏格提人在文化和政治上取得了领导地位。皮克特人被同化,皮克特族的文化一下子烟消云散;阿尔巴与皮克特王国的联合就是苏格兰王国的雏形。

11世纪,苏格兰在建国之路上又迈出了坚实的一步。当时的国王马尔科姆三世(King Malcolm Ⅲ,其最著名功绩便是在1057年杀死了麦克白,此事后被威廉·莎士比亚写成戏剧,传世不朽),与其来自英格兰的皇后玛格丽特(Margaret)一同建立了坎莫尔(Canmore)王朝,其家族在之后两个世纪里统治苏格兰地区。

1066年的那些事儿

英格兰的局面依然悬而未决,统治权依然在撒克逊和丹麦—维京国王之间悠来荡去。忏悔者爱德华去世之后,王位传给了他的小舅子哈罗德(Harold)。这本该让局面平息下来,但是爱德华在诺曼底(今法国北部)有一个叫威廉(William)的表兄弟,威廉认为英格兰的王座本该自己坐才对。

结果威廉和哈罗德于1066年(这个年份不管你学没学过英国历史都一定再熟悉不过了)展开了黑斯廷斯战役。威廉率领诺曼族(Norman)战士从诺曼底乘船攻来,撒克逊这方败北,哈罗德战死(人们都说是眼睛中箭而亡,但毕竟与史实不符)。

诺曼的智慧

就这样,威廉成了英格兰的王,赢得了"征服者威廉"(William the Conqueror)的封号。这可不是随便起出来的绰号。为了控制盎格鲁—撒克逊人,精明的诺曼入侵者在自己新赢得的地盘上遍建城堡。1086年,威廉还主持编订了著名的《末日审判书》(*Domesday Book*),以便摸清英格兰目前的资源和未来的潜力。

诺曼人入侵之后,说法语的诺曼人与说英语的盎格鲁—撒克逊人可

罗伯特·拉西(Robert Lacey)和丹尼·丹齐格(Danny Danziger)两人撰写的《公元1000年》(*The Year 1000*)一书详细审视了1000年前英格兰的生活。不用说,当时这里的天气肯定也是阴冷潮湿的。

1095年
第一次十字军东征开始——欧洲的基督教军队为了从穆斯林手中收复耶路撒冷和"圣地"发起了一系列军事行动。后来的十字军东征又进行了数次,一直持续到1272年。

12世纪
牛津大学建立。尽管有证据表明这一地区自1096年起便有教学活动,但直到1167年亨利二世禁止学生在巴黎大学求学,牛津大学的重要地位才得以巩固。

1215年
约翰王签署《大宪章》,王权在英国历史上第一次被限制,英国在走向君主立宪制的道路上早早地迈出了一步。

13世纪
英格兰国王爱德华一世入侵威尔士,末位王罗埃林的统治至此结束。爱德华修建了许多城堡,以镇压威尔士的反抗活动。

以说"老死不相往来"。英格兰社会形成了严格的等级体系，也就是我们所谓的"封建制"。

然而，两族之间的通婚也并不是完全不存在。威廉的儿子亨利一世便娶了一位撒克逊公主当王后。但是这种试图融合两族人的努力在亨利去世后也"随斯人而去"。一场激烈的"逐鹿战役"由此展开，最终夺得王位的是亨利二世（Henry Ⅱ），即金雀花王朝的第一位国王。

诺曼入侵后的威尔士和苏格兰

为了巩固自己的新王国，也为了让威尔士人安分些，征服者威廉在两个王国的边界地区开始修建城堡，并任命贵族前往守卫。这些被称作"镇边王"（Lords Marcher）的贵族积累了巨大的财富和势力。今天，英格兰西部和威尔士接壤的地界依然被称为"边界地区"（The Marches）。

苏格兰的国王马尔科姆三世和王后玛格丽特对诺曼文化的接受性则更强一些。马尔科姆的继位者大卫一世（1124～1153年）采纳了诺曼封建体系，也把土地分封给了有实力的诺曼家族。1212年，一个叫"考文垂沃尔特"（Walter of Coventry）的廷臣曾出言评价苏格兰的朝廷如何受到法兰西的影响。

尽管法兰西—诺曼的影响在之后的几个世纪里改变了英格兰和苏格兰低地地区，但在北面高地地区生活的民众却不为所动，依然关起门过日子。他们这种我行我素的生活又保持了600年。

位于封建体系顶点的是国王，下面是贵族（包括男爵和男爵夫人、公爵和公爵夫人、主教等），再下面是伯爵、骑士、地主等，最下面是农民或者说农奴。未来英国社会的阶级结构便是在这一严格的等级体系上建立起来的，在今天的英国社会依然存在。

王权与神权之争

亨利一世的统治在英格兰结束后，英格兰开始了"继承靠拳头"的传统，也为日后皇室和教会之间的不断纷争开了一个头。导火索在1170年被

《大宪章》

1215年，男爵们发现给约翰王当差越来越难，于是强迫他签署了一份叫作《大宪章》（*Magna Carta*, the Great Charter）的文件，在英国历史上第一次对君主的权力做出了限制。尽管初衷不过是设立几条基本准则，《大宪章》初步形成的人权法案最终却导致了独立于君主的国家治理机构——国会的建立。《大宪章》于温莎附近的兰尼米德（Runnymede）签署，如今你依然可以看到当年签字的具体地点。

1295年	1296年	1298～1305年	1314年
苏格兰的约翰·巴里奥与法兰西的菲利普四世签署共同防御条约，缔结了"友好同盟"。这一反英协议的效力维持了几个世纪。	英王爱德华一世率领3万兵马征讨苏格兰，通过野蛮的入侵占领了贝里克、爱丁堡、洛克斯堡和斯特灵等地的城堡。	威廉·华莱士于1298年被奉为"苏格兰护国公"。爱德华的军队之后在福尔柯克战役中击败苏格兰人，华莱士隐姓埋名藏身避祸，但于1305年被出卖并被处决。	罗伯特·布鲁斯率领军队在班诺克本战役中击败英格兰，这场胜利巩固了苏格兰在之后400年中的独立。

引燃。那一年亨利二世派人在坎特伯雷大教堂谋杀了"跋扈的牧师"托马斯·贝克特（Thomas Becket）。今天，这座教堂依然是一个景点，人们到这里就会想起贝克特。

下一位国王是理查一世。也许是为了弥补其前任对神灵的亵渎，理查决定领导十字军进行一次东征（也就是基督教的"圣战"），想把耶路撒冷从穆斯林"异教徒"及其领袖萨拉丁（Saladin）手中夺回来。这次战役被称为第三次十字军东征（the Third Crusade）。尽管基督教军队夺取了阿卡（Acre）和雅法（Jaffa）等城市，但他们并未占领耶路撒冷。

不幸的是，理查的"国际活动"让他无暇照看英格兰。尽管他凭借自己的勇气和果敢为自己赢得了"狮心王"（Richard the Lionheart）的称号，但他的离开使整个国家陷入混乱。

理查的继任者是他的兄弟约翰，但约翰的暴政让百姓的生活变得更糟糕。传说在这段时间，一个叫"洛克斯雷罗伯特"（Robert of Loxley）的贵族在舍伍德森林（Sherwood Forest）落草为寇，开始劫富济贫。这位侠士有一个更为人熟知的名字——罗宾汉（Robin Hood）。

扩张分子爱德华

爱德华一世（1272~1307年）是一位卓越的统治者，也是一个雄心勃勃的将军。在其繁忙的35年的统治中，爱德华毫不掩饰其扩张版图的野心，几次出兵威尔士和苏格兰。

几十年前，威尔士统治者罗埃林大王（Llywelyn the Great；死于1240年）曾试图把威尔士打造成一个封建国家，其孙末位王罗埃林（Llywelyn the Last）也得到了亨利三世的承认，成了第一位威尔士亲王（注意是"亲王"而非"国王"）。但是爱德华一世没空兜圈子，直接出兵入侵威尔士。在13世纪70年代的大部分时间里，这场血腥的侵略都未停止。最终威尔士成了英格兰的一个属国。威尔士不再有国王了，爱德华将自己的儿子封为威尔士亲王。从那时起，英国皇室的王储便会自动获得这一头衔（1969年，查尔斯王子便在卡那封城堡被封为威尔士亲王，让威尔士民族主义者大为不满）。

随后，爱德华一世又把目光投向北方。200年来，苏格兰一直被坎莫尔家族统治，但是在亚历山大三世于1286年去世后，坎莫尔王朝已名存实亡。继位者是亚历山大4岁的孙女玛格丽特（也称"挪威小姑娘"）。玛格丽特本许配给了爱德华一世的儿子，但婚事还未办，她就在1290年去世了。

大不列颠岛包括英格兰、威尔士和苏格兰三个部分，加上北爱尔兰共同组成联合王国，即英国。不列颠群岛是个地理概念，由英国和爱尔兰共和国，加上海峡群岛等岛屿组成。

1337~1453年
英格兰与法国陷入一场鏖战，史称"英法百年战争"。实际上，这场战争就是一系列的小规模冲突，但持续时间超过了一百年。

1348年
鼠疫（称为"黑死病"）袭来，最终使这里三分之一的人口遇难。对幸存下来的农民工来说，工资的上涨倒算是因祸得福。

1371年
布鲁斯王朝最后一位国王逝世，斯图亚特家族登基，并先后统治了苏格兰和不列颠三个世纪。

1381年
理查二世遭遇了"农民起义"。这一平民试图推翻封建制的努力遭到了血腥镇压，使这个阶级分化本已严重的国家雪上加霜。

苏格兰赢得独立

于是，约翰·巴里奥（John Balliol）和安南戴尔罗伯特·布鲁斯（Robert Bruce of Annandale）之间的苏格兰王座之争开始了。被贵族们请来做最终评断的爱德华把王位判给了巴里奥。但爱德华在苏格兰四处游走，强迫地方领袖效忠自己，试图正式把苏格兰变成自己封建霸业的一部分。而最令苏格兰人感到耻辱的是，他夺走了几个世纪以来苏格兰国王加冕时所用的"命运石"（Stone of Destiny），并将其运回伦敦。

是可忍，孰不可忍！结果，巴里奥联系上了爱德华的宿敌——法兰西。两国签订协议一致抗英，一个将延续几百年之久的"老同盟"（the Auld Alliance）就此诞生（要是从橄榄球或是足球上论，这个同盟今天依然存在）。

但爱德华可不是个肯受气的主儿。1296年，英格兰军队击败了巴里奥，强迫苏格兰各个领袖接受爱德华的统治。爱德华无情的报复也为他招来了"苏格兰人之锤"（Hammer of the Scots）的称号。但是，苏格兰人依然拒绝低头。1297年，一支苏格兰军队在威廉·华莱士（William Wallace）的领导下，在斯特灵桥战役（Battle of Stirling Bridge）中击败了英军。700多年后，人们依然把华莱士看作苏格兰的英雄。

此前，罗伯特·布鲁斯（Robert the Bruce；安南戴尔罗伯特·布鲁斯之孙）封自己为苏格兰国王（1290年），后在战场上大败，开始了逃亡生活。有个非常有名的传说，说布鲁斯在一个山洞中藏身时，受到了一直坚持不懈织网的蜘蛛的鼓舞，决心重整旗鼓。结果，布鲁斯的军队于1314年在班诺克本战役（Battle of Bannockburn）中击败了爱德华二世和装备精良的英格兰士兵，这场著名的胜利使苏格兰在1328年正式成为一个独立的国

谁想当国王？

一国之主（再不济也是储君）拥有巨大力量和无限特权，但可能是历史上最危险的行当之一。英格兰的国王们有战死沙场的（哈罗德）、有被砍头的（查理一世）、有遇刺身亡的（威廉二世）、有被邪恶叔父谋杀的（据说是爱德华五世），还有被王后及其情人干掉的（爱德华二世）。威尔士和苏格兰的君主们也同样命运多舛：有些死于邪恶叔父的算计（苏格兰的詹姆斯一世），有些战死（威尔士的末世罗埃林，以及英国最后一位在战场殒命的君主，苏格兰的詹姆斯四世）。

1399年	1400年	1455~1485年	1468~1469年
金雀花王朝最后一位君主理查二世被一个叫亨利·博林布鲁克的强权贵族废掉。后者成了亨利四世，兰开斯特王朝的第一个君主。	威尔士爱国英雄欧文·格林道尔领导威尔士人起义，并在马奇瑟兹（Machynlleth）宣布建立议会，但其反抗事业时日无多，所取得的胜利也转瞬即逝。	玫瑰战争爆发，这是一场兰开斯特王朝与约克王朝间相互角力的持久斗争。约克王朝最终获胜，拥立爱德华四世为王。	丹麦国王克里斯蒂安一世的女儿与后来的苏格兰詹姆斯三世订婚，奥克尼和设得兰先后被当作嫁妆抵押给了苏格兰。

家，国王就是布鲁斯。

斯图亚特家族登场

就在英法展开百年战争（1337~1453年）之际，苏格兰的情况也好不到哪里去。在1329年罗伯特·布鲁斯离世之后，苏格兰便被无休无止的内乱和横行肆虐的瘟疫搞得焦头烂额。

布鲁斯的儿子成了苏格兰的大卫二世（David Ⅱ），但是他继位不久，对其父布鲁斯不满的苏格兰人便在英格兰爱德华三世的支持下向大卫开战。1371年大卫逝世之后，苏格兰人很快便拥立罗伯特·斯图亚特（Robert Stewart；罗伯特·布鲁斯外孙）为王，这标志着斯图亚特王朝（House of Stewart）的崛起。这个家族后来会在英格兰历史中再次登台。

约克家族与兰开斯特家族

1399年，一个很有权势的贵族亨利·博林布鲁克（Henry Bolingbroke）废掉了无能的英格兰国王理查二世，自己当了国王，史称亨利四世，成了兰开斯特王朝（House of Lancaster）的第一位君主。他登基未满一年，被压迫的威尔士人便在王室后裔欧文·格兰道尔（Owain Glyndŵr, 英文拼写为Owen Glendower）的领导下爆发出最后的怒吼，威胁到了亨利的统治。但叛乱被镇压，格兰道尔负罪身亡，威尔士的精英阶层在之后的许多年里被排除在政治生活之外。

亨利四世的继任者是亨利五世，后者再次唤醒沉睡已久的百年战争。他率兵在阿金库尔战役（Battle of Agincourt）中击败法兰西，而莎士比亚在《亨利五世》（*Henry Ⅴ*）中借他之口做出的那段充满爱国之情的讲演（"God for Harry, England, and St George!"，即"上帝保佑亨利、英格兰和圣乔治！"）也使其永远跻身英王名人堂。

当1453年百年战争终于结束了的时候，你可能会觉得局势应该会平静一段时间，但是你错了。从法兰西班师回朝的英格兰军队又投入了一场被称为"玫瑰战争"（Wars of the Roses）的内战。

事情简而言之是这样的：亨利六世来自兰开斯特王朝（其标志为红玫瑰），约克公爵（Duke of York；其标志为白玫瑰）理查试图篡位。亨利软弱无能，理查本可轻而易举地登上王位，但是亨利的妻子安茹的玛格丽特（Margaret of Anjou）比丈夫更勇猛，她的军队击败了这个夺权者。不过

莎士比亚的《亨利五世》最近一次被改编成电影是在1989年。在那部超棒的史诗片《亨利五世》中，扮演亨利五世的是演员肯尼斯·布拉纳。另一部也很值得观赏的同名电影拍摄于1944年，由劳伦斯·奥利弗主演，当时是为了激发人们的爱国热情。

1485年	1509~1547年	1536和1543年	1558~1603年
亨利·都铎在博斯沃思战役中击败理查三世，成为亨利七世，结束了约克-兰开斯特对王位的争夺，开启了都铎王朝。	亨利八世统治时期，教皇反对亨利多次结婚和离婚，引发英格兰的宗教改革，英国圣公会成立。	威尔士被纳入英格兰统治下；《威尔士法案》也称《联合法案》，使两个国家合为一个政治实体。	伊丽莎白一世女王的统治为英国带来了无限的希望，这个时期莎士比亚戏剧登台现身，航海家沃尔特·雷利和弗朗西斯·德雷克扬帆西行。

事情还未就此结束，理查的儿子爱德华率兵杀来，扭转了战局，最终赶走了亨利，成了爱德华四世，即约克王朝的第一位君主。

高塔中的阴谋

爱德华四世还没来得及喘口气，沃里克伯爵（Earl of Warwick）理查·内维尔（Richard Neville）和安茹的玛格丽特联手于1407年赶走了爱德华四世，让其流落他乡，然后立亨利六世为王。但是一年后，爱德华四世又东山再起，他杀掉了沃里克伯爵，抓住了玛格丽特，并派人在伦敦塔中杀了亨利。

虽然爱德华四世的地位似乎已相当稳固，但他仅在位10年便去世，把王位留给了自己年仅12岁的儿子，即爱德华五世。这位小国王的统治时间竟比他父亲的还短。1483年，他连同自己的兄弟一并被神秘谋杀，伦敦塔又一次成了犯罪现场。

"塔里的王子们"就这样被打发掉了，王位留给了他们"亲爱的叔叔"理查。理查到底是不是杀害他们的凶手，今天尚无定论，但是他作为理查三世的统治时间也不长久。1485年，理查战死沙场。后来莎士比亚在戏剧中为这位已逝的国王设计了一句著名的台词："一匹马，一匹马，用我的王国换一匹马！"（当时，理查所骑战马的马掌上少了根钉子，结果他被战马掀翻在地。看到大势已去，理查仰天长叹，发出了这句悲呼）尽管故事很惨，但事实上没有什么人为这位国王掉眼泪。击败理查的是一个叫作亨利·都铎（Henry Tudor）的威尔士贵族，也就是后来的亨利七世。

走向统一

亨利七世的都铎家族所具有的中立性对于玫瑰战争之后的英格兰十分重要。而且，为了修复与北边苏格兰的"邻里关系"，他把自己的女儿嫁给了苏格兰的詹姆斯四世（James IV of Scotland），这样也就把都铎家族和斯图亚特家族联合了起来。尽管如此，詹姆斯四世仍然在1513年发兵英格兰，最后却落得在弗罗登战役（Battle of Flodden）身死的下场。亨利七世娶了爱德华四世的女儿——约克的伊丽莎白（Elizath of York；爱德华四世的女儿、理查三世的侄女），进一步巩固了王权。

对亨利七世来说，结婚也许比打仗更有用处，但像他的继任者亨利八世那样结那么多次婚，效果可就不同了。亨利八世的纠结之处在于生不出

《不列颠史步行游》[*Walks Through Britain's History*，由英国汽车协会（Automobile Association）出版]一书将指导你步行游览古老的城堡、战场和数百个历史景点。快去一边呼吸新鲜的空气，一边品味历史的味道吧！

历史学家大卫·斯塔基（David Starkey）所写的《六位妻子：亨利八世的王后们》（*Six Wives: The Queens of Henry VIII*）是针对这位多婚君王的一部现代通俗的研究著作。

1560年	1588年	1603年	1642-1649年
伴随新教改革，苏格兰议会建立了一个独立于罗马教廷和君主的新教教会。拉丁文弥撒被废除，人们不再听命于教皇。	《圣经》第一次被完整地翻译成威尔士语，促进了新教的传播，也帮助濒临失传的威尔士语保存下来。	苏格兰的詹姆斯六世继承了英格兰王位，将苏格兰、英格兰组成了所谓的"王权联合"，而他自己成了英格兰詹姆斯一世兼苏格兰詹姆斯六世。	支持国王的保皇党与奥利弗·克伦威尔领导的圆颅党展开内战，英联邦成立。

儿子，于是也就有了尽人皆知的那六任妻子。由于教皇不批准离婚或重婚，亨利八世最终与罗马天主教教会（Roman Catholic Church）决裂。议会把他立为英格兰新教（Protestant Church of England）的领袖，英国天主教徒和新教教徒之间的分裂对立由此产生，在今日英国的一些地区依然可见。

1536年，亨利变本加厉，把不列颠和爱尔兰的许多修道院都"解散"了。这倒不是教会与国家之间的斗争引起的，只不过是他想厚颜无耻地占有教会的土地和财富罢了。不过广大民众并不同情那些富有（也经常是腐化）的修道院，而亨利在1539~1540年故技重施，把较大规模的修道院的土地也抢了过来。

同时，亨利签署了《联合法案》（Acts of Union；分别于1536年和1543年），第一次正式将英格兰和威尔士合而为一。与此同时，在苏格兰，詹姆斯四世传位给詹姆斯五世。詹姆斯五世死于1542年，他的幼女玛丽（Mary）登基，由几个摄政王辅佐。

伊丽莎白时代

亨利八世死于1547年，其儿子爱德华六世和女儿玛丽一世先后继位，

苏格兰玛丽女王

在伊丽莎白执政期间，她的表妹玛丽（苏格兰国王詹姆斯五世的女儿，信奉天主教）即位，成为苏格兰玛丽女王（Mary, Queen of Scots）。玛丽的童年在法国度过，丈夫是法国的"皇太子"（dauphin），因此她也是法兰西的女王。两个王国哪里够用？丈夫死后，玛丽回到苏格兰，在那里指责伊丽莎白一世的继位是篡逆，野心勃勃地宣称自己才是英格兰王位的合法继承人。

但是玛丽的一系列计划失败了。她被囚禁起来，并被迫让位给自己的儿子（后来成为苏格兰詹姆斯六世，信奉新教）。后来玛丽逃到了英格兰，反向伊丽莎白求助。也许是她犯了一个低级错误，也许是受到了别有用心的大臣的怂恿，但不管怎么说，这步棋她下错了。不难理解，玛丽被看成了一个安全威胁，再一次被囚禁起来。伊丽莎白一反常态，犹豫不决，一直把玛丽囚禁了19年才最终下令将其处决。被囚禁期间，玛丽经常被从一个地方转移到另一个地方，所以今天英国有许多气派的宅子（甚至还有几个酒馆）宣称"苏格兰玛丽女王曾下榻于此"。

1688年	1707年	1745~1746年	1749年
奥兰治威廉在"光荣革命"中击败岳丈詹姆斯二世，后与妻子——詹姆斯二世之女玛丽共同登上王位。	《联盟法案》使得英格兰和苏格兰置于一个议会、一个主权国家和一面国旗之下。	詹姆斯二世党人叛乱。美王子查理登陆苏格兰，召集军队挥师南进，最终在卡伦顿战役中被击败。	作家兼治安官亨利·菲尔丁（Henry Fielding）创立了"弓街侦探"（Bow Street Runners），这一组织是伦敦职业警察的雏形。议会在1792年通过一项法案，允许将弓街模式向全英格兰推广。

但在位时间都不长。他的第三个孩子伊丽莎白（Elizabeth）意外地登上了王位。

伊丽莎白一世接手的是一个宗教争端激化、派系矛盾突出的烂摊子。但是在摸清情况之后，她有了自信，并扭转了这个国家的局面。伊丽莎白终身未嫁，于是人们以《圣经》中的圣母与之对比，称其为"童贞女王"（Virgin Queen），使她成了也许是第一个受到狂热崇拜的英王。

皇天不负苦心人。她执政的45年里，英国到处是一片繁荣景象：英格兰海军击溃西班牙无敌舰队（Spanish Armada）；凭借沃尔特·雷利（Walter Raleigh）和弗朗西斯·德雷克（Francis Drake）等航海家的环球探索，贸易开始扩张；更不用说，在威廉·莎士比亚和克里斯托弗·马洛（Christopher Marlowe）等作家的努力下，英国也迎来了文化大繁荣。

分久必合、合久必分的不列颠

伊丽莎白一世死于1603年，没有留下子嗣。王位便传给了她最近的亲属——被处决的玛丽的儿子、信奉新教的詹姆斯。他先后成为苏格兰詹姆斯六世（James Ⅵ of Scotland）与英格兰詹姆斯一世（James Ⅰ of England），也成了斯图亚特王朝（House of Stuart；原名斯图尔特，玛丽在法国期间将原名法语化）的第一位英格兰国王。最具意义的是，詹姆斯将英格兰、威尔士和苏格兰统一成一个王国，这在历史上是第一次，在不列颠的统一之路上前进了一步。

詹姆斯试图缓和宗教关系，但他的努力在一片反天主教的怒吼中搁浅。愤怒源于1605年发生的臭名昭著的"盖伊·福克斯火药阴谋"（Guy Fawkes Gunpowder Plot），这是一起企图炸毁议会的恐怖袭击。现在，每年11月5日，人们依然会以放烟花、点篝火和焚烧盖伊人偶的方式来庆祝阴谋被摧毁。

除了天主教与新教之间的矛盾，国王与议会之间的矛盾也继续在暗暗升温。在下一任国王查理一世统治期间，两者的权力斗争进一步激化，最终导致1642~1649年英国内战的爆发。反皇派（也叫"议会党"）的武装领袖是奥利弗·克伦威尔（Oliver Cromwell），身为清教徒的他号召人民反抗皇权，并成立教会。他的军队（"圆颅党"）与支持国王的武装（"保皇党"）开战，使英国，特别是英格兰陷入内战。英国内战波及苏格兰，保皇党与激进的"盟约派"（Covenanters）展开激烈斗争，后者反对国家干涉教政。

电影《伊丽莎白》（*Elizabeth*）于1998年上映，由谢加·凯普尔（Shekhar Kapur）导演，凯特·布兰切特主演，讲述了童贞女王初登王位时的故事，记录了她从公主到铁腕女王的转变，主题涉及无望之爱、讨人嫌的追求者、阴谋以及死亡等。

1775～1783年	1799～1815年	1837～1901年	1847年
美国独立战争使得大英帝国首次受挫，法国统治者拿破仑乘虚而入。	拿破仑战争时期，他威胁要入侵实力衰弱的不列颠，但纳尔逊和威灵顿分别在1805年的特拉法加战役和1815年的滑铁卢战役中击败拿破仑，阻止了其野心得逞。	维多利亚女王统治时期，号称"日不落"帝国的大英帝国版图从加拿大，经由非洲和印度一直延伸至澳大利亚和新西兰。	一份被戏称为"叛国蓝皮书"（Treason of the Blue Books）的政府报告发布，其中暗指威尔士语对当地教育有害，引发了威尔士语复兴运动。

据说临刑那天天气寒冷,被赶下王位的查理一世特意穿了两层衬衣,因为他不想让别人把自己"冻得哆嗦"说成是"吓得哆嗦"。

最终圆颅党取得胜利,国王被处决,英格兰宣布成为共和国,克伦威尔被尊奉为"护国公"(Protector)。

王权的复辟

到了1653年,克伦威尔开始感觉议会过于束手束脚,于是开始了独裁统治,令其支持者大为震惊。等到他在1658年离世,人民勉强让他的儿子接管大权。但是在1660年,议会决定重归君主制,因为事实证明共和制效果更糟。

于是查理二世(即查理一世流亡在外的儿子)回来继承王位,其统治史称"复辟时期"。这一时期的科学和文化事业蓬勃兴旺,探索世界和扩张版图的工作也在按计划进行。由于得到了现代化陆军和海军的支持(拜克伦威尔所赐,很讽刺吧),英国的殖民版图一直延伸到了美洲海岸,东印度公司(EastIndia Company)也在孟买(原称Bombay,现称Mumbai)建立了总部,为未来的大英帝国奠定了基础。

下一位国王詹姆斯二世/七世的日子不大好过。他试图减轻加在天主教徒头上的法律约束,但这一切都最终以他的下台和伯恩战役(Battle of Boyne)的失败而宣告结束。打败他的人是荷兰的国王威廉三世,但在英国他更为人知的称号是奥兰治威廉(William of Orange)。他的妻子可是詹姆斯的亲女儿玛丽,但在教训老丈人时这两口子可都没手软。

于是威廉和玛丽登上皇位,一个是国王,一个是女王,每个人都拥有合理的继承权(玛丽继承王位的理由更充分,但是威廉可不想只当"亲王"),他们在1688年的联合登基被称为"光荣革命"(Glorious Revolution)。

统一法案

1694年玛丽去世,威廉独占王座。几年后威廉去世,将王位传给了自己的小姨子安妮(Anne;詹姆斯二世的二女儿)。1707年,在安妮的统治期间,英格兰通过了《统一法案》(Act of Union),使此前独立的苏格兰议会(Scottish Parliament)成了历史,第一次将英格兰、威尔士和苏格兰置于一个议会之下(总部位于伦敦)。英国成了一个统一的国家,其议会变得更大、更强,其君主立宪政体也对国王或女王的权力施加了明确的限制。

这个新型议会诞生不久便开始发力。《统一法案》禁止任何天主教徒或任何天主教徒的配偶执掌王位——这一规定今天依然有效。1714年,安

1858年和1860年	1900年	1914年	1916年
全民族范围内首次现代意义的艺术家年会在兰戈伦和登比(Denbigh)举行——不过自18世纪末以来相似活动不断,标志着威尔士的文化复兴。	詹姆斯·凯尔·哈迪(James Keir Hardie;俗称凯尔·哈迪)成为第一位工党议员,为威尔士矿成梅瑟蒂德菲尔赢得一个席位。	弗朗茨·费迪南大公(Archduke Franz Ferdinand)在巴尔干城市萨拉热窝遇刺身亡——酝酿十年的危机终于引发第一次世界大战。	来自威尔士的自由党人大卫·劳合·乔治(David Lloyd George)成为英国首相,与保守党联合执政,捍卫劳苦大众的利益。

妮女王无嗣而终,标志着斯图亚特王朝的结束。王位于是被传给了其德国(但依然是信奉新教的)远亲——汉诺威家族,这段时期还有个更响亮的名字,即乔治王时代。

詹姆斯二世党叛乱

尽管,或者也可以说是因为1707年通过了《统一法案》,苏格兰的反英情绪依然没有消失。二世党叛乱,尤其是1715年和1745年那两次叛乱,便是想推翻汉诺威王朝,迎回斯图亚特王朝。尽管这几次叛乱是苏格兰历史上的标志性事件,但事实是,除了苏格兰高地地区,叛乱的支持者寥寥。苏格兰低地地区的民众主要是新教教徒,他们担心斯图亚特王朝的归来会让国家重返天主教信仰。

1715年叛乱的领导者是詹姆斯·爱德华·斯图亚特(James Edward Stuart;史称"老僭王",Old Pretender),他是流亡的英格兰的詹姆斯二世(即苏格兰詹姆斯七世)的儿子。叛乱失败后,他逃往法国。为了对苏格兰高地地区施加控制,乔治·韦德将军(General George Wade)受命在许多此前交通不便的河谷地区修建军用道路。

1745年,詹姆斯的儿子查理·爱德华·斯图亚特[Charles Edward Stuart,也叫"美王子查理"(Bonnie Prince Charlie)或"小僭王"(Young Pretender)]登陆苏格兰,代父称王。他开始时很风光,部队向南一直推进到了德比,但是1746年,美王子及其高地军队在卡伦顿战役(Battle of Culloden)中遭受到了毁灭性的打击。他逃亡西边诸岛的这段传奇经历,因为一首《斯凯岛船歌》(*The Skye Boat Song*)而保存在了人们的记忆中。人们也同样记住了韦德将军,但不是因为歌曲,而是因为他的军队铺设的许多道路今天依然在使用。

帝国的反击

到了18世纪中叶,对于英国王位的争斗似乎已成历史,乔治王们也越来越倚重议会来管理国家。顺应这一趋势,一位叫罗伯特·沃波尔爵士(Sir Robert Walpole)的资深议员在1721~1742年执掌国政,可以说是英国历史上第一位首相。

同时,大英帝国的势力继续在美利坚、加拿大和印度增长。而当詹姆斯·库克船长(Captain James Cook)于1768年在其传奇般的探索航行中

由历史学家兼电视明星西蒙·沙马(Simon Schama)撰写的《英国史》(*A History of Britain*)一套三册,审视英国公元前3000年到公元2000年之间发生的重大事件。

1939~1945年	1946~1948年	1948年	1952年
"二战"的战火烧遍欧洲以及非洲和亚洲的大部分地区。英国与美国、苏联、中国、澳大利亚、印度和新西兰等盟国最终战胜了德国、日本和意大利。	工党将船坞、煤矿和钢铁等工业收归国有。英国的"四大"铁路公司整合成了英国铁路公司。	时任工党政府医疗大臣的安奈林·比万(Aneurin Bevan)启动了"国民医疗保健计划",这是英国作为"福利国家"的核心。	乔治六世去世,其女伊丽莎白公主成为伊丽莎白二世,加冕礼于1953年6月在威斯敏斯特大教堂举行。

发现澳大利亚之后，那里也成了大英帝国的一部分。

帝国的第一次吃亏是让美洲殖民地赢得了独立战争（1775~1783年）。这次失利让英帝国在世界舞台上暂时离场，法国统治者拿破仑趁机而动。他开始威胁要入侵不列颠，并在海外试图遏制大英帝国势力的发展。但是海军英雄纳尔逊（Nelson）元帅和军事天才威灵顿公爵（Duke of Wellington）分别在著名的特拉法加战役（Battle of Trafalgar; 1805年）和滑铁卢战役（Battle of Waterloo; 1815年）中击败拿破仑，阻碍了其野心的得逞。

工业时代

就在帝国对外扩张之时，英国本土也正酝酿着一场工业革命（Industrial Revolution）。蒸汽机（其专利权由詹姆斯·瓦特于1781年获得）和蒸汽火车（由乔治·斯蒂芬森于19世纪20年代投入使用）改变了生产和交通运输方式，英格兰中部地区的城镇成了第一批工业城市。

从1750年前后开始，苏格兰高地地区的土地主若无其事地把整个农场和村里里的人赶走，腾出地方发展更为赚钱的绵羊养殖业，使得高地大部分地区荒无人烟。这一在苏格兰历史上影响深远的事件被称作"苏格兰高地大清洗运动"（the Clearances）。尽管许多失去土地的人前往"新世界"去闯荡，也有不少人前往拉纳克郡的棉纺厂和格拉斯哥周边克莱德河（Clyde）的船坞等发展迅速的行业碰运气。

到19世纪早期，威尔士当地人已在梅瑟蒂德菲尔（Merthyr Tydfil）和蒙茅斯（Monmouth）地区开采铜、铁和页岩。19世纪60年代，朗达河（Rhondda）河谷地区开始对采煤业开放，威尔士很快成了世界上主要的煤炭和马口铁产区。

在整个不列颠，工业化引发了一场规模前所未见的人口大迁徙。人们开始离开祖祖辈辈生活的土地和村庄。从农村到城市的快速转变引发了巨大的不适。尽管伴随工业的进步，科学和医疗水平得到了提升，可是英国经济的繁荣给许多人带来的却是贫穷和被剥削。

大英帝国时代

尽管19世纪早期出现了一些社会动荡，但等到1837年维多利亚女王（Queen Victoria）登基之时，英国的工厂已主宰了世界贸易，英国的舰

库克船长在南半球的航行主要是一次科学探险。他的目的之一是想观察金星凌日（transit of Venus）——这个约180年才发生两次的天文奇观（最近的两次发生在2004年和2012年）。发现澳大利亚是"无心插柳"之行为。

在其鼎盛时期，英帝国占有地球上20%的陆地面积，统治着世界上四分之一的人口。

1955年和1959年
加的夫于1955年宣布成为威尔士首府；1959年威尔士有了自己的国旗（绿白底，上有红龙）。

20世纪60年代
非洲和加勒比海殖民地的独立运动风起云涌，尼日利亚、坦桑尼亚、牙买加与特立尼达和多巴哥、肯尼亚、马拉维、冈比亚和巴巴多斯先后独立。

20世纪70年代
北海发现了石油和天然气，为苏格兰的阿伯丁与周边区域，以及设得兰群岛带来新的繁荣。

1979年
玛格丽特·撒切尔领导的保守党政府在大选中获胜。这一20世纪英国历史上的里程碑事件，在之后的十年间为英国带来了巨大的政治和社会变革。

队也已主宰了海洋。19世纪余下的这段时间被看成英国的"黄金时代"（Golden Age）。

维多利亚统治的是一个骄傲的母国及其在海外的大片殖民地，版图从加拿大开始，覆盖了非洲的大部以及印度，一直延伸至澳大利亚和新西兰，号称"日不落帝国"。

形势一片大好，但也没好到高枕无忧的地步。为了应对工业革命所带来的诸多恶果，1868年掌权的首相迪斯雷利（Disraeli）及其继任者威廉·格拉德斯通（William Gladstone）也开启了一系列社会改革。教育普及化，工会组织合法化，选举权逐步下放平民——于1918年赋予年满21岁的男性，并于1928年赋予所有女性。

第一次世界大战

当维多利亚女王1901年逝世的时候，英国的势头似乎处于颓势。新国王爱德华七世的登基为英国迎来了一个悠闲的"爱德华时代"和一个漫长的衰退期。

而与此同时，欧陆诸国则动作频频。四个躁动不安的列强（俄罗斯、奥匈帝国、土耳其和德国）在巴尔干半岛剑拔弩张，而1914年费迪南大公（Archduke Ferdinand）在萨拉热窝（Sarajevo）遇刺则最终引发了一场"大战"（Great War），即我们今天所说的第一次世界大战。英国与同盟国的士兵被卷入了这场血腥的战争。其中最为臭名远扬的杀戮发生在弗兰德斯（Flanders）以及加里波底（Gallipoli）海滩。

1918年，这场战争疲惫收场，超过100万不列颠人（以及数百万其他国家的人民）在战争中丧生，英国几乎找不到任何未被死神光顾的街道或是村庄，现在英国到处都可以找到"一战"纪念碑，上面的烈士名单读起来令人唏嘘不已。

幻灭与萧条

对那些"一战"中幸存的战士来说，战争带来了一种幻灭感，让他们质疑起当时的社会体系。一股新的政治力量、代表工人阶级的政党——工党，在公众的支持下应运而生。

同时，激烈的英爱战争（Anglo-Irish War; 1919~1921年）结束时，爱尔兰大部分地区已取得完全独立，但北部六郡仍处在英国统治下。这样，

塞巴斯蒂安·福克斯（Sebastian Faulks）所著的《鸟鸣》（Birdsong）是描写第一次世界大战最棒的小说之一。小说以淡淡的笔调、精妙的情节和强烈的感染力，为我们描绘了一幅由激情、恐惧、荒芜、无能的将军和悲惨血腥的步兵组成的景象。

1982年	1990年	1992年	1997年
英国就马尔维纳斯群岛（福克兰群岛）问题与阿根廷开战并取得胜利，引得英国人民的爱国情绪空前高涨。	撒切尔夫人下台，由于反对党工党的无能，保守党继续当政，但已进入衰败期。	工党内部传统派和现代派的对立依旧。保守党在其新领袖约翰·梅杰的带领下，意外地赢得大选，让大家大跌眼镜。	大选中，托尼·布莱尔领导的"新"工党，凭借在议会中破纪录的席位数，在选举中获胜，结束了保守党人近20年的执政。

在2017年上映的影片《敦刻尔克》中，英国导演克里斯托弗·诺兰（Christopher Nolan）对1940年5月英国军队大规模撤退行动的诠释扣人心弦。这部电影的主演包括肯尼斯·布拉纳（Kenneth Branagh）、马克·里朗斯（Mark Rylance）、汤姆·哈迪（Tom Hardy）等，还有初登银幕的流行歌手哈里·斯泰尔斯（Harry Styles）。

一个名为"大不列颠及北爱尔兰联合王国"的新的政治实体产生了，但是将爱尔兰岛分而治之的决定将产生深远的影响，时至今日，依然主导着英国与爱尔兰共和国的政治活动。

与自由党联手的工党在1923年的大选中首次获胜。詹姆斯·拉姆齐·麦克唐纳（James Ramsay MacDonald）成了第一位工党首相。但到了20世纪20年代中期，右翼保守党重新登台。世界经济不久之后开始下滑，20世纪30年代出现了"大萧条"（Great Depression），带来了10年之久的经济疾苦和政治动荡，使情况进一步恶化。

第二次世界大战

1933年，阿道夫·希特勒在德国执掌大权。到了1939年，德国入侵波兰，将英国再一次卷入战争。德国军队横扫欧洲，在1940年6月将英法联军逼退到了敦刻尔克（位于法国北部）海岸。一批英勇非凡的小型救援船把一场灭顶之灾变作了一次英勇的撤退。今天，在每年的这一天，英国人依然会带着自豪和哀伤回忆那场战斗。

到了20世纪40年代中期，欧洲大部都已被德国人控制。美国处于中立状态，英国几近孤立无援之地。就在这时，一位新首相进入了历史的战场，他叫温斯顿·丘吉尔。

1940年9月到1941年5月，德国空军对包括伦敦在内的几个英国城市进行了一系列的空袭（主要在夜间），史称"闪电战"（Blitz）。尽管如此，英国的士气依然高昂，部分原因是丘吉尔定期进行的广播讲演。1941年底，美国参战，局面也为之转变。

到了1944年，德国溃败之象已现。苏联从东面推进，英美及其他盟国再一次挺近法国海岸。诺曼底登陆（那一天更为知名的称谓是D-Day）标志着欧洲西部解放的开始。到了1945年，希特勒丧命，战争也终于结束了。

动荡与下滑

尽管在第二次世界大战中取得了胜利，英国的政局却在1945年意外转向。厌倦了战争，渴望改变的选民们抛弃了丘吉尔所在的保守党，推选工党执政。

1952年，乔治六世传位给女儿伊丽莎白二世。她延续了之前伊丽莎白一世和维多利亚女王的传统，在位60余年，见证了一个社会经济发生巨大变化的时代。

诺曼底登陆数据

史上规模最大的军事舰队

超过5000艘船

约15万名盟军战士登陆

战役持续时间：4天

1999年
议员们坐在加的夫的一座新建大楼中，见证了威尔士第一届"国民议会"的选举产生。罗德里·摩根（Rhodri Morgan）成为"首席部长"。

1999-2004年
苏格兰议会于1999年5月12日首次召开。5年后，历经了众多丑闻，花费了大笔钞票，一个新的议会大楼终于在爱丁堡荷里路德投入使用。

2007年
《威尔士政府法案》的通过是自威尔士国民议会成立以来，威尔士人在从英国手中争夺权力的过程中获得的最大一次胜利。

2016年
英国举行了全民公投，决定退出欧盟。公投结果：52%支持脱欧，48%赞成留在欧盟。

温斯顿·丘吉尔

温斯顿·丘吉尔是英国最出名的首相,于1874年出生在一个贵族家庭。年轻时,丘吉尔加入陆军,见证了英国在印度和非洲的军事行动。1900年,他被推选为保守党议员,在20世纪20年代担任了形形色色的内阁职务。

1939年,英国参加第二次世界大战,1940年,丘吉尔出任首相并兼任国防大臣。希特勒本以为可以轻而易举地拿下英国,但丘吉尔非凡的斗志外加其广播演说(其中最有名的便是他"除了鲜血、辛劳、泪水和汗水,我别无可以奉献之物"和发誓要"在海滩大战"这两段发言),鼓舞了英国人民的反抗斗争。

1940年7月至10月,英国皇家空军(Royal Air Force)抵挡住了德国的空中进攻,获得了胜利,史称"不列颠战役"(Battle of Britain),为战争迎来了一个重要转折点,用丘吉尔对皇家空军的褒奖之词来说,"以如此少的兵力,取得如此大的成功,保护如此多的众生"。这是一着险棋,但也出奇制胜,丘吉尔被英国人民誉为民族英雄。

到了20世纪50年代末,复苏之象明显,以至时任首相的哈罗德·麦克米伦(Harold Macmillan)在一次著名发言中提醒英国人民他们的生活"从未像今天这样好"。随着20世纪60年代的到来,老气横秋了好几辈的英国突然开始寻欢作乐、活力四射起来。在1965年,英国的"二战"救星温斯顿·丘吉尔爵士以91岁的高龄辞世。英国为他举行了隆重的国葬,这种仪式通常是英国君主逝世后才能享受的尊贵待遇——非王室成员中只有寥寥数人得享如此哀荣。

尽管20世纪60年代有好有坏,前景颇不明朗,但到了70年代,在通货膨胀、石油危机和国际竞争加剧的合力之下,英国经济开始下滑。这10年里,罢工和纠纷不断,悲观情绪充斥着社会每个角落。

无论是爱德华·希思(Edward Heath)领导的保守党(也被称为"托利党"),还是哈罗德·威尔森(Harold Wilson)和吉姆·卡拉汉(Jim Callaghan)领导的工党都未能控制这一内部冲突。结果英国民众忍无可忍了。在民众的支持下,保守党在1979年大选中大获全胜,其领袖是一位当时名不见经传的政治家,名叫玛格丽特·撒切尔(Margaret Thatcher)。

撒切尔时代

很快,玛格丽特·撒切尔的名字就家喻户晓了。爱她也好,恨她也好,所有人都必须承认撒切尔治起国来轰轰烈烈。站在21世纪的制高点回望,

2017年	2018年	2019年	2019年
保守党提前进行大选,导致无多数议会产生。北爱尔兰的民主统一党(Democratic Unionist Party,简称DUP)同意与保守党结盟,建立少数党政府。	哈里王子迎娶美国演员梅根·马克尔,成为首位与混血儿结婚的王室成员。	英国前外交大臣、伦敦前市长鲍里斯·约翰逊7月23日当选执政党保守党领袖,接任英国首相。	英国最高法院9月24日裁决,首相鲍里斯·约翰逊暂停议会五星期的举措"不合法"。经首相约翰逊提议、英国女王批准,英国议会罕见地被暂停五个星期。

很多评论家认为撒切尔政府的政策在经济方面总体上是成功的，但从其社会影响上看却是失败的，导致了英国两极分化。一方面，一些人在"新兴"行业产生的繁荣浪潮中抓住机会从中获利；另一方面，采煤和制钢等"传统"行业的衰退导致这些行业的从业者失去工作，丢掉饭碗。

人们常常把撒切尔的种种方针称为"铁腕政策"。尽管如此，或者也可以说正因为此，到她1988年下台，撒切尔是20世纪在位时间最长的英国首相。

新工党，新千年，新起点

在1990年，约翰·梅杰（John Major）取代玛格丽特·撒切尔出任首相，对工党仍心存疑虑的选民在1992年的大选中倒向保守党一方，后者始料未及地胜选。此后工党重整旗鼓，并于1997年在新面孔党魁托尼·布莱尔（Tony Blair）的领导下，以"新"工党的姿态横扫政坛。

此后布莱尔与工党享受了一个长长的蜜月期，在2001年的大选中也是马到成功。苦苦挣扎的保守党又将2005年大选拱手交给了工党，使其历史性地第三次获胜。一年后，托尼·布莱尔成了英国历史上在位时间最久的工党首相。

2010年5月，工党创纪录的13年的统治结束。保守党和自由民主党组成的执政联盟组成了新一届英国政府（自"二战"以来尚属首次）。联合政府的尝试以失败收场，2015年大选中，自由民主党失去49个代表席位，赢得的席位只有8个。大选结果同样让遭受挫败的工党寻求新的认同，而保守党则在戴维·卡梅伦（David Cameron）的领导下一家独大。

在一年多之后进行的公投中，脱欧的支持者以52%对48%的优势获胜——这一结果显然是想要继续留在欧盟的主要政党所不想见到的。卡梅伦几乎是在公投结束后立即辞职，首相职位由前内政大臣蕾莎·梅（Theresa May）接任，她的执政能力因英国脱欧的争论——以及错估形势仓促地提前在2017年举行大选而备受质疑，正是在2017年大选中，梅的保守党丢掉众议院的多数席位，一个"无多数议会"就此产生。

梅原来打的如意算盘是，工党因领袖杰里米·科尔宾（Jeremy Corbyn）的强烈社会主义倾向而在内部出现分歧，科尔宾的不得人心有目共睹。但出人意料的是，科尔宾的左翼主张在民众中很有市场——幻想破灭的年轻选民们更是对其青睐有加。

想详细了解20世纪80年代，你可以阅读安迪·麦克史密斯（Andy McSmith）撰写的《何谈社会》（No Such Thing as Society）。以玛格丽特·撒切尔的那句名言作为书名，这部书对这位"铁娘子"（Iron Lady）统治的时代进行了研究。

电视主持人兼评论家安德鲁·马尔（Andrew Marr）所著的《英国现代史》（A History of Modern Britain）详细记载了英国在第二次世界大战之后的60年历程，全面概括了这一时期的历史事件。

2019年

10月29号晚8点20左右，英国议会下院表决通过了首相鲍里斯·约翰逊提出的12月12日提前大选的简短议案。

餐桌

英国饭菜一度曾是人们口中的笑柄。英国烹饪界的里程碑出现在2005年：这一年，美食界权威杂志《美食家》（*Gourmet*）将伦敦评为全球最佳美食城市。之后几年，美食爱好者在英国的食物选择，无论是何种价位的，都越来越多、越来越好了。伦敦现在又成了全球美食之都，同时，在英国寻觅美食也越来越容易。

吃在英国

20世纪90年代让英国声名狼藉的疯牛病已经成为久远的历史，现在，英国牛肉又开始销往世界各地了。但当时的负面新闻却也带来了积极的影响，那就是对高品质食物需求的激增。这意味着现在你不论在英国的哪个地方，在商店、市场、咖啡馆、餐厅里，都能够看见很多有机种植、天然无害、不用农药、人工看护、本土养殖和非密集型供应的食材。

除了人们对食品质量和来源有更多的关注以外，外来因素也给英国食物带来了其他变化。几十年来，大部分的城镇都开起了意大利、中国和印度餐厅，所以奶油意面、炒面和咖喱已经不再是英国人眼中的异国美食了。而近年来，日本、韩国、泰国等其他亚洲国家的食物也广泛出现在英国。

这些外来美食的总体影响就是给传统的英式烹饪带来了新的技巧、新的食材和新的草本香料，所以才有了"现代英国饮食"。普普通通的香肠和土豆泥摇身一变，成了自制的百里香猪肉苹果香肠配上茴香碎加红酒汁。

英国人最喜欢的餐馆美食是印度咖喱鸡（chicken tikka masala）。这完全是为英国人创造的印度美食，在印度，人们对它闻所未闻。

纯英式

英国人现在时不时地吃些小吃已经是非常司空见惯的事情，这和很多工业化国家并无差别。但是英国人一天的进餐节奏仍是传统的三餐：早餐、午餐和晚餐。大家还应该知道，"dinner"有时也称作"tea"或者"supper"——这主要取决于人们所处的社会阶层和地理位置。

最容易引起观点分歧的英国食物就是马麦酱（Marmite）——这种味道强烈的抹酱由酵母提取物制成，许多人喜欢在早餐时抹在面包上吃。同样也有许多人根本无法接受这种东西——正如马麦酱制造商们在广告中所说的"爱恨分明"。

早餐

很多英国人早上总是凑合吃点烤面包片或者麦片就赶去上班了。但是入住酒店或者民宿的游客无疑会碰上"英式早餐"——或者其他地区相应的"早餐"。"英式早餐"主要有培根、鸡蛋、番茄、蘑菇、烤豆子、烤面包片；苏格兰的"苏式早餐"一般用可口的英式松饼（土豆面包）替代烤面包片。在威尔士，你可能会吃到莱佛面包（laver bread），这其实根本不是面包而是海藻，与燕麦片、培根一起放在烤面包片上食用。在英格兰北部，你还可能会吃到黑香肠（血肠）。万一你觉得这些还不够，提醒一下，在这些哈吉斯是苏格兰除夕和彭斯之夜等庆典上必不可少的一道菜，但它也像其他英国菜有一样包含着最令人倒胃口的食材（碎яд物内脏配燕麦、油脂和香料，包在羊肚里煮制）。传统上，哈吉斯要搭配"萝卜和土豆泥"（neeps and tatties）同食。

"豪华早餐"之前还供应麦片，之后还会供应烤面包片和橘子酱或火腿。

如果你不喜欢一大清早就吃那么多，大部分地方还会提供稍微清淡一些的早餐，或是当地的特色食物，例如熏鱼，或是"欧陆式早餐"（完全没有熟食，可能还会加一些外来食物，例如一度被认为是具有异域风味的牛角面包）。

午餐

英国贡献给全世界最伟大的发明之一就是三明治。三明治通常是中午食用的。虽然说把一片奶酪或者一片火腿夹在两块面包中间听着非常简单，但确实一直都没有人想到过。直到18世纪，三明治伯爵（Earl of Sandwich；他的头衔来自英格兰东南部的三明治镇，而这一镇名又来自北欧语言，是"多沙的海滩"之意）吩咐自己的仆人把冷盘肉夹在面包中间送到他的办公桌前，这样他就能够一边吃一边工作了，但也有一些历史学家说他是为了在深夜里继续打牌才这么干的。

另外一道经典午餐也许比其他食物更能代表英国美食——尤其在酒馆中，那就是农夫午餐（ploughman's lunch），主要有面包和奶酪。可能很久以前，好胃口的农夫确实会把这样的食物（包在有红小点的手绢里）带到田里吃，但"农夫午餐"这种餐食确实是到现代才出现的。20世纪60年代，英国奶酪生产商组织的营销负责人发明了"农夫午餐"，其实就是利用民众的怀旧之情以及对传统的钟爱之情提高奶酪销量。

你仍能在一些酒馆中找到最普通的农夫午餐，当然，再配上一两品脱当地产的麦芽啤酒会非常惬意。但是现在的农夫午餐一般都会加上黄油、沙拉、泡菜、腌洋葱和酱汁。你也会发现其他类似的午餐，例如，农民午餐（面包夹鸡肉）、畜牧人午餐（面包和火腿）、法式午餐（布里干酪加法棍面包）、渔夫午餐（你应该会想得到的，配鱼肉的午餐）。

如果想换一种奶酪和面包的组合方式，可以尝尝威尔士干酪面包片——不一样的奶酪面包，常用黄油、牛奶调味，有时还加一点啤酒。如果

康沃尔郡馅饼

英格兰西南部深受喜爱的一种美食是康沃尔郡馅饼。这种馅饼是将煮熟的肉类和蔬菜包入面团中制成。这种馅饼就像一个餐盒，被锡矿工人带到矿井下，他们把馅饼放到壁架上，午餐时食用。为了区分各自的馅饼，矿工们会把自己名字的开头字母标在馅饼的一端，这样在午餐吃剩一半后，带标记的另一半还能留到下午填填肚子，而不会被工友不小心吃掉。在出矿井之前，矿工们会按照民俗把馅饼的最后几口留给矿中神灵诺克（knockers），祈祷第二天仍能安全往返。

自2015年起，康沃尔郡馅饼开始受到地理标志保护（Protected Geographical Indication）——也就是说，法律规定，只有按照一套严格规程在康沃尔郡制作的馅饼才能叫作"康沃尔郡馅饼"。要小心山寨货——如果你想要品尝正宗口味，必须去康沃尔郡。其他同样受到保护的英国美食还包括梅尔顿莫布雷（Melton Mowbray）猪肉馅饼、Newmarket香肠、斯托诺韦（Stornoway）黑布丁、坎伯兰（Cumberland）香肠、阿布罗斯（Arbroath）熏鱼、格洛斯特郡（Gloucestershire）Old Spot猪肉、马恩岛（Isle of Man）羊羔肉和五花八门的奶酪（巴克斯顿蓝奶酪、约克郡温斯利代尔奶酪、西南部各郡农场切达奶酪等）。

炸鱼和薯条

在苏格兰外带午餐,可以尝试一下福法尔肉馅饼(以牛肉和洋葱为馅的半圆形馅饼)。

晚餐

几十年来,典型的英式晚餐就是"一荤两素"。不过英国人也已经开始兴致勃勃地尝试自全球各地的风味,在晚餐桌上也会出现咖喱、比萨或意面,搭配一份排骨、薯条和豌豆。烹饪类电视节目与众多知名主厨撰写的食谱的火爆也在近些年极大地丰富着英国的菜式,如今,多数英国人在口味上堪称全球化。

有一项传统变化不大,那就是烤肉大餐,一般是在周日的午餐享用。经典菜式是烤牛肉(要注意是roast beef,并非roasted beef)配约克郡布丁(即脆皮烤面糊)、几种蔬菜,加上肉汁。另一种搭配也很经典,采用约克郡布丁搭配香肠,美其名曰"蟾蜍在洞"(toad-in-the-hole)。

英国最著名的烤牛肉是来自苏格兰的安格斯牛(Aberdeen Angus cattle),而威尔士最出名的是羊肉。鹿肉——通常来自赤鹿,在苏格兰很容易吃到,在威尔士和英格兰的部分地区,尤其是在新福里斯特(New Forest),也能吃到。

英国菜中最出名的也许是炸鱼和薯条(fish and chips)了。一般是在小吃店出售,包在纸袋中外带回家。到了深夜,很多美食爱好者从酒馆里出来后,也会买上一份,边吃边走回家。但必须说明的一点是,炸鱼和薯条在全国各地的味道差别相当大,有的地方薯条绵软微湿,炸鱼油腻无味,尤其是在离海边较远的地方,但到了临海的城镇,这道经典的美食当然值得一试。

英国的奶酪中以切达奶酪最为出名——这种奶酪气味强烈,有干果香味,质地坚硬,发酵达数月之久,是农夫午餐中必不可少的菜式。切达奶酪的名字来自萨默塞特的切达村;过去这种奶酪就是储存在村子附近的石灰岩山洞之中。

苹果酥屑

布丁和甜品

在英式英语中，布丁有两种含义：指主菜之后的一道菜（如甜品）；一种食品，可能是甜的（例如贝克韦尔布丁等甜品），也可能是咸的（例如约克郡布丁）。

碎饼（crumble）是一道经典的英式甜品：以水果（通常是苹果或大黄）为底，加糖焖炖，然后加上由面粉、牛油和糖做成的酥皮，食用时再配上蛋奶糕或者冰激凌。

苏格兰的经典布丁是clootie dumpling[含大量水果干的布丁，蒸制时用棉布（苏格兰方言称cloot）包裹]。其他甜点还包括cranachan，鲜奶油以威士忌调味，混以烤燕麦和覆盆子；以及阿瑟尔乳饮（Atholl brose），即奶油、威士忌和蜂蜜混合，以燕麦调味。

其他备受喜爱的英国布丁包括糖浆松糕、面包黄油布丁，还有蜜提布丁（plum pudding），一种由水果、坚果加白兰地酒或者朗姆酒制成的圆顶形蛋糕，是传统的圣诞节美食。所以不出意外地，它又叫"圣诞布丁"。这种布丁是蒸制而非烤制的，切片后与白兰地黄油一同食用。

大部分布丁的食材从布丁的名字上就能推测出来，但还有一些就不太明显了。黑葡萄干布丁（spotted dick）的英文原名直译为中文是"斑点小鸡鸡"。"小鸡鸡"（dick）一词为什么会出现在这个布丁的名字中仍没有确切的解释，有可能是英语中"面团"（dough）一词的误读，也有可能是德语词汇"厚重"（dicht）的派生词，还有可能是英语中"斑点狗"（spotted dog）的误读。但其实这种布丁用料非常简单，就是白色牛油布丁加上黑葡萄干，当然还有糖。大部分英式布丁都含有大量的黄油或糖，抑或两者皆

英格兰的许多城镇都会定期举办农贸集市——这是大大小小的食品生产商向公众推介自家产品的好机会。更多信息可见网站www.localfoods.org.uk。

有。如果你希望吃到清淡健康的布丁，那是根本不可能的。

喝在英国

说到英国的饮料，一般想到的就是茶、啤酒和威士忌。英国的茶和啤酒与世界上其他地方的都不一样。你到英国旅游的时候，三者都是值得一试的。

茶和咖啡

在英国，如果有当地人问你"要喝点什么吗？"，请不要指望是一杯杜松子酒加汤力水。他们通常指的是要不要来一杯茶——这是英国最闻名的饮料。英国的茶通常是用红茶叶冲泡的，颜色深，味道浓，比其他西方国家的茶更苦，因此英国的茶通常都会配上牛奶。

虽然茶有时被标榜为英国国饮，但是现在咖啡也是同等受欢迎的饮料。英国人每天消费1.65亿杯咖啡，英国的咖啡市场价值每年高达7亿英镑——但是想想某些咖啡店的价位，这个数字也许就不足为奇了。

最后提醒一点：你在点咖啡的时候，如果服务员问你"要白的要黑的"，不要慌张，他其实是问你"要不要加奶？"

啤酒和苹果酒

英国啤酒的颜色从深棕到琥珀色，通常以室温温度供应。严格意义上说，英国啤酒应叫艾尔啤酒，但常常又被称为"苦啤酒"（苏格兰称heavy）。这主要是为了与拉格啤酒（lager）相区分。世界上其他地方会把拉格啤酒直接称为啤酒（beer），颜色为黄色，冷冻后饮用。

以传统方式酿造并供应的苦啤酒叫"艾尔"，以便与规模生产的品牌啤酒相区分，它在各地区都不一样。你要做好准备了！如果你已经喝惯了"琥珀花蜜"（amber nectar）或者"啤酒之王"（king of beers）这类大众啤酒，地道酿造的英国啤酒可能会让你大吃一惊——这种酒不带气，而且是常温。这与英国的气候有一定的关系，同时也是因为这种啤酒是用手泵打出来的，不是用气压压出的。最重要的是它浑然天成的味道：传统的英国啤酒不必弄得泡沫丰富、冰爽刺激，单是啤酒本身，就成就了它的醇厚美味。

人们对于艾尔啤酒的喜爱程度有增无减，加上对全球化的跨国啤酒企业千篇一律口味的抵制，英国的手工啤酒屋和精酿啤酒坊在数量上有十分显著的增长，截至2016年，这类场所约1500家，单在伦敦就有约75家。这些啤酒屋只使用天然材料酿制啤酒并引以为荣，其中许多家还尝试恢复古老的酿造配方，如石南海藻口味的艾尔。

艾尔啤酒另外一个特点就是必须精心储存、照看，这也就意味着酒馆的经理或者老板一定要多加用心以保证啤酒的口味。

如果啤酒不能让你开怀，那么就试试苹果酒吧——有带甜味的，也有不甜的。此外也有许多加入水果或药草口味的精酿苹果酒。在英格兰西

在中世纪，劳工们常常会收到"small beer"以折抵工资，这种口味很淡的艾尔啤酒酒精浓度在0.5%～2%。自人们开始酿制以来，艾尔啤酒在一般情况都是安全的饮品。水就不同了，在卫生条件低下的年代，水里往往含有各种致病菌。

烟雾缭绕处

英国的所有餐厅和咖啡馆都禁止吸烟。实际上所有的酒馆也都有相同的规矩，所以你时常可以看到一小群烟民站在店外的人行道上喷云吐雾，不过有些场所也设立专门的户外吸烟区。公共花园里是不禁烟的，因此非烟民们有时可以到室内躲避二手烟。

餐桌 喝在英国

上图：BrewDog，伦敦。
下图：Macallan酿酒厂（见943页）。

部的一些地区，尤其是赫里福德郡，还有西南部的德文郡和萨默塞特郡等地，你可以试试烈性苹果酒，这是由当地苹果酿造成的非常浓烈的干苹果酒。很多酒馆都是直接用木桶供应的。

在炎热的夏天，你还可以试试柠檬汁啤酒——它由等量的柠檬汁和啤酒混合而成。但你需要区分"柠檬汁窖藏啤酒"和"柠檬汁苦啤酒"。对于外行人，这种搭配看起来是够奇怪的，但是非常提神，而且酒精含量也不高。

葡萄酒

很多游客发现英国产葡萄酒后很吃惊，知道这是从罗马时期就开始的就更加意外了。现在英国有超过400个葡萄园，每年生产的葡萄酒在200万至400万瓶之间，其中有很多的品质备受推崇，还经常获得大奖。英格兰气泡葡萄酒是一个成功的典范，尤其是英格兰东南部的产品。这是因为当地的白垩质土壤和气候条件与法国香槟区的十分相似。

威士忌

大部分游客都会把英国——尤其是苏格兰，与威士忌（whisky，爱尔兰威士忌则是whiskey）联系在一起。英国威士忌有两类，区别很大：一种是单一麦芽威士忌——由大麦芽发酵，在一家蒸馏酒厂生产，另一种是混合威士忌——由多家酒厂生产的谷物威士忌和麦芽威士忌混合而成。

单一麦芽威士忌就像上好的葡萄酒，有时会体现出酿制与发酵场所的水土及独特风味——水、大麦、泥煤、发酵用橡木桶以及（某些沿海地区的）海风与盐雾的混合产物。每一批酿造都与之前不同。

酒吧和酒馆

在英国，酒吧（Bar）和酒馆（Pub）的界限通常不太明显，但普遍来说，酒吧更加高级、更加宽敞、更加热闹，顾客年龄层较低。当然酒吧的饮料也更贵，除非是有促销活动——当然，这确实经常有。

除了啤酒、苹果酒和葡萄酒，酒馆和酒吧还会供应一些常见的烈酒，通常是经过调制的。这也就诞生了英国人最爱的杜松子酒加汤力水、朗姆酒加可乐，还有伏特加加酸橙汁。这些饮品都是以"单份"或者"双份"为单位供应的。单份是25或35毫升（因酒吧而异）；双份，显而易见，就是50或70毫升——如果和其他国家的衡量单位相比，这还是有点少。可能更让你失望的是，在美国很常见的许多鸡尾酒样式，在英国只有到了城市里的高端酒吧才能喝到。

虽然刚才已经提醒大家两点了，但是这里还有两点需要注意。第一，如果你看到一家酒馆将自己标记为"自由酒馆"（free house），这表示这家酒馆不附属于任何一家酿酒厂或者酒馆公司，因此它可以"自由"销售任何品牌的啤酒。这里的"free"并不是"免费"的意思，并不是指你在这里能够不用付钱、自由畅饮。第二，在英国的酒馆喝酒，要自己到吧台下单并付钱。从这一点你就能够辨别出哪些人是初来乍到的游客——他们往往孤零零地坐在餐桌旁，眼巴巴地盼着服务员过来给他们下单。

通常不需要给酒保小费。但是，如果你豪饮了一通，或者整个晚上的服务都很舒心，你可以对吧台后面的人说"给你自己也倒上一杯吧"。他们可能不会真的喝，但会把这一杯的钱算在你的账单里，这就是他们的小费。

真艾尔啤酒运动组织致力于提高人们对于传统英国啤酒的认识。你在有些酒馆的窗子上可以看到该组织的认证贴纸，更多信息参见网站www.camra.org.uk。

想找到最好的艾尔啤酒和供应它的美妙酒馆，可参阅真艾尔啤酒运动组织制作的《英国好啤酒指南》(Good Beer Guide to Great Britain)和Fiona Stapley撰写的《出色酒吧指南》(Good Pub Guide)。

建 筑

前有巨石阵和卡兰尼什的神秘石圈，后有伦敦熠熠生辉的摩天大厦，英国的建筑历史已有4000多年。这个国度的建筑传承包括古罗马浴池、乡村教堂、雄伟城堡、壮观的主教座堂、简朴村舍和豪华宅第，因此，参观各式各样的建筑肯定是英国之旅的亮点。

位于苏格兰刘易斯岛的卡兰尼什巨石群有3800~5000年的历史，比巨石阵和埃夫伯里石圈（Avebury）更为古老。

遗产保护组织

国民信托（National Trust; www.nationaltrust.org.uk）

苏格兰国民信托（National Trust for Scotland; www.nts.org.uk）

英国遗产组织（English Heritage; www.english-heritage.org.uk）

Cadw（www.cadw.wales.gov.uk）

苏格兰历史环境保护局（Historic Environment Scotland; www.historicenvironment.scot）

根基

英国最古老的现存建筑是由青草覆盖的土墩，叫"tumuli"或者"barrows"，被英国史前居民用作墓地。这些土墩大小不一，小到高约2米的半球体，大到10米长、5米高的橄榄球体，零星遍布乡村地区，尤其是英格兰南部的白垩质地区，例如索尔兹伯里平原和威尔特郡丘陵。

最著名的也是最庞大、最神秘的一个土墩，位于马尔堡（Marlborough）附近的西尔布利山（Silbury Hill）。历史学家仍无法确定这一巨大的土墩到底是为何而建，因为目前仍没有证据表明这是一座坟冢。理论上推断，它可能曾被用于文化庆典仪式或者神灵祭拜仪式，类似于南美洲的金字塔。无论这个土墩最初的用途是什么，它仍非常令人震撼。

比这个巨型土墩更令人惊叹的必然是新石器时代的另一遗物——巨石阵和埃夫伯里的标志性环形石圈，这两大遗迹都位于威尔特郡。这两处石圈的用途也不被人知，因此引发了无穷的遐想和推测。最近的理论称，巨石阵可能与如今的卢尔德相似，是病患者的朝圣之地，不过也可能用来做墓地和祭祀祖先的场所。

青铜器时代和铁器时代

继新石器时代的巨型石柱圈之后，我们今天所能看到的青铜器时代建筑就显得更为"家用"和小型。在英国的部分地区，主要是德文郡的达特穆尔，我们仍能看到建于青铜器时代的环形石堆。苏格兰的岛屿上还有许多青铜器时代和铁器时代的遗迹，是欧洲范围内保存最好的同类遗迹，例如奥克尼群岛的斯卡拉伯雷石头村落，以及设得兰群岛的贾尔索夫（Jarlshof）。

在铁器时代，英国人开始形成氏族和部落。这个时期的遗迹包括保卫领土、防御其他部落或者入侵者的堡垒。大部分堡垒主要由陡峭的土墩及其前方巨大的或环形或椭圆形的壕沟组成。最闻名的一处堡垒是多塞特郡的梅登城堡（Maiden Castle）。

罗马时代

在许多英国的乡镇和城市（主要是英格兰和威尔士，因为苏格兰的大部分地区未被罗马人殖民),都能够找到罗马帝国时期的遗迹。最令人惊叹的遗迹在切斯特、埃克塞特,以及圣奥尔本斯,位于巴斯的奢华古罗马水疗沐浴建筑遗迹也十分闻名。英国最庞大、最震撼的古罗马遗迹是长达73英里的哈德良长城。这道防御工事始建于公元2世纪,起止东西海岸,横跨英国,最初是为了保卫长城以南的帝国领土不受北方部落的侵扰。因此,哈德良长城既是防御的象征,也是罗马帝国权势的象征。

中世纪的杰作

在1066年被诺曼人征服后的几个世纪中,石匠技艺不断完善,英国涌现出大批石制建筑,主要源自当时人们最关心的两个问题:宗教与防御。加工石料修筑的教堂和修道院取代了早期木材和碎石结构的建筑。诺曼或罗马式风格(11~12世纪)的半圆拱顶、敦实塔楼和V形装饰逐渐演变为尖拱顶、肋拱和哥特式(13~16世纪)的高耸塔楼,由于建造过程往往耗时几百年,这种变化通常会体现在同一座教堂的建筑中。还有很多大教堂一直保留到现在,成为地标性的建筑,例如索尔兹伯里大教堂、温切斯特大教堂、坎特伯雷大教堂以及约克大教堂。

石材也广泛用于建造复杂的防御建筑。这里有充满怀旧气息的古堡遗迹,例如廷塔杰尔城堡、邓斯坦伯城堡;有坚实的防御工事,例如康威城堡、博马力斯城堡;还有令人叹为观止的悬崖堡垒,斯特灵城堡、爱丁堡城堡。而最让人过目不忘的,必然是守卫伦敦长达900多年的伦敦塔。

豪华宅第

历经动荡不安的中世纪,人们的生活在17世纪初逐步安定下来,贵族们对城堡的需求也逐步减少。这是因为城堡虽能抵御侵略闹事的人,却时常阴风阵阵,并不适宜居住。

当时,许多城堡都进行了改造,窗户更大,楼梯更宽,排水系统也更完备,以便更符合常年居住的需求。还有一些城堡则完全被遗弃,取而代之的是附近修建的全新住宅——德比郡的哈德威克庄园就是其中一例。

内战之后,摒弃城堡的趋势越发明显。17世纪开始,拥有土地的绅士阶层逐步喜欢上由当时的著名建筑师设计的"乡间住宅"。很多乡间住宅都成了英国景观中的特色建筑——豪华宅第,这也是吸引旅游者来英的一大重要景点。其中最为奢华的是位于英格兰的查茨沃斯庄园(Chatsworth House)和布伦海姆宫(Blenheim Palace),位于威尔士的波威斯城堡(Powis Castle),以及位于苏格兰的弗洛斯城堡(Floors Castle)。

这些壮丽的豪华宅第在比例、对称以及协调性方面都展示出了17、18世纪最为流行的建筑风格。而这样的风格又在乔治王时代的城镇住宅中得

英国最佳城堡

阿尼克

巴尔莫勒尔

博马力斯

伯克利

卡那封

卡菲利

卡莱尔

切普斯托

康威

爱丁堡

艾莱·多南

格拉姆斯

哈勒赫

拉德诺

彭布罗克

拉格兰

里士满

斯基普顿

斯特灵

廷塔杰尔

民居

英国并非只有高大宏伟的房屋。在乡村地区,除了豪华宅第之外,也有很多朴素的民居建筑。伍斯特郡等地的民居是以黑白两色为主的木桁架房屋;萨福克郡和萨塞克斯郡遍布砖块和燧石建造的房屋;耐寒的、有几百年历史的农舍和用岩板及当地石料打造的农场建筑是北威尔士的特色;苏格兰北部的经典民居则是草皮屋,其墙体由干燥不混泥浆的石头填上泥土筑成,屋顶由稻草加草皮搭建。

建筑

维多利亚时代

伦敦的议会大厦和大本钟（见91页）。

以延续，其中最著名的就是巴斯的皇家新月楼（Royal Crescent）——可谓是这类建筑中的永恒经典。

维多利亚时代

维多利亚时代也是英国建筑的黄金时期。维多利亚哥特式建筑时兴起来，并延用原始哥特式大教堂中的狭长的窗子塔楼和装饰尖顶结构。这一风格的代表是位于伦敦的议会大厦以及家喻户晓的大本钟——虽然在严格意义上，这一名字仅指钟楼上报时的大钟。2012年，为庆祝英女王登基60周年庆典，大本钟被重新命名为"伊丽莎白塔"（不过这个名字看来并不能为大众所接受）。大本钟正在进行维修，正午（英国多数钟表都是根据大本钟校准的）的报时最早到2021年才能恢复。

伦敦的其他经典维多利亚哥特式建筑还包括英国自然历史博物馆以及圣潘克拉斯火车站。这一风格在全国各地的建筑中得到效仿，尤其是市政建筑，最好的例子有曼彻斯特市政厅和格拉斯哥市政厅。

工业化时代

从19世纪末到20世纪初，英国城市的面积不断扩大，高度不断提升，富裕的新兴中产阶级开始在街道和广场建立起高档的房屋。在别的地方，第一批城镇规划者则监管着大批"背对背""两上两下"的连栋房屋的建造。这种建筑主要是为了给大批涌入城市、在工厂中就业的工人提供住处。威尔士南部也面临着相似的状况，矿工人数激增，但当地建造的主要还是单层的房屋。苏格兰的工业区则建立起了公共房屋，通常为三到四层，

第二次世界大战后，德国移民尼古拉斯·佩夫斯纳（Nikolaus Pevsner）创建了佩夫斯纳建筑指南丛书，这些经典的指南书籍为旅行者了解英国建筑提供了便利。该丛书从1951年至今日出版了约80万册，详细记录了英格兰、苏格兰和威尔士的重要建筑。

爱丁堡的苏格兰议会大厦（见845页）。

每层两户，中央为公用楼梯间。在很多情况下，这些连栋房屋和公共房屋并不美观，但它们也许是英国建筑景观中坚固耐用的标志。

战后的伤痛和骄傲

第二次世界大战期间的轰炸摧毁了许多英国城市，战后重建又忽视了城市的整体景观和城市人口的生活质量。大批连栋房屋被推倒，取而代之的是众多高层建筑。而20世纪50至60年代，野兽派风格建筑盛行，主张大量使用现代高效的建筑材料，即钢筋和混凝土。

这也许就是英国人在建筑品位上一贯比较保守的原因。他们通常反感放纵不羁或者实验性的建筑设计，尤其是在公共建筑领域，他们也不喜欢建筑功能和建筑外观本末倒置。但是，英国人对于一栋建筑的态度基本遵循这样的模式：最初几年给建筑取绰号以表达反感之情，接下来几年开始勉强接受，然后逐渐视其为骄傲，深爱不已。慢条斯理才是英国人的习惯，仅此而已。

英国风景的特征之一就是自古以来用于划分田地的边界。最常见的是树篱（主要由原生树木和灌木制成，如榛树、桦树、黑荆棘和桤木等）和干石墙（手工垒成的石墙，通常不用灰泥）。

21世纪

在21世纪的第一个十年中，英国的许多地区将修建革新而大众化的建筑作为城市复兴的重点之一。最好的例子包括位于曼彻斯特的帝国战争博物馆北馆，位于伯明翰时尚新潮的斗牛场购物中心（Bullring shopping centre）、爱丁堡的苏格兰议会大厦、位于加的夫海滨的威尔士议会大楼和威尔士千禧中心、位于格拉斯哥的拱顶层层交叠的苏格兰会展中心（又被昵称为"犰狳"），还有英格兰东北部Gateshead的圣贤音乐厅。

占尽风光

如果你在威尔士旅行,轻易就能看到当地最令人惊叹的建筑:城堡。威尔士约有600座城堡,使其获得欧洲防卫最严地区这一尴尬的声誉。大部分城堡是在中世纪时期由"征服者威廉"(William the Conqueror)以及后来的盎格鲁—撒克逊国王们建造的,主要是为了防御威尔士人。在13世纪晚期,爱德华一世在卡那封、哈勒赫、康威、博马力斯建造了富丽堂皇的城堡,现在被集体列为联合国教科文组织世界遗产。其他值得一看的城堡还有Rhuddlan、Denbigh、Criccieth、Raglan、Pembroke、Kidwelly、Chepstow和Caerphilly。虽然对游客来说这些城堡是绝佳的旅游胜地,但对民族感情浓烈的威尔士人来说却是一道隐痛;作家托马斯·佩南特(Thomas Pennant)就曾把这些城堡称为"我们投降的巨型徽章"。

1950~1960年野兽派风格建筑的最佳代表也许是伦敦的南岸中心。因为迎合了当时潮流,该中心刚刚落成时备受赞誉,后来又因其丑陋受到奚落,直到现在,伦敦人才终于把它看作是值得骄傲与欣喜的英国建筑。

英国近些年来最大型高调的建筑工程当数奥林匹克公园,这也是2012年伦敦奥运会的焦点。奥林匹克公园坐落于伦敦郊外的斯特拉特福,在奥运会之后重新命名为"伊丽莎白女王奥林匹克公园",如今是西汉姆联队的主场。主体育场和其他场馆(包括室内赛车场和水上中心)的建设都采用了当今领先技术,且每一座建筑都可说是精美的艺术品。

同时在伦敦市中心,直插云霄的玻璃摩天大楼——碎片大厦屹立在南岸,高306米,是欧洲最高的建筑之一。而在泰晤士河的另一岸,两座更为宏伟的摩天大楼在2014年完工:20 Fenchurch St(因其外观已得名"对讲机大厦");墙体歪斜的兰特荷大厦,又是因其外观,被戏称为"奶酪刨"。

伦敦仍在继续向上层空间发展,英国的建筑也继续在风格与技术上不断取得突破。这些建筑看起来也许差别不大,但它们却是时代的标志,令人过目不忘。

艺术

英国对世界文学、戏剧、电影、音乐做出的贡献在全球各地得到赞颂，这很大程度上应该归功于英语在全球的盛行。今天你到英国旅游，可以探索艺术家们的儿时住宅，欣赏因歌词、电影和文学作品而家喻户晓的景观——从数百年前莎士比亚的诞生地埃文河畔斯特拉特福，到以披头士而扬名的艾比路等不一而足。

文学

先驱者

英国文学的历史长河中，第一位大名鼎鼎的人物就是杰弗里·乔叟，他最著名的作品是《坎特伯雷故事集》（*The Canterbury Tales*）。这部集寓言、传说、道德训诫为一体的小说借用朝圣旅人（骑士、巴斯夫人、修女的牧师等）之口来讲述故事，被视为同类作品中的精华之作。

乔叟之后，过了两个世纪才出现了英国第二位重要的文学人物——威廉·莎士比亚。他以许多世人皆知的戏剧闻名，同时又是一位多产且颇具影响力的诗人——但对于他的作品究竟是全部出自本人创意，还是像有些学者和演员宣称的那样是团队合作的结果，人们争论不休。

14世纪的威尔士中世纪故事集手稿《马比诺吉昂》（*The Mabinogion*）在19世纪中叶被翻译成英语。其中有些故事取自基督教传入英国之前的凯尔特神话，讲述亚瑟王和圆桌骑士们的传奇事迹。

17和18世纪

17世纪，约翰·弥尔顿无韵史诗《失乐园》（*Paradise Lost*）的出版，可谓是文学史上的又一个里程碑，其灵感来源于亚当与夏娃从伊甸园中被驱逐的圣经故事。过了几年，约翰·班扬写就《天路历程》（*Pilgrim's Progress*），这也是一部具有重大影响的作品，以暗喻手法描写了基督教徒每日的挣扎。普通人如果要完整地阅读完这些作品可能非常困难，但稍作浏览、品味其中的丰富语言，肯定是不错的选择。

大多数英国人对于《友谊天长地久》（*Auld Lang Syne*）的歌词都很熟悉，它出自苏格兰民族诗人及词人罗伯特·彭斯（Robert Burns）之手，是新年时唱诵的传统歌曲。他更为独特的《羊肚烩颂》（*Address to a Haggis*）仍是每年1月25日（彭斯的生日）"彭斯之夜"这一苏格兰节日上必会朗诵的诗歌。

这一时期的另外一部文学巨著是丹尼尔·笛福的《鲁滨孙漂流记》（*Robinson Crusoe*）。从某个层面上说，这是一个遭遇海难的男人在荒岛求生的历险记；此外，它又是对文明、殖民主义以及信仰的讨论。许多学者将其视作第一部英语小说。自1719年出版以来，此书一直是"足不出户旅行

由丹尼尔·哈恩（Daniel Hahn）和尼古拉斯·罗宾斯（Nicholas Robins）编著的《牛津大不列颠及爱尔兰文学指南》（*Oxford Guide to Literary Britain & Ireland*）介绍了作家们笔下的城镇、村庄、乡野（包括乔叟的坎特伯雷、奥斯汀的巴斯、司各特的苏格兰高地等），这些地方也正因这些文学名作而得以永恒。

威廉·布莱克（William Blake; 1757~1827年）是画家、作家、诗人、畅想者，他将奇妙的风景与神话情境融为一体，从古典艺术、宗教形象、传奇故事中汲取大量的创作主题。更多内容参见www.blakearchive.org。

文学景点

巴斯 简·奥斯汀笔下女性人物永远看不厌的壮美风景。

坎特伯雷 乔叟著有同名故事集。

爱丁堡 联合国教科文组织评出的首座文学之城,与彭斯、司各特及斯蒂文森(甚至J.K.罗琳)有着千丝万缕的联系。

霍沃斯 勃朗特姐妹的故乡,四周是疾风呼啸的荒原。

湖区 威廉·华兹华斯的灵感来源。

劳佛恩 狄兰·托马斯故里。

埃文河畔斯特拉特福 威廉·莎士比亚的诞生地。

者"的最爱。

浪漫主义时期

18世纪末19世纪初,英国进入工业化时期,新一代的作家开始从人类丰富的想象力还有大自然(有时甚至是一剂鸦片酊)中汲取灵感,他们中包括威廉·布莱克、约翰·济慈、珀西·比希·雪莱、拜伦勋爵以及塞缪尔·泰勒·柯勒律治。浪漫主义作家中最有名气的应该是威廉·华兹华斯,他广为流传的诗歌《水仙花》(*Daffodils*)中有这样一句——"我独自漫游像一朵浮云",其灵感就来自他在湖区的阿尔斯沃特湖畔远足的经历。

维多利亚时期

维多利亚女王统治时期(1837~1901年)的重要小说主要是针砭时弊的。当时最著名的作家就是查尔斯·狄更斯,他的作品《雾都孤儿》(*Oliver Twist*)描写了伦敦贫民窟里年轻的窃贼团伙,而《艰难时世》(*Hard Times*)则批判了当时资本主义的泛滥。

乔治·艾略特——玛丽·安妮·伊万斯(Mary Anne Evans)的笔名,选择了同一时期,但是把乡村地区作为创作背景,写出了《弗洛斯河上的磨坊》(*The Mill on the Floss*),这是一个关于女主角玛吉·托利威(Maggie Tulliver)寻找真爱、反抗固有社会观念的故事。

同一时期,托马斯·哈代的经典《德伯家的苔丝》(*Tess of the D'Urbervilles*)讲述雇农阶层衰落的故事,《号兵长》(*The Trumpet Major*)则描绘了宁静的英式田园生活被战争打乱,又被现代化步步侵蚀的图景。哈代许多作品的背景都发生在威塞克斯郡,其实这是以现实中的多塞特郡及周围地区为基础虚构而成的。现在这片地区的很多城镇,例如多切斯特,已经成了备受欢迎的旅游景点。

与本土景观密切相关的作品还有威尔士最伟大的历史小说家沃尔特·司各特男爵(Sir Walter Scott)的作品《威弗利》(*Waverley*)。该作品写于19世纪初期,以詹姆斯二世拥护者起义为题材,背景中描写了当时苏格兰地区的高山与峡谷。《威弗利》通常被认为是第一部以英语完成的历史小说。通常认为苏格兰的旅游业正是叙事诗《湖上夫人》(*The Lady of the Lake*)和小说《罗布·罗伊》(*Rob Roy*)等司各特的畅销作品开启的。

格雷厄姆·格林(Graham Greene)的小说《布赖顿硬糖》(*Brighton Rock*;1938年)是描写英格兰不羁少年的经典之作。如果希望阅读更加震撼人心的作品,可以尝试安东尼·伯吉斯(Anthony Burgess)的《发条橙》(*A Clockwork Orange*)。该小说在1971年被斯坦利·库布里克(Stanley Kubrick)改编为同名电影。

现代

第一次世界大战以及当时的社会动乱永远地改变了英国,改变了英国文学。现代主义文学兴起,D.H.劳伦斯成为这一运动最佳的代表人物。他的小说《儿子与情人》(*Sons and Lovers*)反映了英格兰中部地区几代人的生活与爱情,正是这些人见证了英国由田园牧歌到城市工业的过渡;《查泰莱夫人的情人》(*Lady Chatterley's Lover*)因其中对性的探究引发了众多争议,一度被定为"猥亵"作品而被禁,直到1960年才得以解禁。

这一时期的其他重要作品还包括达芙妮·杜穆里埃(Daphne du Maurier)笔下与康沃尔郡密切相关的浪漫悬疑小说《蝴蝶梦》(*Rebecca*),伊夫林·沃(Evelyn Waugh)笔下探寻二十世纪二三十年代英国贵族社会与道德分化问题的《故园风雨后》(*Brideshead Revisited*),以及理查德·卢埃林(Richard Llewellyn)笔下的经典《青山翠谷》(*How Green Was My Valley*)。第二次世界大战之后,康普顿·麦肯齐(Compton Mackenzie)的《荒岛酒池》(*Whisky Galore*)大大鼓舞了战后人们的精神。小说风趣地讲述了大量酒饮从沉没的船只被冲到一个苏格兰小岛上的故事。

20世纪50年代,诗人狄兰·托马斯(Dylan Thomas)因《作为一只年轻狗的艺术家的肖像》(*Portrait of The Artist As A Young Dog*)而成名,但他最有名的作品是暴露了威尔士小镇中各种紧张社会关系的广播剧《牛奶树下》(*Under Milk Wood*)。

因改编电影而火遍全球的《指环王》(*Lord Of The Rings*)系列三部曲原著小说也是在这一时期创作的。J.R.R.托尔金在1949~1955年推出的这一系列有关中土世界的奇幻小说曾是当时英国青少年的必读书。

然后就到了"百花齐放"的20世纪60年代。利物浦诗人罗杰·麦格夫(Roger McGough)及其朋友决定将艺术与生活紧密联系,创作了诗集《莫尔西的声音》(*The Mersey Sound*),这部作品成为流行诗歌的里程碑。其他新秀作家还包括穆里尔·斯帕克(Muriel Spark),她的作品《春风不化雨》(*The Prime of Miss Jean Brodie*)讲述了一个异常独特的爱丁堡女教师的故事。

20世纪70年代出现了两位多产作家,直到现在还未能有人突破。马

孩子们的最爱

21世纪英国最重大的文学事件必然是J.K.罗琳的《哈利·波特》系列。自1996年出版首部作品直至2016年舞台剧《哈利波特与被诅咒的孩子》(*Harry Potter and the Cursed Child*)上演,这套魔法界历险作品为无数的儿童和成人带来了欢乐。除了《哈利·波特》系列电影中生动刻画的魔法故事之外,少儿皆宜的英国儿童文学经典已有很长的历史,可以追溯到路易斯·卡罗(Lewis Carroll)的《爱丽斯梦游仙境》(*Alice's Adventures in Wonderland*)、伊迪斯·内斯比特(E Nesbit)的《铁路边的孩子们》(*The Railway Children*)、A. A. Milne的《小熊维尼》(*Winnie-the-Pooh*)、C.S.刘易斯(CS Lewis)的《纳尼亚传奇》(*The Chronicles of Narnia*)以及罗尔德·达尔(Roald Dahl)的《查理和巧克力工厂》(*Charlie and the Chocolate Factory*)和《玛蒂尔达》(*Matilda*)。纽卡斯尔的七个故事—童书中心(Seven Stories – The Centre for Children's Books)是熟悉这些作品或温故知新的理想场所。

如果想要品味超现实主义幽默，可以尝试阅读两位英国最有趣和最成功的作家的作品：道格拉斯·亚当斯(Douglas Adams)的《银河系漫游指南》(The Hitchhiker's Guide to the Galaxy)及其续作；特里·普拉切特(Terry Pratchett)的《碟形世界》(Discworld)系列。

丁·艾米斯(Martin Amis)推出《伦敦场地》(London Fields; 1989年)等一系列作品大多以现代生活的荒谬与糟糕为主题。另一位作家是伊恩·麦克尤恩(Ian McEwan)，他以《水泥花园》(The Cement Garden; 1978年)登上文学舞台，随后又以敏锐洞穿英格兰人个性的作品赢得赞誉，其中包括《赎罪》(Atonement; 2001年)以及《在切瑟尔海滩上》(On Chesil Beach; 2007年)。

凯特·罗伯茨(Kate Roberts)在《铁链下的双脚》(Feet in Chains; 1977年)中探索了威尔士乡村地区男女工人的经历，常常可以引发人们对于当时社会的思考。布鲁斯·查特文(Bruce Chatwin)创作的《在黑山上》(On the Black Hill; 1982年)通过描写麻木的双胞胎的生活表达对于威尔士精神的探索及对于英格兰的憎恶，同时也引发人们对于小镇生活中苦与乐的想象。

当代小说中的另外一派则有欧文·威尔许的《猜火车》(Trainspotting; 1993年)，这是一部描写爱丁堡毒品文化的作品。詹姆斯·凯尔曼(James Kelman)在1983年的短篇小说集 Not Not While the Giro 生动地描述了现代格拉斯哥生活的严酷现实，他的争议小说《晚了，太晚了》(How Late It Was, How Late)获得1994年布克奖。

珍妮丝·盖洛威[Janice Galloway;《窍门就是继续呼吸》(The Trick Is To Keep Breathing)]和丽兹·洛海德[Liz Lochhead;《苏格兰的玛丽女王被砍头》(Mary Queen of Scots Got Her Head Chopped Off)]也是这一时期的知名苏格兰作家。

新千年

20世纪结束，新千年来临，英国的多元文化景观成为当代小说家丰富的灵感来源。汉尼夫·库雷西(Hanif Kureishi)一马当先，于1990年出版小说《郊区佛陀》(The Buddha of Suburbia)，随后查蒂·史密斯(Zadie Smith)的处女作《白牙》(White Teeth; 2000年)面世，好评如潮，其后出版的一系列书籍也都成了畅销书。安德烈娅·利维(Andrea Levy)以2004年出版的《小岛》(Small Island)而成名；莫妮卡·阿里(Monica Ali)的《砖巷》(Brick Lane)曾于2003年入围文学界至高荣誉之一的布克奖。

另外一位深受喜爱的作家是朱利安·巴恩斯(Julian Barnes)，他的《英格兰，英格兰》(England, England)以讽刺的口吻探讨民族主义和旅游业，《终结感》(The Sense of an Ending)获得了2011年布克奖。希拉里·曼特尔(Hilary Mantel)也曾两度获得布克奖，她的作品主题丰富，其中有关于亨利八世和他冷酷重臣托马斯·克伦威尔的《狼厅》(Wolf Hall; 又一部布克奖作品)，还有其续作《提堂》(Bring Up the Bodies; 2012年布克奖作品)，第三部《镜与光》(The Mirror and the Light)还在创作之中。

最能淋漓尽致体现英国幽默感的喜剧当属《巨蟒剧团的飞翔马戏团》(Monty Python's Flying Circus)，这部超现实主义、愚蠢无比的喜剧小品于半个多世纪前播放，至今仍在全球范围拥有大批拥趸。

与此同时，以苏格兰城市为背景的新型犯罪小说"Tartan Noir"仍在创作中。伊恩·兰金(Ian Rankin)是这种体裁的大师，他最有名的作品是以爱丁堡为背景的《雷博司探长》(Inspector Rebus)小说系列，但瓦尔·麦克德米德(Val McDermid)、路易斯·威尔许(Louise Welsh)与克里斯托弗·布鲁克迈尔(Christopher Brookmyre)等人的作品也能与其媲美。

电影

英国电影历史颇为长久,许多早期导演在电影业的默片时期就开始小试牛刀。其中最出名的可能是阿尔弗雷德·希区柯克(Alfred Hitchcock)了,他导演的《讹诈》(*Blackmail*)在1929年是最早的有声电影之一。紧接着他又在20世纪30年代执导了一系列电影,之后于20世纪40年代初移民美国好莱坞发展。

早期

第二次世界大战期间,英国电影以爱国主义故事为主,目的是要鼓舞士气。这个时期代表作品有《48小时》(*Went the Day Well?*;1942年)、《与祖国同在》(*In Which We Serve*;1942年)、《我们在黎明下潜》(*We Dive at Dawn*;1943年)。同一时期,大卫·里恩(David Lean)执导的《相见恨晚》(*Brief Encounter*;1945年)成为讲述情感自持的经典之作;他后来又转战好莱坞,作品包括《阿拉伯的劳伦斯》(*Lawrence of Arabia*)和《日瓦戈医生》(*Doctor Zhivago*)。

20世纪40年代的另一最佳电影是《青山翠谷》(*How Green Was My Valley*),影片描述的是威尔士矿区村落的日常生活。这可能是到目前为止最著名的威尔士电影,却也是让威尔士人非常不快的电影,主要是因为电影在好莱坞的影棚中拍摄,没有威尔士人参演,却进一步深化了威尔士人给人的刻板印象。但如果想对这个时期的英国有一定了解,这部电影是不错的选择。

战后

历经了第二次世界大战的苦难,英国人迫切需要解脱与享乐。20世纪40年代末到50年代初,国内电影的代表作是伊灵电影公司(Ealing Studios)出产的英国怪诞喜剧《通往平利可的护照》(*Passport to Pimlico*;1949年)、《仁心与冠冕》(*Kind Hearts and Coronets*;1949年),以及《晴天霹雳》(*The Titfield Thunderbolt*;1953年)。

当时轰动一时的票房冠军还有由劳伦斯·奥利弗(Laurence Olivier)主演的《哈姆雷特》(*Hamlet*;1948年),这是第一部获得奥斯卡最佳影片的英国电影,以及卡罗尔·里德(Carol Reed)导演的《黑狱亡魂》(*The Third Man*;1949年)。在战后的英国,人们还要为定量配给和食物短缺发愁,像《轰炸鲁尔水坝记》(*The Dam Busters*;1955年)等英雄主义事迹影片和《荒岛酒池》(*Whisky Galore!*;1949年;于2016年重拍)这类喜剧无疑是当时英国人民的强心剂。

百花齐放的60年代

20世纪50年代末,"英国新浪潮"和"自由电影运动"以细腻、半纪录片形式的电影探寻人生不得不面对的现实。林赛·安德森(Lindsay Anderson)执导的《如此运动生涯》(*This Sporting Life*;1963年)和托尼·理查德森(Tony Richardson)执导的《蜜的滋味》(*A Taste of Honey*;1961年)等影片是该运动的精华所在。

与此风格截然不同的是《继续》(*Carry On*)电影系列,这些电影中污言秽语不断,插科打诨漫天,还有"国宝级"的演员阵容,包括芭芭拉·

1955年的《师奶杀手》(*The Ladykillers*)是伊灵电影公司的经典喜剧。影片讲述了一帮运气不佳的银行劫匪深陷一栋伦敦民宿的故事。该片由亚力克·吉尼斯(Alec Guinness)主演,可谓是电影史上最让人捧腹大笑的经典。

汉默式惊悚

英国汉默电影公司（Hammer Film Productions）在20世纪50至60年代出品了许多低成本的恐怖电影，直到现在仍被全球各地的影迷所推崇。其中早期作品有《夸特马斯实验》（*The Quatermass Xperiment*; 1955年）和《科学怪人的诅咒》（*The Curse of Frankenstein*; 1957年）。《科学怪人的诅咒》中的影星，饰演弗兰肯斯坦博士的彼得·库辛（Peter Cushing）以及饰演怪物的克里斯托弗·李（Christopher Lee），在接下来的20年中还出演了许多汉默公司的最佳影片，包括九部《德古拉》（*Dracula*）系列电影，其中大部分由李饰演德古拉，由库辛饰演范海辛（Van Helsing）或他的随从，还有六部《科学怪人》（*Frankenstein*）的续集。

该电影公司还捧红了其他几位著名演员。在1961年《狼人的诅咒》（*The Curse of the Werewolf*）中首秀的奥利弗·里德（Oliver Reed）就是其中之一。甚至还催生了其恶搞版本——《继续尖叫》（*Carry On Screaming*; 1966年），这是对英国影片的最高肯定。从1979年起，该公司陷入低迷，但2012年凭借《黑衣》[*The Woman in Black*;《哈利·波特》主演丹尼尔·雷德克里夫出演]东山再起。

《我与长指甲》（Withnail and I; 1987年）是英国最伟大的喜剧电影。该片由布鲁斯·罗宾逊（Bruce Robinson）执导，保罗·麦甘（Paul McGann）和理查德·E·格兰特（Richard E Grant）主演，讲述的是两名倒霉的失业演员到湖区度假的故事。

温德索（Barbara Windsor）、希德·詹姆斯（Sid James）以及肯尼斯·威廉姆斯（Kenneth Williams）。

20世纪60年代诞生了英国电影中又一个经典的形象——超级间谍詹姆斯·邦德。影片改编自伊恩·弗莱明（Ian Fleming）的系列小说，1962年第一部上映，名为《诺博士》（*Dr No*），由肖恩·康纳利（Sean Connery）担当主演。至此之后拍摄了20多部詹姆斯·邦德电影，其中英国男演员罗杰·摩尔（Roger Moore）、乔治·拉赞贝（George Lazenby）、皮尔斯·布鲁斯南（Pierce Brosnan）和丹尼尔·克雷格（Daniel Craig）等人都饰演过这一角色。

落日余晖

在经历了20世纪60年代的蓬勃发展之后，英国电影业进入了长达十年左右的困难时期，所幸到了80年代又重整旗鼓，其中还要部分归功于大卫·普特南（David Puttnam）的《烈火战车》（*Chariots of Fire*）。影片是关于两名英国运动员参加1924年奥运会的故事。

1982年建立的第四频道（Channel 4）投资了许多前卫的电影，包括《我的美丽洗衣店》（*My Beautiful Laundrette*; 1985年）。而由伊斯梅尔·莫尚特（Ismail Merchant）和詹姆斯·伊沃里（James Ivory）建立的制片公司则以自己的方式打入好莱坞，利用理查德·艾登保禄（Richard Attenborough）执导的大片《甘地传》（*Gandhi*; 1982年，获得8项奥斯卡奖）所取得的成功，他们推出了《看得见风景的房间》（*A Room With A View*; 1985年）以及《尘与热》（*Heat and Dust*; 1983年）。

英国电影学会（British Film Institute, 简称BFI）致力于推进英国电影行业的发展，每月出版学术期刊《视觉与声音》（Sight & Sound）。请登录www.bfi.org.uk以及www.screenonline.org.uk，查看英国电影电视产业的全面信息。

英国人的电影

20世纪90年代，大获成功的电影《四个婚礼和一个葬礼》（*Four Weddings and a Funeral*; 1994年）推出了休·格兰特（Hugh Grant）的标志性角色——惹人喜爱又自谦自嘲的英国男人，这成了他在之后大卖的影片《诺丁山》（*Notting Hill*; 1999年）和《真爱至上》（*Love Actually*;

2003年）中不断重复的原型，并引领了"英式电影"的类型片。《光猪六壮士》（*The Full Monty*；1997年）是关于一群转行成了脱衣舞男的失业工人的电影，成了英国史上最成功的电影之一（直到2001年被《哈利·波特》系列超越）；而《山丘上的情人》（*The Englishman Who Went Up a Hill and Came Down a Mountain*；1995年）围绕着一座位于北威尔士的被视为过于低矮的山丘，讲述的动情故事。

90年代的电影还包括《猜火车》（*Trainspotting*；1996年），这是一部视觉创新、大红大紫的电影，讲述了爱丁堡一群吸毒成瘾的底层人的故事。该片开启了苏格兰演员伊万·麦克格雷格（Ewan McGregor）和罗伯特·卡莱尔（Robert Carlyle）演艺事业的大门。而迈克·李（Mike Leigh）的作品《秘密与谎言》（*Secrets and Lies*；1996年），讲述了一个被领养的黑人女子寻找她白人母亲的故事，获得了戛纳电影节金棕榈大奖。

那个时代其他里程碑式的电影还包括黑帮影片《两杆大烟枪》（*Lock, Stock and Two Smoking Barrels*；1998年），该片从此催生了大量的模仿者。《破浪》（*Breaking the Waves*；1996年）是对20世纪70年代苏格兰文化冲突的完美探究；《周末狂欢》（*Human Traffic*；1999年）讲述了一场前卫的加的夫俱乐部区的嬉闹；还有改编自简·奥斯汀小说的奥斯卡获奖影片《理智与情感》（*Sense and Sensibility*；1995年），由英国资深女演员艾玛·汤普森（Emma Thompson）与凯特·温丝莱特（Kate Winslet）出演达什伍德姐妹，休·格兰特出演（你能猜到）一个惹人喜爱又自谦自嘲的英国男人。

当时获奖的威尔士语影片有《海德·文》（*Hedd Wyn*；1992年），讲述了一个诗人在"二战"中身亡的令人心碎的故事；《悲怜大地的情人》（*Solomon and Gaenor*；1999年）是20世纪初关于一场禁忌之爱的激情故事，由艾恩·格拉法德（Ioan Gruffudd）主演并拍摄了两次，一次用威尔士语，一次用英语。

20世纪90年代的收官电影有《东就是东》（*East Is East*；1999年），这是一次对英国第一代与第二代巴基斯坦移民之间冲突的恰如其分的探究；还有《跳出我天地》（*Billy Elliot*；2000年），讲述了一个男孩对学习芭蕾舞以及逃离后工业时代英格兰北部的矿渣堆的渴求。

21世纪

21世纪早期，文学继续为英国电影工业提供可挖掘的丰富素材。大热的类型片包括根据J.K.罗琳的小说改编、由丹尼尔·拉德克里夫（Daniel Radcliffe）主演的史上最卖座的系列电影——《哈利·波特》；还有根据约翰·勒·卡雷（John Le Carré）小说改编的影片《不朽的园丁》（*The Constant Gardener*；2005年）；根据伊恩·麦克尤恩（Ian McEwan）小说改编的影片《赎罪》（*Atonement*；2007年）；根据迈克尔·莫波格（Michael Morpurgo）的小说改编、由斯蒂文·斯皮尔伯格执导的《战马》（*War Horse*；2011年）；以及由乔·怀特（Joe Wright）执导，凯拉·奈特莉（Keira Knightley）主演的影片《安娜·卡列尼娜》（*Anna Karenina*；2012年）。令影迷期待不已的《猜火车2》（*T2*；2017年）由欧文·威尔许的小说《色情文学》（*Porno*）改编而来。

传记影片似乎长盛不衰，近年的精彩作品包括：关于女王伊丽莎白二世的《女王》（*The Queen*；2006年），关于女王伊丽莎白一世的《伊丽莎

英国主要广播公司都以长期上映肥皂剧而驰名，如《东伦敦人》（*EastEnders*；英国广播公司）、《爱默戴尔农场》（*Emmerdale*；ITV）和《加冕街》（*Coronation Street*；ITV），在英国电视荧幕上播放的时间加起来远远超过一个世纪。

英国广播公司（British Broadcasting Corporation，简称BBC）是一家公共广播公司，其经费来自英国电视用户每年每户支付的150.50英镑收视费，而不是来自广告。这就意味着电视剧中间不会插播商业广告。

白：黄金时代》（*Elizabeth: The Golden Age*；2007年），关于玛格丽特·撒切尔的《铁娘子》（*The Iron Lady*；2011年），关于科学家斯蒂芬·霍金的《万物理论》（*The Theory of Everything*；2014年），以及关于19世纪艺术家约瑟夫·马洛德·威廉·特纳（JMW Turner）的《特纳先生》（*Mr Turner*；2014年）。

喜剧电影持续繁荣。僵尸恶搞影片《僵尸肖恩》（*Shaun of the Dead*；2004年）和警察恶搞影片《热血警探》（*Hot Fuzz*；2007年）大获成功，西蒙·佩吉（Simon Pegg；在最近的《星际迷航》电影中饰演斯考特）和尼克·弗洛斯特（Nick Frost）在讲述外星人入侵的恶搞影片《世界尽头》（*The World's End*；2013年）再登银幕，而理查德·柯蒂斯（Richard Curtis）则推出另一迎合大众口味的爱情喜剧《时空恋旅人》（*About Time*；2013年）。

与此同时，最长青的英国电影系列继续上映。现任的詹姆斯·邦德是一个强壮结实且偶尔不靠谱的角色，由丹尼尔·克雷格出演，包括《大战皇家赌场》（*Casino Royale*；2006年）、《大破量子危机》（*Quantum of Solace*；2008年）、《大破天幕杀机》（*Skyfall*；2012年）和《007：幽灵党》（*Spectre*；2015年）。第25部《007》电影正式片名为*007: No Time to Die*。影片将于2020年4月3日在英国上映，4月8日在北美上映。至于谁将成为克雷格的继任者，无人知道。

流行乐和摇滚乐

自从一个来自利物浦的披头散发四人组弹起他们的十二弦吉他，成立了披头士乐队，英国就一直用音乐的节拍引领世界。可能有人会认为猫王埃尔维斯创造了摇滚，可是披头士四人组将摇滚变成了一次全球的风潮。推动这一风潮的还有另几支代表了20世纪60年代"英伦入侵"的乐队——滚石乐队、谁人乐队、奶油乐队、奇想乐队及"灵魂乐大师"汤姆·琼斯（Tom Jones）。

从华丽摇滚到朋克

20世纪70年代初，华丽摇滚大摇大摆地登上了舞台，由马克·博兰、大卫·鲍伊等身着紧身连衣裤和艳丽装束的乐人引领，后来由早期男声组合海湾摇滚客（Bay City Rollers）、艺术摇滚客洛克西音乐队（Roxy Music）、爱着奇装异服的艾尔顿·约翰（Elton John）和摇滚明星皇后队（Queen）发扬光大。而在同一时期，齐柏林飞艇（Led Zeppelin）、深紫乐队（Deep Purple）和黑色安息日乐队（Black Sabbath）为重金属摇滚画下了蓝图。与此同时，20世纪60年代的迷幻音乐变形为前卫摇滚的古怪演奏，代表乐队有平克·弗洛伊德（Pink Floyd）、创世纪（Genesis）和是的乐队（Yes）。

20世纪70年代末，华丽摇滚和前卫摇滚在大规模失业和动荡摧残的英国远离了公众视野，而朋克摇滚赫然登上了历史舞台，用虚无主义的歌词和三和弦的曲调集结了末世的气息。性手枪在那个时代是最知名的乐队，而其他朋克先锋还包括撞击乐队（The Clash）、The Damned、The Buzzcocks和扼杀者乐队（The Stranglers）。

朋克带动了新浪潮运动（New Wave）。果酱乐队（The Jam）和艾维斯·卡斯提洛（Elvis Costello）将尖锐的曲调和尖刻的歌词混合改良成了更适于广播播放的声音。不久之后，随之而来的乐队有特别乐队（The Specials）和穿着阔腿裤的野男孩组合疯狂乐队（Madness）。他们将朋克、雷鬼和斯卡曲风混合在一起。与此同时，另一支名为"警察"（The Police）的乐队受朋克和雷鬼风格的影响，由贝斯手斯汀领头，成为20世纪70年代最鼎鼎大名的乐队。

调式、金属与悲情主义

20世纪80年代早期，英国的炫耀性消费反映在那个时期的流行趋势中。爆炸头和垫肩成了新浪漫主义的标配，就像史班杜·芭蕾（Spandau Ballet）、杜兰—杜兰乐队（Duran Duran）和文化俱乐部乐队（Culture Club）的造型；而合成器的大量使用也促进了新电子乐的发展，如赶时髦乐队（Depeche Mode）和人类联盟乐队（The Human League）的音乐。还有更多的热门曲和亮点来自得克萨斯（Texas）、舞韵合唱团（Eurythmics）和威猛乐队（Wham!）。威猛乐队是一个男声二人组，由一个名为乔治·迈克尔（George Michael）的年轻阳光小子领头。

褪去铅华，歌迷们热衷于治愈乐队（The Cure）、包豪斯乐队（Bauhaus）和苏克西女妖乐队（Siouxsie & the Banshees）那些充斥着末世气息的歌词，同时，英国硬式摇滚的传统也激发了类似铁娘子乐队（Iron Maiden）的崛起。在另一个截然不同的领域，80年代中期英国的不满情绪被"悲情主义"的大祭司——以卷发词匠莫瑞斯（Morrissey）为首的史密斯乐队表达了出来。

锐舞、独立摇滚和英式摇滚

20世纪80年代电子乐的节拍和哗哗声推动了90年代初期舞曲的蓬勃发展。迷醉的锐舞文化创作原声音乐呈井喷式增长，锐舞文化集中在几家著名的夜店，如曼彻斯特的庄园（Haçienda）和伦敦的Ministry of Sound，而超凡乐团（The Prodigy）和流线胖小子（Fatboy Slim）等排行榜榜首常客则使锐舞音乐进入主流。在江湖郎中乐队（The Charlatans）、石玫瑰乐队（The Stone Roses）、James和快乐星期一乐队（Happy

> 20世纪90年代最出名的流行产物之一就是辣妹组合（the Spice Girls），后来辣妹组合成了世界最热卖的女子团体。运动辣妹、恐怖辣妹、宝贝辣妹、姜汁辣妹和高贵辣妹于2012年盛大重聚，在伦敦奥运会的闭幕仪式上表演。

电影中的流行乐

如果你想把英国流行音乐和英国电影结合起来，就看看这几部电影：

《披头岁月》（Backbeat; 1994年）展现披头士乐队早期的日子。

《席德与南茜》（Sid and Nancy; 1986年）根据性手枪乐队的贝斯手席德·维瑟斯（Sid Vicious）和他的美国女友之死改编。

《天鹅绒金矿》（Velvet Goldmine; 1998年）20世纪70年代华丽摇滚的一次华丽再现。

《24小时狂欢派对》（24 Hour Party People; 2002年）一部关于20世纪90年代曼彻斯特音乐时代的混乱甚至有些歇斯底里的电影。

《控制》（Control; 2007年）一部关于快乐分裂乐队（Joy Division）主唱伊恩·柯蒂斯（Ian Curtis）的传记影片。

《无处可去的男孩》（Nowhere Boy; 2009年）关于约翰·列侬在成立披头士乐队前的日子。

> **摇滚地标**
>
> 歌迷们先买音乐,再买T恤。然而,真正的歌迷会探访专辑封面外景拍摄场地。这些场地很多在伦敦,还有少数一些分布全国各地。
>
> **艾比路**(Abbey Rd),圣约翰斯伍德区(St John's Wood),伦敦——*Abbey Road*,披头士乐队
>
> **巴特西发电站**(Battersea Power Station),伦敦——*Animals*,平克·弗洛伊德
>
> **Berwick St**,苏荷区(Soho),伦敦——*"What's the Story, Morning Glory?"*,绿洲乐队(Oasis)
>
> **大本钟**(**Big Ben**),伦敦——*My Generation*(美版),谁人乐队(The Who)
>
> **卡姆登市场**(Camden Market),伦敦——*The Clash*,撞击乐队(The Clash)
>
> **Heddon St**,紧邻摄政街,伦敦——*The Rise and Fall of Ziggy Stardust & the Spiders from Mars*,大卫·鲍伊(David Bowie)
>
> **波斯马多格**(**Porthmadog**)的黑岩沙滩(**Black Rock Sands**)——*This is My Truth Tell Me Yours*,狂躁街道传教者(Manic Street Preachers)
>
> **索尔福德男孩俱乐部**(Salford Lads Club),曼彻斯特——*The Queen is Dead*,史密斯乐队(The Smiths)
>
> **索尔之穴**(Thor's Cave),梅尼福德(Manifold Valley),近阿什本(Ashbourne),峰区国家公园(Peak District National Park)——*A Storm In Heaven*,神韵乐队(The Verve)
>
> **耶斯石山**(Yes Tor),达特穆尔,德文郡——*Tormato*,是的乐队(Yes)

Mondays)等吉他为主的乐队引领下,曼彻斯特也成为英国蓬勃兴起的独立摇滚中心。

20世纪90年代中后期,独立音乐蓬勃发展,"英伦摇滚"一词应运而生,绿洲乐队(Oasis)是这一潮流的先驱,污迹(Blur)、Pulp、Elastica、超级幼苗(Supergrass)、海天一色(Ocean Colour Scene)、神韵(The Verve)、崔维斯(Travis)、超级怒兽(Super Furry Animals)、立体音响(Stereophonics)、紧张症(Catatonia)和疯狂街头传教士(Manic Street Preachers)等乐队也都各领风骚。

今日流行,明日黄花

新千年见证了英国音乐的转型和革新并没有减弱。爵士、灵魂音乐、蓝调和嘻哈乐已经融合为了都市之音,其代表有艺人Dizzee Rascal、泰尼·坦帕(Tinie Tempah)和Plan B。

在另一个截然不同的领域,英国民谣和受民谣影响的原声音乐,也在经历自60年代以来最大的复兴,主要的艺人包括伊莉莎·卡锡(Eliza Carthy)、蒙福之子乐队(Mumford & Sons)和威尔士的Allan Yn Y Fan乐队。

与此同时,以凯蒂·麦拉(Katie Melua)、艾德·希兰(Ed Sheeran)、后起的艾米·怀恩豪斯(Amy Winehouse)和詹姆斯·贝(James Bay),以及所向无敌的阿黛尔为代表的创作歌手再度走红。英国朋克摇滚和独立摇滚的精神也生生不息,多亏了弗洛伦斯和机器乐队(Florence &

the Machine）、缪斯乐队（Muse）、卡萨比安乐队（Kasabian）、电台司令（Radiohead）、战栗乐队（The Horrors）和不落窠臼的垃圾摇滚乐队Wolf Alice。

但获得空前成功的当属男子组合单向乐队（One Direction），他们的前四张专辑在美国排行榜上位列榜首，随后在2014年进行了大规模全球巡演，并获得公告牌音乐奖2014年度歌手（Billboard Artist of the Year）。

绘画和雕塑

许多个世纪以来，欧洲大陆——特别是荷兰、西班牙、法国和意大利，决定着艺术的进程。第一位拥有真正英式风格和感性的艺术家可以说是威廉·荷加斯（William Hogarth），他奔放不羁的油画揭示了18世纪伦敦的堕落和腐化。他最负盛名的作品是《浪子的历程》（*A Rake's Progress*），开创了英国讽刺画的悠久传统，至今还能在杰拉尔德·斯卡夫（Gerald Scarfe）和史蒂夫·贝尔（Steve Bell）等现代卡通画家的作品里找到踪迹。如今，该画在伦敦约翰·索恩爵士博物馆（Sir John Soane's Museum）展览。

肖像画和风景画

在荷加斯忙着讽刺社会时，其他的艺术家则勤恳地创作以展现其最好的一面。18世纪英国肖像画的领军人物有乔舒亚·雷诺兹爵士（Sir Joshua Reynolds）、托马斯·庚斯博罗（Thomas Gainsborough）和乔治·罗姆尼（George Romney），同时，乔治·斯塔布斯（George Stubbs）因其对动物（特别是马）的复杂研究而闻名。这些艺术家的作品都陈列在伦敦的泰特不列颠美术馆和国家美术馆里。

19世纪，主流的画家都钟情于风景画。约翰·康斯特勃（John Constable）最知名的作品有《索尔兹伯里大教堂》（*Salisbury Cathedral*）和《干草车》（*The Hay Wain*），后者描绘了一间在萨福克郡的磨坊（现今在伦敦国家美术馆展出）。而约瑟夫·马洛德·威廉·特纳钟情于光影和色彩的效果，19世纪40年代之前，他的作品几乎全为抽象——这在当时受到贬低，却为50年后的印象派运动埋下了伏笔。

神话和鲜花

在19世纪中到末期，前拉斐尔派运动重提经典意大利和佛兰德艺术的具象风格，与维多利亚时期盛行的对神话传说的喜好联系在了一起。运动的主要成员包括约翰·艾佛雷特·米莱（John Everett Millais）和威廉·霍尔曼·亨特（William Holman Hunt）。米莱的《奥菲莉娅》（*Ophelia*）表现了一个唯美的溺水少女，是诠释此流派风格的一个极佳的例子，如今可以在泰特不列颠美术馆欣赏到这幅作品。部分前拉斐尔派艺术最佳画作现由伯明翰博物馆和美术馆收藏。

威廉·莫里斯（William Morris）是前拉斐尔派的好朋友。他目睹了19世纪末的家具和室内装潢日渐庸俗，和但丁·加百利·罗塞蒂（Dante Gabriel Rossetti）和爱德华·伯恩-琼斯（Edward Burne-Jones）发起了工艺美术运动，鼓励墙纸、壁毯和窗户等装饰品的复兴。许多莫里斯的设计都沿用至今。

亨利·摩尔（Henry Moore）和芭芭拉·赫普沃思（Barbara Hepworth）的作品可以在约克郡雕塑公园（Yorkshire Sculpture Park）中看到。该公园位于英格兰北部，在设菲尔德和利兹市之间。赫普沃思也永远和康沃尔郡的圣艾夫斯（St Ives）联系在了一起，赫普沃思·韦克菲尔德画廊（Hepworth Wakefield）中有关于她生平和创作的展品。

在北部边境，格拉斯哥艺术学院的毕业生查尔斯·伦尼·马金托什（Charles Rennie Mackintosh），迅速成了知名艺术家、设计师兼建筑师。他是苏格兰最伟大的新艺术代表，他的许多作品还保存在这座城市中。他影响了一批19世纪80年代的艺术家，后来这些艺术家以格拉斯哥学派得名（通常分为两派：格拉斯哥男孩和格拉斯哥女孩），其中有玛格丽特和弗朗西斯·麦克唐纳（Margaret and Frances MacDonald）姐妹俩、詹姆斯·格思里（James Guthrie）和E.A.沃尔顿（EA Walton）。他们的很多作品可以在格拉斯哥的凯尔文格罗夫美术馆中看到。

石和棍

在纷乱的20世纪，英国艺术更具实验性，主要的画家有弗朗西斯·培根（Francis Bacon），其作品受弗洛伊德精神分析学的影响，还有一群以苏格兰色彩主义者得名的艺术家——弗朗西斯·卡德尔（Francis Cadell）、S.J.佩普洛（SJ Peploe）、莱斯利·亨特（Leslie Hunter）和J.D.弗格森（JD Fergusson）。与此同时，如亨利·摩尔（Henry Moore）和芭芭拉·赫普沃思等先锋雕塑家，用石头和新材料试验各种自然形态。

与其同时期，威尔士的艺术家格文·约翰（Gwen John）为多名女性友人、小猫和修女绘制内审式肖像，后来她成了法国艺术家罗丹的模特和情人，而她的弟弟奥古斯都·约翰（Augustus John）成了英国主要的肖像画家，托马斯·哈代和乔治·萧伯纳等名人都给他当过模特。有一个能欣赏到约翰家作品的地方是位于斯旺西的格林维维安美术馆（Glynn Vivian Art Gallery）。

波普艺术

20世纪50年代中期和60年代早期见证了英国艺术家的爆发期，他们攻占了电视、音乐、广告和流行文化以寻求灵感。这一新"波普艺术"运动的领袖有大卫·霍克尼（David Hockney），他运用大胆的色彩和简单的线条来描绘他的腊肠犬和游泳池；还有彼得·布莱克（Peter Blake），他为披头士里程碑式的专辑《帕伯军士的孤独之心俱乐部乐队》（*Sgt. Pepper's Lonely Hearts Club Band*）设计了拼贴封面。

60年代还见证了雕刻家安东尼·卡洛（Anthony Caro）的走红，1963年他在白教堂美术馆举行了他本人首次开创性的展览。他用铜铁创作大型抽象作品，一直是英国最具影响力的雕塑家之一。

英国艺术及其他

部分由于广告大亨查尔斯·萨奇（Charles Saatchi）的支持（和资助），新一波英国艺术家在90年代崭露头角。这一运动注定成了"英国艺术"。其领军人物有达米恩·赫斯特（Damien Hirst），最初以腌渍鲨鱼、半解剖的人物形象而声名卓著（或者说臭名昭著），他的作品有一件名为《为了上帝的爱》（*For the Love of God*）的钻石镶嵌骷髅头，还有一件名为《真理》（*Veiry*）的雕塑作品，刻画了一个半解剖裸体孕妇形象，高达20米，矗立在德文郡北部伊尔弗勒科姆的港口。

另一个同时代的人物是翠西·艾敏（Tracey Emin）。她曾经被认定是缺乏责任心的人，因《我的床》（*My Bed*）这样一幅展示凌乱房间场景的作品而遭受了小报的谴责，但这幅作品于2014年以220万英镑的价格卖出，

艺术 — 绘画和雕塑

安东尼·葛姆雷（Antony Gormley）的《北方天使》（*Angel of the North*）是世界上拥有参观人数最多的雕塑之一，矗立在伦敦—爱丁堡的A1公路旁，每年路过这里的上百万司机都无法忽视这尊雕塑。

画家现在也备受敬仰，还成了马尔盖特的特纳美术馆的赞助人。她的最新作品，20米高的霓虹雕塑《我想和你在一起》(*I Want My Time With You*)于2018年在伦敦圣潘克拉斯火车站设置，有些评论家将其解读为艾敏对英国脱欧问题的态度。

以约瑟夫·马洛德·威廉·特纳命名的特纳奖是一项给英国视觉艺术家颁发的高规格（通常争议性很大的）年度嘉奖。除了赫斯特（Hirst），该奖得主还有马丁·克里德（Martin Creed；其作品是一个不断开关的灯房间）、马克·渥林格（Mark Wallinger；一套反战作品集）、西蒙·斯塔林（Simon Starling；一个在小屋和小船之间变形的作品）和安东尼·葛姆雷[Antony Gormley；最知名的是他的巨型作品《北方天使》(*Angel of the North*)]。

戏剧

英国戏剧植根于中世纪道德剧、宫廷小丑和四处游历的说书人。其起源可以一直追溯到古罗马时代在圆形剧场内演出的戏剧，其中一些剧目仍在像切斯特和赛伦塞斯特这样的地方上演。大多数学者一致认为在这一历史进程中，主要的里程碑事件就是1576年在伦敦开业的英格兰第一家剧院，它被简单命名为"剧院"（The Theatre）。几年后，又出现了两家剧院，即玫瑰剧院（Rose）和环球剧院（Globe），而剧院舞台为成为英国最知名的剧作家的登场做好了准备。

莎士比亚

对大多数来到伦敦的游客（及许多伦敦本地人）而言，戏剧只意味着一个名字：莎士比亚。生于1564年埃文河畔斯特拉特福镇，威廉·莎士比亚在伦敦扬名立万，也在伦敦的环球剧院演出了他大部分的剧目。

他约从1585年开始写剧本，早期的戏剧作品多归类为"喜剧"和"历史剧"，其中许多是至今仍家喻户晓的剧目，如《皆大欢喜》(*All's Well that Ends Well*)、《驯悍记》(*The Taming of the Shrew*)、《仲夏夜之梦》(*A Midsummer Night's Dream*)、《查理三世》(*Richard Ⅲ*)和《亨利五世》(*Henry Ⅴ*)。其事业的后期，莎士比亚写下了许多著名的剧目，多归类为"悲剧"，如《罗密欧与朱丽叶》(*Romeo and Juliet*)、《麦克白》(*Macbeth*)、《恺撒大帝》(*Julius Caesar*)、《哈姆雷特》(*Hamlet*)和《李尔王》(*King Lear*)。其精妙的情节和对语言的独特运用，加之庞大的作品数量，使莎士比亚成了全国乃至全世界的偶像。

如今，在他离世400年后，莎翁剧目仍能吸引大批观众，你还能在位于伦敦南岸重建的环球剧院，或位于莎士比亚故乡埃文河畔斯特拉特福皇家莎士比亚剧团自立剧院里观看。

然而，关于莎士比亚是怎样完成其剧作的争论一直不断。有些学者坚持认为他独立完成了所有作品，也有人[包括知名演员、皇家莎士比亚剧院前导演马克·里朗斯（Mark Rylance）]认为这些剧本更像是团队写作的成果——可能有其他作家或演员参与创作，也可能两者兼而有之。真相究竟如何已不可考，但戏剧无疑还将流传下去。

今日英国戏剧

无论你怎么安排游玩伦敦的时间和花费，都一定要去看看戏剧表演。

杰兹·巴特沃斯（Jez Butterworth）是英国最成功的剧作家之一。他在2009年创作的以英格兰现状为背景的戏剧《耶路撒冷》(*Jerusalem*)是西区历史上最成功、最受推崇的剧目之一。他在2017年创作的《摆渡人》(*The Ferryman*)中描述了爱尔兰共和军时期的北爱尔兰动人故事，同样造成轰动，获奖无数，此外还成为皇家宫廷剧院最卖座的剧目。

在英国，与名人有关的建筑都会用一块匾牌（通常是蓝色的）标示。2012年早期，一块匾牌被放在了伦敦Heddon St 23号，以纪念大卫·鲍伊的虚构流行音乐角色基吉星团（Ziggy Stardust）。

英国戏剧名副其实是世界上最好的,尤其是在伦敦(不管纽约客们怎么说),而国内其他的大城市也为其顶级的剧院而自豪,如伯明翰话剧团剧场(Birmingham Repertory Theatre)、布里斯托尔老维克剧团(Bristol Old Vic)、奇切斯特节日剧场(Chichester Festival Theatre)、诺丁汉的剧院(Playhouse)、加的夫的新剧院(New Theatre)和爱丁堡的皇家兰心大戏院(Royal Lyceum)。

因为仰慕大名,大多数人都会去伦敦的西区,那里著名的景点有沙福兹伯里大街(Shaftsbury)、阿代尔费剧院(Adelphi)和德鲁里巷的皇家剧院(Theatre Royal)。这些剧院都保留了经典剧目,包括《捕鼠器》(*The Mousetrap*),这是部传奇的侦探剧,也是世界上上演时间最长的戏剧,自1952年上演。

西区音乐剧

除了戏剧,伦敦西区还代表着大型音乐剧,有长期票房号召力的剧目如《猫》(*Cats*)、《绿野仙踪》(*The Wizard of Oz*)、《悲惨世界》(*Les Misérables*)、《理发师陶德》(*Sweeney Todd*)、《歌剧魅影》(*The Phantom of the Opera*)和《狮子王》(*The Lion King*),还有许多以今日流行世界为题材的剧目,如从皇后乐队的音乐中得到灵感的《摇滚万岁》(*We Will Rock You*)和以Abba合唱团为班底的《妈妈咪呀!》(*Mamma Mia!*)。

风光

就自然风光来说，英国并没有什么世界之最，既没有阿尔卑斯山或喜马拉雅山，也没有亚马孙河或撒哈拉沙漠，但这里的多样风光依然足以让你流连忘返。这个国家可能很小，但即便是相对较短的旅程也会让你体验到惊人的风景。在旅行途中看到的地貌的变化——在某些地区比较微妙，在其他地区则很显著——是这个国家的一大亮点。

地理位置

从地理角度来说，英国属于欧洲的一部分。它位于欧亚大陆的边上，浅浅的英吉利海峡（English Channel）将英国与欧洲大陆分离。法国人不像英国人那样为了象征主权而用自己的国名来命名海峡，而将英吉利海峡称作拉芒什（La Manche；法语中的意思是"袖子"）海峡。大概1万年以前，英国和欧洲大陆是连接在一起的，但是由于海平面上升，产生了我们现在所知的与欧洲大陆分离的英国。直到近些年来，英国才通过海底隧道和欧洲大陆重新连接在了一起。

英国南部被错落的城市、小镇和起伏的村庄覆盖。英国东部——特别是被称为东安格利亚的地区，基本上地势低矮平坦；而英国西南部则遍地都是荒凉的沼泽、花岗石岩层和丰美的牧场（德文郡的奶油可是世界闻名），加上崎岖海岸上的避风沙滩，使之成了最佳度假胜地。

英国北部有众多农场分布在村镇和城市之间，但其地势明显更为跌宕。高大的奔宁山脉（Pennines；被亲切地打上了"英格兰的脊梁"的标签），从德比郡延伸到苏格兰边界，覆盖了峰区（Peak District）的泥炭高原、霍沃斯（Haworth）周边的荒凉沼泽（因勃朗特的小说而闻名）、约克郡山谷（Yorkshire Dales）的怡人村庄，还有诺森伯兰郡那些因常年风化而带有崎岖美的山丘。

英格兰最知名的景观大概就在湖区（Lake District），一片位于西北部小巧却壮丽的群山和湖泊，那里的斯科费尔峰（Scafell Pike；海拔978米）是英格兰的最高峰。

威尔士的地貌可以用多山多丘来概括：南部有著名的圆形布莱克山（Black Mountains）和布雷肯比肯斯山（Brecon Beacons），北部有斯诺登尼亚的尖顶山峰，其中斯诺登山（海拔1085米）是威尔士的最高峰。在南北之间，位于威尔士中部的坎布里亚山脉（Cambrian Mountains）一直延伸到西部海岸，那里布满了悬崖峭壁和波光粼粼的河口三角洲。

要见识真正的山峦，你得前往苏格兰，特别是荒凉、偏远且人口稀少的西北高地。地壳上一道称为"大格伦断层"（Great Glen Fault）的斜斜的裂痕将那片地区与这个国家的其余地区分隔开来。本尼维斯山（Ben

《英国野生动物》（*Wildlife of Britain*）由乔治·麦加加文（George McGavin）等人编写，副标题是"权威视觉指南"。这本精美的摄影书比较重，不易于随身携带。但是作为行前读物，它可激发你的旅行灵感。旅行归来再去阅读，更可以加深你的旅途记忆。

Nevis；海拔1345米）是苏格兰乃至全大不列颠岛的最高峰。但你还有很多可以选择的去处，在海湾交错的西海岸，散落着众多美丽岛屿，使高地的景致更加美好。

苏格兰高地的南部是相对平坦的中部低地，哺育着苏格兰大部分的人口。自此以南，直到英格兰边界，地势又趋于丘陵；这就是南部高地，一片石南覆盖的圆形丘陵，也是肥沃的农业区。

国家公园

1810年，英国诗人及户外活动爱好者威廉·华兹华斯（William Wordsworth）建议将位于英格兰西北部坎布里亚（Cumbria）湖区的自然风光归为国有财产，且每一个国民都享有所有权。一个多世纪之后，湖区在1951年确实成了国家公园，同样成为国家公园的还有峰区、达特穆尔和斯诺登尼亚，后来，布雷肯比肯斯、凯恩高姆、埃克斯穆尔、洛蒙德湖及特罗萨克斯（Loch Lomond & the Trossachs）、新福里斯特、诺福克湖区、诺森伯兰、北约克荒原（North York Moors）、彭布罗克海岸（Pembrokeshire Coast）、南唐斯及约克郡山谷也加入了这一行列。在2017年，湖区还被联合国教科文组织认定为英国最新的世界遗产。

英国国家公园的总面积占国土面积的10%，但是"国家公园"这个名称容易让人误解。首先，这些区域并不是国有的。英国几乎所有土地都是私有的，多数归贵族、私人信托基金会或者保护组织所有。其次，与其他国家不同，这些区域并不属于荒野保护区。在英国的国家公园里，你可以看到地势较低的种着庄稼的农田，高地地区成片的羊群，你还会看到公路、铁路和村庄，甚至一些国家公园里还有城镇、采石场和工厂。这种做法也提醒着我们在这个拥挤的国家里，人们必须在保护自然环境和满足保护区内居民需求之间寻求平衡。

但是请不要退却。尽管有这些明显的反常现象，英国的国家公园仍然有高山、丘陵、高地、沼泽、森林、河谷和宁静的乡村，适合散步、漫游、骑自行车、观光或者闲逛。为了帮助你欣赏公园的最美景色，每个国家公园都有信息中心，同时还为游客提供各式各样的休闲设施（包括徒步路径、停车场和露营地等）。

最后，值得注意的是，英国还有许多地方虽然不是国家公园，但是也十分美丽，例如威尔士中部、英格兰北奔宁山脉和苏格兰的很多地方。这

英国最佳海滩

英国有很多优质海滩，各有特色，不仅有康沃尔和彭布罗克郡的小湾，还有度假胜地布赖顿和布莱克浦的超长海岸线。最受欢迎的海滩散落在整个西南半岛和南部大部分海岸线上。

在英格兰的萨福克、诺福克、兰开夏郡、约克郡及诺森伯兰等地有多处优质海滩，威尔士海岸高尔半岛（Gower Peninsula）和兰迪德诺（Llandudno）之间的海滩随处可见。苏格兰的选择更多，西部海岸有多岩石的海滩，外赫布里底群岛有平坦的沙滩。

英国众多最好的度假海滩都获得了国际认可的蓝旗奖（Blue Flag；www.blueflag.global），意味着这里的沙滩和海水清洁纯净，毫无污染。其他衡量指标包括是否有救生员、垃圾桶和回收设施，很多天然海滩虽然没能得到这一奖项，但依然美得惊人。

英国国家公园

国家公园	特色	活动	最佳出行时期
布雷肯比肯斯（见751页）	广阔的绿色山脊、瀑布；威尔士山区小马、水獭、红鸢、秃鹰、游隼和翠鸟	骑马、骑自行车、洞穴探险、划独木舟及滑翔翼	3月和4月（那时正值春天，山上会有羊群）
凯恩高姆（见984页）	白雪皑皑的山顶、松树森林；鹗、松貂、野猫、松鸡和雷鸟	滑雪、登山、观鸟、散步	2月（这个月份有雪）
达特穆尔（见347页）	绵延的山峰、高耸的岩壁、平静的河谷；野生小马、鹿和游隼	散步、山地自行车骑行、骑马	5月和6月（野花盛开）
埃克斯穆尔（见321页）	一望无际的沼泽、陡峭的海边悬崖；红鹿、野马和角羊	骑马、散步	9月和10月（石楠花盛开）
湖区（见630页）	壮观的瀑布、崎岖的群山、波光粼粼的湖泊；红松鼠、鹗和金雕	水上运动、散步、登山、爬山	9月至10月（夏季拥挤的人流散去，五彩缤纷的秋日）
洛蒙德湖和特罗萨克斯（见944页）	波光粼粼的湖泊、连绵的群山；鹿、松鼠、獾、狐狸、水獭和秃鹰	爬山、散步、骑行车、划独木舟	5月（蓝铃木树林，避开夏季人潮）
新福里斯特（见285页）	森林、石南丛生的荒野；野生小马、水獭、波纹林莺和南方豆娘	散步、骑自行车、骑马	4月至9月（茂密的植被）
诺福克湖区（见430页）	湖泊、河流、沼泽地、水百合；水獭和猎鸟	散步、骑自行车、划船	4月和5月（鸟类频繁活动时期）
北约克荒原国家公园（见549页）	开满石南的山峰、苍翠的河谷；灰背隼、麻鹬和千鸟	散步、骑山地自行车	8月和9月（石南盛开）
诺森伯兰（见688页）	绵延的沼泽地、石南、金雀花；红松鼠、黑琴鸡；哈德良长城	散步、骑自行车、爬山	4月和5月（羊群）及9月（石楠花盛开）
峰区（见513页）	高位沼泽、宁静山谷、石灰岩洞；獾、茶隼和松鸡	散步、骑自行车、骑山地自行车、滑翔翼、爬山	4月和5月（更多的羊群）
彭布罗克郡海岸（见738页）	波涛汹涌的海岸线、悬崖、沙滩；海鹦、管鼻鹱、海鸥、灰海豹、海豚、鼠海豚	散步、划皮划艇、海岸运动、骑山地自行车、骑马	4月和5月（羊群）
斯诺登尼亚（见784页）	雄伟的山脉、湖泊、河口、斯诺登山百合；野山羊、臭鼬、麻鹬、红嘴山鸦、红风筝和秃鹰	散步、划皮划艇、爬山、骑山地自行车、骑马	5月至9月（更好的天气）
南唐斯（见186页）	绵延的白垩山峰、静谧的农田、纯白色的海边悬崖、假柳穿鱼；阿多尼斯蓝色蝴蝶、秃鹰、红鸢、隼	散步、骑山地自行车、骑自行车、骑马	任何时间（气候温和）
约克郡山谷（见558页）	崎岖的山川、茂密的河谷、石灰岩路面；红松鼠、野兔、麻鹬、鸟头麦鸡、秃鹰	散步、骑自行车、骑山地自行车、爬山	4月和5月（你猜对了，又是羊群）

些地方适合户外活动，或者简单地驱车或步行游览，而且一般来说没有国家公园那么拥挤。

野生动植物

英国虽然面积不大，却有丰富多样的植物和动物。许多本土的物种都藏得十分隐蔽，但有一些物种很容易察觉，比如低地树林里闪耀的野风信子，还有高原上的鹿群等。花一点时间仔细观察这些有趣的生物会让你的行程增色不少，尤其是如果你有时间而且喜欢在英国的美景里散步或骑行的话。

农田

在农耕地区，农田里遍地都是野兔。但如果你在乡间徒步，就留心找棕野兔，因为这是一个日渐稀少的物种。棕野兔和野兔是近亲，但体型更大。到了春天，为了争夺领地而战的雄性野兔用后腿相拼，正应了那句俗语——"疯狂得像3月发情的野兔"。

尽管野兔数目趋于下降，水獭倒是东山再起了。在英国南部，水獭生活在河流和湖泊的浅滩，而在苏格兰，它们通常生活在海岸区域，非常显眼。尽管它们主要是夜行动物，但因为种群数量增长，你若在白天睁大眼睛仔细看，还是有可能幸运地见到它们的。

不过，你更有可能看到赤狐。这种英国典型的哺乳动物曾经只能在乡下看到，但这帮狡猾的野兽能适应任何环境，如今你甚至有可能看到它们在村镇甚至城市郊区觅食。

在别处，还有另一种英国典型动物，那就是獾。如今它们岌岌可危，因为农民们认为它们把牛结核病传染给了他们的牛，尽管自然环境保护主义人士声称这点还有待证明。

在农田和类似地方（还有市区花园）里常见的鸟类有：知更鸟，有着一看便能认出来的红胸脯及欢快的歌声；鹪鹩，常常用高亢的歌声来掩饰它娇小的体型；还有黄鹂，如果你展开想象的话，它们的歌声听起来像"a-little-bit-of-bread-and-no-cheese"（一点面包不要奶酪）。在开阔的田野，云雀的叫声是另一种经典英国户外声响，而今却已濒危。你更有可能看到一只雉，这是一种从俄罗斯引进的大型鸟，原本供贵族们在庄园射猎之用，但如今已被视为本地物种了。

在田间地头，树篱给成群的雀儿们掩护，但它们还得留心提防雀鹰，因为这种鸟类捕食者会以惊人的速度凭空出现。还有一种食肉动物是猴面鹰，它们悄无声息地掠过灌木树篱，仔细听着野鼠或鼩鼱窸窣作响，这一幕非常神奇。在威尔士或苏格兰的农村地区，你可能会见到许多秃鹰，那是英国最常见的大型猛禽。

林地

在林地地区，常见的哺乳动物包括体积较小的白点鼯鹿以及更小的狍子。林地随处可见多种鸟类，但是你听到它们会比看到它们的时候多。值得期待的有柳莺，从名字可以看出它有着抑扬顿挫的柔和歌声；以及棕柳莺，它们会不断地发出叽喳的声响。

如果你在落叶中听到沙沙作响的声音，那可能是刺猬——一种长相

新福里斯特、埃克斯穆尔和达特穆尔常有成群的"野生"小型马出没，这些动物当然是在无拘无束地游荡，不过实际上却是私人拥有和管理的。

英国树木最繁茂的就属萨里郡了，尽管那里很靠近伦敦，但土质不适宜农作物生长，所以萨里郡的树木得以幸免。英国的森林几乎有一半都在苏格兰。林地信托（Woodland Trust; www.woodlandtrust.org.uk）开展了许多活动保护英国现有的森林。

可爱、背上有刺、吃昆虫的动物，但是近年来人们也较少听到这种声音了。环保主义者，由于农用杀虫剂的使用、乡村地区建筑的增多以及刺猬们出了名的缺乏安全过马路的能力，它们有可能在2025年之前在英国灭绝。

没有灭绝危险的是北美灰松鼠，它们最初由北美引入。事实证明它们的适应能力很强，强到连本土红松鼠都濒临灭绝了，因为这些灰松鼠吃掉了所有的食物。一小部分红松鼠幸存于英格兰湖区和苏格兰的某些地方，尤其是中央低地（Central Lowlands）以北。

比松鼠数量更多的是松貂，常见于林区，尤其是苏格兰地区。它们有美丽的棕色皮毛。曾经，人们为了获取它们的皮毛而捕猎它们，而如今它们已经得到了充分的保护。

高山和高地沼泽

在高地和高沼泽地——包括埃克斯穆尔、达特穆尔、湖区、诺森伯兰以及苏格兰的大多数地区，最常见的哺乳动物是马鹿。雄性马鹿会在4月至7月长出它们那著名的大鹿角，然后鹿角会在2月脱一层干皮。

在高地上，有名并且容易识别的鸟类有红松鸡，它们经常藏在石楠花丛里，在有人要踩到它们的时候它们才会飞走并且发出警告的叫声。在苏格兰的高峰上，你可能会看见红松鸡的北方表亲雷鸟，它们的羽毛在夏天呈带斑纹的棕色，冬天时是白色。

同样值得期待的有杓鹬，它们有着庄严的长腿和优雅的弯曲的喙。运气好的话，你可能会看到有美丽迷彩色的欧金鸻。而凤头麦鸡一系列壮观的空中表演是不可错过的。

其他的山林栖鸟包括红鸢，英国各地一直都有各种行之有效的计划来重新引入这类壮观的叉尾猛禽。在苏格兰山区，还要留意下英国第二大的猛禽金雕，它们会沿着山脊滑翔。

河流及海岸

如果你在内陆水域周边游玩，你有机会看到鹗。英国观鸟最好的去处

观鸟爱好者们在布雷肯比肯斯的群山和沼泽中可以轻松看到气度不凡的红鸢，特别是在威尔士赖尼德的Gigrin Farm等饲喂站。

风光

野生动植物

野生动物袖珍指南

这是家兔还是野兔？海鸥还是燕鸥？金凤花还是驴蹄草？如果你想要了解更多英国的植物和动物，那么以下的这些指南非常适合入门级的自然爱好者。

➡ 强烈推荐由保罗·斯特里（Paul Sterry）所著的这本十分便携的《英国野生动植物完全指南》（Complete Guide to British Wildlife）。此书涉及哺乳动物、鸟类、鱼类、植物、蛇、昆虫，甚至真菌类，并配有简短的描述和精美的照片。

➡ 如果对观鸟感兴趣，由保罗·斯特里所著的《英国鸟类完全指南》（Complete Guide to British Birds）结合了清晰的照片和文字描述，还介绍了观赏每种鸟类的时间和常见地点。

➡ 由世界知名电影制作人托尼·索珀（Tony Soper）所著的《北大西洋的野生动物》（Wildlife of the North Atlantic）介绍了在大不列颠群岛甚至更远的海滩上、轮船边和悬崖顶部能看到的动物。

➡ 《柯林斯野生动物系列》（Collins Gem series）是有关野生动植物的袖珍读物，书目包括鸟类、树木、鱼类和野花。

包括英格兰中部地区的拉特兰湖（Rutland Water）以及苏格兰的凯恩高姆（Cairngorms）。你也可以沿着河堤寻找水鼠和讨人喜欢的啮齿动物的身影。这些动物曾经十分常见，但是由于野生水貂的引入（源于美国，从皮草厂逃出），它们的数量急剧下降。

在英国的海岸，尤其是在康沃尔郡、彭布罗克郡及苏格兰西北部，初夏（5月前后）的悬崖峭壁是一大奇景。那时，有成百上千的海鸟在这里栖息繁殖。海鸠、海雀、三趾鸥和其他很多鸟类在这无比拥挤的岩壁上抢夺栖息地。整个岩壁上覆盖着鸟类的排泄物，看上去是全白的。到处都可以听到它们的叫声。即使你不是观鸟爱好者，来看看这英国最美的野生动植物景观也会让你不虚此行。

另外一种值得在沿海地区观赏的鸟类是滑稽的海鹦，其在设得兰（Shetland）尤为常见。它们有彩色的喙，而且会把巢筑在沙质的土壤里。相对来说，塘鹅属于体型最大的海鸟之一，它们会从极高的地方极速俯冲到海里捕鱼。不过海岸观鸟的最大乐趣，就在于能看到英国最大的猛禽白尾海雕，你在苏格兰的西部可以看到它们的身影，马尔岛和斯凯岛都是知名的白尾海雕观赏场所。

河口和泥滩是很多迁徙涉禽的聚食场。常见鸟类是有着黑白相间羽毛的红嘴蛎鹬，你还能看到一些小型鸻科鸟贴着沙地飞过。

最后，就是海洋哺乳动物。英国水域里有两种常见的海豹，其中较大的灰海豹比普通海豹（或斑海豹）更为常见。沿海岸线的很多地方都提供乘船观赏海豹栖息地的活动，这在小海豹出生的时节尤为受欢迎。

你可以在英国的西海岸观赏到海豚、鼠海豚和小须鲸（尤其在苏格兰沿岸，5月至9月的观赏条件较好）。许多港口城镇，尤其是苏格兰的港口城镇，提供乘船赏鲸活动，还可以欣赏到其他海洋动物，例如姥鲨。

植物

无论在英国的哪个地方，观赏野花的最佳去处都是没有大规模农田的地方。英格兰南部的白垩山丘及峰区和约克郡山谷的石灰石地区，到了4月和5月，大片驴蹄草和报春花盛开，十分壮观。

森林里也有许多种类的花，最佳赏花季节仍然是4月和5月。因为这一时期树木的叶冠还没有完全张开，阳光可以透过树叶照射进来，野风信子（美丽稀有的物种）这类的植物就可以更快成长。另外一种经典的英国植物就是金雀花——尤其是在英格兰南部地区的新福里斯特和苏格兰全境，你绝对不可以错过成片的金雀花丛。

相比之下，石南花的花期很短。在苏格兰的山区、英格兰北部的奔宁山脉以及南部的达特穆尔，每年8月和9月，你可以欣赏到漫山遍野的紫色花海。

英国的自然落叶植物包括橡树、梣树、山毛榉、桦树、榛树和花楸，其种子和叶子为许多昆虫和鸟类提供食物或者栖息地。英格兰南部的新福里斯特及威尔士和英格兰交界处的迪恩森林（Forest of Dean）是这种栖息环境很好的例子。在苏格兰的某些地区，尤其是阿弗里克峡谷（Glen Affric），仍然可以观赏到本土的苏格兰松树。在游览英国途中，你也有可能看到一些残留的非本土的针叶树，尤其是在一大片没有野生动物的植被区，虽然现在也种植了越来越多的落叶树木。

外来疾病正威胁着英国的一些本土物种——其中最值得注意的便是梣木（白蜡木），一种叫作Hymenoscyphus fraxineus的真菌会引发"白蜡木枯梢病"。有些专家认为，这种疾病会导致英国90%的梣木死亡，欧洲有些国家已经遭受到了如此沉痛的损失。

环境问题

英国历史悠久，我们不难发现这个国家的风貌几乎完全是人和自然相互影响的结果。很早之前，人们砍伐树木，将森林改造成农田或牧地。这一改变在农村地区最明显地体现在20世纪40年代后期，接着一直延续到50年代和60年代。在战后时期食物自给自足的需求驱动下，高强度大规模农牧方式应运而生。这一改变的结果就是英国低地地区古有的拼接小片牧场成为大片农田里的一处风景，人们推倒墙壁、砍伐森林、填平池塘、排干湿地，最引人注意的是，他们也拔除了灌木树篱。

很多情况下，灌木树篱是乡村地区灌木及树林的外围线，它可以保护土地免受侵蚀，促进各种花朵的生长，还可以为许多昆虫、鸟类和小型哺乳动物提供庇护所。但是为了快速提高农作物产量，几千英里的灌木树篱在战后十几年里被摧毁。紧接着在20世纪80年代中期至21世纪初期，另外25%的树篱也消失了。

灌木树篱已经成为农村地区的标志性环境问题了。近年来，对灌木树篱的破坏有所减轻，一方面是因为农民意识到了它具有防止土壤遭到侵蚀的特性，另一方面也是因为农民得到了来自英国及欧洲其他相关机构的经济奖励，齐心合力建立野生动物保护区。

除了破坏灌木树篱之外，还有一些耕种方法引发了紧迫的环境问题。研究表明，杀虫剂的使用和大量灌溉导致河流干枯或者被排放水污染。在2014年，科学家们宣称，蜜蜂数量大量减少表明，20世纪90年代用以代替DDT等有害化学药品的新类尼古丁杀虫剂可能危害更大。

同时，单一作物制意味着一大片田地只能种植单一品种的植被，这被环保主义者称为"绿色沙漠"，因为昆虫不适合在这样的环境里生长，这就导致野生鸟类数量急剧减少。这并不是一个千瘪老农在回忆他祖先田园般的农田生活，只要你是一个年龄超过40岁的英国人，你就一定记得那时的乡村，像云雀和麦鸡这样的鸟类随处可见，数量惊人。

事实上，State of Nature最新发布的一份报告显示，英国的野生物种之中有10%濒临灭绝，自1970年以来，约六分之一的动物、鸟类、鱼类和植物已经绝迹。但情况也并非全无光明——刺猬等许多本土物种的数量大幅下降，但水獭等动物的数量却令人欣喜地多了起来。最近，海狸也重回人们视野，这个英格兰的本土物种在相当长的一段时期踪迹全无。英格兰有七处场所正进行动物的再次引进项目，不过为了使动物免遭伤害，具体地点都秘而不宣。

英国最大电站之一的Drax (www.electricinsights.co.uk) 提供全国发电量的实时统计数据。

体育

如果你想走捷径直达英国文化的核心，那么就去看看英国人是怎样运动的。无论是作为参与者还是观看者，他们都展现出对于那项运动的无比热情。每个周末都有成千上万的体育迷为自己最喜爱的球队加油。一年中最受瞩目的体育盛事，例如温布尔登网球锦标赛（Wimbledon）等赛事都使举国沸腾。

体育比赛

英国人发明了多项受到全世界喜爱的团队运动，或者至少制定了这些运动的现代比赛规则，包括板球、网球、英式橄榄球、高尔夫球和足球。然而，不得不说的是，在高规格的体育赛事中，英国国家队并不总能在国际上获得好成绩，这一点尤其适用于男子国家队。相对他们来说，英国女子国家队获胜次数更多。英格兰国家女子足球队曾经在2015年国际足球联盟（FIFA）女子世界杯获得第三名，英格兰女子板球队曾经赢得2009年和2017年世界杯的冠军。

但是，无论国家队是输是赢，无论是英格兰、威尔士、苏格兰的独立球队，还是代表大不列颠或者整个联合王国的队伍，体育迷的热情永不消减。

英式足球

暂且不管马德里或圣保罗的球迷怎么说，英格兰足球超级联赛（English Premier League）拥有世界最优秀的几支足球队伍，包括近年来最火爆的5支队伍——阿森纳和切尔西（都是伦敦球队）、曼市双雄（曼联和曼城）以及利物浦。但在2016年，名不见经传的莱斯特城打破豪强垄断在英超夺魁，此举令专业人士倍感意外，同时也让中立球迷开心不已，不过在2017年和2018年，英超冠军的头衔又分别被切尔西和曼城收入囊中。

> 在英国以外的国家，足球有时被称为"soccer"，这个称呼源于"association"一词（足球的官方称谓是Association Football）或源于"sock"一词——一种中世纪时期的皮袜，在星期六下午的公园里，穿着它踢猪膀胱做的球正合适。

英国的奥运会成绩

对于许多人来说，英国国家体育史上的亮点就是其在2012年伦敦奥运会及残奥会上的突出成就。英国代表团赢得了65枚奖牌，包括29枚金牌，在金牌榜上位列第3，仅次于美国和中国。英国残奥会运动员取得了更好的成绩，总共赢得了120枚奖牌，在奖牌榜上也排名第3，仅次于中国和俄罗斯。

但是到了2016年巴西里约热内卢奥运会，英国代表团勇夺27枚金牌、23枚银牌和17枚铜牌，在金牌榜上仅次于美国位列第2，这一成绩足以与英国残奥会代表团的成绩（64枚金牌、39枚银牌、44枚铜牌，金牌榜同样位列第2）媲美。

英格兰足总杯

足球协会（FA）于1871年举办了第一届俱乐部间淘汰赛制的足球联赛。当时有15支球队参加了联赛，争夺一个银质的足总杯奖杯，奖杯时值20英镑。

现在，有600多家球队俱乐部争夺这一传奇的珍贵奖杯。和其他比赛不同，在这项联赛中，低级别联赛的兼职球员和超级球队的明星大牌同台竞技。足总杯的预选赛在8月，举世瞩目的总决赛在次年的5月于伦敦著名的温布利体育场（Wembley Stadium）举行。

不出所料，捧得奖杯的往往是曼联、阿森纳、切尔西等大牌球队，然而大众总是期望那些"巨人杀手"的表现——一些排名靠后的弱队过五关斩六将，出人意料地打败排名靠前的对手。最著名的巨人杀手比赛发生在1992年，当时在第三级别联赛排名第24位的雷克斯汉姆队打败了顶级球队阿森纳队。

除了足球超级联赛之外，另外的72支队伍会参加其他各级赛事，包括冠军联赛（Championship）、英格兰足球甲级联赛（League One）及乙级联赛（League Two）。

苏格兰足球赛事的情况十分类似，最优秀的队伍参加苏格兰足球超级联赛（Scottish Premier League），剩余的球队参加苏格兰足球联赛（Scottish Football League）。一直以来，格拉斯哥的两支球队凯尔特人（Celtic）和流浪者（Rangers）总能为观众呈现最精彩的比赛，但2012年后者由于球队资金管理原因被罚降级。凯尔特人一家独大，而他们的传统对手重整旗鼓，终于在2016年重返苏超联赛。

在威尔士，英式足球没有那么流行，橄榄球才是威尔士人最爱的国民运动。威尔士主要的足球队伍，例如雷克瑟姆（Wrexham）、加的夫（Cardiff）和斯旺西（Swansea），在英格兰的低级别联赛徘徊。

各级别联赛的赛季是一样的（从8月到次年5月），所以很多游客可以将看球赛加入他们的行程表中。然而，超级联赛的门票就像金砂一样稀缺，你买到一张票的可能性很小，除非你是俱乐部成员，或者你认识某个俱乐部成员。购买一张较低级别联赛的门票的概率更高，票价也更便宜。通常，你可以在体育场当场买票，或者访问俱乐部网站或其他在线代理网站购票，例如www.ticketmaster.co.uk以及www.myticketmarket.com。

英国的四个地区都可以组织国字号球队参加国际足联世界杯和欧锦赛等国际赛事，不过这几支球队已经许久没有赢得任何锦标赛——英格兰队上次获得世界杯还是在1966年，此后每次大赛征战都是铩羽而归（在点球决战中败北已是家常便饭）。在2018年的世界杯决赛圈，年轻、经验不足的英格兰队发挥好于预期，在杀入半决赛后被克罗地亚队淘汰。可惜的是，苏格兰、威尔士和北爱尔兰均在预选赛中折戟。

高尔夫球

在英国，高尔夫球是一项非常流行的运动，每周踏上平坦球道练习者达数百万之众。公开锦标赛（Open Championship）是有观众观看的重大比赛，常被简称为公开赛[The Open；英国之外称"英国公开赛"（British Open）]。这项赛事是最古老的职业高尔夫球锦标赛（历史可追溯至1860年），也是唯一一项在美国以外举行的同类赛事，有成千上万的球迷观看。该赛事通常在7月第三个周末举行，地点是全国9块球场之一，每年不

更多英国主要的足球、板球、赛马或其他体育比赛的日期和详情，你可以通过www.britevents.com网站的体育板块了解。

同——登录网站www.theopen.com可了解过去、现在以及未来的赛事详情。

英国最著名的高尔夫球目的地可能要数圣安德鲁斯的老球场，因为是15世纪早期高尔夫球兴起的第一批场地之一，这里常被称为"高尔夫球的故乡"。这里堪称高尔夫球爱好者的精神圣地，但是你需要提前很久预订，才能在这里挥杆。如果你想在英国旅行时打上一局高尔夫球，可以从全国近2000座私人或公立球场中灵活选择，仅苏格兰就有500座球场（苏格兰人均高尔夫球场地居全球之首）。有些私人俱乐部只接收会员或有证书的球手，但多数都对游客开放。公立球场对所有人开放。一局高尔夫球在公立球场收费10~30英镑，在举办锦标赛的著名场地可高达200英镑。

英式橄榄球

一名智者曾经说足球是一群流氓玩绅士的游戏，而橄榄球则正好相反。这个说法可能是真的。橄榄球确实十分流行，尤其是英格兰在2003年成为世界冠军之后。为了欣赏完美的球技（好吧，还有球员们发达的肌肉），体会球场欢快的气氛，看一场橄榄球赛绝对值得。根据俱乐部的地位和财力，球赛的门票价格从15~50英镑不等。

英国有两种不同版本的橄榄球赛。英式橄榄球联合会（Rugby Union；www.englandrugby.com）的比赛主要在英格兰南部、威尔士及苏格兰举行，传统意义上是属于中上层阶级的比赛。而英式橄榄球联盟（Rugby League；www.rugby-league.com）的比赛主要在英格兰北部举行，传统意义上是属于工薪阶层的比赛。但如今这两种赛事有很多重叠部分。

两种球赛都起源于1823年在沃里克郡（Warwickshire）拉格比学校（Rugby School）举行的一场足球比赛。一位名叫威廉·韦布·艾利斯（William Webb Ellis）的球员觉得只能用脚踢球十分无趣，他不断地用手拿球朝着对手的球门前进。按照英国人对公平竞赛比较重视的传统，艾利斯的行为足以让他被逐出比赛，然而艾利斯非但没有被退赛，反而促成了一项新运动的诞生。英格兰橄榄球联合会也在1871年正式成立。如今，橄榄球世界杯（Rugby World Cup）的奖杯按这位年轻进取的球员的名字被命名为"韦布·艾利斯杯"。

英格兰橄榄球联合会国际赛事的一大亮点就是一年一度的六国锦标赛（Six Nations Championship；www.rbs6nations.com），由来自英格兰、威尔士、苏格兰、爱尔兰、法国及意大利的球队参加。简单的积分制让球队争夺大满贯或者三冠王，至少要尽力避免垫底。

澳大利亚和新西兰在英式橄榄球联盟世界杯上称霸，下一届英式橄榄球世界杯（Rugby Union World Cup）的决赛将于2019年在日本举办。详情请登录www.rugbyworldcup.com。

板球

尽管威尔士人和苏格兰人也玩板球，但板球仍然还是极具英格兰特色的运动。这项运动可以追溯到18世纪——实际起源时间更为久远，在英国殖民时期逐渐传播到了英联邦的其他国家。澳大利亚、加勒比海地区及南亚次大陆都十分热衷这项运动，这些前殖民地国家和地区如今都热衷于在板球球道上能抽故国响亮的一鞭。

给板球界带来争议的快节奏赛程的Twenty 20赛制强调击球获得高分，而不是缓慢和谨慎的跑动。传统派认为这改变了比赛的根本，但是没有人能质疑这种赛制的流行程度，因为很多Twenty 20赛制的比赛的门票全都迅速售罄。

很多英国人甚至把板球视为一种宗教信仰，这对很多不知情的人来说是十分难以理解的。测试赛耗时1天或5天，比赛进程看似十分缓慢（当然，不明其中乐趣的人会说，这正是为什么会产生专门回顾精彩场面的电视节目），还充满了诸如击球局、回合、旋转球、外弧线球以及触身得分等晦涩难懂的术语。尽管如此，你在旅途中，至少也要观看一次板球比赛。当你耐心地了解了复杂的比赛规则后，你会发现板球其实很好玩。要不然怎么会有那么多板球迷一整个夏天都听着收音机或盯着电脑，就为了看英格兰"前进"呢。

单日测试赛和国际赛事一般在伦敦的罗德（Lord's）球场、伯明翰的埃德巴斯顿（Edgbaston）球场及利兹（Leeds）的海丁利（Headingley）举行。球赛门票票价从30至200英镑以上不等。英格兰郡冠军赛（County Championship）吸引全国最优秀的队伍参赛，票价为5～25英镑。只有关键赛事才会出现一票难求的情况。登录英国板球委员会（English Cricket Board）的网站（www.ecb.co.uk）了解详情。

观看板球比赛最便捷的方法就是在你的旅程中，在一块乡村绿地上，偶遇一场当地的板球比赛，这种经历往往也是最有趣的。观看这类比赛是无须付费的，也没有人会介意你在比赛间隙起身离开去酒馆喝几杯。

赛马

英国的赛马传统始于数世纪前，现如今，英国各处几乎每天都有"马会"。除了大型赛事之外的大部分赛事，你都能在当天买到票，或者提前从英国赛马管理局（British Horse Racing Authority）的网站（www.greatbritishracing.com）上购票。网站同时还提供大量与赛马同时举行的

灰烬杯（THE ASHES）

自1882年以来，英格兰和澳大利亚之间具有历史意义的板球对抗系列赛"灰烬杯"每隔一年举行一次，只在第二次世界大战时期中断了一段时间（女子板球也有级别相当于"灰烬杯"的赛事，自20世纪30年代断断续续地举办）。比赛在英格兰和澳大利亚两个国家轮流举行，每5场比赛更换一次场馆，一般在夏季举行。

这场比赛的名字来源于1882年举办的一场标志性赛事，当时澳大利亚（第一次）赢得了比赛。作为英国的殖民地，澳大利亚打赢了自己的宗主国，这让整个国家震惊。《体育时报》（*Sporting Times*）发表了一篇讣告，哀叹英格兰板球辉煌时代的逝去并认为板球的灰烬落入了澳大利亚手中。

次年，英国队队长艾弗·布莱（Ivo Bligh）收到了一群墨尔本妇女赠送的一个陶瓮，里面装有两队在那晶对抗赛上使用的三柱门横木或三柱门柱的灰烬，这个陶瓮就被命名为"灰烬杯"。1953年以来，这一神圣的纪念物就珍藏在罗德板球场的玛丽勒本板球俱乐部（Marylebone Cricket Club，简称MMC）。虽然这个瓮对于系列赛的意义十分重要，但它本身只有15厘米高。

最近几届"灰烬杯"无一不充满戏剧性。2010～2011年的比赛中，英格兰打败了澳大利亚，获得了24年来在澳大利亚的地盘上的首次胜利。在2013～2014年，澳大利亚又以5：0的比分重创英格兰，这是灰烬杯历史上澳大利亚第三次取得完胜。在2015年的"灰烬杯"上，英格兰以3:2取胜，但在2017～2018年又以0:4的比分惨败。2019年，英格兰与澳大利亚以平局收尾。

每年温布尔登网球锦标赛举行的两周中，所消费的草莓超过27吨，冰激凌超过7000升。

社交活动的信息，例如音乐节。

最重要的赛事是皇家爱斯科特赛马会（Royal Ascot），每年6月中旬在爱斯科特赛马场举行。届时，富商名流纷纷出席，很多普通人也来此一睹名流的风采。这场比赛中，时尚和马同样重要，甚至女王也会出席，然后在3.15赛马会上的"幸运小子"的输赢两边各押上5英镑。

其他精彩赛事包括于4月上旬在安特里（Aintree）举行的全国越野障碍赛马（Grand National steeplechase），以及每年6月的第一个周六在埃普索姆（Epsom）举办的德比大赛马会。后者在普通大众之中更受欢迎，与皇家爱斯科特赛马会不同的是，你不会在这个赛马会上看到很多晨礼服和奇特的帽子。

网球

网球在英国十分流行，对观众来说，最著名的赛事就是全英锦标赛（All England Championships），大家称它为温布尔登网球锦标赛。每年6月/7月，网球热浪席卷英国。这一赛事具有英格兰风情，是的，确切地说是英格兰风情而非英国风情，因为这一赛事集合了草地球场、礼貌的喝彩以及戴帽子的裁判这些英格兰的标志性事物，但自1936年以来首次赢得男子单打锦标的英国人却是来自苏格兰的安迪·穆雷（Andy Murray），他于2013年和2016年两次夺魁。

温布尔登的球场座位总是供不应求，但为了公平起见，门票采取抽签方式进行销售。当然你也可以去现场碰碰运气，每天有大概6000张门票售出（不包括最后4天），但是你必须起得很早，一些志在必得的球迷早在凌晨就开始排队了。详情请登录www.wimbledon.com。

生存指南

出行指南 1120
签证 1120
保险 1120
货币 1121
电源 1121
使领馆 1122
海关条例 1122
旅游信息 1123
营业时间 1123
邮局 1123
节假日 1123
住宿 1124
气候 1126
电话 1126
上网 1127
时间 1128
法律事宜 1128
残障旅行者 1128
LGBT旅行者 1129
旅行安全 1129
健康 1129

交通指南 1130
到达和离开 **1130**
飞机 1130
陆路 1131
海路 1132
当地交通 **1132**
飞机 1132
自行车 1132
船 1133
长途汽车 1133
小汽车和摩托车 1134
搭便车 1135
当地交通工具 1135
火车 1135

术语表 1138
幕后 1141
索引 1142
地图图例 1148
我们的作者 1149

出行指南

签证

考虑到英国脱欧协议尚未确定，以下信息很可能在你前往英国旅行时发生变化，因此在你出行前，有必要再次确定最新信息。

中国大陆公民须持有访问签证入境英国旅游，可以在计划启程日期之前3个月之内申请签证；6个月以内的短期旅游的港、澳、台旅行者则不需要办理签证。

以中国大陆公民为例，6个月以内的短期签证费用为95英镑（从2016年起此项申请者可免费升级为两年多次签证），5年和10年的签证费用分别为655英镑和822英镑。英国在北京、上海、广州、深圳等十多个中国主要城市都设有签证申请中心，具体位置和联系方式请参考：http://www.vfsglobal.co.uk/china/applicationcentre.html。

值得一提的是，中国大陆旅行者在申请英国签证时，可一并申请比利时的申根签证（相当于在英国签证申请中心一次性申请两种签证），费用与分开申请一致，只是更加便捷。除此之外，2014年10月起，英国—爱尔兰签证体系正式在中国实施，持有带BIVS字样（英国—爱尔兰签证体系）签证的旅行者，可以凭英国签证前往爱尔兰，或者持爱尔兰签证前往英国，不需另外申请签证。

常规个人赴英国旅游的签证申请流程如下。

第1步：在线填写申请表

在https://visas-immigration.service.gov.uk在线注册并逐步完成相关申请填写（用英文填写），并按要求准备相关纸质材料。可以请中介公司为填写提供帮助，但所填信息必须准确、真实。申请之后需要在线支付签证费用（可使用支付宝、银联卡等），并预约离你最近的签证申请中心，以便之后递交材料。

第2步：准备签证材料

针对一般游客，需要准备的材料大致为（中文文件需提供相应翻译件）：

1. 护照（如更换过护照请一并提供旧件）
2. 签证照片
3. 财务证明（银行流水、房产证明、收入证明）
4. 在职/在读证明
5. 自营职业者请提供能证明公司所有人的经营执照等材料
6. 出席商务活动的，需提供邀请函或访问函
7. 未满18岁的需要提供出生证明，证明与同行父母关系，或陪同人证明

更多内容请查阅https://www.gov.uk/government/publications/visitor-visa-guide-to-supporting-documents，内含中文版本可供下载。

第3步：到签证中心递交材料

将以上材料和此前填写并打印出来的申请表一并提交至预约好的签证申请中心，然后拍照、采集指纹。

第4步：查询申请进度

在中国大陆各签证中心办理时需额外支付15元，签证处理情况会以手机短信或邮件形式进行通知。签证申请处理完毕后，可以选择亲自到申请中心领取护照，也可以支付额外的费用以快递方式取回护照。

99%的普通访问签证会在15个工作日内审理完成，最晚不会超过30天。

保险

无论你来自哪个国家，在英国都能享受到免费的紧急救治，但我们仍然强烈推荐旅行保险。通常情况下，保险涵

盖私人诊所医疗、牙科咨询及治疗的费用——相比于去国民医疗保健(National Health Service,简称NHS)医院,到私人诊所能够更快就诊。此外旅行保险还会承保紧急航班的花费以及其他所有常见问题,比如行李丢失等。查询全球范围内的旅行保险服务可以登录www.lonelyplanet.com/travel-insurance。无论何时,你都可以上网购买保险、延保和索赔,甚至在半路上也可以购买保险。

虽然在申请英国签证时不要求必须提供保险,但仍建议你在国内购买可以覆盖旅行全程的旅行保险并务必包含伤害及医疗保险。

货币
自动柜员机

自动柜员机(英国称"cash machine")在城市中非常普遍,即便小城镇也不例外。有些自动柜员机上取现可能需小额手续费,但多数是免费的。如果你不是英国公民,你所在国的银行可能会收取海外取现的手续费。小心提防被动过手脚的柜员机,通常的作案手法是在机器上安装读卡器和微型摄像头。带英国Link标识的自动柜员机都可以用银联卡提取英镑现金,但不支持余额查询。少数机器提供中文界面。每张借记卡单日累计取款不超过1万元人民币的等值英镑,自动柜员机的单笔取款有一定的限额,但可以分次取款。

信用卡和借记卡

Visa和Master信用卡及借记卡在英国的接受程度广泛。Amex等其他信用卡接受程度则不那么普遍。大多数商家都会假定你的卡是有"芯片和密码"的(用密码代替签名)。如果没有密码,你就要签名,但是有些地方可能会不接受你的卡。有些农村地区的小型民宿不接受银行卡,你得支付现金。凡贴有"银联"标识的商户均可以接受银联卡刷卡,没有标识的也不妨询问,多数大型商场、专卖店、酒店和主要机场免税店都受理银联卡。

当地银联服务热线(☎00800-800-95516),Link网络的自动柜员机位置在线查询(www.link.co.uk/consumers/locator/)。

货币

英国的货币是英镑(£)。纸币的面值有5英镑、10英镑、20英镑和50英镑。因存在假币流通的现象,有些商店拒收50英镑面值的纸币。

其他货币很少能使用,不过伦敦的一些礼品店可能会接受欧元、美元、日元等其他主要货币。

外币兑换

城市和较大的城镇有银行和外汇兑换处可以将你的钱兑换成英镑。首先检查汇率;有些兑换处的汇率很低,还会收取令人不爽的佣金。

苏格兰的货币

苏格兰的几家银行发行自行设计的货币。这些货币与英格兰银行发行的货币是可以相互兑换的,但是你持这些货币在苏格兰以外的地区使用有时会遇到问题——例如英格兰南部的商店可能拒收苏格兰货币。一旦离开国,兑换这些货币也更加困难,不过英国的银行长期提供兑换服务。

你也可以在一些邮局兑换货币——在农村地区非常方便,而且汇率也很公平。

小费

餐厅 提供餐桌服务的餐厅和茶馆收取10%左右的小费。高档餐厅服务员的期望小费接近15%。小费可能以"服务费"的形式加在账单上。小费和服务费并非强制消费。

酒馆和酒吧 如果你在桌上点餐后侍者把食品送过来,小费大约为10%。否则就不用给小费了。

出租车 小费约为10%,或者比车费多点,凑个整数,特别是在伦敦。

电源

Type G
230V/50Hz

使领馆

中国驻英国大使馆 [☎020-7299 4049; www.chinese-embassy.org.uk/chn/; 49 Portland Place, LondonW1B 1JL; ⓧ周一至周五（中英节假日除外）9:00~12:00和14:00~17:00]

中国驻英大使馆领事部（签证事宜） [☎020-7631 1430（工作时间）, 020-7436 8294（其他时间）; 31 Portland Place, London, W1B 1QD; ⓧ周一至周五 9:00~12:00（中英节假日除外）]

中国驻曼彻斯特总领事馆（☎044161-2247443, 领事协助电话0044-161-2248986; http://manchester.chineseconsulate.org/chn/; Denison House, 71 Denison Road, Rusholme, ManchesterM14 5RX, United Kingdom; ⓧ9:00~17:00)

中国驻爱丁堡总领事馆 [☎0131-3373220, 周一、周三、周五 9:00~12:00, 14:00~16:00为人工接听电话时间; http://edinburgh.china-consulate.org/chn/; 55 Corstorphine Road, Edinburgh EH12 5QG; ⓧ9:00~12:00和14:00~16:00)

海关条例

从欧盟国家抵达英国的旅行者无须为个人用途商品缴纳关税，在欧盟国家购买、已缴纳关税的酒类和烟草类商品不受限制。但是，如果你携带超过下列限额的物品，可能面对海关人员的询问：

➤ 800支香烟

➤ 1公斤烟草

➤ 10升烈酒

➤ 90升葡萄酒

➤ 110升啤酒

从非欧盟国家抵达的旅行者免税携带的商品上限为：

➤ 200支香烟或100支小雪茄或50支雪茄或250克烟草

➤ 16升啤酒

➤ 4升非气泡葡萄酒

➤ 1升烈酒或2升加烈葡萄酒或起泡酒

➤ 其他价值390英镑的商品，包括香水、礼品、纪念品等

超过上限的商品必须在抵达时向海关人员申报。登录www.gov.uk网站搜索"Bringing goods into the UK"可进一步了解详情及非欧盟公民在英国购物的退税事宜。

退税

英国大部分商品都包含增值税，如果你是非欧盟国家来英国消费的游客，有些情况下可以申请退税。

首先，要确保购物3个月内离开欧盟国家。在可以退税的商店（有注明Tax Free Shopping标识）购物时，向商家领取一份Tax Refund From申请表，双方签字，保存好申请表和购物收据，以便之后办理退税。有的商家会直接退还你的税款，当然，会收一定的手续费。不过大部分情况下，

遗产保护组织

在英国旅游的一大亮点就是参观遍布这个国家的不胜枚举的城堡和历史遗迹。遗产组织的会员可以免费入场（通常能省不少钱），并获得信息手册等。

英国国民信托组织（National Trust, 简称NT; www.nationaltrust.org.uk）是保护英格兰和威尔士历史建筑和风景名胜的慈善机构。会员年费为69英镑（26岁以下或家庭有折扣）。持有游览套票（Touring Pass）可以让你在一周或两周内（每人31/36英镑，两人55/66英镑，家庭61/77英镑）免费进入国民信托组织名下的景点。苏格兰国民信托组织（www.nts.org.uk）的情况也大致相同，会员年费为57英镑。

英格兰遗产（English Heritage, 简称EH; www.english-heritage.org.uk）是一个保护历史遗迹的英国国有组织。会员年费为56英镑（夫妻和老年人有折扣）。持有海外游客套票可以在9天或16天（33/39英镑，夫妻57/67英镑，家庭62/72英镑）内免费进入大部分景点。威尔士和苏格兰的历史遗迹保护组织是Cadw（www.cadw.wales.gov.uk）和Historic Environment Scotland（www.historicenvironment.scot）。你可以在参观第一个景点时成为会员。如果你加入英格兰遗产组织，那么参观威尔士和苏格兰的景点也能享受优惠；反之亦然。

购物满30英镑才能申请退税，有的商店则门槛更高。

离开英国时，你需向海关人员提交退税申请表，并配合他们检查你的退税产品。如果你还会去欧盟国家旅游，那么就在最后一个离开的国家提交申请表。记住，早点去机场办理手续（有些城市非机场也有退税点）。

旅游信息

英国多数的城市、城镇以及一些村庄都有游客信息中心，我们为了方便统称为"旅游局"。有些地方会出售实用的小物件、书籍和地图，还会分发传单，并为旅行提供建议。一些旅游局可以帮助预订住宿。由国家公园运营的一些旅游局通常有关于当地的小型展览。

大多数旅游局的营业时间是固定的。在游客较少的地区，旅游局从10月到次年2月不上班；热门目的地的咨询处全年无休。近年来，许多小型旅游局因财政开支削减而关闭；有些旅游局已被"游客信息点"取代——即公共图书馆和市政厅等场所中成摞的宣传册和地图。

动身离家之前，浏览英国旅游局的官方综合性网站**Visit Britain**（www.visitbritain.com），该网站覆盖了旅行的方方面面，还有大量链接。

营业时间

营业时间全年不同，乡村地区更是如此，许多场所在10月或11月至次年3月或4月营业时间缩短或完全关闭。

学校假期

学校放假期间，道路上通常人满为患，酒店价格也会上涨。每个地区每年的放假日期有所不同，但大体上是这样的：

复活节假期 复活节前一周和复活节后一周

暑假 英格兰和威尔士：从7月的第三周到9月的第一周；苏格兰：6月下旬至8月中旬

圣诞节假期 从12月中旬到次年1月的第一周

此外还有3个长达一周的"期中"假期，通常在2月下旬（或3月上旬）、5月下旬和10月下旬。苏格兰、英格兰、威尔士的"期中"假期时间不同。

银行

➡ 周一至周五 9:30~16:00或17:00；有些银行周六9:30~13:00也会营业。

酒馆和酒吧

➡ 周一至周六 正午至23:00（许多酒馆在周五和周六营业至午夜或次日1:00，尤其是在苏格兰），周日 12:30~23:00。

商店

➡ 周一至周六 9:00~17:30（城市里的商店至18:00），周日通常11:00~17:00；大城市的便利店全天24小时营业。

餐厅

➡ 午餐 正午至15:00，晚餐18:00~21:00或22:00（大城市里会晚一点）。

博物馆和景点

➡ 大型博物馆和景点通常每天开放。

➡ 有些小景点周六和周日开放，周一或周二关闭。

➡ 在旺季，较小的景点每天开放；但在淡季只有周末开放，或者完全不开放。

邮局

英国的邮政服务通常高效可靠。邮局位置和邮资标准可登录网站www.postoffice.co.uk查询。

节假日

英国的全国性节假日有：

新年 1月1日（苏格兰1月2日）

复活节 3月或4月（包括耶稣受难日到复活节周一的这段时间）

五朔节 5月的第一个周一

春季银行假日 5月的最后一个周一

夏季银行假日 8月的最后一个周一

圣诞节 12月25日

节礼日 12月26日

如果某个节假日正好赶上周末，那么就在最近的周一补上。在英格兰和威尔士，大部分商家和银行在法定节假日都关门歇业（因此也就有了奇怪的说法"银行假日"）。在苏格兰，银行假日只有银行放假，许多商家仍然营业。许多苏格兰城镇一般都有春假和秋假，但是时间不固定。

在节假日里，一些小型的博物馆和景点会关门，但是大的景点会迎来客流高峰。如果一个地方周日关门，那很可能在银行假日也关门。

几乎所有的景点、商店和政府机构在圣诞节都会关门，但酒馆仍然在午餐时间开放。一般来说，圣诞节期间没有公共交通服务，节礼日期间也很少。

住宿
民宿

民宿（B&B；提供床位和早餐）是英国著名的住宿机构。小一点的民宿其实就是私人住宅的一个房间；而大一点的会被称作"客栈"（介于民宿和大酒店之间）。带有简单的卧室和公共浴室的，价格为每人40英镑左右；带有私人浴室的，价格为45~55英镑。两种都没有客厅和套房。

在乡村地区，大多数民宿欢迎徒步旅行和骑自行车旅行的旅行者，有些却不欢迎；所以，让他们知道你会穿着脏靴子或者提着车轮走进旅店。

预订时要查明民宿的确切位置。在农村地区，邮政地址包含距离最近的小镇，但距离可能有20英里远——如果是步行，了解这一点很重要！有些店主会收取少量费用开车去接你。

价格 民宿价格通常按人数计算，一般两个人共用一个房间。很难找到为独行客提供的单人间，即便有也会收取20%~50%的额外费用。有些民宿甚至不提供单人间（除非你出两个人的钱），特别是在夏季。

预订 想住民宿最好预订，在旅游旺季，预订是很有必要的。很多民宿都可以通过网上代理预订，但是直接预订也许会便宜一些。如果你没有预订，大多数城镇的民宿都在主要街道上；那些有空房间的会挂起"有空房"（Vacancies）的标志。

许多民宿要求旅客周末至少住两晚。有些地方的旅店会在周中为住宿时间较长（两晚或三晚）的客人降低价格。如果一家民宿客满了，店主会推荐你到附近的另一家民宿（很可能是偶尔接受游客的私人住宅，不在旅店列表之内）。

食物 多数民宿供应非常丰盛的早餐；有些还一并供应午餐（约6英镑）和晚餐（15~20英镑）。

Bed & Breakfast Nationwide（www.bedandbreakfastnationwide.com）

露营和简易宿舍

露营的选择很多，既有只能找到水龙头和简易厕所的农田（每人每晚5英镑），也有能洗热水澡、有其他更高级设施的营地（费用高达15英镑，有时更高）。一定要了解清楚住宿条件；有些露营地按露营位收费，有些则是按人数收钱，停车、宠物、儿童、加大帐篷、电源等都要另行收费。许多露营地（最简陋的除外）都有小商店，但一般情况下，你得自带装备。

一小部分露营地点，比如小木屋、房车、圆顶帐篷之类，会提供自炊设施。有些露营地点提供非常时髦的木头露营小屋，被称为"豪华露营"（glamping）。

如果你带着帐篷或者开着小型房车在英国旅行，那么不妨考虑加入**Camping & Caravanning Club**（www.campingandcaravanningclub.co.uk）。这个俱乐部拥有将近100个露营地点，会员每年缴纳37英镑的会费就可享高达30%的折扣，而且在《露营大全》（Big Sites Book）这本宝书中，罗列了上千个露营地点，皆对俱乐部成员免费。

英国的简易宿舍就是简单的过夜处，通常位于农村地区，卧室和浴室都是公用的，另外还要自带炉灶。你要自己带睡袋和炊具。大多数简易宿舍的花费是每人每晚12~15英镑。

一些设施更简单被称为"露营粮仓"（camping-barns），它们通常由农用设施改造而来。除了帐篷，你要带上所有你需要的东西。费用为每人6~10英镑起。

青年旅舍

英国有两种青年旅舍：**青年旅舍协会**（Youth Hostels Association；www.yha.org.uk）和**苏格兰青年旅舍协会**（Scottish

---

在线预订住宿

要了解更多孤独星球作者的住宿评论，可以查看lonelyplanet.com/hotels/。你会看到独立评论和最佳住宿推荐。最棒的是，还可以在线预订。

想在周末尝试不同的住宿方式吗？

如果你在寻找更加不同寻常的住宿选择，不妨尝试利用出租历史建筑的 **Landmark Trust**（www.landmarktrust.org.uk），你可以选择古老的小屋、中世纪城堡、拿破仑时期的要塞和18世纪的庄园等。也可以试试专门提供离奇古怪住宿的 **Distinctly Different**（www.distinctlydifferent.co.uk）。

Youth Hostels Association; www.syha.org.uk）；以及独立青年旅舍，大多数收录在**独立旅店指南**（Independent Hostel Guide; www.independenthostelguide.co.uk）中。

无论在农村、城镇还是城市，无论什么类型的旅客，无论年龄几何，都能找到适合自己的旅舍。有些旅舍是从农村小别墅和乡村住宅甚至是城堡改造而来的，它们大都位于风景如画的地方。通常是多人间的宿舍，不过多数青年旅舍也有两人间或四人间。

青年旅舍和苏格兰青年旅舍（YHA & SYHA HOSTELS）

最简易的青年旅舍和苏格兰青年旅舍每人每晚花费13~18英镑。拥有更多设施的较大的旅舍花费为18~30英镑。伦敦的青年旅舍约35英镑起。通常可以提前预订和用信用卡支付。

住青年旅舍或者苏格兰青年旅舍（或其他国际青年旅舍）不必成为其会员，但是非会员要多交一部分费用（通常为3英镑），所以加入会员通常是值得的。青年旅舍的年度会员会费是15英镑，16岁至25岁会费是5英镑。苏格兰青年旅舍的年度会费是15英镑（16岁至25岁会费是6英镑）。

大多数青年旅舍的收费根据需求和季节变化。早早预订5月份周二晚上的房间能享受到最优惠的价格，而很晚预订8月份周末的房间则会支付最高价格——如果还有房间的话。

青年旅舍的营业时间可能有点复杂，特别是在偏远地区和旅游淡季，所以动身前核实一下。

独立旅舍

农村地区的独立旅舍比简易宿舍（费用大概是13英镑）的数量要稍微多一些，有时几乎能达到民宿的标准（花费20英镑或更多）。在城市里，独立背包客旅舍的目标是那些囊中羞涩的年轻游客。大多数24小时营业，气氛活跃，有客房（双人间或多人间）、酒吧、咖啡馆、Wi-Fi和洗衣房。多人间一个床位的价格大约是20英镑，私人房间一个床位价格是40英镑。

酒店

在英国，可供选择的酒店从小型联排住宅到壮观的乡村豪宅，从设施简陋的农场到精致的世外桃源，可谓不计其数。讨价还价之后，通常单人间45英镑起，双人间60英镑起，更高档的单人间能达到100英镑，双人间能达到150英镑，甚至更高。

如果你只是想找个地方睡觉，便宜的连锁酒店是不错的选择。虽然大多数气氛不佳，但谁在乎？你只在那里待12小时，其中8个小时在睡觉。其价格依需求而定：淡季时，双人间30英镑起；旺季时，不低于60英镑。可选酒店包括：

Ibis Hotels（www.ibis.com）

Premier Inn（www.premierinn.com）

Travelodge（www.travelodge.co.uk）

酒店价格

英国的酒店没有所谓的"标准价"。许多旅馆，特别是较大的旅馆或者连锁店，其价格是随需求变化的，在线预订、电话预订以及上门开房的价格也是不同的，这与飞机和火车的运营商一样。因此在淡季预订，价格就便宜。如果订得晚或者赶上节假日，花钱就多。但有时坚持等到最后一

就餐价格区间

下列标识适用于一道主菜的价格：

	伦敦	其他地区
£	少于12英镑	少于10英镑
££	12~25英镑	10~20英镑
£££	高于25英镑	高于20英镑

刻，价格也会降下来，你会得到不错的优惠。结论：同一家酒店的同一个房间，你的花费可能在25英镑到200英镑之间。相反，民宿的价格一般比较固定。

船屋

这种度假方式在英国非常受欢迎：租一艘船屋，既能住宿又能出行，花上几天或者一周时间在英格兰如画的水道上徜徉。

ABC Boat Hire（www.abcboathire.com）

Hoseasons（www.hoseasons.co.uk）

Wandering Duck（www.wanderingduck.co.uk）面向预算拮据者的"水上旅舍"。

酒馆和旅馆

除了售卖饮品，许多酒馆和旅馆还提供寄宿服务，特别是在农村地区。床、早餐、布置简单的房间，每人大约需要支付35英镑，设施更好一点的需要45~50英镑。对单独旅行的游客来说还有个好消息：酒馆通常提供单人间。

租房

如果你想在一个地方逗留，租房住一周是理想的选择。你既可以选择城市里干净整洁的公寓，也可以选择农村里古香古色的老房子（不管大小通常都叫"村屋/cottages"）。在旺季，4人入住的花费为275~700英镑。淡季时，价格会下降，或许还能让你度个长假。以下是方便查询的网址：

Cottages & Castles（www.cottages-and-castles.co.uk）

Cottages4you（www.cottages4you.co.uk）

Hoseasons（www.hoseasons.co.uk）

National Trust（www.nationaltrust.org.uk/holidays）

Stilwell's（www.stilwell.co.uk）

住宿价格区间

以下是住宿地点的价格区间，全部以旺季时带私人浴室的双人间为标准。由于伦敦旅馆的价格要高于英国其他地方的，因此价格区间不同。

	伦敦	其他地区
£	少于100英镑	少于65英镑
££	100~200英镑	65~130英镑
£££	高于200英镑	高于130英镑

电话
手机

英国使用GSM频段和WCDMA频段的移动通信，三大运营商用户建议出行前确认自己的手机能否支持国际漫游并开通国际漫游服务，并了

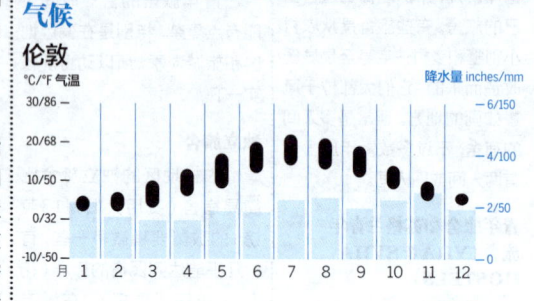

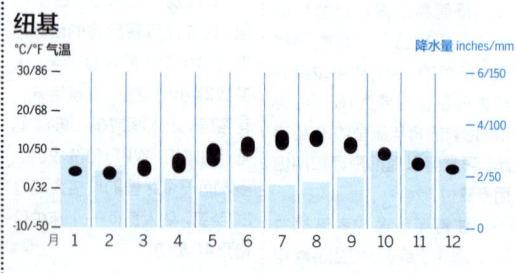

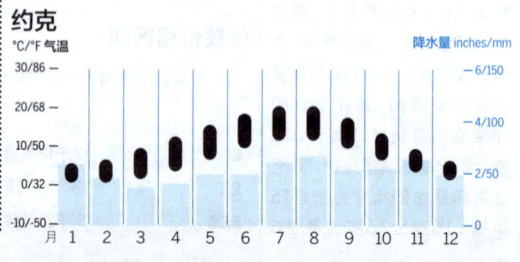

气候

伦敦

纽基

约克

解相应漫游资费,避免过量使用造成各种不便。

英国很多公司的手机卡拨打同公司的号码是免费的,而且没有所谓的郡际漫游、市际漫游,只要是拨打英国的号码,就没有长途费可言。

欧盟已于2017年6月起取消手机漫游费,因此欧盟其他国家的手机卡在英国也可正常使用。不过你可能会发现,用英国的手机号码更为实惠。买个自己手机能用的SIM卡(5英镑起,含额定话费)非常容易。你的手机也许有锁,只能使用本国的网络制式,不过,你可以把手机解锁,或者购买一台便宜的含SIM卡(10英镑起)的预付费手机(pay-as-you-go phone)。

可在任何邮局、超市或带有绿色"top-up"标记的便利店购买充值卡为预付费手机充值。

电话代码

从国外拨打英国号码 先拨本国的国际接入号码,再拨英国的国家代码44,之后拨区号(记得去掉首位的0)和电话号码。

从英国拨打国外号码 先拨英国的国际接入号码00,再拨目的地的国家代码。

拨打对方付费的国际电话 拨话务台号码155。这样的电话收费高昂,但不需要拨打一方付费。

英国的区号 没有标准格式或固定号码长度,例如:爱丁堡区号为0131,伦敦区号为020,安布尔赛德区号为015394。

电话簿 许多机构都提供电话簿查询服务,你可以通过拨打📞118 118、📞118 500和📞118 811等号码进行查询,但费用令人咋舌(45秒通话费用约6英镑)。或者可以通过网站www.thephonebook.bt.com免费查找电话号码。

手机 号码通常以07开头。

免费电话 0800或0808开头的号码免费。

国内话务台 100

国际话务台 155

上网

3G或4G的移动宽带网络在人口众多的大城市中覆盖广阔,但在乡村地区就很有限或者根本没有。

欧盟公民可以在英国免费漫游使用自己的手机数据流量,但非欧盟的旅行者这样做通常都会产生高额费用——建议出行前与电信运营商核实。

多数酒店、民宿、青年旅舍、车站和咖啡馆(甚至有些火车和长途汽车上)都提供Wi-Fi,收费从免费至每小时6英镑不等。

网吧在英国出奇地少,特别是在远离大城市和旅游景点的地方。大部分网吧每小时收费1英镑,但是在远离城市的地方,收费可以达到每小时5英镑。

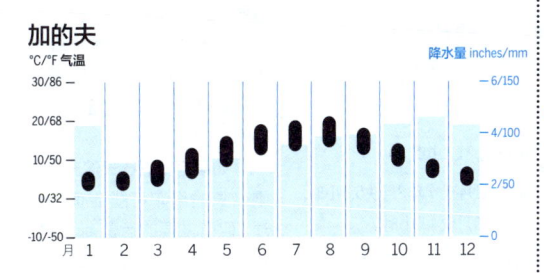

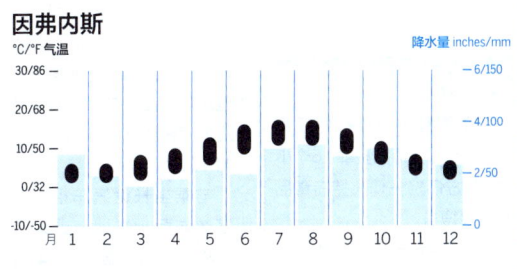

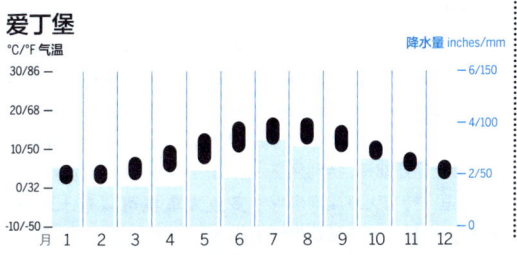

加的夫

°C/°F 气温　　　　　　　降水量 inches/mm

因弗内斯

°C/°F 气温　　　　　　　降水量 inches/mm

爱丁堡

°C/°F 气温　　　　　　　降水量 inches/mm

实用信息

报纸 小报包括《太阳报》(Sun)、《快报》(Express)、《镜报》(Mirror)、苏格兰《每日纪事报》(Daily Record);大报(严肃性报纸)包括《每日电讯报》(Telegraph)、《泰晤士报》(Times)和《卫报》(Guardian)。

电视 英国所有的电视都是数字电视。排名前列的电视公司包括英国广播公司(BBC)、独立电视公司(ITV)和第四台(Channel 4)。卫星和有线电视包括天空电视台(Sky)和维珍传媒(Virgin Media)。

广播 BBC主要电台和波长:1台(98~99.6MHz FM)、2台(88~92MHz FM)、3台(90~92.2MHz FM)、4台(92~94.4MHz FM)、5台直播(909或693 AM)。国家商业电台包括:维珍广播(1215Hz MW)和曲高和寡的古典音乐电台Classic FM(100~102MHz FM)。所有电台均支持数字设备。

DVD PAL制式(不兼容NTSC和Secam制式)。

度量衡 英国采用公制和英制相结合的度量衡制度(比如,汽油按升出售,但啤酒按品脱出售;山峰海拔按米计算,但路程按英里计算)。

公共图书馆通常有电脑,可以免费上网,但只有30分钟,而且人还特别多。一般来说,所有电脑都装有按键记录和安全风险警告软件。

时间

英国使用格林尼治时间(GMT/UTC)。每年3月底启用夏令时,时间拨快1小时,10月底再拨回来。交通时刻表使用24小时制。

时差

北京 11月至次年2月比英国快8小时,3月至10月快7小时。

巴黎、柏林、罗马 快1小时。

纽约 慢5小时。

悉尼 4月至9月快9小时,10月快10小时,11月至次年3月快11小时。

洛杉矶 慢8小时。

孟买 11月至次年2月快5.5小时,3月至10月快4.5小时。

东京 11月至次年2月快9小时,3月至10月快8小时。

法律事宜

英国警方有权扣押任何可疑人等(含毒品犯罪)6个小时。警方怀疑任何人持有毒品时有权搜身。

你必须年满18岁才能购买酒类和香烟。一般来说,进入酒馆或者酒吧必须年满18岁,但是对就餐者的年龄限制有所不同。有些酒吧和俱乐部必须年满21岁才能进入。

毒品到处都是,特别是在俱乐部里。持有大麻属刑事犯罪;携带少量大麻的惩罚措施包括警告、罚款和监禁。贩卖大麻以及其他毒品会受到更加严厉的处罚。

没有持有效客票坐公交或者火车(包括伦敦地铁)会在车站受到处罚(罚金80英镑,21天内缴纳的话减免至40英镑)。

残障旅行者

所有的新建筑物都有轮椅通道,甚至古老而气派的乡间别墅通常也有升降机、坡道等设施。不过位于历史建筑中的酒店和民宿通常没有这些设施,所以残障人士在这一类住宿上的选择比较少。

城市公交和有轨电车都有便于上下的低地板,但只有少数公交车有能帮助残障人士的售票员。许多出租车会携带轮椅,或者后排留有较大空间。

如果打算进行长途旅行,乘坐长途汽车可能会有些麻烦。但是主要的运营商,如**国家快运公司**(National Express; www.nationalexpress.com),已经在许多线路上提供了能接纳轮椅的长途汽车。更多信息请登录其网站,或者致电专用的残障旅客旅行热线(☎0371 781 8181)。

与乘坐长途汽车相比,大多数城际火车拥有更大的空间和更好的设施,而且车站的工作人员也会提供帮助,只要开口要求,他们就会很乐意伸出援手。办理**残障人士铁路卡**(Disabled Person's Railcard; www.disabledpersons-railcard.co.uk)的费用是20英镑,大多数火车票可以有33%的优惠。

有用的组织：

英国残障人士权益组织（Disability Rights UK；www.disabilityrightsuk.org）可以提供出行指导，还会提供一把可打开英国7000处残障人士公共厕所的钥匙。

Good Access Guide（www.goodaccessguide.co.uk）

Tourism for All（www.tourismforall.org.uk）

LGBT旅行者

一般来说，英国是个对LGBT持包容态度的地方。LGBT在伦敦、曼彻斯特和布赖顿是比较常见的。在其他一些比较大的城市（甚至一些小城镇）中，你会发现社区对LGBT也并非完全抵触，但这也意味着，LGBT者可能会在一些地方遭遇轻微的抵制。相关资源如下：

Diva（www.divamag.co.uk）

Gay Times（www.gaytimes.co.uk）

Switchboard LGBT+ Helpline（www.switchboard.lgbt；0300 330 0630）

旅行安全

英国是个非常安全的国家，但并不意味着在伦敦和其他城市就没有犯罪活动。

➡ 在游客众多的公共场所要小心扒手和骗子，比如在伦敦的威斯敏斯特大桥（Westminster Bridge）附近。

➡ 夜间乘坐地铁、电车、城市火车时，选择有乘客的车厢。

➡ 周五和周六夜里酒馆和夜店打烊时，在许多城镇的中心区域可能有人惹是生非。

➡ 无照经营的迷你出租车（黑车）常见于大城市，除非你知道自己在干什么，否则最好别坐。

健康

➡ 如果你是欧盟国家公民并持有欧洲健康保健卡（European Health Insurance Card，简称EHIC），许多情况下可在医疗中心或诊所得到免费诊疗。但EHIC不承担非急诊与紧急情况下转运回国的费用。这一情况可能在英国脱欧之后发生变化，建议出行之前核实所在国健康服务详情。

➡ 非欧盟国家公民应该了解本国与英国是否签有医疗费用的互惠协议。

➡ 如果需要健康保险，要确保购买的险种能够覆盖最糟糕的情况，包括紧急情况下转运回国的航班费用。

医疗服务的场所和花费

➡ 药剂师（药店）可以对一些头疼脑热的小病提供建议。在大城市里，你至少能找到一位24小时服务的药剂师。

➡ 如果是非急诊情况的诊疗咨询，建议拨打国民医疗保健111热线（111）。

疫苗

➡ 去英国旅游没有强制性的免疫接种。请在动身前，在你自己的国家检查身体状况，并向医疗服务机构咨询更多信息。

交通指南

到达和离开

大多数旅行者是乘坐飞机抵达英国的。由于伦敦是世界性的交通枢纽,因此从任何地方飞抵英国都很容易。最近几年,廉价航线大幅增加,使得英国与欧洲大陆国家间的航班增多且票价降低。

在英国和欧洲大陆间旅行的另一个主要交通选择是渡轮,可以是港口至港口,或者再加上一段长途汽车接驳。不过这样旅行花的时间更长,而且花费并不比廉价航班节省多少。

国际列车是更为舒适和环保的选择,海底隧道将英国与法国、比利时直接连接起来,继而延伸到其他许多欧洲国家。

飞机票、汽车票和火车票都可以在lonelyplanet.com/bookings上预订。

如果是第一次到英国,那么你需要在入境前填写一张英国入境卡(Landing Card)。在飞机将要抵达英国时,乘务员会在飞机上发放。你也可以向乘务员索取这张入境卡,或者到了机场后再领取,以备在机场入境时递交给移民官员。

在机场的入境检查处(Immigration Control),入境官员会检查你的护照和签证并询问一些问题(有时可能还会搜查行李)。如果担心自己用英文说不清楚,就提前将自己的行程打印出来,和返程机票一起拿给他看。

建议在出国前去所在省、直辖市的出入境检验检疫局办理《国际预防接种证书》和《国际旅行健康检查证明书》,虽然入境时未必会查,但也有过被查的先例,因此还是带着保险。

大部分的动物制品都是不允许从非欧盟国家带入英国的,所以切记不要携带肉类、奶制品等,不过有时候,鱼类、蜂蜜还是可以携带一点。蔬菜、水果等植物产品也有数量和种类限制。如果不确定你带的动植物制品是否合法,那就主动申报吧——或者在入境前解决完毕。如果要带纪念品,千万别带濒危动物制品(犀牛角、象牙制品等),先别说带不带得进去,万一查到你还可能面临起诉。

飞机

飞往英国的旅行者主要使用伦敦希斯罗或盖特威克机场,从这两座大型机场起飞的大量国际航班几乎前往世界每一个角落。英国首都的另

气候变化和旅行

任何使用碳基燃料的交通工具都会产生二氧化碳,这是人为导致气候变化的主要原因。空中旅行耗费的燃料以每公里人均计算或许比汽车少,但其行驶的距离却远很多。飞机在高空所排放的气体(包括二氧化碳)和颗粒同样对气候变化造成影响。许多网站提供"碳排量计算器",以便人们估算个人旅行所产生的碳排量,并鼓励人们参与减缓全球变暖的旅行计划,以抵消个人旅行对环境所造成的影响。Lonely Planet会抵消其所有员工和作者旅行所产生的碳排放影响。

三座机场（斯坦斯特德、卢顿和伦敦城市机场）以及曼彻斯特、布里斯托尔和爱丁堡等地区枢纽也有国际航班。

机票价格含离境税。

伦敦的机场

英国的国家航空公司是英国航空（British Airways; www.britishairways.com）。

下面列出了伦敦的主要机场：

希斯罗机场（Heathrow; www.heathrowairport.com）英国主要的国际机场，混乱和拥挤是常见现象，位于伦敦市中心以西大约15英里处。

盖特威克机场（Gatwick; www.gatwickairport.com）英国第二大机场，以国际航班为主，位于伦敦市中心以南大约30英里处。

斯坦斯特德机场（Stansted; www.stanstedairport.com）位于伦敦市中心东北方向大约35英里处，以包机和欧洲廉价航班服务为主。

卢顿机场（Luton; www.london-luton.co.uk）位于伦敦北部，距市中心大约35英里，它的另一个广为人知的名字是假日航班机场。

伦敦城市机场（London City; www.londoncityairport.com）位于伦敦市中心以东几英里处，航班多往来于英国与欧洲大陆以及英国国内的其他机场。

地方机场

一些欧洲航班以及长距离航班会避开伦敦的机场，使用包括曼彻斯特和格拉斯哥在内的主要地方机场。小一点的地方机场，比如南安普敦、加的夫和伯明翰机场，提供来往欧洲大陆和爱尔兰的航班服务。

很多航空公司都有通过直飞或中转往来于中英两国的航班服务，如中国国航、英国航空、南方航空、东方航空、海南航空、新加坡航空、阿联酋航空、汉莎航空、意大利航空、俄罗斯航空、卡塔尔航空等，主要飞往伦敦、曼彻斯特、爱丁堡，也有飞往伯明翰、利兹、加的夫等地的航班。

陆路
长途汽车

乘坐长途汽车在英国和欧洲其他国家间旅行很方便。国际客运网络**Eurolines**（www.eurolines.com）将数量庞大的站点连接起来。你可以在网上通过其中任何一个国家的运营商购买车票。

英国国家快运公司（National Express; www.nationalexpress.com）提供往返英国的客运服务。以下是从几个主要城市往返伦敦的行车时间：阿姆斯特丹，12小时；巴塞罗那，24小时；都柏林，12小时；巴黎，8小时。

如果你提前订票而且可以灵活安排时间（比如选择人少的时候出行），还能得到很不错的优惠。举个例子，伦敦与巴黎或阿姆斯特丹之间的单程票价大约只需25英镑起（尽管更多情况下得付35~45英镑）。

火车
英法海底隧道客运服务

高速行驶的欧洲之星（Eurostar; www.eurostar.com）每天至少在伦敦和巴黎（2.5小时）或布鲁塞尔（2小时）之间往返穿梭10次。在旅行社、主要火车站和欧洲之星网站都可以买到票。

正常情况下，伦敦与巴黎或布鲁塞尔之间的单程票约154英镑；提前订票或者避开旅行高峰期购票可以享受到低至29英镑的单程票价。

英法海底隧道汽车服务

开车的旅客可以使用**欧洲隧道**（Eurotunnel; www.eurotunnel.com）。在英格兰的福克斯通（Folkestone）或者法国的加来（Calais），你可以将车开到火车上，托运至隧道的另一端，再将车开走。

6:00~22:00，火车每小时4班，其余时间每小时1班。汽车上上下下用时1小时，路上耗时约35分钟。

可以提前在网上订票，或到站点现场买票。根据每天的时段，标准单程票价为75~100英镑（1辆小汽车，最多9位乘客），促销票价通常在59英镑或更低。

火车与渡轮联运

除了欧洲之星，还有许多"正常"的火车在英国与欧洲大陆间穿行。买一张火车票，到港口下车，走上渡轮，然后在海峡的另一边登上另一列火车。路线包括阿姆斯特丹—伦敦[途经荷兰角（Hook of Holland）和哈里奇（Harwich）]。在爱尔兰与英国间运行的主要的"火车—渡轮—火车"路线是都柏林至伦敦、途经敦劳费尔（Dún Laoghaire）和霍里黑德（Holyhead）。轮渡同样往返于罗斯莱尔（Rosslare）与菲什加德（Fishguard）或彭布罗克（Pembroke，威尔士）之间，三地都有铁路联运。

海路
渡轮线路
英国与欧洲其他国家间的主要渡轮线路如下：
- 多佛尔至加来（法国）
- 多佛尔至布伦（法国）
- 纽黑文至迪耶普（法国）
- 利物浦至都柏林（爱尔兰）
- 霍里黑德至都柏林（爱尔兰）
- 菲什加德至罗斯莱尔（爱尔兰）
- 彭布罗克港至罗斯莱尔（爱尔兰）
- 纽卡斯尔至阿姆斯特丹（荷兰）
- 哈里奇至荷兰角（荷兰）
- 赫尔港至鹿特丹（荷兰）
- 赫尔港至泽布吕赫（比利时）
- 卡琳赖安至拉恩（爱尔兰）
- 朴次茅斯至桑坦德（西班牙）
- 朴次茅斯至毕尔巴鄂（西班牙）

渡轮票价
大多数渡轮运营商提供弹性票价，也就是说在日客流量较少或淡季时会有很大的优惠。举个例子，多佛尔至加来或布伦的跨海短程航线，1辆车加2个人最低只需45英镑，但大多数情况票价为75~105英镑。如果你徒步或骑自行车，基本无须提前订票；跨海的短途单程票价30~50英镑起。

渡轮预订
可以直接向下列运营商订票，登录网站www.directferries.co.uk预订也非常方便，此网站囊括了所有海运航线，包括欧洲隧道（www.eurotunnel.com）。

Brittany Ferries（www.brittany-ferries.com）
DFDS Seaways（www.dfdsseaways.co.uk）
Irish Ferries（www.irishferries.com）
P&O Ferries（www.poferries.com）
Stena Line（www.stenaline.com）

当地交通
与欧洲大陆相比，英国的交通费用可谓高昂；而公共汽车和铁路交通在偏远地区又往往不多。关于时刻表，可以登录网站www.traveline.info查询。各大旅游咨询处能够提供地图和相关信息。

小汽车 可以灵活安排时间，在公共交通覆盖差的地区也是个好选择。每座城镇都有租车服务。

火车 花费较多，但铁路网络四通八达，全国大部分地区的班次都很频繁。

长途汽车 比火车便宜，速度也慢，但对于不通铁路的偏远地区很有用。

飞机
如果你的时间实在紧张，又要走长线穿越英国——比如埃克塞特（Exeter）或南安普敦至纽卡斯尔、爱丁堡至因弗内斯（Inverness），或是前往苏格兰的岛屿——那么显然还是坐飞机更方便，只不过就得错过一路的美景了。对于较短的路线，比如伦敦至纽卡斯尔，或者曼彻斯特至纽基（Newquay），坐火车是更好的选择。它不仅在时间上可与飞机媲美（如果算上航班的延误），而且在花费上，如果预订，火车票可以更加便宜（虽然有廉价机票）。

英国的国内航空公司包括：

英国航空公司（British Airways；www.britishairways.com）
易捷航空公司（EasyJet；www.easyjet.com）
弗莱比航空公司（FlyBe；www.flybe.com）
洛根航空公司（Loganair；www.loganair.co.uk）
瑞安航空公司（Ryanair；www.ryanair.com）

自行车
英国不大，如果时间足够，租一辆自行车骑一两个小时或者一周以上，就是感受这个国家的绝好方式。

护照检查
在英格兰、苏格兰和威尔士间旅行是件容易的事。长途客车和铁路系统都很完善，大多数情况下，你甚至不知道自己已经穿越了边界线。没人会查护照。

在伦敦租自行车

伦敦因**"桑坦德自行车"**（Santander Cycles；☏0343 222 6666；www.tfl.gov.uk/modes/cycling/santander-cycles）而闻名，它又称**"鲍里斯自行车"**（Boris bikes），名字源于引入此项计划的伦敦市长。自行车可以在自动停车场当场租用。更多信息可以访问该机构网站。其他租赁选择可以在www.lcc.org.uk（Advice/Bike Shops分类中）找到。

在其他地区租自行车

本书调研时，埃克塞特、牛津、考文垂、格拉斯哥、斯特灵和巴斯已有**nextbike**（www.nextbike.co.uk）共享自行车的租车站点；而约克、剑桥等旅游城市本身就有许多自行车租赁选择。在国家公园或林场驻地，你也可以租到车悠闲地骑上一段，比如在诺森伯兰国家公园（Northumberland）的基尔德水库（Kielder Water）、湖区（Lake District）的格里泽代尔森林（Grizedale Forest），以及威尔士中部的活力谷（Elan Valley）。在一些地方，废弃的铁路线也变成了自行车骑行路线，如德比郡（Derbyshire）著名的峰区（Peak District）。标准租金每天12英镑起，如果车况极好，也可能需要20英镑或更多。

在火车上托运自行车

大多数城市列车和短途的乡村列车都可以免费托运自行车（尽管在上下班的高峰时段可能不被允许），但基于先到先得的原则，所以来晚了可能会没地方放自行车。

长途火车也可以免费托运自行车，但是传统自行车要预订（折叠自行车任何时间、任何车次都可以）。理论上，由于长途车基本都能提前订票，所以预订过程应该不会太麻烦；但事实上，仅仅是先预订个座位，就会花掉你很长时间，等你打算为你的自行车预订位置时，可能已经没有空位了。比较稳妥的方式是在主要火车站提前买票，那里的订票员可以提供帮助。

最后一个温馨提示：如果铁路维修，取消的车次会以汽车代替，但它们可不托运自行车。

PlusBike计划提供所有关于将自行车带上火车的信息。在主要火车站都可拿到宣传单，也可以去网站www.nationalrail.co.uk/118390.aspx下载。

船

在苏格兰的西部和北部海岸近海，有约90座有人居住的岛屿，与大陆间通过车客渡轮往来。渡轮的主要运营商有两家。

Caledonian MacBrayne（CalMac；☏0800 066 5000；www.calmac.co.uk）运营前往内赫布里底群岛、外赫布里底群岛、克莱德湾各岛屿的渡轮。

Northlink Ferries（☏0845 600 0449；www.northlinkferries.co.uk）运营从阿伯丁和斯克拉布斯特前往奥克尼和设得兰群岛的汽车渡轮。

长途汽车

如果你的预算比较紧张，长途汽车永远是最省钱的出行选择，尽管也是最慢的——有时候慢到难以忍受。许多城镇的本地公共汽车站和长途汽车站是分开的，小心别找错地方。

长途汽车公司

英国国家快运公司（National Express；www.nationalexpress.com）是主要的长途汽车运营商，在主要的城镇中心区域有广泛的网络和多样的服务。

Scottish Citylink（www.citylink.co.uk）是苏格兰主要的长途汽车公司，在北部边境开展业务。票价浮动很大：如果在淡季旅行或者提前订票，票价比较便宜；如果现场买票或者在周五下午买票，票价会比较贵。举例来说，如果提前几天订票，200英里的行程（比如从伦敦到约克）花费为15～25英镑。

Megabus（www.megabus.com）提供廉价的长途客运服务，在英国全境大约有30个站点。选择旅游淡季提前订票，票价会非常便宜。如果是旺季而且没有提早订票……你知道会是什么情况。

打折卡和套票

英国国家快运公司为全日制学生和26岁以下人员提供打折卡，称为"Young Persons Coachcards"，售价12.50英镑，购买全价票可以打7折。同样，也有针对家庭、60岁以上长者和残障旅行者的长途汽车卡。

公司还面向非英国公民提供叫作Skimmer的套票，可在7天/14天/28天之内（票价分别是69/119/199英镑）无限次乘坐。购买套票后，就不必再提前订票，只要有座位就可以上车。

> **TRAVELINE**
>
> Traveline (www.traveline.info) 是个非常有用的网站，它提供的信息涵盖了英国国内公交、长途汽车、出租车和火车。该网站提供在线时刻表、出游规划、路线图和有限的票价信息。

小汽车和摩托车

驾驶汽车和摩托车可以让你自由自在地游览英国，而且能够到达比较偏远的地方。汽车和摩托车的劣势在于城市中的交通拥堵以及昂贵的燃油和停车费。

英国是右舵左行。多数出租的车辆是手动挡。

汽车租赁

房车

相对于小汽车，房车和露营车的租金更贵（每周650~1200英镑），但是节省了住宿成本，也更加自由。相关网站如下：

Just Go (www.justgo.uk.com)

Wicked Campers (www.wickedcampers.co.uk)

Wild Horizon (www.wildhorizon.co.uk)

小汽车

与许多国家（特别是美国）相比，英国的租金偏贵；最小型的汽车每周租金至少130英镑，中型汽车的租金在每周190英镑以上。全部费用包含保险，不限里程，旺季价格上涨（淡季下跌）。

以下是一些主要的汽车租赁公司：

Avis (www.avis.co.uk)

Budget (www.budget.co.uk)

Europcar (www.europcar.co.uk)

Sixt (www.sixt.co.uk)

Thrifty (www.thrifty.co.uk)

你也可以在网上选择一些英国当地的小型汽车租赁商，他们的价格较低。一般来说，城市地区的价格低于农村地区的价格。使用租赁代理或类似网站，比如**UK Car Hire** (www.ukcarhire.net) 或 **Kayak** (www.kayak.com)，也能帮你节省费用。

汽车协会组织

英国的汽车协会组织包括**Automobile Association** (www.theaa.com) 和 **RAC** (www.rac.co.uk)。二者每年的会员费约40英镑起，包括24小时汽车抛锚援助。**Britannia** (www.lv.com/breakdown-cover) 的会费性价比更高，每年缴纳30英镑。**Environmental Transport Association** (www.eta.co.uk) 是一家更为环保的汽车组织，同样提供抛锚援助，但是覆盖范围较小。

保险

在英国驾驶汽车和摩托车而没有第三方保险（最低要求）是违法的。所有的汽车租赁都包含保险。如果你打算从欧洲大陆开车过来，要提前做好安排。

停车

许多城市都有短时和长时停车场；后者价格较低，但可能不太方便。"Park & Ride"系统让你可以用一个打包价，在城市外围停车，然后搭乘班次很多的直达公共汽车进入市中心。

道路边的黄线（单线或双线）说明该路段有限制，附近会有指示牌告诉你停车时段。伦敦和其他大城市的交通监管很有效率，如果你在错误的时间停在黄线上，你的车会被锁住或者拖走，想要取回，你可能需要花费130英镑甚至更多。有些城市的路上还画有红线，意思是不能停车，任何情况下都不能。

另外值得特别留意的是，有些地区可能有其他形式的限制（如本地居民或英国护照持有者才能停车）；如果违章停车的话，结果都是一样的：停车罚单、车轮上锁或车辆被拖走。

公路

高速公路和A级公路（主干道）可以让你从这个国家的一个城市快速到达另一个城市。不过A级路以下的B级路和支路的风景更美，是理想的自驾线路，虽然开不快，但谁介意呢？

在城区里，车速一般限制在30英里/小时（48公里/小时），主干道60英里/小时（96公里/小时），高速公路70英里/小时（112公里/小时），而且大部分（并非全部）是中间有隔离带的双向车道。

交通规则

国外驾驶执照在英国有

12个月的有效期。

酒驾的后果非常严重。100毫升血液中允许的最大酒精含量在英格兰和威尔士是80毫克（0.08%），而苏格兰则执行更为严格的50毫克（0.05%）。

另外一些重要法规如下：

➡ 靠左行驶（!）

➡ 在车内系安全带

➡ 骑摩托车戴头盔

➡ 在路口和环形车道让出右边的车道

➡ 除非超车，在高速公路和双向车道上永远靠左行驶（虽然不少人忽视这条规定，以致让你以为它不存在）

➡ 开车时不要打电话（另一条经常被轻视的规定）

搭便车

在英国，搭便车并不像从前那样稀松平常了，也许是因为越来越多的人有车了，也许是因为没多少司机愿意与人方便了。但是，只要你不在乎长时间等待，搭上便车的可能性还是很大的。不过，无论如何，搭便车都是不安全的，我们并不推荐。如果你决意搭便车，要注意在高速公路上这是非法的，只能在路口或者服务区招手。

然而，在乡村地区情况会有所不同，比如在威尔士中部和苏格兰西北部，在那里搭便车是旅行的一部分，特别是当你徒步从山野中返回营地时。在苏格兰的一些岛屿上，即使你不问，当地的司机也可能停下来让你搭个便车。

当地交通工具
公共汽车

城市和城镇里有全年运营的优质公交网络。在某些乡村地区，公共汽车也是全年运营的，公交时刻表根据上下学和上下班的时间制定，所以多数情况下，午间和周末没有服务（学校放假的时候可能也不会运营），也可能每周只有一天公交车会前往城镇。

复活节至9月这段时间，公共汽车公司在旅游区（特别是国家公园）的服务比较频繁。然而，在制订出行计划之前，去旅游局多查看几次当天的车次安排还是必要的。

如果你打算在一个地方多次乘坐公交车的话，比起一辆车买一张票，一日票（通常被称为Day Rover、Wayfarer或者Explorer等）是比较便宜的。这种票可以在你乘坐的第一辆公交车上买，火车站可能也能买。向售票员或者公交司机询问永远是没错的。

苏格兰的单车道

在许多乡村地区，特别是高地与岛屿，你会发现车道只有一辆车的宽度。如果对面来车，你得在让车道（通常有白色菱形标志，或者一旁立有一根黑白条的杆子）等着对方先通过。让车道同时用于超车，你必须让车速更快的机动车先行。在让车道停车是违反交通法规的行为。

出租车

英国有两种出租车：一种有计价器，可以在路边拦到；另一种是迷你出租车（minicabs），便宜，但只能打电话叫车。有些地方会有无执照的迷你出租车运营。

在伦敦，大多数出租车都是著名的"黑色出租车"（blackcabs；有时会因广告而变成别的颜色），根据里程和时间收费。根据当天的时间段，1英里路程花费5~10分钟，费用为6~9英镑。更长的路程会适当便宜些。

在英国其他某些大城市同样有黑色出租车，价格通常比伦敦的要便宜。

在伦敦，最好在街边拦出租车，"forhire"的灯亮起时表明可以载客。在其他城市，如果你看到出租车也可以拦下来，但通常去出租车候客站更方便一些。

使用Uber（www.uber.com）与Kabbee（www.kabbee.com）等打车应用可以迅速叫到出租车。

在农村地区，出租车要打电话叫，叫车电话最好去当地的小酒馆问。每英里花费为3~5英镑。

门户网站TrainTaxi（www.traintaxi.co.uk）可以帮你找车从火车站去往旅店或者其他目的地。

火车

一般来说，在英国长途旅行，火车比长途汽车更快、更舒适，但费用也更贵一些，不过算上折扣，两者的票价也差不多，而且火车经常能在旅途中带给你美丽的乡村风光。英国人喜欢抱怨他们的火车,但其实准点率在85%左右。另外15%的延误或车次取消对通勤服务的影响比较大,而长途旅行一般不受影响。

火车运营公司

英国大约有20个火车服务公司,而英国国家铁路网公司(Network Rail)负责轨道和车站。一开始这个系统可能会使某些乘客很困惑,但车次信息和购票服务基本上是统一的。如果你必须换车,或者使用两个或更多的运营商,你仍然只需要买一张票——这在整个旅途中都是可行的。主要的铁路卡和套票同样被所有火车运营商接受。

不同公司可能运营同一路线(如约克至爱丁堡)的列车,而你所购买的某家公司的车票也许不能用于别家公司。因此,如果你没赶上原来预订的那班列车,要去咨询可用该车票的其他班次的列车。

购票和预订

你的第一站应该是**国家铁路问询处**(National Rail Enquiries; ☎08457 48 49 50; www.nationalrail.co.uk),那里提供全国列车时刻表和票价信息服务。网站上有特价优惠的广告、列车离站的实时链接,以及可以下载的铁路图。

购票

制订好旅行计划后,你需要登录国家铁路问询处的网站,链接至相关火车运营商购买车票。车票可以邮寄(只限英国地址),也可以旅行当天到车站的自助售票机取票。通常没有订票手续费。

你也可以使用票务服务网站买票。它们涵盖了所有的火车服务,收取一点手续费。主要运营商包括:

QJump (www.qjump.co.uk)
Rail Easy (www.raileasy.co.uk)
Train Line (www.thetrainline.com)

使用运营商或购票网站买票时,就算你不在乎什么时候动身,也最好先选定一个明确的出行时间,预订过程中你可以更改。而且,仔细研究一下,你会找到一些实在的优惠。

你也可以在火车站当场买票,这对短途旅行者来说没问题(50英里以内),但这不适用于购买有折扣的长途票,

花费如何

当你在英国乘坐长途汽车或者火车时,你要知道没有标准票价,这一点很重要。票价通常根据你买票时的市场需求和购票时间而定。提前很久购买,或者在周二的10:00左右出行,票价会便宜。现场买票或者在周五下午出行,票价会高出许多。渡轮也是一样。一般情况下,我们给出的价格介于最低和最高之间。你的实际花费肯定有所不同。想要买到最便宜的车票,要牢记以下两条准则:尽可能提前预订;灵活安排乘车时间(非高峰期的车票价格更低)。

后者必须通过电话或网站提前订票。

花费

对旅程较长的旅行者来说,当场买票自然可以,但提前买票会便宜不少。你订票越早,价格就越低。避开高峰期也能省不少钱。提前买票还能得到一个预留的座位。

不管你选择哪家运营商,不管你买什么票,主要票价就这3种:

随时买 随时买,随时走,通常是最贵的选择。

非高峰 随时买票,错峰出行(时间取决于路线)。

提前买 提前订票,只选特定火车出行,通常是最便宜的选择。

根据购票选择(票价是最大区别),从伦敦到约克,"随时买"单程车票需要花费127英镑甚至更多,"非高峰"票大约花费109英镑,"提前买"花费44~55英镑。最低价格的车票是不能退票的,所以如果你错过了火车,你得重新买票。

移动端的车票正越来越常见,但检票过程缓慢——目前纸质车票还是主流。

联程旅行

如果火车不能一路将你带至目的地,那么你在预订车票时可以增加**PlusBus** (www.plusbus.info)作为补充,换车继续行程。相比于单独购买汽车票,这样做更方便,也更便宜。

火车等级

乘坐火车出行有两个等级:头等和标准。头等花费要比标准花费多出大约50%(旺

伦敦的火车站

伦敦拥有几座铁路干线火车站，比如维多利亚（Victoria）、帕丁顿（Paddington）、国王十字（King's Cross）、滑铁卢（Waterloo）、查令十字（Charing Cross）和利物浦街（Liverpool St）火车站，这些火车站基本都位于城市的中心地区，而且大部分与地铁环线连接。这些车站的正式名称是伦敦维多利亚站（London Victoria）、伦敦帕丁顿站（London Paddington）和伦敦国王十字站（London King's Cross），以此类推。你可以以此为依据查看官方时刻表、信息板和订票网站，但英国人自己在日常交流时从来不说车站全称。

季会上涨到两倍），座位更大，腿部空间更宽松，更类似商务舱，另外还有免费的饮品和报纸等。有些车次在周末会推出升级服务，多花5~25英镑可以从标准等级升级到头等等级，可以现场支付。

火车优惠卡
优惠卡

如果你打算在英国待一段时间，可以使用被称为Railcards（www.railcard.co.uk）的火车卡。

16~25岁火车卡 年龄为16~25岁的年轻人或全日制英国学生可以办理。

双人火车卡 适用于利用火车双人同行的旅行者。

老年火车卡 超过60岁的人都可以办理。

家庭和朋友火车卡 4名成人和4名儿童一起出行可以办理。

火车卡的花费大约为30英镑（有效期1年，可在主要车站或在线使用），大多数火车票都能有33%的折扣（本身折扣已经很大的除外）。持有家庭卡，成人能得到33%的折扣，儿童能得到60%的折扣，所以办卡的花费很容易就能在几次旅行中省出来。

地方和地区火车卡

地方火车卡通常覆盖一个城市的铁路网络（多数包括公交车）。如果你的旅行集中在英格兰东南部，比如伦敦到多佛尔、韦茅斯、剑桥或牛津，可以使用**Network Railcard**（年费30英镑）。在非高峰期时段，4名大人可以带4名儿童出行。

国家套票

海外的游客在英国全境旅行时可以使用**BritRail**火车套票（www.britrail.net）。该套票必须在你自己国家（不是在英国）的指定旅行社购买。使用期为4~30天，有7种不同的版本（例如限定在英格兰、苏格兰、全英国或者英国和爱尔兰）。

术语表

almshouse – 供老人或贫穷人士住宿的救济院

ap – 威尔士名字的前缀,意为"……之子"

bag – 原意为"捕捉"——是狩猎术语——现在指"登顶"(如"bag a couple of peaks"或"Munro bagging")

bailey – 城堡最外侧的墙

bar – 大门(约克及一些北方城市)

beck – 溪流(英格兰北部)

bill – 餐厅就餐后所需支付的全部款项(即美国人所说的"check")

billion – 在英式英语中是万亿(不同于美式英语中的十亿)

blackhouse – 低矮的传统石头小屋,以茅草为屋顶,室内是土地而非地板;20世纪以前,苏格兰外赫布里底群岛的这种小屋是人畜混住的

bloke – 男人、家伙(俗语)

Blue Flag – 颁给未受污染的沙滩及周边水域的"蓝旗奖"

böd – 原指渔民们使用的简陋交易摊位,如今意为面向徒步者等的简陋住宿场所(只在设得兰群岛使用)

bothy – 非常简陋的小屋或住所,供徒步者使用,通常位于山区或野外

brae – 小山(苏格兰)

bridleway – 骑马者使用的马道,也可供徒步或骑行

broch – 古代的高大防御工事

burgh – 城镇

burn – 溪流

bus – 当地公共汽车;另见coach

Cadw – 威尔士保护历史建筑的机构

cairn – 堆石标,用以标明小径、小径交会处或封顶

CalMac – 苏格兰主要岛屿渡轮公司Caledonian Mac-Brayne的简称

canny – 好,出色,明智(英格兰北部)

castell – 城堡(威尔士语)

ceilidh – 读作kay-lee,一段传统音乐、歌曲和舞蹈;原为苏格兰语,现在英国全境应用普遍

Celtic high cross – 雕刻精美、巨大的十字架,装饰有圣经中描写的场景和凯尔特结图案,历史可追溯至8至10世纪

cheers – 再见;谢谢(俗语);也可以用来指"干杯"

chemist – 药剂师

chine – 通往大海的山谷状裂缝(英格兰南部)

chippy – 炸鱼薯条店

circus – 几条城市街道的交会处,通常为环形,中心地带有绿色植物或其他景观

Clearances – 高地圈地运动,地主们为了占用土地放牧绵羊而剥夺高地农民的土地

close – 小巷的入口

coach – 长途公共汽车

coasteering – 在岩石海岸地带进行登山、攀岩、跳水或游泳等探险活动

cob – 建筑用的草泥混合物

corrie – 山侧圆形凹地

cot – 婴儿床(即美国人所说的"crib")

court – 庭院

craic – 气氛热烈的交谈;读作且有时也写作"crack"

craig – 裸露的岩石

crannog – 湖中的人工岛,多为防御用途

croft – 小农场,通常位于边缘地带的农业区(苏格兰);自耕农即"smallholding"

Cymraeg – 威尔士的语言(威尔士语);也写作Gymraeg

Cymru – 威尔士语中的威尔士

dene – 山谷

dirk – 匕首

DIY – 自己动手的家庭装修

dram – 一份威士忌

dodgy – 可疑的,糟糕的,危险的(俗语)

dolmen – 石室墓冢(威尔士)

dough – 钱(俗语)

downs – 缺少树木的连绵丘陵

duvet – 代替床单和毯子的棉被(即澳大利亚人所说的"doona")

EH – 英格兰遗产协会;保护历史遗迹的国有机构

en suite room – 带配套卫浴(淋浴、浴缸和马桶)的酒店房间

eisteddfod – 字面的意思是聚会或会议;有音乐、诗歌、喜剧与各种美术形式竞赛的节日;复数形式是eisteddfodau(威尔士语)

Evensong – 每天的晚祷歌诵(圣公会)

fell race – 在山间或沼泽进行

的越野跑比赛
fen – 无水或泥泞的低洼沼泽地带
firth – 河口
fiver – 面值5英镑的纸币（俗语）
flat – 公寓（即美国人所说的"apartment"）
flip-flops – 塑料人字拖（即澳大利亚人所说的"thongs"）
footpath – 乡村地区房屋之间的步道，并非公路旁的人行道（pavement）

gate – 街道（约克及一些北方城市）
graft – 工作（俗语；不同于美式英语中指腐败之义）
grand – 1000（俗语）
gutted – 令人非常失望的（俗语）
guv, guvner – 源于governor，是对业主或老板的尊称，有时可带讽刺意味

hart – 鹿
HI – 国际青年旅舍联盟（组织）
hire – 租用
Hogmanay – 苏格兰的除夕庆祝活动
howff – 小酒馆或住所（苏格兰）
HS – 苏格兰古迹管理机构Historic Scotland的简称

inn – 提供住宿的小酒馆

jumper – 羊毛针织套衫（即美国人所说的"sweater"）

ken – 苏格兰语中的"了解"或"知道"，如"do you ken" = "do you know"
kirk – 教堂（英格兰北部和苏格兰）
knowe – 墓冢土丘（苏格兰）
kyle – 海峡（苏格兰）

laird – 地主（苏格兰）
lass – 年轻女子（英格兰北部和苏格兰）
lift – 大型建筑中的直行电梯（即美国人所说的"elevator"）
linn – 瀑布（苏格兰）
loch – 湖泊（苏格兰）
lochan – 小湖
lock – 运河或河道上的升降船闸
lolly – 钱（俗语）；棒棒糖（可能是硬糖）
lorry (单数), lorries (复数) – 卡车

Mabinogion – 《马比诺吉昂》，威尔士民间传说故事集
machair – 草地和野花茂密的沙丘
mad – 疯狂的（与美式英语中指"愤怒"不同）
Marches – 英格兰与威尔士或苏格兰的边界地区
menhir – 巨石柱
Mercat Cross – 市镇或村庄交易权的象征，通常位于镇中心，是社区活动的核心区域
mere – 较浅的水域；严格说来是相对广阔但较浅的湖泊
merthyr – 圣人墓冢（威尔士语）
midge – 蠓
motorway – 城市之间的主要公路（相当于"interstate"或"freeway"）
motte – 诺曼早期的防御工事，有顶部建有要塞的土丘；如外围建有城墙，则称为"城寨（motte-and-bailey）"
Munro – 海拔3000英尺（914米）及以上的小山或山峰，特别是在苏格兰境内；海拔超过2500英尺的山峰称为Corbetts
Munro bagger – 尝试攀登苏格兰所有Munro的登山者

naff – 次等的,蹩脚的（俗语）
NCN – National Cycle Network的简称
newydd – 新的（威尔士语）
NNR – National Nature Reserve的简称，由苏格兰自然遗产组署（Scottish Natural Heritage, 简称SNH）管理
NT – 保护英格兰和威尔士名胜古迹的组织National Trust的简称
NTS – 致力于保护苏格兰古迹与环境的组织National Trust for Scotland的简称

oast house – 啤酒花烘干屋
ogham – 欧甘字母表, 古凯尔特文字
oriel – 画廊（威尔士语）
OS – 地形测量局Ordnance Survey的简称

p – （读作pee）便士；2p读作"two p"，而非"two pence"或"tuppence"
pele – 加固房屋
Picts – 皮克特人，苏格兰北部和东部的早期居民（身上有彩绘装饰，Picts源自拉丁语pictus，即"painted"）
pile – 宏伟的建筑物（俗语）
pissed – "喝醉的"俚语（并非"愤怒的"）
pissed off – 愤怒的（俚语）
pitch – 运动场
postbus – 送邮件的小型巴士，在偏僻地区也载客
provost – 市长
punter – 顾客（俗语）

quid – 英镑（俗语）

ramble – 轻松的短途步行

reiver – 战士或掠夺者（历史名词；英格兰北部）

return ticket – 往返票

RIB – 刚性充气艇rigid inflatable boat的简称

rood – 从前苏格兰语中对于十字架的叫法

RSPB – 皇家鸟类保护协会Royal Society for the Protection of Birds的简称

RSPCA – 皇家防止虐待动物协会Royal Society for the Prevention of Cruelty to Animals的简称

sarsen – 漂砾，常见于白垩土地带的地质遗迹（有时也见于新石器时期的建筑，如巨石阵和埃夫伯里）

Sassenach – 源于盖尔语的Sasannach：高地以外的人（包括苏格兰低地人）

sheila-na-gig – 具有夸张阴部的女性形象，是凯尔特的繁衍象征，通常见于教堂和城堡的石雕；在英格兰较为罕见，主要见于与威尔士的边界地带

single ticket – 单程票

SMC – 苏格兰登山俱乐部Scottish Mountaineering Club的简称

SNH – 苏格兰自然遗产组织Scottish Natural Heritage的简称，该政府组织直接负责苏格兰自然遗产的保护和改善

snickelway – 狭窄的山谷（约克）

snug – 通常指酒馆中的小隔间

sporran – 穿苏格兰短裙时腰间挎着的包（苏格兰）

SSSI – 特殊科学价值景点Site of Special Scientific Interest的简称

Sustrans – 永续运输促进会，鼓励人们步行、骑行，以及使用公共交通工具；也负责NCN的规划与开发

SYHA – 苏格兰青年旅舍协会Scottish Youth Hostel Association的简称

tarn – 小湖或池塘，通常在英格兰的山区，由冰川侵蚀而成

tenner – 面值10英镑的纸币（俗语）

TIC – 游客信息中心Tourist Information Centre的简称

ton – 100（俗语）

tor – 突岩

torch – 手电筒

Tory – 保守党

towpath – 河流或运河旁的道路，曾是拉纤用的马道

twitcher – 痴迷观鸟的人

Tube, the – 伦敦地铁（俗语）

Underground, the – 伦敦地铁

wolds – 地势起伏的开阔乡间地带

wynd – 小巷或狭窄街道（英格兰北部和苏格兰）

YHA – 青年旅舍协会的简称

幕后

说出你的想法

我们很重视旅行者的反馈——你的评价将鼓励我们前行,把书做得更好。我们同样热爱旅行的团队会认真阅读你的来信,无论是表扬还是批评都非常欢迎。虽然很难一一回复,但我们保证将你的反馈信息及时交到相关作者手中,使下一版更完美。我们也会在下一版特别鸣谢来信读者。

请把你的想法发送到**china@lonelyplanet.com.au**,谢谢!

请注意:我们可能会将你的意见编辑、复制并整合到Lonely Planet的系列产品中,例如旅行指南、网站和数字产品。如果不希望书中出现自己的意见或不希望提及你的名字,请提前告知。请访问lonelyplanet.com/privacy了解我们的隐私政策。

声明

气象图表数据引用自Peel MC, Finlayson BL & McMahon TA(2007)'Updated World Map of the Köppen-Geiger Climate Classification', *Hydrology and Earth System Sciences*, 11, 1633-44。

封面图片:斯凯岛,内斯特角; Colin Threlfall/Alamy ©。

本书部分地图由中国地图出版社提供,其他为原书地图,审图号GS(2019)4765号。

关于本书

这是Lonely Planet《英国》的第13版。本书的作者为奥利弗·贝瑞、芬恩·达文波特、马克·迪·杜卡、贝琳达·狄克逊、戴米安·哈珀、凯瑟琳·勒·涅维兹、休·麦克诺坦、洛娜·帕克斯、安迪·辛明顿、格雷格·沃德、尼尔·威尔逊。

本书为中文第五版,由以下人员制作完成:

项目负责 关媛媛
项目执行 丁立松
翻译统筹 肖斌斌
翻译 陈佳妮 郭翔
　　　 李娟 齐浩然
　　　 赵娟妮 钟奕
　　　 邹云
内容策划 盛洋(本土化)
　　　 李婉玉 王木子
　　　 熊毅 涂识

视觉设计 庹桢珍
协调调度 沈竹颖
责任编辑 于佳宁
地图编辑 刘红艳
制　　图 张晓棠
流　　程 孙经纬
终　　审 杨帆
排　　版 北京梧桐影电脑
　　　　　 科技有限公司

感谢菜畦、薛平、张琳洁、周喻、洪良对本书的帮助。

索 引

A

Aberaeron 阿伯赖伦 774~775
Aberdaron 阿伯达伦 802~803
Aberdeen 阿伯丁 938~942, **940~941**
Aberdeenshire 阿伯丁郡 937~942
Abergavenny 阿伯加文尼 722~724
Aberlour 阿伯洛尔 944
Abersoch 阿伯索奇 801~802
Aldeburgh 奥尔德堡 422~423
Alderney 奥尔德尼 189
Alnwick 阿尼克 690~691
Ambleside 安布尔赛德 636~639
Angus 安格斯 932~937
Anstruther 安斯特拉瑟 928~931
Applecross 阿普尔克罗斯 1016~1017
Arbroath 阿布罗斯 936~937
Argyllshire 阿盖尔郡 950~967
Arisaig 阿里塞格 1003
Armadale 阿玛代尔 1020~1021
Arran 阿伦岛 967~971, **968**
Arundel 阿伦德尔 197
Ashbourne 阿什本 510~511
Assynt 阿辛特 1010~1011
Avebury 埃夫伯里 319~321, **320**
Aviemore 阿维莫尔 985~987

000 地图页码
000 图片页码

B

Bakewell 贝克韦尔 524~527
Bala 巴拉 799
Ballater 巴勒特 989~990
Bamburgh 班堡 694~695
Bangor 班戈 805~807
Banksy 班克西 259
Bardsey Island 巴德西岛 803
Barmouth 巴茅斯 788~789
Barnard Castle 巴纳德堡 682~684
Barra 巴拉岛 1034~1035
Battle 巴特尔 183
Beaumaris 博马力斯 814~816
Beddgelert 贝德盖勒特 798~799
Bedfordshire 贝德福郡 240~244
Berneray 伯纳雷岛 1032~1033
Betws-y-Coed 贝图瑟科伊德 791~793
Beverley 贝弗利 585~586
Bibury 拜伯里 221~222
Birmingham 伯明翰 440~449, **442~443**
Birnam 伯纳姆 991~992
Blackpool 布莱克浦 617~619
Blaenau Ffestiniog 布莱奈费斯廷约格 790~791
Blaenavon 布莱纳文 724~726
Blakeney 布莱克尼 432
Borrowdale 博罗代尔 652~653
Boscastle 博斯卡斯尔 360
Boston 波士顿 497~499
Bournemouth 伯恩茅斯 295~297
Bowmore 波摩尔 964~965
Bradford 布拉德福德 574~575
Braemar 布雷马 990~991
Braunton 布劳顿 355
Bray 布雷 248
Brecon 布雷肯 757~760, **758**
Bridgnorth 布里奇诺斯 480~481
Brighton 布赖顿 188~197
Brighton Pier 布赖顿码头 189
Brixham 布里克瑟姆 337
Broadford 布罗福德 1021
Broadstairs 布罗德斯泰斯 172~173
Brodick 布罗迪克 968~969
Bryher 布赖尔岛 391
Bude 比尤德 358~360
Burford 伯福德 222~223
Butt of Lewis 刘易斯角 1029
Buttermere 巴特米尔 653~654
Buxton 巴克斯顿 516~519, **517**

C

Cader Idris 卡德伊里斯山 785
Caerleon 卡利恩 721
Caernarfon 卡那封 803~805
Cairngorm Mountain 凯恩高姆山 987
Caithness 凯斯内斯郡 1003~1007
Caldey Island 科尔迪岛 738
Callander 卡伦德 947~949
Callanish 卡兰尼什 1028
Calton Hill 卡尔顿山 845

Cambridgeshire 剑桥郡 397~413

Campbeltown 坎贝尔敦 961~962

Canterbury 坎特伯雷 **17**, **165**, 164~169

Cape Wrath 愤怒角 1008

Cardiff 加的夫 **18**, 707~720

Cardigan 卡迪根 775~777

Carlisle 卡莱尔 661~664

Cartmel 卡梅尔 660

Castleton 卡斯尔顿 519~521

Ceredigion 锡尔迪金 770~777

Chagford 查福德 353~354

Cheddar Gorge 切达峡谷 277

Cheltenham 切尔滕纳姆 235~238, **236**

Chepstow 切普斯托 720~721

Chester 切斯特 603~607, **604**

Chesterfield 切斯特菲尔德 502~503

Chichester 奇切斯特 197~199

Cirencester 赛伦塞斯特 219~221

Clovelly 克洛韦利 356

Cockermouth 科克茅斯 648~649

Colchester 科尔切斯特 413~415

Coniston 科尼斯顿 643~646

Conwy 康威 807~810, **808**

Coquet Island 寇克特岛 695

Corbridge 科布里奇 686

Cornwall 康沃尔郡 **16**, 357~388

Coventry 考文垂 450~452

Cowes 考斯 291~292

Crail 克雷尔 927~928

Craster 克莱斯特 691~693

Cromer 克罗默 428~429

Croyde 克罗伊德 355

Culross 库罗斯 932

D

Dartmouth 达特茅斯 337~339

Dedham Vale 戴德姆谷 415~416

Derby 德比 508~510

Derbyshire 德比郡 507~513

Devon 德文郡 328~357

Dolgellau 多尔格劳镇 785~788

Dorchester 多切斯特 301~303

Dorset 多塞特郡 294~311

Douglas 道格拉斯 622~623

Dover 多佛尔 177~180

Drumnadrochit 德拉姆纳德罗希特 981~983

Dufftown 达夫镇 944

Dulverton 达尔弗顿 323~324

Dumfries 邓弗里斯 906~907

Dundee 邓迪 932~936

Dunfermline 邓弗姆林 931~932

Dunkeld 邓凯尔德 991~992

Dunnet Head 邓尼特角 1005

Dunster 邓斯特 324~325

Dunvegan 邓韦根 1023~1024

Durham 达勒姆 679~682, **680**

Durness 德内斯 1008~1009

E

East Sussex 东萨塞克斯 180~196

Eastbourne 伊斯特本 186

Edale 埃代尔村 522

Edinburgh 爱丁堡 **11**, 831~874

Elan Valley 活力谷 766

Elgin 埃尔金 942~944

Elterwater 埃尔特沃特 646~647

Ely 伊利 411~413

England 英格兰 65, 700

Essex 埃塞克斯 413~418

Eton 伊顿 244~248, **245**

Exeter 埃克塞特 328~334, **330**

Eyam 亚姆 522~524

F

Falmouth 法尔茅斯 379~383

Farne Islands 法恩群岛 697

Fife 法夫 922~932

Fishguard 菲什加德 744~747

Forest of Dean 迪恩森林 238~240

Fort Augustus 奥古斯都堡 984

Fort George 乔治堡 980

Fort William 威廉堡 997~999

Foula 富拉岛 1054

Fowey 福伊 384~386

G

Gainsborough, Thomas 托马斯·庚斯博罗 424

Gairloch 盖尔洛赫 1013~1015

Garenin 加雷宁 1029

Glasgow 格拉斯哥 33, 875~913

Glastonbury 格拉斯顿伯里 278~281, **280**

Glen Affric 阿弗里克峡谷 980

Glen Coe 科苅谷 996~997

Glen Nevis 内维斯峡谷 999~1000

Glenfinnan 格伦芬南 1001~1003

Goathland 戈斯兰 555

Grantchester 格兰切斯特 412

Grasmere 格拉斯米尔 639~642

Grassington 格拉辛顿 561~562

Great Langdale 大兰代尔 646~647

Great Malvern 大莫尔文 467~468

Great Orme 大奥姆 811

Guernsey 格恩西岛 189

H

Haltwhistle 霍特惠斯尔 686~688

Hampshire 汉普郡 281~289

Harlech 哈勒赫 789~790

Harris 哈里斯 1029~1032

Harrogate 哈罗盖特 543~546

Hartlepool 哈特尔普尔 693

Hastings 黑斯廷斯 184~186

Hawes 霍斯 562~563

Hawkshead 霍克斯黑德 642~643

Haworth 哈沃斯 577~579

Hay-on-Wye 瓦伊河畔海伊 751~755

Helmsley 赫尔姆斯利 550~553

Hereford 赫里福德 468~470
Hertfordshire 赫特福德郡 240~248
Highgrove 海格洛夫 231
Holkham 霍尔克姆 433~434
Holy Island 霍利岛 971
Holyhead 霍里黑德 816~817
Honister Pass 霍尼斯特山口 654
Hove 霍夫 188~196, **190**
Hoy 霍伊岛 1045
Hull 赫尔港 581~585

I

Ilfracombe 伊尔弗勒科姆 355~357
Inveraray 因弗雷里 959
Inverness 因弗内斯 973~984
Ironbridge Gorge 铁桥峡 475~479, **476**
Islay 艾莱岛 962~963, **963**
Isle of Man 马恩岛 621~625
Isle of Portland 波特兰岛 305~306
Isle of Skye 斯凯岛 **12**, 1018~1025
Isle of Thanet 萨尼特岛 173
Isle of Wight 怀特岛 289~291, **290**
Isles of Scilly 锡利群岛 388~392

J

Jedburgh 杰德堡 903~904
Jura 朱拉岛 966~967
Jurassic Coast 侏罗纪海岸 300

K

Kelso 凯尔索 904~906
Kendal 肯德尔 657~659
Kenilworth 凯尼尔沃斯 452~453
Kent 肯特郡 164~180

000 地图页码
000 图片页码

Keswick 凯西克 649~652
Killin 基林 949~950
Kilmartin Glen 基尔马丁谷 959~960
King's Lynn 金斯林 435~436
Kingussie 金尤西 988~999
Kintyre 金泰尔 960
Kirkcudbright 科库布里 908~910
Kirkwall 柯克沃尔 1038~1041, **1039**
Knoydart Peninsula 诺伊德特半岛 1001
Kylesku 凯尔斯丘 1010

L

Lacock 拉科克 318~319
Lamlash 拉穆拉什 971
Lancashire 兰开夏郡 617~621
Lancaster 兰开斯特 619~620
Land's End 兰兹角 374
Lavenham 拉文纳姆 419~420
Ledbury 莱德伯里 470~471
Leeds 利兹 566~574, **568**
Leicester 莱斯特 501~505, **502**
Leicestershire 莱斯特郡 500~507
Lerwick 勒威克 1050~1053, **1052**
Lewes 路易斯 188
Lichfield 利奇菲尔德 462~464
Lincolnshire 林肯郡 493~500
Liverpool 利物浦 **20**, 607~617, **608**
Lizard Peninsula 利泽德半岛 378
Llanarthne 兰纳森 734
Llanberis 兰贝里斯 793~795
Llandeilo 兰代洛 734~735
Llandudno 兰迪德诺 810~814
Llangennith 兰根尼斯 733
Llangollen 兰戈伦 781~784, **782**
Llanwrtyd Wells 拉努蒂德韦尔斯 762~763
Llŷn Peninsula 利恩半岛 799~803

Loch Achray 阿克雷湖 949
Loch Katrine 卡特琳湖 949
Loch Lomond 洛蒙德湖 944~950
Loch Maree 马里湖 1015
Loch Morlich 莫利赫湖 988
Loch Ness 尼斯湖 981~984
Loch Rannoch 兰诺克湖 995
Loch Tay 泰湖 995~996
Loch Tummel 塔姆尔湖 995
Lochinver 洛欣弗 1010
Lochranza 洛克兰扎 969~970
London 伦敦 68~160, **70~71**
Long Melford 朗梅尔福德 418~419
Longleat 朗里特 317~318
Looe 卢维 386~387
Lulworth Cove 拉尔沃斯湾 299~301
Lydford 利德福德 354~355
Lyme Regis 莱姆里吉斯 307~309
Lymington 利明顿 288~289
Lyndhurst 林德赫斯特 287
Lynmouth 林茅斯 326~328
Lynton 林顿 326~328

M

Machynlleth 马奇莱兹 768~770
Malham 马勒姆 563~565
Malham Cove 马勒姆山坳 563
Mallaig 马莱格 1003
Malton 莫尔顿 552
Manchester 曼彻斯特 60, 590~603, **592~593**
Margate 马尔盖特 171~172
Masham 马瑟姆 564
Melrose 梅尔罗斯 902~903
Mevagissey 梅沃吉西 386
Mey 梅伊 1005
Mid-Wales 中威尔士 61
Monmouthshire 蒙茅斯郡 720~724
Montgomery 蒙哥马利 766~767
Morar 摩拉 1003
Moray 马里 942

Moretonhampstead 莫顿汉普斯特德 353~354
Moreton in Marsh 莫顿因马什 231~232
Mousehole 茅斯侯尔 374~375
Much Wenlock 马奇温洛克 479~480
Mull 马尔岛 952~954, **953**
Mull of Kintyre 金泰尔角 960
Mumbles, the 曼布尔斯 730~731

N

Narberth 纳伯斯 739~740
Nevis Range 内维斯山脊 1000
New Forest 新福里斯特 285~289
Newcastle-upon-Tyne 泰恩河畔纽卡斯尔 670~679, **672~673**
Newport 纽波特 747~748
Newquay 纽基 364~367
Newtonmore 牛顿莫尔 988~989
Norfolk 诺福克 425~436
Norfolk Broads 诺福克湖区 430
North Mull 马尔岛北部 956~957
North Uist 北尤伊斯特岛 1032~1033
North Wales 北威尔士 61
North Yorkshire 北约克郡 532~549
Northleach 诺斯利奇 223~224
Northumberland Coast 诺森伯兰海岸 690~700
Northumberland National Park 诺森伯兰国家公园 688~690
Norwich 诺里奇 425~428, **426**
Nottingham 诺丁汉 486~491, **487**
Nottinghamshire 诺丁汉郡 486~493

O

Oban 奥本 950~952
Okehampton 奥克汉普顿 354~355

Old Man of Hoy 霍伊老人海岬 1044
Orkney 奥克尼群岛 1035~1047
Oxwich Bay 奥克斯威奇湾 732

P

Padstow 帕德斯托 362~364
Painswick 佩恩斯威克 232~233
Parkmill 帕克米尔 732
Peak District 峰区 513~527
Peebles 皮布尔斯 900~901
Pembrokeshire 彭布罗克郡 735~748
Penrith 彭里斯 664~665
Pentre Ifan 彭特伊凡 748
Pen-y-Fan 佩尼凡 761
Penzance 彭赞斯 375~378
Perranporth 佩伦波斯 367~368
Pickering 皮克灵 553
Pitlochry 皮特洛赫里 992~994
Plockton 普洛克顿 1017~1018
Plymouth 普利茅斯 342~347, **343**
Polperro 伯尔派罗 386
Porlock 波洛克 325~326
Port Ellen 埃伦港 963~964
Port Eynon 艾农港 731~732
Port Isaac 艾萨克港 361~362
Porthgain 波斯加因 743~744
Porthmadog 波斯马多格 800~801
Porthtowan 波斯托温 367~368
Portree 波特里 1022~1023
Postbridge 珀斯特布里奇 351
Powys 波威斯 762~770
Preseli Hills 普雷瑟里山 747
Princetown 普林斯顿 350~351

R

Ramsgate 拉姆斯盖特 173~175
Rhayader 赖尼德 765~766
Rhondda Valley 朗达河谷 726
Rhossili 罗斯利 732~733
Ribble Valley 里布尔河谷 620~621
Ribblesdale 里伯斯谷地 562
Richmond 里士满 565~566
Rock 罗克 362~364
Rousay 劳赛岛 1046~1047
Rugby 拉格比 451
Ruthin 里辛 780~781
Rutland 拉特兰 505~507
Ryde 赖德 292~293
Rye 拉伊 180~184

S

Saffron Walden 萨福隆沃尔登 416~417
Salisbury 索尔兹伯里 311~315, **312**
Sandwich 桑威奇 175~177
Scarborough 斯卡伯勒 546~549, **547**
Scotland 苏格兰 819~1055
Scrabster 斯克拉布斯特 1005~1007
Shaftesbury 沙夫茨伯里 310~311
Sheffield 设菲尔德 579~581
Sherborne 舍伯恩 309~310
Shetland 设得兰 1047~1055
Shrewsbury 什鲁斯伯里 472~475, **473**
Shropshire 什罗普郡 471~486
Skara Brae 斯卡拉布雷 1042
Skipton 斯基普顿 559~561
Snowdon 斯诺登山 795~798
Somerset 萨默赛特 56
South Mull 马尔岛南部 957
South Uist 南尤伊斯特岛 1033~1034
South Wales 南威尔士 61
South West Coast Path 西南海岸小径 252, 322
South Yorkshire 南约克郡 579~581
Southbank Centre 南岸中心 151
Southend-On-Sea 滨海绍森德区 417~418
Southwell 绍斯韦尔 492~493

Southwold 绍斯沃尔德 423~425
St Agnes 圣阿格尼丝岛 392
St Albans 圣奥尔本斯 241~242
St Andrews 圣安德鲁斯 922~927, **924**
St Just 圣贾斯杰斯 373~374
St Kilda 圣基尔达 1031
St Martin's 圣马丁斯岛 388
St Mary's 圣玛丽岛 389~390
St Michael's Mount 圣米迦勒山 375
Staffa 斯塔法岛 955
Staffordshire 斯塔福德郡 462~464
Stamford 斯坦福德 499~500
Stirling 斯特灵 915~922, **916~918**
Stoke Bruerne 斯托克布鲁恩 506
Stoke-on-Trent 特伦特河畔斯托克 491~492
Stonehenge 巨石阵 **11**, 315~317, **316**
Stornoway 斯托诺韦 1026~1028
Stowe 斯托 242~243
Stow-on-the-Wold 斯托昂泽沃尔德 226~227
Stranraer 斯特兰拉尔 911
Stratford-upon-Avon 埃文河畔斯特拉特福 **17**, 455~462, **456~457**
Strathglass 斯特拉斯格拉斯 980
Stromness 斯特罗姆内斯 1043~1045
Suffolk 萨福克 418~425
Sumburgh 萨姆堡 1053~1054
Sutton Hoo 萨顿胡 419
Swansea 斯旺西 726~730, **728**

T

Tenby 滕比 737~739
Thames 泰晤士河 74~75, **74~75**, **74~75**
Three Cliffs Bay 三崖湾 732
Thurso 瑟索 1005~1007
Tintagel 廷塔杰尔 360~361
Tobermory 托伯莫里 954~956
Torquay 托基 334~337
Torridon 托里顿 1015~1016
Totnes 托特尼斯 339~342
Tresco 特雷斯科 390~391
Trossachs 特罗萨克斯 944~950
Trotternish 特罗特尼施 1024~1025
Troutbeck 特劳特贝克 640
Truro 特鲁罗 383~384
Tynemouth 泰恩茅斯 679

U

Ullapool 阿勒浦 1011~1012
Ullswater 阿尔斯沃特湖 654~657
Unst 安斯特岛 1055

W

Wales 威尔士 701~817
Warwick 沃里克 453~455, **454**
Warwickshire 沃里克郡 449~462
Wasdale 沃斯代尔 647~648
Wells 韦尔斯 276~278
Welshpool 威尔士浦 767~768
West Highlands 西部高地 996~1003
West Sussex 西萨塞克斯 197~199
West Wight 西怀特 294
West Yorkshire 西约克郡 566~579
Western Gloucestershire 西格洛斯特郡 234~240
Westray 韦斯特雷岛 1046
Weymouth 韦茅斯 303~305
Whitby 惠特比 553~558, **554**
Whitstable 惠特斯布尔 169~170
Wick 威克 1004~1005
Widecombe-in-the-Moor 威德科姆 351~353
Wiltshire 威尔特郡 311~321
Winchcombe 温什科姆 233~234
Winchester 温切斯特 281~284, **283**
Windermere 温德米尔 631~636
Windsor 温莎 244~248, **245**
Windsor Castle 温莎城堡 244~246
Woburn 沃本 243~244
Woodstock 伍德斯托克 216~217
Worcester 伍斯特 465~467
Worcestershire 伍斯特郡 465~468

Y

Yell 耶尔 1054~1055
York 约克 **18**, 533~542, **534~535**
Yorkshire 约克郡 528~549

Z

Zennor 泽诺 373~374

地图图例

景点
- 海滩
- 鸟类保护区
- 佛教场所
- 城堡
- 基督教场所
- 孔庙
- 印度教场所
- 伊斯兰教场所
- 耆那教场所
- 犹太教场所
- 温泉
- 神道教场所
- 锡克教场所
- 道教场所
- 纪念碑
- 博物馆/美术馆/历史建筑
- 历史遗址
- 酒庄/葡萄园
- 动物园
- 其他景点

活动、课程和团队游
- 人体冲浪
- 潜水/浮潜
- 潜水
- 皮划艇
- 滑雪
- 冲浪
- 游泳/游泳池
- 徒步
- 帆板
- 其他活动

住宿
- 住宿场所
- 露营地

就餐
- 餐馆

饮品
- 酒吧
- 咖啡馆

娱乐
- 娱乐场所

购物
- 购物场所

实用信息
- 银行
- 使领馆
- 医院/医疗机构
- 网吧
- 警察局
- 邮局
- 电话
- 公厕
- 旅游信息
- 其他信息

地理
- 棚屋/栖身所
- 灯塔
- 瞭望台
- 山峰/火山
- 绿洲
- 公园
- 关隘
- 野餐区
- 瀑布

人口
- 首都、首府
- 一级行政中心
- 城市/大型城镇
- 镇/村

交通
- 机场
- 过境处
- 公共汽车
- 缆车/索道
- 自行车路线
- 轮渡
- 地铁
- 单轨铁路
- 停车场
- 加油站
- 出租车
- 铁路/火车站
- 有轨电车
- 其他交通方式

路线
- 收费公路
- 高速公路
- 一级公路
- 二级公路
- 三级公路
- 小路
- 未封闭道路
- 广场
- 台阶
- 隧道
- 步行天桥
- 步行游览路
- 步行游览支路
- 小路

境界
- 国界
- 一级政区界
- 未定国界
- 地区界
- 军事分界线
- 海洋公园
- 悬崖
- 墙

水文
- 河流、小溪
- 间歇河
- 沼泽/红树林
- 暗礁
- 运河
- 水域
- 干/盐/间歇湖
- 冰川
- 珊瑚礁

地区特征
- 海滩/沙漠
- 基督教墓地
- 其他墓地
- 公园/森林
- 运动场
- 一般景点(建筑物)
- 重要景点(建筑物)

注:并非所有图例都在此显示。

我们的故事

一辆破旧的老汽车，一点点钱，一份冒险的感觉——1972年，当托尼（Tony Wheeler）和莫琳（Maureen Wheeler）夫妇踏上那趟决定他们人生的旅程时，这就是全部的行头。他们穿越欧亚大陆，历时数月到达澳大利亚。旅途结束时，风尘仆仆的两人灵机一闪，在厨房的餐桌上制作完成了他们的第一本旅行指南——《便宜走亚洲》(Across Asia on the Cheap)。仅仅一周时间，销量就达到了1500本。Lonely Planet 从此诞生。

现在，Lonely Planet在都柏林、富兰克林、伦敦、墨尔本、奥克兰、北京和德里都设有公司，有超过600名员工和作者。在中国，Lonely Planet被称为"孤独星球"。我们恪守托尼的信条："一本好的旅行指南应该做好三件事：有用、有意义和有趣。"

我们的作者

奥利弗·贝瑞（Oliver Berry）

统稿作者；英格兰西南部；湖区和坎布里亚 来自康沃尔郡的奥利弗是一名职业作家和摄影师。他为Lonely Planet工作已超过10年，足迹遍布康沃尔郡到库克群岛的许多目的地，参与撰写过30多部旅行指南。他同时也定期为 *Lonely Planet Traveller* 等多家报刊供稿。他获奖无数，包括《卫报》年度年轻旅行作者、TNT Magazine读者选择奖等。想了解他的近期作品请访问www.oliverberry.com。

芬恩·达文波特（Fionn Davenport）

曼彻斯特、利物浦和英格兰西北部 芬恩是爱尔兰人，信仰天主教，在过去的二十年里一直关注着祖国和邻居——英国，并为Lonely Planet等多家出版机构撰写过关于两国的文章。写作之余，他居住在巴黎和纽约，在两座城市做编辑、演员、酒保，以及一切能获取报酬的工作；在过去大概15年里，他也参与爱尔兰的一系列广播节目，最近是在RTE Radio 1做Inside Culture的主持人。3年前，他搬到了英格兰西北部，在那里与伴侣Laura生活在一起，出行时驾着爱车Trevor。

马克·迪·杜卡（Marc Di Duca）

坎特伯雷和英格兰东南部 马克的旅行作家经历已经超过10年，他参与过Lonely Planet的西伯利亚、斯洛伐克、巴伐利亚、英格兰、乌克兰、奥地利、波兰、克罗地亚、葡萄牙、马德拉群岛，以及跨西伯利亚铁路等许多指南的撰写，也为其他出版机构撰写并更新过数十本旅行指南。旅行之余，马克与妻子和两个儿子住在捷克的Mariánské Lázně附近。

贝琳达·狄克逊（Belinda Dixon）

巴斯和英格兰西南部；剑桥和东安格利亚 贝琳达喜爱海滩，自2006年便兴冲冲地开始参与Lonely Planet旅行指南的调研和撰写。这项工作见证了她在巨石阵欣赏日落、在冰岛露营、在多尼戈尔的金色海滩上骑马、在德文郡的河流上划皮划艇、在维罗纳欣赏壁画、在多塞特的侏罗纪海岸寻找化石。贝琳达同时也是一位探险作家和领队——曾攀登苏格兰白雪皑皑的群山，划船探索育空河，在英格兰的海水中冲浪、冬泳，住在野外观星。登录网站https://belindadixon.com可以看到她的文章。

戴米安·哈珀（Damian Harper）

伦敦 戴米安有两个学位（其中之一是伦敦大学亚非学院现代汉语和古代汉语专业获得的），他为Lonely Planet撰写旅行指南已经超过20年，参与过中国、北京、上海、越南、泰国、爱尔兰、伦敦、马略卡岛、马来西亚、新加坡和文莱、中国香港和英国等许多项目。他也为《卫报》《每日电讯》等多家报刊供稿。戴米安如今住在英格兰的萨里郡。可以在Instagram上关注他的动态（damian.harper）。

凯瑟琳·勒·涅维兹（Catherine Le Nevez）

纽卡斯尔和英格兰东北部；伯明翰和英格兰中部 4岁的时候，凯瑟琳第一次跟随家人驾车从巴黎出发游历欧洲，此后便发现了自己的漫游癖好，只要一有机会就出去旅行，她的足迹遍布60余个国家和地区。她拥有创意艺术与写作的博士学位、专业写作的硕士学位，其间还攻读编辑与出版专业的研究生。在过去的十几年里，她参与和创作Lonely Planet数十部指南和许多文章，包括巴黎、法国、欧洲与其他许多目的地。凯瑟琳在旅行中最看重的一点就是出乎意料。

休·麦克诺坦（Hugh McNaughtan）

威尔士 孩提时代起，休就对书中描写的遍地是城堡和长弓手的威尔士着迷不已。他做过英语讲师，后来不再申请项目，改为申请签证，将对旅行的热爱转变成全职工作。自1994年以来，他走遍威尔士各地，但每次旅行都有新的发现。

洛娜·帕克斯（Lorna Parkes）

约克郡 洛娜出生于伦敦，喜欢墨尔本，曾在两座城市为Lonely Planet工作。她参与过许多Lonely Planet书籍的创作，也为Lonely Planet杂志撰写过文章。她发现自己在坐飞机时写作状态最好，而且最喜欢调研美食和美酒。酒庄和热带地区（并非同时！）是她的逍遥之地，但约克郡对她来说也一直是个特别的地方。可以通过@Lorna_Explorer关注洛娜的动态。

安迪·辛明顿（Andy Symington）

格拉斯哥和苏格兰南部；因弗内斯、北部高地和北部诸岛 安迪参与创作和更新的Lonely Planet指南及其他出版机构的书籍已经有上百部之多（尤以欧洲和拉丁美洲的目的地为甚），也为多家报刊及网站撰写过文章，题材涉猎广泛。他与别人一同拥有并经营着一家摇滚酒吧，已经完成了一部小说，目前正在同时写作几部小说与非虚构类作品。安迪是澳大利亚人，在多年以前搬到了西班牙北部。

格雷格·沃德（Greg Ward）

牛津和科茨沃尔德地区 自打沿着嬉皮士路线前往印度与后来移居西班牙北部之后，格雷格就喜欢上了旅行。他参与撰写过许多指南，目的地遍及全球。除了参与美国西南部至夏威夷章节的创作，他近来也去过科西嘉岛、科茨沃尔德地区、日本、科孚岛等地调研。登录他的个人网站www.gregward.info可以看到他最喜欢的照片与旅行记忆。

尼尔·威尔逊（Neil Wilson）

爱丁堡；斯特灵和苏格兰中部；因弗内斯 除了出国旅行的几年时间，他大部分时间都待在那里。他住在珀斯郡，从1988年开始当全职作家，为多家出版机构撰写的指南超过80部，其中包括Lonely Planet的苏格兰、英格兰、爱尔兰和布拉格等指南。尼尔自幼就热衷于户外活动，他不停地进行山区徒步、骑山地自行车、帆船、单板滑雪等活动，足迹遍布四个大洲。

特约作者： Peter Dragicevich、Steve Fallon、Emilie Filou

英国

中文第五版

书名原文：*Great Britain*（13th edition，May 2019）
© Lonely Planet 2019
本中文版由中国地图出版社出版

© 书中图片由图片提供者持有版权，2019

版权所有。未经出版方许可，不得擅自以任何方式，如电子、机械、录制等手段复制，在检索系统中储存或传播本书中的任何章节，除非出于评论目的的简短摘录，也不得擅自将本书用于商业目的。

图书在版编目 (CIP) 数据

英国／澳大利亚 Lonely Planet 公司编；齐浩然等译.--3版.--北京：中国地图出版社，2019.12
书名原文：Great Britain
ISBN 978-7-5204-1381-7

Ⅰ.①英… Ⅱ.①澳…②齐… Ⅲ.①英国－概况
Ⅳ.① K956.1

中国版本图书馆 CIP 数据核字（2019）第 266697 号

出版发行	中国地图出版社
社　　址	北京市白纸坊西街 3 号
邮政编码	100054
网　　址	www.sinomaps.com
印　　刷	北京华联印刷有限公司
经　　销	新华书店
成品规格	197mm×128mm
印　　张	36.5
字　　数	1959 千字
版　　次	2019 年 12 月第 3 版
印　　次	2019 年 12 月北京第 10 次印刷
定　　价	178.00 元
书　　号	ISBN 978-7-5204-1381-7
审 图 号	GS（2019）4765 号
图　　字	01-2014-0665

如有印装质量问题，请与我社发行部（010-83543956）联系

虽然本书作者、信息提供者以及出版者在写作和出版过程中全力保证本书质量，但是作者、信息提供者以及出版者不能完全对本书内容之准确性、完整性做任何明示或暗示之声明或保证，并只在法律规定范围内承担责任。

Lonely Planet 与其标志系 Lonely Planet 之商标，已在美国专利商标局和其他国家进行登记。不允许零售商、餐厅或酒店等商业机构使用 Lonely Planet 之名称或商标。如有发现，急请告知：lonelyplanet.com/ip。